最高人民法院案例指导与参考丛书

最高人民法院
合同案例指导与参考

(第二版)

最高人民法院案例
指导与参考丛书编选组 编

(上)

人民法院出版社

图书在版编目（CIP）数据

最高人民法院合同案例指导与参考／最高人民法院案例指导与参考丛书编选组编．－－2版．－－北京：人民法院出版社，2022.1

（最高人民法院案例指导与参考丛书）
ISBN 978-7-5109-2913-7

Ⅰ.①最… Ⅱ.①最… Ⅲ.①合同法－案例－中国 Ⅳ.①D923.65

中国版本图书馆 CIP 数据核字（2021）第 280710 号

最高人民法院合同案例指导与参考（第二版）
最高人民法院案例指导与参考丛书编选组　编

责任编辑	陈晓璇
执行编辑	姚丽蕾
出版发行	人民法院出版社
地　　址	北京市东城区东交民巷 27 号（100745）
电　　话	（010）67550520（责任编辑）　67550558（发行部查询）
	65223677（读者服务部）
客 服 QQ	2092078039
网　　址	http：//www.courtbook.com.cn
E - mail	courtpress@sohu.com
印　　刷	三河市国英印务有限公司
经　　销	新华书店
开　　本	787 毫米×1092 毫米　1/16
字　　数	1994 千字
印　　张	134.25
版　　次	2022 年 1 月第 1 版　2022 年 1 月第 1 次印刷
书　　号	ISBN 978-7-5109-2913-7
定　　价	468.00 元（全三册）

版权所有　侵权必究

出版说明

案例指导制度是一项具有中国特色的司法制度。自建立以来，案例指导制度发展迅速，在统一裁判标准、提高审判质量、提升司法公信力方面发挥了重要作用。最高人民法院院长周强指出："及时将最高人民法院出台的指导案例汇聚成册，不断总结案例指导工作经验，是贯彻落实党的十八届四中全会关于加强和规范案例指导工作要求的具体措施，必将有力推动案例指导制度的发展完善。"[①] 基于此，我们编辑了《最高人民法院案例指导与参考丛书》，将最高人民法院出台的指导性案例分类汇编成册，并收录近几年来《最高人民法院公报》《人民法院案例选》《中国审判指导丛书》中公布的具有重要参考价值的典型案例，为广大法官审理类似案件提供指导与参考，使公众从案例中直观领悟法律的原则和精神，更好地发挥司法的指导引领作用。

本套丛书具有以下特点：

第一，精选案例、指导实践。本套丛书收录了截至目前最高人民法院发布的全部指导性案例以及部分指导性案例理解与参照适用的权威论述，并对近几年来《最高人民法院公报》《人民法院案例选》和《民事审判指导与参考》《执行工作指导》《商事审判指导》《立案工作指导》《审判监督指导》《知识产权审判指导》等《中国

[①] 周强：《充分发挥案例指导作用 促进法律统一正确实施》，载《人民法院报》2015年1月4日第1版。

审判指导丛书》中刊发的典型案例进行了系统梳理，精选出社会广泛关注、法律规定比较原则、具有典型性、疑难复杂或者新类型的案例予以收录。这些案例经过了最高人民法院的层层筛选，案例中所蕴含的裁判思路、裁判标准和裁判方法将为广大法律工作者从"抽象到具体"的法律适用，提供从"具体到具体"的参照，对司法实践中的法律适用难点问题进行实例指导。

第二，精细编排，精准参照。本套丛书将最高人民法院公布的指导性案例以及分布在《最高人民法院公报》和最高人民法院各审判业务庭出版的审判参考类图书中的大量案例进行了精细分类编排，以案件类型为分卷标准，目前已陆续出版了合同、物权、侵权、劳动、婚姻家庭与继承、知识产权、保险、票据、公司、行政诉讼、执行、环境资源、建设工程等案例指导与参考分册。本书以2020年《民事案件案由规定》为依据，对精选收录的案例进一步细化分类，每一案例均注明案例来源，方便读者进行同类案件查找比对。同时，还特别提炼了所收录案例的裁判要点，并在目录中进行醒目提示，使读者对案例的指导与参考要点一目了然，准确定位所需参照案例。在部分指导性案例后附录最高人民法院案例指导工作办公室撰写的理解与参照文章，有助于读者领会和把握案例的精神实质和指导与参考意义。

应当说明的是，人民法院审理案件都是依照当时的法律、法规进行审理的。随着我国社会主义市场经济的不断发展，新的法律、法规和司法解释不断出现，尤其是《民法典》颁布后，最高人民法院对司法解释及相关规范性文件进行了全面清理，并制定了新的配套司法解释，修订了非司法解释类规范性文件。读者在参阅本书时，务必注意每个案件的审理时间和当时的法律依据，全面、正确地加以研究、参考和借鉴。**基于以上的考量，本书对案例中引用的修订或修正前的法律、司法解释条文未逐一注明，请读者在使用本书**

出版说明

时,以最新的法律、司法解释为准。

本套丛书一经推出便得到读者广泛好评。因近几年我国法律的立改废释工作举措密集,同时新类型案件层出不穷,本编写组特推出本套丛书第二版,以期为读者提供最新、最全的最高人民法院案例指导与参考。衷心希望本套丛书的出版能够为法律实务工作提供切实有效的办案指导与参考,同时也能够为法学理论研究提供权威、真实的案例素材。书中存在的不当之处,敬请广大读者批评指正。

编　者

二○二二年一月

目录

上 册

确认合同效力纠纷

1. 瑞士嘉吉国际公司诉福建金石制油有限公司等确认合同无效纠纷案/3
   - ▶ 债务人与其关联公司以明显不合理低价转让财产的行为系恶意串通损害债权人利益的,双方签订的合同无效
   - ▶ 理解与参照:《瑞士嘉吉国际公司诉福建金石制油有限公司等确认合同无效纠纷案》的理解与参照/9
2. 青海红鼎房地产有限公司与青海省国有资产投资管理有限公司、青海省产权交易市场确认合同有效纠纷案/16
   - ▶ 网络竞价系统自动生成《竞价结果通知单》违反交易规则的,交易不成立
3. 上诉人高安市城市建设投资有限责任公司与被上诉人华金证券股份有限公司等确认合同无效纠纷上诉案/31
   - ▶《民法总则》第一百四十六条可以溯及适用于《民法总则》施行前基于虚伪意思表示订立的合同

债权人代位权纠纷

4. 姚军诉钱桥建筑安装工程有限公司债权人代位权纠纷案/61
   ▶ 代位权诉讼与到期债权执行发生冲突时的利益平衡

债权人撤销权纠纷

5. 上海众盈联食品销售有限公司诉李向东、何雪莲等债权人撤销权纠纷案/79
   ▶ 债权人主张撤销债务人离婚协议中转移财产条款的法律要件及行使期限

6. 韩某某诉郭某、吴某某债权人撤销权纠纷案/89
   ▶ 夫妻离婚财产约定自由与债权人权益保护的平衡

债务转移合同纠纷

7. 董艳诉李彬、李彩侠、张双全债务转移合同纠纷案/101
   ▶ 当事人约定不明情形下债务转移、债务加入、指示付款的认定

买卖合同纠纷

一、分期付款买卖合同纠纷

8. 经纬纺织机械股份有限公司与裘雅芬等分期付款买卖合同纠纷案/113
   ▶ 再审不影响其他债务人按原裁判承担债务时，可仅中止对再审申请人的执行

二、国际货物买卖合同纠纷

9. 中化国际（新加坡）有限公司与蒂森克虏伯冶金产品有限责任公司国际货物买卖合同纠纷案/117
   ▶ 国际货物销售合同中交货不符的，买方能够以合理价格转售的，质量不符不构成根本违约的情形

三、信息网络买卖合同纠纷

10. 吴晨洁诉北京快手科技有限公司网络购物合同纠纷案/140
    ▶ 未成年人通过监护人手机 App 软件购买快币、打赏主播的行为主体、交易对象及责任认定

11. 赵彦圳诉芭莎珠宝（深圳）有限公司网络购物合同纠纷案/149
    ▶ 网站标价错误是否构成重大误解的审查思路

12. 张查理诉上海宝尊电子商务有限公司网络购物合同纠纷案/161
    ▶ 网络购买商品不适用七日无理由退货的认定

13. 陈某某诉上海欧尚超市有限公司闵行店网络购物合同纠纷案/170
    ▶ 电子商务经营者以"库存数量"标注错误为由拒绝交付商品的违约责任

14. 高某某诉欧莱雅（中国）有限公司网络购物合同纠纷案/179
    ▶ 电商平台经营者以更低价格出售高度重合的商品组合，违反价保承诺的，构成违约

四、其他买卖合同纠纷

15. 吴梅诉四川省眉山西城纸业有限公司买卖合同纠纷案/188
    ▶ 一方当事人不履行二审期间达成的和解协议时，另一方当事人可申请执行一审判决
    ▶ 理解与参照：《吴梅诉四川省眉山西城纸业有限公司买卖合同纠纷案》的理解与参照/190

16. 徐工集团工程机械股份有限公司诉成都川交工贸有限责任公司等买卖合同纠纷案/197
    ▶ 关联公司的人员、业务、财务等方面交叉或混同，导致各自财产无法区分，丧失独立人格的，构成人格混同
    ▶ 理解与参照：《徐工集团工程机械股份有限公司诉成都川交工贸有限责任公司等买卖合同纠纷案》的理解与参照/201

17. 张莉诉北京合力华通汽车服务有限公司买卖合同纠纷案/210
    ▶ 为家庭生活消费需要购买汽车发生欺诈纠纷的，消费者可依《中华人民共和国消费者权益保护法》要求赔偿损失

▶ 理解与参照：《张莉诉北京合力华通汽车服务有限公司买卖合同纠纷案》的理解与参照/213

18. 孙银山诉南京欧尚超市有限公司江宁店买卖合同纠纷案/221
   ▶ 消费者明知食品不符合安全标准而购买可十倍索赔
   ▶ 理解与参照：《孙银山诉欧尚超市有限公司江宁店买卖合同纠纷案》的理解与参照/224

19. 北京大唐燃料有限公司诉山东百富物流有限公司买卖合同纠纷案/234
   ▶ 代位权诉讼执行中，因相对人无财产被终结执行程序，债权另行向债务人主张权利的，人民法院应予支持

20. 大庆凯明风电塔筒制造有限公司与华锐风电科技（集团）股份有限公司买卖合同纠纷案/238
   ▶ 合同义务有先后履行顺序的，先履行一方怠于履行给后履行一方履行合同造成困难的，后履行一方有权依据先履行抗辩权要求对方履行全部合同

21. 上海闽路润贸易有限公司与上海钢翼贸易有限公司买卖合同纠纷案/258
   ▶ 在合同约定本身不属于无效事由的情况下，合同中一方当事人实施的涉嫌犯罪的行为并不影响合同的有效性

22. 厦门航空开发股份有限公司与北京南钢金易贸易有限公司及第三人厦门市东方龙金属材料有限公司买卖合同纠纷案/264
   ▶ 《中华人民共和国合同法》第四百零二条但书前的规定，仅仅适用于单纯的委托合同关系

23. 上海德力西集团有限公司诉江苏博恩世通高科有限公司、冯军、上海博恩世通光电股份有限公司买卖合同纠纷案/269
   ▶ 公司减资时对已知或应知的债权人应履行通知义务，不能在未先行通知的情况下直接以登报公告形式代替通知义务

24. 邓美华诉上海永达鑫悦汽车销售服务有限公司买卖合同纠纷案/275
   ▶ 汽车经销商对于车辆后保险杠外观瑕疵予以"拆装后保、后保整喷"的维修超出车辆售前正常维护和PDI质量检测的范围，经销商对此未履行告知义务的，构成消费欺诈

25. 江苏万丰光伏有限公司诉上海广力投资管理有限公司、丁炬焜等买卖合同纠纷案/288
    ▶公司在股东认缴的出资期限届满前，作出减资决议而未依法通知债权人，债权人起诉请求股东对公司债务在减资范围内承担补充赔偿责任的，人民法院应予支持

26. 刘智超诉同方知网（北京）技术有限公司买卖合同纠纷案/298
    ▶经营者作出的最低充值金额限制条款效力的认定

27. 东方电气集团东方汽轮机有限公司与大庆高新技术产业开发区大丰建筑安装有限公司、大庆大丰能源技术服务有限公司买卖合同纠纷案/308
    ▶买卖的货物交付后，买受人已经使用标的物且未在约定的质量保证期内提出质量异议，却以货物存在质量问题为由拒绝付款的，不予支持

28. 宝鼎建设工程有限公司与王聪浩买卖合同纠纷案/321
    ▶判断违约金是否过高，应根据法律、司法解释规定，兼顾合同履行情况、当事人过错程度以及预期利益等因素综合认定

29. 天宇公司与仓驰公司、迪嘉特公司、石勇买卖合同纠纷再审案/333
    ▶狭义无权代理责任的司法裁判

30. 新疆阿克苏四海建设工程有限责任公司与阿克苏诚建建材有限责任公司、黄洪川买卖合同纠纷案/346
    ▶建筑行业中买卖合同纠纷表见代理应严格认定

31. 邹某诉佛山聚阳新能源有限公司买卖合同纠纷案/351
    ▶真意保留的法律适用

拍卖合同纠纷

32. 何浩基诉建行华侨城支行、金坤公司拍卖合同纠纷案/367
    ▶拍卖法律关系中瑕疵担保责任的承担及免除

建设用地使用权合同纠纷

一、建设用地使用权出让合同纠纷

33. **贵阳市国土资源局与贵州太升房地产开发有限公司建设用地使用权出让合同二审纠纷案**/381
   ▶ 未按约交纳土地出让金时，应综合合同履行情况、过错程度、预期利益、损失情况，根据公平原则和诚信原则确定违约责任

34. **长春泰恒房屋开发有限公司与长春市规划和自然资源局国有土地使用权出让合同纠纷案**/392
   ▶ 因国家法律、法规及政策出台导致当事人签订的合同不能履行，以致一方当事人缔约目的不能实现，该方当事人请求法院判决解除合同的，人民法院应予支持

二、建设用地使用权转让合同纠纷

35. **秦龙公司与嘉德利公司、中经信公司、空后广州办土地使用权转让合同纠纷案**/402
   ▶ 未领取权属证书的土地使用权转让合同的效力

36. **山东容商置业有限公司与微山县金谷建材贸易有限公司建设用地使用权转让合同纠纷再审案**/430
   ▶ 招拍挂程序不影响建设用地使用权转让合同的效力

采矿权转让合同纠纷

37. **陈付全与确山县团山矿业开发有限公司采矿权转让合同纠纷案**/445
   ▶ 矿业权转让合同中的报批义务条款自合同成立时起即具有法律效力

目 录

房地产开发经营合同纠纷

一、合资、合作开发房地产合同纠纷

38. 兰州滩尖子永昶商贸有限责任公司等与爱之泰房地产开发有限公司合作开发房地产合同纠纷案/451
   ▶ 在双务合同中,双方均存在违约的情况下,判断合同当事人是否享有解除权的因素

39. 海南海联工贸有限公司与海南天河旅业投资有限公司、三亚天阔置业有限公司等合作开发房地产合同纠纷案/464
   ▶ 合作开发房地产关系中的合作各方当事人在项目公司中是否享有股权不影响其在合作开发合同中所应享有的权益

40. 宁夏金力泰钢结构有限公司银川开发区与宏建房地产开发有限公司合作、合资开发房地产合同纠纷案/490
   ▶ 合作开发房地产合同中约定履行合法审批程序后将工业用地性质变更为居住用地后再行开发房地产的,不违反法律、法规的效力性强制性规定

41. 上诉人甘肃宝迪置业发展有限责任公司与被上诉人兰州安宁新城万和影视文化有限责任公司、第三人兰州市安宁区就业服务局等合资、合作开发房地产合同纠纷二审案/506
   ▶ 合同条款的文义与已查明事实及其相应法律规定的要求存在冲突时,应综合当事人陈述等因素,探求当事人缔约时的真实意思并决定是否将其作为案件裁判的依据

42. 再审申请人天津置信投资发展有限公司与被申请人新疆保利天然投资有限公司、一审第三人新疆天然房地产开发有限公司合资、合作开发房地产合同纠纷案/534
   ▶ 在法定代表人代表公司签字时,应要求加盖公司印章,防止法定代表人在公司不知情的情况下代表公司作出意思表示

二、项目转让合同纠纷

43. 东莞利成公司、宝源公司与东莞晶隆公司、大岭山房地产公司房地产项目转让合同纠纷案/554

▶要准确判断和认定是否构成一物数卖，必须根据每个案件的不同事实情况，剖析当事人的内心真意，依法公平合理地平衡各方当事人的利益

房屋买卖合同纠纷

一、商品房预售合同纠纷

44. 李明柏诉南京金陵置业发展有限公司商品房预售合同纠纷案/575

▶因房屋存在质量问题，导致购房人无法正常使用、收益的，法院可以房屋同期租金为标准计算实际损失

45. 张宇、张霞诉上海亚绿实业投资有限公司商品房预售合同纠纷案/584

▶经营者故意隐瞒重大风险，造成相对人在信息不对称的情况下达成免责合意，免责合意的范围仅限于签约后发生的不确定风险，不包括被隐瞒的重大风险

46. 周杰帅诉余姚绿城房地产有限公司商品房预售合同纠纷案/595

▶当事人主张约定违约金过高请求予以适当减少的，人民法院应当以实际损失为基础综合考量

二、商品房销售合同纠纷

47. 黄光娜与海口栋梁实业有限公司、广东省阳江市建安集团有限公司海南分公司商品房销售合同纠纷案/608

▶第三人非因本人原因未参加诉讼的，不符合第三人撤销之诉的起诉条件，法院应裁定不予受理

48. 周显治、俞美芳与余姚众安房地产开发有限公司商品房销售合同纠纷案/613

▶商品房买卖合同约定了逾期交房与逾期办证的违约责任，又约定开发商承担了逾期交房的责任后无需承担逾期办证的责任的，属无效格式条款

目 录

49. 婺源县安泰房地产开发有限责任公司与林细海商品房销售合同纠纷案/625
    ▶商品房交付法定强制性标准——"该商品房经验收合格"的司法认定，应以加盖建设局验收备案章的竣工验收备案证明表为准

50. 长沙市雨花区市容环境卫生管理局诉湖南恩瑞置业有限公司商品房销售合同纠纷案/644
    ▶房屋限购政策对开发商而言不属于情势变更原则适用条件

三、其他房屋买卖合同纠纷

51. 汤龙、刘新龙、马忠太、王洪刚诉新疆鄂尔多斯彦海房地产开发有限公司商品房买卖合同纠纷案/655
    ▶借款合同双方终止借款合同关系，建立商品房买卖合同关系，将借款本金及利息转化为已付购房款并经对账清算的，具有法律效力，但要防止将超出法律规定保护限额的高额利息转化为已付购房款
    ▶理解与参照：《汤龙、刘新龙、马忠太、王洪刚诉新疆鄂尔多斯彦海房地产开发有限公司商品房买卖合同纠纷案》的理解与参照——当事人协商一致终止借款合同并将借款转化为购房款的法律关系认定/659

52. 成都讯捷通讯连锁有限公司与四川蜀都实业有限责任公司、四川友利投资控股股份有限公司房屋买卖合同纠纷案/668
    ▶合同的解除与否不涉及物之所有权的变动，而只与是否继续承担合同义务有关

53. 洪秀凤与昆明安钡佳房地产开发有限公司房屋买卖合同纠纷案/695
    ▶不宜简单否定既存外化法律关系对当事人真实意思的体现和反映，避免当事人一方不当摆脱既定权利义务约束

54. 张俭华、徐海英诉启东市取生置业有限公司房屋买卖合同纠纷案/708
    ▶开发商交付的房屋与购房合同约定的方位布局相反，且无法调换，购房者可以合同目的不能实现为由要求解除合同

55. 万学全、万兵诉狄平等人房屋买卖合同纠纷案/715
    ▶共同居住的家庭成员，以自己的名义将其他家庭成员名下的房屋出卖给他人，该行为对房屋所有人是否有效，应当结合房屋产权证书、对价支付情况等综合判定

56. 遵义市红花岗区长征镇沙坝村纪念街村民组诉遵义明顺房地产开发有限责任公司等商品房买卖合同纠纷案/722
  ▶处理一房二卖情况下的合同履行问题，可从缔约真实性、签约时间顺序、付款程度、合同备案情况、不动产占有事实、预登记情况等方面加以评判

57. 吉林鑫城房地产综合开发有限责任公司与汤东鹏房屋买卖合同纠纷案/739
  ▶债务人到期未能清偿债务，重新与债权人达成合意以房抵债，双方签订的《房屋买卖合同》应当认定合法有效

58. 方媚与邝建祺房屋买卖合同纠纷/744
  ▶认定合同是否解除应符合常情常理

中　册

民事主体间房屋拆迁安置补偿合同纠纷

59. 中国联合网络通信有限公司红河哈尼族彝族自治州分公司与红河东佑房地产开发有限公司、云南晟邦融资担保有限公司房屋拆迁安置补偿合同纠纷案/751
  ▶因对方违约解除合同后，已履行主要合同义务的一方有权请求可得利益赔偿

供用水合同纠纷

60. 盐城市天孜食品有限公司诉盐城市自来水有限公司供用水合同纠纷案/773
  ▶在供水合同关系中，供水方和用水方因水表更换前后水表显示用水量产生争议时，人民法院应当根据民事诉讼证明原则和日常经验法则，对案件事实作出综合判断并公平合理地确定计算方法和损失数额

赠与合同纠纷

61. 胡某某诉胡某赠与合同纠纷案/785
    ▶ 受赠人对赠与人有扶养义务而不履行的认定
62. 曾某诉柯某某、王某赠与合同纠纷案/793
    ▶ 网络直播打赏的法律性质及其效力认定

借款合同纠纷

一、金融借款合同纠纷

63. 福建海峡银行股份有限公司福州五一支行诉长乐亚新污水处理有限公司、福州市政工程有限公司金融借款合同纠纷案/807
    ▶ 特许经营权的收益权可以质押
    ▶ 理解与参照：《福建海峡银行股份有限公司福州五一支行诉长乐亚新污水处理有限公司、福州市政工程有限公司金融借款合同纠纷案》的理解与参照/813
64. 中国工商银行股份有限公司宣城龙首支行诉宣城柏冠贸易有限公司、江苏凯盛置业有限公司等金融借款合同纠纷案/819
    ▶ 当事人可另行达成协议将最高额抵押权设立前，已经存在的债权转入该最高额抵押担保的债权范围，但不得对第三人产生不利影响
65. 温州银行股份有限公司宁波分行诉浙江创菱电器有限公司等金融借款合同纠纷案/824
    ▶ 贷款合同中选择性列明部分最高额担保合同，未列明的担保人也应当在最高债权限额内承担担保责任
    ▶ 理解与参照：《温州银行股份有限公司宁波分行诉浙江创菱电器有限公司等金融借款合同纠纷案》的理解与参照/828

66. **上诉人湖南中融企业信用担保投资有限公司与被上诉人中国工商银行股份有限公司长沙韶山路支行、湖南中科本安新材料有限公司及原审被告北京中科时代资产管理有限公司、湖南信托有限责任公司金融借款合同纠纷上诉案**/835

▶ 公司减资的程序瑕疵是否影响公司作为债务人的民事责任暨保证人的保证责任并非一定因物保、担保置换、公司减资瑕疵等因素存在而免除

67. **中信银行股份有限公司东莞分行诉陈志华等金融借款合同纠纷案**/854

▶ 以不动产提供抵押担保，抵押人未依抵押合同约定办理抵押登记的，不影响抵押合同的效力

二、民间借贷纠纷

68. **李占江、朱丽敏与贝洪峰、沈阳东昊地产有限公司民间借贷纠纷案**/861

▶ 当事人对合同条款理解有争议的，可运用目的解释确定条款的真实意思

69. **邵萍与云南通海昆通工贸有限公司、通海兴通达工贸有限公司民间借贷纠纷案**/876

▶ 应综合设立背景、股东、控制人等多种因素认定公司滥用法人人格和有限责任的法律责任

70. **王谦与卢蓉芳、宁夏建工集团房地产开发有限公司、第三人宁夏恒昌盛房地产开发有限公司民间借贷纠纷案**/892

▶ 一审胜诉或部分胜诉的当事人未提起上诉，且在二审中明确表示一审判决正确应予维持，在二审判决维持原判后，该当事人又申请再审的，人民法院不予支持

71. **黑龙江闽成投资集团有限公司与西林钢铁集团有限公司、第三人刘志平民间借贷纠纷案**/897

▶ 对于股权让与担保是否具有物权效力，应以是否已按照物权公示原则进行公示作为核心判断标准

目 录

72. 再审申请人崔玉花与被申请人杨兴义、一审被告马耀中民间借贷纠纷案/942
    ▶夫妻一方虽然以个人名义借贷了超出日常开支所需债务，但该行为属于赚取利差的投资经营行为，所获利息亦用于夫妻共同生活，应当认定为夫妻共同债务

73. 宋建明、李梅华与孙继红民间借贷纠纷案/947
    ▶未办理抵押登记的抵押合同效力认定问题

74. 北京长富投资基金与武汉中森华世纪房地产开发有限公司等委托贷款合同纠纷案/951
    ▶委托贷款合同实质是委托人与借款人之间的民间借贷关系的，应受民间借贷法律规则的规制

75. 陈某某诉吴某某、李某某民间借贷纠纷案/975
    ▶夫妻单方向父母出具借条是否构成夫妻共同债务的认定

76. 潘某某诉杨某某民间借贷纠纷案/986
    ▶民间借贷款项实际交付真伪不明时的认定

三、小额借款合同纠纷

77. 重庆市阿里巴巴小额贷款有限公司诉陈壮群小额借款合同纠纷案/998
    ▶当事人在诉前相关合同中对电子送达方式、电子送达地址及法律后果作出明确、具体约定的，该约定具有相当于《送达地址确认书》的效力

78. 广州优贷小额贷款有限公司诉李某、第三人深圳市前海吉顺信科技发展有限公司小额借款合同纠纷案/1001
    ▶不应将金融科技成本以"服务费"名义转嫁为借款人的借款成本

四、其他借款合同纠纷

79. 上海欧宝生物科技有限公司诉辽宁特莱维置业发展有限公司企业借贷纠纷案/1008
    ▶人民法院应当依法制裁虚构事实、恶意串通、规避法律或国家政策以谋取非法利益进行的虚假民事诉讼

80. 招商银行股份有限公司大连东港支行与大连振邦氟涂料股份有限公司、大连振邦集团有限公司借款合同纠纷案/1020

▶《中华人民共和国公司法》第十六条第二款的规定不能作为评价合同效力的依据

81. 日照港集团有限公司煤炭运销部与山西焦煤集团国际发展股份有限公司借款合同纠纷案/1035

▶多个企业间进行封闭式循环买卖,一方在同一时期先低价卖后高价买同一标的物的,实为以买卖形式掩盖借贷法律关系。企业间为此签订的买卖合同,属于当事人共同实施虚伪意思表示,应认定为无效

82. 上海浦东发展银行股份有限公司深圳分行与梅州地中海酒店有限公司等借款合同纠纷案/1048

▶人民法院确定委托贷款合同的利率上限时应当参照民间借贷的相关规则

83. 中国长城资产管理股份有限公司山西省分公司与山西朔州平鲁区华美奥崇升煤业有限公司等借款合同纠纷案/1074

▶如果在最高额保证合同中明确约定所担保的最高债权额包括主债权的数额和相应的利息、违约金等费用,保证人即应当对该约定承担保证责任,而不受主债权数额的限制

84. 大连俸旗投资管理有限公司与中国外运辽宁储运公司等借款合同纠纷案/1090

▶动产质押监管合同债权人、作为出质人的债务人、质物监管人对质物没有真实、足额移交监管均有过错的,均应担责

85. 上诉人港通物流(北京)有限公司、北京云帆中天科贸有限责任公司与被上诉人承德钢铁集团有限公司、原审被告北京市劳服物资有限责任公司借款合同纠纷案/1128

▶在委托贷款合同约定的还本付息期限届满的情况下,当事人约定将委托贷款关系转为一般借款关系的,主债权和质权均未消灭

目 录

保证合同纠纷

86. 招商银行股份有限公司大连分行与大连一方地产有限公司保证合同纠纷案/1143
    ▶ 金融机构怠于办理预告登记，房地产企业的阶段性保证责任免除
87. 中国工商银行股份有限公司固阳支行与固阳县腾飞房地产开发公司保证合同纠纷案/1148
    ▶ 案外人对已经被法院查封、扣押、冻结的财产主张确权，只能提起执行异议之诉，而不能另行提起确权之诉

抵押合同纠纷

88. 王军诉李睿抵押合同纠纷案/1163
    ▶ 抵押权人在主债权诉讼时效期间未行使抵押权将导致抵押权消灭

储蓄存款合同纠纷

89. 李德勇与中国农业银行股份有限公司重庆云阳支行储蓄存款合同纠纷案/1173
    ▶ 当储蓄人依据犯罪分子伪造的存单主张与银行成立储蓄合同，人民法院应判定储蓄人与银行是否就储蓄事宜分别作出要约、承诺

银行卡纠纷

90. 徐欣诉招商银行股份有限公司上海延西支行银行卡纠纷案/1191
    ▶ 他人盗用持卡人名义进行网络交易，发卡行仅以持卡人身份识别信息和交易验证信息相符为由主张不承担赔偿责任的不予支持
91. 伊立军与中国工商银行股份有限公司盘锦分行银行卡纠纷案/1195

▶ 银行工作人员为客户办理业务应严格遵守工作流程和业务操作规范，尽到最大的注意和风险提示义务

92. **王东旭诉中国工商银行股份有限公司上海市第一支行信用卡纠纷案** /1209

    ▶ 信用卡盗刷事实的过错责任的司法认定

租赁合同纠纷

93. **饶国礼诉某物资供应站等房屋租赁合同纠纷案** /1223

    ▶ 违反行政规章签订租赁合同，将存在严重结构隐患，或将造成重大安全事故的危房出租用于经营酒店的，合同无效

94. **再审申请人青海贵南草业开发有限责任公司三分公司东科大队与马胡赛尼、才让加、才朗杰房屋租赁合同纠纷案** /1229

    ▶ 消防验收与租赁合同效力的认定

建设工程合同纠纷

95. **牡丹江市宏阁建筑安装有限责任公司诉牡丹江市华隆房地产开发有限责任公司、张继增建设工程施工合同纠纷案** /1241

    ▶ 纠纷已经解决且当事人申请撤诉的民事抗诉案件，不损害国家利益、社会公共利益或第三人利益的，法院应当作出案终结审查或终结再审诉讼的裁定

    ▶ 理解与参照：《牡丹江市宏阁建筑安装有限责任公司诉牡丹江市华隆房地产开发有限责任公司、张继增建设工程施工合同纠纷案》的理解与参照 /1244

96. **中天建设集团有限公司诉河南恒和置业有限公司建设工程施工合同纠纷案** /1253

    ▶ 执行法院依其他债权人的申请，对发包人的建设工程强制执行，承包人向执行法院主张其享有建设工程价款优先受偿权且未超过除斥期间的，视为承包人依法行使了建设工程价款优先受偿权

目 录

97. 海擎重工机械有限公司与江苏中兴建设有限公司、中国建设银行股份有限公司泰兴支行建设工程施工合同纠纷案/1257
   ▶法院应根据合同约定、法律及行政法规规定的工程建设程序,合理确定建设、施工单位对工程质量问题的责任承担

98. 青海方升建筑安装工程有限责任公司与青海隆豪置业有限公司建设工程施工合同纠纷案/1289
   ▶致使约定了固定价款的建设工程施工合同解除的,应综合考虑案件实际履行情况、双方当事人的过错、司法判决的价值取向等因素确定争议合同的工程价款

99. 中铁二十二局集团第四工程有限公司与安徽瑞讯交通开发有限公司、安徽省高速公路控股集团有限公司建设工程施工合同纠纷案/1313
   ▶因发包人违约造成的停窝工损失和材料价差损失,不属于建设工程价款优先受偿权的权利行使范围

100. 通州建总集团有限公司与内蒙古兴华房地产有限责任公司建设工程施工合同纠纷案/1332
   ▶在债权人与债务人达成以物抵债协议、新债务与旧债务并存时,若新债务届期不履行,债权人有权请求债务人履行旧债务

101. 江苏省第一建筑安装集团股份有限公司与唐山市昌隆房地产开发有限公司建设工程施工合同纠纷案/1350
   ▶多份施工合同均无效,且无法确定实际履行合同的,工程价款可根据争议合同之间的差价,结合工程质量、当事人过错、诚实信用原则等予以合理分配

102. 江苏南通六建建设集团有限公司与衡水鸿泰房地产开发有限公司建设工程施工合同纠纷案/1364
   ▶当事人在判决、裁定发生法律效力六个月后,依据《中华人民共和国民事诉讼法》第二百条第一项、第三项、第十二项、第十三项规定申请再审的同时,一并提起其他再审事由的,人民法院不予审查

103. 甲公司与乙公司建设工程施工合同纠纷案/1368
   ▶当事人约定的工程款支付时间晚于工程竣工之日,承包人行使优先权的期限不应从工程竣工之日起计算

104. 湖南协和建设有限公司与株洲市汉华房地产开发有限公司建设工程施工合同纠纷申请再审案/1372
    ▶建设工程价款优先受偿权行使期间的起算点为应当支付工程款时

105. 中国新兴建设开发总公司与国泰纸业（唐山曹妃甸）有限公司建设工程施工合同纠纷案/1399
    ▶建设工程施工合同解除后，如果对合同解除后是否预留质量保证金没有特别约定，则在认定发包人应付工程款时，不可直接适用原合同中有关质量保证金的条款

106. 中国新兴建设开发有限责任公司与海上嘉年华（青岛）置业有限公司建设工程施工合同纠纷案/1420
    ▶建设工程施工合同无效，发包人应承担折价补偿责任，其计算基础仍然是承包人付出的人力、材料和管理成本等，属于建设工程价款优先受偿权的保护范围

107. 再审申请人许昌信诺置业有限公司与被申请人牛长贵、河南林九建设工程有限公司建设工程施工合同纠纷一案/1443
    ▶挂靠人以被挂靠人名义对外签订建设工程施工合同的效力，应根据发包人是否善意、在签订建设工程施工合同时是否知道挂靠事实来作出认定

108. A公司与B公司建设工程施工合同纠纷案/1455
    ▶合同无效，工程未经竣工验收但已交付使用的，施工人能否获得折价补偿以工程质量是否合格为前提

109. 上诉人江苏南通二建集团有限公司、上诉人天津国储置业有限公司与被上诉人国储能源化工（天津）有限公司、天津睿拓投资有限公司建设工程施工合同纠纷二审案/1462
    ▶一人有限责任公司股东未举证证明公司财产独立于股东自己财产，应当对公司债务承担连带责任

110. 天津滨海鼎昇环保科技工程有限公司与国家电投集团远达水务有限公司建设工程施工合同纠纷案/1480
    ▶土地整理承接协议的任意解除权行使限制

111. 吉林市东辰伟业房地产开发经营有限责任公司与东北金城建设股份有限公司、东北金城建设股份有限公司吉林市分公司、庄锡富、王隆、郑向东建设工程施工合同纠纷案/1502
    ▶ 建设工程施工合同无效，但建设工程经竣工验收合格，承包人只能请求参照合同约定来计算涉案工程价款，而不应主张据实结算

112. 宁夏钰隆工程有限公司与安徽三建工程有限公司、宁夏蓝天房地产开发有限责任公司建设工程施工合同纠纷案/1523
    ▶ 实际施工人在同时兼具承包人身份的情况下，可以认定其享有优先受偿权

下 册

运输合同纠纷

113. 阿卜杜勒·瓦希德诉中国东方航空股份有限公司航空旅客运输合同纠纷案/1537
    ▶ 打折机票上标注的"不得退票，不得转签"不影响旅客按时抵达目的地的权利
    ▶ 理解与参照：《阿卜杜勒·瓦希德诉中国东方航空股份有限公司航空旅客运输合同纠纷案》的理解与参照/1543

仓储合同纠纷

114. 浙江惠巨化工有限公司诉宁波中化建韩华化工储运有限公司仓储合同纠纷案/1553
    ▶ 企业间融资性买卖是名为买卖实为借贷的行为，而隐藏的借款合同如果没有法律规定的无效情形，应当认定有效

115. 北京首担融资担保有限公司诉天津中邮物流有限责任公司仓储合同纠纷案/1561

▶动产质押监管合同中监管人责任边界的司法认定

委托合同纠纷

一、货运代理合同纠纷

116. 骏荣内衣有限公司诉宏鹰国际货运（深圳）有限公司等海上货运代理合同纠纷案/1573

▶承运人签发的除提单以外的运输单证必须包含合同当事人的承托意思表示才可以构成运输合同的证明

二、诉讼、仲裁、人民调解代理合同纠纷

117. 黑龙江新元律师事务所诉大庆高新国有资产运营有限公司诉讼代理合同纠纷案/1581

▶诉讼代理合同对诉讼代理费的收费标准有明确约定的，应当按照约定履行

三、其他委托合同纠纷

118. 周伟均、周伟达诉王煦琼委托合同纠纷案/1592

▶受托人无视委托人的真实意愿与切身利益，恶意处分委托人财产，即使该处分行为对交易相对方发生效力，受托人仍应就其严重侵害委托人利益的行为承担相应赔偿责任

119. 厦门源昌房地产开发有限公司与海南悦信集团有限公司委托合同纠纷案/1600

▶在法定抵销权已经有效成立的情况下，如抵销权的行使不存在不合理迟延之情形，综合实体公平及抵销权的担保功能等因素，人民法院应认可抵销的效力

委托理财合同纠纷

120. 江怡诉上海讷良商务服务有限公司、李晓天等委托理财合同纠纷案/1625
 ▶ 章程约定的股东出资期限以认定有效为原则,若绝对不能实现或股东认缴资本额明显超过其资本能力时,可适用公司人格否认制度

物业服务合同纠纷

121. 某小区业主委员会诉邓某某物业服务合同纠纷案/1639
 ▶ 法律赋予业主对所居住的小区的物业管理予以选择的权利,业主有权对所居住小区进行自治管理
122. 范某某诉重庆港华物业管理有限公司物业服务合同纠纷案/1641
 ▶ 经核验停车位适宜安装电动汽车充电桩的,物业服务提供人应根据需要出具同意或适宜安装的证明

中介合同纠纷

123. 上海中原物业顾问有限公司诉陶德华居间合同纠纷案/1655
 ▶ 当卖方将同一房屋通过多个中介公司挂牌出售时,买方通过其他正当途径获得信息促成合同成立的,不构成违约
 ▶ 理解与参照:《上海中原物业顾问有限公司诉陶德华居间合同纠纷案》的理解与参照/1658
124. 李彦东诉上海汉宇房地产顾问有限公司居间合同纠纷案/1664
 ▶ 居间人未尽必要的注意义务使委托人受欺诈遭受损失的,根据其过错程度承担赔偿责任
125. 陈立耘与北京原始会投资管理有限公司、被告北京网信众筹网络科技有限公司居间合同纠纷案/1670

▶ 经法院强制执行后融资人的财产仍不足以承担对投资人的损失赔偿责任时，投资人以股权众筹平台违反审查和说明义务为由请求其承担违约责任的，应综合平台的违约程度、合理预见规则及与有过失规则确定其承担的补充责任

服务合同纠纷

一、电信服务合同纠纷

126. 刘超捷诉中国移动通信集团江苏有限公司徐州分公司电信服务合同纠纷案/1687

   ▶ 经营者订约时未将限制条件明确告知消费者的，电信服务合同条款不产生效力

   ▶ 理解与参照：《刘超捷诉中国移动通信集团江苏有限公司徐州分公司电信服务合同纠纷案》的理解与参照/1690

127. 郑传新诉中国电信股份有限公司连云港分公司电信服务合同纠纷案/1700

   ▶ 电信服务提供者对免费提供的增值业务过期后需要收费时，应得到用户的明确使用承诺

二、医疗服务合同纠纷

128. 石某诉首都医科大学附属北京朝阳医院医疗服务合同纠纷案/1704

   ▶ 配偶死亡后，另一方是否有权要求继续履行人类辅助生殖技术医疗服务合同的认定

129. 张某诉四川省医学科学院·四川省人民医院医疗服务合同纠纷案/1717

   ▶ 夫妻一方死亡后辅助生殖医疗合同效力的认定

三、法律服务合同纠纷

130. 安徽籍山律师事务所诉翟彦彪、翟大昌法律服务合同纠纷案/1728

   ▶ 律师风险代理的范围认定

目 录

四、旅游合同纠纷

131. 陈明、徐炎芳、陈洁诉上海携程国际旅行社有限公司旅游合同纠纷案/1741
   ▶ 旅游经营者主张旅游者的单方解约系违约行为,应当举证证明"损失已实际产生"和"损失的合理性"

五、网络服务合同纠纷

132. 无锡市掌柜无线网络技术有限公司诉无锡嘉宝置业有限公司网络服务合同纠纷案/1751
   ▶ 双方当事人强行向不特定公众发送商业广告短信息,侵害了不特定公众的利益,其签订的相关合同无效

133. 张某某诉广州交易猫信息技术有限公司网络服务合同纠纷案/1756
   ▶ 电子商务平台对虚拟财产交易的安全保障义务

六、教育培训合同纠纷

134. 陈某某、陈某乙诉北京仔仔鑫豪教育文化发展有限公司教育培训合同纠纷案/1768
   ▶ 预付式服务合同中公平原则的适用

劳务合同纠纷

135. 黑龙江省齐齐哈尔市战戟星文化传媒有限公司诉周佳鑫劳务合同纠纷案/1779
   ▶ 演艺公司与"网红主播"签订的《合作协议》,属于劳务合同,当事人违反合同约定时,可以适用《合同法》相关法律条文

追偿权纠纷

136. 顾善芳诉张小君、林兴钢、钟武军追偿权纠纷案/1787
   ▶ 只有按照通常理解对格式条款有两种以上解释的,才应采用不利解释原则

137. 孙俊与刘文保、岳凤芹、承德市凯旋房地产开发有限责任公司、滦平县信通科技小额贷款有限公司追偿权纠纷案/1793
   ▶ 如果保证人不存在过错，债务人不得以主债权数额在履行中发生变化等事由对抗保证人

其他合同纠纷

138. 北京隆昌伟业贸易有限公司诉北京城建重工有限公司合同纠纷案/1811
   ▶ 当事人双方就债务清偿达成和解协议，一方当事人依约履行，另一方当事人不履行协议，并请求减少违约金，人民法院不予支持

139. 四川金核矿业有限公司与新疆临钢资源投资股份有限公司特殊区域合作勘查合同纠纷案/1815
   ▶ 认定勘查开采矿产资源合同有效并继续履行将损害环境公共利益的，应当认定合同无效

140. 应高峰诉嘉美德（上海）商贸有限公司、陈惠美其他合同纠纷案/1830
   ▶ 在一人公司法人人格否认之诉中，一人公司法人人格不认之诉中财产混同的审查因素及举证责任分配规则

141. 北京博创英诺威科技有限公司与保利民爆科技集团股份有限公司合同纠纷案/1841
   ▶ 外贸代理人获得的出口退税款应当依约支付给委托人

142. 黄艺明、苏月弟与周大福代理人有限公司、亨满发展有限公司以及宝宜发展有限公司合同纠纷案/1858
   ▶ 涉港民商事纠纷应当参照我国国际私法冲突规范的规定以及国际私法理论，采用分割方法确定应当适用的法律

143. 李稳博诉上海虹口区艺术合子美术进修学校合同纠纷案/1887
   ▶ 经教育部门许可并通过民政部门登记设立的民办学校系公益性组织，出资人对学校财产不具有财产权益

目 录

144. 黑龙江北大荒投资担保股份有限公司与黑龙江省建三江农垦七星粮油工贸有限责任公司、黑龙江省建三江农垦宏达粮油工贸有限公司等担保合同纠纷案 /1895
    ▶ 同一债权上既有人的担保,又有债务人提供的物的担保,债权人与债务人的共同过错致使本应依法设立的质权未设立,保证人对此并无过错的,债权人应对质权未设立承担不利后果

145. 深圳市奕之帆贸易有限公司、侯庆宾与深圳兆邦基集团有限公司、深圳市康诺富信息咨询有限公司、深圳市鲤鱼门投资发展有限公司、第三人广东立兆电子科技有限公司合同纠纷案 /1903
    ▶ 双方当事人在设立让与担保的合同中约定,如担保物的价值不足以覆盖相关债务,即使债务履行期尚未届满,债权人亦有权主张行使让与担保权利

146. 再审申请人赖东望与被申请人于都县福丰置业有限责任公司、深圳市宝鹰实业集团有限公司股权转让合同纠纷案 /1928
    ▶ 约定第三人履行债务时,如何区分债务加入与第三人代为履行

147. 再审申请人天津市天意君泰商贸有限公司与被申请人天津中油滨海石油销售有限公司、天津海滨大道建设发展有限公司合同纠纷一案 /1955
    ▶ 对合同条款权利义务的认定不能完全拘泥于合同语句含义

148. 上诉人青岛华通国有资本运营(集团)有限责任公司与被上诉人青岛中泰信实业有限公司合同纠纷案 /1983
    ▶ 土地整理承接协议的任意解除权行使限制

149. 四川省攀化科技有限公司诉攀钢集团有限公司合同纠纷案案例分析 /2014
    ▶ 政府行为如果不构成不能预见、不能避免并不能克服的客观情况,不能认定为不可抗力

150. 再审申请人王为平、王彬、王挺、王浩怡与被申请人广深港客运专线有限责任公司合同纠纷案 /2028
    ▶ 当事人就房屋拆迁补偿问题已经达成补偿协议的,属于平等民事主体之间民事纠纷范畴

151. 籍祥太与郑权岳、乌兰县符青矿业开发有限责任公司合同纠纷再审案/2052

▶合同由一方当事人书写并签名后交另一方当事人，另一方当事人虽未签名，但不否认合同内容的，应认定合同为双方真实意思表示，合同有效

确认合同效力纠纷

确认合同效力纠纷

1. 瑞士嘉吉国际公司诉福建金石制油有限公司等确认合同无效纠纷案*

（最高人民法院审判委员会讨论通过 2014年12月18日发布）

> 债务人与其关联公司以明显不合理低价转让财产的行为系恶意串通损害债权人利益的，双方签订的合同无效

【关键词】

民事　确认合同无效　恶意串通　财产返还

【裁判摘要】

1. 债务人将主要财产以明显不合理低价转让给其关联公司，关联公司在明知债务人欠债的情况下，未实际支付对价的，可以认定债务人与其关联公司恶意串通、损害债权人利益，与此相关的财产转让合同应当认定为无效。

2. 《中华人民共和国合同法》第五十九条规定适用于第三人为财产所有权人的情形，在债权人对债务人享有普通债权的情况下，应当根据《中华人民共和国合同法》第五十八条的规定，判令因无效合同取得的财产返还给原财产所有人，而不能根据第五十九条规定直接判令债务人的关联公司因"恶意串通，损害第三人利益"的合同而取得的债务人的财产返还给债权人。

---

* 摘自2014年12月18日最高人民法院发布的第八批指导案例（指导案例33号）。

相关法条

《中华人民共和国合同法》第五十二条第二项①
《中华人民共和国合同法》第五十八条②、第五十九条③

基本案情

瑞士嘉吉国际公司（Cargill International SA，简称嘉吉公司）与福建金石制油有限公司（以下简称福建金石公司）以及大连金石制油有限公司、沈阳金石豆业有限公司、四川金石油粕有限公司、北京珂玛美嘉粮油有限公司、宜丰香港有限公司（该六公司以下统称金石集团）存在商业合作关系。嘉吉公司因与金石集团买卖大豆发生争议，双方在国际油类、种子和脂类联合会仲裁过程中于2005年6月26日达成《和解协议》，约定金石集团将在5年内分期偿还债务，并将金石集团旗下福建金石公司的全部资产，包括土地使用权、建筑物和固着物、所有的设备及其他财产抵押给嘉吉公司，作为偿还债务的担保。2005年10月10日，国际油类、种子和脂类联合会根据该《和解协议》作出第3929号仲裁裁决，确认金石集团应向嘉吉公司支付1337万美元。2006年5月，因金石集团未履行该仲裁裁决，福建金石公司也未配合进行资产抵押，嘉吉公司向福建省厦门市中级人民法院申请承认和执行第3929号仲裁裁决。2007年6月26日，厦门市中级人民法院经审查后裁定对该仲裁裁决的法律效力予以承认和执行。该裁定生效后，嘉吉公司申请强制执行。

2006年5月8日，福建金石公司与福建田源生物蛋白科技有限公司（以下简称田源公司）签订一份《国有土地使用权及资产买卖合同》，约定福建金石公司将其国有土地使用权、厂房、办公楼和油脂生产设备等全部固定资产以2569万元人民币（以下未特别注明的均为人民币）的价格转让给田源公司，其中国有土地使用权作价464万元、房屋及设备作价2105万元，应在合同生效后30日内支付全部价款。王晓琪和柳锋分别作为福建

---

①②③ 《中华人民共和国民法典》中无对应法条。

确认合同效力纠纷

金石公司与田源公司的法定代表人在合同上签名。福建金石公司曾于2001年12月31日以4821000元取得本案所涉32138平方米国有土地使用权。2006年5月10日，福建金石公司与田源公司对买卖合同项下的标的物进行了交接。同年6月15日，田源公司通过在中国农业银行漳州支行的账户向福建金石公司在同一银行的账户转入2500万元。福建金石公司当日从该账户汇出1300万元、1200万元两笔款项至金石集团旗下大连金石制油有限公司账户，用途为往来款。同年6月19日，田源公司取得上述国有土地使用权证。

2008年2月21日，田源公司与漳州开发区汇丰源贸易有限公司（以下简称汇丰源公司）签订《买卖合同》，约定汇丰源公司购买上述土地使用权及地上建筑物、设备等，总价款为2669万元，其中土地价款603万元、房屋价款334万元、设备价款1732万元。汇丰源公司于2008年3月取得上述国有土地使用权证。汇丰源公司仅于2008年4月7日向田源公司付款569万元，此后未付其余价款。

田源公司、福建金石公司、大连金石制油有限公司及金石集团旗下其他公司的直接或间接控制人均为王政良、王晓莉、王晓琪、柳锋。王政良与王晓琪、王晓莉是父女关系，柳锋与王晓琪是夫妻关系。2009年10月15日，中纺粮油进出口有限责任公司（以下简称中纺粮油公司）取得田源公司80%的股权。2010年1月15日，田源公司更名为中纺粮油（福建）有限公司（以下简称中纺福建公司）。

汇丰源公司成立于2008年2月19日，原股东为宋明权、杨淑莉。2009年9月16日，中纺粮油公司和宋明权、杨淑莉签订《股权转让协议》，约定中纺粮油公司购买汇丰源公司80%的股权。同日，中纺粮油公司（甲方）、汇丰源公司（乙方）、宋明权和杨淑莉（丙方）及沈阳金豆食品有限公司（丁方）签订《股权质押协议》，约定：丙方将所拥有汇丰源公司20%的股权质押给甲方，作为乙方、丙方、丁方履行"合同义务"之担保；"合同义务"系指乙方、丙方在《股权转让协议》及《股权质押协议》项下因"红豆事件"而产生的所有责任和义务；"红豆事件"是指嘉吉公司与金石集团就进口大豆中掺杂红豆原因而引发的金石集团涉及的一系列诉讼及仲裁纠纷以及与此有关的涉及汇丰源公司的一系列诉讼及仲裁纠纷。还约定，下述情形同时出现之日，视为乙方和丙方的"合同义务"已完全履行：（1）因"红豆事件"而引发的任何诉讼、仲裁案件的全部审理及执行程序均已终结，且乙方未遭受财产损失；（2）嘉吉公司针对乙方所涉合同可能存在的撤销权因超过法律规定的最长期间（5年）而消灭。2009年11月18日，中纺粮油公司取得汇丰源公司80%的股权。汇丰源公司成立后并未进行实际经营。

由于福建金石公司已无可供执行的财产，导致无法执行，嘉吉公司遂向福建省高级人民法院提起诉讼，请求：一是确认福建金石公司与中纺福建公司签订的《国有土地使用权及资产买卖合同》无效；二是确认中纺福建公司与汇丰源公司签订的国有土地使用权及资产《买卖合同》无效；三是判令汇丰源公司、中纺福建公司将其取得的合同项下财产返还给财产所有人。

裁判结果

福建省高级人民法院于2011年10月23日作出（2007）闽民初字第37号民事判决，确认福建金石公司与田源公司（后更名为中纺福建公司）之间的《国有土地使用权及资产买卖合同》、田源公司与汇丰源公司之间的《买卖合同》无效；判令汇丰源公司于判决生效之日起30日内向福建金石公司返还因上述合同而取得的国有土地使用权，中纺福建公司于判决生效之日起30日内向福建金石公司返还因上述合同而取得的房屋、设备。宣判后，福建金石公司、中纺福建公司、汇丰源公司提出上诉。最高人民法院于2012年8月22日作出（2012）民四终字第1号民事判决，驳回上诉，维持原判。

裁判理由

最高人民法院认为：因嘉吉公司注册登记地在瑞士，本案系涉外案件，各方当事人对适用中华人民共和国法律审理本案没有异议。本案源于债权人嘉吉公司认为债务人福建金石公司与关联企业田源公司、田源公司与汇丰源公司之间关于土地使用权以及地上建筑物、设备等资产的买卖合

确认合同效力纠纷

同，因属于《中华人民共和国合同法》第五十二条第二项"恶意串通，损害国家、集体或者第三人利益"的情形而应当被认定无效，并要求返还原物。本案争议的焦点问题是：福建金石公司、田源公司（后更名为中纺福建公司）、汇丰源公司相互之间订立的合同是否构成恶意串通、损害嘉吉公司利益的合同？本案所涉合同被认定无效后的法律后果如何？

一、关于福建金石公司、田源公司、汇丰源公司相互之间订立的合同是否构成"恶意串通，损害第三人利益"的合同

第一，福建金石公司、田源公司在签订和履行《国有土地使用权及资产买卖合同》的过程中，其实际控制人之间系亲属关系，且柳锋、王晓琪夫妇分别作为两公司的法定代表人在合同上签署。因此，可以认定在签署以及履行转让福建金石公司国有土地使用权、房屋、设备的合同过程中，田源公司对福建金石公司的状况是非常清楚的，对包括福建金石公司在内的金石集团因"红豆事件"被仲裁裁决确认对嘉吉公司形成1337万美元债务的事实是清楚的。

第二，《国有土地使用权及资产买卖合同》订立于2006年5月8日，其中约定田源公司购买福建金石公司资产的价款为2569万元，国有土地使用权作价464万元、房屋及设备作价2105万元，并未根据相关会计师事务所的评估报告作价。一审法院根据福建金石公司2006年5月31日资产负债表，以其中载明固定资产原价44042705.75元、扣除折旧后固定资产净值为32354833.70元，而《国有土地使用权及资产买卖合同》中对房屋及设备作价仅2105万元，认定《国有土地使用权及资产买卖合同》中约定的购买福建金石公司资产价格为不合理低价是正确的。在明知债务人福建金石公司欠债权人嘉吉公司巨额债务的情况下，田源公司以明显不合理低价购买福建金石公司的主要资产，足以证明其与福建金石公司在签订《国有土地使用权及资产买卖合同》时具有主观恶意，属恶意串通，且该合同的履行足以损害债权人嘉吉公司的利益。

第三，《国有土地使用权及资产买卖合同》签订后，田源公司虽然向福建金石公司在同一银行的账户转账2500万元，但该转账并未注明款项用途，且福建金石公司于当日将2500万元分两笔汇入其关联企业大连金石制油有限公司账户；又根据福建金石公司和田源公司当年的财务报表，并未体现该笔2500万元的入账或支出，而是体现出田源公司尚欠福建金石公司"其他应付款"121224155.87元。一审法院据此认定田源公司并未根据《国有土地使用权及资产买卖合同》向福建金石公司实际支付价款是合理的。

第四，从公司注册登记资料看，汇丰源公司成立时股东构成似与福建金石公司无关，但在汇丰源公司股权变化的过程中可以看出，汇丰源公司在与田源公司签订《买卖合同》时对转让的资产来源以及福建金石公司对嘉吉公司的债务是明知的。《买卖合同》约定的价款为2669万元，与田源公司从福建金石公司购入该资产的约定价格相差不大。汇丰源公司除已向田源公司支付569万元外，其余款项未付。一审法院据此认定汇丰源公司与田源公司签订《买卖合同》时恶意串通并足以损害债权人嘉吉公司的利益，并无不当。

综上，福建金石公司与田源公司签订的《国有土地使用权及资产买卖合同》、田源公司与汇丰源公司签订的《买卖合同》，属于恶意串通、损害嘉吉公司利益的合同。根据《中华人民共和国合同法》第五十二条第二项的规定，均应当认定无效。

二、关于本案所涉合同被认定无效后的法律后果

对于无效合同的处理，人民法院一般应当根据《中华人民共和国合同法》第五十八条"合同无效或者被撤销后，因该合同取得的财产，应当予以返还；不能返还或者没有必要返还的，应当折价补偿。有过错的一方应当赔偿对方因此所受到的损失，双方都有过错的，应当各自承担相应的责任"的规定，判令取得财产的一方返还财产。本案涉及的两份合同均被认定无效，两份合同涉及的财产相同，其中国有土地使用权已经从福建金石公司经田源公司变更至汇丰源公司名下，在没有证据证明本案所涉房屋已经由田源公司过户至汇丰源公司名下、所涉设备已经由田源公司交付汇丰源公司的情况下，一审法院直接判令取得国有土地使用权的汇丰源公司、取得房屋和设备的田源公司分别就各自取得的财产返还给福建金石公司并无不妥。

确认合同效力纠纷

《中华人民共和国合同法》第五十九条规定:"当事人恶意串通,损害国家、集体或者第三人利益的,因此取得的财产收归国家所有或者返还集体、第三人。"该条规定应当适用于能够确定第三人为财产所有权人的情况。本案中,嘉吉公司对福建金石公司享有普通债权,本案所涉财产系福建金石公司的财产,并非嘉吉公司的财产,因此,只能判令将系争财产返还给福建金石公司,而不能直接判令返还给嘉吉公司。

理解与参照

《瑞士嘉吉国际公司诉福建金石制油有限公司等确认合同无效纠纷案》的理解与参照[*]

2014年12月18日,最高人民法院发布了指导案例33号《瑞士嘉吉国际公司诉福建金石制油有限公司等确认合同无效纠纷案》。为了正确理解和准确参照适用该指导案例,现对其推选经过、裁判要点等有关情况予以解释、论证和说明。

一、推选经过及指导意义

本案由福建省高级人民法院一审,最高人民法院民四庭于2012年8月二审结案,判决已发生法律效力。2014年1月9日,最高人民法院民四庭审判长联席会讨论后,将该案例作为指导性案例推荐。最高人民法院案例指导工作办公室审查后,同意作为备选指导案例。8月4日,研究室室务会经讨论

---

[*] 摘自《最高人民法院司法解释与指导性案例理解与适用》(第四卷),人民法院出版社2016年版,第644~650页。

认为，案例中的有证据证明恶意串通损害债权人利益的行为以及合同被认定无效后法律后果的承担，有典型指导价值，同意将此案例作为指导案例报院领导审核后提请审委会讨论。11月28日，最高人民法院审判委员会经讨论一致同意将该案例确定为指导案例。12月18日，最高人民法院以法〔2014〕327号文件将该案例作为第八批指导案例予以公开发布。

该指导案例旨在明确债务人与其关联公司恶意串通逃债的，债权人可以请求法院确认债务人转让财产的合同无效；同时划分了合同无效后返还财产适用《中华人民共和国合同法》第五十八条与第五十九条的界限。这不仅明确了"恶意串通"的具体认定标准，解决了合同无效后如何返还财产问题，而且有利于有效惩治违背诚信、恶意逃债行为，维护债权人合法权益和公平安全的市场经济秩序。

二、裁判要点的理解与说明

指导案例33号裁判要点确认：（1）债务人将主要财产以明显不合理低价转让给其关联公司，关联公司在明知债务人欠债的情况下，未实际支付对价的，可以认定债务人与其关联公司恶意串通、损害债权人利益，与此相关的财产转让合同应当认定为无效。（2）《中华人民共和国合同法》第五十九条规定适用于第三人为财产所有权人的情形，在债权人对债务人享有普通债权的情况下，应当根据《中华人民共和国合同法》第五十八条的规定，判令因无效合同取得的财产返还给原财产所有人，而不能根据第五十九条规定直接判令债务人的关联公司因"恶意串通，损害第三人利益"的合同而取得的债务人的财产返还给债权人。下面结合有关法律和司法解释规定，围绕裁判要点中有关问题予以论证和说明。

（一）如何认定恶意串通、损害他人利益的无效合同

无效合同是指当事人虽然取得合意，但是因为违反法律规定而自始不具有法律约束力的合同。《中华人民共和国合同法》第五十二条规定："有下列情形之一的，合同无效：（一）一方以欺诈、胁迫的手段订立合同，损害国家利益；（二）恶意串通，损害国家、集体或者第三人利益；（三）以合

确认合同效力纠纷

法形式掩盖非法目的；（四）损害社会公共利益；（五）违反法律、行政法规的强制性规定。"可见，当事人恶意串通、损害他人利益的合同是无效合同的一种情形。所谓恶意串通，就是当事人为了谋取私利，相互勾结，采取不正当方式，共同实施损害他人的行为。当事人恶意串通订立损害国家、集体或者第三人利益的合同，违反了订立合同应当遵守法律、尊重公德、诚实信用的基本原则，内容严重违法，因而应当被确认为合同全部无效。

本案例源于债权人瑞士嘉吉国际公司（以下简称嘉吉公司）认为，债务人福建金石制油有限公司（以下简称金石公司）与关联公司中纺粮油（福建）有限公司（以下简称中纺福建公司，曾用名福建田源生物蛋白科技有限公司）、中纺福建公司与漳州开发区汇丰源贸易有限公司（以下简称汇丰源公司）之间，有关土地使用权以及地上建筑物、设备等资产的买卖合同因构成《中华人民共和国合同法》第五十二条第二项"恶意串通，损害国家、集体或者第三人利益"的情形而应当被认定无效，并要求返还原物。下面，结合具体案情分析福建金石公司、中纺福建公司、汇丰源公司相互之间订立的合同是否构成"恶意串通、损害第三人利益"的合同。

首先，债务人与其关联公司明知债务人欠他人债务。福建金石公司、中纺福建公司在签订和履行《国有土地使用权及资产买卖合同》的过程中，其实际控制人之间系亲属关系，且柳锋、王晓琪夫妇分别作为两公司的法定代表人在合同上签署。因此，可以认定在签署以及履行转让福建金石公司国有土地使用权、房屋、设备的合同过程中，中纺福建公司对福建金石公司的状况是非常清楚的，对包括福建金石公司在内的金石集团因"红豆事件"被仲裁裁决确认对嘉吉公司形成1337万美元债务的事实是清楚的。

其次，债务人以明显不合理低价转让财产。《最高人民法院关于适用〈中华人民共和国合同法〉若干问题的解释（二）》第十九条第一款规定："对于合同法第七十四条规定的'明显不合理的低价'，人民法院应当以交易当地一般经营者的判断，并参考交易当时交易地的物价部门指导价或者市场交易价，结合其他相关因素综合考虑予以确认。"第二款规定："转让价格达不到交易时交易地的指导价或者市场交易价百分之七十的，一般可以视为明显不合理的低价；对转让价格高于当地指导价或者市场交易价百

11

分之三十的，一般可以视为明显不合理的高价。"该司法解释规定转让价格达不到交易时交易地的指导价或者市场交易价70%的，"一般可以视为明显不合理的低价"，"一般"意味着排除特殊情形，如季节性产品和易腐烂变质的时令果蔬在临近换季或者保质期前回笼资金的甩卖；"可以"意味着应视具体情形而定，不作刚性约束；"视为"是立法和解释上使用的法律拟制用语，债务人、受让人可以提出相反事实和证据予以推翻。审判实务中，对"以明显不合理的低价转让财产"，原则上应当按照该司法解释第19条规定的判断基准和基本方法综合进行分析，并予以个案确认。①

本案例中，《国有土地使用权及资产买卖合同》订立于2006年5月8日，其中约定中纺福建公司购买福建金石公司资产的价款为2569万元，国有土地使用权作价464万元、房屋及设备作价2105万元，并未根据相关会计师事务所的评估报告作价。一审法院根据福建金石公司2006年5月31日资产负债表，以其中载明固定资产原价44042705.75元、扣除折旧后固定资产净值为32354833.70元，而《国有土地使用权及资产买卖合同》中对房屋及设备作价仅2105万元，认定《国有土地使用权及资产买卖合同》中约定的购买福建金石公司资产价格为不合理低价是正确的。在明知债务人福建金石公司欠债权人嘉吉公司巨额债务的情况下，中纺福建公司以不合理低价购买福建金石公司的主要资产，足以证明其与福建金石公司在签订《国有土地使用权及资产买卖合同》时具有主观恶意，属恶意串通，该合同的履行足以损害债权人嘉吉公司的利益。

第三，关联公司未实际支付对价。《国有土地使用权及资产买卖合同》签订后，中纺福建公司虽然通过中国农业银行漳州支行向福建金石公司在同一银行的账户转账2500万元，但该转账并未注明款项用途，且福建金石公司于当日将2500万元分两笔汇入其关联企业大连金石制油有限公司账户，又根据福建金石公司和中纺福建公司当年的财务报表，并未体现该笔2500万元的入账或支出，而是体现出中纺福建公司尚欠福建金石公司"其他应付款"121224155.87元。一审法院据此认定中纺福建公司并未根据《国有土地使用

---

① 沈德咏主编：《最高人民法院关于合同法司法解释（二）理解与适用》，人民法院出版社2009年版，第148页。

权及资产买卖合同》向福建金石公司实际支付价款是合理的。

第四，关联公司明知转让的资产来源和债务人欠债情况。从公司注册登记资料看，汇丰源公司成立时股东构成似与福建金石公司无关，但在汇丰源公司股权变化的过程中可以看出，汇丰源公司在与中纺福建公司签订《买卖合同》时对转让的资产来源以及福建金石公司对嘉吉公司的债务是明知的。《买卖合同》约定的价款为2669万元，与中纺福建公司从福建金石公司购入该资产的约定价格相差不大。汇丰源公司除已向中纺福建公司支付569万元外，其余款项未付。一审法院据此认定汇丰源公司与中纺福建公司签订《买卖合同》时恶意串通并足以损害债权人嘉吉公司的利益，并无不当。

综上，通过综合分析，可以认定福建金石公司与中纺福建公司之间的《国有土地使用权及资产买卖合同》、中纺福建公司与汇丰源公司之间的《买卖合同》，属于恶意串通、损害嘉吉公司利益的合同。根据《中华人民共和国合同法》第五十二条第二项的规定，均应当认定为无效。

（二）关于合同被认定无效后的法律后果

合同无效，意味着合同自始没有法律约束力，应将合同的财产后果恢复到合同订立以前的状态。对于无效合同的处理，根据《中华人民共和国合同法》第五十八条的规定，合同无效后，因该合同取得的财产，应当予以返还；不能返还或者没有必要返还的，应当折价补偿。有过错的一方应当赔偿对方因此所受到的损失，双方都有过错的，应当各自承担相应的责任，判令取得财产的一方返还财产。

本案例涉及的两份合同均被认定无效，两份合同涉及的财产相同，其中国有土地使用权已经从福建金石公司经中纺福建公司变更至汇丰源公司名下，在没有证据证明本案所涉房屋已经由中纺福建公司过户至汇丰源公司名下、所涉设备已经由中纺福建公司交付汇丰源公司的情况下，一审法院直接判令取得国有土地使用权的汇丰源公司、取得房屋和设备的中纺福建公司分别就各自取得的财产返还给福建金石公司并无不妥。《中华人民共和国合同法》第五十九条规定："当事人恶意串通，损害国家、集体或者第三人利益的,因此取得的财产收归国家所有或者返还集体、第三人。"该条应当适用于能够确定第三人为财产所有权人的情况。本案例中,嘉吉公司对福建金石公司享有普通债权,案涉财产系福建金石公司的财产,并非嘉吉公司的财产,因此,应当判令将系争财产返还给福建金石公司,不能直接判令返还给嘉吉公司。

三、需要说明问题

(一)关于债权人保护债权方式的选择权

根据我国合同法的有关规定,在债权人认为债务人的行为危害其债权的情况下,保护债权的方式和途径有两种:一是债权人根据《中华人民共和国合同法》第七十四条第一款的规定,行使债权人的撤销权,请求人民法院撤销债务人订立的相关合同;二是债权人根据《中华人民共和国合同法》第五十二条第二项的规定,请求人民法院确认债务人签订的相关合同无效。虽然两者的法律后果都是达到恢复原状的目的,但是二者在适用范围、期限和证明标准等方面存在区别。一是适用范围不同。根据《中华人民共和国合同法》第七十四条规定,债权人行使撤销权限于债务人放弃其到期债权或者无偿转让财产,对债权人造成损害的,或者债务人以明显不合理的低价转让财产,对债权人造成损害,并且受让人知道该情形的,债权人可以请求人民法院撤销债务人的行为。《最高人民法院关于适用〈中华人民共和国合同法〉若干问题的解释(二)》第十八条补充了债务人放弃其未到期债权、放弃担保债权和恶意延长到期债权的履行期三种情形。而主张合同无效限于前述《中华人民共和国合同法》第五十二条规定的五种情形之一。二是期限不同。《中华人民共和国合同法》第七十五条规定:"撤销权自债权人知道或者应当知道撤销事由之日起一年内行使。自债务人的行为发生之日起五年内没有行使撤销权的,该撤销权消灭。"可见行使撤销权会有除斥期间的限制,而请求确认合同无效则无此期限限制。三是证明标准不同。从司法实践来看,在行使撤销权的情况下,债权人只需要举证证明"债务人无偿转让财产"或者"债务人以明显不合理的低价转

确认合同效力纠纷

让财产对债权人造成损害,且受让人知道该情形",其中只要债权人能够举证证明"受让人知道债务人的转让行为是以明显不合理的低价",就足以认定受让人知道会因此对债权人造成损害。而债权人选择以债务人与他人恶意串通、损害其利益为由,主张合同无效会在举证方面面临更高的要求,具体要求在下面说明。可见,对债权人而言,两种保护债权实现的方式各有利弊,债权人可以在权衡利弊后做出选择。本案例中,债权人嘉吉公司选择的是请求确认相关转让财产的合同无效。

(二) 关于恶意串通的证明标准问题

债权人在主张相关合同无效的情况下,债权人不仅要证明债务人有损害其利益的行为,而且要证明债务人与受让人"恶意串通"。恶意串通比行使撤销权的证明标准更高。恶意串通,是以损害他人利益为目的,债务人与受让人相互通谋、相互勾结做出的意思表示。债权人要证明债务人与受让人主观上具有恶意,还要证明客观上具有串通损害其利益的行为。值得注意的是,自2015年2月4日起施行的《最高人民法院关于适用〈中华人民共和国民事诉讼法〉的解释》第一百零九条规定:"当事人对于欺诈、胁迫、恶意串通事实的证明,以及对于口头遗嘱或者赠与事实的证明,人民法院确信该待证事实存在的可能性能够排除合理怀疑的,应当认定该事实存在。"该条解释对提高证明标准的特殊情形进行了明确规定,即欺诈、胁迫和恶意串通等事实,在实体法立法上使用"足以""显失公平"的表述的,均反映立法者有对此类待证事实拔高证明标准的意图,审判实践中对这些事实也应当适用高于高度盖然性的证明标准。① 可见,恶意串通等事实的证明标准,需要达到排除合理怀疑的程度,高于民事诉讼中的高度盖然性的一般证明标准。

(执笔人:吴光侠、高晓力)

---

① 沈德咏主编:《最高人民法院民事诉讼法司法解释理解与适用》,人民法院出版社2015年版,第362页。

> 网络竞价系统自动生成《竞价结果通知单》违反交易规则的，交易不成立

2. 青海红鼎房地产有限公司与青海省国有资产投资管理有限公司、青海省产权交易市场确认合同有效纠纷案[*]

【裁判摘要】

> 1. 网络竞价交易具有即时性和公开性的特点，产权人、竞买人、竞买组织方均应严格遵守相关交易规则。虽然网络竞价系统自动生成《竞价结果通知单》，但因违反交易规则，不能形成有效承诺的，交易依法不能成立。
>
> 2. 网络竞拍是拍卖的一种特殊形式，在其有特别规定时依其规定，在无特别规定时，可以适用《中华人民共和国拍卖法》的一般规定。

最高人民法院民事判决书

（2015）民二终字第351号

上诉人（原审被告）：青海省国有资产投资管理有

---

[*] 摘自《最高人民法院公报》2017年第3期。

确认合同效力纠纷

限公司。住所地：青海省西宁市城北区生物园区纬二路18号。

法定代表人：郝立华，该公司总经理。

委托代理人：陈岩，青海树人律师事务所律师。

委托代理人：张县利，青海树人律师事务所律师。

被上诉人（原审原告）：青海红鼎房地产有限公司。住所地：青海省西宁市城中区西大街40号三田世纪广场20层。

法定代表人：关景武，该公司董事长。

委托代理人：汤益民，该公司员工。

委托代理人：邢志，北京大成（西宁）律师事务所律师。

原审第三人：青海省产权交易市场。住所地：青海生物科技产业园管委会大楼705室。

法定代表人：商桂林，该市场董事长。

委托代理人：吴建国，该市场员工。

上诉人青海省国有资产投资管理有限公司（以下简称国投公司）因与被上诉人青海红鼎房地产有限公司（以下简称红鼎公司）、原审第三人青海省产权交易市场（以下简称产权市场）确认合同有效纠纷一案，不服青海省高级人民法院（2014）青民二初字第40号民事判决，向本院提起上诉。本院依法组成由审判员张雪楳担任审判长，审判员阿依古丽、代理审判员高燕竹参加的合议庭进行了审理。书记员张茜娟担任记录。本案现已审理终结。

一审法院经审理查明：2010年12月17日，青海省国资委批复同意将69号标的物（地上附着物建筑面积$12850.84m^2$、土地面积$34505.50m^2$）委托产权市场公开挂牌交易。2011年7月20日，国投公司向产权市场递交《产权转让申请书》，该申请书对转让方基本情况、标的企业基本情况、标的企业评估等情况进行了说明。同日，国投公司作为甲方与作为乙方的产权市场，就69号标的物的转让签订《产权转让服务协议》，由国投公司委托产权市场办理上述财产转让的相关事宜，委托事项包括：（1）向甲方提供有关法律、法规、政策及交易规则的咨询服务；（2）指导甲方填写《产权转让申请书》；（3）协助甲方制定产权转让内部决策文件；（4）审核甲方提供的评估报告、审计报告、验资报告、法律意见书等文件资料；（5）负责对甲方提供的产权转让标的进行现场勘查、核实；（6）委托律师事务所对甲方提供的文件资料的真实性、完整性、合法性进行审查并出具审查意见；（7）负责制定、发布《产权转让公告》；（8）负责征集、审核意向受让方，并参与相关谈判；（9）负责与甲方共同确定意向受让方，并确定交易方式；（10）进入竞价程序后，负责组织网络竞价活动公开转让；（11）负责制定《产权交易合同》；（12）确保交易资金安全，负责办理产权交易价款结算手续；（13）负责出具《产权交易凭证》；（14）负责监督交易双方资产的交割；（15）负责协调交易过程中发生的争议；（16）按照青交市场产权交易规则应提供的其他服务。

2011年7月21日、9月1日、9月17日，产权市场在《青海日报》《西海都市报》及其网站上刊登发布了69号标的物产权转让公告和网络竞价公告，就转让标的评估价格、挂牌价格、受让人条件、网络竞价方式、保证金的交纳等予以公告。

2011年9月20日，产权市场利用金马甲网络竞价系统组织参加竞价的3个竞买人对69号标的物进行网络竞价，在竞价进入限时竞价阶段，通过多次竞价，剩红鼎公司、西宁伟业房地产开发有限公司（以下简称伟业公司）继续进行了几轮竞价。当红鼎公司报竞价28937800元后，伟业公司在限时180秒的竞价阶段，其计算机页面计时器在竞价倒计时至19秒时停止计时。在伟业公司操作人员询问原因及产权市场工作人员解答时，金马甲网络竞价系统自动生成《竞价结果通知单》，红鼎公司以成交价28937800元竞得69号标的物，此次竞价结束。

2011年9月30日，产权市场、红鼎公司在上述《竞价结果通知单》上加盖公章予以确认，国投公司未盖章。

国投公司于2011年9月22日向产权市场送达《关于不予确认西宁市南川东路69号土地使用权及地上附着物转让项目竞拍结果的函》，认为由于竞价过程中竞买一方计算机出现故障，给交易结果带来不可预见的影响，对于当日的竞价结果不予确认。

产权市场在向金马甲网络系统机房托管服务商北京国研网络数据科技

确认合同效力纠纷

有限公司核实金马甲网络运行状况,并于2011年9月28日接到该公司网络和服务器运行平稳的证明后,于2011年9月30日向国投公司呈报《关于认定西宁市南川东路69号土地使用权及地上附着物转让项目合法受让人的函》,认定红鼎公司为69号标的物转让项目合法受让人。同日,产权市场和红鼎公司在《竞价结果通知单》上签字盖章,作为转让方的国投公司没有在竞价结果通知单上签字盖章,并以此次竞买活动中存在竞买方计算机故障,给交易结果带来不可预见的影响为理由,不予确认网络竞价结果以及拒绝履行向红鼎公司交付资产。

产权市场是1997年经青海省政府批准成立的进行产权交易的专业机构,经国务院国资委、财政部备案,是青海省国资委选择确定的青海省唯一从事国有企业产权交易活动的机构,也是青海省财政厅选择确定的青海省唯一从事行政事业单位国有资产处置和金融企业国有资产转让活动的机构。

金马甲网络竞价系统是由全国30多家省级产权交易机构共同出资成立的互联网网络竞价平台,隶属北京市产权交易所。本场网络竞价活动采取"集中竞价方式",凡通过产权市场受让资格审查并在金马甲网站注册、申请竞价、注册账户被激活的竞买人,均可登录金马甲竞价大厅参与竞价活动。"集中竞价方式"流程包括:(1)阅读须知;(2)通过产权市场受让资格审查成为意向竞买人,并在金马甲网站注册账户;(3)参与竞价。集中竞价的过程由自由竞价阶段和限时竞价阶段组成。竞价开始后的1小时(15:00至16:00)为自由竞价阶段,竞价人的报价只要高于底价,即为有效报价。自由竞价阶段结束后,即进入限时竞价阶段。限时竞价阶段由多个竞价周期组成,每个限时竞价周期为3分钟。在一个限时竞价周期内如无人加价,当前的最高出价者即为该竞价标的的买受人,该标的的竞价活动结束;如限时竞价周期内有人加价,则以此报价时间为新的限时竞价周期起点,往后等待新的报价,直至最后一个限时竞价周期内没有新的有效报价为止,当前最高有效报价的竞买人即成为该竞价标的的买受人,该竞价标的的竞价活动结束;(4)成交确认。买受人竞价成功后,系统将自动弹出成交提示,同时金马甲网站会将《竞价结果通知单》发送至该买受人的金马甲注册账户，买受人须在竞价成交当日与转让方签订《产权交易合同》。（5）结算交割。买受人应在《产权交易合同》签订后，按规定时间缴纳成交价款和交易服务费，并办理资产交割手续。

经双方当事人申请，该院在原一审过程中对产权市场在组织双方当事人网络竞价过程中电脑计时器在倒计时最后19秒出现停止的现象，向北京金马甲网络有限公司（以下简称金马甲公司）进行调查取证，该公司书面答复该院，计时器在最后19秒停止倒计时不是网络故障，而是互联网中的迟延现象，可以瞬时激活，不影响报价行为。竞价人伟业公司反映后，产权市场工作人员及时指出该停止现象不影响其竞价，并询问是否继续竞价，其表示不再竞价。

红鼎公司于2012年5月17日向青海省高级人民法院提起诉讼，请求：（1）确认红鼎公司竞得69号标的物转让项目的竞价结果合法有效，红鼎公司与国投公司之间的买卖合同成立；（2）判令国投公司向红鼎公司交付69号标的物全部资产，并配合红鼎公司办理资产产权变更手续。本案的全部诉讼费用由国投公司承担。

一审法院认为，根据各方的诉辩主张，本案争议焦点：（1）关于国投公司与产权市场的关系问题。（2）关于交易是否依法进行，竞价结果是否有效的问题。（3）关于产权市场对竞价结果的确认能否对国投公司产生约束力的问题。（4）关于本案诉争的土地使用权及地上附着物转让合同是否依法成立的问题。

1. 关于国投公司与产权市场的关系问题

该院认为，本案中，国投公司依据青海省国资委批复，与产权市场签订《产权转让服务协议》并递交《产权转让申请书》，双方在《产权转让服务协议》和《产权转让申请书》中对各自的权利和义务、委托事项、交易的内容和方式等进行了明确约定。从上述协议的约定内容来看，国投公司委托产权市场负责组织对转让标的物的网络竞价活动，在进入竞价程序后，产权市场负责组织网络竞价活动公开转让、负责制定《产权转让合同》、负责办理产权交易价款结算手续、负责交易双方资产的交割和协调交易过程中发生的争议，双方的法律关系符合《中华人民共和国民法通则》第六十五条有关委托代理的规定，双方之间形成委托代理关系，即由国投公司委托产权市场办理 69 号标的物的公开挂牌交易事宜。

2. 关于交易是否依法进行，竞价结果是否有效的问题

该院认为，出让人国投公司、竞买人伟业公司、红鼎公司和竞价组织方产权市场均按照《金马甲竞价大厅使用规则》《金马甲网络竞价操作须知》等有关网络竞价操作文件，完成了竞价公告、金马甲注册账户、网上竞价等竞价过程，整个竞价过程并不存在违法违规情形。虽然在最后的限时竞价阶段，出现伟业公司操作的计算机页面计时器在倒计时 19 秒停止计时的现象，但金马甲公司和北京国研科技公司书面答复该院 19 秒停止现象是互联网一种迟延现象，不影响加价操作，通过加价操作，可瞬时恢复正常。上述停止计时现象不属于《金马甲竞价大厅使用规则》规定的由竞价组织方决定竞价活动中止或终结的故障范畴。况且产权市场现场工作人员对计时器停止现象予以解释，并告知其不影响继续加价，作为竞买人的伟业公司应按照金马甲网络竞价规则进行报价，对互联网迟延现象应按照市场工作人员的提醒及时操作，若未及时操作应承担不利的法律后果。红鼎公司按照金马甲竞价规则报价 28937800 元属于要约，金马甲系统自动生成的竞价结果属于承诺，红鼎公司作为竞买人，在此次竞买过程中按照交易规则竞价，并无过错。根据《中华人民共和国拍卖法》第三条"拍卖是指以公开竞价的形式，将特定物品或者财产权利转让给最高应价者的买卖方式"、第三十八条"买受人是指以最高应价购得拍卖标的的竞买人"、第五十一条"竞买人的最高应价经拍卖师落槌或者以其他公开表示买定的方式确认后，拍卖成交"的规定，在排除上述停止计时的现象不属于故障问题的前提下，金马甲网络竞价系统生成的竞价结果，应认定为合法有效。并且此次交易经过 3 个竞买人 16 轮的竞价产生最终的竞价结果，国投公司关于最后 19 秒停止计时影响加价，并且未实现充分竞价的辩解理由不能成立。

3. 关于产权市场对竞价结果的确认能否对国投公司产生约束力的问题

该院认为，按照产权市场与国投公司签订的《产权转让协议》第三条第（9）项约定，产权市场负责与国投公司共同确定意向受让方，并确定

交易方式。第（10）项约定，进入竞价程序后，产权市场负责组织网络竞价活动公开转让及国投公司《产权转让申请书》中明确约定，挂牌期满，如征集到两个及两个以上符合条件的意向受让方，选择网络竞价方式确定受让方。国投公司委托产权市场以金马甲网络竞价方式公开竞价，并最终由金马甲网络竞价方式确定受让方。如上所述，金马甲网络竞价系统生成的竞价结果，合法有效，产权市场经确认并向红鼎公司送达《竞价结果通知单》的行为，属于《产权转让服务协议》约定的委托代理的事项，并且产权市场向北京国研网络数据科技有限公司核实金马甲网络运行状况，并于2011年9月28日接到该公司网络和服务器运行平稳的证明，确定交易当日网络运行并无异常后，才向红鼎公司送达《竞价结果通知单》，产权市场的该确认行为并未超出国投公司对产权市场的授权范围，对国投公司具有约束力。在挂牌交易规则由案涉当事人共同确定适用，交易过程不存在违法违规情形，交易结果合法有效的前提下，国投公司以交易过程未实现充分竞价为由对结果不予确认，将破坏网络竞价的稳定性。国投公司关于产权市场无权确认交易结果的理由不能成立，不予支持。

4. 本案诉争的土地使用权及地上附着物转让合同是否依法成立的问题

该院认为，国投公司以《产权转让服务协议》委托产权市场对69号标的物转让事项发出要约邀请，竞买人伟业公司、红鼎公司对该标的物的价款通过网络竞价发出要约，国投公司通过金马甲交易系统这一特定交易方式作出承诺，金马甲系统最终自动生成的红鼎公司报价28937800元竞价结果作为国投公司的承诺，该承诺合法有效。《中华人民共和国合同法》第二十五条规定，承诺生效时合同成立。并且从本案网络竞价公告结果的内容来看，有当事人的名称、标的、数量和价款，是当事人应当签订产权交易合同的主要内容，符合《最高人民法院关于适用〈中华人民共和国合同法〉若干问题的解释（二）》第一条第一款"当事人对合同是否成立存在争议，人民法院能够确定当事人名称或者姓名、标的和数量的，一般应当认定合同成立。但法律另有规定或者当事人另有约定的除外"的规定，应当认定国投公司与红鼎公司有关69号标的物的买卖合同成立，双方应继续履行合同。

确认合同效力纠纷

综上,该院认为,本案中网络竞价结果合法有效,国投公司与红鼎公司之间的买卖合同依法成立,双方应继续履行合同。依照《中华人民共和国合同法》第二十五条、第一百三十条、第一百七十三条,《最高人民法院关于适用〈中华人民共和国合同法〉若干问题的解释(二)》第一条第一款,《中华人民共和国拍卖法》第三条、第三十一条、第五十一条、第五十二条、第五十五条及《中华人民共和国民事诉讼法》第一百四十二条的规定,经该院审判委员会讨论,判决如下:一、青海省国有资产投资管理有限公司委托青海省产权交易市场于2011年9月20日对西宁市南川东路69号土地使用权及地上附着物的网络竞价结果合法有效,青海红鼎房地产有限公司与青海省国有资产投资管理有限公司之间有关上述标的物的买卖合同成立;二、青海省国有资产投资管理有限公司于本判决生效后10日内向青海红鼎房地产有限公司交付西宁市南川东路69号的土地及地上附着物(包括相关权证资料)。案件受理费186489元由青海省国有资产投资管理有限公司承担。

国投公司不服上述一审判决,提起上诉称:(1)原审判决适用的依据与本次交易规则严重相悖。本案中参与交易各方约定按照《金马甲竞价大厅使用规则》等有关网络竞价文件操作,但原审判决却将《中华人民共和国拍卖法》作为交易依据。《中华人民共和国拍卖法》的规定交易流程、方式、要求,与本案各方的约定殊不相同,本案不应适用《中华人民共和国拍卖法》。(2)本案交易成立的条件与原审判决的认定完全不同。原审判决认定金马甲网络竞价系统生成的竞价结果即承诺,违反《金马甲网络竞价操作须知》的内容。依据《金马甲网络竞价操作须知》等文件约定,本次网络竞价的"成交确认"是买受人竞价成功,系统弹出成交提示,金马甲网站将《竞价结果通知单》发送至该买受人的账户,买受人与转让方签订《产权交易合同》。(3)原审判决认定买卖合同成立与法律规定相冲突。《中华人民共和国城市房地产管理法》《中华人民共和国城镇国有土地使用权出让和转让暂行条例》及《企业国有产权转让管理暂行办法》规定,本案所涉标的转让,必须签订书面转让合同。本次交易未签订书面协议,买卖合同不成立。(4)原审判决对网络问题处断的认定违反交易规则和法律规定。原审判决关于"产权市场工作人员及时指出该停止现象不影响其竞价,并询问是否继续竞价,其表示不再竞价"的认定没有证据证实。原审判决认定,金马甲公司和北京国研科技公司书面答复称19秒停止现象是互联网一种正常现象,不影响加价操作。上述停止计时现象不属于网络竞价规则规定的决定竞价活动中止或者终结的故障范围。这一认定不符合《金马甲网络竞价大厅使用规则》第二十九条的规定,也不符合《中华人民共和国合同法》第三十九条、第四十一条规定的格式合同的解释规则。综上,请求撤销原审判决,驳回被上诉人的全部诉讼请求;由被上诉人承担全部诉讼费用。

红鼎公司答辩称:(1)一审法院适用《中华人民共和国拍卖法》正确。①现行规范性文件对本案适用规则的指引。根据《企业国有产权转让暂行管理办法》第十七条、《青海省企业国有产权管理办法》第二十一条的规定,本次交易中各方的关系应当适用《中华人民共和国拍卖法》进行调整。②网络竞价活动是拍卖活动的一种形式,一审法院适用《中华人民共和国拍卖法》作为裁决本案的依据,符合立法精神。③《中华人民共和国拍卖法》所规定的合同成立条件与《金马甲竞价大厅使用规则》《金马甲网络竞价操作须知》中有关合同成立的条件完全一致,并无冲突,不存在一审法院为规避上述两个竞买规则而选择适用《中华人民共和国拍卖法》作为裁判依据的情形。(2)关于交易成立的条件。《金马甲网络竞价操作须知》规定:"买受人应当在竞价成交后当日与转让方签订《产权交易合同》。"根据该规定,"成交后"是签署合同书的条件。换言之,签订《产权交易合同》是双方合同成立后的工作,而非合同成立的条件。与上述观点一致的是,《企业国有产权转让暂行管理办法》第十七条关于"企业国有产权转让成交后,转让方与受让方应当签订产权转让合同……"的规定和《青海省企业国有产权管理办法》第二十三条关于"企业国有产权转让成交后,转让方和受让方应当签订产权转让合同……"的规定,故双方之间的交易既然已经成交,就意味双方的买卖合同已经成立,双方是否签订合同书,与合同是否成立无涉。本案中以电子形式签订不动产交易合同,电子交易合同是一种特殊的书面形式。(3)关于所谓"网络问题的处

确认合同效力纠纷

断"问题。①无论该竞价系统在案发当时是否出现计时器迟滞运行的现象,该现象产生的后果均不能由红鼎公司承担,红鼎公司在此次竞买活动中不存在任何过错。国投公司认为产权市场处置不当,从而导致全部竞价结果无效的说法完全不能成立,即便国投公司认为其与产权市场存在纠纷,也不能否定红鼎公司作为无过错的竞买人已经竞买成功的事实。②国投公司无权对此次竞价结果提出异议。依照《企业国有产权转让管理暂行办法》以及《青海省国有产权转让管理办法》之规定,有权对企业国有产权交易效力提出异议的,仅为国有资产监督管理机构或是企业产权转让的批准机关,国投公司无权对交易是否有效提出异议。③本案中所涉及的各项竞价规则均为国投公司以及产权市场所制定并发布,若有不同理解,应当作出对国投公司不利的解释。综上,请求驳回上诉,维持原判。

原审第三人产权市场提交意见称:(1)产权市场系依法设立、合法经营的国有产权交易机构,产权市场的行为受《中华人民共和国拍卖法》有关规定的调整。产权市场系青海省人民政府指定的唯一一家国有产权交易机构,依法接受国投公司的委托,并征得其书面同意后,将其拟转让的资产采用网络竞价的方式进行处置。而网络竞价这一活动,完全符合《中华人民共和国拍卖法》中有关"拍卖是指以公开竞价的形式,将特定物品或者财产权利转让给最高应价者的买卖方式"的界定,所以,该活动应当受《中华人民共和国拍卖法》的调整。(2)交易成立的条件。根据合同法原理,在网络竞价中,电子承诺到达竞买者使用的计算机系统时,双方的买卖合同即告成立。至于国投公司所谓须签订合同书合同才成立的理解,完全和国投公司与产权市场共同制定的交易规则不符。尤其需要说明的是,交易规则明确指出,双方成交后才签订合同书,就是明确了签订合同书之前,双方的合同已经成立,而无需另行确认。(3)使用电子合同形式进行不动产交易符合法律规定。目前,我国所有国有产权交易机构均选择网络竞价的形式进行交易,其中不乏大量的不动产交易。全国的产权交易机构以及不动产行政主管部门,均认可电子合同属于特殊的书面合同这一常识。(4)产权市场对本次竞价的处置程序合法,无任何不当,国投公司没有提出异议的资格。综上,请求驳回国投公司上诉请求。

本院二审庭审中，国投公司提交了西宁仲裁委员会 2011 年 12 月 14 日开庭笔录，用以证明产权市场在与国投公司产权转让服务协议纠纷一案的庭审过程中明确表示计时器停止是事实。经本院二审质证，红鼎公司对该证据真实性予以认可，但认为不属于新证据。产权市场对该证据真实性予以认可，对其证明目的不予认可。因各方当事人对上述证据的真实性均无异议，本院对其真实性予以确认。

除产权市场工作人员询问伟业公司是否继续竞价，伟业公司表示不再竞价这一事实外，二审对一审查明的事实予以确认，另查明：

2011 年 9 月 21 日，伟业公司委托青海树人律师事务所致函产权市场称：按照你市场事先的提示、说明，在自由竞价时间结束后，进入限时竞价阶段。在限时竞价阶段，伟业公司作为意向受让方，有权在 180 秒的时间内进行竞价。但在限时竞价阶段，在其他方竞价后，金马甲网络竞价系统计时器读秒至倒数 19 秒时，计时器停止读秒。伟业公司现场参与竞价人员发现上述情况后，立即要求你市场指派的技术人员樊强进行处理。你市场技术人员樊强在确认计时器停止读秒，拟处理时，金马甲网络竞价系统弹出竞价结束的提示。因上述计时器读秒停止，致使伟业公司在剩余的 19 秒期限内丧失了竞价机会。鉴于上述情况，请你市场就如何维护伟业公司参与南川西路 69 号土地使用权及地上附着物转让项目竞价的权利及时给予答复和处理。同时，伟业公司保留采取相应措施，维护合法权益的全部权利。

2011 年 12 月 5 日，《伟业公司关于〈通知函〉的复函》称：（1）本公司对 2011 年 9 月 20 日 15 时西宁市南川东路 69 号土地使用权及地上着物公开转让网络竞价过程及结果不予确认；（2）本公司要求你市场按国家相关法律、法规及交易规则，重新组织对西宁市南川东路 69 号土地使用权及地上附着物转让项目竞价；（3）本公司保留采取合法措施，维护合法权益的一切权利。

又查明，在产权市场与国投公司产权转让服务协议纠纷仲裁案庭审中，仲裁员询问产权市场："有没有倒计时停止 19 秒现象，网络竞价放弃确认书都签字了吗？"产权市场答："停止 19 秒是事实，4 家中有 3 家签

确认合同效力纠纷

字,伟业公司没签。"

本院认为,本案二审争议焦点:国投公司与红鼎公司间就69号标的物的买卖合同是否成立,效力如何。结合当事人的诉辩意见,从以下三个方面进行分析:

一、关于案涉交易应遵守的交易规则

本案中,国投公司作为甲方与作为乙方的产权市场,就69号标的物的转让签订《产权转让服务协议》,由国投公司委托产权市场办理上述财产转让的相关事宜。2011年9月19日、9月20日产权市场分别与伟业公司、红鼎公司签订《网络竞价协议书》,就两公司参加69号标的物转让项目的网络竞价活动作出约定。各方主体在产权市场利用金马甲网络竞价系统对69号标的物进行交易,均应遵守交易规则,而《金马甲网络竞价操作须知》《金马甲网络竞价大厅使用规则》均是该交易规则的重要组成部分。

二审中,红鼎公司和产权市场称,国投公司提交的《金马甲网络竞价大厅使用规则》与公示的文件不符,产权市场与红鼎公司出具的《金马甲竞价大厅使用规则》系发给所有竞买人的原文。对于该问题,本院认为,首先,原一审中红鼎公司与国投公司均将《金马甲网络竞价大厅使用规则》作为证据提交,且发表了质证意见,双方对其真实性均无异议;其次,本案一审中,国投公司也提交了该份证据,红鼎公司和产权市场对此证据的真实性未表示异议;再次,金马甲公司在原一审中给一审法院的答复中亦称,每次网络竞价活动的规则约束体系,由《金马甲网络竞价大厅使用规则》、组织方《交易须知》及其他相关规则文件等共同构成;最后,从名称上看,《金马甲网络竞价大厅使用规则》相对于《金马甲竞价大厅使用规则》而言,应为适用于网络竞价的特别规则,二者并不冲突。故虽然二审中红鼎公司与产权市场对于《金马甲网络竞价大厅使用规则》的真实性提出异议,但未能提供证据推翻之前的质证意见,对此本院不予采信,应当认定《金马甲网络竞价大厅使用规则》是案涉网络竞价交易规则的组成部分。关于应否适用拍卖法问题,本院认为,网络竞拍是拍卖的一种特殊形式,在其有特别规定时依其规定,在无特别规定时,可以适用

《中华人民共和国拍卖法》的一般规定。

二、关于是否存在计时器在倒计时至 19 秒时停止计时这一事实的问题

本案二审中，各方当事人对于是否存在计时器停止计时的事实存在争议。但产权市场在与国投公司产权转让服务协议纠纷仲裁案庭审过程中，明确表示确认倒计时停止 19 秒是事实，本案二审庭审中产权市场亦认可交易当天由于出现争议曾组织各方协商。结合伟业公司 2011 年 9 月 21 日委托青海树人律师事务所致函产权市场和 2011 年 12 月 5 日伟业公司再次致函产权市场就计时器停止计时问题提出异议的事实，以及国投公司向产权市场致函称由于竞价过程中竞买一方计算机出现故障，对于当日的竞价结果不予确认的事实，应当认定在案涉网络竞价交易过程中，存在倒计时停止计时的事实。红鼎公司与产权市场虽辩称这一事实并不存在，但并未提供充分证据证明，故对于该抗辩理由，本院不予采信。

三、关于计时器停止计时是否导致诉争交易不能成立的问题

根据《金马甲网络竞价操作须知》，限时竞价阶段由多个竞价周期组成，每个限时竞价周期为 3 分钟，竞买人有权在 3 分钟完整竞价周期内进行新的报价。《金马甲网络竞价大厅使用规则》第二十九条规定："发生下列情形之一的，组织方有权中止或终结竞价活动：（一）金马甲服务器机房网络、互联网络或组织方网络出现故障的……（四）通过组织方指定终端参与竞价活动时有客户端出现故障的……"

本案中，在案涉 69 号标的物进行网络竞价时，伟业公司在限时 180 秒的竞价阶段，其计算机页面计时器在竞价倒计时至 19 秒时停止计时，在产权市场工作人员进行处置时，金马甲网络竞价系统自动生成《竞价结果通知单》。伟业公司致函产权市场称，在限时竞价阶段，计时器停止读秒，致使伟业公司在剩余的 19 秒期限内丧失了竞价机会。虽然原一审中当事人提交樊强的书面证言称，竞价人伟业公司反映后，樊强及时指出该停止现象不影响其竞价，并询问是否继续竞价，其表示不再竞价。但樊强无正当

确认合同效力纠纷

理由未出庭作证,且其系当时指导伟业公司进行诉争网络竞价交易的产权市场工作人员,与本案当事人一方产权市场有利害关系,其所做证言与伟业公司函件内容相冲突,不能单独作为认定案件事实的依据。金马甲公司和北京国研科技公司书面答复称,19秒停止现象是互联网一种迟延现象,不影响加价操作,通过加价操作,可瞬时恢复正常。但产权市场在二审庭审中称,本案中的计时器停止计时现象属于异常现象,是产权市场使用该系统出现的第一次系统延迟,同时承认并未对竞买人如何应对该种突发情况进行培训。故即使如金马甲网络公司所称此种现象并不影响正常加价,但伟业公司对于出现该种异常情况时仍能正常加价以及如何操作并不知情。在伟业公司明确提出异议的情况下,红鼎公司和产权市场主张该计时器停止计时现象在事实上不影响交易进行,依据不足。本院认为,网络竞价交易具有即时性和公开性的特点,其交易规则具有严格性,产权人、竞买人、竞买组织方均应严格遵守。本案中,在存在计时器停止计时这一事实且伟业公司和国投公司均提出异议认为该事实导致交易未能充分竞价的情况下,应当认定该停止计时现象致使案涉交易未能实现充分竞价。

金马甲公司在书面答复中还称,本案竞价活动中出现的网络延迟不属于故障范畴。金马甲公司为案涉网络竞价活动提供网络服务,与案件有利害关系,其对案涉交易中出现的计时器停止计时现象是否属于故障所作的说明和解释,证明力较低。并且,无论计时器停止计时现象是否属于故障,案涉交易均违反了"限时竞价阶段应当给予竞买人完整的竞买周期以实现充分竞价"的交易规则。原审判决在认定停止计时现象不属于故障问题的前提下,认定案涉竞价结果合法有效不当,本院予以纠正。

综上,本案中,虽然金马甲网络竞价系统自动生成《竞价结果通知单》,但因案涉交易违反交易规则,未能形成有效承诺,对于国投公司不具有约束力,交易未能成立。红鼎公司所称产权市场为国投公司代理人,其所作出的意思表示对国投公司具有约束力以及红鼎公司作为善意第三人,买卖合同有效成立的抗辩理由,均不能成立。国投公司关于本案交易无效,买卖合同未成立的上诉理由成立。本院根据《中华人民共和国民事诉讼法》第一百七十条第一款第二项之规定,判决如下:

一、撤销青海省高级人民法院（2014）青民二初字第 40 号民事判决；

二、驳回青海红鼎房地产有限公司诉讼请求。

三、二审案件受理费各 186489 元均由青海红鼎房地产有限公司负担。

本判决为终审判决。

审　判　长　张雪楳

审　判　员　阿依古丽

代理审判员　高燕竹

二〇一五年十二月十九日

书　记　员　张茜娟

确认合同效力纠纷

3. 上诉人高安市城市建设投资有限责任公司与被上诉人华金证券股份有限公司等确认合同无效纠纷上诉案[*]

▶《民法总则》第一百四十六条可以溯及适用于《民法总则》施行前基于虚伪意思表示订立的合同

【裁判摘要】

> 在《中华人民共和国民法总则》施行前的法律对基于虚伪意思表示签订的合同效力没有规定的情形下,对民法总则施行后发生的该类合同效力纠纷案件,可以当时的法律对基于虚伪意思表示所订立合同的效力没有规定,而《中华人民共和国民法总则》第一百四十六条第一款有明确规定为由,溯及适用《中华人民共和国民法总则》第一百四十六条这一填补性法律规范,认定该合同无效。

上诉人(原审原告):高安市城市建设投资有限责任公司,住所地江西省宜春市高安市瑞阳新区东区瑞祥苑43栋。

法定代表人:付立珍,该公司董事长。

委托诉讼代理人:郝仕湖,江西凌科安时律师事务所律师。

---

[*] 摘自《民事审判指导与参考》2020年第4辑(总第84辑),人民法院出版社2021年版,第195~218页。

委托诉讼代理人：乔焕然，北京天达共和律师事务所律师。

被上诉人（原审被告）：华金证券股份有限公司，住所地中国（上海）自由贸易试验区杨高南路 759 号 30 层。

法定代表人：宋卫东，该公司董事长。

委托诉讼代理人：王晓鹏，上海市金茂律师事务所律师。

委托诉讼代理人：郭旭，上海市金茂律师事务所律师。

被上诉人（原审被告）：深圳激石伟业基金管理有限公司，住所地广东省深圳市前海深港合作区前湾一路 1 号 A 栋 201 室。

法定代表人：黄铌，该公司执行董事。

委托诉讼代理人：黄勇，北京市盈科（南昌）律师事务所律师。

原审第三人：江西银行股份有限公司，住所地江西省南昌市红谷滩新区金融大街 699 号。

法定代表人：陈晓明，该公司董事长。

委托诉讼代理人：王晓鹏，上海市金茂律师事务所律师。

委托诉讼代理人：郭旭，上海市金茂律师事务所律师。

原审第三人：奥其斯科技股份有限公司，住所地江西省高安市工业园。

法定代表人：罗嗣国，该公司董事长。

一、一审法院查明的案件事实

一审法院认定事实：2016 年 12 月 27 日，高安市人民政府办公室向高安市城市建设投资有限责任公司（以下简称高安城投）下发高府办抄字 (2016) 759 号《抄告单》，内容：根据市工业园区管委会要求支持奥其斯科技股份有限公司（以下简称奥其斯公司）加快发展，尽快实现 IPO 主板上市，经市政府研究，现就有关事项明确如下：(1) 根据市政府与深圳激石伟业基金管理有限公司（以下简称激石伟业）签订产业发展基金投资合作协议，同意高安城投与激石伟业共同发起成立产业发展基金（首期规模 6 亿元），由激石伟业担任 GP，高安城投出资 20% 作为劣后级 LP，激石伟业负责募集其余劣后和优先级资金；(2) 同意该产业发展基金以持股形式

投入奥其斯公司,该产业基金以每股6元认购奥其斯公司1亿股,增资扩股后,基金持有股份比例为23.77556%;(3)高安城投要与奥其斯公司签订资金安全保障协议;(4)同意高安城投对基金优先级资金的回购及差额补足,如高安城投回购资金有缺口,市政府将另行安排资金补足,确保按期全部回购;(5)同意高安城投为该产业发展基金的远期回购进行担保。

2017年2月4日,高安城投股东召开会议,并于2月5日作出《出资人决议》,内容:(1)同意本公司与激石伟业共同发起成立产业发展基金(首期规模6亿元),由激石伟业担任GP,本公司出资1.2亿元作为劣后级LP。激石伟业负责募集其余劣后和优先级资金。(2)同意该产业发展基金以持股的形式投入奥其斯公司,本次认购持股价格为6元/股,入股后该产业发展基金在奥其斯公司占股比例23.77556%。(3)同意本公司对基金优先级资金进行回购及差额补足。(4)同意本公司为该产业发展基金的远期回购进行担保。

江西银行股份有限公司(以下简称江西银行)(委托人)与华金证券股份有限公司(以下简称华金证券)(管理人)、兴业银行股份有限公司南昌分行(托管人)签订《华金融汇94号定向资产管理合同》,合同编号为:HJ–XY–2017第0194。合同对委托资产专用账户的开立与管理、资产委托状况、委托资产的投资、各方权利义务等内容进行约定。

2017年2月21日,华金融汇94号定向资产管理计划已经在中国证券投资基金业协会进行资产管理计划备案。

2017年2月23日,激石伟业(普通合伙人)与华金证券(有限合伙人)、高安城投(有限合伙人)签订《奥其斯投资管理中心(有限合伙)合伙协议》(以下简称《合伙协议》),约定:合伙企业名称为高安市奥其斯投资管理中心(有限合伙)(以下简称奥其斯合伙),合伙目的:全体合伙人以其全部出资用于按照本协议的规定进行投资,建立地方性基金投资平台,维护合伙人权益,获取投资收益。合伙经营范围:股权投资(新三板上市企业)。合伙企业存续期限为4年。激石伟业为普通合伙人,认缴出资数额:100万元整;华金证券为有限合伙人,认缴出资数额:4.79亿元整;高安城投为有限合伙人,认缴出资数额:1.2亿元整。合伙企业合伙人的认缴出资总额为6亿元，均以货币方式出资。合伙企业的出资由各合伙人根据实际情况在合伙企业存续期间进行缴纳，具体缴付期限时间为2017年3月30日前。在合伙企业存续期间，由普通合伙人担任本合伙企业的执行事务合伙人。

2017年2月23日，三方又签订《奥其斯投资管理中心（有限合伙）合伙协议之补充协议》（以下简称《补充协议》），约定：合伙企业的认缴出资总额为不超过6亿元，均以货币方式出资，其中华金证券（优先级有限合伙人）认缴出资不超过4.79亿元，高安城投（劣后级有限合伙人）认缴出资1.2亿元，普通合伙人认缴出资0.01亿元。全体合伙人应于2017年3月30日前实缴到位。优先级有限合伙人的出资缴付条件：本协议、《合伙企业份额受让合同》及《法人保证合同》已经签订生效；"资产管理计划"的委托人在2017年3月30日之前已经足额向定向资产管理计划的托管户缴纳4.79亿元。上述条件不具备时，优先级有限合伙人有权拒绝缴付出资，若"资产管理计划"的委托人在2017年3月30日之前未足额向定向资产管理计划的托管户缴纳4.79亿元，本协议终止，各方互不追究各方之间的责任。为确保资金投向的合规性及确保合伙企业拟投资项目有足够的现金流，各方同意，拟投资项目仅为向奥其斯公司增资扩股。

2017年2月24日，奥其斯合伙注册成立，出资为6亿元，执行事务合伙人代表为激石伟业委派代表万依林。高安城投、华金证券、激石伟业根据约定向奥其斯合伙缴纳了合伙份额的出资。华金证券的出资4.79亿元，是江西银行通过华金融汇94号定向资产管理计划兴业银行托管专户缴纳。华金证券、高安城投、激石伟业分别持有奥其斯合伙79.83%、20%、0.17%的合伙份额。

2017年3月2日，高安市人民政府向高安城投下发高府办抄字（2017）147号抄告单，内容："根据市工业园区管委会要求支持奥其斯公司加快发展，尽快实现IPO主板上市，经2016年第20次市委党委会研究同意，就有关事项明确如下：1. 根据市政府与激石伟业签订产业发展基金投资合作协议，同意高安城投与华金证券、激石伟业三方合伙成立高安市奥其斯投资管理中心产业基金，并签订《合伙协议》及补充协议、《合伙

确认合同效力纠纷

企业份额受让合同》《法人保证合同》等，首期合伙额度为6亿元，期限为4年。同意高安城投按《合伙协议》等出资1.2亿元、对华金证券认缴的4.79亿元出资额和溢价款按上述合同进行全部回购、为本期6亿元高安市奥其斯投资管理中心提供连带责任和远期回购进行担保。2. 同意该产业发展基金以持股形式投入奥其斯公司，该产业基金以每股6元认购奥其斯公司1亿股。3. 同意高安城投与奥其斯公司法人罗嗣国个人签订《回购协议》，将其个人在奥其斯公司所持有的8000万股（价款4.8亿元），为高安城投提供反担保。奥其斯公司需在基金发行到账后半个月内将原8000万元借款及本次高安城投出次的1.2亿元全部归还至高安城投。4. 同意高安城投对基金优先级资金的回购及差额补足，如高安城投回购资金有缺口，市政府将另行安排资金补足，确保按期全部回购。"

2017年3月2日，奥其斯公司（保证人、甲方）与华金证券（债权人、乙方）签订《法人保证合同》，约定：为确保高安城投（债务人）与乙方签订的编号为AQSKJYH－FESR－201701的《合伙企业份额受让合同》的履行，保障乙方债权的实现，甲方愿意为债务人在主合同项下的转让价款、溢价款偿付债务提供连带责任保证。甲方所担保的主债权的数额为主合同项下主债权的种类和数额，其种类为合伙企业份额转让款，担保本金数额为4.79亿元整。

同日，罗嗣国（甲方）与高安城投（乙方）、奥其斯公司（丙方）签订《回购协议》，约定：为支持奥其斯公司的发展，高安城投作为劣后级有限合伙人与华金证券、激石伟业共同设立了奥其斯合伙，拟投资于丙方。甲方对乙方作出以下承诺：（1）奥其斯公司原借款8000万元及本次出资额1.2亿元均在本次基金发行并到账奥其斯后的半个月内返还给乙方。（2）甲方必须无条件回购乙方所持奥其斯合伙所持有的全部股份。（3）甲方承诺以其个人在奥其斯公司所持有的8000万股（价值4.8亿元）作为质押，为高安城投提供担保，截至2021年3月7日，如或逾期无法履行回购义务，则由高安城投将8000万股处置变现或将由乙方提交相关部门依法强制处置。（4）甲方承诺，根据合伙企业份额受让合同约定的溢价率和所规定的时间按时支付溢价款，本基金产生需要支付的溢价款和基金管理费用、成本或其他任何日常有关的费用均由奥其斯公司承担,高安城投不承担本基金产生的任何费用、风险、经营期亏损等。

2017年3月6日,高安城投(甲方、受让方)与华金证券(乙方、转让方)签订《合伙企业份额受让合同》,合同编号为:AQSKJYH-FESR-201701,约定:甲方有义务按照本合同约定的条款和条件受让本合同项下乙方持有的全部合伙企业优先级有限合伙份额。乙方向甲方转让本合同项下合伙企业4.79亿份优先级有限合伙份额之转让价款总额为4.79亿元整。甲方应于实缴出资划入标的公司接收出资的账户之日起满3年之日,甲方可以选择全部受让或部分受让乙方实缴出资所对应的合伙份额;如选择部分受让,则在满3年之日前支付份额转让价款的20%。第4年每季度末之前支付份额转让价款的20%。满4年累计受让比例为该合伙份额的100%,则全部回购。甲方向乙方受让对应合伙企业份额转让价款的具体金额以附件一的约定为准。针对本合同项下甲方负有的全部转让价款及溢价款支付义务,甲方同意由奥其斯公司为该笔债务偿付义务的履行提供连带责任保证担保,保证担保具体内容以乙方与奥其斯公司签署的编号为AQSKJYH-FRBZ-201701的《法人保证合同》为准,甲方同意罗嗣国个人为该笔债务偿付义务的履行提供连带责任保证担保,保证担保具体内容以乙方与罗嗣国签署的编号为AQSKJYH-ZRRBZ-201701的《自然人保证合同》为准。

2017年3月7日,奥其斯合伙向奥其斯公司转账支付股份认购款6亿元,以参与奥其斯定向股票发行的方式,以每股6元认购奥其斯公司定向发行股份1亿股,占奥其斯公司发行股份完成后总股本的23.78%。

2017年3月21日至2018年4月3日,高安城投根据《合伙企业份额受让合同》的约定,按季度向华金融汇94号定向资产管理计划兴业银行托管账户支付溢价款,合计32864722.22元。其中,2017年第2季度、第3季度的款项实际为奥其斯公司支付,2017年第4季度、2018年第1季度的款项实际由高安城投支付。

2018年10月16日,华金证券向高安城投出具《告知函》,编号:201810-1。内容:鉴于我司与江西银行签订一份《华金融汇84号定向资

确认合同效力纠纷

产管理合同》，江西银行委托我司开展定向资产管理业务，投资于奥其斯合伙基金项目，投资金额为 4.79 亿元。2017 年 2 月 23 日，我司与贵司以及激石伟业签订一份《合伙协议》，成立了奥其斯合伙，我司的出资额为 4.79 亿元整，该笔出资款为江西银行委托我司进行定向投资的专款。2017 年 3 月 6 日，我司与贵司签订《合伙企业份额受让合同》，约定贵司受让我司持有的奥其斯合伙的全部合伙份额。按照合同约定，贵司应当支付转让价款及溢价款，转让价款为 4.79 亿元整，溢价款为贵司在每季度最后一个月的 21 日核算，核算日之后的 2 个工作日支付。截至 2018 年 9 月 21 日（不含）贵司共计欠付溢价款 15913444.44 元。鉴于贵司未履行《合伙企业份额受让合同》约定的支付溢价款之义务，江西银行作为我司的委托人、投资人、实际上的权利主体，为维持其自身合法权益，其将通过划扣贵司在江西银行的存款 15913444.44 元，冲抵贵司拖欠支付的溢价款。

2018 年 12 月 21 日，江西银行宜春高安支行营业部向高安城投出具《客户资金扣划通知书》，从高安城投账户直接扣划逾期利息 24873751.49 元。

另查明：2019 年 7 月 5 日，江西省宜春市中级人民法院对被告人潘劲松受贿一案，作出（2019）赣 09 刑初 12 号刑事判决书，判决书认定：2016 年 7 月，江西长善实业有限公司法人代表龙腾与激石伟业实际控制人周晓华（又名周雪华）约定，以激石基金名义在宜春市范围内合作开展基金业务，龙腾负责协调地方政府的关系。2016 年 12 月 1 日，经被告人潘劲松同意，激石基金与高安市人民政府签订了城市发展基金和产业发展基金合作协议，规模各 20 亿元。2016 年 12 月 21 日，高安市委常委会确定由政府对奥其斯公司成立产业发展基金进行帮扶，时任常务副市长肖晓（另案处理）具体负责对接。龙腾和奥其斯公司的法定代表人罗嗣国在奥其斯公司融资 6 亿元产业发展基金的过程中多次找潘劲松帮忙，经潘劲松同意，未经集体研究，高安市政府于 2016 年 12 月和 2017 年 3 月先后两次下发抄告单，同意高安城投向奥其斯公司出资 1.2 亿元劣后资金。2017 年 3 月 6 日，高安城投支付了此款项。2017 年至 2018 年，潘劲松利用担任中共高安市委副书记、高安市政府市长的职务便利，在为奥其斯公司融资 6

亿元产业发展基金过程中，非法收受龙腾、罗嗣国现金共计60万元。该案宣判后，潘劲松未提出上诉。

2019年10月11日，江西省宜春市中级人民法院对被告人肖晓受贿一案，作出（2019）赣09刑终273号刑事判决书，判决书认定：肖晓在奥其斯公司获取6亿元产业发展基金过程中，非法收受龙腾、奥其斯公司法人代表、董事长罗嗣国现金共计40万元。2016年7月，江西长善实业有限公司法人代表龙腾与激石伟业实际控制人周晓华约定，以激石伟业名义在宜春市范围内合作开展基金业务，龙腾负责协调地方政府的关系。经龙腾与时任高安市委副书记、高安市政府市长潘劲松及时任高安市委常委、高安市政府常务副市长即被告人肖晓协调，2016年12月1日高安市政府与激石伟业签订《高安市产业发展基金投资合作协议》，约定由激石伟业发起成立20亿元产业发展基金。2016年12月21日，高安市委第20次常委会会议明确，由高安市政府对奥其斯公司进行帮扶，具体由被告人肖晓负责对接。奥其斯公司法人代表、董事长罗嗣国为获得激石基金投资，多次与龙腾找到潘劲松、被告人肖晓协调。2016年12月27日、2017年3月3日，被告人肖晓明知未经政府常务会议研究，经请示潘劲松同意，两次违规签发抄告单，确定由高安城投作为劣后级投资人出资1.2亿元，与激石基金共同发起成立6亿元产业发展基金，用于支持奥其斯公司发展等事项。

还查明：2018年8月27日，高安城投向江西省宜春市中级人民法院起诉奥其斯公司、罗嗣国，诉讼请求：奥其斯公司、罗嗣国向其共同返还1.2亿元及利息。主要事实及理由：2017年年初，因奥其斯公司、罗嗣国向江西银行融资4.79亿元，各方主体（包括案外人激石伟业、华金证券以及高安城投）签订《合伙协议》及其《补充协议》等一系列协议，为江西银行向奥其斯公司放款4.79亿元建立"通道"。根据奥其斯公司与其他主体设计的通道要求，亦要求高安城投"出资"1.2亿元"投入"前述合伙企业。对于该1.2亿元的过账的返还事宜，奥其斯公司、罗嗣国与高安城投签订了所谓的《回购协议》，承诺待融资款到位后，向高安城投返还1.2亿元。2017年3月6日，江西银行借此"通道"向奥其斯公司发

放的贷款即已到位,但奥其斯公司、罗嗣国一直怠于向高安城投归还该1.2亿元。2019年2月25日,高安城投向江西省宜春市中级人民法院提交《增加诉讼请求申请书》,增加"确认高安城投与奥其斯公司、罗嗣国于2017年3月2日签订的《回购协议》无效"。2019年4月4日,江西省宜春市中级人民法院就该案制作(2019)赣09民初5号民事裁定书,裁定案件中止诉讼。

二、当事人一审诉讼请求

高安城投向一审法院起诉请求:(1)确认高安城投与华金证券、激石伟业于2017年2月23日签订的《合伙协议》《补充协议》无效;(2)本案诉讼费用由华金证券、激石伟业承担。

三、一审法院的认定与判决

一审法院经审理认为,本案的争议焦点:案涉《合伙协议》和《补充协议》的效力问题。

《中华人民共和国民法总则》第一百四十六条第一款[①]规定:"行为人与相对人以虚假的意思表示实施的民事法律行为无效。"该规定是指在合同双方当事人通谋所作出的意思表示与当事人内心真实意思表示不一致,则所作出的虚伪意思表示无效。通谋虚伪行为的认定,应当具备以下几个要件:一是须有意思表示;二是表示行为与内心目的不一致;三是须行为人与相对人虚伪故意且通谋实施;四是须双方自始均缺乏受表示行为拘束之意思。一审法院综合查明的事实,从中探寻当事人的真实意思,并在此基础上对协议书的效力作出认定。

第一,根据江西省宜春市中级人民法院刑事判决书查明的事实可知,高安城投是高安市政府下属的事业单位、国有独资公司。奥其斯公司是高安市重点帮扶企业,政府以产业基金的形式对其进行扶持,由高安城投与激石伟业就成立产业基金的相关问题进行洽谈。案涉《合伙协议》及《补

---

① 对应《中华人民共和国民法典》第一百四十六条第一款,内容未作修改。

充协议》签订前，高安城投召开股东会，同意与激石伟业共同成立产业发展基金，高安城投出资1.2亿元作为劣后级合伙人，激石伟业担任普通合伙人，激石伟业负责募集其余劣后和优先级资金，产业发展基金以持股的形式投入奥其斯公司。可见，高安城投、激石伟业对于合伙出资的原因、形式、用途、目的均知情且参与、配合。而江西银行作为实际出资人亦知晓合伙出资的最终目的是以持股形式投入奥其斯公司。因此，高安城投与华金证券、激石伟业签订《合伙协议》及《补充协议》的真实意思是以合伙人全部出资建立基金投资平台的形式，达到实现奥其斯公司增资的目的，该意思表示不存在不真实或不一致的瑕疵，也未违反法律、行政法规的效力性、强制性规定。

第二，从协议约定的内容及实际履行情况来看，《合伙协议》及《补充协议》明确约定合伙的目的是建立基金投资平台，经营范围是进行股权投资（新三板上市企业），投资项目仅为向奥其斯公司增资扩股，还对合伙人出资额、合伙期限进行了约定，合同载明的交易内容与双方签订合同的目的基本一致。《合伙协议》及《补充协议》签订后，高安城投和华金证券、激石伟业、江西银行、奥其斯公司均按协议约定分别签署了《合伙企业份额受让合同》《法人保证合同》等相关协议，合伙人在规定的时间内足额缴纳了各自出资金额。本案各方当事人对奥其斯合伙成立并已经实际以参与奥其斯定向股票发行的方式，认购奥其斯公司定向发行股份1亿股，占奥其斯公司发行股份完成后总股本的23.78%这一事实并无争议。因此，案涉《合伙协议》及《补充协议》已全面实际履行，应当认定协议中关于合伙体投资项目仅为向奥其斯公司增资扩股的约定，是双方当事人签约时所追求的效果意思，不符合通谋虚伪意思表示的构成条件。故高安城投起诉提出江西银行为实现向奥其斯公司出借资金4.79亿元的目的，与华金证券、激石伟业、奥其斯公司设计拉其入局，搭建融资通道的主张，与事实不符。高安城投也未能提供证据证明签约主体内心真实意思表示与《合伙协议》及《补充协议》约定的内容及实际履行行为不一致的情况下，对高安城投提出的确认案涉《合伙协议》《补充协议》无效的诉讼请求，不予支持。

综上所述，高安城投关于《合伙协议》及《补充协议》无效的主张，

缺乏事实和法律依据，该项诉讼请求不能成立，应予驳回。一审法院依照《中华人民共和国民法总则》第一百四十六条第一款、民事诉讼法第六十四条第一款、第一百四十二条、《最高人民法院关于适用〈中华人民共和国民事诉讼法〉的解释》第九十条规定，判决如下：驳回高安城投的诉讼请求。一审案件受理费3041800元，由高安城投负担。

四、二审当事人上诉请求和答辩意见

高安城投上诉请求：（1）撤销原判决，支持高安城投诉讼请求；（2）本案一审、二审诉讼费用由华金证券、激石伟业承担。事实与理由：首先，本案一审认定证据可以证明：（1）《合伙协议》《补充协议》作为"设立合伙—股权投资—股权回购"交易架构中系列协议中的一环，是实际用款人奥其斯公司法定代表人罗嗣国及中间人龙腾分别向实际出资人江西银行高层领导、高安市原市长、副市长行贿犯罪的情况下，各方恶意串通而实施。（2）案涉系列协议签订的真实意图就是通过搭建通道，实现奥其斯公司向江西银行借款的目的，然后通过犯罪手段致高安市人民政府（以下简称高安市政府）以远期回购的形式对奥其斯公司不能回款的风险进行兜底担保，从而达成将所有风险全部恶意转移给高安市人民政府的目的。因此，包括案涉协议在内的有关"名为合伙实为借贷"的系列协议，本质上是恶意串通损害国家利益的非法行为，应归于无效。详细理由阐述如下：

1. 案涉《合伙协议》及其《补充协议》在内的"设立合伙—股权投资—股权回购"等一系列协议，均是以虚假意思表示而实施，其背后所隐藏的各方真实意思表示，即是通过搭建通道实现奥其斯公司向江西银行借款的目的。（1）从系列协议内容来看，存在诸多不合常理之处：①同一天签订的《合伙协议》及其《补充协议》，内容约定差距较大。《合伙协议》中并没有约定合伙投资过程中的具体操作内容，而是将"出资的缴付、合伙的目的、投资的运作及收益分配"等实质性条款，均在《补充协议》中进行约定。在办理基金备案过程中，激石伟业故意只将《合伙协议》进行备案，而没有将《补充协议》备案，以规避监管。②结合《补充协议》及《合伙企业份额受让合同》可知，合伙企业能否设立，完全以江西银行实际出资为主导——只

有江西银行放款给华金证券,《合伙协议》才继续履行。反之,则终止。而且,在合伙投资开始之前,华金证券就已经做好了"按季度收取固定利率、不承担任何风险、保本保收益"退出合伙的安排,这与合伙具有风险的商业本质相悖。③结合《补充协议》中关于"合伙企业存续期间不分配投资收益"的约定,以及《股权收购合同》中关于"罗嗣国以6亿元的原价格、不支付任何溢价款的情况下,分四年回购奥其斯投资管理中心(有限合伙)(以下简称奥其斯合伙)对奥其斯公司的全部股权"的约定可知,合伙企业4年存续期限届满后,合伙企业不存在任何收益,甚至一直处于亏损状态——奥其斯公司或者罗嗣国变相取得了6亿元的无息融资贷款,这又与企业以追求盈利为目的的商业本质相悖。④《回购协议》约定:奥其斯公司应在收到奥其斯合伙的6亿元资金后,半个月内将高安城投出资的1.2亿元予以返还;罗嗣国必须无条件回购高安城投所持奥其斯合伙的全部股份;对于《合伙企业份额受让合同》中约定由高安城投支付的溢价款,由奥其斯公司支付,高安城投不承担任何费用及风险。由此可知,高安城投在整个合伙过程中不赚取任何收益,而仅仅是配合搭建通道,帮助奥其斯公司取得江西银行的4.79亿元借款。⑤奥其斯合伙是以对奥其斯公司享有的6亿元债权转股权的形式认购股权,表明奥其斯合伙在2017年3月7日向奥其斯公司转款6亿元时,并非是用于奥其斯公司增资扩股的投资款,该债权的性质即为借款。(2)系列协议签订的时间及资金的流转同样存在不合常理之处:①除《合伙协议》及《补充协议》外,所有的诸如《股权收购合同》《回购协议》《法人保证合同》《合伙企业份额受让合同》均是在同一天——2017年3月2日——签订(虽然《合伙企业份额受让合同》载明的时间为3月6日,但作为该合同之从合同的《法人保证合同》签订时间却为3月2日),且所有协议均是由周雪华实际控制的激石伟业负责起草。与合伙、股权投资的性质不符,各方均没有合伙投资的真实意图。②2017年3月6日,在最后一份退出合伙安排的合同(《合伙企业份额受让合同》)签订之后,在已经实现华金证券(或者江西银行)以不承担任何风险、收取固定利息、保本保收益退出合伙计划的情况下,江西银行才于当天向资管计划转款4.79亿元,华金证券、激石伟业、高安城投则于当天完成"出资"义务。奥其斯合伙收到"出资"

确认合同效力纠纷

后,在没有与奥其斯公司签订《股份认购合同》(该合同实际于2017年4月5日签订)的情况下,于次日即将6亿元资金全部转给了奥其斯公司。(3)在案涉协议实际履行过程中,也一直是由实际用款人奥其斯公司支付固定利息。对于《合伙企业份额受让合同》中约定由高安城投支付的溢价款,在整个2017年间,一直是由奥其斯公司实际支付,高安城投仅提供过账帮助。其中,对于第一笔溢价款的支付,时间为2017年3月21日,而《合伙企业份额受让合同》的签订日期为2017年3月6日,其间相差仅15天,在如此短的时间内即开始支付所谓的溢价款,表明该溢价款并不与企业经营业绩挂钩,而仅是根据合同约定以固定利率支付的2017年第一季度的利息。所谓的溢价款收益,实际上是出借款项所产生的固定利息收益。综上所述,案涉包括《合伙协议》及《补充协议》在内的一系列"设立合伙—股权投资—股权回购"协议,均是各方"假投资"的通谋虚伪意思表示。依照《中华人民共和国民法总则》第一百四十六条第一款规定,应该认定为无效。

2. 假投资背后所隐藏的真借贷——奥其斯公司与江西银行的借贷行为,以及高安城投所谓"回购"担保行为的效力,因为是由奥其斯公司法定代表人罗嗣国及中间人龙腾分别行贿江西银行高层领导、高安市原市长、副市长的情况下恶意串通而实施的违法犯罪行为,损害了高安市政府及国家的利益,亦属无效。(1)案涉基金通道搭建过程中的行贿、受贿犯罪事实。①宜春市中级人民法院(2019)赣09刑初12号、(2019)赣09刑终273号生效刑事判决书中认定的如下事实,是一审法院已经查明且无争议的:在办理案涉6亿元融资的过程中,高安市原市长潘劲松、副市长肖晓分别收受中间人龙腾、奥其斯公司法定代表人罗嗣国的贿赂60万元、40万元。高安市原市长、副市长在收受贿赂后,未经政府常务会议集体研究,违反"三重一大"规定,先后于2016年12月27日、2017年3月3日两次违规签发抄告单,指令高安城投配合华金证券(实际出资人是江西银行,华金证券是江西银行的代理人)、激石伟业设立基金,搭建通道。②江西银行红谷滩支行(是案涉4.79亿元资金放出的"落地行")行长付筠在本案一审起诉前已经因其违规放款4.79亿元的过程中有受贿行为已被追究刑事责任。（2）本案"以通谋虚伪行为搭建通道，行资金借贷之实"的背后，是一个通过行贿、受贿犯罪手段，恶意串通之后，损害国家利益的典型案件。①如前所述，案涉基金项目之所以能够违规违法设立，是奥其斯公司法定代表人罗嗣国及中间人龙腾通过向江西银行高层领导以及高安市原市长潘劲松、副市长肖晓行贿之后，在构成刑事违法犯罪的情况下而实施的。周雪华（激石伟业实际控制人）作为中间人，分别负责与江西银行一方、高安市政府一方进行沟通。作为用款方奥其斯公司法定代表人的罗嗣国以及中间人龙腾负责向江西银行高层领导、高安市原市长潘劲松、副市长肖晓行贿，所有基金融资所涉及的协议，均由周雪华实际控制的激石伟业起草。奥其斯公司获得6亿元的资金后，周雪华、龙腾从中赚取1500万元（此为已经实际支付的金额，应付居间费用为3600万元）的巨额好处费。通过这种行贿、受贿犯罪的手段，奥其斯公司取得了江西银行违规违法发放的贷款，高安市原市长潘劲松、副市长肖晓也在受贿之后，未经集体研究决定，违法违规以签发政府抄告单的形式，强令高安城投为奥其斯公司的还款提供保证担保。②作为实际用款人的奥其斯公司，在收到6亿元的资金后，按照表面上《回购协议》的约定，本应于半个月内将高安城投出资的1.2亿元予以返还，但罗嗣国已经承认其从一开始就没有按《回购协议》的约定还款的意图，该事实已经（2019）赣09刑终273号刑事判决书查明。通过表面上搭建的通道，奥其斯公司取得江西银行4.79亿元的借款后，不是将该资金用于企业正常经营，而是在向周雪华、龙腾支付1500万元的居间费用后，另外再借给龙腾9500万元，龙腾除归还500万元后，剩余9000万元至今未收回。该9000万元虽名义上为借款，实际上也是奥其斯公司分配给龙腾的另一种形式的巨额好处费。此外，剩余资金中绝大部分也被奥其斯公司法定代表人罗嗣国转移、侵吞。因此，奥其斯公司从一开始就没有归还江西银行4.79亿元借款的意愿，连高安城投为其搭建借款通道临时拆借的1.2亿元也未曾有过归还的打算。其与中间人龙腾、周雪华恶意串通，以行贿的犯罪手段让高安市原市长、副市长等人违法违规强令高安城投为奥其斯公司对江西银行4.79亿元借款提供远期回购式担保，由高安市政府对所有的风险进行兜底，该行为属于

确认合同效力纠纷

恶意串通损害国家利益的违法犯罪行为,由此产生的系列民事行为应当归于无效。

3. 一审判决认定事实不清,适用法律错误。一审法院判决驳回高安城投诉讼请求的裁判逻辑:(1)高安市政府有以"产业基金"的形式对奥其斯公司进行扶持的意图在先;(2)《合伙协议》及《补充协议》即为合伙基金设立随后,是各方真实意思表示,是对高安市政府"扶持意图"的贯彻;(3)高安城投也未能提供证据证明各方意思表示不真实。一审法院的裁判逻辑存在漏洞和错误,具体如下:(1)一审法院将"高安市政府有以产业基金的形式对奥其斯公司进行付出的意图"与本案中行贿、受贿犯罪之下开展的违法违规搭建的基金通道强行建立联系,偷换概念。根据上述刑事判决书中查明的事实,高安市委书记袁和庚明确强调:成立产业基金时,政府不出资。但案涉基金的设立违法违规,是高安市市长、副市长在受贿犯罪下未经集体研究、违反"三重一大"规定的产物,与高安市政府袁书记"依法""扶持"的初衷背道而驰。因此,上述两种基金并非同一事物。(2)表面上作为通道系列协议中的一环,《合伙协议》及《补充协议》的履行,并不能说明各方主体就有合伙投资的真实意思表示。所谓通谋虚伪行为,各方当事人履行表面上以虚假意思表示订立的协议,是应有之义。2019年11月8日最高人民法院发布的《全国法院民商事审判工作会议纪要》(以下简称九民会议纪要)明确指出,人民法院在处理民商事审判工作时,要注意通过穿透式审判思维,查明当事人的真实意思,探求真实法律关系。本案中,虽没有直接性的如视频、录音等证据证明各方进行通谋虚伪行为,但是应当结合客观证据推导各方当事人的真实意思表示。不论是从案涉系列协议内容本身来讲,还是从协议的签订时间、起草主体、实际履行、资金的流转等情况来讲,都足以证明本案中各方当事人不具有合伙投资的真实意思表示。(3)一审法院只是以"江西银行作为实际出资人亦知晓合伙出资的最终目的是以持股形式投入奥其斯公司"这一结论循环论证《合伙协议》及《补充协议》是各方真实意思表示,对于江西银行按固定利率收取利息、不承担任何风险这一事实,没有作法律评价。"按固定利率收取利息、不承担任何风险"与股权投资具有风险的商业本质是相违背的,一审法院对这一事实未作出解释。(4)一审法院已经查明案涉6亿元基金的设立,是高安市原市长、副市长在收受奥其斯公司法定代表人罗嗣国及中间人龙腾的行贿之后,违法违规配合的结果,但在本院认为部分忽视了直接导致案涉协议产生的行贿、受贿的犯罪事实,仅对案涉协议进行机械片面的效力认定是错误的。综上所述,案涉《合伙协议》及《补充协议》,作为"设立合伙—股权投资—股权回购"系列协议中的一环,是各方主体以虚假意思表示而实施的。依照《中华人民共和国民法总则》第一百四十六条第一款规定,应认定为无效;而系列虚假协议之下隐藏的奥其斯公司向江西银行借款、以及高安市政府进行兜底担保的行为效力,因是罗嗣国及中间人龙腾向江西银行高层及高安市原市长、副市长行贿受贿犯罪行为的结果,属于恶意串通、损害国家(高安市人民政府)利益的行为。依照《中华人民共和国合同法》第五十二条第二项规定,同样应认定为无效。

华金证券、江西银行辩称,应驳回上诉请求,维持原判。具体阐述如下:第一,本案的审理要固定审理范围。《合伙协议》约定了是由协议的签署地高安市相关法院进行管辖。而对于《合伙企业份额受让合同》的相关争议,该合同约定了是由华金证券所在地的法院进行管辖。所以本案的审理范围仅限于《合伙协议》。第二,《合伙协议》没有通谋虚伪意思表示。至今为止,没有任何证据证明所谓隐藏行为的具体内容。案涉受贿犯罪行为与各方所要缔结的合同没有任何关联,这些合同并不是因为相关人员受贿行贿才产生。在这些刑事判决中,对于高安市两位市长的犯罪,确认的是受贿罪,没有确认滥用职权罪。而且,也不存在损害国家利益的问题,国企的利益不能替代国家利益。第三,《中华人民共和国合伙企业法》的条文以及高安城投引用的合同条款不应当是本案的审理范围。《中华人民共和国合伙企业法》主要是用来保护合伙企业的交易对手,《中华人民共和国合伙企业法》从来不禁止投资人之间的合同约定。本案已经签署的全部协议均是各方当事人的真实意愿,并且各方当事人在履行合同中的全部履约行为都能证明所有的合同内容体现了各方真实意愿。

激石伟业辩称:(1)一审判决结果正确,应予维持。(2)《中华人民共和国民法总则》不适用本案，法无溯及力为基本法理。案涉行为发生在2017年3月，早于民法总则施行时间。（3）案外人肖晓、潘劲松的受贿行为，不构成恶意串通，与案涉合同效力无关。因为该贿赂行为并未影响各方当事人真实意思表示。（4）按照《全国法院民商事审判工作会议纪要》（以下简称《九民会议纪要》）精神，案涉行为均为有效。因为"名为合伙，实为借贷"与让与担保的"名为转让，实为担保"性质一致，而九民会议纪要第71条已经将后者合同认定为有效。且本案本质属于通道型或事务型资产管理业务，依据九民会议纪要第八十九条、第九十条、第九十三条规定，应认定案涉协议有效。对此，最高人民法院有类似认定有效的判决。（5）《中华人民共和国民法总则》第一百四十六条第二款对隐藏的意思依然认定为真实有效。因此，即使单一意思表示瑕疵，也不等于整个协议无效。

五、最高人民法院二审认定情况和裁判结果

本院二审期间，当事人围绕上诉请求提交了证据。高安城投提交了一份新证据：（2020）赣0983刑初168号刑事判决。拟证明案涉《合伙协议》及《补充协议》签订背景为了向江西银行融资案涉款项，江西银行红谷滩支行时任行长参与其中并因此受贿。对该新证据，华金证券主张因该判决为复印件且无法确认其来源，故真实性无法确认。

本院认为，本案二审争议焦点为：案涉《合伙协议》及其《补充协议》是否无效。就此争议焦点，分析如下：

1. 相关刑事判决已查明各方当事人是基于为促成奥其斯公司向江西银行融资目的而签订案涉《合伙协议》及其《补充协议》。第一，高安城投二审提供的（2020）赣0983刑初168号刑事判决查明，2016年下半年，奥其斯公司法定代表人罗嗣国与周雪华、龙腾约定，通过基金产品为该公司融资。2017年1月，罗嗣国与周雪华的基金公司签订合同，约定由周雪华名下的激石伟业为奥其斯公司融资6亿元，居间服务费2700万元。在此期间，龙腾、周雪华与时任江西银行红谷滩支行行长付筠三人约定，该笔资金的银行融资由红谷滩支行办理。龙腾负责协调高安市政府、企业关系，付筠负责协调江西银行关系，周雪华负责激石伟业运作。所得居间服务费按4:4:2比例分成。江西银行红谷滩支行将该融资业务报江西银行总行审批时，总行按属地原则将业务指定给宜春分行投放。第二，一审证据（2019）赣09刑终273号刑事判决、（2019）赣09刑初12号刑事判决，共同确认：龙腾、罗嗣国等人曾就案涉款项融资问题向时任高安市人民政府市长、常务副市长行贿，两人违规签发告知单，指示高安城投作为劣后级有限合伙人出资，从而帮助奥其斯公司最终取得案涉款项。虽然上述刑事判决并未涉及华金证券，但根据原审已查明事实可知，江西银行是通过与华金证券（管理人）、兴业银行股份有限公司南昌分行（托管人）签订《华金融汇94号定向资产管理合同》将案涉资金交由华金证券以其名义出资设立合伙企业后再由合伙企业以股权投资方式将案涉资金最终流入奥其斯公司。

2.《合伙企业份额受让合同》与案涉《合伙协议》及其《补充协议》紧密关联，结合三者相关条款可整体解释出华金证券签订案涉《合伙协议》及其《补充协议》时真实意思表示并非设立合伙企业，对奥其斯公司进行股权投资。第一，案涉《合伙协议》及其《补充协议》约定了华金证券作为优先级有限合伙人应与其他合伙人一起承担合伙风险、享受合伙收益。首先，案涉《合伙协议》第八条约定"合伙经营范围：股权投资"。第九条约定"本合伙企业存续期限为4年"。第二十五条约定"本合伙企业对于经营期间的亏损，由所有合伙人按照各自认缴出资比例予以分担，但有限合伙人所承担的最大亏损额不超过其认缴出资额"。其次，案涉《补充协议》明确约定华金证券为优先级有限合伙人、高安城投为劣后级有限合伙人。该协议"一、合伙企业的出资"中第3条约定，华金证券出资的前提是《合伙企业份额受让合同》《法人保证合同》已签订生效；江西银行已经向华金证券交付案涉4.79亿元。该协议"三、合伙企业的投资运作"中第1条再次约定，华金证券与高安城投签订了《合伙企业份额受让合同》，其转让溢价款的支付方式及金额以该合同约定为准。该协议"五、合伙企业财产的分配顺序"中约定了合伙企业清算时，除了清算费用等外，首先清偿华金证券的投资本金；如有剩余财产清偿高安城投的投资本金；如还有剩余财产支付激石伟业的投资本金。支付上述本金后，如

确认合同效力纠纷

有剩余财产,则其中80%作为华金证券的投资收益,剩余20%作为高安城投的投资收益。该协议"六、投资收益分配"中约定,合伙企业存续期间不分配投资收益。由此可见,华金证券将案涉4.79亿元作为对合伙企业的出资,成为优先级有限合伙人后,在合伙企业4年的约定经营期限内没有收益,其收益只能在合伙企业经营期限届满,各合伙人还本后,如合伙企业还有剩余财产,可以分得其中80%。换言之,如果合伙企业经营期限届满时出现亏损,华金证券将可能承担投资本金无法收回的风险。第二,《合伙协议》及其《补充协议》与《合伙企业份额受让合同》紧密关联。该《补充协议》已经约定华金证券履行《合伙协议》约定的案涉款项出资义务的前提是,华金证券已与高安城投签订《合伙企业份额受让合同》并明确转让溢价款的支付方式及金额以该合同约定为准。也就是说,如果高安城投不与华金证券签订《合伙企业份额受让合同》,华金证券将不交纳案涉款项,而案涉《合伙协议》也将终止。第三,华金证券在《合伙协议》及其《补充协议》与《合伙企业份额受让合同》中的约定权利义务不一致。根据《合伙企业份额受让合同》的约定内容可知,华金证券将其持有的合伙企业财产份额(案涉4.79亿元)作价4.79亿元转让给另一合伙人高安城投,支付价款方式为,高安城投在华金证券将案涉4.79亿元转入奥其斯公司账户之日起满3年之日,选择全部受让或部分受让华金证券持有的合伙企业财产份额。如选择部分受让,则在满三年之日前支付转让价款的20%,第4年每季度末之前支付转让价款的20%,满4年累计受让华金证券持有的合伙企业财产份额100%。此外,该协议3.4条"溢价款支付"还另行约定,高安城投向华金证券按央行一至五年贷款基准利率上浮36.84%,首年为6.5%的年利率(溢价率)支付份额受让溢价款。且该溢价款不得冲抵合伙份额转让款。可见,一方面,华金证券签订《合伙协议》及《补充协议》成为承担合伙企业投资风险的优先级合伙人;另一方面,华金证券又将与高安城投签订《合伙企业份额受让合同》并明确转让溢价款的支付方式及金额,作为履行约定案涉款项出资义务及《合伙协议》《补充协议》是否终止的前提。这说明华金证券签订案涉《合伙协议》《补充协议》时真正意思表示并非设立合伙企业,成为合伙人,通过合伙企业生产经营取得合伙收益、承担合伙风险。而是将持有的合伙企业财产份额全部转让给高安城投，并约定三年内以所谓溢价率的名义按季度收取固定回报。由于华金证券签订案涉《合伙协议》及《补充协议》时明确约定以《合伙企业份额受让合同》签订生效为《合伙协议》及《补充协议》继续有效的前提，故将几份协议整体理解即为，华金证券签订《合伙协议》及《补充协议》约定出资成为合伙人，承担风险和收取不确定收益的同时，又以签订《合伙企业份额受让合同》、转让其合伙份额、不承担合伙风险并收取固定溢价款的回报作为成为合伙人的前提。也即，华金证券成为合伙人的前提是转让合伙企业财产份额退出合伙企业。这两者明显存在冲突。故华金证券签订《合伙协议》及《补充协议》时的真实意思表示并非成为合伙人，分享合伙企业投资收益，承担合伙企业风险，而是以设立合伙企业的同时转让合伙企业财产份额并收取固定溢价款形式变相实现还本付息的借贷目的。综合上述案涉协议签订背景事实和案涉协议相关内容约定，可以认定案涉《合伙协议》及《补充协议》均为当事人虚假的意思表示。当事人各方以虚假的意思表示实施的民事法律行为的效力问题，从2015年施行的《最高人民法院关于审理民间借贷案件适用法律若干问题的规定》第二十四条规定："当事人以签订买卖合同作为民间借贷合同的担保，借款到期后借款人不能还款，出借人请求履行买卖合同的，人民法院应当按照民间借贷法律关系审理，并向当事人释明变更诉讼请求。当事人拒绝变更的，人民法院裁定驳回起诉。"可知，当事人以虚假的意思表示实施的民事法律行为，并不能得到法院保护。而且，案涉协议在当事人各方基于虚假的意思表示签订并履行期间，《中华人民共和国民法总则》第一百四十六条已经实施。而《九民会纪要》第第七十一条、第八十九条、第九十条、第九十三条规范对象均既非合伙也不是借贷，与本案争议法律关系性质并不一致。故案涉《合伙协议》及《补充协议》应当认定为无效。虽然当事人在本案中并未就案涉协议无效的后果提出相应诉讼请求，但可以就此依法另寻途径救济。

综上所述，高安城投的上诉请求成立，予以支持。依照《中华人民共和国民事诉讼法》第一百七十条第一款第二项规定，判决如下：

确认合同效力纠纷

一、撤销江西省高级人民法院（2019）赣民初47号民事判决；

二、确认《奥其斯投资管理中心（有限合伙）合伙协议》《奥其斯投资管理中心（有限合伙）合伙协议之补充协议）》无效。

一审案件受理费3041800元、二审案件受理费3041800元均由华金证券股份有限公司、深圳激石伟业基金管理有限公司共同负担。

六、案件解析

本案二审中，各方当事人争议的主要焦点之一就是如果认定案涉《合伙协议》及《补充协议》构成虚伪意思表示，能否适用《中华人民共和国民法总则》第一百四十六条的规定，认定上述协议无效。对于《中华人民共和国民法总则》施行前基于虚伪意思表示成立的合同，能否在《中华人民共和国民法总则》施行后，适用《中华人民共和国民法总则》第一百四十六条的规定，认定为无效，实务中观点不一：第一种观点认为，根据法不溯及既往原则，既然当事人基于虚伪意思表示订立合同这一法律事实发生在《中华人民共和国民法总则》施行前，那么从保护当事人合理预期以及信赖利益出发，应适用当时已生效的法律调整规范该法律事实，而不能适用法律事实发生时尚未实施生效的《中华人民共和国民法总则》；第二种观点则认为，在《中华人民共和国民法总则》施行前，我国法律体系中尚无对该法律事实调整规范的专门法律规范，故在虚伪意思表示的效力认定上因不存在旧法，也就不存在新旧法冲突，需要保护当事人合理预期和信赖利益的问题，故可适用《中华人民共和国民法总则》第一百四十六条的规定，认定基于虚假意思表示签订的协议无效。本文倾向于第二种观点，现简要阐述如下：

（一）"法不溯及既往"原则在民事法律中的适用与例外

一般而言，"法不溯及既往"原则是指国家不能将新法适用于过去已经发生的行为和自然事实、状态等并改变其相应法律结果。世界上大多数国家都在立法中确立了"法不溯及既往"原则。对此，《中华人民共和国立法法》第九十三条也规定："法律、行政法规、地方性法规、自治条例和单行条例、规章不溯及既往,但为了更好保护公民、法人和其他组织的权利和利益而作的特别规定除外。"从该条文义解释角度可知,应遵循"不溯及既往"原则的有"法律、行政法规、地方性法规、自治条例和单行条例、规章",但该条并未进一步将该原则限定在刑事、民事抑或行政法律领域。故应当认为,我国法上的"法不溯及既往"原则可以适用于民事法律领域。理由在于:第一,溯及既往的民事法律使人无法依据其作出行动……第二,溯及既往的民事法律侵害个人自由……第三,溯及既往的民事法律损害法律的权威…第四,民事法律的溯及既往已经接近于人治。在众多反对法律溯及既往的理由中,侵害自由是人们反对溯及既往法律的最根本原因。不当溯及既往的刑事法律,主要侵害人身自由;而不当溯及既往的民事法律,主要侵害财产自由。有一种观点认为,鉴于社会经济生活的复杂性、易变性,决定了调整其的民事法律也应与时俱进,推陈出新以适应社会发展。但"新法适应社会发展"这一点理由尚不足以使民事法律得以溯及既往。因为:其一,新法是否真的以社会发展为目的尚需检验;其二,即便新法以社会发展为目标,采取的措施能否实现目标也值得考察;其三,即使能够实现社会发展目标,但法律的溯及适用是以牺牲个人自由以及对法治的信仰为代价的。① 正是基于上述理由,法不溯及既往原则在民事司法实务中得到了贯彻。早在1981年颁布的《全国人民代表大会常务委员会关于加强法律解释工作的决议》中就明确"凡属于法院审判工作中具体应用法律、法令的问题,由最高人民法院进行解释"。而法律的溯及力判断多为新旧法的适用问题,故多由最高人民法院以司法解释形式对特定法律有无溯及力作出规定。例如《最高人民法院关于适用〈中华人民共和国合同法〉若干问题的解释(一)》[以下简称《合同法解释(一)》]第一条规定"合同法实施以前成立的合同发生纠纷诉到人民法院的,除本解释另有规定的以外,适用当时的法律规定。"《最高人民法院关于适用〈中华人民共和国公司法〉若干问题的规定(一)》[以下简称《公司法规定(一)》]第一条"公司法实施后,人民法院尚未审结的和新

---

① 房绍坤、张洪波:《民事法律的正当溯及既往问题》,载《中国社会科学》2015年第5期。

确认合同效力纠纷

受理的民事案件,其民事行为或事件发生在公司法实施以前的,适用当时的法律法规和司法解释"等都是《中华人民共和国立法法》第九十三条规定的"法不溯及既往"原则在民事法律领域中的适用表现。但对于该条中的可溯及既往的例外规定,立法机关认为"从新例外通常适用于公法领域,如刑法的溯及力问题上,各国普遍采取从轻原则。"[1] 可见,立法机关虽然没有将民事法律等私法从该条适用范围排除,但从其出发点而言,主要是基于规范公法领域的考量。事实上,在具体法律层面,也只有《中华人民共和国刑法》明确规定了"从旧兼从轻"原则。之所以如此,是因为与调整平等主体之间人身、财产关系的私法不同,公法直接规范的是国家公权力与公民、法人和其他组织的私权利之间可能存在的冲突,目的是在国家公权力和个人私权利之间实现利益合理平衡。故公法的新立或修订通常会打破既有的利益平衡,结果要么是公权扩张,私权受限,要么是公权受限、私权扩张。在后者而言,新法限制公权,如让新法具有溯及力,意味着公民、法人和其他组织的法律义务、责任得以减轻或免除,可以更好保护公民、法人和其他组织的权利和利益。但就民事法律而言,其规范对象为平等主体之间的人身、财产关系,追求的仅为私权之间的利益衡量和价值判断。民事法律的新立和修订仅在民事主体之间实现私权消长,而不会让各方民事主体同时受益。依此而论,似乎民事法律领域不存在该条规定的例外情形,溯及既往既无可能也无必要。但随着社会经济发展,针对新情况、新问题的新的民商事法律不断颁布、已有民商事法律修订或修正也日益频繁。相对旧法,新法显然更有针对性、更可能适用社会发展方向。尤其在旧法存有空白而新法予以补白的情形下,适用新法更符合实质公平的价值取向。从司法实践看,最高人民法院颁布的司法解释中涉及溯及力问题时,也存在大量适用新法承认新法有溯及力的规定。例如,2001年的《最高人民法院关于适用〈中华人民共和国婚姻法〉若干问题的解释(一)》(已废止)第三十三条规定"婚姻法修改后正在审理的一审、二审

---

[1] 全国人大常委会法制工作委员会国家法室编著:《中华人民共和国立法法释义》,法律出版社2015年版,第294页。

婚姻家庭纠纷案件，一律适用修改后的婚姻法"；2006年《公司法规定（一）》第二条规定"因公司法实施前有关民事行为或者事件发生纠纷起诉到人民法院的，如当时的法律法规和司法解释没有明确规定时，可参照适用公司法的有关规定"等。显然，上述条文规定并非完全基于《中华人民共和国立法法》第九十三条中"更好保护公民、法人和其他组织的权利和利益"这一但书条款而制定。故在民事法律领域，司法实务中除了对当事人均有利的新法规范具有溯及力之外，还认可其他法律规范可以作为法不溯及既往的例外情形。就笔者梳理而言，可以作为法不溯及既往的例外情形的法律规范主要有：

第一，效力型法律规范可溯及既往。所谓效力型法律规范就是让旧法规定的无效民事法律行为变为有效的规范。这也是实务中对当事人均有利的新法规范。承认效力型法律规范可溯及既往，最主要的理由就是新的法律规范溯及既往不但尊重了当事人意思自治，可以实现当事人实施该行为所追求的目标，且不但不会因此而损害个人利益和社会公益，反而会通过禁止当事人反悔而促进社会诚信。实务中最典型的是关于适用新法让合同有效的规定。例如《合同法解释（一）》第三条规定"人民法院确认合同效力时，对合同法实施以前成立的合同，适用当时的法律合同无效而适用合同法合同有效的，则适用合同法"。又如最新施行的《最高人民法院关于适用〈中华人民共和国民法典〉时间效力的若干规定》第八条"民法典施行前成立的合同，适用当时的法律、司法解释的规定合同无效而适用民法典的规定合同有效的，适用民法典的相关规定"。

第二，填补型法律规范可溯及既往。虽然《中华人民共和国立法法》第九十三条规定只规定了有利溯及的例外情形，但并不等于立法法明确否定了其他类型法律规范的溯及适用。一般而言，由于社会经济生活的易变性和立法者的局限性，成文法要么存在漏洞或空白，要么过于原则或抽象，需要法院在具体个案裁判中予以填补或细化。而新法规范内容则往往是对旧法空白或模糊之处的补充性规定。例如，1985年施行的《中华人民共和国继承法》第十七条只规定了自书遗嘱、代书遗嘱、录音遗嘱、口头遗嘱和公证遗嘱，但未规定打印遗嘱和录像遗嘱。而现在因后两类遗嘱引

确认合同效力纠纷

发的遗嘱效力纠纷十分常见。对此,《中华人民共和国民法典》第一千一百三十六条和第一千一百三十七条分别增设了打印遗嘱和录像遗嘱的规定,填补了旧法的空白。又如,《中华人民共和国民法典》第九百三十三条关于解除委托合同造成损失赔偿范围的规定,则是对《中华人民共和国合同法》第四百一十条关于损失规定的细化补充。从司法实务情况看,对新法溯及适用可成为法院裁判中填补或细化的方法之一。理由在于:第一,学说和立法之所以强调和承认"有利溯及",主要是为避免因溯及适用新法损及当事人的既有利益预期。但在旧法空白或模糊的情形,当事人实施行为很难谈得上存在基于法律的稳定预期——毕竟没有可供当事人产生预期的明确依据。因此,让新法溯及适用并不涉及损及既有利益预期的问题。第二,法官不得因法律无规定或抽象模糊而拒绝裁判。因此,在新法颁行前,法官在个案中通常是根据习惯法、法理甚至公共政策等法源来填补空白或解释细化抽象模糊规范,辅之以公平、诚信和公序良俗等民法基本原则作为说理依据,以维护良好的道德、社会和经济秩序。而我们有足够理由推定,新法的制定过程蕴含了对过往个案中分别判断的法源及其正当性的系统、集中审议,适用新法能终结旧法秩序下的混乱状态,促进法律的统一适用,重塑法律和社会秩序。①

第三,公序良俗型法律规范可溯及既往。公共秩序是由国家为维护人类生存需要而提供的世俗秩序。由于人类是群居生活,而良好的公共秩序是群体中每个人能够更好生活的前提。由于公共秩序的抽象性,很难将各种场景中的公共秩序全部固化到具体法律规范中。但这并不意味着民事主体在从事违背公共秩序的民事法律行为时,不知其已经在挑战社会整体利益。故对该民事法律行为可能面临的否定性评价,应在民事主体合理预期之内。因此,在特定情形下,为维护公共秩序而让新法规范有溯及力,实质并不背离当事人的合理预期。善良风俗与公共秩序同属社会共识和社会整体利益所需,故弘扬善良风俗的新法律规范亦应同样具有溯及力。例如,《中华人民共和国民法典》第一百八十五条规定对侵害英雄烈士的姓

---

① 参见熊丙万:《论民法典的溯及力》,载《中国法学》2021年第2期。

名、肖像、名誉、荣誉，损害社会公共利益的，应当承担民事责任。对该条涉及社会公共利益的规定，《最高人民法院关于适用〈中华人民共和国民法典〉时间效力的若干规定》第六条就规定可以溯及既往。

（二）《中华人民共和国民法总则》第一百四十六条可以溯及适用于《中华人民共和国民法总则》施行前基于虚伪意思表示订立的合同

虚伪意思表示又称虚假行为，是指各方当事人一致同意仅仅制造订立某项法律行为的表面假象，而实际上并不想让该表面法律行为的法律效果发生的意思表示。虚伪意思表示可以分为虚构行为与隐藏行为。具体而言：第一，虚构行为的效力。如果表意人与相对人通谋仅针对行为的不生效达成一致，这被称为虚构行为或伪装行为；表意人与相对人之间的虚构表示无效，该无效是绝对的，不仅当事人之间可以主张，其他人亦可主张。虚构表示之所以无效，是因为相对人明知道意思表示的虚伪性，双方均不欲使该虚构表示发生效力。而且，当事人对于意思表示亦无信赖，法律自然就没必要通过使意思表示产生约束力以保护其信赖。第二，隐藏行为的效力。如果表意人与相对人希望其所表示的法律行为规则以外的内容生效，虚伪表示的目的仅在于掩盖其所真正希望作出的法律行为，这被称为隐藏行为。① 由于隐藏行为是当事人真实意思表示的结果，故从尊重当事人意思自治出发，如果其符合《中华人民共和国民法典》第一百四十三条规定的民事法律行为有效要件，且不违反法律禁止性规定，则一般可认定为有效。对此，《中华人民共和国民法典》第一百四十六条（《中华人民共和国民法总则》第一百四十六条）也规定了以虚假意思表示实施的民事法律行为无效，至于该虚假意思表示隐藏的民事法律行为的效力，则依照有关法律规定处理。具体到本案中，案涉《合伙协议》《补充协议》等签订时间均早于民法总则施行日期。根据"法不溯及既往"的一般原则，

---

① 参见王利明主编：《〈中华人民共和国民法总则〉条文释义》，人民法院出版社2017年版，第330页。

确认合同效力纠纷

《中华人民共和国民法总则》原则上应对其施行前的合同签订行为这一法律事实没有溯及力。至于其施行前的合同签订行为，则应由当时的法律进行调整。但当时的法律对基于虚假意思表示签订合同行为并没有作出专门规定，故在法律层面而言，案涉系列协议签订时，虚假意思表示实施的行为尚属于旧法调整空白，无法直接适用当时的法律进行精准规范。此时，基于前述填补型法律规范可溯及既往的论述可知，对案涉基于虚假意思表示签订系列协议的行为可以通过《中华人民共和国民法总则》第一百四十六条关于虚伪意思表示的规定溯及适用以填补该空白。对此，《九民会议纪要》〔法〔2019〕254号〕第4条关于"民法总则的时间效力"的规定中，也明确"某一法律事实发生在民法总则施行前，其行为延续至民法总则施行后的，适用民法总则的规定。但要注意有例外情形，如虽然法律事实发生在民法总则施行前，但当时的法律对此没有规定而民法总则有规定的，例如，对于虚伪意思表示、第三人实施欺诈行为，合同法均无规定，发生纠纷后，基于'法官不得拒绝裁判'规则，可以将民法总则的相关规定作为裁判依据。"由于案涉系列协议签订时尚无旧法条文对基于虚假意思表示所订立合同效力作出明确规定，本案各方当事人在基于虚伪意思表示签订案涉系列协议时也不存在基于旧法的稳定预期对该系列协议效力的合理预期问题。反而，案涉系列协议签订前已施行的《关于审理民间借贷案件适用法律若干问题的规定》第二十四条第一款就规定，当事人签订"名为买卖，实为担保"的合同后，主张履行名义上的买卖合同的，人民法院对该主张以裁定驳回起诉的方式不予审理。该条款表述就表明了最高人民法院对"名为买卖"这一虚假意思表示不予认可的司法态度。故从司法实务层面而言，本案各方当事人在基于虚伪意思表示签订案涉系列协议时对纠纷发生时就案涉系列协议可能面临的司法评价应有所预期。

债权人代位权纠纷

债权人代位权纠纷

▶ 代位权诉讼与到期债权执行发生冲突时的利益平衡

4. 姚军诉钱桥建筑安装工程有限公司债权人代位权纠纷案[*]

【关键词】

民事 代位权诉讼 到期债权执行 权利冲突 利益平衡

【裁判摘要】

1. 债务人对次债务人享有到期债权的,债权人可以通过申请到期债权执行或者提起代位权诉讼两种途径主张权利。两种方式并行不悖,互为补充,债权人可依据个案情形综合判断、选择适用。

2. 代位权纠纷诉讼过程中,债务人的其他债权人依据生效判决就债务人对次债务人的到期债权申请强制执行后,次债务人据此要求在代位权纠纷中扣减相应款项的,人民法院应予支持。

---

[*] 摘自《人民法院案例选》2019年第9辑(总第139辑),人民法院出版社2019年版,第66~79页。

【相关法条】

《中华人民共和国合同法》第七十三条第一款① 因债务人怠于行使其到期债权,对债权人造成损害的,债权人可以向人民法院请求以自己的名义代位行使债务人的债权,但该债权专属于债务人自身的除外。

《最高人民法院关于适用〈中华人民共和国民事诉讼法〉的解释》第五百零一条 人民法院执行被执行人对他人的到期债权,可以作出冻结债权的裁定,并通知该他人向申请执行人履行。

该他人对到期债权有异议,申请执行人请求对异议部分强制执行的,人民法院不予支持。利害关系人对到期债权有异议的,人民法院应当按照民事诉讼法第二百二十七条规定处理。

对生效法律文书确定的到期债权,该他人予以否认的,人民法院不予支持。

【案件索引】

一审:江苏省无锡市惠山区人民法院(2012)惠商初字第 0344 号(2013 年 7 月 19 日)

二审:江苏省无锡市中级人民法院(2014)锡商终字第 0425 号(2015 年 3 月 26 日)

再审:江苏省高级人民法院(2017)苏民再 91 号(2017 年 9 月 19 日)

【基本案情】

原告姚军诉称:其与程义林系朋友,截至 2010 年 2 月 10 日,程义林共向其借款 116 万元用于承建钱桥建筑公司承包的春光苑二期工程,但程义林未按约还款。姚军曾基于程义林对钱桥建筑公司享有到期债权而向钱

---

① 对应《中华人民共和国民法典》第五百三十五条第一款:"因债务人怠于行使其债权或者与该债权有关的从权利,影响债权人的到期债权实现的,债权人可以向人民法院请求以自己的名义代位行使债务人对相对人的权利,但是该权利专属于债务人自身的除外。"

桥建筑公司提起代位权诉讼，要求钱桥建筑公司支付姚军116万元及利息。2011年1月27日姚军与程义林、钱桥建筑公司达成和解协议，程义林向钱桥建筑公司借款54万元归还姚军，剩余62万元及利息由钱桥建筑公司对春光苑二期29号房及30号、31号房基础工程报审计结算后，如有多余工程款结算给程义林，则钱桥建筑公司优先支付给姚军，达成协议后姚军撤诉。现29号房审定造价3455360.53元，加上工程贴息347307.2元，减去钱桥建筑公司已向程义林支付的1382144.2元，即使不计上述30号、31号房基础工程款，钱桥建筑公司尚应支付程义林结算工程款及贴息共计1680523.5元。但钱桥建筑公司至今未按约优先支付姚军62万元及利息。故要求判令钱桥建筑公司立即支付62万元及利息38524元（以62万元为基数，自2011年8月22日起至2012年7月31日止按银行同期贷款利率计算）。

被告钱桥建筑公司辩称：（1）代位权的必要条件之一是债务人与次债务人存在到期债权，但钱桥建筑公司未结欠程义林任何款项；（2）钱桥建筑公司按约仅应支付程义林95%工程款即2571628.27元，但钱桥建筑公司已向程义林支付或代付2801717.91元，已超额付款。钱桥建筑公司就此已向法院另行提起诉讼要求程义林返还款项230089.64元。故要求驳回姚军的诉讼请求。

法院经审理查明：原告姚军因与被告钱桥建筑公司代位权纠纷，向无锡市惠山区人民法院提起诉讼。姚军与案外人蒋光潭均是案外人程义林的债权人，程义林则对被告钱桥建筑公司享有到期的工程款债权。

（一）姚军与程义林之间债权债务关系及相关诉讼情况

程义林因承包建筑资金周转困难，先后多次向姚军借款。2010年6月21日，姚军向无锡滨湖法院提起诉讼，要求程义林立即归还借款87万元。2010年8月30日，滨湖法院作出（2010）锡滨民初字第1061号民事判决，判令程义林立即归还姚军借款87万元，并承担诉讼费。2010年11月1日，姚军向滨湖法院申请支付令，要求程义林归还借款29万元。同日，滨湖法院作出（2010）锡滨民督字第0050号支付令，要求程义林给付姚军 29 万元。上述判决及支付令生效后，程义林均未履行付款义务。姚军遂向滨湖法院申请强制执行。

2011 年 1 月 10 日，姚军向一审法院提起债权人代位权之诉，要求钱桥建筑公司代程义林清偿借款本息 116 万元。2011 年 1 月 27 日，姚军与钱桥建筑公司、程义林在一审法院签订《和解协议》，约定：（1）姚军诉钱桥建筑公司、程义林代位权纠纷一案，经三方协商一致，由程义林向钱桥建筑公司借款 54 万元整支付给姚军，用于归还程义林结欠姚军借款本金 116 万元及利息部分，姚军向法院申请撤诉及解除账户冻结措施；（2）程义林剩余结欠姚军借款 62 万元本金及利息部分的归还由钱桥建筑公司对 29 号房及 30 号、31 号房基础工程部分报审计决算后，如还有多余工程款结算给程义林，三方一致同意应由钱桥建筑公司优先支付给姚军，钱桥建筑公司支付给姚军的款项应在钱桥建筑公司与程义林之间的结算中扣除。超过 62 万元及利息部分的工程款归程义林所有并支配。如审计决算后没有多余工程款结算给程义林，则与钱桥建筑公司无关；（3）本协议所称的撤诉、解冻与支付 54 万元同时执行。2011 年 1 月 28 日，钱桥建筑公司以转账支票的方式向姚军支付该 54 万元。姚军遂撤回该案诉讼。2014 年，姚军再次以钱桥建筑公司为被告，提起本案代位权诉讼。

（二）案涉工程相关情况

2008 年 8 月 25 日，钱桥建筑公司与无锡市钱桥城市建设投资发展有限公司（以下简称钱桥城建公司）签订《建设工程施工合同》一份（以下简称第一份施工合同）。双方约定：钱桥城建公司为发包人，钱桥建筑公司为承包人；工程名称为春光苑安置小区二期 BT 工程；工程内容为土建、水电安装、室外附属工程；合同价款以审计结算为准；本合同价款采用建安成本和每平方米利润报价法方式确定，其中，建安成本的确定以有资质的造价咨询单位出具的结算审计为准，利润的确定以 80 元/平方米的形式表示；工程竣工验收合格后，发包人支付总造价的 50%，工程审计结算后，付至结算价的 60%，验收合格后一年内付至结算价的 80%，验收合

债权人代位权纠纷

格后两年内付至结算价的95%，留5%质保金至合同约定保修期满付清。2008年9月4日，钱桥城建公司名称变更为无锡城西产业发展有限公司（以下简称城西产业公司）。

2008年10月10日，钱桥建筑公司与吴金根、龚银龙签订《施工协议》一份。双方约定：钱桥建筑公司委托吴金根、龚银龙就春光苑二期29、30、31号房的土建部分配合组织施工；工程造价约600万元（以审计为准）；吴金根、龚银龙须向钱桥建筑公司缴纳税金管理费率为总造价的10%，开票时的税管费由吴金根、龚银龙自行负担；付款方法与钱桥建筑公司和钱桥城建公司签订的《建设工程施工合同》中约定的方式相同。2008年12月6日，钱桥建筑公司与程义林、龚银龙、张建平签订协议。双方约定：因资金问题，程义林、龚银龙、张建平决定，30、31号房仅施工至±0.00部位，±0.00以上工程不再施工；29号房由程义林一人负责施工至验收合格，与龚银龙、张建平无关。

另查明：春光苑二期29号房于2008年10月27日开工，2011年8月22日，经无锡正天工程造价咨询有限责任公司（以下简称正天公司）审定，29号房建筑面积为4341.34平方米，工程造价为3455360.53元。30号房于2008年11月13日开工，2011年9月20日经审定，其中基础工程造价为195196.02元。31号房于2008年10月28日开工，2011年8月18日经正天公司审定，其中基础工程造价为192477元。29号房和30、31号房基础工程的总造价为3843033.55元。2009年9月30日，上述工程均验收合格。

（三）蒋光潭诉程义林民间借贷纠纷、担保追偿权纠纷一案诉讼及执行情况

2010年12月7日，滨湖法院立案受理蒋光潭诉程义林民间借贷纠纷、担保追偿权纠纷一案。2011年2月11日，滨湖法院作出（2011）锡滨马民初字第0010号民事判决书，判令程义林立即给付蒋光潭77万元及相应逾期付款利息。因程义林未履行该判决确定的给付义务，蒋光潭于2011年3月16日向滨湖法院申请强制执行，执行中滨湖法院自钱桥建筑公司扣划

72592元到期债权发放给蒋光潭。

本案审理过程中，就每平方米80元贴息问题，钱桥建筑公司主张，其与城西产业公司（原钱桥城建公司）在2008年8月25日签订施工合同后，于2008年的年底左右又重新签订施工合同，该合同中关于工程款的结算支付明确不存在贴息。为此，钱桥建筑公司提交了其与城西产业公司于2008年年底左右签订的建筑工程施工合同一份（以下简称第二份施工合同）。对此，姚军辩称，对第二份施工合同不予认可，该份证据是钱桥建筑公司为规避执行伪造的，滨湖法院从钱桥建筑公司调取所得的是第一份施工合同，在钱桥建筑公司起诉程义林返还款项的案件中，钱桥建筑公司也是提供的第一份施工合同，该合同中明确约定了每平方米贴息80元，且程义林在滨湖法院陈述中确认有该贴息存在。姚军为证明其主张，申请证人张建平出庭作证。张建平在庭审中陈述：最开始是与程义林、龚银龙一起做的春光苑二期项目，承包的29号、30号、31号房工程，包括配套工程，要做到工程竣工验收；后因没有资金周转，张建平和龚银龙退出，由程义林一人继续做，退出时29号、30号、31号房均做至±0，30号、31号房的基础工程款应结算给程义林；当时签订施工合同时，与钱桥建筑公司明确约定有每平方米80元的补贴，承包这工程就是为了该80元每平方米的补贴，对钱桥建筑公司所称的后来又重新签订第二份施工合同的情况不清楚。

经审理，一审法院认定，鉴于施工合同约定的保修期尚未届满，且钱桥建筑公司表示发包方城西产业公司仅支付其工程款95%，故钱桥建筑公司目前应向程义林支付的工程款包括29号房以及30号、31号房基础工程总造价3843033.55元的95%即3650881.87元（取小数点后两位）、29号房每平方米80元为标准的利润（贴息）即347307.2元，合计为3998189.07元。同时，一审法院经审理，确认钱桥建筑公司在29号房工程（含配套工程）、30号房及31号房的基础工程中支付和垫付的款项为3551578.41元（包括滨湖法院扣划支付蒋光潭72592元）。

再审中，江苏省高级人民法院另查明，本案二审审理过程中，滨湖法院就蒋光潭诉程义林民间借贷纠纷、担保追偿权纠纷一案通知钱桥建

筑公司协助执行，根据通知要求，钱桥建筑公司于2015年1月12日向滨湖法院缴付99303.46元；1月15日，滨湖法院将该笔款项发放给申请执行人蒋光潭。

【裁判结果】

江苏省无锡市惠山区人民法院于2012年7月19日作出（2012）惠商初字第0344号判决：一、无锡市钱桥建筑安装工程有限公司于本判决生效之日起10日内支付姚军446610.66元。二、驳回姚军的其他诉讼请求。

钱桥建筑公司不服一审判决，向江苏省无锡市中级人民法院提起上诉。无锡市中级人民法院于2015年3月26日作出（2014）锡商终字第0425号判决：驳回上诉，维持原判。

钱桥建筑公司仍不服，向江苏省高级人民法院申请再审。江苏省高级人民法院于2017年7月19日作出（2017）苏民再91号民事判决：一、撤销江苏省无锡市中级人民法院（2014）锡商终字第0425号民事判决和江苏省无锡市惠山区人民法院（2012）惠商初字第0344号民事判决；二、无锡市钱桥建筑安装工程有限公司于本判决生效之日起10日内支付姚军347307.2元；三、驳回姚军的其他诉讼请求。

【裁判理由】

法院生效裁判认为：

（一）关于程义林与钱桥建筑公司是否存在每平方米80元贴息约定的问题

第一，2008年10月10日，钱桥建筑公司作为甲方、吴金根及龚银龙作为乙方，就案涉工程签订了施工协议。后钱桥建筑公司作为甲方于同年12月6日再次与乙方龚银龙、张建平、程义林签订协议，协议中明确载明，案涉工程原由乙方承包，现由于资金问题，工程由程义林一人负责。可见，程义林是在前一份施工协议的基础上承接了案涉工程，在程义林与钱桥建筑公司之间再无其他书面协议的情况下，应当以12月6日及10月

10日的两份协议作为确定双方权利义务的依据。在10月10日的施工协议中约定,"付款方法同甲方与建设单位签订的施工合同",从时间上来看,该约定中所指的施工合同,应是指代此前即2008年8月签订的第一份施工合同,而不可能指代钱桥建筑公司主张的其于2008年底与发包方签订备案并实际履行的第二份施工合同。因第一份施工合同中明确有工程款包含了每平方米80元贴息的约定,据此应当认定,程义林与钱桥建筑公司之间就80元贴息的问题达成了一致约定。钱桥建筑公司主张依据第二份施工合同来作为其与程义林之间的结算依据,但未能证明程义林对此知情或认可。

第二,关于证人证言,张建平在一审中作为证人出庭,表示"做工程就是为了80元的补贴"且并不知道钱桥建筑公司与发包方重新签订了第二份施工合同。张丹、胡汉全、吴金根三人在二审中作为钱桥建筑公司方申请的证人出庭,但因张、胡二人与案涉工程无关,是其他工程的承包人,且就工程承包人与钱桥建筑公司之间是否签订书面合同、具体结算方式如何约定等问题,三人陈述亦不一致。据此,钱桥建筑公司认为上述证人证言均能证明不存在80元贴息的主张,不能成立。

第三,关于(2014)锡民终字第1081号案件,该案系钱桥建筑公司起诉程义林要求返还工程款,争议焦点在于钱桥建筑公司所支付的款项是否超过应付款项。而无须就双方之间债权债务的具体数额进行明确。在该案的二审判决中,法院认定,钱桥建筑公司应向程义林支付29号房以及30、31号房基础工程总造价3843033.55元的95%即3650881.87元,而钱桥建筑公司实际支付的款项仅为3551578.41元。也就是说,即使不将每平方米80元的贴息计算在应付款项内,钱桥建筑公司已付款项亦未超过应付款项。因此,该案二审判决没有对是否存在80元贴息的问题予以认定。钱桥建筑公司的相关主张缺乏依据,不予支持。

综上,钱桥建筑公司主张案涉工程款不存在80元贴息约定证据不足。结合程义林在蒋光潭案件执行过程中有关于80元贴息内容的陈述,钱桥建筑公司在起诉程义林要求返还工程款案件中提交的亦是2008年8月签订的有80元贴息约定的第一份施工合同等事实。二审法院关于当事人之间存在80元贴息约定的认定并无不当。

债权人代位权纠纷

(二)关于钱桥建筑公司已缴付的 99303.46 元执行款应否在本案中予以扣减的问题

姚军与蒋光潭均是程义林的债权人,程义林对钱桥建筑公司享有到期的工程款债权 446610.66 元。在程义林未能清偿对姚军与蒋光潭债务的情况下,姚军与蒋光潭作为债权人均有权依法向钱桥建筑公司代位主张到期债权。不同的是,姚军是通过提起本案代位权诉讼来主张权利,蒋光潭则是通过对到期债权的执行程序来主张权利。姚军主张权利的依据是《合同法》第七十三条关于代位权诉讼制度的规定:"因债务人怠于行使其到期债权,对债权人造成损害的,债权人可以向人民法院请求以自己的名义代位行使债务人的债权,但该债权专属于债务人自身的除外。代位权的行使范围以债权人的债权为限。债权人行使代位权的必要费用,由债务人负担。"蒋光潭主张权利的依据则是《最高人民法院关于适用〈中华人民共和国民事诉讼法〉的解释》第五百零一条关于到期债权执行制度的规定:"人民法院执行被执行人对他人的到期债权,可以作出冻结债权的裁定,并通知该他人向申请执行人履行。该他人对到期债权有异议,申请执行人请求对异议部分强制执行的,人民法院不予支持。"

应当说,对于债权人的权利保护而言,代位权诉讼制度与到期债权执行制度各有利弊。在对到期债权的执行中,次债务人对债权无异议的,即可予以执行,但一旦次债务人提出了异议,申请执行人(债权人)则无法继续通过执行程序向次债务人求偿,而只能通过代位权诉讼途径主张权利。而代位权诉讼虽具有全面审查、明确固定债务人与次债务人之间债权债务关系的优势,但诉讼周期长,到期债权的数额在诉讼过程中可能会发生变化,比如可能会因债务人的其他债权人申请强制执行而相应减少。本案即属此类情形。姚军诉钱桥建筑公司代位权诉讼的二审判决系 2015 年 3 月作出,而根据再审查明的事实,在二审判决作出之前即 2015 年 1 月,钱桥建筑公司已根据滨湖法院的协助执行要求,将其所欠程义林到期工程款债权中的 99303.46 元支付给了申请执行人蒋光潭,该执行行为合法有据,并无不当。由此,截至本案二审判决前,申请执行人钱桥建筑公司实际欠程义林到期工程款的数额应为 446610.66 元 - 99303.46 元 = 347307.2 元，姚军能够代位主张的债权数额亦应当为 347307.2 元。二审判决未将钱桥建筑公司已经实际支付的执行款从应付到期债权中予以扣减不当，应予纠正。

【案例注解】

债务人对次债务人享有到期债权的，债权人可以通过申请到期债权执行或者提起代位权诉讼两种途径主张权利，两种方式各有利弊。在对到期债权的执行中，次债务人对债权无异议的，即可予以执行，但一旦次债务人提出了异议，申请执行人（债权人）则无法继续通过执行程序向次债务人求偿。代位权诉讼则具有全面审查、明确固定债务人与次债务人之间债权债务关系的优势，但诉讼周期长，到期债权的数额在诉讼过程中可能会发生变化，例如可能会因债务人的其他债权人申请强制执行而相应减少。根据我国现行法律规定，代位权诉讼制度与到期债权执行制度并行不悖、互为补充，债权人可依据个案情形综合判断、选择适用。本案中，姚军、蒋光潭均系程义林的债权人，程义林则享有对钱桥建筑公司的到期工程款债权。在程义林未能清偿对姚军与蒋光潭债务的情况下，姚军、蒋光潭二人分别通过代位权诉讼和到期债权执行程序欲向钱桥建筑公司代位主张到期债权。同一笔债权，应当支付给代位权诉讼中的债权人，还是到期债权执行程序中的债权人，是本案在再审审理阶段需要解决的问题。

一、代位权诉讼制度与到期债权执行制度之现行法规定

我国民法上的债权人代位权制度源于《合同法》（1999年）第七十三条的规定："因债务人怠于行使其到期债权，对债权人造成损害的，债权人可以向人民法院请求以自己的名义代位行使债务人的债权，但该债权专属于债务人自身的除外。"到期债权执行制度则源于1992年《最高人民法院关于适用〈中华人民共和国民事诉讼法〉若干问题的意见》（以下简称《民事诉讼法解释》）第三百条："被执行人不能清偿债务，但对第三人享有到期债权的，人民法院可依申请执行人的申请，通知该第三人向申请执

行人履行债务。该第三人对债务没有异议但又在通知指定的期限内不履行的，人民法院可以强制执行。"2015年，最高人民法院在制定新民事诉讼法司法解释的过程中，关于到期债权执行制度的存废曾出现两种意见。有观点认为，该制度是在《合同法》生效之前规定的，1999年生效的《合同法》规定了代位权诉讼制度，债权人代位权的行使必须通过诉讼的方式进行，而不宜在执行中进行。① 最终，《最高人民法院关于适用〈中华人民共和国民事诉讼法〉的解释》在第五百零一条中保留了该制度，本身说明代位权诉讼制度与到期债权执行制度应当是并行不悖、互为补充的关系，债权人可依据个案情形综合判断、选择适用。

二、代位权诉讼制度与到期债权执行制度的共同价值取向：优先保护权利的积极行使者

依照传统的民法理论，行使代位权取得的财产应当先加入债务人的责任财产，然后依照债之清偿规则清偿债权，即通常所说的"入库规则"。然而，根据《最高人民法院关于适用〈中华人民共和国合同法〉若干问题的解释》和《最高人民法院关于适用〈中华人民共和国民事诉讼法〉的解释》，无论代位权诉讼制度，还是到期债权执行制度，均击破了"入库规则"。虽然上述规定看似超越了传统理论，但均有其合理性。

首先，民事诉讼法司法解释中规定的到期债权执行制度，其法理基础是否为民法中的代位权制度，一直存在争议。到期债权执行制度，本身属于强制执行方式之一，在我国立法史上，其在1992年的《民事诉讼法解释》中即有规定，早于1999年的《合同法》。到期债权执行制度与代位权诉讼制度在适用条件上的最重要的区别在于：只有债务人怠于行使权利从而危及债权人的债权时，债权人才能通过代位权诉讼向次债务人主张权利，而到期债权的执行制度中并无此要求。有观点认为，到期债权执行制度的理论基础应当是债务人的全部财产为其所有债权的总担保之理论，债务人享有的债权作为其所负债务的责任财产之一部分，自然应当成为满足

---

① 参见沈德咏主编：《最高人民法院民事诉讼法司法解释理解与适用》（下），人民法院出版社，第1326页。

债权人债权的执行对象。虽然我国《民法通则》《民法总则》均未明文规定债权时财产的组成部分,但《继承法》及其司法解释规定,债权作为"其他合法财产"之一,属于可以继承的财产范围。① 因此,债权作为债务人财产的一部分,对其执行与动产执行、不动产执行并无本质差别,只是因每种财产的属性和存在形式各不相同,需要规定与之相匹配的强制执行方式。就债权执行而言,离不开第三人(次债务人)的给付行为,必然要求第三人向债权人清偿,这与代位权并没有必然的联系。从这个意义上来说,在到期债权执行程序中,第三人直接向债权人清偿就是一种与债权财产属性相适应的执行方式,不能简单视作对"入库规则"的突破。

其次,合同法司法解释之所以规定债权人有权直接受领通过代位权诉讼取得的财产,是有着充分现实考量的。诚然,民法理论通说认为,"债权人之代位权,旨在防止债务人消极地减少其责任财产,对于债权之保全与实现,裨益至巨";"债权人代位行使债务人权利时,因债务人财产为总债权人之共同担保,故行使代位权所得应直接属于债务人,俾总债权人得均沾之,债权人不得以之仅供清偿一己之债权"。② 然而,如果在代位权诉讼中严格适用"入库规则",最直接的后果是对债权人行使代位权的激励严重不足,使得代位诉讼制度的规定流于形式、毫无价值。有学者指出:"在权利保护问题上,应该受到保护的向来是积极行使权利的人,而不是懒惰者,代位债权人最先火中取栗,纵没有与他人分享,亦不悖于公道。"③

据此,无论是到期债权执行制度,还是代位权诉讼制度,两者均体现了对权利积极行使者的保护。债权平等受偿虽然是古老的民法基本理论,但是运用到现实生活中,必须通过一定的规则加以变通。实践中,平等债权人之间的权利冲突并不少见。例如,在动产多重买卖的情况下,本质也是数个平等的买卖合同之间发生的相互排斥现象,此时如果固守"债权平

---

① 《继承法》第三条规定:"遗产是公民死亡时遗留的个人合法财产,包括……(七)公民的其他合法财产。"《最高人民法院关于贯彻执行〈中华人民共和国继承法〉若干问题的意见》第三条规定:"公民可继承的其他合法财产包括有价证券和履行标的为财物的债权等。"

② 王泽鉴:《民法学说与判例研究》(重排合订本),北京大学出版社2015年版,第1302~1304页。

③ 崔建远、韩世远:《合同法中的债权人代位权制度》,载《中国法学》1999年第3期。

等"的理念，是无法解决争议的，而《最高人民法院关于审理买卖合同纠纷案件适用法律问题的解释》第九条关于多重买卖履行顺序的规定，当中已经体现了对债权平等理念的变通。[①] 在执行程序中，更是如此：执行程序建立在债务人有财产可供执行的基础之上，以个别清偿为目的，追求效率价值，对债权人以"先到先得"为原则，相关司法解释中关于轮候查封、参与分配等制度的规定，都在一定程度上体现了上述精神。

三、代位权诉讼与到期债权执行发生冲突时的解决

（一）债权人提起代位权诉讼后，债务人是否一律不得处分自身债权

本案在审理过程中，曾有观点认为，代位权诉讼本身具有保全次债权的功能，债权人提起代位权诉讼后，债务人即不得随意处分自己的债权，因此，债权人能够在代位权诉讼中主张的债务人对次债务人享有的债权金额，应当以债权人提起代位权诉讼时为时间点来确定。申言之，姚军于2014年提起本案代位权诉讼，其能够向钱桥建筑公司代位主张的程义林对该公司享有的到期工程款金额即应当以此时为准。钱桥建筑公司于2015年1月在蒋光潭案件执行程序中支付的9万余元工程款，应当通过执行回转程序支付给姚军。

笔者认为，"债权人提起代位权诉讼后，债务人即不得随意处分自己的债权"的观点，本身具有合理性。在日本判例上，债务人在接到债权人行使代位权的通知以后，便不能够再从事处分以妨碍债权人之代位行使，而且，债务人也不能够再以另一诉讼请求清偿其债权；但是，他可以请求债权人返还超过债权额的部分。有学者认为，这种做法值得借鉴，"因为如果对于债务人的处分权不加以限制，那么债务人任意处分其财产势必使

---

① 有观点认为，在多重买卖的场合，基于债权的平等性，先后买受人均享有要求出卖人履行合同、交付标的物的债权请求权。此时，应当以买受人提出请求的先后合同有限得到实际履行的判断标准。但最终，最高人民法院未采纳上述观点，而是综合"先行支付价款说"和"合同成立在先说"，明确了相应规则。参见《最高人民法院关于买卖合同司法解释理解与适用》，人民法院出版社2012年版，第163页。

债权人代位权利制度的目的落空"。① 事实上，我国的司法实践已经采纳了上述观点，在"中国农业银行汇金支行诉张家港涤纶厂代位权纠纷案"中，法院认为："代位权制度的立法本意是鼓励债权人积极行使权利。进入代位权诉讼程序后，债务人即丧失了主动处分次债务人债权的权利。代位权行使的后果直接归属于债权人，次债务人如果履行义务，只能向代位权人履行，不能向债务人履行。"②

如果将上述观点直接适用到本案中，钱桥建筑公司在姚军提起代位权诉讼之后，只能向姚军履行债务。但事实上，作为次债务人的钱桥建筑公司在债务人程义林的另一债权人蒋光潭的执行程序中，向蒋光潭清偿了债务。对该行为如何评价，涉及代位权诉讼制度与到期债权执行制度的关系，以及当两者发生冲突时应当如何解决的问题。

（二）代位权诉讼制度与到期债权执行制度对债权人权利保护的利弊分析

笔者认为，代位权纠纷诉讼过程中，债务人的其他债权人依据生效判决、就债务人对次债务人的到期债权申请强制执行且次债务人已经履行，次债务人据此要求在代位权纠纷中扣减相应款项的，人民法院应予支持。理由是：（1）这一规则，与前述"债权人提起代位权诉讼后，债务人即不得随意处分自己的债权"的观点，并不矛盾。两者的情形并不相同，债务人在其他债权人执行程序中的履行行为，与债务人随意处分自身债权的行为存在本质区别。限制债务人在代位权诉讼中对自己债权的处分权利，一定程度上是防止债务人与次债务人相互串通、损害已经提起诉讼的债权人的利益。而次债务人在债务人之其他债权人执行程序中的清偿行为，具有法律依据，并无损害代位权诉讼之债权人的恶意，不应否定该清偿行为的效力。（2）确立前述规则，对于引导权利人合理选择主张权利的途径具有积极的指引意义。需要认识到，对于债权人的权利保护而言，代位权诉讼制度与到期债权执行制度各有利弊。在对到期债权的执行中，次债务人对债权无异议的，即可予以执

---

① 崔建远、韩世远：《合同法中的债权人代位权制度》，载《中国法学》1999年第3期。
② 《最高人民法院公报》2004年第四期。

行,但一旦次债务人提出了异议,申请执行人(债权人)则无法继续通过执行程序向次债务人求偿,而只能通过代位权诉讼途径主张权利。而代位权诉讼虽具有全面审查、明确固定债务人与次债务人之间债权债务关系的优势,但诉讼周期长,存在诸多不确定性,不确定的因素中即包括到期债权的数额在诉讼过程中可能会发生变化,比如可能会因债务人的其他债权人申请强制执行而相应减少。具体到本案中,钱桥建筑公司对于程义林工程款中是否包含80元贴息的内容持有异议,蒋光潭在到期债权执行程序中则无法主张这一部分债权;相较而言,姚军通过代位权诉讼程序成功主张了该80元贴息的债权内容,但因判决时间晚于蒋光潭的执行程序,因此其债权数额中需扣减蒋光潭案件中已经执行的部分。

(三)探讨:本案是否可以通过参与分配解决

有观点认为,当提起代位权诉讼的债权人已经获得胜诉判决并申请执行,而其他债权人对债务人亦提起普通诉讼并获得胜诉判决,且申请了到期债权执行时,两者的债权应当通过参与分配制度按照比例获得清偿。那么,在本案中,是否也应当通过类似规则来解决两名债权人之间的权利冲突?对此,需要对参与分配制度的适用条件进行分析。

参与分配,是指在已经开始的民事执行程序中,申请执行人以外的对同一债务人享有债权的其他债权人,因债务人的财产不足以清偿各债权人的全部债权,申请加入已经开始的执行程序,并将执行所得对各债权人公平清偿的一种制度。我国现行《民事诉讼法》并没有规定参与分配制度,关于该制度的规定主要见于1992年《民事诉讼法解释》、1998年《最高人民法院关于适用〈中华人民共和国民事诉讼法〉执行程序若干问题的解释》以及2015年《最高人民法院关于适用〈中华人民共和国民事诉讼法〉的解释》。关于参与分配的提起条件,司法解释的前后规定有所不同,1992年《民事诉讼法解释》第二百九十七条规定,已经取得执行依据的和已经起诉的债权人都可以申请参与分配;1998年《执行工作规定》第九十条、2015年《最高人民法院关于适用〈中华人民共和国民事诉讼法〉的解释》第五百零八条规定,只有已经取得执行依据的债权人才可申请参与分配。

有学者认为,应当允许未取得执行依据的或未起诉的债权人参与分配,首先,债务人的财产资不抵债时,全体债权人都有就债务人的财产获得公平受偿的权利,不论债权人是否已取得执行依据或者已经起诉,否则就违反了债权人的全部财产是全体债权人所有债权的共同担保的实体法原则。其次,如果不允许未取得执行依据的债权人参与分配,根据《民事诉讼法》和《企业破产法》,他们又不能申请债务人为公民或其他组织的民事主体破产,那么,他们的债权将没有救济的途径,既违反了公平原则,又可能损害这些债权人的合法债权,有悖于我国参与分配制度的宗旨和目的。然而,立法显然并未采纳上述意见,并且从"已经取得执行依据的和已经起诉的债权人"进一步限缩至"取得执行依据的债权人"才能参与分配。原因在于,未经诉讼程序确认的债权参与分配,在参与分配过程中必然会产生争议,为防止假债权、不合法债权、不合实际额债权的参与就需要通过制定相应的异议程序和诉讼程序予以弥补,从而会使参与分配程序变得烦琐不堪,参与分配的实际分割也会因此而推迟,这有悖强制执行的效率与效益原则,使参与分配制度的价值和作用大打折扣。具体到本案,申请到期债权执行的债权人蒋光潭在申请执行时,姚军的代位权诉讼尚在进行之中,并不符合参与分配的适用前提。

当然,需要指出的是,本案中,通过两个制度主张权利的债权人最终所获得的利益并未明显失衡,亦是本案在个案处理结果上具备妥当性的重要原因之一。假设代位权诉讼标的与到期债权执行中的债权标的相当甚至不足,本案所确立的规则有可能会极大影响代位权诉讼中债权人的利益。对此,值得在将来的个案中予以进一步探讨。

(一审法院合议庭成员　陶勇达　尤南兴　张　靖
二审法院合议庭成员　沈　君　胡　伟　缪　凌
再审法院合议庭成员　吕　娜　孙烁犇　董蕾蕾
编写人　江苏省高级人民法院　孙烁犇
责任编辑　杨　奕
审稿人　范明志)

债权人撤销权纠纷

5. 上海众盈联食品销售有限公司诉李向东、何雪莲等债权人撤销权纠纷案*

▶ 债权人主张撤销债务人离婚协议中转移财产条款的法律要件及行使期限

【关键词】

> 民事　债权人撤销权　离婚协议　无偿转让财产　行使期限　撤销事由

【裁判摘要】

> 债权人主张撤销债务人离婚协议中转移财产条款的，应当从债权人是否存在有效债权、债务人是否存在无偿转让财产行为、债务人是否具有足够资产清偿债权等方面综合考量后作出认定。撤销权行使期限自债权人知道或应当知道撤销事由之日起计算。知道撤销事由之日，应以债权人知道离婚协议财产分割条款具体内容的时间为据；债权人仅知晓债务人离婚事宜而不清楚财产分割条款具体内容的，不应认定为应当知道撤销事由。

---

* 摘自《人民法院案例选》2020年第3辑（总第145辑），人民法院出版社2020年版，第83～90页。

【相关法条】

《中华人民共和国合同法》第七十四条第一款① 因债务人放弃其到期债权或者无偿转让财产，对债权人造成损害的，债权人可以请求人民法院撤销债务人的行为。债务人以明显不合理的低价转让财产，对债权人造成损害，并且受让人知道该情形的，债权人也可以请求人民法院撤销债务人的行为。

第七十五条② 撤销权自债权人知道或者应当知道撤销事由之日起一年内行使。自债务人的行为发生之日起五年内没有行使撤销权的，该撤销权消灭。

【案件索引】

一审：上海市松江区人民法院（2017）沪 0117 民初 21684 号（2018 年 7 月 26 日）

二审：上海市第一中级人民法院（2018）沪 01 民终 13292 号（2019 年 3 月 5 日）

【基本案情】

原告（上诉人）上海众盈联食品销售有限公司（以下简称众盈联公司）诉称：因欠付货款，法院曾判决李向东及昊慈公司向其支付货款 1929512.45 元。后经执行，李向东及昊慈公司名下无可供执行财产。经调查，李向东离婚时，将所有房产全部无偿转移至妻子何雪莲及儿子李泽昊名下。众盈联公司认为，李向东上述行为逃避债务履行，故诉至法院请求：（1）撤销李向东、何雪莲《自愿离婚协议书》第三条"男女双方共有财产分割如下"全部条款，恢复翔峰路 201 房屋登记为李向东、何雪莲名下；（2）判令李向东、何雪莲支付众盈联公司律师费 5000 元。

---

① 对应《中华人民共和国民法典》第五百三十八条至第五百三十九条。
② 对应《中华人民共和国民法典》第五百四十一条，内容未作修改。

债权人撤销权纠纷

被告（被上诉人）何雪莲辩称：协议书对财产的分配，是考虑到夫妻双方各自对家庭的贡献、李向东曾具有严重过错而作出的合理约定。昊慈公司、李向东并非没有清偿能力。按常理，夫妻双方离婚后一定会有财产的处理，众盈联公司在2016年11月已经知道离婚及财产分割情况，其行使撤销权已超过一年期限。故何雪莲不同意众盈联公司的起诉请求。

被告（被上诉人）李向东、第三人（被上诉人）李泽昊亦表示，不同意众盈联公司的起诉请求。

法院经审理查明，李向东与何雪莲于1996年结婚，于2016年8月23日办理离婚登记手续并签订《自愿离婚协议书》。协议书约定："（3）男女双方共有财产分割如下：翔峰路201房屋产权归女方所有；建元路101房屋、建元路302房屋产权归女方何雪莲和儿子李泽昊共同所有。（4）……私人剩余借款及银行贷款本金共204000元，由女方何雪莲独自承担。"何雪莲于一审庭审中确认，翔峰路201房屋于2003年登记在李向东、何雪莲名下。

2016年2月，众盈联公司和昊慈公司签订《合作采购协议》一份，约定众盈联公司代理采购昊慈公司指定货品，昊慈公司如不能支付货款，则公司法定代表人李向东个人全额承担支付责任。同年8月23日，昊慈公司、李向东向众盈联公司出具客户对账单，确认2016年6月、7月、8月三个月共计欠款2029512.45元。同年8月29日，昊慈公司、李向东出具付款计划。同年10月7日，李向东向众盈联公司出具还款承诺书，再次确认截至2016年9月30日结欠众盈联公司货款1929512.45元，李向东承诺为昊慈公司的共同还款人。2017年3月24日，上海市松江区人民法院作出判决，判令昊慈公司、李向东支付众盈联公司货款1929512.45元。后众盈联公司申请法院强制执行，法院于2017年8月21日作出执行裁定书，因未查实昊慈公司、李向东可供执行的财产，裁定终结本次执行程序。

2017年12月14日，众盈联公司向一审法院递交了本案民事起诉状。一审审理中，何雪莲称众盈联公司于2016年11月初就已经知道李向东、何雪莲离婚和财产分割的事情。众盈联公司则称何雪莲于2016年11月只是口头说已经离婚，但没有说过财产分割的问题。众盈联公司于一审中提交的《自愿离婚协议书》上，加盖有"此复印件与原件相符 松江区民政局婚姻登记处 2017年7月14日"之印章。

【裁判结果】

上海市松江区人民法院于2018年7月26日作出（2017）沪0117民初21684号民事判决：驳回众盈联公司的全部诉讼请求。

宣判后，众盈联公司提起上诉。上海市第一中级人民法院于2019年3月5日作出（2018）沪01民终13292号民事判决：一、撤销上海市松江区人民法院（2017）沪0117民初21684号民事判决；二、撤销李向东、何雪莲于2016年8月23日签订的《自愿离婚协议书》第三条"男女双方共有财产分割如下"全部条款，恢复松江区翔峰路115弄47号201室登记为李向东、何雪莲名下；三、李向东于本判决生效之日起10日内支付众盈联公司律师费人民币4500元；四、何雪莲于本判决生效之日起10日内支付众盈联公司律师费人民币500元。

【裁判理由】

法院生效裁判认为，债权人撤销权的行使，应当具备以下要件：一是债务人为相应行为对债权人造成损害；二是债权人自应当知道撤销事由之日起一年内行使撤销权。具体到本案中，李向东与何雪莲签订《自愿离婚协议书》时，众盈联公司之债权已实际发生，且得到了昊慈公司与李向东之确认。李向东在《自愿离婚协议书》中将其享有之房产份额归属于何雪莲一方之行为，应认定为《合同法》第七十四条规定的"无偿转让财产"行为；且李向东现无可供执行之财产，故其上述行为已对债权人众盈联公司之债权实现造成损害。何雪莲称其于2016年11月初就已将财产分割事宜告知对方，但无其他证据予以佐证；而众盈联公司称其是2017年7月14日通过法院调查令调取离婚协议后才知晓财产分割情况，有调取之材料为证。故众盈联公司之撤销权行使期限，应从该日起算，而一审法院收到本案诉状日期为同年12月14日，未过一年期限。众盈联公司主张撤销条款并恢复登记，存在事实与法律依据，应予支持。至于律师费，根据《最高人民法院关于适用〈中华人民共和国合同法〉若干问题的解释（一）》

第二十六条之规定，酌定由李向东承担 4500 元，何雪莲承担 500 元。

【案例注解】

当前，伴随着社会经济的日益快速发展，债权债务纠纷频发。而与此同时，债务人为逃避债务，通过离婚转移财产致使债权人权益落空之情形也时有发生。根据《合同法》第七十四条、第七十五条之规定，债权人可以通过主张撤销债务人离婚协议的财产分割条款，达到保全其债权之目的。但上述规定内容简单、笼统，具体到司法实践中，怎样的情形可以判断为"无偿转让财产、对债权人造成损害"，"债权人应当知道撤销事由"又该如何理解，等等，均非一目了然。

因此，笔者从有效保障债权人权益、不过分限制债务人的契约自由及正常生活出发，[①] 对债权人主张撤销债务人离婚协议中转移财产条款的行为，进行法律要件之梳理与分析，以期对今后同类案件的审理提供借鉴。

一、债权人主张撤销债务人离婚协议中转移财产条款的成立要件

《合同法》第七十四条第一款规定，因债务人放弃到期债权或者无偿转让财产，对债权人造成损害的，债权人可以请求人民法院撤销债务人的行为。债务人以明显不合理的低价转让财产，对债权人造成损害，并且受让人知道该情形的，债权人也可以请求人民法院撤销债务人的行为。

实践中，债务人通过离婚协议财产分割条款转移财产之常见情形，系将本该属于自己享有之财产份额约定为由配偶一方享有，因此，债务人的行为主要呈现为上述规定中的"无偿转让财产"。[②] 关于债权人主张撤销债务人"无偿转让财产"行为的成立要件，一般认为应当从债权人与债务人

[①] 薛荣、李江敏：《论债权人的撤销权》，载《河北法学》2001 年第 5 期。

[②] 夫妻之间一般不存在通常意义上之债权债务，故债务人不太可能通过离婚协议"放弃到期债权"；夫妻分割共同财产，就是确定财产归属和分多少份额的问题，也不必舍近求远"以明显不合理的低价转让财产"的形式分割财产。当然，也不能从理论上完全排除个别情形的存在。本文主要是就司法实践中遇到的多数情形而言。

两方面来理解,前者主要是指须有被保全的债权存在,后者主要是指须有诈害行为的存在。① 具体分析如下:

(一) 债权人有合法有效之债权

合法有效之债权,首先应当是明确的债权,即得到生效法律文书确认或者是债务人认可之债权。既未得到确认、债务人也有异议的情况下,债权人可否直接提起撤销权诉讼?有观点认为,应当先通过诉讼等方式明确存在债权,才得行使撤销权;也有观点认为,可以在撤销权诉讼中一并解决。笔者认为,在我国,债权人撤销债务人离婚协议财产分割条款的,一般会将债务人与其配偶一并诉至法院,② 在债权尚无定论之情况下,直接提起撤销权诉讼会给更多的当事人带来诉累,故应先行通过诉讼等方式将债权明确后再行使撤销权为宜。事实上,很多债权人都是在有生效判决确认债权的情况下提起的撤销权诉讼,因为,债务人转移财产是一种较为隐秘的行为,不易被人发现,债权人往往需要通过诉讼甚至在申请财产保全或强制执行时,才会通过法院知道债务人在何时、何地,将什么财产无偿或以明显不合理的价格转让。③

其次,应当是以金钱给付为标的的债权。但不以现在的金钱债权为限,将来的金钱债权如因债务履行不能而转化为损害赔偿的亦应包括在内。④

最后,债权通常应当是债务人签署离婚协议时已经成立的债权。只有在已有既存债权的情况下,债务人实施相应行为才会对债权造成损害。但是,如果特定债权发生的可能性很高,债务人为逃避将来会发生的债务,事先处分自己的财产,应同样给予债权人撤销权的保护,不然会有违民法

---

① 韩世远:《合同法总论(第四版)》,法律出版社2018年版,第459~460页。
② 《最高人民法院关于适用〈中华人民共和国合同法〉若干问题的解释(一)》第二十四条规定,债权人依照《合同法》第七十四条的规定提起撤销权诉讼时只以债务人为被告的,未将受益人或者受让人列为第三人的,人民法院可以追加该受益人或者受让人为第三人。
③ 梁家静:《债权人撤销权实证研究——以55件债权人撤销权判决为视角》,广西大学2017年硕士论文。
④ 韩世远:《合同法总论(第四版)》,法律出版社2018年版,第460~461页。

公平和诚信原则。①

具体到本案中,众盈联公司与昊慈公司签订的《合作采购协议》明确约定,昊慈公司不能支付欠款的,李向东应全额承担支付责任。李向东与何雪莲于 2016 年 8 月 23 日办理离婚登记手续并签订《自愿离婚协议书》,而当天,昊慈公司、李向东也向众盈联公司出具了客户对账单,确认 2016 年 6 月、7 月、8 月三个月共计欠款 2029512.45 元。后法院又判决昊慈公司与李向东支付货款。综合上述情况,可以认定李向东与何雪莲签订《自愿离婚协议书》时,众盈联公司之债权已实际发生,且得到了昊慈公司与李向东之确认。因此,众盈联公司行使撤销权时,其与李向东的债权明确存在,且该债权在债务人签订离婚协议时业已实际发生。

(二)债务人有诈害行为:债务人无偿转让财产、对债权人造成损害

所谓诈害行为,是指债务人所为的对债权人造成损害的行为。② 具体可以从以下两个层次加以理解:

第一,债务人存在无偿转让财产的行为。司法实践中,债务人通过离婚转移财产的行为主要是债务人向其配偶"无偿转让财产"。这里的无偿转让财产,可能是无偿转让其享有的所有财产份额,也可能是部分财产份额。但是否只要债务人所分财产少于其配偶,就是存在"无偿转让财产"情形?笔者认为,这需要具体情况具体分析。比如,夫妻双方离婚过程中,因债务人一方存在明显过错或孩子由债务人配偶抚养等原因,导致债务人财产少分的,只要比例在合理范围内,不应当认定为"无偿转让财产"情形。更多时候,还是要看财产分配是否存在明显不均衡的状况。③ 而是否明显不均衡,需要法官根据财产金额、分配比例、离婚背景等具体

---

① 沈伟:《债权人撤销权中债权成立时间的影响》,载《人民司法》2013 年第 22 期。
② 韩世远:《合同法总论(第四版)》,法律出版社 2018 年版,第 462 页。
③ 在相关研究中也发现,司法实践中,法院认定无偿转让的标准是离婚协议里的财产分配是否明显不均衡。梁家静:《债权人撤销权实证研究——以 55 件债权人撤销权判决为视角》,广西大学 2017 年硕士论文。

债权人撤销权纠纷

情况来作出判断。

　　第二，债务人无偿转让财产的行为，对债权人造成损害。"对债权人造成损害"，即债务人行为的"诈害性"。关于诈害性应当以怎样的标准进行判断，有不同学说，而我国以"无资力说"为通说，即如果债务人处分其财产后便不具有足够资产清偿债权人的债权，就可认定为"对债权人造成损害"。① 关于此，最高人民法院在相关判决中亦采"无资力说"，认为债务人放弃到期债权等行为必须达到债务人没有清偿资力的程度方可构成债权的侵害。② 但是，债务人是否有足够清偿债权之资产，又该如何判断？实践中存在不同观点，有的认为，债权人行使撤销权，势必影响债务人之行为自由，甚至是交易安全，应当十分慎重，债权人应当在债权经法院执行后仍然执行不到位的情况下再行使；也有的认为，法院执行程序不是必经程序，如果有充分证据证明债务人缺乏偿债能力时，债权人也可行使撤销权。笔者认同后一种观点，通过法院执行程序固然是比较明确，但这样的硬性条件设置，会导致债权人承担过重的行权成本，如果债权人能举证证明债务人债务众多且无力履行法院生效裁判、债务人生活困难等情况的，亦可行使撤销权。③

　　关于"诈害性"，除了上述判断标准的问题，还有以哪个时间为基准进行判断的问题。一般认为，行为构成"诈害性"，不仅要求债务人行为时诈害债权人，还要求债权人行使撤销权时仍有诈害状态的持续。也就是说，如果债务人行为时有足够资产清偿债权，即便后续因各种原因资不抵债的，不构成诈害行为；如果债务人行为时对债权人造成损害，但债权人行使撤销权时具有充分清偿能力，也不得行使撤销权。因为债权人撤销权是为了保护债权人，而非惩罚债务人。④ 实践中，债权人往往仅在意行使

---

①　韩世远：《合同法总论（第四版）》，法律出版社2018年版，第464~465页。
②　最高人民法院（2009）民二提字第58号"申请再审人中国水利电力对外公司与被申请人上海福岷围垦疏浚有限公司、龙湾港集团上海实业有限责任公司、海南龙湾港疏浚集团有限公司撤销权纠纷案"，参见戴孟勇：《"债务人放弃到期债权"与债权人撤销权》，载《中国政法大学学报》2014年第5期。
③　何飞：《债权人撤销权的成立要件及其举证责任分配》，载《人民司法》2013年第6期。
④　韩世远：《合同法总论（第四版）》，法律出版社2018年版，第464~465页。

债权人撤销权纠纷

撤销权时债务人是否有足够资产清偿债权,不会关注债务人行为时是否具有偿债能力;法院在债务人未提出相关抗辩时,一般也不会主动审查。但如果债务人提出其行为时具有足够资产清偿债权、未对债权人造成损害的,法院应当根据证据情况作出审查,以"债务人行为时""债权人行权时"这两个时间基准,来综合判断债务人行为的诈害性。

本案中,《自愿离婚协议书》约定,将夫妻关系存续期间购买的房屋,均归属于何雪莲及李泽昊所有,虽何雪莲承担原双方之共同债务 204000元,但两相比较,在财产分割方面,李向东与何雪莲之间明显不成比例。而根据法院作出的执行裁定书,因未查实昊慈公司、李向东可供执行的财产,裁定终结本次执行程序。因此,李向东在《自愿离婚协议书》第三条中将其享有之房产份额归属于何雪莲一方之行为,应认定为《合同法》第七十四条规定的"无偿转让财产"行为;且李向东已无可供执行之财产,故李向东上述行为已对债权人众盈联公司之债权实现造成损害。

二、债权人主张撤销债务人离婚协议中财产转移条款的行使期限

《合同法》第七十五条规定,撤销权自债权人知道或者应当知道撤销事由之日起一年内行使。

上述规定中的"知道或者应当知道撤销事由"应如何理解,存在不同认识,有的认为知道离婚事宜即可,另有的则认为仅知道离婚事宜而不知道具体的离婚协议财产分割条款,不能认定为知道撤销事由。笔者赞同后一种观点,从字面上理解,"撤销事由"指向的应当是具体的财产分割条款而非笼统的离婚事宜。从认知程度上来讲,知道离婚事宜与知道具体的离婚协议财产分割条款也是两码事,仅知道离婚事宜而不清楚具体财产分割条款内容,债权人根本就无法对债务人提起具体而明确的撤销权诉讼。如果认定知道离婚事宜即应当知道撤销事由,并以此计算一年行使期限,对于债权人有失公允。

具体到本案中,何雪莲称其于 2016 年 11 月初就已将财产分割事宜告知对方,但除其自己所称,并无其他证据予以佐证;而众盈联公司称其是

通过法院调查令调取离婚协议后才知晓财产分割情况，有当时调取之材料为证，且材料印章上显示日期为2017年7月14日。故综合在案证据情况，称众盈联公司于2017年7月14日才知晓财产分割情况，依据更为充分；撤销权行使期限，应从该日起算，而一审法院收到本案诉状日期为2017年12月14日，未过一年期限。一审法院以夫妻共同财产分割的约定系办理协议离婚手续中的通常事项为由，认定何雪莲告知众盈联公司离婚之日即为众盈联公司应当知道撤销事由之日，混淆了"推测双方可能存在财产分割"与"明确知晓双方财产分割具体情况"两种不同程度之事实认知状态，有欠妥当。

（一审法院合议庭成员　徐　东　江　燕　胡菊泉
　二审法院合议庭成员　方　方　寻增荣　潘静波
　　　　编写人　上海市第一中级人民法院　潘静波
　　　　　　　　　　　责任编辑　杨　奕
　　　　　　　　　　　　审稿人　范明志）

6. 韩某某诉郭某、吴某某债权人撤销权纠纷案

夫妻离婚财产约定自由与债权人权益保护的平衡

【关键词】

夫妻共同债务　保证之债　夫妻离婚财产约定　债权人撤销权

【裁判摘要】

1. 公司享有法人财产权，公司与股东的财产相互独立，股东在离婚协议中处分公司财产，属于无权处分，其处分行为无效。

2. 在保证之债中，夫妻协议离婚，约定房产归一方所有，房贷归另一方所有。债权人以夫妻离婚恶意逃避债务为由提起撤销之诉，其应对财产约定损害其债权负有举证责任。是否侵害债权应综合各方面要素来看，若保证人仍分得部分财产，则应先对保证人已分得份额予以受偿。未经强制执行，则无法确定损害情况，债权人应承担举证不能的后果。

---

* 摘自《人民法院案例选》2020 年第 11 辑（总第 153 辑），人民法院出版社 2020 年版，第 35~42 页。

【相关法条】

《中华人民共和国合同法》第七十四条第一款① 因债务人放弃其到期债权或者无偿转让财产，对债权人造成损害的，债权人可以请求人民法院撤销债务人的行为。债务人以明显不合理的低价转让财产，对债权人造成损害，并且受让人知道该情形的，债权人也可以请求人民法院撤销债务人的行为。《中华人民共和国婚姻法》第三十九条第一款② 离婚时，夫妻的共同财产由双方协议处理；协议不成时，由人民法院根据财产的具体情况，照顾子女和女方权益的原则判决。

《中华人民共和国民事诉讼法》第六十四条第一款 当事人对自己提出的主张，有责任提供证据。

《最高人民法院关于适用〈中华人民共和国民事诉讼法〉的解释》第九十条③ 当事人对自己提出的诉讼请求所依据的事实或者反驳对方诉讼请求所依据的事实，应当提供证据加以证明，但法律另有规定的除外。

在作出判决前，当事人未能提供证据或者证据不足以证明其事实主张的，由负有举证证明责任的当事人承担不利的后果。

【案件索引】

一审：天津市河西区人民法院（2017）津0103民初7105号（2018年4月17日）

二审：天津市第二中级人民法院（2018）津02民终5075号（2018年

---

① 《合同法》已于2021年1月1日起失效。本条第一款对应《民法典》第五百三十九条："债务人以明显不合理的低价转让财产、以明显不合理的高价受让他人财产或者为他人的债务提供担保，影响债权人的债权实现，债务人的相对人知道或者应当知道该情形的，债权人可以请求人民法院撤销债务人的行为。"

② 《婚姻法》已于2021年1月1日起失效。本条第一款对应《民法典》第一千零八十七条第一款："离婚时，夫妻的共同财产由双方协议处理；协议不成的，由人民法院根据财产的具体情况，按照照顾子女、女方和无过错方权益的原则判决。"

③ 《最高人民法院关于适用〈中华人民共和国民事诉讼法〉的解释》已于2021年1月1日修正。修正后本条内容未修改。

9月27日）

【基本案情】

原告（上诉人）韩某某诉称：被告郭某与第三人吴某某原系夫妻关系，被告郭某因其控制公司债务，向原告提供连带责任保证。因公司未按期履行债务，原告起诉，调解结案后，债务人和保证人均未履行义务。在诉讼期间，被告郭某为了逃避债务，与第三人协议离婚，将共有的房产归于第三人，房产贷款由被告偿还，其行为严重损害债权人利益。特向法院提起诉讼，请求：（1）判令撤销被告与第三人签订的《离婚协议书》中"关于住房处理"条款中被告放弃分割夫妻共有房产的行为；（2）判令律师费20万元由被告和第三人承担；（3）本案诉讼费由被告及第三人承担。

被告（被上诉人）郭某辩称：不认同原告诉讼请求。被告没有无偿或低价转让财产的行为，被告与第三人确系感情不和，因双方顾及名誉协议离婚，根据双方实际情况，经过多次协商，内容相对平等。

第三人吴某某述称：第三人与被告郭某婚姻关系解除，本着平等、协商的原则分割夫妻共同财产，离婚财产约定内容未损害他人利益。

法院经审理查明：2015年，原告与案外人某资产管理公司签订《借款合同》，借款金额为1500万元，被告郭某及案外人某投资管理公司和江阴某置业公司对借款本金及利息承担连带责任。因义务人未按期偿还借款本息，原告起诉，后双方达成调解，郭某承担连带责任保证。调解书生效后，义务人仍未履行义务，案件进入执行阶段。被告郭某与第三人吴某某原系夫妻关系，在借款合同诉讼期间，被告与第三人签订《离婚协议书》。双方约定，被告对婚姻存在过错，双方因感情不和自愿协议离婚，24套房产归第三人所有，房屋贷款均由被告偿还。三家公司的股份，双方各占50%，被告收购第三人分得的股份。另查，24套房产中，2套房产登记在被告名下，6套房产登记在第三人名下，16套登记在夫妻直接或间接控制的公司名下。原告以夫妻离婚财产约定损害其合法利益，起诉撤销《离婚协议书》中"关于住房处理"条款中被告放弃分割夫妻共有房产的行为。

【裁判结果】

天津市河西区人民法院于2018年4月17日作出（2017）津0103民初7105号民事判决：驳回原告韩某某的全部诉讼请求。

宣判后，韩某某不服，提起上诉，天津市第二中级人民法院于2018年9月27日作出（2018）津02民终5075号民事判决：驳回上诉，维持原判。

【裁判理由】

法院生效裁判认为：《最高人民法院关于适用〈中华人民共和国民事诉讼法〉的解释》第九十条规定："当事人对自己提出诉讼请求所依据的事实或者反驳对方诉讼请求所依据的事实，应当提供证据加以证明，但法律另有规定的除外。在作出判决前，当事人未能提供证据或者证据不足以证明其事实主张的，由负有举证证明责任的当事人承担不利的后果。"本案的争议焦点是韩某某申请撤销涉案《离婚协议书》中住房处理条款是否具有依据。韩某某主张涉案《离婚协议书》关于住房的分割处理决定损害其合法债权，韩某某对此负有举证责任。《合同法》第七十四条规定，因债务人放弃其到期债权或者无偿转让财产，对债权人造成损害的，债权人可以请求人民法院撤销债务人的行为。本案中，郭某欠付韩某某到期债务，但郭某与吴某某原为夫妻关系，诉争《离婚协议书》约定诉争房产归吴某某所有，但也约定三家公司的股份，郭某与吴某某各持有50%，郭某并非放弃到期债权或者无偿转让财产。法院综合考虑案件的实际情况，认定韩某某提供的证据不足以证实涉案《离婚协议书》中有关处理住房的约定损害韩某某的债权。

【案例注解】

一、股东处分公司财产属于无权处分

无权处分是指无处分权的人处分存在他人排他性权利的财产，侵犯了

他人的所有权或他物权。在物权行为模式下，处分权人的处分权欠缺，不影响债权合同的效力，在没有其他效力瑕疵的情形下，其负担行为有效，处分行为效力待定，未经权利人追认或事后取得处分权，不发生处分效果。根据《公司法》第三条规定，公司是企业法人，有独立的法人财产，享有法人财产权。公司以其全部财产对公司的债务承担责任。公司具有独立的人格，其与股东的财产相互独立，并独立承担财产责任。否则，公司与股东财产混同，将否定公司独立人格。

本案中，被告郭某和第三人吴某某虽为公司股东，但其对公司财产没有处分权，在《离婚协议书》分割控制管理公司所有的房产，其物权行为无效，但其债权合同有效，事实上无法履行。因被告郭某和第三人吴某某均为公司股东，对房产实际归属于公司均明知，双方均存在过错，应当各自承担相应的责任。

二、股东为公司债务提供保证的性质

股东个人为公司债务提供保证，该保证之债是否属于夫妻债务，尚未达成共识，支持个人债务者不少，支持夫妻共同债务者亦有之。

1. 保证之债属于个人债务。首先，保证具有强烈的人身属性。保证属于人的担保，是第三人以其个人信用和一般财产为债务人履行债务提供的担保。保证意在增加清偿债务概率，保护债权人利益，为此，法律对保证人资格进行限定，其必要条件即是具有清偿能力。债权人并非基于夫妻共同信用和财产，甚至债权人根本不认知、不了解保证人的配偶。根据合同的相对性原理，应认定属于个人债务。

其次，保证之债超出家事代理的范畴。根据《最高人民法院关于审理涉及夫妻债务纠纷案件适用法律有关问题的解释》第二条①规定，夫妻一方在婚姻关系存续期间以个人名义为家庭日常生活需要所负的债务为夫妻共同债务。而保证之债并非为家庭日常生活需要。夫妻都是独立自由的个体，不仅应关注夫妻共同体的共同利益，更应注重夫妻作为独立自然人的

---

① 本解释已于 2021 年 1 月 1 日起失效。参见《民法典》第一千零六十四条规定。

个体利益。交易满足夫妻日常共同生活需要的合理范围是日常家事代理制度的核心。因日常共同生活所必需，故推定另一方同意不会损及其利益，可促进交易便捷，节省交易成本。根据意思自治，未经同意不得为其设立法律上的负担或处分其权利。既然保证之债超出家事代理范围，亦未取得配偶方同意，该保证之债为个人债务。

再次，个人债务有利于实现债权人和保证人配偶利益均衡。基于成本效益分析，根据汉德公式：B（预防事故的成本）<P（事故发生的概率）×L（事故损失），应将风险分配给最有可能避免之人。债务人逾期不清偿债务事件频发，P值较大；一旦违约，债权人损失严重，即L值较大。于债权人而言，如若债权人有意愿以夫妻共同财产偿还，其完全可以要求保证人配偶共同签字成为保证人，从而为债权提供多重保障。由于在债权债务关系成立前，债权人处于优势地位，为促成借款、交易等，保证人配偶一般愿意配合，预防事故的成本较低，即B值较小。于保证人的配偶而言，有的对保证之债根本不知情，根据"共债共签"规则，不应随意扩大保证范围，事后由其承担责任将危害无辜保证人配偶利益。一味过度强调保护债权人的利益，忽视保证人配偶利益，有违公平原则。为引导债权人在债务形成时尽到充分的谨慎注意义务，保护保证人配偶利益，应认定为个人债务。

最后，保证具有无偿性和单务性，债务并未直接用于夫妻共同生活。《婚姻法》第四十一条规定："离婚时，原为夫妻共同生活所负的债务，应当共同偿还。"根据《最高人民法院关于审理涉及夫妻债务纠纷案件适用法律有关问题的解释》第三条①规定，债权人应提供证据证明，保证之债用于夫妻共同生活、共同生产经营。综上，判断夫妻共同债务应从债务的目的和用途分析，其核心在于债务是否用于夫妻共同生活、共同生产经营。保证人承担保证责任不以从债权人取得一定财产权益为对价，② 股东提供保证是无偿的，虽然公司经营壮大可能带来收益，但并不构成对价，

---

① 参见《民法典》第一千零六十四条规定。
② 参见郭明瑞、房绍坤、张平华：《担保法》，中国人民大学出版社2011年版，第31页。

该利益并非直接确定，受制于公司收益分配制度等。认定"夫妻共同生活"应该采严格标准，保证之债应为个人债务。

2. 保证之债属于夫妻共同债务。认定"夫妻共同生活"应采较为宽松、且推定的标准，包括对家庭生活有直接或间接的可期待利益，否则有违夫妻权利义务一体化。[①] 为夫妻共同生活只是目的因素，并不要求负担债务必须现实地、直接地使家庭受益。股东作为实际控制人，为公司借款提供担保，借款的用途是公司经营，虽未有直接收益，但公司的经营状况将直接影响夫妻共同财产数量，间接收益确定性较强，该期待长远利益将来有极大可能会转化为收入，成为夫妻共同财产，夫妻分享了保证之债带来的利益，在没有相反证据证明的情况下，应推定公司盈利用于夫妻共同生活。此观点符合最高人民法院（2017）最高法民申44号民事裁定书中裁判理念。

本案中，债权人韩某某有两条维权路径：一是保证之债为个人债务，认为夫妻离婚财产约定损害其债权，提起债权人撤销权。因为借款诉讼达成调解是在夫妻离婚后，调解仅约定由被告郭某偿还，为个人债务。二是以保证之债为夫妻共同债务，直接要求以夫妻共同财产偿还债务。被告郭某和第三人吴某某皆为债务人公司股东，被告郭某本质上有利于家庭收益，而该受益由夫妻双方共享，因此属于夫妻共同债务。债权人以保证之债属于个人债务，提起债权人撤销权之诉。根据司法的谦抑性和限于"不告不理"原则，本案在债权人撤销范围内审理。

三、夫妻离婚财产约定自由与债权人利益保护

夫妻离婚财产约定自由与债权人利益保护的冲突属于非实质性冲突，其本质为婚姻法和财产法适用范围和调整对象的不同。婚姻法调整婚姻内部关系，是为保障婚姻秩序，维护婚姻家庭关系的稳定与和谐。财产法调整婚姻外部关系，是为保障市场秩序，即保障交易公平、交易自由、交易安全。

[①] 参见范钰：《夫妻一方所负担保之债的性质认定》，载《研究生法学》2017年第1期。

婚姻家庭不仅是财产实体，也是伦理实体，是身份与经济利益的结合，以利他主义理念为指引，不适用等价有偿原则，亦不适用冷酷的交易法则和自私的计算理性。① 婚姻家庭各成员具有不同的身份地位，形成相互差异和相对稳定的身份角色，并形成相互依赖、协作的关系。不同身份获得相应的利益份额，身份差异促成利益份额分配上的差异。② 婚姻法注重根据伦理规则倾斜性保障弱者利益，如规定因过错方导致婚姻解体而产生的离婚损害赔偿制度和基于对婚姻长期性预期利益落空而确立的离婚扶养制度，实现财富分配的公平。③ 根据《婚姻法》第三十九条第一款规定："离婚时，夫妻共同财产由双方协议处理，协议不成时，由人民法院根据财产的具体情况，照顾子女和女方权益的原则判决。"因此，离婚财产分割应尊重当事人意愿，照顾无过错方，保护妇女的合法权益。夫妻离婚财产约定自由，但自由并非没有边界，权利止于滥用之处，应符合诚实信用原则。财产约定自由不受限制，将严重损害债权人利益。"正义是社会制度的首要价值"，④ 应在尊重当事人处分财产自由的同时，保证债权人利益。

本案中，被告郭某和第三人吴某某在离婚时，其财产约定自由应得到尊重。因被告郭某存在过错导致离婚，适当多分得财产具有合理性和合法性。债权人并未提供证据证明，被告郭某和第三人吴某某恶意串通，假离婚真逃债，损害债权人利益。

四、债权人撤销权的行使以损害发生为前提

根据《合同法》第七十四条第一款规定，债权人撤销的行为必须是"对债权人造成损害"。因《离婚协议书》具有身份行为和财产行为的双重属性，若债务人的行为有害债权，则债权人撤销权之标的可及于财产行

---

① 参见马俊驹、童列春：《身份制度的私法构造》，载《法学研究》2010年第2期。
② 参见裴桦：《夫妻财产制与财产法规则的冲突与协调》，载《法学研究》2017年第4期。
③ 参见赵玉：《司法视域下夫妻财产制的价值转向》，载《中国法学》2016年第1期。
④ [美]约翰·罗尔斯：《正义论》，何怀宏等译，中国社会科学出版社2001年版，第68页。

债权人撤销权纠纷

为,而不包括身份行为。判断"诈害性"的时间节点是在进行离婚财产约定行为时和撤销权行使之时。因债权人行使撤销权,意在保护债权人利益,而非惩罚债务人,若属于以下两种情况不得行使:一是若义务人于行为时具有清偿能力,即使其后因经济的变动损害债权人利益,债权人也不得行使撤销权。二是于行为时损害债权人利益,撤销权行使时,若义务人业已具有清偿能力,则债权人不得行使撤销权。鉴于诈害行为不易判断,且对第三人利害关系重大,因此其撤销权应以诉讼的形式行使。

本案中,被告郭某和第三人吴某某离婚时,虽将房产归于第三人吴某某,房贷归于被告郭某,但夫妻共同财产还有公司的股票,被告郭某分得三家公司50%的股票,并可从第三人吴某某处购买股票,从而取得公司的控制权,三家公司带来的收益可能超过房屋价值。并且未有证据证明,双方处分财产时,其目的动机具有非正当性。因此,债权人应强制执行被告郭某分得的股票,否则,其债权人的债权是否受到侵害及受侵害范围尚不能确定。因此,原告行使债权人的撤销权缺乏相应法律依据。

(一审法院合议庭成员　李冬平　王成鑫　蒋俊丽
二审法院合议庭成员　梁　辉　李　蓓　毕云生
编写人　天津市河西区人民法院　李　硕
责任编辑　杨　奕
审稿人　范明志)

债务转移合同纠纷

7. 董艳诉李彬、李彩侠、张双全债务转移合同纠纷案[*]

当事人约定不明情形下债务转移、债务加入、指示付款的认定

【关键词】

民事　指示付款　债务转移　债务加入　追偿权

【裁判摘要】

当事人约定不明情形下债务转移、债务加入、指示付款的认定，需要根据《合同法》第一百二十五条规定的符合合同目的原则，确定争议条款的真实意思，探求当事人的真意。对债务转移的构成要件，应遵守《合同法》第八十四条规定，将债权人同意作为债务转移合同的生效要件。债务转移合同具有无因性，债务人与第三人之间的基础法律关系或利益关系是第三人承担债务的原因，该原因关系系债务人与第三人之间的内部关系，影响到第三人承担债务后是否对债务人享有追偿权，但对外不能对抗债权人。

---

[*] 摘自《人民法院案例选》2020年第1辑（总第143辑），人民法院出版社2020年版，第106~114页。

【相关法条】

《中华人民共和国合同法》第八十四条① 债务人将合同的义务全部或者部分转移给第三人的，应当经债权人同意。

第一百二十五条第一款② 当事人对合同条款的理解有争议的，应当按照合同所使用的语句、合同的有关条款、合同的目的、交易习惯以及诚实信用原则，确定该条款的真实意思。

【案件索引】

一审：安徽省亳州市中级人民法院（2017）皖16民初315号（2017年12月1日）

二审：安徽省高级人民法院（2018）皖民终380号（2018年6月21日）

【基本案情】

原告（被上诉人）董艳诉称：张双全向董艳出具1033万元的借条，此外还有每年利息240万元，张双全要求将对李彬1100万元的债权转让给董艳，董艳称不够偿还张双全所欠的本金加利息，但张双全说他只有这么大的偿还能力，所以董艳同意张双全将债务转移给李彬。董艳曾看到李彬打给张双全1100万元的借条，上面还有四个担保人以及华仕房产公司的公章，该借条在2015年4月1日李彬向董艳出具借条之后从张双全处抽回。请求李彬、李彩侠、张双全偿还董艳借款本金1100万元及利息52.8万元（利息按月息2%暂计至2016年6月12日，以后利息另行计算）。

被告（上诉人）李彬、李彩侠辩称：虽然董艳与张双全之间转账金额

---

① 对应《中华人民共和国民法典》第五百五十一条："债务人将债务的全部或者部分转移给第三人的，应当经债权人同意。债务人或者第三人可以催告债权人在合理期限内予以同意，债权人未作表示的，视为不同意。"

② 对应《中华人民共和国民法典》第四百六十六条："当事人对合同条款的理解有争议的，应当依据本法第一百四十二条第一款的规定，确定争议条款的含义。合同文本采用两种以上文字订立并约定具有同等效力的，对各文本使用的词句推定具有相同含义。各文本使用的词句不一致的，应当根据合同的相关条款、性质、目的以及诚信原则等予以解释。"

合计1111.3万元,但董艳持有的借据仅为1033万元,说明银行流水1111.3万元中,有78.3万元与本案无关联性。而且这只是董艳与张双全之间的债权债务,与李彬无关。董艳持有的借条系李彬出具的,但该借款并未交付,未实际发生,其与董艳不存在民间借贷关系。对于借款说明,系在李彬与张双全之间存在真实债权债务关系的前提下,指示李彬还款的约定。张双全虽陈述对李彬享有1100万元的到期债权,但并未提供证据加以证明,因此李彬与张双全之间不存在真实债权债务关系,借款说明更不构成债务转移。综上,请求驳回董艳的诉讼请求。

被告(被上诉人)张双全辩称:其与董艳的债务应由李彬承担,该债务转移已经生效,张双全不再承担责任。2015年4月1日,李彬出具借条之日,双方对账李彬欠张双全至少1100万元。因张双全欠董艳的钱,董艳多次向张双全催款,张双全无流动资金,只享有对李彬的债权,三人协商由李彬代为偿还,李彬手中无资金,先出具的借条。但张双全与董艳之间因种种原因一直未对账,不确定具体金额,明显低于1100万元,双方口头约定先由李彬出具借条,再另行结算,欠董艳的钱从1100万元中支付。

法院经审理查明:张双全自2012年至2014年间向董艳借款1033万元,并陆续出具了借条。2015年4月1日,李彬出具借条,载明:"今借到董艳现金壹仟壹佰万元整,此款壹年还清。"李彬在下方注明,此款借款说明:"此笔李彬借张双全的壹仟壹佰万元整,由李彬直接还款给董艳。"后因未还款,董艳致讼。

【裁判结果】

安徽省亳州市中级人民法院于2017年12月1日作出(2017)皖16民初315号民事判决:一、李彬、李彩侠于判决生效之日起10日内给付董艳借款1100万元及利息(利息自2016年4月2日起,按6%年利率计算至付清之日止);二、驳回董艳对李彬、李彩侠、张双全的其他诉讼请求。

宣判后,李彬、李彩侠向安徽省高级人民法院提起上诉。安徽省高级人民法院于2018年6月21日作出(2018)皖民终380号民事判决:驳回上诉,维持原判。

【裁判理由】

法院生效裁判认为：本案的争议焦点：张双全对董艳的债务是否转移给李彬。经对 2015 年 4 月 1 日董艳、张双全、李彬均在场出具的借条和借款说明分析，李彬虽给董艳出具"今借到董艳现金壹仟壹佰万元整"的借条，但实际上董艳并未出借给李彬 1100 万元，在此情况下，如按李彬所称其与董艳之间只是单纯的借款关系，李彬不但不起诉董艳反而任由董艳起诉他，不合常理。对于李彬为何向董艳出具借条，李彬的说法自相矛盾，二审庭审时而称是向董艳借款，时而称"张双全借董艳的钱，所以等楼盘赚了钱我（李彬）直接把钱打给董艳"，第二种说法等于自认张双全将对董艳的债务转移给李彬。通过分析本案案情，借款说明上的内容亦不能理解为张双全指示李彬还款，如是指示还款，在张双全出借给李彬 1100 万元的条件未成就时，李彬不可能直接给董艳出具借条，更不必要载明其借到董艳 1100 万元。针对李彬的上诉理由，且结合其在二审庭审称其因工程建设需融资 1100 万元，李彬无法对借款说明的内容以及借款说明为何作为借条的附件作出合理解释。相较之下，董艳的说法更为可信，"这张借条说不明白事实情况，所以我又让张双全写了借款说明，备注了一下，让李彬签了字"。至于张双全和李彬之间 1100 万元债权的真实性问题，董艳和张双全均主张李彬在债务转移之前曾向张双全打有借条，但李彬在 2015 年 4 月 1 日向董艳出具借条之后从张双全处抽回了借条。对此法院认为，张双全和李彬之间的债权债务关系仅仅为张双全将对董艳的债务转移给李彬的原因关系，这是一种对内的法律关系，李彬不得以此原因关系对抗董艳。债务转移是诺成合同，当事人一经签字即产生法律效力，李彬、李彩侠对借条和借款说明的真实性并无异议，只是认为未实际履行。对于张双全与李彬之间的法律关系，在张双全对李彬实际享有 1100 万元债权的情况下，李彬向董艳承担还款责任后无权向张双全追偿；在张双全对李彬并未实际享有 1100 万元债权的情况下，李彬向董艳承担还款责任后有权向张双全追偿。李彬、李彩侠虽对 1100 万元的债权数额有异议，认为董艳持有的借据仅为 1033 万元，但张双全、李彬在债务转移时均认可了 1100 万元，故应予以认定。

【案例注解】

对李彬向董艳出具借条和借款说明的行为，究竟产生何种法律效力，有四种意见。第一种意见认为，综合借条和借款说明的内容来看，系在李彬与张双全之间存在真实债权债务关系的前提下，指示李彬还款的约定，李彬是否负有向董艳的还款责任，关键在于李彬与张双全之间是否存在真实的债权债务关系。第二种意见认为，张双全将向董艳所负本息合计1100万元债务转移给李彬，并由李彬向董艳出具借条，债务转移成立。但该债务转移原因发生在李彬与张双全之间，在张双全未将所借款项1100万元交付李彬，也未举证证明对李彬享有债权的情况下，应由张双全、李彬共同承担还款责任，李彬向董艳履行还款义务后，可向张双全进行追偿。第三种意见认为，借条中的借款说明部分实质是附条件的债务转移，如条件未成就，债务不发生转移的效力，仍应由原债务人张双全承担还款责任；如条件成就，发生债务转移，应由李彬承担还款责任。第四种意见即本案生效判决理由。前三种意见均着眼于张双全与李彬之间是否存在真实的债权债务关系，并将其作为李彬向董艳承担还款责任的前提条件。前三种意见与第四种意见的根本性区别在于是否对张双全与李彬之间的债权债务关系作实质性审查。结合原、被告的诉辩意见，根据合同解释原则，第四种意见更符合本案实际情况，也更有利于保护债权人利益。

一、指示还款、债务转移、债务加入概念之辨析

对本案的几种意见，分别涉及指示付款、债务转移、债务加入，在此有必要区分这几个法律概念。指示付款对应的是《合同法》第六十五条，即第三人代为履行。第三人与债权人并无契约关系，不是合同当事人，第三人不履行债务或者履行债务不符合约定，债务人应承担违约责任。而债务转移与债务加入中的第三人，取代原债务人完全承担债务或与原债务人承担连带责任。债务转移与债务加入的区别在于原债务人是否脱离债务关系。这可以从理论上一言以概之，但由于三者作出意思表示的方式相同或

近似，实务中并不容易区分，否则本案也就不会出现四种分歧意见。

1. 债务转移与债务加入。第二种意见在认定债务转移成立的同时，又以原债务人张双全未有将所借款项1100万元交付第三人李彬，也未举证证明对李彬享有债权为由，认为两人应承担共同还款责任，名为债务转移，实为债务加入。无论是债务转移还是债务加入合同，都既可以由债权人和第三人订立，也可以由债务人和第三人订立，还可以由第三人、债权人及债务人三方订立，甚或由第三人单方允诺，且当事人往往约定不明，债权人和第三人在协议中只约定了第三人愿意偿还债务人对债权人的债务，或者是第三人直接向债权人出具还款计划，债权人予以接受，或者债权人直接向第三人追款，第三人予以认可，而第三人与债权人均未明示免除原债务人债务。对此应把握的原则是：第三人向债权人承诺承担债务人义务的，如果没有充分的证据证明债权人同意原债务人退出合同关系，不宜轻易认定构成债务转移，一般应认定为债务加入。本案李彬出具借条时三方均在场，借款说明亦是在董艳的授意下所写，且从本案的诉讼过程来看，董艳最初起诉的被告并没有张双全，在原一审法院的释明下申请追加张双全，但董艳一、二审均表示债务已由张双全转移给李彬。在此情况下宜认定为债务转移而不是债务加入。

《合同法》第八十四条规定了债务转移，但对于部分转让合同义务的规定是债务转移还是债务加入，不无疑问。对此，有观点认为，该条关于部分转让合同债务的规定实则是债务加入，只不过是一种按份的债务加入，即新加入的债务人就受让的部分债务向债权人负责，原债务人承担除此之外的债务。其理由是：考虑到实务中存在承担人和债务人约定按份负责的债务承担案件，完全没有法律条文可资援用，不如在现行法的框架内承认按份负责的债务加入类型。① 这与债务加入承担连带责任（不真正连带责任）的通说不符，债务加入仅带来债务主体的变更，并具有加强债权人法律地位之功能，如果改为按份之债，因按份的债务加入并未增加作为一般担保的责任财产的数量，在加入的承担人非诚实信用之人或责任财产

---

① 崔建远主编：《合同法》（第五版），法律出版社2011年版，第234页。

薄弱的情况下，就可能削弱原来债权人法律地位，并不符合债务加入的规范目的。① 按份责任说主张只有债权人同意，按份的债务加入合同才会拘束债权人，但这一要件不符合债务加入原理：第三人和债务人签订债务加入合同，具有使债权人对承担人取得债权的效果，在这个意义上，它属于一种为第三人利益的合同，只需要债权人有受益的意思表示即可，而债权人受益意思表示的认定相当宽松，并不需要其明确表示接受，可以解释为推定、默示，乃至于不反对就等于接受等等，从而在实践中把作为一个条件而存在的债权人的接受，几乎完全消解掉。② 而从《合同法》第八十四条的文义来看，正因为合同义务转移可能对债权人造成不利影响，才需要债权人同意，债权人同意虽然明示、默示均可，也可以依推断的行为表示之，例如，对于第三人为抵销、起诉或为催告或通知解约，亦表明同意，但债权人同意为债务转移合同的生效要件，这与债务加入并不相同，因此部分转让合同义务应作为债务转移的一种类型。

2. 第三人代为履行与债务加入。债务加入与第三人代为履行都是第三人向债权人履行债务，二者的成立与生效均不须债权人同意，且原债务人都不脱离原债务关系，因此二者有极大的相似性，容易混淆，如：债务人与第三人约定由第三人向债权人履行债务，如果约定不明，其性质是债务加入还是第三人代为履行，很难作出辨别。二者在实务上区别的方法，总的来说，债务加入须有债务人与第三人的特别约定，如第三人与债务人约定就同一债务负全部清偿责任的，或约定债权人既有权向第三人直接请求给付，也有权直接要求债务人给付的，均为债务加入，如无特别约定，应推定为第三人代为履行，这符合合同义务不及于第三人之原理。本案因为约定不明，仅从借条及借款说明的字面含义上很难判断是指示付款，还是债务转移，抑或是债务加入。这就需要运用合同的解释原则。根据合同的体系解释原则，合同内容通常是单纯的合同文本所难以完全涵盖的，而是由诸多的其他行为和书面材料所组成，应该把这些材料都放在一起进行解

---

① 王洪亮：《债法总论》，北京大学出版社2016年版，第471页。
② 薛军：《利他合同的基本理论问题》，载《法学研究》2006年第4期。

释,以便通过其他合同成分或证据材料的帮助,明确争议内容所具有的意义。在董艳并未实际出借给李彬1100万元的情况下,李彬出具的借条不能从通常意义上理解。通过对案情的分析,能够认定三方对于借条及借款说明的真实意思表示是将张双全对董艳的债务转移给李彬。当事人订立合同均为达到一定目的,在当事人签订的债务转移合同并不符合规范文本的情况下,需要根据《合同法》第一百二十五条规定的符合合同目的原则,确定争议条款的真实意思,探求当事人的真意。

二、原因关系的瑕疵是否影响债务承担合同的效力

无论是在债务转移还是在债务加入合同中,债权人、债务人、第三人三方之间都构成以下法律关系:债务人与债权人之间的法律关系为对价关系,即产生债务的合同;债务人与第三人之间的关系为原因关系,即债务承担合同的原因行为;第三人与债权人之间的关系为执行关系,其内容是实现债务承担合同。如果债权人和债务人之间产生债务的合同无效、被撤销、被解除、不被追认,使得债务不存在,即债务承担合同的标的物不存在,债务承担合同亦随之无效。第三人与债务人对内的法律关系,除当事人特别约定为承担行为之原因外,不过为承担行为之动机,其对内的法律关系如何,对于债务承担行为不生影响。"承担人因其承担债务之法律关系所得对抗债务人之事由,不得以之对抗债权人。就中如此原因法律关系为无效(例如债务承担系基于债务人之委任,其委任为无效或可撤销,或债务承担之对待给付未由原债务人取得),不得主张之。"① 从这个意义上说,债务承担合同具有无因性,只有在债务承担合同本身为无效或可撤销时,才影响到债务承担合同的效力。之所以如此,是因为在三方利益的衡量中,债务人与第三人之间的基础法律关系或利益关系是第三人承担债务的原因,这仅是其内部关系,对外不能对抗债权人,因此宜认定债务承担的无因性,以维护债权人利益。当然债务承担具有无因性并不意味着对引起债务承担的原因行为不需进行必要的审查,本案中董艳主张李彬打给张

---

① 史尚宽:《债法总论》,中国政法大学出版社2000年版,第748页。

债务转移合同纠纷

双全的借条已在李彬向董艳出具借条后抽回,张双全主张经对账李彬欠其至少1100万元,李彬亦称欲向张双全筹集借款1100万元用于项目建设,且称"张双全借董艳的钱,所以等楼盘赚了钱我(李彬)直接把钱打给董艳",这至少能够让法官产生内心确信:李彬承担张双全的债务不是没有对价的。如果要对此进行实质性审查,等于在一个案件里审理两个纠纷,会引起不必要的诉讼迟延。张双全与李彬之间是否存在真实的债权债务关系,属于张、李之间内部的法律关系,即李彬承担债务的原因关系,但李彬基于原因关系产生的抗辩不得对抗债权人,也不影响三方之间共同达成的债务承担合同的效力。债务转移系诺成合同,当事人一经签字即产生法律效力,李彬、李彩侠对借条和借款说明的真实性并无异议,只是认为未实际履行。第三种意见将债务承担的原因关系与债务转移的条件混淆,借款说明所附条件只能视为李彬承担债务的原因关系,并非债务转移的条件。该原因关系系李彬、张双全之间内部的法律关系,影响到李彬承担债务后是否对张双全享有追偿权,但对外不能对抗债权人。

三、第三人承担债务后的追偿权问题

债务转移中第三人承担债务后对于原债务人有无追偿权及其救济的范围,全依第三人与原债务人间对内的法律关系定之。在债务转移是出于第三人清偿其对于债务人债务的目的场合,仅发生该债务消灭的效果,并不发生第三人的追偿权。债务转移有时被用作债务关系的简易结算办法,比如甲对乙有50万元债权,丙对乙负有50万元债务,这时丙通过承担乙对甲负担的债务,作为自己对乙负担债务的清偿。如果不是属于这种情形,第三人原则上可以向债务人追偿。本案中如张双全向李彬实际出借了1100万元,那么李彬向董艳承担债务是出于清偿自己对张双全的债务,李彬不享有追偿权,否则可向张双全追偿。

债务加入中第三人是否享有追偿权分情形而定,在债权人与第三人签订债务加入合同时,若债务人未参与或虽参与而未明示与第三人负连带责任时,其与第三人间仍应成立不真正连带债务,概因不真正连带债务为债

务加入效果之一般形态。① 若债务人参与而明示与第三人负连带责任时，即成立连带债务。在第三人与债务人为连带债务关系的场合，负有连带义务的每个债务人，都负有清偿全部债务的义务，履行了义务的人，有权要求其他负有连带债务的人偿付他应当承担的份额。在第三人与债务人为不真正连带债务的场合，则基于与免责的债务承担相同的理论，亦可以肯定求偿权的存在。② 从结果意义上说，成立不真正连带债务的债务加入与债务转移可谓殊途而同归，最终的债务承担者仍是债务人，只不过对于债权人来说存在一个有权向谁主张的问题。

第三人代为清偿他人债务的，债权人对债务人享有的债权即为消灭，第三人是否享有追偿权涉及其代为清偿是否附有条件，如是条件成就下的清偿，第三人的付款具有抵销债务的性质，不享有追偿权；如是无利害关系第三人的清偿，可以根据无因管理或不当得利主张追偿权。第三人负有及时通知债务人其清偿事实的义务。债务人对于第三人代为履行提出异议的，或者债权人拒绝受领的情况下，第三人无追偿权。

（一审法院合议庭成员　赵　亮　沙启峰　孙玉杰
二审法院合议庭成员　王　彪　胡小恒　王惠玲
编写人　安徽省高级人民法院　王惠玲
责任编辑　杨　奕
审稿人　范明志）

---

① 孙森焱：《民法债编总论》，法律出版社2006年版，第815页，转引自施建辉：《债务加入研究》，载《南京大学学报》2010年第6期。
② 韩世远：《合同法总论》，法律出版社2004年版，第582～583页。

买卖合同纠纷

买卖合同纠纷

一、分期付款买卖合同纠纷

8. 经纬纺织机械股份有限公司与裘雅芬等分期付款买卖合同纠纷案[*]

▶ 再审不影响其他债务人按原裁判承担债务时，可仅中止对再审申请人的执行

【裁判摘要】

生效裁判确定的数债务人中，仅有部分债务人申请再审且理由可以成立的，人民法院在依法裁定再审时，还应当审查案件再审是否可能影响其他债务人按照原裁判承担债务。如再审不影响其他债务人按照原裁判承担债务的，应当仅中止对再审申请人的执行，以确保在实现再审依法纠错功能的同时，合理保护债权人的合法权利。

最高人民法院民事裁定书

（2015）民申字第1823号

再审申请人（一审被告）：裘雅芬，女，汉族，1964年2月9日出生，住浙江省绍兴市，现住新疆维吾尔自治区石河子市。

---

[*] 摘自《最高人民法院公报》2016年第4期。

》113

被申请人（一审原告）：经纬纺织机械股份有限公司。住所地：北京市北京经济技术开发区永昌中路8号。

法定代表人：叶茂新，该公司董事长。

一审被告：新疆天盛实业有限公司。住所地：新疆维吾尔自治区石河子市开发区87-95号。

法定代表人：张兴海，该公司经理。

一审被告：雄峰控股集团有限公司。住所地：浙江省绍兴县福全镇。

法定代表人：何兴荣，该公司董事长。

一审被告：张兴海，男，汉族，1957年9月16日出生，住浙江省绍兴县。

一审被告：何兴荣，男，汉族，1964年8月28日出生，住浙江省绍兴县。

一审被告：陈雅丽，女，汉族，1963年3月24日出生，住浙江省绍兴县。

一审被告：葛水国，男，汉族，1966年9月28日出生，住浙江省绍兴县。

委托代理人：杨云峰，新疆双信律师事务所律师。

一审被告：汤佩芳，女，汉族，1970年3月21日出生，住浙江省绍兴县。

再审申请人裘雅芬因与被申请人经纬纺织机械股份有限公司（以下简称经纬公司）及一审被告新疆天盛实业有限公司（以下简称天盛公司）、雄峰控股集团有限公司、张兴海、何兴荣、陈雅丽、葛水国、汤佩芳分期付款买卖合同纠纷一案，不服新疆维吾尔自治区高级人民法院生产建设兵团分院（2012）新兵民二初字第00008号民事判决，向本院申请再审。本院依法组成合议庭对本案进行了审查，现已审查终结。

裘雅芬申请再审称：（1）本案一审程序违法。一是根据《中华人民共和国民事诉讼法》的规定，经纬公司起诉状应当写明当事人的职业、工作单位、证据及证据来源，但其起诉状中均无上述内容，不符合立案受理条件。二是本案一审法院在经纬公司没有说明裘雅芬的工作单位且没有证据

买卖合同纠纷

表明裘雅芬下落不明的情况下采用公告送达,违反了《中华人民共和国民事诉讼法》第九十二条的规定。三是一审法院剥夺了裘雅芬要求鉴定的程序性权利,且对存在重大疑点的《个人保证担保函》未予鉴定。(2)本案认定事实错误。一是一审判决没有证据证明经纬公司将7680万元货款支付给天盛公司。二是《个人保证担保函》中裘雅芬的签字系伪造,应不予采信。裘雅芬依据《中华人民共和国民事诉讼法》第二百条第二项、第八项的规定申请再审。

本院审查查明:(2012)新兵民二初字第00008号案卷中没有关于一审法院在公告送达裘雅芬诉讼文书前曾采用过其他方式送达的记录,且尚无证据证明裘雅芬在一审期间下落不明,裘雅芬未参加一审庭审。

本院认为,上述查明事实足以认定一审法院违反了《中华人民共和国民事诉讼法》第九十二条"受送达人下落不明,或者用本节规定的其他方式无法送达的,公告送达……"以及该条第二款"公告送达,应当在案卷中记明原因和经过"的规定。裘雅芬的再审理由符合《中华人民共和国民事诉讼法》第二百条第八项规定的情形,本案应予再审。

《最高人民法院关于适用〈中华人民共和国民事诉讼法〉的解释》第四百零五条规定:"人民法院审理再审案件应当围绕再审请求进行……"裘雅芬的再审请求为驳回经纬公司要求其承担保证责任的诉讼请求。其依据的理由,一是经纬公司未向天盛公司支付7680万元货款,即主债权债务不存在;二是《个人保证担保函》中裘雅芬的签字系伪造。关于第一项理由,一审查明经纬公司提交了双方签订的《棉花购销合同》,载明经纬公司向天盛公司采购皮棉,先款后货,首付款7680万元。合同签订后天盛公司给经纬公司出具的《不能履行棉花购销合同确认函》,载明"贵公司已于2010年12月17日支付了货款7680万元"。提交了天盛公司出具的《还款承诺函》,载明"直至今日仍未偿还贵公司的7680万元"。债务人天盛公司亦确认收到该笔款项。一审法院依据当事人陈述及经庭审质证的上述证据,认定经纬公司已向天盛公司支付7680万元货款。现裘雅芬否认主债权债务实际发生,但未能提交相关证据,不能推翻一审法院上述认定,该项理由不能成立,不应纳入再审审理范围。关于第二项理由,由于一审法院公告送达违反了《中华人民共和国民事诉讼法》第九十二条的规定，导致裘雅芬未能参加一审庭审，未对《个人保证担保函》质证，也使裘雅芬申请鉴定的权利无法行使。因此，裘雅芬提出的其在《个人保证担保函》上的签字系伪造，并据此主张不应承担保证责任的理由能否成立，应当由再审法院在依法保障裘雅芬诉讼权利的基础上依照事实和法律作出认定。据此，本案再审审理应当围绕《个人保证担保函》中裘雅芬的签字是否系伪造，裘雅芬是否应当承担保证责任进行。

本案一审判决作出后，除裘雅芬外，主债务人天盛公司及其他保证人均未上诉，亦未申请再审。为依法保障债权人经纬公司的权利，依照《中华人民共和国民事诉讼法》第二百零六条"按照审判监督程序决定再审的案件，裁定中止原判决、裁定、调解书的执行，但追索赡养费、扶养费、抚育费、抚恤金、医疗费用、劳动报酬等案件，可以不中止执行"的规定，本案仅对裘雅芬中止执行，对天盛公司及其他保证人不中止执行。

综上，裘雅芬的再审申请符合《中华人民共和国民事诉讼法》第二百条第八项规定的情形。依照《中华人民共和国民事诉讼法》第二百零四条、第二百零六条之规定，裁定如下：

一、指令新疆维吾尔自治区高级人民法院生产建设兵团分院再审本案；

二、再审期间，中止对裘雅芬的执行。

审　判　长　林文学

审　判　员　刘小飞

代理审判员　叶　阳

二〇一五年十一月二十日

书　记　员　魏　然

买卖合同纠纷

二、国际货物买卖合同纠纷

> 国际货物销售合同中交货不符的,买方能够以合理价格转售的,质量不符不构成根本违约的情形

9. 中化国际(新加坡)有限公司与蒂森克虏伯冶金产品有限责任公司国际货物买卖合同纠纷案[*]

【裁判摘要】

1. 关于准据法的适用问题。该国际货物买卖合同纠纷的双方当事人营业地分别位于新加坡和德国,当事人在合同中约定适用美国法律。新加坡、德国、美国均为《联合国国际货物销售合同公约》缔约国,当事人未排除公约的适用,因此,本案的审理应首先适用《联合国国际货物销售合同公约》。对于审理案件中涉及的问题公约没有规定的,例如合同效力问题、所有权转移问题,应当适用当事人选择的美国法律。

2. 适用《联合国国际货物销售合同公约》对根本性违约的认定问题。在国际货物买卖合同中,卖方交付的货物虽然存在缺陷,但只要买方在不存在不合理的麻烦的情况下,能使用货物或转售货物,甚至打些折扣,质量不符不应视为构成《联合国国际货物销售合同公约》规定的根本违约的情形。

---

* 摘自《最高人民法院公报》2015年第8期。

最高人民法院民事判决书

(2013)民四终字第35号

上诉人(一审被告):蒂森克虏伯冶金产品有限责任公司(ThyssenKrupp Metallurgical Products GmbH)。住所地:德国埃森市霍利斯大街7a号(Hollestr. 7a 45127 Essen, Germany)。

法定代表人:Kai-Norman Knötsch,该公司执行董事。

Ewald Nelken,该公司执行董事。

委托代理人:徐富斌,广东敬海(天津)律师事务所律师。

委托代理人:闫新凤,广东敬海(天津)律师事务所律师。

被上诉人(一审原告):中化国际(新加坡)有限公司〔Sinochem International (Overseas) Pte Ltd〕。住所地:新加坡海滨景8号亚洲广场塔1第34层03室(8 Marina view, No. 34-03 Asia Square Tower1, Singapore)。

法定代表人:李超,该公司董事。

委托代理人:陈进龙,上海虹桥正瀚律师事务所律师。

委托代理人:郑玮,北京市天同律师事务所律师。

上诉人蒂森克虏伯冶金产品有限责任公司(以下简称德国克虏伯公司)因与被上诉人中化国际(新加坡)有限公司(以下简称中化新加坡公司)国际货物买卖合同纠纷一案,不服江苏省高级人民法院(以下简称江苏高院)于2012年12月19日作出的(2009)苏民三初字第0004号民事判决,向本院提起上诉。本院依法组成合议庭于2013年12月26日公开开庭审理了本案。德国克虏伯公司的委托代理人徐富斌、闫新凤,中化新加坡公司的委托代理人陈进龙、郑玮到庭参加诉讼。本案现已审理终结。

中化新加坡公司向一审法院江苏高院起诉称:2008年4月11日,中化新加坡公司与德国克虏伯公司签订《采购合同》,约定中化新加坡公司

买卖合同纠纷

向德国克房伯公司购买石油焦25000吨，石油焦的HGI指数应在36至46之间。中化新加坡公司按约支付了全部货款，但德国克房伯公司交付的石油焦HGI指数仅为32，严重影响中化新加坡公司在中国市场销售，构成根本违约。中化新加坡公司有权解除合同，要求德国克房伯公司返还全部货款，并赔偿中化新加坡公司由此遭受的全部损失。因此请求判令：（1）解除双方订立的《采购合同》；（2）德国克房伯公司返还货款7756828.55美元（按2009年5月6日基准汇率6.8232计算为人民币52926392.56元）及自2008年9月24日至德国克房伯公司实际返还货款之日的利息（按中国银行同期美元贷款利率计算）；（3）德国克房伯公司赔偿中化新加坡公司港口包干费、堆存费人民币1523052元（暂计算至2009年5月6日）；（4）德国克房伯公司承担本案诉讼费用。

德国克房伯公司答辩称：（1）德国克房伯公司交付的石油焦HGI值是32，表面看与合同约定不符，但该值不是强制性的，HGI值为32的石油焦并不影响其使用，德国克房伯公司的行为不构成违约。（2）石油焦运抵南京港后，中化新加坡公司支付了货款，并未提出异议。中化新加坡公司之所以后来提出质量异议，是因为2009年9、10月份，石油焦市场价格大幅下跌。（3）即使德国克房伯公司构成违约，中化新加坡公司因未在合同约定的石油焦抵达目的港之日起60日内向德国克房伯公司索赔，中化新加坡公司丧失索赔权。（4）中化新加坡公司已将石油焦以与涉案《采购合同》基本相同的价格出售给其母公司中化国际（控股）股份有限公司（以下简称中化控股公司），中化新加坡公司没有损失。因此请求判令：（1）驳回中化新加坡公司的诉讼请求；（2）本案诉讼费用由中化新加坡公司负担。

江苏高院经审理查明：

一、双方当事人一致认可的事实

2008年4月11日，中化新加坡公司与德国克房伯公司签订《采购合同》，约定：（1）中化新加坡公司向德国克房伯公司采购燃料级石油焦25000吨，数量可有10%浮动，石油焦的HGI指数典型值为36~46。（2）石油焦的装货港为加利福尼亚匹兹堡，目的港为中国港口，具体港口由中化新加坡公司确定。(3) 由双方确认的独立检验人在装货港船上采样检验并出具检验证书,该检测结果是终局的并对双方有约束力。中化新加坡公司有权在卸货港对石油焦的数量和品质进行检验,德国克虏伯公司有权委托独立检验人见证上述检验过程并自行承担相应费用。如果中化新加坡公司发现石油焦的品质或数量与在装货港确定的品质或数量不符,其应向德国克虏伯公司发出索赔通知,并有权在石油焦到达目的港之日起60日内向德国克虏伯公司提出索赔(采购合同第7.2.3条)。(4) 本合同应当根据美国纽约州当时有效的法律订立、管辖和解释。双方还就合同履行作了其他约定。

2008年8月8日,双方认可的检验人A. J. EDMODN公司在装货港出具的检验证书载明,石油焦的HGI指数为32。同年8月11日的重量检验证书载明,德国克虏伯公司实际交付石油焦26079.63吨。

2008年7月31日,中化新加坡公司在中国交通银行新加坡分行(以下简称新加坡交行)开立信用证,信用证45A规定:石油焦HGI指数为CA.36~46。2008年8月27日,德国克虏伯公司向新加坡交行提示包括A. J. EDMODN公司在装货港出具的检验证书在内的议付单据。该行于2008年9月2日支付了大部分货款。2008年9月11日,德国克虏伯公司开具最终商业发票,确定石油焦单价为301.56美元/吨。2008年9月25日,中化新加坡公司通过电汇方式支付了剩余小部分货款。中化新加坡公司向德国克虏伯公司总计支付货款7756828.55美元。

2008年9月8日,石油焦到达南京港。2008年11月10日,中国检验认证集团江苏有限公司出具的化验证书载明,石油焦的HGI指数为32。

2008年10月至12月,中国市场石油焦价格下跌,中硫焦出厂含税价10月下跌为人民币2048元/吨,11月跌至人民币1357元/吨,12月下跌为人民币1305元/吨。

中化控股公司是中化新加坡公司的母公司。

德国克虏伯公司公司名称原为蒂森克虏伯矿业能源公司(ThyssenKrupp Minenergy GmbH),住所地德国埃森市D-45143阿台道弗大街120号(Altendorfer Strasse 120 D-45143 Essen),2011年6月24日变更为蒂森克房伯冶金产品有限责任公司（ThyssenKrupp Metallurgical Products GmbH），住所地变更为德国埃森市霍利斯大街7a号（Hollestr. 7a 45127 Essen, Germany）。

二、双方当事人关于涉案石油焦的HGI指数是否符合合同约定的观点

中化新加坡公司认为德国克虏伯公司交付的石油焦的HGI指数为32，不符合合同的约定，难以在中国市场销售，构成根本违约。为证明其主张，中化新加坡公司提供了上海大学材料科学与工程学院出具的"关于石油焦特性的说明"。该说明称：燃料级石油焦的硬度（HGI指数）是其核心指标，通常的大型企业对于所采购的燃料级石油焦的硬度指标要求不低于45，在磨机型号允许的情况下，也接受部分硬度在35以上的石油焦，而硬度指标低于35的燃料级石油焦用途非常有限，所以国内燃料级石油焦市场上并不多见此类需求。德国克虏伯公司认为，该证据属于证人证言，证人没有出庭作证，故对其真实性不予确认。

德国克虏伯公司认为，虽然其交付的石油焦的HGI指数为32，表面上看与合同约定不符，但实际上并不构成违约，合同约定的HGI指数是典型值。HGI指数为32的石油焦仍然可以在中国市场销售。为证明其主张，德国克虏伯公司申请从事石油焦行业30余年的美国人Fisher先生、中铝公司郑州轻金属研究院原副院长王平甫先生和华北电力大学教授李永华先生三位专家证人出庭作证。该三位专家证人一致认可：HGI指数表示石油焦的研磨指数，指数越低，石油焦的硬度越大，研磨难度越大，指数越高，则石油焦的硬度越低，研磨难度越低。HGI指数为32的石油焦具有使用价值，符合涉案采购合同的目的。此外，Fisher先生称，其见过的最低HGI指数为35，最高HGI指数为85。石油焦的HGI指数难以准确测定，通常用一个典型值的范围表示。王平甫先生称，对硬度大的石油焦，在使用前，需要对磨机的喂料速度、风压和流量、磨机转速等磨粉参数进行调整。李永华先生称，HGI指数是燃料制粉系统的选型依据，不能作为其是否是燃料的判断依据。HGI指数较低的石油焦需要更换研磨设备方可使用。

中化新加坡公司对德国克虏伯公司证人证言的真实性没有异议，但强调 Fisher 先生的证言表明其在 30 年的专业生涯中，从未见过 HGI 指数为 32 的石油焦，其见过的石油焦 HGI 指数最低为 35。王平甫先生本人未做过 HGI 指数的测定工作，也没有使用过不同 HGI 指数的石油焦，其证言的权威性值得商榷。李永华先生的证言表明，不同 HGI 指数的石油焦对研磨设备的要求不同，HGI 指数硬度大的石油焦需要更换设备方可使用。

江苏高院认为，德国克虏伯公司提供的三位专家证人的证言中关于石油焦 HGI 指数与硬度的关系以及涉案 HGI 指数为 32 的石油焦具有使用价值部分的内容能够互相印证，具有科学依据，可以采信；关于 HGI 指数为 32 的石油焦是否符合合同目的，属于裁判性事项，证人无权对此作出判断，故对该三位专家证言中关于涉案 HGI 指数为 32 的石油焦符合合同目的部分的内容，该院不予采信。关于涉案 HGI 指数为 32 的石油焦是否符合合同目的，该院将在判决裁判理由部分予以详细论证。中化新加坡公司提供的"关于石油焦特性的说明"并非以个人名义出具，而是以上海大学材料科学与工程学院名义出具，且加盖了单位公章，其内容并不否认 HGI 指数为 32 的石油焦可以使用，只是认为其用途有限。该说明的内容在一定程度上与德国克虏伯公司提供的三位专家证人的证言也可以互相印证，具有科学依据，可以采信。

此外，德国克虏伯公司还提供了中国检验认证集团北京有限公司出具的品质检验证书，用于证明其交付石油焦的 HGI 指数为 36。中化新加坡公司对该证据的真实性、合法性及关联性不予认可，理由是：（1）涉案石油焦到达目的港之后，一直处于中化新加坡公司的控制之下，德国克虏伯公司并未向中化新加坡公司提取涉案石油焦作检验样品，因此，德国克虏伯公司用于检验的石油焦样品并非涉案石油焦。（2）德国克虏伯公司未经中化新加坡公司同意单独委托中国检验认证集团北京有限公司进行检验，没有合同和法律依据。江苏高院认为，由于德国克虏伯公司用于检验的石油焦样品是否取自涉案石油焦不能确定，且其单方委托检验没有合同依据，故对该证据的关联性、合法性不予确认。

买卖合同纠纷

三、关于双方当事人就涉案石油焦的 HGI 指数进行交涉的事实

2008 年 10 月 15 日，中化控股公司发函给德国克虏伯公司，提出其交付的涉案石油焦的 HGI 指数与合同约定的范围严重不符，下家用户无法使用，拒绝接货，事态严重，请德国克虏伯公司尽快拿出处理意见。德国克虏伯公司在本案第一次庭审答辩时，认可中化控股公司的该行为代表中化新加坡公司。2008 年 11 月 4 日，中化新加坡公司再次发函给德国克虏伯公司，称德国克虏伯公司交付的石油焦的 HGI 指数严重偏离合同约定的范围，构成实质性违约，并要求德国克虏伯公司妥善处理。德国克虏伯公司于同年 11 月 12 日回函给中化新加坡公司，称其交付的石油焦的 HGI 指数只是略低于采购合同约定的范围，不构成实质性违约，并同意举行会晤，商讨解决办法。同年 11 月 27 日，中化新加坡公司发函给德国克虏伯公司要求双方尽快会晤。同年 12 月 8 日，德国克虏伯公司回函给中化新加坡公司称，2008 年年底之前会晤困难，建议在 2009 年 1 月会晤。

上述事实有中化新加坡公司提供的 2008 年 10 月 15 日中化新加坡公司发给德国克虏伯公司的传真、11 月 4 日及 11 月 27 日发给德国克虏伯公司的函件，德国克虏伯公司 2008 年 11 月 12 日、12 月 8 日的回函为证。德国克虏伯公司对上述证据的真实性没有异议，江苏高院对上述双方就涉案石油焦的 HGI 指数进行交涉的事实予以确认。

中化新加坡公司称，除了通过书面函件交涉之外，中化新加坡公司还与德国克虏伯公司进行多次口头交涉。德国克虏伯公司对此不予认可。中化新加坡公司亦未提供相关证据予以证明。

四、涉案石油焦的处置

在本案审理过程中，为了避免涉案石油焦长期存放南京港造成损失的进一步扩大，中化新加坡公司于 2009 年 11 月 11 日致函德国克虏伯公司，告知与潜在买受人初步商定的价格等信息，并征询德国克虏伯公司的意见。2009 年 11 月 18 日，德国克虏伯公司回函认为其已完成交货义务，中化新加坡公司处理涉案石油焦无需与其商量，更无需其同意，对于中化新加坡公司所提出的价格，也无法给出任何评论意见。2009年11月26日，中化新加坡公司委托中化控股公司与威海金猴进出口贸易有限公司（以下简称金猴公司）签订销售合同，将系争石油焦以人民币1575.50元/吨的价格出售给该公司。中化新加坡公司处置涉案石油焦收回货款人民币34637187.25元（分别按汇率6.8284和6.8283计算，折合美元5072525.65元）。中化新加坡公司在出售系争石油焦过程中承担了以下额外费用：（1）税费人民币1600255.71元（按汇率6.8359计算折合美元234095.83元）；（2）包干费人民币834549元（按汇率6.8309计算折合美元122172.63元）；（3）堆存费人民币112万元（按汇率6.8263计算折合美元164071.31元）；（4）商检费人民币1万元（按汇率6.8317计算折合美元1463.76元）；（5）报关费用人民币27029.36元（按汇率6.8261计算折合美元3959.71元）；（6）财务费用美元2490元。中化新加坡公司在出售系争石油焦过程中承担的额外费用合计528253.24美元。

上述事实有2009年11月11日中化新加坡公司关于处理系争石油焦及时减少损失的函、2009年11月18日德国克房伯公司律师回函、委托出售系争石油焦的函、2009年11月26日销售合同、2009年12月17~30日发票5张、原油价格及石油焦价格走势图、发票5张、海关保证金、风险担保金、抵押金专用收据、进口税率表、南京新生圩海关进口关税专用缴款书、检验费用付款单据及发票、报关费用支付单据及发票、港口存储及代理合同为证，德国克房伯公司除认为委托出售涉案石油焦的函没有公证认证外，对其他证据的真实性没有异议。江苏高院认为，中化控股公司与中化新加坡公司是母子公司关系，委托出售系争石油焦的函系在中国国内取得，不需要办理公证认证手续，该证据的真实性可以确认。故江苏高院对上述事实予以确认。

五、关于中化新加坡公司的损失

德国克房伯公司认为，中化新加坡公司已将涉案石油焦以原价卖给了其母公司中化控股公司，其没有任何损失。中化新加坡公司认可其与中化

控股公司之间存在石油焦买卖合同，且价格与涉案采购合同价基本相同，但认为其与中化控股公司之间并不是真正的买卖关系，而是委托销售关系。中化新加坡公司向德国克虏伯公司采购涉案石油焦的目的是在中国境内销售，中化新加坡公司与中化控股公司签订的买卖合同系用于报关目的，是为了使涉案石油焦顺利进入中国境内，便于其委托中化控股公司代其在中国境内销售。为证明其主张，中化新加坡公司提交了其委托中化控股公司销售涉案石油焦的委托函。德国克虏伯公司对该委托函的形式真实性没有异议，但怀疑该委托函是中化新加坡公司为了本案的索赔事后补签的。江苏高院认为，中化新加坡公司提供的委托函是原件，在没有相反证据推翻的情况下，可以采信。

中化新加坡公司认为，其支付德国克虏伯公司的货款金额为7756828.55美元，扣除处置涉案石油焦后收回的货款5072525.65美元，德国克虏伯公司还应返还中化新加坡公司货款2684302.90美元，并向其支付自2008年9月25日至实际返还之日按中国银行同期美元贷款利率计算的利息。德国克虏伯公司认为，中化新加坡公司的差价损失，是石油焦市场下跌造成的，并非涉案石油焦的HGI指数与采购合同不符所致。该损失是正常的商业风险，应由中化新加坡公司承担。

除此之外，中化新加坡公司还要求德国克虏伯公司赔偿其在处置涉案石油焦过程中额外支出的税费234095.83美元、包干费122172.63美元、堆存费164071.31美元，合计520339.77美元；至于商检费、报关费和财务费等费用，中化新加坡公司明确表示不要求德国克虏伯公司赔偿。德国克虏伯公司则认为，其行为不构成违约，该费用系中化新加坡公司转卖涉案石油焦应当承担的成本，不应由德国克虏伯公司承担。

江苏高院认为：

一、关于本案的法律适用

中化新加坡公司系新加坡公司，德国克虏伯公司系德国公司，故本案系国际石油焦买卖合同纠纷。虽然双方当事人在合同中约定涉案合同应当根据美国纽约州当时有效的法律订立、管辖和解释，但在诉讼中双方当事人均选择《联合国国际货物销售合同公约》（以下简称《销售公约》）作为确定其权利义务关系的依据，而新加坡与德国均为《销售公约》的缔约国，故涉案合同应适用公约的有关规定。

二、德国克虏伯公司的行为构成根本违约

双方当事人在买卖合同中明确约定，涉案石油焦的 HGI 指数典型值在 36~46 之间。经双方认可的检验人在装货港检验，涉案石油焦的 HGI 指数为 32；中化新加坡公司依据《采购合同》的约定在目的港复检的结果亦表明涉案石油焦的 HGI 指数为 32。中化新加坡公司据此主张，涉案石油焦的 HGI 指数远远低于双方买卖合同所约定的标准，亦低于国内销售的一般石油焦的质量，导致涉案石油焦难以在国内市场销售，签订买卖合同时的预期目的无法实现，故德国克虏伯公司的行为构成根本违约。德国克虏伯公司则认为，双方在买卖合同中约定的 HGI 指数为典型值，并非强制性指标，仅仅是一个大约的范围，合同并未对涉案石油焦的 HGI 指数设定最低和最高的范围，超出该范围不仅不构成根本违约，亦不构成一般违约。对于德国克虏伯公司的这一主张，中化新加坡公司反驳认为，双方在合同中未约定石油焦的 HGI 指数的精确值，而是约定了一个典型值的范围，正是基于对石油焦的 HGI 指数不确定性的考虑。石油焦的 HGI 指数具有不确定性并不意味着双方约定的 HGI 指数典型值的可变范围不具有约束力。对此，江苏高院认为，既然双方在采购合同中约定涉案石油焦 HGI 指数典型值在 36~46 之间，那就意味着德国克虏伯公司交付的石油焦的 HGI 指数典型值最低不应低于 36，最高不应高于 46，超出这个范围即构成违约。德国克虏伯公司关于双方在《采购合同》中并未对涉案石油焦 HGI 指数的典型值设定最低和最高的范围，涉案《采购合同》约定的石油焦 HGI 指数的典型值范围并非强制性指标，不具有强制性的主张没有依据，该院不予支持。江苏高院认为，由于双方在涉案《采购合同》中约定石油焦的 HGI 指数为典型值，涉案检验检测的就应当是涉案石油焦 HGI 指数的典型值。经装货港和目的港两次检验，德国克虏伯公司实际交付的石油焦的 HGI 指数典型值均为 32，低于双方约定的 HGI 指数典型值的最低值。该院据此认

定,德国克房伯公司交付的石油焦的 HGI 指数与合同约定不符,构成违约。

中化新加坡公司认为,其作为贸易商购买涉案石油焦的目的是在中国境内销售,德国克房伯公司交付的石油焦的 HGI 指数与合同约定不符,导致其在中国境内无法正常销售,最终剥夺了其期待的利益,构成根本违约。而德国克房伯公司认为,德国克房伯公司的三位专家证人的意见、中化新加坡公司将涉案石油焦转售给金猴公司的事实,均证明涉案 HGI 指数为 32 的石油焦可以在国内实际使用。江苏高院认为,双方当事人一致认可,HGI 指数表示石油焦的硬度,指数越高,硬度越低;指数越低,硬度越高。这表明,HGI 指数的高低对石油焦的硬度有着重要的影响。德国克房伯公司专家证人 Fisher 先生是长期从事石油焦行业的专业人士,Fisher 先生出庭作证称其在从业经历中见到的 HGI 指数最低为 35。Fisher 先生的这一证言表明 HGI 指数为 32 的石油焦的确极为罕见,或者说涉案石油焦的 HGI 指数偏离双方在合同中约定的范围的程度相当严重。德国克房伯公司专家证人李永华先生出庭作证称,HGI 指数是燃料制粉系统的选型依据,HGI 指数低、硬度大的石油焦需要更换设备方可使用。这表明,HGI 指数不同的石油焦,对研磨设备的要求也就不同。HGI 指数低达 32 的石油焦必然会对研磨设备有特殊的要求,这也就意味着此类石油焦的市场需求极为有限。因此,德国克房伯公司交付 HGI 指数低达 32 的石油焦给中化新加坡公司,必然会给中化新加坡公司的销售造成极大困难,这等于实际上剥夺了中化新加坡公司签订涉案采购合同期望得到的利益。作为从事石油焦贸易的专业公司,德国克房伯公司不可能不知道其违约行为可能给中化新加坡公司造成的损失。江苏高院据此认定,德国克房伯公司的行为构成根本违约。

三、中化新加坡公司有权宣告合同无效

中化新加坡公司以德国克房伯公司根本违约为由,请求法院判令解除合同,应理解为其请求法院依据《销售公约》的规定宣告合同无效。德国克房伯公司认为,根据《销售公约》第四十九条(1)(a)和(2)(b)(一)

的规定，在卖方已经交付货物的情况下，买方若要以卖方交货不符合合同约定构成根本违约为由宣告合同无效，必须在已知道或理应知道根本违约事由后一段合理时间内提出。中化新加坡公司没有在合理的时间内发出宣告合同无效的通知，丧失了宣告合同无效的权利。江苏高院认为，德国克房伯公司的这一主张不能成立。理由如下：

《销售公约》第三十九条（1）规定，买方对货物不符合同，必须在发现或理应发现不符情形后一段合理时间内通知卖方，说明不符合同情形的性质，否则就丧失声称货物不符合同的权利。第四十条规定，如果货物不符合同规定指的是卖方知道或不可能不知道而又没有告知买方的一些事实，则卖方无权援引第三十九条规定的合理期限进行抗辩。虽然从文义上看，该规定适用于一般违约，但根据举轻以明重的原理，该规定同样适用于因交货与合同严重不符构成根本违约而宣告合同无效的情形。本案中，德国克房伯公司在装货港就已知道其交付的石油焦的HGI指数为32，严重偏离双方约定的指标。其既没有将这一事实在发货前告知中化新加坡公司，也没有询问中化新加坡公司是否愿意接受HGI指数为32的石油焦，而是直接将货物运交中化新加坡公司。在此种情形下，德国克房伯公司无权以中化新加坡公司没有在合理的时间内发出宣告合同无效的通知为由，主张中化新加坡公司丧失了宣告合同无效的权利。

实际上，中化新加坡公司宣告合同无效并未超出合理期限。2008年9月8日石油焦到达目的港，中化新加坡公司发现HGI指数为32后，依据采购合同第7.2.3条于同年10月15日即发函给德国克房伯公司，提出其交付的涉案石油焦的HGI指数与合同约定的范围严重不符，下家用户无法使用，拒绝接货，事态严重，请德国克房伯公司尽快拿出处理意见。为了进一步核实石油焦品质，中化新加坡公司对石油焦进行了复检。复检结果表明涉案石油焦的HGI指数为32，与合同约定不符。此后，中化新加坡公司多次发函给德国克房伯公司，提出德国克房伯公司交付的石油焦的HGI指数严重偏离合同约定的范围，构成实质性违约，要求妥善处理石油焦质量问题，但终因德国克房伯公司不予配合，未能得到解决。江苏高院认为，中化新加坡公司在发现涉案石油焦的HGI指数与合同约定严重不符之

买卖合同纠纷

后,毫不迟延地与德国克虏伯公司进行交涉,且在交涉无果之后,进而提起诉讼要求宣告合同无效,应当视为中化新加坡公司在知道或理应知道根本违约事由后一段合理时间内向德国克虏伯公司发出了符合《销售公约》第二十六条规定的宣告合同无效的通知。德国克虏伯公司关于中化新加坡公司未在合理时间内向其发出宣告合同无效的通知,因而丧失了宣告合同无效的权利的主张没有依据,江苏高院不予支持。

德国克虏伯公司还认为,中化新加坡公司已于2009年11月将涉案石油焦卖给金猴公司,已经不可能按实际收到货物的原状返还货物,根据《销售公约》第八十二条(1)的规定,中化新加坡公司已丧失宣告合同无效的权利。江苏高院认为,中化新加坡公司在发现德国克虏伯公司交货构成实质性违约后,即与德国克虏伯公司进行交涉,但德国克虏伯公司不予配合,致使中化新加坡公司不得不提起诉讼。在本案审理过程中,为避免损失进一步扩大,中化新加坡公司再次与德国克虏伯公司商谈涉案石油焦的妥善处置问题,德国克虏伯公司明确拒绝,中化新加坡公司不得已将涉案石油焦出售给金猴公司。因此,造成涉案石油焦不能按实际收到时的原状返还给德国克虏伯公司的责任在德国克虏伯公司而不在中化新加坡公司。根据《销售公约》第八十二条(2)(a)的规定,中化新加坡公司并未丧失宣告合同无效的权利。

此外,德国克虏伯公司认为,中化新加坡公司已经支付全额货款,中化新加坡公司的这一行为表明其对石油焦的质量是满意的,且已经接受了涉案石油焦,其无权再对石油焦的质量提出异议。江苏高院认为,根据涉案《采购合同》的约定,中化新加坡公司有权对石油焦质量提出异议并寻求救济的期限是货物到港后60日内,该权限与中化新加坡公司是否支付货款没有关系。这就意味着,即使中化新加坡公司已经支付了货款,只要不超过货物到港后60日,中化新加坡公司仍有权对石油焦的质量提出异议并寻求救济。德国克虏伯公司关于中化新加坡公司支付全额货款的行为应视为其对涉案石油焦的质量满意并接受货物,因而丧失对涉案石油焦的质量提出异议并寻求救济的权利的主张,没有依据,江苏高院不予支持。

四、德国克虏伯公司应承担的责任

根据《销售公约》第七十四条、第七十七条、第八十一条和第八十四条的规定,中化新加坡公司宣告合同无效后,有权要求德国克虏伯公司返还已经支付的货款并支付从收取货款之日起的利息,以及赔偿中化新加坡公司因德国克虏伯公司违约而遭受的经济损失。在本案中,中化新加坡公司支付德国克虏伯公司的货款金额为 7756828.55 美元,中化新加坡公司为了减轻由于德国克虏伯公司违约而引起的损失,设法将涉案石油焦处置收回货款 5072525.65 美元。扣除该款后,德国克虏伯公司还应返还中化新加坡公司货款 2684302.90 美元,并支付该部分货款自中化新加坡公司支付货款之日(2008 年 9 月 25 日)至实际返还之日的利息。中化新加坡公司在处置涉案石油焦的过程中承担额外费用 528253.24 美元,该款属于中化新加坡公司因德国克虏伯公司违约而遭受的损失,中化新加坡公司只要求德国克虏伯公司赔偿 520339.77 美元,应予支持。

德国克虏伯公司认为,中化新加坡公司并无损失,中化新加坡公司已将涉案石油焦以原价卖给了其母公司中化控股公司。江苏高院认为,德国克虏伯公司的这一主张不能成立。中化新加坡公司称,其与中化控股公司签订买卖合同是为了报关需要,以使涉案石油焦顺利进入中国境内,便于其委托中化控股公司代其在中国境内销售,其与中化控股公司之间并不是真正的买卖关系,而是委托销售关系,并提交了其与中化控股公司之间的委托销售合同为证。2008 年 10 月 15 日代中化新加坡公司就涉案石油焦的 HGI 指数向德国克虏伯公司提出交涉就是中化控股公司,德国克虏伯公司并未提出异议。此后,中化新加坡公司还多次与德国克虏伯公司就涉案石油焦的 HGI 指数进行交涉,德国克虏伯公司亦未提出中化新加坡公司已将涉案石油焦转售给中化控股公司,无权再对涉案石油焦的 HGI 指数提出异议。由此可见,德国克虏伯公司对中化新加坡公司与中化控股公司之间的委托销售关系是明知的。在本案审理过程中,中化新加坡公司为减轻损失而处理涉案石油焦也是委托中化控股公司代为销售。这也进一步印证了中化新加坡公司关于其与中化控股公司之间是委托销售关系,而非买卖合同关系的主张。江苏高院据此认定,中化新加坡公司与中化控股公司之间并

买卖合同纠纷

非买卖合同关系,而是委托销售关系。德国克虏伯公司关于中化新加坡公司已将涉案石油焦以原合同价格出售给中化控股公司因而不存在损失的主张,没有依据,江苏高院不予支持。

德国克虏伯公司还认为,中化新加坡公司的损失是由于石油焦价格下跌所致,其不应当承担赔偿责任。江苏高院认为,导致宣告涉案《采购合同》无效的原因是德国克虏伯公司构成根本违约,而不是市场价格下跌;如果德国克虏伯公司交付的石油焦的 HGI 指数符合合同约定,即使价格下跌,中化新加坡公司亦无权以此为由宣告合同无效,此时,价格下跌属中化新加坡公司应当承担的商业风险。在涉案采购合同系因德国克虏伯公司的根本违约而被宣告无效的情况下,价格下跌的风险则属于德国克虏伯公司应当承担的商业风险。因此,在本案中,即使存在因石油焦市场行情发生变化而导致的损失,亦应由德国克虏伯公司承担。

综上所述,德国克虏伯公司交付石油焦的 HGI 指数与涉案《采购合同》的约定严重不符,构成根本违约,其应承担宣告合同无效的后果。江苏高院依照《销售公约》第二十五条、二十六条、三十九条(1)、四十条、四十九条(1)(a)和(2)(b)(一)、七十四条、七十七条、八十一条、八十二条(1)和(2)(a)、八十四条,《中华人民共和国民事诉讼法》第一百二十八条的规定,判决如下:一、宣告德国克虏伯公司与中化新加坡公司于 2008 年 4 月 11 日签订的《采购合同》无效。二、德国克虏伯公司于本判决生效之日起 30 日内返还中化新加坡公司货款 2684302.90 美元并支付自 2008 年 9 月 25 日至本判决确定的给付之日的利息(按中国银行同期美元贷款利率计算)。三、德国克虏伯公司于本判决生效之日起 30 日内赔偿中化新加坡公司损失 520339.77 美元。如果未按本判决指定的期间履行上述给付义务,应当依照《中华人民共和国民事诉讼法》第二百二十九条之规定,加倍支付迟延履行期间的债务利息。本案案件受理费人民币 306432 元,由德国克虏伯公司负担。

德国克虏伯公司不服江苏高院一审判决,向本院提起上诉称:(1)一审判决对本案适用法律认定错误。根据合同约定以及我国的冲突规范,本案应适用美国纽约州法律。《销售公约》应适用于本案,《销售公约》的解释、《美国统一商法典》以及商业惯例等同样适用于本案,《〈联合国国际货物销售合同公约〉判例法摘要汇编》也是审理本案的依据。江苏高院认定只有《销售公约》才适用于本案是错误的。(2) 江苏高院错误认定中化新加坡公司与中化控股公司是委托代理关系。中化新加坡公司与中化控股公司是买卖合同关系，中化新加坡公司在已将货物顺利转卖的情况下，无权主张本案中的诉讼请求。(3) 一审判决错误认定德国克房伯公司交付HGI指数为32的石油焦构成根本违约。①德国克房伯公司交付HGI指数为32的石油焦不构成一般性违约。HGI指数不是强制性指标，仅仅是一个大约的范围。合同对于HGI值这样一个非重要指标，并未作出价格调整的安排。从合同当事人的行为考虑，一个理性的买方如果认为石油焦HGI值为32与合同不符构成根本违约，不会在收到检验证书2个月后，甚至已接收了货物并付清全额货款后才对货物品质提出异议。②德国克房伯公司交付HGI指数为32的石油焦不构成根本违约。案涉石油焦尽管HGI值较低，但完全具备其应有的使用价值和商业价值。并且中化新加坡公司于2009年11月将涉案货物转卖，转卖价格高于同期市场价格。因此，涉案HGI指数为32的石油焦并未从根本上剥夺中化新加坡公司在合同下有权得到的东西导致其合同目的不能实现。江苏高院认定德国克房伯公司构成根本违约，与事实相悖，于法无据。(4) 中化新加坡公司未在合理时间内作出宣告合同无效的通知，已丧失宣告合同无效的权利。其在得知HGI指数为32的数月之后并且是在市场发生大跌的背景下作出合同无效的宣告，不能认为是在合理期限内作出。江苏高院在合理期限的认定上，严重违背了《销售公约》的相关规定和立法精神。(5) 即使德国克房伯公司交付HGI值为32的石油焦构成一般性违约，由于中化新加坡公司未在合理期限内提出质量异议，其已丧失主张质量不符的权利。(6) 一审判决在损失数额的认定上存在严重错误。根据《销售公约》第七十六条的规定，本案中假设中化新加坡公司有权宣告合同无效，那么损害赔偿的计算应按合同约定价格与中化新加坡公司接收货物时的价格之差进行计算。然而一审判决错误地按合同价格减去2009年11月转卖给金猴公司的价格之差计算，明显与《销售公约》的规定相悖。(7) 中化新加坡公司在一审中的诉讼请求为请求法院解除双方订立的《采购合同》，从未向法院提出过宣告《采购合同》无效的诉讼请求。江苏高院径自判决宣告涉案合同无效，判非所请，违反法律规定。综上,请求:(1)依法改判驳回中化新加坡公司的全部诉讼请求;(2)依法判令中化新加坡公司承担一审、二审全部诉讼费用。

中化新加坡公司答辩称:(1)一审判决根据双方当事人的选择适用《销售公约》审理本案是正确的。依据双方在《采购合同》中的约定,应适用美国纽约州法律,德国克虏伯公司主张《销售公约》为纽约州法律的一部分。而《〈联合国国际货物销售合同公约〉判例法摘要汇编》不是《销售公约》的组成部分,也非公约的官方解释,不能作为本案的法律依据。(2)中化新加坡公司委托中化控股公司代为销售案涉石油焦,两者之间是委托关系而非买卖关系,一审判决对此认定正确。中化新加坡公司委托中化控股公司代为销售涉案石油焦,已经得到德国克虏伯公司的认可。在涉案石油焦运抵南京港后,中化控股公司作为中化新加坡公司的代理人直接与德国克虏伯公司联系,德国克虏伯公司也认可其代理人身份,其在本案诉讼发生后再就中化控股公司受托人的身份问题提出异议,有违"允诺禁反言"原则。(3)案涉石油焦的 HGI 指数为双方明确约定的重要质量指标。德国克虏伯公司交付石油焦的 HGI 值为32,严重低于双方的约定,造成中化新加坡公司在转售时的极大困难,合同目的无法实现,构成根本违约。中化新加坡公司向德国克虏伯公司付款,不能视为接受质量不合格货物。根据合同约定,对货物的质量异议在石油焦抵达目的港60日内提出即可。(4)根据《销售公约》,德国克虏伯公司因未告知货物不符情况,而无权主张"合理时间"抗辩,且中化新加坡公司已在合理时间内启动了双方约定的纠纷解决机制,并向德国克虏伯公司主张货物不符的根本违约,一审判决认定中化新加坡公司宣告合同无效并未超出合理期限是正确的。(5)一审判决对中化新加坡公司损失的认定是正确的。中化新加坡公司根据《销售公约》第七十四条主张损失,但德国克虏伯公司却错误地理解和援引《销售公约》第七十六条规定,没有任何依据。中化新加坡公司主张损失的总额,是中化新加坡公司实际遭受的损失,并不因时价计算时点的变化而变化。(6)《销售公约》中规定的宣告合同无效与我国法律所述合同解除,其内涵是一致的,本案不存在判非所请的情况。综上,一审判决认定事实清楚,适用法律正确,请求依法驳回德国克虏伯公司的上诉。

江苏高院一审查明的事实，有相关证据予以佐证，各方当事人亦均无异议，本院予以确认。

本院另查明：中化新加坡公司于2009年11月11日至德国克虏伯公司关于处理系争货物及时减少损失的函件中载明："鉴于贵司拒绝与我司签订处理货物止损之协议，为减少系争货物所产生的损失，维护贵司与我司的共同权利，我司已觅得系争货物买受人，并且通过我司的代理方即中化国际（控股）股份有限公司与潜在买受人就价格等事宜已初步商定，即结算数量为25722.339吨（BALTIC FRONTIER轮进口石油焦原堆原转），单价为1575.50元/吨，南京惠宁码头舱底交货价，该价格未低于市场合理价格。"

德国克虏伯公司在二审期间向本院提交了《美国统一商法典》和相关案例〔Lomaglio Assocs. V. LBK Mktg. Corp, 1999 美国州地方法院莱克西斯14185（S. D. N. Y. 1999）〕，认为根据美国法律，案涉合同成立并有效。

中化新加坡公司未对德国克虏伯公司提交的美国法律提出异议，但认为应由具备美国法律从业资格的专业人士对法律作出说明，不认可本案德国克虏伯公司委托代理人所作的说明。中化新加坡公司同时认为《销售公约》是认定案涉合同效力的依据，根据《销售公约》，案涉合同合法成立并有效，且即使适用我国法律，案涉合同也应认定合法有效。

本院认为：

一、本案法律适用以及合同效力问题

本案为国际货物买卖合同纠纷，双方当事人均为外国公司，案件具有涉外因素。《最高人民法院关于适用〈中华人民共和国涉外民事关系法律适用法〉若干问题的解释（一）》第二条规定："涉外民事关系法律适用法实施以前发生的涉外民事关系，人民法院应当根据该涉外民事关系发生时的有关法律规定确定应当适用的法律；当时法律没有规定的，可以参照涉外民事关系法律适用法的规定确定。"案涉《采购合同》签订于2008年4月11日，在《中华人民共和国涉外民事关系法律适用法》实施之前，当事人签订《采购合同》时的《中华人民共和国民法通则》第一百四十五条规定："涉外合同的当事人可以选择处理合同争议所适用的法律，法律另有规定的除外。涉外合同的当事人没有选择的，适用与合同有最密切联系的国家的法律。"本案双方当事人在合同中约定应当根据美国纽约州当时有效的法律订立、管辖和解释，该约定不违反法律规定，应认定有效。由于本案当事人营业地所在国新加坡和德国均为《销售公约》缔约国，美国亦为《销售公约》缔约国，且在一审审理期间双方当事人一致选择适用《销售公约》作为确定其权利义务的依据，并未排除《销售公约》的适用，江苏高院适用《销售公约》审理本案是正确的。而对于审理案件中涉及的问题《销售公约》没有规定的，应当适用当事人选择的美国纽约州法律。《〈联合国国际货物销售合同公约〉判例法摘要汇编》并非公约的组成部分，其不能作为审理本案的法律依据。但在如何准确理解公约相关条款的含义方面，其可以作为适当的参考资料。

人民法院审理合同纠纷案件，无论当事人是否对合同效力存在异议，均应首先对该问题作出认定。《销售公约》第四条规定："本公约只适用于销售合同的订立和卖方和买方因此种合同而产生的权利和义务。特别是，本公约除非另有明文规定，与以下事项无关：（a）合同的效力，或其任何条款的效力，或任何惯例的效力；（b）合同对所售货物所有权可能产生的影响。"由于公约并未对合同效力问题作出规定，故本案应适用当事人在合同中选择的美国纽约州法律对此问题作出认定。德国克虏伯公司在本院二审期间提交了《美国统一商法典》和相关判例，认为案涉合同应认定有效。中化新加坡公司虽对德国克虏伯公司代理人关于美国法律的说明不予认可，但对德国克虏伯公司提交的相关美国法律并未提出异议，且亦认为案涉合同应认定有效。对德国克虏伯公司提交的美国法律，本院予以确认。根据双方当事人提交并确认的美国法律，案涉《采购合同》并不存在应认定无效的情形，《采购合同》有效。

二、江苏高院是否判非所请的问题

中化新加坡公司一审起诉的一项诉讼请求是其认为德国克虏伯公司根本违约，请求解除双方订立的《采购合同》。《销售公约》并未类似于我国相关法律规定，对合同解除和无效加以区别并作出规定，其规定一方当事人构成根本违约的情况下，另一方当事人有权宣告合同无效。此处规定的宣告无效实质等同于我国法律中的解除合同。江苏高院根据中化新加坡公司的诉请及其依据的事实和理由，结合《销售公约》的相关规定，认为其请求法院判令解除合同应理解为请求法院依据《销售公约》的规定宣告合同无效，符合中化新加坡公司的真实意思表示，对此中化新加坡公司亦表示认可，并无异议。江苏高院并不存在判非所请的情形。德国克虏伯公司关于江苏高院超过当事人诉讼请求，判非所请的上诉理由不能成立。

三、中化新加坡公司与中化控股公司是否委托代理关系的问题

中化新加坡公司主张其与中化控股公司之间系委托关系，其对与中化控股公司签订买卖合同是为办理报关需要进行了合理解释，并提交了委托销售合同，且中化控股公司2008年10月15日代中化新加坡公司就涉案石油焦的HGI指数向德国克虏伯公司提出交涉，此后中化新加坡公司还多次与德国克虏伯公司就涉案石油焦的HGI指数进行交涉，德国克虏伯公司并未提出中化新加坡公司已将案涉石油焦转售给中化控股公司，无权再对案涉石油焦的HGI指数提出异议。在本案一审过程中，中化新加坡公司为减轻损失而处理涉案石油焦也是委托中化控股公司代为销售。江苏高院据此认定中化新加坡公司与中化控股公司之间系委托销售关系，对于德国克虏伯公司关于中化新加坡公司与中化控股公司之间系买卖关系，中化新加坡公司已将涉案石油焦以原合同价格出售给中化控股公司因而不存在损失的主张不予支持并无不当。德国克虏伯公司关于江苏高院错误认定中化新加坡公司与中化控股公司是委托代理关系的上诉理由不能成立。

四、德国克虏伯公司是否构成根本违约的问题

双方当事人在《采购合同》中约定的石油焦HGI指数典型值在36~46之间，而德国克虏伯公司实际交付的石油焦HGI指数为32，低于双方约定的HGI指数典型值的最低值，不符合合同约定。江苏高院认定德国克虏伯公司构成违约是正确的。

本案争议的焦点问题在于德国克虏伯公司的上述违约行为是否构成根本违约。首先，从双方当事人在合同中对石油焦需符合的化学和物理特性

规格约定的内容看，合同对石油焦的受潮率、硫含量、灰含量、挥发物含量、尺寸、热值、硬度（HGI值）等七个方面作出了约定。而从目前事实看，对于德国克虏伯公司交付的石油焦，中化新加坡公司仅认为HGI指数一项不符合同约定，而对于其他六项指标，中化新加坡公司并未提出异议。结合当事人提交的证人证言以及证人出庭的陈述，HGI指数表示石油焦的研磨指数，指数越低，石油焦的硬度越大，研磨难度越大。但正如江苏高院在一审判决中指出的，即使是中化新加坡公司一方提交的上海大学材料科学与工程学院出具的说明，亦不否认HGI指数为32的石油焦可以使用，只是认为其用途有限。故可以认定虽然案涉石油焦HGI指数与合同约定不符，但该批石油焦仍然具有使用价值。其次，本案一审审理期间，中化新加坡公司为减少损失，经过积极的努力将案涉石油焦予以转售，且其在就将相关问题至德国克虏伯公司的函件中明确表示该批石油焦转售的价格"未低于市场合理价格"。这一事实说明案涉石油焦是可以以合理价格予以销售的。最后，综合考量其他国家裁判对《销售公约》中关于根本违约条款的理解，买方在不存在不合理的麻烦的情况下，能使用货物或转售货物，甚至打些折扣，质量不符依然不过是非根本违约。故本院认为，德国克虏伯公司交付HGI指数为32的石油焦的行为，并不构成根本违约。江苏高院认定德国克虏伯公司构成根本违约并判决宣告《采购合同》无效，适用法律错误，本院应予纠正。德国克虏伯公司对其是否构成根本违约这一问题的上诉理由成立，本院予以支持。

鉴于德国克虏伯公司的行为不构成根本违约，中化新加坡公司无权据此宣告合同无效，则德国克虏伯公司上诉提出的中化新加坡公司是否以根本违约为由在合理时间内作出宣告合同无效通知的问题，已无进一步审查的必要，本院对此问题不再评判。

五、当事人责任承担问题

虽然德国克虏伯公司交付与合同约定的HGI值不符的石油焦并不构成根本违约，但如前所述，由于所交货物与合同约定不符，江苏高院认定其违约是正确的。根据《采购合同》的约定，如果中化新加坡公司发现石油焦的品质或数量与在装货港确定的品质或数量不符，有权在石油焦到达目的港之日起60日内向德国克房伯公司提出索赔。本案货物2008年9月8日到达南京港,2008年10月15日,中化控股公司发函给德国克房伯公司,提出其交付的石油焦HGI指数与合同约定的范围严重不符,下家用户无法使用,拒绝接货,事态严重,请德国克房伯公司尽快拿出处理意见。德国克房伯公司在一审庭审答辩时,认可中化控股公司的该行为代表中化新加坡公司。2008年11月4日,中化新加坡公司再次发函给德国克房伯公司,称德国克房伯公司交付的石油焦HGI指数严重偏离合同约定的范围,构成实质性违约,并要求德国克房伯公司妥善处理。上述事实说明中化新加坡公司在合同约定的期限内已就货物质量提出异议,主张相关权利。故德国克房伯公司关于中化新加坡公司未在合理期限内提出质量异议,已丧失主张质量不符的权利的上诉理由不能成立,本院不予支持。

德国克房伯公司交付的石油焦HGI指数不符合合同约定,客观上造成中化新加坡公司不能及时转售。虽然中化新加坡公司经过努力予以转售,但受市场价格变动影响,产生损失。故对于货款差价损失2684302.90美元及利息和堆存费164071.31美元,德国克房伯公司应承担相应的赔偿责任。上述损失的产生,亦有市场风险的原因,故中化新加坡公司亦应自行承担相应的损失。税费、包干费均是合同履行中应由中化新加坡公司承担的费用,在其宣告合同无效的请求不能得到支持的情况下,税费和包干费均应由中化新加坡公司自行承担。

综上,江苏高院一审判决认定事实基本清楚,但部分法律适用错误,责任认定不当,本院予以纠正。根据《中华人民共和国民法通则》第一百四十五条①、《联合国国际货物销售合同公约》第一条、第四条、第二十五条、第三十九条、第四十九条、第七十四条、第七十八条、《中华人民共和国民事诉讼法》第一百七十条第一款第二项,《最高人民法院关于适用〈中华人民共和国涉外民事关系法律适用法〉若干问题的解释(一)》第二条之规定,判决如下:

一、撤销江苏省高级人民法院(2009)苏民三初字第0004号民事判决第一项。

---

① 《中华人民共和国民法通则》已于2021年1月1日起失效。本条内容已废止。

买卖合同纠纷

二、变更江苏省高级人民法院（2009）苏民三初字第0004号民事判决第二项为蒂森克虏伯冶金产品有限责任公司于本判决生效之日起30日内赔偿中化国际（新加坡）有限公司货款损失1610581.74美元并支付自2008年9月25日至本判决确定的给付之日的利息（按中国银行同期美元贷款利率计算）。

三、变更江苏省高级人民法院（2009）苏民三初字第0004号民事判决第三项为蒂森克虏伯冶金产品有限责任公司于本判决生效之日起30日内赔偿中化国际（新加坡）有限公司堆存费损失98442.79美元。

四、驳回中化国际（新加坡）有限公司的其他诉讼请求。

如果未按本判决指定的期间履行上述给付义务，应当依照《中华人民共和国民事诉讼法》第二百五十三条之规定，加倍支付迟延履行期间的债务利息。

一审案件受理费人民币306432元，由蒂森克虏伯冶金产品有限责任公司负担人民币183859.20元，中化国际（新加坡）有限公司负担人民币122572.80元。二审案件受理费人民币306432元，由蒂森克虏伯冶金产品有限责任公司负担人民币183859.20元，中化国际（新加坡）有限公司负担人民币122572.80元。

本判决为终审判决。

审　判　长　任雪峰
代理审判员　成明珠
代理审判员　朱　科
二〇一四年六月三十日
书　记　员　丁　一

三、信息网络买卖合同纠纷

10. 吴晨洁诉北京快手科技有限公司网络购物合同纠纷案*

> 未成年人通过监护人手机 App 软件购买快币、打赏主播的行为主体、交易对象及责任认定

【关键词】

> 民事　未成年人　App 软件　网络购币打赏　责任认定

【裁判摘要】

> 未成年人通过监护人手机 App 软件购买快币、打赏主播的行为主体的认定,应以购币频率、金额,打赏主播的时间、打赏内容,未成年人及其监护人使用手机等具体情况作为事实依据。根据 App 软件平台提供方、购币流程特别是购币资金流入账户等事实认定为未成年人作为购买快币交易对象(合同相对方)的,可依据《民法总则》第十九条的规定,认定打赏购币行为无效。同时应考察未成年人监护人过错程度,并进行价值判断,公平、合理认定 App 软件平台提供方的责任。

---

* 摘自《人民法院案例选》2020 年第 1 辑(总第 143 辑),人民法院出版社 2020 年版,第 121~128 页。

买卖合同纠纷

【相关法条】

《中华人民共和国民法总则》第十九条① 八周岁以上的未成年人为限制民事行为能力人,实施民事法律行为由其法定代理人代理或者经其法定代理人同意、追认,但是可以独立实施纯获利益的民事法律行为或者与其年龄、智力相适应的民事法律行为。

《中华人民共和国合同法》第五十八条② 合同无效或者被撤销后,因该合同取得的财产,应当予以返还;不能返还或者没有必要返还的,应当折价补偿。有过错的一方应当赔偿对方因此所受到的损失,双方都有过错的,应当各自承担相应的责任。

【案件索引】

一审:江苏省常州市武进区人民法院(2018)苏0412民初2521号(2018年9月18日)

二审:江苏省常州市中级人民法院(2019)苏04民终550号(2019年3月20日)

【基本案情】

原告(被上诉人)吴晨洁诉称:吴晨洁于2008年11月26日生,吴秀军、张芹为其父、母亲,吴晨洁在2017年9月1日开学后,由于需要在手机上完成老师布置的家庭作业,故使用其母亲张芹的手机操作。2017年10月4日,吴晨洁父母发现吴晨洁通过其母亲张芹号码为133×××××××的手机购买快手公司的快币,自2017年9月23日至10月3日共完成交易147次,支付100210元。2017年10月5日,吴晨洁父亲向警方报警,后又与快手公司联系要求返还100210元,但快手公司借故拖延。因吴晨洁为限制民事行为能力的未成年人,故请求一审法院判令:(1)快手公司立即

---

① 对应《中华人民共和国民法典》第十九条:"八周岁以上的未成年人为限制民事行为能力人,实施民事法律行为由其法定代理人代理或者经其法定代理人同意、追认;但是,可以独立实施纯获利益的民事法律行为或者与其年龄、智力相适应的民事法律行为。"

② 《中华人民共和国民法典》中无对应法条。

返还吴晨洁财产 100210 元及相当于银行贷款利率损失（从 2017 年 10 月 4 日起至付清时止）；（2）诉讼费由快手公司承担。

  被告（上诉人）北京快手科技有限公司（以下简称快手公司）辩称：（1）吴晨洁无证据证明其操作的涉案苹果 ID 购买快币行为，虽然吴晨洁提供了使用手机的视频，但其无法证明吴晨洁使用手机购买快币。根据吴晨洁提供的苹果 App store 收据及信用卡交易明细，其中付款人即交易人均为其母亲张芹，基于手机及苹果账户均为张芹所有，则该购买快币的行为人均系吴晨洁母亲并非吴晨洁。（2）根据吴晨洁提供的证据显示，快币交易行为的完成是通过苹果 App store 购买的，其交易相对方是苹果公司并非被告，吴晨洁要求被告返还无法律依据。（3）假设本案吴晨洁进行了打赏行为，根据吴晨洁提供的证据是在其母亲知情并同意的情况下进行的，根据苹果 App store 交易习惯，通过苹果 App store 购买物品有前置条件，即登录苹果 App store，登录时需输入 ID 账号、ID 密码，两项均正确后才可进行交易行为，由此可知吴晨洁的行为是获得其母亲的同意，所以吴晨洁的行为其母亲是知情的。（4）假设本案是吴晨洁自己购买快币的，其购买行为也不是无效的。根据《民法总则》，限制民事行为能力人可以进行与其年龄相适应的民事法律行为，小额的消费行为与吴晨洁年龄是相适应的，该充值行为是有效的。（5）假设吴晨洁是在其家长不知情的情况下充值打赏的，作为未成年子女的监护人在将手机给孩子使用时应该严格看管，家长自身未尽到法定的监护职责是本案产生的根本原因。综上，根据吴晨洁提供的证据无法证明充值是吴晨洁的自身行为，请求法院驳回吴晨洁的诉讼请求。

  法院经审理查明：吴晨洁在快手公司的直播平台快手 App 软件注册快手账号 27518×××，昵称为"蜡笔小新！1064"。2017 年 9 月 23 日至 2017 年 10 月 3 日，吴晨洁通过快手公司的快手 App 软件，为给昵称为嘉杰小可爱（笑园）、农村小二哥、可爱的小毛、拉布拉多～霸道小七、五常小波哥、爱唱歌的胖丫等主播打赏，在快手 App 软件内通过操作购买快币，共购买 143 次，充值 98122 元（其中 140 次均系每次购买 698 元，2 次均系每次购买 198 元，1 次购买 6 元）。截至庭审时，吴晨洁的快手账号 27518×××的余额为快币 34647 个（折合人民币 4949.57 元）未消费。

买卖合同纠纷

另查明，吴晨洁于2017年9月23日（周六）自21时31分10秒至22时54分50秒共购买快币14次（其中的11次每次充值均为698元）；2017年9月24日（周日）自13时7分16秒至19时47分29秒共购买快币9次，每次充值均为698元；2017年9月25日（周一）自19时55分21秒至21时2分26秒共购买9次，每次充值均为698元；2017年9月26日（周二）19时22分34秒充值1次为698元；2017年9月27日（周三）19时24分56秒充值1次为698元；2017年9月28日（周四）18时52分59秒充值1次为698元；2018年9月29日20时8分23秒至20时16分3秒共充值购买快币2次，每次充值为698元；2017年9月30日（周六）20时19分22秒至23时51分51秒共充值购买快币30次，每次充值均为698元；2017年10月1日19时35分45秒至20时40分7秒共购买快币17次，每次充值均为698元；2017年10月2日13时24分48秒至13时42分50秒共购买快币13次，每次充值均为698元；2017年10月3日20时27分48秒至21时4分27秒共购买快币46次，每次充值均为698元。

庭审中，快手公司当庭演示了通过苹果手机内的快手App软件，点开该App软件内的我的钱包及充值快币，并点击相应的数字购买快币。

【裁判结果】

江苏省常州市武进区人民法院于2018年9月18日作出（2018）苏0412民初2521号民事判决：一、北京快手科技有限公司于本判决生效之日起10日内返还吴晨洁购币款6万元。二、驳回吴晨洁的其他诉讼请求。

江苏省常州市中级人民法院于2019年3月20日作出（2019）苏04民终550号民事判决：驳回上诉，维持原判。

【裁判理由】

法院生效裁判认为：吴晨洁在快手公司的快手App软件专用平台内购买虚拟货币快币，吴晨洁购买快币的合同相对人是快手公司，双方形成网络购物合同。吴晨洁在不满10岁的情况下购买近10万元的快币用于打赏主播，该行为事后未能得到其法定代理人同意、追认，亦非是纯获利益的民事法律行为或者与其年龄、智力相适应的民事法律行为，该合同行为无效。但本案中，吴晨洁在晚上九点以后，甚至十一二点仍在快手 App 上打赏主播，其监护人未能履行监护责任，且未能妥善保管自己的手机及银行卡密码，吴晨洁的监护人应当对吴晨洁购买快币的民事行为承担相应的责任，综上，酌定由快手公司返还吴晨洁购币款 6 万元，尚在吴晨洁 27518×××账号内的快币 34647 个（折合人民币 4949.57 元）由快币公司自行收回，如该快币已被使用，返款金额可相应折减。因案涉合同无效，且吴晨洁的监护人有一定过错，吴晨洁主张利息的诉请，不予支持。关于快手公司辩称无证据证明是吴晨洁购币打赏主播及购币款系由苹果 Apple 公司及主播收取，应予扣除的意见，本案中案涉快币的充值时间段与吴晨洁自身在学习、生活中可支配的时间段基本吻合，且充值频率较高，甚至一分钟内数次充值，在 2017 年 10 月 3 日，仅半小时左右就充值 46 次，金额高达 32108 元，且打赏的主播多为未成年人或所播内容为校园生活等，故吴晨洁的陈述真实可信，另吴晨洁购买快币系从快手公司开发并运营的快手 App 软件内直接购买，与快手公司形成合同关系，并非向快手主播及苹果 Apple 公司购买，与快手主播及苹果 Apple 公司之间不存在合同关系，至于快手公司与其主播及苹果 Apple 公司各方对购币款分配另有的约定，对吴晨洁不发生效力，故对快手公司的上述辩称意见均不予采纳。

【案例注解】

一、在 App 软件购买快币打赏的行为主体如何认定

由于技术上的限制以及现实中账号使用人、注册人分离的常见情况，未成年人完全可能在监护人未许可的情况下，使用自己的手机号码或第三人号码或第三方注册、登录，甚至直接使用父母的账号登录。而在登录后，点击就可进入充值界面，选择充值金额、生成充值订单，进入支付页面。鉴于直播平台都支持支付宝、微信等第三方支付平台，用户一旦事先选定支付方式，使用相应支付工具扫描二维码或输入支付密码（或指纹）后，即可完成支付，有的甚至可以完成无密扣款。因此，在此类案件中，购币打赏行为是不是未成年人所为是争议焦点。

如未成年人注册、登录了自己注册的账号，认定是未成年人购币打赏

买卖合同纠纷

并不困难。但问题是很多孩子是使用家长或他人账号，而这些账号又绑定了家长或他人的微信或支付宝，这就使得充值、打赏的主体是家长、他人还是未成年人的事实认定出现困难。在审理中要对案件综合分析，考虑双方当事人的举证能力、举证具体情况，综合运用谁主张谁举证原则及优势证据规则、一方掌握关键证据而不提供的不利推定规则进行综合判断来认定操作者是否未成年人。当原告已就登录平台、购币打赏过程等进行相关陈述并提供日常消费明细、打赏时间、账户与主播聊天内容等证据时，因从平台公司掌握的用户登录到退出时间、活跃程度、行为轨迹、聊天对象和内容等后台数据可分析判断行为主体与未成年人身份是否相符，同时，平台公司可以从注册开始，对用户的爱好、消费模式、消费频率、消费的上下限等进行数据统计分析。即平台公司从后台数据中可进行主体行为轨迹分析、主体历史行为分析，并以此形成较有力的证据进行抗辩或反驳。如平台公司未提供有力证据进行反驳，可认定未成年人主张的事实成立。

对本案中在快手公司 App 软件专用平台上注册账号、购买快币、打赏的行为主体认定问题，一审中吴晨洁提交了吴晨洁通过手机购买快币截图（部分）、接处警工作登记表原件、声明书原件、邮件交涉截屏、注册资料及充值快币的明细、打赏部分主播的详细 ID 资料（提供 7 个）等证据证明系吴晨洁使用本案所涉手机进行操作。其中接处警工作登记表所附雪堰派出所工作人员对吴晨洁的询问笔录（吴晨洁监护人吴秀军同时在场）中，吴晨洁向派出所工作人员说明了其报案原因、下载快手软件、注册账户、充值送礼物以及使用手机情况的详细情况，派出所处警认为系吴晨洁在快手平台上充值快币给主播刷礼物。在一审 2018 年 7 月 17 日庭审中，吴晨洁法定代理人吴秀军陈述："吴晨洁在开学后每天都要用手机做作业，我老婆（张芹）有两个手机，给了吴晨洁一个不怎么用的手机，电话接打也都是吴晨洁接打的。我们是开娱乐性场所的，有时要到晚上 3 点左右回家，每次我们回家后把手机拿了放在我们房间里，放学后再给吴晨洁的，周末手机就给吴晨洁了。张芹的手机绑定了苹果 ID，1000 元内小额无密码付款。……张芹是不玩快手的，另外的手机她也不玩快手，从来没有注册过。'蜡笔小新'预留的手机号是 133×××××××，号码当时就在张芹打赏的手机上。手机以前是张芹的，苹果的 ID 绑定了支付宝，支付宝绑

145

定了银行卡，余额中有钱的时候会先从余额中扣除，可能充值的时候会有选择。张芹当时是有两个支付宝的，这个不用的手机是绑定银行卡做理财的。吴晨洁是通过信用卡透支的，金额是 50 万元，那张卡平时不用。"根据上述证据，结合吴秀军的陈述，综合吴晨洁年龄、吴晨洁父母经营娱乐性场所工作性质、快币的充值时间段与吴晨洁自身在学习、生活中可支配的时间段基本吻合，且充值频率较高，打赏的主播多为未成年人或所播内容为校园生活等事实，足以认定在快手 App 软件专用平台上注册账号、购买快币、打赏的行为主体为吴晨洁。快手公司认为行为主体非吴晨洁，但快手公司没有提交相关证据，快手公司该抗辩主张不能成立。

二、购买快币打赏的交易对象如何认定

未成年人购币打赏的交易对象，可从未成年人购币的平台、购币流程特别是购币款项流入账户等证据来判断。

吴晨洁在快手公司的快手 App 软件专用平台注册并购买虚拟货币快币，吴晨洁购买快币系从快手公司开发并运营的快手 App 软件内直接购买，吴晨洁购买快币的合同相对人即交易对象应认定是快手公司，双方构成网络购物合同关系。吴晨洁并非向快手主播及苹果 Apple 公司购买，与快手主播及苹果 Apple 公司之间不存在合同关系。至于快手公司与其主播及苹果 Apple 公司对购币款分配如另有约定，快手公司可另行主张。

本案中快手公司提出吴晨洁购币后在平台选中礼物，并将礼物打赏给主播，吴晨洁与主播存在合同关系，主播应列为被告，关于主播是否应列为被告，要看吴晨洁把购币款项打入谁的账户。平台与主播分成是其二者间的内部关系。吴晨洁直接把购币款转账支付给了快手公司，这是吴晨洁和快手公司间的合同关系，所以只列快手公司为被告，除非有证据证明购币款直接进入主播账户。

三、网络平台提供方应承担的责任如何认定

在未成年人在网络直播平台中巨额购币打赏行为的发生中，未成年人的监护人疏于教育管理，未采取有效措施防止未成年人接触手机网络平台、银行卡支付等类似的信息，监护人具有过错。网络平台提供方未按照

买卖合同纠纷

国家规定采取有效技术措施识别和阻拦未成年人利用、借用、盗用、仿冒成年人的身份信息、手机、银行卡进行购币打赏行为，也存在相应过错。

如何确定网络平台提供方、监护人二者的责任，也就是确定网络平台提供方应按照什么原则或比例向家长退还购币款项。目前的法律法规对此鲜有规定，各地法院、行政监管部门的判断标准也不同。实际操作中，一般是要求网络平台提供方基于其投诉账号的消费情况进行一定比例的退还。对于未消耗部分予以返还，对于被消耗的按照一定比例进行部分返还，这种做法是公平并具有合理性的。

《未成年人保护法》第三十三条、第三十四条、第三十五条分别规定了社会中包括国家、社会组织和个人保护未成年人的义务。网络直播平台有通过相关注册门槛审核用户年龄和身份的责任，应对未成年人注册、充值、消费尽到核实身份的谨慎义务，谨慎许可未成年人任意进入网络直播平台。我国法律、法规及相关政策在防止未成年人沉迷和不理性网络消费方面，对网络游戏、直播平台提供方提出了大量的要求，比如实名认证措施、打造防沉迷系统，甚至还有部分网络服务方尝试通过人脸识别、声音识别等新技术来辨别未成年人。相关法律法规从规范层面强调了网络游戏、直播平台在未成年人保护方面的法律义务和责任，这些法定的义务和责任一定程度上可以作为未成年人网络购币退款纠纷处理中平台公司的责任边界。同时，也应当考虑到当前相关法律法规在守法、执法中还存在不到位，直播平台行业乱象丛生的实际现状，确定网络平台提供方应承担的责任即确定平台公司按多大比例返还购币款时，应从未成年人保护的首要价值出发，适当加重经营谋利者即网络平台提供方应承担的责任。

本案吴晨洁在不满 10 岁的情况下购买人民币近 10 万元的快币用于打赏主播，该行为事后未能得到其法定代理人同意、追认，亦非是纯获利益的民事法律行为或者与其年龄、智力相适应的民事法律行为，该合同行为无效。本案中，吴晨洁在晚上九点以后，甚至十一二点仍在快手 App 上打赏主播，其监护人未能履行监护责任，且未能妥善保管自己的手机、支付宝及银行卡密码，吴晨洁的监护人应当对吴晨洁购买快币的民事行为承担相应的责任，一审法院在综合考虑吴晨洁监护人对孩子使用其手机是否用来学习监督不力，未能完全履行监护责任，且未能妥善保管自己的手机、支付宝及银行卡密码等事实后,认定吴晨洁的监护人存在过错,酌定快手公司承担 60% 左右的责任并无不当,即快手公司应返还吴晨洁购币款 6 万元。

四、本案判决的参考意义

近年,未成年人在网络直播平台中巨额购币打赏类型案件频发,社会各界对此亦广泛关注。如本案限制民事行为能力未成年人通过监护人手机 App 软件购买快币打赏平台主播并由此引起的纠纷屡有发生。在本案的事实认定及判决中坚持分清价值位阶,首先,从未成年人健康成长角度出发,根据购币频率、金额,打赏主播的时间、打赏内容,限制民事行为能力未成年人及其监护人的具体情况等事实,认定在 App 软件购买快币打赏主播的行为主体为限制民事行为能力未成年人。根据 App 软件平台提供方、购币流程特别是购币资金流入账户等事实认定限制民事行为能力未成年人为打赏而购币的交易对象(合同相对方)。在此基础上,依据《民法总则》第十九条的规定,认定打赏购币行为无效。其次,同时考察网络平台提供方、监护人过错程度,并进行价值判断,公平、合理认定 App 软件平台提供方的责任。二审判决后,双方当事人均息诉服判。通过本案判决可向社会公众尤其是与未成年人保护密切相关的网络平台提供方、监护人进行法制教育和正面引导。一方面,促使网络直播平台提供方加强自律,自觉履行社会义务,加强管理并加大技术投入力度,充分利用技术手段保护未成年人,防止诱导未成年人高额购币打赏行为。另一方面,促使家长作为监护人要树立榜样,不要沉迷网络,要加强对子女的观察和注意,保管好自己的手机、账号和密码等,做到及时发现、及时沟通教育,对子女尽到全方位监护义务,共同促进未成年人健康成长。

(一审法院独任审判员 张 静
二审法院合议庭成员 刘敬兵 杨 迪 吴立春
编写人 江苏省常州市中级人民法院 刘敬兵
责任编辑 杨 奕
审稿人 范明志)

买卖合同纠纷

11. 赵彦圳诉芭莎珠宝（深圳）有限公司网络购物合同纠纷案*

▶ 网站标价错误是否构成重大误解的审查思路

【关键词】

> 消费者权益　网络购物　要约　标价错误　重大误解

【裁判摘要】

> 网购平台在优惠活动或促销期间出现的低价商品，能够使消费者产生合理信赖的，应当认定消费者属于善意交易相对人，双方当事人应当继续履行合同，经营者主张是基于重大误解导致出现低于成本的价格出售商品的，法院应不予支持。

【相关法条】

《中华人民共和国合同法》第五十四条① 下列合同，当事人一方有权请求人民法院或者仲裁机构变更或者撤销：

（一）因重大误解订立的；

---

* 摘自《人民法院案例选》2020年3辑（总第145辑），人民法院出版社2020年版，第3~12页。

① 《中华人民共和国民法典》中无对应法条。

149

（二）在订立合同时显失公平的。

一方以欺诈、胁迫的手段或者乘人之危，使对方在违背真实意思的情况下订立的合同，受损害方有权请求人民法院或者仲裁机构变更或者撤销。

当事人请求变更的，人民法院或者仲裁机构不得撤销。

《最高人民法院关于贯彻执行〈中华人民共和国民法通则〉若干问题的意见（试行）》第七十一条① 行为人因对行为的性质、对方当事人、标的物的品种、质量、规格和数量等的错误认识，使行为的后果与自己的意思相悖，并造成较大损失的，可以认定为重大误解。

《中华人民共和国民法总则》第一百四十七条② 基于重大误解实施的民事法律行为，行为人有权请求人民法院或仲裁机构予以撤销。

第一百五十二条③ 有下列情形之一的，撤销权消灭：

（一）当事人自知道或者应当知道撤销事由之日起一年内、重大误解的当事人自知道或者应当知道撤销事由之日起三个月内没有行使撤销权；

（二）当事人受胁迫，自胁迫行为终止之日起一年内没有行使撤销权；

（三）当事人知道撤销事由后明确不表示或者以自己的行为表明放弃撤销权；

当事人自民事法律行为发生之日起五年内没有行使撤销权的，撤销权消灭。

【案件索引】

一审：广州互联网法院（2019）粤0192民初9369号（2019年6月28日）

---

① 《最高人民法院关于贯彻执行〈中华人民共和国民法通则〉若干问题的意见（试行）》已于2021年1月1日起废止。

② 对应《中华人民共和国民法典》第一百四十七条："基于重大误解实施的民事法律行为，行为人有权请求人民法院或者仲裁机构予以撤销。"

③ 对应《中华人民共和国民法典》第一百五十二条："有下列情形之一的，撤销权消灭：（一）当事人自知道或者应当知道撤销事由之日起一年内、重大误解的当事人自知道或者应当知道撤销事由之日起九十日内没有行使撤销权；（二）当事人受胁迫，自胁迫行为终止之日起一年内没有行使撤销权；（三）当事人知道撤销事由后明确表示或者以自己的行为表明放弃撤销权。当事人自民事法律行为发生之日起五年内没有行使撤销权的，撤销权消灭。"

买卖合同纠纷

二审：广东省广州市中级人民法院（2019）粤01民终17265号（2019年10月8日）

【基本案情】

原告赵彦圳（反诉被告、被上诉人）诉称：2019年1月14日，赵彦圳在京东平台上芭莎珠宝（深圳）有限公司（以下简称芭莎公司）经营的芭莎珠宝官方旗舰店购买18K金钻石耳钉一对，店铺活动售价为1276元。赵彦圳使用京东平台券（999-888）及部分抵扣京东红包、京豆后，最后实付款338.7元。芭莎公司以商铺价格标错为由，要求赵彦圳取消订单，只给予5元的补偿。被告以商铺价格标错为由拒绝发货，属于其工作人员的错误，不能成为违约的理由。被告通过平台活动，提高店铺流量，最后拒绝履约发货，属于欺骗消费者的行为。起诉请求：判令芭莎公司向赵彦圳赔偿3828元。在审理过程中，赵彦圳变更、增加诉讼请求为：（1）芭莎公司按要约承诺履行义务；（2）芭莎公司承担本案所有费用。

被告芭莎公司（反诉原告，上诉人）辩称：芭莎公司是京东电子商务平台的商家。2019年1月7日，京东电子商务平台发布了"1.14-1.15满999-888元噱头券"优惠活动，芭莎公司报名参加了该活动。参加该活动之时，芭莎公司工作人员在其后台已设置"最低8折"的店铺最低价格保护设置。2019年1月14日，芭莎公司接到575笔参加该活动之订单。芭莎公司查到所有订单均未受到店铺最低折扣设置的保护，于是联系京东电子商务平台质问原因。京东电子商务平台官方回复称活动不受限于商家店铺后台设置的最低折扣。然而该优惠活动规则中并未清晰写明有此规定。京东电子商务平台经审核后，判定本次所产生的订单均为"标错订单"。因此，因京东电子商务平台之过错导致芭莎公司之失误发出了要约，消费者基于该失误而承诺成立的合同，属于可撤销合同。请求法院撤销双方之间的买卖合同，驳回赵彦圳所有诉讼请求，判决赵彦圳承担本案的诉讼费用。

芭莎公司向法院提出反诉称：芭莎公司基于重大误解导致出现低于成本的价格出售商品。因京东电子商务平台之过错导致芭莎公司之失误发出了要约，消费者基于该失误而承诺成立的合同，属于可撤销合同。请求：

(1) 判令撤销双方之间的买卖合同；(2) 赵彦圳承担本案的诉讼费用。事实和理由：

赵彦圳对芭莎公司的反诉辩称：芭莎公司反诉撤销已经超出了3个月的期限。

法院经审理查明，2019年1月14日，赵彦圳在京东平台芭莎公司经营名称为"芭莎珠宝官方旗舰店"的店铺购买了名为"芭莎珠宝18K金钻石耳钉2018新品放大爱男女情侣时尚潮品百搭定制"一件，订单编号为85097887012。涉案商品原价1276元，赵彦圳使用"满999减888"优惠券、其他优惠、京豆和红包后，实际支付338.7元，2019年1月19日，芭莎公司认为价格活动标错，不同意发货，并提出给予赵彦圳5元的补偿。赵彦圳不同意芭莎公司的方案，双方协商未果。芭莎公司至今未向赵彦圳发货。

芭莎公司在京东平台启用了店铺折扣模式，店铺折扣设定为8.0折。店铺最低折扣管理界面提示"该折扣为店铺最低折扣，低于此折扣不能创建促销活动"。芭莎公司报名参加了京东平台"珠宝部1.14-15满999减888噱头券-全部商家承担-报sku"活动，促销范围为跨店铺促销。活动开始后，芭莎公司于2019年1月14日当天向京东客服询问，店铺设置了最低折扣，为何会出现低价订单。京东客服答复称是创建促销/优惠券的时候作的限制，不是顾客下单的限制。芭莎公司与京东客服的聊天记录显示，京东纠纷处理专员在处理部分订单纠纷时答复购买者称订单由于商家页面参数设置错误原因，判定为商家责任。

【裁判结果】

广州互联网法院于2019年6月28日作出（2019）粤0192民初9369号民事判决：一、芭莎珠宝（深圳）有限公司于本判决发生法律效力后10日内，向赵彦圳履行京东电子商务平台订单85097887012的商品（涉案18K金钻石耳钉一对）交付义务；二、驳回芭莎珠宝（深圳）有限公司的全部反诉请求。案件本诉受理费50元、反诉受理费25元，合计75元，由芭莎珠宝（深圳）有限公司负担。

买卖合同纠纷

宣判后,芭莎珠宝(深圳)有限公司提出上诉。广东省广州市中级人民法院于 2019 年 10 月 8 日作出(2019)粤 01 民终 17265 号民事调解书,调解结案。

【裁判理由】

法院一审裁判认为,本案的争议焦点:第一,涉案买卖合同能否被撤销。第二,芭莎公司承担何种民事责任。

一、涉案买卖合同能否被撤销

首先,芭莎公司未超期行使撤销权。根据《民法总则》第一百四十七条规定,基于重大误解实施的民事法律行为,行为人有权请求人民法院或者仲裁机构予以撤销。第一百五十二条第一款规定,当事人自知道或者应当知道撤销事由之日起一年内、重大误解的当事人自知道或者应当知道撤销事由之日起三个月内没有行使撤销权的,撤销权消灭。芭莎公司于 2019 年 1 月 14 日向京东客服反映订单异常情况,可以认定芭莎公司已经知悉涉案订单的情况,其撤销权的撤销期限自 2019 年 1 月 14 日起算。撤销权属于形成权,该意思表示到达对方即为生效。芭莎公司于 2019 年 3 月 11 日在答辩状中提出要求撤销涉案合同,即为行使撤销权的权利,并未超过三个月的行使期限,该意思表示到达赵彦圳时即为生效。合同当事人双方对于合同能否被撤销发生争议时,一方当事人提起诉讼属于解决争议的方式,而非行使撤销权的必要条件。

其次,芭莎公司主张的事由不符合行使撤销权的条件。《合同法》第五十四条规定,因重大误解订立的合同,当事人一方有权请求人民法院或者仲裁机构变更或者撤销。《最高人民法院关于贯彻执行〈中华人民共和国民法通则〉若干问题的意见(试行)》(以下简称《民通意见》)第七十一条规定,行为人因对行为的性质、对方当事人、标的物的品种、质量、规格和数量等的错误认识,使行为的后果与自己的意思相悖,并造成较大损失的,可以认定为重大误解。根据芭莎公司陈述的意见和本案证据,造成赵彦圳低价购买到涉案商品的原因是芭莎公司错误理解京东平台的促销活动规则,该误解并非对买卖合同的行为性质、对方当事人、标的物的品种、质量、规格和数量等的错误认识。本案中,芭莎公司对于订立买卖合同的合同性质、销售何种商品、以何种价格销售商品、是否参加促销活动等认识均无错误,不构成买卖合同中的误解。芭莎公司以消费者购买商品时使用优惠而导致合同价格低于其成本价为由主张存在重大误解并请求撤销合同,不符合法律规定,法院不予支持。芭莎公司不应将其自身过错所造成的经营风险转移给消费者,损害消费者的权益。

二、芭莎公司承担何种民事责任

因法院认定芭莎公司主张撤销合同的理由不成立,且当事人双方签订的买卖合同意思表示真实、合法有效,故该合同对双方具有约束力。《合同法》第一百三十条规定,买卖合同是出卖人转移标的物的所有权于买受人,买受人支付价款的合同。第一百零七条规定,当事人一方不履行合同义务或者履行合同义务不符合约定的,应当承担继续履行、采取补救措施或者赔偿损失等违约责任。赵彦圳向芭莎公司支付货款后,芭莎公司至今未向赵彦圳发货,故赵彦圳请求芭莎公司履行双方买卖合同的义务于法有据,予以支持。《合同法》第一百三十五条规定,出卖人应当履行向买受人交付标的物或者交付提取标的物的单证,并转移标的物所有权的义务。结合本案的实际情况,芭莎公司需要履行的义务为向赵彦圳履行京东电子商务平台订单 85097887012 的商品(涉案 18K 金钻石耳钉一对)交付义务。

【案例注解】

网络购物给人们带来便利的同时,也带来了一些传统购物不存在的问题,例如商家以标价错误为由,不予发货时该如何处理。我国《合同法》及相关司法解释主要是对传统线下购物中合同的订立、履行等进行规定,但对线上购物如何认定,在司法实践中常有不同观点。

一、本案处理中的两种观点

一种观点认为,《民通意见》第七十一条规定,行为人因对行为的性质、对方当事人、标的物的品种、质量、规格和数量等的错误认识,使行为的后果与自己的意思相悖,并造成较大损失的,可以认定为重大误解。虽然该规定没有列举对价格的认识错误,但不可否认,产品成交价格是买卖合同的重要内容。本案中,因芭莎公司对产品所参与促销活动的规则理解不同,造成对产品成交价格认识错误,致使以该价格成交订单的后果与自己的意思相悖,并造成较大损失,理应认定为重大误解。至于消费者在此过程中没有过错的问题,因重大误解而撤销合同,本就不以行为人以及相对方有无过错为构成要件,因此,不能因为行为人对此有过错(一般至少都有过失)、消费者没有过错,就要求继续履行该合同。

另一种观点认为,认定重大误解需考虑重大误解的立法本意和保护善意相对人的价值取向。重大误解的立法目的,在于保护对内容有重大误解的误解者,保护实质公平,即在交易安全和实质公平方面要有一个有效的平衡。低价促销属于网站经营者为吸引消费者而进行的日常经营活动,当某一低价商品出现在网购平台,难以判断该情形系属经营者标价错误或是经营者开展的促销活动甚至是恶意促销,若允许网站经营者以标价错误网购合同属于因重大误解订立的合同而撤销,极易损害现有网络交易的安全及稳定。本案的消费者是善意的,并无过错,且价格出现错误的原因是芭莎公司和京东在磋商过程中存在的问题,属于芭莎公司应自行承担的经营风险,不应转嫁给消费者承担。笔者同意第二种观点。

二、网购合同重大误解的立法及司法现状

我国《合同法》及相应司法解释关于合同的订立、履行等规定主要是基于传统线下交易,2019年颁布实施的《电子商务法》,也未对网购合同的标价错误的性质、重大误解等问题作出规定,因此,目前并无关于网购合同中重大误解的特别规定。关于重大误解的一般规定,在法律层面主要有《民法总则》第一百四十七条、《民法通则》第五十九条第一款、《合

同法》第五十四条第一款，但上述规定比较原则概括，并未明确重大误解的构成要件；在司法解释层面，《民通意见》第七十一条规定，行为人因对行为的性质、对方当事人、标的物的品种、质量、规格和数量等的错误认识，使行为的后果与自己的意思相悖，并造成较大损失的，可以认定为重大误解。可以看出，司法解释对重大误解的规定，是按照误解人错误认识的对象进行具体列举的，不仅未明确将价格错误列举在"错误认识"的范畴，也未明确重大误解的构成要件。

关于网站标价错误是否构成重大误解的问题，我国各地区已经出现不少案例。经检索相关案例，目前对于网站标价错误是否构成重大误解的认定，存在不同处理意见。总体而言，分歧主要存在于以下两个方面：一是网络购物合同是否成立，即网站商品展示页面的性质认定，属于"要约"还是"要约邀请"；二是在合同成立的前提下，标价错误是否构成重大误解，能否撤销网购合同。

三、网站商品展示页面的性质认定

判断标价错误是否构成重大误解的前提，是合同已经成立，其核心在于商品展示页面的性质认定问题。网购不同于传统购物，网页展示页面的接收者为不特定多数的消费者，且因其展示的为待售商品的虚拟信息而并非实物，因此，其和传统购物中的货物标价陈列有着天然的区别。我国《合同法》关于"要约""要约邀请"的规定主要基于当事人当面磋商的意思表示，而网购交易的磋商是数据电文，因此，依据我国现有《合同法》判断网购合同的要约、承诺时面临挑战，司法实践对网站商品展示页面的性质认定出现了不同处理意见。

笔者认为，商品展示页面的性质应属于要约。根据《合同法》第十四条规定，要约需符合以下条件：一是内容具体确定，二是表明经受要约人承诺，要约人即受该意思表示约束。首先，目前购物网站上商品展示页面的内容是非常详细的，包括商品的名称、型号、规格、价格、支付方式、实物照片、存货、发货方式等信息，因此可以认定商品展示页面的待售商品信息具体确定，包含了买卖合同的主要条款，符合要约内容具体确定的

要求。其次，消费者可通过商品展示页面提交订单和在线付款，对于买卖合同而言，付款属于合同成立后的履行行为，若消费者付款后，还认定该商品展示页面属于要约邀请，而消费者提交订单并付款的行为属于要约，对消费者而言过于苛刻，这显然不符合法律关于要约、承诺规定的精神。因此，在商品展示页面内容具体确定，且消费者可通过商品展示页面在线付款的情况下，商品展示页面符合要约的构成要件，消费者下单付款的行为属于承诺，商家与消费者之间的网络购物合同已经成立。

四、网站标价错误是否构成重大误解的认定

在合同业已成立的前提下，认定网站标价错误是否构成重大误解，需审查标价错误网购合同是否符合重大误解的构成要件。如前所述，我国法律关于重大误解的条款较为简单粗略，亦未明确重大误解的构成要件，而"重大误解"一词属于不确定概念，何种情形构成重大误解这一问题本身存在很大的定义空间，因此，在实际处理案件的过程中需进行必要的价值补充。[1] 若过于重视表意人真实意思，仅凭违背表意人的真实意思表示即认定构成重大误解，将不利于保护网络交易安全，导致违背实质正义。因此，需综合考量重大误解立法本意、意思表示真实原则、维护交易安全原则、网络交易的特殊性四个方面，认定是否构成重大误解。

（一）重大误解立法本意

重大误解的立法目的，在于保护对内容有重大误解的误解者，保护实质公平，实现撤销权人与合同相对方之间的利益均衡，即在交易安全和实质公平方面要有一个有效的平衡。从法律规定来看，结合《合同法》相关规定及《民通意见》第七十一条"行为人因对行为的性质、对方当事人、标的物的品种、质量、规格和数量等的错误认识，使行为的后果与自己的意思相悖，并造成较大损失的，可以认定为重大误解"的规定，重大误解的构成要件应包括以下内容：其一，民事法律行为已成立。其二，在民事

---

[1] 韩世远：《重大误解解释论纲》，载《中外法学》2017年第3期。

法律行为成立时表意人的意思表示与客观事实不一致。其三，错误具有重大性。判断错误的客观重大性应采用"诚实信用的理性人"标准，即在同类交易中该错误被普遍认为重要，要求错误的重大性是为了确保重大误解撤销权的正当性，兼顾意思自治与诚实信用。① 其四，重大误解与成立民事法律行为之间存在因果关系并因此受到重大损失。其五，不存在撤销权消灭事由或阻却事由。即撤销权未超过法律规定的除斥期间以及表意人不存在故意或重大过失。

（二）意思表示真实原则

表意人意思表示错误是重大误解的构成要件之一，但并非所有的意思表示错误均可认定为重大误解，重大误解范畴的意思表示错误具有错误内容和类型要求。

对于意思表示错误的内容，可依据《民通意见》第七十一条的规定进行认定，根据该规定，表意人有关行为的性质、对方当事人、标的物的品种、质量、规格和数量等方面的错误可构成重大误解，对于法律规定未予以列举的错误内容，可结合司法实践及错误内容对交易基础的重要程度进行认定。虽然该规定没有将价格错误明确列举在内，但不可否认，价格条款属于买卖合同的重要内容，对交易能否达成具有重大影响，其应属于重大误解意思表示错误的范围。

对于意思表示错误的类型，传统的法律理论认为，民法上的错误可以分为"意思与事实不一致"和"意思与表示不一致"，即需区分动机错误和表示错误。"错误的表示，无害真意"，当事人的合意指的是表示内容的一致，并非指内心意思的一致，表意人的内心意思与外部表示虽不一致，但从相对方的立场而言，应以其所能认识的作为准据，双方当事人的意思表示客观上一致的情况下，不构成重大误解。② 意思与事实不一致的，属于动机错误，动机不是构成意思表示的因素，只有在动机明确表示在外，成为意思表示

---

① 武腾：《民法典编纂背景下重大误解的规范构造》，载《当代法学》2019 年第 1 期。
② 王泽鉴：《债法原理》（第二版），北京大学出版社 2013 年版，第 201 页。

买卖合同纠纷

的内容,才涉及是否属于重大误解予以撤销的范畴,而意思与表示不一致,则涉及重大误解。

(三) 维护交易安全原则

如前所述,重大误解的立法目的不仅在于维护重大误解人的利益,也是为了维护交易安全,在交易安全和实质公平方面要有一个有效的平衡。误解方以重大误解为由,主张撤销合同关系,以便从与其意愿相悖的合同关系中解脱,同时也意味着相对方的合同目的无法实现。因而,是否允许撤销合同,对于双方的利害得失均具有重大意义。如果相对方对于误解方的错误不知情且是善意的,认定构成重大误解允许撤销合同,不仅会使合同目的落空,也会破坏了交易安全。而交易是否安全,本身也是一种社会利益。因此,在司法实践中不能无原则、无底线地迁就误解方的真意保护要求,必须权衡双方的利益冲突,保护善意相对人的合理信赖,维护交易安全。

(四) 网购合同的特殊性

网购合同中重大误解的适用具有特殊性。其一,在网购交易信息极度不对称情形下,强势一方应承担更严格的告知说明义务,对重大误解的认定更加重视诚实信用与信赖利益的保护,错误重大性中"诚实信用的理性人"的认定标准应高于传统交易。其二,网购合同中重大误解的认定范围应当进行限缩。网购交易模式下价格的参照性易于获取,从而使得重大误解的类型相较于传统社会的交易模式有所限缩,对商品价格合理信赖的认定标准应高于传统交易,主要取决于商家是否采取了促销、优惠活动,是否使得消费者无法识别是价格优惠还是价格错误。其三,在信息获取和处理能力极度不平等的状态下,意思表示以及合同的解释需要根据信息强弱作适当倾斜。

五、本案的审查思路

首先,本案网购合同已经成立。本案的商品展示页面显示的商品信息具体确定、内容完整,且在商品展示页面赵彦圳可将商品"加入购物车"

"提交订单"并进行付款。因此，该商品展示页面符合《合同法》所规定的要约的特征。赵彦圳在该商品展示页面提交订单并付款，应认定对芭莎公司要约进行承诺，双方的网络购物合同成立。

其次，本案的标价错误不构成重大误解。其一，本案中，芭莎公司与京东对可以参与优惠活动商品类型的磋商过程中，双方未达成一致意思或双方对对方的意思存在误解。之后，芭莎公司将商品的信息展示在网上，该过程是芭莎公司的动机形成过程，并不涉及具体的意思表示。而赵彦圳是领取到京东的优惠券后参与优惠，即对赵彦圳而言，在本案交易模式中，出现本案的优惠价格，符合赵彦圳的正常意思表示。其二，本案中，芭莎公司对于订立买卖合同的合同性质、销售何种商品、以何种价格销售商品、是否参加促销活动等认识均无错误，即其对涉案买卖合同的主要内容均不存在认识错误。其三，当某一低价商品出现在网购平台，实难判断该情形系属经营者标价错误或是经营者开展的促销活动甚至是恶意促销。因此，应根据交易时的具体环境来判断，如果是普通的交易，未进行促销优惠活动，作为一名正常的消费者而言，其应清楚商家以这种价格是明显低于正常市场价格的，商家主张重大误解可以得到支持。但如果是在参与优惠活动时，或者是其他类型的优惠服务或促销活动时，消费者面对商家标价明显低于正常价格的商品，产生了合理信赖，此时应保护善意交易相对人，维护交易安全。本案的消费者即赵彦圳是善意的，并无过错，出现价格错误是芭莎公司和京东在磋商过程中存在的问题，该不利后果属于芭莎公司的正常经营风险，该风险不应通过主张重大误解的方式转由赵彦圳来承担。基于以上分析，本案认定芭莎公司主张构成重大误解不成立，双方当事人应继续履行合同。

（一审法院合议庭成员　曹　钰　冯立斌　邓建贤
二审法院合议庭成员　李　婷　印　强　苏韵怡
编写人　广东省广州市中级人民法院　印　强　唐亚玲
责任编辑　杨　奕
审稿人　范明志）

12. 张查理诉上海宝尊电子商务有限公司网络购物合同纠纷案

网络购买商品不适用七日无理由退货的认定

【关键词】

民事　网络购买商品　七日无理由退货　格式条款　欺诈

【裁判摘要】

采用格式条款订立合同的，提供格式条款的一方应当采取合理的方式提请对方注意免除或者限制其责任的条款。销售者未在关键流程设置显著确认程序供消费者对单次购买行为进行"一对一"确认，未提醒消费者注意"激活的手机不再受理七天无理由申请"的格式条款，属于在履行对消费者的告知义务中存在瑕疵。瑕疵告知行为不属于欺诈，消费者要求支付三倍赔偿款的诉讼请求应当不予支持。

【相关法条】

《网络购买商品七日无理由退货暂行办法》（2017

---

* 摘自《人民法院案例选》2020年7辑（总第149辑），人民法院出版社2020年版，第67~74页。

年）第二十条① 网络商品销售者应当采取技术手段或者其他措施，对于本办法第六条规定的不适用七日无理由退货的商品进行明确标注。

符合本办法第七条规定的商品，网络商品销售者应当在商品销售必经流程中设置显著的确认程序，供消费者对单次购买行为进行确认。如无确认，网络商品销售者不得拒绝七日无理由退货。

【案件索引】

一审：湖南省醴陵市人民法院（2018）湘0281民初557号（2018年5月20日）

二审：湖南省株洲市中级人民法院（2018）湘02民终1260号（2018年7月31日）

再审：湖南省高级人民法院（2019）湘民再518号（2019年8月5日）

【基本案情】

原告（上诉人、再审申请人）张查理诉称：2017年12月29日，以2399元的价格在上海宝尊电子商务有限公司的网站商城购买了一台三星C8手机，12月31日，收到该手机。2018年1月1日，向上海宝尊电子商务有限公司申请七天无理由退货，上海宝尊电子商务有限公司以手机已开机为由拒绝。此后，多次致电要求退还，均被拒绝。因上海宝尊电子商务有限公司拒绝七天无理由退货属于欺诈，应同意七天无理由退货要求，并支付三倍赔偿金。故请求：（1）判令上海宝尊电子商务有限公司同意七天无理由退货，退款金额为2399元；（2）判令上海宝尊电子商务有限公司支付张查理三倍赔偿金7197元；（3）判令上海宝尊电子商务有限公司承担本案所有的诉讼费用。

被告（被上诉人、再审被申请人）上海宝尊电子商务有限公司辩称：张查理于2017年12月29日以2399元的价格在公司网上商城购买了一台三星牌C8手机，12月31日该手机被张查理签收并使用。2018年1月1

---

① 本办法已于2020年10月23日修订。修订后本条内容未修改。

日,张查理致电要求七天无理由退货,而在三星网上商城的购买界面上明确标注了购物提示"从2017年8月份开始,对盖乐世C8已激活的手机将不再受理7天无理由申请,具体型号信息请您联系官方售后客服",而该手机已于2017年12月31日16时21分56秒被激活。据此,公司拒绝张查理的七天无理由退货要求完全合法,其要求三倍赔偿金的诉请于法无据。综上,请求法院判决驳回张查理的全部诉讼请求。

法院经审理查明:2017年12月29日,张查理通过手机终端在上海宝尊电子商务有限公司的三星网上商城选购了一台三星牌C8手机,并支付2399元。商品购买界面下方有购物提示"从2017年8月份开始,对盖乐世C8已激活的手机将不再受理7天无理由申请,具体型号信息请您联系官方售后客服"的内容。2017年12月31日,张查理收到手机,收到手机后,张查理于当日16时21分56秒对手机进行了激活并使用。2018年1月1日,张查理致电上海宝尊电子商务有限公司客服人员,提出使用手机查看微信朋友圈时有延迟现象,要求退货,客服人员以手机已经激活使用为由拒绝了张查理的退货要求。后张查理又向上海宝尊电子商务有限公司提出七日无理由退货退款申请,仍遭到上海宝尊电子商务有限公司的拒绝。1月3日,张查理向上海市工商部门进行投诉,因调解不成,2月22日,上海市静安区市场监督管理局彭浦市场监督管理所出具终止消费者权益争议告知书,终止了调解。第二日,张查理诉至法院要求处理。

【裁判结果】

湖南省醴陵市人民法院于2018年5月20日作出(2018)湘0281民初557号民事判决:驳回原告张查理的全部诉讼请求。

宣判后,张查理上诉,湖南省株洲市中级人民法院于2018年7月31日作出(2018)湘02民终1260号民事判决:驳回上诉,维持原判。

张查理不服二审判决,向湖南省高级人民法院申请再审,湖南省高级人民法院于2019年8月5日作出(2019)湘民再518号民事判决:一、撤销湖南省株洲市中级人民法院(2018)湘02民终1260号民事判决和湖南省醴陵市人民法院(2018)湘0281民初557号民事判决;二、解除张查理与上海宝尊电子商务有限公司的买卖合同；三、张查理于本判决生效后7日内将其所购盖乐世C8手机一台退还给上海宝尊电子商务有限公司；四、上海宝尊电子商务有限公司于本判决生效后7日内退还张查理购买盖乐世C8手机支付的款项2399元；五、驳回张查理的其他诉讼请求。

【裁判理由】

法院生效裁判认为：本案争议的焦点为申请人张查理购买的盖乐世C8手机能否适用七天无理由退货的规定，被申请人上海宝尊电子商务有限公司是否存在欺诈行为。

本案中，上海宝尊电子商务有限公司虽然在涉案手机的网页购物端对该款已激活的手机不再受理七天无理由申请退货的情况进行了标注，但付款结算亦属于商品销售的必经流程，且该流程更为重要，直接影响双方权利义务的行使，该公司未在此关键流程设置显著的确认程序供消费者对单次购买行为进行"一对一"确认，未提醒消费者注意"激活的手机不再受理七天无理由申请"的格式条款，属于在履行对消费者的告知义务中存在瑕疵，故这一限制性条款不能适用于此次销售。原审法院关于张查理提出的上海宝尊电子商务有限公司未在销售的必经流程提示的理由与事实不符的认定显属不当。张查理认为其所购买的手机适用七天无理由退货的理由成立，法院予以支持。上海宝尊电子商务有限公司在本案中仅在履行告知义务上存在瑕疵，不属于欺诈，张查理要求上海宝尊电子商务有限公司支付其三倍赔偿款的诉讼请求无事实和法律依据，法院不予支持。

【案例注解】

当前，人们生活中的网络消费现象较为普遍，正确处理好网络购物中消费者与销售者之间的矛盾纠纷，既有利于维护好消费者正当合法权益，又有利于维持好正常的市场秩序，还有利于产业发展。本案中公司未在关键流程设置显著的确认程序供消费者对单次购买行为进行"一对一"确认，未提醒消费者注意"激活的手机不再受理七天无理由申请"的格式条款，属于在履行对消费者的告知义务中存在瑕疵。但是，公司仅在履行告

知义务上存在瑕疵,不属于欺诈,消费者要求公司支付三倍赔偿款的诉讼请求无事实和法律依据,希望通过笔者对相关问题的研究,能够为审判者提供一些有益的参考,也为消费者提供维权的样本,为销售者提供学习的蓝本,最终也有益于我国电子商务的发展。

一、网络购物合同格式条款的界定及其解释的特殊性

根据我国《合同法》第三十九条第二款[①]的规定,格式条款是当事人为了重复使用而预先拟定,并且在订立合同的时候未与对方协商的条款。网络购物合同格式条款具有如下五个特征:一是对互联网技术的依赖性;二是格式条款具有隐匿性;三是适用法律规范的特殊性;四是合同主体身份难以确定;五是被弱化的提醒义务。网络购物合同格式条款解释具有特殊性,主要表现在如下三个方面:一是通常解释。通常解释就是按照通常一般人的理解进行解释,而不是以网购格式条款提供者或者个别消费者的角度来解释。二是不利于格式条款提供方的解释。根据《合同法》第四十一条[②]规定,我们可以看出,对格式条款有两种以上解释的,应该作出不利于条款提供者的解释。三是非格式条款优先的解释规则。根据《合同法》第四十一条的规定,我们可以看出,当出现格式条款和非格式条款不一致的情况时,应当采用非格式条款。

网络购物合同中的格式条款属于格式条款的一部分,对其效力分析应当立足于传统格式条款的效力分析,同时因为网络购物合同中格式条款的特殊性,对其效力认定还应该立足于实际情况,进行特殊分析。《合同法》第四十条[③]规定了三种无效的网络购物合同格式条款,第一种是违反国家法律法规强制性规定的网络购物合同格式条款,此类条款同样适用合同其他条款,一旦合同中有这样的内容,则合同是自始无效的;第二种是造成对方人身伤害或者因为过错造成对方重大财产损失的网络购物合同格式条款,此类条款也同样适用合同其他条款,合同中出现这样的内容,该合同

---

① 《合同法》已于 2021 年 1 月 1 日起失效。本条对应《民法典》第四百九十六条第一款。
② 本条对应《民法典》第四百九十八条。
③ 本条对应《民法典》第四百九十七条。

也是自始无效的；第三种是免除自身责任或者加重对方责任或者排除对方主要权利的网络购物合同格式条款，这种条款明显侵害了消费者重大权益，网络购物合同格式条款如果有这样的规定，其也是自始无效的。采用格式条款订立合同的，提供格式条款的一方应当采取合理的方式提请对方注意免除或者限制其责任的条款。《最高人民法院关于适用〈中华人民共和国合同法〉若干问题的解释（二）》① 第十条进一步细化了《合同法》第四十条有关格式条款效力的规定，即如果网络购物合同格式条款提供者未履行合理地提醒注意义务和解释说明义务，同时符合《合同法》第四十条规定的情况下，这样的格式条款是无效的。根据《合同法》第三十九条第一款②的规定，采用格式条款订立合同的，提供格式条款的一方应当遵循公平原则确定当事人之间的权利和义务，并采取合理的方式提请对方注意免除或者限制其责任的条款，按照对方的要求，对该条款予以说明。

本案中，上海宝尊电子商务有限公司"激活的手机不再受理七天无理由申请"属于网络购物合同的格式条款。根据《合同法》第三十九条的规定，应当采取合理的方式提请对方注意免除或者限制其责任的条款。

二、不得拒绝七日无理由退货情形的理解

2017 年 1 月 6 日，国家工商行政管理总局令第 90 号公布《网络购买商品七日无理由退货暂行办法》第七条③规定，下列性质的商品经消费者在购买时确认，可以不适用七日无理由退货规定：（1）拆封后易影响人身安全或者生命健康的商品，或者拆封后易导致商品品质发生改变的商品；（2）一经激活或者试用后价值贬损较大的商品；（3）销售时已明示的临近保质期的商品、有瑕疵的商品。该暂行办法第二十条规定，网络商品销售者应当采取技术手段或者其他措施，对于本办法第六条规定的不适用七日无理由退货的商品进行明确标注。符合本办法第七条规定的商品，网络商品销售者应当在商品销售必经流程中设置显著的确认程序，供消费者对单

---

① 本解释已于 2021 年 1 月 1 日起失效。
② 本条对应《民法典》第四百九十六条第二款。
③ 本办法修订后本条内容未修改。

买卖合同纠纷

次购买行为进行确认。如无确认，网络商品销售者不得拒绝七日无理由退货。

在笔者看来，强化格式条款提供者的提醒义务，一方面，要遵循合理的提醒原则，提醒的方式要显著，达到足以引起消费者注意的标准。另一方面，提醒的范围要得当。经营者应当对于免责条款或者限制自己责任条款、涉及消费者重大利益条款做到实质上的提醒，严格控制形式上的提醒，做到足够保障消费者知悉。对于那些无关轻重的格式条款，也不能过分加重网络经营者的负担，要出于鼓励交易的目的，可以适当下降提醒的力度。

本案中，上海宝尊电子商务有限公司虽然在涉案手机的网页购物端进行了提示，并且根据该手机的使用方式，手机一旦被激活使用务必会留下使用个人痕迹，会给第二次销售造成较大影响，可见，该款已激活的手机属于《网络购买商品七日无理由退货暂行办法》第二十条第二款的规定的情形，即为对一经激活或者试用后价值贬损较大的商品。但是，依据《网络购买商品七日无理由退货暂行办法》第二十条规定，本案中，上海宝尊电子商务有限公司应当在商品销售必经流程中设置显著的确认程序，供消费者对单次购买行为进行确认，如无确认，网络商品销售者不得拒绝七日无理由退货。付款结算亦属于商品销售的必经流程，且该流程更为重要，直接影响双方权利义务的行使，该公司仅仅在盖乐世C8手机的购买界面上"从2017年8月份开始，对盖乐世C8已激活的手机将不再受理7天无理由申请退货"进行了标注，并未在此关键流程设置显著的确认程序供消费者对单次购买行为进行"一对一"确认，未提醒消费者注意"激活的手机不再受理七天无理由申请"的格式条款，不符合《网络购买商品七日无理由退货暂行办法》第二十条规定，因此，上海宝尊电子商务有限公司不得拒绝七日无理由退货。

三、关于欺诈行为的司法认定

《民法总则》对欺诈进行了规定，其第一百四十八条①规定，一方以欺诈手段，使对方在违背真实意思的情况下实施的民事法律行为，受欺诈方有权请求人民法院或者仲裁机构予以撤销。我国著名的民法学家王利明教授认为，欺诈的构成要件是：(1) 主观上须有欺诈的故意，并以诱使对方当事人作出错误的意思表示为目的。(2) 客观上有欺诈行为，包括虚假陈述和掩盖行为，掩盖行为既可以是积极的行为，也可以是消极的行为。(3) 被欺诈人因受欺诈而陷于错误判断。(4) 被欺诈人基于错误判断而为意思表示。《消费者权益保护法》第五十五条规定，经营者提供商品或者服务有欺诈行为的，应当按照消费者的要求增加赔偿其受到的损失，增加赔偿的金额为消费者购买商品的价款或者接受服务的费用的三倍；增加赔偿的金额不足 500 元的，为 500 元。法律另有规定的，依照其规定。经营者明知商品或者服务存在缺陷，仍然向消费者提供，造成消费者或者其他受害人死亡或者健康严重损害的，受害人有权要求经营者依照《消费者权益保护法》第四十九条、第五十一条等法律规定赔偿损失，并有权要求所受损失二倍以下的惩罚性赔偿。

在本案之中，无论是从主观上，还是从客观上，都无法看到上海宝尊电子商务有限公司具有欺诈的动机与行为，只是上海宝尊电子商务有限公司未在关键流程设置显著的确认程序供消费者对单次购买行为进行"一对一"确认，未提醒消费者注意"激活的手机不再受理七天无理由申请"的格式条款，属于在履行对消费者的告知义务中存在瑕疵。公司仅在履行告知义务上存在瑕疵，上海宝尊电子商务有限公司不属于欺诈。根据《消费者权益保护法》第五十五条的规定，只有在经营者提供商品或者服务有欺诈行为时，才应当按照消费者的要求增加赔偿相应损失，消费者张查理要求上海宝尊电子商务有限公司支付三倍赔偿款的诉讼请求无事实和法律依据。

---

① 《民法总则》已于 2021 年 1 月 1 日起失效。本条对应《民法典》第一百四十八条。

买卖合同纠纷

四、本案相关启示

在互联网购物已经成为一种生活方式,网络交易飞速发展。而网络购物合同格式条款实现了交易的方便快捷以及高效性,被广泛应用。与此同时,也产生了不少的问题,尤其是买卖双方处于不平衡的位置,容易引起分歧。在笔者看来,只有不断地完善网络购物合同中格式条款的效力与解释制度,加大宣传《消费者权益保护法》《网络购买商品七日无理由退货暂行办法》等法律规范,才能降低电子商务纠纷出现的可能性。

(一审法院独任审判员　谢　斌
二审法院合议庭成员　刘焦平　卢飞虎　曹　阳
再审法院合议庭成员　黄　燕　唐　艳　张　平
编写人　湖南省高级人民法院　黄　燕
湖南省郴州市中级人民法院　陈建华
责任编辑　杨　奕
审稿人　范明志)

13. 陈某某诉上海欧尚超市有限公司闵行店网络购物合同纠纷案*

▶ 电子商务经营者以"库存数量"标注错误为由拒绝交付商品的违约责任

【关键词】

> 消费者权益保护 网络购物合同 合同成立 违约行为 违约责任

【裁判摘要】

> 1. 网络购物合同系买卖合同的特殊类型,其成立与生效有别于传统的线下购物合同,消费者对于电子商务经营者发布的符合要约条件的商品或者服务信息作出选择并在线提交订单成功的,该网络购物合同宣告成立。
>
> 2. 已经成立的网络购物合同一旦符合法定的有效要件,则对交易双方产生约束力,电子商务经营者仅以线上交易平台"库存数量"标注错误为由拒绝向消费者交付商品的行为构成违约,应当承担损失违约责任,赔偿消费者以低于市场价购买相同商品的期待利益损失。

---

* 摘自《人民法院案例选》2021年3辑(总第157辑),人民法院出版社2021年版,第12~18页。

买卖合同纠纷

【相关法条】

《中华人民共和国合同法》第二十五条① 承诺生效时合同成立。

第一百零七条② 当事人一方不履行合同义务或者履行合同义务不符合约定的,应当承担继续履行、采取补救措施或者赔偿损失等违约责任。

第一百一十三条③ 当事人一方不履行合同义务或者履行合同义务不符合约定,给对方造成损失的,损失赔偿额应当相当于因违约所造成的损失,包括合同履行后可以获得的利益,但不得超过违反合同一方订立合同时预见到或者应当预见到的因违反合同可能造成的损失。

经营者对消费者提供商品或者服务有欺诈行为的,依照《中华人民共和国消费者权益保护法》的规定承担损害赔偿责任。

【案件索引】

一审:上海市闵行区人民法院(2020)沪0112民初4922号(2020年3月16日)

【基本案情】

原告陈某某诉称:2018年6月17日,原告在欧尚到家App上从被告处购买了53度500ml飞天茅台酒35瓶,每瓶标注的单价均为1499元,原告向被告支付了35瓶酒价款共计52472.5元(含7.5元配送费)。但原告付款后,被告无正当事由取消了订单并强制关闭了该交易,直接通知原告不再发货。被告取消订单后,原告曾数次与被告协商赔偿的事宜,但双方

---

① 对应《民法典》第四百八十三条规定:"承诺生效时合同成立,但是法律另有规定或者当事人另有约定的除外。"
② 对应《民法典》第五百七十七条规定:"当事人一方不履行合同义务或者履行合同义务不符合约定的,应当承担继续履行、采取补救措施或者赔偿损失等违约责任。"
③ 对应《民法典》第五百八十四条规定:"当事人一方不履行合同义务或者履行合同义务不符合约定,造成对方损失的,损失赔偿额应当相当于因违约所造成的损失,包括合同履行后可以获得的利益;但是,不得超过违约一方订立合同时预见到或者应当预见到的因违约可能造成的损失。"

之间始终未能就赔偿款达成一致意见。经查，原告购买上述茅台时，该酒并未被限购也未出现缺货情况。因被告任意解除合同，致使原告后来不可能以 1499 元/瓶的价格购得该酒。以京东平台上该酒的单价为例，现正品售价已上涨至 2188 元/瓶。原告后委托他人在其他平台上抢购，单价为 2188 元/瓶。故被告应赔偿该差价损失。但是原告在了解到其他案例情况后，现调整诉请为要求被告承担违约责任，赔偿原告 5000 元。

被告上海欧尚超市有限公司闵行店（以下简称欧尚超市闵行店）辩称：原告所述交易经过属实，因当时欧尚到家 App 上显示的该茅台酒库存数量存在错误，导致原告下单成功，实际该茅台酒并无库存。被告在发现后第一时间联系原告，沟通未果，故强制关闭了该交易。现在该店亦无该酒可以马上交付，但是该酒官方指导价仍是 1499 元。至于原告主观选择较高的市场价格，这种损失不应该被告来承担。原告主张过高，被告仅愿意在适当范围内补偿原告。

法院经审理查明：2018 年 6 月 17 日，原告在欧尚到家 App 上购买 53 度飞天茅台 500mL，单价 1499.00/瓶，数量为 35 瓶，支付货款 52465 元及配送费 7.50 元，共计 52472.50 元。后被告强制关闭该交易，并退回货款。原告于 2018 年 6 月 18 日收到退款 52472.50 元。庭审中，双方一致确认现该茅台酒价格仍为 1499 元，但被告确认其目前亦无货可以直接提供给原告，其总公司何时能够采购到货亦无法确认。原告亦根据其所知的其他案例处理情况，于诉讼中将诉讼请求中主张的差价损失调整为按照违约责任要求被告赔偿 5000 元。

【裁判结果】

上海市闵行区人民法院于 2020 年 3 月 16 日作出（2020）沪 0112 民初 4922 号民事判决：被告上海欧尚超市有限公司闵行店于本判决生效之日起 10 日内赔偿原告陈某某 5000 元。

原告、被告未上诉，本案已发生法律效力。

买卖合同纠纷

【裁判理由】

法院生效判决认为：原告的购买行为已经完成，订单已经形成，可视为承诺生效，原、被告之间的买卖合同成立并生效。在网络购物中，网站通常应当采用提示剩余库存量、在超过库存量之后无法下单、限制单笔订单购买数量等系统设置保证交易顺利进行，但被告在欧尚到家App上发出要约时，在明知53度500mL飞天茅台酒存在库存数量不足的情况下未提示库存量，致使合同成立、生效后无货供应，被告单方取消订单、退还货款的行为确实构成违约，故被告关于其库存盘点错误导致录入App数据有误，致使其无法履行合同，其不应当承担责任的辩解，于法无据，法院不予采信。根据法律规定，当事人一方不履行合同给对方造成损失的，应当承担赔偿损失等违约责任，损失赔偿额应当相当于因违约所造成的损失，包括合同履行后可以获得的既得利益，但不得超过违反合同一方订立合同时预见到或者应当预见到的因违反合同可能造成的损失。法院认为被告作为网购平台，理应遵守诚实信用原则，承担起保障市场交易实现的责任，当然本案中的茅台酒官方定价仍在1499元，且并非全然无法购买，故在原告未能证明其实际损失的情况下，原告现将其诉讼请求从要求按照其他网站相对较高价格计算每瓶差价的方式调整为酌情主张5000元，尚属合理，应予以确认。

【案例注解】

电子商务作为一种新业态、新商业模式，经历了由小到大、由弱到强发展历程，释放了巨大的商业红利。电子商务经营者与消费者构成网络购物合同这一特殊买卖合同的双方当事人，但单个消费者面对具有强势市场地位的电子商务经营者往往陷入维权难的境地，需要从立法、执法与司法三个层面强化权益保障，其中司法无疑是最后一道防线。司法实践中，电子商务经营者在实施特定营销策略中，常采用以"低价"（低于该商品市场一般成交价）销售市场紧俏产品的方式吸引消费者线上抢购，以带动其他商品的销售。但消费者时常遭遇交易订单被电子商务经营者单方取消交易的情形,理由多种多样,其中较具代表性是"库存数量"标注错误,由此引发交易双方纠纷。本案即属此类纠纷中的典型案例,其核心命题在于如何在查明事实的基础上准确适用法律,以维护消费者合法权益,规范电子商务行为。

一、"线上下单"成功宣告网络购物合同成立

网络购物合同作为合同的一种,属于一类特殊的买卖合同,其成立首先要具备合同成立的一般要件:一是订约主体存在双方或多方当事人。本案中,一方主体为"平价茅台酒"的买方原告陈某,另一方则作为卖方的电子商务经营者(且平台完全自营)被告欧尚公司。二是订约当事人对主要条款达成合意。本案中,被告经营的电子商务平台(欧尚到家App),其通过线上销售的"平价茅台酒",相关网页界面对商品的价格、数量、规格等主要内容均有明确备注,原告陈某作为消费者在平台注册账号并知晓该商品主要信息的情况下下单,足以证明双方已经达成合意。三是合同成立经过要约和承诺阶段。要约与承诺是合同成立必经的两个阶段,两者缺一不可。① 本案中,被告通过电子商务平台就销售"平价茅台酒"发出了内容清晰的要约,而原告登录平台后对通过在线下单购买该商品,是以实际行动表示自己接受了被告的意思表示,形成了完整的要约——承诺过程。

网络购物合同与一般的买卖合同不同,其超出特定时空限制,通过互联网线上完成合同缔结,属于"无纸贸易"范畴,其成立亦有着特定要件:一是要符合法定要件。我国《电子商务法》与《电子签名法》初步针对电子商务建立了专项规范体系。《电子商务法》第四十九条规定:"电子商务经营者发布的商品或者服务信息符合要约条件的,用户选择该商品或

---

① 参见王利明:《合同法研究(第一卷)》(修订版),中国人民大学出版社2011年版,第219页。

者服务并提交订单成功,合同成立。"本案中,被告发布的"平价茅台酒"信息符合要约条件,且原告在线下单并完成货款支付,显然属于提交订单成功。二是要符合约定要件。《电子商务法》第四十九条同样规定,对于网络购物合同的成立,当事人另有约定的,从其约定。本案中无证据表明双方就其他合同条件达成一致意见,特别是未对"库存数量"因素是否影响合同成立有过特别约定。此外,《电子商务法》明确规定,电子商务经营者不得以格式条款等方式约定消费者支付价款后合同不成立,格式条款等含有该内容的,其内容无效。

二、"库存数量"标注错误不影响网络购物合同生效

依据我国《民法总则》第一百三十六条①之规定,民事法律行为自成立时生效,但法律另有规定或当事人另有约定的除外,我国《合同法》亦作了类似规定。本案中,原、被告双方通过电子商务平台(欧尚到家App)完成了网络购物合同签订,属于借助自动信息系统订立电子商务合同。在电子商务经营者与消费者之间(B2C)中,经营者向消费者提供了订立与履行合同的自动系统,且该系统的算法、程序、参数等由经营者控制和设置,消费者是按照经营者设定的条件进行选择后在线下单交易,无法对相关交易内容进行超出经营者预先设定条件的更改。② 就该合同是否在成立时即告生效,一方面,线上交易"平价茅台酒"无需按照法律、行政法规规定办理批准、登记等手续,另一方面双方亦未对合同生效设置其他条件或期间,原则上自该合同成立时即已生效,对合同双方发生法律拘束力,但隐藏在双方争议背后的一个核心问题在于被告通过欧尚到家App向不特定消费者告知"平价茅台酒"的实时"库存数量"是否属于网络购物合同中意思表示,库存数量标注错误能否影响合同效力?对此,应该看

---

① 对应《民法典》第一百三十六条第一款规定:"民事法律行为自成立时生效,但是法律另有规定或者当事人另有约定的除外。"

② 参见薛虹:《论电子商务合同自动信息系统的法律效力》,载《苏州大学学报(哲学社会科学版)》2019年第1期。

到网络购物合同中,交易双方并未谋面,双方为证实对方真实有效的意思表示,只能通过交易过程中数据电文往来形成的电子记录加以求证。在本案中,被告作为电子商务经营者,对其于 App 内即时发布的涉及出售商品(平价茅台酒)的价格、规格、数量等重要信息的真实性负责,原告作为消费者通过被告自主运营管理的线上交易平台下单,正是基于特定相关交易信息真实有效这一前提,被告若仅以内部管理或平台数据维护不及时为由主张意思表示不真实,难以成立,不影响合同生效。

三、电子商务经营者以"库存数量"标注有误为由单方取消订单并退还货款构成违约

讨论是否构成违约,实质是讨论能否满足违约责任构成要件。一般认为,违约责任构成要件分为一般要件与特殊要件两个部分,前者针对任何违约责任形式,后者则针对特殊情形。[①] 本案中涉及的是网络购物合同,本质上属于买卖合同,对于双方合同义务而言,原告作为消费者所负担的合同义务主要是在下单后于约定时间内支付价款;而被告作为电子商务经营者,其主要合同义务是按照约定价格、数量及产品规格向消费者交付标的物并于其承诺的期限内完成标的物所有权转移,并无其他特殊要件。首先,被告单方面实施的取消订单并退还货款的行为构成违约行为。本案中,被告在原告完成下单并预付相关购货款后,第一时间取消交易并将原告已经支付的购货款退还原告,从履约期限角度看,被告行为已经构成预期违约,属于无正当理由以明示方式向原告表明不履行合同主要义务。其次,被告不存在法定或约定的免责事由。本案属于买卖合同,依据我国《合同法》的规定,通常情况下采取的归责原则为严格责任原则,不考虑合同当事人的主观过错,至于被告是因内部管理还是信息系统维护差错导致的茅台酒库存数量标注错误,既不属于法定的不可抗力,亦不属于双方

---

① 参见王利明、杨立新、王轶、程啸:《民法学》(第三版),法律出版社 2011 年版,第592页。

约定的免责事由范畴。综上，被告仅以运营的电商平台中茅台酒库存数量标注错误为由主张不构成违约的抗辩显然不能成立。

四、消费者以交易标的价格低于市场价主张期待利益损失赔偿应予支持

依据我国《合同法》第一百一十三条①的规定，违约方承担损失赔偿的范围包含了"合同履行后可以获得的利益"，即指期待利益，其背后的法理支撑在于强化期待利益保障可使合同在被违反的情况下达到如同已经履约的状态，实现合同一方基于合同所应得的利益与订约目标。期待利益又称可得利益或交易利益，是当事人在订立合同时期望从该交易中获得的各种利益和好处，主要包含了履行利益与利润两种。② 本案中，原告之所以选择被告所运营的电商平台购买市场紧俏商品茅台酒，是因为该平台上销售的茅台酒（飞天茅台，平台宣称为正品）售价为官方指导价1499元，相较于市场价2000元以上的价格，确实具有明显的价格差与很强的吸引力。严格来讲，本案中原告主张的赔偿金5000元，属于因价格变化产生的收益中的一部分，本质上为期待利益中的履行利益，因为原告若错失该交易机会，重新购买同等品质与数量的茅台酒，则需要额外支付超过2万元的差额。因此，原告诉请本质上属于期待利益损失赔偿，原则上应获支持。至于原告具体主张的期待利益损失数额是否合理，可结合具体案情分别采用对比法（差别法）、估算法或约定法加以计算。本案中，采用对比法比较合理，即依照通常方法比照受害人相同条件下所获取的利益来确定应赔偿的期待利益损失。考虑到本案涉及的是买卖合同，可将原告拟制为"中间商"，将期待利益具体转化为转售利润，并由原告承担相应的举证责

---

① 对应《民法典》第五百八十四条第一款规定："当事人一方不履行合同义务或者履行合同义务不符合约定，造成对方损失的，损失赔偿额应当相当于因违约所造成的损失，包括合同履行后可以获得的利益。"

② 参见王利明：《合同法新问题研究》（修订版），中国社会科学出版社2011年版，第660页。

任。按照原告提供的相关证据与双方当事人的庭审陈述，原告最终主张的期待利益损失为 5000 元，远低于其另行购买 35 瓶茅台酒所要支付的差额（按照市场价格计算，超过 2 万元），折算后的每瓶茅台酒价格显然处于同期市场价格的合理区间内，原告仅主张 5000 元的赔偿数额，应予支持。

（一审法院独任审判员　袁　洁
编写人　上海市闵行区人民法院　袁　洁　李　震
责任编辑　杨　奕
审稿人　范明志）

买卖合同纠纷

14. 高某某诉欧莱雅（中国）有限公司网络购物合同纠纷案[*]

> 电商平台经营者以更低价格出售高度重合的商品组合，违反价保承诺的，构成违约

【关键词】

商事　价格承诺　要约　商业广告　相似商品

【裁判摘要】

电子商务平台内经营者通过其运营的微博等新媒体发布具体、明确、可跳转购买的网络促销信息，应视为网购合同要约。当消费者基于网络促销信息中的低价承诺购买商品组合后，经营者以更低价格出售高度重合的商品组合，违反了价保承诺的，应认定构成违约。

【相关法条】

《中华人民共和国消费者权益保护法》第二十条第一款　经营者向消费者提供有关商品或者服务的质量、性能、用途、有效期限等信息，应当真实、全面，不得作虚假或者引人误解的宣传。

---

[*] 摘自《人民法院案例选》2021年4辑（总第158辑），人民法院出版社2021年版，第163~170页。

179

【案件索引】

一审：广州互联网法院（2020）粤0192民初8352号（2020年8月21日）

二审：广东省广州市中级人民法院（2020）粤01民终20345号（2020年11月18日）

【基本案情】

原告（被上诉人）高某某诉称：欧莱雅（中国）有限公司（以下简称欧莱雅公司）通过官方微博等宣传紫米精华预售活动优惠力度最大、最划算，其遂订购了2套紫米精华预售套装（以下简称预售套装），折扣率为50%。"双十一"当天，欧莱雅公司通过李佳琦直播间加推色修精华捆绑搭售紫米精华的秒杀套装（以下简称秒杀套装），折扣率为68%。其认为两套装中紫米精华重叠率达75%，欧莱雅公司的虚假宣传、欺诈，导致其陷入错误认识，购买了并非最低折扣的预售套装，进而错过关注和抢购秒杀套装的机会，为此，高某某诉请法院判令：（1）欧莱雅公司赔偿高某某包括欺诈、违约等在内各项行为造成的全部损失共计5730元；（2）案件受理费、保全费、公证费等相关费用由欧莱雅公司承担。

被告（上诉人）欧莱雅公司辩称：不同意高某某的诉讼请求，认为：（1）欧莱雅公司已履行了紫米精华预售活动的承诺约定，预售套装与秒杀套装属不同商品，不具可比性，上海市静安区市场监督管理局受理预售套装投诉亦得出如上结论，故不存在虚假宣传及欺诈行为。（2）即便高某某认为购买案涉紫米精华预售商品时未经比较、欠缺考虑、无法选择，其在收货后7日内亦未主张退货，自动放弃了为"冲动购物"所给予的冷静期权利。

法院经审理查明：2019年10月11日，欧莱雅公司运营的微博账户"修丽可SkinCeuticals"发布文章称参加预售活动是购买紫米精华的最好时机，比"双十一"当天购买更划算。10月21日，高某某在"修丽可官方旗舰店"支付200元定金预定2套预售套装，每套含紫米精华正装（30ml）1瓶，中样装（15ml）2瓶。11月11日，高某某支付上述订单尾

款，共计 1910 元（含定金），并于当日下午签收预售商品。当日晚间，欧莱雅公司通过李佳琦直播间销售秒杀套装，每套售价 850 元，含色修精华正装（30ml）2 瓶、赠品紫米精华中样装（15ml）3 瓶，限量 1 万份。上述商品中同类精华成分一致，仅规格不同。

新浪黑猫投诉平台截图显示，以"修丽可 SkinCeuticals"为对象发起的集体投诉累计 1247 件，投诉主要内容均为该品牌"双十一"活动预售商品不遵守最低价格承诺，涉嫌虚假宣传，欺诈消费者。

经法院庭审释明后，高某某坚持其诉讼请求为请求欧莱雅公司赔偿包括欺诈、违约等在内各项行为造成的全部损失。法院根据高某某的起诉请求，将本案案由定为网络购物合同纠纷，并基于对消费者权利救济的考量，一并处理上述两类请求。

【裁判结果】

广州互联网法院于 2020 年 8 月 21 日作出（2020）粤 0192 民初 8352 号民事判决：一、欧莱雅公司自判决发生法律效力之日起 5 日内向高某某赔偿 200 元；二、驳回高某某的其他诉讼请求。

宣判后，欧莱雅公司提起上诉。广东省广州市中级人民法院于 2020 年 11 月 18 日作出（2020）粤 01 民终 20345 号民事判决：驳回上诉，维持原判。

【裁判理由】

法院生效裁判认为：《消费者权益保护法》第二十条第一款规定，经营者向消费者提供有关商品或者服务的质量、性能、用途、有效期限等信息，应当真实、全面，不得作虚假或者引人误解的宣传。欧莱雅公司微博内容不存在对商品质量、功效的夸大或虚假描述，高某某对案涉商品本身亦未提出存在缺陷、瑕疵等异议。关于商品销售价格，直播电商行业普遍存在"低价限量带货"惯例，该价格策略不具有普适性，本案中出现相似商品在直播间售价更低的现象，具有一定的合理性，因此欧莱雅公司并无欺诈故意，不存在欺诈行为，无需承担惩罚性赔偿责任。

高某某与欧莱雅公司之间成立网络购物合同,后者微博内容明确传达了购买预售商品较"双十一"当天购买更划算的意思表示,应当视为要约,属于合同内容。比对案涉两款商品,可以发现:从折扣率看,预售套装整体折扣率为50%,直播间的秒杀套装整体折扣率为68%。从商品组合看,两者均含紫米精华,且紫米精华重叠率高达75%。从商品销售价格之和看,两者相差700元。虽然不同的主商品指向不同的消费群体,但不排除欧莱雅公司的此种营销方案,实际上使以高某某为代表的部分消费群体,出于对欧莱雅公司官方微博"最划算"承诺的信赖而放弃对类似商品或高度重合商品售价的期待和观望,进而在直播间秒杀活动推出后产生对预售商品并非"最划算"的主观认知。虽然案涉两种商品属于完全独立的商品主体,但从一般消费者认知上看,不应以此否定消费者在缔结合同时得到"最划算"相似商品或高度重合商品组合的合同目的。此外,冷静期权利属于消费者的权利,而非义务。行使"七天无理由退货"权利并非信赖利益保护的唯一方式,高某某可通过向欧莱雅公司主张违约责任弥补损失。综上,欧莱雅公司违反了对高某某的"最划算"承诺,构成违约。综合考虑两款商品的种类、数量、售价以及直播商品限量销售等因素,酌情判定欧莱雅公司赔付200元。

【案例注解】

数据显示,2019年全国电子商务交易额达34.81亿元,网络购物用户规模达7.01亿人,网络购物纠纷呈现复杂化、新型化趋势。随着电商新一轮发展,营销模式不断升级扩维,商业促销方式日益多样,其中,价保承诺是电商短期内触发巨量销售的常见营销手段之一。电商经营者低价销售相似商品组合是否违反价保承诺,以及由此延伸出的不同商品组合在价格上是否具备可比性等问题,已成为审判机关需要面对的新难题。

一、具体、明确、可跳转购买的网络商业广告构成要约

根据《民法典》相关规定,通常情况下,商业广告和宣传等为要约邀请,仅在其"内容符合要约条件"的情况下才构成要约。关于要约条件,

买卖合同纠纷

《合同法》和《民法典》均规定，要约内容应具体确定，并表明要约人在得到承诺时即受该意思表示约束。因此，一般而言，电子商务经营者通过官方微博账号等向大多数潜在消费者发布的特定促销信息为要约邀请，但内容具体、明确并附有购买链接的商业广告，应当认定为要约，具体分析如下：

首先，根据法律规定，构成要约须内容具有受法律拘束的意思。多数情况下，行为人并未有明确的受法律拘束意思，是否构成要约需衡量个中法律风险分配，予以规范评价。传统意义上的商业广告之所以归诸要约邀请，是为保护行为人免受供应不足或思虑不周的风险。[1] 具言之，行为人在传统商业广告发出后很难进行更改或删除，无法控制供不应求、广告出错等意外情况带来的风险，由于行为人蒙受损失的可能性较大，司法倾向于认定传统商业广告为要约邀请。

但在互联网时代，信息技术让网络交易平台及商家有能力、有方法控制上述风险。一方面，如出现供应不足情况，系统根据商家前期设定的数值，将自动显示存货紧张或实时存货数量，而且消费者无法在断货情况下点击确认购买而进入支付页面，换言之，无法构成承诺。另一方面，在信息高速传播的今天，行为人当然具备审慎发布网络商业广告的义务。至于思虑不周风险，如出现标价错误等，行为人可随时撤销网络上的广告，即使合同成立，后续也可通过重大误解等事由予以补救。

借助互联网技术，发布网络商业广告的行为人可以避免供应不足或思虑不周等风险，其潜在风险大幅减低，因此，可结合具体情况，认定网络商业广告内容具有法律拘束之意思。回到本案中，欧莱雅公司该微博并非邀请相对人向自己发出要约，而是指引相对人购买预售商品，作出承诺，不存在因供应不足而出现给付障碍等问题，因而具备明确的法律拘束意思。

其次，要约内容具体明确，是指要约内容至少必须具有合同的主要条件，应使相对人能了解其真实意思表示，并通过承诺而使合同成立。本案

---

[1] 朱庆育：《民法总论》（第二版），北京大学出版社2016年版，第149页。

中，官方微博账号所发内容是对紫米精华预售套装这一具体商品的促销广告，明确表示预售期间购买商品比"双十一"当天购买划算。同时，该内容附有具体交易信息的链接，对合同的标的、数量、价款等主要条件予以明确，足以使相对人知晓其对待给付义务。相对人点击链接即跳转到网上交易平台，在平台上点击确认购买即可依照促销广告所列条件予以承诺而使合同成立。因此，该商业广告内容具体确定。

最后，要约原则上必须向特定的相对人作出，但在无碍要约所达目的的情况下，亦可对不特定的人作出。① 本案中，欧莱雅公司通过官方微博等渠道发布真实有效的价格保护承诺，其本意即为参加预售活动能以最低折扣、最低价格购买含紫米精华的商品，从而让消费者产生明确消费预期，消除其对商品价格波动疑虑，缩短达成消费意愿的时间，促进购买行为的实际发生。所附预售商品的交易链接亦是为促成此目的。微博受众的不特定性可帮助欧莱雅公司挖掘潜在消费者，扩大交易对象范围，并不影响其要约目的的达成。因此，不能单纯因交易对象不特定来否定该微博促销广告的要约性质。

综上，该微博促销广告内容具有希望与他人订立合同的意思，符合法定条件，构成要约，亦当然成为双方网络购物合同的约定条款之一，欧莱雅公司理应受到其官方微博"最划算"要约的约束。

二、相似或高度重合的商品组合在价格上具有可比性

（一）关于不同商品组合可比性的认定

案外人以相同理由投诉欧莱雅公司预售套装含有虚假广告内容，欺骗和误导消费者，上海市静安区市场监督管理局对投诉复函反馈称，案涉两种商品属于完全独立的商品主体，不具有可比性。本案中，紫米精华和色修精华从进口产品备案文号和外观均可明确是不同产品，且预售套装仅含紫米精华，秒杀套装包括色修精华和紫米精华，二者确实属于两种不同的

---

① 魏振瀛主编：《民法》（第七版），北京大学出版社2017年版，第445页。

商品主体,但是否具备可比性则需要结合具体情境加以判断。如果不同商品组合在商品品类、质量、性能、用途、有效期限、相同商品重叠率等方面达到"相似或高度重合"程度,则可认定二者在价格上具备可比性。依此标准,案涉两类商品属于高度重合商品,本案中为查明欧莱雅公司是否违反"最划算"价格保护承诺,从价格层面进行了比较。若单纯因其属于两种不同商品主体,认为不能比较价格,那么网络电商平台或商家通过组合不同商品的方式即可规避消费者对相似或高度重合商品是否划算的比较,进而导致侵害消费者合法权益的不诚信行为脱离规制。

(二)关于相似或高度重合的商品组合比价的考量因素

出于保护消费者权益的目的,对划算与否的认识应当从一般消费者的角度进行理解。"交易效用"(Transaction Utility)理论提出,消费者购买一件商品会同时获得两种效用:获得效用与交易效用,其中交易效用取决于消费者支付价格与该商品参考价格的差。当商品参考价格高于支付价格时,交易效用出现负值,消费者将对该笔交易产生"不划算"的认识。

虽然案涉两种商品属于不同的商品主体,但不应以此否定消费者在缔结合同时得到"最划算"商品组合的合同目的,否则,无法保护消费者免受价格歧视。在具体比价过程中,可从整体折扣率、销售价格、是否限量销售等因素衡量一般消费者认知中的交易效用,确定是否存在变相价格歧视等行为。

(三)关于主商品与赠品捆绑销售行为的认定

当前,附赠式有奖销售模式在网络促销活动中被广泛采用。其中,主商品与赠品捆绑销售是较为常见的类型,如案涉预售商品与直播商品。附赠式有奖销售中的赠品是向消费者公开的,消费者可同时获知主商品和赠品的具体内容,故购买主商品与获得赠品是"捆绑式"的一个行为,而不是可以割裂、分离的两个行为。在主商品与赠品价值相当,甚至赠品的价值高于主商品时,消费者出于对总体价值的衡量或对赠品的喜好而选择相应商品更具普遍性。因此,商品组合中何为主商品、何为赠品,不影响整体商品组合的认定,亦不影响与其他商品组合的比较。本案中,即便秒杀套装中紫米精华为赠品而非主商品,也不妨碍消费者选择,秒杀套装与预售套装这两种商品组合仍然具有可比性。

三、经营者低价售卖高度相似商品组合应承担违约责任

价格保护承诺,是指出卖方作出的一定期限内不降价,降价补差价的承诺,是出卖方为自身设定的合同义务。经营者通过价格保护承诺稳定了消费者的价格预期,实质上加速了交易的发生。因此,价格保护承诺对商品起到正面宣传的作用,亦是商家获取竞争优势的手段。

国内主流电商平台均有价保政策,部分电商经营者也会对同一店铺的同一商品作出价保协议。依据价保协议,消费者在购买商品后的一定时间内,如果发现该商品降价,有权申请酌情补差价等价格保护措施。但是,部分价保协议条件严苛,将参与"双十一"等特殊大型营销活动、参与聚划算等营销平台活动、使用购物券等实质上降低交易价格的行为排除在价格保护之外。即便属于价格保护范围,实践中仍有大量经营者以断货、系统故障等为由直接拒绝保价。

此外,部分经营者为规避先前价保承诺,通过发放优惠券、组合不同商品或增加赠品等方式变相降价,进而拒绝保价,导致价格保护承诺并未起到保护消费者的作用。本案中,欧莱雅公司通过微博促销广告,作出针对紫米精华商品的"双十一"期间"最划算"价格保护承诺,随后在"双十一"当天加推色修精华搭售紫米精华的直播间秒杀套装,两个商品组合高度相似,但折扣率相差较大,即涉嫌变相降价。

经营者通过商业广告、产品说明、销售推介、实物样品或者通知、声明、店堂告示等方式作出价格保护承诺的,应当履行承诺。违反或变相违反价格保护承诺的不诚信行为不仅侵犯消费者的合法权益,而且不利于各市场主体正当合法竞争,不利于维护网络购物公平交易秩序,对此司法机关应亮明否定态度。当经营者违反或变相违反价格承诺时,其履行行为不符合合同约定,构成不完全履行,因此构成违约。根据《民法典》第五百七十七条规定,应当承担继续履行、采取补救措施或者赔偿损失等违约

责任。

四、关于直播电商行业发展的启示

近年来,直播电商行业发展势头迅猛,已成长为最火爆的互联网产业之一。直播电商行业普遍存在"低价限量销售"惯例,大部分直播间主播销售的商品独家折扣大,价格往往低于正常促销价格。这正是直播电商的最大优势,也是其吸引消费者眼球,得以创造千亿级增量市场的主要原因。因此,直播电商行业"低价限量销售"行业惯例的存在具有一定的合理性,值得司法保护。

由于直播商品供应量有限,直播电商营销方案要求快速响应并追求实效,故在直播间使用的价格策略不具有普适性,更遑论在"双十一"等特定销售活动中使用的直播价格策略。因此,出现相同或相似商品在直播间售价更低的现象,具有一定的合理性。但在保护直播电商行业"低价限量销售"惯例的同时,应注意平衡行业发展与消费者权益保护间的关系,引导直播电商行业合法发展。

根据《广告法》第九条规定,广告中禁止使用"国家级""最高级""最佳"等用语。电子商务经营者应注意广告用语,避免误导消费者,亦应坚持诚信经营,遵循先前的价格保护承诺,不断提升自身的经营水平和服务理念,为消费者提供更优质的购物体验。

(一审法院合议庭成员　田　绘　曹　钰　袁　玥
二审法院合议庭成员　杨玉芬　刘　敏　康玉衡
编写人　广州互联网法院　田　绘　林北征　江　蔼
责任编辑　李　明
审稿人　姜启波)

四、其他买卖合同纠纷

15. 吴梅诉四川省眉山西城纸业有限公司买卖合同纠纷案[*]

(最高人民法院审判委员会讨论通过 2011年12月20日发布)

> 一方当事人不履行二审期间达成的和解协议时,另一方当事人可申请执行一审判决

【关键词】

民事诉讼 执行 和解 撤回上诉 不履行和解协议 申请执行一审判决

【裁判摘要】

民事案件二审期间,双方当事人达成和解协议,人民法院准许撤回上诉的,该和解协议未经人民法院依法制作调解书,属于诉讼外达成的协议。一方当事人不履行和解协议,另一方当事人申请执行一审判决的,人民法院应予支持。

相关法条

《中华人民共和国民事诉讼法》第二百零七条第二款

---

[*] 摘自2011年12月20日最高人民法院发布的第一批指导案例(指导案例2号)。

买卖合同纠纷

基本案情

原告吴梅系四川省眉山市东坡区吴梅收旧站业主,从事废品收购业务。约自2004年开始,吴梅出售废书给被告四川省眉山西城纸业有限公司(简称西城纸业公司)。2009年4月14日双方通过结算,西城纸业公司向吴梅出具欠条载明:今欠到吴梅废书款壹佰玖拾柒万元整(¥1970000.00)。同年6月11日,双方又对后期货款进行了结算,西城纸业公司向吴梅出具欠条载明:今欠到吴梅废书款伍拾肆万捌仟元整(¥548000.00)。因经多次催收上述货款无果,吴梅向眉山市东坡区人民法院起诉,请求法院判令西城纸业公司支付货款2518000元及利息。被告西城纸业公司对欠吴梅货款2518000元没有异议。

一审法院经审理后判决:被告西城纸业公司在判决生效之日起10日内给付原告吴梅货款2518000元及违约利息。宣判后,西城纸业公司向眉山市中级人民法院提起上诉。二审审理期间,西城纸业公司于2009年10月15日与吴梅签订了一份还款协议,商定西城纸业公司的还款计划,吴梅则放弃了支付利息的请求。同年10月20日,西城纸业公司以自愿与对方达成和解协议为由申请撤回上诉。眉山市中级人民法院裁定准予撤诉后,因西城纸业公司未完全履行和解协议,吴梅向一审法院申请执行一审判决。眉山市东坡区人民法院对吴梅申请执行一审判决予以支持。西城纸业公司向眉山市中级人民法院申请执行监督,主张不予执行原一审判决。

裁判结果

眉山市中级人民法院于2010年7月7日作出(2010)眉执督字第4号复函认为:根据吴梅的申请,一审法院受理执行已生效法律文书并无不当,应当继续执行。

裁判理由

法院认为:西城纸业公司对于撤诉的法律后果应当明知,即一旦法院裁定准予其撤回上诉,眉山市东坡区人民法院的一审判决即为生效判决,具有强制执行的效力。虽然二审期间双方在自愿基础上达成的和解协议对相关权利义务作出约定,西城纸业公司因该协议的签订而放弃行使上诉权,吴梅则放弃了利息,但是该和解协议属于双方当事人诉讼外达成的协议,未经人民法院依法确认制作调解书,不具有强制执行力。西城纸业公司未按和解协议履行还款义务,违背了双方约定和诚实信用原则,故对其以双方达成和解协议为由,主张不予执行原生效判决的请求不予支持。

理解与参照

《吴梅诉四川省眉山西城纸业有限公司买卖合同纠纷案》的理解与参照[*]

2011年12月20日,最高人民法院发布了《吴梅诉四川省眉山西城纸业有限公司买卖合同纠纷案》(指导案例第2号,以下简称吴梅案)。现就吴梅案理解与参照方面的问题做如下说明:

一、推选经过及其意义

该案例由四川省眉山市中级人民法院于2011年3月20日向四川省高级人民法院报送。同年4月1日,四川省高级人民法院将其作为备选指导案例向最高人民法院推荐。最高人民法院案例指导工作办公室于同年5月将该案例送最高人民法院民一庭征求意见。民一庭认为,吴梅案明确了在民事案件二审期间,双方当事人签订了和解协议,并撤回上诉,一方当事

---

[*] 摘自《最高人民法院司法解释与指导性案例理解与适用》(第一卷),人民法院出版社2013年版,第556~560页。

买卖合同纠纷

人不履行和解协议时,另一方当事人申请执行原一审判决,人民法院应当如何处理的问题。鉴于现行法律和司法解释对此问题没有明确规定,审判实践中又经常遇到,因此同意将该案例作为备选指导案例。最高人民法院审判委员会讨论认为,吴梅案符合《最高人民法院关于案例指导工作的规定》第二条的有关规定,在指导类似案件的审判以及向社会公众宣传诚信履约、自觉守法等方面有一定意义。2011年12月20日,最高人民法院以法〔2011〕354号文件,将该案例作为第一批指导案例予以发布。

该指导案例根据相关法律、司法解释规定的精神,对涉案和解协议的性质作出了正确认定,明确了和解协议履行与一审生效判决执行之间的关系问题。该指导案例的发布,有利于依法维护当事人合法权益,维护人民法院生效裁判的权威,同时,向当事人和社会宣传了合约应当自觉遵守和忠实履行的重要意义,有利于倡导自觉守法、诚实信用的良好社会风尚。

二、裁判要点的理解与说明

吴梅案的裁判要点确认:民事案件二审期间,双方当事人达成和解协议,人民法院准许撤回上诉的,该和解协议未经人民法院依法制作调解书,属于诉讼外达成的协议。一方当事人不履行和解协议,另一方当事人申请执行一审判决的,人民法院应予支持。

上述裁判要点主要解决了两方面问题:一是和解协议的性质。民事案件二审期间,当事人双方自行就债务履行、终结诉讼等方面内容签订和解协议的性质,"属于诉讼外达成的协议"。二是不履行和解协议时应当如何救济。如果发生不履行和解协议的情形,当事人可以申请法院执行一审生效判决,法院对此种请求应予支持。下面,对这两个问题分别予以分析和说明。

(一) 关于二审诉讼期间当事人达成的和解协议的性质

对这一问题,目前理论界和司法实务部门主要有两种观点:一种观点认为,二审诉讼期间当事人签订的和解协议,既未经法院审查确认,又没有制作调解书,因其内容上与执行和解协议大体相似,故这类和解协议在性质上属于一种执行和解协议。另一种观点认为，这类和解协议与执行和解协议有一些不同点，不能简单认定为执行和解协议。

通过比较分析吴梅案的和解协议与执行和解协议，可以发现二者存在以下不同点：

一是吴梅案的和解协议在签订时案件的判决还没有发生法律效力；而执行和解协议是在判决已经生效，进入执行程序之后双方签订的协议。

二是吴梅案的和解协议是对未生效判决确定的民事权利义务作出新的约定和处分；而执行和解协议是对生效判决确定的民事权利义务进行处分。

三是吴梅案和解协议的签订，法院未以任何形式参与其中；而依据民事诉讼法的规定，执行和解协议虽然法院也不参与制定，但要求法院的执行员要将协议内容记入笔录，双方当事人签名或者盖章。

四是吴梅案的和解协议签订后，一方当事人申请撤回上诉，经法院审查同意的，二审程序终止，一审判决生效；而执行和解协议签订后，执行程序中止。

比较上述两者的不同特点可以看出，吴梅案的和解协议不宜简单归入执行和解范畴，否则就混淆了它与执行和解存在的区别。

对于涉诉当事人签订的和解协议，理论界还有"诉讼中和解"和"诉讼外和解"之区分。主要有两种区分标准：一种以审判和执行阶段为界限进行区分，凡在诉讼期间、判决生效以前当事人双方达成的和解，都属于"诉讼中和解"；在案件进入执行阶段以后达成的和解，都称为"诉讼外和解"。另一种是以法院是否参与和解为标准进行区分，凡是法院参与下达成的和解，比如法院参与下达成的调解，称为诉讼中和解；法院没有参与，当事人自行在庭外达成的和解，都称为"诉讼外和解"。如果按第一种标准划分，吴梅案的和解协议应归入"诉讼中和解"；而如果按第二种标准划分则又应划入"诉讼外和解"。经研究，根据吴梅案和解协议的特点，指导案例2号按照第二种划分的标准，在裁判要点中将吴梅案的和解协议认定为一种"诉讼外的和解协议"。

关于吴梅案和解协议的性质，还可以从协议所包含的内容角度进行进

买卖合同纠纷

一步讨论。吴梅案中,双方当事人主要约定了如下具体事项:(1)上诉人西城纸业有限公司在收到和解协议时,向法院申请撤回上诉;(2)被上诉人吴梅自愿放弃应收货款的利息;(3)双方商定了具体还款计划。审判实践中,类似吴梅案的和解协议,通常都包括上述三方面内容:对实体民事权利义务作出变更或者新的约定;对履行给付义务作出具体约定;以实体民事权利义务变更为条件,对诉讼权利进行处分,双方达成终止诉讼的意思表示等等。因此,从协议内容分析,其具有双重性质:一方面,它是当事人双方签订的具有私法行为性质的和解契约;另一方面,它又是一种诉讼行为。

(二)关于不履行和解协议时,当事人如何救济以及法院如何处理的问题

发生不履行和解协议的情况时,当事人如何救济以及法院应当如何处理的问题,涉及对和解协议是否具有合同效力的研判。

有关涉诉当事人之间签订的和解协议是否成立了新合同的问题,理论界和实务部门观点不一致。有一部分学者认为,按照合同自由原则,当事人可以通过合同产生、变更和终止民事权利义务关系,也可以在原债务基础上设立一种新债权债务。涉诉当事人之间签订的和解协议就是当事人在原合同基础上的新约定,完全存在成立新合同的可能性。《最高人民法院关于人民法院执行工作若干问题的规定(试行)》第八十六条第一款规定:"在执行中,双方当事人可以自愿达成和解协议,变更生效法律文书确定的履行义务主体、标的物及其数额、履行期限和履行方式。"二审期间当事人达成的和解协议同样也可能涉及变更"法律文书确定的履行义务主体、标的物及其数额、履行期限和履行方式",实践中当事人双方还有在协议中新设立了债务履行担保等情况。基于以上观点和法律、司法解释的规定以及审判实践中存在的实际情况,理论界和实务部门对和解协议履行中出现违约时可以救济的途径,主要提出了三种意见:

第一种意见认为,应当根据和解协议的内容具体区分。如果双方当事人签订的新协议成立了新的合同,构成了新诉的,人民法院对新合同违约

的诉讼应当受理；而如果法院经审查当事人就违反和解协议的约定起诉的案件，认为不符合一事不再理原则的，则不予受理。

第二种意见认为，可以通过民事诉讼法的修改完善，赋予当事人选择权。即当事人可以在申请恢复原生效判决执行或者起诉这二者之中择其一救济自己的权利。当然，对当事人就和解协议违约起诉的，要设置审查程序，按照一事不再理原则审查是否受理此类案件。

第三种意见认为，《中华人民共和国民事诉讼法》第二百零七条第二款对执行和解协议作了如下规定，即"一方当事人不履行和解协议的，人民法院可以根据对方当事人的申请，恢复对原生效法律文书的执行"。《最高人民法院关于人民法院执行工作若干问题的规定（试行）》第八十七条规定："当事人之间达成的和解协议合法有效并已履行完毕的，人民法院作执行结案处理。"从该条规定可以看出，对于执行和解协议这类诉讼外和解协议，法律一方面是尊重当事人的意思自治，承认部分履行或者全部履行的和解协议具有合同的效力；另一方面，一旦出现反悔、不履行执行和解协议的情形，现行法律提供的并非违约救济手段，而是以赋予当事人请求执行原生效判决的权利作为救济。

鉴于民事诉讼法对二审期间当事人达成和解协议的效力没有作出明确规定，二审期间庭外和解，未经人民法院依法确认或制作调解书的，作为诉讼外和解协议，与执行和解协议相类似，不具有强制执行力；一方或者双方撤回上诉时，应当知道撤诉的法律后果，即一旦法院裁定准许撤诉，一审判决即为生效判决，而一审生效判决具有强制执行力。为此，吴梅案的原审人民法院遵循《中华人民共和国民事诉讼法》关于执行和解协议有关规定的精神，对吴梅申请执行一审生效判决的请求，参照执行和解协议的有关法律规定，给予了支持。最高人民法院通过本案例对这一裁判规则予以了肯定，即民事案件二审审理期间，双方当事人达成的和解协议，一方出现不履行和解协议的情形时，遵循现行法律规定的精神，另一方当事人申请执行一审判决的，人民法院应予支持。

三、参照适用时应当注意的问题

1. 民事案件二审期间，双方当事人因达成和解协议而申请撤回上诉，法官可以告知当事人将和解协议提交法院依法审查、确认，制作成调解书，以赋予其强制执行力，避免一旦出现违约，就无法按照当事人新的约定申请强制执行该协议。

2. 民事案件二审期间，当事人因达成和解协议而撤回上诉，如果和解协议已经履行完毕，当事人又向法院申请恢复执行一审生效判决的，法院不予支持。如果一方当事人已经部分履行和解协议的，在执行一审判决时应当扣除已经履行的部分。

有一种观点认为，双方当事人既然在一审判决后自行达成和解协议，对一审判决作了变更约定，就表明当事人对一审判决不服，这种情况下，法院对一方提出的上诉进行审查，就不应当准予其撤诉。经研究，我们认为，《最高人民法院关于适用〈中华人民共和国民事诉讼法〉若干问题的意见》第一百九十条规定：在第二审程序中，当事人申请撤回上诉，人民法院经审查认为一审判决确有错误，或者双方当事人串通损害国家和集体利益、社会公共利益及他人合法权益的，不应准许。这是最高人民法院对二审法院审查后不应准许撤诉所明确规定的几种具体情形。另外，从审判实践看，二审期间当事人达成和解，对一审判决作出变更约定的情形，多数是双方当事人出于尽早结束诉讼程序、尽快实现民事权利目的而相互协商、作出妥协让步后签订的协议，并不表明当事人不服一审的判决。吴梅案就属此种情况。依据《最高人民法院关于适用〈中华人民共和国民事诉讼法〉若干问题的意见》第一百九十一条规定：当事人在二审中达成和解协议的，人民法院可以根据当事人的请求，对双方达成的和解协议进行审查并制作调解书送达当事人；因和解而申请撤诉，经审查符合撤诉条件的，人民法院应予准许。因此，实践中，二审法院不宜因双方签订了和解协议，变更了一审判决而简单地认定当事人不服一审判决，并据此不准许其撤诉。

3. 当事人在一审判决作出之后，因签订了和解协议而未在法定期限内提出上诉，在履行和解协议过程中，当事人反悔，申请执行一审判决的，参照《中华人民共和国民事诉讼法》和司法解释有关执行和解的规定，法院应予支持。此种情况下，因一审判决已经生效，一方当事人可以申请执行原生效判决，另一方当事人如有异议则可以申请再审。法院对这种情况应先依法启动执行程序，然后根据案件的具体处理情况，可以依法裁定中止执行、终结执行或者予以执行回转。

（执笔人：李　兵）

买卖合同纠纷

16. 徐工集团工程机械股份有限公司诉成都川交工贸有限责任公司等买卖合同纠纷案[*]

（最高人民法院审判委员会讨论通过 2013年1月31日发布）

> 关联公司的人员、业务、财务等方面交叉或混同，导致各自财产无法区分，丧失独立人格的，构成人格混同

【关键词】

民事　关联公司　人格混同　连带责任

【裁判摘要】

1. 关联公司的人员、业务、财务等方面交叉或混同，导致各自财产无法区分，丧失独立人格的，构成人格混同。

2. 关联公司人格混同，严重损害债权人利益的，关联公司相互之间对外部债务承担连带责任。

相关法条

《中华人民共和国民法通则》第四条[①]

《中华人民共和国公司法》第三条第一款、第二十

---

[*] 摘自2013年1月31日最高人民法院发布的第四批指导案例（指导案例15号）。
[①] 对应《中华人民共和国民法典》第四条到第九条。

条第三款

基本案情

原告徐工集团工程机械股份有限公司（以下简称徐工机械公司）诉称：成都川交工贸有限责任公司（以下简称川交工贸公司）拖欠其货款未付，而成都川交工程机械有限责任公司（以下简称川交机械公司）、四川瑞路建设工程有限公司（以下简称瑞路公司）与川交工贸公司人格混同，三个公司实际控制人王永礼以及川交工贸公司股东等人的个人资产与公司资产混同，均应承担连带清偿责任。请求判令：川交工贸公司支付所欠货款10916405.71元及利息；川交机械公司、瑞路公司及王永礼等个人对上述债务承担连带清偿责任。

被告川交工贸公司、川交机械公司、瑞路公司辩称：三个公司虽有关联，但并不混同，川交机械公司、瑞路公司不应对川交工贸公司的债务承担清偿责任。

王永礼等人辩称：王永礼等人的个人财产与川交工贸公司的财产并不混同，不应为川交工贸公司的债务承担清偿责任。

法院经审理查明：川交机械公司成立于1999年，股东为四川省公路桥梁工程总公司二公司、王永礼、倪刚、杨洪刚等。2001年，股东变更为王永礼、李智、倪刚。2008年，股东再次变更为王永礼、倪刚。瑞路公司成立于2004年，股东为王永礼、李智、倪刚。2007年，股东变更为王永礼、倪刚。川交工贸公司成立于2005年，股东为吴帆、张家蓉、凌欣、过胜利、汤维明、武竞、郭印，何万庆2007年入股。2008年，股东变更为张家蓉（占90%股份）、吴帆（占10%股份），其中张家蓉系王永礼之妻。在公司人员方面，三个公司经理均为王永礼，财务负责人均为凌欣，出纳会计均为卢鑫，工商手续经办人均为张梦；三个公司的管理人员存在交叉任职的情形，如过胜利兼任川交工贸公司副总经理和川交机械公司销售部经理的职务，且免去过胜利川交工贸公司副总经理职务的决定系由川交机械公司作出；吴帆既是川交工贸公司的法定代表人，又是川交机械公司的综合部行政经理。在公司业务方面，三个公司在工商行政管理部门登记的

买卖合同纠纷

经营范围均涉及工程机械且部分重合,其中川交工贸公司的经营范围被川交机械公司的经营范围完全覆盖;川交机械公司系徐工机械公司在四川地区(攀枝花除外)的唯一经销商,但三个公司均从事相关业务,且相互之间存在共用统一格式的《销售部业务手册》《二级经销协议》、结算账户的情形;三个公司在对外宣传中区分不明,2008年12月4日重庆市公证处出具的《公证书》记载:通过因特网查询,川交工贸公司、瑞路公司在相关网站上共同招聘员工,所留电话号码、传真号码等联系方式相同;川交工贸公司、瑞路公司的招聘信息,包括大量关于川交机械公司的发展历程、主营业务、企业精神的宣传内容;部分川交工贸公司的招聘信息中,公司简介全部为对瑞路公司的介绍。在公司财务方面,三个公司共用结算账户,凌欣、卢鑫、汤维明、过胜利的银行卡中曾发生高达亿元的往来,资金的来源包括三个公司的款项,对外支付的依据仅为王永礼的签字;在川交工贸公司向其客户开具的收据中,有的加盖其财务专用章,有的则加盖瑞路公司财务专用章;在与徐工机械公司均签订合同、均有业务往来的情况下,三个公司于2005年8月共同向徐工机械公司出具《说明》,称因川交机械公司业务扩张而注册了另两个公司,要求所有债权债务、销售量均计算在川交工贸公司名下,并表示今后尽量以川交工贸公司名义进行业务往来;2006年12月,川交工贸公司、瑞路公司共同向徐工机械公司出具《申请》,以统一核算为由要求将2006年度的业绩、账务均计算至川交工贸公司名下。

另查明,2009年5月26日,卢鑫在徐州市公安局经侦支队对其进行询问时陈述:川交工贸公司目前已经垮了,但未注销。又查明:徐工机械公司未得到清偿的货款实为10511710.71元。

裁判结果

江苏省徐州市中级人民法院于2011年4月10日作出(2009)徐民二初字第0065号民事判决:一、川交工贸公司于判决生效后10日内向徐工机械公司支付货款10511710.71元及逾期付款利息;二、川交机械公司、瑞路公司对川交工贸公司的上述债务承担连带清偿责任;三、驳回徐工机械公司对王永礼、吴帆、张家蓉、凌欣、过胜利、汤维明、郭印、何万庆、卢鑫的诉讼请求。宣判后，川交机械公司、瑞路公司提起上诉，认为一审判决认定三个公司人格混同，属认定事实不清；认定川交机械公司、瑞路公司对川交工贸公司的债务承担连带责任，缺乏法律依据。徐工机械公司答辩请求维持一审判决。江苏省高级人民法院于2011年10月19日作出（2011）苏商终字第0107号民事判决：驳回上诉，维持原判。

裁判理由

法院生效裁判认为：针对上诉范围，二审争议焦点为川交机械公司、瑞路公司与川交工贸公司是否人格混同，应否对川交工贸公司的债务承担连带清偿责任。

川交工贸公司与川交机械公司、瑞路公司人格混同。一是三个公司人员混同。三个公司的经理、财务负责人、出纳会计、工商手续经办人均相同，其他管理人员亦存在交叉任职的情形，川交工贸公司的人事任免存在由川交机械公司决定的情形。二是三个公司业务混同。三个公司实际经营中均涉及工程机械相关业务，经销过程中存在共用销售手册、经销协议的情形；对外进行宣传时信息混同。三是三个公司财务混同。三个公司使用共同账户，以王永礼的签字作为具体用款依据，对其中的资金及支配无法证明已作区分；三个公司与徐工机械公司之间的债权债务、业绩、账务及返利均计算在川交工贸公司名下。因此，三个公司之间表征人格的因素（人员、业务、财务等）高度混同，导致各自财产无法区分，已丧失独立人格，构成人格混同。

川交机械公司、瑞路公司应当对川交工贸公司的债务承担连带清偿责任。公司人格独立是其作为法人独立承担责任的前提。《中华人民共和国公司法》第三条第一款规定："公司是企业法人，有独立的法人财产，享有法人财产权。公司以其全部财产对公司的债务承担责任。"公司的独立财产是公司独立承担责任的物质保证，公司的独立人格也突出地表现在财产的独立上。当关联公司的财产无法区分，丧失独立人格时，就丧失了独立承担责任的基础。《中华人民共和国公司法》第二十条第三款规定："公

买卖合同纠纷

司股东滥用公司法人独立地位和股东有限责任,逃避债务,严重损害公司债权人利益的,应当对公司债务承担连带责任。"本案中,三个公司虽在工商登记部门登记为彼此独立的企业法人,但实际上相互之间界线模糊、人格混同,其中川交工贸公司承担所有关联公司的债务却无力清偿,又使其他关联公司逃避巨额债务,严重损害了债权人的利益。上述行为违背了法人制度设立的宗旨,违背了诚实信用原则,其行为本质和危害结果与《中华人民共和国公司法》第二十条第三款规定的情形相当,故参照《中华人民共和国公司法》第二十条第三款的规定,川交机械公司、瑞路公司对川交工贸公司的债务应当承担连带清偿责任。

理解与参照

《徐工集团工程机械股份有限公司诉成都川交工贸有限责任公司等买卖合同纠纷案》的理解与参照[*]

2013年1月31日,最高人民法院发布了指导案例《徐工集团工程机械股份有限公司诉成都川交工贸有限责任公司等买卖合同纠纷案》。为了正确理解和准确参照适用该指导案例,现对其推选经过、裁判要点、需要说明的问题等有关情况予以解释、论证和说明。

---

* 摘自《最高人民法院司法解释与指导性案例理解与适用》(第二卷),人民法院出版社2014年版,第436~442页。

》201

一、推选过程及其意义

2012年10月,江苏省高级人民法院向最高人民法院推荐该备选指导性案例。最高人民法院案例指导工作办公室经研究讨论后将该案例送最高人民法院民二庭审查和征求意见。民二庭认为,本案是对《中华人民共和国公司法》第二十条的灵活运用,具有较强的指导意义。2013年1月21日,最高人民法院审判委员会经讨论认为,该案例符合《最高人民法院关于案例指导工作的规定》第二条的有关规定,具有指导意义,同意将该案例确定为指导性案例。1月31日,最高人民法院以法〔2013〕24号文件将该案例作为第四批指导性案例予以发布。

该案例涉及关联公司人格混同的认定及法律责任承担问题,进一步完善了我国公司法人格否认制度,有利于防止关联公司滥用公司法人独立地位和股东有限责任,恶意逃避债务,损害公司债权人利益;有利于规范关联公司的经营行为,促进企业依法生产经营和健康发展。

二、裁判要点的理解与说明

该指导案例的裁判要点确认:(1)关联公司的人员、业务、财务等方面交叉或混同,导致各自财产无法区分,丧失独立人格的,构成人格混同。(2)关联公司人格混同,严重损害债权人利益的,关联公司相互之间对外部债务承担连带责任。现围绕与该裁判要点相关的问题逐一说明如下:

(一)如何认定"关联公司"

我国公司法是以单一公司为原型设计的,对关联公司的概念未作规定,但随着规模经济的发展,公司之间出现多种形式的联合,涉及关联公司的法律问题越来越多,需要对相关问题进行法律规制。本案例涉及关联公司人格混同问题,首先需要了解什么是关联公司。

从国外立法情况看,国际组织和各国对关联公司的界定不尽相同。《联合国关于发达国家与发展中国家间避免双重征税的协定范本》和《经济合作与发展组织关于避免双重征税的协定范本》中都规定了构成国际关联企业的两种情况：（1）缔约国一方企业直接或间接参与缔约国另一方企业的管理、控制或资本；（2）同一人直接或间接参与缔约国一方企业和缔约国另一方企业的管理、控制或资本。可见，上述范本把参与管理、控制或资本作为认定关联企业的依据。从美国立法看，1935年的《公共事业控股法》中第一次明确提出母子公司概念，规定任何公司对已发行的有表决权的股票中，如果有10%或更多的数量为另一公司所掌握时，该公司即为另一公司的子公司；1940年《投资公司法》将直接或间接持有25%其他公司股权作为控制公司的界定标准。但至今在成文法中并未明确关联公司的概念，而是通过判例对关联公司予以规范。德国1965年公布的《股份公司法》采用列举的方式归纳出关联企业的表现形式，第15条规定："关联企业是指法律上独立的企业，这些企业在相互关系上属于拥有多数资产的企业和占有多数股份的企业、从属企业和支配企业、康采恩企业、相互参股企业或互为一个企业合同的签约方。"日本的公司法中也未明确关联公司的概念，但在《财务诸表规则》第8条第4款规定：一方公司实质上拥有另一公司20%以上50%以下的表决权，并通过人事、资金、技术和交易等手段严重影响该公司的财务与经营方针者为关联公司。

我国公司法虽未明确何为关联公司，但《企业所得税法实施条例》第一百零九条规定："企业所得税法第四十一条所称关联方，是指与企业有下列关联关系之一的企业、其他组织或者个人：（一）在资金、经营、购销等方面存在直接或者间接的控制关系；（二）直接或者间接地同为第三者控制；（三）在利益上具有相关联的其他关系。"《税收征收管理法实施细则》（2012年修订）第五十一条也作出了类似规定，并且国家税务总局发布的《特别纳税调整实施办法（试行）》（国税发〔2009〕2号）作了进一步明确列举，其中第九条列举了八种构成关联关系的情形，对《企业所得税法实施条例》中规定的三个方面关联关系作了细化规定，更具有可操作性。我们认为，在我国公司法尚未对关联公司作出明确法律界定时，可以参考上述规定来认定关联公司。

(二) 如何认定"人格混同"

公司的独立人格和股东的有限责任是现代公司法人制度的两大基石，但是公司法人制度在发挥其推动投资增长和迅速积累资本的同时，也可能被股东用作逃避契约或法律义务、牟取非法利益的工具。20世纪初，美国法院首次通过判例否认了公司法人格，大陆法系的德国和日本也是通过判例来否认公司法人格。我国2005年修订公司法时，引入了公司法人格否认制度，在世界各国普遍以判例来解决公司法人格否认的情况下，我国把这一制度写入成文法本身就是一大创举，是我国公司法对世界公司法的一大贡献。① 然而，由于公司法人格否认制度本身内涵丰富，情形多变，成文法难以将适用公司法人格否认的场合一一列举。本案例中涉及的关联公司之间人格混同的情形，即属于我国公司法中未明确具体规定的内容。如何认定关联公司之间构成"人格混同"，从本案例中可以获得一些启示。

本案例裁判要点第一点中载明："关联公司的人员、业务、财务等方面交叉或混同，导致各自财产无法区分，丧失独立人格的，构成人格混同。"该裁判要点表明，在上述情况下，可以认定关联公司构成人格混同，但准确地说，该裁判要点并非关联公司人格混同的定义或概念。要严谨准确地表达"人格混同"的概念，是一个比较困难的课题。虽然一般认为，关联公司人格混同，是指关联公司之间界限模糊，如资产不分、人员交叉、业务混同，甚至注册地、营业地、银行账户、电话号码等完全相同，令外界无法分清交易的对象，但由于人格混同的表现形式多样，混同的手段不断翻新，一旦确定某一表现形式构成人格混同的表征，则某些公司必然尽力回避这些表征，同时依然保有实质混同，使债权人掌握证据和法院认定判断是否构成人格混同的难度大大增加。我们认为，认定关联公司人格混同，一般可以从以下方面进行分析判断：

1. 关联公司人格混同的表征因素

(1) 人员混同。这是指关联公司之间在组织机构和人员上存在严重的

---

① 参见刘俊海：《现代公司法》，法律出版社2011年版，第545页。

交叉、重叠。如公司之间董事相互兼任，公司高级管理人员交叉任职，甚至雇员也相同，最典型的情形是"一套人马，多块牌子"。

（2）业务混同。这是指关联公司之间从事相同的业务活动，在经营过程中彼此不分。如同一业务有时以这家公司名义进行，有时又以另一公司名义进行，以至于与之交易的对方当事人无法分清在与哪家公司进行交易活动。

（3）财务混同。这是指关联公司之间账簿、账户混同，或者两者之间不当冲账。需要注意的是，关联公司依法合并财税报表，以及在分开记账、支取自由前提下的集中现金管理，不应被视为财务混同。

上述三种情形，是关联公司人格混同的典型表面特征，是人格混同的常见表现形式。实践中，人格混同的情形也不限于上述三个方面的表征因素，还有诸如电话号码一致、宣传内容一致等。在认定人格混同时，还需要注意的是，在集团公司、母子公司结构之下，控制公司对其下属公司的人员、业务、财务进行统一管理是一种经常性的状态。比如，在人员方面，集团公司会向下属公司派遣管理人员；在业务方面，集团公司会对下属公司制定统一的业务规范，下达统一的生产经营计划，进行统一考核；在财务方面，集团公司会建立统一的财务管理制度；等等。我们认为，这种统一的管理，只要是在合法的范围内，在控制公司没有滥用权利、侵犯下属公司独立人格的前提下，不属于人格混同。

2. 关联公司人格混同的实质因素

财产混同，指关联公司之间的财产归属不明，难以区分各自的财产。如关联公司的住所地、营业场所相同，共同使用同一办公设施、机器设备，公司之间的资金混同，各自的收益不加区分，公司之间的财产随意调用，等等。这是关联公司人格混同的实质因素，因为财产混同违背了公司财产与股东财产相分离、公司资本维持和公司资本不变等基本原则，潜藏着公司财产被隐匿、非法转移或被私吞、挪用的重大隐患，严重影响公司对外清偿债务的能力。《中华人民共和国公司法》第三条第一款规定："公司是企业法人，有独立的法人财产，享有法人财产权。公司以其全部财产对公司的债务承担责任。"可见，公司的独立财产是公司独立承担责任的物质保证，公司的独立人格也突出地表现在财产的独立上。

3. 关联公司人格混同的结果因素

关联公司人格混同的结果因素，是指人格混同的程度必须达到"严重损害债权人利益"的后果时，法院才否认关联公司的法人格，让关联公司之间承担连带责任。该结果因素实际上包含了两方面的内容：其一，债权人的权益因为关联公司人格混同而受到了严重的侵害；其二，如果不适用法人格否认，将无从保障债权人的利益。本案例裁判要点第二点载明"关联公司人格混同，严重损害债权人利益的，关联公司相互之间对外部债务承担连带责任"，明确地表达了这一内涵。也就是说，即使具有关联公司人格混同的情形，但实际上未给他人造成损失，也不能否认公司法人格。这是因为法人制度中的人格独立、股东有限责任以及公司法人格否认的宗旨，都是为了将利益和风险在公司的出资人和公司的债权人之间公平地分配，实现一种利益平衡关系。当公司独立人格被滥用，导致债权人的利益受损时，必然使利益失衡，从而需要否定公司独立人格，对债权人的损失进行弥补，实现一种利益补偿。若债权人利益没有受损，则不需要否认公司独立人格去矫正并未失衡的利益体系。至于如何认定"严重损害债权人利益"，我们认为，衡量的标准是公司的偿债能力，即公司能否偿还债权人的到期债权。如果公司能够偿还债务，债权人就不能主张否认公司独立人格。

（三）关于本案例的法律适用

1. 关于《中华人民共和国公司法》第二十条的法律适用

公司法人格否认适用中最为传统、最为典型的情形是股东滥用公司的独立人格和股东有限责任，此时的法律责任是从公司指向股东，由股东来承担公司的责任。随着社会经济生活的发展，法人格被滥用的花样不断翻新，如母公司将自己的利益转移给子公司，将母公司空壳化，以使母公司逃避债务，又如姐妹公司之间人格混同，资产不当转移，等等。法人格否认理论也随之进一步发展，时至今日，法人格否认已经突破了传统的适用范围，出现了某些扩张适用情形，主要包括法人格否认的反向适用和姐妹公司之间的法人格否认。"反向适用"指否认公司独立人格后，由公司替股东承担责任，或母子公司场合下由子公司替母公司承担责任。"姐妹公

买卖合同纠纷

司之间的法人格否认"又称为"揭开姐妹公司的面纱"或"三角刺破"。在"三角刺破"中,责任以一种类似于三角形的路线流动,首先从被控制的公司流向控股股东,接着从该控股股东流向其他受制于该股东的具有关联性的企业。其实,这样一种"三角刺破"的提法只不过是一种形象的说法而已,表明责任的承担不是直线流动的,而是通过一定的媒介发生了转向,最终由同一股东控制下的其他公司承担了责任。①

《中华人民共和国公司法》第二十条第一款规定:"公司股东应当遵守法律、行政法规和公司章程,依法行使股东权利,不得滥用股东权利损害公司或者其他股东的利益;不得滥用公司法人独立地位和股东有限责任损害公司债权人的利益。"第三款规定:"公司股东滥用公司法人独立地位和股东有限责任,逃避债务,严重损害公司债权人利益的,应当对公司债务承担连带责任。"本案例中关联公司人格混同的行为,能否适用《中华人民共和国公司法》第二十条予以解决,对此存在不同观点。有的认为,本条款是对公司股东行为的规制,责任承担主体是实施滥用公司法人独立地位和股东有限责任行为的股东,责任承担形式是上述股东与公司共同对债权人承担连带责任。无论采取何种解释方式,都不能得出第二十条可以适用于人格混同等情形下作为判令关联企业承担民事责任的法律依据的结论。② 也有的认为,《中华人民共和国公司法》第二十条第一款是针对公司法人格否认法理的总括性规定,只要是股东滥用法人格和股东有限责任的情形,无论是传统情形,还是扩张情形,均在本款的规制范围之内。③

我们认为,司法实践中,法官不可避免地需要对法律进行解释,在解释中应当遵循解释的基本原则,如忠实于法律文本的原则、忠实于立法目的和立法意图原则等。扩张解释作为一种解释方法,虽然对法律用语作比通常含义更广的解释,但不能超出法律用语可能具有的含义,只能在法律文义的"射程"范围内进行解释。从《中华人民共和国公司法》第二十条的文义来看,其规制的对象是股东,行为主体和责任主体都是股东,将股

---

① 朱慈蕴:《公司法人格否认制度理论与实践》,人民法院出版社2009年版,第47~55页。
② 参见刘建功:《〈公司法〉第20条的适用空间》,载《法律适用》2008年第1、2期。
③ 朱慈蕴:《公司法人格否认制度理论与实践》,人民法院出版社2009年版,第211页。

东扩张解释至关联公司，则显然超出了扩张解释的范畴。但是，关联公司人格混同的原因多是由于股东滥用了公司法人独立地位和股东有限责任所致，否认关联公司各自的独立人格，将关联公司视为一体，对其中特定公司的债权人的请求承担连带责任，实质就是将滥用关联公司人格的股东责任延伸至完全由其控制的关联公司上，由此来救济利益受损的债权人。因此，本案例比照最相类似的条款，按照类似情况类似处理的原则，参照适用了《中华人民共和国公司法》第二十条第三款，判决关联公司之间承担连带责任。

2. 关于《中华人民共和国民法通则》第四条和《中华人民共和国公司法》第三条的适用

《中华人民共和国民法通则》第四条规定："民事活动应当遵循自愿、公平、等价有偿、诚实信用的原则。"诚实信用，是市场经济活动中形成的道德规则，要求人们在市场经济活动中讲究信用、恪守诺言、诚实不欺，在不损害他人利益和社会公共利益的前提下追求自己的利益。诚实信用原则是民法基本原则，而关联公司人格混同、逃避债务的行为正是违反了诚实信用原则，因此，该条可以作为否认公司法人格的法律依据。

《中华人民共和国公司法》第三条第一款的规定是关于法人财产独立的法律条文，前已有述，公司的独立财产是公司独立承担责任的物质保证，公司的独立人格也突出地表现在财产的独立上。只有在财产分离的情况下，公司才能以自己的财产独立地对其债务负责。当关联公司的财产无法区分，丧失独立人格时，就丧失了独立承担责任的基础。因此，该条款作为否认公司法人格的适用条款，也是适当的。

三、其他需要说明的问题

第一，应当审慎适用。公司人格独立、股东承担有限责任是基本原则，而公司法人格否认原则是一种例外适用原则。维护公司法人独立地位是公司法的主要价值取向，只有在公司独立人格和股东有限责任原则被滥用，严重损害债权人利益时，才能为保护债权人利益而例外地适用。因此，在否认公司独立人格时，应当采取谨慎的态度，只有具有明确的人格

混同的事实，并且严重损害债权人利益，无法通过其他途径救济时，才能否认公司独立人格。

第二，关于判决的效力范围。法人格否认理论只对特定个案中公司的独立人格予以否认，而不是对该公司法人格全面、彻底、永久地否认。也就是说，否认公司法人格的判决效力不涉及该公司的其他法律关系，并且不影响该公司作为一个公司独立实体合法地继续存在。这与公司因解散、破产而注销，从而在制度上绝对、彻底丧失法人资格的情形完全不同，只是"一时一事"地否认公司法人格，具有相对性和特定性，而不具有绝对性和对世性。

（执笔人：刘　净）

17. 张莉诉北京合力华通汽车服务有限公司买卖合同纠纷案[*]

（最高人民法院审判委员会讨论通过 2013年11月8日发布）

▶ 为家庭生活消费需要购买汽车发生欺诈纠纷的，消费者可依《中华人民共和国消费者权益保护法》要求赔偿损失

【关键词】

民事 买卖合同 欺诈 家用汽车

【裁判摘要】

1. 为家庭生活消费需要购买汽车，发生欺诈纠纷的，可以按照《中华人民共和国消费者权益保护法》处理。

2. 汽车销售者承诺向消费者出售没有使用或维修过的新车，消费者购买后发现系使用或维修过的汽车，销售者不能证明已履行告知义务且得到消费者认可的，构成销售欺诈，消费者要求销售者按照《中华人民共和国消费者权益保护法》赔偿损失的，人民法院应予支持。

---

[*] 摘自2013年11月8日最高人民法院发布的第五批指导案例（指导案例17号）。

买卖合同纠纷

相关法条

《中华人民共和国消费者权益保护法》第二条、第五十五条第一款①

基本案情

2007年2月28日,原告张莉从被告北京合力华通汽车服务有限公司(简称合力华通公司)购买上海通用雪佛兰景程轿车一辆,价格138000元,双方签有《汽车销售合同》。该合同第七条约定:"……卖方保证买方所购车辆为新车,在交付之前已作了必要的检验和清洁,车辆路程表的公里数为18公里且符合卖方提供给买方的随车交付文件中所列的各项规格和指标……"合同签订当日,张莉向合力华通公司交付了购车款138000元,同时支付了车辆购置税12400元、一条龙服务费500元、保险费6060元。同日,合力华通公司将雪佛兰景程轿车一辆交付张莉,张莉为该车办理了机动车登记手续。2007年5月13日,张莉在将车辆送合力华通公司保养时,发现该车曾于2007年1月17日进行过维修。

审理中,合力华通公司表示张莉所购车辆确曾在运输途中造成划伤,于2007年1月17日进行过维修,维修项目包括右前叶子板喷漆、右前门喷漆、右后叶子板喷漆、右前门钣金、右后叶子板钣金、右前叶子板钣金,维修中更换底大边卡扣、油箱门及前叶子板灯总成。送修人系该公司业务员。合力华通公司称,对于车辆曾进行维修之事已在销售时明确告知张莉,并据此予以较大幅度优惠,该车销售定价应为151900元,经协商后该车实际销售价格为138000元,还赠送了部分装饰。为证明上述事实,合力华通公司提供了车辆维修记录及有张莉签字的日期为2007年2月28日的车辆交接验收单一份,在车辆交接验收单备注一栏中注有"加1/4油,此车右侧有钣喷修复,按约定价格销售"。合力华通公司表示该验收单系该公司保存,张莉手中并无此单。对于合力华通公司提供的上述两份证据,张莉表示对于车辆维修记录没有异议,车辆交接验收单中的签字确系

---

① 该款系2013年10月25日修改,此前为第四十九条。

其所签，但合力华通公司在销售时并未告知车辆曾有维修，其在签字时备注一栏中没有"此车右侧有钣喷修复，按约定价格销售"字样。

裁判结果

北京市朝阳区人民法院于 2007 年 10 月作出（2007）朝民初字第 18230 号民事判决：一、撤销张莉与合力华通公司于 2007 年 2 月 28 日签订的《汽车销售合同》；二、张莉于判决生效后 7 日内将其所购的雪佛兰景程轿车退还合力华通公司；三、合力华通公司于判决生效后 7 日内退还张莉购车款 124200 元；四、合力华通公司于判决生效后 7 日内赔偿张莉购置税 12400 元、服务费 500 元、保险费 6060 元；五、合力华通公司于判决生效后 7 日内加倍赔偿张莉购车款 138000 元；六、驳回张莉其他诉讼请求。宣判后，合力华通公司提出上诉。北京市第二中级人民法院于 2008 年 3 月 13 日作出（2008）二中民终字第 00453 号民事判决：驳回上诉，维持原判。

裁判理由

法院生效裁判认为：原告张莉购买汽车系因生活需要自用，被告合力华通公司没有证据证明张莉购买该车用于经营或其他非生活消费，故张莉购买汽车的行为属于生活消费需要，应当适用《中华人民共和国消费者权益保护法》。

根据双方签订的《汽车销售合同》约定，合力华通公司交付张莉的车辆应为无维修记录的新车，现所售车辆在交付前实际上经过维修，这是双方共同认可的事实，故本案争议的焦点为合力华通公司是否事先履行了告知义务。

车辆销售价格的降低或优惠以及赠送车饰是销售商常用的销售策略，也是双方当事人协商的结果，不能由此推断出合力华通公司在告知张莉汽车存在瑕疵的基础上对其进行了降价和优惠。合力华通公司提交的有张莉签名的车辆交接验收单，因系合力华通公司单方保存，且备注一栏内容由该公司不同人员书写，加之张莉对此不予认可，该验收单不足以证明张莉

买卖合同纠纷

对车辆以前维修过有所了解。故对合力华通公司抗辩称其向张莉履行了瑕疵告知义务,不予采信,应认定合力华通公司在售车时隐瞒了车辆存在的瑕疵,有欺诈行为,应退车还款并增加赔偿张莉的损失。

理解与参照

《张莉诉北京合力华通汽车服务有限公司买卖合同纠纷案》的理解与参照[*]

——消费者购买汽车遭受欺诈有权依消法要求增加赔偿

2013年11月8日,最高人民法院发布了指导案例17号《张莉诉北京合力华通汽车服务有限公司买卖合同纠纷案》。为了正确理解和准确参照适用该指导性案例,现对其推选经过、裁判要点、需要说明问题等情况予以解释、论证和说明。

一、推选经过及其指导意义

该指导案例系北京市高级人民法院向最高人民法院案例指导工作办公室推荐。案例指导工作办公室经集体讨论,并征求了最高人民法院民一庭的意见。民一庭经审查认为,汽车属于消费品,购买者的目的是用于生活消费,应当适用《中华人民共和国消费者权益保护法》的规定,同意本案例作为备选指导性案例。2013年7月23日,研究室室务会经讨论并报院

---

[*] 摘自《最高人民法院司法解释与指导性案例理解与适用》(第二卷),人民法院出版社2014年版,第462~467页。

领导同意提请审委会审议。10月28日,最高人民法院审判委员会经讨论认为,该案例符合《最高人民法院关于案例指导工作的规定》第二条的有关规定,同意将该案例确定为指导性案例。11月8日,最高人民法院以法〔2013〕241号文件将该案例列在第五批指导性案例予以发布。

该指导案例旨在明确为家庭生活消费需要购买家用汽车的,其权益应受消费者权益保护法的保护。销售者出售汽车有欺诈行为的,消费者有权依法要求增加赔偿其受到的损失。这对于进一步保护消费者的合法权益,倡导诚信经营,加强社会诚信建设,维护公平的市场交易秩序具有显著的引领意义。

二、裁判要点的理解与说明

该指导案例的裁判要点确认:(1)为家庭生活消费需要购买汽车,发生欺诈纠纷的,可以按照消费者权益保护法处理。(2)汽车销售者承诺向消费者出售没有使用或维修过的新车,消费者购买后发现系使用或维修过的汽车,销售者不能证明已履行告知义务且得到消费者认可的,构成销售欺诈,消费者要求销售者按照消费者权益保护法赔偿损失的,人民法院应予支持。以下围绕与该裁判要点相关的问题逐一说明:

(一)消费者购买汽车是否受消费者权益保护法的保护

这是该案例首要的争议焦点,也是实务界广泛关注的热点问题。我们可以从几个类似案例梳理这一问题。

2002年8月,消费者朱敏以285000元的价格,从四川西林汽车销售有限公司达州分公司(以下简称西林达州分公司)购买了一辆广州本田雅阁轿车。2004年初,一位知情人告诉朱敏,他所买的车是一辆事故车,该车在运送过程中曾与一辆出租车碰擦,右边车门变形。从当事出租车司机、当地交警支队以及相关保险公司那里,朱敏相继找到了确凿证据。2004年4月,朱敏向达县人民法院起诉,请求法院依据《中华人民共和国消费者权益保护法》第四十九条判令西林达州分公司退车并加倍赔偿。2004年8月,达县人民法院一审判决,认定被告有欺诈行为,支持原告朱

买卖合同纠纷

敏的诉讼请求，判定该车仍归原告使用，被告赔偿原告285000元。被告不服，上诉至达州中院，达州中院判决维持一审原判。此后，被告又向四川省高级人民法院提出了申诉。2005年12月19日，四川省高院作出终审判决，维持原判。该案于2006年4月按法院判决执行完毕。

2006年6月，四川成都的消费者朱刚发现自己购买的"新车"曾经出售给别人并使用过一段时间，当即将销售商告上法庭要求双倍赔偿，但一审和二审过后，法院认为汽车消费在我国现阶段对于全中国人而言，属于奢侈消费，不属于消费者权益保护法意义上的生活消费需要，因此驳回了朱刚的诉讼请求。该判决作出后，在社会上引起强烈反响，汽车、住房等大宗商品消费是否应受消费者权益保护法保护，成为许多人关注的焦点。

2009年4月，辽宁省鞍山市王先生以108900元购买了一辆轿车，做车内装饰时发现右前叶子板、A柱及前保险杠有喷漆的痕迹，但销售商一口咬定是新车，于是王先生提起了诉讼。法院经审理查明，该车在4S店入库时曾有过碰撞，4S店对受损部分进行了维修，并当作新车出售。据此，法院认为，交付车辆存在质量瑕疵，与合同约定不符，经销商交车时未将真实情况予以告知，存在故意隐瞒事实的行为。因此，在王先生要求退车的情况下，4S店返还车款108900元，赔偿王先生108900元，并承担因退车造成的保险费、车辆购置税、汽车装饰费、牌证费和车辆检验费损失，合计233800元。

上述案件发生后，引起了四川省保护消费者权益委员会（以下简称四川省消委会）、中国消费者权益保护协会（以下简称中消协）的密切关注。四川省消委会副秘书长王国滨认为，汽车是否是生活消费品不是由其商品属性决定，也不是由商品的价格高低决定的。如果成都市民朱刚买旧车案的判例能够最终成立的话，那么是否意味着消费者购买房产、购买珠宝首饰等都不受消费者权益保护法保护呢？显然，这种观点是不能成立的。四川省消委会秘书长刘亚兵认为，法院认定汽车消费不属于消费者权益保护法所称的生活消费范畴"很荒唐"，如果该认定成立，像出国旅游、购买高档手表、高档家具等消费是不是也不属于生活消费？消费者权益保护法中所指的"生活消费"是相对于"生产消费"而言，只要消费者购买的汽车是用于上下班或者旅游等自身需要,都应当属于生活消费;如果用于营运则不属于生活消费。生活消费并不局限于吃、穿、住、行,还包括消费者的文化消费、精神消费,诸如唱歌、旅游,甚至购买钻石珠宝等。随着经济的发展,生活消费品的概念还逐年升级,汽车、教育、商品房等目前都已由原来的非生活消费品变为生活消费品。① 中消协有关负责人表示,消费者权益保护法中的生活消费是相对于生产消费而言的。购买、使用汽车的行为而言,不论车型、款式如何,只要是用于生活需要,而非运营等生产需要,就属于消费者权益保护法的调整范围;生活消费品不等于生活必需品,不能以汽车消费是奢侈消费为由将其排除在消费者权益保护法保护之外;越来越多的消费者开始步入购车行列,切实保护汽车消费者合法权益,有助于实现扩大内需,拉动经济增长的战略目标。中消协呼吁有关部门就消费者权益保护法的有关问题作出立法解释,减少各方面认识上的偏差。②

《中华人民共和国消费者权益保护法》第二条规定:"消费者为生活消费需要购买、使用商品或者接受服务,其权益受消费者权益保护法的保护……"根据该条的规定,消费者购买汽车可以受到消费者权益保护法的保护,应当至少符合两个要件:一是汽车可以作为生活消费品,二是消费者购买汽车是为了生活消费需要。

1. 关于汽车是否可以作为生活消费品

生活消费品是用来满足人们物质和文化生活需要的社会产品,可以用来交换的商品。汽车属于商品,可以进入市场流通,满足人们的生活消费需要。消费者权益保护法对消费者购买的商品没有价格的限制,所以汽车是否属于生活消费品与汽车价格的高低,是否属于奢侈品没有必然关系。因此,认为汽车单价过高,属于奢侈品,不是消费者权益保护法意义上的消费品的观点是没有法律依据的。同样,随着社会经济的发展,人们的生活消费需要呈现范围更广、层次更多的发展趋势,汽车、珠宝、高档手

---

① 《汽车消费欺诈应双倍赔偿》,载《四川质量报》2006 年 6 月 19 日。
② 《汽车消费欺诈双倍赔偿》,载《北京日报》2006 年 6 月 23 日。

表、高档家具等商品进入越来越多的家庭。将这些商品认定为生活消费品,依法纳入消费者权益保护法的调整范围,不仅有利于充分保护消费者权益,满足人民群众日益增长的生活消费需要,而且有利于规范市场秩序,刺激消费需求,促进产业发展。

2. 关于消费者购买汽车是否属于生活消费需要

上述案例中,消费者购买汽车都是为了满足家庭生活的需要。消费者权益保护法中所指的"生活消费"是相对于"生产消费"而言,只要消费者购买汽车是用于上下班或者旅游等自身出行需要,都应当属于生活消费;反之,企业购车用于生产经营,或者出租车公司购车用于乘客交通营运,这都不属于生活消费。从消费者权益保护法的立法目的看,该法主要是保护消费者的合法权益,至于生产经营者生产消费权益的保护,应当通过合同法等法律予以调整。因此,消费者权益保护法的调整范围不能扩张太大,并非所有购买汽车的消费都受该法保护,一定要满足消费者购买汽车是用于生活消费这个要件。

综上,消费者为家庭生活消费的需要而购买汽车,与销售者发生欺诈纠纷的,可以按照消费者权益保护法处理。

(二)消费者购买汽车遭受欺诈的赔偿

实践中,销售者隐瞒真实情况谎称"新车",实际向消费者出售二手车或维修过的车是常见的汽车消费欺诈纠纷。本指导性案例裁判要点第二点已经明确,汽车销售者承诺向消费者出售没有使用或维修过的新车,消费者购买后发现系使用或维修过的汽车,销售者不能证明已履行告知义务且得到消费者认可的,构成销售欺诈,消费者要求销售者按照消费者权益保护法赔偿损失的,人民法院应予支持。

本案例一审、二审判决依据的是原《中华人民共和国消费者权益保护法》第四十九条,该条规定:"经营者提供商品或者服务有欺诈行为的,应当按照消费者的要求增加赔偿其受到的损失,增加赔偿的金额为消费者购买商品的价款或者接受服务的费用的一倍。"即销售者售车存在欺诈行为的,应当"双倍赔偿"消费者的损失。需要说明的是,本案例作为指导性案例发布前,《中华人民共和国消费者权益保护法》于 2013 年 10 月 25 日进行了修改,新法自 2014 年 3 月 15 日实施。原法第四十九条修改为第五十五条第一款:"经营者提供商品或者服务有欺诈行为的,应当按照消费者的要求增加赔偿其受到的损失,增加赔偿的金额为消费者购买商品的价款或者接受服务的费用的三倍;增加赔偿的金额不足五百元的,为五百元。法律另有规定的,依照其规定。"另外增加一款,作为第二款:"经营者明知商品或者服务存在缺陷,仍然向消费者提供,造成消费者或者其他受害人死亡或者健康严重损害的,受害人有权要求经营者依照本法第四十九条、第五十一条等法律规定赔偿损失,并有权要求所受损失二倍以下的惩罚性赔偿。"修改后的新法对受到消费欺诈的消费者的保护力度更大了,更有利于约束销售者规范经营、诚信经营。

因为本案被推选为指导性案例时法律经过修改,所以本指导案例在编写"相关法条"部分作了特别标注。"相关法条"部分直接引用了修改后的《中华人民共和国消费者权益保护法》相关条文,即第五十五条第一款,并紧随其后在括号内注明"该款系 2013 年 10 月 25 日修改,修改前为第四十九条"。

三、其他需要说明的问题

本指导案例在适用时要注意以下几个问题:

一是一般应当限制在"生活消费需要"的范围内。前文已述,生活消费需要主要是同生产消费需要相区别的。实践中,有人购买汽车主要用来进行"黑车"运营,这种情况不宜认定为"生活消费需要",因而不能主张加倍赔偿。但实践中对"生活消费需要"的范围界定也存在一定程度的突破,例如,农民购买种子、化肥等直接用于农业生产的生产资料,虽不算严格意义上的"生活消费需要",但一般认为应受消费者权益保护法的保护。这一点已经被修改后的《中华人民共和国消费者权益保护法》所确认,新法附则第六十二条明确规定:"农民购买、使用直接用于农业生产的生产资料,参照本法执行。"消费者权益保护法主要起草人之一、中国消费者权益保护法学研究会会长河山认为,从发展趋势上看,为充分保护

买卖合同纠纷

消费者的合法权益,维护公平的市场经济秩序,对"生活消费需要"的界定不宜过严,未来应根据实际情况的需要进一步放宽。①

　　实践中,分歧最大、争议最多的问题是"知假买假"的人是否算消费者,是否受消费者权益保护法的保护。2013年10月消法修改依然回避了这个问题,没有对"知假买假"行为是否属于消法保护范围予以明确规定。反对的观点认为,"知假买假"存在道德问题,明知是假货还特意购买,意在以此谋利,不应受法律保护。支持的观点认为,造假者、售假者才是不道德经营行为,"以恶制恶"虽然不是最好的选择,但若不予保护此种方式打假,实际是纵容不道德商家。"知假买假"群体的存在,多少让那些制假售假的不法商人产生敬畏,在有关执法部门难以完全杜绝假货的情况下,这也不失为净化市场的一种有效手段和途径。② 目前市场假货横行,商家坑害消费者的事件层出不穷,而单个消费者处于弱势地位,保护自身合法权益的成本很高,只有动员广大消费者一起打假,打一场"人民战争",才能有效杜绝假货,维护市场秩序。这个问题实践中争议很大,情况比较复杂,过去有人认为,对于"知假买假"纠纷的处理,以个案分析处理为宜,应当根据《中华人民共和国消费者权益保护法》第二条并结合具体案件的实际情况作出妥善处理。2013年12月23日公布的《最高人民法院关于审理食品药品纠纷案件适用法律若干问题的规定》(以下简称《规定》),自2014年3月15日起施行。该《规定》明确了"知假买假"不影响主张消费者权利,惩罚性赔偿不以消费者人身权益遭受损害为前提。该《规定》虽然适用范围为食品药品纠纷案件,但明确了最高人民法院对"知假买假"的支持态度,这对其他领域,如汽车消费等消费者权益纠纷案件的审理同样具有参照意义。

　　二是是否应当对消费品的价格予以限制。随着人们物质生活水平的不断提高,各种高档消费品、奢侈品越来越多地进入消费者家庭。例如,有的高档汽车价格以百万计,有的名表价格数十万。如果商家在销售高档消

---

① 胡维佳、姚冬琴:《新消法:回避知假买假和假一赔三成亮点》,载《中国经济周刊》2013年11月5日。
② 《新消法在"知假买假"定性上不该缺位》,载《北京青年报》2013年10月27日。

费品时存在欺诈行为，损害了消费者权益，是否也应当适用惩罚性赔偿呢？支持价格限制的观点认为，购买高档消费品、奢侈品是否属于为了生活消费需要有一定争议，如果商家欺诈销售也适用惩罚性赔偿，可能会引发道德风险，诱使部分消费者以此牟利，而且高价格的商品必然带来的是高额的赔偿数额，可能对商家的惩罚责任太重，有失公平。因此，这种情况下法律保护的主要应当是消费者购买家常日用品等商品。反对价格限制的观点认为，对购买消费品的价格予以限制没有法律依据，消费者权益保护法仅从购买行为的目的进行限制，没有价格方面的限制；消费者购买商品都应受消法有关规定的保护，不应有商品价格的限制，否则是不公平的，执法判断的标准也无法把握，可以说是强人所难；消费者属于弱势群体，应当充分保护其合法权益，遏制不法商家谋取不正当利益的不道德、不诚信行为，当前许多普通工薪阶层积攒多年积蓄购买了少量奢侈品，也是为了满足自身高端的生活消费需要，如果不予以同等保护，有损公平。综上，随着经济社会的发展，人们的物质生活水平进一步提高，消费观念和层次也进一步更新、丰富，法律应当跟上对消费者合法权益保护的脚步，这样才能促进形成洁净、和谐的社会环境，满足人们日益增长的生活追求。

（执笔人：石 磊）

买卖合同纠纷

▶ 消费者明知食品不符合安全标准而购买可十倍索赔

18. 孙银山诉南京欧尚超市有限公司江宁店买卖合同纠纷案*

（最高人民法院审判委员会讨论通过　2014年1月26日发布）

【关键词】

民事　买卖合同　食品安全　十倍赔偿

【裁判摘要】

消费者购买到不符合食品安全标准的食品，要求销售者或者生产者依照食品安全法规定支付价款10倍赔偿金或者依照法律规定的其他赔偿标准赔偿的，不论其购买时是否明知食品不符合安全标准，人民法院都应予支持。

相关法条

《中华人民共和国食品安全法》第九十六条第二款①

---

* 摘自2014年1月26日最高人民法院发布的第六批指导案例（指导案例23号）。

① 本案适用2009年《中华人民共和国食品安全法》，现行《中华人民共和国食品安全法》2021年4月29日第二次修正，自2021年4月29日施行。本案所涉第九十六条第二款修改为第一百四十八条第二款："生产不符合食品安全标准的食品或者经营明知是不符合食品安全标准的食品，消费者除要求赔偿损失外，还可以向生产者或者经营者要求支付价款十倍或者损失三倍的赔偿金；增加赔偿的金额不足一千元的，为一千元。但是，食品的标签、说明书存在不影响食品安全且不会对消费者造成误导的瑕疵的除外。"

基本案情

2012年5月1日,原告孙银山在被告南京欧尚超市有限公司江宁店(简称欧尚超市江宁店)购买"玉兔牌"香肠15包,其中价值558.6元的14包香肠已过保质期。孙银山到收银台结账后,即径直到服务台索赔,后因协商未果诉至法院,要求欧尚超市江宁店支付14包香肠售价10倍的赔偿金5586元。

裁判结果

江苏省南京市江宁区人民法院于2012年9月10日作出(2012)江宁开民初字第646号民事判决:被告欧尚超市江宁店于判决发生法律效力之日起10日内赔偿原告孙银山5586元。宣判后,双方当事人均未上诉,判决已发生法律效力。

裁判理由

法院生效裁判认为:关于原告孙银山是否属于消费者的问题。《中华人民共和国消费者权益保护法》第二条规定:"消费者为生活消费需要购买、使用商品或者接受服务,其权益受本法保护;本法未作规定的,受其他有关法律、法规保护。"消费者是相对于销售者和生产者的概念。只要在市场交易中购买、使用商品或者接受服务是为了个人、家庭生活需要,而不是为了生产经营活动或者职业活动需要的,就应当认定为"为生活消费需要"的消费者,属于消费者权益保护法调整的范围。本案中,原被告双方对孙银山从欧尚超市江宁店购买香肠这一事实不持异议,据此可以认定孙银山实施了购买商品的行为,且孙银山并未将所购香肠用于再次销售经营,欧尚超市江宁店也未提供证据证明其购买商品是为了生产经营。孙银山因购买到超过保质期的食品而索赔,属于行使法定权利。因此,欧尚超市江宁店认为孙银山"买假索赔"不是消费者的抗辩理由不能成立。

关于被告欧尚超市江宁店是否属于销售明知是不符合食品安全标准食

买卖合同纠纷

品的问题。《中华人民共和国食品安全法》第三条规定:"食品生产经营者应当依照法律、法规和食品安全标准从事生产经营活动,对社会和公众负责,保证食品安全,接受社会监督,承担社会责任。"该法第二十八条第(八)项规定,超过保质期的食品属于禁止生产经营的食品。食品销售者负有保证食品安全的法定义务,应当对不符合安全标准的食品自行及时清理。欧尚超市江宁店作为食品销售者,应当按照保障食品安全的要求储存食品,及时检查待售食品,清理超过保质期的食品,但欧尚超市江宁店仍然摆放并销售货架上超过保质期的"玉兔牌"香肠,未履行法定义务,可以认定为销售明知是不符合食品安全标准的食品。

关于被告欧尚超市江宁店的责任承担问题。《中华人民共和国食品安全法》第九十六条第一款规定:"违反本法规定,造成人身、财产或者其他损害的,依法承担赔偿责任。"第二款规定:"生产不符合食品安全标准的食品或者销售明知是不符合食品安全标准的食品,消费者除要求赔偿损失外,还可以向生产者或者销售者要求支付价款十倍的赔偿金。"当销售者销售明知是不符合安全标准的食品时,消费者可以同时主张赔偿损失和支付价款10倍的赔偿金,也可以只主张支付价款10倍的赔偿金。本案中,原告孙银山仅要求欧尚超市江宁店支付售价10倍的赔偿金,属于当事人自行处分权利的行为,应予支持。关于被告欧尚超市江宁店提出原告明知食品过期而购买,希望利用其错误谋求利益,不应予以十倍赔偿的主张,因前述法律规定消费者有权获得支付价款10倍的赔偿金,因该赔偿获得的利益属于法律应当保护的利益,且法律并未对消费者的主观购物动机作出限制性规定,故对其该项主张不予支持。

理解与参照

《孙银山诉欧尚超市有限公司江宁店买卖合同纠纷案》的理解与参照[*]

——消费者明知食品不符合安全标准而购买可十倍索赔

2014年1月26日,最高人民法院发布了指导案例23号《孙银山诉欧尚超市有限公司江宁店买卖合同纠纷案》。为了正确理解和准确参照适用该指导案例,现对其推选经过、裁判要点、需要说明问题等有关情况予以解释、论证和说明。

一、推选经过及指导意义

本案于2012年9月10日结案后,在《江苏省高级人民法院公报》(2013年第3期)刊发。最高人民法院案例指导工作办公室发现该案例具有指导意义,建议江苏省高级人民法院推荐。2013年9月9日,江苏省高级人民法院审委会讨论同意作为指导案例推荐。最高人民法院案例指导工作办公室经研究讨论后将该案例送民一庭审查和征求意见。民一庭审查认为,《中华人民共和国食品安全法》规定的十倍赔偿并不存在购物动机这一限制条件,明知食品存在质量问题而购买的,可以适用食品安全法。11月20日,研究室室务会经审查讨论认为,它解决了司法实践中的争议问题,对于统一裁判标准,审理类似案件具有指导意义,同意作为指导案例,并提出向全国人大常委会法工委民法室征求意见。经征求意见后,

---

[*] 摘自《最高人民法院司法解释与指导性案例理解与适用》(第三卷),人民法院出版社2015年版,第408~416页。

买卖合同纠纷

2014年1月21日，最高人民法院审判委员会经讨论认为该案例具有指导和宣传价值，同意作为指导案例发布。1月26日，最高人民法院以法〔2014〕18号文件将该案例作为第六批指导案例予以公开发布。

指导案例23号旨在明确消费者明知食品不符合安全标准而购买的，有权主张10倍惩罚性赔偿。这一方面能够强化对消费者权益的法律保护，激发消费者的维权意识，鼓励食品消费者积极与食品违法行为作斗争，投诉、举报生产经营假冒伪劣食品行为，从而有利于社会公众监督食品安全，净化食品市场环境；另一方面能够对食品违法经营者起到威慑作用，促使生产经营者加强管理，诚信经营，把食品安全和质量永远放在第一位，确保食品安全，从而防范和减少食品纠纷的发生。

二、裁判要点的理解与说明

指导案例23号裁判要点确认：消费者购买到不符合食品安全标准的食品，要求销售者或者生产者依照《中华人民共和国食品安全法》规定支付价款10倍赔偿金或者依照法律规定的其他赔偿标准赔偿的，不论其购买时是否明知食品不符合安全标准，人民法院都应予支持。该案例裁判要点，针对法律规定尚不明确、理论和司法实践存在争议的热点问题，根据《中华人民共和国消费者权益保护法》和《中华人民共和国食品安全法》的规定，明确指出不论消费者是否明知食品有质量问题，都有权得到惩罚性赔偿。下面结合有关法律和司法解释规定，围绕与裁判要点有关的问题逐一论证和说明。

（一）关于消费者范围

关于消费者权益保护法的调整范围，理论界和司法实践中有不同观点和认识分歧。理论界多数学者主张消费者不包括单位（法人或者非法人组织），仅限于社会个体成员，认为消费者是指"为自己和家庭生活消费目的而购买商品、接受服务的自然人"。有的认为，消费者权益保护法没有明确规定消费者是指个人，实质上就暗含个人和单位都属于消费者范围。也有的认为，生活需要原则上是指自然人个人或者家庭生活需要，但是可以包括集体生活需要，如单位集体食堂消费、单位工会统一购买后发给个人生活用的福利性商品。我们认为，从对消费者权益给予特别法保护的角度来看，消费者权益保护法中的消费者应当限于个人，不应当包括单位（法人或者非法人组织）。其主要理由如下：

1. 从立法本意和宗旨来看，消费者权益保护法的目的在于保护消费关系中处于弱势地位的自然人，其调整范围限于个人生活消费需要。1993年8月25日，时任国家工商行政管理局局长刘敏学在八届全国人民代表大会常务委员会第三次会议上对消费者权益保护法（草案）的说明中指出，关于该法的调整范围，参考国内外的一般做法，草案的调整范围限定为个人生活消费，凡是个人为生活消费需要而购买、使用商品或者接受服务，均属该法调整范围（草案第二条）。生产消费虽然也会影响到生活消费，但它对消费者来说只是一种间接影响，因而没有纳入该法的调整范围。至于农民购买、使用直接用于农业生产的生产资料，其性质也属生产消费，本不属于该法的调整范围，但考虑到一方面，农业生产力和农民的经济能力还不高；另一方面，假农药、假化肥、假种子等农用生产资料坑害农民的情况还很严重，农民受损害后又没有适当的途径寻求保护，因此草案规定参照该法执行。此外，单位生活消费虽然大量存在，但是单位作为消费的主体与个人毕竟不大一样，当发生争议时，可以适用合同法等有关法律、法规予以调整。因此，草案没有将单位生活消费纳入该法调整范围。

2. 从文义理解来看，《中华人民共和国消费者权益保护法》第二条规定的"为生活消费需要"应仅限于自然人。因为"生活是指人为了生存和发展而进行的活动"，而单位并非生物意义上的人，不能直接进行生活消费。

3. 从法律适用上来看，将单位排除在消费者之外，并不影响其权利保护。单位在购买商品或者接受服务中权益受到侵害时，可以依据合同法、产品质量法、侵权责任法等法律规定主张权利，仍有权利救济渠道。

4. 从各地立法和司法实践来看，也将单位排除在消费者之外。如上海市、河南省等地方性法规曾规定：消费者，是指为生活消费需要购买、使用商品或者接受服务的个人和单位。但之后修改为：消费者在本行政区域

买卖合同纠纷

内为生活消费需要购买、使用商品或者接受服务,其合法权益受法规保护。前后对比可以发现,均已排除单位为消费者。安徽省黄山市中级人民法院在金陵装饰有限公司诉卓远汽车销售服务有限公司轿车买卖合同纠纷案中认为,"为生活消费需要"应仅限于自然人,法人或其他组织等单位不属于消费者权益保护法调整范围。①

(二) 关于明知食品不符合安全标准而索赔

对于消费者明知食品不符合安全标准而购买后索赔,即所谓的"知假买假"者是否属于消费者,可否给予惩罚性赔偿,法学理论界和司法实践中一直存在争议,社会上也存在不同意见。概括地说,主要有以下三种不同观点:第一种观点即肯定说认为,法律并未限制消费者"知假买假"的索赔,应当支持消费者"知假买假"后索赔。第二种观点即否定说认为,知假买假者的动机并非为了净化市场,而是为自身牟利,其购买商品的目的不是为了生活消费,不应当将其视为消费者。第三种观点即区别对待说认为,在处理有关知假买假纠纷的时候,要根据《中华人民共和国消费者权益保护法》第二条的规定,结合具体案件的实际情况作出处理。指导案例的裁判要点采纳了第一种观点即肯定说,主要理由如下:

1. 符合立法本意。根据《中华人民共和国消费者权益保护法》第二条的规定,只要是为了个人或者家庭生活需要购买商品或者接受服务,都应该属于消费者的范围。任何人只要不是为了将商品再次投入市场交易,不是为了从事商品交易活动,即使是明知商品有问题而购买,也不能否认其为消费者。况且食品安全法并未限制消费者的购物动机,也没有限制消费者事前知道食品不符合安全标准而不得索赔。

2. 符合立法目的。民以食为天,食以安为先。食品安全法的立法目的就是保证食品安全,保障公众身体健康和生命安全。虽然知假买假者主观上存在牟取私利的目的,但是从社会效果看,其行为客观上能够有效抑制

---

① 参见吴林丹:《单位购买商品或接受服务不适用消法》,载《人民法院报》2013 年 9 月 5 日。

制售假冒和不安全食品，有利于维护诚实商家的利益以及公平交易和竞争秩序，有利于打击违法的无良商家，从而维护食品安全。

3. 符合有关司法解释的规定。最高人民法院2013年12月23日公布的《关于审理食品药品纠纷案件适用法律若干问题的规定》（以下简称《食品药品案件规定》）第三条规定："因食品、药品质量问题发生纠纷，购买者向生产者、销售者主张权利，生产者、销售者以购买者明知食品、药品存在质量问题而仍然购买为由进行抗辩的，人民法院不予支持。"这就是说，知假买假者具有消费者主体资格，其明知食品有问题，不影响以消费者身份维护权益。

4. 符合发挥社会监督作用的立法初衷。近年来，食品安全恶性事件不断出现，如三聚氰胺牛奶、地沟油、苏丹红咸鸭蛋、硫黄馒头等等，让人民群众对食品安全严峻形势忧心忡忡，必须用最严格的监管、最严厉的处罚、最严肃的问责，确保人民群众"舌尖上的安全"。其实对于食品安全的社会监督，《中华人民共和国食品安全法》第三条就明确规定，食品生产经营者应当依照法律、法规和食品安全标准从事生产经营活动，对社会和公众负责，保证食品安全，接受社会监督。第十条规定，任何组织或者个人有权举报食品生产经营中违反该法的行为。由此可见，依法生产经营，接受社会监督，是食品生产经营者的义务，而举报和监督是社会公众的权利，更是消费者的权利。知假买假实际上是消费者主动行使监督权利的一种方式，只是这种监督是主动监督，而非事后补救。

具体到本指导案例，原告孙银山在被告欧尚超市江宁店购买了食品，食品安全法并未对消费者购物动机加以限制，被告辩称孙银山"买假索赔"不是消费者的主张不能成立，故法院判决支持原告依据食品安全法主张价款10倍赔偿金。

（三）关于不符合食品安全标准的认定

《食品药品案件规定》第六条规定："食品的生产者与销售者应当对于食品符合质量标准承担举证责任。认定食品是否合格，应当以国家标准为依据；没有国家标准的，应当以地方标准为依据；没有国家标准、地方标

买卖合同纠纷

准的,应当以企业标准为依据。食品的生产者采用的标准高于国家标准、地方标准的,应当以企业标准为依据。没有前述标准的,应当以食品安全法的相关规定为依据。"据此,对于食品符合食品安全标准,应当由生产经营者承担举证责任。如果生产经营者不能证明符合食品安全标准的,就可以认定该食品不符合食品安全标准。

需要说明的是,根据《食品药品案件规定》第七条的规定,食品、药品虽在销售前取得检验合格证明,且食用或者使用时尚在保质期内,但经检验确认产品不合格,生产者或者销售者以该食品、药品具有检验合格证明为由进行抗辩的,人民法院不予支持。例如,华燕诉北京天超仓储超市有限责任公司及其二十六分公司人身权益纠纷案中,原告华燕因食用被告销售的山楂片中有山楂核致其槽牙崩裂,后到医院将受损的槽牙拔除。原告要求被告支付医疗费和购物价款10倍赔偿金。被告提供了山楂片的检验报告等,证明其销售的山楂片符合产品质量要求。法院经审理认为,销售的山楂片中含有硬度高的山楂核,不符合国家对蜜饯产品的安全卫生标准,存在食品质量瑕疵,遂判决被告赔偿医疗费和购物价款10倍赔偿金。①

要注意区分不安全食品与不合格食品。一般来说,不符合高于国家标准、地方标准的企业标准的食品,可以认定为不合格食品,但未必是不安全食品。不安全食品肯定是不合格食品,不合格食品不一定都是不安全食品。食品企业选择适用高于国家标准、地方标准的企业标准的,审理案件时就应当以此为据来衡量食品是否合格。如果经鉴定证明食品实际上不符合食品安全标准,消费者请求适用食品安全法惩罚性赔偿的规定的,法院应当支持;如果经鉴定证明食品达到了食品安全标准,但尚未达到其采用的高标准,可以认定其违约,要求其承担违约责任。如果经营者有欺诈行为,应当适用《中华人民共和国消费者权益保护法》第五十五条惩罚性赔

---

① 参见《最高人民法院公布五起食品药品纠纷典型案例》,载《人民法院报》2014年1月11日。

偿的规定，而不适用《中华人民共和国食品安全法》。①

（四）关于销售者"明知"问题

依据《中华人民共和国食品安全法》第九十六条第二款的规定，销售者明知是不符合食品安全标准的食品，才承担赔偿责任。那么如何认定销售者的"明知"呢？

由于"明知"是销售者的主观心理状态，司法实践中一般从销售者是否履行了以下两方面法定义务来判断：一是销售者在进货过程中是否履行进货查验义务。对此，2007年施行的《国务院关于加强食品等产品安全监督管理的特别规定》第五条规定："销售者必须建立并执行进货检查验收制度，审验供货商的经营资格，验明产品合格证明和产品标识，并建立产品进货台账，如实记录产品名称、规格、数量、供货商及其联系方式、进货时间等内容。"2009年6月1日施行的《中华人民共和国食品安全法》第三十九条再次明确规定了销售者的前述进货查验义务。二是销售者在销售过程中是否履行了应尽的注意义务。对此，《中华人民共和国食品安全法》第二十七条规定了食品安全的具体要求，第二十八条规定了禁止生产经营的食品，第三十二条要求食品生产经营企业配备专职或者兼职食品安全管理人员，做好对所生产经营食品的检验工作，依法从事食品生产经营活动。如果销售者不能证明其履行了前述法定义务，则可以推定其"明知"。根据前述法律规定，结合司法实践，具有下列情形之一的，可以认定为销售者"明知"：销售法律法规明令禁止的食品；更改食品生产日期、批号；同一批食品经有关部门检测确定为不符合食品安全标准并被责令停止经营仍然销售；从未依法取得食品生产许可的食品生产者处进货；未按食品安全法的规定履行进货查验记录义务；未按照食品安全的要求运输、储存食品等。本指导案例中，被告欧尚超市江宁店货架上摆放并销售的香肠过保质期，没有履行确保食品安全的法定义务，可以认定其销售明知不

---

① 参见张勇健等：《〈关于审理食品药品纠纷案件适用法律若干问题的规定〉的理解与适用》，载《人民司法·应用》2014年第3期。

符合食品安全标准的食品。

（五）关于赔偿数额基数

依据《中华人民共和国食品安全法》第九十六条第二款的规定，生产不符合食品安全标准的食品或者销售明知是不符合食品安全标准的食品，消费者除要求赔偿损失外，还可以向生产者或者销售者要求支付价款10倍的赔偿金。这里的"支付价款"应当如何理解呢？

尽管食品安全法及有关司法解释没有明确规定，但是结合消费者权益保护法的有关规定，"支付价款"是指消费者购买食品的价款。如果消费者购买食品中既有符合食品安全标准的，又有不符合食品安全标准的，则根据前述食品安全法规定的赔偿条件，应当仅指不符合食品安全标准那部分食品的价款。如果所购食品是不可分割的，则指消费者购买该食品支付的全部价款。例如，本指导案例中原告购买15包香肠，其中价值558.6元的14包已过保质期，最后得到14包香肠售价十倍的赔偿金5586元。

三、其他需要说明的问题

（一）惩罚性赔偿不以造成人身等损害为前提

《中华人民共和国食品安全法》第九十六条第一款规定："违反本法规定，造成人身、财产或者其他损害的，依法承担赔偿责任。"第二款规定了食品价款10倍的惩罚性赔偿。《中华人民共和国侵权责任法》第四十七条规定："明知产品存在缺陷仍然生产、销售，造成他人死亡或者健康严重损害的，被侵权人有权请求相应的惩罚性赔偿。"对此，有的认为，侵权责任法晚于食品安全法，适用食品安全法惩罚性赔偿的规定，应当以消费者人身权益遭受损害为前提。我们认为，惩罚性赔偿的适用不以造成人身、财产或者其他损害为前提，该指导案例裁判要点对此也再次明确。其主要理由如下：

1. 符合食品安全法立法本意。食品安全法旨在保证食品安全，保障公众身体健康和生命安全。如果惩罚性赔偿以造成人身等损害后果为前提，则有悖立法初衷，不利于惩治和防范食品违法行为，净化食品安全环境。《中华人民共和国食品安全法》第九十六条前后两个条款是各自独立的，第一款是损害赔偿的一般规定，第二款是惩罚性赔偿的特别规定，并未要求以消费者人身等遭受损害为前提。

2. 符合法律体系解释。《中华人民共和国消费者权益保护法》第五十五条规定的惩罚性赔偿适用于违约之诉和侵权之诉，不受人身权益遭受损害的限制。况且消费者购买到不符合食品安全的食品，支付了购物款而没有得到安全合格的食品，本身就有支付价款的损失。

3. 符合特别法优于普通法适用原则。对于食品问题而言，食品安全法是特别法，应当优先于侵权责任法适用。

4. 符合有关司法解释规定的精神。《食品药品案件规定》第十五条明确规定："生产不符合安全标准的食品或者销售明知是不符合安全标准的食品，消费者除要求赔偿损失外，向生产者或者销售者要求支付价款十倍赔偿金或者依照法律规定的其他赔偿标准要求赔偿的，人民法院应予支持。"也就是说，消费者只要购买了不安全食品，即可主张食品价款 10 倍赔偿金，不以人身权益遭受损害为前提。[①]

（二）职业打假问题

对于职业打假者是否属于消费者，现行法律和有关司法解释尚无明确规定，在法学理论界和司法实践中一直存有争议。第一种观点认为，无论职业打假者主观意图为何，其行为客观上是为了保护消费者的权益，维护诚实商家的利益以及公平公正的市场交易秩序和竞争秩序，支持职业打假个人及其公司符合立法本意。第二种观点认为，知假买假（暗含职业打假）不是为了生活需要而消费，因此，知假买假者不是消费者。[②] 第三种观点认为，应当根据不同情况区别对待，要根据《中华人民共和国消费者

[①] 参见《"不给制售有毒有害食品和假冒伪劣药品的人以可乘之机"——最高人民法院民一庭负责人答记者问》，载《人民法院报》2014 年 1 月 10 日。

[②] 参见李振宇、李学迎：《知假买假行为适用惩罚性赔偿评析》，载《政法论丛》2006 年第 1 期。

买卖合同纠纷

权益保护法》第二条的规定，结合具体案件的实际情况作出处理。为了个人或者家庭的生活需要，而不是为了生产经营活动或者职业活动的需要来购买使用商品或者接受服务的，都应该是消费者权益保护法调整的范围。①也有的认为，职业打假人是否属于消费者，要从其购买行为是否符合一般消费习惯考量。如果职业打假人的购买行为明显不符合消费交易习惯，则应认定其不属于消费者范畴。② 第四种观点认为，职业打假个人以消费者身份主张权利的也应支持，职业打假组织（包括公司、非法人组织和名义上是个人实际上是公司）不具有法定的消费者身份，不应予以支持。

我们认为，第四种观点比较可行。如前所述，《食品药品案件规定》虽然没有明确职业打假问题，但是消费者知假买假实际上暗含着职业打假人以消费者身份主张权利的情况。知假买假是消费者主动行使监督权利的一种方式，职业打假人实际上也不过是时常、主动行使监督权利的消费者。况且消费者是弱势群体，缺乏专业知识，且囿于维权成本顾虑，许多人不愿意诉讼，而职业打假人是自发的民间监督力量，客观上代表了消费者维权，具有公益诉讼的成分，有利于净化食品市场和促进食品安全，应当给予支持。随着社会诚信建设和法治建设的推进以及公平有序竞争市场的形成，假冒伪劣必将得到有效遏制，职业打假人就会自然消失，对此也不必过多顾虑。但是，职业打假组织是以营利为目的而进行有组织、职业化的活动，可能扰乱正常的市场秩序，没有真正意义上的生活消费，不符合消费者权益保护法对消费者的界定，不能得到与消费者一样的支持。职业打假者购买不合格食品后提起诉讼的，可以依照《中华人民共和国产品质量法》第四章和《中华人民共和国合同法》第七章、第九章的规定处理。

（执笔人：吴光侠）

---

① 参见《知假买假应结合案情作出处理》，载《法制日报》2013年10月26日。
② 参见徐小飞：《"十倍赔偿"制度如何落地》，载《人民日报》2013年10月16日。

19. 北京大唐燃料有限公司诉山东百富物流有限公司买卖合同纠纷案*

(最高人民法院审判委员会讨论通过 2021年11月9日发布)

▶ 代位权诉讼执行中,因相对人无财产被终结执行程序,债权另行向债务人主张权利的,人民法院应予支持

【关键词】

民事/买卖合同/代位权诉讼/未获清偿/另行起诉

【裁判摘要】

代位权诉讼执行中,因相对人无可供执行的财产而被终结本次执行程序,债权人就未实际获得清偿的债权另行向债务人主张权利的,人民法院应予支持。

相关法条

《最高人民法院关于适用〈中华人民共和国合同法〉若干问题的解释(一)》第二十条①

基本案情

2012年1月20日至2013年5月29日期间,北京大

---

* 摘自2021年11月11日最高人民法院发布的第30批指导案例(指导案例167号)。
① 该司法解释已失效。

买卖合同纠纷

唐燃料有限公司（以下简称大唐公司）与山东百富物流有限公司（以下简称百富公司）之间共签订采购合同41份，约定百富公司向大唐公司销售镍铁、镍矿、精煤、冶金焦等货物。双方在履行合同过程中采用滚动结算的方式支付货款，但是每次付款金额与每份合同约定的货款金额并不一一对应。自2012年3月15日至2014年1月8日，大唐公司共支付百富公司货款1827867179.08元，百富公司累计向大唐公司开具增值税发票总额为1869151565.63元。大唐公司主张百富公司累计供货货值为1715683565.63元，百富公司主张其已按照开具增值税发票数额足额供货。

2014年11月25日，大唐公司作为原告，以宁波万象进出口有限公司（以下简称万象公司）为被告，百富公司为第三人，向浙江省宁波市中级人民法院提起债权人代位权诉讼。法院作出（2014）浙甬商初字第74号民事判决书，判决万象公司向大唐公司支付款项36369405.32元。大唐公司于2016年9月28日就（2014）浙甬商初字第74号民事案件向浙江省象山县人民法院申请强制执行。法院于2016年10月8日依法向万象公司发出执行通知书，但万象公司逾期仍未履行义务，万象公司尚应支付执行款36369405.32元及利息，承担诉讼费209684元、执行费103769.41元。经法院执行查明，万象公司名下有机动车二辆，法院已经查封但实际未控制。大唐公司在限期内未能提供万象公司可供执行的财产，也未向法院提出异议。法院于2017年3月25日作出（2016）浙0225执3676号执行裁定书，终结本次执行程序。

大唐公司以百富公司为被告，向山东省高级人民法院提起本案诉讼，请求判令百富公司向其返还本金及利息。

裁判结果

山东省高级人民法院于2018年8月13日作出（2018）鲁民初10号民事判决：一、山东百富物流有限公司向北京大唐燃料有限公司返还货款75814208.13元；二、山东百富物流有限公司向北京大唐燃料有限公司赔偿占用货款期间的利息损失（以75814208.13元为基数，自2014年11月25日起至山东百富物流有限公司实际支付之日止，按照中国人民银行同期同类贷款基准利率计算）；三、驳回北京大唐燃料有限公司其他诉讼请求。大唐燃料有限公司不服一审判决，提起上诉。最高人民法院于2019年6月20日作出（2019）最高法民终6号民事判决：一、撤销山东省高级人民法院（2018）鲁民初10号民事判决；二、山东百富物流有限公司向北京大唐燃料有限公司返还货款153468000元；三、山东百富物流有限公司向北京大唐燃料有限公司赔偿占用货款期间的利息损失（以153468000元为基数，自2014年11月25日起至山东百富物流有限公司实际支付之日止，按照中国人民银行同期同类贷款基准利率计算）；四、驳回北京大唐燃料有限公司的其他诉讼请求。

裁判理由

最高人民法院认为：关于（2014）浙甬商初字第74号民事判决书涉及的36369405.32元债权问题。大唐公司有权就该笔款项另行向百富公司主张。

第一，《最高人民法院关于适用〈中华人民共和国合同法〉若干问题的解释（一）》[以下简称《合同法解释（一）》] 第二十条规定，债权人向次债务人提起的代位权诉讼经人民法院审理后认定代位权成立的，由次债务人向债权人履行清偿义务，债权人与债务人、债务人与次债务人之间相应的债权债务关系即予消灭。根据该规定，认定债权人与债务人之间相应债权债务关系消灭的前提是次债务人已经向债权人实际履行相应清偿义务。本案所涉执行案件中，因并未执行到万象公司的财产，浙江省象山县人民法院已经作出终结本次执行的裁定，故在万象公司并未实际履行清偿义务的情况下，大唐公司与百富公司之间的债权债务关系并未消灭，大唐公司有权向百富公司另行主张。

第二，代位权诉讼属于债的保全制度，该制度是为防止债务人财产不当减少或者应当增加而未增加，给债权人实现债权造成障碍，而非要求债权人在债务人与次债务人之间择一选择作为履行义务的主体。如果要求债权人择一选择，无异于要求债权人在提起代位权诉讼前，需要对次债务人的偿债能力作充分调查，否则应当由其自行承担债务不得清偿的风险，这

买卖合同纠纷

不仅加大了债权人提起代位权诉讼的经济成本,还会严重挫伤债权人提起代位权诉讼的积极性,与代位权诉讼制度的设立目的相悖。

第三,本案不违反"一事不再理"原则。根据《最高人民法院关于适用〈中华人民共和国民事诉讼法〉的解释》第二百四十七条规定,判断是否构成重复起诉的主要条件是当事人、诉讼标的、诉讼请求是否相同,或者后诉的诉讼请求是否实质上否定前诉裁判结果等。代位权诉讼与对债务人的诉讼并不相同,从当事人角度看,代位权诉讼以债权人为原告、次债务人为被告,而对债务人的诉讼则以债权人为原告、债务人为被告,两者被告身份不具有同一性。从诉讼标的及诉讼请求上看,代位权诉讼虽然要求次债务人直接向债权人履行清偿义务,但针对的是债务人与次债务人之间的债权债务,而对债务人的诉讼则是要求债务人向债权人履行清偿义务,针对的是债权人与债务人之间的债权债务,两者在标的范围、法律关系等方面亦不相同。从起诉要件上看,与对债务人诉讼不同的是,代位权诉讼不仅要求具备民事诉讼法规定的起诉条件,同时还应当具备《合同法解释(一)》第十一条规定的诉讼条件。基于上述不同,代位权诉讼与对债务人的诉讼并非同一事由,两者仅具有法律上的关联性,故大唐公司提起本案诉讼并不构成重复起诉。

(生效裁判审判人员:李 伟、王毓莹、苏 蓓)

20. 大庆凯明风电塔筒制造有限公司与华锐风电科技（集团）股份有限公司买卖合同纠纷案[*]

> 合同义务有先后履行顺序的，先履行一方怠于履行给后履行一方履行合同造成困难的，后履行一方有权依据先履行抗辩权要求对方履行全部合同

【裁判摘要】

> 合同必须严格遵守。如果合同义务有先后履行顺序，先履行一方怠于履行给后履行一方履行合同造成困难的，后履行一方因此取得先履行抗辩权，并有权要求对方履行全部合同。

最高人民法院民事判决书

（2013）民一终字第181号

上诉人（原审被告、反诉原告）：华锐风电科技（集团）股份有限公司。住所地：北京市海淀区中关村大街59号文化大厦19层。

法定代表人：王原，该公司董事长。

---

[*] 摘自《最高人民法院公报》2015年第11期。

委托代理人：寇立耘，北京市环球律师事务所律师。

委托代理人：文高连，北京市同硕律师事务所律师。

被上诉人（原审原告、反诉被告）：大庆凯明风电塔筒制造有限公司。

住所地：黑龙江省大庆市高新区（开发区）新发街28号。

法定代表人：张庆生，该公司总经理。

委托代理人：李亚兰，黑龙江龙电律师事务所律师。

委托代理人：赵国新，黑龙江超悦律师事务所律师。

上诉人华锐风电科技（集团）股份有限公司（以下简称华锐公司）因与被上诉人大庆凯明风电塔筒制造有限公司（以下简称凯明公司）一般买卖合同纠纷一案，不服黑龙江省高级人民法院（以下简称黑龙江高院）(2012)黑高商初字第9号民事判决，向本院提起上诉。本院受理后依法组成合议庭，于2013年11月29日开庭审理了本案。华锐公司的委托代理人寇立耘、文高连，凯明公司的委托代理人李亚兰、赵国新到庭参加了诉讼。本案现已审理终结。

黑龙江高院一审查明：2010年9月5日，凯明公司与华锐公司签订了WX3MW10009号《华锐风电 SL3000/HH90 陆上低温型塔筒买卖合同》（简称塔筒买卖合同），约定凯明公司出售给华锐公司3MW陆上低温塔筒64套（包括塔筒、基础环及塔内钢结构），合同分两期履行，2011年3月1日前交付32套，合同价格12140元/吨，每套塔筒暂定305.75吨，每套塔筒总价3711805元，合同总价款为237555520元，最终总价以双方依据买方图纸核定吨数为准。合同价格包括设备、技术资料、技术服务等费用，还包括税费、运杂费、保险费等与合同有关的费用。大庆和平牧场车板上交货。同时约定"当板材、法兰市场价格浮动大于等于附件1中板材、法兰价格的5%时，供货价格据此调整"。附件1载明塔筒板材重量261吨，按图纸要求，塔筒板材吨均价6042.6元（含6%消耗）。付款方式为银行电汇或承兑。华锐公司在收到凯明公司提交的一期总价10%的财务收据后15日内支付一期总价10%的预付款，即11877776元。凯明公司在一期合同设备交货前30天向华锐公司提交一期总价款20%的财务票据，华锐公司验明无误后30日内支付一期总价款的20%，即23755552元。在一期基础环全部到现场并验收合格后，华锐公司收到30%的收款收据及双方共同签署的设备到货验收单 15 天内支付一期总价款的 30%，即 35633328 元。16 台套货到现场并验收合格后，华锐公司收到 15% 的收款收据及双方共同签署的设备到货验收单 15 天内支付一期总价款的 15%，即 17816664 元。另 16 台套货到现场并验收合格后，华锐公司收到 15% 的收款收据、一期总价款 100% 的发票及双方共同签署的设备到货验收单 15 天内支付一期总价款的 15%，即 17816664 元。塔筒安装后一年质保期满后 30 天内，华锐公司支付 10% 的尾款，即 11877776 元。二期价格和付款方式与一期相同。凯明公司应按照合同规定的时间交货和提供服务，如凯明公司无正当理由拖延交货，要加收误期赔偿和/或违约终止合同。如凯明公司可能遇到妨碍按时交货和提供服务的情况时，应及时以书面形式将拖延的事实、可能拖延的期限和理由通知华锐公司。华锐公司应尽快进行评价，并确定是否同意延长交货时间以及是否收取误期赔偿费。延期应通过修改合同的方式由双方认可。赔偿费第一周按迟交货物交货价的 0.5% 计收，第二周按 1% 计收，误期赔偿费最高限额不超过货物合同价的 5%。除华锐公司同意外，凯明公司不得将本合同设备的全部或部分分包给第三方，如违约华锐公司有权根据合同第 14 条规定进行索赔。合同经双方法定代表人或委托代理人签字，加盖合同专用章之日起成立，风电场核准文件下发之日起即刻生效。2010 年 12 月 6 日，黑龙江省发展和改革委员会核准了大庆和平风电场项目。

2010 年 11 月 2 日，华锐公司通过传真形式通知凯明公司，因大庆和平牧场项目施工进度提前，将合同约定的基础环交货期由 2011 年 3 月 1 日改为 2011 年 1 月 15 日至 3 月 15 日，筒体及附件交货期由 2011 年 3 月 1 日改为 2011 年 3 月 15 日至 6 月 15 日，交货数量由 32 套变更为 64 套。2011 年 11 月 3 日，凯明公司回复华锐公司，关于变更交货期限及交货数量的通知已收到，该公司已与法兰及板材供应商签订采购合同，但需支付预付款，如华锐公司 5 日内不能支付 64 套塔筒的第一笔预付款，将导致法兰及板材的供货周期延后 1 个月，基础环及塔筒的供货周期相应延迟 1 个月。双方共同确认供货期限提前后，预付款及进度款仍按合同约定的条件及比例给付，但供货数量以及付款数额的计算应以 64 套塔筒为标准计算。实际履行中将凯明公司开具收据的条件变更为华锐公司付款前，按华锐公司实

买卖合同纠纷

际可支付的货款数额为其出具收款收据。凯明公司按约定出具了相应的收据。

2011年1月26日,凯明公司发给华锐公司《关于大庆和平牧场3.0兆瓦风机塔筒项目拨付合同预付款及确认塔筒价格调整的函》,载明:"按合同约定,贵公司应在合同生效后支付我公司合同总价款10%的预付款,计2375万元。但贵公司仅于2010年12月23日支付1400万元。我公司在贵公司剩余975万元预付款尚未支付的情况下,积极定购原材料,至目前已经定购64套塔筒全部法兰,并支付1400万元预付款。已经定购64套塔筒基础环用板材及试验用板材约1040吨,支付货款700万元。在此期间,我方与供货商一再商谈剩余板材订货事宜,目前得到的最低板材订货均价(含运费含税)已达6197元/吨。依据合同约定,板材市场价格浮动大于约定的5%时,塔筒成品供货价格据此调整。塔筒价格构成中板材均价为6042.6元(含6%损耗),去除损耗板材采购均价(含运费含税)为5700.57元/吨(6042.6÷1.06=5700.57元)。目前市场价格已经比双方签订合同时约定板材价格比较已上浮8.71%。鉴于上述情况,请贵公司尽快支付项目剩余预付款975万元,同时确认由于板材价格上涨对塔筒成品单价的调整。价格调整也可依据我公司最终实际购买价格计算进行。如果贵公司未能在2011年1月26日给予书面回复,我公司视同贵公司已经确认同意上述事项,我公司将与供货商签署板材采购合同,以便及时供货。"华锐公司于当日回复:"请贵公司立即对剩余钢板订货,以免耽误交货期,合同剩余预付款我公司会尽快与业主方联系,尽早付给贵公司。对此我公司深表歉意。合同价格调整事宜以后协商。"2011年2月15日,凯明公司就塔筒项目预付款及确认塔筒价格调整事宜再次致函华锐公司,载明:"我公司于2011年1月26日发函征得贵公司同意,又垫资1347万元订购了54mm规格的64套塔筒板材,截至目前,为该项目钢板采购共垫资达2077.5万元。近日,我方与供货商一再商谈所有剩余板材订货事宜,目前得到的所有剩余板材订货均价(含运费含税)已达6196元/吨、门框已达19860.35元/吨,并且依旧有强劲的上涨趋势,如按此价格计算,本次拟采购费用将达到9129万元。依据双方合同约定:板材市场价格浮动大于约定的5%时,塔筒成品供货价格据此调整。塔筒价格构成中板材均价为

6042.6元（含6%损耗），去除损耗板材采购均价（含运费含税）为5700.57元/吨（板材价格＝6042.6/1.06＝5700.57元）。如按此采购计划执行，整体项目所用全部板材吨均价将达到6640元，价格上浮13%。目前，针对本项目，仅钢板一项，我方已垫资2077.5万元，结合公司实际情况，本次钢板的采购工作（9129万元）我公司已无法进行，鉴于上述情况，请贵公司尽快支付项目剩余预付款975万元及备料款4752万元，同时确认由于板材价格上涨对塔筒成品单价的调整。价格调整也可依据我公司最终实际购买价格进行计算。如果贵公司未能在2011年2月17日前给予书面回复，我公司视同贵公司已经确认同意上述事项，我公司将等待贵公司支付相应款项后与供方签署板材采购合同，以便及时供货。"凯明公司还分别于2011年3月15日、9月28日、11月3日、11月11日、12月1日、12月5日及2012年3月28日向华锐公司发函，要求华锐公司给付拖欠的货款，否则将停止供货。华锐公司针对2011年12月5日函的回复意见为：该公司应付款71266656元，已付61555552元，尚欠9711104元将在本周支付。因凯明公司没有出具塔筒基础环有效的质量证明文件，且凯明公司无法提供存在质量问题的32套基础环的第三方探伤报告，也未出具质量承诺函，故凯明公司主张的基础环交货款71266656元及塔筒交货款17816664元暂时不属于应付款项。2011年12月21日，华锐公司通知凯明公司后续32套塔筒供货请参照大庆绿源风力发电有限公司（以下简称绿源公司）项目设备吊装进度计划表，于2011年12月22日前排出生产计划并通知华锐公司。2012年2月21日，华锐公司通知凯明公司从即日起按每2天1套塔筒的进度供货。2012年3月19日，华锐公司通知凯明公司按吊装现场进度要求于2012年3月19日至4月22日分期将第48至64套塔筒供货至现场。2012年4月20日，华锐公司通知凯明公司，要求将塔筒单价由12140元/吨，调整为9950元/吨。华锐公司于2012年7月20日、8月8日两次通知凯明公司到该公司协商吊装误工费、办理合同价格变更手续及剩余9套筒体的供货事宜。2012年8月16日，凯明公司向华锐公司发出《关于塔筒买卖合同履约问题的答复函》，要求华锐公司继续履行合同，接收剩余9套筒体，给付尚欠的货款，对塔筒价格调整进行确认。华锐公司于2012年9月3日复函凯明公司，称《塔筒买卖合同》是在

买卖合同纠纷

《肇源新龙顺德49.5MW风电项目风力发电机组买卖合同》和凯明新能源公司与华锐公司签订的《风电机组买卖协议》基础上签订,凯明公司单方撤销上述两份合同,双方达成的塔筒采购价格及相关条款不能成立。2012年10月25日,华锐公司再次致函凯明公司,要求凯明公司到北京对误期赔偿费、合同价格的变更及剩余塔筒供货事宜进行协商。

还查明,2010年10月30日,凯明公司与秦皇岛奥通贸易有限公司(以下简称奥通公司)签订买卖合同、2011年1月30日与秦皇岛兆家宇工贸有限公司(以下简称兆家宇公司)签订买卖合同、2011年2月23日与大庆高新区华鸿科技有限公司(以下简称华鸿公司)签订买卖合同,向上述三公司购买Q345E等型号钢板17350吨,共计支付109304462.58元,所购板材吨均价为6300元。

华锐公司于2010年11月29日付款1000万元、12月13日付款400万元,2011年3月2日付款9755552元,2011年4月26日付款2000万元,2011年11月28日付款1780万元,2011年12月16日付款37833328元,2011年12月31日付款2000万元,2012年4月6日付款500万元。总计付款124388880元。

凯明公司从2011年4月22日开始交付基础环,当月交付4套基础环、6月交付11套、7月交付10套、8月交付7套、9月交付26套、10月交付6套,总计64套。凯明公司于2011年8月交付2套筒体、9月交付2套、10月交付6套、11月交付9套、12月交付12套、2012年1月交付4套、2月交付8套、3月交付9套、4月交付3套,总计55套。

华锐公司于2012年1月31日与哈尔滨红光锅炉有限责任公司(以下简称红光锅炉公司)签订10套3MW低温套筒采购合同。

另查明,因凯明公司生产的基础环、法兰存在裂纹、烧伤和划伤等情况,各方需于2011年4月26日在塔筒车间召开了现场会,凯明公司就板材可能存在的潜在风险于2011年5月23日通知华锐公司,并承诺尽快拿出解决方案。对于发现的基础环裂纹、法兰外翻等问题,各方此后多次召开会议协商解决办法,并采用第三方检测、返厂维修、对生产工艺及焊接工艺进行调整,以及通过华锐公司聘请专家等方式进行解决。经各方共同努力,凯明公司交付的64套基础环及55套筒体均已安装完毕,并经华锐公司验收合格。

2010年7月5日,华锐公司与凯明(大庆)新能源开发有限公司(以下简称凯明新能源公司)签订《战略合作协议书》,约定发挥各自优势,合作建设风力发电项目,促进双方共同发展壮大。双方之间将相互给予最优惠的价格及服务,保证项目的顺利实施。2010年9月5日,华锐公司与肇源新龙顺德风力发电有限公司(以下简称新龙德公司)签订《49.5MW风电项目风力发电机组买卖合同》。同日,华锐公司与凯明新能源公司签订《风电机组买卖协议》。2011年7月13日,凯明新能源公司通知华锐公司解除双方签订的《风电机组买卖协议》和华锐公司与新龙德公司签订的《49.5MW风电项目风力发电机组买卖合同》。

华锐公司与绿源公司签订了《设备延迟供货赔偿协议》,该协议载明,绿源公司与华锐公司签订了大庆和平、敖包、新立、五棵树风电厂风机设备供货合同,因华锐公司供货不及时造成风机设备吊装工作严重窝工,4个电厂窝工损失总计9537233元。考虑因绿源公司资金不到位导致设备款支付不及时也是造成供货不及时的原因,经双方协商,华锐公司赔偿窝工损失650万元,其余损失由绿源公司自行负担。

另查明,中国人民银行规定的金融机构2010年10月20日至2010年12月26日间6个月以内贷款基准利率为年利率5.10%;2010年12月26日至2011年2月9日间6个月以内贷款基准利率为年利率5.35%;2011年2月9日至2011年4月6日间6个月以内贷款基准利率为年利率5.60%;2011年4月6日至2011年7月7日间6个月以内贷款基准利率为年利率5.85%、6个月至1年的贷款基准利率为年利率6.31%;2011年7月7日至2012年6月8日间6个月以内贷款基准利率为年利率6.10%、6个月至1年的贷款基准利率为年利率6.56%;2012年6月8日至2012年7月6日间6个月以内贷款基准利率为年利率5.6%、6个月至1年的贷款基准利率为年利率6%。

双方当事人因涉案合同项下的货物交付及货款支付发生纠纷。

凯明公司提起诉讼,请求判令:(1)继续履行合同,华锐公司接收剩余的9套筒体;(2)华锐公司给付塔筒货款112009744元;(3)华锐公司支付延期付款利息直至给付之日时止;(4)华锐公司承担本案的诉讼费。

买卖合同纠纷

华锐公司提起反诉,请求判令:(1)凯明公司支付延期交货的赔偿费11877776元;(2)凯明公司支付业主索赔损失650万元;(3)将塔筒价格由每吨单价12140元调降至9950元,合同总价减少42852920元;(4)凯明公司就货物的质量问题向华锐公司出具符合要求的质量承诺函;(5)凯明公司承担本案的诉讼费。

黑龙江高院认为,凯明公司与华锐公司于2010年9月5日签订的《塔筒买卖合同》是双方当事人的真实意思表示,内容不违反法律、行政法规的强制性规定,又无导致合同无效的其他法定情形,且已经黑龙江省发展和改革委员会核准,故该合同自2010年12月6日起生效。该院对本案焦点问题论述如下:

1.关于案涉《塔筒买卖合同》未全部履行的违约方如何确定的问题。该合同签订后,华锐公司于2010年11月2日通知凯明公司变更合同约定的交货时间和数量,凯明公司同意对交货时间和数量的变更,双方实际亦按此履行,故华锐公司应以64套塔筒的总价款为基础,支付预付款和各阶段的进度款。按合同约定,华锐公司应按供货进度分6次付款,即华锐公司应于2011年1月8日前支付预付款23755552元,但华锐公司仅支付1400万元。华锐公司应于2011年4月22日前支付第一笔进度款47511104元,华锐公司仅于4月26日支付2000万元。华锐公司还应于2011年10月19日基础环全部交货后给付第二笔进度款71266656元,华锐公司未按期付款。至2012年4月6日华锐公司最后一次付款时(已过第四笔进度款付款时间2012年1月3日),华锐公司总计付款124388880元,尚不足以支付第二笔进度款。合同履行期间,凯明公司多次以书面形式向华锐公司催要预付款及进度款,但华锐公司仍未按约定付款,故华锐公司的上述逾期付款行为已构成违约。华锐公司虽主张曾在2011年7月至2012年4月间分4次以银行承兑汇票形式向凯明公司支付2500余万元货款,被凯明公司拒收,但其未能提供有力证据证明,且合同约定可以以承兑汇票方式支付货款的前提是在约定期限内付款,华锐公司在逾期付款的情况下仍以远期承兑汇票付款,不符合合同约定,即便凯明公司拒收,并不违反合同约定。况且,即使加上此部分款项,华锐公司仍未按约定履行付款义务。虽然在合同履行过程中凯明公司存在未按华锐公司通知时间交货的情形,但其已书面通知华锐公司,如不按期付款,供货时间将延误。且根据《中华人民共和国合同法》第六十七条关于"当事人互负债务,有先后履行顺序,先履行一方未履行的,后履行一方有权拒绝其履行要求。先履行一方履行债务不符合约定的,后履行一方有权拒绝其相应的履行要求"的规定,华锐公司负有先给付预付款及各生产阶段进度款的义务,前述已说明华锐公司从给付预付款开始一直处于违约当中,凯明公司有权拒绝其交付货物的请求,故即便凯明公司未按时交付货物亦不构成违约。至于华锐公司主张合同履行过程中出现的产品质量问题,尽管凯明公司交付的货物在生产过程中确实存在一些产品质量问题,但经过双方共同努力,特别是华锐公司的大力帮助,对出现的质量问题已经及时进行了处理,交付的64套基础环和55套筒体已安装完毕,业经华锐公司验收全部合格。故在目前情况下,尚不能确定凯明公司交付的产品仍存在质量问题。华锐公司关于凯明公司生产的产品存在质量问题,进而导致延期交货,构成违约的抗辩及反诉主张缺乏事实及法律依据,对其要求凯明公司支付延期交货违约金和赔偿金的反诉请求,该院不予支持。

2. 关于凯明公司有关调高塔筒价格的主张能否成立的问题。根据《塔筒买卖合同》约定,"当板材、法兰市场价格浮动大于等于附件1中板材、法兰价格的5%时,供货价格据此调整",但对于何为"市场价格"以及市场价格如何确定,双方在合同中并没有约定。庭审中,凯明公司与华锐公司均认可全国有数量众多的板材市场,目前没有统一的市场价格,无法确定哪一个地区的价格可以代表板材的市场价格,且板材的价格受地域、品牌知名度、产品质量、经销商等级、购买数量、运费,甚至谈判技巧等诸多因素影响,双方亦不能确定一个共同认可的市场价格。华锐公司虽主张应对板材的市场价格进行鉴定,但双方当事人对应以哪一地区、哪级经销商、何质量标准为依据等确定板材市场价格的基础条件无法达成一致,故本案不具备进行司法鉴定的条件。华锐公司也未能提供证据证明凯明公司向奥通公司、兆家宇公司及华鸿公司采购板材的价格明显高于同等条件下其他销售商的价格,且华锐公司提供的奥通公司给其的报价单中有些板材同等条件下的价格还要高于凯明公司的实际购买价格。基于现有证据,可以确认凯明公司实际购买板材的吨均价6300元即为市场价。对于该价格是

买卖合同纠纷

否达到了合同约定的调整条件，应以其与合同附件1载明的价格比较。附件1仅载明塔筒本体及基础环重量为261吨，按图纸要求，筒体板材吨均价6042.60元（含6%消耗），未载明签订合同时板材市场价或双方约定的板材购买价。双方当事人均认可应统一条件，以购买板材的吨均价或以含损耗的价格相比。但双方对合同约定"筒体板材吨均价6042.60元（含6%消耗）"的性质存在争议，华锐公司认为该价格就是含损耗的价格，应以其与实际发生的6300元/吨进行比较，但合同中6042.60元/吨对应的是塔筒成品上板材的重量261吨，并非生产一个塔筒所需全部板材的重量，合同注明"含6%消耗为6042.60元/吨"，亦表明其不是购买价，该价格与实际购买的吨均价6300元不是同一条件，不能直接进行比较。鉴于凯明公司2011年1月26日、2月15日在对华锐公司两次致函中均已载明合同约定筒体板材吨均价6042.6元（含6%消耗）对应板材采购均价为5700.57元/吨，并列明了计算方法，华锐公司在答复中对此并未提出异议，并要求凯明公司立即订货及合同价格调整事宜以后协商，故华锐公司的主张不能成立。凯明公司购买板材吨均价6300元与合同约定的5700.57相比上涨了599.43元，上涨幅度为10.52%，超出了合同约定的5%标准，故对供货价格应予调整。而对于供货价格如何调整，双方当事人在合同履行过程中虽表示对此问题进行协商，但至本案诉前及诉讼中仍未能协商一致。由于案涉板材价格的变化属于市场价格的正常波动，双方当事人在签订合同时已预见到，并有明确解决方案。所以，这种价格上涨属于正常市场风险。虽然双方对供货价格如何调整未能协商一致，但考虑到双方在这种市场风险解决方案中已明确约定即价格浮动若不超过5%则不需调整，也就是说不超过5%的涨幅是凯明公司在利润率内可以和愿意承受的，除此之外的，则不应由其承担。鉴于此，华锐公司对超出5%的部分，即供货价格上浮5.52%，13113064.70元应予承担。

3. 关于华锐公司主张调减塔筒价格的理由能否成立的问题。华锐公司主张，凯明公司、凯明新能源公司与新龙德公司是关联公司，其与上述三公司分别签订的合同也具有关联关系，即凯明新能源公司与新龙德公司向其采购风力发电机组，其才向凯明公司采购塔筒，且将塔筒价格确定为12140元/吨，远高于当时市场价格。现凯明新能源公司解除了与华锐公司签订的风电机组采购合同,凯明公司与华锐公司约定的塔筒价格12140元/吨失去了存在的基础,应调整为当时市场价9950元/吨。虽然凯明公司与凯明新能源公司的出资人均有香港凯明公司,新龙德公司是凯明新能源公司的全资子公司,但三个公司均为独立法人,华锐公司与凯明新能源公司签订的《战略合作协议书》,仅约定双方之间相互给予最优惠的价格及服务,华锐公司所签三份合同中并未约定彼此间互为存在的基础,以及各方因此均提高了合同价格。故华锐公司主张调减案涉合同价款缺乏事实及法律依据。如凯明新能源公司解除合同给华锐公司造成损失,其可依据合同相对性原则另行主张权利。

4. 关于华锐公司未接收的9套塔筒应否继续履行的问题。前述已说明华锐公司构成违约,在此种情况下,华锐公司未通知凯明公司停止生产,即于2012年1月31日向红光锅炉公司采购10套塔筒。且与此同时,其还于2012年2月21日致函凯明公司要求严格按每2天1套的进度供货,2012年3月19日再次致函凯明公司要求确保最后9套筒体在2012年4月份供货。但其在2012年4月20日红光锅炉公司提供的10套塔筒到达现场后,即以凯明公司提供的塔筒以前出现了质量问题及担心凯明公司不能按期供货为由单方终止履行合同,拒收凯明公司生产的筒体。其单方终止履行合同的行为既不符合合同约定解除合同的条件,也不符合法定解除合同的条件,其行为亦有悖诚实信用原则,构成违约。故凯明公司要求继续履行合同的主张成立,华锐公司应接收剩余的9套筒体。

5. 关于应如何确定华锐公司尚欠货款数额的问题。凯明公司已具备了剩余9套筒体的交付条件,并履行了交付义务,由于华锐公司单方拒收,导致合同未能全部履行。因《塔筒买卖合同》约定全部塔筒货到现场并验收合格后,华锐公司支付总价款15%的货款,华锐公司的拒收行为阻碍了付款条件的成就,故华锐公司拒收筒体时应视为付款条件已成就,华锐公司应按合同约定给付该部分货款。合同约定最终总价款以双方依据买方图纸核定吨数为准,双方当事人对已交付的塔筒未进行核定,现均表示不能由双方核定,且均对合同约定价格无异议,故合同总价款应为合同约定价款237555520元加上华锐公司承担的板材价格上涨费用13113064.70元,总计250668584.70元。扣除10%的质保金25066858.47元及华锐公司已付

买卖合同纠纷

124388880元,华锐公司尚应给付凯明公司101212846.23元。

6. 关于凯明公司主张逾期付款的损失能否成立的问题。由于双方签订的《塔筒买卖合同》中对逾期付款的违约责任未作约定,根据《最高人民法院关于审理买卖合同纠纷案件适用法律问题的解释》第二十四条第四款关于"买卖合同没有约定逾期付款违约金或者该违约金的计算方法,出卖人以买受人违约为由主张赔偿逾期付款损失的,人民法院可以中国人民银行同期同类贷款基准利率为基础,参照逾期罚息利率标准计算"的规定,凯明公司有权对逾期付款的损失予以主张。结合本案实际情况,应按中国人民银行同期同类贷款基准利率上浮40%的标准计算各段违约期间的损失,即华锐公司从2011年1月8日欠9755552元预付款,至2011年3月1日还清,此期间损失109565元。华锐公司最迟应于2011年4月22日基础环交货时支付第一笔进度款47511104元,其于4月26日支付2000万元、2011年11月28日付款1780万元、2011年12月16日付款9711104元,此期间损失为1596608元;华锐公司最迟应于2011年10月29日,基础环全部交货后的第15日支付第二笔进度款71266656元,其于2011年12月16日付款28122224元,2011年12月31日付款2000万元,2012年4月6日付款500万元,第二笔进度款尚欠18144432元,截至2012年12月31日,第二笔进度款损失为2765363元。华锐公司应于2012年1月18日给付第三笔进度款35633328元,至今未付,截至2012年12月31日,第三笔进度款损失为2944699元。华锐公司应于2012年5月1日给付第四笔进度款35633328元,至今未付,截至2012年12月31日,第四笔进度款损失为2053217元。板材价格调整华锐公司应承担13113064.70元,扣除10%质保金,其余款项应于2012年5月1日给付,截至2012年12月31日,该笔款项损失为680024元。截至2012年12月31日凯明公司的损失为9469452元。从2013年1月1日至判决确定自动履行期限内的实际给付之日,以101212846.23为基数,按中国人民银行同期同类贷款基准利率上浮40%计算。

此外,虽然华锐公司还要求凯明公司出具质量承诺,因双方签订的《塔筒买卖合同》中对塔筒的质量要求及质量违约责任有明确约定,并预留10%的质保金,即便有不全面之处,相应法律亦有规定,其要求凯明公司为其出具无条件承担质量责任的承诺函缺乏合同及法律依据。

综上,黑龙江高院依照《中华人民共和国民事诉讼法》第一百一十九条、《中华人民共和国合同法》第一百零七条、第一百零九条、第一百五十九条、第一百六十一条和《最高人民法院关于审理买卖合同纠纷案件适用法律问题的解释》第二十四条第四款的规定,判决:一、继续履行《塔筒买卖合同》,凯明公司于判决生效后30日内将剩余9套筒体交付华锐公司;二、华锐公司于判决生效后10日内给付凯明公司尚欠塔筒价款101212846.23元;三、华锐公司于判决生效后10日内给付凯明公司2012年12月31日前赔偿款9469452元,2013年1月1日至判决确定自动履行期限内的实际给付之日赔偿款以101212846.23元为基数,按中国人民银行同期同类贷款基准利率上浮40%计算;四、驳回凯明公司其他诉讼请求;五、驳回华锐公司的反诉请求。本诉案件受理费649195.98元,由凯明公司负担58013.72元,华锐公司负担591182.26元。反诉案件受理费347958.48元,由华锐公司负担。保全费5000元,由华锐公司负担。

华锐公司不服一审判决,向本院提起上诉称:一审判决认定事实不清,适用法律错误,请求撤销一审判决,改判:(1)驳回凯明公司一审诉讼请求;(2)判令凯明公司支付延期交货的误期赔偿费11877776元;(3)判令凯明公司支付因其延期交货造成的业主索赔损失650万元;(4)判令将争议《塔筒买卖合同》项下合同价格每吨单价12140元调降至9950元,合同总价237555520元调降至194701600元;(5)判令凯明公司就其交付货物的质量问题向华锐公司出具符合要求的质量承诺函;(6)凯明公司承担本案一审、二审诉讼费。其上诉主张的事实与理由是:

1. 关于违约方如何确定的问题。在合同履行过程中,凯明公司存在违约行为。(1)凯明公司拒收承兑汇票构成违约,但一审判决对于华锐公司曾通过承兑汇票方式向凯明公司支付货款而被拒收的客观事实不予采信,属于认定事实不清。(2)按照合同约定,华锐公司仅对30%的货款负有先付款义务,事实上预付款付清后凯明公司仍然迟延交货,造成塔筒安装工程拖延,其行为已构成违约。一审判决认定凯明公司虽未按华锐公司通知时间交货的情形,但其已书面通知华锐公司,如不按期付款,供货时间将延误。即便凯明公司未按时交付货物亦不构成违约。

买卖合同纠纷

2. 关于凯明公司调高塔筒价格的主张能否成立的问题。本案合同约定的钢板价格是每吨6042.60元，板材和法兰的市场价格与该价格进行比较以决定是否调整，没有任何证据证明每吨6042.60元对应的是剔除了消耗的塔筒实际重量261吨。实际上6042.60元是含有6%消耗尚未剔除的价格。如果认为合同约定的"筒体板材吨均价6042.60元（含6%消耗）"是对应这261吨，那么合同对6042.60元约定的应是"剔除6%消耗"而不是"含6%消耗"。一审法院基于对每吨6042.60元均价性质的错误认定，得出了价格已经上涨超过5%，并据此调整合同价格是错误的。

3. 关于华锐公司调减塔筒价格主张能否成立的问题。本案《塔筒买卖合同》和《风力发电机组买卖合同》两份合同之间的合同价格的确定具有关联关系。凯明新能源公司单方解除《风力发电机组买卖合同》的行为完全破坏了本案《塔筒买卖合同》的价格确定基础。如果继续按原合同约定履行将导致显失公平，应当适用情势变更原则予以变更。华锐公司要求调减合同价款的反诉请求，应当得到支持。

4. 关于华锐公司未接收9套塔筒应否继续履行以及相应货款是否应当支付的问题。由于凯明公司缺乏相应的技术能力和生产经验，其在生产和交付本案合同项下基础环和塔筒等设备的过程中存在各种严重质量缺陷，直接导致凯明公司无法按照双方当事人协商一致的交货期限完成交货，并因此导致风电场业主的安装施工计划严重超期并造成巨大经济损失。双方当事人协商一致确认的交货期限是2011年3月15日（64套基础环）和2011年6月15日（64套塔筒）。实际合同履行过程中，凯明公司在2011年4月22日才交付第一套基础环，在2011年8月17日才交付第一套塔筒。由于凯明公司多次违背承诺，无法按期交货，为了确保风电场业主的施工进度，出于有备无患的考虑，华锐公司于2012年1月31日向红光锅炉公司采购了10套塔筒。一审法院认定华锐公司以"塔筒以前出现了质量问题以及担心凯明公司不能按期供货为由单方终止履行合同"不符合解除合同条件并构成违约是错误的。华锐公司在一审中提交的大量证据可以证明凯明公司有迟延交货的严重违约行为，这些违约行为是持续性的，并且造成严重后果；而华锐公司多次催告并且多次给予凯明公司补救的机会，最终在无法忍受的情况下才宣布终止合同，该行为有充足的法律

251

依据。

5. 关于凯明公司主张逾期付款的损失能否成立的问题。华锐公司向凯明公司通过银行承兑汇票方式支付货款但被无理拒收。其拒收行为没有合同依据，相关支付款项不应计息；9套塔筒并未实际进行交付，也并未根据本案合同第8.2条约定进行检验，根本不符合合同约定的货款支付条件，不应计息；所谓"调高塔筒价格"款项根本不能成立，更不应计息；凯明公司未能根据本案合同约定按期收到货款，与其自身交付的货物存在严重质量缺陷和迟延交货的违约行为有直接关系，应就此承担相应的违约责任，一审法院不应以人民银行同期贷款基准利率上浮40%计算罚息。

凯明公司答辩称：（1）其没有违约行为。理由是：①凯明公司没有拒收承兑汇票。虽然其明确表示拒收承兑汇票，但并未做出拒收承兑汇票的行为，而是继续接收了三笔共计1400万元的承兑汇票。因此，华锐公司主张凯明公司拒收承兑汇票没有充分证据予以证实，据此主张凯明公司违约没有任何依据。②凯明公司没有迟延交货。合同约定延期应通过修改合同的方式由双方认可，双方虽未正式修改合同对交货期限重新约定，但在合同履行过程中已经通过信函往来对交货期限进行了多次变更，也是以实际行为对合同的约定进行了变更确认，应视为对合同的修改。自合同履行时起凯明公司便开始书面催促华锐公司支付预付款，华锐公司不履行按时足额付款义务，应承担迟延交货的责任。（2）案涉塔筒价格应当上调。根据合同附件1约定，按图纸要求，筒体板材吨均价为6042.60元（含6%消耗）。此处的6042.60元即为折算后的采购价格，而非直接采购价格，合同中约定直接采购价格为5700元（6042.60元/1.06），是不含消耗的价格，而凯明公司实际采购板材的价格为6300元，也是不含消耗的价格，二者比较得出价格上涨10.52%的结论是正确的。合同第4条约定：当板材、法兰市场价格浮动大于等于附件1中板材、法兰价格的5%时，交货价格据此调整。因此，交货价格应当调整。（3）华锐公司主张塔筒价格下调没有任何依据。①本案合同价格是上调还是下调均应依据合同约定。如前所述本案合同第4条对合同价格调整有明确约定。此处的调整并不仅限于上调，也包括下调，如果在合同签订后，板材市场价格下浮超过5%时，合同整体价格也要据此下调，凯明公司也要承担这一后果，价格的调整对双

买卖合同纠纷

方均具有约束力,权利义务是对等的。②本案合同与案外合同价格无关联。因为合同中没有明确约定价格关联;案外两份合同的签订者分属不同的民事主体,根据合同相对性原则,在合同中不享有权利和承担义务的主体根本不能成为责任的承担者。③华锐公司主张情势变更的情形根本不存在,本案不适用情势变更原则。④华锐公司拒收9套塔筒实属恶意,应承担继续履行并给付相应货款的义务。⑤根据合同法司法解释的相关规定,华锐公司应当赔偿逾期付款损失。

综上,华锐公司的各项上诉主张及理由均不成立,依法应予驳回。

二审期间,凯明公司分别于2013年11月5日、2014年2月10日向本院提交《财产保全续封申请书》。经审查,其申请理由成立,本院遂通知黑龙江高院办理了续封手续。

本院查明的本案事实与一审查明的事实基本一致。

二审庭审结束后,本院主持双方当事人进行调解,但最终未能达成调解协议。

本院认为,一审判决认定案涉《塔筒买卖合同》有效是正确的,本院予以确认。根据双方当事人的诉辩情况,本院归纳本案双方当事人争议的焦点问题是:(1)案涉货物上浮价格应否调整;(2)凯明公司是否存在违约行为,应否承担违约责任;(3)华锐公司未接收的9套塔筒应否继续履行;(4)凯明公司主张的逾期付款损失是否成立;(5)华锐公司的一审诉讼请求应否予以支持。下面逐一进行论述。

一、关于案涉货物上浮价格应否调整的问题

本院认为,凯明公司实际采购塔筒板材17350吨,共支付货款109304462.58元,每吨均价为6299.97元。根据《塔筒买卖合同》第4.1条的约定,当板材、法兰市场价格浮动大于等于附件1中板材、法兰价格的5%时,供货价格据此调整。该合同的附件1约定:"筒体板材吨均价6042.60元(含6%消耗)。"筒体板材实际采购价格比合同约定的上浮幅度超过5%部分由华锐公司承担,而合同履行中实际上浮幅度为4.26%,亦即合同约定每吨均价6042.60元与实际采购的每吨均价6299.97元之比例。据此,合同价格不应调整。凯明公司以扣除6%的价格5700.566元为

基数与实际采购均价6299.969元之比例，计算出供货价格上浮10.52%，这样计算将本应由凯明公司承担的6%的消耗转嫁给华锐公司承担，不符合合同约定。华锐公司关于供货价格上浮不到5%的主张，具有事实依据，本院予以采信。一审判决认定供货价格上浮10.52%是错误的，应予纠正。一审判决据此确认的华锐公司应承担加付板材价格上涨费用13113064.70元，应从应付货款中剔除。具体为：合同总价款237555520元，扣除10%的质保金23755552元及华锐公司已支付的124388880元，华锐公司还应支付凯明公司89411088元。鉴于目前尚有合同价33406245元的9套塔筒未交付，依约从中扣除货物60%的预付款和进度款20043747元，剩余的13362498元，应从89411088元货款总额中扣除，扣除后华锐公司应向凯明公司支付拖欠货款76048590元及利息，其余13362498元在9套塔筒交付后15日内支付。

二、关于凯明公司是否存在违约行为，应否承担违约责任的问题

本院认为，（1）关于凯明公司是否拒收银行汇票的问题。根据合同约定，华锐公司有权选择使用银行汇票付款。虽然凯明公司在有的收据中载明拒收银行汇票不符合合同约定，但实际接受了银行汇票，不构成违约。对于华锐公司主张的因凯明公司拒收银行汇票导致银行汇票被退回，因其举证不足，本院不予采信。（2）关于凯明公司是否迟延交货的问题。鉴于双方在合同履行过程中以信函方式变更了合同约定的交货时间，应以变更后的交货时间确认是否迟延交货。据此，应认定凯明公司有迟延交货行为。（3）关于所交付货物的质量瑕疵问题。虽然凯明公司交付的塔筒曾发现有质量问题，但发现后凯明公司及时进行维修处理，工程验收合格，在保质期内未发现工程质量问题，应当认定货物质量合格，凯明公司不应承担赔偿责任。

三、关于华锐公司未接收的9套塔筒应否继续履行的问题

本院认为，凯明公司在交货期间内交付这9套塔筒，不构成违约。其在依约投入巨资生产出的塔筒若不能出售，将会蒙受巨大经济损失。华锐

买卖合同纠纷

公司行使合同终止权的条件未成就，擅自终止合同不发生终止的效力。华锐公司的行为违反了契约严守和契约公正的原则，其关于尚未交付的9套塔筒不应再交付的主张，依据不足，本院不予支持。一审判决判令华锐公司继续履行合同并无不当，应予维持。

四、关于凯明公司主张的逾期付款损失是否成立的问题

本院认为，利息是本金产生的孳息，华锐公司长期拖欠凯明公司巨额货款，构成违约，因此给凯明公司造成了利息损失。虽然华锐公司主张凯明公司无理拒收银行汇票，但并无充分证据证明，不能免除其支付货款利息的责任，故对其关于相关支付款项不应计息的主张，本院不予支持。本案中凯明公司并未请求华锐公司支付贷款基准利率上浮40%的利息，一审判决判令华锐公司支付贷款基准利率上浮40%的利息，已经超出凯明公司的一审诉讼请求。因此，本院不支持贷款基准利率上浮40%的利息部分，但对欠付货款的应付利息予以支持。故改判按照中国人民银行同期同类贷款基准利率计算欠付货款的利息。

五、关于华锐公司的一审诉讼请求应否予以支持的问题

华锐公司的一审诉讼请求涉及四个问题：（1）关于凯明公司应否支付延期交货的赔偿费11877776元的问题。本院认为，尽管凯明公司存在延期交货，但由于华锐公司从合同履行伊始就拖欠货物进度款，且在交货后长期拖欠货款，经凯明公司多次书面催讨，仍一直故意拖欠，造成凯明公司购买塔筒材料困难。该行为对迟延交货产生了直接影响，况且凯明公司在催款时已书面告知华锐公司，如不及时支付货款将迟延交货，符合《塔筒买卖合同》第15.3条的约定。据此，双方修改了交货时间，直至最后9套塔筒的交付，华锐公司在交货期未届的情况下，又购买使用了第三方提供的塔筒。故对于华锐公司关于凯明公司应向其支付11877776元误期赔偿费的主张，本院不予支持。（2）关于凯明公司应否支付业主索赔损失650万元的问题。本院认为，第一，《塔筒买卖合同》第16条约定的误期赔偿不包括向业主赔偿损失，华锐公司的该项主张没有合同依据；第二，华锐公司虽与业主约定赔偿业主误期损失650万元，但尚未向业主支付，不应认定其损失已经发生。故华锐公司的此项主张缺乏依据，本院不予支持。（3）关于应否将塔筒价格由每吨单价12140元调降至9950元的问题。本院认为，凯明公司与凯明新能源公司均为独立法人，根据合同相对性原则，凯明新能源公司单方解除《风力发电机组买卖合同》属于另一个法律关系，如有纠纷，应当按照合同约定和法律规定处理。本案中双方当事人履行《塔筒买卖合同》不存在利益严重失衡的情形，故不能适用情势变更原则。华锐公司的主张不符合合同法司法解释的相关规定，故对其下调塔筒价格的请求不予支持。（4）关于凯明公司应否向华锐公司出具质量承诺函的问题。本院认为，质量保证金具有担保性质。《塔筒买卖合同》第5.4.1条款规定："如果属于制造质量问题造成的买方损失，相关款项将从质量保证金中扣除。"双方当事人已按照合同约定在货款中扣留10%作为质量保证金，其目的就是一旦塔筒发生质量问题以此进行赔偿。故华锐公司要求凯明公司再出具质量承诺函没有合同依据。一审判决对华锐公司的此项请求不予支持是正确的。

综上，本案一审判决认定事实基本清楚，但适用法律有误，应予纠正。华锐公司的部分上诉理由具有事实和法律依据，应予支持。本院依照《中华人民共和国民事诉讼法》第一百七十条第一款第二项之规定，判决如下：

一、维持黑龙江省高级人民法院（2012）黑高商初字第9号民事判决第一项、第四项和第五项；

二、撤销黑龙江省高级人民法院（2012）黑高商初字第9号民事判决第三项；

三、变更黑龙江省高级人民法院（2012）黑高商初字第9号民事判决第二项为：华锐风电科技（集团）股份有限公司共应向大庆凯明风电塔筒制造有限公司支付尚欠塔筒货款89411088元，其中于本判决生效后10日内支付76048590元，其余9套塔筒货款余额13362498元在交货后15日内支付；

四、华锐风电科技（集团）股份有限公司应于本判决生效后10日内给付大庆凯明风电塔筒制造有限公司欠付货款76048590元的利息，从货款欠付之日按照中国人民银行同期同类贷款基准利率计算。

买卖合同纠纷

如未按本判决指定的期间履行金钱给付义务，应当依照《中华人民共和国民事诉讼法》第二百五十三条的规定，加倍支付迟延履行期间的债务利息。

一审案件受理费 649195.98 元，由凯明公司负担 129839.20 元，华锐公司负担 519356.78 元；反诉案件受理费 347958.48 元，由华锐公司负担。

二审案件受理费 939140.74 元，由凯明公司负担 118236.45 元，华锐公司负担 820904.29 元。

本判决为终审判决。

审 判 长　李明义
审 判 员　张进先
代理审判员　王毓莹
二〇一四年四月十日
书 记 员　王楠楠

21. 上海闽路润贸易有限公司与上海钢翼贸易有限公司买卖合同纠纷案[*]

> 在合同约定本身不属于无效事由的情况下,合同中一方当事人实施的涉嫌犯罪的行为并不影响合同的有效性

【裁判摘要】

受托人以自己的名义与第三人订立合同时,第三人不知道受托人与委托人之间的代理关系的,合同约束受托人与第三人。受托人因第三人的原因对委托人不履行义务,受托人向委托人披露第三人后,委托人可以选择是否行使介入权:委托人行使介入权的,则合同直接约束委托人与第三人,委托人可以要求第三人向其承担违约责任;委托人不行使介入权的,根据合同的相对性原则,合同仍约束受托人与第三人,受托人可以向第三人主张违约责任,受托人与委托人之间的纠纷根据委托合同的约定另行解决。

在判定合同的效力时,不能仅因合同当事人一方实施了涉嫌犯罪的行为,而当然认定合同无效。此时,仍应根据《中华人民共和国合同法》等法律、行政法规的规定对合同的效力进行审查判断,以保护合同中无过错一方当事人的合法权益,维护交易安全和交易秩序。在合同约定本身不属于无效事由的情况下,合同中一方当事人实施的涉嫌犯罪的行为并不影响合同的有效性。

---

[*] 摘自《最高人民法院公报》2016年第1期。

买卖合同纠纷

最高人民法院民事裁定书

(2015) 民申字第956号

再审申请人(一审被告、二审上诉人):上海钢翼贸易有限公司。住所地:上海市宝山区牡丹江路1508号301室。

法定代表人:朱秀,执行董事。

委托代理人:王平,福建联合信实律师事务所律师。

委托代理人:陈昱,福建联合信实律师事务所律师。

被申请人(一审原告、二审被上诉人):上海闽路润贸易有限公司。住所地:上海市浦东新区金海路3288号4幢3G06室。

法定代表人:文杰,董事长。

再审申请人上海钢翼贸易有限公司(以下简称钢翼公司)为与被申请人上海闽路润贸易有限公司(以下简称闽路润公司)买卖合同纠纷一案,不服福建省高级人民法院(2012)闽民终字第647号民事判决,向本院申请再审。本院依法组成合议庭进行了审查,现已审查完结。

钢翼公司申请再审称:(1)本案《购销合同》的买方主体是上海兴盟国际贸易有限公司(以下简称兴盟公司),一审、二审将闽路润公司作为《购销合同》买方缺乏事实与法律依据。①闽路润公司一审提供的闽路润公司公证送达给钢翼公司的《公证书》以及兴盟公司发给闽路润公司的《函》表明,兴盟公司以实际行动行使委托人介入权,确认自己是《购销合同》的买方主体,《购销合同》约束的合同主体为兴盟公司与钢翼公司。②钢翼公司在一审、二审的陈述、抗辩表明,钢翼公司认可兴盟公司为《购销合同》的买方主体,并认同闽路润公司的受托人地位。钢翼公司在一审、二审时均明确抗辩,闽路润公司仅仅是兴盟公司的受托人,并反对兴盟公司将《购销合同》的"债权"转让给闽路润公司;因此,《购销合同》买方主体始终是兴盟公司,而不是闽路润公司。③虽然兴盟公司与闽路润公司达成《购销合同》项下"债权"的转让,但不构成合同权利义务概括转让,《购销合同》的买方主体始终是兴盟公司。(2)《购销合同》是李强实施合同诈骗的手段,是以合法形式掩盖非法目的的合同,依照我国法律规定,该合同属无效合同。一审、二审把《购销合同》与李强诈骗行为割裂开来,认定合法有效,适用法律错误。(3)一审、二审支持闽路润公司解除合同及货款返还请求是错误的。①闽路润公司并未概括受让《购销合同》的权利义务,无权解除《购销合同》,且《购销合同》无效,也不存在解除问题,闽路润公司建立在合同解除基础上的货款返还请求不能成立。②钢翼公司对兴盟公司不负有返还货款义务,该效力不及于闽路润公司。综上,依据《中华人民共和国民事诉讼法》第二百条第二项、第六项等规定,向本院申请再审。

本院认为,根据钢翼公司的再审申请,本案的争议焦点有三:一是闽路润公司是否是《购销合同》的主体;二是《购销合同》是否因李强构成犯罪而无效;三是闽路润公司是否有权解除《购销合同》并要求钢翼公司返还货款。

一、关于闽路润公司是否是《购销合同》的主体

本案所涉《购销合同》是闽路润公司基于兴盟公司的委托以自己名义与钢翼公司订立的。钢翼公司认为,根据闽路润公司向钢翼公司送达的《公证书》以及兴盟公司发给闽路润公司的《函》,兴盟公司已经行使了介入权,《购销合同》应直接约束委托人兴盟公司,闽路润公司作为受托人不再是合同主体。

本案所涉的《购销合同》是闽路润公司基于兴盟公司的委托与钢翼公司订立,现尚无证据证明钢翼公司在与闽路润公司订立合同时明知闽路润公司是基于兴盟公司的委托与其订立的合同,故不能依据《中华人民共和国合同法》第四百零二条认定该合同直接约束兴盟公司。关于委托人的介入权,《中华人民共和国合同法》第四百零三条第一款规定,受托人以自己的名义与第三人订立合同时,第三人不知道受托人与委托人之间的代理

关系的,受托人因第三人的原因对委托人不履行义务,受托人应当向委托人披露第三人,委托人因此可以行使受托人对第三人的权利,但第三人与受托人订立合同时如果知道该委托人就不会订立合同的除外。根据该规定,隐名代理的受托人向委托人披露第三人后,委托人可以行使介入权直接向第三人主张权利。委托人行使介入权,则合同直接约束委托人与第三人,委托人代替受托人成为合同主体,受托人不能行使合同权利;委托人不行使介入权的,则合同仍约束受托人,受托人可以行使合同权利。钢翼公司认为,据兴盟公司送达给闽路润公司的《函》,兴盟公司同意将《购销合同》项下的全部债权转让给闽路润公司,由闽路润公司向钢翼公司主张违约责任,故闽路润公司所行使的权利,是基于兴盟公司的债权让与产生的,闽路润公司行使的是兴盟公司的权利,应视为兴盟公司行使了介入权,《购销合同》应该直接约束兴盟公司,闽路润公司不再作为合同主体。根据一审、二审查明事实,在闽路润公司向钢翼公司主张权利之前,兴盟公司并未向钢翼公司主张权利,故不能认为兴盟公司已经行使介入权。既然兴盟公司没有行使介入权,则不是《购销合同》的主体,不享有《购销合同》项下的权利,无权将基于《购销合同》产生的债权进行转让,故兴盟公司与闽路润公司之间所谓的债权转让无法实际发生。兴盟公司发给闽路润公司的《函》,从合同解释角度可认定为,兴盟公司承诺放弃介入权,由闽路润公司行使《购销合同》项下的权利,该函件并不影响闽路润公司作为《购销合同》的主体地位。综上,闽路润公司虽是基于兴盟公司的委托与钢翼公司订立合同,且在合同履行过程中向兴盟公司披露第三人钢翼公司,但并没有证据表明兴盟公司行使了介入权,故闽路润公司仍是《购销合同》的主体。钢翼公司认为闽路润公司不是《购销合同》主体的主张与事实不符,不予支持。

二、《购销合同》是否因李强构成犯罪而无效

钢翼公司主张,李强利用兴盟公司委托闽路润公司向钢翼公司采购钢材,又通过钢翼公司再向其实际控制的铁申公司采购钢材,最终达到骗取货款的目的,闽路润公司与钢翼公司之间的《购销合同》是一种犯罪手

段，并无真实的商业交易动机和目的，应认定无效。

根据上海市第二中级人民法院关于李强合同诈骗案的（2012）沪二中初字第 120 号刑事判决书，李强以兴盟公司的名义委托闽路润公司采购钢材，闽路润公司根据李强的指定向钢翼公司购买钢材，李强行贿钢翼公司业务经理，使得钢翼公司向其控制的铁申公司购货，并伪造闽路润公司公章签订担保合同，闽路润公司、钢翼公司均已支付相应货款，李强通过铁申公司收取钢翼公司支付的购货款后未交付货物。以上事实只是认定李强利用其控制的公司实施犯罪行为，但并没有证据表明闽路润公司明知或参与李强的犯罪行为。钢翼公司在一二审中曾主张，钢翼公司是根据闽路润公司的指定向铁申公司购货，但其所提交的关于闽路润公司指定铁申公司的《补充协议》上的闽路润公司的印文与闽路润公司的印章经鉴定并不一致。而据（2012）沪二中初字第 120 号刑事判决书认定的事实，钢翼公司之所以向李强控制的铁申公司购买钢材，是因李强贿赂了钢翼公司的工作人员。在没有证据证明闽路润公司明知或者参与李强实施的犯罪行为的情况下，闽路润公司与钢翼公司所订立的《购销合同》效力不受李强犯罪行为的影响。钢翼公司关于《购销合同》因李强构成犯罪而无效的主张缺乏法律依据，不予支持。

三、闽路润公司是否有权解除《购销合同》并要求钢翼公司返还货款

钢翼公司认为，闽路润公司并未实际概括受让兴盟公司在《购销合同》项下的权利义务，不是《购销合同》主体，且《购销合同》无效，闽路润公司无权解除合同并要求返还货款。本院认为，闽路润公司与钢翼公司所订立合同是当事人双方真实意思表示，不违反法律、行政法规的强制性规定，合法有效。闽路润公司虽是基于兴盟公司的委托与钢翼公司订立《购销合同》，但其是以自己的名义与钢翼公司订立的合同，在兴盟公司并没有行使介入权的情况下，闽路润公司仍是《购销合同》的主体，有权行使《购销合同》项下的权利。因此，在符合法定解除条件的情况下，闽路润公司有权解除《购销合同》，并要求钢翼公司返还货款。

买卖合同纠纷

综上，钢翼公司的再审申请不符合《中华人民共和国民事诉讼法》第二百条第二项、第六项规定的情形。本院依照《中华人民共和国民事诉讼法》第二百零四条第一款之规定，裁定如下：

驳回上海钢翼贸易有限公司的再审申请。

审　判　长　王富博
审　判　员　朱海年
代理审判员　林海权
二〇一五年六月八日
书　记　员　陆　昱

> 《中华人民共和国合同法》第四百零二条但书前的规定,仅仅适用于单纯的委托合同关系

22. 厦门航空开发股份有限公司与北京南钢金易贸易有限公司及第三人厦门市东方龙金属材料有限公司买卖合同纠纷案[*]

【裁判摘要】

《中华人民共和国合同法》第四百零二条但书前的规定,仅仅适用于单纯的委托合同关系。实践中因委托合同产生的法律关系,往往不仅仅涉及委托关系,还可能涉及买卖、借贷以及担保等多重法律关系。在此情况下,如简单适用《中华人民共和国合同法》第四百零二条但书前的规定,可能损害委托方合法权益,故应综合考虑全部案情,谨慎衡量,正确适用《中华人民共和国合同法》第四百零二条的规定。

---

[*] 摘自《最高人民法院公报》2017年第1期。

买卖合同纠纷

最高人民法院民事裁定书

(2014) 民申字第 2225 号

再审申请人（一审被告、二审被上诉人）：北京南钢金易贸易有限公司。住所地：北京市通州区新华北街75号。

法定代表人：费焜，该公司董事长。

委托代理人：周亮，江苏亿诚律师事务所律师。

委托代理人：黄福松，江苏亿诚律师事务所律师。

被申请人（一审原告、二审上诉人）：厦门航空开发股份有限公司。住所地：福建省厦门市湖里区高崎南五路222号第十层中段北侧。

法定代表人：况小平，该公司董事长。

委托代理人：唐利君，北京市京都律师事务所律师。

委托代理人：刘鹭华，福建天翼律师事务所律师。

一审第三人：厦门市东方龙金属材料有限公司。住所地：福建省厦门市湖里区东渡路51号裕成大厦B座4层01-02单元。

法定代表人：李建福，该公司董事长。

再审申请人北京南钢金易贸易有限公司（以下简称南钢金易公司）因与被申请人厦门航空开发股份有限公司（以下简称厦航开发公司）、一审第三人厦门市东方龙金属材料有限公司（以下简称东方龙金属公司）买卖合同纠纷一案，不服福建省高级人民法院（2014）闽民终字第388号民事判决，向本院申请再审。本院依法组成合议庭对本案进行了审查，现已审查终结。

南钢金易公司申请再审称：（1）二审判决将厦航开发公司在《委托代理协议书》中的三重法律身份混为一谈，并认定其对《钢材购销合同》享有独立买方地位，属于严重的事实认定不清。《委托代理协议书》实际上是包含了东方龙金属公司与厦航开发公司之间委托代理采购钢材和借款、担保这三个不同法律关系的合同,并非如其名称所显示的是纯粹的"委托代理"合同,三个不同的法律关系不能混同,更不能根据这三个不同的法律关系将厦航开发公司的法律地位定性为独立的买方。(2)二审判决否定南钢金易公司依据《中华人民共和国合同法》第四百零二条向隐名委托人东方龙金属公司直接交货的法律后果,属于法律适用错误。二审判决以南钢金易公司明知厦航开发公司垫付货款和应知"款到发货"约定为由,排除适用《中华人民共和国合同法》第四百零二条,以该法条"但书"为由否定南钢金易公司向东方龙金属公司交货的法律效果,是对该条规定的错误理解。(3)二审判决认定南钢金易公司明知厦航开发公司垫付货款且应知"款到提货"及"提货前货权归厦航开发公司",据此将保障厦航开发公司收回货款的义务强加给南钢金易公司,背离了客观事实。(4)二审判决导致厦航开发公司因同一项损失而获得双重判决权利,严重违反最基本的公平原则,本案判决不可与在先判决并存。厦门市中级人民法院作出的已经生效的(2013)厦民初字第156号判决已经判令东方龙金属公司等承担赔偿责任,该判决已经生效。南钢金易公司根据《中华人民共和国民事诉讼法》第二百条第二项、第六项的规定申请再审。

厦航开发公司提交书面意见认为:(1)二审判决认定厦航开发公司享有《钢材购销合同》项下的独立买方地位,事实清楚,依据充分。(2)本案的《钢材购销合同》仅约束南钢金易公司和厦航开发公司,南钢金易公司主张其已向东方龙金属公司直接交货的事实成立与否,均不免除其在《钢材购销合同》违约时应承担的民事责任。(3)厦航开发公司就本案提起的诉讼不存在获得双重判决权利或者重复受偿的问题。(4)南钢金易公司在《钢材购销合同》的履行过程中,违反诚实信用原则,应承担相应的民事责任。南钢金易公司的再审申请缺乏事实与法律依据,请求予以驳回。

本院认为,本案再审审查涉及的主要问题是南钢金易公司是否应返还厦航开发公司案涉货款及相应利息。

首先,在案涉交易之前的委托合同、买卖合同履行过程中,东方龙金

买卖合同纠纷

属公司实际提货以南钢金易公司向厦航开发公司发出《提货通知函》、厦航开发公司向南钢金易公司发出《货物出仓通知单》，并告知货权转移给东方龙金属公司为前提。就案涉交易而言，从一审、二审审理查明的事实来看，南钢金易公司对东方龙金属公司和厦航开发公司之间签订的《委托代理协议书》中"东方龙金属公司提货遵循款到发货原则""提货前，货物所有权归属厦航开发公司"的内容是实际知晓的，在厦航开发公司不知情的情况下，南钢金易公司通过案外人直接向东方龙金属公司交付了货物，实际上损害了厦航开发公司的利益。其次，《中华人民共和国合同法》第四百零二条关于委托人介入权的规定一般限于单纯的委托合同关系，但本案除委托合同关系外，还涉及买卖、借贷以及担保等多重法律关系，特别是担保法律关系。厦航开发公司为保证自己出借资金的安全，特地在其与南钢金易公司签订的《钢材购销合同》中约定，交（提）货地点在供方仓库，方式为供方将货权转移给需方。因此，在厦航开发公司向南钢金易公司付款后，南钢金易公司交付的钢材的所有权属于厦航开发公司。在所有权人厦航开发公司根本不知情的情况下，南钢金易公司将合同约定的钢材交付给东方龙金属公司，对厦航开发公司不发生已经交付的法律效力。据此，在厦航开发公司已实际为东方龙金属公司垫付巨额货款的前提下，在南钢金易公司知道该事实的情况下，若简单适用《中华人民共和国合同法》第四百零二条（不适用该条的但书），排除买卖关系中买方厦航开发公司要求卖方南钢金易公司返还货款的权利，明显损害厦航开发公司的权利，不符合该条的立法本意。本案应当适用该条的但书规定，即《钢材购销合同》的上述约定内容以及南钢金易公司知道东方龙金属公司为该笔交易向厦航开发公司融资的事实，属于《中华人民共和国合同法》第四百零二条但书中规定的"确切证据"，故《钢材购销合同》只约束厦航开发公司和南钢金易公司。最后，本院认为，东方龙金属公司实际领取了案涉钢材，却未支付货款，是最终责任人，南钢金易公司在承担本案责任后，可以向其追偿。另由于厦门市中级人民法院已经生效的（2013）厦民初字第156号民事判决已判决东方龙金属公司等主体偿还厦航开发公司垫付款及利息，故本案在执行程序中应与该案相互协调，避免厦航开发公司重复受偿。

综上，南钢金易公司的再审申请不符合《中华人民共和国民事诉讼法》第二百条第二项、第六项规定的情形。本院依照《中华人民共和国民事诉讼法》第二百零四条第一款之规定，裁定如下：

驳回北京南钢金易贸易有限公司的再审申请。

审　判　长　杨永清
代理审判员　吴景丽
代理审判员　张小洁
二〇一五年十月二十日
书　记　员　郝晋琪

买卖合同纠纷

▶ 公司减资时对已知或应知的债权人应履行通知义务，不能在未先行通知的情况下直接以登报公告形式代替通知义务

23. 上海德力西集团有限公司诉江苏博恩世通高科有限公司、冯军、上海博恩世通光电股份有限公司买卖合同纠纷案*

【裁判摘要】

1. 公司减资时对已知或应知的债权人应履行通知义务，不能在未先行通知的情况下直接以登报公告形式代替通知义务。

2. 公司减资时未依法履行通知已知或应知的债权人的义务，公司股东不能证明其在减资过程中对怠于通知的行为无过错的，当公司减资后不能偿付减资前的债务时，公司股东应就该债务对债权人承担补充赔偿责任。

原告：上海德力西集团有限公司，住所地：上海市北青公路。

法定代表人：胡成国，该公司董事长。

被告：江苏博恩世通高科有限公司，住所地：江苏省泗阳县经济开发区东区（标二期）。

被告：冯军，男，30岁，汉族，住江苏省宿迁市。

---

* 摘自《最高人民法院公报》2017年第11期。

被告：上海博恩世通光电股份有限公司，住所地：上海市闵行区元明路。

原告上海德力西集团有限公司（以下简称德力西公司）因与被告江苏博恩世通高科有限公司（以下简称江苏博恩公司）、冯军、上海博恩世通光电股份有限公司（以下简称上海博恩公司）发生买卖合同纠纷，向上海市青浦区人民法院提起诉讼。

原告德力西公司诉称：2011年3月29日，原告德力西公司与被告江苏博恩公司签订《电气电工产品买卖合同》，合同约定，江苏博恩公司向德力西公司购买20台高压开关柜、1台交流屏、1套直流屏等电气设备，合同总金额为111万元（本文币种均为人民币）。合同签订生效后，德力西公司按合同约定交付了上述全部设备。江苏博恩公司向德力西公司支付货款333000元，尚欠777000元未付。2012年9月，江苏博恩公司的股东召开股东会，通过减资决议，决定江苏博恩公司减资19000万元，注册资本由2亿元减为1000万元，并办理了工商变更登记，但江苏博恩公司在减资前未向德力西公司清偿前述债务。德力西公司认为，江苏博恩公司在减少注册资本前，应当对债务进行清偿，没有依法清偿的，其股东应当承担补充赔偿责任。故请求法院判令江苏博恩公司向德力西公司支付货款人民币777000元；判令被告上海博恩公司、被告冯军在19000万元减资范围内对江苏博恩公司应向德力西公司支付的货款共同承担补充赔偿责任。

被告江苏博恩公司、被告上海博恩公司、被告冯军未作答辩。

上海市青浦区人民法院因三被告未到庭应诉，确认原告德力西公司所述事实属实。

上海市青浦区人民法院一审认为：原告德力西公司与被告江苏博恩公司之间的买卖合同关系符合有关法律规定，合法有效，应受到法律保护，双方均应全面履行合同义务。德力西公司已按约完成了供货义务，江苏博恩公司应当按约及时支付货款。现江苏博恩公司拖欠不付的行为已经构成违约，应承担金钱债务的实际履行责任，故德力西公司要求支付剩余货款的诉请于法无悖，应予支持。江苏博恩公司未能在减资时对德力西公司之债权进行清偿或提供担保，现德力西公司要求其股东冯军在减资范围内对江苏博恩公司的债务承担补充赔偿责任，并无不当，亦应予支持。但德力

买卖合同纠纷

西公司要求上海博恩公司在减资范围内对被告江苏博恩公司未付清债务承担补充赔偿责任，缺乏事实和法律依据，不予支持。三被告经上海市青浦区人民法院合法传唤，无正当理由拒不到庭，系其自愿放弃答辩、质证等诉讼权利之行为，应承担由此而引起的法律后果。

综上，上海市青浦区人民法院依照《中华人民共和国合同法》第八条、第一百零九条、第一百三十条、第一百五十九条、第一百六十一条，《中华人民共和国公司法》第一百七十七条第二款，《中华人民共和国民事诉讼法》第一百四十四条，《最高人民法院关于适用〈中华人民共和国公司法〉若干问题的规定（三）》第十四条第二款之规定，于2016年11月4日作出判决：一、被告江苏博恩公司应于本判决生效之日起10日内支付原告德力西公司货款777000元；二、被告冯军在减资19000万元的范围内对被告江苏博恩公司结欠原告德力西公司的上述债务承担补充赔偿责任；三、驳回原告德力西公司的其余诉讼请求。

德力西公司不服一审判决，向上海市第二中级人民法院提起上诉。

上诉人德力西公司上诉称：被上诉人江苏博恩公司减资是经过所有股东同意，被上诉人上海博恩公司应知晓江苏博恩公司在减资前应当清偿债务的规定，但为了保证股东自己的利益，在明知公司有债务未清偿的情况下同意减资并且以向工商登记机关出具与事实情况不符的说明的方式骗取变更登记，导致江苏博恩公司得以完成减资，造成不能清偿债务的后果。上海博恩公司具有协助减资或抽逃出资的行为，其行为亦造成损害后果，根据相关法律及司法解释，上海博恩公司应当承担补充赔偿责任或连带责任。故请求撤销上海市青浦区人民法院一审判决第三项，改判上海博恩公司在19000万元减资范围内对江苏博恩公司应向德力西公司支付的货款承担连带责任。

被上诉人江苏博恩公司、冯军、上海博恩公司未作答辩。

上海市第二中级人民法院经二审，确认了一审查明的事实。

另查明：

1. 上诉人德力西公司与被上诉人江苏博恩公司签订的《电气电工产品买卖合同》还载明：质量标准要求和卖方对质量负责的条件及期限为按国家标准及用户确认图纸，质保期1年，质保期从通电调试验收合格之日起；

货物交接签（验）收时间为货到之日起 3 日内，如有异议在 7 日内提出；设备的安装调试（验收）期限为买方收到货物之日起 1 个月；支付货款期限为合同签订 7 日内支付合同总额 30% 预付款，货到现场后 10 个工作日内支付合同总额 50% 调试款，通电验收合格后 10 个工作日内支付合同总额 15% 调试款，余 5% 质保期满后 10 个工作日内付清。此外，合同中载明德力西公司营业地址、法定代表人、联系电话等信息。

2. 2012 年 8 月 10 日，被上诉人江苏博恩公司股东上海博恩公司、冯军、陈芹燕召开股东会，一致通过如下决议：（1）委托张永利办理变更登记相关事宜。（2）同意公司减少注册资本 19000 万元（其中认缴额 2700 万元，实缴额 6300 万元），其中：冯军减少 19000 万元（认缴额 2700 万元，实缴额 16300 万元）。此次减少注册资本后，公司累计注册资本为 1000 万元人民币，其中：上海博恩公司出资 700 万元，陈芹燕出资 300 万元。（3）本次减资后，冯军不再具备股东资格。上海博恩公司和冯军、陈芹燕在决议上分别盖章签字。

2012 年 9 月 27 日，被上诉人江苏博恩公司股东上海博恩公司、陈芹燕召开股东会，一致通过如下决议：（1）委托张永利办理变更登记相关事宜。（2）同意修改公司章程第四章第六条、第四章第七条。（3）同意公司减少注册资本 19000 万元，其中：冯军减资 19000 万元（认缴额 2700 万元，实缴额 16300 万元），2012 年 8 月 13 日在《江苏经济报》上发布了减资公告，并于 2012 年 8 月 31 日出具了验资报告。此次变更注册资本后，公司累计注册资本为 1000 万元，其中：上海博恩公司出资 700 万元，陈芹燕出资 300 万元。上海博恩公司和陈芹燕在决议上分别盖章签字。

3. 上诉人德力西公司在一审中还提供了最高人民法院网站摘录的《全国法院失信被执行人名单信息公布与查询》，其中：2013 年 4 月 7 日、2013 年 7 月 3 日、2015 年 2 月 26 日江苏省宿迁市中级人民法院分别立案受理被执行人为江苏博恩公司的执行案件，上述案件均未执行完毕。

上海市第二中级人民法院认为：上诉人德力西公司与被上诉人江苏博恩公司签订的买卖合同合法有效，双方当事人均应按约履行各自的合同义务。德力西公司依约履行供货义务后，江苏博恩公司未将剩余货款给付德力西公司，构成违约，故对于德力西公司要求江苏博恩公司支付货款

买卖合同纠纷

777000元的请求，应予支持。

对于上诉人德力西公司要求被上诉人冯军、上海博恩公司对江苏博恩公司的上述债务在19000万元的范围内承担补充赔偿责任的请求，亦应予以支持。理由如下：公司减资本质上属于公司内部行为，理应由公司股东根据公司的经营状况通过内部决议自主决定，以促进资本的有效利用，但应根据《中华人民共和国公司法》第一百七十七条第二款规定，直接通知和公告通知债权人，以避免因公司减资产生损及债权人债权的结果。根据德力西公司与被上诉人江苏博恩公司在合同中约定的交货、验收、付款条款以及实际履行情况看，江苏博恩公司与德力西公司的债权债务在江苏博恩公司减资之前已经形成。德力西公司在订立的合同中已经留下联系地址及电话信息，且就现有证据不存在江苏博恩公司无法联系德力西公司的情形，故应推定德力西公司系江苏博恩公司能够有效联系的已知债权人。虽然江苏博恩公司在《江苏经济报》上发布了减资公告，但并未就减资事项直接通知德力西公司，故该通知方式不符合减资的法定程序，也使得德力西公司丧失了在江苏博恩公司减资前要求其清偿债务或提供担保的权利。

根据现行《中华人民共和国公司法》之规定，股东负有按照公司章程切实履行全面出资的义务，同时负有维持公司注册资本充实的责任。尽管公司法规定公司减资时的通知义务人是公司，但公司是否减资系股东会决议的结果，是否减资以及如何进行减资完全取决于股东的意志，股东对公司减资的法定程序及后果亦属明知，同时，公司办理减资手续需股东配合，对于公司通知义务的履行，股东亦应当尽到合理注意义务。被上诉人江苏博恩公司的股东就公司减资事项先后在2012年8月10日和9月27日形成股东会决议，此时上诉人德力西公司的债权早已形成，作为江苏博恩公司的股东，被上诉人上海博恩公司和冯军应当明知。但是在此情况下，上海博恩公司和冯军仍然通过股东会决议同意冯军的减资请求，并且未直接通知德力西公司，既损害江苏博恩公司的清偿能力，又侵害了德力西公司的债权，应当对江苏博恩公司的债务承担相应的法律责任。公司未对已知债权人进行减资通知时，该情形与股东违法抽逃出资的实质以及对债权人利益受损的影响，在本质上并无不同。因此，尽管我国法律未具体规定公司不履行减资法定程序导致债权人利益受损时股东的责任，但可比照公

》 273

司法相关原则和规定来加以认定。由于江苏博恩公司减资行为上存在瑕疵，致使减资前形成的公司债权在减资之后清偿不能的，上海博恩公司和冯军作为江苏博恩公司股东应在公司减资数额范围内对江苏博恩公司债务不能清偿部分承担补充赔偿责任。

综上，上诉人德力西公司所提上诉请求和理由成立，应予支持。被上诉人江苏博恩公司、冯军、上海博恩公司未参加本案诉讼，系自愿放弃答辩、质证等诉讼权利，应承担相应的法律后果。一审认定事实清楚，但所作判决部分不当。据此，上海市第二中级人民法院依照《中华人民共和国合同法》第八条、第一百零九条、第一百五十九条、第一百六十一条，《中华人民共和国公司法》第一百七十七条，《中华人民共和国民事诉讼法》第一百四十四条、第一百七十条第一款第二项、第一百七十四条，《最高人民法院关于适用〈中华人民共和国公司法〉若干问题的规定（三）》第十四条第二款之规定，于2017年1月17日判决如下：一、维持上海市青浦区人民法院于2016年11月4日作出的（2016）沪0118民初5823号民事判决第一项、第二项；二、撤销上海市青浦区人民法院于2016年11月4日作出的（2016）沪0118民初5823号民事判决第三项；三、被上诉人上海博恩公司在减资19000万元的范围内对被上诉人江苏博恩公司结欠上诉人德力西公司的上述债务承担补充赔偿责任。四、被上诉人冯军和上海博恩公司在其他案件中已实际履行应承担补充赔偿责任的部分，不再承担。

本判决为终审判决。

买卖合同纠纷

24. 邓美华诉上海永达鑫悦汽车销售服务有限公司买卖合同纠纷案[*]

▶ 汽车经销商对于车辆后保险杠外观瑕疵予以"拆装后保、后保整喷"的维修超出车辆售前正常维护和PDI质量检测的范围,经销商对此未履行告知义务的,构成消费欺诈

【裁判摘要】

> 汽车经销商对于车辆后保险杠外观瑕疵予以"拆装后保、后保整喷"的维修超出了车辆售前正常维护和PDI质量检测的范围,经销商对此未履行告知义务的,侵犯了消费者的知情权、选择权,使其陷入错误认识,属于故意隐瞒真实情况,构成消费欺诈。消费者要求经销商按照《消费者权益保护法》赔偿损失的,经销商应承担车辆三倍价款的惩罚性赔偿责任。

原告:邓美华,女,52岁,住江苏省东台市。

被告:上海永达鑫悦汽车销售服务有限公司。住所地:中国(上海)自由贸易试验区港澳路,实际经营地上海浦东新区俱进路。

法定代表人:张蕾,执行董事。

原告邓美华因与被告上海永达鑫悦汽车销售服务有限公司(以下简称永达公司)发生买卖合同纠纷,向上海市浦东新区人民法院提起诉讼。

原告邓美华诉称:2016年8月30日,原告在被告

---

[*] 摘自《最高人民法院公报》2018年第11期。

永达公司永达一汽大众申江店选购车辆，当天支付定金人民币5000元订购了一辆车型为CC2.0T豪华型（9912B4）、车身颜色为极地白的大众轿车。该车辆总价款25万元。9月27日，被告通知原告新车已到可以办理付款手续，原告当日付款并由被告关联公司为原告办理车贷、保险等手续。10月2日，被告通知原告提车。嗣后10天左右，原告回原籍缴纳购置税及上牌，系争车辆于高速公路行驶时发现方向盘有抖动现象。10月中旬，原告前去永达一汽大众申江店做了1500公里检测及动力平衡。之后几天又发现系争车辆在行驶中有车轮跑偏、方向盘往右偏的现象，故又至永达一汽大众申江店反映情况，本次维修中原告却发现系争车辆在2016年9月12日已有过维修记录，车辆做过拆装后保、后保整喷。原告得知后立即与被告工作人员交涉，要求被告退货并赔偿原告损失，被告同意退货但拒绝赔偿，仅同意免费提供三次车辆保养。原告认为被告在销售商品过程中，以次充好，隐瞒商品未交付即被使用、维修的记录，侵犯了原告作为消费者的知情权，已构成欺诈。故请求法院判令被告退还原告购车款25万元；判令被告赔偿原告车辆购置税21900元、保险费29261.76元、代办保险服务费2000元、上牌报备费2000元、贷款服务费2000元、车辆装饰费8500元；判令被告赔偿原告75万元。

被告永达公司辩称：2016年被告出售的是质量合格的新车，销售行为不存在欺诈。2016年8月30日订单中第四条明确注明"卖方将车辆交予买方前，已根据厂方要求为该车辆做了交车前PDI检测，并根据PDI检测结果进行车辆检修、调校、确保该车辆符合厂方新车交付标准"。系争车辆到店后，被告即根据厂方要求对系争车辆进行PDI检测，经检测发现车辆后保险杠部位有轻微的外观瑕疵，为保证原告邓美华取得符合厂方规定的无瑕疵车辆，被告在与厂方沟通后，对车辆的瑕疵部位进行维护，之后才将车辆交付原告，并向原告出具PDI检测合格证明。原告在签署订单及提车时，应已明确系争车辆经过上述检修及调校。原告认为系争车辆在交付前已被使用及维修，并无事实依据，根据维修记录截图显示，2016年9月12日车辆到店时，里程数为1公里，即证明系争车辆是未经过使用的新车。而记录中"拆装后保、后保整喷"项目，是被告对车辆进行售前PDI

买卖合同纠纷

检测时所进行的合理维护,所需工时极少,并非重大维修。另外,被告所售系争车辆并无重大质量问题,系争车辆经生产厂商检验合格后出厂,已取得《机动车整车出厂合格证》等随车文件,证明系争车辆在投入流通时不存在任何质量问题。且被告在售前已根据厂方规定进行 PDI 检测及相应维护,并出具售前检查证明文件。被告在销售过程中,客观上不存在告知虚假情况或隐瞒真实情况的行为,同时主观上亦无任何过错,不存在销售欺诈行为。故被告不同意原告的所有诉讼请求。

上海市浦东新区人民法院一审查明:2016 年 8 月 30 日,原告邓美华至被告永达公司下属的永达一汽大众申江店订购 CC2.0T 豪华型(9912B4),车身颜色为极地白轿车一辆,原告、被告当日签订《订单》并约定:车辆价款 25 万元,预付款 5000 元。同日,双方还签订《委托服务协议》,约定由被告代理原告办理金融贷款、车辆保险等事宜,并就各项事宜的相关费用或预估费用作出约定。订购车辆当日,原告即按约定支付被告 5000 元购车定金。数日后,车架号 LFV3A23C0G3411203、发动机号 303698 的大众轿车,即系争车辆到位。同年 9 月 27 日,原告与被告推荐的金融公司签署借款合同,并支付车辆余款(包括前述借款),被告向原告开具了价税合计 25 万元的机动车销售统一发票。嗣后,被告为原告办理车辆保险业务、贷款业务。同年 10 月 2 日,被告向原告交付系争车辆及车辆三包凭证、车辆保单、售前检查证明(落款显示当日出具)等相关材料。同年 10 月 8 日,系争车辆于江苏省盐城市正式注册登记,车牌号为苏JA××××,原告为此支付车辆购置税 21900 元及工本费 125 元。此外,原告支付机动车交通事故责任强制保险及商业第三者责任保险保费共计 21733.26 元,支付车辆装饰费 8500 元。

系争车辆维修记录显示:2016 年 9 月 12 日,维修项目"拆装后保、后保整喷",里程数 1 公里;同年 10 月 23 日,维修项目"走合检查、检查 130 码方向盘是否抖动、一年 7500KM 内做首保",里程数 1610 公里;同年 10 月 27 日,维修项目"两前轮换位、检查行驶跑偏、陪同客户试车正常",里程数 1797 公里。

审理中,被告向一审法院提供案外人一汽大众销售有限责任公司出具的情况说明及被告永达公司的任务派工单,欲证明2016年9月12日维修记录系在根据厂方要求为系争车辆做售前检查(PDI)时发现车辆"后保险杠倒车雷达处轻微破损漆面",对车辆进行的售前修复。原告邓美华对此不予认可。

法院向案外人一汽大众销售有限责任公司工作人员核实车辆从生产厂商到最终购买车辆的消费者手中的操作流程,并向其出示系争车辆的维修记录。该工作人员表示2016年9月12日维修记录显示车辆里程数1公里基本是车辆从生产厂商下线没有驾驶过的状态,拆装后保和后保整喷有可能是油漆工艺问题,如若是事故车辆就可能涉及保险杠更换、车身钣金及零件更换等维修项目;关于交付车辆后系争车辆的走合检查、动平衡检查、检查行驶跑偏等项目,均系常规检查,和是否为事故车辆无关。该工作人员同时确认售前检查(PDI)为生产的延续,是经销商根据厂商要求在车辆交付前应做的检查。

上海市浦东新区人民法院一审认为:消费者的合法权益受法律保护,消费者享有知悉其购买、使用的商品或者接受服务的真实情况的权利。本案中,原告邓美华、被告永达公司双方对于系争车辆于交付前有过维修记录,且交付后亦进行过维修的事实不存在争议,本案争议焦点在于被告是否隐瞒系争车辆未交付即被使用、维修的事实,侵犯原告作为消费者的知情权,构成欺诈。被告辩称:2016年9月12日的维修记录系在根据厂方要求为系争车辆做售前检查(PDI)时发现车辆后保险杠部位有轻微的外观瑕疵,对车辆进行的售前修复。结合法院向案外人一汽大众销售有限责任公司调查核实的情况,法院认为被告的辩称具有一定的合理性,予以采信。系争车辆于交付后的两次修理,也系车辆使用人故障描述后进行的常规检查,不能据此证明系争车辆存在重大质量问题。综上,根据现有证据及查明事实,无法认定被告的销售行为构成欺诈。应当指出的是被告确实在履行合同中存在瑕疵,未将完整电脑系统维修记录告知原告,以致原告产生合理怀疑。但原告现主张被告按《中华人民共和国消费者权益保护法》(以下简称《消费者权益保护法》)规定退一赔三,并要求被告赔偿其车辆购置税、保险费、代办保险服务费、上牌报备费、贷款服务费、车

买卖合同纠纷

辆装饰费等费用,无事实和法律依据,不予支持。

综上,上海市浦东新区人民法院依照《消费者权益保护法》第八条规定,于2017年4月6日作出判决:

驳回原告邓美华的全部诉讼请求。

邓美华不服一审判决,向上海市第一中级人民法院提起上诉。

邓美华上诉称:一审判决认定事实和适用法律错误。首先,被上诉人永达公司以次充好,隐瞒系争车辆在交付前即被维修的事实,使邓美华作出错误的意思表示,永达公司的销售行为构成欺诈。从整个购车的过程看,永达公司恶意隐瞒车辆发生维修的事实。邓美华于2016年8月30日订车后,永达公司告知没有库存车辆,后又通知邓美华新车到店,双方于同年9月27日办理车辆贷款和保险业务、余款支付事宜。其于同年10月2日提车。而车辆于同年9月12日已在永达公司4S店进行过维修,维修记录载明:"拆装后保,后保整喷。"永达公司所称没有库存车不实,且其从未主动告知系争车辆经过维修的事实。邓美华在使用车辆后还发现有"方向盘抖动、方向跑偏"的现象,并在永达公司4S店做了"走合检查、动平衡检查、检查行驶跑偏"的维修,由上可知该车辆可能系发生碰撞的事故车辆。其次,一审法院采信永达公司所作的系根据厂方要求做售前检查时发现有轻微外观瑕疵并进行售前修复的辩称意见,进而以系争车辆不存在重大质量问题为由驳回邓美华诉请,显属错误。一审法院作出轻微外观瑕疵的判断与整个后保险杠整体喷漆的维修事实不符,且仅采信永达公司及与其关系密切的一汽大众销售有限公司工作人员的陈述有失偏颇,认定事实依据不足。现后保险杠的漆面与整个车身明显不一致,出现皱褶、泛黄。作为经营者,如果出现新车后保险杠做过维修,整体喷漆,应主动告知消费者,但永达公司利用消费者对一汽大众品牌的信任,明知车辆交付前已有维修记录却故意隐瞒,侵害了消费者的知情权和选择权,构成消费欺诈。故请求撤销一审法院判决,改判支持其一审诉讼请求。邓美华在二审中表示,撤回一审第二项诉讼请求,即撤回要求永达公司向其赔偿车辆购置税21900元、保险费29261.76元、代办保险服务费2000元、上牌报备费2000元、贷款服务费2000元、车辆装饰费8500元的诉讼请求。

被上诉人永达公司辩称：一审法院认定事实清楚，适用法律正确。永达公司出售的是质量合格的新车，销售行为不存在欺诈。2016年8月30日《订单》中第四条明确注明"卖方将车辆交予买方前，已根据厂方要求为该车辆做了交车前PDI检测，并根据PDI检测结果进行车辆检修、调校，确保该车辆符合厂方新车交付标准"。系争车辆到店后，永达公司即根据厂方要求对系争车辆进行PDI检测，经检测发现车辆后保险杠部位有轻微的外观瑕疵，为保证上诉人邓美华取得符合厂方规定的无瑕疵车辆，永达公司在与厂方沟通后，对车辆的瑕疵部位进行维护，之后才将车辆交付，并向邓美华出具PDI检测合格证明。系争车辆维修属于售前的正常维修。维修记录截图显示，2016年9月12日车辆到店时，里程数为1公里，即证明系争车辆是未经过使用的新车。而记录中"拆装后保、后保整喷"项目，是永达公司对车辆进行售前PDI检测时所进行的合理维护，所需工时极少，并非重大维修。引起车辆跑偏的原因有多种，轮胎胎压、轮胎花纹阻力偏差、新车运输过程因颠簸等原因导致四轮定位调教参数有误、消费者使用不当等。邓美华认为系争车辆在交付前已被使用和维修，并无事实依据。另外，永达公司所售系争车辆并无重大质量问题，该车经生产厂商检验合格后出厂，已取得《机动车整车出厂合格证》等随车文件，证明该车在投入流通时不存在任何质量问题。PDI维修记录是生产过程的延续，与事故车无关，与隐瞒和欺诈无关，不会主动向客户出示维修记录，客户在所有4S店都可以查到维修记录。因此，永达公司在销售过程中，客观上不存在告知虚假情况或隐瞒真实情况的行为，主观上亦无任何过错，不存在销售欺诈行为。综上，永达公司不同意邓美华的上诉请求。

上海市第一中级人民法院经二审，确认了一审查明的事实。

另查明，一审庭审中，法官就后保险杠瑕疵问题询问被上诉人永达公司，其答复：进入4S店就有了瑕疵，车是从长春运过来的，可能系厂方出厂运输到永达公司过程中造成的，具体不清楚。长途运输可能会造成瑕疵，所以厂方都会要求出售前对车辆进行PDI检测。

二审中，被上诉人永达公司确认与系争车辆同型号新车当时对外售价为25万元，本车系作为新车按此价格出售。

买卖合同纠纷

上海市第一中级人民法院认为：本案的争议焦点为被上诉人永达公司是否隐瞒系争车辆未交付即被维修或使用的事实；是否构成对消费者的欺诈；是否须承担退款、赔偿相关损失及三倍价款惩罚性赔偿的责任。具体分析如下：

本案上诉人邓美华因个人生活需要购买车辆，且被上诉人永达公司没有证据证明邓美华购买车辆系用于经营或其他非生活消费的情况，应认定邓美华购买车辆的行为属于生活消费。为家庭生活消费需要购买汽车，发生欺诈纠纷的，消费者选择我国《消费者权益保护法》相关规定为其相关主张的请求权基础的，应当适用《消费者权益保护法》。

一、关于消费欺诈的认定

所谓欺诈是指一方当事人故意告知对方虚假情况，或者故意隐瞒真实情况，诱使对方当事人作出错误意思表示的行为。欺诈可以是积极作为，告知虚假情况，也可以是单纯的不作为（沉默），隐瞒真实情况。欺诈行为包括负有告知义务时的不作为。

（一）被上诉人永达公司未告知系争车辆发生瑕疵并实施"拆装后保、后保整喷"的维修行为侵犯了上诉人邓美华作为消费者的知情权

我国《消费者权益保护法》规定了消费者的知情权、选择权和经营者的相应义务。该法第八条第一款规定，消费者享有知悉其购买、使用的商品或者接受的服务的真实情况的权利。该法第九条规定，消费者享有自主选择商品或者服务的权利。消费者有权自主选择提供商品或者服务的经营者，自主选择商品品种或者服务方式，自主决定购买或者不购买任何一种商品、接受或者不接受任何一项服务。消费者在自主选择商品或者服务时，有权进行比较、鉴别和挑选。汽车属于比较复杂的商品，涉及大量的专业知识，消费者对相关领域的专业知识和信息知悉有限，在经营者和消费者之间存在严重的信息不对称。在判断需要主动告知消费者知情内容的范围时，一方面，应基于消费者在交易信息不对称中的弱势地位，给予特别保护，经营者不能以行业认知、行业惯例来对抗消费者所享有的知情权；另一方面，并非所有信息均应告知消费者。具体到售前质量检测，PDI检测是汽车行业特殊的做法，以确保交付的车辆符合安全标准和质量要求，是经营者理应承担的责任。相关PDI维修的内容是否属于消费者知情权的范围，应根据一般消费者的认知能力、消费心理及对消费者选择权行使的影响作出判断，直接影响消费者选择权行使和真实意思表示的信息，属于经营者应当主动披露的信息。就本案而言：

第一，系争车辆存在瑕疵。客观上，新车出厂到达4S店的运输途中和销售环节可能会因为刮擦、碰撞等各种原因产生瑕疵。《消费者权益保护法》第二十三条第一款规定，经营者应当保证在正常使用商品或者接受服务的情况下其提供的商品或者服务应当具有的质量、性能、用途和有效期限；但消费者在购买该商品或者接受该服务前已经知道其存在瑕疵，且存在该瑕疵不违反法律强制性规定的除外；第三款规定，经营者提供的机动车、计算机、电视机、电冰箱、空调器、洗衣机等耐用商品或者装饰装修等服务，消费者自接受商品或者服务之日起6个月内发现瑕疵，发生争议的，由经营者承担有关瑕疵的举证责任。被上诉人永达公司承认交付前系争车辆后保险杠存在瑕疵，但辩称可能系厂方出厂运输到4S店过程中形成，且仅为"后保险杠倒车雷达处轻微破损漆面"这一轻微外观瑕疵，对此均未能提供充分证据予以证明。

第二，被上诉人永达公司实施的维修行为已经超出车辆正常售前检测的合理范畴。永达公司提出，其系根据操作规范，在交付系争车辆前作必要的检测时发现瑕疵而实施的喷漆维护，属于正常合理的售前质量检测。法院认为，汽车作为涉及消费者人身、财产安全以及社会公共安全的特殊商品，在交付前确实应当进行必要的售前质量检测，其目的在于判断车辆是否符合应有的安全标准和质量要求。因此，只有属于该目的范围内的检测才可以被归于PDI检测，而不能将其范围任意扩大。永达公司在二审中辩称，其为保证上诉人邓美华取得符合厂方规定的无瑕疵车辆，才对车辆的瑕疵部位进行维护。"拆装后保、后保整喷"项目，是永达公司对车辆进行售前PDI检测时所进行的合理维护，所需工时极少，并非重大维修，

买卖合同纠纷

PDI 维修是生产过程的延续。对此,需要指出,"维护"与"维修"存在重大区别。"维护"是指保全、保护,使免遭到破坏;"维修"是指维护和修理。一方面,永达公司称对系争车辆瑕疵部位进行维护;另一方面,又自认"拆装后保、后保整喷"属于维修项目,存在自相矛盾之处。

本案中,被上诉人永达公司实施的行为是对系争车辆的后保险杠外观瑕疵予以"拆装后保、后保整喷"的维修,该行为与 PDI 检测之间并不存在必然的联系。从常理分析,车辆出厂时应属已检验合格,原装完好,并不需要再实施"拆装后保、后保整喷"的维修,永达公司亦未就此项维修应纳入 PDI 检测的合理性进行举证证明。基于上述分析,永达公司实施的"拆装后保、后保整喷"行为更符合后续修理的特征,已经超出了车辆售前正常维护和 PDI 质量检测的应有含义和合理范畴。

第三,经过维修的系争车辆不符合消费者"新车"认知标准。对于新车的解释,按照一般消费者的心理,指的是全新、未经使用、未经维修的车辆。本案中,超出正常维护范围的拆装后保险杠、漆面维修显然不符合上述一般消费者对于新车的认知和理解。被上诉人永达公司对系争车辆进行的油漆修补与原厂喷漆存在着工艺和质量上的差异,此类维修亦不能使车辆部件和整车外观恢复至原装状态。

根据《消费者权益保护法》关于保护消费者知情权和选择权的有关规定,被上诉人永达公司交付新车的合同义务以及交易上所要求的信义义务,永达公司理应交付未经维修或使用的无瑕疵新车。一旦其交付的车辆存在瑕疵并经维修,永达公司应负有说明义务,须告知上诉人邓美华瑕疵维修的事实;同时邓美华也有权期待永达公司对维修事实作出说明,因为这些信息会对消费者选择权的行使和真实意思表示产生直接影响。按照一般消费心理,消费者通常会放弃购车或在更有利于自己的价格条件下购车。

（二）被上诉人永达公司未履行告知义务，侵犯了上诉人邓美华作为消费者的选择权，使其陷入错误认识，属于故意隐瞒真实情况，构成欺诈

最高人民法院于 2013 年 11 月 8 日公布了 17 号指导性案例"张莉诉北京合力华通汽车服务有限公司买卖合同纠纷案"。该案件的裁判要点明确销售者不能证明已履行告知义务且得到消费者认可的，构成销售欺诈，消费者要求销售者按照消费者权益保护法赔偿损失的，人民法院应予支持。本案中，被上诉人永达公司就车辆瑕疵及维修事实应负有告知义务，但纵览全案真实情况，其并未履行该项义务，使上诉人邓美华陷入错误认识，构成故意隐瞒。对此具体分析如下：

第一，订立合同时，虽然被上诉人永达公司在《订单》上进行了概括性的格式告知，但是不能据此认定其履行了事前的说明义务而因之免责。因为永达公司未以消费者能够接受和理解的方式特别提示 PDI 检测的性质、目的、范围和内容，以及车辆发生质量瑕疵后的修理行为亦包含在 PDI 检测范围内。同时，双方合同约定交付新车，但对于新车的标准，《订单》第四条注明："卖方将车辆交予买方前，已根据厂方要求为该车辆做了交车前 PDI 检测，并根据 PDI 检测结果进行车辆检修、调校，确保该车辆符合厂方新车交付标准。"从该条内容的意思看，双方对车辆交付时符合厂方新车标准的检验标准和方法作了约定。虽然订单经上诉人邓美华签字确认，但该条款系格式条款。永达公司并未采取合理、显著的方式提请邓美华注意免除或者限制其责任的条款，或按照邓美华的要求，对该条款予以说明。该条款实际上排除了邓美华作为消费者的重要权利，即知情权、选择权。因此，该条款属于无效条款。

第二，维修行为发生后，被上诉人永达公司明知系争车辆存在瑕疵并作修理处理，却未在该车交付前向消费者主动披露相关维修信息，导致消费者在购买前并不知悉自己购买的新车存在瑕疵。永达公司却可基于前述《订单》中的格式条款，将实质上的维修行为隐藏在正常的检测和维护流程之中，造成消费者无法对商品情况有全面了解，限制其知情权的行使，

导致消费者在选择是否进行消费时作出的意思表示不能充分体现其自由意志。

第三，上诉人邓美华基于被上诉人永达公司的行为陷入了错误认识。永达公司交付给邓美华的系争车辆在交付前就已经进行过维修，但仍作为新车销售和交付。从车辆销售价格看，邓美华支付对价的前提是永达公司向其交付新车，而非购买存在瑕疵或有维修记录的车辆。然而永达公司却是以当时同型号新车的正常售价将系争车辆销售给邓美华的。作为从事汽车销售的专门机构，永达公司明知系争车辆经过维修而未履行告知义务，且以概括性的格式条款告知为由，误导和欺骗消费者，使消费者基于对知名汽车供应商的信任而陷入错误认识，误以为是新车从而订立买卖合同、受领车辆，其相关行为违反了民事活动中的诚信原则，限制了消费者知情权和选择权的行使，并使消费者因之蒙受损失，应当于法律上加以惩罚和制裁。

另，本案中，上诉人邓美华提出方向盘抖动、车辆跑偏等问题，但表示嗣后未再有相应维修记录，且2016年9月12日维修后保险杠时维修记录显示里程数为1公里，加之一审中案外人一汽大众销售有限公司工作人员对这一现象作出了情况说明，因此，邓美华关于系争车辆交付前已经被使用的理由不足。

二、关于被上诉人永达公司的责任承担

（一）本案应作还款退车处理

《中华人民共和国合同法》第二十五条规定，承诺生效时合同成立。2016年8月30日，上诉人邓美华至被上诉人永达公司下属的永达一汽大众申江店订购CC2.0T豪华型（9912B4）轿车，双方签订了《订单》，就车辆买卖的主要条款达成合意，合同应于当日生效，且嗣后已履行完毕。

《中华人民共和国合同法》第五十四条规定，一方以欺诈、胁迫的手段或者乘人之危，使对方在违背真实意思的情况下订立的合同，受损害方有权请求人民法院或者仲裁机构变更或者撤销。本案中，被上诉人永达公

司在向上诉人邓美华销售系争车辆过程中存在欺诈行为,致使邓美华在违背真实意思的情况下作出意思表示。现邓美华提出退还购车款,故其与永达公司之间形成的买卖合同应当予以撤销。根据《中华人民共和国合同法》第五十八条之规定,合同无效或者被撤销后,因该合同取得的财产,应当予以返还;不能返还或者没有必要返还的,应当折价补偿。邓美华与永达公司签订的车辆买卖合同被撤销后,永达公司应当退还邓美华相应的购车款,邓美华同时应当返还系争车辆。因此,邓美华要求退还购车款25万元的诉讼请求,具有相应的法律依据,予以支持。

(二)被上诉人永达公司须承担车辆三倍价款的惩罚性赔偿责任

《消费者权益保护法》第五十五条规定,经营者提供商品有欺诈行为的,应当按照消费者的要求增加赔偿其受到的损失,增加赔偿的金额为消费者购买商品的价款或者接受服务的费用的三倍。被上诉人永达公司在销售车辆时存在欺诈行为,应当按照上诉人邓美华的要求增加赔偿其受到的损失,增加赔偿的金额为购买车辆的价款25万元的三倍,即75万元。理由如下:第一,从立法目的看,经营者向消费者提供商品或者服务,应当恪守社会公德,诚信经营,保障消费者的合法权益。对于违反诚信的欺诈行为,《消费者权益保护法》明确规定了经营者要向消费者承担三倍价款或者费用的惩罚性赔偿制度。惩罚性赔偿制度设立的目的就是不仅要使受害人所遭受的实际损失得到赔偿和填补,还要让经营者对其欺诈经营行为承担更大的责任,付出更大的代价,从而对其产生惩罚作用,并威慑、警告其他经营者,防止类似或更为严重的商业欺诈行为的发生,从而净化市场环境,保护处于弱势地位的消费者的合法权益。第二,从法条文义看,只要经营者提供商品或者服务有欺诈行为,则需要按照商品价款或接受服务的费用的三倍进行赔偿。该法条未对消费者受到损失的大小进行区分。因此,邓美华要求三倍赔偿的诉讼请求,具有相应的法律依据,予以支持。

综上所述,上诉人邓美华关于被上诉人永达公司未履行告知义务,隐

买卖合同纠纷

瞒系争车辆被维修事实，侵犯其合法权益，构成欺诈消费并应承担相应民事责任的上诉请求成立，予以支持。二审中，邓美华表示自愿放弃对车辆购置税、保险费、代办保险费、上牌报备费、贷款服务费、车辆装饰费等费用的追索，系对自身民事权利的合法处分，予以准许。一审法院认定永达公司不构成消费欺诈并作出驳回邓美华全部诉请的判决不当，依法予以纠正。据此，上海市第一中级人民法院依照《中华人民共和国合同法》第二十五条①、第五十四条②、第五十八条③，《消费者权益保护法》第八条第一款、第九条、第二十三条第一款、第三款、第五十五条，《中华人民共和国民事诉讼法》第一百七十条第一款第二项之规定，于2017年12月4日作出判决：

一、撤销上海市浦东新区人民法院（2016）沪0115民初81221号民事判决；

二、撤销上诉人邓美华与被上诉人上海永达鑫悦汽车销售服务有限公司于2016年8月30日达成的车辆买卖合同；

三、被上诉人上海永达鑫悦汽车销售服务有限公司应于本判决生效之日起十日内返还上诉人邓美华购车款人民币25万元；

四、上诉人邓美华应于本判决生效之日起10日内将所购的大众牌轿车一辆（车辆型号FV7207ZBDBG、车架号LFV3A23C0G3411203、发动机号303698）返还被上诉人上海永达鑫悦汽车销售服务有限公司；

五、被上诉人上海永达鑫悦汽车销售服务有限公司应于本判决生效之日起10日内赔偿上诉人邓美华损失人民币75万元。

本判决为终审判决。

---

① 对应《中华人民共和国民法典》第四百八十三条："承诺生效时合同成立，但是法律另有规定或者当事人另有约定的除外。"

②③ 《中华人民共和国民法典》中无对应法条。

25. 江苏万丰光伏有限公司诉上海广力投资管理有限公司、丁炟焜等买卖合同纠纷案[*]

> 公司在股东认缴的出资期限届满前，作出减资决议而未依法通知债权人，债权人起诉请求股东对公司债务在减资范围内承担补充赔偿责任的，人民法院应予支持

【裁判摘要】

> 注册资本作为公司资产的重要组成部分，既是公司从事生产经营活动的经济基础，亦是公司对外承担民事责任的担保。注册资本的不当减少将直接影响公司对外偿债能力，危及债权人的利益。公司在股东认缴的出资期限届满前，作出减资决议而未依法通知债权人，免除了股东认缴但尚未履行的出资义务，损害了债权人利益。债权人起诉请求股东对公司债务在减资范围内承担补充赔偿责任的，人民法院应予支持。

原告：江苏万丰光伏有限公司。住所地：江苏省扬中市三茅街道。

法定代表人：唐纪美，该公司总经理。

被告：上海广力投资管理有限公司。住所地：上海市同普路。

法定代表人：丁炟焜，该公司执行董事。

被告：丁炟焜（曾用名郭小民），男，51岁，住上

---

[*] 摘自《最高人民法院公报》2018年第12期。

海市闵行区。

被告：丁一，女，51岁，住上海市闵行区。

原告江苏万丰光伏有限公司（以下简称万丰光伏公司）因与被告上海广力投资管理有限公司（以下简称广力投资公司）、丁炟焜、丁一发生分期付款买卖合同纠纷，向江苏省镇江市中级人民法院提起诉讼。

原告万丰光伏公司诉称：2010年2月1日，原告与被告广力投资公司签订《硅料销售合同》一份，约定原告向广力投资公司供应原生多晶硅10吨，单价395元，计人民币395万元，广力投资公司于合同签订后3个工作日内支付100万元，剩余货款应于2010年2月28日前支付。合同订立后，原告履行供货义务，但广力投资公司付款159万元后再未支付。在原告的一再催要下，双方协商就欠款本息达成一致意见：截至2012年10月25日，广力投资公司共计欠原告本息380万元，由广力投资公司分期偿还；如广力投资公司未按还款计划执行，原告有权一次性要求广力投资公司偿还全部本息。时至今日，广力投资公司仍拖欠本金236万元，截至2014年4月10日迟延付款利息为152.8016万元（此后利息按同期银行贷款利率的2倍支付利息）。因被告丁炟焜、丁一作为抽减出资的股东，应对债务承担担保责任。综上，请求判令被告支付货款236万元，截至2014年4月10日，迟延付款利息152.8016万元，其余利息按协议约定支付至还款之日止。

被告广力投资公司辩称：（1）原告万丰光伏公司起诉时间是2013年7月，起诉时债务未到履行期限，当时广力投资公司并未违约，第二期的还款期限是2013年9月。原告的起诉无事实依据。（2）我方不知道利息的计算方式，且金额过高。

被告丁炟焜、丁一辩称：原告万丰光伏公司没有明确丁炟焜、丁一应承担的担保责任，没有事实和理由要求丁炟焜、丁一对公司的债务承担连带担保责任。丁炟焜、丁一不应当对被告广力投资公司的债务承担担保责任。

江苏省镇江市中级人民法院一审查明：2010年2月1日，原告万丰光伏公司与被告广力投资公司签订《硅料销售合同》一份，约定原告向广力投资公司供应原生多晶硅10吨，单价395元，计人民币395万元，广力投资公司于合同签订后3个工作日内支付100万元，剩余货款应于2010年2月28日前支付。合同订立后，原告履行供货义务，但广力投资公司只付款124万元。2012年10月26日，被告广力投资公司出具《还款计划》一份，载明：截至2012年10月25日，广力投资公司共计欠原告本息380万元，由广力投资公司分期偿还；于2012年10月30日前付款10万元，2012年11月至2013年9月每月还款30万元，并于次月底还清。若广力投资公司正常执行上述还款计划，原告免除2012年10月26日以后的利息，如果广力投资公司未按上述还款计划执行，则向原告公司按同期银行贷款利率的2倍支付利息，原告有权一次性要求被告偿还全部本息。协议订立后，广力投资公司还款35万元，仍拖欠本金236万元。

被告广力投资公司设立于2009年1月，注册资本2500万元，其中被告丁一认缴额2000万元，实际出资400万元，持股比例80%，被告丁炟焜认缴额500万元，实际出资100万元，持股比例20%。2010年11月19日，广力投资公司作出股东减资决定，注册资本由2500万元减少至500万元，丁一、丁炟焜持股比例不变。广力投资公司作出减资决议后未通知原告万丰光伏公司。2011年1月20日，广力投资公司存于工商档案的《有关债务清偿及担保情况说明》载明，该公司在《上海商报》刊登了减资公告，广力投资公司及丁炟焜、丁一承诺，未清偿债务及担保债权，由公司继续负责清偿，并由全体股东在法律规定范围内提供相应担保。后广力投资公司办理了工商变更登记手续。

江苏省镇江市中级人民法院一审认为：本案一审的争议焦点为：（1）被告丁一、丁炟焜是否应对被告广力投资公司所欠货款承担责任；（2）广力投资公司应当承担的利息标准。

原告万丰光伏公司与被告广力投资公司签订《硅料销售合同》合法有效，双方均应依约履行。原告签订合同后，依约履行了供货义务，现被告广力投资公司尚欠货款236万元事实清楚。广力投资公司于2012年10月26日出具的《还款计划》，是其真实意思表示，原告主张的截至2014年4月10日利息损失152.8016万元（此后利息按同期银行贷款利率的2倍支

买卖合同纠纷

付利息),未超出还款计划的约定,也不违反法律规定,应予以认可。

被告广力投资公司注册资本 2500 万元,但被告丁一、丁炟焜均只交纳应交出资额的 20%。2010 年 11 月 19 日,广力投资公司对注册资本进行了减资,将公司注册资本从 2500 万元减资至 500 万元,但并未依照公司法规定通知原告,且只在当地报纸进行公告,其减资行为存在瑕疵,对原告万丰光伏公司债权人的利益形成侵害。同时,存于工商档案中的情况说明中承诺广力投资公司及丁炟焜、丁一在减资时未清偿债务及担保债权,由公司继续负责清偿,并由全体股东在法律规定范围内提供相应担保。故丁一、丁炟焜作为股东,应在其减资额度内对广力投资公司所欠原告货款承担补充赔偿责任。丁一、丁炟焜系广力投资公司股东,与原告不存在直接的法律关系,故原告要求丁一、丁炟焜对公司债务承担连带责任的主张不予支持。

综上,江苏省镇江市中级人民法院依照《中华人民共和国合同法》第四十四条第一款①、第一百零九条②、第一百一十四条③,《中华人民共和国公司法》第一百七十八条,《中华人民共和国民事诉讼法》第一百四十二条之规定,于 2014 年 11 月 26 日作出判决:

一、被告上海广力投资管理有限公司于本判决生效之日起 10 日内支付原告江苏万丰光伏有限公司货款 236 万元、截至 2014 年 4 月 10 日利息 152.8016 万元(此后利息按中国人民银行同期贷款利率的 2 倍支付至给付之日止);

二、被告丁炟焜、丁一对被告上海广力投资管理有限公司上述款项不

---

① 对应《中华人民共和国民法典》第五百零二条第一款:"依法成立的合同,自成立时生效,但是法律另有规定或者当事人另有约定的除外。"

② 对应《中华人民共和国民法典》第五百七十九条:"当事人一方未支付价款、报酬、租金、利息,或者不履行其他金钱债务的,对方可以请求其支付。"

③ 对应《中华人民共和国民法典》第五百八十五条:"当事人可以约定一方违约时应当根据违约情况向对方支付一定数额的违约金,也可以约定因违约产生的损失赔偿额的计算方法。约定的违约金低于造成的损失的,人民法院或者仲裁机构可以根据当事人的请求予以增加;约定的违约金过分高于造成的损失的,人民法院或者仲裁机构可以根据当事人的请求予以适当减少。当事人就迟延履行约定违约金的,违约方支付违约金后,还应当履行债务。"

能给付部分,在其减资范围内承担补充赔偿责任。

广力投资公司、丁炟焜、丁一不服一审判决,向江苏省高级人民法院提起上诉称:(1)广力投资公司减资符合法律规定,不存在瑕疵。广力投资公司减资后通知了被上诉人万丰光伏公司时任总经理王高翔,且万丰光伏公司现任法定代表人唐纪美对广力投资公司减资也是知情的,故在2012年10月26日广力投资公司出具《还款计划》时,万丰光伏公司未要求广力投资公司的股东对还款承担保证责任,已经放弃要求股东提供担保。(2)根据《还款计划》和原审查明的事实,在2012年10月26日前,广力投资公司已经支付货款124万元,未付款项为271万元,但《还款计划》却表述为380万元,差额为109万元,显然与事实不符。《还款计划》系由万丰光伏公司书写后交广力投资公司盖章,并非广力投资公司的真实意思表示。万丰光伏公司变更后的诉讼请求所对应的利息是按人民银行同期利率的4倍计算的,但其并无证据证明双方就此达成了合意,原审判决予以支持,缺乏法律依据。《还款计划》中关于以380万元为基数按中国人民银行同期贷款基准利率的2倍计算利息的约定属于利滚利的条款,违反法律规定,应属无效。(3)在减资前,万丰光伏公司与广力投资公司并未约定案涉债务的利息,而《还款计划》系在减资后形成且其中涉及高息内容,因此,即使丁炟焜、丁一要对广力投资公司的债务承担补充责任,也仅是针对减资前发生的债务,即减资前债务本金及按银行同期贷款基准利率计算的利息,就《还款计划》中超过银行同期贷款基准利率计算的利息之外的利息,丁炟焜、丁一不应承担责任。综上,请求二审法院:(1)撤销原审判决第一项,改判广力投资公司于判决生效之日起10日内支付万丰光伏公司货款236万元及按中国人民银行同期贷款利率计算的利息。(2)撤销原审判决第二项,改判驳回万丰光伏公司的其他诉讼请求。(3)二审案件受理费由万丰光伏公司承担。

被上诉人万丰光伏公司辩称:上诉人广力投资公司、丁炟焜、丁一的各项上诉理由均不能成立。(1)广力投资公司、丁炟焜、丁一未提供证据证明广力投资公司在减资时通知了万丰光伏公司的经理或万丰光伏公司的法定代表人对其减资是知情的,实际情况是广力投资公司、丁炟焜、丁一

买卖合同纠纷

从未通知或告知万丰光伏公司。(2) 一审中,万丰光伏公司已详细说明152.8016万元利息的计算过程,并未对广力投资公司欠款的本金进行重复计算,《还款计划》虽然约定以380万元为基数,按照银行贷款利率双倍计算利息,但万丰光伏公司事实上并未按照该条款所约定的380万元本金来计算利息。(3) 万丰光伏公司在与广力投资公司发生合同往来时,对应的是具有注册资本2500万元的民事主体,而广力投资公司减资时,广力投资公司、丁炟焜、丁一未履行向公司债权人发出书面通知的义务、隐瞒减资事实,减资后注册资本仅为500万元,明显损害万丰光伏公司的合法权益,广力投资公司及其股东丁炟焜、丁一应向万丰光伏公司承担相应的法律责任。(4) 根据丁炟焜、丁一在工商管理部门出具的有关担保情况说明,其应当对减资前广力投资公司所负债务承担担保责任。(5) 广力投资公司出具的《还款计划》中涉及的利息是广力投资公司所欠万丰光伏公司合同价款的从债务,从债务应依附于主债务,由债务人一并向债权人进行履行。综上,原审判决认定事实清楚,适用法律正确,请求驳回上诉、维持原判。

江苏省高级人民法院经二审,确认了一审查明的事实。

另查明:

1. 根据上诉人广力投资公司工商登记备案的2008年12月1日章程,上诉人丁一认缴出资额2000万元,实际出资额400万元,剩余资金在2010年12月1日之前出资;上诉人郭小民(丁炟焜)认缴出资额500万元,实际出资额100万元,剩余资金在2010年12月1日之前出资。根据广力投资公司工商登记备案的2010年11月19日股东会决议,广力投资公司注册资本由2500万元减至500万元,其中股东丁一减少认缴出资1600万元;股东郭小民(丁炟焜)减少认缴出资400万元。广力投资公司于同日对其章程进行了修正。

2. 上诉人广力投资公司、丁炟焜、丁一确认在2012年10月26日出具《还款计划》时,丁炟焜、丁一是广力投资公司的股东。

3. 2012年10月26日《还款计划》出具前,上诉人广力投资公司分15笔向被上诉人万丰光伏公司付款合计124万元。《还款计划》出具后,广力投资公司分别于 2012 年 11 月 6 日、2013 年 2 月 7 日、2013 年 7 月 25 日、2013 年 7 月 26 日分别付款 10 万元、5 万元、16 万元、4 万元，合计 35 万元。

江苏省高级人民法院二审认为：本案二审的争议焦点：（1）原审判决广力投资公司应向万丰光伏公司支付的利息数额及计算方法是否合法正确；（2）原审判决丁炟焜、丁一对万丰光伏公司的还款责任在其减资范围内承担补充赔偿责任，是否合法正确。如果丁炟焜、丁一应对万丰光伏公司的还款责任在其减资范围内承担补充赔偿责任，对应的具体还款责任范围是什么？

1. 原审判决广力投资公司应向万丰光伏公司支付的利息数额及计算方法合法正确。

首先，上诉人广力投资公司在 2012 年 10 月 26 日向被上诉人万丰光伏公司出具《还款计划》，确认截至 2012 年 10 月 25 日，广力投资公司共计欠万丰光伏公司本息 380 万元，而根据广力投资公司与万丰光伏公司 2010 年 2 月 1 日签订的《硅料销售合同》，广力投资公司应于该合同签订后 3 个工作日内向万丰光伏公司支付货款 100 万元，剩余 295 万元应在 2010 年 2 月 28 日前付清，但至 2012 年 10 月 26 日广力投资公司出具《还款计划》时，其仅付款 124 万元，尚有 271 万元货款本金未付。据此，且不论广力投资公司在支付合同约定的首期货款 100 万元过程中存在拖延而产生的利息问题，仅就自 2010 年 3 月 1 日起拖延未付的 271 万元货款本金而言，至 2012 年 10 月 25 日，按照中国人民银行同期同类贷款基准利率的 4 倍计算的利息，即已超过 109 万元（380－271＝109 万元）。故《还款计划》所载截至 2012 年 10 月 25 日的本息 380 万元中所包含的利息金额并未超过按照中国人民银行同期同类贷款基准利率 4 倍计算的利息，合法有效。

其次，就 2012 年 10 月 26 日起的利息，因《还款计划》言明，如果上诉人广力投资公司未按还款计划执行，则应向被上诉人万丰光伏公司按同期银行贷款利率的 2 倍支付利息，结合广力投资公司于 2012 年 11 月 6 日、2013 年 2 月 7 日、2013 年 7 月 25 日、2013 年 7 月 26 日分别付款 10 万元、5 万元、16 万元、4 万元的事实，原审判决"广力投资公司于判决生效之

买卖合同纠纷

日起10日内支付万丰光伏公司货款236万元、截至2014年4月10日利息152.8016万元（此后利息按中国人民银行同期贷款利率的2倍支付至给付之日止）"的实体处理结果符合前述约定及具体还款的情况，并不存在以380万元作为本金计算利息的情形，且自2014年4月10起以236万元本金按中国人民银行同期同类贷款基准利率的2倍计算利息与《还款计划》相符，具有事实依据，合法正确。

综上，上诉人广力投资公司关于原审判决的利息存在支持被上诉人万丰光伏公司利滚利以及按超过中国人民银行同期同类贷款基准利率的4倍计算利息的情形的主张，缺乏事实依据，且与事实不符，对此依法不予支持。

2. 原审判决丁炟焜、丁一对万丰光伏公司的还款责任在其减资范围内承担补充赔偿责任合法正确。

《中华人民共和国民事诉讼法》第六十四条第一款规定，当事人对自己提出的主张，有责任提供证据。上诉人广力投资公司、丁炟焜、丁一主张其曾告知被上诉人万丰光伏公司时任总经理王高翔广力投资公司减资事宜，并主张万丰光伏公司现任法定代表人唐纪美对广力投资公司减资也是知情的，但并未提供证据加以证明，故不予采信。

关于上诉人丁炟焜、丁一是否应在减资范围内承担补充赔偿责任的问题。《中华人民共和国公司法》第三条规定，公司是企业法人，有独立的法人财产，享有法人财产权。公司以其全部财产对公司的债务承担责任。有限责任公司的股东以其认缴的出资额为限对公司承担责任；股份有限公司的股东以其认购的股份为限对公司承担责任。第一百七十七条规定，公司需要减少注册资本时，必须编制资产负债表及财产清单。公司应当自作出减少注册资本决议之日起10日内通知债权人，并于30日内在报纸上公告。债权人自接到通知书之日起30日内，未接到通知书的自公告之日起45日内，有权要求公司清偿债务或者提供相应的担保。据此，我国《中华人民共和国公司法》在明确公司股东的有限责任制的同时，也明确应依法保护公司债权人的合法权益。公司注册资本既是公司股东承担有限责任的基础，也是公司的交易相对方判断公司的财产责任能力的重要依据，公司股东负有诚信出资以保障公司债权人交易安全的责任，公司减资时对其债权人负有根据债权人的要求进行清偿或提供担保的义务。本案中，在上诉人广力投资公司与被上诉人万丰光伏公司发生硅料买卖关系时，广力投资公司的注册资本为2500万元，后广力投资公司注册资本减资为500万元，减少的2000万元是丁炟焜、丁一认缴的出资额，如果广力投资公司在减资时依法通知其债权人万丰光伏公司，则万丰光伏公司依法有权要求广力投资公司清偿债务或提供相应的担保，万丰光伏公司作为债权人的上述权利并不因广力投资公司前期出资已缴付到位、实际系针对出资期限未届期的出资额进行减资而受到限制。但广力投资公司、丁炟焜、丁一在明知广力投资公司对万丰光伏公司负有债务的情形下，在减资时既未依法通知万丰光伏公司，亦未向万丰光伏公司清偿债务，不仅违反了上述《中华人民共和国公司法》第一百七十七条的规定，也违反了上述《中华人民共和国公司法》第三条"有限责任公司的股东以其认缴的出资额为限对公司承担责任"的规定，损害了万丰光伏公司的合法权益。而基于广力投资公司的法人资格仍然存续的事实，原审判决广力投资公司向万丰光伏公司还款，并判决广力投资公司股东丁炟焜、丁一对广力投资公司债务在其减资范围内承担补充赔偿责任，既符合上述公司法人财产责任制度及减资程序的法律规定，又与《最高人民法院关于适用〈中华人民共和国公司法〉若干问题的规定（三）》第十三条第二款关于"公司债权人请求未履行或未全面履行出资义务的股东在未出资本息范围内对公司债务不能清偿的部分承担补充赔偿责任的，人民法院应予支持"的规定一致，合法有据。

基于上诉人广力投资公司违约延期付款给被上诉人万丰光伏公司造成损失的客观事实，以及股东负有诚信出资担保责任以保障公司债权人的交易安全的基本法律原则，在广力投资公司减资未依法通知债权人万丰光伏公司的情形下，判令上诉人丁炟焜、丁一在减资范围内对广力投资公司不能还款部分承担补充赔偿责任，既未超出丁炟焜、丁一认缴的出资额，也与其在减资过程中向工商管理部门出具的关于"在法律规定的范围内提供相应的担保"的说明不悖，未超过其合理预期，合法正确。

关于上诉人丁炟焜、丁一承担补充赔偿责任的范围是否应当包括减资

买卖合同纠纷

后上诉人广力投资公司向被上诉人万丰光伏公司出具的《还款计划》所列按中国人民银行同期同类贷款基准利率计算的利息之外的利息的问题。法院认为：（1）丁炟焜、丁一确认其在广力投资公司出具《还款计划》时仍是广力投资公司的股东，换言之，当时该公司仅有两名股东，即丁炟焜、丁一。在丁炟焜、丁一是广力投资公司仅有的两名股东的情形下，该二人以其未在广力投资公司出具的《还款计划》上签名为由，主张其不知晓《还款计划》，显然缺乏依据。由此，应认定丁炟焜、丁一明确知晓广力投资公司出具的《还款计划》，且广力投资公司出具《还款计划》并不有违其意愿。（2）根据前述关于焦点一的分析论述，原审判决丁炟焜、丁一承担补充赔偿责任所对应的金额及利息在广力投资公司出具的《还款计划》对应的款项范围内，均未超过按中国人民银行同期同类贷款基准利率4倍计算的利息，于法不悖；系基于广力投资公司违约逾期付款给万丰光伏公司造成损失的事实作出，客观有据；并不存在损害广力投资公司其他债权人利益的情形，合法适当。

综上，上诉人广力投资公司、丁炟焜、丁一的上诉请求缺乏事实及法律依据，依法不予支持。原审判决认定事实清楚、适用法律正确，依法应予维持。江苏省高级人民法院依照《中华人民共和国公司法》第三条、第一百七十七条，《中华人民共和国民事诉讼法》第六十四条第一款、第一百七十条第一款第一项，《最高人民法院关于适用〈中华人民共和国民事诉讼法〉的解释》第二百三十二条之规定，于2015年6月3日作出判决：

驳回上诉，维持原判。

本判决为终审判决。

26. 刘智超诉同方知网（北京）技术有限公司买卖合同纠纷案*

> 经营者作出的最低充值金额限制条款效力的认定

【关键词】

民事　消费者权益保护　格式条款　最低充值额限制　无效

【裁判摘要】

经营者以格式条款等方式设定的最低充值金额限制，占用了消费者的资金，额外增加了消费者申请退款时的负担，侵犯了消费者的自主选择权和公平交易权，系对消费者不公平、不合理的规定，应当认定无效。

【相关法条】

《中华人民共和国消费者权益保护法》第九条第一款　消费者享有自主选择商品或者服务的权利。

第十条第一款　消费者享有公平交易的权利。

第十六条第三款　经营者向消费提供商品或者服务，应当恪守社会公德，诚信经营，保障消费者的合法

＊ 摘自《人民法院案例选》2020年第8辑（总第150辑），人民法院出版社2021年版，第87~94页。

权益;不得设定不公平、不合理的交易条件,不得强制交易。

第二十六条第二款、第三款 经营者不得以格式条款、通知、声明、店堂告示等方式,作出排除或者限制消费者权利、减轻或者免除经营者责任、加重消费者责任等对消费者不公平、不合理的规定,不得利用格式条款并借助技术手段强制交易。

格式条款、通知、声明、店堂告示等含有前款所列内容的,其内容无效。

【案件索引】

一审:江苏省苏州市姑苏区人民法院(2018)苏 0508 民初 7333 号(2019 年 1 月 30 日)

【基本案情】

原告刘智超诉称:原告在被告同方知网(北京)技术有限公司(以下简称同方知网公司)运营的中国知网下载文献时,网页提示需付费 7 元,其随后进入中国知网"充值中心"。充值中心提供了支付宝、微信、银联在线等不同的充值方式,但均设置了 10 元至 50 元不等的最低充值金额限制。后原告通过支付宝充值 50 元,中国知网充值中心对于用支付宝方式充值的最低额限制设定为 50 元。2018 年 10 月 21 日,原告电话联系中国知网的客服,询问是否可以自定义充值及账户余额能否退还,客服答复不可以自定义充值。对于多余的金额可以退还,但退款周期长,还需扣除一定的手续费。原告认为,中国知网作出的最低充值金额限制侵犯了其权益,请求法院认定同方知网公司制定的最低充值金额限制条款无效,并退还其账户余额人民币 43 元。

被告同方知网公司辩称:最低充值额限制是一种商业惯例,不同充值方式所设定的最低限额和阶梯充值金额是出于为用户使用效率考虑,这样可以大幅减少每篇文章的付费操作次数,毕竟多数用户会重复下载或阅读文献,该方式执行多年来也得到用户认可。鉴于实践中确实存在小额付费的用户需求,我方即将增加 0.5 元短信充值的支付方式选项,并在研发单篇付费系统,目前正在测试。我方已经将原告账户余额41元退至原告的付款账户。

法院经审理查明:2017年5月9日,刘智超在同方知网公司运营的中国知网(www.cnki.net)上通过支付宝充值50元,中国知网充值中心对于用支付宝方式充值的最低额限制设定为50元。后刘智超于充值当日至2018年6月2日期间在中国知网合计消费9元,账户余额共41元。2018年10月21日,刘智超电话联系中国知网的客服,询问是否可以自定义充值及账户余额能否退还,客服答复不可以自定义充值,不同的充值方式对于最低充值金额有不同规定。对于多余的金额可以退还,但退款周期长,还需扣除一定的手续费,如需继续使用中国知网,建议先不退款。2018年11月6日,刘智超以中国知网作出的最低充值金额限制及账户余额不能退还的规定侵犯其权益为由将同方知网公司起诉至法院。2018年11月26日,同方知网公司将余额41元退还至刘智超的支付宝账户。

另查明:中国知网充值中心上列明多种充值方式:支付宝、微信支付、银联在线、会员卡、神州行卡、汇付天下、移动短信、银行电汇、邮局汇款等,其中支付宝的充值最低限额为50元,其他部分支付方式也设定了不同金额的最低充值额限制。中国知网在其帮助中心网页"答读者问"一栏第19条写道:"个人用户没使用完的金额是否可以退订?账户余额不支持转出功能,购买的充值金额没有时间限制,用完为止。"刘智超提起本案诉讼后,同方知网公司将该问答内容删除。

【裁判结果】

江苏省苏州市姑苏区人民法院于2019年1月30日作出(2018)苏0508民初7333号民事判决:认定被告同方知网公司在其经营的中国知网(www.cnki.net)充值中心关于最低充值额限制的规定无效,并驳回刘智超的其他诉讼请求。本案适用小额诉讼程序,现已发生法律效力。

【裁判理由】

法院生效裁判认为:同方知网公司在中国知网上关于最低充值金额限

制的规定导致消费者为购买价格仅为几元的文献需最低充值10元至50元，虽然账户余额可以退还，但同方知网公司称退还需扣除手续费。该网站对于最低充值金额的设定占用了消费者的多余资金，且收取退款手续费也额外增加了消费者申请退款时的负担。故该最低充值金额限制侵犯了消费者的自主选择权，限制了消费者的权利，是对消费者不公平、不合理的规定，应认定无效。

【案例注解】

最低充值金额限制这一做法一直存在于众多的消费场合，被众多经营者作为商业惯例采用。虽然隐隐觉得这种做法不妥，但由于大多数最低充值金额较低，又考虑到维权程序之复杂，一般消费者都予以容忍，导致这一做法有愈演愈烈之势。

本案被告是同方知网公司，其运营的中国知网是我国最大的文献数据库。原告刘智超是一名大学生，他在使用知网的过程中，发现知网在充值页面设置了最低充值金额限制。原告认为该限制不合理，侵犯了他作为消费者的合法权益，便将同方知网公司诉至了法院。双方争议的焦点主要在于，同方知网公司关于最低充值金额限制的规定是否有效。笔者试从以下几个方面进行分析：

一、最低充值金额限制侵犯了消费者的自主选择权和公平交易权

（一）消费者的自主选择权和公平交易权依法受到保护

消费者的自主选择权和公平交易权是消费者在市场交易中所享有权利的集中体现，也是消费者受法律保护的所有权利中最基础、最核心的权利。

1. 消费者的自主选择权。《消费者权益保护法》第九条规定了消费者享有自主选择商品或者服务的权利，具体表现在其有权自主选择商品或者服务的经营者，有权选择商品品种和接受服务的内容及方式，有权决定是

否购买任何一种商品和接受任何一种服务,其他人不得干涉和阻挠,有权在选择商品或服务时对其样式、价格等进行同类比较、挑选。应该说,消费者的自主选择权强调了消费者在购买商品或接受服务过程中的自由意志,是民法意思自治原则在消费领域的集中体现。① 市场经济条件下,自主选择权不仅是对消费者物质利益的基本保障,更是对消费者人格尊严等精神利益的尊重和保护,是社会文明的象征。②

具体而言,自主选择权从本质上来看具有两个明显的特点:第一,主观上的自愿性;第二,客观上的自由性。主观自愿性强调消费者的行为是其主观自愿作出选择的结果。自主选择权的核心在于自愿,购买与否、购买什么的决定权应完全掌握在消费者手里。③ 客观上的自由性,即不受他人的诱导、强迫、威逼、欺骗等非法干涉。但消费者自主选择权的行使受到自身判断能力、信息筛选能力和诸多外界因素影响。这就要求经营者为消费者进行选择提供充分的条件和可能。④

2. 消费者的公平交易权。交易公平,是指消费者在与经营者的交易中能够获得公正、平等的对待,消费者获得的商品和服务与其支付的货币按照一般的观念在价值上是平衡的、相当的。⑤ 作为市场经济的一项准则,交易公平并非仅仅偏向保护消费者,应该说达到交易公平对经营者和消费者来说是一种双赢。如果经营者与消费者之间不公平的交易行为长期存在,不仅会影响消费者的积极性,也会因消费需求不足而阻碍生产的发展,最终损害经营者的利益。⑥ 据此,《消费者权益保护法》第十条规定消费者享有公平交易的权利。从该条的表述看来,消费者的公平交易权主要

---

① 韩焕玲:《消费者的自主选择权:从 QQ 与 360 大战说开去》,载《经济研究导刊》2011 年第 7 期。
② 柴伟伟:《论电信消费者自主选择权的法律保护》,载《河北法学》2015 年第 6 期。
③ 孙虹主编:《消费者保护法》,清华大学出版社 2008 年版,第 69 页。
④ 韩焕玲:《消费者的自主选择权:从 QQ 与 360 大战说开去》,载《经济研究导刊》2011 年第 7 期。
⑤ 李昌麒、许明月主编:《消费者保护法》(第二版),法律出版社 2005 年版,第 43 页。
⑥ 李适时主编:《中华人民共和国消费者权益保护法释义》(最新修正版),法律出版社 2013 年版,第 38 页。

体现在交易条件公平和有权拒绝经营者的强制交易行为。公平交易权关系到消费者的切身利益。消费者以满足生活需求而购买商品或接受服务,但是在出于对消费品的强烈需求而必须购买相应产品或服务时,他们往往不得不接受不公平的交易条件。①

(二) 最低充值金额限制侵犯了消费者的自主选择权和公平交易权

本案中,刘智超真实的意思表示仅仅为支付7元来购买价值7元的文献。而因为同方知网公司设置的最低充值金额规定,客观上导致了刘智超真实意思的实现必须以预先多支付明显高于单篇文献价格的金额为代价,如果刘智超不接受该规定,则无法实现其购买文献的需求。因此,刘智超不得不选择充值50元。他的真实意思表示无法体现,这次消费违背了他的主观自愿;而由于网站设置的支付宝支付的最低充值金额限制为50元,使其在消费中也丧失了客观上的自由性。作为任何一个经营者,都不得强迫用户选择或者不选择自己的服务,也不得强迫用户放弃其他经营的服务。②据此,我们认为刘智超作为消费者的自主选择权已经受到了侵害。

本案的情形也属于预付式消费。在预付式消费中,消费者往往预付较大金额费用,然后分多次消费,当消费者较早停止消费后,即使商家无过错,但商家已经占用了相当于后续商品或服务的大部分资金,而商家无须提供后续商品或服务的对价,却仍然将这些资金全部占为己有,不符合公平原则。同方知网公司通过设置最低充值金额规定,拒绝向原告刘智超提供购买单篇文献的服务,应视为设定了不公平、不合理的交易条件,同时也侵犯了刘智超的公平交易权。被告同方知网公司虽未通过诱导、胁迫、欺诈等不正当方式干涉,但其运营的中国知网在文献数据领域具有相当的优势地位,且受众面较广,是众多群体日常工作及学习的重要信息资源平台,刘智超也正是迫于此,为了下载几元的文献,不得不接受被告的最低

---

① 孙益莎:《浅议网络消费中的公平交易权》,载《北方经济》2012年第6期。
② 韩焕玲:《消费者的自主选择权:从QQ与360大战说开去》,载《经济研究导刊》2011年第7期。

充值额限制。

值得注意的是，同方知网公司辩称，知网提供了多种充值方式，有的充值方式最低限额系 10 元，而银行电汇、邮局汇款及书刊超市订阅可以对任意金额进行结算。这看似把自主选择权交给用户，让用户有很多种不同选择，也似乎能够让用户在众多选择中选择最方便的形式来进行充值，但实际上，是以其在网络检索及期刊资源等方面的优势地位，以其拥有的海量资源相要挟，强迫用户作出选择，必须接纳某一种最低充值金额消费方式。同方知网公司是抓住了用户已经对知网形成了依赖，以提供多种途径的形式来强迫用户必须作出选择。消费者从同方知网公司这里得到的"自主选择"是在"无路可选"的情况下作出的被逼无奈的选择。

二、最低充值金额限制不应认定为交易习惯

被告同方知网辩称最低充值金额限制是一种"商业惯例"，认为多年来已经成为知网和消费者之间的一种交易习惯。但所谓的商业惯例并不必然属于合同法意义上的交易习惯。

（一）商业惯例与交易习惯

根据《最高人民法院关于适用〈中华人民共和国合同法〉若干问题的解释（二）》（已失效）第七条第一款的规定，"交易习惯"是指不违反法律、行政法规强制性规定的，在交易行为当地或者某一领域、某一行业通常采用并为交易对方订立合同时所知道或者应当知道的做法，以及当事人双方经常使用的习惯做法。

而学理上的通说认为，惯例或习惯都是一种行为模式，是为了达到一定的利益诉求。惯例通常是既有利于自己的利益，同时又与其他利益相关者的正当利益不相冲突。在此前提下，惯例是一种经济上节约、法律上又合法的行为模式。只有符合既便捷又合法的惯例，才具有法律效力。亦即被告同方知网公司口中的"商业惯例"，只有符合了法定条件，才能被认定为交易习惯，并最终对消费者产生效力。

买卖合同纠纷

（二）最低充值金额限制不属于交易习惯

首先，交易习惯不得违背法律、行政法规的强制性规定。本案中，最低充值金额限制虽然可以减少用户的充值次数，减少同方知网公司与第三方支付平台之间的手续费，但该做法占用了消费者的多余资金，且收取退款手续费也增加了消费者的负担，侵害了消费者的自主选择权和公平交易权，违反了《消费者权益保护法》的相关规定。

其次，根据《最高人民法院关于适用〈中华人民共和国合同法〉若干问题的解释（二）》（已失效）第七条第二款的规定，对于交易习惯，由提出主张的一方当事人承担举证责任。同方知网公司虽然提出了最低充值金额限制是一种商业惯例，但并未提供证据予以证明。

综上，同方知网公司认为最低充值金额限制系商业惯例，可被作为交易习惯使用，系对这一概念的曲解。

三、以格式条款等方式设定的最低充值金额限制应认定无效

（一）排除或者限制消费者权利的格式条款无效

格式合同形式简洁、快捷高效，已经成为现代社会中广泛采用的交易形式。但制定格式条款的一方有绝对的优势地位，使其有可能将预定的格式条款强加于对方，从而排除或降低双方就格式条款进行协商的可能性。① 尤其是在消费领域，经营者作为格式条款的制定者，有时会利用其在买卖合同关系中控制商品、掌握信息等资源的优势地位，将一些不利于消费者的条款订入合同，以使自己享有更多的权利、承担更少的责任。据此，《消费者权益保护法》为保护消费者的合法权益，在第二十六条规定了禁止经营者以格式条款等方式免责。该条具体规定了经营者使用格式条款时的具体义务，包括：提示说明义务、禁止使用对消费者"不公平、不合理"的格式条款，同时也规定了违反本条义务的法律责任。值得注意的

---

① 崔建远：《合同法》（第二版），北京大学出版社2013年版，第51页。

是，经营者违反提示说明义务的，所涉条款不构成合同内容，对消费者不发生法律效力，性质上属于可撤销条款。而若经营者使用了对消费者"不公平、不合理"的格式条款，则是因为违反了法律的强制性规定，而自始无效。

（二）经营者单方设定的最低充值金额限制条款无效

1. 同方知网公司关于最低充值金额限制的规定属于格式条款。本案中，原、被告之间系以信息网络方式订立的买卖合同，同方知网公司在刘智超付费购买文献时设置的最低充值金额规定实际构成了买卖合同的内容，该规定面对不特定第三人、为重复使用而预先设置，其具体内容定型化且消费者无法与其进行协商，系带有网络支付特征的格式条款，故该规定也应合乎上述法律关于格式条款的规定。

2. 该格式条款限制消费者权利、加重消费者责任，系对消费者不公平、不合理的规定。正如前文所述，同方知网公司的最低充值金额限制，利用了消费者对知识资源的需求、对中国知网的信任及其在行业内的优势地位，迫使消费者在购买服务时进行预付款，该行为客观上导致了消费者需要承担余款长时间不能退回、不能全款退回的负担，加重了消费者的责任，限制了消费者权利，侵犯了消费者的自主选择权和公平交易权，系对消费者不公平、不合理的规定。

3. 该格式条款应认定无效。《消费者权益保护法》第二十六条第三款规定，格式条款等含有前款所列内容的，其内容无效。经营者单方设定的最低充值金额限制条款，属于前款所列的对消费者不公平、不合理的规定，应认定为无效。

本案判决生效后，中国知网也及时更新了网站的支付页面，增加了自定义充值，改进了余额退还业务。应该说，中国知网作为中国知识基础设施工程，正在成为越来越多群体日常工作和学习的平台。作为中国知网运营商的同方知网公司，也应承担起自身作为知识资源平台的企业责任，摒弃不符合法律规定的做法，提升服务能力及服务水平。本案对于辨明是非，规范经营者的经营行为，限制经营者滥用所谓"商业惯例"，防止部

买卖合同纠纷

分经营者借机利用其商业优势,调高最低充值额限制,迫使消费者接受其不合理要求等具有重要意义。

（一审法院独任审判员　翁迎晓
编写人　江苏省苏州市姑苏区人民法院　翁迎晓
江苏省高级人民法院　戴鲁霖
责任编辑　杨　奕
审稿人　范明志）

27. 东方电气集团东方汽轮机有限公司与大庆高新技术产业开发区大丰建筑安装有限公司、大庆大丰能源技术服务有限公司买卖合同纠纷案[*]

▶ 买卖的货物交付后，买受人已经使用标的物且未在约定的质量保证期内提出质量异议，却以货物存在质量问题为由拒绝付款的，不予支持

【裁判摘要】

> 买卖的货物交付后，买受人已经使用标的物且未在约定的质量保证期内提出质量异议，当出卖人要求买受人支付欠付货款、退还质保金时，买受人以货物存在质量问题为由主张行使先履行抗辩权拒绝付款的，不予支持。
>
> 交付技术材料是卖方负有的从给付义务，卖方违反该义务，买方可以主张相应的违约责任。卖方违反从给付义务但并未影响买方对所买货物正常使用，不影响合同目的实现的，买方不能基于卖方违反从给付义务而拒绝履行给付货款的主给付义务。

---

[*] 摘自《最高人民法院公报》2020年第11期。

买卖合同纠纷

最高人民法院民事判决书

(2019) 最高法民终 185 号

上诉人（原审被告）：大庆高新技术产业开发区大丰建筑安装有限公司。住所地：黑龙江省大庆高新区创业新街 14 号科技创业园（园区）创新大厦 219 室。

法定代表人：庞洪波，该公司总经理。

委托诉讼代理人：李加力，黑龙江司洋律师事务所律师。

委托诉讼代理人：谢春雷，黑龙江司洋律师事务所律师。

被上诉人（原审原告）：东方电气集团东方汽轮机有限公司。住所地：四川省德阳市高新技术产业园区金沙江西路 666 号。

法定代表人：马义，该公司董事长。

委托诉讼代理人：马方平，四川仁竞律师事务所律师。

委托诉讼代理人：姜辉，四川仁竞律师事务所律师。

原审被告：大庆大丰能源技术服务有限公司。住所地：黑龙江省大庆市高新区。

法定代表人：刘兆明，该公司董事长。

上诉人大庆高新技术产业开发区大丰建筑安装有限公司（以下简称大丰建安公司）因与被上诉人东方电气集团东方汽轮机有限公司（以下简称东方汽轮机公司）、原审被告大庆大丰能源技术服务有限公司（以下简称大丰服务公司）买卖合同纠纷一案，不服黑龙江省高级人民法院于 2018 年 10 月 15 日作出的（2018）黑民初 34 号民事判决，向本院提起上诉。本院依法组成由主审法官王富博担任审判长，主审法官张代恩、宋春雨为成员的合议庭对本案进行了审理，书记员黄婷婷担任记录工作。大丰建安公司委托诉讼代理人李加力、东方汽轮机公司委托诉讼代理人马方平、姜辉到庭参加诉讼。本案现已审理终结。

大丰建安公司上诉请求依法撤销（2018）黑民初 34 号民事判决，改判大丰建安公司对东方汽轮机公司不予支付货款，驳回东方汽轮机公司的诉讼请求；诉讼费由东方汽轮机公司承担。主要事实和理由：原审法院认定事实不清，东方汽轮机公司在履行案涉合同中有多项违约事项。（1）东方汽轮机公司没有修改案涉的《肇源项目买卖合同》（以下简称《买卖合同》）的权利。原审中，东方汽轮机公司提交的证据，是东方汽轮机公司于 2015 年 8 月 13 日委托东方电气风电有限公司（以下简称东方电气公司）签订的《风电业务委托协议》，其第 16 条"货款回收责任"，下属第（1）条明确，乙方（指东方电气公司）不得擅自更改、变更合同的收款方式、时间及金额，严格按照合同约定的条款实现货款回收。据此可见，东方电气公司于 2016 年 4 月 18 日签订的《林口、肇源项目会议纪要》（以下简称《会议纪要》）擅自改变了收款方式、收款时间，并未严格按合同（指案涉《买卖合同》4.2.4 条、4.2.5 条）约定的条款回收货款。可见，所谓《会议纪要》是超越授权范围的行为。（2）《会议纪要》将原《买卖合同》中卖方（东方汽轮机公司）的义务去掉，不正当实现付款条件。《会议纪要》引用合同 4.2.4 条时的表述为：根据合同 4.2.4 条签订的预验收之日起第 4 个年度第 1 个月支付预验收款，到 2015 年 10 月应支付验收款 7138.8 万元。而"——"号部分缺少已经预验收的内容，将东方汽轮机公司的义务去掉，如此使东方汽轮机公司不进行预验收就可以得到货款。《会议纪要》故意将原合同本方义务及对方权利去掉，促成未到期债权成为到期债权。可见东方汽轮机公司主张的到期债权是不成立的。（3）东方汽轮机公司所供货物及技术服务存在严重质量问题，大丰建安公司享有先履行抗辩权。①在 2017 年 10 月 27 日，买卖方、使用方三方出具的《验收单》上共有十三个栏目，其中有十二个栏目记录为不合格。其中在第 10 栏、11 栏记载，东方汽轮机公司自风电场运行开始一直没有提供机组试运行记录、机组预验收记录。这表明 33 台风电机组自运行以来没有进行过预验收。合同 4.2.4 条、4.2.5 条约定，只有预验收合格，买卖双方及使用方"三方"签署预验收合格证书，并提供一式五份的预验收证书，才能支付全款的

买卖合同纠纷

40%,直到如今,东方汽轮机公司也未能履行这些约定,所以不具备付款条件。②肇源新龙顺德风电场19#、23#、26#、27#、32#风力发电机组最终验收影音记录确认单经验收形成的验收影音记录5份确认单上,记录存在各种质量问题157项。以上证据充分证明东方汽轮机公司自2012年8月供货开始,一直存在严重违约行为,大丰建安公司应享有先履行抗辩权。(4)东方汽轮机公司隐瞒了全部风电机组没有进行预验收的事实,案涉机组不具备最终验收条件,也未进行最终验收。东方汽轮机公司从风电机组进场后,就委派两名专业人员常年驻守在风电场,对风电场所有事实了如指掌,但是故意隐瞒33台机组没有预验收的事实,东方汽轮机公司在起草《会议纪要》时故意隐瞒案涉的风电机组没有进行预验收的事实。由于大丰建安公司是买方,是总承包方,不参与风电场的机组运行与维护,不了解风电机组是否预验收。《会议纪要》及《付款担保协议》签订是基于风机无质量问题的前提下签订的付款支付,是根据合同4.2.4条款基础上对付款时间进行约定。直到2017年10月27日东方汽轮机公司召开最终验收工作会议,大丰建安公司派代表参加,此人参加验收了五台风电机组,在形成的材料中了解到此前没有对风电机组进行预验收。最终验收也没有完成。(5)原审法院认定东方汽轮机公司已依合同约定交付了货物是错误的。大丰建安公司提交的证据表明,东方汽轮机公司已自认自风电机组进场后有多份应交大丰建安公司的技术资料未提交,其也未依据合同约定进行试运行验收、预验收及最终验收。东方汽轮机公司所供货物的质量存在严重问题,已构成严重违约。原审法院对于这些均未查明,而错误地认定东方汽轮机公司已按合同约定完成交货任务,从而错误判决大丰建安公司应支付款项。(6)东方汽轮机公司无权取回质保金,应判决1822.2万元质保金归大丰建安公司所有。根据合同4.2.5条款,全部机组通过最终验收,并由最终用户、买方、卖方签发最终验收证书后的第一个年度内,支付10%质保款(即1822.2万元)。《最高人民法院关于审理买卖合同纠纷案件适用法律问题的解释》第二十一条规定:"买受人依约保留部分价款作为质量保证金,出卖人在质量保证期间未及时解决质量问题而影响标的物的价值或者使用效果,出卖人主张支付该部分价款的,人民法院不予支持。"从上述可见，东方汽轮机公司有诸多违约行为，且违约在先；东方汽轮机公司所供设备存在严重质量问题，而不肯修理与修复，应适用上述司法解释，请求法院判决将上述质保金1822.2万元判归大丰建安公司所有。

东方汽轮机公司答辩称：（1）《会议纪要》系东方汽轮机公司委托东方电气公司签订，且在东方汽轮机公司与大丰建安公司签订的《付款担保协议》中对该《会议纪要》的内容进行了确认，双方亦按《会议纪要》约定履行了部分义务，故该《会议纪要》对原《买卖合同》的变更有效，是双方的真实意思表示。因此大丰建安公司认为东方汽轮机公司不正当实现付款条件没有法律和事实依据。（2）《会议纪要》中所述"到2015年10月应支付验收款柒仟壹佰叁拾捌万捌仟元整"，《会议纪要》签订后，大丰建安公司仅支付了1600万元，于2017年1月起便不再支付。因此应当是东方汽轮机公司享有先履行抗辩权。大丰建安公司以其自己形成于2017年10月27日的证据抗辩认为其享有先履行抗辩权是不能成立的。东方汽轮机公司的证据《公证书》第54页，2016年2月29日大丰建安公司向东方汽轮机公司来函中"预验收证书签署时间为2012年10月……截至目前……合计应付款为71388000元"，大丰建安公司于《会议纪要》签订前的来函中就明确了其知晓预验收证书签订时间。《会议纪要》《付款担保协议》已经将付款条件进行变更，双方应当按照约定履行，是否进行最终验收与付款及质保金的支付之间不再具有关联。2015年大丰建安公司就已经拖欠东方汽轮机公司货款，即使东方汽轮机公司未为其修理也是东方汽轮机公司合理地行使先履行抗辩权。大丰建安公司已经针对设备质量问题以及违约责任另行提起诉讼，其应当向东方汽轮机公司支付拖欠的货款和质保金。（3）对东方汽轮机公司已完全履行发货义务的事实，既有双方签订的《会议纪要》的确认，亦有多份来往函件的证实，且大丰建安公司在一审过程中从未对此提出异议，故其抗辩东方汽轮机公司未依约交付货物是没有依据的。

东方汽轮机公司向原审法院起诉请求：（1）判令大丰建安公司给付肇源项目货款4961万元及基于该货款产生至支付货款日，按中国人民银行同期

买卖合同纠纷

贷款利率计算的利息；(2) 判令大丰服务公司承担连带保证责任；(3) 大丰建安公司、大丰服务公司承担本案诉讼费用。

原审法院认定事实：2011 年 8 月，东方电气集团东方汽轮机有限公司大安风电分公司（以下简称大安分公司）与大丰建安公司签订了《买卖合同》（合同编号 DTC/C51C20112），约定：大丰建安公司向大安分公司购买 33 套 FD82B 低温型风力发电机组（1.5MW 及以上单机容量），合同单位千瓦综合造价 3560 元/kW，总价款 17322 万元。包括风电机组设备、监控系统、备品备件和易耗品、专用工具及与设备有关的一切税、费和运杂费、保险费、技术资料费等费用。另外，技术服务费为 300 万元，总计 17622 万元。合同生效日期起，大丰建安公司在收到大安分公司履约保函（合同总价的 10%）和合同价格 10% 的财务收据审核无误后 15 个工作日内，支付合同总价款 10% 作为预付款；大安分公司发货前，提交合同价款 20% 的财务收据，大丰建安公司审核无误后 15 个工作日内，支付合同总价款 20% 的货款；大安分公司在全部 33 套设备交货完成后提交合同价款 20% 的财务收据及合同价款 100% 的增值税发票 1 份，大丰建安公司核对无误后 15 个工作日内，支付合同总价款 20% 的货款，同时退还总价款 5% 的银行履约保函；全部 33 套机组通过预验收之日起第 4 个年度的第一个月内，大安分公司提交总价款 40% 的财务收据及由该公司、最终用户、大丰建安公司共同签署的设备预验收证书，大丰建安公司收到财务收据及预验收证书经审核无误后 15 个工作日内，支付合同总价款 40% 的货款，同时退还总价款 5% 的银行履约保函；全部 33 套机组通过最终验收，并由最终用户、大丰建安公司、大安分公司共同签署最终验收证书后第一个年度内，大安分公司提交总价款 10% 的财务收据及最终验收证书，大丰建安公司收到财务收据及最终验收证书经审核无误后 15 个工作日内，支付合同总价款 10% 的货款。设备通过机组性能验收试验，预验收证书经大丰建安公司、大安分公司、最终用户签署后，大安分公司提交技术服务费总价 70% 的商业发票，大丰建安公司审核后支付 70% 的技术服务费；最终用户、大丰建安公司、大安分公司签署最终验收证书，大安分公司提交技术服务费总价 30% 的发票，大丰建安公司审核无误后，支付剩余 30% 的技术服务费。设备的交货期及交货顺序应满足工程建设安装进度和顺序的要求，保证交货及时和设备的完整性。工具和备品、备件随第一批合同设备一起运输到达现场，交货地点为肇源新龙顺德风电场现场设备安装地点（车面）。供货时间为2011年10月30日到11月30日供货11套；2011年12月1日到12月30日供货11套；2012年1月1日到1月30日供货11套，最终准确的供货时间以大丰建安公司提前3个月书面通知时间为准。2012年10月15日，大安分公司与案涉风力发电机组的业主方肇源新龙顺德风力发电有限公司（以下简称新龙顺德公司）共同对33套风力发电机组进行验收，并在验收证书上签字、盖章。2012年11月5日，新龙顺德公司在大安分公司提供的大庆肇源新龙顺德风场正式进入质保期报告上签字、盖章，确认33台风机已于2012年11月4日20点完成240小时验收工作，风机运行正常，满足验收要求，从2012年11月6日正式进入质保期。2016年4月18日，大丰建安公司与东方电气公司就林口、肇源项目的付款和履行情况进行协商，并形成了《会议纪要》，载明：肇源风电场从2011年12月开始发货，根据合同约定预验收之日起第4个年度的第一个月支付预验收款，到2015年10月应支付验收款71388000元，在最终验收证书签到后第一个年度内支付质保金18222000元。具体付款计划为2016年5月开始付款，每月付款200万元。剩余欠款从2017年1月开始每月付款600万元，到2017年底将预验收款及质保金全部支付完毕。如大丰建安公司未按上述付款计划支付货款，将按中国人民银行同期贷款基准利率支付延期付款期间的利息。肇源项目东方电气公司有权在未按期付款的次月开始停止该项目相关支持及运维工作，由此影响风电场发电量及造成风电场一切后果风险，东方电气公司不承担任何责任。项目后续由于停机重新启动需要部套件整改所产生的费用由大丰建安公司承担。2016年7月17日，大丰建安公司、大丰服务公司与东方汽轮机公司签订《付款担保协议》，约定：大安分公司是东方汽轮机公司的分支机构，肇源项目的一切权利、义务均由东方汽轮机公司承接。肇源项目应付预验收款及质保金共计为8961万元，大丰建安公司应付给大安分公司的全部款项直接付给东方汽轮机公司，该款项大安分公司的供货义务已经履行完毕。具体付款比例、额度、期限仍

买卖合同纠纷

按《会议纪要》执行,大丰服务公司为肇源项目款项的支付承担连带担保责任。大丰建安公司于2011年9月支付预付款17322000元,2011年11月支付进度款34644000元,2012年11月支付进度款34644000元,2016年10月支付400万元、11月支付800万元、12月支付200万元,2017年1月支付200万元。东方汽轮机公司就2017年5月17日前欠付的2400万元货款另行向大庆中院提起了诉讼。大丰建安公司就肇源项目合同履行过程中的损失、质量问题及违约金亦向黑龙江省大庆市中级人民法院提起了诉讼。

原审法院认为,大安分公司与大丰建安公司签订的《买卖合同》系双方当事人真实意思表示,内容不违反法律、行政法规效力性强制性规定,又无导致合同无效的其他法定情形,应当认定为有效。大安分公司履行了全部供货义务,大丰建安公司按合同约定于2011年9月支付了预付款17322000元,2011年11月和2012年11月分别支付了进度款34644000元,总计8661万元。对于合同约定于预验收之日起第4个年度的第一个月内支付总价款40%的货款及最终验收后支付总价款10%的货款如何履行,大丰建安公司与东方电气公司于2016年4月18日协商后形成《会议纪要》,确定了支付时间及标准。并已由双方签字盖章确认,合法有效。大丰建安公司关于该《会议纪要》无效的抗辩主张缺乏事实和法律依据不能成立。大丰建安公司虽对东方汽轮机公司提供验收证书有异议,并主张合同约定的验收行为未完成,付款条件未成就,但案涉《会议纪要》约定的内容表明双方已变更了合同约定的付款条件,大丰建安公司已履行了部分约定,其应按《会议纪要》的约定支付尚欠的货款、服务费,返还质量保证金。2016年7月17日,大丰建安公司、大丰服务公司与东方汽轮机公司签订了《付款担保协议》,确定肇源项目的一切权利、义务均由东方汽轮机公司承接,大丰服务公司自愿为肇源项目款项的支付承担连带担保责任,该约定不违反法律规定,合法有效。大丰服务公司关于《付款担保协议》无效的抗辩主张亦缺乏法律依据。因该协议未约定担保期间,根据《中华人民共和国担保法》第二十六条第一款关于"连带责任保证的保证人与债权人未约定保证期间的,债权人有权自主债务履行期届满之日起六个月内要求保证人承担保证责任"的规定,案涉债务最终的付款期限为2017年12月31日,至东方汽轮机公司2018年4月24日提起本案诉讼未超过6个月的保证期间,故大丰建安公司应向东方汽轮机公司支付所欠货款,大丰服务公司对该款项承担连带清偿责任,鉴于大丰服务公司担保范围中未约定包含实现债权的诉讼费用,故对东方汽轮机公司的该部分主张不予支持。案涉《会议纪要》签订后大丰建安公司支付了1600万元货款,东方汽轮机公司对截至2017年4月末应付的2400万元货款另行提起了诉讼,故尚欠货款、服务费及返还的质保金共计4961万元,大丰建安公司未按期支付构成违约。根据约定该款应从2017年5月开始每月支付600万元,余款在2017年12月全部付清,鉴于大丰建安公司对质量问题及东方汽轮机公司的违约责任已另行提起诉讼,故其对上述款项负有清偿义务,并应按每月支付的数额、时间及中国人民银行公布的同期贷款基准利率标准支付逾期付款的利息,大丰服务公司对此承担连带清偿责任。综上,东方汽轮机公司的诉讼主张成立,该院予以支持。依照《中华人民共和国合同法》第八条、第六十条、第一百零七条,《中华人民共和国担保法》第二十六条的规定,判决:一、大丰建安公司于判决生效之日起10日内给付东方汽轮机公司拖欠款项本金4961万元及利息(其中2017年5月至11月每月应付600万元,2017年12月付款761万元,从每笔款项逾期的时间开始至实际给付之日止,按中国人民银行公布的同期贷款基准利率标准计算);二、大丰服务公司对上述款项承担连带清偿责任;三、驳回东方汽轮机公司的其他诉讼请求。一审案件受理费295137.85元,由大丰建安公司负担。

  本院除对一审法院查明的事实予以确认外,另查明:

  1.《买卖合同》第4.2.5条约定:"全部机组(33套)通过最终验收,并由最终用户、买方、卖方签发最终验收证书后第一个年度内,卖方提交金额为该批合同设备总价的10%的财务收据一份及最终验收证书一式五份。买方在收到财务收据及最终验收证书经审核无误后15个工作日内,支付给卖方合同设备价款的10%货款。"第4.3条约定:"技术服务费的支付:合同设备通过机组性能验收试验,预验收证书经买方、卖方、最终用

户签署后,卖方提交金额为合同设备技术服务费总价70%的商业发票,买方审核无误后,支付给卖方合同设备技术服务费的70%;合同设备通过最终验收,买方、卖方、最终用户签署最终验收证书,卖方提交金额为合同技术服务费总价30%的发票,买方审核无误后,买方支付给卖方剩余的合同设备技术服务费的30%。"第9.6条约定:"在取得'预验收证书'后进入'质量保证期'。整台风电机组的质保期为60个月……"

2. 大丰建安公司于2016年2月29日向东方电气公司致函(大丰建安函字【2016】1号),该函件载明:"……预验收证书签署时间为2012年10月,按约定2016年1月31日为付款时限。截至目前,尚有2100000元的设备技术服务费没有支付,合计应付款为71388000元。根据我公司目前的资金情况,针对上述款项,经我公司研究,本着诚信友好的合作原则,特提出如下付款计划及承诺……"

3. 《会议纪要》载明:"肇源风电场从2011年12月开始发货,根据合同4.2.4条签订预验收之日起第4个年度的第一个月支付预验收款,到2015年10月应支付验收款柒仟壹佰叁拾捌万捌仟元整(71388000元),根据合同4.2.5条最终验收证书签到后第一个年度内支付质保金壹仟捌佰贰拾贰万贰仟元整(18222000元)……经过双方友好协商,对肇源、林口项目还款及林口发货,达成具体内容如下……"

4. 大丰建安公司陈述在本案买卖合同履行过程中没有提出书面质量异议。直至2018年以后大丰建安公司才提起风电机组质量问题的诉讼,黑龙江省大庆市中级人民法院于2018年5月10日予以立案。

本院认为,本案二审争议的焦点问题有:(1)东方汽轮机公司是否擅自变更合同内容,不正当促成收款条件成就;(2)货物是否进行了预验收,东方汽轮机公司是否隐瞒未预验收的事实;(3)大丰建安公司以货物质量存在问题为由主张先履行抗辩权能否成立;(4)东方汽轮机公司是否依约履行完毕交货义务;(5)东方汽轮机公司是否有权取回1822.2万元"质保金"。针对上述焦点问题,本院逐一分析如下:

一、东方汽轮机公司是否擅自变更合同内容,不正当促成收款条件成就

大丰建安公司主张,东方电气公司签署《会议纪要》超越《风电业务委托协议》约定,擅自变更了合同内容。但《会议纪要》系由大丰建安公司与东方汽轮机公司授权的东方电气公司自由协商、合意形成,内容不违反法律规定,并非东方汽轮机公司单方擅自变更合同。《会议纪要》对原合同约定的付款时间等进行了变更,亦是双方自主的交易安排,东方汽轮机公司并未擅自变更合同内容、不正当促成收款条件成就。

二、货物是否进行了预验收,东方汽轮机公司是否隐瞒未预验收的事实

根据《买卖合同》,预验收应由最终用户、买方和卖方三方共同实施。尽管本案的预验收没有大丰建安公司参与,不符合《买卖合同》约定,但大丰建安公司于2016年2月29日向东方电气公司致函(大丰建安函字【2016】1号)中明确认可了验收证书的签署时间,并承诺分期支付预验收款。故大丰建安公司已经对大安分公司与业主方新龙顺德公司先前进行的预验收充分知情并予以认可,东方汽轮机公司并未对其隐瞒预验收情况。此后形成的《会议纪要》及《付款担保协议》对此进一步予以明确,且大丰建安公司亦实际履行了部分预验收款的支付义务。故大丰建安公司以项目未经预验收为由拒绝支付货款的抗辩不能成立。

三、大丰建安公司以货物质量存在问题为由主张先履行抗辩权能否成立

自2011年《买卖合同》签订后东方汽轮机公司开始供货至2018年,大丰建安公司从未正式提出质量异议。在2017年10月东方汽轮机公司提起货款追索诉讼后,大丰建安公司才于2018年另案提起了质量异议之诉,主张东方汽轮机公司的供货存在质量问题并要求损害赔偿。因质量问题已经另案处理,大丰建安公司的权益可以另案寻求救济,故原审法院对货物

质量争议不予处理并无不当,对大丰建安公司提出的因质量问题而享有先履行抗辩权的主张本院不予支持。

四、东方汽轮机公司是否依约履行完毕交货义务

案涉33台风机交货时已经进行了验货,其后完成了预验收,货物早已交付业主方新龙顺德公司并投入使用,至双方货款讼争产生时已长达4年多,大丰建安公司未提供证据证明其或业主方新龙顺德公司曾经对东方汽轮机公司未交付风机的技术资料提出过异议,风机亦未出现因缺少技术资料而无法运行或者其他不能实现合同目的的情况。相反,大丰建安公司在2016年7月17日签署的《付款担保协议》第一项中明确认可"大安分公司的供货义务已经履行完毕"。从性质上看,交付技术材料是卖方负有的从给付义务,卖方违反该从给付义务,买方可以主张相应的违约责任。除非卖方违反该从给付义务导致买方对所买货物无法正常使用,影响合同目的的实现,否则买方不能基于从给付义务的不履行而拒绝履行给付货款的主给付义务。故即使东方汽轮机公司确未交付风机的技术资料,大丰建安公司也不能仅凭此理由而拒付货款。

五、东方汽轮机公司是否有权取回1822.2万元"质保金"

大丰建安公司主张,根据《买卖合同》第4.2.5条,全部机组通过最终验收,并由最终用户、买方、卖方签发最终验收证书后的第一个年度内,买方应返还10%质保款(即1822.2万元),东方汽轮机公司所供设备存在严重质量问题而不肯修理与修复,上述质保金1822.2万元应归其所有。但根据本院查明的事实,《买卖合同》第4.2.5条并未规定质保金及其返还问题,而是规定最终验收后大丰建安公司应支付合同设备价款10%的货款。纵观整个《买卖合同》,并未约定东方汽轮机公司应支付1822.2万元质保金以及最终验收后可以主张返还。根据《买卖合同》第4.2.5条、第4.3条约定,最终验收后,大丰建安公司应向东方汽轮机公司支付的款项包括两项,一为设备价格10%的货款,二为设备技术服务费的30%,二者之和恰为1822.2万元(173220000×10%+3000000×30%)。

因此,《会议纪要》中"根据合同4.2.5条最终验收证书签到后第一个年度内支付质保金壹仟捌佰贰拾贰万贰仟元整(18222000元)"部分应为笔误,大丰建安公司据此主张1822.2万元质保金应归其所有不能成立。

即便认为《会议纪要》改变了《买卖合同》的约定,将大丰建安公司原本在最终验收后应付的设备价格10%的最后一笔货款及30%的技术服务费合计1822.2万元作为质保金,大丰建安公司亦应将其返还而无权继续保留该款项。根据《买卖合同》第9.6条,风电机组在取得预验收证书后进入质量保证期,质量保证期5年。本案质保期自2012年11月6日开始,截至2017年11月6日。在此期间,大丰建安公司并未提出质量异议并通知东方汽轮机公司,根据《中华人民共和国合同法》第一百五十八条的规定,应视为标的物质量符合约定。在质保期届满后,大丰建安公司应按双方约定在2017年底将该1822.2万元支付给东方汽轮机公司。

综上,大丰建安公司的上诉请求不能成立,应予驳回。原审判决认定事实清楚,适用法律正确,应予维持。依照《中华人民共和国民事诉讼法》第一百七十条第一款第一项之规定,判决如下:

驳回上诉,维持原判。

二审案件受理费295137.85元,由大庆高新技术产业开发区大丰建筑安装有限公司负担。

本判决为终审判决。

审 判 长 王富博
审 判 员 张代恩
审 判 员 宋春雨
二〇一九年十一月十四日
书 记 员 黄婷婷

28. 宝鼎建设工程有限公司与王聪浩买卖合同纠纷案*

> 判断违约金是否过高，应根据法律、司法解释规定，兼顾合同履行情况、当事人过错程度以及预期利益等因素综合认定

【裁判摘要】

> 钢材买卖合同中，对违约金的约定超过年利率24%，当事人主张违约金约定过高请求调整的，是根据相关法律、司法解释来认定违约金过高的标准，还是以受法律保护的民间借贷利率上限24%作为标准，实践中有不同的做法。判断违约金是否过高，应根据法律、司法解释规定，兼顾合同履行情况、当事人过错程度以及预期利益等因素综合认定。

再审申请人（一审被告、二审上诉人）：河南宝鼎建设工程有限公司。住所地河南省林州市东岗岩峰街25号。

被申请人（一审原告、二审被上诉人）：王聪浩。

一、河南省许昌市中级人民法院一审审理查明的事实

王聪浩向河南省许昌市中级人民法院（以下简称许

---

* 摘自《民事审判指导与参考》2019年第4辑（总第80辑），人民法院出版社2020年版，第202~211页。

昌中院）提起诉讼，请求：（1）判令河南宝鼎建设工程有限公司（以下简称宝鼎公司）立即支付王聪浩钢材款5593500元及约定利息；（2）诉讼费用由宝鼎公司承担。

许昌中院一审查明：2012年9月12日，宝鼎公司与刘雪峰签订建设工程施工内部承包合同，承包工程名称为香格里拉大厦。刘雪峰出具承诺书，承诺在香格里拉项目施工中，所出具的收款单等手续均是个人行为，与宝鼎公司无关，应由其本人承担全部责任。2013年3月18日，宝鼎公司对刘雪峰下发文件，内容为：（1）刘雪峰及其项目部人员无权以宝鼎公司或项目部的名义对外签订超过2万元的合同，也无权出具超过2万元的欠款凭证。2万元以内的款项由刘雪峰与各方当事人即时结清。（2）各有关单位确因需要与本工程发生业务，请与刘雪峰一同前往我公司签订相关合同，并进行登记备案。未经我公司登记备案的一切手续，均由各方当事人自行承担，公司不承担任何责任。

2013年2月19日，宝鼎公司出具授权委托书，内容为："因我公司承建位于莲城大道与魏文路交叉口的君城国际香格里拉大酒店期间需要钢材，特委托刘雪峰前往你处洽谈并购买钢材（提货），我公司愿意承担由此产生的一切后果及法律责任。"2013年12月5日，宝鼎公司作为甲方、刘雪峰作为甲方（项目负责人）、王聪浩作为乙方，达成还款协议，内容为："甲方在承建君城国际香格里拉大酒店工程期间委托该项目负责人刘雪峰多次从乙方购买钢材，甲方保证该工程封顶之前支付乙方包括加价款在内的钢材款总价款的70%。由河南宝鼎建设工程有限公司直接支付给乙方。自封顶之日起6个月内付清全部款项。"2013年12月17日，刘雪峰出具欠条，内容为："今欠王聪浩钢材款壹仟陆佰玖拾陆万玖千元整（小写16969000）。月利率30‰。（系君城国际香格里拉大酒店截至2013年12月17日工程所欠钢材款）。"2014年2月28日，刘雪峰出具欠条，内容为："今购买钢材328.2T，计款壹佰贰拾玖万贰仟元整（￥1292000）自即日起每天每吨加价4元，并保证3个月内付清加价款在内的全部货款。逾期按拖欠货款的日5‰支付滞纳金，如双方发生纠纷，许昌县法院管辖。注：以上货款价格及垫资款均为税前价格。项目名称：香格里拉大酒店。"

买卖合同纠纷

2014年6月12日,刘雪峰出具欠条,内容为:"今购买钢材伍拾伍吨,计款贰拾贰万伍仟元正(¥225000)自即日起每天每吨加价4元,并保证3个月内付清加价款在内的全部货款。逾期按拖欠货款的日5‰支付滞纳金,如双方发生纠纷,许昌县法院管辖。注:以上货款价格及垫资款均为税前价格。项目名称:香格里拉大酒店。"

2014年8月7日,许昌市亨通房地产开发有限公司出具三份收据:NO4316727:今收到王聪浩交来君城国际A座19层5号6号7号人民币2992582元;NO4316730:今收到王聪浩交来君城国际A座18层房款人民币6831817元;NO4316729:今收到王聪浩交来君城国际A座18层房款人民币1468183元;2014年11月18日,许昌市亨通房地产开发有限公司作为甲方,王聪浩作为乙方,签订亨通君城大厦写字楼预(销)售协议,并已在房管部门信息平台备案公示。

2015年1月29日,宝鼎公司出具证明,内容为:"因许昌市亨通房地产开发有限公司欠河南宝鼎建设工程有限公司工程款,经河南宝鼎建设工程有限公司与许昌市亨通房地产开发有限公司协商,并经王聪浩同意,由许昌市亨通房地产开发有限公司自愿以其开发的亨通君城国际香格里拉大酒店A栋18层整层(约1260m^2)和19层部分(约455m^2)共计约1715m^2(以实际备案面积为准)归王聪浩所有,折抵宝鼎公司所欠王聪浩部分钢材款。冲抵方式由许昌市亨通房地产开发有限公司直接与王聪浩签订购房合同,许昌市亨通房地产开发有限公司以合同约定价格向王聪浩出具现金购房收据,冲抵数额以购房合同约定价格为准。以上情况属实,许昌市亨通房地产开发有限公司保证以上折抵给王聪浩的房屋均不存在任何产权纠纷,否则许昌市亨通房地产开发有限公司愿意承担一切法律责任。"

许昌中院认为,本案王聪浩与宝鼎公司构成买卖合同关系。刘雪峰向王聪浩购买钢材时,持有宝鼎公司2013年2月19日出具的委托授权书,刘雪峰的行为系经宝鼎公司授权,王聪浩基于宝鼎公司与刘雪峰之间的委托关系而与刘雪峰进行交易,宝鼎公司应承担刘雪峰行为的法律后果。宝鼎公司认为应追加刘雪峰为本案被告的理由不能成立。宝鼎公司2013年12月5日出具有还款协议,刘雪峰作为项目负责人签名,承诺付款给王聪浩，并对付款期限予以明确。2015年1月29日，宝鼎公司出具证明，再次对王聪浩与宝鼎公司之间的债权债务予以确认，并对还款方式进行确认。宝鼎公司主张其与刘雪峰之间系内部承包关系、刘雪峰承诺该债务系刘雪峰个人债务，与宝鼎公司无关的抗辩，因二者系内部法律关系，王聪浩作为外部人员对此并不一定明知，且宝鼎公司的抗辩理由与其出具的手续相互冲突，宝鼎公司出具的手续表明其愿意对刘雪峰为君城国际香格里拉大酒店工程所需而购买钢材的行为承担责任；宝鼎公司主张由刘雪峰个人承担还款责任的理由不能成立，一审法院不予支持。宝鼎公司认为刘雪峰购买王聪浩钢材价格明显偏高，双方可能存在欺诈行为的主张，因没有提供证据证明，一审法院不予支持。欠条系刘雪峰本人出具，证明其对欠款数额是认可的，宝鼎公司认为欠条不真实及刘雪峰系受胁迫而出具欠条的理由亦未提供证据证明。刘雪峰出具的三张欠条，均明确载明系君城国际香格里拉大酒店工程钢材欠款，分别为：2013年12月17日欠款16969000元、2014年2月28日欠款1292000元、2014年6月12日欠款225000元，以上欠款总计为18486000元。2014年8月7日许昌市亨通房地产开发有限公司向王聪浩出具收据三份，以房抵账数额分别为2992582元、6831817元、1468183元，合计为11292582元。另王聪浩自认宝鼎公司于2014年1月29日另支付货款160万元，故宝鼎公司拖欠王聪浩钢材款总计为5593418元。因迟延支付货款所造成的损失为利息损失、双方约定月息30‰以及日5‰过高，予以调整，欠款利息均按月息2%计算；因刘雪峰出具欠条的时间不同，应按欠条出具时间分段计算欠款数额和利息损失。

许昌中院一审判决：宝鼎公司支付王聪浩钢材款5593418元及利息（利息按月息2%分段计算，自2013年12月17日至2014年1月28日按16969000元计息；自2014年1月29日至2014年2月27日按15369000元计息；自2014年2月28日至2014年6月11日按16661000元计息；自2014年6月12日至2014年8月6日按16886000元计息；自2014年8月7日至一审判决确定的还款之日止按5593418元计息）。

二、当事人上诉情况

宝鼎公司不服一审判决,上诉请求:(1)撤销一审判决;(2)根据查明事实准确认定王聪浩实际供应本案所涉香格里拉大厦项目工地的钢筋总额及宝鼎公司所欠货款数额;(3)依法改判一审滞纳金(利息)计算标准,判决计算滞纳金(利息)总额不应超过所欠货款总额的30%。

三、河南省高级人民法院二审审理情况

河南省高级人民法院(以下简称河南高院)对许昌中院认定的事实予以确认。

河南高院二审另查明,宝鼎公司一审提交了宝鼎公司承建的君城国际项目工地大门照片,显示大门上张贴有公告,落款时间为2012年10月21日,落款人为宝鼎公司,主要内容为:"各材料供应商、设备租赁站、劳务单位,为保证本工程的顺利进行和各相关方的权益,现将有关事宜公告如下:(1)本工程的项目经理或负责人无权以我公司或项目部的名义对外签订超过2万元的合同,也无权出具超过2万元的欠款凭证。2万元以内的款项由项目负责人与各方当事人即时结清。(2)各有关单位确因需要与本工程发生业务,请与本工程项目经理一同前往我公司签订相关合同,并进行登记备案,未经我公司登记备案的一切手续,均由各方当事人自行承担。(3)确因发包方原因或市场经济变化、宏观调控等原因,本工程进度款不足以支付各相关方的款项时,可转入下一阶段的付款计划,并优先支付。(4)非用于本工程或项目经理个人出具的任何手续,与我公司无关。未经我公司登记备案的各项费用,对我公司一律无效,有关当事人自行处理。"

河南高院认为,二审庭审中宝鼎公司放弃追加刘雪峰为被告的上诉主张,予以确认。宝鼎公司主张其与王聪浩之间不存在买卖钢材合同关系,因刘雪峰与王聪浩协商钢材买卖业务时,持有宝鼎公司出具的授权委托刘雪峰购买钢材的授权委托书,其后刘雪峰又向王聪浩提交了以宝鼎公司名义出具的还款协议、欠条、以房抵债证明,以上材料均加盖宝鼎公司的公

章，形式内容一致，符合法人行为特征，宝鼎公司应受其拘束。宝鼎公司主张其在香格里拉大厦工地门口有关项目部民事行为能力及行为权限的公告，该公告实为店堂告示，为其内部管理规则，公告内容与刘雪峰向王聪浩提交的手续相冲突，而企业法人的民事行为能力由法律规定，始于企业登记成立，法律行为相对人对企业法人行为能力有合理的信赖。因此宝鼎公司张贴的公告内容对于王聪浩不具有拘束力。故宝鼎公司主张其与王聪浩之间不存在买卖合同关系理由不能成立，不予支持。

宝鼎公司主张王聪浩供应的钢材价格过高，但首先宝鼎公司不能提交反映交易全貌的证据，其次宝鼎公司向王聪浩出具的欠条均系对结算结果的确认，因此其主张缺乏事实、法律依据。

关于宝鼎公司主张一审判决的违约金或利息过高的问题。《最高人民法院关于适用〈中华人民共和国合同法〉若干问题的解释（二）》[以下简称《合同法解释（二）》]第二十九条第二款规定，当事人约定的违约金超过造成损失的百分之三十的，一般可以认定为合同法第一百一十四条规定的过分高于造成的损失。该条款适用的前提是实际损失明确。本案王聪浩的实际损失并不明确，因此本案不适用上述条款。双方在欠条中约定的月3%或者日5‰的违约责任过高，但本案钢材买卖双方采取先货后款的交易方式，宝鼎公司如不及时支付货款，始终占压王聪浩的资金，在目前资金使用成本普遍偏高的情况下，王聪浩存在一定的实际损失，因此本案一审采用民间借贷利率计算违约金适当。但宝鼎公司出具的第一份欠条未约定具体还款时间，其后两份欠条均约定3个月内付清，否则按日5‰支付滞纳金，而双方实施以房抵债时亦即2014年8月7日，亦是直接抵偿的欠款本金，因此对于欠条出具之日至以房抵债之时，即截至2014年8月7日为止，不再计算利息。宝鼎公司主张一审计算违约金过高的部分理由成立，二审法院予以支持。综上，一审判决认定事实清楚，但关于宝鼎公司违约责任的处理不当，应予纠正。

河南高院二审判决：变更一审判决为宝鼎公司支付王聪浩钢材款5593418元及利息（本金按5593418元，利率按月2%，自2014年8月8日计算至款项实际清偿完毕之日止）。

买卖合同纠纷

四、当事人申请再审情况

宝鼎公司申请再审称，二审判决存在《中华人民共和国民事诉讼法》第二百条第二项、第六项规定的情形，应予再审。事实与理由：（1）二审判决认定宝鼎公司与王聪浩之间存在买卖合同关系错误。案涉工程的实际施工人系刘雪峰，宝鼎公司对刘雪峰与王聪浩之间整个钢材交易过程不清楚，货款也是刘雪峰直接支付给王聪浩，与王聪浩建立钢材买卖合同关系的是刘雪峰，二审判决突破合同相对性。（2）二审判决认定欠付钢材款数额错误。刘雪峰出具欠条上的欠款数额并非真实的欠付货款数额，宝鼎公司在一审中提交的案涉工程预算书、郑州市钢材市场价格汇总表，以及其从刘雪峰施工现场材料员处取得的刘雪峰与王聪浩钢材交易的小票及记录本等证据，足以证实刘雪峰出具欠条上的钢材欠款数额明显过高，与客观情况不符，不排除刘雪峰与王聪浩恶意串通，或是受王聪浩胁迫而形成的欠条。二审法院在该欠条明显存疑且王聪浩无其他证据证明该欠条真实合法的情况下予以认定，明显不当。本案应当依据王聪浩与刘雪峰之间的原始交易凭证据实认定欠付货款数额。（3）二审判决对欠付货款的利息即违约金认定过高，加重了宝鼎公司的责任，适用法律错误。

五、最高人民法院再审审理情况

最高人民法院再审查明的事实与河南高院二审查明的事实一致。

最高人民法院认为，本案再审争议焦点为（1）宝鼎公司与王聪浩之间是否存在买卖合同关系；（2）宝鼎公司欠付王聪浩钢材款数额应如何认定；（3）欠付钢材款的违约金如何确定。

1.关于宝鼎公司与王聪浩之间是否存在买卖合同关系问题。二审法院查明，刘雪峰就案涉工程向王聪浩购买钢材，持有宝鼎公司出具的授权委托书，其上载明："因我公司承建位于连城大道与魏文路交叉口的君城国际香格里拉大酒店期间需要钢材，特委托刘雪峰前往你处洽谈并购买钢材（提货），我公司愿意承担由此产生的一切后果及法律责任。2013年2月19日。"落款处加盖了宝鼎公司的公章并由刘雪峰签名。之后因钢材款未能及时支付，2013年12月5日刘雪峰又以宝鼎公司的名义与王聪浩达成还款协议，该协议载明，宝鼎公司委托其项目负责人刘雪峰从王聪浩处购买钢材，加盖有宝鼎公司公章，刘雪峰作为项目负责人签名。2015年1月29日，宝鼎公司与案涉工程的发包方许昌市亨通房地产开发有限公司共同出具以房抵债证明一份，许昌市亨通房地产开发有限公司同意其开发的香格里拉大酒店部分楼层共计1715m²归王聪浩所有，以此折抵宝鼎公司所欠王聪浩部分钢材款，以房抵债证明再次对宝鼎公司与王聪浩之间的债权债务关系予以确认。二审中，宝鼎公司对授权委托书、还款协议及以房抵债证明上加盖的宝鼎公司公章的真实性均予以确认。综上，宝鼎公司授权刘雪峰向王聪浩购买钢材并进行结算，且已支付王聪浩大部分钢材款（以房抵债），故应当认定刘雪峰系受宝鼎公司委托与王聪浩进行钢材买卖交易，该交易行为效力及于宝鼎公司。宝鼎公司主张其与王聪浩之间不存在买卖合同关系的再审申请理由不能成立，不予支持。

2. 关于宝鼎公司欠付王聪浩钢材款数额问题。宝鼎公司再审主张刘雪峰出具的欠条上的数额明显高于市场钢材价格，该欠条上的数额并非实际的欠付款数额，并提交了销货清单及收款收据，拟证明实际发生的钢材交易数额。对此最高人民法院认为，如第一个焦点问题所述，刘雪峰受宝鼎公司委托对外购买钢材和结算货款的行为所产生的法律后果，应当由宝鼎公司承担；宝鼎公司提交的销货单及收款收据系单方制作，其真实性无法确认。在没有其他证据佐证的情况下，二审法院采信刘雪峰与王聪浩进行结算后对案涉钢材货款出具的欠条并无不当。

3. 关于欠付钢材款的违约金确定问题。《中华人民共和国合同法》第一百一十三条第一款规定："当事人一方不履行合同义务或者履行合同义务不符合约定，给对方造成损失的，损失赔偿额应当相当于因违约所造成的损失，包括合同履行后可以获得的利益，但不得超过违反合同一方订立合同时预见到或者应当预见到的因违反合同可能造成的损失。"《合同法解释（二）》第二十九条规定："当事人主张约定的违约金过高请求予以适当减少的，人民法院应当以实际损失为基础，兼顾合同的履行情况、当事人的过错程度以及预期利益等综合因素，根据公平原则和诚实信用原则予以

买卖合同纠纷

衡量,并作出裁决。当事人约定的违约金超过造成损失的百分之三十的,一般可以认定为合同法第一百一十四条第二款规定的'过分高于造成的损失'。"本案中,王聪浩与宝鼎公司之间成立钢材买卖合同关系,宝鼎公司委托的刘雪峰所签欠条上显示欠付钢材款应付利息实为欠付钢材款应支付的违约金,故确定本案违约金数额应适用前述法律、司法解释的规定。刘雪峰出具的欠条中约定月利率3%或日利率5‰的违约责任明显高于一般资金被占用所造成的损失,在王聪浩未能充分举证证明其损失数额的情况下,应当认定违约金约定过分高于造成的损失,依法应予调整。二审法院直接采用法律支持的民间借贷年利率的上限24%对违约金进行调整,未综合考虑本案合同性质和合同履行等情况,适用法律不当,依法应予纠正。结合王聪浩在二审法院询问中自认其出售的钢材价款高于市场价以及宝鼎公司未及时支付钢材款长期占用王聪浩资金的实际情况,根据公平原则,参照《最高人民法院关于审理买卖合同纠纷案件适用法律问题的解释》(以下简称《买卖合同案件解释》)第二十四条第四款"买卖合同没有约定逾期付款违约金或者该违约金的计算方法,出卖人以买受人违约为由主张赔偿逾期付款损失的,人民法院可以中国人民银行同期同类人民币贷款基准利率为基础,参照逾期罚息利率标准计算"的规定,以中国人民银行同期同类贷款逾期罚息利率标准即中国人民银行同期同类贷款利率(2019年8月20日以后为全国银行间同业拆借中心公布的一年期贷款市场报价利率)的1.5倍计算王聪浩的损失,并在该计算标准基础上再加算30%即中国人民银行同期同类贷款利率(2019年8月20日以后为全国银行间同业拆借中心公布的一年期贷款市场报价利率)的1.95倍计算违约金。

综上所述,宝鼎公司的再审请求部分成立。依照《中华人民共和国民事诉讼法》第二百零七条第一款、第一百七十条第一款第二项规定,判决如下:

变更河南省高级人民法院(2017)豫民终1012号民事判决的判项为:宝鼎建设工程有限公司于本判决生效之日起10日内支付王聪浩钢材款5593418元本金及利息(利率按中国人民银行同期同类贷款利率的1.95倍,自2014年8月8日计算至2019年8月19日;2019年8月20日起利率按全国银行间同业拆借中心公布的一年期贷款市场报价利率的1.95倍，计算至款项实际清偿完毕之日止）。

六、本案解析

本案钢材买卖合同中，约定迟延支付钢材款的违约金为月利率3%或日利率5‰，违约方主张约定的违约金过高，请求法院予以调整。对此，实践中判法不一：有判决根据《合同法解释（二）》第二十九条及《买卖合同案件解释》第二十四条第四款规定，以实际损失为基础，兼顾合同的履行情况、当事人的过错程度以及预期利益等综合因素作出裁决；有判决根据当事人的约定，直接参照法律保护的民间借贷年利率上限24%进行调整。

2019年12月《全国民商事审判工作会议纪要》（以下简称《九民会纪要》）第50条规定："认定违约金是否过高，一般应当以《合同法》第113条规定的损失为基础进行判断，这里的损失包括合同履行后可以获得的利益。除借款合同外的双务合同，作为对价的价款或者报酬给付之债，并非借款合同项下的还款义务，不能以受法律保护的民间借贷利率上限作为判断违约金是否过高的标准，而应兼顾合同履行情况、当事人过错程度以及预期利益等因素综合认定。主张违约金过高的违约方应当对违约金是否过高承担举证责任。"我们认为，对于正在审理中的一审、二审案件，应当遵循该条规定的裁判思路，根据《中华人民共和国合同法》及司法解释的规定，综合案件实际情况进行判断。

有观点认为，《九民会纪要》印发之前，如何调整过高违约金并没有统一裁判规则，故当事人主张对买卖合同中约定的过高违约金进行调整的，以是否年利率24%作为调整依据，并不违反法律规定，也尊重了当事人的意思自治。我们认为，对于买卖合同违约金过高如何判断问题，法律、司法解释早有明确规定，应当根据法律、司法解释规定作出判断。《九民会纪要》并非就新的问题确立新的裁判规则，而是对如何适用法律和司法解释的解读，其中裁判思路再审案件亦应参考。故本案虽为再审案件，亦不宜直接以是否超过年利率24%来判断违约金是否过高。

买卖合同纠纷

《中华人民共和国合同法》第一百一十三条第一款规定:"当事人一方不履行合同义务或者履行合同义务不符合约定,给对方造成损失的,损失赔偿额应当相当于因违约所造成的损失,包括合同履行后可以获得的利益,但不得超过违反合同一方订立合同时预见到或者应当预见到的因违反合同可能造成的损失。"第一百一十四条第二款规定:"约定的违约金低于造成的损失的,当事人可以请求人民法院或者仲裁机构予以增加;约定的违约金过分高于造成的损失的,当事人可以请求人民法院或者仲裁机构予以适当减少。"《合同法解释(二)》第二十九条规定:"当事人主张约定的违约金过高请求予以适当减少的,人民法院应当以实际损失为基础,兼顾合同的履行情况、当事人的过错程度以及预期利益等综合因素,根据公平原则和诚实信用原则予以衡量,并作出裁决。当事人约定的违约金超过造成损失的百分之三十的,一般可以认定为合同法第一百一十四条第二款规定的'过分高于造成的损失'。"以上规定明确了违约金应适用填平原则而非惩罚原则,即违约金应当相当于违约所造成的损失,约定的违约金超过损失30%的,应予以适当调减。

王聪浩与宝鼎公司之间成立钢材买卖合同关系,刘雪峰出具的欠条中约定月利率3%或日利率5‰的违约责任明显高于一般资金被占用所造成的损失,依法应予调整。对于买卖合同违约损失的认定,可以参照《买卖合同案件解释》第二十四条第四款"买卖合同没有约定逾期付款违约金或者该违约金的计算方法,出卖人以买受人违约为由主张赔偿逾期付款损失的,人民法院可以中国人民银行同期同类人民币贷款基准利率为基础,参照逾期罚息利率标准计算"的规定,以欠付合同价款为基数,按照中国人民银行同期同类贷款基准利率的1.5倍利息计算王聪浩资金被占用的损失。

本案中,最高人民法院再审综合考虑了以下因素:本案系钢材买卖合同,应当适用《中华人民共和国合同法》《合同法解释(二)》《买卖合同案件解释》相关规定;当事人约定的违约金很高,宝鼎公司未及时支付钢材款长期占用王聪浩资金确实给王聪浩造成一定损失;王聪浩在二审法院询问时曾自认其出售的钢材价款高于市场价。根据钢材市场的行情及公平原则,最高人民法院以王聪浩被占用资金利息的1.5倍利息计算损失,在此基础上再加算30%即人民银行同期贷款利率的1.95倍作为违约金的认定标准。超过1.95倍的部分，视为约定违约金过高，不予支持。河南高院直接采用法律支持的民间借贷年利率的上限24%对违约金进行调整，未综合考虑合同性质、合同签订及实际履行等情况，未适用相关法律、司法解释规定，属于适用法律不当，依法予以纠正。

（执笔人：方　芳、叶和申）

> 狭义无权代理责任的司法裁判

29. 天宇公司与仓驰公司、迪嘉特公司、石勇买卖合同纠纷再审案*

【裁判摘要】

> 表见代理的构成要件除了需要具有"代理权之客观表象"和"相对人善意无过失"通说要件之外，尚需另有"本人之可归责事由"的存在。至于本人可归责事由的具体归责原则，我们认为应采"因果关系说"，即被代理人的行为只需与代理权表象之发生具有因果关系时即可认定构成本人之可归责事由。

申请再审人（一审被告、二审上诉人）：浙江天宇建设有限公司（以下简称天宇公司）

被申请人（一审原告、二审被上诉人）：上海仓驰贸易有限公司（以下简称仓驰公司）

被申请人（一审被告）：马鞍山迪嘉特科技发展有限公司（以下简称迪嘉特公司）

被申请人（一审被告）：石勇

---

* 摘自《审判监督指导》2018 年第 3 辑（总第 65 辑），人民法院出版社 2019 年版，第 66~77 页。

一、基本案情

2008年，石勇欲承建迪嘉特公司作为发包方的位于马鞍山经济技术开发区内的迪嘉特电子工业园一期SMT厂房工程，因其系为个人，必须挂靠公司才能承包，石勇遂为挂靠事宜与天宇公司进行联系。其时为天宇公司员工的高宝良与石勇第一次到马鞍山，确认存在案涉厂房工程。其后，高宝良代表天宇公司带了已盖好章的《迪嘉特电子工业园建设工程承揽协议》（以下简称《承揽协议一》）与石勇第二次一起到马鞍山，与迪嘉特公司共同进行协商，虽因细节问题未签成合同，但将《承揽协议一》留在迪嘉特公司处。该承揽协议载明以下事实：迪嘉特公司作为发包方与作为承包方的天宇公司签订"迪嘉特电子工业园建设工程承揽协议"，由天宇公司承建马鞍山经济技术开发区内迪嘉特电子工业园一期SMT厂房工程。双方约定，天宇公司在2008年8月8日前将工程合同履约保证金50万元汇入迪嘉特公司指定的账户。自迪嘉特公司收到合同履约保证金后该协议生效。合同履约保证金的返还：基础土方开挖后10天内返还50%，一层结构完成后10天内返还剩余的50%。协议还约定，该协议是工程施工合同的组成部分，与施工合同具有同等的法律效力。如该协议内容与施工合同有出入时，以该协议条款为准……协议对其他事项均作了约定。该协议在发包方落款处盖有迪嘉特公司的公章和法定代表人私章，无签字，落款时间为2008年8月5日；承包方落款处盖有天宇公司公章和法定代表人私章，无签字，无落款时间。一审时，迪嘉特公司向法院提交了一份《承揽协议一》作为证据，以证明天宇公司与迪嘉特公司之间有工程承建关系。

2008年8月13日，石勇向迪嘉特公司交纳50万元，迪嘉特公司出具一份现金收据，载明交款单位为天宇公司，收款事由为合同履约保证金。嗣后，因工程急需开工，迪嘉特公司在知晓天宇公司与石勇之间就承包条款还未达成一致意见的前提下即允许石勇进场开始施工。后迪嘉特公司根据《承揽协议一》的规定在基础土方开挖后返还50%保证金，即25万元给石勇个人。

高宝良和石勇带了修改后的另一份《承揽协议》（以下简称《承揽协

买卖合同纠纷

议二》)和《建设工程施工合同》(以下简称《施工合同》)第三次来到马鞍山,协议和合同均盖有天宇公司公章。石勇和迪嘉特公司进行协商,但仍未谈拢,该《承揽协议二》和《施工合同》又留在迪嘉特公司处。之后天宇公司的宋森华副总经理让高宝良把协议和合同都拿回去,高宝良遂第四次赶到马鞍山,要求迪嘉特公司返还上述协议和合同。迪嘉特公司认为双方还可以考虑,就跟高宝良一起回绍兴再次与宋森华进行协商,双方最终还是没有谈拢。天宇公司将《承揽协议二》和《施工合同》上盖的章剪掉,剪掉后协议和合同又被迪嘉特公司拿走,称"想再看看"。上述《施工合同》载明以下事实:2008年8月18日,迪嘉特公司作为发包人与作为承包人的天宇公司签订《施工合同》,该合同确定了工程名称为迪嘉特电子工业园一期SMT厂房,工程地点为马鞍山经济技术开发区;开工日期为2008年8月25日,竣工日期为2009年7月12日。在该合同的专用条款中约定了项目经理为张志东、项目副经理为石勇。该份合同发包人处盖有迪嘉特公司公章,合同骑缝处盖有天宇公司公章,合同承包人落款部分被剪去。该被裁剪过的《施工合同》在马鞍山经济技术开发区管委会处存有备案,仓驰公司在一审时提交了该《施工合同》的复印件作为证据,以证明本案系争工程发包方是迪嘉特公司,承包方是天宇公司,石勇是工程的项目经理。

2008年9月22日,石勇以天宇公司迪嘉特工业园项目部的名义与仓驰公司签订买卖合同一份,约定由天宇公司向仓驰公司购买施工建材若干。合同约定交货地点为迪嘉特工业园区;违约责任为违约方应承担经济损失:(1)每月按总货款的5%计算,(2)诉讼费、保全费、执行费及律师费。合同对其他事项亦作了约定。该合同需方一栏盖有天宇公司迪嘉特工业园项目部章,在委托代理人一栏由石勇署名。合同签订后,仓驰公司于2008年9月23日开始至同年10月22日,分四次向石勇施工的迪嘉特工地送货合计货值479644元。之后,仓驰公司仅收到货款10万元。

2008年10月30日,迪嘉特公司以律师函形式告知天宇公司:"贵公司派员来马鞍山市与马鞍山迪嘉特科技发展有限公司洽谈承建'迪嘉特电子工业园SMT厂房工程'一事,因贵方与项目承包人石勇就项目条款未达成共识，致使双方合同至今未签署，现石勇已以'浙江天宇建设有限公司迪嘉特工业园项目部'的名义开展工作，并启用贵公司项目部公章（附印章格式四份）。本律师受马鞍山迪嘉特科技发展有限公司的委托，对上述贵公司的行为予以征询，以便确立相应的法律关系和法律主体资格，如若贵公司认可石勇的行为，请在3日内签订正式合同；若不认可该行为，请立即以书面形式予以否认，以防石勇等人的行为给贵公司造成巨大的经济损失和信誉损害。现因没有贵公司的正式合同，马鞍山市建管处已责令停工，贵公司项目部及贵公司已给工业园项目造成巨大的经济损失。"翌日，天宇公司函复认为，至今未与迪嘉特公司签订施工合同，没有设立过迪嘉特工业园项目部，并没有与石勇签订项目承包协议，因此，不认可"浙江天宇建设有限公司迪嘉特工业园项目部"印章。同年11月7日，石勇向天宇公司出具一份承诺书，言明天宇公司迪嘉特工业园项目部印章系其私自刻制，责任由其承担。同时天宇公司收缴了上述项目部印章，并予以了销毁。同年11月28日，迪嘉特公司与石勇就解决迪嘉特工地的施工纠纷达成协议：（1）即日起双方全权委托马鞍山经济技术开发区管委会代为指定公证机构保存现场施工证据……公证完毕，迪嘉特公司支付石勇管理人员工资，石勇向迪嘉特公司移交施工现场相关施工图纸、资料。（2）双方全权委托马鞍山经济技术开发区管委会代为指定有资质的造价咨询机构审核工地已经完成的工程量及价款……工程造价及费用标准根据迪嘉特公司与天宇公司签订的合同（天宇公司盖有骑缝章）计算……（3）石勇必须如实申报因建设该工程所欠的材料款、人工款等，双方当场确认，马鞍山经济技术开发区管委会派人到场予以监督。（4）工程审核结果出来并通知双方，双方无异议的，2日内迪嘉特公司在扣除已经支付石勇的工人工资等款项后立即按审核结果支付剩余的款项（其中，石勇欠供货商的货款由双方确认后，迪嘉特公司可以直接支付给供货商）……双方还对其他事项作了约定。之后，有关公证机构对现场施工证据予以了证据保全公证。

2009年5月15日，仓驰公司与上海市新闵律师事务所签订一份聘请律师合同，依约产生并支付律师服务费2万元；其中，仓驰公司委托的代理律师有效工作时间为8.30小时，其同意按每小时2400元计费。

买卖合同纠纷

2009年5月19日,仓驰公司起诉至一审法院请求判令:天宇公司、石勇与迪嘉特公司三被告共同向其支付欠付的货款379644元;三被告共同支付以买卖合同约定的每月按总货款479644元的5%计算,自2009年1月21日始至判决生效之日止的逾期付款违约金;三被告共同支付其律师服务费损失2万元;三被告共同承担本案的保全费。

二、一审和二审情况

一审法院认为,仓驰公司作为买卖合同的相对方,在确认所供之物为真实存在的迪嘉特项目工地施工所需之后,与施工方天宇公司迪嘉特项目部签订买卖合同,并按约履行了合同义务,仓驰公司在缔约及实际履行过程中均没有过错或过失。天宇公司与迪嘉特公司签订有承揽协议,石勇以天宇公司名义支付了工程合同履约保证金。虽然天宇公司称未与迪嘉特公司签订正式施工合同,但一审法院注意到,根据2008年8月5日的《承揽协议一》,在8月13日支付保证金后,该承揽协议已经生效。且8月18日的《施工合同》骑缝处盖有天宇公司公章,也说明合同内容曾得到天宇公司的认可。至于施工合同上天宇公司的公章印鉴被剪去一节事实,一审时各方当事人均无法证明发生的具体时间,不排除是在涉案买卖合同签订之后。施工合同载明的项目副经理为石勇,迪嘉特公司允许石勇以天宇公司迪嘉特项目部名义进场施工,故为施工之需而与仓驰公司发生的买卖关系,在仓驰公司没有过错或过失的情况下,从维护交易安全原则出发,天宇公司应承担买卖合同的相应义务。天宇公司在承担相关义务后,认为迪嘉特公司、石勇有过错的,可以通过主张其承担赔偿责任予以救济。石勇以天宇公司迪嘉特工业园项目部名义签订买卖合同,从仓驰公司的角度来说,石勇的行为是天宇公司的职务行为,故石勇在本案中不应承担买卖合同规定的相应责任。迪嘉特公司只是有承诺与石勇共同确认货款后可直接支付的意思表示,而没有债的加入或其他保证的意思表示,故迪嘉特公司亦不应在本案中承担任何民事责任。至于本案中违约金的适用标准,虽然仓驰公司要求按合同约定计算,但确实涉案买卖合同约定的违约金比例偏高,应予适当调整。另,仓驰公司要求赔偿的律师服务费损失,由于合同有此约定，一审法院审查相应金额在合理范围之内。因此，该项诉讼请求可予支持。据此，一审法院遂判决如下：一、被告天宇公司应向仓驰公司支付货款 379644 元；二、被告天宇公司应向仓驰公司支付以 479644 元为基数，自 2009 年 1 月 21 日始至判决生效之日止，按每月 2% 计算的逾期付款违约金；三、被告天宇公司应向仓驰公司支付律师服务费 2 万元。

一审判决后，天宇公司不服提起上诉。二审法院认为，在天宇公司与迪嘉特公司签订的"建设工程施工合同"中，明确载明了石勇为项目工程部的副经理，虽然天宇公司辩称该施工合同上的公章后被剪去，但是对曾经签订过该合同的事实没有否认，也承认公章被剪去的原因是付款金额和期限等问题与迪嘉特公司未达成一致，并非与石勇发生矛盾。因此，天宇公司对石勇项目部副经理的身份是明知和认可的。现仓驰公司和迪嘉特公司均主张工地现场的施工铭牌上记载的施工单位是天宇公司、项目经理是石勇，与上述施工合同的内容相一致，天宇公司否认上述事实却未提供有效的证据佐证，故二审法院不予采信。仓驰公司根据买卖合同的约定，将货物送到工地现场，履行了相关合同义务，且天宇公司提供的工程造价鉴定报告可以证明仓驰公司提供的货物被用于天宇公司承包的工程。仓驰公司作为供货商，并无明显的不当行为，天宇公司对石勇签订买卖合同的法律后果应首先承担民事责任，其在承担相关义务后，认为石勇和迪嘉特公司有过错的，可以另行主张损失。天宇公司要求本案二审中止审理，没有法律依据，二审法院不予采信。据此，二审判决驳回天宇公司的上诉，维持了一审判决。

三、再审情况

天宇公司不服二审判决，经向上海市高级人民法院（以下简称上海高院）申请再审被裁定驳回后，向最高人民法院提出申诉。最高人民法院经审查认为，原审判决认定事实不清，适用法律不当，遂依照《中华人民共和国民事诉讼法》第一百九十八条第二款、第二百零六条之规定，裁定指令上海高院再审本案。

本案再审过程中，申请再审人天宇公司请求法院撤销原判，驳回仓驰

买卖合同纠纷

公司对天宇公司的诉讼请求。天宇公司为证明其再审主张,向再审法院提供了如下新证据:(1)浙江省嵊州市人民法院(2012)绍嵊刑初字第33号刑事判决书与浙江省绍兴市中级人民法院(2012)浙绍刑终字第91号刑事裁定书;(2)2010年5月12日嵊州市公安局向迪嘉特公司张朝俊作的询问笔录。经审查,上海高院对上述新证据的真实性依法予以确认。据此,再审查明,石勇因犯伪造公司印章罪,于2012年3月12日被浙江省嵊州市人民法院一审判处有期徒刑八个月,2012年4月19日浙江省绍兴市中级人民法院作出二审裁定予以维持。上海高院另对于天宇公司、迪嘉特公司与石勇之间就《承揽协议一》《承揽协议二》和《施工合同》的具体洽谈磋商过程依法予以查明。

上海市高级人民法院再审认为,首先,石勇未经天宇公司授权,以其名义进行施工、在工地悬挂施工铭牌、私刻"浙江天宇建设有限公司迪嘉特工业园项目部"印章并对外签订合同,事后未被天宇公司追认,而且也没有证据证明天宇公司对石勇这些行为是明知的而未予以制止,因此,石勇的行为是无权代理的行为,应由其本人承担最终的民事责任。其次,石勇的行为不构成表见代理。从本案查明的事实来看,仓驰公司相信石勇具有天宇公司代理权的理由在于:(1)迪嘉特工业园项目工地真实存在且已经施工;(2)工地大门挂有施工铭牌显示是天宇公司迪嘉特项目部及石勇为项目经理;(3)买卖合同上盖有天宇公司迪嘉特项目部的公章。这些事实只能证明石勇与天宇公司迪嘉特项目部之间存在一定联系,却不足以在石勇和天宇公司之间建立充分的联系。石勇仅持有天宇公司迪嘉特项目部的公章,项目部明显不具有独立主体资格,仓驰公司至少应当对其是否持有盖有天宇公司公章的授权委托书、天宇公司的营业执照副本等材料进行必要的审核,才能在石勇和天宇公司之间建立起必要的联系,使人有合理理由相信石勇是天宇公司的代理人。仓驰公司作为合同的相对方,仅凭工地的施工铭牌和一枚项目部的公章即轻信石勇是天宇公司的代理人而未尽必要的审核义务,存在着疏忽大意的过错。同时,迪嘉特工业园项目工地是石勇进场进行施工、工地大门的施工铭牌是石勇制作并予悬挂、天宇公司迪嘉特项目部的公章更是石勇未经授权而私刻,可见,这些使仓驰公司认为石勇是天宇公司代理人的事实与天宇公司的行为并无牵连，非因天宇公司的过错行为而导致。上海市高级人民法院也注意到，天宇公司在和迪嘉特公司、石勇签订《承揽协议一》《承揽协议二》以及《施工合同》过程中，随意在尚未谈好的合同上盖好公章及法定代表人的私章，并在谈判失败后将盖好章的合同随意留存于相对方处，虽其认为自己在合同生效条件方面作了必要的预防措施，仍不可否认天宇公司在合同签订、保管方面的行为过于随意，存在一定的过错。但天宇公司这一在合同方面的过错行为与仓驰公司对石勇代理身份的认定之间并不具有因果关系，目前没有证据证明仓驰公司是因为看到了天宇公司留存在外的《承揽协议》或是《施工合同》而认定天宇公司是工程承包方、石勇是其项目经理。相反，从仓驰公司事后从马鞍山经济技术开发区管委会取得并提交给一审法院作为证据的《施工合同》来看，该《施工合同》合同承包人天宇公司的落款部分已被剪去，仓驰公司如果事前尽到该注意义务，就能及时发现石勇系无权代理。综上，石勇的无权代理行为并不能构成表见代理，不应由天宇公司承担合同责任。再次，迪嘉特公司一直就《承揽协议》和《施工合同》与天宇公司、石勇进行洽谈，其明知因天宇公司与石勇之间的内部承包关系未成立而导致《施工合同》未能签订，石勇并无天宇公司的代理权，却让石勇个人以天宇公司名义交纳合同保证金，允许其提前进场施工，并任其在工地大门悬挂天宇公司项目部标牌。虽然迪嘉特公司辩称其不知道石勇私刻天宇公司项目部公章对外签订合同，但其至少明知项目已经开始施工，承包方必然要对外签订合同采购大量建筑材料，而石勇是不可能以个人名义作为承包方的。迪嘉特公司上述故意或放任的行为对买卖合同相对方仓驰公司误认石勇是天宇公司代理人具有明显过错。况且，迪嘉特公司是项目的发包方，本就应向石勇支付工程建设款，其与石勇就解决迪嘉特工地的施工纠纷达成的公证协议也约定"石勇欠供货商的货款由双方确认后，迪嘉特公司可以直接支付给供货商"。因此，迪嘉特公司应对合同相对方仓驰公司的损失负连带责任，其承担责任后，超出应支付给石勇工程建设款的部分可向石勇予以追偿。

据此，再审依法撤销了原一审、二审民事判决，并依法改判应由石勇

和迪嘉特公司对仓驰公司所主张的欠付货款本金、原审酌定的违约金以及律师服务费承担连带责任。

四、评析意见

本案是一起狭义无权代理的案件,其涉及的争议焦点主要是意定代理授权行为撤销的有效性、表见代理的要件构成以及狭义无权代理的民事责任。对上述问题,现简要分述如下:

(一)代理权授予行为的可撤回(销)性

石勇以所谓的"天宇公司迪嘉特工业园项目部"的名义与相对人仓驰公司为买卖行为是否系属有权代理被代理人天宇公司的法律行为,是本案的第一个争议焦点。

有效的代理,实质上是意思表示的归属规则,即将代理人意思表示的法律效果直接归属于本人。[①]然而,自罗马法以来,平等原则及责任自负一直是民法所坚持的根本法理。因此,作为对于"不得为他人设定义务"基本原则的一项例外,有权代理自有其严格的构成要件。[②]根据"代理人行为说"的通说规范,意定代理的要件构成有四[③]:其一,须为显名主义;其二,须有代理权的有效授予;其三,代理行为须为法律行为;其四,代理的内容须为法律所容许。本案中,值得探讨的是石勇的行为是否符合上述有权代理的第二个要件,即其以所谓的"天宇公司迪嘉特项目部"的名义与相对人仓驰公司为买卖法律行为时是否有被代理人天宇公司的有效授权?

按照权利"法力说"的理论体系,[④]所谓的"代理权"是指代理人为代理行为之法律效果之所以能够发生归属于本人的受法律保障的资格,[⑤]

---

① 王泽鉴:《债法原理》,中国政法大学出版社2001年版,第278页。
② 李锡鹤:《民法原理论稿》,法律出版社2012年版,第914页。
③ 王泽鉴:《债法原理》,中国政法大学出版社2001年版,第271页及以下。
④ 张驰:《法律行为效力评价体系论》,载《法学》2016年第5期。
⑤ 参见王泽鉴:《民法总则》,中国政法大学出版社2001年版,第449页。

体现了本人意欲承担其所选任代理人之代理行为法律效果的本人自己的效果意思，是代理关系之所以能够发生意思表示的第三人归属法效的根本法理依据。如若一旦欠缺本人与代理人间有效的代理权授予关系，则丧失了所谓的"代理人"之"代理行为"能够依据有权代理规则归属于本人的法理基础，即本人前述的效果意思。① 因此，代理权的撤回或是撤销是有权代理的消灭方式之一。②

根据通说，代理权授予行为系属单独行为，具有独立性和无因性的法律属性。本案中，再审查明天宇公司将明确载有"项目副经理为石勇"且盖有该公司公章的《施工合同》在天宇公司员工高宝良第三次赴迪嘉特工地时留置在迪嘉特公司处的一节事实，符合代理权授予之单方法律行为的属性，故应当认定为天宇公司向迪嘉特公司依法授予了石勇代理其承揽案涉迪嘉特工程的法律效果。因为此时虽然作为上述代理权授予关系的基础法律关系，即天宇公司与迪嘉特公司就案涉工地的施工承揽合同尚未有效成立，但基于代理权授予行为的独立性和无因性的法律属性，天宇公司授权石勇挂靠其名义承揽迪嘉特工地工程应认定为已先于基础法律关系成立而成立。

其次，代理权撤销行为之性质法律虽未设明文，但依据"同等事务同等处理"的事物本质，③ 当准用代理权授予行为的规则。本案中，再审查明迪嘉特公司随天宇公司员工高宝良一起回绍兴与天宇公司副总经理宋森华就案涉工程最终谈判磋商失败后，天宇公司在迪嘉特公司明知的情形下将上述载有"项目副经理为石勇"内容的《施工合同》中天宇公司的落款公章剪去的一节事实，应当认定能够发生将石勇的上述代理权依法撤销的法律效果。

因此，再审查明石勇在天宇公司已依法撤销其以天宇公司的名义承揽案涉工程的代理权之后，私刻所谓的"天宇公司项目部"印章向相对人仓驰公司以天宇公司的名义购买案涉工程施工建材的行为，应当认定为系属

---

① 李锡鹤：《民法原理论稿》，法律出版社2012年版，第904页。
② 王泽鉴：《债法原理》，中国政法大学出版社2001年版，第297页。
③ ［德］卡尔·拉伦茨：《法学方法论》，陈爱娥译，商务印书馆2003年版，第252页。

无权代理的行为,并不发生有权代理之代理行为法效可得归属于本人的法律后果。

(二) 代理权表象责任的检索适用

就民法法理而言,法律行为中积极履行利益的保护不仅在于意思自治的原则之中,还可存在于第三人的信赖保护的路径方面。① 具体到代理法律领域,则主要体现为表见代理和容忍代理的二项代理权表象责任形式。② 对此,简要分述如下:

首先,关于表见代理的规则适用。所谓"表见代理",通说"单一要件说"(即"被代理人过错不要说")认为是指虽存有(代理权)"授权之形"而无(代理权)"授权之实"的无权代理,但因相对人合理信赖该不实的代理权表象的利益保护价值已足以压过法律对"本人"自由意志的保护价值需求,而依法发生有权代理的法律后果。③ 但是,学界中的有力说却认为,与相对人的信赖利益相比,"本人"的自由意志的法理价值理应具有更高的价值位阶,因此,若仅依相对人的合理信赖还尚不足以发生否定"本人"确未有代理权有效授予事实法效的法理基础。因而主张在"相对人无过失地合理信赖'代理人'享有代理权"的"单一要件"之外,表见代理的要件构成还需要有被代理人一方的某种可归责因素,才可以进一步来"撬动"法律对于"本人"自由意志价值的优先保护顺位。④ 对此有力说的观点,《中华人民共和国合同法》第四十八条、第四十九条未设

---

① 杨代雄:《法律行为制度中的积极信赖保护——兼谈我国民法典总则制定中的几个问题》,载《中外法学》2015年第5期。
② 杨代雄:《容忍代理抑或默示授权——〈民法通则〉第66条第1款第3句解析》,载《政治与法律》2012年第4期。
③ 参见王泽鉴:《债法原理》,中国政法大学出版社2001年版,第317页;李锡鹤:《民法原理论稿》,法律出版社2012年版,第902页;杨代雄:《表见代理的特别构成要件》,载《法学》2013年第2期。
④ 杨代雄:《表见代理的特别构成要件》,载《法学》2013年第2期。

明文；至于诸如"法发〔2009〕40号文"①等②司法解释性规范，亦未明确，故应认定系为法律之漏洞。③至于是否有对之进行法律续造之必要，再审判决持肯定的态度。

因此笔者认为，表见代理的构成要件不仅要具有"代理权之客观表象"以及"相对人善意无过失"之通说要件以外，尚需具有"本人"之可归责事由。至于可归责事由的具体归责原则，再审裁判并未采纳前述有力说之风险原则④或是过错原则⑤，而是采纳了更为稳妥的判定标准，即"因果关系说"⑥——即"本人"的行为只需与代理权表象之发生具有因果关系时即可认定构成"被代理人"的可归责事由。

据此，再审判决在依法认定"天宇公司（即被代理人）虽在（施工承揽）合同签订、保管方面过于随意，存在一定的过错，但天宇公司这一在合同方面的过错行为与仓驰公司（即相对人）对石勇（即无权代理人）代理身份的认定之间并不具有因果关系"后，依法认定本案并不构成表见代理。⑦

其次，关于容忍代理的规则适用。鉴于再审时所依法查明的案件事实中并未有证据能够证明在被代理人天宇公司通过剪去《施工合同》中其落款公章的方式有效撤销了对于石勇的代理权之后，天宇公司明知石勇对外仍冒用其名义从事系争的买卖行为，因此，笔者认为本案并不符合《中华

---

① 即《最高人民法院关于当前形势下审理民商事合同纠纷案件若干问题的指导意见》。
② 其他的具有较高参考价值的规范性文件有如：上海高院民二庭制定的《商事合同案件适用表见代理要件指引（试行）》（2012年）；等等。
③ 杨代雄：《表见代理的特别构成要件》，载《法学》2013年第2期。
④ 杨代雄：《表见代理的特别构成要件》，载《法学》2013年第2期；纪海龙：《走下神坛的"意思"——论意思表示与风险归责》，载《中外法学》2016年第3期。
⑤ 李锡鹤：《民法原理论稿》，法律出版社2012年版，第902页。
⑥ 在学界中，采较为类似的观点有如：王利明教授的"新双重要件说"。参见王利明：《民法总则研究》，中国人民大学出版社2003年版，第674、675页。
⑦ 需要特别说明的是，再审判决依法认定"仓驰公司作为合同的相对方，仅凭工地的施工铭牌和一枚项目部的公章即轻信石勇是天宇公司的代理人而未尽必要的审核义务，存在着疏忽大意的过错"。因此，即使是按照通说"单一要件说"的表见代理要件构成，再审法院亦明确认为相对人仓驰公司对于石勇所谓的代理权表象之信赖并非"善意且无过失"，同样不能构成表见代理。

买卖合同纠纷

人民共和国民法通则》第六十六条第一款后段之规定,亦并不构成容忍代理。

(三)狭义无权代理民事责任的司法裁判

综上所述,在本案并不符合有权代理之要件构成,亦并不存在诸如"表见代理"或是"容忍代理"的代理权表象责任,应当认定本案性质上属于狭义的无权代理案件。

狭义无权代理的法律行为应属效力待定。本案中,再审查明案涉工程施工承揽合同的相对人迪嘉特公司于2008年10月30日曾发函催告被代理人天宇公司是否对石勇的无权代理行为进行追认;翌日,在天宇公司明示拒绝追认的情形下,本案则确定发生狭义无权代理责任,即"由行为人(石勇)承担责任",当无异议。

然而具有争议的问题是迪嘉特公司对上述石勇所要承担的狭义无权代理责任是否需要承担相应的民事责任?对此,依据2008年11月28日经过公证的迪嘉特公司与石勇就解决迪嘉特工地的施工纠纷达成的公证协议的请求权基础,我们认为其应当承担不真正的连带责任。因为该公证协议载明"石勇欠供货商的货款由双方确认后,迪嘉特公司可以直接支付给供货商"。对上述约定,我们认为性质上构成"缩短给付",① 即依据石勇个人向供货商仓驰公司间形成的施工建材买卖合同关系以及石勇个人与迪嘉特公司形成的无效建设工程施工合同之法定责任关系,本应由迪嘉特公司向石勇个人支付的工程建设款以及由石勇个人向仓驰公司支付买卖标的货款的三方给付关系中,根据上述"缩短给付"的约定可由迪嘉特公司在其所应承担的工程款之最高限制范围内直接向仓驰公司支付石勇所拖欠的买卖货款,以缩短三方的支付过程。

综上,再审法院遂作出前述再审判决。

(执笔人:宗 来)

---

① 王泽鉴:《不当得利》,中国政法大学出版社2002年版,第81页。

▶ 建筑行业中买卖合同纠纷表见代理应严格认定

30. 新疆阿克苏四海建设工程有限责任公司与阿克苏诚建建材有限责任公司、黄洪川买卖合同纠纷案[*]

【裁判摘要】

> 本案争议的焦点是买卖合同中表见代理如何认定。在近年的经济活动中,尤其是建筑行业产生的纠纷中,多数属于表见代理之争。是接受认定为表见代理还是坚持合同的相对性,在实务中仍然存在争议。本案属于买卖合同纠纷,因属于建筑行业的买卖合同纠纷,双方当事人就是否构成表见代理存在较大分歧。本案经过一审、二审至再审,始终就该问题存在争议。裁判法官坚持合同的相对性,以买卖合同的角度解决此案纠纷,对是否构成表见代理进行了详细的说理,从内容上、案件类型上来说具有典型性。

申请再审人:新疆阿克苏四海建设工程有限责任公司。

被申请人:阿克苏诚建建材有限责任公司。

被申请人:黄洪川。

---

[*] 摘自《审判监督指导》2018年第3辑(总第65辑),人民法院出版社2019年版,第78~82页。

买卖合同纠纷

一、基本案情①

阿克苏诚建建材有限责任公司（以下简称诚建公司）诉称：要求新疆阿克苏四海建设工程有限责任公司（以下简称四海公司）与黄洪川共同承担因于2013年3月28日签订的加气块销售合同而产生的加气块款及违约金。

新疆阿克苏四海建设工程有限责任公司（以下简称四海公司）辩称：加气块属于黄洪川自行购买，不应当由四海公司承担付款义务。

黄洪川辩称：工程属于四海公司建设应当由四海公司承担付款责任。

一审法院新疆维吾尔自治区库车县人民法院于2015年2月12日作出（2014）库民初字第2088号民事判决书，认为本案买卖合同的当事人应系诚建公司与黄洪川，诚建公司认为黄洪川系四海公司沙雅分公司项目负责人，其以四海公司沙雅分公司的名义与诚建公司签订加气块销售合同的证据不足。依据合同性相对性原则，黄洪川作为本案买卖合同的相对方，不应承担付款责任，据此，四海公司辩称其不应承担付款责任的理由成立，予以采纳。黄洪川辩称其挂靠四海公司，应由四海公司承担付款责任，因黄洪川与四海公司之间虽为挂靠关系，但并未由此产生黄洪川有权以四海公司名义对外签订合同的法律效果，且根据诚建公司提交的银行转账支票及黄洪川提交的银行进账单，亦不能证实四海公司有向诚建公司支付加气块款的义务，故对黄洪川的该辩解意见，不予采纳。判决由黄洪川于本判决生效后10日内向诚建公司支付加气块款500530元，违约金7007元。

诚建公司不服，上诉于新疆维吾尔自治区阿克苏地区中级人民法院，二审法院阿克苏地区中级人民法院于2015年7月27日作出（2014）阿中民二终字第271号民事裁定书，认为黄洪川作为四海公司沙雅分公司沙依巴克北路棚户区改造项目4#楼、5#楼项目经理，与诚建公司签订加气块销售合同，购买的加气块用于沙依巴克北路棚户区改造项目，应当认定黄洪川代表四海公司沙雅分公司从事经营活动，四海公司沙雅分公司依法应当对外承担合同

---

① 案件索引：一审：新疆维吾尔自治区库车县人民法院（2014）库民初字第2088号（2015年2月12日）；二审：新疆维吾尔自治区阿克苏地区中级人民法院（2014）阿中民二终字第271号（2015年7月27日）；再审：新疆维吾尔自治区阿克苏地区中级人民法院（2016）新29民再8号（2016年6月26日）。

中买方的付款义务。上诉人诚建公司的上诉理由不成立，原审认定事实有误，依法予以改判，判决撤销库车县人民法院（2014）库民初字第 2088 号民事判决，改由四海公司向诚建公司支付加气块款 500530 元、违约金 7007 元；四海公司不服，向新疆维吾尔自治区高级人民法院提出再审申请。新疆维吾尔自治区高级人民法院于 2016 年 3 月 16 日作出（2016）新民申字第 150 号民事裁定：指令阿克苏地区中级人民法院再审本案。

经再审查明的事实：2013 年 3 月 28 日，诚建公司（甲方、卖方）与黄洪川（乙方、卖方）签订一份加气块销售合同，合同约定了加气块的规格、数量、单价及违约责任，即一方违约按《中华人民共和国合同法》的规定向另一方支付本合同总价款 30% 的赔偿金。在该合同乙方处仅有黄洪川的个人签名，未加盖四海公司的印章，甲方落款处为诚建（加气块）销售部。后黄洪川在合同上写明"用煤款抵账"变更了付款方式。2014 年 8 月 8 日，经诚建公司与黄洪川对账，双方在供货对账函上签字确认，该对账函载明：供货工地名称为新疆沙雅艾比利，供货名称为加气块，供货起止时间为 2013 年 3 月 27 日—2014 年 4 月 26 日，合计欠款金额为 500530 元；同时，黄洪川在对账函下方注明："2014 年 10 月 25 日前付清所有加气块款（五十万五百三十元）。同意黄洪川。"

合同履行过程中，四海公司沙雅分公司陆续向黄洪川支付部分工程款。庭审中，诚建公司提交一张中国农业银行转账支票，该支票存根记载：出票日期 2014 年 4 月 20 日，收款人黄洪川，金额 20 万元，用途系付工程款，支票下方由黄洪川签名。诚建公司陈述支票上的金额其并未收到，四海公司认为支票为向黄洪川支付工程款项，并非向诚建公司支付加气块款。另查明，2012 年 8 月 29 日，四海公司沙雅分公司（甲方）与黄洪川（乙方）签订《建设工程施工合同》补充协议，约定由乙方承揽建设沙雅沙依巴格北路棚户区改造项目 4# 楼、5# 楼，同时约定"包工包料、定死价"。

二、裁判结果

承办法官认为，表见代理有其严格的表现，即客观上具有使相对人相信行为人具有代理权限的情况，主观上相对人是善意的且无过失。在本案中，被申请人黄洪川以个人名义签订与被申请人诚建公司签订了加气块销

售合同，申请人四海公司没有在合同上加盖公章，黄洪川也没有明确表示自己是四海公司的工作人员，后又在加气块销售合同上写明"用煤款抵账"，即用其承建羊场煤矿时抵账的煤矿用煤抵加气块款。期间，诚建公司并没有提出异议。同时，四海公司与黄洪川的建筑合同中载明"包工包料、定死价"属于承揽合同。可见，在本案中，并没有形成主客观上使诚建公司相信黄洪川具有代表四海公司签订加气块合同的情形，因此，表见代理并不成立。本案为买卖合同纠纷，应坚持合同的相对性，合同一经订立，对合同双方当事人具有法律约束力。本案中，诚建公司提交的加气块销售合同及供货对账函均由黄洪川个人签名，并未加盖四海公司的公章，而诚建公司亦未提交黄洪川系四海公司项目负责人的相关证据。一审庭审中，虽然黄洪川提交了其与四海公司签订的建设工程施工补充合同，但并不能证明四海公司授权其在诚建公司购买加气块的事实。综上，本案买卖合同的当事人应系诚建公司与黄洪川，诚建公司认为，黄洪川系四海公司沙雅分公司项目负责人，其以四海公司沙雅分公司的名义与诚建公司签订加气块销售合同的证据不足。据此，四海公司辩称其不应承担付款责任的理由成立，予以采纳。黄洪川辩称其挂靠四海公司，应由四海公司承担付款责任，因黄洪川与四海公司之间虽为挂靠关系，但并未由此产生黄洪川有权以四海公司名义对外签订合同的法律效果，且根据诚建公司提交的银行转账支票及黄洪川提交的银行进账单，亦不能证实四海公司有向诚建公司支付加气块款的义务，故对黄洪川的该辩解意见，不予采纳。

据此判决如下：

一、撤销由阿克苏地区中级人民法院作出的（2015）阿中民二终字第218号民事判决书。

二、由被申请人黄洪川于本判决生效后10日内向被申请人阿克苏诚建建材有限责任公司支付加气块款500530元、违约金7007元（500530元×5.6%÷6个月×1.5）。

三、评析意见

表见代理是指本属于无权代理，但因本人与无权代理人之间的关系，具有授予代理权的外观即所谓的外表授权，致相对人信其有代理权而与其为法律行为,发生与有权代理同样的法律效果。

表见代理的认定一直是商事审判实务中的难点问题,其中以涉及建设工程买卖、租赁、借款合同的情况表现最为突出。由于挂靠、转包、违法分包行为在建筑市场十分普遍,导致建筑工程的名义施工人与实际施工人相互分离,进而引发涉建设工程商事案件中,因实际施工人及工地工作人员权利外观与真实权利冲突所导致的表见代理认定的难题。

近年来,法院受理的此类案件一直呈现持续上升的态势,相当数量的实际施工人因无力偿还债务而藏匿外逃,债权人将诉讼矛头直指总承包单位。就涉建设工程商事案件中的表见代理的认定问题由于各地认识不一,同案异判的情况也较为突出,现在已经成为商事审判中急需解决的问题。表见代理认定问题即如何在具体的案件中判断行为人的行为是否构成表见代理是解决上述问题的关键。

表见代理行为应具备以下构成要件:一是以被代理人名义与相对人为合同行为。表见代理实质上是无权代理,因此,行为人(代理人)应是在没有代理权、超越代理权限或者代理权终止后仍进行代理的行为。二是客观上,应当有足以使相对人相信行为人是有代理权的表象。如行为人与被代理人之间存在的特殊关系、被代理人的口头意思表示,或者行为人持有被代理人的公章或合同章、盖有公章或合同章的空白合同及介绍信等。尽管行为人没有被实际授权,一个以正常人的正常思维,根据前述表象有正当理由相信或能推断出行为人有代理权。三是相对人必须是善意且无过失。也就是说,相对人对于无权代理人无代理权是不知道或者不应当知道,如果以一个正常人的思维能够判定其不具有代理权仍与之实施民事行为的,就不构成表见代理。四是行为人与相对人之间的民事行为具备民事行为成立和生效的有效要件,即相对人基于上述信赖与该无权代理人成立法律行为。

(执笔人:万 雯)

买卖合同纠纷

31. 邬某诉佛山聚阳新能源有限公司买卖合同纠纷案[*]

真意保留的法律适用

【关键词】

民事　意思表示　真意保留　信赖保护

【裁判摘要】

我国现行民事立法未对真意保留制度作出规定，在合同一方存在真意保留的情形时，判断合同是否成立和生效应在现有法律框架下，从交易安全、信赖保护等角度，区分买受人是否明知或应知对方存在真意保留行为，从而作出不同处理。

【相关法条】

《中华人民共和国民法总则》第一百四十二条[①]

有相对人的意思表示的解释，应当按照所使用的词句，结合相关条款、行为的性质和目的、习惯以及诚信

---

[*] 摘自《人民法院案例选》2021年4辑（总第158辑），人民法院出版社2021年版，第112～122页。

[①] 对应《民法典》第一百四十二条："有相对人的意思表示的解释，应当按照所使用的词句，结合相关条款、行为的性质和目的、习惯以及诚信原则，确定意思表示的含义。无相对人的意思表示的解释，不能完全拘泥于所使用的词句，而应当结合相关条款、行为的性质和目的、习惯以及诚信原则，确定行为人的真实意思。"

原则,确定意思表示的含义。

无相对人的意思表示的解释,不能完全拘泥于所使用的词句,而应当结合相关条款、行为的性质和目的、习惯以及诚信原则,确定行为人的真实意思。

【案件索引】

一审:江苏省沭阳县人民法院(2016)苏1322民初19065号(2017年12月28日)

二审:江苏省宿迁市中级人民法院(2018)苏13民终2202号(2019年9月6日)

【基本案情】

原告(被上诉人)邹某诉称:www.1688.com是被告杭州阿里巴巴广告公司(以下简称阿里巴巴公司)经营的网络交易平台。被告佛山聚阳新能源有限公司(以下简称聚阳公司)通过该网络交易平台公开发布销售信息,并承诺网上交易、网下送货。2015年6月1日至2015年7月23日,原告因打算开公共浴室,分四次购买共计20台空气能热水器设备,支付价款及运费21元。被告聚阳公司未按承诺交付上述设备,原告多次交涉未果。被告阿里巴巴公司作为网络交易平台管理方,有义务督促聚阳公司履行义务并承担履约保证,根据《消费者权益保护法》第四十四条的规定,其应对聚阳公司的债务承担连带责任。被告聚阳公司拒绝履行合同,合同目的已无法实现,故原告诉至法院,请求判令:解除原告邹某与被告聚阳公司之间的买卖合同,判决被告聚阳公司赔偿因不能交货对原告造成的损失429180元,被告阿里巴巴公司承担连带责任。

被告(上诉人)聚阳公司辩称:聚阳公司将价值万元的商品标价为1元是基于刷单需要,被告并无以该价格订立合同的真实意思。原告根据日常生活经验应知以20元不可能买到20台空气能热水器,仍然恶意下单,其主观目的是谋取不正当利益,违反诚实信用原则。被告聚阳公司已解除与原告的买卖合同并通过网络平台将货款全部退还给原告,原告无任何经

买卖合同纠纷

济损失，请求驳回原告对被告聚阳公司的诉讼请求。

被告阿里巴巴公司辩称：被告阿里巴巴公司只是网络销售平台的提供者，不参与原告和被告佛山聚阳公司之间的交易。原告要求被告阿里巴巴公司承担连带责任不符合法律规定，请求驳回原告对阿里巴巴公司的诉讼请求。

法院经审理查明：阿里巴巴公司是1688网络交易平台（www.1688.com）的经营者。聚阳公司是1688网络交易平台的商户，销售产品为空气能热水器。自2015年4月21日起，聚阳公司在1688网络交易平台上将其销售的空气能热水器单价标注为1元、40元、50元、80元和99元从事刷单行为。2015年6月1日，邬某在线下单购买上述5P空气能热水器4台，在线支付货款4元（免运费）。聚阳公司登记该商品于2015年7月6日已发货，但并未实际发货。后邬某分别于2015年7月18日在线购买5P空气能热水器4台，支付货款4元（免运费）；2015年7月19日在线购买10P空气能热水器4台，支付货款4元和运费1元；2015年7月23日在线购买10P空气能热水器8台，支付货款8元（免运费）。上述交易均系邬某直接在线生成订单，聚阳公司均登记"已发货"，但均未实际向邬某交付商品。2015年8月8日，聚阳公司以"产品已经停产"为由，向邬某的支付宝账户退回货款20元和运费1元。2016年9月7日，邬某向聚阳公司支付宝账户退回上述21元。

经法院调查，1688网络交易平台和淘宝网上规格为5P的类似商品价格在9000元左右至15400元左右不等，规格为10P的类似商品价格在12500元左右至25000元左右不等。

【裁判结果】

江苏省沭阳县人民法院于2017年12月28日作出（2016）苏1322民初19065号民事判决：一、被告聚阳公司于本判决发生法律效力之日起10日内赔偿原告邬某损失221979元；二、驳回原告邬某的其他诉讼请求。

宣判后，被告聚阳公司提出上诉。江苏省宿迁市中级人民法院于2019年9月6日作出（2018）苏13民终2202号民事判决：一、撤销沭阳县人民法院（2016）苏1322民初19065号民事判决；二、聚阳公司于本判决发生法律效力之日起10日内赔偿邬某损失36000元；三、聚阳公司于本判决发生法律效力之日起10日内向邬某返还货款16元和运费1元；四、驳回邬某的其他诉讼请求。

【裁判理由】

法院生效裁判认为：合同成立的实质要件是当事人就订立合同形成了一致的意思表示。聚阳公司为提高销量排名安排"一元交易"刷单，尽管在行为上作出了以一元价格在1688.com网络交易平台销售空气能热水器的表示，但其主观上的真实意思并非以1元价格对外出售价值万元的案涉商品，而是以"一元交易"自导自演进行刷单。聚阳公司作为表意人，其作出"一元交易"的意思表示应认定为真意保留。

对于真意保留的法律效果，我国现行民事法律并未作出直接规定。在现行法律构架下，可以从意思表示解释规则出发加以规范。《民法总则》第一百四十二条第一款、第二款对是否存在相对人的意思表示的解释方法作出了区别规定。相较于无相对人的意思表示解释，有相对人的意思表示解释是以表示主义为原则，意思主义为例外，相对人不知悉或不应当知悉表意人真意的，应当按照表示主义解释意思表示，以此保护相对人合理信赖，维护交易安全。据此，真意保留情形下的法律适用规则应归纳如下：一是相对人不知悉或不应当知悉表意人内心保留的，应当以表示意思解释表意人的意思表示；二是相对人知悉或应当知悉表示人内心保留的，应当按照表意人真意解释其意思表示。

本案中，邬某分四次先后向聚阳公司购买了共计20台空气能热水器，分别为4台、4台、4台和8台。邬某作为网络交易的购买方，在其首次购买4台空气能热水器时，没有证据证明邬某明知聚阳公司标注的1元单价系虚伪表示，不宜认定其明知聚阳公司的标价系虚伪意思表示，双方订立的第一份买卖合同成立并生效。距第一次购买时间已经超过一个半月，在聚阳公司没有实际向其发货的情况下，邬某未与对方沟通并确认交易真实性，且未催促发货，反而又分三次下单购买16台热水器，其明知和利用对

买卖合同纠纷

方存在虚伪表示"薅羊毛"的心理较为明显。据此能够认定，邬某在后三笔交易中，其主观上明知或应知聚阳公司以一元销售空气能热水器的意思表示并非该公司真实意愿，即聚阳公司保留了真意。在此情形下，应当以聚阳公司真实意思解释其意思表示，聚阳公司真实意思是"刷单"，而非订立合同，因而应认定双方之间未形成订立合同的一致的意思表示，买卖合同未成立。关于第一份合同，聚阳公司违反合同约定，拒不履行交付4台规格5P的空气能热水器的义务，构成违约，邬某有权要求聚阳公司赔偿损失。因聚阳公司违约导致邬某不能取得其所购4台规格5P的空气能热水器，则该4台规格5P的空气能热水器的实际价值即为邬某基于合同履行后能够获得的履行利益，4台规格5P的空气能热水器的市场价格即为邬某的实际损失，聚阳公司应按此数额赔偿邬某36000元。关于双方在后形成的三份订单，因合同未成立，聚阳公司应向邬某返还其已付货款16元和运费1元。除此之外邬某并无其他损失，无权要求聚阳公司赔偿。

阿里巴巴公司并非本案中的合同当事人，在提供网络交易平台服务过程中无过错，不应向邬某承担责任。

【案例注解】

本案系在网络交易过程中，因出卖人"刷单"、买受人"薅羊毛"行为引发的纠纷，具有新颖性、典型性。合同以双方当事人意思表示一致为成立要件，而在民事法律行为中，行为人的意思表示与真实意思不一致时，应当如何判断行为人的真实意思表示，涉及"真意保留"这一民法基础理论问题。在《民法总则》（《民法典》也未作相关规定）对真意保留未作相关规定的情况下，生效裁判根据《民法总则》中关于意思表示解释的规定，结合相对人合理信赖利益保护，维护交易安全等因素，探索确立"相对人明知行为人存在真意保留的，应当以行为人的真实意思解释其意思表示"这一规则，为类似网络纠纷的处理提供了参考，对民法基础理论的司法适用和立法完善亦具有一定价值。需要注意的是，本案的裁判是以出卖人恶意刷单为前提，排除了出卖人构成重大误解从而行使撤销权的可能，对于今后电商交易模式下经营者权益的合理保护以及相应规则的完善，预留了一定的空间。

一、真意保留情形下的意思表示瑕疵

真意保留，又称心中保留，是指表意人虽然不具有受其意思表示约束的真意，却故意隐匿该真意而发出意思表示。通常而言，真意保留的构成要件如下：（1）须有意思表示的存在，即表意人作出了意思表示。"真意保留虽然属于意思表示的瑕疵类型，但是表意人通过表达于外部的行为的表示内容应当具有法律上的价值。"[①]（2）表意人作出的表示与内心真实意思不一致。依据表意人的表示所得出的客观的、规范的意义，与表意人的内心意思不相符。例如，甲为安慰其病危的母亲，向其母亲作出要将房屋赠与其弟的意思表示，而其内心真意是将房屋出卖给其弟。（3）表意人明知其表示与真意不符，仍故意作出表示。意思与表示不一致，系表意人故意导致，与无意识的非真意表示即意思表示错误（重大误解）不同。

意思表示是表意人对外表达特定私法效果的行为。由内心意思与外部表示两部分构成，前者为意思本身，即内部构成要件；后者为意思的表示，即外部构成要件。在理想状态下，表意人意思的形成以及效果意思的表达均应是无瑕疵的，此时的意思表示有效。但在现实经济生活中，行为人在将其内心意思表示于外部的过程中，因各种原因难以避免地会出现不同情形的瑕疵，即"意思表示瑕疵"。意思表示瑕疵包括意思表示不自由、意思与表示不一致两种情形。[②] 意思表示不自由是指行为人因受他人控制失去了表意自由，从而作出了违背真实意思的表示，较为典型的情形是受欺诈、胁迫作出意思表示。意思与表示不一致分为意思表示错误和虚伪表示。意思表示错误是指表意人因对行为性质、标的物的错误认识，或基于表达过程中的错误，作出了违背其真实意思的表示，典型情形为重大误解。虚伪表示则是表意人故意作出与真实意思不符的表示，可分为通谋虚伪表示和单方虚伪表示，真意保留即属单方虚伪表示。

[①] 冉克平：《真意保留与戏谑行为的反思与构建》，载《比较法研究》2016年第6期。
[②] 参见王泽鉴：《民法总则》，北京大学出版社2009年版，第282页。

买卖合同纠纷

以德国为代表的传统民法理论上,将意思表示的内部构成要件即意思本身划分为三个层面。首先,表意人具备从事某项行为的内心意思,即行为意思;其次,表意人认识到其行为将很可能产生一定法律上的意义,即表示意思;最后,表意人欲通过其行为表达特定的法律后果,即效果意思。真意保留情形下,因表意人在表达其内心意志过程中保留了其真实意思,导致其客观上表达出来的意思与其真实意愿不相符合,其本质是"表意人在为意思表示时由于某种原因而故意追求意思与表示不一致的后果"。[1] 故此种意思表示瑕疵是因表意人故意保留了内心的真实意思,其在作出意思表示时欠缺效果意思,即表意人不希望发生由其所表达出来的法律后果。具体在本案中,聚阳公司在销售平台上将其空气能热水器价格标注为1元/台,实则是以该价格进行刷单,缺乏以该价格订立买卖合同的真实意思,易言之,其心理上并不愿意接受以1元价格与客户订立买卖合同的法律后果。当然需要提出的是,聚阳公司与他人合谋进行刷单,双方构成通谋虚伪表示。但聚阳公司在从事刷单行为过程中,理应明知其发布的价格信息会被并非与该公司串谋刷单的真实网购者获取,存在非刷单者以"刷单价格"下单购买的风险,仍基于刷单需要,在网络销售平台上将其空气能热水器价格标注为1元,向不特定对象发布1元价格销售空气能热水器的虚假要约信息,该行为符合真意保留的构成要件。因此,本案中仅需针对聚阳公司在网络销售平台上以1元虚假价格销售空气能热水器的行为进行分析,认定其行为构成真意保留。至于聚阳公司与他人通谋刷单的行为,与本案中发出的虚假表示虽存在一定关联性,但二者定性互不影响。

二、比较法视角上真意保留意思表示的法律后果

民法的传统规则为"留在内心中的意愿不发生效果",直到《德国民法典》首次对真意保留进行规定。该部法律第116条第1款规定:"表意

---

[1] 潘运华:《心意保留意思表示的效力——兼评三部〈民法总则专家建议稿〉的相关规定》,载《现代法学》2016年第4期。

人对于表示事项内心保留有不愿的意思的，其意思表示并不因此无效。但是如果对于另一方作出意思表示且另一方知其有保留时，其意思表示无效。"上述规定后为日本、韩国及我国台湾地区、澳门特别行政区的民法规范所继受。如我国台湾地区"民法"第八十六条规定："表意人无欲为其意思表示所拘束之意，而为意思表示者，其意思表示不因之无效。但其情形为相对人所明知者不在此限。"比较大陆法系国家和地区的立法例，对于真意保留的处理规则总体上是以表示主义为原则，意思主义为例外。之所以如此处理是基于如下原理：一是信赖保护。表意人一旦作出了具有法律意义的表示，相对人（受领人）对该项表示即具有合理信赖，对于这一合理信赖法律应予以必要的保护。从外观主义的角度分析，因表意人自身原因导致意思的外部表象与真实状态不一致，且相对人无从知悉表意人的表达意思与内心意思不一致，基于该信赖而从事相关行为时，应根据表意人表达于外部的意思状态确定法律后果（而不是依据真实状态），以保护善意相对人，保护交易安全。因此，在无证据证明相对人明知表意人存在与表达意思不一致的内心意思时，应优先保护相对人的信赖利益。二是归责原则。由于表意人明知虚伪表示会被对方接受，仍故意作出虚伪表示，那么其应自行承担相应的不利益，受意思表示的约束。当然，此时约束力产生的根据并非效果意思，而是令表意人承担从其表示行为中推断出来的效果意思相应的责任。而善意相对人无法了解表意人的真实意思，不具有可归责性，对其应予保护。

从域外法来看，基本上采取首重交易安全，保护信赖利益的原则，区分相对人对表意人存在真意保留是否明知、是否涉及善意第三人之情形，对意思表示是否有效作出区别处理。具体而言：

首先，相对人并不知悉表意人存在真意保留之情形，意思表示有效，相对人得依据表意人表示之意思主张其履行。如表意人故意作出模棱两可的表示，相对人仅从其中某一层意思上理解表示，而表意人的真实意思却是以另一层次的意思发生效力，或表意人作出模棱两可表示的目的是将此作为主张表示无效的理由，则应按照相对人所理解的意思发生效力。

其次，相对人知悉或应当知悉表意人存在真意保留之情形，意思表示无效。理由在于，相对人此时明白表意人的真实意思并非表示于外部的意思，对于表意人的意思表示自不存在合理信赖，并无需要优先保护的利益，如此处理也不损害交易安全。

最后，真意保留的无效不得对抗善意第三人。因相对人知悉表意人真意保留导致表意人的表示无效的，在涉及第三人交易时，该无效不得对抗善意第三人，以此强调保护交易安全。

三、我国民事法律框架下真意保留的法律适用规则

我国现有民事法律规范体系中并无对真意保留及其法律效力的相关规定。《民法典》第一百四十三条将"意思表示真实"明确为民事法律行为有效的要件，但是对于意思表示不真实的法律效力，只针对通谋虚伪行为的法律效力作出了直接规定，明确行为人与相对人以虚假的意思表示实施的民事法律行为无效。但对于真意保留这一单方虚伪表示的效力，因欠缺直接规定，存在较大争议。在理论和实务中，一种思维是直接导入《民法典》第一百四十三条认定，以意思表示不真实为由认定该行为无效。如此处理的弊端在于，故意作出虚伪表示的行为人反而可以基于其虚伪表示不受自身表示的制约，对于善意相对人而言无法给予应有的保护，难谓公平合理。再者，即便是意思表示不真实，《民法典》也并非一概认定意思表示不真实作出的缔约行为无效，而是以是否损害公共利益和第三人利益作出区分处理，对于损害公共利益和第三人利益的合同认定无效，仅损害当事人自身利益的合同通过合同撤销权保护受害一方。因此，直接以《民法典》第一百四十三条规定认定真意保留行为无效在逻辑上并不周延。另一种思维是认为表意人可以诉请撤销其行为或者基于虚伪表示订立的合同。但合同撤销权的设立初衷是为了维护意思表示不自由和意思表示错误一方的利益，真意保留系表意人故意作出虚伪表示，于此情形仍赋予其撤销权，无异于将虚伪表示的表意人视同为意思表示的受害方，不符合合同撤销权的立法目的。

排除了上述裁判思维后，在我国现行法律构架下，针对真意保留的法律后果，可以也应该从意思表示解释规则出发加以明确。意思表示是表意

人为了满足法律行为的要求而作出,以达到法律上的效果为目的。因此,意思表示的解释涉及三个层次的问题:(1)某一行为是否为意思表示;(2)意思表示的内容如何;(3)意思表示是否有所谓的"漏洞",应如何予以补充。① 真意保留构成意思表示并无疑问,对这一意思表示进行解释,也不涉及"漏洞"补充问题,故解释的目的在于对意思表示的意义进行查明。意思表示的意义查明,是要探寻主观意思,还是确定其客观表示意义,反映出两种对立的价值追求。前者突出表意人的自我决定,后者突出表示相对人(受领人)的信赖保护。上述对立其实也是"意思主义"与"表示主义"的理论之争。如将意思表示不被理解或误解视为一种风险,按意思主义应由相对人承担风险,按表示主义则应由表意人承担风险。②

对于上述理论分歧,作为首次在我国民法上集中统一规定了意思表示的解释规则的法律条文,《民法典》第一百四十二条分别在第一款和第二款中作出了不同的取舍。该条第一款规定,有相对人的意思表示的解释,应当按照所使用的词句,结合相关条款、行为的性质和目的、习惯以及诚信原则,确定意思表示的含义;第二款规定,无相对人的意思表示的解释,不能完全拘泥于所使用的词句,而应当结合相关条款、行为的性质和目的、习惯以及诚信原则,确定行为人的真实意思。可见,《民法典》第一百四十二条确立的意思表示解释规则,针对是否有相对人的意思表示进行了区分,赋予自我决定和信赖保护不同的价值权重。③ 对于有相对人的意思表示,解释的目标显然在于表示出来的意思,更侧重于相对人的信赖保护。相较而言,对于无相对人的意思表示,则是探求表意人的真实意思,尊重表意人的自我决定。换言之,相较于无相对人的意思表示解释,有相对人的意思表示解释是以表示主义为原则,意思主义为例外,相对人不知悉或不应当知悉表意人真意的,应当按照表示主义解释意思表示,以此保护相对人的合理信赖,维护交易安全。具体在真意保留的情形下,相

---

① 参见王泽鉴:《民法总则》,北京大学出版社2009年版,第318页。
② 参见朱庆育:《民法总论》(第二版),北京大学出版社2016年版,第220页。
③ 朱晓喆:《意思表示的解释标准——〈民法总则〉第142条评释》,载《法治研究》2017年第3期。

买卖合同纠纷

对人不知悉或不应当知悉表意人真实意思的，表意人的意思表示不因真意保留而不生效力。但在相对人知悉或者应当知悉表意人内心保留的情况下，应按照表意人真意解释意思表示，由于表意人真意是不欲发生表示出的法律效果，对此表示的解释结果便应是意思表示不存在。从利益衡量出发，因相对人此时并无需要予以保护的合理信赖，故认定意思表示不存在也不会损及相对人利益以及交易安全。由此，可以归纳出真意保留情形下的法律适用规则：一是相对人不知悉或不应当知悉表意人内心保留的，应当以表示意思解释表意人的意思表示；二是相对人知悉或应当知悉表示人内心保留的，应当按照表意人真意解释其意思表示。我国法律在一定程度上与德国、日本等大陆法系国家法律存在移植关系，如此解释，也与域外大陆法系关于真意保留的相关法律规定殊途同归。

就网络购物而言，网络商户将其待售商品在网络交易平台上展示商品名称、品牌、规格、价格、数量等具体确定的信息，客户选定商品即可在线生成订单，故网络商户在相关交易平台上展示待售商品信息的行为应认定为要约。[1] 聚阳公司将其待售空气能热水器的名称、品牌、规格、单价1元的价格信息发布于1688.com网络交易平台，该项意思表示应认定为向不特定的相对人发出的一项要约，亦即是有相对人的意思表示。因此，本案应按《民法总则》第一百四十二条[2]第一款的规定对聚阳公司的意思表示进行解释。本案中应区分邬某在首次交易和后续批次交易中的不同表现情况，判断其是否明知或应知聚阳公司标注的1元单价销售信息为虚伪表示。

邬某作为网络交易的购买方，在其首次购买4台空气能热水器时，不宜认定其存在主观恶意，即明知聚阳公司的标价系虚伪意思表示。理由为：第一，网络交易具有特殊性，其具有迅捷、非面对面、针对不特定群体、信息不对称等特点，维护交易安全应为其首选价值取向，购买方在遵

---

[1] 《电子商务法》第四十九条第一款规定："电子商务经营者发布的商品或者服务信息符合要约条件的，用户选择该商品或者服务并提交订单成功，合同成立。当事人另有约定的，从其约定。"

[2] 对应《民法典》第一百四十二条。

守网络交易规则的前提下进行的购买行为的信赖利益应当得到保护。第二，聚阳公司作为网络交易的经营者，应秉持更加审慎、诚信的原则，应对其发布的产品要约信息负责，其自导自演刷单行为显然违背了市场交易诚信原则，应当承担相应的法律后果。第三，现无证据证明邬某此前存在利用网络商户虚假标注或因疏忽错标商品价格而进行相关交易，借此向对方索赔以谋取利益的行为。至于邬某购买商品系用于自用或经营，还是转售给他人，对判断其是否为善意相对人并无实质影响。因此，虽然聚阳公司将空气能热水器标价为1元的确存在不合理之处，但并不能够当然确定邬某在发起首笔交易时明知聚阳公司的1元标价系虚伪表示。在双方首次交易中，邬某对于聚阳公司订立合同的意思存在合理信赖，应以聚阳公司的意思表示为准，认定双方订立的买卖合同成立并生效。如此处理也有利于规制网络刷单行为，引导网络商户诚信经营，净化网络购物环境，维护网络交易安全和网络交易秩序。

在2015年6月1日首次购买空气能热水器后，邬某又分别于2015年7月18日购买4台、7月19日购买4台、7月23日购买8台。此时距第一次购买已经超过一个半月，邬某在聚阳公司没有实际向其发货的情况下，基于民商事主体正常的行为逻辑，应是与对方沟通，询问相关情况，催促、确认发货事宜，以降低交易风险，避免经济损失，而不是继续下单购买。但邬某不仅未与聚阳公司沟通以确定对方能否发货，反而又分三次购买了16台空气能热水器，其行为异于常理。尤其需要注意的是，邬某作为交易一方，基于此前第一笔交易中的4台空气能热水器并未收到货物的事实，结合1元售价远低于成本的特殊情况，且销售时点并非"双十一""双十二""618"等重大打折季，只要稍加注意，即可认识到交易的异常性。但邬某不仅不与聚阳公司沟通确认对方以1元价格销售空气能热水器的真实性，反而在网页上直接点击在线购买，绕过聚阳公司在线客服人员，通过直接在线生成订单的方式购买16台空气能热水器，其明知和利用对方存在虚伪表示"捡漏"的心理较为明显。据此能够认定，邬某在后三笔交易中，其主观上明知或应知聚阳公司以1元销售空气能热水器的意思表示并非该公司真实意愿，即聚阳公司保留了真意。在此情形下，应当以聚阳公司真实意思解释其意思表示，聚阳公司真实意思是"刷单"，而非订立合同，因而应认定双方之间未形成订立合同的一致意思表示，买卖合同未成立。

（一审法院合议庭成员　高维胜　葛国敬　杨玉楼
　二审法院合议庭成员　朱　庚　赵振亚　吴雪林
　编写人　江苏省宿迁市中级人民法院　朱　庚　刘爱萍
　　　　　　　　　　　　　　　　责任编辑　杨　奕
　　　　　　　　　　　　　　　　　审稿人　范明志）

拍卖合同纠纷

拍卖合同纠纷

32. 何浩基诉建行华侨城支行、金坤公司拍卖合同纠纷案

▶ 拍卖法律关系中瑕疵担保责任的承担及免除

【关键词】

商事 拍卖合同 瑕疵担保责任 声明不保证免责

【裁判摘要】

拍卖法律关系中,拍卖人应当将自己明知或应知的拍卖标的的瑕疵告知买受人,委托人应当将自己明知或应知的瑕疵告知拍卖人,否则即应对瑕疵造成的损害承担责任。能够通过"声明不保证"免除责任的瑕疵仅限于拍卖标的的真伪和品质,且只能在拍卖人或委托人不可能知道拍卖标的存在上述瑕疵的情况下方能免责。此外,拍卖法律关系中存在委托拍卖和拍卖合同关系两重法律关系,委托人因负有首要的告知义务,拍卖人因先行负责原则,两者均负有对买受人的损害承担瑕疵担保的责任。

---

* 摘自《人民法院案例选》2020 年 7 辑(总第 149 辑),人民法院出版社 2020 年版,第 100~109 页。

【相关法条】

《中华人民共和国拍卖法》第六十一条第一款、第二款 拍卖人、委托人违反本法第十八条第二款、第二十七条的规定，未说明拍卖标的的瑕疵，给买受人造成损害的，买受人有权向拍卖人要求赔偿；属于委托人责任的，拍卖人有权向委托人追偿。

拍卖人、委托人在拍卖前声明不能保证拍卖标的的真伪或者品质的，不承担瑕疵担保责任。

【案件索引】

一审：广东省广州市越秀区人民法院（2018）粤0104民初19580号（2018年11月10日）

二审：广东省广州市中级人民法院（2019）粤01民终425号（2019年4月3日）

【基本案情】

原告何浩基诉称：被告金坤公司在《拍卖标的简介》中明确说明正威公司按约定已付清了购买305个车位的价款，享有该305个车位的权益。但生效判决却作出了相反认定，导致原告无法获得该305个车位上的权益。《拍卖法》第四十条第一款规定："买受人未能按照约定取得拍卖标的的，有权要求拍卖人或者委托人承担违约责任。"依据该规定，中国建设银行华侨城支行和金坤公司作为委托人和拍卖人应向原告承担违约责任，包括返还价款以及赔偿损失。

被告中国建设银行华侨城支行（以下简称建行华侨城支行）辩称：（1）建行华侨城支行系受正威公司委托，对中华广场305个车位权益进行处置，拍卖所得价款的实际收受人为正威公司，原告无权主张建行华侨城支行返还价款。（2）建行华侨城支行受托按现状对车位权益进行处置，拍卖过程中已向何浩基充分揭示风险，何浩基完全知晓并书面确认自行承担相关风险，其要求建行华侨城支行赔偿没有依据。（3）何浩基在参与拍卖前，已充分了解拍卖标的的真实情况，自主对可能存在的风险进行评估，并根据自身判断最终作出竞买决定，其现承担的损失是其判断失当导致，其要求建行华侨城支行为其失误承担赔偿责任于法无据。综上，请求驳回何浩基对建行华侨城支行提出的全部诉讼请求。

被告金坤公司辩称：（1）拍卖合同、拍卖程序合法有效，且已经履行完毕。现拍卖行为未被认定无效或者被撤销，原告主张返还拍卖价款、赔偿拍卖佣金和预期利益损失，没有任何合同和法律依据。（2）在拍卖过程中，金坤公司充分尽到拍卖企业的所有义务，在照实披露委托人建行华侨城支行提供的信息，并充分提示原告注意事项后，依法不应再承担瑕疵担保责任或其他赔偿责任，不能办理车位过户的风险或损失原告应自行承担。综上所述，请求驳回原告的诉讼请求。

法院经审理查明：1998年3月，案外人兴盛公司与案外人正威公司签订两份《房地产预售契约》，约定兴盛公司将坐落在广州市越秀区中华广场305个车位出售给正威公司，双方议定的成交价为港币7991万元，上述契约签订后，兴盛公司先后向正威公司出具了8张收款收据，总计价款港币7991万元。2002年3月25日，正威公司向建行华侨城支行出具两份《授权委托书》表明其愿以上述两份《房地产预售契约》项下305个车位的权益交付转让处置，转让所得的价款代案外人建恒公司清偿其所欠建行华侨城支行的债务。2007年6月28日，建行华侨城支行与金坤公司（拍卖）签订《委托拍卖合同》，委托金坤公司对包括涉案305个车位上的权益在内的标的物进行拍卖。2007年7月9日，金坤公司向兴盛公司发出《通知》告知其对涉案拍卖事宜并通知其行使优先购买权。

2007年7月10日，何浩基、案外人梁森海作为买受人签署了金坤公司出具的《竞买协议》《中华广场车位、建业大厦房产权益竞买须知》等多份文件，该些文件中均载明"何浩基参加包括涉案305个车位上的权益在内的拍卖标的的竞买，对金坤公司提供的标的文件及拍卖标的现状确认有效并无异议。何浩基自行了解拍卖标的的瑕疵及权利状况，签署本协议时已经认可了标的权利状况及瑕疵，金坤公司和拍卖委托人不对标的的瑕疵负担保责任"等类似内容。此外，兴盛公司在收到金盛公司发出的《通知》后，于 2007 年 7 月 12 日向金坤公司发出《回函》，表明涉案 305 个车位一直以来都是兴盛公司的资产，金坤公司未清晰认定上述资产的产权归属而擅自进入拍卖程序，损害了兴盛公司的利益。梁森海、何浩基在该《回函》空白处手写注明"2007 年 7 月 16 日下午 2 点正，收到此件"。

2007 年 7 月 16 日，买受人何浩基通过公开竞价成交涉案标的，与金坤公司签订《拍卖成交确认书》。2007 年 10 月 15 日，金坤公司受建行华侨城支行委托向何浩基移交相关文件资料，2007 年 11 月 26 日，建行华侨城支行向何浩基出具收款收据，确认收到涉案车位的拍卖款人民币 28307704 元。何浩基、金坤公司均确认何浩基已向金坤公司支付拍卖佣金 1415385.2 元。

何浩基在支付拍卖佣金及拍卖款后未能取得涉案 305 个车位的权益及办理过户登记。就涉案车位的权属问题，何浩基向广东省高级人民法院诉请兴盛公司向其交付上述 305 个车位、办理交易过户手续和房地产权证并支付逾期交付车位的违约金。对此，广东省高级人民法院于 2015 年 12 月 11 日作出（2012）粤高法民一重字第 2 号民事判决书，判决驳回何浩基的诉讼请求。后何浩基就上述判决申请再审，最高人民法院于 2016 年 12 月 15 日作出（2016）最高法民申 3443 号民事裁定书，裁定驳回何浩基的再审申请。据此，何浩基已无法取得涉案 305 个车位上的占有、使用、收益或处分的权利中的任何一种权利。为维护自身权益，何浩基提起本案诉讼，诉请：（1）判令建行华侨城支行向何浩基返还拍卖款人民币 28307704 元；（2）判令建行华侨城支行赔偿何浩基向兴盛公司主张权益而支出的诉讼费人民币 1042339.97 元；（3）判令建行华侨城支行赔偿何浩基支付的拍卖佣金人民币 1415385.2 元；（4）判令建行华侨城支行赔偿何浩基无法取得拍卖标的预期利益损失人民币 6900 万元；（5）判令金坤公司对建行华侨城支行上述责任承担连带清偿责任；（6）本案诉讼费用由建行华侨城支行、金坤公司承担。

【裁判结果】

广东省广州市越秀区人民法院于 2018 年 11 月 10 日作出（2018）粤

拍卖合同纠纷

0104民初19580号民事判决：一、自判决发生法律效力之日起10日内，金坤公司向何浩基返还拍卖佣金1415385.2元；二、自判决发生法律效力之日起10日内，建行华侨城支行向何浩基返还拍卖款28307704元；三、自判决发生法律效力之日起10日内，建行华侨城支行向何浩基赔偿诉讼费损失1042339.97元；四、金坤公司对建行华侨城支行的上述第二项、第三项债务承担连带责任；五、驳回何浩基的其他诉讼请求。

宣判后，何浩基、建行华侨城支行、金坤公司三方均不服，向广州市中级人民法院提起上诉。广州市中级人民法院于2019年4月3日作出（2019）粤01民终425号民事判决：驳回上诉，维持原判。

【裁判理由】

法院生效裁判认为：本案二审主要的争议焦点为涉案拍卖标的是否存在瑕疵及建行华侨城支行、金坤公司是否应对何浩基的损失承担责任及责任的范围。

根据《拍卖法》第十八条及第二十七条的规定，买受人在参与竞买前或参与竞买时，有权知道可能影响拍卖标的价值的所有瑕疵，如果这些瑕疵因他人的过错被隐蔽，该买受人在成为实际买受人时，就有权为自己因此蒙受的损失主张权利。相应地，拍卖人应当将自己明知或者应知的拍卖标的的瑕疵告知买受人，委托人应当将自己明知或者应知拍卖标的的瑕疵告知拍卖人，否则，即应对瑕疵造成的损害承担责任。在本案中：

第一，涉案拍卖标的存在重大瑕疵。本案拍卖标的为涉案305个车位上的权益，然而，已生效的最高人民法院（2016）最高法民申3443号民事裁定书中认定涉案两份《房地产预售契约》并未生效，依据两份《房地产预售契约》要求兴盛公司交付车位的条件未成就，因此涉案拍卖标的即基于生效合同对车位享有的合同之债存在重大瑕疵。

第二，建行华侨城支行、金坤公司存在过错。建行华侨城支行作为委托人同为金融从业机构，金坤公司作为盈利性专业拍卖机构，两者相比买受人何浩基有更多了解拍卖标的的机会，也更应负有对拍卖标的的瑕疵全面、专业审查及披露的义务，却疏于对正威公司是否为获得涉案拍卖标的物合同权益支付相应对价款等事实作尽职审查，应推定建行华侨城支行、金坤公司应当知道拍卖标的存在因未支付对价而合同尚未生效的重大瑕疵。《拍卖法》第六十一条第二款规定："拍卖人、委托人在拍卖前声明不能保证拍卖标的的真伪或者品质的，不承担瑕疵担保责任。"建行华侨城支行、金坤公司虽抗辩其已在何浩基签署的《竞买协议》、竞买须知等多份文件进行了风险提示，且何浩基本人也多次承诺已经知晓拍卖标的的瑕疵，自愿承担不能取得车位的任何风险和责任，故应自行承担相应后果。然而，《拍卖管理办法》第五十三条第二款规定："……拍卖企业、委托人明确知道或应当知道拍卖标的有瑕疵时，免责声明无效。"涉案拍卖标的的瑕疵是正威公司未支付合同对价致两份《房地产预售契约》未生效，并不属于《拍卖法》第六十一条第二款规定的关于拍卖标的的真伪和品质的范畴，且涉案拍卖标的存在的重大瑕疵属于建行华侨城支行和金坤公司应当知道的范畴，故根据上述法律条文规定，涉案免责声明应归于无效。

第三，建行华侨城支行、金坤公司应向何浩基承担瑕疵担保责任。《拍卖法》第六十一条第一款规定："拍卖人、委托人违反本法第十八条第二款、第二十七条的规定，未说明拍卖标的的瑕疵，给买受人造成损害的，买受人有权向拍卖人要求赔偿；属于委托人责任的，拍卖人有权向委托人追偿。"基于前文分析，建行华侨城支行、金坤公司均因疏忽未作深入审查并如实告知买受人何浩基关于涉案拍卖标的存在的重大瑕疵，致使何浩基在不明真相的情况下购得拍卖标的而产生损失，应向何浩基承担瑕疵担保责任。根据《拍卖法》第二十七条的规定，委托人负有首要的告知义务，如果委托人未能履行此项义务，将难以推卸最终承担瑕疵担保责任，同时，《拍卖法》第六十一条第一款规定的是拍卖人先行负责原则，即无论该瑕疵责任应由拍卖人承担，还是应由委托人承担，均可由拍卖人先行承担责任。因此，一审法院根据拍卖合同关系的相对性原则，判令拍卖人金坤公司向买受人何浩基赔偿拍卖佣金1415385.2元，合理合法，二审予以维持；另基于委托人建行华侨城支行的第一性告知义务，及拍卖人金坤公司先行负责原则，判令建行华侨城支行向何浩基赔偿拍卖款28307704元及何浩基为主张涉案305个车位上的权益支出的诉讼费损失

1042339.97元,并由金坤公司承担连带责任,于法有据,二审亦予维持。至于建行华侨城支行与金坤公司的责任分摊问题,当事人可另循法律途径解决。

【案例注解】

因拍卖人或委托人未尽到瑕疵告知义务导致买受人权益受损引发的诉讼纠纷日益成为拍卖法律关系中具有典型性的一类案件。笔者欲以本案为例,分析拍卖瑕疵担保责任的构成要件及责任分配原则,明确"不声明保证"免责条款的适用规则,从而更好地保护买受人的合法权益,规范拍卖行业行为。

一、拍卖法瑕疵担保责任的构成要件

《拍卖法》第六十一条第一款规定:"拍卖人、委托人违反本法第十八条第二款、第二十七条的规定,未说明拍卖标的的瑕疵,给买受人造成损害的,买受人有权向拍卖人要求赔偿;属于委托人责任的,拍卖人有权向委托人追偿。"根据上述法律条文,笔者认为,判定当事人承担瑕疵担保责任需同时满足以下三个要件:

(一)拍卖成交时,拍卖标的存在瑕疵

《拍卖法》第十八条、第二十七条规定了拍卖人及委托人"说明拍卖标的的来源和瑕疵"的法定义务。"瑕疵"通常指标的物存在缺陷或转让的权利不存在、有欠缺等情况。[1] 拍卖是一种竞价买卖,是买卖合同的一种订立方式,因此也同样适用瑕疵担保责任,但拍卖中的瑕疵担保责任又有其自身的特点。由于拍卖标的物往往为一种特殊商品,可能在拍卖前已经历过一段时期的使用、存放或者几经流转,其本身必然存在某种折损或缺陷,拍卖标的存有缺陷屡见不鲜,拍卖法中的瑕疵担保责任也并非基于拍卖标的本身的瑕疵而产生的责任,而是基于拍卖人及/或委托人应当告

---

[1] 参见辞海编辑委员会:《辞海》,上海辞书出版社1999年版,第3463页。

知而没有告知拍卖标的的缺陷,致使买受人蒙受经济损失而应承担的责任。基于前述分析,拍卖法中的瑕疵担保责任产生于瑕疵应该被揭示而未揭示,因此拍卖法中标的的瑕疵要求在拍卖成交时即已存在且仅指可能使买受人蒙受价值损失较大、较为典型的缺陷,具体表现为:真伪瑕疵(比如文物字画的真伪)、质量瑕疵(比如拍卖车辆的行驶状况)、数量及规格瑕疵(对拍卖标的数量、规格表述不正确)、权利瑕疵(权利不存在或有欠缺或受限制)等。本案的拍卖标的——305个车位权益因两份《房地产预售契约》未生效而产生的瑕疵即为重大的权利瑕疵。

(二)拍卖人或委托人主观上存在过错

瑕疵担保责任的承担应以行为人的过错为前提。所谓过错是指行为人的主观状态,表现为故意或过失。故意是指拍卖人或委托人明知拍卖标的有瑕疵,却有意向买受人隐瞒;过失是指拍卖人或委托人应当知道拍卖标的有瑕疵,却由于自己的疏忽而未尽告知义务,致使买受人在不明真相的情况下购得拍卖标的。过失虽无主观恶意,但行为人客观上违背了告知义务,存在疏忽,放任损失后果的出现。司法实践中,应当以"应该知道"作为拍卖人或委托人是否存在过错的判断标准,具体可根据现有科技水平或行为人的认知水平是否足以知道标的存在瑕疵加以衡量,同时在认定行为人的认知水平时要充分考量拍卖人及/或委托人的特殊地位、行业及专业技术背景。另外,一般情况下,如拍卖人及委托人相比买受人有更多了解拍卖标的的途径和机会,法律上可推定其应当知道拍卖标的的瑕疵。①本案中,建行华侨城支行作为委托人同为金融从业机构,金坤公司作为盈利性专业拍卖机构,两者相比买受人何浩基有更多了解拍卖标的的机会,也更应负有对拍卖标的瑕疵进行全面、专业审查及披露的义务,却疏于对正威公司是否为获得涉案拍卖标的的合同权益支付相应对价款等关键事实作尽职审查,故推定两者应当知道305个车位权益存在重大瑕疵,进而认定两者对于未披露涉案权利瑕疵一事存在过错。

---

① 刘宁元:《中国拍卖法律制度研究》,北京大学出版社2008年版,第90页。

（三）拍卖标的的瑕疵对买受人造成损害

一般的买卖合同中，法律对于出卖人课以瑕疵担保责任，其目的在于使买受人免于不必要的损害，且当损害发生时可以寻求合法合理的途径予以救济，因此，即便瑕疵客观存在，但未给买受人造成损失后果，出卖人也无须承担相应的担保责任。拍卖作为订立买卖合同的方式之一，应同样适用以上归责原则。但基于其交易的特殊性，拍卖法中的损害应作扩大解释，即指由于未告知瑕疵所带来的拍卖标的价值及价格上的减损。笔者认同"瑕疵本身就是损害"的观点，因为瑕疵是未告知的缺陷，当拍卖标的存在缺陷时，必然对价格形成负面影响，如果这一缺陷被隐瞒了，被隐瞒一方必然因此遭受损失。因此，司法实践中，一方如有充分证据证明拍卖人或委托人隐瞒瑕疵，法院应适时认定损害后果的存在。本案中，建行华侨城支行、金坤公司未告知拍卖标的的权利瑕疵，所产生的损害即是买受人何浩基在支付拍卖佣金及拍卖款后未能取得涉案305个车位的权益。

二、瑕疵担保责任的免除情形

基于前文分析，拍卖人及委托人基于主观过错，违反《拍卖法》有关瑕疵告知义务的规定，导致买受人遭受一定损失，应当承担瑕疵担保责任，该为法定责任，不以当事人一方申明或双方协议而转移或免除。即便法律亦有规定买受人有权了解拍卖标的的瑕疵，拍卖人及/或委托人仍不能以买受人未主动要求说明而免除其瑕疵担保责任。但结合《拍卖法》的明文规定及拍卖行业的惯例，存在以下两种责任免除情形：

（一）"声明不保证"条款的适用及限制

《拍卖法》第六十一条第二款规定："拍卖人、委托人在拍卖前声明不能保证拍卖标的的真伪或者品质的，不承担瑕疵担保责任。"以上条款为瑕疵担保责任确立了法定的免责事由，即"声明不保证"条款。部分拍卖标的属于特殊商品范畴（例如古董、艺术品等），其专业性和复杂性程度之高，仅凭现有科技水平及认知能力难辨其真伪和品质，如要求这类拍卖标的的拍卖人及委托人严格遵循瑕疵担保责任，客观上强人所难，为了平衡拍卖各方当事人权利义务，同时满足拍卖市场需要，制定了以上免责条款。"声明不保证"条款的效力，免除了拍卖人或委托人瑕疵责任，而将瑕疵责任及风险转移给了买受人，为避免这一免责条款的误用、滥用、扩大适用，《拍卖管理办法》第五十三条第二款规定："……拍卖企业、委托人明确知道或应当知道拍卖标的有瑕疵时，免责声明无效。"

司法实践中对"声明不保证"条款适用需严格限制并谨慎审查：（1）根据我国现有法律规定，能够通过"声明不保证"免除责任的瑕疵仅指真伪瑕疵和品质瑕疵，不能作扩大解释，例如不能包括数量瑕疵、权利瑕疵等其他种类的瑕疵；（2）"声明不保证"只能发生在拍卖人或委托人基于现有科技水平或认知能力无法知道的情形下；（3）拍卖人或委托人的声明必须是针对特定拍卖物所作出的明确、公开的和足以对买受人起到提示作用的声明；①（4）"声明不保证"条款不能免除拍卖标的物自身功能及产品质量问题瑕疵导致的人身及财产损害的赔偿责任。结合本案，金坤公司虽在多份文件中向何浩基提示风险、作出免责声明并将瑕疵风险转由何浩基自行承担。然而，涉案标的的瑕疵为权利瑕疵并非真伪及品质瑕疵，且属建行华侨城支行和金坤公司应当知道的范畴，故根据上述法律条文规定，涉案免责声明应归于无效。

（二）拍卖标的显而易见的瑕疵

部分拍卖标的的瑕疵是显而易见的，如果拍卖人已对其作合理展示且未对瑕疵部分进行掩饰，普通人加以一般的注意就能够发现，而买受人由于自身原因未能前去检验或未给予应有的注意，对于这类瑕疵，即便拍卖人或委托人未作书面的瑕疵告知，也可以免除其瑕疵担保责任。拍品展示是一种默示的告知，是根据合理推断得出的告知，但采用此方法也应受严格的限制，即只有当瑕疵显而易见时，展示才意味着告知。②

---

① 刘双舟编著：《拍卖法律案例研究》，中国财政经济出版社2015年版，第42页。
② 刘双舟：《拍卖法原理》，中国政法大学出版社2010年版，第164页。

三、瑕疵担保责任的分配原则及承责范围

根据《拍卖法》第六十一条第一款规定,拍卖人、委托人违反该法规定未说明拍卖标的的瑕疵,给买受人造成损害的,买受人有权向拍卖人要求赔偿;属于委托人责任的,拍卖人有权向委托人追偿。上述规定为瑕疵担保责任承担创设了分配原则:

(一)谁知晓谁负责

无论是委托人还是拍卖人,知晓或应当知晓瑕疵但未告知的一方即要承担瑕疵担保责任。委托人是拍卖标的的所有权人或处分权人,其应对标的的瑕疵负有首要的告知义务及最终责任。

(二)拍卖人先行负责原则

首先,拍卖人作为委托人的代理人,独立开展拍卖业务并收取佣金,理应具有独立于委托人的法律地位和行为能力,受瑕疵担保责任的约束。其次,在多数拍卖实务中,委托人的身份信息并未向买受人公开,买受人仅与拍卖人订立合同,与委托人之间并无合同关系,因此为了方便买受人主张权利,同时基于合同相对性原则,《拍卖法》规定由拍卖人先行承担瑕疵担保责任。

因此,对于买受人而言,拍卖人承担瑕疵担保责任是第一性的,拍卖人不能以委托人的瑕疵担保责任作为抗辩理由来推卸自己的责任,即便应由委托人独自承担,拍卖人也须先行负责之后再向委托人追偿。

(三)瑕疵担保责任的承责范围

拍卖法律关系中,无论是委托人进行委托拍卖、买受人参与竞拍以及买受人与拍卖人签订成交确认书成立买卖关系,该些行为均为民事行为,因此在司法实践中,对于违反《拍卖法》有关瑕疵告知义务的规定所要承担的责任，应当结合《拍卖法》本身的处罚条款及民法的有关规定。①《民法总则》第一百七十九条第一款、第三款②规定："承担民事责任的方式主要有：（一）停止侵害；（二）排除妨碍；（三）消除危险；（四）返还财产；（五）恢复原状；（六）修理、重作、更换；（七）继续履行；（八）赔偿损失；（九）支付违约金；（十）消除影响、恢复名誉；（十一）赔礼道歉。""本条规定的承担民事责任的方式，可以单独适用，也可以合并适用。"笔者认为，瑕疵担保责任的承责范围应包括返还财产和赔偿损失，具体在本案中判令"金坤公司向买受人何浩基赔偿拍卖佣金1415385.2元；建行华侨城支行向何浩基赔偿拍卖款28307704元及何浩基为主张涉案305个车位上的权益支出的诉讼费损失1042339.97元"即为返还财产和赔偿损失；而判决由金坤公司对建行华侨城支行的债务承担连带责任，则体现了拍卖人先行负责原则。故本案的处理，理据充分，合法合理，与上文对瑕疵担保责任的归责原则和承责范围的分析一致。

综上所述，在拍卖法律关系中，委托人和拍卖人均应依法合理地履行瑕疵告知义务，否则应对隐瞒的瑕疵造成的损害承担责任。而能够通过"声明不保证"免除责任的仅限于拍卖标的真伪和品质瑕疵，且只能在拍卖人及/或委托人确实不可能知道上述瑕疵存在的情况下方能免责。对于买受人而言，委托人负有首要的告知义务，但拍卖人承担瑕疵担保责任是第一性的，两者对买受人的损害均负有瑕疵担保责任。

（一审法院合议庭成员　龙健美　尹春生　郝铁军
二审法院合议庭成员　唐佩莹　蔡粤海　徐　艳
编写人　广东省广州市中级人民法院　唐佩莹　罗雅之
责任编辑　李　明
审稿人　曹士兵）

---

① 刘双舟编著：《拍卖法律案例研究》，中国财政经济出版社2015年版，第106页。
② 《民法总则》已于2021年1月1日起失效。对应《民法典》第一百七十九条第一款、第三款。

建设用地使用权
合同纠纷

一、建设用地使用权出让合同纠纷

▶ 未按约交纳土地出让金时，应综合合同履行情况、过错程度、预期利益、损失情况，根据公平原则和诚信原则确定违约责任

33. 贵阳市国土资源局与贵州太升房地产开发有限公司建设用地使用权出让合同二审纠纷案*

【裁判摘要】

> 土地使用权出让合同中，双方当事人通常对未按约交纳土地出让金时如何承担违约责任的争议较大。应综合涉案合同的履行情况、当事人的过错程度、预期利益等以及违约方给守约方造成的损失情况，根据公平原则和诚实信用原则，予以确定。

上诉人（一审原告）：贵阳市国土资源局，住所地：贵州省贵阳市云岩区瑞金北路126号。

法定代表人：杜华智，该局局长。

委托诉讼代理人：王成彦，贵州慧原律师事务所律师。

委托诉讼代理人：张弢，该局工作人员。

上诉人（一审被告）：贵州太升房地产开发有限公司，住所地：贵州省贵阳市南明区春蚕巷1号B座6单元1层。

---

* 摘自《民事审判指导与参考》2016年第4辑（总第68辑），人民法院出版社2017年版，第190~198页。

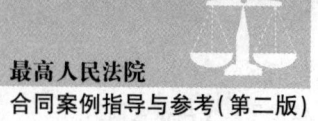

法定代表人：杨再英，该公司董事长。

委托诉讼代理人：李龙，贵州合兴律师事务所律师。

委托诉讼代理人：李宗祥，贵州合兴律师事务所律师。

一、当事人一审起诉情况

贵阳市国土资源局（以下简称贵阳市国土局）向一审法院起诉请求：（1）判决贵州太升房地产开发有限公司（以下简称太升公司）支付贵阳市国土局土地出让款99990063.80元，支付贵阳市国土局截止起诉之日的滞纳金43926359元；（2）判决太升公司从贵阳市国土局起诉之日起至付清出让款日止，按所欠金额的日1‰向贵阳市国土局支付滞纳金。（3）案件受理费由太升公司承担。

二、一审法院查明的事实

贵州省高级人民法院一审查明：经公开招投标程序，贵阳市国土局将坐落于贵阳市南明区云关乡木头村宗地编号为G（14）049的建设用地使用权出让给太升公司。贵阳市国土局（出让人）与太升公司（受让人）于2014年11月3日签订《国有建设用地使用权出让合同》（以下简称出让合同），约定，本合同项下出让宗地编号为G（14）049，宗地总面积57109平方米，其中出让宗地面积为37687.4平方米。交地方式：受让人缴清全部成交价款后5个工作日内即2014年12月10日前，由贵阳市土地矿产资源储备中心将出让宗地交付给受让人。交付土地时该宗地应达到净地土地条件：地块内土地征收补偿完毕；房屋征收、拆除、清理完毕；在出让范围内地下管线及林木，因规划建设需要移栽、砍伐或移除另建的，由竞得人自行依法办理相关手续并承担相关费用。出让价款：22115万元，每平方米5868元。定金为4423万元，定金抵作土地出让价款。出让价款支付时间：本合同签订之日起30日内，即2014年12月3日前一次性付清国有建设用地使用权出让价款。违约责任：受让人必须按照本合同约定，按时支付土地使用权出让价款。受让人不能按时支付国有建设用地使用权出让

建设用地使用权合同纠纷

价款的,自滞纳之日起,每日按迟延支付款项的1‰向出让人缴纳滞纳金,延期付款超过60日,经出让人催交后仍不能支付国有建设用地使用权出让价款的,出让人有权解除合同,收回土地使用权,受让人无权要求返还定金,出让人并可请求受让人赔偿损失。

出让合同签订后,太升公司分别于2014年11月27日支付4355万元、2015年1月14日支付489936.20元、2015年1月19日支付6000万元、2015年11月12日支付1713万元国有建设用地使用权出让价款,共计121159936.20元。太升公司尚欠贵阳市国土局建设用地使用权出让价款99990063.80元。太升公司对此予以认可。

2015年10月12日,贵阳市国土局对太升公司进行了约谈,约谈记录显示,太升公司打算2016年1月底缴清土地出让金,对承担违约责任,太升公司希望在可能范围内,减轻企业负担。

三、一审法院的判决与认定

一审法院认为,本案争议焦点为:出让合同约定的每日按迟延支付款项的1‰向贵阳市国土局缴纳滞纳金的标准是否过高,是否需要调整。

第一,关于违约金是否调整。太升公司未按照出让合同的约定,于2014年12月3日前一次性支付国有建设用地使用权出让价款,构成违约,应承担相应的违约责任。出让合同约定的每日按迟延支付款项的1‰向贵阳市国土局缴纳滞纳金,其实质即为违约金。太升公司认为出让合同约定的违约金标准过高,请求予以调整,并提出逾期支付国有建设用地使用权出让价款给贵阳市国土局造成的实际损失为融资贷款的损失。贵阳市国土局并未提出在融资贷款利息损失外还有其他损失的依据。根据出让合同约定的每日迟延支付款项1‰的标准计算,每年约为36%,相当于中国人民银行同期同类贷款利率的6倍之多。因此,一审法院认为,出让合同约定的违约金标准过高。

依据《中华人民共和国合同法》第一百一十四条第二款"约定的违约金低于造成的损失的,当事人可以请求人民法院或者仲裁机构予以增加;

约定的违约金过分高于造成的损失的,当事人可以请求人民法院或者仲裁机构予以适当减少"之规定,一审法院对出让合同约定的每日迟延支付款项的1‰的标准予以调整。

第二,关于违约金调整标准。一审法院认为:(1)太升公司逾期支付出让价款,构成违约。同时,并无证据证明贵阳市国土局在履行出让合同中存在违约。(2)截至出让合同约定的付款期限即2014年12月3日,太升公司已支付4355万元,仅占总出让价款22115万元的20%;截至本案贵阳市国土局起诉之日即2015年11月20日,太升公司已支付121159936.20元,占总出让价款22115万元的55%。综合双方当事人履行合同的情况,考虑违约金所具有的补偿性和惩罚性的双重功能,一审法院将违约金标准调整为每年按迟延付款金额的24%计算。根据该标准计算,太升公司应支付给贵阳市国土局的滞纳金金额为:(1)截至2015年1月14日,迟延付款金额为17760万元,迟延付款期间为41天,滞纳金为17760万元×41天×24%÷365天=4787901元。(2)截至2015年1月19日,迟延付款金额为177110063.80元,迟延付款期间为5天,滞纳金为177110063.80元×5天×24%÷365天=582279元。(3)截至2015年11月12日,迟延付款金额为117110063.80元,迟延付款期间为297天,滞纳金为117110063.80元×297天×24%÷365天=22870151元。以上三笔滞纳金共计28240331元。(4)剩余未付款99990063.80元的滞纳金,以99990063.80元为基数,从太升公司支付最后一笔款项之次日起即2015年11月13日起,按每年24%的标准计算至付清之日止。

综上,依据《中华人民共和国合同法》第一百一十四条第二款①、《中华人民共和国民事诉讼法》第一百五十二条之规定,一审判决:一、太升公司于判决生效之日起15日内向贵阳市国土局支付国有建设用地使用权出让价款99990063.80元;二、太升公司于判决生效之日起15日内向贵阳市

---

① 对应《中华人民共和国民法典》第五百八十五条第二款:"约定的违约金低于造成的损失的,人民法院或者仲裁机构可以根据当事人的请求予以增加;约定的违约金过分高于造成的损失的,人民法院或者仲裁机构可以根据当事人的请求予以适当减少。"

国土局支付截至2015年11月12日止的滞纳金28240331元；三、太升公司向贵阳市国土局支付以99990063.80元为基数，从2015年11月13日起，按每年24%的标准计算至付清之日止的滞纳金。如果未按判决指定的期间履行给付金钱义务，应当按照《中华人民共和国民事诉讼法》第二百五十三条之规定，加倍支付迟延履行期间的债务利息。一审案件受理费761382.10元，由贵阳市国土局负担76138.21元，太升公司负担685243.89元。

四、当事人上诉与答辩情况

贵阳市国土局上诉请求：（1）变更一审判决第二项为：太升公司于判决生效之日起15日内向贵阳市国土局支付截至2015年11月20日止的滞纳金43926359元；（2）变更一审判决第三项为：太升公司向贵阳市国土局支付以99990063.80元为基数，从2015年11月20日的次日起，按日1‰的标准计算至付清之日的滞纳金；（3）一审、二审案件受理费均由太升公司负担。事实与理由是：国有土地使用权出让合同兼具行政、民事法律关系，其逾期付款违约金标准有法律法规明确规定，适用单纯调整平等主体间民事法律关系的合同法，对法定违约金高低进行调整不当。（1）本案土地出让逾期付款滞纳金实为违约金。一审判决认定本案滞纳金实质为违约金，各方均无异议。（2）适用合同法规定调整本案逾期付款滞纳金标准，会导致全国履行土地使用权出让职能的土地管理部门普遍陷入尴尬境地。双方当事人在合同中的约定符合《国务院办公厅关于规范国有土地使用权出让收支管理的通知》第七条规定。（3）逾期付款给贵阳市国土局造成的实际损失无法确定，调整本案逾期付款滞纳金没有前提基础，依照合同法的规定没法调。土地使用权出让金及违约金，按规定均应一并缴入地方国库，属国家所有，而逾期付款给国家造成的实际损失又不能确定，调整逾期付款违约金没有前提基础，故依照合同法的规定没法调。

太升公司答辩称，一审判决违约金过高，应予以调整。

太升公司上诉请求：（1）维持贵州省高级人民法院（2016）黔民初

109号民事判决第一项；改判太升公司缴纳的滞纳金按照同期人民银行贷款利率予以计算。（2）本案一审、二审诉讼费用由贵阳市国土局承担。事实与理由是：（1）太升公司之所以迟延缴纳土地出让价款，并非其恶意拖延，而是因为全国整体经济环境的恶化及信贷的收缩，导致太升公司出现资金紧张的情况，因此无法按期支付土地出让金。（2）一审法院认定该滞纳金具有补偿性和惩罚性的双重功能，将违约金标准调整为每年按迟延付款金额的24%计算显然超高。首先，根据合同法的立法原意及精神，对于合同中违约损失的赔偿，原则上应当以守约方所遭受的损失为限，而本案中，太升公司逾期支付土地出让金给贵阳市国土局造成的损失，也仅仅是该土地出让金缴纳进国库之后所产生的存款利息。即使按照贷款利率计算，根据中国人民银行最新的贷款利率，一年以内期限的贷款利率也仅仅只有4.35%。根据《最高人民法院关于适用〈中华人民共和国合同法〉若干问题的解释（二）》[以下简称《合同法司法解释（二）》]第二十九条之规定，"当事人约定违约金超过造成损失的百分之三十的，一般可以认定为合同法第一百一十四条第二款规定的'过分高于造成的损失'"，即使按照人民银行的贷款利率计算，超过年利率的6.525%就应当依法认定为过分高于造成的损失。而贵州省高级人民法院在同样法律关系、相同法律事实的同类型案件中，对于《建设用地使用权出让合同》中滞纳金约定过高的问题，均予以适用《合同法司法解释（二）》第二十九条的规定，从而以中国人民银行公布的同期1~6个月的贷款利率上浮30%的标准计算滞纳金。其次，既然认定建设用地使用权出让合同纠纷属于民事合同争议范围，对于滞纳金的所谓惩罚性功能的应用就应当适用我国相关民事法律法规和司法解释之规定，毕竟作为民事合同，承担违约责任仅仅以守约方所受到的实际损失为限，关于滞纳金的约定并非行政性惩罚，而不是片面扩大该滞纳金的惩罚性功能。本案中，一审法院认定的滞纳金计算标准为每年按照迟延付款金额的24%计算，该数额已然超过中国人民银行公布的同期1~6个月的贷款利率的5.517倍，也就是达到了贵阳市国土局所受到实际损失的5.517倍，显然，对于该滞纳金的惩罚性功能，一审法院在本案

中对其予以了严重的扩张,与贵阳市国土局所遭受的损失严重背离,侵害了作为违约方的太升公司的合法权益,也导致了一审法院对其审理的同类型的几个案件作出同案不同责的判决。

贵阳市国土局答辩称,一审判决违约金过低,应按照双方当事人之间的合同约定来计算涉案违约金。

五、最高人民法院的判决与认定

本案二审期间,当事人围绕上诉请求依法提交了证据。最高人民法院组织当事人进行了证据交换和质证。

最高人民法院二审查明:2016年10月19日,太升公司支付国有建设用地使用权出让价款1000万元。

最高人民法院认为,本案的争议焦点是:太升公司承担的违约金应当如何计算。

双方当事人对于太升公司未按约支付土地使用权出让金这一事实均不持异议。太升公司应当承担未按时支付土地使用权出让金的违约责任。对于违约金的计算标准,贵阳市国土局主张应当依照合同约定计算违约金,认为双方关于违约金的约定标准符合《国务院办公厅关于规范国有土地使用权出让收支管理的通知》中的规定。本院认为,该规定系从行政管理角度规范国有土地出让收入的缴纳,属于行政规章,在调整平等民事主体之间的法律关系中不宜直接作为计算违约金的依据。双方当事人对于违约金的承担虽然参照上述规定作了约定,但是土地使用权受让人作为民事平等主体,有权请求人民法院对于过分高于实际损失的违约金予以适当减少,人民法院可以进行调整。贵阳市国土局主张涉案违约金不能调整,缺乏依据,本院不予支持。对于调整标准,太升公司主张应当依据人民银行贷款率计算涉案违约金。本案中,贵阳市国土局并无任何违约行为,而太升公司直至现在仍未交清涉案土地土地使用权出让金。从违约金的目的看,既有补偿性,亦有惩罚性。如果以中国人民银行同期同类贷款利率计算涉案违约金,等同于太升公司低成本占用贵阳市国土局的土地出让金。太升公司亦主张迟延支付土地出让金的理由是"因为全国整体经济环境的恶化及信贷的收缩"。在信贷政策收缩的情况下,太升公司很难以中国人民银行同期贷款利率融到资,以同期同类贷款利率计算违约金不能体现违约金的惩罚性。因此,太升公司主张以银行贷款利率计算违约金亦缺乏依据,本院亦不予支持。违约金一方面具有惩罚性,另一方面具有补偿性。违约金的计算不能过分高于违约方给非违约方造成的损失。贵州市国土局的损失为太升公司所拖欠其土地使用权出让金的利息损失。在贵州市国土局未举证证明其还存在其他损失的情况下,一审判决以年24%利率计算涉案违约金过高,显属不当,应予纠正。本院认为,综合涉案合同的履行情况、太升公司的过错程度、预期利益等以及贵州市国土局的损失情况,根据公平原则和诚实信用原则,应以中国人民银行公布的同期同类贷款利率的2倍计算涉案违约金。

综上,最高人民法院依照《中华人民共和国民事诉讼法》第一百七十条第一款第三项规定,判决:一、撤销贵州省高级人民法院(2016)黔民初109号民事判决;二、贵州太升房地产开发有限公司于本判决生效之日起15日内向贵州市国土资源局支付国有建设用地使用权出让价款89990063.80元;三、贵州太升房地产开发有限公司于本判决生效之日起15日内向贵州市国土资源局按中国人民银行同期同类贷款利率的2倍计算支付违约金(其中17760万元,自2014年12月4日起计算至2015年1月14日止;177110063.80元,自2015年1月15日起计算至2015年1月19日止;117110063.80元,自2015年1月20日起计算至2015年11月12日止;99990063.80元,自2015年11月13日起,至2016年10月19日止;89990063.80元,自2016年10月20日起计算至付清之日止)。一审案件受理费按照一审判决执行;二审案件受理费488230元,由贵州市国土资源局负担375030元,贵州太升房地产开发有限公司负担113200元。

六、对本案的解析

在土地使用权出让合同纠纷中,受让人未按时交纳土地出让金如何承

建设用地使用权合同纠纷

担违约责任,通常为双方当事人争议的焦点。有时合同对于违约责任没有作出约定,通常情况下双方签订的是格式合同,参照《国务院办公厅关于规范国有土地使用权出让收支管理的通知》中的规定来约定违约责任。当发生争议时,作为出让方的国土部门主张按照行政法规与条例的规定,或者严格按照合同的约定来确定违约责任的承担,即要求违约方按照日1‰的标准承担至付清之日的滞纳金。而作为受让人往往会提出违约金过高的主张。此类案件,一般双方当事人对于违约事实并不持异议,对于违约金如何承担争议很大。此时,如何确定违约责任的承担,对于当事人影响甚巨。如何确定违约责任的承担,首先涉及如何看待违约金的性质。我国理论界和实务界关于《中华人民共和国合同法》第一百一十四条违约金的性质争议主要是围绕赔偿性违约金或者惩罚性违约金,或者是两者兼而有之展开的。参考学者的归纳,主要有"赔偿说""惩罚说""赔偿与惩罚双重说"以及"目的解释说"等四种有代表性的观点。"赔偿说"认为,《中华人民共和国合同法》第一百一十四条规定的违约金属于赔偿性违约金,即使第三款所规定的"就迟延履行约定违约金"可与"债务履行"并用,亦不过是对于迟延赔偿的赔偿额预定,仍属于赔偿性违约金。"惩罚说"认为,违约金实质上以惩罚性违约金为原则,只要当事人违约,无论是否造成损失,违约方都应支付违约金。尤其是当事人约定了惩罚性违约金条款,但违约方并没有要求调整违约金数额,而自愿承担违约金责任,依照意思自治原则也是合法的。"赔偿与惩罚双重说"认为,违约金兼有赔偿性和惩罚性的双重属性,赔偿性体现了违约金的基本功能,惩罚性体现了违约金的特殊功能,即赔偿性违约金为主,惩罚性违约金为辅。"目的解释说"认为,在解释《中华人民共和国合同法》第一百一十四条违约金的性质时,应当以当事人订立违约条款的主观目的予以判断,属于当事人意思自治的范畴。如果当事人约定了违约金的性质,那么法官应根据当事人的约定来认定。如果当事人没有约定或约定不明确时,则看当事人能否就违约金性质达成补充协议。参照《中华人民共和国合同法》第六十一条,如果能达成补充协议,则依照补充协议来认定违约金的性质,不能达成补充协议则依照体系解释的原则或依照当事人之间的交易习惯来确定。当上述方法用尽仍不能确定违约金的性质时，才能解释为违约金具有赔偿和惩罚的双重属性。但应解释为赔偿性违约金为原则，惩罚性违约金为例外。而不能解释为惩罚性为原则，赔偿性为例外。理论界大多数学者持"赔偿与惩罚双重说"。也可以说"赔偿与惩罚双重说"为违约金性质的通说见解。我国司法实践对违约金性质的认定持赔偿与惩罚双重说。《最高人民法院印发〈关于当前形势下审理民商事合同纠纷案件若干问题的指导意见〉的通知》（法发〔2009〕40号）第六条规定："在当前企业经营状况普遍较为困难的情况下，对于违约金数额过分高于违约造成的损失的，应当根据合同法规定的诚实信用原则、公平原则，坚持以补偿性为主、以惩罚性为辅的违约金性质，合理调整裁量幅度，切实防止以意思自治为由而完全放任当事人约定过高的违约金。"违约金是民事合同的违约金，既具有补偿性，又具有惩罚性，片面地强调一种性质而忽略另外一种性质均是不可取的。虽然行政规定中对于未及时交纳土地出让金的责任有明确的规定，比如《国务院办公厅关于规范国有土地使用权出让收支管理的通知》《财政部、国土资源部、中国人民银行关于印发〈国有土地使用权出让收支管理办法〉的通知》及《国土资源部、国家工商行政管理总局〈关于发布国有建设用地使用权出让合同示范文本〉的通知》中均作了规定，但是这些规定系行政规定，不能直接作为民事合同中违约金承担的依据。如果双方当事人在土地使用权出让合同中的格式化条款中作了与行政规定相同的约定，可以作为民事合同中违约金的承担依据，但是土地使用权受让人作为民事平等主体有权请求人民法院对于过分高于实际损失的违约金予以适当减少，人民法院可以进行调整。《中华人民共和国合同法》第一百一十四条所规定的判断违约金是否过高的标准是违约金是否过分高于违约所造成的损失。《合同法司法解释（二）》第二十九条规定人民法院判断违约金是否过高应当以实际损失为基础，兼顾合同的履行情况、当事人的过错程度以及预期利益等综合因素，根据公平原则和诚实信用原则予以衡量。相对于合同法以损失单一的参照标准而言，《合同法司法解释（二）》

建设用地使用权合同纠纷

提出了综合多重因素的判断标准，其中甚至还需要结合民法的一般原则。这体现了违约金的补偿性。民事违约金不同于行政法上的滞纳金，更多地体现为对于损失的一种弥补，在出让人不能举证证明除利息损失外还存在其他损失的情况下，不宜以日1‰的标准确定违约金，否则脱离了民事违约金的补偿性。同时，在坚持违约金补偿性的前提条件下，亦不能忽略违约金的惩罚性。违约金设立的目的在于对于非守约方的一种惩罚。从逻辑以及诚实信用的原则出发，当事人不能因其违约行为获得比守约更多的利益。以本案为例，受让人主张以同期贷款利率计算涉案违约金。如果支持其主张，意味着其可以低成本地变相向守约方融资，无异于鼓励违约行为，不能体现违约金的惩罚性。因此，在确立违约责任时，应当同时考虑违约金的惩罚性与补偿性的双重属性，应综合涉案合同的履行情况、当事人的过错程度、预期利益等以及违约方给守约方造成的损失情况，根据公平原则和诚实信用原则，予以确定。以本案为例，直至本案二审诉讼时，受让人仍然没有交清全部土地出让金，过错程度较大，因此，以同期同类人民银行贷款利率的2倍来确定违约金较为合理。

（执笔人：王毓莹）

34. 长春泰恒房屋开发有限公司与长春市规划和自然资源局国有土地使用权出让合同纠纷案*

> 因国家法律、法规及政策出台导致当事人签订的合同不能履行，以致一方当事人缔约目的不能实现，该方当事人请求法院判决解除合同的，人民法院应予支持

【裁判摘要】

1. 因国家法律、法规及政策出台导致当事人签订的合同不能履行，以致一方当事人缔约目的不能实现，该方当事人请求法院判决解除合同的，人民法院应予支持；

2. 鉴于双方当事人对于合同不能履行及一方当事人缔约目的不能实现均无过错，故可依据《中华人民共和国合同法》第九十七条的规定，仅判决返还已支付的价款及相应孳息，对一方当事人请求对方当事人赔偿损失的诉讼请求不予支持；

3. 对于一方当事人为履行合同而支付的契税损失，在双方当事人对于案涉合同的解除均无过错的情况下，可由双方当事人基于公平原则平均分担。

---

* 摘自《最高人民法院公报》2020 年第 6 期。

建设用地使用权合同纠纷

最高人民法院民事判决书

（2019）最高法民再 246 号

再审申请人（一审原告、二审上诉人）：长春泰恒房屋开发有限公司。住所地：吉林省长春市经济开发区太原东街1048号。

法定代表人：胡守东，该公司总经理。

委托诉讼代理人：马丽艳，北京大成（长春）律师事务所律师。

委托诉讼代理人：于蒙娜，北京大成（长春）律师事务所律师。

被申请人（一审被告、二审被上诉人）：长春市规划和自然资源局。住所地：吉林省长春市南关区南环城路3066号。

法定代表人：曲国辉，该局局长。

委托诉讼代理人：滕大力，该局工作人员。

委托诉讼代理人：姜林伯，该局工作人员。

再审申请人长春泰恒房屋开发有限公司（以下简称泰恒公司）因与被申请人长春市规划和自然资源局（以下简称长春自然资源局）国有土地使用权出让合同纠纷一案，不服吉林省高级人民法院（2018）吉民终264号民事判决，向本院申请再审。本院于2019年5月30日作出（2019）最高法民申1425号民事裁定，提审本案。本院依法组成合议庭，于2019年11月11日公开开庭审理了本案，泰恒公司的委托诉讼代理人马丽艳、于蒙娜，长春自然资源局的委托诉讼代理人滕大力、姜林伯到庭参加诉讼。本案现已审理终结。

泰恒公司向一审法院起诉称：2010年11月25日，泰恒公司与长春市国土资源局（以下简称长春市国土局）签订《国有建设用地使用权出让合同》，案涉《国有建设用地使用权出让合同》履行期间，由于国务院出台了《国有土地上房屋征收与补偿条例》，导致合同约定的由泰恒公司自行拆除地上物及补偿工作已不可能履行，基于情势变更原则，泰恒公司要求解除案涉合同。综上，请求：（1）解除案涉《国有建设用地使用权出让合同》；（2）判令长春市国土局返还土地出让金2630万元；（3）判令长春市国土局赔偿泰恒公司已缴纳契税1315000元；（4）判令长春市国土局给付利息9836491.34元（此利息计算至2016年12月31日，从2017年1月1日至土地出让金全部返还之日按中国人民银行同期贷款利率标准计算）。

长春市国土局辩称：第一，本案不存在适用情势变更原则的事实基础及条件，泰恒公司依据情势变更原则要求解除合同的目的在于转嫁投资风险，逃避违约责任。第二，《国有土地上房屋征收与补偿条例》的实施，并未导致案涉合同赖以存在的客观情况发生重大变化，且不影响泰恒公司合同目的的实现，本案不符合情势变更原则的适用条件。第三，泰恒公司怠于办理拆迁许可手续，导致其在《国有土地上房屋征收与补偿条例》实施后无法自行拆迁，其对合同履行障碍具有过错。

一审法院经审理查明：2010年10月18日，长春市国土局发布宽城区已建住宅以东、长春市第二十五中学以南、长农公路以西、空地以北范围内的B地块，宗地编号57-130-5，出让面积21632平方米土地的挂牌出让公告。公告载明：案涉出让地块为现状土地条件，包括规划用地界线及现状土地整理界线内已拆迁完毕的土地和未拆迁的土地。对于未拆迁的土地由竞得人在竞得土地后自行负责拆迁整理，所发生相关费用自行承担。

2010年11月22日，泰恒公司向长春市国土局提交《竞买报价单》，申请参加案涉地块的挂牌出让，并承诺完全接受并遵守挂牌文件的规定和要求。同日，泰恒公司向长春市国土局缴纳了参与竞拍保证金600万元。2010年11月25日，长春市国土局与泰恒公司签订《成交确认书》，确认泰恒公司竞得案涉出让地块。

2010年11月25日，长春市国土局作为出让人与受让人泰恒公司签订《国有建设用地使用权出让合同》，主要约定：（1）出让宗地编号为57-130-5，宗地面积21632平方米。出让人同意在2010年11月25日前将出让宗地交付给受让人，出让宗地为现状交付，即土地及地上建筑物未拆迁部分由该地块竞得人负责，土地及地上物由竞得单位自行拆迁补偿整理；（2）出让价款为2630万元，合同签订之日起30日内，一次性付清国有建设用地出让价款；（3）受让人同意本合同项下宗地建设项目在2011年11

建设用地使用权合同纠纷

月25日之前开工，在2013年11月25日之前竣工。受让人因自身原因终止该项目投资建设，向出让人提出终止履行合同并请求退还土地的，出让人报经原批准土地出让方案的人民政府批准后，退还除合同约定的定金以外的全部或部分国有建设用地使用权出让价款（不计利息），收回国有建设用地使用权，该宗地范围内已建的建筑物、构筑物及其附属设施可不予补偿，出让人还可要求受让人清除已建建筑物、构筑物及其附属设施，恢复场地平整；但出让人愿意继续利用该宗地范围内已建的建筑物、构筑物及其附属设施的，应给予受让人一定补偿。

2010年12月24日，泰恒公司向长春市国土局缴纳了土地出让金2030万元。

2011年1月21日，国务院出台《国有土地上房屋征收与补偿条例》，该条例第四条规定，市、县级人民政府负责本行政区域的房屋征收与补偿工作。市、县级人民政府确定的房屋征收部门组织实施本行政区域的房屋征收与补偿工作。市、县级人民政府应当依照本条例的规定和本级人民政府规定的职责分工，互相配合，保障房屋征收与补偿工作的顺利进行。

2012年9月26日，泰恒公司缴纳契税1315000元。

一审法院认为，案涉《国有建设用地使用权出让合同》系双方当事人真实意思表示，未违反法律、行政法规的强制性规定，合法有效。双方在2010年11月25日签订合同时，泰恒公司对其自行进行土地及地上物拆迁整理是明知的，签订合同后应自行承担由其拆迁的商业风险；双方之间继续履行《国有建设用地使用权出让合同》并不存在明显不公平的情形；泰恒公司如在2010年11月25日取得土地后积极履行办理拆迁许可证义务，其现作为拆迁主体符合法规规定；如其怠于办理房屋拆迁许可证导致的现阶段拆迁不能，后果应自行承担。综上，一审法院判决：驳回泰恒公司的诉讼请求。

泰恒公司上诉称：第一，案涉《国有建设用地使用权出让合同》约定长春市国土局以"毛地"方式将土地出让给泰恒公司。《国有土地上房屋征收与补偿条例》的出台导致合同无法继续履行，致使泰恒公司签订合同的目的无法实现。第二，《国有土地上房屋征收与补偿条例》的出台和实施不可归责于双方当事人，一审法院判决政策的改变系泰恒公司应承担的商业风险错误。第三，根据《国有建设用地使用权出让合同》的约定，泰恒公司进行拆迁工作的时间为一年，泰恒公司不存在怠于履行合同义务的情形。国土资源部、住房和城乡建设部于2010年9月21日联合下发《国土资源部、住房和城乡建设部关于进一步加强房地产用地和建设管理调控的通知》，明确要求不得以"毛地"方式出让土地，在此情况下，长春市国土局仍以"毛地"方式出让案涉土地导致合同无法履行，长春市国土局存在过错。综上，请求撤销一审判决，改判支持泰恒公司的诉讼请求。

长春市国土局辩称：第一，本案不存在适用情势变更的事实基础及条件。案涉《国有建设用地使用权出让合同》合法有效，《国有土地上房屋征收与补偿条例》的实施不影响泰恒公司取得涉案土地使用权。第二，国家调整土地拆迁整理政策不属于当事人不能预见的事实，泰恒公司作为专业的房地产开发企业，对土地拆迁整理政策倾向已有充分认识，故因政策改变导致其无法自行对土地进行拆迁整理属于商业风险范畴。第三，继续履行《国有建设用地使用权出让合同》不会导致显失公平，泰恒公司合同目的并未落空。综上，请求驳回泰恒公司的上诉请求。

二审法院认为，泰恒公司签订《国有建设用地使用权出让合同》的目的是取得土地使用权，长春市国土局已依约将案涉土地交付给泰恒公司，且在交付土地时符合当时法律和政策规定，不存在不利于合同目的实现的障碍。国土资源部、住房和城乡建设部于2010年9月21日联合下发的《国土资源部、住房和城乡建设部关于进一步加强房地产用地和建设管理调控的通知》明确要求不得以"毛地"方式出让土地，泰恒公司作为专门从事房地产开发的企业，在签订合同时应当能够预见其在履行合同的过程可能存在致使合同目的不能全部实现的商业风险。《国有土地上房屋征收与补偿条例》于双方签订合同近两个月后出台，在此期间，泰恒公司申请办理拆迁许可证并不存在障碍。即便在条例出台后，泰恒公司仍然可就拆迁整理事宜与长春市国土局进行协商解决，《国有土地上房屋征收与补偿条例》仅影响案涉出让合同中关于拆迁整理的具体履行方式，土地使用权出让及土地开发等合同赖以存在的客观情况并未发生变化，并不必然使泰恒公司的合同目的落空。泰恒公司虽然主张曾多次要求政府部门进行拆迁整理，但未能提供证据予以证明，故不予认可。综上，二审法院判决：驳

建设用地使用权合同纠纷

回上诉,维持原判。

泰恒公司申请再审称:第一,原审法院认定本案不构成情势变更,适用法律错误。案涉《国有建设用地使用权出让合同》约定长春市国土局以"毛地"方式出让土地,后因国务院出台的《国有土地上房屋征收及补偿条例》明确规定市、县级人民政府负责本行政区域的房屋征收与补偿工作,政策变化导致泰恒公司无法按照合同约定自行对案涉土地进行拆迁整理。泰恒公司无法预见到政策的变化,因不可归责于双方当事人的原因导致案涉合同无法继续履行以致合同目的无法实现。第二,案涉合同约定的拆迁时间自2010年11月25日至2011年11月25日,因2011年1月21日国务院出台《国有土地上房屋征收与补偿条例》,案涉合同签订后两个月即发生了政策变化,泰恒公司已无法申请办理拆迁许可证。原审法院以泰恒公司未积极办理拆迁许可证而导致拆迁不能为由,认定由泰恒公司承担拆迁不能的责任错误。第三,长春市国土局对于合同的签订及无法履行存在过错。长春市国土局作为土地出让部门,对相关政策文件应有充分的了解和掌握。国土资源部及住房和城乡建设部于2010年9月21日下发的《关于进一步加强房地产用地和建设管理调控的通知》中明确规定,不得以"毛地"方式出让土地。在该文件下发后,长春市国土局仍以"毛地"方式出让土地并与泰恒公司签订案涉合同,长春市国土局对案涉合同无法履行具有过错。综上,请求:撤销一审、二审判决,改判支持泰恒公司的全部诉讼请求;诉讼费用由长春市国土局承担。

长春市国土局答辩称:本案不存在适用情势变更原则的事实基础和适用条件,泰恒公司依据情势变更原则要求解除案涉合同,缺乏事实和法律依据。第一,案涉合同赖以存在的客观情况并未发生重大变化,泰恒公司签订案涉合同的目的在于取得土地使用权,而关于土地及地上物由泰恒公司自行拆迁的约定,仅是双方就土地出让后拆迁事宜的约定,并不影响泰恒公司取得土地使用权的目的。第二,泰恒公司作为专业的房地产开发企业,国家对土地拆迁政策的调整,泰恒公司应当知晓。政策的变化属于泰恒公司应承担的商业风险。案涉合同签订后,泰恒公司怠于办理拆迁许可手续,导致其无法自行实施拆迁,应承担不利后果。第三,《国有土地上房屋征收与补偿条例》于2011年1月21日实施。泰恒公司直至2017年才起诉要求解除合同，泰恒公司解除权的期限早已届满。综上，请求驳回泰恒公司的再审申请，维持原判。

本院再审期间查明：长春市国土局于 2019 年 5 月 10 日更名为长春市规划和自然资源局。

一审、二审法院查明的事实，双方当事人均无异议，本院予以确认。

本院认为，根据双方当事人的诉辩主张，本案的争议焦点为：（1）案涉《国有建设用地使用权出让合同》应否解除；（2）如应解除，解除后的责任承担问题。针对上述争议问题，本院分析认定如下：

（一）关于案涉《国有建设用地使用权出让合同》应否解除的问题

长春市国土局与泰恒公司于 2010 年 11 月 25 日签订的《国有建设用地使用权出让合同》，系双方当事人的真实意思表示，不违反法律、行政法规的效力性强制性规定，合同依法有效。案涉《国有建设用地使用权出让合同》约定，案涉国有建设用地使用权以"毛地"方式出让，地上建筑物未拆迁部分由泰恒公司负责。上述合同签订后的两个月内，国务院于 2011 年 1 月 21 日出台《国有土地上房屋征收与补偿条例》，明确规定市、县级人民政府负责本行政区域的房屋征收与补偿工作。据此，因上述法规的出台，使得泰恒公司无法取得拆迁主体资格，无法按照《国有建设用地使用权出让合同》的约定完成案涉土地的拆迁整理工作。泰恒公司经过逾七年与长春自然资源局的协调，始终无法解决案涉土地的拆迁问题，就此而言，泰恒公司向人民法院起诉解除合同，并未超过解除合同的期限要求。长春自然资源局关于泰恒公司解除合同已经超过期限的抗辩，与本案事实不符，本院不予采信。

泰恒公司受让案涉国有土地使用权的目的系对该土地进行房地产开发，而土地完成拆迁工作是泰恒公司开发案涉土地的必经环节。由于上述法规变化导致泰恒公司无法完成案涉土地的拆迁整理工作，进而无法实现对案涉土地进行开发的合同目的，故泰恒公司请求解除案涉《国有建设用地使用权出让合同》，符合本案其合同目的无法实现的客观实际，原审判决认定本案不存在不利于合同目的实现的障碍，与事实不符，应予纠正。

（二）关于案涉《国有建设用地使用权出让合同》解除的法律后果问题

《中华人民共和国合同法》第九十七条规定，合同解除后，尚未履行的，终止履行；已经履行的，根据履行情况和合同性质，当事人可以要求恢复原状、采取其他补救措施，并有权要求赔偿损失。因此，合同解除后，包括了恢复原状、采取其他补救措施、赔偿损失的法律后果。而本案泰恒公司请求中包括了恢复原状和赔偿损失两项诉讼请求。对此，本院分析如下：

1. 关于土地出让金的返还问题。根据《中华人民共和国合同法》第九十七条的规定，合同解除后，已经履行的，根据履行情况和合同性质，当事人可以要求恢复原状。据此，泰恒公司在本院判决解除合同的情况下，请求长春自然资源局返还其已经支付的国有土地使用权土地出让金，符合上述法律规定，故长春自然资源局应向泰恒公司返还土地出让金以及占用资金期间的法定孳息。鉴于案涉土地使用权出让金2630万元系分两笔支付，支付时间分别为2010年11月26日和2010年12月25日，故长春自然资源局应向泰恒公司返还土地使用权出让金2630万元及相应法定孳息（其中600万元自2010年11月26日起至实际支付之日，2030万元自2010年12月25日起至实际支付之日，均按照中国人民银行同期同类活期存款利率计算）。

2. 关于赔偿损失的问题。案涉《国有建设用地使用权出让合同》第十六条约定，泰恒公司对于案涉土地的建设项目应于2011年11月25日之前开工，即从2010年12月25日双方签订合同至合同约定的开工日期2011年11月25日之间的期限，系泰恒公司对案涉土地进行拆迁整理的期限。而2011年1月21日国务院出台了《国有土地上房屋征收与补偿条例》，导致拆迁制度发生改变，泰恒公司在合同约定的拆迁期限内，因该拆迁制度变化而无法办理拆迁许可证，亦无法完成对案涉土地进行拆迁整理工作。据此，泰恒公司未能在合同约定的期限内对案涉土地进行拆迁整理工作非因泰恒公司的过错造成，原审判决认定泰恒公司怠于履行合同义务导致无法办理拆迁，与本案事实不符。同样，虽然《国土资源部、住房和城乡建设部关于进一步加强房地产用地和建设管理调控的通知》于 2010 年 9 月 21 日下发，规定不得以"毛地"方式出让土地，且 2011 年 1 月 21 日国务院出台《国有土地上房屋征收与补偿条例》规定市、县级人民政府负责本行政区域的房屋征收与补偿工作，但是《国有土地上房屋征收与补偿条例》第三十五条亦规定，该条例实施前已依法取得房屋拆迁许可证的项目，继续沿用原有的规定办理。故如果泰恒公司在《国有土地上房屋征收与补偿条例》出台前即已取得拆迁许可证，其仍可自行继续对案涉土地进行拆迁整理；而泰恒公司在近两个月的时间内未申请拆迁许可证，进而导致其在上述条例施行后无法继续取得拆迁许可证，对此长春自然资源局亦无过错。在长春自然资源局与泰恒公司对于案涉合同不能履行及泰恒公司合同目的无法实现均无过错的情况下，泰恒公司请求长春自然资源局赔偿损失的诉讼请求，理据不足，本院不予支持。

至于泰恒公司为取得案涉国有土地使用权而支付的 1315000 元契税，在双方当事人对于案涉合同的解除均无过错的情况下，该部分契税可由双方当事人基于公平原则予以平均分担，长春自然资源局应补偿泰恒公司 657500 元。

综上，对由于国家法律、法规及政策出台导致当事人签订的合同不能履行，以致一方当事人缔约目的不能实现的，该方当事人请求法院判决解除合同的，本院予以支持；在此情况下，鉴于双方当事人对于合同不能履行及一方当事人缔约目的不能实现均无过错，故本院依据《中华人民共和国合同法》第九十七条关于合同解除后当事人可以要求恢复原状的规定，仅判决长春自然资源局返还泰恒公司所支付的土地出让金及法定孳息；对泰恒公司关于长春自然资源局赔偿损失的诉讼请求，本院不予支持。故一审、二审法院认定事实及适用法律均错误，应予纠正。本院依照《中华人民共和国民事诉讼法》第一百七十条第一款第二项以及《最高人民法院关于适用〈中华人民共和国民事诉讼法〉的解释》第四百零七条第二款之规定，判决如下：

一、撤销吉林省高级人民法院（2018）吉民终 264 号民事判决及长春市中级人民法院（2017）吉 01 民初 227 号民事判决；

二、自本判决生效之日起解除长春市国土资源局（后更名为长春市规

建设用地使用权合同纠纷

划和自然资源局）与长春泰恒房屋开发有限公司于2010年11月25日签订的《国有建设用地使用权出让合同》；

三、长春市规划和自然资源局于本判决生效之日起30日内向长春泰恒房屋开发有限公司返还2630万元及利息（其中600万元自2010年11月26日、2030万元自2010年12月25日起，均按照中国人民银行同期活期存款利率计算至实际支付之日止）；

四、长春市规划和自然资源局于本判决生效之日起30日内补偿长春泰恒房屋开发有限公司657500元；

五、驳回长春泰恒房屋开发有限公司的其他诉讼请求。

如果未按本判决指定的期间履行给付金钱义务，应当依照《中华人民共和国民事诉讼法》第二百五十三条之规定，加倍支付迟延履行期间的债务利息。

一审案件受理费229058元，由长春市规划和自然资源局负担114529元，由长春泰恒房屋开发有限公司负担114529元；二审案件受理费229058元，由长春市规划和自然资源局负担114529元，由长春泰恒房屋开发有限公司负担114529元。

本判决为终审判决。

审　判　长　仲伟珩
审　判　员　张代恩
审　判　员　丁俊峰

二〇一九年十一月二十九日

法官助理　赵　迪
书　记　员　李　杨

二、建设用地使用权转让合同纠纷

> 未领取权属证书的土地使用权转让合同的效力

35. 秦龙公司与嘉德利公司、中经信公司、空后广州办土地使用权转让合同纠纷案*

【裁判摘要】

> 国有土地使用权转让合同最基本的含义是:转让人将其依法取得的出让土地使用权有偿转让于受让方并由受让方支付价款。由于国有土地使用权转让合同属民事合同,因而判断此类合同的效力,仍然遵循认定合同效力的一般标准,即合同主体是否具有相应的行为能力、意思表示是否真实及是否违反法律、行政法规强制性规定或者公序良俗。特别值得注意的,包括以下三点:首先,如何理解相关法律、行政法规的强制性规定。也就是说,违反了哪些法律规定将影响合同的效力。《中华人民共和国城市房地产管理法》第三十八条第六项规定,未依法登记领取权属证书的房地产不得转让;第三十九条第一款规定,以出让方式取得土地使用权的,转让房地产时,应当按照出让合同约定已经支付全部土地使用权出让金并取得土地使用权证书。《中华人民共和国城市房地产管理法》

---

* 摘自《民事审判指导与参考》2018年第2辑(总第74辑),人民法院出版社2018年版,第170~194页。

建设用地使用权合同纠纷

> 第三十八条、第三十九条属于强制性规定似无争议，但是未取得土地使用权证书的规定不宜认定为效力性强制规定。其次，土地使用权属于物权的一种，故《中华人民共和国物权法》确立的不动产物权变动的原因与结果相区分原则，无疑应当适用于国有土地使用权转让合同效力的认定。第三，由于土地使用权转让合同属于有偿转让权利的合同，《中华人民共和国合同法》有关合同权利转让的规定及《最高人民法院关于审理买卖合同纠纷案件适用法律问题的解释》所确立的原则与精神应当适用于土地使用权转让合同效力的判断。

再审申请人（一审被告、二审上诉人）：北京秦龙投资有限公司。

被申请人（一审原告、二审被上诉人）：珠海市嘉德利投资有限公司。

二审被上诉人（一审第三人）：中经信（珠海）国际担保有限公司。

二审被上诉人（一审第三人）：中国人民解放军空军后勤部驻广州办事处。

一、广东省珠海市中级人民法院一审查明的事实

2007年1月17日，中国人民解放军空军后勤部驻广州办事处（以下简称空后广州办）与北京秦龙投资有限公司（以下简称秦龙公司）签订的《军用土地使用权转让合同》约定，空后广州办将其总面积为122111.9平方米土地转给秦龙公司。其中：宗地A位于珠海市南屏镇西，面积为24114平方米，宗地编号为F0205110，房地产权证号为C0731264；宗地B位于珠海市三灶金海岸，面积为75596.5平方米，宗地编号为01040061，房地产权证号为C0301227；宗地C位于珠海市三灶金海岸，面积为15731.4平方米，宗地编号为01040060，房地产权证号为C0301226；宗地D位于珠海市三灶金海滩，面积为6670平方米，宗地编号为01190050，房

地产权证号为C0301214。秦龙公司按本合同约定向空后广州办支付土地转让费总计5368万元且应该在本合同生效后30个工作日内将土地转让费5368万元以银行不可撤销的保函交于空后广州办。土地产权过户手续办妥后3日内,秦龙公司一次性将土地转让费转入空后广州办指定的银行账户。空后广州办在收到秦龙公司履约保函经费后15日内向秦龙公司提供本合同项下的转让地块,即向秦龙公司提供四宗土地的房地产权证、用地红线图、建设用地规划许可证等土地原始资料,办理书面交接手续,并积极协助秦龙公司办理产权过户手续。在产权未过户之前,秦龙公司不得在四宗土地上开工建设项目。空后广州办根据军事需要可以提前收回土地使用权,并给予秦龙公司适当的经济补偿。如果空后广州办在收到秦龙公司履约保函经费后15日内不能向秦龙公司提供四宗土地的房地产权证等土地原始资料,视为自动终止合同,空后广州办退回秦龙公司所有已经支付给空后广州办的款项,并按银行当时的存款利率双倍赔偿秦龙公司15天的利息。如果秦龙公司在签订本合同后30日内不能支付所有应付款项,视为自动终止合同,秦龙公司已经支付给空后广州办的定金200万元归空后广州办所有。本合同经军队上级机关审批后生效。同日,空后广州办与秦龙公司签订《军用土地使用权转让补充合同》,约定:空后广州办负责办理军队内部土地转让的报批手续,按规定应上缴军队的有关费用由空后广州办承担。秦龙公司负责办理四宗土地的产权变更登记手续,空后广州办积极协助、配合。在办理土地产权变更登记手续时,需向地方政府缴纳的有关费用由秦龙公司承担。

2007年3月30日,珠海市嘉德利投资有限公司(以下简称嘉德利公司)与秦龙公司、中经信(珠海)国际担保有限公司(以下简称中经信公司)签订《协议书》(以下简称三方协议),约定:鉴于秦龙公司在2007年1月17日与空后广州办签订的《军用土地使用权转让合同》订立本合同。(1)秦龙公司同意将其在2007年1月17日与空后广州办签订的《军用土地使用权转让合同》中的其中两宗土地转给嘉德利公司,并出函通知空后广州办直接过户到嘉德利公司名下。所述两宗土地(即上述《军用土地使用权转让合同》中的宗地B和宗地C)总面积为91328平方米。本协

建设用地使用权合同纠纷

议项下的土地使用权性质为出让,使用年限为70年,用途为商住用地。如果因土地使用权的性质和用途变化而产生的费用(含应补交的政府地价)均由秦龙公司承担,过户后达不到上述条件的,视为秦龙公司违约,违约金计算适用本协议第七项规定。(2)上述两宗地的成交总价双方商定按国土部门审核的容积率小于或等于1.5的部分按单价每平方米人民币410元,容积率大于1.5部分按单价每平方米人民币200元按实结付。交易税费按国家规定各自承担。(3)自本协议签订后,嘉德利公司须在2007年4月3日交付保证金人民币300万元给中经信公司,如在2007年4月3日未能将保证金交给中经信公司,则视为嘉德利公司违约,合同自动解除,嘉德利公司须向秦龙公司支付违约金人民币300万元;且嘉德利公司须在合同签订后15个工作日内向空后广州办以银行不可撤销的保函方式提供人民币5368万元土地转让费的担保。秦龙公司收到嘉德利公司出具合格保函后,中经信公司向嘉德利公司退回保证金;若嘉德利公司逾期未办理好保函的,原支付的保证金由中经信公司直接交于秦龙公司,归秦龙公司所有。(4)该两宗土地出让用地许可证办至嘉德利公司名下后3日内,嘉德利公司一次性将该两宗土地的转让费按秦龙公司要求转入秦龙公司指定的银行账户。转让费总额超过人民币5368万元的,其中5368万元支付给空后广州办,其余部分款项由嘉德利公司支付给秦龙公司;转让费总额少于5368万元的,差额部分由秦龙公司在保函解付之前补给嘉德利公司。嘉德利公司履行付款义务后,保函自行撤销。(5)秦龙公司应保证空后广州办在收到嘉德利公司交付保函后向嘉德利公司提供该两宗地的房地产权证等土地原始材料。(6)如空后广州办在收到嘉德利公司交付的保函后超过90个工作日内不能将该两宗地过户到嘉德利公司名下,秦龙公司应继续办理过户手续直至过户手续完成,且秦龙公司应按银行同期贷款利息的双倍赔偿利息给嘉德利公司,作为秦龙公司超过90个工作日的罚金(按超过90个工作日的实际天数计算,本金为5368万元整)。如自本协议签订后150个工作日内秦龙公司仍不能将该两宗地过户到嘉德利公司名下的,则嘉德利公司有权终止本协议,秦龙公司应负责退回嘉德利公司为履行本协议而支出的所有款项。秦龙公司还必须承担嘉德利公司因向空后广州办支付人民币 5368 万元的保函而支出的所有的费用，合计为人民币 300 万元，由中经信公司为秦龙公司履行此 300 万元作担保。（7）如因秦龙公司主观故意而不将该两宗地过户到嘉德利公司名下，则秦龙公司除应承担上述费用外，还应向嘉德利公司支付违约金人民币 1000 万元（此项违约金不在中经信公司连带担保范围内）。（8）签订本协议前，嘉德利公司已清楚知悉秦龙公司在 2007 年 1 月 17 日与空后广州办签订的《军用土地使用权转让合同》的相关约定。

同日，三方又签订《补充协议（一）》，约定："不可撤销保函的解付条件为：1. 空后广州办将《军用土地使用权转让合同》中约定的四宗土地分别过户到秦龙公司珠海项目公司名下：（1）将宗地 A 过户到珠海秦龙万通投资顾问公司名下；（2）将宗地 B、C 过户到嘉德利公司名下。2.《军用土地使用权转让合同》中所述四宗地需符合如下条件：（1）用地性质为出让商住用地，已付清地价款；（2）容积率为现当地规划部门批复容积率；（3）土地使用年限为 70 年。"2007 年 4 月 1 日，中经信公司向嘉德利公司出具函件，告知嘉德利公司："经过请示莫总同意履行 2007 年 3 月 30 日秦龙公司与贵司签订的合约第三款支付保证金人民币 300 万元给我公司，支付日期由原定 2007 年 4 月 3 日延至 2007 年 4 月 4 日。"嘉德利公司于 2007 年 4 月 5 日向中经信公司中国银行三灶支行账号 200202040910009×××× 汇款人民币 300 万元购地合约保证金。

2007 年 4 月 19 日，嘉德利公司与秦龙公司签订《补充协议（二）》，约定："1. 双方同意不再开具银行保函，嘉德利公司将部分土地转让款人民币 2000 万元存入空后广州办在广州市商业银行（或其他银行）所开的账户内。秦龙公司对上述资金的支付和解付承担连带担保责任，保证如土地无法过户情况下，上述资金如数退回嘉德利公司。2. 嘉德利公司同时向秦龙公司承诺，在《协议书》及《补充协议（一）》上约定的两宗土地过户手续交到国土部门后，国土部门出具过户回执后 3 天内，嘉德利公司保证上述 2000 万元及余下的土地款按签署双方协议约定一并支付给秦龙公司指定账户内。"同日，秦龙公司与空后广州办向广州市商业银行东川支行出具《关于凭双方印章才可以进行划款及变更印鉴操作的申请报告》，约

建设用地使用权合同纠纷

定空后广州办账号80016501460××××中存入2000万元,该账户款项划出需要秦龙公司和嘉德利公司法定代表人陈志宇先生的身份证、私章及空后广州办的财务专用章及卓学朝先生名章即开户行预留银行印鉴予以办理。2007年4月20日,嘉德利公司向空后广州办在广州市商业银行东川支行账号80016501460××××汇入2000万元购地款。

2007年1月22日,中国人民解放军空军后勤部出具"后营〔2007〕69号"《关于空后驻广州办事处珠海土地转让给北京秦龙公司事》(批复),明确同意空后广州办将位于珠海市南屏镇西24114平方米土地(宗地编号为F0205110,房地产权证号为C0731264)、位于珠海市三灶金海岸75596.5平方米土地(宗地编号为01040061,房地产权证号为C0301227)、位于珠海市三灶金海岸15731.4平方米(宗地编号为01040060,房地产权证号为C0301226);位于珠海市三灶金海滩6670平方米(宗地编号为01190050,房地产权证号为C0301214),共计12111.9平方米土地,有偿转让给秦龙公司,秦龙公司支付空后广州办转让费5368万元,获取土地使用权期限为70年(自办理土地产权证之日起算,土地用途为商住用地,土地容积率按现公布的规划容积率)。期满,土地使用权及地上建筑物、其他附着物所有权的处置,按国家和军队的有关规定办理。2008年4月1日,珠海市国土资源局出具《国有土地使用权转让核准通知书》,准予位于珠海市三灶金海岸,宗地编号为01040061,房地产权证号为C0301227土地和位于珠海市三灶金海岸,宗地编号为01040060,房地产权证号为C0301226土地使用权转让。2008年3月21日,珠海市国土资源局与空后广州办签订NO:2008-015、2008-016两份《国有土地使用权变更协议书》,约定:(1)上述两块土地性质由划拨改为出让,有关税费按规定交纳;(2)上述土地已经按照珠规西地字(2002)第035号《建设用地规划许可证》之规划条件(容积率1.5,商住功能)结清地价。今后报建、规划验收或确权时,若有超容积率1.5的建筑面积,应按现行地价标准补交地价;(3)该块土地使用期限从2002年3月14日起算商业40年、住宅70年;(4)土地使用期限届满,土地使用权人如需继续使用土地,应当在届满前一年申请续期,除根据社会公共利益需要收回的,一般应予批准。

经批准予以续期的，空后广州办须与珠海市国土资源局重新签订土地使用权出让合同，缴付地价款和办理土地使用权等登记手续等。

2009年3月3日，空后广州办向珠海市金湾区房地产交易中心发出广办〔2009〕7号函件，载明："我处于2009年2月3日交件到贵中心的三灶金海岸两宗土地转让至北京秦龙万通股份有限公司的有关材料，现因受让方原因，申请暂缓办理土地转让手续。具体办理时间另行告知，请贵中心予以协助为谢。"同日，空后广州办事处又向珠海市金湾区房地产交易中心发出广办〔2009〕9号函件，写明："我处于2009年3月3日送达贵中心的一份《关于暂缓办理土地过户手续事》的函，目前，我处与受让方（秦龙公司）就土地过户事已经达成协议，现特申请撤销原函件，并请贵中心予以办理土地过户的有关手续。"

2009年3月25日，秦龙公司通过国内特快专递邮件（编号为：EX106742321CN）向嘉德利公司发出函件，告知嘉德利公司双方于2007年3月30日签订的《土地使用权转让协议》终止日为2007年11月5日，因为协议签订时，我司并未取得该块土地使用权证书。合同终止日已经届满，由于客观原因，我司至今还未取得该块土地使用权证书，依据国家相关法律的规定，双方签订的《土地使用权转让协议》应为无效合同。2009年12月10日，秦龙公司通过国内特快专递邮件（编号为：ED501540986CS）再次向嘉德利公司邮寄上述函件和编号为EX106742321CN特快专递详情单，同日，秦龙公司在北京市方正公证处对解除2007年3月30日签订的《土地使用权转让协议》函件、前述两份特快专递详情单、发票号码为28596502的《北京市邮电通信业、金融保险业专用发票》进行公证。

宗地编号为01040060，房地产权证号为C0301226土地的现有房地产权证号码为粤C6571351；宗地编号为01040061，房地产权证号为C0301227土地的房地产权证号码为粤C6571353。

二、一审法院审理情况

一审法院认为：根据《协议书》《补充协议（一）》《补充协议（二）》

建设用地使用权合同纠纷

内容显示,缔约时嘉德利公司知悉秦龙公司所取得涉案土地为军用土地性质,而《协议书(一)》亦明确约定涉案土地过户至嘉德利公司名下时,该土地应该是出让商住用地,因此,上述涉及土地转让各份协议的性质应为国有土地使用权转让合同。《中华人民共和国合同法》第五十二条明确规定违反法律、行政法规的强制性规定,合同应当认定无效。其一,中国人民解放军总参谋部、中国人民解放军总政治部、中国人民解放军总后勤部联合发布的《军队土地使用权转让管理暂行规定》属于部队内部规范性文件,《国土资源部关于加强军队空余土地转让管理有关问题的通知》则属于部门规章,二者均不属确定合同效力的法律及行政法规的范畴,而且上述两份法律文件目的系军队和政府土地行政管理部门对军队土地转让的一种监管,并非对土地使用权转让合同这种债权行为所作的禁止性规定,故秦龙公司抗辩称依据该两份法规应当认定《协议书》《补充协议(一)》《补充协议(二)》无效,理据不足,不予采纳。其二,2007年1月17日《军用土地使用权转让合同》明确约定该合同应当经军队上级机关审批后生效,2007年1月22日,中国人民解放军空军后勤部向空后直属供应部答复,同意解放军空后广州办事处将涉案土地转让给秦龙公司,因此2007年1月17日《军用土地使用权转让合同》亦为有效合同;其三,《最高人民法院关于适用〈中华人民共和国合同法〉若干问题的解释(二)》第五十二条第五项规定的"强制性规定",是指效力性强制性规定。《中华人民共和国城市房地产管理法》第三十八条第六项"未依法登记领取权属证书房产不得转让"的规定属于管理性强制性规定,其目的是为保证债权实现,只是涉及房地产转让合同能否切实履行的问题,不影响私法行为的效力。根据物权法规定的债权行为和物权变动相区分原则,物权能否发生变动与债权行为是否有效应作区分,秦龙公司是否取得涉案土地权属证书,属于政府土地行政管理部门的管理措施,其是否得到完全履行不影响对本案土地使用权转让合同效力的认定。综上,嘉德利公司与秦龙公司所签订购买涉案土地的《协议书》《补充协议(一)》《补充协议(二)》均为双方当事人协商一致后作出的真实意思表示,内容亦不违反法律、行政法规的强制性规定,亦未损害国家利益或者公共利益,应属有效合同。

关于《协议书》能否履行及违约责任的问题。首先关于合同是否已经终止的问题。秦龙公司辩称其向嘉德利公司发函,告知双方签订涉案土地转让合同无效,而嘉德利公司未在合理期限内回复,即视为双方同意终止合同。一审认为,基于上述对《协议书》《补充协议(一)》《补充协议(二)》效力的分析,秦龙公司主张终止合同事由并不存在,上述合同并未终止。秦龙公司辩称嘉德利公司迟延支付300万元保证金,故上述协议已经解除。一审认为,嘉德利公司并未迟延支付300万元保证金,且秦龙公司、中经信公司从未对保证金300万元支付迟延问题提出异议,故秦龙公司上述辩解理由,不予采纳。其次,关于合同能否继续履行的问题。秦龙公司辩称涉案合同客观不具备履行基础,对此一审认为,鉴于涉案土地现仍登记在空后广州办名下,合同能否继续履行,空后广州办针对2007年1月17日《军用土地使用权转让合同》是否履行的意思表示尤显重要,对此分析如下:(1)2007年4月20日,嘉德利公司依约向空后广州办在广州市商业银行东川支行账户汇入2000万元,空后广州办收到上述款项后从未提出异议,迄今为止亦未将上述款项返还嘉德利公司,据此空后广州办应当对嘉德利公司购买涉案两块土地事实知悉;(2)本案诉讼过程中,已将起诉状、证据材料等诉讼文书送达空后广州办,且曾三次向空后广州办发出开庭传票要求到庭核实相关事实,后又发出书面通知函,要求空后广州办答复涉及案件事实的相关问题,但空后广州办均未予回复,依据证据规则,认定空后广州办对嘉德利公司起诉所主张之事实认可;(3)本案诉讼过程中,法院查封空后广州办名下两块涉案土地,但广州办并未对查封行为提出异议。综上所述,《协议书》《补充协议(一)》《补充协议(二)》合法有效,在秦龙公司没有充分证据证实空后广州办拒绝履行2007年1月17日《军用土地使用权转让合同》的情况下,认定嘉德利公司、秦龙公司应当继续履行《协议书》《补充协议(一)》《补充协议(二)》,根据上述内容之约定秦龙公司应当将涉案土地过户至嘉德利公司名下,鉴于涉案土地仍登记在空后广州办名下,空后广州办亦应当履行相关协助过户义务。

关于秦龙公司如何承担违约责任问题。基于上述协议合法有效,嘉德利公司、秦龙公司应当按照约定全面履行自己的义务。嘉德利公司已按约

建设用地使用权合同纠纷

定向中经信公司支付300万元保证金,并且依约向空后广州办账号支付了2000万元购地款,履行合同约定的义务,而秦龙公司未能依约将涉案土地过户至嘉德利公司名下的合同义务,应当承担违约责任。秦龙公司违反合同约定,根据《中华人民共和国合同法》第一百零七条的规定,应当承担继续履行、采取补救措施或者赔偿损失等违约责任。根据2007年3月30日《协议书》第六条及《补充协议(二)》第一条约定,秦龙公司承诺空后广州办在收到嘉德利公司2000万元购地款后90个工作日内将涉案土地过户至嘉德利公司名下,否则秦龙公司承担继续办理过户手续义务直至过户手续完成,秦龙公司还应该按照银行同期贷款利率的双倍利息作为给予嘉德利公司逾期办理过户手续的赔偿。根据上述表述,《协议书》第六条约定是秦龙公司需在2007年4月20日空后广州办收到2000万元购地款后90日内,即2007年7月19日之前应当将涉案土地过户至嘉德利公司名下,否则承担逾期办理土地过户的违约责任,迄今为止,秦龙公司仍未将涉案土地过户至嘉德利公司名下,故嘉德利公司请求秦龙公司承担以5368万元为本金,自2007年8月30日始至实际取得房地产权证之日,按银行同期贷款利息的双倍赔偿利息损失的诉请,理据充分,应予支持。根据《协议书》第七条约定,秦龙公司故意不办理涉案土地过户手续,应承担1000万元违约金,此条所指为涉案土地具备履行条件,但秦龙公司没有依约为嘉德利公司办理土地过户手续,所应当承担的违约责任。一审法院认为,结合本案事实,涉案土地已经办理国有土地出让手续,并且国土资源局已经确定涉案土地容积率和商住功能,符合了《补充协议(一)》所约定涉案土地过户条件。同样在《补充协议(一)》中约定转让条件的非本案争议的宗地编号为F0205110位于珠海市南屏镇西的宗地A,已经过户至秦龙公司名下,且秦龙公司将其转让给他人,故涉案两块土地至今未能过户至嘉德利公司名下,秦龙公司具有明显过错,构成违约,嘉德利公司请求秦龙公司向其支付1000万元违约金,理据充分,予以支持。

综上所述,经该院审判委员会讨论决定,一审法院判决如下:一、嘉德利公司、秦龙公司继续履行2007年3月30日《协议书》,将房地产权证号码为粤C6571351(原宗地编号为01040060,房地产权证号为

C0301226)、粤 C6571353（原宗地编号为 01040061，房地产权证号为 C0301227）两宗土地使用权过户至嘉德利公司名下；二、第三人空后广州办协助将房地产权证号码为粤 C6571351（宗地编号为 01040060，原房地产权证号为 C0301226)、粤 C6571353（宗地编号为 01040061，原房地产权证号为 C0301227）两宗土地使用权过户至嘉德利公司名下；三、秦龙公司于判决生效之日起 30 日向嘉德利公司赔偿利息损失。

三、广东省高级人民法院二审审理情况

秦龙公司不服一审判决，向广东省高级人民法院提起上诉称："1. 一审判决认定事实不清。（1）一审判决认定双方约定转让的是国有出让用地错误。首先，嘉德利公司在签订合同时已明知受让土地是军用土地，但是合同中对土地性质变更只字未提。军用土地使用权转让包括了商住用地项目，一审判决凭借字面意思理解商住用地性质是国有出让土地是片面的。（2）涉案《协议书》《补充协议（一）》《补充协议（二）》未生效，没有实际履行。按照《军用土地使用权转让管理暂行规定》的规定，秦龙公司要按照《军用土地使用权转让合同》取得涉案土地，须将合同报总后勤部批准后，凭批准文件向解放军土地管理局缴纳相关土地转让费后领取《军用土地补办出让手续许可证》，再凭许可证到当地政府土地主管部门签订出让合同，方能办理土地使用权过户手续，《军用土地使用权转让合同》未经总后勤部批准，因此未生效，嘉德利公司与秦龙公司签订的合同也未生效。涉案土地现状是空后广州办与珠海市国土局签订了《国有土地使用权出让合同》，已将土地性质变更为国有土地，目前涉案国有土地使用权已经由空后广州办取得，而不是由秦龙公司取得。秦龙公司如要取得两宗涉案土地，则必须与空后广州办签订国有土地使用权转让合同。（3）空后广州办与本案没有利害关系，一审裁定追加空后广州办为第三人并判决空后广州办协助办理过户错误。2. 一审判决将嘉德利公司提交的未经核实的复印件作为本案合同生效且可以履行的证据是没有法律依据的。3. 一审判决支持嘉德利公司关于利息赔偿的诉讼请求没有依据。按银行同期贷款利率的双倍赔偿利息给嘉德利公司的前提是空后广州办收到嘉德利公司交付

建设用地使用权合同纠纷

的保函后,超过90日不能将该两宗地过户到嘉德利公司名下,但双方在《补充协议(二)》明确约定取消了保函的开具,即支付双倍赔偿利息的基础已经不存在。双倍支付利息的本金为5368万元是因为保函的额度为5368万元,一审判决在嘉德利公司未开具保函的情况下,还是以5368万元为基础计算利息错误。4. 秦龙公司不存在违约事实,不应支付1000万元违约金。在《协议书》无效的前提下,秦龙公司不存在违约事实。即使合同有效,《协议书》第七条约定:'如因甲方主观故意而不将该两宗土地过户到乙方名下,则甲方除应当承担上述费用外,还应向乙方支付违约金人民币壹仟万元。'该条款的意思是在合同解除的条件下,秦龙公司支付1000万元违约金。一审判决在认定秦龙公司故意不将两宗地过户到嘉德利公司名下的前提下,判令支付1000万元违约金,继续履行合同。如果认为合同有效,且其故意不办理过户,应当判解除合同,秦龙公司支付1000万元违约金。请求撤销原判,驳回嘉德利公司的诉讼请求,或将本案发回重审。"

嘉德利公司答辩认为:(1)涉案土地为国有出让土地使用权,而不是军用土地使用权,一审法院认定事实正确。双方约定没有违反法律、行政法规的强制性规定,是有效的。(2)现土地使用权登记在空后广州办名下,但空后广州办已经出具了办理涉案土地使用权过户的全部手续,且嘉德利公司已经申请查封该土地使用权。嘉德利公司已经按照合同约定支付2000万元转让款。目前土地使用权未登记在秦龙公司名下是因为秦龙公司恶意不履行合同,阻止过户登记的办理。(3)关于利息赔偿责任问题。《补充协议(二)》只是约定以支付2000万元代替保函,并没有因此取消赔偿责任的约定。双方在《协议书》第六条约定的赔偿金的计算方式并不以实际支付5368万元为前提。因此,在嘉德利公司支付2000万元后,秦龙公司未依约办理过户登记,一审判决其依照合同承担利息赔偿责任符合合同约定。(4)关于违约金责任问题。协议第七条关于"如甲方主观故意不将该两宗地过户到乙方名下,则甲方除承担上述费用外,还应向乙方支付违约金1000万元"的约定,是针对"主观故意不过户"而设定的违约金责任,而不是解除合同后的赔偿责任。一审判决判令秦龙公司承担1000

万元违约金符合合同约定。（5）关于诉讼主体的问题，秦龙公司所称嘉德利公司已经将本案合同权利义务转让给中创公司的事实没有依据。综上，秦龙公司故意不履行债务，应承担违约责任。请求：驳回上诉，维持原判。

中经信公司同意秦龙公司的意见。

空后广州办经二审法院依法传唤，未参加二审诉讼活动。

二审法院查明：一审认定的基本事实属实，予以确认。

二审法院另查明：涉案两宗地块于2008年10月办理房地产用途变更登记，现土地性质为国有出让商住用地。2013年8月6日，珠海市房地产登记中心金湾分中心出具一份《关于土地转让资料预审查的情况说明》称，2009年2月初，该分中心就登记在空后广州办名下的涉案两宗商住用地转让给秦龙公司的登记资料进行了预审查，之后因缺乏完税凭证等登记要件而未能正式受理该土地使用权转让登记申请，将预审资料退回给相关当事人。

经嘉德利公司申请，二审法院向空后广州办发函要求其协助核实相关事实，空后广州办就相关问题函复如下：（1）空后广州办与秦龙公司签订的《军用土地使用权转让合同》及补充合同的履行情况是合同项下A地块已过户给秦龙公司，B、C、D地块尚未过户，B、C地块在空后广州办名下，性质为商住用地，未能办理过户原因是秦龙公司不予办理。（2）确认嘉德利公司一审时提交的无原件的证据真实性。（3）空后广州办对于一审判决其承担协助过户义务有异议。

二审法院认为，本案为建设用地使用权转让合同纠纷。关于合同效力问题。涉案土地使用权的性质原为军事划拨用地。一审法院认定中国人民解放军空军后勤部同意涉案土地转让给秦龙万通公司，并办理了国有土地使用权性质变更，依据虽为嘉德利公司提交的无原件的证据材料，但根据嘉德利公司二审补充提交的房地产权登记表，涉案土地已经于2008年变更登记为国有商住用地。这一事实，可佐证嘉德利公司提交的无原件的证据材料的真实性。秦龙公司与嘉德利公司于2007年3月30日签订的《协议书》明确约定协议项下土地使用权性质为出让，用途为商住用地。涉案土

建设用地使用权合同纠纷

地也已经在嘉德利公司起诉前办理了土地性质变更手续。秦龙公司上诉认为,协议书约定的转让标的物为军事用地,因而合同无效的理由,与事实不符,法院不予采纳。《中华人民共和国城市房地产管理法》第三十七条关于未依法登记领取权属证书的房地产不得转让的规定,是关于物权变动的规定,而非影响债权合同效力的强制性规定。涉案土地使用权仍然登记在空后广州办名下,转让方秦龙公司尚没有取得权属证书,不影响本案转让合同的效力。涉案《协议书》《补充协议(一)》《补充协议(二)》均是当事人的真实意思表示,内容不违反法律、行政法规的强制性规定,为有效合同。

关于嘉德利公司主张继续履行合同,要求办理土地使用权过户是否可予支持的问题。嘉德利公司作为土地使用权受让方,其主要义务是依照合同约定支付转让款。嘉德利公司根据《协议书》及《补充协议(二)》的约定,向中经信公司支付300万元保证金,并向空后广州办的指定账户汇入了购地款2000万元,因支付其余转让款的条件"国土部门出具过户回执"尚未成就,嘉德利公司未支付余款,应认定嘉德利公司已经依约履行了付款义务。根据合同约定,涉案土地使用权由秦龙公司协助,由空后广州办直接过户到嘉德利公司名下。若空后广州办在收到嘉德利公司提交的5368万元保函(后变更为向空后广州办指定账户汇入2000万元)后超过90个工作日内不能将土地过户到嘉德利公司名下,秦龙公司应当继续办理过户手续。目前,涉案土地使用权登记在空后广州办名下,办理转让登记手续没有法律上的障碍。嘉德利公司作为守约方主张继续履行合同应予支持。一审法院判决合同义务人秦龙公司履行合同,办理过户登记手续正确。一审法院判令空后广州办协助将涉案两宗土地使用权过户给嘉德利公司,空后广州办对此虽表示有异议,但并未提起上诉。故法院对一审判决主文第一项、第二项予以维持。

关于嘉德利公司诉请的罚息和违约金是否应予支持的问题。根据双方签订的《协议书》第七条约定,如空后广州办在收到嘉德利公司交付的保函(指金额为5368万元的银行保函)后超过90个工作日内不能将该两宗地过户到嘉德利公司名下,秦龙公司应继续办理过户手续直至过户手续完成,且秦龙公司应按银行同期贷款利息的双倍赔偿利息给嘉德利公司。《补充协议（二）》虽约定嘉德利公司无需再办理保函,变更了付款方式,同时也明确"其他约定仍参照上述《协议书》原所约定执行。"可见,秦龙公司迟延办理过户超过90个工作日的,仍然要承担赔偿责任,秦龙公司主张其无需承担罚息,与合同约定不符,不予支持。但《协议书》约定的以5368万元为本金计算罚息,其基础是该协议同时约定嘉德利公司应当以不可撤销的保函方式提供5368万元土地转让费担保。而双方签订的《补充协议（二）》则将关于提供银行保函的约定变更为由嘉德利公司先向空后广州办的指定账户汇入2000万元。因约定的支付余款条件未成就,嘉德利公司实际支付购地款即2000万元,其利息损失应当以2000万元为本金按《协议书》约定的标准计算。一审判决仍然以5368万元为本金计算嘉德利公司的利息损失,与双方合同变更及实际履行的情况不符,予以纠正。

关于嘉德利公司诉请要求支付1000万元违约金的问题。该项诉请依据为2007年3月30日三方签订《协议书》第七条约定"如因秦龙公司主观故意而不将两宗地过户到嘉德利公司名下,则秦龙公司除应承担上述费用外,还应向嘉德利公司支付违约金1000万元"。该第七条所称"上述费用"即指前文第六条约定的"办理银行保函的300万元费用",该笔违约金的支付条件应与退回300万元费用的条件一致。根据《协议书》第六条的约定,秦龙公司退回该笔费用的条件为"终止协议"。故合同关于1000万元违约金适用条件也是"终止协议",是合同不能履行或解除时的违约责任。故对合同继续履行或请求1000万元违约金,嘉德利公司只能选择其一主张,否则会造成嘉德利公司双重获利。一审法院支持其该项诉请不当,予以纠正。

综上所述,二审法院判决如下：维持一审判决第一项、第二项；变更一审判决第三项为：秦龙公司于本判决生效之日起30日内向嘉德利公司赔偿利息损失（以2000万元为本金,按中国人民银行同期同类贷款利率的双倍计算,自2007年8月30日计至珠海市嘉德利投资有限公司实际领取房地产权证之日止）；撤销一审判决第四项；驳回嘉德利公司的其他诉讼请求。

四、秦龙公司申请再审情况

秦龙公司申请再审称：（1）原审判决认定事实错误。本案系军用土地使用权转让合同纠纷，不是国有出让土地使用权转让。（2）原审判决超出当事人的诉请范围。嘉德利公司诉请将房地产权证号为 C0301227 和 C0301226 两幅军用土地使用权过户其名下，原审判决判令将房地产权证号码为粤 C6571351 和粤 C6571353 的国有出让土地使用权直接过户至嘉德利公司名下，也违背了双方关于土地使用权先过户到秦龙公司名下、再过户到嘉德利公司名下的合同约定。（3）原审判决适用法律错误。本案所涉合同存在不符合生效条件以及无法履行的事由：①无论军用划拨土地使用权转让合同还是国有出让土地使用权转让合同，生效要件均设定在向人民法院起诉前办理批准手续。②《军用土地使用权转让合同》约定需由上级批准后方发生效力，且第八条约定秦龙公司取得土地使用权后才能转让第三方，因此《协议书》需起诉前经空后广州办上级批准或起诉前变更《军用土地使用权转让合同》第八条约定才能符合生效条件。另根据《最高人民法院关于审理涉及国有土地使用权合同纠纷案件适用法律问题的解释》第九条关于"转让方未取得出让土地使用权证书与受让方订立合同转让土地使用权，起诉前转让方已经取得出让土地使用权证书或者有批准权的人民政府同意转让的，应当认定合同有效"以及第十二条关于"土地使用权人与受让方订立合同转让划拨土地使用权，起诉前经有批准权的人民政府同意转让，并由受让方办理土地使用权出让手续的，土地使用权人与受让方订立的合同可以按照补偿性质的合同处理"的规定，应以起诉前经有批准权人民政府批准转让作为认定《协议书》生效的依据。请求：撤销广东省高级人民法院（2013）粤高法民一终字第 40 号民事判决，改判驳回嘉德利公司的诉讼请求。

嘉德利公司提交意见称：（1）秦龙公司罔顾《协议书》的约定，将涉案土地使用权转让解释为划拨的军用划拨土地使用权转让是错误的，二审判决关于双方当事人转让标的为商住的出让用地、本案系国有土地使用权转让纠纷的认定是正确的；(2) 秦龙公司认为本案所涉土地使用权转让协议无效、未生效以及效力待定的观点是错误的，二审关于合同效力的认定适用法律正确；(3) 秦龙公司认为本案所涉土地使用权转让协议不具备履行条件、是无法履行的合同的理由不能成立。(4) 二审判决未超出嘉德利公司的诉讼请求。请求驳回秦龙公司的再审申请。

空后广州办提交书面意见称：(1) 空后广州办经上级机关空军后勤部批准与秦龙公司签订的《军用土地使用权转让合同》《军用土地使用权转让补充合同》，系双方真实意思表示，内容合法有效；(2) 空后广州办已经全额收取了合同标的款；(3) 空后广州办根据合同约定内容积极履行相关义务，已经将合同标的物之一A地块使用权属过户至秦龙公司，但在办理B、C地块使用权属过户手续时，秦龙公司不予配合办理；(4) 空后广州办依合同约定办理B、C地块使用权属过户手续无任何法律上障碍。

五、最高人民法院再审审查情况

经依法审查，最高人民法院认为：

（一）关于原判决是否认定事实错误的问题

2007年1月17日秦龙公司与空后广州办签订的《军用土地使用权转让合同》及其补充合同虽然名为军用土地使用权转让，但并无对所涉土地使用权为军事用途、地上建筑物为军事设施的任何表述，受让人秦龙公司亦非军事单位，而且秦龙公司意图获得的是可以在市场自由交易的土地使用权而不是流转限制的军用土地使用权。2007年3月30日秦龙公司与嘉德利公司、中经信公司三方签订的《协议书》及其补充协议也明确约定《军用土地使用权转让合同》中所述地块需符合用地性质或用途为出让商住用地的条件，这说明秦龙公司作为出让人已承诺其所转让的土地使用权的来源和用途应为出让商住用地并与嘉德利公司形成合意。故秦龙公司关于本案所争议标的物为划拨军用土地使用权的主张因无事实根据而不能成立。

（二）关于原判决对《协议书》效力认定是否适用法律错误的问题

就不动产交易而言，物权变动的原因为合同，合同的结果为物权变动，原因与结果需作法律上区分，即合同于当事人意思表示一致时产生债法上的相对效力，而物权的变动则必须依赖登记这一公示行为方能产生对世的绝对效力，债权合同的效力独立存在，不以合同是否履行以及能否履行等物权变动为生效要件。因此，本案《军用土地使用权转让合同》所附生效要件成就时生效，《协议书》则自成立之日即生效，是否办理物权登记均属于合同履行的情形，并非认定合同效力的法定事由，不影响合同的效力。秦龙公司虽引用《中华人民共和国合同法》第四十四条第二款关于"法律、行政法规规定应当办理批准、登记等手续生效的，依照其规定"的规定主张本案所涉《协议书》无效，但我国现行法律、行政法规并无关于国有土地使用权转让合同需经登记或批准等手续方发生效力的具体规定。《中华人民共和国城市房地产管理法》（2007年修正）第三十八条第六项关于"未依法登记领取权属证书的房地产不得转让"的规定，只是房地产登记部门在行使行政管理职能时审查房地产变更登记的所需条件，不是《最高人民法院关于适用〈中华人民共和国合同法〉若干问题的解释（二）》第十四条所指的效力性强制性规定。《最高人民法院关于审理涉及国有土地使用权合同纠纷案件适用法律问题的解释》第九条关于"转让方未取得出让土地使用权证书与受让方订立合同转让土地使用权，起诉前转让方已经取得出让土地使用权证书或者有批准权的人民政府同意转让的，应当认定合同有效"的规定，并未直接否定合同的效力或确认自始无效。故秦龙公司关于原判决认定《协议书》有效系适用法律错误的主张因无法律依据而不能成立。

（三）关于原判决是否超出嘉德利公司诉讼请求范围问题

从本案查明的事实来看，广东省珠海市国土资源局已就本案所涉B、C地块土地使用权做出变更登记，其内容与秦龙公司和嘉德利公司订立《补充协议（一）》所约定的转让条件相一致，而空后广州办于本案再审审查期间明确表示已全额收取合同标的款、愿意依照合同约定办理 B、C 地块使用权转让手续，且 A 地块使用权也已经过户至秦龙公司名下，故秦龙公司关于本案所涉地块无法履行过户手续的理由不能成立。另外，原审已查明：B 地块房地产权证号原为 C0301227、现为粤 C6571353，C 地块房地产权证号原为 C0301226、现为粤 C6571351。因此，嘉德利公司所主张的 C0301227 和 C0301226 土地使用权与一审判决主文所列粤 C6571353 和粤 C6571351 土地使用权为相同地块。故秦龙公司关于原审判决内容超出嘉德利公司诉讼请求范围的主张因无事实依据而不能成立。

综上，驳回秦龙公司的再审申请。

六、对本案的解析

（一）对出让土地使用权转让及土地使用权转让合同的基本认识

1. 出让土地使用权的转让是房地产开发经营的方式之一

按照房地产开发建设的过程，房地产市场的结构分为土地使用权的出让、土地使用权出让后的房地产开发经营及投入使用后的房地产交易。房地产一级市场，是土地使用权出让的市场，国家通过其指定的政府部门将城镇国有土地或者将农村集体土地征用为国有土地后出让给使用者。房地产的二级市场即土地使用权出让后的房地产的开发经营，包括新建造好的第一次上市出售的房屋，即房产增量市场，也包括土地二级市场，即土地使用权的转让。基于房地产开发经营的需要，土地使用权人往往通过转让、作价入股等方式转让其享有的土地使用权。

2. 土地使用权转让属物权变动性质

依照现行法律规定，依法取得土地使用权的土地使用者，其在土地使用年限内可以转让。《中华人民共和国土地管理法》第二条中规定："土地

建设用地使用权合同纠纷

使用权可以依法转让。"《中华人民共和国城市房地产管理法》第三十七条[1]、《中华人民共和国城镇国有土地使用权出让和转让暂行条例》第二条和第十九条对土地使用权转让作了明确规定,其中第十九条规定:"土地使用权转让是指土地使用者将土地使用权再转移的行为,包括出售、交换和赠与。"土地使用权包括建设用地使用权、宅基地使用权等。《中华人民共和国物权法》第一百四十三条规定:"建设用地使用权人有权将建设用地使用权转让、互换、出资、赠与或者抵押,但法律另有规定的除外。"《中华人民共和国城市房地产管理法》所称土地使用权应仅指《中华人民共和国物权法》规定的建设用地使用权,属于用益物权的一种。故土地使用权的转让在性质上属物权变动的范畴。物权变动,依照《中华人民共和国物权法》的规定,是指物权的设立、变更、转让和消灭。土地使用权的出让就是一种物权的设立行为,土地使用权的转让属于物权的移转。无论是通过物权的设立取得土地使用权,还是依据物权的移转取得的土地使用权,都是国有土地所有权所产生的动态现象,属于物权的变动范畴,当然应受到物权变动原则的规制。

3. 土地使用权转让通常通过签订土地使用权转让合同进行

《最高人民法院关于审理涉及国有土地使用权合同纠纷案件适用法律问题的解释》(以下简称《土地使用权转让合同解释》)第七条规定:"本解释所称的土地使用权转让合同,是指土地使用权人作为转让方将出让土地使用权转让于受让方,受让方支付价款的协议。"依照《中华人民共和国城市房地产管理法》等法律、行政法规的规定,土地使用权转让合同的标的物是指转让方取得的出让土地使用权的城镇国有土地,不包括城镇划拨土地使用权和农村集体所有土地使用权的情形。《土地使用权转让合同解释》有关土地使用权转让仅指有偿转让,不包括土地使用权的赠与。另外,从上述规定可知,出让土地使用权有偿转让合同与《中华人民共和国合同法》第一百三十条规定的买卖合同在本质上相同,都是由转让方转移

---

[1] 《中华人民共和国城市房地产管理法》第三十七条:房地产转让,是指房地产权利人通过买卖、赠与或者其他合法方式将其房地产转移给他人的行为。

标的物的权利（所有权或者使用权）、由受让方支付价款的协议。

依照土地管理法第九条"国有土地和农民集体所有的土地，可以依法确定给单位和个人使用。使用土地的单位和个人，有保护、管理和合理利用土地的义务"。因而土地使用转让合同的主体包括自然人和法人及其他组织。

4. 土地使用权转让合同的类型

审判实践中常见的国有土地使用权有偿转让合同有以下类型：通过出让方式取得国有土地使用权的土地使用权人，签订合同转让土地使用权；通过签订土地使用权转让合同取得国有土地使用权的土地使用权人，再次签订土地使用权转让合同转让土地使用权；非国有土地使用权人签订合同，转让他人通过出让或者转让方式拥有的国有土地使用权（无权处分）；划拨土地使用权人，未经政府管理部门批准，擅自与他人签订合同，有偿转让国有土地使用权；土地使用权互换合同；以土地使用权作价入股方式转让土地使用权。① 土地使用权转让合同纠纷中，转让方享有的土地使用权多数是通过出让方式直接从政府取得或者是通过土地使用权转让合同从其他国有土地使用权人取得，也存在转让方并不享有使用权或者虽享有使用权但并不符合转让条件的情形。本案中，秦龙公司先与空后广州办签订《军用土地使用权转让合同》，但依该合同取得土地使用权后，需要办理土地产权变更登记手续。在此基础上，秦龙公司与嘉德利公司签订转让土地使用权的协议，而且该协议中约定秦龙公司转让给嘉德利公司的土地使用权为出让性质。因而，土地使用权的变化较为复杂。

5. 对土地使用权转让条件的认识

为合理利用土地，维护房地产开发市场秩序，防止、遏制炒地现象，城市房地产管理法和《中华人民共和国城镇国有土地使用权出让和转让暂行条例》对以出让方式取得的土地使用权的转让条件作了严格限制性规定。人民法院在以往的审判实践中，普遍将法律和行政法规规定的土地使

---

① 《中华人民共和国公司法》第二十七条第一款规定："股东可以用货币出资，也可以用实物、知识产权、土地使用权等可以用货币估价并可以依法转让的非货币财产作价出资；但是，法律、行政法规规定不得作为出资的财产除外。"

建设用地使用权合同纠纷

用权转让的限制条件作为土地使用权转让合同有效的必要条件。也就是说,土地使用权转让必须符合《中华人民共和国房地产管理法》第三十九条规定的条件,否则就认定土地使用权转让合同无效。但随着我国房地产市场的完善和立法的完善,特别是法学理论研究的深入,理论界和实务界对《中华人民共和国城市房地产管理法》第三十九条规定的房地产转让条件进行了重新审视。人民法院的审判实践中对转让方转让的土地是否符合法律规定的转让条件与土地使用转让合同效力的关系,认识上存在变化过程,从"一般应当认定合同无效"[1]到"尽可能维持合同效力"[2]。

(二)《中华人民共和国物权法》第十五条规定与土地使用权转让的关系

《中华人民共和国物权法》第十五条规定:"当事人之间设立、变更、转让和消灭不动产物权的合同,除法律另有规定或者合同另有约定外,自合同成立时生效;未办理物权登记的,不影响合同效力。"该条规定应当将不动产物权变动的原因与结果予以区分。不动产物权变动的原因与结果相区分的原则,其含义如下:

第一,关于不动产物权变动的基础关系,即设立、变更、转让和消灭不动产物权的合同是否生效,应该依据《中华人民共和国合同法》予以判断,而不能以不动产是否已经办理物权登记为标准进行判断。如果合同具备法律规定的生效要件,则应该认定合同关系已经生效,当事人应该受到合同的约束。违约者,应该承担违约责任。至于物权变动能否成就,并不是合同生效的必备条件。因为合同生效后不一定能够完成不动产物权的登

---

[1] 《最高人民法院关于审理房地产管理法施行前房地产开发经营案件若干问题的解答》(已失效)规定:"8. 以出让方式取得土地使用权的土地使用者虽已取得土地使用证,但未按土地使用权出让合同约定的期限和条件对土地进行投资开发利用,与他人签订土地使用权转让合同的,一般应当认定合同无效。"

[2] 《最高人民法院关于当前形势下进一步做好房地产纠纷案件审判工作的指导意见》(2009年印发)规定:"二、切实依法维护国有土地使用权转让市场。要正确理解城市房地产管理法等法律、行政法规关于土地使用权转让条件的规定,准确把握物权效力与合同效力的区分原则,尽可能维持合同效力,促进土地使用权的正常流转。"

记，有可能因为一方违约，还可能因为其他原因，故不能认为未办理物权登记的，合同无效。

第二，关于不动产物权的变动，必须以登记为必要条件，而不能认为设立、变更、转让和消灭不动产物权的合同生效就必然发生不动产物权的变动。合同的生效能够发生债权法上的效果，但是不一定能够发生物权法上的效果。要发生不动产物权变动的效果，必须进行不动产物权的公示即登记。如果合同生效而未进行不动产登记，则权利人就只享有请求交付的权利，即债法上的权利，而没有取得对不动产的支配权。

第三，如果法律另有规定或者合同另有约定，当事人之间订立有关设立、变更、转让和消灭不动产物权的合同，只有经过办理物权登记，合同才生效的，应该依照法律规定或者当事人的约定。也就是说，因这种情况下，未办理物权登记的，合同不生效。

第四，凡不以当事人的意思表示为原因的物权变动，如依法律的直接规定或者事实行为引起的物权变动，不适用本规定。因为本条规定的前提是"当事人之间订立"的有关设立、变更、转让和消灭不动产物权的合同。依法律规定直接规定或者事实行为引起的物权变动，何时发生效力，发生何种效力，应当《中华人民共和国物权法》第二十八条至第三十一条的规定。

土地使用权转让作为不动产变动的一种典型形态，其转让行为当然得适用《中华人民共和国物权法》规定的物权变动原则，土地使用权进行转让时，当事人之间除了签订债权合同外，还必须遵循土地使用权权属变更的法定方式才可产生物权变动的效力；如果没有进行土地使用权权属登记，土地使用权不产生变动。《中华人民共和国物权法》未采用物权行为的概念，不承认物权行为的无因性。土地使用权转让是不动产交易的典型形式之一。在土地使用权交易中，转让方要转让出让土地的使用权，就必须与受让方签订土地使用权转让合同。订立该合同的目的，就转让方而言，主要是为了获得相应的价款；就受让方而言，主要是为了获得土地使用权。签订土地使用权转让合同是转让土地使用权的根本原因与内在动力。土地使用权过户到受让方的名下是签订土地使用权转让合同的结果。

土地使用权转让合同即原因是否生效，不取决于土地使用权是否登记过户到受让方名下这一结果，也不应取决于准备转让的土地是否达到《中华人民共和国城市房地产管理法》第三十九条规定的转让条件，而取决于双方当事人签订的合同这一原因行为本身是否有效。因此，如果没有办理土地使用权过户登记，或者准备转让的土地没有达到《中华人民共和国城市房地产管理法》第三十九条规定的转让条件，并不影响土地使用权转让合同这一原因行为本身的效力。由于债权的相对性，合同的生效并不当然产生物权变动的效果，因而如不办理过户登记，则土地使用权并不发生移转。只有进行过户登记，土地使用权才移转。但土地使用权是否移转，并不影响土地使用权转让合同的效力。

（三）《最高人民法院关于审理买卖合同纠纷案件适用法律问题的解释》与土地使用权转让合同效力的关系

2012年7月1日《最高人民法院关于审理买卖合同纠纷案件适用法律问题的解释》（以下简称《买卖合同解释》）施行。"此项解释文件的公布和施行，无疑将对民事裁判实务，乃至民法理论，产生重大影响。"[①] 该解释共四十六条，是最高人民法院依据合同法等法律对审理买卖合同纠纷案件所作的系统性解释。该解释中，至少有两条与土地使用权转让合同密切相关，一是该解释第四十五条有关权利转让或者其他有偿合同参照适用买卖合同的规定的内容；二是该解释第三条有关买卖合同特别效力解释规则。

1. 土地使用权转让合同可以参照适用"买卖合同解释"的有关规定

《买卖合同解释》第四十五条第一款规定："法律或者行政法规对债权转让、股权转让等权利转让合同有规定的，依照其规定；没有规定的，人民法院可以根据合同法第一百二十四条和第一百七十四条的规定，参照适用买卖合同的有关规定。"本条司法解释以《中华人民共和国合同法》第一百七十四条为依据，明确了权利转让等其他有偿合同参照适用《买卖合同解释》。

---

① 参见梁慧星：《裁判的方法》，法律出版社2012年版，第297页。

《中华人民共和国土地管理法》第二条第三款规定:"任何单位和个人不得侵占、买卖或者以其他形式非法转让土地。土地使用权可以依法转让。"土地作为有体物不得作为买卖的标的物,但土地使用权可以作为买卖的标的物。《中华人民共和国城镇国有土地使用权出让和转让暂行条例》第二十条规定:"土地使用权转让应当签订转让合同。"故土地使用权转让合同属于权利转让合同,具有上述权利转让合同的各种特征,应属于《买卖合同解释》第四十五条第一款规定的债权让与、股权转让等权利转让合同。因而土地使用权转让合同纠纷案件可以参照适用《买卖合同解释》。

按照《买卖合同解释》第四十五条的规定,人民法院在审理涉及土地使用权转让合同纠纷案件时,首先应当适用《中华人民共和国城市房地产管理法》《中华人民共和国城镇国有土地使用权出让和转让暂行条例》《最高人民法院关于审理涉及国有土地使用权合同纠纷案件适用法律问题的解释》等专门规范土地使用权转让合同的法律、行政法规和司法解释;其次,这些法律、行政法规和司法解释未涉及的内容,可以适用《买卖合同解释》的相关规定。土地使用权转让合同与买卖合同在案件性质上属相似而非相同。土地使用权转让合同纠纷案件参照《买卖合同解释》相关规定时,需要注意土地使用权与有体物性质上的差异,根据立法和司法解释的目的确定具体条文的适用。类推适用不是简单地套用,而是需要结合拟处理的案件对被类推适用的条文作出合理的解释。例如,有体物买卖中,出卖人应当承担物的瑕疵担保责任,权利转让中不存在标的物的交付,是否不适用物的瑕疵担保责任呢?实际上,就土地使用权转让而言,当然涉及物即土地的交付问题,此时自然产生物的瑕疵担保责任问题。同时土地使用权还会因土地的瑕疵而产生土地使用权价值减少问题。只是这种瑕疵与一般买卖合同所涉及的有体物瑕疵的表现形式有所不同,如被转让的土地使用权名下的土地存在需要拆迁安置等情形。这种情形将增加土地使用权受让人的负担,从而降低了土地使用权的价值。

2. 将来财产买卖合同规则应适用于土地使用权转让合同

《买卖合同解释》第三条规定:"当事人一方以出卖人在缔约时对标的物没有所有权或者处分权为由主张合同无效的,人民法院不予支持。出卖人因

建设用地使用权合同纠纷

未取得所有权或者处分权致使标的物所有权不能转移，买受人要求出卖人承担违约责任或者要求解除合同并主张损害赔偿的，人民法院应予支持。"

实际经济生活中存在大量的期货买卖和以将来财产为标的之买卖合同。所谓"将来财产买卖"，俗称"未来货物买卖"，属于典型的商事买卖合同。此种买卖的特征在于，经销商与终端购买人签订货物买卖合同之后，经销商自己才与上端供应商（生产商、进口商、批发商）订立买卖合同，购进已经销售给终端买受人的货物。经销商与终端商买受人之间的买卖合同签订之时，所出卖货物还在上端供应商（生产商、进口商、批发商）的占有之下或者还没有被生产出来，出卖人（经销商）还不享有对所出卖标的物的所有权或者处分权。特别是在现代市场经济条件下，经销商为了节约成本，实行所谓"零库存"经销方式，致使所谓"将来财产买卖"，或者"未来货物买卖"，成为最常见、最重要的商事买卖合同形式。由于将来财产买卖合同订立之时，出卖人（经销商）尚未占有所出卖的标的物，当然不可能享有标的物的所有权或者处分权，因而容易被混淆于"无处分权的人处分他人财产"，被误认为属于《中华人民共和国合同法》第五十一条无权处分合同规则的适用范围。

土地使用权转让合同的转让人未取得土地使用权证书的情况下与他人签订土地使用权转让合同可否适用于《买卖合同解释》第三条的规定？笔者倾向于肯定的答案。首先，如前所述，土地使用权转让合同属于权利转让合同，依照《买卖合同解释》第四十五条的规定，土地使用权转让合同应当可以参照适用《买卖合同解释》。其次，无论根据无权处分理论还是对《中华人民共和国合同法》第一百三十二条关于"出卖的标的物，应当属于出卖人所有或者出卖人有权处分"规定的反面解释规则解释《买卖合同解释》第三条，该条解释均有适用土地使用权转让合同的余地。因为土地使用权转让合同，既存在无权处分情形，也存在将来财产的买卖情形。

（四）对《土地使用权转让合同解释》第九条规定的理解

《土地使用权转让合同解释》第九条规定："转让方未取得出让土地使用权证书与受让方订立合同转让土地使用权，起诉前转让方已经取得出让土地使用权证书或者有批准权的人民政府同意转让的，应当认定合同有效。"

从字面上分析，本条司法解释含义似乎包括如下几点：一是转让方与受让方订立土地使用权转让合同，尚未取得出让土地使用证书，就表明转让方未取得出让土地使用权。二是转让方尚未取得出让土地使用权，其与受让方订立合同应当为效力待定的合同。三是如果转让方在起诉前取得土地使用权证书或者有批准人民政府同意转让的，该合同应订立时起有效；否则不能认定有效。① 以上三层含义似应是解释出台时起草者所欲表达的意思。在当时的情况下，不但不保守，甚至有较大的超前性。

然而《土地使用权转让合同解释》是在城市房地产管理法实施十多年的情况下制定的，最高人民法院在制定司法解释时难免不受到该法所确立的对房地产行业实行严格行政管理思想的影响。虽然"统一合同法"当时已经实施五年多，但对《中华人民共和国合同法》有关合同效力规定的精神仍然在领悟和深入研究之中。在市场经济充分发展及对《中华人民共和国合同法》有更深入研究的今天，特别在物权法实施之后，应当重新认识和理解《土地使用权转让合同解释》第九条的规定。该条司法解释的直接法律依据应是《中华人民共和国城市房地产管理法》第三十八条和第三十九条。因而，只有正确理解该两条规定才能正确把握和适用《土地使用权转让合同解释》第九条。

《中华人民共和国城市房地产管理法》第三十八条规定以出让方式取得土地使用权的，不符合本法第三十九条规定的条件的房地产及未依法登记领取权属证书的房地产不得转让。该法第三十九条规定："以出让方式取得土地使用权的，转让房地产时，应当符合下列条件：（一）按照出让合同约定已经支付全部土地使用权出让金，并取得土地使用权证书；（二）按照出让合同约定进行投资开发，属于房屋建设工程的，完成开发投资总额的百分之二十五以上，属于成片开发土地的，形成工业用地或者其他建设

---

① 参见最高人民法院民事审判第一庭：《最高人民法院国有土地使用权合同纠纷司法解释的理解与适用》，人民法院出版社2005年版，第104页。

建设用地使用权合同纠纷

用地条件。转让房地产时房屋已经建成的，还应当持有房屋所有权证书。"根据这一规定，出让土地使用权的转让应当同时具备两个条件，即取得土地使用权证书并达到法定的投资开发条件。

《中华人民共和国城市房地产管理法》作为行政性法律，其规范调整的主是要是房地产开发经营行为，该法第三十九条规定的第二个条件的立法本意只是对土地使用权人"炒地"行为的限制，属于政府土地行政管理部门对土地转让的一种监管措施，而非针对转让合同这种债权行为所作的禁止性规定。"转让的土地没有达到法定的投资开发条件不得转让"，仅仅是从行政管理的角度，规定转让的土地不符合法定投资开发条件的，不得办理土地使用权权属变更登记手续。土地使用权转让合同所转让的标的物即土地没有达到法定的投资开发条件，导致无法办理土地使用权权属变更登记的属于土地使用权转让合同的转让方不能完全履行的问题，可通过瑕疵担保制度和违约责任制度对受让进行救济，作为民事合同法律关系，不能因转让的标的物有瑕疵而认定合同无效，标的物能否转移在逻辑上直接影响的是其能否依约履行转移标的物的合同义务，不能因为其不能依约履行转让义务，就否认合同的效力。该条规定的第一个条件，其立法目的及该项条件的作用与第二个条件应当没有本质差别，至少这一条件对土地使用权转让合同效力的影响应当与第二个条件对土地使用权转让合同效力的影响相同。然而《土地使用权转让合同解释》却以专条就未取得土地使用权证书所订立的土地使用权转让合同效力问题作了规定。

基于上述分析，可以认为，《土地使用权转让合同解释》第九条应当理解为该条解释只就转让方未取得出让土地使用权证书与受让方订立转让土地使用权合同而在起诉前转让方已经取得出让土地使用权证书或者有批准权的人民政府同意转让的情况下，合同效力应当认定有效作了规定。至于在起诉前转让方未取得出让土地使用权证书或者有批准权的人民政府同意转让的情况，土地使用权转让合同的效力，司法解释未予以明确，而是要根据具体案件情况予以认定。

（执笔人：汪治平）

► 招拍挂程序不影响建设用地使用权转让合同的效力

36. 山东容商置业有限公司与微山县金谷建材贸易有限公司建设用地使用权转让合同纠纷再审案*

【裁判摘要】

> 在双方当事人签订土地使用权转让合同后，仍然需要经过政府招拍挂程序，方可完成土地使用权的转让，在此情况下合同的效力如何认定，存在不同观点：一种观点认为，由于土地使用权的转让行为需要经过行政机关的批准，因此合同是否有效取决于行政机关是否批准，行政机关不批准的则合同无效；另一种观点认为，合同约定的具体事项需要行政机关批准的，批准与否只关系到合同能否履行，关系到一方当事人是否需要承担违约责任，但是并不影响合同的效力。本案采纳第二种观点。

再审申请人（一审被告、二审上诉人）：山东容商置业有限公司（以下简称容商公司）。

被申请人（一审原告、二审被上诉人）：微山县金谷建材贸易有限公司（以下简称金谷公司）。

---

* 摘自《民事审判指导与参考》2019年第1辑（总第77辑），人民法院出版社2019年版，第183～193页。

一、山东省济宁市中级人民法院一审认定的事实

金谷公司于1993年以政府出让方式取得位于山东省微山县夏镇东风路东首的10520平方米工业用地使用权。2011年9月20日，微山县人民政府将上述土地编号2011-26号收回，纳入政府储备，并挂牌出让。2011年10月27日，金谷公司（乙方）与容商公司（甲方）双方签订《房地产合作开发协议》，约定双方共同开发上述土地，乙方提供土地使用权，甲方提供资金、技术及管理，双方合作开发，甲方向乙方支付固定收益2000万元整。甲方独自负责项目的开发管理及销售工作，承担项目前期的土地出让金、各项规费，以及办理施工许可证的相关费用，独立享有政府对该地块优惠政策带来的收益。乙方负责项目用地的拆迁及清理，并自摘牌之日起5个月内完成。同日，金谷公司法定代表人谷某某与案外人于某又签订《房地产合作开发补充协议》，约定容商公司同意于2011年12月31日前，一次性付给金谷公司地上附着物拆迁费300万元整，金谷公司确保2012年3月31日前拆迁完毕。

2011年10月31日，容商公司通过竞拍中标案涉土地，并于2011年11月8日与微山县国土资源局签订《国有建设用地使用权出让合同》，双方约定土地出让金1356万元，土地用途为商业居住用地。随后，容商公司陆续交纳土地出让金及契税、印花税共计14066325元。2012年3月14日，微山县人民政府向微山县国土资源局下发文件，批准微山县国土资源局向容商公司出让案涉土地。但是，截止本案一审庭审结束，案涉土地没有办理《国有土地使用权证》《建设工程规划许可证》和房地产开发项目立项手续。

2013年9月27日，微山县人民政府与浙江省嵊州市阳光房地产开发有限公司签订《项目合作协议书》，约定将包括案涉土地在内的约490亩土地交由嵊州市阳光房地产开发有限公司，用于安置房建设和住宅商业开发。

另查明，2014年7月7日，金谷公司与容商公司共同向微山县经济开发区出具《关于所属宗地有关情况的报告》（以下简称《报告》），主要内

容为容商公司在依法竞标并交纳土地出让金、保证金、契税及印花税后,因县政府拟将土地收储,出让给南方某公司进行商住开发,提出三个要求:一是要求政府以该宗土地为基础,扩大土地面积,按县政府规划要求,由容商公司进行开发;二是若县政府确定将土地出让给他人,容商公司服从政府决策,政府应当返还容商公司交纳的土地出让金及税费,并进行补偿;三是政府应将土地附着物补偿款一次性支付给金谷公司。

还查明,微山县人民政府已经将 320 万元土地出让金补偿款支付给金谷公司。经政府相关部门评估,金谷公司的土地附属物的评估价值为 3289729.45 元,以上两项合计 6789729.45 元。另外,2012 年 1 月,容商公司另行向金谷公司支付了 30 万元,用于金谷公司对案涉土地的地上附着物进行拆迁,但由于容商公司后续没有继续支付相关款项,金谷公司没有将案涉土地的地上附着物拆迁完毕。

二、山东省济宁市中级人民法院一审审理情况

金谷公司向一审法院山东省济宁市中级人民法院起诉请求:(1)判令容商公司按照合同约定支付给金谷公司土地转让收益 1322 万元;(2)判令容商公司承担诉讼费用。

一审法院认为,该案的焦点问题有两个:一是双方签订的《房地产合作开发协议》的性质和效力问题;二是金谷公司的诉讼请求是否应当得到支持。

对于双方签订的《房地产合作开发协议》的性质,一审法院认为,双方签订的合同虽然名为《房地产合作开发协议》,但从合同的主要内容来看,金谷公司作为案涉土地的原有土地使用权人,并不承担土地开发的经营风险,只享有固定收益 2000 万元,因此,根据《最高人民法院关于审理涉及国有土地使用权合同纠纷案件适用法律问题的解释》第二十四条"合作开发房地产合同约定提供土地使用权的当事人不承担经营风险,只收取固定利益的,应当认定为土地使用权转让合同"之规定,该合同应当认定为土地使用权转让合同,金谷公司的固定收益应为土地使用权转让费用。对于该合同的效力,虽然容商公司主张合同无效,但合同为双方当事

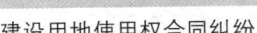

人真实意思表示，且案涉土地为金谷公司通过政府出让的方式合法取得，是合法的土地使用权人，虽然土地的用途原为工业用地，但经过当地政府及相关部门批准，在本案起诉前已经转变为商业住宅用地，容商公司也交纳了相应的土地出让金，当地政府也批准将案涉土地出让给容商公司。因此，双方签订的土地使用权转让合同并不违反法律的强制性规定，为有效合同。对于容商公司主张该合同无效的抗辩，一审法院不予采纳。

对于金谷公司的诉讼请求，一审法院认为，金谷公司基于双方签订的《房地产合作开发协议》向容商公司主张其固定收益，实为主张土地使用权转让费用，符合法律相关规定。首先，在双方合同签订后，金谷公司依照约定履行了自己的义务，政府及相关部门既批准变更了案涉土地的用途，也同意将案涉土地出让给容商公司。虽然容商公司没有办理土地使用权证书及土地开发手续，但金谷公司已经履行了交付土地使用权的义务，本身并无过错。在微山县人民政府与嵊州市阳光房地产开发有限公司《项目合作协议书》签订后，从容商公司向政府提交的《报告》中的内容来看，无论是微山县人民政府还是容商公司自身，都没有以容商公司的名义继续对案涉土地进行商业开发的意愿，因此，双方在《房地产合作开发协议》中约定的容商公司向金谷公司支付固定收益的条件客观上已经不能成就，因此，在金谷公司已经将土地使用权交付的情况下，金谷公司可以按照双方的合同约定要求容商公司支付土地使用权的转让费用。即使存在因为第三方的原因导致容商公司客观上不能实现合同目的的情况，容商公司也不能因此免除应当向金谷公司依法履行的合同义务。由于双方合同中约定政府的相关补偿款项由容商公司享有，因此，在金谷公司同意将政府相关补偿款项扣除并已经收取容商公司30万元的情况下，容商公司还应向金谷公司支付的款项应当为 2000 万元 – 6489279.45 元 – 30 万元 = 13210270.55 元。

一审法院于2016年7月7日作出（2015）济民初字第161号民事判决：容商公司于判决生效10日内向金谷公司支付土地使用权转让费用13210270.55元。一审案件受理费、保全费总计106120元，由容商公司负担。

三、山东省高级人民法院二审审理情况

容商公司不服一审判决,向山东省高级人民法院上诉请求:撤销一审判决,依法改判容商公司不支付任何费用或发回重新审理;本案的一审、二审诉讼费用由金谷公司承担。

二审法院审理查明的事实与一审法院一致,并对一审法院查明的事实予以确认。

二审法院认为,二审争议的焦点问题是容商公司与金谷公司签订的《房地产合作开发协议》性质及效力的认定。容商公司与金谷公司签订的《房地产合作开发协议》,名为合作开发房地产,但从协议内容看,金谷公司只收取固定利润,并非"共享利润、共担风险合作开发房地产",根据《最高人民法院关于审理涉及国有土地使用权合同纠纷案件适用法律问题的解释》第十四条和第二十四条的规定,不能认定为合作开发房地产合同,应当认定为土地使用权转让合同。同时,该合同内容系双方当事人真实意思表示,并未违反法律、行政法规的强制性规定,容商公司取得土地使用权的方式依照国家相关土地政策通过招拍挂程序合法取得,且不存在其他导致合同无效的事由,不宜认定为无效。一审法院据此协议约定计算对金谷公司转让土地使用权的补偿,并无不当,应予维持。容商公司诉称案涉土地使用权系通过招拍挂程序合法取得而非从金谷公司处取得,割裂了该土地延续的背景,亦与双方协议约定不符,该上诉请求不能成立,二审法院不予支持。

二审法院于2016年11月15日作出(2016)鲁民终2047号民事判决:驳回上诉,维持原判。二审案件受理费101062元,由容商公司负担。

四、当事人申请再审事由和答辩情况

容商公司申请再审请求撤销二审判决,驳回金谷公司的诉讼请求。事实与理由:(1)二审法院未对本案基本事实予以全面查实,仅对容商公司与金谷公司签订的《房地产合作开发协议》的性质及效力问题予以审查,以《房地产合作开发协议》名为合作开发房地产实为土地使用权转让合

建设用地使用权合同纠纷

同,金谷公司主张的固定收益实际为土地使用权转让费为由,径行判决容商公司向金谷公司支付土地使用权转让费1321万余元错误。本案合作协议因客观原因导致合同解除,双方合作合同的预期利益因不可归责双方的原因均无法实现,容商公司不应承担继续支付合同款项的责任。①根据《房地产合作开发协议》的约定,金谷公司获得固定收益需要满足三个条件,一是容商公司获得案涉土地的使用权;二是金谷公司负责案涉土地的拆迁及清理;三是案涉土地具备开工条件。由此,协议内容除转让土地使用权以外,还有其他合同履行内容及合同款项支付的附加条件。②容商公司承担项目开发管理及销售过程中的风险,但不包括开发之前的风险承担,不能将该前期风险强加于容商公司。根据已查证的事实,本案中案涉土地尚未满足金谷公司收取权益需要的条件,土地使用权获得不能的风险应由金谷公司承担,金谷公司尚不具备获得固定收益的条件。二审法院判令容商公司向金谷公司支付固定收益缺乏事实依据。③双方曾于2014年7月7日共同向政府提出《报告》明确表示,因政府将案涉土地收储并出让给南方某公司进行商住开发,导致容商公司无法获得案涉土地的土地使用权,因而不具备开发条件,并明确表示同意政府收储行为。该《报告》实为双方就开发协议履行情况的补充约定,属于同意合同因履行不能而进行解除的意思表示。二审法院就该重大事实未作任何认定,明显错误。(2)二审判决适用法律错误。本案即便开发协议有效,但无法继续履行已是客观事实。二审法院应当在审查履行不能原因的基础上依据事实和法律规定明确双方责任。二审法院仅以开发协议系土地使用权转让合同为由径行判令容商公司支付土地使用权转让费,而对合同具体内容是否履行、双方当事人合同预期利益是否实现及双方责任分配问题均予以回避,致使当事人利益严重失衡,有违法律公平、正义,适用法律错误。综上,容商公司依据《中华人民共和国民事诉讼法》第二百条第二项、第六项的规定申请再审。

金谷公司辩称,(1)原审判决对案涉《房地产合作开发协议》的性质认定正确,且该协议内容不违反法律、行政法规的强制性效力规定,应为有效合同。(2)容商公司取得案涉土地使用权后,怠于开工建设,约定的付款条件客观上已经不能成就,应承担给付约定款项的责任。(3)《报告》

是以容商公司作为行文主体,对微山县经济开发区所出具的文件,前两条主张扩大土地面积或者返还摘牌出让金等费用,是容商公司对自己权利的处分意见;第三条请求县政府将土地附着物补偿款支付给金谷公司也是容商公司对自己权利的处分,因为根据《房地产合作开发协议》第三条的约定,地上附着物的补偿款本应属于容商公司,已经包含在容商公司应付金谷公司的 2000 万元固定收益之内,金谷公司加盖公章仅仅是对容商公司请求县政府直接将地上附着物补偿款支付给金谷公司这一支付方式予以认可,然而金谷公司至今并未取得该笔款项,而且金谷公司已经在本案诉讼请求金额中予以扣减。容商公司将该《报告》理解为针对损失情况的补充约定以及解除合同意思表示,是故意曲解。综上,原审判决认定事实清楚,适用法律正确,望依法驳回容商公司的请求。

五、最高人民法院再审审理情况

最高人民法院再审查明,微山县经济开发区管委会分别于 2015 年 5 月 29 日和 2018 年 5 月 30 日分两笔将案涉土地出让金 1300 万元退还给了容商公司。最高人民法院再审查明的其他事实与一审、二审审理查明的事实一致,予以确认。

最高人民法院再审认为,本案再审争议的焦点问题:(1)案涉《房地产合作开发协议》的性质、效力问题;(2)金谷公司要求容商公司支付土地转让收益的主张能否成立。

(一)关于案涉《房地产合作开发协议》的性质、效力问题

合同的性质和效力涉及合同当事人法律关系的确定,影响当事人权利义务的分配,关系到当事人的诉讼主张能否得到人民法院的支持。因此,人民法院在审理合同纠纷案件中,即使当事人没有争议,人民法院也应依职权对合同的性质、效力进行审查。对于合同性质,应综合考虑当事人的整体意思表示,根据当事人约定的主要权利义务的性质进行判定,而不能只审查合同名称,不应受个别条款的影响,亦不能仅根据当事人在诉讼中的主张进行确认。

建设用地使用权合同纠纷

《最高人民法院关于审理涉及国有土地使用权合同纠纷案件适用法律问题的解释》第十四条："本解释所称的合作开发房地产合同，是指当事人订立的以提供出让土地使用权、资金等作为共同投资，共享利润、共担风险合作开发房地产为基本内容的协议。"第二十四条："合作开发房地产合同约定提供土地使用权的当事人不承担经营风险，只收取固定利益的，应当认定为土地使用权转让合同。"本案中，《房地产合作开发协议》第二条"合作形式"约定：乙方（金谷公司）提供土地使用权，甲方（容商公司）提供资金、技术及管理；甲方独自负责项目的开发管理及销售工作，支付给乙方固定收益2000万元，承担风险并独立享有项目销售的全部收益；乙方负责项目用地的拆迁及清理，收取约定的固定收益2000万元。可见，金谷公司的主要合同义务是提供土地使用权，主要合同权利是收取固定收益，但并不参与案涉房地产项目的开发管理及销售工作，除收取固定收益外亦不享受项目销售的收益，不承担项目的开发管理及销售风险；甲方的主要合同权利是取得土地使用权，独立负责项目的开发管理及销售工作，承担风险并独立享有项目销售的全部收益，主要合同义务是支付给乙方固定收益。因此，虽然案涉合同名称为"房地产合作开发协议"，但是从合同约定的当事人主要合同权利义务看，《房地产合作开发协议》属于上述司法解释第二十四条规定的土地使用权转让合同，一审、二审法院对合同性质的认定具有事实和法律依据，应予维持。但是，一审、二审法院对本案案由的认定与对合同性质的认定不符，本案案由应为建设用地使用权转让合同纠纷，最高人民法院予以纠正。

从案涉土地使用权的流转过程看，案涉土地使用权原为金谷公司以政府出让方式合法取得，被政府收回、储备、转变用途在前，《房地产合作开发协议》签订在后，对于案涉土地使用权的转让需要经过政府挂牌出让程序，容商公司是明知、认可并参与竞拍的，土地转让行为已经微山县人民政府批准，容商公司亦缴纳了土地出让金，挂牌出让程序并不影响案涉合同的性质和效力。案涉《房地产合作开发协议》是双方当事人真实意思表示，不违反法律、行政法规的强制性规定，是有效合同。

（二）关于金谷公司要求容商公司支付土地转让收益的主张能否成立问题

关于双方当事人主要合同义务的履行问题。《国有建设用地使用权成交确认书》约定，竞得人应在签订确认书之后 10 个工作日内与国土资源局签订《国有建设用地使用权出让合同》；竞得人在付清全部挂牌出让成交价款及有关税费后，依法申请办理土地登记，领取《国有建设用地使用证》。《房地产合作开发协议》第二条"合作形式"约定容商公司独自负责项目的开发管理及销售工作，根据该约定项目开发属于容商公司自行处理的事务，相应的风险亦应由容商公司承担，与金谷公司无关；且金谷公司不是《国有建设用地使用权成交确认书》和《国有建设用地使用权出让合同》的当事人，无法办理相关证照手续，亦没有权利从事或参与后续项目开发建设活动。因此，在 2012 年 3 月 14 日微山县人民政府批准微山县国土资源局向容商公司出让案涉土地后，金谷公司已经完成了主要合同义务，即将案涉土地使用权转让给容商公司，相应地容商公司应履行自己的主要合同义务，即应向金谷公司支付 2000 万元的固定收益。容商公司没有提交证据证明案涉土地没有办理《国有土地使用权证》《建设工程规划许可证》和房地产开发项目立项等手续、项目未开发建设属于金谷公司的原因，故容商公司以项目未开发为由认为支付固定收益条件未成就的再审事由不能成立。

关于地上附着物的拆迁问题。《房地产合作开发协议》约定，金谷公司负责案涉地块地上附着物的拆迁清理工作，而《房地产合作开发补充协议》约定容商公司同意 2011 年 12 月 31 日之前，一次性付给金谷公司地上附着物拆迁费 300 万元。但是容商公司在 2012 年 1 月向金谷公司支付用于对地上附着物进行拆迁的 30 万元后，没有继续支付相关款项。因此，地上附着物未拆迁的责任不在金谷公司。容商公司关于协议内容除转让土地使用权以外，还有其他合同履行内容及合同款项支付附加条件的再审事由不能成立。

关于《报告》的认定问题。《国有建设用地使用权成交确认书》约定

对超过土地出让合同约定的动工开发建设日期满1年但不满2年未动工开发的，一律按出让土地总价款的20%征收土地闲置费，同时责令土地使用权人限期动工开发建设；满2年未动工开发建设的，终止土地出让合同，注销土地登记和土地证书，一律无偿收回土地使用权。《国有建设用地使用权出让合同》约定，受让人同意本合同项下宗地建设项目在2012年3月16日之前开工，在2014年3月1日之前竣工。2014年7月7日金谷公司与容商公司共同向微山县经济开发区出具《报告》时，已经超过了《国有建设用地使用权出让合同》约定的项目竣工期限。从《报告》的内容看，《报告》所要处理的问题是在《国有建设用地使用权出让合同》不能履行的情况下，如何处理善后问题，并不调整容商公司与金谷公司的权利义务关系，亦没有解除《房地产合作开发协议》的内容。《房地产合作开发协议》第二条约定容商公司独自负责项目的开发管理及销售工作，金谷公司不是《国有建设用地使用权出让合同》的当事人，因此《国有建设用地使用权出让合同》不能履行的善后问题与金谷公司无关。从再审查明的事实看，微山县经济开发区管委会将案涉土地出让金1300万元退还给容商公司，亦表明《国有建设用地使用权出让合同》的履行问题与金谷公司无关。因此，容商公司关于《报告》属于同意合同因履行不能而进行解除的再审事由不能成立。

综上，最高人民法院认为容商公司的再审事由不能成立，二审判决的裁判结果应予维持。最高人民法院于2019年1月25日依照《中华人民共和国民事诉讼法》第二百零七条第一款、第一百七十条第一款第一项之规定，作出（2018）最高法民再304号判决：维持山东省高级人民法院（2016）鲁民终2047号民事判决。

六、对本案的解析

本案争议的核心问题是对《房地产合作开发协议》性质和效力的认定，容商公司认为案涉土地使用权系通过招拍挂程序合法取得而非从金谷公司处取得。根据《最高人民法院关于审理涉及国有土地使用权合同纠纷案件适用法律问题的解释》第十四条和第二十四条的规定，并结合双方当事人在《房地产合作开发协议》中约定的主权利义务，案涉合同在性质上应属于土地使用权转让合同。问题是，在双方当事人签订转让合同后，又履行了政府挂牌出让程序，该程序是否影响合同的效力是本案争议的焦点。最高人民法院再审认为，招拍挂程序并不影响土地使用权转让合同的性质和效力。理由如下：

1.《房地产合作开发协议》不属于需要经过行政机关批准才能生效的合同。《中华人民共和国城市房地产管理法》第四十条中规定："以划拨方式取得土地使用权的，转让房地产时，应当按照国务院规定，报有批准权的人民政府审批。"根据该规定，有一种观点认为，转让划拨土地使用权的，需要经过有批准权的人民政府批准，方可生效。我们认为，除了法律明确规定合同需要经过批准方可生效的以外，[①] 合同约定的具体事项是否需要批准，并不影响合同的效力，只影响合同能否履行，如果未经行政机关批准只会导致合同不能履行，那么再根据合同的具体约定由负有申请行政机关批准义务的一方承担违约责任即可。本案中，案涉《房地产合作开发协议》是双方当事人真实意思表示，不违反法律、行政法规的强制性规定，亦不存在《中华人民共和国合同法》第五十二条规定的合同无效的情形，因此是有效合同。至于根据法律规定，案涉土地使用权需要经过挂牌出让程序，需要经过政府批准，方可实现土地使用权的转让，则属于能否实际履行的问题，如果容商公司竞拍未成功，或者虽然竞拍成功，但政府不予批准，再根据合同约定，由负有履行义务的一方承担违约责任即可，并不影响合同效力。[②]

[①] 《中华人民共和国外商投资法》第三十三条规定，外国投资者并购中国境内企业或者以其他方式参与经营者集中的，应当依照《中华人民共和国反垄断法》的规定接受经营者集中审查。据此规定，外国投资者签订的并购中国境内企业或者以其他方式参与经营者集中的合同，只有经过了经营者集中审查的，才能生效。

[②] 最高人民法院（2018）最高法民申4483号案件亦有类似的合同效力认定问题，详见中国裁判文书网。最高人民法院认为，尽管案涉协议签订时，案涉土地未办理国有建设用地使用权证，但根据协议约定，申请办理集体土地转为国有土地并协助办理有关手续，是当事人应当履行的合同义务，该约定并不违反《中华人民共和国土地管理法》的规定。而从本案认定的事实看，案涉土地至今未办理国有建设用地使用权证，是因当事人未履行合同义务所致，当事人并未约定以集体土地进行开发建设，故该事实的存在并不影响《联合开发协议书》效力。

2. 从案涉土地使用权的流转过程看，案涉土地使用权原为金谷公司以政府出让方式合法取得，被政府收回、储备、转变用途在前，《房地产合作开发协议》签订在后，对于案涉土地使用权的转让需要经过政府挂牌出让程序，容商公司是明知、认可并参与竞拍的，土地转让行为已经微山县人民政府批准，容商公司亦缴纳了土地出让金，因此挂牌出让程序并不影响对案涉合同性质和效力的认定。

3. 从案涉土地使用权的价值看，案涉土地虽然原为工业用地，但是亦具有一定的市场价值，而政府虽然收回了案涉土地使用权，但是并未支付相应的补偿费用。事实上，政府在收储过程中，是将应由其直接向出让方支付的土地使用权补偿费用转由的受让方支付，并在其应向受让方收取的土地出让金中予以扣减。对此，出让方、受让方和政府三方是明知、认可，并实际按此方式履行的。

4. 案涉合同应按照补偿性质的合同处理。《最高人民法院关于审理涉及国有土地使用权合同纠纷案件适用法律问题的解释》第十二条规定，"土地使用权人与受让方订立合同转让划拨土地使用权，起诉前经有批准权的人民政府同意转让，并由受让方办理土地使用权出让手续的，土地使用权人与受让方订立的合同可以按照补偿性质的合同处理"，据此案涉《房地产合作开发协议》性质上转化为补偿合同，协议约定转让的工业用地已经微山县人民政府批准同意，合同约定的容商公司应向金谷公司支付的固定收益2000万元，应视为对金谷公司原有的工业用地使用权的补偿。

（执笔人：付少军）

采矿权转让合同纠纷

采矿权转让合同纠纷

> 矿业权转让合同中的报批义务条款自合同成立时起即具有法律效力

37. 陈付全与确山县团山矿业开发有限公司采矿权转让合同纠纷案*

（一）基本案情

2014年1月15日，陈付全与确山县团山矿业开发有限公司（下称团山公司）签订采矿权转让协议，约定团山公司将其采矿权作价360万元转让给陈付全，并积极配合陈付全办理采矿许可证。合同签订后，陈付全依约付清了全部款项。2014年2月15日，团山公司委托陈付全向河南省国土资源厅办理采矿许可证延期手续，并于2014年7月21日办理完毕。嗣后，团山公司拒绝配合陈付全办理采矿权转让的批准、登记手续。陈付全提起诉讼，请求确认采矿权转让协议有效，由团山公司配合陈付全办理采矿权转让手续。

（二）裁判结果

河南省确山县人民法院一审认为：采矿权转让协议合法有效，由陈付全办理采矿权转让相关手续。河南省驻马店市中级人民法院二审认为：陈付全与团山公司就案涉采矿权转让意思表示一致，均在转让协议上签字，该协议已成立。根据国务院《探矿权采矿权转让管理办

---

* 摘自最高人民法院中国应用法学研究所编：《人民法院案例选》2016年第8辑（总第102辑），人民法院出版社2016年版。

法》的规定，采矿权转让应报请国土资源主管部门审批，转让合同自批准之日起生效。案涉采矿权转让协议成立后，双方当事人在协议中约定的报批义务条款即具有法律效力，团山公司未依约办理报批手续，有违诚实信用原则。根据《最高人民法院关于适用〈中华人民共和国合同法〉若干问题的解释（二）》第八条的规定，人民法院可根据案件具体情况和相对人的请求，判决相对人自己办理有关手续。二审法院判决采矿权转让协议成立，由陈付全办理采矿权转让相关手续。

（三）典型意义

对矿业权的转让进行审批，是国家规范矿业权有序流转，实现矿产资源科学保护、合理开发的重要制度。矿业权转让合同未经国土资源主管部门批准并办理矿业权变更登记手续，不发生矿业权物权变动的效力，但应确认转让合同中的报批义务条款自合同成立时起即具有法律效力，报批义务人应依约履行。在转让合同不具有法定无效情形且报批义务具备履行条件的情况下，相对人有权请求报批义务人履行报批义务；人民法院依据案件事实和相对人的请求，也可以判决由相对人自行办理报批手续。允许相对人自行办理报批手续既符合诚实信用和鼓励交易的原则，也有利于衡平双方当事人的利益。

【点评专家】

崔建远，清华大学法学院教授、博士生导师。

【点评意见】

绝大多数合同自成立时生效，但有些合同因附生效条件或者始期，应于条件成就或者始期届至时发生履行的效力。亦有合同由法律、行政法规规定自行政主管部门办理完毕批准、登记等手续时生效。诉争《转让矿山协议》便属于《合同法》第四十四条第二款规定的以行政主管部门审核批准为生效要件的合同。此类合同经国土资源主管部门审核批准时发生法律效力，于国土资源主管部门不予批准时确定地不生效力，于国土资源主管部门尚未表态时处于尚未生效的状态。

实践中，有关矿业权转让合同效力认定，存在《物权法》第十五条、《合同法》第四十四条第二款和《探矿权采矿权转让管理办法》第十条第三款规定相冲突的争议。《物权法》第十五条规定的所谓物权登记，系设权登记。以设权登记为生效要件的物权变动场合，设权登记与否决定物权是否发生变动，但并不影响转让合同等引发物权变动的原因行为的效力。但并非由此可以得出所有的合同都不再适用《合同法》第四十四条第二款的规定。作为物权变动生效要件的登记，和作为合同生效要件的行政主管部门的审核批准，是两个不同概念。《物权法》第十五条的规定与登记有关，却与行政主管部门的审核批准相去甚远。相比《合同法》第四十四条第二款规定的合同特别生效要件而言，《物权法》第十五条只是对原因行为的一般规定，且并未从积极层面规定原因行为的生效要件，仅系从消极角度宣明物权变动所需要的登记不再是原因行为的生效要件。以国土资源主管部门审核批准为生效要件，是防止矿业权移转给缺乏资质的受让人，避免自然资源浪费，降低乃至减少矿难发生所必要。即使在行政管理体制改革、简政放权的背景下，仍应予以尊重。唯应注意的是，对矿业权转让合同中的报批义务的定位和定性上，应采取法定义务、先合同义务的解释路径，属于异于矿业权转让义务及相应付款义务之外的独立义务，其效力不受转让合同未经审批的影响。

房地产开发
经营合同纠纷

房地产开发经营合同纠纷

一、合资、合作开发房地产合同纠纷

> 在双务合同中，双方均存在违约的情况下，判断合同当事人是否享有解除权的因素

38. 兰州滩尖子永昶商贸有限责任公司等与爱之泰房地产开发有限公司合作开发房地产合同纠纷案[*]

【裁判摘要】

在双务合同中，双方均存在违约的情况下，应根据合同义务分配情况、合同履行程度以及各方违约程度大小等综合因素，判断合同当事人是否享有解除权。

最高人民法院民事判决书

（2012）民一终字第126号

上诉人（原审被告）：甘肃爱之泰房地产开发有限公司。住所地：甘肃省兰州市城关区庆阳路258号301室。

法定代表人：窦一渤，该公司董事长。

委托代理人：邢国光，北京市汉鼎联合律师事务所

---

[*] 摘自《最高人民法院公报》2015年第5期。

》451

律师。

委托代理人：张笑好，甘肃永盛律师事务所律师。

被上诉人（原审原告）：兰州滩尖子永昶商贸有限责任公司。住所地：甘肃省兰州市城关区天水北路6号。

法定代表人：宋祖山，该公司总经理。

委托代理人：岩天斌，甘肃合睿律师事务所律师。

委托代理人：王立功，甘肃合睿律师事务所律师。

被上诉人（原审原告）：甘肃省农垦机电总公司。住所地：甘肃省兰州市城关区滩尖子300号。

法定代表人：刘克功，该公司董事长。

委托代理人：岩天斌，甘肃合睿律师事务所律师。

委托代理人：王立功，甘肃合睿律师事务所律师。

上诉人甘肃爱之泰房地产开发有限公司（以下简称爱之泰公司）与被上诉人兰州滩尖子永昶商贸有限责任公司（以下简称永昶商贸公司）、甘肃省农垦机电总公司（以下简称农垦机电公司）合资、合作开发房地产合同纠纷一案，不服甘肃省高级人民法院2012年6月1日作出的（2010）甘民一初字第2号民事判决，向本院提起上诉。本院依法组成合议庭，于2012年12月14日进行了开庭审理。爱之泰公司的委托代理人邢国光、张笑好，永昶商贸公司和农垦机电公司的委托代理人岩天斌、王立功到庭参加诉讼。本案现已审查终结。

一审法院经审理查明：2006年12月11日，爱之泰公司与永昶商贸公司、农垦机电公司签订《联建合作协议书》约定："爱之泰公司与永昶商贸公司于2001年11月签订了联建合作协议，由双方共同开发建设银垠大厦项目。根据协议约定，永昶商贸公司应给爱之泰公司办理联建项目用地土地过户事宜。为尽快办理滩尖子489号土地的过户事宜，以使双方共同开发的银垠大厦项目得以顺利开发建设，进一步明确三方权利义务，特订立下列条款：一、银垠大厦项目概况。银垠大厦项目的总建筑面积为49586.14平方米（不含人防层）。本合同项下工程为联建工程，各方均应

房地产开发经营合同纠纷

为项目成功尽到各自义务。项目立项、规划、建设及销售应以爱之泰公司名义进行。二、分成方式：1. 爱之泰公司与永昶商贸公司。根据2005年12月15日的面积划分协议书规定，分成为：爱之泰公司占爱之泰公司和永昶商贸公司共同分成面积（⑦—①轴线）的一至二十八层面积的65%，永昶商贸公司占35%。2. 爱之泰公司与农垦机电公司。爱之泰公司与农垦机电公司的应分配总面积：根据2006年元月12日的面积划分协议书规定，分成为：爱之泰公司占爱之泰公司和农垦机电公司共同分成面积（⑦—轴线）的65%，农垦机电公司占35%，具体为银垠大厦一至二十八层，爱之泰公司占65%，农垦机电公司占35%。三、三方责任。上述面积划分的约定，三方均应遵守履行。爱之泰公司在永昶商贸公司办理土地过户后，不得将划分给永昶商贸公司、农垦机电公司的面积不动产对外设定抵押、担保、入股、买卖。永昶商贸公司在本协议签订后的三个工作日内，完成2005年12月15日与爱之泰公司所签协议中约定的将'银垠大厦的建设占地面积据土地证记载宗地5.019亩土地使用权即刻过户给爱之泰公司'的承诺条款，并出具一切过户所需的文件、证明及相关申请书等。"

12月22日，签约三方又签订了一份补充协议，约定："1. 银垠大厦建设项目系三方共同联建项目；2. 现联建开发建设项目占地5.019市亩，虽然以前是以永昶商贸公司名义的土地使用权的宗地，但其中约2.33市亩土地，实际为农垦机电公司所用地，并以此为参与该联建分成的依据；3. 三方的产权证书诸手续均由爱之泰公司负责办理，费用各自缴纳；4. 联建项目占地拆迁的雁滩税务所、供销公司、乡种子站，在2007年10月底由永昶商贸公司分成中给以上单位的房产，在到期后不能交付使用时，延期交付的延期过渡费，按当时拆迁时的拆迁过渡费定额，由爱之泰公司及其施工单位承担。银垠大厦中所有不参与三方共同分配的公共面积，如若实际经营，由此产生的经营效益和相关责任，则由实际经营者按三方的房屋分成的比例进行分成；5. 三方按比例分成的房屋，必须在爱之泰公司的售房部门公示，同时，三方实际分成房屋在施工平面图中确定，经三方在该图纸上盖章明确，并各自保存以备在交房时对照；6. 农垦机电公司在交房时必须把由永昶商贸公司、爱之泰公司为其担保从市城投公司所借的拆迁补偿款归还给城投公司，如不能按时归还时，将由永昶商贸公司或爱之泰公司归还，届时农垦机电公司所分得的房产将归实际还款方所得。"

签约三方还于 2004 年 12 月 21 日就爱之泰公司要求先行开工问题签署了一份会议纪要，纪要内容为：同意先行开工。2006 年 2 月 21 日，爱之泰公司与浙江宏成建设工程有限公司（以下简称宏成公司）签订了《银垠大厦工程施工协议书》，约定由宏成公司总承包位于兰州市城关区滩尖子银垠大厦地下二层、地上二十八层，建筑面积 6 万平方米的施工工程，承包方式为包工、部分包料，总工期按 720 日历天。该协议在履行过程中：（1）由于银垠大厦工程项目未经兰州市规划行政主管部门批准，亦未办理相关四证，被兰州市规划局给予行政处罚〔详见兰州市规划局 2006 年 9 月 28 日兰规监（2006）070 号处罚决定书〕；（2）爱之泰公司在未取得商品房预售许可证的情况下违法预售部分房屋；（3）由于爱之泰公司未按约支付工程款，导致该工程至今只完成了主体部分〔详见已生效的甘肃省兰州市城关区人民法院（2007）城民三初字 305 号民事调解书、甘肃省高级人民法院（2010）甘民二初字第 12 号民事调解书、甘肃省高级人民法院（2010）甘民一终字第 67 号民事判决〕，故引发本案诉讼。

一审法院同时查明：根据甘肃省高级人民法院（2010）甘民一终字第 67 号民事判决书认定的事实，银垠大厦主体工程造价为 44417189.76 元；本案经爱之泰公司申请委托鉴定，爱之泰公司实际投入该工程的前期费用为 14240294.04 元，拖欠设计费 219.28 万元，共计 60850283.80 元，经质证双方当事人对该鉴定结论均无异议，应予采信。另据甘肃省高级人民法院（2010）甘民二初字第 12 号民事调解书确定，爱之泰公司应于 2010 年 6 月 30 日前支付甘肃天奇物资集团有限公司钢材、水泥等款项 8600 余万元，目前该案正在执行中；由于爱之泰公司违约，其与宏成公司所签建设工程施工合同被解除〔详见（2010）甘民一终字第 67 号民事判决〕；又据兰州铁路运输中级人民法院《关于兰州天奇物资集团有限公司与爱之泰公司买卖合同欠款纠纷一案的执行情况报告》称：由于爱之泰公司无清偿债

房地产开发经营合同纠纷

务的能力,债权人已申请法院对银垠大厦进行评估拍卖。

一审法院另查明:(1)2001年7月18日、8月5日,农垦机电公司与爱之泰公司就农垦机电公司所属的位于兰州市城关区滩尖子489号办公经营居住地办理过户及进行开发建设项目签订了《联建合作协议》及《联建补充协议》。2001年8月4日,农垦机电公司与爱之泰公司签订一份补充协议纪要,内容为:主要以爱之泰公司名义申报建设立项以及申领除土地证外的建设用地规划许可证等其余四证和双方资产办理产权证分割。2001年11月21日、2003年10月10日,双方又就联建面积、补偿安置、竣工时间、商住、办公及商场的分配等事宜签订了联建补充协议。2006年1月12日,农垦机电公司与爱之泰公司就分成比例又签订了一份协议书。(2)2001年11月21日,永昶商贸公司与爱之泰公司签订联建合作协议书,约定就永昶商贸公司所属的位于兰州市城关区滩尖子489号3970平方米的场地进行联合开发建设。2005年12月15日,双方依据上述协议条款,签订银垠大厦面积划分的协议书。(3)2006年10月11日,兰州市城市基础设施建设投资公司(以下简称城建公司)与永昶商贸公司、农垦机电公司、爱之泰公司签订了一份四方协议。约定:①爱之泰公司应付农垦机电公司的拆迁补偿款664万元,暂由城建公司垫付;②本协议生效10日内农垦机电公司应搬离完毕,建筑物拆除及建筑垃圾清运工作,爱之泰公司应在农垦机电公司搬离完毕20日内完成。城建公司垫付补偿款应于本协议生效10日内付清;③本协议签订后12个月内,爱之泰公司应在与永昶商贸公司、农垦机电公司联建的银垠大厦项目中,对农垦机电公司进行实物安置,具体安置标准见永昶商贸公司、农垦机电公司与爱之泰公司签订的《安置补偿协议》及《联建协议》;④爱之泰公司对农垦机电公司实物安置后或本协议签订起12个月后的对应日内,农垦机电公司应将城建公司垫付的拆迁补偿款一次性返还,若农垦机电公司未按时返还,每延期一天按补偿总额日万分之四比例向城建公司支付违约金,永昶商贸公司与爱之泰公司对此承担连带责任;⑤对本协议,农垦机电公司以其爱之泰公司在建的银垠大厦房地产进行抵押担保,若本协议签订起12个月后的对应日内农垦机电公司未按时返还城建公司垫付的拆迁补偿款，则以银垠大厦在建工程整体及其土地使用权作为抵押，爱之泰公司、永昶商贸公司承担连带责任。⑥银垠大厦工程在2007年10月20日不能交付使用，农垦机电公司所用城建公司垫付的拆迁补偿款由爱之泰公司无条件全额返还。届时，楼房交付时，农垦机电公司不能全额返还城建公司补偿款，则由爱之泰公司全额返还城建公司的补偿款，农垦机电公司从该项目中无条件退出。⑦若爱之泰公司对农垦机电公司未及时安置酿成纠纷时，农垦机电公司应依其与永昶商贸公司签订的《安置补偿协议》及《联建协议》向永昶商贸公司与爱之泰公司主张权利，与城建公司无关。2007年10月30日，农垦机电公司致函城建公司，称：贵公司与我公司、永昶商贸公司、爱之泰公司于2006年10月20日共同协商签订了四方协议书，截至目前为止，爱之泰公司未能按期将房屋交付我方使用，根据四方协议约定，返款的责任全部由爱之泰公司承担。

一审法院还查明：兰州市人民政府于2002年3月28日下发《关于给永昶商贸公司征拨建设用地的通知》〔兰政建字（2002）078号〕。2004年8月31日，兰州市规划国土资源局与永昶商贸公司签订兰州市城镇国有土地使用权出让合同。2005年5月26日，兰州市人民政府向永昶商贸公司颁发国有土地使用权证〔兰国用（2005）第C06978号〕，并予以登记。

一审法院再查明：永昶商贸公司原为兰州滩尖子农工商企业总公司，隶属于兰州市城关区滩南街道滩尖子村社区居委会，2008年1月9日，经兰州市工商行政管理局城关分局核准变更为现名。兰州市城关区滩南街道滩尖子村社区居委会认可永昶商贸公司因该诉讼产生的法律后果。

永昶商贸公司、农垦机电公司起诉称：2001年7月18日至2006年12月11日期间，其与爱之泰公司先后签订多份《联建合作协议》《联建补充协议》，约定其提供位于兰州市城关区滩尖子489号的5.019亩国有土地使用权，爱之泰公司提供资金，合作开发银垠大厦商住楼。在联建合作协议履行过程中，爱之泰公司不能提供资金导致银垠大厦建设停工。爱之泰公司未能按联建协议的约定向其交付约定房屋，并违法预售房屋。爱之泰公

房地产开发经营合同纠纷

司已构成违约,故请求:(1)解除三方签订的《联建合作协议》;(2)由爱之泰公司承担违约责任,赔偿损失121170840元(最终以法院评估为准);(3)案件受理费、评估费由爱之泰公司承担。

爱之泰公司未提供书面答辩意见,其在庭审中提出要求继续履行合同,并驳回永昶商贸公司、农垦机电公司的诉讼请求。

一审法院认为,依法成立的合同,对当事人具有法律约束力。当事人应当按照约定履行自己的义务。根据《联建协议》及《补充协议》约定,永昶商贸公司、农垦机电公司以其出让的5.019亩土地使用权作为投资,与出资方爱之泰公司联建银垠大厦,但该大厦联建至今,永昶商贸公司、农垦机电公司并未给爱之泰公司办理土地过户手续,致使应由爱之泰公司办理的建设工程审批、规划、施工、预售等许可手续至该工程停工时均未办理,导致在建的银垠大厦形成违章建筑,并得到处罚。爱之泰公司作为联建一方的投资方,由于无资金支持,使得在建工程在主体封顶后,被搁置长达3年之久,且长期拖欠材料款、工程款及民工工资。根据已生效的甘肃省高级人民法院(2010)甘民二初字第12号民事调解书和甘肃省高级人民法院(2010)甘民一终字第67号民事判决认定的事实,爱之泰公司拖欠工程款、材料款本息已达1.2亿元之多,使得联建合同的履行成为不可能。永昶商贸公司、农垦机电公司关于解除联建合同的诉讼请求成立,应予支持。虽然永昶商贸公司、农垦机电公司与爱之泰公司签约主体适格,三方所签诸多联建协议及补充协议成立,但爱之泰公司作为联建一方的投资方,首先,在三方协议签订之前即与宏成公司签订了建设工程施工合同,至合同被解除时尚未办理建设工程审批、规划、施工、预售等许可手续,永昶商贸公司、农垦机电公司亦未及时办理土地过户及协助爱之泰公司办理其他手续,均构成违约,各方期待的预期利益均不能实现;其次,爱之泰公司在未取得规划、预售等许可证的情况下,违法售房且未将预售房款用于在建工程,过错责任应由其自行承担;再次,爱之泰公司未按合同约定支付工程款,致工程停工至今,尚欠宏成公司工程款15126810.57元。由于双方当事人均违反合同约定,永昶商贸公司和农垦机电公司主张的 121170840 元（应分配面积 20195.14m² 乘以起诉时房地产市场估价均价 6000 元/m²）违约损失的诉讼请求不予支持。爱之泰公司以自己的行为表明不能履行合同义务且未提出反诉，其要求继续履行合同的诉请亦不予支持。综上，一审法院判决：一、永昶商贸公司、农垦机电公司与爱之泰公司签订的《联建协议》及《补充协议》终止履行。二、永昶商贸公司、农垦机电公司按爱之泰公司在银垠大厦已完工程中的实际投入（主体工程造价 44417189.76 元 + 爱之泰公司前期投入费用 14240294.04 元 + 拖欠设计费 219.28 万元）共计 60850283.80 元给付爱之泰公司，并按中国人民银行同期贷款利率，分别计付爱之泰公司前期投入费用的利息（以付款先后为序分段计息）和主体工程造价的利息（从 2006 年 2 月起按付款数额分段计息）至起诉时止。三、限判决生效后 30 日内由永昶商贸公司、农垦机电公司支付爱之泰公司实际投入费用及利息后，爱之泰公司向永昶商贸公司、农垦机电公司移交施工场地。四、驳回永昶商贸公司、农垦机电公司要求爱之泰公司承担违约损失的诉讼请求。一审案件受理费 647654 元，鉴定费 233900 元，共计 881554 元，由永昶商贸公司、农垦机电公司和爱之泰公司各承担 440777 元。如果未按本判决指定的期间履行给付金钱义务，应当依照《中华人民共和国民事诉讼法》第二百二十九条之规定，加倍支付迟延履行期间的债务利息。

爱之泰公司不服一审判决，向本院提起上诉。

爱之泰公司上诉称：（1）原判决终止履行《联建协议》及《补充协议》无法律依据。永昶商贸公司和农垦机电公司所属土地和原建办公楼未办理过任何规划手续，属于违法建筑，以致相关的土地开发建设手续不能办理；农垦机电公司对案涉土地无合法使用权，不属于本案适格当事人；爱之泰公司无任何违约行为，永昶商贸公司未依约办理土地使用权过户手续，应承担全部违约责任。（2）原判决认定的工程造价和工程量与事实不符。4400 万元仅是施工方完成的主体土建部分的工程造价，而不是案涉项目已完工部分的全部造价；除建筑主体外的相关构筑物和结构构造的施工和材料均由爱之泰公司自行完成，该部分工程量并未计入。一审判决认定

房地产开发经营合同纠纷

爱之泰公司欠甘肃天奇物资集团有限公司材料款就高达8000多万元，却仅认定爱之泰公司总投入为6000多万元，存在矛盾。（3）爱之泰公司与施工方宏成公司的诉讼是因施工方未按施工合同约定的进度完成工程。项目停工并非爱之泰公司无资金支持，而是因为永昶商贸公司有意阻碍所致。综上请求：（1）撤销一审判决第一、二、三项；（2）判令撤销农垦机电公司的联建资格和当事人资格，继续由永昶商贸公司与爱之泰公司履行联建协议；（3）本案一审、二审诉讼费、鉴定费等全部由永昶商贸公司和农垦机电公司负担。

永昶商贸公司和农垦机电公司答辩称：爱之泰公司不能按约定投入资金，导致其未能在合同约定期限内实现联建合同目的，并且陷入多年纠纷之中，爱之泰公司存在明显违约。原判决认定事实清楚，适用法律正确，请求驳回上诉，维持原判。

本院庭审中，对案涉项目主体工程已经完工的事实，各方均表示认可。

本院另查明：爱之泰公司诉宏成公司一般建设工程合同纠纷一案，甘肃省高级人民法院于2011年1月4日作出（2010）甘民一终字第67号民事判决，现已生效。该判决查明，2008年6月，宏成公司以爱之泰公司未按约支付工程进度款和进购所需材料为由被迫停工。爱之泰公司以宏成公司无理停工给其造成经济损失为由提起该案诉讼。

本院二审查明的其他事实与一审查明的事实一致。

本院认为，本案的争议焦点为，永昶商贸公司和农垦机电公司对联建协议及补充协议是否享有法定解除权。爱之泰公司提出，农垦机电公司不具备联建协议的当事人资格。永昶商贸公司和农垦机电公司主张爱之泰公司主要存在两项违约行为：一是未办理案涉联建项目的报建、规划、施工、预售等手续，致使案涉项目形成违章建筑并得到处罚；二是未按期交付联建房产。

关于农垦机电公司是否具备联建协议当事人资格的问题。根据一审查明的事实，2001年7月18日、2001年8月5日、2001年11月21日、

2003年10月10日、2006年1月12日、2006年12月11日、2006年12月22日，农垦机电公司与爱之泰公司签订了多份联建合作协议及补充协议爱之泰公司认可其与农垦机电公司签订的各个联建协议的真实性和有效性。根据《中华人民共和国合同法》第八条第二款的规定，依法成立的合同，受法律保护，故农垦机电公司是案涉多份联建协议及补充协议的合同主体，其合同权利应受法律保护。2006年12月22日永昶商贸公司、农垦机电公司和爱之泰公司三方签订的补充协议第2条约定，"现联建开发建设项目占地5.019市亩，虽然以前是以永昶商贸公司名义的土地使用权的宗地，但其中约2.33市亩土地，实际为农垦机电公司所用地，并以此为参与该联建分成的依据"，由上可以看出，虽然案涉土地使用权登记在永昶商贸公司名下，但各方对案涉土地真实权属状况是明知的，合同约定也是明确的，该合同约定亦不违背法律的规定，故上述约定对各方具有约束力。退一步讲，即使农垦机电公司对标的物无任何处分权，亦不影响各联建协议及补充协议的效力，农垦机电公司仍享有相关的合同权利。综上，爱之泰公司以农垦机电公司对案涉土地无任何权益为由主张农垦机电公司不具备联建主体资格的理由不能成立。

关于未办理案涉项目报建、规划等手续问题。根据已经查明的事实，2001年5月农垦机电公司与爱之泰公司签订的《联建补充协议》第三条约定，案涉项目的报建立项均以爱之泰公司名义进行，各项交费由爱之泰公司承担支付，除土地证在工程前期仍以农垦机电公司名义办理外，其他四证在报建立项过程中均以爱之泰公司名义申领。2001年11月21日滩尖子农工商企业总公司与爱之泰公司签订的《联建合作协议书》第一条第4项约定，爱之泰公司负责全部建设报批工作和建设施工设计以及技术评审的全部工作，直至开工一切手续办理完毕（规划用地许可证、规划建设许可证、施工建设许可证），所需费用全部由爱之泰公司承担，具备建设开工的条件；第二条第3项约定，滩尖子农工商企业总公司有义务配合爱之泰公司在项目报批中所需的一切与本项目有关的土地文件与相关手续。兰州市工商行政管理局市场管理二分局行政处罚决定书中载明，爱之泰公司的

房地产开发经营合同纠纷

陈述意见为:"规划手续没有办下来的原因是原兰州滩尖子农工商总公司以雁滩家具市场为代表的,所有该公司所属全部约一百多个开发建设项目,从来没依法办理过规划建设手续。为此,兰州市规划局对该公司2005年以后的新开工项目的规建手续,一律以让其补齐以前的项目规划手续为由,将银垠大厦的规建手续拖至今日也没有办理。"从上述事实可以看出,对案涉联建项目的报批手续等,各方均须履行一定义务,现各方均未能提供充分证据证明已履行相应义务,故导致案涉项目规划手续未能有效办理,各方均应承担相应的责任。根据一审查明的事实,2004年12月21日签约三方就爱之泰公司要求先行开工问题签署了一份会议纪要,纪要内容:同意先行开工。这也说明各方对边开工边办理相关手续是达成一致的。2006年6月28日兰州市规划局《违法建设案件行政处罚决定书》(兰规监〔2006〕070号)第2项载明:"责令补办建设工程规划手续。"从兰州市规划局的处罚决定看,案涉项目并非根本性违法建筑,而是属于可以补办工程规划手续的项目。综上,办理案涉项目各项规划手续是联建三方的共同义务,爱之泰公司负责办理工作,永昶商贸公司和农垦机电公司负责协助,导致案涉项目规划手续未能办理,各方均有一定责任。而且,各方对案涉项目先开工后补办手续也是明知并认可的。同时,根据相关行政部门的决定,案涉项目并非根本性违章建筑,可以通过补办相关规划手续使之合法化。因此,爱之泰公司虽然未成功办理规划手续,但并不属于根本性违约导致合同目的不能实现,原判决以爱之泰公司未办理规划等手续导致案涉项目为违章建筑为由,认定永昶商贸公司和农垦机电公司有权解除合同,无事实和法律依据。

关于爱之泰公司未按时交付联建房产问题。2003年10月10日,农垦机电公司与爱之泰公司签订的《联建补充协议》第一条约定,因拆除家属楼关系拆迁户的补偿和安置问题,爱之泰公司应在本协议签订之日起30个月内完成全部工程,将约定面积交付农垦机电公司使用,如果没有按期交付使用,爱之泰公司应承担农垦机电公司拆迁户的安置费,爱之泰公司如在36个月内不能完成大楼建设工程,农垦机电公司视爱之泰公司违约。爱之泰公司应承担农垦机电公司各种损失（如拆除楼房所造成的各种损失）。2006年1月12日爱之泰公司与农垦机电公司签订的《协议书》第十四条约定，爱之泰公司施工工期从2006年2月20日起，施工期限不能超过30个月，如超过施工期限后，违约赔偿金每月3万元。2006年10月11日，城建公司与永昶商贸公司、农垦机电公司、爱之泰公司签订的四方协议约定，银垠大厦工程在2007年10月20日不能交付使用，农垦机电公司所用城建公司垫付的拆迁补偿款由爱之泰公司无条件全额返还。从上述合同约定情况看，各方对何时交付联建房产并没有特别严格的时间要求，交房时间一直处于变动中，亦未有逾期交房解除合同的约定。而2008年案涉项目主体工程已经完工。故虽然爱之泰公司存在迟延履行债务的行为，但尚未达到不能实现合同目的之严重程度。在2009~2011年期间，爱之泰公司与施工方宏成公司一直处于诉讼中，本案一审亦因上述诉讼而中止审理。故关于案涉项目停工3年有余是因爱之泰公司无后续履行资金的主张，并无充分事实依据。爱之泰公司欠付工程款及其他材料款的事实与本案属于不同的法律关系，不能因此认定爱之泰公司以自己的行为表明不履行合同义务。原判决在认定爱之泰公司违约的同时，亦认定永昶商贸公司未按照约定将案涉土地过户到爱之泰公司名下，构成违约。本院认为，在双务合同中，双方均存在违约的情况下，应根据合同义务分配情况、合同履行程度以及各方违约大小等综合考虑合同当事人是否享有解除权。综合全案情况看，爱之泰公司承担了联建项目中的主要工作，并已经履行了大部分合同义务，案涉项目主体工程已经完工，在各方均存在违约的情况下，认定永昶商贸公司和农垦机电公司享有法定解除权，无事实和法律依据，并导致合同双方利益的显著失衡。原判决解除合同不妥，本院予以纠正。同时，根据《中华人民共和国合同法》第一百一十二条规定，当事人一方不履行合同义务或者履行合同义务不符合约定的，在履行义务或采取补救措施后，对方还有其他损失的，应当赔偿损失。因此，合同继续履行并不影响各方要求对方承担违约责任的权利。

综上所述，根据《中华人民共和国民事诉讼法》第一百五十三条第一

房地产开发经营合同纠纷

款第二项之规定,判决如下:

一、撤销甘肃省高级人民法院(2010)甘民一初字第 2 号民事判决;

二、驳回兰州滩尖子永昶商贸有限责任公司和甘肃省农垦机电总公司的诉讼请求。

一审案件受理费 647654 元,鉴定费 233900 元,共计 881554 元,由兰州滩尖子永昶商贸有限责任公司和甘肃省农垦机电总公司各负担 440777 元;二审案件受理费 647654 元,由兰州滩尖子永昶商贸有限责任公司和甘肃省农垦机电总公司各负担 323827 元。

本判决为终审判决。

审 判 长 辛正郁
代理审判员 王 丹
代理审判员 司 伟

二〇一二年十二月二十九日

书 记 员 唐 倩

> 合作开发房地产关系中的合作各方当事人在项目公司中是否享有股权不影响其在合作开发合同中所应享有的权益

39. 海南海联工贸有限公司与海南天河旅业投资有限公司、三亚天阔置业有限公司等合作开发房地产合同纠纷案*

【裁判摘要】

> 合作开发房地产关系中，当事人约定一方出地、一方出资并以成立房地产项目公司的方式进行合作开发，项目公司只是合作关系各方履行房地产合作开发协议的载体和平台，合作各方当事人在项目公司中是否享有股权不影响其在合作开发合同中所应享有的权益；合作各方当事人在合作项目中的权利义务应当按照合作开发房地产协议约定的内容予以确定。

再审申请人（一审原告、二审上诉人）：海南海联工贸有限公司。住所地：海南省海口市文明中路康达大厦四楼。

法定代表人：邢坚，该公司董事长。

委托代理人：侯佳音，北京市大成律师事务所律师。

委托代理人：赵振华，海南海大平正律师事务所

---

* 摘自《最高人民法院公报》2016 年第 1 期。

房地产开发经营合同纠纷

律师。

被申请人（一审被告、二审被上诉人）：海南天河旅业投资有限公司。住所地：海南省海口市金贸区国贸大道48号新达商务大厦15E。

法定代表人：高彪，该公司董事长。

委托代理人：田岷，北京市惠中律师事务所律师。

被申请人（一审被告、二审被上诉人）：三亚天阔置业有限公司。住所地：海南省三亚市解放四路时运大酒店。

法定代表人：张鸥，该公司董事长。

委托代理人：朱德胜，浙江志和律师事务所律师。

原审第三人：三亚丽源投资管理有限公司。住所地：海南省三亚市河东区港门上村21号。

法定代表人：刘万生，该公司董事长。

原审第三人：王家金，男，1961年3月2日出生，住海南省海口市。

原审第三人：中国爱地房地产开发有限责任公司。住所地：北京市朝阳区东三环北路38号院1号楼泰康金融大厦809－811室。

法定代表人：张鸥，该公司董事长。

原审第三人：杭州富丽达置业有限公司。住所地：浙江省杭州市萧山区金城路185号A座25层。

法定代表人：娄旭明，该公司董事长。

再审申请人海南海联工贸有限公司（以下简称海联公司）因与被申请人海南天河旅业投资有限公司（以下简称天河公司）、三亚天阔置业有限公司（以下简称天阔公司）及原审第三人三亚丽源投资管理有限公司（以下简称丽源公司）、王家金、中国爱地房地产开发有限责任公司（以下简称爱地公司）、杭州富丽达置业有限公司（以下简称富丽达公司）合作开发房地产合同纠纷一案，不服海南省高级人民法院（以下简称海南高院）(2012)琼民一终字第51号民事判决，向本院申请再审。本院受理后经审查，作出（2014）民申字第840号民事裁定，提审本案。本院依法组成合议庭，开庭审理了本案。海联公司的委托代理人侯佳音、赵振华，天河公司的委托代理人田岷，天阔公司的委托代理人朱德胜，到庭参加诉讼。丽源公司、王家金、爱地公司、富丽达公司经依法传唤，未到庭参加诉讼。本案现已审理终结。

海联公司一审起诉请求：（1）判决解除其与天河公司签订的《合作项目合同书》；（2）判决天阔公司将其依据海口仲裁委员会（2008）海仲裁字第249号裁决书确定的第2项权利和义务返还给海联公司；（3）判决天阔公司将"天阔广场"土地及项目开发权返还给海联公司，判令天河公司将"天阔广场"项目批准文件中项目建设主体变更为海联公司；（4）本案诉讼费由天河公司承担。

海南省三亚市中级人民法院（以下简称三亚中院）经审理查明：1992年6月，海联公司垫资代海南省三亚市人民政府（以下简称三亚市政府）建设三亚新风桥公园和儿童公园，拓宽解放三、四路等工程。1993年1月，三亚市政府批准将"三亚市金融贸易开发区"5.1公顷土地以协议出让方式补偿给海联公司开发。同年2月，海南省三亚市规划局批准开发区的规划方案，海联公司取得用地许可和规划许可，投入资金进行拆迁。经海联公司委托海南恒誉会计师事务所审计，认定海联公司直接投入新风桥和儿童公园及该块地的拆迁安置资金为95828000元。

2001年6月，三亚市政府同意海联公司与世英兄弟房地产公司合作开发，项目更名为"世英花园"。后世英公司退出合作，经三亚中院（2004）三亚民一终字第60号民事判决，判决海联公司收回"世英花园"项目46.5亩用地。

2007年4月23日，海联公司与天河公司签订《合作项目合同书》，约定：海联公司提供合作项目建设用地46.5亩，拟建地上建筑总面积62000m²；天河公司提供建设商品房及配套附属设施所需的全部建设资金，合作建房用地上现状居民搬迁所发生的补偿及拆迁安置面积10000m²；天河公司承诺除合作建房用地上"三亚时运大酒店"以外的拆迁补偿金支付的最高金额2000万元；双方利益分配比例为0.238：0.762，即在建设用地规划指标容积率为2.0的状况下，海联公司取得全部销售房屋面积总收入的23.8%，天河公司取得全部销售房屋面积总收入的76.2%；如果实际容积率大于2.0，则增加的面积仍按上述比例分配，增加建筑面积所需的建

房地产开发经营合同纠纷

设资金仍由天河公司承担;为保障双方的权益及便于管理,双方同意就本项目的开发组成具备独立法人资格的项目有限责任公司;项目公司注册资本为1000万元,公司注册资金由海联公司出资238万元,天河公司出资762万元,海联公司占有项目公司的23.8%股权,天河公司占有项目公司76.2%股权;海联公司应在天河公司完成拆迁工程之日起60个日历天内将46.56亩合作建房用地的国有土地使用权证办理在项目公司名下,由此发生的土地使用权出让金等相关费用由海联公司承担。至此,海联公司享有项目公司23.8%股权,天河公司享有项目公司76.2%股权;股权系指本合作项目自拆迁工程开始至项目建成后商品房全部销售完毕,双方按上述比例分配结束;除本合同另有规定外,由于天河公司拆迁资金在本合同生效1个月内不能及时到位,且不能保证海联公司宽限的期限内筹到资金,海联公司认为天河公司无履约能力,没收天河公司的履约保证金,终止合同,并将项目公司代表人由天河公司变更为海联公司,天河公司退出项目合作等。

在海联公司与天河公司签订《合作项目合同书》之前2006年10月16日,天阔公司设立,注册资金1000万元。天阔公司的初始股东登记为天河公司、王家金、邢坚、邢伟。其中,天河公司货币出资687万元,占68.7%股权;王家金货币出资75万元,占7.5%股权;邢坚货币出资138万元,占13.8%股权;邢伟货币出资100万元,占10%股权。

海联公司为履行《合作项目合同书》中的义务,将项目用地过户给天阔公司,经其申请和积极办理,2007年5月11日,三亚市发改委批准"世英花园"更名为"天阔广场",项目业主变更为天阔公司,天阔公司取得项目开发权;5月22日,天阔公司取得《建设项目选址意见书》;8月31日,天阔公司取得《房屋拆迁许可证》;9月3日,海南省国土环境资源厅同意该项目环境影响报告。2008年5月19日,三亚市政府批准该项目旧城改造拆迁补偿安置方案;7月10日,三亚市规委会批准"天阔广场"项目用地规模为62亩,容积率为4.0。

2009年2月2日,海南省海口市仲裁委员会作出(2008)海仲裁字第249号裁决书,将海联公司与三亚市政府之间的投资补偿合同关系及三亚市政府向海联公司协议出让土地，变更为三亚市政府与天阔公司之间的投资补偿关系，三亚市政府向天阔公司协议出让"天阔广场"项目的土地使用权。至此，海联公司履行了《合作项目合同书》约定的主要义务。

海南省三亚市房产管理局 2007 年 8 月 31 日颁发的三房拆许（2007）第 03 号《房屋拆迁许可证》明确要求，在 2008 年 9 月必须完成拆迁建筑面积 30468m²，但天河公司未完成。2008 年 7 月 20 日，三亚市住房保障和房产管理局批准其延期完成拆迁，并签发新的《房屋拆迁许可证》，要求在 2009 年 7 月 20 日前完成全部拆迁任务，但天河公司仍未能完成。天河公司投入的拆迁资金约 2000 万元（含时运大酒店拆迁补偿款），仅完成拆迁量的 20%。

2008 年 10 月 29 日，邢坚、邢伟与天河公司签订《股权转让协议》，约定以 904 万元的价款，将其二人在天阔公司持有的 23.8% 的股权转让给天河公司，双方并办理了价款支付和股权交割的工商变更登记手续。

2009 年 7 月 13 日，丽源公司成立。7 月 23 日，天河公司与丽源公司签订《股权转让协议》，将其持有的天阔公司 70.5% 的股权转让给丽源公司；同日，王家金也与丽源公司签订《股权转让协议》，将其持有的 5.7% 股权转让给丽源公司，丽源公司持有天阔公司股权为 76.2%。同年 8 月 31 日，丽源公司与爱地公司、富丽达公司签订《股权转让合同》，丽源公司将其持有的天阔公司股权全部转让给爱地公司和富丽达公司。

2009 年 9 月 7 日，海联公司调取天阔公司的工商登记资料，得知天河公司的上述行为，遂于 9 月 11 日给天河公司发出《关于"天阔广场"项目有关问题的函》称："贵公司通过对项目公司股权的重大变更，将贵公司项目权益转让，造成我公司在《合作项目合同书》项下的权益（即合作项目收入分配 23.8% 收益及天阔公司 23.8% 股权）面临风险。"同年 9 月 13 日，海联公司给天河公司、爱地公司、富丽达公司和天阔公司发出《关于天阔广场项目有关问题的函》，建议："一、鉴于本项目的现状，应当由项目公司承担天河公司在 2007 年 4 月 23 日所签订的《合作项目合同书》项下的权利和义务，继续履行该合同；二、确认我公司已履行《合作项目合同书》的主要义务，项目用地已通过海口仲裁委（2008）海仲裁第 249

房地产开发经营合同纠纷

号裁决,明确由三亚市政府出让办证至项目公司天阔公司名下的事实;三、项目公司新股东爱地公司和富丽达公司为项目履行《合作项目合同书》提供担保;四、在此基础上尽快举行股东及实际权益人会谈,理顺、完善、衔接有关事宜,明确各方责权利,加快本项目开发进度。"因对方没有回应,2009年11月18日,海联公司向天河公司发出《通知书》,解除《合作项目合同书》。

三亚中院作出(2010)三亚民一初字第26号民事判决,驳回海联公司的诉讼请求。案件受理费291800元由海联公司负担。

海联公司不服,上诉至海南高院,请求:(1)撤销三亚中院(2010)三亚民一初字第26号民事判决;(2)解除海联公司与天河公司签订的《合作项目合同书》;(3)判决天阔公司将其依据海口仲裁委员会(2008)海仲裁字第249号裁决书确定的第2项权利和义务返还给海联公司;(4)判决天阔公司将"天阔广场"土地及项目开发权返还给海联公司,判决天阔公司将"天阔广场"项目批准文件中项目建设主体变更为海联公司;(5)本案诉讼费由天河公司承担。

海南高院二审查明的事实与一审认定基本事实一致,予以确认。

海南高院二审另查明:海联公司企业档案中显示海联公司系中外合资有限责任公司,注册资金500万元,出资人海口建材公司出资额200万元,比例40%;广东石化公司出资额150万元,比例30%;加拿大毛纱公司出资额150万元,比例30%。海口建材公司和广东石化公司系全民性质。海口建材公司于2000年12月完成企业关闭职工安置工作,2005年11月3日被吊销营业执照,对海联公司应收款391万元。海口中院委托海咨资产评估事务所对海口建材公司持有海联公司40%的股权进行资产评估,2011年7月20日作出《资产评估报告书》,评估价值为零。广东石化公司于2001年全面停业并与职工解除劳动关系,2011年转让给广州鑫索亚化工产品公司。1998年8月2日,海联公司董事会决议合营期限延长至2008年9月2日。邢坚、刁兆华、林光、林师雄、杨广文签名,无公章。同日,章程修正案延长合营期限,海口建材公司、广东石化公司加盖公章,林光签名。2008年9月1日,第二次董事会决议经营期限延长至2018年9月2日,邢坚、刁兆华、林光签名，加盖海联公司公章。同日，章程修正案邢坚签名加盖海联公司公章。2006年10月16日，海联公司和邢坚共同委托天河公司将根据《合作项目合同书》第八条履约保证金200万元中的100万元补偿款及100万元履约保证金委托付款至海南国泰房地产开发有限公司名下。同年10月20日，海联公司和邢坚共同向天河公司出具收据："兹收到天河公司《合作项目书》履约保证金及补偿款计贰佰万元整。"天阔公司注册资金1000万元，邢坚、邢伟应出资的238万元系天河公司法定代表人高彪从个人账户中分别汇入邢坚、邢伟个人账户。2007年5月22日，海联公司和邢坚共同致三亚市规划局《关于同意解放四路45.7亩旧城改造项目转给三亚天阔置业公司开发的报告》："我司原解放四路45.7亩旧城改造项目，由于拆迁等历史原因，加上我司建设资金不足，造成该项目进展缓慢，经我司研究决定：该项目由三亚天阔公司投资建设和经营管理，请求将该项目的用地选址意见和《建设用地规划许可证》办理到三亚天阔公司名下，以便项目的顺利开发。"2008年10月29日，邢坚、邢伟作为转让方与受让方天河公司签订股权转让协议的同时，天河公司作为转让方，邢坚、邢伟作为受让方另签订了一份股权转让协议。该协议约定邢坚、邢伟以1170万股权转让对价回购天河公司受让的邢坚、邢伟23.8%股权；同时约定，股权转让款应于60日内支付，受让方迟延付款超过60日以上时应视为根本违约，转让方可据此单方解除协议；该协议自2009年5月30日发生法律效力，但该协议未实际履行。2013年8月22日，海联公司法定代表人邢坚向海南高院递交《海联公司关于笔录的补充意见》：天阔公司成立前已经起草了项目合同书，合同内容一直在讨论中，直至2007年4月23日成熟时才正式签约。天阔公司股权登记在邢坚、邢伟名下是和天河公司共同商量的，考虑到批文、拆迁、土地证等手续需办理，所以先成立天阔公司，等手续完善后逐渐改制成项目公司，按合同约定到办土地证时23.8%的股权就变更为海联公司的股权。该意见有邢坚的签字并加盖海联公司公章。

海南高院认为，本案的争议焦点：（1）天阔公司是否系海联公司与天河公司共同设立的项目公司；（2）邢坚、邢伟是否代海联公司持有天阔公

房地产开发经营合同纠纷

司的股权；（3）邢坚、邢伟在天阔公司中享有的股权应否视为海联公司在《合作项目合同书》中的合同权益；（4）海联公司是否有权解除《合作项目合同书》，并要求天阔公司将其依据海口仲裁委员会（2008）海仲裁字第249号裁决书确定的第2项权利和义务、"天阔广场"土地及项目开发权、项目建设主体返还并变更为海联公司。

一、关于天阔公司是否系海联公司与天河公司共同设立的项目公司的问题

海联公司在起诉状中自认天阔公司系其与天河公司共同成立的项目公司。海联公司致三亚市发展和改革局《关于变更"世英花园"项目和项目业主的请示》声明："该项目由海南海联工贸有限公司和海南天河旅业投资有限公司共同组成的三亚天阔置业有限公司进行投资开发。"海联公司同邢坚共同致三亚市规划局报告："该项目由三亚天阔公司投资建设和经营管理，请求将该项目的用地选址意见和《建设用地规划许可证》办理到三亚天阔公司名下，以便项目的顺利开发。"海联公司向海口仲裁委员会提交的《承诺书》声明："我公司与海南天河旅业投资有限公司联合投资，成立了三亚天阔置业有限公司作为项目公司。"《合作项目合同书》签订后，在天阔公司与三亚市政府的"投资补偿合同纠纷仲裁案"中，海联公司法定代表人邢坚作为天阔公司委托代理人参加开庭。海联公司在2009年9月7日发给天河公司的函及同年9月13日发给天河公司、爱地公司、富丽达公司和天阔公司的函中，自认天阔公司为项目公司。海联公司法定代表人邢坚在二审自认天阔公司成立前已经起草了项目合同书，合同内容一直在讨论中，直至2007年4月23日成熟时才正式签约。天阔公司股权登记在邢坚、邢伟名下是和天河公司共同商量的，考虑到批文、拆迁、土地证等手续需办理，所以先成立天阔公司。故天阔公司是海联公司与天河公司共同设立的项目公司。

二、关于邢坚、邢伟是否代海联公司持有天阔公司股权的问题

邢坚、邢伟应认缴的238万元天阔公司注册资金为天河公司法定代表人高彪代付,根据《合作项目合同书》第六章第一款关于"公司注册资本中甲方出资人民币贰佰叁拾捌万元占公司股权的23.8%股权,甲方应缴付的出资由乙方代付"的约定,不实际缴付238万元注册资金而享有天阔公司23.8%的股权,系海联公司在《合作项目合同书》中的权利。且合同签订前,海联公司和邢坚共同收取天河公司200万元保证金和补偿金。海联公司法定代表人邢坚代表天阔公司参加与三亚市政府"投资补偿合同纠纷"仲裁案,认可天阔公司为项目公司,并作出同意将三亚市政府尚未兑现的"三亚金融公司开发区"投资补偿权益全部转让给天阔公司,海联公司今后不得以任何方式和理由撤销的承诺。邢坚、邢伟在《关于推进天阔广场项目合作事宜的函》中,称其作为"天阔广场"项目的合作方及持有项目公司天阔公司23.8%股权的股东,并称按照《合作项目合同书》规定,天阔广场所需的全部各项开发建设资金应由天阔公司的其他股东筹措投入,我方没有出资义务,而《合作项目合同书》的当事人只有海联公司和天河公司。在本案审理过程中,海联公司法定代表人在《关于笔录的补充意见》中自认天阔公司股权登记在邢坚、邢伟名下是和天河公司共同商量的,且3个自然人均是现金注入,考虑到批文、拆迁、土地证等手续需办理,所以先成立天阔公司,等手续完善后逐渐改制成项目公司,按合同约定到办土地证时23.8%的股权就变更为海联公司的股权。本案事实表明,海联公司出资人海口建材公司、广东石化公司在海联公司和天河公司合作前已进行企业改制并被吊销营业执照,且改制时未体现对外有投资,海联公司实际控制人为邢坚,海联公司已形骸化。邢坚作为海联公司的法定代表人,在履行合作开发"天阔广场"项目过程中的一系列行为,使海联公司与其本人之间构成人格混同,邢坚、邢伟系代海联公司持有天阔公司23.8%股权。海联公司关于邢坚、邢伟转让股权是个人行为,与海联公司无关的上诉理由与其自认相矛盾,不能成立。

三、关于邢坚、邢伟所持有天阔公司 23.8% 的股权应否视为海联公司在《合作项目合同书》中的合同权益的问题

海联公司与天河公司采取设立项目公司形式开发"天阔广场"项目，双方为此签订的《合作项目合同书》约定了合作方的出资形式、股权比例、注册资金、利润分配方式等内容，其性质相当于股东出资协议。天阔公司设立后，双方于《合作项目合同书》项下的合同权益已转化为项目公司的股权。《合作项目合同书》第四项第一款约定甲乙双方的权益分配比例为 0.238∶0.762，即在建设用地规划指标容积率在 2.0 的状态下，甲方取得全部可销售房屋面积总收入的 23.8%，乙方取得全部可销售房屋面积总收入的 76.2%，该分配比例与股权比例 23.8% 与 76.2% 相同。《合作项目合同书》第六项第一款约定，为保障双方的权益及便于管理，双方同意就本项目的开发成立项目有限公司，项目公司注册资本为 1000 万元，注册资本中甲方出资 238 万元，乙方出资 762 万元，甲方占公司 23.8% 股权，乙方占有 76.2% 股权，甲方应缴付的出资款由乙方代付。第二款明确约定：股权系指本合作项目自拆迁工程开始至项目建成后商品房屋全部销售完毕，双方按第四条利益分配结束。该股权含有分房权。根据上述约定，海联公司在《合作项目合同书》中的 23.8% 的合同权益即海联公司主张的 23.8% 分房权和天阔广场 23.8% 股权，应为邢坚、邢伟在天阔公司持有 23.8% 股权，一审判决认定正确。

四、关于海联公司是否有权解除《合作项目合同书》，并要求天阔公司将其依据海口仲裁委员会（2008）海仲裁字第 249 号裁决书确定的第 2 项权利和义务、"天阔广场"土地及项目开发权、项目建设主体返还并变更为海联公司的问题

本案中，天河公司按照《合作项目合同书》的约定，向天阔公司投入一定的资金，并完成一定的拆迁工作，履行了合同约定的主要义务。天阔公司是海联公司与天河公司共同设立的项目公司，海联公司于《合作项目合同书》项下的合同权益已经转化为邢坚、邢伟所持天阔公司的 23.8% 的

股权。当邢坚、邢伟将其代海联公司所持天阔公司23.8%的股权转让给天河公司，海联公司法定代表人邢坚代表天阔公司参加与三亚市人民政府"投资补偿合同纠纷"仲裁案，作出同意将三亚市政府尚未兑现的"三亚市金融贸易开发区"投资补偿权益全部转让给天阔公司，海联公司今后不得以任何方式和理由撤销的承诺后，仲裁裁决将"天阔广场"项目裁决给了天阔公司。至此，海联公司在天阔公司已不享有股份，其在《合作项目合同书》中及"天阔广场"项目上也已无权益，故海联公司无权主张解除合同并要求天阔公司将其依据海口仲裁委员会（2008）海仲裁字第249号裁决书确定的第2项权利和义务、"天阔广场"土地及项目开发权、项目建设主体返还并变更为海联公司。因此，海联公司的上诉主张和理由，没有事实和法律依据，其上诉请求不能成立，不予支持。

经海南高院审判委员会讨论决定，依据《中华人民共和国民事诉讼法》第一百七十条第一款第一项的规定，作出（2012）琼民一终字第51号民事判决，驳回上诉，维持原判。二审案件受理费291800元由海联公司负担。

海联公司不服，根据《中华人民共和国民事诉讼法》第二百条第一款第一项、第二项、第六项的规定，向本院申请再审。请求：（1）撤销海南高院（2012）琼民一终字第51号民事判决书，裁定再审。（2）判决解除海联公司与天河公司签订的《合作项目合同书》。（3）判决天阔公司将其依据海口仲裁委员会（2008）海仲裁字第249号裁决书所取得的以协议方式受让三亚市"天阔广场"项目下土地使用权的权利返还给海联公司，即三亚市政府继续履行与海联公司签订的投资补偿合同，向海联公司协议出让"天阔广场"项目下的土地使用权，判决"天阔广场"建设项目归海联公司所有。（4）判令天阔公司配合办理该项目的立项、规划、报建、选址、环境评估批复等批准文件的变更手续。（5）本案一审、二审诉讼费由天河公司承担。事实和理由：

1. 海南高院判决认定事实错误，适用法律不当，应予撤销

第一，不可否认，天阔公司承担了"天阔广场"项目公司的职能，海联公司在多种场合也表示天阔公司是"天阔广场"的项目公司，但这些均

房地产开发经营合同纠纷

不能否认的是天阔公司并非《合作项目合同书》约定设立的项目公司。海联公司将其拥有的46.5亩建设用地权益及项目权益过户到天阔公司名下，对天阔公司享有的是一种债权，而不是股东权益。邢坚、邢伟转让其在天阔公司的股权，是天阔公司股东之间的关系，与海联公司无关，并不能导致海联公司在《合作项目合同书》中权利义务的消灭，也不能导致海联公司对其已经过户到天阔公司名下的46.5亩土地权益及项目权益这种债权的消灭。

如果天阔公司是海联公司与天河公司共同设立的公司，根据《中华人民共和国公司法》的规定，海联公司必须与天河公司共同出资、共同制订公司章程、召开股东会、申请工商登记，并将海联公司登记在天阔公司的股东名册中。但根据天阔公司的工商登记档案，海联公司并没有对天阔公司出资，也没有与天河公司共同制订章程，没有参加过天阔公司的股东会，天阔公司的股东名册中并没有记载海联公司。

第二，海南高院判决认定"邢伟、邢坚系代海联公司持有天阔公司23.8%股权"，不能成立。根据《最高人民法院关于适用〈中华人民共和国公司法〉若干问题的规定（三）》第二十五、二十六条的规定，代持股权一般需符合两个条件：一是名义股东与实际出资人之间有委托持股协议；二是实际出资人真正地履行了注册资金的出资义务。本案中，海联公司与邢坚、邢伟之间既没有签订过委托持股协议，海联公司也没有实际向天阔公司出资238万元。

第三，海南高院判决认定"海联公司已形骸化"，以此否认海联公司的企业法人资格，不能成立。《中华人民共和国公司法》没有关于公司"形骸化"的规定。根据《中华人民共和国民法通则》第三十六条第二款规定，法人的民事权利能力和行为能力，从法人成立时产生，到法人终止时消灭。根据第四十条规定，法人终止，应当依法进行清算，然后在工商局登记注销法人资格。海联公司并没有经过清算，也没有注销，海联公司并没有终止，怎么可以认定海联公司已经"形骸化"？《中华人民共和国公司法》规定，公司享有的民事权利能力和行为能力并不依赖于是否经营正常，即使被吊销营业执照，也仍然享有权力能力和行为能力，当然享有对其投资的公司的权利和义务。海南高院以海联公司的股东已改制、已被吊销营业执照为由,认定海联公司已经"形骸化"既不符合法律规定也与事实不符。海南高院判决以邢坚与海联公司之间"构成人格混同"为由,认定"邢坚、邢伟系代海联公司持有天阔公司23.8%股权"的观点也不能成立。"人格混同"指的是公司与其股东之间因财产混同而导致"公司与股东之间人格混同"。邢坚作为一个自然人,不是海联公司的股东,与海联公司之间在财产上也没有混同的情况。邢伟从来不是海联公司的股东,也没有代海联公司持有天阔公司的股权。因此,海南高院判决认定邢坚与海联公司"人格混同"没有事实根据。

第四,海南高院判决认定"天阔公司设立后,双方于《合作项目合同书》项下的合同项目权益转化为项目公司的股权",缺乏证据证明。天阔公司2006年10月设立,《合作项目合同书》2007年4月签订,天阔公司设立时,《合作项目合同书》还没有签订,《合作项目合同书》合同项目权益怎么可能转化为天阔公司的股权呢?合同权利义务的转让或者变更,必须由合同的当事人来决定,其他任何人均无权决定,这是合同法的基本规则,天河公司及海联公司从来没有约定过"天阔公司设立后,双方于《合作项目合同书》项下的合同项目权益转化为项目公司的股权",海联公司也更没有同意将其在《合作项目合同书》中的合同项目权益转化为邢坚、邢伟在天阔公司23.8%的股权,海南高院判决完全错误。海联公司在《合作项目合同书》中的合同项目权益与邢坚、邢伟在天阔公司的股东权益来源不同、价值差距巨大。邢坚、邢伟在天阔公司出资238万元,取得天阔公司23.8%的股权;而海联公司在《合作项目合同书》享有天阔广场"全部可销售房屋面积总收入的23.8%",是由于海联公司提供"天阔广场"项目46.5亩建设用地土地使用权,从而享有的权益。生效的海口中院(2009)海中法执异字第105号执行裁定书已认定邢坚、邢伟在天阔公司的股权不等同于海联公司在《合作项目合同书》中的项目权益。

第五,邢坚、邢伟转让其在天阔公司的23.8%股权,不能产生海联公司在《合作项目合同书》中权利义务消灭的法律后果。关于合同权利义务的终止,也就是合同权利义务的消灭,《中华人民共和国合同法》第九十

房地产开发经营合同纠纷

一条作了明确的规定,本案中,没有任何法定情形导致海联公司在《合作项目合同书》中的权利义务的消灭,海南高院判决认定海联公司在《合作项目合同书》中的权利已经消灭,显然没有法律依据。《合作项目合同书》是海联公司与天河公司签订的,只有海联公司及天河公司有权终止该合同的权利义务。

2. 天河公司以其行为表明其已不再履行《合作项目合同书》约定的义务,海联公司有权解除合同,请求恢复原状

根据《合作项目合同书》的约定,海联公司已按约提供天阔广场46.5亩建设用地,而天河公司却只投入了2000万元左右,迟迟没有完成合同约定的拆迁安置工作。天河公司在未告知海联公司的情况下,将其及关联方王家金持有天阔公司的76.2%的股权转让给丽源公司,天河公司以其行为表明其不再履行《合作项目合同书》约定的义务,严重损害了海联公司的权利。根据《中华人民共和国合同法》第九十四条第一款第三项的规定,海联公司有权解除合同,并根据《中华人民共和国合同法》第九十七条的规定,有权请求天河公司及天阔公司"恢复原状",将已经过户、更名到天阔公司名下的46.5亩土地及项目批准文件恢复到海联公司名下。丽源公司、爱地公司及富丽达公司受让天河公司76.2%股权后,没有对"天阔广场"项目进行任何拆迁和建设,判决天河公司"恢复原状"、返还海联公司46.5亩建设用地及项目,不存在任何障碍。按照最高人民法院公报指导性案例(2005)民一终字第60号"华茂公司与杰昌公司纠纷案"所确定的原则:"无论项目公司是否成立,均不影响合作开发房地产合同的效力;项目公司是该项目合作的载体,是为运作双方的合作项目设立的;项目公司在该项目合作中具有双重的地位,一方面作为合作各方开发该项目的项目公司,另一方面,替代出资一方成为合作主体,与出地一方履行合作协议。"本案系房地产合作合同纠纷,应依据合作合同约定和《中华人民共和国合同法》规定予以处理。至于天阔公司的股权纠纷,如股东构成、股权的代持和转让纠纷,与本案无关。一审判决认定了天河公司根本违约的事实,天河公司没有上诉,二审判决也确认了一审判决的事实,且天河公司已明确不再出资,以其行为表明不再履行合作合同的义务。同时,天阔

公司作为项目公司，替代了天河公司履行合作协议，天阔公司未能完成拆迁任务就是天河公司没有完成拆迁任务，海联公司解除合作合同有理有据。

天河公司答辩称：

1. 天阔公司自设立起即是天河公司与海联公司为合作开发"天阔广场"项目之目的而共同设立的项目公司，海联公司在项目公司的权益由其法定代表人邢坚及邢伟代为持有的事实，除海联公司和邢坚、邢伟于本案诉讼之前均予以认可外，邢坚在本案二审期间亦签署并加盖海联公司公章的《海联公司关于笔录的补充意见》明确自认。上述事实清楚，不容辩驳。海联公司致三亚市发展和改革局《关于变更"世英花园"项目和项目业主的请示》声明："该项目由海南海联工贸有限公司和海南天河旅业投资有限公司共同组建的三亚天阔置业有限公司进行投资开发"；海联公司向海口仲裁委员会提交的《承诺书》声明："我公司与海南天河旅业投资有限公司联合投资，成立了三亚天阔置业有限公司作为项目公司。"至于海联公司在项目公司的权益由其法定代表人邢坚及邢伟代为持有的事实，天河公司提供的证据证明：天阔公司名义上由邢坚、邢伟认缴的 238 万元注册资金均为天河公司代付，根本没有实际认缴出资。不实际缴付 238 万元注册资金而享有天阔公司 23.8% 股权，是海联公司于《合作项目合同书》项下享有的特殊权利，实为代海联公司持有天阔公司的股权。

2. 鉴于天阔公司是天河公司与海联公司就《合作项目合同书》项下"天阔广场"项目共同设立的项目公司，海联公司在《合作项目合同书》项下 23.8% 的投资权益依法已经转化为其对天阔公司享有的 23.8% 股权，其合同项下的投资权益通过在天阔公司 23.8% 股权份额得以完全体现和保障。在天阔公司以及"天阔广场"项目中，海联公司法律上和事实上根本不存在独立于上述股权之外的其他权益。特别是当邢坚、邢伟所持天阔公司股权明显系替海联公司代持的情况下，海联公司所谓邢坚、邢伟享有天阔公司 23.8% 的股权，海联公司则另外单独享有"天阔广场"项目的 23.8% 合同权益的说法，完全是错误的。天河公司与海联公司采取设立项目公司的形式开发"天阔广场"项目，双方为此签订的《合作项目合同

房地产开发经营合同纠纷

书》因约定了合作方的出资方式、股权比例、注册资金、利润分配方式等内容，其性质依法当属股东出资协议。因此，在天阔公司设立后，双方于《合作项目合同书》项下的合同权益均已转化为在项目公司的股权。对此，《合作项目合同书》第六条"项目公司"第2项明确约定："股权系指本合作项目自拆迁工程开始至项目建成后商品房全部销售完毕，双方按第四条利益分配结束。"而合同第四条第1项对利益分配定义为："甲方取得全部可销售房屋面积总收入的23.8%。"根据双方上述事先约定，海联公司在"天阔广场"项目的23.8%的合同权益，即所谓的23.8%的分房权，就是指在项目公司的股权。在合作项目合同书中，天河公司与海联公司已就项目公司成立后合同项下投资权益转化为公司股权予以确认，并且该确认也与《中华人民共和国公司法》的规定相一致，海联公司的合同权益已经通过在天阔公司的股权份额得以充分体现和保障。因此，在天阔公司以及"天阔广场"项目中，海联公司在法律上和事实上根本不存在独立于上述股权之外的其他权益。海联公司所谓的邢坚、邢伟享有天阔公司23.8%的股权与其无关，其在登记的100%股权之外另外单独享有"天阔广场"项目的23.8%合同权益的说法，与邢坚签署《海联公司关于笔录的补充意见》中关于先行设立的天阔公司中邢坚、邢伟所持23.8%股权于日后变更为海联公司股权的自认相矛盾。

3. 天河公司切实履行了《合作项目合同书》约定义务，其根据公司法律规范转让部分天阔公司股权亦是合法行使股东权利，并无违约。海联公司在违约导致天阔公司项目受阻后，反过来以天河公司违约为由主张解除《合作项目合同书》，根本没有事实上和法律上依据。特别是海联公司于2008年10月29日将其在天阔公司的23.8%股权全部转让给天河公司，处分了其在"天阔广场"项目的投资权益，退出了合作项目。至此，海联公司在天阔公司以及"天阔广场"项目上已无任何权益，在法律上已不再是合作项目的一方当事人，根本无权主张解除《合作项目合同书》。天河公司按照《合作项目合同书》的约定，按期向天阔公司投入相应的资金，负担了天阔公司和"天阔广场"项目运作至今的、包括但不限于拆迁补偿费在内的各项费用，总额已逾5000万元，切实履行了合同义务，并无任何违约。

4. 天阔公司是依照《中华人民共和国公司法》设立的有限责任公司,受《中华人民共和国公司法》的保护与调整。海联公司作为股东出资投入到天阔公司的建设项目用地开发资格,是其履行出资义务,依法属于天阔公司的资产。根据公司法律制度,为保护公司财产以及公司债权人的利益,非经公司解散、破产等法定程序,股东的出资不得抽回。就本案而言,不论海联公司是否还合法持有天阔公司的股权,都无权要求天阔公司返还其出资项目建设用地开发资格。海联公司提出解除《合作项目合同书》,要求天阔公司返还其土地与项目开发权的诉求均应予以驳回。

天阔公司答辩称:

1. 关于天河公司是否履行拆迁任务的义务问题。拆迁任务的完成并非仅凭天河公司的单方意思表示就可以履行该约定义务,需要依靠被拆迁人与拆迁人双方达成一致,特别是需要行政许可才能实施,因此,如果没有按时完成拆迁任务是被拆迁人的原因或者是行政许可未获准的原因,那么,无论天河公司如何积极地履行约定义务,均可能仍然无法实现约定拆迁完成目标,但是如此情形下所谓的以其行为表示不履行主要债务的主张却因少了天河公司的主观故意而无法成立。事实上,本案没有完成拆迁目标的原因正是由于与被拆迁人无法达成一致而无法动迁导致不能按时完成,但是,天河公司乃至双方设立的项目公司天阔公司的后续股东均一直在努力地推进拆迁。无论是天河公司还是天阔公司的后续股东从来没有以自己的行为表明不履行主要债务。海联公司的这一理由不能成立。

2. 关于天河公司没有建设安置房的问题。安置房的建设依赖于行政许可及土地取得,本案中所涉安置房的土地因行政许可的原因一直没有取得,直至2013年由天阔公司向三亚市政府申请获准之后,才使得安置房的建设成为可能,而接受天河公司转让股权的爱地公司、富丽达公司在取得行政许可之后短短一年多的时间里就为建设安置房工程支付了3.1亿元的工程进度款。可见,所谓没有建设安置房也并非天河公司的主观故意造成。

3. 关于天河公司转让其持有的天阔公司的76.2%股权的行为是否构成

不履行主要债务的问题。首先,转让股权的行为正是由于海联公司的要求展开的筹资行为,天河公司向法庭提供的由海联公司的法定代表人邢坚、邢伟出具给当时的天阔公司全体股东的《关于推进天阔广场项目合作事宜的函》中,邢坚、邢伟作为"天阔广场"项目的合作方,以及持有项目公司23.8%投资权益的股东,认为其根据《合作项目合同书》没有出资义务,要求其他股东及时足额以增加天阔公司注册资本金或股东贷款方式投入资金;要求各股东可以寻求以转让部分或者全部股权的方式处置"天阔广场"项目的投资权益或引进新的合作方、投资方。除擅自违约处置不属于本人所持有的股权份额损害其他股东权益的情形外,全体股东均应给予协助和配合,不得以主张优先受让权或其他任何理由不予配合办理相关手续,拒绝接受新的合作方、投资方。这一证据恰恰证明了其后天河公司出让股权、引进新的投资方、增资等一系列行为都是应海联公司的要求进行的履行合同义务的行为。且天河公司所转让的是本就属于自己持有的项目公司天阔公司的76.2%股权,至今为止,无论是合作项目合同约定的所谓海联公司的23.8%收益权还是项目公司原本属于其所有的23.8%股权均未转让,不能构成海联公司所称的天河公司为了转嫁逾期拆迁的违约责任以及实现提前盈利未经其同意以转让项目公司股权的形式,将其在《合作项目合同书》中约定的承担全部建设资金的义务,转移给第三人爱地公司和富丽达公司,实际退出了合作,以其行为表明不再履行合同主要义务,构成根本违约的事实。天河公司的后续股东爱地公司、富丽达公司在取得行政许可之后短短一年多的时间里就为建设安置房工程支付了3.1亿元的工程进度款。

本院再审查明,针对当事人就涉案"天阔广场"项目争议的拆迁开发建设进度现状及所涉及的三亚市食品厂安置建设项目的开发建设问题、"天阔广场"项目拆迁情况等,合议庭专程前往涉案项目所在地三亚市天涯区政府住房建设局和项目推进办公室就"天阔广场"项目的现状、拆迁安置、开发建设等问题进行实地调查。从"天阔广场"项目的实际现状看,从2009年海联公司将"天阔广场"项目转到天阔公司名下,至今"天阔广场"项目所在地域拆迁工作尚未进行。为了解决包括"天阔广场"

项目在内的旧城改造拆迁安置工作（三亚市食品厂）全部是由三亚市天涯区管委会以政府财政和银行贷款自行投资建设的，由上海中锦建设集团股份有限公司承建。天阔公司所称接受天河公司转让股权的爱地公司、富丽达公司在取得行政许可之后短短一年多的时间里就为建设安置房工程支付了3.1亿元的工程进度款，没有事实依据。

本院再审审查明的其他事实与一审、二审查明的事实相同。

根据当事人再审申请请求及答辩，本案的争议焦点：（1）天阔公司是否系海联公司与天河公司共同设立的项目公司；（2）邢坚、邢伟是否代海联公司持有天阔公司的股权；（3）邢坚、邢伟转让其在天阔公司的23.8%股权，能否产生海联公司在《合作项目合同书》中权利义务消灭的法律后果以及海联公司是否有权解除《合作项目合同书》，并要求天阔公司将"天阔广场"土地及项目开发权、项目建设主体返还并变更为海联公司。

一、关于天阔公司是否系海联公司与天河公司共同设立的项目公司的问题

本院认为，根据查明的事实，2007年4月23日，海联公司与天河公司签订《合作项目合同书》，约定：海联公司提供46.5亩建设用地及项目开发权，天河公司提供全部建设资金合作开发房地产项目，所建成的商品房销售收入，按海联公司23.8%，天河公司76.2%的比例分配；为保障双方权益及便于管理，双方同意就本项目开发组成具备独立法人资格的项目有限责任公司。项目公司注册资本为1000万元，海联公司出资238万元，占23.8%股权，天河公司出资762万元，占76.2%股权，海联公司应缴的出资由天河公司代付。但随后，双方并未按照《合作项目合同书》的约定成立项目公司，而是借用了早在2006年10月16日即已设立的天阔公司作为合作开发的项目公司。根据天阔公司的工商注册登记显示，天阔公司注册资金1000万元，全部为货币出资，股东为天河公司和3个自然人，其中天河公司出资687万元，占68.7%股权；王家金出资75万元，占7.5%股权；邢坚出资138万元，占13.8%股权；邢伟出资100万元，占10%的股权。为履行《合作项目合同书》的约定，2007年5月9日，海联公司和天

房地产开发经营合同纠纷

河公司联合致函三亚市发展和改革局,请求将三亚市政府原决定由海联公司与世英公司开发建设的"世英花园"项目业主变更为天阔公司,项目名称也变更为"天阔广场"。同年5月11日,三亚市发展和改革局批准将"世英花园"的项目名称变更为"天阔广场",业主变更为天阔公司。随后,根据海联公司的申请,"天阔广场"项目的《建设规划许可证》《拆迁许可证》等政府批文全部变更为天阔公司。2008年4月1日,海联公司又致函三亚市政府,承诺将三亚市政府尚未兑现的三亚金融开发区投资补偿权益转让给天阔公司。根据该承诺,海口仲裁委于2009年2月2日裁决将海联公司与三亚市政府之间的投资补偿合同关系及三亚市政府向海联公司协议出让土地,变更为三亚市政府与天阔公司之间的投资补偿关系,三亚市政府向天阔公司协议出让"天阔广场"项目土地使用权。至此,海联公司完成了《合作项目合同书》约定的义务,天阔公司成为海联公司与天河公司合作开发建设"天阔广场"的项目公司。虽然天阔公司承担了"天阔广场"项目的开发建设职能,但天阔公司并非是由海联公司与天河公司按照《合作项目合同书》约定共同设立的合作开发项目公司,其只是被海联公司和天河公司为合作开发"天阔广场"而借用的一个项目公司,从其成立的时间和股东构成也可得到进一步证实。天阔公司成立于2006年10月16日,股东为天河公司和邢坚、邢伟、王家金;而海联公司与天河公司签订《合作项目合同书》则是在2007年4月23日,合作方为海联公司与天河公司。据此,可以认定,天阔公司并非是由海联公司和天河公司共同设立的项目公司。

尽管海联公司在起诉状中也自认天阔公司系其与天河公司共同成立的项目公司,而且在后期海联公司致三亚市发展和改革局《关于变更"世英花园"项目和项目业主的请示》声明、海联公司向海口仲裁委员会提交的《承诺书》中等均声明天阔公司是其与天河公司共同设立的项目公司,但正如海联公司在声明中所称,海联公司与天河公司联合投资,成立了天阔公司作为项目公司,项目由天阔公司投资建设和经营管理,请求将该项目的用地选址意见和《建设用地规划许可证》办理到天阔公司名下,以便项目的顺利开发。这恰恰说明,天阔公司是海联公司与天河公司为便于合作项目的顺利开发而借用天阔公司作为项目公司，海联公司是在按照《合作项目合同书》的约定履行义务。如何认定天阔公司是海联公司与天河公司共同设立的项目公司，应当依据《中华人民共和国公司法》的规定，而不应仅仅凭借当事人的自认。根据《中华人民共和国公司法》关于有限责任公司设立的规定看，设立有限责任公司应由全体股东指定的代表或者共同委托的代理人向公司登记机关报送登记申请书、公司章程、验资证明等文件，申请设立登记；股东应当按期足额缴纳公司章程中规定的各自认缴的出资额；有限责任公司成立后，应当向股东签发出资证明书。而天阔公司并非是海联公司与天河公司申请设立的，也没有共同制定天阔公司的章程，没有按章程缴纳出资，天阔公司也没有向海联公司签发出资证明书，更没有将海联公司登记在天阔公司的股东名册上。如果认定天阔公司为海联公司与天河公司共同设立，天阔公司的工商注册股东就应当是海联公司与天河公司，即便如海南高院所认定的，天阔公司股权登记在邢坚、邢伟名下是和天河公司共同商量的，那么天阔公司的另一个股东王家金又是如何成为海联公司与天河公司合作项目的成员。尽管天阔公司作为开发"天阔广场"的项目公司，是各方当事人均认可的客观事实，并承担了合作项目公司的职能，但不能就此认定天阔公司是海联公司与天河公司共同设立的项目公司，三亚中院和海南高院认定天阔公司是海联公司与天河公司共同设立的项目公司显属不当。即便如海南高院判决所认定的天阔公司是海联公司与天河公司共同设立的项目公司，天阔公司也仅是天河公司与海联公司双方按照《合作项目合同书》约定为进行"天阔广场"项目合作开发，履行各自权利义务的载体，并非是《合作项目合同书》的合同主体，更不是海联公司、天河公司在合作开发协议中的合同相对方。

二、关于邢坚、邢伟是否代海联公司持有天阔公司股权的问题

本院认为，根据《中华人民共和国公司法》的规定，股东资格的认定是以工商登记和股东名册进行确认。本案事实表明，天阔公司的股东是天河公司、邢坚、邢伟、王家金，没有海联公司。即便邢坚、邢伟应认缴的

房地产开发经营合同纠纷

238万元天阔公司注册资金为天河公司法定代表人高彪代付,但这仅是高彪与邢坚、邢伟之间的债权债务关系,不能就此否认邢坚、邢伟没有出资,否定其公司股东资格。虽然《合作项目合同书》第六章第一款有项目公司注册资本中海联公司出资238万元占公司股权的23.8%股权,海联公司应缴付的出资由天河公司代付的约定,但这是海联公司与天河公司之间的约定,况且海联公司与天河公司根本没有按照《合作项目合同书》的约定申请设立项目公司。天河公司法定代表人高彪代邢坚、邢伟出资是天河公司、邢坚、邢伟、王家金四方在设立天阔公司过程中发生的债权债务关系,不能据此认定邢坚、邢伟不实际缴付238万元注册资金而享有天阔公司23.8%的股权,系海联公司在《合作项目合同书》中的权利,海联公司既没有向天阔公司缴纳注册资金,更不能成为天阔公司的股东,其所享有的23.8%权益是依据《合作项目合同书》对合作项目"天阔广场"的利益分配比例,而非天阔公司的股东权。既然海联公司非天阔公司股东,也没有委托邢坚、邢伟代为持股的事实,就不能认定邢坚、邢伟在天阔公司的股权是代海联公司持股。三亚中院、海南高院仅仅以邢坚作为海联公司的法定代表人,是实际控制人,在履行合作开发"天阔广场"项目过程中的一系列行为,而认定海联公司已形骸化,海联公司与邢坚本人之间已构成人格混同,从而判定邢坚、邢伟系代海联公司持有天阔公司23.8%股权,没有事实和法律依据。公司是否已经形骸化,公司与股东之间是否构成人格混同,应严格按照法律关于公司法人终止、股东是否滥用权利、是否在财产、业务、人员等多方面出现混同等因素进行判定。从本案事实看,海联公司并不存在形骸化和公司与股东人格混同的情形。邢坚、邢伟所持有的天阔公司23.8%的股权不能视为海联公司在《合作项目合同书》中的合同权益,海联公司是否为天阔公司的股东,不影响其在《合作项目合同书》中所应享有的权利。

三、关于海联公司是否有权解除《合作项目合同书》，并要求天阔公司将其依据海口仲裁委员会（2008）海仲裁字第249号裁决书确定的第2项权利和义务、"天阔广场"土地及项目开发权、项目建设主体返还并变更为海联公司的问题

本院认为，本案是海联公司与天河公司基于《合作项目合同书》而发生的合作开发纠纷。根据前述，天阔公司只是天河公司与海联公司双方按照《合作项目合同书》约定为开发"天阔广场"项目而借用的合作项目载体，不是涉案合作开发合同的相对方，海联公司无论是否为天阔公司的股东，均不影响其在《合作项目合同书》中所享有的收益权。海联公司对"天阔广场"项目所享有的23.8%房地产利益分配权，是依据其与天河公司双方所签订的《合作项目合同书》约定，以三亚市政府补偿给其的项目开发权以及46.5亩建设用地使用权投入项目公司，获取的23.8%房地产利益分配比例；而邢坚、邢伟是以出资238万元取得天阔公司的23.8%股权，不是同一法律关系，邢坚、邢伟将其所持的天阔公司23.8%的股权转让给天河公司是天阔公司股东之间产生的股权转让法律关系，与海联公司在《合作项目合同书》中所享有的23.8%房地产利益分配权比例没有关系，不能以海联公司在天阔公司不享有股权，就认定其退出了"天阔广场"项目。按照《合作项目合同书》的约定，海联公司以三亚市政府补偿给其的项目开发权以及46.5亩建设用地使用权投入项目公司，并通过仲裁裁决的方式将"天阔广场"项目裁决给了天阔公司，这是海联公司履行《合作项目合同书》约定的义务，并非向天阔公司的出资。根据合同相对性原则，《合作项目合同书》是海联公司与天河公司之间签订的合作合同，在海联公司与天河公司双方当事人没有就合同解除终止达成一致的情况下，三亚中院、海南高院以邢坚、邢伟转让了代海联公司在天阔公司所持股权，并已将46.5亩土地投入了项目公司，来认定海联公司已退出合作项目，不享有任何权利，没有法律事实和法律依据。《合作项目合同书》是双方当事人的真实意思表示，没有违反法律、行政法规的强制性规定，合法有效，在没有经过依法依约解除、终止的情况下，海联公司有权主张解

房地产开发经营合同纠纷

除合同并要求天阔公司将"天阔广场"土地及项目开发权返还并变更主体为海联公司。

如上所述,天阔公司作为项目公司,是海联公司与天河公司为共同履行各自在《合作项目合同书》权利义务的载体,按照约定,海联公司将"天阔广场"项目开发权及三亚市政府给海联公司的 46.5 亩土地投资补偿权变更到天阔公司的名下,完成了《合作项目合同书》项下的义务,但该义务并非向天阔公司的出资,不构成天阔公司法人财产权;而天河公司则应按照约定履行项目开发的全部建设资金。但根据一审、二审、再审查明的事实,按照海南省三亚市房产管理局 2007 年 8 月 31 日颁发的三房拆许(2007)第 03 号《房屋拆迁许可证》明确要求,在 2008 年 9 月必须完成拆迁建筑面积 30468m²,但天河公司未完成。2008 年 7 月 20 日,三亚市住房保障和房产管理局批准其延期完成拆迁,并签发新的《房屋拆迁许可证》,要求在 2009 年 7 月 20 日前完成全部拆迁任务,但天河公司仍未能完成。天河公司投入的拆迁资金约 2000 万元(含时运大酒店拆迁补偿款),仅完成拆迁量的 20%。针对一审判决认定的以上事实,各方当事人均没有上诉。二审判决在事实认定上对一审判决认定的事实予以确认。但二审判决随后在没有新的证据和事实的情况下,又认定"天河公司向天阔公司投入一定的资金,并完成一定的拆迁工作,履行了合同约定的主要义务",该项事实认定缺乏证据证明,更与其在事实认定部分已确认的事实相悖,事实认定错误。

2009 年 7 月 13 日,丽源公司成立,7 月 23 日,未经海联公司同意,天河公司即与丽源公司签订《股权转让协议》,将其持有的天阔公司 70.5% 的股权转让给丽源公司;同日,王家金也与丽源公司签订《股权转让协议》,将其持有的 5.7% 股权转让给丽源公司。同年 8 月 31 日,丽源公司又与爱地公司、富丽达公司签订《股权转让合同》,将其持有的天阔公司股权全部转让给爱地公司和富丽达公司。

天河公司从 2009 年 7 月 13 日丽源公司成立,到 23 日未经海联公司同意将其持有的天阔公司 70.5% 的股权转让给丽源公司后,再没有向"天阔广场"项目进行投资,该行为表明已不再履行《合作项目合同书》约定的义务;而在同年 8 月 31 日,丽源公司再次将其持有的天阔公司股权全部转让给爱地公司和富丽达公司后，后续的股东至今也没有完成"天阔广场"项目的拆迁安置工作。而且在海联公司得知天河公司转让其所持天阔公司股权的情况后，向天河公司及受让公司股权的丽源公司、爱地公司、富丽达公司发函，建议新承接"天阔广场"项目权利义务的股东召开会议以落实完善补充合同条款及安排下步投资开发等事宜，而天河公司、丽源公司、爱地公司、富丽达公司没有回应，拒绝承认海联公司在《合作项目合同书》中的权利，也不承认海联公司享有天阔广场23.8%的分配权，2009年11月18日，海联公司向天河公司发出《通知书》，解除《合作项目合同书》。

根据上述事实，在天河公司未经海联公司同意即将所持天阔公司股权转让给丽源公司、丽源公司又很快再次将其受让的股权转让给爱地公司和富丽达公司后，以及天阔公司的后续股东不仅没有按照约定进行投资完成拆迁工作，而且也拒绝与海联公司进行协商等行为，充分表明天河公司已不再履行与海联公司所签订的《合作项目合同书》所约定的义务。从本案查明的事实看，由于天河公司迟延履行合同义务，后续股东也没有按约完成拆迁安置工作，"天阔广场"项目目前仍处于停滞状态，致使海联公司在《合作项目合同书》中的合同目的不能实现。天河公司不但明确表示，而且以其行为表明不再履行《合作项目合同书》约定的义务，其行为已构成根本违约。根据《中华人民共和国合同法》第九十四条第二项、第四项和第九十七条的规定，海联公司请求解除《合作项目合同书》，返还"天阔广场"项目的开发权和土地使用权的诉讼请求，于法有据，应予支持。

综上，海南省三亚市中级人民法院、海南省高级人民法院的判决认定事实不当，适用法律错误。本院根据《中华人民共和国民事诉讼法》第二百零七条、第一百七十条第一款第二项，《中华人民共和国合同法》第九十四条第二项、第四项①和第九十七条②之规定，判决如下：

---

① 对应《中华人民共和国民法典》第五百六十三条第二项、第四项。
② 对应《中华人民共和国民法典》第五百六十六条："合同解除后，尚未履行的，终止履行；已经履行的，根据履行情况和合同性质，当事人可以请求恢复原状或者采取其他补救措施，并有权请求赔偿损失。合同因违约解除的，解除权人可以请求违约方承担违约责任，但是当事人另有约定的除外。主合同解除后，担保人对债务人应当承担的民事责任仍应当承担担保责任，但是担保合同另有约定的除外。"

一、撤销海南省高级人民法院（2012）琼民一终字第51号民事判决；

二、撤销海南省三亚市中级人民法院（2010）三亚民一初字第26号民事判决；

三、解除海南海联工贸有限公司与海南天河旅业投资有限公司签订的《合作项目合同书》；

四、三亚天阔置业有限公司在本判决生效之日起3个月内，将其名下的"天阔广场"项目开发权和土地使用权返还变更至海南海联工贸有限公司。

一审案件受理费291800元和二审案件受理费291800元由海南天河旅业投资有限公司负担。

本判决为终审判决。

40. 宁夏金力泰钢结构有限公司银川开发区与宏建房地产开发有限公司合作、合资开发房地产合同纠纷案[*]

> 合作开发房地产合同中约定履行合法审批程序后将工业用地性质变更为居住用地后再行开发房地产的，不违反法律、法规的效力性强制性规定

【裁判摘要】

1. 合同双方协议约定变更工业用地使用权性质并履行法定出让、补缴费用、过户、行政审批等程序，符合法律规定。至于约定内容能否全面实际履行，是考量合同应否解除或终止的因素，并不能因此认定合同无效。

2. 合同当事人一方违约、双方当事人怠于履行合同义务、合同约定不明、政府出让土地四至存在争议等综合原因导致合同不能履行，双方均有过错的，解除合同所产生的损失应根据过错分担。

上诉人（一审被告）：宁夏金力泰钢结构有限公司。

被上诉人（一审原告）：银川开发区宏建房地产开发有限公司。

---

[*] 摘自《民事审判指导与参考》2016 年第 1 辑（总第 65 辑），人民法院出版社 2016 年版，第 187~199 页。

房地产开发经营合同纠纷

一、一审查明事实

2004年7月20日,宁夏金力泰钢结构有限公司(以下简称金力泰公司)通过出让方式取得205.55亩工业用地使用权。2010年11月27日,银川开发区宏建房地产开发有限公司(以下简称宏建公司,甲方)与金力泰公司(乙方)签订了《联合开发协议》,约定双方就乙方所属约205.55亩工业用地及其地上附着物现状和现有设施设备进行联合开发建设,项目投资约4.72亿元;乙方确保合作资产无抵押及相关债权关系,如乙方抵押行为导致项目相关手续不能正常进行,则视为乙方违约;在以上建设用地范围内,其中100亩地含附着物在内,按现价土地使用性质作价40万元/亩于本协议生效后由甲方以现金(总额4000万元)购买方式一次性付给乙方,该购买部分变更土地使用性质及过户所发生税费补缴由甲方承担;另外的105.55亩作为乙方提供的双方合作建设用地,含地上附着物变更土地使用性质前作价40万元/亩(即工业用地现状条件价),变更土地使用性质所发生税费由乙方承担;以上两种权益组合作为本项目合作原则基础,本协议生效后,双方以乙方为主,甲方协助共同向政府规划部门报批;双方在与政府商定补缴费用时,不致发生重复税费,应将"地产证"办到甲方名下;在甲方购买100亩土地后,剩余105.55亩建设用地范围内,以竣工成品房条件返还给乙方26%,剩余74%由甲方自行支配;不论是甲方购买范围还是乙方参与合作的项目用地,均不单独分隔或另行办理转让手续,全部保留以乙方名义运行,但项目报批材料均侧重甲方条件下的双方名义申报,最终确保《建设用地规划许可证》《建设工程规划许可证》《建设工程施工许可证》《商品房预售许可证》办到甲方名下,有利于甲方进行销售、纳税;甲方负责整体项目规划、设计、施工招投标、施工管理、单项工程竣工验收和项目整体综合验收,负责起草项目申报材料,承担前期建安工程费、配套工程费和开工前各项规费,商品房销售营业税、增值税和所得税,负责销售策划和管理,承担乙方委托的销售义务,经手全部客户办证手续和义务,承担单项工程成本核算和总体工程成本核算,在所有成本核算时,乙方随时参与并提供全力配合;乙方负责协调项目建设用地补缴土地出让金及统一税费标准，并承担合作条件下 105.55 亩土地的补缴税费义务，协调甲方办理各种申报审批手续并将诸许可证办到甲方名下，对协议约定所得成品房有独立使用权和处置权，如委托甲方统一销售时，须向甲方提供明确授权，对委托甲方销售和办理产权证的房产，按税法规定留足费用并由甲方统一完成纳税义务，指派专人参与合作项目的各项（包括财务、进度、质量、销售等）环节管理和相关事项协调工作，负责预售许可证办到甲方名下的协调工作，协调政府已占用 10 亩土地的补偿工作，如补偿不能落实，合作用地 105.55 亩的范围相应减少；协议生效后，双方不得以债务关系影响项目前期工作进行，如一方不能履行义务，应及时书面告知对方，由对方及时调整资金计划并完成核缴义务，根据核缴额及协议相关条款调整双方权益比例；乙方转让项目需承担违约责任，甲方不能按工作程序缴纳应缴税费，造成损失由甲方全部承担，乙方隐瞒提供建设用地和企业债务纠纷，导致有关部门查封土地、冻结银行账户、停办项目手续等情况产生的经济责任和民事责任由乙方独立承担，并视同对协议的违约，任何一方违约，均向对方承担项目总投资 5% 的违约金和不少于已发生资金额 15% 的年息；补充协议与本协议具有同等的法律效力，乙方提供的建设用地资料为本协议附件，乙方向甲方提供建设用地成本发票或收据（含现状投资成本发票）。

2010 年 11 月 26 日、29 日，宏建公司分 6 笔向金力泰公司转付 100 亩地含附着物的建设用地补偿款共计 4000 万元。2011 年 11 月 26 日，金力泰公司向宏建公司出具收款收据，收到宏建公司现金（补偿费）4000 万元。

2011 年 8 月 2 日，金力泰公司（委托方）、宏建公司（担保方）与银川亨利通商务信息咨询服务有限公司（受委托方，以下简称亨利通公司）签订了《委托协议书》，约定由亨利通公司协助金力泰公司、宏建公司办理案涉土地由工业用地变更为商住地的变性工作。

另查明，双方在签订《联合开发协议》时，金力泰公司已于 2010 年 3 月 9 日将案涉地块抵押给黄河银行海宝支行，借款 1000 万元，该借款已于 2013 年 9 月 17 日全部偿还。2013 年 12 月 30 日，金力泰公司又将案涉地块抵押给工商银行宁夏分行，借款2000万元至今未还。

二、起诉与答辩情况

宏建公司于2014年3月11日向一审法院起诉，请求：判令解除宏建公司、金力泰公司于2010年11月26日签订的《联合开发协议》；金力泰公司向宏建公司返还转让款4000万元；金力泰公司向宏建公司支付违约金4300万元；金力泰公司承担本案诉讼费用。

金力泰公司答辩称，宏建公司的主张缺乏事实依据，《联合开发协议》无效，金力泰公司仅应返还本金。

三、一审审理情况

一审法院认为，本案系因宏建公司、金力泰公司签订的《联合开发协议》而引发，故对该协议的法律效力问题应优先予以审查。经查，案涉地块系金力泰公司于2004年7月20日依法取得，并办理了相应的国有土地使用证，依法取得土地使用权的土地使用者，其使用权在使用年限内可以转让、出租、抵押或者用于其他经济活动，合法权益受国家法律保护，金力泰公司将其名下的100亩地块及附着物以4000万元价款转让给宏建公司变更土地使用用途后进行开发，并将其自留的105.55亩地块亦变更土地用途后，委托宏建公司同时进行整体项目开发，双方按比例共享开发权益。《联合开发协议》虽约定了合作项目用地全部保留以金力泰公司名义进行，但同时约定项目报批材料均侧重宏建公司名义申报，最终确保《建设用地规划许可证》《建设工程规划许可证》《建设工程施工许可证》《商品房预售许可证》办到宏建公司名下，有利于宏建公司进行整体项目规划、设计、施工招投标、施工管理、工程竣工验收和项目整体综合验收、承担前期建安工程费、配套工程费和开工前各项规费、销售、税费，该两种约定自相矛盾，且因金力泰公司不具备房地产开发资质，案涉合作项目用地只能以宏建公司的名义进行开发。案涉地块位于银川市德胜工业园区，该园区已有将工业用地变更为商住地的先例，且案涉地块的相邻土地已被案外人在取得政府管理部门批准后开发成商住楼，至于本案工业用地转换为商住用地,是否获得政府主管部门批准,并不影响双方签订的《联合开发协议》的效力。故金力泰公司认为案涉土地使用权性质的相关变更法律手续未及时办理,违反了《中华人民共和国土地管理法》和《国务院办公厅关于清理整顿各类开发区加强建设用地管理的通知》的相关规定,据此认为《联合开发协议》为无效协议,依据不足。双方签订的《联合开发协议》是经缔约方协商后的真实意思表示,内容未违反法律、行政法规的强制性规定,合法有效。

协议签订后,宏建公司分别于 2010 年 11 月 26 日和 29 日向金力泰公司为案涉项目的 100 亩地块及附着物陆续支付土地转让款 4000 万元,金力泰公司出具收据,并在收据中注明收到宏建公司交来现金(补偿款),且金力泰公司亦认可该款系购买 100 亩案涉地块及附着物的转让款,上述事实足以表明双方为联合开发房地产,金力泰公司对其部分建设用地使用权进行了转让,故本案系带有部分转让建设用地使用权的合作、合资开发房地产合同纠纷。

因双方缔结《联合开发协议》的本意是宏建公司支付 4000 万元对价购买 100 亩土地使用权(含附着物),金力泰公司收取价款后转让该土地使用权及附着物,并由宏建公司连同金力泰公司自留地块进行整体开发。但事实证明,金力泰公司在未告知其已将案涉地块设定了抵押权不得转让的情况下,仍与宏建公司签订了《联合开发协议》,并约定将其 100 亩地块转让给宏建公司,并收取了宏建公司支付的 4000 万元土地转让款,但金力泰公司收取款项后并未按约定解除抵押权,致使《联合开发协议》至今无法履行,据此金力泰公司在签订《联合开发协议》时就已首先构成违约,并最终导致本案纠纷的产生。宏建公司以金力泰公司隐瞒设定抵押权事实,金力泰公司名下的土地使用权须在消除抵押权的法律障碍后才能流转,存在合同目的不能实现为由,主张解除合同,要求金力泰公司返还 4000 万元土地转让款,且金力泰公司亦同意解除合同,故宏建公司主张解除合同,要求返还土地转让款的诉求理由成立,一审法院予以支持。

依据《联合开发协议》约定,金力泰公司确保合作资产无抵押及相关债权关系,如金力泰公司抵押行为导致项目相关手续不能正常进行,则视

房地产开发经营合同纠纷

为金力泰公司违约。据此约定,金力泰公司应确保案涉地块无抵押关系,或金力泰公司于协议签订后,立即偿还银行借款,解除抵押关系。经查,在《联合开发协议》签订后,金力泰公司既未完成案涉地块的解除抵押权工作,也未完成案涉地块的交付,显然已构成违约。依据违约方向对方承担项目总投资(4.72亿元)5%的违约金和不少于已发生资金额15%的年息的违约责任及违约金的约定,以及当事人一方不履行合同义务或者履行合同义务不符合约定,给对方造成损失的,损失赔偿额应当相当于因违约所造成的损失,包括合同履行后可以获得的利益,约定的违约金过分高于造成的损失的,当事人可以请求人民法院予以适当减少和当事人主张约定的违约金过高请求予以适当减少的,人民法院应当以实际损失为基础,兼顾合同的履行情况、当事人的过错程度以及预期利益等综合因素,根据公平原则和诚实信用原则予以衡量,并作出裁决的法律规定,本案中因金力泰公司怠于履行合同,导致项目开发不能进行,金力泰公司应当承担由此造成的损失。金力泰公司除与亨利通公司签订了《委托协议书》,约定由亨利通公司协助金力泰公司办理案涉地块由工业用地变更为商住用地的变性工作外,至今从未积极配合宏建公司办理项目开发手续,对于案涉地块的抵押,金力泰公司更是怠于偿还银行贷款,撤销抵押权,且在银行贷款到期后,仍将案涉土地再次设定了抵押权,致使案涉地块至今抵押于银行,不能进行项目开发,因此,金力泰公司主观过错明显,构成根本违约,应承当违约责任。但考虑到宏建公司在签订协议,履行支付土地转让款中,对案涉地块是否涉及抵押问题未尽到合理的审查注意义务,宏建公司亦应承担部分责任,故一审法院依据《联合开发协议》履行的实际情况,当事人可以获得的预期利益和当事人的过错程度,结合当事人的请求,认定《联合开发协议》约定的项目总投资5%的违约金和不少于已发生资金额15%的年息属约定过高,酌情对约定的违约金予以调整,金力泰公司应支付的违约金为自2010年11月27日至2014年2月20日止按中国人民银行同期贷款利率的4倍计算,符合民法的公平原则,据此,宏建公司关于违约金的部分诉求成立,一审法院予以支持,其余部分予以驳回。

综上，一审法院依照《中华人民共和国民法通则》第四条①、《中华人民共和国合同法》第五条②、第六条③、第九十四条第四项④、第一百零七条⑤、第一百一十三条第一款⑥、第一百一十四条第一款、第二款⑦，《中华人民共和国城镇国有土地使用权出让和转让暂行条例》第四条、第十九条第一款，《最高人民法院关于适用〈中华人民共和国合同法〉若干问题的解释（二）》第二十九条第一款⑧，《中华人民共和国民事诉讼法》第一百三十四条第一款、第一百四十二条之规定，判决：一、解除双方2010年11月27日签订的《联合开发协议》；二、限金力泰公司于判决发生法律效力之日起15日内将4000万元土地转让款偿还给宏建公司；并向宏建公司支付违约金32107067元（自2010年11月27日至2014年2月20日止按中国人民银行同期贷款利率的4倍计算）；三、驳回宏建公司的其他诉讼请求。如果未按判决指定的期间履行给付金钱义务，应当依照《中华人民共和国民事诉讼法》第二百五十三条之规定，加倍支付迟延履行期间的债务利息。案件受理费456800元，由金力泰公司负担409750元，由宏建公司负担47050元。诉讼保全费5000元，由金力泰公司负担。宣判后，金力泰公司提起上诉。

---

① 《中华人民共和国民法通则》已于2021年1月1日起失效。本条内容已废止。
② 无《中华人民共和国民法典》对应法条。
③ 无《中华人民共和国民法典》对应法条。
④ 对应《中华人民共和国民法典》第五百六十三条第四项，内容未作修改。
⑤ 对应《中华人民共和国民法典》第五百七十七条，内容未作修改。
⑥ 对应《中华人民共和国民法典》第五百八十四条："当事人一方不履行合同义务或者履行合同义务不符合约定，造成对方损失的，损失赔偿额应当相当于因违约所造成的损失，包括合同履行后可以获得的利益；但是，不得超过违约一方订立合同时预见到或者应当预见到的因违约可能造成的损失。"
⑦ 对应《中华人民共和国民法典》第五百八十五条第一款、第二款："当事人可以约定一方违约时应当根据违约情况向对方支付一定数额的违约金，也可以约定因违约产生的损失赔偿额的计算方法。约定的违约金低于造成的损失的，人民法院或者仲裁机构可以根据当事人的请求予以增加；约定的违约金过分高于造成的损失的，人民法院或者仲裁机构可以根据当事人的请求予以适当减少。"
⑧ 《最高人民法院关于适用〈中华人民共和国合同法〉若干问题的解释（二）》已于2021年1月1日起废止。

四、上诉及答辩情况

金力泰公司上诉称：（1）《联合开发协议》约定的开发土地系法律禁止进行商住房开发的工业用地，违反了法律、行政法规的效力性、强制性规定，应认定无效。一审判决认定案涉土地所在的银川德胜工业园区已有将工业用地变更为商住地的先例，缺乏依据。（2）金力泰公司与宏建公司约定土地变性后进行联合开发，因违反法律规定不能履行，合同目的不能实现。（3）案涉土地在《联合开发协议》签订前即公开登记抵押，且金力泰公司履行了告知义务。宏建公司未举证证明系因案涉土地抵押导致项目手续不能正常进行。（4）一审判决金力泰公司按照银行利率的4倍承担共计32107067元违约金，有失公正，本案并非民间借贷纠纷，适用4倍利率缺乏法律依据。（5）金力泰公司在二审诉讼期间补充上诉理由称，合同无法继续履行的原因是银川市国土资源部门错划土地，导致合作开发土地四至出现争议。上诉请求：（1）依法撤销一审判决，驳回宏建公司的诉讼请求；（2）本案一、二审诉讼费由宏建公司承担。

宏建公司答辩称：（1）《联合开发协议》不违反任何法律、行政法规的强制性、效力性规定。该协议仅对"申请变更"作出约定，并非"擅自改变建设用地性质"。（2）金力泰公司与亨利通公司存在委托关系，亨利通公司未完成土地用途的变更，应由金力泰公司承担责任。（3）《联合开发协议》签订时，金力泰公司隐瞒案涉开发用地即存在抵押的事实，构成民事欺诈；其在2013年12月将案涉开发用地二次抵押，导致合同目的无法实现，构成严重违约。（4）贺兰县德胜工业园区存在以工业用地变更为住宅建设用地的先例是当地众所周知的事实，而且一审判决并非仅以此先例作为判决依据。（5）一审判决适用"四倍利息"的处理方式，系采纳金力泰公司诉讼代理人的诉讼意见。本案自2010年至今6年，宏建公司的4000万元相当于让金力泰公司无偿使用，"四倍利息"是适当的。（6）金力泰公司二审期间补充的证据可以证明合同目的无法实现，应予解除。请求驳回金力泰公司的上诉，维持原判。

五、二审审理情况

最高人民法院二审查明：2005年1月6日，金力泰公司与宁夏回族自治区贺兰县国土资源局签订了《国有土地使用权出让合同》，该合同第十七条约定："在出让期限内，受让人必须按照本合同规定的土地用途和土地使用条件利用土地，需要改变本合同规定的土地用途和土地使用条件的，必须依法办理有关批准手续，并向出让人申请，取得出让人同意，签订土地使用权出让合同变更协议或者重新签订土地使用权出让合同，相应调整土地使用权出让金，办理土地变更登记。"第二十四条约定："土地使用权转让、出租、抵押的，转让、出租、抵押双方应在相应的合同签订之日起30日内，持本合同和相应的转让、出租、抵押合同及《国有土地使用证》，到土地行政管理部门申请办理土地登记。"

2011年6月13日，金力泰公司向贺兰县国土资源局申请变更土地使用权性质。2013年6月25日，金力泰公司因与其他公司的国有土地使用权证地界重复以及贺兰县消防大队占用土地问题向贺兰县人民政府提出补足土地面积的申请。2015年3月16日，贺兰县国土资源局出具《关于宁夏金力泰钢结构有限公司用地的核实情况》确认，金力泰公司205.55亩工业用地中的10亩被贺兰县消防大队占用，其中70.94亩土地使用权属于银川市兴庆区，2001年8月银川市国土资源局将70.94亩土地以用途为农用地出让给银川维维北塔乳业股份有限公司，出让期限30年。金力泰公司实际用地124.61亩，差80.94亩。

2015年10月9日庭审中，金力泰公司的法定代表人称，2012年政府约同双方现场勘探，发现政府出让土地的四至有误，金力泰公司要求宏建公司撤资，宏建公司同意，但是双方对4000万元的利息不能达成一致意见，故搁置至今。宏建公司不予认可，主张2013年5月发现案涉土地存在抵押，与金力泰公司协商过退款，但金力泰公司一直不签订书面协议，故2014年起诉。

最高人民法院认为，本案二审争议焦点：（1）《联合开发协议》的性质和效力问题；（2）《联合开发协议》是否应予解除以及解除后合同当事

房地产开发经营合同纠纷

人的责任负担问题。

1. 关于《联合开发协议》的性质和效力问题

宏建公司与金力泰公司签订的《联合开发协议》主要内容包括，金力泰公司出地，宏建公司出资，双方在金力泰公司享有土地使用权的工业用地上合作开发房地产，实行统一规划、分段实施的开发原则，最终收益分成方式为双方按照投资比例分配开发所建成品房。具体操作路径为，宏建公司以 4000 万元支付讼争 100 亩土地转让、变性及过户发生的税费，另105.55 亩作价每亩 40 万元，变性及税费由金力泰公司承担；以金力泰公司为主，宏建公司协助共同申办变性手续；《建设用地规划许可证》《建设工程施工许可证》《建设工程规划许可证》《商品房预售许可证》等房地产开发手续，办到宏建公司名下，便于整体市场销售、保障客户权利和纳税关系。即，先实现工业用地变性为开发用地，再办妥开发手续，最终实现开发目标。《最高人民法院关于审理涉及国有土地使用权合同纠纷案件适用法律问题的解释》第十四条规定，本解释所称的合作开发房地产合同，是指当事人订立的以提供出让土地使用权、资金等作为共同投资，共享利润、共担风险合作开发房地产为基本内容的协议。共担风险是合作开发房地产合同的根本特征。《联合开发协议》符合上述司法解释规定的合作开发房地产合同法律特征，应认定为合作开发房地产合同。一审判决认定案涉合同性质为带有部分转让建设用地使用权的合作、合资开发房地产合同，定性不准，应予以纠正。

案涉合作开发房地产合同实行统一规划，分段开发、分段承担责任和享受权利原则，即，近期目标为实现工业用地变性，远期目标为实现商品房开发。分步履行的开发合同约定中存在大量的缺失和不确定内容，尚需随合同履行进程而填充、明确、细化主合同内容，才能接续履行以实现合同目的。此间，需要缔约双方协调配合、办理政府行政审批手续、缴纳有关规费；需评估城市整体规划和项目规划是否变化、国家和地方政府房地产政策及行情动态变化情况等，能否实现合同目的存在着很大变数。据此，讼争项目隐含的商业风险远大于一般合作开发房地产项目。

关于合同效力问题。考察合同效力的主要依据是合同约定内容。从涉案合同内容看,案涉合同并未违反法律效力性强制性规定。金力泰公司上诉主张,订约双方约定变更土地性质,违反《中华人民共和国土地管理法》等法律规定,应认定无效。双方协议变更讼争用地性质并履行法定出让、补缴费用、过户、行政审批等程序,符合法律规定。至于约定内容能否全面实际履行,是考量合同应否解除或终止的因素,并不能因此认定合同无效。金力泰公司与贺兰县国土资源局签订的《国有土地使用权出让合同》第十七条和第二十四条明确约定,变更土地用途或转让土地均应报贺兰县国土资源局批准,说明该宗土地变更用途或转让并非禁止,可以通过申报批准而实现。金力泰公司关于协议无效的主张,缺乏法律依据,不能成立。

2. 关于《联合开发协议》是否解除以及解除合同后果问题

宏建公司诉请解除合同,金力泰公司同意,一审法院亦判决解除合同。对此,应予以认可。导致案涉合同无法继续履行的原因是多方面的,包括合同当事人一方违约、双方当事人怠于履行合同义务、合同约定不明、政府出让土地四至存在争议等综合原因。具体分析如下:一是《联合开发协议》约定变性后用于房地产开发的205.55亩土地中的80.94亩因出让环节存在误差出现用地红线四至争议,且尚未解决。二是案涉合同有关"以谁名义开发"等合作开发合同必备的核心条款约定不明。《联合开发协议》约定,合作项目用地全部保留以金力泰公司名义运行;还约定,项目报批材料均侧重宏建公司名义申报,最终确保《建设用地规划许可证》《建设工程规划许可证》《建设工程施工许可证》《商品房预售许可证》办到宏建公司名下,有利于宏建公司进行整体项目规划、设计、施工招投标、施工管理、工程竣工验收和项目整体综合验收、承担前期建安工程费、配套工程费和开工前各项规费、销售、缴纳税费。上述约定内容冲突,难以履行。三是双方在履约中未尽到信赖与协助义务。合作开发合同本质特征是信赖与协作。本案双方履行合同中,未积极沟通协调,及时化解履行合同中出现的困难。《联合开发协议》第四条第一款约定,协议生效后,如一方不能履行义务,应及时书面告知对方,由对方及时调整资金计划并完成核缴义务,根据核缴额及协议相关条款调整双方权益比例。金

房地产开发经营合同纠纷

力泰公司早在2012年已经知道讼争土地地界存在争议，但其并未举证证明及时告知宏建公司。宏建公司交付款项后土地用途一直未变更，其亦未尽协助义务。对此，双方均有责任，也是案涉合同不能全面实际履行的原因之一。四是签订《联合开发协议》时，金力泰公司已将案涉土地抵押，其主张已以口头形式告知宏建公司，但并无证据佐证。更为甚者，抵押借款债务清偿后金力泰公司又将讼争土地抵押，其行为已构成违约，并影响协议全面实际履行。

上述多重原因导致案涉合同不能履行，双方均有过错，解除合同所产生的损失应根据过错分担。一审判决认为因金力泰公司怠于履行合同义务，导致项目开发不能进行，金力泰公司应当承担因此造成的损失。一审判决认定合同目的不能实现的原因不够全面，应予修正。综合各方当事人过错、结合本案实际，酌定金力泰公司向宏建公司返还4000万元投资款并按照中国人民银行同期贷款利率的2倍计息。

综上所述，一审判决认定事实和适用法律部分有误，应予纠正。依照《中华人民共和国合同法》第六十条①、第九十三条第一款②、第九十七条③，《中华人民共和国民事诉讼法》第一百七十条第一款第二项之规定，判决：一、维持一审判决第一项、第三项；二、变更一审判决第二项为：金力泰公司于判决生效之日起15日内返还宏建公司4000万元，并按照中国人民银行同期贷款利率的2倍计算利息，自2010年11月27日至判决确定的给付之日止。一审案件受理费456800元，由金力泰公司负担35万元，宏建公司负担106800元。诉讼保全费5000元，由金力泰公司负担。二审

---

① 对应《中华人民共和国民法典》第五百零九条："当事人应当按照约定全面履行自己的义务。当事人应当遵循诚信原则，根据合同的性质、目的和交易习惯履行通知、协助、保密等义务。当事人在履行合同过程中，应当避免浪费资源、污染环境和破坏生态。"

② 对应《中华人民共和国民法典》第五百六十二条第一款，内容未作修改。

③ 对应《中华人民共和国民法典》第五百六十六条："合同解除后，尚未履行的，终止履行；已经履行的，根据履行情况和合同性质，当事人可以请求恢复原状或者采取其他补救措施，并有权请求赔偿损失。合同因违约解除的，解除权人可以请求违约方承担违约责任，但是当事人另有约定的除外。主合同解除后，担保人对债务人应当承担的民事责任仍应当承担担保责任，但是担保合同另有约定的除外。"

案件受理费 456800 元，由金力泰公司负担 35 万元，宏建公司负担 106800 元。

六、对本案的解析

本案涉及两个问题：(1)《联合开发协议》的性质和效力问题；(2)《联合开发协议》解除后合同当事人的责任负担问题。

1. 《联合开发协议》的性质和效力

如何对《联合开发协议》定性，直接影响合同当事人享有权利和承担义务。《最高人民法院关于审理涉及国有土地使用权合同纠纷案件适用法律问题的解释》第十四条规定，本解释所称的合作开发房地产合同，是指当事人订立的以提供出让土地使用权、资金等作为共同投资，共享利润、共担风险合作开发房地产为基本内容的协议。其中，合作开发房地产合同最本质、最核心的特征是共担风险，一般合作开发合同收益分成方式为直接分房或者售房利润分成，由于房地产价格处于动态变化中，这两种收益分成形式都承担了很大商业风险。本案中，《联合开发协议》约定，金力泰公司出地，宏建公司出资，双方在金力泰公司享有的用地性质为工业用地的土地上合作开发房地产，最终收益分成方式为双方按照投资比例分配开发所建成品房。按照上述司法解释规定，案涉合同性质应认定为合作开发房地产合同。金力泰公司出资的土地尚未实现工业用地变性为开发用地，存在较大经营风险，根据合同性质该风险应由合同双方负担。

关于《联合开发协议》的效力问题。本案争议的具体问题是，《联合开发协议》约定开发的土地系工业用地，该约定是否违反了《中华人民共和国土地管理法》《中华人民共和国土地管理法实施条例》及《中华人民共和国城乡规划法》等法律、法规的效力性强制性规定？依据《中华人民共和国合同法》第五十二条第五项规定，应否认定为无效？对此，不能一概而论，需针对个案具体案情，结合合同的具体约定进行审查。出让土地用途是《中华人民共和国土地管理法》《中华人民共和国城市房地产管理法》《城镇国有土地使用权出让和转让暂行条例》（国务院令第 55 号）等法律、法规规定的，用地期限也不同，包括，居住用地 70 年；工业用地

50年；教育、科技、文化、卫生、体育用地50年；商业、旅游、娱乐用地40年；综合或者其他用地50年。不同性质的用地之间可否转化呢？法律没有作禁止性规定，从实务情况看，改变土地性质、变更土地用途的事例并不鲜见；因为居住用地的土地价值远远高于工业用地土地价值，申请将非居住用地变性为居住用地的情况较多。土地变性是与城市整体规划、整体布局紧密相连的，一般流程是政府权力部门审批（市长办公会议纪要等）通过后，办理立项和规划变更的审批程序，通过招、拍、挂等公开竞买程序出让变更后土地使用权，补缴土地出让金，取得变性后土地权证。

因出让用地性质经法定程序可以变更，当事人在合同中约定履行合法审批程序后将工业用地性质变更为居住用地后再行开发房地产，此时合同约定大体可以分为近期目标和远期目标，近期的履约目标为实现土地变性，远期为实现房地产开发，以后再行按照约定分房或者售房利润分成。约定内容环节多、费用高、风险大，但约定内容并不违反现行法律规定，而是按照法定程序实现土地变性；如合同约定在工业用地上直接开发房地产，则违反法律效力性强制性规定，应当认定合同为无效。

本案应认定案涉协议有效。金力泰公司与贺兰县国土资源局签订的《国有土地使用权出让合同》第十七条和第二十四条明确约定，变更土地用途或转让土地均应报贺兰县国土资源局批准，说明合同当事人约定实现宗地用途变更的途径是合法的，应当履行政府审批程序，批准同意方可实现工业用地变更为开发用地。结合《联合开发协议》有关土地变性的约定内容，可以看出，合同当事人真实意思并非在工业用地上直接进行商品房开发建设，故不属于擅自改变建设用地性质行为；如权力部门审批同意，则合同履行进入房地产开发阶段，继续履行；若不予审批，则合同解除或者终止履行，双方另行协商因此产生的后续问题。土地性质能否变更属于合同履行问题，并不能因此倒推合作开发合同无效。

2. 关于《联合开发协议》解除后合同当事人的责任负担问题

本案宏建公司诉请解除合同，金力泰公司亦同意解除，双方争议的问题是宏建公司是否可追究金力泰公司的违约责任。对于该问题应审查合同解除的原因，若因一方当事人根本违约导致合同目的不能实现，另一方当事人有权行使合同解除权，并追究违约责任。若合同解除并非因一方当事人违约行为所致，而是因双方过错所致，或者因不能归责合同双方当事人原因所致，则应由双方分担因合同解除或者终止履行合同造成的损失。根据《中华人民共和国合同法》第九十七条规定，合同解除后对于已经履行部分，视履行情况和合同性质，当事人可请求恢复原状、采取其他补救措施、赔偿损失。

该案合同无法继续履行的原因是多方面的，包括合同当事人一方违约、双方当事人怠于履行合同义务、合同约定不明、政府出让土地四至存在争议等综合原因。一是《联合开发协议》金力泰公司用于出资的工业用地在出让环节出现争议，尚未解决。二是案涉合同的核心条款约定不明。关于以谁的名义开发问题，《联合开发协议》约定，合作项目用地全部保留以金力泰公司名义运行；同时约定，项目报批材料均侧重宏建公司名义申报，最终确保各项许可证办到宏建公司名下；上述约定内容冲突，难以履行。三是双方在履约中未尽到信赖与协助义务。合作开发合同本质特征是信赖与协作。本案双方履行合同中，未积极沟通协调，及时化解履行合同中出现的困难。四是签订《联合开发协议》时，金力泰公司已将案涉土地使用权抵押，抵押借款债务清偿后又将讼争土地使用权抵押，其行为已构成违约，并影响协议全面实际履行。

综合来看，案涉协议不能履行，既有客观原因，也有主观原因，双方当事人均有过错。虽然目前存在的履行障碍是土地四至出现争议，但即使该障碍可以克服，仍然面临土地性质能否变更、以谁的名义开发，如何处理土地使用权的抵押等问题。金力泰公司有一定的违约行为（未告知宏建公司土地使用权抵押事实），但并不是案涉合同解除的唯一原因，土地性质未能变更并非因其怠于履行。一审判决认定金力泰公司违约导致合同目的不能实现，并不全面，判令金力泰公司承担合同解除的全部责任不当。金力泰公司作为土地使用权的出资方，对于土地使用权出现争议以及未能及时变更性质应较宏建公司承担更多的责任；并且金力泰公司在得知案涉土地存在地界争议后，未及时与宏建公司协商解除合同，退还资金，存在较多过错。宏建公司亦应承担部分风险，其对合同约定存在的矛盾以及履行中未尽到信赖、协助义务均有过错。案涉合同不能履行，双方均有履行利益损失。但是至宏建公司起诉时止，金力泰公司并未出资，亦未交付土地，无直接损失；而宏建公司的直接损失包括4000万元资金的占用损失。权衡上述情况，二审法院判令金力泰公司向宏建公司返还本金，并按照中国人民银行同期贷款利率的2倍计息，赔偿宏建公司部分损失。

（执笔人：谢爱梅）

41. 上诉人甘肃宝迪置业发展有限责任公司与被上诉人兰州安宁新城万和影视文化有限责任公司、第三人兰州市安宁区就业服务局等合资、合作开发房地产合同纠纷二审案[*]

> 合同条款的文义与已查明事实及其相应法律规定的要求存在冲突时，应综合当事人陈述等因素，探求当事人缔约时的真实意思并决定是否将其作为案件裁判的依据

【裁判摘要】

> 合同条款的文义理解与已查明的事实及其相应法律规定存在冲突时，是否采信应综合当事人陈述、合同上下文所使用的词句、合同有关条款、合同目的、交易习惯以及诚实信用原则等因素，探求当事人缔约时的真实意思并决定是否将其作为案件裁判的依据。

上诉人（原审被告、反诉原告）：甘肃宝迪置业发展股份有限公司，住所地甘肃省兰州市安宁区十里店78号。

法定代表人：李建洲，该公司总经理。

委托诉讼代理人：陈耀权，北京市天同（深圳）律师事务所律师。

委托诉讼代理人：刘欢，北京市天同律师事务所

---

[*] 摘自《民事审判指导与参考》2018年第1辑（总第73辑），人民法院出版社2018年版，第169~192页。

律师。

被上诉人（原审原告、反诉被告）：兰州安宁新城万和影视文化有限责任公司，住所地甘肃省兰州市安宁区安宁西路500号。

法定代表人：徐广顺，该公司总经理。

委托诉讼代理人：郭沛炜，上海市汇业（兰州）律师事务所律师。

原审第三人：兰州市安宁区就业服务局，住所地甘肃省兰州市安宁区福兴路6号。

法定代表人：袁明权，该局局长。

委托诉讼代理人：孙彦生，甘肃经邦律师事务所律师。

原审第三人：兰州市安宁区糖酒副食品公司解散清算组，住所地甘肃省兰州经济技术开发区16号。

负责人：陈军，该清算组组长。

委托诉讼代理人：张晓军，甘肃恒亚律师事务所律师。

原审第三人：兰州银行股份有限公司，住所地甘肃省兰州市城关区酒泉路211号。

法定代表人：房向阳，该行董事长。

委托诉讼代理人：荆卫宇，该银行工作人员。

委托诉讼代理人：史春良，该银行工作人员。

原审第三人：甘肃荔昌家居有限责任公司，住所地甘肃省兰州市西固区福利东路60号。（未到庭）

法定代表人：黄亚新，该公司总经理。

原审第三人：兰州剑沱酒类经营有限公司，住所地甘肃省兰州市安宁西路295号。

法定代表人：梁元林，该公司总经理。

一、一审法院查明的事实

一审法院认定的事实：2008年9月24日，安宁区广播电影电视局（以下简称安宁区广电局）作为甲方，甘肃宝迪投资有限责任公司（以下简称宝迪投资公司）作为乙方，双方就安宁影剧院提升改造项目签订了

《安宁影剧院引资改造建设合同》,约定:本项目暂定名为兰州市安宁影视文化中心,是在原安宁影剧院原址上拆除重建;合作方式:甲方提供符合商品房开发条件的建设用地六亩(具体以实际测量为准),乙方筹措全部建设资金,必须在保证原建筑产权单位拆迁安置的前提下,本着"谁投资,谁受益"的原则,除拆迁安置面积外其余全部归投资方所有,甲方所得建筑面积含拆迁安置面积不得低于7000m^2、不高于8000m^2;投资总额1.2亿元;项目建设期限为具备开工条件的各项手续齐备后,两年内必须完工并交付使用;双方的权利与义务:甲方全面对原影剧院、商业大楼、文化中心招待所内所有产权单位建筑实际面积进行测量,登记造册,并负责与其拆迁协议的签订等。乙方全额筹措保证影视文化中心综合楼建设的资金和开发建设相关规定费用资金的交纳,按相关法律与政策规定,办理立项、审批、土地建设、环评等手续,组织竣工验收,如期足额返还拆迁安置单位的建筑面积,并移交使用等;违约赔偿责任为确定工期后,若不能按期交付拆迁安置单位的建筑面积,造成违约后果,由乙方承担全部违约责任和全额违约赔偿。本合同签订后,任何一方违约,需承担违约责任并支付对方违约责任金,违约赔偿金为本项目含拆迁安置费用已发生费用的50%;其他约定是本合同为引资建设第一阶段合同,是初步设计完成后具体合同的纲领性指导文件,未尽事宜,签订补充合同。

2009年7月15日,安宁区广电局作为甲方,宝迪投资公司作为乙方,双方签订了《安宁影剧院提升改造项目引资合作补充协议书》(以下简称《补充协议书》),双方对多个拥有产权的单位、数字影院和商业铺面核准的建筑面积进行拆一还一的协议返还安置及需货币拆迁安置、影剧院改制等新问题需妥善处理签订补充协议。协议中,对返还拆迁安置面积的确定、乙方承诺拆迁协议的建筑面积保证返足、拆迁货币补偿的处理、不能按期交付安置的赔偿办法、安宁影剧院改制的意见及其他事项进行了约定。

2010年9月2日,兰州安宁新城万和影视文化有限责任公司(以下简称万和公司)作为甲方,甘肃宝迪置业发展有限责任公司(以下简称宝迪公司)作为乙方,就合作建设"安宁影视文化中心项目"签订了《合作建设安宁影视文化中心项目协议书》（以下简称《项目协议书一》）。该协议前言陈述："经安宁区广电局报经安宁区人民政府批准，由改制后的万和公司与投资方宝迪公司就引资改扩建安宁影视文化中心达成如下协议。"

至此，安宁影剧院提升改造工程由最初安宁区广电局与宝迪投资公司实施变更为最终由万和公司与宝迪公司具体实施，且该协议对项目的实施重新进行了约定：即项目名称"安宁影视文化中心项目"、项目定位、引资方案"由甲方以经政府批准改制的万和公司将安宁影剧院原址由划拨用地经政府批准变更为开发用地后，作为项目建设用地并负责过户至乙方，成为本项目甲方出资与乙方合作建设安宁影视文化中心的条件；乙方负责资金投入并完成安宁影视文化中心的工程建设。项目建成后以还建形式返还甲方"，双方责任及权利"甲方责任和权利：（1）负责原建筑物的拆除、动迁及项目建成后的还建工作；（3）……负责将安宁影剧院原址，安国用[2010] 第A0021号，……使用面积为4920.2m² 的建设用地，及时过户至宝迪公司兰州分公司，便于本项目及时开工建设；乙方责任和权利"（1）负责安宁影视文化中心的项目融资、建设；（4）保证本项目按期建设、如期竣工并按期交付安宁影视文化中心甲方的还建面积"。

2010年11月4日，万和公司、宝迪公司就安宁影视文化中心项目又签订了《合作建设安宁影视文化中心项目协议书》（以下简称《项目协议书二》）。该协议约定安宁影视文化中心项目实施主体变更为万和公司与宝迪公司，且双方对项目具体实施进行了约定，该份协议相对2010年9月2日双方所签协议，仅多出一条"双方利益分成"以及最初约定的"将安国用[2010] 第A0021号，……使用面积为4920.2m² 的建设用地，及时过户至宝迪公司兰州分公司"变更为"及时过户至宝迪公司"。

2010年11月26日，万和公司作为甲方，宝迪公司作为乙方又签订《合作建设安宁影视文化中心项目补充协议书》（以下简称《补充协议一》）。该协议对返还拆迁安置面积的确定、兑现拆迁安置协议的约定及甲方所得建筑面积的处置等进行了约定。其中"关于返还拆迁安置面积的确定"中约定：甲方所得建筑面积确保7000m²。其中商业用房面积不超过6000m²；甲方分得的商业面积将妥善完成安宁影剧院、安宁糖酒副食品公司（以下简称糖酒公司）、兰州市安宁区就业服务局（以下简称安宁就业局）、甘肃荔昌家居有限责任公司（以下简称荔昌家居）、兰州银行股份有限公司（以下简称兰州银行）、自然人杨松、兰州剑沱酒类经营有限公司（以下简称剑沱酒业）等产权单位的全部拆迁安置。私人产权户杨松面积合计346.5m²，乙方已进行了货币补偿，该面积从甲方最终确定的分割面积总量商业用房面积中扣除。"关于兑现拆迁安置协议的约定"中约定：乙方接受在安宁影剧院改制前及本项目建设前期安宁区广电局与安宁影剧院、糖酒公司、安宁就业局、荔昌家居、兰州银行、剑沱酒业等产权单位已签订的《拆迁安置协议书》中的全部条款，所有合同安置责任由乙方承担并以甲方分得的商业面积兑现安置；且乙方承担原面积、原楼层、原位置安置拆迁户及在2012年12月31日前项目完工并交付拆迁安置房屋的责任，乙方同意如果到期（2012年12月31日前）无法对被拆迁产权单位进行安置则须向被拆迁产权单位进行赔偿的约定，赔偿标准为《拆迁安置协议书》中不能按期安置的赔偿条款约定的标准进行赔偿。《补充协议一》中对借款归还约定：安宁影剧院与宝迪投资公司于2010年4月26日签订的《借款协议书》（新公司注册运转借款50万元）以及万和公司与宝迪投资公司于2010年7月签订的《借款协议书》（交纳土地出让金借款106万元）以及2010年10月19日的拆迁安置补偿借款19万元等，万和公司同意以现金方式归还，归还日期另行协商。

2012年5月18日，万和公司作为甲方，宝迪公司作为乙方，安宁区广电局作为丙方，三方签订了《合作建设安宁影视文化中心项目补充协议书（二）》（以下简称《补充协议二》）。该协议对减少返还面积因素的确认、本协议最终返还面积的确认及本补充协议的法律效力进行了约定。其中"本协议最终返还面积的确认"中约定：乙方返还甲方面积的具体分配确认如下：（1）糖酒公司，总面积514.8m²，其中二楼257.4m²，四楼257.4m²；（2）安宁就业局480m²，三楼东西两侧；（3）荔昌家居，一楼西侧212.4m²；（4）兰州银行456m²，其中一楼东171m²，四楼东285m²；（5）剑沱公司399.31m²，其中一楼东147.98m²，一楼西94.59m²，三楼东156.74m²；（6）自然人杨松二楼东346.5m²；（7）安宁影剧院四楼影厅

房地产开发经营合同纠纷

及办公室 3478m² （含返还影剧院自建房 253m²），五楼放映室 135.38m²。上述返还面积均为商业面积，总计 6022.39m²。

按照上述约定，万和公司将其安国用［2010］第 A0021 号《国有土地使用证》所载国有土地使用权转移登记至宝迪公司，宝迪公司在缴纳相关契税后取得安国用［2010］第 A0064 号《国有土地使用证》证载该项目用地国有土地使用权。

另外，安宁区广电局已替代万和公司履行原有建筑物的拆除、动迁义务。至此，万和公司已全面履行原有建筑物的拆除、动迁及项目用地过户义务。

另查明，安宁区广电局与安宁就业局、兰州市安宁区糖酒副食品公司解散清算组（以下简称糖酒清算组）、兰州银行、荔昌家居签订的拆迁安置协议中没有约定拆迁安置的违约条款。安宁区广电局与剑沱酒业所签《拆迁安置协议书》中约定逾期交房的违约金每月 40 元/m²。

又查明，本案所涉"安宁影视文化中心项目"，宝迪公司于 2010 年 9 月 2 日在兰州经济技术开发区经济发展局进行项目立项备案，登记备案号为：兰经开经发（备）［2010］39 号。后宝迪公司将合同约定并经立项备案的项目名称"安宁影视文化中心"更名为"安宁影视文化中心·宝迪文郡改扩建项目"。2012 年 8 月 28 日，宝迪公司取得该项目《建设用地规划许可证》。2012 年 9 月 18 日，取得该项目《建设工程规划许可证》。其后宝迪公司将万和公司过户的项目建设用地为兰州经济技术开发区土地储备中心合同预约收购（已支付 2735.058 万元土地收购补偿款），并通过兰州市国土资源局经济技术开发区分局公开出让缴纳 5600 万元出让金取得兰国用［2012］第 J0016 号《国有土地使用证》，该证所载项目为住宅用地。现该项目已建设完工。

再查明，2012 年 7 月 21 日，安宁区广电局、安宁区财政局向安宁区政府呈报《关于安宁影视文化中心项目土地出让金用于拆迁安置情况汇报》（以下简称《汇报》），情况汇报的主要内容：建议安宁区政府同意将安宁影视文化中心项目土地出让金安宁区所得部分用于拆迁安置。该情况汇报未有回复。

"安宁影视文化中心项目"实施期间,宝迪公司与剑沱酒业、荔昌家居签订了《房屋拆迁补偿协议》并分别支付了房屋拆迁补偿款790万元、550万元。

2010年5月11日,万和公司新设成立,前身为安宁影剧院。2012年5月31日,安宁区广电局调整为兰州市安宁区文化广播影视局。

二、当事人一审起诉情况

万和公司向一审法院起诉请求:(1)宝迪公司依约返还万和公司在原址修建按拆一还一原则拆迁安置的商业面积为5675.89平方米的房屋,其中除3613.38平方米的拆迁安置房屋直接返还万和公司外,其余面积的拆迁安置房屋分别直接返还第三人,宝迪公司协助办理房屋产权手续,所需费用按相关法律规定由产权人与宝迪公司各自承担。(2)宝迪公司给付万和公司逾期交付拆迁安置房屋的违约金5902925.6元。(3)本案诉讼费用由宝迪公司承担。

宝迪公司向原审法院提出反诉请求:(1)解除《项目协议书》及《补充协议书》;(2)确认宝迪公司已替代万和公司完成对杨松、剑沱酒业、荔昌家居的安置责任并返还宝迪公司因安置产生的费用1635万元;(3)万和公司根据《补充协议书》归还175万元借款;(4)诉讼费用由万和公司承担。

三、一审法院认定与判决

原审法院认为:安宁影剧院提升改造工程,由最初安宁区广电局与宝迪投资公司的实施,最终变更为由万和公司与宝迪公司具体实施,双方也对项目的实施重新进行了具体约定。依据合同相对性原则,万和公司与宝迪公司之间的争议,应依据双方之间所签协议解决。万和公司与宝迪公司所签项目协议书及补充协议,符合法律规定,当事人意思表示真实,应为有效协议。协议有效,双方均应恪守。按照2010年9月2日及2010年11月4日双方所签项目协议书的约定,万和公司已全面履行原有建筑物的拆除、动迁及项目用地过户义务。宝迪公司应按照2010年11月26日及2012

年5月18日双方所签补充协议的约定,履行在2012年12月31日前向万和公司按拆一还一的原则(原面积、原楼层、原位置)交付商业面积为6022.39m^2拆迁安置房屋的合同义务。该6022.39m^2拆迁安置房屋中,已经万和公司、宝迪公司确认对拆迁户杨松的面积346.5m^2,宝迪公司以货币方式进行了补偿;另对剑沱酒业应补偿的399.31m^2、荔昌家居应补偿的212.4m^2,宝迪公司均以货币方式予以补偿。此三部分应当从6022.39m^2予以扣除。万和公司与宝迪公司签订的《补充协议一》约定对所有合同安置责任由宝迪公司承担并以万和公司分得的商业面积兑现,宝迪公司对剑沱酒业、荔昌家居的安置符合协议中"安置责任由宝迪公司承担"的原则。故宝迪公司应向万和公司再返还的拆迁补偿面积为5064.18m^2。万和公司关于除去杨松的面积346.5m^2,宝迪公司应向其返还5675.89m^2拆迁安置房屋的主张不予支持。对于向糖酒清算组、安宁就业局、兰州银行拆迁面积的返还,该三家单位的合同相对方系万和公司,故万和公司对宝迪公司向该三家单位履行房屋的返还义务亦应负责。

对于万和公司主张自2013年1月1日至2015年3月1日计26个月宝迪公司应承担逾期交房违约金5902925.6元的问题。双方协议约定:"宝迪公司同意到期(2012年12月31日前)无法对被拆迁产权单位进行安置则须向被拆迁单位进行赔偿的约定,赔偿标准为按安宁区广电局与被拆迁产权单位已签订的《拆迁安置协议书》中不能按期安置的赔偿条款约定的标准进行,并承担全部费用和法律责任。"但安宁区广电局与安宁就业局、糖酒清算组、兰州银行、荔昌家居签订的拆迁安置协议中没有约定拆迁安置的违约条款;安宁区广电局与剑沱酒业签订的拆迁安置协议中约定了逾期交房违约金每月40元/m^2,现剑沱酒业的拆迁安置补偿已经完毕,安宁区广电局与剑沱酒业之间的权利义务已履行完毕,不存在违约事由,且安宁区广电局与剑沱酒业的拆迁安置协议中的赔偿标准,也不能适用于安宁就业局、糖酒清算组、兰州银行、荔昌家居。故万和公司违约赔偿的诉求并无合同依据,不予支持。

关于项目协议书及补充协议应否解除的问题。万和公司已完成了协议中原建筑物拆除、动迁及项目建设用地过户的合同义务,不存在未履行合同主要义务构成根本违约及造成合同客观上不能履行的事实。宝迪公司亦完成了项目的建设，对于其应尽的拆迁安置补偿，仅是履行了部分补偿，全部的安置补偿尚未完成。在此情况下，其要求解除协议，与双方约定不符，且宝迪公司请求解除合同也未依法履行单方通知义务。诉讼中，宝迪公司认为，安宁区广播影视局、兰州市安宁区财政局、安宁区国土局向安宁区政府呈报的《汇报》，证实建设项目的土地出让金应向其返还安置拆迁。对此，《汇报》是建议安宁区政府同意将安宁影视文化中心项目土地出让金安宁区所得部分用于拆迁安置，但《汇报》并无回复，此仅为建议而已。再则，《汇报》与万和公司并无关联。宝迪公司认为《补充协议二》约定返还的土地出让金加政府应返还万和公司的资金，约占本次返还资金的75%，25%由宝迪公司支付。依此，万和公司应承担返还土地出让金的义务。对此，《补充协议二》对减少返还面积因素的确认、最终返还面积的确认及补充协议的法律效力约定明确，其中，最终返还面积的确认：乙方（宝迪公司）返还甲方（万和公司）面积的具体分配确认如下：（1）糖酒公司，总面积514.8m^2，其中二楼257.4m^2，四楼257.4m^2；（2）安宁就业服务局480m^2，三楼东西两侧；（3）荔昌家居，一楼西侧212.4m^2；（4）兰州银行456m^2，其中一楼东171m^2，四楼东285m^2；（5）剑沱酒业399.31m^2，其中一楼东147.98m^2，一楼西94.59m^2，三楼东156.74m^2；（6）自然人杨松二楼东346.5m^2；（7）安宁影剧院四楼影厅及办公室3478m^2（含返还影剧院自建房253m^2），五楼放映室135.38m^2。上述返还面积均为商业面积，总计6022.39m^2。上述协议对各项安置明确、具体，也即排除各项因素，万和公司与宝迪公司对补偿面积的最终确认。故对此予以确认。至于《汇报》亦或是返还资金的75%、25%，法律效力均不及此。综上，宝迪公司要求解除协议的诉讼请求不能成立。

关于宝迪公司诉求万和公司向其返还1635万元安置补偿费的问题。按照宝迪公司与万和公司的协议约定，所有合同安置责任由宝迪公司承担，并以万和公司分得的商业面积兑现安置。协议履行中，宝迪公司向杨松、荔昌家居、剑沱酒业以货币补偿的方式支付了1635万元的安置补偿款，此系宝迪公司履约行为，符合协议约定，万和公司并无过错，且该部分补偿应从其应向万和公司的返还中予以扣减。故宝迪公司返还 1635 万元的诉求缺乏依据，不予支持。

关于借款 175 万元的问题。万和公司与宝迪公司 2010 年 11 月 26 日《补充协议一》对该 175 万元的归还约定明确，即"归还日期另行协商"，故对 175 万元的借款，双方应依据协议约定另作协商，本案对此不作审理。

综上，原审法院依照《中华人民共和国民事诉讼法》第六十四条，《最高人民法院关于适用〈中华人民共和国民事诉讼法〉的解释》第八十一条一款、第九十条一款，《中华人民共和国合同法》第八条[①]、第一百零七条[②]规定，判决如下：

一、宝迪公司依照《补充协议二》向万和公司返还房屋拆迁补偿面积 3613.38m^2。

二、宝迪公司、万和公司依照《补充协议二》向糖酒清算组返还房屋拆迁补偿面积 514.8m^2；向安宁区就业局返还房屋拆迁补偿面积 480m^2；向兰州银行返还房屋拆迁补偿面积 456m^2。

上述判决一项、二项房屋面积的返还于判决生效后 30 日内履行完毕。上述房屋拆迁补偿面积所得房产，宝迪公司于判决生效后 60 日内协助办理产权手续；发生的产权手续费用按相关法律规定承担。

三、驳回万和公司的其他诉讼请求。

四、驳回宝迪公司的反诉请求。

案件受理费 357879 元，万和公司承担 20 万元，宝迪公司承担 157879 元。

四、当事人上诉与答辩情况

宝迪公司不服甘肃省高级人民法院（2015）甘民一初字第 10 号民事判决，向二审法院提起上诉。二审法院于 2016 年 10 月 25 日立案后，依法组成了合议庭，开庭进行了审理。

---

① 对应《中华人民共和国民法典》第四百六十五条："依法成立的合同，受法律保护。依法成立的合同，仅对当事人具有法律约束力，但是法律另有规定的除外。"

② 对应《中华人民共和国民法典》第五百七十七条，内容未作修改。

宝迪公司上诉请求：（1）撤销一审判决第一项、第二项、第四项，改判为驳回万和公司一审请求并支持宝迪公司反诉请求；或在项目协议书及补充协议继续履行的情况下，万和公司应先偿还宝迪公司垫付的土地出让金后方有权按照约定主张返还房屋拆迁补偿面积，或宝迪公司在万和公司欠付土地出让金的范围内减少返还的房屋拆迁补偿面积；或本案发回一审法院重新审理。（2）相关全部诉讼费用由万和公司承担。

在 2017 年 4 月 21 日二审开庭时，宝迪公司当庭请求增加诉讼请求，变更后的诉讼请求如下：（1）撤销一审判决第一项、第二项、第四项，改判为驳回万和公司一审诉讼请求并支持宝迪公司反诉请求；或在项目协议书及补充协议继续履行的情况下，判令万和公司应先偿还宝迪公司垫付的土地出让金后方有权按照约定主张返还房屋拆迁补偿面积，或宝迪公司在万和公司欠付土地出让金的范围内减少返还的房屋拆迁补偿面积；或本案发回一审法院重新审理；（2）万和公司偿还宝迪公司 175 万元借款；（3）相关全部诉讼费用由万和公司承担。

事实与理由：

（一）《补充协议二》明确约定了万和公司缴纳 75% 土地出让金的义务

《补充协议二》第一条第 2 款约定："原协议土地由甲方投资，市场化后，土地按市场挂牌出售。返还的土地出让金＋政府应返还甲方（即万和公司）的资金，约占本次返还土地总价款的 75%。25% 由乙方支付。土地成为双方共同投资。土地交易过程中乙方全额垫资，承担了本次土地出让过程中的全部土地款及税费。因此，原协议返还面积应按不超过原土地面积的 75% 进行计算。"可见，双方约定 "25% 由乙方支付"，即乙方宝迪公司仅承担 25% 土地出让金的缴纳义务。作为合同相对方，万和公司应承担另外 75% 土地出让金的缴纳义务。为了尽快完成土地出让手续，双方约定"土地交易过程中乙方全额垫资"，"垫资" 一词也可以证明宝迪公司仅是为万和公司先行垫付其应承担的 75% 土地出让金，义务人还是万和公司。正是因为万和公司应缴纳的土地出让金仅占全部土地出让金的 75%，双方

才会据此调整万和公司享有的返还面积不超过原土地面积的75%。同时，双方还确定，政府返还土地出让金和其他资金的对象是"甲方"，即万和公司。可见，协调政府返还资金的义务主体是万和公司，而非宝迪公司，这与万和公司系安宁区广电局设立的平台公司这一基本事实吻合。

可见，万和公司承担75%土地出让金，宝迪公司承担25%土地出让金并实际出资建设，是双方确定返还房屋拆迁补偿面积的基础。一审法院在万和公司未履行75%土地出让金缴纳义务的情况下判令宝迪公司交付全部房屋，认定事实、适用法律错误。

（二）双方合同签订的全过程能证明，万和公司负有缴纳75%土地出让金的义务

2008年9月24日，万和公司主管单位安宁区广电局与宝迪投资公司签订《安宁影剧院引资改造建设合同》第一条第3款约定，安宁区广电局所得建筑面积（含拆迁安置面积）不低于7000m^2、不高于8000m^2。随后，2009年7月15日双方签订的《补充协议书》第一条再次确定，安宁区广电局所得建筑面积（含拆迁安置面积），不得低于7000m^2，不高于8000m^2。但随着项目的具体实施和容积率的不确定，以及如何切割返还面积，都将有待于审批后的图纸方可明确。

2010年9月1日，万和公司取得案涉土地的土地使用权，用途为文化、娱乐、商业用地，总面积为4920.2m^2，容积率为2.0。这也意味着案涉土地的建筑面积仅能达到9840.4平方米，远远低于双方预想的合作面积。

为此，2010年11月4日，万和公司与宝迪公司签订《项目协议书二》，第四条约定："按本宗土地及建设规划条件，项目可建面积为9840m^2（建筑面积，以下同）。经协商，合作双方同意按以下面积进行分割：其中，甲方按需分得面积4662m^2，乙方分得面积5178m^2。"可见，双方根据取得土地的实际情况，重新调整了分配面积，万和公司获得的面积变更为4662m^2。

前述面积，远低于万和公司预想的7000m^2。为了获得更多的房屋分配

面积，安宁区广电局与政府其他部门多次协商增加案涉土地容积率的方式。

为此，双方于2010年11月26日签订《补充协议一》，第一条约定："按本宗土地目前项目可建面积为9840m^2（建筑面积，以下同），在此条件下，甲方分得面积4662m^2（含所有拆迁安置面积），乙方分得面积5178m^2。在各种手续办理齐全，开工建设后，以实际建筑面积双方进行分成……甲方所得建筑面积（含所有拆迁面积）确保7000m^2。"此处约定的"在各种手续办理齐全"，即指变更土地容积率的手续办理齐全。

从前述四份协议的内容可以看出，双方的合作模式一直都是万和公司（或安宁区广电局）提供土地，宝迪公司进行建设，即土地全部费用均由万和公司缴纳。在《补充协议二》签订前的最后一份协议中，即2010年11月26日签订的《补充协议一》中，最终确定万和公司以提供土地（即缴纳全部土地费用）为条件，获得确保7000m^2的分配面积。

随后，万和公司协调政府对案涉土地进行了重新招拍挂程序，拟将案涉土地性质从"文化、娱乐、商业用地"变更为"住宅用地"，以此方式提高土地容积率。但案涉土地重新招拍挂需要另行按照市场价格支付土地出让金5600万元。因万和公司系安宁区广电局设立的平台公司，其能够协调政府返还75%土地出让金及其他费用，因此，万和公司负担75%土地出让金的缴纳义务，宝迪公司负担另外25%。为此，双方签订了《补充协议二》。

相较于《补充协议一》中约定的土地全部由万和公司出资，万和公司分得7000m^2房屋这一分配方式，《补充协议二》约定土地变为双方共同出资，其中本应由万和公司承担的25%土地出让金由宝迪公司缴纳。据此，《补充协议二》第二条第一款"返还总面积的确认"中，约定"甲方同意返还面积由7000m^2降至6000m^2"。

可见，从双方五份合同的内容和签订过程可以看出，《补充协议二》确定的万和公司获得拆迁房屋补偿面积的基础，是其履行75%土地出让金的缴纳义务。

房地产开发经营合同纠纷

（三）宝迪公司按照《补充协议二》返还房屋拆迁补偿面积的前提和基础是仅承担25%的土地出让金，即在万和公司偿还宝迪公司垫付的75%土地出让金之前，宝迪公司享有同时履行抗辩权，或有权按照其未付款项数额减少交付的房屋面积

首先，如前所述，从《补充协议二》的约定以及此前双方签订合同的具体内容，能够看出宝迪公司仅负有承担25%土地出让金的义务，这是双方约定房屋分配面积的前提和基础。现宝迪公司为万和公司垫付的4200万元土地出让金仅收回27350580元，万和公司尚有14649420元未予偿还。在此情况下，一审法院以《补充协议二》并未约定协调政府返还土地出让金为万和公司义务为由，要求宝迪公司返还全部房屋，实质上将协调政府返还资金的义务全部附加在宝迪公司一方，政府不返还资金的风险也将全部由宝迪公司承担。该种认定既无合同依据，更与双方约定的"土地成为共同投资"的情况不符。

其次，政府未能按时返还75%土地出让金及其他费用（共计4200万元）的不利后果，应由万和公司承担。如前所述，万和公司负有缴纳75%土地出让金的合同义务，政府返还资金仅为万和公司获得款项的来源和方式。实际上，因万和公司负担该义务，其主管单位多次向政府申请返还土地出让金事宜，并牵头作出《汇报》。

再次，万和公司的主管单位安宁区广电局也明确认可，宝迪公司仅承担25%的土地出让金是其履行房屋交付义务的前提条件。2014年6月16日，安宁区广电局作出《关于甘肃宝迪置业发展有限责任公司回复函的答复》（以下简称《答复》），确认"应由兰州经济技术开发区管委会将土地出让金作为拆迁返还安置房建设费向贵公司返还，由贵公司再向我局返还拆迁安置房屋"。可见，安宁区广电局认可合同履行的顺序为万和公司先通过政府返还的土地出让金偿还宝迪公司为其垫付的费用后，才有权主张交付房屋。

最后，如果万和公司事实上无法偿还宝迪公司为其垫付的全部土地出让金，应允许宝迪公司在其无法偿付的范围内，减少房屋交付的面积。

（四）一审法院应当追加安宁区广电局作为必须参加诉讼的当事人但没有追加，导致本案基本事实无法查清

安宁区广电局作为原合同一方主体，全程参与了招商引资、拆迁安置、合同签订、履行、变更等事项，并在宝迪公司与万和公司签订《补充协议二》时以丙方出现，签章确认，参与《汇报》的会议，是本案必须参加的诉讼当事人，但一审法院在案件审理过程中却予以遗漏、未通知其参与审理。

万和公司辩称：

1. 一审判决第一项、第二项认定事实清楚，证据确凿，适用法律正确，万和公司不存在宝迪公司所称的向宝迪公司返还土地出让金或出资、垫付款的合同义务。理由如下：（1）双方的四份协议中没有约定万和公司有向宝迪公司返还土地出让金、或出资、垫付款的合同义务。《补充协议二》仅是宝迪公司对万和公司返还面积的确认，可见于《补充协议二》第二条以及第三条第二款的约定。（2）万和公司已全面履行了其全部合同义务，宝迪公司应依约向万和公司，包含第三人返还安置房屋的合同义务。（3）万和公司在一审中已对《答复》的证明目提出异议，该证据不能证明万和公司存在应向宝迪公司返还土地出让金的合同义务。（4）万和公司认为一审认定《补充协议二》仅是宝迪公司对万和公司返还面积的确认，事实清楚正确。（5）《汇报》不能证明万和公司负有向宝迪公司返还土地出让金的合同义务。该汇报仅为建议且未有回复，与万和公司无关。

2. 一审驳回宝迪公司解除合同请求的判项认定事实清楚、适用法律正确。（1）宝迪公司主张万和公司对其负有金钱给付义务属于对《补充协议二》中条款的断章取义，该协议并未给万和公司设定债务，仅是为了最终确定返还拆迁安置房屋的面积。①《补充协议二》第一条第二款"返还的土地出让金+政府应返还甲方的资金，约占本次返还土地总价款的75%"的债务承担比例计算中，分子大于分母，本身就是错误，属于病句；②万和公司是独立法人，政府不可能在本项目中向万和公司返还任何款项，且政府向企业返还土地出让金是违法行为；③协议签订时间早于项目出让方

式确定日,宝迪公司已承担土地出让过程中的全部土地款及税、费的说法与事实不符;④《补充协议二》第一条第二款后半段"因此,原协议返还面积应按不超过原土地面积的75%进行计算"表达最终意思是确定返还房屋面积而非为万和公司设定债务;⑤协议未按民法通则第八十四条第一款及合同法第十二条第一款规定对债务标的、履行时间等进行约定,因此协议并未设定债务;⑥根据《补充协议二》第三条第二款规定,该协议是对返还面积的确认。(2)万和公司已全面履行了其全部合同义务。(3)宝迪公司对于一审判决驳回其反诉第二项、第三项请求的判项没有在上诉中作出辩解,应认定为宝迪公司对于该判项的认可。因此其不得请求二审法院撤销一审判决中关于万和公司向其他拆迁安置户返还拆迁安置房屋的履约判项。(4)宝迪公司行使合同解除权不符合合同法第九十六条规定的情形,其主张没有事实和法律依据。

3. 本案是合同之债,根据合同相对性原则,安宁区广电局不是本案应当或必须参加诉讼的当事人。宝迪公司和万和公司签订的四份协议对各自的权利义务约定清楚明确,一审未通知其参加诉讼,程序合法。

安宁就业局述称,宝迪公司与万和公司的纠纷与安宁就业局无关,不能阻碍二者向安宁就业局交付房屋的连带义务。

糖酒清算组述称,与万和公司意见基本一致,糖酒清算组房屋被拆长达五年至今没有任何补偿,是国有资产的流失。

兰州银行述称,同意万和公司、就业局和糖酒清算组的意见。

荔昌家居、剑沱酒业未到庭发表意见。

五、二审法院认定与判决

二审期间,当事人围绕上诉请求依法提交了证据。二审法院组织当事人进行了证据交换和质证。

二审经审理查明:

1. 兰州市安宁区工商行政管理局的《内资企业基本信息》显示,万和公司成立时间为2010年5月11日,股东为安宁区广电局。2012年12月7日,该公司股东变更为兰州市安宁区文化馆。

2. 2010 年 9 月 1 日，万和公司将案涉划拨土地变性为文化、娱乐、商业用地。容积率不高于 2、建筑密度不高于 30%、绿地比例不小于 30%（不含城市公共绿地）。

3. 2010 年 9 月 2 日，万和公司与宝迪公司签订《项目协议书一》约定，万和公司将案涉划拨用地经政府批准变更为开发用地后，作为项目建设用地并负责过户至宝迪公司，成为本项目万和公司出资与宝迪公司合作建设安宁影视文化中心的条件。宝迪公司负责资金投入并完成安宁影视文化中心的工程建设。

4. 2010 年 11 月 26 日，万和公司与宝迪公司签订《补充协议一》约定，万和公司所得建筑面积（含所有拆迁面积）确保 7000 平方米，其中商业用房面积不超过 6000 平方米。

5. 2010 年 12 月 6 日，万和公司与宝迪公司签订《兰州市城镇国有土地使用权转让合同书》将案涉土地转让给宝迪公司，转让价为 7424500 元。

6. 2011 年 1 月 27 日，宝迪公司取得案涉土地使用权，土地用途为文化、娱乐、商业用地。容积率不高于 2、建筑密度不高于 30%、绿地比例不小于 30%（不含城市公共绿地）。

7. 2012 年 3 月 27 日，兰州经济技术开发区土地储备中心与宝迪公司签订《国有土地使用权收购合同》，由兰州经济技术开发区土地储备中心从案涉土地使用权人宝迪公司手中收回案涉土地使用权并向后者支付按土地使用性质为原商业用地计算收购土地的收购补偿价款。出让成交总价款是指用于出让的 4920.2 平方米的土地使用权在公开出让成交后的土地总价款（不包括拆迁安置及现有新建筑物的建设费用）。若出让成交价款高于基准地价，计算公式为：土地收购补偿费 = 商业用途基准地价 × 70% +（出让成交价款 - 商业用途基准地价）× 40% + 被收购方实际缴纳的剩余出让年限土地出让金。该宗土地出让合同书签订至今已一年，故被收购方实际缴纳的剩余出让年限土地出让金 = 7.38 市亩 × 0.361 万元/市亩·年 × 39 年 = 103.903 万元。该宗用地商业用途基准地价 = 4920.2 平方米 × 2650 元/平方米 = 1303.85 万元。

房地产开发经营合同纠纷

8. 2012年5月15日,兰州市国土资源局经济技术开发区分局发布案涉土地的拍卖和挂牌出让公告。将案涉土地变性为二类居住用地,容积率小于等于8.9;建筑密度小于等于58%、绿地率大于等于6%。

9. 2012年5月18日,在安宁区广电局见证下,万和公司与宝迪公司签订《补充协议二》一部分"减少返还面积因素的确认"中约定"原协议土地由甲方投资,市场化后,土地按市场挂牌价出售。返还的土地出让金+政府应返还甲方的资金,约占本次返还土地总价款的75%。25%由乙方支付。土地成为双方共同投资。土地交易过程中,乙方全额垫资,承担了本次土地出让过程中的全部土地款及税、费。因此,原协议返还面积应按不超过原土地面积的75%进行计算。"

《补充协议二》第三部分"本补充协议的法律效力"明确了三点:"1. 本协议为项目协议书及《补充协议一》的补充文件,与原协议及补充协议具有同等法律效力。2. 本次补充协议,仅对项目变化后,对甲方返还面积的确认,原协议及补充协议中相关返还面积的约定,均以本次协议为准。原协议及补充协议的其他条款约定,仍以原协议及补充协议执行。3. 安宁区广电局为项目初始甲方,本次作为丙方对本协议予以见证确认。"

10. 2012年7月6日,兰州市国土资源局兰州经济技术开发区分局与宝迪公司签订《国有建设用地使用权出让合同》将案涉土地使用权出让给宝迪公司,出让价为5600万元。

11. 2012年10月7日,宝迪公司已收到土地收购补偿款2735.058万元。

12. 2012年12月4日,宝迪公司取得案涉土地使用权。土地用途为住宅用地,容积率小于等于8.9、建筑密度小于等于58%、绿地率大于等于6%。

13. 2012年7月21日,《汇报》记载"安宁影视文化中心项目土地出让金为5600万元,每亩地价值为700万元,除上交省市部分外预计可以返还4200万元……与会单位一致建议区政府同意将该项目的土地出让金安宁区所得部分用于拆迁安置,省市部分由投资商自行协调解决"。该书面汇报落款为安宁区广电局和安宁区财政局。

523

二审法院认为，本案二审争议焦点：（1）宝迪公司能否以万和公司欠付其垫资款14649420元为由，抗辩万和公司要求按约定交付案涉房屋的主张；（2）万和公司是否应当向宝迪公司返还案涉175万元借款；（3）原审法院是否应追加安宁区广电局为本案当事人；（4）宝迪公司上诉请求是否超出其一审反诉请求。

（一）关于宝迪公司能否以万和公司欠付其垫资款14649420元为由，抗辩万和公司要求按约定交付案涉房屋主张的问题

二审法院认为，宝迪公司该上诉主张不能成立。第一，万和公司已按《项目协议书一》约定履行了投资义务，有权依据《补充协议一》约定取得投资回报。根据双方当事人在2010年9月2日签订的《项目协议书一》可知，万和公司将案涉划拨用地经政府批准变更为开发用地后，作为项目建设用地并负责转移登记至宝迪公司，成为本项目万和公司出资。宝迪公司则负责资金投入并完成案涉项目的工程建设。至于万和公司的投资回报，则在随后2010年11月26日签订的《补充协议一》约定为，万和公司所得建筑面积（含所有拆迁面积）确保7000平方米，其中商业用房面积不超过6000平方米。为履行上述约定的投资义务，万和公司将案涉划拨土地变性为文化、娱乐、商业用地后登记在自己名下。〔该变性后土地使用权的容积率不高于2；建筑密度不高于30%；绿地比例不小于30%（不含城市公共绿地）〕，并在2010年12月6日与宝迪公司签订《兰州市城镇国有土地使用权转让合同书》将案涉土地使用权转让给宝迪公司，转让价为7424500元。2011年1月27日，宝迪公司取得上述案涉土地使用权。至此，万和公司已履行将土地使用权变性并转移登记到宝迪公司名下的出资义务。自登记在宝迪公司名下之日起，案涉土地使用权即不再归万和公司所有。从上述协议还可知，当时只约定万和公司主要投资回报为所得建筑面积（含所有拆迁面积）确保7000平方米，其中商业用房面积不超过6000平方米，并未具体约定案涉土地使用权转移登记时的折算投资金额。也即，无论案涉土地使用权转移登记时的市场价值多少，宝迪公司都同意万和公司所要求的建筑面积（含所有拆迁面积）确保7000平方米，其中商

业用房面积不超过6000平方米的投资回报。

第二，宝迪公司主张万和公司应向其给付案涉土地相关款项的主张缺乏依据。宝迪公司从万和公司处取得案涉土地使用权后，为改变土地使用权用途、调高容积率、建筑密度等指标获取更大商业利益，于2012年3月27日与兰州经济技术开发区土地储备中心签订《国有土地使用权收购合同》，由兰州经济技术开发区土地储备中心从宝迪公司手中收回了案涉土地使用权。2012年5月15日，兰州市国土资源局经济技术开发区分局发布案涉土地的拍卖和挂牌出让公告。将案涉土地使用权改变用途为二类居住用地，容积率小于等于8.9；建筑密度小于等于58%、绿地率大于等于6%。案涉土地使用权，起始价为5500万元。

由于竞买案涉土地使用权，将增加宝迪公司在案涉项目上的成本支出，为平衡合作双方的利益，在安宁区广电局见证下，万和公司与宝迪公司于2012年5月18日签订了《补充协议二》。从该协议书第三部分"本补充协议的法律效力"可知，该协议书是对万和公司与宝迪公司之前签订的项目协议书及《补充协议一》的补充，仅仅对项目土地使用权情况发生变化后，对宝迪向万和公司返还房屋的建筑面积的确认。原协议及补充协议的其他条款约定，仍以原协议及补充协议执行。由此可知，万和公司与宝迪公司签订《补充协议二》的目的仅仅是基于案涉土地使用权情况的变化，为平衡双方利益，将《补充协议一》约定的万和公司可得建筑面积由7000平方米降至6000平方米以降低宝迪公司风险，保证项目实现。由于《补充协议二》中已明确约定，除了万和公司可得建筑面积条款之外，原协议及补充协议的其他条款约定，仍以原协议及补充协议执行，故相比之前签订的若干协议，《补充协议二》并未增加万和公司的其他义务。进而，在其他协议均未约定万和公司应向宝迪公司给付土地相关款项的情况下，宝迪公司依据该《补充协议二》提出土地价款的主张，与该《补充协议二》的上述约定明显不符。

宝迪公司上诉还主张，依据《补充协议二》中"原协议土地由甲方投资，市场化后，土地按市场挂牌价出售。返还的土地出让金+政府应返还甲方的资金，约占本次返还土地总价款的75%。25%由乙方支付"约定，万和公司应向其返还的垫资款为：案涉土地使用权挂牌出让价5600万元的75%－2735.058万元（土地收购补偿价款）＝1464.942万元（垫资款）。而且，宝迪公司在二审庭审中还陈述，返还土地总价款，是其为购买改变用途后案涉土地使用权向政府支付的土地出让金5600万元。可见，宝迪公司认为案涉土地使用权出让金应作为"本次返还土地总价款"全部返还。但宝迪公司并未举证证明国家通过挂牌出让国有土地使用权所收取的土地出让金将会以"本次返还土地总价款"名义全部返还。

另外，宝迪公司在二审庭审中还自认，"返还的土地出让金＋政府应返还甲方的资金"中"返还的土地出让金"是"政府在收储的时候应返还给宝迪的资金，这个钱也确实给了"。事实上，从《国有土地使用权收购合同》可知，上述2735.058万元土地收购补偿款是根据该合同约定计算公式"土地收购补偿费＝商业用途基准地价×70%＋（出让成交价款－商业用途基准地价）×40%＋被收购方实际缴纳的剩余出让年限土地出让金"计算得出。也即2735.058万元土地收购补偿款本身就包含了应返还的剩余年限土地出让金。根据合同相对性原则，上述土地出让金应返还的对象为签订《国有土地使用权收购合同》的案涉土地使用权人宝迪公司，而非与该合同无关的非案涉土地使用权人万和公司。而且宝迪公司也在二审庭审中自认该笔土地出让金已返还给了宝迪公司。在《国有土地使用权收购合同》约定土地出让金返还对象为宝迪公司而非万和公司且宝迪公司已自认收到案涉土地出让金的情形下，宝迪公司还主张万和公司应支付该笔"返还的土地出让金"，缺乏依据。至于"政府应返还给万和公司的资金"，宝迪公司在二审庭审中称是政府应返还给万和公司的拆迁安置费用。但该说法与土地使用权收储及挂牌过程不符。案涉土地使用权最早是由万和公司作为合作投资转移登记到宝迪公司名下。之后，政府从案涉土地使用权人宝迪公司手中将土地使用权收储。最后，宝迪公司通过竞买从政府手中再次取得用途变更为居住用地的案涉土地使用权。根据合同相对性，即便政府要返还拆迁安置费用，也应返还给其收储或出让案涉土地使用权的交易对象宝迪公司，而不是已与土地使用权没有关系的万和公司。虽然宝迪公司以2012年7月21日的《汇报》作为返还拆迁安置费的依据，但

该书面汇报落款为安宁区广电局和安宁区财政局，属于内部行政公文且未形成决议正式下发，不足以证明政府已同意向万和公司返还上述协议中所指的"政府应返还给万和公司的资金"。

综上，既然宝迪公司二审提交证据不足以证明万和公司欠付其垫资款14649420元，那么其以此为由抗辩万和公司要求其按约定交付案涉房屋的主张亦不能成立。

（二）关于万和公司是否应当向宝迪公司返还案涉175万元借款的问题。宝迪公司主张返还案涉175万元的依据是补充协议书有明确约定，只是归还时间另行协商

二审法院认为，宝迪公司的该主张，不能成立。《补充协议一》中约定的关于案涉175万元借款的出借人都是宝迪投资公司，而非本案的宝迪公司。而万和公司在协议中也只是同意以现金方式归还给出借人而未约定为归还给宝迪公司。

二审庭审中，虽然宝迪公司陈述其是宝迪投资公司的子公司，宝迪投资公司为宝迪公司的母公司。但母子公司分别为独立的法人，各自以其名下财产对外独立享有民事权利、履行民事义务，承担民事责任。在宝迪公司未提交宝迪投资公司授权其收取案涉175万元借款债权证据的情形下，宝迪公司仅以其为宝迪投资公司的子公司为由，向万和公司主张案涉175万元借款债权，缺乏依据。此外，《补充协议一》对案涉175万元借款归还日期的约定为"归还日期另行协商"。这说明该协议并未明确约定万和公司向宝迪投资公司归还案涉175万元债权的具体时间，而是以另行协商方式确定。现宝迪公司并未举证证明宝迪投资公司与万和公司曾就该借款进行过另行协商且协商未果，亦不符合归还借款的约定。

（三）关于原审法院是否应追加安宁区广电局为本案当事人的问题。宝迪公司上诉主张安宁区广电局是原合同一方，参与了案涉合同相关事项并在《补充协议二》上以丙方名义签章确认，参与了相关会议，是本案必须参加诉讼的当事人

二审法院认为，宝迪公司该上诉主张，不能成立。第一，安宁区广电局签订合同对象为宝迪投资公司。从一审已查明案情可知，虽然安宁区广电局曾就案涉项目签订过《安宁影剧院引资改造建设合同》《补充协议书》，但该两份合同的另一方当事人均为宝迪投资公司，而非宝迪公司。即便宝迪投资公司与宝迪公司为母子公司，两者仍为各自独立的法人，对外签订协议时均以自己名义，单独承担责任，不能等同对待。第二，安宁区广电局仅为《补充协议二》的见证人，而非合同一方当事人。宝迪公司起诉所依据的项目协议书、《补充协议一》《补充协议二》均与万和公司签订。尽管安宁区广电局曾经担任过万和公司的股东，但公司为合同当事人不等于股东也为合同当事人。另外，安宁区广电局虽在《补充协议二》以丙方身份签名、盖章，但该协议第三部分"3.安宁区广电局为项目初始甲方，本次作为丙方对本协议予以见证确认"的表述足以证明，安宁区广电局仅为该协议的见证人，而非合同一方。

（四）关于宝迪公司上诉请求是否超出其一审反诉请求的问题

宝迪公司的上诉请求为撤销一审判决第一项、第二项、第四项，改判驳回万和公司一审请求并支持宝迪公司反诉请求；或在项目协议书及补充协议继续履行的情况下，万和公司应先偿还宝迪公司垫付的土地出让金后方有权按照约定主张返还房屋拆迁补偿面积，或判令宝迪公司在万和公司欠付土地出让金的范围内减少返还的房屋拆迁补偿面积；或本案发回一审法院重新审理；相关全部诉讼费用由万和公司承担。而宝迪公司一审反诉请求为"（1）解除项目协议书及补充协议；（2）确认宝迪公司已替代万和公司完成对杨松、剑沱酒业、荔昌家居的安置责任并返还宝迪公司因安置

产生的费用 1635 万元；（3）万和公司根据《补充协议一》归还 175 万元借款；（4）诉讼费用由万和公司承担。"

两者对比可知，宝迪公司的上诉请求：一方面要求支持其一审反诉请求，即包括支持解除项目协议书及补充协议的请求；另一方面，又主张在判令项目协议书及补充协议继续履行的情况下，万和公司应先偿还宝迪公司垫付的土地出让金后方有权按照约定主张返还房屋拆迁补偿面积等。显然，解除项目协议书及补充协议的请求与项目协议书及补充协议继续履行的请求是互相矛盾的。而且宝迪公司关于万和公司应先偿还宝迪公司垫付的土地出让金 14649420 元后方有权按照约定主张返还房屋拆迁补偿面积或者宝迪公司在万和公司欠付土地出让金 14649420 元的范围内减少返还的房屋拆迁补偿面积的上诉请求中有关万和公司返还宝迪公司垫付的 14649420 元土地出让金这一请求，超出了宝迪公司一审反诉请求范围。

综上，宝迪公司的上诉请求不能成立，应予驳回。一审判决认定事实清楚、适用法律正确。依照《中华人民共和国民事诉讼法》第一百七十条第一款第一项规定，判决如下：

驳回上诉，维持原判。

二审案件受理费 357879 元，由甘肃宝迪置业发展有限责任公司负担。

六、对本案的解析

本案双方当事人争议的核心问题就是如何理解 2012 年 5 月 18 日，在安宁区广电局见证下，万和公司与宝迪公司签订《补充协议二》"减少返还面积因素的确认"中约定"原协议土地由甲方投资，市场化后，土地按市场挂牌价出售。返还的土地出让金＋政府应返还甲方的资金，约占本次返还土地总价款的 75%。25% 由乙方支付。土地成为双方共同投资。土地交易过程中，乙方全额垫资，承担了本次土地出让过程中的全部土地款及税、费。因此，原协议返还面积应按不超过原土地面积的 75% 进行计算"这句话。从文义解释角度看，主要有以下几层意思：（1）案涉土地由万和公司单方出资转化为万和公司与宝迪公司共同出资。土地按市场挂牌价出售后，返还的土地出让金加上政府应返还给万和公司的资金，约占返还土地总价款的75%，25%由宝迪公司支付。（2）案涉土地交易由宝迪公司全额垫资，承担所有土地款及其税费。（3）基于以上两点，原协议返还面积应按不超过原土地面积75%计算。根据已查明事实可知，宝迪公司在二审庭审中还陈述，上述约定中的"返还土地总价款"是其为购买改变用途后案涉土地使用权向政府支付的土地出让金5600万元。可见，宝迪公司认为案涉土地使用权出让金应作为"本次返还土地总价款"全部返还。但宝迪公司并未举证证明国家通过挂牌出让国有土地使用权所收取的土地出让金将会以"本次返还土地总价款"名义全部返还。事实上，根据2007年施行的《中华人民共和国土地储备管理办法》第十三条规定，根据土地储备计划收购国有土地使用权的，土地储备机构应与土地使用权人签订土地使用权收购合同。收购土地的补偿标准，由土地储备机构与土地使用权人根据土地评估结果协商，经国土资源管理、财政部门或地方法规规定的机构批准确认。结合2012年3月27日，宝迪公司与兰州经济技术开发区土地储备中心签订《国有土地使用权收购合同》约定的"土地收购补偿费＝商业用途基准地价×70%＋（出让成交价款－商业用途基准地价）×40%＋被收购方实际缴纳的剩余出让年限土地出让金"这一公式所依据的各项计算参数可知，宝迪公司二审关于案涉土地使用权出让金5600万元应作为"本次返还土地总价款"全部返还的理解与相关规定和合同约定均不一致。

另外，宝迪公司在二审庭审中还主张"返还的土地出让金＋政府应返还甲方的资金"中"返还的土地出让金"真实含义是"政府在收储的时候应返还给宝迪的资金"。事实上，从《国有土地使用权收购合同》可知，宝迪公司收到的2735.058万元土地收购补偿款本身就包含了应返还的剩余年限土地出让金。也就是说，宝迪公司二审关于对"返还的土地出让金"的理解与《国有土地使用权收购合同》约定不一致。根据合同相对性原则，上述土地出让金应返还的对象为签订《国有土地使用权收购合同》的案涉土地使用权人宝迪公司，而非与该合同无关的非案涉土地使用权人万和公司。

至于"政府应返还给万和公司的资金"，宝迪公司在二审庭审中称该句话真实含义是政府应返还给万和公司的拆迁安置费用。但该表述与土地

使用权收储及挂牌过程不符。

案涉土地使用权最早为万和公司所有,后万和公司为履行《项目协议书一》《项目协议书二》约定义务,将案涉土地使用权改变性质、用途后于2010年12月6日与宝迪公司以签订《兰州市城镇国有土地使用权转让合同书》形式将案涉土地使用权转让给宝迪公司。2011年1月27日,宝迪公司取得案涉土地使用权。也即,此时,万和公司已经履行了其与万和公司约定的主要义务。从另一方面而言,万和公司此时已不是案涉土地使用权人。进而,兰州经济技术开发区土地储备中心是与宝迪公司签订《国有土地使用权收购合同》,从宝迪公司手中收回了案涉土地使用权,而非该土地使用权的原权利人万和公司。根据合同相对性原则,即便政府在收购储备案涉土地使用权时,要返还与案涉土地使用权有关的房屋拆迁安置费用,也应返还给作为合同相对人(土地使用权人)的宝迪公司,而非万和公司。而且宝迪公司该理解也与实务中土地使用权收储及挂牌的习惯做法不符。

综上,宝迪公司二审中关于《补充协议二》"原协议土地由甲方投资,市场化后,土地按市场挂牌价出售。返还的土地出让金+政府应返还甲方的资金,约占本次返还土地总价款的75%。25%由乙方支付。土地成为双方共同投资。土地交易过程中,乙方全额垫资,承担了本次土地出让过程中的全部土地款及税、费。因此,原协议返还面积应按不超过原土地面积的75%进行计算"语段中"返还的土地出让金""政府应返还甲方的资金""本次返还土地总价款"的文义理解,与已查明的事实、相关法律法规和交易习惯等均不一致,不足以采信。至于对该语段的正确理解,则应结合合同有关条款、合同目的、交易习惯以及诚实信用原则,探求该条款真实意思。具体而言,从合同有关条款来看,协议书第三部分"本补充协议的法律效力"明确约定"(1)本协议为项目协议书及《补充协议一》的补充文件,与原协议及补充协议具有同等法律效力。(2)本次补充协议,仅对项目变化后,对甲方返还面积的确认,原协议及补充协议中相关返还面积的约定,均以本次协议为准。原协议及补充协议的其他条款约定,仍以原协议及补充协议执行"。可见,该补充协议是在案涉土地使权项目容积率等规划指标调整挂牌出让后，双方当事人根据该情况变化，就原系列协议内容作出调整，所达成的新协议。调整的内容仅仅是约定的返还面积事项。至于原协议及补充协议的其他内容均不作变动。由该条款约定，可以反向推出万和公司的约定义务仍由原协议及补充协议确定，保持不变。因此，宝迪公司二审主张的万和公司应承担对土地增加出资义务与该条款内容不一致。从合同目的来看，万和公司早在2010年11月26日与宝迪公司签订《补充协议一》时就约定，万和公司将案涉土地使用权作为出资，所得回报为，案涉项目建筑面积（含所有拆迁面积）确保7000平方米，其中商业用房面积不超过6000平方米。由于万和公司将案涉土地使用权出资时并未对该土地使用权进行评估定价，也未要求确定宝迪公司的投资金额，故可理解为，双方签订合同的目的为，不管宝迪公司最终投入项目金额是多少，万和公司都仅以案涉土地使用权作为得到案涉面积7000平方米房屋的对价。即便出现了宝迪公司因竞买案涉土地使用权成本增加的情形，万和公司也只是在《补充协议二》同意调整原约定的返还面积，而不同意增加投入。这也印证了《补充协议二》中"2.本次补充协议，仅对项目变化后，对甲方返还面积的确认，原协议及补充协议中相关返还面积的约定，均以本次协议为准。原协议及补充协议的其他条款约定，仍以原协议及补充协议执行"。从双方的过往交易习惯来看，从2008年9月24日，安宁区广电局与宝迪投资公司就安宁影剧院提升改造项目签订《安宁影剧院引资改造建设合同》开始，到后期万和公司与宝迪公司承接该项目。双方之间为了项目的履行签订了多份协议。其中，虽然个别协议内容有所调整，但万和公司作为出地一方，一致都采用以地换房，不另行增加投入的合作惯例，对此，宝迪公司实际非常清楚并同意。宝迪公司虽然将案涉土地使用权交由政府收储，再通过挂牌竞买重新取得案涉土地使用权，增加了竞买成本，但是其也因将案涉土地使用权改变用途为二类居住用地，容积率、建筑密度、绿地率等规划因素的调整而受益，故万和公司在《补充协议二》同意调减其返还面积、适当分担宝迪公司成本的情形下，未再明确同意增加出资也属情理之中，符合双方之间过往缔约的惯例。最后，还有必要说明的是，在宝迪公司将案涉土地使用权交由当地政府土地储备部门进行收储前，万和公司已按约定，将案涉土地使用权转移登记到宝迪公司名下。按双方约定，宝迪公司应开始施工建设，并将最终竣工验收合格的约定面积房屋进行交付。但宝迪公司并未按双方之前约定履行其义务，兑现其向万和公司返还约定面积的承诺。而是将案涉土地使用权交由当地政府土地储备部门收回，调高容积率等规范指标后，再竞买回来。显然，宝迪公司上述行为已与其之前与万和公司的约定不一致。在宝迪公司没有提供充分证据证明上述行为事先经过万和公司明确同意情形下，宝迪公司的上述行为也有违反诚信原则之嫌。

（执笔人：肖 峰）

42. 再审申请人天津置信投资发展有限公司与被申请人新疆保利天然投资有限公司、一审第三人新疆天然房地产开发有限公司合资、合作开发房地产合同纠纷案[*]

> 在法定代表人代表公司签字时，应要求加盖公司印章，防止法定代表人在公司不知情的情况下代表公司作出意思表示

最高人民法院民事判决书

（2018）最高法民再 161 号

再审申请人（一审原告、二审被上诉人）：天津置信投资发展有限公司。

住所地：天津港保税区国贸路××号×××××室。

法定代表人：徐强，该公司总经理。

委托诉讼代理人：李泳霄，新疆巨臣律师事务所律师。

委托诉讼代理人：张若男，新疆巨臣律师事务所律师。

---

[*] 摘自《商事审判指导》2019 年第 1 辑（总第 48 辑），人民法院出版社 2019 年版，第 136~153 页。

房地产开发经营合同纠纷

被申请人（一审被告、二审上诉人）：新疆保利天然投资有限公司。

住所地：新疆维吾尔自治区乌鲁木齐市头屯河区工业园区银河街×××号。

法定代表人：池城，该公司董事长。

委托诉讼代理人：雷敏慧，北京市盈科（西安）律师事务所律师。

一审第三人：新疆天然房地产开发有限公司。

住所地：新疆维吾尔自治区乌鲁木齐市头屯河区工业园区银河街×××号。

法定代表人：蓝宁，该公司董事长。

委托诉讼代理人：夏梦，该公司员工。

再审申请人天津置信投资发展有限公司（以下简称置信公司）因与被申请人新疆保利天然投资有限公司（以下简称保利天然公司）、一审第三人新疆天然房地产开发有限公司（以下简称天然房地产）合资、合作开发房地产合同纠纷一案，不服新疆维吾尔自治区高级人民法院（以下简称新疆高院）（2017）新民终112号民事判决，向本院申请再审。本院于2017年12月28日作出（2017）最高法民申4741号民事裁定，提审本案。提审后，本院依法组成合议庭，开庭审理了本案。再审申请人置信公司的委托诉讼代理人李泳霄，被申请人保利天然公司的委托诉讼代理人雷敏慧到庭参加诉讼。开庭后，本院还进行了三次询问，再审申请人置信公司的委托诉讼代理人李泳霄，被申请人保利天然公司的委托诉讼代理人雷敏慧，一审第三人天然房地产的委托诉讼代理人夏梦（仅最后一次）到庭接受询问。本案经依法延长审限，现已审理终结。

置信公司申请再审称，（1）置信公司与保利天然公司根据双方签订的《合作协议书》，在履行过程中合意选择了第二种投资回报方式，故在本案中形成了借款合同关系。①《合作协议书》第四章第三条约定了可供置信公司选择的两种投资回报方式。②《合作协议书》的实际履行情况是，置信公司发出《股权回购通知》的时间与保利天然公司同意的时间符合双方约定。③如果双方选择了第一种投资回报方式，保利天然公司就不可能在案涉3#地块的投资项目未清算，也未分配利润和弥补亏损的情况下，返还

4000万元。因此,置信公司选择了第二种投资回报方式,保利天然公司同意并实际履行了大部分义务,剩余1800万元的付款义务也应当继续履行。(2) 2010年10月,置信公司与保利天然公司又签订了《补充协议》,该协议是置信公司选择第二种投资回报方式的直接表现。《合作协议书》《补充协议》约定的股权回购款是5800万,《补充协议》约定先返还4000万,只是返还部分款项,剩余部分仍应当继续履行。(3) 2011年9月15日,置信公司向保利天然公司发出了书面通知,并经保利天然公司确认。该通知明确要求保利天然公司按照《合作协议书》第四章第三条之约定,以5800万元回购置信公司所持45%的股权。2011年10月6日,保利天然公司时任法定代表人蓝宁签字,并书写"同意"二字。即使双方就2010年10月签署《补充协议》时,双方对于选择哪一种投资回报方式在理解上存在分歧,但通过《股权回购通知》及蓝宁"同意"并签字,可证明双方就股权回购的金额和时间达成了新的意思表示,即保利天然公司以5800万元回购置信公司45%的股权。(4) 根据《最高人民法院关于审理涉及国有土地使用权合同纠纷案件适用法律问题的解释》第二十六条的规定、《合作协议书》的约定以及双方履行的情况,双方对开发房地产的约定并没有共担风险、共享利益。再结合《补充协议》《回购股权通知》《董事会会议纪要》《付款凭证》等有关履行合同的证据,双方之间的法律关系确系借款合同关系。请求:(1) 撤销新疆维吾尔自治区高级人民法院(2017)新民终112号民事判决,维持新疆维吾尔自治区乌鲁木齐市中级人民法院(2016)新01民初80号民事判决,支持置信公司的诉讼请求。(2) 诉讼费由保利天然公司承担。

保利天然公司辩称,(1) 保利天然公司与置信公司为合资、合作开发房地产法律关系,而非借贷关系。①双方签订的《合作协议书》明确约定了合同目的、合作方式、投资回报方式、履行方式、利润分配的方式及项目清算顺序,故双方系合作开发房地产关系。置信公司主张双方为借款合同关系,无事实和法律依据。②本案中,不论置信公司选择了哪一种投资回报方式都不存在"只收取固定数额货币"的情形,而是股权合作,股东需承担各自的股东责任。③在一审、二审中,保利天然公司提交了《补充协议》，置信公司先是不承认这份《补充协议》的存在，后又称这份协议实际上是为返还借款，其前后说法不一致。《补充协议》一共两点，保利天然公司依照《补充协议》在置信公司支付股权转让款全部到账之日起18个月内，先期支付给置信公司4000万元，并非还款。上述协议内容并不违反法律规定，亦不符合上述司法解释第二十六条规定的情形。《补充协议》进一步证明双方系投资合作关系。④置信公司实际参与合作项目所有经营管理和重大决策，徐强作为置信公司的法定代表人和总经理，实质参与天然房地产项目的经营和管理，并在决议和重大事项的报批表上签名发表意见。⑤根据《最高人民法院关于审理涉及国有土地使用权合同纠纷案件适用法律问题的解释》第十四条的规定，置信公司与保利天然公司通过受让股权参与土地开发并从中获利，承担股东责任，按股权分享红利，符合合资、合作开发房地产法律关系的特征。（2）置信公司未在约定时间内选择第二种投资回报方式，视为选择第一种投资回报方式。且徐强作为置信公司的总经理，其行为表明置信公司选择了第一种投资回报方式，也一直按照第一种投资回报方式执行。①根据双方的合同约定，如置信公司选择第二种投资回报方式，应在2011年8月20日前书面通知保利天然公司，其未在这之前通知，故应当视为选择第一种投资回报方式。②保利天然公司已向法院提交十份证据，用以证明置信公司选择了第一种投资回报方式，并一直按照第一种投资回报方式执行。（3）置信公司出具的《回购股权通知》并非真实，不具有证明力。①《回购股权通知》上仅有蓝宁签字，无保利天然公司盖章，不符合双方合作的一贯做法，亦不符合法律规定。双方合作中，均保持谨慎态度，来往的文件和材料，都是多名负责人进行签字盖章并通过电邮发送相关人员，但唯独《回购股权通知》作为本案的关键证据，既没有盖章也没有以电邮方式发送。如此重要的文件，没有公司盖章，亦未对其他股东披露，与常理不符。②置信公司再审中提交的《股权回购通知》的原件与保利天然公司调取的一审卷宗中的《股权回购通知》明显不一致，为查清事实，请求对置信公司一审中提交的《股权回购通知》原件进行鉴定。

天然房地产述称，对蓝宁的签字不予认可。

置信公司向一审法院起诉请求：（1）保利天然公司支付置信公司股权回购款即利息 1800 万元；（2）保利天然公司赔偿置信公司利息损失 4683945 元。

一审法院认定事实：2010 年 8 月 28 日，保利天然公司（甲方）与置信公司（乙方）签订《合作协议书》，协议内容为："鉴于：1. 甲方为乌鲁木齐头屯河区国际物流园项目的唯一开发主体，其中位于国际物流园项目内的 3#地块占地面积 92508 平方米，甲方以其全资子公司天然房地产的名义对该地块进行开发。乙方愿意投入资金与甲方合作参与开发。2. 天然房地产注册资本 3000 万元，甲方为天然房地产唯一股东，持有该公司 100% 的股权。第一章：合作方式。甲方将其在天然房地产所持有的 45% 股权受让给乙方，甲乙双方以所拥有的股权共同对 3#地块进行合作开发，按照各自持股比例分享 3#地块的利润及承担对应的责任。第三章：股权转让事宜。一、股权转让价款：双方确定股权转让价款为 45% 的股权的总价款 4000 万元。二、付款期限：乙方于本合同签订后 15 天内将上述股权转让价款全部支付给甲方。三、其他投入：乙方除支付股权转让价款外，无须向天然房地产投入任何其他开发建设资金。四、工商登记手续的变更：在股权转让价款全部给甲方后，由甲方负责为乙方办理完毕因股权转让所需的全部工商登记变更等手续。第四章：合作开发事宜。三、投资回报方式：乙方可选择如下方式之一：（1）3#地项目开发完成后，双方共同委托审计机构对项目成本、利润、税务等进行审计，确定项目利润，乙方按其持股比例分享 3#地项目利润作为投资回报。其中土地出让金部分按照 5 万/亩计入项目开发成本中，土地交易契税的金额根据税务局相关规定缴纳，全额计入开发成本。（2）在乙方应支付的股权转让价款 4000 万元全部到账之日起 18 个月期满时，甲方同意以 5800 万元回购其在天然房地产的 45% 股权。并在做出选择后 10 日内付清。每逾期一天，需向乙方支付违约金 3 万元。若乙方选择第二种方式，则需在乙方应支付的股权转让价款 4000 万元全部到账之日起 12 个月期满前 30 天以书面方式向甲方作出，若乙方未作出书面选择的，则视为乙方自动选择第一种方式执行。乙方作出选择、且其选择的方式得到完全执行 7 日内，乙方需无条件将其持有的天然房地产45%的股权转让给甲方,甲方因受让上述股权而需向乙方支付的股权转让总价款为1元。若乙方逾期未办理上述事宜的,则每逾期一天,乙方应向甲方支付违约金3万元,并继续办理股权转让事宜。四、若在本协议第四章第三条中,乙方选择投资回报方式按照第一种方式执行,则如下条款发生效力:①项目销售:3#地块项目的销售收入按照天然房地产的管理原则单独建账,独立进行管理。②3#地块项目清算按照如下顺序进行:预留税金和各项费用;预留项目质量保证金和维修基金;预留公司因购房人按揭贷款而向银行提供的保证金;偿还3#地块项目开发中的对外欠款等;偿还对股东的欠款;双方按照各自持股比例分配3#地块项目利润、弥补3#地块项目亏损;双方同意按3#地块总投资额(土地成交价加上总工程造价)的2.5%提取管理费用;双方同意在审计利润确定后、在股东分配前提取项目利润的5%作为对管理团队的奖励;双方同意根据有关政策为项目预留部分费用,用于项目后期的维护和物业,即不可预见费用的保障性支出,约为3#地项目总投资额的0.5%。③利润的分配和亏损的弥补:甲、乙双方确定,按照55%:45%的比例分配3#地块项目税后利润和弥补项目亏损。项目清算完成后,双方对各自可得利润进行分配。④税费的负担:3#地块项目开发建设及销售而发生的各项税费按照国家相关规定承担,应缴税费从销售收入中支付。双方对各自可得利润进行分配。⑤物业管理公司的确定:甲乙双方同意在房屋预售前确定。⑥股权回购及后续合作事宜:3#地块项目清算完成,并按股权比例分配利润和弥补亏损后,乙方需无条件将其持有的天然房地产45%的股权转让给甲方,甲方因受让上述股权而需向乙方支付的股权转让总价款为4000万元。"同时,协议还对双方权利与义务、违约责任等内容作了约定。《合作协议书》签订后,2010年9月21日置信公司向天然房地产支付股权转让价款4000万元。同日,天然房地产向置信公司出具了收据。

庭审中,保利天然公司认可收到了上述价款。

2011年9月15日,置信公司向保利天然公司出具《回购股权通知》,内容为:"新疆保利天然投资有限公司:贵公司与我公司于2010年8月28日签订的《合作协议书》,贵司向我司转让贵司持有的天然房地产45%的股权,股权转让价格为4000万元。我司于2010年9月21日向贵司支付了股权转让价款4000万元。根据协议第四章第三条的约定,我司可自上述款项支付后12个月期满前以书面形式要求贵司以5800万元回购我司持有的天然房地产45%的股权。经考虑,我司决定要求贵司以5800万元回购我司持有的上述股权,请贵司自收到本通知后10日内向我司支付全部回购款项,否则我司将按照《合作协议书》第三条之约定要求贵司承担违约责任。另,本通知发出之日,我司不再是天然房地产股东,只是该公司名义股东。贵司支付全部股权回购款后,我司将协助贵司办理工商变更登记。"2011年10月6日,保利天然公司时任法定代表人蓝宁在该《回购股权通知》上注明"同意",并签署了姓名和日期。2012年1月21日至2012年12月21日期间,天然房地产陆续向置信公司支付共计4000万元。该案在审理中,保利天然公司对《回购股权通知》中蓝宁的签名没有异议,但对该《回购股权通知》中"蓝宁"签名的时间、"2011年10月6日"的日期是否是2011年10月6日书写的,以及《回购股权通知》内容中"2010年9月21日"及落款日期"2010年9月15日"的书写时间有异议,提出申请要求进行鉴定。另,置信公司在庭审中陈述"置信公司是以投资方式收取回报,表面是股权转让,实际是将4000万元借给保利天然公司,回报1800万元的利息。"置信公司的代理人在代理词中亦陈述:"置信公司要求支付1800万元股权回购款实质为借款利息"。

一审法院判决:一、保利天然公司于判决生效之日起10日内向置信公司支付1800万元;二、驳回置信公司的其他诉讼请求。案件受理费155219.73元,由置信公司负担31043.95元,由保利天然公司负担124175.78元。

保利天然公司不服一审判决,向新疆高院提起上诉。

二审认定事实:2012年7月6日,天然房地产召开董事会,形成《董事会会议纪要》,纪要中记载"三、关于置信公司股权投资返还方案,全体董事一致同意按照《补充协议》于本年度九月底之前偿还投资人剩余资金2500万元,如因公司经营情况导致逾期未能偿还部分,按照银行同期贷款利率支付利息"。

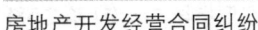

另查明，2011年1月31日至2012年12月26日，保利天然公司分12笔支付置信公司往来款项4065万元，分别为2011年1月31日支付65万元、2012年1月21日支付100万元、1月30日支付600万元、2月29日支付400万元、3月20日支付200万元、7月23日支付两笔200万元和500万元、7月31日支付100万元、8月24日支付500万元、9月20日支付300万元、10月22日支付300万元、12月26日支付800万元。

该院二审查明的其他事实与一审查明的一致。

二审法院认为，该案争议焦点，一是保利天然公司与置信公司之间的法律关系及保利天然公司应否支付合同项下股权回购款1800万元；二是置信公司提起的该案诉讼是否超过诉讼时效。

1. 关于保利天然公司与置信公司之间的法律关系及保利天然公司应否支付合同项下股权回购款1800万元的问题。

（1）保利天然公司与置信公司之间的法律关系。保利天然公司与置信公司签订的《合作协议书》系双方当事人真实意思表示，内容不违反法律法规强制性规定，合法有效。《合作协议书》约定，保利天然公司将其在天然房地产（目标公司）所持有的45%股权以4000万元价格转让给置信公司，双方以所拥有的股权共同对3#地块进行合作开发，按照各自持股比例分享3#地块的利润及承担对应的责任，可见，双方之间以股权投资的方式形成了合资、合作开发房地产法律关系。

根据《最高人民法院关于适用〈中华人民共和国民事诉讼法〉的解释》第九十一条第一项"人民法院应当依照下列原则确定举证证明责任的承担，但法律另有规定的除外：（一）主张法律关系存在的当事人，应当对产生该法律关系的基本事实承担举证证明责任"之规定，对当事人之间的法律关系认定，系当事人负担的举证证明责任，原审根据置信公司的陈述及自认，认定该案名为股权转让，实为民间借贷的法律关系，属适用法律错误，该院予以纠正。

（2）《合作协议书》是否履行。从协议书约定看，置信公司应履行向保利天然公司支付股权对价4000万元的义务，以取得共同合作开发房地产的权利。出于共同开发之目的，置信公司向天然房地产实际支付4000万元,天然房地产亦出具了收据凭证,并取得天然房地产45%的股权,该事实保利天然公司予以认可。涉案协议已实际履行。故保利天然公司主张协议未履行的理由不能成立。

(3)保利天然公司应否支付合同项下股权回购款1800万元。一审、二审期间,保利天然公司认为,置信公司选择的是第一种投资回报方式,并提交天然房地产的《董事会会议纪要》和《补充协议》以及还款的证据予以反驳。该院认为,保利天然公司提交此《补充协议》虽系复印件,但置信公司认可该《补充协议》的真实性和合法性,《补充协议》中有法定代表人徐强签字,并加盖公司印鉴,故该院对该《补充协议》复印件的证明效力予以确认。根据《补充协议》"二、在乙方支付股权转让款4000万元全部到账之日起18个月内,甲方先期支付给乙方4000万元。项目合作完毕后,该款项冲抵甲方向乙方回购股权的转股款",该内容符合双方合作协议"6.股权回购及后续合作事宜。3#地块项目清算完成,并按股权比例分配利润和弥补亏损后,置信公司需无条件将其持有的新疆天然房地产开发有限公司45%的股权转让给保利天然公司。保利天然公司因受让上述股权而需向置信公司支付的股权转让总价款为4000万元"的约定。依上所述,《补充协议》的内容表明双方在签订该协议时选择了第一种投资回报方式。

置信公司虽举证其于2011年9月15日发出《回购股权通知》,时任保利天然公司的法定代表人蓝宁亦署名同意,但直至该案诉讼4年期间,置信公司未以任何方式向保利天然公司主张股权回购款1800万元的权利,且在上述通知发出1年后,在2012年7月6日的董事会会议中,同意天然房地产《董事会会议纪要》约定选择按第一种投资回报方式履行,该行为应视为置信公司以事实行为,变更了其选择第二种投资回报的方式。故置信公司按第二种投资回报方式向保利天然公司主张支付股权回购款1800万元的诉讼请求,无事实依据。保利天然公司的上诉请求成立,该院予以支持。

2. 关于置信公司提起的该案诉讼是否超过诉讼时效的问题。

二审期间,保利天然公司提出置信公司的诉讼请求已超过诉讼时效的上诉理由。该院认为，根据《最高人民法院关于审理民事案件适用诉讼时效制度若干问题的规定》第四条"当事人在一审期间未提出诉讼时效抗辩，在二审期间提出的，人民法院不予支持，但其基于新的证据能够证明对方当事人的请求权已过诉讼时效期间的情形除外"之规定，保利天然公司在一审期间未提出诉讼时效抗辩，二审期间亦无提交新的证据证明置信公司的请求权已过诉讼时效期间，故保利天然公司该上诉理由，该院不予采纳。

二审法院判决：一、撤销乌鲁木齐中院（2016）新01民初80号民事判决；二、驳回置信公司的诉讼请求。一审案件受理费155219.73元（置信公司已预交），二审案件受理费129800元（保利天然公司已预交），合计285019.73元，由置信公司负担。

围绕置信公司的再审申请请求，本院对有争议的证据和事实认定如下：

再审中，被申请人保利天然公司提交以下材料：证据一：2011年3月11日天然房地产股东会决议，该决议有置信公司盖章。

证据二：2012年股东大会决议，该决议有置信公司盖章。

证据三：2014年电力内外网施工协议合同会签审批单，徐强作为总经理审批。

证据四：2014年室外钢雨棚施工合同汇签审批表，徐强作为总经理及董事长发表意见并审批。

证据五：2014年11月10日档案调阅审批单，该审批单上徐强作为总经理签名。

证据六：2014年11月25日"天然·理想城"高层未售房源定价建议表，上有徐强签批"同意"并签名。

证据七：2014年11月25日"天然·理想城"房源销售情况统计表，上有徐强签批"同意"并签名。

证据八：2014年11月25日"天然·理想城"营销部人员销售提成费用预算明细表，上有徐强签批"同意"并签名。

证据九：2014年11月25日"天然·理想城"营销费用预算表，该预算表上有徐强的签名。

证据十：2012年度公司《董事会会议纪要》，该纪要上有徐强签名。

证据十一：2013年3月6日的财务预算方案报表，徐强作为公司股东参加会议，该份邮件发到徐强电子邮箱里。

保利天然公司通过上述证据欲证明：

1. 徐强以股东身份多次参加天然房地产的股东会，且徐强为购买本项目房屋的所有购房人向交通银行申请的个人住房抵押贷款承担连带保证责任。

2. 保利天然公司与置信公司系合资、合作开发房地产法律关系。

3. 置信公司主张根据《股权回购通知》双方选择了协议第二种投资方式，该主张与上述证据存在矛盾，置信公司与保利天然公司实际上选择了协议第一种投资回报方式。

4. 徐强以公司股东、董事、总经理身份对公司业务全面管理，对公司项目全程管理。

置信公司质证认为：关于证据一，该证据只能证明在2011年9月15日前置信公司是天然房地产的股东，不能证明置信公司现在也是天然房地产的股东。

关于证据二，盖章纯粹为确保银行贷款的帮助行为，不能证明置信公司是天然房地产的股东。

关于证据三、证据四，徐强是在保利天然公司的股东蓝宁和池城的要求下，对保利天然公司收入来源即天然房地产的支出进行监督，徐强并非真正参与公司管理，也不是公司的总经理或董事长。

关于证据五至证据九，上述证据均形成于2014年11月，徐强进行上述一系列行为的原因是监督自己借给保利天然公司的款项使用而非参与管理，双方更非合作开发关系。

关于证据十，徐强签字的目的在于监控款项流出的合理性，以确保1800万元和5500万元的借款本息安全性。

关于证据十一，该份证据只是保利天然公司发出邮件，且徐强没有回复，置信公司也没有盖章，对该份证据不认可。

综上，上述证据均不能证明置信公司或徐强系天然房地产的股东，徐强并未参与公司的管理，签字仅为确保其资金的安全性，双方实际上选择了《合作协议书》约定的第二种投资回报方式。

本院确认保利天然公司提供的十一份证据的真实性、合法性，至于与本案的关联性，将在本院认为部分中予以阐述。

关于《回购股权通知》的形成过程，置信公司的法定代表人徐强的陈述是，其安排人将《回购股权通知》邮寄给保利天然公司，保利天然公司再邮寄回置信公司，但均没有提供证据予以证明。证人蓝宁（2010年8月《合作协议书》签订至2012年5月为保利天然公司的法定代表人）到庭作证的陈述是，《回购股权通知》上蓝宁的签名是其本人所签，"同意"二字及落款的时间是其本人所写。具体签字过程记不得了，应该是保利天然公司的工作人员将《回购股权通知》上报给他，他签的字。保利天然公司的办文程序是，公司对《回购股权通知》这类的文书，应该有回函，并加盖公司的印章。

本院认定的其他事实，与二审法院认定的相同。

本院认为，本案争议的焦点是置信公司选择的是《合作协议书》约定的第一种投资回报方式还是第二种投资回报方式，抑或其他方式。

具体涉及以下两个问题：

1. 关于《回购股权通知》上蓝宁的签字是否是履行保利天然公司法定代表人职务的问题。

置信公司认为，其选择的是《合作协议书》约定的第二种投资回报方式，支持其观点的关键证据是保利天然公司时任法定代表人蓝宁在置信公司发出的《回购股权通知》上签字同意。

本院查明的事实是，置信公司的法定代表人徐强对这一过程的陈述是，其安排人将盖上置信公司公章的《股权回购通知》通过邮寄的方式寄给保利天然公司，后收到保利天然公司邮寄回来的《回购股权通知》，上面有保利天然公司法定代表人蓝宁的签名及"同意"二字，落款时间是2011年10月6日。

证人蓝宁到庭作证的陈述是《回购股权通知》上蓝宁的签名是其本人

所签,"同意"二字及落款的时间是其本人所写。蓝宁还陈述称,具体签字过程记不得了,应该是保利天然公司的工作人员将《回购股权通知》上报给他,他签的字。在问到保利天然公司的办文程序时,蓝宁的陈述是,公司对《回购股权通知》这类的文书,应该有回函,并加盖公司的印章。

置信公司认为,蓝宁在《回购股权通知》上的签字是真实的,落款时间是2011年10月6日,当时蓝宁是保利天然公司的法定代表人,因此,即使《回购股权通知》上没有保利天然公司的公章,蓝宁的签字行为也是代表保利天然公司的职务行为,保利天然公司应受《回购股权通知》的约束。

保利天然公司认为,蓝宁在《回购股权通知》上的签字并不能代表保利天然公司,理由是:第一,《回购股权通知》仅有蓝宁签字,无保利天然公司盖章,不符合双方合作的一贯做法。在本次双方合作过程中,双方均保持谨慎态度,来往的文件和材料,包括付款、收款的汇款单回执、收据及股东会、董事会会议记录、决议都会由多名负责人进行签字盖章并电邮发送相关资料,但是《回购股权通知》是置信公司选择投资回报方式的关键证据,唯独这份通知既没有盖章,也没有以电邮方式发送。对于置信公司来说,选择投资回报方式,是参与此次项目开发最重要的内容。对于如此重要的文书,置信公司仅需蓝宁签字而不要求公司盖章,明显不符合常理。

第二,如果《回购股权通知》上蓝宁的签字是代表保利天然公司的职务行为,那么按照通知的内容,置信公司的义务是只投入4000万元本金,徐强就不应再参与天然房地产的经营管理,因为《回购股权通知》上写得很清楚,"本通知发出之日,我司不再是新疆天然房地产开发有限公司股东,只是该公司名义股东。"但徐强在2011年9月15日后,还在参与天然房地产的经营管理。

第三,第二种投资回报方式约定,在置信公司做出选择后,保利天然公司应在10日内付款。每逾期一天,需向置信公司支付违约金3万元整。

置信公司经历了数场诉讼,其很清楚,约定明确的违约金一般会得到支持,如果违约金确实过高,对方当事人自然会申请法院酌情减少。但是

从2011年10月到置信公司一审起诉时隔5年之久，置信公司并没有向保利天然公司主张过，也未向法院提起过诉讼，不符合常理。

第四，直到本案再审后的第二次询问，保利天然公司才知道置信公司手里有蓝宁签字的2份《回购股权通知》，这之前包括本案的一审、二审、申请再审，直至再审开庭，开庭后的第一次询问，置信公司一直都没有向审理案件的合议庭说明这一情况，不合常理。保利天然公司根本不知道有《回购股权通知》这回事。

本院认为，由于《回购股权通知》上仅有蓝宁的签字，而没有保利天然公司加盖的公章，因此，置信公司就要举证证明蓝宁签字时是履行保利天然公司的法定代表人职务的行为，而不是蓝宁的私下行为。置信公司的法定代表人徐强对此的陈述是，其安排人将《回购股权通知》邮寄给保利天然公司，保利天然公司再邮寄回置信公司，但均没有提供任何证据予以证明。蓝宁对此的陈述是，其签字是保利天然公司的工作人员上报后，其在《回购股权通知》上签的字。签字后，按照保利天然公司发文程序，公司应该对置信公司有回函，应该在《回购股权通知》上加盖公章。但《回购股权通知》上并没有保利天然公司加盖的公章。置信公司也没有收到保利天然公司的回函。

本院认为，由于置信公司徐强的陈述和证人蓝宁关于其在《回购股权通知》上签字是代表公司行为的证言，均为孤证，没有其他任何证据予以支持，据此，置信公司徐强的陈述和证人蓝宁的证言，并不能使本院确信蓝宁的签字就是其履行保利天然公司法定代表人职务的行为，而不是蓝宁的私下行为。

本院不敢确信蓝宁在《回购股权通知》上的签字行为是代表保利天然公司的职务行为，还有以下因素支持。以下因素影响了本院的认定，但最终的因素是上段的论述，即置信公司没有完成其举证义务。

第一，选择哪种投资回报方式，是置信公司参与此次项目开发最重要的决定，是双方合作的重要部分。对于如此重要的文书，置信公司采取邮寄的方式向保利天然公司寄送《回购股权通知》，本院不太理解。因为这份通知涉及1800万元，完全可以通过电子邮件或者置信公司派人到新疆与保利天然公司签订书面协议的方式进行。这两种方式便于保存证据，而且很难造假。如通过电子邮件发送资料时，会保存发送的时间。

第二，按照置信公司的说法，保利天然公司通过邮寄的方式将《回购股权通知》寄回给了置信公司。置信公司在看到《回购股权通知》上没有盖保利天然公司的公章时，为什么不派人到保利天然公司，要求保利天然公司加盖公章。而置信公司所谓的邮寄给保利天然公司的《回购股权通知》上是加盖了置信公司的公章的（并没有置信公司法定代表人的签名）。按照徐强的说法，置信公司在收到《回购股权通知》时，知道该通知上没有加盖保利天然公司的公章，事后却不采取补救措施，且所谓收到保利天然公司寄回给置信公司《回购股权通知》这一"事实"并没有保留任何证据，本院无法理解。

第三，如《回购股权通知》为真，那徐强就应该按照该通知所载明的"本通知发出之日，我司不再是新疆天然房地产开发有限公司公司，只是该公司名义股东"，自2011年9月15日起，就不再参与天然房地产的管理活动。但实际上，直到2014年，徐强还在参与天然房地产的管理。

第四，按置信公司的说法，《回购股权通知》是2011年9月15日发出的，而该公司支付4000万元给保利天然公司的时间是2010年9月21日。按照《合作协议书》的约定，如果回购，年收益率是30%。也就是说，置信公司于2011年9月15日发出的《回购股权通知》（请贵司收到本通知后10日内向我司支付5800万元回购款），要求的股权回购款应当是5200多万元，而不应该多要近半年的收益近600万元。对此，本院不理解。

第五，《合作协议书》第四章投资回报方式中约定，保利天然公司应在置信公司做出选择后10日内付款。每逾期一天，需支付违约金3万元。保利天然公司提出，置信公司经历了数场诉讼，应该清楚约定明确的违约金一般会得到支持，如果违约金确实过高，对方当事人自然会申请法院酌情减少。但是从2011年到置信公司一审起诉时隔5年之久，置信公司并没有向保利天然公司主张过，也未向法院提起过诉讼，不符合常理。本院认为，保利天然公司的观点有一定道理，本院对置信公司的此行为不理解。

房地产开发经营合同纠纷

第六，置信公司在新疆维吾尔自治区乌鲁木齐市中级人民法院一审、新疆高院二审、向本院申请再审、本院提审、提审后开庭、开庭后第一次询问（保利天然公司申请对《回购股权通知》上的笔迹形成时间进行鉴定，这次询问是为鉴定做准备），都没有提到其手里有2份《回购股权通知》，直到开庭后的第二次询问（就鉴定比对材料进行质证），承办法官发现《回购股权通知》复印件与徐强提供的原件有明显不符时，徐强才说自己还有一份原件。对此，本院不能理解。

第七，蓝宁自2012年5月不再是保利天然公司的法定代表人，保利天然公司的法定代表人2012年5月之后是池城，蓝宁与保利天然公司和池城在本案诉讼之前有多起诉讼。

第八，蓝宁的签字落款时间是2011年10月6日。我们知道，10月6日还在十一长假期间，在这个时间，按照蓝宁的说法，保利天然公司还在上班，徐强还在代表保利天然公司履行职务。对此，本院不能理解。

通过以上分析可知，置信公司的举证没有达到让本院确信蓝宁在《回购股权通知》上的签字就是其履行保利天然公司的法定代表人职务的行为，而不是蓝宁的私下行为的程度，其举证责任没有完成，故应当认定《回购股权通知》没有送达到保利天然公司，对保利天然公司不发生法律效力。既然置信公司举证证明自己选择的是第二种投资回报方式的关键证据不能达到其证明目的，那么置信公司的该主张就不能得到本院的支持。

需要强调的是，置信公司认为，只要《回购股权通知》上蓝宁的签字是真实的，签字时工商登记上记载的保利天然公司的法定代表人是蓝宁，那么即使该通知上没有加盖保利天然公司的公章，蓝宁的签字行为也是履行保利天然公司法定代表人职务的行为，保利天然公司就应当承担相应的后果，而不用考虑签字的地点、场合等等因素。

本院认为，蓝宁既是自然人，同时按照置信公司的观点，其也是签字落款时间即2011年10月6日时保利天然公司的法定代表人，那么，置信公司必须证明蓝宁签字时是代表保利天然公司，而不是其私下签字，因为保利天然公司根本不知道有这回事。实际上，为了保证法定代表人签字时是代表公司的职务行为，在我国，在法定代表人签字的同时，往往要求公司加盖公司印章，以保证二者的统一，防止法定代表人在公司不知情的情况下代表公司做出意思表示。本案的《合作协议书》就是如此，既有法定代表人签字，又加盖有公司印章。《回购股权通知》作为履行《合作协议书》的重要方式，也应当采取同样的方式，至少要有双方公司盖章。如果缺少保利天然公司盖章，那么置信公司就有义务证明蓝宁签字的行为是代表保利天然公司的职务行为，而不是私人行为。恰恰在本案中，置信公司的举证没有达到这样的程度，其就应承担相应的不利后果。故置信公司的这一观点，本院难以认同。

本院也在此提醒我国的公司类市场主体，在签订合同时，不管是什么合同，都应当要求对方公司加盖公章。如果对方没有加盖公章，那么应当想方设法要求对方加盖，否则，宁愿相信签字人是个人行为，不能代表公司，因为这样的结果极易引发纠纷，而且在诉讼中处于很不利的地位。

2. 关于《补充协议》与《董事会会议纪要》能够证明的投资回报为哪种方式的问题。

《补充协议》的落款时间是2010年，没有具体月日，但可以确定签订于《合作协议书》之后，即2010年8月28日之后，因为该协议的抬头写明："鉴于甲乙双方于2010年8月28日签订"《合作协议书》。对于该份协议，本案一审时，置信公司认为双方没有签订过。二审时，却认可其真实性、合法性，只是不认可其关联性。《补充协议》第二条载明："在乙方支付股权转让款人民币4000万元全部到账之日起18个月内，甲方先期支付给乙方人民币4000万元。项目合作完毕后，该款项冲抵甲方向乙方回购股权的转股款。"其中的甲方是保利天然公司，乙方是置信公司。从该约定可以看出，这种方式不完全符合《合作协议书》中约定的两种投资回报方式。《合作协议书》约定的第一种投资回报方式为典型的合作开发，要项目开发完成后再来确定项目利润，然后分配。而《补充协议》的上述约定，却是不需要在项目开发完成后再来确定项目利润，而是在项目开发过程中，置信公司先收回投入的4000万元，然后在"项目合作完毕后，该款项冲抵甲方向乙方回购股权的转股款"。《合作协议书》约定的第二种投资回报方式虽然表述为股权回购，但是实质上是股权让与担保，保利天然

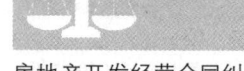
房地产开发经营合同纠纷

公司先将其在天然房地产的股权转让给置信公司，其目的是担保置信公司支付的4000万元股权转让款。

置信公司的真实目的并不是购买保利天然公司在天然房地产的股权，而是通过这种方式保证自己投入的4000万元资金的安全，同时通过股权回购的方式保障其收益，实质与民间借贷无异，只是这种股权回购的方式为民间借贷提供了股权担保。

该表述为："在乙方应支付的股权转让款4000万元现金全部到账之日起18个月期满时，甲方同意以5800万元整回购其在新疆天然房地产开发有限公司的45%股权。"从这一约定可以看出，投入资金的收益率为每年30%。而《补充协议》的约定，却是"在乙方应支付的股权转让款4000万元现金全部到账之日起18个月期满时"，置信公司先收回投入的4000万元，而不是保利天然公司向其支付5800万元。

对于置信公司投入4000万元的收益，《补充协议》的表述是："项目合作完毕后，该款项冲抵甲方向乙方回购股权的转股款。"根据《补充协议》关于投资回报方式的约定可以看出，置信公司投入4000万元的回报方式为，从4000万元全部现金到账之日起18个月内，先收回本金4000万元。项目合作完毕后，4000万元冲抵保利天然公司向置信公司回购股权的转股款。可见，《补充协议》约定的置信公司投资回报的方式为：保本＋待项目合作完毕后，4000万元冲抵保利天然公司向置信公司回购股权的转股款。因此，这种方式不是《合作协议书》约定的任何一种投资回报方式。

这是因为如果是《合作协议书》约定的第一种投资回报方式即分配利润的方式，那么只有项目完成后，才涉及是否有利润以及如有利润应该如何分的问题，而《补充协议》约定的却是"在乙方支付股权转让款人民币4000万元全部到账之日起18个月内"，保利天然公司先期支付给置信公司4000万元。很显然，《补充协议》约定的投资回报方式不是《合作协议书》约定的分配利润这种方式。

《补充协议》约定的投资回报方式也不是《合作协议书》约定的"在乙方应支付的股权转让款4000万元现金全部到账之日起18个月期满时，

甲方同意以 5800 万元整回购其在新疆天然房地产开发有限公司的 45% 股权"。因为《补充协议》约定的却是"在乙方应支付的股权转让款 4000 万元现金全部到账之日起 18 个月内，甲方先期支付给乙方人民币 4000 万元"。这也很可能是本案一审时，置信公司不敢承认《补充协议》真实性的原因，置信公司起诉的基础事实是，其与保利天然公司是民间借贷，投资回报方式是《合作协议书》规定的第二种投资回报方式，即"在乙方应支付的股权转让款 4000 万元现金全部到账之日起 18 个月期满时，甲方同意以 5800 万元整回购其在新疆天然房地产开发有限公司的 45% 股权"。通过以上分析可知，一审法院认定本案的投资回报方式为《合作协议书》约定的第二种投资回报方式即民间借贷，二审法院认定本案的投资回报方式为《合作协议书》约定的第一种投资回报方式即分配利润，均属基本事实认定错误，本院依法予以纠正。

2012 年 7 月 6 日召开的天然房地产的《董事会会议纪要》第三条载明："关于天津置信公司股权投资返还方案，全体董事一致同意按照补充协议与本年度九月底之前偿还投资人剩余资金 2500 万元，如果应公司经营情况导致逾期未能偿还部分，按照银行同期贷款利率支付利息。"纪要上有置信公司选派的董事徐强的签名。由于该纪要在置信公司所称的《回购股权通知》之后，应当认定置信公司最终选择的投资回报方式为该纪要载明的《补充协议》约定的投资回报方式。

因此，即使蓝宁在《回购股权通知》上的签字是履行保利天然公司法定代表人的职务行为，本案置信公司选择的投资回报方式仍然应为保本 + 待项目合作完毕后，4000 万元冲抵保利天然公司向置信公司回购股权的转股款。

通过对以上两个基本事实的分析，本院认为，本案一审、二审法院认定的基本事实错误，依法应予纠正。

根据原有证据、本案再审后蓝宁作为证人到庭的陈述以及保利天然公司在本院再审期间提供的 2011 年 9 月 15 日以后置信公司法定代表人徐强仍参与天然房地产管理的新证据，加之《补充协议》约定的"待项目合作完毕后"的条件没有成就，而置信公司起诉的请求权基础是民间借贷，但其举证并不能使本院确信其选择的是《合作协议书》约定的第二种方式，因此，其诉讼请求本院无法支持，二审判决结果应当维持。

综上所述，置信公司的再审请求不能成立。

依照《中华人民共和国民事诉讼法》第二百零七条第一款、第一百七十条第一款第一项之规定，判决如下：

维持新疆维吾尔自治区高级人民法院（2017）新民终112号民事判决。

审　判　长　杨永清
审　判　员　王　涛
审　判　员　丁广宇

二〇一八年十二月二十八日

法官助理　钟丽丹
书　记　员　李晓宇

二、项目转让合同纠纷

43. 东莞利成公司、宝源公司与东莞晶隆公司、大岭山房地产公司房地产项目转让合同纠纷案[*]

> 要准确判断和认定是否构成一物数卖,必须根据每个案件的不同事实情况,剖析当事人的内心真意,依法公平合理地平衡各方当事人的利益

【裁判摘要】

> 一物数卖是房地产纠纷案件中常见的一种类型,表现形式多样,无法采用同一标准进行处理。因此,如何认定和解决此类纠纷成为困扰民事审判工作的一个难点。要准确判断和认定是否构成一物数卖,必须根据每个案件的不同事实情况,剖析当事人的内心真意,依法公平合理地平衡各方当事人的利益。

再审申请人(一审原告、二审上诉人):东莞市利成电子实业有限公司。

再审申请人(一审原告、二审上诉人):河源市源城区宝源房地产发展有限公司。

再审申请人(一审被告、二审被上诉人):东莞市晶隆实业发展有限公司(原东莞市长新实业发展有限公司)。

被申请人(一审被告、二审被上诉人):东莞市大

---

[*] 摘自《民事审判指导与参考》2015年第1辑(总第61辑),人民法院出版社2015年版,第198~214页。

房地产开发经营合同纠纷

岭山镇房地产开发公司。

被申请人（一审被告、二审被上诉人）：东莞市大岭山镇颜屋村村民委员会。

一审第三人：麦赞新、蔡月红。

一、广东省东莞市中级人民法院一审审理查明的事实

东莞市利成电子实业有限公司（以下简称利成公司）、河源市源城区宝源房地产发展有限公司（以下简称宝源公司）于2008年12月17日向广东省东莞市中级人民法院（以下简称东莞中院）提起诉讼，请求判令：(1) 确认利成公司、宝源公司与长新公司签订的《转让合同书》和《调解协议》有效；(2) 判令东莞市长新实业发展有限公司（以下简称长新公司）继续履行将其名下2块土地的《国有土地使用权证》过户到利成公司、宝源公司名下的义务；(3) 确认长新公司挂靠在东莞市大岭山镇房地产开发公司（以下简称大岭山房地产公司）名下的9块土地使用权属利成公司、宝源公司财产，判决解除利成公司、宝源公司和大岭山房地产公司的挂靠协议，判令大岭山房地产公司协助将该9块土地的国有土地使用权证更名过户到利成公司、宝源公司名下；(4) 判令长新公司从2008年5月26日起至将11块土地使用权转让过户到利成公司、宝源公司之日止按日支付3万元的逾期办证违约金给利成公司、宝源公司。

东莞中院查明，2003年7月10日，颜屋村委会作为甲方，大岭山房地产公司作为乙方与长新公司作为丙方共同签订《土地使用权转让合同书》，约定甲方将位于莲花山颜屋村水库边山地约499600.02平方米土地在办理国有土地使用许可证后交由丙方作房地产项目开发；开发过程中丙方将挂靠乙方名义，土地使用证也以乙方名义办理。上述土地转让总价款9242600.37元。

2006年8月6日，麦赞新代表长新公司（甲方）与李炳（乙方）签订《协议书》。约定：甲方至签订协议书之时，名下资产有依据与大岭山房地产公司及东莞市大岭山镇颜屋村村民委员会（以下简称颜屋村委会）签署的《土地使用权转让合同书》所享有的"莲湖山庄"房地产开发项目；甲

方将长新公司全部股份及名下"莲湖山庄"项目整体转让给乙方，由于特殊原因暂无法办理工商登记手续，该股份及项目转让事宜已事先取得长新公司全体股东决议通过；双方确认整体转让价款为13000万元。麦赞新以法定代表人的身份签名并加盖长新公司公章。同日，麦赞新签署《授权委托书》一份，内容为麦赞新以身体不适为由授权李炳代为履行其作为长新公司法定代表人一职，代为行使作为长新公司法定代表人的一切权限，委托期限为自2006年8月6日起至2011年8月5日止；该委托书另载明受托人可以在该《授权委托书》列明之委托权限范围内对被委托之事宜进行委托，无需委托人另行确认，该委托书为不可撤销之委托。同日，麦赞新与李炳签署《托管协议》一份，载明长新公司就公司全部资产委托给李炳经营管理，期限从协议签署之日起至长新公司书面确认解除托管之日止；双方并约定李炳有代为继续履行长新公司先前之经营行为所产生之后续义务等经营管理权。麦赞新与长新公司在该协议中签名并加盖公章。同日，麦赞新与李炳签署《交接书》一份，确认移交长新公司公章、财务章、法人私章各一枚及《土地使用权转让合同书》正本一份，另移交9本《国有土地使用权证》正本。

2007年3月29日，麦赞新在《东莞日报》刊登"东莞市长新实业有限公司遗失营业执照正副本以及公章、财务专用章一枚，特此声明作废"的遗失声明，并以此为由申请补发证照。同日，麦赞新将字样为"东莞市长新实业发展有限公司"（中间有五角星）的公章和字样为"东莞市长新实业有限公司财务专用章"的财务章向东莞市公安局治安巡逻支队治安科进行备案，该局出具了公章备案回执。

东莞市晶隆实业发展有限公司（以下简称晶隆公司）主张麦赞新于2006年8月6日交给李炳持有的长新公司公章、财务章，上述公章中间并没有五角星，与麦赞新另行雕刻的公章并不相同。

2007年5月31日与2007年6月11日，李炳以长新公司名义向颜屋村委会、大岭山房地产公司支付地价转让款865万元和1254万元，共付款2119万元。

2007年7月30日，大岭山房地产公司向东莞中院出具《情况说明书》，内容为：颜屋村委会、大岭山房地产公司与长新公司于2003年7月10日、2003年9月19日签署了《土地使用权转让合同书》及《土地转让补充合同书》，据此，长新公司取得位于颜屋村莲花山脚下的颜屋村水库周边"莲湖山庄"项目，由于长新公司没有房地产开发资质，其必须挂靠大岭山房地产公司开发"莲湖山庄"项目。因此，"莲湖山庄"部分土地在办理国有土地使用权证书的过程中，长新公司是以大岭山房地产公司作为土地使用权人申报的，但相关国有土地证项下之土地的实际权益此时属于长新公司。

2008年3月26日，长新公司作为甲方与作为乙方的利成公司、宝源公司签订《"莲湖山庄"房地产项目整体转让合同书》（以下简称《转让合同书》），约定：第一条：甲方于2003年7月10日同颜屋村委会签订并购买颜屋村水库周边的779.4亩（499600平方米）房地产商住用地，现该地已有299634平方米房地产商住用地办领了11本《国有土地使用权证》，其中挂靠在大岭山房地产公司名下的土地有9块，另外属于甲方名下的土地有2块。第二条：甲方同意将"莲湖山庄"房地产开发项目及其项下的11块土地使用权整体转让给乙方和丙方。第三条：乙方、丙方购买该项目的价款为1.5亿元。（1）本合同签订后30日内，乙方和丙方向甲方支付1000万元第一期项目转让款；（2）本合同签订后60日内，乙方和丙方向甲方支付2000万元第二期项目转让款；（3）在甲方将该项目全部过户到乙方和丙方名下后30日内，乙方和丙方将剩余的12000万元转让款付清给甲方。第四条：甲方收到乙方和丙方的第一期项目转让款后，即应向政府有关部门申请办理该项目的转让过户手续，并在本合同签订后的60日内将该项目过户到乙方和丙方名下。第六条：如有未尽事宜，三方应通过友好协调解决。协商不成，可向利成公司、宝源公司住所地的人民法院起诉解决。第八条：本合同经三方法定代表人签字并加盖公章之日起生效。在该合同"甲方（盖章）"一栏加盖了"东莞市长新实业有限公司"公章（中间有五角星），麦赞新在"法定代表人"一栏签名确认；在"乙方（盖章）"和"丙方（盖章）"及其"法定代表人"栏目中亦有利成公司和宝源公司加盖的公章及其法定代表人的签名确认。

2008年4月21日，利成公司转账1000万元至长新公司，麦赞新出具《收据》，载明收到利成公司购买莲湖山庄房地产项目首期款1000万元，加盖了"东莞市长新实业有限公司"公章（中间有五角星）。2008年5月26日，三利公司转账500万元至长新公司，麦赞新出具《收据》，载明收到三利公司代利成公司购买莲湖山庄房地产项目第二期款500万元，加盖"东莞市长新实业有限公司"公章（中间有五角星）。同日，吉龙公司转账1500万元至长新公司，麦赞新出具《收据》，载明收到吉龙公司代利成公司购买莲湖山庄房地产项目第二期款1500万元，加盖"东莞市长新实业有限公司"公章（中间有五角星）。2008年6月18日，利成公司转账3000万元至长新公司，麦赞新出具《收据》，载明收到利成公司购买莲湖山庄房地产项目款3000万元，加盖"东莞市长新实业有限公司"公章（中间有五角星）。同日，长新公司归还贷款2500万元和5029050元，《还款凭证》载明贷款人是长新公司。

东莞中院另查明，根据最高人民法院（2008）民申字第677号民事裁定书认定的事实：蔡月红与麦赞新系夫妻关系，长新公司于2002年5月15日设立，麦赞新占90%的股份，是该公司法定代表人，蔡月红占10%的股份。2006年7月7日，蔡月红因涉嫌职务侵占罪被逮捕。麦赞新向李炳借款1500万元用于归还蔡月红挪用公款的缺口。2007年4月24日，蔡月红向一审法院起诉，请求确认麦赞新与李炳签订股权转让协议无效，李炳提起反诉，请求确认有效，判令蔡月红和麦赞新履行股东转让协议义务，将麦赞新持有的长新公司90%股份变更给李炳。一审法院判决，确认2006年8月6日《协议书》中麦赞新转让蔡月红股权部分的协议内容无效；驳回李炳的反诉请求。李炳提起上诉，二审法院于2008年6月4日作出（2008）粤高法民二终字第86号民事判决，撤销一审法院判决；驳回蔡月红的诉讼请求；麦赞新与蔡月红应于收到判决书之日起30日内，将其名下长新公司的股权全部过户给李炳。蔡月红不服，申请再审，最高人民法院于2009年2月26日作出（2008）民申字第677号民事裁定，驳回蔡月红的再审申请。

二、东莞中院一审认定和判决

一审归纳本案争议焦点为2008年3月26日的《转让合同书》是否有效的问题。

东莞中院认为，麦赞新与利成公司、宝源公司在签订《转让合同书》时，无权代表长新公司行使有关民事权利，麦赞新另行所刻的公章、财务章没有征得长新公司的同意，利成公司、宝源公司没有尽到谨慎、合理的注意义务，不能作为善意第三人，利成公司、宝源公司应当知道麦赞新无权代表长新公司实施相关民事行为和处分相关民事权利，而且利成公司、宝源公司在受让涉案房地产项目时并没有办理国有土地使用权登记过户手续。根据《中华人民共和国合同法》第五十条"法人或者其他组织的法定代表人、负责人超越权限订立的合同，除相对人知道或者应当知道其超越权限的以外，该代表行为有效"的规定，《转让合同书》应当认定为无效合同，根据《中华人民共和国民事诉讼法》（2007年）第一百二十八条、第一百三十一条的规定，判决确认利成公司、宝源公司与长新公司签订的《转让合同书》；驳回利成公司、宝源公司的诉讼请求。

三、当事人上诉情况

利成公司、宝源公司不服，提起上诉称：（1）一审判决认定麦赞新无权代表长新公司签约没有事实和法律根据。2008年3月26日签订《转让合同书》时，东莞市工商局公司档案登记的长新公司法定代表人仍是麦赞新。因而，利成公司、宝源公司有理由相信麦赞新在2008年3月26日完全有权代表长新公司。（2）一审判决认定利成公司没有善意取得"莲湖山庄"房地产项目与事实不符。长新公司与利成公司经协商一致，约定将"莲湖山庄"房地产项目以1.5亿元价格转让给利成公司，至今对转让价格仍无异议，表明该价格合理，利成公司已依法善意取得"莲湖山庄"房地产项目。（3）《转让合同书》合法有效，不存在一物二卖。利成公司根据合同书受让的是长新公司的"莲湖山庄"房地产项目，而麦赞新转让给李炳的是长新公司的股权，两个合同转让的标的不同，所产生的权利义务亦不相同。

四、广东省高级人民法院二审审理情况

广东省高级人民法院（以下简称广东高院）经审理查明，东莞中院查明的事实清楚，予以确认。

另查明，长新公司于2008年12月24日经东莞市工商行政管理局核准变更登记，法定代表人由麦赞新变更为李炳，股东由麦赞新（持股90%）、蔡月红（持股10%）变更为李炳（持股100%）。2010年1月6日，长新公司经东莞市工商行政管理局核准，变更为晶隆公司，并于2010年4月13日领取《企业法人营业执照》，法定代表人李炳，经营范围包括莲湖山庄房地产项目开发经营等。

再查明，蔡月红因与李炳、麦赞新股权转让合同纠纷一案，不服（2008）粤高法民二终字第86号民事判决，向最高人民法院申请再审。最高人民法院于2009年2月26日作出（2008）民申字第677号裁定，认定以下事实：2006年8月6日《协议书》包含了两个法律关系：一是长新公司向李炳转让"莲湖山庄"项目的法律关系；二是股权转让关系。《协议书》的股权转让方为长新公司，从形式上看似乎是公司处分了股东的股权，但结合本案的实际情况看，该协议是将股权转让和项目转让一并进行约定。虽然《协议书》签订形式不规范，但不能因此认定合同无效。《协议书》是当事人的真实意思表示，二审判决确认股权转让行为有效并无错误，裁定驳回蔡月红的再审申请。

已生效的（2008）粤高法民二终字第86号判决确认以下事实：2006年6月14日至2007年7月20日，李炳以银行转账的方式向麦赞新支付股权转让款共计3634万元。此外，麦赞新于2006年7月27日、2006年9月20日、2006年12月29日、2007年2月26日、2007年3月18日分别出具《收据》或《借据》，载明收到李炳现金合计610万元。另，2007年5月31日和2007年6月11日，李炳以长新公司的名义向颜屋村委会、大岭山房地产公司分别支付土地使用权转让款865万元和1254万元，共计2119万元。

广东高院认为，本案系项目转让合同纠纷，争议的焦点为《转让合同书》的效力及履行问题。

（一）关于《转让合同书》效力问题

根据查明的事实，2006年8月6日，麦赞新代表长新公司与李炳签订的《协议书》实际包含了两个法律关系：一是长新公司向李炳转让"莲湖山庄"项目的法律关系；二是股权转让关系。《协议书》是双方当事人的真实意思表示，合法有效。虽然《协议书》约定整体转让的"莲湖山庄"项目所涉的土地中有9块土地使用权登记在大岭山房地产公司名下，但大岭山房地产公司作为登记权属人已确认上述9块土地的实际权益属于长新公司，并于事后对长新公司通过签订《协议书》将上述9块土地的权益转让给李炳的行为以书面形式予以追认；另2块土地使用权登记在长新公司名下，长新公司有权处分。该《协议书》签订后，李炳直接以长新公司的名义支付了2119万元土地使用权转让款给颜屋村委会和大岭山房地产公司，另付给麦赞新4244万元作为股权转让款，已基本适当履行了协议约定的义务。而且麦赞新也于2006年8月将长新公司的公章、财务章、法定代表人私章及《土地使用权转让合同书》正本以及相关资料等原件移交给李炳接收，并出具《授权委托书》和《托管协议》，授权李炳代为履行其作为长新公司法定代表人一职，将长新公司全部资产委托给李炳经营管理。随后，李炳实际接管了长新公司及"莲湖山庄"房地产项目，并于2008年12月24日经东莞市工商行政管理局核准变更登记，成为长新公司唯一股东（持股100%）和法定代表人。虽然蔡月红曾因股权转让合同纠纷起诉至法院，但当事人起诉行为至法院判决的过程，是因双方对于转让行为效力发生争议的纠纷调处过程，一旦经法院生效判决确认转让行为有效，则转让行为的效力应自合同约定的生效之日起发生法律效力。麦赞新与李炳签订的《协议书》约定："本协议一经签字盖章即生效"，故该《协议书》应自双方签字盖章的2006年8月6日起发生法律效力。因此，自2006年8月6日起，麦赞新及蔡月红已将其所持有长新公司全部股份及长新公司名下的"莲湖山庄"项目整体一并转让给了李炳。《协议书》合法有效，双方应切实履行各自的合同义务。

对《转让合同书》的效力问题应根据现有事实区别对待。

1. 合同部分无效

涉案的11块土地中，其中9块土地《国有土地使用权证》登记的权属人为大岭山房地产公司，2块土地《国用土地使用权证》登记的权属人为长新公司。根据《中华人民共和国物权法》第九条关于"不动产物权的设立、变更、转让和消灭，经依法登记，发生效力；未经登记，不发生效力"的规定，以及《中华人民共和国合同法》第五十一条关于"无处分权的人处分他人财产，经权利人追认或者无处分权的人订立合同后取得处分权的，该合同有效"的规定，麦赞新在未经大岭山房地产公司同意的情况下，以长新公司名义对登记在大岭山房地产公司名下的土地使用权予以转让处分，应属无处分权的人处分他人财产，且事后大岭山房地产公司对其转让行为也不予追认，故《转让合同书》中涉及转让权属人为大岭山房地产公司的9块土地使用权部分依法应认定为无效。至于长新公司与利成公司、宝源公司达成的《调解协议》中，约定长新公司将其与颜屋村委会、大岭山房地产公司签订的《土地使用权转让合同》《土地转让补充合同》的权利义务全部转让给利成公司、宝源公司的问题，《中华人民共和国合同法》第八十八条规定，当事人一方经对方同意，可以将自己在合同中的权利和义务一并转让给第三人，现无论长新公司或利成公司、宝源公司，均未能提交证据证实长新公司将其在《土地使用权转让合同》和《土地转让补充合同》中的权利义务全部转让给利成公司、宝源公司的事实已征得合同相对方颜屋村委会和大岭山房地产公司的同意，故涉及转让长新公司在《土地使用权转让合同》和《土地转让补充合同》中的权利义务给利成公司、宝源公司的约定，依法也应认定为无效。利成公司、宝源公司据此要求解除与颜屋村委会和大岭山房地产公司挂靠协议的主张，缺乏合同依据和法律依据，不予支持。

2. 合同部分有效

登记在长新公司名下的2块土地使用权，虽然长新公司通过与李炳签订《协议书》转让给了李炳，但至今尚未办理权属变更登记手续，该2块

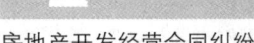

土地在长新公司与利成公司、宝源公司签订《转让合同书》时,其登记权属人仍为长新公司,根据《中华人民共和国物权法》第九条的规定,第三人有理由相信长新公司有权处分该2块土地使用权。由于李炳受让股权后未及时进行股权和法定代表人的变更登记,根据《中华人民共和国公司法》第十三条、第三十三条第三款的规定,公司法定代表人变更,应当办理变更登记,股东未经登记或者变更登记的,不得对抗第三人。故麦赞新在与利成公司、宝源公司签订《转让合同书》时,其对外身份仍是长新公司的股东和法定代表人,第三人也有理由相信麦赞新有权代表长新公司行使权利。关于已办抵押手续的土地使用权能否转让的问题。虽然在长新公司与利成公司、宝源公司签订《转让合同书》时,其名下的2块土地使用权尚处于抵押状态,《中华人民共和国物权法》第一百九十一条第二款规定:"抵押期间,抵押人未经抵押权人同意,不得转让抵押财产,但受让人代为清偿债务消灭抵押权的除外。"但相关抵押财产未经抵押权人同意只是不能办理转让登记,而并非针对抵押财产转让合同的效力性强制性规定,故《转让合同书》中涉及转让长新公司名下的2块土地使用权部分依法应认定为有效。因此,一审判决认定《转让合同书》中涉及长新公司转让其名下的2块土地使用权部分无效不当,予以纠正。晶隆公司虽主张麦赞新与利成公司、宝源公司恶意串通,损害长新公司及股东的利益,《转让合同书》应认定全部无效,但晶隆公司未能提供充足的证据,故对其关于麦赞新转让长新公司名下2块土地使用权给利成公司、宝源公司部分也应属无效的抗辩意见,不予采纳。

(二) 关于《转让合同书》履行问题

1. 关于无效合同部分

利成公司、宝源公司与长新公司签订的《转让合同书》和《调解协议》中涉及转让登记在大岭山房地产公司名下的9块土地使用权部分,因合同无效而没有法律约束力。因此,利成公司、宝源公司要求确认大岭山房地产公司名下的9块土地的使用权属其财产,并要求大岭山房地产公司协助将该9块土地《国有土地使用权证》更名过户到其名下以及长新公司应从2008年5月26日起至将大岭山房地产公司名下的9块土地使用权转让过户到利成公司、宝源公司之日止按日向其支付3万元的逾期办证违约金的主张，理据不足，不予支持。利成公司、宝源公司与长新公司签订《转让合同书》和《调解协议》后，已支付了部分合同对价，因合同无效本应予以返还，但经一审法院向利成公司、宝源公司释明可变更诉讼请求，利成公司、宝源公司仍坚持不变更其诉讼请求，故对合同无效的后果处理部分不予审理，利成公司、宝源公司可另循法律途径主张权利。

2. 关于有效合同部分

利成公司、宝源公司与长新公司签订的《转让合同书》和《调解协议》中涉及转让长新公司名下的2块土地使用权部分有效，本应予以履行。但长新公司就该登记在其名下的2块土地使用权已由麦赞新通过签订《协议书》转让给李炳，李炳已先后向麦赞新支付股权转让款和项目转让款共计6363万元，并经麦赞新和长新公司的授权，已实际接管长新公司和控制占有包括涉案11块土地在内的"莲湖山庄"项目。利成公司、宝源公司在2008年3月26日才与长新公司签订《转让合同书》，其也提供证据证实其自2008年4月21日始也先后向长新公司支付了6000多万元的项目转让款。经审查，作为同一地块受让人的李炳或是利成公司、宝源公司，均未办理涉案2块土地的变更登记手续。但签约在先的李炳已先行合法占有涉案土地，也先行支付了涉案土地使用权的部分转让价款，根据《最高人民法院关于审理涉及国有土地使用权合同纠纷案件适用法律问题的解释》第十条的规定，李炳要求履行与长新公司签订的《协议书》，依法应予以支持；利成公司、宝源公司因签约、付款在后，也未合法占有涉案土地。因此，利成公司、宝源公司要求长新公司继续履行的主张，理据不足，不予支持。没有取得土地使用权的受让方依法可以请求解除合同、赔偿损失。由于利成公司、宝源公司对合同不能继续履行的后果处理并未提出请求，故对此不予审理，利成公司、宝源公司可另循法律途径主张权利。

综上所述，判决确认利成公司、宝源公司与长新公司签订的《转让合同书》中涉及长新公司转让其名下的2块土地使用权部分有效，其余部分无效；驳回利成公司、宝源公司的其他诉讼请求。

五、当事人再审情况

利成公司、宝源公司不服二审判决，向最高人民法院提起再审申请，请求撤销一审判决、二审判决，支持利成公司、宝源公司的诉讼请求。

事实和理由：(1)二审判决认定《协议书》包含了长新公司向李炳转让"莲湖山庄"项目和转让股权两个法律关系与当事人的真实意思表示不符。①蔡月红起诉要求确认《协议书》无效案的东莞中院和广东高院判决确认的案由均是股权转让合同纠纷。二审开庭《调查笔录》中，李炳和麦赞新及蔡月红均认为该《协议书》为单一的股权转让，并不包括房地产项目转让关系在内；李炳的《上诉人补充上诉意见》和《代理词》中仍坚持认为《协议书》是单一的股权转让合同。②《协议书》是单一的股权转让关系，李炳取得的仅是全部股权。东莞中院和广东高院在股权转让合同纠纷案的判决均未将"莲湖山庄"房地产项目判归李炳使用，李炳至今也未将"莲湖山庄"房地产项目过户到其名下。(2)按照长新公司与颜屋村委会、大岭山房地产公司签订的《土地使用权转让合同》第四条（二）款8项"丙方（长新公司）享有自行规划、设计、建设、转让、抵押等法律规定的处分、收益的各种权利"的约定，长新公司享有对挂靠在大岭山房地产公司名下9块土地使用权的完全处分权。二审判决适用合同法无权处分的规定，认定长新公司将挂靠在大岭山房地产公司名下的9块土地使用权转让给利成公司、宝源公司无效，适用法律错误。长新公司将其在《土地使用权转让合同》《土地转让补充合同》的权利义务全部转让给利成公司、宝源公司是在诉讼的调解过程中达成的协议，得到了法院的确认，并通过执行裁定和协助执行通知书的形式通知了颜屋村委会、大岭山房地产公司。颜屋村委会、大岭山房地产公司收到通知后也未向源城法院提出过任何异议。故二审判决适用《中华人民共和国合同法》第八十八条"当事人一方经对方同意，可以将自己在合同中的权利义务一并转让给第三人"的非效力强制性条款来认定当事人在诉讼中达成的《调解协议》无效，适用法律错误。二审判决在本案没有"一地两卖"的情况下，适用《最高人民法院关于审理涉及国有土地使用权合同纠纷案件适用法律问题的解释》第十条第一款的规定将本案的土地使用权认定给李炳使用,适用法律错误。适用该司法解释规定的前提是"土地使用权人作为转让方就同一出让土地使用权订立数个转让合同",在本案中,利成公司、宝源公司根据《转让合同书》受让了长新公司"莲湖山庄"房地产项目的 11 块土地使用权;而李炳受让的是麦赞新和蔡月红在长新公司的股权。两个合同转让的标的不同,本案土地没有"一地两卖"的事实。

六、最高人民法院再审审理情况

最高人民法院再审查明的事实与一审、二审查明的事实相同。

根据当事人的再审申请请求,再审审理的争议焦点:(1)关于《转让合同书》的效力问题;(2)关于《转让合同书》的履行问题。

(一)关于《转让合同书》的效力问题

根据查明的案件事实,利成公司、宝源公司与长新公司签订的《转让合同书》应为有效。

第一,2008 年 3 月 26 日麦赞新代表长新公司与利成公司、宝源公司签订《转让合同书》时,东莞市工商局的公司档案登记的长新公司法定代表人仍是麦赞新。同时,东莞中院在审理(2008)东中法民二初字第 43、44 号案件的诉讼过程中,通知麦赞新以长新公司法定代表人的身份参加了诉讼调解,并由麦赞新代表长新公司领取民事调解书。虽然在 2006 年 8 月 6 日麦赞新代表长新公司与李炳签订《协议书》,约定长新公司将其全部股份及名下的"莲湖山庄"项目整体转让给李炳,并将长新公司的公章、财务章、法定代表人私章及《土地使用权转让合同书》正本、登记在大岭山房地产公司名下的 9 本国有土地使用权证书以及广东建设项目选址意见书、关于莲湖山庄房地产开发立项申请批复、建设用地规划许可证、用地红线图等原件移交给李炳接收,同时授权李炳代为履行其作为长新公司法定代表人一职,将长新公司全部资产委托给李炳经营管理,而且二审法院(2008)粤高法民二终字第 86 号民事判决也判决长新公司将全部股权过户

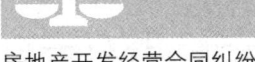

房地产开发经营合同纠纷

给李炳，但双方并未办理股东变更工商登记，直到2008年12月24日才经东莞市工商行政管理局核准变更登记，李炳成为长新公司法定代表人。《中华人民共和国公司法》第十三条规定，公司法定代表人依照公司章程的规定，由董事长、执行董事或者经理担任，并依法登记。公司法定代表人变更，应当办理变更登记。第三十三条第三款规定，公司应当将股东的姓名或者名称及其出资额向公司登记机关登记，登记事项发生变更的，应当办理变更登记，未经登记或者变更登记的，不得对抗第三人。据此，在2008年12月24日长新公司股权和法定代表人变更登记之前，利成公司、宝源公司有理由相信麦赞新仍是长新公司的法定代表人，尽管麦赞新授权李炳代为履行其作为长新公司法定代表人一职，将长新公司全部资产委托给李炳经营管理，但长新公司不能以此对抗合同相对人。

第二，根据长新公司于2003年7月10日与颜屋村委会、大岭山房地产公司共同签订的《土地使用权转让合同书》约定，长新公司对受让的土地在符合规划主管部门有关规定的前提下，享有自行规划、设计、建设、转让、抵押等法律规定的处分、收益的各项权利。另颜屋村委会、大岭山房地产公司出具的情况说明也证实"莲湖山庄"房地产项目所涉的土地有9块土地使用权虽登记在大岭山房地产公司名下，但9块土地的实际权益属于长新公司。况且，根据《最高人民法院关于审理买卖合同纠纷案件适用法律问题的解释》第三条第一款关于"当事人一方以出卖人在缔约时对标的物没有所有权或者处分权为由主张合同无效的，人民法院不予支持"的规定，即使长新公司缔约时对于其中相关的9块地块无处分权，也不能因此认定该部分合同约定的内容无效。

第三，在2008年12月24日长新公司法定代表人核准变更登记为李炳之前，麦赞新虽然仍是登记的长新公司法定代表人，但其已授权李炳代为履行其长新公司法定代表人的职权，其法定代表人的权力本已受到限制。然而，根据《中华人民共和国合同法》第五十条规定："法人或者其他组织的法定代表人、负责人超越权限订立的合同，除相对人知道或者应当知道其超越权限的以外，该代表行为有效。"因此，利成公司、宝源公司与麦赞新在2008年3月26日签订《转让合同书》时，有理由相信麦赞新有权代表长新公司订立合同，而且长新公司的《收据》《银行进账单》《银行还款凭证》等证据证明，利成公司按照合同约定向长新公司支付的6000万元项目转让款，全部归还了长新公司所有的欠款，并赎回了长新公司抵押的2块涉案土地，已部分履行了合同。

综上，麦赞新以长新公司法定代表人的名义代表长新公司与利成公司、宝源公司签订的《转让合同书》应为有效。

（二）关于《转让合同书》的履行问题

虽然《转让合同书》应认定为有效，但由于其所约定转让的标的物涉及长新公司与颜屋村委会、大岭山房地产公司签订的《土地使用权转让合同》《土地转让补充合同》中的权利义务转让，《中华人民共和国合同法》第八十条第一款规定："债权人转让权利的，应当通知债务人。未经通知，该转让对债务人不发生效力。"第八十八条规定："当事人一方经对方同意，可以将自己在合同中的权利和义务一并转让给第三人。"根据本案查明的事实，没有证据证明麦赞新代表长新公司将其与颜屋村委会、大岭山房地产公司签订的《土地使用权转让合同》《土地转让补充合同》中的权利义务约定转让给利成公司、宝源公司时，通知或者征得颜屋村委会、大岭山房地产公司的同意。据此，《转让合同书》所约定的内容只是对长新公司、利成公司、宝源公司之间具有约束力，利成公司、宝源公司只能对长新公司提出履行请求，而对大岭山房地产公司、颜屋村委会不发生效力。利成公司、宝源公司据此要求解除长新公司与颜屋村委会和大岭山房地产公司挂靠协议并要求大岭山房地产公司协助将挂靠在其名下的9块土地使用权更名过户到利成公司、宝源公司名下的主张，没有合同依据和法律依据，不予支持。对《转让合同书》中所约定转让的登记在长新公司名下的2块土地使用权的效力问题，二审判决认定有效正确。

关于《转让合同书》的履行问题。根据本案事实，麦赞新与李炳签订的《协议书》已明确约定了将长新公司全部股份及名下的莲湖山庄项目整体转让给李炳，利成公司、宝源公司虽然再审提出，在蔡月红提起的确认《协议书》无效诉讼一案中，一审、二审均是以股权转让侵权纠纷立案审

房地产开发经营合同纠纷

理,麦赞新与李炳也都明确表示双方签订的协议是单一的股权转让关系,但最高人民法院已生效的(2008)民申字第677号裁定认定,《协议书》包含了长新公司向李炳转让"莲湖山庄"项目的法律关系和股权转让关系,该协议是将股权转让和项目转让一并进行约定。二审判决据此作出关于涉案土地在麦赞新代表长新公司与李炳签订《协议书》将长新公司股权及涉案"莲湖山庄"项目转让后,又代表长新公司与利成公司、宝源公司签订《转让合同书》再次转让"莲湖山庄"项目的行为构成一地二卖的认定,并无不妥。由于麦赞新代表长新公司通过签订《协议书》约定将长新公司股权及"莲湖山庄"项目转让给李炳,李炳已先后向麦赞新支付股权转让款和项目转让款共计6363万元,并经麦赞新和长新公司的授权,已实际接管长新公司和合法先行占有包括涉案11块土地在内的"莲湖山庄"项目并进行了开发建设,涉案标的物不动产已发生了重大变化,根据物权法占有制度的立法目的,在占有人有权占有的情况下,为保持和维护现有物的事实秩序和法律秩序,事实上已不能按照《转让合同书》的约定履行交付涉案标的物。虽然利成公司、宝源公司在与长新公司签订《转让合同书》后也先后向长新公司支付了6000多万元的项目转让款,但作为签约在先的李炳已先行合法占有涉案土地,也先行支付了涉案土地使用权的部分转让价款并进行开发建设。根据《中华人民共和国合同法》第一百一十条关于当事人一方不履行非金钱债务或者履行非金钱债务不符合约定,事实上不能履行的规定和《最高人民法院关于审理涉及国有土地使用权合同纠纷案件适用法律问题的解释》第十条的规定,利成公司、宝源公司要求长新公司继续履行的主张,理据不足,不予支持。根据《最高人民法院关于审理涉及国有土地使用权合同纠纷案件适用法律问题的解释》第十条的规定,没有取得土地使用权的受让方依法可以请求解除合同、赔偿损失。经释明,由于利成公司、宝源公司对合同不能继续履行的后果处理并未提出请求,故对此不予审理。利成公司、宝源公司可就无法继续履行导致的损失另循法律途径主张权利。

综上,根据《中华人民共和国民事诉讼法》第一百七十条第一款第二项之规定,判决确认利成公司、宝源公司与长新公司签订的《转让合同书》有效，驳回利成公司、宝源公司的其他诉讼请求。

七、对本案的解析

本案涉及两个争点问题：第一个是如何认定麦赞新代表长新公司与利成公司、宝源公司签订的《转让合同书》的效力问题，这是认定涉案房地产项目转让是否构成一物数卖的前提基础。

东莞中院一审以麦赞新无权代表长新公司行使有关民事权利，也没有征得长新公司的同意为由认定《转让合同书》涉及的 11 块土地中的 9 块土地为无权处分，认定为无效；长新公司名下的 2 块土地使用权为有权处分，认定有效。最高人民法院再审则认为，《转让合同书》应当全部有效。之所以有不同认识，关键在于对认定事实和把握认定合同效力条件的法律适用理解上存在歧义。

首先，根据查明的案件事实，麦赞新代表长新公司与利成公司、宝源公司签订《转让合同书》时，东莞市工商局的公司档案登记的长新公司法定代表人仍是麦赞新。虽然在此之前麦赞新代表长新公司与李炳签订《协议书》，将涉案房地产项目的相关手续资料及长新公司的公章、财务章、法定代表人私章移交给李炳接收，同时授权李炳代为履行其作为长新公司法定代表人一职，但并不能就由此认定麦赞新丧失了法人代表的权利，而且在诉讼之前，双方并未办理股东变更工商登记。《中华人民共和国公司法》第十三条规定，工商法定代表人变更，应当办理变更登记；第三十三条第三款规定，公司应当将股东的姓名或者名称及其出资额向公司登记机关登记；登记事项发生变更的，应当办理变更登记，未经登记或者变更登记的，不得对抗第三人。据此，在麦赞新代表长新公司与利成公司、宝源公司签订《转让合同书》时，麦赞新仍是长新公司的法定代表人，一审判决认定麦赞新无权代理长新公司是错误的。

其次，根据长新公司与颜屋村委会、大岭山房地产公司签订的《土地使用权转让合同书》约定，长新公司对受让的土地在符合规划主管部门有关规定的前提下，享有自行规划、设计、建设、转让、抵押的法律规定的处分、收益的各项权利。另颜屋村委会、大岭山房地产公司出具的情况说

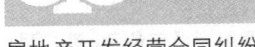

房地产开发经营合同纠纷

明也证实"莲湖山庄"房地产项目所涉的土地有9块土地使用权虽登记在大岭山房地产公司名下,但9块土地的实际权益属于长新公司,另2块土地使用权登记在长新公司名下,长新公司有权处分。据此,可以认定麦赞新有权代表长新公司处分涉案项目的11块地块,无需经过颜屋村委会、大岭山房地产公司的同意。二审判决认定无效的事实依据错误。

第二个争点是否构成一地两卖。只有认定了麦赞新代表颜屋村委会、大岭山房地产公司的《协议书》《转让合同书》都是有效的前提下,才进一步涉及如何认定麦赞新代表颜屋村委会、大岭山房地产公司签订合同转让莲湖山庄房地产项目是否构成一物数卖的问题。对此问题,案件审理中有两种不同的观点。

第一种观点,不构成一地两卖。根据本案事实,麦赞新与李炳签订的《协议书》虽然约定了将长新公司全部股份及名下的莲湖山庄项目整体转让给李炳,但在蔡月红提起的确认《协议书》无效的诉讼中,一审、二审均是以股份转让侵权纠纷立案审理,而且麦赞新与李炳都明确表示双方签订的协议是单一的股权转让关系,李炳向广东高院提交的上诉状明确表示"《协议书》是单一的股权转让关系,并不是一身判决认定的包括股权转让关系和房地产项目转让关系必须在内的多种法律关系,协议书只有长新公司股权变更登记的约定而没有房地产项目变更登记的约定,证明房地产项目无需另行进行法律意义上的转让"。根据法人财产权与股东权利分离的原则,李炳只是通过股权转让协议受让长新公司股权成为唯一股东,从而控制长新公司名下的房地产项目,长新公司与李炳签订的《协议书》转移的标的物是长新公司股权,而长新公司与利成公司、宝源公司签订的《转让合同书》转让的标的物是房地产项目,两个合同标的物不同,所产生的权利义务也不同,股权转让并意味着法人财产权也随之转移,而且长新公司名下的房地产项目至今未发生权属变更移转,涉案房地产项目仍在长新公司名下,本案不属于一物二卖。长新公司应当继续履行合同约定的义务。

第二种观点认为,构成一地两卖。根据本案事实,麦赞新与李炳签订的《协议书》已明确约定了将长新公司全部股份及名下的莲湖山庄项目整体转让给李炳，利成公司、宝源公司虽然再审提出在蔡月红提起的确认《协议书》无效诉讼一案中，一审、二审均是以股权转让侵权纠纷立案审理，麦赞新与李炳也都明确表示双方签订的协议是单一的股权转让关系，李炳向二审法院提交的上诉状也明确表示《协议书》是单一的股权转让关系，并不是一审判决认定的包括股权转让关系和房地产项目转让关系在内的多种法律关系，《协议书》只有长新公司股权变更登记的约定而没有房地产项目变更登记的约定，证明房地产项目无需另行进行法律意义上的转让，以此证明《协议书》只是单一的股权转让，不包括房地产项目的转让。但最高人民法院已生效的（2008）民申字第677号裁定认为，《协议书》包含了长新公司与李炳转让"莲湖山庄"项目的法律关系和股权转让关系，该协议是将股权转让和项目转让一并进行约定。麦赞新代表长新公司与李炳签订《协议书》将长新公司股权及涉案"莲湖山庄"项目转让后，又与利成公司、宝源公司签订《转让合同书》再次转让"莲湖山庄"项目的行为构成一地二卖。

　　本案经最高人民法院审判委员会讨论决定，最后处理结果采纳了第二种观点。

房屋买卖合同纠纷

河田大義自選集

房屋买卖合同纠纷

一、商品房预售合同纠纷

44. 李明柏诉南京金陵置业发展有限公司商品房预售合同纠纷案[*]

> 因房屋存在质量问题，导致购房人无法正常使用、收益的，法院可以房屋同期租金为标准计算实际损失

【裁判摘要】

> 1. 对于政府机关及其他职能部门出具的证明材料，人民法院应当对其真实性、合法性以及与待证事实的关联性进行判断，如上述证据不能反映案件的客观真实情况，则不能作为人民法院认定案件事实的根据。
>
> 2. 因出卖人所售房屋存在质量问题，致购房人无法对房屋正常使用、收益，双方当事人对由此造成的实际损失如何计算未作明确约定的，人民法院可以房屋同期租金作为标准计算购房人的实际损失。

原告：李明柏，男，43岁，汉族，住江苏省南京市。

被告：南京金陵置业发展有限公司。住所地：江苏省南京市江宁经济技术开发区将军路。

法定代表人：赵裕源，该公司董事长。

原告李明柏因与被告南京金陵置业发展有限公司（以下简称金陵置业公司）发生商品房预售纠纷，向江

---

[*] 摘自《最高人民法院公报》2016年第12期。

苏省南京市江宁区人民法院提起诉讼。

原告李明柏诉称：2007年6月7日，其与被告金陵置业公司签订商品房买卖契约，约定由其购买金陵置业公司开发的位于南京市江宁区将军大道8号美仕别墅辣椒街区58幢01室房屋，因该房屋存在质量问题，其诉至法院要求金陵置业公司赔偿损失，但当时仅主张了2010年4月20日前的租金损失，现再次诉至法院，要求金陵置业公司赔偿其损失357000元（自2010年4月21日至2011年9月21日止，按21000元/月计算），并赔偿其向物业公司支付的2008年7月至2011年9月21日期间发生的所有费用29638元。

被告金陵置业公司辩称：原告李明柏主张租金损失计算到2011年9月21日没有依据，其在对李明柏房屋加固后，李明柏不配合其进行检测，导致检测报告出具迟延，从检测结果来看，其完成加固后房屋完全可以使用，且即使租金损失继续存在，也应当以前一判决确定的租金标准为依据；本案与物业公司向李明柏主张物业管理费用不属于同一合同关系，且该房屋不具备安全居住条件并不表示李明柏不需要支付物业管理费用，该诉讼请求应当驳回。

南京市江宁区人民法院一审查明：2007年6月7日，原告李明柏（乙方）与被告金陵置业公司（甲方）签订《美仕别墅》商品房买卖契约，约定：乙方向甲方购买位于江宁区将军大道8号美仕别墅辣椒街区58幢01室房屋，建筑面积276平方米，同年6月24日，金陵置业公司向李明柏交付了房屋（实际建筑面积为280.22平方米）。2008年，李明柏向金陵置业公司报告该房屋存在质量问题。2010年3月18日，锋固建筑公司针对该房屋出具了结构加固设计图、工程报价单，并于2010年3月29日进场施工，施工期为8天。施工结束后，双方仍存在争议，李明柏诉至法院，要求金陵置业公司对房屋楼板进行修复以达到安全使用的合格标准并赔偿损失50万元。该案审理中，李明柏与金陵置业公司进行协商，双方约定对房屋加固后的楼板是否达到安全使用的合格标准进行鉴定；鉴定机构为南京建研建设工程鉴定有限公司（以下简称建研鉴定公司）；双方均不得以不是法院委托鉴定推翻鉴定结论。此后，由金陵置业公司委托建研公司进

房屋买卖合同纠纷

行了鉴定,2011年3月28日,建研鉴定公司作出(2011)建鉴字第5144号鉴定报告,结论为:该建筑一层客厅楼面板承载力满足相关规范要求。另外,就租金标准,一审法院曾向南京市江宁区物价局价格认证中心咨询,2010年,与本案讼争房屋同地段同类型的精装修房屋(建筑面积为240平方米~250平方米)月租金价格为7000元至8000元,毛坯房的租金价格为2000元(建筑面积为280.22平方米)。2007年至2010年,房屋租金上涨的幅度为8%~10%。法院对该案审理后认为,金陵置业公司交付的房屋存在质量问题,致使李明柏不能居住使用该房屋,故金陵置业公司应当赔偿因此给李明柏造成的租金损失,该损失应当截至李明柏知道房屋可以安全居住为止,故判决支持了李明柏就该房屋在2010年4月之前的租金损失(自2008年7月起算,扣除2008年12月至2009年3月装修期)。

现原告李明柏再次起诉,请求法院判令被告金陵置业公司支付2010年4月21日至2011年9月21日的租金损失及其他费用。审理中,关于租金损失计算的截止时间,金陵置业公司未举证证明其向李明柏寄送(2011)建鉴字第5144号鉴定报告的情况,从前一案件的审理情况来看,双方曾于2011年7月22日对该鉴定报告进行质证,李明柏认为在2011年7月22日之后还应当给其合理的准备时间,故其可主张租金损失至2011年9月21日;对于租金标准,李明柏提供租赁协议、租金发票等证据,证明2011年10月起,其房屋出租的月租金为21000元,金陵置业公司则认为租金标准应当按照法院询价结果确定。此外,李明柏还向金陵置业公司主张其支付的物业服务费20522.46元以及逾期付款违约金、诉讼费等共计29638元,金陵置业公司认为该部分损失与本案无关,该费用亦不属于其应当承担的经济损失。

南京市江宁区人民法院一审认为,原告李明柏与被告金陵置业公司签订的商品房买卖合同合法有效。金陵置业公司交付的房屋存在质量问题导致李明柏不能居住使用,故李明柏有权向金陵置业公司主张由此给其造成的损失,因李明柏在2011年7月22日已经知道该房屋可以安全居住,故该租金损失计算截止时间应当为2011年7月22日,关于李明柏提出的还应当再给其一定的合理准备时间的主张,无正当依据,不予支持。即李明柏可主张2010年4月22日至2011年7月22日间的租金损失;关于租金计算标准,法院根据此前南京市江宁区物价局价格认证中心给出的意见确定,其中2010年5月至2010年12月为72000元(9000元/月×8个月),2011年1月1日至2011年7月22日为66660元(9900元/月×6个月零22天),合计138660元。对于李明柏提出的第二项诉讼请求,虽金陵置业公司已于2007年6月将房屋交付给了李明柏,但因金陵置业公司的房屋质量存在问题,导致李明柏无法正常居住使用该房屋,故2008年7月至11月以及2009年4月至2011年7月22日发生的物业服务费,李明柏可视为因金陵置业公司违约给其造成的损失,现李明柏仅提供2009年1月1日开始的物业费发票。故2009年4月之前部分,李明柏未提供证据,不予支持,之后的部分,费用共计为18181.20元,应当由金陵置业公司赔偿,至于李明柏主张的逾期付款违约金以及诉讼费,不应当由金陵置业公司负担。

据此,南京市江宁区人民法院依据《中华人民共和国合同法》第一百零七条①、第一百一十三条②第一款和《中华人民共和国民事诉讼法》第六十四条第一款之规定,于2013年6月13日作出判决:被告金陵置业公司赔偿原告李明柏损失138660元及物业费18181.2元,合计156841.20元。

李明柏与金陵置业公司均不服,向南京市中级人民法院提出上诉:(1)原审判决租金计算标准没有事实和法律依据,所谓"江宁区物价局价格论证中心给出的意见"完全是工作人员的个人意见,没有任何数据支撑该工作人员的观点。上诉人已经提供同地段房屋租赁合同和发票,足以证明当前其房屋市场租赁价格不应低于21000元。(2)损失计算到2011年7月22日不符合损失发生的实际情况。上诉人在2011年7月22日拿到鉴定报告,不可能当天就可以住进去,还需要进行装修整理,这段时间也是和

---

① 对应《中华人民共和国民法典》第五百七十七条,内容未作修改。
② 对应《中华人民共和国民法典》第五百八十四条:"当事人一方不履行合同义务或者履行合同义务不符合约定,造成对方损失的,损失赔偿额应当相当于因违约所造成的损失,包括合同履行后可以获得的利益;但是,不得超过违约一方订立合同时预见到或者应当预见到的因违约可能造成的损失。"

房屋买卖合同纠纷

房屋质量有问题有因果关系的。(3) 2009年4月之前的上诉人物业费用,有证据可以支持。

金陵置业公司上诉称:(1) 原一审法院以金陵置业公司未举证证明向李明柏寄送鉴定报告的情况为由,认定租金损失计算截止时间应当为2011年7月22日不当。房屋经加固后就已经完全可以使用,被上诉人没有积极配合房屋的检测,造成不必要的损失扩大应由其个人承担。(2) 原一审判决认定金陵置业公司应赔偿李明柏支付的物业损失不当。

南京市中级人民法院经二审,确认了一审查明的事实。

二审中,上诉人李明柏提交2013年7月10日出具的付款方为辣椒58-1李明柏的物业公司代收公共电费561元发票存根联复印件一份,2013年7月11日编制的2008年9月至2013年4月辣椒58-1公摊电费明细表一份,2008年11月28日物业公司出具的付款方为辣椒58-1的2008年1月至12月物业管理费4612元发票复印件一份,欲证明其缴纳了相关费用及费用标准,上诉人金陵置业公司对该证据的真实性予以认可。

南京市中级人民法院二审认为,上诉人李明柏与上诉人金陵置业公司的商品房预售合同合法有效,双方均应按约履行。因房屋质量问题导致李明柏无法对涉案房屋使用、收益,金陵置业公司应该赔偿李明柏的相关损失。关于租金损失的计算标准问题,原审法院根据此前南京市江宁区物价局价格认证中心给出的意见确定租金损失,较为合理。李明柏要求按其2011年12月以后出租的价格计算2010年5月至2011年7月的租金损失,对此不予支持。关于损失计算截止时间问题,根据原审查明的事实,双方曾于2011年7月22日对鉴定报告进行质证,此时李明柏才看到建研公司的鉴定报告,原审法院认定的损失截止时间为7月22日,较为合乎情理,故金陵置业公司对此的上诉意见,法院不予支持。因鉴定报告表明房屋已可居住,故李明柏对此的上诉意见,法院不予采纳。关于物业费是否应当作为损失进行赔偿问题,因金陵置业公司交付的房屋质量不符合合同约定,金陵置业公司应当赔偿李明柏物业费的损失。故对金陵置业公司的上诉意见,法院不予采纳。李明柏在二审中提交的新证据可以证明2008年7月至11月期间其缴纳的物管费用为1922元(4612元÷12×5),该费用在其原审主张的时间范围内（扣除2008年12月至2009年3月的装修期），法院予以支持。对于超出其原审诉讼请求主张时间范围的物管费用，法院不予理涉。对于公共电费损失的上诉主张，因其在原审诉讼请求中并未提出，对该部分不予理涉。

综上，因上诉人李明柏在二审中提供了新证据，原审判决赔偿的物业费数额应变更为20103.20元，与租金损失138660元合计应为158763.20元。南京市中级人民法院依据《中华人民共和国民事诉讼法》第一百七十条第一款第（二）项的规定，于2013年11月8日作出判决：一、撤销南京市江宁区人民法院（2012）江宁开民初字第808号民事判决；二、金陵置业公司于本判决发生法律效力之日起10日内一次性赔偿李明柏损失共158763.20元。

李明柏仍不服，向江苏省高级人民法院申请再审，其申请再审理由与上诉理由一致。

江苏省高级人民法院在申请再审审查期间，向南京市住建局调取了2010年至2012年间江宁区将军大道8号玛斯兰德辣椒街区多幢别墅的出租单价，调查结果表明，该街区别墅出租单价综合均价为：2010年度每平方米每月租金61.36元，2011年度每平方米每月租金67.82元。根据该标准，涉案房屋2010年月租金价格为17194.30元，2011年月租金价格为19004.52元。另查明，双方签订的《商品房买卖契约》第12条约定，该房屋在保修期内因质量问题造成乙方（李明柏）经济损失的，甲方（金陵置业公司）负责修理、更换，并承担乙方由此造成的、实际的、直接的损失。但对造成的实际的直接损失如何计算问题，双方在合同中没有明确约定。在审查期间，江苏省高级人民法院组织双方当事人对上述证据进行了质证。

江苏省高级人民法院经审查认为，人民法院应当以证据能够证明的案件事实为依据依法作出裁判，无论是当事人提供的证据，还是人民法院依职权调取的证据，均应客观真实地反映案件事实，并经双方当事人质证后，才能作为定案的依据。对于政府机关及其他职能部门出具的询价意见、咨询意见等证据材料，人民法院应当对其真实性、合法性以及与待证事实的关联性进行判断，如上述证据不能反映案件的客观真实情况，则不

房屋买卖合同纠纷

能作为人民法院认定案件事实的根据。本案中，金陵置业公司违反合同约定，交付的房屋存在质量问题致李明柏不能正常居住，应承担违约责任。李明柏请求以同期房屋租金为标准计算其因房屋质量问题而造成的实际损失，人民法院应予支持。关于租金损失的计算标准问题，原审法院以南京市江宁区物价局价格认证中心咨询的意见作为涉案房屋的租金标准，并以此计算房屋租金损失，即2010年涉案房屋租金认定为9000元/月，2011年认定为9900元/月。根据市场一般行情，决定房屋租赁价格的因素主要包括房屋面积、户型、地理位置、装潢档次、周边环境等因素，物价局价格认证中心出具的询价意见仅是认定房屋租赁价格的参考和证据材料，而不应成为认定涉案房屋租金标准的直接依据。根据法院查明的事实，物价局价格认证中心出具的房屋租金标准远低于美仕别墅区位的同类房屋实际市场租赁价格，故该询价标准不符合当时涉案房屋租赁市场价格的实际情形。因此，原审法院仅以向物价局的询价标准来认定涉案房屋租金损失显失公平，在计算涉案房屋租金实际损失时，应当综合房屋市场租赁价格真实情况据实予以认定。而李明柏提交的同地段房屋租赁协议虽证明涉案小区有业主出租房屋租金可达到每月21000元以上，但该租金价格仅系个别业主根据自己房屋的区位及装修情况，结合租房人的实际需求，协商达成的价格，并不具有普遍性。

基于上述事实和理由，江苏省高级人民法院于2014年10月8日作出裁定，认为李明柏的再审申请符合《中华人民共和国民事诉讼法》第二百条第一项、第二项规定的情形，裁定指令江苏省南京市中级人民法院再审本案。江苏省南京市中级人民法院于2014年12月18日作出裁定：撤销江苏省南京市中级人民法院（2013）宁民终字第2605号民事判决及南京市江宁区人民法院（2012）江宁开民初字第808号民事判决，并将本案发回南京市江宁区人民法院重审。

南京市江宁区人民法院经再审一审认为，原审原告李明柏与原审被告金陵置业公司签订的商品房预售合同合法有效，双方均应按约履行。因房屋质量问题，致李明柏无法对涉案房屋使用、收益，金陵置业公司应该赔偿李明柏的相关的租金及物业费损失。比较物价部门的询价意见和上级法院调取的同区域别墅租金清册,差距悬殊,后者所体现的租金单价更能反映案涉房屋当时的真实租赁价格,应予以采用。关于2010年4月21日至12月的租金损失,法院酌定为143229元(61.36元/平方米/月×280.22平方米×8.33个月);2011年1月至7月22日的租金损失,法院酌定为127330元(67.82元/平方米/月×280.22平方米×6.7个月),以上合计270559元。李明柏2008年7月至11月缴纳的物业费用损失1922元(扣除2008年12月至2009年3月的装修期)、2009年4月至2011年7月22日缴纳的物业费用18181.20元,应当由金陵置业公司赔偿。

南京市江宁区人民法院依照《中华人民共和国合同法》第四十四条第一款①、第六十条第一款②、第一百零七条③、第一百一十三条④,《中华人民共和国民事诉讼法》第六十四条第一款、第二百零七条之规定,于2015年4月23日作出再审一审判决:一、原审被告金陵置业公司于本判决发生法律效力之日起10日内赔偿原告李明柏损失290662.20元(其中租金损失270559元,物业费损失20103.20元),扣除原审生效后金陵置业公司已赔付李明柏的160322.12元,原审被告金陵置业公司还应赔偿原审原告李明柏损失130340.08元。二、驳回原审原告李明柏的其他诉讼请求。

李明柏、金陵置业公司均不服再审一审判决,向南京市中级人民法院提起上诉。

南京市中级人民法院经审理认为,因金陵置业公司交付的房屋存在质量问题,致李明柏无法正常居住,李明柏要求赔偿损失,符合法律规定。关于损失计算标准问题,李明柏提交的房屋租赁协议虽证明涉案小区有业

---

① 对应《中华人民共和国民法典》第五百零二条第一款:"依法成立的合同,自成立时生效,但是法律另有规定或者当事人另有约定的除外。"
② 对应《中华人民共和国民法典》第五百零九条:"当事人应当按照约定全面履行自己的义务。当事人应当遵循诚信原则,根据合同的性质、目的和交易习惯履行通知、协助、保密等义务。当事人在履行合同过程中,应当避免浪费资源、污染环境和破坏生态。"
③ 对应《中华人民共和国民法典》第五百七十七条,内容未作修改。
④ 对应《中华人民共和国民法典》第五百八十四条:"当事人一方不履行合同义务或者履行合同义务不符合约定,造成对方损失的,损失赔偿额应当相当于因违约所造成的损失,包括合同履行后可以获得的利益;但是,不得超过违约一方订立合同时预见到或者应当预见到的因违约可能造成的损失。"

主出租房屋租金可达到每月21000元以上,但该租金价格并不具有普遍性,而江苏省高级人民法院向南京市住建局调取的同区域别墅租金清册载明的价格,系综合多方因素得出的平均租金价格,更具有普遍性,再审一审法院在双方均不申请对案涉房屋装修前后出租价格进行评估的基础上,结合案涉房屋的具体情况,参考该租金清册所确定的租金价格并无不当。李明柏要求至少按每月21000元标准进行补偿,不予支持。综上,再审一审判决认定事实清楚,所作判决并无不当。李明柏、金陵置业公司的上诉请求均不能成立,不予支持。

南京市中级人民法院依据《中华人民共和国民事诉讼法》第一百七十条第一款第一项之规定,于2015年9月25日作出再审二审判决:驳回上诉,维持原判。

本判决为终审判决。

45. 张宇、张霞诉上海亚绿实业投资有限公司商品房预售合同纠纷案[*]

> 经营者故意隐瞒重大风险，造成相对人在信息不对称的情况下达成免责合意，免责合意的范围仅限于签约后发生的不确定风险，不包括被隐瞒的重大风险

【裁判摘要】

> 责任限制型格式条款本质上是一种风险转移约定，根据诚实信用原则，在签约时，经营者除了需要对条款内容进行重点提示，还应当对免责范围内已经显露的重大风险进行如实告知，以保护相对人的信赖利益。经营者故意隐瞒重大风险，造成相对人在信息不对称的情况下达成免责合意，应当认定相对人的真实意思表示中不包括承担被隐瞒的重大风险，免责合意的范围仅限于签约后发生的不确定风险。在后续履约中，因恶意隐瞒重大风险最终导致违约情形发生，经营者主张适用免责条款排除自身违约责任的，人民法院不予支持。

原告：张宇，男，41岁，住安徽省安庆市宿松县。

原告：张霞，女，39岁，住安徽省安庆市宿松县。

被告：上海亚绿实业投资有限公司。住所地：上海市奉贤区金汇镇明星村。

法定代表人：李忠，该公司董事长。

---

[*] 摘自《最高人民法院公报》2019年第5期。

房屋买卖合同纠纷

原告张宇、张霞因与被告上海亚绿实业投资有限公司（以下简称亚绿公司）发生商品房预售合同纠纷，向上海市奉贤区人民法院提起诉讼。

原告张宇、张霞诉称：双方于2015年签订购买位于奉贤区泰青路119弄128支弄5号1层102室房产的《上海市商品房预售合同》。合同约定总房价1616228元，并约定被告亚绿公司需于2015年12月31日前交付房产。之后张宇、张霞按约定支付首付款并按照实际情况办理按揭贷款。但亚绿公司未按约定交付房产而是迟延至2016年7月1日才交付给原告。张宇、张霞交接时要求亚绿公司履行迟延交房支付义务，亚绿公司告知再协商，但至今未予答复。请求法院判令亚绿公司支付逾期交房违约金人民币58185元。

被告亚绿公司辩称：实际的交房日期确实是2016年7月1日，延期交房虽然存在，但是合同约定如遇不可抗力，交房、大产证取得及小产证申领约定的时间相应顺延。在该房屋实际施工中，发生小区沿河道路和煤气配套公共管道安装和对接的不可抗力情形，有关部门也为此出具了相应的证明，亚绿公司在情形消除后积极履行交房义务，亚绿公司不存在违约，不应承担违约责任。

上海市奉贤区人民法院一审查明：2015年8月15日，原告张宇、张霞与被告亚绿公司签订系争预售合同，约定：张宇、张霞向亚绿公司购买坐落于上海市奉贤区泰青公路119弄128支弄申亚翠庭5号1层102室的房屋（以下简称系争房屋），暂定购房款总价为1616228元；亚绿公司于2015年12月31日前交付房屋，除不可抗力外；如违约未按期交房，亚绿公司支付已付购房款每日0.02%的违约金。合同补充条款一中，关于合同十一条修改、补充如下：甲方（亚绿公司）定于2015年12月31日前将该房屋交付给乙方（张宇、张霞），除不可抗力及其他甲方难以预计的客观情况外，客观情况包括但不限于非因甲方原因导致的以下情况：供水、供电、煤气、排水、通讯、网络、道路等公共配套设施的延误、规划调整导致的工程推延、政府政策变化等。还约定，如遇不可抗力，本合同对于交房、大产证取得及小产证申领约定的时间相应顺延；本合同所指不可抗力的范围包括自然灾害、动乱、恶劣天气、政府行为、因市政配套的批准与安装、重大工程技术难题以及其他无法预见、无法避免或控制、无法克服的事件和情况等。嗣后，张宇、张霞陆续支付了购房款。2016年6月，亚绿公司发出入住通知书，确认：实测购房款总价为1604177.84元，应退款12050.16元；要求张宇、张霞于2016年7月1日办理入住手续。2016年7月1日，张宇、张霞与亚绿公司双方办理了交房手续。张宇、张霞认为亚绿公司逾期交房，以致涉讼。

系争房屋所在小区的燃气管道外管工程于2015年3月23日由上海市奉贤区金汇镇人民政府与燃气公司签订合同，施工期限为90天，由于属地村民为管道建设用地和该小区配套道路建设等要求办理镇保，阻挠施工，该工程不能如期完成。2016年2月16日，上海市奉贤区金汇镇人民政府召开协调会进行协调，工程得以顺利进行。2016年4月20日，燃气管道外管工程竣工验收。2016年5月9日，燃气公司出具合格证明。2016年6月2日，被告亚绿公司取得上海市建设工程规划验收合格证。2016年7月1日，亚绿公司取得上海市新建住宅交付使用许可证。

一审期间，被告亚绿公司坚持认为不应承担违约责任，考虑具体情况同意自愿补偿原告张宇、张霞11757元。

上海市奉贤区人民法院一审认为：依法成立的合同，对当事人具有法律约束力。本案中原告张宇、张霞与被告亚绿公司签订的系争预售合同系双方真实意思表示，合法有效，双方均应恪守。本案实际交房时间为2016年7月1日，已经超过了合同约定的交付期限，但本案系争房屋迟延交付的原因主要是市政配套工程等因素造成，合同补充条款一第十五条约定由于政府行为、市政配套工程等原因造成逾期交房，交房时间作相应顺延。张宇、张霞主张，配套工程迟延，不属于不可抗力。一审法院认为，市政配套工程迟延虽不属法律意义上不可抗力的范畴，但是确系开发商自身不能左右之情形。合同补充条款一第八条、第十五条约定除不可抗力，还包括亚绿公司难以预计的客观情况，并进行了列举，包括市政配套工程迟延，而本案中正是该情形导致交房迟延，交房时间可予以顺延，且亚绿公司在取得相关许可证当日就履行了交房义务，故张宇、张霞要求亚绿公司承担逾期交房的违约责任无依据，不予采纳。张宇、张霞还主张合同系格

房屋买卖合同纠纷

式合同,但张宇、张霞与亚绿公司签订的系争预售合同补充条款并非在签订时不可协商,不属于格式条款。退一步而言,即使构成格式条款,也不属于法律规定的格式条款无效的情形。现亚绿公司自愿对张宇、张霞损失进行补偿,于法无悖,一审法院予以支持。

据此,上海市奉贤区人民法院依据《中华人民共和国合同法》第八条①,《中华人民共和国民事诉讼法》第六十四条第一款、第二百五十三条之规定,于2017年5月12日作出判决:

一、驳回原告张宇、张霞的诉讼请求;

二、被告上海亚绿实业投资有限公司于判决生效之日起10日内补偿原告张宇、张霞人民币11757元。

张宇、张霞不服一审判决,向上海市第一中级人民法院提起上诉称:(1)双方于2015年8月15日签订《上海市商品房预售合同》(以下简称系争预售合同)。该合同的补充条款中对"不可抗力"作了扩大化表述,将市政配套工程延误列为被上诉人亚绿公司的免责范围,该部分免责条款明显对其不公平,亚绿公司在签约时也没有尽到提醒义务,故该部分免责条款应当属于无效格式条款。(2)亚绿公司提供的2015年3月27日的函件表明,其在发函当天就已经清楚认知到配套工程的实际延误风险,亚绿公司没有在签约时将这一情况告知购房者,依然承诺于2015年12月31日交房,即使免责条款有效,也不能适用于本案的情况。请求二审法院:撤销一审判据,改判由亚绿公司对其支付逾期交房违约金人民币58185元。

2017年8月22日,上诉人张宇、张霞向二审法院出具书面意见称,请求二审法院按照其上诉请求55%的比例认定违约金数额,剩余45%不再主张。

被上诉人亚绿公司辩称:系争房屋迟延交付的原因完全是市政配套施工的延误,该部分工程地点不在亚绿公司受让地块的范围之内,是由于当地政府未能及时协调好居民矛盾,导致工程拖延,不能归责于亚绿公司,属于亚绿公司发包施工的范围在2015年就已经全部完成。补充条款中的免

---

① 对应《中华人民共和国民法典》第四百六十五条:"依法成立的合同,受法律保护。依法成立的合同,仅对当事人具有法律约束力,但是法律另有规定的除外。"

责约定是有效的，本案的情况符合适用该条款的条件，亚绿公司不应支付违约金。一审判决正确，请求二审法院维持原判。

上海市第一中级人民法院确认了一审查明的事实，另查明：被上诉人亚绿公司于 2014 年取得系争房屋所在小区的预售许可证。2015 年 3 月 27 日，亚绿公司向上海市奉贤区金汇镇人民政府发送函件，载明：地块红线外至今没有燃气外管接口及自来水外管接口，小区红线外配套理应由镇政府落实解决，否则将影响亚绿公司按期交房。2015 年 8 月，亚绿公司完成了系争房屋所在小区范围内的工程量施工。

二审法院又查明，系争预售合同补充条款第八条第二项为：发生上述情况不属于甲方逾期交付房屋，但甲方应及时通知乙方，通报该些客观情况。

还查明，被上诉人亚绿公司提交的 2015 年 12 月 30 日《会议纪要》中记载：燃气公司原定计划元旦过后 4 日开始准备进场施工，从小区西侧开始排管。2016 年 2 月 16 日《会议纪要》中记载的议题是解决住宅项目红线外土地未征，村民阻止红线外道路、管道施工事宜。

二审审理中，被上诉人亚绿公司陈述：（1）其提供给购房者的合同文本中确实存在两种交房期限，一种是 2015 年 9 月，另一种是 2015 年 12 月。（2）2015 年 3 月 27 日，亚绿公司已得知居民阻止燃气配套施工的情况，故向政府部门发函催促，但其当时并不确定会造成竣工延误，因为还有可能后续追赶进度。

上海市第一中级人民法院二审认为：上诉人张宇、张霞与被上诉人亚绿公司签订的系争预售合同系双方真实意思表示，不违反法律的效力性禁止性规定，亚绿公司在签约时亦已经取得了预售许可证，故系争预售合同并不存在整体无效的情形。

系争预售合同约定，被上诉人亚绿公司应于 2015 年 12 月 31 日之前交房，而其实际交房时间为 2016 年 7 月 1 日，超出了合同约定期限。根据法院查明的事实，亚绿公司在 2015 年 8 月完成了系争房屋所在小区范围内的工程量施工，而市政燃气、道路配套工程（以下简称配套工程）由政府部门负责实施，且施工地点不在亚绿公司的受让地块范围之内。配套施工障碍直至 2016 年 2 月 16 日才消除，从该节点至实际交房的期限为 136 天。

房屋买卖合同纠纷

如果扣除配套工程的受阻停滞期限，则亚绿公司的实际交房期限并未超出合同约定。因此，造成系争房屋逾期交付的原因在于配套工程的延误。

在此前提下，上诉人张宇、张霞主张被上诉人亚绿公司应承担逾期交房违约金，亚绿公司则以系争预售合同存在相应责任限制条款为由主张抗辩权。因此，本案二审争议焦点在于（1）系争责任限制条款是否具有法律效力；（2）系争责任限制条款是否应当适用于本案。

一、关于系争责任限制条款是否具有法律效力问题

系争预售合同补充条款第八条约定，导致不能按期交房的"其他难以预计的客观情况"包括：供水、供电、煤气、排水、通讯、网络、道路等公共配套设施的延误，发生上述情况不属于被上诉人亚绿公司逾期交房。第十五条规定"因市政配套的批准与安装"等"无法预计、无法避免或控制、无法克服的事件和情况"，亚绿公司可以顺延约定的交房日期。上述条款（简称系争责任限制条款）是对交房期限条款的补充约定。上诉人张宇、张霞主张系争责任限制条款属于无效格式条款，亚绿公司则主张该条款有效。

对此，法院认为，系争责任限制条款属于被上诉人亚绿公司事先拟定，并在房屋销售中重复使用的条款，属于格式条款的范畴。系争责任限制条款使用了小号字体，而且根据当事人陈述的签约过程分析，亚绿公司并未采取足以引起注意的方式对该条款予以说明。根据《最高人民法院关于适用〈中华人民共和国合同法〉若干问题的解释（二）》第九条规定，提供格式条款的一方当事人违反《合同法》第三十九条第一款关于提示和说明义务的规定，导致对方没有注意免除或者限制其责任的条款，对方当事人申请撤销该格式条款的，人民法院应当支持。系争责任限制条款虽然以列举免责事项的方式限制了逾期交房违约责任的范围，但并未绝对免除亚绿公司的违约责任。根据上述法律规定，系争责任限制条款属于可撤销的格式条款，而非绝对无效之格式条款，因张宇、张霞在法定的一年除斥期间内并未申请撤销该条款，故该条款仍属有效。张宇、张霞主张系争责任限制条款无效，无法律依据，法院不予采纳；亚绿公司主张系争责任限制条款有效，法院予以采纳。

二、关于系争责任限制条款是否应当适用于本案的问题

上诉人张宇、张霞主张，配套工程延误并不属于"不可预见"的"不可抗力"，而且被上诉人亚绿公司在签约时已经知晓配套工程出现延误，但没有对其及时告知，即使系争责任限制条款有效，亦不能在本案中适用。亚绿公司则主张，配套工程延误属于明确约定的免责事由，而且延误障碍可能在签约后消除，应当适用系争责任限制条款。双方对该条款是否应当适用的争议具体可分为三个层次：第一，该条款将免责事项描述为"不可抗力"是否影响其适用；第二，亚绿公司是否在签约时对配套工程延误风险负有告知义务；第三，亚绿公司的风险隐瞒行为是否导致排除该条款适用。法院对此分述如下：

第一，关于系争责任限制条款中的概括描述是否影响其适用的问题。系争责任限制条款所列举的事项中包括"煤气、道路公共配套设施"，但在对此类事项的概括性定义中使用了甲方（亚绿公司）"难以预计""无法预见"的表述。对此，法院认为，配套工程施工虽然不在被上诉人亚绿公司的受让地块范围之内，但作为一家专业的房地产开发企业，配套工程出现延误的理论可能性是其在建造之初就能够预见的，其制订系争责任限制条款的目的也正是在于防范此类风险。因此，"难以预计""无法预见"的表述是对列举事项所作的错误描述，此类事项不属于法定可免责的"不可抗力"范畴。但在列举事项已经具体明确的前提下，该表述并不影响双方就责任限制所达成的基础合意，不构成完全排除该条款适用的事由。上诉人张宇、张霞主张系争责任限制条款的性质表述存在错误，故应当整体排除其适用，缺乏事实依据，法院不予采纳。

第二，关于被上诉人亚绿公司是否在签约时对配套工程延误风险负有告知义务的问题。根据系争预售合同约定，亚绿公司应及时将免责事项的发生情况告知购房者。本案中，上诉人张宇、张霞主张亚绿公司在签约时隐瞒了配套工程延误的情况，违反了合同约定。亚绿公司未提供证据证明其履行了风险告知程序，但称其虽然在2015年3月27日知晓了配套施工受阻的情况，但在签约时还并不确定会造成实际延误，有可能在后续履行

中追赶进度,故其并不存在恶意隐瞒行为。

对此,法院认为:首先,被上诉人亚绿公司明知配套工程完成是整体竣工验收的前提条件,应当对配套工程的具体进展保持关注,据此预判实际可交房的时间。政府部门与配套施工单位的签约日期为2015年3月23日,根据亚绿公司的陈述及相关证据显示,由于施工地块未完成土地征收,当地居民与政府部门存在争议,阻挠施工,导致配套工程无法开工,陷入停滞状态。同年3月27日,亚绿公司得知该情况后便向政府部门发函催促,但在2015年8月时,尚不存在能够消除居民阻挠因素的迹象。直至2015年12月30日,配套施工单位在协调会议中仍然不能确定实际进场的施工日期。如果停滞状态保持延续,将势必造成整体工程竣工延误。因此,"配套工程延误导致逾期交付房屋"在2015年3月27日虽然还不是确定发生的事实,但也已经不再是抽象的理论可能性,而是亚绿公司已知的现实存在的显著风险。

其次,交房期限是购房者选择购房的重要考量因素,在没有收到风险告知的情况下,购房者无法对交房期限的实际可行性进行有效评估,在签约时陷入了信息不对称的意思状态。被上诉人亚绿公司虽然期望障碍因素能够在后续履行中消除,但土地征收问题导致的施工停滞是根本性的延误因素,该因素并非亚绿公司可以主观控制的范围,而且依照常理判断,土地征收需要履行法律规定的程序,无法于短期内得到快速解决。在交房期限事实上存在重大不确定性的前提下,亚绿公司的风险隐瞒行为可能对购房者的信赖利益造成实际损失。因此,亚绿公司不能以后续可能追赶进度为由免除自身的告知义务,法院认定,亚绿公司对自2015年3月27日起签约的购房者均负有对配套工程延误风险的告知义务。系争预售合同的签约日期为2015年8月15日,亚绿公司未对上诉人张宇、张霞告知相应风险,违反了合同约定的告知义务。

第三,关于被上诉人亚绿公司的风险隐瞒行为是否导致排除系争责任限制条款适用的问题。系争责任限制条款中并未明文记载免责事项的产生时间限制。上诉人张宇、张霞主张,在被上诉人亚绿公司隐瞒延误风险的情况下,约定的免责事项仅能适用于签约后新发生的情形,不应适用于本案,是对合同条款的限制解释;亚绿公司主张风险事项的产生时间不应对免责范围构成影响,系争责任限制条款应当适用于本案,是基于合同文义的基本理解。

双方当事人对该问题争议的本质是在被上诉人亚绿公司隐瞒已知风险的背景下,对合同条款的不同解释。《中华人民共和国合同法》(以下简称《合同法》)第四十一条规定,对格式条款的理解发生争议的,应当按照通常理解予以解释。对格式条款有两种以上解释的,应当作出不利于提供格式条款一方的解释。第一百二十五条第一款规定,当事人对合同条款的理解有争议的,应当按照合同所使用的词句、合同的有关条款、合同的目的、交易习惯以及诚实信用原则,确定该条款的真实意思。基于上述格式条款的解释规则,法院对该问题分析如下:

1. 商品房预售合同是在建商品房的销售合同,不同购房者的签约时间对应着不同的建设进度,购房者不知晓具体进度情况,不具备对交房期限可行性的判断能力。而交房期限条款也是由被上诉人亚绿公司单方拟定的格式条款,其可以根据实际建设进度在签约时调整交房期限。本案中,亚绿公司亦认可其在预售合同中设置的交房期限分为2015年9月与12月两种,说明其已经在后续销售中根据配套工程进度对交房期限进行了重新规划。因此,在没有被告知已存在现实风险的情况下,购房者与亚绿公司所达成的责任限制合意,是建立在购房者对交房期限具有现实合理性的信赖基础上。

2. 由于被上诉人亚绿公司单方隐瞒了现实延误风险,并且有能力重新规划交房期限,购房者有理由相信亚绿公司对交房期限的现实可行性作出了承诺;该期限充分吸收了亚绿公司已知的实际进度条件,原有的风险事项能够及时消除,如果没有在后续履行中出现新的免责事项,则在该期限内能够实现交房。因此,上诉人张宇、张霞主张双方约定的风险转移范围是针对后续履行中出现的风险事项,不应包括已纳入交房期限考量因素的现实条件,符合《合同法》第一百二十五条的诚实信用解释原则。

3. 双方当事人对于格式合同条款的理解存在冲突,根据《合同法》第四十一条所规定的有利于相对人的解释规则,法院认为,诚实信用原则下

的购房者信赖利益价值高于格式条款提供者被上诉人亚绿公司的责任风险限定利益。交房期限条款与系争责任限制条款之间的互补逻辑关系应解释为：系争责任限制条款的适用范围限于签约后发生的不确定风险事项，不能适用于签约时被隐瞒的现实风险事项。亚绿公司主张其风险隐瞒行为不影响系争责任限制条款的适用，法院不予采纳。

4. 本案中，被上诉人亚绿公司在2015年3月27日就已明知配套工程受阻停滞，产生了现实的延误风险，但其在2015年8月15日签约时并未向上诉人张宇、张霞告知该风险事项，而是承诺于2015年12月31日交房。配套工程受阻停滞的现实风险产生于系争预售合同签订之前，在后续没有出现新的风险事项的情况下，原有的风险状态持续延展，最终导致系争房屋于2016年7月1日才完成交付。亚绿公司的上述行为违背了对交房期限具有现实可行性的承诺，无权就配套工程延误主张适用系争责任限制条款。

基于上述理由，被上诉人亚绿公司以配套工程延误为由，主张在本案中适用系争责任限制条款，抗辩上诉人张宇、张霞的逾期交房违约金请求权，无事实与法律依据，法院不予支持。张宇、张霞主张亚绿公司承担逾期交房违约金，符合合同约定，法院予以支持。根据系争预售合同约定，亚绿公司总计逾期达183日，按照实测面积总房款1604177.84元的每日0.02%比例计算，违约金总计为58713元。二审中，张宇、张霞表示自愿按照合同约定标准的55%比例主张违约金，系当事人对自身权利的处分，于法不悖，也与亚绿公司的实际过错相适应，法院予以准许。因此，法院认定亚绿公司应向张宇、张霞支付逾期交房违约金32292.15元。

综上所述，上海市第一中级人民法院依照《中华人民共和国合同法》第四十一条①、第一百二十五条第一款②，《最高人民法院关于适用〈中华人民共和国合同法〉若干问题的解释（二）》第九条③，《中华人民共和国民事诉讼法》第一百七十条第一款第二项之规定，于2017年8月28日判

---

① 对应《中华人民共和国民法典》第四百九十八条，内容未作修改。
② 《中华人民共和国民法典》中无对应法条。
③ 该法律文件已失效。

决如下：

一、撤销上海市奉贤区人民法院（2017）沪0120民初4598号民事判决；

二、被上诉人上海亚绿实业投资有限公司于本判决生效之日起10日内向上诉人张宇、张霞支付逾期交房违约金人民币32292.15元。

本判决为终审判决。

46. 周杰帅诉余姚绿城房地产有限公司商品房预售合同纠纷案*

> 当事人主张约定违约金过高请求予以适当减少的，人民法院应当以实际损失为基础综合考量

【裁判摘要】

当事人约定的违约金超过损失的百分之三十的，一般可以认定为《中华人民共和国合同法》第一百一十四条第二款规定的"过分高于造成的损失"，当事人主张约定的违约金过高请求予以适当减少的，人民法院应当以实际损失为基础，兼顾合同的约定、履行情况、当事人的过错程度以及预期利益等综合因素，根据公平原则和诚实信用原则进行考量，作出认定。

原告：周杰帅，男，48岁，住浙江省余姚市。

被告：余姚绿城房地产开发有限公司。住所地：余姚市兰江街道丰杨河村。

法定代表人：应国永，该公司董事长。

原告周杰帅因与被告余姚绿城房地产开发有限公司发生商品房预售合同纠纷，向浙江省余姚市人民法院提起诉讼。

原告周杰帅诉称：原、被告于2014年10月22日签订《商品房买卖合同》一份，约定被告余姚绿城房地产

---

* 摘自《最高人民法院公报》2019年第12期。

开发有限公司应当在 2016 年 9 月 30 日前将绿城明园锦兰苑 8 幢 2201 室（附属车位 A—356、A—357）交付原告使用。如逾期交付：逾期不超过 90 日，自合同约定的最后交付期限的第二天起至实际交付之日止，被告按日向原告支付已付房款万分之二的违约金，合同继续履行；逾期超过 90 日后，原告有权解除合同，原告解除合同的，被告应当自原告解除合同通知到达之日起 30 天内退还全部已付房款，并按原告累计已付购房款的 10% 向原告支付违约金。原告要求继续履行合同的，合同继续履行，自合同约定的最后交付期限的第二天起至实际交付日止，被告按日向原告支付已交付房款万分之五的违约金。2016 年 9 月 30 日，原告、被告在交房过程中达成补充约定，房屋渗水问题维修好后再交房。因为房屋存在外墙渗水，即使交付原告也无法装修，无法达成合同目的。后被告迟迟未修复房屋，未通知原告交房，也未办理任何交房步骤与手续，故被告一直未完成向原告交房。起诉请求判令：（1）要求被告尽快为原告办理位于绿城明园锦兰苑 8 幢 2201 室的房屋交房手续，并按照《商品房买卖合同》第十条约定承担出卖人逾期交房的违约责任赔偿 2193799 元 × 5‰ × 446 天 = 489217 元；（2）本案诉讼费由被告承担。审理过程中，原告变更诉讼请求为：（1）判令被告按房款的日万分之五向原告支付截至判决之日的逾期交房违约金（自 2016 年 10 月 1 日起至 2017 年 12 月 31 日，暂计 2193799 元 × 5‰ × 457 天 = 501283 元）；（2）判令被告按房款的日万分之二向原告支付截至判决之日的逾期交付权属证书的违约金（自 2016 年 12 月 31 日起至 2017 年 12 月 31 日，暂计 2193799 元 × 2‰ × 366 天 = 160586 元）；（3）判令被告立即向原告交付上述房屋并立即配合办理过户手续；（4）本案诉讼费由被告承担。

被告余姚绿城房地产开发有限公司辩称：被告未构成逾期交房，本案所涉房屋于 2016 年 8 月 2 日完成竣工验收备案，达到合同约定的交付条件，被告于 2016 年 9 月 19 日书面通知原告周杰帅交房并办理相关手续，因此被告已经按照商品房买卖合同的约定，履行了交付义务。事实上是原告未按照合同约定履行收房义务，原告对涉案房屋质量瑕疵的异议不能构成原告拒绝收房的正当理由，原告未在合同约定的期限内办理房屋交接手

房屋买卖合同纠纷

续，没有事实和法律依据，也不符合双方合同的约定。本案所涉的《商品房买卖合同》及附件一到附件九均合法有效，系原告、被告双方真实意思表示，且附件八和附件九分别在文首设有特别提示条款，因此合同附件双方也应当执行。《商品房买卖合同》附件九明确约定除主体结构质量问题以外的质量瑕疵，被告根据法律法规及《住宅质量保证书》承诺的内容承担相应的保修责任，原告不能拒绝接受房屋交付，被告不承担逾期交付的责任。但是原告一直以房屋质量瑕疵为由拒绝办理房屋交接手续，而质量瑕疵可通过保修解决，事实上被告也已经尽到保修义务，质量瑕疵已经修复。因此，至今未予交房的过错在于原告，被告不构成逾期交房，不需承担逾期交房的违约责任，也不需承担逾期交付土地、房屋权属证书的违约责任；退一步讲，即使被告构成逾期交房，原告仅对房屋质量提出异议，违约金标准应按照已付房屋价款1893799元为基数计算，车位款30万元不应作为违约金计算基数。且双方约定的违约金明显过高，被告要求调至每日万分之一，并且根据《商品房买卖合同》附件九的约定，原告也无权要求被告同时承担逾期交付土地、房屋权属证书的违约责任，以及被告逾期交付，但原告要求继续履行合同的，被告承担的违约金最高不超过原告已付房款的10%。

浙江省余姚市人民法院一审查明：原告、被告于2014年10月22日签订《商品房买卖合同》一份，合同第九条约定，被告余姚绿城房地产开发有限公司应当在2016年9月30日前将绿城明园锦兰苑8幢2201室（附属车位A—356、A—357）交付原告周杰帅使用。合同第十条约定，被告逾期交房的违约责任，逾期不超过90日，自合同约定的最后交付期限的第二天起至实际交付之日止，被告按日向原告支付已付房款万分之二的违约金，合同继续履行；逾期超过90日后，原告有权解除合同，原告解除合同的，被告应当自原告解除合同通知到达之日起30天内退还全部已付房款，并按原告累计已付购房款的10%向原告支付违约金。原告要求继续履行合同的，合同继续履行，自合同约定的最后交付期限的第二天起至实际交付日止，被告按日向原告支付已交付房款万分之五的违约金。合同第十六条约定，被告承诺于2016年12月30日前取得土地、房屋权属证书，交付给原告，原告委托被告办理商品房转移登记。被告不能在约定期限内交付权属证书，约定日期起90日内，被告交付权属证书或登记证明的，按已付房价款的每日万分之一承担违约责任；约定日期起90日以后，出卖人仍不能交付权属证书或登记证明的，原告不退房，被告自约定日期至实际交付权属证书或登记证明之日止，按日向买受人支付已交付房价款万分之二的违约金。

原告周杰帅于2014年10月14日、2014年12月31日分两次共向被告余姚绿城房地产开发有限公司支付房款共计2193799元。

2016年6月17日，被告余姚绿城房地产开发有限公司组织设计、施工、工程监理和有关单位验收，于2016年8月2日完成房屋建筑工程竣工验收备案。2016年9月19日，被告向原告周杰帅发送《绿城明园锦兰苑入伙通知书》，通知原告于2016年9月30日9时30分办理交房手续。

2016年9月30日，交房过程中原告周杰帅发现：（1）厨房下水管边渗水及顶部渗水；（2）东阳台右侧下水管下梁与顶面交界处疑似渗水；（3）次卧东南角边疑似渗水。上述问题记载在绿城明园锦兰苑8幢2201室住宅交付验收清单的"验收意见"一栏中，并在"验收意见"这栏中记载有"待处理好后再交房，其他验房步骤下次再验"，原告在业主签名处签名。被告工作人员在备注栏记载"重点关注"并签名。

2017年12月26日，被告余姚绿城房地产开发有限公司向原告周杰帅发送《关于再次提醒收房的通知书》，通知原告于2017年12月31日前到绿城明园锦兰苑物业服务中心办理交房手续。截至2018年2月27日本案庭审时，原、被告双方尚未完成交房手续，庭审中双方表示会尽快完成交房手续并办理权属证书。后法院于2018年3月14日组织原告、被告双方现场查勘，被告工作人员表示2016年9月30日交房过程中发现的问题在2016年10月维修结束，原告表示2016年11月查看时原告认为渗水还未完全修复，要求被告继续维修，后原告指出存在其他漏水问题，被告陆续在2017年间进行维修。原告在查勘时表示其认可涉案房屋目前已不存在渗漏，满足交付条件，但原告在法庭庭审结束后前往被告处要求办理交房手续时，因被告要求原告支付自2016年9月30日起算的物业费，双方对此

房屋买卖合同纠纷

存在争议,故未完成交房手续。

浙江省余姚市人民法院一审认为:《最高人民法院关于审理商品房买卖合同纠纷案件适用法律若干问题的解释》第十一条第一款规定,对房屋的转移占有,视为房屋的交付使用,但当事人另有约定的除外。而依据原告、被告签订的《商品房买卖合同》第九条约定,被告余姚绿城房地产开发有限公司应当在2016年9月30日前将符合各项条件的商品房交付原告周杰帅使用。第十二条约定,商品房达到交付使用条件后,被告应当书面通知原告办理交付手续,双方进行验收交接时,被告应当出示合同规定的证明文件,并签署房屋交接单。在签署房屋交接单前,出卖人不得拒绝买受人查验房屋。商品房交付使用时,原告对房屋及装修质量、公共设施、设备质量提出异议的,被告应当给予解释和说明,仍不能达成一致意见的,双方委托有相应资质的专业检测机构进行质量检测。检测结果为合格的,被告书面通知的交付日期视为交付,检测单位提出返修意见的,被告应当按要求返修,并承担赔偿责任。从原告、被告之间的合同约定可见,双方约定也以房屋交接单的签署作为房屋交付,同时仅约定由于原告原因未在《入伙通知书》规定的交付日期内办理房屋验收交接手续的则自《入伙通知书》规定的交付期限届满日之次日起即视为交付,以及在原告对质量有异议双方不能达成一致意见而委托检测机构进行检测,检测结果为合格的情况下被告书面通知的交付日期视为交付。本案中原告、被告均认可原告在2016年9月30日前往被告处办理交房手续,但在交付验收过程中原告指出房屋存在渗水,留存在被告处的绿城明园锦兰苑8幢2201室住宅交付验收清单记录了相应的验收意见,并记录有"待处理好后再交房,其他验房步骤下次再验"。故原告、被告之间系在交房过程中因原告对质量有异议双方达成一致意见,即处理好"(1)厨房下水管边渗水及顶部渗水;(2)东阳台右侧下水管下梁与顶面交界处疑似渗水;(3)次卧东南角边疑似渗水"问题后再行交付,并未变更以房屋交接单的签署作为房屋交付的合同约定。但被告直至2017年12月26日才第二次书面通知原告办理交房手续。在《关于再次提醒收房的通知》中表述"我们于2016年9月19日向您发送《绿城明园锦兰苑入伙通知书》,请您于2016年9月30日9

时30分到绿城明园锦兰苑物业服务中心办理绿城明园锦兰苑8—2201室交房手续。但您至今未来办理交房手续",上述表述与法院查明事实不符,2017年12月26日第二次书面通知之前被告一直未完成修复后再次交付房屋的书面通知义务。

至于被告余姚绿城房地产开发有限公司认为,《商品房买卖合同》附件九明确约定除主体结构质量问题以外的质量瑕疵,被告根据法律法规及《住宅质量保证书》承诺的内容承担相应的保修责任,原告周杰帅不能拒绝接受房屋交付,被告不承担逾期交付责任的抗辩,原告表示对《商品房买卖合同》附件九的具体内容并不知情。法院注意到涉案《商品房买卖合同》的备案内容并不包括附件九,且附件九中关于被告不承担逾期交付责任的内容约定系被告方提供的免除责任条款,被告虽在附件九文首作出特别提示,但特别提示内容并未对免责条款进行特别提醒,应当属于无效的格式条款。至于被告认为2016年9月30日在验收过程中即使被告认可验收意见内容以及待处理好后交房的约定,也就意味着原告、被告双方对合同约定的交房时间作出了变更,被告不存在逾期交房的辩称意见,法院认为原告、被告仅是对交房过程中发现的质量问题的处理意见作出了约定,原告并未作出放弃向被告主张逾期交房责任的意思表示,且质量问题的修复所需要的时间导致原告无法在《商品房买卖合同》约定的交房期限内取得房屋的占有使用权完全系被告过错,被告无须承担逾期交房违约责任的抗辩不能成立。

关于违约责任的承担,被告余姚绿城房地产开发有限公司认为双方约定的违约金明显过高,要求调至每日万分之一,并且根据《商品房买卖合同》附件九"若被告逾期交房,则被告承诺取得土地、房屋权属证书的时间相应顺延,顺延期限与商品房交付的逾期期限相同,该期限内被告不承担逾期办证的相应违约责任及赔偿责任"的约定,原告周杰帅也无权要求被告同时承担逾期交付土地、房屋权属证书的违约责任。对合同约定的违约金是否需要调整,法院注意到,首先,《商品房买卖合同》附件九中存在"买受人同意,出卖人逾期交房且应按照本合同第十条相关约定承担逾期交房违约责任时,买受人要求继续履行合同的,出卖人向买受人支付的

房屋买卖合同纠纷

违约金总金额最高不超过买受人已付房价款的10%"的约定。其次，在法院组织原告、被告双方现场查勘过程中，原告认可被告在2016年10月已对验房时发现的渗水问题进行修复，在原告向法院提交的书面说明中也认可被告于2016年10月29日让物业工作人员通知原告渗水问题已经修复，原告也于2016年11月11日再次去查验房屋。但再次查验过程中原告要求被告对东阳台渗水的修复采取养水24小时观察，并要求被告对养水后遗留的渗漏点继续修复。后原告在2016年年底至2017年11月间多次前往涉案房屋查验，并在2016年年底以及2017年后续指出北阳台渗水、南卧室窗台下渗水等问题。考量到北阳台渗水、南卧室窗台下渗水等问题并未在2016年9月30日的验房问题清单中，即不属于原告、被告关于"待处理好后再交房，其他验房步骤下次再验"的约定范围内，且双方也认可后续发现的渗水问题主要涉及譬如楼上住户装修时安装的热水器摆放位置、阳台水管皮圈的更换以及水管检修口未拧紧此类通过物业协调以及配件更换检查的问题，并不影响房屋质量，被告物业工作人员也作出了相应处理。因此，综合考虑上述因素以及原告因被告逾期交付房屋、逾期交付权属证书所造成的损失范围，法院认为，将被告承担的违约金从按日万分之五、日万分之二分别计算至交付日调整至整体按原告已付房价款的10%计算违约金较为合理。至于被告提出原告质量异议不涉及所购车位，违约金标准应按照已付房屋价款1893799元为基数计算，车位款30万元不应作为违约金计算基数的抗辩，法院认为，《商品房买卖合同》中对相关违约金的约定中并未对"已付房价款"作出进一步限制说明，不宜作出对格式合同提供方有利的解释，且在房屋存在逾期交付的情况下原告也无法单独使用附属车位，故法院对被告上述抗辩不予支持。

据此，浙江省余姚市人民法院依照《中华人民共和国合同法》第三十九条①、第四十条②、第四十一条③、第四十四条④、第六十条⑤、第一百零七条⑥、第一百一十四条⑦,《最高人民法院关于审理商品房买卖合同纠纷案件适用法律若干问题的规定》第十一条⑧、第十六条⑨,《中华人民共和国民事诉讼法》第六十四条之规定,于2018年6月6日判决如下:

一、被告余姚绿城房地产开发有限公司于本判决生效之日起10日内向

---

① 对应《中华人民共和国民法典》第四百九十六条:"格式条款是当事人为了重复使用而预先拟定,并在订立合同时未与对方协商的条款。采用格式条款订立合同的,提供格式条款的一方应当遵循公平原则确定当事人之间的权利和义务,并采取合理的方式提示对方注意免除或者减轻其责任等与对方有重大利害关系的条款,按照对方的要求,对该条款予以说明。提供格式条款的一方未履行提示或者说明义务,致使对方没有注意或者理解与其有重大利害关系的条款,对方可以主张该条款不成为合同的内容。"

② 对应《中华人民共和国民法典》第四百九十七条:"有下列情形之一的,该格式条款无效:(一)具有本法第一编第六章第三节和本法第五百零六条规定的无效情形;(二)提供格式条款一方不合理地免除或者减轻其责任、加重对方责任、限制对方主要权利;(三)提供格式条款一方排除对方主要权利。"

③ 对应《中华人民共和国民法典》第四百九十八条,内容未作修改。

④ 对应《中华人民共和国民法典》第五百零二条:"依法成立的合同,自成立时生效,但是法律另有规定或者当事人另有约定的除外。依照法律、行政法规的规定,合同应当办理批准等手续的,依照其规定。未办理批准等手续影响合同生效的,不影响合同中履行报批等义务条款以及相关条款的效力。应当办理申请批准等手续的当事人未履行义务的,对方可以请求其承担违反该义务的责任。依照法律、行政法规的规定,合同的变更、转让、解除等情形应当办理批准等手续的,适用前款规定。"

⑤ 对应《中华人民共和国民法典》第五百零九条:"当事人应当按照约定全面履行自己的义务。当事人应当遵循诚信原则,根据合同的性质、目的和交易习惯履行通知、协助、保密等义务。当事人在履行合同过程中,应当避免浪费资源、污染环境和破坏生态。"

⑥ 对应《中华人民共和国民法典》第五百七十七条,内容未作修改。

⑦ 对应《中华人民共和国民法典》第五百八十五条:"当事人可以约定一方违约时应当根据违约情况向对方支付一定数额的违约金,也可以约定因违约产生的损失赔偿额的计算方法。约定的违约金低于造成的损失的,人民法院或者仲裁机构可以根据当事人的请求予以增加;约定的违约金过分高于造成的损失的,人民法院或者仲裁机构可以根据当事人的请求予以适当减少。当事人就迟延履行约定违约金的,违约方支付违约金后,还应当履行债务。"

⑧ 本案适用2003年《最高人民法院关于审理商品房买卖合同纠纷案件适用法律若干问题的解释》,现行《最高人民法院关于审理商品房买卖合同纠纷案件适用法律若干问题的解释》2020年12月23日修正,自2021年1月1日起施行。本案所涉第十一条修改为第八条,内容无修改。

⑨ 本案适用2003年《最高人民法院关于审理商品房买卖合同纠纷案件适用法律若干问题的解释》,现行《最高人民法院关于审理商品房买卖合同纠纷案件适用法律若干问题的解释》2020年12月23日修正,自2021年1月1日起施行。本案所涉第十六条修改为第十二条,内容无修改。

房屋买卖合同纠纷

原告周杰帅交付余姚市绿城明园锦兰苑 8 幢 2201 室的房屋,并于本判决生效之日起 30 日内向原告交付余姚市绿城明园锦兰苑 8 幢 2201 室的土地、房屋权属证书(即被告办理余姚市绿城明园锦兰苑 8 幢 2201 室房屋的转移登记过户手续,办理过户所需应当由买方交纳的税费由原告承担);

二、被告余姚绿城房地产开发有限公司按原告周杰帅已付购房款 2193799 元的 10% 支付违约金 219379.9 元,于本判决发生法律效力后 10 日内付清;

三、驳回原告周杰帅的其他诉讼请求。

上诉人余姚绿城房地产开发有限公司不服一审判决,向浙江省宁波市中级人民法院提起上诉称:(1)一审判决未查明案涉房屋是否存在足以构成拒绝交付的质量问题的基本事实,径以上诉人工作人员在验收单上签字即认定上诉人构成逾期交房,系事实认定错误。第一,一审判决认定双方当事人已就被上诉人周杰帅验房时提出的质量问题约定"待处理好后再交房",系事实认定错误。一审判决查明,2016 年 9 月 30 日交房过程中被上诉人在案涉房屋交付验收清单的(验收意见)一栏记载发现质量问题且同时记载"待处理好后再交房,其他验房步骤下次再验"并在该栏中签名,上诉人工作人员在备注栏记载"重点关注"并签名。一审认定,双方在交房过程中因被上诉人对质量有异议的,双方达成一致意见,即处理好:"①厨房下水管边渗水及顶部渗水;②东阳台右侧下水管下梁与顶面交界处疑似渗水;③次卧东南角边疑似渗水问题后再行交付",上述认定系事实认定错误。案涉房屋交房过程中,被上诉人在验收清单的"验收意见"一栏中提出质量问题并记载"待处理好后再交房,其他验房步骤下次再验",但该意见仅为被上诉人的单方意思表示。虽然上诉人工作人员在"备注"栏中记载"重点关注"并签字,但仅能够据此认定该工作人员对上诉人参与验房这一事实的确认,至多也仅是对所提质量问题的现场确认。至于双方是否对涉案房屋"待处理好后再交房"达成一致意见,上诉人认为,该等约定系对双方签订《商品房买卖合同》进行重大变更的约定,将对合同的履行及双方的权利义务责任产生实质性影响,上诉人工作人员并未做明确的意思表示予以同意,且该工作人员作为"工程人员"显然未取得上诉人关于处置该等重大事项的授权,且不具备具有上诉人授予代理权的外观,故不构成表见代理。因此,双方并未对"待处理好后再交房"达成一致意见。退一步讲,即便上诉人工作人员的签字视为对被上诉人意见的认可,也应当认为双方对交付时间进行了变更的约定,既然交付时间已经约定调整,上诉人只要在调整后的时间内交付,即不构成逾期交房,而无须再由被上诉人明确表示放弃追究逾期交付的违约责任。第二,一审判决认定合同附件九关于房屋存在除主体结构质量问题情形下,被上诉人不得拒绝房屋交付的约定系无效格式条款,导致未予查明案涉房屋是否存在足以构成被上诉人有权拒绝交付的质量问题这一基本事实,径行作出错误的事实认定。一审判决认定,案涉《商品房买卖合同》附件九中"房屋存在除主体结构质量问题外的质量瑕疵,出卖人承担保修责任,买受人不得拒绝接受房屋交付,买受人以此为由拒绝接受交付的,出卖人不承担逾期交付的责任"的约定系"被告提供的免除责任的条款,被告虽在附件九文首作出特别提示,但特别提示内容并未对免责条款进行特别提醒,应当属于无效的格式条款",该认定系适用法律错误。首先,如一审判决所述,上诉人在附件九文首对协议内容作出特别提示,并非未提示被上诉人。其次,根据该约定,房屋存在质量瑕疵的情况下,被上诉人不得据此拒绝房屋交付,但上诉人仍必须根据约定承担保修责任。该约定符合《最高人民法院关于审理商品房买卖合同纠纷案件适用法律若干问题的规定》,即在房屋存在除主体结构质量问题和严重影响居住使用问题的情况下,买受人无权解除合同亦不得以此为由拒绝房屋交付并要求出卖人承担逾期交付的责任,但出卖人仍需要承担保修责任。因此,该等约定并未免除上诉人的责任,亦未排除被上诉人的权利,不属于无效的格式条款。在此情形下,一审法院应当查明被上诉人在验房单上所记载的质量问题是否构成主体结构质量问题或严重影响居住使用的质量问题,从而据此认定上诉人是否构成逾期交付。然而,一审法院在未查明本案该基本事实的情况下,径行以格式条款无效为由回避了这一本案最关键的事实,并在此情形下径行作出了上诉人逾期交付的错误认定。(2)一审判决适用法律错误,认定的违约金过高。第一,一审判决未根据上诉人的请求将逾期交房的违

房屋买卖合同纠纷

约金标准降低至应付房价款的日万分之一属于适用法律错误。根据上诉人的了解，案涉房屋租金约为6000元/月，换算成违约金标准约为房价款的日万分之一。一审中，上诉人根据《中华人民共和国合同法》第一百一十四条以及《最高人民法院关于适用〈中华人民共和国合同法〉若干问题的解释（一）》第二十九条规定请求降低违约金标准，但一审判决未予支持，系适用法律错误。若二审法院认定上诉人构成逾期交付的，上诉人请求二审法院将违约金标准降低至已付房价款的日万分之一。第二，一审判决认定违约金计算基数中的"已付房价款"应包括车位款30万元，系适用法律错误。一审判决认定，在《商品房买卖合同》中对相关违约金的约定里并未对已付房价款作出进一步限制说明，不宜作出对格式合同提供方有利的解释，且在房屋存在逾期交付的情况下被上诉人也无法单独使用附属车位，故违约金计算基数中的"已付房款"应包括车位款30万元，该认定系适用法律错误。本案中，《商品房买卖合同》的标的除案涉房屋外还包括两个车位，总价款亦包含车位款。被上诉人仅对案涉房屋的质量提出异议并要求上诉人承担逾期交付的责任，而未对两个车位质量提出任何异议。在此情形下，即便上诉人构成逾期交房，也仅应以1893799元作为计算违约金的基数，而不能将车位款纳入计算违约金的基数。在没有特别约定的情形下，根据逾期交付的标的物价值计算违约金本身具备公平合理性。并且《商品房买卖合同》虽为上诉人提供，但该违约责任条款中"已付房价款"系政府部门制定的条款，不应认定为上诉人提供的格式条款，故也不应据此作出对上诉人不利的解释。第三，一审判决直接根据合同附件九的约定将违约金调整至已付房价款10%系适用法律错误。一审判决认定，根据案涉合同附件九"买受人同意，出卖人逾期交房且应按照本合同第十条相关约定承担逾期交房违约责任时，买受人要求继续履行合同时，出卖人向买受人支付的违约金总额最高不超过买受人已付房价款的10%"的约定，"被告逾期交付房屋、逾期交付权属证所造成的损失范围，本院认为将被告承担的违约金从按日万分之五、日万分之二分别计算至交付日调整至整体按原告已付房款的10%计算违约金较为合理"。前述合同附件九关于违约金不超过买受人已付房价款10%的约定系双方关于逾期交付产生的违约金的最高限额约定,即兜底性约定。该约定并不能排除上诉人依法要求降低违约金的权利,只有当根据依法降低后的违约金标准计算的违约金仍超过买受人已付房价款的10%时,才有该约定适用的余地。也就是说,当根据依法降低后的违约金标准计算的违约金低于买受人已付房价款的10%时,即应当按实际金额负担违约金。一审判决直接援引该条款调整违约金系适用法律及合同条款错误。如前所述,即便认定上诉人构成逾期交付且逾期交付期间为2016年10月1日至2017年12月26日(452天),违约金应为1893799元×日万分之一×452天=85608元,该金额并未达到上诉人已付房价款的10%。故在此情形下,不应直接适用违约金不超过买受人已付房价款10%的约定。综上,一审法院未查明本案基本事实,且适用法律错误,请求二审法院依法支持上诉人的上诉请求:(1)撤销余姚市人民法院(2018)浙0281民初931号民事判决并将本案发回重审,或查清事实后依法改判驳回被上诉人诉讼请求。(2)一审、二审诉讼费用全部由被上诉人承担。

被上诉人周杰帅辩称:请求二审法院依法驳回上诉人余姚绿城房地产开发有限公司上诉,维持原判。

二审期间,上诉人余姚绿城房地产开发有限公司向法院提供58同城租房信息,拟证明参考同小区或同地段的租金标准,案涉房屋租金不超过6000元/月。被上诉人周杰帅认为逾期违约责任已经在合同中详细记载,且该租金参照样本不足,损失远远大于租金损失。法院认为,余姚绿城房地产开发有限公司提供的58同城租房信息,不属于二审新的证据,不予认定。

被上诉人周杰帅未向法院提供新的证据。

浙江省宁波市中级人民法院经二审,确认了一审查明的事实。

浙江省宁波市中级人民法院二审认为:双方于2014年10月22日签订的《商品房买卖合同》约定上诉人余姚绿城房地产开发有限公司应当在2016年9月30日前将符合各项条件的商品房交付被上诉人周杰帅使用。嗣后,周杰帅分别于2014年10月14日、2014年12月31日分两次共向余姚绿城房地产开发有限公司支付房款共计2193799元。2016年9月30日交

房过程中,周杰帅发现:(1)厨房下水管边渗水及顶部渗水;(2)东阳台右侧下水管下梁与顶面交界处疑似渗水;(3)次卧东南角边疑似渗水。上述问题记载在绿城明园锦兰苑8幢2201室住宅交付验收清单的"验收意见"一栏中,并在"验收意见"这栏中记载有"待处理好后再交房,其他验房步骤下次再验",周杰帅在业主签名处签名及余姚绿城房地产开发有限公司工作人员在备注栏记载"重点关注"并签名系事实。在周杰帅于2017年12月25日向一审法院提起诉讼要求余姚绿城房地产开发有限公司交付所购房屋并配合办理过户手续及支付违约金等请求后,余姚绿城房地产开发有限公司才于2017年12月26日第二次书面通知周杰帅办理交房手续。故一审法院根据查明的事实,认定余姚绿城房地产开发有限公司承担逾期交房违约责任,法院认为,并无不当。由于《商品房买卖合同》已明确约定逾期交房违约的计算方式,一审法院综合考虑余姚绿城房地产开发有限公司逾期交房的各种因素,将余姚绿城房地产开发有限公司承担的违约金从按日万分之五、日万分之二分别计算至交付日调整至整体按周杰帅已付房价款的10%计算违约金,且周杰帅也未提起上诉。因此,法院认为,一审法院适当调整降低余姚绿城房地产开发有限公司承担逾期交房违约金,并无不妥。余姚绿城房地产开发有限公司认为其并不构成逾期交房、一审法院认定违约金过高,要求将本案发回重审,或查清事实后依法改判驳回周杰帅诉讼请求的上诉请求,均缺乏事实与法律依据,法院难以支持。

综上所述,上诉人余姚绿城房地产开发有限公司的上诉请求不能成立;一审判决认定事实基本清楚,适用法律正确,判决并无不妥,应予维持。

据此,浙江省宁波市中级人民法院依照《中华人民共和国民事诉讼法》第一百七十条第一款第一项规定,于2018年8月24日判决如下:

驳回上诉,维持原判。

二审案件受理费8721元,由上诉人余姚绿城房地产开发有限公司负担。

本判决为终审判决。

二、商品房销售合同纠纷

> 第三人非因本人原因未参加诉讼的，不符合第三人撤销之诉的起诉条件，法院应裁定不予受理

47. 黄光娜与海口栋梁实业有限公司、广东省阳江市建安集团有限公司海南分公司商品房销售合同纠纷案*

【裁判摘要】

1. 案件争议不动产的登记所有权人，同案件处理结果具有法律上的利害关系，可以作为案件第三人。

2. 一方当事人大股东在案件诉讼过程中受让争议标的物，但未作为第三人参加诉讼，在案件判决生效后，又提起第三人撤销之诉的，法院推定其知悉案件情况，非因不能归责于其本人的原因未参加诉讼的，符合常理和交易惯例。上述大股东所提第三人撤销之诉不符合起诉条件，应裁定不予受理。

---

* 摘自《最高人民法院公报》2016 年第 9 期。

房屋买卖合同纠纷

最高人民法院民事裁定书

(2015) 民一终字第 37 号

上诉人(一审起诉人):黄光娜,女,汉族,住海南省海口市。

委托代理人:禤丽琴,女,汉族,住海南省海南大学。系黄光娜所在的村民委员会推荐的公民。

黄光娜为与海口栋梁实业有限公司、广东省阳江市建安集团有限公司海南分公司(以下简称阳江公司)商品房销售合同纠纷一案,不服海南省高级人民法院(2015)琼立一初字第 2 号民事裁定,向本院提起上诉。本院依法组成合议庭进行了审理,现已审理终结。

黄光娜于 2014 年 8 月 18 日向海南省高级人民法院提起民事诉讼称:2012 年 10 月 31 日,黄光娜与海口栋梁实业有限公司(以下简称栋梁公司)签订《商品房买卖合同》,约定黄光娜以单价 21250 元/m² 的价格,购置栋梁公司位于海南省海口市龙昆南路 97-1 号华源大厦一层,建筑面积共计 1320.6m² 的 101 房。合同签订后,栋梁公司依约为黄光娜办理了商品房买卖合同备案登记及房屋预告登记。黄光娜依约向栋梁公司支付全部购房款共计人民币 28062750 元,其中黄光娜自付 16062750 元,并将上述房产向平安银行股份有限公司海口分行(以下简称平安银行)抵押贷款人民币 1200 万元。黄光娜已经通过受让方式取得该房屋的所有权,现该房产已由黄光娜出租给他人使用。

2012 年期间,广东省阳江市建安集团有限公司海南分公司与栋梁公司因建筑施工合同纠纷诉至海南省海口市中级人民法院,该案诉争标的中涉及黄光娜拥有所有权的房屋。尽管栋梁公司已于一审举证期限内向法院提交了涉案房屋已经出售给黄光娜,且已经完善不动产交易的所有法律要件,但历经两审裁判,无论是作为所有权人的黄光娜还是作为抵押权人的平安银行均未知晓该诉讼的存在,一、二审法院也从未将两权益人列为第三人追加参与该诉讼,更甚二审法院在未经审查涉案房屋实际产权归属前,就于 2014 年 6 月 26 日作出(2014)琼环民终字第 7 号民事判决,将涉案房屋部分产权裁判给阳江公司,已经严重侵害了房屋所有权人黄光娜的合法权益。根据《中华人民共和国民事诉讼法》第五十六条、《中华人民共和国民法通则》第七十五条、《中华人民共和国合同法》第八条及《中华人民共和国物权法》第三十七条、三十九条等规定,现诉请撤销海南省高级人民法院(2014)琼环民终字第 7 号民事判决,依法保障黄光娜的合法权益。

海南省高级人民法院认为:(1)根据《中华人民共和国民事诉讼法》第五十六条的规定,有独立请求权的第三人和无独立请求权的第三人,因不能归责于本人的事由未参加诉讼,但有证据证明发生法律效力的判决、裁定、调解书的部分或者全部内容错误,损害其民事权益的,可以自知道或者应当知道其民事权益受到损害之日起 6 个月内,向作出该判决、裁定、调解书的人民法院提起第三人撤销之诉。该规定确立了第三人可以提起撤销之诉的权利,因第三人撤销之诉申请撤销的是已经生效的判决、裁定及调解书,其后果将直接影响生效裁判的既判力,因此,法律也严格规定了提起第三人撤销之诉的主体条件,即提起第三人撤销之诉的原告必须是第三人,包括有独立请求权的第三人和无独立请求权的第三人,且提起第三人撤销之诉的原告只能是原诉中的第三人。在黄光娜诉请撤销的海南省高级人民法院(2014)琼环民终字第 7 号民事诉讼中,一审原告阳江公司于 2012 年 9 月 18 日向海南省海口市中级人民法院起诉,该院于 2012 年 9 月 20 日立案受理,而黄光娜与栋梁公司签订《商品房买卖合同》的时间是在 2012 年 10 月 31 日,即在该案立案受理一个多月后,故在原诉形成之时,黄光娜尚不是原诉的第三人,其并不具备提起第三人撤销之诉原告的主体资格。(2)提起第三人撤销之诉的条件之一是第三人因不能归责于本人的事由未参加诉讼。栋梁公司的工商登记档案显示,自 2009 年 9 月 17 日至 2014 年 1 月 27 日,黄光娜都是栋梁公司持股 50% 的股东,到提起本案诉讼时,黄光娜也仍持有栋梁公司 25% 的股份。栋梁公司在(2014)琼环民终字第 7 号民事诉讼的一、二审均向人民法院提交了黄光娜购买涉案房屋

房屋买卖合同纠纷

的证据材料，作为持有该公司50%股份的黄光娜，应当知晓该案的诉讼情况。且直到提起本案诉讼，黄光娜也未能提供证据证明是因不能归责于其本人的事由未参加该案诉讼，因此，黄光娜提起本案诉讼亦不符合第三人撤销之诉的受理条件。综上，依照《中华人民共和国民事诉讼法》第五十六条、第一百二十三条之规定，裁定不予受理黄光娜的起诉。

黄光娜不服上述裁定，以该裁定认定事实不清、适用法律错误为由向本院提出上诉，请求撤销一审裁定，指令一审法院审理本案。主要理由为：（1）上诉人系（2014）琼环民终字第7号民事判决涉及房产的所有权人，该判决结果损害其合法权益，其应为该判决所涉诉讼的第三人。（2）上诉人作为栋梁公司股东有权依法取得案涉房产产权，一审裁定以其是公司股东为由，推定其知晓栋梁公司涉及的上述诉讼情况，缺乏证据证明。本案符合第三人撤销之诉的受理条件。

本院认为，本案争议焦点：一是黄光娜能否作为阳江公司诉栋梁公司建设工程施工合同纠纷一案的第三人；二是黄光娜未参加前述诉讼能否归责于其本人。

关于黄光娜能否作为阳江公司诉栋梁公司建设工程施工合同纠纷一案的第三人的问题。根据《中华人民共和国民事诉讼法》第五十六条，民事诉讼的第三人包括对案件诉讼标的有独立请求权的人，及虽无此请求权，但同案件处理结果有法律上利害关系的人。在阳江公司诉栋梁公司建设工程施工合同纠纷一案中，海南省海口市中级人民法院二审以（2014）琼环民终字第7号民事判决，判决栋梁公司将案涉华源大厦一层334m^2交付阳江公司并协助办理过户手续。而本案黄光娜主张其已向栋梁公司买受了1320m^2的华源大厦一层，并办理了过户手续。故上述阳江公司诉栋梁公司一案的终审判决结果影响黄光娜对案涉房产的权利，其应为该案第三人。

关于黄光娜未参与前述诉讼能否归责于其本人的问题。根据（2014）琼环民终字第7号民事判决查明的事实及黄光娜本案起诉内容，其与栋梁公司系在阳江公司诉栋梁公司一案诉讼过程中，就案涉房屋签订买卖合同，当时黄光娜为持有栋梁公司50%股份的股东。在前述阳江公司诉栋梁公司一案审理结果势必影响黄光娜重大权益的情况下，黄光娜未举证证明其在提起本案撤销之诉前，知悉前述二审判决结果较知晓该案整个诉讼过程的条件有何不同。本案一审法院依据黄光娜股东身份、当时持股比例，及案涉房屋买卖合同签订与前案起诉时间的关系，推定黄光娜知晓前案，符合常理和企业一般经营决策惯例。一审裁定认定黄光娜应当知晓前案诉讼情况，其不能证明因不能归责于本人的事由未参加该案诉讼，故其提起的本案诉讼不符合《中华人民共和国民事诉讼法》第五十六条关于第三人撤销之诉的受理条件的规定正确。

综上，一审裁定关于黄光娜不是（2014）琼环民终字第7号民事判决所涉案件第三人的认定不当，本院予以纠正。上诉人黄光娜关于其因不能归责于其本人的原因未参加前述案件诉讼的理由，缺乏证据证明，不能成立。依据《中华人民共和国民事诉讼法》第五十六条、第一百七十条第一项、第一百七十一条之规定，裁定如下：

驳回上诉，维持原裁定。

本裁定为终审裁定。

审　判　长　杨国香
代理审判员　张　娜
代理审判员　李振华
二〇一五年十月十六日
书　记　员　柳　珊

48. 周显治、俞美芳与余姚众安房地产开发有限公司商品房销售合同纠纷案*

▶ 商品房买卖合同约定了逾期交房与逾期办证的违约责任,又约定开发商承担了逾期交房的责任后无需承担逾期办证的责任的,属无效格式条款

【裁判摘要】

商品房买卖中,开发商的交房义务不仅仅局限于交钥匙,还需出示相应的证明文件,并签署房屋交接单等。合同中分别约定了逾期交房与逾期办证的违约责任,但同时又约定开发商承担了逾期交房的责任之后,逾期办证的违约责任就不予承担的,应认定该约定属于免除开发商按时办证义务的无效格式条款,开发商仍应按照合同约定承担逾期交房、逾期办证的多项违约之责。

原告:周显治,男,32岁,汉族,住浙江省余姚市。

原告:俞美芳,女,32岁,汉族,住浙江省余姚市。

被告:余姚众安房地产开发有限公司。住所地:浙江省余姚市城区胜山西路。

法定代表人:董水校,该公司总经理。

---

* 摘自《最高人民法院公报》2016年第11期。

原告周显治、俞美芳因与被告余姚众安房地产开发有限公司（以下简称众安公司）发生商品房销售合同纠纷，向浙江省余姚市人民法院提起诉讼。

原告周显治、俞美芳共同起诉称：两原告与被告众安公司于2012年11月12日签订《商品房买卖合同》一份，合同约定出卖人应当在2012年12月31日前，将符合条件的余姚市城区悦龙湾×幢×号房产交付买受人使用；出卖人逾期交房的，应按日向买受人支付已交付房款万分之二的违约金。出卖人应当于2013年3月31日前，取得相应的土地、房屋权属证书，交付给买受人，并代买受人办理该商品房转移登记；出卖人逾期交付权属证书的，应当按日向买受人支付已交付房款万分之三的违约金。现两原告已经支付了全部购房款合计人民币5162730元，但至今被告仍未能依据合同约定书面正式通知两原告交房，也未依约交付并代办土地、房屋权属证书，致使两原告合同目的不能实现。且在2013年9月23日，原告与被告相关工作人员一同勘查房屋，被告销售总监左新、销售员郑孟、工程部、售后服务陈亮等工作人员自检并出具书面说明确认房屋存在33处质量问题，并作出了维修及交房时间承诺，但至今被告未履行该承诺。根据《中华人民共和国合同法》及相关司法解释的规定，被告的行为实属根本违约，故要求被告立即履行2013年9月23日出具的书面说明确定的维修义务，维修结果应与图纸相符，达到国家标准；被告立即向二原告交付余姚市城区悦龙湾×幢×号房产，并承担自2013年1月1日起至实际交付之日止按日向二原告支付已付房价人民币5162730元的万分之二的违约金（暂算至2014年1月1日违约金为：376879.29元）；被告立即向二原告交付余姚市城区悦龙湾×幢×号房产的《房产所有权证》和《国有土地使用权证》，办理相关变更登记，并承担自2013年4月1日起至实际交付权属证书之日止按日向二原告支付已付房款人民币5162730元的万分之三的违约金（暂算至2014年1月1日违约金为425925.23元）；被告承担本案的诉讼费。

原告周显治、俞美芳对其主张提供如下证据材料：

1. 商品房买卖合同1份，原告周显治、俞美芳提供此证据证明双方成

立的商品房买卖合同关系及被告众安公司违反合同约定的事实。

2. 销售不动产统一发票、交通银行分行借款凭证、交通银行补发入账证明申请书1组，原告周显治、俞美芳提供此证据证明原告已经支付完毕全部购房款人民币5162730元的事实。

3. 照片、房产所在问题的承诺1组，原告周显治、俞美芳提供此证据证明涉案房产到目前为止没有接到通知已经整改完毕，被告众安公司存在迟延交房的事实。

被告众安公司辩称：（1）涉案房屋不存在原告周显治、俞美芳所称的质量问题。（2）被告已明确告知原告交房的时间，但原告因其自身原因一直未配合办理交房手续。理由：①2012年11月12日二原告向被告出具双方同意书，载明"本人知晓该房源先为众安公司工程部办公用房，按照合同约定将于2012年12月31日前完成房子交付手续"，从该文字可以看出实际上在签署双方同意书之日原告即已经完全了解房屋情况，知晓房屋已在实际使用，并明知被告已具备交房条件，同时原告也进一步承诺将在一个月之后按照合同约定配合办理相关的交房手续，因此，被告已就房屋交房情况向原告作了明确说明，且原告已经知晓被告无须再在2012年12月31日另行书面通知。②双方同意书载明"经本人与众安公司协商一致，本人按照合同时间，配合办理相关交房工作，以便办理相关产权等手续，但不领取×幢×号钥匙等物料……"可以说明原告已向被告承诺将于约定日期即2012年12月31日前配合被告办理相关交房手续，以便按期办理产权手续，现原告无正当理由不予以配合交房工作是明显违约行为。③原告在双方同意书中明确"本人承诺愿意在2013年6月30日之前将×幢×号作为众安公司工程部办公用房使用，待期满后2013年7月1日将房屋钥匙等相关东西重新交接，如不能如期交付，按照商品房买卖合同第10条逾期交房违约责任来处理……"该文字可以看出原告承诺在2013年7月1日之前将房屋钥匙等相关物料重新交接，如不能如期交付则按合同第10条处理，此处交付与之前的交接是一致的，范围仅仅为钥匙等物料而已。④被告作为房地产开发公司已在双方同意书中以及其他途径通知原告前来办理交房手续，但是原告一直没有回应，导致至今仍未完全交房，原告为此应该承担全部责任。(3) 被告已于 2013 年 3 月 9 日取得涉案房屋所有权证,于 2013 年 3 月 25 日取得土地使用权证,上述均属于合同约定的 2013 年 3 月 31 日前,只有在买卖双方办理完毕交房手续后上述权证才可以过户到原告名下。因此,因原告无故不去办理交房手续,致房屋所有权证及其土地使用权证等无法顺利过户到原告名下,应当由原告自行承担责任。同时,合同附件 8 补充协议第 6 条第 2 款约定:"若出卖人逾期交房并承担了逾期交房违约责任后的本合同第 16 条出卖人承诺取得土地房屋权属证书时间相应顺延",即使认定被告逾期交房,那么逾期交房屋权属证书时间应当与认定的逾期交房时间一致,不能简单套用合同约定的 2013 年 3 月 31 日。综上,请求法院依法驳回原告的全部诉讼请求。

经当庭质证,被告众安公司对原告周显治、俞美芳提供证据的真实性均无异议。

浙江省余姚市人民法院一审查明:2012 年 11 月 12 日,原告周显治、俞美芳(买受人)与被告众安公司(出卖人)签订《商品房买卖合同》一份,约定:买受人购买的商品房为预售商品房(住宅,悦龙湾×幢×号),商品房房款合计 5162730 元,买受人按其他方式按期付款;出卖人应当在 2012 年 12 月 31 日前,将符合各项条件的商品房交付买受人使用;出卖人如未按本合同规定的期限将该商品房交付买受人使用,逾期不超过 90 日,自本合同第九条规定的最后交付期限的第二天起至实际交付之日止,出卖人按日向买受人支付已交付房价款万分之壹的违约金,合同继续履行,逾期超过 90 日后,买受人有权解除合同,买受人要求继续履行合同的,合同继续履行,自本合同第九条规定的最后交付期限的第二天起至实际交付之日止,出卖人按日向买受人支付已交付房价款万分之贰的违约金;商品房达到交付使用条件后,出卖人应当书面通知买受人办理交付手续,双方进行验收交接时,出卖人应当出示本合同第九条规定的证明文件,并签署房屋交接单,在签署房屋交接单前,出卖人不得拒绝买受人查验房屋,所购商品房为住宅的,出卖人还需提供《住宅质量保证书》和《住宅使用说明书》,出卖人不出示证明文件或出示证明文件不齐全,买受人有权拒绝交接,由此产生的延期交房责任由出卖人承担;出卖人负责办

房屋买卖合同纠纷

理土地使用权初始登记,取得《土地使用权证书》或土地使用证明,出卖人负责申请该商品房所有权初始登记,取得该商品房《房屋所有权证》,出卖人承诺于2013年3月31日前,取得前款规定的土地、房屋权属证书,交付给买受人,买受人委托出卖人办理该商品房转移登记,出卖人不能在前款约定期限内交付权属证书,双方同意按照下列约定处理,约定日期起30日内,出卖人交付权属证书或登记证明的,按已付房价款的1%承担违约责任,约定日期起30日以后,出卖人仍不能交付权属证书或登记证明的,买受人退房,出卖人在买受人提出退房要求之日起30日内将买受人已付房价款退还给买受人,并自约定日期至实际退款日止,按日向买受人支付已交付房价款万分之三的违约金,买受人不退房,出卖人自约定日期起至实际交付权属证书或登记证明之日止,按日向买受人支付已交付房价款万分之三的违约金;若出卖人逾期交房并承担了逾期交房违约责任的,则本合同第十六条中出卖人承诺取得土地、房屋权属证书的时间相应顺延,顺延期限与商品房交付的逾期期限相同等。2012年11月12日,二原告出具《双方同意书》一份,言明:"本人俞美芳、周显治购买悦龙湾×幢×号房源,本人知晓该房源先为众安公司工程部办公用房,按照合同约定将于2012年12月31日前完成房子的交付手续,经本人与余姚众安公司协商一致,本人按照合同约定时间配合办理相关交房工作,以便按期办理相关产证等手续,但不领取×幢×号钥匙等物料。本人承诺愿意在2013年6月30前将×幢×号作为众安公司工程部办公使用,待期满后于2013年7月1日将房屋钥匙等相关物料重新交接,如不能如期交付按商品房买卖合同第十条逾期交房的违约责任来处理,房屋内部恢复合同交房标准,特此承诺。"2013年9月23日,原告至被告处就房屋的质量瑕疵问题与被告交涉,众安公司的工作人员(黄志亮)在《悦龙湾×幢×号房产所在问题》上书写说明:"2013年9月6日悦龙湾×幢×号经业主与房产公司在交房前进行现场勘查验房发现并确认以上未打'×'26条问题,房产公司承诺在2013年10月5日前整改完毕,打'×'7条问题在经业主与房产公司进一步核实设计图纸和有关证据后确认,房产公司承诺在将所有房屋质量问题解决之后再履行交房手续。"2013年3月9日,被告登记取得余姚市城区悦龙湾×幢×号的房屋所有权证（初始登记）；2013年3月25日，被告取得余姚市城区悦龙湾×幢×号的土地使用权（土地使用权分割登记）。二原告依照合同约定将房屋价款5162730元支付给被告。至起诉之日，被告未与原告办理房屋交付手续，亦未向原告交付房地产权属证书。

浙江省余姚市人民法院一审认为，本案的争议焦点：一是涉案房屋的交付；二是违约责任的承担。

本案中，原告周显治、俞美芳与被告众安公司签订的《商品房买卖合同》系双方当事人真实意思表示，属有效合同，对当事人具有法律约束力。双方当事人应按照约定全面履行自己的权利义务。当事人一方不履行合同义务或者履行合同义务不符合约定的，应当承担继续履行、采取补救措施或者赔偿损失等违约责任。

1. 涉案房屋的交付。《最高人民法院关于审理商品房买卖合同纠纷案件适用法律若干问题的解释》第十一条第一款规定：对房屋的转移占有，视为房屋的交付使用，但当事人另有约定的除外。依据原告周显治、俞美芳与被告众安公司双方所签订的《商品房买卖合同》的约定，"出卖人应当在2012年12月31日前，将符合各项条件的商品房交付买受人使用；商品房达到交付使用条件后，出卖人应当书面通知买受人办理交付手续，双方进行验收交接时，出卖人应当出示本合同第九条规定的证明文件，并签署房屋交接单，在签署房屋交接单前，出卖人不得拒绝买受人查验房屋，所购商品房为住宅的，出卖人还需提供《住宅质量保证书》和《住宅使用说明书》，出卖人不出示证明文件或出示证明文件不齐全，买受人有权拒绝交接，由此产生的延期交房责任由出卖人承担。"被告认为依据二原告出具的《双方同意书》，被告就房屋交房情况向原告作了明确说明，原告已经知晓被告无须再在2012年12月31日前另行书面通知原告办理交房手续。二原告在该《双方同意书》上言明"经本人与众安公司协商一致，本人按照合同约定时间配合办理相关交房工作，以便按期办理相关产证等手续，但不领取×幢×号钥匙等物料"，该文字表述并没有包含被告无须书面通知原告方办理房屋交付手续的意思表示，只是原告表明愿意按照合同约定的时间配合被告办理相关交房工作，即并未免除被告的书面通知以

房屋买卖合同纠纷

及签署交接单等义务,因此,商品房达到交付使用条件后,被告仍应当按照合同的约定以书面的方式通知原告方办理房屋交付手续,双方进行验收交接,并签署房屋交接单等,且不仅仅局限于"领取×幢×号钥匙等物料"。被告辩称原告在该《双方同意书》上已向被告承诺将于约定日期即2012年12月31日前配合被告办理相关交房手续,以便按期办理产权手续,现原告无正当理由不予以配合交房工作是明显违约行为,但被告未向法院提供证据以证明确系原告不配合导致被告无法完全交房。且在2013年9月23日,原告就×幢×号房产的有关车库、地下室、进户门、阳台等方面的质量瑕疵问题至被告处交涉,被告方的工作人员在《悦龙湾×幢×号房产所在问题》上进行了说明,并提出整改意见(在2013年10月5日前整改完毕)。可见,双方事实上也认可涉案房屋尚未具备交付条件,该房屋亦未实际转移给原告方占有使用。同时,依据二原告在该《双方同意书》上的承诺"本人承诺愿意在2013年6月30前将×幢×号作为众安公司工程部办公使用待期满后于2013年7月1日将房屋钥匙等相关物料重新交接,如不能如期交付按商品房买卖合同第十条逾期交房的违约责任来处理,房屋内部恢复合同交房标准,特此承诺",可推断出原告方同意将涉案房屋延迟至2013年7月1日交付。综合分析上述情况,法院认定被告尚未依照约定将涉案房屋交付给原告方,故被告的逾期交付行为已构成违约。

2. 违约责任的承担。(1)原告俞美芳、周显治认为被告众安公司应当承担逾期交房和逾期交付房产证、土地证的违约责任;被告认为被告已经于2013年3月9日取得涉案房屋所有权证,于2013年3月25日取得土地使用权证,上述均属于合同约定2013年3月31日之前,只有在买卖双方办理完毕交房手续后上述权证才可以过户到原告名下,因原告原因导致产权证无法过户,即使认定被告逾期交房,那么逾期交房屋权属证书时间应当相应的顺延。首先,《商品房买卖合同》载明:"出卖人负责办理土地使用权初始登记,取得《土地使用权证书》或土地使用证明,出卖人负责申请该商品房所有权初始登记,取得该商品房《房屋所有权证》,出卖人承诺于2013年3月31日前,取得前款规定的土地、房屋权属证书,交付给买受人",该内容明确被告应当于2013年3月31日前取得土地、房屋权属证书,并交付给原告方,而不能理解为被告自身于2013年3月31日前取得《土地使用权证书》《房屋所有权证》的初始登记,否则无法确定原告方何时才能取得房地产权证（将房产从被告公司转移登记过户至原告个人名下）,现被告已逾期交付房地产权属证书,显然与此相悖,被告亦未提供证据证明系可归责于原告方的原因导致逾期交付房地产权属证书。其次,依照合同约定,被告负有按时交房与按时交付权属证书的义务。现被告以合同中的条款（附件八补充协议第6条第2款）"若出卖人逾期交房并承担了逾期交房违约责任的,则本合同第十六条中出卖人承诺取得土地、房屋权属证书的时间相应顺延,顺延期限与商品房交付的逾期期限相同等"为由,认为即使认定被告逾期交房,那么逾期交房屋权属证书时间也应当相应的顺延。根据《中华人民共和国合同法》第三十九条、第四十条规定：采用格式条款订立合同的,提供格式条款的一方应当遵循公平原则确定当事人之间的权利和义务,并采取合理的方式提请对方注意免除或者限制其责任的条款,按照对方的要求,对该条款予以说明；格式条款具有本法第五十二条和第五十三条规定情形的,或者提供格式条款一方免除其责任、加重对方责任、排除对方主要权利的,该条款无效。附件八补充协议第6条第2款系被告方提供,其内容显然置原告方的利益于不顾,导致其权益处于不确定状态,免除了被告按时交付房地产权属证书的义务,应当为无效的格式条款,故被告不能因为双方有此条款的约定而免除其逾期交付权属证书的违约责任。(2)二原告要求被告支付逾期交房的违约金以及逾期交付权属证书的违约金；被告余姚众安房地产开发有限公司认为,即使认定构成违约情况下恳请按照法律规定适当减少违约金。《最高人民法院关于审理商品房买卖合同纠纷案件适用法律若干问题的解释》第十六条规定：当事人以约定的违约金过高为由请求减少的,应当以违约金超过造成的损失30%为标准适当减少；当事人以约定的违约金低于造成的损失为由请求增加的,应当以违约造成的损失确定违约金数额。从双方订立《商品房买卖合同》的目的来看,二原告与被告之间关于逾期交房和交付房地产权属证书的违约金约定更具惩罚性质（惩罚性违约金）,换言之,

房屋买卖合同纠纷

是合同双方对于违约所约定的一种制裁。二原告已按照合同约定将购房款5162730元全部支付给被告,为防止被告怠于履行其合同义务,敦促其及时履行交付房屋和交付房地产权属证书的义务,违约金仍应按照合同约定计算。二原告诉请被告立即履行2013年9月23日出具的《悦龙湾×幢×号房产所在问题》维修单确定的维修义务,维修结果应与图纸相符,达到国家标准,其实质在于要求被告按约及时交付房屋。

综上,浙江省余姚市人民法院依照《中华人民共和国合同法》第三十九条①、第四十条②、第四十四条③、第六十条④、第一百零七条⑤、第一百一十四条⑥,《最高人民法院关于审理商品房买卖合同纠纷案件适用法律若

---

① 对应《中华人民共和国民法典》第四百九十六条:"格式条款是当事人为了重复使用而预先拟定,并在订立合同时未与对方协商的条款。采用格式条款订立合同的,提供格式条款的一方应当遵循公平原则确定当事人之间的权利和义务,并采取合理的方式提示对方注意免除或者减轻其责任等与对方有重大利害关系的条款,按照对方的要求,对该条款予以说明。提供格式条款的一方未履行提示或者说明义务,致使对方没有注意或者理解与其有重大利害关系的条款的,对方可以主张该条款不成为合同的内容。"

② 对应《中华人民共和国民法典》第四百九十七条:"有下列情形之一的,该格式条款无效:(一)具有本法第一编第六章第三节和本法第五百零六条规定的无效情形;(二)提供格式条款一方不合理地免除或者减轻其责任、加重对方责任、限制对方主要权利;(三)提供格式条款一方排除对方主要权利。"

③ 对应《中华人民共和国民法典》第五百零二条:"依法成立的合同,自成立时生效,但是法律另有规定或者当事人另有约定的除外。依照法律、行政法规的规定,合同应当办理批准等手续的,依照其规定。未办理批准等手续影响合同生效的,不影响合同中履行报批等义务条款以及相关条款的效力。应当办理申请批准等手续的当事人未履行义务的,对方可以请求其承担违反该义务的责任。依照法律、行政法规的规定,合同的变更、转让、解除等情形应当办理批准等手续的,适用前款规定。"

④ 对应《中华人民共和国民法典》第五百零九条:"当事人应当按照约定全面履行自己的义务。当事人应当遵循诚信原则,根据合同的性质、目的和交易习惯履行通知、协助、保密等义务。当事人在履行合同过程中,应当避免浪费资源、污染环境和破坏生态。"

⑤ 对应《中华人民共和国民法典》第五百七十七条,内容未作修改。

⑥ 对应《中华人民共和国民法典》第五百八十五条:"当事人可以约定一方违约时应当根据违约情况向对方支付一定数额的违约金,也可以约定因违约产生的损失赔偿额的计算方法。约定的违约金低于造成的损失的,人民法院或者仲裁机构可以根据当事人的请求予以增加;约定的违约金过分高于造成的损失的,人民法院或者仲裁机构可以根据当事人的请求予以适当减少。当事人就迟延履行约定违约金的,违约方支付违约金后,还应当履行债务。"

干问题的解释》第十一条①、第十六条②,《中华人民共和国民事诉讼法》第六十四条的规定,于 2014 年 5 月 23 日判决:

一、被告众安公司于本判决生效之日起 30 日内向原告周显治、俞美芳交付余姚市城区悦龙湾×幢×号房屋;

二、被告众安公司于本判决生效之日起 30 日内向原告周显治、俞美芳交付余姚市城区悦龙湾×幢×号房屋的房地产权属证书(即被告众安公司办理余姚市城区悦龙湾×幢×号房屋的转移登记过户手续,办理过户所需应当由买方缴纳的税费由原告周显治、俞美芳承担);

三、被告众安公司按原告周显治、俞美芳已付购房款 5162730 元从 2013 年 7 月 1 日起按日万分之二向原告方支付逾期交房违约金至实际交付房屋之日止(2013 年 7 月 1 日至 2014 年 1 月 1 日,违约金为 191021.01 元);

四、被告众安公司按原告周显治、俞美芳已付购房款 5162730 元从 2013 年 4 月 1 日起按日万分之三向原告方支付逾期交付房地产权属证书违约金至本判决生效之日止(2013 年 4 月 1 日至 2014 年 1 月 1 日,违约金为 425925.23 元);

五、驳回原告周显治、俞美芳的其他诉讼请求。

以上款项限在本判决发生法律效力后 10 日内付清。如果未按本判决指定的期间履行给付金钱义务,应当依照《中华人民共和国民事诉讼法》第二百五十三条之规定,加倍支付迟延履行期间的债务利息。本案案件受理费 11828 元,减半收取 5914 元,保全费 4770 元,合计 10684 元,由原告周显治、俞美芳承担 2473 元、被告余姚众安房地产开发有限公司承担 8211 元。

---

① 本案适用 2003 年《最高人民法院关于审理商品房买卖合同纠纷案件适用法律若干问题的解释》,现行《最高人民法院关于审理商品房买卖合同纠纷案件适用法律若干问题的解释》2020 年 12 月 23 日修正,自 2021 年 1 月 1 日起施行。本案所涉第十一条修改为第八条,内容无修改。

② 本案适用 2003 年《最高人民法院关于审理商品房买卖合同纠纷案件适用法律若干问题的解释》,现行《最高人民法院关于审理商品房买卖合同纠纷案件适用法律若干问题的解释》2020 年 12 月 23 日修正,自 2021 年 1 月 1 日起施行。本案所涉第十六条修改为第十二条,内容无修改。

房屋买卖合同纠纷

众安公司不服一审判决，向浙江省宁波市中级人民法院提起上诉称：一审认定事实错误，适用法律不当，请求驳回被上诉人的诉讼请求或发回重审。

被上诉人周显治、俞美芳答辩称：一审判决认定事实清楚，适用法律正确，请求驳回上诉，维持原判。

浙江省宁波市中级人民法院经二审，确认了一审查明的事实。

浙江省宁波市中级人民法院二审认为，上诉人众安公司与被上诉人周显治、俞美芳签订的《商品房买卖合同》系双方当事人真实意思表示，属有效合同，双方应按照约定全面履行自己的权利义务。根据双方所签订《商品房买卖合同》的约定，"出卖人应当在2012年12月31日前，将符合各项条件的商品房交付买受人使用；商品房达到交付使用条件后，出卖人应当书面通知买受人办理交付手续，……"说明上诉人应当书面通知被上诉人办理交付手续；而依据被上诉人出具的《双方同意书》，被上诉人会按照双方约定的时间配合办理交房手续，故上诉人无需在2012年12月31日前另行书面通知被上诉人办理交房手续。但根据双方在2013年9月23日就涉案房产有关车库、地下室、进户门、阳台等方面存在的质量瑕疵问题的说明及一直未对存在问题的整改作出结论情况看，双方至今并未解决交房问题，上诉人存在逾期交房的违约行为。对于《商品房买卖合同》中约定的"出卖人负责办理土地使用权初始登记，取得《土地使用权证书》或土地使用证明，出卖人负责申请该商品房所有权初始登记，取得该商品房《房屋所有权证》，出卖人承诺于2013年3月31日前，取得前款规定的土地、房屋权属证书，交付给买受人"，明确了上诉人应当于2013年3月31日前取得土地、房屋权属证书，并交付给被上诉人，而不能理解为上诉人自身于2013年3月31日前取得《土地使用权证书》《房屋所有权证》的初始登记，否则无法确定被上诉人何时才能取得房地产权证书（将房产从上诉人公司转移登记过户至被上诉人名下），现上诉人已逾期交付房地产权属证书，应当承担违约责任。至于附件八补充协议第6条第2款关于"若出卖人逾期交房并承担了逾期交房违约责任的，则本合同第十六条中出卖人承诺取得土地、房屋权属证书的时间相应顺延，顺延期限与商品房交付的逾期期限相同"的约定,根据《中华人民共和国合同法》第三十九条、第四十条规定:采用格式条款订立合同的,提供格式条款的一方应当遵循公平原则确定当事人之间的权利和义务,并采取合理的方式提请对方注意免除或者限制其责任的条款,按照对方的要求,对该条款予以说明;格式条款具有本法第五十二条和第五十三条规定情形的,或者提供格式条款一方免除其责任、加重对方责任、排除对方主要权利的,该条款无效。该补充协议的格式条款系上诉人提供,并没有采取合理的方式提请对方注意,而其内容显然对被上诉人利益不利,导致被上诉人权益处于不确定状态,免除了上诉人按时交付房地产权属证书的义务,应当为无效。

综上,浙江省宁波市中级人民法院依照《中华人民共和国民事诉讼法》第一百七十条第一款第一项、第一百七十五条,于2014年8月13日判决:

驳回上诉,维持原判。二审案件受理费9969元,由上诉人众安公司负担。

本判决为终审判决。

房屋买卖合同纠纷

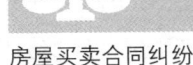

49. 婺源县安泰房地产开发有限责任公司与林细海商品房销售合同纠纷案

▶ 商品房交付法定强制性标准——"该商品房经验收合格"的司法认定，应以加盖建设局验收备案章的竣工验收备案证明表为准

【裁判摘要】

1. 不可抗力在司法实践中作为免责事由不仅要求事件的发生具有不能预见、不能避免且不能克服的内在属性，更应注意适用时不可抗力事件发生的期间性和关联性。不可抗力免责首先要求履行期间性，即构成不可抗力的事件必须是在合同签订之后、终止以前，合同履行期间以外发生的，则不能构成该合同的不可抗力事件。其次，根据《中华人民共和国合同法》规定，不可抗力与不能履行合同之间存在关联性。

2. 商品房交付法定强制性标准——"该商品房经验收合格"的司法认定，应以加盖建设局验收备案章的竣工验收备案证明表为准。商品房作为一种特殊商品，其是否达到"合格"标准，是否符合交房条件具有特定技术标准，需要通过行政主管部门的备案登记购房人才能判断，也只有办理了备案登记的房屋才能申请办理房产证。而只有获得房产证的商品房才真正符合购房人订立购房合同的目的。

---

* 摘自《审判监督指导》2018年第1辑（总第63辑），人民法院出版社2019年版，第52~68页。

> 3. 只要不违反法律的强制性规定,法律尊重当事人就合同中相关权利义务以及可能的违约责任承担进行约定。《中华人民共和国合同法》第一百一十四条规定了违约金与违约造成的损失之间具有一定关联,但并没有明确要求违约责任的承担和实际损失完全一致。我国合同立法中对违约金采用的是折中主义态度,以补偿性为基础,兼具惩罚性。可见,在违约责任的承担上仍以当事人约定为原则。

再审申请人(一审被告、二审上诉人):婺源县安泰房地产开发有限责任公司(以下简称安泰公司)。

委托代理人:程桂林,系该公司总经理。

被申请人(一审原告、二审被上诉人):林细海。

一、基本案情

安泰公司以出让方式取得位于弋乐公路与连胜厂出入口交汇处西南侧编号为2006—23—1到23—74号地块的土地使用权并进行商住楼开发,小区名称为"人和家园"。2012年1月16日双方当事人签订《商品房买卖合同》,合同约定:……第三条,林细海向安泰公司购买的商品房位于"人和家园"5#楼××单元××号房,用途为住宅,框架结构,建筑面积143.10平方米,套内建筑面积129.45平方米,公共部位与公用房屋分摊建筑面积13.65平方米。第四条,房屋单价为1910元每平方米,总房款为273321元。……第六条,付款方式为首付加银行按揭,其中首付款为103321元,按揭170000元。……第八条,交房期限为2012年7月30日之前,即安泰公司依照国家和地方人民政府的有关规定,将经验收合格的商品房在2012年7月30日之前交付林细海使用,如遇下列特殊原因,除双方协商同意解除合同或变更合同外,出卖人可据实予以延期:(1)遭遇不可抗力,且出卖人在发生之日起30日内告知买受人;(2)买受人未付清

应付款项的,或买受人的按揭贷款未转入出卖人银行账户的;(3)施工中遇到异常困难及重大技术问题不能及时解决其他非出卖人所能控制的因素。第九条,安泰公司逾期交房的违约责任,除本合同第八条规定的特殊情况外,出卖人如未按合同规定的期限将该商品房交付买受人使用,按下列方式处理:(1)逾期不超过60日,自合同规定的最后交付期限的第二天起至实际交付之日止,出卖人按日向买受人支付已交付房价款万分之一的违约金,合同继续履行;(2)逾期超过60日后,买受人有权解除合同。买受人解除合同的,出卖人应当自买受人解除合同通知到达之日起60天内退还全部已付款,并按买受人累计已付款的1%向买受人支付违约金。买受人要求继续履行合同的,合同继续履行,自合同规定的最后交付期限的第二天起至实际交付之日止,出卖人按日向买受人支付房价款万分之五的违约金。……第十一条,房屋交接,商品房达到交付使用条件后,出卖人应当书面通知买受人办理交付手续。双方进行验收交接时,出卖人应当出示合同第八条规定的证明文件,并签署房屋交接单。所购商品房为住宅的,出卖人还需提供《住宅质量保证书》和《住宅使用说明书》。出卖人不出示证明文件或出示证明文件不齐全,买受人有权拒绝交接,由此产生的延期交房责任由出卖人承担。由于买受人原因,未能按期交付的,双方同意按以下方式处理:合同双方约定交接之日起,免费代管一个月,超过一个月的从第二天起按日收取房款万分之三的代管费,满90天仍未能办理交接的,出卖人有权单方面解除合同。

林细海于2011年12月2日向安泰公司支付了定金3万元和首付款73321元,共计103321元,剩余房款17万元由安泰公司代为办理银行按揭贷款。2013年8月9日,建设银行弋阳支行将林细海的房屋按揭贷款(剩余房款)17万元直接交付给安泰公司。2013年9月9日起,林细海开始偿还银行的购房按揭贷款。

2013年10月,安泰公司通知林细海验收房屋,因安泰公司未出具房屋的验收合格手续,林细海拒绝收取房屋,双方因此发生矛盾,林细海诉至法院,并提出前述诉请。至本案法庭辩论终结时(2014年4月24日),安泰公司未向法院提交诉争房屋的验收合格手续。

另查明，2010年12月19日，国土资源部发布了国土资发〔2010〕204号"关于严格落实房地产用地调控政策促进土地市场健康发展有关问题的通知"，该通知规定住宅用地容积率小于1等违反规定出让的，应责令立即终止出让行为。2011年3月27日，国家发改委发布的第9号文件规定，自2011年6月1日起限制别墅类房地产开发项目的用地。2012年5月29日，经弋阳县人民政府常务会议研究决定，同意"人和家园"的规划条件予以变更，部分用地性质由原来的别墅住宅用地变更为多层住宅用地，容积率由原来的<0.8变更为≤1.6。

二、原审审理情况

林细海于2014年3月向弋阳县人民法院提起诉讼，请求判令安泰公司继续履行《商品房买卖合同》，支付逾期交房违约金（2012年7月31日至2014年3月5日）79603.07元并按合同约定计算到实际交付为止，承担本案诉讼费。

安泰公司答辩称，林细海诉称不属实。2013年10月通知林细海收房，交15000元办房产证费用，林细海拒绝交纳，也拒绝收房。按房款的日万分之五计算违约金是公司工作人员的笔误，实际是日万分之零点五，且林细海主张的违约金过高，应参照同地段、同类型的房屋租金标准计算违约金。施工过程中，国土资源部下文调整住宅用地的容积率，国家发改委下文对别墅用地予以限制，于是公司又修改建设规划，导致逾期交房，国家政策调整是公司施工中遇到的异常困难及重大技术问题，属于不可抗力，根据合同第八条第二款规定，应当免除公司的违约责任。故请求法院驳回林细海的诉讼请求。

弋阳县人民法院一审认为：双方当事人签订的商品房买卖合同是双方的真实意思表示，符合法律规定，双方应遵守履行。根据《中华人民共和国建筑法》第六十一条"建筑工程竣工经验收合格后，方可交付使用；未经验收或者验收不合格的，不得交付使用"的规定，林细海按合同约定向安泰公司支付了购房款（首付款及银行按揭贷款），而安泰公司未能按合同约定的期限向林细海交付经验收合格的房屋，安泰公司的行为构成违

房屋买卖合同纠纷

约。安泰公司辩称延期交房是因国家政策调整所致,属于不可抗力,应当予以免责。根据《中华人民共和国民法通则》第一百五十三条规定,不可抗力是指不能预见、不能避免并不能克服的客观情况。国土资源部和国家发改委的政策在双方签订合同之前就已经出台,安泰公司作为房地产开发商对相关政策应当及时了解并掌握,且预见由于自身的开发项目规划与国家政策有悖需进行修改而可能导致工期的延长,甚至影响交房的期限,签订合同时安泰公司可通过约定更长的交房期限来避免逾期交房的情况发生,因此,国家政策的调整对安泰公司逾期交房的违约行为不构成不可抗力,同时安泰公司也未提供证据证明施工过程中遇到其不能及时解决的异常困难及重大技术问题及其他不能控制的因素。安泰公司称双方约定的违约金计算标准日万分之五是其工作人员的笔误所致,但没有向法院提供证据予以证明,而双方签订的合同是格式合同,根据《中华人民共和国合同法》第四十一条规定,对格式合同有两种以上解释的应当作出不利于提供格式条款一方的解释,安泰公司是格式合同的提供者,因此应作出不利于安泰公司的解释,即违约金按日万分之五计算。安泰公司称林细海主张的违约金过高,但未提供证据证明林细海实际损失是多少,因此,法院无法认定双方约定的违约金是否过分高于造成的损失。安泰公司称林细海主张的违约金应参照同地段、同类型的房屋租金计算,该意见于法无据,不予支持。综上所述,对安泰公司的反驳意见,法院不予采纳,安泰公司应当按合同的约定承担违约责任。因房屋验收由建设行政主管等部门进行,具体验收合格的时间尚不能确定,即实际交房时间目前不能确定,故违约金暂计算至一审法庭辩论终结之日止即2014年4月24日。林细海付款方式是首付加按揭贷款,根据合同第八条第二款第二项的约定,买受人的按揭贷款未转入出卖人银行账户的,出卖人可据实予以延期,故违约金应当以实际支付房价款的时间分段计算:(1)2012年7月31日至2013年8月9日,林细海向安泰公司只支付了首付款103321元,因此时间段的违约金应按103321元购房款计算,共19372.7元〔(103321元×0.0005)/天×375天〕;(2)2013年8月9日(银行按揭贷款放款之日)银行代林细海向安泰公司支付了剩余的购房款170000元,即自2013年8月10日起林细海付清了全部购房款273321元,故违约金应按全部房价款计算至2014年4月24日,共35258.4元[(273321元×0.0005)/天×258天],上述违约金共计54631.1元。林细海要求安泰公司继续履行合同,符合法律规定及双方的约定,法院予以支持。经该院审判委员会讨论决定,弋阳县人民法院于2014年9月1日作出(2014)弋民初字第182号民事判决:一、安泰公司继续履行2012年1月16日与林细海签订的《商品房买卖合同》;二、安泰公司在本判决生效之日起7日内向林细海支付违约金54631.1元;三、驳回林细海的其他诉讼请求。案件受理费5400元,由安泰公司负担。

安泰公司不服,向江西省上饶市中级人民法院提出上诉。

江西省上饶市中级人民法院二审认为:本案国家政策变动在前,双方合同签订在后,安泰公司应该预知国家政策变动对交房时间是否产生影响,在商品房预售时应该合理确定交房时间,以便买受人权衡是否购买,安泰公司没有合理计划交房时间,以在前变动的国家政策主张免责没有法律依据,法院不予支持。安泰公司主张以2014年央行公布的整存整取存款基准利率计算林细海的损失没有法律依据,法院不予支持。但是双方合同第八条约定,买受人的按揭贷款未转入出卖人银行账户的,出卖人可以据实延期交房,因此在林细海的按揭贷款发放之前安泰公司无需承担违约责任,一审判决安泰公司2012年7月31日至2013年8月9日承担违约责任不妥。一审判决双方合同继续履行、安泰公司承担2013年8月10日至2014年4月24日的逾期交房违约金35258.4元,符合法律规定,二审予以确认。关于本案违约金计算至何时止,应以一审法庭辩论终结之日为节点,其后的违约行为可以另行起诉。综上所述,一审判决认定违约的起算时间错误,江西省上饶市中级人民法院于2014年12月9日作出(2014)饶中民一终字第740号民事判决:一、维持弋阳县人民法院(2014)弋民初字第182号民事判决第一项,即安泰公司继续履行2012年1月16日与林细海签订的《商品房买卖合同》;二、维持弋阳县人民法院(2014)弋民初字第182号民事判决第三项,即驳回林细海的其他诉讼请求;三、撤销弋阳县人民法院(2014)弋民初字第182号民事判决第二项,即安泰公司在本判决生效之日起7日内向林细海支付违约金54631.1元;四、安泰

公司于本判决生效之日起7日内支付林细海违约金35258.4元;五、驳回安泰公司的其他上诉请求。如果未按本判决指定的期间履行给付金钱义务,应当依照《中华人民共和国民事诉讼法》第二百五十三条之规定,加倍支付迟延履行期间的债务利息。一审案件受理费5400元,二审案件受理费1166元,共计6566元,由安泰公司负担3142元,由林细海负担3424元。

安泰公司不服二审判决,向江西省高级人民法院申请再审,2015年11月27日作出(2015)赣民申字第318号民事裁定,提审本案。

三、当事人申请再审理由和答辩情况

安泰公司申请再审请求:(1)撤销原判决,改判安泰公司行为未违约,不承担支付违约金54631.1元的责任;(2)本案诉讼费用由林细海承担。其主要理由有:(1)安泰公司不构成违约。安泰公司在二审中已提供工程竣工验收报告,二审既不组织开庭,也不组织质证,而是对这主要证据以"无行政机关的备案证明,没有向购房人出示,无法确定真伪"为由不予采信。根据《中华人民共和国建筑法》第六十一条的规定,交付使用并不需行政机关的备案证明。依据双方合同第八条第二款第三项的约定"其他非出卖人所能控制的因素"可以作为延期交房的特殊原因,本案是由于县政府对安泰公司经批准已施工的设计规划进行变更,一审、二审将延期交房的责任全部推给安泰公司是不公正的。(2)原审判决的违约金计算方式和标准错误。①计算时间应从林细海把房款全部交清时间2013年8月9日开始至竣工验收合格之日2013年9月13日止。②万分之五的计算标准过高。林细海2013年10月拒绝收房,其自己导致的损失应在违约金中折抵。

被申请人林细海答辩称:(1)安泰公司违反合同法和双方当事人的约定,不能如期交房,构成违约。(2)两级法院判令安泰公司按合同约定的万分之五支付违约金,符合法律规定和合同的约定,适用法律正确。(3)二审开庭答辩前安泰公司未向法院提供人和家园5#楼工程竣工验收报告,至今未向林细海提供住宅质量保证书、住宅使用说明书和房产权证。合同约

定三证齐全才能交房，否则购房人有权拒绝收房。

四、江西省高级人民法院再审审理情况

再审中，安泰公司对一审、二审法院查明的"因安泰公司未出具房屋的验收合格手续、林细海拒绝收房"提出异议，并新提供弋阳县建设工程质量监督站出具给安泰公司的工程质量监督报告，认为安泰公司一审已经提供给林细海房屋竣工验收报告，林细海是要求办理房产证才拒绝收房；且工程质量监督报告载明了2013年8月18日质监站派员全程参与了安泰公司工程验收过程、程序合法、验收合格。法院审查认为，因一审证据材料中并无房屋竣工验收报告，安泰公司再审申请书亦自述二审时才提供房屋竣工验收报告，安泰公司现拟以2015年5月的工程质量监督报告来证明2013年10月向林细海出具了房屋验收合格手续，因证据缺乏关联性不能达到其证明目的，故安泰公司就林细海拒绝收房事实提出的异议不成立，不予采信。安泰公司对一审、二审法院查明的其他事实没有异议。林细海对一审、二审法院查明的事实无异议。综上，对一审、二审法院查明的事实，因有证据证实，再审依法予以确认。

另查明，2012年1月16日双方当事人签订的商品房买卖合同第二条约定，买受人购买的商品房为预售商品房，预售商品房批准机关为弋阳县房地产管理局，商品房预售许可证号为弋房预售证第2011009号。人和家园5#楼工程竣工验收报告中载明竣工日期是2011年7月，安泰公司认可此时间且表示房屋建好后没有拆除过。安泰公司在一审时提供的弋阳县人民政府常委会记录摘要及政府办〔2012〕144号抄告单中均载明，县国土等有关部门要将调整后的人和家园二期有关规费补交执行到位，同时将一期违规建设部分纳入此次规费补交范畴。法院民事再审审查阶段，当事人在弋阳县城建档案馆复印了人和家园5#楼竣工验收备案表，载明"该工程的竣工验收备案文件于2015年5月11日收讫、文件齐全"，并盖有"弋阳县建设局备案专用章"。

江西省高级人民法院再审认为，根据双方当事人的诉辩意见，本案争议焦点是（1）安泰公司延期交房是否构成违约；（2）如违约，违约金计

房屋买卖合同纠纷

算期间是否应截至2013年9月13日；（3）双方合同约定日万分之五的违约金计算标准是否过高。对上述三个争议焦点，本院分别评述如下。

1. 安泰公司延期交房是否构成违约。双方当事人合同第八条约定交房期限为2012年7月30日之前，而安泰公司未能按合同约定的期限交付房屋。安泰公司认为延期交房是由于县政府对安泰公司经批准已施工的设计规划进行变更，符合双方当事人合同第八条第二款第三项约定"其他非出卖人所能控制的因素"可以延期交房的特殊原因，故不构成违约。依据再审查明的事实，人和家园5#楼在2011年7月已经竣工且并未拆除重建，双方当事人于2012年1月16日签订商品房买卖合同时已办理弋房预售证第2011009号商品房预售许可证，弋阳县人民政府常委会记录摘要及政府办〔2012〕144号抄告单中均明确是对人和家园二期调整容积率及相关规划条件、一期补交规费。故安泰公司主张的设计变更与本案安泰公司与林细海延期交房没有关联性，不是导致安泰公司逾期交房的原因。安泰公司以人和家园二期容积率调整和规划变更作为一期5#楼延期交房的免责理由不能成立，其延期交房构成了违约。

2. 违约金是否应计算至2013年9月13日止。安泰公司认为涉案房屋在2013年9月13日具备交付条件，违约金计算期间应截至于此。本案合同约定的交房条件是商品房经验收合格。《中华人民共和国建筑法》第六十一条规定，交付竣工验收的建筑工程，必须符合规定的建筑工程质量标准，有完整的工程技术经济资料和经签署的工程保修书，并具备国家规定的其他竣工条件。建筑工程竣工经验收合格后，方可交付使用；未经验收或者验收不合格的，不得交付使用。《建设工程质量管理条例》第四十九条规定，建设单位应当自建设工程竣工验收合格之日起15日内，将建设工程竣工验收报告和规划、公安消防、环保等部门出具的认可文件或者准许使用文件报建设行政主管部门或者其他有关部门备案。建设行政主管部门或者其他有关部门发现建设单位在竣工验收过程中有违反国家有关建设工程质量管理规定行为的，责令停止使用，重新组织竣工验收。《建设部办公厅关于对国务院取消行政审批项目中涉及建设部项目有关问题的复函》（2003年8月5日建办法函〔2003〕357号）答复："一、国发〔2002〕24

号文取消第一批行政审批项目第323项'取消房地产开发项目竣工验收'是指《城市房地产开发经营管理条例》第十七条所规定的内容,不包括第十八条规定的住宅小区综合验收。房地产开发项目竣工验收应执行《建设工程质量管理条例》的有关规定。住宅小区等群体房地产开发项目仍应按《城市房地产开发经营管理条例》第十八条的规定进行综合验收。二、关于《建设工程质量管理条例》第四十九条所指的'建设工程'是否应当包括'住宅小区等群体房地产开发项目'。《建设工程质量管理条例》第二条已明确'建设工程'是指土木工程、建筑工程、线路管道和设备安装工程及装修工程。因此,建设工程包括'住宅小区等群体房地产开发项目'中的建设工程。"《中华人民共和国消防法》第十三条规定,依法应当进行消防验收的建设工程,未经消防验收或者消防验收不合格的,禁止投入使用。《江西省建筑管理条例》第二十六条规定,建设单位收到建筑工程竣工报告后,应当组织设计、施工、工程监理、消防等有关单位进行竣工验收,建筑工程经验收合格的方可交付使用。……未通过建设行政主管部门备案的建筑工程,不得交付使用、销售,不得办理房屋权属登记等有关手续。根据以上法律法规能够明确,商品房经验收合格的交付条件不只是设计、施工、监理、建设等单位的工程质量竣工验收,还应取得规划、公安消防、环保等部门的认可文件或者准许使用文件。商品房作为一种特殊商品,是否符合交房条件需要通过行政主管部门的备案登记购房人才能判断,也只有办理了备案登记的房屋才能申请办理房产证。本案中,安泰公司提供的2013年9月13日竣工验收报告仅有设计、施工、监理、建设四部门的验收,2015年5月11日的工程竣工验收备案表中才包含法律法规规定的全部验收合格文件,并加盖了弋阳县建设局公章。因此,安泰公司认为涉案房屋在2013年9月13日具备交付条件的意见不能成立。而且,2013年10月安泰公司通知林细海验收房屋时,未能出具2013年9月13日竣工验收报告;本案一审期间即2014年3月6日至2014年9月1日,安泰公司亦未提交此竣工验收报告;2014年11月18日安泰公司接受二审法院询问时,仍未提及此竣工验收报告,直至2014年12月9日二审判决前安泰公司才提交此竣工验收报告。故安泰公司依据2013年9月13日竣工

验收报告主张违约金的计算期间截至当日,与事实和法律均不符,不予支持。

3. 双方合同约定日万分之五的违约金计算标准是否过高。安泰公司认为该标准过高诉请减少,在一审时主张以同地段、同类型的房屋租金为标准,在二审时主张以中国人民银行存款利率为标准计算违约金。首先,安泰公司一直未能提供证据证明同地段、同类型的房屋租金标准,并且依据《最高人民法院关于审理商品房买卖合同纠纷案件适用法律若干问题的解释》第十七条的规定,租金标准适用的前提是商品房买卖合同没有约定的情况,故本案安泰公司主张以房屋租金标准计算违约金,缺乏事实基础和法律依据。其次,安泰公司主张以存款利率计算违约金没有依据。安泰公司逾期交房,对其自身而言,相当于在未支付对价的情况下无偿使用林细海交纳的房款,在购房人没有其他损失的情况下,参照民间借贷利率水平作为确定合同约定的损失过高或过低标准对双方均较为公平合理。本案合同约定的日万分之五违约金,折算成年度违约金仅为房款的18%,即使按照法律允许的民间借贷通常的利率水平比较也不高。因此,安泰公司认为合同约定的违约金过高理由不能成立。最后,在约定违约金计算标准本身并不过高,但违约方违约情节严重,如时间长、数量多等,因而计算出违约金绝对数额可能偏大的情况下,不应视为约定违约金过高而予以调低。否则,违约方容易无视合同约定,致使违约金条款不能充分发挥警示、制裁违约行为的作用。本案中,由于安泰公司存在逾期两年才交房的严重违约情形,虽然按照约定的违约金标准计算出的违约金数额达到3万余元,但这并不是违约金计算标准约定本身过高所致,故安泰公司请求减少违约金的诉请不应得到支持。

综上,原二审判决认定基本事实清楚,适用法律正确。经该院审判委员会讨论决定,依照《中华人民共和国民事诉讼法》第二百零七条第一款、第一百七十条第一款第一项之规定,判决:维持江西省上饶市中级人民法院(2014)饶中民一终字第740号民事判决。

五、评析意见

商品房买卖过程中,出卖人延期交房导致的纠纷时常发生。在此类案件中,出卖人所主张的免责事由是否成立、出卖方何时视为完成交房义务以及出卖人迟延履行的违约责任如何承担往往是审判实务中难以厘清的难点。

(一)卖方延期交房是否构成违约

本案中,安泰公司认为延期交房是由于县政府对安泰公司经批准已施工的设计规划进行变更,符合双方当事人合同第八条第二款第三项约定"其他非出卖人所能控制的因素"可以延期交房的特殊原因,故不构成违约。上述合同约定实际属于合同法中的"不可抗力"条款。根据《中华人民共和国合同法》第一百一十七条规定:"因不可抗力不能履行合同的,根据不可抗力的影响,部分或者全部免除责任,但法律另有规定的除外。当事人迟延履行后发生不可抗力的,不能免除责任。本法所称不可抗力,是指不能预见、不能避免并不能克服的客观情况。"可见,不可抗力在司法实践中作为免责事由不仅要求事件的发生具有不能预见、不能避免且不能克服的内在要求,更应注意适用时不可抗力事件发生的期间性和关联性。不可抗力免责首先要求履行期间性。即对某一个具体合同而言,构成不可抗力的事件必须是在合同签订之后、终止以前,即合同的履行期间内发生的。如果一项事件发生在合同订立之前或履行之后,则不能构成该合同的不可抗力事件。本案中,国家相关部委文件出台的时间是 2010 年和 2011 年,双方当事人签订合同的时间是 2012 年,此时安泰公司作为房地产开发商对相关政策应当及时了解并掌握,且预见由于自身的开发项目规划与国家政策有悖需进行修改而可能导致工期的延长,甚至影响交房的期限。其次,根据《中华人民共和国合同法》规定,不可抗力与不能履行合同之间存在关联性。但本案中,弋阳县政府相关文件及抄告单中均明确是对人和家园二期调整容积率及相关规划条件、一期补交规费。故安泰公司主张的设计变更与本案安泰公司与买受人延期交房没有关联性,不是导致

房屋买卖合同纠纷

安泰公司逾期交房的原因。安泰公司以人和家园二期容积率调整和规划变更作为一期5#楼延期交房的免责理由不能成立，其延期交房构成了违约。

(二) 商品房交付法定强制性标准的司法认定

履行合同，就其本质而言，是指合同的全部履行。只有当事人双方按照合同的约定或者法律的规定，全面、正确地完成各自承担的义务，才能使合同债权得以实现，也才使合同法律关系归于消灭。因而，当事人全面、正确地完成合同义务，是对当事人履约行为的基本要求。只完成合同规定的部分义务，就是没有完全履行；任何一方或双方均未履行合同规定的义务，则属于完全没有履行。无论是完全没有履行，或是没有完全履行，均与合同履行的要求相悖，当事人均应承担相应的责任。《中华人民共和国合同法》第六十条规定："当事人应当按照约定全面履行自己的义务。当事人应当遵循诚实信用原则，根据合同的性质、目的和交易习惯履行通知、协助、保密等义务。"

根据中国合同立法及司法实践，合同的履行应遵循适当履行原则。适当履行原则是指当事人应依合同约定的标的、质量、数量，由适当主体在适当的期限、地点，以适当的方式，全面完成合同义务的原则。这一原则要求：第一，履行主体适当。即当事人必须亲自履行合同义务或接受履行，不得擅自转让合同义务或合同权利让其他人代为履行或接受履行。第二，履行标的物及其数量和质量适当。即当事人必须按合同约定的标的物履行义务，而且还应依合同约定的数量和质量来给付标的物。第三，履行期限适当。即当事人必须依照合同约定的时间来履行合同，债务人不得迟延履行，债权人不得迟延受领；如果合同未约定履行时间，则双方当事人可随时提出或要求履行，但必须给对方必要的准备时间。第四，履行地点适当。即当事人必须严格依照合同约定的地点来履行合同。第五，履行方式适当。履行方式包括标的物的履行方式以及价款或酬金的履行方式，当事人必须严格依照合同约定的方式履行合同。

合同的标的是合同债务人必须实施的特定行为，是合同的核心内容，是合同当事人订立合同的目的所在。合同标的不同，合同的类型也就不同。如果当事人不按照合同的标的履行合同，合同利益就无法实现。因此，必须严格按照合同的标的履行合同就成为了合同履行的一项基本规则。合同标的的质量和数量是衡量合同标的的基本指标，因此，按照合同标的履行合同，在标的的质量和数量上必须严格按照合同的约定进行履行。如果合同对标的的质量没有约定或者约定不明确的，当事人可以补充协议，协议不成的，按照合同的条款和交易习惯来确定。如果仍然无法确定的，按照国家标准、行业标准履行；没有国家标准、行业标准的，按照通常标准或者符合合同目的的特定标准履行。在标的数量上，全面履行原则的基本要求便是全部履行，而不应当部分履行，但是在不损害债权人利益的前提下，也允许部分履行。

现行商品房买卖格式合同规定商品房的交付条件是商品房经验收合格。而商品房在什么条件下才能达到验收合格交付使用的标准，现行商品房买卖格式合同未作出详细规定，相关行业主管部门亦未作出统一解释，故商品房交付标准的认定成为司法实践中的难题。商品房行业相关主体对商品房买卖格式合同第八条"该商品房经验收合格"标准的确定，归纳起来主要有两种观点：一是以加盖建设局验收备案章的竣工验收备案证明表为准；二是以设计、施工、监理、承建单位等四部门出具的竣工验收报告为准。根据《中华人民共和国合同法》第六十二条中规定："质量要求不明确的，按照国家标准、行业标准履行；没有国家标准、行业标准的，按照通常标准或者符合合同目的的特定标准履行。"商品房作为一种特殊商品，其是否达到"合格"标准，是否符合交房条件具有特定技术标准，需要通过行政主管部门的备案登记购房人才能判断，也只有办理了备案登记的房屋才能申请办理房产证。而只有获得房产证的商品房才真正符合购房人订立购房合同的目的。《中华人民共和国建筑法》第六十一条规定，交付竣工验收的建筑工程，必须符合规定的建筑工程质量标准，有完整的工程技术经济资料和经签署的工程保修书，并具备国家规定的其他竣工条件。建筑工程竣工经验收合格后，方可交付使用；未经验收或者验收不合格，不得交付使用。《建设工程质量管理条例》第四十九条规定，建设单位应当自建设工程竣工验收合格之日起15日内，将建设工程竣工验收报

告和规划、公安消防、环保等部门出具的认可文件或者准许使用文件报建设行政主管部门或者其他有关部门备案。建设行政主管部门或者其他有关部门发现建设单位在竣工验收过程中有违反国家有关建设工程质量管理规定行为的,责令停止使用,重新组织竣工验收。《江西省建筑管理条例》第二十六条规定,建设单位收到建筑工程竣工报告后,应当组织设计、施工、工程监理、消防等有关单位进行竣工验收,建筑工程经验收合格的方可交付使用。……未通过建设行政主管部门备案的建筑工程,不得交付使用、销售,不得办理房屋权属登记等有关手续。从上述法律、行政法规和地方性法规可以看出,建设行政主管部门具有最后判断房屋是否符合交房标准的权限,也只有经过建设行政主管部门备案后房屋才能交付使用并办理房屋权属登记。所以,"商品房经验收合格"应以加盖建设局验收备案章的竣工验收备案证明表为准。本案中出卖人安泰公司在未取得该验收备案证明表前均属未按期交房。

(三) 约定的违约金是否过高的判断参考标准

合同是当事人意思自治的体现。《中华人民共和国合同法》第四条规定:"当事人依法享有自愿订立合同的权利,任何单位和个人不得非法干预。"第八条规定:"依法成立的合同,对当事人具有法律约束力。当事人应当按照约定履行自己的义务,不得擅自变更或者解除合同。依法成立的合同,受法律保护。"可见,只要不违反法律的强制性规定,法律尊重双方当事人就合同中相关权利义务以及可能的违约责任承担进行约定。

本案中,双方当事人对违约金进行了约定。违约金可分为法定违约金和约定违约金。法定违约金是指在合同中没有约定具体的金额,也没有规定具体的计算方法和标准,只是对违约金作了原则性规定,当一方违反合同时,违约金的判定标准取决于法律、法规的明文规定。而约定违约金,是指由当事人在合同中对违约金的数额,或者计算方法和标准自主约定,在违约时按照该约定确定违约金的数额。约定违约金更能体现合同意思自治原则,也符合市场法则,因而在合同实务中被广泛运用,用以约束合同双方,保障合同的自觉履行和交易安全。根据《中华人民共和国合同法》

的规定，违约金的事先确定应当考虑违约情况和可能造成的损失，约定条款没有明确约定违约金和损失赔偿额具体计算方法，不符合约定违约金的基本特征。

与法定违约金相比，当事人自行约定违约金在实践中的运用更为普遍，因此明确约定违约金适用的要件，不仅能够使违约金的法律适用规范化，而且也有助于司法效率的提高。一般来说，约定违约金的适用涉及以下几个关键的问题：①

首先，合同要明确约定有违约金条款。通常，违约金条款不是合同生效的必备条款，但违约金的适用却必须有事先约定的违约金条款。否则，非违约方就无权主张违约金的适用，法院也不能判令违约方支付违约金。因为合同的规定是追究违约方违约责任的依据，如果当事人没有约定违约金条款，即使发生了违约行为，要求支付违约金也是没有法律基础的。

其次，违约金条款的内容须具体、明确。违约金本身具有预先确定性的特征，约定违约金产生的条件、支付的形式和方法都是双方当事人在订立合同时针对将来可能发生的违约行为，在平等自由的基础上预先协商确定的结果。违约金数额或计算方式等具体内容也都是预先确定的。根据《中华人民共和国合同法》第一百一十三条关于损害赔偿额的规定，我国对损害赔偿的范围采纳的是可预见性标准。同样该标准也适用于违约金条款，即预定的违约金不仅可以包括因违约造成的实际损失，还可以包括合同履行后的可得利益。

另外，由于违约金条款的适用关乎当事人的利益得失，因此必须以明示的方式作出才能产生效力。违约金条款不是合同的必备条款，在没有约定违约金的场合下，合同照样能够履行。此时如果当事人有违约行为，另一方同样可以通过实际履行、恢复原状、赔偿损失等其他违约救济方式来补偿其所受损失。因此，违约金条款以明示的方式作出，当事人才能够知晓约定违约金的适用。也就是说，倘若合同是以书面形式作出的，违约金条款的确立、变更等也应当以书面形式订立。

---

① 唐华泽：《论约定违约金的适用》，广西大学2010年硕士学位论文。

法定违约金与约定违约金,虽然性质是一样的,但二者是有区别的①:

1. 确定违约金的依据不同。我国现行的法律,对违约金的规定有两种情况,一种是法律直接规定违约金的比率。当事人违约,可以依此比率计算出违约金的数额;另一种是法律只规定违约金的幅度,当事人在合同中,可以按规定的幅度来确定。法定违约金,确定违约金数额的依据,是法律对违约金的直接规定。而约定违约金确定违约金的数额依据是当事人在合同中对违约金的约定。只要法律没有规定不允许当事人约定违约金,当事人就可以在合同中约定违约金。当然,当事人不能滥用自行约定的权利,违约金的数额一般以不超过合同未履行部分的价金总额为限,超出的部分不予保护。

2. 效力不同。法律法规规定了违约金的,即使当事人在合同中没有约定违约金,当事人违约时,也应依法承担违约金。而约定违约金,如果法律没有规定违约,当事人又没有约定违约金,那么当事人违约时,可以不承担违约金。同时,约定违约金受法定违约金的制约,法定违约金优于约定违约金。法律规定有违约金的,当事人在法定违约金以外,约定违约金无效,仍以法定违约金处理。法律规定违约金幅度的,当事人可以在法定的幅度内约定,超出法定幅度的,超出部分无效,低于法定幅度的,按法定最低限额执行。

关于违约金数额,《中华人民共和国合同法》第一百一十四条第一款、第二款规定:"当事人可以约定一方违约时应当根据违约情况向对方支付一定数额的违约金,也可以约定因违约产生的损失赔偿额的计算方法。约定的违约金低于造成的损失的,当事人可以请求人民法院或者仲裁机构予以增加;约定的违约金过分高于造成的损失的,当事人可以请求人民法院或者仲裁机构予以适当减少。"可见,对于违约金的数额,一般以当事人自由约定为原则。

我国《中华人民共和国合同法》第一百一十四条规定了违约金与违约造成的损失之间具有一定的关联,但并没有明确规定造成损失是支付违约

---

① 崔杰编著:《易混淆法律词语与法律问题辨析》,人民法院出版社2000年版。

金的前提。对于实际损失与支付违约金的关系，学界有不同的观点。有学者认为，违约金责任的成立须以损害发生为必要。理由是违约金设定的目的是补偿当事人因违约行为所受之损失，如果没有造成实际损失，违约方也必须支付违约金的话，违约金责任就失去了其固有的补偿性质。也有学者认为，无论是否造成实际损害，非违约方都可以要求支付违约金。理由有：（1）违约金的一个重要功能就是避免损害赔偿的计算及证明困难，以损害作为违约金责任的成立要件显然有违这一出发点；（2）损害应是违约金责任得以增减的条件，而不是赔偿性违约金责任的构成要件，当违约行为没有造成实际损害时，违约方可以请求法院免除赔偿性违约金；（3）惩罚性违约金是对违约行为的制裁，所以其适用与损害的发生与否没有关联。

学理上，多数学者的通说观点认为违约责任的构成要件只包括违约行为和无免责事由。因为我国合同立法中对违约金采用的是折中主义态度，以补偿性为基础，兼具惩罚性。合同立法也没有明确要求违约责任的承担应该和实际损失完全一致。从这点看，在违约责任的承担上，立法仍然给予了当事人意思自治的空间。

本案中，双方在订立的合同中约定了从万分之一到万分之五的分段违约责任，可见其应属于双方当事人真实意思的体现而非笔误。且根据《中华人民共和国合同法》第四十一条规定，对格式合同有两种以上解释的应当作出不利于提供格式条款一方的解释，安泰公司是格式合同的提供者，因此应作出不利于安泰公司的解释，即违约金按日万分之五计算。至于出卖方安泰公司主张的双方合同约定日万分之五的违约金计算标准过高，并要求违约金应参照同地段、同类型的房屋租金计算。根据《最高人民法院关于审理商品房买卖合同纠纷案件适用法律若干问题的解释》第十七条的规定，租金标准适用的前提是商品房买卖合同没有约定的情况。其恰恰是在缺乏当事人意思自治情况下的立法补充，换言之，在有当事人对违约金有明确约定的情况下，立法不能否定当事人合法作出的意思自治的结果。故本案安泰公司主张以房屋租金标准计算违约金，缺乏事实基础和法律依据。根据《最高人民法院关于适用〈中华人民共和国合同法〉若干问题的

房屋买卖合同纠纷

解释（二）》（法释〔2009〕5号）第二十九条规定："当事人主张约定的违约金过高请求予以适当减少的，人民法院应当以实际损失为基础，兼顾合同的履行情况、当事人的过错程度以及预期利益等综合因素，根据公平原则和诚实信用原则予以衡量，并作出裁决。当事人约定的违约金超过造成损失的百分之三十的，一般可以认定为合同法第一百一十四条第二款规定的'过分高于造成的损失'。"而在本案中，如果安泰公司主张双方约定的违约金过分高于非违约方的损失，根据"谁主张谁举证"的原则，安泰公司应举证证明非违约方的实际损失。结合本案具体情况，安泰公司逾期交房，对其自身而言，相当于在未支付对价的情况下无偿使用买受人交纳的房款，在购房人没有其他损失的情况下，参照民间借贷利率水平作为确定合同约定的损失过高或过低标准对双方均较为公平合理。本案中双方约定的万分之五的违约金并未过分高于损失的百分之三十。此时安泰公司主张依据《最高人民法院关于审理商品房买卖合同纠纷案件适用法律若干问题的解释》第十七条的规定，实际上混淆了约定违约金优先与违约金过高适度调低的关系。同时，本案中，由于安泰公司存在逾期两年才交房的严重违约情形，也应属于《最高人民法院关于适用〈中华人民共和国合同法〉若干问题解释（二）》中应参考的合同履行情况和过错程度。鉴于此，支持买受方万分之五的违约责任主张符合合同法的立法目的。

（执笔人：谢丽萍）

50. 长沙市雨花区市容环境卫生管理局诉湖南恩瑞置业有限公司商品房销售合同纠纷案[*]

▶ 房屋限购政策对开发商而言不属于情势变更原则适用条件

【关键词】

《民法典》　商品房预售　房屋限购　情势变更

【裁判摘要】

　　房屋限购政策是直接针对购房人,而非针对开发商。如果没有充分正当理由,不得认定房屋限购政策的出台对于开发商履行《商品房买卖合同》义务构成情势变更。开发商如果按期履行《商品房买卖合同》约定义务,本来不会受到房屋限购政策的负面影响;因其自身原因迟延履行,已经构成违约后受到新出台的房屋限购政策影响的,不属于情势变更原则所指"继续履行合同"对于一方当事人明显不公平或者不能实现合同目的的特定情形。开发商应因自己迟延履行合同的过错,自行承担由房屋限购政策产生的法律政策风险。

---

[*] 摘自《人民法院案例选》2020年10辑（总第152辑），人民法院出版社2020年版,第41~49页。

房屋买卖合同纠纷

【相关法条】

《最高人民法院关于适用〈中华人民共和国合同法〉若干问题的解释（二）》① 第二十六条 合同成立以后客观情况发生了当事人在订立合同时无法预见的、非不可抗力造成的不属于商业风险的重大变化，继续履行合同对于一方当事人明显不公平或者不能实现合同目的，当事人请求人民法院变更或者解除合同的，人民法院应当根据公平原则，并结合案件的实际情况确定是否变更或者解除。②

【案件索引】

一审：湖南省长沙市中级人民法院（2017）湘01民初16号（2018年1月29日）

二审：湖南省高级人民法院（2018）湘民终196号（2018年6月29日）

【基本案情】

为解决环卫局职工住房问题，2014年5月13日，长沙市雨花区市容环境卫生管理局（以下简称雨花区环卫局）与湖南恩瑞置业有限公司（以下简称恩瑞公司）签订《协议书》，其中约定：恩瑞公司取得"雨环苑"项目宗地土地使用权，负责该项目开发建设，开发建设完成的所有物业均由雨花区环卫局组织职工按双方的商定价格购买。住房平均价格为4500元/m²，门面100m²以上9800元/m²，100m²以下10200元/m²，地下车位价格为10万元/个。上述物业价格已包含所有的开发建设成本。项目建设过程中无论市场价格发生任何变化，雨花区环卫局均按上述价格向恩瑞公司支付购房

---

① 根据2020年12月29日公布的《最高人民法院关于废止部分司法解释及相关规范性文件的决定》，本司法解释已废止。

② 参见《民法典》第五百三十三条之规定："合同成立后，合同的基础条件发生了当事人在订立合同时无法预见的、不属于商业风险的重大变化，继续履行合同对于当事人一方明显不公平的，受不利影响的当事人可以与对方重新协商；在合理期限内协商不成的，当事人可以请求人民法院或者仲裁机构变更或者解除合同。人民法院或者仲裁机构应当结合案件的实际情况，根据公平原则变更或者解除合同。"

款。自该项目工程开工后 18 个月内（即 2015 年 6 月 30 日前），恩瑞公司必须完成该项目的全部施工过程，达到竣工验收条件，并办理好竣工验收合格证；开工后 20 个月内（即 2015 年 8 月 31 日前），恩瑞公司必须达到交房条件，并配合雨花区环卫局完成房屋交接给购房户。

双方在合同"权利义务"部分特别约定：双方共同协调，争取土地出让金减免，减免费用全部为恩瑞公司所得，如减免费用低于 1000 万元减免不成功，则雨花区环卫局配合恩瑞公司向湖南恩瑞物流集团追缴原恩瑞公司（股权转让前）所欠雨花区环卫局的 406 万元给恩瑞公司作为财务成本的补偿，若追缴原恩瑞公司所欠雨花区环卫局的 406 万元不成功，雨花区环卫局也不作任何补偿等。

双方在《协议书》中，对各自可能承担的违约责任，作出了全面、明确约定。《协议书》签订后，雨花区环卫局组织 192 套住房的购房人员和 4 个门面的购房人员，按协议书约定的 30% 付款比例，分两次向恩瑞公司指定的账户交纳购房款共计 27873000 元。恩瑞公司在完成"雨环苑"部分工程建设后，因资金不足等原因导致该项目停工至今。湖南省长沙市人民政府 2017 年 9 月 22 日作出长住建发（2017）151 号限购政策文件，并于次日生效。

雨花区环卫局 2017 年 7 月 1 日以恩瑞公司已构成根本违约为由，诉请：（1）解除《协议书》；（2）恩瑞公司返还购房款 27873000 元；（3）恩瑞公司支付逾期交房违约金 5000 万元（违约金计算至 2017 年 8 月 21 日）；（4）恩瑞公司支付解除合同违约金 9291 万元。

恩瑞公司辩称：（1）同意解除《协议书》；（2）赔偿逾期交房违约金无依据；（3）赔偿解除合同违约金没有依据。长沙市政府对土地出让金不予减免，且《协议书》履行受到长沙市房屋限购政策严重影响，本公司不应该承担解除合同违约金责任。本案解除合同违约金对方申请过高，请求法院予以核减。

【裁判结果】

湖南省长沙市中级人民法院于 2018 年 1 月 29 日作出（2017）湘 01 民

初16号民事判决：一、解除本案《协议书》；二、恩瑞公司向雨花区环卫局返还购房款27873000元；三、恩瑞公司向雨花区环卫局支付违约金9291万元；四、驳回雨花区环卫局的其他诉讼请求。宣判后，恩瑞公司不服该判决，上诉请求撤销一审判决第三项。湖南省高级人民法院于2018年6月29日作出（2018）湘民终196号民事判决：驳回上诉，维持原判。

【裁判理由】

法院生效裁判认为：长沙市雨花区环卫局多次向雨花区政府和长沙市政府申请土地出让金减免，区政府也报请市政府审批，但市政府未批准减免。双方争议的实质是市政府未批准土地出让金减免的后果应由谁承担。从《协议书》第七部分"双方的权利义务"中特别约定可知，土地出让金减免不成功的后果应由恩瑞公司承担，而非由雨花区环卫局承担；雨花区环卫局需要承担的义务是配合恩瑞公司向湖南恩瑞集团追缴原恩瑞公司（股权转让前）所欠雨花区环卫局的406万元，而诉讼中恩瑞公司并没有主张、更没有提供证据证明雨花区环卫局违反了该项义务。因此，恩瑞公司主张雨花区环卫局未按合同约定成功减免土地出让金在先，其不按合同约定交付房屋不构成违约，不应承担违约责任的理由不能成立。长沙市房屋限购政策文件系2017年9月22日作出，次日生效，而《协议书》签订于2014年，约定交房期限为2015年8月31日。如《协议书》按期履行，上述限购政策文件对《协议书》没有任何影响。恩瑞公司因自身原因迟延履行，导致《协议书》的履行受到房屋限购政策影响，应自行承担由此产生的法律政策风险。因此，恩瑞公司以限购政策为由主张其不构成违约也不能成立。恩瑞公司在《协议书》明确约定土地出让金减免不成功后果由其承担的情况下，仍然以此为由停止案涉商品房项目的开发，拒绝按期交付房屋，显然属于恶意违约。土地出让金不能减免成功的风险在《协议书》签订时就已预见到，商品房开发成本上涨系正常的市场风险，不构成法律上的情势变更。恩瑞公司主张其非恶意违约，系情势变更导致合同无法履行的理由不能成立。恩瑞公司不能如期交房构成根本违约。雨花区环卫局依法可以行使合同解除权。恩瑞公司应按照《协议书》明确约定承担违约责任。

【案例注解】

一、情势变更原则在我国法律及司法层面上的体现及变化

（一）情势变更原则

所谓情势变更原则，是指合同有效成立后，因当事人不可预见的事情的发生（或不可归责于双方当事人的原因发生情势变更），导致合同的基础动摇或者丧失，若继续维持合同原有效力有悖于诚实信用原则（显失公平）时，则应允许变更合同内容或者解除合同的法理。究其实质，情势变更原则是诚信原则的具体应用，目的在于消除合同因情势变更所产生的不公平后果。[1] 情势变更虽然被人们习惯地称为"原则"，但相对于合同严守原则，它并非真正的"原则"，而具有例外性和补充性。[2]

情势变更原则的意义，在于通过司法权力介入，强行改变合同已经确定的条款或撤销合同，在合同双方当事人订约意志之外，重新分配交易双方在交易中应当获得的利益和风险，其追求的价值目标是公平和公正。

（二）我国法律上的情势变更原则

我国正式在法律上明确规定情势变更原则，是在2020年5月通过的《民法典》第五百三十三条。但在此之前，最高人民法院1993年先是通过个案批复（《关于武汉市煤气公司诉重庆市检测仪表厂煤气表装配线技术转让合同购销煤气表散件合同纠纷一案适用法律问题的函》）和发布《全国经济审判工作座谈会纪要》，肯定了可以有条件地适用情势变更原则，后在2009年5月通过颁布《最高人民法院关于适用〈中华人民共和国合同法〉若干问题的解释（二）》〔以下简称《合同法司法解释

---

[1] 梁慧星：《中国民法经济法诸问题》，中国法制出版社1999年版，第170页。
[2] 韩世远：《合同法总论》，法律出版社2018年版，第489页。所以，叫作情势变更制度更合适。情势变更，也叫情事变更。本案例从习惯叫法，统一称为情势变更原则。

（二）》］，在该司法解释第二十六条正式确定了人民法院在符合法定条件时可以适用情势变更原则来变更或者解除合同，后又通过颁发《最高人民法院关于正确适用〈中华人民共和国合同法〉若干问题的解释（二）服务党和国家工作大局的通知》（法〔2009〕165号）和《最高人民法院关于当前形势下审理民商事合同纠纷案件若干问题的指导意见》（法发〔2009〕40号，以下简称《指导意见》），通过司法文件进一步明确适用情势变更原则的条件及应该注意事项。

二、情势变更原则之基本适用规则

情势变更原则是诚信原则及公平原则的细化，是为了解决不可抗力规则无法适用时而导致明显不公平的情况才创设并予以补充适用的，是对合同严守原则的有条件的否定，自应当慎重从严把握。

通说认为，适用情势变更原则必须同时具备以下条件：[1]

1. 须有情势变更之事实。所谓"情势"系指作为合同法律行为基础的一切客观事实。所谓"变更"是指"情势"在客观上发生了异常变动。该客观事实是否构成情势变更，应以是否导致合同赖以成立的基础丧失，是否导致当事人目的不能实现，以及是否造成对价关系障碍为判断标准。

2. 情势变更须发生在合同成立并生效以后，履行终止之前，即发生在合同正常履行期间。但是，若情势的变更发生在合同履行期间，又在履行过程中归于消灭，一般不得适用情势变更原则，因为履行合同的基础已恢复至原状。

3. 情势变更须是当事人所不可预见的，且有不可预见之性质。情势变更是否属于不可预见，应根据当时的客观实际情况及商业习惯等作判断标准。当事人事实上虽然没有预见，但法律规定应当预见或者客观上应当预见，则不能适用情势变更，因为当事人对自己的主观过错应当承担责任；如仅有一方当事人不可预见，则仅该当事人可主张情势变更。如果当事人

---

[1] 参见王利明：《违约责任论（修订版）》，中国政法大学出版社2003年版，第417~420页；韩世远：《合同法总论》，法律出版社2018年版，第504~507页。

在订约时对于某种情势已有预见，则表明当事人考虑到这种因素并自愿承担该情势发生的风险，自不应适用情势变更原则。但对于发生机率很低的某种情况，如飞机失事等，尽管当事人在订约时会预见这些情况可能发生，但仍应依情势变更原则处理。

4. 情势变更的发生不可归责于当事人。双方当事人对合同赖以存在的客观情况发生异常变化均无过错，特别是情势的变更不为当事人尤其是受不利影响的当事人所能控制。如情势变更的发生可以归责于当事人，则该当事人应当承担相应的责任，不适用情势变更原则。若发生的情势变更是可以归责于第三人时，则应当由第三人承担责任，同样不能适用情势变更原则。

5. 因情势变更而使原合同的履行显失公平。其判断标准主要是：(1) 显失公平的事实须存在于合同双方当事人或其中一方，后果须由合同当事人承担；(2) 显失公平的结果，使双方利益关系发生重大变动，危害交易安全；(3) 主张适用的一方因不适用而遭受的损失，一般要远大于适用时对方所遭受的损失；(4) 判断是否显失公平应该以债务人履行债务的时间为准；(5) 情势变更与显失公平结果的发生须有相当因果关系。

根据最高人民法院针对《合同法司法解释（二）》第二十六条表述的基本观点，①结合本案当事人争议，适用情势变更原则，还须强调两点：

1. 债务人迟延履行债务，在迟延期间发生情势变更，不得适用情势变更原则。债务人此时已经构成违约，应该自行承担不利的法律后果。"如果债务人按规定的时间履行合同，则根本不会使其面临情势变更情况。如果允许债务人对迟延期间发生的情事主张适用情势变更原则，必然在很大程度上鼓励债务人违约。"②

---

① 沈德咏主编：《最高人民法院关于合同法司法解释（二）理解与适用》，人民法院出版社2009年版，第191~193页。

② 王利明：《违约责任论（修订版）》，中国政法大学出版社2003年版，第418页。我国虽然有学者主张此时可以适用情势变更原则（不因此免除但可减轻违约责任），但大多数学者还是主张迟延履行风险由违约方承担，其无权主张情势变更，这属于该原则适用的例外。日本通说及判例否定了此种场合适用该原则。我国台湾地区学者通说与之相同。参见韩世远：《合同法总论》，法律出版社2018年版，第506页。

2. 合同赖以存在的客观情况发生异常变化之"发生",应该且只能理解为合同当事人"遭遇"并非合同当事人所"造成"的客观情况异常变化。易言之,合同当事人是"遭遇"而非"造成"情势发生重大变化。

三、地方政府的土地出让金不予减免行为根本不符合情势变更原则适用条件

各级政府必须依法行政,对土地出让金是否减免必须依照法定标准并经过法定程序审批。因此,对当事人提交的减免土地出让金申请是否批准,具有较大不确定性,任何理性的成年人都应该对此有所预见。是否减免土地出让金,直接关系到房地产开发商的现金流和盈利水平,可视为《协议书》的重要考量因素,但不能视为《协议书》赖以成立的基础或环境的重要部分。

根据《协议书》第七部分"双方的权利义务"中特别约定,应该认为,对于地方政府对土地出让金不予减免的可能结果,双方当事人在订立《协议书》时即已经明确认识到,因而才对其可能后果的承担者作出明确约定。地方政府对土地出让金不予减免行为,明显不符合情势变更原则的适用条件。恩瑞公司主张因雨花区环卫局未按合同约定成功减免土地出让金在先,应适用情势变更原则,免于承担不按合同约定交付房屋行为的违约责任,理由根本不能成立。

四、开发商以地方政府房屋限购政策为由适用情势变更的条件

房屋限购政策一般来说对开发商和购房人都有影响,但影响程度不同,大多数情况下对购房人影响更大甚至直接导致购房者无法继续履行合同。[①] 该政策出台是否构成情势变更以及对哪一方构成情势变更,须根据情势变更原则适用条件结合具体案件情况来定,不可一概而论。地方政府

[①] 在可查询的部分案件中,如上海市松江区人民法院(2011)松民三(民)初字第1526号、广东省深圳市中级人民法院(2011)深中法民五终字第781号,法院即以此为由,引用《合同法》第九十四条第五项,支持购房人解除合同的诉求。实际上,这些案件中,有的是完全符合情势变更原则适用条件的。

的房屋限购政策对于开发商是否构成情势变更，应着重从以下方面来审查：

1. 合同基础。适用情势变更原则的前提是案涉合同赖以成立的基础或环境发生重大变化。如没有理由认为开发商将地方政府不出台房屋限购政策作为订立合同的基础，则不存在适用该原则的前提。

2. 可预见性。自2010年"国五条实施细则""新国十条"等房地产调控政策出台以后，各地政府特别是经济发展的热点城市相继推出商品房限购令。房地产开发商对于调控政策的发展方向是可以作出大致判断的。长沙市作为湖南省会，又是公认的准一线或者新一线热门城市，当地政府出台房屋限购政策具有相当大概率。在自媒体发达的当今，各种媒体上讨论的不是长沙市政府是否出台房屋限购政策，而是什么时候出台以及出台什么样的房屋限购政策。恩瑞公司作为专业的房地产开发商，在2014年签订《协议书》时，是完全有可能预见到地方政府今后会出台房屋限购政策。

3. "遭遇"时间。地方政府出台房屋限购政策是在开发商已经违约两年多之后，已经停止所涉项目开发，当时已经进入诉讼程序。此时，首要问题已经是开发商如何承担违约责任问题，而不是变更合同或者解除合同问题。换言之，"情势"并非发生在《协议书》正常履行过程中。

4. 实质影响。开发商所开发项目在本案是定向开发，集体团购。因房屋限购政策而受到实质影响的是部分购房人而非开发商。开发商不存在因为原部分购房人不再具有购房资格而不能继续卖房的情况。相反，开发商可能因为该部分购房人不再具有购房资格而可以将原来预售的部分房屋高价卖出，从而享受其利益。

综上，房屋限购政策不是房屋限售政策，在大多数情形下对于开发商不构成情势变更，但对部分已缴纳部分购房款的自然人可构成情势变更。

还应该看到：在地方政府出台房屋限购政策之前，恩瑞公司就已经构成违约，且是根本违约、恶意违约。对于在违约后"遭遇"房屋限购政策，恩瑞公司自己有过错，且是重大过错。有过错者是没有资格主张适用情势变更原则来免于承担违约责任的。

五、《民法典》实施后情势变更原则之适用

对于情势变更原则的适用条件及后果,《民法典》第五百三十三条规定与《合同法司法解释(二)》第二十六条规定,在形式上有四处不同,① 但实质上一致,主要区别在程序方面。应该认为,最高人民法院在《指导意见》第一部分表述的要慎重适用情势变更原则,合理调整双方利益关系的基本态度和从四个方面提出的具体意见,对于我们正确理解和适用情势变更原则至今仍具有指导意义。《民法典》第五百三十三条规定仍然很具有原则性。在具体适用该法条时,法官还是应该参照适用《指导意见》第一部分,② 除非有充分理由认为参照适用必将与《民法典》第五百三十三条规定明显抵触。

六、启示

1. 慎重适用情势变更原则。该原则是对合同严守原则的否定,只应于例外场合才能予以适用,不能让情势变更泛化。③ 必须严格审查对于主张适用情势变更原则的当事人是否完全符合该原则的全部适用条件。在不能完全达到内心确信时,法官不得适用该原则。

2. 是否构成情势变更因人而异。同样的重大变化,可能对于各方当事人均构成情势变更,也可能只对一方当事人构成情势变更。在大多数情况下,重大变化只对一方当事人构成情势变更。

3. 正确处理不可抗力与情势变更的关系。《合同法》与《合同法司法解释(二)》以及《民法典》,实行的都是不可抗力与情势变更"二元规范模式"。但是,两者功能互补,存在交叉,都构成履行障碍,只是程度

---

① 参见最高人民法院民法典贯彻实施工作领导小组主编:《中华人民共和国民法典合同编理解与适用(一)》,人民法院出版社2020年版,第478页。
② 该部分关于如何区分商业风险和情势变更,仍然是经典表述。
③ 《合同法》没有规定情势变更原则的理由之一便是立法者认为"情势变更原则属于一般条款,担心在实践中被滥用,影响法律的安定性"。梁慧星:《民法学说判例与立法研究(二)》,国家行政学院出版社1999年版,第191页。应该认为,立法者的这种担心,现在及今后都并非多余。

不同。在法律上,重大变化(履行障碍)导致完全的、永久的不能履行时,应适用不可抗力制度,可直接发生合同解除权,且不排斥风险负担制度发挥作用,但不适用情势变更原则;重大变化(履行障碍)导致合同履行十分困难,如强行要求继续履行将显失公平的,应适用情势变更原则,可以通过协商变更方式调整双方的合同关系,在协商不成时,法院可以通过判决方式变更合同。这样处理,更加符合《民法典》第五百三十三条不再将不可抗力与情势变更简单割裂、对立的特点,又保持了不可抗力与情势变更的各自独立属性和不同法律后果,在司法实践中也更加便于掌握。

(一审法院合议庭成员 周 坤 熊 伟 冷子剑
二审法院合议庭成员 谭智崇 肖 芳 陈梦群
编写人 湖南省湘西土家族苗族自治州中级人民法院 胡基厚
湖南省高级人民法院 谭智崇
责任编辑 李 明
审稿人 范明志)

三、其他房屋买卖合同纠纷

51. 汤龙、刘新龙、马忠太、王洪刚诉新疆鄂尔多斯彦海房地产开发有限公司商品房买卖合同纠纷案[*]

(最高人民法院审判委员会讨论通过 2016年12月28日发布)

▶ 借款合同双方终止借款合同关系，建立商品房买卖合同关系，将借款本金及利息转化为已付购房款并经对账清算的，具有法律效力，但要防止将超出法律规定保护限额的高额利息转化为已付购房款

【关键词】

民事 商品房买卖合同 借款合同 清偿债务 法律效力 审查

【裁判摘要】

借款合同双方当事人经协商一致，终止借款合同关系，建立商品房买卖合同关系，将借款本金及利息转化为已付购房款并经对账清算的，不属于《中华人民共和国物权法》第一百八十六条规定禁止的情形，该商品房买卖合同的订立目的，亦不属于《最高人民法院关于审理民间借贷案件适用法律若干问题的规定》第二十四条规定的"作为民间借贷合同的担保"。在不存在《中华人民共和国合同法》第五十二条规定情形的情况下，该商品房买卖合同具有法律效力。但对转化为已付购房款的借款本金及利息数额，人民法院应当结合借款合同等证据予以审查，以防止当事人将超出法律规定保护限额的高额利息转化为已付购房款。

---

[*] 摘自2016年12月28日最高人民法院发布的第15批指导案例（指导案例72号）。

相关法条

《中华人民共和国物权法》第一百八十六条①
《中华人民共和国合同法》第五十二条②

基本案情

原告汤龙、刘新龙、马忠太、王洪刚诉称：根据双方合同约定，新疆鄂尔多斯彦海房地产开发有限公司（以下简称彦海公司）应于2014年9月30日向四人交付符合合同约定的房屋。但至今为止，彦海公司拒不履行房屋交付义务。故请求判令：（1）彦海公司向汤龙、刘新龙、马忠太、王洪刚支付违约金6000万元；（2）彦海公司承担汤龙、刘新龙、马忠太、王洪刚主张权利过程中的损失费用416300元；（3）彦海公司承担本案的全部诉讼费用。

彦海公司辩称：汤龙、刘新龙、马忠太、王洪刚应分案起诉。四人与彦海公司没有购买和出售房屋的意思表示，双方之间房屋买卖合同名为买卖实为借贷，该商品房买卖合同系为借贷合同的担保，该约定违反《中华人民共和国担保法》第四十条、《中华人民共和国物权法》第一百八十六条的规定而无效。双方签订的商品房买卖合同存在显失公平、乘人之危的情况。四人要求的违约金及损失费用亦无事实依据。

法院经审理查明：汤龙、刘新龙、马忠太、王洪刚与彦海公司于2013年先后签订多份借款合同，通过实际出借并接受他人债权转让，取得对彦海公司合计2.6亿元借款的债权。为担保该借款合同履行，四人与彦海公司分别签订多份商品房预售合同，并向当地房屋产权交易管理中心办理了备案登记。该债权陆续到期后，因彦海公司未偿还借款本息，双方经对账，确认彦海公司尚欠四人借款本息361398017.78元。双方随后重新签订商品房买卖合同，约定彦海公司将其名下房屋出售给四人，上述欠款本息

---

① 对应《中华人民共和国民法典》第四百零一条："抵押权人在债务履行期限届满前，与抵押人约定债务人不履行到期债务时抵押财产归债权人所有的，只能依法就抵押财产优先受偿。"
② 《中华人民共和国民法典》中无对应法条。

转为已付购房款，剩余购房款38601982.22元，待办理完毕全部标的物产权转移登记后一次性支付给彦海公司。汤龙等四人提交与彦海公司对账表显示，双方之间的借款利息系分别按照月利率3%和4%、逾期利率10%计算，并计算复利。

裁判结果

新疆维吾尔自治区高级人民法院于2015年4月27日作出（2015）新民一初字第2号民事判决，判令：一、彦海公司向汤龙、马忠太、刘新龙、王洪刚支付违约金9275057.23元；二、彦海公司向汤龙、马忠太、刘新龙、王洪刚支付律师费416300元；三、驳回汤龙、马忠太、刘新龙、王洪刚的其他诉讼请求。上述款项，应于判决生效后10日内一次性付清。宣判后，彦海公司以双方之间买卖合同系借款合同的担保，并非双方真实意思表示，且欠款金额包含高利等为由，提起上诉。最高人民法院于2015年10月8日作出（2015）民一终字第180号民事判决：一、撤销新疆维吾尔自治区高级人民法院（2015）新民一初字第2号民事判决；二、驳回汤龙、刘新龙、马忠太、王洪刚的诉讼请求。

裁判理由

法院生效裁判认为：本案争议的商品房买卖合同签订前，彦海公司与汤龙等四人之间确实存在借款合同关系，且为履行借款合同，双方签订了相应的商品房预售合同，并办理了预购商品房预告登记。但双方系争商品房买卖合同是在彦海公司未偿还借款本息的情况下，经重新协商并对账，将借款合同关系转变为商品房买卖合同关系，将借款本息转为已付购房款，并对房屋交付、尾款支付、违约责任等权利义务作出了约定。民事法律关系的产生、变更、消灭，除基于法律特别规定，需要通过法律关系参与主体的意思表示一致形成。民事交易活动中，当事人意思表示发生变化并不鲜见，该意思表示的变化，除为法律特别规定所禁止外，均应予以准许。本案双方经协商一致终止借款合同关系，建立商品房买卖合同关系，并非为双方之间的借款合同履行提供担保，而是借款合同到期彦海公司难以清偿债务时,通过将彦海公司所有的商品房出售给汤龙等四位债权人的方式,实现双方权利义务平衡的一种交易安排。该交易安排并未违反法律、行政法规的强制性规定,不属于《中华人民共和国物权法》第一百八十六条规定禁止的情形,亦不适用《最高人民法院关于审理民间借贷案件适用法律若干问题的规定》第二十四条规定。尊重当事人嗣后形成的变更法律关系性质的一致意思表示,是贯彻合同自由原则的题中应有之意。彦海公司所持本案商品房买卖合同无效的主张,不予采信。

但在确认商品房买卖合同合法有效的情况下,由于双方当事人均认可该合同项下已付购房款系由原借款本息转来,且彦海公司提出该欠款数额包含高额利息。在当事人请求司法确认和保护购房者合同权利时,人民法院对基于借款合同的实际履行而形成的借款本金及利息数额应当予以审查,以避免当事人通过签订商品房买卖合同等方式,将违法高息合法化。经审查,双方之间借款利息的计算方法,已经超出法律规定的民间借贷利率保护上限。对双方当事人包含高额利息的欠款数额,依法不能予以确认。由于法律保护的借款利率明显低于当事人对账确认的借款利率,故应当认为汤龙等四人作为购房人,尚未足额支付合同约定的购房款,彦海公司未按照约定时间交付房屋,不应视为违约。汤龙等四人以彦海公司逾期交付房屋构成违约为事实依据,要求彦海公司支付违约金及律师费,缺乏事实和法律依据。一审判决判令彦海公司承担支付违约金及律师费的违约责任错误,本院对此予以纠正。

(生效裁判审判人员:辛正郁、潘 杰、沈丹丹)

理解与参照

《汤龙、刘新龙、马忠太、王洪刚诉新疆鄂尔多斯彦海房地产开发有限公司商品房买卖合同纠纷案》的理解与参照*

——当事人协商一致终止借款合同并将借款转化为购房款的法律关系认定

2016年12月28日,最高人民法院发布了指导案例72号《汤龙、刘新龙、马忠太、王洪刚诉新疆鄂尔多斯彦海房地产开发有限公司商品房买卖合同纠纷案》。为了正确理解和准确参照适用该指导案例,现对该指导案例的推选过程、裁判要点等有关情况予以解释、论证和说明。

一、推选过程及指导意义

该案例源自最高人民法院民一庭2015年审结的一件二审案件。该案判决生效后,经合议庭推荐,民一庭指导性案例工作小组经过审核,向最高人民法院案例指导工作办公室推荐作为备选指导性案例。2016年9月7日,经研究室室务会讨论,同意作为备选指导性案例提交最高人民法院审判委员会讨论。12月6日,最高人民法院第256次民专会原则同意该案

---

* 摘自《最高人民法院司法解释与指导性案例理解与适用》(第七卷),人民法院出版社2019年版,第753~760页。

例,提出了相应的修改意见,并要求修改后送相关业务庭征求意见。案例指导工作办公室根据反馈意见修改后,将该案例报院领导予以审核签发。12月28日,最高人民法院以法〔2016〕449号文件将该案例列在第15批指导案例予以发布。

该指导案例旨在明确借款合同双方当事人经协商一致,终止借款合同关系,建立商品房买卖合同关系,将借款本金及利息转化为已付购房款并经对账清算的,若无相关法律禁止情形,该商品房买卖合同具有法律效力,但对转化为已付购房款的借款本金及利息数额,人民法院应当依法进行审查,以防止违法高息合法化。该指导案例有利于正确区分民间借贷中不同的复杂情形,正确适用关于民间借贷司法解释的有关规定,对于平衡借款合同各方当事人的利益,依法公正审理类似案件具有明显的指导价值。

二、关于本案例的相关情况

司法实践中,对于当事人就同一笔款项,同时或先后签订借款合同和商品房买卖合同时,应如何确定双方当事人之间法律关系的性质及效力,存在不同认识。[1] 这其中最为核心的问题是当事人签订商品房买卖合同的真实目的应当如何解读,而为担保借款到期得以清偿签订的商品房买卖合同,是否合法有效。为解决这一司法实践中的焦点、难点问题,《最高人

---

[1] 最高人民法院作出的结果"截然不同"的裁判,曾引起较大社会关注。在朱俊芳与山西嘉和泰房地产开发有限公司商品房买卖合同纠纷案中,法院认为:"借款到期,借款人不能按期偿还借款。对方当事人要求并通过履行《商品房买卖合同》取得房屋所有权,不违反担保法第四十条、物权法第一百八十六条有关'禁止流押'的规定。"参见最高人民法院(2011)民提字第344号民事判决,载《最高人民法院公报》2014年第12期,人民法院出版社2014年版,第18~24页。在广西嘉美房地产开发有限责任公司与杨伟鹏商品房买卖合同纠纷案中,法院认定:"双方签订《商品房买卖合同》的目的,是担保债务的履行,这一担保方式应当遵守物权法流质禁止原则,而双方借款合同没有约定履行期限,杨伟鹏亦没有请求嘉美公司履行债务并给予必要准备期限,因而其直接要求取得案涉房屋所有权的主张,违反了物权法的流质禁止规定,不能予以支持。"参见最高人民法院(2013)民提字第135号民事判决,载最高人民法院民一庭编:《民事审判指导与参考》总第58辑,人民法院出版社2014年版,第192~205页。这两份判决经常被学界和司法实务界作为典型案例予以讨论分析。

民法院关于审理民间借贷案件适用法律若干问题的规定》（以下简称《民间借贷司法解释》）第二十四条对"当事人以签订买卖合同作为民间借贷合同的担保"情形作出了规定，认为就此类案件，应当按照民间借贷法律关系审理，这在一定程度上明确了当事人就同一款项签订借款合同和商品房买卖合同这类案件的裁判思路。但对该解释的理解和适用，仍然存在进一步解释的空间，其中最为关键的是，是否所有当事人之间既签订借款合同又签订商品房买卖合同的情形，均属于该条司法解释规定的"担保"情形，从而应当认定当事人之间的法律关系性质属于民间借贷合同关系。这也正是本案例被推荐为指导案例的价值所在，本案明确了在借款合同债务到期的情况下，当事人经对账清算后签订的商品房买卖合同，不再是为担保借款合同而签订，因而不属于上述司法解释所应当适用的范畴。

此外，本案的理论价值还在于，对债务到期后当事人签订的以物抵债协议的性质和效力作出了表态。由于本案的商品房买卖合同，实际上是由于借款到期后，债务人无力通过现金方式偿还债权人借款，经协商双方同意以债务人所有的商品房抵顶其所欠借款的协议，因而亦可视为以物抵债协议的一种具体表现。而关于以物抵债协议的效力，在理论界和实务界也存在较大争议。归纳起来主要有三种观点，即以物抵债协议系代物清偿协议、变更债权债务关系的协议以及新债清偿协议。按照第一种观点，以物抵债协议属于代物清偿，是债权人受领债务人提出的他种给付以替代原给付，并使原债消灭的契约，性质上属于实践性合同或者称之为要物契约。① 按照此观点，以物抵债协议签订后，只要当事人尚未全面履行，未完成抵债物的交付受领，则该抵债协议未生效，债权人仅能以原债权债务关系向债务人提出主张。第二种观点认为，以物抵债协议属于当事人之间达成的债务更改或者更新的协议，在性质上属于诺成性合同，在不存在违法无效情形的前提下对当事人产生法律效力。该协议成立生效后，原债权债务关

---

① 我国台湾地区"民法"第319条规定："债权人受领他种给付以代原定之给付者，其债之关系消灭。"此系关于代物清偿的规定。参见王泽鉴：《民法概要》，北京大学出版社2011年版，第237页。

系即告消灭。① 在此情况下，债权人可以向债务人要求履行以物抵债协议，完成相应物的物权变动。第三种观点则认为，以物抵债协议属于新债清偿协议，是对债权人的额外清偿保障，新的清偿契约成立的同时，原债权债务关系并不宣告消灭，在通过履行新协议使债权得以全面实现的情况下，新旧债权债务关系得以同时消灭，而如果新的清偿协议不能得到完全履行，则债权人仍可依据原债权债务关系向债务人主张清偿。② 从本案的认定看，采取了上述第二种观点，即认为当事人之间达成了变更原债权债务关系的新协议，并使原债权债务关系得以消灭。当然，这一认定的基本事实是当事人通过商品房买卖合同及其补充协议，表达了将原借款合同关系彻底转化为商品房买卖合同关系的合意。

三、裁判要点的理解与说明

该指导案例的裁判要点确认：借款合同双方当事人经协商一致，终止借款合同关系，建立商品房买卖合同关系，将借款本金及利息转化为已付购房款并经对账清算的，不属于《中华人民共和国物权法》第一百八十六条规定禁止的情形，该商品房买卖合同的订立目的，亦不属于《民间借贷司法解释》第二十四条规定的"作为民间借贷合同的担保"。在不存在《中华人民共和国合同法》第五十二条规定情形的情况下，该商品房买卖合同具有法律效力。但对转化为已付购房款的借款本金及利息数额，人民法院应当结合借款合同等证据予以审查，以防止当事人将超出法律规定保护限额的高额利息转化为已付购房款。现围绕与该裁判要点相关的问题逐一论证和说明如下：

（一）本案《商品房买卖合同》的缔约目的

首先，需要明确的是，本案作为二审案件，按照《最高人民法院关于

---

① 《日本民法典》第513条（1）规定，当事人订立变更债务要素的契约时，其债务因更改而消灭。参见林诚二：《民法债编总论——体系化解说》，中国人民大学出版社2003年版，第541页。

② 参见王泽鉴：《民法概要》，北京大学出版社2011年版，第237页。

房屋买卖合同纠纷

认真学习贯彻适用〈最高人民法院关于审理民间借贷案件适用法律若干问题的规定〉的通知》规定,并不应当适用《民间借贷司法解释》的规定。不过,即使不考虑司法解释适用的时间维度,本案依然不应认定为应当适用该解释第二十四条规定的情形,这主要是由该合同的缔约目的决定的。按照《民间借贷司法解释》的规定和起草人作出的解释,该条规定系关于让与担保的规定。债权人和债务人签订买卖合同的真实目的,是给民间借贷合同提供担保,而非真正实现买卖合同的目标。因此,司法解释从让与担保的从属性特点出发,规定了此种情形下应按照民间借贷法律关系审理的基本原则。[①]

本案的《商品房买卖合同》是在借款到期后,当事人经协商对账后签订的,双方一致同意终止借款合同关系,建立商品房买卖合同关系,并将双方之前的借款本金及利息转为购房款,由原出借人向借款人购买标的房屋。从这一合同签订背景和缔约目的看,该《商品房买卖合同》并非为双方之间借款合同的履行提供担保,而是借款合同到期后,债务人难以清偿债务时,双方协商通过将债务人所有的商品房出售给债权人的方式,实现双方权利义务平衡的一种交易安排,也就是通常所说的"以物抵债"。《商品房买卖合同》的内容表明,原债权人具有向原债务人购买房屋的真实意愿,原债务人亦具有向原债权人出售该房屋的真实意愿。这与《民间借贷司法解释》第二十四条第一款规定的"当事人以签订买卖合同作为民间借贷合同的担保"的情形并不相同,这就使该解释规定在本案中适用的前提基础完全丧失了。

(二) 本案《商品房买卖合同》的法律效力

民事法律关系的产生、变更、消灭,除基于法律特别规定,需要通过法律关系参与主体的意思表示一致形成。而民事交易活动过程中,当事人的意思表示发生变化的情况并不鲜见,该意思表示的变化,除为法律特别

[①] 参见杜万华主编:《最高人民法院民间借贷司法解释理解与适用》,人民法院出版社2015年版,第409~433页。

663

规定所禁止外，均应予以准许。因此，在认定本案《商品房买卖合同》系当事人真实意思表示的前提下，还需分析当事人的这种交易安排，是否存在违反法律、行政法规的强制性规定等无效情形，其中最为关键的是其是否属于《中华人民共和国物权法》第一百八十六条规定的"流押禁止"情形。

根据《中华人民共和国物权法》第一百八十六条的规定："抵押权人在债务履行期届满前，不得与抵押人约定债务人不履行到期债务时抵押财产归债权人所有。"这一规定被称为"流押禁止"。与《民间借贷司法解释》第二十四条规定的情形类似，本案中并不存在抵押权的设定情形，《商品房买卖合同》亦不属于债务履行期届满前当事人作出的约定，而且根据该合同约定，原债务人负有向原债权人履行合同约定的交付房屋、办理过户登记等债务，但并没有直接约定债务到期后房屋所有权即归属于债权人，因而该条法律规定在本案的适用前提亦不存在。而且笔者认为，《中华人民共和国物权法》第一百八十六条规定的"不得"应当作该约定不发生物权变动法律效力的理解，而根据《中华人民共和国物权法》第十五条规定确立的区分原则，是否因此而造成作出相应约定的合同本身无效，恐怕也是难以得出肯定答案的。当然，在这一问题的认识上，理论上和实践中仍存在一定争议。①

还需要提及的是，即使从"流押禁止"原则的出发点加以慎重考量，本案认定《商品房买卖合同》的合法有效性亦不存在障碍。"流押禁止"之法律规定，主要是考虑到民法的公平、等价有偿原则，避免债务人因经济窘迫而将价值很高的财产担保价值较小的债权，债权人乘人之危获取暴利，损害债务人或第三人的利益，因而禁止当事人在抵押权设立至债务履

---

① 对于诸如类似的非典型担保的法律效力问题，从域外立法和司法实践发展变化看，基本上呈现从非法到合法的趋势。参见谢在全：《民法物权论》（下册），中国政法大学出版社2011年版，第1104~1111页。此外，从日本的立法情况看，流押禁止的适用范围仅限于民事交易，而在商事交易中并不限制商人们作出此中交易安排。《日本民法典》第349条规定，出质人不得以设定行为或债务清偿期前的契约，使质权人取得作为清偿的质物的所有权，或使质权人不依法律所定方法处分质物。《日本商法典》第515条规定，民法第349条的规定不适用于为担保商行为债权而设定的质权。

行期届满前，约定债权人未获清偿即取得抵押财产所有权。而为了平衡当事人之间的利益，理论上认为为双方当事人设定清算义务，可以较为公平地兼顾双方利益，也可以实现对当事人意思自治最低程度的干涉。不过，目前法律和司法解释对于此种情形下的清算义务的具体流程及内容等均没有作出规定。从本案的事实看，当事人在签订《商品房买卖合同》前，至少经过了对账的过程，虽然这与严格意义上的"清算"尚存差距，但至少避免了以事前约定确定房屋销售价格的压榨可能。从法官的自由心证上看，这一点也是具有重要价值的。

（三）已付购房款数额的审查认定

在确定双方当事人法律关系的性质为商品房买卖合同关系的情况下，本案的审理走向与通常情况下的商品房买卖合同纠纷案件相比，又存在较大不同。虽然双方当事人经对账确认了借款本息数额，并一致同意将其转变为已付购房款，但法官还应当对这一商品房买卖合同关系建立前，存在借款合同关系这一特殊背景加以注意。通常的商品房买卖合同纠纷案件中，法官会按照真实有效的合同约定内容来认定双方的权利义务。而本案中，由于双方均认可购房款系由借款本息转来，那么就需要对借款本金和利息数额再予以审查核实。本案经审查，双方在《商品房买卖合同》中确定的借款本息数额，包含了超出司法解释规定的人民法院予以保护范围的高额利息。这部分高额利息，无论是否通过另行订立《商品房买卖合同》或者其他合同的方式，均不应获得法律的保护，否则将会使法律、司法解释确立的高息不受司法保护的基本原则受到极大冲击，从而造成当事人通过签订《商品房买卖合同》等方式，将违法高息合法化的情况出现。因此，本案对于经审查确认超出法定保护范畴的高额利息，不确认其能够转为购房款。原债权人在本案中依据《商品房买卖合同》的约定，主张其已经履行交付购房款义务，而对方没有依约履行交付房屋等合同义务构成违约，并据此请求对方支付违约金。根据《中华人民共和国合同法》第六十七条的规定："当事人互负债务，有先后履行顺序，先履行一方未履行的，后履行一方有权拒绝其履行要求。先履行一方履行债务不符合约定的，后履行一方有权拒绝其相应的履行要求。"在扣除了违法高息后，实际上原债权人作为购房者，应认为其没有依法履行支付相应购房款的义务，尚存在部分差额未支付，那么作为房屋销售方的原债务人，可以根据合同法的上述规定，行使先履行抗辩权，其拒绝继续履行合同义务的行为不应视为违约，而是合法行使抗辩权。因此，本案虽然就当事人之间法律关系的性质认定为商品房买卖合同关系，但却没有支持原债权人提出的违约损失赔偿请求，因为在剔除非法高息之后，原债务人的违约事实不能被认定。

四、其他相关问题的说明

需要说明的是，在参考本案的裁判要旨审理此类案件时，还需注意防范利用以物抵债协议进行虚假诉讼的情形。从司法实践看，存在债权人和债务人恶意串通，凭虚假的以物抵债协议进行诉讼，损害其他债权人合法权益的情况。这一行为也严重扰乱了诉讼秩序，损害了司法权威。人民法院在案件审理中，要按照《最高人民法院关于防范和制裁虚假诉讼的指导意见》的要求加强甄别，严格审查原债权债务关系的真实性、合法性，对于当事人通过以物抵债协议等恶意转移财产、规避国家政策、损害他人合法权益等虚假诉讼行为，要严格按照《中华人民共和国民事诉讼法》《刑法修正案（九）》等相关法律规定，追究相关人员的法律责任。

（执笔人：沈丹丹、石　磊）

指导案例72号　　汤龙、刘新龙、马忠太、王洪刚诉新疆鄂尔多斯彦海房地产开发有限公司商品房买卖合同纠纷案

最高人民法院编选人：石磊

1. 案例推荐单位：最高人民法院民一庭
2. 案例编写人：沈丹丹
3. 案件裁判法院：最高人民法院（二审）
4. 案件承办人：沈丹丹（二审）

相关规定

1. 《中华人民共和国物权法》

第一百八十六条 抵押权人在债务履行期届满前,不得与抵押人约定债务人不履行到期债务时抵押财产归债权人所有。

2. 《中华人民共和国合同法》

第五十二条 有下列情形之一的,合同无效:

(一)一方以欺诈、胁迫的手段订立合同,损害国家利益;

(二)恶意串通,损害国家、集体或者第三人利益;

(三)以合法形式掩盖非法目的;

(四)损害社会公共利益;

(五)违反法律、行政法规的强制性规定。

3. 《最高人民法院关于审理民间借贷案件适用法律若干问题的规定》(法释〔2015〕18号)

第二十四条 当事人以签订买卖合同作为民间借贷合同的担保,借款到期后借款人不能还款,出借人请求履行买卖合同的,人民法院应当按照民间借贷法律关系审理,并向当事人释明变更诉讼请求。当事人拒绝变更的,人民法院裁定驳回起诉。

按照民间借贷法律关系审理作出的判决生效后,借款人不履行生效判决确定的金钱债务,出借人可以申请拍卖买卖合同标的物,以偿还债务。就拍卖所得的价款与应偿还借款本息之间的差额,借款人或者出借人有权主张返还或补偿。

52. 成都讯捷通讯连锁有限公司与四川蜀都实业有限责任公司、四川友利投资控股股份有限公司房屋买卖合同纠纷案

> 合同的解除与否不涉及物之所有权的变动，而只与是否继续承担合同义务有关

【裁判摘要】

1. 判断当事人之间订立的合同系本约还是预约的根本标准应当是当事人的意思表示，也就是说，当事人是否有意在将来订立一个新的合同，以最终明确在双方之间形成某种法律关系的具体内容。对于当事人之间存在预约还是本约关系，不能仅孤立地以当事人之间签订的协议之约定为依据，而是应当综合审查相关协议的内容以及当事人嗣后为达成交易进行的磋商和有关的履行行为等事实，从中探寻当事人真实意思，并据此对当事人之间法律关系的性质作出准确界定。

2. 根据《中华人民共和国物权法》第十五条规定之精神，处分行为有别于负担行为，解除合同并非对物进行处分的方式，合同的解除与否不涉及物之所有权的变动，而只与当事人是否继续承担合同所约定的义务有关。

---

* 摘自《最高人民法院公报》2015 年第 1 期。

房屋买卖合同纠纷

最高人民法院民事判决书

(2013)民提字第90号

申请再审人（一审原告、反诉被告，二审被上诉人）：成都讯捷通讯连锁有限公司。住所地：四川省成都市太升南路155号。

法定代表人：王爱东，该公司总经理。

委托代理人：郑玮，北京市天同律师事务所律师。

委托代理人：陈耀权，北京市天同律师事务所律师。

申请再审人（一审被告、反诉原告，二审上诉人）：四川蜀都实业有限责任公司，住所地四川省成都市暑袜北三街20号。

法定代表人：程高潮，该公司董事长。

委托代理人：江学平，北京市地石律师事务所律师。

委托代理人：石焓，四川精济律师事务所律师。

一审第三人：四川友利投资控股股份有限公司，住所地四川省成都市蜀都大道暑袜北三街20号。

法定代表人：李峰林，该公司董事长。

委托代理人：赵固，四川精济律师事务所律师。

申请再审人成都讯捷通讯连锁有限公司（以下简称讯捷公司）与四川蜀都实业有限责任公司（以下简称蜀都实业公司）、一审第三人四川友利投资控股股份有限公司（以下简称友利公司）房屋买卖合同纠纷一案，四川省成都市中级人民法院于2011年1月20日作出（2010）成民初字第433号民事判决。蜀都实业公司不服该判决，向四川省高级人民法院提起上诉。该院于2011年7月25日作出（2011）川民终字第247号民事裁定书，裁定撤销原判决，发回四川省成都市中级人民法院重审。四川省成都市中级人民法院于2011年12月29日作出（2011）成民初字第936号民事判决。蜀都实业公司不服该判决,向四川省高级人民法院提起上诉,该院于2012年12月2日作出(2012)川民终字第331号民事判决。讯捷公司不服该判决,向本院申请再审。本院于2013年4月3日作出(2013)民申字第188号民事裁定,提审本案,再审期间,中止原判决的执行。本院提审本案后,依法组成合议庭,于2013年6月21日对本案进行了开庭审理。讯捷公司的委托代理人郑玮、陈耀权,蜀都实业公司的委托代理人江学平、石焓,友利公司的委托代理人赵固到庭参加了诉讼。庭前蜀都实业公司向本院提交了再审反请求,本院依法将其列为申请再审人。本案现已审理终结。

一审法院经审理查明:

1. 2006年9月20日,蜀都实业公司(甲方)与讯捷公司(乙方)签订《购房协议书》约定:"甲乙双方按照互惠、互利的原则,经多次协商,就蜀都大厦北一楼及中庭售房事宜形成如下一致意见:1. 乙方购买甲方所拥有的蜀都大厦北一楼及中庭建筑面积2100平方米,总价格6750万元(最后按照房管部门办理的产权证为准进行结算)。2. 本协议签订之日起,甲方收到乙方预计购房定金1000万元,待购房合同签订时,该定金自动转为购房款。3. 甲、乙双方应就购房合同及付款方式等问题在本协议原则下进行具体磋商。4. 甲、乙双方均应遵守本协议所确定的原则,违反则违约方向守约方支付违约金1000万元。5. 甲乙双方就该宗房屋买卖合同签订时,本协议自动失效。"

上述事实,有加盖讯捷公司和蜀都实业公司公章的《购房协议书》予以证实,当事人对该证据的真实性不持异议,一审法院予以确认。

2. 2006年9月14日和2006年9月18日,讯捷公司经上海浦东发展银行股份有限公司成都分行向四川舒卡特种纤维股份有限公司(以下简称舒卡纤维公司,现名友利公司)在中国光大银行成都分行的账号内分别转入200万元和300万元,款项用途为预付购房定金。2006年9月18日、2006年9月19日、2006年9月20日,讯捷公司经中国光大银行成都分行向舒卡纤维公司的账号内分别转入200万元、200万元和100万元。舒卡纤维公司于2006年9月20日向讯捷公司开具了两张金额均为500万元的定金收据。蜀都实业公司于2007年1月4日将讼争的房屋交付给讯捷公司使用至今。

上述事实，有《中国光大银行往来账贷方凭证》《上海浦东发展银行电子转账凭证》、舒卡纤维公司开具的《四川省非经营性结算统一票据》和蜀都实业公司与讯捷公司对交房时间的一致陈述予以证实。

3. 四川省工商行政管理局于2004年核准"成都蜀都大厦股份有限公司"的企业名称变更为"四川舒卡特种纤维股份有限公司"。四川蜀都大厦有限责任公司（以下简称蜀都大厦公司）由舒卡纤维公司、成都蜀都投资管理有限责任公司、江苏双良科技有限公司分别出资4600万元（占46%）、500万元（占5%）、4900万元（占49%）而设立，蜀都大厦公司于2005年7月分立成蜀都大厦公司和蜀都实业公司。蜀都实业公司注册资本为1000万元，股东名称和出资比例不变。舒卡纤维公司于2009年4月10日经四川省工商行政管理局核准企业名称变更为友利公司。

上述事实，有《企业名称变更核准通知书》《公司变更登记申请书》《营业执照》《公司章程》《蜀都大厦分立协议》（均为复印件，加盖有成都市工商行政管理局企业登记专用章）等工商登记材料予以证实。

4. 2005年8月5日，蜀都大厦公司出具的《场地证明》载明："因企业分离，现蜀都大厦公司名下锦江区暑袜北三街20号蜀都大厦南楼（权0111476）、北楼（权0963909）、中庭（权0111478）第一至四层楼及精品屋（权0613360）无偿提供给蜀都实业公司使用。"2006年2月25日，蜀都大厦公司与蜀都实业公司根据双方签订的分立协议，就蜀都大厦公司将位于成都市锦江区暑袜北三街20号蜀都大厦裙楼（包括南楼、北楼、中庭）第一层至第四层以及精品屋共计17537.36平方米房屋产权及相应的土地使用权转移过户至蜀都实业公司名下的具体问题签订了《关于办理蜀都大厦裙楼1-4层房屋权属转移过户协议书》一份，双方同意分次办理应转移过户到蜀都实业公司名下房产的转移过户登记手续，并各委派一人共同办理房屋权属转移过户登记手续，相关费用按规定由双方分别承担，待上述房屋产权全部过户至蜀都实业公司名下后，随即开始办理相应土地使用权证的转移过户登记手续。成都市房屋产权监理处于2008年3月4日向蜀都实业公司颁发了位于成都市锦江区暑袜北三街20号一层，面积4060.40平方米房屋的产权证［产权证编号：成房权证监证字第1654684号，丘（地）号：权1223775］。友利公司于2008年3月14日向中国农业银行股份有限公司成都蜀都支行借款3000万元，蜀都实业公司以该产权证下2043.91平方米的房屋为友利公司的借款提供抵押担保，并在成都市房管局产权监理处办理了抵押登记。友利公司于2009年12月15日偿还了中国农业银行股份有限公司成都蜀都支行全部贷款本息，但抵押登记尚未注销。2010年7月29日，蜀都实业公司以位于成都市锦江区暑袜北三街20号一楼（产权证编号：成房权证监证字第1654684号）面积1347.52平方米的房屋为友利公司向招商银行股份有限公司成都顺城大街支行办理综合授信2500万元而设定抵押，并在成都市房管局产权监理处办理了抵押登记，友利公司在授信项下借款500万元已于2010年11月19日结清本息，但抵押登记未注销。

上述事实，有蜀都大厦公司2005年8月5日出具的《场地证明》、蜀都大厦公司与蜀都实业公司于2006年2月25日签订的《关于办理蜀都大厦裙楼1-4层房屋权属转移过户协议书》《房屋所有权证》、成都市房地产档案馆出具的《房屋信息摘要》、中国农业银行股份有限公司成都蜀都支行和招商银行股份有限公司成都顺城大街支行分别出具的《情况说明》等证据予以证实。

5. 2009年9月28日，讯捷公司向蜀都实业公司发出《商函》，内容主要是："金融危机对行业的侵蚀，市场的变化致使我公司手机销售额及利润大幅下滑；另一方面房地产销售价格整体向下走的态势，能否请贵司在原协议的基础上对约定购买价格作出一定的让步！我们期望值在人民币6000万元左右。"2009年9月28日，蜀都实业公司向讯捷公司发函，要求讯捷公司在30日内安排人员到蜀都实业公司就房屋买卖正式合同进行协商，并支付3年场地使用费。次日，讯捷公司回函同意于2009年10月9日就购房事宜进行商谈。2009年10月10日，蜀都实业公司向讯捷公司发函，要求对蜀都实业公司拟定的《房屋买卖合同》文本予以回复。讯捷公司于2009年10月12日回函确认收到蜀都实业公司提供的《房屋买卖合

房屋买卖合同纠纷

同》文本。2009年10月20日、2009年10月28日、2009年12月9日，蜀都实业公司与讯捷公司组织相关人员及律师就房屋买卖中的相关问题进行了三次协商，双方就讯捷公司是否应当支付场地使用费，买卖过户税费的负担，产权证的办理及购房尾款的支付时间，出售房屋所涉抵押的解除等问题进行协商后未达成一致意见。2009年11月4日，蜀都实业公司向讯捷公司发函，要求讯捷公司支付场地使用费，具体标准由双方协商，房屋买卖税费由讯捷公司全部承担。次日，讯捷公司回函，不同意支付场地使用费，要求税费的负担按照国家法律法规及政策，由蜀都实业公司与讯捷公司双方各自承担自行部分，讯捷公司同意在房屋产权及土地使用权过户后当即付清全部剩余房款。2009年11月12日，蜀都实业公司向讯捷公司发函，主要内容是：（1）双方依据《购房协议书》就房屋买卖合同内容磋商长达3年时间，但至今仍在买卖合同的许多重大问题上存在着严重分歧，导致双方一直未签订《房屋买卖合同》，因此，双方的房屋买卖关系未成立。（2）讯捷公司无偿占用蜀都实业公司房屋3年，应当支付场地占有使用费。（3）蜀都实业公司不同意讯捷公司提出的付款方式。（4）由讯捷公司承担房屋买卖全部税费是蜀都实业公司出卖二手房的交易条件，从未发生改变。2009年11月17日，讯捷公司向蜀都实业公司回函，主要内容是：（1）讯捷公司认为双方的房屋买卖已经实际履行。（2）讯捷公司占有并使用房屋系合法的，不应向蜀都实业公司支付场地占用费。（3）讯捷公司坚持在房屋过户登记后才向蜀都实业公司支付全部购房尾款。（4）蜀都实业公司提出房屋买卖税费全部由讯捷公司承担缺乏依据和违反国家相关法律规定。2010年3月3日，蜀都实业公司通过成都市蜀都公证处向讯捷公司发《函》，内容为："2009年12月9日贵我双方就相关善后事宜进行了协商，由于双方存在重大分歧，未能达成一致意见。此后，双方又就善后事宜进行了数次协商，但仍未取得任何结果。为此，我公司经慎重研究后，通知贵公司：1. 解除贵我双方于2006年9月20日签订的《购房协议书》；2. 请贵公司在收到本函后三十日内腾退该房屋；3. 请贵公司在收到本函后三十日内向我公司支付占用该房屋期间应付的场地使用费并办理相应的财务结算（定金、使用费等费用的退还和支付）。"

上述事实,有讯捷公司与蜀都实业公司之间的往来函件及《会议纪要》、公证书等证据予以证实。

讯捷公司一审起诉称:2006年9月20日,讯捷公司与蜀都实业公司就位于蜀都大厦北一楼及中庭建筑面积2100平方米的房屋买卖事宜达成协议,签订了《购房协议书》,对该房屋的坐落位置、面积、价款及违约责任等作了明确约定。讯捷公司按照协议约定向蜀都实业公司交付定金1000万元后,蜀都实业公司将讼争房屋交付给讯捷公司使用至今。双方口头约定,等蜀都实业公司将房屋过户至讯捷公司名下后,讯捷公司及时向蜀都实业公司付清剩余款项。后讯捷公司与蜀都实业公司就房屋过户登记及价款支付等相关事宜经过多次磋商未果,2010年3月3日,蜀都实业公司向讯捷公司送达了解除2006年9月20日双方签订的《购房协议书》的通知函。讯捷公司认为,双方之间签订的《购房协议书》已符合《最高人民法院关于审理商品房买卖合同纠纷案件适用法律若干问题的解释》第五条的规定,且蜀都实业公司在签订《购房协议书》及讯捷公司支付定金后,已将房屋交付给讯捷公司占有使用,双方的《购房协议书》已经实际履行,应当得到法律保护。故诉请:(1)确认讯捷公司与蜀都实业公司于2006年9月20日签订的《购房协议书》已成立并合法有效,确认蜀都实业公司于2010年3月3日作出的解除2006年9月20日签订的《购房协议书》解除函无效;(2)请求判令蜀都实业公司在判决生效后15日内向讯捷公司履行办理房屋产权过户登记的义务,在蜀都实业公司履行过户登记后5日内,讯捷公司向蜀都实业公司支付剩余购房款5750万元;(3)产权过户的税费按照法律规定由讯捷公司与蜀都实业公司各自承担。

蜀都实业公司答辩称:(1)讯捷公司向法院提交的《诉讼请求明确书》无效,法院不应审理其关于"确认解除函无效"的诉讼请求。(2)2006年9月20日签订《购房协议书》时,蜀都实业公司尚不是房屋的所有权人,因此,协议书并非房屋买卖合同,实际上《购房协议书》是一份排他性的定金合同,讯捷公司也未向蜀都实业公司支付1000万元定金,故《购房协议书》成立而未生效,不产生法律效力。在协议书签订后的磋商过程中,双方未谈及支付房款、办理房屋及土地产权过户手续等问题,因不可

房屋买卖合同纠纷

归责于双方的原因导致房屋买卖合同至今未能签订,双方互不承担未签订购房合同的责任。(3)用讯捷公司正在使用房屋的现状来推断蜀都实业公司已经履行了房屋交付义务属于逻辑错误。2007年1月4日,蜀都实业公司同意讯捷公司使用房屋是基于当时房屋于2006年12月31日对外租期届满,交由讯捷公司使用不影响买卖或租赁的谈判,因此,蜀都实业公司不是基于买卖关系履行房屋交付义务。(4)双方在签订《购房协议书》后的3年时间里未就房屋买卖达成一致意思表示,在重大交易条件上达不成一致,房屋交易标的6750万元,而税收就高达4421万元,占交易额的65.51%,故用《中华人民共和国合同法》第六十二条及其司法解释规定的"补缺"方式来解决交易双方重大分歧的交易条款是不公平的。(5)即使《购房协议书》是购房合同,讯捷公司已支付定金并基于蜀都实业公司履行买卖义务而交付占有房屋,但蜀都实业公司已于2010年3月3日依法解除了《购房协议书》,该协议书自解除函到达讯捷公司之日即2010年3月8日起生效。蜀都实业公司依据《中华人民共和国合同法》第三条、第四条、第九十四条及《最高人民法院关于适用〈中华人民共和国担保法〉若干问题的解释》(以下简称《担保法解释》)第一百一十五条的规定主张解除《购房协议书》有充分的法律依据。而讯捷公司的诉讼请求欠缺合同依据,违背当事人的意思表示,应全部予以驳回。

友利公司未提交答辩意见。

蜀都实业公司一审反诉称:讯捷公司与蜀都实业公司签订案涉《购房协议书》约定讯捷公司支付定金后,双方应就房屋买卖合同主要内容进行磋商,待房屋买卖合同签订后定金转为购房款,《购房协议书》自动生效。2006年12月31日,该房屋对外出租到期,此时,双方虽未就房屋买卖事宜达成一致,但基于对双方合作及可能买卖的信赖,蜀都实业公司同意讯捷公司使用该房屋。在《购房协议书》签订后,讯捷公司自2007年1月4日实际占有使用该房屋的3年多的时间内,双方就房屋买卖的事项进行了多次磋商,但一直未能达成一致意见,未能签订房屋买卖合同。在此期间,讯捷公司占有使用蜀都实业公司的房屋从事商业活动,获取商业利益,而双方长期无法达成交易,致使蜀都实业公司既不能出售房屋收取房款,也未收取场地占用费,客观上蒙受了巨大经济损失。为此,蜀都实业公司不得不于2010年3月3日向讯捷公司发函,请求解除《购房协议书》并要求讯捷公司支付场地占有使用费。综上,故请求:(1)判令讯捷公司立即腾退蜀都大道北三街20号北一楼及中庭建筑面积约2100平方米房屋给蜀都实业公司;(2)判令讯捷公司向蜀都实业公司支付上述房屋从2007年1月4日至实际腾退房屋之日的占有使用费(计算截至2010年6月30日为26509000元)。

讯捷公司答辩称:讯捷公司的诉讼请求是基于双方的买卖关系,而蜀都实业公司的反诉请求则是基于房屋占有关系,本诉和反诉不是基于同一法律关系,不具有对抗性,本诉成立则反诉不成立,反诉成立则本诉不成立。因此,蜀都实业公司的反诉条件不成立,反诉应不予受理或者受理后中止审理,不应与本诉合并审理。蜀都实业公司交付房屋的行为是基于《购房协议书》,本案法律关系是买卖合同关系,故讯捷公司要求确认《购房协议书》成立,双方应履行相关的义务。此外,蜀都实业公司要求讯捷公司支付房屋占有使用费没有任何法律依据。

友利公司未提交答辩意见。

一审法院认为:

1. 讯捷公司提起本案诉讼,诉状上诉讼请求的范围包括确认蜀都实业公司于2010年3月3日作出解除双方于2006年9月20日所签订的《购房协议书》的解除函无效。后讯捷公司提出的增加诉讼请求申请对原有的诉讼请求进行了细化和增加,并未明确放弃请求确认解除函无效的诉讼请求。蜀都实业公司主张讯捷公司系重新提出诉讼请求且以实际行为表明放弃争议请求的理由不成立,讯捷公司的诉讼请求具体明确,一审法院予以确认。

2. 因蜀都实业公司基于合同解除而提起反诉,请求讯捷公司腾退房屋并支付场地占有使用费,而讯捷公司请求继续履行合同,故双方请求是否成立需要确认双方于2006年9月20日所签的《购房协议书》是否已经解除,蜀都实业公司于2010年3月3日作出的解除函是否有效。蜀都实业公司于2010年3月3日作出解除双方2006年9月20日所签《购房协议书》

的解除函,该函于2010年3月8日到达讯捷公司,双方对上述事实均无异议,一审法院予以确认。合同可因法定或约定解除,《中华人民共和国合同法》第九十三条规定:"当事人协商一致,可以解除合同。当事人可以约定一方解除合同的条件。解除合同的条件成就时,解除权人可以解除合同。"第九十四条规定了法定解除的条件,第九十六条第一款规定:"当事人一方依照本法第九十三条第二款、第九十四条的规定主张解除合同的,应当通知对方。合同自通知到达对方解除。对方有异议的,可以请求人民法院或仲裁机构确认解除合同的效力。"蜀都实业公司的解除函虽然于2010年3月8日到达讯捷公司,但讯捷公司已于2010年5月18日向一审法院提起诉讼,对解除函的效力提出异议。由于双方在《购房协议书》中对合同解除及异议期间没有明确约定,故讯捷公司就解除函效力提出异议的期限不违反《最高人民法院关于适用〈中华人民共和国合同法〉若干问题的解释(二)》〔以下简称《合同法解释(二)》〕第二十四条对异议期间的规定。现蜀都实业公司主张根据《中华人民共和国合同法》第九十四条第五项"法律规定的其他情形"以及《担保法解释》第一百一十五条的规定,以双方磋商未达成一致意见为由行使法定解除权,经审查,该事由不符合法定解除合同的情形,蜀都实业公司发出的合同解除函无效,对讯捷公司不产生法律效力,故一审法院对讯捷公司诉请确认蜀都实业公司于2010年3月3日作出的解除2006年9月20日所签《购房协议书》的解除函无效的诉讼请求予以支持。

3. 讯捷公司诉讼请求建立在《购房协议书》系房屋买卖的本约合同且合法有效的前提下,蜀都实业公司的反诉请求建立在《购房协议书》系买卖的定金合同的前提下。合同有预约与本约之分,预约的目的在于有事实或法律上的障碍,暂无法订立主合同时,约定将来订立一定合同,预约合同的权利人仅得请求对方履行订立本约合同的义务,而不得径行依照预约合同的内容请求履行。《购房协议书》第三条约定讯捷公司与蜀都实业公司应就购房合同及付款方式等问题在本协议的原则下进行具体磋商,第五条约定双方就该宗房屋买卖合同签订时,本协议自动失效。该内容的约定表明双方在签订《购房协议书》后还应当就房屋买卖的事宜进行进一步协商并签订《房屋买卖合同》，但并不能据此认定《购房协议书》一定属于预约合同或定金合同，理由如下：（1）《购房协议书》中的当事人名称、标的、价款、违约责任等主要条款明确具体，根据《合同法解释（二）》第一条第一款关于"当事人对合同是否成立存在争议，人民法院能够确定当事人名称或者姓名、标的和数量的，一般应当认定合同成立。但法律另有规定或者当事人另有约定的除外"之规定，《购房协议书》因具备合同的必备条款而应当认定合同成立。（2）购房定金1000万元已在双方签订《购房协议书》前由讯捷公司支给蜀都实业公司的股东友利公司，蜀都实业公司已在《购房协议书》第二条确认其收到讯捷公司预付的上述购房定金1000万元，故讯捷公司已履行了支付购房定金的合同义务。另外，蜀都实业公司虽然在签订《购房协议书》时尚未取得房屋的所有权，但根据蜀都实业公司与蜀都大厦公司签订的房屋过户协议和蜀都大厦公司出具的场地使用证明，能证明蜀都实业公司有权对涉案房屋进行处分，况且现在蜀都实业公司已实际取得涉案房屋的所有权证，房屋权属明确，对《购房协议书》是否成立和效力认定不构成实质性影响。（3）《购房协议书》第三条和第五条的约定是在合同具备必备条款的情况下，要求双方对合同欠缺的其他内容进行进一步的协商并签订《房屋买卖合同》，根据《合同法解释（二）》第一条第二款关于"对合同欠缺的前款规定以外的其他内容，当事人达不成协议的，人民法院依照合同法第六十一条、第六十二条、第一百二十五条等有关规定予以确定"之规定，本案当事人对《购房协议书》中未涉及的付款方式等其他条款不能达成协议并签订《房屋买卖合同》的情况下，人民法院应当按照相关规定予以确定，而不能据此认定合同不成立或属于预约合同或定金合同性质；（4）在签订《购房协议书》后，蜀都实业公司将讼争的位于蜀都大厦北一楼及中庭建筑面积2100平方米的房屋交付给讯捷公司占有使用，蜀都实业公司辩称与讯捷公司既谈买卖，又在谈租赁，双方不是基于买卖关系而向讯捷公司交付房屋。蜀都实业公司的辩称意见因无事实依据所证实，依法不能成立。讯捷公司主张蜀都实业公司因买卖关系而向其交付房屋的理由成立。故一审法院认为《购房协议书》为购房合同而非预约合同或定金合同，且系当事人真实意思表

房屋买卖合同纠纷

示，内容不违反相关法律规定，合法有效。讯捷公司请求确认《购房协议书》为房屋买卖合同已成立并合法有效的理由成立，应当予以支持。

4. 关于讯捷公司请求蜀都实业公司在判决生效后15日内履行办理房屋产权过户登记义务的问题。因双方当事人在《购房协议书》中未就房屋过户的时间进行约定，一审法院通知双方当事人进行补充协议时未就此达成一致意见。虽然登记是取得不动产物权的根据，但作为房屋买卖合同出卖人的主要义务是向买受人交付房屋，买受人的主要义务则是向出卖人支付价款，过户登记系登记机关的职能，出卖人只负有协助办理过户登记的义务，与交付房屋和支付价款相较而言，出卖人履行协助过户义务属于附随义务。由于蜀都实业公司已于2007年1月4日向讯捷公司交付了房屋，而讯捷公司除向蜀都实业公司支付1000万元定金外，其余购房款未支付，在双方当事人对过户登记没有约定，且讯捷公司未支付大部分购房款的情况下，讯捷公司请求蜀都实业公司先行履行协助过户的条件尚不成就。待讯捷公司向蜀都实业公司全部履行付款义务后合理期限内，蜀都实业公司有义务协助讯捷公司办理产权过户手续。由于相关行政法规和规章均未对城市房地产的过户登记时间作出规定，一审法院参照国务院颁布的《城市房产地开发经营管理条例》第三十三条之规定，确定蜀都实业公司应在收到全部购房款后90日内协助讯捷公司办理产权过户手续。

5. 关于讯捷公司请求在讼争房屋过户后5日内，由讯捷公司向蜀都实业公司支付剩余房款5750万元的问题。由于蜀都实业公司主张的法律关系性质与一审法院认定的法律关系性质不一致，一审法院依照《最高人民法院关于民事诉讼证据的若干规定》第三十五条之规定，已向蜀都实业公司释明，但蜀都实业公司拒绝变更诉讼请求。请求权是指权利人可以要求他人为一定行为或不为一定行为的权利。对于未支付的房屋价款，蜀都实业公司作为债权人可以提出相应的诉讼请求，而作为义务人的讯捷公司则不享有该请求权，故一审法院对讯捷公司的该项诉讼请求不予支持。

6. 关于讯捷公司请求按照法律规定各自承担房屋产权过户登记过程中产生的税费问题。由于双方当事人在《购房协议书》中未对过户时产生的税费负担方式进行约定，双方事后又不能达成补充协议，应当按照国家有关房地产过户登记税费负担的规定由买卖双方各自承担应负责部分税费。

7. 关于蜀都实业公司反诉请求讯捷公司腾退房屋和支付场地占用费的问题。因《购房协议书》系房屋买卖合同，且蜀都实业公司基于房屋买卖合同关系向讯捷公司交付房屋，在《购房协议书》合同有效的情况下，蜀都实业公司无权请求讯捷公司返还已经交付的房屋，加之双方不存在房屋租赁关系，蜀都实业公司无权要求讯捷公司支付场地占用费，一审法院对于蜀都实业公司反诉请求不予支持。

综上，一审法院判决：一、讯捷公司与蜀都实业公司于2006年9月20日签订的《购房协议书》成立并有效；二、蜀都实业公司于2010年3月3日作出的解除其与讯捷公司2006年9月20日所签《购房协议书》的解除函无效；三、在讯捷公司向蜀都实业公司履行完毕支付购房款义务后90日内，蜀都实业公司协助将位于成都市暑袜北三街20号蜀都大厦北一楼及中庭2100平方米房屋过户给讯捷公司，因此所产生的税和费按相关规定由讯捷公司和蜀都实业公司各自承担；四、驳回讯捷公司的其他诉讼请求；五、驳回蜀都实业公司的反诉请求。本诉案件受理费379300元，财产保全费5000元，由讯捷公司负担189650元，蜀都实业公司负担194650元；反诉案件受理费87172.50元，由蜀都实业公司负担。

蜀都实业公司不服该判决，向四川省高级人民法院提起上诉称：（1）一审判决错误认定双方为订立主合同而签订的定金合同《购房协议书》是买卖合同本约。（2）一审判决错误认定讯捷公司已向蜀都实业公司交付了定金。（3）因不可归责于双方的事由，导致3年多时间未订立买卖合同，讯捷公司应自收到解除函之日起腾退房屋并支付使用费。（4）一审程序违法。讯捷公司曾书面放弃确认解除行为是否有效的诉请。在重审一审中，一审法院再次让讯捷公司确认解除是否有效的诉请并据此下判。讯捷公司在2011年9月15日才提起确认解除是否有效的诉请，已超过异议期间。故请求撤销一审判决，支持蜀都实业公司的反诉请求。

讯捷公司未提交书面答辩状，当庭答辩称：一审判决认定事实清楚，适用法律正确，程序合法，故应驳回蜀都实业公司的上诉请求。

友利公司未提交答辩意见。

房屋买卖合同纠纷

二审法院查明：

1. 二审审理中，在二审法院指定的举证期限内，蜀都实业公司提交了以下证据材料：（1）宏价评（2011）53号《价格评估报告书》。载明案涉房屋从2007年1月1日至2011年6月30日期间租金评估值为34147200元，拟证明使用费的数额。（2）四川求实财税咨询有限公司于2011年10月14日出具的《税务咨询报告》。载明该房屋交易涉税4000余万元，其中按照法律规定应由出卖人承担的土地增值税为32319835元，拟证明双方在3年内没有签订房屋买卖合同是因为有重大分歧，是不能归责于双方的原因导致。（3）2006年1月至2007年9月期间，蜀都实业公司与其他买受人签订的《房屋买卖合同》4份，拟证明《购房协议书》是预约性质的定金合同。

讯捷公司质证认为，证据（1）真实性无异议，但无关联性。证据（2）真实性无异议，反映了本案房屋买卖应各自交税，反证了双方存在房屋买卖关系。证据（3）真实性无异议，但无关联性。

2. 二审审理中，在二审法院指定的举证期限内，蜀都实业公司向该院提交了《场地占有使用费鉴定申请书》，申请对讼争房屋自2007年1月4日至实际鉴定之日止的场地占有使用费进行鉴定。

3. 2009年9月28日，蜀都实业公司向讯捷公司发函，主要内容为："贵我双方自2006年9月20日签订《购房协议书》以来，时间已经过去了三年，但贵我双方至今仍未能签订正式的《房屋买卖合同》。2009年6月2日，贵公司致《商函》给我公司。该《商函》要求我公司作出减少750万元房价的让步……我公司现就相关事项函告贵公司：1. 我公司再次催促贵公司按照双方协议达成的意向原则，就买卖该房屋的相关重大事项与我公司进行协商，并签订正式的房屋买卖合同。2. 贵公司使用我公司经营场地已接近三年，我公司希望贵我双方能本着实事求是的原则，通过协商，尽快确定、落实贵公司使用我公司经营场地的应付场地使用费事宜。"讯捷公司2009年9月29日回函称："贵方函告我方已经收悉，我公司非常重视此事，但现在正值国庆将至，我们正紧张筹备国庆节工作，恳请贵公司将蜀都一楼的购买事宜推迟到十月九日左右商谈，恳请谅解为感！"

4. 2009年11月4日，蜀都实业公司向迅捷公司发出的《函》内容为："为了签订房屋买卖合同，贵我双方又分别于2009年10月20日、2009年10月28日就房屋买卖合同中的内容进行了磋商，虽经双方充分协商，贵我双方仍对合同内容存在较大分歧，未能协商一致。因此，我公司意见是：1. 贵公司应支付占有使用房屋期间的场地使用费，具体标准双方可再行协商；2. 房屋买卖的全部税费由贵公司承担；3. 其他问题可再议。"2009年11月5日，讯捷公司回函内容为："我司于三年前就商定了购买蜀都大厦北一楼及中庭建筑面积2100平方米的商铺……然，贵司现在却突然提出增加场地使用费问题，且房屋买卖的全部税费由我公司来承担。我司认为这些要求过于苛刻，属于违背诚信的原则，再次明确回复如下：1. 场地使用费属于买卖关系成立后增加的要求，我司不能接受。2. 房屋买卖的税费问题，将根据国家法律、法规以及政府政策，由贵司和我司各自承担自行部分。3. 对于剩余房款，我司已准备有专款资金，再次要求贵公司尽快将相应的产权手续、土地手续过户到我司名下后，我司当即付清全款。以上是我司就贵司所提及问题的书面回复，希望贵司能在实事求是的基础上，正确对待双方间已经成立的买卖关系。"

5. 2010年5月12日，讯捷公司提起本案诉讼，其诉讼请求为：（1）请求依法确认蜀都实业公司作出的解除双方于2006年9月20日签订的《购房协议书》的解除函无效。（2）请求判令蜀都实业公司继续履行《购房协议书》，并履行房屋产权过户登记的义务。2010年11月11日，讯捷公司向一审法院提交的《增加诉讼请求申请书》载明："在人民法院对当事人进行释明后，增加诉讼请求一项。现列明所有诉讼请求如下：1. 请求确认《购房协议书》为房屋买卖合同已成立并合法有效；2. 请求判决本案裁判文书生效后15日内，由蜀都实业公司向讯捷公司履行办理房屋过户的义务；3. 请求判令讼争房屋过户后5日内，讯捷公司向蜀都实业公司支付剩余购房款5750万元；4. 请求判决双方在履行房屋产权过户过程中产生的税费按照法律规定，各自承担应承担的部分。以上是讯捷公司增加的诉讼请求。"

二审法院查明的其他事实与一审法院查明的事实相同。

房屋买卖合同纠纷

二审法院经审理认为：

1. 关于讯捷公司是否已经交付1000万元定金的问题。虽然讯捷公司未提供直接向蜀都实业公司支付1000万元定金的证据，但结合双方当事人无争议的事实，即：2006年9月14日至2006年9月20日，讯捷公司数次向蜀都实业公司股东舒卡纤维公司账号转款共计1000万元，款项用途为预付购房定金。舒卡纤维公司于2006年9月20日向讯捷公司开具了两张金额均为500万元的定金收据。2006年9月20日，蜀都实业公司与讯捷公司签订了《购房协议书》，该《购房协议书》明确载明："本协议签订之日起，甲方（指蜀都实业公司）收到乙方（指讯捷公司）1000万元定金"，表明蜀都实业公司在签订《购房协议书》时已经确认收到定金。诉讼中蜀都实业公司并无证据证明除本案房屋买卖关系外，讯捷公司与蜀都实业公司股东舒卡纤维公司尚有其他交易关系，且蜀都实业公司也未提供证据推翻《购房协议书》载明的蜀都实业公司收到讯捷公司购房定金1000万元的事实。故其辩称未收到1000万元定金的理由不能成立，一审判决认定讯捷公司已经交付1000万元定金并无不当。

2. 关于一审是否存在程序违法的问题。2010年3月8日，蜀都实业公司向讯捷公司发函解除《购房协议书》，2010年5月12日，讯捷公司提起诉讼，其诉讼请求包括确认解除函无效。2010年11月11日，讯捷公司向一审法院提交的《增加诉讼请求申请书》载明增加诉讼请求确认《购房协议书》为房屋买卖合同已成立并合法有效。该《增加诉讼请求申请书》未明确放弃解除函无效的请求。一审法院根据当事人的诉讼请求审理并作出判决并不违反法定程序，故蜀都实业公司上诉主张一审法院对此进行审理属于程序违法，讯捷公司已超出法律规定的期限请求确认解除函无效的理由不能成立，二审法院不予支持。

3. 关于《购房协议书》的性质和效力问题。本案中，双方签订的《购房协议书》约定"乙方购买甲方所拥有的蜀都大厦北一楼及中庭建筑面积2100平方米，总价格6750万元（最后按照房管部门办理的产权证为准进行结算）"，该《购房协议书》明确写明了当事人名称、标的、价款，一审判决根据《合同法解释（二）》第一条规定认定双方间的房屋买卖合同关系已经成立并无不当。二审审理中，蜀都实业公司提交了同期蜀都实业公司与其他买受人签订的《房屋买卖合同》4份，双方当事人对该证据的真实性无异议，二审法院对该证据的真实性予以确认，但以上证据不能证明《购房协议书》的性质为定金合同。且诉讼中蜀都实业公司并未提供证据证明该《购房协议书》存在无效的情形，一审判决认定该协议有效正确。蜀都实业公司上诉称该《购房协议书》系定金合同，由于双方未签订正式购房合同，双方间未形成房屋买卖法律关系的理由不能成立，二审法院不予支持。

4. 关于《购房协议书》是否应当解除的问题。蜀都实业公司于2007年1月4日将房屋交付给讯捷公司占有使用后，讯捷公司2009年6月致函要求降价，随后双方就应否支付场地使用费、买卖过户时税费的负担、产权证的办理及尾款的支付时间、出售房屋所涉抵押的解除问题等事宜进行了一系列磋商。二审审理中，蜀都实业公司提交了《税务咨询报告》，双方当事人对该证据真实性无异议，二审法院对该证据的真实性予以确认。该证据亦印证了以上事实。双方磋商未达成协议，直至2010年3月3日蜀都实业公司发函要求解除双方所签《购房协议书》。在诉讼中，经人民法院主持调解和庭外和解，双方当事人仍不能达成协议。按照《购房协议书》的约定，"甲乙双方应就购房合同及付款方式等问题在本协议原则下进行具体磋商"，双方之间有磋商并签订正式房屋买卖合同的义务。蜀都实业公司作为讼争房屋所有权人，将涉案房屋交付讯捷公司使用5年多时间内，与讯捷公司既未达成正式房屋买卖合同，又未达成租赁协议，其既未收到房屋转让价款，亦未收到房屋租金，阻碍其物权实现，其在双方达不成正式房屋买卖合同的前提下，有权根据《中华人民共和国物权法》第三十九条"所有权人对自己的不动产或者动产，依法享有占有、使用、收益和处分的权利"的规定，选择对其财产的处分方式，解除与讯捷公司签订的《购房协议书》。

蜀都实业公司于2010年3月3日发出解除函，讯捷公司于2010年5月18日向法院提起诉讼，故蜀都实业公司发出的该解除函不产生通知解除合同的法律效力，一审判决支持讯捷公司的该项诉讼请求并无不当；但一

房屋买卖合同纠纷

审判决认为《购房协议书》不符合解除条件，故判令蜀都实业公司在讯捷公司支付全部购房款后90日内交付涉案房屋并由双方各自承担相关税费不当，二审法院予以纠正。上述购房协议解除后，蜀都实业公司请求返还涉案房屋的诉讼请求符合《中华人民共和国合同法》第九十七条"合同解除后，尚未履行的，终止履行；已经履行的，根据履行情况和合同性质，当事人可以要求恢复原状、采取其他补救措施，并有权要求赔偿损失"的规定，虽然蜀都实业公司起诉时主张立即腾退房屋，但应当给予讯捷公司必要的准备时间，二审法院酌定为30日。

至于讯捷公司已经支付1000万元定金，可另行主张权利。

5. 关于讯捷公司是否应支付场地使用费的问题。双方当事人签订《购房协议书》后，蜀都实业公司于2007年1月4日将讼争房屋交付给讯捷公司使用至今，但蜀都实业公司并没有证据证明交付行为系其于租赁关系或系《购房协议书》之外的其他有偿法律关系，故蜀都实业公司请求讯捷公司按照周边同类商场租金支付场地使用费没有事实和法律依据。虽然讯捷公司对蜀都实业公司提交的宏价评（2011）53号《价格评估报告书》的真实性无异议，但因该《价格评估报告书》与本案无关，二审法院不予采信。二审法院对蜀都实业公司二审申请对讼争房屋自2007年1月4日至实际鉴定之日止的场地占有使用费进行鉴定的申请不予准许。对蜀都实业公司主张支付场地使用费的上诉请求，不予支持。

综上，二审法院经该院审判委员会讨论决定，判决：一、维持一审判决第一项，即"讯捷公司与蜀都实业公司于2006年9月20日签订的《购房协议书》成立并有效"；二、撤销一审判决二、三、四、五项，即"蜀都实业公司于2010年3月3日作出的解除其与讯捷公司2006年9月20日所签《购房协议书》的解除函无效；在讯捷公司向蜀都实业公司履行完毕支付购房款义务后90日内，蜀都实业公司协助将位于成都市暑袜北三街20号蜀都大厦北一楼及中庭2100平方米房屋过户给讯捷公司，因此所产生的税和费按相关规定由讯捷公司与蜀都实业公司各自承担；驳回讯捷公司的其他诉讼请求；驳回蜀都实业公司的其他诉讼请求"；三、讯捷公司于判决生效之日起30日内将位于成都市暑袜北三街20号蜀都大厦北一楼及中庭 2100 平方米房屋腾退给蜀都实业公司；四、驳回讯捷公司的其他本诉诉讼请求；五、驳回蜀都实业公司的其他反诉诉讼请求。一审本诉案件受理费 379300 元，财产保全费 5000 元，由讯捷公司负担 192150 元，蜀都实业公司负担 192150 元；一审反诉案件受理费 87172.50 元，由讯捷公司负担 43586元，蜀都实业公司负担 43586.50 元。二审案件受理费 466172.50 元，由讯捷公司负担 233086 元，蜀都实业公司负担 233086.50 元。

讯捷公司不服二审判决，向本院申请再审称：二审判决认定的基本事实缺乏证据证明，适用法律错误，根据《中华人民共和国民事诉讼法》第二百条第二项、第六项之规定，申请再审，请求：撤销二审判决第二、三、四项判项，维持一审判决。具体理由为：（1）蜀都实业公司与讯捷公司签订《购房协议书》，构成房屋买卖合同关系，成立并有效，且已部分履行，应当继续履行。二审判决在认定《购房协议书》有效、蜀都实业公司于 2010 年 3 月 3 日发出的解除函不产生通知解除合同的法律效力、蜀都实业公司并未反诉请求解除《购房协议书》，却无端撤销一审判决关于解除函无效的判项，判令讯捷公司腾退房屋，判项与法院认定之间逻辑混乱，明显缺乏事实和法律依据。（2）蜀都实业公司不享有解除权。二审判决在合同纠纷案件中错误适用《中华人民共和国物权法》第三十七条的规定，认为蜀都实业公司有权解除合同，显属适用法律错误。

蜀都实业公司答辩称：（1）案涉合同是立约定金合同，目的是担保主合同的订立，是一份认购预订协议；双方的主合同始终处于磋商之中，并因不可归责于双方的原因而未能订立。（2）由于房屋买卖主合同未能订立，预约合同目的不能实现，蜀都实业公司发出解除函，案涉合同被解除。（3）讯捷公司要求继续履行于法无据，且该合同没有履行的具体内容，也无法实际履行。（4）在双方买卖关系尚未确定之情况下，蜀都实业公司将房屋交付给讯捷公司是依双方谈妥的租赁关系，讯捷公司基于租赁关系占有使用该房屋，在案涉合同解除后理应清退场地并支付相应场地使用费。

友利公司答辩称：（1）友利公司与蜀都实业公司均为独立法人，不能因为友利公司是蜀都实业公司的股东而混淆各自的独立法律地位。（2）友

房屋买卖合同纠纷

利公司从未代收过任何公司委托或指定的购房定金。(3) 友利公司与本案没有法律上的利害关系,不应当被追加为本案第三人。

蜀都实业公司不服二审判决,向本院申请再审,请求:(1) 撤销一审判决;(2) 撤销二审判决第一、五项,维持第二、三、四项;(3) 判令迅捷公司向蜀都实业公司支付占有使用案涉房屋的场地使用费26509000元(截至2010年6月30日起诉时)。具体理由同其前述答辩意见。

讯捷公司答辩称:(1) 本案双方在案涉合同中已明确表达买卖案涉房屋的真实意思表示,且均已部分履行了合同主要义务,双方形成了事实上的房屋买卖合同关系;案涉合同是房屋买卖合同的本约合同,而非预约合同。蜀都实业公司据以主张双方系房屋租赁法律关系的证据存在明显瑕疵,该主张并无事实依据。(2) 由于讯捷公司备有专项资金以供随时全额支付剩余房款,本案房产已交付讯捷公司使用多年,房屋四至范围明确,因而案涉合同的继续履行不存在任何障碍,蜀都实业公司要求讯捷公司承担全部交易税费并故意夸大税费金额是制造借口拒绝履行合同。(3) 蜀都实业公司不享有法定或约定的解除权,其作为违约方也无权解除协议,讯捷公司在收到蜀都实业公司解除函件后3个月内便提起诉讼,因此,其发出的函件不发生解除案涉合同的效果。(4) 蜀都实业公司要求讯捷公司支付房屋使用费并腾退房屋的请求缺乏法律依据。(5) 案涉合同的继续履行有助于稳定既存交易秩序,实现社会整体财富最大化。

友利公司答辩称:对蜀都实业公司的请求没有异议。

本院再审查明:本案一审、二审法院查明的事实"成都市房屋产权监理处于2008年3月4日向蜀都实业公司颁发了位于成都市锦江区暑袜北三街20号一层,面积4060.40平方米房屋的产权证(产权证编号:成房权证监证字第1654684号,丘地号权1223775号)"存有笔误,成都市房屋产权监理处向蜀都实业公司颁发此产权证的日期应为2008年3月14日,对此双方当事人均予认可。

在本案再审中,讯捷公司提供以下证据:(1) 讯捷公司在银行的存款单,拟证明讯捷公司一直希望继续履行买卖合同,也有能力履行,继续履行合同不存在障碍。(2)《税务咨询意见书》一份,拟证明双方购买房屋的税费，蜀都实业公司为了制造矛盾虚构巨额税费，而真实税款没有蜀都实业公司所称的那么高。蜀都实业公司质证称，对证据（1）的真实性没有异议，但该存款时间是2013年6月13日，与2006年双方签订的购房协议书相差7年，因此与本案没有关联。对证据（2），因税务评估报告的评估人员没有到庭接受质证而对其真实性不予认可；而且，评估过程中忽略了合同项下土地是划拨土地的性质，因此，对其合法性和关联性均不予认可。友利公司质证称，同意蜀都实业公司的质证意见。

本院认为，从形成时间来看，讯捷公司提供的两份证据均形成于本案二审庭审之后，可认定为再审新证据。对于证据（1），蜀都实业公司和友利公司均认可其真实性，故本院对其真实性应予确认。对于证据（2），蜀都实业公司与友利公司对该鉴定意见的真实性持有异议，并且该鉴定意见为讯捷公司单方委托咨询公司制作，评估人也未出庭接受质证，故本院对其真实性不予确认。

蜀都实业公司提交了一份双方在2008年5月6日的往来函件中的最后一张，拟证明双方的关系确实为租赁关系。对此，讯捷公司质证认为，首先该证据不完整，只是多页文件中的最后一页；其次，该证据不能证明双方此前即约定为租赁关系，而只是表明讯捷公司在蜀都实业公司支付违约金和补偿金的前提下，可以考虑将双方关系从买卖变为租赁；最后，这份函件标注的日期是2008年5月6日，而双方协议在2006年就签订了，该函件只能表明双方对于变更合同有过协商，但是没有达成一致。友利公司质证认为，对该证据的真实性、合法性和关联性予以认可。

本院认为，该证据虽然在本案二审庭审结束之前已经客观存在，但考虑到蜀都实业公司未于二审庭审结束前提供该证据确有客观原因，没有证据证明蜀都实业公司未提供该证据系存在故意或者重大过失的情形，故可以认定为再审新证据。由于讯捷公司和友利公司对该证据的真实性不持异议，故对其真实性应予确认。

本院再审查明的其他事实与一审、二审法院查明的事实相同。

本院认为，本案再审的争议焦点为：（1）蜀都实业公司与讯捷公司之间就案涉房屋所形成的法律关系的性质和效力；（2）蜀都实业公司发出的

解除函是否产生解除双方合同关系的效力；（3）讯捷公司要求继续履行的诉讼请求应否得到支持，蜀都实业公司主张的腾退房屋并支付房屋使用费的请求应否得到支持。

一、关于蜀都实业公司与讯捷公司之间就案涉房屋所形成的法律关系的性质和效力问题

基于当事人在本院再审庭审中的相关主张与理由，与本焦点问题密切相关的两个问题需要首先加以明确：第一，蜀都实业公司是否已收到讯捷公司支付的1000万元定金。虽然讯捷公司未提供直接向蜀都实业公司支付1000万元定金的证据，但2006年9月14日至2006年9月20日，讯捷公司数次向蜀都实业公司的股东友利公司（原舒卡纤维公司）账号转款共计1000万元。友利公司于2006年9月20日向讯捷公司开具了两张金额均为500万元的收据。本院庭审中，友利公司称其与讯捷公司并无任何其他业务往来，收取这1000万元资金亦无任何合同或法律依据，但此后友利公司除向讯捷公司提供两张收据外，双方关于该笔资金再无其他进一步洽谈。本院认为，这种情况显然与日常生活常理及商业习惯不相符合。事实上，结合本案查明的其他事实可知，2006年9月20日，蜀都实业公司与讯捷公司签订的《购房协议书》第2条明确载明："本协议签订之日起，甲方（蜀都实业公司）收到乙方（讯捷公司）1000万元定金"，表明蜀都实业公司在签订《购房协议书》时已经确认收到讯捷公司支付的1000万元定金。2009年11月5日，讯捷公司向蜀都实业公司的回函中提及继续清偿"剩余"房款，蜀都实业公司在接下来的函件中对"剩余房款"字样并未提出任何异议。2010年3月3日，蜀都实业公司通过成都市蜀都公证处向讯捷公司发的《函》中最后一句载明，请讯捷公司向其办理"定金、使用费等费用的退还和支付"。上述事实足以相互印证，证明蜀都实业公司已收到讯捷公司支付的1000万元定金的事实。综上，蜀都实业公司辩称未收到1000万元定金的理由不能成立，一审、二审判决认定讯捷公司已经交付1000万元定金的事实是正确的。

第二，蜀都实业公司向讯捷公司交付案涉房屋行为的性质。案涉《购房协议书》签订于2006年9月20日，蜀都实业公司于2007年1月4日将

案涉房屋交付讯捷公司使用。在本院庭审中，蜀都实业公司提交了双方在2008年5月6日的往来函件材料中的一页作为证据，从该证据的内容及序号可看出，完整的该函件至少应有两页纸。根据《最高人民法院关于民事诉讼证据的若干规定》第三十一条第二款规定，摘录文件、材料应当保持内容相应的完整性，不得断章取义。因此，仅根据蜀都实业公司提交的这一页纸的内容，难以判断双方的真实意思表示是在案涉房屋交付给讯捷公司时就已确定为在双方之间成立租赁关系，还是在已确定房屋买卖关系的基础上希望变更为租赁关系，因此，无法据此证明蜀都实业公司系基于租赁关系而向讯捷公司交付案涉房屋。除此之外，蜀都实业公司在本案的一审、二审及再审中未提供其他证据证明该交付行为系基于租赁关系或者《购房协议书》之外的其他有偿法律关系而为的交付。因此，对于该交付，蜀都实业公司没有充分证据证明其向讯捷公司交付案涉房屋的行为并非基于房屋买卖关系，而是基于租赁等有偿使用关系，故其该主张不能成立，蜀都实业公司向讯捷公司交付案涉房屋的行为应认定为基于当事人之间的房屋买卖法律关系而为的交付。

在明确了上述两个问题的基础上，本院认为，在蜀都实业公司与讯捷公司之间成立了房屋买卖法律关系。理由如下：

首先，仅就案涉《购房协议书》而言，其性质应为预约。预约是指将来订立一定契约的契约。预约的形态多种多样，有的预约条款非常简略，仅表达了当事人之间有将来订立本约的意思，至于本约规定什么内容留待以后磋商决定；有的预约条款则非常详尽，将未来本约应该规定的内容几乎都在预约中作了明确约定。而若仅从内容上看，后者在合同内容的确定性上几乎与本约无异，即使欠缺某些条款，往往也可以通过合同解释的方式加以补全。因此，仅根据当事人合意内容上是否全面，并不足以界分预约和本约。判断当事人之间订立的合同系本约还是预约的根本标准应当是当事人的意思表示，也就是说，当事人是否有意在将来订立一个新的合同，以最终明确在双方之间形成某种法律关系的具体内容。如果当事人存在明确的将来订立本约的意思，那么，即使预约的内容与本约已经十分接近，即便通过合同解释，从预约中可以推导出本约的全部内容，也应当尊重当事人的意思表示，排除这种客观解释的可能性。本案中，蜀都实业公

房屋买卖合同纠纷

司与讯捷公司在2006年9月20日签订的《购房协议书》中明确约定了双方拟进行买卖的房屋的位置、面积和价款,应当说具备了一份正式的房屋买卖合同的主要内容,可直接据此履行而无须另订本约。但是,双方当事人同时在该协议中约定:"……3.甲、乙双方应就购房合同及付款方式等问题在本协议原则下进行具体磋商……5.甲乙双方就该宗房屋买卖合同签订时,本协议自动失效。"可见,双方当事人虽然约定了房屋的位置、面积及总价款,但仍一致认为在付款方式等问题上需要日后进一步磋商,双方的这一意思表示是明确的,而且,当事人在该协议第5条进一步明确要在将来订立一个新的合同,以最终明确双方之间的房屋买卖法律关系的具体内容。因此,本院认为,案涉《购房协议书》的性质为预约合同,一审、二审判决认定该《购房协议书》的性质为本约是错误的,应予纠正。

其次,结合双方当事人在订立《购房协议书》之后的履行事实,蜀都实业公司与讯捷公司之间已经成立了房屋买卖法律关系。本院认为,对于当事人之间存在预约还是本约关系,不能仅凭一份孤立的协议就简单地加以认定,而是应当综合审查相关协议的内容以及当事人嗣后为达成交易进行的磋商甚至具体的履行行为等事实,从中探寻当事人的真实意思,并据此对当事人之间法律关系的性质作出准确的界定。本案中,双方当事人在签订《购房协议书》时,作为买受人的迅捷公司已经实际交付了定金并约定在一定条件下自动转为购房款,作为出卖人的蜀都实业公司也接受了讯捷公司的交付。在签订《购房协议书》的3个多月后,蜀都实业公司将合同项下的房屋交付给了讯捷公司,讯捷公司接受了该交付。而根据《购房协议书》的预约性质,蜀都实业公司交付房屋的行为不应视为对该合同的履行,在当事人之间不存在租赁等其他有偿使用房屋的法律关系的情形下,蜀都实业公司的该行为应认定为系基于与讯捷公司之间的房屋买卖关系而为的交付。据此,由于蜀都实业公司在该房屋买卖法律关系中的主要义务就是交付案涉房屋,根据《中华人民共和国合同法》第三十六条、第三十七条的规定,可以认定当事人之间达成了买卖房屋的合意,成立了房屋买卖法律关系。

综上所述,蜀都实业公司与讯捷公司之间的房屋买卖法律关系成立,且系当事人真实意思表示,内容不违反法律、行政法规的强制性规定,合法有效。一审、二审判决认定《购房协议书》即构成本约的理由不当，但其关于蜀都实业公司和讯捷公司之间成立房屋买卖法律关系的结论是正确的。

二、关于蜀都实业公司发出的解除函是否产生解除双方合同关系效力的问题

本院认为，首先，根据《中华人民共和国合同法》第九十三条、第九十四条之规定，合同的解除包括法定解除和约定解除两种情形。本案中，双方在《购房协议书》及其他相关书面文件中均未对单方解除合同的事项作出约定，故蜀都实业公司不享有约定解除权。而根据《购房协议书》，双方的主要合同义务是就达成房屋买卖合意进行诚信磋商，讯捷公司支付1000万元定金。讯捷公司已经支付了1000万元定金，并且就案涉房屋买卖一事一直在与蜀都实业公司进行协商，其在本案诉讼过程中亦明确表示有意愿、有能力履行支付全部购房款的义务，本案也不存在不可抗力致使不能实现合同目的的情形，因此，本案也不具备单方解除合同的法定解除情形。综上，蜀都实业公司主张其有权单方解除合同的理由不能成立。

其次，根据《中华人民共和国合同法》第九十六条的规定，当事人单方解除合同的，应当通知对方。合同自通知到达对方时解除。对方有异议的，可以请求人民法院或者仲裁机构确认解除合同的效力。根据《合同法解释（二）》第二十四条的规定，对于该异议期间，当事人之间有约定的从约定，未约定的为解除合同通知到达之日起3个月。本案中，当事人没有就包括合同解除异议期间在内的合同解除事项进行任何约定，而蜀都实业公司于2010年3月3日向讯捷公司发出了解除《购房协议书》的通知函，该函件于2010年3月8日到达讯捷公司，讯捷公司向一审法院提起诉讼的时间为2010年5月12日。因此，无论蜀都实业公司是否有权单方解除《购房协议书》，因讯捷公司于收到解除函的3个月内通过起诉的方式提出了异议，故蜀都实业公司的解除函也不产生解除双方合同关系的效力。

三、关于讯捷公司要求继续履行的诉讼请求应否得到支持，蜀都实业公司主张的腾退房屋并支付房屋使用费的请求应否得到支持的问题

本院认为，首先，本案中，当事人已就合同项下房屋的位置、面积和价款进行了明确具体的约定，蜀都实业公司已向讯捷公司交付了案涉房屋，讯捷公司支付了1000万元定金，虽然当事人之间在讯捷公司是否应向蜀都实业公司支付使用案涉房屋的场地占用费并承担房屋买卖的全部税费问题上未达成一致意见，但在双方房屋买卖法律关系的主要权利义务均已确定的情形下，上述争议可以通过《中华人民共和国合同法》第六十一条、第六十二条规定的合同解释原则进行补救，故并不构成法律上或者事实上的履行障碍。而且，如前所述，在蜀都实业公司与迅捷公司之间，房屋买卖法律关系已经成立并生效，也不存在《中华人民共和国合同法》第九十三条、第九十四条规定的合同解除的情形，故讯捷公司主张继续履行的诉讼请求应予支持。

其次，根据《中华人民共和国物权法》第十五条规定之精神，处分行为有别于负担行为，解除合同并非对物进行处分的方式，合同的解除与否不涉及物之所有权的变动，而只与当事人是否继续承担合同所约定的义务有关。本案中，蜀都实业公司确实仍然对该房屋享有所有权，但这并不意味着其可在不符合当事人约定或者法律规定的情形下随意解除双方之间的合同关系。在双方房屋买卖法律关系成立并生效后，蜀都实业公司虽系该房屋的所有权人，但其应当依约全面、实际履行其在房屋买卖法律关系项下的义务。二审判决认为在买卖标的物转移之前，所有人对自己的标的物享有占有、使用、收益、处分的权利，进而认定蜀都实业公司有权选择处分财产的方式解除合同，并判决讯捷公司将房屋腾退给蜀都实业公司，违背了《中华人民共和国合同法》保障交易安全的基本原则，系对《中华人民共和国物权法》的错误理解与适用，本院对此予以纠正。

最后，蜀都实业公司主张讯捷公司支付场地使用费应有相应的法律依据。如前所述，双方在本案中的法律关系为房屋买卖法律关系，而非租赁等有偿使用法律关系，蜀都实业公司将案涉房屋交付给讯捷公司是基于房

屋买卖法律关系而为的交付，因此，蜀都实业公司要求讯捷公司支付场地使用费的主张没有任何事实和法律依据，一审、二审判决对该问题的认定和处理是正确的。

综上所述，本院认为，本案中，蜀都实业公司与讯捷公司之间存在房屋买卖法律关系，当事人均应本着诚实信用的原则履行各自义务，在履行过程中，若当事人之间就对方的履行行为是否构成违约以及应否承担违约责任等问题发生争议，可自行协商或者另寻法律途径解决。

综上，二审判决认定蜀都实业公司有权依据《中华人民共和国物权法》第三十九条[①]之规定，选择处分财产的方式解除合同，并据此判决讯捷公司将案涉房屋腾退给蜀都实业公司，系适用法律错误。而一审判决虽然认定《购房协议书》直接构成本约的理由不能成立，但其判项系基于蜀都实业公司和讯捷公司之间成立并生效房屋买卖法律关系这一事实作出，有法律及事实依据，较为妥当合理，可予维持。本院根据《中华人民共和国民事诉讼法》第二百零七条、第一百七十条第一款第二项之规定，判决如下：

一、撤销四川省高级人民法院（2012）川民终字第331号民事判决；

二、维持四川省成都市中级人民法院（2011）成民初字第936号民事判决。

一审案件受理费和财产保全费的负担按照一审判决执行；二审案件受理费466172.50元，由四川蜀都实业有限责任公司负担。

本判决为终审判决。

审　判　长　辛正郁
代理审判员　司　伟
代理审判员　沈丹丹
二〇一三年十一月十四日
书　记　员　王楠楠

---

① 对应《中华人民共和国民法典》第二百四十条，内容未作修改。

53. 洪秀凤与昆明安铟佳房地产开发有限公司房屋买卖合同纠纷案[*]

▶ 不宜简单否定既存外化法律关系对当事人真实意思的体现和反映，避免当事人一方不当摆脱既定权利义务约束

【裁判摘要】

1. 合同在性质上属于原始证据、直接证据，应当重视其相对于传来证据、间接证据所具有的较高证明力，并将其作为确定当事人法律关系性质的逻辑起点和基本依据。若要否定书面证据所体现的法律关系，并确定当事人之间存在缺乏以书面证据为载体的其他民事法律关系，必须在证据审核方面给予更为审慎的分析研判。

2. 在两种解读结果具有同等合理性的场合，应朝着有利于书面证据所代表法律关系成立的方向作出判定，借此传达和树立重诺守信的价值导向。

3. 透过解释确定争议法律关系的性质，应当秉持使争议法律关系项下之权利义务更加清楚，而不是更加模糊的基本价值取向。在没有充分证据佐证当事人之间存在隐藏法律关系且该隐藏法律关系真实并终局地对当事人产生约束力的场合，不宜简单否定既存外化法律关系对当事人真实意思的体现和反映，避免当事人一方不当摆脱既定权利义务约束的结果出现。

[*] 摘自《最高人民法院公报》2016年第1期。

最高人民法院民事判决书

(2015) 民一终字第 78 号

上诉人（原审原告）：洪秀凤，女，汉族，1990 年 7 月 25 日出生，住福建省南安市。

委托代理人：万秋琴，北京市中伦律师事务所律师。

委托代理人：沈汉卿，云南八谦律师事务所律师。

被上诉人（原审被告）：昆明安钡佳房地产开发有限公司。住所地：云南省昆明市吴井路 32 号。

法定代表人：张晓霞，该公司总经理。

委托代理人：杨小平，云南睿信律师事务所律师。

上诉人洪秀凤与被上诉人昆明安钡佳房地产开发有限公司（以下简称安钡佳公司）房屋买卖合同纠纷一案，云南省高级人民法院于 2014 年 12 月 17 日作出 (2014) 云高民一初字第 9 号民事判决。洪秀凤不服该判决，向本院提起上诉。本院受理后，依法组成合议庭，于 2015 年 4 月 23 日公开开庭审理了本案。洪秀凤的委托代理人万秋琴、沈汉卿，安钡佳公司的委托代理人杨小平到庭参加诉讼。本案现已审理终结。

一审法院查明：2013 年 8 月 21 日，安钡佳公司（甲方）与洪秀凤（乙方）签订两份《商品房购销合同》，就洪秀凤购买安钡佳公司开发建设的百富琪商业广场一层、二层商铺的具体事项进行了约定。001 号《商品房购销合同》约定：一层商业用房按套内建筑面积计价，该商品房套内建筑面积为 3143.02 平方米，单价为每平方米 2 万元（已包含分摊的共有建筑面积的价格），总金额 62860400 元；乙方应在 2013 年 8 月 18 日前支付 56574360 元，2014 年 1 月 20 日前支付 6286040 元；交房时间为 2013 年 12 月 14 日；甲方逾期交房，自交房时间届满次日起至实际交房之日止 30 天

房屋买卖合同纠纷

内,按每天314302元向乙方支付违约金,合同继续履行。逾期30天后,甲方按购房款总金额的5‰支付违约金,合同继续履行。002号《商品房购销合同》约定:二层商业用房按套内建筑面积计价,该商品房套内建筑面积为3601.29平方米,单价为每平方米9869元(已包含分摊的共有建筑面积的价格),总金额35541130元;乙方应在2013年8月18日前支付31987017元,2014年1月20日前支付3554113元;交房时间和违约责任与001号合同约定相同。同日,双方当事人对上述两份合同进行了登记备案。洪秀凤按照安钡佳公司出具的付款委托书载明的收款账户,于当日通过银行转账方式向安钡佳公司汇款56574360元和22825640元,同时还向安钡佳公司法定代表人张晓霞汇款1900万元,共计汇款9840万元。安钡佳公司向洪秀凤出具10张收据,每张金额984万元,共计9840万元。2013年8月26日、9月18日,张晓霞向洪秀凤各汇款368万元。

一审法院另查明,2011年10月28日,百富琪商业广场竣工验收。2013年6月2日,安钡佳公司与昆明力邦房屋拆迁有限公司(以下简称力邦公司)签订《商铺租赁合同》,将百富琪商业广场一、二层商铺出租给力邦公司,租期自2013年6月1日起至2033年5月31日止。

洪秀凤起诉称:双方当事人于2013年8月21日签订两份《商品房购销合同》后,洪秀凤依约付清了全部购房款,但安钡佳公司拒不履行合同义务。故请求:(1)判令安钡佳公司交付昆明百富琪商业广场A幢一层和二层整层商铺,并于交付之日起40日内协助洪秀凤办理所有权证;(2)判令安钡佳公司承担逾期交房的违约责任,支付违约金19350128元;(3)案件受理费、律师费(300万元)等相关费用由安钡佳公司承担。

安钡佳公司答辩称:本案实际是民间借贷纠纷,房屋买卖合同仅是民间借贷的担保形式,应为无效。洪秀凤主张的逾期交房违约责任,没有合同及法律依据。案件受理费由法院判定,而律师费不是必须发生的费用。

一审法院经审理认为:(1)双方当事人虽然形式上签订了《商品房购销合同》,但百富琪商业广场已于2011年10月28日完成竣工验收,案涉房产于双方签约前也整体出租给力邦公司,且洪秀凤明知上述情况。在已经具备交付条件的情况下,双方却将交房时间约定为2013年12月14日,有违常理。(2) 从安钡佳公司提交的 2010 年 4 月 9 日其与案外人张琳婕签订的《商品房购销合同》看,双方约定的百富琪商业广场第四层商铺的买卖价格为每平方米 40936.06 元,而案涉一层、二层房产交易价格为每平方米 2 万元及 9869 元,明显低于安钡佳公司与案外人约定的价格。(3) 洪秀凤按约应在 2014 年 1 月 20 日前,分两期支付全部房价款,但其在签约当日就分别向安钡佳公司汇款 56574360 元和 22825640 元,同时还向安钡佳公司法定代表人张晓霞汇款 1900 万元(共计 9840 万元),已经付清了全部房款,这与正常买房人的付款习惯不符。安钡佳公司在收到上述款项后出具给洪秀凤的是 10 张收据而非购房发票,此亦违背房屋买卖的交易习惯。(4) 在洪秀凤与安钡佳公司无其他业务往来的情况下,安钡佳公司法定代表人张晓霞于 2013 年 8 月 26 日、9 月 18 日向洪秀凤各汇款 368 万元。对该款项,安钡佳公司认为其与洪秀凤之间实际的借款金额是 8000 万元,月息 4.6‰,每月利息即 368 万元。洪秀凤则认为 736 万元是安钡佳公司给洪秀凤的销售返点,但双方在合同中并无约定,也无其他证据予以证实。双方当事人上述一系列行为明显不符合房屋买卖的一般交易习惯,故应认定双方所签《商品房购销合同》名为房屋买卖实为借款担保,双方之间系名为房屋买卖实为借贷民事法律关系。洪秀凤主张其与安钡佳公司之间是房屋买卖关系,与法院认定的法律关系不一致。一审法院向洪秀凤进行了释明,洪秀凤仍坚持其诉讼请求不予变更。综上,一审法院依照《中华人民共和国民事诉讼法》第一百五十二条和《最高人民法院关于民事诉讼证据的若干规定》第二条、第三十五条之规定,判决驳回洪秀凤的诉讼请求。案件受理费 630558.30 元,由洪秀凤负担。

洪秀凤不服一审判决,向本院提起上诉。

洪秀凤上诉称:一审法院将非常清晰的买卖合同法律关系认定为名为房屋买卖实为借贷民事法律关系,属认定事实和适用法律错误。一审判决所依据的四点理由无任何事实和法律依据。故请求撤销一审判决,支持洪秀凤全部诉讼请求。

安钡佳公司答辩称:一审法院认定本案法律关系名为房屋买卖实为借贷客观真实,驳回洪秀凤诉请认定事实清楚。故请求驳回上诉,维持

房屋买卖合同纠纷

原判。

本院二审查明：安钡佳公司于2013年8月14日出具付款委托书，委托洪秀凤将购房款9840万元汇至张晓霞及该公司账户。中国农业银行股份有限公司昆明吴井路支行银行卡取款业务回单记载，张晓霞于2013年8月21日向吴基协账户内转款1840万元。2013年8月21日，安钡佳公司出具10张收据，载明内容为收到洪秀凤购房款共计9840万元。2013年8月26日、9月18日，张晓霞向洪秀凤汇款各368万元，款项用途一栏均记载为私人汇款。

2014年9月23日一审庭审中，安钡佳公司述称，百富琪商业广场共有四层商铺，有些对外出租，有些对外出让，出让的单价是每平方米18000元。二审庭审中，安钡佳公司述称，百富琪商业广场四层商铺在开盘时的价格是18000元。本院就"张晓霞向吴基协付款1840万元的原因为何，是否基于洪秀凤的指令，有无证据""吴基协是什么人"等问题询问安钡佳公司，安钡佳公司称，该款是返还给吴基协，没有证据证明该汇款是基于洪秀凤的指令；张晓霞在借款之前认识吴基协，不认识洪秀凤；吴基协是联恒投资总经理，洪建华是联恒投资董事长，洪秀凤和洪建华是亲属关系。本院就洪秀凤与洪建华之间的关系问题询问洪秀凤，其称需要核实。

洪秀凤当庭向本院提交11份"二审新证据"，分别为：（1）洪秀凤实地考察案涉房产所拍摄的照片，证明目的：在签约前，洪秀凤进行了实地考察，其真实意思就是购房；（2）安钡佳公司向洪秀凤提供的各项开发建设手续和证照，证明目的：洪秀凤非常关注案涉房产的合法性；（3）洪秀凤一审代理律师沈汉卿2014年11月份手机通话详单，沈汉卿与安钡佳公司法定代表人张晓霞2014年11月10日手机通话录音的光盘及文字整理稿（时间为当日12时12分，时长4分54秒），通话内容主要为，商谈向承租人转售案涉房产事宜。张晓霞在通话中称："因为我们换产权人了嘛，他的想法能不能就是要不他来买，然后呢我跟他说，原来也提出过他要买，我才跟你们说赶快做准备卖给他嘛。"证明目的：一审庭审结束后，张晓霞自认洪秀凤系案涉房产的产权人，有权决定将案涉房产转售他人或向承租人收取租金；(4) 安钡佳公司向洪秀凤提供的昆明奥佳物业服务有限公司（以下简称奥佳公司）与平安银行股份有限公司昆明分行于2013年5月13日签订的《营业机构房屋租赁合同》，证明目的：在洽商房屋买卖过程中，安钡佳公司提供该份租赁合同以说明案涉房产具有投资价值；(5) 关于百富琪商业广场涉嫌违规建设的新闻报道，证明目的：因洪秀凤在购房前了解到该问题，双方才对案涉房产交易价格和交付日期作出符合实际情况的约定；(6) 张晓霞与张传文户口准予迁入证明、户口迁移证存根，以及张传文公民身份证号查询信息网页打印件，该证据显示，张传文（女，身份证号5302××××××××××，升位后为5302××××××××××××××）与张晓霞于1998年3月20日，将户籍由"东川市汤丹镇314队"迁入"西南有色地质局309队"，迁移原因系"家属随迁"。证明目的：张琳婕与张传文为同一人，其与安钡佳公司法定代表人张晓霞存在亲属关系，双方所签《商品房购销合同》的真实性存疑；(7) 张琳婕与安钡佳公司《商品房购销合同》被注销的买卖合同登记备案表（合同登记号：KM2010042018568），证明目的：①张琳婕所购房屋总金额为8427250元，折算每平方米仅5000元，并非一审判决所认定的每平方米40936.06元。②该《商品房购销合同》已于2014年4月22日（一审开庭前）被注销（注销类型为退房注销），安钡佳公司故意隐瞒事实，误导一审法院作出错误判决；(8)、(9) 一审法院2014年9月23日、10月23日庭审笔录。根据记载，安钡佳公司对其支付吴基协的1840万元款项的性质作出"本金""利息"的不同陈述，另对借款期限、计息标准、付息时间等情况的陈述也存在矛盾。证明目的：安钡佳公司对其主张的借贷关系不能自圆其说；(10)《昆明市人民政府办公厅关于转发昆明市进一步加强商品房预售管理实施意见的通知》，该意见第二条第一项规定："取得预售许可的商品住房项目，房地产开发企业要在10日内一次性向社会公布经住房和城乡建设行政主管部门审核确认的全部准售房源及每套房屋价格，并严格按照申报价格，明码标价对外销售。实际销售价格与申报价格上下波动超出15%的，必须及时重新申报，重新申报次数为一次，否则，房产登记机关不予登记备案。"证明目的：案涉合同已在房管部门登记备案，约定价格符合安钡佳公司在房管部门申报备

房屋买卖合同纠纷

案的价格区间;(11)安钡佳公司与力邦公司于2013年6月2日签订的《商铺租赁合同》、力邦公司于2013年6月10日委托奥佳公司对外租赁百富琪商业广场的授权委托书及三家公司的登记卡片,证明目的:安钡佳公司与奥佳公司之间存在关联关系,安钡佳公司与力邦公司约定的租金价格仅为实际承租人的1%,且奥佳公司与实际承租人的签约时间早于《商铺租赁合同》,该份合同的交易价格和交易时间不符合逻辑。

上述证据(8)、(9)为一审法院庭审笔录,不属于二审程序中新的证据。其余证据在一审期间亦已存在,但综合本案情况,洪秀凤逾期提供该等证据难谓存在故意或者重大过失的情形。根据相关证据与案件基本事实的关系,本院当庭要求安钡佳公司在指定期间内就前述证据(3)、(6)、(7)、(10)提交质证意见。

安钡佳公司在二审庭审中认为上述证据均不属于新证据。对前述相关证据,安钡佳公司在二审庭审后提交质证意见:(1)沈汉卿与张晓霞的通话,产生于双方应一审法官要求就如何还款进行调解的过程中,其内容不能证明洪秀凤就是产权人;(2)张琳婕与张传文身份证号一致,是否与张晓霞系亲属关系不得而知;(3)针对张琳婕买卖合同备案登记表及该房屋价格,安钡佳公司提供张琳婕购房公证书及个人房屋抵押借款合同、首期付款37418000元发票、北京中企华房地产估价有限公司于2014年10月10日作出的《房地产估价报告初评结果》(其结论为:百富琪商业广场一至四层商业、四层全部公寓及负一层地下车位建筑面积19794.54平方米房地产,市场价值初评结果70200万元,价值时点2014年9月24日),认为案涉合同备案登记价格明显低于当时市场价格;(4)昆明市进一步加强商品房预售管理实施意见是真实的,但该意见系2011年1月1日生效,案涉楼盘销售时间为2010年1月3日,当时不需要公布和申报价格。

综合安钡佳公司质证意见,因其对洪秀凤所提供二审证据(3)、(6)、(7)、(10)的真实性未提出异议,本院确认其真实性。

2014年9月23日,一审庭审中,安钡佳公司述称,案涉房产应该是已经竣工验收了,但是房产证还没有办下来,涉及规划方面的问题,是因为楼层问题,规划是25层,后来建了32层,本来增加的楼层要求分两次报批,但是尚未报批的时候就已经建好了。洪秀凤在二审庭审后提交的代理意见中,未向本院说明其与洪建华之间的关系,并称百富琪商业广场无法办理产权的原因系涉嫌违规超建,安钡佳公司依法缴纳罚款后即可办理产权登记。

本院查明的其他案件事实与一审法院查明的案件事实相同。

本院认为,根据当事人上诉、答辩意见,并经其当庭确认,本案二审争议焦点为:(1)双方当事人之间法律关系的性质;(2)安钡佳公司应否向洪秀凤交付案涉房产并协助办理所有权变更登记;(3)安钡佳公司应否以及如何承担逾期交房的违约责任,应否承担洪秀凤支付的律师费。

一、关于双方当事人之间法律关系的性质问题

民事法律关系是民事法律规范调整社会关系过程中形成的民事主体之间的民事权利义务关系。除基于法律特别规定,民事法律关系的产生、变更、消灭,需要通过法律关系参与主体的意思表示一致才能形成。判断民事主体根据法律规范建立一定法律关系时所形成的一致意思表示,目的在于明晰当事人权利义务的边界、内容。一项民事交易特别是类似本案重大交易的达成,往往存在复杂的背景,并非一蹴而就且一成不变。当事人的意思表示于此间历经某种变化并最终明确的情况并不鲜见。有些已经通过合同确立的交易行为,恰恰也经历过当事人对法律关系性质的转换过程。而基于各自诉讼利益考量,当事人交易形成过程中的细节并不都能获得有效诉讼证据的支撑。合同在性质上属于原始证据、直接证据。根据《最高人民法院关于民事诉讼证据的若干规定》第七十七条有关证据证明力认定原则的规定,其应作为确定当事人法律关系性质的逻辑起点和基本依据,应当重视其相对于传来证据、间接证据所具有的较高证明力。仅可在确有充分证据证明当事人实际履行行为与书面合同文件表现的效果意思出现显著差异时,才可依前者确定其间法律关系的性质。亦即,除在基于特定法政策考量,有必要在书面证据之外对相关事实予以进一步查证等情形,推翻书面证据之证明力应仅属例外。民事诉讼中的案件事实,应为能够被有效证据证明的案件事实。此外,透过解释确定争议法律关系的性质,应当

房屋买卖合同纠纷

秉持使争议法律关系项下之权利义务更加清楚，而不是更加模糊的基本价值取向。在没有充分证据佐证当事人之间存在隐藏法律关系且该隐藏法律关系真实并终局地对当事人产生约束力的场合，不宜简单否定既存外化法律关系对当事人真实意思的体现和反映，避免当事人一方不当摆脱既定权利义务约束的结果出现。此外，即便在两种解读结果具有同等合理性的场合，也应朝着有利于书面证据所代表法律关系成立的方向作出判定，借此传达和树立重诺守信的价值导向。综上，若要否定书面证据所体现的法律关系，并确定当事人之间存在缺乏以书面证据为载体的其他民事法律关系，必须在证据审核方面给予更为审慎的分析研判。

根据《最高人民法院关于适用〈中华人民共和国合同法〉若干问题的解释（二）》第七条规定，"交易习惯"是指，不违反法律、行政法规强制性规定的，在交易行为当地或者某一领域、某一行业通常采用并为交易对方订立合同时所知道或者应当知道的做法，或者当事人双方经常使用的习惯做法。《中华人民共和国合同法》针对"交易习惯"问题作出相关规定，其意旨侧重于完善和补充当事人权利义务的内容，增强当事人合同权利义务的确定性。而本案并不涉及运用交易习惯弥补当事人合同约定不明确、不完整所导致的权利义务确定性不足的问题。在前述立法意旨之外，运用"交易习惯"认定当事人交易行为之"可疑性"，应格外谨慎。首先，关于房屋交付时间问题。案涉房产存在违反规划超建楼层且尚未报批即行出售的事实，在此情况下，当事人约定在合同签订之日后近4个月时交付房产。而即便不考虑前述事实，在现房买卖情形中，如何约定交房期限方符合"交易习惯"，有无必要乃至是否形成"交易习惯"，同类一般交易判断是否已经形成普遍共识，尚存较大疑问。其次，关于房屋价格问题。抛开此节是否属于"交易习惯"的问题，对不合理低价的判断，亦须以当时当地房地产管理部门公布的同等房地产之价格信息为参考依据。虽安钡佳公司称对其法定代表人张晓霞与张琳婕是否为亲属关系不得而知，但其确认张琳婕同张传文（与张晓霞户籍迁移时间、原因，迁出及迁入地均相同）身份证号相同的事实。张琳婕与安钡佳公司《商品房购销合同》的备案登记，已于2014年4月22日（一审庭审时间为2014年9月23日）因退房原因被注销。一审法院未查明相关事实，亦未对安钡佳公司在一审庭审中所作陈述与前述合同约定单价出现明显差异的事实给予必要关注，径以双方当事人约定价格明显低于安钡佳公司与张琳婕在案涉合同签订之日近30个月前所订合同中约定价格为主要理由，否定本案双方当事人之间存在房屋买卖法律关系，理据不足。此外，至本案当事人签约时（2013年8月21日），《昆明市进一步加强商品房预售管理实施意见》已经在当地施行（2011年1月1日生效）。根据该意见的前述相关规定，可以认定洪秀凤所持本案交易价格符合合理区间的主张成立。再次，关于付款问题。案涉合同约定的购房款支付方式为分期支付，但在洪秀凤所为一次性支付及安钡佳公司受领给付的共同作用下，应当认定其属于合同履行之变更。将此种合同履行变更视作与正常买房人的付款习惯相悖，理据尚不充分。而洪秀凤向安钡佳公司法定代表人张晓霞付款1900万元，也符合该公司所出具付款委托书的要求。购房发票系当事人办理房地产变更登记过程中所必需，一审法院认定安钡佳公司此前先行开具购房款收据违背房屋买卖"交易习惯"，并得出当事人之间不存在房屋买卖法律关系的结论，缺乏足够的事实和法律依据。对本案736万元款项性质，双方所述均无合同依据且无其他证据佐证。然据前所述及，也不宜基此通过解释和推断得出推翻书面证据所反映当事人法律关系存在的结论。最后，关于借贷法律关系问题。洪秀凤与安钡佳公司签订了房屋买卖合同且已经备案登记，在实际履行过程中，虽然有些事实可能引发不同认识和判断，但在没有任何直接证据证明洪秀凤与安钡佳公司之间存在民间借贷法律关系，且安钡佳公司对其所主张民间借贷法律关系诸多核心要素的陈述并不一致的情况下，认定双方当事人之间存在民间借贷法律关系，缺乏充分的事实依据。本案二审庭审时，当庭播放了沈汉卿与安钡佳公司法定代表人张晓霞于2014年11月10日（一审庭审之后）的通话录音。其时，安钡佳公司一审所持抗辩意见已经固定，但安钡佳公司法定代表人张晓霞在通话中对洪秀凤之购房人身份却是认可的。至于安钡佳公司主张支付吴基协的1840万元系其所归还的借款本金问题，因其未提供任何证据支持，本院难予采信。如有争议，当事人可另循法律途径解决。

房屋买卖合同纠纷

证明标准是负担证明责任的人提供证据证明其所主张法律事实所要达到的证明程度。本案中，洪秀凤已经完成双方当事人之间存在房屋买卖法律关系的举证证明责任，安钡佳公司主张其与洪秀凤之间存在民间借贷法律关系。按照《最高人民法院关于适用〈中华人民共和国民事诉讼法〉的解释》第一百零八条规定，安钡佳公司之举证应当在证明力上足以使人民法院确信该待证事实的存在具有高度可能性。而基于前述，安钡佳公司为反驳洪秀凤所主张事实所作举证，没有达到高度可能性之证明标准。较之高度可能性这一一般证明标准而言，合理怀疑排除属于特殊证明标准。《最高人民法院关于适用〈中华人民共和国民事诉讼法〉的解释》第一百零九条对排除合理怀疑原则适用的特殊类型民事案件范围有明确规定。一审法院认定双方当事人一系列行为明显不符合房屋买卖的"交易习惯"，进而基于合理怀疑得出其间系名为房屋买卖实为借贷民事法律关系的认定结论，没有充分的事实及法律依据，也不符合前述司法解释的规定精神，本院予以纠正。

二、关于安钡佳公司应否向洪秀凤交付案涉房产并协助办理所有权变更登记的问题

安钡佳公司与洪秀凤所签两份《商品房购销合同》，不违反法律、行政法规的效力性强制性规定，应认定有效。《中华人民共和国合同法》第八条、第六十条第一款规定，依法成立的合同，受法律保护，当事人应当按照约定全面履行自己的义务。在洪秀凤已经按约支付全部价款的情况下，安钡佳公司应当依法按约向洪秀凤交付房产并协助办理所有权变更登记。百富琪商业广场存在违规超建的事实，但该行政违法并不针对本案争议房产，安钡佳公司向洪秀凤交付房产并不存在法律上和事实上的障碍，对洪秀凤有关安钡佳公司交付案涉房产的诉请，本院予以支持。而因前述行政违法行为构成案涉房产所有权变更登记之法律障碍，于本案中直接判决安钡佳公司履行办理所有权变更登记义务并不妥当。安钡佳公司应在相关行政违法事项消除后，协助洪秀凤办理所有权变更登记。后续事项如因新的事实出现而再起争议，洪秀凤可另循法律途径解决。

三、关于安钡佳公司应否以及如何承担逾期交房的违约责任，应否承担洪秀凤支付的律师费的问题

《中华人民共和国合同法》第一百零七条规定，当事人一方不履行合同义务或者履行合同义务不符合约定的，应当承担继续履行、采取补救措施或者赔偿损失等违约责任。本案中，安钡佳公司逾期交房构成违约，理应依法承担相应的违约责任。按照双方当事人有关安钡佳公司逾期交房违约责任的约定，安钡佳公司应承担的违约金为：314302 元 × 30 日 × 2 = 18858120 元；62860400 元 × 5‰ = 314302 元；35541130 元 × 5‰ = 177705.65 元；以上合计 19350127.65 元。洪秀凤要求安钡佳公司承担 19350128 元的违约责任有合同依据。考虑到洪秀凤对其收取的 736 万元款项性质的主张未能提供充分证据，为更好平衡当事人利益，该款可从违约金总额中予以相应扣减。据此，安钡佳公司应向洪秀凤支付违约金 11990128 元。根据《中华人民共和国合同法》第一百一十三条第一款规定，当事人一方不履行合同义务或者履行合同义务不符合约定，给对方造成损失的，损失赔偿额应当相当于因违约所造成的损失。律师费 300 万元的支出，并非洪秀凤主张权利必然发生的费用，在当事人对此并无特别约定的情况下，洪秀凤亦未充分证明该损失额与安钡佳公司违约行为之间的直接因果关系，故对洪秀凤此项诉讼请求，本院不予支持。

综上所述，一审判决认定双方当事人之间名为房屋买卖实为借贷法律关系，并据此驳回洪秀凤的诉讼请求，认定事实和适用法律错误，本院予以纠正。洪秀凤上诉主张其与安钡佳公司之间存在房屋买卖法律关系，并要求安钡佳公司承担继续履行等违约责任，有事实和法律依据，对其合理部分，本院予以支持。本院依照《中华人民共和国民事诉讼法》第一百七十条第一款第二项之规定，判决如下：

一、撤销云南省高级人民法院（2014）云高民一初字第 9 号民事判决；

二、昆明安钡佳房地产开发有限公司于本判决生效后 10 日内向洪秀凤交付百富琪商业广场一层、二层商业用房；

三、昆明安钡佳房地产开发有限公司于百富琪商业广场所涉行政违法事项消除后40日内协助洪秀凤办理一层、二层商业用房所有权变更登记；

四、昆明安钡佳房地产开发有限公司于本判决生效之日起10日内向洪秀凤支付违约金11990128元；

五、驳回洪秀凤的其他诉讼请求。

昆明安钡佳房地产开发有限公司如果未按本判决指定的期间履行给付金钱义务，应当按照《中华人民共和国民事诉讼法》第二百五十三条之规定，加倍支付迟延履行期间的债务利息。

一审案件受理费630558.30元，二审案件受理费630558.30元，共计1261116.60元，由昆明安钡佳房地产开发有限公司负担。

本判决为终审判决。

审 判 长　辛正郁
代理审判员　潘　杰
代理审判员　司　伟
二〇一五年六月一日
书 记 员　韦　大

54. 张俭华、徐海英诉启东市取生置业有限公司房屋买卖合同纠纷案

开发商交付的房屋与购房合同约定的方位布局相反，且无法调换，购房者可以合同目的不能实现为由要求解除合同

【裁判摘要】

> 当事人将特定主观目的作为合同条件或成交基础并明确约定，则该特定主观目的之客观化，属于《中华人民共和国合同法》第九十四条第一款第四项的规制范围。如开发商交付的房屋与购房合同约定的方位布局相反，且无法调换，购房者可以合同目的不能实现解除合同。

原告：张俭华，男，40岁，住江苏省启东市。

原告：徐海英，女，26岁，住江苏省启东市。

被告：启东市取生置业有限公司，住所地：江苏省启东市经济开发区凯旋路。

原告张俭华、徐海英与被告启东市取生置业有限公司（以下简称取生置业）发生房屋买卖合同纠纷，向江苏省启东市人民法院提起诉讼。

原告张俭华、徐海英诉称：2014年2月7日，两原告与被告取生置业签订了《商品房买卖合同》，合同约定：原告购买被告开发的位于启东市汇龙镇"凯旋华

---

* 摘自《最高人民法院公报》2017年第9期。

房屋买卖合同纠纷

府"小区 12 幢 10 单元 1107 室商品房一套,该房建筑面积 87.88 平方米,每平方米 7168.87 元,原告已依约于 2014 年 2 月 7 日一次性付清总房款 63 万元。由于在签订《商品房买卖合同》的当时,该房尚在施工建设,属于期房,原告只能通过被告面向社会公开发布的广告宣传及被告公司的销售人员来了解所购商品房的房间布局、方位等情况。签约当时,鉴于原告对房间布局及具体方位的明确要求,被告承诺案涉房产的具体房间方位为:以入户朝向为标准,主卧、次卧、卫生间等房间在右手边;餐厅、客厅等在左手边。同时,将双方约定的房间布局与方位平面图作为合同附件并加盖公章予以确认。2015 年 7 月初,原告应被告通知前去验房,在验房过程中,原告发现所购房产的实际房间布局与双方合同约定的完全不一致:实际该房的主卧、次卧、卫生间与餐厅、客厅等房间正好相反,随后,原告夫妇多次与被告进行交涉沟通,但由于被告回避问题故至今未果。原告认为:商品房买卖合同有效成立,被告理应严格按合同约定来履行合同义务,但被告的行为已严重违反合同约定及诚实信用原则,致使原告不能实现合同目的,并造成原告经济损失。为维护原告的合法权益,故诉至法院请求判令依法解除双方签订的商品房买卖合同;判令被告退还购房款 63 万元并按银行同期贷款利率支付利息 49612.50 元(暂计算 2014 年 2 月 7 日至 2015 年 8 月 7 日期间利息,期后计算至法院生效裁判文书确定的还款日止);判令被告赔偿原告因处理退房纠纷所造成的误工费、交通费等损失 4606 元;本案诉讼费由被告承担。

被告取生置业辩称:原告张俭华、徐海英是在 2014 年春节购房的,在签约之前,被告方的销售人员向原告作出了详细的说明且向原告提供了原告购房所在栋户型的平面图,该平面图显示一层有四套,每两套是相向的,使用的平面图是一致的,当时约定两个卧室朝南,厨房和餐厅朝北,没有进户后的左右方位区分。该事实不仅在签约前原告是清楚的,且签约前被告方的销售人员还带原告去涉案房屋处查看,故 2015 年 6 月,被告向原告发出交房通知,所交的房屋跟原告知晓的房屋是完全一致的,被告不存在违约行为,更不构成根本违约。针对原告提出的左右方位的问题,被告认为不影响房屋的价值,不影响原告方使用房屋,但是原告方既然提出异议，被告公司秉承为每一个客户周到服务的宗旨，若原告坚持退房，被告方表示同意，但因不存在违约行为，不应向原告支付损失，若原告方不退房，被告同意向原告作出一定补偿。

启东市人民法院一审查明：原告张俭华、徐海英系夫妻关系。2014年2月7日，张俭华（买受人）与被告取生置业（出卖人）签订《商品房买卖合同》一份，约定买受由取生置业开发的位于启东市汇龙镇港西北路807号凯旋华府小区12幢10单元1107号商品房（在建），合同记载该房建筑面积为87.88平方米，单价为7168.87元/平方米，房屋总价为人民币63万元。该合同附件一为张俭华、徐海英买受房屋的平面图。签订合同当日，张俭华、徐海英一次性支付房款63万元，取生置业开具销售不动产统一发票。

2015年6月，被告取生置业向原告张俭华、徐海英发出交房通知，张俭华、徐海英购买的房屋与取生置业的房型图宣传资料以及双方的购房合同附件一载明的房型图户型一致，但实际房间布局结构与房型图为轴对称方向，取生置业的房型宣传图及合同附件房型图的方位为：以人员站立于门口面向房内为准，主卧、次卧、卫生间位于右侧；餐厅、客厅、厨房位于左侧。现实际格局与宣传册及合同附件的图形位置相反。张俭华、徐海英于2015年7月16日向取生置业发出律师函一份，认为无法实现合同目的，取生置业已构成根本性违约。关于房型方位问题，取生置业在庭审中陈述：张俭华、徐海英购房所在楼的房型一致，每层有四套房屋，每套房屋的格局（一主卧、一次卧、一客厅、一餐厅、一厨一卫）一致，四套商品房内部各房间的方位两两相对，该栋楼所有房屋使用相同的房型图宣传册、合同附件中所画图形均一致。

启东市人民法院一审认为：合同一方当事人因违约行为致使不能实现合同目的，另一方当事人可以解除合同。合同目的不是具体的物或行为，而是合同标的物、合同行为背后所隐含的合同当事人的目标。对于整个合同而言，合同目的处于总纲的地位，合同的其他条款均是为实现该目的而设定的双方权利义务，一方当事人在确定无法实现合同目的的情况下，可以主张行使撤销权。本案中，原告张俭华、徐海英主张被告取生置

房屋买卖合同纠纷

业实际交付的房屋布局方位与合同及房型图不一致，构成根本违约，导致其合同目的不能实现，据此要求解除双方签订的《商品房买卖合同》，一审法院认为张俭华、徐海英的理由不能成立。就一般大众而言，购买商品房的目的分为居住、投资、孩子就学等，张俭华、徐海英对案涉房屋的质量、面积、小区配套设施等均未提出异议，显然，取生置业实际交付的房屋并不影响投资、就学等合同目的。对于日常居住，房间布局是否合理、朝阳房间的数量、光照时间等影响居住质量的因素为购房人首要考虑之问题，现本案取生置业实际向张俭华、徐海英交付房屋的格局、朝阳房间数量、阳台进深等与房型图、合同附件图一致，仅存在方向的反差，并不影响张俭华、徐海英的居住目的，且住宅楼每层两侧的房屋布局呈轴对称方向亦为一般常规，张俭华、徐海英据此主张取生置业构成根本违约，缺乏事实与法律基础。故一审法院认为双方仍应秉承诚实信用之原则履行双方于 2014 年 2 月 7 日签订的《商品房买卖合同》。现取生置业表示同意补偿张俭华、徐海英人民币 1 万元，于法不悖，予以支持。

据此，启东市人民法院依照《中华人民共和国合同法》第六十条、第九十四条之规定，于 2015 年 11 月 12 日作出判决：一、被告取生置业于判决生效之日起 15 日内补偿原告张俭华、徐海英人民币 1 万元。二、驳回原告张俭华、徐海英的诉讼请求。

张俭华、徐海英不服一审判决，向南通市中级人民法院提起上诉称：（1）案涉商品房在购买时为期房，被上诉人取生置业的销售人员安排张俭华、徐海英参观了样板房，但样板房与实际交付的房屋不符，取生置业工作人员并未作出任何解释；张俭华、徐海英对于所购买房屋的左右布局要求明确，取生置业为此出具了房间左右分布平面图作为合同附件并加盖公司合同专用章予以确认。（2）取生置业所交付的房屋与合同约定的房屋左右布局完全相反，严重违反合同约定。即便同一楼层的商品房属于轴对称设计，张俭华、徐海英也有权选择位于轴左边或右边的房屋。（3）张俭华、徐海英明确表达了购房的目的，并在商品房买卖合同中予以约定。一审法院以"一般大众的购房目的为投资、居住、孩子就读等"就简单代替了当事人的真实购房意愿，且"一般购房目的"并不能代替"特殊购房目的",张俭华、徐海英对于房屋左右布局的特殊要求,只要合理合法,就应当得到尊重和法律的保护。(4)根据《最高人民法院关于审理商品房买卖合同纠纷案件适用法律若干问题的解释》第三条的规定,取生置业向社会公开的宣传资料属于要约,其提供的商品房与其宣传资料图片中的房屋左右布局也不一致。(5)取生置业的违约行为造成了张俭华、徐海英的经济损失,张俭华、徐海英有权要求解除合同并返还63万元的购房款本金,并按银行同期同类贷款利率支付利息。综上,由于取生置业交付房屋不符合约定,致使张俭华、徐海英的合同目的彻底落空。案涉购房合同应依法解除,取生置业应赔偿张俭华、徐海英的经济损失。请求二审法院撤销一审判决,依法改判,诉讼费用由取生置业承担。

被上诉人取生置业答辩称:上诉人张俭华、徐海英在购房的过程中完全了解其所购买的户型的左右布局,即使根据取生置业提供的购房图纸,取生置业工作人员在工作中有一定瑕疵,该瑕疵不构成买卖合同的根本违约,张俭华、徐海英无权解除合同,且取生置业愿意做出一定的补偿。综上,一审法院认定事实清楚,适用法律正确,应当予以维持。

二审审理期间,双方一致确认以下事实:(1)被上诉人取生置业实际交付房屋与宣传图片、购房合同附件一的房屋平面图(加盖取生置业合同专用章)内部左右布局相反。(2)上诉人张俭华、徐海英购房时所参观的样板房与实际交付房屋并不相符。(3)与购房合同约定一致的户型已经全部销售,无法交付与合同附件房屋平面图一致的房屋。

另,上诉人张俭华、徐海英以书面形式变更诉讼请求,不再主张违约金部分。

南通市中级人民法院经二审,确认了一审查明的事实。

南通市中级人民法院二审认为:本案二审的争议焦点:上诉人张俭华、徐海英能否以合同目的不能实现解除案涉购房合同。

根据《中华人民共和国合同法》第九十四条第一款第(四)项规定,当事人一方迟延履行债务或者有其他违约行为致使不能实现合同目的,当事人可以解除合同。该条赋予合同目的不能实现时非违约方的法定解除权,案涉房屋内部布局左右相反导致上诉人张俭华、徐海英合同目的不能

实现,其有权解除购房合同。

其一,合同目的包括客观目的和主观目的。客观目的即典型交易目的,当事人购房的客观目的在于取得房屋所有权并用于居住、孩子入学、投资等,影响合同客观目的的实现的因素有房屋位置、面积、楼层、采光、质量、小区配套设施等,客观目的可通过社会大众的普遍认知标准予以判断。主观目的为某些特定情况下当事人的动机和本意。一般而言,《中华人民共和国合同法》第九十四条第一款第四项中的合同目的不包括主观目的,但当事人将特定的主观目的作为合同的条件或成交的基础,则该特定的主观目的客观化,属于《中华人民共和国合同法》第九十四条的规制范围。

其二,本案中,双方当事人对于房屋的内部左右布局约定明确。从现有证据来看,无论是被上诉人取生置业的宣传图片还是购房合同附件中的房屋平面图,均明确了房屋进门后的左右布局。取生置业在购房合同附件中的房屋平面图加盖合同专用章,该附件并未提醒购房者,实际交付房屋的内部左右布局可能与平面图相反。取生置业辩称其工作人员在销售房屋时曾明确告知,但并未提供证据予以证明,应承担举证不能的不利后果。且上诉人张俭华、徐海英所购房屋为期房,在购房时参观的样板房也与实际交付的房屋不一致,无法据此推断张俭华、徐海英明知所购房屋的内部左右布局与合同约定相反。

其三,上诉人张俭华、徐海英对于房屋内部左右布局明确约定并作为特定的合同目的,并不违反法律、行政法规的禁止性规定,亦未侵害第三人权益,属于当事人意思自治的范畴,法律尊重和保护个体通过自身价值判断自由选择合适房屋的合法权利。房屋并非普通商品,购房者对所购房屋的谨慎选择符合生活常理。由于被上诉人取生置业并未交付符合合同约定布局的房屋且无法调换,致使张俭华、徐海英购买符合购房合同附件中约定布局房屋的合同目的落空,张俭华、徐海英要求解除合同于法有据,法院予以确认。张俭华、徐海英于2015年7月16日向取生置业发出律师函,告知取生置业构成根本违约,要求其拿出解决方案,但未明确解除合同,故法院确认案涉购房合同的解除时间为一审期间起诉状副本送达取生置业之日即 2015 年 8 月 1 日。

根据《中华人民共和国合同法》第九十七条的规定，合同解除后，尚未履行的，终止履行；已经履行的，根据履行情况和合同性质，当事人可以要求恢复原状、采取其他补救措施、并有权要求赔偿损失。由于上诉人张俭华、徐海英并未实际取得案涉房屋，被上诉人取生置业应返还购房款 63 万元，同时，张俭华、徐海英放弃对违约金部分的主张，系对自身权利的自由处分，法院照准。

综上所述，上诉人张俭华、徐海英的上诉理由成立，法院予以采纳。一审判决认定事实清楚，但适用法律不当，依法予以改判。南通市中级人民法院依照《中华人民共和国民事诉讼法》第一百七十条第一款第二项之规定，于 2016 年 3 月 7 日作出判决：

一、撤销启东市人民法院（2015）启开民初字第 01662 号民事判决。

二、确认张俭华、徐海英与启东市取生置业有限公司 2014 年 2 月 7 日签订的《商品房买卖合同》于 2015 年 8 月 1 日解除。

三、启东市取生置业有限公司于本判决生效 10 日内返还张俭华、徐海英购房款 63 万元。

本判决为终审判决。

房屋买卖合同纠纷

55. 万学全、万兵诉狄平等人房屋买卖合同纠纷案*

> 共同居住的家庭成员，以自己的名义将其他家庭成员名下的房屋出卖给他人，该行为对房屋所有人是否有效，应当结合房屋产权证书、对价支付情况等综合判定

【裁判摘要】

> 共同居住的家庭成员，以自己的名义将其他家庭成员名下的房屋出卖给他人，该行为对房屋所有人是否有效，须判断房屋所有人是否事前知晓且同意。为此，人民法院应当结合房屋产权证书、钥匙是否为房屋所有人持有，对价支付情况，买受人实际占有房屋持续时间以及相关证人证言等综合判定。

原告：万学全，男，67岁，汉族，住江苏省扬州市江都区。

原告：万兵，男，38岁，汉族，住江苏省扬州市江都区。

被告：狄平，男，92岁，汉族，住江苏省镇江市新区。

被告：管耘，女，67岁，汉族，住江苏省镇江市新区。

被告：丁齐元，男，71岁，汉族，住江苏省镇江市新区。

---

* 摘自《最高人民法院公报》2018年第2期。

原告万学全、万兵因与被告狄平、管耘、丁齐元发生房屋买卖合同纠纷，向江苏省扬州市江都区人民法院提起诉讼。

原告万学全、万兵诉称：2000年7月5日，被告狄平、管耘、丁齐元将坐落在原江都镇东方红东路刑警大队×幢×室面积85.12平方米的毛坯房和附属车库卖给原告，并签下房屋买卖协议。原告按协议约定先行给付了被告10万元，被告向原告交付了房屋钥匙和老房产证，原告即对该房进行装修入住至今。2012年核发新证，原告多次要求被告协助办理过户手续，但被告始终置若罔闻，不予理睬，故诉至法院，请求判令被告协助办理房屋过户手续并承担违约金和经济损失合计1289.2元。

被告狄平辩称：被告狄平没有与任何人签订过房屋买卖协议，讼争房屋为狄平所有，任何人无权处分该房屋，原告的诉讼请求无事实和法律依据，请求法院依法驳回原告的诉讼请求。

被告丁齐元、管耘辩称：原告万兵提供的房屋买卖协议是原告与丁齐元签订的，被告狄平和管耘未签字。丁齐元确实收到原告购房款定金1万元，并出具了收条。管耘和丁齐元确实收到原告购房款合计10万元，并由管耘出具了收条。但狄平对卖房事实并不知情。

扬州市江都区人民法院经一审查明：万兵系万学全与徐伯兰（已故）之子，管耘系狄平与孙秀珍（已故）之女，丁齐元系管耘之夫，丁海燕系管耘与丁齐元之女。

被告狄平于1996年从原江都市法院分得一套房改房，1999年4月该房开始拆除重建，2000年初狄平因该房拆迁始获得本案诉争房屋。2000年7月5日，原告万学全、万兵与被告签订房屋买卖协议一份，双方约定将狄平名下的坐落在原江都镇东方红东路刑警大队×幢×室和车库出卖给原告。双方约定房屋价款10.8万元，付款方式为：协议生效后由原告先付定金1万元，被告交付老产权证时再付9万元，被告协助办理房屋过户手续后，付清余款8000元。协议签订当日，被告丁齐元代狄平收到万兵购房定金1万元，并出具收条一份。

2000年8月22日，被告管耘、丁齐元代被告狄平收到原告万兵购房款9万元，同日，管耘出具10万元收条一份（包括2000年7月5日丁齐

房屋买卖合同纠纷

元收到的1万元），丁齐元将诉争房屋的老房产证及钥匙交付原告。原告自此对诉争房屋装修、入住，并居住至今。

2012年11月2日，案外人丁海燕出具收条一份，以办新证为由从原告万学全、万兵处借走诉争房屋老产权证，之后为被告狄平办理了新房产证。由于被告一直未履行协助过户义务，为此，原告诉至一审法院，请求判令：被告协助将诉争房屋过户至原告名下；被告支付违约金及相关经济损失1289.2元，并承担本案全部诉讼费。

法院审理中，被告丁齐元、管耘、狄平就原告万学全、万兵提供的房屋买卖协议中狄平的签名提出笔迹鉴定申请，因狄平始终拒绝出庭提供笔迹样本，加之丁齐元、管耘阻止法院直接接触狄平以查明本案事实，法院对被告的鉴定申请未予准许。

另查明，被告狄平之妻于农历2000年正月初二去世。原告万学全之妻徐伯兰在诉讼过程中于2013年5月28日去世。狄平在诉争房屋出卖前至诉讼发生时一直与被告丁齐元、管耘共同生活。

扬州市江都区人民法院一审认为：依法成立的合同受法律保护。被告丁齐元和管耘2000年就收到原告万学全、万兵的10万元购房款，并且向原告交付了讼争房屋的钥匙和老产权证，原告占有该房屋后装修并使用至今，三被告一直未提出异议。关于三被告认为被告狄平对房屋出卖一事不知情的辩解，证人夏元庆、邹凤香证实，狄平在房屋出卖后多次来江都时谈及房屋出卖事宜，对房屋出卖的事实和价格等完全知晓。狄平在讼争房屋出卖之前即与丁齐元和管耘共同生活至今，三被告的辩解完全违背客观事实，且与常理不符，法院依法不予采信。本案中，原告按约交付了价款，被告也交付了房屋，双方房屋买卖合同关系依法成立，房屋买卖协议有效。虽然双方签订的《房屋转让协议》存在一定瑕疵，但不影响房屋买卖的效力，故原告要求被告协助办理房屋权属变更手续的诉讼请求符合法律规定，法院予以支持。被告在讼争房屋过户条件成就后，拒绝履行过户义务，有悖诚信，显属无理，应负此次纠纷的全部责任。原告要求被告承担违约金和经济损失的诉讼请求，于法无据，法院不予支持。

综上，江苏省扬州市江都区人民法院依照《中华人民共和国合同法》

第六十条①、第一百零七条②,《中华人民共和国民事诉讼法》第六十四条的规定,于2013年7月9日作出判决:

一、被告狄平、管耘于本判决生效之日起10日内协助原告万学全、万兵办理坐落于扬州市江都区仙女镇东方红东路×幢×室房屋(含车库)的产权证和国有土地使用权证的变更登记手续,所需过户费用等由原告万学全、万兵承担;

二、驳回原告万学全、万兵其他诉讼请求。案件受理费130元,保全费1920元,合计2050元,由被告狄平、管耘负担。

狄平、管耘、丁齐元不服一审判决,向江苏省扬州市中级人民法院提起上诉称:(1)一审审判程序错误:①上诉人一审期间已向一审法院另行起诉,一审法院未中止审理本案,违反法定程序;②一审法院对上诉人提出的笔迹鉴定申请不予准许违反法定程序;③上诉人一审庭审中提供的一份经被上诉人当庭质证的证据:中共镇江新区大港街道工作委员会出具的《证明》,一审判决未体现。(2)一审认定事实错误:①本案诉争的房屋买卖协议有瑕疵,该瑕疵主要表现为买卖双方当事人的不同,被上诉人万学全、万兵提供的协议中出卖方为狄平、管耘、丁齐元,购买方为万学全、万兵、徐伯兰,而上诉人提供的协议中出卖方只有丁齐元,购买方只有万兵,该瑕疵属合同主体问题,足以影响合同效力。如果被上诉人提供的协议属伪造,万学全、徐伯兰就不应作为本案当事人,丁齐元就属于无权处分,狄平就无须承担合同义务。②上诉人提供的中共镇江新区大港街道工作委员会出具的《证明》证实狄平本人不可能一人到江都,证明被上诉人提供的证人证言系谎言,不应采信。

被上诉人万学全、万兵共同答辩称:一审法院认定事实清楚,证据充分,一审判决程序合法,适用法律正确,请求依法驳回上诉。

扬州市中级人民法院经二审,确认了一审查明的事实。

---

① 对应《中华人民共和国民法典》第五百零九条:"当事人应当按照约定全面履行自己的义务。当事人应当遵循诚信原则,根据合同的性质、目的和交易习惯履行通知、协助、保密等义务。当事人在履行合同过程中,应当避免浪费资源、污染环境和破坏生态。"

② 对应《中华人民共和国民法典》第五百七十七条,内容未作修改。

另查明，上诉人丁齐元与被上诉人万学全、万兵分别提供了一份房屋转让协议。两份协议不同之处有：丁齐元提供的协议中，出卖方的首部和尾部签名只有丁齐元，买受方的签名只有万兵；万学全、万兵提供的协议中出卖方的首部签名为丁齐元、管耘，尾部为丁齐元、狄平和管耘，买受方的首部签名为万兵，尾部为万学全、万兵、徐伯兰；万学全、万兵提供的协议在签名下方增加了一条补充内容："3. 若乙方办理公证，甲方负责办理所需甲方的文字手续，乙方负责公证费。甲方同意请签名：管耘"，除此之外，两份协议内容相同。

一审中，三上诉人向一审法院提交了中共镇江新区大港街道工作委员会出具的《证明》一份，记载的主要内容为：狄平听力较差，参加党组织活动均由其子女陪同。

本案审理过程中，上诉人狄平、管耘、丁齐元另行提起的要求确认被上诉人提供的《房屋转让协议》无效的诉讼，已被一审、二审法院以"一事不再理"为由，裁定驳回起诉。

扬州市中级人民法院二审认为，本案二审争议焦点有二：一是本案诉争房屋买卖行为是否有效；二是一审法院适用程序有无不当。

一、关于本案诉争房屋买卖行为的效力问题

1. 本案诉争房屋应为上诉人狄平、管耘共有。本案诉争房屋系狄平与案外人孙秀珍婚姻期间内取得的合法财产，应为夫妻共有，孙秀珍于农历2000年正月初二去世，诉争房屋归属于孙秀珍的份额应作为遗产由其配偶狄平和其女儿管耘依法继承，在管耘既未明确放弃继承，也未进行析产分割前，本案诉争房屋应为狄平、管耘共有。

2. 本案房屋买卖协议约定对上诉人狄平、管耘均具有约束力。

第一，上诉人丁齐元对其与被上诉人万兵就诉争房屋达成转让协议以及协议的主要条款内容没有异议，据此，可以认定丁齐元作为出卖人就诉争房屋与万兵签订过转让协议。

第二，上诉人管耘对2000年8月22日出具的10万元房屋买卖款的收条没有异议，应当认定管耘作为房屋共有人对其配偶丁齐元转让房屋一事

知晓且同意。

第三,上诉人狄平自诉争房屋出卖前至本案诉讼发生时一直与上诉人丁齐元、管耘共同居住,应当认定三人系共同居住的家庭成员。狄平将诉争房屋钥匙、产权证书均交由丁齐元持有,并事实上交付给被上诉人万学全、万兵,且在房屋转让后至诉讼发生时约12年的时间内从未对诉争房屋买卖、房款交付提出过异议,足见其对诉争房屋买卖是事前知悉且同意的;证人夏元庆、邹凤香与诉争房屋相邻而居,出庭证实狄平在房屋出卖后,去过万学全、万兵居住的诉争房屋做过客,进一步佐证了狄平知晓房屋买卖一事;三上诉人提供的中共镇江新区大港街道工作委员会出具的《证明》,目的是证明狄平不可能单独去过江都,法院认为该份《证明》系对狄平参与党组织活动的情况说明,且从其内容看,亦不能排除狄平曾从镇江返回过江都的可能,该份《证明》相较于两证人证言的证明力明显较弱,证人证言的内容具有证明效力,应予采信。狄平的上述行为足以证明其对诉争房屋转让一事是知晓且同意的,其辩称不知晓房屋买卖的上诉理由与常识和情理不符,不予支持。

第四,被上诉人万学全应为本案适格当事人。被上诉人万兵与万学全系父子关系,庭审中,万兵陈述购房钱款系家庭共有,案外人丁海燕取走的诉争房屋老产权证亦是出自万学全之手,另外,万学全一直居住在诉争房屋内,因此,万学全应属诉争房屋共同买受人,是本案的适格当事人。

综上,上诉人丁齐元作为共同居住的家庭成员,在上诉人狄平、管耘知晓且同意的情况下,将诉争房屋转让给被上诉人万学全、万兵,该房屋转让协议应当直接约束狄平、管耘。本案诉争房屋买卖行为有效,上诉人主张丁齐元系无权处分无事实根据,故不予支持。

二、关于一审法院审判程序有无不当问题

法院认为,一审审判程序符合法律规定,并无不当。(1)一审未裁定中止案件审理,符合法律规定。案涉房屋买卖协议是否有效应属本案需要审查的问题,上诉人狄平、管耘、丁齐元一审期间另行提起的诉讼相对于本案来说,并不属于《中华人民共和国民事诉讼法》第一百五十条第五项

规定的中止审理情形,上诉人关于一审法院应当中止审理本案的上诉理由不能成立。(2)一审法院没有准予上诉人狄平、管耘、丁齐元提出的鉴定申请符合法律规定。《中华人民共和国民事诉讼法》第七十六条第一款规定,当事人可以就查明事实的专门性问题向人民法院申请鉴定。根据该条规定,当事人申请鉴定的范围须属于专门性问题且应为查明案件事实所必须。从上述分析来看,丁齐元作为共同居住的家庭成员,在房屋权利人同意的情况下,出卖房屋的行为对房屋权利人具有约束力,房屋权利人狄平、管耘是否在转让协议上签名并不影响诉争房屋转让行为的效力。因此,上诉人对转让协议中出卖人签名的鉴定申请与查明本案事实无关,一审法院没有准予鉴定,于法有据。

综上,江苏省扬州市中级人民法院依照《中华人民共和国民事诉讼法》第一百七十条第一款第一项,于2014年3月20日作出判决:

驳回上诉,维持原判。

本判决为终审判决。

56. 遵义市红花岗区长征镇沙坝村纪念街村民组诉遵义明顺房地产开发有限责任公司等商品房买卖合同纠纷案[*]

▶ 处理一房二卖情况下的合同履行问题，可从缔约真实性、签约时间顺序、付款程度、合同备案情况、不动产占有事实、预登记情况等方面加以评判

【裁判摘要】

> 处理一房二卖情况下的合同履行问题，可从商品房买卖合同的缔约真实性、签约时间顺序、付款程度、合同备案情况、讼争不动产的占有事实、预登记情况等方面加以评判。

原告：遵义市红花岗区长征镇沙坝村纪念街村民组。住所地：贵州省遵义市红花岗区长征镇沙坝村。

负责人：张友权，该村民组组长。

被告：遵义明顺房地产开发有限责任公司。住所地：贵州省遵义市遵湄路。

法定代表人：陈道元，该公司经理。

第三人：褚文镇，男，58岁，住福建省南安市。

第三人：曾珠治，女，58岁，住福建省南安市。

第三人：冉建红，男，61岁，住贵州省湄潭县。

第三人：范越，女，59岁，住贵州省湄潭县。

原告遵义市红花岗区长征镇沙坝村纪念街村民组

---

[*] 摘自《最高人民法院公报》2018年第12期。

房屋买卖合同纠纷

(以下简称纪念街村民组)因与被告遵义明顺房地产开发有限责任公司(以下简称遵义明顺公司)、第三人褚文镇、曾珠治、冉建红、范越发生商品房买卖合同纠纷,向贵州省遵义市中级人民法院提起诉讼。

原告纪念街村民组诉称:2005年,被告遵义明顺公司在原告所在地范围内进行房地产开发,除对原告进行拆迁还房外,双方还在2006年5月29日签订了认购书,由原告认购被告开发的位于遵义市红花岗区遵湄路金帝世家C幢一层16号、17号、18号营业性用房(以下称"门面"),建筑面积276.7平方米,总价款2125056元。同年6月9日,原告支付认购金60万元,后又分6次陆续付清购房款2125056元。双方于2008年11月11日正式签订商品房买卖合同。但被告实际交房时间是在2007年4月30日。原告接房后,一直实际占有、控制该门面,并对外出租,收取租金。2012年12月,被告将前述16号、17号门面卖给第三人褚文镇、曾珠治;将18号门面卖给第三人范越并办理了预售备案登记。但第三人并未主张过交付门面的权利。原告认为,被告将门面分别卖给不同的特定人,其性质属于"一房二卖"。但原告与被告签订的商品房买卖合同是双方的真实意思,未违反法律法规的强制性规定,合同合法有效,且原告已履行了支付全部购房款的义务,被告已在2007年4月30日将门面交付给原告,原告在接房后也一直对外出租。由此说明,被告有真实履行合同的意思表示,其应向原告继续履行合同义务,而原告享有前述门面的物权请求优先权。为此,请求判令:(1)确认原告与被告于2008年11月11日签订的"商品房买卖合同"合法有效,被告继续履行合同,并确认原告系遵义市红花岗区遵湄路金帝世家C幢一层16号、17号、18号门面的所有权人;(2)被告与褚文镇、曾珠治撤销遵义市红花岗区遵湄路金帝世家C幢一层16号、17号门面的预售登记手续;(3)被告与冉建红、范越撤销遵义市红花岗区遵湄路金帝世家C幢一层18号门面的预售登记手续。

被告遵义明顺公司辩称:原告纪念街村民组与我公司原本协商用16号至20号门面作为拆迁还房,后变更为将1号至7号门面作为还房,16号至20号作为商品房由纪念街村民组购买,但双方签订的《商品房买卖合同》并未就购买方式、付款方式等内容进行约定,而部分条款系纪念街村民组自行添加，故该合同无效。被告之所以将16号至18号门面另售他人系因纪念街村民组只支付部分房款后便无力购买并退还后才出售的。被告与纪念街村民组签订《临时交房协议》时，门面还未竣工验收，因此，该协议不能成立。现被告将门面卖给他人所签订的《商品房买卖合同》未违反法律规定，故纪念街村民组的诉讼请求不能得到支持。

第三人褚文镇、曾珠治辩称：（1）原告纪念街村民组在举证期限到期后提交的证据材料不属于补强证据，也不属于新证据，理应予以排除。（2）褚文镇、曾珠治从订立购房合同、办理备案登记、占有门面、订立租房合同、抵押房屋这一系列行为均是在合理合法的情况下进行的。相反，纪念街村民组据以证明"合法占有"门面的依据仅仅是其与被告遵义明顺公司签订的《临时交房协议》，而遵义明顺公司并不认可该协议的合法性，从庭审当中的证据看，该协议是一个违反法律强制性规定的无效合同，纪念街村民组未合法占有门面。更重要的是，即便其依据该协议实施"占有"，也于2014年5月终止。在此之后便由褚文镇、曾珠治依据购房合同、备案登记与案外人苏春城签订租赁合同并收取房屋租金。此外，纪念街村民组在庭审结束后于9月3日对16号、17号门面实施违法抢占行为，其目的就是明知己方不再占有房屋，而试图通过违法抢占给法庭造成占有房屋的错误认识。（3）认定不动产物权归属应从合同订立时间、款项支付情况、物权登记情况、占有控制情况加以判断。从签约时间看，纪念街村民组与遵义明顺公司于2008年11月11日签订的《商品房买卖合同》内容有瑕疵，而褚文镇、曾珠治与遵义明顺公司签订的合同内容完备无瑕疵；从付款情况看，纪念街村民组不能提供全额付款依据，至今尚有70万余元购房款未付，而褚文镇、曾珠治已支付了全部款项；从登记情况看，褚文镇、曾珠治已办理了商品房预售登记备案，得到行政机关初步认定，而纪念街村民组从未向行政机关提出任何申请；从占有情况看，褚文镇、曾珠治已于2014年5月开始实际占有、控制房屋并实施了抵押贷款等处分行为。综上，褚文镇、曾珠治系16号、17号房屋的合法物权人，请求驳回纪念街村民组的诉讼请求。

第三人冉建红、范越辩称：原告纪念街村民组与被告遵义明顺公司签订的《商品房买卖合同》中部分内容系事后添加，故该合同无效。冉建

房屋买卖合同纠纷

红、范越与遵义明顺公司签订了《商品房买卖合同》，该公司向冉建红、范越出具了收款收据，合同也在行政机关登记备案，故纪念街村民组的诉讼请求不能成立。

贵州省遵义市中级人民法院审理查明：2005年12月18日，被告遵义明顺公司作为"拆除人"与"被拆除人"原告纪念街村民组签订《拆除补偿协议》。该协议"对长征镇沙坝村纪念街组界内修建的两层临时建筑进行拆除的有关事项"达成由遵义明顺公司用其修建好的商用门面房366.8平方米补偿给纪念街村民组的一致意见。该协议尾部遵义明顺公司在甲方处加盖公章，遵义市红花岗区长征镇沙坝村村民委员会（以下简称沙坝村委会）在乙方处加盖公章，纪念街村民组则由时任组长龚宣强在乙方处签名并加盖私章。

2006年5月29日，被告遵义明顺公司作为甲方与乙方原告纪念街村民组签订《认购书》，约定由纪念街村民组以7680元/平方米的价格，向遵义明顺公司认购该公司开发的位于遵义市红花岗区遵湄路的"金地世家"（后更名为"金帝世家"）房开项目C栋面积为410平方米、总价3148800元的门面。双方约定，纪念街村民组分三次付清全款，即在2006年5月25日支付认购金60万元；在遵义明顺公司取得预售登记后一个月内支付974400元；在签订《商品房买卖合同》后通过贷款方式支付尾款1574400元。该《认购书》尾部，遵义明顺公司在甲方处加盖公司公章，乙方处则加盖有龚宣强私章，沙坝村委会在特约条款处加盖公章。

2006年6月9日，原告纪念街村民组按照《认购书》的约定，通过银行转账方式向被告遵义明顺公司支付了"认购金"60万元，遵义明顺公司出具了《收款收据》。同年8月22日，纪念街村民组向遵义明顺公司转账支付了"门面预付款"30万元。2007年2月12日，纪念街村民组又向遵义明顺公司转账支付了"购房款"10万元，遵义明顺公司同样出具了《收据》。同年6月5日，纪念街村民组通过转账方式借给遵义明顺公司20万元，遵义明顺公司出具了《借据》。2008年5月13日，纪念街村民组再次向遵义明顺公司转账支付"购门面款"20万元，遵义明顺公司出具了《收据》。同年11月11日，遵义明顺公司向纪念街村民组分别出具金额为594600元和

130456 元、事由均为"购门面款"的两张《收据》,纪念街村民组则在 11 月 20 日向遵义明顺公司转账支付了 130456 元。该两笔款源于纪念街村民组与遵义明顺公司对账后形成的《纪念街村民组结账清单》,其中载明:"2125056 -(已付)1400000 - 141200 - 153400 - 10000 - 290000 = 130456",意即:购房款为 2125056 元,已付 140 万元,遵义明顺公司需向纪念街村民组支付土地补偿款 141200 元、过渡费 153400 元、一次性补偿款 1 万元和 29 万元,共计 594600 元予以抵扣之后,尾款为 130456 元。

2009 年 2 月 12 日,原告纪念街村民组作为买受人与出卖人被告遵义明顺公司签订了《商品房买卖合同》,约定由纪念街村民组以 7680 元/平方米的价格购买遵义明顺公司开发的"金帝世家"C 幢一层 16 号、17 号、18 号门面,每间建筑面积 73.35 平方米。该合同中,"买受人"处、第三条"买受人所购商品房的基本情况"、第四条"计价方式与价款"、第十七条第四款"该商品房所在小区的命名权"、第十九条"争议解决方式"以及第二十二条、第二十四条的内容系用蓝色圆珠笔填写,其余条款内容为复写。合同第三条约定,纪念街村民组所购门面总面积为 276.7 平方米(73.35 平方米×3 间 + 还房超面积 56.65 平方米),总价款为 2125056 元。对于产权办理事项,该合同第十五条约定:"出卖人应当在商品房产(交)付使用后 90 日内,将办理权属登记需由出卖人提供的资料报产权登记机关备案……"合同尾部,遵义明顺公司于 2008 年 11 月 11 日在出卖人处加盖公司公章,沙坝村委会则在买受人处加盖村委会公章,纪念街村民组原组长龚宣强亦签名并加盖了私章。遵义明顺公司签约当天,还向纪念街村民组出具了《承诺书》,载明:"你单位在我公司购买的外环路综合市场'金帝世家'C 栋营业房面积为:276.7 平方米,还房面积为:366.8 平方米……"

前述 1 号至 7 号、16 号至 18 号门面,被告遵义明顺公司早在 2007 年 4 月即已交付原告纪念街村民组占有、使用。2007 年 4 月 30 日,遵义明顺公司作为甲方与乙方纪念街村民组签订《临时交房协议》,载明:"甲方将金地世家 C 栋 1 号—7 号门面,16 号—20 号(20 号门面的一半)交付乙方使用。……(实际面积以房管局测量为准)。"遵义明顺公司在协议尾部加盖公章,龚宣强签名。接房当日,纪念街村民组便将 16 号、17 号门面

租给"苏春城"、18号门面租给"苏瑶琪"从事钢材销售。双方租赁合同从2011年起一年一签,租金一年一付。

2007年6月12日,经遵义天络房地产测绘处测量,前述1号至7号门面总建筑面积为423.45平方米,16号至18号门面单间建筑面积均为73.35平方米,合计220.05平方米。同年9月6日,"金帝世家"C幢通过施工、勘查、设计、建设、监理五家单位竣工验收,遵义市建设工程质量监督站于9月10日在《单位(分部)工程验收意见书》上签署"同意验收意见"并加盖公章。

2010年8月25日,被告遵义明顺公司作为出卖人与买受人第三人褚文镇签订《商品房买卖合同》,按14655元/平方米标准,将前述16号、17号门面以每间1074944元、总价2149888元售与褚文镇。2012年12月6日,褚文镇通过信用社向遵义明顺公司"何才全"的个人账户汇款192万元,遵义明顺公司则在当天向褚文镇出具了215万元购房款《收据》。2012年12月3日,双方在遵义市房产市场管理处对16号、17号门面进行了商品房预售合同备案登记。2013年5月16日,遵义明顺公司向褚文镇发出《房屋移交通知书》,载明:"你于2010年8月25日购买的本公司开发的'金帝世家'C栋16号、17号营业房,现已具备交付条件,特通知你接收房屋。"

2010年10月25日,被告遵义明顺公司作为出卖人与买受人第三人范越签订《商品房买卖合同》,按12000元/平方米标准,将前述18号门面以880200元价格售与范越。遵义明顺公司当日即向范越出具了880200元购房款《收据》。2012年12月11日,双方在遵义市房产市场管理处对18号门面进行了商品房预售合同备案登记。

2014年5月10日,第三人褚文镇与"苏春成"即前述"苏春城"签订《房屋租赁合同》,将16号、17号门面租给苏春城继续从事钢铁销售经营。租期自2014年5月10日起至2016年5月9日止。苏春城于2014年5月23日、2015年5月25日分别向褚文镇支付租金82296元和100584元。2015年1月15日,褚文镇、第三人曾珠治为向银行借款将16号、17号门面抵押给"遵义恒通融资担保有限公司"作为反担保财产,但双方未办理抵押登记。

2014年12月24日,原告纪念街村民组向苏春城之弟苏春权发出交租《通知》,告知其已欠租8个月,限其于2014年12月29日前交纳。该《通知》由"王小明"签收。苏春权因已向第三人褚文镇交纳租金故未再向纪念街村民组交租,并向纪念街村民组告知了其与褚文镇签订租赁合同的情况。

2015年1月,原告纪念街村民组为解决16号、17号、18号门面归属问题,以遵义明顺公司、褚文镇、曾珠治、冉建红、范越为被告诉至遵义市红花岗区人民法院,并在庭审中明确其请求为:(1)确认其与遵义明顺公司签订的《拆除补偿协议》有效;(2)确认遵义明顺公司分别与褚文镇、范越签订的《商品房买卖合同》无效;(3)判令遵义明顺公司办理16号、17号、18号门面的预告登记,并与褚文镇、曾珠治、冉建红、范越共同协助办理房屋产权证书。一审庭审后,纪念街村民组撤回了该案起诉。

2015年6月8日,原告纪念街村民组向苏春权发出《律师函》,要求其支付自2014年5月8日双方租赁合同到期后至2015年6月的租金,苏春权仍以其已向第三人褚文镇交租为由而未向纪念街村民组交租。

2015年7月29日,原告纪念街村民组向法院提起诉讼,请求判令:(1)确认原告与被告遵义明顺公司于2008年11月11日签订的《商品房买卖合同》合法有效,遵义明顺公司继续履行合同,并确认原告系遵义市红花岗区遵湄路金帝世家C幢一层16号、17号、18号门面的所有权人;(2)遵义明顺公司与第三人褚文镇、第三人曾珠治撤销遵义市红花岗区遵湄路金帝世家C幢一层16、17号门面的预售登记手续;(3)遵义明顺公司与第三人冉建红、第三人范越撤销遵义市红花岗区遵湄路金帝世家C幢一层18号门面的预售登记手续;(4)本案诉讼费由遵义明顺公司承担。经法院询问,纪念街村民组主张继续履行合同是指:"要求被告为原告办理产权证";经法院释明,纪念街村民组自愿撤回第二项、第三项诉讼请求,法院已裁定予以准许。

庭审中,对于原告纪念街村民组的诉讼主体资格和合同权利资格问题。纪念街村民组提交了沙坝村委会于2015年9月10日出具的两份《证明》,分别载明:"村委会管辖的组就有沙坝村纪念街村民组,系依法设立,该组具有独立财产。……现沙坝村纪念街村民组仍存在;沙坝村纪念

房屋买卖合同纠纷

街村民组前任组长龚宣强代表村民组与遵义市明顺房地产开发有限公司签订拆除补偿协议、认购书、临时交房协议、商品房买卖合同。因沙坝村纪念街村民组对外没有公章,本村委会作为该村民组的直接管理人,因此接受该村民组的委托,在与遵义市明顺房地产开发有限公司签署的协议中加盖公章。"遵义市红花岗区长征镇人民政府(以下简称长征镇政府)在两份《证明》签署"属实"意见并盖章确认。

对于原告纪念街村民组与被告遵义明顺公司签订的《认购书》与《商品房买卖合同》所约定的门面房号不一致的问题。纪念街村民组与遵义明顺公司均陈述,签订《拆除补偿协议》和《认购书》时准备以16号至20号门面作为拆迁还房,1号至7号门面作为商品房认购,后因纪念街村民组资金不足,故双方协商将1号至7号门面作为拆迁还房,超面积56.65平方米补差价,16号至18号门面作为商品房购买,并签订了《商品房买卖合同》。

对于原告纪念街村民组与被告遵义明顺公司签订的《商品房买卖合同》内容笔迹不一致的问题。遵义明顺公司陈述,该合同先由公司填写后交给纪念街村民组,故除复写内容之外,其余条款均为纪念街村民组自行添加。经询问,遵义明顺公司虽对合同真实性、合法性有所质疑,但对第三条载明的"其中,1—7号门面共423.45平方米,其中366.8平方米为还房,56.65平方米为村民组购买"的约定内容以及第四条载明的合同单价7680元/平方米不持异议。褚文镇、曾珠治未对该合同真实性提出异议,但其主张纪念街村民组的合同主体资格不适格;冉建红、范越则主张该合同因事后填写且未在住建部门备案而无效。

对于被告遵义明顺公司将16号至18号门面另售他人的原因及行为性质问题。遵义明顺公司认可本案纠纷产生的根源是该公司"一房二卖"所致。但其主张,之所以将16号至18号门面又出售给第三人褚文镇、第三人范越,系因原告纪念街村民组无力支付购房款,故在该村民组向公司退还门面后方才另行售出。纪念街村民组对此不予认可。法院询问双方是否办理了退房移交手续,遵义明顺公司答复未办理。

对于原告纪念街村民组的付款情况。如前所述,纪念街村民组所付合同价款2125056元由七部分构成,被告遵义明顺公司主张:纪念街村民组于

2006年6月9日支付的"认购金"60万元、2006年8月22日支付的"门面预付款"30万元、2007年2月12日支付的"购房款"10万元、2008年5月13日支付的"购门面款"20万元、11月20日支付的"购门面款"130456元,合计1330456元,分别为购买1号至7号门面超面积的56.65平方米购房款以及16至18号门面的部分购房款,而纪念街村民组于2007年6月5日所付的20万元系公司借款不能抵作购房款,结账清单载明的594600元则系因土地补偿、过渡补偿等需要而产生的费用,亦不能抵作购房款,故纪念街村民组未付清16号至18号门面购房款。第三人褚文镇、第三人曾珠治认为,纪念街村民组所付款项一来并非16号至18号门面购房款,二来付款记录与结账清单自相矛盾,故对付款真实性不予认可。第三人冉建红、第三人范越的意见与褚文镇、曾珠治一致。

对于第三人褚文镇、第三人曾珠治的付款情况。褚文镇、曾珠治陈述,其付款方式为:192万元通过转账支付,余款现金支付。对此,原告纪念街村民组主张,192万元系汇款给"何才全"而非公司账户,故其付款合法性存疑。被告遵义明顺公司主张"何才全"系公司实际控制人,因公司债务较多故汇款至个人账户,但公司已收该款。

对于第三人冉建红、第三人范越的付款情况。冉建红陈述,其系"金帝世家"C幢的实际施工人,因被告遵义明顺公司差欠其工程款,故双方协商用18号门面对部分工程款进行冲抵,然后才由范越与公司签订《商品房买卖合同》。遵义明顺公司对此予以认可。原告纪念街村民组则主张,该买卖合同关系并不真实,损害其利益。

对于16号至18号门面实际占有、使用问题。第三人褚文镇、曾珠治、冉建红、范越均认可在2014年5月之前,16号至18号门面由原告纪念街村民组对外出租并收取租金,但在此之后,褚文镇、曾珠治主张16号、17号门面由被告遵义明顺公司通知苏春权与其签订租赁合同并交付租金;冉建红、范越主张其亦向苏瑶琪进行了口头通知。遵义明顺公司对此予以认可,而纪念街村民组认为该行为不能改变16号至18号门面由其占有、控制的事实。庭审后,在2015年9月3日,纪念街村民组认为"苏春城"迟延交纳租金并擅自搬离16号、17号门面的行为应视为解除双方的租赁

房屋买卖合同纠纷

关系,遂将16号、17号门面予以收回。为此,苏春权向法院寄来《请求证明书》,载明:"……大概在13年5~6月间,就有自称房开公司老板带一个中年男子到我店面来,告诉我16号、17号两间房子已经卖给这个叫褚文镇的,过去村民组只是暂时管理、出租,让我和褚文镇签合同,还把褚文镇的买卖合同都拿给我看(并留有复印件)。当时我就告诉此老板我刚和村民组签完合同,该中年男子听我又和村民组签了合同还很生气,该房开公司老板就给我说,这份合同做完就不能和村民组签了,村民组没有权利再和我签合同,我如果不租就算了,如果要租就得和褚文镇签合同……在2014年租期还没到,村民组找我续签合同时,我就将房开公司老板告诉我门面已卖事宜再次告知村民组并告知作为承租人的我只向一方支付租金,不可能两头付租金,再者说,褚文镇有正规的买卖合同。于是在2014年5月10号就和褚文镇签了两年的租赁合同,房租一年一交,两次房租都是在我店铺里面用我的现金支付,褚文镇还给我开了收据……在我和褚文镇签了合同、交了房租之后,村里面又找到我,我就给他们讲房开公司让我和褚文镇签合同,我已经签了合同房租都交了,他们有问题去找房开公司和褚文镇……最开始我向村民组租后来认为褚文镇又有买卖合同在手,村民组没有什么依据,我支持褚文镇并向其租赁铺面……"褚文镇、曾珠治亦将该《请求证明书》作为证明其实际占有、控制16号、17号门面的证据予以提交。为求证该《请求证明书》内容真实性,经双方当事人共同申请,法院向苏春权进行了询问。苏春权陈述,《请求证明书》系其自书寄送法院,16号、17号门面由其兄"苏春城"与之共同租赁用于钢材经营,本案所涉两间门面的《租赁合同》均由"苏春城"本人所签或苏春权代签,租金均已交纳。苏春权重申,2013年遵义明顺公司、褚文镇找他之时,其刚与纪念街村民组签订新一年度租赁合同,并已将该情况告知了褚文镇。法院还对苏瑶琪进行了询问。苏瑶琪陈述,从2008年起,其一直与纪念街村民组签订租赁合同、交纳租金,2015年8月、9月左右,冉建红告知房子已经卖给他了,但并未告知向其租房。

贵州省遵义市中级人民法院一审认为:本案争议焦点为(1)原告纪念街村民组与被告遵义明顺公司签订的《商品房买卖合同》是否合法有

效;（2）遵义明顺公司应否继续履行其与纪念街村民组签订的《商品房买卖合同》所约定的协助办理讼争16号至18号门面房产证义务;（3）纪念街村民组诉请确认其为讼争16号至18号门面所有权人的主张能否成立。

1. 关于合同效力问题。从签约主体资格看，虽然《商品房买卖合同》尾部加盖的是沙坝村委会公章，但在合同前部"买受人"处填写的是原告纪念街村民组，根据沙坝村委会、长征镇政府出具的两份《证明》可知，之所以由沙坝村委会盖章系因该村民组无公章，故村委会的盖章行为仅系代理性质，而真正的合同当事人是纪念街村民组。纪念街村民组作为合法成立、有一定的组织机构和财产的非法人组织，享有民事权利能力，其与被告遵义明顺公司签订《商品房买卖合同》主体适格；从签约过程看，遵义明顺公司"为了尽快对外环路综合市场项目进行实施"，"对长征镇沙坝村纪念街界内修建的两层临时建筑进行拆除"而与纪念街村民组签订《拆除补偿协议》，随后双方几经协商，最终决定将遵义明顺公司开发的"金帝世家"C幢一层1号至7号门面作为拆迁还房，16号至18号门面作为商品房购买，并由遵义明顺公司预填合同通用条款内容并加盖公司公章后交由纪念街村民组内部协商后签字、盖章。由此可见，《商品房买卖合同》是双方就门面购买事宜达成合意之后慎重签订，而非事后补签、倒签；从合同内容看，虽然该合同部分内容确与其他内容笔迹不一致，但一方面该合同签约时间有先后，故合同内容逐步完善符合常理，另一方面，遵义明顺公司对该合同约定的还房房号及面积、还房超平方需补价差的面积、作为商品房出售的房号及面积、房款单价与总价等合同核心内容均不持异议。由此表明，该《商品房买卖合同》是遵义明顺公司与纪念街村民组的真实意思表示。据此，根据《中华人民共和国合同法》第三十二条关于"当事人采用合同书形式订立合同的，自双方当事人签字或者盖章时合同成立"、第四十四条第一款关于"依法成立的合同，自成立时生效"之规定，纪念街村民组与遵义明顺公司签订的《商品房买卖合同》，因缔约主体适格、签约过程真实、合同条款完整、约定内容充分体现双方购销意愿，且不违反法律法规的强制性规定，故该合同系合法有效合同。

2. 关于合同义务履行问题。本案纠纷的产生系因被告遵义明顺公司一

房屋买卖合同纠纷

房二卖所致。虽然遵义明顺公司辩称讼争 16 号至 18 号门面是在原告纪念街村民组退还之后再次出售，但其并未提交退房移交手续加以佐证，亦与纪念街村民组常年对外出租讼争门面的事实不符，故法院对该辩解意见不予采信。处理一房二卖情况下的合同履行问题，可从商品房买卖合同的缔约真实性、签约时间顺序、付款程度、合同备案情况、讼争不动产的占有事实、预登记情况以及权利主张等方面加以评判。

第一，缔约真实性。在一房二卖争产诉讼中，合同真实、有效是判断各自合同能否继续履行，后订立的合同能否对抗在先订立合同的前提。原告纪念街村民组、第三人褚文镇与被告遵义明顺公司签订的《商品房买卖合同》，遵义明顺公司均认可系买卖合同性质，且与纪念街村民组、褚文镇向遵义明顺公司支付购房款的事实相吻合，故法院对纪念街村民组、褚文镇与遵义明顺公司签订的《商品房买卖合同》真实性予以确认；第三人范越与遵义明顺公司签订的《商品房买卖合同》，因第三人冉建红与遵义明顺公司均认可该合同本质为以物抵债协议，而冉建红并未举证证明其系讼争门面的承包人或实际施工人以及遵义明顺公司所拖欠的工程款数额等基础事实，故法院对该《商品房买卖合同》的真实性不予认定。

第二，签约时间顺序。被告遵义明顺公司与原告纪念街村民组之间的《商品房买卖合同》成约时间是 2009 年 2 月 12 日，而第三人褚文镇、第三人范越则分别在 2010 年 8 月 25 日和 2010 年 10 月 25 日与遵义明顺公司签订《商品房买卖合同》。由此可见，纪念街村民组购房在前，褚文镇、范越签约在后。虽然债权具有平等性，但债权形成时间的先后顺序是考量物权分配的重要因素。

第三，付款情况。买受人支付购房款的程度，能够反映其履行合同义务的状况，对于积极履行合同义务的买受人，理应得到更优保护。根据原告纪念街村民组与被告遵义明顺公司签订的《商品房买卖合同》约定，纪念街村民组应付 16 至 18 号门面购房款以及超面积补差款共计 2125056 元，其已通过转账方式汇付购房款 1330456 元是不争事实，遵义明顺公司在庭审时亦予认可，故法院予以确认。虽然该公司主张其向纪念街村民组所借 20 万元以及补偿款 594600 元不能抵扣购房款，但该公司加盖公章的《纪念街村民组结账清单》中载明已付140万元，减去通过转账汇付无争议的120万元，余下20万元在遵义明顺公司未举证证明其已归还纪念街村民组的情况下，只能视为双方在最终结算时已经达成借款抵房款的合意。同样，594600元虽系补偿款性质，但双方亦已协商予以抵扣。据此，法院认定纪念街村民组已经支付完毕全部购房款；根据第三人褚文镇与遵义明顺公司签订的两份《商品房买卖合同》约定，褚文镇应向遵义明顺公司支付购房款共计2149888元，其通过转账方式支付了192万元，其余尾款褚文镇主张为现金支付，遵义明顺公司向其出具了215万元《收据》，纪念街村民组、第三人冉建红、范越对付款真实性均未提出异议，故法院对褚文镇已付清16号、17号门面购房款的事实亦予确认；范越与遵义明顺公司签订的《商品房买卖合同》所约定的购房款因未实际发生，故法院不予认定。

第四，合同备案及预告登记情况。本案中，原告纪念街村民组、第三人褚文镇、范越均未在行政机关申请对讼争门面进行预告登记，但褚文镇、范越已在遵义市房产市场管理处对其与被告遵义明顺公司签订的《商品房买卖合同》进行了预售登记备案，而纪念街村民组未申请备案。根据《中华人民共和国物权法》第二十条第一款关于"当事人签订买卖房屋或者其他不动产物权的协议，为保障将来实现物权，按照约定可以向登记机构申请预告登记。预告登记后，未经预告登记的权利人同意，处分该不动产的，不发生物权效力"之规定，对不动产进行预告登记方有准物权对抗效力，而合同备案只能表明买受人正在为最终取得物权作准备，故褚文镇、范越进行合同备案只能作为物权分配的参考因素。

第五，占有情况。如前所述，针对16号、17号门面，原告纪念街村民组、第三人褚文镇均已付清购房款，现纪念街村民组的证据优势在于签约在先、占有在先、使用在先，而褚文镇的证据优势则是其对《商品房买卖合同》进行了备案登记。对此，虽然被告遵义明顺公司与纪念街村民组签订《临时交房协议》时，讼争门面尚不具备法定交房条件，但该门面已在2007年9月通过了竣工验收，根据《中华人民共和国合同法》第一百四十条关于"标的物在订立合同之前已为买受人占有的，合同生效的时间为交付时间"之规定，纪念街村民组至迟也在2009年2月12日通过与遵义明顺公司签订《商品房买卖合同》而合法取得并占有16号至18号门面。纪念街村民组将16号、17号门面租给苏春城、18号门面租给苏瑶琪，双方形成租赁合同关系。对于18号门面，苏瑶琪自始至终与纪念街村民组签约并交付租金，表明纪念街村民组持续对18号门面进行占有、收益、处分；对于16号、17号门面，虽然遵义明顺公司于2013年5月16日向褚文镇发出《房屋移交通知书》，但因16号、17号门面已先期交付纪念街村民组并由其占有和对外租赁，故该《房屋移交通知书》不能实现交付效果。2014年5月起，虽然苏春城与纪念街村民组签订的书面《租赁合同》到期，但双方之间的事实租赁合同关系并未解除，纪念街村民组仍然合法对16号、17号门面进行占有、收益、处分。苏春城虽因褚文镇向其出示《商品房买卖合同》而与之签订《房屋租赁合同》，但根据合同相对性原则，该合同只能约束苏春城与褚文镇而对纪念街村民组无约束力。因苏春城向纪念街村民组租赁在先，即便双方解除租赁关系，苏春城作为合同相对人亦应先行向纪念街村民组返还门面，现苏春城直接与褚文镇签订《房屋租赁合同》，既不能终止其与纪念街村民组之间的租赁合同关系，亦不能阻却纪念街村民组对16号、17号门面的占有事实。据此，褚文镇辩称其在2014年5月与苏春城签订租赁合同之后便合法占有、实际控制16号、17号门面的主张不能成立，法院不予采纳。

第六，权利主张情况。在其他途径难以解决一房二卖不动产的归属及合同履行问题时，买受人应当积极通过司法途径寻求法律救济。2014年底，原告纪念街村民组在向苏春城催收租金未果并知晓苏春城与第三人褚文镇签订租赁合同之后，便于2015年1月向遵义市红花岗区人民法院提起诉讼，撤诉后又在2015年7月向法院起诉主张权利，而褚文镇、第三人范越并未以原告身份起诉请求遵义明顺公司履行协助办理房产证的合同义务，而仅在本案作为第三人提出其为16号、17号门面合法占有人的抗辩意见。对此，"占有"仅是法律保护的对物进行实际控制的事实状态，其虽具有类物权性质但终究不是物权本身。在一房二卖情形下，基于买卖合同关系对物进行占有的买受人不能对抗最终取得所有权的买受人。换言之，即便褚文镇的前述辩解意见成立，因纪念街村民组、褚文镇与遵义明顺公司签订的《商品房买卖合同》均为有效合同,现纪念街村民组主动寻求司法救济,诉请遵义明顺公司履行协助办理讼争门面房产证义务,故当产权证办理完成,纪念街村民组成为所有权人之时,即便16号、17号门面为褚文镇占有,其仍应返还给纪念街村民组。

综前所述,原告纪念街村民组与被告遵义明顺公司签订的《商品房买卖合同》系有效合同,其在先取得债权并已如约完成己方主要合同义务即付清购房款并合法占有讼争门面,根据《中华人民共和国合同法》第六十条关于"当事人应当按照约定全面履行自己的义务"、第一百零七条关于"当事人一方不履行合同义务或者履行合同义务不符合约定的,应当承担继续履行、采取补救措施或者赔偿损失等违约责任"之规定,遵义明顺公司应当继续履行己方未尽合同义务,即根据其与纪念街村民组签订的《商品房买卖合同》第十五条之约定,按照国务院《不动产登记暂行条例》第十四条第一款关于"因买卖、设定抵押权等申请不动产登记的,应当由当事人双方共同申请"、第十六条第一款关于"申请人应当提交下列材料,并对申请材料的真实性负责:(一)登记申请书;(二)申请人、代理人身份证明材料、授权委托书;(三)相关的不动产权属来源证明材料、登记原因证明文件、不动产权属证书;(四)不动产界址、空间界限、面积等材料;(五)与他人利害关系的说明材料;(六)法律、行政法规以及本条例实施细则规定的其他材料"等规定要求,主动配合、积极协助纪念街村民组共同向产权登记机关提出16号至18号门面的不动产权属登记申请,并提交办理权属登记需由出卖人提供的材料。第三人褚文镇虽对其与遵义明顺公司签订的《商品房买卖合同》进行了备案登记,但其签约在后、债权形成时间较晚且备案行为不具备物权公示、对抗效力,加之其未能合法占有讼争门面以及未向人民法院起诉要求遵义明顺公司履行合同义务,故法院对其辩解意见均不予采纳,褚文镇、第三人曾珠治可另行向遵义明顺公司主张权利。第三人范越与遵义明顺公司签订的《商品房买卖合同》因缺乏证据佐证而真实性存疑,即便因以物抵债签订本合同属实,范越、第三人冉建红由始至终未合法占有18号门面且未起诉主张合同权利亦是不争事实,故其辩解意见也难成立,法院不予采纳,冉建红、范越可另行向遵义明顺公司主张权利。

3. 关于确权问题。根据《中华人民共和国物权法》第九条第一款关于"不动产物权的设立、变更、转让和消灭，经依法登记，发生效力；未经登记，不发生效力，但法律另有规定的除外"之规定，因讼争16号至18号门面尚未完成不动产权属登记，故原告纪念街村民组诉请确认其为讼争门面所有权人的主张不能成立，法院不予支持。

综上，原告纪念街村民组请求确认其与被告遵义明顺公司签订的《商品房买卖合同》合法有效并诉请遵义明顺公司继续履行合同的主张成立，予以支持；纪念街村民组请求确认其为讼争16号至18号门面所有权人的主张不能成立，予以驳回。据此，贵州省遵义市中级人民法院依照《中华人民共和国物权法》第九条①、第二十条②、第二十八条③、《中华人民共和国合同法》第三十二条④、第四十四条⑤、第六十条⑥、第一百零七条⑦、第一百四十

---

① 对应《中华人民共和国民法典》第二百零九条，内容未作修改。

② 对应《中华人民共和国民法典》第二百二十一条："当事人签订买卖房屋的协议或者签订其他不动产物权的协议，为保障将来实现物权，按照约定可以向登记机构申请预告登记。预告登记后，未经预告登记的权利人同意，处分该不动产的，不发生物权效力。预告登记后，债权消灭或者自能够进行不动产登记之日起九十日内未申请登记的，预告登记失效。"

③ 对应《中华人民共和国民法典》第二百二十九条："因人民法院、仲裁机构的法律文书或者人民政府的征收决定等，导致物权设立、变更、转让或者消灭的，自法律文书或者征收决定等生效时发生效力。"

④ 对应《中华人民共和国民法典》第四百九十条："当事人采用合同书形式订立合同的，自当事人均签名、盖章或者按指印时合同成立。在签名、盖章或者按指印之前，当事人一方已经履行主要义务，对方接受时，该合同成立。法律、行政法规规定或者当事人约定合同应当采用书面形式订立，当事人未采用书面形式但是一方已经履行主要义务，对方接受时，该合同成立。"

⑤ 对应《中华人民共和国民法典》第五百零二条："依法成立的合同，自成立时生效，但是法律另有规定或者当事人另有约定的除外。依照法律、行政法规的规定，合同应当办理批准等手续的，依照其规定。未办理批准等手续影响合同生效的，不影响合同中履行报批等义务条款以及相关条款的效力。应当办理申请批准等手续的当事人未履行义务的，对方可以请求其承担违反该义务的责任。依照法律、行政法规的规定，合同的变更、转让、解除等情形应当办理批准等手续的，适用前款规定。"

⑥ 对应《中华人民共和国民法典》第五百零九条："当事人应当按照约定全面履行自己的义务。当事人应当遵循诚信原则，根据合同的性质、目的和交易习惯履行通知、协助、保密等义务。当事人在履行合同过程中，应当避免浪费资源、污染环境和破坏生态。"

⑦ 对应《中华人民共和国民法典》第五百七十七条，内容未作修改。

条①，国务院《不动产登记暂行条例》第十四条、第十六条，《中华人民共和国民事诉讼法》第一百四十二条之规定，于 2015 年 12 月 22 日作出判决：

一、原告遵义市红花岗区长征镇沙坝村纪念街村民组与被告遵义明顺房地产开发有限责任公司于 2009 年 2 月 12 日签订的《商品房买卖合同》合法有效；

二、限被告遵义明顺房地产开发有限责任公司于本判决生效后立即配合、协助原告遵义市红花岗区长征镇沙坝村纪念街村民组共同向相关产权登记机关申请办理位于遵义市红花岗区遵湄路的"金帝世家"房开项目 C 幢一层第 16 号、第 17 号、第 18 号营业性用房的不动产权属登记，并提交办理权属登记需由出卖人提供的材料；

三、驳回原告遵义市红花岗区长征镇沙坝村纪念街村民组的其余诉讼请求。

---

① 《中华人民共和国民法典》中无对应法条。

房屋买卖合同纠纷

57. 吉林鑫城房地产综合开发有限责任公司与汤东鹏房屋买卖合同纠纷案*

▶ 债务人到期未能清偿债务，重新与债权人达成合意以房抵债，双方签订的《房屋买卖合同》应当认定合法有效

【裁判摘要】

> 人民法院依职权审查合同效力并予以释明，是引导当事人正确诉讼的基础。债务人到期未能清偿债务，重新与债权人达成合意以房抵债，双方签订的《房屋买卖合同》应当认定合法有效。

最高人民法院民事裁定书

（2018）最高法民申1774号

再审申请人（一审原告、二审上诉人）：吉林鑫城房地产综合开发有限责任公司。住所地：吉林省长春市绿园区万福街33号。

法定代表人：张旭，该公司总经理。

委托诉讼代理人：方春光，吉林钟言宇德律师事务

---

* 摘自《最高人民法院公报》2020年第3期。

所律师。

被申请人（一审被告、二审被上诉人）：汤东鹏，男，汉族，1986年5月6日出生，住吉林省榆树市。

委托诉讼代理人：陶传彬，吉林法序律师事务所律师。

再审申请人吉林鑫城房地产综合开发有限责任公司（以下简称鑫城公司）因与被申请人汤东鹏房屋买卖合同纠纷一案，不服吉林省高级人民法院（2017）吉民终297号民事判决，向本院申请再审。本院依法组成合议庭对本案进行了审查，现已审查终结。

鑫城公司申请再审称：（1）一审判决程序违法。鑫城公司一审起诉请求解除《商品房买卖合同》，后根据一审法院的释明变更诉讼请求为撤销《商品房买卖合同》，但一审判决驳回鑫城公司的诉讼请求，剥夺了鑫城公司主张原诉讼请求的权利。鑫城公司并未要求法院确认双方《商品房买卖合同》的有效性，一审判决认定《商品房买卖合同》有效，明显超出鑫城公司诉讼请求的范围。（2）一审、二审法院对主要事实认定错误，缺乏证据证明。双方当事人之间仅有借款协议书，并不能由此确定汤东鹏支付了案涉借款。一审、二审法院在未查明借贷关系是否属实的情况下，即判定案涉《商品房买卖合同》有效并驳回鑫城公司的诉讼请求，没有事实依据。（3）鑫城公司并非借贷关系中的借款人，而是担保人。鑫城公司与汤东鹏签订的《商品房买卖合同》是重新设定担保的行为，该合同约定将抵押物所有权转移为债权人所有，系法律明确规定禁止的流质条款。且案涉房屋已经出卖给第三人，《商品房买卖合同》因损害第三人利益，应为无效合同。（4）《商品房买卖合同》存在重大误解，合同价款远远低于实际市场销售价格，显失公平，具备法定撤销条件。（5）《商品房买卖合同》签订之前，案涉房屋已经出卖且交付第三人占有使用，合同目的已经无法实现。且汤东鹏在明知此情况下，仍与鑫城公司签订《商品房买卖合同》并办理备案登记，存在恶意。（6）案涉房屋部分为拆迁补偿安置房屋并签有回迁协议，根据《最高人民法院关于审理商品房买卖合同纠纷案件适用法律若干问题的解释》第七条的规定，回迁协议当然优先于案涉《商品房买卖合同》。鑫城公司依据《中华人民共和国民事诉讼法》第二百条第二

房屋买卖合同纠纷

项、第六项的规定申请再审。

汤东鹏提交意见称：鑫城公司的再审申请缺乏事实与法律依据，请求予以驳回。

本院经审查认为，本案的争议焦点：鑫城公司主张撤销案涉七份《商品房买卖合同》，人民法院应否支持？

关于案涉七份《商品房买卖合同》的效力问题。对合同效力的认定，属于人民法院依职权应当审查的范畴，并不局限于当事人的诉讼请求。本案系鑫城公司与汤东鹏基于此前的借款未受清偿，进而签订《商品房买卖合同》达成以房抵债的合意，案涉《商品房买卖合同》是双方当事人真实意思表示，内容不违反法律、行政法规的强制性规定，应当认定合法有效。鑫城公司主张一审法院认定《商品房买卖合同》有效超出其诉讼请求范围，没有法律依据。《中华人民共和国合同法》第五十四条规定："下列合同，当事人一方有权请求人民法院或者仲裁机构变更或者撤销：（一）因重大误解订立的；（二）在订立合同时显失公平的。一方以欺诈、胁迫的手段或者乘人之危，使对方在违背真实意思的情况下订立的合同，受损害方有权请求人民法院或者仲裁机构变更或者撤销。当事人请求变更的，人民法院或者仲裁机构不得撤销。"本案一审中，鑫城公司主张其因受汤东鹏胁迫签订案涉七份《商品房买卖合同》并办理备案登记，案涉七套房屋的市场价格明显高于《商品房买卖合同》中约定的价格，双方当事人订立的房屋买卖合同显失公平，请求解除案涉七份《商品房买卖合同》。鑫城公司以显失公平、受胁迫为由主张权利，而合同显失公平的法律救济渠道是仅能请求人民法院予以变更或撤销，而非解除合同。因此，一审法院向鑫城公司释明应变更其解除合同的诉讼请求为撤销合同，程序并不违法。显失公平系指一方利用对方处于危困状态，缺乏判断能力等情形，致使双方在从事民事法律行为时权利义务明显有违公平的情形。认定合同是否构成显失公平时，应采用主观要件和客观要件相结合。鑫城公司作为独立的商事主体，与自然人汤东鹏相比，并不明显处于劣势地位，且鑫城公司并无相关证据证明其与汤东鹏签订《商品房买卖合同》，系因受汤东鹏欺诈、胁迫，而在违背其真实意思的情况下作出，虽然案涉七套房屋的评估价值

741

高于抵债价格,但也不宜认定《商品房买卖合同》显失公平。一审、二审判决认定《商品房买卖合同》不存在可撤销的法定情形,未支持鑫城公司的诉讼请求,并无不当,本院予以维持。

  关于鑫城公司主张借贷关系不真实的问题。禁止反言原则蕴含于我国民法的基本原则诚信原则之中。即,若一方当事人因另一方当事人的陈述产生依赖,则另一方当事人不得否定其先前的陈述。鑫城公司一审起诉称,其通过案外人宋彦波向汤东鹏借款,鑫城公司使用200万元并向汤东鹏偿还本金30万元及按照双方约定支付了利息。鑫城公司向本院申请再审中,又主张汤东鹏并未支付借款,双方借贷关系不真实,与其在一审中陈述的事实相矛盾,明显违背诚信诉讼原则,本院不予采信。鑫城公司在未清偿案涉借款的情况下,与汤东鹏签订《商品房买卖合同》,属于债务到期后双方达成以房抵债合意,而非鑫城公司主张的双方系再次签订了担保合同。此时,案涉七套房屋并非抵押物,故本案并不适用《最高人民法院关于适用〈中华人民共和国担保法〉若干问题的解释》第五十七条规定的禁止流质条款。案涉《商品房买卖合同》依法成立并生效,对双方当事人均具有约束力,当事人应当按照约定履行自己的义务,不得擅自变更或者解除。

  关于鑫城公司主张案涉《商品房买卖合同》损害拆迁户和第三人利益应当认定无效的问题。本院在组织双方询问中了解到:经吉林省榆树市人民法院(2016)吉0182民初1253号民事判决和吉林省长春市中级人民法院(2018)吉01民终244号民事判决确认,案外人对案涉七套房屋享有优先权;汤东鹏已另案起诉鑫城公司,要求解除案涉《商品房买卖合同》、双倍返还购房款并赔偿损失共计1000余万元。本案一审、二审判决确认案涉《商品房买卖合同》合法有效,并未损害案外人的权益,且案外人的利益已经上述生效民事判决优先予以保护。鑫城公司作为房地产开发商,对自己手中的房屋信息应当是清楚的,其就案涉七套房屋通过"一房二卖"获取不当利益的故意显而易见,也是产生包括本案诉讼在内一系列诉讼的根源。鑫城公司主张汤东鹏明知案涉房屋已经出卖给第三人,仍愿意承担风险放弃此前14套房屋的抵押担保与其签订《商品房买卖合同》,明显不

符合常理，其主张汤东鹏存有恶意不合逻辑。鉴于汤东鹏以合同目的已经不能实现而提起了新的诉讼，鑫城公司与汤东鹏之间的民间借贷、房屋买卖合同纠纷可以通过另案处理。鑫城公司继续对本案申请再审，无益于化解双方之间的矛盾纠纷，也不利于节约司法资源。鑫城公司主张《商品房买卖合同》因损害第三人利益应当认定无效，没有事实和法律依据，本院不予支持。

综上，鑫城公司的再审申请不符合《中华人民共和国民事诉讼法》第二百条第二项、第六项规定的情形。依照《中华人民共和国民事诉讼法》第二百零四条第一款，《最高人民法院关于适用〈中华人民共和国民事诉讼法〉的解释》第三百九十五条第二款的规定，裁定如下：

驳回吉林鑫城房地产综合开发有限责任公司的再审申请。

58. 方媚与邝建祺房屋买卖合同纠纷

> 认定合同是否解除应符合常情常理

【案件基本信息】

1. 判决书字号

广东省广州市番禺区人民法院（2014）穗番法民三初字第1429号

广东省广州市中级人民法院（2016）粤01民终3782号

广东省广州市中级人民法院（2018）粤01民再51号

2. 案由：房屋买卖合同纠纷

3. 当事人

原告（二审上诉人、再审申请人）：方媚

被告（二审上诉人、再审被申请人）：邝建祺

【基本案情】

2014年3月26日，方媚与邝建祺及邝建祺的委托代理人盈日公司签订《商铺买卖合同》，约定方媚向邝建祺购买商铺一套，商铺总价522000元，邝建祺须于合同签订之日起120个工作日内（即2014年9月16日前）向广州市房地产交易中心申请办理商铺的交易过户

---

* 摘自《审判监督指导》2018年第4辑（总第66辑），人民法院出版社2019年版，第112～114页。

房屋买卖合同纠纷

手续;卖方逾期办理交易过户手续超过30日的,买方有权单方提出解除合同,卖方应当自方媚解除合同通知到达之日起60天内退还全部已付房价款,并按已付房价款10%计付违约金。后邝建祺并未在合同约定的期限内办理该商铺的交易过户手续。2014年12月3日,方媚委托律师向邝建祺及其委托代理人盈日公司邮寄《关于解除〈商铺买卖合同〉的函》,函中明确提出解除其与邝建祺签订的《商铺买卖合同》,要求邝建祺依约退还方媚已付的全部房价款、其他方媚已付的因本次交易所产生的税、费并支付违约金。

2014年12月12日,方媚诉至法院,称邝建祺逾期申办该商铺的交易过户手续已超过120个工作日,方媚依约有权解除合同。请求解除方媚与邝建祺《商铺买卖合同》;邝建祺返还方媚已付房价款并支付违约金等。

邝建祺辩称,方媚的委托代理人与邝建祺于2015年1月向房屋管理部门办理了《商铺买卖合同》的网签手续,表明其愿意受让商铺,方媚以实际行为否定了解除合同的意思表示。

经查,方媚委托代理人向房屋管理部门出具的《委托书》为方媚于2014年3月26日签署,载明:方媚委托某律所工作人员毕某、梁某、唐某(任一人均可)代为办理涉讼商铺购买的所有手续及签署相关文件、在房地产交易所办理买房过户手续并签署相关文件,委托书有效期从签署之日起至办妥委托事项止。

【案件焦点】

涉案《商铺买卖合同》是否应当解除。

【法院裁判要旨】

一审认为,虽然方媚于2014年12月3日曾向盈日公司及邝建祺邮寄《关于解除〈商铺买卖合同〉的函》主张解除合同,但根据一审法院向广州市国土资源和房屋管理局番禺区分局调查的情况,2015年1月7日,方媚的委托代理人与邝建祺递件办理了涉讼商铺的过户手续,方媚委托代理人的行为责任应归于方媚,该举应视为方媚以实际行为表示同意继续履行

》》745

《商铺买卖合同》,现方媚已向邝建祺付清全部购房款,而邝建祺已将涉讼商铺过户至方媚名下,《商铺认购书》及《商铺买卖合同》的主要内容已履行完毕,方媚仍以邝建祺逾期办理过户手续为由要求解除《商铺买卖合同》,缺乏依据,不予支持。

方媚不服一审判决,提起上诉。对于合同是否应当解除的问题,二审认为,方媚代理人实施行为的法律后果应由方媚承担,方媚代理人的行为应视为方媚同意继续履行双方合同。

再审认为:方媚邮寄的《关于解除〈商铺买卖合同〉的函》,邝建祺委托代理人的盈日公司已于2014年12月4日签收。方媚提出《商铺买卖合同》已于2015年12月4日解除,符合法律规定及合同约定,再审予以认定。根据合同约定,邝建祺理应返还购房款522000元、支付已付房价款10%的违约金给方媚。此外,方媚出具《委托书》委托的毕某、梁某、唐某均为某律所的工作人员,而该所是邝建祺指定的代收款单位,且涉案楼盘同类型案件反映,其他买受人出具的《委托书》与方媚出具的《委托书》如出一辙,可见,《委托书》是邝建祺提供的格式版本,受托人是邝建祺指定的人员。方媚于2014年12月3日发出《关于解除〈商铺买卖合同〉的函》,2014年12月12日提起诉讼,邝建祺在明知方媚提出解除合同的情况下,故意隐瞒事实真相,利用方媚于2014年3月26日出具的《委托书》,继续办理涉案房屋的缴税及产权过户手续,主观恶意明显,方媚的委托代理人与邝建祺递件办理商铺过户手续的行为显然不是方媚的真实意思表示,由此导致的损失应由邝建祺承担。

【法官后语】

邝建祺的委托代理人盈日公司于2014年12月4日签收了《关于解除〈商铺买卖合同〉的函》,即方媚解除合同的通知已到达邝建祺,《商铺买卖合同》的解除条件成就。案件审理过程中,邝建祺提交了方媚委托代理人与邝建祺共同办理商铺过户手续,但依据的《委托书》是双方在签订涉案商铺买卖合同当天所签署的,根据日常生活经验,在买卖合同当天授权办理买房过户手续并签署相关文件的被授权人一般由开发商指定,被指定

房屋买卖合同纠纷

的委托代理人将在开发商的各项条件成就时为买房人办理相关手续。本案中，邝建祺在明知方媚提出解除合同并提起本案诉讼的情况下，仍与方媚代理人继续办理涉案房屋产权过户手续，没有证据证明方媚通知了代理人办理相关手续，因此，此时《委托书》中被授权人的行为不应认定为方媚的意思表示，不应视为方媚同意继续履行合同，故涉案房屋产权过户产生的相关后果不应由方媚承受。原审法院以方媚的委托代理人与邝建祺共同办理了涉案商铺的过户手续，视为方媚同意继续履行《商铺买卖合同》，不符合常情常理，忽略了邝建祺恶意促使交易完成的事实。

一般来说，委托代理人的代理行为所产生法律后果依法应由被代理人承担，但本案的情形是方媚的委托代理人为邝建祺在双方签订商铺买卖合同时指定，方媚在明确向合同相对方发出解除合同意思表示后又委托代理人继续缴纳税费并办理过户手续不符合常理，在邝建祺没有证据证明委托人的行为是方媚的意思表示的情况下，邝建祺与方媚代理人办理过户手续的行为对方媚不发生效力。

最高人民法院案例指导与参考丛书

最高人民法院
合同案例指导与参考

（第二版）

最高人民法院案例
指导与参考丛书编选组 编

（中）

人民法院出版社

目录

上 册

确认合同效力纠纷

1. 瑞士嘉吉国际公司诉福建金石制油有限公司等确认合同无效纠纷案/3
   - ▶ 债务人与其关联公司以明显不合理低价转让财产的行为系恶意串通损害债权人利益的,双方签订的合同无效
   - ▶ 理解与参照:《瑞士嘉吉国际公司诉福建金石制油有限公司等确认合同无效纠纷案》的理解与参照/9

2. 青海红鼎房地产有限公司与青海省国有资产投资管理有限公司、青海省产权交易市场确认合同有效纠纷案/16
   - ▶ 网络竞价系统自动生成《竞价结果通知单》违反交易规则的,交易不成立

3. 上诉人高安市城市建设投资有限责任公司与被上诉人华金证券股份有限公司等确认合同无效纠纷上诉案/31
   - ▶《民法总则》第一百四十六条可以溯及适用于《民法总则》施行前基于虚伪意思表示订立的合同

债权人代位权纠纷

4. **姚军诉钱桥建筑安装工程有限公司债权人代位权纠纷案**/61
   ▶ 代位权诉讼与到期债权执行发生冲突时的利益平衡

债权人撤销权纠纷

5. **上海众盈联食品销售有限公司诉李向东、何雪莲等债权人撤销权纠纷案**/79
   ▶ 债权人主张撤销债务人离婚协议中转移财产条款的法律要件及行使期限

6. **韩某某诉郭某、吴某某债权人撤销权纠纷案**/89
   ▶ 夫妻离婚财产约定自由与债权人权益保护的平衡

债务转移合同纠纷

7. **董艳诉李彬、李彩侠、张双全债务转移合同纠纷案**/101
   ▶ 当事人约定不明情形下债务转移、债务加入、指示付款的认定

买卖合同纠纷

一、分期付款买卖合同纠纷

8. **经纬纺织机械股份有限公司与裘雅芬等分期付款买卖合同纠纷案**/113
   ▶ 再审不影响其他债务人按原裁判承担债务时,可仅中止对再审申请人的执行

二、国际货物买卖合同纠纷

9. **中化国际(新加坡)有限公司与蒂森克虏伯冶金产品有限责任公司国际货物买卖合同纠纷案**/117
   ▶ 国际货物销售合同中交货不符的,买方能够以合理价格转售的,质量不符不构成根本违约的情形

三、信息网络买卖合同纠纷

10. 吴晨洁诉北京快手科技有限公司网络购物合同纠纷案/140
▶ 未成年人通过监护人手机 App 软件购买快币、打赏主播的行为主体、交易对象及责任认定

11. 赵彦圳诉芭莎珠宝（深圳）有限公司网络购物合同纠纷案/149
▶ 网站标价错误是否构成重大误解的审查思路

12. 张查理诉上海宝尊电子商务有限公司网络购物合同纠纷案/161
▶ 网络购买商品不适用七日无理由退货的认定

13. 陈某某诉上海欧尚超市有限公司闵行店网络购物合同纠纷案/170
▶ 电子商务经营者以"库存数量"标注错误为由拒绝交付商品的违约责任

14. 高某某诉欧莱雅（中国）有限公司网络购物合同纠纷案/179
▶ 电商平台经营者以更低价格出售高度重合的商品组合，违反价保承诺的，构成违约

四、其他买卖合同纠纷

15. 吴梅诉四川省眉山西城纸业有限公司买卖合同纠纷案/188
▶ 一方当事人不履行二审期间达成的和解协议时，另一方当事人可申请执行一审判决
▶ 理解与参照：《吴梅诉四川省眉山西城纸业有限公司买卖合同纠纷案》的理解与参照/190

16. 徐工集团工程机械股份有限公司诉成都川交工贸有限责任公司等买卖合同纠纷案/197
▶ 关联公司的人员、业务、财务等方面交叉或混同，导致各自财产无法区分，丧失独立人格的，构成人格混同
▶ 理解与参照：《徐工集团工程机械股份有限公司诉成都川交工贸有限责任公司等买卖合同纠纷案》的理解与参照/201

17. 张莉诉北京合力华通汽车服务有限公司买卖合同纠纷案/210
▶ 为家庭生活消费需要购买汽车发生欺诈纠纷的，消费者可依《中华人民共和国消费者权益保护法》要求赔偿损失

▶理解与参照：《张莉诉北京合力华通汽车服务有限公司买卖合同纠纷案》的理解与参照/213

18. 孙银山诉南京欧尚超市有限公司江宁店买卖合同纠纷案/221
▶消费者明知食品不符合安全标准而购买可十倍索赔
▶理解与参照：《孙银山诉欧尚超市有限公司江宁店买卖合同纠纷案》的理解与参照/224

19. 北京大唐燃料有限公司诉山东百富物流有限公司买卖合同纠纷案/234
▶代位权诉讼执行中，因相对人无财产被终结执行程序，债权另行向债务人主张权利的，人民法院应予支持

20. 大庆凯明风电塔筒制造有限公司与华锐风电科技（集团）股份有限公司买卖合同纠纷案/238
▶合同义务有先后履行顺序的，先履行一方怠于履行给后履行一方履行合同造成困难的，后履行一方有权依据先履行抗辩权要求对方履行全部合同

21. 上海闽路润贸易有限公司与上海钢翼贸易有限公司买卖合同纠纷案/258
▶在合同约定本身不属于无效事由的情况下，合同中一方当事人实施的涉嫌犯罪的行为并不影响合同的有效性

22. 厦门航空开发股份有限公司与北京南钢金易贸易有限公司及第三人厦门市东方龙金属材料有限公司买卖合同纠纷案/264
▶《中华人民共和国合同法》第四百零二条但书前的规定，仅仅适用于单纯的委托合同关系

23. 上海德力西集团有限公司诉江苏博恩世通高科有限公司、冯军、上海博恩世通光电股份有限公司买卖合同纠纷案/269
▶公司减资时对已知或应知的债权人应履行通知义务，不能在未先行通知的情况下直接以登报公告形式代替通知义务

24. 邓美华诉上海永达鑫悦汽车销售服务有限公司买卖合同纠纷案/275
▶汽车经销商对于车辆后保险杠外观瑕疵予以"拆装后保、后保整喷"的维修超出车辆售前正常维护和PDI质量检测的范围，经销商对此未履行告知义务的，构成消费欺诈

目 录

25. 江苏万丰光伏有限公司诉上海广力投资管理有限公司、丁炬焜等买卖合同纠纷案 /288
   ▶ 公司在股东认缴的出资期限届满前，作出减资决议而未依法通知债权人，债权人起诉请求股东对公司债务在减资范围内承担补充赔偿责任的，人民法院应予支持

26. 刘智超诉同方知网（北京）技术有限公司买卖合同纠纷案 /298
   ▶ 经营者作出的最低充值金额限制条款效力的认定

27. 东方电气集团东方汽轮机有限公司与大庆高新技术产业开发区大丰建筑安装有限公司、大庆大丰能源技术服务有限公司买卖合同纠纷案 /308
   ▶ 买卖的货物交付后，买受人已经使用标的物且未在约定的质量保证期内提出质量异议，却以货物存在质量问题为由拒绝付款的，不予支持

28. 宝鼎建设工程有限公司与王聪浩买卖合同纠纷案 /321
   ▶ 判断违约金是否过高，应根据法律、司法解释规定，兼顾合同履行情况、当事人过错程度以及预期利益等因素综合认定

29. 天宇公司与仓驰公司、迪嘉特公司、石勇买卖合同纠纷再审案 /333
   ▶ 狭义无权代理责任的司法裁判

30. 新疆阿克苏四海建设工程有限责任公司与阿克苏诚建建材有限责任公司、黄洪川买卖合同纠纷案 /346
   ▶ 建筑行业中买卖合同纠纷表见代理应严格认定

31. 邬某诉佛山聚阳新能源有限公司买卖合同纠纷案 /351
   ▶ 真意保留的法律适用

拍卖合同纠纷

32. 何浩基诉建行华侨城支行、金坤公司拍卖合同纠纷案 /367
   ▶ 拍卖法律关系中瑕疵担保责任的承担及免除

建设用地使用权合同纠纷

一、建设用地使用权出让合同纠纷

33. 贵阳市国土资源局与贵州太升房地产开发有限公司建设用地使用权出让合同二审纠纷案/381

    ▶ 未按约交纳土地出让金时，应综合合同履行情况、过错程度、预期利益、损失情况，根据公平原则和诚信原则确定违约责任

34. 长春泰恒房屋开发有限公司与长春市规划和自然资源局国有土地使用权出让合同纠纷案/392

    ▶ 因国家法律、法规及政策出台导致当事人签订的合同不能履行，以致一方当事人缔约目的不能实现，该方当事人请求法院判决解除合同的，人民法院应予支持

二、建设用地使用权转让合同纠纷

35. 秦龙公司与嘉德利公司、中经信公司、空后广州办土地使用权转让合同纠纷案/402

    ▶ 未领取权属证书的土地使用权转让合同的效力

36. 山东容商置业有限公司与微山县金谷建材贸易有限公司建设用地使用权转让合同纠纷再审案/430

    ▶ 招拍挂程序不影响建设用地使用权转让合同的效力

采矿权转让合同纠纷

37. 陈付全与确山县团山矿业开发有限公司采矿权转让合同纠纷案/445

    ▶ 矿业权转让合同中的报批义务条款自合同成立时起即具有法律效力

房地产开发经营合同纠纷

一、合资、合作开发房地产合同纠纷

38. **兰州滩尖子永昶商贸有限责任公司等与爱之泰房地产开发有限公司合作开发房地产合同纠纷案**/451
    ▶ 在双务合同中,双方均存在违约的情况下,判断合同当事人是否享有解除权的因素

39. **海南海联工贸有限公司与海南天河旅业投资有限公司、三亚天阔置业有限公司等合作开发房地产合同纠纷案**/464
    ▶ 合作开发房地产关系中的合作各方当事人在项目公司中是否享有股权不影响其在合作开发合同中所应享有的权益

40. **宁夏金力泰钢结构有限公司银川开发区与宏建房地产开发有限公司合作、合资开发房地产合同纠纷案**/490
    ▶ 合作开发房地产合同中约定履行合法审批程序后将工业用地性质变更为居住用地后再行开发房地产的,不违反法律、法规的效力性强制性规定

41. **上诉人甘肃宝迪置业发展有限责任公司与被上诉人兰州安宁新城万和影视文化有限责任公司、第三人兰州市安宁区就业服务局等合资、合作开发房地产合同纠纷二审案**/506
    ▶ 合同条款的文义与已查明事实及其相应法律规定的要求存在冲突时,应综合当事人陈述等因素,探求当事人缔约时的真实意思并决定是否将其作为案件裁判的依据

42. **再审申请人天津置信投资发展有限公司与被申请人新疆保利天然投资有限公司、一审第三人新疆天然房地产开发有限公司合资、合作开发房地产合同纠纷案**/534
    ▶ 在法定代表人代表公司签字时,应要求加盖公司印章,防止法定代表人在公司不知情的情况下代表公司作出意思表示

二、项目转让合同纠纷

43. 东莞利成公司、宝源公司与东莞晶隆公司、大岭山房地产公司房地产项目转让合同纠纷案/554
    ▶要准确判断和认定是否构成一物数卖，必须根据每个案件的不同事实情况，剖析当事人的内心真意，依法公平合理地平衡各方当事人的利益

房屋买卖合同纠纷

一、商品房预售合同纠纷

44. 李明柏诉南京金陵置业发展有限公司商品房预售合同纠纷案/575
    ▶因房屋存在质量问题，导致购房人无法正常使用、收益的，法院可以房屋同期租金为标准计算实际损失

45. 张宇、张霞诉上海亚绿实业投资有限公司商品房预售合同纠纷案/584
    ▶经营者故意隐瞒重大风险，造成相对人在信息不对称的情况下达成免责合意，免责合意的范围仅限于签约后发生的不确定风险，不包括被隐瞒的重大风险

46. 周杰帅诉余姚绿城房地产有限公司商品房预售合同纠纷案/595
    ▶当事人主张约定违约金过高请求予以适当减少的，人民法院应当以实际损失为基础综合考量

二、商品房销售合同纠纷

47. 黄光娜与海口栋梁实业有限公司、广东省阳江市建安集团有限公司海南分公司商品房销售合同纠纷案/608
    ▶第三人非因本人原因未参加诉讼的，不符合第三人撤销之诉的起诉条件，法院应裁定不予受理

48. 周显治、俞美芳与余姚众安房地产开发有限公司商品房销售合同纠纷案/613
    ▶商品房买卖合同约定了逾期交房与逾期办证的违约责任，又约定开发商承担了逾期交房的责任后无需承担逾期办证的责任的，属无效格式条款

49. 婺源县安泰房地产开发有限责任公司与林细海商品房销售合同纠纷案/625
   ▶商品房交付法定强制性标准——"该商品房经验收合格"的司法认定，应以加盖建设局验收备案章的竣工验收备案证明表为准

50. 长沙市雨花区市容环境卫生管理局诉湖南恩瑞置业有限公司商品房销售合同纠纷案/644
   ▶房屋限购政策对开发商而言不属于情势变更原则适用条件

三、其他房屋买卖合同纠纷

51. 汤龙、刘新龙、马忠太、王洪刚诉新疆鄂尔多斯彦海房地产开发有限公司商品房买卖合同纠纷案/655
   ▶借款合同双方终止借款合同关系，建立商品房买卖合同关系，将借款本金及利息转化为已付购房款并经对账清算的，具有法律效力，但要防止将超出法律规定保护限额的高额利息转化为已付购房款
   ▶**理解与参照**：《汤龙、刘新龙、马忠太、王洪刚诉新疆鄂尔多斯彦海房地产开发有限公司商品房买卖合同纠纷案》的理解与参照——当事人协商一致终止借款合同并将借款转化为购房款的法律关系认定/659

52. 成都讯捷通讯连锁有限公司与四川蜀都实业有限责任公司、四川友利投资控股股份有限公司房屋买卖合同纠纷案/668
   ▶合同的解除与否不涉及物之所有权的变动，而只与是否继续承担合同义务有关

53. 洪秀凤与昆明安钡佳房地产开发有限公司房屋买卖合同纠纷案/695
   ▶不宜简单否定既存外化法律关系对当事人真实意思的体现和反映，避免当事人一方不当摆脱既定权利义务约束

54. 张俭华、徐海英诉启东市取生置业有限公司房屋买卖合同纠纷案/708
   ▶开发商交付的房屋与购房合同约定的方位布局相反，且无法调换，购房者可以合同目的不能实现为由要求解除合同

55. 万学全、万兵诉狄平等人房屋买卖合同纠纷案/715
   ▶共同居住的家庭成员，以自己的名义将其他家庭成员名下的房屋出卖给他人，该行为对房屋所有人是否有效，应当结合房屋产权证书、对价支付情况等综合判定

56. 遵义市红花岗区长征镇沙坝村纪念街村民组诉遵义明顺房地产开发有限责任公司等商品房买卖合同纠纷案/722

  ▶ 处理一房二卖情况下的合同履行问题，可从缔约真实性、签约时间顺序、付款程度、合同备案情况、不动产占有事实、预登记情况等方面加以评判

57. 吉林鑫城房地产综合开发有限责任公司与汤东鹏房屋买卖合同纠纷案/739

  ▶ 债务人到期未能清偿债务，重新与债权人达成合意以房抵债，双方签订的《房屋买卖合同》应当认定合法有效

58. 方媚与邝建祺房屋买卖合同纠纷/744

  ▶ 认定合同是否解除应符合常情常理

中　　册

民事主体间房屋拆迁安置补偿合同纠纷

59. 中国联合网络通信有限公司红河哈尼族彝族自治州分公司与红河东佑房地产开发有限公司、云南晟邦融资担保有限公司房屋拆迁安置补偿合同纠纷案/751

  ▶ 因对方违约解除合同后，已履行主要合同义务的一方有权请求可得利益赔偿

供用水合同纠纷

60. 盐城市天孜食品有限公司诉盐城市自来水有限公司供用水合同纠纷案/773

  ▶ 在供水合同关系中，供水方和用水方因水表更换前后水表显示用水量产生争议时，人民法院应当根据民事诉讼证明原则和日常经验法则，对案件事实作出综合判断并公平合理地确定计算方法和损失数额

赠与合同纠纷

61. 胡某某诉胡某赠与合同纠纷案/785
   ▶受赠人对赠与人有扶养义务而不履行的认定

62. 曾某诉柯某某、王某赠与合同纠纷案/793
   ▶网络直播打赏的法律性质及其效力认定

借款合同纠纷

一、金融借款合同纠纷

63. 福建海峡银行股份有限公司福州五一支行诉长乐亚新污水处理有限公司、福州市政工程有限公司金融借款合同纠纷案/807
   ▶特许经营权的收益权可以质押
   ▶理解与参照：《福建海峡银行股份有限公司福州五一支行诉长乐亚新污水处理有限公司、福州市政工程有限公司金融借款合同纠纷案》的理解与参照/813

64. 中国工商银行股份有限公司宣城龙首支行诉宣城柏冠贸易有限公司、江苏凯盛置业有限公司等金融借款合同纠纷案/819
   ▶当事人可另行达成协议将最高额抵押权设立前，已经存在的债权转入该最高额抵押担保的债权范围，但不得对第三人产生不利影响

65. 温州银行股份有限公司宁波分行诉浙江创菱电器有限公司等金融借款合同纠纷案/824
   ▶贷款合同中选择性列明部分最高额担保合同，未列明的担保人也应当在最高债权限额内承担担保责任
   ▶理解与参照：《温州银行股份有限公司宁波分行诉浙江创菱电器有限公司等金融借款合同纠纷案》的理解与参照/828

66. 上诉人湖南中融企业信用担保投资有限公司与被上诉人中国工商银行股份有限公司长沙韶山路支行、湖南中科本安新材料有限公司及原审被告北京中科时代资产管理有限公司、湖南信托有限责任公司金融借款合同纠纷上诉案/835

▶公司减资的程序瑕疵是否影响公司作为债务人的民事责任暨保证人的保证责任并非一定因物保、担保置换、公司减资瑕疵等因素存在而免除

67. 中信银行股份有限公司东莞分行诉陈志华等金融借款合同纠纷案/854

▶以不动产提供抵押担保,抵押人未依抵押合同约定办理抵押登记的,不影响抵押合同的效力

二、民间借贷纠纷

68. 李占江、朱丽敏与贝洪峰、沈阳东昊地产有限公司民间借贷纠纷案/861

▶当事人对合同条款理解有争议的,可运用目的解释确定条款的真实意思

69. 邵萍与云南通海昆通工贸有限公司、通海兴通达工贸有限公司民间借贷纠纷案/876

▶应综合设立背景、股东、控制人等多种因素认定公司滥用法人人格和有限责任的法律责任

70. 王谦与卢蓉芳、宁夏建工集团房地产开发有限公司、第三人宁夏恒昌盛房地产开发有限公司民间借贷纠纷案/892

▶一审胜诉或部分胜诉的当事人未提起上诉,且在二审中明确表示一审判决正确应予维持,在二审判决维持原判后,该当事人又申请再审的,人民法院不予支持

71. 黑龙江闽成投资集团有限公司与西林钢铁集团有限公司、第三人刘志平民间借贷纠纷案/897

▶对于股权让与担保是否具有物权效力,应以是否已按照物权公示原则进行公示作为核心判断标准

72. 再审申请人崔玉花与被申请人杨兴义、一审被告马耀中民间借贷纠纷案/942
   ▶ 夫妻一方虽然以个人名义借贷了超出日常开支所需债务，但该行为属于赚取利差的投资经营行为，所获利息亦用于夫妻共同生活，应当认定为夫妻共同债务
73. 宋建明、李梅华与孙继红民间借贷纠纷案/947
   ▶ 未办理抵押登记的抵押合同效力认定问题
74. 北京长富投资基金与武汉中森华世纪房地产开发有限公司等委托贷款合同纠纷案/951
   ▶ 委托贷款合同实质是委托人与借款人之间的民间借贷关系的，应受民间借贷法律规则的规制
75. 陈某某诉吴某某、李某某民间借贷纠纷案/975
   ▶ 夫妻单方向父母出具借条是否构成夫妻共同债务的认定
76. 潘某某诉杨某某民间借贷纠纷案/986
   ▶ 民间借贷款项实际交付真伪不明时的认定

三、小额借款合同纠纷

77. 重庆市阿里巴巴小额贷款有限公司诉陈壮群小额借款合同纠纷案/998
   ▶ 当事人在诉前相关合同中对电子送达方式、电子送达地址及法律后果作出明确、具体约定的，该约定具有相当于《送达地址确认书》的效力
78. 广州优贷小额贷款有限公司诉李某、第三人深圳市前海吉顺信科技发展有限公司小额借款合同纠纷案/1001
   ▶ 不应将金融科技成本以"服务费"名义转嫁为借款人的借款成本

四、其他借款合同纠纷

79. 上海欧宝生物科技有限公司诉辽宁特莱维置业发展有限公司企业借贷纠纷案/1008
   ▶ 人民法院应当依法制裁虚构事实、恶意串通、规避法律或国家政策以谋取非法利益进行的虚假民事诉讼
80. 招商银行股份有限公司大连东港支行与大连振邦氟涂料股份有限公司、大连振邦集团有限公司借款合同纠纷案/1020

▶《中华人民共和国公司法》第十六条第二款的规定不能作为评价合同效力的依据

81. 日照港集团有限公司煤炭运销部与山西焦煤集团国际发展股份有限公司借款合同纠纷案/1035

    ▶多个企业间进行封闭式循环买卖，一方在同一时期先低价卖后高价买同一标的物的，实为以买卖形式掩盖借贷法律关系。企业间为此签订的买卖合同，属于当事人共同实施虚伪意思表示，应认定为无效

82. 上海浦东发展银行股份有限公司深圳分行与梅州地中海酒店有限公司等借款合同纠纷案/1048

    ▶人民法院确定委托贷款合同的利率上限时应当参照民间借贷的相关规则

83. 中国长城资产管理股份有限公司山西省分公司与山西朔州平鲁区华美奥崇升煤业有限公司等借款合同纠纷案/1074

    ▶如果在最高额保证合同中明确约定所担保的最高债权额包括主债权的数额和相应的利息、违约金等费用，保证人即应当对该约定承担保证责任，而不受主债权数额的限制

84. 大连俸旗投资管理有限公司与中国外运辽宁储运公司等借款合同纠纷案/1090

    ▶动产质押监管合同债权人、作为出质人的债务人、质物监管人对质物没有真实、足额移交监管均有过错的，均应担责

85. 上诉人港通物流（北京）有限公司、北京云帆中天科贸有限责任公司与被上诉人承德钢铁集团有限公司、原审被告北京市劳服物资有限责任公司借款合同纠纷案/1128

    ▶在委托贷款合同约定的还本付息期限届满的情况下，当事人约定将委托贷款关系转为一般借款关系的，主债权和质权均未消灭

目 录

保证合同纠纷

86. 招商银行股份有限公司大连分行与大连一方地产有限公司保证合同纠纷案/1143
    ▶ 金融机构怠于办理预告登记，房地产企业的阶段性保证责任免除
87. 中国工商银行股份有限公司固阳支行与固阳县腾飞房地产开发公司保证合同纠纷案/1148
    ▶ 案外人对已经被法院查封、扣押、冻结的财产主张确权，只能提起执行异议之诉，而不能另行提起确权之诉

抵押合同纠纷

88. 王军诉李睿抵押合同纠纷案/1163
    ▶ 抵押权人在主债权诉讼时效期间未行使抵押权将导致抵押权消灭

储蓄存款合同纠纷

89. 李德勇与中国农业银行股份有限公司重庆云阳支行储蓄存款合同纠纷案/1173
    ▶ 当储蓄人依据犯罪分子伪造的存单主张与银行成立储蓄合同，人民法院应判定储蓄人与银行是否就储蓄事宜分别作出要约、承诺

银行卡纠纷

90. 徐欣诉招商银行股份有限公司上海延西支行银行卡纠纷案/1191
    ▶ 他人盗用持卡人名义进行网络交易，发卡行仅以持卡人身份识别信息和交易验证信息相符为由主张不承担赔偿责任的不予支持
91. 伊立军与中国工商银行股份有限公司盘锦分行银行卡纠纷案/1195

▶ 银行工作人员为客户办理业务应严格遵守工作流程和业务操作规范，尽到最大的注意和风险提示义务

92. 王东旭诉中国工商银行股份有限公司上海市第一支行信用卡纠纷案 /1209

▶ 信用卡盗刷事实的过错责任的司法认定

租赁合同纠纷

93. 饶国礼诉某物资供应站等房屋租赁合同纠纷案 /1223

▶ 违反行政规章签订租赁合同，将存在严重结构隐患，或将造成重大安全事故的危房出租用于经营酒店的，合同无效

94. 再审申请人青海贵南草业开发有限责任公司三分公司东科大队与马胡赛尼、才让加、才朗杰房屋租赁合同纠纷案 /1229

▶ 消防验收与租赁合同效力的认定

建设工程合同纠纷

95. 牡丹江市宏阁建筑安装有限责任公司诉牡丹江市华隆房地产开发有限责任公司、张继增建设工程施工合同纠纷案 /1241

▶ 纠纷已经解决且当事人申请撤诉的民事抗诉案件，不损害国家利益、社会公共利益或第三人利益的，法院应当作出案终结审查或终结再审诉讼的裁定

▶ 理解与参照：《牡丹江市宏阁建筑安装有限责任公司诉牡丹江市华隆房地产开发有限责任公司、张继增建设工程施工合同纠纷案》的理解与参照 /1244

96. 中天建设集团有限公司诉河南恒和置业有限公司建设工程施工合同纠纷案 /1253

▶ 执行法院依其他债权人的申请，对发包人的建设工程强制执行，承包人向执行法院主张其享有建设工程价款优先受偿权且未超过除斥期间的，视为承包人依法行使了建设工程价款优先受偿权

目 录

97. 海擎重工机械有限公司与江苏中兴建设有限公司、中国建设银行股份有限公司泰兴支行建设工程施工合同纠纷案/1257
   ▶法院应根据合同约定、法律及行政法规规定的工程建设程序,合理确定建设、施工单位对工程质量问题的责任承担

98. 青海方升建筑安装工程有限责任公司与青海隆豪置业有限公司建设工程施工合同纠纷案/1289
   ▶致使约定了固定价款的建设工程施工合同解除的,应综合考虑案件实际履行情况、双方当事人的过错、司法判决的价值取向等因素确定争议合同的工程价款

99. 中铁二十二局集团第四工程有限公司与安徽瑞讯交通开发有限公司、安徽省高速公路控股集团有限公司建设工程施工合同纠纷案/1313
   ▶因发包人违约造成的停窝工损失和材料价差损失,不属于建设工程价款优先受偿权的权利行使范围

100. 通州建总集团有限公司与内蒙古兴华房地产有限责任公司建设工程施工合同纠纷案/1332
   ▶在债权人与债务人达成以物抵债协议、新债务与旧债务并存时,若新债务届期不履行,债权人有权请求债务人履行旧债务

101. 江苏省第一建筑安装集团股份有限公司与唐山市昌隆房地产开发有限公司建设工程施工合同纠纷案/1350
   ▶多份施工合同均无效,且无法确定实际履行合同的,工程价款可根据争议合同之间的差价,结合工程质量、当事人过错、诚实信用原则等予以合理分配

102. 江苏南通六建建设集团有限公司与衡水鸿泰房地产开发有限公司建设工程施工合同纠纷案/1364
   ▶当事人在判决、裁定发生法律效力六个月后,依据《中华人民共和国民事诉讼法》第二百条第一项、第三项、第十二项、第十三项规定申请再审的同时,一并提起其他再审事由的,人民法院不予审查

103. 甲公司与乙公司建设工程施工合同纠纷案/1368
   ▶当事人约定的工程款支付时间晚于工程竣工之日,承包人行使优先权的期限不应从工程竣工之日起计算

104. 湖南协和建设有限公司与株洲市汉华房地产开发有限公司建设工程施工合同纠纷申请再审案/1372

    ▶建设工程价款优先受偿权行使期间的起算点为应当支付工程款时

105. 中国新兴建设开发总公司与国泰纸业（唐山曹妃甸）有限公司建设工程施工合同纠纷案/1399

    ▶建设工程施工合同解除后，如果对合同解除后是否预留质量保证金没有特别约定，则在认定发包人应付工程款时，不可直接适用原合同中有关质量保证金的条款

106. 中国新兴建设开发有限责任公司与海上嘉年华（青岛）置业有限公司建设工程施工合同纠纷案/1420

    ▶建设工程施工合同无效，发包人应承担折价补偿责任，其计算基础仍然是承包人付出的人力、材料和管理成本等，属于建设工程价款优先受偿权的保护范围

107. 再审申请人许昌信诺置业有限公司与被申请人牛长贵、河南林九建设工程有限公司建设工程施工合同纠纷一案/1443

    ▶挂靠人以被挂靠人名义对外签订建设工程施工合同的效力，应根据发包人是否善意、在签订建设工程施工合同时是否知道挂靠事实来作出认定

108. A 公司与 B 公司建设工程施工合同纠纷案/1455

    ▶合同无效，工程未经竣工验收但已交付使用的，施工人能否获得折价补偿以工程质量是否合格为前提

109. 上诉人江苏南通二建集团有限公司、上诉人天津国储置业有限公司与被上诉人国储能源化工（天津）有限公司、天津睿拓投资有限公司建设工程施工合同纠纷二审案/1462

    ▶一人有限责任公司股东未举证证明公司财产独立于股东自己财产，应当对公司债务承担连带责任

110. 天津滨海鼎昇环保科技工程有限公司与国家电投集团远达水务有限公司建设工程施工合同纠纷案/1480

    ▶土地整理承接协议的任意解除权行使限制

111. 吉林市东辰伟业房地产开发经营有限责任公司与东北金城建设股份有限公司、东北金城建设股份有限公司吉林市分公司、庄锡富、王隆、郑向东建设工程施工合同纠纷案/1502
    ▶建设工程施工合同无效，但建设工程经竣工验收合格，承包人只能请求参照合同约定来计算涉案工程价款，而不应主张据实结算

112. 宁夏钰隆工程有限公司与安徽三建工程有限公司、宁夏蓝天房地产开发有限责任公司建设工程施工合同纠纷案/1523
    ▶实际施工人在同时兼具承包人身份的情况下，可以认定其享有优先受偿权

下　册

运输合同纠纷

113. 阿卜杜勒·瓦希德诉中国东方航空股份有限公司航空旅客运输合同纠纷案/1537
    ▶打折机票上标注的"不得退票，不得转签"不影响旅客按时抵达目的地的权利
    ▶理解与参照：《阿卜杜勒·瓦希德诉中国东方航空股份有限公司航空旅客运输合同纠纷案》的理解与参照/1543

仓储合同纠纷

114. 浙江惠巨化工有限公司诉宁波中化建韩华化工储运有限公司仓储合同纠纷案/1553
    ▶企业间融资性买卖是名为买卖实为借贷的行为，而隐藏的借款合同如果没有法律规定的无效情形，应当认定有效

115. 北京首担融资担保有限公司诉天津中邮物流有限责任公司仓储合同纠纷案/1561

▶ 动产质押监管合同中监管人责任边界的司法认定

委托合同纠纷

一、货运代理合同纠纷

116. 骏荣内衣有限公司诉宏鹰国际货运（深圳）有限公司等海上货运代理合同纠纷案/1573

▶ 承运人签发的除提单以外的运输单证必须包含合同当事人的承托意思表示才可以构成运输合同的证明

二、诉讼、仲裁、人民调解代理合同纠纷

117. 黑龙江新元律师事务所诉大庆高新国有资产运营有限公司诉讼代理合同纠纷案/1581

▶ 诉讼代理合同对诉讼代理费的收费标准有明确约定的，应当按照约定履行

三、其他委托合同纠纷

118. 周伟均、周伟达诉王煦琼委托合同纠纷案/1592

▶ 受托人无视委托人的真实意愿与切身利益，恶意处分委托人财产，即使该处分行为对交易相对方发生效力，受托人仍应就其严重侵害委托人利益的行为承担相应赔偿责任

119. 厦门源昌房地产开发有限公司与海南悦信集团有限公司委托合同纠纷案/1600

▶ 在法定抵销权已经有效成立的情况下，如抵销权的行使不存在不合理迟延之情形，综合实体公平及抵销权的担保功能等因素，人民法院应认可抵销的效力

目 录

委托理财合同纠纷

120. 江怡诉上海讷良商务服务有限公司、李晓天等委托理财合同纠纷案/1625
   ▶ 章程约定的股东出资期限以认定有效为原则,若绝对不能实现或股东认缴资本额明显超过其资本能力时,可适用公司人格否认制度

物业服务合同纠纷

121. 某小区业主委员会诉邓某某物业服务合同纠纷案/1639
   ▶ 法律赋予业主对所居住的小区的物业管理予以选择的权利,业主有权对所居住小区进行自治管理
122. 范某某诉重庆港华物业管理有限公司物业服务合同纠纷案/1641
   ▶ 经核验停车位适宜安装电动汽车充电桩的,物业服务提供人应根据需要出具同意或适宜安装的证明

中介合同纠纷

123. 上海中原物业顾问有限公司诉陶德华居间合同纠纷案/1655
   ▶ 当卖方将同一房屋通过多个中介公司挂牌出售时,买方通过其他正当途径获得信息促成合同成立的,不构成违约
   ▶ 理解与参照:《上海中原物业顾问有限公司诉陶德华居间合同纠纷案》的理解与参照/1658
124. 李彦东诉上海汉宇房地产顾问有限公司居间合同纠纷案/1664
   ▶ 居间人未尽必要的注意义务使委托人受欺诈遭受损失的,根据其过错程度承担赔偿责任
125. 陈立耘与北京原始会投资管理有限公司、被告北京网信众筹网络科技有限公司居间合同纠纷案/1670

▶ 经法院强制执行后融资人的财产仍不足以承担对投资人的损失赔偿责任时,投资人以股权众筹平台违反审查和说明义务为由请求其承担违约责任的,应综合平台的违约程度、合理预见规则及与有过失规则确定其承担的补充责任

服务合同纠纷

一、电信服务合同纠纷

126. 刘超捷诉中国移动通信集团江苏有限公司徐州分公司电信服务合同纠纷案/1687

   ▶ 经营者订约时未将限制条件明确告知消费者的,电信服务合同条款不产生效力

   ▶ **理解与参照**:《刘超捷诉中国移动通信集团江苏有限公司徐州分公司电信服务合同纠纷案》的理解与参照/1690

127. 郑传新诉中国电信股份有限公司连云港分公司电信服务合同纠纷案/1700

   ▶ 电信服务提供者对免费提供的增值业务过期后需要收费时,应得到用户的明确使用承诺

二、医疗服务合同纠纷

128. 石某诉首都医科大学附属北京朝阳医院医疗服务合同纠纷案/1704

   ▶ 配偶死亡后,另一方是否有权要求继续履行人类辅助生殖技术医疗服务合同的认定

129. 张某诉四川省医学科学院·四川省人民医院医疗服务合同纠纷案/1717

   ▶ 夫妻一方死亡后辅助生殖医疗合同效力的认定

三、法律服务合同纠纷

130. 安徽籍山律师事务所诉翟彦彪、翟大昌法律服务合同纠纷案/1728

   ▶ 律师风险代理的范围认定

四、旅游合同纠纷

131. 陈明、徐炎芳、陈洁诉上海携程国际旅行社有限公司旅游合同纠纷案/1741
  ▶ 旅游经营者主张旅游者的单方解约系违约行为，应当举证证明"损失已实际产生"和"损失的合理性"

五、网络服务合同纠纷

132. 无锡市掌柜无线网络技术有限公司诉无锡嘉宝置业有限公司网络服务合同纠纷案/1751
  ▶ 双方当事人强行向不特定公众发送商业广告短信息，侵害了不特定公众的利益，其签订的相关合同无效

133. 张某某诉广州交易猫信息技术有限公司网络服务合同纠纷案/1756
  ▶ 电子商务平台对虚拟财产交易的安全保障义务

六、教育培训合同纠纷

134. 陈某某、陈某乙诉北京仔仔鑫豪教育文化发展有限公司教育培训合同纠纷案/1768
  ▶ 预付式服务合同中公平原则的适用

劳务合同纠纷

135. 黑龙江省齐齐哈尔市战戟星文化传媒有限公司诉周佳鑫劳务合同纠纷案/1779
  ▶ 演艺公司与"网红主播"签订的《合作协议》，属于劳务合同，当事人违反合同约定时，可以适用《合同法》相关法律条文

追偿权纠纷

136. 顾善芳诉张小君、林兴钢、钟武军追偿权纠纷案/1787
  ▶ 只有按照通常理解对格式条款有两种以上解释的，才应采用不利解释原则

137. 孙俊与刘文保、岳凤芹、承德市凯旋房地产开发有限责任公司、滦平县信通科技小额贷款有限公司追偿权纠纷案/1793

▶如果保证人不存在过错，债务人不得以主债权数额在履行中发生变化等事由对抗保证人

其他合同纠纷

138. 北京隆昌伟业贸易有限公司诉北京城建重工有限公司合同纠纷案/1811

▶当事人双方就债务清偿达成和解协议，一方当事人依约履行，另一方当事人不履行协议，并请求减少违约金，人民法院不予支持

139. 四川金核矿业有限公司与新疆临钢资源投资股份有限公司特殊区域合作勘查合同纠纷案/1815

▶认定勘查开采矿产资源合同有效并继续履行将损害环境公共利益的，应当认定合同无效

140. 应高峰诉嘉美德（上海）商贸有限公司、陈惠美其他合同纠纷案/1830

▶在一人公司法人人格否认之诉中，一人公司法人人格不认之诉中财产混同的审查因素及举证责任分配规则

141. 北京博创英诺威科技有限公司与保利民爆科技集团股份有限公司合同纠纷案/1841

▶外贸代理人获得的出口退税款应当依约支付给委托人

142. 黄艺明、苏月弟与周大福代理人有限公司、亨满发展有限公司以及宝宜发展有限公司合同纠纷案/1858

▶涉港民商事纠纷应当参照我国国际私法冲突规范的规定以及国际私法理论，采用分割方法确定应当适用的法律

143. 李稳博诉上海虹口区艺术合子美术进修学校合同纠纷案/1887

▶经教育部门许可并通过民政部门登记设立的民办学校系公益性组织，出资人对学校财产不具有财产权益

144. **黑龙江北大荒投资担保股份有限公司与黑龙江省建三江农垦七星粮油工贸有限责任公司、黑龙江省建三江农垦宏达粮油工贸有限公司等担保合同纠纷案**/1895
   ▶ 同一债权上既有人的担保,又有债务人提供的物的担保,债权人与债务人的共同过错致使本应依法设立的质权未设立,保证人对此并无过错的,债权人应对质权未设立承担不利后果

145. **深圳市奕之帆贸易有限公司、侯庆宾与深圳兆邦基集团有限公司、深圳市康诺富信息咨询有限公司、深圳市鲤鱼门投资发展有限公司、第三人广东立兆电子科技有限公司合同纠纷案**/1903
   ▶ 双方当事人在设立让与担保的合同中约定,如担保物的价值不足以覆盖相关债务,即使债务履行期尚未届满,债权人亦有权主张行使让与担保权利

146. **再审申请人赖东望与被申请人于都县福丰置业有限责任公司、深圳市宝鹰实业集团有限公司股权转让合同纠纷案**/1928
   ▶ 约定第三人履行债务时,如何区分债务加入与第三人代为履行

147. **再审申请人天津市天意君泰商贸有限公司与被申请人天津中油滨海石油销售有限公司、天津海滨大道建设发展有限公司合同纠纷一案**/1955
   ▶ 对合同条款权利义务的认定不能完全拘泥于合同语句含义

148. **上诉人青岛华通国有资本运营(集团)有限责任公司与被上诉人青岛中泰信实业有限公司合同纠纷案**/1983
   ▶ 土地整理承接协议的任意解除权行使限制

149. **四川省攀化科技有限公司诉攀钢集团有限公司合同纠纷案案例分析**/2014
   ▶ 政府行为如果不构成不能预见、不能避免并不能克服的客观情况,不能认定为不可抗力

150. **再审申请人王为平、王彬、王挺、王浩怡与被申请人广深港客运专线有限责任公司合同纠纷案**/2028
   ▶ 当事人就房屋拆迁补偿问题已经达成补偿协议的,属于平等民事主体之间民事纠纷范畴

151. 籍祥太与郑权岳、乌兰县符青矿业开发有限责任公司合同纠纷
再审案/2052

▶合同由一方当事人书写并签名后交另一方当事人，另一方当事人虽未签名，但不否认合同内容的，应认定合同为双方真实意思表示，合同有效

民事主体间房屋拆迁安置补偿合同纠纷

民事主体间房屋拆迁安置补偿合同纠纷

59. 中国联合网络通信有限公司红河哈尼族彝族自治州分公司与红河东佑房地产开发有限公司、云南晟邦融资担保有限公司房屋拆迁安置补偿合同纠纷案[*]

▶ 因对方违约解除合同后，已履行主要合同义务的一方有权请求可得利益赔偿

【裁判摘要】

> 合同解除后，应根据合同解除的具体原因确定双方承担的责任。若合同是因一方违约解除，守约方除可根据《中华人民共和国合同法》第九十七条规定请求恢复原状、采取其他补救措施外，还可根据《中华人民共和国合同法》第一百零七条规定和第一百一十三条规定请求违约方赔偿损失。若守约方已经履行完毕主要合同义务的，损失赔偿的范围应当包括合同履行后可以获得的利益。

再审申请人（一审原告、二审被上诉人）：中国联合网络通信有限公司红河哈尼族彝族自治州分公司，住所地：云南省红河哈尼族彝族自治州蒙自市红河大道与天竺路交叉口。

---

[*] 摘自《民事审判指导与参考》2016年第4辑（总第68辑），人民法院出版社2016年版，第217~233页。

负责人：缪红钧，该公司总经理。

委托诉讼代理人：田阳，云南泓旷律师事务所律师。

委托诉讼代理人：农琳，云南泓旷律师事务所律师。

被申请人（一审被告、二审上诉人）：红河东佑房地产开发有限公司，住所地：云南省红河哈尼族彝族自治州个旧市人民路。

法定代表人：赵小莉，该公司总经理。

委托诉讼代理人：王桂英，北京市康达律师事务所律师。

委托诉讼代理人：孟丽娜，北京市康达律师事务所律师。

被申请人（一审被告、二审上诉人）：云南晟邦融资担保有限公司，住所地：云南省昆明市青年路。

法定代表人：黎文聪，该公司董事长。

委托诉讼代理人：李仕勇，北京大成（昆明）律师事务所律师。

一、一审法院查明的事实

云南省红河哈尼族彝族自治州中级人民法院（以下简称一审法院）经审理查明：2009年7月10日，甲方中国联合网络通信有限公司红河哈尼族彝族自治州分公司（以下简称联通公司）与乙方红河东佑房地产开发有限公司（以下简称东佑公司）签订了《拆迁补偿协议》和《拆迁补偿补充协议（一）》。

《拆迁补偿协议》主要内容为：

第一条"拆迁对象基本情况"：（1）拆迁对象位于个旧市金湖东路129号〔包含个旧市房权证（私）字第00905号房产证记载的房屋面积3497.84平方米及无房产证面积1241.75平方米，合计实际建筑面积4739.59平方米；个旧市国用（2003）字第0627号土地使用权证记载的土地面积1227平方米〕。（2）根据云南中信房地产评估有限公司于2009年4月21日出具的A064号评估报告（附件1），拆迁对象合计评估价为12058800元；平均单价为2544.28元/平方米。

第二条置换方式：经双方协议一致，甲方对房屋拆迁补偿选择产权置换加货币补偿的方式，产权置换的房屋位于原址重建的新楼。

第三条"具体补偿方案":(1)对于原甲方有证房屋面积按下列方案进行产权置换:①乙方对甲方有证的房屋面积按1:1进行置换,产权置换的房屋建筑面积3497.84平方米,其中1楼临街商业面积500平方米,5~9楼办公面积2897.84平方米,顶层的机房面积100平方米,并提供屋顶面积100平方米作为甲方基站使用,乙方须做好对业主的解释工作,采取有效措施,保证甲方对屋顶的无偿使用权。②产权置换的房屋交房标准为毛坯房,交房标准见附件,附件作为本协议不可分割之一部分,与本协议具有同等法律效力。③本协议中的面积指建筑面积。④若乙方在原址开发商品房售价低于评估价时,乙方应对甲方补齐产权置换的差价。(2)对于原甲方无证房屋面积按下列方案进行补偿。①无产权证的房屋面积1241.75平方米,其中241.75平方米置换等面积停车位;②剩余的1000平方米以货币补偿,单价为2544.28元/平方米,补偿金额为2544280元,待乙方交付本协议第三条第1项置换房屋后,甲方有权选择以下两种方式中的一种:1)由甲方、乙方与装修施工方签订三方协议后支付,其中甲方有权选择装修方案和装修公司,乙方按照协议支付不高于2544280元的装修费用。2)由乙方在接到甲方通知后10日内直接向甲方支付2544280元。(3)对于原甲方拥有的露天停车面积按下列方案进行补偿。露天停车场429平方米以及无产权证的房屋面积241.75平方米,乙方以同等位置新建楼房的地下车位予以补偿,经双方协商,补足500平方米(以房产测绘的面积为准)。(4)乙方在原址新建楼的楼顶广告位的使用权归甲方所有,一楼临街商业面积500平方米的门楣广告位置使用权归甲方所有,乙方须做好对业主的解释工作,采取有效措施,确保甲方对上述广告位的无偿使用。

第四条过渡安置规定:(1)甲方过渡安置的费用以及对甲方承租户的拆迁补偿费用全部由乙方承担,按照双方签订的补充协议执行。(2)过渡安置期为30个月,以乙方取得施工许可证为起始时间计算,但过渡安置期不得超过2012年7月30日,否则甲方有权解除合同并追究乙方违约责任。施工许可证由乙方复印交甲方备案。

第五条"保证条款规定":为保证甲方利益,乙方承诺请云南晟邦融资担保有限公司（以下简称晟邦公司）为本拆迁补偿协议约定之1200万元的拆迁补偿金的支付提供连带责任保证担保。保证担保协议书须在本协议签章当日，由甲方与晟邦公司签署，该保证担保协议书的签署，构成本拆迁补偿协议的生效要件之一。

第六条交房时间约定：（1）本协议签订之日起45日内，甲方将拆迁范围内涉及的所有房屋全部腾空。（2）甲方在第五条所规定的保证担保协议书签字生效并落实第四条规定的过渡安置方案后3个工作日内，将该房屋产权证和土地使用权证的原件以及企业营业执照复印件（加盖公章）交付乙方，由乙方负责安排拆除。（3）甲方协助乙方办理土地使用权过户手续，由此产生的税费全部由乙方承担。（4）交房时间以乙方取得施工许可证为起始时间计算30个月，但不得迟于2012年7月30日。

第九条协议生效规定：本协议自双方签章之日起成立，并于第十一条约定的条件满足时生效。本协议（包括附件）为甲乙双方之间完整协议。本协议之成立、生效、解释及履行，均以中华人民共和国之相关法律为准则。

第十条协议附件规定：本协议附件包括交房标准及拆迁许可证、规划许可证、施工许可证复印件、原址新建楼总图、1楼铺面、5~9楼、顶层机房施工图各一套。

第十一条其他约定条款规定：本协议在满足：（1）第五条约定的保证担保协议书签字生效；（2）乙方取得个旧市政府城建部门颁发的拆迁许可证、《拆迁公告》后发生法律效力。

《拆迁补偿补充协议（一）》主要内容为：（1）根据《拆迁补偿协议》第四条第（1）项之规定，作如下补充：乙方对甲方的过渡安置补偿为85万元。（2）由乙方直接向个旧市升达公司支付70万元的拆迁补偿金，因乙方未依约支付拆迁补偿金导致个旧市升达公司未能依照约定时间腾空房屋的，甲方不承担任何违约赔偿责任。（3）相关搬迁安置费用的支付由乙方根据甲方的指令进行支付，因乙方怠于执行甲方支付指令，致使甲方未能依照约定时间腾空房屋的，甲方不承担任何违约赔偿责任。

按照《拆迁补偿协议》的约定，同日，甲方联通公司、乙方晟邦公司及丙方东佑公司签订了《保证担保协议书》，协议主要内容为：

第二条声明与承诺规定：（1）乙方依据中国法律具有保证人资格，有能力承担保证责任。（2）乙方完全了解甲方与丙方于2009年7月10日签署的《企业拆迁补偿协议》（以下简称主合同）之条款内容，为丙方提供保证我全出于自愿，全部意思表示真实。授权签字人的签字经过合法的授权。（3）乙方向甲方提供的所有相关资料是准确、真实、完整和有效的。

第三条保证协议与主合同的关系规定：（1）本保证协议为独立性担保。主合同因任何原因而发生的无效、可撤销均不影响保证协议的效力，保证协议仍然有效，乙方仍应对甲方承担连带保证责任。（2）无需征得乙方同意，甲方可将主合同债权转让与第三方，乙方仍在原保证范围内承担连带保证责任。（3）若发生相关不确定事宜，导致乙方履行本协议项下保证责任的能力受到或甲方认为可能受到影响，则甲方有权要求乙方和丙方提供甲方认可的新的保证人。

第四条保证范围规定：（1）乙方的保证范围为主合同约定之丙方1200万元的拆迁补偿金的支付义务。（2）乙方的保证范围包括丙方因违反主合同约定之1200万元的拆迁补偿金的支付义务而对甲方造成的损失，及因上述义务履行而产生的违约金、赔偿金、实现债权的费用和其他所有应付费用。

第五条保证方式规定：（1）本协议保证方式为连带责任担保，若丙方没有按照主合同的约定履行上述主合同约定之1200万元的拆迁补偿金的支付义务，乙方需履行保证义务。（2）若丙方没有按照主合同的约定，履行上述主合同约定之1200万元的拆迁补偿金的支付义务，甲方应以书面通知方式要求乙方履行保证义务，乙方应于收到甲方对其发出通知之日起10日内履行保证义务。（3）乙方的保证义务不因丙方上级单位的任何指令、丙方地位及财力状况的改变、丙方与任何单位签订任何协议或条件及本保证协议所担保的主合同的无效或解除而免除。

第六条保证期间规定：本协议项下保证期间为从主合同成立之日起开始，至主合同约定之1200万元的拆迁补偿金的支付期届满之日起2年。

上述协议签订后，联通公司遂按约定将位于个旧市金湖东路129号房屋腾空交给东佑公司，东佑公司接管联通公司的房屋后，在未取得主管部门颁发的房屋拆迁许可证和《房屋拆迁公告》的情况下，擅自拆除了联通公司的房屋。之后，由于东佑公司与个旧市三家寨村部分村民就房屋拆迁未能达成协议，导致东佑公司对联通公司地块开发的建设项目一直处于未动工状态。至交房期限届满，东佑公司未能按协议约定交付房屋给联通公司使用，于是产生了纠纷，联通公司向一审法院起诉。审理中，联通公司和东佑公司申请对个旧市金湖东路129号房地产市场价值及对待建个旧市金湖东路金湖尚城—联通大厦（C栋）1层临街商业用房建筑面积500平方米、5~9层办公用房建筑面积2897.84平方米、顶层机房建筑面积100平方米、地下车场500平方米的房地产市场价值进行评估鉴定。2012年8月28日，一审法院根据双方选定的鉴定机构，委托红河实信司法鉴定所进行鉴定。同年11月5日，红河实信司法鉴定所根据《中华人民共和国城市房地产管理法》《中华人民共和国土地管理法》、建设部《城市房屋拆迁估价指导意见的通知》《关于司法鉴定管理问题的决定》等相关法律、法规，委托人提供的相关资料，司法鉴定人员实地查勘估价的情况，市场调查的情况，司法鉴定的目的，鉴定估价时点，按照《司法鉴定程序通则》《房地产估价规范》的技术标准和规范，出具了对个旧市金湖东路129号房地产市场价值评估鉴定报告〔红河实信司鉴（2012）房鉴字第14号〕及对待建个旧市金湖东路金湖尚城C栋1层、5~9层、顶层机房、地下车位房地产市场价值评估鉴定报告〔红河实信司鉴（2012）房鉴字第15号〕。其中，红河实信司鉴（2012）房鉴字第14号鉴定报告评估鉴定的价值为18906500元，已经包含1277平方米土地使用权价值；红河实信司鉴（2012）房鉴字第15号鉴定报告评估鉴定的房地产市场价值为27260800元，已经包含1277平方米土地使用权价值，拆迁前原房屋财产价值12058800元，已经包含1277平方米土地使用权价值。之后，随着拆迁工作的推进，为了减少损失，双方多次向一审法院申请调解。经一审法院主持调解，双方未能达成协议，但东佑公司表示愿意解除双方签订的《拆迁补偿协议》。另查明，联通公司在本案中已实际支付律师代理费20万元，东佑公司按《拆迁补偿补充协议（一）》的约定，已支付过渡安置补偿费

85万元及拆迁补偿金70万元,该《拆迁补偿补充协议(一)》已实际履行完毕。再查明,晟邦公司于本案前向云南省昆明市中级人民法院起诉东佑公司保证合同纠纷案。在诉讼期间,云南省昆明市中级人民法院根据晟邦公司提出的财产保全申请,作出(2012)昆民四初字第37号民事裁定书,裁定查封、扣押、冻结东佑公司的财产,限额价值人民币1200万元。具体查封的财产为:东佑公司位于个旧市金湖东路129号金湖尚城项目A幢A—1至A—6号、A—10至A—22号商铺、B幢B—1至B—21号商铺。

二、当事人一审起诉情况

联通公司向一审法院起诉,请求:(1)解除联通公司与东佑公司签订的《拆迁补偿协议》;(2)判令东佑公司赔偿因违反《拆迁补偿协议》约定给联通公司造成的损失4400万元(最终以实际评估价为准);(3)判令晟邦公司对东佑公司的上述赔偿责任承担连带保证责任;(4)本案诉讼费及联通公司为实现债权的费用以及律师代理费(按生效法律文书确定金额的2.5%计收,已付人民币20万元)等由东佑公司、晟邦公司共同承担。

三、一审法院认定与判决

一审法院认为,本案的焦点问题:(1)拆迁补偿协议的效力及应否解除;(2)联通公司要求东佑公司赔偿损失4400万元及律师代理费20万元的请求应否支持;(3)晟邦公司对联通公司的损失应否承担连带赔偿责任。

(一)关于拆迁补偿协议的效力及应否解除的问题

虽然联通公司与东佑公司签订的《拆迁补偿协议》第十一条约定:"本协议满足:(1)第五条约定的保证担保协议书签字生效;(2)乙方取得个旧市政府城建部门颁发的拆迁许可证、《拆迁公告》后发生法律效力",但鉴于本案联通公司与东佑公司签订《拆迁补偿协议》后的履行过程中,东佑公司接管联通公司的房屋后,在未取得主管部门颁发的房屋拆迁许可证和《房屋拆迁公告》的情况下,擅自拆除了联通公司的房屋,以致现在无法再取得房屋拆迁许可证和《房屋拆迁公告》,造成此现状的责任在东佑公司,并且合同不能履行的根本原因是东佑公司与个旧市三家寨村部分村民就房屋拆迁未能达成协议,导致东佑公司对联通公司地块开发的建设项目一直处于未动工状态,并非因为未取得主管部门颁发的房屋拆迁许可证和《房屋拆迁公告》。因此,该《拆迁补偿协议》应视为有效合同。造成《拆迁补偿协议》不能履行,东佑公司负有完全责任。现联通公司请求解除与东佑公司签订的《拆迁补偿协议》,东佑公司也同意解除,对该请求予以支持。

(二)关于联通公司要求东佑公司赔偿损失4400万元及律师代理费20万元的请求应否支持的问题

首先,联通公司与东佑公司签订的《拆迁补偿协议》为有效合同,合同对双方当事人均具法律约束力。基于联通公司请求解除合同并要求按照合同约定赔偿损失,故在双方不能履行合同的情况下,应由东佑公司补偿相应损失给联通公司。其次,联通公司起诉时,虽要求东佑公司赔偿损失4400万元,但其同时已表明以最终实际评估价为准。审理中,根据联通公司和东佑公司的鉴定申请,一审法院依法委托红河实信司法鉴定所对拆迁后原址补偿房屋财产市场价值进行评估。红河实信司鉴(2012)鉴字第15号评估鉴定报告的鉴定意见为:拆迁后原址补偿房屋财产2012年7月31日价值27260800元。根据上述事实,联通公司要求东佑公司赔偿损失费4400万元的请求,无相应的证据加以证明,不予支持。但结合本案的事实,至协议约定的交房期限届满时,对联通公司拆迁后原址补偿房屋财产损失,应以红河实信司鉴(2012)鉴字第15号评估鉴定报告的鉴定结果作为损失计算依据,由东佑公司予以赔偿27260800元。最后,联通公司要求东佑公司按生效法律文书确定的赔偿金额赔偿律师费20万元的主张,因联通公司主张按2.5%的标准计算律师费的请求过高,本案获得赔偿标的数额的律师费应按《云南省律师服务收费管理暂行办法》规定的下限标准1%计算,联通公司律师费的主张,未超过1%的下限标准,且系联通公司为实现债权而支出的必要费用,故对律师费的主张予以支持。

（三）关于晟邦公司对联通公司的损失应否承担连带赔偿责任的问题

联通公司与晟邦公司签订《保证担保协议书》系独立的担保合同，合同是双方当事人的真实意思表示，且内容不违反相关法律的规定，故合同有效。该协议明确约定："（1）乙方（晟邦公司）的保证范围为主合同约定之丙方（东佑公司）1200万元的拆迁补偿金的支付义务。（2）乙方的保证范围包括丙方因违反主合同约定之1200万元的拆迁补偿金的支付义务而对甲方（联通公司）造成的损失，及因上述义务履行而产生的违约金、赔偿金、实现债权的费用和其他所有应付费用。对于东佑公司不能按照《拆迁补偿协议》约定交房时，应支付给联通公司的1200万元拆迁补偿金，晟邦公司提供连带责任担保，保证责任不因《拆迁补偿协议》无效或解除而免除。"因此，晟邦公司应对东佑公司赔偿联通公司损失承担连带担保责任。晟邦公司承担该保证责任后，有权要求东佑公司对其承担赔偿责任。

综上，一审法院作出（2012）红中民二初字第84号民事判决：一、东佑公司与联通公司签订的《拆迁补偿协议》有效，予以解除；二、由东佑公司于判决生效之日起10日内向联通公司支付房屋拆迁损失费27260800元；三、东佑公司于判决生效之日起10日内向联通公司支付律师费20万元；四、东佑公司若不履行上述房屋拆迁损失费27260800元的给付义务，由晟邦公司承担连带赔偿责任；五、晟邦公司承担连带赔偿责任后，有权要求东佑公司对其承担赔偿责任；六、驳回联通公司的其他诉讼请求。

四、当事人上诉与答辩情况

东佑公司不服一审判决，向云南省高级人民法院（以下简称二审法院）上诉请求：撤销一审判决第二项，改判由其支付联通公司房屋拆迁损失费18906500元；撤销一审判决第三项，即20万元的律师费不应支付。

晟邦公司不服一审判决，上诉请求：撤销一审判决第四项，驳回联通公司对晟邦公司的诉讼请求；二审案件受理费由联通公司承担。

五、二审法院认定与判决

二审法院认为，本案争议焦点问题为：（1）《拆迁补偿协议》的效力；（2）联通公司的损失如何确定；（3）晟邦公司应否承担担保责任及担保范围。

（一）关于《拆迁补偿协议》的效力问题

二审法院认为，东佑公司与联通公司签订的《拆迁补偿协议》约定"东佑公司取得个旧市政府城建部门颁发的拆迁许可证、《拆迁公告》后发生法律效力"。该合同附生效条件，待生效条件成就后，合同才能发生效力。虽然东佑公司在双方签订《拆迁补偿协议》之前，曾经取得主管部门颁发的拆迁许可证，但在拆迁许可证有效期届满后，东佑公司未再重新办理拆迁许可证并取得《拆迁公告》即拆除了联通公司的房屋，联通公司对此未提出异议，应视为双方以事实行为变更了《拆迁补偿协议》关于生效条件的约定，《拆迁补偿协议》已实际生效，东佑公司主张《拆迁补偿协议》附生效条件，现生效条件无法成就，《拆迁补偿协议》成立但没有生效的理由不能成立，一审判决认定双方签订的《拆迁补偿协议》有效并无不当。

（二）关于联通公司的损失如何确定的问题

二审法院认为，本案联通公司系因东佑公司违约而诉请解除合同，联通公司原房屋已被拆除，房屋占地范围内的土地已由东佑公司使用，根据《中华人民共和国合同法》第九十七条"合同解除后，尚未履行的，终止履行；已经履行的根据履行情况和合同性质，当事人可以要求恢复原状、采取其他补救措施，并有权要求赔偿损失"的规定，联通公司的损失只应以原房屋的房地产市场价值18906500元进行确认，一审判决按待建房屋的房地产市场价值27260800元确定联通公司的损失错误，予以纠正，东佑公司该上诉理由成立。

(三) 关于晟邦公司应否承担担保责任及担保范围的问题

二审法院认为,第一,根据《中华人民共和国担保法》第二十四条规定"债权人与债务人协议变更主合同的,应当取得保证人书面同意,未经保证人书面同意的,保证人不再承担保证责任",本案东佑公司与联通公司并未协议变更主合同,晟邦公司依约应承担担保责任,故晟邦公司主张东佑公司与联通公司口头协议变更了主合同生效条件,晟邦公司不知情,其不应承担责任的上诉理由不能成立。第二,东佑公司与联通公司签订的《拆迁补偿协议》约定:东佑公司承诺请晟邦公司为本拆迁补偿协议约定之1200万元的拆迁补偿金的支付提供连带责任保证担保。联通公司、晟邦公司、东佑公司签订《保证担保协议书》约定:《拆迁补偿协议》因任何原因而发生的无效、可撤销均不影响保证协议的效力,保证协议仍然有效,晟邦公司仍应对联通公司承担连带保证责任,保证责任不因《拆迁补偿协议》无效或解除而免责。晟邦公司保证范围包括东佑公司因违反主合同约定之1200万元拆迁补偿金的支付义务而对联通公司造成的损失,及因上述义务履行而产生的违约金、赔偿金、实现债权的费用和其他所有应付费用。另外,晟邦公司起诉东佑公司保证合同纠纷案件,二审法院作出(2013)云高民二终字第62号民事判决,判令东佑公司支付晟邦公司保证金1200万元、担保费42万元等。综上,晟邦公司应在1200万元范围内对联通公司的损失承担连带担保责任,一审判令晟邦公司对联通公司27260800元损失承担连带担保责任,超过《保证担保协议》约定的担保范围,应予纠正,晟邦公司该上诉理由成立。另,20万元的律师费是联通公司为实现债权而支付的费用,属于合同解除给其造成的损失,一审判令东佑公司支付联通公司律师费20万元并无不当,东佑公司主张不应支付律师费20万元的上诉理由不能成立,不予支持。

综上,经审判委员会讨论,二审法院作出(2014)云高民一终字第10号民事判决:一、维持一审判决第一、三、五、六项;二、撤销一审判决第二、四项;三、由东佑公司于判决生效之日起10日内支付联通公司房屋拆迁损失费18906500元;四、晟邦公司在1200万元范围内对联通公司的房屋拆迁损失费承担连带保证责任。

六、当事人申请再审及答辩情况

联通公司不服二审判决，向最高人民法院申请再审，请求：撤销二审判决第二项、第三项，维持一审判决的全部判决结果；本案一审、二审及再审的全部诉讼费用由红河公司及晟邦公司承担。事实和理由如下：二审判决关于损失的认定适用法律错误。（1）发生本案纠纷的原因是东佑公司没有履行《拆迁补偿协议》的约定，即没有按期于 2012 年 7 月 30 日前向联通公司交付约定置换的房产及车位，构成根本违约。根据《中华人民共和国合同法》第一百一十三条第一款"当事人一方不履行合同义务或者履行合同义务不符合约定，给对方造成损失的，损失赔偿额应当相当于因违约所造成的损失，包括合同履行后可以获得的利益，但不得超过违反合同一方订立合同时预见到或者应当预见到的因违反合同可能造成的损失"的规定，联通公司的损失赔偿额包括合同履行后可以获得的利益，即联通公司在 2012 年 7 月 30 日前取得约定的房产及车位，故联通公司的损失应按拟于 2012 年 7 月 30 日交付的房产价值（经鉴定为 27260800 元）来计算。二审判决错误适用法律，以协议无效情形下的赔偿标准（已被拆除的房产在拆除时的市场价值 18906500 元）来计算联通公司的损失，引用《中华人民共和国合同法》第九十七条的规定，作出了错误的判决结果。（2）联通公司主张的损失不是基于解除合同而造成的损失，而是基于东佑公司不履行有效协议约定的义务，使联通公司没有取得约定的房产及车位、既定可得利益落空而造成的损失。损失的计算不能适用《中华人民共和国合同法》第九十七条规定，而应当适用《中华人民共和国合同法》第一百一十三条规定，按合同履行后联通公司可以获得的利益价值 27260800 元计算。二审判决结果非但没有使东佑公司因其不讲诚信的违约行为付出相应的代价，还使其因违约行为创造了近千万的价值，有失法律公正，违背法律精神。

东佑公司答辩称，同意二审判决，请求驳回联通公司的再审申请。（1）联通公司在合同期内，解除了双方签订的《拆迁补偿协议》，东佑公

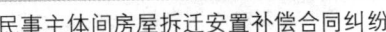

司不承担违约责任。联通公司选择了期限到来之前解除合同，无法获得合同的履行利益，是联通公司意思自治的结果。（2）合同解除后的赔偿，应该适用《中华人民共和国合同法》第九十七条规定，合同解除后，应该赔偿的是对方的实际损失，不包括可得利益。联通公司的实际损失是被拆除的房屋。（3）《拆迁补偿协议》因东佑公司未取得拆迁许可证和《拆迁公告》而未生效，《联通公寓不动产出让协议》已生效并履行，联通公司以不动产出让的方式将案涉土地使用权过户给了东佑公司，东佑公司取得联通公司所使用的土地及房屋的全部对价为12058800元。虽然双方于2009年7月11日签订过《承诺书》，确认《联通公寓不动产出让协议》与《拆迁补偿协议》不一致的条款以后者为准，但在《拆迁补偿协议》未生效的情形下，双方实际履行的是《联通公寓不动产出让协议》。案涉房屋是被联通公司自行拆除，2009年9月9日联通公司出具的《委托书》可以证明。联通公司自行拆除导致东佑公司无法整体办理拆迁许可证，从而导致案涉项目无法开工建设。《拆迁补偿协议》约定的交房时间是自取得拆迁许可证开始，起算条件未成就，履行期限未开始，房屋最终能够建成交付，合同目的最终可以实现，东佑公司不存在预期违约和实际违约行为，《拆迁补偿协议》为协议解除。（4）《拆迁补偿协议》第七条第1款关于违约金以及1200万元拆迁补偿金的约定是结算和清理条款，《拆迁补偿协议》解除后，该条款对双方仍有约束力。《拆迁补偿协议》第三条第4款表明，双方在签订合同时，能预见到的联通公司的损失仅是1200万元，故即使东佑公司实际违约，赔偿损失也不能超出1200万元。东佑公司同意按照1890万元支付，是希望能早日结案。

晟邦公司答辩称，二审判决认定损失赔偿标准适用法律正确，联通公司解除合同是其意思自治的具体体现，本身就是对守约方的一种保护，也是对违约方的制裁。根据《中华人民共和国合同法》第九十七条的规定，二审法院按照恢复原状的原则，判令东佑公司按照14号鉴定报告赔偿，是完全符合法律规定的。请求驳回联通公司的再审申请。

七、最高人民法院再审认定与判决

最高人民法院作出（2014）民申字第1963号民事裁定，提审本案。围绕当事人的再审请求，最高人民法院对有争议的证据和事实认定如下：庭审中，东佑公司提交《联通公寓不动产出让协议》，主张双方实际履行的为此协议，而非《拆迁补偿协议》。晟邦公司质证认为同意东佑公司的主张；联通公司质证认为双方只是交付了证件没有进行付款，签订《联通公寓不动产出让协议》的目的是配合东佑公司达到自拆自建的目的，双方的真实法律关系仍应依据《拆迁补偿协议》确定。关于案涉房屋现状，东佑公司称"房屋已经盖得差不多了"。双方均认可依据《拆迁补偿协议》约定应由东佑公司办理拆迁补偿。庭审中，东佑公司提交了多份《回迁安置补偿协议》，证明2010年4月至2013年11月，东佑公司分别与三家寨13户村民签订了安置协议，其中有多份签订于2012年8月17日至2013年11月8日期间。庭审中，联通公司陈述的再审事实与理由中，不包括晟邦公司承担担保责任的范围这个问题。

再审另查明：（1）就个旧市金湖东路129号土地，东佑公司已经取得国有土地使用权证和建设用地规划许可证，就拟建工程项目已经取得建设工程规划许可证和建筑工程施工许可证，其中取得建筑工程施工许可证的时间为2013年5月29日。（2）2009年7月1日，东佑公司向联通公司出具《承诺书》，内容为："我公司出具的编号为20090710号的《联通公寓不动产出让协议》仅为方便办理拆迁手续所用。一切法律效力按2009年7月10日双方签订的《拆迁补偿协议》执行。《联通公寓不动产出让协议》与《拆迁补偿协议》不一致的条款以《拆迁补偿协议》为准。"（3）东佑公司提交的所署日期为2012年9月29日的《关于解决被拆迁户返还房源解冻的协商函》中记载："我公司开发的金湖尚城项目因三家寨村民的拆迁工作迟迟得不到有效解决，导致未能及时到期返还原联通办公楼拆迁房源，对此我公司表示诚挚的歉意。"（4）2012年11月15日《调查笔录》记载：联通公司陈述"签了协议之后，就将房子交给东佑公司，东佑公司拆除房子时，联通公司也是知道的"，东佑公司陈述"认可，是这样的"。

民事主体间房屋拆迁安置补偿合同纠纷

最高人民法院对一审、二审查明的其他事实予以确认。

最高人民法院再审认为，根据当事人的再审请求和诉辩情况，本案再审的争议焦点为：（1）《拆迁补偿协议》是否已经生效；（2）东佑公司是否存在违约行为；（3）东佑公司应向联通公司赔偿的损失数额如何确定。

关于焦点（1），《拆迁补偿协议》是否已经生效的问题。

根据《拆迁补偿协议》第一条、第二条、第六条约定，东佑公司的主要合同义务是对联通公司的房屋进行拆迁并进行产权置换和货币补偿；联通公司的主要合同义务为腾空房屋、交付相关证件并协助办理土地使用权过户手续。根据已经查明的事实以及2012年11月15日《调查笔录》记载，《拆迁补偿协议》签订后，联通公司已将协议项下房屋交付，后房屋被拆除，土地使用权过户手续已经办理完毕，即联通公司已经履行了主要合同义务，东佑公司对此亦予以认可。东佑公司主张双方实际履行的为《联通公寓不动产出让协议》，但2009年7月1日东佑公司向联通公司出具的《承诺书》明确记载"一切法律效力按2009年7月10日双方签订的《拆迁补偿协议》执行"，即双方实际履行的为《拆迁补偿协议》。故虽然《拆迁补偿协议》约定了生效条件，但在该生效条件未成就的情形下，一方已经履行了主要合同义务，对方也认可并接受，应认为双方已经去除了所附的生效条件，《拆迁补偿协议》已经生效。

关于焦点（2），东佑公司是否存在违约行为的问题。

根据《拆迁补偿协议》第六条第4项约定，东佑公司向联通公司交付产权置换房屋的时间为其取得施工许可证后30个月内，但不得迟于2012年7月30日。即东佑公司交付房屋的时间要同时满足两个标准：取得施工许可证后30个月内并且应在2012年7月30日之前。虽然联通公司向一审法院提起本案诉讼时，尚未至2012年7月30日，但在诉讼过程中，根据已经查明的事实以及东佑公司自己提交的证据记载，在2012年7月30日之后，东佑公司才和三家寨部分村民签订了安置补偿协议，在2013年才取得建筑工程施工许可证，其在2012年9月29日的《关于解决被拆迁户返还房源解冻的协商函》中也认可未能按期向联通公司交付房屋，以上均可证明东佑公司未能在2012年7月30日之前交付产权置换房屋，构成违约。

关于焦点（3），东佑公司应向联通公司进行赔偿的损失数额如何确定的问题。

《拆迁补偿协议》解除后，东佑公司应向联通公司赔偿的损失为27260800元，理由如下：第一，本案中，《拆迁补偿协议》是因东佑公司违约而解除。依据《中华人民共和国合同法》第一百一十三条"当事人一方不履行合同义务或者履行合同义务不符合约定，给对方造成损失的，损失赔偿额应当相当于因违约所造成的损失，包括合同履行后可以获得的利益，但不得超过违反合同一方订立合同时预见到或者应当预见到的因违反合同可能造成的损失"的规定，东佑公司应当赔偿联通公司合同履行后可以获得的利益。第二，依据《拆迁补偿协议》约定，联通公司交付房屋、土地所期望得到的利益是一定面积的产权置换房屋、车位和货币补偿。东佑公司在订立《拆迁补偿协议》时，应当预见到其若不能交付置换房屋、车位，可能造成的损失就是对应房屋、车位在交房日期的市场价值。红河实信司鉴（2012）房鉴字第15号鉴定报告即是以交房日期为基准日，以《拆迁补偿协议》约定的应置换给联通公司的待建房屋、车位为评估对象作出的评估报告，故以此评估报告结果作为认定损失赔偿的依据并没有超过红河公司应当预见的损失范围。第三，根据《拆迁补偿协议》第一条第二项约定"拆迁对象合计评估总价为12058800元，平均单价为2544.28元/平方米"、第三条第一项第四款约定"若乙方在原址开发商品房售价低于评估价时，乙方应对甲方补齐产权置换的差价"、第三条第二项第二款约定"剩余的1000平方米以货币补偿，单价为2544.28元/平方米"及第七条第一项约定"乙方延期90天仍不能交房的，甲方有权要求乙方在十日内向其全额支付人民币1200万元的拆迁补偿金"可知，《拆迁补偿协议》中列明评估价，是为给货币补偿提供标准，也是联通公司为了防止置换房屋售价低于评估价而设，如果置换房屋增值，则选择房屋，如果贬值，则以评估价为准。所以第七条第一项关于1200万元拆迁补偿金的约定，应是联通公司的选择性条款，其有权要求东佑公司支付1200万元，也可要求支付房屋，故东佑公司关于"在不能交付房屋的情形下，联通公司只能要求1200万元的损失赔偿"的主张不成立。第四，本案中，联通公

民事主体间房屋拆迁安置补偿合同纠纷

司的房屋已被拆除、土地已经转移至东佑公司名下,其上建筑物正在建设过程中,这种情形下,《拆迁补偿协议》解除后,联通公司无法依据《中华人民共和国合同法》第九十七条规定要求"恢复原状",只能请求采取补救措施和损失赔偿。按照权利义务对等性原则,联通公司既已履行完毕合同义务,其应该得到合同权益或者相当于合同权益的利益。故在未能得到房屋的情形下,其应得到与拟交付房屋在约定交房日期的市场价值相当的损失赔偿。综上,以红河实信司鉴(2012)房鉴字第15号鉴定报告为依据,东佑公司应向联通公司赔偿的损失为27260800元。二审判决对此认定有误,予以纠正。

关于晟邦公司承担担保责任的范围问题,东佑公司虽然在庭审时请求撤销二审判决的全部内容,但在再审申请书中只是请求撤销二审判决第二、三项,且对于担保问题未在事实与理由中表述,各方当事人就此亦未形成争议焦点,故对此问题不予审查。

综上所述,联通公司关于损失赔偿数额应认定为27260800元的再审请求成立,应予支持。依照《中华人民共和国民事诉讼法》第二百零七条第一款、第一百七十条第一款第二项,《中华人民共和国合同法》第九十七条①、第一百一十三条②规定,最高人民法院判决如下:一、维持云南省高级人民法院(2014)云高民一终字第10号民事判决第四项及云南省红河哈尼族彝族自治州中级人民法院(2012)红中民二初字第84号民事判决第一项、第二项、第三项、第五项;二、撤销云南省高级人民法院(2014)云高民一终字第10号民事判决第一项、第二项、第三项及云南省

---

① 对应《中华人民共和国民法典》第五百六十六条:"合同解除后,尚未履行的,终止履行;已经履行的,根据履行情况和合同性质,当事人可以请求恢复原状或者采取其他补救措施,并有权请求赔偿损失。合同因违约解除的,解除权人可以请求违约方承担违约责任,但是当事人另有约定的除外。主合同解除后,担保人对债务人应当承担的民事责任仍应当承担担保责任,但是担保合同另有约定的除外。"

② 对应《中华人民共和国民法典》第五百八十四条:"当事人一方不履行合同义务或者履行合同义务不符合约定,造成对方损失的,损失赔偿额应当相当于因违约所造成的损失,包括合同履行后可以获得的利益;但是,不得超过违约一方订立合同时预见到或者应当预见到的因违约可能造成的损失。"

红河哈尼族彝族自治州中级人民法院（2012）红中民二初字第 84 号民事判决第四项、第六项；三、驳回中国联合网络通信有限公司红河哈尼族彝族自治州分公司的其他诉讼请求。

八、对本案的解析

《中华人民共和国合同法》第九十七条规定："合同解除后，尚未履行的，终止履行；已经履行的，根据履行情况和合同性质，当事人可以要求恢复原状、采取其他补救措施，并有权要求赔偿损失。"其中，"赔偿损失"的范围如何确定？与《中华人民共和国合同法》第一百零七条规定的"赔偿损失"是何关系？是否包括《中华人民共和国合同法》第一百一十三条规定的"合同履行后可以获得的利益"（或称可得利益损失）？这些问题既是本案所涉的主要争议问题，也是实务中的热点和难点问题之一。

所谓合同解除，是指在合同成立后，当解除的条件具备时，因当事人一方或双方的意思表示，使合同关系自始或仅向将来消灭的行为。根据《中华人民共和国合同法》第九十一条、第九十三条、第九十四条规定，合同解除是合同权利义务终止的情形之一。合同解除不仅包括违约解除，也包括不可抗力致使不能实现合同目的的解除、不以违约作为解除权产生条件的约定解除以及协议解除。虽然《中华人民共和国合同法》第九十七条对合同解除的效力作了统一的规定，但具体至每个案件，解除的具体效力应作具体分析。以损失赔偿为例，《中华人民共和国合同法》第九十七条虽然规定了当事人有权要求赔偿损失，但未明确该赔偿损失的类型及范围。具体如何理解，应视合同解除的不同原因而异。在协议解除和约定解除情形下，主要看当事人有无关于损害赔偿的约定。在合同因不可抗力致使不能实现合同目的而解除的情形下，当事人一般不负赔偿责任，但当事人一方在不可抗力发生时没有采取补救措施，致使不可抗力造成的损失扩大时，或者当事人一方对不可抗力的发生有过错时，责任方应负相应损失赔偿责任。在违约解除情形下，损失赔偿如何理解，在学术界和实务界均有不同观点。有观点认为，违约解除排斥赔偿损失；有观点认为，违约解除仅仅存在直接损失的赔偿；有观点认为，违约解除排斥违约损害赔偿，但成立合同解除所生损害的赔偿。笔者认为，违约解除不应影响违约损害赔偿。理由如下：

第一，认为合同解除与违约损害赔偿不能并存的观点忽视了当事人双方之间的利益衡量，对守约方保护不力。解除合同只是导致合同消灭的一个行为，不具有弥补守约方损失的功能。

第二，引起违约损害赔偿的事实并非合同本身，而是违约行为。合同生效，产生了合同债务，对合同债务的违反构成违约行为，违约行为产生了违约损害赔偿。在违约解除情形下，合同虽因解除而消灭，但违约行为客观存在，不影响既成的违约损害赔偿的存续。① 也就是说，当事人一方违约给对方造成损失，构成赔偿责任，该责任不能因合同解除而不复存在。故在违约解除情形下，守约方可以适用《中华人民共和国合同法》第一百零七条规定、第一百一十三条规定要求违约损害赔偿。

第三，违约损害赔偿的范围原则上包括直接损失（所受损害）和间接损失（可得利益损失），但具体到每个案件，能否支持可得利益，要结合案件法律关系的性质和实际情况来分析认定，这也是实务中的一个难点问题。要考虑的因素包括解除合同的一方是否也存在违约行为、通过恢复原状、其他补救措施能否弥补守约方的损失、双方当事人在订立合同时是否能够预见到损失的范围、当事人对损失赔偿范围是否另有约定、守约方是否会获得超出合同约定的利益，等等。

具体到本案，联通公司已经交出了土地且其上房屋已被拆除，即已经履行完毕合同义务，现因东佑公司违约，联通公司请求解除合同，合同解除后，因土地已经办至东佑公司名下，且地上建筑物正在建设过程中，要求恢复原状已不可能，故联通公司只能要求赔偿损失。根据权利义务对等原则，联通公司既已履行完毕合同义务，其所获损失赔偿的范围应相当于在合同正常履行情形下其能够获得的履行利益，即按照合同约定的交房日期得到约定的交付面积，这是双方在签订合同时能够预见到的，故联通公司所得到的损失赔偿数额应以此为计算依据。二审判决以交房日已被拆除

---

① 参见崔建远：《合同法总论》（中卷），中国人民大学出版社2012年版，第770页。

房屋的价值为依据确定损失赔偿数额,一方面,不能弥补联通公司在合同存续期间因房屋被拆除所必然支出的如另寻房屋办公的租金等费用;另一方面,使得东佑公司并未因其违约行为遭受任何不利益,有违权利义务对等原则。故综合上述考虑,再审判决进行了改判。

(执笔人:于　蒙)

供用水合同纠纷

供用水合同纠纷

60. 盐城市天孜食品有限公司诉盐城市自来水有限公司供用水合同纠纷案[*]

> 在供水合同关系中，供水方和用水方因水表更换前后水表显示用水量产生争议时，人民法院应当根据民事诉讼证明原则和日常经验法则，对案件事实作出综合判断并公平合理地确定计算方法和损失数额

【裁判摘要】

> 在供水合同关系中，供水方自来水公司承担的安装、更换、维修水表以及供水等义务是一种公共服务。用水方系被动接受水表和计量结果。水表更换前后，在用水方生产量基本不变且无管道跑水故障的情况下，水表显示用于生产的用水量却大幅增加，有悖常理。由此引发争议时，人民法院应当根据民事诉讼证明原则和日常经验法则，对案件事实作出综合判断并公平合理地确定计算方法和损失数额。

原告：盐城市天孜食品有限公司，住所地：江苏省盐城经济技术开发区盐渎东路。

法定代表人：闵俊亚，该公司总经理。

被告：盐城市自来水有限公司，住所地：江苏省盐城市城南新区兴业路。

法定代表人：费同林，该公司董事长。

原告盐城市天孜食品有限公司（以下简称天孜食品公司）因与被告盐城市自来水有限公司（以下简称自来

---

[*] 摘自《最高人民法院公报》2020 年第 3 期。

水公司）发生供用水合同纠纷，向盐城经济技术开发区人民法院提起诉讼。

原告天孜食品公司诉称：2008年以来，盐城市老周豆制品有限公司（以下简称老周豆制品公司，后将有关权利转让给天孜食品公司）与被告盐城市汇津水务有限公司（后更名为自来水公司）发生供水往来，日用水量在200吨左右。2014年11月，被告公司组织人员对盐城市老周豆制品公司的水表进行了更换，在该水表（以下简称争议水表）使用过程中我单位发现水表的吨位数都在400多，有的甚至超过500吨。老周豆制品公司对单位内部用水管网进行了巡查，未发现异常，事后多次向被告提出异议，被告在城东水厂对水表进行了检测，检测结果为合格。2017年9月7日，被告公司为我公司更换了新的水表，旧水表由被告方拿走后自行委托检测。更换后的水表在使用过程中，又重新回到了200吨左右。在更换水表后一个月内，原告多次就多收的水费返还问题向被告提起交涉，但协商未果。故诉请判令被告返还多收的水费780901元。

被告自来水公司辩称：（1）争议水表系具有相应的生产许可资质的厂家生产的合格产品，是我公司通过合法、正规的招投标程序采购所得，符合国家质检总局颁发的JJG162—2009国家计量检定规程规定标准。（2）原告天孜食品公司在诉状中也自认在城东水厂对水表进行了检测，其检测结果为合格，且原告在此后长达三年的争议水表使用期限内再未提出计量异议。可见争议水表的计量符合国家计量检定规程。（3）被告的收费依据是争议水表显示的实际用水量，并不存在多收水费的情形。原告以诉称的三个水表的用水计量前后变动比较大为由，推定被告多收了水费，属于主观臆测，所得出的结论不具有唯一性、排他性、科学性。导致水量变动的原因很多，作为产权分界点的主水表以下供水管网破损、转供、生产能力的提升等诸多原因均可能导致用水量的增加，不一而足。至于为何争议水表显示的用水量与前后两水表显示的用水量有所差异，具体原因被告司也不得而知，无法得出一个准确的结论。所以，原告公司所提交的证据不足以证明因争议水表不符合计量标准导致我公司多收取了水费。请求驳回原告的诉讼请求。

供用水合同纠纷

盐城经济技术开发区人民法院一审查明：2008年以来，老周豆制品公司与盐城市汇津水务有限公司（于2016年12月29日改为现名）发生供水往来。2014年11月，被告自来水公司组织人员对老周豆制品公司的水表进行了更换。据原告天孜食品公司提供的自2014年至2017年9月的该公司用水量表格记载：（1）2014年1月至同年12月的用水65997吨，平均用水量为180.8137吨/日；（2）2015年1~12月的平均用水量为362.46吨/日；（3）2016年1~12月的平均用水量为480.6356吨/日；（4）2017年9月8日至2017年10月19日，共计42天，平均用水量为222.857吨/日。争议水表是2014年的11月至12月之间更换使用，用至2017年9月更换了新的水表。

2015年2月7日，老周豆制品公司书面向被告自来水公司提出核查用水量异常的报告。2015年3月20日，被告委托盐城水流量检测中心对争议水表进行检测，该中心出具了一张鉴定记录表，载明检定结果为合格，有计量检定员滕某某的签名。该表未向原告天孜食品公司送达。经法院释明后，被告仍未能提供盐城水流量检测中心具有国家相关部门统一颁发的与案涉项目相关的检验检测资格证（CMA和CNAS证书）。

另查明，原告天孜食品公司与老周豆制品公司存在租赁关系及销售合作关系。原告承租厂房后，先未变更水表的户名，后从2017年4月户名变更为天孜食品公司。在此之前，与被告自来水公司存在供水合同关系的是老周豆制品公司。老周豆制品公司于2017年12月向被告发出函告一份，声明：我公司于2015年将厂房租赁给天孜食品公司使用，期间贵司安装在我厂区内的水表出现问题，转速加快近一倍。2014年11月至2017年9月期间，我公司与天孜食品公司均单独交纳过水费，因贵公司的水表出现问题导致的水费损失，现将公司应当返还的全部水费收益转让给天孜食品公司。

2017年4月，原告天孜食品公司与被告自来水公司签订《供水合同》，该合同第3条第1项约定结算用计量器具需经技术鉴定部门检定；该项第2小条约定，送检的全过程需供水人和用水人共同参加。该合同第5条第5项约定，由于供水人抄错表、计量器具、计量不准等原因，多收的水费应当足额予以退还。同时，根据《江苏省城市供水服务质量标准 DGJ32/C03—2007》第 4.2.4 条规定："城市供水经营企业应按规定对供水贸易结算计量水表进行检定、更换和维修，确保准确计量。"第 5.1.13 条规定："城市供水贸易结算计量器具，应经质量技术监督部门认定或授权的计量检定机构检定合格方可使用。安装使用前应按有关规定进行首检。"第 5.2.3 条规定："对单位或群众的咨询、投诉、新闻媒体曝光等应负责到底。一般情况城市供水经营企业应在 3 个工作日内将处理结果答复咨询（投诉）人，特殊情况下不得超过 15 个工作日。非企业原因，无法在规定时间内处理完毕，应向投诉者作出解释。"

2017 年 9 月，被告自来水公司以水表使用年限到期为由通知原告天孜食品公司再次更换水表，原告同意更换水表。更换后的水表在使用过程中，日均用水量明显减少。争议水表被被告拆除没收后，原告于 2017 年 10 月 23 日向被告公司发函，同时也要求对水表进行封样处理，被告收到该函后未予回复处理。在本案的审理期间，经法院要求，被告不能提供该争议水表，称已灭失。

2017 年 11 月 9 日，被告自来水公司自行委托争议水表的生产商福州真兰水表有限公司对水表进行检测，该公司出具检测报告记载：水表已使用 2 年 6 个月，封铅已被破坏，整表偏快 3%。

现原告天孜食品公司就 2014 年 11 月至 2017 年 9 月期间被告自来水公司多收水费提起诉讼。

盐城经济技术开发区人民法院一审认为：当事人对自己提出的诉讼请求所依据的事实或者反驳对方诉讼请求所依据的事实，应当提供证据加以证明，当事人未能提供证据或者证据不足以证明事实主张的，由负有举证证明责任的当事人承担不利后果。因本案被告自来水公司对原告天孜食品公司提出的诉讼请求所依据的主要事实不予认可，故本案的焦点问题是事实认定问题，且为证据的综合审查判断问题。具体而言，包括以下两点：（1）争议水表是否存在测量用水量不准确并且偏快的问题；（2）如果前一事实能够认定，原告主张的被告多收的水费能否认定。

供用水合同纠纷

一、关于争议水表是否存在测量用水量不准确并且偏快的问题

《最高人民法院关于适用〈中华人民共和国民事诉讼法〉的解释》（以下简称民诉法解释）第一百零五条规定："人民法院应当按照法定程序，全面、客观地审核证据，依照法律规定，运用逻辑推理和日常生活经验法则，对证据有无证明力和证明力大小进行判断，并公开判断的理由和结果。"第一百零八条第一款规定："对负有举证证明责任的当事人提供的证据，人民法院经审查并结合相关事实，确信待证事实的存在具有高度可能性的，应当认定该事实存在。"

本案中：（1）在争议水表使用前，原告天孜食品公司的日用水量在200吨左右，在争议水表使用期间，日用水量增加为400吨左右，甚至有时超过500吨，该水表换掉后，日用水量又恢复到200吨左右。而在争议水表使用期间，原告公司与用水量密切相关的豆制品生产量与此前、此后相比均相差不大，故按常理，该水表存在异常。（2）《江苏省城市供水服务质量标准 DGJ32/C03—2007》以及原、被告间签订《供水合同》均要求，供水计量器具在使用前和发生争议后应由有资质的计量检定机构检定、检测合格，但被告自来水公司未能提供"盐城水流量检测中心"及其检测人员具有合法资质的证据，故该检测主体缺乏合法性。（3）原、被告间签订的《供水合同》中明确约定当水表出现问题时，需供水人和用水人共同参加送检的全过程，但本案中的所谓检测是被告的单方行为，且未将"检定记录表"向原告送达，故该检测结果缺乏可信度。（4）被告于2017年11月9日自行委托争议水表的生产商福州真兰水表有限公司对水表进行检测，结果为整表偏快3%。尽管该水表在检测时已使用、存放较久，但该结果也从一定程度上佐证了争议水表可能存在测量不准的问题。（5）争议水表在2014年11~12月期间安装使用，约三个月后即2015年2月份原告向被告发函要求对争议水表进行检测，认为水表存有偏快、用水量明显增多的重大缺陷，之后也多次就此事与被告沟通并发函，但被告一直未予解决，导致该水表使用长达三年时间。直至2017年9月更换水表时，被告将争议水表"没收"。原告向被告发函要求对水表进行封样，被告仍未予理睬。本案审理期间经法院询问该重要证物的去向，被告称水表已经灭失。被告公司的这些敷衍、消极、回避行为，佐证了争议水表存在问题的可能性极大。综合以上因素，根据民事诉讼的证明标准，足以认定案涉水表存在测量不准、运转偏快的问题，会导致所测用水量偏大的错误结果。

被告自来水公司关于争议水表系经合法程序购买的合格产品的意见，因经法院审查认定前述事实，故不能再推定该产品是合格的、能正常使用的。关于被告认为争议水表在出现争议后已经检测合格、原告天孜食品公司在使用期间并未提出异议的辩解，因与事实不符，法院不予采纳。关于被告认为原告的主张系主观臆测，用水量明显增加可能存在很多原因的辩解，因原告主张的事实和理由更符合逻辑与常理，被告欲推翻一般逻辑和常情常理，需承担相应的举证责任，而被告未能提供充分的事实和证据来证实自己的这一反驳主张，故法院对该辩解也不予采纳。

二、关于原告天孜食品公司主张的被告自来水公司多收的水费能否认定的问题

庭审中，原告提供了存货明细账、电费、蒸汽费的消耗明细表等证据，用以证明案涉水表使用前、后两个时期内的生产量以及用水情况变化不大，并认为案涉水表使用期间的平均用水量是前后两个时期的两倍，并主张将此期间多收的一倍的水费予以返还。对此，被告除表示原告主张的事实与理由不成立、诉讼请求不应支持外，未对相关费用的具体计算问题提出实质性的抗辩意见，亦自始至终未申请司法审计。《中华人民共和国民事诉讼法》第七十六条规定：当事人可以就查明事实的专门性问题向人民法院申请鉴定。当事人申请鉴定的，由双方当事人协商确定具备资格的鉴定人；协商不成的，由人民法院指定。当事人未申请鉴定，人民法院对专门性问题认为需要鉴定的，应当委托具备资格的鉴定人进行鉴定。因此，法院认为，根据民事诉讼的举证规则和证明标准，结合前述第一个争议焦点的认定情况，原告关于争议水表使用期间用水量多计算了接近一倍

供用水合同纠纷

的主张可以认定。加之,绝对准确无误的计算标准和计算方法客观上也难以企及,故法院不再依职权委托审计,而在原告主张的基础上,遵循公平合理的原则予以裁量。

原告天孜食品公司主张780901元多收水费的计算方式为:2014年12月至2016年1月,水费价格是3.15元/吨,总用水量为168430吨,减半计算84215吨,合计价格265277.25元,小计265277元;2016年2月至2017年3月,水费价格为3.55元/吨,总用水量204563吨,减半计算102281.5吨,合计363099.33元,小计363099元;2017年4月至2017年10月,水费单价3.514/吨,总用水量86810吨,减半43405吨,合计152525.17元,小计152525元,三项小计合计780901元。第一只水表和第三只水表的用量差不多是第二只水表的一半,第一只水表的平均用量180吨/天,争议水表是426.36吨/天,第三只水表(现用水表)219吨/天,所以基本按照这个标准推算。

结合原告天孜食品公司提供的证据,2014年12月至2016年1月期间按表面计算的日用水量约为431吨;2016年2月至2017年3月期间按表面计算的日用水量约为524吨,因此期间包含两个春节,故数字偏大也在常理之中;2017年4月至2017年10月期间按表面计算的日用水量约为413吨。法院酌定按目前使用的水表的日用水量和以上三段时期中的最后一段时期的日用水量为参照,计算争议期间多计算的水量的比例,即 $1-219/413=47\%$。因双方于2017年9月更换水表,争议期间应算至8月份,故争议期间的表面用水总量约为 $168430+204563+62007=435000$(吨)。关于水价,法院酌定按争议期间的用水量最大、期限相对较长的时间段的价格计算,即3.55元/吨。综上,法院酌定支持原告主张的损失大致为725795元。

法院认为,生活用水是每个人、每家每户、每个企业或单位不可或缺的生活生产必用品,供水企业承担着向社会提供符合要求的生活用水的义务,享有向广大用户收取水费的权利,在供用水合同关系中,其在信息、技术、合同履行等方面处于优势地位,应具备高度的公共服务意识与社会责任感。水表作为供水企业收取水费的计量工具,也是判断供、用水合同双方是否正确履行义务、依法享有权利的度量依据,应当准确无误。本案被告自来水公司在收到原告天孜食品公司多次发出的公司使用的水表运行偏快、水费不正常并要求处理的函告后,采取消极态度,不按有关规定和合同约定的要求委托有资质的机构对争议水表进行鉴定检测并及时更换,导致争议水表使用长达近三年之久,被告的消极行为给原告造成较大的经济损失,多收取的水费应当返还。

据此,盐城经济技术开发区人民法院依照《中华人民共和国民法总则》第一百二十二条①,《中华人民共和国民事诉讼法》第一百四十二条,《最高人民法院关于适用〈中华人民共和国民事诉讼法〉的解释》第九十条、第一百零五条、第一百零八条第一款之规定,于2018年11月27日作出判决:

一、被告盐城市自来水有限公司于本判决生效之日起10日内返还原告盐城市天孜食品有限公司多支付的水费725795元。

二、驳回原告盐城市天孜食品有限公司的其他诉讼请求。

一审宣判后,自来水公司不服,向盐城市中级人民法院提起上诉。

上诉人自来水公司上诉称:第一,无任何证据表明案涉争议水表计量存在问题。(1)争议水表系具有相应生产许可资质的厂家生产的合格产品,上诉人通过合法、正规的招投标程序采购所得,争议水表符合国家标准;(2)争议水表在被上诉人天孜食品公司质疑后经盐城市水流量检测中心检定合格;(3)2017年11月9日争议水表生产商对水表出具的检测报告结论为整表偏快3%,在相关国家标准公允的合理误差范围内;(4)可能有多种原因导致用水量变动。第二,关于废旧水表的处理问题。上诉人在水表生命周期届满时将水表拆除,因上诉人不具备废旧水表的处理能力,且如果将数目庞大的废旧水表保管于仓库,既不经济,更不环保,因此,将废旧水表交由原生产商回收利用是行业惯例,此举既能充分发挥物的效能,又能实现生态环境可持续发展,践行法律所倡导的绿色原则。一审判决认定上诉人将争议水表"没收"是极不严肃的。第三,一审判决无

---

① 对应《中华人民共和国民法典》第一百二十二条,内容未作修改。

供用水合同纠纷

视上诉人与被上诉人已就水量争议时的处理办法达成一致的事实,运用"日常经验法则"自由裁量是错误的。《江苏省城乡供水管理条例》第四十一条规定,结算水表损坏不能计量的,供水单位应当按照合同约定的方式估算水费。《供用水合同》第五条第五款约定:"如因计量器具的原因造成的双方不能就用水量形成一致意见时,用水人同意供水人根据实际并结合用水人三个月平均用水量来确定本期水量水费。"可见,对争议水量水费的处理既有地方性法规规定,又有双方当事人约定,故没有"日常生活经验法则"适用的余地。一审法院将争议水表与前后两块水表的数据对比而得出的结论并不可信。请求二审法院改判驳回被上诉人的诉讼请求。

被上诉人天孜食品公司答辩称:(1)2014年12月至2017年10月期间,上诉人自来水公司在为被上诉人供水过程中安装了不合格的计量用具,导致计量用水吨数发生明显差异,上诉人提供不合格的计量水表这一事实已经在一审过程中得到了确认,一审三次庭审,上诉人均未就计量水表的合格提供相关书面证据;(2)一审法院根据上诉人为被上诉人安装三只计量水表的数据来推断第二只水表存在质量问题并无不当;(3)一审法院根据诚信原则进行判决也是希望上诉人履行社会责任,改进现有的工作作风,严格依法依规为客户提供优质的服务。一审法院认定事实清楚,适用法律正确,请求二审法院依法予以维持。

盐城市中级人民法院经二审,确认了一审查明的事实。

盐城市中级人民法院二审认为:供水合同约定,如果供水人或用水人一方提出计量器具有误差须送检,由提出方送检并预交送检费用及相关费用,检测结果在允许误差范围内,由提出方承担有关费用,不在允许误差范围内则由另一方承担相关费用。送检的全过程,须供水人和用水人共同参加。本案中,被上诉人天孜食品公司发现争议水表运行偏快,发函要求上诉人自来水公司予以处理,上诉人提供了水流量检测中心的检测报告,认为争议水表是合格的,但是该检测报告系其单方委托检测,一审法院未予认定并无明显不当。且在上诉人2017年9月份更换争议水表时,被上诉人再次发函要求上诉人对争议水表封样共同送检,上诉人收函后单方将争议水表退回厂家处理,违反合同约定,应当承担相应的法律后果。争议水表使用期间的用水量明显超出该水表使用前、后两个时期的用水量,上诉人认为可能有多种原因导致用水量的变化,亦未能提供充分的证据证实。故综合现有证据不能证明上诉人提供的争议水表计量合格。另据供水合同约定,如因计量器具的原因造成双方不能就用水量形成一致意见时,用水人同意供水人根据实际并结合用水人上三个月平均用水量来确定本期水量水费。由于争议水表使用时间较长,一审法院将争议水表使用前后时间段用水量进行对比,确定争议期间多计算水量的比例,酌情认定应当返还多收取的水费金额并无不当。

综上,盐城市中级人民法院依据《中华人民共和国民事诉讼法》第一百七十条第一款第一项之规定,于 2019 年 5 月 28 日作出判决:

驳回上诉,维持原判。

本判决为终审判决。

赠与合同纠纷

赠与合同纠纷

61. 胡某某诉胡某赠与合同纠纷案[*]

受赠人对赠与人有扶养义务而不履行的认定

【关键词】

民事　撤销赠与　不履行抚养义务

【裁判摘要】

《合同法》第一百九十二条第一款第一项规定的有扶养义务而不履行的认定，应侧重从经济层面上审查，除审查赠与人是否有现时扶养需求外，还须审查受赠人是否有实际扶养能力。综合考虑撤销赠与是否对赠与人与受赠人的总体福利有所增益，是否会导致赠与人与受赠人之间利益明显失衡。

【相关法条】

《中华人民共和国合同法》第一百九十二条第一款第二项① 受赠人有下列情形之一的，赠与人可以撤销赠与：

（二）对赠与人有扶养义务而不履行；

---

* 摘自《人民法院案例选》2018 年 4 辑（总第 122 辑），人民法院出版社 2018 年版，第 113~119 页。

① 对应《中华人民共和国民法典》第六百六十三条第一款第二项，内容未作修改。

【案件索引】

一审：福建省厦门市思明区人民法院（2016）闽0203民初6326号（2016年10月27日）

二审：福建省厦门市中级人民法院（2017）闽02民终388号（2017年5月22日）

【基本案情】

原告胡某某诉称：(1) 撤销原告就厦门市思明区文兴东里××号×××房产对被告的赠与；(2) 由被告承担本案诉讼费用。事实和理由：原告与被告系父女关系。原告与其生母曹某某于1992年12月14日登记离婚，时年被告胡某仅11周岁，当时离婚协议约定婚生女胡某由胡某某抚养直至成人。离婚后，原告抚养被告成长直至成年后依然由原告不停供应被告生活学习所需的费用。1997年原告购买了讼争房产，因该房产为统建房，依照当时的政策原告办理了其中75%的产权，并取得了房管局登记的房号单。被告长大到了婚嫁年龄后，为了避免被告的家庭离异背景影响被告婚嫁，原告与被告生母曹某某勉强复婚，双方于2009年6月18日进行复婚登记，此时被告已28岁，但仍由原告供其学习。2009年8月，为解决历史遗留问题，原告又补交了剩余25%购房款（原告个人负担）办理该剩余25%产权。复婚后，原告与被告生母实在无法共同生活，经被告及生母一再挑唆、误导要求房子赠与被告，原告感慨房产在身后也确实只能留给婚生女胡某，便同意了赠与（实际上此时讼争房产75%为原告婚前个人财产，只有25%为婚后补办产权，补交房款也是原告单方负担，被告生母曹某某最多只享有25%产权中的一半即12.5%）。但被告却处心积虑排挤原告，先是在2010年与其母串通起诉原告要求赠与，该案经（2010）思民初字第5183号民事调解书调解，各自让步确认讼争房产的50%赠与胡某，归其所有；2012年，原告与被告生母曹某某诉至法院离婚，经（2012）湖民初字第5348号民事调解书调解离婚，夫妻双方同意将剩余登记在原告名下的50%产权赠与被告，夫妻双方共有的登记于原告名下的厦门市同安区

赠与合同纠纷

瑶江里××号×××室房产归原告所有,原告一次性补偿曹某某32.5万元(实际上该房产也是婚前购买的,后来由于复婚后曹某某出资5万元,但是到2012年11月19日离婚后她得到32.5万元。曹某某在1992年与原告离婚后又经历过一段婚姻,同样是以离婚形式分走32.5万元)。被告在该调解书作出后便迫不及待通过法院强制执行程序将剩余登记在原告名下的50%产权变更登记至被告名下。至此,原告没有任何觉得对不起被告及其生母曹某某之处,且被告处心积虑要将房屋过户至自己名下,原告虽一开始痛心其冷酷无情,但毕竟是自己亲生女儿。在原告身后讼争房产始终应该是被告应得,故原告也未曾苛责被告。不料被告变本加厉,在原告已经年满61周岁、退休一年多的时候,竟向人民法院起诉原告,以房产已经赠与过户为由要求原告腾空、搬离讼争房产。可怜天下父母心,原告抚养女儿之艰辛自不必说,女儿年满18周岁,不仅未曾向家中老父孝敬过任何一分,反而是原告毫无保留地为其付出供其生活学习。直至被告三十几岁要出国留学,原告无力全额承担其日益增加的生活与学习开销,被告作为子女不能顾念老父亲难处,反而以此为由对父亲冷漠、仇视,不尽赡养义务、不尽孝道。在原告与被告生母复婚又离婚后,原告仍念及父女之情同意将房产赠与被告,是因为与被告毕竟已经共同生活了30年,既然共同居住在讼争房产已这么久,原告也无其他子女,被告要求原告将房产赠与她,原告已同意,但在此种家庭背景下赠与,理所应当系保留居住权情况下的赠与。当下讼争房产为原告唯一居住的地方,被告不仅不尽赡养义务,还通过法院诉讼驱逐父亲,令人心寒!原告已逾退休年龄,根据法律规定,子女对父母有赡养扶助的义务。《老年人权益保障法》规定,子女应当履行对老年人经济上供养、生活上照料和精神上慰藉的义务,照顾老年人的特殊需要,不得强迫老人居住或迁居条件低劣的住所。现被告拒不履行赡养义务,反而强迫老父迁居,根据《合同法》第一百九十二条"受赠人有下列情形之一的,赠与人可以撤销赠与:(一)严重侵害赠与人或者赠与人的近亲属;(二)对赠与人有抚养义务而不履行"之规定,原告依法享有撤销赠与的权利。

被告胡某辩称:(1)讼争房产属于原告与第三人夫妻共同财产,这是原告及第三人使用第三人教师的身份指标购买的市政府解困房;(2)讼争房产产权存在两次50%的赠与,2012年之前已经赠与被告了,原告撤销权的行使已经超过法定除斥期间1年,原告无权主张该房产的撤销权;(3)原告在诉状自认其是高级职称教师身份,其享有退休金,有物质保障;(4)被告现在荷兰留学,不存在不赡养原告的情形,原告无证据证明被告不赡养,故原告不能行使法定撤销权;(5)居住权不是法定物权,该房产已赠与被告,赠与有效;(6)原告身体不适,与被告是否赡养之间无因果关系,原告提供的体检报告对于本案是间接证据,被告尚在国外修学,学费由第三人提供,至今已经提供了90多万元,原告没有提供任何费用,原告以身体不适证明被告不赡养,不能成立。

第三人曹某某述称:请法庭依法保护弱势群体。(1)同安房产是第三人与原告婚后购买的房产,系2009年6月26日购买的,第三人出资6万元,是夫妻共同财产;(2)第三人另一段婚姻与本案无关;(3)原告称第三人挑唆被告,这并不是事实。第三人认为,两次赠与行为均有效,被告不存在不赡养行为,2009年原告与第三人就对被告出国留学费用作出规划,计划通过卖房所得作为被告出国费用,卖房后原告就不再供养被告,被告也同意卖房。被告实际要卖房时,原告又反悔不同意了。被告在荷兰没有生活费了,才起诉原告要求腾房,否则原告占着房屋被告无法行使权利。

法院经审理查明:原告胡某某与第三人曹某某于1980年结婚,被告胡某系二人婚生女。胡某某与曹某某1992年协议离婚。1997年,胡某某购买思明区文兴东二里××号×××室(以下简称讼争房屋)并将房屋权属登记至自己名下。2009年,胡某某与曹某某复婚。2010年,胡某与胡某某、曹某某就讼争房屋产生赠与合同纠纷成讼。经法院主持调解,胡某某、曹某某将讼争房屋的50%份额产权转移登记至胡某名下。2012年,胡某某起诉曹某某离婚。经法院主持调解,二人自愿离婚,共有的讼争房屋50%产权赠与胡某,共有的厦门市同安区某房产归胡某某所有。曹某某申请强制执行调解协议,讼争房屋产权全部登记至胡某名下。此后,胡某某继续占有使用讼争房屋。2015年,胡某对胡某某提起物权保护之诉,诉请腾空交还讼争房屋。法院一审判决支持胡某诉求。胡某某不服上诉,同时提起本案撤销赠与之诉。本案法庭辩论终结前物权保护案二审尚未审结。

另查明，胡某 2006 年大学毕业，2010 年至今出国留学。胡某某为集美大学退休副教授，2010 年月均收入 7950 元。

本案中，胡某某以胡某未履行赡养义务为由诉请撤销其就讼争房屋对胡某的赠与。胡某辩称，胡某某行使撤销权已超过除斥期间，胡某某享有退休金保障，胡某出国留学不存在不赡养情形。曹某某述称，胡某经济困难才起诉胡某某腾房，以便出售讼争房屋筹措留学生活费及偿还留学债务。

【裁判结果】

福建省厦门市思明区人民法院于 2016 年 10 月 27 日作出（2016）闽 0203 民初 6326 号民事判决：驳回原告胡某某的诉讼请求。宣判后，胡某某向福建省厦门市中级人民法院提出上诉。福建省厦门市中级人民法院于 2017 年 5 月 22 日以同样的事实作出（2017）闽 02 民终 388 号民事判决：驳回上诉，维持原判。

【裁判理由】

法院生效裁判认为：胡某某系大学副教授退休，有较高的退休金，不存在子女经济资助的需要。2012 年，胡某某与曹某某离婚时，分得一套位于同安的房产，后胡某某将该房产处分理应获得可观对价。胡某某名下无房系其处分同安房产先行行为导致，其住房需求亦可用处分房产获取的对价再行购买或租住房屋解决，不应认定其有住房匮乏之虞。反观胡某，目前仍在国外求学，暂无经济上供养、生活上照料胡某某的能力。胡某某两次赠与时胡某已出国留学，胡某某明知胡某留学期间仍需家庭资助，作出赠与且未提出赡养要求，本意是为胡某今后生活提供物质保障，减轻胡某经济压力。迄今，胡某和胡某某的各自经济状况、彼此的空间距离未有实质改变，故胡某某主张胡某未尽赡养义务并诉请撤销赠与系对其赠与真意的反言。本案存在赡养义务人胡某经济能力弱、赡养对象胡某某经济能力强的特殊情况，胡某某提出撤销赠与有悖诚实信用原则，若撤销赠与将加剧胡某经济恶化，导致利益失衡，亦无助于双方亲子关系修复。

【案例注解】

赠与是一种无偿、诺成行为，伴随赠与人的利他动机。由于赠与的利他性，法律赋予其更大的回转自由，表现为未履行的非道德义务赠与的任意撤销权。而亲属特别是近亲属之间的赠与常带有较强的道德属性，即使未履行也往往不得任意撤销。本案涉及的赠与行为具有道德义务属性并已实际履行，不得任意撤销，赠与人于是从《合同法》第一百九十二条第一款第二项规定入手主张法定撤销，争议焦点集中在如何认定受赠人对赠与人有扶养义务而不履行。

一、着重审查赠与人是否存在经济层面的扶养需求

《合同法》第一百九十二条第一款第二项规定的"扶养义务"包括法定扶养义务和约定扶养义务，其中法定扶养义务包括法律规定的父母对未成年子女的抚养义务、成年子女对父母的赡养义务、夫妻之间的扶助义务等。本案赠与人是已退休的父亲，受赠人为成年女儿，理论上受赠人对赠与人可能负有赡养义务。何谓赡养义务？笔者以为，《合同法》第一百九十二条第一款第二项规定"扶养义务"带有对亲属法的引致属性，应结合相关法律规定理解赡养义务的内涵。《老年人权益保障法》第十四条明确规定赡养人对老年人的经济、生活、精神权利有全面保障义务。然而法律有其作用边界，其调整经济利益关系高效，但对行为和精神缺少直接强制办法，往往通过经济利益调整间接影响行为和精神的取向。法律实施耗费公共资源，应当将稀缺的法律资源投入最迫切需要调整、调整效用最大化的对象。根据马斯洛需求层次理论，人的需求因区分层次而存在满足的次序，其中属于基础性的生理需求和安全需求应当通过保障经济权利优先实现，对爱和归属感、尊重、自我实现等层次较高的需求，法律保障的强度渐次减弱。具体到赡养，法律更为关注并强制履行经济层面的赡养义务，《婚姻法》第二十一条①仅明确规定赡养费给付诉权，而对赡养义务中精神

---

① 《婚姻法》第二十一条规定：子女对父母有赡养扶助的义务。子女不履行赡养义务时，无劳动能力的或生活困难的父母，有要求子女给付赡养费的权利。

层面内容更多通过《老年人权益保障法》等法律的宣誓性条款加以规定，这正是符合马斯洛需求层次理论以及基于法律资源有限性考量的制度安排。进一步分析，《合同法》第一百九十二条第一款第二项规定的"扶养义务"是置于合同制度、赠与制度背景之下的，合同制度讲究公平等价，赠与则是一种处分财产的经济行为，故与对赠与的法定撤销息息相关的"扶养义务"的理解要与合同法基本原则以及赠与行为的本质相匹配，评价"扶养义务"是否履行的侧重点应当放在经济层面，而不宜任意放宽至精神层面，除非受赠人故意对赠与人造成了严重的精神损害。否则，赠与人可动辄以主观性、任意性很强的"精神损害"为由撤销赠与，赠与制度的严肃性以及诚实信用的民法原则均遭动摇。

还应指出，扶养义务对应的扶养需求应当是现实的、迫切的需求，而不是一种可能的、未发生的需求。《婚姻法》第二十一条明确赡养费给付诉权的主体是"无劳动能力的或生活困难的父母"，换言之父母有现时赡养需求是子女赡养义务成立的前提条件，如果父母经济并不困难则无强制子女提供援助的必要。具体到本案，胡某某有较高的退休金，离婚时分得一套房产，无论在收入上还是住房上都没有匮乏之虞，一审、二审法院没有在赡养义务的精神层面内容上过多纠结，而均认定胡某某暂无胡某赡养的需要，其主张胡某赡养的前提条件尚不成就。

二、受赠人无扶养能力是对抗赠与人扶养请求的合理事由

《合同法》第一百九十二条第一款第二项规定的"不履行"应作限制解释，指受赠人有履行扶养义务的资力而拒绝履行、不能履行等情形。[①] 如果受赠人穷困潦倒、自顾不暇，一旦履行扶养义务不能维持自己生活的，不宜强行令受赠人履行扶养义务，即不允许赠与人行使撤销权。[②] 这是因为依据《合同法》第一百九十二条第一款第二项撤销赠与将为赠与人提起扶养费之诉埋下伏笔，受赠人面临经济负担增加和存量财产减少双重压力。古语云"穷则独善其身"，说的是个体应当首先管好自己才有余力

[①] 崔建远主编：《合同法》（第六版），法律出版社2016年版，第327页。
[②] 刘春堂：《民法债编各论》（上），中国台湾地区三民书局2008年版，第208页。

照顾别人。又有法谚"法律不强人所难",当受赠人窘迫至生活都无以为继时,法律不应再强加其接济他人的义务。否则,不但赠与人的扶养费诉求难以实现,受赠人也因此陷入更深的经济困顿,如此一来扶养制度与赠与制度增加受益人福利的立法初衷均无法实现,这种法律适用结果是不符合帕累托改进[①]的。具体到本案,胡某在国外留学花销较大,没有稳定收入,经济状况显然不及胡某某,一审、二审法院均认定其暂无赡养胡某某的能力,并不存在拒不履行赡养义务的情形。

经济合理性为道德正当性提供支撑,正如本文探讨的与扶养义务关联的亲属间赠与有显著的道德表征,但其背后的制度安排实为暗合马斯洛需求层次、帕累托改进等经济原理的利益分配。《合同法》第一百九十二条第一款第二项规定的有扶养义务而不履行的认定应侧重从经济层面上审查,除审查赠与人是否有现时扶养需求外,还须审查受赠人是否有实际扶养能力,综合考虑撤销赠与是否对赠与人与受赠人的总体福利有所增益,是否会导致赠与人与受赠人之间利益明显失衡而作出。本案中,由于胡某某暂无经济上之赡养需求,胡某暂无经济上之赡养能力,且没有证据证明胡某故意对胡某某造成严重精神损害,不宜认定胡某对胡某某有扶养义务而不履行,故对胡某某的撤销赠与诉求不予支持。然而,扶养需求以及扶养能力的大小有无是发展变化的,一旦将来胡某某出现赡养需求且胡某具备赡养能力而不赡养的情形,则胡某某基于该新事实再行提起撤销赠与之诉将得到法院支持。

(一审法院独任审判员 郭泽喆
二审法院合议庭成员 刘 宁 李向阳 柯艳雪
编写人 福建省厦门市思明区人民法院 郭泽喆
责任编辑 杨 奕
审稿人 蒋惠岭)

---

① "帕累托改进"是意大利经济学家维尔弗里多·帕累托(1848—1932)提出的一种状态:通过适当的制度安排,至少能提高一部分人的福利或满足程度,而不会降低所有其他人的福利或满足程度。也就是说,符合帕累托改进的制度安排中没有输家,至少有一部分人是赢家,社会总体福利将得到改善。

62. 曾某诉柯某某、王某赠与合同纠纷案*

网络直播打赏的法律性质及其效力认定

【关键词】

民事　公序良俗　赠与合同　服务合同　直播打赏

【裁判摘要】

网络直播打赏在法律性质上应属于赠与合同，其效力的认定需综合交易安全和交易公平原则，兼顾互联网经济特点，结合公序良俗进行判断。在直播打赏中，夫妻一方基于婚外情感交往，擅自处分夫妻共同财产，给主播打赏明显高于正常网络娱乐消费水平的财产，夫妻另一方以其违反公序良俗效力条款为由请求确认打赏无效，并请求返还全部财产的，人民法院依法予以支持。

【相关法条】

《中华人民共和国婚姻法》第十七条① 　夫妻对共

---

* 摘自《人民法院案例选》2021年3辑（总第157辑），人民法院出版社2021年版，第83～92页。

① 对应《民法典》第一千零六十二条第二款规定："夫妻对共同财产，有平等的处理权。"

同所有的财产，有平等的处理权。

《中华人民共和国民法总则》第一百五十三条第二款① 违背公序良俗的民事法律行为无效。

【案件索引】

一审：重庆市渝北区人民法院（2019）渝0112民初29094号（2019年2月3日）

二审：重庆市第一中级人民法院（2020）渝01民终3046号（2020年7月30日）

【基本案情】

原告曾某诉称：原告曾某与被告王某于1995年1月14日依法登记结婚。被告王某却因工作原因认识了本案的被告柯某某，此后两人保持暧昧关系，并发展成为"婚外情"关系。原告对此毫不知情，至2018年6月，原告才发现，导致原告对双方的感情彻底失望，并于2018年8月17日，达成《自愿离婚协议书》，办理离婚手续。在原、被告婚姻关系存续期间，被告王某多次以支付宝、微信银行转账的方式向被告柯某某进行钱款的赠与，被告王某向被告柯某某赠与前述夫妻共同财产时，均未通知原告，原告直至近日才发现被告王某的上述行为。被告王某在婚姻存续期间，利用赠与夫妻共同财产来维系与被告柯某某的不正当关系，既违反了《婚姻法》规定的夫妻互相忠诚原则，又侵犯了原告的合法财产权利，向其转款的行为属于《合同法》中明确约定的"违背公序良俗"的行为，应属无效，相应转款应予以返还。因此，请求人民法院依法判令：（1）被告王某与被告柯某某之间于2018年4月1日起至2018年8月16日止期间的赠与行为无效；（2）请被告柯某某立即返还于2018年4月1日起至2018年8月16日止期间接受被告王某赠与的款项暂计约86650.78元给原告；（3）本案诉讼费用由被告承担。

---

① 对应《民法典》第一百五十三条第二款规定："违背公序良俗的民事法律行为无效。"

王某辩称：同意原告的诉讼请求。

柯某某辩称：被告柯某某与王某系通过网络直播平台认识，王某系向主播柯某某打赏，王某表示自己已经离婚。原告无任何证据证明被告王某与被告柯某某有"婚外情"关系，也不能证明二被告有同居关系，原告主张被告王某对被告柯某某赠与无效，无任何法律依据。被告王某向柯某某赠与款项系多次赠与，每一笔款项都属于独立的赠与合同关系，均不存在无效情形，且均不属于夫妻共同财产的重要处理决定。

法院经审理查明：原告曾某与被告王某于1995年1月14日登记结婚，双方于2018年8月17日，达成《自愿离婚协议书》并办理离婚登记手续。被告柯某某系陌陌直播平台主播，2018年4月，被告王某通过网络直播平台认识柯某某，并陆续通过直播平台多次打赏柯某某，此外，2018年5月18日至2018年8月16日，王某通过微信号向柯某某微信号有10元到5000元不等的多次转账，共计39308元，柯某某通过微信号向王某共计转账57.22元；王某通过支付宝账户向柯某某账户有10元到10000元不等的多次转账，共计38400元，柯某某通过账户向王某支付宝账户共计转账4000元；王某通过银行卡账户向柯某某转账13000元；双方在此期间保持暧昧关系。现原告、被告双方就被告王某向柯某某的转账款项是否应当返还原告发生争议，原告诉至法院。

【裁判结果】

重庆市渝北区人民法院于2019年2月3日作出（2019）渝0112民初29094号民事判决：被告柯某某返还原告曾某86650.78元。

一审宣判后，柯某某不服，依法提起上诉。重庆市第一中级人民法院于2020年7月30日作出（2020）渝01民终3046号民事判决：驳回上诉，维持原判。

【裁判理由】

法院生效裁判认为：基于主播对其表演活动的完全自主性和其表演内容的非具体明确性、观众打赏的完全自愿性和无对价给付性，主播与观众就打赏行为依法建立的实为赠与合同关系。对其效力的认定,既需做到维护交易秩序、保护交易安全。《最高人民法院关于适用〈中华人民共和国婚姻法〉若干问题的解释(一)》第十七条应当理解为:非因日常生活需要、未征得另一方同意、擅自对夫妻共同财产作重要处理决定的,属于无权处分;而如果无处分权人与第三人之间的合同关系不具备法定无效情形,另一方即便能以不同意或不知道为由对抗善意第三人,为了平衡正常交易秩序和安全,其不得仅依据前述规定主张该合同无效,其可根据《物权法》第一百零六条规定进行权利救济,即无处分权人将不动产或者动产转让给受让人的,所有权人有权追回。但同时,《民法总则》规定"违背公序良俗的民事法律行为无效",就本案被告王某的行为目的角度而言,其是为了发展和维持婚外情、擅自动用夫妻共同财产、无偿赠与婚外第三者,该行为违反夫妻相互忠实的法定义务、损害文明的婚姻家庭关系,违背社会公序良俗,依法应当确认无效。无效合同依法自始无效,对方取得的财产应以返还。

【案例注解】

随着移动互联网的迅猛发展,以电竞、情感、文艺、旅游等为内容的网络直播,给相关行业生态带来新的发展。根据2019年8月中国互联网信息中心(CNNIC)发布的第44次《中国互联网络发展状况统计报告》,截至2019年6月,中国网民规模达到8.54亿人,其中网络直播用户规模达到4.33亿,占网民整体的50.7%。由此催生的网络直播经济发展同样迅猛,与之相伴的是,低龄打赏、巨额打赏、私自处分夫妻共同财产打赏、违反公序良俗打赏等诸多法律问题,需要对直播打赏法律性质进行准确认定,有利于将其纳入现有民法规则体系视角进行审视,界清各方权利义务,规范运作模式,促进网络理性消费。

一、网络直播打赏的法律性质分析

观众向主播进行直播打赏通常分为两种方式,第一种是线上方式,该种较为常见普遍,即通过平台向主播赠送其提前购买的虚拟礼物。另一种是线下方式,即观众通过主播私人微信、支付宝、银行卡等账号进行赠送。① 当前对于网络直播打赏的法律性质,主要有服务合同说和赠与合同说两种观点。服务合同说认为主播提供表演、播报、互动等服务,用户获得精神享受或智识提高,这种非强制付费方式属于一种新型的服务合同。赠与合同说认为,用户观看直播并不受限制,并无付费、打赏等合同义务,也无金额大小的限制,用户打赏纯属自愿,相关权利义务并不是对等对价关系,应属于赠与合同。在司法实践中,截至2020年8月20日,通过裁判文书网共检索出108件案件涉及直播打赏,其中103件未对直播打赏性质进行论述,有4篇文书论述为赠与合同,尚未有论述为服务合同的文书(见图1)。网络直播打赏作为一种新型行为方式,与其探讨"是与否",不如探讨"像不像",综合以下因素分析,直播打赏应属于赠与合同。

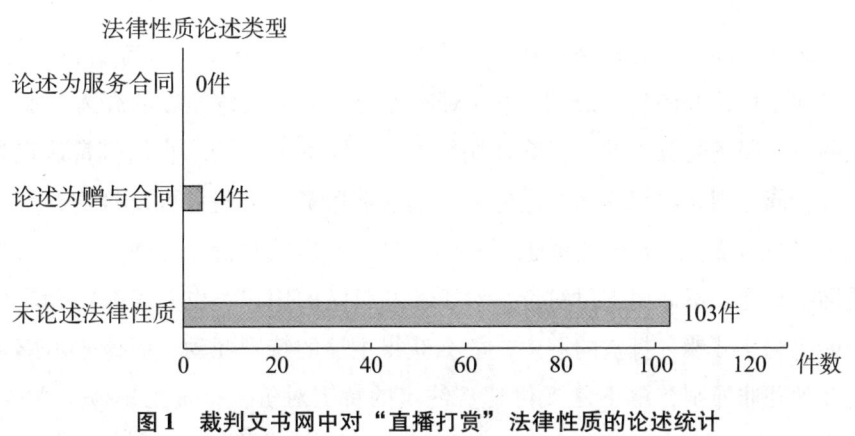

图1 裁判文书网中对"直播打赏"法律性质的论述统计

(一) 双方是否存在受拘束意思表示

服务合同是服务人提供技术、文化、生活服务,服务受领人接受服务

---

① 程啸等:《网络直播中未成年人充值打赏行为的法律分析》,载《经贸法律评论》2019年第3期。

并给付服务费的合同。① 服务合同一般属于有偿双务意思表示合同,服务合同说认为主播直播表演属于要约,但是该要约并不具体明确,主播随时可以停止直播,随时可以下线,其直播内容、时间、地点等不受观众拘束,如何互动、与谁互动等也不受观众意思拘束。用户观看直播也不是承诺要约的意思表示,与主播对直播内容、时长、方式等具有绝对自主决定权一样,用户是否打赏、打赏多少、什么时候打赏均不受主播任何意思拘束。任何人都可以不付费不受拘束进入网络直播室观看直播,不受限制随时离开,此种进入、离开也并不违反主播意思或某种约定义务。而在服务人与服务受领人之间的关系中,服务人居于从属地位,只能在服务受领人的指挥管理下提供特定的服务。② 因此,主播和用户在网络直播打赏中,均没有受服务合同约束的意思表示。

(二) 双方是否约定负担义务对价

服务合同的一方转移财产,一方提供劳务,双方互负对待给付义务,意义在于创造经济价值。③ 服务人对服务受领人的权益领域的介入与服务人的来自服务受领人的权益管理托付相辅相成。④若将网络直播打赏认定为服务合同,则无法解释面对同样的直播表演服务,有些人可以打赏,有些人可以不打赏,打赏的金额也不相同,没有明确的对价。任何人都可以观看网络直播,不需要支付对价,对于那些打赏的用户,也并未获得相应对价的权利。诚然,打赏的用户一般会获得主播的特别互动,但该表示感谢的互动并非强制,也不是支付打赏约定的特定对价,打赏是单务、无偿、自愿的。此外,直播服务内容也并不是质量越高、制作越精良,对应的打赏金额就越高。因此,从双方负担义务对价上看,直播打赏与有偿对等的服务合同相去甚远,与无偿单务的赠与合同实质相同。虽然从整个互联网第三产业上看,网络直播被解释为一种服务可能更契合社会生活语境,但

---

① 全国人大常委会法制工作委员会民法室编著:《中华人民共和国合同法及其重要草稿介绍》,法律出版社2000年版,第150页。
② 周江洪:《服务合同在我国民法典中的定位及其制度构建》,载《法学》2008年第1期。
③④ 崔建远:《合同法》(第二版),北京大学出版社2016年版,第470页。

从个体案件、从每一个具体的用户与主播之间的法律关系上看,定性为服务合同无法回应非强制性和非对价性的质疑,而定性为赠与合同则更符合法律规范意义。

(三) 规范直播打赏的法律效果

与其他典型合同相比,服务合同中无论服务内容是否与物结合,其以提供劳务服务为内核的方式,与以物的交易为中心构筑起来的交易规则存在不协调的问题。服务合同撤销后的复原、返还几乎不可能,劳务服务被服务对象吸收附着,服务本身无法还原或返还。① 而根据赠与合同的相关法律规定处理直播打赏行为,则可以通过撤销权对低龄打赏、巨额打赏、私自处分夫妻共同财产打赏、违反公序良俗打赏等问题预留法律矫正的适用空间。如故意诱导未成年人巨额打赏,主播没有履行完成"附义务赠与"的义务约定、隐瞒夫妻一方基于与主播发生婚外恋的打赏等,则可能因符合赠与合同的法定撤销权而被撤销,从而维护相关利益主体的权益,规范直播打赏行业生态,促进网络理性消费。另外,与观演服务合同中购票进入剧院观看表演相比,网络直播更接近街头卖艺,路人都可以观看,打赏全靠自愿,打赏更类似于"给小费""给赏钱",而将街头卖艺定性为赠与,更多人则可能可以接受。综上,网络直播打赏更符合赠与合同的法律特征和双方当事人的心理预期。

二、夫妻一方基于婚外情感交往擅自打赏主播的效力认定路径

(一) 处分行为的识别:夫妻一方擅自处分财产打赏并非当然无效

我国关于无权处分的效力问题,经历了粗泛化到精细化的立法转变。1988年《最高人民法院关于贯彻执行〈中华人民共和国民法通则〉若干问题的意见(试行)》第89条规定:"在共同共有关系存续期间,部分共

---

① 崔建远:《合同法》(第二版),北京大学出版社2016年版,第470页。

有人擅自处分共有财产的，一般认定无效。但第三人善意、有偿取得该财产的，应当维护第三人的合法权益。"此后《合同法》《物权法》对无权处分分别根据其民事法律行为特点，对哪些情形不能对抗第三人，哪些情形具有约束力等方面作了较为精细化规定，但是婚姻法领域关于夫妻一方擅自处分大额财产的效力如何并未明确。虽然《最高人民法院关于适用〈中华人民共和国婚姻法〉若干问题的解释（一）》第十七条规定："婚姻法第十七条关于'夫或妻对夫妻共同所有的财产，有平等的处理权'的规定，应当理解为：（一）夫或妻在处理夫妻共同财产上的权利是平等的，因日常生活需要而处理夫妻共同财产的，任何一方均有权决定。（二）夫或妻非因日常生活需要对夫妻共同财产作重要处理决定，夫妻双方应当平等协商，取得一致意见。他人有理由相信其为夫妻双方共同意思表示的，另一方不得以不同意或不知道为由对抗善意第三人。"但是，"日常生活需要"具有一定的时代性和社会性，其在不同时代阶段或不同的区域社会具有不同的含义和范围，在当前，擅自使用较大金额打赏难以作为"日常生活需要"。同时，在直播打赏中主播一般也没有理由认为属于夫妻双方共同意思表示。并且，此处的"对抗"也不应理解为打赏赠与合同无效，其只是确定夫妻另一方有权通过其他法律途径救济权利。据此，擅自处分大额财产打赏主播系非因日常生活需要，属于无权处分；而如果无处分权人与第三人之间的合同关系不具备法定无效情形，夫妻另一方即便能以不同意或不知道为由对抗善意第三人，也不得仅依据前述规定主张该合同无效。因此，夫妻一方擅自处分财产打赏并非当然无效。此外，对于直播打赏中大额财产重要决定的认定，应当结合工资收入水平、家庭经济状况、日常消费习惯等综合认定。

（二）公序良俗的检视：公序良俗作为基础性效力条款对直播打赏的规制

对处分行为进行识别后，还需要通过民事法律行为的"安全阀"——"公序良俗"对直播打赏行为进行检视。我国《民法总则》首次正面明文规定公序良俗原则，并在《民法典》中予以体现，公序良俗正式以国家制

赠与合同纠纷

定法的表现形式进入了司法裁判视野，更加鲜明地彰显了对传承千百年来的中华民族传统文化的尊重。在此之前是通过"社会公共利益"或"社会公德"等发挥类似公序良俗的作用。在当前网络直播打赏中，时常出现已婚者基于与主播进行情感交往，互有暧昧关系甚至不正当男女关系而不惜使用家庭财产大额打赏，或者基于主播粗俗表演而打赏，或者使用紧急救人治病钱款打赏等违背社会公序良俗的现象。此种现象在形式上符合当事人基于意思自治而达成一致的意思表示，其外在表征是对人体和财产的自由处分，但内在本质却违反"私法自治"的边界——"公序良俗"的行为。[1] 公序良俗在民法体系中具有"双重性"，它既是宏观的民法基本原则，体现指导方针功能；又是具体的基础性效力规则，体现司法裁判功能。公序良俗作为指导功能的基本原则条款体现在《民法总则》第八条[2]规定，"民事主体从事民事活动，不得违反法律，不得违背公序良俗"，作为裁判功能的效力条款体现在《民法总则》一百五十三条[3]"违背公序良俗的民事法律行为无效"。因此，公序良俗除了对民事立法司法原则性指导外，还发挥"限制民事行为"的司法裁判功能。对于网络直播打赏中基于婚外情甚至不正当男女关系打赏、基于粗俗表演打赏、诱导使用紧急救人治病钱款打赏等违背公序良俗的行为，可依据公序良俗效力条款认定无效。本案中，王某在婚姻存续期间与柯某某先后各自向对方转账5.2元、52元和520元等具有特定含义数字金额的钱款。众所周知，作为近年来兴起的网络语言，"520"在网络上被喻为"吾（我）爱您（你）"，成为了不少恋人之间的特定表达方式。再结合相关当事人陈述和生活经验认定两者具有不正当情感交往的暧昧关系，男方擅自使用共同财产无偿打赏赠与婚外第三者，违背社会公序良俗，依法应当确认无效。

---

[1] 杨德群：《论公序良俗对婚外性行为的法律规制》，载《时代法学》2019年第3期。
[2] 对应《民法典》第八条。
[3] 对应《民法典》第一百五十三条。

三、夫妻一方无效确认权的合理限制与公序良俗的缓和适用

(一) 夫妻一方无效确认权的合理限制

直播打赏确认无效需要综合考虑交易安全和交易公平原则，兼顾互联网经济特点和直播产业发展，结合正常认知进行合理限制。第一，从夫妻一方同意或追认的认定上，在实践中夫妻一方知晓另一方使用共同财产进行打赏但未明确表示反对，未作任何阻止，或者概括性同意其在一定金额内的网络游戏、网络直播等消费，应当认定为取得默示同意。第二，从夫妻共同财产"重要处理决定"的认定上，可以采取"不明显高于"原则，夫妻一方基于不违背公序良俗的正常休闲娱乐的直播打赏，略高于其经济收入、家庭条件、消费水平等，均不能认定为"重要处理决定"，从而进行撤销，只有在明显高于的情况下才能行使撤销权。对于"不明显高于"具体适用，仍应根据具体案件的实际情况进行综合认定。第三，从举证责任上，夫妻一方也需对共同财产、未经协商一致、未默示同意等相关事实承担举证责任，举证不能或举证不充分将可能承担败诉风险。

(二) 公序良俗的缓和适用

公序良俗将道德伦理规范引入法律适用，具有扩展法律渊源、弥补法律漏洞的功能，另外社会实践中利益多元、观念多样也可能导致司法中的滥用。公序良俗无论是社会秩序还是道德观念，其内涵都相当不容易界定，具有随着时空转换而发展和游移的流变性。① 因此，在用公序良俗原则检视直播打赏民事法律行为时，要遵循谦抑性，体现一定的缓和性。第一，有具体法律规则可以解决相关问题的适用具体规则，不能简单以道德评判法律行为。第二，公序良俗的适用应当区分动机和行为，动机有悖于公序良俗，但其行为未必违反公序良俗。具体而言在直播打赏中：（1）如果动机是维持与主播婚外情感交往或不正当关系则一般无效；（2）如果

---

① 刘练军：《公序良俗的地方性和谦抑性及其司法适用》，载《求索》2019年第3期。

动机是感谢婚外情主播给予自己的鼓励和帮助则可能有效；（3）如果动机是帮助维持婚外情主播的生计而打赏则可能有效。第三，公序良俗具有时代性、区域性、场景性，公序良俗在不同时代、不同地理区域、不同社交场景具有不同的内涵和定义。因此，应当区分网络虚拟场景和现实交往场景，对于公序良俗的判断标准和具体适用，需要结合网络直播具体应用场景和具体案件实际进行判断，需要根据主播的主观心态、是否知晓未婚、情感交往的深入程度、夫妻另一方是否知晓等因素进行判断。

四、夫妻一方直播打赏被撤销或无效后的法律效果

第一，关于直播打赏被撤销或认定无效后应当全部返还还是部分返还的问题。夫妻一方基于婚外情感交往擅自打赏被认定无效后，打赏财产应当全部返还，因为夫妻共同共有财产构成一个非分割性的有机整体，除重大事由外无权申请分割，即使发生重大事由请求分割前均属有机整体，不能区分。共同财产的平等处分权并不意味着夫妻各方享有一半处分权，只有在婚姻终止时才能分割财产确定份额，因此应当全部返还。第二，关于直播打赏被撤销或认定无效后缔约过失责任的认定。为了维护直播打赏被撤销或认定无效后主播一方当事人合法权益，应当通过缔约过失责任予以救济。夫妻一方明知自己未与另一方对较大额度财物打赏进行协商一致擅自打赏导致被撤销，如果主播在直播中为其特定的互动方式花费相应的费用、流量费用或其他损失，应当由用户方进行赔偿。同时，夫妻一方也可能由于疏于管理自己网络账号和资金账号，也需根据具体案件情况承担缔约过失责任，对主播相关的经济损失进行赔偿。

五、本案的思考与启示：直播打赏条款的司法解释建议稿

我国《民法典》对《合同法》中"赠与合同"的相关规定进行了一定完善，但是并未随着移动互联网行业生态的飞速发展，对直播打赏这一特殊的赠与行为进行立法规定。因此，在之后最高人民法院可以在出台《适用民法典合同编司法解释》时可将"网络直播打赏"相关规范内容纳

入"赠与合同"章节进行规定,其相关条文设置的建议稿如下:

第 N 条:通过互联网以视频、音频、图文等形式向公众持续发布实时信息的网络直播中,观众用户将自己的钱款、代币或购买的虚拟礼物打赏给予表演者,可认定为赠与性质。该赠与效力的认定要根据互联网经济特点,结合交易安全、交易公平和公序良俗原则进行判断。

未成年人打赏应当结合其实际年龄、打赏金额、经济状况等因素,判断其是否具有相应的行为能力。夫妻一方基于婚外情感交往,擅自处分夫妻共同财产,给主播打赏明显高于正常网络娱乐消费水平的财产,夫妻另一方以其违反公序良俗效力条款为由请求确认打赏无效,并请求返还全部财产的,人民法院依法予以支持。

(一审法院独任审判员　刘　晶

二审法院合议庭成员　胡　敬　陈　娟　刘　静

编写人　重庆市第一中级人民法院　胡　敬　李遵礼

责任编辑　杨　奕

审稿人　范明志)

借款合同纠纷

一、金融借款合同纠纷

▶ 特许经营权的收益权可以质押

63. 福建海峡银行股份有限公司福州五一支行诉长乐亚新污水处理有限公司、福州市政工程有限公司金融借款合同纠纷案*

（最高人民法院审判委员会讨论通过 2015年11月19日发布）

【关键词】

民事 金融借款合同 收益权质押 出质登记 质权实现

【裁判摘要】

1. 特许经营权的收益权可以质押，并可作为应收账款进行出质登记。

2. 特许经营权的收益权依其性质不宜折价、拍卖或变卖，质权人主张优先受偿权的，人民法院可以判令出质债权的债务人将收益权的应收账款优先支付质权人。

---

* 摘自2015年11月19日最高人民法院发布的第11批指导案例（指导案例53号）。

相关法条

《中华人民共和国物权法》第二百零八条①、第二百二十三条②、第二百二十八条第一款③

基本案情

原告福建海峡银行股份有限公司福州五一支行（以下简称海峡银行五一支行）诉称：原告与被告长乐亚新污水处理有限公司（以下简称长乐亚新公司）签订单位借款合同后向被告贷款3000万元。被告福州市政工程有限公司（以下简称福州市政公司）为上述借款提供连带责任保证。原告海峡银行五一支行、被告长乐亚新公司、福州市政公司、案外人长乐市建设局四方签订了《特许经营权质押担保协议》，福州市政公司以长乐市污水处理项目的特许经营权提供质押担保。因长乐亚新公司未能按期偿还贷款本金和利息，故诉请法院判令：长乐亚新公司偿还原告借款本金和利息；确认《特许经营权质押担保协议》合法有效，拍卖、变卖该协议项下的质物，原告有优先受偿权；将长乐市建设局支付给两被告的污水处理服务费优先用于清偿应偿还原告的所有款项；福州市政公司承担连带清偿责任。

被告长乐亚新公司和福州市政公司辩称：长乐市城区污水处理厂特许经营权，并非法定的可以质押的权利，且该特许经营权并未办理质押登记，故原告诉请拍卖、变卖长乐市城区污水处理厂特许经营权，于法无据。

---

① 对应《中华人民共和国民法典》第四百二十五条，内容未作修改。
② 对应《中华人民共和国民法典》第四百四十条："债务人或者第三人有权处分的下列权利可以出质：（一）汇票、本票、支票；（二）债券、存款单；（三）仓单、提单；（四）可以转让的基金份额、股权；（五）可以转让的注册商标专用权、专利权、著作权等知识产权中的财产权；（六）现有的以及将有的应收账款；（七）法律、行政法规规定可以出质的其他财产权利。"
③ 对应《中华人民共和国民法典》第四百四十五条第一款："以应收账款出质的，质权自办理出质登记时设立。"

借款合同纠纷

法院经审理查明：2003 年，长乐市建设局为让与方、福州市政公司为受让方、长乐市财政局为见证方，三方签订《长乐市城区污水处理厂特许建设经营合同》，约定：长乐市建设局授予福州市政公司负责投资、建设、运营和维护长乐市城区污水处理厂项目及其附属设施的特许权，并就合同双方权利义务进行了详细约定。2004 年 10 月 22 日，长乐亚新公司成立。该公司系福州市政公司为履行《长乐市城区污水处理厂特许建设经营合同》而设立的项目公司。

2005 年 3 月 24 日，福州市商业银行五一支行与长乐亚新公司签订《单位借款合同》，约定：长乐亚新公司向福州市商业银行五一支行借款 3000 万元；借款用途为长乐市城区污水处理厂 BOT 项目；借款期限为 13 年，自 2005 年 3 月 25 日至 2018 年 3 月 25 日；还就利息及逾期罚息的计算方式作了明确约定。福州市政公司为长乐亚新公司的上述借款承担连带责任保证。

同日，福州市商业银行五一支行与长乐亚新公司、福州市政公司、长乐市建设局共同签订《特许经营权质押担保协议》，约定：福州市政公司以《长乐市城区污水处理厂特许建设经营协议》授予的特许经营权为长乐亚新公司向福州市商业银行五一支行的借款提供质押担保，长乐市建设局同意该担保；福州市政公司同意将特许经营权收益优先用于清偿借款合同项下的长乐亚新公司的债务，长乐市建设局和福州市政公司同意将污水处理费优先用于清偿借款合同项下的长乐亚新公司的债务；福州市商业银行五一支行未受清偿的，有权依法通过拍卖等方式实现质押权利等。

上述合同签订后，福州市商业银行五一支行依约向长乐亚新公司发放贷款 3000 万元。长乐亚新公司于 2007 年 10 月 21 日起未依约按期足额还本付息。

另查明，福州市商业银行五一支行于 2007 年 4 月 28 日名称变更为福州市商业银行股份有限公司五一支行；2009 年 12 月 1 日其名称再次变更为福建海峡银行股份有限公司五一支行。

裁判结果

福建省福州市中级人民法院于 2013 年 5 月 16 日作出（2012）榕民初字第 661 号民事判决：一、长乐亚新污水处理有限公司应于本判决生效之日起 10 日内向福建海峡银行股份有限公司福州五一支行偿还借款本金 28714764.43 元及利息（暂计至 2012 年 8 月 21 日为 2142597.60 元，此后利息按《单位借款合同》的约定计至借款本息还清之日止）；二、长乐亚新污水处理有限公司应于本判决生效之日起 10 日内向福建海峡银行股份有限公司福州五一支行支付律师代理费人民币 123640 元；三、福建海峡银行股份有限公司福州五一支行于本判决生效之日起有权直接向长乐市建设局收取应由长乐市建设局支付给长乐亚新污水处理有限公司、福州市政工程有限公司的污水处理服务费，并对该污水处理服务费就本判决第一项、第二项所确定的债务行使优先受偿权；四、福州市政工程有限公司对本判决第一项、第二项确定的债务承担连带清偿责任；五、驳回福建海峡银行股份有限公司福州五一支行的其他诉讼请求。宣判后，两被告均提起上诉。福建省高级人民法院于 2013 年 9 月 17 日作出福建省高级人民法院（2013）闽民终字第 870 号民事判决，驳回上诉，维持原判。

裁判理由

法院生效裁判认为：被告长乐亚新公司未依约偿还原告借款本金及利息，已构成违约，应向原告偿还借款本金，并支付利息及实现债权的费用。福州市政公司作为连带责任保证人，应对讼争债务承担连带清偿责任。本案争议焦点主要涉及污水处理项目特许经营权质押是否有效以及该质权如何实现问题。

一、关于污水处理项目特许经营权能否出质问题

污水处理项目特许经营权是对污水处理厂进行运营和维护，并获得相应收益的权利。污水处理厂的运营和维护，属于经营者的义务，而其收益权，则属于经营者的权利。由于对污水处理厂的运营和维护，并不属于可

借款合同纠纷

转让的财产权利，故讼争的污水处理项目特许经营权质押，实质上系污水处理项目收益权的质押。

关于污水处理项目等特许经营的收益权能否出质问题，应当考虑以下方面：其一，本案讼争污水处理项目《特许经营权质押担保协议》签订于2005年，尽管当时法律、行政法规及相关司法解释并未规定污水处理项目收益权可质押，但污水处理项目收益权与公路收益权性质上相类似。《最高人民法院关于适用〈中华人民共和国担保法〉若干问题的解释》第九十七条规定，"以公路桥梁、公路隧道或者公路渡口等不动产收益权出质的，按照担保法第七十五条第（四）项的规定处理"，明确公路收益权属于依法可质押的其他权利，与其类似的污水处理收益权亦应允许出质。其二，国务院办公厅2001年9月29日转发的《国务院西部开发办〈关于西部大开发若干政策措施的实施意见〉》（国办发〔2001〕73号）中提出，"对具有一定还贷能力的水利开发项目和城市环保项目（如城市污水处理和垃圾处理等），探索逐步开办以项目收益权或收费权为质押发放贷款的业务"，首次明确可试行将污水处理项目的收益权进行质押。其三，污水处理项目收益权虽系将来金钱债权，但其行使期间及收益金额均可确定，其属于确定的财产权利。其四，在《中华人民共和国物权法》颁布实施后，因污水处理项目收益权系基于提供污水处理服务而产生的将来金钱债权，依其性质亦可纳入依法可出质的"应收账款"的范畴。因此，讼争污水处理项目收益权作为特定化的财产权利，可以允许其出质。

二、关于污水处理项目收益权质权的公示问题

对于污水处理项目收益权的质权公示问题，在《中华人民共和国物权法》自2007年10月1日起施行后，因收益权已纳入该法第二百二十三条第六项的"应收账款"范畴，故应当在中国人民银行征信中心的应收账款质押登记公示系统进行出质登记，质权才能依法成立。由于本案的质押担保协议签订于2005年，在《中华人民共和国物权法》施行之前，故不适用《中华人民共和国物权法》关于应收账款的统一登记制度。因当时并未有统一的登记公示的规定，故参照当时公路收费权质押登记的规定，由其

主管部门进行备案登记，有关利害关系人可通过其主管部门了解该收益权是否存在质押之情况，该权利即具备物权公示的效果。

本案中，长乐市建设局在《特许经营权质押担保协议》上盖章，且协议第七条明确约定"长乐市建设局同意为原告和福州市政公司办理质押登记出质登记手续"，故可认定讼争污水处理项目的主管部门已知晓并认可该权利质押情况，有关利害关系人亦可通过长乐市建设局查询了解讼争污水处理厂的有关权利质押的情况。因此，本案讼争的权利质押已具备公示之要件，质权已设立。

三、关于污水处理项目收益权的质权实现方式问题

我国担保法和物权法均未具体规定权利质权的具体实现方式，仅就质权的实现作出一般性的规定，即质权人在行使质权时，可与出质人协议以质押财产折价，或就拍卖、变卖质押财产所得的价款优先受偿。但污水处理项目收益权属于将来金钱债权，质权人可请求法院判令其直接向出质人的债务人收取金钱并对该金钱行使优先受偿权，故无需采取折价或拍卖、变卖之方式。况且收益权均附有一定之负担，且其经营主体具有特定性，故依其性质亦不宜拍卖、变卖。因此，原告请求将《特许经营权质押担保协议》项下的质物予以拍卖、变卖并行使优先受偿权，不予支持。

根据协议约定，原告海峡银行五一支行有权直接向长乐市建设局收取污水处理服务费，并对所收取的污水处理服务费行使优先受偿权。由于被告仍应依约对污水处理厂进行正常运营和维护，若无法正常运营，则将影响到长乐市城区污水的处理，亦将影响原告对污水处理费的收取，故原告在向长乐市建设局收取污水处理服务费时，应当合理行使权利，为被告预留经营污水处理厂的必要合理费用。

（生效裁判审判人员：何　忠、詹强华、朱宏海）

借款合同纠纷

> 理解与参照

《福建海峡银行股份有限公司福州五一支行诉长乐亚新污水处理有限公司、福州市政工程有限公司金融借款合同纠纷案》的理解与参照*

——特许经营的收益权可以质押

2015年11月19日,最高人民法院发布了指导案例53号《福建海峡银行股份有限公司福州五一支行诉长乐亚新污水处理有限公司、福州市政工程有限公司金融借款合同纠纷案》。为了正确理解和准确参照适用该指导性案例,现对其推选经过、裁判要点等有关情况予以解释、论证和说明。

一、推选经过及指导意义

本案例由福建省福州市中级人民法院于2013年5月16日作出一审民事判决,9月17日由福建省高级人民法院二审生效。福建省高院遂向最高人民法院案例指导工作办公室推荐了该案例。案例指导工作办公室对该案例初审后,送最高人民法院民二庭审查。2015年4月30日,民二庭经审查认为,该案法律效果和社会效果好,同意将该案例作为指导性案例。7月10日,研究室室务会讨论认为,案例有指导价值,同意将此案例作为指

---

* 摘自《司法文件选解读》2017年第6辑(总第54辑),人民法院出版社2017年版,第1~7页。

导案例报院领导审核后提请审委会讨论。2015年10月20日，最高人民法院审判委员会经讨论同意将该案例确定为指导案例。11月19日，最高人民法院以法〔2015〕320号文件将该案例作为第11批指导案例予以公开发布。

我国目前关于特定项目收益权质押的相关法律规范还不够明确，担保法的司法解释仅规定公路、桥梁、隧道等不动产的收益权可以出质，物权法将可出质的收益权纳入应收账款范畴，但法律上并没有明确哪些收益权可以出质。该指导案例旨在明确特许经营权的收益权可以作为应收账款予以质押，对于协调新生物权与物权法定原则提供了指引，有利于解决对特定项目的特许经营权能否质押及收益权质押实现方式的争议，统一裁判标准；同时，对规范金融机构特许经营权的质押贷款业务，促进基础设施项目的融资有积极指导意义。

二、裁判要点的理解与说明

指导案例53号裁判要点确认：（1）特许经营权的收益权可以质押，并可作为应收账款进行出质登记。（2）特许经营权的收益权依其性质不宜折价、拍卖或变卖，质权人主张优先受偿权的，人民法院可以判令出质债权的债务人将收益权的应收账款优先支付质权人。

下面结合有关法律和司法解释规定，围绕裁判要点中有关问题予以论证和说明。

（一）关于特许经营权的收益权能否出质问题

裁判要点之一明确了一个裁判规则，即特许经营权的收益权可以作为应收账款出质。目前法学理论通说认为，权利质权是以债务人或第三人所享有的可让与性财产权利为客体而设定的质权。权利质权的客体是出质人拥有的权利，该权利应当具备以下要件：一是必须是财产权；二是必须是具有可让与性的财产权，不具有让与性的财产权不能成为权利质权的客体；三是适于设定质权的权利，不属于法律明确规定的构成其他担保物权客体的权利。因此，作为权利质权的客体限于所有权、用益物权以外的可

让与性财产权利。① 对于权利质权，质权标的须有变价的可能，其必须是依法可转让的财产权利。② 根据《中华人民共和国物权法》第二百二十三条的规定，可以质押的权利具体包括：（1）汇票、本票、支票；（2）债券、存款单；（3）仓单、提单；（4）依法可以转让的基本份额、股权；（5）可以转让的商标专用权、专利权、著作权等知识产权中的财产权；（6）应收账款；（7）法律、行政法规规定可以出质的其他权利。需要注意的是，与担保法比较，物权法增加了基金份额和应收账款可以作为质押的权利。

特许经营的收益权在本质上属于将来金钱债权，属于将来的应收账款，与因赊销贸易产生的一般应收账款相比，收益权是特殊的应收账款。但学界对于哪些收益权适宜质押，可以纳入可出质的"应收账款"，尚未形成共识。司法实践中，质押标的物涉及房屋、船舶等租赁物的租金收益，可获得的出口退税、物业费、供暖费等应收账款，但专属于人身性质的金钱给付义务不应作为质押标的物。根据中国人民银行颁布的《应收账款质押登记办法》的规定，应收账款包括现在的与未来的金钱债权与收费权，不包括有价证券所产生的付款请求权。本案审理中认为具备以下条件的收益权可以质押：一是政策上允许该收益权质押，并且不损害公共利益，如国务院办公厅曾发文鼓励扩大基础设施项目收益权质押贷款，包括污水处理项目收益权质押；二是收益权特定化，即收益权行使期间特定、收益金额相对确定，确保收益权可作为特定化的财产权利；三是该收益权可以纳入现行法律规定的涵盖范围，如物权法中的"应收账款"可以涵盖收益权。

本案例中，污水处理项目等特许经营权是对污水处理厂进行运营和维护，并获得相应收益的权利。污水处理厂的运营和维护，属于经营权人的义务；而污水处理厂的收益权，则属于经营权人所享有的权利。由于对污水处理厂的运营和维护，并不属于可转让的财产权利，故讼争的污水处理

---

① 刘凯湘主编：《民法学》，中国法制出版社2008年版，第330～331页。
② 高圣平：《担保法论》，法律出版社2009年版，第497页。

项目特许经营权的质押，实际上是污水处理项目收益权的质押。

污水处理项目等特许经营权的收益权可以出质的主要理由如下：一是国家相关政策允许。2001年9月29日，国务院办公厅转发《国务院西部开发办〈关于西部大开发若干政策措施的实施意见〉》（国办发〔2001〕73号）中提出，"对具有一定还贷能力的水利开发项目和城市环保项目（如城市污水处理和垃圾处理等），探索逐步开办以项目收益权或收费权为质押发放贷款的业务"，首次明确可以将城市环保项目的收益权进行质押。二是该收益权可以特定化。污水处理项目收益权虽系将来金钱债权，但其行使期间及收益金额均可确定，其属于确定的财产权利，可以特定化的财产权利。三是该收益权可以纳入《中华人民共和国物权法》第二百二十三条规定中的"应收账款"。在《中华人民共和国物权法》颁布实施后，因污水处理项目收益权系基于提供污水处理服务而产生的将来金钱债权，其可纳入可出质的"应收账款"的范畴。四是相关司法解释有类似情形规定。本案讼争污水处理项目《特许经营权质押担保协议》签订于2005年，当时法律、行政法规及相关司法解释并未明确规定污水处理项目收益权可以质押，但污水处理项目收益权与公路设施不动产的收益权在性质上相类似。《最高人民法院关于适用〈中华人民共和国担保法〉若干问题的解释》第九十七条规定，"以公路桥梁、公路隧道或者公路渡口等不动产收益权出质的，按照担保法第七十五条第（四）项的规定处理"，明确了公路设施等不动产的收益权属于依法可质押的其他权利。与其相似的污水处理等特许经营权的收益权，也应当允许出质。因此，本案例中讼争污水处理项目收益权作为特定化的财产权利，可以出质。

（二）关于特许经营权的收益权的质权实现方式问题

裁判要点之二涉及特许经营收益权的质权实现方式问题，其有别于一般质权的实现方式。理论界通说认为，担保物权以优先支配担保物的交换价值为内容，其属价值权，担保物应具备交换价值，即"变换为价金或其

他足使债权获得满足之某种价值"。① 动产质权的实现方式是协议拍卖、变卖质物或者以物折价。质权人在行使动产质权时，通常采取的方法是与出质人达成协议以质押财产折价，或就拍卖、变卖质押财产所得的价款优先受偿，这可称为"协议变价法"。如果达不成协议的，质权人可以根据民事诉讼法有关特别程序的规定，向担保财产所在地或者担保物权登记地基层人民法院提出实现担保物权的申请。

权利质权在实现方式上，并非以权利变价优先受偿为唯一方式，比较通行的是质权人可以取代出质人的地位，向入质权利的义务主体直接行使入质权利，并通过直接行使入质权利使被担保的债权优先受偿，即质权人可以请求第三债务人向质权人给付相应的款项，从而确保应收账款便捷、高效地实现。特许经营项目的收益权，其经营主体具有特定性，且收益权系与相应的不动产及提供服务紧密相关，并非可单独转让的权利。特许经营收益权属于金钱债权，质权人可以通过直接收取的方式行使优先受偿权（可以称之为"直接收取法"），无需通过拍卖、变卖方式转换为金钱价款后，再行使优先权。大陆法系国家和地区关于一般债权质权的实现方法，也规定了质权人直接取偿的方法，并非需通过变价法实现质权。

本案例中，对于特许经营收益权的质权实现方式，质权人只能对污水处理费行使优先受偿权，不得对项目收益权按一般质权的实现方式进行折价或拍卖、变卖，以维持污水处理厂的特许经营和正常运转，并且为确保污水处理的持续稳定的运营，避免质权人滥用权利，生效判决还指出质权人在行使权利时应当预留污水处理厂运营管理的合理费用。故本案中原告根据协议约定有权直接向出质人的债务人收取污水处理服务费，即出质人的债务人应当将污水处理费这一应收账款支付给质权人，并以此方式实现质权人的优先受偿权。

三、其他需要说明问题

在本指导案例中，还有一个当事人争议和值得关注的问题，即污水处

---

① 谢在全：《民法物权论》（下册），中国政法大学出版社1999年版，第527~528页。

理项目收益权的质权公示问题。在《中华人民共和国物权法》自 2007 年 10 月 1 日起施行后,因收益权已纳入该法第二百二十三条第六项的"应收账款"范畴,故应当在中国人民银行征信中心的应收账款质押登记公示系统进行出质登记,质权才能依法设立。由于本案的质押担保协议签订于 2005 年,在《中华人民共和国物权法》施行之前,故不适用《中华人民共和国物权法》关于应收账款的统一登记制度。因当时并未有统一的登记公示的规定,故参照当时公路收费权质押登记的规定,由其主管部门进行备案登记,有关利害关系人可通过其主管部门了解该收益权是否存在质押的情况,同样具备物权公示的效果。

本案例中,福建省长乐市建设局在"特许经营权质押担保协议"上盖章,且协议第七条明确约定"长乐市建设局同意为原告和福州市政公司办理质押登记出质登记手续",故可认定讼争污水处理项目的主管部门已知晓并认可该权利质押情况,有关利害关系人也可以通过长乐市建设局查询了解讼争污水处理厂的有关权利质押的情况。因此,本案讼争的权利质押已具备公示等要件,质权已设立。

(执笔人:吴光侠)

借款合同纠纷

> 当事人可另行达成协议将最高额抵押权设立前，已经存在的债权转入该最高额抵押担保的债权范围，但不得对第三人产生不利影响

64. 中国工商银行股份有限公司宣城龙首支行诉宣城柏冠贸易有限公司、江苏凯盛置业有限公司等金融借款合同纠纷案[*]

（最高人民法院审判委员会讨论通过 2018年6月20日发布）

【关键词】

民事　金融借款合同　担保　最高额抵押权

【裁判摘要】

当事人另行达成协议将最高额抵押权设立前已经存在的债权转入该最高额抵押担保的债权范围，只要转入的债权数额仍在该最高额抵押担保的最高债权额限度内，即使未对该最高额抵押权办理变更登记手续，该最高额抵押权的效力仍然及于被转入的债权，但不得对第三人产生不利影响。

---

[*] 摘自2018年6月20日最高人民法院关于发布第18批指导性案例（指导案例95号）。

相关法条

《中华人民共和国物权法》第二百零三条①、第二百零五条②

基本案情

2012年4月20日,中国工商银行股份有限公司宣城龙首支行(以下简称工行宣城龙首支行)与宣城柏冠贸易有限公司(以下简称柏冠公司)签订《小企业借款合同》,约定柏冠公司向工行宣城龙首支行借款300万元,借款期限为7个月,自实际提款日起算,2012年11月1日还100万元,2012年11月17日还200万元。涉案合同还对借款利率、保证金等作了约定。同年4月24日,工行宣城龙首支行向柏冠公司发放了上述借款。

2012年10月16日,江苏凯盛置业有限公司(以下简称凯盛公司)股东会决议决定,同意将该公司位于江苏省宿迁市宿豫区江山大道118号即宿迁红星凯盛国际家居广场(房号:B—201、产权证号:宿豫字第201104767)房产,抵押与工行宣城龙首支行,用于亿荣达公司商户柏冠公司、闽航公司、航嘉公司、金亿达公司四户企业在工行宣城龙首支行办理融资抵押,因此产生一切经济纠纷均由凯盛公司承担。同年10月23日,凯盛公司向工行宣城龙首支行出具一份房产抵押担保的承诺函,同意以上述房产为上述四户企业在工行宣城龙首支行融资提供抵押担保,并承诺如该四户企业不能按期履行工行宣城龙首支行的债务,上述抵押物在处置后的价值又不足以偿还全部债务,凯盛公司同意用其他财产偿还剩余债务。该承诺函及上述股东会决议均经凯盛公司全体股东签名及加盖凯盛公司公章。2012年10月24日,工行宣城龙首支行与凯盛公司签订《最高额抵押合同》,约定凯盛公司以宿房权证宿豫字第201104767号房地产权证项下的商铺为自2012年10月19日至2015年10月19日期间,在4000万元的最高余额内,工行宣城龙首支行依据与柏冠公司、闽航公司、航嘉公司、金

---

① 对应《中华人民共和国民法典》第四百二十条,内容未作修改。
② 对应《中华人民共和国民法典》第四百二十二条,内容未作修改。

借款合同纠纷

亿达公司签订的借款合同等主合同而享有对债务人的债权,无论该债权在上述期间届满时是否已到期,也无论该债权是否在最高额抵押权设立之前已经产生,提供抵押担保,担保的范围包括主债权本金、利息、实现债权的费用等。同日,双方对该抵押房产依法办理了抵押登记,工行宣城龙首支行取得宿房他证宿豫第201204387号房地产他项权证。2012年11月3日,凯盛公司再次经过股东会决议,并同时向工行宣城龙首支行出具房产抵押承诺函,股东会决议与承诺函的内容及签名盖章均与前述相同。当日,凯盛公司与工行宣城龙首支行签订《补充协议》,明确双方签订的《最高额抵押合同》担保范围包括2012年4月20日工行宣城龙首支行与柏冠公司、闽航公司、航嘉公司和金亿达公司签订的四份贷款合同项下的债权。

柏冠公司未按期偿还涉案借款,工行宣城龙首支行诉至宣城市中级人民法院,请求判令柏冠公司偿还借款本息及实现债权的费用,并要求凯盛公司以其抵押的宿房权证宿豫字第201104767号房地产权证项下的房地产承担抵押担保责任。

裁判结果

宣城市中级人民法院于2013年11月10日作出(2013)宣中民二初字第00080号民事判决:一、柏冠公司于判决生效之日起5日内给付工行宣城龙首支行借款本金300万元及利息。……四、如柏冠公司未在判决确定的期限内履行上述第一项给付义务,工行宣城龙首支行以凯盛公司提供的宿房权证宿豫字第201104767号房地产权证项下的房产折价或者以拍卖、变卖该房产所得的价款优先受偿……宣判后,凯盛公司以涉案《补充协议》约定的事项未办理最高额抵押权变更登记为由,向安徽省高级人民法院提起上诉。该院于2014年10月21日作出(2014)皖民二终字第00395号民事判决:驳回上诉,维持原判。

裁判理由

法院生效裁判认为:凯盛公司与工行宣城龙首支行于2012年10月24

日签订《最高额抵押合同》，约定凯盛公司自愿以其名下的房产作为抵押物，自2012年10月19日至2015年10月19日期间，在4000万元的最高余额内，为柏冠公司在工行宣城龙首支行所借贷款本息提供最高额抵押担保，并办理了抵押登记，工行宣城龙首支行依法取得涉案房产的抵押权。2012年11月3日，凯盛公司与工行宣城龙首支行又签订《补充协议》，约定前述最高额抵押合同中述及抵押担保的主债权及于2012年4月20日工行宣城龙首支行与柏冠公司所签《小企业借款合同》项下的债权。该《补充协议》不仅有双方当事人的签字盖章，也与凯盛公司的股东会决议及其出具的房产抵押担保承诺函相印证，故该《补充协议》应系凯盛公司的真实意思表示，且所约定内容符合《中华人民共和国物权法》（以下简称物权法）第二百零三条第二款的规定，也不违反法律、行政法规的强制性规定，依法成立并有效，其作为原《最高额抵押合同》的组成部分，与原《最高额抵押合同》具有同等法律效力。由此，本案所涉2012年4月20日《小企业借款合同》项下的债权已转入前述最高额抵押权所担保的最高额为4000万元的主债权范围内。就该《补充协议》约定事项，是否需要对前述最高额抵押权办理相应的变更登记手续，《中华人民共和国物权法》没有明确规定，应当结合最高额抵押权的特点及相关法律规定来判定。

根据《中华人民共和国物权法》第二百零三条第一款的规定，最高额抵押权有两个显著特点：一是最高额抵押权所担保的债权额有一个确定的最高额度限制，但实际发生的债权额是不确定的；二是最高额抵押权是对一定期间内将要连续发生的债权提供担保。由此，最高额抵押权设立时所担保的具体债权一般尚未确定，基于尊重当事人意思自治原则，《中华人民共和国物权法》第二百零三条第二款对前款作了但书规定，即允许经当事人同意，将最高额抵押权设立前已经存在的债权转入最高额抵押担保的债权范围，但此并非重新设立最高额抵押权，也非《中华人民共和国物权法》第二百零五条规定的最高额抵押权变更的内容。同理，根据《房屋登记办法》第五十三条的规定，当事人将最高额抵押权设立前已存在债权转入最高额抵押担保的债权范围，不是最高抵押权设立登记的他项权利证书及房屋登记簿的必要记载事项，故亦非应当申请最高额抵押权变更登记的

借款合同纠纷

法定情形。

本案中,工行宣城龙首支行和凯盛公司仅是通过另行达成补充协议的方式,将上述最高额抵押权设立前已经存在的债权转入该最高额抵押权所担保的债权范围内,转入的涉案债权数额仍在该最高额抵押担保的4000万元最高债权额限度内,该转入的确定债权并非最高抵押权设立登记的他项权利证书及房屋登记簿的必要记载事项,在不会对其他抵押权人产生不利影响的前提下,对于该意思自治行为,应当予以尊重。此外,根据商事交易规则,法无禁止即可为,即在法律规定不明确时,不应强加给市场交易主体准用严格交易规则的义务。况且,就涉案2012年4月20日借款合同项下的债权转入最高额抵押担保的债权范围,凯盛公司不仅形成了股东会决议,出具了房产抵押担保承诺函,且和工行宣城龙首支行达成了《补充协议》,明确将已经存在的涉案借款转入前述最高额抵押权所担保的最高额为4000万元的主债权范围内。现凯盛公司上诉认为该《补充协议》约定事项必须办理最高额抵押权变更登记才能设立抵押权,不仅缺乏法律依据,也有悖诚实信用原则。

综上,工行宣城龙首支行和凯盛公司达成《补充协议》,将涉案2012年4月20日借款合同项下的债权转入前述最高额抵押权所担保的主债权范围内,虽未办理最高额抵押权变更登记,但最高额抵押权的效力仍然及于被转入的涉案借款合同项下的债权。

(生效裁判审判人员:陶恒河、王玉圣、马士鹏)

> 贷款合同中选择性列明部分最高额担保合同，未列明的担保人也应当在最高债权限额内承担担保责任

65. 温州银行股份有限公司宁波分行诉浙江创菱电器有限公司等金融借款合同纠纷案*

（最高人民法院审判委员会讨论通过　2016年5月20日发布）

【关键词】

民事　金融借款合同　最高额担保

【裁判摘要】

在有数份最高额担保合同情形下，具体贷款合同中选择性列明部分最高额担保合同，如债务发生在最高额担保合同约定的决算期内，且债权人未明示放弃担保权利，未列明的最高额担保合同的担保人也应当在最高债权限额内承担担保责任。

---

* 摘自2016年5月20日最高人民法院发布的第12批指导案例（指导案例57号）。

借款合同纠纷

相关法条

《中华人民共和国担保法》第十四条①

基本案情

原告浙江省温州银行股份有限公司宁波分行（以下简称温州银行）诉称：其与被告宁波婷微电子科技有限公司（以下简称婷微电子公司）、岑建锋、宁波三好塑模制造有限公司（以下简称三好塑模公司）分别签订了"最高额保证合同"，约定三被告为浙江创菱电器有限公司（以下简称创菱电器公司）一定时期和最高额度内借款，提供连带责任担保。创菱电器公司从温州银行借款后，不能按期归还部分贷款，故诉请判令被告创菱电器公司归还原告借款本金250万元，支付利息、罚息和律师费用；岑建锋、三好塑模公司、婷微电子公司对上述债务承担连带保证责任。

被告创菱电器公司、岑建锋未作答辩。

被告三好塑模公司辩称：原告诉请的律师费不应支持。

被告婷微电子公司辩称：其与温州银行签订的最高额保证合同，并未被列入借款合同所约定的担保合同范围，故其不应承担保证责任。

法院经审理查明：2010年9月10日，温州银行与婷微电子公司、岑建锋分别签订了编号为温银9022010年高保字01003号、01004号的最高额保证合同，约定婷微电子公司、岑建锋自愿为创菱电器公司在2010年9月10日至2011年10月18日期间发生的余额不超过1100万元的债务本金及利息、罚息等提供连带责任保证担保。

2011年10月12日，温州银行与岑建锋、三好塑模公司分别签署了编号为温银9022011年高保字00808号、00809号最高额保证合同，岑建锋、三好塑模公司自愿为创菱电器公司在2010年9月10日至2011年10月18日期间发生的余额不超过550万元的债务本金及利息、罚息等提供连带责

---

① 对应《中华人民共和国民法典》第六百九十条："保证人与债权人可以协商订立最高额保证的合同，约定在最高债权额限度内就一定期间连续发生的债权提供保证。最高额保证除适用本章规定外，参照适用本法第二编最高额抵押权的有关规定。"

任保证担保。

2011年10月14日,温州银行与创菱电器公司签署了编号为温银9022011企贷字00542号借款合同,约定温州银行向创菱电器公司发放贷款500万元,到期日为2012年10月13日,并列明担保合同编号分别为温银9022011年高保字00808号、00809号。贷款发放后,创菱电器公司于2012年8月6日归还了借款本金250万元,婷微电子公司于2012年6月29日、10月31日、11月30日先后支付了贷款利息31115.30元、53693.71元、21312.59元。截至2013年4月24日,创菱电器公司尚欠借款本金250万元、利息141509.01元。另查明,温州银行为实现本案债权而发生律师费用95200元。

裁判结果

浙江省宁波市江东区人民法院于2013年12月12日作出(2013)甬东商初字第1261号民事判决:一、创菱电器公司于本判决生效之日起10日内归还温州银行借款本金250万元,支付利息141509.01元,并支付自2013年4月25日起至本判决确定的履行之日止按借款合同约定计算的利息、罚息;二、创菱电器公司于本判决生效之日起10日内赔偿温州银行为实现债权而发生的律师费用95200元;三、岑建锋、三好塑模公司、婷微电子公司对上述第一、二项款项承担连带清偿责任,其承担保证责任后,有权向创菱电器公司追偿。宣判后,婷微电子公司以其未被列入借款合同,不应承担保证责任为由,提起上诉。浙江省宁波市中级人民法院于2014年5月14日作出(2014)浙甬商终字第369号民事判决,驳回上诉,维持原判。

裁判理由

法院生效裁判认为:温州银行与创菱电器公司之间签订的编号为温银9022011企贷字00542号借款合同合法有效,温州银行发放贷款后,创菱电器公司未按约还本付息,已经构成违约。原告要求创菱电器公司归还贷款本金250万元,支付按合同约定方式计算的利息、罚息,并支付原告为实现债权而发生的律师费95200元,应予支持。岑建锋、三好塑模公司自

借款合同纠纷

愿为上述债务提供最高额保证担保,应承担连带清偿责任,其承担保证责任后,有权向创菱电器公司追偿。

　　本案的争议焦点为,婷微电子公司签订的温银9022010年高保字01003号最高额保证合同未被选择列入温银9022011企贷字00542号借款合同所约定的担保合同范围,婷微电子公司是否应当对温银9022011企贷字00542号借款合同项下债务承担保证责任。对此,法院经审理认为,婷微电子公司应当承担保证责任。理由如下:第一,民事权利的放弃必须采取明示的意思表示才能发生法律效力,默示的意思表示只有在法律有明确规定及当事人有特别约定的情况下才能发生法律效力,不宜在无明确约定或者法律无特别规定的情况下,推定当事人对权利进行放弃。具体到本案,温州银行与创菱电器公司签订的温银9022011企贷字00542号借款合同虽未将婷微电子公司签订的最高额保证合同列入,但原告未以明示方式放弃婷微电子公司提供的最高额保证,故婷微电子公司仍是该诉争借款合同的最高额保证人。第二,本案诉争借款合同签订时间及贷款发放时间均在婷微电子公司签订的编号温银9022010年高保字01003号最高额保证合同约定的决算期内(2010年9月10日至2011年10月18日),温州银行向婷微电子公司主张权利并未超过合同约定的保证期间,故婷微电子公司应依约在其承诺的最高债权限额内为创菱电器公司对温州银行的欠债承担连带保证责任。第三,最高额担保合同是债权人和担保人之间约定担保法律关系和相关权利义务关系的直接合同依据,不能以主合同内容取代从合同的内容。具体到本案,温州银行与婷微电子公司签订了最高额保证合同,双方的担保权利义务应以该合同为准,不受温州银行与创菱电器公司之间签订的温州银行非自然人借款合同约束或变更。第四,婷微电子公司曾于2012年6月、10月、11月三次归还过本案借款利息,上述行为也是婷微电子公司对本案借款履行保证责任的行为表征。综上,婷微电子公司应对创菱电器公司的上述债务承担连带清偿责任,其承担保证责任后,有权向创菱电器公司追偿。

(生效裁判审判人员:赵文君、徐梦梦、毛　姣)

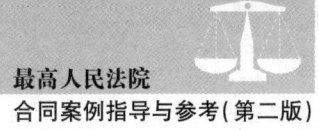

> 理解与参照

《温州银行股份有限公司宁波分行诉浙江创菱电器有限公司等金融借款合同纠纷案》的理解与参照[*]

——未列入借款合同中的最高额保证责任

2016年5月20日,最高人民法院发布了指导性案例《温州银行股份有限公司宁波分行诉浙江创菱电器有限公司等金融借款合同纠纷案》(指导案例57号)。为了正确理解和准确参照适用该指导性案例,现对该指导性案例的推选经过、裁判要点、需要说明的问题等有关情况予以解释、论证和说明。

一、推选过程及指导意义

温州银行股份有限公司宁波分行诉浙江创菱电器有限公司等金融借款合同纠纷案,由浙江省宁波市中级人民法院二审结案后作为备选指导性案例报送浙江省高级人民法院。浙江省高级人民法院审判委员会经讨论后,将本案例向最高人民法院案例指导工作办公室推荐。最高人民法院案例指导工作办公室经研究讨论后将该案例送最高人民法院民二庭审查和征求意

---

[*] 摘自《司法文件选解读》2017年第6辑(总第54辑),人民法院出版社2017年版,第29~36页。

见。2016年1月26日,民二庭经审查认为,该案例对于正确理解和适用《最高人民法院关于适用〈中华人民共和国担保法〉若干问题的解释》第二十三条规定,审理同类案件有指导意义,同意将其作为指导性案例。5月10日,最高人民法院审判委员会经讨论认为,该案例符合《最高人民法院关于案例指导工作的规定》第二条的有关规定,同意将该案例确定为指导性案例。5月20日,最高人民法院以法〔2016〕172号文件将该案例作为第12批指导性案例予以发布。

近年来,金融案件数量及标的额连年攀升,少数借款人和担保人诚信观念缺失,利用各种手段恶意逃避债务。该案例旨在明确未列入贷款合同中的最高额担保合同的担保人承担担保责任。针对该问题的处理,目前上海、浙江、福建等部分法院判决结果不统一,多数判决不能脱保,少数判决可以脱保,实践中争议较大,也使得该问题成为法院、金融机构、担保人密切关注的热点问题。该问题具备普遍性和典型性。该案例从最高额担保的相关法律规定出发,认为最高额担保合同是债权人和担保人之间约定担保法律权利和义务关系的合同,在债权人未明示放弃担保权利的情况下,对部分最高额担保在贷款合同中的选择性列举,并不意味着债权人放弃了其余担保债权,进而认定未在贷款主合同中列明的最高额担保人仍受其签订的最高额担保合同的约束,仍应在最高债权限额内承担担保责任。该指导性案例的发布,解决了司法实践中的认识分歧,统一了此类案件的裁判标准,有利于保护金融债权人合法权益,引导金融资本支持企业发展,防止担保人恶意逃债现象发生,具有良好的社会效果和法律效果。

二、裁判要点的理解与说明

该指导性案例的裁判要点确认:在有数份最高额担保合同情形下,具体贷款合同中选择性列明部分最高额担保合同,如债务发生在最高额担保合同约定的决算期内,且债权人未明示放弃担保权利,未列明的最高额担保合同的担保人也应当在最高债权限额内承担担保责任。本案例争议问题在于贷款合同中未列明的最高额担保合同的担保人,是否需要对借款合同项下债务承担担保责任。现结合有关法律和司法解释规定,围绕与该裁判要点相关的问题逐一论证和说明。

（一）最高额保证具有相对独立性

《中华人民共和国担保法》第十四条规定："保证人与债权人可以就单个主合同分别订立保证合同，也可以协议在最高债权额限定内就一定期间连续发生的借款合同或者某项商品交易合同订立一个保证合同。"第九十三条规定：保证合同可以是单独订立的书面合同，包括当事人之间的具有担保性质的信函、传真等，也可以是主合同中的担保条款。最高额保证是指保证人与债权人之间就债务人在一定期间内连续发生的多笔债务，确定一个最高额度，由保证人在此最高额度内对债务人履行债务向债权人提供保证。最高额保证，较之一般保证和连带责任保证具有更强的独立性，可以与主债权相分离而独立地成立、消灭。具体体现在三个方面：第一，最高额保证在应担保的债权确立前成立，即使具体的债权增加、减少甚至全部消失，均不影响其存在。在最高额保证决算期届至前，一系列债权中某一债权的消灭，并不影响最高额担保权的存在。第二，最高额担保合同的效力范围在无特别约定的情况下，不随主债务范围的扩张而扩张，保证人仅在保证限额内承担保证责任，不承担主债务人不履行债务而产生延迟利息和损害赔偿金。第三，在未约定保证期间的最高额合同成立后，保证人可以随时书面通知债权人终止保证合同。

借款合同与其最高额担保合同是性质不同的合同，当事人不尽相同，当事人的权利与义务要以各自的合同内容为准。在主合同借款合同和从合同最高额保证合同均有效的前提下，在债务人未按主合同约定履行其债务时，如无特别约定，担保人则应当依据最高额保证合同承担保证责任，无论债权人对主合同项下的债权是否还有其他人（包括债务人）提供的任何其他担保，债权人均有权依照最高额保证合同直接要求保证人按合同约定履行保证责任。

（二）债权人放弃最高额担保权利应明示

在民事法律行为中，除以下两种情形外，默示原则上不能作为有效意思表示的形式：一是基于当事人约定；二是法律于特定情形对于沉默赋予意思表示的效果，拟制其为意思表示。① 具体而言，民事权利的放弃一般采取明示的意思表示才能发生法律效力，默示的意思表示只有在法律有明确规定或当事人有特别约定的情况下才能发生法律效力，不宜在无明确约定或者法律无特别规定的情况下，推定当事人放弃了权利。

金融借款合同中担保责任的默示免除并无特别法律规定，除当事人有特别约定或有其他证据足以证明债权人放弃相应最高额担保权利外，主债务是否在最高额保证合同范围，主要取决于该债务是否发生在最高额保证合同约定的保证期间内。债权人与担保人在主合同中对担保债权作出进一步约定的行为，即对部分最高额担保合同的选择性列明，尚不足以推定债权人以明示意思表示的形式放弃其他最高额担保权，故债权人仍可要求未列入主合同中的最高额担保合同的担保人承担担保责任。

（三）合同解释应符合公平原则

公平原则是合同法基本原则，贯穿于合同法始终，以保证合同内容本身、履约行为乃至因合同产生的法律后果的公平。《中华人民共和国合同法》第五条规定："当事人应当遵循公平原则确定各方的权利和义务。"在进行合同解释活动中，法院应当遵循这个原则，以维护交易安全和交易秩序为出发点，注意平衡合同各方当事人之间的利益，尽量作出能兼顾合同各方当事人利益的解释。公平原则既强调合同条款本身权利义务的均衡，也强调合同派生权利义务的均衡；既关注合同主体的利益，又关注合同主体面临的风险。

具体到多个最高额保证并存的情形下，在决算期限届满最高额担保的债权确定后，所有符合条件的最高额担保人均须在其担保范围内与债务人一起承担保证责任。在借款合同与多个最高额合同均有效的前提下，如认定未列入借款合同的最高额担保人承担担保责任，则没有额外加重该担保人的负担，也没有加重其他最高额担保人依照各自最高额保证合同中约定

---

① 杨峰：《商行为意思表示的瑕疵和表示方法问题探讨》，载《长白学刊》2005 年第 1 期。

的保证责任，因为根据《中华人民共和国担保法》第十二条规定，同一债务有两个以上保证人的，保证人应当按照保证合同约定的保证份额，承担保证责任。没有约定保证份额的，保证人承担连带责任。承担了担保责任的担保人，可以向债务人追偿，也可以要求承担连带责任的其他担保人清偿其应当分担的份额。相反，如果认定未列入借款合同的最高额担保人脱保，则实质上加重了所列明的部分最高额担保人的保证责任，损害了这部分最高额担保人的利益，也违背了公平原则。

具体到本案例而言，争议焦点为被告宁波婷微电子科技有限公司（以下简称婷微电子公司）是否应当对被告浙江创菱电器有限公司（以下简称创菱电器公司）的银行贷款债务承担连带保证责任。法院认为，被告婷微电子公司应对原告浙江省温州银行股份有限公司宁波分行诉请款项在约定的最高限额范围内承担连带保证责任。理由如下：第一，本案诉争借款合同签订时间及贷款发放时间在被告婷微电子公司签订的温银9022010年高保字01003号《温州银行最高额保证合同》约定的决算期间内。该合同第一条1.1约定："保证人为债权人与申请人在2010年9月10日至2011年10月18日内签署的所有主合同项下各笔债权提供最高额连带责任保证"，被告婷微电子公司应当承担连带保证责任；第二，原告与被告创菱电器公司签订的温银9022011企贷字00542号《温州银行非自然人借款合同》，虽未将该合同列入，但原告未以明示方式放弃被告婷微电子公司提供的最高额保证；第三，被告婷微电子公司曾于2012年6月份、10月份、11月份3次代借款人创菱电器公司归还过本案借款利息，该些行为也是婷微电子公司对本案借款提供最高额保证的行为表征。因此，被告婷微电子公司应对被告创菱电器公司的上述债务在编号为温银9022010年高保字01003号《温州银行最高额保证合同》约定担保范围内承担连带清偿责任，其承担保证责任后，有权向被告创菱电器公司追偿。

三、其他需要说明的问题

（一）当事人约定下的权利放弃

实践中，银行在单笔贷款合同中未列尽最高额担保的情形及原因复杂多样。在参照适用该指导性案例时，应根据不同的个案事实，充分考虑纠纷的发生背景、主从合同的具体约定、银行的交易习惯等因素，推究银行债权人的真实意思表示，依法妥善处理具体个案。如果未列入主合同的担保人有证据证明债权人以明示行为作出过放弃担保债权的意思表示，则该未列入的担保人不承担保证责任。例如，假设该案例中的主合同有诸如"温州银行与婷微电子公司于2010年9月10日签订的编号为温银9022010年高保字01003号《温州银行最高额保证合同》不再为本借款担保"或者"本借款合同选定的担保方式仅限于岑建锋、三好塑模公司提供的保证担保"等此类约定，或者从合同婷微电子公司与温州银行的《最高额保证合同》中有诸如"婷微电子公司具体为创菱电器公司哪一笔借款承担担保责任由温州银行与创菱电器公司的贷款合同约定，如在贷款合同中没有将本《最高额保证合同》列入担保，则婷微电子公司无需为该笔贷款承担担保责任"等此类明确约定，则可以认定担保权利的明示放弃。

（二）债权人在借款合同中仅列明部分最高额担保的真实意思

从理论上讲，意思表示意味着法律交易参与人或交易人欲设立一定法律关系的主观想法的外在表达或宣示。它应有两个最基本的要素，即意思本身和意思的表达，其中前者是实质要素，因为没有意思，也就没有所谓意思的表示。意思表示的这两个要件又可以分为主观要件和客观要件，即表示要件和意思要件，任何完整的意思表示都必然包含这两个要件。实践中，该类贷款案件中仅列明部分最高额担保的，银行的真实意思到底是什么呢？经调研后了解，原因主要有以下方面：

1. 多数情况下是由于银行工作人员操作不规范。由于银行监管部门与司法部门对此长期没有确定的规范标准与裁判标准，各家银行对此做法不一：有的银行要求在借款合同中记载对应的最高额担保合同，有的银行不在借款合同中记载最高额担保合同。

2. 部分情况下是出借人、担保人故意不在借款合同中记载。这又有以下两种情况：一是部分银行会将最高额担保人的担保限额也记入人民银行的征信系统，而担保人考虑到自身的资信情况，避免影响今后的融资和担保，而与银行协商不将其担保情况在借款合同中记载；二是对上市公司而言，超过一定数额的担保情况需要公告，可能对公司股价产生不利影响，故上市公司通常也希望不将担保情况记入借款合同和人民银行征信系统。但上述两种情况中，担保人为借款人提供担保的意思表示是真实的，只是希望银行不要将其列明在具体贷款合同中。

3. 还有少数情况是由于银行内部系统操作平台的限制。有的银行只能输入特定限额以下（比如5个）的担保合同编号，仅仅是因为具体操作的原因无法将所有的担保合同编号输入而导致在具体的贷款合同担保条款中仅列明部分最高额担保合同。由此可见，从实践中银行在具体贷款合同中未列明所有最高额担保合同的原因分析，也难以简单得出债权人在具体贷款合同中仅列明部分最高额担保合同的真实意思即为放弃未列明的最高额担保的结论。

（执笔人：吴光侠、杨　治、袁玮玮）

借款合同纠纷

> 公司减资的程序瑕疵是否影响公司作为债务人的民事责任暨保证人的保证责任并非一定因物保、担保置换、公司减资瑕疵等因素存在而免除

66. 上诉人湖南中融企业信用担保投资有限公司与被上诉人中国工商银行股份有限公司长沙韶山路支行、湖南中科本安新材料有限公司及原审被告北京中科时代资产管理有限公司、湖南信托有限责任公司金融借款合同纠纷上诉案[*]

一、当事人基本情况与案件来源

上诉人（原审被告）：湖南中融企业信用担保投资有限公司。住所地：湖南省长沙市芙蓉区建湘南路289号文化广场。

法定代表人：鲁伟军，该公司董事长。

委托代理人：鲁伟军，该公司董事长。

被上诉人（原审原告）：中国工商银行股份有限公司长沙韶山路支行。住所地：湖南省长沙市芙蓉区韶山北路120号。

负责人：谢衡湘，该支行行长。

委托代理人：张爱平，该行职员。

---

[*] 摘自《商事审判指导》2016年第4辑（总第43辑），人民法院出版社2017年版，第98~114页。

委托代理人：李进东，湖南泓锐律师事务所律师。

被上诉人（原审被告）：湖南中科本安新材料有限公司。住所地：湖南省长沙高新技术产业开发区隆平高科技园管委会大楼。

法定代表人：刘兆芳，该公司董事长。

委托代理人：吴招宇，湖南红雨律师事务所律师。

原审被告：北京中科时代资产管理有限公司。住所地：北京市海淀区中关村南大街28号。

法定代表人：袁楚斌，该公司董事长。

委托代理人：熊月兰，该公司法律顾问。

原审被告：湖南信托有限责任公司。住所地：湖南省长沙市天心区城南西路1号财信大厦。

法定代表人：朱德光，该公司董事长。

委托代理人：黄天一，该公司职员。

委托代理人：李龙兵，该公司职员。

上诉人湖南中融企业信用担保投资有限公司（以下简称中融担保公司）为与被上诉人中国工商银行股份有限公司长沙韶山路支行（以下简称工行韶山路支行）、湖南中科本安新材料有限公司（以下简称中科本安公司），及原审被告北京中科时代资产管理有限公司（以下简称中科时代公司）、湖南信托有限责任公司（以下简称湖南信托公司）金融借款合同纠纷一案，不服湖南省高级人民法院（2013）湘高法民二初字第23号民事判决，向最高人民法院提起上诉。

二、一审法院查明的案件事实与审理情况

一审法院经审理查明：2004年12月，中科本安公司因生产经营需要，向工行韶山路支行申请项目贷款8000万元，期限7年。2004年12月14日，中科本安公司与工行韶山路支行签订《固定资产借款合同》（编号：2004年韶支字第0089号），合同约定借款用途为项目建设，借款金额为8000万元，借款期限为2004年12月16日至2011年12月14日，第一年利率为7.344%，第二年及以后各年的利率由工行韶山路支行按当时相应

借款合同纠纷

档次的法定利率依法确定。中科本安公司如进行股份制改造、联营、合并、减资、重大资产转让等足以影响债权实现的变动时，应至少提前通知工行韶山路支行，否则在清偿完全部债务之前不得进行前述行为。合同签订后，工行韶山路支行于同年12月16日向中科本安公司发放贷款8000万元。

2009年11月10日，中科本安公司与工行韶山路支行签订《最高额抵押合同》（19010070-2009年韶支最高抵字0025号）约定：以中科本安公司名下的位于长沙高新遁形开发区张公岭隆平高科技园内的45072.41平方米的土地使用权为借款抵押担保，地号为2112214，土地使用权证编号为长国用（2007）第003677号。所担保的主债权为自2004年12月10日至2011年12月15日期间人民币1100万元最高额度的借款本金、利息、复利、罚息、违约金及实现抵押权的费用。2009年12月23日，双方对上述抵押依法进行了登记。2013年5月27日，工行韶山路支行向长沙市雨花区人民法院提出实现担保物权的申请，请求实现工行韶山路支行依法取得抵押他项（高2009）字第46号《土地他项权利证明书》项下的担保物权，金额为1100万元。长沙市雨花区人民法院于2013年6月17日作出民事裁定书，准许工行韶山路支行拍卖变卖中科本安公司名下的土地使用权，以偿还工行韶山路支行的贷款本金1100万元。

中科本安公司还与工行韶山路支行签订《最高额抵押合同》（19010070-2009年韶支最高抵字0026号）约定：以中科本安公司所有的位于长沙市芙蓉区建湘南路289号的725.32平方米的房产为借款抵押担保，房产证号为长房权证芙蓉字第00593846号，所担保的主债权为自2004年12月10日至2011年12月15日期间人民币600万元最高额度的借款本金、利息、复利、罚息、违约金及实现抵押权的费用。2010年3月9日，双方对上述抵押房产在长沙市房产局办理了抵押登记。2011年8月25日，中科本安公司委托湖南省昌大拍卖有限公司对上述抵押给工行韶山路支行的房屋进行了公开拍卖，扣除佣金外，拍卖价款共计4009050元。中科本安公司将该拍卖款偿还了工行韶山路支行部分贷款本金及利息。

2002年4月24日（签订本案《最高额保证合同》前），中融担保公司、湖南省个体劳动者私营企业协会与中国工商银行湖南省分行签署了《关于建立银行贷款担保全面合作伙伴关系的协议》，协议明确三方建立业务战略性合作伙伴关系，开展银行贷款担保的全面合作，且使用协商一致的《贷款保证合同》来运作担保贷款。2004年11月19日，中融担保公司向工行韶山路支行出具《银行贷款担保意向书》，明确在借款人提供财产抵押及担保的情况下，为中科本安公司提供担保，待中科本安公司办好土地、房屋或设备抵押登记手续后置换中融担保公司的担保。在中科本安公司申请发放贷款时，中融担保公司与工行韶山路支行签订《保证合同》，详细约定有关担保事项，中融担保公司将依据所签订的《保证合同》承担对外担保的责任。该意向书有效期为开出之日至正式签订《保证合同》时止。2004年12月13日，中融担保公司与工行韶山路支行签订了《最高额保证合同》（合同编号：2004韶支〔保〕字第0007号），保证合同约定中融担保公司对中科本安公司的上述债务偿还承担连带清偿责任。担保的范围包括主合同项下的全部本金、利息、复利、罚金、滞纳金、赔偿金、实现债权的费用和所有其他应付费用，保证期间为合同确定的借款到期之次日起两年。中科本安公司与工行韶山路支行协议变更主合同的，除展期或增加贷款金额外，无须经中融担保公司同意，并在原保证范围内承担连带保证责任。2005年11月25日，中融担保公司向中科本安公司发送《关于重申担保效力的函》，对中科本安公司的减资行为无异议，并确认原保证合同继续有效。借款到期后，因中科本安公司未及时偿还借款，工行韶山路支行于2010年4月21日、2011年12月28日两次向中融担保公司致函，要求其对中科本安公司的债务承担连带清偿义务。工行韶山路支行于2013年6月30日向中科本安公司发出了《催收逾期贷款本息通知书》，该通知书记载：截至2013年6月21日，中科本安公司尚欠贷款本金77510950元，利息27479351.77元，中科本安公司在该通知书上盖章予以确认。

中科本安公司的工商登记资料显示：2004年7月，中科本安公司成立之初注册资本为5000万元，其中中科时代公司股本2285万元，中国科学院长春应用化学总公司股本450万元，袁洁云股本1315万元、向平股本650万元、李季股本300万元；2004年9月30日变更登记注册资本为1亿

借款合同纠纷

元,所增加的5000万元股本,分别是中科时代公司增加2700万元,湖南信托公司增加2300万元,其他股东情况没有变化。

2005年8月11日,中科本安公司形成《临时股东会议决议》,全体股东一致同意将中科本安公司注册资本从1亿元减少至5000万元,其中中科时代公司减少2700万元出资,湖南信托公司撤回2300万元出资。其后,中科本安公司于2005年11月14日、15日、17日连续在《家庭导报》上刊登"减少注册资本"公告。2005年12月19日,中科本安公司全体股东作出《临时股东会决议》,明确了公司的对外负债情况,并承诺在公司减资后债权人或担保人如有异议,公司股东承诺承担全部责任。2005年12月20日,中科本安公司对此次减资进行了工商变更登记。

2007年4月16日,中科本安公司全体股东再次形成《股东会决议》,决定对中科本安公司再次增资5000万元,注册资本达到1亿元。工商登记资料显示,增资后的股东及股本为:中国科学院长春应用化学总公司股本900万元,中科时代公司股本4285万元(以土地使用权增资2000万元),长沙昌泰投资管理有限公司股本为1150万元,李季股本600万元,李遇春股本1100万元,湖南政宇重工制造有限公司股本1965万元。

2010年4月13日,中科本安公司注册资本再次变更为7735万元。至2013年6月24日,中科本安公司股东情况为:中国科学院长春应用化学总公司股本900万元,中科时代公司股本4285万元,长沙昌泰投资管理有限公司股本为1150万元,李季股本890万元,陈访涛股本510万元。

借款到期后,中科本安公司未依约偿还全部贷款本息,担保人也未履行担保责任,工行韶山路支行遂提起诉讼,请求判令:(1)中科本安公司偿还工行韶山路支行借款本金66510950元及利息27479351.77元(利息暂计算至2013年6月21日,此后利息按合同约定的逾期贷款利率计算至清偿之日止);(2)中融担保公司对第一项诉讼请求中中科本安公司的债务承担连带清偿责任;(3)中科时代公司在2700万元未经法定程序减少注册资本的范围内承担补充赔偿责任;(4)湖南信托公司在2300万元未经法定程序减少注册资本的范围内承担补充赔偿责任。(5)诉讼费由四被告共同承担。

原审法院认为：工行韶山路支行与中科本安公司签订的《固定资产借款合同》《最高额抵押合同》是双方当事人的真实意思表示，没有违反法律、行政法规的强制性规定，合法有效，双方当事人均应按合同约定履行相应的义务。工行韶山路支行依据借款合同，已向中科本安公司发放贷款8000万元，履行了合同约定的义务。中科本安公司在借款到期后，未偿还全部借款本息，已构成违约。经双方确认，截至2013年6月21日，中科本安公司尚欠工行韶山路支行本金77510950元、利息27479351.77元，工行韶山路支行考虑到本案所涉抵押土地可实现抵押债权1100万元，故请求法院判令中科本安公司偿还除1100万元外的借款本金66510950元及全部欠款77510950元所产生的利息，是工行韶山路支行对其民事权利的处分，符合法律规定。根据《中华人民共和国合同法》第二百零五条、第二百零六条、第二百零七条的规定，中科本安公司应按合同的约定，偿还工行韶山路支行该借款本金66510950元及利息27479351.77元（利息计算至2013年6月21日止），工行韶山路支行请求中科本安公司偿还借款本息的诉讼请求，符合法律规定，该院予以支持。对于2013年6月21日以后至清偿之日止的利息计付标准，因双方在合同中并无约定，工行韶山路支行请求按合同约定的逾期贷款利率计算，没有事实依据，该院不予支持，该期间的利息可按中国人民银行同期贷款利率标准计付。中科本安公司辩称应减免借款罚息的理由不能成立，该院不予支持。

中融担保公司与工行韶山路支行签订的《最高额保证合同》是双方的真实意思表示，没有违反法律、行政法规的强制性规定，合法有效。尽管中融担保公司与工行韶山路支行的上级主管部门中国工商银行湖南省分行及第三方于2002年签订了《关于建立银行贷款担保全面合作伙伴关系的协议》，但该协议只是同意和接受中融担保公司为该行的此后相关贷款提供担保，并非免除中融担保公司在本案中的担保责任。中融担保公司虽然在向工行韶山路支行出具的《银行贷款担保意向书》中，声称只有在借款人提供财产抵押、担保并同意事后置换其担保等情况下，才愿意为借款人提供担保，但该所附条件，系中融担保公司与借款人之间的关系，工行韶山路支行并没有促成该条件成就的法定义务。工行韶山路支行是否严格进

借款合同纠纷

行了贷款前的审查和放贷后的资金监管,是工行韶山路支行自行防范贷款风险的内部工作程序,不构成对中融担保公司的承诺。中融担保公司是否为中科本安公司借款提供担保,与工行韶山路支行是否进行贷前审查和贷后监管没有关联性,双方签订的《最高额保证合同》中,亦没有约定担保条件。本案贷款放贷约一年后,当中科本安公司告知担保人中融担保公司其将减少注册资本时,中融担保公司仍出具书面承诺保证合同继续有效。中融担保公司提出的关于因工行韶山路支行未履行相应贷款审查和贷后资金监管、土地置换等义务,应免除其担保责任的抗辩理由不能成立,不予支持。根据《最高额保证合同》的约定,中融担保公司的保证期间为借款到期之次日起两年,本案借款到期日为2011年12月14日,故保证期间为2011年12月15日起至2013年12月14日止,工行韶山路支行于2013年9月23日向该院提起诉讼,系在保证期间内向担保人主张权利,且工行韶山路支行在知晓借款人可能存在资金周转困难的情况下,已于2010年4月21日、2012年11月15日向中融担保公司发函,主张了担保债权,中融担保公司辩称本案已过保证期间,其担保责任已解除的理由不能成立,不予支持。中国工商银行股份有限公司制定的关于贷款担保的规定,均不构成该担保合同无效的理由。综上,根据《中华人民共和国担保法》第十八条的规定,中融担保公司应按合同的约定,对中科本安公司的债务承担连带保证责任。工行韶山路支行请求中融担保公司承担担保责任的理由成立,该院予以支持。

中科本安公司向工行韶山路支行申请贷款8000万元时,注册资金为1亿元,而其在获取贷款不到一年的时间内,中科本安公司股东会决议减少注册资本5000万元,但没有告知债权人工行韶山路支行,仅于2005年11月14、15、17日在《家庭导报》中刊登了减少注册资本公告,违反了双方签订的《固定资产借款合同》中"中科本安公司如进行股份制改造、联营、合并、减资、重大资产转让等足以影响债权实现的变动时,应提前通知工行韶山路支行,否则在清偿完全部债务之前不得进行前述行为"的约定,亦不符合《中华人民共和国公司法》第一百七十七条第二款"公司应当自作出减少注册资本决议之日起十日内通知债权人,并于三十日内在报纸上公告。债权人自接到通知书之日起三十日内，未接到通知书的自公告之日起四十五日内，有权要求公司清偿债务或者提供相应的担保"的规定。中科本安公司在减资时，亦于2005年12月19日形成了《临时股东会决议》，全体股东一致同意对于公司对外负债，在公司减资后，债权人如有异议，公司股东承担全部责任。中科时代公司作为中科本安公司的股东，原股本为4985万元，减资2700万元，之后又增加注册资本2000万元，至贷款期限届满后实际减资700万元，根据上述《临时股东会决议》的约定，中科时代公司也应在该700万元范围内对中科本安公司不能清偿的债务承担补充赔偿责任。工行韶山路支行请求中科时代公司在2700万元承担补充赔偿责任，已超出其实际减资额度，对其中超额的2000万元补充赔偿的诉讼请求，该院不予支持。湖南信托公司亦作为中科本安公司的股东，未经法定程序，减资2300万元，同上理，湖南信托公司应在2300万元范围内对中科本安公司不能清偿的债务承担补充赔偿责任。工行韶山路支行请求湖南信托公司在2300万元的范围内承担补充赔偿责任的诉讼请求，该院予以支持。

综上，工行韶山路支行的诉讼请求部分成立，对其成立部分，依法应予支持。依照《中华人民共和国合同法》第二百零五条①、第二百零六条②、第二百零七条③，《中华人民共和国担保法》第十八条④，《中华人民共和国公司法》第一百七十八条，《最高人民法院关于适用〈中华人民共

---

① 对应《中华人民共和国民法典》第六百七十四条："借款人应当按照约定的期限支付利息。对支付利息的期限没有约定或者约定不明确，依据本法第五百一十条的规定仍不能确定，借款期间不满一年的，应当在返还借款时一并支付；借款期间一年以上的，应当在每届满一年时支付，剩余期间不满一年的，应当在返还借款时一并支付。"

② 对应《中华人民共和国民法典》第六百七十五条："借款人应当按照约定的期限返还借款。对借款期限没有约定或者约定不明确，依据本法第五百一十条的规定仍不能确定的，借款人可以随时返还；贷款人可以催告借款人在合理期限内返还。"

③ 对应《中华人民共和国民法典》第六百七十六条，内容未作修改。

④ 对应《中华人民共和国民法典》第六百八十八条："当事人在保证合同中约定保证人和债务人对债务承担连带责任的，为连带责任保证。连带责任保证的债务人不履行到期债务或者发生当事人约定的情形时，债权人可以请求债务人履行债务，也可以请求保证人在其保证范围内承担保证责任。"

和国公司法〉若干问题的规定（三）》①第十二条第五项、第十三条第二款、第十四条第二款的规定，该院判决：一、中科本安公司在判决生效之日起30日内偿还工行韶山路支行借款本金66510950元及利息（已计算至2013年6月21日的利息27479351.77元及从2013年6月22日起按中国人民银行同期贷款利率标准计算至清偿之日止的利息）。二、中融担保公司对判决第一项所确认的中科本安公司的债务承担连带清偿责任。中融担保公司在承担担保责任后，有权在实际承担担保责任的范围内向中科本安公司追偿。三、中科时代公司对判决第一项所确认的中科本安公司不能清偿的债务在700万元的范围内承担补充赔偿责任。四、湖南信托公司对判决第一项所确认的中科本安公司不能清偿的债务在2300万元的范围内承担补充赔偿责任。五、驳回工行韶山路支行的其他诉讼请求。一审案件受理费511750元，财产保全费5000元，合计516750元，由中科本安公司负担。

三、当事人上诉与答辩意见

中融担保公司与中科时代公司均不服一审法院上述民事判决，向最高人民法院提起上诉。

中融担保公司上诉称：一审判决认定事实缺乏依据，适用法律错误，请求判令：撤销一审判决第二项，并依法改判免除中融担保公司担保责任，一审、二审诉讼费用全部由工行韶山路支行、中科本安公司、中科时代公司共同承担。主要理由有：（1）一审判决认定事实、适用法律错误。①工行韶山路支行未经中融担保公司同意，与中科本安公司合意改变《固定资产借款合同》的主合同条款，应免除中融担保公司的保证责任。②一审法院未准许中融担保公司的调取证据申请，忽视本案重要证据。③工行韶山路支行具有促成中科本安公司项目有效资产置换保证担保的义务，一审判决相关认定错误。（2）一审判决认定中融担保公司保证责任范围错误。①一审判决对案涉《三方关于建立银行贷款担保全面合作伙伴关系的

---

① 指2014年修改前的《最高人民法院关于适用〈中华人民共和国公司法〉若干问题的规定（三）》。——编者注

协议》约定的内容认定错误，忽略与案件有直接关系的主要条款。②工行韶山路支行提供给中融担保公司的《最高额抵押合同》约定的抵押金额为人民币 3300 万元，说明中科本安公司已以价值 3300 万元的土地使用权抵押给银行，同时置换出中融担保公司同等金额的保证责任，但一审判决却认定为 1100 万元错误。③中融担保公司应承担的保证责任除上述三方协议确定的风险比例分担的约定、《最高额抵押合同》3300 万元外，还应除去中科时代公司应承担的 700 万元补充赔偿责任及湖南信托公司应承担的 2300 万元补充赔偿责任。

工行韶山路支行答辩称：（1）一审判决针对中融担保公司担保部分的事实认定清楚、证据确凿，认定中融担保公司承担连带责任的判决合理合法，中融担保公司的上诉理由不能成立，中融担保公司无免除保证责任的事由。（2）中科时代公司提交上诉状的时间已经超过法定上诉期间，该上诉状的提交不能产生上诉的效力。

中科本安公司答辩称：在本案二审程序开始前，中科本安公司向工行韶山路支行偿还借款本金 3587 万元，该款应当从中科本安公司的债务总额中扣除。

四、最高人民法院查明的案件事实与审判要旨

最高人民法院除确认一审判决查明的事实外，另查明：（1）中科时代公司于 2014 年 5 月 4 日收到一审判决书，同年 5 月 21 日向一审法院提交上诉状。（2）本案二审程序开始前，案涉抵押的土地被拍卖，拍卖价值 3587 万元，2014 年 6 月 30 日，该笔款项已划给工行韶山路支行，用以偿还本案贷款本金。

最高人民法院经审理认为：本案争议焦点在于：（1）中科时代公司能否作为上诉人；（2）中融担保公司应否就中科本安公司的债务向工行韶山路支行承担连带保证责任。

（一）关于中科时代公司能否作为上诉人的问题

从最高人民法院二审查明的事实看，中科时代公司于 2014 年 5 月 4 日

借款合同纠纷

在一审法院提供的送达回证上签字，表示收到一审判决书；同年5月21日，中科时代公司才向一审法院提交书面上诉状。依据《中华人民共和国民事诉讼法》第一百六十四条"当事人不服地方人民法院第一审判决的，有权在判决书送达之日起十五日内向上一级人民法院提起上诉"之规定，中科时代公司提交上诉状的时间已经超过了法律规定的15日的期限要求，故中科时代公司在二审中不应作为上诉人，只能是原审被告，二审法院对其上诉请求不予审理。

（二）关于中融担保公司的民事责任问题

中科本安公司与工行韶山路支行签订的《固定资产借款合同》及中融担保公司与工行韶山路支行签订的《最高额保证合同》是当事人真实意思表示，不违反法律、行政法规的禁止性规定，一审判决认定两合同合法有效正确。首先，《固定资产借款合同》签订后，双方当事人并未签订任何修改变更该合同的协议；《最高额保证合同》中明确约定"工行韶山路支行与中科本安公司协议变更主合同的，除展期或增加贷款金额外，无须经中融担保公司同意，中融担保公司仍在原保证范围内承担连带保证责任"。2005年11月25日，中融担保公司向中科本安公司发送《关于重申担保效力的函》，确认原保证合同继续有效。故本案不存在我国担保法规定的债权人与债务人合意改变主合同条款而未经保证人同意、应依法免除保证人保证责任的情形。其次，案涉《关于建立银行贷款担保全面合作伙伴关系的协议》系中融担保公司与工行韶山路支行的上级主管部门及行业协会签订，主要内容系三方建立业务战略合作伙伴关系，并没有有关减少或免除中融担保公司在本案中担保责任的内容；中融担保公司出具的《银行贷款担保意向书》中虽有只有在借款人提供财产抵押、担保并同意事后置换担保的情况下才愿意为借款人提供担保的内容，但该所附条件属于保证人中融担保公司与借款人中科本安公司之间的关系，工行韶山路支行并无促成该条件成就的法定义务，故该意向书对工行韶山路支行并无约束力。中科本安公司事后是否依约置换中融担保公司在本案中的担保，与工行韶山路支行无关。再次，一审中，中融担保公司向一审法院提交《调查取证申请书》及《申请调取的证据清单》，申请法院调取工行韶山路支行发放案涉贷款及监管职责落实等有关情况，但工行韶山路支行是否严格履行其监管贷款义务的问题，属于金融监管部门行政管理的范畴，与本案民事责任的认定并无直接关联，一审法院对该申请未予批准并无不当。复次，本案中，中融担保公司的连带保证责任与湖南信托公司、中科时代公司的补充赔偿责任，三者法律关系及事实依据均有所不同，中融担保公司有关其保证责任范围应当剔除湖南信托公司与中科时代公司所承担的补充赔偿责任数额的上诉理由，缺乏法律依据，二审法院不予支持。最后，关于抵押担保的实现问题。中科本安公司与工行韶山路支行签订《最高额抵押合同》，工行韶山路支行考虑该合同项下借款人所抵押土地可实现的抵押权价值为1100万元，直接将其诉请本金数额减少，属于原审原告对其民事权利的处分，不违反法律规定。最高人民法院二审另查明的事实表明，在本案二审程序开始前，中科本安公司抵押的土地已被依法拍卖，拍卖所得3587万元已于2014年6月30日用于偿还工行韶山路支行借款本金，故本案债务人提供的物的担保业已实现。由于工行韶山路支行起诉时自愿未将1100万元土地使用权价值计算在其诉请范围内，中科本安公司实际应当偿还工行韶山路支行的借款本金应为66510950元减去2487万元即41640950元。中科本安公司所应支付的利息也应作相应调整，分三段计付，一是计算至2013年6月21日的利息为27479351.77元；二是以66510950元为本金基数，自2013年6月22日起至2014年6月30日止，利息按中国人民银行同期贷款利率标准计算；三是以41640950元为本金基数，自2014年7月1日起至实际清偿之日止，利息按中国人民银行同期贷款利率标准计算。

综上所述，一审判决认定部分事实不清，适用法律欠当，最高人民法院依据《中华人民共和国民事诉讼法》第一百七十条第一款第二项之规定，判决如下：一、维持湖南省高级人民法院（2013）湘高法民二初字第23号民事判决第二项、第三项、第四项、第五项。二、变更湖南省高级人民法院（2013）湘高法民二初字第23号民事判决第一项为湖南中科本安新材料有限公司自本判决生效之日起30日内偿还中国工商银行股份有限公司长沙韶山路支行借款本金41640950元及利息（已计算至2013年6月21

借款合同纠纷

日的利息27479351.77元；以66510950元为本金基数，自2013年6月22日起至2014年6月30日止按中国人民银行同期贷款利率标准计算的利息；以41640950元为本金基数，自2014年7月1日起至实际清偿之日止按中国人民银行同期贷款利率标准计算的利息）。

一审案件受理费按一审判决执行。二审案件受理费为455300元，由湖南中融企业信用担保投资有限公司负担30万元，由湖南中科本安新材料有限公司负担155300元。

五、对本案的分析处理意见

（一）关于中科时代公司二审诉讼地位的问题

简单讲，二审查明的事实表明，中科时代公司向一审法院提交上诉状的时间距该公司在一审法院的送达回证上签字认可收到一审判决书的时间，已经超过了法律规定的15日的要求，依据《中华人民共和国民事诉讼法》第一百六十四条之规定，中科时代公司在二审中不应作为上诉人，只能是原审被告。

（二）关于中融担保公司的民事责任问题

该担保责任属于从合同项下的民事责任，故首先需要确认案涉主合同中科本安公司与工行韶山路支行签订的《固定资产借款合同》及《最高额保证合同》是否是当事人真实意思表示，不违反法律、行政法规的禁止性规定，一审判决认定主从两合同合法有效正确。再具体分析该担保责任的有无。

实体方面，首先，案涉《固定资产借款合同》签订后，双方并未签订任何修改变更该合同的协议；工行韶山路支行依约发放案涉贷款后，中科本安公司陆续将款项转出；案涉2004年12月13日《最高额保证合同》中有关"工行韶山路支行与中科本安公司协议变更主合同的，除展期或增加贷款金额外，无须经中融担保公司同意，中融担保公司仍在原保证范围内承担连带保证责任"的内容，该内容与案涉《固定资产借款合同》有关

"中科本安公司如进行股份制改造、联营、合并、减资、重大资产转让等足以影响债权实现的变动时,应至少提前通知工行韶山路支行,否则在清偿完全部债务之前不得进行前述行为"的约定有所不同,但是,该《最高额保证合同》系中融担保公司与工行韶山路支行签订,有中融担保公司的签章,系中融担保公司的真实意思表示;且在2005年11月25日,中融担保公司仍向中科本安公司发送《关于重申担保效力的函》,确认原保证合同继续有效。故本案不存在我国担保法规定的债权人与债务人合意改变主合同条款而未经保证人同意、应依法免除保证人保证责任的情形。

其次,中融担保公司与工行韶山路支行的上级主管部门及行业协会签订了《关于建立银行贷款担保全面合作伙伴关系的协议》,该协议主要内容系三方建立业务战略合作伙伴关系,并没有有关免除中融担保公司担保责任的内容;协议签订主体亦并非工行韶山路支行,其中有关贷款本息比例的约定只是确定了一个浮动范围,并无针对案涉《固定资产借款合同》项下贷款本息的具体约定,中融担保公司有关其担保责任具体数额应予减少的上诉理由缺乏事实依据。中融担保公司出具《银行贷款担保意向书》,其中有关只有在借款人提供财产抵押、担保并同意事后置换担保的情况下才愿意为借款人提供担保的内容属于保证人中融担保公司与借款人中科本安公司之间达成的合意,工行韶山路支行并非该合意的意思表示主体,该意向书属于中融担保公司的单方法律行为,不能约束工行韶山路支行。后来实际履行过程中,中科本安公司是否依约置换了中融担保公司在本案中的担保,与工行韶山路支行无关。工行韶山路支行是否严格履行其监管贷款义务的问题,属于上下级银行之间进行行政管理处罚的范畴,其行政法律关系与本案的民事法律关系不同,不影响中融担保公司在本案中的担保责任。故中融担保公司有关其不应在本案中承担担保责任的上诉理由缺乏事实与法律依据,不能成立。

再次,关于物保与人保问题。中科本安公司与工行韶山路支行签订《最高额抵押合同》,工行韶山路支行考虑该合同项下借款人所抵押土地可实现的抵押权价值为1100万元,直接将其诉请本金数额减少,属于原审原告对其民事权利的处分,不违反法律规定,应予准许。本案中,债务人中

借款合同纠纷

科本安公司以自有土地予以抵押,中融担保公司则作为保证人提供连带责任保证,即既有人的保证也有物的保证。虽然主合同借款合同签订于2004年12月,保证合同签订于2004年12月,均在《中华人民共和国物权法》2007年3月颁布实施之前签订,但涉及物保的《最高额抵押合同》签订于2009年11月,且有关物保人保的关系问题,《中华人民共和国担保法》与现行的《中华人民共和国物权法》规定是一致的,根据《中华人民共和国物权法》第一百七十六条"本担保的债权既有物的担保又有人的担保的,债务人不履行到期债务或者翻身当事人约定的实现担保物权的情形,债权人应当按照约定实现债权;没有约定或者约定不明确,债务人自己提供物的保证的,债权人应当先就该物的担保实现债权"之规定,应先实现债务人的物保,再由保证人承担人保责任。一审判决没有涉及这一块内容,本应判项中体现债务人承担物保责任后,不足部分由中融担保公司承担保证责任。在二审审理期间,当事人将案涉土地进行了拍卖,拍卖价值3587万元全部给了银行用于偿债,即债务人提供的物的担保业已实现,二审判决无须就此再改判。实际执行中应只需要执行4000余万元,而不是一审判项的6600余万元。所应支付的利息也应作相应递减。债务人中科本安公司应偿还工行韶山路支行借款本金41640950元及利息,利息分三段计付:一是以66510950元为本金基数,计算至2013年6月21日的利息为27479351.77元,这是当事人起诉请求中自己统计的,有2013年6月30日发出的催收逾期贷款本息通知书及附件银行打印的底单几十页为证,通知书中有债务人的盖章,也经过了质证,是双方对账的结果,因对账只到6月21日,后面没有对账,当事人也没有对该利息数额提出上诉。二是仍以66510950元为本金基数,自2013年6月22日起至2014年6月30日止,利息按中国人民银行同期贷款利率标准计算。三是以41640950元为本金基数,自2014年7月1日起至实际清偿之日止,利息按中国人民银行同期贷款利率标准计算。该41640950元是由一审判决判的66510950元-2487万元(拍卖的3587万元-自动减去的1100万元)得出的结果。

(三）中融担保公司的连带保证责任与湖南信托公司、中科时代公司的补充赔偿责任的关系

三者各自的法律关系及事实依据均有所不同。债权人诉请的中融担保公司的连带保证责任来源于《最高额保证合同》，其诉请的湖南信托公司、中科时代公司的补充赔偿责任则源于中科本安公司的减资行为。三者之间的顺位关系，当事人并没有作约定，法律也没有规定。因此，应当认定三者的责任形式并行不悖。中融担保公司有关其保证责任范围最终的确定应当先行剔除湖南信托公司与中科时代公司所承担的补充赔偿责任数额的上诉理由，缺乏法律依据，二审不应支持。

综上，一审判决就中融担保公司保证责任问题的认定其他方面均具有事实与法律依据，并无不当，二审应予维持，只是有关物保与人保关系问题没有认定处理，二审应予改判。

(四）程序方面

第一，一审中，中融担保公司向一审法院提交《调取证据申请书》及《申请调取证据的清单》，法院未予批准。根据案件具体情况，中融担保公司申请调取的主要是工行韶山路支行发放案涉贷款及监管职责落实的情况，而该节事实属于金融机构行政管理范畴中的问题，与本案民事责任的认定并无直接关联，一审法院未批准中融担保公司的申请符合民事诉讼法的要求，并无不当。第二，关于湖南信托公司与中科时代公司的民事责任问题。如前所述，中科时代公司因提交上诉状时间迟于法定期限而丧失上诉权；湖南信托公司已于2014年10月与工行韶山路支行达成和解协议，并于同年11月17日向最高人民法院递交撤诉申请书，其申请撤回上诉属于当事人自行处分民事权利的行为，不违反法律规定，根据《中华人民共和国民事诉讼法》第一百七十三条之规定，最高人民法院应裁定予以准许。故本案可不必对湖南信托公司与中科时代公司的民事责任问题予以审理。

借款合同纠纷

（五）关于公司减资应否承担本案民事责任、应承担多大范围责任的问题

尽管因当事人的撤诉使得二审判决对此不必审理表态，但因该问题的审理涉及公司法若干法律要点，在实践中具有一定法律意义，且最高人民法院合议庭对此进行了讨论合议，达成了共识，故承办人特在此就湖南信托公司与中科时代公司因中科本安公司减资的问题作出如下分析：

中科本安公司向工行韶山路支行申请贷款 8000 万元时，注册资金为 1 亿元。该公司于 2005 年 8 月 11 日作出股东会决议，决定减少注册资本为 5000 万元，并于 2005 年 11 月 14 日、15 日、17 日在《家庭导报》中刊登"减少注册资本"公告。《中华人民共和国公司法》第一百七十八条第二款规定："公司应当自作出减少注册资本决议之日起十日内通知债权人，并于三十日内在报纸上公告。债权人自接到通知书之日起三十日内，未接到通知书的自公告之日起四十五日内，有权要求公司清偿债务或者提供相应的担保。"该法律规定要求公司减资通知债权人，赋予债权人要求提供担保或者清除债务的权利，目的是更好地保护债权人利益。本案中，被上诉人中科本安公司在一审、二审庭审中辩称该公司已经将减资事宜告知了债权人工行韶山路支行指派到该公司的信贷专管员冯宇峰，但该行当庭表示没有证据加以证明。二审庭审后中科本安公司寄来一份冯宇峰签字的《证明》，主要内容是冯宇峰在 2004 年 12 月任工行韶山路支行信贷专管员，专门负责中科本安公司的大额贷款资金使用等的监督与审查工作，2005 年 8 月中旬，中科本安公司的财务总监李浩春告知，该公司决定减资，冯宇峰在银行里讲了这件事。2009 年 8 月，冯宇峰离开该行。但中科本安公司并未要求请证人出庭。承办人认为，该证人证言系一审诉讼前业已存在的证据，当事人完全可以采集到，法院二审庭审后才提交法庭，依据民事诉讼证据规则要求，该证明不属于新证据，不应采信。目前并没有证据证明中科本安公司减资按照法律规定通知了债权人工行韶山路支行。而且即便如此，中科本安公司减资未通知债权人的行为给债权人带来的损害只是债权人丧失了要求债务人清偿债务或者提供担保的权利。造成该法律后果应否承担民事责任以及承担怎样的民事责任，《中华人民共和国公司法》及司法解释并没有明确规定。而本案的贷款债权一开始就有债务人自身提供的土地抵押、中融担保公司提供的连带责任保证，该物保与人保共同对案涉债权提供了充分的保障。换句话说，中科本安公司减资不当的行为并没有给债权人造成实际损害。工行韶山路支行起诉认为中科本安公司减资不当，要求中科本安公司的现任股东中科时代公司、曾经的股东湖南信托公司对债务人的贷款债务共同承担民事责任，该诉请实质上属于侵权民事责任范畴，但是，该侵权行为没有实际损害结果发生，也就谈不上民事责任的承担。《中华人民共和国公司法》第一百七十八条并未规定减资未通知债权人的法律责任；《最高人民法院关于适用〈中华人民共和国公司法〉若干问题的规定（三）》第十二条第五项、第十四条第二款均是针对股东抽逃出资问题的规定，第十三条第二款则是针对股东未履行出资义务或者未完全履行出资义务问题的规定。一审判决依据《中华人民共和国公司法》及司法解释判令上述两股东承担补充赔偿责任，适用法律错误。

司法实践中，应当明晰合法减资与抽逃出资、合法减资与未履行出资义务或者未完全履行出资义务的界限。减资是指企业为弥补亏损，调整资本数额而减少企业资本的行为；抽逃出资是指在公司验资注册后，股东将所缴出资暗中撤回，却仍保留股东身份和原有出资数额的行为，属于欺诈性违法违约行为。中科本安公司实际经过了增资、减资、再增资三个阶段，其减资只是中科本安公司在借贷期间内公司正常运作中的一个商业行为和阶段性事件。该减资行为经过了股东会决议、发布公告等法定程序，基本符合法律规定，只是存在一定的瑕疵（即未通知债权人），并不构成抽逃出资。且 2007 年 8 月中科本安公司在又通过增资扩股，使公司注册资本变成了 1 亿元，充实了公司资本至与工行韶山路支行签订《固定资产借款合同》时的水平，此时债权人工行韶山路支行的案涉债权尚未到期；况且中科时代公司以自己的资产土地为中科本安公司清偿债务，其数额远远超过了所减资的数额。因此，中科本安公司的减资行为，在实体上并未损害公司债权人的权益。

需要注意的是，根据中科本安公司的工商登记资料显示：2004 年 7

月，中科本安公司成立之初注册资本为5000万元；2004年9月30日变更登记注册资本为1亿元，所增加的5000万元股本，分别是中科时代公司增加2700万元，湖南信托公司增加2300万元，其他股东情况没有变化。2005年8月11日，中科本安公司形成《临时股东会议决议》，全体股东一致同意将中科本安公司注册资本从1亿元减少至5000万元，其中，中科时代公司减少2700万元出资，湖南信托公司撤回2300万元出资。同年12月19日，中科本安公司全体股东作出《临时股东会决议》，明确了公司的对外负债情况，并承诺在公司减资后债权人或担保人如有异议，公司股东承诺承担全部责任。该临时股东会决议形成了公司股东对公司债权人的清偿债务的肯定表示，但相对于工行韶山路支行而言，该决议属于单方意思表示，中科时代公司作为中科本安公司的现任股东，理应实现自己的承诺，但如若其不履行，其他人实际无法追究其法律责任。中科本安公司减资后，湖南信托公司已不是中科本安公司的股东，《临时股东会决议》不能约束湖南信托公司，对湖南信托公司并无约束力，不应依据该《临时股东会决议》追究湖南信托公司的法律责任。另外，本案并不存在《最高人民法院关于适用〈中华人民共和国公司法〉若干问题的规定（三）》第十三条有关股东未履行出资义务或者未完全履行出资义务的问题。

（执笔人：李京平）

> 以不动产提供抵押担保，抵押人未依抵押合同约定办理抵押登记的，不影响抵押合同的效力

67. 中信银行股份有限公司东莞分行诉陈志华等金融借款合同纠纷案*

（最高人民法院审判委员会讨论通过 2021年11月9日发布）

【关键词】

民事　金融借款合同　未办理抵押登记　赔偿责任　过错

【裁判摘要】

以不动产提供抵押担保，抵押人未依抵押合同约定办理抵押登记的，不影响抵押合同的效力。债权人依据抵押合同主张抵押人在抵押物的价值范围内承担违约赔偿责任的，人民法院应予支持。抵押权人对未能办理抵押登记有过错的，相应减轻抵押人的赔偿责任。

---

* 摘自2021年11月11日最高人民法院发布的第30批指导案例（指导案例168号）。

借款合同纠纷

相关法条

1. 《中华人民共和国物权法》第十五条①；
2. 《中华人民共和国合同法》第一百零七条②、第一百一十三条第一款③、第一百一十九条第一款④。

基本案情

2013年12月31日，中信银行股份有限公司东莞分行（以下简称中信银行东莞分行）与东莞市华丰盛塑料有限公司（以下简称华丰盛公司）、东莞市亿阳信通集团有限公司（以下简称亿阳公司）、东莞市高力信塑料有限公司（以下简称高力信公司）签订《综合授信合同》，约定中信银行东莞分行为亿阳公司、高力信公司、华丰盛公司提供4亿元的综合授信额度，额度使用期限自2013年12月31日起至2014年12月31日止。为担保该合同，中信银行东莞分行于同日与陈志波、陈志华、陈志文、亿阳公司、高力信公司、华丰盛公司、东莞市怡联贸易有限公司（以下简称怡联公司）、东莞市力宏贸易有限公司（以下简称力宏公司）、东莞市同汇贸易有限公司（以下简称同汇公司）分别签订了《最高额保证合同》，约定：高力信公司、华丰盛公司、亿阳公司、力宏公司、同汇公司、怡联公司、陈志波、陈志华、陈志文为上述期间的贷款本息、实现债权费用在各自保证限额内向中信银行东莞分行提供连带保证责任。同时，中信银行东莞分

---

① 对应《中华人民共和国民法典》第二百一十五条："当事人之间订立有关设立、变更、转让和消灭不动产物权的合同，除法律另有规定或者当事人另有约定外，自合同成立时生效；未办理物权登记的，不影响合同效力。"
② 对应《中华人民共和国民法典》第五百七十七条，内容未作修改。
③ 对应《中华人民共和国民法典》第五百八十四条："当事人一方不履行合同义务或者履行合同义务不符合约定，造成对方损失的，损失赔偿额应当相当于因违约所造成的损失，包括合同履行后可以获得的利益；但是，不得超过违约一方订立合同时预见到或者应当预见到的因违约可能造成的损失。"
④ 对应《中华人民共和国民法典》第五百九十一条第一款："当事人一方违约后，对方应当采取适当措施防止损失的扩大；没有采取适当措施致使损失扩大的，不得就扩大的损失请求赔偿。"

行还分别与陈志华、陈志波、陈仁兴、梁彩霞签订了《最高额抵押合同》,陈志华、陈志波、陈仁兴、梁彩霞同意为中信银行东莞分行自 2013 年 12 月 31 日至 2014 年 12 月 31 日期间对亿阳公司等授信产生的债权提供最高额抵押,担保的主债权限额均为 4 亿元,担保范围包括贷款本息及相关费用,抵押物包括:(1) 陈志华位于东莞市中堂镇东泊村的房产及位于东莞市中堂镇东泊村中堂汽车站旁的一栋综合楼(未取得不动产登记证书);(2) 陈志波位于东莞市中堂镇东泊村陈屋东兴路东一巷面积为 4667.7 平方米的土地使用权及地上建筑物、位于东莞市中堂镇吴家涌面积为 30801 平方米的土地使用权、位于东莞市中堂镇东泊村面积为 12641.9 平方米的土地使用权(均未取得不动产登记证书);(3) 陈仁兴位于东莞市中堂镇的房屋;(4) 梁彩霞位于东莞市中堂镇东泊村陈屋新村的房产。以上不动产均未办理抵押登记。

另,中信银行东莞分行于同日与亿阳公司签订了《最高额权利质押合同》《应收账款质押登记协议》。

基于《综合授信合同》,中信银行东莞分行与华丰盛公司于 2014 年 3 月 18 日、19 日分别签订了《人民币流动资金贷款合同》,约定:中信银行东莞分行为华丰盛公司分别提供 2500 万元、2500 万元、2000 万元流动资金贷款,贷款期限分别为 2014 年 3 月 18 日至 2015 年 3 月 18 日、2014 年 3 月 19 日至 2015 年 3 月 15 日、2014 年 3 月 19 日至 2015 年 3 月 12 日。

东莞市房产管理局于 2011 年 6 月 29 日向东莞市各金融机构发出《关于明确房地产抵押登记有关事项的函》(东房函〔2011〕119 号),内容为:"东莞市各金融机构:由于历史遗留问题,我市存在一些土地使用权人与房屋产权人不一致的房屋。2008 年,住建部出台了《房屋登记办法》(建设部令第 168 号),其中第八条明确规定'办理房屋登记,应当遵循房屋所有权和房屋占用范围内的土地使用权权利主体一致的原则'。因此,上述房屋在申请所有权转移登记时,必须先使房屋所有权与土地使用权权利主体一致后才能办理。为了避免抵押人在实现该类房屋抵押权时,因无法在房管部门办理房屋所有权转移登记而导致合法利益无法得到保障,根据《中华人民共和国物权法》《房屋登记办法》等相关规定,我局进一步

明确房地产抵押登记的有关事项,现函告如下:一、土地使用权人与房屋产权人不一致的房屋需办理抵押登记的,必须在房屋所有权与土地使用权权利主体取得一致后才能办理。二、目前我市个别金融机构由于实行先放款再到房地产管理部门申请办理抵押登记,产生了一些不必要的矛盾纠纷。为了减少金融机构信贷风险和信贷矛盾纠纷,我局建议各金融机构在日常办理房地产抵押贷款申请时,应认真审查抵押房地产的房屋所有权和土地使用权权利主体是否一致,再决定是否发放该笔贷款。如对房地产权属存在疑问,可咨询房地产管理部门。三、为了更好地保障当事人利益,我局将从2011年8月1日起,对所有以自建房屋申请办理抵押登记的业务,要求申请人必须同时提交土地使用权证。"

中信银行东莞分行依约向华丰盛公司发放了7000万贷款。然而,华丰盛公司自2014年8月21日起未能按期付息。中信银行东莞分行提起本案诉讼。请求:华丰盛公司归还全部贷款本金7000万元并支付贷款利息等;陈志波、陈志华、陈仁兴、梁彩霞在抵押物价值范围内承担连带赔偿责任。

裁判结果

广东省东莞市中级人民法院于2015年11月19日作出(2015)东中法民四初字第15号民事判决:一、东莞市华丰盛塑料有限公司向中信银行股份有限公司东莞分行偿还借款本金7000万元、利息及复利并支付罚息;二、东莞市华丰盛塑料有限公司赔偿中信银行股份有限公司东莞分行支出的律师费13万元;三、东莞市亿阳信通集团有限公司、东莞市高力信塑料有限公司、东莞市力宏贸易有限公司、东莞市同汇贸易有限公司、东莞市怡联贸易有限公司、陈志波、陈志华、陈志文在各自《最高额保证合同》约定的限额范围内就第一判项、第二判项确定的东莞市华丰盛塑料有限公司所负中信银行股份有限公司东莞分行的债务范围内承担连带清偿责任,保证人在承担保证责任后,有权向东莞市华丰盛塑料有限公司追偿;四、陈志华在位于广东省东莞市中堂镇东泊村中堂汽车站旁的一栋综合楼、陈志波在位于广东省东莞市中堂镇东泊村陈屋东兴路东一巷面积为4667.7平方米的土地使用权及地上建筑物（面积为 3000 平方米的三幢住宅）、位于东莞市中堂镇吴家涌面积为 30801 平方米的土地使用权、位于东莞市中堂镇东泊村面积为 12641.9 平方米的土地使用权的价值范围内就第一判项、第二判项确定的东莞市华丰盛塑料有限公司所负中信银行股份有限公司东莞分行债务的未受清偿部分的二分之一范围内承担连带赔偿责任；五、驳回中信银行股份有限公司东莞分行的其他诉讼请求。中信银行股份有限公司东莞分行提出上诉。广东省高级人民法院于 2017 年 11 月 14 日作出（2016）粤民终 1107 号民事判决：驳回上诉，维持原判。中信银行股份有限公司东莞分行不服向最高人民法院申请再审。最高人民法院于 2018 年 9 月 28 日作出（2018）最高法民申 3425 号民事裁定，裁定提审本案。2019 年 12 月 9 日，最高人民法院作出（2019）最高法民再 155 号民事判决：一、撤销广东省高级人民法院（2016）粤民终 1107 号民事判决；二、维持广东省东莞市中级人民法院（2015）东中法民四初字第 15 号民事判决第一项、第二项、第三项、第四项；三、撤销广东省东莞市中级人民法院（2015）东中法民四初字第 15 号民事判决第五项；四、陈志华在位于东莞市中堂镇东泊村的房屋价值范围内、陈仁兴在位于东莞市中堂镇的房屋价值范围内、梁彩霞在位于东莞市中堂镇东泊村陈屋新村的房屋价值范围内，就广东省东莞市中级人民法院（2015）东中法民四初字第 15 号民事判决第一判项、第二判项确定的东莞市华丰盛塑料有限公司所负债务未清偿部分的二分之一范围内向中信银行股份有限公司东莞分行承担连带赔偿责任；五、驳回中信银行股份有限公司东莞分行的其他诉讼请求。

裁判理由

最高人民法院认为：《中华人民共和国物权法》第十五条规定："当事人之间订立有关设立、变更、转让和消灭不动产物权的合同，除法律另有规定或者合同另有约定外，自合同成立时生效；未办理物权登记的，不影响合同效力。"本案中，中信银行东莞分行分别与陈志华等三人签订的《最高额抵押合同》，约定陈志华以其位于东莞市中堂镇东泊村的房屋、陈仁兴以其位于东莞市中堂镇的房屋、梁彩霞以其位于东莞市中堂镇东泊村

借款合同纠纷

陈屋新村的房屋为案涉债务提供担保。上述合同内容系双方当事人的真实意思表示，内容不违反法律、行政法规的强制性规定，应为合法有效。虽然前述抵押物未办理抵押登记，但根据《中华人民共和国物权法》第十五条之规定，该事实并不影响抵押合同的效力。

依法成立的合同，对当事人具有法律约束力，当事人应当按照合同约定履行各自义务，不履行合同义务或履行合同义务不符合约定的，应依据合同约定或法律规定承担相应责任。《最高额抵押合同》第六条"甲方声明与保证"约定："6.2 甲方对本合同项下的抵押物拥有完全的、有效的、合法的所有权或处分权，需依法取得权属证明的抵押物已依法获发全部权属证明文件，且抵押物不存在任何争议或任何权属瑕疵……6.4 设立本抵押不会受到任何限制或不会造成任何不合法的情形。"第十二条"违约责任"约定："12.1 本合同生效后，甲乙双方均应履行本合同约定的义务，任何一方不履行或不完全履行本合同约定的义务的，应当承担相应的违约责任，并赔偿由此给对方造成的损失。12.2 甲方在本合同第六条所作声明与保证不真实、不准确、不完整或故意使人误解，给乙方造成损失的，应予赔偿。"根据上述约定，陈志华等三人应确保案涉房产能够依法办理抵押登记，否则应承担相应的违约责任。本案中，陈志华等三人尚未取得案涉房屋所占土地使用权证，因房地权属不一致，案涉房屋未能办理抵押登记，抵押权未依法设立，陈志华等三人构成违约，应依据前述约定赔偿由此给中信银行东莞分行造成的损失。

《中华人民共和国合同法》第一百一十三条第一款规定："当事人一方不履行合同义务或者履行合同义务不符合约定，给对方造成损失的，损失赔偿额应当相当于因违约所造成的损失，包括合同履行后可以获得的利益，但不得超过违反合同一方订立合同时预见到或者应当预见到的因违反合同可能造成的损失。"《最高额抵押合同》第6.6条约定："甲方承诺：当主合同债务人不履行到期债务或发生约定的实现担保物权的情形，无论乙方对主合同项下的债权是否拥有其他担保（包括但不限于主合同债务人自己提供物的担保、保证、抵押、质押、保函、备用信用证等担保方式），乙方有权直接请求甲方在其担保范围内承担担保责任，无需行使其他权利

（包括但不限于先行处置主合同债务人提供的物的担保）。"第8.1条约定："按照本合同第二条第2.2款确定的债务履行期限届满之日债务人未按主合同约定履行全部或部分债务的，乙方有权按本合同的约定处分抵押物。"在《最高额抵押合同》正常履行的情况下，当主债务人不履行到期债务时，中信银行东莞分行可直接请求就抵押物优先受偿。本案抵押权因未办理登记而未设立，中信银行东莞分行无法实现抵押权，损失客观存在，其损失范围相当于在抵押财产价值范围内华丰盛公司未清偿债务数额部分，并可依约直接请求陈志华等三人进行赔偿。同时，根据本案查明的事实，中信银行东莞分行对《最高额抵押合同》无法履行亦存在过错。东莞市房产管理局已于2011年明确函告辖区各金融机构，房地权属不一致的房屋不能再办理抵押登记。据此可以认定，中信银行东莞分行在2013年签订《最高额抵押合同》时对于案涉房屋无法办理抵押登记的情况应当知情或者应当能够预见。中信银行东莞分行作为以信贷业务为主营业务的专业金融机构，应比一般债权人具备更高的审核能力。相对于此前曾就案涉抵押物办理过抵押登记的陈志华等三人来说，中信银行东莞分行具有更高的判断能力，负有更高的审查义务。中信银行东莞分行未尽到合理的审查和注意义务，对抵押权不能设立亦存在过错。同时，根据《中华人民共和国合同法》第一百一十九条"当事人一方违约后，对方应当采取适当措施防止损失的扩大；没有采取适当措施致使损失扩大的，不得就扩大的损失要求赔偿"的规定，中信银行东莞分行在知晓案涉房屋无法办理抵押登记后，没有采取降低授信额度、要求提供补充担保等措施防止损失扩大，可以适当减轻陈志华等三人的赔偿责任。综合考虑双方当事人的过错程度以及本案具体情况，酌情认定陈志华等三人以抵押财产价值为限，在华丰盛公司尚未清偿债务的二分之一范围内，向中信银行东莞分行承担连带赔偿责任。

（生效裁判审判人员：高燕竹、张颖新、刘少阳）

二、民间借贷纠纷

68. 李占江、朱丽敏与贝洪峰、沈阳东昊地产有限公司民间借贷纠纷案*

▶ 当事人对合同条款理解有争议的，可运用目的解释确定条款的真实意思

【裁判摘要】

《中华人民共和国合同法》第一百二十五条第一款规定："当事人对合同条款的理解有争议的，应当按照合同所使用的词句、合同的有关条款、合同的目的、交易习惯以及诚实信用原则，确定该条款的真实意思。"双方当事人签订的合同为《担保借款合同》，具体到该合同第四条第一款约定的目的，是为了保证款项的出借方对款项使用情况的知情权、监督权，以便在发现借款人擅自改变款项用途或发生其他可能影响出借人权利的情况时，及时采取措施、收回款项及利息。用目的解释的原理可以得知，提供不真实的材料和报表固然会影响出借方对借款人使用款项的监督，而不提供相关材料和报表却会使得出借人无从了解案涉款项的使用情况，不利于其及时行使自己的权利。因此，借款人在借款的两年多的时间里，从未向出借人提供相关材料和报表，属于违约。

---

* 摘自《最高人民法院公报》2015年第9期。

上诉人（原审被告）：贝洪峰，男，满族，1964年10月21日出生，沈阳东昊地产有限公司监事，住辽宁省沈阳市。

委托代理人：孙文兵，男，汉族，1966年10月7日出生，沈阳东昊房地产有限公司经理。

委托代理人：郭顺，黑龙江百程律师事务所律师。

上诉人（原审被告）：沈阳东昊地产有限公司。住所地：辽宁省沈阳市法库县双台子乡双台子村。

法定代表人：张希才，该公司董事长。

委托代理人：孙文兵，男，汉族，1966年10月7日出生，沈阳东昊地产有限公司经理。

委托代理人：郭顺，黑龙江百程律师事务所律师。

被上诉人（原审原告）：李占江，男，汉族，1972年11月22日出生，伊春泓江实业有限责任公司董事长，住黑龙江省伊春市。

委托代理人：高明，北京市华城律师事务所律师。

委托代理人：姜红梅，黑龙江新飞律师事务所律师。

被上诉人（原审原告）：朱丽敏，女，汉族，1964年12月10日出生，沈阳德力成商贸有限公司董事长，住黑龙江省伊春市。

委托代理人：高明，北京市华城律师事务所律师。

委托代理人：姜红梅，黑龙江新飞律师事务所律师。

上诉人贝洪峰、沈阳东昊地产有限公司（以下简称东昊公司）与被上诉人李占江、朱丽敏民间借贷纠纷一案，黑龙江省高级人民法院（以下简称黑龙江高院）于2013年12月10日作出（2013）黑高商初字第9号民事判决。贝洪峰、东昊公司对该判决不服，向本院提起上诉。本院依法组成合议庭，于2014年3月4日开庭审理了本案。贝洪峰及其委托代理人孙文兵、郭顺，东昊公司的委托代理人孙文兵、郭顺，李占江、朱丽敏共同委托的代理人高明、姜红梅到庭参加了诉讼。本案现已审理终结。

一审法院经审理查明：2009年12月14日，李占江、朱丽敏、贝洪峰及东昊公司签订一份《担保借款合同》，主要约定：李占江、朱丽敏借给

借款合同纠纷

贝洪峰7000万元，借款用途为经营东昊公司开发的"大学经典"房地产项目，借款期限从2009年12月15日至2010年6月15日；贝洪峰需向李占江、朱丽敏提供有关报表和资料；如贝洪峰不按期还款、提供报表和各项资料等不真实或有其他违约行为，李占江、朱丽敏有权停止借款，并要求贝洪峰提前归还已借本金；东昊公司以全部自有财产及在建项目为贝洪峰提供连带责任担保，担保范围包括但不限于主债务、利（罚）息、违约金、诉讼费、差旅费、律师费等实现债权的一切费用。合同签订当日，李占江向贝洪峰汇款2000万元，朱丽敏通过案外人沈阳德力成商贸有限公司向东昊公司汇款2000万元。贝洪峰给李占江、朱丽敏出具了一份收条及一份借条。收条记载："收到李占江、朱丽敏各1500万元。"贝洪峰在落款处签名。借条记载："借李占江、朱丽敏（沈阳德力成商贸有限公司）7000万元（见借款协议），借款人贝洪峰。"

2011年10月，贝洪峰将其所持东昊公司的40%股权转让给案外人朱丽冰，以此作为案涉债权的抵押担保，并在工商机关办理了股东变更登记。变更登记后，东昊公司的股权持有比例为贝洪峰持有50%，朱丽冰持有40%，张希才持有10%。

2012年4月14日，李占江、朱丽敏、贝洪峰及东昊公司又签订一份《担保借款合同补充协议（一）》（以下简称《补充协议》），主要约定：贝洪峰于2009年12月14日因项目建设需要向李占江、朱丽敏借款7000万元，由东昊公司提供连带责任保证。前述7000万元本金及利息至今未还，贝洪峰已于2011年10月14日将东昊公司的40%股权抵押给李占江、朱丽敏指定的代理人朱丽冰；截至2012年4月14日，贝洪峰依据《担保借款合同》应支付李占江、朱丽敏减免后利息金额为4000万元，李占江、朱丽敏放弃其他利息及违约金；贝洪峰承诺于2012年9月30日前偿还全部借款本息；2012年4月15日至2012年9月14日之间的借款利息按每月70万元计算，如贝洪峰未能在2012年9月14日前偿还本息，从9月15日起，贝洪峰按每月105万元支付借款利息；如贝洪峰逾期还款，应承担李占江、朱丽敏为实现债权而发生的包括律师代理费、差旅费等费用；东昊公司继续作为贝洪峰的保证人，就补充协议项下的全部债务承担连带保证责任，保证期间至借款全部还清之日止。贝洪峰在该协议借款方处签字，李占江、朱丽敏在出借方处签字，东昊公司在担保方处加盖公章，同时还加盖了该公司法定代表人暨股东张希才的印章。同日，东昊公司就其为贝洪峰从李占江、朱丽敏借款事宜召开股东会，并作出决议：同意东昊公司为贝洪峰向李占江、朱丽敏借款7000万元提供连带责任担保；同意《担保借款合同》及《补充协议》的全部内容。贝洪峰依照《中华人民共和国公司法》有关规定，回避了本次股东会，朱丽冰在股东签字处签字。

李占江、朱丽敏于2012年7月4日与北京市华城律师事务所（以下简称华城律师事务所）签订一份《委托代理协议》，李占江、朱丽敏委托华城律师事务所作为其与贝洪峰等民间借贷纠纷案的诉讼代理人，并约定收费方式为风险代理，支付时间为法院判决后7日。2013年6月24日，李占江、朱丽敏与华城律师事务所又签订一份《代理补充协议》，约定收费方式由风险代理变更为按标的额比例收取律师代理费，费用支付时间由法院判决后支付变更为分阶段支付，前期代理费330万元，于一审法院开庭前30日支付，后期代理费按实现债权金额的5%收取，于债权实现后7日内支付，结案后统一开具收费发票。2013年7月5日，案外人伊春市中润投资有限公司向华城律师事务所汇款330万元，并出具证明证实其代李占江、朱丽敏支付前述案件代理费330万元。华城律师事务所于同年7月8日向李占江、朱丽敏出具了收款收据。

一审法院还查明：根据《收费指导标准》的相关规定，北京市律师事务所代理民事诉讼案件，按标的额比例收取代理费的收费标准为：10万元以下（含10万元）按10%；10万元至100万元（含100万元）按6%；100万元至1000万元（含1000万元）按4%；1000万元以上按2%，并按当事人争议标的额差额累进计费。律师事务所亦可与当事人协商，高于前述指导价格收取代理费用。

一审法院另查明：在合同履行过程中，贝洪峰未按《担保借款合同》的约定向李占江、朱丽敏提供有关报表及相关资料。

借款合同纠纷

2012年7月16日,李占江、朱丽敏以贝洪峰、东昊公司为被告诉至黑龙江省伊春市中级人民法院(以下简称伊春中院)。该院受理此案后根据李占江、朱丽敏的财产保全申请,相继作出(2012)伊中民初字第1-1号、1-2号、1-3号、1-5号民事裁定,查封了贝洪峰所持东昊公司50%股权、东昊公司的土地使用权及在建工程。2012年7月19日,贝洪峰及东昊公司提出管辖权异议,黑龙江高院审理后裁定伊春中院将案件移送管辖。

李占江、朱丽敏诉称:2009年12月14日,李占江、朱丽敏、贝洪峰及东昊公司签订一份《担保借款合同》,约定:贝洪峰从李占江、朱丽敏处借款7000万元用于开发沈阳市皇姑区大学经典房地产项目,期限从2009年12月15日至2010年6月15日。东昊公司对前述借款承担连带给付责任,担保范围包括主债务、利(罚)息、违约金、诉讼费、差旅费、律师费等实现债权的一切费用。合同签订后,李占江、朱丽敏按约履行了义务。2012年4月14日,李占江、朱丽敏又与贝洪峰、东昊公司签订了一份《补充协议》,对贝洪峰的应付利息予以部分减免。但贝洪峰违反《担保借款合同》及《补充协议》的约定,拒绝提供报表资料,不告知借款使用及与第三方存在纠纷的情况,甚至隐匿、对外低价转让财产,故诉请判令:(1)贝洪峰立即偿还借款7000万元;(2)贝洪峰立即支付借款利息(截至2012年4月利息为4000万元,从2012年4月15日至9月14日,按每月70万元计算利息,从2012年9月15日以后,按每月105万元计算至实际给付之日)及因诉讼发生的律师费330万元;(3)东昊公司对前述债务承担连带清偿责任;(4)贝洪峰及东昊公司承担本案诉讼费用。

贝洪峰辩称:(1)案涉借款期限尚未届满,李占江、朱丽敏无权提前起诉要求还款,应驳回其诉讼请求;(2)贝洪峰的实际借款本金并非7000万元,而是4000万元,其余3000万元系利息计入本金,故应按4000万元本金计算还款利息;(3)由于李占江、朱丽敏提前起诉并查封了东昊公司的待售房产,导致贝洪峰不能偿还借款,故不应认定系贝洪峰违约;(4)因贝洪峰并未违约,且李占江、朱丽敏未能提供华城律师事务所开具的正式发票，说明该笔费用未实际发生，故贝洪峰不应承担对方支出的律师费用。

东昊公司辩称：（1）同意贝洪峰的答辩意见；（2）因公司不得为其股东提供担保，故案涉担保无效，况且即便担保有效，因案涉借款期限尚未届满，保证人亦不应承担保证责任；（3）李占江、朱丽敏应赔偿提前保全而给东昊公司造成的损失。

一审法院认为，案涉《担保借款合同》及其《补充协议》均系当事人真实意思表示，内容不违反法律、行政法规的效力性强制性规定，应认定合法有效。案涉的三个争议焦点问题如下：

1. 李占江、朱丽敏是否有权主张贝洪峰提前归还案涉借款。根据《担保借款合同》约定，当贝洪峰不按期还款、有提供报表和各项资料等不真实或其他违约行为时，李占江、朱丽敏有权停止借款并提前要求其归还已借本金。而贝洪峰在合同履行过程中并未按约提供报表及相关资料，已构成违约，且符合双方约定的提前要求归还借款的条件，故李占江、朱丽敏有权按照前述合同约定要求贝洪峰提前还款。李占江、朱丽敏申请财产保全，系当事人依法正当行使诉讼权利，且尚无证据证实该查封行为已给贝洪峰或东昊公司造成损失，故该财产保全行为不影响贝洪峰承担还款责任。

2. 案涉借款合同本息数额如何确定。尽管《担保借款合同》《补充协议》以及贝洪峰给李占江、朱丽敏出具的收条均记载借款本金为7000万元，但根据李占江、朱丽敏交付款项及其当庭自认，借款本金实际为4000万元。李占江、朱丽敏主张其余3000万元系贝洪峰答应给其的酬金，但并未举出证据加以证实。且双方当事人明知案涉借款系经营性借贷，却未约定借款期内的利息，有违常理，贝洪峰主张该3000万元系利息更具可信性，故一审法院确认该3000万元为利息，案涉借款本金应确认为4000万元。从《补充协议》看，双方对于利息数额或计算标准的约定分三个阶段：第一阶段从2009年12月15日至2012年4月14日，利息数额为4000万元；第二阶段从2012年4月15日至2012年9月14日，按每月70万元

借款合同纠纷

计算利息;第三阶段从2012年9月15日起至实际给付之日,按每月105万元计算利息。根据《最高人民法院关于人民法院审理借贷案件的若干意见》第六条关于"民间借贷的利率可以适当高于银行的利率,各地人民法院可根据本地区的实际情况具体掌握,但最高不得超过银行同类贷款利率的四倍,超出此限度的,超出部分的利率不予保护"的规定,前述第一阶段及第三阶段的利息计算均已超出该司法解释规定的标准,故对超出部分不予保护,该期间应按银行同类贷款利率的4倍计算相应利息。第二阶段的利息计算符合该司法解释的规定,故该期间可按双方约定的标准计算相应利息。根据前述计算方法,以4000万元本金为基数,从2009年12月15日至2013年12月10日(一审判决作出之日),按中国人民银行规定的3~5年期贷款基准利率4倍为标准分段计算,案涉借款利息应为40092088元。具体计算方式如下:从2009年12月15日至2010年10月19日(利率调整前一日)共308天,利率标准为5.76%,利息数额应为7884800元(4000万元×5.76%÷360×308天×4=7884800元);从2010年10月20日至2010年12月25日(利率调整前一日)共66天,利率标准为5.96%,利息数额应为1748266.68元(4000万元×5.96%÷360×66天×4=1748266.68元);从2010年12月26日至2011年2月8日(利率调整前一日)共44天,利率标准为6.22%,利息数额应为1216355.56元(4000万元×6.22%÷360×44天×4=1216355.56元);从2011年2月9日至2011年4月5日(利率调整前一日)共55天,利率标准为6.45%,利息数额应为1576666.68元(4000万元×6.45%÷360×55天×4=1576666.68元);从2011年4月6日至2011年7月6日(利率调整前一日)共91天,利率标准为6.65%,利息数额应为2689555.56元(4000万元×6.65%÷360×91天=2689555.56元);从2011年7月7日至2012年4月14日(《补充协议》约定的第二阶段利息起算前一日)共282天,利率标准为6.90%,利息数额应为8648000元(4000万元×6.90%÷360×282天=8648000元);从2012年4月15日至2012年9月14日共5个月,按《补充协议》约定的每月70万元计算,利息数额应为350万元;从

》867

2012年9月15日至2013年12月10日（一审判决作出之日）共451天，利率标准为6.40%，利息数额应为12828444.44元（4000万元×6.40%÷360×451天＝12828444.44元）。

3. 案涉律师代理费用应否支持。根据案涉《补充协议》约定，贝洪峰应对李占江、朱丽敏为实现债权而聘请律师的代理费用承担给付责任。贝洪峰虽主张该笔费用未实际发生，但李占江、朱丽敏与华城律师事务所的《委托代理协议》及《代理补充协议》中明确约定了律师代理费，李占江、朱丽敏业已提供了其向华城律师事务所汇款的凭证，该律师事务所也出具收据证实收到律师代理费，故贝洪峰主张该笔费用未实际发生，不应由其承担给付责任的抗辩理由不能成立。对于应承担的数额，由于《收费指导标准》中对于律师收取代理费已规定政府指导价标准，故贝洪峰应按该指导价标准，并以其尚欠李占江、朱丽敏的债权本息数额为基数，对相应律师代理费承担给付责任。根据《收费指导标准》的相关规定，对于按标的额比例收取律师代理费的民事诉讼案件，其政府指导价的计算方式是按争议标的额以差额累进方式计费。本案中，截至2013年12月10日，贝洪峰尚欠李占江、朱丽敏借款本息80092088元（4000万元本金＋40092088元利息），以《收费指导标准》中规定的差额累进方式计算，律师代理费应为1825841.76元〔计算方式为：10万元×10%＋（100万元－10万元）×6%＋（1000万元－100万元）×4%＋（80092088元－1000万元）×2%＝1825841.76元〕。李占江、朱丽敏与华城律师事务所约定的律师代理费收取标准高于前述指导价标准，且其计算基数亦高于贝洪峰实际尚欠的本息数额，故超出部分应由其自担。

4. 东昊公司应否承担保证责任。鉴于东昊公司已于2012年4月14日就其为贝洪峰提供担保事宜召开了临时股东会并形成同意为贝洪峰提供担保的决议，东昊公司的三名股东除贝洪峰外，朱丽冰已在股东会决议上签字，张希才虽未在决议上签字，但其在《补充协议》上亦加盖印章同意东昊公司为贝洪峰提供担保，即公司的三名股东均同意提供案涉担保。根据《中华人民共和国公司法》第十六条第二款、第三款关于"公司为公司股

借款合同纠纷

东或者实际控制人提供担保的,必须经股东会或者股东大会决议。前款规定的股东会或者受前款规定的实际控制人支配的股东,不得参加前款规定事项的表决,该项表决由出席会议的其他股东所持表决权的过半数通过"的规定,案涉担保行为合法有效,东昊公司对案涉借款应承担连带保证责任。此外,《担保借款合同》及《补充协议》约定的担保范围均包括李占江、朱丽敏为实现债权而支付的律师代理费,故东昊公司对该部分费用亦应承担连带保证责任。

综上,李占江、朱丽敏的部分诉讼主张成立,一审法院相应予以支持。一审法院依照《中华人民共和国合同法》第二百条[1]、第二百零六条[2]、《最高人民法院关于人民法院审理借贷案件的若干意见》第六条[3],《中华人民共和国担保法》第十八条[4]之规定,作出(2013)黑高商初字第9号民事判决:一、贝洪峰于一审判决生效之日起10日内偿还李占江、朱丽敏借款本金4000万元及利息40092208元;二、贝洪峰于一审判决生效之日起10日内给付李占江、朱丽敏律师代理费1825841.76元;三、东昊公司对前述债务承担连带保证责任;四、驳回李占江、朱丽敏的其他诉讼请求。如果未按本判决指定的期间履行给付金钱义务,应当按照《中华人民共和国民事诉讼法》第二百五十三条之规定,加倍支付迟延履行期间的债务利息。一审案件受理费591800元,由李占江、朱丽敏负担162960元,贝洪峰负担428840元;财产保全费5000元,由贝洪峰负担。

贝洪峰、东昊公司不服一审判决,向本院提起上诉,请求:(1)变更一审判决第一项中的利息数额40092208元为27263628.22元;(2)撤销一

---

[1] 对应《中华人民共和国民法典》第六百七十条,内容未作修改。

[2] 对应《中华人民共和国民法典》第六百七十五条:"借款人应当按照约定的期限返还借款。对借款期限没有约定或者约定不明确,依据本法第五百一十条的规定仍不能确定的,借款人可以随时返还;贷款人可以催告借款人在合理期限内返还。"

[3] 该法律文件已失效。

[4] 对应《中华人民共和国民法典》第六百八十八条:"当事人在保证合同中约定保证人和债务人对债务承担连带责任的,为连带责任保证。连带责任保证的债务人不履行到期债务或者发生当事人约定的情形时,债权人可以请求债务人履行债务,也可以请求保证人在其保证范围内承担保证责任。"

审判决第二项，驳回李占江、朱丽敏有关律师代理费的诉讼请求；(3) 一审、二审诉讼费用由李占江、朱丽敏负担。其主要理由如下：

第一，一审判决认定事实错误，贝洪峰没有违约行为，李占江、朱丽敏无权在合同履行期限届满前起诉要求贝洪峰还款并要求东昊公司承担连带保证责任。《补充协议》约定的还款期限为2012年9月30日，李占江、朱丽敏起诉的时间是2012年7月9日，一审判决关于贝洪峰在合同履行过程中未向李占江、朱丽敏提供报表及相关资料，构成违约，且符合双方约定的提前还款条件的认定是错误的。首先，双方当事人在《担保借款合同》中约定的是"乙方有权检查、监督款项的使用情况，甲方应向乙方提供有关报表和资料等"。也就是说，甲方提供报表和相关资料是乙方行使监督权的结果，如果乙方不行使监督权，则甲方无需向其提供相关资料和报表。而李占江、朱丽敏从未向贝洪峰提出此类要求。其次，双方当事人在合同中并未具体约定贝洪峰在用款过程中应当于何时、提供哪些材料和报表，属于相关事项约定不明，且李占江、朱丽敏在诉讼前从未提出过查看相关资料和报表的请求。在此情况下，贝洪峰未提供与用款相关的资料和报表，不属于违约。李占江、朱丽敏以此为由要求贝洪峰提前还款不应得到支持。

第二，一审法院未重新进行财产保全，违反法定程序。一审法院等于对伊春中院无权进行的保全行为、超标的查封等行为予以认可。最初受理李占江、朱丽敏起诉的伊春中院在没有管辖权的情况下，对该案作出的一切决定和裁判都应当归于无效。黑龙江高院受理此案后，虽然贝洪峰和东昊公司已经提供了相关证据证明伊春中院超标的查封并请求一审法院解除超标的查封的房屋，但没有得到支持。

第三，贝洪峰和东昊公司不应承担李占江、朱丽敏起诉并申请财产保全以后所发生的利息。因为贝洪峰和东昊公司没有违约行为，故本不应承担任何利息。考虑到案件审理至今，已经超过了合同约定的还款日期，故认可一审判决确定的欠款本金及至2012年7月16日（起息日）以前的利息。2012年7月16日以后，由于李占江、朱丽敏提前起诉和违法保全，

借款合同纠纷

造成贝洪峰无法按时偿还欠款。故不能按时还款完全是李占江、朱丽敏造成的，贝洪峰和东昊公司不应支付此段时间的利息。

第四，不应支持李占江、朱丽敏要求贝洪峰和东昊公司负担其律师代理费的诉讼请求。双方当事人在合同中并未约定律师代理费数额或计算标准，一审法院在李占江、朱丽敏没有提供律师事务所发票的情况下，根据北京市《律师收费指导标准》，支持了李占江、朱丽敏有关律师费的部分诉讼请求，没有法律依据。

李占江、朱丽敏答辩称：一审判决认定事实清楚、适用法律基本正确。但判决对利息只计算到一审判决作出之日，是不正确的。应该计算到实际还款之日止。

本院二审查明：2009年12月14日，贝洪峰作为甲方，李占江、朱丽敏作为乙方签订的《担保借款合同》第三条第二款约定："乙方有权检查、监督款项的使用情况，甲方应当向乙方提供有关报表和资料等。"该合同第四条第一款约定："发生下列情况之一时，乙方有权停止发放借款并立即收回已经发放的借款本息，直至解除本合同。（1）甲方、丙方提供情况包括但不限于报表和各项材料等不真实。（2）甲方、丙方与第三者发生诉讼，有可能无力向乙方偿付本息……"该条第二款约定："乙方有权检查、监督款项的使用情况，甲方应当向乙方提供有关报表和资料等。"

本院二审庭审中，李占江、朱丽敏提交了华城律师事务所2014年3月为其开具的律师代理费发票。代理费金额为一审判决确定的1825841.76元。

本院二审查明的其他事实与一审法院查明的事实相同。

本院认为，双方当事人于二审期间争议的主要问题是：（1）贝洪峰是否存在违约行为。（2）贝洪峰是否应当承担李占江、朱丽敏起诉并申请财产保全后的利息。（3）贝洪峰是否应当支付李占江、朱丽敏为实现债权所需的律师代理费。（4）东昊公司是否应当承担连带保证责任。

一、关于贝洪峰是否存在违约行为的问题

本院认为，判断贝洪峰是否具有违约行为的依据，是双方当事人签订的《担保借款合同》及其《补充协议》的约定。根据《担保借款合同》的约定，借款期限自 2009 年 12 月 15 日至 2010 年 6 月 15 日。又根据《补充协议》约定，借款期限延长至 2012 年 9 月 14 日。这是确认借款期限以及贝洪峰是否按时还款的依据。但是，《担保借款合同》第四条第一款约定："发生下列情况之一时，乙方有权停止发放借款并立即收回已经发放的借款本息，直至解除本合同。（1）甲方、丙方提供情况包括但不限于报表和各项材料等不真实。（2）甲方、丙方与第三者发生诉讼，有可能无力向乙方偿付本息……"该条第二款约定："乙方有权检查、监督款项的使用情况，甲方应当向乙方提供有关报表和资料等。"本案中，李占江、朱丽敏在借款期限未届满前要求贝洪峰提前归还借款及利息的理由是贝洪峰违反《担保借款合同》第三条第二款、第三款及《补充协议》的相关约定，拒绝提供报表和资料、借款使用情况及与第三方存在纠纷，甚至对出借人隐匿财产、对外低价转让财产。但一审审理中，李占江、朱丽敏指责贝洪峰违约的理由主要集中在其没有提供相关报表和资料上，至于贝洪峰与第三方存在纠纷或者对李占江、朱丽敏隐匿财产或者低价处分财产的情况，一审庭审中并未涉及。因此，在本案中，贝洪峰是否存在违约行为，集中在其是否负有向李占江、朱丽敏提供相关资料和报表的义务，该项义务应当在何时履行，贝洪峰是否未履行该项义务的问题上。通过一审、二审审理已经查明，贝洪峰自收到借款起至李占江、朱丽敏起诉时止，确实未向李占江、朱丽敏提供过任何资料和报表。双方在合同中也从未就提供资料和报表的时间、方式和条件作出具体约定。正因为如此，当事人双方对合同相关内容的理解产生了分歧。本院认为，一审法院认定贝洪峰不提供相关报表和资料的行为构成违约，李占江、朱丽敏因此有权要求贝洪峰提前还款有合同依据，是正确的。而贝洪峰辩称，合同只是将贝洪峰、东昊公司提供情况包括但不限于报表和各项材料等不真实约定为构成违约，不提供上述材料则没有明确规定为违约的理由是不能成立的。《中华人民共和国合同法》第一百二十五条第一款规定："当事人对合同条款的理解有争议的，应当按照合同所使用的词句、合同的有关条款、合同的目的、

交易习惯以及诚实信用原则,确定该条款的真实意思。"双方当事人签订的合同为《担保借款合同》,具体到该合同第四条第一款约定的目的,是为了保证款项的出借方李占江、朱丽敏对款项使用情况的知情权、监督权,以便在发现贝洪峰擅自改变款项用途或发生其他可能影响出借人权利的情况时,及时采取措施、收回款项及利息。用目的解释的原理可以得知,提供不真实的材料和报表固然会影响出借方对借款人使用款项的监督,而不提供相关材料和报表却会使得出借人无从了解案涉款项的使用情况,不利于其及时行使自己的权利。因此,贝洪峰在借款的两年多的时间里,从未向李占江、朱丽敏提供相关材料和报表,属于违约。根据合同约定,在贝洪峰违约的情况下,李占江、朱丽敏有权要求其提前还款并支付利息。

二、关于贝洪峰是否应当承担李占江、朱丽敏起诉并申请财产保全后的利息

本院认为,既然贝洪峰的行为构成违约,那么,按照合同约定,李占江、朱丽敏就有权要求其提前还款并支付利息。换句话说,就是在此种情形下,李占江、朱丽敏要求贝洪峰提前还款并支付利息,贝洪峰是有义务根据对方的请求履行还款付息义务的。至于李占江、朱丽敏选择采取诉讼方式向贝洪峰主张权利并申请财产保全,并不能成为免除贝洪峰依照合同应承担还款及支付利息义务的理由。故贝洪峰上诉请求不承担2012年7月16日李占江、朱丽敏起诉并申请财产保全以后的借款利息的上诉请求不能成立,本院不予支持。

三、关于贝洪峰是否应当支付李占江、朱丽敏为实现债权所需的律师代理费的问题

本院认为,贝洪峰关于其不应当支付李占江、朱丽敏为实现债权所需的律师代理费的上诉请求不能成立。理由是:李占江、朱丽敏是根据《担保借款合同》中有关东昊公司承担保证责任的范围"包括但不限于主债

务、利（罚）息、违约金、诉讼费、差旅费、律师费等实现债权的一切费用"的约定，向贝洪峰、东昊公司主张律师费的。虽然在一审中，李占江、朱丽敏只提供了与华城律师事务所签订的委托代理合同及该律师事务所开出的收据，但一审判决作出后，该律师事务所根据一审判决确定的律师代理费数额开出了发票。该律师事务所指派律师出庭代理诉讼的行为客观存在，华城律师事务所开出的发票证明李占江、朱丽敏为实现债权确实支付了律师代理费。而且，一审法院判决贝洪峰给付李占江、朱丽敏律师代理费数额时，已经参考北京律师的《收费指导标准》对李占江、朱丽敏与华城律师事务所签订的委托代理合同中约定的代理费用作了有利于贝洪峰的调整。鉴于贝洪峰的违约行为是案涉律师代理费产生的根本原因，故对于贝洪峰有关其不应向李占江、朱丽敏支付律师代理费的上诉请求，本院不予支持。

四、关于东昊公司是否应当承担连带保证责任的问题

本院认为，一审判决认定东昊公司应当为贝洪峰向李占江、朱丽敏所借债务承担连带保证责任并无不当。首先，贝洪峰虽然是以个人名义向李占江、朱丽敏借款，但从《借款担保合同》中有关款项用途的约定可以看出，贝洪峰所借款项正是用于东昊公司"经营大学经典项目房地产开发"。因此，东昊公司于2012年4月14日就其为贝洪峰借款担保事宜召开了临时股东会并形成同意担保的决议。该公司仅有的三位股东中除贝洪峰本人外，朱丽冰在股东会议决议上签字，另一名股东张希才在《补充协议》上加盖印章同意东昊公司为贝洪峰担保。上述事实证明，东昊公司为贝洪峰借款担保的行为，既符合《中华人民共和国公司法》有关公司为股东或者实际控制人提供担保的程序性规定，也符合东昊公司通过使用贝洪峰借款开发房地产项目的实际需要。因此，东昊公司有关其不应当承担保证责任的观点不能成立。至于东昊公司提出的担保期限是从《借款担保合同》履行期限届满后开始，李占江、朱丽敏无权在要求贝洪峰提前还款的情况下，要求东昊公司也提前履行保证责任的观点，也是不能成立的。因为作

借款合同纠纷

为保证人的东昊公司并未与债权人李占江、朱丽敏单独签订保证合同，而是与债务人贝洪峰一起与李占江、朱丽敏签订《借款担保合同》及《补充协议》，也就是说，对于《借款担保合同》中约定的贝洪峰的义务，包括在何种情况下李占江、朱丽敏有权要求贝洪峰提前还款，东昊公司是完全清楚的。此种情形下，东昊公司并未于合同中声明拒绝在贝洪峰有义务提前归还借款的情形下承担连带保证责任，则应当视为其接受了《借款担保合同》的全部内容，故在贝洪峰违约并因此负有提前还款义务的条件下，东昊公司不能免除连带保证责任。

贝洪峰在上诉中还提出，在李占江、朱丽敏起诉后，伊春中院根据二人的申请，对贝洪峰和东昊公司的财产进行了保全，且保全标的物的价值远远大于诉讼标的额。但在案件移送黑龙江高院后，黑龙江高院没有重新作出保全裁定，也没有纠正伊春中院的超标的额保全。本院认为，如果贝洪峰认为财产保全使其遭受了损失，应另诉解决。

至于李占江、朱丽敏在二审庭审中提出，一审判决将贝洪峰给付利息的时间截止到一审判决生效之日错误，要求二审法院予以纠正，判决贝洪峰给付利息的时间到实际还款之日止的问题，鉴于其未提起上诉，其该项主张非属本案二审范围，本院不予理涉。

综上所述，本院依据《中华人民共和国民事诉讼法》第一百七十条第一款第一项之规定，判决如下：

驳回上诉，维持原判。

一审案件受理费、财产保全费，按一审判决执行。二审案件受理费109726.53元，由贝洪峰、沈阳东昊地产有限公司负担。

本判决为终审判决。

69. 邵萍与云南通海昆通工贸有限公司、通海兴通达工贸有限公司民间借贷纠纷案[*]

> 应综合设立背景、股东、控制人等多种因素认定公司滥用法人人格和有限责任的法律责任

【裁判摘要】

依据《中华人民共和国公司法》第二十条第三款的规定，认定公司滥用法人人格和有限责任的法律责任，应综合多种因素作出判断。在实践中，公司设立的背景，公司的股东、控制人以及主要财务人员的情况，该公司的主要经营业务以及公司与其他公司之间的交易目的，公司的纳税情况以及具体债权人与公司签订合同时的背景情况和履行情况等因素，均应纳入考察范围。

最高人民法院民事判决书

（2015）民一终字第260号

上诉人（一审原告）：邵萍，女，汉族，1962年6

---

[*] 摘自《最高人民法院公报》2017年第3期。

借款合同纠纷

月28日出生,住云南省昆明市。

委托代理人:黄维,云南天之泰律师事务所律师。

被上诉人(一审被告):云南通海昆通工贸有限公司,住所地云南省玉溪市通海县里山马鞍山。

法定代表人:岳跃,该公司总经理。

被上诉人(一审被告):通海兴通达工贸有限公司,住所地云南省玉溪市通海县里山马鞍山。

法定代表人:陈建明,该公司董事长。

上诉人邵萍与被上诉人云南通海昆通工贸有限公司(以下简称昆通公司)、通海兴通达工贸有限公司(以下简称兴通达公司)民间借贷纠纷一案,云南省高级人民法院(以下简称一审法院或云南高院)于2012年12月15日作出(2011)云高民一初字第4号民事判决,已经发生法律效力。邵萍对该判决不服,向本院申请再审。本院于2013年11月26日作出(2013)民申字第1691号民事裁定,指令云南高院再审本案。云南高院于2015年5月18日作出(2014)云高民再初字第1号民事判决。邵萍对该判决不服,向本院提起上诉。本院依法组成合议庭于2015年12月3日进行了开庭审理,邵萍及其委托代理人黄维,兴通达公司的法定代表人陈建明到庭参加诉讼。昆通公司经传票传唤未到庭参加诉讼。本案现已审理终结。

一审法院经审理查明:

1. 2011年3月29日,邵萍与兴通达公司签订《借款协议》一份,约定兴通达公司向邵萍借款2920万元,借期12个月,借款利息按同期银行贷款利率计算,到期归还本息。昆通公司法定代表人岳跃在该协议上签名。上述款项的履行情况如下:(1)2009年8月29日,邵萍转账100万元至陈建明账户。(2)2010年2月9日,邵萍委托邵丽华汇款100万元给兴通达公司。(3)2010年4月1日邵萍支付现金400万元给兴通达公司。同时,昆通公司给邵萍出具《担保承诺书》一份,承诺昆通公司为兴通达公司向邵萍借款承担连带责任。(4)2010年6月3日,邵萍委托邵皓雪汇款200万元给兴通达公司。(5)2010年6月3日,邵萍委托陈豫汇款200

万元给兴通达公司。（6）2010年6月3日，邵萍委托牟善兰汇款200万元给兴通达公司。（7）2010年6月4日，邵萍委托李婕汇款175万元给兴通达公司。（8）2010年6月4日，邵萍支付现金25万元给陈建明。（9）2010年6月8日，邵萍委托牟善兰汇款200万元给兴通达公司。（10）2010年7月5日，邵萍委托牟善兰汇款808万元至陈建明账户。（11）2010年7月5日，邵萍支付现金92万元给陈建明。（12）2010年8月30日，邵萍委托邵丽华转款200万元至陈建明账户。（13）2011年8月31日，邵萍委托邵皓雪汇款190万元至陈建明账户。（14）2011年9月16日，邵萍委托朱正英汇款30万元至陈建明账户。

2. 2011年3月29日，邵萍与兴通达公司签订《借款协议》一份，约定兴通达公司向邵萍借款1716万元，借期12个月，借款利息按同期银行贷款利率计算。昆通公司法定代表人岳跃在该协议上签名。履行情况如下：（1）2009年6月19日，邵萍委托牟善兰转款100万元给陈建明。（2）2009年7月17日，邵萍委托云南磷化集团有限公司将140万元银行承兑汇票背书转让给兴通达公司。（3）2009年8月18日，邵萍委托云南磷化集团有限公司将50万元银行承兑汇票背书转让给兴通达公司。（4）2009年9月1日，邵萍委托邵丽华汇款90万元给陈建明。（5）2009年10月19日，邵萍委托邵皓雪汇款60万元给陈建明。（6）2009年12月3日，邵萍委托云南磷化集团有限公司将15万元银行承兑汇票背书转让给兴通达公司。（7）2009年12月8日，邵萍委托云南磷化集团有限公司将219600元银行承兑汇票背书转让给兴通达公司。（8）2010年2月9日，邵萍委托云南磷化集团有限公司将30万元银行承兑汇票背书转让给兴通达公司。（9）2010年2月9日，邵萍委托云南磷化集团有限公司将50万元银行承兑汇票背书转让给兴通达公司。（10）2010年3月22日，邵萍委托云南磷化集团有限公司将50万元银行承兑汇票背书转让给兴通达公司。（11）2010年11月15日，邵萍委托邵皓雪汇款165万元给陈建明。（12）2011年4月18日，邵萍汇款4040960元给兴通达公司。（13）2011年4月21日，邵萍支付100万元给兴通达公司。（14）2011年4月21日，邵萍委托邵皓雪汇款100万元给陈建明。（15）2011年4月22日，邵萍委托朱正英汇款80万元给兴通达公司。(16) 2011年9月15日,邵萍委托云南盛世屋宇建筑安装工程有限公司支付100万元给兴通达公司。(17) 2011年9月16日,邵萍交付70万元现金给陈建明。(18) 2011年9月16日,邵萍委托云南盛世屋宇建筑安装工程有限公司支付100万元给兴通达公司。上述18笔付款合计金额17332560元,比《借款协议》载明的借款1716万元多了172560元。

3. 2011年3月18日,兴通达公司出具给邵萍《收据》一份,载明兴通达公司收到借邵萍现金4905000元,有兴通达公司印章及法定代表人陈建明签名、昆通公司法定代表人岳跃签名。

4. 2011年10月10日,兴通达公司出具给邵萍《收款收据》一份,载明兴通达公司收到邵萍借款18895000元,有兴通达公司印章及法定代表人陈建明签名、昆通公司法定代表人岳跃签名。履行情况如下:(1) 2011年6月8日,邵萍按兴通达公司要求代兴通达公司支付现金120万元给马裕昆。(2) 2011年6月24日,邵萍通过银行转款150万元给陈建明。(3) 2011年5月23日,邵萍按兴通达公司要求通过四川省升辉建筑安装工程有限公司汇款200万元给昆明华盛源工贸有限公司(以下简称华盛源公司)。其余的款项,从2011年2月25日至2011年5月24日期间,邵萍委托朱正英、晋宁昆阳凤琼矿产经营部、四川省升辉建筑安装工程有限公司汇款及将《银行承兑汇票》由晋宁县二街乡老高矿粉厂、云南磷化集团销售有限公司等背书转让给兴通达公司。

5. 2011年9月28日,赵光宙借款200万元给兴通达公司。2011年10月10日,兴通达公司向赵光宙出具收到借款200万元的《收款收据》一份,该《收款收据》上有兴通达公司印章及法定代表人陈建明签名,昆通公司法定代表人岳跃签名。2011年10月28日,赵光宙出具《债权转让通知》一份,将该200万元债权转让给邵萍。

6. 2011年2月1日,兴通达公司向陈建华出具《收据》两份,载明兴通达公司收到陈建华借款200万元。2011年10月28日,陈建华出具《债权转让通知》一份,将该200万元债权转让给邵萍。

7. 2011年10月17日,兴通达公司与华盛源公司对账后形成《对账确认函》一份,内容为:截至2011年10月17日止,兴通达公司欠华盛源公司 32568125.44 元（其中货款 27568125.44 元，借款 500 万元）。2011 年 10 月 28 日，华盛源公司出具《债权转让通知》一份，将该 32568125.44 元债权转让给邵萍。

一审法院另查明：兴通达公司于 2009 年 9 月 14 日成立，法定代表人为陈建明，公司股东为陈建明、岳贤、黄云。昆通公司的法定代表人为岳跃，股东为岳修宽、张淑芬。

2011 年 11 月，邵萍向一审法院起诉昆通公司和兴通达公司，请求判令：（1）由昆通公司立即归还邵萍债权本金 106728125.44 元及利息（按照同期银行贷款利率计算至债权本金清偿之日止，截至 2011 年 11 月 1 日利息为 1774042.67 元）；（2）昆通公司的财产优先清偿邵萍的全部债权本金和利息；（3）由兴通达公司承担连带责任；（4）本案全部诉讼费用由昆通公司、兴通达公司承担。

昆通公司答辩称，昆通公司不是本案的适格被告，昆通公司与邵萍没有签订过借款合同，邵萍要求昆通公司承担还款义务没有法律依据。因此，请求驳回邵萍的诉讼请求。

兴通达公司答辩称，兴通达公司成立的目的是接受昆通公司的委托，兴通达公司与昆通公司是代理关系。兴通达公司以自己的名义代表昆通公司与邵萍发生借款关系，主要借款凭证及借款合同均有昆通公司法定代表人签字，所有涉及的资金全部用于昆通公司设备维修和生产经营。经与邵萍进行核实，对邵萍提交的往来凭证及借款金额无异议。因此，请求判令昆通公司承担还款责任。

一审法院认为，本案争议的焦点：（1）借款人是谁；（2）借款本息如何计算。

1. 关于借款人是谁的问题

首先，从邵萍提交的证据看，借款合同的相对方是兴通达公司，实际收款人也是兴通达公司及该公司法定代表人陈建明。其次，根据兴通达公司的申请，一审法院向通海县国税局、秀山分局调取了 2009 年 9 月 16 日《关于昆通公司和兴通达公司生产经营情况的报告》和 2011 年 10 月 25 日《关于昆通公司和兴通达公司税负情况形成原因的报告》的原件，这些文

借款合同纠纷

件只能证明兴通达公司与昆通公司之间存在原材料及产品的买卖关系，不能证明兴通达公司是昆通公司的代理人，受昆通公司的委托向邵萍借款。再次，岳跃在两份《借款协议》《收据》《收款收据》上的签名只是一种见证行为，不能视为昆通公司向邵萍借款，或昆通公司、兴通达公司共同向邵萍借款。最后，邵萍提交的2010年6月3日的《担保书》，是昆通公司为兴通达公司向案外人邵皓雪借款提供担保，不是为本案的借款提供担保，该《担保承诺书》与本案无关联性。虽然，昆通公司在2010年4月1日的《担保承诺书》中，承诺为兴通达公司向邵萍借款400万元提供连带责任担保，但该借款的期限是2010年4月1日至2010年12月1日，至邵萍2011年11月8日提起本案诉讼时，已过6个月保证期间。邵萍主张兴通达公司是昆通公司的代理人，代理昆通公司向邵萍借款无充分证据证实。邵萍诉称款项的借款人为兴通达公司，还款责任应由兴通达公司承担，昆通公司在本案中不承担还款责任。

2. 关于借款本息的问题

邵萍主张的借款金额为106728125.44元，兴通达公司予以认可。但其中的32568125.44元是邵萍受让取得的兴通达公司欠案外人华盛源公司的货款，与本案民间借贷不属同一法律关系。故不将此笔货款纳入本案一并处理，邵萍可另行主张。兴通达公司应归还邵萍的借款本金为7416万元（106728125.44元－32568125.44元）。关于利息，应分段计算。第一，在2011年3月29日前交付的款项有23笔，共计34791600元，因邵萍放弃主张签订协议之前的利息，故该部分的利息从签订协议之日起计算至本案受理前一日止。第二，其余的9笔借款合计11568400元，是2011年3月29日后陆续交付的，每笔借款的利息应从交付次日起开始计算。但因实际交付金额17332560元，比协议约定多了172560元，邵萍是以协议约定金额1716万元主张利息的，故应将2011年9月16日最后一笔付款100万元的计息本金减为827440元。至于其他4笔合计2780万元的借款，因未约定借款期限及支付利息，应从本案受理之日起开始计算利息。

据此，一审法院判决：一、由兴通达公司于判决生效之日起15日内归还邵萍借款本金7416万元；二、由兴通达公司于判决生效之日起15日内归还邵萍借款本金 7416 万元的利息〔其中：（1）以 34791600 元为本金，利息从 2011 年 3 月 29 日起计算至 2011 年 11 月 7 日止；（2）以 4040960 元为本金，利息从 2011 年 4 月 19 日起计算至 2011 年 11 月 7 日止；（3）以 200 万元为本金，利息从 2011 年 4 月 22 日起计算至 2011 年 11 月 7 日止；（4）以 80 万元为本金，利息从 2011 年 4 月 23 日起计算至 2011 年 11 月 7 日止；（5）以 190 万元为本金，利息从 2011 年 9 月 1 日起计算至 2011 年 11 月 7 日止；（6）以 100 万元为本金，利息从 2011 年 9 月 16 日起计算至 2011 年 11 月 7 日止；（7）以 827440 元为本金，利息从 2011 年 9 月 17 日起计算至 2011 年 11 月 7 日止；（8）以 7416 万元为本金，利息从 2011 年 11 月 8 日起计算至本判决确定的履行期限届满之日止〕，按中国人民银行同期同类贷款利率计算；三、驳回邵萍的其他诉讼请求。案件受理费 584310.84 元，由邵萍承担 178214.81 元，由兴通达公司承担 406096.03 元。

邵萍申请再审的请求是，撤销原审判决，改判支持其全部诉讼请求。主要理由是：（1）本案争议的焦点应该是邵萍的债权应由谁承担偿还责任。（2）2011 年 3 月 29 日 2920 万元《借款协议书》、1716 万元《借款协议书》，2011 年 4 月 18 日 4905000 元《收据》，2011 年 10 月 10 日 18895000 元《收款收据》，2011 年 10 月 10 日赵光宙 200 万元《收款收据》上，均有昆通公司法定代表人岳跃的签字，昆通公司与兴通达公司应共同向邵萍承担赔偿责任。（3）昆通公司于 2010 年 6 月 3 日出具的《担保书》，担保书中的邵皓雪是邵萍的女儿及代理人。该担保书直接约束邵萍与昆通公司。（4）兴通达公司成立的目的就是受昆通公司委托为昆通公司处理一切经营活动。因此，邵萍与兴通达公司的合同关系，直接约束委托人昆通公司与第三人邵萍。（5）一审法院未许可兴通达公司提出的对兴通达公司 2009 年 9 月以来的财务收支进行审计的申请，未能确定昆通公司才是本案涉案资金的真正使用人和受益人，程序违法。（6）邵萍向华盛源公司受让取得的 32568125.44 元债权不应另案处理。

兴通达公司对邵萍诉请的债权数额无异议，对邵萍的再审请求及理由无异议。但强调兴通达公司只是昆通公司的代理人，昆通公司才是本案真正的债务人，应改判昆通公司承担本案债务。

借款合同纠纷

昆通公司再审未到庭参加诉讼,进行答辩。

因兴通达公司一审、再审对邵萍提出的通过借款给兴通达公司和受让取得他人对兴通达公司债权的方式,对兴通达公司享有106728125.44元债权的主张予以认可,云南高院再审确认邵萍对兴通达公司享有106728125.44元的债权。

一审法院再审认为,再审争议的焦点是,兴通达公司是否是昆通公司的代理人,邵萍主张的债权是否应当由昆通公司负责偿还。

一审法院再审认为:

1. 邵萍所提供的证据不足以证实兴通达公司成立的目的就是为昆通公司处理一切经营活动,兴通达公司是昆通公司的代理人,兴通达公司以自己的名义向邵萍、赵光宙、陈建华借入资金,与华盛源公司发生业务结算,全部是接受昆通公司的委托,代表昆通公司作出的。因为:(1)从邵萍提交的证据看,涉案的借款合同全部是兴通达公司与邵萍签订的,实际收款人也是兴通达公司及该公司法定代表人陈建明。(2)昆通公司与兴通达公司之间并无委托代理协议,昆通公司只认可其与兴通达公司之间有业务合作关系,否认与兴通达公司之间有代理关系。(3)从一审法院调取的玉溪市中级人民法院执行局2009年6月10日《涉及通海昆通工贸公司债权人会议纪要》看,昆通公司的资产是交由华盛源公司经营管理,债务由华盛源公司协助履行,而不是邵萍主张的成立兴通达公司为昆通公司处理一切经营活动,代理兴通达公司融入资金。(4)从一审法院依兴通达公司的申请向通海县国税局、秀山分局调取的,2009年9月16日昆通公司、兴通达公司给通海县国税局、秀山分局的《关于昆通公司和兴通达公司生产经营情况的报告》,及2011年10月25日昆通公司、兴通达公司给通海县国税局、秀山分局的《关于昆通公司和兴通达公司税负情况形成原因的报告》原件看,其中并无"兴通达公司虽然与昆通公司是两个单位,但是两个单位的所有经营活动是一体的,兴通达公司的所有对外经营业务均是代表和服务于昆通公司的,均是昆通公司的经营业务""兴通达公司是昆通公司的经营业务代理""昆通公司的所有业务均通过兴通达公司名义进行"等表述。其中兴通达公司"对昆通公司的采供和销售采取①原材料平进平出；②产品销售提留微量进销差价（以维持兴通达公司日常基本费用）的方式"的表述，并不能证明兴通达公司与昆通公司是代理关系。

2. 虽然 2011 年 3 月 29 日 2920 万元《借款协议书》、1716 万元《借款协议书》，2011 年 4 月 18 日 4905000 元《收据》，2011 年 10 月 10 日 18895000 元《收款收据》，2011 年 10 月 10 日赵光宙 200 万元《收款收据》上，均有岳跃的签字，但这些借款协议、收款收据均清楚地表明借款人是兴通达公司，而不是昆通公司或兴通达公司与昆通公司。而且，岳跃也并未表明他是代表昆通公司以借款人的身份在上面签字。在无其他证据证明兴通达公司是代理昆通公司向邵萍借款的情况下，不能以此认定昆通公司是这些款项的实际借款人或共同借款人。

至于昆通公司是否是这些借款保证人的问题。《最高人民法院关于审理经济合同纠纷案件有关保证的若干问题的规定》第三条规定："保证人在债权人与被保证人签订的有保证条款的主合同上，以保证人的身份签字或者盖章；或者主合同中虽没有保证条款，但保证人在主合同上以保证人的身份签字或者盖章的，视为保证合同成立。"本案中，上述借款协议、收款收据中均无保证的约定，岳跃也并未表明他是代表昆通公司以保证人的身份在上面签字。岳跃的签字行为不符合法律、司法解释有关保证合同成立的构成要件，不能视为岳跃代表昆通公司对这些债务提供了保证担保。原判将岳跃的签字认定为见证行为并无不当。

3. 昆通公司于 2010 年 6 月 3 日出具的《担保书》，是昆通公司承诺以自己的资产及产品和副产品为兴通达公司向邵皓雪借款提供连带责任担保，而不是为兴通达公司向邵萍借款提供担保，该《担保书》与本案无关。而且，该担保书没有约定担保的数额和期限，邵皓雪借给兴通达公司的款项仅是邵萍主张的全部债权中的一小部分，即使邵皓雪是邵萍的代理人，该《担保书》也不能产生约束邵萍与兴通达公司全部债权债务的法律效力，邵萍不能以此要求昆通公司对其全部债权承担担保责任。再者，邵萍的该请求与其要求昆通公司承担直接还款责任的本案诉讼请求相悖。

4. 代理是一种法律关系，兴通达公司与昆通公司之间是否存在代理关系需要根据法律规定和双方间的委托关系来认定。兴通达公司与昆通公司之间的经济往来情况与两公司之间是否存在代理关系没有必然联系，即使查明两公司之间的经济往来情况也不能证明两公司之间是否存在代理关系，对两公司之间的经济往来情况进行鉴定无助于本案纠纷的解决。因此，原审对兴通达公司提出的，要求对其与昆通公司之间的往来情况进行鉴定的申请不予准许，并无不当。

5. 本案邵萍起诉的是民间借贷纠纷，而邵萍向华盛源公司受让取得的对兴通达公司的 32568125.44 元债权是货物买卖纠纷，不属于同一性质的纠纷。因此，原判将该部分债权不纳入本案的处理，要求邵萍另案处理并无不当。

综上，邵萍及兴通达公司关于兴通达公司是昆通公司的代理人，兴通达公司是代理昆通公司向邵萍借款的主张不能成立。本案现有证据只能证明，兴通达公司是邵萍主张债权的债务人，邵萍的债权应由兴通达公司负责清偿。一审法院认为原判认定事实清楚，适用法律正确，应予维持，邵萍的再审请求不能成立。据此，经一审法院审判委员会讨论决定，依照《中华人民共和国民事诉讼法》第二百零七条第一款的规定，判决维持（2011）云高民一初字第 4 号民事判决。再审案件受理费 584310.84 元由邵萍承担。

邵萍对再审判决不服向本院上诉称：（1）昆通公司与兴通达公司之间在人员、经营、财产等方面混同，应认定两公司人格混同，根据《中华人民共和国公司法》第二十条第三款的规定，两公司应承担连带责任。再审判决认定事实错误。（2）昆通公司法定代表人岳跃在借款协议书中的签字系昆通公司对债务的确认，应与兴通达公司承担连带责任。（3）2010 年 6 月 3 日昆通公司出具的《担保书》系昆通公司对兴通达公司向邵萍所借款项的担保，邵皓雪系邵萍的代理人，该担保书直接约束昆通公司与邵萍，再审判决认定系向邵皓雪借款所提供的担保是错误的。（4）邵萍受让的华盛源公司 32568125.44 元债权应在本案中一并予以解决。（5）原审法院未依邵萍申请对昆通公司和兴通达公司进行财务审计，未能查明两公司的资金往来情况，程序错误。综上，请求：（1）撤销云南高院（2014）云高民再初字第 1 号民事判决和（2011）云高民一初字第 4 号民事判决。（2）判决支持邵萍一审诉讼请求。

在二审庭审过程中，邵萍一方确认，对云南高院再审认定的债权数额及利息计算方式无异议，就其受让的华盛源公司的债权，请求本院一并在本案中作出判决。

兴通达公司答辩称，对云南高院再审判决认定的邵萍一方的债权数额及利息计算方式无异议，但该笔债权的实际借款人为昆通公司。兴通达公司与昆通公司之间存在邵萍所称的人格混同的事实。兴通达公司是为了解决昆通公司被人民法院冻结资产、账户，被税务机关扣留税控机而不能经营等问题而设立的。两个公司财务人员相同、独立做账，统一管理，目的是盘活昆通公司实现盈利并偿还债权人债务。兴通达公司所从事的经营活动与昆通公司相同、与昆通公司之间的纳税经税务部门批准实行平进平出，所融资金全部用于昆通公司的设备改造及生产以及偿还昆通公司债务。因此，兴通达公司是昆通公司的代理人。昆通公司法定代表人岳跃在案涉借款合同、担保书上签字的行为应为昆通公司承担全部债务的意思表示，云南高院将该行为认定为见证行为错误。

昆通公司在二审期间未提供答辩意见。

除云南高院一审查明的事实外，邵萍在本院二审中申请证人华盛源公司股东朱耀和华盛源公司董事长陈建华出庭作证。两人在庭审中陈述了因昆通公司所欠债务被法院强制执行，为盘活昆通公司资产使其盈利以偿还债务，在玉溪市中级人民法院召开的债权人会议上达成会议纪要，由华盛源公司接收经营，后昆通公司自己组建了兴通达公司作为昆通公司对外经营接受融资的平台。华盛源公司在兴通达公司成立后，通过兴通达公司向昆通公司出售焦炭，兴通达公司与昆通公司是一套人员，两块牌子，兴通达公司既无生产设备也无生产条件。兴通达公司认为上述两位证人的陈述与事实相符。

邵萍在二审庭审中提供了如下新证据：

1. 岳贤与昆通公司于2009年8月30日签订的《约定协议》，主要内容是，为启动兴通达公司的运作，岳贤代昆通公司以个人股东身份与陈建明共同组建和运作兴通达公司，但股东的权利和义务由昆通公司承担。该

协议系来源于邵萍与岳贤2015年10月7日及10月10日通过微信的对话及照片。

2. 在中国联合网络通信有限公司曲靖市分公司查询的岳贤所登记手机号的查询单。经当庭验证，该微信号系与岳贤的手机号捆绑，可认定上述协议的复印件系岳贤通过微信向邵萍发送。

3. 邵萍与岳贤于2015年12月1日的通话录音，用以证明前述微信内容系岳贤向邵萍所发。

4. 邵萍与兴通达公司经理李江于2015年12月1日的电话录音，用于证明李江系昆通公司的副总经理及兴通达公司的监事，兴通达公司的股东之一罗海东实质上也是代替昆通公司持股，兴通达公司成立的目的系盘活昆通公司以偿还其债务，兴通达公司与昆通公司之间实际为一套人员、两块牌子的人格混同关系。

5. 2009年7月18日和2009年9月20日昆通公司与兴通达公司签订的两份租赁协议，昆通公司将其"公司内货场以南的11间房屋及300平米的货场和第二层料场"以及"公司大门左侧房屋三间"出租给兴通达公司作办公室使用，租金为每年各3000元。邵萍主张该证据能够证明，兴通达公司和昆通公司的办公地点一致，并且上述租赁合同的租金畸低，两公司通过这种方式实现昆通公司通过兴通达公司进行经营的目的。

6. 2011年10月18日华盛源公司向兴通达公司、昆通公司发出的《关于浦发行贷款逾期的处理办法》，主要内容为华盛源公司从浦发银行贷款1400万元并以供应焦炭形式供至兴通达公司和昆通公司使用。由于两公司未予偿还，华盛源公司向社会贷款后所欠利息由两公司偿还。兴通达公司和昆通公司盖章确认。邵萍以此证明兴通达公司与昆通公司在实际经营上为一体。

兴通达公司法定代表人陈建明当庭陈述对于上述岳贤与昆通公司之间的《约定协议》，在双方签订时其曾经审核过，并且兴通达公司另一股东罗海东也与昆通公司实际股东岳跃签订过类似协议，罗海东系代岳跃持有兴通达公司的股份。但陈建明并未保存两份协议的原件。另外，对于前述邵萍提供的证据及其欲证明的事实，陈建明表示与客观事实相符。兴通达公司设立的目的就是为了成为昆通公司的平台，通过兴通达公司使昆通公司能够恢复经营。兴通达公司从未从事过昆通公司实际经营业务之外的其他业务，兴通达公司的所有经营活动都是按照昆通公司的指示展开，最终的成果也都由昆通公司取得。

本院认为，由于本案一审及一审再审过程中，云南高院以邵萍所受让的华盛源公司的32568125.44元债权与本案所涉债权非同一法律关系为由，对该部分请求未作出审查和认定，同时阐明邵萍可另行起诉。因在二审中对该部分请求的审理将会涉及昆通公司与兴通达公司的抗辩权的行使以及审级利益，因此，二审也不应予以审查，邵萍可另行提起诉讼。

本院认为，本案的争议焦点为，昆通公司是否应当就案涉债务承担连带责任。

第一，2009年6月10日在玉溪市中级人民法院的主持下所形成的《涉及通海昆通工贸公司债权人会议纪要》的内容显示，由于昆通公司被法院查封难以继续经营，为使债权人债权得到清偿，由华盛源公司与昆通公司合作，昆通公司资产交由华盛源公司代为管理，对外债务由华盛源公司汇入法院账户协助执行。虽然华盛源公司与昆通公司之后未按照上述会议纪要的内容合作，但是，该会议纪要能够证明昆通公司由于被法院强制执行而陷入不能经营的状态这一事实。

第二，从工商登记资料及身份证明上看，昆通公司的法定代表人自2007年11月18日变更为岳跃，岳跃系该公司两股东岳修宽与张淑芬之子。岳贤系昆通公司监事，杨琼华系昆通公司工作人员，孔丽菠系昆通公司财务人员。而兴通达公司的工商登记资料显示，兴通达公司于2009年8月27日申请设立登记。岳贤同时为兴通达公司的股东，杨琼华担任兴通达公司的监事，孔丽菠也担任兴通达公司的财务人员。上述证据说明，兴通达公司在财务人员、在主要工作人员以及股东的构成上，存在相互交叉或者相互重合的情形。

第三，邵萍在二审中提供的岳贤与昆通公司于2009年8月30日签订的《约定协议》，虽然在形式上系复印件，但是结合岳贤与邵萍的微信记录、两人于2015年12月1日的通话录音以及陈建明的当庭陈述，可以认

借款合同纠纷

定岳贤系代理昆通公司持有兴通达公司的股权。这说明,昆通公司实际上是通过岳贤持有兴通达公司股权的。

第四,2009年7月18日和2009年9月20日昆通公司与兴通达公司签订的两份租赁协议可以证明,虽然双方系通过租赁合同的形式由兴通达公司承租昆通公司的办公用房及货场和料场,但从其租金约定的数额畸低这一事实来看,双方实际上存在着办公地点、经营设备、生产场地混同的情形。

第五,由昆通公司和兴通达公司于2009年9月16日及2011年10月25日联合向通海县国税局、秀山分局呈报的《关于昆通公司和兴通达公司生产经营情况的报告》和《关于昆通公司和兴通达公司税负情况形成原因的报告》的内容显示,昆通公司在2009年已因拖欠税款被国税部门扣留税控机,自2009年9月兴通达公司对外采购原材料销售给昆通公司,昆通公司所产产品销售给兴通达公司,由兴通达公司再对外销售。兴通达公司作为"昆通公司原、辅料的采购及产品(副产品)销售商,不以盈利为目的,因此对昆通公司的采购和销售采取①原材料平进平出;②产品销售提留微量进销差价(以维持兴通达公司日常基本费用)的方式"。上述证据结合前述2009年6月10日在玉溪市中级人民法院的主持下所形成的《涉及通海昆通工贸公司债权人会议纪要》可知,昆通公司由于被人民法院查封和被国税部门扣留税控机无法继续经营,在与华盛源公司未实际履行上述会议纪要的前提下,又通过岳贤和罗海东代持股权的方式与陈建明设立兴通达公司,兴通达公司设立的目的是恢复昆通公司的生产经营。

第六,邵萍与兴通达公司于2011年3月29日签订的两份《借款协议》,数额分别为2920万元和1716万元,两份《借款协议》上除陈建明作为借款方兴通达公司法定代表人签字之外,还有昆通公司法定代表人岳跃和岳升(系岳跃之弟)的签名。2011年4月18日兴通达公司向邵萍出具的数额为4905000元的收据上,除了陈建明签名之外,岳跃也在该收据上签名。2011年10月10日,兴通达公司向邵萍出具的数额为18895000元的《收款收据》上,除了陈建明签名之外,岳跃也在该收据上签名。上述签名的法律含义可以解释为一审法院所认定的岳跃系作为见证人签名。另外一种则是结合前述昆通公司与兴通达公司在股东持股、财务人员、办公场所等方面存在高度混同的事实,将该签名的法律含义解释为,兴通达公司与邵萍签订借款协议时,均明知兴通达公司的设立目的是通过兴通达公司实现昆通公司的经营,所出借的款项实际用途也都是用于昆通公司的恢复生产及经营。因此,岳跃在上述借款凭证签名的行为实际上是代表昆通公司确认借款关系的行为。本院认为,将岳跃签名的法律意义认定为是见证行为,无其他证据辅佐,也与前述一系列证据所证明的事实形成冲突。岳跃在前述借款凭证上签名的行为也从另外一个侧面说明,昆通公司与兴通达公司存在着高度混同的现象。

综合上述多个证据,可以认定,兴通达公司的设立目的是通过兴通达公司恢复昆通公司的生产经营,昆通公司通过岳贤、罗海东等持股的方式成为兴通达公司的股东,两公司在财务人员、工作人员、经营场所、生产经营等方面存在高度混同的现象。昆通公司通过此种方式设立兴通达公司并利用了兴通达公司的法人独立地位和股东有限责任,损害了邵萍作为债权人的利益。根据《中华人民共和国公司法》第二十条第三款的规定,昆通公司应当对以兴通达公司的名义向邵萍的借款债务承担连带责任。邵萍的上诉主张部分成立,本院予以支持。

综上,由于一审判决未能就多个证据作出综合判断,未能对证据作出准确评价,认定事实错误,仅以兴通达公司非为昆通公司的代理人为由驳回邵萍要求昆通公司承担连带责任的请求,适用法律错误。本院依照《中华人民共和国民事诉讼法》第一百七十条第一款第二项之规定,判决如下:

一、撤销云南省高级人民法院(2014)云高民再初字第1号民事判决;

二、由云南通海昆通工贸有限公司与通海兴通达工贸有限公司于本判决生效之日起15日内连带偿还邵萍借款本金7416万元;

三、由云南通海昆通工贸有限公司与通海兴通达工贸有限公司于本判决生效之日起15日内连带偿还邵萍借款本金7416万元的利息〔其中:(1)以34791600元为本金,利息从2011年3月29日起计算至2011年11月7日止;(2)以4040960元为本金,利息从2011年4月19日起计算至

借款合同纠纷

2011年11月7日止；（3）以200万元为本金，利息从2011年4月22日起计算至2011年11月7日止；（4）以80万元为本金，利息从2011年4月23日起计算至2011年11月7日止；（5）以190万元为本金，利息从2011年9月1日起计算至2011年11月7日止；（6）以100万元为本金，利息从2011年9月16日起计算至2011年11月7日止；（7）以827440元为本金，利息从2011年9月17日起计算至2011年11月7日止；（8）以7416万元为本金，利息从2011年11月8日起计算至本判决确定的履行期限届满之日止〕，按中国人民银行同期同类贷款利率计算；

四、驳回邵萍的其他诉讼请求。

如果未按本判决指定的期间履行给付金钱义务，应当依照《中华人民共和国民事诉讼法》第二百五十三条之规定，加倍支付迟延履行期间的债务利息。

一审案件受理费584310.84元，由邵萍承担178214.81元，由云南通海昆通工贸有限公司与通海兴通达工贸有限公司连带承担406096.03元；再审案件受理费584310.84元，由邵萍承担178214.81元，由云南通海昆通工贸有限公司与通海兴通达工贸有限公司连带承担406096.03元；二审案件受理费584310.84元，由邵萍承担178214.81元；由云南通海昆通工贸有限公司与通海兴通达工贸有限公司连带承担406096.03元。

本判决为终审判决。

审 判 长　姚爱华
审 判 员　贾劲松
代理审判员　姜　强
二〇一五年十二月十六日
书 记 员　王慧娴

70. 王谦与卢蓉芳、宁夏建工集团房地产开发有限公司、第三人宁夏恒昌盛房地产开发有限公司民间借贷纠纷案[*]

> 一审胜诉或部分胜诉的当事人未提起上诉,且在二审中明确表示一审判决正确应予维持,在二审判决维持原判后,该当事人又申请再审的,人民法院不予支持

【案例要旨】

> 一审胜诉或部分胜诉的当事人未提起上诉,且在二审中明确表示一审判决正确应予维持,在二审判决维持原判后,该当事人又申请再审的,因其缺乏再审利益,对其再审请求不应予以支持,否则将变相鼓励或放纵不守诚信的当事人滥用再审程序,导致对诉讼权利的滥用和对司法资源的浪费。

最高人民法院民事裁定书

(2017)最高法民申 2483 号

再审申请人(一审原告、二审被上诉人):王谦,男,1985 年 9 月 27 日出生,汉族,住宁夏回族自治区

---

[*] 摘自《最高人民法院公报》2018 年第 7 期。

借款合同纠纷

银川市金凤区民生花园。

被申请人（一审被告、二审上诉人）：卢蓉芳，女，1975年10月23日出生，汉族，住浙江省东阳市江北街道上卢社区上卢。

被申请人（一审被告）：宁夏建工集团房地产开发有限公司。住所地：宁夏回族自治区银川市金凤区中央大道六号路北二号。

法定代表人：白云程，该公司董事长。

委托诉讼代理人：刘艳宁，宁夏辅德律师事务所律师。

一审第三人：宁夏恒昌盛房地产开发有限公司。住所地：宁夏回族自治区银川市西夏区怀远东路金波小区32号。

法定代表人：肖天娟，该公司董事长。

再审申请人王谦因与被申请人卢蓉芳、宁夏建工集团房地产开发有限公司（以下简称建工集团）、一审第三人宁夏恒昌盛房地产开发有限公司（以下简称恒昌盛公司）民间借贷纠纷一案，不服宁夏回族自治区高级人民法院（2016）宁民终278号民事判决，向本院申请再审。本院依法组成合议庭对本案进行了审查，现已审查终结。

王谦申请再审称：本案符合《中华人民共和国民事诉讼法》第二百条第二项、第六项规定的情形，应予再审。请求：（1）撤销（2015）银民初字第281号民事判决第二项，撤销（2016）宁民终278号民事判决，依法对本案再审；（2）改判卢蓉芳偿还王谦借款本金708万元，并按年利率24%从2015年9月6日支付利息至实际清偿日止；（3）建工集团对上述借款本息承担共同清偿责任，同时判令建工集团在未清偿全部借款本息前，不得处置与本案借款本息同等金额的欣益苑项目土地使用权份额；（4）本案一审、二审、再审费用由卢蓉芳、建工集团承担。事实和理由：（1）一审、二审判决认定事实不完整是造成判决错误的根本原因。借款发生前，王谦与卢蓉芳并不认识。建工集团于2013年12月24日拍卖涉案土地的使用权，卢蓉芳为买受人之一。因卢蓉芳无力支付土地出让金，建工集团介绍卢蓉芳从王谦处借款。建工集团和卢蓉芳故意向王谦隐瞒建工集团与恒昌盛公司已于2014年3月20日就涉案土地签订《联合开发房地产协议》以及约定项目全部收益归恒昌盛公司所有的事实，称该土地系建工集团与卢蓉芳共同开发，致使王谦误以为卢蓉芳拥有该土地使用权，从而因建工集团作出的监管承诺而将款项出借给卢蓉芳。建工集团虽签订《借款协议》，但根本无法按照协议的约定履行监管职责，无法协助王谦实现债权，一审、二审判决对建工集团的重大过错未予认定。（2）一审、二审法院未判令建工集团承担共同清偿责任，认定事实错误，适用法律不当。《借款协议》约定："如该项目未能由建工集团与乙方（卢蓉芳）联合开发时，乙方作出该土地使用权的任何处置前，必须清偿该债务，乙方清偿该债务后方可处置该土地使用权。甲方对开发过程中的全部义务如工程款、劳务费等均不担责。乙方清偿了甲方全部债务后，该土地担保自行解除。"该条款适用的前提是卢蓉芳享有土地使用权，建工集团才能对卢蓉芳未清偿债务而处置土地的行为进行监管。卢蓉芳所购买的土地使用权是其作为股东对恒昌盛公司的出资，土地项目由建工集团与恒昌盛公司联合开发。一审法院明知卢蓉芳对涉案土地不享有使用权，却未认定建工集团的责任，与事实严重不符。基于建工集团、卢蓉芳在借款过程中采取欺诈、隐瞒的手段，使王谦在违背真实意思表示的情况下签订了《借款协议》并出借款项，因此《借款协议》应当被撤销。根据《中华人民共和国合同法》第五十八条的规定，建工集团应当承担共同清偿责任。（3）一审、二审判决未撤销《借款协议》，而是认定《借款协议》合法有效，但却又未按协议约定判决建工集团履行监管职责，判决结果错误。

建工集团提交意见称：（1）本案不存在法定再审情形，王谦的再审申请不能成立。一审、二审法院认定的事实与当事人约定一致，并按《借款协议》的约定，判决卢蓉芳向王谦偿还借款本金及利息，一审、二审判决结果并无不当。我公司并非出借人或借款人、担保人，《借款协议》中也明确约定我公司只监管，不担保。因此，我公司在本案中不应承担任何责任。王谦要求我公司承担共同还款责任无事实及法律依据，违反合同相对性原则。王谦主张我公司不得处置的"欣益苑项目土地使用权"，已被卢蓉芳和肖天娟、黄剑共同通过拍卖竞得，我公司并非该土地的使用权人，对此已不享有权利，无权处置该土地使用权份额。（2）王谦一审时请求支付利息至"生效判决确定给付之日止"，而再审请求利息支付至"实际清偿日止"。王谦一审请求判令"建工集团在卢蓉芳未清偿全部借款本息前，不得处置与本案借款本息同等金额的欣益苑项目土地使用权份额"，而再审请求判令"在建工集团未清偿全部借款本息前，不得处置与本案借款本息同等金额的欣益苑项目土地使用权份额"。王谦的再审请求均与其一审诉讼请求不一致，不应属于再审程序的审查范围。（3）王谦未对本案提起过上诉，且正在申请执行已生效判决，说明其认可一审、二审判决内容，王谦申请再审系增加当事人的诉累。

本院经审查认为，根据王谦的申请再审事由，本院对本案是否应当支持王谦的再审申请进行审查。

《中华人民共和国民事诉讼法》第一百六十四条第一款规定："当事人不服地方人民法院第一审判决的，有权在判决书送达之日起十五日内向上一级人民法院提起上诉。"第一百六十八条规定："第二审人民法院应当对上诉请求的有关事实和适用法律进行审查。"依据上述法律规定，两审终审制是我国民事诉讼的基本制度。当事人如认为一审判决错误的，应当提起上诉，通过二审程序行使诉讼权利。即当事人首先应当选择民事诉讼审级制度设计内的常规救济程序，通过民事一审、二审程序寻求权利的救济。再审程序是针对生效判决可能出现的重要错误而赋予当事人的特别救济程序，如在穷尽了常规救济途径之后，当事人仍然认为生效裁判有错误的，其可以向人民法院申请再审。对于一审胜诉或部分胜诉的当事人未提起上诉，二审判决维持原判且该当事人在二审中明确表示一审判决正确应予维持的当事人，因为其缺乏再审利益，对其再审请求不应予以支持，否则将变相鼓励或放纵不守诚信的当事人滥用再审程序，从特殊程序异化为普通程序。这不仅是对诉讼权利的滥用和对司法资源的浪费，也有违两审终审制的基本原则。

本案中，宁夏回族自治区银川市中级人民法院作出（2015）银民初字第281号民事判决，判令卢蓉芳偿还王谦借款本金708万元及利息（以年利率24%计算，自2015年9月6日起计付至判决确定的给付之日），驳回王谦的其他诉讼请求，王谦对此未提出上诉，应视为王谦接受一审判决结果。卢蓉芳对一审判决不服提起上诉称，建工集团欺骗王谦向卢蓉芳提供借款,王谦系因建工集团出具的承诺才提供借款,建工集团应当对借款承担担保责任。王谦针对卢蓉芳的上诉请求及理由辩称,一审判决认定事实清楚,证据充分,适用法律正确,应予维持。宁夏回族自治区高级人民法院二审仅审查卢蓉芳的上诉请求,并作出相应判决,符合《最高人民法院关于适用〈中华人民共和国民事诉讼法〉的解释》第三百二十三条"第二审人民法院应当围绕当事人的上诉请求进行审理。当事人没有提出请求的,不予审理,但一审判决违反法律禁止性规定,或者损害国家利益、社会公共利益、他人合法权益的除外"之规定。现王谦提出再审请求,主张一审、二审判决遗漏事实、损害其合法权益,明显与其在本案一审判决后未上诉、二审诉讼期间要求维持一审判决的行为相悖,且宁夏回族自治区高级人民法院作出的(2016)宁民终278号民事判决,驳回卢蓉芳的上诉请求,维持原审判决,未改变一审判决对王谦权利的判定,故王谦的再审申请缺乏再审利益,本院对王谦的再审申请不予支持。

综上,本院依照《中华人民共和国民事诉讼法》第二百零四条第一款、《最高人民法院关于适用〈中华人民共和国民事诉讼法〉的解释》第三百九十五条第二款之规定,裁定如下:

驳回王谦的再审申请。

审　判　长　杨永清

审　判　员　汪国献

审　判　员　李　涛

二〇一七年七月二十七日

法　官　助　理　呼延静

书　记　员　陈小雯

借款合同纠纷

71. 黑龙江闽成投资集团有限公司与西林钢铁集团有限公司、第三人刘志平民间借贷纠纷案*

> 对于股权让与担保是否具有物权效力，应以是否已按照物权公示原则进行公示作为核心判断标准

【裁判摘要】

民间借贷合同是否已成立、生效并全面实际履行，应从签约到履约两方面来判断，出借人应举示借款合同、银行交易记录、对账记录等证据证明，且相关证据应能相互印证。

当事人以签订股权转让协议方式为民间借贷债权进行担保，此种非典型担保方式为让与担保。在不违反法律、行政法规效力性强制性规定的情况下，相关股权转让协议有效。签订股权让与担保协议并依约完成股权登记变更后，因借款人未能按期还款，当事人又约定对目标公司的股权及资产进行评估、抵销相应数额债权、确认此前的股权变更有效，并实际转移目标公司控制权的，应认定此时当事人就真实转让股权达成合意并已实际履行。以此为起算点一年以后借款人才进入重整程序，借款人主张依破产法相关规定撤销该以股抵债行为的，不应支持。

---

* 摘自《最高人民法院公报》2020 年第 1 期。

> 对于股权让与担保是否具有物权效力，应以是否已按照物权公示原则进行公示作为核心判断标准。在股权质押中，质权人可就已办理出质登记的股权优先受偿。在已将作为担保财产的股权变更登记到担保权人名下的股权让与担保中，担保权人形式上已经是作为担保标的物的股份的持有者，其就作为担保的股权所享有的优先受偿权利，更应受到保护，原则上享有对抗第三人的物权效力。当借款人进入重整程序时，确认股权让与担保权人享有优先受偿的权利，不构成《中华人民共和国企业破产法》第十六条规定所指的个别清偿行为。
>
> 以股权设定让与担保并办理变更登记后，让与担保权人又同意以该股权为第三人对债务人的债权设定质押并办理质押登记的，第三人对该股权应优先于让与担保权人受偿。

最高人民法院民事判决书

（2019）最高法民终133号

上诉人（一审原告）：黑龙江闽成投资集团有限公司，住所地黑龙江省哈尔滨经开区南岗集中区红旗大街242号2111室。

法定代表人：纪雪梅，该公司董事长兼总经理。

委托诉讼代理人：陈学芳，黑龙江翔策律师事务所律师。

委托诉讼代理人：温勇，辽宁欣合律师事务所律师。

上诉人（一审被告）：西林钢铁集团有限公司，住所地黑龙江省伊春市西林区新兴大街。

法定代表人：苗青远，该公司董事长。

委托诉讼代理人：张晓霞，北京天驰君泰律师事务所律师。

委托诉讼代理人：王丹，北京天驰君泰律师事务所律师。

一审第三人：刘志平，男，1958年12月24日出生，汉族，住黑龙江省哈尔滨市。

委托诉讼代理人：张忠起，北京市肯邦律师事务所律师。

上诉人黑龙江闽成投资集团有限公司（以下简称闽成公司）因与上诉人西林钢铁集团有限公司（以下简称西钢公司）、一审第三人刘志平民间借贷纠纷一案，不服黑龙江省高级人民法院（2017）黑民初154号民事判决，向本院提起上诉。本院于2019年1月21日立案后，依法组成合议庭公开开庭审理了本案。上诉人闽成公司的委托诉讼代理人陈学芳、温勇，西钢公司的委托诉讼代理人张晓霞、王丹，一审第三人刘志平的委托诉讼代理人张忠起到庭参加诉讼。本案现已审理终结。

闽成公司向本院提出上诉，请求：撤销黑龙江省高级人民法院（2017）黑民初154号民事判决主文第二项；确认刘志平所持有逊克县翠宏山矿业有限公司（以下简称翠宏山公司）64%股权让与担保合法有效，请求对上述64%股权进行折价、拍卖、变卖所得价款优先受偿闽成公司全部借款本息；西钢公司承担本案诉讼费、评估费、保全费等全部诉讼费用。主要理由：（1）一审判决未对案涉让与担保确认为合法有效，违反法律规定，严重侵害闽成公司合法权益。第一，依据《借款合同》约定，刘志平与西钢公司的真实意思表示是以将西钢公司享有的翠宏山公司64%股权转让到刘志平名下的形式作为债权担保，其性质为让与担保，是一种广泛使用的非典型担保方式。第二，设定让与担保的目的在于当债务不履行时债权人有权就担保标的物优先受偿。西钢公司不能履行还款义务时，债权人有权通过清算，对担保标的物拍卖折价后，从变价款中优先受偿，一审法院未支持该诉讼请求错误。第三，案涉担保物已在工商部门变更登记至刘志平名下，具有物权公示作用以及对抗第三人效力，能够限制该股权转让或以其他形式处分，形式上已取得担保物的所有权，有排除第三人的优先效力。(2) 一审判决适用法律错误,不当剥夺闽成公司对案涉担保股权主张优先受偿的权利,应予纠正。一审判决认为,如闽成公司以翠宏山公司64%股权优先受偿,违反《中华人民共和国企业破产法》(以下简称《企业破产法》)第十六条人民法院受理申请后,债务人对个别债权人的债务清偿无效的规定,属适用法律错误,属错误解读《企业破产法》有关条款规定。理由有二:一是,闽成公司(即刘志平)与西钢公司的债权担保不是在西钢公司申请破产或人民法院受理破产后才约定并实施的,而是早在2014年就作出约定并实际履行。对于上述事实,一审判决予以认定。故此,一审错将闽成公司(即刘志平)与西钢公司约定债权担保并优先受偿与破产后对一般债权人的清偿相混淆,导致对案涉债权担保错误适用《企业破产法》第十六条规定。二是,闽成公司(即刘志平)案涉债权担保在西钢公司破产程序中应依法受到保护,依据《企业破产法》第一百零九条规定,闽成公司是对破产人,即西钢公司特定财产享有担保权的权利人,对该特定财产享有优先受偿的权利。若还有未能完全受偿部分,作为普通债权处理。优先受偿授予债权人就该担保财产享有折价或拍卖、变卖所得价款优先于其他债权人受偿的权利。一审法院错误适用法律,违法剥夺闽成公司依据合法有效的担保物权取得的法律赋予的优先受偿权,严重侵害闽成公司合法权益。2019年2月11日,闽成公司向本院提交《增加上诉请求申请书》,请求二审改判借款金额8.75亿元利息按照税前年息23.5%分段计息,增加利息金额216967465.75元。主要理由为西钢公司已经破产,无法按判决履行纳税义务。经向税务机关了解,西钢公司不能纳税,纳税义务人闽成公司先行缴纳全部税款,可向缴纳税款的相对人另行追偿。鉴于西钢公司破产,闽成公司无法实现追偿的可能。开庭前,闽成公司撤回该项新增加的诉请。二审庭审中,闽成公司委托诉讼代理人表示:"合同签订时,应该考虑是纳税主体应该是闽成公司,但是西钢公司应该是代扣代缴义务人。原审判决支持了税后18%的金额,曾经我们在上诉过程中,也考虑西钢公司处于破产重组过程中,还是否有代缴能力,也希望合议庭能够考虑纳税主体和实际承担问题。"

西钢公司辩称:闽成公司不享有对翠宏山公司64%股权的优先受偿

借款合同纠纷

权,一审认定西钢公司与闽成公司及刘志平约定的让与担保不具有物权效力和对抗第三人效力正确。(1)西钢公司与闽成公司关于翠宏山公司股权让与担保的约定属于为逃避债务而隐匿、转移财产的行为,应当被认定为无效。2014年6月,西钢公司已处于严重经营困难,资产面临被查封和执行危险。为了保留优质资产、逃避对其他债权人清偿,西钢公司将所持有的翠宏山公司股权以让与担保形式转让给闽成公司的代表刘志平,属于为逃避债务而隐匿转移财产的行为。2018年6月11日,西钢公司已经正式进入破产程序。因此,本案应当适用《企业破产法》第三十三条规定。(2)本案的让与担保不能产生优先受偿效力。第一,让与担保违反物权法定及物权公示原则,《中华人民共和国物权法》(以下简称《物权法》)和《中华人民共和国担保法》(以下简称《担保法》)均未对让与担保作出规定。只有《物权法》及其他法律中明确规定的物权种类,才能获得法律认可并取得物权效力。让与担保作为当事人间的约定,能够产生债权效力,不能产生与抵押权、质权、留置权同样的物权效力,不能对抗第三人,无法取得优先于其他债权人的受偿权。第二,从合同内容看,闽成公司也无法享有对翠宏山公司股权的优先受偿权。闽成公司与西钢公司签订的协议书中没有约定让与担保形式的后果是优先受偿。2014年6月签订的《协议书》约定在西钢公司不能偿还债务时,刘志平成为翠宏山公司的股东。该条款属于典型的"流质契约"约定,应属无效。2015年8月签订的《补充协议书》约定刘志平在西钢公司不能清偿债务时有权对外出售翠宏山公司股权,同样没有约定刘志平享有优先受偿权。第三,破产中的让与担保不能享有与法定担保物权相同的别除权效力。根据《企业破产法》第一百零九条规定和全国人大常委会法工委对该条款的释义,在破产程序中能够享有优先受偿权的,严格限定于物权法和担保法中规定的法定担保物权人,而不能包含其他非典型担保的权利人。第四,刘志平就其形式上持有的翠宏山公司股权进行质押。2014年12月,刘志平与中国民生银行股份有限公司大连分行(以下简称民生银行大连分行)签订《最高额担保合同》,以刘志平持有的翠宏山公司64%股权设定质押并办理股权出质设立登记手续。2017年10月,辽宁省高级人民法院以(2017)辽民初44号民事判决确认，民生银行大连分行对刘志平提供的质押财产享有质权，并享有优先受偿权利。可见，刘志平不能就其持有的翠宏山公司64%股权享有优先受偿权。第五，判定刘志平享有对翠宏山公司64%股权的优先受偿权，将严重损害其他债权人的利益。2018年12月24日，黑龙江省伊春市中级人民法院作出（2018）黑07破1—5号民事裁定，裁定批准西钢公司等四十家公司重整计划草案，在广大债权人支持配合下，西钢公司已进入重整计划执行期。翠宏山公司64%股权是重整计划中待二次分配的破产财产，此时，如果对闽成公司原本就存在极大争议的让与担保优先受偿权予以认定，势必会激发其他债权人的不满情绪，容易引发社会矛盾，对西钢公司等四十家公司的破产重整造成不利影响。综上，闽成公司提出的上诉理由不能成立，黑龙江省高级人民法院（2017）黑民初154号民事判决主文第二项内容正确，应予维持。

西钢公司向本院提起上诉，请求：撤销黑龙江省高级人民法院（2017）黑民初154号民事判决主文第一项，依法改判确认西钢公司对闽成公司承担2.5亿元借款本息或者发回重审；一审、二审案件受理费及财产保全费由闽成公司承担。事实与理由：（1）一审判决基于《借款合同》《抹账协议》《协议书》《补充协议书》，认定闽成公司对西钢公司享有的债权本金数额为1059244471.52元错误。第一，西钢公司向闽成公司借款的本金数额只有2.5亿元。西钢公司收取的向闽成公司及其平台公司的借款只有2013年6月25日从汤原县铭祺矿产品商贸有限公司（以下简称铭祺公司）汇入西钢公司账户的1亿元、2013年7月25日闽成公司汇入西钢公司账户的1亿元以及2014年2月11日闽成公司汇入西钢公司账户的5000万元，合计2.5亿元。该三笔借款发生时，双方并未签订借款合同。一审判决认定的其他各笔借款均发生于闽成公司、哈尔滨闽龙房地产开发有限公司（以下简称闽龙公司）与西林钢铁集团阿城钢铁有限公司、西钢集团灯塔矿业有限公司、大连奥尔贸易有限公司、大连凯阳贸易有限公司、翠宏山公司（以下分别简称为阿钢公司、灯塔公司、奥尔公司、凯阳公司，或统一简称为实际借款人）之间，且上述借款行为发生时，各出借人与实际借款人之间虽未签订借款合同，但实际借款人均将收取的款项作

借款合同纠纷

为本单位的对外债务,在财务上记入"其他应付款"科目。第二,《借款合同》《抹账协议》《协议书》《补充协议书》系西钢公司为逃避其他债权人的执行而与闽成公司通谋形成,并非各方当事人真实意思表示,应属无效。西钢公司在二审庭审中表示,主张《借款合同》《抹账协议》《协议书》《补充协议书》无效的法律依据主要是《中华人民共和国民法总则》(以下简称《民法总则》)第一百五十四条"行为人与相对人恶意串通,损害他人合法权益的民事法律行为无效"、《企业破产法》第三十三条第一项"涉及债务人财产的下列行为无效:(一)为逃避债务而隐匿、转移财产的"等规定。2014年年中,钢铁市场低迷,银行抽贷,造成西钢公司资金链断裂,多笔巨额负债无力偿还,全国多家法院对西钢公司资产欲采取保全和执行措施。翠宏山公司股权和西钢集团哈尔滨龙郡房地产开发有限公司(以下简称龙郡公司)股权系西钢公司仅存的优质资产,如果被执行,西钢公司将完全失去再生能力。而且,西钢公司资产中涉及巨额工人生产自救金,如被执行,工人的投入将无法收回,面临较大的维稳风险。基于以上原因,为了保全西钢公司资产,避免倒闭,经西钢公司与闽成公司研究决定,将西钢公司持有的翠宏山公司及龙郡公司股权暂时转移到闽成公司名下,但双方明确,该股权的转让只是表面的、暂时的,并不是双方真实的意思表示。为了达到股权转让目的,西钢公司与闽成公司约定以让与担保的方式来实现。由于龙郡公司与翠宏山公司的股权价值较大,而闽成公司对西钢公司的债权数额相对较小(只有2.5亿元),为了形式上的完善,双方协商扩大西钢公司对闽成公司的债务范围和数额,具体通过签订抹账协议的方式将实际借款人对闽成公司、闽龙公司等的债务一并承接过来,合计7.65亿元。自此,西钢公司对闽成公司负债从2.5亿元增至10.15亿元。通过订立抹账协议增大债务同时,为防止其他债权人提出异议,西钢公司与闽成公司指定的刘志平又补签了一系列《借款合同》,形式上造成借款合同签订时间在前,转账行为在后的错觉,以达到与资金流向一致的目的;内容上,将实际转账、抹账行为改为借款主体出借人刘志平和借款人(西钢公司)的指令转账行为。之后,通过签订《协议书》《补充协议书》方式,以为上述债务提供担保的名义,将西钢公司持有的翠宏山公司64%股权和龙郡公司100%股权转移给闽成公司指定的刘志平,并完成工商变更登记,从而排除了其他债权人对上述西钢公司财产的执行。签订上述协议,符合通谋虚伪意思表示的构成要件,依据《民法总则》第一百四十六条"行为人与相对人以虚假的意思表示实施的民事法律行为无效"的规定,应属无效。一审判决认定,"由于本案书面合同是真实的,因此,意思表示就是真实有效的",将表意人表示于外部的意思等同于其内心的真实意思,忽略了民法、《中华人民共和国合同法》中有关订立合同时出现行为人非真实意思表示的情形的规定,对西钢公司提出的订立合同的真实意思与书面合同内容不一致的证据没有进行全面审查和论证,对于西钢公司提出的证据调查申请和鉴定申请不予准许,导致事实认定的根本性错误。基于以上两点,闽成公司对西钢公司实际享有的债权本金数额为2.5亿元,而非一审认定的1059244471.52元。(2) 一审判决将龙郡公司股权转让行为认定为抵债行为,并认为该抵债行为已经履行完毕,进而将362043732元从西钢公司债务中扣减是错误的。第一,龙郡公司股权变更是为了实现西钢公司与闽成公司达成的合意,即保护西钢公司资产,避免其他债权人执行,并不是为了抵偿债务。第二,龙郡公司股权变更协议并未实际履行。一审中,闽成公司主张龙郡公司部分资产的评估值可直接扣抵其对西钢公司享有的债务,系依据2014年6月13日西钢公司与刘志平签订的《协议书》、2015年8月13日西钢公司与刘志平签订的《补充协议书》,内容为西钢公司将龙郡公司股权转让给刘志平,用于保证其债权的实现。据此,上述协议没有抵债之意思表示,且闽成公司或闽成公司指定的刘志平均没有实质持有该部分股权的意愿,所以,上述协议签订后,闽成公司未实际控制龙郡公司,龙郡公司100%股权的实际权利人仍为西钢公司。2017年5月15日,西钢公司与刘志平又签订《协议书》,该协议书未对双方债权债务予以核算,也未就龙郡公司抵债范围、抵债方式予以明确。而且,上述协议签订后,龙郡公司仍未完成实际交接。所以,在西钢公司对实际交接一事抗辩,闽成公司又未能举证证明已完成接收、控制的情形下,一审判决认为"双方当事人均对于龙郡公司已由闽成公司实际接收控制这一事实均无异议",从而认定龙郡公司抵债行为已经

借款合同纠纷

履行完毕,缺乏事实和法律依据。第三,依据现有证据,龙郡公司股权不具备直接抵债的条件。一是,2017年5月签订的《协议书》第1.1条约定,西钢公司对刘志平的债务确切金额以双方对账后确认的金额为准。截至目前,双方并未就龙郡公司让与担保的债权数额予以确认。二是,2017年5月签订的《协议书》第2.2条约定,龙郡公司资产价值的确定以评估机构的评估价为基础,上下浮动不超过5%,由甲乙双方协议确认。据此,即使双方共同选定黑龙江东宇振业资产评估有限公司(以下简称东宇公司)对龙郡公司部分资产进行评估,但是依据上述约定,东宇公司出具的评估价仅是双方商议抵债金额的依据,其可作为抵债金额的基础,但并非抵债金额本身。由于评估范围仅包含龙郡公司部分资产,但闽成公司主张抵偿龙郡公司100%股权,故,在委托鉴定出具的评估价的基础上双方需要进一步商议具体抵偿金额和方式。三是,东宇公司作出的黑东评报字〔2017〕第30号《关于对哈尔滨龙郡房地产开发有限公司部分资产负债项目资产评估报告》(以下简称《资产评估报告》)中将龙郡房地产项目中的未决事项、法律纠纷等不确定因素列支为办理超建筑面积5783平方米处罚手续费用暂按51740000元估算,停工索赔费用暂按51692226元估算,两项金额合计1亿余元,作为不可预见支出事项直接从龙郡公司的评估价中予以扣减。对此,西钢公司认为东宇公司出具的评估报告的该项评估内容暂列金额虚高且缺乏依据。闽成公司在一审中提交的证据二十八显示,龙郡公司办理超建筑面积的处罚金额仅90余万元,不足评估价格的1.8%。由此可见,东宇公司作出的评估价确有问题,在西钢公司向东宇公司提出异议,又在一审庭审中继续提出异议的情形下,一审法院不予审查,反而以西钢公司未能提供东宇公司出具的相关答复意见为由,认为西钢公司的抗辩主张不成立。该认定是错误的。第四,准许闽成公司将龙郡公司股权作价、抵债,损害了其他债权人的合法权益。2018年6月11日,黑龙江省伊春市中级人民法院作出(2018)黑07破申1号民事裁定书和(2018)黑07破1—1号决定书,宣告西钢公司进入破产重整程序。西钢公司为了保全资产,在没有任何对价的情况下承接了实际借款人的巨额债务,并以龙郡公司100%股权作为担保,办理了工商变更手续。但2014年至今，龙郡公司并未真正完成股权转让，西钢公司与闽成公司也未对龙郡公司的抵债金额、抵债方式达成一致意见。一审认定抵债行为已经完成，明显是对个别债务人的清偿，违反《企业破产法》的相关规定，侵害其他债权人利益。(3) 西钢公司在一审中为证明《抹账协议》《借款合同》《协议书》等为通谋虚伪意思表示，向一审合议庭提交了鉴定申请和调查证据申请书，但未获准许。第一，《借款合同》是闽成公司主张西钢公司为原始债务人的唯一证据，但《借款合同》内容与《抹账协议》内容相矛盾。为证明该《借款合同》并非在其所署日期签订，也不是在发生转账汇款前签订，西钢公司申请对案涉八份《借款合同》为同一时间形成进行司法鉴定，但法庭均以"经合议庭合议后决定"为由进行推脱，直至最后一次庭审也未予答复。西钢公司认为，《借款合同》系本案争议的关键性证据，一审法院对于应当鉴定的事项拒绝鉴定或者不予答复，致使本案基本事实未能查清。第二，刘志平是本案的关键当事人，其代表闽成公司与西钢公司通谋实施了虚假表示。本案中，《抹账协议》《借款合同》权利承接主体均为第三人刘志平，因此，刘志平属必须到庭的当事人。一审庭审中，西钢公司多次申请要求刘志平本人到庭接受询问，法庭均不予理会。西钢公司不得已向法庭提交调查证据申请并列出询问提纲，请求法庭对刘志平询问并制作询问笔录，但法庭仍拒绝询问。一审法院对于西钢公司上述取证申请的拒绝，造成西钢公司提出的事实主张没有证据能够证明，由此造成一审判决认定事实错误。(4) 应当裁定中止本案诉讼程序，等待黑龙江省伊春市中级人民法院（2018）黑 07 民初 32 号案件［以下简称（2018）黑 07 民初 32 号案件］的审理结果。一审中，西钢公司进入破产程序。在破产管理人主持下，债权人佳木斯东兴煤化工有限公司（以下简称东兴公司）在申报登记债权时，认为西钢公司与刘志平等主体的交易存在明显不当，涉及虚增债务、个别债权人优先受偿等，严重损害东兴公司公平受偿权利。2018 年 9 月，东兴公司以西钢公司为被告，闽成公司、灯塔公司、奥尔公司、凯阳公司、翠宏山公司、闽龙公司、刘志平、关文吉、卢立国为第三人，向黑龙江省伊春市中级人民法院提起诉讼，要求撤销西钢公司与上述第三人签订的系列《抹账协议》《借款合同》及 2014 年

借款合同纠纷

6月13日、6月20日订立的股权让与担保《协议书》，并确认第三人刘志平对龙郡公司100%股权和翠宏山公司64%股权不享有优先受偿权。黑龙江省伊春市中级人民法院已经受理该案，案号为（2018）黑07民初32号。鉴于案外人东兴公司请求撤销的《借款合同》《协议书》是闽成公司向西钢公司主张债权的唯一依据，西钢公司认为本案与上述正在审理的（2018）黑07民初32号案件存在事实认定上的牵连关系。根据《中华人民共和国民事诉讼法》（以下简称《民事诉讼法》）第一百五十条第一款第五项规定，本案应以（2018）黑07民初32号案件的审理结果为依据，应当中止本案诉讼。西钢公司在一审已提出诉讼中止申请，但未获准许。综上，一审判决在事实认定、调查证据等方面均存在错误，请求二审法院撤销一审判决，予以改判。上诉期届满后，本院于2019年2月25日收到西钢公司邮寄给本院的一份新的上诉状，上诉请求第一项变更为"撤销（2017）黑民初154号民事判决第一项，依法确认上诉人对被上诉人承担1059244471.52元借款的本金，龙郡公司抵债的465475958元从中予以扣除"；在本院收到该上诉状前，西钢公司电话申请撤回。二审庭审中，西钢公司委托诉讼代理人又提出变更上诉请求为"（1）撤销（2017）黑民初154号民事判决第一项，依法改判确认上诉人对被上诉人承担339244471.52元借款本金及利息。（2）一审、二审案件受理费用及财产保全费由被上诉人承担"。理由是阿钢公司与西钢公司合并重整，故西钢公司承认阿钢公司对闽成公司的4500万元债务；刘志平分九笔打入西钢公司账户的4300余万元，西钢公司承认是西钢公司应偿还的借款；另有一笔65万元的律师费，也应由西钢公司偿还。另，西钢公司放弃发回重审的诉讼请求。

闽成公司辩称：西钢公司在上诉状中陈述的三点上诉理由，均无事实及法律依据，应予驳回。（1）一审认定的本金数额无误，《借款合同》《协议书》《补充协议书》抵债《协议书》均合法有效。第一，龙郡公司在建工程、翠宏山公司股权均质押在先，不存在隐匿保存优质资产、虚构夸大债务、排除其他债权人清偿的可能性，担保资产也不是西钢公司仅存的资产。北京市高级人民法院（2016）京民终197号民事判决（中国进出口银行与西钢公司等金融借款合同纠纷二审民事判决）认定，2013年6月20日，西钢公司将子公司龙郡公司核心资产西钢嘉苑房地产在建项目及占地使用权抵押给中国进出口银行，签有《在建工程抵押合同》，至终审判决生效，才确认抵押无效。逊克县市场监督局提供的翠宏山公司《公司股权设立登记表》记载，西钢公司享有翠宏山公司80%股权，早在2013年9月就质押给民生银行大连分行。2014年12月，为避免西钢公司破产，闽成公司再次被迫同意将该股权质押给民生银行大连分行，为西钢公司贷款4.9亿元。2016年7月7日，西钢公司将其持有的伊春北方水泥有限公司20%股权（价值3000万元）转让给李占江。目前，西钢公司还持有灯塔公司63%股权，注册资本金24900万元。综上，从哪一时点、哪一角度来看，都不存在隐匿之说。第二，"恶意串通"是西钢公司为逃避债务编造的口实，既不符合事实，也不合情理。在闽成公司自身巨额借款债权没有任何担保保障、西钢公司分文未付情形下，闽成公司没有理由损害自身权益与西钢公司恶意串通而替西钢公司保护资产。本案借款是真，签约是真，债务担保是真，恶意串通、隐匿财产说法不成立。第三，认定借款本金为10.59亿元有充分的事实及法律依据。本案借款合同盖有西钢公司公章，有法定代表人亲笔签字，且借款合同与银行转账票据相互印证。借款合同为实践性合同，以借款到账为生效条件，无论是否是借款前签订借款合同，还是款到后补签，均不影响借款合同效力。西钢公司一审庭审提出，对八份案涉借款合同形成时间鉴定，无法律意义，属拖延诉讼。西钢公司主张闽成公司与西钢公司恶意串通，负举证证明责任，却未能提出证据证明，依法承担举证不能后果。按交易习惯，西钢公司各子公司没有向债权人闽成公司提供任何担保物，闽成公司不可能借出巨额款项。第四，《抹账协议》内容与借款协议并不矛盾。《抹账协议》属财务处理协议，为各公司账目的一种处理方式，与借款合同并不矛盾。《抹账协议》是西钢公司起草的模板文件，其中出现数处笔误，但不影响债权债务关系的认定，《抹账协议》在先，《补充协议》（2014年、2015年）、《抵债协议》（2017年）在后。结合全案证据，尤其是形成在后的多份补充协议、抵债协议，可以明显判断债权债务主体不存在认定不清的问题。无论借款从哪

借款合同纠纷

一家子公司走账,最终实际被西钢公司统一救急调用。第五,西钢公司在一审庭审中,自认其余多笔借款。对刘志平汇入西钢公司的4300万元,西钢公司已自认,一审庭审笔录有记载。2018年12月24日,西钢公司等四十家企业被法院裁定合并破产。破产管理人在重整计划中指出,西钢公司与阿钢公司等公司"在人员、管理、业务、财产及资金使用等方面存在一体化现象,且相互之间存在高额的关联债务和相互担保"。据此,对汇入阿钢公司的4500万元借款,应由西钢公司偿还。西钢公司在一审提交的补充证据汇款票据中可以看出,奥尔公司、凯阳公司在收到上亿元借款当天,即将款项汇入灯塔公司账户。西钢公司通过深圳市瑞安达实业有限公司(以下简称瑞安达公司)持有灯塔公司63%股权,属实际控制人。一审开庭时,西钢公司提供灯塔公司原始财务账目举证,反证西钢公司为瑞安达公司实际控制人。据此,打入灯塔公司的2.3亿元用于何处,应由西钢公司解释说明。2016年4月14日汇入的65万元,西钢公司高管刘文波出具借条。在后签订的《补充协议书》中确认由西钢公司承担。西钢公司一审提供翠宏山公司借款明细表记载,卢立国、关文吉两人涉及的1.4亿元为"集团借款翠宏山挂账",说明该笔款项是西钢公司实际支配。在灯塔公司借款明细表上标明,"集团公司借款灯塔公司挂账""集团公司借款奥尔公司挂账"。西钢公司在一审答辩状中主张,1.4亿元借款利息不应为14.3%,而是10%,并没有否认债权债务存在。第六,刘志平不属必须到庭当事人,本人是否到庭并不影响案件事实查明及实体处理。一审前两次庭审,刘志平本人出庭;后两次虽未到庭,但已委托律师参加诉讼,刘志平还向法庭出具了本人签字确认的书面答辩意见。二审庭审时,闽成公司委托诉讼代理人补充答辩认为,"在前两次开庭结束以后,西钢公司派出自己的相关人员,以送达传票方式到刘志平家里去干扰,刘志平不敢继续出庭,转而委托律师代为出庭,本案不是跟身份有关的案件,所有的案件事实刘志平在前两次出庭时作了陈述,提交了书面答辩状,同时也有委托律师代为出庭。"(2)龙郡公司代物清偿已完成,依法有效。龙郡公司在本案中的争议已经不是让与担保是否有效的问题,实质是代物清偿是否有效的问题。第一,法院对双方签订的抵债《协议书》效力应予认定。西钢公司、刘志平与龙郡公司三方签订的抵债《协议书》第3.1条约定,"本协议生效后,甲方将龙郡公司100%的股权转让给乙方,乙方享有的相应数额债权得以抵销",当事人有消灭旧债合意。第二,龙郡公司股权抵债已完成。西钢公司一审庭审时自认龙郡公司实际由闽成公司控制。签订协议几天后在建工地实际移交,十天后施工队进场施工,各类审批手续、施工采买合同、施工图纸、档案公章已在签约当日当场移交,有双方签章的移交清单为据。至此,代物清偿实施完毕,距西钢公司破产已经远远超过了一年,代物清偿不违反《企业破产法》规定。第三,《资产评估报告》有效。东宇公司是西钢公司选定的评估机构,具有相应资质,各方共同签订《资产评估业务约定书》,东宇公司按照《资产评估业务约定书》约定的委托鉴定范围评估。针对西钢公司一审提交的《关于对龙郡公司房地产评估结果异议的函》中对鉴定意见提出的异议,闽成公司主张"可以通过据实结算方式另行处理,但不能因此否定评估报告的效力。闽成公司也愿意在停工索赔、超建建筑面积办理产权手续后,根据实际情况与西钢公司进行结算"。(3)一审程序合法。案外人东兴公司另案提起的与本案相关联案件,不是一起,而是两起。东兴公司第一次起诉后,伊春市西林区人民法院立而不审,拖了7个月;之后,东兴公司撤诉。2018年9月,东兴公司再次以相同诉由向黑龙江省伊春市中级人民法院起诉;同样,受诉法院立而不审,至今尚未完成送达环节。以上案件立案时间晚于本案立案时间,案由不同,不应成为本案中止的依据。

刘志平委托诉讼代理人在二审庭审时陈述的观点为:(1)关于借款合同履行及债权债务转移问题,刘志平作为借款合同出借方,在与本案有关的受让协议、转让协议上签字均是合法有效的,对合同等相关文件内容予以认可,均是刘志平真正的意思表示。(2)对于借款合同履行及相关民事权利处分问题,均已交由实际出资人闽成公司具体安排并实际操作。(3)西钢公司在与刘志平合同履行及民事权利处分上均未提出异议,已接受并实际履行。关于翠宏山公司64%股权和龙郡公司100%股权的受让问题,第三人作为受让方已办妥相关转让手续,并经工商部门实际变更取得相关股东地位。其股东地位应合法有效,相应股权已在股权转让协议和抹账协

议、补充协议中明确约定,并已用债权债务转让方式予以兑现。对闽成公司提出的上诉请求及答辩意见予以支持。

闽成公司向一审法院起诉,请求:西钢公司偿还借款本金1059244471.52元及利息(自2013年5月9日起至2017年11月15日止,为951071798.34元,并计算至实际给付之日);闽成公司对刘志平所持有翠宏山公司64%股权折价、拍卖、变卖所得价款有权优先受偿;西钢公司承担本案诉讼费、评估费等费用。

事实与理由:西钢公司以自己或下属公司名义多次向闽成公司借款,用于生产经营和短期银行倒贷,目前借款本金总计1059244471.52元,累计利息1333070602.41元。2014年6月16日、6月26日,西钢公司分别将其名下龙郡公司100%股权、翠宏山公司64%股权作为让与担保物,股权变更到闽成公司指定的第三人刘志平名下,同时,闽成公司与刘志平签订了股权代持协议。2017年年初,双方约定以龙郡公司资产抵偿债务利息362043732.00元,后西钢公司未依约偿还剩余欠款。

西钢公司辩称,第一,本案应当中止诉讼。东兴公司以西钢公司为被告,翠宏山公司、闽龙公司、刘志平、关文吉、卢立国等为第三人,向伊春市西林区人民法院提起诉讼,请求撤销西钢公司与第三人刘志平签订的系列《抹账协议》《借款合同》《协议书》。因上述协议系闽成公司据以向西钢公司主张债权及优先受偿权的依据,如果上述协议最终被撤销,将直接影响本案的审理结果,故,本案应中止诉讼。第二,闽成公司非适格原告。案涉《借款合同》的出借人均为刘志平,借款方式为刘志平通过闽成公司账户或其他公司账户,将借款汇入西钢公司或其他公司账户。闽成公司不是借款法律关系中的出借人,并且案涉借款金额也并非全部由闽成公司支付、全部由西钢公司接收。虽然2014年6月,闽成公司与西钢公司签订数份《抹账协议》,以债权转让及债务承担的方式,将债权人均变更为闽成公司,债务人均变更为西钢公司。但,2014年6月14日,三方签订的《抹账协议》约定将闽成公司全部债权转让给刘志平,闽成公司已丧失了债权人资格,无权再向西钢公司主张还款。闽成公司与刘志平之间不存在委托代理关系,闽成公司将债权已转让给刘志平,且不能证明刘志平系为闽成公司代持债权,其主张指定刘志平签订《借款合同》、办理股权变更,缺乏事实依据。第三,案涉《借款合同》《抹账协议》《协议书》并非当事人真实意思表示。因钢铁市场不景气,西钢公司及其关联企业向闽龙公司、刘志平等拆借资金,为确保闽成公司等公司利益,保全西钢公司资产,双方研究决定将翠宏山公司和龙郡公司的股权采取让与担保方式,名义上转让给刘志平,实现阻却其他债权人对西钢公司资产执行的目的,并补签系列《借款合同》《抹账协议》《协议书》。第四,《资产评估报告》不能作为西钢公司以龙郡公司资产向刘志平抵债的依据。西钢公司已致函东宇公司,对《资产评估报告》提出异议。目前,西钢公司尚未收到东宇公司对异议的回复。因此,《资产评估报告》不能作为西钢公司抵偿对刘志平债务的依据。第五,闽成公司主张的借款利息高于约定,不应得到支持。翠宏山公司的《招标公告》及向关文吉、卢立国出具《收据》均载明此项融资利息为年10%,并非14.3%和23.5%。本案《抹账协议》约定的抹账金额为8.75亿元,并以年18%标准计息,并非23.5%。第六,西钢公司与刘志平针对翠宏山公司所签《协议书》性质为让与担保,不能产生物权法上的担保效力,且该《协议书》损害了其他债权人的利益,西钢公司已向黑龙江省逊克县人民法院提起诉讼,请求确认西钢公司与刘志平之间转让翠宏山公司股权的行为无效。因此,闽成公司对翠宏山公司64%股权不享有优先受偿权。

一审中,刘志平称,其系闽成公司下属子公司员工,与西钢公司所签全部借款协议、补充协议、抹账协议,都是代表闽成公司签订,由此产生的债权、股权都归属闽成公司。其个人没有本案所涉大额资金的出借能力,与各方没有业务往来。对本案涉及的全部借款、股权不主张任何权利。

一审法院查明,2013年5月7日,刘志平与西钢公司签订《借款合同》(以下简称《5.7借款合同》),约定借款本金为4500万元,借款利息为税前年23.5%(其中所含税赋,包括营业税5%、城建税7%、教育附加税5%、企业所得税25%),税后年18%,每月25日按月付息,刘志平按税后年息收取利息,借款期限为2013年5月9日至2013年12月31日,刘志平通过闽成公司账户将款项汇入阿钢公司。西钢公司以其持有龙郡公

借款合同纠纷

司及翠宏山公司股权提供担保。5月9日，闽成公司向阿钢公司账户转款4500万元。2013年6月23日，刘志平与西钢公司签订《借款合同》，约定借款本金1亿元，借款期限为2013年6月25日至2013年12月31日，刘志平通过铭祺公司账户将款项汇入西钢公司，其余主要内容与《5.7借款合同》内容相同。6月25日，铭祺公司向西钢公司转款1亿元。2014年6月4日，铭祺公司、西钢公司、闽成公司签订《抹账协议》，将铭祺公司对西钢公司享有1亿元债权转让给闽龙公司。2013年7月23日，刘志平与西钢公司签订《借款合同》，约定借款本金1亿元，借款期限为2013年7月25日至2013年12月31日，刘志平通过闽成公司账户将款项汇入西钢公司，其余主要内容与《5.7借款合同》内容相同。7月25日，闽成公司向西钢公司转款1亿元。2013年12月8日，刘志平与西钢公司签订《借款合同》，约定借款本金3.5亿元，借款期限为2013年12月11日至2014年2月28日，刘志平通过闽龙公司账户将款项汇入西钢公司指定账户，其中汇入凯阳公司2亿元，汇入奥尔公司1.5亿元，其余主要内容与《5.7借款合同》内容相同。12月11日，闽龙公司向奥尔公司汇款1.5亿元，向凯阳公司汇款1亿元。12月12日，向凯阳公司汇款1亿元。2014年6月4日，闽龙公司、西钢公司、闽成公司签订《抹账协议》，闽龙公司将上述3.5亿元债权转让给闽成公司。2014年1月27日，刘志平与西钢公司签订《借款合同》，约定借款本金3000万元，借款期限为2014年1月29日至2014年2月28日，刘志平通过闽成公司账户将款项汇入灯塔公司，其余主要内容与《5.7借款合同》内容相同。1月29日，闽成公司向灯塔公司转款3000万元。2014年2月9日，刘志平与西钢公司签订《借款合同》，约定借款本金5000万元，借款期限为2014年2月11日至2014年2月28日，刘志平通过闽成公司账户将款项汇入西钢公司账户，其余主要内容与《5.7借款合同》内容相同。2月11日，闽成公司向西钢公司汇款5000万元。2014年5月10日，刘志平与西钢公司签订《借款合同》，约定借款本金1亿元，借款期限为2014年5月12日至2014年5月30日，刘志平通过闽成公司账户将款项汇入灯塔公司账户，其余主要内容与《5.7借款合同》内容相同。5月12日，闽成公司向灯塔公司汇款1亿元。

6月3日,灯塔公司、闽成公司、西钢公司签订《抹账协议》,将灯塔公司欠闽成公司债务转移给西钢公司。2014年6月11日,刘志平与西钢公司签订《借款合同》,约定借款本金1亿元,借款期限为2014年6月13日至2014年6月30日,刘志平通过闽成公司账户将款项汇入灯塔公司账户,其余主要内容与《5.7借款合同》内容相同。6月13日,闽成公司向灯塔公司汇款1亿元。6月14日,灯塔公司、闽成公司、西钢公司签订《抹账协议》,将灯塔公司欠闽成公司1亿元债务转移给西钢公司。

2014年4月9日及4月11日,关文吉分别向翠宏山公司汇款6000万元、1000万元。2014年6月20日,关文吉、刘志平、翠宏山公司签订《协议书》,主要内容为:西钢公司发生危机后,关文吉要求将借给翠宏山公司7000万元返还。翠宏山公司同意以该公司股权提供担保。同时关文吉于2014年6月4日将该笔债权转让给刘志平,刘志平与西钢公司签订转股协议。2014年4月9日,卢立国向翠宏山公司汇款7000万元。2014年6月20日,卢立国、刘志平、翠宏山公司签订与上述《协议书》内容一致的《协议书》。2014年6月14日,闽成公司、西钢公司、刘志平签订《抹账协议》,将闽成公司对西钢公司8.75亿元债权转让给刘志平。

2016年4月20日,龙郡公司出具《借据》,主要内容为:"因项目需要,今借刘志平65万元,用于支付龙郡公司律师代理费及其他业务支出。"2016年4月21日,西钢公司法定代表人苗青远签字同意。2014年6月13日,刘志平与西钢公司签订《协议书》,约定:西钢集团龙郡公司向刘志平借款447159452.22元,因无力偿还,2014年6月16日双方办理了股权转让变更手续,西钢公司将持有龙郡公司100%股权转让给刘志平,确定以龙郡公司2014年5月末账面净资产43594471.52元作为转让价款,刘志平已经付给西钢公司,双方协商,达成协议如下:(1)双方签订股权转让协议的目的是以股权转让的形式保证刘志平债权的实现,督促西钢公司按协议约定偿还刘志平借款及利息。2014年6月20日,双方签订《协议书》,约定:西钢公司向刘志平借款本息合计723606136.82元(股权比例计算说明见附件一)。由于西钢公司无力偿还,西钢公司同意将其持有翠宏山公司64%股权转让给刘志平,签订该协议目的是以股权转让的形式来保证刘志平债权的实现,当投入翠宏山公司的借款本息 723606136.82 元、投入龙郡公司 490753923.74 元及西钢公司借款 1 亿元全部还清时,刘志平应将受让翠宏山公司的股权份额全部转回。……利息按原借款合同约定的税后年息 18% 计算,按月支付。该协议附件一体现,截至 2014 年 6 月 20 日欠款本金 467840547.78 元。闽成公司主张上述 2014 年 6 月 13 日、6 月 20 日两份《协议书》所涉款项之和,为截至 2014 年 6 月 20 日西钢公司尚欠借款本息的数额。

2014 年 6 月 14 日,西钢公司与刘志平签订《股权转让协议》,西钢公司将其持有翠宏山公司 64% 股权转让给刘志平,并办理了工商变更登记手续。同日,西钢公司出具《集团借款明细表》,载明:(1)借款单位闽成公司、借款日期 2013 年 5 月 9 日、年利率 18%、借款金额 4500 万元、备注阿钢公司挂账;(2)借款单位铭祺公司、借款日期 2013 年 6 月 25 日、年利率 18%、借款金额 1 亿元、备注西钢公司挂账;(3)借款单位闽成公司、借款日期 2013 年 7 月 25 日、年利率 18%、借款金额 1 亿元、备注西钢公司挂账;(4)借款单位闽成公司、借款日期 2014 年 2 月 11 日、年利率 18%、借款金额 5000 万元、备注西钢公司挂账。同日,西钢公司、灯塔公司共同出具《西钢集团灯塔矿业有限公司借款明细表》,载明:(1)借款单位闽龙公司、借款日期 2013 年 12 月 11 日、年利率 18%、借款金额 2 亿元、备注为集团公司借款凯阳挂账;(2)借款单位闽龙公司、借款日期 2013 年 12 月 11 日、年利率 18%、借款金额 1.5 亿元、备注为集团公司借款奥尔挂账;(3)借款单位闽成公司、借款日期 2014 年 1 月 29 日、年利率 18%、借款金额 3000 万元、备注为集团公司借款灯塔挂账;(4)借款单位闽成公司、借款日期 2014 年 5 月 12 日、年利率 18%、借款金额 1 亿元、备注为集团公司借款灯塔挂账;(5)借款单位闽成公司、借款日期 2014 年 6 月 13 日、年利率 18%、借款金额 1 亿元、备注为集团公司借款灯塔挂账。同日,西钢公司、翠宏山公司共同出具《翠宏山公司借款明细表》,载明:(1)借款单位卢立国、借款日期 2014 年 4 月 9 日、年利率 10%、借款金额 7000 万元、备注为集团公司借款翠宏山挂账;(2)借款单位关文吉、借款日期 2014 年 4 月 9 日、年利率 10%、借款金额 6000 万元、备注为集团公司借款翠宏山挂账;(3)借款单位关文吉、借款日期 2014 年 4 月 11 日、年利率 10%、借款金额 1000 万元、备注为集团公司借款翠宏山挂账。2014 年 6 月 20 日，西钢公司出具《西林钢铁集团有限公司借款利息计算表》，对上述借款再次确认。

2014 年 6 月 16 日，刘志平分 9 笔向西钢公司汇款 43594471.52 元。一审庭审中，西钢公司同意向刘志平偿还该笔款项，并表示如刘志平同意闽成公司主张该笔款项，其没有异议。刘志平同意由闽成公司主张该笔款项。

2015 年 8 月 13 日，刘志平与西钢公司签订《补充协议书》，约定：西钢公司确认截至 2015 年 6 月 20 日，向刘志平借款 447159452.22 元。自 2015 年 6 月 21 日起，若还款期限超过 6 个月，按年税后利率 18% 付息。……若 1 年内西钢公司不能出售房产清偿对刘志平的借款，由中介机构对龙郡公司可变现资产进行评估，西钢公司按评估价值下浮最低不超过 5% 出售房产清偿刘志平借款，多余归西钢公司。评估价值及范围不包括出售房产产生的税费及已预售的集资建房房产和车位。同日，双方还签订一份《补充协议书》，约定：双方 2014 年 6 月 20 日签订股权转让协议，西钢公司将持有翠宏山公司 64% 股权未按对价原则阶段性转让给刘志平，以保证刘志平债权的安全和实现。经协商，达成补充协议如下：截至 2015 年 6 月 20 日，西钢公司向刘志平借款本息合计 849232648.54 元，若还款期限超过 6 个月，按年税后利率 18% 付息。刘志平在龙郡公司债权未清偿部分转入翠宏山公司 64% 股权中，在翠宏山公司股权变卖所得价款中清偿。闽成公司主张，上述 2015 年 8 月 13 日两份《补充协议书》所涉款项之和，为截至 2015 年 6 月 20 日西钢公司尚欠借款本息的数额。

后西钢公司、龙郡公司、刘志平又签订协议，主要内容为：双方分别于 2014 年 6 月 13 日、2015 年 8 月 13 日签订《协议书》《补充协议书》，对借款问题和龙郡公司股权事宜进行了明确约定。为保证刘志平债权实现，2014 年 6 月 12 日，西钢公司将龙郡公司 100% 股权转让给刘志平，并办理了股权变更手续。各方达成如下协议：1.1. 依据 2015 年 8 月 13 日《补充协议书》第一条，西钢公司向刘志平借款 447159452.22 元，同时收到刘志平阶段性受让龙郡公司 100% 股权款 43594471.52 元，确切金额以双方对账后确认的数额为准。另由刘志平代西钢公司支付的律师费等费用

65万元属于刘志平债权；1.2. 西钢公司同意以龙郡公司100%的股权及资产抵债；1.3. 鉴于双方2014年6月12日已办理了股权转让变更手续，双方一致确认该股权变更有效，不需要再次履行变更手续；1.4. 刘志平债权未获清偿部分或抵债金额超过其债权的部分，从质押给刘志平的翠宏山公司64%股权价值中补足或冲减。2.1. 双方共同选定资产评估机构对龙郡公司资产进行评估，资产评估范围不包括已预售给西钢公司员工的集资建房的房产262户及车位98个，伊春市西林区龙郡公司名下所有资产不纳入本次评估范围；2.2. 龙郡公司资产价值的确定以评估机构的评估价为基础，上下浮动不超过5%，由双方协议确认；2.3. 抵债金额以本协议2.2条确定的龙郡公司价款基础上，扣除本协议签订后，西钢公司集资建房须龙郡公司补交的全部税后余额；2.4. 龙郡公司资产评估价值的确定以共同选定的资产评估机构作出的《资产评估报告》评估数额为准。评估基准日为2017年4月30日。

2017年10月18日，东宇公司出具《资产评估报告》（黑东评报字2017第30号）。主要内容为：受刘志平、西钢公司委托，对龙郡公司的哈市群力西钢大厦在建工程、西钢嘉苑A、B栋部分在建工程、哈市阿城区黑纺路土地使用权及部分债权债务进行评估，评估基准日2017年4月30日，评估价值为362043732元，评估有效期为2017年4月30日至2018年4月29日。

闽成公司作为甲方与作为乙方的刘志平签订《股权代持协议》，主要内容为："甲方自愿委托乙方作为甲方代表，对西钢公司所欠借款进行清算，并经甲方同意代持以下股权及利益：西钢公司持有翠宏山公司64%股份（7.23亿）、龙郡公司100%股份（4.9亿）及以乙方名义对西钢公司欠甲方1亿元借款进行法院登记执行保全。乙方为名义持有人并愿意接受甲方的委托代为行使该相关股东权利及权益，甲方为代持股份的实际出资人。"

2017年12月1日，西钢公司以翠宏山公司、刘志平为被告，向黑龙江省逊克县人民法院提起诉讼，请求确认登记在刘志平名下的翠宏山公司股权归西钢公司所有，刘志平与西钢公司所签转让翠宏山公司股权行为无效，刘志平名下翠宏山公司股权过户登记至西钢公司名下。2018年1月12

日,东兴公司以西钢公司为被告、灯塔公司、奥尔公司、凯阳公司、翠宏山公司、闽龙公司、闽成公司、刘志平、关文吉、卢立国为第三人,向黑龙江省伊春市西林区人民法院提起诉讼,请求确认案涉借款合同、抹账协议无效。2018年7月2日,东兴公司向该院申请撤回起诉,该院以(2018)黑0705民初31号民事裁定准许撤诉。2018年9月11日,东兴公司又以相同的被告及理由向黑龙江省伊春市中级人民法院提起诉讼。

2018年5月22日,广西物资经济开发有限公司以西钢公司不能清偿其到期债务、资产不足以清偿全部债务,且明显缺乏清偿能力为由,向黑龙江省伊春市中级人民法院申请对西钢公司进行重整。2018年6月11日,该院作出(2018)黑07破申1号民事裁定,受理了该重整申请。

一审庭审中,刘志平认可案涉借款的实际权利人均为闽成公司,闽成公司有权向西钢公司主张权利。

一审法院认为,案涉《借款合同》《抹账协议》《协议书》《补充协议书》均系各方当事人的真实意思表示,其内容不违反法律、行政法规的效力性禁止性规定,又无导致合同无效的法定情形,应认定为合法有效。虽然西钢公司辩称其与闽成公司为转移西钢公司的优良资产,通过虚增西钢公司债务的方式,签订了案涉系列协议,该协议均非当事人的真实意思表示,但其并未提供证据证明该主张。虽然西钢公司申请对本案《借款合同》上公章形成时间进行鉴定,但即便对此鉴定,亦不能证明案涉协议并非当事人的真实意思表示,一审法院对西钢公司的该抗辩主张不予支持。

1. 本案闽成公司是否有权主张权利。虽然案涉系列《借款合同》《协议书》《补充协议书》的签订一方主体为刘志平,但刘志平在庭审中认可本案借款的实际权利人均为闽成公司,闽成公司有权向西钢公司主张权利。且本案款项亦存在由闽成公司支付的情形,故本案闽成公司有权作为原告主张权利。

2. 案涉借款本息数额如何确定。2013年5月7日至2014年6月11日期间,刘志平与西钢公司签订八份《借款合同》,约定借款金额为8.75亿元,闽成公司亦提供了按照上述《借款合同》约定,支付该8.75亿元的银行汇款手续。2014年4月9日、4月11日,关文吉、卢立国共向翠宏山

借款合同纠纷

公司出借1.4亿元。6月20日,关文吉、卢立国分别与翠宏山公司、刘志平签订《协议书》,将该1.4亿元债权转让给刘志平。西钢公司亦出具《集团借款明细表》《西林钢铁集团有限公司借款利息计算表》,对上述借款进行确认。西钢公司与刘志平2014年6月20日、2015年8月13日分别签订《协议书》《补充协议书》,对上述借款再次进行确认。2016年4月20日,龙郡公司向刘志平借款65万元。后刘志平与西钢公司签订协议,确认该65万元属于西钢公司债务。2014年6月16日,刘志平分9笔向西钢公司汇款43594471.52元。西钢公司在庭审中同意向刘志平偿还该笔款项,刘志平同意由闽成公司向西钢公司主张该笔款项。根据上述事实,一审法院确定本案借款本金为1059244471.52元(8.75亿+1.4亿+65万+43594471.52)。因西钢公司未按约定偿还上述借款本金,构成违约,故闽成公司关于西钢公司应向其偿还借款本金及利息的诉讼请求应予支持。

本案八份《借款合同》均约定利息标准为税前年23.5%,税后年18%,税赋由西钢公司承担,刘志平按税后年息收取利息。且黑龙江省伊春市中级人民法院2018年6月11日受理了西钢公司的重整申请,根据《企业破产法》第四十六条的规定,附利息的债权自破产申请受理时起停止计息,故西钢公司应以案涉八份《借款合同》项下借款本金为基数,按照税后年18%的标准向闽成公司支付自借款实际发放之日(其中以4500万元为基数,自2013年5月9日;以1亿元为基数,自2013年6月25日;以1亿元为基数,自2013年7月25日;以2.5亿元为基数,自2013年12月11日;以1亿元为基数,自2013年12月12日;以3000万元为基数,自2014年1月29日;以5000万元为基数,自2014年2月11日;以1亿元为基数,自2014年5月12日;以1亿元为基数,自2014年6月13日),至2018年6月11日期间的利息。2014年6月20日,关文吉、卢立国分别与翠宏山公司、刘志平签订的《协议书》,及西钢公司出具《集团借款明细表》《西林钢铁集团有限公司借款利息计算表》均体现,本案所涉关文吉、卢立国1.4亿元借款利息为年10%。同时,本案2015年8月13日《补充协议书》约定,若还款期限超过6个月,利息按税后年18%计算,故西钢公司应按照上述约定向闽成公司支付利息(其中以1.3亿元

919

为基数，自 2014 年 4 月 9 日至 2015 年 8 月 13 日，按年 10% 计算；以 1000 万元为基数，自 2014 年 4 月 11 日至 2015 年 8 月 13 日，按年 10% 计算；以 1.4 亿元为基数，自 2015 年 8 月 14 日至 2018 年 6 月 11 日，按税后年 18% 计算）。2014 年 6 月 16 日，刘志平分 9 笔向西钢公司汇款 43594471.52 元。2015 年 8 月 13 日，双方所签《补充协议》按照利息税后年 18% 的标准，对尚欠借款本息进行了确认，故西钢公司应以 43594471.52 元为基数，按税后年 18% 的标准，向闽成公司支付 2014 年 6 月 16 日至 2018 年 6 月 11 日期间的利息。因双方针对本案 65 万元借款并未约定利息，故西钢公司应按照中国人民银行同期同类贷款利率的标准，支付 2017 年 6 月 19 日（起诉之日）至 2018 年 6 月 11 日期间的利息。本案 2014 年 6 月 13 日《协议书》、2015 年 8 月 13 日《补充协议书》均约定西钢公司将龙郡公司股权转让给刘志平，用于保证其债权的实现。后双方又约定以龙郡公司股权及资产抵债，价值以双方共同选定的资产评估机构出具的评估价为准。2017 年 10 月 18 日，东宇公司受双方共同委托，出具《资产评估报告》，确认该公司资产在 2017 年 4 月 30 日的评估价值为 362043732 元。且双方当事人对于龙郡公司已由闽成公司实际接收控制这一事实均无异议，即该抵债行为已实际履行完毕，故该 362043732 元应在西钢公司尚欠借款本息中予以冲减。虽然西钢公司辩称龙郡公司在伊春市西林区的资产未纳入评估范围，但双方所签协议明确约定伊春市西林区龙郡公司名下所有资产不纳入本次评估范围，债权债务由西钢公司负担。西钢公司还辩称，对该评估报告向东宇公司提出了异议，但其并未提供东宇公司出具的相关答复意见，故西钢公司上述抗辩主张不能成立。

3. 闽成公司是否有权主张以翠宏山公司 64% 股权优先受偿。本案《借款合同》均约定以翠宏山公司 64% 股权提供担保，2014 年 6 月 13 日《协议书》及 2015 年 8 月 13 日《补充协议书》亦约定以股权转让的形式保证刘志平债权的实现，刘志平没有实质持有该部分股权的意愿。据此可以确认，双方签订该合同的真实目的并非真正实现股权转让，而是为了对案涉债务提供担保。但根据物权法定及物权公示的原则，其不具有物权效力，亦不具有对抗第三人的效力。同时，因西钢公司与刘志平之间没有真实转让翠宏山公司

64%股权的意思，案涉翠宏山公司64%股权的实际权利人仍为西钢公司。因黑龙江省伊春市中级人民法院已于2018年6月11日受理了西钢公司的重整申请，如闽成公司以翠宏山公司64%股权优先受偿，视为对个别债权人的债务清偿，违反《企业破产法》第十六条关于"人民法院受理破产申请后，债务人对个别债权人的债务清偿无效"的规定，故闽成公司关于以翠宏山公司64%股权优先受偿的诉讼主张，一审法院不予支持。

另外，虽然西钢公司及东兴公司分别向黑龙江省逊克县人民法院及黑龙江省伊春市中级人民法院提起另案诉讼，但本案审理并非以另案的审理结果为依据，不属于《民事诉讼法》第一百五十条所规定中止诉讼的情形，西钢公司关于本案应中止诉讼的主张，不能成立。

综上所述，闽成公司的诉讼主张部分成立，一审法院相应予以支持。依照《中华人民共和国合同法》第八条①、第六十条②、第一百零七条③，《企业破产法》第十六条、第四十六条的规定，一审判决：一、确认闽成公司对西钢公司享有债权本金1059244471.52元及利息〔（其中以4500万元为基数，自2013年5月9日；以1亿元为基数，自2013年6月25日；以1亿元为基数，自2013年7月25日；以2.5亿元为基数，自2013年12月11日；以1亿元为基数，自2013年12月12日；以3000万元为基数，自2014年1月29日；以5000万元为基数，自2014年2月11日；以1亿元为基数，自2014年5月12日；以1亿元为基数，自2014年6月13日，以上均按税后年18%的标准，计算至2018年6月11日）、（其中以1.3亿元为基数，自2014年4月9日至2015年8月13日，按年10%的标准计算；以1000万元为基数，自2014年4月11日至2015年8月13日，按年10%的标准计算；以1.4亿元为基数，自2015年8月14日至2018年6月11日，按税后年18%的标准计算）、（以43594471.52元为基数，自2014

---

① 对应《中华人民共和国民法典》第四百六十五条："依法成立的合同，受法律保护。依法成立的合同，仅对当事人具有法律约束力，但是法律另有规定的除外。"

② 对应《中华人民共和国民法典》第五百零九条："当事人应当按照约定全面履行自己的义务。当事人应当遵循诚信原则，根据合同的性质、目的和交易习惯履行通知、协助、保密等义务。当事人在履行合同过程中，应当避免浪费资源、污染环境和破坏生态。"

③ 对应《中华人民共和国民法典》第五百七十七条，内容未作修改。

年 6 月 16 日至 2018 年 6 月 11 日，按税后年 18% 的标准计算）、（以 65 万元为基数，自 2017 年 6 月 19 日至 2018 年 6 月 11 日，按中国人民银行同期同类贷款利率的标准计算），362043732 元从中予以扣除]；二、驳回闽成公司的其他诉讼请求。一审案件受理费 9879822.36 元、财产保全费 5000 元，由西钢公司负担。

一审法院于 2018 年 11 月 30 日作出（2017）黑民初 154 号之一民事裁定，将（2017）黑民初 154 号民事判决书中第十八页第十七行"以 1.5 亿元为基数，自 2013 年 12 月 11 日"补正为"以 2.5 亿元为基数，自 2013 年 12 月 11 日"；第二十一页第八行"以 1.5 亿元为基数，自 2013 年 12 月 11 日"补正为"以 2.5 亿元为基数，自 2013 年 12 月 11 日"。

本院二审查明，依据闽成公司申请，黑龙江省高级人民法院于 2017 年 10 月 11 日作出（2017）黑民初 154 号民事裁定，查封刘志平持有翠宏山公司 64% 股权，查封财产价值不超过 1059244471.52 元，查封期限为三年。

黑龙江省伊春市中级人民法院已于 2018 年 12 月 24 日作出（2018）黑 07 破 1—3 号民事裁定，批准西钢公司等四十家公司合并重整计划草案，终止西钢公司等四十家公司合并重整程序。根据该裁定所附《重整计划草案》：重整结束后西钢公司主体资格保留；对于诉讼未决的债权等，在确认前为其预留根据该重整计划相应的清偿资金，暂不安排清偿；待其符合确认条件并经法院裁定确认后，可以按照重整计划规定的同类债权的清偿方案受偿，暂缓期内不计息。根据 2018 年 10 月 23 日《西林钢铁等四十家公司债权表》，闽成公司的债权被归于"待定项"，金额为 2322570022.61 元，并备注"待定金额中含有逊克县翠宏山矿业有限公司 64% 股权"。

2019 年 2 月 26 日，本院二审庭审时，就西钢公司对《资产评估报告》提出的异议，闽成公司委托诉讼代理人二审庭审表述为"西钢公司提出想否认报告的有效性，原因是报告中有两笔款项评估不准，所以在自己没有交费情况下，评估公司没有回答就无效，评估报告效力由评估人员的资质、程序双方委托确定的，对于评估内容、某一账目的意见完全可以通过双方协商、法院的判断去处理，对两笔 5000 余万元评估资金，闽成公司现在同意在本案审理过程中，认可其调整的数额，进行据实结算；……"西钢公司委托诉讼代理人在二审庭审时表示，"关于刚才两个 5000 多万的问题，由于闽成公司

当庭表示其认可两个5000万,愿意在扣减93万元的基础上,对于评估的最终金额3.62亿元上进行1个多亿的调增,我方表示同意。"

2014年12月18日,刘志平与案外人民生银行大连分行签订编号为公高质第ZH14Z0099188427—1号《最高额担保合同》,合同约定的主要内容为:刘志平以《权利质押清单》附件约定质押财产对主合同项下全部债务向民生银行大连分行提供最高额质押担保;所担保的主债权发生期间为2014年12月22日至2015年12月21日,最高债权额为5亿元整人民币,主合同债务人为西钢公司。《权利质押清单》记载质押权利名称为刘志平所持有的翠宏山公司64%股权,总价值28800万元。同日,民生银行大连分行取得逊克县工商行政管理局编号(逊克)股质设立准字〔2014〕第10号《股权出质设立登记核准通知书》。后民生银行大连分行因金融借款纠纷以西钢公司、伊春市百佳实业有限公司、刘志平、四川省达州钢铁集团有限责任公司、翠宏山公司为被告向辽宁省高级人民法院起诉,请求:西钢公司提前偿还借款本金49552万元,利息29813786元(暂计至2017年3月22日)及至借款本息结清之日止的其余利息、逾期利息(罚息、复利);西钢公司承担律师费20万元;民生银行大连分行对伊春市百佳实业有限公司持有的西钢公司30%的股权享有质权并在上述请求范围内享有优先受偿权;请求确认民生银行大连分行对刘志平持有的翠宏山公司64%股权享有质权并在上述请求范围内享有优先受偿权;四川省达州钢铁集团有限责任公司对上述债务承担连带偿还义务;全部诉讼费由五被告共同承担。2017年10月17日,辽宁省高级人民法院作出的(2017)辽民初44号民事判决,判决主文为:一、西钢公司于判决生效之日起10日内偿还民生银行大连分行借款本金49552万元及相应利息、逾期利息、复利(利息以49552万元为基数,自2015年12月21日起至2017年4月19日止,按照年利率4.75%计算;逾期利息以49552万元为基数,自2017年4月20日起至欠息还清之日止,按照年利率7.125%计算;复利以不能支付的利息为基数,自2015年12月21日起至欠息还清之日止及以不能支付的逾期利息为基数,自2017年4月20日起至欠息还清之日止,均按照年利率7.125%按借款合同约定方式计算);二、西钢公司于判决生效之日起10日内,给付民生银行大连分行律师代理费10万元;三、民生银行大连分行对伊春市百佳实业有限公司提供的质押财产享有质权,并在上述第一项、第二项债权本金5亿元及相应利息、逾期利息、复利和实现债权费用范围内就质押财产享有优先受偿的权利;四、民生银行大连分行对刘志平提供的质押财产享有质权,并在上述第一项、第二项债权本金5亿元范围内及相应利息、逾期利息、复利和实现债权费用范围内就质押财产享有优先受偿的权利;五、四川省达州钢铁集团有限责任公司、翠宏山公司对西钢公司的上述第一项、第二项债权本金5亿元及相应利息、逾期利息、复利和实现债权费用范围内承担连带清偿责任;六、上述第三项、第四项、第五项中担保人承担担保责任后有权向西钢公司追偿;七、驳回民生银行大连分行其他诉讼请求。一审案件受理费2668468.93元、财产保全费5000元,由西钢公司等五被告共同承担。辽宁省高级人民法院(2017)辽民初44号一审民事判决现已生效。

本院二审查明的其他事实与一审认定的事实一致。

本院认为,本案争议焦点:(1)闽成公司出借给西钢公司借款本金数额及计息标准。(2)西钢公司以龙郡公司股权作价并转让以抵偿欠付闽成公司债务的约定,是否有效;约定转让的股权是否具备抵债条件;对约定转让的股权,由第三方作出的评估报告能否采信;协议是否实际履行。(3)刘志平所持翠宏山公司64%股权的性质及效力,闽成公司是否有权就该股权优先受偿;一审适用《企业破产法》第十六条规定,驳回闽成公司以刘志平所持股份变价款优先受偿的诉请,适用法律是否正确。(4)一审程序是否合法,包括:西钢公司申请对案涉八份借款合同是否为同一时间形成进行文检鉴定,一审未予准许,是否违反法定程序;一审未按西钢公司列出的提纲询问刘志平、部分庭审刘志平本人未到庭,诉讼程序是否合法;一审应否裁定中止本案诉讼程序,等待(2018)黑07民初32号案件裁判结果。

本院二审归纳2019年2月26日庭审等诉讼阶段各方诉辩观点,认定各方对以下案件事实无争议:第一,西钢公司认可应向闽成公司偿还的借款本金数额为339244471.52元,具体构成:2013年6月25日,铭祺公司汇入西钢公司账户的1亿元;2013年7月25日,闽成公司汇入西钢公司账户的1亿元;2014年2月11日,闽成公司汇入西钢公司账户的5000万

元；2013年5月7日，闽成公司汇入阿钢公司的4500万元；2014年6月16日，刘志平分9笔汇入西钢公司账户的43594471.52元；2016年4月20日，闽成公司汇入龙郡公司时任法定代表人刘文波账户用于支付龙郡公司律师代理费及其他业务支出的65万元。上述借款本金339244471.52元，应由西钢公司偿还。第二，一审判决认定，西钢公司向闽成公司借款本金数额为1059244471.52元。如上，闽成公司与西钢公司对于其中的339244471.52元无争议；对于其余款项（1059244471.52元－339244471.52元）已汇入相关公司的相关账户，不持异议。第三，对于龙郡公司的评估价值，闽成公司表示同意调整，具体调整方式为：在《资产评估报告》评定的362043732元基础上，增加评估时预先扣除的办理超建筑面积5783平方米处罚手续费用51740000元和停工索赔费用51692226元，同时减去已经缴纳的行政处罚费用934240元；如新发生超建筑面积处罚、停工索赔等费用，应另行据实结算，债权人、债务人等就此享有诉权。西钢公司对上述调整，不持异议。调整后，龙郡公司价值为464541718元（362043732＋51740000＋51692226－934240）。第四，二审庭审中，西钢公司与闽成公司均确认，2014年6月4日西钢公司、阿钢公司和闽成公司签订的《抹账协议》存在笔误，实际意思为由西钢公司承担阿钢公司4500万元债务；2014年6月4日关文吉、翠宏山公司、西钢公司、刘志平签订的协议存在笔误，实际意思是关文吉将债权转让给刘志平，翠宏山公司将债务转让给西钢公司。

本院认为，本案讼争法律关系性质为民间借贷合同纠纷。案涉八份《借款合同》主要约定内容为民间借贷借款本金、利率、借期等，西钢公司为借款人，刘志平为出借人。《最高人民法院关于审理民间借贷案件适用法律若干问题的规定》（以下简称《民间借贷规定》）第一条第一款规定，本规定所称的民间借贷，是指自然人、法人、其他组织之间进行资金融通的行为。第十一条规定："法人之间、其他组织之间以及它们相互之间为生产、经营需要订立的民间借贷合同，除存在合同法第五十二条、本规定第十四条规定的情形外，当事人主张民间借贷合同有效的，人民法院应予支持。"第十四条规定："具有下列情形之一的，人民法院应当认定民间借贷合同无效：（一）套取金融机构信贷资金又高利转贷给借款人，且借款人事先知道或者应当知道的；（二）以向其他企业借贷或者向本单位职工集资取得的资金又转贷给借款人牟利，且借款人事先知道或者应当知道的；（三）出借人事先知道或者应当知道借款人借款用于违法犯罪活动仍然提供借款的；（四）违背社会公序良俗的；（五）其他违反法律、行政法规效力性强制性规定的。"依据上述司法解释规定，本案所涉八份《借款合同》约定内容合法有效。案涉《抹账协议》及2014年6月关文吉、卢立国分别与翠宏山公司、刘志平签订的《协议书》，约定债权转让与债务承担等，亦应认定为有效。一审判决认定上述合同合法有效正确，本院予以确认。

一、闽成公司出借给西钢公司借款本金数额以及计息标准

对于案涉借款，闽成公司举示《借款合同》《对账单》《抹账协议》《协议书》《借据》《补充协议书》及银行客户专用回单、银行借记通知、银行交易明细、《工程招标公告》《收据》《逊克县翠宏山矿业有限公司借款明细表》《借款利息计算表》《集团借款明细表》《西林钢铁集团有限公司借款利息计算表》《西钢集团灯塔矿业有限公司借款明细表》等借款合同、债权凭证、对账记录等合同类文件，以证明合同约定的借款支付到位，西钢公司或其指定公司账户收到上述相应款项。西钢公司对上述相应资金流入西钢公司账户或其他相关公司的相关账户并不持异议，但只认可前述共计339244471.52元借款本金及利息承担还款义务。本院认为，除上述无争议借款外，其他借款本金，虽未直接汇入西钢公司账户，但已按照相关《借款合同》约定汇入西钢公司指定的相关公司账户。本案借款合同中，签约履约具有多种形态，包括：先支付借款后，再签约确认；以关联公司名义付款或收款后，通过债权或债务转让协议形式确认真实债权人或真实债务人；对一定时期发生的多笔借款本息进行对账，列明数笔借款本息数额明细，对续借或还款作出安排等，符合民间借贷签约履约特征，属司法实践中常见的交易模式，也是民间借贷有别于金融借款的行业特征。经借贷双方对账，借款数额、利率、借期、担保等民间借贷合同的主要合同条款内容基本清晰。债权人、债务人通过与案外人签订债权债务转让合同等形式，将本案债权、债务分别移转至刘志平、西钢公司名下。一审、

借款合同纠纷

二审诉讼中，刘志平始终确认闽成公司为真实债权人，由闽成公司行使债权。据此，从签约到履约两方面看，本案民间借贷合同成立、生效并已全面实际履行。闽成公司已向西钢公司实际支付借款合同项下款项，西钢公司至今未能依约偿还大部分借款本息，属严重违约。西钢公司以前述无争议借款以外的借款资金未直接汇入西钢公司账户为由，拒绝承担还款义务，既无法律依据，亦与事实不符，本院不予支持。西钢公司应循诚信原则履行系列借款合同约定内容，对上述全部借款本息承担偿还义务。一审判决认定，本案借款本金数额为1059244471.52元，西钢公司对于上述借款本金及利息应承担偿还责任，并无不当，本院予以认可。

西钢公司上诉主张，上述借款发生时，民间借贷各方尚未签约，案涉八份《借款合同》实际签订日期并非所署日期，亦非转账汇款前签订，而是同一时间集中补签；西钢公司与闽成公司、刘志平签订《抹账协议》《协议书》等的真实意图是为西钢公司逃避债务，符合通谋虚伪意思表示的构成要件，并非合同当事人真实意思表示，依据《民法总则》第一百四十六条规定，借款合同应属无效。本院认为，如上，民间借贷合同项下借款已汇入借款人或其指定账户，合同已全面实际履行。本案纠纷涉诉后，借款人以自认违法的形式，将本案正常民间借贷解读为借款人与出借人以通谋虚伪意思表示方式实施的违法行为，旨在规避法院对西钢公司仅存优质资产强制执行以逃废债务；借款人提起另案诉讼请求确认翠宏山公司股权归其享有，案外人以同一诉由两次提起请求确认借款合同无效的另案诉讼，借款人以此为据主张中止本案诉讼，借款人还以其他诉由提出延后审理本案；对收到借款款项的数额，借款人作出的数次表述均不一致。涉诉后，西钢公司的上述诉讼行为与诚信诉讼的基本原则相悖。对西钢公司提出的上述有关合同无效的诉请，本院不予支持。

二审中，闽成公司主张，西钢公司已不能纳税；闽成公司作为纳税义务人先行缴纳税款后有权向相对人另行追偿；鉴于西钢公司破产，闽成公司已无法追偿，请求二审改判借款8.75亿元的利息按税前年息23.5%分段计息，增加利息金额216967465.75元。本院认为，本案系列借款合同中有关利率约定，主要为税前年23.5%（含营业税5%、城建税7%、教育附加5%、企业所得税25%），与税后年利率18%，二者为同一计息标准；但合同约定的是由借款人代扣代缴,而非出借人自行纳税;由借款人代扣代缴的约定中所蕴含的商业风险应依约由借款人承担。出现借款本息不能清偿风险时,闽成公司请求改变合同约定的利息中所含税费的扣缴方式,意图化解或减少商业风险,缺乏合同依据,一审对上述借款合同确定的利率标准,即年利率税前18%标准,符合合同约定,符合本案实际,本院予以认可。

二、龙郡公司股权转让是否为作价抵债并已履行完毕

2014年6月13日,西钢公司与刘志平签订《协议书》约定,龙郡公司向刘志平借款447159452.22元,因无力偿还,2014年6月16日双方办理了股权转让变更手续。西钢公司将持有的龙郡公司100%股权(包含工程项目及债权债务)转让给刘志平,确定以龙郡公司2014年5月末账面净资产43594471.52元作为转让价款。6月16日,刘志平分9笔向西钢公司汇款43594471.52元。2015年8月13日,西钢公司与刘志平签订《补充协议书》,约定:"甲、乙双方于2014年6月13日签订协议书,甲方将持有西钢集团哈尔滨龙郡房地产开发有限公司(以下称龙郡公司)100%的股权阶段性转让给乙方,以保证乙方债权的安全和实现。鉴于现阶段西钢尚无力偿付对乙方的债务,为保障乙方尽快收回资金,甲乙双方协商一致,达成本补充协议。一、甲方确认截至2015年6月20日,向乙方借款本息447159452.22元,收到乙方阶段性受让龙郡公司100%股权款43594471.52元,共计490753923.74元,自2015年6月21日起,若6个月内清偿本息,按年税后利率12%付息;若还款期限超过6个月部分,按年税后利率18%付息。利息一年一结算。……八、若1年内甲方不能出售房产清偿对乙方的借款,由中介机构对龙郡公司可变现资产进行评估,甲方按评估价值下浮最低不超过5%出售房产清偿乙方借款,多余部分归甲方。评估价值及范围不包括由于出售房产产生的所有税费及本协议第七条规定的集资建房房产和车位。"

本院认为,前述约定中"龙郡公司100%股权阶段性转让给乙方,以保证乙方债权的安全和实现""鉴于现阶段西钢尚无力偿付对乙方的债务,为保障乙方尽快收回资金,……"等约定内容,担保债权实现的意思表示清晰、明确,债权人与债务人同意以阶段性转让龙郡公司100%股权的形

式保障借款安全。还约定:"若1年内甲方不能出售房产清偿对乙方的借款,由中介机构对龙郡公司可变现资产进行评估,甲方按评估价值下浮最低不超过5%出售房产清偿乙方借款,多余部分归甲方。"该约定明确,"若1年内甲方不能出售房产清偿对乙方的借款,……"意味着,尽管龙郡公司100%股权已经过户至刘志平名下,但西钢公司仍有权出售龙郡公司项下不动产,用以抵偿约定的欠付刘志平的特定债务。本院认为,《协议书》《补充协议书》上述约定内容,本质上是通过以龙郡公司100%股权过户至刘志平名下的方式担保前述债权的实现,西钢公司仍保留对龙郡公司的重大决策等股东权利;待债务履行完毕后,龙郡公司100%股权复归于西钢公司;如债务不能依约清偿,债权人可就龙郡公司经评估后的资产价值抵偿债务,符合让与担保法律特征。作为民商事活动中广泛运用的非典型担保,并不违反法律、行政法规效力性强制性规定,应当认定前述《协议书》《补充协议书》有效。

2017年5月15日,西钢公司为甲方、刘志平为乙方、龙郡公司为丙方,又签订协议约定:"因西林钢铁集团有限公司(以下简称西钢集团)向乙方借款一事,双方于2014年6月13日、2015年8月13日分别签订了《协议书》《补充协议书》,对借款问题及哈尔滨龙郡房地产开发有限公司(以下称龙郡公司)股权事宜进行了明确约定。为确保乙方债权得以实现,2014年6月12日甲方将龙郡公司100%股权转让给乙方并办理了股权变更手续。鉴于甲方仍处于整顿恢复期,截止到本协议签订之日,甲方仍未能还款。为进一步明确双方权利义务,本着平等互利、协商一致的原则,双方再次达成协议如下。1.债权债务处理及股权确认。1.1.依据2015年8月13日签订的《补充协议书》第一条,甲方向刘志平借款447159452.22元(肆亿肆仟柒佰壹拾伍万玖仟肆佰五十贰元贰角贰分),同时收到刘志平阶段性受让龙郡公司100%股权款43594471.52元(肆仟叁佰伍拾玖万肆仟肆佰柒拾壹圆五角贰分),上述合计本金暂定为490753923.74元(肆亿玖仟零柒拾伍万叁仟玖佰贰拾叁圆柒角肆分),确切金额以双方对账后确认的数额为准。另由刘志平代西钢公司支付的律师费等费用65万元属于刘志平债权。1.2.甲方同意以龙郡公司100%的股权及资产抵债,抵债金额依据本协议第2.3条执行。1.3.鉴于2014年6月12日双方已经办理了股权转让变更手续，双方一致确认该股权变更有效，不需要再次履行变更手续。1.4. 乙方债权未获清偿部分或抵债金额超过其债权的部分，依然按照原《协议书》及《补充协议书》中的约定办理，从质押给刘志平的逊克县翠宏山矿业有限公司64%股权价值中补足或冲减。……2.1. 双方共同选定资产评估机构对龙郡公司资产进行评估。……评估资产范围不包括双方2014年6月13日、2015年8月13日签订的《协议书》《补充协议书》中规定的已预售给甲方员工的集资建房的房产262户（附业主、楼栋、楼层、单元、房号和面积等房产明细表作为本协议附件）和车位98个……伊春市西林区龙郡公司名下所有资产不纳入本次评估范围，债权债务由甲方承担，但需要丙方为西林区房产出具手续时，应积极予以办理，涉及税费由甲方承担。2.2. 龙郡公司资产价值的确定以评估机构的评估价为基础，上下浮动不超过5%，由甲乙双方协议确认。2.3. 抵债金额以本协议2.2条确认的龙郡公司价款基础上，扣除本协议签订后，甲方集资建房须龙郡公司补交的全部税费余额（甲方员工退房的，其退房的税费不含在内）。2.4. 龙郡公司资产评估价值的确定以共同选定的资产评估机构《资产评估报告》评估数额为准。……评估基准日为2017年4月30日。……3.1. 本协议生效后，甲方将龙郡公司100%的股权转让给乙方，乙方享有的相应数额债权得以抵销，乙方依法享有龙郡公司股东全部权利义务，乙方负责龙郡公司后续投资建设管理、完善竣工验收手续……3.2.2. 本协议签订后10个工作日内，甲方将龙郡公司已有的各项审批手续文件，施工、采买等各类合同协议，财务凭证，施工图纸、预售房屋的位置标记图等全部档案材料电子版和纸质的原始文件交于乙方。"

本院认为，上述约定的核心内容为："甲方同意以龙郡公司100%的股权及资产抵债。鉴于2014年6月12日双方已经办理了股权转让变更手续，双方一致确认该股权变更有效，不需要再次履行变更手续。乙方债权未获清偿部分或抵债金额超过其债权的部分，依然按照原《协议书》及《补充协议书》中的约定办理，从质押给刘志平的逊克县翠宏山矿业有限公司64%股权价值中补足或冲减。双方共同选定资产评估机构对龙郡公司资产进行评估。本协议生效后，甲方将龙郡公司100%的股权转让给乙方，乙方享有的相应数额债权得以抵销，乙方依法享有龙郡公司股东全部权利义

务。"据此，因债务人西钢公司借期内未能偿还借款本息，在担保基础上作出的上述约定，旨在以龙郡公司100%股权抵债以实现债权。此时，西钢公司与刘志平（闽成公司）已就真实转让龙郡公司100%股权达成合意，西钢公司有义务向刘志平（闽成公司）移交龙郡公司100%股权。西钢公司与刘志平约定，对确切债权金额对账、双方在评估价基础上确定龙郡公司资产价值，为有关股权抵债计算方式的约定，而非抵债协议生效条件。西钢公司上诉提出，龙郡公司股权变更协议并非为抵偿债务、以龙郡公司股权抵债条件尚不具备等主张，与约定不符，与事实不符，本院不予支持。

2017年10月18日，东宇公司出具《资产评估报告》。主要内容为：受刘志平、西钢公司委托，以2017年4月30日为评估基准日，对龙郡公司的哈市群力西钢大厦在建工程、西钢大厦地下车位、西钢嘉苑A、B栋部分在建工程、哈市阿城区黑纺路土地使用权及部分债权债务进行评估，评估有效期为2017年4月30日至2018年4月29日。《资产评估报告》第12页记载："委估资产账面净值435751003元，评估值362043732元，减值额73707271元。"第13页记载："根据委托方提供的资料，西钢大厦超建筑面积尚未办妥手续，停工后施工方与建设方存在索赔不确定因素较多，存在不可预见支出事项。因此，办理超建筑面积5783平方米处罚手续费用暂按51740000元估算，停工索赔费用暂按51692226元估算。待工程结束后，由甲乙方按实际支出协商解决。"本院认为，上述履约行为旨在落实"双方共同选定资产评估机构对龙郡公司资产进行评估"等约定内容。西钢公司上诉主张，评估范围仅包含龙郡公司部分资产，闽成公司主张抵偿龙郡公司100%股权，故，应在评估价基础上双方进一步商议具体抵偿金额和抵偿方式。评估报告将龙郡房地产项目中未决事项、法律纠纷等不确定因素，列支为办理超建筑面积5783平方米处罚金额暂按51740000元估算、停工索赔费用暂按51692226元估算，两项合计1亿余元，作为不可预见支出项目从龙郡公司股权评估价中扣减，存在虚高且缺乏依据。本院认为，就对龙郡公司股权价值的评估范围，西钢公司与刘志平及龙郡公司于2017年5月15日签订的协议第2.1条明确约定："评估资产范围不包括双方2014年6月13日、2015年8月13日签订的《协议书》

《补充协议书》中规定的已预售给甲方员工的集资建房的房产 262 户和车位 98 个……伊春市西林区龙郡公司名下所有资产不纳入本次评估范围。"刘志平与西钢公司签约约定，以龙郡公司 100% 股权作为让与担保标的物以保证借款债权实现；直至以龙郡公司 100% 股权变价折抵债权的《资产评估报告》作出后，西钢公司才就评估范围等提出异议。西钢公司上诉提出的主张，显与其在系列合同中作出的意思表示不符，与其在担保物评估变价期间的态度不符，也未提供相应证据佐证其观点，本院不予采信。本案二审中各方均同意将龙郡公司评估价值从 362043732 元，调整为 464541718 元。龙郡公司及其项下房地产项目的实际控制权已移转至闽成公司，已由闽成公司接盘并接续开发建设。故，应从闽成公司对西钢公司享有的债权本息中相应扣减 464541718 元。同时，本院认为，如日后发生超建筑面积处罚、停工索赔等新增费用，应依约另行据实核算，权利人就此享有诉权。一审判决认定，双方当事人均对龙郡公司已由闽成公司实际接收控制均无异议，即该抵债行为已实际履行完毕；协议明确约定伊春市西林区龙郡公司名下所有资产不纳入本次评估范围，债权债务由西钢公司负担。对一审上述认定，本院认可。

西钢公司还主张，西钢公司已进入破产重整程序，以龙郡公司股权作价抵顶西钢公司对闽成公司债务，损害其他债权人权益。本院认为，《企业破产法》第三十条规定，破产申请受理时属于债务人的全部财产，以及破产申请受理后至破产程序终结前债务人取得的财产，为债务人财产。为防止债务人不当减少责任财产而损害全体债权人利益，《企业破产法》第十六条规定，人民法院受理破产申请后，债务人对个别债权人的债务清偿无效；第三十一条规定，破产申请前一年内发生的无偿转让财产等涉及债务人财产的特定行为，管理人有权请求人民法院予以撤销；第三十二条规定，人民法院受理破产申请前六个月内，如债务人已达到破产界限仍对个别债权人清偿，除该个别清偿使债务人财产受益的情形之外，管理人亦有权请求人民法院予以撤销。本案一审中，黑龙江省伊春市中级人民法院于 2018 年 6 月 11 日作出 (2018) 黑 07 破申 1 号民事裁定，受理西钢公司重整申请。本院认为，2017 年 5 月 15 日西钢公司、刘志平与龙郡公司签订协议的第 1.2 条载明"甲方同意以龙郡公司 100% 的股权及资产抵债"；

借款合同纠纷

1.3条载明"鉴于2014年6月12日双方已经办理了股权转让变更手续，双方一致确认该股权变更有效，不需要再次履行变更手续"等。可见，以龙郡公司股权抵债行为发生于2017年5月15日，即龙郡公司100%股权亦于同日转移至刘志平名下，年底前已依约完成抵债股权评估。换言之，在黑龙江省伊春市中级人民法院受理西钢公司破产重整申请一年之前，龙郡公司股权已不属于西钢公司责任财产，以龙郡公司股权抵债并非《企业破产法》第十六条所指的人民法院受理破产申请后债务人对个别债权人清偿行为，亦不属《企业破产法》第三十一条规定、第三十二条规定的可撤销行为。西钢公司提出的前述主张，与本案事实不符，于法无据，本院不予支持。

三、闽成公司是否有权就翠宏山公司64%股权优先受偿

2014年6月20日，西钢公司为甲方、刘志平为乙方签订《协议书》，约定："甲方向乙方借款用于银行短期倒贷，本息合计723606136.82元（股权比例计算说明见附件一）。现由于甲方无力偿还，西钢公司同意将其持有翠宏山公司64%股权转让给刘志平，乙方。现甲乙双方经协商一致，就未尽事宜达成协议如下：……二、甲乙双方签订的股权转让协议的目的是以股权转让的形式保证乙方债权的实现，督促甲方按本协议的约定偿还乙方的借款。本协议约定的还款期限为：2014年6月21日至2015年6月20日。……四、在本协议约定的还款期限内，甲乙双方应保证：1. 甲方应积极筹措资金偿还乙方借款，每偿还一笔借款，按还款数额相应核减乙方的持股比例。当投入逊克县翠宏山矿业有限公司的借款本息723606136.82元、投入西钢集团哈尔滨龙郡房地产开发有限公司借款490753923.74元、西林钢铁集团有限公司借款1亿元全部还清时，乙方应将受让的逊克县翠宏山矿业有限公司的股权份额全部转回甲方或甲方指定的公司，并配合甲方办理工商变更登记手续。……五、如甲方在本协议约定的还款期限内未能偿还乙方的借款时：……利息按原借款合同约定的税后年息18%计算，按月支付。"为履行上述约定内容，2014年6月13日，翠宏山公司股东会决议同意西钢公司将其所持有的翠宏山公司64%股权转让给刘志平，其他股东放弃优先购买权。西钢公司与翠宏山公司在工商部

门办理了翠宏山公司股东变更登记。

2015年8月13日，西钢公司为甲方、刘志平为乙方，签订《补充协议书》，约定："甲、乙双方于2014年6月20日签订逊克县翠宏山矿业有限公司股权转让协议书，甲方将持有的翠宏山矿业公司64%的股权未按对价原则阶段性转让给乙方，以保证乙方债权的安全和实现。鉴于现阶段甲方尚无力偿付对乙方的债务并回购翠宏山矿业公司64%的股权，且乙方也没有实质持有翠宏山矿业公司股权的意愿，为此，甲、乙双方基于实际考虑，经协商一致，达成补充协议如下：……二、甲乙双方1年内引进战略投资商投资翠宏山时，战略投资商用于购买乙方阶段性持有的翠宏山矿业公司股权的价款，首先用于偿还甲方对乙方的借款本息，乙方按还款比例相应减持64%股权比例，同时对已偿还借款停止计息。……四、若从补充协议签订之日起，1年内甲方不能全部还清债务，乙方有权对外出售翠宏山矿业公司股权，出售价格以评估价格为基础下浮不超过10%；出售股权比例变现的额度，不得超过未清偿借款本息和。同等条件甲方有优先回购权。五、截至2015年6月20日，甲方向乙方借款本息合计849232648.54元。若6个月内清偿，按年税后利率12%付息；若还款期限超过6个月部分，按年税后利率18%付息。利息一年一结算。六、乙方在哈尔滨龙郡房地产有限公司债权未清偿部分转入翠宏山矿业公司64%股权中，在翠宏山矿业公司股权变卖所得价款中清偿。"

本院认为，西钢公司与刘志平签订的《协议书》约定："双方签订的股权转让协议的目的是以股权转让的形式保证乙方债权的实现，督促甲方按本协议的约定偿还乙方的借款。甲方应积极筹措资金偿还乙方借款，每偿还一笔借款，按还款数额相应核减乙方的持股比例。……全部还清时，乙方应将受让的逊克县翠宏山矿业有限公司的股权份额全部转回甲方或甲方指定的公司，并配合甲方办理工商变更登记手续。"《补充协议书》再次明确，该股权转让是为了"保证乙方债权的安全和实现"，且双方确认"乙方也没有实质持有翠宏山矿业公司股权的意愿"。可见，双方签订股权转让协议的目的是以股权转让形式保证刘志平债权的实现，担保西钢公司按协议约定偿还借款。上述《协议书》《补充协议书》约定将西钢公司名下翠宏山公司64%股权变更至刘志平名下，与前述以龙郡公司100%股权

借款合同纠纷

提供担保为同一性质的担保,并非真正的股权转让,而是将翠宏山公司64%股权作为对刘志平债权实现的非典型担保,即让与担保。对此,各方不持异议。如前所述,有关让与担保的约定内容真实、自愿、合法,不具有合同无效情形,应为有效合同。一审判决认定,双方于2014年6月13日签订《协议书》、2015年8月13日签订《补充协议书》的真实目的并非真正实现股权转让,而是为了对案涉债务提供担保,符合本案当事人在相关系列合同中作出的连贯的、一致的真实意思表示,本院予以确认。西钢公司主张,上述《协议书》《补充协议书》系本案各方通谋虚伪意思表示,依据《民法总则》第一百四十六条规定和《企业破产法》相关规定,应属无效。对西钢公司提出的该项诉请,不予支持。

本院认为,与认定以龙郡公司100%股权设立让与担保的约定有效同理,亦应认定以翠宏山公司64%股权设立的让与担保约定有效。《民法总则》第一百四十六条规定,行为人与相对人以虚假的意思表示实施的民事法律行为无效。以虚假的意思表示隐藏的民事法律行为的效力,依照有关法律规定处理。是否为"以虚假的意思表示实施的民事法律行为",应当结合当事人在主合同即借款合同和从合同即让与担保合同中作出的真实意思表示,统筹作出判断。约定将债务人或第三人股权转让给债权人的合同目的是设立担保,翠宏山公司64%股权转让至闽成公司代持股人刘志平名下是为西钢公司向闽成公司的巨额借款提供担保,而非设立股权转让民事关系。对此,债权人、债务人明知。从这一角度看,债权人、债务人的真实意思是以向债权人转让翠宏山公司股权的形式为债权实现提供担保,"显现的"是转让股权,"隐藏的"是为借款提供担保而非股权转让,均为让与担保既有法律特征的有机组成部分,均是债权人、债务人的真实意思,该意思表示不存在不真实或不一致的瑕疵,也未违反法律、行政法规的效力性强制性规定。

西钢公司上诉主张,以翠宏山公司股权设定的让与担保违反物权法定及物权公示原则,违反法律禁止流押流质的规定。本院认为,首先,根据物权和债权区分原则,物权法定原则并不能否定上述合同的效力,即使股权让与担保不具有物权效力,股权让与担保合同也不必然无效。其次,让与担保虽非《物权法》等法律规定的有名担保,但属在法理及司法实践中得到广泛确认的非典型担保。本院认为,《物权法》第一百八十六条规定,抵押权人在债务履行期届满前,不得与抵押人约定债务人不履行到期债务时抵押财产归债权人所有;第二百一十一条规定,质权人在债务履行期届满前,不得与出质人约定债务人不履行到期债务时质押财产归债权人所有。前述《物权法》禁止流押、禁止流质之规定,旨在避免债权人乘债务人之危而滥用其优势地位,压低担保物价值,谋取不当利益。如约定担保权人负有清算义务,当债务人不履行债务时,担保权人并非当然取得担保物所有权时,并不存在流押、流质的问题。本案中,西钢公司与刘志平2015年8月13日签订的《补充协议书》约定:"如西钢公司不能还清债务,乙方有权对外出售翠宏山矿业公司股权,出售价格以评估价格为基础下浮不超过10%;出售股权比例变现的额度,不得超过未清偿借款本息。"可见,西钢公司与刘志平就以翠宏山公司64%股权设定的让与担保,股权出售价格应以"评估价格为基础下浮不超过10%"的清算方式变现。本院认为,上述约定不违反禁止流质流押的法律规定,应当认定上述约定有效。

闽成公司上诉主张,让与担保是已为《民间借贷规定》所认可的非典型担保,设定担保的目的在于债权人就担保标的物优先受偿。案涉翠宏山公司64%股权已在工商部门变更登记至刘志平名下,具有物权公示作用及对抗第三人效力,能够限制该股权转让或其他处分。故,闽成公司就翠宏山公司64%股权具有排除第三人的优先物权效力。西钢公司主张,依据物权法定原则,只有法律明确规定的物权种类,才具有法律认可和保护的物权效力,让与担保并非法律明确规定的物权种类,仅具有债权效力,不具有与法定物权同样的物权效力,不能对抗第三人,无法取得优先于其他债权人的受偿权;从合同内容看,本案就以该股权设定让与担保的《协议书》《补充协议书》均未约定刘志平享有优先受偿权。本院认为,闽成公司与西钢公司上述主张,实质争议焦点在于:以翠宏山公司64%股权设定的让与担保是否具有物权效力,让与担保权人是否可因此取得就该股权价值优先受偿的权利。《最高人民法院关于进一步加强金融审判工作的若干意见》第3条中规定:"依法认定新类型担保的法律效力,扩宽中小微企业的融资担保方式。除符合合同法第五十二条规定的合同无效情形外,应当依法认定新类型担保合同有效;符合物权法有关担保物权规定的,还应

当依法认定其物权效力。"对于前述股权让与担保是否具有物权效力,应以是否已按照物权公示原则进行公示,作为核心判断标准。本案讼争让与担保中,担保标的物为翠宏山公司64%股权。《中华人民共和国公司法》第三十二条第三款规定,公司应当将股东的姓名或者名称向公司登记机关登记;登记事项发生变更的,应当办理变更登记。未经登记或者变更登记的,不得对抗第三人。可见,公司登记机关变更登记为公司股权变更的公示方式。《物权法》第二百零八条第一款、第二百二十六条第一款及第二百二十九条规定,在股权质押中,质权人可就已办理出质登记的股权优先受偿。举轻以明重,在已将作为担保财产的股权变更登记到担保权人名下的股权让与担保中,担保权人形式上已经是作为担保标的物的股份的持有者,其就作为担保的股权享有优先受偿的权利,更应受到保护,原则上具有对抗第三人的物权效力。这也正是股权让与担保的核心价值所在。本案中,西钢公司与刘志平于2014年6月就签订《协议书》以翠宏山公司64%股权设定让与担保,债权人闽成公司代持股人刘志平和债务人西钢公司协调配合已依约办妥公司股东变更登记,形式上刘志平成为该股权的受让人。因此,刘志平依约享有的担保物权优于一般债权,具有对抗西钢公司其他一般债权人的物权效力。闽成公司主张,刘志平享有就翠宏山公司64%股权优先受偿的权利,本院予以支持。西钢公司以让与担保非法定物权,以合同当事人未约定刘志平有优先受偿权为由,否定其优先受偿主张,本院不予支持。一审判决认定该让与担保不具有物权效力和对抗第三人的效力有误,本院予以纠正。

闽成公司主张,一审判决以《企业破产法》第十六条有关禁止个别清偿之规定为由不予支持其就翠宏山公司64%股权优先受偿,属适用法律错误,应根据《企业破产法》第一百零九条规定认定其享有优先受偿的权利。西钢公司主张,只有《物权法》《担保法》规定的法定担保物权人,才可依《企业破产法》第一百零九条规定在破产程序中享有优先受偿权;如判定刘志平享有对翠宏山公司64%股权的优先受偿权,将损害其他债权人利益,对西钢公司等四十家公司破产重整造成不利影响。本院认为,认定刘志平对讼争股权享有优先受偿权,不构成《企业破产法》第十六条规定所指的个别清偿行为。《企业破产法》第十六条之所以规定人民法院受理破产申请后的个别清偿行为无效,一是,因为此种个别清偿行为减少破产财产总额;二是,因为此类个别清偿行为违反公平清偿原则。在当事人以股权设定让与担保并办理相应股权变更登记,且让与担保人进入破产程序时,认定让与担保权人就已设定让与担保的股权享有优先受偿权利,是让与担保法律制度的既有功能,是设立让与担保合同的目的。

本案中,翠宏山公司64%股权已经变更登记至刘志平名下,刘志平就该股权享有优先受偿权利。根据在案证据,尽管案涉一系列借款合同、抹账协议、以翠宏山公司股权设定让与担保的协议及补充协议均以刘志平名义与西钢公司等签订,但银行转账记录等相关证据显示,除关文吉与卢志国提供的借款外,其他借款均由闽成公司或其关联公司(铭祺公司、闽龙公司)账户汇出,关文吉、卢志国先后将其债权转让给刘志平,刘志平本人亦承认真正的权利人为闽成公司,其名下翠宏山公司的股份只是为闽成公司代持。鉴此,在闽成公司与西钢公司之间存在真实的债权债务关系、闽成公司与刘志平之间对于股权代持关系并无争议的情况下,闽成公司主张就翠宏山公司64%股权优先受偿,应予支持。

本案二审中,各方当事人确认,经刘志平同意,案涉翠宏山公司64%股权已为西钢公司对案外人民生银行大连分行金融借款设定股权质押。民生银行大连分行诉西钢公司、伊春市百佳实业有限公司、刘志平、四川省达州钢铁集团有限责任公司、翠宏山公司金融借款合同纠纷案,2017年10月17日,辽宁省高级人民法院作出(2017)辽民初44号一审民事判决,该判决现已发生法律效力。民生银行大连分行对刘志平持有的翠宏山公司64%股权在债权本金5亿元及相应利息、逾期利息、复利和实现债权费用范围内就质押财产享有优先受偿权。本院认为,闽成公司对翠宏山公司64%股权享有优先受偿权。基于本案各方确认并经刘志平同意,将为担保闽成公司债权已设立让与担保的股权又出质给西钢公司债权银行,民生银行大连分行对翠宏山公司64%股权应优先于刘志平(闽成公司)受偿。

四、关于本案一审程序是否合法

为证明案涉八份《借款合同》并非合同文本上记载的签署日期或者在转账汇款前签订,西钢公司就案涉八份《借款合同》是否为同一时间形

借款合同纠纷

成,一审、二审均申请文检鉴定。本院认为,如上所述,出借人已将约定借款实际支付给借款人西钢公司,西钢公司至今未还。案涉八份《借款合同》签署日期及付款前或后签署,均不影响民间借贷合同的成立、生效、履行等,确无送交文检鉴定的必要。一审认定:"即便对此进行鉴定,亦不能证明案涉协议并非当事人的真实意思表示,本院对西钢公司的该抗辩主张不予支持。"对此,本院予以确认。

一审、二审中,刘志平本人出庭或委托诉讼代理律师代为诉讼作出的连贯、清晰、一致的意思表示为:刘志平本人身份为闽成公司子公司员工。以刘志平名义与西钢公司签订的全部《借款协议》《补充协议》《抹账协议》等,均是代表闽成公司签约,由此产生的债权、股权均归属于闽成公司。刘志平本人不具备本案所涉大额资金出借能力,与各方没有业务往来,对案涉全部借款、股权不主张任何权利。二审庭审时,闽成公司委托诉讼代理人补充答辩认为:"本案不是跟身份有关的案件,所有的案件事实刘志平在前两次出庭时做了陈述,提交了书面答辩状,同时也有委托律师代为出庭。"刘志平作为本案第三人,已通过多种法定形式参与本案诉讼,依法正当行使诉权,充分表达自己诉求,并无程序上的缺陷或瑕疵,法院无需依职权再向其调取证据。西钢公司上诉主张,一审法院对西钢公司请求刘志平本人出庭及按西钢公司提交的询问提纲依职权询问刘志平等诉请,不予回应,导致提出的事实主张缺乏证据证明,进而导致一审认定事实错误。本院认为,一审、二审中,刘志平本人或委托律师出庭参加诉讼,人民法院应当尊重刘志平以适当的方式依法行使诉权,刘志平本人是否到庭参加诉讼,也并不影响查明案件事实。《最高人民法院关于适用〈中华人民共和国民事诉讼法〉的解释》第一百七十四条规定,必须到庭的被告是指负有赡养、抚养、扶养义务和不到庭就无法查清案情的被告。刘志平一审诉讼地位为第三人,无论其为有独立请求权第三人,还是为无独立请求权第三人,依据《民事诉讼法》《最高人民法院关于适用〈中华人民共和国民事诉讼法〉的解释》相关规定,刘志平均不属于必须到庭的当事人。

西钢公司以东兴公司于 2018 年 9 月 11 日向黑龙江省伊春市中级人民法院提起(2018)黑 07 民初 32 号案件而诉请撤销西钢公司与刘志平之间签订的系列《抹账协议》《借款合同》及 2014 年 6 月 13 日、6 月 20 日订立的股权让与担保《协议书》为由，请求中止本案审理。闽成公司认为，案外人东兴公司另案提起与本案相关联的案件为两起，伊春市西林区人民法院立而不审，拖了七个月；之后，东兴公司撤诉。2018年9月，东兴公司再次以相同诉由向黑龙江省伊春市中级人民法院起诉；同样，受诉法院立而不审，至今尚未完成送达环节。由于以上案件立案时间晚于本案立案时间，案由不同，不应成为中止本案的依据。本院认为，依据《民事诉讼法》第一百五十条第一款第五项规定，本案审理无需以（2018）黑07民初32号案件审理结果为依据，不属于应当中止诉讼的情形，西钢公司有关本案应中止诉讼的主张不能成立，一审审理程序合法，本院予以确认。

依照《中华人民共和国民事诉讼法》第一百七十条第一款第二项规定，判决如下：

一、撤销黑龙江省高级人民法院（2017）黑民初154号民事判决；

二、确认黑龙江闽成投资集团有限公司对西林钢铁集团有限公司享有债权本金1059244471.52元及利息〔（其中以4500万元为基数，自2013年5月9日；以1亿元为基数，自2013年6月25日；以1亿元为基数，自2013年7月25日；以2.5亿元为基数，自2013年12月11日；以1亿元为基数，自2013年12月12日；以3000万元为基数，自2014年1月29日；以5000万元为基数，自2014年2月11日；以1亿元为基数，自2014年5月12日；以1亿元为基数，自2014年6月13日，以上均按税后年18%的标准，计算至2018年6月11日）、（其中以1.3亿元为基数，自2014年4月9日至2015年8月13日，按年10%的标准计算；以1000万元为基数，自2014年4月11日至2015年8月13日，按年10%的标准计算；以1.4亿元为基数，自2015年8月14日至2018年6月11日，按税后年18%的标准计算）、（以43594471.52元为基数，自2014年6月16日至2018年6月11日，按税后年18%的标准计算）、（以65万元为基数，自2017年6月19日至2018年6月11日，按中国人民银行同期同类贷款利率的标准计算），464541718元从中予以扣除〕；

三、黑龙江闽成投资集团有限公司对刘志平持有的逊克县翠宏山矿业有限公司64%股权折价或者拍卖、变卖所得价款优先受偿；

四、驳回黑龙江闽成投资集团有限公司、西林钢铁集团有限公司的其

借款合同纠纷

他上诉请求。

一审案件受理费9879822.36元,由黑龙江闽成投资集团有限公司负担3951928.94元,西林钢铁集团有限公司负担5927893.42元;财产保全费5000元,由黑龙江闽成投资集团有限公司负担。二审案件受理费5569822.36元,由黑龙江闽成投资集团有限公司负担2227928.94元,西林钢铁集团有限公司负担3341893.42元。

本判决为终审判决。

审　判　长　冯小光
审　判　员　张代恩
审　判　员　李盛烨

二〇一九年五月十六日

法官助理　李赛敏
书　记　员　纪微微

72. 再审申请人崔玉花与被申请人杨兴义、一审被告马耀中民间借贷纠纷案

> 夫妻一方虽然以个人名义借贷了超出日常开支所需债务，但该行为属于赚取利差的投资经营行为，所获利息亦用于夫妻共同生活，应当认定为夫妻共同债务

最高人民法院民事判决书

（2018）最高法民申634号

再审申请人（一审被告、二审上诉人）：崔玉花，女，1954年12月13日出生，回族，住宁夏回族自治区银川市兴庆区。

委托诉讼代理人：丁建华，宁夏综义律师事务所律师。

委托诉讼代理人：裴志勤，宁夏综义律师事务所律师。

被申请人（一审原告、二审被上诉人）：杨兴义，男，1942年12月7日出生，汉族，住宁夏回族自治区银川市。

---

* 摘自《商事审判指导》2019年第2辑（总第49辑），人民法院出版社2019年版，第147~151页。

借款合同纠纷

委托诉讼代理人：邵军，宁夏宁人律师事务所律师。

一审被告：马耀中，男，1951年3月14日出生，回族，住宁夏回族自治区银川市兴庆区。

委托诉讼代理人：刘晶，宁夏侨之桥律师事务所律师。

再审申请人崔玉花与被申请人杨兴义、一审被告马耀中民间借贷纠纷一案，不服宁夏回族自治区高级人民法院（以下简称宁夏高院）（2017）宁民终191号民事判决，向本院申请再审。本院依法组成合议庭对本案进行了审查，现已审查终结。

崔玉花申请再审称，本案符合民事诉讼法第二百条第二项、第六项规定的情形，应予再审。请求：（1）依法撤销宁夏回族自治区银川市中级人民法院（以下简称银川中院）（2016）宁01民初865号民事判决及宁夏高院（2017）宁民终191号民事判决；（2）依法改判再审申请人崔玉花不承担还款责任。事实和理由：一、二审法院在被申请人杨兴义未向法院提交任何证据证明的情况下，仅以原审被告马耀中与被申请人杨兴义之间的借款发生在崔玉花与马耀中夫妻关系存续期间就认定案涉借款系夫妻共同债务，认定事实错误。首先，原审被告马耀中两次向被申请人杨兴义借款所出具的借条及借款承诺均系其个人出具，再审申请人根本不知情，均未签字认可，事后也未追认，故案涉借款系马耀中个人债务，不应认定为夫妻共同债务。其次，一审、二审庭审中马耀中向法庭提交的转账凭证、银行流水均可清晰地显示所借款项走向，证明所有借款马耀中均用于帮助其朋友田成旺解决资金周转困难，杨兴义在两次庭审中亦认可该事实，故案涉借款并未用于马耀中与再审申请人的夫妻共同生活。最后，马耀中向被申请人杨兴义借款数额高达1900万元，该债务远远超出崔玉花、马耀中二人家庭日常生活所需的范畴，与实际不符。被申请人主张该借款用于二人夫妻共同生活，属于夫妻共同债务不具有真实性、客观性及关联性，更无合法性可言。同时根据《最高人民法院关于审理涉及夫妻债务纠纷案件适用法律有关问题的解释》第三条"夫妻一方在婚姻关系存续期间以个人名义超出家庭日常生活需要所负的债务，债权人以属于夫妻共同债务为由主张权利的，人民法院不予支持，但债权人能够证明该债务用于夫妻共同生活、共同生产经营或者基于夫妻双方共同意思表示的除外"之规定，被申请人杨兴义主张如此高额的借款属于夫妻共同债务，应承担举证责任，向法庭提交相关证据予以证明。但在一审、二审庭审过程中，被申请人从未向法庭提交任何证据证明案涉借款用于二人夫妻共同生活、共同生产经营，应承担举证不能的法律后果。因此，一审、二审法院在被申请人没有提交任何证据证明的情况下，仅以案涉借款发生在夫妻关系存续期间就认定为夫妻共同债务，明显与事实不符，于法无据。综上，再审申请人认为，一审、二审法院认定原审被告与被申请人之间的借款属于夫妻共同债务的事实明显缺乏证据证明，认定事实错误，适用法律不当，故本案应当再审。

杨兴义提交意见称，马耀中借款1900万元是为了转借给案外人田成旺、田林东等，并且出借利息为月利息5分，因田成旺、田林东等未及时履行还款义务，马耀中向银川中院提起了诉讼，可以看出马耀中从杨兴义处借款后转借赚取利息，用于家庭生活，对此应当认定为涉案借款系夫妻共同债务。

本院经开庭询问，查明以下事实：（1）关于马耀中的借款用途。被申请人称，马耀中所做生意是将钱借给第三方，从中赚取利息，这部分利息用于日常家庭生活。再审申请人则称，马耀中是个体户，有正当经营生意，但其未能提供营业执照、业务单据等证据支持。再审申请人称马耀中与借款人杨兴义系朋友关系，所借款项未用于家庭生活，未收取高额利息。对此，被申请人提供了银川中院（2017）宁01民初281号调解书，证明马耀中自2007年9月4日至2015年4月15日分18次向田林东、田成旺转账借款本金4416万元，该借款属于借给宁夏东宇实业有限公司的借款，田林东、田成旺系该公司股东。2016年11月14日，马耀中与田林东、田成旺、宁夏东宇民族饮食文化有限公司达成还款协议，确认宁夏东宇实业有限公司借马耀中4416万元，按月息2%计算已经收取了920万利息，赚取了利息差。关于剩余本金利息双方自愿达成了一份和解协议。被申请人还提供了银川中院（2016）宁01民初415号民事案件审理过程中马耀中曾向法院提供的一份借款协议。该协议约定，马耀中与田林东、田成旺的

借款月息为4%,马耀中在起诉状中请求按月息3%计算利息。(2)关于法院保全的马耀中名下的两辆宝马车、一辆路虎车及三处房产和在崔玉花名下的位于宁夏回族自治区吴忠市的一处房产的购买资金来源(崔玉花自述一辆轿车购买价为102.8万元、两辆越野车购买价分别为143万元、98.5万元)。被申请人称,马耀中、崔玉花均60多岁,无正常收入,间接证明了马耀中所借巨款是为了放贷收取利息差,而所得收益均用于夫妻共同生活。对此,再审申请人称,其是家庭妇女,不知道丈夫马耀中做生意的事情,且房产与车辆均在借款前已经购得。但再审申请人未能提供证明马耀中和崔玉花的其他收入足以支持其购买车辆及多处房产的证据。

根据再审申请人的再审事由及事实和理由,本院对案涉借款是否为夫妻共同债务进行审查。具体评析如下:

《最高人民法院关于适用〈中华人民共和国婚姻法〉若干问题的解释(二)》第二十四条第一款规定:"债权人就婚姻关系存续期间夫妻一方以个人名义所负债务主张权利的,应当按夫妻共同债务处理。但夫妻一方能够证明债权人与债务人明确约定为个人债务,或者能够证明属于婚姻法第十九条第三款规定情形的除外。"据此,本案的借款发生在崔玉花与马耀中的婚姻关系存续期间,对于崔玉花与马耀中任何一方以个人名义所借的债务,原则上应当由崔玉花与马耀中夫妻双方共同承担。本案中,崔玉花既没有提供证明杨兴义与马耀中明确约定案涉借款为马耀中的个人债务的证据,也无证据证明本案属于《中华人民共和国婚姻法》第十九条第三款"夫妻对婚姻关系存续期间所得的财产约定归各自所有的,夫或妻一方对外所负的债务,第三人知道该约定的,以夫或妻一方所有的财产清偿"规定的情形,故本案债务应当认定为马耀中与崔玉花的夫妻共同债务。

再审申请人崔玉花提出的申请再审的法律依据是《最高人民法院关于审理涉及夫妻债务纠纷案件适用法律有关问题的解释》。经查,该解释自2018年1月18日起施行。本案二审判决日期是2017年9月14日,本案发生和判决时该解释并未施行。故二审法院根据《中华人民共和国婚姻法》第十九条、《最高人民法院关于适用中华人民共和国婚姻法若干问题的解释(二)》第二十四条作出判决,适用法律正确。并且,《最高人民法院关于审理涉及夫妻债务纠纷案件适用法律有关问题的解释》第三条也规定："夫妻一方在婚姻关系存续期间以个人名义超出家庭日常生活需要所负的债务，债权人以属于夫妻共同债务为由主张权利的，人民法院不予支持，但债权人能够证明该债务用于夫妻共同生活、共同生产经营或者基于夫妻双方共同意思表示的除外。"根据被申请人提供的生效民事调解书等证据足以证实，马耀中主要从事民间借贷赚取利息差的生意。本案中，马耀中虽然以个人名义借贷了超出日常开支所需债务，但该行为属于赚取利差的投资经营行为，所获利息亦用于夫妻共同生活，崔玉花无证据证明其和马耀中有其他的收入足以支持其购买车辆及多处房产。由于杨兴义已经证明案涉借款系马耀中赚取利差的投资经营行为，利息用于夫妻共同生活，故该债务属于夫妻共同债务，应由马耀中和崔玉花夫妻共同偿还。至于崔玉花在申请再审时提出其和马耀中名下的车辆和房产是在案涉借款前购买，但这些财产购买的时间并不影响其应当承担的本案的还款责任。也就是说，即使是在案涉借款之前购买的，这些财产也应当用来偿还案涉借款。只要案涉借款不还，马耀中和崔玉花名下的任何财产均系案涉借款的责任财产。故崔玉花的此点申请再审理由不能成立。

综上，崔玉花的再审申请不符合《中华人民共和国民事诉讼法》第二百条第二项、第六项规定的情形。本院依照《中华人民共和国民事诉讼法》第二百零四条第一款、《最高人民法院关于适用〈中华人民共和国民事诉讼法〉的解释》第三百九十五条第二款规定，裁定如下：

驳回崔玉花的再审申请。

审 判 长　杨永清
审 判 员　丁广宇
审 判 员　李　涛

二〇一八年七月十三日

法官助理　张丽洁
书 记 员　李晓宇

借款合同纠纷

未办理抵押登记的抵押合同效力认定问题

73. 宋建明、李梅华与孙继红民间借贷纠纷案*

一、基本案情

2014年6月11日，宋建明、李梅华因生意需要向孙继红借款，孙继红于当日借给宋建明、李梅华现金15万元，宋建明、李梅华向孙继红出具了借条一张，承诺此借款于2014年8月11日一次性偿还，并以自己所有的房屋作抵押。同时，为保证偿还借款，马桂花以其所有的房屋一套作抵押，但双方未办理抵押登记。还款期限届满后，宋建明、李梅华未按约定偿还借款，离开原籍。孙继红于2015年12月4日向一审法院提起诉讼，要求宋建明、李梅华立即偿还借款15万元，马桂花承担连带保证责任。马桂花辩称，孙继红与马桂花之间以房屋作抵押的抵押权因未经登记未成立，其无权向担保人马桂花主张权利，该担保形式违反了法律的规定，该约定并未产生法律效力。抵押担保属于物权，其设立应当符合法律规定，双方之间设立的房屋抵押合同并不能产生物权即抵押权，双方之间不成立抵押人和抵押权人的法律关系，即抵押权不成立，担保人不应承担担保责任。

---

* 摘自《审判监督指导》2018年第1辑（总第63辑），人民法院出版社2019年版，第96~98页。

二、案件焦点

未办理抵押权登记，抵押担保合同是否生效。

三、审理情况

一审法院审理认为，当事人之间从事民事活动应当遵循诚实信用原则，孙继红与宋建明、李梅华之间签订的借款合同是双方当事人真实意思的表示，应受法律保护，双方当事人应按合同约定履行各自的义务。孙继红按合同约定向宋建明、李梅华提供了借款，宋建明、李梅华应按约定期限偿还借款，宋建明、李梅华至今未偿还借款属于违约，孙继红要求宋建明、李梅华立即偿还借款15万元的诉讼请求于法有据，应予支持；孙继红与马桂花签订的担保合同中约定的担保方式为抵押，因未办理抵押物登记，该抵押合同未生效，故抵押担保不成立。孙继红也未提供证据证明在保证期限内向马桂花主张承担保证责任，故孙继红要求马桂花承担连带保证责任的诉讼请求不予支持；宋建明、李梅华经法院合法传唤，无正当理由拒不出庭应诉，视为其放弃答辩和质证的权利。判决：一、宋建明、李梅华在判决生效后十日内偿还孙继红借款15万元；二、驳回孙继红要求马桂花承担连带保证责任的诉讼请求。

二审法院审理认为，根据《中华人民共和国担保法》第四十一条"当事人以本法第四十二条规定的财产抵押的，应当办理抵押物登记，抵押合同自登记之日起生效"的规定，孙继红与宋建明、李梅华借款时，虽然马桂花在双方借款的借据上承诺用其房产进行担保，但双方未办理抵押物登记手续，根据上述法律的规定，该抵押合同未生效。孙继红的上诉理由不能成立，不予支持。关于孙继红认为一审法院认定孙继红向马桂花主张连带清偿债务已经过了保证期间属适用法律错误的问题，马桂花为孙继红的借款提供的房产抵押担保未按法律规定办理相关的抵押物登记，双方之间的抵押担保合同未生效，因而没有必要对该抵押担保是否已过保证期间进行审查。因此，一审法院对未生效的抵押担保合同已过了保证期间的认定不当，应予纠正。一审判决认定事实清楚，证据确实充分，适用法律正

确,审判程序合法。判决:驳回上诉,维持原判。

再审审理期间,经法院主持调解,双方当事人于 2017 年 5 月 25 日达成协议:宋建明、李梅华分期向孙继红偿还 15 万元借款,马桂花承担连带清偿责任。

四、评析意见

关于不动产抵押合同的生效时间,《中华人民共和国担保法》和《中华人民共和国物权法》的规定不同。《中华人民共和国担保法》第四十一条规定:"当事人以本法第四十二条规定的财产抵押的,应当办理抵押物登记,抵押合同自登记之日起生效。"《中华人民共和国物权法》第十五条规定:"当事人之间订立有关设立、变更、转让和消灭不动产物权的合同,除法律另有规定或者合同另有约定外,自合同成立时生效;未办理物权登记的,不影响合同效力。"《中华人民共和国担保法》规定抵押合同自登记之日起生效,而《中华人民共和国物权法》规定抵押合同自合同成立时生效,抵押未登记仅为抵押权未有效设立,并不影响抵押合同的效力。根据新法优于旧法的法律适用原则,以及《中华人民共和国物权法》第一百七十八条"担保法与物权法的规定不一致的,适用物权法"的规定,关于未经登记的抵押合同的效力问题应当适用物权法的规定,即抵押合同自合同成立时生效,与抵押财产是否登记无关。本案中,根据各方当事人的陈述,可以认定马桂花系接受债务人宋建明的请求,为宋建明、李梅华向孙继红所借债务提供担保。马桂花在宋建明、李梅华与孙继红签订借款合同上签署以房屋作为抵押之日起,抵押合同即成立且生效。原一审、二审法院援引《中华人民共和国担保法》第四十一条的规定,认定抵押合同因未经登记而未生效,适用法律错误。

抵押合同的订立和抵押权的设定属于不同的法律事实,抵押合同的订立是在当事人之间创设有关抵押权的权利义务关系,是物权变动的原因,属于合同法调整的范畴。而抵押权的设立,是合法有效的抵押合同所产生的结果,属于物权变动的范畴。原审法院认定抵押合同因未办理登记而未生效,是混淆了不动产抵押合同效力与抵押权效力的关系。根据《中华人民共和国物权法》中"物权变动和原因行为区分原则",两个行为的法律评价标准不同。抵押合同的生效与抵押财产的登记无关,只要依法成立即生效。本案中,孙继红和马桂花订立的抵押合同未经登记,不产生物权变动的效果,案涉房屋上的担保物权并未设立。但双方签订的抵押合同依然生效,在抵押合同有效的情况下,孙继红的债权请求权应当受法律保护,马桂花应当在案涉房屋价值范围内承担连带清偿责任。

(执笔人:陈　鸿)

借款合同纠纷

74. 北京长富投资基金与武汉中森华世纪房地产开发有限公司等委托贷款合同纠纷案

▶ 委托贷款合同实质是委托人与借款人之间的民间借贷关系的，应受民间借贷法律规则的规制

【裁判摘要】

> 委托人、受托银行与借款人三方签订委托贷款合同，由委托人提供资金、受托银行根据委托人确定的借款人、用途、金额、币种、期限、利率等代为发放、协助监督使用并收回贷款，受托银行收取代理委托贷款手续费，并不承担信用风险，其实质是委托人与借款人之间的民间借贷。委托贷款合同的效力、委托人与借款人之间的利息、逾期利息、违约金等权利义务均应受有关民间借贷的法律、法规和司法解释的规制。

* 摘自《最高人民法院公报》2016年第11期。

最高人民法院民事判决书

（2016）最高法民终 124 号

上诉人（原审原告）：北京长富投资基金（有限合伙）。住所地：北京市丰台区丽泽路 18 号院 1 号楼 501-09。

代表人：佟铁成，执行事务合伙人委派代表。

委托代理人：万钦忠，湖北浩泽律师事务所律师。

委托代理人：刘宇，中国长城资产管理公司武汉办事处职员。

上诉人（原审被告）：武汉中森华世纪房地产开发有限公司。住所地：湖北省武汉市洪山区徐东路 7 号徐东欧洲花园小区。

法定代表人：郑巨云，该公司执行董事。

委托代理人：张力岩，北京市尚格律师事务所律师。

委托代理人：刘金兰，北京市尚格律师事务所实习律师。

被上诉人（原审被告）：中森华投资集团有限公司。住所地：湖北省武汉市江岸区车站路 100 号。

法定代表人：郑巨云，该公司董事会主席。

委托代理人：张力岩，北京市尚格律师事务所律师。

委托代理人：刘金兰，北京市尚格律师事务所实习律师。

被上诉人（原审被告）：郑巨云，男，汉族，住浙江省乐清市。

委托代理人：张力岩，北京市尚格律师事务所律师。

委托代理人：刘金兰，北京市尚格律师事务所实习律师。

被上诉人（原审被告）：陈少夏，女，汉族，住浙江省乐清市。

委托代理人：张力岩，北京市尚格律师事务所律师。

委托代理人：刘金兰，北京市尚格律师事务所实习律师。

被上诉人（原审第三人）：湖北徐东（集团）股份有限公司。住所地：湖北省武汉市洪山区友谊大道 508 号时尚欧洲 9 栋 B603-610 室。

法定代表人：徐辉，该公司董事长。

借款合同纠纷

委托代理人：李明，湖北英达律师事务所律师。

委托代理人：宋浩，湖北英达律师事务所律师。

原审第三人：兴业银行股份有限公司武汉分行。住所地：湖北省武汉市武昌区水果湖中北路108号兴业银行大厦。

代表人：曾晓阳，该分行行长。

委托代理人：梁淑兰，该分行职员。

委托代理人：田会，该分行职员。

原审第三人：北龙建设集团有限公司。住所地：湖北省襄阳市襄城区檀溪路198-1号。

法定代表人：陈书田，该公司董事长。

委托代理人：杨勇，该公司职员。

委托代理人：陈帆，湖北多能律师事务所律师。

原审第三人：湖北祥和建设集团有限公司。住所地：湖北省武汉市新洲区郝成街龙腾大街48号。

法定代表人：刘卫宏，该公司总经理。

原审第三人：福建中森建设有限公司。住所地：福建省永安市五四路20号。

法定代表人：陈东海，该公司董事长。

委托代理人：范丁宝，福建永杭律师事务所律师。

委托代理人：刘春龙，福建永杭律师事务所律师。

上诉人北京长富投资基金（有限合伙）（以下简称长富基金）、武汉中森华世纪房地产开发有限公司（以下简称中森华房地产公司）因与被上诉人中森华投资集团有限公司（以下简称中森华投资公司）、郑巨云、陈少夏、湖北徐东（集团）股份有限公司（以下简称徐东集团公司）以及原审第三人兴业银行股份有限公司武汉分行（以下简称兴业银行武汉分行）、北龙建设集团有限公司（以下简称北龙公司）、湖北祥和建设集团有限公司（以下简称祥和公司）、福建中森建设有限公司（以下简称中森公司）合同纠纷一案，不服湖北省高级人民法院（2014）鄂民二初字第00035号民事判决，向本院提起上诉。本院依法组成由审判员黄年担任审判长，审判员李京平、代理审判员李志刚参加的合议庭进行了审理，书记员乌宁于琪担任本案记录。本案现已审理终结。

原审审理查明：2013年9月27日，长富基金与兴业银行武汉分行、中森华房地产公司、中森华投资公司、郑巨云、陈少夏签订《投资合作协议》，约定长富基金以委托贷款方式委托兴业银行武汉分行向中森华房地产公司发放贷款6.3亿元，用于完成徐东村城中村综合改造项目，借款分两期发放。协议还约定了贷款担保、发放条件、监管、违约责任、争议解决等事项。同日，长富基金、兴业银行武汉分行与中森华房地产公司签订《委托贷款合同》，约定长富基金委托兴业银行武汉分行向中森华房地产公司贷款6.3亿元，借款用途为徐东村城中村综合改造项目，借款分两期发放，发放时间和条件分别为：第一期发放借款4亿元，发放条件为"中森华房地产公司就购买湖北珠江房地产开发有限公司所有的土地使用权（约20亩）事宜，与湖北珠江房地产开发有限公司签订协议或合同，并进行一般见证公证；中森华房地产公司将拥有的位于武汉市洪山区徐东村K1地块面积为25134.12平方米的土地使用权（证号武国用〔2012〕第X1号）与K5地块面积10313.48平方米的在建工程及面积为5424.82平方米的土地使用权（证号武国用〔2012〕第X2号）抵押给兴业银行武汉分行（抵押物情况详见《抵押合同》所附《抵押财产清单》），抵押手续办理完毕；中森华投资公司以其持有的49%的股权为中森华房地产公司在本协议项下的全部债务提供质押担保并质押给兴业银行武汉分行，质押登记手续办理完毕"。第二期发放借款2.3亿元，发放条件为"中森华房地产公司将其拥有的位于武汉市洪山区徐东村K2地块面积为4359.22平方米的土地使用权（证号武国用〔2012〕第X3号）、K3地块面积为15436.26平方米的土地使用权（证号武国用〔2012〕第X4号）、K4地块面积为35303.85平方米的在建工程及面积为7933平方米的土地使用权（证号武国用〔2013〕第X5号）抵押给兴业银行武汉分行，抵押手续办理完毕"。合同项下的借款期限为四年，自第一期借款发放之日起计算，无论第二期借款何时发放，均与第一期借款同时到期，第一年至第三年的贷款利率为年利率16%，第四年的贷款利率为年利率18%，按自然季结息，结息日为每季末月的20日后的第一个工作日。合同还约定了罚息的条件，即"借款人未按合同约定的期限归还借款本金及利息的，委托人对逾期的借款从逾期之日起在约定的借款利率基础上上浮50%计收罚息，直至本息清偿为止"。《委托贷款合同》第四条约定借款人构成违约的行为包括：未履行本合同第一条所做的承诺；明确表示或者以行为表明不愿清偿其已到期或未到期债务；未履行或者未完全履行借款人与委托人签订的其他合同项下义务的；委托人宣布借款人构成违约的；借款人不履行或者不完全履行合同的其他情形。合同第四条还约定了可采取救济措施的情况和条件，其中，借款人或保证人违约；借款人或者保证人还款能力可能发生重大不利变化，抵押物、质押物可能遭受重大损害或者价值减损等，可采取的救济措施包括停止发放借款、提前收回已发放借款、要求借款人承担损害赔偿及其他法律责任、采取相应的资产保全措施及其他法律措施。合同还约定因借款人违约致使委托人采取诉讼或仲裁等方式实现债权的，委托人为此支付的律师费、诉讼费、差旅费、执行费及其他实现债权的必要费用由借款人承担。

嗣后，兴业银行武汉分行与中森华房地产公司签订五份《抵押合同》，约定中森华房地产公司以位于湖北省武汉市洪山区徐东村 K1 地块面积为 25134.12 平方米的土地使用权（证号武国用〔2012〕第 X1 号）、K2 地块面积为 4359.22 平方米的土地使用权（证号武国用〔2012〕第 X3 号）、K3 地块面积为 15436.26 平方米的土地使用权（证号武国用〔2012〕第 X4 号）、K4 地块面积为 35303.85 平方米的在建工程及面积为 7933 平方米的土地使用权（证号武国用〔2013〕第 X5 号）、K5 地块面积为 10325.82 平方米的在建工程及面积为 5424.82 平方米的土地使用权（证号武国用〔2012〕第 X2 号）向兴业银行武汉分行提供抵押担保。担保范围为主合同下全部债权，包括但不限于本金、利息、违约金、赔偿金、债务人应向借款人支付的其他款项、兴业银行武汉分行实现债权和担保权利而发生的费用。

此后，兴业银行武汉分行又与中森华投资公司签订《股权质押合同》，约定中森华投资公司以其拥有的中森华房地产公司的 49% 股权为主合同项下 6.3 亿元债务本金及利息提供担保。股权质押合同签订后，双方于 2013 年 11 月 26 日在湖北省武汉市洪山区工商行政管理局办理了质押登记。

2013 年 9 月 27 日，兴业银行武汉分行与中森华投资公司、郑巨云、陈少夏签订《连带保证合同》，约定中森华投资公司、郑巨云、陈少夏为债务人中森华房地产公司的借款本金6.3亿元及利息、违约金、赔偿金等提供担保，担保方式为不可撤销的连带责任担保，保证期间为两年，自主合同约定的履行债务期限届满之日起算。主合同约定的事项导致主合同债务人被贷款人宣布提前到期，保证期间自主合同债务提前到期之日起两年。

上述合同签订后，双方在湖北省武汉市国土资源和规划局办理了K1地块25134.12平方米的土地使用权（证号武国用〔2012〕第X1号）、K5地块5424.82平方米的土地使用权（证号武国用〔2012〕第X2号）的抵押登记，在湖北省武汉市洪山区住房保障和房屋管理局办理了10325.82平方米的在建工程的抵押登记。2013年12月12日，长富基金通过兴业银行武汉分行向中森华房地产公司发放了第一期委托贷款4亿元。中森华房地产公司于2014年3月21日通过兴业银行武汉分行向长富基金支付利息1600万元。中森华房地产公司未办理K2、K3、K4地块及在建工程的抵押登记，兴业银行武汉分行亦未发放第二期2.3亿元借款。

长富基金提起本案诉讼，主张中森华房地产公司未按《委托贷款合同》及《抵押合同》的约定办理K2、K3、K4地块土地使用权及在建工程抵押，且抵押的在建工程大部分被出售，已构成违约，应承担违约责任并向长富基金支付违约金；中森华投资公司、郑巨云、陈少夏应承担质押担保责任及连带保证责任。长富基金请求判令：（1）终止长富基金和兴业银行武汉分行与中森华房地产公司签订的《委托贷款合同》的履行，提前收回借款。（2）中森华房地产公司偿还借款本金4亿元及利息1618万元（利息自2014年3月22日至6月21日按年利率16%计算），并自2014年6月22日起按年利率16%×（1+50%）计算至本息还清时止。（3）中森华房地产公司应承担违约责任，并支付违约金1.26亿元。（4）长富基金对中森华房地产公司抵押的武他项（2013）第X6号他项权证项下的位于武汉市洪山区徐东村的25134.12平方米的土地使用权享有优先受偿权；对武他项（2013）第X7号他项权证项下的位于武汉市洪山区徐东村的5424.82平方米的土地使用权享有优先受偿权；对武汉市期房抵押证明（武房期洪字第2013015485号）项下的洪山区徐东村徐东公寓10325.82平

方米的房屋享有优先受偿权。(5) 长富基金对中森华投资公司质押的中森华房地产公司49%的股权享有优先受偿权。(6) 中森华投资公司、郑巨云、陈少夏对第二项、第三项债务承担连带清偿责任。(7) 长富基金对中森华房地产公司在徐东集团公司徐东村城中村综合改造项目C地块产业项目中的全部权益进行处置以清偿本案债务。(8) 确认北龙公司2013年8月编号2013(世纪)字第7-1号《承诺函》合法有效,对中森华房地产公司徐东村城中村综合改造项目中的工程项目建筑工程款的受偿权劣后于长富基金的债权。(9) 确认祥和公司2013年8月26日编号2013(世纪)字第7-4号《承诺函》合法有效,对中森华房地产公司徐东村城中村综合改造项目中的工程项目建筑工程款的受偿权劣后于长富基金的债权。(10) 确认中森公司2013年8月26日编号2013(世纪)字第7-5号《承诺函》合法有效,对中森华房地产公司徐东村城中村综合改造项目中的工程项目建筑工程款的受偿权劣后于长富基金的债权。(11) 被告承担本案全部诉讼费用。

另查明:徐东集团公司向长富基金出具《承诺函》称:本公司对中森华房地产公司的所有债权劣后于贵方因通过委托贷款方式对中森华房地产公司融资6.3亿元而享有的债权本息及其他相关权益。祥和公司向长富基金出具《承诺函》称:我公司对上述K2、K3、C2、C3、C4工程项目的建筑工程款的受偿权劣后于贵方通过委托贷款方式对中森华房地产公司融资6.3亿元而享有的债权本息及其他相关权益。湖北省武汉市中星公证处对以上两份《承诺函》作出了《公证书》。

2014年11月26日,湖北省武汉市中星公证处作出(2014)鄂中星决字第6号《关于撤销(2013)鄂中星内证字第19246号公证书的决定书》,载明:编号为2013(世纪)字第7-1号《承诺函》上北龙公司的印鉴及法定代表人陈书田的签名均系伪造。我处决定,撤销(2013)鄂中星内证字第19246号公证书。该公证书自始无效。

原审法院审理期间,湖北省武汉市江岸区城乡统筹发展工作办公室提出异议称:长富基金申请保全的K4地块的建筑物建筑面积为35303.85平方米的在建工程和K5上已办理抵押登记的徐东公寓在建房屋10325.82平方米已经出售给该办。

原审认为，本案所涉《投资合作协议》《委托贷款合同》《抵押合同》《股权质押合同》《连带保证合同》，是各方当事人的真实意思表示，内容不违反法律、法规的禁止性规定，应当认定为合法有效，各方当事人均应严格按照合同履行各自的义务。兴业银行武汉分行受长富基金委托向中森华房地产公司发放委托贷款，三方当事人之间订立合同建立了委托贷款合同关系。《中华人民共和国合同法》第四百零二条规定："受托人以自己的名义，在委托人的授权范围内与第三人订立的合同，第三人在订立合同时知道受托人与委托人之间的代理关系的，该合同直接约束委托人和第三人，但有确切证据证明该合同只约束受托人和第三人的除外。"因中森华房地产公司明知委托贷款系长富基金委托兴业银行武汉分行发放的事实，《委托贷款合同》直接约束长富基金和中森华房地产公司，长富基金可以自己名义直接向中森华房地产公司主张权利，本案将中森华房地产公司列为被告、兴业银行武汉分行列为第三人符合法律规定。本案中的《抵押合同》《股权质押合同》《连带保证合同》和抵押、质押登记的名义权利人是兴业银行武汉分行，但因中森华房地产公司及担保人对长富基金委托兴业银行武汉分行发放贷款及担保的实际权利人是长富基金均是明知的，且兴业银行武汉分行对长富基金直接主张担保权利不持异议，故本案的担保合同应直接约束长富基金、中森华房地产公司及担保人，长富基金就其债权对中森华房地产公司及其他担保人提供的担保物的处置价款享有优先受偿权。

长富基金请求终止《委托贷款合同》、提前收回借款，并明确表示该项诉讼请求系依据《中华人民共和国合同法》第九十三条的规定，其实质是要求解除合同。原审认为，中森华房地产公司未按约定办理 K2、K3、K4 地块及在建工程的抵押登记，属于"未履行或者未完全履行借款人与委托人签订的其他合同项下义务"；中森华房地产公司未按合同约定的按季度支付利息，支付 2014 年一季度利息后，自 2014 年 3 月 22 日起未付利息，属于"明确表示或者以行为表明不愿清偿其已到期或未到期债务"；原审在实施本案诉讼保全时，中森华房地产公司已涉及多起诉讼，向长富基金提供的抵押物已被其他债权人查封。因此，长富基金请求终止合同履行、提前收回贷款符合《投资协议》《委托贷款合同》中"借款人或保证

借款合同纠纷

人违约,借款人或者保证人还款能力可能发生重大不利变化,抵押物、质押物可能遭受重大损害或者价值减损等,可以停止发放借款,提前收回已发放借款"的约定。原审对长富基金的该项诉讼请求依法予以支持。

《中华人民共和国合同法》第九十七条规定:"合同解除后,尚未履行的,终止履行;已经履行的,根据履行情况和合同性质,当事人可以要求恢复原状、采取其他补救措施、并有权要求赔偿损失。"据此,本案的《委托贷款合同》解除后,未履行的2.3亿元借款不再履行,中森华房地产公司应向长富基金返还已经发放的4亿元委托贷款本金,并赔偿长富基金的损失,即长富基金可以合法预期从本案交易中获取的收益,应当以已经发放的4亿元为基数,按双方约定的年息16%计算至长富基金起诉请求终止履行合同之日止,此后的利息按照约定的逾期利息计算。长富基金请求按照抵押合同约定的委托贷款本金的20%支付违约金1.26亿元,因上述利息已经足以弥补长富基金因解除合同遭受的损失,对该项诉讼请求原审不予支持。

北龙公司《承诺函》上加盖的北龙公司印章和法定代表人陈书田的签字被湖北省武汉市中星公证处认定为伪造;经鉴定,中森公司《承诺函》上加盖的中森公司印文不是中森公司实际使用的印章盖印形成,《承诺函》上中森公司法人代表陈同海的签名笔迹不是陈同海书写,故长富基金提交的两《承诺函》的内容不能认定为是北龙公司、中森公司真实意思表示,对北龙公司、中森公司不具有约束力。徐东集团公司、祥和公司向长富基金作出书面承诺,承诺其建设工程价款受偿劣后于长富基金债权,该承诺系徐东集团公司、祥和公司的真实意思表示,亦不存在法律规定的法律行为无效的情形,应认定为有效。祥和公司抗辩称祥和公司承诺放弃优先受偿权并非其真实意思表示,但没有提交证据证明,也没有提出鉴定申请。祥和公司抗辩称建设工程价款优先受偿权是法定担保物权,承诺优先受偿权劣后于其他债权人受偿损害他人的合法权益,因此无效。原审认为,法律规定建设工程价款优先受偿权的目的在于保护民工工资等合法权益的实现,但仍然属于一种可以由权利人自由处分的民事权利。祥和公司主张其自愿作出的承诺无效违背诚实信用原则,原审不予支持。至于徐东集团公司、祥和公司是否对中森华房地产公司享有相关建设工程款债权以及享有债权的数额和范围，以及长富基金是否有权处置中森华房地产公司在徐东集团公司徐东村改造项目 C 地块产业项目中的权益以清偿本案债务，均不属于本案的审理范围，应另案或在执行程序中解决。

综上，长富基金的部分诉讼请求符合法律规定，依法予以支持。依照《中华人民共和国民法通则》第一百零六条第一款、第一百零八条，《中华人民共和国合同法》第八条、第六十条第一款、第九十三条、第九十七条，《中华人民共和国担保法》第十八条、第三十三条、第四十六条、第七十五条，《中华人民共和国民事诉讼法》第一百四十二条之规定，原审判决：一、解除长富基金、兴业银行武汉分行、中森华房地产公司于 2013 年 9 月 27 日签订的《委托贷款合同》。二、中森华房地产公司于判决生效后 15 日内向长富基金偿还委托贷款本金 4 亿元并赔偿利息损失（以 4 亿元本金为基数，自 2014 年 3 月 22 日起至 2014 年 9 月 9 日止按年息 16% 计付，自 2014 年 9 月 10 日起至本判决确定的给付之日止按年息 24% 计付）。三、长富基金有权就本判决第二项确定的债权对武他项（2013）第 X6 号他项权证项下的位于武汉市洪山区徐东村的 25134.12 平方米的土地使用权、武他项（2013）第 X7 号他项权证项下的位于武汉市洪山区徐东村的 5424.82 平方米的土地使用权、武汉市期房抵押证明（武房期洪字第 2013015485 号）项下的洪山区徐东村徐东公寓 10325.82 平方米的房屋折价或者拍卖、变卖价款优先受偿。四、长富基金有权就本判决第二项确定的债权对中森华投资公司持有的中森华房地产公司 49% 股权折价或者拍卖、变卖价款优先受偿。五、中森华投资公司、郑巨云、陈少夏对本判决第二项确定的中森华房地产公司债务承担连带清偿责任。中森华投资公司、郑巨云、陈少夏承担担保责任后，有权向中森华房地产公司追偿。六、确认祥和公司向长富基金作出的编号 2013（世纪）字第 7-4 号《承诺函》有效。七、驳回长富基金的其他诉讼请求。案件受理费 2752700 元，保全费 5000 元，共计 2757700 元，由中森华房地产公司负担 2206160 元，长富基金负担 546540 元，鉴定费 110000 元由长富基金负担。

长富基金不服原审判决，向本院提起上诉，请求：（1）维持原审判决第一项、第二项、第六项，改判原审判决第七项，增判中森华房地产公司承担违约金 1.26 亿元；（2）改判原审判决第三项、第四项、第五项中

借款合同纠纷

"本判决第二项确定的债权"为原审判决第二项的债权及1.26亿元违约金;(3)改判徐东集团公司出具的《承诺函》合法有效,长富基金有权对中森华房地产公司在徐东集团公司徐东村城中村综合改造项目C地块产业项目中的全部权益进行处置以清偿本案债务;(4)改判中森华房地产公司承担11万元的鉴定费;(5)中森华房地产公司承担一审、二审全部诉讼费用。主要理由是:(1)中森华房地产公司违反《投资合作协议》及《委托贷款合同》《抵押合同》的约定,未将抵押财产办理抵押登记,导致被他人查封,此外还将已办理抵押登记的房产出售,未将2.1581亿余元售房款打入监管账户,构成严重违约,应承担违约责任,按照合同约定支付1.26亿元违约金。一审判决认定中森华房地产公司违约,但对长富基金关于违约金的主张,以已判决的利息足以弥补长富基金因解除合同遭受的损失为由未予支持,没有体现对违约行为的惩罚,应予纠正。(2)徐东集团公司在《武汉市洪山区徐东村"城中村"综合改造联合开发合同》约定C地块由中森华房地产公司投资开发,全部投资权益属于中森华房地产公司。徐东集团公司2013年11月29日出具《承诺函》表示C地块中除15000平方米商铺外的其他权益,均属中森华房地产公司,在长富基金的债权得到清偿之前,放弃行使合同解除的权利,徐东集团公司对中森华房地产公司的所有债权劣后于长富基金的债权。因此,长富基金有权对中森华房地产公司在徐东集团公司徐东村城中村综合改造项目C地块产业项目中的全部权益进行处置以清偿本案债务。(3)中森公司《承诺函》加盖的中森公司公章及签字不实系中森华房地产公司所为,鉴定费用应由中森华房地产公司承担。

中森华房地产公司、中森华投资公司、郑巨云、陈少夏答辩称:(1)《委托贷款合同》约定的借款金额为6.3亿元,长富基金只发放4亿元,中森华房地产公司已针对4亿元借款把徐东村K1、K5地块的土地使用权抵押给了长富基金,长富基金未发放剩余2.3亿元贷款构成违约。长富基金的4亿元借款损失就是利息损失,约定的贷款年利率16%足以弥补。(2)《武汉市洪山区徐东村"城中村"综合改造联合开发合同》只约定中森华房地产公司与徐东集团公司的权利范围,C地块产业项目并未登记到中森华房地产公司名下,长富基金是否有权处置中森华房地产公司在

C地块产业项目中的权益，与本案无关，否则超出本案审理范围。(3) 中森公司《承诺函》系长富基金出示的证据，按照谁主张、谁负担的原则，应由长富基金承担鉴定费用。且中森公司有多枚印章，中森公司《承诺函》印章与送检材料印章不真实并不能说明就为虚假。此外，虽向长富基金提供过《承诺函》，但不能确定进行鉴定的《承诺函》系中森华房地产公司提交的那份《承诺函》。综上，请求驳回长富基金的上诉请求。

中森华房地产公司不服原审判决，向本院提起上诉，请求：(1) 将原审判决第二项中"2014年9月10日起至本判决确定的给付之日止按年息24%计付"改判为"2014年9月10日起至本判决确定的给付之日止按年息16%计付"；(2) 本案一审、二审的诉讼费用由长富基金承担。主要理由：长富基金违反双方合同约定，没有向中森华房地产公司发放第二期2.3亿元借款，致使项目资金出现困难，给中森华房地产公司造成重大损失，对《委托贷款合同》的解除也应承担责任，原审判决将逾期年利率增加到24%，未公平分清责任，加重了中森华房地产公司的责任承担。合同约定的借款期限是4年，长富基金起诉时借款并未到期。即使判决合同解除偿还借款，也只应从判决确定的给付期限届满后未偿还才能视为逾期，而2014年9月10日起至本判决确定的给付之日不是逾期期间，不应上浮50%计算罚息。在本案二审庭审中，中森华房地产公司提交补充上诉状，请求：裁定撤销原审判决，驳回起诉。主要理由是，《委托贷款合同》第1.4条约定："借款人不能按期偿还本金及利息时，受托人应按照委托人的书面要求以受托人的名义向借款人、担保人及相关联人提起诉讼"，该约定符合《最高人民法院关于如何确定委托贷款协议纠纷诉讼主体资格的批复》，本案中长富基金作为原告直接对中森华房地产公司提起诉讼，不符合合同约定，原审法院不应受理。

长富基金答辩称：(1) 中森华房地产公司关于长富基金不是本案适格原告的上诉主张不能成立。①本案的最后上诉期是2015年12月25日，中森华房地产公司在上诉期上诉针对的是借款年利率16%还是24%的问题，其也是按此争议缴纳的上诉费，没有对全部请求缴纳上诉费。中森华房地产公司在2016年3月21日二审开庭时提出这一上诉请求，不符合《最高人民法院关于适用〈中华人民共和国民事诉讼法〉的解释》第三百二十三

借款合同纠纷

条的规定,不应采纳。②从合同约定看,长富基金完全是适格的原告。《投资合作协议》第五条第一项、《委托贷款合同》第4.4条都明确约定长富基金有权提起诉讼主张权利;《委托贷款合同》第1.4条是选择性条款,长富基金可以自行起诉,也可要求受托人起诉,只约束委托人和被委托人。③《最高人民法院关于如何确定委托贷款协议纠纷诉讼主体资格的批复》并未规定委托人不能作为原告提起诉讼,只是规定受托银行的被告地位和责任问题。按照《中华人民共和国合同法》第四百零二条的规定,《委托贷款合同》直接约束长富基金和中森华房地产公司。④原审法院审理中,受托银行已明确表示同意长富基金主张权利,二审庭审中中森华房地产公司明确表示对原审判决查明和认定的事实无意见。(2)长富基金按照《委托贷款合同》第2.1.3.1(1)条的规定发放了4亿元贷款,但中森华房地产公司至今未按该约定办理抵押登记,导致未达到《委托贷款合同》第2.1.3.1(1)条约定的发放第二期2.3亿元贷款的条件,长富基金不存在违约情形,相反是中森华房地产公司违约造成本案《投资合作协议》及《委托贷款合同》的解除,责任完全在中森华房地产公司。(3)《委托贷款合同》第2.1.7条约定了罚息的条件,中森华房地产公司自2014年3月22日就未按合同约定偿还利息,构成违约,也未按照合同约定的用途使用借款,应自长富基金请求解除合同之日承担利率上浮50%的罚息。综上,请求驳回中森华房地产公司的上诉请求。

徐东集团公司答辩称:(1)中森华房地产公司不应承担1.26亿元违约金。长富基金与合同各方签订了资金监管协议,其损失是因其疏于监管应承担的责任。长富基金的违约行为给徐东集团公司造成了损失。(2)徐东村城中村综合改造项目C地块产业项目登记在徐东集团公司名下,只有符合联合开发的三个条件,中森华房地产公司才能取得产权。《承诺函》仅是确认中森华房地产公司在该地块中可能存在的权利,该权利并非本案应当查明的事实,应当在另案或者执行阶段进行解决。请求维护原审判决与徐东集团公司利益相关部分。

兴业银行答辩称:(1)同意长富基金关于原告主体资格的答辩意见。(2)兴业银行没有违约行为,中森华房地产公司未完全履行合同将相关土地进行抵押登记、支付利息和办理资金回笼,理应承担违约损失。

北龙公司答辩称：（1）北龙公司从未向长富基金及任何第三方出具工程款优先受偿权劣后的承诺。（2）原审判决确认长富基金举证的北龙公司《承诺函》系伪造，又认定长富基金对北龙公司承包施工的项目拍卖价款有优先权，属自相矛盾，也与湖北省高级人民法院（2013）鄂民一初字第00011号民事判决相冲突。（3）北龙公司无端作为第三人参加诉讼，为此花费大量交通费、差旅费、律师费，长富基金应补偿北龙公司10万元。综上，请求驳回长富公司对北龙公司施工的徐东公寓拍卖价款享有优先受偿权的主张。

祥和公司未到庭参加诉讼，也未提交答辩意见。

中森公司答辩称：中森公司与中森华房地产公司无关联，同意中森华房地产公司关于鉴定费用应由长富基金承担的答辩意见，请求驳回长富基金的该项上诉请求。

本院对原审查明的事实予以确认。

本院另查明：中森华房地产公司与兴业银行武汉分行在案涉五份《抵押合同》中均约定：中森华房地产公司向兴业银行武汉分行隐瞒抵押物权属的真实情况，例如中森华房地产公司无对抵押物的所有或处分权，抵押物存在未经其他共有人同意而擅自抵押的情形，抵押物存在产权争议，被查封、扣押等情况，或者不配合办理抵押物登记手续或抵押物意外毁损后未重新提供给兴业银行武汉分行认可的其他等值担保，或导致抵押权不能有效成立或者不能对抗善意第三人，或在抵押率不足时未能按约补足，或未对在建工程新增部分办妥抵押，中森华房地产公司应按照主合同项下债务本金的20%向甲方支付违约金，违约金不足以弥补给兴业银行武汉分行造成损失的，中森华房地产公司应对违约金不足以弥补部分承担赔偿责任。

徐东集团公司在向长富基金出具的2013（世纪）字第12号《承诺函》中承诺：（1）中森华投资公司与本公司于2010年签订了《武汉洪山区徐东村"城中村"综合改造联合开发合同》。本公司确认：在徐东村城中村综合改造项目（包括K地块开发项目、H地块还建项目、C地块产业项目）中，中森华房地产公司除根据拆迁还建协议应当交付的23万平方米还建面积、K1地块15000平方米商铺及C地块15000平方米商铺外，无论

是否超出规划设计条件，徐东村城中村综合改造项目（包括K地块开发项目、H地块还建项目、C地块产业项目）其余部分的土地使用权，在建工程和房屋所有权以及相关一切权益，均由中森华房地产公司享有，中森华房地产公司有权对外进行销售，相应销售资金由中森华房地产公司收取和享有，如在销售过程中需要本公司配合办理相关手续，本公司承诺将及时予以办理。（2）本公司确认，在贵单位通过委托贷款对中森华房地产公司享有的债权本息及其他相关权益得到完全清偿前，如中森华投资公司或中森华房地产公司发生《武汉洪山区徐东村"城中村"综合改造联合开发合同》中约定之违约情形，本公司自愿放弃行使《武汉洪山区徐东村"城中村"综合改造联合开发合同》约定的单方面解除该合同的权利，但保留按该合同约定要求中森华投资公司或中森华房地产公司进行赔偿的权利。（3）本公司确认，中森华房地产公司除应当完成《武汉洪山区徐东村"城中村"综合改造联合开发合同》约定的义务外，无须按照本公司与中森华房地产公司于2010年12月30日签订的《国有建设用地使用权转让补偿合同》之约定向本公司支付任何转让补偿价款。（4）本公司认可并接受贵单位、中森华房地产公司及监管银行签订的《监管协议》，承诺积极配合贵单位根据《监管协议》对中森华房地产公司（包括但不限于企业经营活动、项目工程施工、项目销售、企业财务及账户等方面）所采取的监管措施，不干涉中森华房地产公司应贵单位要求所设立的"销售资金监管账户"内资金的调动、支付。（5）本公司承诺，本公司对中森华房地产公司的所有债权均劣后于贵方因通过委托贷款方式对中森华房地产公司融资6.3亿元而对中森华房地产公司享有的债权本息及其他相关权益受偿。（6）本公司承诺，本公司所持有的中森华房地产公司股权，在贵单位投资期间不对外进行转让、质押。上述承诺及承诺事项本公司已履行合法、有效的决策和批准程序，并于本公司签章之日起生效，对本公司产生完全的法律约束力；本承诺在委托贷款本息全部偿还之前始终有效；未经贵单位书面同意，本公司不对承诺及承诺事项进行任何撤销、撤回、变更或终止。

本院认为，本案中，长富基金、兴业银行武汉分行与中森华房地产公司三方签订《委托贷款合同》，由长富基金提供资金，兴业银行武汉分行根据长富基金确定的借款人、用途、金额、币种、期限、利率等代为发放、协助监督使用并收回贷款，兴业银行武汉分行收取代理委托贷款手续费，并不承担信用风险，实质是长富基金与中森华房地产公司之间的民间借贷，委托贷款合同的效力和长富基金与中森华房地产公司之间约定的权利义务内容均应受相关民间借贷的法律、法规和司法解释的规制。《最高人民法院关于认真学习贯彻〈最高人民法院关于审理民间借贷案件适用法律若干问题的规定〉的通知》第三条第一项规定："人民法院确认民间借贷合同效力时，应当按照《最高人民法院关于适用〈中华人民共和国合同法〉若干问题的解释（一）》第三条规定的精神，对本《规定》施行前成立的民间借贷合同，适用当时的司法解释民间借贷合同无效而适用本规定有效的，适用本《规定》。"《最高人民法院关于审理民间借贷案件适用法律若干问题的规定》第十一条规定："法人之间、其他组织之间以及它们相互之间为生产、经营需要订立的民间借贷合同，除存在合同法第五十二条、本规定第十四条规定的情形外，当事人主张民间借贷合同有效的，人民法院应予支持。"第十四条规定："具有下列情形之一，人民法院应当认定民间借贷合同无效：（一）套取金融机构信贷资金又高利转贷给借款人，且借款人事先知道或者应当知道的；（二）以向其他企业借贷或者向本单位职工集资取得的资金又转贷给借款人牟利，且借款人事先知道或者应当知道的；（三）出借人事先知道或者应当知道借款人借款用于违法犯罪活动仍然提供借款的；（四）违背社会公序良俗的；（五）其他违反法律、行政法规效力性强制性规定的。"本案中长富基金与中森华房地产公司之间通过兴业银行武汉分行签订《委托贷款合同》，并不违反《中华人民共和国合同法》第五十二条和《最高人民法院关于审理民间借贷案件适用法律若干问题的规定》第十四条关于合同无效的规定，无论在《最高人民法院关于审理民间借贷案件适用法律若干问题的规定》施行前后，案涉《委托贷款合同》均应合法有效。

根据当事人的上诉请求和答辩意见，本案争议焦点主要是：（1）长富基金是否系本案适格原告；（2）长富基金对《委托贷款合同》的解除是否存在违约责任；（3）中森华房地产公司自 2014 年 9 月 10 日至本案判决确定的给付之日止赔偿的利息损失是否应当按年利率 24% 计算，长富基金关于 1.26 亿元违约金的上诉请求能否得到支持；（4）长富基金能否对中森

借款合同纠纷

华房地产公司在徐东集团公司徐东村城中村综合改造项目 C 地块产业项目的全部权益进行处置以清偿本案债务；（5）鉴定费 11 万元应由长富基金还是中森华房地产公司承担。根据本案查明的事实、证据，对上述焦点问题分析评判如下：

1. 关于长富基金是否系本案适格原告问题。中森华房地产公司在二审庭审中提交补充上诉状，依据《委托贷款合同》第 1.4 条的约定和《最高人民法院关于如何确定委托贷款协议纠纷诉讼主体资格的批复》主张原审法院不应受理长富基金作为原告直接对中森华房地产公司提起的诉讼。长富基金答辩认为，中森华房地产公司的该上诉请求超出上诉期限，《委托贷款合同》第 1.4 条的约定是选择性条款，受托银行也在原审中明确表示同意长富基金主张权利，中森华房地产公司关于长富基金不是本案适格原告的上诉主张不能成立。本院认为，首先，《中华人民共和国合同法》第四百零二条规定："受托人以自己的名义，在委托人的授权范围内与第三人订立的合同，第三人在订立合同时知道受托人与委托人之间的代理关系的，该合同直接约束委托人和第三人，但有确切证据证明该合同只约束受托人和第三人的除外。"中森华房地产公司在 2013 年 9 月 27 日与长富基金、兴业银行武汉分行、中森华投资公司、郑巨云、陈少夏签订《投资合作协议》，以及与长富基金、兴业银行武汉分行签订《委托贷款合同》的行为及合同内容，表明中森华房地产公司在签订《委托贷款合同》时明知兴业银行武汉分行与长富基金之间的代理关系，中森华房地产公司并未提供证据证明《委托贷款合同》只约束兴业银行武汉分行和中森华房地产公司，因此，《委托贷款合同》直接约束长富基金和中森华房地产公司，原审判决认定长富基金可以自己名义直接向中森华房地产公司主张权利，有事实和法律依据。其次，《委托贷款合同》第 1.4 条受托人承诺中约定："借款人不能按期偿还本金及利息时，受托人应按照委托人的书面要求以受托人的名义向借款人、担保人及相关联人提起诉讼"，该约定是受托人兴业银行武汉分行对委托人长富基金的承诺，只约束兴业银行武汉分行和长富基金，与中森华房地产公司无关；就约定内容而言，是否以兴业银行武汉分行作为原告对借款人、担保人及相关联人提起诉讼，是该约定赋予长富基金的权利，而非系限制其行为的义务，长富基金既可以自行起诉，也可要求受托人兴业银行武汉分行提起诉讼。此外,《最高人民法院关于如何确定委托贷款协议纠纷诉讼主体资格的批复》对请示的相关问题答复:"在履行委托贷款协议过程中,由于借款人不按期归还贷款而发生纠纷的,贷款人(受托人)可以借款合同纠纷为由向人民法院提起诉讼;贷款人坚持不起诉的,委托人可以委托贷款协议的受托人为被告、以借款人为第三人向人民法院提起诉讼。"该答复意见规定委托人可以作为原告提起诉讼和对受托人的被告地位的明确,旨在对委托人权利的保护。中森华房地产公司依据前述约定和批复上诉主张长富基金不是本案适格原告,系对合同约定和批复的错误理解,不能成立。最后,中森华房地产公司在原审中并未以反诉或抗辩方式就长富基金不是本案适格原告提出主张,其在2016年3月21日二审开庭时才提出这一上诉请求,而本案的最后上诉期是2015年12月25日,中森华房地产公司在二审庭审中提出长富基金不是本案适格原告的上诉请求,不符合《中华人民共和国民事诉讼法》第一百六十四条关于15日上诉期的规定和《最高人民法院关于适用〈中华人民共和国民事诉讼法〉的解释》第三百二十八条关于在第二审程序中原审原告不得增加独立诉讼请求或者原审被告提出反诉的规定。综上,长富基金是本案适格原告,中森华房地产公司关于长富基金不是本案适格原告的上诉主张,本院不予支持。

2. 关于长富基金对《委托贷款合同》的解除是否存在违约责任问题。中森华房地产公司主张,长富基金违反双方合同约定,没有向中森华房地产公司发放第二期2.3亿元借款,致使项目资金出现困难,给中森华房地产公司造成重大损失,对《委托贷款合同》的解除也应承担责任。长富基金认为,长富基金按照《委托贷款合同》第2.1.3.1(1)条的规定发放了4亿元贷款,但中森华房地产公司未按照约定办理抵押登记,导致未达到《委托贷款合同》第2.1.3.1(1)条约定的发放第二期2.3亿元贷款的条件,长富基金不存在违约情形,相反是中森华房地产公司违约造成本案《投资合作协议》及《委托贷款合同》的解除,责任完全在中森华房地产公司。本院认为,首先,长富基金已经按照《委托贷款合同》第2.1.3.1(1)条的约定发放了4亿元贷款,因中森华房地产公司未将其拥有的位于湖北省武汉市洪山区徐东村K2地块、K3地块和K4地块及在建工程进行

借款合同纠纷

抵押登记，未达到《委托贷款合同》第2.1.3.1（1）条约定的发放第二期2.3亿元贷款的条件，长富基金和兴业银行武汉分行未发放第二期2.3亿元贷款并不构成违约。其次，《委托贷款合同》第2.1.5.1条约定："借款按自然季结息，结息日为每季度末月的20日后的第一个工作日……借款人须于每一结息日当日付息"；第2.1.7.2条约定："借款人未按合同约定的期限归还借款本金及利息的，委托人对逾期的借款从逾期之日起在约定的借款利率基础上上浮50%计收罚息，直至本息清偿为止"；《委托贷款合同》第4.1条约定借款人构成违约的行为包括：未履行本合同第一条所作的承诺；明确表示或者以行为表明不愿清偿其已到期或未到期债务；未履行或者未完全履行借款人与委托人签订的其他合同项下义务的；委托人宣布借款人构成违约的；借款人不履行或者不完全履行合同的其他情形。中森华房地产公司未按约定办理K2地块、K3地块和K4地块及在建工程的抵押登记，属于"未履行或者未完全履行借款人与委托人签订的其他合同项下义务"；中森华房地产公司支付2014年第一季度利息后，自2014年3月22日起未付利息，未按合同约定按季度支付利息，属于"明确表示或者以行为表明不愿清偿其已到期或未到期债务"；原审法院在实施本案诉讼保全时，中森华房地产公司已涉及多起诉讼，合同约定应向长富基金提供的抵押物已被其他债权人查封。因此，中森华房地产公司构成根本违约，长富基金请求终止合同履行、提前收回贷款符合《投资协议》《委托贷款合同》中"借款人或保证人违约，借款人或者保证人还款能力可能发生重大不利变化，抵押物、质押物可能遭受重大损害或者价值减损等，可以停止发放借款，提前收回已发放借款"的约定。综上，中森华房地产公司应当对案涉《委托贷款合同》的解除承担相应的违约责任，而长富基金没有责任。

3. 关于违约利息和违约金问题。中森华房地产公司上诉主张原审判决确定的利息按24%年利率计算过高，自2014年9月10日至本案判决确定的给付之日止的利息损失应当按年息16%计算，长富基金上诉主张中森华房地产公司还应按约承担1.26亿元的违约金。本院认为，首先，长富基金在原审中诉讼主张2014年3月22日至6月21日的年利率按16%计算、自2014年6月22日起的年利率按24%计算，并要求中森华房地产公司支付

1.26亿元的违约金。原审判决基于弥补长富基金因解除合同所遭受实际损失的考量，判令中森华房地产公司自本案原审受理之次日即2014年9月10日至本案判决确定的给付之日止赔偿的利息损失按照年息24%计算，对长富基金关于1.26亿元违约金的诉讼请求未予支持。原审判决关于利息损失计算起止日期及利率标准虽与长富基金不一致，但长富基金对此并未提出上诉请求，应视为其对相关权利的放弃。因中森华房地产公司对案涉《委托贷款合同》的解除应承担违约责任，原审判决判定的逾期利息按年利率24%计算也是违约责任承担的一种方式，原审判决综合合同约定的违约金、罚息等因素酌定中森华房地产公司按照年利率24%承担利息损失，并不明显高于市场融资成本，对中森华房地产公司并无不公，因此，中森华房地产公司关于利息损失的年利率标准应按16%计算的上诉主张，本院不予支持。其次，《最高人民法院关于适用〈中华人民共和国合同法〉若干问题的解释（二）》第二十七条规定："当事人通过反诉或者抗辩的方式，请求人民法院依照合同法第一百一十四条第二款的规定调整违约金的，人民法院应予支持。"第二十九条第一款规定："当事人主张约定的违约金过高请求予以适当减少的，人民法院应当以实际损失为基础，兼顾合同的履行情况、当事人的过错程度以及预期利益等综合因素，根据公平原则和诚实信用原则予以衡量，并作出裁决。"《最高人民法院关于审理民间借贷案件适用法律若干问题的规定》第三十条规定："出借人与借款人既约定了逾期利率，又约定了违约金或者其他费用，出借人可以选择主张逾期利息、违约金或者其他费用，也可以一并主张，但总计超过年利率24%的部分，人民法院不予支持。"《最高人民法院关于认真学习贯彻〈最高人民法院关于审理民间借贷案件适用法律若干问题的规定〉的通知》第三条第（三）项规定："本《规定》施行后，尚未审结的一审、二审、再审案件，适用《规定》施行前的司法解释进行审理，不适用本《规定》。"虽然按照《最高人民法院关于认真学习贯彻〈最高人民法院关于审理民间借贷案件适用法律若干问题的规定〉的通知》第三条第（三）项的规定，本案长富基金与中森华房地产公司之间的民间借贷关于利息、违约金等问题不应适用《最高人民法院关于审理民间借贷案件适用法律若干问题的规定》，此前相关法律、法规和司法解释也并未对出借人是否可以就逾期利

息和违约金同时主张及二者的限额进行限制,但根据《最高人民法院关于适用〈中华人民共和国合同法〉若干问题的解释(二)》第二十七条、第二十九条规定精神,对《最高人民法院关于审理民间借贷案件适用法律若干问题的规定》施行前的民间借贷中逾期利息和违约金等明显过高的,在当事人主张约定的违约金过高请求予以适当减少的情况下,也可参照《最高人民法院关于审理民间借贷案件适用法律若干问题的规定》确定的年利率24%司法保护上限进行调整。长富基金在原审判决年利率24%逾期利息基础上另外依照合同约定主张1.26亿元违约金,该主张实质是要求逾期罚息和固定违约金并行。本案中,长富基金因中森华房地产公司违约遭受的损失主要是利息损失,因长富基金并未提供证据证明其实际损失超过原审判决确定逾期利息,故对其关于中森华房地产公司应当在原审判决确定的逾期利息基础上再给付1.26亿元违约金的上诉请求,本院不予支持。

4. 关于长富基金能否对中森华房地产公司在徐东集团公司徐东村城中村综合改造项目C地块产业项目的全部权益进行处置以清偿本案债务问题。长富基金上诉请求判令其有权对中森华房地产公司在案涉C地块产业项目的全部权益进行处置以清偿本案债务。中森华房地产公司、徐东集团公司答辩主张中森华房地产公司在案涉C地块产业项目是否有权益及长富基金是否有权处置并非本案审理范围。本院认为,徐东集团公司在2013(世纪)字第12号《承诺函》确认C地块产业项目除15000平方米商铺外的土地使用权、在建工程和房屋所有权及相关一切权益均属中森华房地产公司所有,该意思表示清晰明确,《承诺函》并未载明中森华房地产公司享有该权益另有附加条件,不存在徐东集团公司答辩所称需要符合联合开发的三个条件中森华房地产公司才能取得产权、中森华房地产公司在该地块中的权利是一种可能性的问题,且徐东集团公司在该《承诺函》亦承诺徐东集团公司对中森华房地产公司的所有债权劣后于长富基金的债权。从《承诺函》设置的义务内容看,系徐东集团公司对长富基金在《委托贷款合同》中的债权作出的一种担保性质的承诺,虽不具有物权法上的排他性物权效力,不能对抗第三人,但该承诺不违反法律、法规的禁止性规定,应合法有效,在当事人之间具有约束力。因此,中森华房地产公司、徐东集团公司关于中森华房地产公司在案涉C地块产业项目是否有权益及长富基金是否有权处置并非本案审理范围的主张不能成立，长富基金在本案中主张对中森华房地产公司在案涉 C 地块产业项目的全部权益进行处置以清偿本案债务，应予支持。至于中森华房地产公司与徐东集团在案涉 C 地块产业项目中的权利义务关系，应根据该公司与徐东集团公司之间相关合同另行确定，对长富基金在案涉 C 地块产业项目上的权利并无影响；长富基金如何对中森华房地产公司在案涉 C 地块产业项目的全部权益进行处置，非本案解决的范畴，处置中与其他人的争议系另案或执行程序解决的问题。

5. 关于 11 万元鉴定费问题。长富基金上诉主张中森公司《承诺函》系中森华房地产公司向长富基金提交，该《承诺函》公章及签字鉴定不实而产生的鉴定费应由中森华房地产公司承担。中森华房地产公司答辩主张无法确定长富基金在本案诉讼中提交的中森公司《承诺函》与中森华房地产公司交付长富基金的是否一致，鉴定费用应由证据提交人长富基金承担。本院认为，诉争 11 万元鉴定费虽系对中森公司《承诺函》的鉴定而发生，但鉴定结论没有确定《承诺函》系中森公司出具，故中森公司不应承担鉴定费用。因中森华房地产公司认可其向长富基金提交中森公司《承诺函》的事实，长富基金在诉讼中没有理由不提交该中森公司《承诺函》以支持其诉讼主张，中森华房地产公司对关于鉴定的《承诺函》与其向长富基金提交的《承诺函》不一致的抗辩主张应承担相应的举证责任，否则应承担不利的后果。由于中森华房地产公司对其抗辩主张没相应证据支持，故对长富基金关于该 11 万元鉴定费用应由中森华房地产公司承担的上诉主张，本院予以支持。

此外，北龙公司在答辩状中主张北龙公司从未向长富基金及任何第三方出具工程款优先受偿权劣后的承诺，原审判决认定长富基金对北龙公司承包施工的项目拍卖价款有优先权与湖北省高级人民法院（2013）鄂民一初字第 00011 号民事判决相冲突，长富基金应补偿北龙公司交通费、差旅费、律师费等 10 万元，并请求驳回长富公司对北龙公司施工的徐东公寓拍卖价款享有优先受偿权的诉讼主张。本院认为，首先，原审判决以北龙公司《承诺函》上加盖的北龙公司印章和法定代表人陈书田的签字被湖北省武汉市中星公证处认定为系伪造为由，认定该《承诺函》对北龙公司不具有约束力，进而在判项中对长富基金关于确认编号 2013（世纪）字第 7-1 号北龙公司《承诺函》合法有效、北龙公司对中森华房地产公司在徐东村城中村综合改造项目中的工程项目建筑工程款的受偿权劣后于长富基金债权的诉讼请求未予支持，因长富基金、北龙公司并未就此提起上诉，故本院对北龙公司是否向长富基金及任何第三方出具工程款优先受偿权劣后的承诺的问题不予评判。其次，原审判决判令长富基金有权对湖北省武汉市洪山区徐东村徐东公寓 10325.82 平方米的房屋折价或者拍卖、变卖价款优先受偿系基于兴业银行武汉分行与中森华房地产公司《抵押合同》、武汉市期房抵押证明（武房期洪字第 2013015485 号），并非北龙公司《承诺函》，不存在北龙公司答辩所称原审判决确认长富基金举证的北龙公司《承诺函》系伪造与认定长富基金对北龙公司承包施工的项目拍卖价款有优先权自相矛盾的问题。最后，至于原审判决判令长富基金有权对湖北省武汉市洪山区徐东村徐东公寓 10325.82 平方米的房屋折价或者拍卖、变卖价款优先受偿，与湖北省高级人民法院（2013）鄂民一初字第 00011 号民事判决判令的北龙公司建筑工程款优先受偿权是否相冲突，长富基金是否应补偿北龙公司交通费、差旅费、律师费等 10 万元问题，因北龙公司并未就该两主张以上诉请求方式提出，亦不属本案审理范围，应在执行程序或其他程序中另行解决。

综上，长富基金的上诉请求部分成立，本院予以支持；中森华房地产公司的上诉主张不能成立，本院予以驳回。依照《中华人民共和国民事诉讼法》第一百七十条第一款第二项、第一百七十五条之规定，判决如下：

一、维持湖北省高级人民法院（2014）鄂民二初字第 00035 号民事判决第一项、第二项、第三项、第四项、第五项、第六项；

二、撤销湖北省高级人民法院（2014）鄂民二初字第 00035 号民事判决第七项；

三、湖北徐东（集团）股份有限公司出具的 2013（世纪）字第 12 号《承诺函》合法有效，北京长富投资基金（有限合伙）有权对武汉中森华世纪房地产开发有限公司在湖北徐东（集团）股份有限公司徐东村城中村综合改造项目 C 地块产业项目中的全部权益进行处置以清偿本案债务；

四、驳回北京长富投资基金（有限合伙）的其他诉讼请求。

一审案件受理费按照一审判决执行，鉴定费11万元由武汉中森华世纪房地产开发有限公司承担；北京长富投资基金（有限合伙）二审上诉案件受理费546540元，武汉中森华世纪房地产开发有限公司二审上诉案件受理费255133.33元，由北京长富投资基金（有限合伙）、武汉中森华世纪房地产开发有限公司分别自行承担。

本判决为终审判决。

审　判　长　黄　年
审　判　员　李京平
代理审判员　李志刚
二〇一六年六月二十七日
书　记　员　乌宁于琪

75. 陈某某诉吴某某、李某某民间借贷纠纷案*

夫妻单方向父母出具借条是否构成夫妻共同债务的认定

【关键词】

夫妻共同债务　夫妻单方　民间借贷　借贷合意

【裁判摘要】

民间借贷纠纷中,以夫或妻单方向父母出具的借条主张夫妻共同债务的,原则上应首先查明作为名义债权人的父母与作为名义债务人的子女间有无真实的借贷合意。此需结合出借人的收入、经济状况与出借能力、子女及其配偶是否有借贷的合理需求、是否存在分居、离婚等将涉财产分割之利益冲突、借条有无日期倒签等情况综合认定。

【相关法条】

《中华人民共和国合同法》第一百九十六条① 借款合同是借款人向贷款人借款,到期返还借款并支付利息的合同。

---

* 摘自《人民法院案例选》2020 年 11 辑(总第 153 辑),人民法院出版社 2020 年版,第 3~11 页。

① 对应《民法典》第六百六十七条。

第三百六十五条① 保管合同是保管人保管寄存人交付的保管物,并返还该物的合同。

第三百七十八条② 保管人保管货币的,可以返还相同种类、数量的货币。保管其他可替代物的,可以按照约定返还相同种类、品质、数量的物品。

《最高人民法院关于审理涉及夫妻债务纠纷案件适用法律有关问题的解释》③

第一条 夫妻双方共同签字或者夫妻一方事后追认等共同意思表示所负的债务,应当认定为夫妻共同债务。

第二条 夫妻一方在婚姻关系存续期间以个人名义为家庭日常生活需要所负的债务,债权人以属于夫妻共同债务为由主张权利的,人民法院应予支持。

第三条 夫妻一方在婚姻关系存续期间以个人名义超出家庭日常生活需要所负的债务,债权人以属于夫妻共同债务为由主张权利的,人民法院不予支持,但债权人能够证明该债务用于夫妻共同生活、共同生产经营或者基于夫妻双方共同意思表示的除外。

【案件索引】

一审:上海市静安区人民法院(2018)沪0106民初26903号(2018年11月22日)

二审:上海市第二中级人民法院(2018)沪02民终11683号(2019

---

① 对应《民法典》第八百八十八条:"保管合同是保管人保管寄存人交付的保管物,并返还该物的合同。寄存人到保管人处从事购物、就餐、住宿等活动,将物品存放在指定场所的,视为保管,但是当事人另有约定或者另有交易习惯的除外。"

② 对应《民法典》第九百零一条。

③ 《最高人民法院关于审理涉及夫妻债务纠纷案件适用法律有关问题的解释》于2021年1月1日起失效。《民法典》第一千零六十四条:"夫妻双方共同签名或者夫妻一方事后追认等共同意思表示所负的债务,以及夫妻一方在婚姻关系存续期间以个人名义为家庭日常生活需要所负的债务,属于夫妻共同债务。夫妻一方在婚姻关系存续期间以个人名义超出家庭日常生活需要所负的债务,不属于夫妻共同债务;但是,债权人能够证明该债务用于夫妻共同生活、共同生产经营或者基于夫妻双方共同意思表示的除外。"

借款合同纠纷

年3月20日）

【基本案情】

原告（被上诉人）陈某某诉称：陈某某与吴某某系母子。吴某某与李某某系配偶，两人于2016年7月20日结婚。2016年11月22日，吴某某向陈某某出具借条一张："今收到陈某某借款壹拾贰万元（12万元）。"同日，陈某某向吴某某名下兴业银行账户转账12万元。同日，吴某某通过兴业银行归还中信银行信用卡账单1701.43元（账单记账日为2016年10月14日至11月13日）；吴某某分三笔从兴业银行转入招商银行5万元、5万元和1798.57元，通过招商银行归还中信银行信用卡账单5万元（账单记账日为2016年10月14日至11月13日）、归还招商银行信用卡账单82964.84元（账单记账日为2016年10月21日至11月20日）。据此，陈某某起诉请求判令吴某某、李某某共同归还借款12万元。

被告（被上诉人）吴某某辩称：陈某某陈述属实，无异议，愿意归还陈某某借款。当时向陈某某借钱主要用于购买家电、装修房屋及筹办婚宴。关于向陈某某借款的原因，吴某某称，其原先是有积蓄准备结婚用的，可是在2015年的时候差不多用完了，原因是和前任女友本来准备于2015年8月结婚，一切婚前准备工作就绪，可是在结婚前三个月左右的时候产生矛盾婚事告吹，积蓄那时基本已用完，所剩无几。因此在与李某某的婚事中，会产生资金短缺的情况，而且整个婚事的筹办女方未提供任何资金支持，并要求购买高档轿车、在私人会所举办婚礼等。且与李某某相识后，因日常午餐开支及外出旅游、购买汽车车牌、购买首饰等花费，吴某某积蓄已经用得差不多了，故不得已只能向陈某某借钱。陈某某考虑之前已经给过钱了，现在又要用钱，且金额巨大，还要动用其养老金，因此最后提出可以借钱给吴某某解决眼前的资金问题，但婚后需要归还。

被告（上诉人）李某某辩称：不同意陈某某的诉讼请求，其从未向陈某某借过钱，陈某某提起本案诉讼是在吴某某和李某某诉讼离婚之后。李某某在收到诉状之前从未听闻陈某某或李某某提到过借款事宜。因此，陈某某仅以借条和银行对账单来起诉借贷纠纷，证据薄弱。对总额为12万元的借款，确认该钱款是用于信用卡还款，其中信用卡消费金额为53000元和94000元的两笔支出确系用于支付婚礼和婚宴费用。但吴某某和李某某实际共同生活是在举办婚礼之后，即2016年11月26日之后。且被告每月收入并不低，维持其日常开支绰绰有余，完全没有借贷的必要，故该笔借款不应认定为吴某某和李某某的共同债务。

【裁判结果】

上海市静安区人民法院于2018年11月22日作出（2018）沪0106民初26903号民事判决：吴某某、李某某应于判决生效之日起10日内归还陈某某借款12万元。

宣判后，李某某不服，提起上诉。上海市第二中级人民法院认为，陈某某作为主张借贷关系成立的一方，虽有借条及钱款交付事实，但不能证明其与吴某某、李某某之间存在借款合意。故对一审法院认定系争债务为夫妻共同债务并判决李某某承担共同还款的责任，不予认同。于2019年3月20日作出（2018）沪02民终11683号民事判决：一、撤销上海市静安区人民法院（2018）沪0106民初26903号民事判决；二、对陈某某请求吴某某、李某某共同归还借款12万元的诉讼请求不予支持。

【裁判理由】

法院生效裁判认为：二审期间，李某某向法院申请调查吴某某、陈某某二人名下的银行账户明细。经查，吴某某名下中国建设银行账户分别于2015年9月27日转出516882.30元、于2016年1月11日转出110万元至陈某某名下银行账户。吴某某称系出售婚前房屋所得，该房登记于吴某某一人名下。

另查，陈某某作为原告，起诉儿子吴某某及其妻李某某的民间借贷纠纷案件，尚有另三案，四案涉诉标的总额达60余万元。

本案中，各方当事人对于发生于2016年11月22日的钱款转账行为均无异议，争议焦点在于系争钱款的性质。陈某某主张系争钱款系吴某某为举办婚礼和添置生活用具资金不足向其借的钱款，得到了吴某某的确认，并有转账事实及吴某某出具的借条予以证明；李某某则对此提出异议，称吴某某收入不低，维持其日常开支绰绰有余，完全无借贷必要，结合吴某某在婚前将其名下钱款大量转账给陈某某的事实，进而对吴某某出具借条的真实性质疑。

对此法院认为，吴某某作为配偶一方，其在外所欠债务能否认定为夫妻共同债务，可根据相关法律及司法解释予以认定。但本案的争议焦点在于系争款项能否被认定为"债务"，尤其是能否判定陈某某向吴某某交付钱款的原因为借款，此乃认定夫妻共同债务的必要前提。首先，涉案借条出具于吴某某、李某某登记结婚后，基于本案债权人与债务人之间特殊的身份关系，若为明确钱款性质，应当在出具借条时得到共同债务人李某某的确认，现有证据尚不能证明这一事实，吴某某个人单方出具借条的行为有悖常理。其次，债权人陈某某与债务人吴某某系母子关系，吴某某与李某某因感情不睦业已分居。故更应考量吴某某出具借条时李某某是否存在共同借款的合意，而不能仅凭钱款用途直接确定是否为夫妻共同债务。最后，吴某某虽陈述其因筹备婚事缺乏资金而借款，但其银行账户流水显示其婚前有较多资产富余，且能交付陈某某，其虽主张上述160余万元的转账与本案无关，但尚不能据此确定该款其已赠与陈某某。在吴某某个人资产富余、收入尚佳的情况下，从筹办婚宴到购置家电等一系列结婚相关事宜均从母亲处借款的必要性存疑。故本案中，主张借贷关系成立的陈某某，虽有借条及钱款交付事实，但不能证明其与吴某某、李某某存在借款的合意。综上，对陈某某请求吴某某、李某某共同归还借款12万元的诉讼请求不予支持。

【案例注解】

本案系夫或妻单方以个人名义向父母出具借条能否认定为夫妻共同债务的问题。司法实践中，此类型案例有逐渐增多的趋势，本案提出了具有一定参考价值的审理思路，对类似案件的审判具有较强借鉴意义。

一、夫妻共同债务——前提与标准

《最高人民法院关于审理涉及夫妻债务纠纷案件适用法律有关问题的解释》（以下简称《夫妻债务纠纷案件司法解释》）对夫妻共同债务作出了进一步的规定。值得注意的是，该解释不仅明确了构成夫妻共同债务的具体标准，还包括认定夫妻共同债务的必备前提，这一点在本案中尤为重要。

（一）必备前提——借贷合意

一般情形下，如债权人为任意第三人，据债权凭证提起民间借贷纠纷诉讼，夫或妻单方所负债务能否认定为夫妻共同债务的争议焦点，以及举债的用途——是否实际用于夫妻共同生活、是否为夫妻共同利益所负担，是法院的审查重点，也是本案一审审理时采取的思路。

但是，本案系夫或妻单方向其父母出具借条，在认定是否属夫妻共同债务时情况会复杂得多。此时，债权人、名义举债人、未举债配偶三方的争议焦点通常还在于是否存有真实的借贷合意。由于特殊的身份关系（父母与子女），书面借条的形成具有便利性，同时也存在补写借条、日期倒签等可能，从而，仅凭书面借条的存在尚不能直接认定存有真实的借贷合意。父母向成年子女交付钱款，可基于不同的法律关系，可能为借贷，亦可能为赠与、委托等其他法律关系。

《夫妻债务纠纷案件司法解释》的第二条、第三条，均暗含夫妻共同债务的必备前提——夫妻一方所负的"债务"，即如夫妻一方收取的钱款非基于借贷关系，并非夫妻一方所负之债务，自然已无夫妻共同债务存在之可能。故本案二审中，法院的审理重点在于陈某某与吴某某之间是否存有借贷合意，交付的系争钱款是否为出借款。

（二）具体标准——时间与用途

经审查，如已婚子女与其父母间确存有合法生效的民间借贷关系，尚需结合《夫妻债务纠纷案件司法解释》第二条与第三条，判定是否属于夫妻共同债务。

具体如下图：

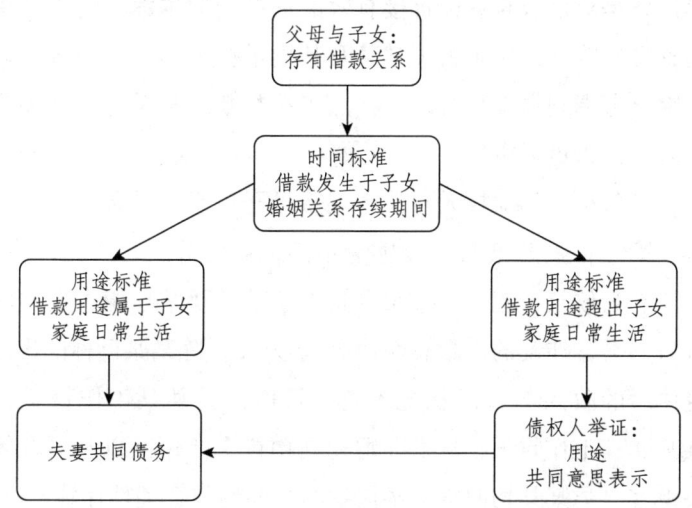

关于借款是否属"家庭日常生活需要"，关键在于借款的数额。此与名义债务人及其配偶的工作及收入情况、家庭资产、消费水平及案涉当地普遍的经济发展状况均相关。对于数额较大的借款，如已超出家庭日常生活所需的，则应由债权人进一步举证证明借款实际用于了夫妻共同生活或生产经营，或借款系夫妻共同意思表示，才能认定属夫妻共同债务。

二、交付钱款的性质——三种基础法律关系之论证

当父母依据子女以个人名义出具的借条，主张交付的钱款为子女及其配偶的夫妻共同债务时，未举债配偶方通常抗辩交付的钱款系父母对其子女的赠与而非借贷。本案而言，还存在第三种情况。以下将对上述三种情况加以具体分析：

（一）出借款

所谓借款合同，是借款人向贷款人借款，到期返还本金并支付利息的合同。借条是自然人之间典型的借款合同。本案中，陈某某据吴某某出具的借条以证明双方之间达成了借款的合意，并提供了相应的钱款转账交付

凭证。一审法院遂据此认定陈某某与吴某某之间借款关系成立并生效，陈某某向吴某某转账交付的钱款为出借款。

虽然借条是对借贷合意最直接有效的证据，但本案中的借条系儿子向母亲出具，且现陈某某主张由吴某某及其妻承担夫妻共同债务，不同于一般情形。综合考虑到本案具有以下特点，在判断陈某某与吴某某是否存有借贷合意时，二审更为审慎：

第一，借条载明的债权人与债务人系母子关系，借条由债权人的儿子一人出具。第二，吴某某与其妻感情不睦，业已分居。第三，除本案外，母亲陈某某作为债权人起诉吴某某及其妻李某某要求承担夫妻共同债务的案件尚有另三案，涉及的借款总额达60余万元，陈某某诉称的出借钱款数额与其退休后的收入与经济状况不符。第四，吴某某工作稳定、收入尚佳，李某某亦有工作收入，从举办婚礼到购置生活用品以及买车等一系列结婚相关事宜，吴某某均向陈某某借款的必要性与合理性存疑。

（二）赠与款

所谓赠与合同，是赠与人将自己的财产无偿给予受赠人，受赠人表示接受赠与的合同。赠与合同是单务、无偿合同。基于我国的传统文化和社会风俗，在子女结婚前后，父母可能赠与子女或其配偶一定数额的钱款以用作购房、婚礼或新家庭生活。父母与子女之间的这种赠与关系，通常系以口头方式达成，极少形成书面赠与合同。

本案中，陈某某向吴某某转账交付的钱款可以认定为系母亲对儿子的赠与款吗？根据《最高人民法院关于适用〈中华人民共和国民事诉讼法〉的解释》第一百零九条[①]规定："当事人对欺诈、胁迫、恶意串通事实的证明，以及对口头遗嘱或者赠与事实的证明，人民法院确信该待证事实存在的可能性能够排除合理怀疑的，应当认定该事实存在。"该条规定，无疑提高了对口头赠与事实的证明标准，高于一般民事案件的高度盖然性标准。而本案中，并无任何证据可证明陈某某、吴某某达成过赠与的合意，

---

① 本解释已于2020年12月29日修正。修正后本条内容未修改。

借款合同纠纷

故难以认定系争转账交付的钱款是赠与款。

（三）保管款

所谓保管合同，是保管人为寄存人保管物品，并在约定期限内或应寄存人的请求，返还保管物品的合同。保管合同中，寄存人只转移保管物的占有给保管人，而不转移使用权和收益权。保管合同的对象通常为动产，《合同法》第三百七十八条就货币的保管作出了规定。

首先，二审期间，经法院调查，吴某某于结婚登记前将其名下总计达160余万元的钱款转账至其母亲陈某某名下银行账户。据此，在吴某某自身具备相当经济实力的前提下，其所述为举办婚礼等向母亲举债的必要性大大降低。其次，该160余万元钱款，吴某某称系其出售婚前房屋所得。该房屋登记于吴某某一人名下，并无吴某某的母亲及父亲之份额，该160余万元全部属于吴某某的个人财产。经法院询问该转账钱款的性质，吴某某既未明确为向母亲的赠与，也未主张为借款，仅称与本案无关。再次，关于本案及关联案件出借钱款的来源，陈某某并未提供证据足以证明其具备相应的出借能力。

故本案争议的12万元，存在系吴某某交付陈某某该160余万元的一部分的可能。虽然银行存款不同于实体货币，其法律性质仍有争论，但亦可考虑在陈某某与吴某某母子之间形成了一种类似于货币保管的关系，即：吴某某将其个人财产转账交于母亲保管，母亲陈某某应吴某某要求，在吴某某需要钱款时再打款给吴某某使用。

综上，经李某某抗辩，依其申请，二审法院查明了吴某某存有向陈某某大笔转款的事实，陈某某与吴某某之间是否存有借贷合意存疑。陈某某作为债权人，亦为一审原告，对其主张存在的借款关系负有举证责任。根据《最高人民法院关于适用〈中华人民共和国民事诉讼法〉的解释》第一百零八条[①]的规定，在是否存有借贷合意真伪不明的情况下，二审法院判决由陈某某承担举证不利后果，对其主张的吴某某向其借款一节事实不予

---

① 本解释已于2020年12月29日修正。修正后本条内容未修改。

认定。

三、夫或妻单方向父母出具借条——常见情形扩展

一方面，虽然父母与子女在血缘上亲密无间，但在法律上，父母与子女乃两方独立之民事主体。因此，我国法律既尊重父母对成年子女的馈赠，也保护父母多年辛勤所得之财产。另一方面，此类案件多发生于子女婚姻出现问题可能涉及分割夫妻财产时，作为未在借条上签字的配偶一方，对于诉称的借款及借条可能完全不知情，其在诉讼中较为被动，举证存在一定困难。因此，在审理这一类案件时，法院应注意平衡债权人与非名义举债人的利益。

（一）交付钱款并出具借条

子女婚后，父母向其交付了一定数额的钱款，并由该子女个人出具借条，父母能否据此主张由子女及其配偶承担夫妻共同债务？

首先，如前所述，不能仅凭借条直接认定在父母与子女间存有借贷合意。当非举债配偶方明确予以否认，并提出合理的抗辩意见及初步证据或证据线索时，法院可对父母的出借能力、钱款来源及名义债务人的经济状况作详细审查，并注意举证责任的合理分配，以综合判定借条所涉双方是否存有真实的借贷合意。其次，如认定存有借贷合意，再依《夫妻债务纠纷案件司法解释》之规定判定是否属夫妻共同债务。

（二）交付钱款在先，补具借条在后

父母向子女交付了一定数额的钱款，但其时并未出具借条，此后子女单方补具借条，父母能否据此主张由子女及其配偶承担夫妻共同债务？在案件审理中，如经笔迹鉴定或当事人自认，据以主张债权的借条乃事后补具，或存在日期倒签之情形，如何认定在实践中颇具争议。此种情况还可细分为两种情形：

1. 钱款交付于子女登记结婚前，婚后子女单方补具借条。在此种情形下，无论钱款交付当时的性质系借款或赠与，或基于其他法律关系，均是

父母与子女在其婚前达成的意思表示一致，并已完成钱款交付行为。补具的借条仅能证明出具借条的一方确认交付的钱款系借款性质，可认定为借条出具方的个人债务。

除非债权人可举证证明该笔借款系基于夫妻共同意思表示，否则在时间上将不符合夫妻共同债务要求的"夫妻关系存续期间"所负债务，而不能认定为夫妻共同债务。

2. 钱款交付于子女登记结婚后，离婚前子女单方补具借条。此种情形，最具争议的是交付钱款时是否达成借款合意的认定，主要存在两种意见：

第一种意见认为，债权人对于交付钱款时是否达成借贷合意虽无证据证明，但债务人补具借条予以确认，可认定双方达成了借贷合意。至于是否属于夫妻共同债务，则依《夫妻债务纠纷案件司法解释》再行判定。

第二种意见认为，债权人对于交付钱款时是否达成借贷合意无证据证明，考虑到父母在子女结婚前后可能存在赠与的情况，以及借条乃事后单方补具，特别是借条如在子女分居后或离婚期间补具，不予认定借条所涉双方存有借贷合意。如出具借条的一方坚持钱款乃其所负债务，则按其个人债务处理，不予认定为夫妻共同债务。笔者较为赞同第二种处理思路。

（一审法院独任审判员　黄　念

二审法院合议庭成员　王冬寅　李迎昌　黄　亮

编写人　上海市第二中级人民法院　王冬寅　周丽云

责任编辑　杨　奕

审稿人　范明志）

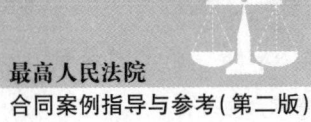

民间借贷款项实际交付真伪不明时的认定

76. 潘某某诉杨某某民间借贷纠纷案[*]

【关键词】

商事 民间借贷 职业放贷人 现金交付 高度盖然性证明标准 真伪不明

【裁判摘要】

应加大对借贷事实和证据的审查力度，存在款项是否交付不明、实际交付金额不清的，应认定出借人主张的该事实不存在。

【相关法条】

《最高人民法院关于审理民间借贷案件适用法律若干问题的规定》（2015年）第十六条第二款[①] 被告抗辩借贷行为尚未实际发生并能作出合理说明，人民法院应当结合借贷金额、款项交付、当事人的经济能力、当地或者当事人之间的交易方式、交易习惯，当事人财产

---

[*] 摘自《人民法院案例选》2021年4辑（总第158辑），人民法院出版社2021年版，第171~180页。

[①] 本司法解释已于2020年12月23日第二次修正。2020年第二次修正的《最高人民法院关于审理民间借贷案件适用法律若干问题的规定》第十五条第二款规定："被告抗辩借贷行为尚未实际发生并能作出合理说明，人民法院应当结合借贷金额、款项交付、当事人的经济能力、当地或者当事人之间的交易方式、交易习惯、当事人财产变动情况以及证人证言等事实和因素，综合判断查证借贷事实是否发生。"

变动情况以及证人证言等事实和因素，综合判断查证借贷事实是否发生。

【案件索引】

一审：浙江省乐清市人民法院（2018）浙0382民初657号（2018年3月5日）

二审：浙江省温州市中级人民法院（2018）浙03民终1918号（2018年6月4日）

【基本案情】

原告（被上诉人）潘某某诉称：2015年1月9日，被告杨某某向原告潘某某借款65万元，并当场向原告写下欠条一份。原告曾多次要求被告归还借款，然而，被告以各种理由和借口迟迟不肯偿还债务，其行为已严重损害了原告的合法权益。现原告起诉要求判令：（1）被告偿还欠款65万元及利息，借款时间：2015年1月9日至2018年1月9日，按3分息计算，总计利息为70.2万元。（2）本案诉讼费用由被告承担。

被告（上诉人）杨某某答辩称：（1）原告主张的本案65万元借款并未实际发生，原告也没有交付65万元的款项。（2）原告主张的3分息过高。请求驳回原告的诉讼请求。

法院经审理查明：因资金周转需要，被告杨某某曾向原告借款。2015年1月9日，被告杨某某出具一份借据交原告收执，该借据载明："今欠潘某某借款陆拾伍万元整，现金借款，月息3分，欠款日期2015年1月9日，还款日期2017年12月17日，欠款人杨某某。"后经原告催讨，被告杨某某分别于2015年1月14日、4月1日偿还2万元、4万元。余款至今没有给付。

【裁判结果】

浙江省乐清市人民法院于2018年3月5日作出（2018）浙0382民初657号民事判决：一、杨某某应于本判决生效之日起15日内偿还潘某某借款本金633250元及利息（截至2015年4月1日为6016.17元，此后自

2015年4月2日起以633250元为基数按月利率2%计算至债务履行完毕之日止）；二、驳回潘某某的其他诉讼请求。

宣判后，杨某某提出上诉，浙江省温州市中级人民法院于2018年6月4日作出（2018）浙03民终1918号民事判决：一、撤销浙江省乐清市人民法院（2018）浙0382民初657号民事判决；二、杨某某应于本判决生效之日起15日内偿还潘某某借款本金20万元及利息（自2015年1月9日起按月利率2%计算至债务履行完毕之日止，扣减已经支付的6万元）；三、驳回潘某某的其他诉讼请求。

【裁判理由】

法院生效裁判认为：潘某某持有杨某某出具的一份65万元的《欠款欠据》提起民间借贷诉讼并主张款项系现金交付，但对于款项的来源潘某某在一审、二审中陈述不一，在潘某某主张出借款项的同一天，杨某某有一笔19.2万元款项汇入潘某某账户，潘某某对此亦无法作出合理解释。另经审查，潘某某涉诉较多，有职业放贷的迹象，因现金交付对于款项是否实际发生以及实际发生的数额等方面难以审查，主张现金交付亦具有规避款项实际交付情况审查的可能性。因此，潘某某应当对款项交付金额承担举证不能的不利后果。现杨某某已自认其欠潘某某的借款本金为20万元，并提供了相应的证据予以佐证，除本金20万元外，杨某某亦确认尚欠潘某某的利息自2015年1月9日起按月利率2%计算，故本案应以杨某某自认的金额为准认定借款本金并自2015年1月9日起按月利率2%计收利息，但杨某某于2015年1月14日及4月1日共计偿还的6万元依据《最高人民法院关于适用〈中华人民共和国合同法〉若干问题的解释（二）》第二十一条的规定应先作利息扣减。

【案例注解】

一、问题的提出

近年来，职业放贷人作为原告在民间借贷案件中所占的比例明显增长，民间放贷职业化、链条化和高利化倾向明显。职业放贷人由于盲目追求高额回报，不断突破利率红线，且为规避合法性审查，转嫁风险，放贷套路①手段层出不穷，其中假借现金给付规避款项实际交付事实审查即是近年来职业放贷人常用的套路放贷手段之一。在当前支付手段非常便捷的情况下，职业放贷人采用现金方式交付款项往往是有意为之，通常是利用现金方式交付致使无迹可寻，从而实现规避法院对虚增债务金额、高息累入本金等违法债务审查的非法目的。因此，在甄别原告属于职业放贷人的基础上，应加大对借贷事实和证据的审查力度，并按照民事诉讼高度盖然性的证明标准，并结合全部证据对现金交付事实作出综合评价。

二、对职业放贷人的甄别

甄别原告是否是职业放贷人或具有职业放贷人特征，是当前正确审理民间借贷案件的必要环节，一般来说，对职业放贷人的认定有以下几个方面的考量因素：

1. 根据同一原告或关联原告在一定时间段内在民间借贷纠纷案件中作为债权人起诉案件的数量多少来认定原告是否属于职业放贷人，《全国法院民商事审判工作会议纪要》（法〔2019〕254号）第53条亦规定："同一出借人在一定期间内多次反复从事有偿民间借贷行为的，一般可以认定为是职业放贷人。"从各地的实践来看，通过关联案件检索及建立职业放贷人名单是确立该项甄别方法的有效工作机制。

2. 使用填空式的格式借据。从经验常识及需求的角度分析，熟人之间的借款有的连借据也不打，偶尔出借，大可让债务人当场书写借据，填空式的格式借据本身就是为反复使用而事先拟制。因此，以填空式的格式借据进行放贷是职业放贷人的常见特征。

3. 存在以暴力等非法手段催收借款或有因实施虚假诉讼，套路贷等不诚信行为受司法惩戒或有刑罚记录的。

---

① 本文中的"套路"主要从民事角度进行评价，是否触犯刑法，进而构成"套路贷"犯罪，不在本文讨论之列。

4. 原告、被告之间是否属于非熟人关系。参与民间借贷主体的多元化及借贷的市场化，导致借贷关系复杂化，双方之间的熟识程度可作为原告是否具有职业放贷人特征的考量因素。

5. 原告是否具备出借能力。职业放贷分工已趋产业"链条化"，若原告明显不具备出借能力，应对其是否属于职业放贷人的放贷"马甲"进行必要审查。

通过对原告身份的甄别，为法官在审理民间借贷案件中确立了自由心证的基础。

三、加大对借贷事实和证据的审查力度

针对职业放贷人善于利用隐蔽性强且形成完整证据链闭环的套路放贷行为规避合法性审查的特点，对职业放贷人主张现金交付事实的审查标准上，除应严格依据2020年修正的《最高人民法院关于审理民间借贷纠纷若干问题的意见》（以下简称《民间借贷司法解释》）第十五条第二款的规定："被告抗辩借贷行为尚未实际发生并能作出合理说明的，人民法院应当结合借贷金额、款项交付、当事人的经济能力、当地或者当事人之间的交易方式、交易习惯、当事人财产变动情况以及证人证言等事实和因素，综合判断查证借贷事实是否发生。"对具有套路放贷行为表象的民间借贷案件，还应依照《最高人民法院关于依法妥善审理民间借贷案件的通知》（法〔2018〕215号）精神，传唤当事人本人到庭，就有关案件事实接受询问，加大对借贷事实和证据的审查力度，适度加大调查取证力度，查明事实真相。虽然借据等债权凭证是证明双方存在借贷合意和借贷关系实际发生的直接证据，具有较强的证明力，但由于现金交付并无直观的资金往来交付凭证可以反映，对该事实的判断更多的是法官根据经验法则，根据当事人的陈述并结合相关证据材料，依靠法官在案件审理过程中的自由心证，推断当事人之间既往发生法律关系事实的过程。因此，法院应当根据借款人的抗辩情况并结合当前职业放贷人常用的套路进一步严格审查出借人的经济状况，交付时间、地点、款项来源、借款用途等细节，对基本借贷关系事实进行实质审查，对款项交付事实形成内心确信，以准确认

借款合同纠纷

定借据等债权凭证的实质证明力。

四、款项是否实际交付真伪不明时，应认定该事实不存在

（一）举证责任

举证责任，也称证明责任，是指"证明主体依据法定职权或举证负担在诉讼证明上所应承担的相应责任"。[①] 在民事诉讼中，举证责任是指应当由当事人对其主张的事实提供证据并予以证明，若诉讼终结时根据全案证据仍不能判明当事人主张的事实真伪，则由该当事人承担不利的诉讼后果。[②] 理论上通常认为，举证责任具有"双重含义"，即行为意义的举证责任和结果意义的举证责任。前者是指当事人在具体民事诉讼中，为避免败诉的风险而向法院提出证据证明其主张的一种行为责任。而后者是指待证事实的存在与否不能确定，真伪不明时，由哪一方当事人对不利后果进行负担的责任和风险。行为意义的举证责任是诉讼过程中无条件出现的一种举证责任，其在外在形式上受到当事人主张的影响。凡有诉讼必有请求，而请求又须以主张为依托，只要当事人提出主张，即会发生提供证据的责任问题。行为意义的举证责任也是一种动态的举证责任，它随着双方当事人证据证明力的强弱变化在同一当事人身上可能发生多次，围绕法官对待证事实的心证程度的变化而在当事人之间发生转移。与行为意义的举证责任相对，结果意义的举证责任不受当事人主张的牵引，是一种不能转移的举证责任。结果意义的举证责任建立在法官不能因事实不清而拒绝裁判的理念之上，它所解决的是待证事实真伪不明时法官如何裁判的问题，实质上是对事实真伪不明的一种法定的风险分配形式。结果意义的举证责任是一种潜在的、附条件的举证责任。作为法律预先设定的一种风险责任的分配形式，其隐含于诉讼进行之中，并非每个案件都需要以结果意义的举证责任为裁判依据。只有在待证事实真伪不明时，结果意义的举证责任才能

[①] 毕玉谦主编：《证据法要义》，法律出版社2003年版，第364页。
[②] 张永泉：《民事诉讼证据原理研究》，厦门大学出版社2005年版，第160页。

发挥作用。① 因此，"在证明责任所包含的行为责任和结果责任中，真正能代表其本质的当属结果责任，因为行为责任只是一种表面现象，而结果责任才是本质问题。"② 而在出现待证事实真伪不明时，还需要根据举证责任的分配规则，对真伪不明的待证事实进行归类，确定对该事实负有举证责任的当事人，并据此判决由其承担不利后果。大陆法系国家关于举证责任分配的理论，大致可以概括分为"待证事实分类说"和"法律要件分类说"，其中"法律要件分类说"中的"规范说"是其最具有代表性的学说，也是大陆法系国家举证责任分配理论的通说。"规范说"从法律规范要件分类出发，在对实体法律规范结构分析的基础上，根据法律规范的语义和构造，分析法律规定的原则和例外，以及基本规范和反对规范之间的关系，并以此作为分配举证责任的方法。在此基础上，对于主张权利存在的当事人应当对权利发生的法律要件存在的事实负举证责任，而否认权利存在的当事人，则应当就权利妨碍法律要件、权利消灭法律要件或权利限制法律要件等负举证责任。我国法律上对举证责任分配的规定，基本上也是采取了大陆法系国家的理论通说即"法律要件分类说"中的"规范说"。

（二）民间借贷中的举证责任

关于当事人的举证责任，《民事诉讼法》第六十四条第一款规定："当事人对自己提出的主张，有责任提供证据。"这是我国民事诉讼立法上关于举证责任的法律渊源。2020年《最高人民法院关于适用〈中华人民共和国民事诉讼法〉的解释》（以下简称《民事诉讼法解释》）第九十条规定："当事人对自己提出的诉讼请求所依据的事实或者反驳对方诉讼请求所依据的事实，应当提供证据加以证明，但法律另有规定的除外。在作出判决前，当事人未能提供证据或者证据不足以证明其事实主张的，由负有举证证明责任的当事人承担不利后果。"该条在沿用2008年《最高人民法院关于民事诉讼证据的若干规定》第二条的内容上确立了举证证明责任的含

---

① 沈德咏主编：《最高人民法院民事诉讼法司法解释理解与适用》（上），人民法院出版社2015年版，第310页。

② 毕玉谦：《民事证据原理与实务研究》，人民法院出版社2003年版，第6页。

义。《民事诉讼法解释》第九十一条规定："人民法院应当依照下列原则确定举证证明责任的承担，但法律另有规定的除外：（一）主张法律关系存在的当事人，应当对产生该法律关系的基本事实承担举证证明责任；（二）主张法律关系变更、消灭或者权利受到妨害的当事人，应当对该法律关系变更、消灭或者权利受到妨害的基本事实承担举证证明责任。"该条则确立了举证责任分配的一般规则。具体到民间借贷案件中，通常的举证责任分配原则是：对于存在借贷关系及借贷内容等事实，出借人应承担举证责任；对已经归还借款的事实，借款人应承担举证责任。但在原告仅提交借据、收据、欠条等债权凭证的情形下，是否可以认定原告已经尽到举证责任，认定借贷关系真实存在，司法实践中存在不同观点。有观点认为，借据、收据、欠条等债权凭证的真实性可以确认的情况下，这些证据是双方当事人存在借贷法律关系的直接证据，因而，可以据此认定借贷关系真实存在，这种观点也曾经为司法实践所采纳。但从实践的情况看，必须要注意到，民间借贷案件的一个重要特点，是当事人一般较少，法律关系简单，案件证据单一。正是由于这些特点，职业放贷人制造证据链闭环，规避法院对民间借贷行为的合法合规性审查，并利用诉讼实现不法目的，严重损害人民群众合法权益的民间借贷案件在近年来多有发生。此类案件，人民法院如按照传统证据审查标准审理，即仅依据借据等债权凭证来认定借贷事实是否实际发生，往往难以查明案件实情，极有可能支持放贷人的非法主张。因此，实践中对民间借贷案件的审理，越来越转向对基本借贷关系事实的实质审查认定，即在民间借贷案件审理中，不能仅仅依据借据、收据、欠条等债权凭证来认定借贷关系的实际发生，还应结合具体案件情况，适当扩展审查的广度和深度。《民间借贷司法解释》第十五条第二款即规定了此类案件的审查内容和审查标准，按照该规定，在原告以借据、收据、欠条等债权凭证为依据提起民间借贷诉讼时，且被告否认发生借贷事实的情况下，人民法院除依据当事人提供的债权凭证外，还应综合审查其他事实和因素，对原告主张的借贷事实是否实际发生作出综合判断。

（三）盖然性规则

证明标准，是指在诉讼证明活动中，对于当事人之间争议的事实，法官根据证明的情况对该事实作出肯定性或者否定性评价的最低要求。证明标准对当事人来说，其主要意义在于对自身是否完成证明责任提供可预测的尺度，而对法官来说，其主要意义则在于对待证事实是否存在的内心确信达到何种程度，方可对事实作出认定。实践中，精准界定证明标准是一件非常困难的事，这与其本身具有很强的主观性的特点密切相关。民事诉讼中，通常是以盖然性作为证据的证明标准。从比较法的角度看，各国法律对盖然性的程度要求不同。大陆法系国家和地区普遍采用高度盖然性证明标准。作为一种根据事物发展的高度概率进行判断的认识方法，在证据无法达到确实充分的情况下，一方当事人提出的证据能够证明事实发生具有高度盖然性时，法官即可对该事实予以确认。《民事诉讼法解释》第一百零八条第一款、第二款从本证和反证的角度规定了盖然性规则："对负有举证证明责任的当事人提供的证据，人民法院经审查并结合相关事实，确信待证事实的存在具有高度可能性的，应当认定该事实存在。对一方当事人为反驳负有举证证明责任的当事人所主张事实而提供的证据，人民法院经审查并结合相关事实，认为待证事实真伪不明的，应当认定该事实不存在。"对待证事实负有举证责任的当事人所进行的证明活动为本证，不负有举证责任的当事人提供证据对本证进行反驳的证明活动为反证。本证的证明活动的目的在于使法官对待证事实的存在与否形成内心确信，这种内心确信应当满足证明评价的最低要求即法定的证明标准，其需要使法官的内心确信达到高度盖然性的程度才能被视为完成证明责任。而反证的证明活动，其目的在于动摇法官对于本证所形成的内心确信，使其达不到证明评价的最低要求，反证只需要使本证对待证事实的证明陷于真伪不明的状态，即达到目的。同时，根据该条规定，当被告的反证使原告的主张达不到高度盖然性的证明标准，待证事实陷入真伪不明时，则应认定原告的主张不成立。这也从证明过程的角度反映了对举证责任内容的理解，符合待证事实真伪不明时，由出借人承担举证不能不利后果的举证责任的内涵。

一项争议事实真伪不明的前提条件是：（1）原告提出有说服力的主张；（2）被告提出实质性的反主张；（3）对争议事实主张有证明必要，在举证规则领域，自认的、无争议的和众所周知的事实不需要证明；（4）用尽所有程序上许可的和可能的证明手段，法官仍不能获得心证；（5）口头辩论已经结束，上述第3项的证明需要和第4项的法官心证不足仍没有改变。① 具体到对款项是否实际交付的证明过程中，原告在提交了借据等债权凭证后，对于款项交付的事实系完成了行为意义的举证责任，在被告提出实质性的反主张后，法院还应当根据交付的金额大小、出借人的经济实力、交易习惯及借贷双方的亲疏关系等因素，结合当事人本人的陈述及庭审调查和言词辩论情况及其他证据，依据民事诉讼高度盖然性的证明标准，运用逻辑推理和日常生活经验法则等，对款项交付事实形成内心确定，当原告的主张达不到高度盖然性的证明标准，出现待证事实真伪不明时，则需要结果意义的举证责任发挥作用，由原告对其主张的款项交付的待证事实承担举证不能的不利后果。

五、需要说明的问题

第一，通常情况下，人们在对待不同的借贷金额时，采取的谨慎注意程度往往存在差别。本案金额较大，一般来说，对该款项是否实际现金交付会引起法官的谨慎注意，但由于民间职业放贷中小额放贷趋势明显，"阴阳"借条在现实中大量存在，出借人尤其是职业放贷人对于难以证明交付事实的借款，往往借口现金交付从而逃避款项已经实际交付或足额交付之事实的举证责任。在借贷金额不大的情况下，如果出借人主张借款通过现金方式交付，通常通过审查借据等债权凭证的真实性、关联性、合法性，即可完成事实查证，在没有相反证据的情况下，可以确认借贷事实。因此，假借现金给付规避款项实际交付事实审查的放贷套路在小额民间职

---

① ［德］汉斯·普维庭：《现代证明责任问题》，吴越译，法律出版社2000年版，第22~23页。

业放贷中更为普遍，针对职业放贷人在小额借贷中主张的现金交付事实，应根据债务人的抗辩，保持同样甚至更为谨慎的态度进行审查判断。

第二，2020年修正的《民间借贷司法解释》第十五条第二款的事实审查标准及《民事诉讼法解释》第一百零八条的证明标准，当然也同样适用于非涉及职业放贷人的一般民间借贷案件中，但对于一般的民间借贷案件，考虑到大多发生在基于血缘、地缘关系的同乡、同行、亲朋好友等熟人间的民间借贷，可适当放宽审查标准；而对于涉及职业放贷人的民间借贷案件，考虑到放贷主体的职业化且放贷具有高利化、套路化的倾向等特点，则应确立有别于一般民间借贷案件的自由心证基础，通过加大对借贷事实和证据的审查力度，从而达到规制职业放贷人以套路放贷行为来谋取不当高额利益的非法目的，避免司法为职业放贷人的套路放贷行为合法背书。

第三，由于本案二审的审结时间在《全国法院民商事审判工作会议纪要》（法〔2019〕254号）出台之前，故对职业放贷人的放贷行为仍按有效处理，以被告自认的金额及利息进行判定。此类案件若人民法院认定职业放贷人存在假借现金给付，规避款项实际交付事实审查的可能性的，在作出民事裁判的同时，还应及时与公安机关进行沟通，并将相关民事裁判文书送达公安机关，由公安机关对相关行为是否涉嫌犯罪进行甄别处理。

六、启示

当前，民间职业放贷人利用各种套路，制造证据链闭环，规避法院对民间借贷行为的合法合规性审查。由此，对涉及职业放贷人的民间借贷款项是否实际交付的证据审查规则，如还是按传统的仅以借据等债权凭证为依据来进行评判，容易使法官被表面证据闭环所蒙蔽，造成裁判错误。故在借款人存在款项并未实际交付等套路放贷抗辩的情况下，法官要加大对事实和证据的审查力度，充分运用司法经验，并结合职业放贷人常用的套路，破开职业放贷人善于使用套路放贷为表面证据闭环所掩饰的虚伪事实。对因此造成实际交付的待证事实处于真伪不明状态的，应由出借人承担举证不利的后果。从而实现对职业放贷人假借现金给付规避款项实际交付事实审查的套路放贷行为的有效规制，维护司法公正。

（一审法院独任审判员　虞成哲
二审法院合议庭成员　胡　俊　李　劼　曾庆建
编写人　浙江省温州市中级人民法院　高兴兵　李　劼
责任编辑　李　明
审稿人　姜启波）

三、小额借款合同纠纷

77. 重庆市阿里巴巴小额贷款有限公司诉陈壮群小额借款合同纠纷案[*]

> 当事人在诉前相关合同中对电子送达方式、电子送达地址及法律后果作出明确、具体约定的,该约定具有相当于《送达地址确认书》的效力

【裁判摘要】

> 诉前约定送达符合双方当事人利益,应该被送达地址确认制度所吸收,丰富送达地址确认制度形式,与诉中填写送达地址确认书相互补充,成为高效解决"送达难"的有效形式。

【基本案情】

2015年7月25日,重庆市阿里巴巴小额贷款有限公司(以下简称阿里小贷公司)与陈壮群在线签订《网商贷贷款合同》,约定借款及相关双方权利义务。其中,合同特别约定:对于因合同争议引起的纠纷,司法机关可以通过手机短信或电子邮件等现代通讯方式送达法律文书;陈壮群指定接收法律文书的手机号码或电子邮箱为合同签约时输入支付宝密码的支付宝账户绑定的手机号码或电子邮箱;陈壮群同意司法机关采取一种或多种送达方式送达法律文书,送达时间以上述送达方式中最

---

[*] 摘自《人民法院案例选》2018年12辑(总第130辑),人民法院出版社2018年版,第3~4页。

先送达的为准；陈壮群确认上述送达方式适用于各个司法阶段，包括但不限于一审、二审、再审、执行以及督促程序；陈壮群保证送达地址准确、有效，如果提供的地址不确切，或者不及时告知变更后的地址，使法律文书无法送达或未及时送达，自行承担由此可能产生的法律后果。合同签订后，阿里小贷公司发放贷款，但陈壮群未依约还款付息，故阿里小贷公司提起诉讼。

审理过程中，法院通过12368诉讼服务平台，向被告陈壮群支付宝账户绑定的手机号码发送应诉通知书、举证通知书、开庭传票等诉讼文书，平台系统显示发送成功。陈壮群无正当理由拒不到庭参加诉讼，法院依法缺席审理。

【裁判结果】

杭州铁路运输法院（现为杭州互联网法院）于2017年6月25日作出（2017）浙8601民初943号民事判决：陈壮群返还阿里小贷公司借款本金并支付利息、罚息、律师费等共计587158.25元。一审宣判并送达后，原、被告均未提出上诉，该判决已发生法律效力。

【典型意义】

"送达难"一直是困扰审判工作的问题之一，严重影响司法效率，降低了司法公信。司法实践中，许多"送达难"问题产生的根源是受送达人躲避诉讼、拒不配合法院送达。在此种情况下，依靠诉中填写送达地址确认书，显然无法解决"送达难"问题。诉前约定送达符合双方当事人利益，应该被送达地址确认制度所吸收，丰富送达地址确认制度形式，与诉中填写送达地址确认书相互补充，成为高效解决"送达难"的有效形式。

本案中，当事人在签订合同时经合意约定了因合同纠纷成讼后，可使用电子送达方式及电子送达地址、可适用的程序范围、地址变更方式、因过错导致文书未送达的法律后果等内容，内容明确、具体，双方对送达条款均能够预见诉讼后产生的法律后果，该约定具有《送达地址确认书》的实质要件，具有相当于《送达地址确认书》的效力。诉前约定送达条款虽然与在诉中由法院引导填写、统一的印制格式等形式不尽相符，但是只要其满足了实质要件，能够在保障当事人诉权的前提下有效解决送达难题，是一种更便捷、高效的送达。因此，本案例确认，当事人在诉前相关合同中对电子送达方式、电子送达地址及法律后果作出明确、具体约定的，该约定具有相当于《送达地址确认书》的效力。人民法院在诉讼过程中可以直接适用电子送达方式向诉前约定的电子送达地址送达除判决书、裁定书、调解书以外的诉讼文书。

（责任编辑：杨俊芳）

78. 广州优贷小额贷款有限公司诉李某、第三人深圳市前海吉顺信科技发展有限公司小额借款合同纠纷案*

▶ 不应将金融科技成本以"服务费"名义转嫁为借款人的借款成本

【关键词】

商事　小额贷款公司　助贷机构　借款成本　金融风险防范

【裁判摘要】

小额贷款公司应提供充分证据证明收取服务费用已取得借款人明确同意且符合公平原则。如果小额贷款公司自己不支付助贷服务对价,而是默许助贷机构向借款人直接收取"助贷服务费",实质上是利用贷款人优势地位,将金融科技成本以"服务费"名义转嫁为借款人的借款成本,其收取行为明显有失公允,故应认定小额贷款公司是以减少支出方式获得了合同约定之外的收入,借款人支付的服务费应作为还款从尚欠贷款中予以扣除。

---

* 摘自《人民法院案例选》2021年4辑(总第158辑),人民法院出版社2021年版,第157~162页。

【相关法条】

《中华人民共和国合同法》第六十条① 当事人应当按照约定全面履行自己的义务。

当事人应当遵循诚实信用原则,根据合同的性质、目的和交易习惯履行通知、协助、保密等义务。

【案件索引】

一审:广州互联网法院(2019)粤0192民初45769号(2020年10月10日)

【基本案情】

原告广州优贷小额贷款有限公司(以下简称优贷公司)诉称:李某因生产生活需要存在资金需求,于2018年5月17日与优贷公司签订《借款合同》,约定以等额本息的方式分36期归还借款,贷款年利率为10%,并于当天收到借款10万元。李某自2019年2月17日第9期开始逾期,经多次催告仍未清偿债务,已构成违约。故请求判令:(1)李某立即偿还借款本金77891.36元;(2)李某立即支付利息、违约金;(3)李某承担本案诉讼费用。

第三人深圳市前海吉顺信科技发展有限公司(以下简称吉顺信科技)陈述称:涉案贷款人是优贷公司,吉顺信科技为优贷公司提供助贷服务并与李某签订了小额借款服务合同,管理李某的借款。

被告李某没有答辩。

法院经审理查明:优贷公司为地方金融监管部门核准从事网络贷款业务的持牌小额贷款公司,吉顺信科技作为金融科技公司,为优贷公司及借款人提供助贷服务。助贷服务包括搭建平台、寻找客户、验证身份、审核资信、

---

① 对应《民法典》第五百零九条第一款、第二款,内容没有发生变化。同时,《民法典》第五百零九条新增第三款:"当事人在履行合同过程中,应当避免浪费资源、污染环境和破坏生态。"

借款合同纠纷

签署合同、委托第三方存证、每月代划扣还款及清分、贷后管理催收、整体性贷款担保义务。优贷公司未向吉顺信科技提供的助贷服务支付任何费用，但吉顺信科技向借款人收取与贷款年利率基本相同的服务费用。

本案中，李某通过吉顺信科技运营的敢贷平台申请贷款，完成电子签约后，优贷公司通过第三方支付平台宝付公司将合同约定款项放款至借款人银行卡，由吉顺信科技每月通过宝付公司划扣借款人账户的资金并进行清分。吉顺信科技将划扣来的款项部分用于清偿李某的借款，部分用于支付吉顺信科技的各项服务费用。吉顺信科技主张与李某在贷款过程中在线上签订了《小额借款咨询服务合同》，但该电子合同未经数字签名技术存证，存在签署节点不明且与其他文件中借款人签名雷同的问题，真实性无法确认。经查明，李某已还款项 38061 元被清分为本金 22108.64 元、利息 6767.84 元，服务费用 8884.52 元（其中征信费 100 元、首期服务费 2000 元、综合服务费 6600.52 元、滞纳金 144 元、扣款失败费 40 元），剩余 300 元被划扣后去向不明。

【裁判结果】

广州互联网法院于 2020 年 10 月 10 日作出（2019）粤 0192 民初 45769 号民事判决：一、李某自本判决生效之日起 10 日内向优贷公司偿还贷款本金 68316.45 元、利息和违约金（2019 年 2 月 18 日至 2019 年 10 月 29 日止，利息为 4078.68 元，违约金为 1060.89 元；自 2019 年 10 月 30 日起，利息和违约金之和应以实际未还本金为基数，按年利率 24% 计至款项清偿之日止）；二、驳回优贷公司的其他诉讼请求。宣判后，双方当事人均未上诉，判决已发生法律效力。

【裁判理由】

法院生效裁判认为：本案争议焦点是吉顺信科技收取费用的性质。吉顺信科技主张其收取的费用为提供助贷服务的对价。法院认为，首先，吉顺信科技的收费依据《小额借款咨询服务合同》未经数字签名技术存证，存在签署节点不明且与其他文件中借款人签名雷同的问题，真实性无法确认,无法证明李某本人知晓并同意服务合同约定,收取服务费并无真实的合同依据。其次,吉顺信科技主张其为优贷公司和借款人的贷款业务提供了支持和帮助,故就助贷服务收取费用。但从其与优贷公司的合作模式来看,其为优贷公司提供了包括搭建平台、寻找客户、验证身份、审核资信、签署合同、委托第三方存证、每月代划扣还款及清分、贷后管理催收等助贷服务,也就是除出资以外,绝大部分放贷工作均以外包形式由吉顺信科技完成,但优贷公司并未就上述助贷服务向吉顺信科技支付任何对价,服务费用由借款人承担。法院认为,优贷公司作为取得经营牌照的互联网小额贷款公司,本身应具备独立有效开展线上贷款业务的基本能力。身份核验、授信审批、合同签订、划扣清分等核心环节直接影响到贷款安全,应当由优贷公司主导和控制,在上述环节中产生的费用也是其必须支出的基础运营成本。优贷公司不支付对价,反而默许助贷机构在未向借款人明示的情况下,向借款人直接收取咨询费、每期服务费、征信查询费、扣款失败手续费、正常还款履约保证金等名目繁多的"服务费",实质上是利用贷款人的优势地位,通过核心业务外包的方式将基础运营成本以"服务费"名义转嫁为借款人的借款成本,以减少自己的支出,变相提高自己的收入。因外包产生的基础运营成本应由优贷公司直接向助贷机构支付,而不应由助贷机构向借款人收取,其收取既缺乏真实有效的合同依据,又明显有失公允,故法院认定优贷公司以减少支出方式获得了合同约定之外的收入,李某被划扣的服务费应作为正常本息之外的还款从案涉贷款中予以扣除。

【案例注解】

保护金融消费者合法权益是推动经济社会可持续发展的重要基础。随着金融科技的快速发展和深度应用,不少小额贷款公司与金融科技公司开展合作,合作模式多为由小额贷款公司出资或大部分出资,金融科技公司利用其场景、数据、信息技术等优势提供资信审查、现场勘验、App 软件开发及资金信息等中介服务,服务对价由金融消费者支出。可以看到,在此种合作模式中,作为金融科技服务对象的小额贷款公司并未支付对价,

变相转嫁成本，实际上是"普而不惠"，同时，助贷机构在放贷机构的默许或放任下，极易在合作中突破业务范围和合法边界，利用放贷机构的优势地位，以各种隐蔽且不合法的方式收取服务费用。在数字化环境下，如何有效保护金融消费者的合法权益，是当前互联网金融审判中应当高度重视的问题。目前，主流的裁判思路是将持牌小额贷款公司、助贷机构与借款人之间形成的法律关系分别进行处理。在小额借款合同纠纷中，即使借款人主动抗辩并举证证明助贷机构存在不合理的收费行为，也不会影响到其与小额贷款公司之间的债权债务关系，这在一定程度上助长了小额贷款公司外包核心业务、转嫁金融科技成本、纵容助贷公司越权行放贷之实的行为。本案就是持牌小额贷款公司和助贷机构在此种合作模式下出现的典型案例。广州互联网法院经审理认为，助贷机构本身没有取得金融监管部门核准的贷款牌照，不能直接从事发放网络贷款的业务。如果其通过外包方式承接网络小额贷款的授信审查、风险控制、款项清收、贷后管理等核心业务，实质上是突破业务范围和合法边界，借助贷之名变相从事放贷业务，助贷机构在贷款过程中的违规行为应由委托外包业务的小额贷款公司承担相应的法律责任。如果小额贷款公司自己不支付助贷服务对价，而是默许助贷机构向借款人直接收取"助贷服务费"，实质上是利用贷款人优势地位，将金融科技成本以"服务费"名义转嫁为借款人的借款成本，其收取明显有失公允，故应认定小额贷款公司是以减少支出的方式获得了合同约定之外的收入，此类收入应作为还款本息从尚欠贷款中予以扣除。

一、助贷费用的收取应当兼具事实和合同依据，助贷费用不能成为转嫁金融科技成本的方式

助贷业务起源是弥补传统金融机构在服务网络、风险判别手段的不足，帮助小微群体获取信贷资金的支持，让非传统银行客群享受到金融服务，同时，也帮助传统金融业务进一步下沉，扩大信贷业务的深度与广度，使得资金更加精准、顺畅地流向小微客户，达到普惠金融的目的。因此，助贷业务的存在有其合理性，在双方达成一致合意的情况下，如果服务提供方提供了明显高于一般水平的实质性贷款服务，可以获得相应服对价。本案中，吉顺信科技主张其向李某收取的费用为提供助贷服务的对价，收费依据是双方"签订"的《小额借款咨询服务合同》。首先，通看全案证据，在整个贷款流程中，任一节点均未曾出现《小额借款咨询服务合同》；《小额借款咨询服务合同》上虽有李某的"电子签名"，但该电子签名与经存证认证的证据——优贷公司《委托划款协议》上的电子签名高度一致，吉顺信科技对此不能作出合理解释，亦未能提供证据证明《小额借款咨询服务合同》使用了数字签名技术加密并经校验证明未经改动，不符合《电子签名法》《最高人民法院关于互联网法院审理案件若干问题的规定》中关于电子数据真实性认定的相关规定，无法确定是否未经篡改。因此，不能认定双方就助贷服务费的承担达成了一致合意。助贷机构收取助贷服务费，应具有明确的合同依据，且对于收费项目、助贷模式等应以醒目方式向借款人充分披露。本案中，优贷公司在利用吉顺信科技平台开展贷款业务时，信息披露并不完善，未保障借款人的知情权和公平交易权，其向借款人收取助贷费用缺乏合法的合同依据。其次，吉顺信科技对借款人提供的所谓"助贷服务"不过是撮合借贷关系的成立、代扣款项、进行催收等少量的一般性服务，并未超过行业正常水平。相比而言，其向资金方优贷公司提供的助贷服务在数量和质量上远远超过其向借款人提供的服务，优贷公司通过全流程外包的方式节省大量的金融科技开发成本，受益最大，却不需要支付任何对价，而是利用贷款人优势地位将运营成本转嫁给借款人，默许吉顺信科技向借款人收取高额服务费用以弥补自己应承担的支出，这明显有失公允，故法院认定向借款人收取助贷费用缺乏实质的事实依据。

二、助贷机构提供服务应严格把握界限，其越界不当行为应当由委托的小额贷款公司承担相应责任

如上文所述，金融科技公司在贷款关系中可以利用其场景、数据、信息技术等优势在引流获客、资信审查、现场勘验、App 软件开发及资金信息、风险防控手段等方面提供服务，但由于其不具备对贷款风险进行兜底的能力，所以只能起到辅助作用，不能"越俎代庖"主导贷款业务。拥有

经营牌照的互联网小额贷款公司本身应具备独立有效地开展线上贷款业务的基本能力，身份核验、授信审批、合同签订、划扣清分等核心环节直接影响到贷款安全，应当由小额贷款公司自己主导和控制。但在本案中，助贷机构吉顺信科技履行了除出资、下达放款指令之外的所有职能，借款人所有原始电子数据均储存于吉顺信科技的服务器上，吉顺信科技可以直接向第三方支付发出扣划指令以控制资金流，直接以自己的名义揽客、催收、起诉，甚至对不良贷款向优贷公司提供担保进行风险兜底。优贷公司借此将债务风险和运营成本全部变相转移。此种模式对于个别不具备技术能力的小额贷款公司而言，短期看是"一劳永逸"，但从长期来看，助贷机构已远离了作为"信息中介，科技赋能"的助贷业务本源，突破合理的业务边界，实质上已属于借助贷之名，利用持牌机构的合法牌照，行放贷之实。此举不仅严重增加金融消费者的融资成本，直接侵害金融消费者利益，更由于助贷机构在风险控制、资金管理、贷后管理等方面存在明显短板，导致小额贷款公司的信贷发放、资金安全等核心风控方面存在较大的安全隐患，稍有不慎即酿成金融风险。因此，为了平衡金融消费者在贷款业务中的权利失衡状态，在司法领域规制持牌机构及金融科技公司的不当放贷行为，应将整个贷款过程中的行为视为一体，要求小额贷款公司对金融科技公司的行为承担责任。本案中，即便助贷机构吉顺信科技与借款人李某之间的服务合同关系与小额借款合同关系分属不同法律关系，但因本案助贷费用缺乏事实及合同依据，且显失公允，法院仍作出吉顺信科技收取的费用应由优贷公司承担相应法律责任，将"助贷费用"直接作为李某的还款进行抵扣的处理。这样的目的是追本溯源，在司法领域进行"穿透式监管"，促使小额贷款公司和金融科技公司回归本源，各司其职，从而维护金融消费者利益及整个金融体系的安全。

（一审法院合议庭成员　王　蕾　胡　敏　伍慧鸣
编写人　广州互联网法院　王　蕾　谭静宜
责任编辑　李　明
审稿人　姜启波）

四、其他借款合同纠纷

79. 上海欧宝生物科技有限公司诉辽宁特莱维置业发展有限公司企业借贷纠纷案[*]

（最高人民法院审判委员会讨论通过 2016年9月19日发布）

▶ 人民法院应当依法制裁虚构事实、恶意串通、规避法律或国家政策以谋取非法利益进行的虚假民事诉讼

【关键词】

民事诉讼　企业借贷　虚假诉讼

【裁判摘要】

人民法院审理民事案件中发现存在虚假诉讼可能时，应当依职权调取相关证据，详细询问当事人，全面严格审查诉讼请求与相关证据之间是否存在矛盾，以及当事人诉讼中言行是否违背常理。经综合审查判断，当事人存在虚构事实、恶意串通、规避法律或国家政策以谋取非法利益，进行虚假民事诉讼情形的，应当依法予以制裁。

---

[*] 摘自2016年9月19日最高人民法院发布的第14批指导案例（指导案例68号）。

借款合同纠纷

相关法条

《中华人民共和国民事诉讼法》第一百一十二条

基本案情

上海欧宝生物科技有限公司（以下简称欧宝公司）诉称：欧宝公司借款给辽宁特莱维置业发展有限公司（以下简称特莱维公司）8650万元，用于开发辽宁省东港市特莱维国际花园房地产项目。借期届满时，特莱维公司拒不偿还。故请求法院判令特莱维公司返还借款本金8650万元及利息。

特莱维公司辩称：对欧宝公司起诉的事实予以认可，借款全部投入到特莱维国际花园房地产项目，房屋滞销，暂时无力偿还借款本息。

一审申诉人谢涛述称：特莱维公司与欧宝公司，通过虚构债务的方式，恶意侵害其合法权益，请求法院查明事实，依法制裁。

法院经审理查明：2007年7月至2009年3月，欧宝公司与特莱维公司先后签订9份《借款合同》，约定特莱维公司向欧宝公司共借款8650万元，约定利息为同年贷款利率的4倍。约定借款用途为：只限用于特莱维国际花园房地产项目。借款合同签订后，欧宝公司先后共汇款10笔，计8650万元，而特莱维公司却在收到汇款的当日或数日后立即将其中的6笔转出，共计转出7050万余元。其中5笔转往上海翰皇实业发展有限公司（以下简称翰皇公司），共计6400万余元。此外，欧宝公司在提起一审诉讼要求特莱维公司还款期间，仍向特莱维公司转款3笔，计360万元。

欧宝公司法定代表人为宗惠光，该公司股东曲叶丽持有73.75%的股权，姜雯琪持有2%的股权，宗惠光持有2%的股权。特莱维公司原法定代表人为王作新，翰皇公司持有该公司90%股权，王阳持有10%的股权，2010年8月16日法定代表人变更为姜雯琪。工商档案记载，该公司在变更登记时，领取执照人签字处由刘静君签字，而刘静君又是本案原一审诉讼期间欧宝公司的委托代理人，身份系欧宝公司的员工。翰皇公司2002年3月26日成立，法定代表人为王作新，前身为上海特莱维化妆品有限公司，王作新持有该公司67%的股权，曲叶丽持有33%的股权，同年10月

28日，曲叶丽将其持有的股权转让给王阳。2004年10月10日该公司更名为翰皇公司，公司登记等手续委托宗惠光办理，2011年7月5日该公司注销。王作新与曲叶丽系夫妻关系。

本案原一审诉讼期间，欧宝公司于2010年6月22日向辽宁省高级人民法院（以下简称辽宁高院）提出财产保全申请，要求查封、扣押、冻结特莱维公司5850万元的财产，王阳以其所有的位于辽宁省沈阳市和平区澳门路、建筑面积均为236.4平方米的两处房产为欧宝公司担保。王作鹏以其所有的位于沈阳市皇姑区宁山中路的建筑面积为671.76平方米的房产为欧宝公司担保，沈阳沙琪化妆品有限公司（以下简称沙琪公司，股东为王振义和修桂芳）以其所有的位于沈阳市东陵区白塔镇小羊安村建筑面积分别为212平方米、946平方米的两处厂房及使用面积为4000平方米的一块土地为欧宝公司担保。

欧宝公司与特莱维公司的《开立单位银行结算账户申请书》记载地址均为东港市新兴路1号，委托经办人均为崔秀芳。再审期间谢涛向辽宁高院提供上海市第一中级人民法院（2008）沪一中民三（商）终字第426号民事判决书一份，该案系张娥珍、贾世克诉翰皇公司、欧宝公司特许经营合同纠纷案，判决所列翰皇公司的法定代表人为王作新，欧宝公司和翰皇公司的委托代理人均系翰皇公司员工宗惠光。

二审审理中另查明：

1. 关于欧宝公司和特莱维公司之间关系的事实

工商档案表明，沈阳特莱维化妆品连锁有限责任公司（以下简称沈阳特莱维）成立于2000年3月15日，该公司由欧宝公司控股（持股96.67%），设立时的经办人为宗惠光。公司登记的处所系向沈阳丹菲专业护肤中心承租而来，该中心负责人为王振义。2005年12月23日，特莱维公司原法定代表人王作新代表欧宝公司与案外人张娥珍签订连锁加盟（特许）合同。2007年2月28日，霍静代表特莱维公司与世安建设集团有限公司（以下简称世安公司）签订关于特莱维国际花园项目施工的《补充协议》。2010年5月，魏亚丽经特莱维公司授权办理银行账户的开户，2011年9月又代表欧宝公司办理银行账户开户。两账户所留联系人均为魏亚丽，

借款合同纠纷

联系电话均为同一号码，与欧宝公司2010年6月10日提交辽宁高院的民事起诉状中所留特莱维公司联系电话相同。

2010年9月3日，欧宝公司向辽宁高院出具《回复函》称：同意提供位于上海市青浦区苏虹公路332号的面积12026.91平方米、价值2亿元的房产作为保全担保。欧宝公司庭审中承认，前述房产属于上海特莱维护肤品股份有限公司（以下简称上海特莱维）所有。上海特莱维成立于2002年12月9日，法定代表人为王作新，股东有王作新、翰皇公司的股东王阳、邹艳，欧宝公司的股东宗惠光、姜雯琪、王奇等人。王阳同时任上海特莱维董事，宗惠光任副董事长兼副总经理，王奇任副总经理，霍静任董事。

2011年4月20日，欧宝公司向辽宁高院申请执行（2010）辽民二初字第15号民事判决，该院当日立案执行。同年7月12日，欧宝公司向辽宁高院提交书面申请称：“为尽快回笼资金，减少我公司损失，经与被执行人商定，我公司允许被执行人销售该项目的剩余房产，但必须由我公司指派财务人员收款，所销售的房款须存入我公司指定账户。"2011年9月6日，辽宁高院向东港市房地产管理处发出《协助执行通知书》，以相关查封房产已经给付申请执行人抵债为由，要求该处将前述房产直接过户登记到案外买受人名下。

欧宝公司申请执行后，除谢涛外，特莱维公司的其他债权人世安公司、江西临川建筑安装工程总公司、东港市前阳建筑安装工程总公司也先后以提交执行异议等形式，向辽宁高院反映欧宝公司与特莱维公司虚构债权进行虚假诉讼。

翰皇公司的清算组成员由王作新、王阳、姜雯琪担任，王作新为负责人；清算组在成立之日起10日内通知了所有债权人，并于2011年5月14日在《上海商报》上刊登了注销公告。2012年6月25日，王作新将翰皇公司所持特莱维公司股权中的1600万元转让于王阳，200万元转让于邹艳，并于2012年7月9日办理了工商变更登记。

沙琪公司的股东王振义和修桂芳分别是王作新的父亲和母亲；欧宝公司的股东王阁系王作新的哥哥王作鹏之女；王作新与王阳系兄妹关系。

2. 关于欧宝公司与案涉公司之间资金往来的事实

欧宝公司尾号为8115的账户（以下简称欧宝公司8115账户）2006年1月4日至2011年9月29日的交易明细显示，自2006年3月8日起，欧宝公司开始与特莱维公司互有资金往来。其中，2006年3月8日欧宝公司该账户汇给特莱维公司尾号为4891账户（以下简称特莱维公司4891账户）300万元，备注用途为借款，2006年6月12日转给特莱维公司801万元。2007年8月16日至23日从特莱维公司账户转入欧宝公司8115账户近70笔款项，备注用途多为货款。该账户自2006年1月4日至2011年9月29日与沙琪公司、沈阳特莱维、翰皇公司、上海特莱维均有大笔资金往来，用途多为货款或借款。

欧宝公司在中国建设银行东港支行开立的账户（尾号0357）2010年8月31日至2011年11月9日的交易明细显示：该账户2010年9月15日、9月17日由欧宝公司以现金形式分别存入168万元、100万元；2010年9月30日支付东港市安邦房地产开发有限公司工程款100万元；2010年9月30日自特莱维公司账户（尾号0549）转入100万元，2011年8月22日、8月30日、9月9日自特莱维公司账户分别转入欧宝公司该账户716985元、514841元、623495元，2011年11月4日特莱维公司尾号为5555账户（以下简称特莱维公司5555账户）以法院扣款的名义转入该账户845567.87元；2011年9月27日以"往来款"名义转入欧宝公司8115账户1935000元，2011年11月9日转入欧宝公司尾号4548账户（以下简称欧宝公司4548账户）1579950元。

欧宝公司设立在中国工商银行上海青浦支行的账户（尾号5617）显示，2012年7月12日该账户以"借款"名义转入特莱维公司50万元。

欧宝公司在中国建设银行沈阳马路湾支行的4548账户2013年10月7日至2015年2月7日期间的交易明细显示，自2014年1月20日起，特莱维公司以"还款"名义转入该账户的资金，大部分又以"还款"名义转入王作鹏个人账户和上海特莱维的账户。

翰皇公司建设银行上海分行尾号为4917账户（以下简称翰皇公司4917账户）2006年1月5日至2009年1月14日的交易明细显示，特莱维

借款合同纠纷

公司 4891 账户 2008 年 7 月 7 日转入翰皇公司该账户 605 万元，同日翰皇公司又从该账户将同等数额的款项转入特莱维公司 5555 账户，但自翰皇公司打入特莱维公司账户的该笔款项计入了特莱维公司的借款数额，自特莱维公司打入翰皇公司的款项未计入该公司的还款数额。该账户同时间段还分别和欧宝公司、沙琪公司以"借款""往来款"的名义进行资金转入和转出。

特莱维公司 5555 账户 2006 年 6 月 7 日至 2015 年 9 月 21 日的交易明细显示，2009 年 7 月 2 日自该账户以"转账支取"的名义汇入欧宝公司的账户（尾号 0801）600 万元；自 2011 年 11 月 4 日起至 2014 年 12 月 31 日止，该账户转入欧宝公司资金达 30 多笔，最多的为 2012 年 12 月 20 日汇入欧宝公司 4548 账户的一笔达 1800 万元。此外，该账户还有多笔大额资金在 2009 年 11 月 13 日至 2010 年 7 月 19 日期间以"借款"的名义转入沙琪公司账户。

沙琪公司在中国光大银行沈阳和平支行的账户（尾号 6312）2009 年 11 月 13 日至 2011 年 6 月 27 日的交易明细显示，特莱维公司转入沙琪公司的资金，有的以"往来款"或者"借款"的名义转回特莱维公司的其他账户。例如，2009 年 11 月 13 日自特莱维公司 5555 账户以"借款"的名义转入沙琪公司 3800 万元，2009 年 12 月 4 日又以"往来款"的名义转回特莱维公司另外设立的尾号为 8361 账户（以下简称特莱维公司 8361 账户）3800 万元；2010 年 2 月 3 日自特莱维公司 8361 账户以"往来款"的名义转入沙琪公司账户的 4827 万元，同月 10 日又以"借款"的名义转入特莱维公司 5555 账户 500 万元，以"汇兑"名义转入特莱维公司 4891 账户 1930 万元，2010 年 3 月 31 日沙琪公司又以"往来款"的名义转入特莱维公司 8361 账户 1000 万元，同年 4 月 12 日以系统内划款的名义转回特莱维公司 8361 账户 1806 万元。特莱维公司转入沙琪公司账户的资金有部分流入了沈阳特莱维的账户。例如，2010 年 5 月 6 日以"借款"的名义转入沈阳特莱维 1000 万元，同年 7 月 29 日以"转款"的名义转入沈阳特莱维 2272 万元。此外，欧宝公司也以"往来款"的名义转入该账户部分资金。

欧宝公司和特莱维公司均承认，欧宝公司 4548 账户和在中国建设银行东港支行的账户（尾号 0357）由王作新控制。

裁判结果

辽宁高院 2011 年 3 月 21 日作出（2010）辽民二初字第 15 号民事判决：特莱维公司于判决生效后 10 日内偿还欧宝公司借款本金 8650 万元及借款实际发生之日起至判决确定给付之日止的中国人民银行同期贷款利息。该判决发生法律效力后，因案外人谢涛提出申诉，辽宁高院于 2012 年 1 月 4 日作出（2012）辽立二民监字第 8 号民事裁定再审本案。辽宁高院经再审于 2015 年 5 月 20 日作出（2012）辽审二民再字第 13 号民事判决，驳回欧宝公司的诉讼请求。欧宝公司提起上诉，最高人民法院第二巡回法庭经审理于 2015 年 10 月 27 日作出（2015）民二终字第 324 号民事判决，认定本案属于虚假民事诉讼，驳回上诉，维持原判。同时作出罚款决定，对参与虚假诉讼的欧宝公司和特莱维公司各罚款 50 万元。

裁判理由

法院生效裁判认为：人民法院保护合法的借贷关系，同时对于恶意串通进行虚假诉讼意图损害他人合法权益的行为，应当依法制裁。本案争议的焦点问题有两个：一是欧宝公司与特莱维公司之间是否存在关联关系；二是欧宝公司和特莱维公司就争议的 8650 万元是否存在真实的借款关系。

一、欧宝公司与特莱维公司是否存在关联关系的问题

《中华人民共和国公司法》第二百一十七条第四项规定，关联关系，是指公司控股股东、实际控制人、董事、监事、高级管理人员与其直接或间接控制的企业之间的关系，以及可能导致公司利益转移的其他关系。可见，公司法所称的关联公司，既包括公司股东的相互交叉，也包括公司共同由第三人直接或者间接控制，或者股东之间、公司的实际控制人之间存在直系血亲、姻亲、共同投资等可能导致利益转移的其他关系。

本案中，曲叶丽为欧宝公司的控股股东，王作新是特莱维公司的原法定代表人，也是案涉合同签订时特莱维公司的控股股东翰皇公司的控股股

借款合同纠纷

东和法定代表人，王作新与曲叶丽系夫妻关系，说明欧宝公司与特莱维公司由夫妻二人控制。欧宝公司称两人已经离婚，却未提供民政部门的离婚登记或者人民法院的生效法律文书。虽然辽宁高院受理本案诉讼后，特莱维公司的法定代表人由王作新变更为姜雯琪，但王作新仍是特莱维公司的实际控制人。同时，欧宝公司股东兼法定代表人宗惠光、王奇等人，与特莱维公司的实际控制人王作新、法定代表人姜雯琪、目前的控股股东王阳共同投资设立了上海特莱维，说明欧宝公司的股东与特莱维公司的控股股东、实际控制人存在其他的共同利益关系。另外，沈阳特莱维是欧宝公司控股的公司，沙琪公司的股东是王作新的父亲和母亲。可见，欧宝公司与特莱维公司之间、前述两公司与沙琪公司、上海特莱维、沈阳特莱维之间均存在关联关系。

欧宝公司与特莱维公司及其他关联公司之间还存在人员混同的问题。首先，高管人员之间存在混同。姜雯琪既是欧宝公司的股东和董事，又是特莱维公司的法定代表人，同时还参与翰皇公司的清算。宗惠光既是欧宝公司的法定代表人，又是翰皇公司的工作人员，虽然欧宝公司称宗惠光自2008年5月即从翰皇公司辞职，但从上海市第一中级人民法院（2008）沪一中民三（商）终字第426号民事判决载明的事实看，该案2008年8月至12月审理期间，宗惠光仍以翰皇公司工作人员的身份参与诉讼。王奇既是欧宝公司的监事，又是上海特莱维的董事，还以该公司工作人员的身份代理相关行政诉讼。王阳既是特莱维公司的监事，又是上海特莱维的董事。王作新是特莱维公司原法定代表人、实际控制人，还曾先后代表欧宝公司、翰皇公司与案外第三人签订连锁加盟（特许）合同。其次，普通员工也存在混同。霍静是欧宝公司的工作人员，在本案中作为欧宝公司原一审诉讼的代理人，2007年2月23日代表特莱维公司与世安公司签订建设施工合同，又同时兼任上海特莱维的董事。崔秀芳是特莱维公司的会计，2010年1月7日代特莱维公司开立银行账户，2010年8月20日本案诉讼之后又代欧宝公司开立银行账户。欧宝公司当庭自述魏亚丽系特莱维公司的工作人员，2010年5月魏亚丽经特莱维公司授权办理银行账户开户，2011年9月诉讼之后又经欧宝公司授权办理该公司在中国建设银行沈阳马路湾支行的开户,且该银行账户的联系人为魏亚丽。刘静君是欧宝公司的工作人员,在本案原一审和执行程序中作为欧宝公司的代理人,2009年3月17日又代特莱维公司办理企业登记等相关事项。刘洋以特莱维公司员工名义代理本案诉讼,又受王作新的指派代理上海特莱维的相关诉讼。

上述事实充分说明,欧宝公司、特莱维公司以及其他关联公司的人员之间并未严格区分,上述人员实际上服从王作新一人的指挥,根据不同的工作任务,随时转换为不同关联公司的工作人员。欧宝公司在上诉状中称,在2007年借款之初就派相关人员进驻特莱维公司,监督该公司对投资款的使用并协助工作,但早在欧宝公司所称的向特莱维公司转入首笔借款之前5个月,霍静即参与该公司的合同签订业务。而且从这些所谓的"派驻人员"在特莱维公司所起的作用看,上述人员参与了该公司的合同签订、财务管理到诉讼代理的全面工作,而不仅是监督工作,欧宝公司的辩解,不足为信。辽宁高院关于欧宝公司和特莱维公司系由王作新、曲叶丽夫妇控制之关联公司的认定,依据充分。

二、欧宝公司和特莱维公司就争议的8650万元是否存在真实借款关系的问题

根据《最高人民法院关于适用〈中华人民共和国民事诉讼法〉的解释》第九十条规定,当事人对自己提出的诉讼请求所依据的事实或者反驳对方诉讼请求所依据的事实,应当提供证据加以证明;在作出判决前,当事人未能提供证据或者证据不足以证明其事实主张的,由负有举证证明责任的当事人承担不利的后果。第一百零八条第一款、第二款规定:"对负有举证证明责任的当事人提供的证据,人民法院经审查并结合相关事实,确信待证事实的存在具有高度可能性的,应当认定该事实存在。对一方当事人为反驳负有举证责任的当事人所主张的事实而提供的证据,人民法院经审查并结合相关事实,认为待证事实真伪不明的,应当认定该事实不存在。"在当事人之间存在关联关系的情况下,为防止恶意串通提起虚假诉讼,损害他人合法权益,人民法院对其是否存在真实的借款法律关系,必须严格审查。

借款合同纠纷

欧宝公司提起诉讼，要求特莱维公司偿还借款8650万元及利息，虽然提供了借款合同及转款凭证，但其自述及提交的证据和其他在案证据之间存在无法消除的矛盾，当事人在诉讼前后的诸多言行违背常理，主要表现为以下七个方面：

第一，从借款合意形成过程来看，借款合同存在虚假的可能。欧宝公司和特莱维公司对借款法律关系的要约与承诺的细节事实陈述不清，尤其是作为债权人欧宝公司的法定代表人、自称是合同经办人的宗惠光，对所有借款合同的签订时间、地点、每一合同的己方及对方经办人等细节，语焉不详。案涉借款每一笔均为大额借款，当事人对所有合同的签订细节、甚至大致情形均陈述不清，于理不合。

第二，从借款的时间上看，当事人提交的证据前后矛盾。欧宝公司的自述及其提交的借款合同表明，欧宝公司自2007年7月开始与特莱维公司发生借款关系。向本院提起上诉后，其提交的自行委托形成的审计报告又载明，自2006年12月开始向特莱维公司借款，但从特莱维公司和欧宝公司的银行账户交易明细看，在2006年12月之前，仅欧宝公司8115账户就发生过两笔高达1100万元的转款，其中，2006年3月8日以"借款"名义转入特莱维公司账户300万元，同年6月12日转入801万元。

第三，从借款的数额上看，当事人的主张前后矛盾。欧宝公司起诉后，先主张自2007年7月起累计借款金额为5850万元，后在诉讼中又变更为8650万元，上诉时又称借款总额1.085亿元，主张的借款数额多次变化，但只能提供8650万元的借款合同。而谢涛当庭提交的银行转账凭证证明，在欧宝公司所称的1.085亿元借款之外，另有4400多万元的款项以"借款"名义打入特莱维公司账户。对此，欧宝公司自认，这些多出的款项是受王作新的请求帮忙转款，并非真实借款。该自认说明，欧宝公司在相关银行凭证上填写的款项用途极其随意。从本院调取的银行账户交易明细所载金额看，欧宝公司以借款名义转入特莱维公司账户的金额远远超出欧宝公司先后主张的上述金额。此外，还有其他多笔以"借款"名义转入特莱维公司账户的巨额资金，没有列入欧宝公司所主张的借款数额范围。

第四，从资金往来情况看，欧宝公司存在单向统计账户流出资金而不统计流入资金的问题。无论是案涉借款合同载明的借款期间，还是在此之前，甚至诉讼开始以后，欧宝公司和特莱维公司账户之间的资金往来，既有欧宝公司转入特莱维公司账户款项的情况，又有特莱维公司转入欧宝公司账户款项的情况，但欧宝公司只计算己方账户转出的借方金额，而对特莱维公司转入的贷方金额只字不提。

第五，从所有关联公司之间的转款情况看，存在双方或多方账户循环转款问题。如上所述，将欧宝公司、特莱维公司、翰皇公司、沙琪公司等公司之间的账户对照检查，存在特莱维公司将己方款项转入翰皇公司账户过桥欧宝公司账户后，又转回特莱维公司账户，造成虚增借款的现象。特莱维公司与其他关联公司之间的资金往来也存在此种情况。

第六，从借款的用途看，与合同约定相悖。借款合同第二条约定，借款限用于特莱维国际花园房地产项目，但是案涉款项转入特莱维公司账户后，该公司随即将大部分款项以"借款""还款"等名义分别转给翰皇公司和沙琪公司，最终又流向欧宝公司和欧宝公司控股的沈阳特莱维。至于欧宝公司辩称，特莱维公司将款项打入翰皇公司是偿还对翰皇公司借款的辩解，由于其提供的翰皇公司和特莱维公司之间的借款数额与两公司银行账户交易的实际数额互相矛盾，且从流向上看大部分又流回了欧宝公司或者其控股的公司，其辩解不足为凭。

第七，从欧宝公司和特莱维公司及其关联公司在诉讼和执行中的行为来看，与日常经验相悖。欧宝公司提起诉讼后，仍与特莱维公司互相转款；特莱维公司不断向欧宝公司账户转入巨额款项，但在诉讼和执行程序中却未就还款金额对欧宝公司的请求提出任何抗辩；欧宝公司向辽宁高院申请财产保全，特莱维公司的股东王阳却以其所有的房产为本应是利益对立方的欧宝公司提供担保；欧宝公司在原一审诉讼中另外提供担保的上海市青浦区房产的所有权，竟然属于王作新任法定代表人的上海特莱维；欧宝公司和特莱维公司当庭自认，欧宝公司开立在中国建设银行东港支行、中国建设银行沈阳马路湾支行的银行账户都由王作新控制。

对上述矛盾和违反常理之处，欧宝公司与特莱维公司均未作出合理解释。由此可见，欧宝公司没有提供足够的证据证明其就案涉争议款项与特莱维公司之间存在真实的借贷关系。且从调取的欧宝公司、特莱维公司及其关联公司账户的交易明细发现，欧宝公司、特莱维公司以及其他关联公司之间、同一公司的不同账户之间随意转款，款项用途随意填写。结合在案其他证据，法院确信，欧宝公司诉请之债权系截取其与特莱维公司之间的往来款项虚构而成，其以虚构债权为基础请求特莱维公司返还8650万元借款及利息的请求不应支持。据此，辽宁高院再审判决驳回其诉讼请求并无不当。

至于欧宝公司与特莱维公司提起本案诉讼是否存在恶意串通损害他人合法权益的问题。首先，无论欧宝公司，还是特莱维公司，对特莱维公司与一审申诉人谢涛及其他债权人的债权债务关系是明知的。从案涉判决执行的过程看，欧宝公司申请执行之后，对查封的房产不同意法院拍卖，而是继续允许该公司销售，特莱维公司每销售一套，欧宝公司即申请法院解封一套。在接受法院当庭询问时，欧宝公司对特莱维公司销售了多少查封房产，偿还了多少债务陈述不清，表明其提起本案诉讼并非为实现债权，而是通过司法程序进行保护性查封以阻止其他债权人对特莱维公司财产的受偿。虚构债权，恶意串通，损害他人合法权益的目的明显。其次，从欧宝公司与特莱维公司人员混同、银行账户同为王作新控制的事实可知，两公司同属一人，均已失去公司法人所具有的独立人格。《中华人民共和国民事诉讼法》第一百一十二条规定："当事人之间恶意串通，企图通过诉讼、调解等方式侵害他人合法权益的，人民法院应当驳回其请求，并根据情节轻重予以罚款、拘留；构成犯罪的，依法追究刑事责任。"一审申诉人谢涛认为欧宝公司与特莱维公司之间恶意串通提起虚假诉讼损害其合法权益的意见，以及对有关当事人和相关责任人进行制裁的请求，于法有据，应予支持。

（生效裁判审判人员：胡云腾、范向阳、汪国献）

80. 招商银行股份有限公司大连东港支行与大连振邦氟涂料股份有限公司、大连振邦集团有限公司借款合同纠纷案

> 《中华人民共和国公司法》第十六条第二款的规定不能作为评价合同效力的依据

【裁判摘要】

> 《中华人民共和国公司法》第十六条第二款规定，公司为公司股东或者实际控制人提供担保的，必须经股东会或者股东大会决议。该条款是关于公司内部控制管理的规定，不应以此作为评价合同效力的依据。担保人抗辩认为其法定代表人订立抵押合同的行为超越代表权，债权人以其对相关股东会决议履行了形式审查义务，主张担保人的法定代表人构成表见代表的，人民法院应予支持。

---

* 摘自《最高人民法院公报》2015年第2期。

借款合同纠纷

最高人民法院民事判决书

(2012)民提字第156号

再审申请人(一审原告、二审上诉人):招商银行股份有限公司大连东港支行(原招商银行股份有限公司大连胜利广场支行)。住所地:辽宁省大连市中山区胜利广场。

负责人:薛晓东,该支行行长。

委托代理人:高蓓琦,该行工作人员。

委托代理人:王丽,辽宁瑾宸律师事务所律师。

被申请人(一审被告、二审被上诉人):大连振邦氟涂料股份有限公司。住所地:辽宁省大连市高新园区甘井子分园营城子金龙寺。

法定代表人:陈恒富,该公司董事长。

原审被告:大连振邦集团有限公司。住所地:辽宁省大连市中山区民意街。

法定代表人:周建良,该公司董事长。

委托代理人:姜波,辽宁君广泽律师事务所律师。

再审申请人招商银行股份有限公司大连东港支行(以下简称招行东港支行)为与被申请人大连振邦氟涂料股份有限公司(以下简称振邦股份公司)、原审被告大连振邦集团有限公司(以下简称振邦集团公司)借款合同纠纷一案,不服辽宁省高级人民法院(2010)辽民二终字第15号民事判决,向本院申请再审。本院于2012年7月3日作出(2012)民申字第2号民事裁定,提审本案。本院依法组成由审判员宫邦友担任审判长,审判员朱海年、代理审判员林海权参加的合议庭进行审理。书记员陆昱担任记录。本案现已审理终结。

大连市中级人民法院一审查明:2006年4月30日,招行东港支行与振邦集团公司签订编号为2006年连贷字第SL006号借款合同,约定:借款金额为 14965000 元人民币，借款期限自 2006 年 4 月 30 日至 2006 年 6 月 30 日，如贷款放出的实际日期与上述起始日期不一致，则贷款起止日期以借款借据确定的起止日期为准，借款用途为债权转化（借新还旧），贷款利率为年利率 6.435%，振邦集团公司未按期偿还贷款的，对其未偿还部分从逾期之日起按在原利率基础上加收 50% 计收，贷款期间，若遇中国人民银行调整贷款利率，则按中国人民银行调整贷款利率的有关规定执行。

2006 年 6 月 8 日，振邦股份公司出具了编号为 2006 年连保字第 SL002 号《不可撤销担保书》，承诺对上述贷款承担连带保证责任，保证范围包括借款本金、利息、罚息、违约金及其他一切相关费用。保证期间为自本保证书生效之日起至借款合同履行期限届满另加两年。2006 年 4 月 30 日，招行东港支行与振邦股份公司分别签订了两份《抵押合同》，该合同规定以振邦股份公司所有的位于大连市甘井子区营城子镇郭家沟村 182559 平方米的国有土地使用权（土地证号为大甘国用 2005 第 04038 号）及大连市甘井子区营泰街 17 套计 24361.09 平方米的房产作抵押。同年 6 月 6 日在大连市国土资源和房屋局甘井子分局对位于大连市甘井子区营城子镇郭家沟村 182559 平方米的土地办妥了抵押登记，同年 6 月 8 日在大连市房地产登记发证中心对位于大连市甘井子区营泰街 8 号 17 套计 24361.09 平方米的房产办理了抵押登记，担保范围包括但不限于借款本金、利息、罚息、违约金、损害赔偿金及实现债权的费用。招行东港支行在中国银行之后为第二抵押权人。

2006 年 6 月 8 日，招行东港支行按照合同约定将 14965000 元贷款如数转入振邦集团公司账户内。贷款到期后，振邦集团公司未能偿还借款本息。

振邦股份公司也没有履行担保义务。

振邦股份公司的股东共有 8 个，分别为振邦集团公司、天津环渤海创业投资管理有限公司、中绿实业有限公司、辽宁科技创业投资有限责任公司、泰山绿色产业有限公司、大连科技风险投资基金有限公司、王志刚、张国忠。振邦股份公司的股东之一大连科技风险投资基金有限公司在 2003 年 5 月 23 日将名称由"大连科技风险投资有限公司"变更为现名称"大连科技风险投资基金有限公司"。《股东会担保决议》的决议事项并未经过振邦股份公司股东会的同意，振邦股份公司也未就此事召开过股东大会。

借款合同纠纷

2008年6月18日,招行东港支行以振邦集团公司和振邦股份公司为被告,向大连市中级人民法院提起诉讼,请求判令振邦集团公司偿还贷款本金14965000元及至给付之日的利息(包括逾期利息);要求振邦股份公司对上述债务承担连带责任;要求两被告承担诉讼费、保全费等。

大连市中级人民法院一审认为:招行东港支行与振邦集团公司签订的借款合同系双方当事人真实意思表示,合法有效。招行东港支行依约发放了借款,振邦集团公司理应按约定的期限偿还借款本息,其未能按合同约定履行义务系违约行为,应依法承担违约责任。关于招行东港支行与振邦股份公司签订的抵押合同以及振邦股份公司出具的不可撤销担保书的效力一节,因振邦集团公司系振邦股份公司的股东,鉴于振邦股份公司《章程》及股东会对公司为其股东或实际控制人即振邦集团公司提供担保均无特别授权,依照《中华人民共和国公司法》第十六条的规定,振邦股份公司为其股东振邦集团公司提供担保,必须要经振邦股份公司的股东会决议通过,而招行东港支行提供的《股东会担保决议》系无效决议,因此,振邦股份公司法定代表人周建良无权订立涉案的抵押合同及不可撤销担保书,即涉案的抵押合同及不可撤销担保书系周建良超越权限订立,对于周建良超越权限订立抵押合同及不可撤销担保书,招行东港支行是知道或者应当知道的,理由如下:(1)招行东港支行虽然获取了《股东会担保决议》,但按照《中华人民共和国公司法》第十六条第二款的规定,公司为公司股东或者实际控制人提供担保的,必须经股东会或者股东大会决议。招行东港支行对《股东会担保决议》中存在的一些明显瑕疵却未尽到合理的形式审查义务,例如,其中一枚名称为"辽宁科技创业投资责任公司"的印章,按公司法规定不可能存在"责任公司"这种名称,招行东港支行对此瑕疵依法应能审查出来,结果却未审查出来,庭审中,招行东港支行对此也承认存在疏忽。(2)振邦股份公司的股东之一大连科技风险投资基金有限公司,在2003年就已经将名称由"大连科技风险投资有限公司"变更为现名称"大连科技风险投资基金有限公司",而《股东会担保决议》形成于2006年,故其上所盖的名为"大连科技风险投资有限公司"的印章系作废旧印章,对此招行东港支行应进行审查,但实际其并未尽到审查义务。(3) 根据《中华人民共和国公司法》第十六条第三款规定:"前款规定的股东或者受前款规定的实际控制人支配的股东,不得参加前款规定事项的表决",振邦集团公司作为振邦股份公司的股东,本不应参加此担保事项的表决,但《股东会担保决议》上却盖有振邦集团公司的印章,对此因公司法有明确规定招行东港支行亦应进行审查,结果招行东港支行同样未尽审查义务。综上,对于上述明显瑕疵招行东港支行经审查应能很容易审查出,但其却未尽到应有的审查义务,故可以确定招行东港支行知道或应当知道周建良系超越权限订立抵押合同及不可撤销担保书。根据《最高人民法院关于适用〈中华人民共和国担保法〉若干问题的解释》(以下简称《担保法解释》)第十一条"法人或者其他组织的法定代表人、负责人超越权限订立的担保合同,除相对人知道或者应当知道其超越权限的以外,该代表行为有效"的规定,该案中涉案抵押合同及不可撤销担保书应认定为无效。由于振邦股份公司作为担保人给招行东港支行提供的《股东会担保决议》上盖的"天津环渤海创业投资管理有限公司""中绿实业有限公司""辽宁科技创业投资责任公司""大连科技风险投资有限公司"的印章均系虚假印章,其对抵押合同及不可撤销担保书的无效显然存在过错,招行东港支行作为债权人由于未尽到相应的审查义务也存在过错,故根据《担保法解释》第七条"主合同有效而担保合同无效,债权人无过错的,担保人与债务人对主合同债权人的经济损失,承担连带赔偿责任;债权人、担保人有过错的,担保人承担民事责任的部分,不应超过债务人不能清偿部分的二分之一"的规定,振邦股份公司应当对振邦集团公司不能清偿部分的债务承担1/2的赔偿责任。

该院于2009年12月3日依照《中华人民共和国合同法》第一百九十六条①、第二百零六条②、第二百零七条③、《担保法解释》第七条④、第十

---

① 对应《中华人民共和国民法典》第六百六十七条,内容未作修改。
② 对应《中华人民共和国民法典》第六百七十五条:"借款人应当按照约定的期限返还借款。对借款期限没有约定或者约定不明确,依据本法第五百一十条的规定仍不能确定的,借款人可以随时返还;贷款人可以催告借款人在合理期限内返还。"
③ 对应《中华人民共和国民法典》第六百七十六条,内容未作修改。
④ 该司法解释已失效。

借款合同纠纷

一条①,《中华人民共和国公司法》第十六条之规定,判决:一、振邦集团公司自本判决生效之日起10日内偿还招行东港支行借款本金14965000元人民币及利息(自2006年6月8日至同年8月8日按年利率6.455%计算,自2006年8月9日至本判决生效日止按中国人民银行规定的同期逾期贷款利率计算)。如果未按该判决指定的期间履行义务,应当按照《中华人民共和国民事诉讼法》第二百二十九条之规定加倍支付迟延履行期间的债务利息;二、在振邦集团公司不能清偿上述款项时,由振邦股份公司对振邦集团公司不能清偿部分的1/2承担赔偿责任;三、驳回招行东港支行的其他诉讼请求。案件受理费128690元,财产诉讼保全申请费5000元,合计133690元,由振邦集团公司承担。鉴定费用62022元,由振邦股份公司承担。

招行东港支行不服上述一审判决,向辽宁省高级人民法院提起上诉称:(1)一审判决认定事实不清,招行东港支行与振邦股份公司签订的借款担保合同真实、有效。振邦股份公司出具的不可撤销担保书和抵押合同均有该公司的印章和其法定代表人的签字,并已依法进行了抵押登记,这说明振邦股份公司已明知自己的义务及法律责任。由此可以肯定振邦股份公司为振邦集团公司的贷款进行担保系其真实意思表示。故招行东港支行享有合法抵押权,应受法律保护。(2)一审法院适用法律错误,招行东港支行对担保人的《股东会担保决议》无审查义务,更无核实其真实性的责任和可能。一审依据《中华人民共和国公司法》第十六条认定招行东港支行作为第三人对涉案《股东会担保决议》有法定审查义务,却未依《中华人民共和国公司法》第二十二条认定振邦股份公司对担保决议并未在法定期限内行使撤销权,理应承担股东会担保决议有效的法律责任。《中华人民共和国公司法》总则第一条即已明确表示该法制定之目的"为规范公司的组织和行为",由此可见,《中华人民共和国公司法》第十六条规定应是对公司内部行为的强制规范,并未规定公司以外第三人有查实股东会决议的义务与责任。一审法院认为其有核实股东会决议的义务结论有悖逻辑,更违背公司法立法之总则。公司为股东担保必须经股东大会决议,但公司审议、决议都是公司内部事务,尤其

---

① 该司法解释已失效。

是有限责任公司，债权人难以实现审查控股股东以及实际控制人的工作。《中华人民共和国公司法》第二十二条明确规定，股东会决议表决方式违反法律、行政法规或公司章程的，股东可以自决议作出之日起60日内请求人民法院撤销。既然一审法院在无明文规定的前提下认定第三人对股东会担保决议具有审查义务，那么振邦股份公司股东对担保决议并未在法定期限内行使撤销权，故该决议应视为有效。（3）《股东会担保决议》符合形式审查要件，不存在主观过错。振邦股份公司提供的《股东会担保决议》上具备公章及法人签名，其符合形式审查要求。振邦股份公司之股东涉嫌印章造假的行为后果，不应由招行东港支行承担。请求二审法院依法改判振邦股份公司为振邦集团公司借款承担连带担保责任或发回重审。

振邦股份公司未作书面答辩，庭审中辩称：（1）振邦股份公司提供的担保无效，招行东港支行提供的《股东会担保决议》，因违反了《中华人民共和国公司法》第十六条第二款的规定，没有征得振邦股份公司股东会的同意，系无效决议。招行东港支行提供的所谓振邦股份公司的《股东会担保决议》，被担保的股东振邦集团公司在决议上加盖了公章，违反了《中华人民共和国公司法》第十六条第三款被担保股东必须表决回避的强制性规定。其他4个单位的股东单位盖章，其中两枚经过司法鉴定是伪造的，另外两枚印章的名称与股东单位名称不一样，也是伪造的。事后该4家股东对《股东会担保决议》的内容也不予追认。所以，从形式上看，即使开过所谓的股东会，出席会议的其他股东都不同意担保，更谈不上过半数同意，所以也违反了《中华人民共和国公司法》第十六条第三款的规定，股东会决议无效。另外，招行东港支行也没有提供振邦股份公司股东会的会议记录，其他4名股东均出具了声明，说明没有开过股东会也没有做过同意担保的决议，其他股东的印章都是伪造的，更能证明股东会决议是不存在的。（2）招行东港支行对《股东会担保决议》负有形式审查义务，其没有尽到该义务，存在过错。一审法院认定的是《股东会担保决议》无效，而不是撤销。因此，招行东港支行提出的没有在法定期限内行使撤销权的理由不能成立。（3）招行东港支行对担保无效应当承担责任。招行东港支行对担保无效的后果过错明显，其没有尽到合理的审慎的形式

借款合同纠纷

审查义务。比如某某责任公司，公司法没有这种称谓。招行东港支行对如此明显错误没有审查出来，显然是有过错的。这份《股东会担保决议》还有被担保股东的盖章，从形式上看就明显违反了《中华人民共和国公司法》第十六条第三款的规定，招行东港支行应当审查出来。对于股东会决议上的几处瑕疵，都是形式上的瑕疵，对这种瑕疵不能因为招行东港支行不熟悉公司法而免责。所以招行东港支行没有尽到合理审查义务，对担保无效应承担法律责任。请求二审法院驳回上诉，维持原判。

振邦集团公司庭审中述称：同意招行东港支行的上诉观点，请求二审法院依法判决。

辽宁省高级人民法院除认定一审查明事实外，另查明：根据振邦股份公司的申请，一审法院委托辽宁德恒物证司法鉴定所对《股东会担保决议》中盖有的"天津环渤海创业投资管理有限公司"和"中绿实业有限公司"两枚印章进行鉴定，其鉴定意见为：《股东会担保决议》上盖印的"天津环渤海创业投资管理有限公司"印章印文与样本《2006年度年检报告书》上盖印的"天津环渤海创业投资管理有限公司"印章印文不是同一枚印章所盖。《股东会担保决议》上盖印的"中绿实业有限公司"的印章印文与样本《2006年度年检报告书》上盖印的"中绿实业有限公司"的印章印文不是同一枚印章所盖。

又查明：沈阳市工商行政管理局提供的企业变更的登记情况查询卡片记载，自2004年2月26日至2006年8月18日期间，辽宁科技创业投资有限责任公司没有变更企业名称。而《股东会担保决议》中盖有的印章是辽宁科技创业投资责任公司。大连市工商行政管理局高新园区分局出具的内资企业变更内容查询卡记载，原大连科技风险投资有限公司于2003年5月23日已变更为大连科技风险投资基金有限公司。根据大连市工商行政管理局高新园区分局出具的2002年7月22日振邦股份公司章程修正案中，股东原大连科技风险投资有限公司所盖的印章有数码，而《股东会担保决议》所盖大连科技风险投资有限公司的印章没有数码。

再查：振邦股份公司的8个股东中，王志刚和泰山绿色产业有限公司没有在《股东会担保决议》上签字盖章。根据振邦股份公司章程，振邦集团公司占总股本的61.5%，振邦集团公司系振邦股份公司的股东和实际控制人。

辽宁省高级人民法院审理认为：招行东港支行与振邦集团公司所签订的借款合同是真实意思表示，合法有效。振邦集团公司未按合同约定履行义务，应当承担违约责任。振邦股份公司为振邦集团公司的借款提供了连带责任保证和抵押担保，由于该担保行为属于股份公司为其股东提供担保，故对其效力的认定应适用公司法的有关规定。《中华人民共和国公司法》第十六条第二款规定："公司为公司股东或者实际控制人提供担保的，必须经股东或者股东大会决议。"第三款规定："前款规定的股东或者受前款规定的实际控制人支配的股东，不得参加前款规定事项的表决。该项表决由出席会议的其他股东所持表决权的半数通过。"据此，作为债权人招行东港支行应对借款人提供的借款抵押合同及《股东会担保决议》等相关资料的真实性从程序上、形式上进行审查。《股东会担保决议》中共盖有5枚印章，除振邦集团公司外所盖印章均不是真实的。《股东会担保决议》中盖有的股东天津环渤海创业投资管理有限公司和中绿实业有限公司印章，经司法鉴定均不是真实的。股东名称为"辽宁科技创业投资有限责任公司"，而《股东会担保决议》上盖有股东印章名称为"辽宁科技创业投资责任公司"没有"有限"二字，与股东名称明显不符。股东大连科技风险投资有限公司在2003年就已经将名称由"大连科技风险投资有限公司"变更为现名称"大连科技风险投资基金有限公司"，其所盖印章名称虽系更名前的名称，但并不是更名前的作废旧印章。因该公司更名前的旧印章上有数码标志，而《股东会担保决议》所盖旧印章却没有数码标志，招行东港支行应当审查出来。另外，振邦集团公司是振邦股份公司的股东和实际控制人，在《股东会担保决议》上也加盖公司印章，违背公司法的规定，招行东港支行应是明知的。综上，《股东会担保决议》所盖5枚印章均无效，一审确认《股东会担保决议》事项并未经过股东会的同意，该《股东会担保决议》因缺乏真实性，导致担保合同无效正确。招行东港支行没有尽到审查义务，存在过错，对担保合同无效，应当承担相应责任。根据《担保法解释》第七条"主合同有效而担保合同无效，债权人无过错的,担保人与债务人对主合同债权人的经济损失,承担连带赔偿责任;债权人、担保人有过错的,担保人承担民事责任的部分,不应超过债务人不能清偿部分的二分之一"的规定,该案中,招行东港支行和振邦股份公司对担保合同无效均存在过错,故一审判决振邦股份公司应当对振邦集团公司不能清偿部分的债务承担1/2的赔偿责任,并无不当。招行东港支行所提一审法院适用法律错误,其不存在过错的上诉理由,不能成立,该院不予采纳。综上,一审认定事实清楚,证据确实充分,审判程序合法,应予维持。该院依据《中华人民共和国民事诉讼法》第一百五十三条第一款第一项之规定,判决:驳回上诉,维持原判。二审案件受理费128690元,由招行东港支行承担。

招行东港支行不服辽宁省高级人民法院上述民事判决,向本院申请再审称:(1)二审生效判决适用法律错误。本案应依据《中华人民共和国物权法》第一百零六条关于善意取得制度的规定,申请再审人招行东港支行依法取得抵押权。再审申请人招行东港支行取得案涉土地的抵押权,属于担保物权范畴。根据《中华人民共和国物权法》第一百零六条的规定,招行东港支行善意取得案涉土地、房产抵押权。第一,招行东港支行取得该抵押权时是善意的,振邦股份公司以案涉土地使用权设定抵押权是为了借新还旧,而银行作为金融机构,以发放贷款取得抵押权是善意的、正当的,招行东港支行是基于抵押登记已完毕才放的贷款,不存在任何恶意目的;第二,招行东港支行在取得案涉抵押权的同时,依约向振邦集团公司发放了贷款,即支付了合理的对价;第三,不动产抵押已经设立了抵押登记,根据物权法的规定,不论振邦股份公司是否有权办理案涉土地的抵押登记、是否取得该公司股东会同意,都不影响招行东港支行基于物权法善意取得制度的规定,合法地取得案涉土地、房产的抵押权。二审法院判决认为"振邦股份公司为振邦集团公司的借款提供了连带责任保证和抵押担保,由于该担保行为属于股份公司为其股东提供担保,故对其效力的认定应适用公司法的有关规定"是对法律的理解、适用错误。公司为股东提供担保的内部程序理应适用公司法,但对于与第三人已经设立了抵押登记的担保的效力问题,则应该适用物权法,因为这已经超出了公司内部问题的范畴。从《中华人民共和国公司法》第一条、第一百四十九条、第一百五十条和第一百五十三条的规定可以看出，股东越权侵权是公司内部责任问题，不能对抗公司外部债权人。振邦股份公司对外已向招行东港支行出具了不可撤销担保书及抵押合同，并且在抵押登记部门办理了抵押登记。振邦股份公司的股东会决议是其公司内部管理问题，其形式要件及内容是否真实不应对抗招行东港支行已依法成立的担保物权。至于振邦股份公司因此而遭受的损失，应按公司法规定由公司内部相关责任人来承担赔偿责任。故二审生效判决根据振邦股份公司内部的《股东会担保决议》无效而认定招行东港支行的担保物权无效，是适用法律错误。（2）二审生效判决事实认定错误。二审生效判决认为申请再审人招行东港支行没有尽到形式审查义务而判决该案涉抵押权无效，属事实认定错误。第一，招行东港支行作为金融机构，在发放贷款时一定要借款人提供担保并先进行抵押登记。本案中振邦股份公司以土地使用权做担保设定抵押，招行东港支行势必要先与其签订抵押合同并经登记。作为一个从事金融业务的专业机构，招行东港支行既不是专业的法律服务机构，也不是工商行政机关，也不是抵押登记部门，对于振邦股份公司欲设定担保的文件的形式审查义务，应当由抵押登记部门来承担。招行东港支行基于对抵押登记部门公信力的信任，在先进行了抵押登记之后，向借款人放款并无任何不当之处。二审生效判决将上述形式审查义务赋予并非专业法律服务机构或工商行政机关、抵押登记部门的招行东港支行，并据此而判决该抵押权无效，是事实认定不清。第二，招行东港支行作为善意第三人对《股东会担保决议》的形式审查仅限于"有这份文件"，并没有对其真实性进行审查的义务和能力。二审法院判决要求招行东港支行对该文件进行实质性审查，是事实认定错误。理由：①对于《股东会担保决议》上股东天津环渤海创业投资管理有限公司和中绿实业有限公司所盖印章的真实性不具有鉴定能力；②对于该决议上股东名称为"辽宁科技创业投资责任公司"的印章，法律并没有要求作为非专业法律机构或工商行政管理机构，而是金融机构的招行东港支行谙熟公司法，所以，招行东港支行并没有区别公司法上公司名称的能力和义务；③对于该决议上用废旧印章盖印的"大连风险投资有限公司"，

借款合同纠纷

招行东港支行不是工商行政部门,也没有去工商行政部门查询的义务。(3)招行东港支行无过错,保证人理应承担连带赔偿责任。招行东港支行不可能知道振邦股份公司的保证和抵押合同是其内部管理人员违反公司法,未经过股东会决议越权签订,因为振邦股份公司提供了《股东会担保决议》文件,并且抵押担保在经过行政机关审查后已登记完毕。如果抵押担保有问题,抵押登记部门审核后不可能为其进行抵押登记。《中华人民共和国物权法》第一百七十八条规定:"担保法与本法的规定不一致的,适用本法。"本案庭审时《中华人民共和国物权法》已生效,根据新法优于旧法原则,对于本案抵押部分的审理,应适用物权法善意取得制度的规定。

综上,振邦股份公司作为保证人应承担连带赔偿责任。二审判决认定事实不清、适用法律确有错误,请求依法改判,以维护法律的正确实施,维护作为善意第三人的招行东港支行的合法权益。

被申请人振邦股份有限公司经传唤未出庭应诉,其提交书面答辩意见称:(1)善意取得制度不适用本案,原审适用法律正确;(2)申请人未尽合理审慎注意义务,原审认定事实正确;(3)股东会议决议系伪造,担保未经股东会同意。《抵押合同》《不可撤销担保书》无效,申请人对无效结果存在过错,被申请人只应承担相应比例的赔偿责任。请求驳回申请人的再审请求。

原审被告振邦集团有限公司未发表答辩意见。

本院除认定一二审查明事实外,另查明:本院再审期间,再审申请人招行东港支行向本院提交一份新证据,即振邦股份公司股东会成员名单及签字样本,证明振邦股份公司提供给招行东港支行的股东会决议上的签字及印章与其提供给招行东港支行的签字及印章样本一致。

本院认为,本案各方争议的焦点是担保人振邦股份公司承担责任的界定。鉴于案涉借款合同已为一审、二审法院判定有效,申请再审人对此亦无异议,故本院对案涉借款合同的效力直接予以确认。案涉《抵押合同》及《不可撤销担保书》系担保人振邦股份公司为其股东振邦集团公司之负债向债权人招行东港支行作出的担保行为。作为公司组织及公司行为当受公司法调整，同时其以合同形式对外担保行为亦受合同法及担保法的制约。案涉公司担保合同效力的认定，因其并未超出平等商事主体之间的合同行为的范畴，故应首先从合同法相关规定出发展开评判。关于合同效力，《中华人民共和国合同法》第五十二条规定："有下列情形之一的，合同无效：……（五）违反法律、行政法规的强制性规定。"关于前述法律中的"强制性"，《最高人民法院关于适用〈中华人民共和国合同法〉若干问题的解释（二）》（以下简称《合同法解释二》）第十四条则作出如下解释规定："合同法第五十二条第（五）项规定的'强制性规定'，是指效力性强制性规定。"因此，法律及相关司法解释均已明确了将违反法律或行政法规中效力性强制性规范作为合同效力的认定标准之一。公司作为不同于自然人的法人主体，其合同行为在接受合同法规制的同时，当受作为公司特别规范的公司法的制约。《中华人民共和国公司法》第一条开宗明义规定："为了规范公司的组织和行为，保护公司、股东和债权人的合法权益，维护社会经济秩序，促进社会主义市场经济的发展，制定本法。"公司法第十六条第二款规定："公司为公司股东或者实际控制人提供担保的，必须经股东会或者股东大会决议。"上述公司法规定已然明确了其立法本意在于限制公司主体行为，防止公司的实际控制人或者高级管理人员损害公司、小股东或其他债权人的利益，故其实质是内部控制程序，不能以此约束交易相对人。故此上述规定宜理解为管理性强制性规范。对违反该规范的，原则上不宜认定合同无效。另外，如作为效力性规范认定将会降低交易效率和损害交易安全。譬如股东会何时召开，以什么样的形式召开，何人能够代表股东表达真实的意志，均超出交易相对人的判断和控制能力范围，如以违反股东决议程序而判令合同无效，必将降低交易效率，同时也给公司动辄以违反股东决议主张合同无效的不诚信行为留下了制度缺口，最终危害交易安全，不仅有违商事行为的诚信规则，更有违公平正义。故本案一审、二审法院以案涉《股东会担保决议》的决议事项并未经过振邦股份公司股东会的同意，振邦股份公司也未就此事召开过股东大会为由，根据《中华人民共和国公司法》第十六条规定，作出案涉不可撤销担保书及抵押合同无效的认定，属于适用法律错误，本院予以纠正。

借款合同纠纷

在案事实和证据表明，案涉《股东会担保决议》确实存在部分股东印章虚假、使用变更前的公司印章等瑕疵，以及被担保股东振邦集团公司出现在《股东会担保决议》中等违背公司法规定的情形。振邦股份公司法定代表人周建良超越权限订立抵押合同及不可撤销担保书，是否构成表见代表，招行东港支行是否善意，亦是本案担保主体责任认定的关键。《中华人民共和国合同法》第五十条规定："法人或者其他组织的法定代表人、负责人超越权限订立的合同，除相对人知道或者应当知道超越权限的以外，该代表行为有效。"本案再审期间，招行东港支行向本院提交的新证据表明，振邦股份公司提供给招行东港支行的股东会决议上的签字及印章与其为担保行为当时提供给招行东港支行的签字及印章样本一致。而振邦股份公司向招行东港支行提供担保时使用的公司印章真实，亦有其法人代表真实签名。且案涉抵押担保在经过行政机关审查后也已办理了登记。至此，招行东港支行在接受担保人担保行为过程中的审查义务已经完成，其有理由相信作为担保公司法定代表人的周建良本人代表行为的真实性。《股东会担保决议》中存在的相关瑕疵必须经过鉴定机关的鉴定方能识别、必须经过查询公司工商登记才能知晓、必须谙熟公司法相关规范才能避免因担保公司内部管理不善导致的风险，如若将此全部归属于担保债权人的审查义务范围，未免过于严苛，亦有违合同法、担保法等保护交易安全的立法初衷。担保债权人基于对担保人法定代表人身份、公司法人印章真实性的信赖，基于担保人提供的股东会担保决议盖有担保人公司真实印章的事实，完全有理由相信该《股东会担保决议》的真实性，无需也不可能进一步鉴别担保人提供的《股东会担保决议》的真伪。因此，招行东港支行在接受作为非上市公司的振邦股份公司为其股东提供担保过程中，已尽到合理的审查义务，主观上构成善意。本案周建良的行为构成表见代表，振邦股份公司对案涉保证合同应承担担保责任。

关于案涉《抵押合同》的担保责任，鉴于该案一审、二审期间招行东港支行仅提出相对人承担连带赔偿责任的诉讼主张，并未提出对案涉抵押物享有优先受偿权的诉讼请求，故其再审中请求享有案涉抵押担保物权的主张已超出原审诉请范围，因此本院再审中不予审理。

综上，本院依照《中华人民共和国合同法》第五十条①、第五十二条第五项②，《最高人民法院关于适用〈中华人民共和国合同法〉若干问题的解释（二）》第十四条③，《中华人民共和国公司法》第十六条第二款，《中华人民共和国民事诉讼法》第一百七十条第一款第二项、第二百零七条之规定，判决如下：

一、撤销辽宁省高级人民法院（2010）辽民二终字第15号民事判决、大连市中级人民法院（2009）大民三初字第36号民事判决第二项、第三项；

二、维持大连市中级人民法院（2009）大民三初字第36号民事判决第一项；

三、振邦股份公司对振邦集团公司上述债务承担连带担保责任。

如果未按本判决指定的期间履行义务，应当按照《中华人民共和国民事诉讼法》第二百五十三条之规定加倍支付迟延履行期间的债务利息。

一审案件受理费128690元，财产诉讼保全申请费5000元，合计133690元，由振邦集团公司承担。鉴定费62022元，由振邦股份公司承担。二审案件受理费128690元，由振邦股份公司承担。

本判决为终审判决。

审　判　长　宫邦友

审　判　员　朱海年

代理审判员　林海权

二〇一四年四月二十二日

书　记　员　陆　昱

---

① 对应《中华人民共和国民法典》第五百零四条："法人的法定代表人或者非法人组织的负责人超越权限订立的合同，除相对人知道或者应当知道其超越权限外，该代表行为有效，订立的合同对法人或者非法人组织发生效力。"

② 《中华人民共和国民法典》中无对应法条。

③ 该法律文件已失效。

借款合同纠纷

81. 日照港集团有限公司煤炭运销部与山西焦煤集团国际发展股份有限公司借款合同纠纷案[*]

▶ 多个企业间进行封闭式循环买卖，一方在同一时期先低价卖后高价买同一标的物的，实为以买卖形式掩盖借贷法律关系。企业间为此签订的买卖合同，属于当事人共同实施虚伪意思表示，应认定为无效

【裁判摘要】

在三方或三方以上的企业间进行的封闭式循环买卖中，一方在同一时期先卖后买同一标的物，低价卖出高价买入，明显违背营利法人的经营目的与商业常理，此种异常的买卖实为企业间以买卖形式掩盖的借贷法律关系。企业间为此而签订的买卖合同，属于当事人共同实施的虚伪意思表示，应认定为无效。

在企业间实际的借贷法律关系中，作为中间方的托盘企业并非出于生产、经营需要而借款，而是为了转贷牟利，故借贷合同亦应认定为无效。借款合同无效后，借款人应向贷款人返还借款的本金和利息。因贷款人对合同的无效也存在过错，人民法院可以相应减轻借款人返还的利息金额。

---

[*] 摘自《最高人民法院公报》2017年第6期。

最高人民法院民事判决书

(2015)民提字第74号

再审申请人(一审原告、二审被上诉人):日照港集团有限公司煤炭运销部。住所地:山东省日照市黄海一路中段。

负责人:朱同兴,该公司经理。

委托代理人:赵耀,山东陆海律师事务所律师。

委托代理人:吕佐武,该公司员工。

被申请人(一审被告、二审上诉人):山西焦煤集团国际发展股份有限公司。住所地:山西省太原市府西街69号山西国际贸易中心A座23层。

法定代表人:朱成江,该公司总经理。

委托代理人:黄振国,北京市京诚律师事务所律师。

再审申请人日照港集团有限公司煤炭运销部(以下简称日照港运销部)为与被申请人山西焦煤集团国际发展股份有限公司(以下简称山西焦煤公司)借款合同纠纷一案,不服山西省高级人民法院(2014)晋商终字第7号民事判决,向本院申请再审。本院经审查,作出(2014)民申字第2090号民事裁定提审本案,并依法组成由审判员王富博担任审判长,代理审判员林海权、张颖组成的合议庭进行了审理,书记员李洁担任记录。本案现已审理终结。

山西省太原市中级人民法院一审审理查明:2007年1月9日,山西焦煤公司、日照港运销部及案外人肇庆市西江能源发展有限公司(以下简称肇庆公司)三方签订合作协议,约定:(1)山西焦煤公司和肇庆公司负责采购煤炭及公路运输;日照港运销部和肇庆公司负责港口事宜,同时肇庆

借款合同纠纷

公司负责煤炭销售及货款回收;(2)山西焦煤公司的煤炭价格不能高于港口市场价格,如山西焦煤公司不能如期发货到港口,应在15天内退回日照港运销部预付款;(3)每月按照煤炭数量、价格、质量等双方分别签订合同;(4)山西焦煤公司对肇庆公司、日照港运销部对山西焦煤公司原则上采取预付款的形式付款结算。

另查明,2006年12月4日、2007年3月1日、2007年4月23日,日照港运销部与山西焦煤公司签订《煤炭购销合同》,煤炭价格每吨523元,装船港为唐山京唐港,交货方式为发运港口离岸平仓交货。合同签订后,日照港运销部于2007年6月29日向山西焦煤公司支付货款760万元,同年7月12日支付货款1000万元,共计1760万元货款,但山西焦煤公司未依约供货。2007年7月12日,山西焦煤公司出具证明一份,载明:"今我单位收到日照港集团有限公司煤炭运销部货款1760万元,计划2007年7月中下旬装船,经协商我单位先开增值税发票,金额为20050564.8元,此金额涉及日照港集团有限公司煤炭运销部蒙原煤38337.6吨。这批煤炭我单位保证于2007年7月底以前平仓转给日照港集团有限公司煤炭运销部。"2009年7月1日,山西焦煤公司再次出具证明,载明:"今我单位收到日照港集团有限公司煤炭运销部往来货款1760万元(原计划2007年7月中下旬装船),未交付日照港集团有限公司煤炭运销部蒙原煤38337.6吨。这批煤炭我单位保证于2009年7月底以前在日照港平仓转给日照港集团有限公司煤炭运销部。"之后,山西焦煤公司也未依约供货。

再查明,山西焦煤公司与肇庆公司于2006年12月4日、2007年1月22日、4月23日分别签订煤炭购销合同,每吨510元。装船港为唐山京唐港,交货方式为发运港口离岸平仓交货。肇庆公司未依约发货。山西焦煤公司自述要求把货发给日照港运销部,如发不了货,则把货款1760万元退给日照港运销部,但山西焦煤公司并未提供证据证明其主张。

因肇庆公司未到庭接受询问,日照港运销部未向法庭提供其与肇庆公司的购销合同,但双方在2007年有业务往来。日照港运销部向肇庆公司付货80836.2吨,每吨533元,应收货款43085598.66元,2007年4月2日至2007年7月25日，实收货款4340万元，实际多收货款314401.34元。其中1760万元只是货款的一部分。2007年9月30日，肇庆公司支付运费35万元。2009年10月29日，日照港运销部与肇庆公司结账，日照港运销部支付肇庆公司248226元。之后双方再无业务来往。

因合同履行产生争议，日照港运销部起诉，请求判令山西焦煤公司向日照港运销部交付38337.6吨原煤或返还日照港运销部货款1760万元，并赔偿相应利息损失（自2007年8月1日起计算至起诉之日为4106108元）。

一审法院认为，日照港运销部与山西焦煤公司签订煤炭购销合同后，日照港运销部依约支付预付货款1760万元，但山西焦煤公司没有依约付货，而且在2007年7月12日出具证明，内容为："今我单位收到日照港集团有限公司煤炭运销部货款1760万元，计划2007年7月中旬装船，经协商我单位先开增值税发票，金额为20050564.8元，此金额涉及日照港集团有限公司煤炭运销部蒙原煤38337.6吨。这批煤炭我单位保证于2007年7月底以前平仓转给日照港集团有限公司煤炭运销部。"2008年元月之后山西焦煤公司、日照港运销部及肇庆公司三方没有签订任何合作协议，任何两方也没有签订煤炭购销合同。但在2009年7月1日山西焦煤公司仍然出具证明，其内容为："今我单位收到日照港集团有限公司煤炭运销部往来货款1760万元（原计划2007年7月中下旬装船），未交付日照港集团有限公司煤炭运销部蒙原煤38337.6吨。这批煤炭我单位保证于2009年7月底以前在日照港平仓转给日照港集团有限公司煤炭运销部。"但山西焦煤公司至今未依约供货。所以，山西焦煤公司收款后未付货的事实清楚，证据确凿，山西焦煤公司应当支付日照港运销部蒙原煤38337.6吨或返还预付货款1760万元并支付相应利息。山西焦煤公司自述所收日照港运销部的1760万元已通过肇庆公司退还给日照港运销部，但未向法庭提供确实、充分的证据予以佐证，该院不予支持。由此，一审法院作出（2012）并商初字第119号民事判决：一、山西焦煤公司于判决生效后10日内交付日照港运销部蒙原煤38337.6吨。二、山西焦煤公司未按第一项履行判决义务，应于判决生效后30日内返还日照港运销部货款本金1760万元及利息（利息自 2009 年 7 月 2 日起算，按照中国人民银行同期贷款利率计算，至判决确定的给付之日止）。案件诉讼费 150331 元，由山西焦煤公司负担。

山西焦煤公司不服一审判决，向山西省高级人民法院上诉，请求撤销太原市中级人民法院（2012）并商初字第 119 号民事判决书，驳回被上诉人的全部诉讼请求，诉讼费由被上诉人承担。

二审法院查明的事实与一审法院查明的事实一致。

二审法院认为，本案的争议焦点为由肇庆公司打给日照港运销部的 1760 万元是肇庆公司替山西焦煤公司返还给日照港运销部的预付款还是肇庆公司支付给日照港运销部的应付货款。2007 年 1 月 9 日，三方签订合作协议约定，为保障各方经济利益，在煤炭运销各环节成本应公开、透明，及时通报各方；还约定日照港运销部与山西焦煤公司、日照港运销部与肇庆公司、肇庆公司与山西焦煤公司，各方所签订的合同均为本协议不可分割的一部分。因此，三方中任何两方的经济行为都应在三方协议约定的运作方式下进行，并应有相应的煤炭购销合同予以印证。对于肇庆公司转回日照港运销部的 1760 万元，如日照港运销部主张该笔款项系肇庆公司的应付货款，应提供与肇庆公司的煤炭购销合同予以证明。因日照港运销部无法提供合同，该院对日照港运销部答辩称该 1760 万元系肇庆公司应付货款的理由不予支持。该院认为讼争的 1760 万元在日照港运销部、山西焦煤公司及肇庆公司之间顺次流转后，三方因该笔款项产生的债权债务关系消灭，山西焦煤公司的上诉理由充分，应予支持；一审法院判决适用法律不当，应予纠正。依照《中华人民共和国民事诉讼法》第一百七十条第一款第二项之规定，二审法院作出（2014）晋商终字第 7 号民事判决：撤销山西省太原市中级人民法院（2012）并商初字第 119 号判决；驳回日照港运销部的诉讼请求；一审、二审案件诉讼费各 150331 元，均由日照港运销部负担。

日照港运销部不服二审判决，向本院申请再审，请求改判维持山西省太原市中级人民法院（2012）并商初字第 119 号一审民事判决。其申请再审的理由是：

1. 二审判决认定的基本事实缺乏证据证明。本案的基本事实是：（1）自2006年起，日照港运销部开始与山西焦煤公司和肇庆公司进行煤炭买卖业务合作，合作方式为日照港运销部预付货款向山西焦煤公司购买煤炭，在京唐港装船并运往广东后，再转卖给肇庆公司，肇庆公司在目的港货物提清前向日照港运销部付清货款，每笔业务日照港运销部分别与山西焦煤公司和肇庆公司签订具体买卖合同，按各自买卖合同约定进行业务操作。（2）2006年12月4日、2007年3月1日，日照港运销部与山西焦煤公司分别签订《煤炭购销合同》，日照港运销部从山西焦煤公司买煤，日照港运销部再将煤每吨加价10元后转卖给肇庆公司，肇庆公司租用"银东"轮、"银宝"轮将煤运到广州新沙港卸货。日照港运销部实际卖给肇庆公司上述两船货物共计80836.02吨。到2007年7月，肇庆公司付清了全部货款（其中最后两笔为2007年7月19日电汇1000万元，7月25日用承兑汇票付款760万元），日照港运销部也开齐了全部增值税发票并交齐全部货物。此后，日照港运销部与肇庆公司再未发生新的业务，直到2009年10月29日，双方结清了以前所有业务产生的尾款（日照港运销部向肇庆公司退尾款248226.95元）。（3）2007年4月23日，山西焦煤公司又与日照港运销部签订了编号为"MNKX－2007－005"的《煤炭购销合同》，日照港运销部向山西焦煤公司分两次预付了共计1760万元的货款，但合同没有最终履行。在日照港运销部要求下，双方于2007年7月12日补签了一份编号为"MNKX－2007－005补"的《煤炭购销合同》，将交货时间变更为2007年7月底；同日，山西焦煤公司向日照港运销部出具了一份"证明"，确认了预开发票未交付货物以及收到预付货款1760万元的事实，并承诺在2007年7月底前补交货物。但山西焦煤公司违反约定没交付货物，也没有退还预付款。2009年7月1日，山西焦煤公司再次向日照港运销部出具了一份"证明"，先是发了一份传真件，日照港运销部收到该传真后要求山西焦煤公司交付原件，但随后收到山西焦煤公司寄来的原件中已删除了"这批煤炭我单位保证于2009年7月底以前在日照港平仓转给日照港（集团）有限公司煤炭运销部"这句话。因山西焦煤公司仍没履行补交货

借款合同纠纷

物的承诺,也没退还预付款,日照港运销部向法院提起了本案诉讼。

2. 日照港运销部在2007年后搬过两次家,部分业务资料不慎遗失至今未找到,其中包括本案所涉及的与肇庆公司的业务合同和与山西焦煤公司的部分业务合同。但对于日照港运销部与肇庆公司之间存在买卖合同并已实际履行的事实,日照港运销部提供了相关增值税专用发票、银行凭证、货物交接清单、财务账簿、从广州新沙港调取的港口方的业务档案资料等大量证据,与太原中院从肇庆市公安局经侦支队调取的肇庆公司的财务资料相互印证,足以证明肇庆公司付给的1760万元是应付货款。结合山西焦煤公司向法院提交的其与肇庆公司签订的买卖合同及补充协议看,他们两家之间并不是单纯的买卖关系,而是山西焦煤公司委托甚至借钱给肇庆公司代为采购煤炭,再卖给日照港运销部和其他客户(并不是每笔业务都通过日照港运销部参与),山西焦煤公司付给肇庆公司的这1760万元是他们两家公司之间的事,与日照港运销部没有任何关系。

3. 日照港运销部付给山西焦煤公司的1760万元是前述双方于2007年7月12日补签的"MNKX-2007-005补"号买卖合同项下的预付货款,而肇庆公司付给日照港运销部的1760万元是购买前述"银东"轮和"银宝"轮两船货物的购货款,两者完全不同。山西焦煤公司企图利用上述资金流向和数额上的巧合,免除偿还责任,不但与客观事实不符,于逻辑不合,而且与现有证据相左,不能成立。

4. 1760万元是肇庆公司付给日照港运销部的货款,而不是替山西焦煤公司归还的预付款,山西焦煤公司在2007年7月12日和2009年7月1日两次向日照港运销部出具的"证明"能直接证明山西焦煤公司收取预付款未交付货物也未退款的事实。

5. 本案二审判决仅适用程序法改判,而对实体问题的认定未适用任何实体法,属于适用法律错误。

山西焦煤公司答辩称:(1)山西焦煤公司收取日照港运销部的预付货款1760万元已通过肇庆公司返还给日照港运销部。《三方合作协议》是确定该1760万元性质的重要基础性文件。山西焦煤公司关于1760万元已返还给日照港运销部的陈述说明与本案事实证据相符、合情合理。（2）日照港运销部关于该1760万元是肇庆公司支付给其的购买"银东"轮和"银宝"轮两船货物购货款的辩解与事实证据不符、与常理逻辑矛盾，依法不能成立。日照港运销部提供的相关财务账目等，均是其自身单方制作且片段性提供，不能证明其与肇庆公司的实际交易、资金往来情况，其相关计算数据和计算结果不具有可信性、证明力。而且，日照港运销部变造证据，依法依理应承担不利后果。综上，请依法驳回日照港运销部的请求，依法维持山西省高级人民法院（2014）晋商终字第7号民事判决。在本院再审期间，山西焦煤公司提供了肇庆公司2014年5月7日出具给山西高院的《关于山西焦煤集团国际发展有限公司、日照港集团有限公司煤炭运销部及肇庆市西江能源发展有限公司1760万元煤炭合作纠纷的情况说明》，以及山西焦煤公司代理律师乔利刚向肇庆公司煤炭部门经理梁少锋进行询问形成的《调查笔录》，以证明肇庆公司已经按山西焦煤公司的指示归还了日照港运销部1760万元预付款。日照港运销部质证称，该证据不属于新证据，二审法院在二审期间已收到了案外人邮寄的上述证据并向其出示过，但未组织双方进行质证，因证据来源不明，提供主体不合法，公章真伪不清，真实性无法验证，内容虚假，不应作为认定案件事实的依据。本院认为，上述两份证据均属于证人证言，且不属于新证据。肇庆公司提供的《情况说明》无单位负责人及制作人员签名或盖章，在与本案同时审理的另一关联案件中，肇庆公司作为当事人一方，自一审时起就没有参加诉讼，人民法院亦无法与其取得联系，相关诉讼文书均采用公告送达，对于另一证人梁少锋，山西焦煤公司表示现已无法取得联系。因此，上述证据的来源及真实性无法核实，且证据内容与肇庆公司交易时的财务凭证及款项往来凭证不符，故本院对其证明力不予认定。

本院除对原一审、二审查明的事实予以确认外，另查明：

1.2006年12月4日，日照港运销部（需方）与山西焦煤公司（供方）签订《煤炭购销合同》，约定："一、标的、数量：原块煤，6000吨（±10%）；二、质量指标……；三、交货时间：2006年12月，以船到港为

借款合同纠纷

准；四、价格：一票含税京唐港离岸价523元/吨；五、发货港：唐山京唐港；六、发货方式：发运港口离岸平仓交货；七、质量标准：以京唐港商检中心化验为准；八、数量验收：以港航货物交接清单为准；九、付款及结算方式：供方在装船前，需方将支付全额货款给供方……"同日，山西焦煤公司（需方）与肇庆公司（供方）也签订《煤炭购销合同》，合同标的、数量、质量指标、交货时间、发货港、发货方式、质量标准、数量验收等与前述合同完全相同，但价格为510元/吨。

2. 2007年1月9日，山西焦煤公司、日照港运销部及肇庆公司签订《三方合作协议》，约定三方在2007年度合作经营煤炭100万吨。

3. 2007年7月19日，肇庆公司向日照港运销部电汇1000万元，汇款用途中载明为"货款"。肇庆公司2007年7月31日第16号财务记账凭证中相应记载：付日照港集团货款1000万元；第39号财务记账凭证中记载：向日照港集团背书付货款760万元。

4. 山西焦煤公司在太原市中级人民法院审理的与本案有关联的（2011）并商初字第71号案件中诉称：三方实属没有真实交易关系的资金空转。在本案二审期间，山西焦煤公司对案涉交易解释称：为什么会形成一个封闭链条呢？是日照港运销部买我们的煤，我们买肇庆公司的煤，然后肇庆公司再买日照港运销部的煤，因为肇庆公司缺资金才这样，实际上煤是肇庆公司自己的，是肇庆公司一手组织的这个事情。

本院认为，本案当事人再审争议的焦点问题是肇庆公司支付给日照港运销部的1760万元是否为代山西焦煤公司返还给日照港运销部的预付款，山西焦煤公司是否负有继续履行煤炭购销合同或返还预付款本息的责任。解决这一焦点问题，既涉及对三方交易及款项支付情况的事实认定，也涉及对三方之间法律关系的性质及效力的判断。对此，作如下分析认定：

1. 关于肇庆公司支付给日照港运销部的1760万元是否为肇庆公司代山西焦煤公司返还给日照港运销部的预付款。本院认为，依据现有证据，不能认定肇庆公司支付给日照港运销部的1760万元为肇庆公司代山西焦煤公司返还的预付款，山西焦煤公司主张与日照港运销部之间的1760万元债权债务已经消灭不能成立。理由是：

第一，山西焦煤公司确认其与日照港运销部之间的1760万元债务并未履行完毕。山西焦煤公司虽然在诉讼中辩称已经通过肇庆公司在2007年7月的两次付款行为返还了日照港运销部1760万元，双方之间的债权债务已经消灭，但其未能提供指示肇庆公司还款的证明，亦从未将指示肇庆公司还款的事实通知日照港运销部。相反，山西焦煤公司却在肇庆公司已将1760万元付给日照港运销部近两年之后的2009年7月1日，仍向日照港运销部出具书面证明，确认双方之间的1760万元原煤买卖债务尚未履行完毕。因此，山西焦煤公司在诉讼中的主张与其在诉前出具的书面证明自相矛盾，难以令人采信。

第二，现有证据能够证明，肇庆公司系将1760万元作为其欠日照港运销部的货款支付给日照港运销部，而非代山西焦煤公司返还预付款。一、二审法院已经查明，日照港运销部与肇庆公司之间在2007年有业务往来，日照港运销部向肇庆公司付货80836.2吨，应收货款43085598.66元，2007年4月2日至2007年7月25日，日照港运销部实收货款4340万元。在肇庆公司向日照港运销部汇款1000万元的汇款凭证上，明确载明汇款用途为"货款"，而非替山西焦煤公司返还预付款；在肇庆公司的财务记账凭证中，其余760万元也记载为向日照港集团"背书付货款"。2009年10月29日，肇庆公司与日照港运销部进行业务往来结账时，该1760万元亦是作为肇庆公司支付给日照港运销部的货款而结算的。

第三，二审法院否认肇庆公司所付1760万元为应付货款的理由不能成立。二审法院认为，对于肇庆公司转回日照港运销部的1760万元，如日照港运销部主张该笔款项系肇庆公司的应付货款，应提供与肇庆公司的煤炭购销合同予以证明，因日照港运销部无法提供合同，故对日照港运销部辩称该1760万元系肇庆公司应付货款的理由不予支持。但在查明事实部分，二审法院已经查明确认日照港运销部与肇庆公司在2007年有业务往来，日照港运销部向肇庆公司付货80836.2吨，应收货款43085598.66元，2007

借款合同纠纷

年4月2日至2007年7月25日，实收货款4340万元，其中1760万元只是货款的一部分。二审法院一方面认定日照港运销部与肇庆公司之间存在煤炭购销业务往来，所付1760万元为货款；另一方面，却又以日照港运销部未能提供与肇庆公司之间的煤炭购销合同为由，否认肇庆公司所付1760万元为货款，前后自相矛盾，判决理由显失妥当。

2. 关于本案法律关系的性质及合同效力。2006年12月4日，日照港运销部与山西焦煤公司、山西焦煤公司与肇庆公司分别签订了除价款外在标的、数量、质量指标、交货时间、发货港、发货方式、质量标准、数量验收等方面完全相同的《煤炭购销合同》，肇庆公司作为最终供货人，实际上是经由山西焦煤公司这一中介，以卖煤的形式间接从日照港运销部取得货款，山西焦煤公司从中获取每吨13元的价差收益。根据已经查明的事实，同一时期日照港运销部又与肇庆公司签订买卖合同，以每吨533元的价格向肇庆公司转卖所购煤炭，从而获取每吨10元的价差收益。通过上述三项交易，日照港运销部、山西焦煤公司、肇庆公司三方之间形成了一个标的相同的封闭式循环买卖，肇庆公司先以每吨510元的低价卖煤取得货款，经过一定期间后再以每吨533元的高价买煤并支付货款。在这一循环买卖中，肇庆公司既是出卖人，又是买受人，低价卖出高价买入，每吨净亏23元。肇庆公司明知在这种循环买卖中必然受损，交易越多，损失越大，却仍与日照港运销部、山西焦煤公司相约在2007年度合作经营煤炭100万吨，这与肇庆公司作为一个营利法人的身份明显不符，有违商业常理，足以使人对肇庆公司买卖行为的真实性产生合理怀疑。对此，山西焦煤公司解释称是由于肇庆公司缺少资金才一手组织了这样的交易。通过对本案交易过程的全面考察以及相关证据的分析认定，本院认为，日照港运销部、山西焦煤公司、肇庆公司之间并非真实的煤炭买卖关系，而是以煤炭买卖形式进行融资借贷，肇庆公司作为实际借款人，每吨支付的23元买卖价差实为利息。唯此，才能合理解释肇庆公司既卖又买、低卖高买、自甘受损的原因。因此，本案法律关系的性质应为以买卖形式掩盖的企业间借贷，相应地，本案的案由亦为企业间的借款合同纠纷。原一、二审法院认定本案的案由为买卖合同纠纷不当，本院予以纠正。因日照港运销部、山西焦煤公司、肇庆公司之间所签订的《煤炭购销合同》均欠缺真实的买卖意思表示，属于当事人共同而为的虚伪意思表示，故均应认定为无效。

山西焦煤公司、日照港运销部及肇庆公司于2007年1月9日签订《三方合作协议》，约定三方在2007年度合作经营煤炭100万吨。由此可见，三方之间已就长期、反复地以煤炭买卖形式开展企业间借贷业务形成合意。本案所涉的1760万元交易即属三方协议的具体履行。日照港运销部不具有从事金融业务的资质，却以放贷为常业，实际经营金融业务，有违相关金融法规及司法政策的规定。山西焦煤公司以买卖形式向日照港运销部借款，并非出于生产、经营需要，而是为了转贷给肇庆公司用以牟利。因此，日照港运销部与山西焦煤公司、山西焦煤公司与肇庆公司之间以买卖形式实际形成的借贷合同均应认定为无效。根据《中华人民共和国合同法》第五十八条的规定，本案当事人日照港运销部与山西焦煤公司之间的借贷合同无效后，山西焦煤公司应将从日照港运销部取得的1760万元及其利息返还给日照港运销部。由于日照港运销部对借贷行为的无效亦存在过错，山西焦煤公司应返还的利息金额可以适当减轻，本院根据公平原则，酌定按中国人民银行同期同类存款基准利率计算山西焦煤公司应返还的利息数额。山西焦煤公司与案外人肇庆公司之间的纠纷可以另案解决。

综上，本院认为，原一、二审判决认定事实及适用法律错误，本院予以纠正。本院依照《中华人民共和国商业银行法》第十一条第二款、《中华人民共和国银行业监督管理法》第十九条、《中华人民共和国合同法》第五十八条①、《中华人民共和国民事诉讼法》第一百七十条第一款第二项的规定，判决如下：

一、撤销山西省高级人民法院（2014）晋商终字第7号民事判决、山西省太原市中级人民法院（2012）并商初字第119号民事判决；

---

① 《中华人民共和国民法典》中无对应法条。

二、日照港集团有限公司煤炭运销部与山西焦煤集团国际发展股份有限公司签订的《煤炭购销合同》无效；

三、山西焦煤集团国际发展股份有限公司于本判决生效后10日内返还日照港集团有限公司煤炭运销部1760万元并支付利息（利息按中国人民银行同期同类存款基准利率，自2007年8月1日起计算至本判决指定的履行期限内实际支付之日止）。

给付人未按本判决指定的期间履行给付义务，应按照《中华人民共和国民事诉讼法》第二百五十三条之规定，自逾期之日起加倍支付迟延履行期间的利息。

一、二审案件诉讼费各150331元，均由日照港集团有限公司煤炭运销部与山西焦煤集团国际发展股份有限公司平均分担。

本判决为终审判决。

审 判 长 王富博
代理审判员 林海权
代理审判员 张 颖

二〇一五年十一月十九日

书 记 员 李 洁

82. 上海浦东发展银行股份有限公司深圳分行与梅州地中海酒店有限公司等借款合同纠纷案

人民法院确定委托贷款合同的利率上限时应当参照民间借贷的相关规则

【裁判摘要】

委托贷款已纳入国家金融监管范围，由金融机构作为贷款人并履行相应职责，另一方面又因其资金来源等特性与民间借贷存在相通之处，在不同方面体现出金融借款与民间借贷的特点。在现行法律及司法解释未作明确规定的情况下，可通过分析委托贷款更近似金融借款还是民间借贷的特点，进而确定可参照的规则。鉴于委托贷款系根据委托人的意志确定贷款对象、金额、期限、利率等合同主要条款，且委托人享有贷款利息收益等合同主要权利，同时考虑到委托贷款与民间借贷在资金来源相同的基础上亦可推定其资金成本大致等同，人民法院确定委托贷款合同的利率上限时应当参照民间借贷的相关规则。

* 摘自《最高人民法院公报》2020 年第 4 期。

借款合同纠纷

最高人民法院民事判决书

(2018) 最高法民再 54 号

再审申请人(一审被告、二审上诉人):梅州地中海酒店有限公司,住所地广东省梅州市江边路望江楼。

法定代表人:李琼,该公司执行董事。

委托诉讼代理人:丁剑清,北京市中伦(广州)律师事务所律师。

委托诉讼代理人:张梓湘,北京市中伦(广州)律师事务所律师。

被申请人(一审原告、二审被上诉人):上海浦东发展银行股份有限公司深圳分行,住所地广东省深圳市福田区福华三路深圳国际商会中心 1、2、25、26。

负责人:刘凌,该分行行长。

委托诉讼代理人:马昊,广东深金牛律师事务所律师。

二审上诉人(一审被告):深圳市紫瑞房地产开发有限公司,住所地广东省深圳市南山区天利中央商务广场(二期)B-1202。

法定代表人:张宁宁,该公司董事长。

委托诉讼代理人:蒋国光,广东深博律师事务所律师。

委托诉讼代理人:卢杨奇,广东深博律师事务所律师。

二审上诉人(一审被告):太阳世纪地产集团有限公司,住所地广东省深圳市南山区天利中央商务广场(二期)B1201-1207。

法定代表人:张宁宁,该公司总经理。

委托诉讼代理人:蒋国光,广东深博律师事务所律师。

委托诉讼代理人:卢杨奇,广东深博律师事务所律师。

二审上诉人(一审被告):梅州利贞实业有限公司,住所地广东省梅州市江边路(望江楼首层 11 号)。

法定代表人：王晖，该公司执行董事。

委托诉讼代理人：丁剑清，北京市中伦（广州）律师事务所律师。

委托诉讼代理人：张梓湘，北京市中伦（广州）律师事务所律师。

一审被告：黄华，男，1955年7月29日出生，香港特别行政区居民，现住广东省广州市天河路。

委托诉讼代理人：丁剑清，北京市中伦（广州）律师事务所律师。

委托诉讼代理人：张梓湘，北京市中伦（广州）律师事务所律师。

一审被告：王晖，男，1983年2月14日出生，汉族，住广东省广州市白云区。

委托诉讼代理人：丁剑清，北京市中伦（广州）律师事务所律师。

委托诉讼代理人：张梓湘，北京市中伦（广州）律师事务所律师。

一审被告：李琼，女，1973年9月5日出生，汉族，住广东省深圳市罗湖区。

委托诉讼代理人：丁剑清，北京市中伦（广州）律师事务所律师。

委托诉讼代理人：张梓湘，北京市中伦（广州）律师事务所律师。

一审第三人：侯楚雄，男，1957年12月18日出生，汉族，住广东省汕头市金平区。

委托诉讼代理人：马昊，广东深金牛律师事务所律师。

再审申请人梅州地中海酒店有限公司（以下简称地中海酒店）因与被申请人上海浦东发展银行股份有限公司深圳分行（以下简称浦发银行）、二审上诉人深圳市紫瑞房地产开发有限公司（以下简称紫瑞公司）、太阳世纪地产集团有限公司（以下简称太阳世纪公司）、梅州利贞实业有限公司（以下简称利贞公司），一审被告黄华、王晖、李琼及一审第三人侯楚雄借款合同纠纷一案，不服广东省高级人民法院（2015）粤高法民四终字第170号民事判决（以下简称原判决），向本院申请再审。本院于2017年11月30日作出（2017）最高法民申4548号民事裁定，提审本案。本院依法组成合议庭，开庭审理了本案。再审申请人地中海酒店及二审上诉人利贞公司，一审被告黄华、王晖、李琼的共同委托诉讼代理人丁剑清、张梓湘，被申请人浦发银行及一审第三人侯楚雄的共同委托诉讼代理人马昊，

借款合同纠纷

二审上诉人紫瑞公司、太阳世纪公司的共同委托诉讼代理人蒋国光、卢杨奇到庭参加诉讼。紫瑞公司、太阳世纪公司在本院再审审理过程中申请撤回再审请求,本院另行制作(2018)最高法民再54号民事裁定书,准许紫瑞公司、太阳世纪公司撤回再审请求。本案继续就地中海酒店提出的再审申请进行审理,现已审理终结。

地中海酒店申请再审,请求:撤销原判决;撤销一审判决第二项,改判地中海酒店应于判决生效之日起15日内向浦发银行支付贷款本金1.2亿元及总计不超过年利率24%的利息、罚息;浦发银行承担本案全部诉讼费用。事实和理由:(1)本案存在超诉请判决情形。浦发银行的诉讼请求并不包括支付复利,而原判决认定地中海酒店应从2011年12月21日(包括该日)起对延付的利息按照罚息利率计算复利,超出浦发银行的诉讼请求范围。(2)暂抛开本案超诉请判决的事实,本案也不存在适用复利的法律依据。案涉《委托贷款合同》仅约定了借款期间内的延付利息可以加收罚息,而并没有约定借款逾期后的罚息可以再计收复利。复利仅仅是以借款期间内计收的正常利息为基数再计算利息。对于2012年4月25日之后的罚息,不能再计算复利。况且《委托贷款合同》没有约定浦发银行可以计收复利。本案已经判决自借款逾期即2012年4月25日之后按照年利率24%的利率上浮50%计收罚息,再判决从2011年12月21日(包括该日)起对延付的利息按照罚息利率计算复利,明显错误。(3)本案实质为民间借贷,其利息计算方式应受民间借贷利率相关规定的规制,原判决适用商业银行贷款的相关规定,以金融机构贷款利率不设定上限为由进行判决,适用法律错误。案涉《委托贷款合同》约定,侯楚雄提供资金,浦发银行根据侯楚雄确定的借款人、借款用途、借款金额、借款币种、借款期限、借款利率等代为向地中海酒店发放借款,并协助监督使用及收回借款,浦发银行只收取手续费不承担借款风险。根据2016年第11期最高人民法院公报中"北京长富投资基金与武汉中森华世纪房地产开发有限公司等委托贷款合同纠纷案"的观点,本案的委托贷款关系,实质是侯楚雄与地中海酒店之间的民间借贷关系,其利息计算方式应受民间借贷利率相关规定的规制。①不能仅仅因金融机构在此关系中充当了受托人的角色便适用金融借款相关规定，而应当按其行为的实质，适用民间借贷的相关法律规定。②原判决应按照借贷行为发生时（2011年10月25日）关于民间借贷利率的有关规定作出裁判，即本案利息最高不得超过银行同类贷款利率的四倍，对于超过四倍的部分，不予支持。③依照二审期间已生效施行的《最高人民法院关于审理民间借贷案件适用法律若干问题的规定》（以下简称《民间借贷规定》）的相关规定，逾期利息、违约金及复利总计超过年利率24%的部分，人民法院不予支持。虽然本案不能适用该规定，亦当根据《中华人民共和国合同法》（以下简称《合同法》）的相关规定，以侯楚雄的实际损失为基础，对罚息和利息等进行调整。本案1.2亿元的本金，计算至2017年7月6日，本息高达8.07亿元，平均年利率高达121%。如此高额利率，完全不应得到支持。（4）即使认定《委托贷款合同》属于金融借款合同，其年利率亦当受24%上限的约束。《最高人民法院关于进一步加强金融审判工作的若干意见》（法发〔2017〕22号）规定："……金融借款合同的借款人以贷款人同时主张的利息、复利、罚息、违约金和其他费用过高，显著背离实际损失为由，请求对总计超过年利率24%的部分予以调整的，应予支持，以有效降低实体经济的融资成本。"据此，案涉借款利率当予调整。（5）原判决遗漏了侯楚雄通过曾汉生以融资咨询服务费的方式收取高额利息的事实。2011年10月17日，案外人曾汉生与地中海酒店签订《融资咨询服务协议书》，约定曾汉生为地中海酒店融资提供咨询服务，促成侯楚雄以委托贷款方式向地中海酒店贷款人民币1.2亿元整；曾汉生按照融资额本金1.2亿元以每月5.5%的标准，向地中海酒店收取咨询服务费。该事实已为深圳仲裁委员会（2015）深仲裁字第1203号裁决书所确认。由此可见，侯楚雄不仅利用浦发银行向地中海酒店出借款项，而且还通过曾汉生向地中海酒店提供融资咨询服务获取高额回报，该案已经执行完毕，该部分金额也应当在本案法律保护的利息范围内进行相应扣减。

浦发银行辩称：（1）本案为委托贷款合同纠纷。银行委托贷款是中国人民银行有关《贷款通则》明确规定的银行贷款业务之一，属于金融借款合同，不属于民间借贷。金融借款合同有关利率规定应当适用中国人民银

借款合同纠纷

行有关金融机构贷款利率的规定，而不应当适用有关民间借贷的利率规定。中国人民银行对金融机构贷款利率取消上限规定，故银行委托贷款作为金融机构贷款业务之一，不存在利率上限的限制。金融机构贷款不设定上限有利于实现利率市场化进行资源优化配置的目的。且从立法本意上看，银行委托贷款如果设定利率上限，将无法产生引导社会资金自愿接受金融监管的目的。（2）案涉《委托贷款合同》关于贷款利率、逾期罚息及贷款期内延付利息的罚息约定均合法有效，地中海酒店应当向浦发银行承担相应的偿还利息及承担相应的违约责任。（3）即便是因《委托贷款合同》对计收复利的约定不明或浦发银行起诉时未请求复利，也不能成为地中海酒店主张不承担罚息违约责任的理由。（4）本案的委托贷款合同与《融资咨询服务协议书》无论是事实上还是法律上都是独立的法律关系，是当事人基于真实意思表示达成的合法协议，不存在侯楚雄与曾汉生共同收取利息的问题。

紫瑞公司、太阳世纪公司述称，该二公司已经与浦发银行达成执行和解，共同向浦发银行支付了2.35亿元，待本案作出裁决后另行核算。

利贞公司、黄华、王晖、李琼与地中海酒店意见一致。

侯楚雄与浦发银行意见一致。

浦发银行向一审法院诉讼请求：（1）判令浦发银行与地中海酒店和侯楚雄所签订的《委托贷款合同》合法有效，地中海酒店应立即向浦发银行偿还借款本金人民币1.2亿元以及相关借款利息及罚息（注：截至2012年6月6日的欠息数额为人民币16237208.73元，2012年6月6日以后的利息按照委托贷款合同的约定计收）。（2）判令浦发银行对利贞公司所抵押的财产（位于梅州市梅江区江南彬芳大道140204092292号宗地）享有抵押权利，浦发银行有权以该抵押财产依法优先受偿本案借款债权。在浦发银行依法处分抵押财产后，如果抵押财产不足以清偿浦发银行在本案中的借款债权，则利贞公司应对浦发银行在本案中未获清偿的债权承担连带偿还责任。（3）基于借款担保承诺，判令紫瑞公司、太阳世纪公司、黄华、王晖、李琼对地中海酒店在本案中借款债务向浦发银行承担连带偿还责任。（4）判令地中海酒店、利贞公司、紫瑞公司、太阳世纪公司、黄华、王晖、李琼连带承担本案的全部诉讼费用。

一审法院经审理查明：2011年10月18日，浦发银行、地中海酒店及侯楚雄签订了《委托贷款合同》（编号：79032011280176），合同约定侯楚雄委托浦发银行向地中海酒店出借人民币壹亿贰千万元整，借款利率为年利率24%（月利率为2%），借款期限为六个月，借款合同到期日为2012年4月25日；另根据该《委托贷款合同》的约定，如地中海酒店未能如约足额归还贷款本息的，对逾期贷款加收合同利率上的50%的罚息。为确保上述《委托贷款合同》中贷款债权的实现，浦发银行又与利贞公司签订了《土地使用权抵押合同》（合同编号：YD7903201128017601，以下简称《抵押合同》），明确约定利贞公司以其名下位于梅州市梅江区江南彬芳大道140204092292号宗地［土地证号：梅州市国用（2011）第0324号，使用权面积：33499平方米］，为前述《委托贷款合同》中地中海酒店的债务提供抵押担保。2011年10月24日，在梅州市国土资源局办理了抵押登记手续［权利证书号：梅州市他项（2011）第065号］。除上述土地使用权抵押担保外，紫瑞公司、太阳世纪公司、黄华、王晖、李琼分别向侯楚雄出具了《借款担保承诺书》（计五份），均明确承诺为《委托贷款合同》中地中海酒店的债务提供连带责任保证担保。基于上述抵押担保和保证担保，2011年10月25日和26日，浦发银行分3笔贷款向地中海酒店发放了1.2亿元贷款本金。目前，贷款已经到期，但地中海酒店一直未能如约归还贷款本息债务，并且各保证人也未能承担相应的担保责任，遂成本讼。

另查明，案涉借款2011年11月20日之前（含该日）的利息已清偿，之后贷款本息均未偿还。《委托贷款合同》第3.4.2条约定按月付息，付息日为每月20日；第10.2条约定在贷款期内借款人未依约按时支付贷款利息的，贷款人有权加收延付利息的罚息；第10.4条约定借款人未按约定归还贷款本息的，贷款人有权对逾期贷款加收合同利率上的50%的罚息。

2011年10月18日，利贞公司（作为抵押人）与浦发银行（作为抵押权人）签订《抵押合同》，第七条第一款第十一项约定：抵押人非合同主债务人的，抵押权人依法处分抵押物，但抵押物拍卖、变卖所得的款项不足以清偿主合同项下全部债权或抵押物折价不足以抵偿主合同项下全部债权的，抵押人承诺对未获清偿的债权无条件承担连带责任；第三条第一款与第七条第五款约定：抵押人有义务在签署合同之后协同抵押权人向土地管理部门办理抵押登记手续，合同办理抵押登记手续后生效。《抵押合同》加盖了利贞公司公章，并由其法定代表人王晖签字。2011年10月24日，双方在梅州市国土资源局办理了抵押登记。2011年10月26日，梅州市国土资源局向浦发银行出具了《证明》，证明浦发银行为抵押权人。利贞公司否认签订了该《抵押合同》，并申请对《抵押合同》加盖的利贞公司公章真伪进行鉴定。浦发银行为证明《抵押合同》的真实性又提交了利贞公司的《股东会会议决议》，主要内容为：2011年10月利贞公司召开股东会，一致同意案涉抵押事宜并授权法定代表人王晖签署相关文件，出席股东为王晖（持股60%）、王松（持股40%）。一审法院要求利贞公司向王晖、王松核实《抵押合同》及《股东会会议决议》的真实性，利贞公司称无法联系到王晖、王松。

2011年10月19日，鸿隆地产集团有限公司（以下简称鸿隆公司，后变更名称为太阳世纪公司）向侯楚雄出具《借款担保承诺书》，该承诺书加盖了鸿隆公司公章及当时法定代表人（董事长）黄玲的印章。太阳世纪公司否认出具了该《借款担保承诺书》，并申请对《借款担保承诺书》加盖的鸿隆公司公章真伪进行鉴定。浦发银行为证明《借款担保承诺书》的真实性又提交了鸿隆公司的《董事会决议》，主要内容为：2011年10月17日鸿隆公司召开董事会，由董事长黄玲主持，出席的董事还有华丹萍、LEOJIN、王凌云（一审法院注：当时董事共6人），会议的召集、召开程序、出席人员资格及表决程序符合《中华人民共和国公司法》（以下简称《公司法》）、《公司章程》，合法有效，董事会决议同意案涉担保事宜并授权法定代表人黄玲签署相关文件。一审法院要求太阳世纪公司向黄玲、华丹萍、LEOJIN、王凌云核实《借款担保承诺书》及《董事会决议》的真实性，太阳世纪公司称公司管理层人员已变更，上述四人已退出公司无法联系。

2011年10月19日，紫瑞公司向侯楚雄出具《借款担保承诺书》，该承诺书加盖了紫瑞公司公章及当时法定代表人（董事长）魏海燕的印章。紫瑞公司否认出具了该《借款担保承诺书》，并申请对《借款担保承诺书》

加盖的紫瑞公司公章真伪进行鉴定。浦发银行为证明《借款担保承诺书》的真实性又提交了紫瑞公司的《股东会决议》，主要内容为：2011年10月17日紫瑞公司召开股东会，由魏海燕主持，到会股东为鸿隆公司（持股90%），会议的召集、召开程序、出席人员资格及表决程序符合《公司法》《公司章程》，合法有效，股东会作出决议，同意案涉担保事宜并授权法定代表人魏海燕签署相关文件，决议加盖了鸿隆公司公章和当时鸿隆公司法定代表人黄玲的印章，也加盖了紫瑞公司公章和魏海燕的印章。一审法院要求紫瑞公司向魏海燕核实《借款担保承诺书》及《股东会决议》的真实性，紫瑞公司称公司管理层人员已变更，魏海燕已退出公司无法联系。鸿隆公司对该《股东会决议》加盖的鸿隆公司公章和当时鸿隆公司法定代表人黄玲的印章亦不予确认。

又查明：黄华于2011年10月19日向侯楚雄出具《借款担保承诺书》，未约定适用的法律。紫瑞公司、太阳世纪公司、黄华、王晖、李琼向侯楚雄出具的《借款担保承诺书》均约定可直接向保证人追索，无须先行处分抵押物。

一审法院认为，根据本案审理情况归纳本案争议焦点为：（1）本案案由及浦发银行是否为适格原告；（2）借款人地中海酒店民事责任的认定；（3）各担保人民事责任的认定。评析如下：

一、本案案由及浦发银行是否为适格原告

根据《贷款通则》第七条第二款，委托贷款系指由政府部门、企事业单位及个人等委托人提供资金，由贷款人（即受托人）根据委托人确定的贷款对象、用途、金额、期限、利率等代为发放、监督使用并协助收回的贷款，贷款人（受托人）只收取手续费，不承担贷款风险。本案侯楚雄（委托人）、浦发银行（受托人）与地中海酒店三方签订并实际履行了《委托贷款合同》，构成委托贷款法律关系，该合同是三方当事人的真实意思表示，合法有效。但委托贷款法律关系中存在三方当事人，即委托人、受托人和借款人，三方之间的委托贷款关系是由两种具体法律关系所构成，即委托人与受托人之间的委托关系，以及受托人与借款人之间的借款

合同关系。根据《最高人民法院关于如何确定委托贷款协议纠纷诉讼主体资格的批复》（法复〔1996〕6号）的规定，在履行委托贷款协议过程中，由于借款人不按期归还贷款而发生纠纷的，贷款人（受托人）可以借款合同纠纷为由向人民法院提起诉讼。因此，本案案由应确定为借款合同纠纷，浦发银行是适格原告。

二、借款人地中海酒店民事责任的认定

案涉贷款2011年11月20日之前（含该日）的利息已还清，之后贷款本息均未偿还，地中海酒店对此没有异议，一审法院予以确认。地中海酒店抗辩主张本案为民间借贷，贷款期外的利息、罚息等总额应以中国人民银行公布的同期同类贷款利率的四倍为限。但民间借贷是指商业银行金融借贷以外的借款合同纠纷，虽然《委托贷款合同》的具体内容实际上是由委托人和借款人事先协商确定，但本案贷款人浦发银行为商业银行，应当遵守国家金融监管部门对商业银行贷款业务的相关规定，本案不适用民间借贷纠纷的处理规则。根据《合同法》第二百零四条的规定，办理贷款业务的金融机构贷款的利率应当按照中国人民银行规定的贷款利率的上下限确定。《中国人民银行关于人民币贷款利率有关问题的通知》（银发〔2003〕251号）第三条规定："关于罚息利率问题。逾期贷款（借款人未按合同约定日期还款的借款）罚息利率由现行按日万分之二点一计收利息，改为在借款合同载明的贷款利率水平上加收30%～50%……对逾期或未按合同约定用途使用借款的贷款，从逾期或未按合同约定用途使用贷款之日起，按罚息利率计收利息，直至清偿本息为止。对不能按时支付的利息，按罚息利率计收复利。"而《中国人民银行关于调整金融机构存、贷款利率的通知》（银发〔2004〕251号）第二条第一款规定："金融机构（城乡信用社除外）贷款利率不再设定上限。商业银行贷款和政策性银行按商业化管理的贷款，其利率不再实行上限管理，贷款利率下浮幅度不变。"本案《委托贷款合同》是当事人的真实意思表示，关于贷款利率、逾期利息及贷款期内延付利息的罚息的约定不违反上述法律、行业主管部门规范性文件的规定，合法有效，地中海酒店应按照约定承担相应违约责

任。地中海酒店的抗辩没有事实和法律依据,不予支持。

三、各担保人民事责任的认定

1. 利贞公司的民事责任。利贞公司否认签订了《抵押合同》,并申请对《抵押合同》加盖的利贞公司公章真伪进行鉴定。浦发银行提交了《抵押合同》及利贞公司的《股东会会议决议》,《抵押合同》不仅加盖了利贞公司的公章,而且由其法定代表人王晖签字确认,双方已经向登记机关办理了抵押登记,该抵押登记没有利贞公司的协助不可能完成,利贞公司股东王晖(持股60%)、王松(持股40%)出席了股东会,同意案涉抵押事宜并授权法定代表人王晖办理,王晖、王松是利贞公司的现任股东,王晖是现任法定代表人,利贞公司没有证明王晖、王松对《股东会会议决议》《抵押合同》的真实性有任何异议,上述证据互相印证,足以认定《抵押合同》的真实性,本案没有鉴定的必要,对该鉴定申请不予准许。根据《中华人民共和国物权法》第一百八十七条,案涉抵押权自登记时设立,浦发银行有权就抵押物优先受偿。根据《抵押合同》约定,浦发银行对抵押物进行处分不足以清偿案涉债权的,利贞公司应对浦发银行未获清偿的债权承担连带清偿责任。

2. 其他保证合同当事人的民事责任。(1)关于太阳世纪公司出具的《借款担保承诺书》真实性。太阳世纪公司否认出具了《借款担保承诺书》,并申请对《借款担保承诺书》加盖的鸿隆公司公章真伪进行鉴定。浦发银行提交了鸿隆公司出具的《借款担保承诺书》及《董事会决议》,《借款担保承诺书》不仅加盖了鸿隆公司公章,而且加盖了当时法定代表人(董事长)黄玲的印章,当时鸿隆公司董事有6人,出席董事会的有黄玲、华丹萍、LEOJIN、王凌云,符合该公司的章程,《董事会决议》同意案涉担保事宜并授权法定代表人黄玲签署相关文件,太阳世纪公司没有证明黄玲、华丹萍、LEOJIN、王凌云对《董事会决议》及《借款担保承诺书》的真实性有任何异议。上述证据互相印证,足以认定《借款担保承诺书》的真实性,本案没有鉴定的必要,对该鉴定申请不予准许。(2)关于紫瑞公司出具的《借款担保承诺书》真实性。紫瑞公司否认出具了该《借

借款合同纠纷

款担保承诺书》，并申请对《借款担保承诺书》加盖的紫瑞公司公章真伪进行鉴定。浦发银行提交了紫瑞公司出具的《借款担保承诺书》及《股东会决议》，《借款担保承诺书》不仅加盖了紫瑞公司公章，而且加盖了当时法定代表人（董事长）魏海燕的印章，紫瑞公司召开的股东会由魏海燕主持，到会股东为鸿隆公司（持股90%），股东会作出决议，同意案涉担保事宜并授权法定代表人魏海燕签署相关文件，《股东会决议》加盖了鸿隆公司公章和当时鸿隆公司法定代表人黄玲的印章，也加盖了紫瑞公司公章和魏海燕的印章。紫瑞公司没有证明魏海燕、黄玲对《股东会决议》《借款担保承诺书》的真实性有任何异议，上述证据互相印证，足以认定《借款担保承诺书》的真实性，本案没有鉴定的必要，对该鉴定申请不予准许。（3）关于黄华出具的《借款担保承诺书》的法律适用。黄华为香港居民，黄华出具的《借款担保承诺书》未约定适用的法律，应适用与保证合同关系最密切联系的法律即中华人民共和国内地法律来认定该《借款担保承诺书》的效力。（4）关于浦发银行能否依据《借款担保承诺书》主张权利。紫瑞公司、太阳世纪公司、黄华、王晖、李琼均是向侯楚雄出具《借款担保承诺书》，但《借款担保承诺书》已明确对案涉贷款提供连带担保责任，该《借款担保承诺书》是各方当事人的真实意思表示，合法有效。因此，贷款人浦发银行有权依据《借款担保承诺书》要求紫瑞公司、太阳世纪公司、黄华、王晖、李琼对案涉贷款承担连带担保责任，承担清偿责任后，各保证人可以向地中海酒店追偿。

综上，浦发银行的诉讼请求成立，一审法院予以支持。依照《合同法》第一百九十八条①、第二百零四条②、第二百零五条③、第二百零六

---

①② 《中华人民共和国民法典》中无对应法条。

③ 对应《中华人民共和国民法典》第六百七十四条："借款人应当按照约定的期限支付利息。对支付利息的期限没有约定或者约定不明确，依据本法第五百一十条的规定仍不能确定，借款期间不满一年的，应当在返还借款时一并支付；借款期间一年以上的，应当在每届满一年时支付，剩余期间不满一年的，应当在返还借款时一并支付。"

条①、第二百零七条②,《中华人民共和国担保法》第十八条③,《中华人民共和国物权法》第一百七十六条④、第一百七十九条⑤、第一百八十七条⑥,《中华人民共和国涉外民事关系法律适用法》第四十一条,《中华人民共和国民事诉讼法》第一百四十四条的规定,判决:一、确认浦发银行与地中海酒店及侯楚雄所签订的《委托贷款合同》合法有效;二、地中海酒店应于该判决生效之日起15日内向浦发银行支付贷款本金人民币1.2亿元及其利息、罚息[2011年11月20日之前(包括该日)的利息已还清,贷款期内即从2011年11月21日至2012年4月25日(包括该日)按照贷款利率即年利率24%计算利息,之后按照贷款利率上浮50%计算罚息,《委托贷款合同》约定每月20日支付利息,从2011年12月21日(包括该日)起对延付的利息按照上述罚息利率计算复利];三、浦发银行有权在上述第二判项债权范围内就案涉抵押财产[即利贞公司名下位于广东省梅州市梅江区江南彬芳大道140204092292号宗地的土地使用权,证号:梅州市国用(2011)第0324号,面积:33499平方米]优先受偿,依法处分抵押财产后,抵押财产不足以清偿地中海酒店第二判项债务的,利贞公司

---

① 对应《中华人民共和国民法典》第六百七十五条:"借款人应当按照约定的期限返还借款。对借款期限没有约定或者约定不明确,依据本法第五百一十条的规定仍不能确定的,借款人可以随时返还;贷款人可以催告借款人在合理期限内返还。"

② 对应《中华人民共和国民法典》第六百七十六条:"借款人未按照约定的期限返还借款的,应当按照约定或者国家有关规定支付逾期利息。"

③ 对应《中华人民共和国民法典》第六百八十八条:"当事人在保证合同中约定保证人和债务人对债务承担连带责任的,为连带责任保证。连带责任保证的债务人不履行到期债务或者发生当事人约定的情形时,债权人可以请求债务人履行债务,也可以请求保证人在其保证范围内承担保证责任。"

④ 对应《中华人民共和国民法典》第三百九十二条:"被担保的债权既有物的担保又有人的担保的,债务人不履行到期债务或者发生当事人约定的实现担保物权的情形,债权人应当按照约定实现债权;没有约定或者约定不明确,债务人自己提供物的担保的,债权人应当先就该物的担保实现债权;第三人提供物的担保的,债权人可以就物的担保实现债权,也可以请求保证人承担保证责任。提供担保的第三人承担担保责任后,有权向债务人追偿。"

⑤ 对应《中华人民共和国民法典》第三百九十四条,内容未作修改。

⑥ 对应《中华人民共和国民法典》第四百零二条:"以本法第三百九十五条第一款第一项至第三项规定的财产或者第五项规定的正在建造的建筑物抵押的,应当办理抵押登记。抵押权自登记时设立。"

应对未能清偿的债务承担连带清偿责任,利贞公司在承担担保责任后有权向地中海酒店追偿;四、紫瑞公司、太阳世纪公司、黄华、王晖、李琼应对地中海酒店的上述第二判项债务承担连带清偿责任,其清偿后有权向地中海酒店追偿。本案案件受理费人民币722986.04元,财产保全费人民币5000元,均由地中海酒店负担,本案其他被告承担连带责任。

地中海酒店上诉请求:撤销一审判决第二判项中有关利息和罚息的判决内容;对本案利息和罚息计算方式均改判为以不超过中国人民银行同期同档次贷款利率计算。事实和理由:(1)一审判决认定事实错误。①委托贷款的实质为民间借贷,金融机构仅为委托人的受托人。根据《合同法》第四百零二条的规定,本案委托贷款合同的债权人是侯楚雄,债务人是地中海酒店。该《委托贷款合同》的实质是侯楚雄借款给地中海酒店,即民间借贷合同。根据《贷款通则》第七条的规定,委托贷款实为银行的中间业务,委托人是债权人,借款人是债务人。浦发银行在委托贷款关系中仅为侯楚雄的代理人。《商业银行委托贷款管理办法》(征求意见稿)第四条也规定委托贷款业务是商业银行的委托代理业务。②委托贷款独立于金融机构按商业化管理的贷款,国家对其利率有严格限制。1996年《中国人民银行关于严肃金融纪律,严禁非法提高利率的公告》第五条规定:"委托贷款利率由委托双方协商确定,但最高限不得超过同期同档次贷款利率……"《最高人民法院关于审理存单纠纷案件的若干规定》第七条第二款中规定:"委托贷款中约定的利率超过人民银行规定的部分无效。"一审判决认定本案的借贷关系为商业银行按商业化管理的金融借贷关系错误,本案实质为民间借贷,其利率受到国家严格控制。③一审判决关于地中海酒店已向浦发银行清偿利息的数额的认定与事实不符。一审判决关于案涉借款2011年11月20日之后贷款本息均未偿还的认定错误。地中海酒店在一审的举证期内提交了9张《上海浦东发展银行贷款扣款回单》,其中包括清偿2011年11月20日(含该日)之前的利息2119333.33元,及清偿2011年11月20日之后的利息2433081.06元。(2)一审判决适用法律错误。本案委托贷款合同的实质为民间借贷合同,一审判决适用商业银行的相关规定是错误的。①一审判决适用《中国人民银行关于人民币贷款利率有关问题的通知》不当，并错误认为逾期贷款罚息利率可在借款合同载明的贷款利率水平加收30%～50%，且可按罚息利率计收复利。该规定所适用的主体仅为金融机构利用自营资金发放贷款的情况。②一审判决适用《中国人民银行关于调整金融机构存、贷款利率的通知》不当，并错误认为委托借款利率与金融机构自营贷款利率一样，不设定上限。

利贞公司上诉请求：撤销一审判决第三项，驳回浦发银行对利贞公司提出的相关诉讼请求。事实和理由：利贞公司并没有签订《抵押合同》，一审判决事实认定错误。一审判决在没有对《抵押合同》的印章及《股东会会议决议》的股东签字及印章进行鉴定的情况下，就认定《抵押合同》是真实的，缺乏依据。

紫瑞公司上诉请求：改判一审判决第四判项为紫瑞公司无需对地中海酒店的债务承担连带清偿责任。事实与理由：一审判决认定事实错误。一审时紫瑞公司曾明确指出并没有出具过案涉《借款担保承诺书》，并对公章的真实性不予确认，请求对公章进行鉴定。但一审法院根据浦发银行出具的加盖了紫瑞公司公章及当时法定代表人（董事长）魏海燕印章的《借款担保承诺书》，以及出席股东仅为鸿隆公司的《股东会决议》，认定《借款担保承诺书》的真实性，并不准许紫瑞公司的鉴定申请不当。（1）紫瑞公司经翻查公司历史档案及公章的使用记录，均无发现曾签署及出具《借款担保承诺书》的任何文件或记录。（2）根据地中海酒店的工商查档资料可知，作为鸿隆公司当时法定代表人（董事长）的黄玲，同时是地中海酒店的股东之一，持有该公司40%股权。黄玲是利用其作为鸿隆公司当时法定代表人（董事长）的职务便利，以鸿隆公司的名义同意案涉担保事宜。根据《公司法》的有关规定，公司为公司股东或者实际控制人提供担保的，必须经股东会或者股东大会决议。前款规定的股东或受前款规定的实际控制人支配的股东，不得参加前款规定事项的表决。该项表决由出席会议的其他股东所持表决权的过半数通过。因此，紫瑞公司的案涉《股东会决议》明显违反法律的规定，不具有法律效力。（3）黄玲作为借款人的"主要负责人/授权代表人"签署了案涉《委托贷款合同》，而黄玲又以鸿隆公司法定代表人的身份签署紫瑞公司的《股东会决议》。在此情况下，

借款合同纠纷

浦发银行应知道该《股东会决议》无效且由该文件同意及授权紫瑞公司法定代表人签署的《借款担保承诺书》是超越权限而出具。根据《合同法》的有关规定，法人或者其他组织的法定代表人、负责人超越权限订立的合同，除相对人知道或者应当知道其超越权限的以外，该代表行为有效。因此，在浦发银行应当知道有关超越权限行为的情况下，魏海燕擅自以紫瑞公司名义出具的《借款担保承诺书》无效，紫瑞公司不应承担案涉的连带保证责任。（4）魏海燕擅自以紫瑞公司名义出具的《借款担保承诺书》也仅是向侯楚雄作出。《委托贷款合同》第7.2条："担保合同由委托人、贷款人、担保人三方签署后生效。"因此，魏海燕以紫瑞公司名义作出的《借款担保承诺书》，对浦发银行并不产生法律效力。浦发银行要求紫瑞公司向其承担连带保证责任无事实和法律依据。

太阳世纪公司上诉请求：改判一审判决第四判项为太阳世纪公司无需对地中海酒店的债务承担连带清偿责任。事实与理由：一审法院认定事实错误。一审时太阳世纪公司曾明确指出并没有出具过案涉《借款担保承诺书》，并对公章的真实性不予确认，请求对公章进行鉴定。但一审法院根据浦发银行出具的加盖了太阳世纪公司公章以及加盖了当时法定代表人（董事长）黄玲印章的《借款担保承诺书》，以及由黄玲主持，出席董事为黄玲、华丹萍、LEOJIN、王凌云的《董事会决议》，认定《借款担保承诺书》的真实性，并不准许太阳世纪公司的鉴定申请不当。（1）太阳世纪公司经翻查公司历史档案及公章的使用记录，均无发现曾签署及出具《借款担保承诺书》的任何文件或记录。（2）根据地中海酒店的工商查档资料可知，太阳世纪公司当时的法定代表人（董事长）黄玲，同时是地中海酒店的股东之一，持有该公司40%股权。由此可见，作为关联方的黄玲明显是利用其作为太阳世纪公司当时法定代表人（董事长）的职务便利，以太阳世纪公司的名义为自己的持股公司的债务出具《借款担保承诺书》。并且，在太阳世纪公司是否同意案涉担保事宜的董事会会议中，作为关联方的黄玲不符合出席人员资格且无权进行表决。太阳世纪公司再次申请二审法院就该《借款担保承诺书》加盖的太阳世纪公司公章的真伪进行鉴定。（3）黄玲作为借款人的"主要负责人/授权代表人"签署案涉《委托贷款合同》，而黄玲又以太阳世纪公司法定代表人的身份签署《借款担保承诺书》以及《董事会决议》。在此情况下,浦发银行应知道黄玲以太阳世纪公司名义出具的该等文件是超越权限而出具。根据《合同法》的有关规定,法人或者其他组织的法定代表人、负责人超越权限订立的合同,除相对人知道或者应当知道其超越权限的以外,该代表行为有效。因此,在浦发银行应当知道黄玲超越权限的情况下,黄玲擅自以太阳世纪公司名义出具的《借款担保承诺书》无效,太阳世纪公司不应承担案涉的连带保证责任。(4)黄玲擅自以太阳世纪公司名义出具的《借款担保承诺书》也仅仅是向侯楚雄作出。《委托贷款合同》第7.2条约定:"担保合同由委托人、贷款人、担保人三方签署后生效。"因此,黄玲以太阳世纪公司名义作出的《借款担保承诺书》,对浦发银行并不产生法律效力,浦发银行要求太阳世纪公司向其承担连带保证责任无事实和法律依据。

浦发银行针对地中海酒店的上诉理由答辩如下:首先,地中海酒店的上诉理由中援引的法律、法规、行业规章不适用于本案。(1)其援引的《商业银行委托贷款管理办法》(征求意见稿)并未通过相关的立法程序,仅为征求意见稿。所以该办法不应作为本案的审理依据甚至参考。(2)《最高人民法院关于审理存单纠纷案件的若干规定》,第一条就已经明确该规定的适用范围,本案为借款合同纠纷,不适用该规定。(3)《中国人民银行关于严肃金融纪律,严禁非法提高利率的公告》,系于1996年2月8日颁布,早已被2003年12月10日颁布实施的《中国人民银行关于人民币贷款利率有关问题的通知》所取代。该通知明确规定:"本通知自2004年1月1日起执行。此前人民银行发布的有关人民币贷款利率规定与本通知不符的,以本通知为准。"因此该公告不适用于本案。其次,地中海酒店上诉认为不应适用《中国人民银行关于人民币贷款利率有关问题的通知》《关于调整金融机构存、贷款利率的通知》。本案的借款形式采用的是委托贷款,各方对此均无异议。根据《贷款通则》的规定,委托贷款属于贷款的一种,那么委托贷款当然被包含于贷款这一大范围之内。则两通知的内容适用于委托贷款。一审判决将两通知作为本案的审判依据符合法律规定,并无不妥。最后,关于地中海酒店称其已经清偿了2011年11月20日之后

的利息这一事实问题,以浦发银行的银行流水清单为准。

浦发银行针对利贞公司的上诉理由答辩如下:利贞公司称其没有签订《抵押合同》,且一审法院没有同意其鉴定申请。一审法院不同意其鉴定申请符合法律规定。抵押权是物权的一种,自登记时设立。该《抵押合同》签署完成后,经由利贞公司人员配合该行办理了《他项权证》,抵押权已经设立。同时该合同经由利贞公司的法定代表人王晖签字,不论利贞公司在《抵押合同》上加盖的公章真实与否,均不能否定《他项权证》所载明的事实及相应的法律后果。法定代表人本身就是法人团体的法定代表,其行为代表公司,其签字等于利贞公司公章的效力。且其经由股东会决议予以授权,更加证明了其权利的真实性、合法性。即该合同上法定代表人王晖的签字已经代表利贞公司作出了真实的意思表示,且利贞公司配合办理《他项权证》这一行为也足以印证其真实意思表示。

浦发银行针对紫瑞公司、太阳世纪公司的上诉理由答辩如下:(1)关于公章真实性问题。一审法院不同意其鉴定是完全符合法律规定,节约司法资源,减少讼累。因为在一审审理过程中,一审法院要求当时的股东会、董事会签署相关决议人员出庭接受询问,紫瑞公司、太阳世纪公司均以无法联系为由没有通知相关人员接受一审法院询问。在已有相应的股东会、董事会决议的情况下,且紫瑞公司、太阳世纪公司均没有提出有效的反证的情况下,一审法院认定《借款担保承诺书》的真实性、合法性,符合法律规定。紫瑞公司、太阳世纪公司均应自行承担举证不能的不利后果。(2)关于紫瑞公司称当时的法定代表人"黄玲"越权之问题,没有任何事实和法律依据。"黄玲"签署《委托贷款合同》同时以法定代表人身份签署《股东会决议》,并没有违反法律法规。根据《公司法》第十六条的规定:"公司为公司股东或者实际控制人提供担保的,必须经股东会或者股东大会决议。前款规定的股东或者受前款规定的实际控制人支配的股东,不得参加前款规定事项的表决。该项表决由出席会议的其他股东所持表决权的过半数通过。"首先该条规定的是公司不得为公司的股东或实际控制人提供担保,而本案地中海酒店并非紫瑞公司的股东,也不是紫瑞公司的实际控制人,该条明显不适用于本案,紫瑞公司该上诉理由完全不能成立。另紫瑞公司的股东会决议是持股90%的鸿隆公司表决通过,黄玲仅仅作为太阳世纪公司的法定代表人进行签署而已,也没有参与表决。紫瑞公司的上诉理由逻辑混乱。至于紫瑞公司称黄玲利用职务便利一事,与本案没有关联性。(3)关于紫瑞公司称《借款担保承诺书》是向侯楚雄出具,其效力不及于该行。首先我们认为根据《中华人民共和国担保法》的司法解释第二十二条,第三人单方以书面形式向债权人出具担保书,债权人接受且未提出异议的,保证合同成立。《借款担保承诺书》系紫瑞公司单方面出具,侯楚雄即该行的委托人接受,且该《借款担保承诺书》是紫瑞公司的真实意思表示,且明确对案涉贷款提供连带责任保证;那么该行接受债权人(侯楚雄)之委托向保证人主张相应的权利当然符合法律规定。关于太阳世纪公司的类似理由,答辩理由同上,不再赘述。

黄华述称,同意地中海酒店、利贞公司的上诉意见。

王晖述称,同意黄华和地中海酒店的上诉意见。

侯楚雄述称,同意浦发银行的答辩意见。

李琼经该院合法传唤,未到庭参加诉讼。

二审法院对一审认定的事实予以确认。

另查明:(1)一审时,浦发银行于2013年11月12日向一审法院出具《关于梅州地中海酒店欠息情况的说明》,其中载明:案涉贷款2011年11月20日之前(含该日)的利息已还清,之后贷款本息均未偿还。地中海酒店于2014年2月11日向一审法院出具《质证意见》。其中载明:对浦发银行所主张的合同期内的利息没有异议,予以确认。(2)2016年4月13日,地中海酒店向二审法院出具《撤回调查收集证据申请书》,并表示愿意承担借款金额1.2亿元及最高不超过银行同期利息四倍的合法利息。

二审法院认为,本案是涉港借款合同纠纷,双方当事人对一审法院适用我国内地法律解决本案纠纷无异议,该院对此予以确认。

根据二审双方的诉辩意见,本案二审争议的焦点:(1)案涉借款的利息计算;(2)利贞公司有无签订《抵押合同》,应否承担还款责任;(3)太阳世纪公司、紫瑞公司有无出具《借款担保承诺书》,应否承担连带清偿责任。

关于案涉借款的利息计算问题。根据《贷款通则》第七条"委托贷款

借款合同纠纷

系指由政府部门、企事业单位及个人等委托人提供资金,由贷款人(即受托人)根据委托人确定的贷款对象、用途、金额、期限、利率等代为发放、监督使用并协助收回的贷款,贷款人(受托人)只收取手续费,不承担贷款风险"的规定,本案侯楚雄(委托人)、浦发银行(受托人)与地中海酒店(借款人)三方签订并实际履行了案涉《委托贷款合同》,三方当事人建立委托贷款法律关系,案涉《委托贷款合同》是各方当事人之间的真实意思表示,内容不违反我国法律法规的规定,该合同合法有效。本案贷款人浦发银行是商业银行,应遵守国家金融监管部门对商业银行贷款业务的相关规定。地中海酒店上诉认为案涉《委托贷款合同》实为民间借贷不符合本案事实,不予支持。按照《中国人民银行关于调整金融机构存、贷款利率的通知》(银发〔2004〕251号)的规定:"放宽金融机构贷款利率浮动区间,金融机构(城乡信用社除外)贷款利率不再设定上限。商业银行贷款和政策性银行按商业化管理的贷款,其利率不再实行上限管理,贷款利率下浮幅度不变。"一审判决依据《中国人民银行关于人民币贷款利率有关问题的通知》(银发〔2003〕251号)第三条关于罚息利率及计收复利的规定,以及(银发〔2004〕251号)的规定,认定案涉《委托贷款合同》关于贷款利率、逾期罚息及贷款期内延付利息的罚息的约定不违反上述法律、行业主管部门规范性文件的规定,合法有效,并判令地中海酒店按合同的约定向浦发银行偿还借款利息及承担相应的违约责任,并无不当。地中海酒店上诉主张案涉贷款合同约定的贷款利息和罚息违反法律法规,理由不能成立,不予支持。至于地中海酒店已向浦发银行清偿利息的问题。经审查,一审时,浦发银行于2013年11月12日向一审法院出具《关于梅州地中海酒店欠息情况的说明》,其中载明:案涉贷款2011年11月20日之前(含该日)的利息已还清,之后贷款本息均未偿还。地中海酒店于2014年2月11日向一审法院出具《质证意见》。其中载明:对浦发银行所主张的合同期内的利息没有异议,予以确认。一审判决据此认定案涉贷款2011年11月20日之前(含该日)的利息已还清,之后贷款本息均未偿还,并无不当,应予维持。

关于利贞公司有无签订案涉《抵押合同》,应否承担还款责任的问题。

经审查,一审时浦发银行提交了案涉《抵押合同》及《股东会会议决议》,《抵押合同》加盖利贞公司的公章及其法定代表人王晖签字确认,且双方已办理了抵押登记。《股东会会议决议》显示利贞公司的股东王晖(持股60%)、王松(持股40%)同意案涉抵押事宜并授权法定代表人王晖办理。利贞公司没有提供证据证明王晖、王松对《抵押合同》《股东会会议决议》的真实性有异议,上述证据互相印证,足以认定《抵押合同》的真实性。一审判决对利贞公司的鉴定申请不予准许,并无不当。利贞公司上诉认为其未签订案涉《抵押合同》,依据不足,不予支持。一审判决根据《抵押合同》的约定认定浦发银行对抵押物进行处分不足以清偿案涉债权的,利贞公司应对浦发银行未获清偿的债权承担连带清偿责任,并无不当,应予维持。

关于太阳世纪公司、紫瑞公司有无出具《借款担保承诺书》,应否承担连带清偿责任的问题。第一,太阳世纪公司上诉否认其出具了《借款担保承诺书》,浦发银行一审时提交了《借款担保承诺书》及《董事会决议》,经查,《借款担保承诺书》加盖了鸿隆公司公章及当时法定代表人(董事长)黄玲的印章。而《董事会决议》同意案涉担保事宜并授权法定代表人黄玲签署相关文件,太阳世纪公司没有提供证据证明黄玲、华丹萍、LEOJIN、王凌云对《董事会决议》及《借款担保承诺书》的真实性有异议。上述证据互相印证,足以认定《借款担保承诺书》的真实性,一审判决对太阳世纪公司的鉴定申请不予准许,并无不当。第二,紫瑞公司上诉否认其出具了《借款担保承诺书》,浦发银行一审时提交了《借款担保承诺书》及《股东会决议》,经查,《借款担保承诺书》加盖了紫瑞公司公章及当时法定代表人(董事长)魏海燕的印章。《股东会决议》加盖了鸿隆公司(持股90%)公章及鸿隆公司当时的法定代表人黄玲的印章,也加盖了紫瑞公司公章和魏海燕的印章。紫瑞公司没有提供证据证明魏海燕、黄玲对《股东会决议》《借款担保承诺书》的真实性有任何异议,上述证据互相印证,足以认定《借款担保承诺书》的真实性。一审判决对紫瑞公司的鉴定申请不予准许,并无不当。上述《董事会决议》《股东会决议》及《借款担保承诺书》均未违反法律的禁止性规定,均为合法有效。一审判决太阳世纪公司、紫瑞公司依据《借款担保承诺书》承担连带清偿

责任，并无不当，应予维持。

综上所述，地中海酒店、利贞公司、太阳世纪公司、紫瑞公司的上诉请求不能成立，应予驳回；一审判决认定事实清楚，适用法律正确，应予维持。依照《中华人民共和国民事诉讼法》第一百七十条第一款第一项规定，判决：驳回上诉，维持原判。二审案件受理费人民币842209.29元，由地中海酒店负担119223.25元；由利贞公司、太阳世纪公司、紫瑞公司各负担240995.35元。利贞公司、太阳世纪公司、紫瑞公司已分别预交了二审案件受理费人民币722986.04元，由二审法院向利贞公司、太阳世纪公司、紫瑞公司各清退人民币481990.69元。

本院再审查明，浦发银行委托诉讼代理人在本案一审庭审中陈述（一审庭审笔录第6页）："逾期利息从2011年12月21日开始计息。"

另查明：2017年7月6日，深圳市中级人民法院作出（2017）粤03执2000号执行裁定书。该裁定载明，为执行本案原判决，查封、冻结或划拨地中海酒店等财产（以人民币807133353元及利息等为限）。

本案再审查明的其他事实与原审查明的事实一致。

本院认为，综合各方当事人的诉辩意见，本案再审的争议焦点：（1）本案是否存在超诉请判决的情形；（2）案涉借款利息应当如何认定。

一、关于本案是否存在超诉请判决的情形问题

地中海酒店主张，浦发银行的诉讼请求不包括支付复利，而原判决认定地中海酒店应从2011年12月21日（包括该日）起对延付的利息按照罚息利率计算复利，超出浦发银行的诉讼请求范围。本院认为，本案《委托贷款合同》第10.2条约定：在贷款期内借款人未依约按时支付贷款利息的，贷款人有权加收延付利息的罚息；第10.4条约定：借款人未按约定归还贷款本息的，贷款人有权对逾期贷款加收合同利率上的50%的罚息。可见，《委托贷款合同》第10.2条、第10.4条实际上分别对"延付利息的罚息"即复利和"逾期贷款的罚息"即一般意义上的罚息作出了约定。虽然浦发银行相关诉讼请求笼统表述为："地中海酒店应立即向浦发银行偿还借款本金人民币1.2亿元以及相关借款利息及罚息（注：截至2012年6

月6日的欠息数额为人民币16237208.73元，2012年6月6日以后的利息按照委托贷款合同的约定计收）。"但就2012年6月6日以后的利息按照《委托贷款合同》约定计收之请求而言，其诉讼请求的罚息并未超出《委托贷款合同》第10.2条、第10.4条的范围。此外，案涉合同约定付息日为每月20日，双方亦均认可2011年11月20日前的利息已经清偿，根据合同第10.2条的约定，2011年12月20日应付而未付的利息应当自次日起计收"延付利息的罚息"亦即复利。浦发银行委托诉讼代理人在一审庭审中有关"逾期利息从2011年12月21日开始计息"的主张，亦与合同第10.2条计收复利的约定相吻合。综上，原判决将地中海酒店诉讼请求中的罚息理解为"逾期贷款的罚息"和"延付利息的罚息"，并据此作出裁判，不属于超出浦发银行诉讼请求范围的情形。地中海酒店提出本案存在超诉请判决的情形缺乏理据，本院不予支持。

二、关于案涉借款利息应当如何认定问题

根据《贷款通则》第七条的规定，委托贷款系指由政府部门、企事业单位及个人等委托人提供资金，由贷款人（即受托人）根据委托人确定的贷款对象、用途、金额、期限、利率等代为发放、监督使用并协助收回的贷款。贷款人（受托人）只收取手续费，不承担贷款风险。同时，中国人民银行相关规定亦明确，委托贷款属于商业银行中间业务，不构成商业银行表内资产、表内负债，仅形成银行非利息收入。由此可见，委托贷款已经纳入国家金融监管范围，在该法律关系中贷款人是经国家金融监管部门批准设立的从事贷款业务的金融机构，其应履行代为发放、监督使用并协助收回贷款等职责，此与金融借款合同具有类似之处。但另一方面，委托贷款与民间借贷亦有相通之处。首先，金融机构虽系贷款人但实际是以受托人身份与借款人发生借款关系，而非自主决定贷款事宜，有关贷款对象、用途、金额、期限、利率等借款合同主要权利义务的确定仍体现了委托人的意志。其次，从权利义务的实际承担来看，亦是委托人而非贷款人享有贷款利息收益等合同主要权利，并实际承担借款人不还款及逾期还款的风险。最后，与金融机构自营贷款中的资金系通过法定方式渠道筹集不

借款合同纠纷

同，委托贷款直接来源于委托人的自有资金，此与出借人以自有资金进行民间借贷别无二致。由此可见，委托贷款在不同的方面分别体现出金融借款与民间借贷的特点，在现行法律及司法解释对委托贷款未作明确规定的情况下，可通过分析相关问题是更具有金融借款还是民间借贷的特点，进而确定可参照的规则。现行法律及司法解释未对委托贷款的利率上限作出限制，鉴于委托贷款系由委托人而非作为贷款人的金融机构确定借款利率等合同主要条款并实际收取利息，同时考虑到委托贷款与民间借贷在资金来源相同的基础上亦可推定其资金成本大致等同，人民法院确定委托贷款合同的利率上限时当参照民间借贷的相关规则。

本案中，侯楚雄委托浦发银行向地中海酒店发放贷款，属于委托贷款法律关系。贷款人浦发银行根据相关司法解释以原告身份提起本案诉讼，并不影响根据民间借贷的相关规则确定案涉委托贷款利率上限。案涉《委托贷款合同》签订于2011年10月18日，浦发银行于2011年10月25日、26日向地中海酒店发放案涉1.2亿元贷款。2015年9月1日《民间借贷规定》施行时本案二审尚未审结，根据《最高人民法院关于认真学习贯彻适用〈最高人民法院关于审理民间借贷案件适用法律若干问题的规定〉的通知》第三条有关"本《规定》施行后，尚未审结的一审、二审、再审案件，适用《规定》施行前的司法解释进行审理，不适用本《规定》"的意见，本案不应参照《民间借贷规定》，而应参照案涉借款发生时有效的《最高人民法院关于人民法院审理借贷案件的若干意见》（以下简称《借贷案件意见》）。《借贷案件意见》第六条规定，民间借贷利率不得超过银行同类贷款利率的四倍。该意见未对出借人是否可以就利息、罚息和复利同时主张及其限额进行限制，但《借贷案件意见》中"同类贷款利率的四倍"与《民间借贷规定》中"年利率24%"的标准均系人民法院在不同时期所确定的民间借贷利率的司法保护上限，具有相同的规范功能。考虑到《民间借贷规定》第二十八条、第三十条确立了利息、复利、罚息等费用并存时年利率24%为司法保护上限的规则，根据《最高人民法院关于适用〈中华人民共和国合同法〉若干问题的解释（二）》第二十九条规定，对《民间借贷规定》施行前民间借贷中利息、罚息、复利等明显过高且当事人主张适当减少的,对同一时期的利息等费用之和以不超过银行同类贷款利率的四倍为宜,对超出该部分的不予保护。"

原判决对浦发银行主张的利息及罚息确定为:地中海酒店应支付贷款期内即从 2011 年 11 月 21 日至 2012 年 4 月 25 日(包括该日)按照年利率 24% 计算利息、之后按照贷款利息上浮 50% 即年利率 36% 计算罚息、自 2011 年 12 月 21 日(包括该日)起对延付的利息按照罚息利率即年利率 36% 计算复利。据此,本案同一时期的利息、罚息、复利之和已经超出银行同类贷款利率的四倍。2017 年 7 月 6 日深圳市中级人民法院作出的(2017)粤 03 执 2000 号执行裁定,以人民币 807133353 元为限查封地中海酒店等财产,虽不排除有执行中计算方面的原因,但与实体判决导致借贷双方利益明显失衡不无关联,原判决着实有违上述民间借贷司法解释的相关规定,应当予以调整。如上所述,本案同一时期的利息、罚息、复利之和已经超出司法保护上限即银行同类贷款利率的四倍,故对其分项处理不具有实质意义。综合考虑合同约定及履行情况,本院确定上述利息、罚息及复利之和以银行同期同类贷款利率的四倍计算,对超出部分不予保护。地中海酒店再审请求调整案涉借款利息的主张成立,本院予以支持。

此外,关于地中海酒店主张将案外人向其收取的融资咨询服务费金额在本案利息范围内进行扣减的问题,本院认为,案外人就案涉贷款收取融资咨询服务费,与本案的委托贷款并非同一法律关系。且地中海酒店并不能证明侯楚雄收取的利息与案外人收取融资咨询服务费均归属于同一主体。故,对地中海酒店的该主张,本院不予支持。

综上所述,地中海酒店再审请求部分成立,本院予以支持。二审判决认定事实清楚,但适用法律不当,本院予以纠正。依照《最高人民法院关于适用〈中华人民共和国合同法〉若干问题的解释(二)》第二十九条[①],《中华人民共和国民事诉讼法》第二百零七条第一款、第一百七十条第一款第二项的规定,判决如下:

一、撤销广东省高级人民法院(2015)粤高法民四终字第 170 号民事

[①] 该法律文件已失效。

借款合同纠纷

判决;

二、维持广东省深圳市中级人民法院(2012)深中法涉外初字第50号民事判决第一项、第三项、第四项;

三、变更广东省深圳市中级人民法院(2012)深中法涉外初字第50号民事判决第二项为:梅州地中海酒店有限公司应于本判决生效之日起15日内向上海浦东发展银行股份有限公司深圳分行支付贷款本金人民币1.2亿元及其利息(利息以1.2亿元为基数,按中国人民银行同期同类贷款利率四倍计算,自2011年11月21日起至清偿之日止);

四、驳回上海浦东发展银行股份有限公司深圳分行其他诉讼请求。

如果本案履行义务人未按照本判决指定的期间履行给付金钱义务,应按照《中华人民共和国民事诉讼法》第二百五十三条的规定加倍支付迟延履行期间的债务利息。

本案一审案件受理费722986.04元,财产保全费5000元,由梅州地中海酒店有限公司、深圳市紫瑞房地产开发有限公司、太阳世纪地产集团有限公司、梅州利贞实业有限公司、黄华、王晖、李琼共同负担509590.23元,由上海浦东发展银行股份有限公司深圳分行负担218395.81元;二审案件受理费842209.29元,由梅州地中海酒店有限公司负担35766.98元,深圳市紫瑞房地产开发有限公司、太阳世纪地产集团有限公司、梅州利贞实业有限公司各负担240995.35元,上海浦东发展银行股份有限公司深圳分行负担83456.27元。

本判决为终审判决。

审　判　长　陈宏宇
审　判　员　张颖新
审　判　员　王毓莹

二〇一八年十二月十三日

法官助理　谢素恒
书　记　员　赖建英

83. 中国长城资产管理股份有限公司山西省分公司与山西朔州平鲁区华美奥崇升煤业有限公司等借款合同纠纷案[*]

> 如果在最高额保证合同中明确约定所担保的最高债权额包括主债权的数额和相应的利息、违约金等费用,保证人即应当对该约定承担保证责任,而不受主债权数额的限制

【裁判摘要】

> 在最高额保证合同关系中,如果合同明确约定所担保的最高债权额包括主债权的数额和相应的利息、违约金、损害赔偿金以及实现债权的费用,保证人即应当依照约定对利息、违约金、损害赔偿金以及实现债权的费用承担保证责任,而不受主债权数额的限制。

最高人民法院民事判决书

(2019)最高法民终823号

上诉人(原审原告):中国长城资产管理股份有限公司山西省分公司。住所地:山西省太原市迎泽西大街

---

[*] 摘自《最高人民法院公报》2020年第5期。

16号。

负责人：曹志强，该公司经理。

委托诉讼代理人：薛超，北京市京师（太原）律师事务所律师。

委托诉讼代理人：魏晓慧，北京市京师（太原）律师事务所律师。

被上诉人（原审被告）：山西朔州平鲁区华美奥崇升煤业有限公司。住所地：山西省朔州市平鲁区下面高乡下面高村。

法定代表人：马吉海，该公司经理。

委托诉讼代理人：周子翔，该公司法务部法务专员。

被上诉人（原审被告）：山西华美奥能源集团有限公司。住所地：山西省朔州市平鲁区陶村乡。

法定代表人：马吉海，该公司总经理。

委托诉讼代理人：贾文颖，该公司员工。

被上诉人（原审被告）：珠海秦发物流有限公司。住所地：珠海高栏海关办公大楼551房。

法定代表人：徐达，该公司董事长。

委托诉讼代理人：陈玉兰，该公司法务部法务主管。

被上诉人（原审被告）：秦皇岛秦发实业集团有限公司。住所地：河北省秦皇岛市海港区迎宾路121号。

法定代表人：徐达，该公司董事长。

被上诉人（原审被告）：山西朔州平鲁区华美奥冯西煤业有限公司。住所地：山西省朔州市平鲁区下面高乡冯家岭村。

法定代表人：王文富，该公司经理。

委托诉讼代理人：谢华聪，该公司法务部法务专员。

被上诉人（原审被告）：徐吉华，男，1956年7月10日出生，汉族，住北京市通州区。

被上诉人（原审被告）：王桂敏，女，1959年11月30日出生，汉族，住河北省秦皇岛市海港区。

被上诉人（原审被告）：徐达，男，1984年10月12日出生，汉族，住北京市宣武区。

被上诉人（原审被告）：邓冰晶，女，1984年9月23日出生，汉族，住南宁市青秀区。

上诉人中国长城资产管理股份有限公司山西省分公司（以下简称长城公司山西分公司）因与被上诉人山西华美奥能源集团有限公司（以下简称华美奥公司）、珠海秦发物流有限公司（以下简称秦发公司）、秦皇岛秦发实业集团有限公司（以下简称秦发实业公司）、山西朔州平鲁区华美奥崇升煤业有限公司（以下简称崇升煤业公司）、山西朔州平鲁区华美奥冯西煤业有限公司（以下简称冯西煤业公司）、徐吉华、王桂敏、徐达、邓冰晶借款合同纠纷一案，不服山西省高级人民法院（2016）晋民初55号民事判决，向本院提起上诉。本院于2019年5月20日立案后，依法组成合议庭，公开开庭进行了审理。上诉人长城公司山西分公司的委托诉讼代理人薛超、魏晓慧，被上诉人华美奥公司的委托诉讼代理人贾文颖，秦发公司的委托诉讼代理人陈玉兰，冯西煤业公司的委托诉讼代理人谢华聪到庭参加诉讼。被上诉人崇升煤业公司、秦发实业公司经传票传唤未到庭参加诉讼，徐吉华、王桂敏、徐达、邓冰晶经公告送达开庭传票，亦未到庭参加诉讼。本案现已审理终结。

本案一审判决作出后，原由中信银行股份有限公司太原分行（以下简称中信银行太原分行）向本院提起上诉。2019年7月5日，长城公司山西分公司向本院提出申请，将"中信银行太原分行"变更为"长城公司山西分公司"，并请求参加本案诉讼，本院经审查，予以准许。

本案一审判决作出后，崇升煤业公司亦在法定期限内向本院提起了上诉，但因其未在法定期限内缴纳案件受理费，本院依照《最高人民法院关于适用〈中华人民共和国民事诉讼法〉的解释》第三百二十条规定，对其按自动撤回上诉处理。

长城公司山西分公司上诉请求：（1）撤销山西省高级人民法院（2016）晋民初55号民事判决第二项、第五项；（2）改判秦发公司、秦发实业公司、崇升煤业公司、冯西煤业公司、徐吉华、王桂敏、徐达、邓冰晶对该判决第一项所确定的华美奥司的债务承担连带清偿责任；（3）改判华美奥公司、秦发公司、秦发实业公司、崇升煤业公司、冯西煤业公司、徐吉

借款合同纠纷

华、王桂敏、徐达、邓冰晶承担保全费5000元、律师代理费30万元；（4）本案全部诉讼费用由华美奥公司、秦发公司、秦发实业公司、崇升煤业公司、冯西煤业公司、徐吉华、王桂敏、徐达、邓冰晶共同承担。事实与理由：（1）一审判令各保证人仅在5亿元限额内承担保证责任，属认定事实不清，适用法律错误。依据中信银行太原分行与秦发公司、秦发实业公司、崇升煤业公司、冯西煤业公司、徐吉华、王桂敏、徐达、邓冰晶签订《最高额保证合同》第二十三条约定以及《中华人民共和国担保法》第二十一条的规定，中信银行太原分行要求秦发公司、秦发实业公司、崇升煤业公司、冯西煤业公司、徐吉华、王桂敏、徐达、邓冰晶对本金492443528.38元及相应利息、罚息、复利及实现债权的费用承担连带保证责任，有事实及法律的依据。（2）依据涉案《人民币流动资金贷款合同》及《最高额保证合同》的约定，中信银行太原分行因采取诉前保全措施向法院交纳诉前保全费5000元。因委托律师代理诉讼，已经支付律师代理费20万元，并在取得本案终审判决后将再行支付律师代理费10万元。上述费用均属于中信银行太原分行为实现债权产生的费用，应由华美奥公司、秦发公司、秦发实业公司、崇升煤业公司、冯西煤业公司、徐吉华、王桂敏、徐达、邓冰晶共同承担。

华美奥公司辩称：中信银行太原分行在一审举证期限届满前未提供其为实现债权产生费用的相关证据，且根据案件类型、繁简程度，只有当事人对出庭不能胜任时，才确定其聘请律师是必要的。而本案中信银行太原分行作为一家专门从事银行信贷业务的专业机构，涉案合同均为格式合同，双方的权利义务关系明确，因此，中信银行太原分行没有必要聘请两位代理律师出庭，显然其支出的律师费用并非必要，不应支持。

秦发公司、冯西煤业公司辩称：（1）各保证人仅在最高额保证合同约定的5亿元最高债权额限度内承担保证责任，一审对此认定事实清楚，适用法律正确。依据《中华人民共和国担保法》第十四条、《最高人民法院关于适用〈中华人民共和国担保法〉若干问题的解释》第二十三条规定，最高额保证合同中的"最高额"必须明确，超出此限度的保证人不再承担保证责任。涉案《最高额保证合同》第2.3条只约定了担保的最高本金限额为5亿元,并未约定最高债权限额,致使保证人承担保证责任的范围处于不确定状态,不符合法律规定。因此,涉案保证合同约定的最高本金限额应视为最高债权限额,保证人担保的最高债权额应为5亿元。(2)长城公司山西分公司没有证据证明存在诉前保全费、律师代理费。一审中,中信银行太原分行仅要求支付实现债权产生的费用,至于该费用的具体项目、金额及相关证据,均未予以明确,故一审驳回中信银行太原分行的该部分诉讼请求,并无不当。

中信银行太原分行向一审法院起诉请求:(1)依法判决华美奥公司偿还借款本金492443528.38元及利息13068468.45元(截至2016年5月30日,利息含罚息、复利、违约金等,下同),共计505511996.83元,及从2016年5月31日至全部还清借款时的利息,以及实现债权产生的费用;(2)依法判决秦发公司、秦发实业公司、崇升煤业公司、冯西煤业公司、徐吉华、王桂敏、徐达、邓冰晶对上述借款本息承担连带清偿责任;(3)依法判决其对华美奥公司质押的对国电电力大同发电有限公司已产生及将产生的应收账款享有质权,对拍卖、变卖应收账款的价款享有优先受偿权;(4)本案诉讼费由上述一审被告承担。

一审法院查明:2013年6月4日,中信银行太原分行与华美奥公司签订2013并银信字第0141号《综合授信合同》,约定华美奥公司在2013年6月4日至2016年6月3日止的使用期限内可向中信银行太原分行申请使用5亿元的综合授信额度。

2013年6月4日,中信银行太原分行(乙方)与华美奥公司(甲方)签订2013并银流贷字第0250号《人民币流动资金贷款合同》,约定在合同项下贷款30000万元,贷款期限自2013年6月4日至2016年6月3日,用途为购煤。贷款利率为年利率7%,结息方式为按月结息,结息日为每月的第20日。本合同13.4条、13.5条、13.6条、13.7条还约定:甲方未能按本合同约定偿还本金,乙方除有权行使本条第13.3款约定的权利外,有权根据实际逾期天数,按本合同届时适用的贷款利率加收50%的罚息利率计收复利;对甲方不能按时支付的利息,乙方有权根据实际逾期的天数,按照本条第13.4款约定的罚息利率计收复利;甲方未能按本合同约

借款合同纠纷

定用途使用借款，乙方除有权行使本条第13.3款约定的权利外，有权对违约使用的部分自挪用日起，根据违约使用天数按本合同届时适用的贷款利率加收100%的罚息利率计收利息；乙方因实现债权所发生的各项费用（包括但不限于诉讼、差旅、主债权总额20%内的律师、财产保全、公证认证、翻译、评估拍卖费等），均由甲方承担。

上述合同签订后，2013年6月4日，中信银行太原分行依约向华美奥公司发放贷款30000万元。

2015年1月23日，中信银行太原分行（乙方）与华美奥公司（甲方）签订2015并银流贷字第0043号《人民币流动资金贷款合同》，约定在合同项下贷款5000万元，贷款期限自2015年1月23日至2016年1月23日，用途为购煤。贷款利率为年利率7.28%，结息方式为按月结息，结息日为每月的第20日。该合同13.5条、13.6条、13.7条、13.8条、13.9条还约定：甲方未按本合同约定偿还本金，乙方除有权行使本条第13.4款约定的权利外，有权根据实际逾期天数，按本合同届时适用的贷款利率加收50%罚息利率计收罚息。甲方同意上述罚息金额的计算以乙方计算结果为准；甲方未按本合同约定用途使用借款，乙方除有权行使本条第13.4款约定的权利外，有权对违约使用的部分自挪用日起，根据违约使用天数按本合同届时适用的贷款利率加收100%的罚息利率计收罚息。甲方同意上述罚息金额的计算以乙方计算结果为准；对于同时发生逾期和未按照合同约定用途使用贷款，乙方有权按照第13.5款和第13.6款中较高的罚息利率计收罚息；对于甲方未按时支付的利息（包括被乙方宣布全部或部分到期的本金对应的利息）和罚息，自逾期之日起至全部清偿之日止，按本合同约定的逾期贷款罚息利率和本合同约定的结息方式计收复利；对于即逾期又未按本合同约定用途使用借款的，择较重者计收复利，不予并处；乙方因实现债权所发生的各项费用（包括但不限于诉讼、仲裁、执行、保险、差旅、律师、财产保全、公证认证、翻译、评估拍卖费等），均由甲方承担。

上述合同签订后，2015年1月23日，中信银行太原分行依约向华美奥公司发放贷款5000万元。

2015年6月26日，中信银行太原分行（乙方）与华美奥公司（甲方）签订2015并银流贷字第0233号《人民币流动资金贷款合同》，约定本合同项下贷款50000万元，贷款期限自2015年6月26日至2016年6月26日，用途为贷款重组，用于贷新还旧。贷款利率以实际提款日的定价基础利率上浮56BPs结算，结算方式为按月结息，结算日为每月的第20日。本合同13.5条、13.6条、13.7条、13.8条、13.9条还约定：甲方未按本合同约定偿还本金，乙方除有权行使本条第13.4款约定的权利外，有权根据实际逾期天数，按本合同届时适用的贷款利率加收50%的罚息利率计收罚息。甲方同意上述罚息金额的计算以乙方计算结果为准；甲方未按本合同约定用途使用借款，乙方除有权行使本条第13.4款约定的权利外，有权对违约使用的部分自挪用日起，根据违约使用天数按本合同届时的贷款利率加收100%的罚息利率计收罚息。甲方同意上述罚息金额的计算以乙方计算结果为准；对于同时发生逾期和未按照合同约定用途使用贷款，乙方有权按照第13.5款和第13.6款中较高的罚息利率计收罚息；对于甲方未按时支付利息（包括被乙方宣布全部或部分到期的本金对应的利息）和罚息，自逾期之日起至全部清偿之日止，按本合同约定的逾期贷款罚息利率和本合同约定的结息方式计收复利；对于既逾期又未按本合同约定用途使用借款的，择较重者计收复利，不予并处；乙方因实现债权所发生的各项费用（包括但不限于诉讼、仲裁、执行、保险、差旅、律师、财产保全、公证认证、翻译、评估拍卖费等），均由甲方承担。

上述合同签订后，中信银行太原分行于2015年6月26日、2015年12月24日分别依约向华美奥公司发放贷款28843472.38元和173600056元。

截至目前，经当事人一致确认，华美奥公司已归还本金6000万元；剩余借款本金的计算应为：30000万元+5000万元+173600056元+28843472.38元-6000万元=492443528.38元。

2016年6月22日，中信银行太原分行与秦发公司、秦发实业公司、崇升煤业公司、冯西煤业公司、徐吉华、王桂敏、徐达、邓冰晶分别签订2016并银最保字第0140号、第0095号、第0096号、第0097号、第0139号、第0100号、第0098号、第0099号《最高额保证合同》，均约定秦发

借款合同纠纷

公司等四单位、徐吉华等四人为确保中信银行太原分行与华美奥公司在一定期限内连续发生的多笔债权的履行,保障中信银行太原分行债权的实现,愿意为债务人履行债务提供最高额保证担保,担保的债权最高额限度为伍亿元整,担保方式为连带责任保证,保证期间为主合同项下债务履行期限届满之日起两年,保证范围包括主合同项下的主债权、利息、罚息、复利、违约金、损害赔偿金、为实现债权的费用(包括但不限于诉讼、仲裁、律师、差旅、评估、过户、保全、公告、执行等费和其他所有应付的费用)。

2016年6月22日,中信银行太原分行与华美奥公司签订2016并银最应质字第0014号《最高额应收账款质押合同》和《应收账款质押登记协议》,约定为确保中信银行太原分行与华美奥公司在一定期限内连续发生的多笔债务的履行,华美奥公司愿意以其享有的应收账款为主合同债务人履行债务提供最高额质押担保。质押担保的债权最高额限度为伍亿元整,质押担保的范围包括主债权、利息、罚息、违约金、损害赔偿金、保管质押财产以及为实现债权、质权等发生的一切费用(包括但不限于诉讼、仲裁、律师、差旅、评估、过户、保全、公告、公证认证、翻译、执行费等)和其他所有应付的费用;并于2015年12月24日在中国人民银行征信中心动产权属统一登记(0247××××××××××8161)。

一审法院认为,中信银行太原分行与华美奥公司签订的《综合授信合同》《人民币流动资金贷款合同》《应收账款质押合同》《应收账款质押登记协议》;中信银行太原分行与秦发公司、秦发实业公司、崇升煤业公司、冯西煤业公司、徐吉华、王桂敏、徐达、邓冰晶签订的《最高额保证合同》,均系当事人真实意思表示,且不违反国家法律、法规的强制性规定,合同合法有效,对当事人具有法律约束力,各方应遵循诚实信用原则,及时全面履行相应的义务。中信银行太原分行依约发放贷款后,华美奥公司未能按时还款,秦发公司、秦发实业公司、崇升煤业公司、冯西煤业公司、徐吉华、王桂敏、徐达、邓冰晶未履行相应的担保责任,均构成违约,应承担逾期还款的违约责任。《中华人民共和国合同法》第二百零五条、第二百零六条、第二百零七条规定,借款人应当按照约定的期限支付利息；借款人应当按照约定的期限返还借款；借款人未按照约定的期限返还借款的，应当按照约定或者国家有关规定支付逾期利息。本案中，中信银行太原分行向华美奥公司主张贷款本金492443528.38元以及按照《人民币流动资金贷款合同》的约定计算出利息13068468.45元，具有事实依据和法律根据，理据充分，依法予以支持。中信银行太原分行在保证期间内要求秦发公司、秦发实业公司、崇升煤业公司、冯西煤业公司、徐吉华、王桂敏、徐达、邓冰晶对上述款项承担连带清偿责任，理由正当，依法予以支持。

关于华美奥公司、秦发公司、秦发实业公司、崇升煤业公司、冯西煤业公司辩称中信银行太原分行主张罚息、复利、违约金于法无据，有违公平原则，不符合《中华人民共和国合同法》第一百一十三条的规定。对此，一审法院认为，中信银行太原分行与华美奥公司签订的《人民币流动资金贷款合同》，约定对复利和罚息的计收按照合同约定来履行。秦发公司、秦发实业公司、崇升煤业公司、冯西煤业公司以及徐吉华、王桂敏、徐达、邓冰晶分别与中信银行太原分行签订的2016并银最保字第0140号、第0095号、第0096号、第0097号、第0139号、第0100号、第0098号、第0099号《最高额保证合同》，约定的保证方式为连带责任保证，保证期间为主合同项下债务履行期限届满之日起两年，担保的债权最高额限度为伍亿元整和相应的利息、罚息、违约金、损害赔偿金以及为实现债权、担保权利等发生的一切费用（包括但不限于诉讼、仲裁、律师、差旅、评估、过户、保全、公告、公证认证、翻译、执行费等）。《中华人民共和国担保法》第六条规定，保证是指保证人与债权人约定，当债务人不履行债务时，保证人按照约定履行债务或者承担责任的行为。《中华人民共和国担保法》第十八条规定，当事人在保证合同中约定保证人与债务人对债务承担连带责任的，为连带责任保证。连带责任保证的债务人在主合同规定的债务履行期届满没有履行债务的，债权人可以要求债务人履行债务，也可以要求保证人在其保证范围内承担保证责任。《中国人民银行人民币利率管理规定》第二十一条亦规定，中长期贷款（期限在一年以上）利率实行一年一定。……对贷款期限内不能按期支付的利息按合同利率按季计收

借款合同纠纷

复利,贷款逾期后改按罚息利率计收复利。故华美奥公司、秦发公司、秦发实业公司、崇升煤业公司、冯西煤业公司的上述辩称,于法无据,不予采信。关于秦发公司、秦发实业公司、崇升煤业公司、冯西煤业公司所提本案存在混合担保、债权人对债务人享有质权,又有其提供的担保,中信银行太原分行应先就享有的质权清偿后再由保证人承担担保责任。对此,一审法院认为,《中华人民共和国物权法》第一百七十六条规定,被担保的债权既有物的担保又有人的担保的,债务人不履行到期债务或者发生当事人约定的实现担保物权的情形,债权人应当按照约定实现债权。案涉的《最高额保证合同》第6.5条亦约定,当主合同债务人不履行到期债务或发生约定的保证人承担保证责任的情形,无论中信银行太原分行对主合同项下的债权是否拥有其他担保,中信银行太原分行均有权直接要求保证人在其担保范围内承担担保责任,无需事先行使其他担保权利。故秦发公司、秦发实业公司、崇升煤业公司、冯西煤业公司的上述辩称意见,于法无据,不予支持。关于秦发公司、秦发实业公司、崇升煤业公司、冯西煤业公司所提贷款已经超过伍亿元,已还6000万元,所以担保限额应当是4.4亿多元;以及崇升煤业公司、冯西煤业公司称签订最高额担保合同时不知道主债务合同的目的是借新还旧,不应当承担担保责任的质证意见。对此,一审法院认为,2016年6月22日上述保证人与中信银行太原分行签订的《最高额保证合同》2.2条约定,担保的债权是指乙方依据与主合同债务人(华美奥公司)在2013年6月4日至2016年6月26日期间所签署的主合同而享有的一系列债权,这里的一系列债权应当包括0233号合同项下的债务。冯西煤业公司和崇升煤业公司以不能证明在签订最高额担保合同时知道主合同是用于借新还旧,不应在伍亿元范围内承担保证责任的意见不符合合同约定,亦不符合常理,不予采信。关于华美奥公司、秦发公司、秦发实业公司、崇升煤业公司、冯西煤业公司辩称,实现债权费用的主张,没有具体金额,也没有发票证明,应予驳回。对此,一审法院认为,中信银行太原分行与华美奥公司签订的《人民币流动资金贷款合同》和中信银行太原分行与秦发公司、秦发实业公司、崇升煤业公司、冯西煤业公司签订的《最高额保证合同》均约定:对实现债权所发生的费用均由债务人和担保人承担。但在一审庭审中，中信银行太原分行并未提交实现债权已实际发生费用的相关证据，故对中信银行太原分行此项请求不予支持。

综上，该院依照《中华人民共和国合同法》第四十四条①、第六十条②、第一百九十六条③、第二百零五条④、第二百零六条⑤、第二百零七条⑥，《中华人民共和国担保法》第六条⑦、第十八条⑧、第二十一条⑨、第三十一条⑩，《中华人民共和国民事诉讼法》第一百四十四条、第一百四十

---

① 对应《中华人民共和国民法典》第五百零二条："依法成立的合同，自成立时生效，但是法律另有规定或者当事人另有约定的除外。依照法律、行政法规的规定，合同应当办理批准等手续的，依照其规定。未办理批准等手续影响合同生效的，不影响合同中履行报批等义务条款以及相关条款的效力。应当办理申请批准等手续的当事人未履行义务的，对方可以请求其承担违反该义务的责任。依照法律、行政法规的规定，合同的变更、转让、解除等情形应当办理批准等手续的，适用前款规定。"

② 对应《中华人民共和国民法典》第五百零九条："当事人应当按照约定全面履行自己的义务。当事人应当遵循诚信原则，根据合同的性质、目的和交易习惯履行通知、协助、保密等义务。当事人在履行合同过程中，应当避免浪费资源、污染环境和破坏生态。"

③ 对应《中华人民共和国民法典》第六百六十七条，内容未作修改。

④ 对应《中华人民共和国民法典》第六百七十四条："借款人应当按照约定的期限支付利息。对支付利息的期限没有约定或者约定不明确，依据本法第五百一十条的规定仍不能确定，借款期间不满一年的，应当在返还借款时一并支付；借款期间一年以上的，应当在每届满一年时支付，剩余期间不满一年的，应当在返还借款时一并支付。"

⑤ 对应《中华人民共和国民法典》第六百七十五条："借款人应当按照约定的期限返还借款。对借款期限没有约定或者约定不明确，依据本法第五百一十条的规定仍不能确定的，借款人可以随时返还；贷款人可以催告借款人在合理期限内返还。"

⑥ 对应《中华人民共和国民法典》第六百七十六条："借款人未按照约定的期限返还借款的，应当按照约定或者国家有关规定支付逾期利息。"

⑦ 对应《中华人民共和国民法典》第六百八十一条："本法所称保证，是指保证人和债权人约定，当债务人不履行债务时，保证人按照约定履行债务或者承担责任的行为。"

⑧ 对应《中华人民共和国民法典》第六百八十八条："当事人在保证合同中约定保证人和债务人对债务承担连带责任的，为连带责任保证。连带责任保证的债务人不履行到期债务或者发生当事人约定的情形时，债权人可以请求债务人履行债务，也可以请求保证人在其保证范围内承担保证责任。"

⑨ 对应《中华人民共和国民法典》第六百九十一条："保证的范围包括主债权及其利息、违约金、损害赔偿金和实现债权的费用。当事人另有约定的，按照其约定。"

⑩ 对应《中华人民共和国民法典》第七百条："保证人承担保证责任后，除当事人另有约定外，有权在其承担保证责任的范围内向债务人追偿，享有债权人对债务人的权利，但是不得损害债权人的利益。"

借款合同纠纷

二条之规定,判决:一、华美奥公司于判决生效之日起10日内偿还中信银行太原分行借款本金492443528.38元及利息(截至2016年5月30日)为13068468.45元;及2016年5月31日至全部还清借款时的利息,按借款合同约定标准另行计付;二、秦发公司、秦发实业公司、崇升煤业公司、冯西煤业公司、徐吉华、王桂敏、徐达、邓冰晶对判决第一项所确定的华美奥公司的债务各自在最高额保证合同约定的5亿元最高债权额限度内承担连带清偿责任;三、秦发公司、秦发实业公司、崇升煤业公司、冯西煤业公司、徐吉华、王桂敏、徐达、邓冰晶承担保证责任后,有权向华美奥公司追偿;四、在判决第一项所确定的债权范围内,中信银行太原分行对华美奥公司在国电电力大同发电有限公司已产生及将产生的应收账款享有优先受偿权;五、驳回中信银行太原分行的其他诉讼请求。如果未按判决指定的期间履行给付金钱的义务,应当依照《中华人民共和国民事诉讼法》第二百五十三条之规定,加倍支付延迟履行期间的债务利息。案件受理费2569359.98元,由华美奥公司、秦发公司、秦发实业公司、崇升煤业公司、冯西煤业公司、徐吉华、王桂敏、徐达、邓冰晶共同负担。

在本院二审中,长城公司山西分公司围绕上诉请求依法提交以下新证据:

证据一,(2016)晋财保20号民事裁定书、(2016)晋财保20号之一民事裁定书、中信银行客户回单、人民法院诉讼收费专用票据,拟证明:中信银行太原分行就涉案债权申请诉前保全并支付保全费5000元;

证据二,《委托代理合同》《补充协议》、增值税专用发票3张、中信银行客户回单。拟证明:中信银行太原分行已按《委托代理协议》约定支付本案律师代理费20万元。

华美奥公司、秦发公司、冯西煤业公司发表质证意见认为,对上述证据的真实性、合法性予以认可,但不属于新证据,且在一审诉讼请求中也未明确提出保全费及律师费两项。

本院经审查认为,对长城公司山西分公司提交上述证据真实性予以确认,能够证明中信银行太原分行已支付本案诉前保全费5000元及律师代理费20万元。

本院二审除对原审查明的事实予以确认外,另查明:

1. 2018年12月14日,中信银行太原分行与长城公司山西分公司签订《债权转让协议》,将案涉债权转让给长城公司山西分公司,双方于2019年1月7日在《经济日报》上刊登《债权转让暨债务催收联合公告》,向案涉债务人及保证人履行了通知义务。

2. 中信银行太原分行与秦发公司、秦发实业公司、崇升煤业公司、冯西煤业公司、徐吉华、王桂敏、徐达、邓冰晶分别签订2016并银最保字第0140号、第0095号、第0096号、第0097号、第0139号、第0100号、第0098号、第0099号《最高额保证合同》,均约定,秦发公司、秦发实业公司、崇升煤业公司、冯西煤业公司、徐吉华、王桂敏、徐达、邓冰晶在本合同项下担保的债权最高额限度为"债权本金(币种)人民币(大写金额)五亿元整和相应的利息、罚息、违约金、损害赔偿金以及为实现债权、担保权利等所发生的一切费用(包括但不限于诉讼费、仲裁费、律师费、差旅费、评估费、过户费、保全费、公告费、公证认证费、翻译费、执行费等)和其他所有应付的费用之和"。担保方式为连带保证责任。

3. 长城公司山西分公司为实现债权已经支付了保全费5000元,律师费20万元。

本院认为,根据上诉人长城公司山西分公司的上诉请求及被上诉人秦发公司等的答辩意见,本案二审的争议焦点为:(1)一审认定案涉保证人在5亿元最高额限度内承担连带清偿责任是否正确;(2)长城公司山西分公司为实现债权而支付的费用应否支持。

关于一审判决案涉保证人在5亿元最高额限度内承担连带清偿责任是否正确的问题。本院认为,本院已查明,中信银行太原分行与秦发公司、秦发实业公司、崇升煤业公司、冯西煤业公司、徐吉华、王桂敏、徐达、邓冰晶签订的《最高额保证合同》中均约定,各担保人担保的债权最高额限度为"债权本金人民币5亿元整"和相应的利息、罚息、违约金、损害赔偿金以及为实现债权、担保权利等所发生的一切费用、其他所有应付的费用之和,即各保证人所担保债权最高额限度为本金5亿元和相应的利息、违约金、律师费、保全费实现债权费用等均属于被担保债权范围。该约定系当事人真实意思表示,且不违反国家法律、法规的强制性规定,应为合法有效,各方亦应依约履行。因各保证人所签订的《最高额保证合同》中已明确约定,本案在最高额担保的"债权本金人民币5亿元和实现债权的律师费、保全费等实现债权的费用"范围内承担保证责任。本案已查明,至本案一审庭审时本案未偿还借款本金为492443528.38元,该数额并未超出《最高额保证合同》约定的本金5亿元,各保证人应以合同约定对华美奥公司的涉案债务本金人民币5亿元和实现债权的律师费、保全费实现债权的费用等承担连带清偿责任。原审判决各保证人仅在5亿元最高债权额限度内承担连带清偿责任,属事实认定错误,本院予以纠正。上诉人长城公司山西分公司的关于"改判秦发公司、秦发实业公司、崇升煤业公司、冯西煤业公司、徐吉华、王桂敏、徐达、邓冰晶对该判决第一项所确定的华美奥公司的债务承担连带清偿责任"的上诉请求具有合同和法律依据,本院予以支持,原审对此认定错误,本院予以纠正。

关于长城公司山西分公司为实现债权而支付的费用应否支持问题。本院认为,根据《最高额保证合同》的约定,各保证人应对实现债权的律师费、保全费等相关费用承担连带保证责任。本案已查明,中信银行太原分行为实现债权,委托律师事务所指派律师提供法律服务,并实际支出了20万元律师费和诉讼保全费5000元,根据争议标的、诉讼难易程度、律所及其律师提供法律服务的内容等方面综合考量,该20万元的律师费数额合理,故主债务人华美奥公司应根据主合同的约定承担该费用。中信银行太原分行与各保证人之间的保证合同中,也约定律师费为担保范围,案涉保证人亦应对该部分主债务承担保证责任。关于保全费5000元,亦是本案债权实现的费用,亦应由华美奥公司、秦发公司、秦发实业公司、崇升煤业公司、冯西煤业公司、徐吉华、王桂敏、徐达、邓冰晶共同负担。

综上所述,长城公司山西分公司的上诉请求成立,一审法院关于最高额保证以及涉案律师费、保全费的认定欠妥,本院予以纠正。本院依照《中华人民共和国民事诉讼法》第一百七十条第一款第二项规定,判决如下:

一、撤销山西省高级人民法院(2016)晋民初55号民事判决;

二、山西华美奥能源集团有限公司于本判决生效之日起10日内偿还中国长城资产管理股份有限公司山西省分公司借款本金492443528.38元及利息（截至2016年5月30日）为13068468.45元及2016年5月31日至全部还清借款时的利息（按借款合同约定标准另行计付）；

三、山西华美奥能源集团有限公司于本判决生效之日起10日内偿还中国长城资产管理股份有限公司山西省分公司律师代理费20万元；

四、珠海秦发物流公司、秦皇岛秦发实业集团有限公司、山西朔州平鲁区华美奥崇升煤业有限公司、山西朔州平鲁区华美奥冯西煤业有限公司、徐吉华、王桂敏、徐达、邓冰晶对本判决第二项、第三项所确定的山西华美奥能源集团有限公司的债务承担连带清偿责任；

五、珠海秦发物流有限公司、秦皇岛秦发实业集团有限公司、山西朔州平鲁区华美奥崇升煤业有限公司、山西朔州平鲁区华美奥冯西煤业有限公司、徐吉华、王桂敏、徐达、邓冰晶承担保证责任后，有权向山西华美奥能源集团有限公司追偿；

六、中国长城资产管理股份有限公司山西省分公司（在本判决第二项、第三项所确定的债权范围内），对山西华美奥能源集团有限公司在国电电力大同发电有限公司已产生及将产生的应收账款享有优先受偿权；

七、驳回中国长城资产管理股份有限公司山西省分公司的其他诉讼请求。

如果未按本判决指定的期间履行给付金钱的义务，应当依照《中华人民共和国民事诉讼法》第二百五十三条之规定，加倍支付延迟履行期间的债务利息。

一审案件受理费2569359.98元，诉前保全费5000元，共计2574359.98元，由山西华美奥能源集团有限公司、珠海秦发物流有限公司、秦皇岛秦发实业集团有限公司、山西朔州平鲁区华美奥崇升煤业有限公司、山西朔州平鲁区华美奥冯西煤业有限公司、徐吉华、王桂敏、徐达、邓冰晶共同负担；二审案件受理费52518.97元，由山西华美奥能源集团有限公司、珠海秦发物流有限公司、秦皇岛秦发实业集团有限公司、山西朔州平鲁区华美奥崇升煤业有限公司、山西朔州平鲁区华美奥冯西煤业

借款合同纠纷

有限公司、徐吉华、王桂敏、徐达、邓冰晶共同负担。

本判决为终审判决。

审　判　长　李相波
审　判　员　宁　晟
审　判　员　关晓海

二〇一九年九月二十九日

法官助理　王　鑫
书　记　员　王　露

84. 大连俸旗投资管理有限公司与中国外运辽宁储运公司等借款合同纠纷案*

> 动产质押监管合同债权人、作为出质人的债务人、质物监管人对质物没有真实、足额移交监管均有过错的，均应担责

【裁判摘要】

1. 在审理动产质押监管合同纠纷案件时，应当查明质物是否真实移交监管或是否足额移交监管的基本事实，据此对相应质权是否已经设立作出准确认定。

2. 在动产质押监管合同纠纷中，如果债权人、作为出质人的债务人、质物监管人三方对质物没有真实移交监管或没有足额移交监管均存在过错，则三方对相应质权没有设立给债权人造成的损失均应承担责任。由于债务人负有移交质物的法定义务，且质物是否移交直接决定质权设立，所以其对质物没有真实移交监管或没有足额移交监管而致质权没有设立给债权人造成的损失，存在的是主要过错，应当承担主要责任。监管人虽然存在误以为质物真实移交的过错行为，但因这种过错行为不是导致质权没有设立的主要原因，所以其应对债权人损失承担次要责任。监管人的这种责任因违反约定义务而产生，性质上应认定为违约责任。

---

* 摘自《最高人民法院公报》2017 年第 7 期。

借款合同纠纷

> 3. 在动产质押监管合同纠纷中,债权人的直接义务人是债务人和担保人,监管人仅是帮助债权人实现债权的辅助人,除因自身原因造成监管质物灭失外,其责任需依附于债务人与担保人的直接责任。如果直接责任因清偿而消灭,债权人因获得清偿而不存在损失,则监管人的监管责任也相应消灭。因此,监管人只是前述直接义务人的补充义务人,其对质物没有真实移交监管或没有足额移交监管而致质权没有设立给债权人造成的损失,应承担补充赔偿责任。

最高人民法院民事判决书

(2016)最高法民终650号

上诉人(原审被告):中国外运辽宁储运公司。住所地:辽宁省大连市甘井子区后革街。

法定代表人:王英杰,该公司总经理。

委托诉讼代理人:刘刚,辽宁壹品律师事务所律师。

被上诉人(原审原告):大连俸旗投资管理有限公司。住所地:辽宁省大连市中山区长江路。

法定代表人:李旗,该公司董事长。

委托诉讼代理人:宋纯杰,北京市安理律师事务所律师。

委托诉讼代理人:杨云,北京市中满律师事务所律师。

原审被告:大连港湾谷物有限公司。住所地:辽宁省大连市中山区五五路。

法定代表人:刘有文,该公司董事长。

原审第三人：大连港股份有限公司。住所地：辽宁省大连保税区大窑湾新港商务大厦。

法定代表人：惠凯，该公司董事长。

委托诉讼代理人：朱清，辽宁海大律师事务所律师。

上诉人中国外运辽宁储运公司（以下简称辽宁储运公司）与被上诉人大连俸旗投资管理有限公司（以下简称俸旗公司）、原审被告大连港湾谷物有限公司（以下简称大连谷物公司）、原审第三人大连港股份有限公司（以下简称大连港公司）借款合同纠纷一案，俸旗公司向辽宁省高级人民法院（以下简称辽宁高院）提起诉讼，辽宁高院经审理于2014年11月12日作出了（2014）辽民二初字第00043号民事判决。辽宁储运公司不服，向本院提起上诉，本院经审理于2015年11月12日作出（2015）民二终字第155号民事裁定，撤销原判，发回重审。辽宁高院经重审审理于2016年6月21日作出了（2016）辽民初1号民事判决。辽宁储运公司仍不服，再次向本院提起上诉。本院受理后，依法由第二巡回法庭主审法官张能宝担任审判长、与主审法官汪国献、董华组成合议庭，法官助理刘耀国协助办案，书记员刘美月担任法庭记录，于2016年11月13日公开开庭审理了本案。上诉人辽宁储运公司的委托诉讼代理人刘刚，被上诉人俸旗公司的法定代表人李旗、委托诉讼代理人宋纯杰、杨云，大连港公司的委托诉讼代理人朱清到庭参加了诉讼，大连谷物公司经本院合法传唤未到庭参加诉讼。本案现已审理终结。

俸旗公司一审诉称：2014年5月31日，案外人杨一、黄建与大连谷物公司、大连光德粮食经贸有限公司（以下简称光德公司）、俸旗公司签署了《欠款确认及债权转让协议书》，约定杨一将其对光德公司的债权本息合计5580万元转让给俸旗公司，债务人光德公司对此债权转让行为予以确认；黄建将其对大连谷物公司的债权本息合计人民币7440万元全部转让给俸旗公司，大连谷物公司对上述债权转让行为予以确认。同日，俸旗公司与大连谷物公司、光德公司及两公司实际控制人刘有文签署了《协议书》，约定就光德公司对俸旗公司负有的债务人民币5580万元全部转移给大连谷物公司。债务转移后，俸旗公司对大连谷物公司享有人民币13020万元的债权，大连谷物公司承诺即日还款，否则按照每月2%支付逾期利息。同日，大连谷物公司向俸旗公司出具了一份《情况说明》。函告：因谷物公司及其关联公司光德公司对四名自然人杨一、黄建、李旗、崔杨共计借款人民币本金20800万元，其拟以大连谷物公司所有的145400吨玉米仓单质押给上述四位债权人，但因辽宁储运公司不同意与自然人签署《质押监管协议》，只同意与法人签署，故四名债权人将相应的债权全部转让给了俸旗公司。由俸旗公司与辽宁储运公司、大连谷物公司签署《动产质押监管协议》。2014年6月1日，崔杨、大连谷物公司及俸旗公司签署的《协议书》约定，崔杨将其对大连谷物公司享有的债权本息300万元全部转让给俸旗公司，且谷物公司承诺即日还款，否则按照每月2%支付逾期利息。2014年6月5日，李旗、大连谷物公司及俸旗公司签署的《协议书》约定，李旗将其对大连谷物公司的债权本息合计人民币13000万元转让给俸旗公司，大连谷物公司对该债权转让予以确认。在上述债权转让协议完成后，俸旗公司对大连谷物公司享有债权本息合计人民币26320万元。

2014年6月4日，俸旗公司与大连谷物公司签署的《最高额动产质押合同》约定，大连谷物公司以其自有的玉米对上述借款本息提供质押担保，最高额担保金额为人民币3亿元。质押物为145400吨玉米，暂作价3亿元。同日，俸旗公司与大连谷物公司、辽宁储运公司签署的编号为质押FQ001号《动产质押监管协议》约定，辽宁储运公司接收大连谷物公司交付的质物并向俸旗公司签发《收到质物通知书（代质物清单）》（以下简称《收到质物通知书》），质物完成转移占有，实际转移交付占有的质物以《收到质物通知书》列明的为准。监管期间自辽宁储运公司收到质物开始起算，在监管期间非俸旗公司书面确认，质物不得出仓、出库，辽宁储运公司违反上述规定的，应承担相应的赔偿责任。俸旗公司行使质权时应签发以俸旗公司为提货人的放货通知书给辽宁储运公司，辽宁储运公司应当及时办理质押物的放货事宜。在监管期间，由于辽宁储运公司未尽到监管责任导致质物变质、短少、灭失等应由辽宁储运公司向俸旗公司承担赔偿责任。《动产质押监管协议》签署后，辽宁储运公司向俸旗公司出具了《收到质物通知书》，明确告知其已经收到质押物145400吨玉米，且质押物已经在其占有、监管之下。2014年6月9日，辽宁储运公司收取了150万元监管费。在《动产质押监管协议》签署后，因大连谷物公司资金紧张，无法于约定日期偿还上述债务，其申请对上述债务延期还款，并于2014年7月向俸旗公司提交了《延期还款申请》。大连谷物公司承诺其将于2014年7月15日向俸旗公司履行全部还款义务，如届时违约，俸旗公司可直接行使质权。

2014年7月，因大连谷物公司未能履行还款义务，俸旗公司多次去辽宁储运公司处确认质押物情况，辽宁储运公司确认质押物在其监管下并出具签字确认的动产质押工作记录，质押物现场监管员出具了现场核查笔录证明质押物存在完好无损，并承诺只要俸旗公司出具提货通知，即将质物交付俸旗公司。俸旗公司按照《动产质押监管协议》的约定行使质权并向辽宁储运公司出具了《放货通知书》，要求辽宁储运公司办理对质押物145400吨玉米的提货手续，但辽宁储运公司以没有跟大连谷物公司联系上为由没有向俸旗公司提供质押物。基于此，俸旗公司认为：大连谷物公司未按照借款协议的约定履行还款义务，其行为已经构成违约，辽宁储运公司未按照《动产质押监管协议》的约定履行监管及向俸旗公司交付质押物的义务已经构成违约，大连谷物公司和辽宁储运公司的行为已经严重侵犯了俸旗公司的合法权益，应当承担相应的责任，故俸旗公司诉至法院，请求判令：（1）大连谷物公司向俸旗公司清偿欠款26320万元及逾期利息（谷物公司应偿还借款人民币26320万元及逾期利息。逾期付款利息按照月息2%计算，从2014年6月5日计算至实际偿还之日止。截至第一次起诉日2014年7月逾期利息为人民币7896000元，其后的逾期利息仍在主张范围内）；（2）处置质押物所得价款俸旗公司优先受偿；（3）辽宁储运公司就大连谷物公司所欠债务在3亿元范围内承担连带赔偿责任；（4）大连谷物公司、辽宁储运公司共同承担本案全部诉讼费用及保全费用。

辽宁储运公司一审答辩称：不同意俸旗公司针对辽宁储运公司提出的第二项、第三项、第四项诉讼请求。具体理由如下：

1. 俸旗公司请求处置质押物的前提未必存在，其第二项诉讼请求恐难以成立，出质时辽宁储运公司非责任方，不应承担法律责任。涉案粮食的法律性质的演变顺序是由货物到质物再到监管物这样一个顺序，根据铁路运单、进港货物计量通知单、粮食质量检验报告记载的日期，涉案货物2014年3~4月就已经进入粮食存放地点，而监管开始于2014年6月4日，

借款合同纠纷

在该批货物质押给俸旗公司时，俸旗公司已经提前明知粮食的存在状况，其诉状中自认拟以大连谷物公司所有的145400吨玉米质押给四位自然人债权人，但因辽宁储运公司不同意与自然人签署质押监管协议，只同意与法人签署，故四名债权人将相应的债权全部转让给俸旗公司，由俸旗公司与大连谷物公司、辽宁储运公司签署《动产质押监管协议》。由此可见，俸旗公司是在听信了大连谷物公司自称有粮食可以出质，核实了大连谷物公司的货物的情况下，才与大连谷物公司签订最高额质押合同，质押合同中明确约定了质权的实现和质物的返还等条款，在合同所附的动产质押清单当中，清楚记载了质物的名称、数量、价值和保险单号。上述行为均证明俸旗公司作为质权人，负有核查和接收质物的责任，该核查和接收质物的行为在监管前已经发生，与辽宁储运公司的监管行为不发生关系，辽宁储运公司也不应当在此阶段承担合同义务。从交付和占有的法律概念分析，涉案粮食的所有人大连谷物公司将粮食交付给存货人大连新港港湾国际物流有限公司（以下简称新港物流公司），新港物流公司将接收的粮食存放在其协议场地使用方大连港散粮码头公司的仓库内，而该仓库的进出仓作业均由大连港散粮码头公司所控制，辽宁储运公司依据监管协议的约定对出质的粮食进行了表面审查、外观检查和单据核对的方法进行核查并开始监管，没有对辽宁储运公司发生现实交付粮食的行为。综上，如果粮食确实存在，则大连谷物公司向新港物流公司的交付是现实交付，新港物流公司与大连港散粮码头公司是货物直接占有人，辽宁储运公司即使称其为占有，也是间接占有，无法直接控制质物。所以，俸旗公司如果想提取质物、实现质权，应当向现实交付的接货人新港物流公司和直接控制质物的直接占有人大连港散粮码头公司提取，三方监管协议也是这样约定的，监管协议第七条约定了质权行使程序，首先由俸旗公司签发放货通知书给辽宁储运公司，辽宁储运公司给予必要的配合与协助，辽宁储运公司的配合和协助行为就是签收放货通知书回执，通知仓储方放货。在全部过程中，辽宁储运公司均不负责货物的现实交付，如果货物在出质之初就不存在，辽宁储运公司不应有合同义务和法律责任。俸旗公司的诉讼请求第二项和第三项内容矛盾、相互冲突，第二项请求要求处置质押物，其前提显然是俸旗公司自认为质物存在，而第三项请求要求辽宁储运公司在所欠债务3

亿元的范围内承担连带赔偿责任，其前提自然是认为质物已经不存在，无法交付。综上，结合现有的证据，表明涉案粮食极有可能从开始质押的时候就不存在，俸旗公司也知晓该情况，只是俸旗公司不愿意对自身的疏忽和过失承担责任，又不愿意走刑事程序，追究大连谷物公司的合同诈骗法律责任，而是企图将责任扩大到辽宁储运公司，才提起民事诉讼，但是其提出的请求缺乏事实和法律根据。辽宁储运公司作为企业法人，没有参与合同诈骗，对于监管之前就存在的虚假出质行为也没有合同义务和法律责任。

2. 辽宁储运公司作为俸旗公司的受托人，在接受委托监管业务当中履行了自己的职责，不应承担赔偿责任。辽宁储运公司在本案中的责任是依据三方监管协议的约定履行义务，承担法律责任。按照监管协议约定，辽宁储运公司是接受俸旗公司的委托进行监管，其职责仅仅是在监管期间妥善保管货物的权属凭证，对货物数量进行监视、对货主行为进行监督，一旦发现出质人即大连谷物公司或者是仓储方新港物流公司违反本协议约定擅自提货放货的行为，有责任及时制止并向俸旗公司报告。辽宁储运公司并非货物的保管方和直接控制人。辽宁储运公司对俸旗公司和货主均已经确认在库的货物行使监管责任，如果在此期间未发生私自放货、无单放货、与他人串通放货等过失或者故意行为，则不应承担合同责任。

3. 俸旗公司、辽宁储运公司和大连谷物公司之间签订的《动产质押监管协议》无效，辽宁储运公司不应承担法律责任。根据现有证据，质物根本没有存放在大连港散粮码头公司的仓内，则俸旗公司与大连谷物公司之间的质押担保合同约定的质押不生效。质押监管协议是在质押有效力前提下成立并生效的，在质押担保合同无效的情况下，质押监管协议合同目的无法实现，应予解除，在辽宁储运公司遭受欺诈的情况下，质押监管协议应予以撤销。质物既然不存在，则俸旗公司、大连谷物公司在明知的情况下合谋欺诈辽宁储运公司，骗取辽宁储运公司的监管，三方之间签订的质押监管协议应予以撤销，并且辽宁储运公司不承担合同责任。

4. 本案俸旗公司与大连谷物公司之间的质押合同属于权利质押，而非动产质押。辽宁储运公司对资料的保管存放均尽到责任，没有违约行为。根据《中华人民共和国担保法》的规定，动产质押的最基本特征是动产的

借款合同纠纷

转移占有，转移占有也是动产质押合同生效的要件。本案中大连谷物公司应当将145401吨玉米交付给俸旗公司占有。但从客观事实看，本案所涉全部货物均存放于大连港散粮码头公司、新港物流公司，并由大连港散粮码头公司直接占有，由新港物流公司间接占有，俸旗公司从未占有过该货物。因此，虽然相关合同所表述的是动产质押，但由于缺乏动产质押生效的必要要件，动产质押合同并未生效。如果说质押合同有效的话，该合同也应该是权利质押。辽宁储运公司认为就本案所称的权利质押即为仓单质押，虽然本案中仓储人没有向存货人开具正式仓单，但结合本案的具体业务操作流程可以看出，如下单据可以共同构成事实上的仓单。（1）由大连散粮码头公司和新港物流公司确认的货物仓位图；（2）大连散粮码头公司、新港物流公司以及货物所有权人大连谷物公司共同确认的粮食质量检验报告；（3）新港物流公司以及货物所有权人大连谷物公司共同确认的入库单；（4）货物运输进港的铁路运单；（5）加盖有大连港铁路公司大窑湾站轨道衡、新港物流公司和大连谷物公司印章的《进港货物计量通知单》（即俗称的磅单）；（6）俸旗公司与大连谷物公司共同确认货物已经在库的《质物种类、价格、最低要求通知书（代出质通知书）》（以下简称《代出质通知书》）。上述这些凭证综合起来，实际上是具有仓单性质的提货凭证，尤其是其中的磅单和入库单，完全可以作为权利人提货的凭证。在本案业务中，各方对于提取货物的流程和凭证进行了进一步的约定，即需要由俸旗公司向辽宁储运公司出具《放货通知书》，辽宁储运公司在审查无误后，为权利人办理提货手续，出具《出仓作业通知单》后，完成对相应货物的监管业务。辽宁储运公司依据《代出质通知书》的通知，对俸旗公司已经确认在库的货物进行监管、对上述第（1）~（5）项单据进行保管。在辽宁储运公司进行实际监管之前，货物已经在库的事实业已经过俸旗公司和大连谷物公司的共同确认，俸旗公司一并向辽宁储运公司移交了全部单据，辽宁储运公司在审查了全部单据之后，认真履行职责，从未违背俸旗公司意志私自放货，未向任何第三方开具《质物出仓作业单》，也从未将货物的权利凭证转给他人，所保管的单据一张也没有丢失，完好无损，监管人完全尽到义务，未给俸旗公司造成任何损失。根据权利质押的属性和大连港散粮码头公司筒仓的特点，辽宁储运公司无需也不能对动产

1097

本身进行保管和控制，在权利凭证完好无损但质物短少或灭失的情况下，只能由质权人依据质权凭证向造成质物短少或灭失的责任人追究责任，与辽宁储运公司无关。

5. 俸旗公司未能按时收回贷款的损失与辽宁储运公司无因果关系。根据俸旗公司提供的证据显示，俸旗公司向大连谷物公司出借款项发生在本案所涉监管业务之前，俸旗公司根本不顾商业风险，在没有任何担保的情况下，自愿将巨额款项借给大连谷物公司，并形成坏账风险。该风险以及最终的损失与辽宁储运公司的监管行为没有直接因果联系。根据一审法院向大连港散粮码头公司进行的调查和大连港散粮码头公司的陈述，大连谷物公司没有在大连港散粮码头存放粮食，办理过业务，俸旗公司为何会在《代出质通知书》上告知辽宁储运公司货物已经在库，俸旗公司是否在与大连谷物公司合谋欺诈辽宁储运公司以骗取辽宁储运公司的监管，如果质物根本不存在，则动产质押合同不应生效，如果质物不存在，辽宁储运公司在缺乏监管标的并被欺诈违背真实意思表示的情况下进行监管，辽宁储运公司有权撤销监管协议，如果货物一开始就不存在的事实成立，辽宁储运公司必定立即主张撤销监管协议，不承担监管责任。综上，辽宁储运公司与俸旗公司未能收回贷款的后果没有任何因果关系，俸旗公司只能自行与大连谷物公司之间解决民间借贷纠纷。如果涉嫌诈骗，俸旗公司应及时报案，追究大连谷物公司的刑事责任。

6. 俸旗公司请求辽宁储运公司承担3亿元范围内的连带赔偿责任缺乏法律依据。辽宁储运公司在本案中的法律责任仅限于监管协议约定的责任，该法律责任是合同责任，承担合同责任的前提应当是违约行为导致合同相对方遭受损失，承担责任的方式是向守约的相对方赔偿损失，其法律依据是合同法有关违约的规定。本案中，显然是由于大连谷物公司违背约定，虚假出质，导致无法实现质权，依据合同相对性原则，应该是大连谷物公司向俸旗公司和辽宁储运公司承担违约责任，而非守约方向守约方承担违约责任。而俸旗公司主张的连带赔偿的法律责任一般是共同侵权的法律责任，还有就是法律具有明确规定的几种情形，例如连带责任的保证、委托人与代理人因书面授权不明对第三方的连带责任等，或者是基于当事人的约定产生的法律责任。俸旗公司请求辽宁储运公司承担连带赔偿责任

借款合同纠纷

不属于前述情况,要求承担连带赔偿责任没有法律依据和合同根据。

7. 本案是合同诈骗案件,应交由公安机关处理。大连谷物公司已经因贷款诈骗被立案侦查,其利用虚假出质骗取贷款人的信任获得资金的行为与本案利用虚假出质骗取债权人的信任豁免其履行债务的行为如出一辙,性质一样。另外,最高人民法院(2015)民二初字第155号民事裁定书中要求查明谷物公司是否按照合同约定提供了质物,是按合同约定提供了全部质物还是仅提供了部分质物等基本事实,而该事实除非公安机关运用侦查手段,找到大连谷物公司、新港物流公司、大连港散粮码头公司、大连港铁路公司的相关人员调查核实,单靠民事审判庭无法确切查清。在该事实无法查明的情况下,案件无法做出处理。综上,无论从案情的属性上看,还是从处理案件的思路上看,只有刑事案件落实后,方可以依据刑侦的结果审查各方面的民事责任。

8. 俸旗公司起诉状中陈述提及监管期间由于辽宁储运公司未尽到监管责任导致质物变质、毁损等应由辽宁储运公司向俸旗公司承担赔偿责任,但在履行中没有发生在监管期间质物毁损的情况,俸旗公司的起诉没有依据。俸旗公司称辽宁储运公司出具了《收到质物通知书》告知俸旗公司质物已经在辽宁储运公司监管下,这只是约定合同行为,出具该通知书的前提是俸旗公司与大连谷物公司签发出质通知书,在该通知书上明确载明俸旗公司收到质物的品名、数量且在库。辽宁储运公司才签发《收到质物通知书》,这是协议行为,并没有发生质物的现实交付。双方都清楚质物是存放在大连港散粮码头仓库内,未发生现实交付和实际占有。起诉状的陈述不是事实,辽宁储运公司没有承诺货物现实交付给俸旗公司。辽宁储运公司承诺是依据监管协议约定出具《放货通知书》,由俸旗公司持《放货通知书》去新港物流公司提货。综上,辽宁储运公司认为俸旗公司起诉要求其承担法律责任无事实和法律依据,应予驳回。

大连港公司一审辩称:大连港公司与本案没有利害关系,请求撤销大连港公司在本案中第三人身份。理由如下:(1)俸旗公司起诉状中起诉的是两个被告,诉因是借款合同纠纷,大连港公司不是被告也不是本案当事人,与俸旗公司没有借款等合同关系及法律上的利害关系,对涉案内容,大连港公司一概不知,不具有第三人的法律特征。(2)俸旗公司起诉状中所称的玉米与大连港公司没有任何关系,更没有涉案所称的任何存粮。对此,最高人民法院(2015)民二初字第155号民事裁定书认定的涉案证据载明,辽宁储运公司工作人员孙某在接受公安机关询问时称,其经手过俸旗公司的14~15万吨玉米质物的监管,模式和涉嫌诈骗的刑事案件相同,即根据领导的授意,在没有粮食的情况下编造监管日志和明细分类账,证明粮食存在并处于监管之中。显然该案涉嫌犯罪,但与大连港公司无关。(3)大连港公司注意到俸旗公司证据中的货物仓位图发生在2014年6月,上面大连港散粮码头公司的印章完全是假的,因为该印章早在2010年9月1日就因磨损严重作废并于同日由公安部门收缴销毁。俸旗公司提供货物仓位图上的载重吨在8700~8900多吨,而大连港散粮码头公司相应仓位最大装载重量是840吨和3500吨,比大连港散粮码头公司高出5000多吨,显然俸旗公司提供的仓位图是伪造的。大连港公司与本案没有任何利害关系,不是第三人,请求法院撤销大连港公司在本案中第三人的地位,维护大连港公司的合法权益。

一审法院经审理查明:2013年5月17日,李旗将1亿元划入大连谷物公司指定账户后,2013年5月18日,李旗与大连谷物公司签订了一份《借款协议书》,约定借款金额1亿元,借款期限为10天,从2013年5月18日至2013年5月27日止,谷物公司应按约定时间还款,不得挪用借款;若谷物公司逾期还款或挪用借款则应按日4‰标准支付逾期还款(或挪用)违约金并承担李旗为实现债权而发生的各项费用(包括但不限于诉讼费、仲裁费、律师费等)。

2013年9月26日,杨一与光德公司签订了一份《借款合同》,约定借款金额4500万元,借款期限为16天,从2013年9月27日起至2013年10月12日止,光德公司应于借款期限届满当日向杨一归还借款。手写添加"2013年10月12日延至2013年10月18日"。光德公司按时足额归还杨一的借款本金,逾期按日4‰支付逾期利息,并承担杨一为实现债权而发生的各项费用(包括但不限于诉讼费、仲裁费、律师费等)。合同签订后,2013年9月27日杨一将款划入光德公司指定账户,履行了该借款合同。

2013年12月26日,黄建与大连谷物公司签订了一份《借款合同》,约定借款金额6000万元,借款期限为4天,从2013年12月27日起至

2013年12月30日止,大连谷物公司应于借款期限届满当日向黄建归还借款。大连谷物公司按时足额归还黄建的借款本金,逾期按日5‰支付逾期利息,并承担黄建为实现债权而发生的各项费用(包括但不限于诉讼费、仲裁费、律师费等)。合同签订后,2013年12月27日黄建将款划入大连谷物公司指定账户,履行了该借款合同。

2014年5月12日,崔杨与大连谷物公司签订了一份《借款合同》,约定借款金额300万元,借款期限从2014年5月12日起到2014年5月31日止,大连谷物公司应于借款期限届满当日向崔杨归还借款。大连谷物公司按时足额归还崔杨的借款本金,逾期按日0.6‰支付逾期利息,并承担崔杨为实现债权而发生的各项费用(包括但不限于诉讼费、仲裁费、律师费等)。合同签订当日,崔杨将款划入大连谷物公司指定账户,履行了该借款合同。

2014年5月31日,大连谷物公司向俸旗公司出具的一份《情况说明》载明:光德公司于2013年9月27日向杨一借款人民币4500万元整,并于2014年5月31日将对杨一的4500万元债务转让给大连谷物公司且大连谷物公司同意接受承担该笔债务。大连谷物公司于2013年12月27日向黄建借款人民币6000万元整,大连谷物公司于2013年5月17日向李旗借款人民币1亿元整,大连谷物公司于2014年5月12日向崔杨借款人民币300万元整。因截至2014年5月31日我公司无法归还上述四笔欠款,我公司拟对上述四笔欠款进行权属于我公司的145400吨玉米仓单质押给上述四位债权人。在我公司与辽宁储运公司联系质押监管事宜时,辽宁储运公司要求上述玉米仓单质押监管协议辽宁储运公司不与自然人签署,只与法人签署,并同意可以与俸旗公司签署动产质押监管协议。故应辽宁储运公司要求,我公司同意上述四个自然人的债权一并转让给俸旗公司,并与俸旗公司签署最高额动产质押合同,将权属于我公司的145400吨玉米质押给俸旗公司,由我公司与俸旗公司以及辽宁储运公司三方签署动产质押监管协议。

同日,杨一、黄建为甲方,光德公司、大连谷物公司为乙方,俸旗公司为丙方共同签订《欠款确认及债权转让协议书》,载明:光德公司于2013年9月27日向杨一借款人民币4500万元整,截至2014年5月31日尚未还清4500万元整，欠息、费1080万元整，合计欠款金额5580万元整。大连谷物公司于2013年12月27日向黄建借款人民币6000万元整，截至2014年5月31日尚未还清欠款6000万元整，欠息、费1440万元整，合计欠款金额为7440万元整。光德公司、大连谷物公司及两公司实际控制人刘有文共同一致确认截至2014年5月31日共欠杨一、黄建二人合计人民币13020万元。2014年5月31日，债权人杨一同意将对光德公司的5580万元债权转让给俸旗公司。债务人光德公司及实际控制人刘有文同意杨一对该项债权的转让。2014年5月31日，债权人黄建同意将对大连谷物公司的7440万元债权转让给俸旗公司。债务人大连谷物公司及实际控制人刘有文同意黄建对该项债权的转让。对此甲、乙、丙三方无任何异议且甲、乙两方放弃一切抗辩权利，特此确认。

同日，俸旗公司为甲方，大连谷物公司为乙方，光德公司为丙方签订一份《协议书》，约定：债务人光德公司截至2014年5月31日欠债权人俸旗公司人民币5580万元整。光德公司提出并同意将该笔债务转让给大连谷物公司，大连谷物公司同意接受该笔债务，俸旗公司同意原由光德公司所欠债务5580万元由大连谷物公司承担。截至2014年5月31日大连谷物公司合计共欠俸旗公司人民币13020万元，大连谷物公司承诺即日还款，逾期按每月2%支付逾期利息，并承担俸旗公司为实现债权而发生的各项费用（包括但不限于诉讼费、仲裁费、律师费等）。光德公司以所有资产为大连谷物公司合计13020万元债务及息费向俸旗公司提供担保，承担无限连带责任。担保期限自本协议书签订之日起至本协议诉讼时效届满之日止。大连谷物公司实际控制人刘有文夫妻双方以所有资产为谷物公司合计13020万元债务及息费向俸旗公司提供担保，承担无限连带责任。担保期限自本协议书签订之日起至本协议诉讼时效届满之日止。对此三方无任何异议且大连谷物公司、光德公司两方放弃一切抗辩权利，特此确认。

2014年6月1日，崔杨为甲方，大连谷物公司为乙方，俸旗公司为丙方签订《协议书》约定，大连谷物公司于2014年5月12日向崔杨借款人民币300万元整，截至2014年6月1日，大连谷物公司尚未还清欠款300万元整。大连谷物公司承诺即日还款，逾期按每月2%支付逾期利息，并承担崔杨为实现债权而发生的各项费用（包括但不限于诉讼费、仲裁费、

律师费等)。大连谷物公司法定代表人对此笔 300 万元借款承担个人无限连带责任。2014 年 6 月 1 日,债权人崔杨同意将对大连谷物公司的 300 万元债权转让给俸旗公司。债务人大连谷物公司及实际控制人刘有文同意崔杨对该项债权的转让。对此三方无任何异议且谷物公司放弃一切抗辩权利,特此确认。

2014 年 6 月 5 日,李旗为甲方,大连谷物公司为乙方,俸旗公司为丙方签订一份《协议书》约定,大连谷物公司于 2013 年 5 月 17 日向李旗借款人民币 1 亿元整,截至 2014 年 6 月 5 日尚未还清欠款。欠款余额本金加息、费 13000 万元。大连谷物公司及实际控制人刘有文共同一致确认截至 2014 年 6 月 5 日共欠李旗人民币 13000 万元。2014 年 6 月 5 日,债权人李旗同意将对大连谷物公司的 13000 万元债权转让给俸旗公司。大连谷物公司及实际控制人刘有文同意李旗对该项债权的转让。对此三方无任何异议且大连谷物公司放弃一切抗辩权利,特此确认。

2014 年 6 月 4 日,俸旗公司(质权人)与大连谷物公司(出质人)签订一份《最高额动产质押合同》(合同编号为 FQ001)。为了确保质押权人与大连谷物公司(债务人)签订的(主合同)《欠款确认及债权转让协议书》及 2014 年 5 月 31 日、6 月 1 日、6 月 5 日《协议书》的履行,质押人愿为质押权人按主合同与债务人形成的债权提供质押担保。其中约定担保的债权最高余额折合人民币 3 亿元;大连谷物公司同意以自有玉米 145400 吨对《欠款确认及债权转让协议书》及 2014 年 5 月 31 日《协议书》项下尚未受偿本金 13020 万元、2014 年 6 月 1 日《协议书》项下尚未受偿本金 300 万元、2014 年 6 月 5 日《协议书》项下尚未受偿本金 13000 万元及其相应的利息、罚息、复利、费用等提供质押担保。质押担保的范围包括主债权本金、利息、罚息、复利、违约金、损害赔偿金以及诉讼(仲裁)费、律师费、处置费、过户费等质押权人实现债权和质押权的一切费用。

2014 年 6 月 4 日,大连谷物公司为坐落于辽宁省大连市开发区大窑湾散粮码头新港物流仓库的质押物 145400 吨玉米向中国太平洋财产保险股份有限公司大连分公司进行了投保,大连谷物公司交纳保险费 105287.67 元,保险金额为 3 亿元,该保单的第一受益人为俸旗公司。

同日,俸旗公司(甲方、质权人)、大连谷物公司(乙方、出质人)、辽宁储运公司（丙方、监管人）鉴于大连谷物公司同意将其享有所有权的货物质押给俸旗公司，俸旗公司和大连谷物公司同意将质物交由辽宁储运公司监管，辽宁储运公司同意接受俸旗公司的委托并按照俸旗公司的指示监管质押物，三方共同签订一份编号为质押 FQ001 号《动产质押监管协议》。其中约定，第一条，本协议项下所称的监管是指对出质人进行监督、对质物进行监控。对出质人监督是指对于出质人对质物的入库、提货等过程进行监督，一旦发现违反本协议约定之行为，丙方应及时制止并向甲方报告；质物监控是指对质物的品名、数量等进行查验、核对，及时向甲方报告质物状况，如有不符之处丙方应及时报告甲方，并采取相应措施。第二条第六款约定，在质物的转移占有过程中，甲乙双方根据质押合同的约定，向丙方出具《代出质通知书》，乙方交予的货物及实际库存与《代出质通知书》记载相符，丙方接收乙方交付货物，并向甲方签发《收到质物通知书》，质物完成转移占有。实际转移交付占有的质物以《收到质物通知书》列明的为准，如质押合同对质物的约定不明，或者约定的质物与实际移交的质物不一致的，以实际交付占有的质物为准。第二条第八款约定，如乙方交予的货物及实际库存与《代出质通知书》记载不一致，丙方不得接收货物并签发《收到货物通知书》，并应立即书面通知甲乙双方。第二条第十款约定，丙方出具《收到质物通知书》的同时，应向甲方发送质物的货位标识图。第三条第二款：丙方根据本协议第二条第六款的约定接收乙方根据本协议提交的货物，并签发《收到质物通知书》，转移占有完成，监管期间开始。第四条第一款约定，受甲方委托，乙方同意，丙方提供的监管服务内容主要包括以下内容，并对这些服务承担责任：（1）成立专门项目小组设计监管方案，与甲、乙方协商确认后组织实施；（2）派驻监管员在监管场地查验、核对、清点质物，获取和记录质物状况数据；（3）定期将质物状况数据上报甲方和乙方；（4）对质物进行监控，发现质物不足或其他异常情况及时报告甲方和乙方，并采取适当合理的措施制止、纠正；（5）对乙方进出库等操作过程进行监督，发现违反本协议要求和违规行为或其他异常情况及时报告甲方和乙方，并要求乙方采取措施制止、纠正。第四条第三款约定，如果对质物的保管有特殊的要求，乙方应当在提交货物之前提前书面告知丙方。第四条第四款约定，监管期间，因

借款合同纠纷

各种原因质物发生短少、损毁、变质、灭失等可能影响甲方权益的情形,丙方应当在24小时内通知甲方,并采取适当的应急措施。第四条第六款约定,监管期间,丙方应接受甲方对质物及相关单证的查询,接受甲方对质物的检查,并给予必要的协助。但丙方由此产生的相关费用由乙方承担。第四条第七款约定,监管期间,丙方应当建立质物登记统计制度,定期对质物进行查验、核对种类、清点数目、检查包装和标识,对质物的出入库的时间、数量、去向以及质物的现状进行记录。第四条第八款约定,监管期间,丙方应按照向甲方出具的货位标示图保管质物,将乙方质押货物与其他客户货物区分堆放;如监管场地为乙方场地,丙方应监督乙方将质押货物与其他非质押货物区分堆放;质物移动货位时应及时更新货位标示图;第四条第十二款约定,丙方应对相关质物以粘贴质押标签或树立标牌的方式设立质押标识。但丙方是否按照本条规定对质物设立质押标识,并不影响有关质押的生效。即使丙方没有在质押物上设立质押标识,有关质押仍然生效。第五条第二款约定,质物的实际价值等于甲方要求的最低价值时,乙方应当事先向甲方提出提货申请,并追加或补充保证金或归还融资款项(即打款赎货)或者向甲方事先提供与《代出质通知书》要求相符的质物交付丙方占有、监管(即以货换货),经甲方同意后凭甲方签发的《放货通知书》,向丙方办理提货。第五条第三款约定,质物的实际价值等于质物的最低价值时,甲方签发的《放货通知书》为乙方(含乙方的指定人,下同)办理提货及质物出仓、出库的唯一有效凭证。没有甲方签发的《放货通知书》,乙方不得提货,丙方不得为乙方办理提货手续。第五条第五款约定,甲方签发《代出质通知书》《放货通知书》和《质物价格调整通知书》的有效签章为预留印鉴加指定人员亲笔签名,预留印鉴和签字样式见附件5。非核实甲方印鉴和指定人员的亲笔签字无误,质物不得出仓、出库。丙方违反上述规定给予乙方提货的,应承担相应的赔偿责任。第十条第一款约定:甲、乙、丙三方中的任何两方不得以其双方之间的任何约定或合同对抗本协议项下应履行的义务。第十二条第一款约定,丙方因以下情形给甲方造成损失的,承担甲方实际损失的赔偿责任,甲方就其实际损失的赔偿款享有优先受偿权:(1)在监管期间,除不可抗力的事件、乙方未按照本协议第四条第三款履行其义务之外,由于丙方未尽到监管责任导致质物变质、短少、受污染或毁损灭失的；（2）丙方未按本协议的约定办理放货的……（4）因丙方违反本协议第四条第四款的规定，未及时通知甲方和乙方或未采取适当的应急措施的；（5）因丙方违反本协议给甲方造成的损失的其他情况。第十五条第二款约定，如果甲方与乙方所签署的融资合同（或融资申请书）、质押合同以及其他相关性质的正式合同或附属文件全部或部分被司法机关认定无效，不影响本协议的有效性。

同日，俸旗公司、大连谷物公司出具致辽宁储运公司《代出质通知书》载明，根据大连谷物公司（出质人）与俸旗公司（质权人）签署的编号为 FQ001 的《最高额动产质押合同》，出质人将下列货物（明细表：货物品名：玉米，产地：东北，重量：145400 吨，货物是否在库：是）质押给质权人。现将出质及质物情况通知贵司，请贵司根据出质、质权人与贵司签署的《动产质押监管协议》，对质押货物进行监管，并严格履行贵司在监管协议的义务。

同日，辽宁储运公司出具致俸旗公司编号为质押 FQ001#–01《收到质物通知书》，其中载明，本公司已按照相关协议于 2014 年 6 月 4 日至 2014 年 12 月 3 日接收下表货物并开始履行监管责任。本公司了解，出质人已将下表所列货物（货物明细为：145400 吨玉米）质押给贵行，并对质物的真实性、合法性负责。本公司业已收到贵行与出质人共同签发的编号为质押 FQ001# 的《代出质通知书》，本公司同意接受贵行委托并将按照贵行的指示代为监管质物。本公司确认上述质物（详见下表）已存放于监管场地新港物流公司，上述质物确已在本公司的占有、监管之下。本公司将严格按照编号为质押 FQ001 的《动产质押监管协议》的规定履行占有、监管责任。本《收到质物通知书》为编号为质押 FQ001《动产质押监管协议》不可分割的附件。本《收到质物通知书》构成对质物、质押生效的确认。

2014 年 6 月 9 日，辽宁储运公司向大连谷物公司开具 150 万元监管费的收款收据。

2014 年 7 月 5 日，大连谷物公司向俸旗公司出具一份《延期还款申请》载明，大连谷物公司分别于 2014 年 5 月 31 日、6 月 1 日、6 月 5 日，与杨一、黄建、崔杨、李旗签订协议，同意上述四人对大连谷物公司的债权转让给俸旗公司，约定以一个月为期限履行还款义务，并将权属于我公司的145400吨玉米仓单质押给俸旗公司，签订编号为FQ001的《最高额动产质押合同》，同时与俸旗公司及辽宁储运公司签订编号为质押FQ001的《动产质押监管协议》，质押物由辽宁储运公司进行监管。现由于我公司资金紧张，无法于约定还款期限内偿还上述债务，现申请对上述债务延期还款。大连谷物公司承诺于2014年7月15日向俸旗公司履行全部还款义务。如届时违约，贵公司可直接行使质权，我公司承担贵公司为实现质权而发生的所有费用，并放弃一切抗辩权利。

另查明：2014年6月4日，鉴于大连谷物公司、辽宁储运公司与俸旗公司签订了编号为质押FQ001的《动产质押监管协议》，为履行该协议，新港物流公司（甲方、仓储人）、大连谷物公司（乙方、存货人）、辽宁储运公司（丙方、监管人）三方共同签订了《仓储管理协议》。第一条约定甲方是仓储人，负责质物的装卸、搬运、码垛等具体操作事宜和仓库的安保管理，承担仓储人的全部责任；乙方是质物的所有人；丙方是质物的监管人，享有质物的管理权，负责质物的进出库控制和管理、单证管理和现场对甲方操作的高度指挥。第三条第一款约定，货物入库后，甲方应在第二天前向丙方提供真实有效的运输凭证、入库凭证、重量单及品质检验单。丙方核实无误后据此开出《质物进仓作业单》。第三条第三款约定，甲方人员根据丙方现场人员操作指示完成作业后，由丙方人员对货物进行盘点和在《质物进仓作业单》上签章。第四条第一款约定，丙方按照丙方业务流程审核乙方货物是否能够满足出库条件。丙方具有独立的判断和审核权利。第四条第三款约定：丙方签发《质物进仓作业单》后，甲方根据丙方现场人员操作指示安排装卸、搬运作业。

2010年1月1日，新港物流公司（甲方）与大连港散粮码头公司（乙方）签订的《关于散粮筒仓使用协议》约定，乙方同意将所属的50万吨玉米散粮仓仓容给甲方作为存储玉米货物专用仓，散粮筒仓资产权归乙方所有，甲方享有使用权。大连港公司对该份协议不予认可，并认为大连港散粮码头公司从未与新港物流公司有过业务关系，更没有签署过该协议，大连港散粮码头公司在以往的业务中也从未对外做过出租筒仓的业务。

2011年2月，新港物流公司（甲方）与大连谷物公司（乙方）签订《仓储保管协议》，约定乙方向甲方租赁仓库，租赁期限5年（2011年2月至2016年2月)。

2014年6月26日、27日和7月15日、29日俸旗公司多次找辽宁储运公司孙鹤、驻大窑湾码头监管员张强、辽宁储运公司副总经理王英杰查询质物是否存在，辽宁储运公司向俸旗公司提供了台账、仓位图、总账、明细账，让俸旗公司拍照留存，并出示了监管员手写的库存结果，以此确认质物在辽宁储运公司监管之下，质物完好无损存在。

又查明：一审法院在第一次审理本案过程中，俸旗公司向该院提出财产保全申请，要求查封存放于辽宁省大连市开发区大窑湾散粮码头新洪物流仓库145400吨玉米，2014年9月12日该院向大连港散粮码头公司下达了（2014）辽民二初执字第00043号协助执行通知书，2014年9月14日大连港散粮码头公司在该协助执行通知书的回执中明确载明："我公司没有贵院协助执行通知书中所载明的'大窑湾散粮码头新洪物流仓库'。协助执行通知书中所涉公司在我公司没有任何存粮。"

大连港散粮码头公司没有独立法人地位，其所属于大连港公司，大连港散粮码头公司的权利义务由大连港公司承担。2010年9月1日，大连港散粮码头公司尾号为45号的公章申请作废并报公安机关销毁。

上述事实，有《欠款确认及债权转让协议书》、三份《协议书》《情况说明》《最高额动产质押合同》《动产质押监管协议》及相关文件、收款收据、财产综合险保险单、延期还款申请、确认质物书证、提货单、原始借款凭据、录像视频和文字记录、连港散行字（2010）45号大连港散粮码头公司文件在卷佐证，业经质证足资认定，该院予以采信。

对于辽宁储运公司提供的铁路货物运单、进港货物计量通知单、14个仓号筒仓的粮食质量检验报告、入库单、仓位图、货物总账、库存明细、通知函，其中铁路货物运单载明的时间是2014年4月，粮食质量检验报告载明的时间是2014年1~4月，通知函的时间是2014年6月3日，时间上相互矛盾；通知函上及货物仓位图上所盖大连港散粮码头公司尾号为45号的公章，大连港公司证实大连港散粮码头公司早在2010年9月1日就已宣告该公章磨损严重作废，同日该公章已被大连市公安局中山分局收缴销毁；大连港公司对上述证据的真实性亦不予认可。所以，以上证据与本案诉争事实是否有关联无法认定，该院对此不予采信。

借款合同纠纷

大连谷物公司法定代表人刘有文因涉嫌合同诈骗罪现被羁押于吉林省新康监狱,因其刑事案件正在长春市中级人民法院(以下简称长春中院)审理中,故一审法院委托长春中院提讯刘有文。刘有文在被讯问中自认其与俸旗公司签订《最高额动产质押合同》后未依约向俸旗公司提供质押物145400吨玉米,俸旗公司、辽宁储运公司对质物145400吨玉米自始不存在是知道的。

俸旗公司对刘有文询问笔录的质证意见是:刘有文所说俸旗公司对质物不存在的事实是知道的,与事实不符。俸旗公司根本不知道质物不存在。大连谷物公司向杨一、黄建、崔杨、李旗四人的借款是用于偿还银行的贷款,大连谷物公司当时向银行借款就是用玉米作质押,本案质物原先就是辽宁储运公司监管的,质押监管手续全部由辽宁储运公司办理。如果没有银行的这笔贷款也就没有俸旗公司借给大连谷物公司这笔款,所以不存在大连谷物公司将质物先交付给俸旗公司,再由俸旗公司转交给辽宁储运公司的问题。该玉米已被质押监管,不可能作为再向第三方融资的抵押物。大连谷物公司没有按借款合同还款的期限还款,当时大连谷物公司名下有足够的财产质押给俸旗公司,但之前有玉米质押,况且已经在辽宁储运公司监管下,出质亦比较方便。对刘有文所说质押物不存在有异议,俸旗公司认为质物是存在的,因俸旗公司借给大连谷物公司的钱是过桥资金,对应的质押物就是这个玉米且已在辽宁储运公司的监管下。2014年6月4日签订合同时,在辽宁储运公司质押监管部经理孙鹤的办公室,俸旗公司法定代表人李旗问什么时候去看货,孙鹤回答已经验完货了,俸旗公司不用去验了,以我们验的为准。当时,俸旗公司按孙鹤的要求在《代出质通知书》上填写了145400吨玉米在库,随即孙鹤当面亲笔填写了《收到质物通知书》,确认已接收质物145400吨玉米。2014年6月9日,辽宁储运公司收取了150万元监管费。从辽宁储运公司的王英杰、孙鹤及现场监管员张强的反馈信息及关于质物存在的证据材料来看,都证明质物是存在的,辽宁储运公司也证明质物是存在的,王英杰亲口向原一审法官也说质物是存在的。原一审时各方对质物一开始是存在的是无异议的,辽宁储运公司认为是大连港散粮码头公司的原因造成的质物丢失,所以辽宁储运公司要求追加第三人,要求第三人承担丢失质物的责任。《动产质押监管协议》已明确约定验货是辽宁储运公司的义务,不是俸旗公司的义务。

辽宁储运公司对刘有文询问笔录的质证意见是:刘有文证明不存在145400吨玉米。俸旗公司明知质物不存在,本案大连谷物公司出质是不真实的,不是为了担保本案的债务。俸旗公司为自己增加担保,以能融到高额资金为条件让刘有文配合出具了质物质押的相关文件。俸旗公司明知没有质物,因而不存在损失由辽宁储运公司赔偿的前提。刘有文承认借款1亿元,而且不是用本案的虚假出质担保,因而辽宁储运公司对2.6亿元的证据真实性全部不予认可。辽宁储运公司认为质物存在是核实单据后,这也是监管协议约定的审核方式,对质物权属不知情,由俸旗公司负责审核质物的权属。辽宁储运公司没有责任查看粮食的真实存在。《代出质通知书》是大连谷物公司和俸旗公司联合出具的,辽宁储运公司是依据该通知书出具的质物清单,现在他们两者任何一个说没有粮食,就可能是没有,这只能证明单据是假的,但不能说辽宁储运公司一开始就知道没有粮食,辽宁储运公司是受欺诈。本案如果是虚假出质,当事人涉嫌构成合同诈骗罪,法院应就质押合同的法律关系移送公安机关侦办。

大连港公司对刘有文询问笔录的质证意见是:该询问笔录进一步表明,涉案根本没有任何粮食,大连港公司根本不知情,更与本案没有任何关系。

2014年9月18日,长春市公安局经济犯罪侦查支队(另案)对辽宁储运公司孙家国的讯问笔录〔复印于最高人民法院(2015)民二终字第155号卷宗〕记载:问:你是否知道公安机关为什么依法传唤你?答:我负责监管的大连大窑湾散粮码头质押粮食不存在。问:你怎么知道的?答:我公司领导多次说一粒粮食也看不见,但也要做好记录。问:领导说一粒粮食也看不见,但也要做好记录,那你认为你所监管的质押物究竟有没有?答:领导的意思很明显,就是根本没有粮食。问:既然没有粮,你所做的监管日志和明细分类账是真实的吗?答:不能真实。问:你记的这些账目和日志起什么作用?答:就是应付银行的人,吉林银行的人来查库的时候要看账目和日志。问:看账目和监管日志起什么作用?答:认为现场有粮食,质押物没问题。问:你连位置都不知道,仓内又没有粮食,那你的日志和账目是怎么做出来的?答:领导告诉我们没粮食也得写,我就

借款合同纠纷

得瞎编瞎写，证明有粮，并且粮食处于安全状态。问：在这个散粮码头，你除了监管属于吉林银行的质押物之外，还监管哪个银行的质押物？答：还有哈尔滨银行玉米8～9万吨、抚顺银行玉米97000吨、大连银行玉米10多万吨、广发银行大连分行2万多吨、中国银行玉米10吨左右、工商银行5～6万吨、浦发银行10万多吨、另外还有俸旗公司14～15万吨、大连新鼎贸易公司6000吨，算吉林银行一共10家。问：另外的9家的模式与吉林银行是否相同？答：都一样，也是没有粮，领导让我们编造的账目和日志。问：你公司领导要求"一粒粮食也看不见，但也要做好记录"，是否包括以上所有银行的质押物。答：都包括，都一样。

俸旗公司对长春市公安局经济犯罪侦查支队2014年9月18日讯问孙家国笔录的质证意见是：对该笔录的真实性和合法性均有异议，因为没有公安机关的盖章。从内容来看，孙家国不具备证人的资格；孙家国是辽宁储运公司的职工，与本案有利害关系，不具备做证人的要件。按最高人民法院证据规则的规定，证人应当出庭接受当事人的质询，否则不能作为证人证言使用。

辽宁储运公司对长春市公安局经济犯罪侦查支队2014年9月18日讯问辽宁储运公司孙家国笔录〔复印于最高人民法院（2015）民二终字第155号卷宗〕的质证意见是：对孙家国的笔录的真实性和合法性均没有异议，但这份笔录制作中办案民警对孙家国使用了诱供（第四页的第五行、倒数第三行），结果导致孙家国根本没有确信没有粮的事实，却作出推测性的结论。第四页第二行结论也是对领导说的话进行了推测，自己作出的结论，不是客观的结论，孙家国不能客观证明辽宁储运公司的领导和工作人员从一开始就明知没有粮的结论。

大连港公司对长春市公安局经济犯罪侦查支队2014年9月18日讯问孙家国笔录的质证意见是：该询问笔录进一步表明，本案根本没有任何粮食，大连港公司根本不知情，更与本案没有任何关系。

一审法院认为：针对俸旗公司的诉讼主张及辽宁储运公司的抗辩意见，本案争议焦点问题是：第一，大连谷物公司是否应向俸旗公司偿还欠款26320万元及按月利率2%支付逾期利息；第二，《最高额动产质押合同》的效力及俸旗公司是否享有处置质押物所得价款优先受偿的权利；第三,《动产质押监管协议》的效力及辽宁储运公司是否应就大连谷物公司所欠债务在 3 亿元范围内承担连带赔偿责任。

1. 关于大连谷物公司是否应向俸旗公司偿还欠款 26320 万元及按月利率 2% 支付逾期利息问题。

俸旗公司受让的本案债权系依据案外人李旗、杨一、黄建、崔杨与大连谷物公司、光德公司签订的《借款协议书》《借款合同》及该四人分别与光德公司、谷物公司、俸旗公司签订的《欠款确认及债权转让协议书》《协议书》而形成,上述协议、合同均系签订各方的真实意思表示,内容不违反法律法规的强制性规定,为有效合同。出借人李旗、杨一、黄建、崔杨在《借款协议书》《借款合同》签订后依约履行了出借义务,大连谷物公司在合同履行期限届满后,未依约履行还款义务,已构成违约,应承担相应的违约责任。

关于本案应偿还的本金,俸旗公司主张 26320 万元,系依据各债权人与债务人光德公司、大连谷物公司签订的《欠款确认及债权转让协议书》《协议书》确认受让的债权金额,该金额中包括借款本金 20800 万元及截止到 2014 年 5 月 31 日的利息、费用,各方对此均无异议,故该院对俸旗公司主张的 26320 万元中的本金部分 20800 万元予以支持。

关于 20800 万元本金的利息。因本案在 2015 年 9 月 1 日前已受理,故应依据当时有效的《最高人民法院关于人民法院审理借贷案件的若干意见》第六条,民间借贷的利率可以适当高于银行的利率,各地人民法院可根据本地区的实际情况具体掌握,但最高不得超过银行同类贷款利率的 4 倍(包含利率本数)。超出此限度的,超出部分的利息不予保护的规定来确定。

20800 万元系四笔借款即 10000 万元、6000 万元、4500 万元及 300 万元组成,在该四笔借款合同中对借款期限内的利息均没有约定。依据《中华人民共和国合同法》第二百一十一条,自然人之间的借款合同对支付利息没有约定或者约定不明确的,视为不支付利息,该院对四笔借款期限内的利息不予支持。对于四笔借款的逾期利息,四笔借款合同分别约定:(1)关于 10000 万元借款,双方约定借款期限自 2013 年 5 月 18 日至 2013 年 5 月 27 日,逾期按日 4‰(折算成年利率为 144%)支付逾期利息。而

借款合同纠纷

该借款发生时，2013年中国人民银行短期（6个月以下）贷款利率为年利率5.6%（4倍利率即年利率22.4%），可见，日4‰的利率约定已超过中国人民银行同期同类贷款利率的4倍。现俸旗公司主张逾期利息按月息2%（年利率为24%）计算，亦已超过4倍利率的限定，故该笔借款的逾期利息从2013年5月28日起至实际给付之日止应按中国人民银行同期同类贷款利率的4倍计付，对超出部分，不予支持。（2）关于6000万元借款，双方约定借款期限从2013年12月27日起到2013年12月30日止，逾期按日5‰（折算成年利率为180%）支付逾期利息。而该借款发生时，2013年中国人民银行短期（6个月以下）贷款利率为年利率5.6%（4倍利率即年利率22.4%），可见，日5‰的利率约定已超过了中国人民银行同期同类贷款利率的4倍。现俸旗公司主张逾期利息按月息2%（年利率为24%）计算，亦已超过4倍利率的限定，故该笔借款的逾期利息从2013年12月31日起至实际给付之日止应按中国人民银行同期同类贷款利率4倍计付，对超出部分，不予支持。（3）关于4500万元借款，双方约定借款期限从2013年9月27日起到2013年10月18日止，逾期按日4‰（折算成年利率为144%）支付逾期利息。而该借款发生时，2013年中国人民银行短期（6个月以下）贷款利率为年利率5.6%（4倍利率即年利率22.4%），可见，日4‰的利率约定已超过了中国人民银行同期同类贷款利率的4倍。现俸旗公司主张逾期利息按月息2%（年利率为24%）计算，亦已超过4倍利率的限定，故该笔借款的逾期利息从2013年10月19日起至实际给付之日止应按中国人民银行同期同类贷款利率4倍计付，对超出部分，不予支持。（4）关于300万元借款，双方约定借款期限从2014年5月12日起到2014年5月31日止，逾期按日0.6‰（折算成年利率为21.6%）支付逾期利息。而该借款发生时，2014年中国人民银行短期（6个月以下）贷款利率为年利率5.6%（4倍利率即年利率22.4%），可见，日0.6‰的利率约定未超过中国人民银行同期同类贷款利率的4倍，符合法律规定，故该笔借款的逾期利息从2014年6月1日起至6月4日止按日0.6‰计付，俸旗公司受让该笔债权后，约定逾期利息按月2%计息（折算成年利率为24%），因该约定已超过中国人民银行同期同类贷款利率的4倍，故该笔借款从2014年6月5日起至实际给付之日止应按中国人民银行同期同类贷款利率的 4 倍计付，对超出部分，该院不予支持。

2. 关于《最高额动产质押合同》的效力及俸旗公司是否享有处置质押物所得价款优先受偿的权利问题。

俸旗公司与大连谷物公司签订的《最高额动产质押合同》，系双方当事人的真实意思表示，不违反法律、行政法规的强制性规定，合法有效。双方当事人理应依约履行合同义务。从现有证据看，刘有文在该院委托长春中院调查时，已自认与俸旗公司签订《最高额动产质押合同》之时和其后未提供质押物 145400 吨玉米，辽宁储运公司负责监管的孙家国亦证实包括俸旗公司 14~15 万吨玉米质押物在内根本不存在。俸旗公司多次要求核验质物，均被辽宁储运公司以有台账、货位图等证据搪塞。虽然辽宁储运公司在庭审时一直称该质物玉米存在于大连港公司散粮码头，但大连港公司被追加为本案第三人后证实辽宁储运公司根本未有该批玉米存放在散粮码头。该院在原一审期间，依俸旗公司、辽宁储运公司提供线索对该质物进行查封保全时，亦未查封到该质物。据此，现有证据无法证明大连谷物公司已经交付质押物 145400 吨玉米。依据《中华人民共和国物权法》第二百一十二条的规定，质权自出质人交付质押财产时设立，涉案质权未依法设立，俸旗公司无法享有处置质押物所得价款优先受偿的权利，故对俸旗公司主张处置质押物所得价款优先受偿的权利的诉求，该院无法支持。

因大连谷物公司未按《最高额动产质押合同》的约定提供质物 145400 吨玉米，已构成违约，依据《中华人民共和国合同法》第一百零七条的规定，当事人一方不履行合同义务或者履行合同义务不符合约定的，应当承担继续履行、采取补救措施或者赔偿损失等违约责任，大连谷物公司应赔偿俸旗公司所受到的损失。依现有证据，俸旗公司所受到的损失即借款本金及相应利息的损失，而大连谷物公司违反还款义务所应承担的违约责任与其应承担的该赔偿责任相竞合，故该院不再对大连谷物公司的赔偿责任予以判决。

3. 关于《动产质押监管协议》的效力及辽宁储运公司是否应就谷物公司所欠债务在 3 亿元范围内承担连带赔偿责任问题。

俸旗公司与大连谷物公司、辽宁储运公司签订的《动产质押监管协议》系三方的真实意思表示，并不违反法律、行政法规的强制性规定，故

借款合同纠纷

应为有效。辽宁储运公司抗辩认为协议无效、未生效的理由,缺乏法律依据,该院不予采纳。依据该《动产质押监管协议》的约定,辽宁储运公司的义务包括对出质人进行监督、对质物进行监控,对出质人对质物的入库、提货等过程进行监督,一旦发现违反本协议约定之行为,辽宁储运公司应及时制止并向俸旗公司报告。质物监控是指对质物的品名、数量等进行查验、核对,及时向俸旗公司报告质物状况。如大连谷物公司交予的货物及实际库存与《代出质通知书》记载不一致,辽宁储运公司不得接收货物并签发《收到货物通知书》,并应立即书面通知俸旗公司、大连谷物公司。辽宁储运公司派驻监管员在监管场地查验、核对、清点质物,获取和记录质物状况数据,对质物进行监控,发现质物不足或其他异常情况及时报告俸旗公司和谷物公司,并采取适当合理的措施制止、纠正。监管期间,因各种原因质物发生短少、损毁、变质、灭失等可能影响俸旗公司权益的,辽宁储运公司应当在24小时内通知俸旗公司,并采取适当的应急措施,监管期间,辽宁储运公司应接受俸旗公司对质物及相关单证的查询,接受俸旗公司对质物的检查,并给予必要的协助。可见,辽宁储运公司接受俸旗公司委托作为质物的监管人首先应对质物进行核对和查验,而辽宁储运公司在明知大连谷物公司根本未提供质押物145400吨玉米,更没有转移占有该质押物的情况下,未将该情况及时报告、通知俸旗公司,而仍出具《收到质物通知书》,并在俸旗公司查验质物时,向俸旗公司出具所谓的台账、仓位图等证明该质物存在,明显违反了《动产质押监管协议》约定的义务,故辽宁储运公司应承担相应的违约责任。

辽宁储运公司在《动产质押监管协议》第十二条第一款承诺,辽宁储运公司因以下情形给俸旗公司造成损失的,承担俸旗公司实际损失的赔偿责任,俸旗公司就其实际损失的赔偿款享有优先受偿权,其中:因辽宁储运公司违反本协议第四条第四款(监管期间,因各种原因质物发生短少、损毁、变质、灭失等可能影响甲方权益的情形,丙方应当在24小时内通知甲方,并采取适当的应急措施)的规定,未及时通知俸旗公司和谷物公司或未采取适当的应急措施的;因辽宁储运公司违反本协议给俸旗公司造成的损失的其他情况。现辽宁储运公司作为监管人明知145400吨玉米根本不存在,亦未及时通知俸旗公司,还出具质物存在的相关证据对俸旗公司的查验进行搪塞，辽宁储运公司对此应承担给俸旗公司所造成损失的赔偿责任。但因大连谷物公司系主债务人，辽宁储运公司为监管人，依据公平原则，辽宁储运公司应在大连谷物公司不能偿还俸旗公司债务的范围内承担赔偿责任即应承担的是补充赔偿责任。又因辽宁储运公司所监管的质押物145400吨玉米当时作价3亿元提供质押担保，所以，辽宁储运公司应在3亿元范围内对大连谷物公司不能偿还俸旗公司债务造成的损失承担赔偿责任。对于俸旗公司主张辽宁储运公司承担连带赔偿责任，因缺乏事实及法律依据，故该院对其主张辽宁储运公司承担连带赔偿责任的诉求不予支持。

对于辽宁储运公司关于本案俸旗公司与大连谷物公司之间的质押合同属于权利质押即为仓单质押而非动产质押，其对资料的保管存放均尽到责任，没有违约行为的抗辩。依据俸旗公司与谷物公司签订的《最高额动产质押合同》约定，大连谷物公司系以其自有的玉米对借款本息提供质押担保。本案所涉质物是145400吨玉米本身，而并非对玉米仓单的质押。故辽宁储运公司关于其对资料保管已尽到责任，没有违约行为的抗辩，缺乏事实及法律依据，该院不予支持。

综上，依照《中华人民共和国合同法》第八条①、第五十二条②、第六十条第一款③、第七十九条④、第八十条⑤、第八十一条⑥、第一百零七

---

① 对应《中华人民共和国民法典》第四百六十五条："依法成立的合同，受法律保护。依法成立的合同，仅对当事人具有法律约束力，但是法律另有规定的除外。"

② 《中华人民共和国民法典》中无对应法条。

③ 对应《中华人民共和国民法典》第五百零九条第一款，内容未作修改。

④ 对应《中华人民共和国民法典》第五百四十五条："债权人可以将债权的全部或者部分转让给第三人，但是有下列情形之一的除外：（一）根据债权性质不得转让；（二）按照当事人约定不得转让；（三）依照法律规定不得转让。当事人约定非金钱债权不得转让的，不得对抗善意第三人。当事人约定金钱债权不得转让的，不得对抗第三人。"

⑤ 对应《中华人民共和国民法典》第五百四十六条："债权人转让债权，未通知债务人的，该转让对债务人不发生效力。债权转让的通知不得撤销，但是经受让人同意的除外。"

⑥ 对应《中华人民共和国民法典》第五百四十七条："债权人转让债权的，受让人取得与债权有关的从权利，但是该权利专属于债权人自身的除外。受让人取得从权利不因该从权利未办理转移登记手续或者未转移占有而受到影响。"

借款合同纠纷

条①、第一百九十六条②、第二百零五条③、第二百零六条④、第二百零七条⑤、第二百一十一条⑥,《中华人民共和国物权法》第二百一十二条⑦,《中华人民共和国担保法》第六十三条⑧、第六十七条⑨,《最高人民法院关于人民法院审理借贷案件的若干意见》第六条⑩,《中华人民共和国民事诉讼法》第一百四十二条、第一百四十四条之规定,判决:一、大连谷物公司于本判决生效后10日内偿还俸旗公司借款本金20800万元及逾期利息(逾期利息计算:第一笔10000万元从2013年5月28日起,第二笔6000万元从2013年12月31日起,第三笔4500万元从2013年10月19日起至实际付清之日止,均按中国人民银行同期同类贷款利率的4倍计付,第四笔300万元从2014年6月1日至6月4日按日利率0.6‰计付,从2014年6月5日起至实际付清之日止,按中国人民银行同期同类贷款利率的4倍计付);上述义务人如未按本判决指定的期间履行给付金钱义务,应当依照《中华人民共和国民事诉讼法》第二百五十三条之规定,加倍支付迟延履行期间的债务利息。二、辽宁储运公司对大连谷物公司本判决第一项还款义务在3亿元范围内承担补充赔偿责任;三、驳回俸旗公司的其他诉讼请求。本案一审受理费1397280元,财产保全费5000元,共计1402280

---

① 对应《中华人民共和国民法典》第五百七十七条,内容未作修改。
② 对应《中华人民共和国民法典》第六百六十七条,内容未作修改。
③ 对应《中华人民共和国民法典》第六百七十四条:"借款人应当按照约定的期限支付利息。对支付利息的期限没有约定或者约定不明确,依据本法第五百一十条的规定仍不能确定,借款期间不满一年的,应当在返还借款时一并支付;借款期间一年以上的,应当在每届满一年时支付,剩余期间不满一年的,应当在返还借款时一并支付。"
④ 对应《中华人民共和国民法典》第六百七十五条:"借款人应当按照约定的期限返还借款。对借款期限没有约定或者约定不明确,依据本法第五百一十条的规定仍不能确定的,借款人可以随时返还;贷款人可以催告借款人在合理期限内返还。"
⑤ 对应《中华人民共和国民法典》第六百七十六条,内容未作修改。
⑥ 对应《中华人民共和国民法典》第六百八十条:"禁止高利放贷,借款的利率不得违反国家有关规定。借款合同对支付利息没有约定的,视为没有利息。借款合同对支付利息约定不明确,当事人不能达成补充协议的,按照当地或者当事人的交易方式、交易习惯、市场利率等因素确定利息;自然人之间借款的,视为没有利息。"
⑦ 对应《中华人民共和国民法典》第四百二十九条,内容未作修改。
⑧ 该条已废止。
⑨ 该条已废止。
⑩ 该法律文件已失效。

元，由大连谷物公司、辽宁储运公司共同承担。

辽宁储运公司不服原审判决，向本院提起上诉称：（1）原审判决认定事实错误。其一，涉案债权认定错误。崔杨的 300 万元和黄建的 6000 万元债权转让给俸旗公司，仅有俸旗公司提供的付款凭证，即上海浦东发展银行的业务凭证/回单予以证明，但该回单不足以证明大连谷物公司已收到该两笔借款，俸旗公司对大连谷物公司的该 6300 万元债权不能成立。其二，俸旗公司知道涉案质物自始不存在。刘有文的讯问笔录足以影响案件的定性和各方当事人责任的承担，该讯问笔录证实，俸旗公司自始就知道涉案质物不存在，其应当自行承担责任。涉案运单、计量单、质检报告、入库单、仓位图等证据证明辽宁储运公司已尽到了合同约定的单据审核义务，原审判决未予采信并得出辽宁储运公司一开始就知道没有质物的结论是错误的。（2）原审判决辽宁储运公司承担赔偿责任错误。质权自出质人交付质押财产时设立，大连谷物公司虚假出质，涉案质权未设立。在质物不存在的情况下，以该质物为监管标的的监管协议因不能实现合同目的而自始不能履行。辽宁储运公司在监管时，已经履行了表面审查、外观检查和单据核对的义务。同时，按照监管协议第二条第二项、第三项的约定，俸旗公司知晓货物和单据的真实性由大连谷物公司负责，并且知晓合同条款明确约定辽宁储运公司不对质物的品质、权属和价值的真实性提供保证和承担责任。因此，辽宁储运公司不应承担赔偿责任，原审判决适用法律错误。（3）原审判决将本案作为民事案件处理错误，本案应当移送公安机关处理。大连谷物公司虚假出质事实清晰，已经构成犯罪，无论俸旗公司对质物自始不存在的事实是否明知，本案都应当依法移送公安机关处理。

被上诉人俸旗公司辩称：（1）原审判决认定事实正确。其一，涉案 20800 万元债权的认定事实清楚，证据充分。《欠款确认及债权转让协议书》《协议书》是经过一审庭审质证并为各方当事人认可的证据，一审法院依此确认俸旗公司对谷物公司享有 20800 万元本金及利息的债权有事实和法律依据。其二，俸旗公司不知道质物自始不存在。涉案《动产质押监管协议》签署当天，辽宁储运公司拒绝了俸旗公司的验货要求，在辽宁储运公司监管期间，俸旗公司曾四次到辽宁储运公司查询质物情况，辽宁储运公司向俸旗公司出示了质物的台账、仓位图、总账、明细账等材料，证明质物完好，俸旗公司依据辽宁储运公司提供的证据认为质物是存在的。（2）原审判决辽宁储运公司承担赔偿责任并无不当。涉案《动产质押监管协议》第二、三、四、五条约定了辽宁储运公司的质物核实监控义务、通知义务等。辽宁储运公司作为监管人，有对质物进行查验的义务，在明知大连谷物公司未提供质物、更没有转移占有该质物的情况下，未将该情况及时报告、通知俸旗公司，且仍出具《收到质物通知书》，并在俸旗公司要求查验货物时，向俸旗公司出具台账、仓位图等材料证明质物存在，违反了《动产质押监管协议》约定的义务，原审判决其承担赔偿责任正确。（3）本案应当作为民事案件继续审理。根据《最高人民法院关于在审理经济纠纷案件中涉及经济犯罪嫌疑若干问题的规定》第十条的规定，本案应当继续审理。大连谷物公司及辽宁储运公司工作人员犯罪与否不影响大连谷物公司与辽宁储运公司作为民事主体承担相应的民事责任。

原审第三人大连港公司辩称：大连港公司与本案无关。

本院经审理查明的事实与原审法院查明事实一致。

本院认为，根据各方当事人的上诉和答辩意见及查明事实，本案争议焦点问题是：第一，俸旗公司的涉案债权是多少；第二，辽宁储运公司对俸旗公司涉案质权不能设立所造成的损失应否承担赔偿责任，责任性质是什么，应如何承担责任；第三，本案是否应当移送公安机关处理。

一、涉案俸旗公司的债权本金应认定为20800万元

关于俸旗公司受让的崔杨的300万元及黄建的6000万元债权问题。首先，崔杨、黄建与大连谷物公司的《借款合同》已实际履行。2013年12月26日，黄建与大连谷物公司签订了《借款合同》，约定借款金额为6000万元，并于2013年12月27日通过上海浦东发展银行将款汇入大连谷物公司指定账户。2014年5月12日，崔杨与大连谷物公司签订了《借款合同》，约定借款金额为300万元，合同签订当日，崔杨通过上海浦东发展银行将款汇入大连谷物公司指定账户。上述两笔借款的银行业务凭证/回单上标明的日期、汇款人、收款人、汇款数额均与相应的《借款合同》相符，均盖有银行的业务核算章，足以证明黄建和崔杨在合同签订后履行了出借义务。

其次，崔杨、黄建对大连谷物公司的债权经确认后转让给了俸旗公司。2014年5月31日，杨一、黄建为甲方，光德公司、大连谷物公司为乙方，俸旗公司为丙方共同签订了《欠款确认及债权转让协议书》，其中确认了黄建于2013年12月27日借款给大连谷物公司6000万元，并同意将该笔债权转让给俸旗公司。2014年6月1日，崔杨为甲方，大连谷物公司为乙方，俸旗公司为丙方签订了一份《协议书》，确认了大连谷物公司于2014年5月12日向崔杨借款300万元，崔杨同意将该笔债权转让给俸旗公司。《欠款确认及债权转让协议书》《协议书》是各方的真实意思表示，内容不违反法律、行政法规的强制性规定，为有效合同。合同中，债权人黄建、崔杨与债务人大连谷物公司对借款数额进行了确认，并同意将债权转让给俸旗公司。因此，俸旗公司依法享有对大连谷物公司6300万元债权。辽宁储运公司关于该两笔债权不成立的上诉请求没有事实和法律依据，原审判决认定涉案债权本金为20800万元具有证据支持。

二、大连谷物公司、俸旗公司与辽宁储运公司对涉案质权不能设立所造成的损失均有过错，均应承担责任

根据《中华人民共和国物权法》第二百一十二条的规定，质权自出质人交付质押财产时设立。本案中，大连谷物公司与俸旗公司签订《最高额动产质押合同》，合同成立并生效，但是大连谷物公司自始没有交付质物145400吨玉米，质权未设立。对因质权未设立给俸旗公司造成的损失，应当根据大连谷物公司、俸旗公司和辽宁储运公司的过错程度，分别承担相应责任。

第一，对大连谷物公司而言。根据《中华人民共和国担保法》第六十三条的规定，大连谷物公司应依法将涉案质押玉米交付俸旗公司。俸旗公司与大连谷物公司签订的《最高额动产质押合同》约定，大连谷物公司自愿以其自有145400吨玉米为涉案债权提供质押担保，大连谷物公司应当按照合同约定于合同签订之日交付质物（包括从物）、相关权利证明及保管所需资料等。俸旗公司、大连谷物公司及辽宁储运公司签订的《动产质押监管协议》第2.1条约定，质物即为质押标的，是俸旗公司和大连谷物公司所签质押合同中约定的由大连谷物公司向俸旗公司提供质押担保并交由

借款合同纠纷

辽宁储运公司存储监管的货物。第2.2条约定，大连谷物公司保证质物的品名、规格型号、生产厂家（产地）、数量、质量、包装、件数和标记等与其和俸旗公司的约定以及向辽宁储运公司申报和交付的一致，并对上述全部事实的真实性承担法律责任。根据上述约定，大连谷物公司应交付俸旗公司、辽宁储运公司质押玉米145400吨。大连谷物公司法定代表人刘有文因涉嫌合同诈骗罪被羁押，因其刑事案件于一审期间正在长春市中级人民法院（以下简称长春中院）审理，故一审法院委托长春中院提讯刘有文。其在被讯问中自认了大连谷物公司在与俸旗公司签订合同后没有依约提供质押玉米，涉案质物自始不存在的事实。由此，涉案质物实际并未交付，负有交付质物义务的一方大连谷物公司必然对质物自始不存在的事实是明知的。根据《最高人民法院关于适用〈中华人民共和国担保法〉若干问题的解释》第八十六条的规定，债务人或者第三人未按质押合同约定的时间移交质物的，因此给质权人造成损失的，出质人应当根据其过错承担赔偿责任。本案中，大连谷物公司在明知质押玉米没有交付的情况下，依然与俸旗公司一起向辽宁储运公司出具《代出质通知书》，对质押玉米的重量、库存等情况进行确认，主观过错明显。因是否交付质物直接决定质权的设立，没有质物质权一定不能设立，而其实际上并没有交付质物，故其对质物自始不存在而致俸旗公司因质权不能设立所造成的损失，应当承担主要责任。虽然大连谷物公司是涉案质押玉米的出质人，但同时其也是债务人，理应对涉案全部债务承担还款责任，故其作为《最高额动产质押合同》的当事人及《动产质押监管合同》的关联一方所应承担的违约责任与其作为债务人应承担的责任竞合，在此不再赘述。

第二，对俸旗公司而言。首先，涉案《最高额动产质押合同》第6.1条约定，合同项下质押物由大连谷物公司占管，大连谷物公司应于合同签订之日将质物、相关权利证明及保管所需资料交付质权人俸旗公司保管。《动产质押监管协议》开篇约定，俸旗公司与大连谷物公司均同意将质物交由辽宁储运公司监管，辽宁储运公司同意接受俸旗公司的委托并按照俸旗公司的指示监管质物。根据上述合同约定可知，涉案质物是应当首先由大连谷物公司交付俸旗公司，然后再由俸旗公司交由辽宁储运公司监管。在交付辽宁储运公司前，大连谷物公司应按照质押合同的约定将质押监管物交付俸旗公司,由俸旗公司保管。因此,俸旗公司在将质押监管物交付辽宁储运公司监管之前是知道或应当知道涉案质物是否存在的。其次,根据《中华人民共和国物权法》第二百一十五条规定可知,质权人负有妥善保管质押财产的义务。本案俸旗公司作为质权人,具有审查保管质押财产的义务,应当对债务人大连谷物公司交付的质押财产进行严格审查。但俸旗公司未履行相应义务,而是将该义务通过《动产质押监管合同》全部委托给辽宁储运公司履行。俸旗公司既未对质物实际库存情况进行审查,也不督促辽宁储运公司按照监管合同约定进行审查,即在签订《最高额动产质押合同》当天,向辽宁储运公司出具了盖有其公章及法定代表人名章的《代出质通知书》,该通知书不仅记载了质物名称、产地、重量,而且记载了货物库存情况。该行为一方面表明俸旗公司对质物是否在库是知道或者应当知道的,另一方面也表明其不仅怠于履行其法定质物审查义务,而且对自己债权的实现疏于管理并听任债权不能实现的风险放大。对质物自始不存在致使质权不能设立所造成的损失,俸旗公司本身存在明显过错,也应当承担相应责任。

第三,对辽宁储运公司而言。首先,辽宁储运公司对因质权未设立而给俸旗公司造成损失存在过错。一方面,俸旗公司与大连谷物公司签订《最高额动产质押合同》的时间是2014年6月4日,同日,辽宁储运公司与俸旗公司、大连谷物公司签订《动产质押监管协议》,俸旗公司与大连谷物公司也在当日给辽宁储运公司出具了《代出质通知书》,辽宁储运公司同样在2014年6月4日出具了《收到质物通知书》。涉案质物是玉米145400吨,质物数量巨大,实际查验、核对、清点需耗费大量人力、物力和时间。然而,辽宁储运公司在签订监管协议当天就出具了《收到质物通知书》,确认涉案质物已在其占有和监管之下,时间如此之短,显然没有对质物进行清点审核。另一方面,辽宁储运公司的监管员孙家国在被讯问中自认,其经手过俸旗公司的14~15万吨玉米质物的监管,监管期间,根据领导授意,在明知仓内没有粮食并且不知储粮仓位具体位置的情况下编造的监管日志和明细分类账目,以证明粮食存在并处于监管之中。对于该证言,辽宁储运公司予以认可。大连谷物公司法定代表人刘有文在被讯问中也陈述,辽宁储运公司对质物145400吨玉米自始不存在是知道的。孙家

借款合同纠纷

国、刘有文分属于不同的单位,且孙家国是辽宁储运公司的员工,他们的证言均证明辽宁储运公司知道涉案质物自始不存在的事实。综上,辽宁储运公司对质物145400吨玉米不存在是知道或应当知道的,在此情况下仍提供所谓的监管,其对质权未设立给俸旗公司造成的损失存在明显过错。其次,辽宁储运公司违反了《动产质押监管协议》中的合同义务。根据《中华人民共和国合同法》第三百六十九条的规定,保管人应当妥善保管保管物。第三百九十九条规定,受托人应当按照委托人的指示处理委托事务。第四百零一条规定,受托人应当按照委托人的要求,报告委托事务的处理情况。涉案《动产质押监管协议》第一条约定,辽宁储运公司对出质人进行监督、对质物进行监控、对出质人对质物的入库、提货等过程进行监督,一旦发现违反本协议约定之行为,辽宁储运公司应及时制止并向俸旗公司报告。质物监控是指对质物的品名、数量等进行查验、核对,及时向俸旗公司报告质物状况。第2.8条约定,如大连谷物公司交予的货物及实际库存与《代出质通知书》记载不一致,辽宁储运公司不得接收货物并签发《收到货物通知书》,并应立即书面通知俸旗公司、大连谷物公司。第4.1条约定,辽宁储运公司派驻监管员在监管场地查验、核对、清点质物,获取和记录质物状况数据;对质物进行监控,发现质物不足或其他异常情况及时报告俸旗公司和大连谷物公司,并要求大连谷物公司采取措施制止、纠正。第4.4条约定,监管期间,因各种原因质物发生短少、毁损、变质、灭失等可能影响俸旗公司权益的情形,辽宁储运公司应当在24小时内通知俸旗公司,并采取适当的应急措施。第4.6条约定,监管期间,辽宁储运公司应接受俸旗公司对质物及相关单证的查询,接受俸旗公司对质物的检查,并给予必要的协助。本案辽宁储运公司作为专业监管人,首先应对涉案质物进行核对和查验,但其无视《动产质押监管协议》的约定,在未经实际审查质物交付情况及实际库存的情况下,于签订监管协议的当日即随意出具《收到质物通知书》,并且未将该情况及时报告、通知俸旗公司。在俸旗公司查验质物时,向俸旗公司出具所谓的台账、仓位图等证明质物存在。辽宁储运公司上述行为明显违反了《动产质押监管协议》约定的义务。由于辽宁储运公司对俸旗公司因质权不能设立所造成的损失存在过错,且这种过错行为违反了《动产质押监管协议》的约定,其对该损失也应当承担相应责任。

综上，由于质押人大连谷物公司、质权人俸旗公司、质物监管人辽宁储运公司对涉案质权不能设立均存在过错，三方均应承担相应的责任，且作为质物交付主体的大连谷物公司为主要责任，本院认为质物监管人辽宁储运公司对涉案质权不能设立给俸旗公司造成的损失应承担的责任份额以不超过30%为宜。

三、辽宁储运公司承担本案责任的性质及方式

第一，辽宁储运公司承担责任的性质应为违约责任。所谓违约责任，是指合同当事人一方不履行合同义务或履行合同义务不符合约定所应承担的民事责任。《中华人民共和国合同法》第一百零七条规定，当事人一方不履行合同义务或者履行合同义务不符合约定的，应当承担继续履行、采取补救措施或者赔偿损失等违约责任。本案中，《动产质押监管协议》约定，辽宁储运公司应按照俸旗公司要求核对质物权属和品质证明文件，按照《代出质通知书》列明的内容核查大连谷物公司交付的货物及现有的库存，监管期间，因各种原因质物发生短少、毁损、变质、灭失等可能影响俸旗公司权益的情形，应在24小时内通知俸旗公司，并采取适当的应急措施。但是，辽宁储运公司未按合同约定履行查验、核对、清点质物的义务及报告义务，造成俸旗公司的质权因质物自始不存在而未能设立，对于因质权未设立而给俸旗公司造成的债权不能实现的损失，应当承担相应责任。这种责任因违反合同约定义务而来，性质上属于违约责任。

第二，辽宁储运公司承担责任的方式应为补充赔偿责任。在债权债务及担保法律关系中，债务人是终局性义务人，担保人在替代债务人清偿债权后可以向债务人追偿，属于从义务人，二者依法或依约定而产生，都是债权人的直接义务人。相对于债务人与担保人而言，担保物监管人仅是帮助债权人实现债权的辅助人，而不是债权实现的直接义务人，其责任虽具有一定的独立性，但除因自身原因造成监管担保物灭失外，其责任需依附于债务人与担保人的直接责任，如果直接责任因清偿而消灭，由于债权人因获得清偿而不存在损失，则其监管责任也相应消灭。所以其只可能是前述直接义务人后的辅助性补充性义务人。实践中，在以下两种情况中更应

如此。一是债权产生在先并已陷入不能清偿风险。由于这种情况中债权不能清偿风险已在先产生,而担保物监管在后出现,债权并不是因信任担保权的保障及担保物监管人的监管而产生,债权不能实现的首要原因是债务人不能清偿债权,与担保物监管人的后续进入并不存在直接因果关系。二是债权人、担保人对质权不能设立存在过错且过错在先。由于这种情况中债权不能实现的首要原因除债务人不能清偿债权外,主要是债权人、担保人的在先过错导致质权没有设立,所以担保物监管人的后续进入对质权实质上已无法设立并不能产生根本性影响。上述两种情况中,担保物监管人的责任都只应是辅助性的补充性的。

本案中,一方面,涉案原始债权早在2013年5月、9月、12月及2014年5月已形成,且均已超过约定还款期限而未清偿。即使对于受让上述原始债权的俸旗公司而言,其相当一部分债权的受让也发生在涉案《动产质押监管协议》签订时的2014年6月4日之前。涉案债权不能清偿风险发生在《动产质押监管协议》签订前,辽宁储运公司对涉案质物的监管在后出现,涉案债权并不是因信任大连谷物公司提供的质权保障及辽宁储运公司对质物的监管而产生,其不能实现的首要原因是债务人大连谷物公司不能清偿债权,与辽宁储运公司作为质物监管人的后续进入并不存在直接因果关系;另一方面,涉案俸旗公司质权因质物自始不存在而不能设立,首要原因在于在先的债务人大连谷物公司的虚假出质以及债权人俸旗公司对债务人虚假出质的审查存在过错,辽宁储运公司作为质物监管人的后续加入只是将这种虚假出质状态延续下去,而不是因为辽宁储运公司的监管行为直接造成了虚假出质。因此,辽宁储运公司的责任应当排位在债务人大连谷物公司及相关担保人的直接责任之后,责任方式应认定为补充赔偿责任。俸旗公司债权损失的具体数额在人民法院强制执行债务人大连谷物公司及其他担保人之后方可确定,辽宁储运公司应对人民法院对大连谷物公司及其他担保人强制执行并穷尽一切执行措施后仍不能清偿部分,承担补充赔偿责任。

四、本案不应移送公安机关处理

《最高人民法院关于在审理经济纠纷案件中涉及经济犯罪嫌疑若干问

题的规定》第一条规定，同一公民、法人或其他经济组织因不同的法律事实，分别涉及经济纠纷和经济犯罪嫌疑的，经济纠纷案件和经济犯罪嫌疑案件应当分开审理。本案存在两个法律关系：一个是债权债务及担保法律关系，其中债权债务法律关系是依据案外人李旗、杨一、黄建、崔杨与大连谷物公司、光德公司签订的《借款协议书》《借款合同》及该四人分别与光德公司、大连谷物公司、俸旗公司签订的《欠款确认及债权转让协议书》《协议书》，通过债权转让而形成；担保法律关系是通过签订《最高额动产质押合同》形成，债权债务及担保法律关系的主体为债权人、质权人俸旗公司及债务人、出质人大连谷物公司。另一个是动产质押监管法律关系，合同依据是《动产质押监管协议》，合同主体为委托人俸旗公司及受托人辽宁储运公司。本案审理的主要法律关系是俸旗公司与辽宁储运公司基于《动产质押监管协议》而形成的合同关系。俸旗公司作为委托方，辽宁储运公司作为受托方，双方之间的动产监管法律关系与俸旗公司和大连谷物公司双方之间的债权债务及担保法律关系，不仅主体不同，权利义务关系不同，而且并非基于同一法律事实。因此，大连谷物公司及其法定代表人是否基于借款及担保事实涉嫌经济犯罪与本案审理的动产质押监管合同关系并无同一性，本案作为民事案件应当继续审理。辽宁储运公司关于本案因大连谷物公司及其法定代表人涉嫌经济犯罪应当移送公安机关处理的上诉请求没有事实和法律依据，不应支持。

综上，本案辽宁储运公司关于其已经依约履行合同义务不应承担赔偿责任及本案不应作为民事案件处理的上诉理由，没有事实和法律依据，本院不予支持。原审判决辽宁储运公司对大连谷物公司所应承担的赔偿责任在3亿元范围内承担补充赔偿责任不当，本院依法予以纠正。依照《中华人民共和国民事诉讼法》第一百七十条第一款第一、二项和第一百七十五条之规定，判决如下：

一、维持辽宁省高级人民法院（2016）辽民初1号民事判决第一、三项；

二、变更辽宁省高级人民法院（2016）辽民初1号民事判决第二项为：中国外运辽宁储运公司在人民法院对债务人大连港湾谷物有限公司及其他担保人强制执行后俸旗公司债权仍不能清偿部分，承担不超过30%的

补充赔偿责任。

本案一审受理费1397280元,财产保全费5000元,由大连港湾谷物有限公司承担981596元,由中国外运辽宁储运公司承担420684元;二审受理费1397280元,由大连港湾谷物有限公司承担978096元,由中国外运辽宁储运公司承担419184元。

审 判 长　张能宝
审 判 员　汪国献
审 判 员　董　华
二○一七年二月二十八日
法官助理　刘耀国
书 记 员　刘美月

> 在委托贷款合同约定的还本付息期限届满的情况下，当事人约定将委托贷款关系转为一般借款关系的，主债权和质权均未消灭

85. 上诉人港通物流（北京）有限公司、北京云帆中天科贸有限责任公司与被上诉人承德钢铁集团有限公司、原审被告北京市劳服物资有限责任公司借款合同纠纷案*

最高人民法院民事判决书

（2017）最高法民终624号

上诉人（原审被告、反诉原告）：港通物流（北京）有限公司。住所地：北京市顺义区李桥镇临清北路1号。

法定代表人：李敬臣，该公司执行董事。

委托诉讼代理人：刘守豹，北京市普华律师事务所律师。

上诉人（原审被告）：北京云帆中天科贸有限责任公司。住所地：北京市顺义区南法信镇京顺检测场东口。

---

* 摘自《商事审判指导》2018年第2辑（总第47辑），人民法院出版社2019年版，第176~186页。

借款合同纠纷

法定代表人：冯继强，该公司执行董事。

委托诉讼代理人：刘守豹，北京市普华律师事务所律师。

被上诉人（原审原告、反诉被告）：承德钢铁集团有限公司。住所地：河北省承德市双滦区滦河镇。

法定代表人：魏洪如，该公司董事长。

委托诉讼代理人：荆维航，北京市中伦（青岛）律师事务所律师。

委托诉讼代理人：陈洁，北京市中伦（青岛）律师事务所律师。

原审被告：北京市劳服物资有限责任公司。住所地：北京市顺义区李桥镇沿河村委会西侧2000米。

法定代表人：董爱红，该公司执行董事。

委托诉讼代理人：徐晓秋，北京市普华律师事务所律师。

上诉人港通物流（北京）有限公司（以下简称港通公司）、北京云帆中天科贸有限责任公司（以下简称云帆公司）因与被上诉人承德钢铁集团有限公司（以下简称承钢集团）、原审被告北京市劳服物资有限责任公司（以下简称劳服公司）借款合同纠纷一案，不服河北省高级人民法院（2015）冀民二初字第30号民事判决，向本院提起上诉。本院立案受理后，依法组成合议庭，于2017年11月10日公开开庭审理了本案。港通公司和云帆公司共同的委托诉讼代理人刘守豹、承钢集团的委托诉讼代理人荆维航和陈洁、劳服公司的委托诉讼代理人徐晓秋到庭参加了诉讼。本案现已审理终结。

港通公司向本院提起上诉，请求撤销一审判决，驳回承钢集团的全部诉讼请求，支持其全部反诉请求，并由承钢集团承担本案一审、二审诉讼费用。主要事实与理由为：（1）一审判决在未对各方当事人于2014年1月22日和3月4日签署的《协议》（以下简称"四方协议"）的履行行为进行评价的情况下，将港通公司基于承钢集团违约行为提出的单方解约行为认定为是协议解除行为，适用法律错误。（2）承钢集团、劳服公司与中国光大银行股份有限公司唐山分行（以下简称光大银行唐山分行）三方之间的委托贷款合同被一般借款合同取代后，委托贷款合同关系消灭，导致为其提供担保的股权质权也跟之消灭。同时，"四方协议"约定将原用以提供质押担保的股权转让给承钢集团，并以股权转让款来抵偿劳服公司的债务。该事实也从另一个侧面表明，原股权质押关系已被"四方协议"约定的股权转让关系所替代，并归于消灭。在股权质权已经消灭的情况下，一审判决承钢集团享有质权缺乏事实和法律依据。（3）承钢集团不愿意支付应由其垫付的评估费及相关税费，是"四方协议"未能履行的主要原因，承钢集团的违约行为导致协议约定的以股权转让款来抵偿债务的目的无法实现，承钢集团应承担相应的违约后果。在承钢集团构成违约的情况下，其追究港通公司和云帆公司的违约责任缺乏事实和法律依据。另一方面，在承钢集团违约的情况下，港通公司有权解除该协议，并且不承担任何责任，故一审判决港通公司承担责任不当。（4）一审判决严重倾向承钢集团，对港通公司不公。且一审法院错将劳服公司列为反诉原告，相应地，未将港通公司列为反诉原告，并认定两份"四方协议"已进行了公证，都体现了对工作的不负责任。

云帆公司也以与港通公司相同的事实和理由向我院提起上诉，请求撤销一审判决，驳回承钢集团的诉讼请求，由承钢集团承担本案一审、二审诉讼费用。

承钢集团辩称，一审判决认定事实清楚，适用法律正确，请求依法驳回上诉、维持原判。主要事实与理由为：（1）委托贷款合同到期转化为一般借款后，主债权并未发生实质性变化，且各方在两份"四方协议"中对此均予明确认可，不存在股权质押因主债权消灭而消灭的问题。（2）劳服公司、港通公司、云帆公司未按约定支付评估费、拒绝确认股权评估结果，是"四方协议"不能得到履行的主要原因，因而是劳服公司、港通公司、云帆公司违约在先，承钢集团并无违约行为，作为违约方的港通公司无权请求解除"四方协议"。（3）"四方协议"性质上属于以折价方式实现股权质权的协议，在不能通过折价方式实现股权质权的情况下，承钢集团有权通过诉讼方式实现质押股权，这也符合"四方协议"的约定，一审判决承钢集团享有并行使质押权并无不当。

劳服公司的陈述意见及其所依据的事实和理由也与港通公司基本相同，本院不再赘述。

承钢集团以劳服公司、港通公司和云帆公司未履行约定义务为由,向河北省高级人民法院起诉,请求:(1)劳服公司向承钢集团偿还借款6亿元,并按年利率8.5%支付至实际偿还日止的利息(截至2015年10月22日的利息为13812.5万元);(2)劳服公司、港通公司、云帆公司向承钢集团支付律师费180万元;(3)承钢集团在第一项、第二项诉讼请求范围内就港通公司在天津农村商业银行股份有限公司(以下简称天津农商行)的7000万股股权以及广州农村商业银行股份有限公司(以下简称广州农商行)的1000万股股权、云帆公司在天津农商行的5600万股股权进行拍卖,并对所得价款享有优先受偿权;(4)案件受理费、财产保全费由劳服公司、港通公司、云帆公司承担。

港通公司提出反诉,请求:(1)解除两份"四方协议";(2)承钢集团办理股权质押注销手续;(3)由承钢集团承担本案诉讼费用。

河北省高级人民法院经审理查明:2013年1月21日,承钢集团作为委托人、劳服公司作为借款人、光大银行唐山分行作为受托行签订了光唐委贷字20130001号《委托贷款合同》(以下简称《1号委贷合同》),约定承钢集团向劳服公司贷款4亿元,年利率8.5%,合同还对贷款期限、结息日以及违约责任等事项作出了约定。同日,光大银行唐山分行向劳服公司发放贷款4亿元,承钢集团与港通公司、云帆公司、北京中财立志科贸有限公司、河北钢铁股份有限公司承德分公司签订《股权质押合同》。《股权质押合同》约定:劳服公司通过光大银行唐山分行两次向承钢集团借款6亿元,三方签订了《1号委贷合同》、光唐委贷字20130002号《委托贷款合同》(以下简称《2号委贷合同》);为担保承钢集团的债权,港通公司以其在天津农商行的7000万股股权及广州农商行的1000万股股权、云帆公司以其在天津农商行5600万股股权以及北京中财立志科贸有限公司以其在广州农商行的3000万股股权向承钢集团提供质押,用以担保劳服公司欠承钢集团或河北钢铁股份有限公司承德分公司的全部债务。2013年1月23日,河北省承德市双滦区公证处对《股权质押合同》进行了公证。2013年1月28日,天津工商局出具(市局)股质登记设字2013第0398号、第0399号《股权出质设立登记通知书》,完成对云帆公司在天津农商行的

5600万股股权、港通公司在天津农商行的7000万股股权的质押登记手续，承钢集团为质权人。

2013年3月5日，承钢集团作为委托人、劳服公司作为借款人、光大银行唐山分行作为受托行签署《2号委贷合同》，约定贷款金额为2亿元，除贷款期限、结息日与《1号委贷合同》不同外，其余内容与《1号委贷合同》相同。次日，光大银行唐山分行向劳服公司发放贷款2亿元。2013年3月14日，广州市工商局出具了（穗工商）股质登记设字（2013）第01201303140073号《股权出质设立登记通知书》，完成对港通公司在广州农商行1000万股股权的股权质押登记手续，承钢集团为质权人。

2014年1月21日，承钢集团与劳服公司共同向光大银行唐山分行提交申请，申请将《1号委贷合同》项下的借款变为一般借款，不再通过光大银行唐山分行进行结算。2014年1月22日，承钢集团与劳服公司、港通公司、云帆公司签署第一份"四方协议"。该"四方协议"在对前述有关《1号委贷合同》、设定股权质押等事实予以确认的基础上，约定：将《1号委贷合同》转为一般性欠款，确认劳服公司欠承钢集团本金4亿元、利息3400万元；港通公司、云帆公司自愿将质押的股权转让给承钢集团，签订股权转让协议，以股权转让款抵偿劳服公司的借款本息；由承钢集团指定、其余各方认可的评估机构对上述质押股权进行评估，评估基准日为2013年12月31日，评估结果经各方确认后作为确定质押股权转让价款数额的依据；质押股权转让给承钢集团抵偿劳服公司款项过程中产生的评估费、登记费、税费等费用由港通公司、云帆公司承担，在股权转让款中优先支付；质押股权转让价款扣除相关费用后，多余借款本息由承钢集团退还劳服公司，不足部分仍由劳服公司偿还；劳服公司、港通公司、云帆公司任何一方不履行协议约定的义务，承钢集团均有权启动诉讼程序实现质押股权，因此产生的律师费、诉讼费等所有费用由劳服公司承担。

2014年3月2日，承钢集团与劳服公司共同向光大银行唐山分行提交申请，双方同意将《2号委贷合同》项下的借款变为一般借款，不再通过光大银行唐山分行进行结算。2014年3月4日，承钢集团与劳服公司、港通公司、云帆公司签署了另一份"四方协议"，确认在《2号委贷合同》

借款合同纠纷

项下劳服公司欠承钢集团本金 2 亿元、利息 1700 万元。该份"四方协议"的内容与第一份"四方协议"基本相同，也包括诸如将《2 号委贷合同》转为一般欠款、以股权转让款抵偿劳服公司所欠承钢集团债务、通过评估方式确定股权转让价款等相关条款。

两份"四方协议"签订完毕并进行公证后，承钢集团向公证单位申请执行证书时，公证单位以两份"四方协议"已经变更了《1 号委贷合同》《2 号委贷合同》的约定为由，不予出具执行证书。

另外，承钢集团向一审法院提交了委托代理合同、支付律师费的发票以及银行进账单等证据，意在证明其已支付了 180 万元律师费。

河北省高级人民法院认为，该案主要争议焦点为：一是两份"四方协议"应否解除；二是劳服公司应否向承钢集团还本付息；三是劳服公司、港通公司、云帆公司应否向承钢集团支付律师费 180 万元；四是承钢集团能否行使股权质押权。

1. 关于两份"四方协议"应否解除的问题。劳服公司、港通公司、云帆公司认为与承钢集团协商确定质押股权价值的过程中，承钢集团存在故意拖延的行为，导致合同目的最终无法实现，主张解除两份"四方协议"。承钢集团认为各方当事人已无法对评估事项达成一致意见，且股权价值也发生了变化，不能再依约对股权价值进行评估作价。既然各方当事人均认为两份"四方协议"约定的通过股权转让形式偿还债务的目的已无法实现，该院依照《中华人民共和国合同法》第九十三条第一款有关"当事人协商一致，可以解除合同"的规定，认定双方已就"四方协议"的解除达成合意，从而解除两份"四方协议"。

2. 关于劳服公司应否向承钢集团偿还欠款本金 6 亿元及利息的问题。两份"四方协议"解除后，劳服公司应按照《1 号委贷合同》《2 号委贷合同》及相关展期协议的约定向承钢集团支付贷款本金 6 亿元及利息。承钢集团提交了利息计算方式及数额，劳服公司未对利息的计算方式及数额提出异议，该院予以确认，从而认定劳服公司应支付的利息为：截至 2015 年 10 月 22 日的利息为 13812.5 万元，之后的利息以 6 亿元为基数，以年利率 8.5% 为计算标准，自 2015 年 10 月 23 日起至实际清偿完毕之日止。鉴于《1号委贷合同》《2号委贷合同》到期后,各方当事人共同向光大银行唐山分行提出申请,要求不再通过银行进行结算,光大银行唐山分行同意并办理了相关手续。因此,承钢集团与劳服公司、港通公司、云帆公司不再通过银行结算是各方当事人的真实意思表示,故劳服公司应直接向承钢集团归还欠款本金并支付利息。

3. 关于劳服公司、港通公司、云帆公司应否向承钢集团支付律师费180万元的问题。《1号委贷合同》《2号委贷合同》中没有对律师费的负担进行约定。因此,劳服公司、港通公司、云帆公司不应向承钢集团支付律师费。

4. 关于承钢集团能否行使股权质押权的问题。两份"四方协议"解除后,港通公司、云帆公司仍应按《股权质押合同》的约定承担质押责任。各方当事人就《股权质押合同》项下的股权办理了质押登记,并进行了公证。承钢集团就《股权质押合同》向公证部门申请执行证书时,公证部门以贷款合同已被"四方协议"变更替代为由,不予出具执行证书。随后,承钢集团提起本诉。《股权质押合同》明确约定质押担保的范围为劳服公司的全部债务。因此,承钢集团就港通公司、云帆公司的质押股权拍卖、变卖所得价款,在劳服公司对承钢集团的欠款范围内享有优先受偿权。该院对港通公司要求办理股权质押注销手续的反诉请求不予支持。

综上,该院依照《中华人民共和国合同法》第八条①、第六十条②、第七十七条③、第九十二条第一款④、第一百零七条⑤、《中华人民共和国担保法》第六十七条⑥、第六十八条⑦、第七十一条第二款⑧之规定,判决

---

① 对应《中华人民共和国民法典》第四百六十五条:"依法成立的合同,受法律保护。依法成立的合同,仅对当事人具有法律约束力,但是法律另有规定的除外。"
② 对应《中华人民共和国民法典》第五百零九条第一款,内容未作修改。
③ 对应《中华人民共和国民法典》第五百零二条、第五百四十三条。
④ 对应《中华人民共和国民法典》第五百六十二条第一款,内容未作修改。
⑤ 对应《中华人民共和国民法典》第五百七十七条,内容未作修改。
⑥ 该条已废止。
⑦ 该条已废止。
⑧ 该条已废止。

借款合同纠纷

如下：一、解除承钢集团与劳服公司、港通公司、云帆公司分别于2014年1月22日、2014年3月4日签订的两份"四方协议"；二、劳服公司自判决生效之日起10日内，向承钢集团支付借款本金6亿元及利息（截止到2015年10月22日，利息为13812.5万元；之后的利息以6亿元为基数，以年利率8.5%计算，直至实际付清之日）；三、承钢集团在判决第一项确定的劳服公司所负债务范围内，对港通公司在天津农商行的7000万股股权、广州农商行的1000万股股权和云帆公司在天津农商行的5600万股股权拍卖、变卖所得价款享有优先受偿权；四、驳回承钢集团的其他诉讼请求；五、驳回港通公司的其他反诉请求。该案本诉案件受理费3741425元，由劳服公司、港通公司、云帆公司共同负担3731425元，承钢集团负担1万元；反诉案件受理费1870712.5元由港通公司负担。

本院二审期间，港通公司、云帆公司以光盘形式向法庭提交了三份通话时间显示为2014年3月13日的录音，用以证明承钢集团的违约行为导致以股权转让款来抵债的相关事宜未能及时完成。承钢集团质证认为该三份证据不属于新证据，且仅凭录音无法确定通话人的身份。本院认为，该组证据并非一审庭审结束后新发现的证据，亦非当事人在一审举证期限届满前因客观原因无法提供的证据，不属于二审程序中的新证据，故对其证据效力不予认可。

各方均承认两份"四方协议"未进行公证，对于一审判决认定"四方协议"已进行公证的事实，本院予以纠正。对于一审判决认定的其他事实，各方均无异议，本院予以确认。

本院认为，根据各方上诉和答辩情况，本案争议焦点有三：一是案涉股权质权是否已经消灭；二是案涉"四方协议"是否应予解除，尤其是是否构成协议解除；三是本案一审程序是否存在违法或司法不公。针对上述争议，本院逐一分析如下。

一、关于案涉股权质权是否已经消灭

根据《中华人民共和国物权法》第二百二十六条之规定，以股权出质的，当事人应当订立书面合同。以证券登记结算机构登记的股权出质的，质权自证券登记结算机构办理出质登记时设立；以其他股权出质的，质权自工商行政管理部门办理出质登记时设立。本案中，港通公司、云帆公司与承钢集团等当事人签订《股权质押合同》后，又先后到天津市工商局、广州市工商局办理了对港通公司在天津农商行的7000万股股权、云帆公司在天津农商行的5600万股股权以及港通公司在广州农商行的1000万股股权的质押登记手续，股权质权依法成立。承钢集团作为质权人，对案涉股权依法享有质权。港通公司、云帆公司主张，承钢集团、劳服公司与光大银行唐山分行三方之间的委托贷款合同转变为劳服公司与承钢集团的一般借款合同后，作为主债权的委托贷款关系已经消灭，导致为其提供担保的质权也跟之消灭。本院认为，委托贷款是指由委托人提供资金，贷款人即受托人根据委托人确定的贷款对象、用途、金额期限、利率等代为发放、监督使用并协助收回的贷款。在委托贷款关系中，贷款人（受托人）只收取手续费，不承担贷款风险，本质上属于委托人的代理人，其从事的行为性质上属于代理行为。根据代理的有关规则，受托行在代理权限内与借款人实施的法律行为，对委托人发生效力。就此而言，委托借贷合同形式上的贷款人尽管是受托行，但实质上的贷款人则是作为被代理人的委托人。也只有从这一角度，才能解释为什么作为贷款人的受托行无须承担贷款风险。就本案而言，在委托贷款合同约定的还本付息期限届满的情况下，当事人约定将委托贷款关系转为一般借款关系，意味着光大银行唐山分行不再担任受托人，从而将作为三方关系的委托贷款关系转为作为双方关系的一般借贷关系。但此种变化既未实质性地改变借款关系的当事人，亦未改变借款合同的权利义务关系，更谈不上作为主债权的借款关系消灭的问题。尤其是两份"四方协议"均对委托贷款转为一般借款的事实以及委托贷款合同项下的借款本息予以确认，并重申原有的股权质押继续有效。由此可见，不仅作为主债权的借款关系并未消灭，作为从权利的质权也未消灭。故对港通公司、云帆公司有关案涉股权质权因作为主债权的委托贷款关系消灭而消灭的主张，本院不予支持。

港通公司、云帆公司还主张，股权质押关系因被"四方协议"所替代而消灭，这就涉及如何认识"四方协议"的性质与效力问题。诚然，"四

借款合同纠纷

方协议"确实有"丙（港通公司）、丁方（云帆公司）自愿以质押股权转让给甲方（承钢集团），签订股权转让协议、股权转让价款抵偿乙方（劳服公司）所欠甲方（承钢集团）的借款本息"的表述，但这并不意味着"四方协议"性质上属于股权转让协议，更不意味着股权质押关系已经被股权转让协议所替代。当事人对合同条款理解存在歧义时，除了应当按照合同所使用的词句进行理解外，还要综合考虑合同的有关条款、合同的目的、交易习惯以及诚实信用原则等因素来确定。综合考虑前述因素，可以确定前述条款的真实意思是，作为质权人的承钢集团与作为出质人的港通公司、云帆公司约定以质押股权折价，并以折价所得的价款清偿劳服公司的债务，即其性质属于对质押股权进行折价的约定。具体来说：一是从"四方协议"的相关合同条款看，除了对承钢集团与劳服公司之间从委托贷款合同转化而来的主债权以及承钢集团与港通公司、云帆公司之间的股权质权关系进行确认外，主要是有关如何通过对质押股权进行折价，并以折价后的价款来清偿所欠承钢集团债务的约定。为使折价具有客观的基础，各方约定由选定的评估机构对质押股权进行评估，并将评估结果作为确定股权价格的依据：如果评估价格高于借款本息的，承钢集团应将高出部分的价值退还劳服公司；反之，劳服公司仍应就不足部分承担清偿责任。二是从缔约目的看，"四方协议"是案涉股权已经设定质押的情况下签订的，因此其缔约目的主要是为了通过对质押股权进行折价或作价来清偿劳服公司的债务，并非将已经质押的股权转让给承钢集团。三是从交易习惯看，如果认为"四方协议"性质上属于股权转让协议，则至少要有具体明确的股权转让价款。但"四方协议"除了约定以评估方式确定转让价款外，并未约定明确的转让价款，不符合股权转让的交易习惯。另一方面，在所得的股权转让款用以抵偿债务的情况下，所谓的股权转让，实际上是指承钢集团取得股权，并以其取得股权所应支付的价款来冲抵劳服公司欠其的借款。"股权转让"不过是从股权变动角度即承钢集团取得股权的角度来说的，从港通公司、云帆公司的角度看，不过是对质押股权进行作价，并以取得的价款来清偿债务罢了。就此而言，本案中所谓的"股权转让"本质上就是对质押股权的折价，而将其认定为折价协议更符合交易习惯。四是从利益衡量看，在案涉股权已经设定质权的情况下，即便认定为是股权转让，此种转让也是有质押负担的股权转让。根据《中华人民共和国物权法》第二百二十六条第二款的规定，股权出质后，不得转让，除非出质人与质权人协商同意；且即便可以转让，所得的价款也应当向质权人提前清偿或者提存。也就是说，即便可以认定为是股权转让，所得的价款也应当向质权人提前清偿或者提存。在此情况下，质权已经得到了实现，也不存在质权消灭的问题。因此，将"四方协议"解释为股权转让协议，将承钢集团从享有优先受偿权的质权人变为作为一般债权人的股权受让人，既不符合法律规定，也不符合诚实信用原则。综上，前述条款性质上属于对质押股权进行折价的约定，只不过一般的折价由当事人自行协商确定价款，而此处的折价则主要参考评估机构对股权价值的评估。事实上，正是因为各方对评估事宜达不成一致意见，才导致"四方协议"最终未能得到履行，方有本案纠纷。"四方协议"的折价协议性质也从另一个侧面表明，其不仅没有替代或消灭股权质押关系，而恰恰是为实现股权质押而签订的。因此，港通公司、云帆公司有关股权质押关系因被"四方协议"所替代而消灭的主张，本院也不予支持。在"四方协议"未能得到履行，即各方未就质押股权的折价达成一致意见的情况下，不论是根据"四方协议"自身的约定，还是根据物权法有关质权人可以通过拍卖或变卖质押财产方式实现质权的规定，作为质权人的承钢集团均有权请求人民法院拍卖、变卖质押股权，并就所得价款优先受偿。就此而言，一审判决承钢集团对案涉质押股权拍卖、变卖所得的价款享有优先受偿权并无不当，本院予以维持。

二、关于"四方协议"的解除问题

协议解除合同，需要当事人就合同解除事宜达成合意。"四方协议"作为由四方当事人共同签署的协议，要想以协议的方式解除合同，需要四方当事人形成共同的合意。本案中，尽管港通公司以反诉方式请求解除"四方协议"，劳服公司、云帆公司在庭审答辩中也同意解除"四方协议"，但承钢集团并未明确表示同意解除"四方协议"，在此情况下，一审判决认定各方已就"四方协议"的解除达成合意,并判令解除该协议,确有不当,应予纠正。一审判决解除"四方协议",意味着已经支持了港通公司的该项反诉请求,港通公司就合同解除事宜再行提起上诉缺乏诉的利益。云帆公司上诉请求撤销一审判决,其上诉请求看似已经涵盖了撤销港通公司有关解除"四方协议"的该项反诉请求。但云帆公司的主要上诉请求是请求驳回承钢集团的全部诉讼请求,并未针对港通公司的反诉提起上诉,结合其在一审、二审中均明确同意港通公司包括解除"四方协议"在内的反诉请求,在相关问题上亦与港通公司保持一致立场等情形,可以认定其并未就合同解除事宜提出上诉。承钢集团尽管没有明确表示同意解除"四方协议",但其并未提起上诉,表明已经服判息诉。考虑到"四方协议"因各方在评估问题上未能达成一致意见,导致至今未能得到履行的实际情况,一审判决解除该协议在结果上并无明显不当。综合考虑前述因素,对于一审判决解除"四方协议",本院予以维持。

港通公司、云帆公司之所以在一审判决已经支持其解除"四方协议"的反诉请求或答辩意见的情况下,仍然坚持对此提起上诉,主要是认为一审判决未就"四方协议"不能得到履行的原因进行审查。而在"四方协议"的履行问题上,承钢集团与港通公司、云帆公司、劳服公司各执一词,彼此都坚称是对方违约在先。"四方协议"作为确认主债权债务以及股权质押关系并就质押股权折价事宜进行约定的协议,其不能实际履行的后果无非是不能通过折价方式实现股权质权,并不意味着主债权以及股权质权因此而消灭,更不意味着港通公司、云帆公司可以因此免除其作为出质人所应承担的担保责任,故对港通公司、云帆公司有关"四方协议"解除后其不应承担任何责任的主张,本院不予支持。鉴于"四方协议"并未约定具体明确的违约责任,故双方有关谁违约在先的争论并无实质意义,本院对此不作进一步审查。

三、关于一审判决是否存在程序违法或司法不公

一审判决错将劳服公司列为反诉原告,同时未将港通公司列为反诉原告,确有不当。但其已经以裁定方式加以补正,该项错误并未对当事人的

权利义务关系造成实质影响，不存在司法不公问题。港通公司、云帆公司在未举证证明一审法官存在其他违反法定程序或违法违规行为的情况下，仅因一审判决结果对其不利，就认为一审存在司法不公，缺乏事实和法律依据。

综上，港通公司、云帆公司的上诉请求不能成立，应予驳回；一审判决认定事实基本清楚，适用法律基本正确，结果并无不当，应予维持。本院依照《中华人民共和国民事诉讼法》第一百七十条第一款第一项之规定，判决如下：

驳回上诉，维持原判。

港通物流（北京）有限公司预交的二审案件受理费5612137.5元、北京云帆中天科贸有限责任公司预交的二审案件受理费3741425元，由二上诉人各自负担。

本判决为终审判决。

审　判　长　王富博

审　判　员　丁俊峰

审　判　员　麻锦亮

二〇一七年十二月二十八日

法官助理　郝晋琪

书　记　员　宋亚东

保证合同纠纷

現代學術叢書

86. 招商银行股份有限公司大连分行与大连一方地产有限公司保证合同纠纷案

▶ 金融机构怠于办理预告登记，房地产企业的阶段性保证责任免除

【裁判摘要】

> 阶段性担保在商品房预售合同中比较常见，通过办理买房人所购房屋预告抵押登记，可以有效减少金融机构和房地产企业的风险。因其阶段性特征，预告抵押登记和商品房预售登记的衔接非常重要。金融机构怠于办理预告抵押登记，等于无限延长房地产企业的保证期间，有违担保法的精神，亦有违诚实信用原则。

最高人民法院民事裁定书

（2017）最高法民申 3474 号

再审申请人（一审原告、二审被上诉人）：招商银行股份有限公司大连分行。住所地：辽宁省大连市中山

---

* 摘自《最高人民法院公报》2018 年第 5 期。

区人民路17号中银大厦1-3层部分。

负责人：钱曦，该分行行长。

委托诉讼代理人：商庆国，辽宁先河律师事务所律师。

委托诉讼代理人：毕书敏，辽宁先河律师事务所律师。

被申请人（一审被告、二审上诉人）：大连一方地产有限公司。住所地：辽宁省大连市沙河口区星海广场C1区7号。

法定代表人：孙喜双，该公司董事长。

委托诉讼代理人：张国晗，辽宁智库律师事务所律师。

委托诉讼代理人：白禹龙，辽宁智库律师事务所律师。

再审申请人招商银行股份有限公司大连分行（以下简称招商银行）因与被申请人大连一方地产有限公司（以下简称一方公司）保证合同纠纷一案，不服辽宁省高级人民法院（2017）辽民终156号民事判决，向本院申请再审。本院依法组成合议庭对本案进行了审查，现已审查终结。

招商银行申请再审称：（1）二审判决认定招商银行未在保证期间内向一方公司主张权利，已过保证期间，一方公司保证责任应当免除，属于事实认定不清，适用《中华人民共和国担保法》（以下简称《担保法》）第二十六条第二款认定一方公司保证责任应当免除，属于适用法律错误。（2）二审判决认定招商银行怠于履行办理预告抵押登记造成抵押物被法院查封，应自行承担法律责任，属于认定事实错误。（3）二审判决认定案涉房屋没有办理预告抵押登记的责任在于招商银行，属于认定事实错误。（4）二审判决采用推定方式，认定案涉房屋没有办理预告抵押登记，不能排除非银行原因，因而就直接认定责任在于招商银行，该归责原则与担保合同约定相悖，也不符合法律规定。请求：（1）撤销辽宁省高级人民法院（2017）辽民终156号民事判决。（2）提审本案，或者指令辽宁省高级人民法院再审本案，改判支持招商银行的诉讼请求。招商银行依据《中华人民共和国民事诉讼法》第二百条第二项、第六项的规定申请再审。

一方公司提交意见称：（1）案涉保证为"阶段性保证担保"，根据双方合同约定及法律规定，保证期间应当至一方公司交付购房合同登记备案手续后，招商银行在合理期限内办理完毕预告抵押登记之日止。（2）根据

保证合同纠纷

合同约定，一方公司的义务仅仅是将购房合同登记备案手续交付招商银行。在一方公司已履行义务的情况下，招商银行作为预告抵押登记的办理义务主体，应当承担未能办理预告抵押登记的责任。(3) 一方公司将案涉房屋备案合同转交招商银行时，案涉房屋已可以办理产权登记以及抵押权登记，无需办理预告抵押登记。(4) 招商银行的证据已充分证明招商银行办理案涉贷款业务时，是按照"购买商业用房贷款"办理，并非"个人住房贷款"。根据《担保协议》的约定，案涉贷款不属于《担保协议》约定的"个人住房贷款"的担保债务范围，一方公司根本就不应对案涉贷款承担保证责任。综上，招商银行的再审申请缺乏事实与法律依据，请求予以驳回。

本院认为，本案争议的焦点问题：一方公司应否承担保证责任。

招商银行与高智签订的《个人购房借款及担保合同》，招商银行与一方公司签订的《担保协议》，均系双方当事人真实意思表示，且不违反法律、行政法规的强制性规定，应认定合法有效。

关于本案保证期间的确定。招商银行与一方公司在《担保协议》第五条约定，一方公司承担的是阶段性担保，保证期间是每笔贷款放款之日起至预告抵押登记完成之日止。双方签订《担保协议》的目的是一方公司在90个工作日内办妥高智所购房屋预告抵押登记手续交给招商银行，招商银行办理完预告抵押登记后，一方公司的担保责任即可免除，招商银行通过抵押权来保障债权实现。从字面理解，双方当事人对保证期间进行了约定，以办妥预告抵押登记为时间节点，保证期间可以延长，也可以缩短。该约定是双方当事人的真实意思表示，但不能与《担保法》的规定相悖，不能无限延长保证期间，也是阶段性担保的应有之义。因此，本案的保证期间应确定为从2012年10月9日招商银行放款之日起，至2014年1月17日一方公司向招商银行交付商品房预告抵押登记手续后，招商银行在合理期限内办理完预告抵押登记止。《担保协议》第七条约定，如出现非因招商银行原因未能在90个工作日内办妥借款人所购房屋预告抵押登记手续，招商银行自贷款发放之日起，至预告抵押登记完之日止之前，其有权要求一方公司履行担保责任。同理，一方公司将购房合同的登记备案手续交给招商银行后,招商银行亦应在合理期限内办理预告抵押登记,而合理期限应以上述双方约定的90个工作日作为参照。

关于未办理案涉房屋预告抵押登记的责任。《担保协议》第六条约定,一方公司在承担保证担保期间,应当办理购房合同的真实有效登记备案手续,并及时将购房合同的登记备案手续转交给招商银行指定代办机构,积极配合招商银行办理预告抵押登记。招商银行一审中辩称未办理预告抵押登记的原因是高智不配合,因高智是香港户籍,与他联系困难,其未出具代办手续,银行无法单方办理。招商银行与高智签订的《个人购房借款及担保合同》第26.2条约定:"如本合同签订之时抵押房产尚未办妥产权证书的,抵押人应按照贷款人的要求,积极配合贷款人及/或售房人办理预告抵押登记或者楼花抵押登记;抵押房产具备办理正式抵押登记条件起的60日内,抵押人必须无条件配合贷款人办妥由预告抵押登记或楼花抵押登记转为正式抵押登记的手续。"在一审、二审中招商银行未提供证据证明未办理预告抵押登记是一方公司迟延交付办理预告抵押登记手续所致,亦未提供证据证明其已积极敦促一方公司及高智配合其办理预告抵押登记。招商银行于2014年1月17日收到一方公司交付的购房预告抵押登记手续后,没有在合理期间内及时办理预告抵押登记,直至2015年3月6日案涉房屋因另案被法院查封无法办理后,才于2015年4月22日向法院起诉一方公司主张权利。招商银行怠于履行合同义务是显而易见的,对案涉房屋不能办理预告抵押登记后果的产生存在重大过错。

关于一方公司应否承担保证责任。本案中,招商银行是办理预告抵押登记的义务主体,在一方公司未在约定的90个工作日内交付办理预告抵押登记手续情况下,招商银行收到一方公司迟延交付的预告抵押登记手续后,应当在合理期限内及时办理预告抵押登记,防止案涉房屋被法院查封而无法办理。但是招商银行收到一方公司迟延交付预告抵押登记手续后,不但没有提出异议,而且一年多时间不去办理预告抵押登记,且无合理解释,应视为一方公司阶段性担保的保证责任免除条件成就。根据《担保法》第二十六条第二款"在合同约定的保证期间和前款规定的保证期间,债权人未要求保证人承担保证责任的,保证人免除保证责任"的规定,招

保证合同纠纷

商银行未在保证期间内向一方公司主张权利，一方公司的保证责任免除。另外，《中华人民共和国合同法》第一百一十九条第一款规定："当事人一方违约后，对方应当采取适当措施防止损失的扩大；没有采取适当措施致使损失扩大的，不得就扩大的损失要求赔偿。"因此，招商银行因怠于履行办理预告抵押登记义务所造成抵押物被法院查封的责任，应当由其自行承担。

鉴于一方公司的保证责任已免除，至于高智的借款是否属于本案担保范围，已无审理必要，本院对此亦不予审查。

综上，招商银行的再审申请不符合《中华人民共和国民事诉讼法》第二百条第二项、第六项规定的情形。依照《中华人民共和国民事诉讼法》第二百零四条第一款，《最高人民法院关于适用〈中华人民共和国民事诉讼法〉的解释》第三百九十五条第二款之规定，裁定如下：

驳回招商银行股份有限公司大连分行的再审申请。

87. 中国工商银行股份有限公司固阳支行与固阳县腾飞房地产开发公司保证合同纠纷案[*]

> 案外人对已经被法院查封、扣押、冻结的财产主张确权，只能提起执行异议之诉，而不能另行提起确权之诉

【裁判摘要】

案外人执行异议之诉是近年来审理案件的难点和热点，尤其是执行异议之诉与另行起诉之间的关系，更是难以厘清。司法实践中，有的当事人不通过执行异议之诉，而是另行提起确权之诉，然后再依据确权之诉案件的裁判结果主张排除强制执行。这极易出现案外人恶意规避执行异议之诉，利用另案确权之诉的裁判结果，对抗、拖延执行的情况。依照《最高人民法院关于依法制裁规避执行行为的若干意见》第九条和第十一条、《最高人民法院关于执行权合理配置和科学运行的若干意见》第二十六条、《最高人民法院关于人民法院立案、审判与执行工作协调运行的意见》第八条的规定，案外人对已经被法院查封、扣押、冻结的财产主张确权，只能依照《中华人民共和国民事诉讼法》第二百二十七条的规定提起执行异议之诉，而不能另行提起确权之诉。

---

[*] 摘自《审判监督指导》2019年第2辑（总第68辑），人民法院出版社2021年版，第176~186页。

保证合同纠纷

再审申请人(一审原告、二审上诉人):中国工商银行股份有限公司固阳支行(以下简称工商银行固阳支行)。

被申请人(一审被告、二审被上诉人):固阳县腾飞房地产开发公司(以下简称腾飞公司)。

一、基本案情

2008年8月4日至2012年12月14日,工商银行固阳支行与腾飞公司就腾飞公司开发并销售的云海花园、育才苑、锦绣鑫苑、雨竹花园、鑫元小区及糖酒综合楼项目签订了8份《按揭贷款业务合作协议》,协议约定:借款人(购房人)办妥正式抵押登记手续,并将《房屋他项权证》交工商银行固阳支行收押之前,腾飞公司同意为借款人提供偿还贷款本息的阶段性连带责任保证,并在工商银行固阳支行指定账户存入相当于全部按揭贷款余额10%(或20%)的款项,作为履约保证金,未经工商银行固阳支行同意,腾飞公司不得动用该款项;如借款人在腾飞公司提供阶段性连带责任保证期间未按合同约定履行还款义务,腾飞公司保证在接到工商银行固阳支行书面催款通知后履行还款义务,如腾飞公司未主动履行上述还款义务,即表示腾飞公司授权工商银行固阳支行从其开立的账户中扣收。工商银行固阳支行于2008年5月30日为腾飞公司设立了专用账户,账号:0603072029024840469,户名:固阳县腾飞房地产开发公司。之后工商银行固阳支行又为其专用账户设立了配套保证金账户(银行内部户),账号:0603011841000002157,两账户是对应关系,两账户专门用于核算和反映双方在协议中约定的履约保证金,由工商银行固阳支行根据业务需要冻结、解冻,两账户通存不通兑,只办理保证金的收付业务,不对外办理其他结算业务(账务明细)。2012年腾飞公司在工商银行固阳支行又开立0603072029024898315号账户(0603072029024840469号账户于2012年7月2日以后不再进行履约结算业务)用于继续履行双方所签订上述《按揭贷款业务合作协议》的履约存款结算账户。

2008年10月14日至2013年11月30日,工商银行固阳支行与腾飞公司在上述履约存款账户内进行的业务结算中,部分履约存款由腾飞公司开发项目挂靠投资人缴存，工商银行固阳支行退还的履约存款均为腾飞公司出具履约存款账户的转账支票后由工商银行固阳支行退付给了腾飞公司开发项目挂靠投资人，工商银行固阳支行在腾飞公司履约存款账户内扣收按揭贷款购房人逾期贷款共计14万余元。

二、案外人执行异议

2011年，内蒙古自治区包头市中级人民法院受理徐某某与腾飞公司建筑施工合同纠纷执行一案，在案件执行过程中冻结了腾飞公司在上述账户内的存款980万元。

2013年11月7日，腾飞公司向包头市中级人民法院提出异议。该院于2013年12月3日依照《中华人民共和国民事诉讼法》第二百二十五条的规定作出（2011）包执异字第152—3号执行裁定书，以账户内的存款属腾飞公司所有为由驳回腾飞公司的异议。腾飞公司不服，向内蒙古自治区高级人民法院申请复议。内蒙古自治区高级人民法院于2014年4月24日作出（2014）内执复字第5号执行裁定书，认为涉案冻结款项在腾飞公司账户内，现金是种类物非特定物，认定归腾飞公司所有。关于所冻结的账户是否属于按揭贷款保证金的问题，由于涉及按揭贷款保证金合同的效力等实体权利义务的确认，在执行程序无法解决，而且保证金账户的权利人只能是工商银行固阳支行，而不是申请复议人腾飞公司。腾飞公司无权以此为由申请复议。据此，依照《中华人民共和国民事诉讼法》第二百二十五条、《最高人民法院关于适用〈中华人民共和国民事诉讼法〉执行程序若干问题的解释》第八条、第九条的规定，驳回腾飞公司的复议申请。

2013年8月30日，工商银行固阳支行作为执行案件案外人向包头市中级人民法院执行局提出案外人执行异议，包头市中级人民法院于2013年12月3日作出（2011）包执异字第152—2号执行裁定书，认为工商银行固阳支行与腾飞工商签订的协议不是严格意义上的质押合同，未对质押担保的主债权种类、数额、担保范围等事项作出明确的规定，在该账户设立以后发生过多笔对外结算业务，存款余额不断变化，将资金存入该账户起不到公示作用，不符合特定化的要求。该账户资金实际由腾飞公司调控，工商银行固阳支行没有实际控制该笔资金，不能保证专款专用，该账户不成立质权，不具有排他性和优先效力。据此依照《中华人民共和国民事诉讼法》第二百二十七条的规定驳回了案外人工商银行固阳支行的异议。

三、原审裁判

2014年12月1日，一审原告工商银行固阳支行起诉至内蒙古自治区固阳县人民法院，请求：（1）确认《按揭贷款业务合作协议》合法有效；（2）确认工商银行固阳支行对账号 0603072029024840469 号和 0603011841000002157 号的保证金账户内的 980 万元按揭贷款保证金享有优先受偿权。一审被告腾飞公司同意工商银行固阳支行的诉讼请求。

内蒙古自治区固阳县人民法院一审认为，工商银行固阳支行与腾飞公司签订的《按揭贷款业务合作协议》未违反法律法规的强制性规定，且系合同双方当事人真实意思表示，是合法有效合同。故对工商银行固阳支行要求确认《按揭贷款业务合作协议》合法有效的诉讼请求，予以支持。双方签订的8份《按揭贷款业务合作协议》约定，按揭贷款购房人在腾飞公司提供阶段性连带责任保证期间未按合同约定履行还款义务，腾飞公司亦在工商银行固阳支行书面催款通知后未履行还款义务，工商银行固阳支行才有权从履约账户中扣收按腾飞公司缴存的履约存款；按揭贷款购房人办理完《房屋他项权证》并交付于工商银行固阳支行，工商银行固阳支行即应退还腾飞公司相应的履约存款。故工商银行固阳支行只对未办理完《房屋他项权证》的按揭贷款购房人所对应的被告缴存的履约存款限额内且在按揭贷款购房人实际逾期还款额度内享有优先受偿权。工商银行固阳支行对应退还腾飞公司的履约存款亦不享有优先受偿权。庭审中，工商银行固阳支行提供的2008年10月14日至2013年11月30日期间的腾飞公司履约存款账户业务查询记录单及扣收逾期贷款的相关凭证及批办材料显示，在此期间的按揭贷款购房人逾期还款金额共计14万余元，但工商银行固阳支行已全部从腾飞公司履约账户内的履约存款中予以扣收。上述证据证实工商银行固阳支行已行使了合同约定的优先受偿权，腾飞公司亦履行了合同义务。工商银行固阳支行向该院提供的相关证据不能证明除去应退的履约存款外按揭贷款购房人的逾期还款额度及相对应的履约存款限额已达980万元，故工商银行固阳支行要求确认其对腾飞公司的账号为0603072029024840469和0603011841000002157的履约账户内的980万元履约存款享有优先受偿权的诉讼请求并无合同及法律依据，该院不予支持。依照《中华人民共和国合同法》第四十四条第一款及《最高人民法院关于民事诉讼证据的若干规定》第二条①之规定，内蒙古自治区固阳县人民法院于2015年2月9日作出（2014）固商初字第26号判决：一、确认2008年8月4日至2012年12月14日中国工商银行股份有限公司固阳支行与固阳县腾飞房地产开发公司对云海花园、育才苑、锦绣鑫苑、雨竹花园、鑫元小区及糖酒综合楼开发项目签订的8份《按揭贷款业务合作协议》合法有效；二、驳回中国工商银行股份有限公司固阳支行的其他诉讼请求。案件受理费80400元，由中国工商银行股份有限公司固阳支行负担。

一审宣判后，工商银行固阳支行不服，提起上诉，请求：撤销原判第二项及关于案件受理费的判决，确认其对为腾飞公司开立的账号为0603072029024840469以及账号为0603011841000002517保证金账户内所有按揭贷款保证金享有优先受偿权。理由为：（1）原审判决认定事实错误。双方当事人签订的《按揭贷款业务合作协议》已被确认有效，该协议中双方约定保证金缴存比例为10%或20%，现腾飞公司按揭贷款的金额为18803.8万元，保证金账户现有的保证金符合协议约定。根据协议及双方签订的《个人住房借款/担保合同》约定，当工商银行固阳支行收到《房屋他项权证》之后，方可解除腾飞公司的保证责任。保证金的用途并非只是用于扣收逾期贷款，而是对所有未交银行收押的《房屋他项权证》所有按揭贷款的保证。工商银行固阳支行提供的扣收逾期贷款14万余元及退还保证金凭证只是证明该保证金账户内的款项符合双方签订的协议所明确的事项及腾飞公司履行了部分保证责任，而并非仅仅扣收14万余元就是腾飞公司履约了。（2）工商银行固阳支行该账户内的资金达到实质的特定化。

---

① 2001年通过的该司法解释第二条作了谁主张谁举证，否则承担不利后果的规定，后该条规定的精神为2017年的《中华人民共和国民事诉讼法》所吸收。

保证合同纠纷

动产质押要求以转移特定的质押标的物为生效要件,货币也可以特定化。工商银行固阳支行为腾飞公司开立的保证金专用账户仅作为特定债权的担保,且账户资金仅用作违约贷款的扣划和符合约定条件的保证金返还,不作为日常结算账户使用。该账户通存不通兑,尽管账户余额具有流动性,但这是由该保证金账户所担保的标的物的变动性所决定的。协议约定,工商银行固阳支行为借款人发放贷款时,腾飞公司作为保证人按照协议约定的比例存入保证金作为质押;在借款人办妥正式抵押登记手续并将《房屋他项权证》交工商银行固阳支行收押后,返还对应的保证金。当借款人、保证人均不履行还款义务时,工商银行固阳支行可扣划保证金。因而,保证金账户的资金不可避免地具有流动性,账户余额变动符合规定。该保证金账户由工商银行固阳支行实际控制,腾飞公司无法自由支配该账户及账户内的资金,达到了货币特定化的标准。(3)工商银行固阳支行对按揭贷款保证金账户实际占有。协议约定,未经工商银行固阳支行同意,腾飞公司不得动用该账户内的款项。工商银行固阳支行实际上对该账户享有实际控制权,符合动产质押所要求的转移占有的规定。(4)案件受理费全部由工商银行固阳支行负担的判决错误。工商银行固阳支行的两项诉讼请求已被原判决支持了一项的情况下,判令案件受理费全部由工商银行固阳支行负担是错误的。原审诉讼费和本次上诉费应由腾飞公司负担。

腾飞公司辩称,其公司按照与工商银行固阳支行签订的协议的约定缴纳了保证金,该账户的实际控制人是工商银行固阳支行,账户内的资金其公司无法自由支取。

内蒙古自治区包头市中级人民法院二审认为,工商银行固阳支行与腾飞公司于2008年8月4日至2012年12月14日间签订的8份《按揭贷款业务合作协议》,是合同双方当事人真实意思表示,且不违反法律法规的强制性规定,为有效的合同。原审法院据此确认上述合同的效力是正确的。工商银行固阳支行请求确认腾飞公司在其处开立的账号为0603072029024840469以及账号为0603011841000002517的两个账户为保证金账户,其对上述账户内的款项享有优先受偿权。对此问题,工商银行固阳支行作为案外人已经在申请人徐某某与腾飞公司建筑施工合同纠纷一案的执行程序中提出了异议，（2011）包执异字第152—2号执行裁定驳回其异议申请。但工商银行固阳支行未根据《中华人民共和国民事诉讼法》第二百二十七条的规定提起案外人执行异议之诉。现（2011）包执异字第152-2号执行裁定已发生法律效力，工商银行固阳支行转而又以相同的理由提起本次诉讼是缺乏合同及法律依据，故该院对工商银行固阳支行要求确认其对涉案账户内的款项享有优先受偿权的请求不予支持。一审判决驳回工商银行固阳支行的该项诉讼请求并无不当。本案的一审、二审诉讼中，腾飞公司对工商银行固阳支行并未提出抗辩，故一审法院判令由工商银行固阳支行负担本案全部诉讼费也是正确的。综上，一审判决认定事实清楚，适用法律正确。依照《中华人民共和国民事诉讼法》第一百七十条第一款第一项之规定，内蒙古自治区包头市中级人民法院于2015年9月8日作出（2015）包民五终字第182号民事判决：驳回上诉，维持原判。二审案件受理费80400元，由中国工商银行股份有限公司固阳支行负担。

四、再审情况

工商银行固阳支行申请再审称，原一审、二审法院的判决缺乏事实和法律依据，理由如下：（1）一审判决以工商银行固阳支行没有证明工商银行固阳支行开立的账号为0603072029024840469和0603011841000002157保证金账户内存在980万元为由驳回了工商银行固阳支行的诉请，明显没有事实根据。工商银行固阳支行在一审时提供了大量证据（两个账户内每一笔资金出入凭证和账户明细）证明了0603011841000002157保证金账户内存有大于980万元的保证金资金。而且每一笔资金都是与工商银行固阳支行合作的六个按揭项目的按揭贷款保证金，与包头市中级人民法院执行的申请执行人没有任何关系，如两个保证金账户内没有980万元，包头市中级人民法院又怎么能扣划1080万元至包头市中级人民法院账户？况且，工商银行固阳支行提起的是确认之诉，主要是要求法院确认0603072029024840469和0603011841000002157保证金账户内的资金达到了《最高人民法院关于适用〈中华人民共和国担保法〉若干问题的解释》规定的现金质押的要求。但是，一审法院却以工商银行固阳支行没有证明申

保证合同纠纷

请人开立的账号为0603072029024840469和0603011841000002157保证金账户内存在980万元为由驳回了工商银行固阳支行的诉请,这显然缺乏事实根据,更无法律依据。(2)二审判决认为工商银行固阳支行未提起执行异议之诉,却又以相同的理由提起诉讼,缺乏合同和法律依据。这显然是在回避案件的主要问题,没有法律依据。按照《最高人民法院关于适用〈中华人民共和国民事诉讼法〉的解释》的规定,工商银行固阳支行有权在没提起执行异议之诉的情况下可提起确认之诉。况且工商银行固阳支行提出的案外人执行异议是在保证金账户被冻结时被包头市中级人民法院驳回的,而再申请人在保证金被扣划后提出新的案外人执行异议,包头市中级人民法院根本不予受理。(3)一审、二审法院的两份判决既然都确认工商银行固阳支行提出的与腾飞公司签订的《按揭贷款合作协议》是有效的合同,那么工商银行固阳支行为腾飞公司设立的保证金账户内的资金也是保证金确定无疑。工商银行固阳支行享有优先权,其仅支持了工商银行固阳支行的部分诉求,而案件受理费全部由工商银行固阳支行承担没有法律依据。再审请求:(1)请求依法撤销一审、二审判决;(2)请求依法确认工商银行固阳支行为腾飞公司设立的账号为0603072029024840469和0603011841000002157保证金账户内的18803.8万元按揭贷款保证金享有优先权。(3)一审、二审案件受理费160800元,由固阳县腾飞房地产开发公司承担。

腾飞公司辩称,腾飞公司与工商银行固阳支行合作,为腾飞公司开发项目的购房人办理按揭贷款。经协商,在未妥房屋抵押登记之前,由腾飞公司为借款人(购房人)提供阶段性连带保证,并在银行指定的账户存入一定比例的款项,作为履约保证金,只有腾飞公司在为按揭贷款购房人办理完房屋产权抵押登记,并将《他项权利登记证》交付银行后,工商银行固阳支行才给腾飞公司退还相应的保证金。该账户的实际控制人是工商银行固阳支行,账户内的资金腾飞公司无法自由支取。法院将保证金扣划,说明不是履约保证金,工商银行固阳支行应将收取的款项退还并解除双方签订的合作协议。

需要说明的问题。包头市中级人民法院于2013年9月29日作出

(2011) 包执字第 152—7 号裁定书和协助执行通知书，要求冻结被执行人腾飞公司在工商银行固阳支行尾号为 0469 的银行存款 980 万元，同日，工商银行固阳支行作出已冻结回执。2014 年 5 月 8 日对尾号为 0469 的银行账户 980 万元予以扣划。2016 年 2 月 4 日给付 80 万元。2016 年 3 月 14 日给付 8921254.52 元（扣除执行费 78745.48 元）。

五、评析意见

（一）案外人执行异议之诉制度

案外人执行异议之诉是近年来法院审理案件的难点和热点，法官审理案件过程中，存在着对法律规范如何解读、对裁判尺度的如何把握、自由裁量权如何适用等难题。尤其是执行异议之诉与另行起诉之间的关系，更是难以厘清。案外人提起执行异议之诉的目的是排除对特定执行标的的执行。案外人提起执行异议之诉，需提出明确的诉讼请求。人民法院在审理案件过程中，应审查该诉讼请求，同时查明案外人对执行标的是否享有实体权利，且该实体权利是否足以排除强制执行，据此作出是否支持该请求的裁判。案外人对执行标的享有真实的权属，是排除强制执行的前提条件。因此，案外人在执行异议之诉程序中，提出确权之诉，人民法院应在判决中一并作出裁判。司法实践中，有的当事人不提起执行异议之诉，而是另行提起确权之诉。执行异议之诉与另行起诉两诉之间的关系，应如何处理，两者是选择关系，还是应由同一法院一并审理。笔者下文将进行简要分析。

（二）法院实践中两种意见及理由

法院在审判中如何处理案外人另行提起确权之诉的问题，实践中有两种不同的意见。

第一种意见认为案外人可以另行提起确认之诉。依据是 2015 年《最

高人民法院民事诉讼法司法解释理解与适用》[①] 中对如何厘清执行异议之诉和另行起诉的关系作出专门解读。即案外人提起执行异议之诉时，必须提出明确的排除对执行标的执行的诉讼请求，也可以同时提出对执行标的进行确权或者给付的诉讼请求。案外人也可以不提出排除对执行标的执行的诉讼请求，仅就执行标的确权或者给付进行起诉，这种情况就属于案外人另行提起了一个新的普通诉讼，而非执行异议之诉。当事人就另行起诉和执行异议之诉享有选择权。即使在执行程序中，案外人也有权不提起执行异议之诉，而对执行标的确权另行起诉。如果其诉讼请求得到支持，可再以该案中生效的法律文书为证据，向原执行法院提出执行异议，或申请执行回转。这是案外人的权利，只是该途径不利于案外人权益的及时保护。据此，认为案外人可以选择另行提起确认之诉。

第二种意见认为案外人不可以另行提起确认之诉，即进入执行程序后，案外人只能向执行法院提起执行异议之诉，不能单独提起确权之诉，其提起确认之诉的，应当不予受理或裁定驳回起诉。审判机构在审理确权纠纷时，应当查询所要确权的财产权属状况，发现已经被执行局查封、扣押、冻结的，应当中止审理；当事人诉请确权的财产被执行局处置的，应当撤销确权案件；在执行局查封、扣押、冻结后确权的，应当撤销确权判决或者调解书。

（三）现行法律对案外人另行提起确权之诉的规定

笔者认为，要解决外人另行提起确权之诉如何处理的问题，首先应清楚现行法律对案外人另行提起确权之诉的规定。笔者梳理了一下现行法律和相关意见。

2011年5月27日起施行的《最高人民法院关于依法制裁规避执行行为的若干意见》第九条规定："严格执行关于案外人异议之诉的管辖规定。在执行阶段，案外人对人民法院已经查封、扣押、冻结的财产提起异议之

---

① 参见沈德咏主编：《最高人民法院民事诉讼法司法解释理解与适用》，人民法院出版社2015年版。

诉的，应当依照《中华人民共和国民事诉讼法》第二百零四条和《最高人民法院关于适用民事诉讼法执行程序若干问题的解释》第十八条的规定，由执行法院受理。案外人违反上述管辖规定，向执行法院之外的其他法院起诉，其他法院已经受理尚未作出裁判的，应当中止审理或者撤销案件，并告知案外人向作出查封、扣押、冻结裁定的执行法院起诉。"第十一条规定："对于当事人恶意诉讼取得的生效裁判应当依法再审。案外人违反上述管辖规定，向执行法院之外的其他法院起诉，并取得生效裁判文书将已被执行法院查封、扣押、冻结的财产确权或者分割给案外人，或者第三人与被执行人虚构事实取得人民法院生效裁判文书申请参与分配，执行法院认为该生效裁判文书系恶意串通规避执行损害执行债权人利益的，可以向作出该裁判文书的人民法院或者其上级人民法院提出书面建议，有关法院应当依照《中华人民共和国民事诉讼法》和有关司法解释的规定决定再审。"2011年10月19日起施行的《最高人民法院关于执行权合理配置和科学运行的若干意见》第二十六条规定："审判机构在审理确权诉讼时，应当查询所要确权的财产权属状况，发现已经被执行局查封、扣押、冻结的，应当中止审理；当事人诉请确权的财产被执行局处置的，应当撤销确权案件；在执行局查封、扣押、冻结后确权的，应当撤销确权判决或者调解书。"上述意见表明案外人对已经被法院查封、扣押、冻结的财产主张权利的，法院应中止审理或撤销确权案件及裁判文书。

2015年2月4日起施行的《最高人民法院关于适用〈中华人民共和国民事诉讼法〉的解释》第三百一十二条规定："对案外人提起的执行异议之诉，人民法院经审理，按照下列情形分别处理：（一）案外人就执行标的享有足以排除强制执行的民事权益的，判决不得执行该执行标的；（二）案外人就执行标的不享有足以排除强制执行的民事权益的，判决驳回诉讼请求。案外人同时提出确认其权利的诉讼请求的，人民法院可以在判决中一并作出裁判。"根据传统大陆法的理论，案外人执行异议之诉只解决能否排除执行的问题，不解决权利归属的问题，对于权属争议第三人可以另诉。即当事人对执行异议之诉与另行起诉享有选择权。案外人在执行程序进行中，有权不提起执行异议之诉，而对执行标的确权另行起诉。针对上

保证合同纠纷

述观点,也有不同的解释,认为执行标的的权属问题,是能否阻却执行的前提条件,应将当事人之间的实体法律关系及阻却执行的问题一并解决,否则易浪费司法资源,造成案外人诉累,更难以避免判决之间的冲突。

2018年5月28日起施行的《最高人民法院关于人民法院立案、审判与执行工作协调运行的意见》第八条规定:"审判部门在审理确权诉讼时,应当查询所要确权的财产权属状况。需要确权的财产已经被人民法院查封、扣押、冻结的,应当裁定驳回起诉,并告知当事人可以依照民事诉讼法第二百二十七条的规定主张权利。"《中华人民共和国民事诉讼法》第二百二十七条规定:"执行过程中,案外人对执行标的提出书面异议的,人民法院应当自收到书面异议之日起十五日内审查,理由成立的,裁定中止对该标的的执行;理由不成立的,裁定驳回。案外人、当事人对裁定不服,认为原判决、裁定错误的,依照审判监督程序办理;与原判决、裁定无关的,可以自裁定送达之日起十五日内向人民法院提起诉讼。"上述规定最终明确了案外人另行提起确权之诉的处理方式,同时,也解决了司法实践中有的当事人不通过执行异议之诉,而是另行提起确权之诉,然后再依据确权之诉案件的裁判结果主张排除强制执行的情形。可以避免案外人恶意规避执行异议之诉,利用另案确权之诉的裁判结果,对抗、拖延执行,也更符合我国审判实际和国情。

综上,依照《最高人民法院关于依法制裁规避执行行为的若干意见》第9条和第11条、《最高人民法院关于执行权合理配置和科学运行的若干意见》第26条、《最高人民法院关于人民法院立案、审判与执行工作协调运行的意见》第8条的规定,案外人对已经被法院查封、扣押、冻结的财产主张确权,只能依照《中华人民共和国民事诉讼法》第二百二十七条的规定提起执行异议之诉,而不能另行提起确权之诉。

(执笔人:马赫宁)

抵押合同纠纷

抵押合同纠纷

88. 王军诉李睿抵押合同纠纷案[*]

▶ 抵押权人在主债权诉讼时效期间未行使抵押权将导致抵押权消灭

【裁判摘要】

抵押权人在主债权诉讼时效期间未行使抵押权将导致抵押权消灭，而非胜诉权的丧失。抵押权消灭后，抵押人要求解除抵押权登记的，人民法院应当支持。

原告：王军，女，69岁，汉族，住北京市通州区。

被告：李睿，男，35岁，汉族，住河北省秦皇岛市。

原告王军因与被告李睿发生抵押合同纠纷，向北京市通州区人民法院提起诉讼。

原告王军诉称：2009年8月12日，王军与被告李睿签订房产抵押合同及借款合同，约定用王军名下的位于北京市通州区A房屋作为抵押，并办理抵押登记。因款项实为案外人兰广清向李睿所借，王军仅是应兰广清要求提供房本，所有的款项均由兰广清本人偿还，与王军无关。至于李睿如何与兰广清进行协商，王军并不清楚。王军并未收到李睿给付的借款50万元。因实际借款人为兰广清，且李睿未在主债权诉讼时效期间行使抵押权，故抵押权不予保护。现诉至法院，请求判令：李

---

[*] 摘自《最高人民法院公报》2017年第7期。

睿协助王军办理注销通州区 A 房屋的抵押登记手续。

被告李睿辩称：不同意原告王军的诉讼请求。2009 年 8 月 11 日，案外人兰广清找到李睿，称王军因之前从姜苏处借款并以自己名下的房屋进行抵押，借款到期后，王军需要借款还债。故王军向李睿借款 50 万元，双方签订了借款协议，约定借款利息为月息 15000 元，故王军收到李睿给付的借款 50 万元后，向李睿出具了收条。双方约定用王军名下的位于通州区的 A 房屋抵押，并办理抵押登记，双方之间成立借款合同关系及抵押合同关系，李睿是抵押权人。借款后，都是兰广清通过银行转账向李睿还款，但李睿也一直通过打电话的方式向王军主张债权。2014 年，李睿找不到兰广清后，找到王军催要借款，王军本人表示同意还款。2015 年 8 月 3 日，王军向李睿偿还借款 7000 元，故涉诉债权未超过诉讼时效。

北京市通州区人民法院一审查明：2009 年 8 月 11 日，王军（甲方）与李睿（乙方）签订协议书，约定："一、甲方从乙方处借款人民币伍拾万元，期限自 2009 年 8 月 11 日至 2009 年 9 月 10 日。期满一次性偿还全部借款。二、若借款期限届满甲方未能偿还全部债务，自期满之日起至甲方实际偿还乙方全部债务之日止按日向乙方支付借款额的 3‰作为逾期还款的利息。三、为保证乙方的权益，甲方将位于北京市通州区 A 房屋抵押于乙方处。同时，甲方将该房屋产权证、购房合同、购房发票、房主身份证等证件交乙方保存。四、若借款期限届满甲方未能偿还全部债务。甲方除应当向乙方支付本协议第二条所规定的逾期还款利息，还应当协助乙方处分抵押物。处分所得偿还乙方债务，不足部分由甲方负责偿还。因处分抵押物产生的费用，由甲方承担。……六、本协议一式二份，甲乙双方分执，具有同等法律效力。有效期自甲乙双方签字之日起至甲方偿还乙方全部债务之日止。未尽事宜，双方协商不成，由北京市通州区人民法院管辖。"王军在甲方处签字确认，李睿在乙方处签字确认。同日，从李睿的银行卡号向另一账户转款 497200 元。王军向李睿出具收条，写明："今收到李睿现金人民币伍拾万元整。"2009 年 8 月 12 日，王军和李睿在北京市通州区建设委员会办理了关于涉案房屋的抵押登记手续，2009 年 9 月 2 日，李睿被登记为上述房屋的他项权利人，取得 A 房屋他项权利证书，其

抵押合同纠纷

上记载房屋所有权人为王军,债权数额为人民币50万元。

庭审中,被告李睿陈述2009年8月兰广清找到自己,称原告王军向姜苏借款50万元,用王军自己名下的两套房产进行抵押,现还款期限将至,王军没有能力还款,故想从李睿处借款还债,并同意以王军名下的房产抵押担保。李睿考虑到王军的情况,就同意王军的要求,当时李睿按王军的要求将497200元转入了王军指定的账户,并给付王军2800元现金。转款后在房产管理部门,王军和李睿签订上述协议书,王军向李睿出具收条。因王军所借款项均是用于偿还姜苏的借款,还款后,姜苏同意注销抵押登记。王军和李睿办理了涉案房屋的抵押登记手续,2009年9月2日,李睿被登记为上述房屋的他项权利人,取得房屋他项权利证。借款时,王军表示每个月给李睿借款利息,但具体没有说什么时候还款。其后,李睿都是打电话向王军催要还款,王军都表示和兰广清联系让兰广清还款。当时约定月利息为15000元,借款后,都是兰广清向李睿还款,但也不是按期支付。一直到2014年9月,李睿无法联系兰广清,就直接找到王军要求王军还款。王军当时同意还款。2015年6月,李睿找到王军协商还款,王军带李睿一同找到李连霞,李连霞同意向李睿还款20万元,解除抵押登记。2015年8月3日,王军向李睿偿还借款7000元。

原告王军对被告李睿陈述的借款经过不予认可,其表示李连霞是王军的学生,兰广清是李连霞的朋友。当时李连霞和兰广清一起找到王军,兰广清表示因在台湖建大棚需要向担保公司借款,但因兰广清名下没有大产权的房屋做抵押,想借用王军的房本做抵押。兰广清向姜苏借款并办理抵押登记,其后兰广清因没有钱还姜苏需要再借款,所以就向王军称再从李睿借款,办理房屋抵押手续。当时兰广清和王军说借款与王军没有任何关系,借款无需由王军偿还,仅是需要王军提供房本。借款后,李睿一直都没有找过王军。一直到2015年4月左右,李睿找到王军要兰广清的联系方式,并没有向王军催要还款。直到2015年9月,李睿要求王军偿还借款,王军明确表示此借款与王军无关,不同意还款。自己从未向李睿还款7000元。

经法庭询问,被告李睿表示自己与兰广清之间另外存在其他借款事实，兰广清都是通过转账的方式向李睿转款，但兰广清并未向李睿明确表示还款系针对原告王军的借款，所以李睿也无法说清楚兰广清的还款是否针对王军的借款。

另查，北京市通州区A房屋的房屋所有权人为原告王军。2009年5月14日，王军与案外人姜苏签订抵押合同，王军将上述房屋抵押给姜苏。并于2009年5月27日办理抵押登记手续，共贷款35万元整。2009年8月11日，王军与姜苏向北京市通州区建设委员会提交解除抵押登记协议，表示35万元贷款于2009年8月11日全部还清，要求注销该笔抵押登记手续。当日，北京市通州区建设委员会注销该抵押登记。

上述事实，有协议书、收条、房产证、北京市通州区不动产登记事务中心出具的查询结果、房屋他项权利证、房屋产权登记档案材料、银行交易明细和当事人陈述意见在卷佐证。

北京市通州区人民法院一审认为：当事人对自己提出的诉讼请求所依据的事实或者反驳对方诉讼请求所依据的事实有责任提供证据加以证明。没有证据或者证据不足以证明当事人的事实主张的，由负有举证责任的当事人承担不利后果。本案中，原告王军与被告李睿签订借款协议书和房产抵押担保合同书，王军向李睿出具收条，系双方当事人的真实意思表示，王军作为借款人应当按照约定偿还借款。借款协议中约定借款的还款期限为2009年9月10日，故李睿请求保护民事权利的诉讼时效期间应为2009年9月11日至2011年9月10日。李睿作为抵押权人应当在主债权的诉讼时效期间内行使抵押权。

庭审中，被告李睿称借款后，都是兰广清通过转账方式向李睿偿还借款，但是由于李睿与兰广清之间另外存在其他借款事实，兰广清在还款时并未明确说明是否是针对原告王军所借款项的还款。现李睿无法提供证据证明兰广清还款时明确作出替王军还款的意思表示，由此产生的不利后果应由李睿自行承担。故李睿陈述的兰广清的还款情况不能作为债权诉讼时效中断的事由。综合双方提供的证据，李睿未提交相关证据证明其在上述期间内向王军主张权利，亦未提交证据证明王军向李睿偿还借款。故上述债权已超过诉讼时效。因李睿作为抵押权人未在主债权诉讼时效期间内行

抵押合同纠纷

使抵押权,故抵押权已消灭。现王军要求李睿办理解除王军名下的位于通州区 A 房屋的抵押登记手续的诉讼请求,法院予以支持。因王军与李睿签订借款协议书和房产抵押担保合同书,即便是出现借款人与实际用款人不一致的情况,也不影响借款合同的相对性和有效性。故收款的户名是否为王军不影响本案的认定,关于王军称自己并非实际借款人的意见,法院不予采信。李睿辩称自借款后自己一直向王军主张还款。2015 年 8 月 3 日,王军向被告李睿偿还借款 7000 元,因李睿未提交相关证据予以证明,故对上述答辩意见,法院不予采信。

综上,北京市通州区人民法院依照《中华人民共和国民法通则》第一百三十五条①、《中华人民共和国物权法》第二百零二条②、《中华人民共和国民事诉讼法》第六十四条第一款之规定,于 2016 年 6 月 13 日判决如下:原告王军与被告李睿于本判决生效之日起 7 日内,办理解除原告王军名下的位于通州区 A 房屋的抵押登记手续。

李睿不服一审判决,向北京市第三中级人民法院提起上诉称:被上诉人王军与李睿之间的抵押借款合同真实存在且王军并没有还清欠款,我不同意解除房屋的抵押,在诉讼时效期间我多次进行催要,王军曾归还了 7000 元,所以不存在超过诉讼时效的问题。综上,请求二审法院撤销原判,改判驳回王军的诉讼请求。

被上诉人王军答辩称:借款是兰广清借上诉人李睿的钱,我只是担保人,用我的房本来抵押,我没有向李睿借款,还款应当是兰广清还款,而且即使李睿向我主张债权也已经超过了诉讼时效,李睿也并没有证据证明我还过钱,导致诉讼时效中断。综上,请求维持一审法院判决。

北京市第三中级人民法院经二审,确认了一审查明的事实。

北京市第三中级人民法院二审认为:本案的争议焦点集中在三个方

---

① 对应《中华人民共和国民法典》第一百八十八条:"向人民法院请求保护民事权利的诉讼时效期间为三年。法律另有规定的,依照其规定。诉讼时效期间自权利人知道或者应当知道权利受到损害以及义务人之日起计算。法律另有规定的,依照其规定。但是,自权利受到损害之日起超过二十年的,人民法院不予保护,有特殊情况的,人民法院可以根据权利人的申请决定延长。"

② 对应《中华人民共和国民法典》第四百一十九条,内容未作修改。

面。其一，被上诉人王军与上诉人李睿之间是否存在借贷法律关系；其二，如借贷法律关系成立，李睿享有的该主债权是否已经超过诉讼时效；其三，如主债权已过诉讼时效，则为担保主债权而设定的抵押权是否消灭，即抵押人王军主张解除抵押登记的请求应否支持。

关于争议焦点一，法院认为被上诉人王军与上诉人李睿之间的借贷法律关系成立。理由阐述如下：首先，2009年8月11日涉及借款内容的协议书显示其签订主体为王军和李睿，同日，王军向李睿出具50万元的收条，其内容亦显示收款方为王军；其次，2009年8月12日，王军以上述借款协议书为基础，用自己的房屋向相关部门申请办理了抵押权登记，将抵押权人明确为上述款项的出借人李睿；最后，出借人李睿于庭审中明确借款人为王军，王军虽称本案涉及的款项非其所借，而只是以房屋作担保为案外人兰广清借用，然王军对此并未提供反证且于法院庭审中又明确表示认可一审法院确定的法律关系。故综合法律关系的表现形式和当事人的自认，应当认定借贷法律关系发生在王军和李睿之间。

关于争议焦点二，在借贷法律关系成立的前提下，法院认为上诉人李睿的债权已经超过诉讼时效，理由阐述如下：首先，依照双方签订的协议书，被上诉人王军应当在2009年9月11日偿还借款，如王军未按时还款，则李睿的债权已自该日起遭受侵害，依照《中华人民共和国民法通则》第一百三十七条的规定，李睿应当在2011年9月10日之前向王军主张债权，否则人民法院则不予保护。其次，李睿自认其并未在2014年之前直接找到王军催要借款，并将其理由解释为2014年之前通过与王军电话沟通，由案外人兰广清替王军还款，然李睿又表示除了涉诉借款之外，其与兰广清之间尚存在其他债权债务关系，对于兰广清所偿还钱款对应何笔债务李睿也表示并不清楚，且暂搁置兰广清还款的性质不论，对于电话沟通事宜及兰广清是否曾向其还款一节李睿也未提交任何证据佐证。最后，李睿辩称王军曾于2015年8月向其偿还过5000元，对此李睿仅提交了一份录音证据，然在王军否认且录音内容缺乏明确指向的前提下，法院亦难以据此认定诉讼时效存在阻却理由。故综合上述分析，应当认定李睿在诉讼时效届满即2011年9月10日之前并未向王军积极主张债权，且不存在其他阻却诉讼

抵押合同纠纷

时效计算的理由,故李睿已丧失就上述债权请求法院保护的权利。

关于争议焦点三,在主债权已过诉讼时效的前提下,法院认为上诉人李睿的抵押权已消灭,抵押人王军主张解除抵押登记的请求应予支持。然需特别指出的是,由于该争议焦点的本质涉及对《中华人民共和国物权法》第二百零二条的理解,且与当事人的诉求和抗辩直接相关,故法院以法理为基,以规范为据,对于作出如上认定的理由阐释如下:

《中华人民共和国物权法》第二百零二条规定:"抵押权人应当在主债权诉讼时效期间行使抵押权,未行使的,人民法院不予保护。"该条款中"不予保护"含义的明确依赖于对诉讼时效和抵押权性质的分析。

首先,就诉讼时效而言,其以请求权人怠于行使权利持续至法定期间的状态为规制对象,目的在于让罹于时效的请求权人承受不利益,以起到促其及时行使权利之作用,依民法理论通说,其适用范围限于债权请求权。而就抵押权而言,其属于支配权,并非请求权的范围,更非债权请求权的范围,如将抵押权纳入诉讼时效的规制范围,无疑有违民法原理。

其次,就抵押权而言,其目的在于担保债务的履行,以确保抵押权人对抵押物的价值享有优先受偿的权利。为实现上述目的,抵押权对物之本身必将产生权能上的限制,对物的使用和转让均会发生影响。故,若对抵押权人行使抵押权的期限不进行限制,将使抵押财产的归属长期处于不稳定状态,不仅不利于保护当事人的合法权益,亦不利于物之使用和流通效能的发挥。此外,如果允许抵押权人在任何时候均可行使抵押权,则意味着在主债权经过诉讼时效且债务人因此取得抗辩权之后,债权人依然可从抵押人处获得利益,进而将抵押人和债务人之间的追偿和抗辩置于困境,换言之,也意味着抵押人将长期处于一种不利益的状态,其义务也具有不确定性,若如此,对于抵押人来说未免过于苛刻亦有失公允。

最后,从权利分类角度分析,在数项权利并存时,依据权利的相互依赖关系,有主权利与从权利之分,凡可以独立存在、不依赖于其他权利者,为主权利;必须依附于其他权利、不能独立存在的则为从权利。举例而言,在债权与为担保债的履行的抵押权并存时,债权是主权利,抵押权为从权利。在主权利已经丧失国家强制力保护的状态下,抵押物上所负担的抵押权也应消灭方能更好地发挥物的效用,亦符合《中华人民共和国物权法》之担保物权体系的内在逻辑。故《中华人民共和国物权法》第二百零二条规定抵押权行使期间的重要目的之一当在于促使抵押权人积极地行使抵押权,迅速了结债权债务关系,维系社会经济秩序的稳定。综合上述分析,应当认定在法律已设定行使期限后,抵押权人仍长期怠于行使权利时,法律对之也无特别加以保护的必要,应使抵押权消灭。具体到本案中,因上诉人李睿在主债权诉讼时效期间并未向被上诉人王军主张行使抵押权,故对李睿的抵押权,人民法院不予保护,该抵押权消灭,王军请求解除抵押登记的请求应予支持。

综上,北京市第三中级人民法院依照《中华人民共和国民事诉讼法》第一百七十条第一款第一项之规定,于2016年10月25日判决如下:驳回上诉,维持原判。

本判决为终审判决。

储蓄存款合同纠纷

89. 李德勇与中国农业银行股份有限公司重庆云阳支行储蓄存款合同纠纷案

> 当储蓄人依据犯罪分子伪造的存单主张与银行成立储蓄合同，人民法院应判定储蓄人与银行是否就储蓄事宜分别作出要约、承诺

【裁判摘要】

《中华人民共和国合同法》第十三条规定："当事人订立合同，采取要约、承诺方式。"第二十五条规定："承诺生效时合同成立。"依照上述法律规定，储蓄人主张与银行成立储蓄存款合同，应当证明其与银行分别作出要约和承诺，符合合同成立要件。当储蓄人依据犯罪分子伪造的存单主张与银行成立储蓄合同，人民法院应判定储蓄人与银行是否就储蓄事宜分别作出要约、承诺。在不能认定双方成立储蓄合同情形下，储蓄人依据伪造存单提起的诉讼，应依照《最高人民法院关于审理存单纠纷案件的若干规定》，作为一般存单纠纷处理。

---

* 摘自《最高人民法院公报》2015 年第 7 期。

最高人民法院民事判决书

(2013) 民提字第 95 号

再审申请人（一审原告、二审上诉人）：李德勇，男，汉族，1973年11月14日出生，住重庆市巴南区。

委托代理人：梁春蓉，重庆康发律师事务所律师。

被申请人（一审被告、二审上诉人）：中国农业银行股份有限公司重庆云阳支行。住所地：重庆市云阳县双江镇云阳大道1178号。

负责人：严志明，该支行负责人。

委托代理人：何睦，男，汉族，1985年3月6日出生，中国农业银行股份有限公司重庆市分行职员，住重庆市渝中区。

委托代理人：尚婉婷，北京市天睿律师事务所律师。

再审申请人李德勇因与被申请人中国农业银行股份有限公司重庆云阳支行（以下简称农行云阳支行）储蓄存款合同纠纷一案，不服重庆市高级人民法院（2012）渝高法民终字第00014号民事判决，向本院申请再审。本院于2013年5月2日作出（2012）民申字第1486号民事裁定，提审本案。本院依法组成合议庭，于2013年7月2日对本案进行了开庭审理。李德勇的委托代理人梁春蓉，农行云阳支行的委托代理人何睦、尚婉婷到庭参加了诉讼。本案现已审理终结。

重庆市第二中级人民法院一审查明：谭文力系农行云阳支行工作人员，2009年1月从农行云阳支行云江大道分理处调到寨坝分理处担任客户经理。唐厚生系生州水利开发有限公司（以下简称生州公司）的法定代表人，对外称生州公司是重庆市云阳县梅峰水库工程的业主单位，并以业主身份对外"引资"。唐厚生通过曾勇介绍认识了重庆市创投资产管理有限公司的法定代表人刘红。2008年12月17日，唐厚生和刘红签订《承诺

储蓄存款合同纠纷

书》，约定若引资成功，支付刘红8%的利息。唐厚生、刘红、刘代毅共谋以高额利息揽储的名义，利用假存单采用"体外循环"的方式骗取资金。刘红将生州公司的资料复印件送给钟道明，承诺给钟道明月利息7%，由钟道明联系存款人，给存款人的利息由钟道明自己把握。2009年1月14日，钟道明作为存款方，刘代毅作为生州公司的代表签订《引资融资协议》。钟道明通过邵安密联系了李德勇，对李德勇称到农行云阳支行存款有高额利息回报。钟道明收取用款企业刘代毅保证金3万元并告知了李德勇，同意给李德勇月利率5.5%，李德勇于2009年1月14日到达重庆市云阳县，并于2009年1月15日办理存款。

2008年12月27日，唐厚生指使刘代毅用熊桐培的身份证到农行云阳支行杏家湾分理处存款300元，获得该款3个月定期存单，该存单的经办柜员系程建。谭文力利用其在农行云阳支行的身份及与程建的熟人关系，了解到程建2009年1月15日上班。刘红、刘代毅等人依据上述300元的定期存单样本仿制了中国农业银行存单一份，该存单载明："户名李德勇，金额壹仟万元，存入时间2009.01.15，存期三个月，年利率1.71%，开户行名称云阳支行杏家湾营业所，经办柜员程建，加盖有中国农业银行重庆杏家湾支行业务公章。"唐厚生在谭文力办公室乘谭文力不备取走一份盖有"中国农业银行云阳县支行"的文件，通过其公章印模找人刻制了一枚"中国农业银行云阳县支行"的印章。

2009年1月15日上午，刘红、刘代毅等人带领李德勇到谭文力原农行云阳支行云江大道分理处的办公室，并向李德勇介绍谭文力是谭行长，谭文力将事先准备好的《承诺书》交给李德勇，该《承诺书》载明："我行客户李德勇在我行存入的三个月定期存款1000万元整。我行特此作出如下承诺：在三个月内本笔存款不抵押、不查询、不提前支取，并保证存款到期时由我行负责凭李德勇的存单和本承诺书原件兑付该笔1000万元整的存款。特此承诺。中国农业银行云阳支行，二〇〇九年一月十五日。"李德勇看后，谭文力在该《承诺书》上签名。刘代毅称银行的公章马上送过来，就叫人将唐厚生私刻的"中国农业银行云阳支行"印章送过来并加盖在该《承诺书》上。该《承诺书》签名盖章后，谭文力、刘代毅、唐厚培先行到农行云阳支行杏家湾分理处，将事先仿制的中国农业银行存单装入信封内，由谭文力将信封递给银行柜员程建，并对程建说马上来转笔款，在办完这笔业务后将信封递出来给谭文力。程建接过信封放在其办公桌上。随后，刘红、曾勇带李德勇到农行云阳支行杏家湾分理处谭文力所站的柜员程建的营业窗口，李德勇将自己的卡号为6228××××××××××1610的银行卡和身份证递给程建，谭文力也将其事先用任齐鸣身份证办理的银行卡递给程建，并对程建说从李德勇银行卡上转1000万元到谭文力递交的银行卡上。程建在李德勇输入密码后从其银行卡上转账支取1000万元，进入农行云阳支行31——1002××××××0003、31——4703×××××××0045内设账户，然后将款转存到谭文力提供的任齐鸣6228××××××××××0016号银行卡户上。程建将银行卡取款凭条交李德勇签字，将户名为任齐鸣的银行卡存款凭条交谭文力签字后，将1000万元的银行卡取款业务回单及李德勇的银行卡、身份证递交给了李德勇，将户名为任齐鸣的银行卡1000万元的存款回单、银行卡及之前谭文力交给程建存放的信封一并递给了谭文力。谭文力接过信封就将信封递给了李德勇。李德勇与谭文力一同回到农行云阳支行云江大道分理处，谭文力将之前签名盖章的《承诺书》交给了李德勇。随后，谭文力、刘红、李德勇等人一同到农行云阳支行寨坝分理处，按照约定的利率转息差从户名为任齐鸣的银行卡转240万元到刘红的银行卡，刘红从其银行卡上按之前约定的5.5%月息转165万元到李德勇的银行卡。唐厚生、刘红、谭文力、刘代毅、曾勇、唐厚培等人骗取李德勇的1000万元除支付李德勇利息165万元外，其余分配情况：刘红30万元，钟道明45万元，曾勇57万元，谭文力52万元，唐厚生651万元。

　　在存单载明的存款期限即将到期之前，李德勇电话联系谭文力要到农行云阳支行取款，谭文力总说再等几天，在李德勇再三催问并说明自己要到银行取款的情况下，谭文力告诉李德勇存单里没有钱，让李德勇找唐厚生。唐厚生电话中对李德勇说："存单是没有钱的，你硬要去取，我只有坐牢，你也得不到钱，等几天就行了。"李德勇再与唐厚生联系，唐厚生总说过几天就能取到钱，李德勇只得同意唐厚生延期1个月。唐厚生于2009年4月15日向李德勇的银行卡转账10万元的延期利息。

储蓄存款合同纠纷

李德勇一直没有持 1000 万元存单及《承诺书》到农行云阳支行杏家湾分理处要求兑付。2009 年 9 月 3 日，李德勇到重庆市云阳县公安局报案称唐厚生、谭文力等人合伙诈骗其 1000 万元。重庆市云阳县公安局在侦查过程中，经重庆市公安局物证鉴定中心鉴定，李德勇持有的 2009 年 1 月 15 日《承诺书》上加盖的"中国农业银行云阳支行"的印文与农行云阳支行的公章样本印文不同。重庆市云阳县公安局于 2009 年 9 月 22 日将重庆市公安局物证鉴定中心渝公鉴（文）（2009）1264 号鉴定书送达给李德勇，李德勇表示无异议，不要求补充或者重新鉴定，庭审中农行云阳支行、李德勇的代理人对鉴定结论均表示没有异议。

唐厚生、刘红、谭文力、刘代毅、曾勇、唐厚培经重庆市第二中级人民法院（2010）渝二中法刑初字第 105 号刑事判决认定，利用假存单骗取李德勇 1000 万元构成金融诈骗罪，判处刑罚，并责令退赔犯罪所得财物。重庆市高级人民法院（2011）渝高法刑终字第 127 号刑事裁定维持原判，重庆市第二中级人民法院（2010）渝二中法刑初字第 105 号刑事判决已经发生法律效力。李德勇依据上述刑事判决申请对谭文力、唐厚培、刘强、唐晓东等四人价值 553600 元的轿车执行交付，重庆市第二中级人民法院已将上述犯罪人财产执行交付给李德勇。

2009 年 12 月 2 日，李德勇提起诉讼称：其于 2009 年 1 月 15 日到农行云阳支行下属的杏家湾营业所，要求柜员从其账号为 6228××××××××××1610 的银行卡上转存 1000 万元为定期存款。柜员从李德勇的银行卡账户上转存 1000 万元，并向李德勇出具存单一份。现该定期存单已到期，李德勇要求兑付，农行云阳支行却以该存单经公安机关鉴定系伪造，银行工作人员谭文力等人涉嫌金融诈骗，公安机关已立案侦查为由拒不兑付。虽然农行云阳支行的工作人员谭文力代表该支行向李德勇出具的"承诺书"及从该行柜台给出的 1000 万元存单经公安机关鉴定系伪造，但李德勇基于在农行云阳支行办公场所对谭文力"行长"身份的信赖，相信谭文力是代表农行云阳支行办理其 1000 万元的定期存款，谭文力的行为构成表见代理，行为后果应由农行云阳支行承担。请求判令农行云阳支行兑付到期存单 1000 万元，并按年利率 1.71% 支付从 2009 年 1 月 15 日起至还本付清之日止的利息。诉讼费由农行云阳支行负担。

农行云阳支行答辩称：（1）李德勇所持存单经鉴定系伪造，也并非由农行云阳支行柜员交付给李德勇，李德勇与农行云阳支行之间没有存款事实和存款关系。（2）李德勇在办理转账取款时未向柜员作出转存为定期的意思表示，其真实目的是将自己账户中的1000万元转存入任齐鸣的账户，供唐厚生实际使用，以获取高额利息。李德勇存在违法目的和重大过失甚至是故意，因此，谭文力行为不构成表见代理，李德勇损失应由其自行承担。（3）农行云阳支行柜员在办理转账业务时符合操作流程和银行业操作惯例，在业务办理过程中没有过错，农行云阳支行不应当对李德勇的损失承担民事责任。请求驳回李德勇的诉讼请求。

一审法院认为，《最高人民法院关于审理存单纠纷案件的若干规定》第六条第一项规定："在出资人直接将款项交与用资人使用，或通过金融机构将款项交与用资人使用，金融机构向出资人出具存单或进账单、对账单或与出资人签订存款合同，出资人从用资人或从金融机构取得或约定取得高额利差的行为中发生的存单纠纷，为以存单为表现形式的借贷纠纷案件……"根据上述规定，以存单为表现形式的借贷纠纷案件具备以下法律特征：（1）出资人与金融机构之间存在存款法律关系；（2）出资人与用资人之间存在借贷法律关系；（3）用资人直接或者通过金融机构向出资人支付高额利息差。李德勇明知银行存款月利率不可能高达5.5%，其主观目的是通过银行存款融资给用款人，既保障其资金安全，同时获取高额利差。这一认定具有以下理由：其一，李德勇是钟道明联系的。钟道明作为存款方，刘代毅作为生州公司的代表签订《引资融资协议》，钟道明收取刘代毅保证金3万元，并将收取保证金一事告诉了李德勇，李德勇应当知道有明确的用资人；其二，谭文力在农行云阳支行杏家湾分理处柜台告知柜员程建办理转款手续，李德勇、谭文力分别在取款凭条、存款凭条上签字。在办理完转账手续后，李德勇等人到农行云阳支行寨坝分理处办理李德勇应得165万元利息的转款手续，刘红、曾勇等人办理分取款项的转款手续时，李德勇均在场，李德勇应当知道其存款转入了谭文力所持的银行卡上；其三，李德勇在存单载明的存款期限到期后，同意唐厚生延期1个

储蓄存款合同纠纷

月,并收取延期利息10万元,李德勇共计获得高额利息175万元。

本案已具备以存单为表现形式借贷纠纷案件的两个法律特征,即出资人与用资人之间存在借贷法律关系,出资人将资金直接交与用资人使用或者通过金融机构将资金交与用资人使用,用资人直接或通过金融机构向出资人支付高额利息差。虽然,李德勇与农行云阳支行之间客观上没有形成存款关系,而是办理的转款手续,但李德勇的主观目的是通过银行存款融资给用款人,其行为是基于对农行云阳支行工作人员在该支行工作场所办理相关手续的充分信赖。由于谭文力系农行云阳支行的工作人员,银行的经办柜员程建基于与谭文力的同事关系,没有征询李德勇的业务意图,没有将李德勇取款去向即存款凭条交与李德勇签字,而且在办理业务时为谭文力存放并递出装有假存单的信封,致使李德勇认为通过银行办理了定期存单,再将存款交与用资人使用,而客观上李德勇银行卡上的1000万元并没有办理为定期存单,而是转账到谭文力提供的任齐鸣的银行卡,被谭文力等人瓜分,农行云阳支行起到了一定的帮助作用。综合以上两个条件,本案应定性为以存单为表现形式的借贷纠纷。

《最高人民法院关于审理存单纠纷案件的若干规定》第六条第二项第三目规定:"出资人将资金交付给金融机构,金融机构给出资人出具存单或进账单、对账单或与出资人签订存款合同,出资人再指定金融机构将资金转给用资人的,首先由用资人返还出资人本金和法定利息。利息按人民银行同期存款利率计算至给付之日。金融机构因其帮助违法借贷的过错,应当对用资人不能偿还出资人本金部分承担赔偿责任,但不超过不能偿还本金部分的40%。"根据上述规定,李德勇预先收取的高额利息175万元应冲抵本金,加上一审法院已执行交付的价值553600元轿车,李德勇已收回本金2303600元,其余本金及法定利息应由用资人承担偿付责任,农行云阳支行对用资人不能偿还的本金部分承担40%的赔偿责任。判决:一、农行云阳支行对李德勇存款1000万元用资人不能偿还的本金部分承担40%的赔偿责任;二、驳回李德勇的其他诉讼请求。

李德勇不服一审判决提起上诉,请求:撤销一审判决,改判农行云阳支行兑付1000万元存单并支付利息;农行云阳支行承担一审、二审诉讼费用。理由：（1）一审判决关于李德勇应当知道其存款有明确用资人的认定与查明的事实不符，是错误的；（2）一审判决认定的几个重要事实情节与刑事判决查明的事实不符，一是无证据证明钟道明收取3万元保证金并告知了李德勇，二是刑事判决认定谭文力递给李德勇的是"信封内的存单"，而不是一审判决认定的信封；（3）本案不是以存单为表现形式的借贷纠纷，谭文力的行为构成表见代理，银行应当兑付存款。

农行云阳支行答辩并提起上诉，请求：撤销一审判决，驳回李德勇的诉讼请求；李德勇承担一、二审诉讼费用。理由：（1）一审判决案由错误，本案应为一般存单纠纷，而不是以存单为表现形式的借贷纠纷；（2）即使本案是以存单为表现形式的借贷纠纷，一审法院释明后，李德勇坚持不同意变更诉讼请求，一审法院应当驳回李德勇的诉讼请求。（3）李德勇的行为不符合"善意无过失"的表见代理成立条件，因此，谭文力的行为不构成表见代理。（4）李德勇与农行云阳支行之间既没有形成存款合同关系，李德勇在该行也没有真实的存款，农行云阳支行没有义务向李德勇兑付其诉请的存款本息。

李德勇的答辩意见与其上诉理由相同。

二审法院认为，根据《最高人民法院关于审理存单纠纷案件的若干规定》第六条第一项之规定，存单为表现形式的借贷纠纷案件具备以下特征：存在三方以上当事人，存在的法律关系主要是出资人与金融机构之间的存款法律关系，出资人与用资人之间的借贷法律关系；有资金从出资人向用资人的流动，金融机构在该过程中提供帮助的事实；用资人直接或者通过金融机构向出资人支付高额利息等。本案中，首先，李德勇并未与农行云阳支行建立存款关系。其次，谭文力的行为不能代表农行云阳支行，其行为不能证明银行对资金的流动具有帮助作用；程建递送装有假存单信封的行为，因其是递予谭文力而非李德勇，该行为是因其与谭文力具有熟人关系并事先约定，故该行为应认定为程建的个人行为，而不应认定为职务行为，也不能证明银行对资金流动具有帮助作用。此外，金融机构在以存单为表现形式的借贷中提供帮助的关键事实之一是银行须通过利息或者利差获得利益，而农行云阳支行并未通过所涉借贷获得利益。因此，本案

储蓄存款合同纠纷

不符合以存单为表现形式的借贷纠纷案件的法律特征，一审判决对本案定性有误。鉴于最高人民法院对民事案由的修改，目前并无存单纠纷这一案由，故本案案由应定为储蓄存款合同纠纷。

认定李德勇与农行云阳支行未形成储蓄存款合同关系的具体理由如下：（1）李德勇并未对银行作出存款的意思表示。一是李德勇在柜台进行交易时，没有明确作出存款1000万元的意思表示，且对谭文力作出的转款到其他银行卡的表意没有异议，并进行了相应的操作；二是其持有的存单系本案所涉犯罪行为人伪造，并非农行云阳支行出具；三是李德勇在公安机关的陈述证实，其知道在银行办理存款业务并不需要另行出具承诺书，且谭文力出具的承诺书加盖的印章系伪造，非农行云阳支行的行为。上述事实证明李德勇未对银行有过存款的意思表示，农行云阳支行亦未接受李德勇存款的承诺。（2）谭文力的行为不能代表农行云阳支行。首先，谭文力并非农行云阳支行的行长，其行为不能代表该支行。其次，因李德勇本身具有过错，谭文力的行为不构成表见代理。李德勇的过错为，一是仅凭陌生人的介绍就相信谭文力是农行云阳支行的行长，未尽到应尽的注意义务；二是李德勇明知银行的存款业务须在柜台办理，却相信谭文力签名的承诺书具有存款效力，而未在柜台交易时作出存款的意思表示；三是李德勇主观上有将该存款违规运作获取高利的故意。表见代理中的相对人应当是善意无过错的，才能符合《中华人民共和国合同法》第四十九条[①]规定的相对人有理由相信行为人有代理权，构成表见代理。判决：一、撤销一审判决；二、驳回李德勇的诉讼请求。一审案件受理费81800元，二审案件受理费81800元，共计163600元，由李德勇负担。

李德勇不服二审判决，向本院申请再审，请求撤销二审判决，改判农行云阳支行承担兑付存单义务。理由如下：

1. 二审判决以李德勇没有在储蓄柜台对柜员说出存款1000万元的意思表示为由，认定李德勇没有对银行作出存款的意思表示，是错误的。本案所涉的所有相关人员对李德勇介绍的业务均是到农行云阳支行定期存款

---

① 《中华人民共和国民法典》中无对应法条。

1000万元。李德勇在该支行的经营场所内，向"行长"谭文力明确表示存款1000万元。在进行柜台操作时，谭文力故意挡在李德勇和柜台之间，李德勇以为谭文力执行自己存款的意思。柜员程建未向李德勇本人核实交易的真实性，在操作中也没有采用在一张回单上同时载明"转出人"和"收款人"的方式，而是分别出具取款单和存款单，剥夺了李德勇作为资金所有人对业务进行复核的权利。同时，柜员在办理储蓄业务的同时向谭文力传递装有假存单的信封，导致李德勇的资金通过银行柜台的交易被犯罪分子获得。农行云阳支行并没有以任何方式提醒储户注意，存款的意思表示必须由本人亲自到柜台跟柜员说方为有效。相反，该行提供的客户经理服务，既是客户经理按照贵宾客户指令，代为办理相关业务。银行以已方内部文件增加消费者的义务，减轻和免除银行的责任，与格式合同的立法本意相悖，是错误的。

2. 二审判决认定谭文力的行为不构成表见代理，不能代表农行云阳支行是错误的。在农行云阳支行办公室这一特定环境内，李德勇才相信谭文力的行长身份，将自己的银行卡交给谭文力代为办理相关存款业务。李德勇相信的是谭文力所代表的农行云阳支行，谭文力的行为构成表见代理，其行为后果应由农行云阳支行承担责任。

3. 未经李德勇同意擅自将李德勇款项存入他人账户的行为是农行云阳支行的重大过错，应当由该行承担责任。按照所有人的指令办理业务是银行的重大义务。本案所涉刑事案件审理查明，李德勇向柜员程建表示从银行卡中取款1000万元，但未表示将款转入任齐鸣的账户。柜员程建在取出款项后却按照谭文力的安排将款存入任齐鸣的账户，有重大过错。

农行云阳支行答辩称，李德勇在办理银行卡转账1000万元业务时，未向农行云阳支行做出过存款1000万元的意思表示，在案外人谭文力向柜员程建表述将该款转入任齐鸣卡上时也没有反对，李德勇与该支行之间的储蓄合同关系并未成立；李德勇主观上存在着明显的过错，未尽应尽的注意义务且存在违法获取高息的故意，谭文力的行为不构成表见代理；农行云阳支行按照客户的指示进行业务操作无任何违规的行为，亦无任何过错，不应承担任何责任。二审判决认定事实清楚，适用法律正确，李德勇的再

储蓄存款合同纠纷

审申请理由与事实不符且无任何法律依据,应依法予以驳回。

本院再审查明:2010年11月25日一审庭审中,审判员释明:"本案李德勇主张的是储蓄存款合同纠纷,要求农行云阳支行按照存单兑现1000万元。现向李德勇释明,若本院认定本案不构成储蓄存款合同纠纷,你们是否申请追加用款人或者犯罪行为人并要求其承担责任,是否仍然要求农行云阳支行承担责任?"李德勇答:"仍坚持不主动追加用款人和犯罪行为人,也不要求其承担责任。要求农行云阳支行承担责任。若法院认为有必要追加可依职权追加。"

重庆市第二中级人民法院(2010)渝二中法刑初字第105号刑事判决认定,2008年11月,唐厚生、刘代毅请求曾勇、刘红为自己的生州公司"引资"。同年12月,刘红提出用高额利息为诱饵,用假的银行存单骗取他人资金,并提出要有银行工作人员在外配合,利用银行柜台将假存单交给存款人,暗自将存款人的资金转入唐厚生等人的私人账户。唐厚生等人同意。唐厚生、刘代毅随即邀请身为银行工作人员的谭文力参与。谭文力为收回唐厚生所欠借款即表示同意。2009年1月,刘红通过钟道明介绍认识了存款人李德勇,对李谎称到云阳县农业银行存款1000万元,定期3个月,每月可得5.5%的利息。李德勇表示同意。办理转账业务后,谭文力将信封交给李德勇,李德勇看了存单后信以为真。同年4月,李德勇的3个月"存款"到期,唐厚生无钱退还即要求延期,李德勇得知被骗后被迫同意,同年4月,唐厚生又以利息的名义支付李德勇10万元,以拖延时间。

重庆市第二中级人民法院(2010)渝二中法刑初字第105号刑事判决载明李德勇陈述称,2009年1月14日下午,钟道明对他说到云阳存款3个月,月息5.5%,存款后立即付利息。李德勇答应存款1000万元。当天下午,李德勇和驾驶员开车前往云阳途中,钟道明向李德勇介绍刘红、曾勇认识。谭文力供述称,当把存款人卡上的钱转到他们自己手中后再让程建把信封递出来,让存款人相信钱确实已存入银行。刘红供述称,李德勇想到银行兑现,谭文力要其找唐厚生,唐厚生与李德勇联系后,李德勇才知道存单是假的。

本院再审查明的其他案件事实与二审法院查明的事实基本相同。

本院认为,双方当事人再审争议的焦点问题为:(1)李德勇与农行云阳支行之间是否成立储蓄存款合同;(2)农行云阳支行是否应对李德勇的1000万元款项承担兑付义务。

一、关于李德勇与农行云阳支行之间是否成立储蓄存款合同问题

《中华人民共和国合同法》第十三条规定:"当事人订立合同,采取要约、承诺方式。"该法第二十五条规定:"承诺生效时合同成立。"依照上述法律规定,订立合同必经要约和承诺两个阶段。本案中,判断李德勇是否与农行云阳支行之间成立储蓄存款合同,需要认定如下问题:

(一)李德勇是否发出要约,即对农行云阳支行作出存款1000万元的意思表示

本案查明事实表明,李德勇在农行云阳支行杏家湾分理处办理业务时,并未向柜员表示存款1000万元。李德勇称其明确向"行长"谭文力表示存款,应视为向农行云阳支行作出存款的意思表示。李德勇该主张能否成立,关键在于谭文力能否代表农行云阳支行,即谭文力在与李德勇商谈存款事宜时,是否构成表见代理。《中华人民共和国合同法》第四十九条规定:"行为人没有代理权、超越代理权或者代理权终止后以被代理人名义订立合同,相对人有理由相信行为人有代理权的,该代理行为有效。"该条规定目的是保护善意第三人的合法权益、促进市场交易安全。从立法目的解释表见代理的构成要件,应当包括代理人的无权代理行为在客观上形成具有代理权的表象,相对人在主观上善意且无过失地相信行为人有代理权。相对人善意且无过失应当包含两方面含义:一是相对人相信代理人所进行的代理行为属于代理权限内的行为;二是相对人无过失,即相对人已尽了充分的注意,仍无法否认行为人的代理权。本案中,李德勇在与谭文力商谈存款事宜过程中,在以下方面存在未尽合理注意义务的过失。一是对谭文力行长的身份未经核实即轻信。李德勇是经刚认识的刘红等陌生

储蓄存款合同纠纷

人介绍认识"行长"谭文力,谭文力接待李德勇时并未在农行云阳支行办公地点,而是在农行云阳支行云江大道分理处的办公室,作为"行长"的谭文力亲自带李德勇到柜台办理"存款"业务,李德勇因为疏忽,对谭文力作为"行长"不符合常规的做法未产生怀疑,未尽合理注意义务。二是李德勇对存款过程存在的诸多不合常规操作未产生怀疑。谭文力交给李德勇的《承诺书》载明,农行云阳支行在3个月存款期内承诺对款项"不抵押、不查询、不提前支取"。上述承诺内容均为李德勇作为存款所有权人可以行使的权利,放弃权利的承诺应当由权利人作出。但"农行云阳支行"却对此作出承诺。李德勇应当注意到承诺书内容的不合常理之处。李德勇作为储户应当知道在银行柜台办理业务时,需向柜员表明业务办理事项,却未在柜台交易时作出存款的意思表示。李德勇作为办理过银行存款业务的储户,应当知道存款应当填写存款凭条,存单应当由柜员直接交付储户。李德勇没有填写存款凭条,存单又是放在信封中从银行柜台递出,李德勇因疏忽轻信而未向柜台工作人员核实。三是李德勇主观上具有违规追求高额利息的故意。钟道明承诺给李德勇每月5.5%的高息,换算成年息为66%,李德勇对如此高的利息未产生怀疑,亦未向农行云阳支行核实,主观上并非善意。因李德勇不符合善意无过错的表见代理构成要件要求,谭文力的行为不构成表见代理。李德勇向谭文力作出的存款意思表示不能视为向农行云阳支行作出的意思表示。李德勇关于在农行云阳支行办公室这一特定环境内,造成其相信谭文力行长身份,确信谭文力代表农行云阳支行,存款业务无需储户亲自到柜台向柜员说明的观点,缺乏依据,本院不予采信。

(二)农行云阳支行是否作出承诺

农行云阳支行并未向李德勇出具储蓄存单。李德勇称假存单由该行柜台递出,故储蓄存款合同成立。从程建履行职务角度看,其从柜台递出的是装有伪造存单的信封,本案并无证据证明程建与谭文力共谋诈骗,故意递出信封以使李德勇相信存款事实的发生。程建因与谭文力的私人约定将信封递交给谭文力,无证据证明程建知道信封内装有何种物品。因此,程建递出信封行为,并非其履行职务行为。从李德勇是否可以确信程建递出信封为履行职务行为看,程建在办理李德勇业务中,李德勇并未向程建作出存款的意思表示,程建也未让李德勇填写存款凭条、未向李德勇出具储蓄存单。程建递交谭文力信封的行为不足以让李德勇产生已经存款的信任,其行为不能认定为履行职务行为,进而推定农行云阳支行与李德勇之间已经成立了数额为1000万元的定期储蓄合同关系。

二、关于农行云阳支行是否应对李德勇的1000万元款项承担兑付义务问题

《最高人民法院关于审理存单纠纷案件的若干规定》第五条规定:"对一般存单纠纷案件的认定和处理(一)认定当事人以存单或进账单、对账单、存款合同等凭证为主要证据向人民法院提起诉讼的存单纠纷案件和金融机构向人民法院提起的确认存单或进账单、对账单、存款合同等凭证无效的存单纠纷案件,为一般存单纠纷案件。(二)处理人民法院在审理一般存单纠纷案件中,除应审查存单、进账单、对账单、存款合同等凭证的真实性外,还应审查持有人与金融机构间存款关系的真实性,并以存单、进账单、对账单、存款合同等凭证的真实性以及存款关系的真实性为依据,作出正确处理……4.存单纠纷案件的审理中,如有充分证据证明存单、进账单、对账单、存款合同等凭证系伪造、变造,人民法院应在查明案件事实的基础上,依法确认上述凭证无效,并可驳回持上述凭证起诉的原告的诉讼请求或根据实际存款数额进行判决。"李德勇系依据存单提起诉讼,应作为一般存单纠纷处理。李德勇所持存单系伪造,该存单所涉1000万元款项并未向农行云阳支行交存,双方并未成立储蓄存款合同,李德勇依据犯罪分子伪造的存单,主张农行云阳支行兑付存单上载明的存款,缺乏法律依据,本院不予支持。

李德勇认为谭文力利用农行云阳支行办公场所实施犯罪,造成李德勇相信谭文力"行长"身份,柜员程建在履行职务过程中存在过错,造成李德勇资金通过银行柜台被犯罪分子获得,农行云阳支行对其上述工作人员的行为具有重大过错,应当承担责任,但在一审法院向李德勇释明其与农

行云阳支行之间可能不构成储蓄合同关系的情况下，李德勇仍坚持原诉讼请求而未就此提出其他主张，本院亦不宜于再审程序中作超越李德勇原审诉讼请求范围的审理和裁判。李德勇因1000万元款项损失与农行云阳支行产生的其他纷争，应另寻法律途径解决。

综上，重庆市高级人民法院二审判决认定事实清楚，适用法律正确，依照《中华人民共和国民事诉讼法》第二百零七条第一款、第一百七十条第一款第一项之规定，判决如下：

维持重庆市高级人民法院（2012）渝高法民终字第00014号民事判决。

本判决为终审判决。

审　判　长　韩　玫
审　判　员　关　丽
代理审判员　李　琪

二〇一三年九月二十九日

书　记　员　唐　倩

银行卡纠纷

90. 徐欣诉招商银行股份有限公司上海延西支行银行卡纠纷案*

（最高人民法院审判委员会讨论通过 2021年11月9日发布）

▶ 他人盗用持卡人名义进行网络交易，发卡行仅以持卡人身份识别信息和交易验证信息相符为由主张不承担赔偿责任的不予支持

【关键词】

民事/银行卡纠纷/网络盗刷/责任认定

【裁判摘要】

持卡人提供证据证明他人盗用持卡人名义进行网络交易，请求发卡行承担被盗刷账户资金减少的损失赔偿责任，发卡行未提供证据证明持卡人违反信息妥善保管义务，仅以持卡人身份识别信息和交易验证信息相符为由主张不承担赔偿责任的，人民法院不予支持。

相关法条

《中华人民共和国合同法》第一百零七条①

---

* 摘自2021年11月11日最高人民法院发布的第30批指导案例（指导案例169号）。

① 对应《中华人民共和国民法典》第五百七十七条，内容未作修改。

基本案情

徐欣系招商银行股份有限公司上海延西支行（以下简称招行延西支行）储户，持有卡号为××××的借记卡一张。

2016年3月2日，徐欣上述借记卡发生三笔转账，金额分别为5万元、5万元及46200元，共计146200元。转入户名均为石某，卡号：××××，转入行：中国农业银行。

2016年5月30日，徐欣父亲徐某至上海市公安局青浦分局经侦支队报警并取得《受案回执》。当日，上海市公安局青浦分局经侦支队向徐欣发送沪公（青）立告字（2016）3923号《立案告知书》，告知信用卡诈骗案决定立案。

2016年4月29日，福建省福清市公安局出具融公（刑侦）捕字（2016）00066号《逮捕证》，载明：经福清市人民检察院批准，兹由我局对涉嫌盗窃罪的谢某甲执行逮捕，送福清市看守所羁押。

2016年5月18日，福建省福清市公安局刑侦大队向犯罪嫌疑人谢某甲制作《讯问笔录》，载明：……我以9800元人民币向我师傅购买了笔记本电脑、银行黑卡（使用别人身份办理的银行卡）、身份证、优盘等设备用来实施盗刷他人银行卡存款。我师傅卖给我的优盘里有受害人的身份信息、手机号码、银行卡号、取款密码以及银行卡内的存款情况。……用自己人的头像补一张虚假的临时身份证，办理虚假的临时身份证的目的是用于到手机服务商营业厅将我们要盗刷的那个受害者的手机挂失并补新的SIM卡，我们补新SIM卡的目的是掌握受害者预留给银行的手机，以便于接收转账等操作时银行发送的验证码，只有输入验证码手机银行内的钱才能被转账成功。而且将受害者的银行卡盗刷后，他手上持有的SIM卡接收不到任何信息，我们转他银行账户内的钱不至于被他发现。……2016年3月2日，我师傅告诉我说这次由他负责办理受害人假的临时身份证，并补办受害者关联银行卡的新手机SIM卡。他给了我三个银行账号和密码（经辨认银行交易明细，……一张是招行卡号为××××，户名：徐欣）。

2016年6月，福建省福清市公安局出具《呈请案件侦查终结报告书》，

银行卡纠纷

载明：……2016年3月2日，此次作案由谢某甲负责转账取款，上家负责提供信息、补卡，此次谢某甲盗刷了周某、徐欣、汪某等人银行卡内存款共计400700元……。

2016年6月22日，福建省福清市人民检察院向徐欣发送《被害人诉讼权利义务告知书》，载明：犯罪嫌疑人谢某甲、谢某乙等3人盗窃案一案，已由福清市公安局移送审查起诉……。

徐欣向人民法院起诉请求招行延西支行赔偿银行卡盗刷损失及利息。

裁判结果

上海市长宁区人民法院于2017年4月25日作出（2017）沪0105民初1787号民事判决：一、招商银行股份有限公司上海延西支行给付徐欣存款损失146200元；二、招商银行股份有限公司上海延西支行给付原告徐欣自2016年3月3日起至判决生效之日止，以146200元为基数，按照中国人民银行同期存款利率计算的利息损失。招商银行股份有限公司上海延西支行不服一审判决，向上海市第一中级人民法院提起上诉。上海市第一中级人民法院2017年10月31日作出（2017）沪01民终9300号民事判决：驳回上诉，维持原判。

裁判理由

法院生效裁判认为：被上诉人在上诉人处办理了借记卡并将资金存入上诉人处，上诉人与被上诉人之间建立储蓄存款合同关系。《中华人民共和国商业银行法》第六条规定："商业银行应当保障存款人的合法权益不受任何单位和个人的侵犯。"在储蓄存款合同关系中，上诉人作为商业银行对作为存款人的被上诉人，具有保障账户资金安全的法定义务以及向被上诉人本人或者其授权的人履行的合同义务。为此，上诉人作为借记卡的发卡行及相关技术、设备和操作平台的提供者，应当对交易机具、交易场所加强安全管理，对各项软硬件设施及时更新升级，以最大限度地防范资金交易安全漏洞。尤其是，随着电子银行业务的发展，商业银行作为电子交易系统的开发、设计、维护者，也是从电子交易便利中获得经济利益的一方,应当也更有能力采取更为严格的技术保障措施,以增强防范银行卡违法犯罪行为的能力。本案根据查明的事实,被上诉人涉案账户的资金损失,系因案外人谢某甲非法获取被上诉人的身份信息、手机号码、取款密码等账户信息后,通过补办手机SIM卡截获上诉人发送的动态验证码,进而进行转账所致。在存在网络盗刷的情况下,上诉人仍以身份识别信息和交易验证信息通过为由主张案涉交易是持卡人本人或其授权交易,不能成立。而且,根据本案现有证据无法查明案外人谢某甲如何获得交易密码等账户信息,上诉人亦未提供相应的证据证明账户信息泄露系因被上诉人没有妥善保管使用银行卡所导致,因此,就被上诉人自身具有过错,应当由上诉人承担举证不能的法律后果。上诉人另主张,手机运营商在涉案事件中存在过错。然,本案被上诉人提起诉讼的请求权基础为储蓄存款合同关系,手机运营商并非合同以及本案的当事人,手机运营商是否存在过错以及上诉人对被上诉人承担赔偿责任后,是否有权向手机运营商追偿,并非本案审理范围。综上,上诉人在储蓄存款合同履行过程中,对上诉人账户资金未尽到安全保障义务,又无证据证明被上诉人存在违约行为可以减轻责任,上诉人对被上诉人的账户资金损失应当承担全部赔偿责任。上诉人的上诉请求,理由不成立,不予支持。

(生效裁判审判人员:崔　婕、周　欣、桂　佳)

91. 伊立军与中国工商银行股份有限公司盘锦分行银行卡纠纷案[*]

▶ 银行工作人员为客户办理业务应严格遵守工作流程和业务操作规范，尽到最大的注意和风险提示义务

【裁判摘要】

> 银行作为办理金融业务的专业机构，在为自然人办理储蓄等业务时，居于明显的、支配的优势地位，而自然人则处于相对的、被支配的弱势地位，故银行工作人员在为客户办理业务时，理应严格遵守工作流程和业务操作规范，尽到最大的注意和风险提示义务。

最高人民法院民事判决书

（2017）最高法民再174号

再审申请人（一审原告、二审上诉人）：伊立军，男，满族，1959年3月30日出生，住辽宁省沈阳市。

委托诉讼代理人：张宏伟，辽宁知然律师事务所律师。

---

[*] 摘自《最高人民法院公报》2017年第8期。

委托诉讼代理人：郑廷江，辽宁千江律师事务所律师。

被申请人（一审被告、二审上诉人）：中国工商银行股份有限公司盘锦分行。住所地：辽宁省盘锦市兴隆台区市府大街9号。

负责人：郭文峰，该分行行长。

委托诉讼代理人：吴杰，北京隆安律师事务所沈阳分所律师。

委托诉讼代理人：王志刚，北京隆安律师事务所沈阳分所律师。

再审申请人伊立军因与被申请人中国工商银行股份有限公司盘锦分行（以下简称工行盘锦分行）银行卡纠纷一案，不服辽宁省高级人民法院（2016）辽民终502号民事判决，向本院申请再审。本院于2017年4月14日作出（2017）最高法民申555号民事裁定，提审本案。本院依法组成合议庭，开庭审理了本案。再审申请人伊立军委托诉讼代理人张宏伟、郑廷江，被申请人工行盘锦分行委托诉讼代理人王志刚到庭参加诉讼。本案现已审理终结。

伊立军申请再审称：（1）关于2011年6月28日第二次开通网银的责任分担问题。二审判决认为，伊立军在第二次开通网银时已在申请书上签字确认，且没有向银行工作人员索要U盾，致使存款被转走，没有尽到合理注意义务，故判令伊立军承担40%的次要责任，这一责任分担明显错误。一审法院委托辽宁九州司法鉴定所对伊立军在网银手续上的签名进行鉴定，《辽宁九州司法鉴定所文书鉴定意见书》（以下简称《鉴定意见书》）的结论是：开通申请书是伊立军签字，注销第一次网银申请书及交接确认书非伊立军本人签字。事实上，工行盘锦分行工作人员赵宇红曾要求伊立军在开立银行卡时在多份材料上签字，伊立军并不知道在开通网银申请书上签字。这从伊立军及多名被害人在公安机关的询问笔录即可看出，各被害储户均不知道赵宇红为其开通网上银行。而且如果真是伊立军申请开通的网银，工行盘锦分行就没有必要在注销第一次网银及领取U盾的交接确认书上伪造伊立军的签字，工行盘锦分行直接要求伊立军在该两份材料上签字即可。上述证据完全可以推定伊立军对于第二次开通网银并不知情。退一步讲，即便伊立军知道开通了网银，根据银行规定也应是柜员将U盾交给储户，而不是他人，将U盾交给储户是银行的责任。二审判决以伊立军没有向工作人员索要U盾为由，判令其承担40%的责任明显不

银行卡纠纷

当。本案应由工行盘锦分行承担全部责任,应向伊立军给付存款14498470元。即使伊立军有责任,40%的承担比例也严重过高,对伊立军明显不公。(2)关于利息标准问题。伊立军主张按银行同期贷款利率计算利息,二审法院认为本案系活期存款,应按活期存款计算利息。伊立军认为,在公安机关2012年4月通知伊立军银行卡内的钱已被转走且将伊立军的银行卡收走的情况下,伊立军即已无法提出存款,现经二审认定工行盘锦分行存在过错并判令工行盘锦分行给付存款。因此,工行盘锦分行应自2012年4月后按贷款利率向伊立军支付利息。(3)关于赵宇红是否涉嫌犯罪及法院是否应将案涉材料移送公安机关的问题。从伊立军提交的公安机关对李学武、赵宇红及多名被害人询问笔录均可看出,被骗储户并不知道赵宇红擅自为其开通网银,而李学武和赵宇红则承认是李学武让赵宇红为被害人开通网银并将U盾交给李学武的事实。赵宇红明显是实施共同犯罪。《鉴定意见书》则进一步证明了上述事实。关于赵宇红是否构成犯罪的问题,公安机关及检察院虽曾以证据不足予以释放和撤回起诉,但《鉴定意见书》系撤回起诉后出现的新证据,足以影响对赵宇红是否构成犯罪的定性。因此,法院应将上述线索及材料报送公安机关。综上,二审判决认定事实不清,适用法律错误,请求撤销一审、二审判决,依法判令工行盘锦分行向伊立军给付存款14498470元及利息,本案诉讼费用由工行盘锦分行承担。

工行盘锦分行辩称:(1)二审关于开通网银责任承担问题认定正确。首先,2011年6月28日电子银行业务申请书上申请人签名处的签字经过司法鉴定,确认为伊立军本人笔迹。申请书上有明确的标记"您已开通网银,并领取U盾……"伊立军签字确认证明其已阅读该提示,但伊立军没有向工行盘锦分行工作人员索要U盾。其次,伊立军两次到工行盘锦分行开户,均是本人持有效身份证亲自到场办理的,伊立军对于个人有效证件及信息未尽到合理保护及注意义务,也是导致案涉存款被转走的原因之一,应承担相应的责任。故二审对案涉存款被转走的责任划分比例正确。(2)工行盘锦分行工作人员赵宇红没有犯罪事实,不应将案件材料移交公安机关。(3)工行盘锦分行不应支付伊立军贷款利息。双方之间是银行卡存储关系,伊立军开立的是活期卡。该笔存款被李学武支取,工行盘锦分行没有实际占有、使用，同样是该刑事案件的受害方，而李学武已被追究刑事责任。故伊立军主张工行盘锦分行按贷款利率支付利息，无事实和法律依据。综上，二审判决认定事实清楚，适用法律正确，请求驳回伊立军的再审请求。

伊立军向辽宁省盘锦市中级人民法院（以下简称一审法院）起诉请求：工行盘锦分行向伊立军支付存款本金1450万元及利息（自存款之日起至判决给付之日止，按中国人民银行同期定期银行贷款利率计算）。

一审法院认定事实：2011年4月，伊立军经人介绍认识李学武，李学武伙同刑事案件被告人周铜等人以给付高额利息为诱饵，编造工商银行回报高额利息吸纳储户存款、工商银行有投资项目需要吸纳资金的虚假事实，骗取伊立军的信任，授意伊立军在工行盘锦分行盘山支行辽河路储蓄所开立账户。伊立军于2011年4月26日15时44分在辽河路储蓄所开户（账号为0714××××××××2160，卡号为6222××××××××××4354），该账户于当日15时50分被开通网银（该网银储户签名并非伊立军本人所签，而且工行盘锦分行称没有领取U盾手续）。当日，伊立军向该账户内存入400万元人民币，2011年5月13日，伊立军向该账户内存入200万元人民币，共计存入600万元人民币，该账户内的600万元存款自2011年4月26日至2011年5月14日通过网银转出5999010元，余额601.07元。伊立军又于2011年6月28日10时55分在辽河路储蓄所开户（账号为0714××××××××9644，卡号为6222××××××××××6284）。该账户于当日11时7分被开通网银，但伊立军仅在开通网银的《中国工商银行个人客户业务申请书》上签了字，并未签字领取U盾。（伊立军开户之前，原网银被注销，注销手续上的签名也不是伊立军本人所签，该手续上"卡丢失注销网银"几个字系工行盘锦分行负责为伊立军办理开户业务的柜员赵宇红所写）伊立军于2011年6月28日至2011年11月11日期间先后九次向该账户内存入共计850万元人民币，通过网银共计转出8499460元，余额256.12元。伊立军在同一储蓄所开立两个账户共计存入人民币1450万元。伊立军于2011年4月26日和2011年6月28日开立的均是活期储蓄存款账户。李学武以网上银行转账或支付的方式将伊立军的存款取走共计14498470元。李学武共计向伊立军支付"利息"310万元。伊立军在工行盘锦分行处开立账户时

银行卡纠纷

李学武是工行盘锦分行的工作人员,后被工行盘锦分行解除劳动关系。伊立军、工行盘锦分行对开通网银时是谁将U盾交给李学武说法不一。一审法院对伊立军和赵宇红分别作了询问笔录,赵宇红称:"有客户把U盾落在柜台的情况,我给过李学武三四次。李学武说客户和他说好了,把U盾落这了,让李学武来取,我就给他了。"一审法院询问李学武,李学武称:"伊立军的网上银行是我让赵宇红开通的,开通网上银行后U盾是赵宇红给我的。"一审、二审法院认定李学武犯诈骗罪,判处有期徒刑十四年。李学武的诈骗犯罪其中包括伊立军存款被骗部分。但刑事判决中关于U盾是怎么到赵宇红手中没有认定。庭审时,经伊立军对工行盘锦分行提供的伊立军办理网银手续上的签名进行辨认,伊立军称均不是其本人所签,因此,伊立军申请要求笔迹鉴定。经一审法院委托辽宁九州司法鉴定所对伊立军在网银手续上的签名进行鉴定,鉴定意见确认:2011年4月26日的《中国工商银行个人客户业务申请书》中(开通网银),"申请人签名"处的"伊立军"签名笔迹和2011年6月28日的《中国工商银行电子银行个人客户变更(注销)事项申请表》中"签名"处的"伊立军"签名笔迹及2011年6月28日的《中国工商银行交接确认书》中(U盾交接)"接收人1签章"处的"伊立军"签名笔迹不是伊立军签名笔迹;2011年6月26日的《中国工商银行个人客户业务申请书》中(开通网银)"申请人签名"处的"伊立军"签名笔迹是伊立军签名笔迹。

一审法院判决:一、工行盘锦分行于判决生效之日起10日内给付伊立军存款人民币11398470元(14498470元-310万元)的60%即6839082元,并按中国工商银行同期同类活期存款利率支付上述存款利息(其中:400万元从2011年4月26日起计息,1999010元从2011年5月13日起计息,840072元从2011年11月11日起计息,至判决确定的给付之日止)。如工行盘锦分行未按判决指定的期限履行给付金钱义务,应当依照《中华人民共和国民事诉讼法》第二百五十三条之规定,加倍支付迟延履行期间的债务利息。二、驳回伊立军的其他诉讼请求。

工行盘锦分行不服一审判决,向辽宁省高级人民法院(以下简称二审法院)上诉请求:(1)撤销一审判决,驳回伊立军的诉讼请求;(2)伊立军承担涉诉费用。伊立军不服一审判决,向二审法院上诉请求:(1)依法撤销一审判决，予以改判；（2）判令工行盘锦分行向伊立军给付存款14498470元及利息；（3）本案诉讼费用由工行盘锦分行承担。

二审法院对一审法院查明的事实予以确认。二审法院另查明，李学武原系工行盘锦分行工作人员，2011年7月20日，被工行盘锦分行解除劳动合同关系。2014年12月19日，辽宁省盘山县人民法院认定李学武犯诈骗罪，判处有期徒刑十四年，并处没收个人全部财产。李学武不服上诉，辽宁省盘锦市中级人民法院维持了一审判决。该两审刑事判决书查明：2010年5月至2012年3月期间，在被告人李学武的提议下，其伙同被告人周铜以给付高额利息为诱饵，或编造工商银行回报高额利息吸纳储户存款、工商银行有投资项目需要吸纳资金的虚假事实，或虚构李学武系中国工商银行股份有限公司盘锦分行或盘山支行工作人员的身份，自行或通过中间人联系，骗取被害人信任，授意被害人将资金存入中国工商银行股份有限公司盘锦盘隆支行及辽河路储蓄所，被告人李学武再采取网上银行转账、银行柜台转账、现金支取、网上支付的方式将被害人的存款取走，并与被告人周铜将所获赃款挥霍⋯⋯2011年4月，被告人李学武骗取被害人伊立军的信任，授意伊立军在辽河路储蓄所开立账户，于2011年4月26日至11月11日期间存入共计1450万元。李学武以网上银行转账或支付的方式将伊立军的存款取走14498470元。还查明：伊立军于2011年6月28日在工行盘锦分行下属的辽河路储蓄所开户后，自开户日起至2011年11月11日先后九次向该账户内存款共计850万元，分别为：开户当日存入100万元、6月29日存入200万元、7月6日存入100万元、7月27日存入150万元、8月8日存入50万元、8月26日存入200万元、11月11日存入50万元。

二审法院认为：（1）关于案涉法律关系性质是李学武与伊立军的个人借贷关系还是工行盘锦分行与伊立军的储蓄存款合同关系的问题。根据辽宁省盘山县人民法院及辽宁省盘锦市中级人民法院刑事判决书可知，伊立军将款项存入工行盘锦分行的目的是获取银行的高额利息，并无将款项出借给李学武个人的意思；李学武虽将伊立军的存款取走，但其也是通过编造工商银行回报高息来诱骗伊立军将款项存入银行，即吸纳存款的是银行而非李学武个人，故双方间不存在建立借贷关系的合意。根据伊立军向工

银行卡纠纷

行盘锦分行申请开立活期储蓄账户,工行盘锦分行为其开立账户并出具银行借记卡,伊立军向该银行卡存入款项的事实,可以认定案涉法律关系为工行盘锦分行与伊立军间的储蓄存款合同关系。(2)关于《鉴定意见书》的鉴定程序是否违法、鉴定结论应否采信的问题。工行盘锦分行提出,《鉴定意见书》中所提取检材违反了《司法鉴定程序通则》第二十四条第四款的相关规定,部分样本只有调取人一人签名,且没有现场见证人;部分样本只有两名在场人签名,而没有样本提取人签名。故该行认为鉴定机关依据无效的鉴定样本作出的鉴定结论不应予以采信。经审查,工行盘锦分行提出异议的该几页签名,是《鉴定意见书》第五部分"样本"中的内容,即该几页仅属于鉴定"样本",而非《司法鉴定程序通则》中所说的"检材",该几页"样本"不适用《司法鉴定程序通则》第二十四条第四款的规定。故案涉鉴定结论不存在程序违法问题,应当予以采信。(3)关于工行盘锦分行工作人员在办理网银业务中是否存在违规操作的问题。根据《中国工商银行电子银行业务管理办法》的相关规定,办理网上银行业务,柜员必须认真审核客户身份及申请表内容,申请办理网上银行必须由申请人本人办理,U盾或电子银行口令卡必须交付客户本人,办理网上银行业务的相关文件必须由客户本人签字。二审法院根据《鉴定意见书》认定,工行盘锦分行于2011年4月26日为"伊立军"开通的网上银行并非伊立军本人办理,2011年6月28日工行盘锦分行注销该网上银行业务时也非依伊立军本人申请注销;工行盘锦分行于2011年6月28日虽依伊立军申请开通了网上银行,但没有将U盾交付给伊立军本人。因此,工行盘锦分行在办理开通及注销伊立军网上银行业务中均存在违规操作行为。(4)关于伊立军在办理开户过程中是否尽到注意义务,对存款被转走是否存在过错的问题。案涉伊立军的存款,均是李学武通过网上银行转账或支付方式取走的,因此,网银的开通、U盾的掌控及网银密码的取得是案涉款项被骗取的关键。根据案涉证据,2011年4月26日伊立军在开立账户后并没有开通网银,不存在其将U盾交与他人及泄露网银密码的问题。虽然其获得了相应高息,但其受高息诱惑前往存款与款项损失间没有直接因果关系。因此,伊立军对于2011年4月26日开立的银行卡内的资金损失没有任何过错。但是,伊立军在2011年6月28日开户时,其同时在开通网银的申请书上签字确认。该申请书上以加大号字体提示："您已开通网银并领取U盾,凭U盾可办理网上转账、汇款等业务。请您妥善保管U盾,切勿交给他人,并牢记网银及U盾密码,切勿泄漏。"但伊立军没有注意该提示内容,也没有索要网银U盾,而是在开立账户和网银后又向该账户转入巨额款项,致使犯罪分子利用该U盾将其卡内的存款转走造成案涉损失,其在办理该次开户、存款业务中,没有尽到合理的注意义务。因此,其对款项被转走具有一定过错。伊立军关于因注销第一个网银的申请表非其本人办理,故该第二次网银的办理不应认定系其所为,其在开立账户办理存款过程中不存在过错的抗辩,缺乏依据,二审法院不予支持。

(5) 关于伊立军所获310万高息应否予以扣除的问题。伊立军在工行盘锦分行开立的是活期储蓄存款账户,伊立军所存款项的活期利息并非该金额。根据刑事判决书,该310万元是李学武给付,李学武给付伊立军该款项,属于为骗取伊立军账户的控制权以骗取的银行存款支付的高额利息,故应在返还存款本金时予以扣除。伊立军称李学武给付的310万元与本案系不同法律关系,故不应从付款中扣除,但在伊立军与李学武间不存在借贷关系的前提下,李学武无由给付该款项,其该主张显然不能成立。(6) 关于应否以赵宇红涉嫌犯罪为由将该相关材料移送公安机关的问题。根据《鉴定意见书》,案涉2011年4月26日、6月28日开通网银及注销网银业务申请上的签字均非伊立军本人所签,但该《鉴定意见书》上并未确认该签名就是赵宇红所为;即使确为赵宇红所为,在不能确定赵宇红存在主观故意的情况下,该行为属于违反操作流程、违反银行内部管理规定的问题。而对此,公安机关及检察院均曾以职务侵占或诈骗罪对赵宇红进行刑事拘留或提起公诉,后又均以证据不足予以释放和撤回起诉。故以赵宇红涉嫌犯罪为由将案涉材料移送公安机关,依据不足。综上,一审法院以工行盘锦分行工作人员违反银行业务操作流程,将客户U盾交给他人造成存款损失,认定工行盘锦分行应承担主要责任,伊立军未尽合理注意义务应承担次要责任,而确定双方的责任比例并无不当,但判令伊立军对2011年4月26日开通的网银发生的损失亦按40%比例承担相应责任,依据不足,应予纠正。

二审法院判决:一、撤销一审民事判决主文第二项;二、变更一审民

事判决主文第一项为：工行盘锦分行于二审判决生效之日起10日内给付伊立军存款人民币9238686元，并按中国工商银行同期同类活期存款利率计付上述存款至二审判决确定的给付之日止的利息｛其中400万元自2011年4月26日、1999010元自2011年5月13日、3239676元［（8499460元－310万元）×60%］自2011年11月11日起计息｝；三、驳回伊立军的其他诉讼请求。如果工行盘锦分行未按本判决指定的期限履行给付金钱义务，应当依照《中华人民共和国民事诉讼法》第二百五十三条之规定，加倍支付迟延履行期间的债务利息。一审案件受理费108800元，由工行盘锦分行承担69310元，伊立军承担39490元；鉴定费用的承担按一审判决执行。二审案件受理费108800元，其中75554元由工行盘锦分行承担，33246元由伊立军承担。

本院对一审、二审法院认定的事实予以确认。

本院再审认为，根据一审、二审判决、伊立军的再审请求及工行盘锦分行的答辩意见，本案的主要争议焦点是：（1）工行盘锦分行与伊立军是否存在储蓄存款合同关系；（2）案涉存款被转走的责任应如何划分；（3）伊立军所获310万元高息应否予以扣除以及案涉存款利息的计算方法。

关于工行盘锦分行与伊立军是否存在储蓄存款合同关系的问题。《中华人民共和国民法通则》第五十五条规定："民事法律行为应当具备下列条件：（一）行为人具有相应的民事行为能力；（二）意思表示真实；（三）不违反法律或者社会公共利益。"本案中，辽宁省盘锦市中级人民法院（2015）盘中刑二终字第00013号刑事判决书认定："2010年5月至2012年3月期间，李学武伙同他人以给付高额利息为诱饵，或编造工商银行回报高额利息吸纳储户存款、工商银行有投资项目需要吸纳资金的虚假事实，或虚构李学武系中国工商银行股份有限公司盘锦分行或盘山支行工作人员的身份，自行或通过中间人联系，骗取被害人信任，授意被害人将资金存入中国工商银行股份有限公司盘锦盘隆支行及辽河路储蓄所，被告人李学武再采取网上银行转账、银行柜台转账、现金支取、网上支付的方式将被害人的存款取走……2011年4月，被告人李学武骗取被害人伊立军的信任，授意伊立军在辽河路储蓄所开立账户，于2011年4月26日至11月11日期间存入共计1450万元。"据此，本院认为，伊立军的真实意思表示是将款项存入银行以获取高额利息,伊立军与银行之间的储蓄存款合同关系从银行接受伊立军的存款并交付存款凭证之时起即告成立。虽然伊立军是在李学武通过编造存款有高息回报诱骗的情形下将案涉款项存入银行,但该情形并不影响伊立军与工行盘锦分行之间储蓄存款合同的合法有效。本案中,伊立军于 2011 年 4 月 26 日及 6 月 28 日分别在工行盘锦分行下属的辽河路储蓄所申请开立了活期储蓄存款账户,为此,该行向伊立军交付了两张银行借记卡,伊立军自 2011 年 4 月 26 日至 2011 年 11 月 11 日期间,先后向该两账户内存入了合计 1450 万元款项。上述事实足以证明,伊立军与工行盘锦分行间已经建立了储蓄存款合同关系,工行盘锦分行向伊立军出具的银行借记卡,即为双方间储蓄存款合同关系成立的直接证据。根据伊立军向工行盘锦分行申请开立活期储蓄账户,工行盘锦分行为其开立账户并出具银行借记卡,伊立军向该银行卡存入款项的事实,本院认定工行盘锦分行与伊立军之间的储蓄存款合同关系成立。

关于案涉存款被转走的责任应如何划分的问题。本案中,案涉伊立军的存款,均是李学武通过网上银行转账或支付方式非法取走的,网银的开通、U 盾的掌控及网银密码的取得是案涉款项被骗取的关键。厘清工行盘锦分行在给伊立军办理网银业务中是否存在违规操作以及伊立军在开通网银过程中是否尽到了注意义务是案涉损失责任划分的前提。

1. 关于工行盘锦分行在给伊立军办理网银业务中是否存在违规操作的问题。《中国工商银行电子银行业务管理办法》第七章"个人网上银行业务"第二节第一条规定:"柜员认真审核申请表内容并核对客户身份后对客户办理网上银行注册……柜员须按照'本人办、交本人、本人签'的原则,将 U 盾或电子银行口令卡交给申请网上银行的客户本人,现场授权或现场管理人员应对 U 盾交付客户本人进行监督,并确认客户本人签收。"据此,办理网上银行业务,柜员必须认真审核客户身份及申请表内容,申请办理网上银行必须由申请人本人办理,U 盾或电子银行口令卡必须交付客户本人,办理网上银行业务的相关文件必须由客户本人签字。而《鉴定意见书》确认,2011 年 4 月 26 日《中国工商银行个人客户业务申请书》(电子银行注册/银行户口服务开立)中"申请人签名"处的"伊立军"签名笔迹、2011 年 6 月 28 日的《中国工商银行电子银行个人客户变更

银行卡纠纷

（注销）事项申请表》中"签名"处的"伊立军"签名笔迹及2011年6月28日的《中国工商银行交接确认书》（U盾交接）中"接收人1签章"处的"伊立军"签名笔迹均不是伊立军签名笔迹。显然，工行盘锦分行于2011年4月26日为"伊立军"开通的网上银行并非伊立军本人办理，2011年6月28日工行盘锦分行注销该网上银行业务时也非依伊立军本人申请注销；工行盘锦分行于2011年6月28日虽依伊立军申请开通了网上银行，但没有将U盾交付给伊立军本人。因此，工行盘锦分行在2011年4月26日及2011年6月28日办理开通及注销伊立军网上银行业务中均存在严重违规操作行为。

2. 伊立军在开通网银过程中是否尽到了注意义务。本案中，2011年4月26日伊立军在开立账户后并没有开通网银，不存在其将U盾交与他人及泄露网银密码的问题。虽然其获得了相应高息，但其受高息诱惑前往存款与款项损失间没有直接因果关系。因此，难以认定伊立军对于2011年4月26日开立的银行卡内的资金损失存在过错。但是，伊立军在2011年6月28日开户时，其同时在开通网银的申请书上签字确认开通了网上银行服务业务。该申请书上以加大号字体提示："您已开通网银并领取U盾，凭U盾可办理网上转账、汇款等业务。请您妥善保管U盾，切勿交给他人，并牢记网银及U盾密码，切勿泄漏。"但伊立军没有注意该申请书记载的内容，没有向工行盘锦分行工作人员主动索要网银U盾，而是在开立账户和网银后又向该账户转入巨额款项，致使犯罪分子利用该U盾将其该卡内的存款转走造成案涉存款损失，其在办理该次开户、存款业务中，没有尽到理应与其自身预期获得收益业务相应的、合理的、谨慎的注意义务。因此，其对2011年6月28日开户后存入款项被转走具有一定过失。

3. 关于案涉存款被转走责任的承担问题。首先，《中华人民共和国商业银行法》第六条规定："商业银行应当保障存款人的合法权益不受任何单位和个人的侵犯。"银行对储户存款具有安全保障的法定义务。在信息化、电子化、科技化时代背景下，社会得以迅猛发展，社会分工越来越精细，社会关系越来越复杂，社会公众对专业化的依赖程度越来越高。现代商业银行作为吸收公众存款、发放贷款、办理结算等业务的企业法人，是专门的金融机构，不仅具有传统的经济功能，而且承担了大量的社会功能；借力科技，开拓了许多新业务，既提高了自身的竞争力，又服务了社会和客户，在普通的社会公众中享有极高的信赖度和诚信度，进而享有极高的信誉和声誉。普通的储户到银行办理储蓄业务，营业的环境、规范的服务、科技的手段，一方面，让缺乏金融知识的普通客户获得了安全感，相应的注意义务也会降低；另一方面，普通客户在繁琐的流程、大量的专业化术语、复杂的科技化服务面前，再加上可能身后还有许多客户在等待办理业务的情形下，想尽到最大的注意义务，客观条件也难以允许，更多时候只能是被动地听从银行工作人员的安排，按照银行工作人员指示的流程办理业务。更多的义务意味着更大的责任，银行应该尽到更多的注意义务，对储户的存款负有严格的安全保障义务，应当制定完善的业务规范，加强内部管理；在银行与普通储户办理业务过程中，银行工作人员代表银行应该更加严格地遵守工作流程和操作规范。本案中，对于2011年4月26日伊立军的网上银行业务未经伊立军本人申请和2011年6月28日工行盘锦分行的工作人员违规操作擅自办理U盾业务，将U盾交给他人，这些严重违规的事实，直接导致案涉存款损失，工行盘锦分行应该对案涉存款损失承担主要的、绝大部分的责任。其次，李学武在工行盘锦分行工作期间，利用其工作身份，编造高息揽储谎言，诱使伊立军将案涉款项存入工行盘锦分行，并利用工作便利从同事赵宇红处拿走U盾，导致案涉款项损失。以上事实能够证明工行盘锦分行内部管理出现漏洞，工作人员操作严重违规，工行盘锦分行应对造成的案涉损失承担管理不力的责任。在银行工作人员参与金融诈骗案件犯罪时有发生的背景下，银行更应预防此类案件的发生，强化内部管理，为客户提供更加优质安全放心的服务。再次，伊立军作为具有完全民事行为能力的自然人，在工行盘锦分行工作人员李学武高息揽储的诱惑下，听信犯罪分子李学武的谎言，到工行盘锦分行柜台办理开户、开卡并开通网银业务，并将总计1450万元巨额资金存入账户。在犯罪分子利用网络进行诈骗，涉银行卡诈骗案件频发，公安机关在银行营业场所等公众场所进行广泛宣传防止犯罪分子利用银行卡进行诈骗的背景下，伊立军作为完全民事行为能力的自然人在享有高回报、涉及巨额资金的存款时，应当尽到最大的注意义务，但其不仅没有尽到最大的注意义务，反而降低了风险防范意识，放松了对账户内资金安全的注意义务，导致其在2011年6月28日开户和办理网银业务时，没有认真仔细阅读开通网银申请书的提示，没有向银行主动索要U盾，导致犯罪分子利用该U盾将其卡内的存款转走造成案涉存款损失，其在办理该次开户、存款业务中，没有尽到相应的、合理的、谨慎的注意义务，应该承担对2011年6月28日自开户日起至2011年11月11日先后九次向该账户内存款共计850万元款项被转走的次要的、小部分的责任。

综上，本院认为，银行作为办理金融业务的专业机构，在为自然人办理储蓄等业务时，居于明显的、支配的优势地位，而自然人则处于相对的、被支配的弱势地位，故银行工作人员在为客户办理业务时，理应严格遵守工作流程和业务操作规范，尽到最大的注意和风险提示义务。本案中，伊立军于2011年4月26日并未开通网上银行业务，不应对该日开通的网银造成的损失承担责任；但对2011年6月28日开通的网银，伊立军没有尽到理应与其自身预期获得收益业务相应的、合理的、谨慎的注意义务，其对该次存款中大部分款项被犯罪分子通过网银转走应承担1%的责任，而工行盘锦分行在对储户存款负有严格安全保障义务下，没有尽到严格内部管理的义务，致使内部管理出现漏洞，工作人员严重违规操作，没有尽到最大的注意和风险提示义务，其应承担99%的责任，二审法院对该次存款损失责任的承担认定不当，本院予以纠正。

关于伊立军所获310万元高息应否予以扣除以及案涉存款利息计算方法的问题。本案中，伊立军与李学武之间不存在借贷关系，伊立军从李学武处获取的310万元款项，没有合法依据，属于李学武为骗取伊立军信任，进而骗取网银U盾控制账户而支付的高额利息，故该款项应在工行盘锦分行返还存款本金时予以扣除。至于伊立军主张案涉存款利息应按银行同期贷款利率计付利息的问题，由于伊立军办理的是活期储蓄存款业务，故该主张缺乏事实和法律依据，本院不予支持。

综上所述，伊立军的再审请求部分成立。依照《中华人民共和国民事诉讼法》第二百零七条第一款、第一百七十条第一款第二项判决如下：

一、撤销辽宁省盘锦市中级人民法院（2014）盘中民一初字第00035号民事判决；

二、撤销辽宁省高级人民法院（2016）辽民终502号民事判决；

三、中国工商银行股份有限公司盘锦分行于本判决生效之日起10日内给付伊立军人民币11344475元,并按中国工商银行同期同类活期存款利率计付上述存款至本判决确定的给付之日止的利息｛其中400万元自2011年4月26日、1999010元自2011年5月13日、5345465元〔（8499460元－310万元）×99%〕自2011年11月11日起计息｝;

四、驳回伊立军的其他诉讼请求。

如果中国工商银行股份有限公司盘锦分行未按本判决指定的期限履行给付金钱义务,应当依照《中华人民共和国民事诉讼法》第二百五十三条之规定,加倍支付迟延履行期间的债务利息。

一审案件受理费108800元,由中国工商银行股份有限公司盘锦分行负担107712元,伊立军负担1088元;二审案件受理费168474元,由中国工商银行股份有限公司盘锦分行承担166789元,伊立军负担1685元;鉴定费47700元,由中国工商银行股份有限公司盘锦分行负担47223元,伊立军负担477元。

本判决为终审判决。

银行卡纠纷

信用卡盗刷事实的过错责任的司法认定

92. 王东旭诉中国工商银行股份有限公司上海市第一支行信用卡纠纷案[*]

【关键词】

商事 境外盗刷 事实认定 过错责任 责任分担 代位求偿权

【裁判摘要】

银行未明确告知信用卡在境外使用不需要密码这一重要信息存在过错,应承担一定的责任;保险理赔后,持卡人的损失认定应以实际盗刷的金额为准。

【相关法条】

《中华人民共和国合同法》第一百零七条[①] 当事人一方不履行合同义务或者履行合同义务不符合约定的,应当承担继续履行、采取补救措施或者赔偿损失等违约责任。

---

[*] 摘自《人民法院案例选》2019年9辑(总第139辑),人民法院出版社2019年版,第145~153页。

[①] 对应《中华人民共和国民法典》第五百七十七条,内容未作修改。

第一百二十条①　当事人双方都违反合同的，应当各自承担相应的责任。

【案件索引】

一审：上海市黄浦区人民法院（2018）沪0101民初1316号（2018年6月20日）

二审：上海市第二中级人民法院（2018）沪02民终7086号（2018年9月20日）

【基本案情】

原告王东旭诉称：原告是中国工商银行（以下简称工行）牡丹信用卡持卡人。2017年5月上旬，原告拨打被告的客服电话要求开通工行国际信用卡。在此电话中，被告的工作人员明确要求原告设置密码，却未告知在国外使用国际信用卡只需要签名，不需要密码。2017年5月12日，原告在印度尼西亚雅加达遗失信用卡，该卡于当日北京时间20点04分至21点56分在雅加达被刷卡消费8笔共计6275.77美元，每笔刷卡信息被告均通过95588短信及时通知了原告。原告于当日北京时间21点58分47秒致电工行信用卡客服电话并成功办理信用卡挂失。在挂失过程中，原告提出止付要求。被告通过系统与有关银行卡组织进行了止付沟通，但未成功，工商银行拒付调单系统记录附言显示"丢失卡挂失手续办妥前发生的交易，建议损失由持卡人承担"。

原告电话挂失前给在国内的配偶打电话，其给被告打电话被告知，从国外拨打被告电话必须先加拨地级市区号。在此之前，被告从未告知原告这一事项。根据VISA信用卡国际组织规定，持卡人在POS机消费时，只有持卡人本人签名才是合法的。本案中的8笔消费都不是原告本人消费的，签字也不是原告的。被告违规把款项划到了相应的POS机账号，却要求原

---

① 对应《中华人民共和国民法典》第五百九十二条："当事人都违反合同的，应当各自承担相应的责任。当事人一方违约造成对方损失，对方对损失的发生有过错的，可以减少相应的损失赔偿额。"

告承担损失,显然不合理。综上,被告在原告被盗刷信用卡的过程中存在明显过错,应当为原告的全部经济损失承担赔偿责任。据此,原告诉至法院,要求被告赔偿原告损失人民币 21213.69 元。

被告中国工商银行股份有限公司上海市第一支行辩称:相关交易是在境外商户正常交易完成,交易签购单的要素齐备,对于持卡人生效。根据牡丹信用卡《申请表》《领用合约》《章程》规定,挂失前的消费由持卡人本人承担。本案系争交易全部发生在原告挂失之前,从首笔交易到第8笔时间间隔近 2 小时,每笔交易之后 95588 均向其手机逐笔发送了短信,但原告挂失办理的时间在交易发生之后。根据双方领用合约规定,应该由原告本人承担相应的后果,原告要求被告承担赔偿责任缺乏事实和法律依据。

法院经审理查明:原告王东旭是工商银行牡丹信用卡持卡人,信用卡卡号:41352000356××××。2017 年 5 月 12 日,原告在印度尼西亚雅加达遗失信用卡,该卡于当日北京时间 20:04 分至 21:56 分在雅加达被刷卡消费 8 笔共计 6275.77 美元,每笔刷卡信息被告工行上海第一支行均通过 95588 短信及时通知了原告。原告于当日北京时间 21 点 58 分 47 秒致电中国工商银行信用卡客服电话并成功办理信用卡挂失。在挂失过程中,原告提出止付要求。被告通过系统与有关银行卡组织进行了止付沟通,但未成功,工商银行拒付调单系统记录附言显示"丢失卡挂失手续办妥前发生的交易,建议损失由持卡人承担"。

原告于 2016 年向被告申领涉案的信用卡,并签署牡丹信用卡《申请表》和《领用合约》。《申请表》《领用合约》《章程》主要载明的内容如下:(1)《申请表》"消费密码选择(如未选择,则视同使用密码)"一栏,原告未勾选。(2)《合约》第二条第 3 款约定:"凡使用密码进行的交易均视为甲方(以下甲方均指原告)本人所为,甲方应承担因密码保管不善发生的风险损失。"第二条第 5 款约定:"甲方遗失牡丹信用卡应立即通过中国工商银行电话银行(95588)、网上银行(www.icbc.com.cn)、手机银行等电子银行渠道或到营业网点办理挂失……,挂失手续办妥,挂失即生效。甲方对挂失生效后其牡丹信用卡发生的交易不承担任何责任,除非甲方对该交易存在欺诈、串通他人欺诈或其他不诚信行为；挂失生效前牡丹信用卡产生的损失由甲方承担，但乙方（被告）存在法律、法规规定的过错或与甲方另有约定除外。"（3）《章程》"重要提示"部分规定："（五）安全保密提示：请妥善保管牡丹信用卡、身份证、交易凭证及卡号、有效期、密码等重要信息。""（六）相关法律责任：2. 持卡人应妥善保管牡丹信用卡及其卡片信息、密码、交易凭证和身份证件等，不得将牡丹信用卡卡片信息、密码等相关信息泄露给他人，且不得出租或转借牡丹信用卡，否则应自行承担由此产生的后果和损失。"

2016年12月30日，工行牡丹卡中心与案外人大地保险签署《中国工商银行股份有限公司工银信用卡账户案例险合作服务协议》，投保工银信用卡账户安全险，被保险人为持有工行发行的信用卡且已开通信用卡服务功能的持卡客户。2017年6月6日，原告以其持有工行信用卡被盗刷为由，向案外人大地保险提交《工商银行信用卡账户安全保险索赔申请表》，案外人大地保险核保后于2017年6月14日向原告赔付人民币2万元。

【裁判结果】

上海市黄浦区人民法院于2018年6月20日作出（2018）沪0101民初1316号民事判决：被告中国工商银行股份有限公司上海市第一支行应于本判决生效之日起10日内赔偿原告王东旭人民币4121.37元，对原告王东旭其余诉讼请求不予支持。

宣判后，双方均提出上诉，上海市第二中级人民法院于2018年9月20日作出（2018）沪02民终7086号民事判决：驳回上诉，维持原判。

【裁判理由】

法院生效裁判认为，本案争议焦点：（1）系争信用卡遗失盗刷的事实是否正确；（2）双方过错的认定；（3）保险公司承保后原告损失的计算以及双方责任的承担。

关于争议焦点一，原告提交的报案记录、宾馆监控截图虽属境外形成的证据且未经公证认证，但与原告、被告提供的其他证据可相互印证，能

银行卡纠纷

够证明信用卡遗失并被盗刷的事实,并且本案争议标的金额较小,若仍然要求原告就境外证据办理公证认证,不符合诉讼经济原则,因此,法院对原告提供的上述证据予以采信,并根据高度盖然性的证据标准确认涉案信用卡遗失和被盗刷的事实。

关于争议焦点二,第一,就原告责任而言,原告作为信用卡持卡人直接控制信用卡,其理应比任何人更加注意保护自身财产安全,也应完全由其对信用卡负保管义务。同时,原告在发现信用卡因其保管不善而遗失并且已被他人盗刷的情况下,未能及时办理挂失导致损失进一步扩大。因此原告不能将应由其承担的责任转嫁于被告,其应对损失应负主要责任。第二,就被告责任而言,其一,原告申领信用卡时《申请表》的"消费密码选择(如未选择,则视同使用密码)"未勾选,因此视同使用密码,且《领用合约》《章程》多处约定持卡人必须妥善保管密码等重要信息,故原告有理由相信信用卡在任何场合消费均必须使用密码,使原告对密码足以保护信用卡资金安全形成了合理预期。而境外使用信用卡是否需要密码这一信息,对于消费者决定是否申领信用卡、如何保管与使用信用卡均具有重大影响。被告作为发放信用卡的金融机构,其应当将可能对消费者产生重大影响的信息如实告知消费者,然而被告并未举证证明其曾经将信用卡在境外使用不需要密码这一重要信息告知原告而具有过错。其二,被告未告知原告在国外挂失信用卡需要拨打国际区号是否有过错的问题,由于拨打国际电话需要加拨区号应属常识,况且约定的挂失方式并不仅限于电话挂失一种方式,故被告对此不存在过错。结合前述两点,被告在履行全面告知义务上存在一定的瑕疵,承担一定的责任。

关于争议焦点三,工行牡丹卡中心投保了工银信用卡账户安全险,原告属于被保险人与受益人之一,原告亦获得了理赔。购买保险之举虽有利于保障金融消费者权利,但并不能免除被告应当履行的告知义务,且根据《保险法》之规定,任何单位和个人不得非法限制被保险人或者受益人取得保险金的权利。被告作为金融机构应当充分尊重并自觉保障金融消费者的各项合法权利,但被告未能全面告知原告相关重要信息,故对本案的损失也应负一定责任。考虑到被告的过错程度及其与损失之间的因果关系,一审法院酌情认定由被告负担10%的赔偿责任。在具体赔偿金额上，由于庭审过程中原告与被告一致确认扣除案外人大地保险公司理赔款项人民币2万元后，原告可主张的金额为人民币21213.69元，因此本案实际损失总金额应为人民币41213.69元，被告应承担损失金额为人民币4121.37元。故判令被告应承担损失金额为人民币4121.37元。

【案例注解】

当前，信用卡盗刷频繁发生，已经成为困扰银行确保持卡人资金安全的一个难题。特别是随着信用卡产业的不断发展，信用卡消费已经从国内辐射至国外，成为社会大众境外旅游、学习的一种重要消费方式。信用卡盗刷发生地也从国内延伸至国外，一旦发生，就会引发持卡人、银行、商户等主体之间过错认定以及责任承担等问题，而在境外发生盗刷时，还会带来盗刷事实认定的难点问题。同时，为了减少信用卡盗刷的损失，保险公司推出的"盗刷险"受到银行和持卡人的广泛欢迎。保险金额偿付后，还涉及持卡人损失金额的认定以及保险人是否可以提起代位权之诉等问题。

一、民事诉讼中的证明标准及证据效力

（一）证明标准

证明标准，是指在诉讼证明活动中，对于当事人之间的争议事实，法官认定该事实所要达到的证明程度。证明标准具有法定性，是一种法律规定的评价尺度，当事人对待证事实的举证证明应到何种程度，法官基于何种尺度方能认定待证事实的存在，必须严格依照法律规定来进行。证明标准同时亦具有主观性、模糊性的特征，它存在于人们心中，一般难以精确界定证明标准。

相较于刑事案件中"排除合理怀疑"的证明标准，民事案件将"高度盖然性"作为证明标准，具体而言，即对于待证事实负有举证责任的当事人所进行的本证，需要使法官内心达到相信存在极大可能或非常可能如此

的程度,反证只需使待证事实陷于真伪不明即可。之所以采取此种证明标准,是因为在民事诉讼中,一般由当事人自己收集证据,如采用与刑事案件同等证明标准,将会大大提升当事人举证的成本与难度,使民事权利难以得到维护与实现,也不符合诉讼经济原则。

(二)证据效力

证明力是指证据能够证明案件事实的证明程度,证明力以证据能力为前提,无证据能力,就无所谓证明力大小。证据不同,则其证明力的强弱也有所不同。综合《公证法》第三十六条及《最高人民法院关于民事诉讼证据的若干规定》第七十七条规定,经公证的证据,其证明力一般大于其他书证、视听资料和证人证言,可直接作为认定案件事实的依据。由此可见,经公证的证据,其证据效力一般情况下优于未经公证的证据。

二、境外信用卡遗失盗刷事实的认定

根据民事诉讼中"谁主张谁举证"的规则,持卡人要对信用卡遗失盗刷的事实承担举证责任。结合本案,境外信用卡遗失盗刷事实的认定要注意两点。

(一)认定的依据:未经公证认证的境外证据如何采信

在遗失盗刷中,持卡人往往会提交报警记录、与银行的通话和沟通记录、盗刷事实发生时的相关照片等证据材料,证明相关事实的发生。当该事实发生在境外时,持卡人的报警记录、事故发生时相关作证的记录都来源于境外,出于诉讼成本的考量和诉讼能力的限制,持卡人往往不会将境外形成的证据进行公证认证,从而引发未经公证认证的境外证据如何采信的问题。

根据《最高人民法院关于民事诉讼证据的若干规定》第十一条第一款规定"当事人向人民法院提供的证据系在中华人民共和国领域外形成的,该证据应当经所在国公证机关予以证明,并经中华人民共和国驻该国使领馆予以认证,或者履行中华人民共和国与该所在国订立的有关条约中规定的证明手续",持卡人提交的形成于境外的证据应当履行相应证明、认证手续,否则不能作为认定案件事实的依据。然而,持卡人提交境外形成的证据同时,往往也会提交信用卡挂失记录、进出境记录、保险公司理赔材料、与银行的沟通记录等证据材料。鉴于持卡人只是普通消费者,而在案件争议标的金额较小的情况下,若仍然要求原告就境外证据办理公证认证手续,不符合诉讼经济原则,也不利于保护金融消费者合法权益,因而,在其他证据佐证的情况下,境外形成的证据虽未经公证认证,亦可作为认定信用卡遗失并被盗刷的依据。

(二)认定的标准

事实认定的标准即证明标准,是指持卡人提供的证据要证明到何种程度,才使得待证事实得以证明。根据民事诉讼法相关司法解释相关规定,对负有举证证明责任的当事人提供的证据,法官应当按照法定程序,全面、客观地进行审核,并综合运用逻辑推理和日常生活经验法则,审查认定待证事实,当确信待证事实的存在具有高度可能性的,应当认定该事实存在。因而,"高度盖然性"作为民事诉讼证明标准,是"法律真实"证明标准在民事诉讼中的具体体现。在信用卡盗刷案件中,只要持卡人提供了相关证据,足以证明其信用卡遗失后被他人盗刷,且银行未能提供相应证据证明待证事实真伪不明时,就认定该盗刷事实存在。

三、民法中的过错责任原则

过错责任原则,是指行为人主观上的过错是承担民事责任的基本条件,除法律另有规定外,行为人仅在有过错的情况下才承担民事责任,没有过错不承担民事责任。我国民法将过错责任原则作为确定民事责任的一般原则,要求民事主体在基于平等、自愿的原则基础上进行民事活动时,必须注意其对社会、对他人的后果,尊重他人的合法权益,有利于提高民事主体遵纪守法的自觉性与责任心,尽量避免或减少损害,对于行为人为一定自由行为应谨慎、小心、尽到注意义务,具有积极的教育意义。

具体而言,过错责任原则以行为人有过错作为责任的构成要件,并以

行为人的过错程度作为确定责任形式、责任范围的依据。在过错责任中,不仅要考虑行为人的过错,还应考虑受害人或第三人的过错,如受害人或第三人对损害的发生也存在过错的话,应根据过错程度和原因力大小来分担损失。

四、持卡人和银行过错的认定和责任的划分

(一) 一般的认定规则

1. 持卡人的过错认定。主要考量持卡人是否妥善保管信用卡问题,包括遗失信用卡时是否及时挂失、是否擅自将信用卡交付给他人使用、是否泄漏交易密码;是否在知道或应当知道信用卡被盗刷时及时挂失止付等。

2. 银行的过错认定。主要考量是否履行全面告知义务、在接到持卡人的挂失通知后是否及时办理并止付、是否尽到安全保障义务、格式条款中是否有特别提示风险内容等因素。

(二) 本案的具体认定

1. 持卡人的过错认定。持卡人由于未能妥善保管信用卡造成卡片遗失,并在明知信用卡已经遗失且他人正在盗刷的情况下,在长达近两小时后才申请挂失,其应当承担主要过错。

2. 银行的过错认定。结合前述一般规则,本案的银行过错认定主要考量以下两点。

(1) 银行未告知原告在境外只需要签名不需要密码就可以交易,是否有过错。本案中,相关《领用合约》《章程》虽然载明了持卡人需遵守"信用卡组织或公司等的相关规定",也约定了按银行卡组织规定不使用密码的交易仅需验证要素之一进行交易确认等内容,但被告并未明确告知原告系争信用卡在境外使用不需要密码。而境外使用信用卡是否需要密码这一重要信息,对于消费者决定是否申领信用卡、如何保管与使用信用卡均具有重大影响,因此相关告知内容必须是直接、明确的。而原告申领信用卡时系视同使用密码,相关《领用合约》《章程》亦多处约定持卡人必须妥善保管密码，故原告有理由相信无论何种情况下使用该信用卡均需密码。因此，银行未明确告知原告系争信用卡在境外使用不需要密码这一重要信息，其未能全面履行告知义务，具有过错。

（2）银行未告知原告境外挂失信用卡需要加拨国际区号是否有过错。对此，另观点认为，银行未能明确境外拨打挂失电话的方式，银行在履行告知义务方面存在瑕疵。但是，一审法院认为，拨打国际电话需要加拨区号应属常识，况且《领用合约》中约定的挂失方式并不仅限于电话挂失一种方式，原告还可以通过网上银行、手机银行等电子银行渠道办理挂失，故银行对此不存在过错。

综上，银行未明确告知持卡人系争信用卡在境外使用不需要密码这一重要信息存在过错，应承担一定的责任。综合考量案件客观情况，笔者认为法院酌情认定由银行负担10%损失具有合理性。

五、保险赔付持卡人后损失应当如何分担

持卡人在信用卡被盗刷后获得了保险公司理赔，在此情况下持卡人的损失应当如何分担，存在两种观点。一种观点认为，持卡人获得保险公司理赔后，实际损失应当扣除理赔部分再进行责任分配。就本案而言，扣除保险公司理赔的2万元后，持卡人的实际损失只有2万余元，在认定银行负担10%损失的情况，银行仅应赔偿持卡人2000余元。另一种观点认为，应当按照被盗刷的总金额认定，即保险公司理赔的部分不应扣除。因而，本案的损失应当为4万余元，银行应赔偿持卡人4000余元。

对此，笔者认为虽然银行是保险的投保人，但是持卡人属于被保险人与受益人，持卡人与保险公司之间的保险法律关系应独立于持卡人与银行之间的信用卡纠纷，银行为持卡人投保的行为并不能抵销其在信用卡纠纷中的过错。根据《保险法》第二十三条第三款之规定，任何单位和个人不得限制被保险人或者受益人取得保险金的权利，故本案银行应赔偿持卡人的损失计算基数不应当扣除持卡人已经从保险公司获得的理赔款，即应当以盗刷金额4万余元为计算基数。该观点也得到二审法院的认可。

六、保险中的代位求偿权

代位求偿权,又称保险代位权、保险人代位权、保险权利代位,是指保险人履行保险赔偿义务后,在不妨害被保险人之利益下,得代位行使被保险人对第三人之请求权。保险代位权作为保险法中古老且独具特色的一项制度,是保险法的核心内容之一。通说认为,保险代位求偿权作为一项法定权利,来源于合同法上代位权和债权转让理论的结合。

根据我国《保险法》的规定,保险人行使代位求偿权应满足以下条件:(1)保险事故的发生必须是由第三人行为引起,只有因第三人行为导致保险事故发生,如侵权行为、违约行为、不当得利等,才存在第三人向被保险人承担民事责任;(2)被保险人对第三人享有履行义务请求权;(3)保险标的损失原因属于保险责任范围;(4)保险人已向被保险人赔付了保险金。

七、延伸探讨:保险公司足额赔付后可否提起代位求偿权之诉

在银行投保的"盗刷险"中,当保险公司向持卡人足额赔付后,是否可以向银行提起代位求偿权?尽管本案的审理中并不涉及该问题,但是随着"盗刷险"的普及以及保险功能日益发挥其作用,该问题必然随之而来。笔者认为,持卡人和银行之间因信用卡盗刷引起的责任认定,无论是基于合同还是侵权产生,在保险公司依照保险合同已向被保险人赔付保险金的情况下,都不妨碍保险公司向持卡人足额赔付后的代位求偿权,这是保险制度的应有之义。至于保险公司的主张能否得以支持,主要就是根据过错认定的一般规则,划分持卡人和银行的责任。

(一审法院合议庭成员 施 浩 李 轶 周慧玲
二审法院合议庭成员 陈晓宇 高增军 王益平
编写人 上海市黄浦区人民法院 施 浩 黄 顿
责任编辑 李 明
审稿人 曹士兵)

租赁合同纠纷

租赁合同纠纷

93. 饶国礼诉某物资供应站等房屋租赁合同纠纷案[*]

(最高人民法院审判委员会讨论通过 2021年11月9日发布)

▶ 违反行政规章签订租赁合同,将存在严重结构隐患,或将造成重大安全事故的危房出租用于经营酒店的,合同无效

【关键词】

民事/房屋租赁合同/合同效力/行政规章/公序良俗/危房

【裁判摘要】

违反行政规章一般不影响合同效力,但违反行政规章签订租赁合同,约定将经鉴定机构鉴定存在严重结构隐患,或将造成重大安全事故的应当尽快拆除的危房出租用于经营酒店,危及不特定公众人身及财产安全,属于损害社会公共利益、违背公序良俗的行为,应当依法认定租赁合同无效,按照合同双方的过错大小确定各自应当承担的法律责任。

---

[*] 摘自2021年11月11日最高人民法院发布的第30批指导案例(指导案例170号)。

相关法条

《中华人民共和国民法总则》第一百五十三条①、《中华人民共和国合同法》第五十二条②、第五十八条③

基本案情

南昌市青山湖区晶品假日酒店（以下简称晶品酒店）组织形式为个人经营，经营者系饶国礼，经营范围及方式为宾馆服务。2011年7月27日，晶品酒店通过公开招标的方式中标获得租赁某物资供应站所有的南昌市青山南路1号办公大楼的权利，并向物资供应站出具《承诺书》，承诺中标以后严格按照加固设计单位和江西省建设工程安全质量监督管理局等权威部门出具的加固改造方案，对青山南路1号办公大楼进行科学、安全的加固，并在取得具有法律效力的书面文件后，再使用该大楼。同年8月29日，晶品酒店与物资供应站签订《租赁合同》，约定：物资供应站将南昌市青山南路1号（包含房产证记载的南昌市东湖区青山南路1号和东湖区青山南路3号）办公楼4120平方米建筑出租给晶品酒店，用于经营商务宾馆。租赁期限为十五年，自2011年9月1日起至2026年8月31日止。除约定租金和其他费用标准、支付方式、违约赔偿责任外，还在第五条特别约定：（1）租赁物经有关部门鉴定为危楼，需加固后方能使用。晶品酒店对租赁物的前述问题及瑕疵已充分了解。晶品酒店承诺对租赁物进行加固，确保租赁物达到商业房产使用标准，晶品酒店承担全部费用。（2）加固工程方案的报批、建设、验收（验收部门为江西省建设工程安全质量监督管理局或同等资质的部门）均由晶品酒店负责，物资供应站根据需要提供协助。（3）晶品酒店如未经加固合格即擅自使用租赁物，应承担全部责任。合同签订后，物资供应站依照约定交付了租赁房屋。晶品酒店向物资供应站给付20万元履约保证金，1000万元投标保证金。中标后物质供应

---

① 对应《中华人民共和国民法典》第一百五十三条："违反法律、行政法规的强制性规定的民事法律行为无效。但是，该强制性规定不导致该民事法律行为无效的除外。"

②③ 《中华人民共和国民法典》中无对应法条。

租赁合同纠纷

站退还了800万元投标保证金。

2011年10月26日，晶品酒店与上海永祥加固技术工程有限公司签订加固改造工程《协议书》，晶品酒店将租赁的房屋以包工包料一次包干（图纸内的全部土建部分）的方式发包给上海永祥加固技术工程有限公司加固改造，改造范围为主要承重柱、墙、梁板结构加固新增墙体全部内粉刷，图纸内的全部内容，图纸、电梯、热泵。开工时间2011年10月26日，竣工时间2012年1月26日。2012年1月3日，在加固施工过程中，案涉建筑物大部分垮塌。

江西省建设业安全生产监督管理站于2007年6月18日出具《房屋安全鉴定意见》，鉴定结果和建议是：（1）该大楼主要结构受力构件设计与施工均不能满足现行国家设计和施工规范的要求，其强度不能满足上部结构承载力的要求，存在较严重的结构隐患。（2）该大楼未进行抗震设计，没有抗震构造措施，不符合《建筑抗震设计规范》（GB50011-2001）的要求。遇有地震或其他意外情况发生，将造成重大安全事故。（3）根据《危险房屋鉴定标准》（GB50292-1999），该大楼按房屋危险性等级划分，属D级危房，应予以拆除。（4）建议：①应立即对大楼进行减载，减少结构上的荷载。②对有问题的结构构件进行加固处理。③目前，应对大楼加强观察，并应采取措施，确保大楼安全过渡至拆除。如发现有异常现象，应立即撤出大楼的全部人员，并向有关部门报告。④建议尽快拆除全部结构。

饶国礼向一审法院提出诉请：（1）解除其与物资供应站于2011年8月29日签订的《租赁合同》；（2）物资供应站返还其保证金220万元；（3）物资供应站赔偿其各项经济损失共计281万元；（4）本案诉讼费用由物资供应站承担。

物资供应站向一审法院提出反诉诉请：（1）判令饶国礼承担侵权责任，赔偿其2463.5万元；（2）判令饶国礼承担全部诉讼费用。

再审中，饶国礼将其上述第一项诉讼请求变更为：确认案涉《租赁合同》无效。物资供应站亦将其诉讼请求变更为：饶国礼赔偿物资供应站损失418.7万元。

裁判结果

江西省南昌市中级人民法院于2017年9月1日作出（2013）洪民一初字第2号民事判决：一、解除饶国礼经营的晶品酒店与物资供应站2011年8月29日签订的《租赁合同》；二、物质供应站应返还饶国礼投标保证金200万元；三、饶国礼赔偿物资供应站804.3万元，抵扣本判决第二项物资供应站返还饶国礼的200万元保证金后，饶国礼还应于本判决生效后15日内给付物资供应站604.3万元；四、驳回饶国礼其他诉讼请求；五、驳回物资供应站其他诉讼请求。

一审判决后，饶国礼提出上诉。江西省高级人民法院于2018年4月24日作出（2018）赣民终173号民事判决：一、维持江西省南昌市中级人民法院（2013）洪民一初字第2号民事判决第一项、第二项；二、撤销江西省南昌市中级人民法院（2013）洪民一初字第2号民事判决第三项、第四项、第五项；三、物资供应站返还饶国礼履约保证金20万元；四、饶国礼赔偿物资供应站经济损失182.4万元；五、本判决第一项、第三项、第四项确定的金额相互抵扣后，物资供应站应返还饶国礼375.7万元，该款项限物资供应站于本判决生效后10日内支付；六、驳回饶国礼的其他诉讼请求；七、驳回物资供应站的其他诉讼请求。

饶国礼、物资供应站均不服二审判决，向最高人民法院申请再审。最高人民法院于2018年9月27日作出（2018）最高法民申4268号民事裁定，裁定提审本案。2019年12月19日，最高人民法院作出（2019）最高法民再97号民事判决：一、撤销江西省高级人民法院（2018）赣民终173号民事判决、江西省南昌市中级人民法院（2013）洪民一初字第2号民事判决；二、确认饶国礼经营的晶品酒店与物资供应站签订的《租赁合同》无效；三、物资供应站自本判决发生法律效力之日起10日内向饶国礼返还保证金220万元；四、驳回饶国礼的其他诉讼请求；五、驳回物资供应站的诉讼请求。

租赁合同纠纷

裁判理由

最高人民法院认为：根据江西省建设业安全生产监督管理站于2007年6月18日出具的《房屋安全鉴定意见》，案涉《租赁合同》签订前，该合同项下的房屋存在以下安全隐患：一是主要结构受力构件设计与施工均不能满足现行国家设计和施工规范的要求，其强度不能满足上部结构承载力的要求，存在较严重的结构隐患；二是该房屋未进行抗震设计，没有抗震构造措施，不符合《建筑抗震设计规范》国家标准，遇有地震或其他意外情况发生，将造成重大安全事故。《房屋安全鉴定意见》同时就此前当地发生的地震对案涉房屋的结构造成了一定破坏、应引起业主及其上级部门足够重视等提出了警示。在上述认定基础上，江西省建设业安全生产监督管理站对案涉房屋的鉴定结果和建议是案涉租赁房屋属于应尽快拆除全部结构的D级危房。据此，经有权鉴定机构鉴定，案涉房屋已被确定属于存在严重结构隐患、或将造成重大安全事故的应当尽快拆除的D级危房。根据中华人民共和国住房和城乡建设部《危险房屋鉴定标准》（2016年12月1日实施）第6.1条规定，房屋危险性鉴定属D级危房的，系指承重结构已不能满足安全使用要求，房屋整体处于危险状态，构成整幢危房。尽管《危险房屋鉴定标准》第7.0.5条规定，对评定为局部危房或整幢危房的房屋可按下列方式进行处理：（1）观察使用；（2）处理使用；（3）停止使用；（4）整体拆除；（5）按相关规定处理。但本案中，有权鉴定机构已经明确案涉房屋应予拆除，并建议尽快拆除该危房的全部结构。因此，案涉危房并不具有可在加固后继续使用的情形。《商品房屋租赁管理办法》第六条规定，不符合安全、防灾等工程建设强制性标准的房屋不得出租。《商品房屋租赁管理办法》虽在效力等级上属部门规章，但是，该办法第六条规定体现的是对社会公共安全的保护以及对公序良俗的维护。结合本案事实，在案涉房屋已被确定属于存在严重结构隐患、或将造成重大安全事故、应当尽快拆除的D级危房的情形下，双方当事人仍签订《租赁合同》，约定将该房屋出租用于经营可能危及不特定公众人身及财产安全的商务酒店，明显损害了社会公共利益、违背了公序良俗。从维护公共安全及确立正确的社会价值导向的角度出发,对本案情形下合同效力的认定应从严把握,司法不应支持、鼓励这种为追求经济利益而忽视公共安全的有违社会公共利益和公序良俗的行为。故依照《中华人民共和国民法总则》第一百五十三条第二款关于违背公序良俗的民事法律行为无效的规定,以及《中华人民共和国合同法》第五十二条第四项关于损害社会公共利益的合同无效的规定,确认《租赁合同》无效。关于案涉房屋倒塌后物资供应站支付给他人的补偿费用问题,因物资供应站应对《租赁合同》的无效承担主要责任,根据《中华人民共和国合同法》第五十八条"合同无效后,双方都有过错的,应当各自承担相应的责任"的规定,上述费用应由物资供应站自行承担。因饶国礼对于《租赁合同》无效亦有过错,故对饶国礼的损失依照《中华人民共和国合同法》第五十八条的规定,亦应由其自行承担。饶国礼向物资供应站支付的220万元保证金,因《租赁合同》系无效合同,物资供应站基于该合同取得的该款项依法应当退还给饶国礼。

(生效裁判审判人员:张爱珍、何　君、张　颖)

消防验收与租赁合同效力的认定

94. 再审申请人青海贵南草业开发有限责任公司三分公司东科大队与马胡赛尼、才让加、才朗杰房屋租赁合同纠纷案[*]

一、基本案情

青海省贵南草业开发有限责任公司三分公司东科大队（以下简称东科大队）将位于青海省贵南县过马营镇西久公路东侧的东科村宾馆（以下简称案涉宾馆）出租给马胡赛尼、才让加、才郎杰，双方于2014年7月29日签订租房合同，合同约定租期11年，自2014年8月1日至2025年7月31日。其中2014年8月1日至2020年7月31日间的年租金为15万元。自2020年8月2日至租期届满间的年租金为20万元。自2015年8月1日起，每年的8月1日约定为租金支付日期，一年一付。装修期间（2014年8月1日至2015年7月31日）免租金及其他费用。2015年7月装修期间，东科村村民拉某以当年修建案涉宾馆时，东科村村委会未给付其守工地的报酬为由，在租赁房旁边的空地上私自加盖洗车房，导致马胡赛尼、才让加、才郎杰与东科大队产生纠纷。

---

[*] 摘自《审判监督指导》2019年第2辑（总第68辑），人民法院出版社2021年版，第199~206页。

马胡赛尼、才让加、才郎杰至今未付租金。经鉴定，装修总价值为244355元，案涉宾馆损坏资产价值519188元。

东科大队向青海省贵南县人民法院起诉请求：（1）解除案涉宾馆租房合同；（2）马胡赛尼、才让加、才郎杰支付自2015年8月1日至交付房屋为止的年租金15万元；（3）马胡赛尼、才让加、才郎杰支付恢复原状所需费用519188元；（4）本案诉讼费及鉴定费7000元由马胡赛尼、才让加、才郎杰承担。

马胡赛尼、才让加、才郎杰辩称并反诉，东科大队所述租期、租金属实，但在合同履行过程中，东科大队擅自将承租的部分院落出卖给他人，导致无法继续履行合同。东科大队的行为构成违约，应驳回东科大队的诉讼请求，支持其反诉请求：（1）东科大队给付马胡赛尼、才让加、才郎杰装修费80万元；（2）东科大队承担全部诉讼费。

二、案件焦点

双方签订的租房合同的效力问题及双方的损失如何计算问题。

三、原审情况

一审法院认为，东科大队与马胡赛尼、才让加、才郎杰签订的租房合同不违反法律的强制性规定，系双方的真实意思表示，合法有效，对双方均有约束力，应全面履行。东科大队按照合同约定如期将案涉宾馆交予马胡赛尼、才让加、才郎杰，而马胡赛尼、才让加、才郎杰在无相关证据证明东科大队违约的情况下，以案涉宾馆为违法建筑及合同无效为由不履行合同。现东科大队要求解除合同，马胡赛尼、才让加、才郎杰也表示同意，故对东科大队关于解除合同的诉求，予以支持。东科大队关于支付租金的诉求，一审法院认为，在约定支付租金的期限到来之前，马胡赛尼、才让加、才郎杰因意志以外的原因未能履行合同，且以自己的行为明确表示不履行合同，而东科大队也明知马胡赛尼、才让加、才郎杰不履行合同，却不及时与马胡赛尼、才让加、才郎杰沟通解决纠纷，让损失扩大，存在过错，应承担相应的责任。马胡赛尼、才让加、才郎杰为获得经济利益，承租东科大队的房屋，因其他原因致使合同不能履行，给双方造成损失。故东科大队关于马胡赛尼、才让加、才郎杰支付自2015年8月1日起至交房期间租金的诉求，不尽合理，租金计算期间自2015年8月1日至2016年5月16日（立案）为宜。东科大队关于由马胡赛尼、才让加、才郎杰赔偿恢复原状所需费用519188元的诉求，一审法院认为马胡赛尼、才让加、才郎杰不履行合同，给东科大队造成实际损失，鉴于马胡赛尼、才让加、才郎杰已经装修的部分有其继续可利用的价值，故对东科大队的该项诉求予以支持。对马胡赛尼、才让加、才郎杰实际装修产生的244355元予以支持。另东科大队关于由马胡赛尼、才让加、才郎杰支付今后修复、招租需3个月租金的诉求，因该结果未实际发生亦不确定，不予支持。综上所述，依照《中华人民共和国合同法》第八条、第二百一十六条、第二百二十七条，《最高人民法院关于审理城镇房屋租赁合同纠纷案件具体应用法律若干问题的解释》（2009年）第二条，《中华人民共和国民事诉讼法》（2012年）①第六十四条第一款，《最高人民法院关于民事诉讼证据的若干规定》（2001年）第二条、第十条之规定，判决：一、解除青海省贵南草业开发有限责任公司三分公司东科大队与马胡赛尼、才让加、才郎杰之间的租房合同；二、马胡赛尼、才让加、才郎杰于本判决生效后30日内给付青海省贵南草业开发有限责任公司三分公司东科大队合计租金112500元；三、青海省贵南草业开发有限责任公司三分公司东科大队于本判决生效后30日内给付马胡赛尼、才让加、才郎杰装修损失244355元；马胡赛尼、才让加、才郎杰于本判决生效后30日内给付青海省贵南草业开发有限责任公司三分公司东科大队恢复原状费用519188元。两项折抵，马胡赛尼、才让加、才郎杰于本判决生效后30日内给付青海省贵南草业开发有限责任公司三分公司东科大队恢复原状费用274833元；四、驳回青海省贵南草业开发有限责任公司三分公司东科大队的其他诉讼请求；五、驳回马胡赛尼、才让加、才郎杰的其他反诉请求。

---

① 该处为本案审理时所依据的法律，本文第一次出现时注明修正（订）年份，再次出现相同年份的该法律文件时不再标注，后同。——编者注

二审法院认为：(1) 双方签订的租房合同的效力问题。东科大队认为租房合同有效。马胡赛尼、才让加、才郎杰认为租房合同无效。《中华人民共和国建筑法》(2011年) 第六十一条第二款规定，建筑工程竣工验收合格后，方可交付使用；未经验收或者验收不合格的，不能交付使用。《中华人民共和国消防法》(2008年) 第十三条规定，按照国家工程建设消防技术标准需要进行消防设计的建设工程竣工时，依法应当进行消防验收，未经消防验收或者消防验收不合格的，禁止投入使用。上述的"不能交付使用"和"禁止投入使用"，均为法律的强制性规定。《中华人民共和国合同法》第五十二条第五项规定，违反法律、行政法规的强制性规定，所签订的合同无效。二审法院确认租房合同无效。(2) 青海华翼资产评估司法鉴定所司法鉴定意见书（以下简称华翼鉴定意见）、青海思创房地产评估司法鉴定所司法鉴定意见书（以下简称思创鉴定意见）能否作为认定本案的证据。东科大队对华翼、思创鉴定意见未提出异议。马胡赛尼、才让加、才郎杰认为租房合同无效对华翼鉴定意见不应采信。导致合同无效的过错完全在于东科大队，一审法院不应当接受东科大队的鉴定申请，更不应当委托鉴定；对思创鉴定意见认为内容不合法，其鉴定的项目没有单价、面积，只有总数额，请求法庭不予采纳。华翼、思创鉴定意见初稿分别向双方当事人送达，马胡赛尼、才让加、才郎杰虽提出异议，但未按要求提交重新鉴定和补充鉴定的书面申请，也未在二审庭审中提供充分证据证明一审鉴定结论错误所在，根据已经查明的事实，青海华翼资产评估司法鉴定所及青海思创房地产评估司法鉴定所鉴定资质合法、鉴定人员具备鉴定相应资质，思创鉴定意见已经原审人民法院组织司法鉴定所向马胡赛尼、才让加、才郎杰答疑质证，因此，华翼、思创二份鉴定意见应作为定案证据。二审法院认为，租房合同违反《中华人民共和国建筑法》和《中华人民共和国消防法》的强制性规定，应当确认无效。马胡赛尼、才让加、才郎杰请求确认租房合同无效的理由，予以采纳。东科大队将不具备使用条件的房屋出租给马胡赛尼、才让加、才郎杰开设宾馆，其行为违反上述法律规定，有过错，应承担主要责任；马胡赛尼、才让加、才郎杰未尽到相应审查义务，应承担次要责任。因租赁房屋不具备合法使用条件，

租赁合同纠纷

装修、装饰期间造成东科大队房屋损毁价值519188元,应按责任划分,由东科大队承担80%的损失,即415350.4元,马胡赛尼、才让加、才郎杰承担20%的损失,即103837.6元,添附在租赁房屋上的装修、装饰残值归东科大队所有。马胡赛尼、才让加、才郎杰装修、装饰费244355元,亦按责任划分,由东科大队承担80%的损失,即195484元,马胡赛尼、才让加、才郎杰承担20%的损失,即48871元。马胡赛尼、才让加、才郎杰装修期间实际占有和使用东科大队房屋,应当向东科大队支付占有和使用费,自签订租房合同至产生纠纷期间的费用,参照租金标准从2014年7月29日起计算至2015年7月16日发生纠纷止,计144658元。东科大队上诉请求判令马胡赛尼、才让加、才郎杰支付租金每年15万元,从2015年8月1日至实际合同解除之日和东科大队不承担装修、装饰损失的诉讼请求。涉案租房合同因违反法律的强制性规定而无效。租房合同约定的条款不能作为认定双方权利义务的依据,东科大队的上诉请求不予支持;马胡赛尼、才让加、才郎杰上诉请求支持其在一审时的反诉请求,即东科大队应当给付装修、装饰款80万元的诉讼请求。涉案装修、装饰款已经马胡赛尼、才让加、才郎杰申请鉴定,鉴定意见被法院作为认定本案的依据,马胡赛尼、才让加、才郎杰的上诉请求的理由无法推翻鉴定意见,不予支持。综上,根据《中华人民共和国建筑法》第六十一条第二款、《中华人民共和国消防法》第十三条、《中华人民共和国合同法》第五十二条第五项和《中华人民共和国民事诉讼法》第一百七十条第一款第二项的规定,判决:一、撤销青海省贵南县人民法院(2016)青2525民初201号民事判决;二、2014年7月29日青海省贵南草业开发有限责任公司三分公司东科大队与马胡赛尼、才让加、才郎杰签订的租房合同无效;三、装修、装饰期间,马胡赛尼、才让加、才郎杰造成青海省贵南草业开发有限责任公司三分公司东科大队房屋损毁价值519188元,由青海省贵南草业开发有限责任公司三分公司东科大队承担415350.4元,马胡赛尼、才让加、才郎杰承担103837.6元;马胡赛尼、才让加、才郎杰装修、装饰费244355元,由青海省贵南草业开发有限责任公司三分公司东科大队承担195484元,马胡赛尼、才让加、才郎杰承担48871元;四、马胡赛尼、才让加、才郎杰承担青海省贵南草业开发有限责任公司三分公司东科大队房屋占有和使用费144658元;五、判决三项、四项相抵,于本判决送达之日起30日内,马胡赛尼、才让加、才郎杰给付青海省贵南草业开发有限责任公司三分公司东科大队损失费53011.6元(103837.6元+144658元-195484元);六、添附在租赁房屋上的装饰、装修残值归青海省贵南草业开发有限责任公司三分公司东科大队所有。

四、再审裁判

再审法院认为,根据《最高人民法院关于审理城镇房屋租赁合同纠纷案件具体应用法律若干问题的解释》(2009年)第二条"出租人就未取得建设工程规划许可证或者未按照建设工程规划许可证的规定建设的房屋,与承租人订立的租房合同无效。但在一审法庭辩论终结前取得建设工程规划许可证或者经主管部门批准建设的,人民法院应当认定有效"以及第八条"因下列情形之一,导致租赁房屋无法使用,承租人请求解除合同的,人民法院应予支持:(一)租赁房屋被司法机关或者行政机关依法查封的;(二)租赁房屋权属有争议的;(三)租赁房屋具有违反法律、行政法规关于房屋使用条件强制性规定情况的"之规定,东科大队提交了案涉房屋2017年1月11日补办的建设用地规划许可证。租赁房屋未经消防验收合格,违反《中华人民共和国消防法》的相关规定,属于上述司法解释第八条第三项的规定,导致租赁房屋无法使用的情形,不影响房屋租房合同的效力。据此,东科大队与马胡赛尼、才让加、才郎杰三人签订的租房合同不违反法律的强制性规定,系双方的真实意思表示,合法有效。东科大队按照合同约定将案涉房屋交付与马胡赛尼、才让加、才郎杰,马胡赛尼、才让加、才郎杰未按约定交付租金,反诉主张东科大队违约,但其未提交证据证明东科大队违约,又以案涉房屋为违法建筑、租房合同无效为由不履行合同,故其该项主张不能成立,不予支持。根据《中华人民共和国合同法》第九十四条第二项的规定,东科大队要求解除租房合同,马胡赛尼、才让加、才郎杰也表示不愿意继续履行租房合同,故对东科大队解除租房合同的诉求,予以支持。二审法院根据《中华人民共和国合同法》第

租赁合同纠纷

五十二条第五项的规定,以案涉租赁房屋至今未经消防验收合格,违反《中华人民共和国消防法》关于依法应当进行消防验收的建设工程,未经消防验收或者消防验收不合格的,禁止投入使用之规定,认定案涉租房合同无效,适用法律错误,应予纠正。

关于支付租金问题。根据《中华人民共和国合同法》第二百二十六条"承租人应当按照约定的期限支付租金。对支付期限没有约定或者约定不明确,依照本法第六十一条的规定仍不能确定,租赁期间不满一年的,应当在租赁期间届满时支付;租赁期间一年以上的,应当在每届满一年时支付,剩余期间不满一年的,应当在租赁期间届满时支付"的规定,结合双方在合同中约定:自2015年8月1日起,每年的8月1日为租金支付日期,一年一付。装修期间(2014年8月1日至2015年7月31日)免租金及其他费用。东科大队主张马胡赛尼、才让加、才郎杰支付2015年8月1日至交付房屋为止的年租金每年15万元。一审法院支持东科大队主张的自2015年8月1日起至交房期间租金的诉求判决租金计算期间自2015年8月1日至2016年5月16日,马胡赛尼、才让加、才郎杰支付自2015年8月1日至2016年5月16日租金为112500元(12500×9)符合法律规定,再审予以支持。

关于恢复原状的费用及恢复原状三个月的租金问题。根据《最高人民法院关于审理城镇房屋租赁合同纠纷案件具体应用法律若干问题的解释》第十条"承租人经出租人同意装饰装修,租赁期间届满或者合同解除时,除当事人另有约定外,未形成附合的装饰装修物,可由承租人拆除。因拆除造成房屋毁损的,承租人应当恢复原状"的规定,东科大队对恢复原状所需费用申请鉴定,华翼鉴定意见为恢复原状所需费用519188元,马胡赛尼、才让加、才郎杰虽不认可,但并未申请重新鉴定,也未提交证据证明其反驳意见,根据《最高人民法院关于民事诉讼证据的若干规定》(2001年)第二条"当事人对自己提出的诉讼请求所依据的事实或者反驳对方诉讼请求所依据的事实有责任提供证据加以证明。没有证据或者证据不足以证明当事人的事实主张的,由负有举证责任的当事人承担不利后果"的规定,马胡赛尼、才让加、才郎杰应承担不利后果。东科大队此节主张符合法律规定,予以支持。马胡赛尼、才让加、才郎杰应赔偿东科大队恢复原状所需费用519188元。根据《中华人民共和国合同法》第一百一十九条"当事人一方违约后,对方应当采取适当措施防止损失的扩大;没有采取适当措施致使损失扩大的,不得就扩大的损失要求赔偿"的规定,东科大队明知马胡赛尼、才让加、才郎杰不履行合同,但未及时与马胡赛尼、才让加、才郎杰沟通解决纠纷,导致损失扩大,存在过错,应承担相应的责任,东科大队关于修复、招租需三个月租金的诉求,无事实和法律依据,不予支持。

关于东科大队是否应当支付马胡赛尼、才让加、才郎杰装修费用的问题。根据《最高人民法院关于审理城镇房屋租赁合同纠纷案件具体应用法律若干问题的解释》第十一条第二项"因承租人违约导致合同解除,承租人请求出租人赔偿剩余租赁期内装饰装修残值损失的,不予支持。但出租人同意利用的,应在利用价值范围内予以适当补偿"的规定,鉴于马胡赛尼、才让加、才郎杰已经装修的部分有可利用的价值,一审法院将该部分折抵恢复原状费用正确,再审予以维持。综上所述,东科大队的再审申请部分理由成立,予以支持,马胡赛尼、才让加、才郎杰再申理由不成立,不予支持。一审判决认定事实清楚,程序合法,适用法律正确,再审予以维持。二审判决认定事实不清,适用法律不当,再审予以纠正。依照《中华人民共和国民事诉讼法》第二百零七条第一款、第一百七十条第一款第二项的规定,判决:一、撤销青海省海南藏族自治州中级人民法院(2018)青25民终207号民事判决;二、维持青海省贵南县人民法院(2016)青2525民初201号民事判决。

五、评析意见

本案涉及的法律问题较多,但是主要解决了消防验收对租赁合同效力的影响问题,其他问题就迎刃而解。在审判实践中,消防验收对合同效力的影响是有个发展变化过程的。曾有"必须经过公安消防机构验收的房屋,未经验收或者验收不合格的,应当认定租赁合同无效"的规定,但在2013年2月26日发布的《最高人民法院关于废止1997年7月1日至2011

租赁合同纠纷

年12月31日期间发布的部分司法解释和司法解释性质文件（第十批）的决定》（2013年4月8日起施行）中，在第66项对《最高人民法院关于未经消防验收合格而订立的房屋租赁合同如何认定其效力的函复》宣布废止。

  法院在审理此类案件中，应注意租赁合同涉及的房屋是否属于法律规定必须经过公安消防机构验收的，人民法院不应当以房屋未经消防验收合格为由而认定合同无效。租赁房屋用于开设经营宾馆、饭店、商场等公众聚集场所的，向当地公安消防机构申报消防安全检查的义务人为该企业的开办经营者，但租赁标的物经消防安全验收合格，不是认定房屋租赁合同效力的必要条件。即使是依据当时《中华人民共和国消防法》规定，必须经过公安消防机构验收的房屋，未经验收或者验收不合格而对外出租的，不应以未经消防验收或者验收不合格认定租赁合同无效。但是《中华人民共和国消防法》中相关禁止性的规定无需怀疑。如第十二条规定，依法应当经公安机关消防机构进行消防设计审核的建设工程，未经依法审核或者审核不合格的，负责审批该工程施工许可的部门不得给予施工许可，建设单位、施工单位不得施工；其他建设工程取得施工许可后经依法抽查不合格的，应当停止施工。又如《中华人民共和国消防法》第十三条第三款规定，依法应当进行消防验收的建设工程，未经消防验收或者消防验收不合格的，禁止投入使用；其他建设工程经依法抽查不合格的，应当停止使用。特别是一些大型的人员密集场所、有重大影响的特殊建设工程等，如果未经消防验收合格投入使用，对公众的生命财产安全所带来的威胁，绝不亚于未经规划许可建造的违法建设。但由于房屋租赁合同司法解释并未将其划入无效的租赁合同范围，因而这类租赁合同仍然是有效的。

  另外，还须特别注意的是，在审理过程中，对于合同效力问题，即使双方当事人均认可合同效力，亦不影响法院对合同效力的审查。

（执笔人：曲 颖）

建设工程合同纠纷

建设工程合同纠纷

95. 牡丹江市宏阁建筑安装有限责任公司诉牡丹江市华隆房地产开发有限责任公司、张继增建设工程施工合同纠纷案[*]

（最高人民法院审判委员会讨论通过 2012年4月9日发布）

▶ 纠纷已经解决且当事人申请撤诉的民事抗诉案件，不损害国家利益、社会公共利益或第三人利益的，法院应当作出案终结审查或终结再审诉讼的裁定

【关键词】

民事诉讼 抗诉 申请撤诉 终结审查

【裁判摘要】

人民法院接到民事抗诉书后，经审查发现案件纠纷已经解决，当事人申请撤诉，且不损害国家利益、社会公共利益或第三人利益的，应当依法作出对抗诉案终结审查的裁定；如果已裁定再审，应当依法作出终结再审诉讼的裁定。

---

[*] 摘自2012年4月9日最高人民法院发布的第二批指导案例（指导案例7号）。

相关法条

《中华人民共和国民事诉讼法》第一百四十条第一款第十一项

基本案情

2009年6月15日,黑龙江省牡丹江市华隆房地产开发有限责任公司(以下简称华隆公司)因与牡丹江市宏阁建筑安装有限责任公司(以下简称宏阁公司)、张继增建设工程施工合同纠纷一案,不服黑龙江省高级人民法院同年2月11日作出的(2008)黑民一终字第173号民事判决,向最高人民法院申请再审。最高人民法院于同年12月8日作出(2009)民申字第1164号民事裁定,按照审判监督程序提审本案。在最高人民法院民事审判第一庭提审期间,华隆公司鉴于当事人之间已达成和解且已履行完毕,提交了撤回再审申请书。最高人民法院经审查,于2010年12月15日以(2010)民提字第63号民事裁定准许其撤回再审申请。

申诉人华隆公司在向法院申请再审的同时,也向检察院申请抗诉。2010年11月12日,最高人民检察院受理后决定对本案按照审判监督程序提出抗诉。2011年3月9日,最高人民法院立案一庭收到最高人民检察院高检民抗〔2010〕58号民事抗诉书后进行立案登记,同月11日移送审判监督庭审理。最高人民法院审判监督庭经审查发现,华隆公司曾向本院申请再审,其纠纷已解决,且申请检察院抗诉的理由与申请再审的理由基本相同,遂与最高人民检察院沟通并建议其撤回抗诉,最高人民检察院不同意撤回抗诉。再与华隆公司联系,华隆公司称当事人之间已就抗诉案达成和解且已履行完毕,纠纷已经解决,并于同年4月13日再次向最高人民法院提交了撤诉申请书。

裁判结果

最高人民法院于2011年7月6日以(2011)民抗字第29号民事裁定书,裁定本案终结审查。

裁判理由

最高人民法院认为：对于人民检察院抗诉再审的案件，或者人民法院依据当事人申请或依据职权裁定再审的案件，如果再审期间当事人达成和解并履行完毕，或者撤回申诉，且不损害国家利益、社会公共利益的，为了尊重和保障当事人在法定范围内对本人合法权利的自由处分权，实现诉讼法律效果与社会效果的统一，促进社会和谐，人民法院应当根据《最高人民法院关于适用〈中华人民共和国民事诉讼法〉审判监督程序若干问题的解释》第三十四条的规定，裁定终结再审诉讼。

本案中，申诉人华隆公司不服原审法院民事判决，在向最高人民法院申请再审的同时，也向检察机关申请抗诉。在本院提审期间，当事人达成和解，华隆公司向本院申请撤诉。由于当事人有权在法律规定的范围内自由处分自己的民事权益和诉讼权利，其撤诉申请意思表示真实，已裁定准许其撤回再审申请，本案当事人之间的纠纷已得到解决，且本案并不涉及国家利益、社会公共利益或第三人利益，故检察机关抗诉的基础已不存在，本案已无按抗诉程序裁定进入再审的必要，应当依法裁定本案终结审查。

> 理解与参照

《牡丹江市宏阁建筑安装有限责任公司诉牡丹江市华隆房地产开发有限责任公司、张继增建设工程施工合同纠纷案》的理解与参照[*]

2012年4月9日,最高人民法院发布了《牡丹江市宏阁建筑安装有限责任公司诉牡丹江市华隆房地产开发有限责任公司、张继增建设工程施工合同纠纷案》(指导案例7号)。为了深入理解和准确参照适用该指导性案例,现对该指导性案例的推选经过、裁判要点等有关情况予以说明。

一、推选经过及其意义

2011年6月13日,最高人民法院审判委员会讨论该案时,鉴于其涉及对《中华人民共和国民事诉讼法》第一百八十八条的理解与适用,具有重要指导意义,符合《最高人民法院关于案例指导工作的规定》第二条的规定,研究确定将该案例作为指导性案例。2012年4月9日,最高人民法院将该案例作为第二批指导性案例予以发布。

该指导性案例的裁判要点涉及《中华人民共和国民事诉讼法》第一百八十八条和第一百四十条第一款第十一项规定的理解和适用问题,不仅充分尊重了当事人在法律规定范围内对自己民事权益和诉讼权利的自由处分

---

[*] 摘自《最高人民法院司法解释与指导性案例理解与适用》(第一卷),人民法院出版社2013年版,第599~606页。

建设工程合同纠纷

权,节约了司法资源,而且有利于实现办理案件法律效果和社会效果的统一,达到案结事了人和,促进社会和谐稳定。它对于明确和完善民事抗诉案件的审查程序,进一步规范和统一民事抗诉案件的审理,具有重要意义。否则,如果人民法院对于不当的抗诉,不论抗诉对象是否正确,都不加审查径行作出再审的裁定,不仅浪费了司法资源,损害了司法机关的公信力和生效裁判的稳定性,而且会出现当事人不满意的尴尬局面。

二、裁判要点的理解与说明

该指导性案例裁判要点确认:人民法院接到民事抗诉书后,经审查发现案件纠纷已经解决,当事人申请撤诉,且不损害国家利益、社会公共利益或第三人利益的,应当依法作出对抗诉案终结审查的裁定;如果已裁定再审,应当依法作出终结再审诉讼的裁定。该指导性案例裁判要点结合立法和司法解释的规定,解决了司法实践中认识不一的问题,下面就相关问题分别予以说明。

(一)关于抗诉案件的审查问题

《中华人民共和国民事诉讼法》第一百八十八条规定:"人民检察院提出抗诉的案件,接受抗诉的人民法院应当自收到抗诉书之日起三十日内作出再审的裁定……"对于"三十日内作出再审的裁定",在司法实践中主要存在两种认识。一种观点认为,该规定作了相对较短的期日限制,是为了防止有的接受抗诉的人民法院拖延不作进入再审的裁定;另一种观点认为,该规定除有督促人民法院尽快裁定再审之意外,还包含接受抗诉的人民法院审查抗诉是否符合形式要件之立法本意,抗诉符合形式要件的,应在该期日内作出再审的裁定。从司法实践看,全国各级法院对于大多数抗诉案件进行了审查,后一种意见的做法是当前司法实践的主流。2008年~2011年,全国法院经审查后裁定再审的案件共计24142件,占所有民事抗诉案件数的68.7%;经审查后不予受理的共计385件,占1.1%;不经审查直接裁定再审的共计 10827 件，占 30.3%。① 该指导性案例的裁判要点正是从立法本意出发，肯定了司法实践中的主流做法。

（二）关于审查后裁定终结审查或终结诉讼问题

检察机关提出抗诉之前或者之后，在法院裁定再审之前，当事人和解或者撤诉的如何处理，相关规范性司法文件已有规定。如最高人民检察院2001年颁行的《人民检察院民事行政抗诉案件办案规则》（以下简称《办案规则》）第二十二条规定："有下列情形之一的，人民检察院应当终止审查：（一）申诉人撤回申诉，且不损害国家利益和社会公共利益的；（二）人民法院已经裁定再审的；（三）当事人自行和解的；（四）应当终止审查的其他情形。"该《办案规则》对于检察机关向人民法院提出抗诉之后，出现上述情况该如何处理，没有明确规定。又如，2003年5月22日，为了规范"部分人民检察院出现了随意撤回或执意不撤回抗诉等情形"，最高人民检察院民事行政检察厅发布了《关于人民检察院办理民事行政案件撤回抗诉的若干意见》（以下简称《若干意见》）。该《若干意见》第二条规定："人民检察院向人民法院提出抗诉后，人民法院裁定再审之前，申诉人书面申请撤回申诉或者确认涉案当事人已达成和解协议并提交该协议，经人民检察院审查，认为涉案当事人达成的和解协议不损害国家、集体和第三人利益的，人民检察院应当撤回抗诉。"可见，出现上述情形后，不论是否已提出抗诉，只要在人民法院裁定再审之前，检察机关就应当终止审查或者撤回抗诉。

《最高人民法院关于适用〈中华人民共和国民事诉讼法〉审判监督程序若干问题的解释》（以下简称《审监程序解释》）第二十五条规定，当事人申请再审中出现四种情形时，人民法院可以裁定终结审查。该司法解释第三十四条第一款、第二款对抗诉再审后出现相关情形时可以裁定终结再审诉讼作出了规定："申请再审人在再审期间撤回再审申请的，是否准许由人民法院裁定。裁定准许的，应终结再审程序。申请再审人经传票传

---

① 参见最高人民法院审判监督庭编：《关于当前全国法院审理民事、行政抗诉案件情况的专题调研报告》，未刊版。

建设工程合同纠纷

唤,无正当理由拒不到庭的,或者未经法庭许可中途退庭的,可以裁定按自动撤回再审申请处理。人民检察院抗诉再审的案件,申请抗诉的当事人有前款规定的情形,且不损害国家利益、社会公共利益或第三人利益的,人民法院应当裁定终结再审程序;人民检察院撤回抗诉的,应当准予。"但是,该司法解释对受理审查抗诉案件时,遇到前述情形,检察机关出于种种原因不撤回抗诉的如何处理没有规定。

我们认为,当事人有权在法律规定的范围内处分自己的民事权益和诉讼权利。申请抗诉的当事人在人民法院审查期间请求撤诉,其撤诉申请意思表示真实,且不损害国家利益、社会公共利益或第三人利益的,应当依法准许。鉴于检察机关提出抗诉的目的是启动再审程序,而申请抗诉的当事人已明确表示放弃继续通过再审程序主张权利,故已无裁定进入再审的必要,可依照《中华人民共和国民事诉讼法》第一百四十条第一款第十一项规定,裁定终结审查。

本指导案例中,牡丹江市华隆房地产开发有限责任公司(以下简称华隆公司)曾于2009年6月15日向最高人民法院申请再审,最高人民法院于同年12月8日裁定再审,后该公司请求撤回再审申请,最高人民法院于2010年12月15日以(2010)民提字第63号民事裁定准许其撤回再审申请。最高人民检察院向最高人民法院提出抗诉后,在最高人民法院审查期间,申诉人华隆公司于2011年4月13日向最高人民法院提交撤诉申请书。因申请抗诉的当事人已明确表示放弃继续通过再审程序主张权利,在不损害国家利益、社会公共利益以及第三人利益的情况下,检察机关提出抗诉的基础已不存在,故本案已无裁定进入再审的必要,应依法裁定终结审查。

(三)对因抗诉而裁定再审的,在再审时发现检察机关抗诉对象错误的处理

在司法实践中,经常出现裁定再审或者指令再审后,申请再审人曾因达成和解协议且履行完毕而撤回再审申请,或者检察机关抗诉所针对的判决已在抗诉之前被其他生效裁判所替代等情形。对此,《审监程序解释》第三十四条第一款仅规定,申请再审人在再审期间撤回再审申请的,人民法院可以裁定终结再审程序；检察机关抗诉再审的案件，申请抗诉的当事人在再审期间撤回申诉的，也应当裁定终结再审诉讼。2003年10月15日，最高人民法院审判监督庭下发的《关于审理民事、行政抗诉案件几个具体程序问题的意见》（以下简称《具体程序问题的意见》）规定："一、人民法院裁定再审后，向人民检察院申诉的当事人书面申请撤诉，人民法院应当裁定终结再审诉讼。如果人民检察院是以生效裁判损害国家利益或者社会公共利益为由提出抗诉的，应当依法继续审理，及时作出再审裁判。二、人民法院对民事抗诉案件、行政赔偿抗诉案件裁定再审后，发现双方当事人达成和解协议，且履行完毕的，应当裁定终结再审诉讼。"2003年5月22日，最高人民检察院民事行政检察厅下发的《若干意见》第三条规定："人民检察院向人民法院提出抗诉，人民法院裁定再审之后，申诉人书面申请撤回申诉或者确认涉案当事人已达成和解协议并提交该协议的，人民检察院不撤回抗诉，由人民法院依法处理。"可见，上述司法解释和规范性文件明确了申诉人撤回申诉或者当事人已达成和解协议的处理，没有明确在抗诉对象错误的情形下，检察机关不撤回抗诉，应当如何处理。我们认为，参照该指导性案例的裁判要点，在检察机关抗诉对象发生错误的情形下，相关再审法院查实后，可以裁定终结再审诉讼。

（四）其他值得探讨的相关问题

1. 因当事人申请而裁定再审后，提出的撤回再审申请书是否及于抗诉案件

本指导案例中，华隆公司在申请再审中因达成和解协议后申请撤诉，问题在于和解协议履行完毕、纠纷被解决后，华隆公司向人民法院申请撤回再审申请的请求，能否及于后来的抗诉案件。对此，我们倾向于持认可态度。也就是说，即便华隆公司在抗诉案件的审查时未再提交撤诉申请，由于抗诉的发动也是基于华隆公司的申诉权，在申请再审时的撤诉申请也可以作为终结审查程序的依据。理由在于，"当事人是否起诉或者终结诉讼，何时或以何种内容、范围对何人起诉，原则上由当事人自由决定"。①

---

① 张卫平：《转换的逻辑——民事诉讼体制转型分析》，法律出版社2007年版，第157页。

就同一个纠纷，当事人已经处分了自己的权利，况且本案纠纷也已在申请再审阶段得到了实质性的最终解决，因抗诉而再审已无必要。

2. 在30日的法定审查期间，发现检察机关的抗诉不应裁定再审的，是作出不予受理的裁定还是终结审查的裁定

对于这一问题，司法实践中根据不同情形分别作出了不同处理。如最高人民法院处理的广州市海珠区凤阳街五凤村民委员会以及五凤沙溪第二经济合作社与广东省丝绸进出口集团金业物业发展有限公司等合资、合作开发房地产合同纠纷抗诉案，最高人民检察院对广东省高级人民法院（2008）粤高法民一终字第188号民事判决提出抗诉，但基于当事人提出的再审申请，广东省高级人民法院已经再审并对本案作出（2010）粤高法审监民再字第38号再审判决。因此，最高人民检察院抗诉所针对的188号民事判决已非发生法律效力的最终判决，抗诉对象不当，遂依据《中华人民共和国民事诉讼法》第一百四十条第一款第一项的规定，作出不予受理的裁定。① 本指导案例中，则援引《中华人民共和国民事诉讼法》第一百四十条第一款第十一项"其他需要裁定解决的事项"，裁定终结本案审查。上述两案引用了同一条的不同项作为依据，有必要进一步探究具体条文引用问题。从民事诉讼法一般原理来看，不予受理是指人民法院认为原告的起诉不符合法定的起诉条件并依法作出民事裁定的行为。终结审查是指人民法院已对案件予以审查，但在审查或诉讼进行中查明某种特殊情况，使得案件的继续处理不可能进行或者进行下去没有意义，需以裁定终结诉讼的方式结束诉讼程序。② 检察机关的抗诉案件在人民法院立案后，主要是审查是否符合进入再审的形式要件，如果出现当事人的纠纷已经解决或者撤诉，法院继续审理该案已无必要的，应以裁定终结诉讼为宜。因此，在查明前述特殊情况，使得案件的继续处理已无必要的情形下，我们倾向于援引《中华人民共和国民事诉讼法》第一百四十条第一款第十一项，裁定终结审查。但是，如果抗诉的对象不属于可抗诉范围的判决、裁定，则裁

---

① 江必新主编：《审判监督指导》（2011年第2辑），人民法院出版社2011年版，第202页。
② 参见姚红主编：《中华人民共和国民事诉讼法释义》，法律出版社2007年版，第213、220页。

定不予受理似更合适。

三、其他需要说明的问题

（一）对同一案件的抗诉与申请再审相互并入问题

本指导案例中，华隆公司申请再审在先，抗诉在后，人民法院接到抗诉书时，申请再审案件已经处理完毕，没有产生"并入"问题。但在司法实践中，常常出现在审查申请再审时或者因当事人申请而裁定再审时，检察机关同时抗诉。对于这一问题，有关规范性文件曾有规定。2003年10月15日，最高人民法院审判监督庭下发的《具体程序问题的意见》第五条规定："人民法院收到人民检察院的抗诉书后，如果正在就同一案件是否启动再审程序进行审查的，应当终止审查，按照抗诉案件处理。人民法院裁定再审后，收到人民检察院抗诉书的，不作为抗诉案件审理，但审理时应当将此情况告知各方当事人，案件审结后应将裁判文书送有关人民检察院。"2003年5月22日，最高人民检察院民事行政检察厅下发的《若干意见》第五条中规定："……人民检察院向人民法院提出抗诉后，又得知人民法院已依据当事人的申请或者依据职权裁定再审的，人民检察院不撤回抗诉，由人民法院一并审理……"上述规范性文件表述和认识不一致之处，在于对法院再审后收到抗诉书的处理问题，最高人民法院审判监督庭表述为"不作为抗诉案件审理"，最高人民检察院民事行政检察厅表述为"由人民法院一并审理"，存在细微的差别。我们认为，上述两家规定基本秉持一致的"并入"原则，即主要看法院裁定再审时间与收到抗诉书时间的先后，法院裁定再审在前的，抗诉并入，不作为抗诉案件审理；抗诉时法院未启动再审的，法院审查则并入抗诉再审，按抗诉案件审理。2008年《审监程序解释》又再次确认了上述"并入"原则，该司法解释第二十六条规定："人民法院审查再审申请期间，人民检察院对该案提出抗诉的，人民法院应依照民事诉讼法第一百八十八条的规定裁定再审。申请再审人提出的具体再审请求应纳入审理范围。"

建设工程合同纠纷

(二) 30日审查期限内应审查的内容

根据司法实践,人民法院接受检察机关的抗诉后,在法定的期限内主要应审查的内容有:

1. 审查抗诉对象是否出现错误。主要审查检察机关提出抗诉所针对的判决、裁定,是否已经不再是最终的生效裁判,是否如本指导案例中的纠纷已经得到实质性解决,且不损害国家利益、社会公共利益等情形。

2. 审查裁判是否具有可抗诉性。一般来讲,有诉的内容的判决、裁定,检察机关才可以抗诉;或者说,民事诉讼法赋予当事人上诉权的判决、裁定,检察机关才可以抗诉。这也是最高人民法院作出对检察机关抗诉"不予受理"或"没有法律依据"批复秉承的法理。

3. 审查抗诉是否有必要的材料。检察机关提出抗诉的,移送的抗诉卷宗内除了抗诉书之外,还应当包括当事人的申诉书、原生效判决等材料。之所以需要原生效裁判文书,是因为需要参照原审生效裁判文书列明的当事人基本情况,否则,仅参考抗诉书所列明的当事人,再审裁定可能会出现漏列原审裁判当事人情况的笔误。

4. 审查是否已向本院申请再审并处理。最高人民法院已在相关文件中明确,案件已经上一级法院审查并驳回再审申请的,检察机关对该案又提出抗诉的,一般应由上一级法院裁定再审。为了避免将已经本院审查驳回再审申请的案件指令下级法院再审,需就同一案件是否经本院处理申请再审情况予以了解。同时,这也有利于了解对同一案件的申请再审与抗诉是否存在"并入"的情况。

5. 审查抗诉的实质事由。司法实践中,有的检察机关希望抗诉案件留在上级法院再审,即便存在《民事诉讼法》第一百七十九条第一款第一项至第五项事由的,也不在抗诉书中援引,而仅仅援引第六项事由。故审查内容还包括为避免指令下级法院再审而故意错误引用法条的事由,如果经审查实质事由中包括第一至五项事由的,可以指令下级法院再审。

(三) 审查中应注意的问题

需要指出的是,人民法院对抗诉案件的审查程序应当是形式性审查,至于抗诉理由是否应当支持,应是裁定再审之后的事。同时应当明确,抗诉是检察机关的法律监督权,接受抗诉的人民法院一般应当裁定再审。审查不是限制检察机关的抗诉,而是减少和避免检察机关抗诉的随意性和差误,维护司法机关整体的公信力,促进社会和谐稳定。

(四)《中华人民共和国民事诉讼法》第一百八十八条立法完善问题

2007年修改《中华人民共和国民事诉讼法》时,立法机关规定了"接受抗诉的人民法院应当自收到抗诉书之日起三十日内作出再审的裁定"。在司法实践中,由于种种原因,检察机关提出的抗诉有时会出现抗诉对象错误。如有的案件在申请再审阶段已被人民法院依法裁定驳回再审申请,根据2011年《最高人民法院、最高人民检察院关于对民事审判活动与行政诉讼活动实行法律监督的若干意见(试行)》第八条规定,检察机关不能对驳回的裁定予以抗诉,只能抗原生效判决裁定。但在有的案件中,检察机关还是对驳回再审申请的裁定进行抗诉。如上述广州市海珠区凤阳街五凤村民委员会以及五凤沙溪第二经济合作社与广东省丝绸进出口集团金业物业发展有限公司等合资、合作开发房地产合同纠纷抗诉案中,最高人民检察院抗诉针对的188号民事判决已非发生法律效力的最终判决,抗诉对象不当,依据《中华人民共和国民事诉讼法》第一百四十条第一款第一项的规定,作出了不予受理的裁定。① 这一实证案例表明:"三十日内作出再审的裁定",实际上应当是指"三十日内作出是否再审的裁定"。对此,2012年修改《中华人民共和国民事诉讼法》过程中,最高人民法院已提出完善该处表述的建议。

(执笔人:孙祥壮、吴光侠)

---

① 江必新主编:《审判监督指导》(2011年第2辑),人民法院出版社2011年版,第202页。

建设工程合同纠纷

96. 中天建设集团有限公司诉河南恒和置业有限公司建设工程施工合同纠纷案*

（最高人民法院审判委员会讨论通过 2021年11月9日发布）

▶ 执行法院依其他债权人的申请，对发包人的建设工程强制执行，承包人向执行法院主张其享有建设工程价款优先受偿权且未超过除斥期间的，视为承包人依法行使了建设工程价款优先受偿权

【关键词】

民事/建设工程施工合同/优先受偿权/除斥期间

【裁判摘要】

执行法院依其他债权人的申请，对发包人的建设工程强制执行，承包人向执行法院主张其享有建设工程价款优先受偿权且未超过除斥期间的，视为承包人依法行使了建设工程价款优先受偿权。发包人以承包人起诉时行使建设工程价款优先受偿权超过除斥期间为由进行抗辩的，人民法院不予支持。

---

* 摘自2021年11月11日最高人民法院发布的第30批指导案例（指导案例171号）。

相关法条

《中华人民共和国合同法》第二百八十六条①

基本案情

2012年9月17日,河南恒和置业有限公司与中天建设集团有限公司签订一份《恒和国际商务会展中心工程建设工程施工合同》约定,由中天建设集团有限公司对案涉工程进行施工。2013年6月25日,河南恒和置业有限公司向中天建设集团有限公司发出《中标通知书》,通知中天建设集团有限公司中标位于洛阳市洛龙区开元大道的恒和国际商务会展中心工程。2013年6月26日,河南恒和置业有限公司和中天建设集团有限公司签订《建设工程施工合同》,合同中双方对工期、工程价款、违约责任等有关工程事项进行了约定。合同签订后,中天建设集团有限公司进场施工。施工期间,因河南恒和置业有限公司拖欠工程款,2013年11月12日、11月26日、2014年12月23日中天建设集团有限公司多次向河南恒和置业有限公司送达联系函,请求河南恒和置业有限公司立即支付拖欠的工程款,按合同约定支付违约金并承担相应损失。2014年4月、5月,河南恒和置业有限公司与德汇工程管理(北京)有限公司签订《建设工程造价咨询合同》,委托德汇工程管理(北京)有限公司对案涉工程进行结算审核。2014年11月3日,德汇工程管理(北京)有限公司出具《恒和国际商务会展中心结算审核报告》。河南恒和置业有限公司、中天建设集团有限公司和德汇工程管理(北京)有限公司分别在审核报告中的审核汇总表上加盖公章并签字确认。2014年11月24日,中天建设集团有限公司收到通知,河南省焦作市中级人民法院依据河南恒和置业有限公司其他债权人的申请将对案涉工程进行拍卖。2014年12月1日,中天建设集团有限

---

① 对应《中华人民共和国民法典》第八百零七条:"发包人未按照约定支付价款的,承包人可以催告发包人在合理期限内支付价款。发包人逾期不支付的,除根据建设工程的性质不宜折价、拍卖外,承包人可以与发包人协议将该工程折价,也可以请求人民法院将该工程依法拍卖。建设工程的价款就该工程折价或者拍卖的价款优先受偿。"

建设工程合同纠纷

公司第九建设公司向河南省焦作市中级人民法院提交《关于恒和国际商务会展中心在建工程拍卖联系函》中载明，中天建设集团有限公司系恒和国际商务会展中心在建工程承包方，自项目开工，中天建设集团有限公司已完成产值2.87亿元工程，中天建设集团有限公司请求依法确认优先受偿权并参与整个拍卖过程。中天建设集团有限公司和河南恒和置业有限公司均认可案涉工程于2015年2月5日停工。

2018年1月31日，河南省高级人民法院立案受理中天建设集团有限公司对河南恒和置业有限公司的起诉。中天建设集团有限公司请求解除双方签订的《建设工程施工合同》并请求确认河南恒和置业有限公司欠付中天建设集团有限公司工程价款及优先受偿权。

裁判结果

河南省高级人民法院于2018年10月30日作出（2018）豫民初3号民事判决：一、河南恒和置业有限公司与中天建设集团有限公司于2012年9月17日、2013年6月26日签订的两份《建设工程施工合同》无效；二、确认河南恒和置业有限公司欠付中天建设集团有限公司工程款288428047.89元及相应利息（以288428047.89元为基数，自2015年3月1日起至2018年4月10日止，按照中国人民银行公布的同期贷款利率计付）；三、中天建设集团有限公司在工程价款288428047.89元范围内，对其施工的恒和国际商务会展中心工程折价或者拍卖的价款享有行使优先受偿权的权利；四、驳回中天建设集团有限公司的其他诉讼请求。宣判后，河南恒和置业有限公司提起上诉，最高人民法院于2019年6月21日作出（2019）最高法民终255号民事判决：驳回上诉，维持原判。

裁判理由

最高人民法院认为：《最高人民法院关于审理建设工程施工合同纠纷案件适用法律问题的解释（二）》第二十二条规定："承包人行使建设工程价款优先受偿权的期限为六个月，自发包人应当给付建设工程价款之日起算。"根据《最高人民法院关于建设工程价款优先受偿权问题的批复》第一条规定，建设工程价款优先受偿权的效力优先于设立在建设工程上的抵押权和发包人其他债权人所享有的普通债权。人民法院依据发包人的其他债权人或抵押权人申请对建设工程采取强制执行行为，会对承包人的建设工程价款优先受偿权产生影响。此时，如承包人向执行法院主张其对建设工程享有建设工程价款优先受偿权的，属于行使建设工程价款优先受偿权的合法方式。河南恒和置业有限公司和中天建设集团有限公司共同委托的造价机构德汇工程管理（北京）有限公司于2014年11月3日对案涉工程价款出具《审核报告》。2014年11月24日，中天建设集团有限公司收到通知，河南省焦作市中级人民法院依据河南恒和置业有限公司其他债权人的申请将对案涉工程进行拍卖。2014年12月1日，中天建设集团有限公司第九建设公司向河南省焦作市中级人民法院提交《关于恒和国际商务会展中心在建工程拍卖联系函》，请求依法确认对案涉建设工程的优先受偿权。2015年2月5日，中天建设集团有限公司对案涉工程停止施工。2015年8月4日，中天建设集团有限公司向河南恒和置业有限公司发送《关于主张恒和国际商务会展中心工程价款优先受偿权的工作联系单》，要求对案涉工程价款享有优先受偿权。2016年5月5日，中天建设集团有限公司第九建设公司又向河南省洛阳市中级人民法院提交《优先受偿权参与分配申请书》，依法确认并保障其对案涉建设工程价款享有的优先受偿权。因此，河南恒和置业有限公司关于中天建设集团有限公司未在6个月除斥期间内以诉讼方式主张优先受偿权，其优先受偿权主张不应得到支持的上诉理由不能成立。

（生效裁判审判人员：包剑平、杜　军、谢　勇）

建设工程合同纠纷

97. 海擎重工机械有限公司与江苏中兴建设有限公司、中国建设银行股份有限公司泰兴支行建设工程施工合同纠纷案[*]

> 法院应根据合同约定、法律及行政法规规定的工程建设程序，合理确定建设、施工单位对工程质量问题的责任承担

【裁判摘要】

> 从事建设工程活动，必须严格执行基本建设程序，坚持先勘察、后设计、再施工原则。建设单位未提前交付地质勘查报告、施工图设计文件未经过建设主管部门审查批准的，应对于因双方签约前未曾预见的特殊地质条件导致工程质量问题承担主要责任。施工单位应秉持诚实信用原则，采取合理施工方案，避免损失扩大。
>
> 人民法院应当根据合同约定、法律及行政法规规定的工程建设程序，依据诚实信用原则，合理确定建设单位与施工单位对于建设工程质量问题的责任承担。

---

[*] 摘自《最高人民法院公报》2015年第6期。

1257

最高人民法院民事判决书

(2012)民提字第20号

申请再审人(一审原告、反诉被告,二审上诉人):海擎重工机械有限公司。住所地:辽宁省葫芦岛市经济开发区北港工业园区。

法定代表人:曹克谦,该公司总经理。

委托代理人:陈波,山东齐鲁律师事务所律师。

委托代理人:季杰,山东齐鲁律师事务所律师。

被申请人(一审被告、反诉原告,二审被上诉人):江苏中兴建设有限公司。住所地:江苏省泰兴市济川路26号。

法定代表人:倪道仁,该公司董事长。

委托代理人:李华东,江苏龙蟠律师事务所律师。

委托代理人:徐晓龙,该公司职工。

被申请人(一审被告,二审被上诉人):中国建设银行股份有限公司泰兴支行。住所地:江苏省泰兴市通江路1号。

负责人:倪红卫,该支行行长。

申请再审人海擎重工机械有限公司(以下简称海擎公司)因与被申请人江苏中兴建设有限公司(以下简称中兴公司)、中国建设银行股份有限公司泰兴支行(以下简称泰兴建行)建设工程施工合同纠纷一案,不服江苏省高级人民法院(2010)苏民终字第0012号民事判决,向本院申请再审,本院于2011年11月14日作出(2010)民申字第912-1号民事裁定,提审本案。本院依法组成合议庭,于2012年4月25日开庭审理本案,海擎公司的委托代理人陈波、季杰,中兴公司的委托代理人李华东、徐晓龙到庭参加诉讼,泰兴建行经本院传票传唤未到庭。本案现已审理终结。

江苏省连云港市中级人民法院(以下简称一审法院)经审理查明:

建设工程合同纠纷

2007年12月1日,海擎公司就重型钢结构厂房基础工程发出招标邀请,其招标文件载明,本次报价只对钢结构厂房桩基及基础的施工进行报价(图纸内所有项目);投标方根据招标方提供的厂房基础设计图纸要求及招标文件要求,根据材料市场自主报价,一次包死风险自负。招标文件同时载明其他内容。中兴公司投标标价为15106500元,预算价13689800元。中兴公司投标的土方开挖方案载明了挖土要求、基坑内外排水、基坑挖土的交通组织、挖土方法、基坑开挖注意事项、基坑开挖过程中可能出现的问题及相应处理措施、安全生产措施等。其中基坑开挖注意事项第(1)项为开挖深度应该严格按照基础结构施工图进行;第(5)项为基坑开挖后如发现坑底土质与勘察报告不符,及时向业主、监理及设计单位反映。

同年12月15日,中兴公司中标。当日,双方签订了《钢结构厂房桩基及基础工程合同》(以下简称《合同书》),约定:海擎公司重型钢结构厂房桩基及基础工程工期60天(2007年12月20日至2008年2月22日具备验收条件并书面通知海擎公司进行验收合格之日止);工程内容:重型钢结构厂房桩基及基础工程(图纸以内全部工程),图纸作为合同附件;承包方式为包工包料(包括材料、人工、机械、材料检验报检费等所有费用);工程造价为1330万元,工程造价为工程竣工、验收合格的总金额,为不变价。因设计变更导致工程量发生变化,增减部分双方以补充协议的方式另行商议。合同生效后3个工作日内海擎公司向中兴公司支付工程款总金额的20%即266万元;工程质量要求合格;海擎公司权利义务为:中兴公司施工过程中,海擎公司有权在现场进行监督质量、进度工作。成立质量检查小组,负责工程建设的监督、验收、其组员由监理公司、海擎公司技术人员组成。质检小组对工程进度、质量进行抽查。对材料加工如有质量问题、施工不合格或工期未达到要求等,有权制止施工。海擎公司代表提出的意见,中兴公司应采取相应的改进措施,以保证质量。为中兴公司提供三通一平条件,海擎公司提供水准点及坐标点,进行现场交验,组织有关单位图纸会审。中兴公司权利和义务为:严格按照图纸设计要求及有关国家规范、标准进行施工,保质保量,确保工程按期交工;制定详细、可靠的施工方案和安全保证措施等。双方约定,合同签订后,任何一方不得擅自解除合同，否则，违约方赔偿守约方一次性违约金100万元；中兴公司发生重大质量问题或不符合本合同约定的技术标准及要求，每影响海擎公司正常开工或正常生产一天，中兴公司应向海擎公司支付本合同总造价3‰的违约金，以此类推，并承担由此给海擎公司造成的一切经济损失。海擎公司、中兴公司双方共同负责办理开工前的一切报检手续、桩基检测、外部协调工作。合同变更、修改和终止约定：发生或者出现（1）中兴公司破产或无施工能力；（2）中兴公司违约未能履行合同规定的其他义务，海擎公司可以用书面方式通知中兴公司，提出全部或部分终止合同。中兴公司应立即返还海擎公司所支付的所有款项。合同附件为招标文件、招标书、中标通知书、双方往来传真文件。合同同时约定了工程款支付、质保期、验收等内容。

海擎公司所提供桩位布置图说明载明：本工程基础设计以连云港市民用设计院有限责任公司对海擎公司一期所做的《岩土工程详细勘察报告》（2007年11月）为依据。地基基础设计为乙级，建筑桩基安全等级二级。基坑开挖时应注意对桩身的保护，在桩侧严禁临时堆土。桩基施工时应严格按照《建筑桩基技术规范》执行等。

同年12月16日，海擎公司向中兴公司递交岩土勘察报告和现场总平面图各一份。

同年12月20日，中兴公司进场施工。12月26日，中兴公司致海擎公司工作联系单两份，主要内容为因现场地质条件复杂，原自然土为水中所泡淤泥等，现土方量大大超出合同工程量范围，并需解决降水，建议提高室内±0.00标高及场区标高至合理位置，请示设计院增加桩长提高承台（并修改承台），解决排水问题。

同年12月27日，泰兴建行向海擎公司出具《承包保函》，主要内容为：为中兴公司履行上述合同约定义务承担连带责任保证，担保金额最高不超过260万元，保证期间自2007年12月27日至2008年2月26日。保函同时保证了其他条款。2008年2月22日，泰兴建行将到期时间延期到2008年3月30日。

2007年12月30日，中兴公司致海擎公司工作联系单，主要内容为因

建设工程合同纠纷

道路问题运输车辆无法把材料运送到位,请求加快道路修复。

2008年2月19日,海擎公司与中兴公司签订《补充协议》一份,协议内容为施工工期延长至2008年3月30日,每延期一天罚款1万元,合同还约定了其他条款。

2月26日,中兴公司致海擎公司报告,主要内容为现土方量大大超出合同工程量范围,且全是淤泥,请求海擎公司拿出措施,否则申请工期顺延。2月27日,中兴公司致海擎公司报告,称由于现场施工道路不合格,二次倒运土方坍塌,无法正常施工。

2月27日,海擎公司针对上述26、27日报告回复中兴公司,主要内容为:双方所订施工合同是竣工验收合格价格,是不变价格(有设计变更除外),不管地质情况是淤泥还是亚粘土,我方均认为施工方在签订合同以前,对建设地点进行了现场勘察,并已了解现场地质情况。因此,关于施工的一切事宜,均由施工方处理,与海擎公司无关。

2月28日,中兴公司函告海擎公司,主要内容为:(1)我单位是在合同签订后无法打桩的情况下,提出要求后贵公司才给我单位地质勘探报告。(2)我单位签订合同前是对现场进行了考察,但考察前贵单位已对现场进行了回填,也未曾告诉我单位。在开挖过程中,发现大面积淤泥。(3)我单位投标书中总的土方开挖,回填量才1万方,现A轴线在还没有开挖完的情况下挖出土方就已超出了整个标书的土方量。(4)我单位拿出多种施工方案报批,但贵单位一项也没有批复。(5)贵单位进行开挖试验致开挖的承台又有淤泥坍塌。如再不拿出可行的开挖措施回复我单位,我单位将于2008年3月2日停止一切施工,由贵单位赔偿损失并追加违约责任。

3月11日,海擎公司通知中兴公司变更工程量。当日,中兴公司通知监理单位出现三、四类桩,并提出对于三、四类桩的处理意见。监理单位经与海擎公司共同商定,同意三类桩处理办法,并称相关费用由中兴公司自负。四类桩要提供有设计单位认可的处理意见。

3月15日,海擎公司、中兴公司和监理单位达成会议纪要,主要内容为:A轴线除四类桩外,到19日上午完成到设计标高-1.5米的工程量;

B轴线三、四类桩处理完成后,10天内完成所有工程量。施工方严格施工,逾期完不成上述任务,施工方自动撤场。

3月19日,中兴公司书面报告海擎公司和监理单位称,目前出现的三、四类桩已无法正常进行下道工序的施工,要求当日下午共同对三、四类桩出现的原因进行分析和探讨。当日下午,由海擎公司、中兴公司和监理单位、检测单位、设计单位开会并形成纪要,主要内容:出现三、四类桩问题的原因与地质状况和重型机械碾压有关,要求对地基进行处理。

3月25日,中兴公司书面报告海擎公司和监理单位称,因土质问题,无法进行下道工序。

3月26日,监理单位致中兴公司工作联系单称,A轴暂停施工,待设计院处理方案出来后再进行施工,其他清理工作继续进行。

3月28日,中兴公司向海擎公司和监理单位递交基坑支护方案和大样图。次日,由中兴公司、海擎公司、监理单位共同就支护方案达成会议纪要,主要内容为:海擎公司图纸已经送审并审批,中兴公司提出支护方案并送审。

3月31日,由中兴公司、海擎公司、监理单位和连云港市建设局、连云港市建设工程质量监督站、连云港市建设工程施工图审查中心、连云港市宇建建设工程鉴定有限责任公司等单位专家共同就基坑支护研究方案,会上海擎公司要求中兴公司拿出支护方案计算书以便确认。专家确认中兴公司的二方案均可行,主要取决于费用和工期。当日,连云港市宇建建设工程鉴定有限责任公司出具《关于海擎公司煤化工设备制造厂房基础基坑围护设计方案的论证意见》,该论证意见于4月5日递交海擎公司。《论证意见》认为,中兴公司的两个《设计方案》均可行,并由海擎公司择优选择。连云港市宇建建设工程鉴定有限责任公司对设计方案同时作出了深化、完善意见。

4月1日,中兴公司向海擎公司递交基坑防护费报表。4月2日,中兴公司函请海擎公司选择确认基坑支护方案。

4月6日,中兴公司致函海擎公司,主要内容为,由于海擎公司在投标时未提供地质勘探报告,中兴公司的报价及编制的投标方案均是按正常

建设工程合同纠纷

施工程序进行的,基坑支护不在原施工范围,工期延误是因现场条件不具备等。

4月30日,中兴公司报告海擎公司,请尽快拿出解决办法,恢复施工。

5月21日,由海擎公司委托,由海擎公司和监理公司指定抽检,进行基桩质量检测,基桩施工期间在2008年2月16日至同年3月10日的总桩数1476根,其中检测474根,江苏省建祥工程检测有限公司就海擎公司煤化工厂房(部分)基桩质量出具2008-X-X17-3号检测报告,报告结论:本工程共进行低应变检测474根,其中一类桩90根;二类桩83根;三类桩210根(指桩身有明显缺陷,对桩身结构承载力有影响);四类桩91根(指桩身存在严重缺陷)。对于该检测报告结论双方均无异议。

5月24日,海擎公司致函中兴公司,要求解除合同,并要求中兴公司承担违约责任,赔偿经济损失575万元。5月26日,中兴公司复函要求继续履行合同。

5月30日,海擎公司向一审法院提起诉讼称:其在合同履行中共投入工程款772万元,用于工程施工,但由于中兴公司的原因导致工程质量出现严重问题。双方几经交涉,中兴公司以种种理由予以推诿,不及时采取措施整改,致使后续工程无法正常衔接,最终造成海擎公司不能按期投产。目前,由于中兴公司的违约行为,双方所签合同已无法正常履行,解除合同才能避免损失的继续扩大,遂请求:(1)依法确认解除合同通知函有效并解除合同;(2)责令中兴公司承担违约责任,赔偿经济损失572万元;(3)责令泰兴建行承担连带责任,履行担保义务;(4)诉讼费用由中兴公司与泰兴建行承担。

中兴公司提出反诉称:中兴公司为该工程已投入资金13335172元,海擎公司至今仍欠5615172元,同时,由于海擎公司无诚意继续履行合同,导致中兴公司长期窝工、停工,至今损失已达1978846元,对此,海擎公司应予赔偿。此外,由于地基情况特殊,设计及施工方案必须变更,工程款远非原合同约定金额能够解决,仅基坑支护费用一项就将达1000万余元,而海擎公司对此一直不予认可,合同已无法履行。请求判决解除双方签订的《合同书》，判令海擎公司支付工程款及损失 7594018 元，本案所有诉讼费用由海擎公司承担。

一审法院另查明：本案争议工程在施工过程中，海擎公司对中兴公司轴线定位、基础桩位、土方开挖、钢筋工程（原材料、钢筋加工）、隐蔽工程、混凝土工程（原材料、配合比设计）、模板工程等工序进行了批质量验收，批质量验收均为合格。对于桩长度、承台的施工、海擎公司在庭审中确认中兴公司均是按图施工。海擎公司自 2008 年 1 月 2 日至 3 月 13 日共支付中兴公司工程款 772 万元。

又查明：海擎公司一审庭审中称，本案争议工程现尚未取得工程建设许可证、施工许可证。工程图纸现已经过审查，但因未交纳费用，海擎公司尚未取得经过审查的图纸。

一审期间，根据中兴公司的申请，一审法院就工程质量和工程造价分别委托有关机构鉴定、评估。关于工程造价，连云港永安工程造价咨询有限责任公司（以下简称永安造价咨询公司）作出（2009）第 108 号《海擎公司重型钢结构厂房基础工程造价鉴定报告》，结论为：基础工程已完工程为 11338644.49 元；停工期间损失为 2518309.41 元，其中：人工费为 880750 元、材料费为 1581058.77 元（其中工程实体用材料 1289133.17 元，分别为钢筋 1179873.9 元、地脚螺栓 71630 元、钢筋制作费 37629.27 元；措施性材料 291925.60 元，分别为碳钢板 9935 元、架扣 104676 元、无缝管 7560 元、木模板 55200 元、脚手架钢管租赁费 77059.6 元、脚手架钢管购置费 331568.64 元。上述材料，一审法院审理中根据海擎公司的申请已经查封），机械费 56500.64 元。报告说明：已完工程量是依据现场实测工程量结合施工图纸计算；材料价格一般执行连云港 2007 年 12 月指导价，桩指导价没有，是依据案卷中桩的单价扣除打桩费用后所得单价，桩尖单价为案卷中相关文件注明单价。钢筋的单价因施工期间价格波动太大，依据政府有关部门文件规定及 2008 年 2 月连云港指导价、案卷资料定为 4700 元/吨。停工损失的材料损失为实体性原材料计算购置费；实体性半成品材料计算购置费及加工费；措施性材料主要是脚手架钢管及扣件，依据案卷中租赁合同，计算了租赁费及购置费。

建设工程合同纠纷

连云港市建设工程质量监督站对于本案争议工程产生倾斜、断裂，作出连质监（2009）第001号《工程质量鉴定报告》，鉴定分析意见为：（1）本次工程桩倾斜与开裂的施工由以下因素造成：①现场观察：由于运土路线只作一些简单的回填压实，并没有作特殊的加固处理，故基坑外侧土体受载重车辆的碾压产生沉降、蠕变、滑移，加大了基坑土体压力，这是引起工程桩倾斜变形断裂的主要因素之一。②根据地质报告，其场地地基土的评价为：本工程的地基承台坐落在海淤层上，其基坑开挖时的放坡系数根据计算应约1∶7，即要想保护基坑内工程桩不受损，其基坑开挖边坡的安全放坡距离应为21米，同时，在没有围护与路基加固措施的情况下，基坑边缘约18米内不能行驶每平米荷重大于4吨的载重汽车与挖土机械设备，而针对本工程而言，恰恰是犯了以上所述的错误。③建设单位与监理单位在该工程施工前，没有按照基本建设的正常施工程序办理施工图审查与质监和安监等手续，致使工程没有进入良性施工状况。监理单位对此没有实行监控，在土建施工单位进行基坑内土方开挖前没有按照建设部（2004）第213号文件与连云港市连建（2005）第175号与连建（2006）第577号文件的精神，对施工单位编制的土方开挖方案进行审查。同时，没有采取有效措施制止土建施工单位在土方开挖方案没经审查就进行开挖与建设单位介入基坑内土方开挖与运输的现象，故对本次桩基倾斜开裂的质量事故也负有一定的责任。如果建设单位在该工程开工前，将设计施工图送审，如果施工单位在基坑土方开挖前，按正常的施工程序进行，按照建设部、连云港市上述文件精神，编报详细的施工方案，报经监理审查，组织专家论证，然后再施工，则本次桩身倾斜、开裂的质量事故是可以避免的。（2）鉴定单位到施工现场进行技术踏勘，据施工单位反映：①施工单位在2007年12月26日桩基施工前，建议将桩身加长，±0.00不变，承台向上提高，以减少基坑内土方开挖的深度，但建设单位没有回复。②建设单位在桩基施工与基坑土方开挖前，没有向其提供工程地质报告，同时提供的施工图没有按规定经过连云港市建设工程施工图审查中心审查。③建设单位参与了该工程基坑土方的开挖与运输，干扰了施工单位正常的施工。④据此，分析认为，如上述反映情况属实，则对桩基施工的质量问题有很大的影响，如果建设与监理单位按上述意见报施工图进行审查，向设计单位反映提高桩身长度与承台标高，按基本建设程序办理，则本次的质量事故是可以减轻或避免的。

一审中，海擎公司对该鉴定结论的规范性有异议，认为其没有参加现场勘验，对检材的真实性没有确认，故对该鉴定报告不予认可。鉴于海擎公司对该鉴定报告不认可，亦未提出具体的实质性异议，一审法院在庭审中释明，如需当面及书面答复，提交书面具体的异议，海擎公司答复庭后提交书面异议但未提交。中兴公司对该鉴定结论表示认可。

一审法院认为，双方争议焦点：（1）本案中工程质量出现问题是谁的责任；（2）中兴公司在合同履行中是否有违约行为；（3）本案中工程款数额。

一审法院认为，当事人双方通过招、投标达成的合同书，系当事人真实意思表示，合同内容不违反国家法律法规的禁止性规定，为有效合同。对于双方所签订的合同，鉴于当事人双方在诉讼中均同意解除合同，一审法院予以照准。

关于中兴公司在合同履行中是否有违约行为的问题。本案中，中兴公司作为投标方，根据招标方海擎公司提供的招标文件和厂房基础设计图纸要求，制订投标文件及工程预算。中兴公司在其投标文件的基坑开挖主要事项中亦明确"严格按照基础结构施工图进行；基坑开挖后如发现坑底土质与勘察报告不符，及时向业主、监理及设计单位反映"等内容。根据中兴公司的工作联系单，可以确认中兴公司履行了报告义务。根据海擎公司和监理单位对于批质量验收均为合格的验收记录，能够证明海擎公司在中兴公司施工过程中，进行了现场监督质量，对于桩长度、承台的施工，海擎公司在庭审中亦确认中兴公司均是按图施工。结合工程质量鉴定结论中的分析意见，能够确认中兴公司在合同履行过程中，并未违反合同约定。现海擎公司诉称中兴公司违约，没有事实依据，其要求中兴公司承担违约责任的请求，一审法院不予支持。同时，泰兴建行未违反《承包保函》下作出的承诺，海擎公司要求泰兴建行承担保函下责任，没有事实和法律依据，该请求一审法院亦不予支持。

建设工程合同纠纷

关于涉案桩基工程质量责任问题。《建设工程质量管理条例》第十一条规定，建设单位应当将施工图设计文件报县级以上人民政府建设行政主管部门或者其他部门审查。施工图设计文件未经审查批准的，不得使用。本案中，海擎公司虽然向中兴公司提交了相关施工图纸，诉讼中也认可中兴公司是按该图纸进行施工，但是海擎公司提交的图纸并不是经过审查的施工图纸。同时，中兴公司在2007年12月26日工作联系单中已经向海擎公司报告地质状况，并要求海擎公司请示设计院增加桩长，提高承台。中兴公司的该报告行为，符合其投标文件中土方开挖方案的要求，对此海擎公司理应及时给予回复。海擎公司在施工图纸未经审查，且在收到中兴公司对于地质状况异常的报告又不予答复的情况下，对此造成的后果应由其自己承担。另外，根据施工过程中的会议纪要记载，能够确认海擎公司在中兴公司基坑开挖中，干扰了中兴公司的正常施工。结合质量鉴定过程中，当事人双方共同选择了连云港市建设工程质量监督站作为质量问题鉴定单位，且该站在鉴定过程中到海擎公司工地现场进行了踏勘的实际情况，在海擎公司不能提供足以反驳的相反证据和理由的情况下，一审法院对连云港市建设工程质量监督站《工程质量鉴定报告》的鉴定结论予以认定。海擎公司称未通知其到现场及对检材的真实性没有确认的理由，一审法院不予采信。就涉案工程相关工序，海擎公司进行了批质量验收，验收结果为合格，也足以证明这一点。综上，依据该鉴定结论，结合各方当事人履行合同的具体行为，一审法院认为，海擎公司应对桩基施工过程中的质量问题承担责任。

关于工程款数额问题。永安造价咨询公司鉴定报告结论为：基础工程已完工程为11338644.49元；停工期间损失为2518309.41元，其中：人工费为880750元，材料费为1581058.77元（工程实体用材料1289133.17元、措施性材料291925.60元），机械费为56500.64元。对于该工程造价鉴定结论，海擎公司表示不认可，但未提出具体实质性异议。一审法院不予支持。对于钢材数量和价格，鉴定单位对于钢材数量系按图纸计算且参照市场价对价格作了调整，中兴公司认为其投入钢材数量比鉴定结论多出100余吨且价格应参照2008年3月市场价，在中兴公司不能提供证据证实实际投入工程钢材量的情况下，一审法院对该异议不予采信。对于土方单价，鉴定单位在案涉土方量与预算量出现较大出入时，按实计算，并无不当。中兴公司要求参照预算单价计算总价，没有事实依据，不予支持。

综上，中兴公司已完成工程价款为 11338644.49 元、停工期间人工费损失为 880750 元、材料费为 1581058.77 元、机械费损失为 56500.64 元，合计 13856953.90 元。现海擎公司已付工程款为 772 万元，尚欠 6136953.90 元，海擎公司应支付给中兴公司，并承担中兴公司自提起反诉之日起的同期银行贷款利息。

一审法院于2009年9月9日作出（2008）连民一初字第0067号民事判决：一、解除海擎公司与中兴公司于2007年12月15日签订的《合同书》；二、驳回海擎公司的其他诉讼请求；三、海擎公司于判决生效后10日内给付中兴公司工程款6136953.90元及利息（利息按中国人民银行同期贷款利率计算，时间自2008年6月25日至判决确认给付之日止）；四、驳回中兴公司其他诉讼请求。本诉案件受理费48690元，由海擎公司负担。反诉案件受理费32480元，由中兴公司负担1480元，海擎公司负担31000元。保全费5000元由海擎公司负担。工程造价评估费11万元，由中兴公司负担1万元，海擎公司负担10万元。工程质量鉴定费29900元，由海擎公司负担。

海擎公司不服一审判决，向江苏省高级人民法院（以下简称二审法院）提出上诉称：（1）一审判决认定事实错误。①关于工期问题。海擎公司与中兴公司原签订的合同中约定的工期为2007年12月20日起至2008年2月22日止，后因中兴公司提出种种理由，双方经协商，于2008年2月19日达成《补充协议》，将工期延长至2008年3月30日。2008年3月6日，双方再次在《补充协议》中约定，工期仍然为2008年3月30日到期。此后，双方再没就工期问题达成新的一致意见。中兴公司后期虽然就基坑支护方案及费用问题与海擎公司协商，但基坑支护方案是中兴公司合同约定范围内的工作，费用已包括在合同包死价之内。因此，后期协商问题不能作为中兴公司延长工期的理由。故自2008年3月31日起产生的工期延误，应由中兴公司负责，中兴公司理应承担违约责任。②关于《岩土

建设工程合同纠纷

工程详细勘察报告》以及设计图纸问题。首先,设计图纸是建立在《岩土工程详细勘察报告》基础上的,设计图纸已通过审查证实没有实质性问题,按照设计图纸施工完全可以满足工程质量要求;其次,中兴公司在投标过程中看过《岩土工程详细勘察报告》,而设计图纸是其编制投标书的依据;再次,《岩土工程详细勘察报告》及设计图纸是双方签订合同次日,中兴公司实际开工前拿到,完全有时间作出合理、科学的施工方案;最后,(2009)第001号《工程质量鉴定报告》并没有认定,没有《岩土工程详细勘察报告》是造成施工质量不合格的原因。根据双方都认可的材料,足以证实《岩土工程详细勘察报告》及设计图纸不是工期拖延的原因,因为双方在签订《补充协议》中重新约定竣工日期时已经充分考虑了各方面的因素和中兴公司的请求。③关于中兴公司在合同履行中其他违约行为问题。《工程质量鉴定报告》明确说明:"(1)由于运土路线只作了简单的回填压实,这是引起工程桩倾斜变形断裂的主要因素之一;(2)放坡系数不对;(3)施工单位没有按照正常的施工程序进行等。"这些问题应是中兴公司未按照规范施工产生的后果,属于重大违约行为,应当按照合同约定承担违约责任。④《工程质量鉴定报告》部分内容错误。首先,海擎公司没有采纳中兴公司的建议,是因为该建议只是便于中兴公司施工,但是不符合设计单位的设计要求及海擎公司今后使用要求;其次,建设单位干扰施工单位正常施工一事,纯属子虚乌有;再次,该鉴定报告也称是根据施工单位反映的情况,未经过法院审理查明。《工程质量鉴定报告》虽然提到施工单位的过错,却没有指明中兴公司没有按照国家规范施工,也没有按照招标文件中的承诺施工,才是导致本案质量问题发生的最主要原因。本案中,中兴公司既没有基坑支护,又长时间在桩侧堆土,致使出现严重质量问题,一审判决在上述问题上均作出了错误认定。(2)一审审理程序不当。一审中《工程质量鉴定报告》的鉴定人未到庭接受询问,对《工程造价鉴定报告》海擎公司亦不认可。首先,关于已完工程造价,双方明确约定包死价为1330万元,不考虑质量问题,中兴公司完成不到一半工程量,而鉴定造价为11338644.49元,明显不符合双方合同约定。海擎公司认为如果不考虑质量问题,应鉴定整个工程造价,然后以

11338644.49元/整个工程造价×1330万元,来确定中兴公司已完成造价。其次,停工损失完全是依据中兴公司单方提交的未经质证的资料鉴定的。(3) 一审适用法律错误。中兴公司已完工程大部分不合格,而鉴定结论虽然错误,也足以证明中兴公司对工程质量不合格负有重大过错责任;并且工程停工也完全是因中兴公司的原因导致的,停工损失应由中兴公司自负。一审判决海擎公司支付中兴公司工程款并承担停工损失属于适用法律错误。综上请求依法改判,支持海擎公司的诉讼请求,驳回中兴公司的反诉请求。

中兴公司口头答辩称:(1)关于工期问题。本案工期延误的原因:①施工现场地质条件严重不足,地下全是淤泥,水分含量过高,导致打桩无法固定,势必会出现裂缝。对此问题海擎公司负有责任,其提供地质勘察报告是在签订施工合同之后,导致施工方在不知道地质条件的前提下进行的投标报价,远低于实际造价。中兴公司在拿到地质勘查报告后已经提出相应补救办法,但海擎公司未采纳。②海擎公司没有履行三通一平的合同义务,导致无法正常施工。③相关工程量变更增加影响工期。④中兴公司发现地质条件恶劣后多次报请海擎公司修改设计,甚至主动拟订方案,但海擎公司未予答复。⑤桩基出现问题后,中兴公司积极联系专家组、海擎公司寻找原因,拟订可行方案并报送预算,海擎公司始终未答复。⑥海擎公司的上诉理由与合同履行中达成的合意矛盾。合同履行过程中,海擎公司对工期顺延是认同的,对A轴线需等设计院方案出台后再施工,B轴线是三、四类桩问题处理后10天内完成施工。鉴于双方有此合意,中兴公司既无工期延误事实,也不应承担工期延误责任。(2)关于工程质量问题。①质量鉴定报告已经明确工程质量问题不是由中兴公司的施工造成;②工程每一步的单项质量验收记录均合格,符合施工规范,中兴公司均按图纸施工;③中兴公司并未完全机械地按图纸施工,在发现地质问题后已经向海擎公司提出解决方案但未被采纳;④由于施工地的地质情况恶劣,工程质量先天不足;⑤中兴公司提出的抬高承台方案未被采纳,如采纳该意见,则质量问题可以避免;⑥海擎公司参与干扰施工方施工;⑦施工图未按规定报审,势必出现质量问题;⑧施工合同包死价是基于普通地质条件

建设工程合同纠纷

的,中兴公司收到地质勘查报告发现地质情况特殊,应属于工程变更。(3)关于工程造价和损失价款,一审鉴定结论是正确的。(4)关于程序问题。①一审庭审中海擎公司对质量鉴定报告提出的异议过于笼统,法庭要求其详细列明问题,海擎公司当场表示庭后提交书面材料,但至今未提交,应当视为对权利的放弃,一审程序并无不当;②对工程造价的鉴定,海擎公司虽提出异议,但不足以推翻鉴定结论。(5)关于法律适用问题,由法庭评判。综上,请求驳回海擎公司上诉,维持一审判决。

泰兴建行未作答辩。

二审法院认为双方当事人对一审法院查明的事实均无异议,予以确认。

二审庭审中海擎公司提交了连云港市建设施工图审查中心于2008年4月15日出具的《施工图设计审查意见书》,以及浙江工业大学建筑规划设计研究院于2009年11月15日出具的《意见反馈单》,以证明设计单位出具的施工图已经经过了有关部门审查。中兴公司质证认为,该《施工图设计审查意见书》及《意见反馈单》是在工程质量事故发生后才作出,已经无法避免事故的发生,并且该意见书已经提出了设计存在问题并要求会同勘察及设计单位进行修改、调整,说明施工图审查并未获得通过。

二审法院认为,本案争议焦点:(1)讼争工程产生质量问题的原因和责任;(2)中兴公司是否应当承担违约责任;(3)工程款与停工损失应当如何认定。

一、关于讼争工程产生质量问题的原因与责任

二审法院认为,根据连云港市建设工程质量监督站所作出的《工程质量鉴定报告》,案涉工程发生桩倾斜与断裂的事故是由于一系列因素综合造成,对这些因素进行具体分析,应当认定建设单位与施工单位都应当承担相应的责任。

1. 海擎公司在该工程施工前没有按照基本建设的正常施工程序办理施工图审查与质监和安监等手续,给工程质量事故的发生造成隐患,海擎公司应当对此承担责任。海擎公司在二审庭审中提交了连云港市建设施工图

审查中心出具的《施工图设计审查意见书》，其中关于地基处理及结构设计的安全性、合理性的评价为"无违反强条、强标"，但同时说明"因承台埋置较深至流塑淤泥设计应提醒施工单位做好基槽支护，同时设备基础应同时施工"。在审查综合意见中载明："一、施工图设计文件深度与完整性基本符合规定。二、各专业均存在不满足设计规范和标准的内容，应按审查意见组织修改与完善。三、调整、修改原设计应按格式出具整改措施和正规设计变更，复查合格后，予以通过。"二审法院认为，从该《施工图设计审查意见书》的内容看，已经发现了施工地特殊土质以及设计方案中的承台高度可能造成的隐患，并提出了相应的要求，如果建设单位、监理单位与设计单位及时收到该意见书并给予充分重视，采取相应的保护措施或调整设计方案，则可能减轻或避免质量事故的发生。但是由于该意见书出具的日期是2008年4月15日，此时工程质量事故已经发生，故意见书的出具显然已经于事无补。因此，应当认定海擎公司未在施工前将施工图按照《建设工程质量管理条例》及其他规章的规定要求进行报审与工程质量事故的发生之间存在因果关系，海擎公司应当承担相应的责任。

2. 由于案涉工程所处地区的地质条件较为特殊，其地基承台坐落在海淤层上，其基坑开挖时的放坡系数根据计算应约1∶7，即要想保护基坑工程桩不受损，其基坑开挖边坡的安全放坡距离应为21米，而工程的实际放坡宽度远远不足21米，这是导致工程质量事故的主要原因之一。关于放坡不足的责任，二审法院认为建设单位与施工单位都存在一定的责任。首先，中兴公司所编制的土方开挖方案中载明"土坡坡度不大于安全坡度（1∶1.5）"，显然不能满足基坑安全的要求，对此，中兴公司抗辩认为，其是在签订合同后的第二天才收到建设单位提供的岩土勘查报告，导致其在不知道地质条件的情况下所进行的招标报价远低于实际需要的工程造价，而其多次要求海擎公司追加工程款，海擎公司不予理睬，使其无法调整施工方案，增加土方开挖量。二审法院认为，从中兴公司收到建设单位提供的岩土勘察报告的时间来看，是在双方签订合同之后，因此，中兴公司在合同签订时客观上难以对当地特殊的地质情况作出准确的判断，其只能根据一般的地质条件进行招标并编制土方开挖方案。但其在施工前已经

建设工程合同纠纷

收到了岩土勘察报告,对现场情况已有了解并能够作出正确判断,中兴公司此时应当注意原土方开挖方案可能造成质量隐患,有义务及时向业主、监理及设计单位反映,重新调整土方开挖方案。当然,如果按照鉴定结论中1:7的要求放宽坡度,将造成工程造价大幅度增加,可能导致合同签订基础发生重大变化,对此,双方均应秉承诚实信用原则,重新进行协商,共同商定可行的开挖方案及合同价款。但中兴公司只是提出了增加桩长、提高承台的优化设计方案,在该方案未得到建设单位采纳后,其未能从工程质量安全出发,进一步向建设单位提出调整开挖方案的要求,而是仍按原方案实施,故中兴公司对于施工产生的质量后果应当承担一定的责任。海擎公司一味强调工程造价为不变价,并以中兴公司施工过程应当采取何种施工方案与建设单位无关为由,对施工单位调整设计方案的建议未予重视与答复,亦应承担一定的责任。此外,监理单位在施工单位进行基坑内土方开挖前没有按照建设部与连云港市建设主管部门的文件精神对施工单位编制的土方开挖方案进行有效审查,没有采取有效措施制止土建施工单位可能影响工程质量的开挖行为与建设单位介入基坑内土方开挖与运输的现象,故对基坑开挖放坡不足导致的质量事故也应负有一定的责任。由于本案处理的是建设单位与施工单位之间的争议,而监理单位是作为建设单位的代理人代表建设单位对工程质量进行监督与管理,故监理单位的责任在本案中亦应视为建设单位的责任。综上,在放坡系数不足的问题上,建设单位海擎公司应负主要责任,施工单位中兴公司负有次要责任。

3. 本工程中,运土路线只作了一些简单的回填压实,没有作特殊的加固处理。在没有围护和路基加固措施的情况下,基坑边缘6H范围内(约18米)不能行驶每平方米荷重大于4吨的载重汽车与挖土机械设备。但本工程中,因为基坑外侧土体受载重车辆的碾压产生的沉降、蠕变、滑移,加大了基坑内土体压力,是引起工程桩倾斜变形断裂的主要因素之一。

关于重型汽车与挖土机械的碾压问题,根据中兴公司2008年2月28日的工作联系单,可以证明海擎公司在施工中自行组建了挖掘机和大型运土车辆进行了基坑开挖,该工作联系单已由监理单位签收,海擎公司虽然予以否认,但并无充分证据推翻,故二审法院对该证据予以确认。海擎公司认为中兴公司使用的挖土机械与运土车辆对土体下沉亦有影响。二审法院认为虽然中兴公司也使用了挖土机械,但对土体下沉造成的影响要远远小于大型运土车辆,至于中兴公司是否使用了载重汽车进行运土,海擎公司并未能够提供证据证明中兴公司的运土工作不符合施工规范,故二审法院对其主张不予支持。

关于运土路线没有加固的责任问题。二审法院认为双方在《合同书》中仅约定建设单位应当为施工单位提供三通一平条件,而并未具体约定是否包含施工场地内的道路。在合同约定不明的情况下,根据《中华人民共和国合同法》第六十一条的规定,应当由双方协议补充,不能达成补充协议的,按照合同有关条款或交易习惯认定。本案中,虽然中兴公司向建设单位出具了工程联系单要求其对道路进行修复,但海擎公司未予答复,不能视为双方对原合同的补充已达成合意。根据工程建设合同的行业惯例,施工用道路系工程施工所用的临时性道路,在合同没有明确约定的情况下,应由施工单位自行承担。因此,本案中施工道路没有加固的责任应由中兴公司承担,而重型汽车及挖土机械碾压的主要责任则应由海擎公司承担。

综上所述,二审法院认为,在涉案桩基工程施工前,海擎公司未按照国家有关规定将施工图报审后再交给施工单位进行施工,给工程质量留下了隐患。在施工过程中发现特殊的地质条件对工程施工造成困难后,双方均未能够秉承诚实信用原则积极作为。作为建设单位,海擎公司未能会同监理单位、设计单位对于施工单位提出的"增加桩长、提高承台"的合理建议予以充分重视并研究相应措施,亦未能会同监理单位对施工单位的土方开挖方案进行审查及专家论证;作为施工单位,中兴公司未能根据特殊的土质要求合理调整土方开挖方案并报监理单位审查,而是机械地按照施工图和原来的挖土方案进行施工。此外,在施工过程中,中兴公司没有对道路进行加固,海擎公司使用载重汽车参与土方开挖和运输,干扰了正常施工,双方均存在过错。综合分析、比较以上因素,二审法院认为,建设单位应当对本案工程质量问题的发生承担80%的责任,施工单位应当承担

20%责任。

二、关于中兴公司是否应当承担违约责任

海擎公司认为，根据双方合同约定，中兴公司发生重大质量问题或不符合合同约定的技术标准及要求，每影响海擎公司正常开工或正常生产一天，中兴公司应向海擎公司支付本合同工程总造价的3‰的违约金。

二审法院认为，涉案工程发生质量问题的根本原因在于涉案工程所处的地质条件较为特殊，双方当事人在签订合同时对该地质条件均未充分预见。在合同履行中发现土质问题影响施工后，双方原应本着诚实信用原则对施工方案及合同价款的调整进行协商、公平合理地确定彼此的权利义务并履行合同。但由于双方均未能遵循诚实信用原则履行自己的义务，造成工期延误，并发生了工程质量事故，导致巨大的建设成本损失，对该损失的发生，根据双方的过错大小，应由海擎公司承担主要责任，中兴公司承担次要责任。

在建设成本损失之外，海擎公司还主张中兴公司应承担工程不能如期竣工、投入使用的工期延误违约责任，对此，二审法院认为，由于工程质量问题的发生导致无法按期竣工的主要过错在海擎公司，因此，海擎公司在建设成本之外主张中兴公司承担工期违约责任的法律依据并不充分，不予支持。

三、关于工程款与停工损失应当如何认定

永安造价咨询公司作出的工程造价结论为：基础工程已完工程为11338644.49元；停工期间损失为2518309.41元，其中：人工费为880750元，材料费为1581058.77元（工程实体用材料1289133.17元、措施性材料291925.60元），机械费为56500.64元。合计13856953.90元。海擎公司对造价鉴定结论提出如下异议：

1. 对工程造价鉴定方法有异议。海擎公司认为，双方合同约定是固定价，鉴定造价也应按合同约定，即鉴定已完工程造价/按图纸施工造价再乘以合同约定的固定价。

2. 鉴定报告中认定为中兴公司损失的材料清单是中兴公司单方提供的，不能作为认定事实依据。

3. 2008年5月24日双方合同已经解除，机械并没有留在工地上，故机械停工损失计算到2008年11月30日与事实不符。

4. 中兴公司只是两三个管理人员，二三十个工人，造价鉴定采纳的是中兴公司单方提供的未经质证的材料认定工人工资缺乏依据。

二审法院认为：

1. 关于鉴定方法问题。对于海擎公司提出的异议，鉴定人在二审庭审中答复，虽然双方在合同中约定的是固定价，但由于目前工程尚未竣工，且在工程施工中所采取的措施费数额较大，故仅按施工图鉴定工程造价难以准确测算实际完成工程量占全部工程量的比例。因此，二审法院认为海擎公司主张的以鉴定已完工程造价/整个工程造价×1330万元固定价的方法不具备合理性，鉴定机构对已完工程按实结算并无不当，应予维持。

2. 关于钢筋与钢管、扣件等材料损失及机械损失，均系由于海擎公司在一审期间申请诉讼保全而导致的损失，其数额虽是根据中兴公司提供的清单计算，但已在诉讼保全期间经一审法院进行过清点，海擎公司在一审法院采取诉讼保全过程中并未提出异议，故其上诉主张缺乏证据证明，不予支持。

3. 关于人工工资损失。本案中，鉴定机构是以中兴公司提供的工资表为依据计算人工损失。其中管理人员工资从2008年4月计算至11月，共168000元；工人工资从2008年4月计算至6月双方在一审诉讼中同意解除合同为止，共712750元；此外，还计算了工人遣散费用5万元，合计880750元。海擎公司虽提出异议，但并不能提供充分的反证予以推翻；且从时间及数额看，也并非不合常理，故应予维持。

综上，二审法院认为，中兴公司已完工程款及停工期间损失为13856953.90元，对该损失应由海擎公司承担80%的责任，其余20%应由中兴公司自行承担。因此，海擎公司应当支付中兴公司11085563.12元，现海擎公司已付工程款772万元，尚欠3365563.12元，海擎公司应当支付中兴公司，并承担中兴公司同期银行贷款利息。

建设工程合同纠纷

二审法院于2010年3月2日作出(2010)苏民终字第0012号民事判决:一、维持一审判决第一项,即解除海擎公司与中兴公司于2007年12月15日签订的《合同书》;二、维持一审判决第二项,即驳回海擎公司其他诉讼请求;三、维持一审判决第四项,即驳回中兴公司其他诉讼请求;四、变更一审判决第三项为:海擎公司于判决生效后10日内给付中兴公司工程款3365563.12元及利息(利息按中国人民银行同期贷款利率计息,时间自2008年6月25日至给付之日)。

一审本诉案件受理费48690元,由海擎公司负担。反诉案件受理费32480元,由中兴公司负担6496元,海擎公司负担25984元。保全费5000元由海擎公司承担。工程造价评估费11万元,由中兴公司负担22000元,海擎公司负担88000元。工程质量鉴定费29900元,由中兴公司负担5980元,海擎公司负担23920元。二审案件受理费32480元,由海擎公司负担25984元,中兴公司负担6496元。

海擎公司不服江苏省高级人民法院(2010)苏民终字第0012号民事判决,向本院申请再审请求:撤销江苏省高级人民法院(2010)苏民终字第0012号民事判决,依法改判。再审开庭时,海擎公司明确其再审请求为:请求判令中兴公司承担违约责任572万元;判令泰兴建行在担保函范围内承担连带责任;判令驳回中兴公司的反诉请求;所有诉讼费用由中兴公司承担。后经本院释明,海擎公司放弃对泰兴建行的再审请求。

海擎公司申请再审的事实与理由是:

1. 原判决认定事实错误。(1)设计图纸事先未经审查与工程质量问题没有因果关系。(2)中兴公司提出"增加桩长、提高承台"的方案,只是便于施工人施工,但不符合设计单位的设计要求以及海擎公司使用,且"增加桩长、提高承台"会对承重能力产生影响,从而影响到厂房的基础安全,必须要经过设计单位重新测算、重新设计出图纸才能施工,原设计图纸没有问题,《设计图审查意见书》也没有提出实质性意见。(3)没有证据证实道路是海擎公司压坏的,海擎公司、监理单位从未收到中兴公司2008年2月28日工作联系单,即便收到也只能证明海擎公司进行约一天的挖掘试验,也没有大型运土车辆运土的记载。本案施工单位就是中兴公司，认定其动用机械和车辆完成了绝大部分开挖和全部运土的工作没有问题。在道路损害导致桩基损害的责任上，中兴公司至少要承担99%的责任。（4）二审认定本案工程放坡系数不足，海擎公司承担主要责任。但因施工道路两侧均要开挖基坑，如满足放坡系数，则无法满足施工通行要求。中兴公司应当承担的是，在不能满足正常放坡系数的情况下，没有采取合理的施工方案，包括支护方案导致出现质量事故的责任。（5）从鉴定报告可以看出，施工通道如果加固就没有问题，如果没有大型或重型车辆通行也没有问题，如果采用基坑支护也没有问题。但中兴公司既未加固道路，也没有采用稳妥的方式开挖基坑和运土，实际施工中也没有采取基坑支护措施，这才是导致本案工程质量的最主要原因。中兴公司提出支护方案的时间是2008年3月28日，而3月25日海擎公司委托连云港市建祥桩基检测有限公司对于桩基的检测结果表明，大部分桩均为废桩，再用基坑支护方案已经于事无补。此外，假设中兴公司2007年12月16日才知道地质情况，中兴公司可以选择不干，既然选择了干，就应当确定合理、科学的施工方案，或者干脆停工，以避免更大的损失，而非出现了严重质量问题后才想到调整施工方案。二审确定的责任应当颠倒过来，由中兴公司承担80%的责任。（6）关于工程造价鉴定报告。一是对已完工程量造价鉴定方法有问题，不仅应鉴定已完成工程量造价，还应按图纸鉴定出整个工程的造价，这样两个造价之比乘以合同造价，才是按照合同约定计算出来的中兴公司已完工程的造价。二是关于工人和管理人员的工资核算，鉴定人就是根据中兴公司单方提供的工资表做的，没有其他证据佐证。二审庭审中，海擎公司强烈要求中兴公司提供名单上所有人员的身份证复印件和缴纳养老保险、个人所得税的相关凭证，但二审置海擎公司的合理质疑于不顾。二审认定工资时间、数额很不合理。再审审查中，海擎公司提交了监理单位的《工作联系单》，这份新证据足以说明中兴公司的施工人员于2008年4月底之前全部撤离了工地。（7）《工程造价鉴定报告》提到的物料损失不是损失，不应成为工程造价的组成部分。海擎公司申请查封的包括钢筋、钢板、施工用脚手架、部分设备等，该部分物料没有物化在工程之中，结案后中兴公司可以拉走，不应成为工程造价的组成部分。而且，

2010年7月26日,在连云港中院执行过程中,已经以现场物料归中兴公司所有,由中兴公司将上述物料全部拉走。

2. 中兴公司应承担违约责任。海擎公司与中兴公司原签订的合同中约定的工期为2007年12月20日起至2008年2月22日止,后因中兴公司提出种种理由,双方经协商,于2008年2月19日达成《补充协议》,将工期延长至2008年3月30日。2008年3月6日,双方再次在《补充协议》中约定,工期仍然为2008年3月30日到期。此后,双方再没就工期问题达成新的一致意见。中兴公司后期虽然就基坑支护方案及费用问题与海擎公司协商,但基坑支护方案是中兴公司合同约定范围内的工作,费用已包括在合同包死价之内。因此,后期协商问题不能作为中兴公司延长工期的理由。故自2008年3月31日起产生的工期延误,应由中兴公司负责,中兴公司理应承担违约责任。

本院对于一审、二审查明的事实予以确认。

本院认为,本案争议焦点:(1)本案工程质量出现问题责任应当如何承担;(2)中兴公司应否承担工期违约责任;(3)关于工程款及停工损失如何认定。

一、本案工程质量出现问题责任应当如何承担

海擎公司申请再审主张原判决认定事实错误,由其承担工程质量问题主要责任错误,以下分项论述:

1. 关于设计图纸事先未经审查与工程质量问题有无因果关系。海擎公司主张设计图纸事先未经审查与质量问题没有因果关系,二审认为审查意见书认定设计图纸有问题错误。中兴公司答辩称海擎公司没有如实提供地质勘查报告,施工图纸未经过审批、未组织会审、缺乏科学论证,导致脱离当地地质实际,没有针对淤泥层设计专门措施,导致质量问题,且时至今日,海擎公司提供的图纸仍未经过审查,没有加盖审图章。

本院认为,《建设工程质量管理条例》第五条规定,从事建设工程活动,必须严格执行基本建设程序,坚持先勘查、后设计、再施工的原则。第十一条规定,建设单位应当将施工图设计文件报县级以上人民政府建设

行政主管部门或者其他有关部门审查。施工图设计文件未经审查批准的，不得使用。本案中，工程质量问题产生原因很大程度是基于当地特殊地质。根据《建设工程质量管理条例》要求，在基本建设的规定程序中，与工程质量的形成关系密切的是勘察、设计、施工三个阶段。勘察工作为设计提供地质、水文等情况，给出地基承载力。勘察成果文件是设计工作的基础资料，设计单位据此确定选用的结构形式，进行地基基础设计，向施工单位提供施工图，施工单位按图施工。本案中，海擎公司在招投标过程中并未能提供证据证明曾提供岩土工程详细勘查报告，而是在签订合同的次日才提交，给工程质量事故的发生造成隐患，海擎公司应当对此承担责任。

海擎公司虽在二审庭审中提交了连云港市建设施工图审查中心出具的《施工图设计审查意见书》，该意见书关于地基处理及结构设计的安全性、合理性的评价为"无违反强条、强标"，但同时说明"因承台埋置较深至流塑淤泥设计应提醒施工单位做好基槽支护，同时设备基础应同时施工"。在审查综合意见中载明："各专业均存在不满足设计规范和标准的内容，应按审查意见组织修改与完善。"由此可见，该《施工图设计审查意见书》已经发现了施工地特殊土质以及设计方案中的承台高度可能造成的隐患，并提出了相应的要求"调整、修改原设计应按格式出具整改措施和正规设计变更，复查合格后，予以通过"。本案中，如果建设单位、监理单位与设计单位及时收到该意见书并给予充分重视，采取相应的保护措施或调整设计方案，则可能减轻或避免质量事故的发生。但该意见书出具的日期是2008年4月15日，此时工程质量事故已经发生，故意见书的出具已经于事无补。因此，本案中海擎公司违反行政法规未将施工图纸送审，且事后出具的《施工图设计审查意见书》对风险进行了提示、提出了整改及变更要求，应认定海擎公司未进行图纸报审与案涉工程质量事故的发生之间存在因果关系，并承担主要责任。中兴公司作为施工单位，在建设单位未提交岩土工程详细勘查报告和经过审核的施工图纸情况下，违背基本建设程序、急于报价承揽工程，亦有一定的过错。二审法院对此认定并无不妥，海擎公司所称设计图纸未经审查与质量问题没有因果关系依据不足，理由

建设工程合同纠纷

不能成立,本院不予支持。

2. 关于中兴公司提出"增加桩长、提高承台"的方案问题。海擎公司申请再审称中兴公司提出该方案,只是便于施工人施工,但不符合设计单位的设计要求以及海擎公司使用,且"增加桩长、提高承台"会对承重能力产生影响,从而影响到厂房的基础安全,必须要经过设计单位重新测算、重新设计出图纸才能施工,原设计图纸没有问题,《设计图纸审查意见书》也没有提出实质性意见。故海擎公司不应承担因此导致质量问题的相应责任。中兴公司答辩称该方案已经过专家论证,质量鉴定报告亦可证实,该方案如被采纳可以避免质量问题,且该方案成本较低。

本院认为,中兴公司于2007年12月16日得到岩土工程详细勘查报告和现场总平面图后,同年12月20日进场施工,12月26日,中兴公司致海擎公司工作联系单两份,主要内容为因现场地质条件复杂,原自然土为水中所泡淤泥等,现土方量大大超出合同工程量范围,并需解决降水,建议提高室内±0.00标高及场区标高至合理位置,请示设计院增加桩长提高承台(并修改承台),解决排水问题。另外,中兴公司在其投标文件的基坑开挖主要事项中亦明确"严格按照基础结构施工图进行;基坑开挖后如发现坑底土质与勘察报告不符,及时向业主、监理及设计单位反映"等内容。可见,中兴公司已及时履行报告义务,并提出建议。且"增加桩长、提高承台"方案在连云港市建设工程质量监督站《工程质量鉴定报告》"关于海擎公司煤化工设备制造厂部分工程桩倾斜,断裂的鉴定分析意见"中亦说明针对"增加桩长、提高承台"方案对桩基施工的质量问题有很大影响,如果建设与监理单位报施工图进行审查,向设计单位反映提高桩身长度与承台标高,按基本建设程序办理,则本次的质量事故是可以减轻或避免的。但海擎公司未能会同监理单位、设计单位对于中兴公司提出的建议予以充分重视并研究相应措施,故其应对其后的工程质量事故责任承担主要责任。二审法院对此责任认定并无不当。

3. 关于重型汽车与挖土机械的碾压责任问题。海擎公司申请再审称没有证据证实道路是海擎公司压坏的,海擎公司、监理单位从未收到过中兴公司2008年2月28日工作联系单,即便收到只能证明海擎公司只进行了约一天的挖掘试验,也没有大型运土车辆运土的记载。本案施工单位就是中兴公司,认定其动用机械和车辆完成了绝大部分开挖和全部运土的工作没有问题。在道路损害导致桩基损害的责任上,中兴公司至少要承担99%的责任。中兴公司答辩称,道路碾压完全是由海擎公司造成,海擎公司自行组织大型机械现场开挖、大型车辆土方外运导致道路压坏、桩发生倾斜。

本院认为,2008年2月28日的工作联系单载明:"2008年2月24日建设单位自行组建了挖机和大型运土车辆对A轴交33—35轴进行了基坑开挖,采取即挖即运的方式,进行该基坑的土方开挖,致使大型运土车辆所行经过的道路沿线均发生了土体下沉。"海擎公司虽称从未收到过2008年2月28日的工作联系单,但该工作联系单有监理单位签字。工程监理单位,是受建设单位委托,依照国家法律规定要求和建设单位要求,在建设单位委托的范围内对建设工程进行监督管理的单位,所以,该工作联系单尽管海擎公司予以否认,但并无充分证据推翻,故应予认定。且海擎公司并未提交证据证明其曾对该工作联系单中提及的由于海擎公司自行组建挖机和大型运土车辆碾压导致土体下沉后果提出异议。综上,二审法院关于因海擎公司重型汽车与挖土机械碾压导致土体下沉、基桩倾斜变形断裂的责任认定并无不妥。海擎公司此项再审理由依据不足,不予支持。

4. 关于工程放坡系数不足的问题。海擎公司申请再审称因施工道路两侧均要开挖基坑,如满足放坡系数1:7,则无法满足施工通行要求。中兴公司应当承担的是,在不能满足正常放坡系数的情况下,没有采取合理的施工方案,包括支护方案导致出现质量事故的责任。中兴公司答辩称放坡系数达标。

本院认为,中兴公司所编制的土方开挖方案中载明"土坡坡度不大于安全坡度(1:1.5)",是按照一般地质条件作出的开挖方案,但基于案涉工程特殊地质并不能满足基坑安全的要求,海擎公司虽未提出异议,但中兴公司在收到建设单位提供的岩土勘察报告后,已对现场地质情况有所了解,中兴公司此时应当注意到原土方开挖方案可能造成质量隐患,有义务及时向业主、监理及设计单位反映,重新调整土方开挖方案。建设单位与

建设工程合同纠纷

施工单位亦应秉承诚实信用原则，重新进行协商，共同商定可行的开挖方案及合同价款。但本案中，中兴公司只是提出了增加桩长、提高承台的优化设计方案，在该方案未得到建设单位采纳后，其未能从工程质量安全出发，进一步向建设单位提出调整开挖方案的要求，而是仍按原方案实施，故中兴公司对于施工产生的质量后果应当承担一定的责任。海擎公司一味强调工程造价为不变价，并以中兴公司施工过程应当采取何种施工方案与建设单位无关为由，对施工单位调整设计方案的建议未予重视与答复，亦应承担一定的责任。

5. 关于基坑支护问题。海擎公司申请再审称中兴公司在投标文件中明确基坑支护结构，但实际施工中没有采取基坑支护措施，是导致本案工程质量事故的主要原因。中兴公司答辩称该公司在投标文件中基坑支护的承诺没有依据，因招标及签约时没有见到地质勘查报告，不可能考虑到基坑支护问题。

本院认为，根据《建设工程质量管理条例》规定，从事建设工程活动，必须严格执行基本建设程序，坚持先勘查、后设计、再施工的原则。案涉工程所处地区地质条件较为特殊，从中兴公司收到建设单位提供的岩土勘查报告的时间来看，是在双方签订合同之后，因此，中兴公司在投标时乃至签订合同时客观上难以对当地特殊的地质情况作出准确判断。在中兴公司的投标文件中，虽载明"开挖过程中发现支护结构局部位移较大，已超过许可范围时，应暂时中止挖土，采用钢管或钢管索在竖直平面内进行斜撑，同时在支护结构外侧卸载，以减少主动土压力，也可打设锚杆进行加固；当支撑结构出现裂缝时，可用钢管或钢管索在支撑结构和支撑桩之间进行对撑加固"，但该支护方案应视为针对一般地质而并非案涉工程特殊地质作出。中兴公司于2008年3月28日拟定基坑支护方案并请专家予以论证，结果是要增加1000多万元工程造价，而本案工程合同预算价格为1300余万元亦可佐证。在发现地质情况特殊后，施工单位与建设单位均应秉承诚实信用原则，进行协商、调整方案。本案中，中兴公司提出有关方案，而海擎公司强调工程造价为包死价，并以中兴公司提出基坑支护方案和费用与建设单位无关，态度消极，应对工程质量出现问题承担主要责任;中兴公司虽于2008年3月28日提出基坑支护方案,但2008年5月21日,海擎公司委托鉴定单位对基桩施工期间(2008年2月16日至同年3月10日)的桩基抽测鉴定,案涉桩基已出现重大质量问题,此质量问题的发生,与中兴公司签订合同后发现特殊地质并提出建议,但在海擎公司不予认可之后仍不计后果施工有一定关系,故中兴公司亦应承担一定责任。

综上,案涉工程质量出现重大问题,建设单位与施工单位均有过错。海擎公司违反诚信原则,在签订合同之前未提交岩土工程详细勘查报告,未提交经过审核的施工图纸,违反《建设工程质量管理条例》规定的基本建设程序,为质量事故发生埋下隐患;海擎公司未能会同监理单位、设计单位对于施工单位提出的"增加桩长、提高承台"的合理建议予以充分重视并研究相应措施,亦未能会同监理单位对施工单位的土方开挖方案进行审查及组织专家论证,且在施工过程中,使用载重汽车参与土方开挖及运输导致道路碾压,海擎公司一味强调工程造价为不变价,并以中兴公司施工应当采取何种方案与建设单位无关为由,对施工单位调整设计方案的建议未予重视与答复,故应承担相应的责任。作为专业施工单位,中兴公司在没有看到岩土详细勘查报告及经过审核的施工图情况下,即投标承揽工程,本身就不够慎重,发现特殊地质情况后虽提出建议,但在海擎公司不予认可之后仍不计后果冒险施工,对桩基出现的质量问题采取了一种放任态度。这种主观状态和做法应得到否定性评价。如果中兴公司真正关心工程质量,应当与海擎公司就地质情况所带来的问题进行协商,协商不成,明知工程无法继续应当采取措施避免损失的扩大。从案涉工程施工开始,中兴公司都可采取停止施工的止损措施,但其为了自己的合同利益,一味蛮干,且直到2008年3月6日,还与海擎公司签订内容为"考虑到中兴公司施工有一定困难土方量加大,海擎公司一次性补助中兴公司42万元,对中兴公司在施工过程中出现的道路、排水、塌方等一切困难及问题,海擎公司一律不再承担任何费用,全部由中兴公司自行承担并解决"的补充协议。中兴公司虽主张该协议的补助仅是针对土方量增加的补助而非工程质量问题,但也说明中兴公司为谋取合同利益而忽视质量风险。因此,本院

建设工程合同纠纷

认为，中兴公司对工程质量事故责任应承担比二审判决所确定的比例更高的责任。

综上，建设单位海擎公司对本案工程质量问题的发生应承担主要责任，施工单位中兴公司承担次要责任。本院认为，应对二审法院确定的责任比例进行调整，由海擎公司对本案工程质量问题的发生承担70%的责任，中兴公司承担30%的责任。

二、关于中兴公司应否承担违约责任

海擎公司申请再审称其与中兴公司原签订的合同中约定的工期为2007年12月20日起至2008年2月22日止，后因中兴公司提出种种理由要求顺延工期，双方经协商，于2008年2月19日达成《补充协议》，将工期延长至2008年3月30日。2008年3月6日，双方再次在《补充协议》中约定，工期仍然为2008年3月30日到期。此后，双方再没就工期问题达成新的一致意见。中兴公司后期虽然就基坑支护方案及费用问题与海擎公司协商，但基坑支护方案是中兴公司合同约定范围内的工作，费用已包括在合同包死价之内。因此，后期协商问题不能作为中兴公司延长工期的理由。故自2008年3月31日起产生的工期延误，应由中兴公司负责，中兴公司理应承担违约责任。中兴公司答辩称由于海擎公司的原因，导致工程无法继续，工期延误，应由海擎公司承担责任。

本院认为，如前所述，涉案工程发生质量问题的根本原因在于工程所处的地质条件较为特殊。在合同履行中发现土质问题影响施工后，双方当事人均未能遵循诚实信用原则履行自己的义务，造成工期延误，并发生了工程质量事故，导致巨大的建设成本损失，对该损失的发生，根据双方的过错大小，应由海擎公司承担主要责任，中兴公司承担次要责任。

在建设成本损失之外，海擎公司还主张中兴公司应承担工程不能如期竣工的违约责任，本院认为，由于工程质量问题的发生导致无法按期竣工的主要过错在海擎公司，因此，海擎公司在建设成本之外主张中兴公司承担工期违约责任的法律依据并不充分，本院不予支持。

三、关于工程款与停工损失应当如何认定

永安造价咨询公司作出的工程造价结论为：基础工程已完工程为 11338644.49 元；停工期间损失为 2518309.41 元，其中：人工费为 880750 元，材料费为 1581058.77 元（工程实体用材料 1289133.17 元、措施性材料 291925.60 元），机械费为 56500.64 元。合计 13856953.90 元。

海擎公司申请再审称，已完工程量造价鉴定方法有问题，不仅应鉴定已完成工程量造价，还应按图纸鉴定出整个工程的造价，这样两个造价之比乘以合同造价，才是按照合同约定计算出来的中兴公司已完工程的造价。本院认为，由于工程尚未竣工，且在工程施工中所采取的措施费数额较大，故仅按施工图鉴定工程造价难以准确测算实际完成工程量占全部工程量的比例。因此，海擎公司主张的以鉴定已完工程造价/按图纸施工造价再乘以合同约定的固定价的方法不具备合理性，二审法院对此认定并无不妥。

海擎公司申请再审称《工程造价鉴定报告》提到的物料损失 158 万余元不是损失，不应成为工程造价的组成部分。其一审时申请法院查封的包括钢筋、钢板、施工用脚手架、部分设备等，该部分物料没有物化在工程之中，结案后中兴公司可以拉走，不应成为工程造价的组成部分。而且，2010 年 7 月 26 日，在连云港中院执行过程中，已经以现场物料归中兴公司所有为由让中兴公司将上述物料全部拉走。本院认为，该材料费 1581058.77 元不应予以扣除。理由是：关于钢筋与钢管、扣减等材料损失及机械损失，是海擎公司在一审期间申请诉讼保全而导致的损失，根据《中华人民共和国民事诉讼法》第九十六条规定，申请有错误的，申请人应当赔偿被申请人因财产保全所遭受的损失。尽管在执行过程中，中兴公司已拉走该部分材料，应予以抵扣，当事人对此有异议，但这是执行程序中的问题，不在本案的审理范围。

海擎公司申请再审称关于工人和管理人员的工资核算错误。一是鉴定人根据中兴公司单方提供的工资表进行核算，没有其他证据佐证；二是认定工资时间、数额很不合理；再审审查中，海擎公司提交了监理单位的

建设工程合同纠纷

《工作联系单》,主张这份证据足以说明中兴公司的施工人员于2008年4月底之前全部撤离了工地。中兴公司答辩称关于施工人员工资证据一审中已经质证,在海擎公司没有明确要求撤场情况下,中兴公司保留几十个工人很有必要,已尽到止损义务。

本院认为,海擎公司提交的泰安市泰山工程建设监理咨询公司出具的2008年4月29日《工作联系单》,从时间上看,在一审诉讼前已形成,但海擎公司在一审、二审过程中均未提交,不符合《最高人民法院关于民事诉讼证据的若干规定》第四十四条对新的证据的解释;且从出具人来看,是监理单位出具,监理公司与建设单位海擎公司有利害关系,亦不能单独作为认定案件事实的依据。故对该证据,本院不予采信。海擎公司申请再审称鉴定人根据中兴公司单方提供的工资表核算工资,没有其他证据佐证,本院认为,海擎公司虽提出异议,但并不能提供充分反证予以推翻,且从时间及数额看,也并非不合常理。故本院认为,二审法院关于工程款与停工损失的认定并无不当,海擎公司的该项再审请求依据不足,本院不予支持。中兴公司已完工程款及停工期间损失为13856953.90元。对该损失应由海擎公司承担70%的责任,其余30%应由中兴公司自行承担。因此,海擎公司应当支付中兴公司9699867.73元,海擎公司已付工程款772万元,尚欠1979867.73元,海擎公司应当向中兴公司支付,并承担中兴公司同期银行贷款利息。

综上,本院认为,海擎公司申请再审部分理由成立,根据《中华人民共和国民事诉讼法》第一百八十六条第一款、第一百五十三条第一款第三项规定,判决如下:

一、维持江苏省高级人民法院(2010)苏民终字第0012号民事判决第一项、第二项、第三项;

二、变更江苏省高级人民法院(2010)苏民终字第0012号民事判决第四项为:海擎重工机械有限公司于本判决生效后10日内给付江苏中兴建设有限公司工程款1979867.73元及利息(利息按中国人民银行同期贷款利率计算,时间自2008年6月25日至给付之日止)。

如果海擎重工机械有限公司未按本判决指定的期间履行给付金钱义

务,应当依照《中华人民共和国民事诉讼法》第二百二十九条之规定,加倍支付迟延履行期间的债务利息。

一审本诉案件受理费48690元,由海擎重工机械有限公司负担。反诉案件受理费32480元,由江苏中兴建设有限公司负担9744元,海擎重工机械有限公司负担22736元。保全费5000元由海擎重工机械有限公司负担。工程造价评估费11万元,由江苏中兴建设有限公司负担33000元,海擎重工机械有限公司负担77000元。工程质量鉴定费29900元,由江苏中兴建设有限公司负担8970元,海擎重工机械有限公司负担20930元。二审案件受理费32480元,由海擎重工机械有限公司负担22736元,江苏中兴建设有限公司负担9744元。

本判决为终审判决。

审　判　长　韩　玫

代理审判员　李　琪

代理审判员　肖　峰

二〇一二年六月二十五日

书　记　员　韦　大

98. 青海方升建筑安装工程有限责任公司与青海隆豪置业有限公司建设工程施工合同纠纷案[*]

› 致使约定了固定价款的建设工程施工合同解除的，应综合考虑案件实际履行情况、双方当事人的过错、司法判决的价值取向等因素确定争议合同的工程价款

【裁判摘要】

> 对于约定了固定价款的建设工程施工合同，双方未能如约履行，致使合同解除的，在确定争议合同的工程价款时，既不能简单地依据政府部门发布的定额计算工程价款，也不宜直接以合同约定的总价与全部工程预算总价的比值作为下浮比例，再以该比例乘以已完工程预算价格的方式计算工程价款，而应当综合考虑案件实际履行情况，并特别注重双方当事人的过错和司法判决的价值取向等因素来确定。

上诉人（一审原告、反诉被告）：青海方升建筑安装工程有限责任公司。住所地：青海省西宁市城西区西关大街永和大厦B座9楼。

法定代表人：方加富，该公司董事长。

委托代理人：朱树英，上海建维律师事务所律师。

委托代理人：姬冰，北京德和衡律师事务所律师。

上诉人（一审被告、反诉原告）：青海隆豪置业有

---

[*] 摘自《最高人民法院公报》2015年第12期。

限公司。住所地：青海省西宁市生物科技产业园经四路16号。

法定代表人：张武科，该公司董事长。

委托代理人：杨生文，青海同一律师事务所律师。

委托代理人：尚青春，该公司职员。

上诉人青海方升建筑安装工程有限责任公司（以下简称方升公司）与上诉人青海隆豪置业有限公司（以下简称隆豪公司）因建设工程施工合同纠纷一案，不服青海省高级人民法院（以下简称一审法院）作出的(2012)青民一初字第5号民事判决，分别向本院提起上诉。本院受理后，依法组成合议庭，于2014年6月3日开庭审理了本案。方升公司的委托代理人朱树英、姬冰，隆豪公司的委托代理人杨生文、尚青春到庭参加了诉讼。本案现已审理终结。

一审法院经审理查明：2011年9月1日，隆豪公司与方升公司签订《建设工程施工合同》约定：由方升公司为隆豪公司的建设工程施工。工程名称为海南藏文化产业创意园商业广场；工程内容为：建筑结构为独立基础、框架结构；层数为1层、局部2层和3层；建筑高度分别为5.70米、10.20米、14.10米，建筑面积为36745m^2，最终以双方审定的图纸设计面积为准；开工日期为2011年5月8日，竣工日期为2012年6月30日，工期419天。工程单价1860元/m^2，单价一次性包死，合同总价款68345700元。

2011年5月15日，方升公司开始施工；2012年6月13日，方升公司、隆豪公司与相关单位组织主体验收；2011年6月，北京龙安华诚建筑设计有限公司（以下简称龙安华诚公司）完成设计图纸，同月27日双方当事人及有关单位进行图纸会审；2011年11月23日，方升公司、隆豪公司、监理单位、设计单位、勘察单位、质检单位在海南州共和县隆豪公司售房部形成《基础验收会议纪要》，工程基础验收合格。

2012年1月9日，龙安华诚公司向隆豪公司作出《设计变更通知单》，通知单内容为：对广场地砖、涂料、找平、找坡、结构板等进行变更；2012年3月31日，设计单位向隆豪公司发出了《海南州共和县恰卜恰镇藏文化产业创意园商业广场》的变更通知单，内容为面层、结构板等变更

建设工程合同纠纷

要求;2013年5月27日,设计单位下发了《设计修改通知单》,对原结施节点详图中过梁作了补充和变更;2012年3月、4月、5月,方升公司向监理单位分别报送《隆豪置业有限公司工程进度申报(审核)表》,监理单位盖有印鉴。

2012年6月19日,方升公司发出《通知》,要求隆豪公司于2013年6月23日前支付12251400工程款,否则将停止施工。2012年6月25日,隆豪公司发出《通知》,内容为:方升公司不按约履行合同,拖延工程进度,不按图施工,施工力量薄弱,严重违约,导致工程延误、给隆豪公司造成了巨大经济损失,要求解除合同,要求方升公司接到通知的一日内撤场、拆除临舍。之后,双方解除合同,方升公司撤场。

2012年6月28日,隆豪公司与四川省鸿盛实业集团有限公司(以下简称鸿盛实业公司)签订《建设工程施工合同》,以包工包料的方式,将方升公司未完成的全部工程发包给鸿盛实业公司施工。2012年7月22日,隆豪公司与青海兴业建设有限公司(以下简称兴业建设公司)签订《建设工程施工合同》,将鸿盛实业公司未完成施工内容发包给兴业建设公司施工。

2011年8月10日至2012年4月18日,隆豪公司陆续支付给方升公司工程款2850万元;2012年7月10日,隆豪公司为方升公司垫付民工工资2297562元;隆豪公司垫付施工用水费13万元;监理单位的罚款1万元;防雷检测、沉降观测费2万元,合计30957562元,方升公司对上述款项予以认可。方升公司对2011年12月14日毛俊峰从隆豪公司处领取10万元,不予认可。

方升公司对于隆豪公司提出的3.36%的税金税率无异议,方升公司同意由隆豪公司将税金代扣代缴,隆豪公司出具发票给方升公司。

根据方升公司的申请,一审法院委托青海省规划设计研究院工程造价咨询部(以下简称规划研究院咨询部)对方升公司承建的青海省海南藏文化产业创意园广场已完工程造价和方升公司应当施工但未施工部分工程项目合同价款进行了鉴定。工程造价鉴定结论有7项:(1)依据双方当事人签订的《建设工程施工合同》、设计施工图等相关资料,标的物合同价格＝建筑面积×合同单价＝36691.76m² ×1860 元/m² ＝68246673.60 元。(2) 依据设计施工图纸及《青海省建设工程消耗量定额（2004）》等相关资料，标的物施工图预算价格合计为89098947.93 元。即合同与预算相比下浮比例为76.6%。(3) 依据双方当事人签订的《建设工程施工合同》、设计施工图、《青海省建设工程消耗定额（2004）》等相关资料，标的物已完部分工程预算价格合计为40652058.17 元。(4) 标的物已完工程项目鉴定价格＝40652058.17 元×76.6%＝31139476.56 元。(5) 双方当事人无争议的工程变更、签证项目（廊桥）鉴定价格为83361.10 元。(6) 增加的加气砼墙面抹灰费用5 万元。(7) 双方当事人有争议，需经人民法院审理确认的工程变更、签证项目鉴定价格为1451136.16 元，其中：2012 年3月25 日工程签证单（取消11－16－/R－S 轴商铺）内容价格合计为146771.20 元；2012 年3 月25 日工程签证单（回填3∶7 灰土）内容价格合计为723520 元；2012 年3 月25 日工程签证单（室外大台阶返工）内容合计为448582.4 元；2012 年4 月20 日工程签证单内容价格为31744.96元；2012 年6 月7 日工程联系签证单内容价格合计为100517.6 元。以上已完工程项目鉴定价格合计32723973.82 元。方升公司应当施工但未施工部分工程项目合同价款为21446706.70 元。

根据隆豪公司的申请，一审法院委托甘肃土木工程科学研究院对海南州共和县恰卜恰镇藏文化产业创意园中心广场的工程质量进行了鉴定，鉴定意见书表述内容为：维护墙体出现裂缝，一道踏步梁出现斜向裂缝，一层雨篷未按图纸施工造成坍塌，安装塔吊部分混凝土未浇筑塔、吊口断梁，一层部分梁体侧面出现竖向裂纹，一层柱子和二、三层踏步混凝土浇筑模板涨模，一层安装暖气管道高度未按图施工，已安装桥架盖子未盖，已安装排水管材料与设计不符，强弱电接地母线未检测，采光井井口不圆、梁过高，广场楼梯未开口，消防箱未按设计要求施工，一层需砸洞64个、封堵38 个，二层需砸洞8 个、封堵1 个，三层需砸洞4 个，4 号、8号楼梯及楼梯上的梁未按图施工。同时，根据一审委托书和隆豪公司的司法鉴定申请书，甘肃土木工程科学研究院对出现的质量问题作出了维修方案，并对维修费用进行了计算。工程质量维修费用鉴定意见书表述内容

建设工程合同纠纷

为：(1) 墙体裂缝（中心广场一周围围护墙体）维修费用9万元；(2) 广场踏步梁断裂（33-34×F轴线位置）维修费用6000元；(3) 一层雨篷未按图纸施工造成坍塌维修费用无法确定，双方同意对该部分从造价鉴定结果中予以剔除；(4) 安装塔吊部分混凝土未浇筑，塔吊口断梁维修费用6万元；(5) 一层部分梁体出现裂纹维修费用5万元；(6) 一层柱子和二、三层踏步混凝土浇筑模板涨模，施工单位已维修，当事人对此无异议；(7) 已安装桥架线缆施工完成后盖桥架盖子费用3000元，当事人双方对此维修费用无异议。排水管按原设计要求进行施工，对该项根据现场使用情况，从本次造价鉴定中予以剔除，当事人双方对此无异议，强弱电接地母线进行检测，检测费用为5000元，当事人双方对维修费用均无异议；(8) 采光井井口不圆，梁过高维修费用3万元；(9) 广场楼梯未开口维修费用1000元；(10) 消防箱未按设计要求施工，一层需砸洞64个、封堵38个，二层需砸洞8个、封堵1个，三层需砸洞4个，维修费用3000元。综上，维修总费用为248000元，该费用中未包含按本次造价鉴定中需剔除部分。

2012年7月9日，方升公司向一审法院起诉称：2011年5月8日，方升公司与隆豪公司签订《建设工程施工合同》，合同签订后，方升公司依约进行了施工。至2012年6月13日，方升公司已完成合同约定工程的基础及主体，方升公司、隆豪公司、设计单位、监理单位均同意对基础及主体进行验收。经过验收，勘察、监理单位均确认基础及主体质量合格。现方升公司已完成主体工程，但因为隆豪公司拖欠进度款22439200元，致使方升公司无法继续施工，并造成无法支付民工工资，无法继续履行合同。同时，按约隆豪公司应承担所欠工程款万分之二的违约金。请求：(1) 判令隆豪公司向方升公司支付工程款22439200元，并支付违约金（工程款以及违约金以司法鉴定结果为准）；(2) 本案诉讼费用由隆豪公司承担。

隆豪公司未作书面答辩但反诉称：2011年9月1日，隆豪公司与方升公司签订《建设工程施工合同》，合同约定的总工期为419天，其中开工日期为2011年5月8日，竣工日期为2012年6月30日。在合同履行过程中，方升公司由于技术力量严重不足，施工管理及施工现场管理混乱，施工人员不足且极不稳定,根本不具备与承建工程相适应的施工能力,造成工期严重延误。方升公司不按设计图纸及规范施工,经常发生违规施工情况,造成工程出现严重质量问题。方升公司的上述行为,严重违反了合同约定和法律规定,给隆豪公司造成了巨额经济损失,隆豪公司于2012年6月25日书面通知方升公司解除了合同。请求判令:(1)方升公司退还隆豪公司多支付工程款1065808.18元;(2)方升公司赔偿隆豪公司损失4926190.40元,其中包括:工期延误造成的损失4678199.40元、已完工部分质量不合格造成的损失248000元;(3)方升公司承担违约金共计2558829.80元,包括:工期延误违约金425000元、质量达不到一次交验合格违约金183458.80元、严重违反合同条款违约金2050371元;(4)方升公司交付已施工部分工程的全部施工资料;(5)方升公司退还全部工程图纸;(6)方升公司承担本案全部诉讼费用。

一审法院经审理,对以下问题作出了认定。

1. 关于隆豪公司欠付方升公司工程款数额及应否承担逾期付款违约金问题

(1)关于鉴定意见书能否作为定案依据的问题。一审法院认为,在合同履行过程中,双方当事人产生争议,隆豪公司书面通知方升公司解除合同,方升公司未完成全部的施工内容。案涉合同是双方当事人真实意思表示,未违反法律法规的强制性规定,合法有效。因此,双方当事人对工程价款的计价方式明确约定的情况下,对于方升公司已完工程价款的计取,应以合同中约定的工程价款的计价条款为依据。根据双方当事人的申请,一审法院委托规划研究院咨询部就案涉工程方升公司已施工和未施工部分的工程价款进行了鉴定,鉴定机构分别就相应的鉴定内容出具了鉴定意见书。

(2)关于鉴定人员资质问题。一审法院认为,首先,方升公司依据的《建设工程造价规程》(CECCA/GC8-2012)只是行业自律性规范,其对鉴定人员资质要求并不具有强制执行效力,并且该规程在青海省并未施行。其次,2011年8月14日公布、2011年10月1日起施行的《青海省建设工程造价管理办法》第二十三条规定:"建设工程造价执业人员应当依

建设工程合同纠纷

法取得相应的造价工程师或造价员资格,注册登记后,方可在其资格范围内按照相关职业准则和规范,从事建设工程造价计价活动。建设工程造价文件应由具备相应资格的注册造价工程师、造价员编制。"对此问题,鉴定机构作了专门说明,此情形符合青海省的实际。因此,虽然本案工程价款鉴定意见书署名人员为注册造价员,但在无证据证明鉴定人员存在违反法律法规的情形下,案涉鉴定意见书署名人员具备工程造价编制资质。

(3) 关于鉴定意见书的效力问题。一审法院认为,双方当事人对工程计价有明确约定,虽然案涉工程为未完工程,并且合同已经解除,但合同的解除,并不影响合同中约定的工程价款的结算条款。《最高人民法院关于审理建设工程施工合同纠纷案件适用法律问题的解释》第十条第一款规定:"建设工程施工合同解除后,已完成的建设工程质量合格的,发包人应当按照约定支付相应的工程价款……"第二十二条规定:"当事人约定按照固定价结算工程款价款,一方当事人请求对建设工程造价进行鉴定的,不予支持。"方升公司关于合同约定的工程量因隆豪公司解除合同的行为发生了变更,本案的工程款计价方式不再适用合同中关于固定单价的约定,应当按照定额进行结算的主张旨在于突破合同对双方当事人的拘束,打破双方之间的利益平衡。在合同解除后,由于案涉工程为未完工程,无法直接以固定价计算工程价款,鉴定机构将合同价与预算价相比,计算出方升公司按合同约定已完成的工程价款,符合双方合同的约定,也符合上述司法解释的规定,有事实和法律依据。无证据证明鉴定机构在鉴定过程中存在程序违法的情形,并且,双方当事人对鉴定意见书的内容未提出实质性异议。因此,方升公司的主张缺乏事实和法律依据,不予支持。鉴定意见书应作为定案依据。

(4) 关于方升公司完成的工程价款问题。一审法院认为,鉴定机构依据双方签订的《建设工程施工合同》、设计施工图及《青海省建设工程消耗量定额(2004)》等相关资料,计算出定额预算总价款89098947.93元,合同约定的总价款68246673.60元,合同价与预算价相比下浮比例为76.6%,方升公司已完工程定额预算价为40652058.17元,已完工程项目鉴定价格为32723973.82元(包括双方有争议的工程变更、签证项目

1451136.16元)。双方有争议的工程变更、签证单包括：2012年3月25日工程签证单（取消11-16/R-S轴商铺）内容价格合计为146771.20元；2012年3月25日工程签证单（回填3∶7灰土）内容价格合计为723520元；2012年3月25日工程签证单（室外大台阶返工）内容价格为448582.40元；2012年4月20日工程签证单内容价格为31744.96元；2012年6月7日工程联系签证单内容价格为100517.60元，以上合计1451136.16元。对于双方有争议的签证单由于无监理单位的签章，隆豪公司不予认可，监理单位兰州华铁工程监理咨询有限公司西宁分公司（以下简称华铁监理西宁分公司）于2012年9月13日出具情况说明，上述签证单签名的监理人员冯永贵无总监理工程师的授权，总监理工程师不知情，并且在监理资料中无上述签证单，认为上述工程签证单是冯永贵超越权限的个人行为，不能作为结算工程款的依据。方升公司未提交其他证据证明上述签证单所涉工程量及价款的真实性。因此，双方有争议的工程变更、签证项目1451136.16元应从鉴定意见已完合同价款32723973.82元中扣减。方升公司已完成的工程总价款为31272837.66元。

（5）关于已付款的问题。一审法院认为，除方升公司对毛俊峰领取的10万元不予认可外，双方均认可隆豪公司已支付2850万元、垫付民工2297562元、方升公司应承担的水费13万元、防雷检测费和沉降观测费2万元、罚款1万元，共计30957562元。关于毛俊峰领取的10万元，是由毛俊峰向隆豪公司出具收条，以现金方式领取的工程款，并且毛俊峰为案涉工程项目方升公司的合伙人，以往的工程款支付借据中均有毛俊峰的签字，因此，该笔款项应作为隆豪公司的已付款。隆豪公司的已付款为31057562元。另外，双方对税金税率3.36%及从法院最终认定的工程总价款中扣除税金，由隆豪公司代扣代缴，向方升公司提供税务发票无异议。方升公司按其实际完成的工程价款所承担的税金为1050767.35元。综上，方升公司完成的工程总价款31272837.66元，扣除税金1050767.35元、已付款31057562元，隆豪公司超付方升公司工程款835491.69元，应由方升公司向隆豪公司返还。

（6）关于隆豪公司应否承担逾期付款违约金问题。一审法院认为，双

建设工程合同纠纷

方在"合同专用条款第二十五条工程量确认部分"约定,承包人向工程师提交已完工程量报告时间为每月25日前提交当月完成工程量报告和累计完成工程量报告。第二十六条约定,工程款(进度款)支付的方式和时间为双方约定承包人垫资至主体建筑30%后甲方(隆豪公司)向乙方(方升公司)开始支付进度款,按月完成工程量的70%于次月15日前支付,主体结构封顶后10日内支付至已完工程量的80%,待竣工验收和具备备案条件后,预留5%保证金后于30日内一次性付清剩余工程款。案涉工程于2011年5月15日开工,方升公司也认可在2012年3月23日报送工程进度申报(审核)表前,未报送过工程量进度。自2011年8月10日至2012年4月18日,隆豪公司实际付款2860万元,案涉工程主体于2012年6月13日完工交验,此时,隆豪公司支付的工程款超过合同约定的主体封顶后支付已完工程量80%的比例。因此,方升公司主张逾期付款违约金缺乏事实依据,不予支持。

2. 关于已完工程的质量及维修费问题。一审法院认为,虽然主体部分工程验收记录未签署验收意见,但在2012年6月13日形成的基础、主体验收会议纪要中,建设、设计、勘察、质检和监理等单位对案涉工程均表示同意验收,并强调了整改的内容。根据甘肃土木工程科学研究院出具鉴定意见书,隆豪公司主张的质量问题,主要是由于方升公司在施工中施工措施不到位或未按图纸施工造成的。在案涉工程通过验收的情况下,因合同解除方升公司已撤场,对存在的质量缺陷由方升公司进行维修已无可能,因此,对该部分的维修费用248000元应由方升公司向隆豪公司支付。

3. 关于方升公司是否存在工期延误及是否赔偿工期延误损失的问题。一审法院认为,本案合同生效时间为2011年9月1日,双方当事人合同约定的开工日期为2011年5月8日,竣工日期为2012年6月30日,合同工期总日历天数419天。在合同生效之前,方升公司已开始施工。方升公司施工期间,双方当事人与有关单位于2011年6月29日完成图纸会审,此时施工的内容才得以明确具体,双方当事人对合同约定的施工内容在合同生效时进一步得到最终的确认。另外,在方升公司施工期间也存在部分工程的设计变更,虽然方升公司未提交证据证明发生以上事实后办理了工期顺延手续，但结合到本案的实际，方升公司的施工期限不应严格依照合同约定的施工期间执行。隆豪公司发出解除合同通知时，方升公司仍在施工。隆豪公司主张方升公司延误工期，赔偿工期延误损失，不符合本案实际，并且其主张工期延误损失的计算方法亦依据不足。因此，对隆豪公司对此的反诉请求，不予支持。

4. 关于方升公司应否承担工期延误和严重违反合同条款违约金的问题。一审法院认为，隆豪公司对工期延误和严重违反合同条款违约金的主张，不予支持。双方在合同专用条款35.2条承包人违约责任部分约定，除按通用条款第15.1条执行外，质量达不到一次交验合格，按 5 元/m^2 罚款。有证据证明，方升公司施工的基础和主体工程通过了验收，只是存在整改项目，未有证据证明方升公司完成的工程项目不合格。因此，隆豪公司该部分的主张依据不足，不予支持。

5. 方升公司应否向隆豪公司交付已施工部分的全部施工资料及工程图纸的问题。一审法院认为，双方当事人均认可合同已解除的事实，由施工方向建设方交付施工资料和图纸是合同解除后的清理事项，方升公司应向隆豪公司交付已施工部分的全部施工资料及工程图纸。

综上，经一审法院审判委员会讨论，依照《中华人民共和国合同法》第九十八条①，《最高人民法院关于审理建设工程施工合同纠纷案件适用法律问题的解释》② 第十条第一款、第十六条第一款、第二十三条，《中华人民共和国民事诉讼法》第六十四条第一款、第七十六条第一款、第一百四十八条第三款之规定，判决：一、方升公司于本判决生效后30日内向隆豪公司返还超付的工程款835491.69元；二、方升公司于本判决生效后30日内向隆豪公司支付质量缺陷修复费用248000元；三、驳回方升公司的诉讼请求；四、驳回隆豪公司的其他反诉请求。本案本诉案件受理费153996元，由青海方升建筑安装工程有限责任公司负担。反诉案件受理费49733元，由青海方升建筑安装工程有限责任公司负担5471元、青海隆豪置业有

---

① 对应《中华人民共和国民法典》第五百六十七条，内容未作修改。
② 《最高人民法院关于审理建设工程施工合同纠纷案件适用法律问题的解释》已于2021年1月1日起废止。

建设工程合同纠纷

限公司负担44262元。鉴定费295000元（工程造价鉴定费24万元，工程质量鉴定费55000元），由青海方升建筑安装工程有限责任公司负担147500元、青海隆豪置业有限公司负担147500元。

方升公司和隆豪公司均不服一审判决，分别向本院提起上诉。

方升公司提起上诉称：（1）一审判决认定"双方当事人对工程价款的计价方式明确约定的情况下，对于方升公司已完工程价款的计取，应以合同中约定的工程价款的计价条款为依据"，并无法律及合同的依据且违反起码的常理。方升公司完成基础、主体施工后，隆豪公司单方解除合同，致使合同约定工程未能全部完工，合同约定的固定单价无法适用，隆豪公司应当按照定额结算已完工程价款。一审判决认定根据合同约定的固定单价按比例折算已完工程的工程价款，既无法律根据也无合同的依据，显然适用法律错误。（2）本案鉴定意见书不能作为定案依据。①一审判决认定"……虽然本案工程价款鉴定意见书署名人员为注册造价员，但在无证据证明鉴定人员存在违反法律法规的情形下，案涉鉴定意见书署名人员具备工程造价编制资质"，违反了《建设工程造价鉴定规程》。②鉴定意见书的错误计价方式误导了一审判决，一审判决据以作出错误的认定。（3）一审判决认定方升公司完成的工程量和工程价款计算存在一系列事实错误。①一审判决认定"合同价与预算价相比下浮比例为76.6%，方升公司已完工程定额预算价为40652058.17元，已完工程项目鉴定价格为32723973.82元"，无事实及合同约定。②一审判决认定"签证单由于无监理单位的签章，隆豪公司不予认可……双方有争议的工程变更、签证项目1451136.16元应从鉴定意见已完合同价款32723973.82元中扣减"，属于认定事实错误。③一审判决认定毛俊峰领取的10万元系隆豪公司支付的工程款，属于认定事实错误。④一审判决认定"方升公司主张逾期付款违约金缺乏事实依据"，属于认定事实错误。⑤一审判决认定"维修费用248000元应由方升公司向隆豪公司支付"，属于认定事实错误。⑥一审判决认定"方升公司应向隆豪公司交付已施工部分的全部施工资料及工程图纸"，属于认定事实错误。请求：（1）依法撤销（2012）青民一初字第5号民事判决第一、二、三项；（2）依法改判支持方升公司原审的全部诉讼请求，驳回隆豪公司的全部反诉请求；（3）本案案件受理费、鉴定费由隆豪公司承担。

隆豪公司答辩称：（1）方升公司关于工期和违约责任的主张及理由均不能成立。（2）方升公司要求按照定额结算已完工程工程价款的主张和理由，因不符合双方合同的明确约定和法律规定，故不成立。（3）方升公司关于鉴定意见书不能作为定案依据的主张和理由不能成立：①方升公司依据的《建设工程造价规程》仅为行业自律性文件，无强制执行的效力，且在鉴定结论作出时该规程并没有公开公布也未在青海省转发和施行。方升公司的该主张没有法律依据。②根据《青海建设工程造价管理办法》，鉴定书上签名的鉴定人员符合相应的资质要求。③方升公司的主张旨在突破合同约定打破双方当事人之间的利益平衡。工程造价鉴定意见充分考虑了双方当事人的不同意见，完全能够满足人民法院审理案件的需要，符合法律规定，并无不当。（4）方升公司关于一审判决认定其完成的工程量和工程价款计算存在一系列错误的主张和理由不能成立。方升公司主张的签证单无总监理工程师授权，在监理材料中也没有其主张的签证单，在没有提供变更真实存在证据的情况下不能作为结算工程款的依据。毛俊峰为方升公司的合伙人且所有工程款均由其出具收条（借据）后领取，因此，判决毛俊峰收取的 10 万元为已付工程款并无不当。隆豪公司在合同解除后占有建设工程并继续建设施工的行为不是对建设工程的"交付使用"，方升公司的主张偷换概念，其应当承担鉴定结论确定的维修费用。在双方当事人均认可合同已经解除的情况下，施工方向建设方返还施工图纸、交付已经施工部分的施工资料，属于施工方的合同义务，施工方应当履行。同时，由于隆豪公司并不拖欠方升公司工程款，故其所谓先履行抗辩权在本案中并无适用的客观基础。综上所述，方升公司提出的全部上诉请求及理由均不能成立，请求二审法院依法驳回其上诉请求。

隆豪公司上诉称：（1）方升公司故意拖延施工，造成工期严重延误，在本案中是铁一般的事实。一审判决以双方与有关单位于 2011 年 6 月 29 日完成图纸会审，此时施工内容才得以明确具体；施工期间存在部分工程的设计变更，施工期限不应严格依照合同约定的施工期限执行为由，驳回隆豪公司要求赔偿因工期延误造成的损失和违约责任的主张，不符合当事

人合同中的明确约定，亦有悖于法律规定。（2）本案因方升公司严重违反合同约定导致合同被解除，方升公司依约应当承担严重违反合同条款的违约金；同时，在方升公司根本未完成施工任务的情况下，谈不上"一次交验合格"，其应承担质量达不到一次交验合格的违约金。（3）一审判决在正确认定方升公司应向隆豪公司交付已施工部分的全部施工资料及图纸的情况下，却又对隆豪公司的该第二项诉讼请求未作判决，实属漏判。请求：（1）撤销（2012）青民一初字第5号民事判决第四项；（2）判令方升公司赔偿隆豪公司损失4678199.40元；（3）判令方升公司承担违约金共计2558829.80元；（4）判令方升公司向隆豪公司交付已施工部分全部施工资料；（5）判令方升公司退还全部工程图纸；（6）方升公司承担全部诉讼费用。

方升公司未提交书面答辩意见，当庭答辩称：隆豪公司的六项上诉请求都不能成立。其第一、二、三项是建立在方升公司延误工期的前提下，这个事实不能成立。隆豪公司认为延误不是事实，实际开工时间和施工许可证上载明的时间不一致，应当以施工许可证上的时间为准。没有完成工程是因为隆豪公司单方解除合同，因此，交付违约金的理由也不成立。由于隆豪公司单方解除合同，所以不可能达到交验标准。施工资料没有交，是因为隆豪公司没有支付工程款，隆豪公司支付了工程款，方升公司自然会交付施工资料。

二审查明的事实与一审法院查明的事实相同。

二审庭审时，方升公司提交了一份《藏文化产业创意园项目监理部拟进场人员名单》，证明冯永贵是监理单位华铁监理西宁分公司指派的总监代表，隆豪公司质证表示认可。

本院认为，双方当事人二审争议焦点：（1）案涉合同履行过程中哪一方存在违约行为；（2）案涉合同工程价款如何确定；（3）违约责任后果如何确定。

一、关于案涉合同履行过程中哪一方存在违约行为的问题

第一，就案涉工程开工日期的确定而言。本院认为，首先，方升公司

与隆豪公司签订的《建设工程施工合同》约定的工期为2011年5月8日，竣工日期为2012年6月30日；由方升公司呈送并经监理单位确认的《开工报告》中载明的计划开工日期为2011年5月15日，竣工日期为2012年10月1日；由隆豪公司申报办理的经青海省共和县住房和城乡建设局颁发的《建筑工程施工许可证》中载明的开工日期为2011年6月20日，竣工日期为2012年12月31日。上述三份文本中记载的开工与竣工日期均不相同的情形下，应当以监理单位确认的《开工报告》中载明的2011年5月15日作为本案工程开工日期。尽管方升公司与隆豪公司签订《建设工程施工合同》约定的工期为2011年5月8日，但双方均认可在该时间节点上，方升公司并未开始施工。合同约定的开工日期与实际开工日期不一致的，应当以改变了的日期作为开工日期。

其次，方升公司在给案涉项目监理机构华铁监理西宁分公司出具的《工程开工报审表》《开工报告》中明确载明"管理人员及机械设备已到场，施工人员已到位……符合开工条件"；华铁监理西宁分公司经审核作出了同意施工的意见。由此可见，无论是作为施工一方的方升公司，还是作为监理单位的华铁监理西宁分公司，均认可开工日期为2011年5月15日。

再次，一审法院委托规划研究院咨询部对已完工程造价部分工程项目价款进行鉴定时，方升公司与隆豪公司共同确认案涉工程开工时间为2011年5月15日。就建设工程而言，建设单位、施工单位与监理机构共同确认的开工日期当然具有明显优势的证明力和说服力，应当成为认定案件事实的重要依据。

最后，虽然《建筑工程施工许可证》载明的开工日期为2011年6月20日，但是，施工许可证载明的日期并不具备绝对排他的、无可争辩的效力，建筑工程施工许可证是建设主管部门颁发给建设单位的准许其施工的凭证，只是表明了建设工程符合相应的开工条件，建设工程施工许可证并不是确定开工日期的唯一凭证。实践中，建设工程开工日期早于或者晚于施工许可证记载日期的情形大量存在。当施工单位实际开工日期与施工许可证上记载的日期不一致时，同样应当以实际开工日期而不是施工许可证

建设工程合同纠纷

上记载的日期作为确定开工日期的依据。本案中,在方升公司、隆豪公司及监理机构均确认开工日期为2011年5月15日的情况下,再以施工许可证上载明的日期确定为开工日期,无事实和法律依据。

综上,一审判决认定2011年5月15日为案涉工程开工日期正确;方升公司提出的开工日期为2011年6月20日、隆豪公司提出的开工日期为2011年5月8日的上诉主张,均与事实不符,不予支持。

第二,就方升公司履行合同过程中是否存在违约而言。本院认为,首先,在以方升公司、隆豪公司及监理机构均曾确认的2011年5月15日作为开工日期的前提下,案涉工程的竣工日期同样应当以《开工报告》载明的日期为准。《开工报告》中记载了"计划竣工时间为2012年10月1日",因此,应当以此作为认定双方约定的竣工日期。隆豪公司辩称,竣工日期应当根据双方签订的《建设工程施工合同》约定的2012年6月30日为依据,如果发包人未提供开工条件,未按期办理施工许可证,其后果也仅仅产生工期顺延,并不能改变双方在合同中确定的实际开工和竣工日期,而方升公司从未提出过工期顺延。本院认为,当合同约定的开工日期与实际开工日期不一致时,竣工日期一般情况下也要随之发生变更。此外,隆豪公司向建设行政主管部门申领的施工许可证上,明确载明方升公司为施工单位,合同竣工日期为2012年12月31日,且该日期甚至晚于《开工报告》中载明的竣工日期。由此可见,隆豪公司亦认为《建设工程施工合同》约定的竣工日期发生了相应变化。隆豪公司的抗辩与事实不符,不予支持。

其次,2012年6月25日,隆豪公司解除了合同,此时距《开工报告》确定的竣工日期尚有3个多月才届满;在工程施工期间,双方当事人与有关单位于2011年6月29日才完成图纸会审,施工内容才得以明确具体;施工期间还存在着部分工程的设计变更;隆豪公司解除合同时,方升公司已经完成了基础和主体工程的施工。由此而见,方升公司并不存在工程延误的情形。一审判决认定方升公司未延误工期正确,应予维持;隆豪公司提出的方升公司故意拖延施工造成工期严重延误的上诉理由不当,不予支持。

再次，2011年11月23日，方升公司、隆豪公司、监理单位、设计单位、勘察单位、质检单位在海南州共和县隆豪公司售房部形成了《基础验收会议纪要》，确认工程基础验收合格；2012年6月13日，上述单位共同形成《海南州共和县藏文化产业创意园基础、主体验收会议纪要》，确认工程基础和主体质量合格。根据隆豪公司的申请，一审法院曾委托甘肃土木工程科学研究院对工程质量进行鉴定，出具的鉴定意见也表明，存在的部分整改项目，是由于方升公司在施工中施工措施不到位或未按图纸施工造成的，但并未存在质量问题。

最后，至于隆豪公司上诉主张工程质量存在问题，没有达到合同约定的"一次交验合格"的要求。本院认为，建设工程施工"一次交验合格"，在正常情况下一般要在工程完全竣工后的验收阶段才能达到该目标要求，期间，施工方可通过检验反复整理修复进而达到"一次交验合格"。本案中，在距竣工日期尚有3个多月时，隆豪公司即解除了与方升公司签订的建设工程施工合同，此时对于已完工程要求全部达到"一次交验合格"，对于方升公司而言不公。方升公司施工的基础和主体工程通过了验收，在没有证据证明方升公司已经完成的工程项目质量不合格的情况下，应当认定其已完工程质量合格。隆豪公司提出的工程质量没有达到"一次交验合格"的上诉理由，与事实不符，于法律无据，不予支持。

综上，方升公司不存在工期延误现象，已完工程质量合格，方升公司履行合同过程中不构成违约。

第三，就隆豪公司履行合同过程中是否存在违约而言。本院认为，首先，隆豪公司与方升公司签订的《建设工程施工合同》第44.1条约定，发包人、承包人协商一致，可以解除合同，这是双方当事人对于协议解除合同事宜所作的安排。本案合同履行过程中，2012年6月25日，隆豪公司以工期严重拖延，部分工程存在质量安全隐患，方升公司不具备继续承建工程能力为由，事先未与方升公司协商的情况下单方解除了合同。因此，本案不适用于协议解除合同的相关规定。

其次，按照隆豪公司与方升公司签订的《建设工程施工合同》第44.4条约定，因不可抗力或者因一方违约致使合同无法履行，发包人、承包人

可以解除合同。这是双方当事人对于约定解除权的行使事宜所作的安排。本案合同履行过程中，方升公司并未发生施工工期延误，经一审法院委托鉴定，本案工程也无质量安全隐患，因此，双方当事人尚不具备约定解除权的行使要件。

再次，隆豪公司单方解除合同也不符合《中华人民共和国合同法》第九十四条规定的法定解除情形。法定解除的事由，主要是指因不可抗力或一方违约致使合同履行成为不必要、不可能，合同目的无法实现。本案中案涉工程主体于 2012 年 6 月 13 日已经完工交验，不存在合同目的无法实现的情形，因而不具备法定解除的事由。隆豪公司在此情形下单方解除合同构成违约。

最后，按照《建设工程施工合同》第二十六条有关工程款（进度款）支付方式和时间的约定，主体结构封顶后 10 日内支付至已完工程量的 80%。2012 年 6 月 13 日，双方当事人会同有关单位共同确认工程基础和主体质量合格，因此，隆豪公司应当于 2012 年 6 月 24 日前向方升公司支付工程款约 5467 万元（合同价款约 68345700 元 ×80%）。然而，自 2011 年 8 月 10 日至 2012 年 6 月 13 日完工交验，隆豪公司实际付款 2860 万元，远远低于双方约定的应支付工程款。隆豪公司构成违约。

综上，隆豪公司单方解除合同且未按照约定时间支付相应工程款，属于对合同义务的严重违反，构成了根本违约。一审判决认定隆豪公司没有违约显然与事实不符，应予纠正。

二、关于案涉合同工程价款应当如何确定的问题

第一，就本案应当采取的计价方法而言。本院认为，首先，根据双方签订的《建设工程施工合同》约定，合同价款采用按约定建筑面积量价合一计取固定总价，即，以一次性包死的承包单价 1860 元/m^2 乘以建筑面积作为固定合同价，合同约定总价款约 68345700 元。作为承包人的方升公司，其实现合同目的、获取利益的前提是完成全部工程。因此，本案的计价方式，贯彻了工程地下部分、结构施工和安装装修三个阶段，即三个形象进度的综合平衡的报价原则。

其次，我国当前建筑市场行业普通存在着地下部分和结构施工薄利或者亏本的现实，这是由于钢筋、水泥、混凝土等主要建筑材料价格相对较高且大多包死，施工风险和难度较高，承包人需配以技术、安全措施费用才能保质保量完成等所致；而安装、装修施工是在结构工程已完工之后进行，风险和成本相对较低，因此，安装、装修工程大多可以获取相对较高的利润。本案中，方升公司将包括地下部分、结构施工和安装装修在内的土建＋安装工程全部承揽，其一次性包死的承包单价是针对整个工程作出的。如果方升公司单独承包土建工程，其报价一般要高于整体报价中所包含的土建报价。作为发包方的隆豪公司单方违约解除了合同，如果仍以合同约定的 1860 元/m^2 作为已完工程价款的计价单价，则对方升公司明显不公平。

再次，合同解除时，方升公司施工面积已经达到了双方审定的图纸设计的结构工程面积，但整个工程的安装、装修工程尚未施工，方升公司无法完成与施工面积相对应的全部工程量。此时，如果仍以合同约定的总价款约 68345700 元确定本案工程价款，则对隆豪公司明显不公平，这也印证了双方当事人约定的工程价款计价方法已无法适用。

最后，根据本案的实际，确定案涉工程价款，只能通过工程造价鉴定部门进行鉴定的方式进行。通过鉴定方式确定工程价款，司法实践中大致有三种方法：一是以合同约定总价与全部工程预算总价的比值作为下浮比例，再以该比例乘以已完工程预算价格进行计价；二是已完施工工期与全部应完施工工期的比值作为计价系数，再以该系数乘以合同约定总价进行计价；三是依据政府部门发布的定额进行计价。

第二，就鉴定意见书能否作为定案依据而言。本院认为，首先，一审法院根据方升公司的申请，委托了规划研究院咨询部就案涉工程方升公司已施工和未施工部分的工程价款进行了鉴定，鉴定机构分别就相应的鉴定内容出具了鉴定意见书。在委托鉴定程序上并不存在违法环节。

其次，方升公司提出上诉主张，鉴定意见书中署名人员为注册造价员，违反了《建设工程造价鉴定规程》。然而，方升公司依据的《建设工程造价规程》（CECCA/GC8－2012）只是行业自律性规范，其对鉴定人员

建设工程合同纠纷

资质要求并不具有强制执行效力,并且该规程在青海省并未施行。

再次,《青海省建设工程造价管理办法》第二十三条规定:"建设工程造价执业人员应当依法取得相应的造价工程师或造价员资格,注册登记后,方可在其资格范围内按照相关职业准则和规范,从事建设工程造价计价活动。建设工程造价文件应由具备相应资格的注册造价工程师、造价员编制。"对于这一问题,在一审审理期间,鉴定机构已向一审法院作出专门说明,此情形符合青海省的实际。虽然鉴定意见书署名人员为注册造价员,但在无证据证明鉴定人员存在违反法律法规的情形下,应当认定该鉴定意见书署名人员具备工程造价编制资质。

最后,尽管鉴定意见属于证据,是具备资格的鉴定人对民事案件中出现的专门性问题,运用专业知识作出的鉴别和判断,但是,鉴定意见只是诸多证据中的一种,其结果并不当然成为人民法院定案的唯一依据。在认定案件事实上,尤其涉及法律适用时,尚需要结合案件的其他证据加以综合审查判断。

第三,就已完工工程价款如何确定而言。本院认为,首先,前述第一种方法的应用,是在当事人缔约时,依据定额预算价下浮了一定比例形成的合同约定价,只要计算出合同约定价与定额预算价的下浮比例,据此就能计算出已完工程的合同约定价。鉴定意见书即采用了该种方法,一审判决也是采纳了该鉴定意见。遵循这一思路,本案已完工程的价款应为:68246673.60元(鉴定的合同总价款)÷89098947.93元(鉴定的全部工程预算价)×40652058.17元(鉴定的已完工工程预算价)=31139476.56元。然而,无论是鉴定意见书还是一审判决,采用这一方法计价存在着明显不合理之处:一是现无证据证明鉴定的全部工程预算价89098947.93元是当事人缔约时依据的预算价,何况合同总价款68246673.60元也是通过鉴定得出的,并非当事人缔约时约定的合同总价款。二是用鉴定出的两个价款进行比对得出的下浮比例,与当事人的意思表示没有任何关联,如此计算出来的价款当然不可能是合同约定的价格。三是如采用这一种方法,隆豪公司应支付的全部工程价款大致为:31139476.56元+1350万元(被隆豪公司分包出去的屋面工程价款)+1460万元(剩余工程价款)=

59239476.56元。由此，隆豪公司应支付的全部工程价款将明显低于合同约定的总价68345700元，两者相差910余万元。显然，如采用此种计算方法，将会导致隆豪公司虽然违反约定解除合同，却能额外获取910余万元利益的现象。这种做法无疑会助长因违约获得不利益的社会效应，因而该方法在本案中不应被适用。四是虽然一审判决试图以这一种计算方法还原合同约定价，但却忽略了当事人双方的利益平衡以及司法判决的价值取向。至隆豪公司解除合同时，方升公司承包的土建工程已全部完工，隆豪公司解除合同的行为破坏了双方的交易背景，此时如再还原合同约定的土建工程价款，既脱离实际情况，违背交易习惯，又会产生对守约一方明显不公平的后果。

其次，如果采用第二种方法计算本案工程的工程价款，本案已完工程价款应为：408天（2011年5月15日至2012年6月25日）÷506天（2011年5月15日至2012年10月1日）×68246673.60元（鉴定的合同总价款）＝55028938.40元。采用这一种方法，与建设工程中发包人与承包人多以单位时间内完成工程量考核进度的交易习惯相符。隆豪公司应支付的全部工程价款为：55028938.40元＋1350万元（被隆豪公司分包出去的屋面工程价款）＋1460万元（剩余工程的工程价款）＝83128938.40元。隆豪公司应支付的全部工程价款明显高于合同约定的总价68345700元，两者相差14783238.40元，此时虽然符合隆豪公司中途解除合同必然导致增加交易成本的实际情况，但该计算结果明显高于已完工工程相对应的定额预算价40652058.17元，对隆豪公司明显不公，因而也不应采用。

再次，如采用第三种方法即依据政府部门发布的定额计算已完工工程价款，则已完工工程价款应是40652058.17元。隆豪公司应支付的全部工程价款为：40652058.17元＋1350万元（被隆豪公司分包出去的屋面工程）＋1460万元（剩余工程的工程价款）＝68752058.17元，比合同约定的总价68345700元仅高出36万余元。此种处理方法既不明显低于合同约定总价，也不过分高于合同约定总价，与当事人预期的价款较为接近，因而比上述两种计算结果更趋合理。另外，政府部门发布的定额属于政府指导价，依据政府部门发布的定额计算已完工程价款亦符合《中华人民共和

建设工程合同纠纷

国合同法》第六十二条第二项"价款或者报酬不明确的,按照订立合同时履行地的市场价格履行;依法应当执行政府定价或者政府指导价的,按照规定履行"以及《中华人民共和国民法通则》第八十八条第四项"价格约定不明确,按照国家规定的价格履行;没有国家规定价格的,参照市场价格或者同类物品的价格或者同类劳务的报酬标准履行"等相关规定,审理此类案件,除应当综合考虑案件实际履行情况外,还特别应当注重双方当事人的过错和司法判决的价值取向等因素,以此确定已完工程的价款。一审判决没有分清哪一方违约,仅仅依据合同与预算相比下浮的76.6%确定本案工程价款,然而,该比例既非定额规定的比例,也不是当事人约定的比例,一审判决以此种方法确定工程价款不当,应予纠正;方升公司提出的以政府部门发布的预算定额价结算本案已完工工程价款的上诉理由成立,应予支持。

最后,经一审法院委托的有关鉴定机构作出的鉴定意见,双方无争议的工程变更、签证项目(廊桥)价格为83361.1元,增加的加气砼墙面抹灰费用5万元,上述两笔费用均已实际发生,因此,应当由发包人隆豪公司支付。双方有争议的工程变更、签证项目均由监理单位指派的监理人中冯永贵签字确认,该部分鉴定价格为1451136.16元。根据方升公司提交的《藏文化产业创意园项目监理部拟进场人员名单》,冯永贵系监理单位指派的总监代表,双方有争议的工程签证单均系冯永贵签署。根据《最高人民法院关于审理建设工程施工合同纠纷案件适用法律若干问题的解释》第十九条"当事人对工程量有争议的,按照施工过程中形成的签证等书面文件确认。承包人能够证明发包人同意其施工,但未能提供签证文件证明工程量发生的,可以按照当事人提供的其他证据确认实际发生的工程量"的规定,冯永贵作为总监代表,又是现场唯一监理,其在工程签证单上的签字,是对本案建设工程现场施工情况的真实反映。因此,其签署的工程签证单能够证明变更、签证项目的实际发生,变更、签证的工作量应当予以认定。一审判决以签证单上无监理单位签章,隆豪公司不予认可,总监理工程师不知情为由,认定上述签证单是冯永贵超越权限的个人行为,不能作为结算工程款,与事实不符,于法律无据,予以纠正;方升公司提出的变更、签证的工程量应当予以认定的上诉理由成立，予以支持。

综上，本案应当根据实际完成的工程量，以建设行政管理部门颁发的定额取费核定工程价款为依据，计算已完工程价款为：40652058.17 元 + 83361.1 元 + 5 万元 + 1451136.16 元 = 42236555.43 元。

三、关于违约责任后果应当如何确定的问题

第一，就隆豪公司欠付的工程价款及应承担的违约责任而言。本院认为，首先，隆豪公司已付的工程款中，除方升公司对毛俊峰领取的 10 万元不予认可外，双方均认可隆豪公司已支付工程款合计 30957562 元。毛俊峰为案涉工程项目方升公司的合伙人，以往的工程款支付借据中均有毛俊峰的签字；毛俊峰代表方升公司经办了向隆豪公司申请工程款的事宜，其向隆豪公司出具的收条载明，该 10 万元系海南工地五标工程款。由此，毛俊峰向隆豪公司出具收条的法律后果应当由方升公司承担，毛俊峰领取的 10 万元应当认定为隆豪公司支付的工程款。方升公司提出的一审判决错误认定毛俊峰领取的 10 万元系隆豪公司支付的工程款的上诉理由不成立，不予支持。本院确认隆豪公司已支付工程款共计 30957562 元 + 10 万元 = 31057562 元。

其次，隆豪公司主张已完工程需要维修花费 248000 元，根据甘肃土木工程科学研究院出具的鉴定意见书，隆豪公司主张的工程质量问题，主要是由于方升公司在施工中施工措施不到位或未按图纸施工造成的。在案涉工程通过验收的情况下，因合同解除方升公司已撤场，由方升公司进行维修已无可能。因此，对该部分维修费用 248000 元应由方升公司向隆豪公司支付。方升公司提出的不应支付隆豪公司维修费用 248000 元的上诉理由不成立，不予支持。

再次，双方对于税金税率为 3.36% 并由隆豪公司代扣代缴，隆豪公司向方升公司提供税务发票无异议。方升公司按其实际完成的工程价款所承担的税金为：42236555.43 元 × 3.36% = 1520516 元，该部分款项可从已完工程价款中扣除。隆豪公司实际欠付方升公司的工程款为：42236555.43 元 − 31057562 元 − 248000 元 − 1520516 元 = 9410477.43 元。

建设工程合同纠纷

最后，2012年6月25日，隆豪公司事先未与方升公司协商的情况下单方解除了合同，且未依约支付工程款，构成违约，应当承担相应的违约责任。方升公司提出的隆豪公司应当承担相应违约责任的上诉理由于法有据，本院予以支持。按照双方签订的合同专用条款35.1约定："除按通用条款26.4条执行外，每天承担所欠工程款万分之二的违约金。"据此，隆豪公司应当自解除合同的2012年6月25日起，至提起诉讼的2012年7月25日止，以所欠工程款9410477.43元为基数，每日向方升公司支付万分之二的违约金，计60227元。方升公司上诉主张，隆豪公司还应当按照鉴定的工程总造价的3%支付违约金。但因双方合同对于如何承担此项违约责任约定不明，且隆豪公司已经承担前述违约责任，故对于方升公司提出的隆豪公司额外承担工程总造价3%的上诉请求，不予支持。

第二，就方升公司应否承担违约责任而言。本院认为，首先，如前述，方升公司已完工程质量合格，方升公司履行合同不构成违约。

其次，隆豪公司提起上诉，主张方升公司应当赔偿损失4678199.4元，但由于方升公司在履行涉案合同中并不存在违约行为，且该损失数额是如何计算得出的，隆豪公司在上诉状中并未明确说明。对于其提出的方升公司应向隆豪公司赔偿损失4678199.4元的上诉主张，不予支持。

再次，案涉工程主体于2012年6月13日已经完工交验，质量合格，且不存在延误工期。因此，对于隆豪公司提出的方升公司应当承担违约金2558829.8元的主张，与本案事实不符，不予支持。

最后，尽管隆豪公司单方违约解除合同，但就已完工程的施工资料和全部工程图纸，方升公司有义务交付和退还，这属于承包人的附随义务，不应因发包人拒付工程款而免除。隆豪公司提出的方升公司交付已施工部分全部施工资料和全部工程图纸的上诉理由于法有据，予以支持。

综上，方升公司履行本案合同中不存在违约行为，不应当承担违约责任；隆豪公司构成违约，应当依法承担相应的违约责任。

综上所述，一审判决认定事实错误，适用法律不当，应予以纠正。本院依照《中华人民共和国民事诉讼法》第一百七十条第一款第二项、第一百七十五条之规定，判决如下：

一、撤销青海省高级人民法院（2012）青民一初字第 5 号民事判决；

二、青海隆豪置业有限公司于本判决生效后 10 日内向青海方升建筑安装工程有限责任公司支付工程款 9410477.43 元；

三、青海隆豪置业有限公司于本判决生效后 10 日内向青海方升建筑安装工程有限责任公司支付违约金 60227 元；

四、青海方升建筑安装工程有限责任公司于本判决生效后 10 日内向青海隆豪置业有限公司交付已施工部分全部施工资料和全部工程图纸；

五、驳回青海方升建筑安装工程有限责任公司的其他诉讼请求；

六、驳回青海隆豪置业有限公司的其他反诉请求。

本案一审本诉案件受理费 153996 元，由青海方升建筑安装工程有限责任公司负担 89414 元、青海隆豪置业有限公司负担 64582 元；反诉案件受理费 49733 元，由青海方升建筑安装工程有限责任公司负担 5471 元、青海隆豪置业有限公司负担 44262 元；鉴定费 295000 元，由青海方升建筑安装工程有限责任公司负担 147500 元、青海隆豪置业有限公司负担 147500 元。二审案件受理费 266188 元，由青海方升建筑安装工程有限责任公司负担 26619 元、青海隆豪置业有限公司负担 239569 元。

本判决为终审判决。

建设工程合同纠纷

99. 中铁二十二局集团第四工程有限公司与安徽瑞讯交通开发有限公司、安徽省高速公路控股集团有限公司建设工程施工合同纠纷案[*]

▶ 因发包人违约造成的停窝工损失和材料价差损失，不属于建设工程价款优先受偿权的权利行使范围

【裁判摘要】

《最高人民法院关于建设工程价款优先受偿权问题的批复》第三条规定："建筑工程价款包括承包人为建设工程应当支付的工作人员报酬、材料款等实际支出的费用，不包括承包人因发包人违约所造成的损失。"承包人诉讼请求中所主张的因发包人违约造成的停窝工损失和材料价差损失，不属于建设工程价款优先受偿权的权利行使范围，承包人请求对上述两部分款项行使优先受偿权的，人民法院不予支持。

---

[*] 摘自《最高人民法院公报》2016年第4期。

最高人民法院民事判决书

(2014) 民一终字第 56 号

上诉人（一审原告）：中铁二十二局集团第四工程有限公司。住所地：河北省高碑店市和平路39号。

法定代表人：杨忠孝，该公司董事长。

委托代理人：张安红，男，汉族，1975年4月27日出生，该公司项目经理。

委托代理人：李永，北京市同创律师事务所律师。

上诉人（一审被告）：安徽瑞讯交通开发有限公司。住所地：安徽省合肥市经济技术开发区紫云路（民营科技经济园内）。

法定代表人：刘丰，该公司总经理。

委托代理人：王文峰，安徽承义律师事务所律师。

委托代理人：张翔宇，北京市君泰律师事务所律师。

被上诉人（一审被告）：安徽省高速公路控股集团有限公司。住所地：安徽省合肥市高新开发区望江西路520号。

法定代表人：周仁强，该公司董事长。

委托代理人：宋世俊，安徽安泰达律师事务所律师。

委托代理人：程军，安徽安泰达律师事务所律师。

上诉人中铁二十二局集团第四工程有限公司（以下简称中铁公司）与上诉人安徽瑞讯交通开发有限公司（以下简称瑞讯公司）、被上诉人安徽省高速公路控股集团有限公司（以下简称安徽高速公司）建设工程施工合同纠纷一案，安徽省高级人民法院（以下简称一审法院）于2013年10月16日作出（2011）皖民四初字第8号民事判决。中铁公司、瑞讯公司不服该判决，向本院提起上诉。本院依法组成合议庭，于2014年3月31日开

建设工程合同纠纷

庭审理了本案。瑞讯公司的委托代理人王文峰、张翔宇,中铁公司的委托代理人张安红、李永,安徽高速公司的委托代理人宋世俊、程军到庭参加了诉讼。本案现已审理终结。

一审法院经审理查明:2003年,安徽瑞鑫交通开发有限公司(后更名为瑞讯公司,以下统称瑞讯公司)获得了阜阳至周集高速公路(以下简称阜周高速公路)建设经营权。同年12月31日,中铁十八局集团第四工程有限公司(后更名为中铁公司,以下统称中铁公司)经过招投标,与瑞讯公司签订阜周高速公路路基工程施工《合同协议书》,约定瑞讯公司将阜周高速公路13标段发包给中铁公司施工,合同总价为201901950元,工期22个月等内容。

2004年2月18日,安徽省公路工程建设监理有限责任公司阜周高速公路路基工程总监理工程师办公室向包括中铁公司在内的各合同段承包人发出《开工令》,明确工期从2004年2月18日开始计算。中铁公司按合同约定进行施工,但未在合同约定的工期内完工。中铁公司于2006年3月完成了原计划应于2005年3月完成的施工工程量。

2008年12月22日,安徽省人民政府(以下简称安徽省政府)召开阜周高速公路复工建设协调会,会议形成了第253号《安徽省政府专题会议纪要》(以下简称《253号会议纪要》),主要内容为,决定由安徽省交通运输厅(以下简称安徽省交通厅)收回阜周高速公路建设经营权,交由安徽高速公司作为项目新业主负责建设和经营。安徽高速公司作为项目新业主,承担复工进场新施工单位的组织协调责任,项目原业主瑞讯公司承担原施工单位及处理此前项目债权债务的责任。瑞讯公司要妥善处理好与原施工、监理等单位的债权债务及利益关系,积极筹措资金支付所欠债务、材料款、农民工工资等。对阜周高速公路工程已经审计计量的工程量,安徽省交通厅、安徽高速公司、瑞讯公司三方认识一致且签署明确意见的,由安徽省国有资产监督管理委员会(以下简称安徽省国资委)按规定严格审核把关,尽快报安徽省政府研究;对已施工未计量或已计量但认识不一致的,安徽省国资委要尽快协调各方达成一致意见。

1315

2009年4月1日,瑞讯公司与中铁公司签订《协议书》,约定:(1)双方一致确认瑞讯公司尚欠中铁公司已完工已计量的工程款共计391674.41元,扣除应由中铁公司承担的已完工已计量核减额1458466元后,中铁公司尚需退还瑞讯公司多付的已完工已计量的工程款共计1066791.59元。(2)双方共同核定中铁公司已完工未计量的工程量共计6410929.13元;如安徽省国资委委托的审计事务所基于充足的理由对上述工程量予以合理核减,双方一致同意以审计单位最终认定的数额为准,但瑞讯公司须在审计单位征求被审计单位意见期间及时通知中铁公司到审计单位就涉及中铁公司已完工未计量的工程量核减依据等进行质疑或提出书面异议及理由,否则,审计单位对中铁公司上述工程量的核减额全部由瑞讯公司承担。(3)双方一致确认中铁公司向瑞讯公司缴纳的质保金为7462567.99元,瑞讯公司同意全额退还。双方一致同意索赔事宜在2009年4月20日前开始协商处理等。之后,瑞讯公司又向中铁公司支付了部分工程款。

2009年5月22日,中铁公司向瑞讯公司和作为案涉工程审计单位的皖瑞审计事务所提出书面申诉意见称,中铁公司于2009年5月21日上午10时收到瑞讯公司发来的关于阜周高速公路工程第二步审计初步结果的电子文件后十分震惊,对审计中扣减的已完工未计量工程量等不能理解和接受,提出申诉等内容。

一审诉讼中,中铁公司为证明其主张,向一审法院提交了2004年3月至2005年3月期间现场监理人员王波签署的每日停工、窝工人员机械统计表及每月停工人员、机械费用统计表,每日停工、窝工人员机械统计表载明的停窝工原因为资金不到位、取土场问题未解决。

一审诉讼期间,一审法院根据中铁公司的申请,依法委托安徽明珠建设项目管理有限公司(以下简称明珠公司)就中铁公司所主张的停窝工损失是否存在及如存在则具体数额为多少进行了鉴定。明珠公司于2012年7月17日出具了皖明珠基字〔2012〕119号《阜周高速公路13标段停窝工损失费用工程造价鉴定报告》(以下简称《鉴定报告》),结论为:根据现有资料,中铁公司承建的阜周高速公路13标段工程停窝工损失费为:(1)2004

建设工程合同纠纷

年3月至2005年3月第一次停工期间停窝工损失费：①确定部分造价为6778661.54元。②不确定部分造价为6929833.87元。（2）2006年11月至2009年3月第二次停工期间停窝工损失费，根据现有的证据资料不能计算具体金额。2013年3月7日，明珠公司作出《补充鉴定报告》，结论为：根据现有资料，中铁公司承建的阜周高速公路13标段工程因2004年停工影响原材料及油料价格上涨费用为3119237.63元。

中铁公司提起诉讼，请求：（1）瑞讯公司支付尚欠工程款5585903.73元，并支付自2009年6月1日开始至实际支付之日止的利息损失（按同期人民银行贷款利率计算）；（2）赔偿迟延支付工程预付款利息201018.62元；（3）赔偿2004年1月至2005年3月第一次停工期间发生的停窝工损失22565873.85元；赔偿2006年11月至2009年4月第二次停工期间停窝工损失32006719.12元（房租40986.67元+用地费405096元+人员机械设备停窝工损失30970300元+石灰款590336.45元）；赔偿中铁公司因工期延长和实际工程总价款减少而引起的管理费增加的损失4078795元；（4）确认中铁公司就其所主张的工程款和各项损失款项对案涉工程享有优先受偿权；（5）安徽高速公司承担连带支付责任。

一审法院认为，《合同协议书》及《协议书》合法有效。中铁公司要求瑞讯公司支付尚欠工程款及利息的诉请无事实依据，不予支持。中铁公司要求瑞讯公司支付因迟延支付开工预付款所导致的利息损失的诉请，不予支持。中铁公司主张的2004年3月至2005年3月期间的停窝工损失中确定部分6778661.54元，予以支持；不确定部分，不予支持。中铁公司主张的2006年11月至2009年4月期间的停窝工损失，不予支持。对于中铁公司停窝工期间原材料及油料价格的上涨费用，瑞讯公司与中铁公司平均负担，瑞讯公司应赔偿中铁公司1559618.82元。对于中铁公司主张的管理费，要求确认其就案涉工程享有优先受偿权及要求安徽高速公司承担连带责任等诉请，均不予支持。据此，一审法院判决：一、瑞讯公司于判决生效后10日内赔偿中铁公司经济损失8338280.36元；二、驳回中铁公司其他诉讼请求。如果未按判决指定的期间履行给付金钱义务，应当按照《中华人民共和国民事诉讼法》第二百五十三条之规定，加倍支付迟延履行期间的债务利息。案件受理费346810.65元，由中铁公司负担299405.65元，瑞讯公司负担47405元；鉴定费35万元，由中铁公司负担297940元，瑞讯公司负担52060元。

瑞讯公司上诉称：（1）一审判决认定停工所依据的王波签字的统计表，与其他证据相互矛盾，且属于违法出具，依法不能作为定案依据。瑞讯公司已证明中铁公司在2004年和2005年期间涉案工程没有停工，不存在停工损失；一审判决认定该期间存在停窝工损失，认定事实错误。（2）一审判决以《鉴定报告》为依据，判定双方分摊油料上涨的损失，违背事实和公平原则。

中铁公司上诉并答辩称：（1）关于已完工未计量审计核减金额2573395.71元及未纳入审计的1378989.97元工程款，鉴于该部分工程量确实存在，瑞讯公司也完全认可，故应据实结算，且瑞讯公司未及时通知审计单位的审计情况，瑞讯公司应支付此部分核减金额及未纳入审计的工程量的欠付工程款3816805.76元及自2009年6月1日起开始计算的相应利息。（2）按照《协议书》约定，第二笔工程预付款应在2004年2月18日下达开工令时支付，但瑞讯公司拖至2004年11月28日才支付，逾期九个月零十天，瑞讯公司应支付5047548元工程预付款9个月的同期贷款利息201018.62元。（3）一审法院一方面对于有"王波"签字的《停窝工统计表》的真实性及效力表示认可，另一方面却仅支持了2004年7月~11月停工期间的损失6778661.54元，对2004年3月~6月、12月、2005年1月~3月期间的停窝工损失6929833.87元，以统计表中"存有矛盾"为由拒绝支持，无事实和法律依据。而对于2006年11月至2009年4月期间的第二次停工损失，尽管缺乏监理的签字确认，但停工事实不可否认，停工原因亦非常清楚；考虑到一审诉讼请求中要求的第二次停工损失2200万元的证据不够充分，故仅上诉请求二审法院酌判400万元。（4）2004年的停工完全系瑞讯公司资金不到位所造成，对于停工影响原材料及油料价格上涨费用，瑞讯公司应当负全部责任，一审法院判决双方各担50%不符合

建设工程合同纠纷

事实。(5)《招标书》第51.1款、第52.3款约定,合同的价格增加或减少总共超过有效合同价格15%的,应进行管理费调整。如为正值,管理费向下调;如为负值,则向上调。合同价款2.019亿元,实际施工价值1.162亿元,减少了近一半,远超15%的约定标准,根据上述合同约定,管理费需要上调。(6)为保护广大农民工的利益,至少应该对于拖欠工程款、人员机械费用、材料上涨费用、管理费用等,判令确认中铁公司享有建设工程价款优先受偿权。(7)安徽省政府收回阜周高速公路,交给安徽高速公司经营,并要求瑞讯公司将遗留问题移交给政府主管部门及安徽高速公司处理,安徽高速公司应对瑞讯公司所欠的债务承担连带清偿责任。综上,请求驳回瑞讯公司的上诉请求,并改判:一、撤销一审判决第二项,改判瑞讯公司支付尚欠的工程款3816805.76元及自2009年6月1日开始至判决生效之日止的利息损失287119.21元(暂计算至2010年10月30日),支付迟延支付工程预付款的利息201018.62元,支付2004年3月至2005年3月第一次停工期间停窝工损失6929833.87元及2006年11月至2009年4月第二次停工期间停窝工损失400万元,支付1559618.82元的原材料及油料价差损失,支付因工期延长和实际工程总价款减少而引起的管理费增加的费用4078795元;二、确认中铁公司就案涉工程享有工程价款优先受偿权;三、安徽高速公司承担连带支付责任。

瑞讯公司针对中铁公司的上诉答辩称:(1)对于已完工未计量的工程量,双方明确约定交由审计单位审核,审计单位核准的金额及核准程序并无不当,且瑞讯公司已经按照约定及时履行了告知中铁公司的义务,故这部分费用应以审计单位的意见为准,瑞讯公司已经不欠中铁公司工程款及利息。(2)关于延付工程款的情况,一审法院认定事实清楚,中铁公司没有提供证据证明瑞讯公司存在拖延支付工程款的情况,其上诉请求没有依据。(3)关于停窝工损失,监理王波的签字是无效的,是王波的个人行为,《鉴定报告》依据无效的签字而鉴定的停窝工损失没有任何依据,且中铁公司并没有证据证明其实际支出了所主张的停窝工损失款项,这表明其并没有任何损失,进一步其也无权请求对该部分损失予以赔偿,即使有停窝工的行为，也是由于中铁公司自身原因造成的。一审法院判决支付第一次停工损失没有依据，瑞讯公司已经提起上诉请求，请予支持。(4) 关于2004年至2005年停工导致的材料价差损失问题，中铁公司并未提供证据证明其实际支出了价差部分的费用，且造成工程延期的原因是由于中铁公司组织不力，此部分价差损失如果存在，也应该由中铁公司承担，而不应由瑞讯公司分担。(5) 关于中铁公司诉请的管理费问题，中铁公司没有证据证明实际发生了此部分费用，且此部分费用已经通过其实际误工损失予以补偿，中铁公司的诉请构成重复主张。(6) 中铁公司主张对案涉建设工程享有优先受偿权不具备法定的前提条件，一方面，该建设工程属于公益性基础设施，不宜折价或者拍卖；另一方面，瑞讯公司与中铁公司的施工合同已经解除，中铁公司一直没有主张优先受偿权，已经放弃了该权利。综上，请求驳回中铁公司对瑞讯公司的上诉请求，支持瑞讯公司的上诉请求。

安徽高速公司针对中铁公司的上诉答辩称：同意瑞讯公司关于工程款及各项损失不应得到支持的答辩意见。对于中铁公司主张对案涉工程享有优先受偿权问题，一方面，案涉工程属于公共设施，不宜折价和拍卖；另一方面，中铁公司在本案诉请属于因违约所造成的损失，不属于应支付的工作人员报酬、材料款等实际支出的费用，也不符合《最高人民法院关于建设工程价款优先受偿权问题的批复》第三条规定的条件，故中铁公司的该诉请应予驳回。对于中铁公司要求其承担连带责任问题，安徽省政府、安徽省交通厅文件均明确，案涉工程原债权、债务由瑞讯公司负责处理，从未要求安徽高速公司承担连带支付责任，且瑞讯公司系法定的具有民事权利能力和行为能力人，中铁公司所称的瑞讯公司资不抵债的主张无法律依据，故其上诉要求安徽高速公司承担连带责任的请求无事实及法律依据。综上，请求驳回中铁公司对其的上诉请求。

本院经审理查明：瑞讯公司与中铁公司所签订的《协议书》约定，合同专用条款、合同通用条款、技术规范专用条款、投标书及投标书附录等作为协议书的组成部分，各文件互相补充。

关于合同的变更,合同通用条款第52.3款约定,如果在签发交工证书时,发现合同价格的增加或减少总共超过"有效合同价格"的15%(这里的"有效合同价格"是指扣除暂定金额后的合同价格),这种总额超过或减少15%或以上是产生于:(1)根据52.1和52.2款作价过的全部变更的工程累计结果;和(2)根据实际计量对工程量清单中的估算工程量所做的一切调整,但不包括暂定金额和物价因素价格调整。如果发生这种情况,监理工程师应与业主和承包人协商后确定一笔管理费调整额,从合同价格中扣除或加到合同价格上。

关于索赔程序,合同通用条款第53条约定,如果承包人根据合同条款中任何条款提出任何附加支付的索赔时,应该在该索赔事件首次发生的21天之内将其索赔意向书提交监理工程师,并抄送业主。监理工程师在接到上述索赔意向书时,无需认可是否系业主责任,应先审查这些当时记录,并可指示承包人进一步做好当时记录。如果承包人提出的索赔要求未能遵守本条中的各项规定,则承包人无权得到索赔或只限于索赔由监理工程师按当时记录予以核实的那部分款额。监理工程师在与业主和承包人协商后,确定承包人有权得到的全部或部分的索赔款额。合同专用条款进一步针对合同通用条款第53条增加约定,承包人提出索赔申请的记录包括业主、监理工程师与承包人的谈话记录,工地人工、材料、机械统计报表,施工备忘录、监理记录及驻地监理工程师填写的各种报表。

关于业主的违约责任,合同通用条款第69.1款约定,如果业主在根据第60.15款规定的支付期到期后的42天之内,未能向承包人支付根据监理工程师签发的任何支付证书项下的应付款额,也未向承包人说明理由;或未根据本合同任何条款而无理阻挠或拒绝对任何上述证书颁发的所需批准,则承包人有权终止对本合同项下的承包,并通知业主,抄送监理工程师,该终止在发出通知14天后生效。第69.4款约定,当第69.1款(1)所述的业主违约情况发生后,承包人可提前28天向业主发出通知并抄送监理工程师,表明承包人可能要暂停本工程施工,或放慢工程进度,承包人这种行动并不影响其获得利息和终止承包合同的权利。如果承包人根据本款的规定在向业主发出通知28天后暂停施工,或者降低了工程进度率,因此而受到延误或发生额外费用,监理工程师在与承包人和业主协商后应确定:(1)承包人应得的延长工期;(2)应该加到合同价格上的上述费用款额。

关于费用的变更,合同通用条款第70.3款约定,如果承包人未能在投标书附录中写明的工期内完成本合同工程,则在该交工日期以后施工的工程,其价格调整计算应采用该交工日期所在年份的价格指数作为当期价格指数。但是,在延长的交工日期到期以后施工的工程,其价格调整计算应采用该延长的交工日期所在年份的价格指数作为当期价格指数。

又查明,《鉴定报告》载明,关于2004年至2005年第一次停窝工期间的确定部分造价为6778661.54元,是指既有现场监理人员签字确认的每日停窝工情况具体统计表,也有现场监理人员签字确认的每月停窝工情况统计表。对于不确定部分的造价6929833.87元是指:2004年12月,现场监理人员签字确认的每日停窝工情况具体统计表只有12月1日至6日的明细,其他天数的明细则没有;2004年1~6月和2005年1~3月,只有现场监理人员签字确认的每月停窝工情况统计表,没有现场监理人员签字确认的每日停窝工情况统计表。对于上述载明事实,中铁公司与瑞讯公司均予以认可。

安徽省阜周高速公路路基工程总监理工程师办公室文件(阜周总监办〔2004〕011号)载明,经审查,各施工单位均存在机械设备不足、不配套问题。阜周高速公路路基工程项目工程监理通知单(编号:2004-56)中载明,第13合同项目部张某某自10月22日至11月14日离开工地没有履行请假手续,处以违约金4万元,以示惩戒,希望13合同项目部严格执行项目管理制度,不得再犯。上述文件及通知单系中铁公司自行提供,以作为证据使用。

对于2006年11月至2009年4月期间的停窝工损失,中铁公司在本院诉讼中亦自认,其并未依据合同约定提出索赔,而其在本案上诉中仅请求法院对该损失酌定瑞讯公司赔偿400万元。

建设工程合同纠纷

2008年12月24日,瑞讯公司与中铁公司签署《备忘录》载明,对中铁公司请求支付因工期延长和实际工程总价款减少引起的管理费增加费用4078795元问题,系双方有分歧的事项,瑞讯公司表示此费用按索赔事项处理。

再查明,2009年6月25日安徽省交通厅出具《关于阜周高速公路投资经营权收回补偿款首次分配的意见》载明,确定将阜周高速公路经营权收回补偿款首期15.5亿元首先支付瑞讯公司欠付的沿线地方款项及施工工程款项2亿元,其余13.5亿元按相同比例清偿原则,偿还工商银行和中国银行的贷款本息。

2010年12月16日,本院作出(2010)执复字第19号执行裁定书,该裁定书载明的安徽高速公司的义务为协助停止清偿对瑞讯公司所负到期债务3000万元,而非由安徽高速公司承担瑞讯公司基于案涉工程所产生的债务。

本院审理查明的其他事实与一审法院查明的事实相同。

本院认为,结合本案当事人的诉辩情况,本案当事人之间的争议焦点为:(1)中铁公司要求瑞讯公司支付工程款3816805.76元及相应利息的诉请是否成立;(2)瑞讯公司是否存在迟延支付工程预付款及应否赔偿中铁公司迟延支付的工程预付款利息201018.62元;(3)瑞讯公司应否赔偿中铁公司停窝工损失,如应赔偿,则赔偿的数额是多少;(4)瑞讯公司应否赔偿中铁公司因2004年3月至2005年3月停工导致的原材料及油料价差损失,如应赔偿,则赔偿的数额是多少;(5)瑞讯公司应否赔偿中铁公司管理费4078795元;(6)安徽高速公司应否对瑞讯公司应支付中铁公司的款项承担连带责任;(7)中铁公司主张对案涉工程项目享有优先受偿权的请求能否成立。对于上述争议焦点,本院分析认定如下:

一、关于中铁公司要求瑞讯公司支付工程款3816805.76元及相应利息的诉请是否成立的问题

2009年5月22日,中铁公司在其申诉意见书中写明,其于2009年5

月21日上午10时收到瑞讯公司关于阜周高速公路工程审计初步结果的电子文件。由此可以确认,对于审计单位针对《协议书》已完工未计量部分的审计情况,瑞讯公司已经及时通知了中铁公司,否则中铁公司不可能对于上述审计结果提出申诉意见,故中铁公司主张瑞讯公司未就审计结果履行及时通知义务的上诉理由,明显同其自认的事实相矛盾,对该上诉理由,本院不予采纳。

进一步,对于中铁公司诉称安徽省国资委委托的审计单位对已完工未计量部分中的未纳入审计1378989.97元及核减2573395.71元无理由的主张,根据2009年4月1日瑞讯公司与中铁公司签订的《协议书》约定,对于中铁公司已完工未计量的工程款6410929.13元,如安徽省国资委委托的审计事务所基于充足的理由对上述工程量予以合理核减,双方一致同意以审计单位最终认定的数额为准。在瑞讯公司已经依约及时将审计单位的审计结果通知中铁公司的情况下,则依照上述约定,中铁公司如果不能对上述核减结果提出合理的异议,则应该按照审计单位所审计的结果来结算中铁公司与瑞讯公司之间的工程款。而从本案的事实看,尽管中铁公司对审计结果提出了异议,但其并未提供证据证明审计单位的核减错误,且直到本院审理本案期间,中铁公司仍然未提供证据证明审计单位的审计核减结果错误,故一审法院针对案涉工程中已完工未计量部分的工程款,按照审计单位的核减结果进行结算,符合瑞讯公司与中铁公司的约定,理据充分。中铁公司针对审计单位未纳入审计的1378989.97元及核减2573395.71元的上诉请求,无事实及法律依据,应予驳回。

二、关于瑞讯公司是否存在迟延支付工程预付款及应否赔偿中铁公司迟延支付的工程预付款利息201018.62元的问题

一方面,在本案诉讼过程中,中铁公司并未提供证据证明瑞讯公司存在迟延支付工程预付款的违约事实,故无法确定迟延支付开工预付款的准确时间和数额,也无法计算迟延付款的利息;另一方面,假使存在瑞讯公司违约迟延支付工程预付款的情况,中铁公司要求瑞讯公司支付迟延支付

建设工程合同纠纷

工程预付款利息的请求也不能获得支持,主要理由在于:首先,依据合同通用条款第69.1款约定,如果瑞讯公司存在迟延支付工程款的情形,中铁公司有权终止对本合同项下的承包,并通知业主,抄送监理工程师。但是,从本案施工合同的实际履行情况来看,中铁公司并未依据上述约定终止对本合同的承包,也未履行通知业主及抄送监理工程师的义务,这应视为其已经默许瑞讯公司迟延支付工程预付款的行为。其次,即使存在瑞讯公司迟延支付工程预付款、应根据合同通用条款约定支付中铁公司迟延利息的义务,中铁公司还应根据合同通用条款第53条约定,在该索赔事件首次发生的21天之内将其索赔意向书提交监理工程师,并抄送业主;但是,中铁公司并未提供证据证明其依据上述约定,向瑞讯公司提出针对迟延支付工程预付款的利息索赔请求,故亦根据该条关于"如果承包人提出的索赔要求未能遵守本条中的各项规定,承包人无权得到索赔"的约定,中铁公司也无权获得该部分利息的赔偿请求。

综上,一审法院在无法计算迟延付款的利息及中铁公司未提供证据证明其在损失发生后及时向瑞讯公司提出索赔主张的情况下,驳回中铁公司关于瑞讯公司支付迟延支付工程预付款利息201018.62元的请求,并无不当;中铁公司针对该工程预付款利息的上诉请求,无事实及法律依据,应予驳回。

三、关于瑞讯公司应否赔偿中铁公司停窝工损失,如应赔偿,则赔偿的数额是多少的问题

对于该争议问题,中铁公司、瑞讯公司的诉辩又包括以下两部分停窝工损失的争议:

1. 关于2004年3月至2005年3月期间的停窝工损失问题。根据合同通用条款第53条约定,如果承包人根据合同条款中任何条款提出任何附加支付的索赔时,其应该在该索赔事件首次发生的21天之内将其索赔意向书提交监理工程师,并抄送业主;监理工程师在与业主和承包人协商后,确定承包人有权得到的全部或部分索赔款额。对于2004年至2005年第一次

停窝工期间的确定部分造价为 6778661.54 元，经查明，是指既有现场监理人员签字确认的每日停窝工情况具体统计表，也有现场监理人员签字确认的每月停窝工情况统计表，这说明对于这部分损失，中铁公司已经按照索赔程序提出了索赔，且该索赔已经经过监理签字予以确认，故中铁公司的该索赔符合上述合同通用条款第 53 条的约定，一审法院判决瑞讯公司赔偿中铁公司此部分确定款项的损失，并无不当，应予维持。

至于瑞讯公司上诉主张，在上述索赔材料上签字的王波非其监理人员，无权确定索赔事项的理由，经查明，王波系案涉阜周高速公路 13 标段 2004 年 5 月至 2005 年 3 月期间的现场监理人员；而合同通用条款第 53.5 款明确约定，监理具有确定索赔的权利，因此，在瑞讯公司无证据证明上述索赔依据上的监理"王波"的签证系虚假的情况下，一审法院判决瑞讯公司赔偿中铁公司上述经过监理王波签证认可的可确定部分停窝工损失 6778661.54 元，并无不当。瑞讯公司的上诉理由不能成立，本院不予采信。

对于 2004 年至 2005 年第一次停工期间人员、机械设备停窝工费用不确定部分的造价 6929833.87 元，经查明，该部分诉请款项是指：2004 年 12 月的统计表中，只有 12 月 1 日至 6 日的明细，没有其他天数的明细；2004 年 1~6 月和 2005 年 1~3 月，只有现场监理人员签字确认的每月停窝工情况统计表，没有现场监理人员签字确认的每日停窝工情况统计表。上述事实表明，该不确定部分停窝工损失款项虽然有每月的总统计表，但没有与此总统计表一一对应的每日索赔签证统计表，这同案涉工程针对确定部分停窝工损失的通常做法不符，一审法院未支持中铁公司针对该不确定部分停窝工损失的诉请，并无不当。中铁公司上诉请求瑞讯公司赔偿该部分损失，理据不足，应予驳回。

2. 关于 2006 年 11 月至 2009 年 4 月期间的停窝工损失问题。经查，对此部分损失，中铁公司亦自认，其并未依据合同约定提出过索赔，因此，在中铁公司未依据合同通用条款第 53 条约定履行索赔程序的情况下，根据该条的进一步约定，中铁公司无权获得该部分诉请款项的赔偿，而其在本

建设工程合同纠纷

案中主张由法院酌定瑞讯公司赔偿该停窝工损失400万元,无事实及法律依据,应予驳回。

综上,一审法院判决瑞讯公司赔偿中铁公司停窝工损失的数额并无不当,中铁公司与瑞讯公司针对停窝工损失的上诉请求均无事实及法律依据,本院均不予支持。

四、关于瑞讯公司应否赔偿中铁公司因2004年3月至2005年3月停工导致的原材料及油料价差损失,如应赔偿,则赔偿的数额是多少的问题

本案中铁公司请求瑞讯公司赔偿2004年3月至2005年3月停工导致的原材料及油料价差损失,系以瑞讯公司违反合同约定导致案涉工程停工作为其诉请的基础。对此,如果确实存在如中铁公司所主张的瑞讯公司违约的全部原因或者部分原因,且中铁公司也确实存在由于瑞讯公司违约所导致的原材料及油料价差损失,则该请求符合《中华人民共和国合同法》第一百一十三条关于"当事人一方不履行合同义务或者履行合同义务不符合约定,给对方造成损失的,损失赔偿额应当相当于因违约所造成的损失"的规定,故一审法院对中铁公司在本案中关于瑞讯公司赔偿2004年至2005年3月停工所产生的原材料及油料价差损失的请求进行审理,并无不当。

对于一审法院认定案涉工程没有按时完成施工量系中铁公司与瑞讯公司共同造成的问题,在本案诉讼过程中,中铁公司虽然上诉主张案涉工程停工完全系瑞讯公司资金不到位、征地补偿未完成等原因造成,但是,阜周高速公路路基工程总监理工程师办公室文件(阜周总监办〔2004〕011号)载明,各施工单位均存在机械设备不足、不配套问题;阜周高速公路路基工程项目工程监理通知单(编号:2004-56)中载明,第13合同项目部张某某自10月22日至11月14日离开工地没有履行请假手续,处以违约金4万元,以示惩戒,希望13合同项目部严格执行项目管理制度,不得再犯。上述文件和通知单系中铁公司自行提供的证据,这说明,即使从中铁公司自认的事实来看，也确实存在中铁公司施工组织不力、管理不到位的情况，故一审法院认定其对于工程延期具有过错，并无不当；中铁公司的上诉理由，理据不足，本院不予采信。至于瑞讯公司上诉主张案涉工程停工完全系中铁公司的原因造成的理由，从本案安徽省政府《253号会议纪要》及安徽高速公司收回案涉阜周高速公路建设经营权的事实来看，确实存在瑞讯公司资金不足、工程无法继续进行的事实，故一审法院认定瑞讯公司对于工程停工负有责任，亦无不当，瑞讯公司关于案涉工程停工完全归咎于中铁公司的上诉理由与事实不符，本院不予采信。至于一审法院所认定的双方过错程度相当及双方均担2004年3月至2005年3月停工导致的原材料及油料价差损失，系一审法院在对案件事实审查的基础上对本案双方当事人过错程度及双方当事人应承担责任的裁量，瑞讯公司与中铁公司均无证据证明上述裁量显失公平，故本院予以维持。

至于鉴定单位将2005年3月至2006年3月作为原材料及油料价差价格调整期间的问题，鉴于中铁公司于2006年3月完成了原计划应于2005年3月完成的施工工程量，故鉴定单位所采纳的价格调整指数符合合同通用条款第70.3款关于"在延长的交工日期到期以后施工的工程，其价格调整计算应采用该延长的交工日期所在年份的价格指数作为当期价格指数"的约定，并无不当。而一审法院在中铁公司与瑞讯公司均未能提交施工所在地原材料的市场价格信息的情况下，采纳鉴定单位参照合肥地区市场价格信息所计算的价差，也属适当。因此，瑞讯公司关于《鉴定报告》所采纳的原材料及油料价差价格调整计算期间及采用的市场价格信息错误的理由，无事实及法律依据，均不予采信。

综上，一审法院认定瑞讯公司与中铁公司对造成案涉工程停窝工均负有责任，并在此基础上判决瑞讯公司与中铁公司共同分担此部分材料价差的损失，并无不当。中铁公司与瑞讯公司均上诉主张该部分原材料及油料价差损失应由对方全部承担的请求，均无事实及法律依据，本院不予支持。

建设工程合同纠纷

五、关于瑞讯公司应否赔偿中铁公司管理费 4078795 元问题

合同通用条款第 52.3 款约定，如果在签发交工证书时，发现合同价格根据变更的工程累计结果和根据实际计量对工程量清单中的估算工程量所做的一切调整后增加或减少总共超过"有效合同价格"的 15%，则对中铁公司管理费进行调整。上述约定表明，对中铁公司的管理费进行调整的前提是案涉 13 标段建设工程竣工且存在对所有合同约定工程量调整后增加或者减少工程价款并实际导致增加了工程管理费的情形。进而言之，中铁公司与瑞讯公司签订该条款的真实意思包含两个方面的内容：首先，案涉工程竣工并经过总结算；其次，中铁公司需要基于工程量的增加或减少而实际产生了增加的管理费。

对于中铁公司依据上述合同条款的约定，要求瑞讯公司赔偿管理费 4078795 元的主张，一方面，本案案涉合同并非履行完毕，而是在合同履行过程中基于案涉工程无法继续完成施工而形成的双方合意解除合同的局面，因此，合同通用条款关于合同履行完毕后所有工程量变更的前提条件并不满足。且从本案双方当事人在解除案涉施工合同的过程来看，中铁公司与瑞讯公司并无合同履行过程中形成未完工程的管理费增加的约定；相反，从中铁公司同瑞讯公司所签《备忘录》的约定来看，双方当事人均同意此部分损失按照索赔程序处理，这说明双方当事人对该索赔事项尚存争议，瑞讯公司未同意支付此部分工程款，故中铁公司针对管理费的诉请，无当事人之间的合意依据。另一方面，从《备忘录》中的约定来看，瑞讯公司与中铁公司均同意将此部分争议费用界定为一种损失，则此损失应为合同履行过程中中铁公司已经实际产生的损失。而从本案事实来看，案涉合同并没有履行完毕，而是在合同解除情况下对于未完工程的一种清算。中铁公司并无证据证明其在合同未履行完毕情况下实际增加了管理费用，故应承担举证不能的责任。因此，一审法院在中铁公司对其所主张的施工管理费用增加 4078795 元未提供证据证明的情况下，未支持中铁公司的诉请，并无不当；中铁公司关于瑞讯公司应支付此部分所增加管理费的上诉请求，应予驳回。

六、关于安徽高速公司应否对瑞讯公司应支付中铁公司的款项承担连带责任的问题

首先，从本案当事人之间的合同关系来看，虽然安徽高速公司基于安徽省政府的决定收回阜周高速公路投资经营权，并且导致中铁公司与瑞讯公司之间的施工合同终止，但是，安徽高速公司与中铁公司之间并未形成施工合同关系。而案涉工程发包人是瑞讯公司，合同承包方是中铁公司，在此二者之间形成合同关系。《中华人民共和国合同法》第八条规定，依法成立的合同，对当事人具有法律约束力，因此，基于合同相对性原理，中铁公司应向其合同相对方瑞讯公司请求赔偿损失，而不能向与其没有合同关系的安徽高速公司请求。其次，从本案安徽高速公司实际接受案涉公路的过程来看，安徽省政府《253号会议纪要》明确安徽高速公司作为项目新业主，承担复工进场新施工单位的组织协调责任，项目原业主瑞讯公司承担原施工单位及项目此前债权债务的处理责任。这说明，《253号会议纪要》并未要求安徽高速公司对瑞讯公司的对外负债承担责任。而2010年12月16日本院所作出的（2010）执复字第19号执行裁定书要求，安徽高速公司协助停止清偿对瑞讯公司所负到期债务3000万元，该裁定内容进一步说明，安徽高速公司仅仅是负担停止清偿其对瑞讯公司债务的协助执行义务，而非承担瑞讯公司由于案涉工程所产生的债务。再次，从本案诉讼过程来看，中铁公司并无证据证明存在安徽高速公司应与瑞讯公司承担连带清偿责任的法定情形。综上，中铁公司上诉要求安徽高速公司承担连带支付责任，既无事实基础，也无法律依据，本院不予支持。

当然，对于安徽高速公路收回案涉阜周高速公路建设经营权后依据相关政府决定所给予瑞讯公司的补偿，中铁公司如果有证据证明此种补偿明显不合理，且对其权益造成了侵害，其可依据相关法律规定，另寻途径解决。

建设工程合同纠纷

七、关于中铁公司主张对案涉工程项目享有优先受偿权的请求能否成立问题

根据《最高人民法院关于建设工程价款优先受偿权问题的批复》第三条"建筑工程价款包括承包人为建设工程应当支付的工作人员报酬、材料款等实际支出的费用,不包括承包人因发包人违约所造成的损失"的规定,能够行使建设工程价款优先受偿权的权利范围不包括因发包人违约导致的损失。而从前述中铁公司在本案中被支持的诉请款项来看,包括因瑞讯公司违约给其造成的停窝工损失和材料价差损失两项,均不属于建设工程价款优先受偿权的权利行使范围,故一审法院未予支持中铁公司主张对案涉工程项目享有优先受偿权的请求,并无不当。中铁公司主张对案涉工程项目享有优先受偿权的该项上诉请求,无事实及法律依据,应予驳回。

综上,瑞讯公司与中铁公司的上诉请求均无事实及法律依据,应予驳回;原审判决认定事实清楚,适用法律正确,应予维持。本院依据《中华人民共和国民事诉讼法》第一百七十条第一款第一项的规定,判决如下:

驳回上诉,维持原判。

二审案件受理费150193元,由安徽瑞讯交通开发有限公司负担70168元,由中铁二十二局集团第四工程有限公司负担80025元。

本判决为终审判决。

审　判　长　关　丽
代理审判员　肖　峰
代理审判员　仲伟珩
二〇一四年五月十五日
书　记　员　王　鹏

100. 通州建总集团有限公司与内蒙古兴华房地产有限责任公司建设工程施工合同纠纷案[*]

> 在债权人与债务人达成以物抵债协议、新债务与旧债务并存时，若新债务届期不履行，债权人有权请求债务人履行旧债务

【裁判摘要】

1. 对以物抵债协议的效力、履行等问题的认定，应以尊重当事人的意思自治为基本原则。一般而言，除当事人有明确约定外，当事人于债务清偿期届满后签订的以物抵债协议，并不以债权人现实地受领抵债物，或取得抵债物所有权、使用权等财产权利，为成立或生效要件。只要双方当事人的意思表示真实，合同内容不违反法律、行政法规的强制性规定，合同即为有效。

2. 当事人于债务清偿期届满后达成的以物抵债协议，可能构成债的更改，即成立新债务，同时消灭旧债务；亦可能属于新债清偿，即成立新债务，与旧债务并存。基于保护债权的理念，债的更改一般需有当事人明确消灭旧债的合意，否则，当事人于债务清偿期届满后达成的以物抵债协议，性质一般应为新债清偿。

---

[*] 摘自《最高人民法院公报》2017年第9期。

建设工程合同纠纷

> 3. 在新债清偿情形下，旧债务于新债务履行之前不消灭，旧债务和新债务处于衔接并存的状态；在新债务合法有效并得以履行完毕后，因完成了债务清偿义务，旧债务才归于消灭。
>
> 4. 在债权人与债务人达成以物抵债协议、新债务与旧债务并存时，确定债权是否得以实现，应以债务人是否按照约定全面履行自己义务为依据。若新债务届期不履行，致使以物抵债协议目的不能实现的，债权人有权请求债务人履行旧债务，且该请求权的行使，并不以以物抵债协议无效、被撤销或者被解除为前提。

最高人民法院民事判决书

（2016）最高法民终字第484号

上诉人（原审被告、反诉原告）：内蒙古兴华房地产有限责任公司，住所地：内蒙古自治区呼和浩特市赛罕区昭乌达南路诚华集团四楼。

法定代表人：陈英，该公司董事长。

委托诉讼代理人：杨晓敏，内蒙古慧灵律师事务所律师。

委托诉讼代理人：苏晓伟，内蒙古慧灵律师事务所实习律师。

被上诉人（原审原告、反诉被告）：通州建总集团有限公司，住所地：江苏省南通市通州区金沙镇新金路34号。

法定代表人：张晓华，该公司董事长。

委托诉讼代理人：严锦华，该公司经营部副经理。

委托诉讼代理人：李永，北京盈渊律师事务所律师。

上诉人内蒙古兴华房地产有限责任公司（以下简称兴华公司）因与被上诉人通州建总集团有限公司（以下简称通州建总）建设工程施工合同纠纷一案，不服内蒙古自治区高级人民法院（2012）内民一初字第38号民事判决，向本院提起上诉。本院于2016年7月6日立案后，依法组成合议庭，开庭进行了审理。兴华公司的法定代表人陈英及委托诉讼代理人杨晓敏、苏晓伟，通州建总的委托诉讼代理人严锦华、李永到庭参加诉讼。本案现已审理终结。

兴华公司上诉请求：(1)依法撤销一审判决第一项；(2)依法改判兴华公司支付通州建总工程款为13022759元，并且兴华公司不向通州建总支付判决前的利息（二审庭审中，兴华公司明确为：兴华公司不向通州建总支付一审判决作出之前的利息，即应自2015年12月18日起给付利息）；(3)一、二审本诉的诉讼费用由通州建总承担。事实和理由：(1)一审判决对兴华公司已支付工程款金额的认定遗漏证据。兴华公司在一审开庭时提交了《房屋抵顶工程款协议书》一份，该协议书中明确约定兴华公司以财富大厦A座9层房屋抵顶通州建总工程款1095万元。因在本案一审起诉前，兴华公司与通州建总协商将A座9层变更为10层，通州建总不同意，此后兴华公司不再变更楼层并告知了通州建总。对该《房屋抵顶工程款协议书》，双方既未解除，也未被法院确认无效或撤销，故对双方均有约束力，该房屋已经属于通州建总。因此，该1095万元应当认定为兴华公司已付工程款。一审法院对《房屋抵顶工程款协议书》避而不谈，不将1095万元认定为已付工程款，属于遗漏证据。(2)一审判决认定兴华公司自2011年2月20日起支付所欠工程款利息，事实不清，且适用法律错误。第一，双方签订的《建设工程施工合同》对给付工程进度款之后的工程款有明确约定。在本案起诉前，兴华公司已经超付了工程进度款。按照合同约定，剩余工程款的数额需要经过审计才能确定，审计后的30日后才应当给付。但通州建总不同意审计，坚持要求按照其单方制作的《结算书》给付剩余工程款，并拒绝交付工程竣工验收资料，双方对此发生僵持，直至在本案一审中才由法院委托审计，此时才符合合同约定的剩余工程款确定和给付条件。此外，由于是在诉讼中进行的审计，剩余工程款的数额由法

建设工程合同纠纷

院确认,所以剩余工程款的给付时间应当在一审判决后才开始计算。第二,在双方对剩余工程款如何计算、如何给付约定非常明确的情况下,一审法院适用《最高人民法院关于审理建设工程施工合同纠纷案件适用法律问题的解释》第十八条的规定,明显与事实不符。涉案工程没有交付过,只是兴华公司为了减少下游合同违约损失而不得已逐步入住,双方从来没有签订过工程交付文件,不可能存在"交付之日"。第三,一审法院认定2010年底为工程交付日,但空调机组供电安装工程、机房更改工程、弱电安装工程、A区一层新增钢结构工程等工程,均是在2011年5月或2012年1月才陆续开始施工,部分工程至今尚未竣工。(3)一审法院对个别增补项目工程款数额和甲供材料价值认定有误。第一,一审判决对于增补项目中弱电安装工程的人工费525722元的认定有误。该弱电安装工程的全称为"新增监控弱电工程的人工费",该部分费用已经包含在CCTV监控系统工程中,兴华公司曾向一审法院书面提出《关于恳请法院责令通州建总提供新增工程及相关预决算书的要求》,但一审法院未让通州建总提供依据,导致该笔费用被重复计算。第二,兴华公司虽然在一审法院组织核对的甲供材料价值24568708.65元的统计上签过字,但明确注明该数字属于阶段性对账。仍有部分甲供材料,兴华公司未能与通州建总核对清楚。一审法院最终认定甲供材料价值为24568708.65元,属于认定事实不清。

通州建总答辩称:第一,兴华公司在一审中出示《房屋抵顶工程款协议书》的目的在于证明其有履行付款义务的意思,而非主张用以抵顶工程款,并且该协议并未履行,不可能抵顶已付工程款。第二,当事人在《建设工程施工合同》专用条款中虽然约定工程款报送双方认可的审计部门审计后30日支付,但双方最终未就审计部门的审计达成一致,对于此时应如何计付工程款,当事人没有约定,故一审判决认定合同对此约定不明,并适用《最高人民法院关于审理建设工程施工合同纠纷案件适用法律问题的解释》第十八条的规定,是完全正确的。至于机房更改等项目,只是主合同完毕后的增补部分,并且金额总共只有83万元,不应影响工程款利息的支付。第三,增补项目中弱电安装工程人工费525722元与CCTV监控系统安装工程是两个项目,分别独立,而且两个项目费用的确认相差了两年,不可能存在包含关系。第四，一审法院对加工材料金额的认定是根据双方签字确认的付款凭证作出的，兴华公司在一审中没有证据否定双方签订的付款凭证，即便其有新证据，因其在一审诉讼中的三年多时间里不提供，也应视为其放弃相应权利。综上，请求驳回兴华公司的上诉。

通州建总向一审法院起诉请求：（1）兴华公司向通州建总支付工程欠款59423053元；（2）兴华公司向通州建总支付工程欠款的利息（从2011年2月20日至实际给付之日按照银行同期贷款利率计算）；（3）兴华公司向通州建总支付违约金11594336元；（4）兴华公司承担本案全部诉讼费用。兴华公司反诉请求：（1）通州建总提供涉案工程竣工验收报告和完整的工程竣工资料；（2）通州建总返还位于呼和浩特供水财富大厦A座一层350平方米商铺和物业楼一楼30平方米办公室一间，并支付自2011年2月20日至2012年9月20日占用一层商铺租金损失997500元（5元×350平方米×570天=997500元）。如不能立即返还，判令支付租金损失到实际返还时止。

一审法院认定事实：2005年6月28日，兴华公司与通州建总签订《建设工程施工合同》，兴华公司将呼和浩特市供水大厦（此后也被当事人称为"供水财富大厦"或"财富大厦"）工程的施工任务发包给通州建总。约定："一、工程内容：土建与安装工程总承包（双方另有约定及专业设备安装除外）。二、工程承包范围：呼和浩特市供水大厦工程图纸的全部工作量（双方另有约定除外）。三、合同工期：2005年7月8日开工，2006年11月30日竣工。……五、合同价款：暂定6000万元（以工程决算为准）。"合同专用条款第6条第23项约定：本工程结算以施工图加工程签证为依据，套用2004年《内蒙古自治区建筑工程消耗量定额及基础价格》《内蒙古自治区装饰装修工程消耗量定额及基础价格》和2004年《内蒙古自治区安装工程消耗量定额及基础价格》（12册），取费执行2004年《内蒙古自治区建设工程费用计算规则》及配套的相关文件。结算时土建、安装按照国家规定工程取费类别取费，措施项目费、各项规费按规定计取。

2005年7月1日，兴华公司制作《招标文件》，对供水大厦土建工程以邀请招标方式进行招标，《招标文件》第26.5条规定：本次招标只报土

建设工程合同纠纷

建工程费率。2005年7月12日,通州建总制作《投标文件》进行投标,投标报价费率24.56%。2005年7月14日,兴华公司及招标代理机构向通州建总发出《中标通知书》,确定通州建总为中标单位。同日,兴华公司给呼和浩特市建设工程招投标管理办公室及其他投标人分别发出《中标确认书》及《中标结果通知书》。2005年7月18日,呼和浩特市建设工程招投标管理办公室在《建设工程项目招标中标通知书》上签署备案意见。该通知书载明中标内容:见招标文件;中标价格:24.56%。2005年7月28日,双方签订《建设工程施工合同》并在呼和浩特市建设工程招投标管理办公室备案。该合同约定:"一、工程名称:呼和浩特市供水大厦;工程内容:土建与安装工程总承包(甲乙双方另有约定及专业设备安装除外)。二、工程承包范围:呼和浩特市供水大厦工程图纸的全部工程量(双方另有约定的除外)。三、合同工期:开工日期2005年7月18日,竣工日期2006年11月20日。……五、合同价款:暂定价5040万元,中标费率24.56%。"专用条款第23条约定:本工程结算以施工图加工程签证为依据,套用2004年《内蒙古自治区建筑工程消耗量定额及基础价格》《内蒙古自治区装饰装修工程消耗量定额及基础价格》和2004年《内蒙古自治区安装工程消耗量定额及基础价格》(12册),取费执行2004年《内蒙古自治区建设工程费用计算规则》及配套的相关文件。结算时土建、安装按照国家规定工程取费类别取费,措施项目费、各项规费按规定计取。

合同签订后,通州建总进场施工完毕,涉案工程没有进行竣工验收,兴华公司于2010年底投入使用。

一审法院就涉案土建及安装工程造价(不包括CCTV监控系统、车辆管理系统及新增项目工程)委托鉴定,内蒙古誉博工程项目管理有限责任公司(以下简称誉博公司)于2014年3月10日作出审核鉴定报告(内誉博鉴定字〔2013〕第02号),鉴定意见为:土建工程造价96477172.76元,安装工程造价8706173元,合计105183345.80元。兴华公司与通州建总均提出异议,一审法院委托誉博公司进行补充鉴定,誉博公司又于2015年10月10日作出《工程造价鉴定意见书》(内誉博鉴定字〔2015〕第01号),鉴定意见为:(1)按投标文件费率工程造价(含3.5%社会保障费):

土建工程99154997元；安装工程12380189元；合计111535186元，其中社会保障费111535186元÷1.0344÷1.048×3.5%＝3601058元。（2）按合同约定工程造价（含3.5%社会保障费）：土建工程101049789元；安装工程12380189元；合计113429978元，其中社会保障费113429978元÷1.0344÷1.048×3.5%＝3662234元。

2009年9月21日，双方确定CCTV监控系统按82万元进行结算，车辆管理系统按20万元进行结算，两项合计102万元。

2011年5月至2012年1月，双方就增补项目进行结算，空调机组供电安装工程95000元、机房更改工程15万元、弱电安装人工费525722元、A区一层新增钢结构工程6万元，合计新增项目工程款为830722元。

兴华公司已付工程款数额为59211582元（58511582元＋5万元＋10万元＋55万元），甲供材料价值24568708.65元。

一审法院认为，2005年7月28日，双方签订《建设工程施工合同》并在呼和浩特市建设工程招投标管理办公室备案。该合同内容并不违反法律、行政法规的规定，应为有效。

一、关于通州建总主张兴华公司给付工程款59423053元及相应利息的依据问题

首先，关于工程造价问题。通州建总承建的工程已经完工，虽未竣工验收，但兴华公司已投入使用，故通州建总主张兴华公司支付欠付工程款，应予支持。誉博公司已就涉案土建及安装工程造价作出补充鉴定结论，土建工程费率分别按投标文件费率及定额费率作出，安装工程费率均按照定额费率作出。双方备案合同专用条款第23条约定费率采用定额费率，与土建工程投标及中标费率24.56%不符。《中华人民共和国招标投标法》第四十六条第一款规定："招标人和中标人应当自中标通知书发出之日起30日内，按照招标文件和中标人的投标文件订立书面合同。招标人和中标人不得再行订立背离合同实质性内容的其他协议。"而本案土建工程进行了招投标，土建工程应以中标费率24.56%确定工程造价，故誉博公司〔2015〕第01号《鉴定意见书》第一项鉴定结论应予采信，即涉案土

建及安装工程造价为111535186元。兴华公司主张鉴定结论中模板数量未经其核实的问题，誉博公司在鉴定意见中明确，本次报告内所有工程量双方已核对认可，故兴华公司该项主张不能成立。兴华公司主张安装工程的费率也应以投标费率为准，鉴于安装工程并未进行招投标，兴华公司招标文件要求只报土建工程费率，通州建总投标也是土建费率，所以涉案安装工程费率应以双方合同约定的定额费率为准，兴华公司该项主张不能成立。兴华公司主张社会保障费应予扣除问题，《内蒙古自治区建设工程社会保障费筹集管理办法》第四条规定："在自治区行政区域内从事新建、改建、扩建、维修和技术改造等建设工程项目的建设单位，应当向建设工程社会保障费管理机构缴纳建设工程社会保障费。建设单位应当在建设工程项目办理工程施工许可前，预缴建设工程社会保障费；在建设工程项目竣工备案前，结算建设工程社会保障费。结算手续应当作为办理建设工程项目竣工备案的条件。"据此，社会保障费应由建设单位向社会保障费管理机构缴纳，故本案社会保障费应予扣除，兴华公司该项主张成立。

其次，关于已付工程款数额问题。2015年11月12日，一审法院组织双方就已付工程款进行对账。双方无争议的已付工程款58511582元，有争议的内容是五项，分别为：（1）2007年2月12日引黄办代付5万元；（2）2007年7月12日引黄办代付10万元；（3）2006年6月17日停工费3万元；（4）2008年12月12日许贵球顶车款23万元；（5）顶房款60万元。针对第1项，通州建总主张2007年2月12日引黄办代付5万元，兴华公司认可，一审法院予以确认。针对第2项，通州建总公司主张2007年7月12日引黄办代付10万元并提交相应证据，兴华公司表示引黄办实际给付数额不清。一审法院认为，引黄办在50万元收据上载明，由于公司分次拨款，本次为10万元可先支付。结合进账单，通州建总实际收到工程款为10万元，一审法院予以确认。针对第3项，因兴华公司没有证据证明其已付停车费3万元，通州建总又不认可，一审法院对该项费用不予确认。针对第4项，因许贵球和兴华公司之间还有其他承包工程，无法证明该顶车款23万元与本案存在直接关系，故对兴华公司该项主张不予支持。针对第5项，因双方就占用房屋达成一致，同意按照55万元抵顶工程款，一审法院予以确认。

综上，兴华公司已付工程款数额为59211582元（58511582元＋5万元＋10万元＋55万元）。

同日，一审法院组织双方当事人对甲供材料进行了核对。针对甲供材料，通州建总提供一份甲供材料汇总表，证明甲供材料价值24568708.65元，可以折抵工程款。兴华公司质证认为这只是阶段性的对账，不是最终结果，其主张甲供材料价值大约2500多万元。一审法院认为，兴华公司主张甲供材料大约2500多万元，但无充分证据证明。通州建总认可甲供材料价值24568708.65元，该数字已经双方核对，一审法院予以采信。故一审法院认定兴华公司甲供材料价值24568708.65元，该款可以折抵工程款。

因此，兴华公司尚欠通州建总工程价款为26004559.35元〔111535186元（土建、安装工程）＋102万元（CCTV监控系统、车辆管理系统）＋830722元（新增项目工程款）－3601058元（社会保障费）－59211582元（已付工程款）－24568708.65元（甲供材料价值）〕。

最后，关于利息问题。《最高人民法院关于审理建设工程施工合同纠纷案件适用法律问题的解释》第十七条规定："当事人对欠付工程价款利息计付标准有约定的，按照约定处理；没有约定的，按照中国人民银行发布的同期同类贷款利率计息。"第十八条规定："利息从应付工程款之日计付。当事人对付款时间没有约定或者约定不明的，下列时间视为应付款时间：（一）建设工程已实际交付的，为交付之日……"因此，兴华公司应向通州建总支付上述工程欠款的利息。关于利息起算时间，双方约定工程价款报送双方认可的审计部门进行审计，但最终未就审计部门达成一致，应视为付款时间约定不明，故利息起算时间应以工程实际交付之日即2010年底起算为宜。因通州建总起诉主张从2011年2月20日起算，应予支持。通州建总主张利率按照中国人民银行同期同类贷款利率计算并不违反法律规定，工程欠款利率应按照中国人民银行同期同类贷款利率计算。

二、关于通州建总主张兴华公司给付违约金11594336元的依据问题

通州建总主张依据双方合同专用条款第35.1条约定，因兴华公司存在

迟延付款,故应按照拖欠工程款同期贷款利率 2 倍支付违约金。通州建总并未提供充分证据证明兴华公司存在迟延付款,兴华公司对此亦不认可,通州建总该项诉讼请求不能成立,一审法院不予支持。

三、关于通州建总应否交付兴华公司工程竣工验收报告和完整的工程竣工资料问题

《中华人民共和国建筑法》第六十一条第一款规定:"交付竣工验收的建筑工程,必须符合规定的建筑工程质量标准,有完整的工程技术经济资料和经签署的工程保修书,并具备国家规定的其他竣工条件。"《建设工程质量管理条例》第十六条规定:"建设单位在收到建设工程竣工报告后,应当组织设计、施工、工程监理等有关单位进行竣工验收。建设工程竣工验收应当具备下列条件:(一)完成建设工程设计和合同约定的各项内容;(二)有完整的技术档案和施工管理资料;(三)有工程使用的主要建筑材料、建筑构配件和设备的进场试验报告;(四)有勘察、设计、施工、工程监理等单位分别签署的质量合格文件;(五)有施工单位签署的工程保修书。建设工程经验收合格后,方可交付使用。"双方合同通用条款第32.1 条约定:"工程具备竣工验收条件,承包人按国家工程竣工验收有关规定,向发包人提供完整竣工资料及竣工验收报告。双方约定由承包人提供竣工图的,应当在专用条款内约定提供的日期及份数。"故提交工程竣工报告和竣工资料是承包方的法定义务及双方合同约定义务,通州建总应交付兴华公司工程竣工报告及竣工资料。兴华公司该项反诉请求成立,应予支持。

四、关于通州建总是否占用供水大厦 A 座一层 350 平米商铺以及物业楼一楼 30 平方米办公室一间及应否返还并赔偿商铺相应的租金损失问题

因兴华公司自认于 2010 年底使用涉案工程,且其无充分证据证明通州建总占用上述房屋,故兴华公司该项反诉请求不能成立。

综上,通州建总本诉请求及兴华公司反诉请求部分成立。一审法院依

照《中华人民共和国合同法》第六十条①，《中华人民共和国招标投标法》第四十六条第一款，《中华人民共和国建筑法》第六十一条第一款，《建设工程质量管理条例》第十六条，《最高人民法院关于审理建设工程施工合同纠纷案件适用法律问题的解释》②第十七条、第十八条，《中华人民共和国民事诉讼法》第一百四十八条第一款、第三款之规定，判决：一、兴华公司于判决生效之日起30日内给付通州建总工程款26004559.35元及其利息（从2011年2月20日起至付清之日止，按中国人民银行同期同类贷款利率计算）；二、通州建总于判决生效之日起30日内交付兴华公司涉案工程竣工报告及竣工资料；三、驳回通州建总其他诉讼请求；四、驳回兴华公司其他反诉请求。如未按判决指定期间履行给付金钱义务或者其他义务的，应当依照《中华人民共和国民事诉讼法》第二百五十三条之规定，加倍支付迟延履行期间的债务利息或者迟延履行金。本诉案件受理费425873元，由通州建总负担269931元，由兴华公司负担155942元；反诉案件受理费6887.50元，由兴华公司负担；保全费5000元，由通州建总负担；鉴定费473325元，由双方各负担一半。

本院二审期间，兴华公司围绕上诉请求依法提交了新证据：一是通州建总呼和浩特分公司第二工程处2011年5月19日致兴华公司的《报告》一份，载明："至今尚欠工程款约62218595元（审计后确定）……"二是《供水财富大厦未完工程电气、给排水及土建各项说明》，兴华公司法定代表人陈英、通州建总经营部副经理翟雪峰均在该说明上签字，落款时间为2013年4月7日。上述两份证据，并结合兴华公司一审中提交的其他相关证据，意在证明当事人对工程款的给付时间有明确约定，而且，截至2013年4月7日，尚有电气、给排水、土建等部分工程未完工，故以2010年底作为涉案工程交付时间是错误的。本院组织当事人进行了证据交换和质证。通州建总对于上述两份证据的真实性与合法性不持异议，但认为不能

---

① 对应《中华人民共和国民法典》第五百零九条："当事人应当按照约定全面履行自己的义务。当事人应当遵循诚信原则，根据合同的性质、目的和交易习惯履行通知、协助、保密等义务。当事人在履行合同过程中，应当避免浪费资源、污染环境和破坏生态。"

② 该法律文件已失效。

建设工程合同纠纷

证明兴华公司所要证明的目的。

根据当事人于一审、二审期间提交并经质证的证据,对当事人二审争议的事实,本院认定如下:涉案《建设工程施工合同》专用条款第26条"工程款(进度款)支付条款"约定:"装修、安装工程施工期间发包方按月进度拨付给承包方工程进度款为已完工程量70%,竣工验收后乙方上报工程结算单,报双方认可的审计部门在30个工作日内审计结束,发包方在30个工作日内拨付给承包方工程款至审计后工程总价95%。"

2011年9月17日,通州建总向兴华公司报送了《弱电安装人工费预(决)算书》,报价584135元。兴华公司法定代表人陈英于2011年10月12日批示:"同意下浮10%结算。"此外,对于增补项目中其他项目的工程款结算,兴华公司法定代表人陈英在通州建总报送的《机房更改工程预(决)算书》上签署同意付款15万元的时间是2012年1月12日,在通州建总报送的《A区一层新增钢结构工程预(决)算书》上签署同意付款6万元的时间是2011年6月13日,在通州建总报送的《空调机组供电安装工程预(决)算书》上签署同意付款95000元的时间是2011年5月23日。通州建总于2011年12月16日编制了《增补项目结算汇总表》。

2012年1月13日,兴华公司(甲方)与通州建总呼和浩特分公司第二工程处(乙方)签订《房屋抵顶工程款协议书》一份,约定:"就乙方承揽施工甲方的供水财富大厦工程,将协商用该楼盘A座9层房屋抵顶工程款一事达成协议如下:一、抵顶房屋位置:呼和浩特市新华东街以南/丰州路以西路口转角处,财富大厦A座9层。……双方抵顶房屋协议价为7500元/平方米,计1095万元。二、乙方用通州建总集团有限公司呼和浩特分公司拥有的产权房,坐落在呼和浩特市东洪桥蒙荣中心嘉园2号楼2单元的3套住宅进行置换,……总价合计1527450元,……乙方扣除置换住宅楼价1527450元,抵顶工程款计9422550元,结算时互相补办手续并签订正式合同……"二审中,兴华公司认可财富大厦A座9层尚未办理房屋所有权首次登记及任何转移登记。

至于兴华公司于本院二审中提交的前述两份证据,本院认为,其与待证事实之间没有关联性,故不予采信。

本院认为,根据当事人的上诉请求、答辩意见以及有关证据,并经当事人当庭确认,本案二审争议焦点为:(1)供水财富大厦 A 座 9 层抵顶工程款是否应计入已付工程款中。(2)一审判决是否将弱电安装工程人工费 525722 元作为应付工程款进行了重复计算。(3)一审判决认定的甲供材料价值是否正确。(4)欠付工程款应自何时起计付利息。

一、关于供水财富大厦 A 座 9 层抵顶工程款是否应计入已付工程款中的问题

首先,以物抵债,系债务清偿的方式之一,是当事人之间对于如何清偿债务作出的安排,故对以物抵债协议的效力、履行等问题的认定,应以尊重当事人的意思自治为基本原则。一般而言,除当事人明确约定外,当事人于债务清偿期届满后签订的以物抵债协议,并不以债权人现实地受领抵债物,或取得抵债物所有权、使用权等财产权利,为成立或生效要件。只要双方当事人的意思表示真实,合同内容不违反法律、行政法规的强制性规定,合同即为有效。本案中,兴华公司与通州建总呼和浩特分公司第二工程处 2012 年 1 月 13 日签订的《房屋抵顶工程款协议书》,是双方当事人的真实意思表示,不存在违反法律、行政法规规定的情形,故该协议书有效。

其次,当事人于债务清偿期届满后达成的以物抵债协议,可能构成债的更改,即成立新债务,同时消灭旧债务;亦可能属于新债清偿,即成立新债务,与旧债务并存。基于保护债权的理念,债的更改一般需有当事人明确消灭旧债的合意,否则,当事人于债务清偿期届满后达成的以物抵债协议,性质一般应为新债清偿。换言之,债务清偿期届满后,债权人与债务人所签订的以物抵债协议,如未约定消灭原有的金钱给付债务,应认定系双方当事人另行增加一种清偿债务的履行方式,而非原金钱给付债务的消灭。本案中,双方当事人签订了《房屋抵顶工程款协议书》,但并未约定因此而消灭相应金额的工程款债务,故该协议在性质上应属于新债清偿协议。

再次,所谓清偿,是指依照债之本旨实现债务内容的给付行为,其本意在于按约履行。若债务人未实际履行以物抵债协议,则债权人与债务人

建设工程合同纠纷

之间的旧债务并未消灭。也就是说，在新债清偿，旧债务于新债务履行之前不消灭，旧债务和新债务处于衔接并存的状态；在新债务合法有效并得以履行完毕后，因完成了债务清偿义务，旧债务才归于消灭。据此，本案中，仅凭当事人签订《房屋抵顶工程款协议书》的事实，尚不足以认定该协议书约定的供水财富大厦A座9层房屋抵顶工程款应计入已付工程款，从而消灭相应金额的工程款债务，是否应计为已付工程款并在欠付工程款金额中予以相应扣除，还应根据该协议书的实际履行情况加以判定。对此，一方面，《中华人民共和国物权法》第九条规定："不动产物权的设立、变更、转让和消灭，经依法登记，发生效力；未经登记，不发生效力，但法律另有规定的除外。"据此，除法律另有规定的以外，房屋所有权的转移，于依法办理房屋所有权转移登记之日发生效力。而本案中，《房屋抵顶工程款协议书》签订后，供水财富大厦A座9层房屋所有权并未登记在通州建总名下，故通州建总未取得供水财富大厦A座9层房屋所有权。另一方面，兴华公司已经于2010年底将涉案房屋投入使用，故通州建总在事实上已交付了包括供水财富大厦A座9层在内的房屋。兴华公司并无充分证据推翻这一事实，也没有证据证明供水财富大厦A座9层目前在通州建总的实际控制或使用中，故亦不能认定供水财富大厦A座9层房屋实际交付给了通州建总。可见，供水财富大厦A座9层房屋既未交付通州建总实际占有使用，亦未办理所有权转移登记于通州建总名下，兴华公司并未履行《房屋抵顶工程款协议书》约定的义务，故通州建总对于该协议书约定的拟以房抵顶的相应工程款债权并未消灭。

最后，当事人应当遵循诚实信用原则，按照约定全面履行自己的义务，这是合同履行所应遵循的基本原则，也是人民法院处理合同履行纠纷时所应秉承的基本理念。据此，债务人于债务已届清偿期时，应依约按时足额清偿债务。在债权人与债务人达成以物抵债协议、新债务与旧债务并存时，确定债权人应通过主张新债务抑或旧债务履行以实现债权，亦应以此作为出发点和立足点。若新债务届期不履行，致使以物抵债协议目的不能实现的，债权人有权请求债务人履行旧债务；而且，该请求权的行使，并不以以物抵债协议无效、被撤销或者被解除为前提。本案中，涉案工程于2010年底已交付，兴华公司即应依约及时结算并支付工程款，但兴华公司却未能依约履行该义务。相反，就其所欠的部分工程款，兴华公司试图通过以部分房屋抵顶的方式加以履行，遂经与通州建总协商后签订了《房屋抵顶工程款协议书》。对此，兴华公司亦应按照该协议书的约定积极履行相应义务。但在《房屋抵顶工程款协议书》签订后，兴华公司就曾欲变更协议约定的抵债房屋的位置，在未得到通州建总同意的情况下，兴华公司既未及时主动向通州建总交付约定的抵债房屋，也未恢复对旧债务的履行即向通州建总支付相应的工程欠款。通州建总提起本案诉讼向兴华公司主张工程款债权后，双方仍就如何履行《房屋抵顶工程款协议书》以抵顶相应工程款进行过协商，但亦未达成一致。而从涉案《房屋抵顶工程款协议书》的约定看，通州建总签订该协议，意为接受兴华公司交付的供水财富大厦A座9层房屋，取得房屋所有权，或者占有使用该房屋，从而实现其相应的工程款债权。虽然该协议书未明确约定履行期限，但自协议签订之日至今已四年多，兴华公司的工程款债务早已届清偿期，兴华公司却仍未向通州建总交付该协议书所约定的房屋，亦无法为其办理房屋所有权登记。综上所述，兴华公司并未履行《房屋抵顶工程款协议书》约定的义务，其行为有违诚实信用原则，通州建总签订《房屋抵顶工程款协议书》的目的无法实现。在这种情况下，通州建总提起本案诉讼，请求兴华公司直接给付工程欠款，符合法律规定的精神以及本案实际，应予支持。

此外，虽然兴华公司在一审中提交了《房屋抵顶工程款协议书》，但其陈述的证明目的是兴华公司有履行给付工程款的意愿，而并未主张以此抵顶工程款，或者作为已付工程款，故一审判决基于此对《房屋抵顶工程款协议书》没有表述，并不构成违反法定程序。

综上，涉案《房屋抵顶工程款协议书》约定的供水财富大厦A座9层房屋抵顶工程款金额不应计入已付工程款金额，一审法院认定并判令兴华公司应向通州建总支付相应的工程欠款，并无不当，兴华公司的该项上诉理由不能成立。

建设工程合同纠纷

二、关于一审判决是否将弱电安装工程人工费525722元作为应付工程款进行了重复计算的问题

一审中,通州建总提交了关于包含弱电安装工程在内的新增项目结算的证据资料,兴华公司虽然在一审及二审中均提出异议,认为构成了重复计算,但其提交的《供水大厦誉博财富大厦中心工程(新增部分)结算书》《呼和浩特市供水大厦专业工程造价核定书》等证据,均不足以证明其主张的事实,根据《最高人民法院关于适用〈中华人民共和国民事诉讼法〉的解释》第九十条之规定,兴华公司对此应当承担不利的后果。

而且,从CCTV监控系统工程、弱电安装工程两个工程看,前者属于合同正常履行过程中的专业安装工程,双方结算于2009年9月;后者是在工程已经实际投入使用之后变更而形成的增补项目之一,双方结算于2011年10月。除非有证据证明当事人约定后者不再另行计付工程款,否则,主张CCTV监控系统工程款82万元包含了后者工程款,没有事实和法律依据。此外,在通州建总报送的弱电安装工程人工费的《预(决)算书》上,兴华公司的法定代表人陈英于2011年10月12日批示:"同意下浮10%结算。"可见,兴华公司同意按照通州建总报送的结算价下浮10%支付弱电安装工程人工费,这一金额计算即为525722元。

综上,一审判决将弱电安装工程人工费525722元计入应付工程款并无不当,兴华公司有关构成了重复计算的主张不能成立。

三、关于一审判决认定的甲供材料价值是否正确的问题

针对甲供材料,兴华公司在一审中提交了购销合同、付款凭证等证据,主张甲供材料价值大约2500多万元。对此,通州建总认可甲供材料价值为24568708.65元。兴华公司对于24568708.65元予以认可,同时质证称这只是阶段性的对账,不是最终结果。对于其主张的超出24568708.65元的部分,兴华公司在二审中进一步确定金额为1502077.35元,并提交了购销合同、付款凭证等证据,但其明确表示均不作为二审新证据,而且这些证据也不足以证明相应的材料已提供给通州建总用于涉案工程施工建

设，或者与通州建总在一审中已经认可的甲供材料之间不存在任何重复包含关系，通州建总在二审中对此亦均不予认可，故兴华公司应当对此承担相应的不利后果。一审法院以双方核对认可的甲供材料价值24568708.65元，作为认定可以折抵工程款的甲供材料价款，于法有据，兴华公司的该上诉理由不能成立。

四、关于欠付工程款应自何时起计付利息的问题

本院认为，双方在涉案《建设工程施工合同》中虽约定工程价款在报双方认可的审计部门审计结束后的30个工作日内支付95%，但双方未就审计部门的选定达成一致，故该约定的付款时间实际上无法确定，因此，一审判决认定应视为付款时间约定不明，并无不当。

《最高人民法院关于审理建设工程施工合同纠纷案件适用法律问题的解释》第十八条规定："利息从应付工程款之日计付。当事人对付款时间没有约定或者约定不明的，下列时间视为应付款时间：（一）建设工程已实际交付的，为交付之日……"故认定涉案工程欠付工程款应以工程实际交付之日起算，于法有据。涉案工程虽然没有经过竣工验收，但于2010年底已经实际交由兴华公司占有使用，故以2010年底作为起算欠付工程款利息的时间符合本案实际。当然，由于通州建总一审起诉主张从2011年2月20日起算，该日期晚于2010年底，当事人有权处分自己的民事权利，故应以2011年2月20日起算欠付工程款利息。

但由于涉案工程在实际交付使用之后，根据双方协商，通州建总又进行了一些增补项目的施工，并于2011年5月至2012年1月进行了相应的结算，共涉及新增项目工程款830722元，对这部分款项也一体自2011年2月20日起计付利息，与《最高人民法院关于审理建设工程施工合同纠纷案件适用法律问题的解释》第十八条确立的原则相悖。虽然兴华公司的上诉状中有关欠付工程款利息起算不符的理由不能成立，但由于其针对一审判决对欠付工程款利息起算的处理提起了上诉，故对于新增项目工程款830722元的利息起算时间问题，亦应一并处理。考虑到每个增补项目工程款金额均相对不太大，通州建总于2011年12月16日编制了《增补项目结算汇总表》，兴华公司的法定代表人陈英在四个增补项目上的签字时间不同，但最晚的签字时间是2012年1月12日，故本院酌定于2012年1月13日起计付新增项目工程款830722元的利息。对于其余的欠付工程款25173837.35元（26004559.35元-830722元），则仍应自2011年2月20日起计付利息。

综上所述，兴华公司的上诉理由不能成立，但其关于欠付工程款利息起算时间的上诉请求，部分能够成立；一审判决认定事实清楚，适用法律基本正确，但在部分欠付工程款利息起算时间问题的处理上存在不当，应予纠正。依照《最高人民法院关于审理建设工程施工合同纠纷案件适用法律问题的解释》第十八条①、《中华人民共和国民事诉讼法》第一百七十条第一款第二项规定，判决如下：

一、维持内蒙古自治区高级人民法院（2012）内民一初字第38号民事判决第二项、第三项、第四项；

二、变更内蒙古自治区高级人民法院（2012）内民一初字第38号民事判决第一项为"内蒙古兴华房地产有限责任公司于本判决生效之日起30日内给付通州建总集团有限公司工程款26004559.35元及其利息（其中25173837.35元自2011年2月20日起至付清之日止，830722元自2012年1月13日起至付清之日止，按中国人民银行同期同类贷款利率计算）"。

一审案件受理费425873元、反诉案件受理费6887.50元、保全费5000元，按一审判决执行。二审案件受理费99690.80元，由内蒙古兴华房地产有限责任公司负担。

本判决为终审判决。

审　判　长　韩　玫
代理审判员　司　伟
代理审判员　沈丹丹
二〇一六年十二月二十七日
书　记　员　韦　大

---

① 该法律文件已失效。

101. 江苏省第一建筑安装集团股份有限公司与唐山市昌隆房地产开发有限公司建设工程施工合同纠纷案*

> 多份施工合同均无效，且无法确定实际履行合同的，工程价款可根据争议合同之间的差价，结合工程质量、当事人过错、诚实信用原则等予以合理分配

【裁判摘要】

《最高人民法院关于审理建设工程施工合同纠纷案件适用法律若干问题的解释》第二十一条规定，当事人就同一建设工程另行订立的建设工程施工合同与经过备案的中标合同实质性内容不一致的，应当以备案的中标合同作为结算工程价款的依据，其适用前提应为备案的中标合同合法有效，无效的备案合同并非当然具有比其他无效合同更优先参照适用的效力。

在当事人存在多份施工合同且均无效的情况下，一般应参照符合当事人真实意思表示并实际履行的合同作为工程价款结算依据；在无法确定实际履行合同时，可以根据两份争议合同之间的差价，结合工程质量、当事人过错、诚实信用原则等予以合理分配。

---

* 摘自《最高人民法院公报》2018年第6期。

建设工程合同纠纷

最高人民法院民事判决书

(2017) 最高法民终 175 号

上诉人(一审原告、反诉被告):江苏省第一建筑安装集团股份有限公司。住所地:江苏省南京市栖霞区紫东路2号1幢。

法定代表人:张敏湘,该公司董事长。

委托诉讼代理人:艾海峰,北京市中洲律师事务所律师。

委托诉讼代理人:任士光,北京市中洲律师事务所律师。

被上诉人(一审被告、反诉原告):唐山市昌隆房地产开发有限公司。住所地:河北省唐山市高新技术开发区建设北路107号。

法定代表人:牛金芳,该公司董事长。

委托诉讼代理人:马洪斌,河北彬礼律师事务所律师。

委托诉讼代理人:罗占义,北京市兆亿律师事务所律师。

上诉人江苏省第一建筑安装集团股份有限公司(以下简称江苏一建)因与被上诉人唐山市昌隆房地产开发有限公司(以下简称昌隆公司)建设工程施工合同纠纷一案,不服河北省高级人民法院(2013)冀民一初字第17号民事判决,向本院提起上诉。本院于2017年3月20日受理后,依法组成合议庭,开庭审理了本案。江苏一建的委托诉讼代理人艾海峰、任士光,昌隆公司的委托诉讼代理人马洪斌、罗占义到庭参加诉讼。本案现已审理终结。

江苏一建上诉请求:(1)撤销河北省高级人民法院(2013)冀民一初字第17号民事判决;(2)改判昌隆公司给付欠付工程款25914315.58元,并自2012年1月30日起至付清之日止按中国人民银行同期同类贷款利率计算利息;(3)改判昌隆公司支付停窝工损失375万元;(4)改判江苏一建在昌隆公司支付全部欠款之日起15日内向其交付全部施工资料;(5)本案诉讼费用由昌隆公司负担。事实与理由：

1. 一审判决关于昌隆公司欠付工程款数额和利息认定错误。案涉《建设工程施工合同》（以下简称《备案合同》）与《金色和园建筑安装工程补充协议》（以下简称《补充协议》）均为无效，并非黑白合同。《备案合同》因违反招标投标法律而无效，双方实际履行的是《补充协议》，是涉案双方真实意思表示。从工程承包范围、开工竣工时间、结算方式、材料设备供应等方面可印证实际履行的合同是《补充协议》，且昌隆公司自认《补充协议》是对《备案合同》的细化与补充。

工程支付价款不应由合同效力决定，而应由工程质量是否合格决定，案涉两份合同无效，应以实际施工工程量进行结算。鉴定结论1.5亿元应作为据实结算的工程款数额，以此作为结算依据并支付欠付工程款利息。两份合同差价并非损失，而是承包方实际施工工程款，按照比例分担损失不当。

案涉工程已于2011年11月20日竣工验收合格并交付使用，参考《建设工程价款结算暂行办法》工程应在60日内完成结算规定，昌隆公司最迟应于竣工日期之后60日即2012年1月30日开始支付利息。

2. 昌隆公司应根据江苏一建实际发生的人工费、机械台班费损失支付窝工损失。该证据为会计账册资料，具有真实性和完整性，一审法院未对停窝工损失进行鉴定，昌隆公司亦未提交证据反驳，则应依此认定。

3. 关于案涉工程楼梯间保温质量问题，对该部分工程款不予处理错误。该费用并未实际发生，即使存在质量问题，可通知江苏一建进行维修，昌隆公司如垫付费用可另案解决。

4. 一审法院判令向昌隆公司交付全部施工资料错误。根据《建设工程质量管理条例》第四十九条、第十六条规定，江苏一建资料已经符合要求，只因昌隆公司独立分包资料不齐导致无法提交资料，且从不安抗辩权角度，昌隆公司不及时结算给付工程款，江苏一建亦有权不给付竣工验收资料。

昌隆公司辩称：《备案合同》为主合同，是双方实际履行的合同，《补充协议》细化确认《备案合同》内容，并未发生实质性变更，应以《备案

建设工程合同纠纷

合同》作为工程价款结算依据。《备案合同》约定的保修责任、隐蔽工程中间验收、施工组织和工期、安装工程等内容《补充协议》并未约定。江苏一建施工范围并非《补充协议》约定工程范围，比如小区主环路工程项目虽属《补充协议》约定施工范围，但由其他单位施工完成。《补充协议》的价款结算方式改变《备案合同》约定。一审判决认定事实清楚、适用法律正确，应驳回江苏一建上诉请求。一审判决昌隆公司承担60%责任过重。利息支付应以准确本金和合理起算时间存在为前提，江苏一建直至2015年2月仍补交结算资料，造成发包方无法核算，且没有完成竣工验收备案手续。一审判决从起诉之日计息，昌隆公司认可该结果。对于停窝工损失，江苏一建存在伪造证据、虚构事实行为，出具认定文件不符合认定程序规定，没有昌隆公司签字，且停工81天事实缺乏相关证据印证，昌隆公司虽认可该判决但希望二审法院能查明事实。江苏一建交付工程存在不符合设计质量要求，一审法院对此部分工程款暂不处理，符合法律规定。一审判决江苏一建交付施工资料符合法律规定。

江苏一建向一审法院起诉请求：（1）判令昌隆公司给付拖欠工程款43152301元（以司法鉴定确定的数额为准）及迟延支付工程款自竣工日起至生效判决确定的履行期限届满之日止按中国人民银行同期同类贷款利率计算的利息（为计算诉讼费，估算约为6040160.69元）。（2）判令昌隆公司赔偿停工窝工损失375万元（以司法鉴定确定的数额为准）。（3）由昌隆公司承担本案诉讼费用。

昌隆公司反诉请求：（1）判令江苏一建赔偿超拨工程款的利息128.2万元；（2）交付工程竣工备案资料；（3）赔偿因逾期交付竣工验收资料造成昌隆公司融资等损失1206.12万元（1077.92万元+128.2万元）；（4）赔偿因工程质量造成昌隆公司赔偿小业主损失22.83万元；（5）对楼梯间采暖与不采暖走道及住宅间隔墙保温、采暖管道井主管保温工程质量不符合强制性规范部分限期进行整改，昌隆公司暂不支付该部分工程款；（6）江苏一建负担本案诉讼费用。

一审法院认定事实：在双方签订施工合同之前，昌隆公司作为发包方与江苏一建作为承包方签订了《金色和园基坑支护合同》，将金色和园项目基坑支护工程委托江苏一建施工。合同上未载明签约时间。

2009年9月28日,江苏一建、昌隆公司、设计单位及监理单位对案涉工程结构和电气施工图纸进行了四方会审。在履行招投标程序之前,江苏一建已经完成了案涉工程部分楼栋的定位测量、基础放线、基础垫层等施工内容。

2009年12月1日,经履行招投标程序,昌隆公司确定江苏一建为其所开发金色和园住宅工程项目的中标人,并向江苏一建发出《中标通知书》,昌隆公司招标文件载明合同价款采用固定总价方式。2009年12月8日,双方当事人签订《备案合同》,约定由江苏一建承包昌隆公司开发的金色和园住宅工程,建筑面积为110998平方米,承包范围为施工图纸标识的全部土建、水暖、电气、电梯、消防、通风等工程的施工安装;开工日期为2009年12月8日,竣工日期为2011年12月7日,工期总日历天数730天;合同价款为131839227.62元。在合同第三部分专用条款第23.2条,原载明"合同价款采用可调价格合同,合同价款调整方法为:按施工图纸结算,材料价格调整、设计变更洽商现场签证按实调整,执行2008年河北省建筑安装工程预算定额及双方协议或约定",后双方将该约定划掉,改为"合同价款采用固定总价方式确定","除设计变更现场签证之外,均包括在合同总价之内","风险范围以外合同价款调整方法为由发包人、承包人及监理单位三方签证按总价下浮3%进行调整",在上述修改处均加盖有双方公章;专用条款第28.1条约定:"承包人采购的材料、设备均应符合国标及设计要求,主要材料及新型材料由发包人认质认价。"该份协议于2009年12月30日在唐山市建设局进行了备案。

2009年12月28日,双方当事人签订《补充协议》,约定该补充协议是对金色和园建筑工程施工合同的有关补充条款进行的明确,作为主合同附件,与主合同具有同等法律效力。该协议第一条约定,合同开竣工日期为2009年9月30日至2011年9月15日;第三条约定,承包依据是中建北京设计研究院设计的经审查和会审交底后金色和园施工图纸、作法变更(附件1),主要材料认质认价范围(附件2),国家、省市现行的施工验收规范和相关标准;第四条约定,结算方式:本工程执行河北省2008年定额

建设工程合同纠纷

及相关文件,建筑安装工程费结算总造价降3%。施工及验收阶段以暂定价作为拨款依据。18层住宅地上部分暂定1200元/平方米,18层以下住宅地上部分暂定1000元/平方米,地下部分(含人防)暂定1625元/平方米。第五条约定,价格调整:本工程材料由甲方认质认价(认质认价范围详见附件2),乙方应提前上报材料计划,材料进场前由甲方确认材料价格,材料进场后由甲、乙、监理三方共同确认进场数量,价格以甲方的认价单为准。进场材料必须符合现行标准规定及设计要求,价格应经过甲方确认并以下发的新认价单为准,所涉及的材料数量及工程范围应由甲、乙、监理三方共同确认。施工组织设计费用不进入决算,主体施工模板按大模板和竹胶板计算。设计变更、工程洽商及现场签证以甲方会签批复单为准,单项变更总价在壹仟元以内的不计费用,由乙方无条件施工,单项变更费用在壹仟元以上的按2008年定额作相应增减,主要材料价格以甲方同时期的认价单为准。认价材料的运费、采保费按规定记取(认价中已含运费的除外)。另外还约定了工程款支付、违约责任等内容。

2011年11月30日,江苏一建所承建的工程全部竣工验收合格。2012年8月底,江苏一建向昌隆公司上报了完整的结算报告,昌隆公司已签收。

双方当事人均认可在施工过程中,除基坑支护部分工程款外,昌隆公司已向江苏一建支付工程款124939155元;基坑支护部分工程款数额为700963.84元,已全部付清,但因基坑支护工程为单独合同,并不在本案造价审计范围内,因此该700963.84元亦不计入本案已付款中。

在审理过程中,江苏一建向一审法院提交案涉工程造价审计申请,一审法院通过司法技术辅助室依法定程序选定鉴定机构为河北冀诚祥工程造价咨询有限责任公司(以下简称冀诚祥公司)。鉴于双方对于以哪份合同作为审计工程价款的依据存在重大分歧,昌隆公司主张按备案合同约定的固定总价计价方式结算工程款,江苏一建主张按补充协议约定的可调价计价方式结算工程款,因此一审法院委托鉴定机构按照双方主张分别以两份合同为依据进行审计。冀诚祥公司最终审计结果为:按照备案合同即固定总价合同,鉴定工程总造价为117323856.47元;按照补充协议即可调价合同,鉴定工程总造价为150465810.58元。该鉴定结论经过双方当事人多次质询、修正，符合法律规定，可以作为认定事实的依据。

一审法院另查明，2011年7月20日，江苏一建向昌隆公司及案涉工程监理单位唐山四方工程建设监理有限公司发出工程联系单，主要内容为请求昌隆公司及监理单位确认因昌隆公司原因导致工程窝工81天，应给予顺延工期81天及合理补偿。监理单位卢连芳签认"情况属实，请甲方与施工单位协商合理解决"，并盖有监理部印章。

一审法院认为，本案的焦点问题包括：一是昌隆公司欠付工程款数额和利息应如何计算，二是江苏一建主张的停工窝工损失应如何处理，三是昌隆公司提出的反诉请求是否成立。

1. 关于昌隆公司欠付工程款及利息的数额应如何计算问题。首先，双方当事人先后签订的两份施工合同均无效：双方2009年12月8日签订的《备案合同》虽系经过招投标程序签订，并在建设行政主管部门进行备案，但在履行招投标程序确定江苏一建为施工单位之前，江苏一建、昌隆公司、设计单位及监理单位已经对案涉工程结构和电气施工图纸进行了四方会审，且江苏一建已完成部分楼栋的定位测量、基础放线、基础垫层等施工内容，即存在未招先定等违反《招标投标法》禁止性规定的行为，因此该备案合同应认定为无效。而双方2009年12月28日签订的《补充协议》系未通过招投标程序签订，且对备案合同中约定的工程价款进行了实质性变更，属于《最高人民法院关于审理建设工程施工合同纠纷案件适用法律问题的解释》（以下简称《建设工程施工合同司法解释》）第二十一条所规定的黑合同，依法也应认定为无效。其次，本案中的两份施工合同签署时间仅间隔20天，从时间上无法判断实际履行的是哪份合同，双方当事人对于实际履行哪份合同也无明确约定，两份合同内容比如甲方分包、材料认质认价等在合同履行过程中亦均有所体现，且两份合同均为无效合同就意味着法律对两份合同均给予了否定性评价，无效的合同效力等级相同，不涉及哪份合同更优先的问题。因此综合考虑本案情况，可按照《中华人民共和国合同法》（以下简称《合同法》）第五十八条的规定，由各方当事人按过错程度分担因合同无效所造成的损失。本案中该损失即为两份合同之间的差价33141954.11元（150465810.58元－117323856.47元）。昌

建设工程合同纠纷

隆公司作为发包人是依法组织进行招投标的主体,对于未依法招投标应负有主要责任,江苏一建作为具有特级资质的专业施工单位,对于招投标法等法律相关规定也应熟知,因此对于未依法招投标导致合同无效也具有过错,综合分析本案情况以按6:4分担损失较为恰当,因此总工程款数额应认定为137209028.94元(117323856.47元+33141954.11元×60%)。按此扣减已付工程款124939155元后,尚欠工程款12269873.94元。至于利息问题,昌隆公司在施工过程中并无拖欠工程进度款情形,在江苏一建报送结算文件后又多次与其核对工程量,从上述事实看昌隆公司并无拖欠工程款的主观恶意,双方对工程欠款发生争议的根本原因在于对以哪份合同作为结算工程款依据发生重大分歧,而双方对于签订两份无效合同并由此导致争议的发生均有过错,因此欠付工程款利息以自江苏一建起诉之日起算为宜,按中国人民银行同期同类贷款利率计息。

2. 关于江苏一建主张的停窝工损失问题。在2011年7月20日的工程联系单中监理单位已经签章确认确实存在因昌隆公司原因导致江苏一建窝工81天的事实,但签证单中并未确定损失数额,也没有涉及停工损失的计算方法。江苏一建虽就该损失数额也申请进行鉴定,但因其提供的停窝工损失证据相当一部分是其自己记载、单方提供的工人数量、名单、工资数额、现场机械数量等,昌隆公司对此不予认可,一审法院对上述证据的客观真实性难以确定,以此为依据得出的鉴定结论能否采信也存疑,故未对此委托鉴定。鉴于此前双方在施工过程中也曾发生过8天停窝工,双方协商的补偿数额为7万元,基本可以反映出停窝工给江苏一建造成的损失程度,在此基础之上,可以酌定该81天停窝工损失为70万元。

3. 关于昌隆公司反诉的楼梯间保温质量问题。鉴定机构在进行现场勘验时发现楼梯间与不采暖走道及住宅间的隔墙保温层厚度达不到设计要求,且该质量问题并非业主使用造成,而是江苏一建在施工过程中未按图纸施工所致,因此应由江苏一建承担质量责任。昌隆公司要求江苏一建对存在质量问题部分进行整改的诉请符合《合同法》第二百八十一条之规定,应予支持,本案中对该部分工程款1972553.25元暂不处理,待江苏一建整改合格之后双方另行结算,故本案中欠付工程款数额暂认定为

10297320.69元（12269873.94元－1972553.25元）。至于昌隆公司反诉主张的因其他工程质量问题造成的损失，昌隆公司虽称其曾多次要求江苏一建进行修理，但未能提供证据证明其主张，且其提供的证明损失数额的《费用汇总表》是其单方制作，真实性无法核实，因此对其该项主张不予支持。关于昌隆公司主张因江苏一建迟延交付施工资料致其损失问题，江苏一建主张这是基于昌隆公司欠付工程款而行使抗辩权的结果。一审法院认为，支付工程款是发包人的主要合同义务，在昌隆公司未足额支付工程款的情况下，江苏一建行使抗辩权符合《合同法》第六十六条关于同时履行抗辩权的规定，不构成违约，故对于昌隆公司的该项反诉请求不予支持。但提交竣工验收资料是施工单位的法定义务，其在特定情况下享有抗辩权并不意味着可以一直不履行交付竣工资料的义务，江苏一建在庭审中也认可交付资料，故对昌隆公司的该项诉请予以支持。至于昌隆公司提出的超付工程款利息问题，通过对工程价款及工程欠款的核算，本案并不存在超付工程款情形，因此也不发生利息损失问题，故对该项反诉请求亦不予支持。

综上，一审法院判决：一、昌隆公司于判决生效之日起15日内给付江苏一建欠付的工程款10297320.69元，并自2013年10月9日起按照中国人民银行同期同类贷款利率支付利息至付清之日止；二、昌隆公司于判决生效之日起15日内给付江苏一建停工窝工损失70万元；三、江苏一建于判决生效之日起15日内向昌隆公司交付全部施工资料；四、驳回江苏一建其他诉讼请求；五、驳回昌隆公司其他反诉请求。

本诉案件受理费306512元、鉴定费120万元，共计1506512元，由江苏一建负担1074600元，由昌隆公司负担431912元；反诉案件受理费51873元，由江苏一建负担7492元，由昌隆公司负担44381元。

本院二审查明，2016年9月28日，江苏省工商行政管理局发出公司准予变更登记通知书，江苏省第一建筑安装股份有限公司，企业名称变更为江苏省第一建筑安装集团股份有限公司。二审中，当事人没有提交新证据。本院对于一审法院查明的事实予以确认。

本院认为，围绕当事人上诉请求、事实理由与答辩意见，本案争议焦点：(1) 原判认定昌隆公司支付江苏一建工程欠款数额及利息是否正确；(2) 原判昌隆公司支付江苏一建停窝工损失是否正确。

（一）原判认定昌隆公司支付江苏一建工程欠款数额及利息是否正确

首先，关于案涉工程价款的结算依据。江苏一建上诉主张本案双方实际履行的合同是《补充协议》，应据此结算工程价款；昌隆公司认为根据《建设工程施工合同司法解释》规定，《补充协议》为黑合同，应当以《备案合同》作为工程价款结算依据。

本院认为，第一，《招标投标法》《建设工程项目招标范围和规模标准规定》明确规定应当进行招标的范围，案涉工程建设属于必须进行招标的项目，当事人双方2009年12月8日签订的《备案合同》虽系经过招投标程序签订，并在建设行政主管部门进行备案，但在履行招投标程序确定江苏一建为施工单位之前，一方面昌隆公司将属于建筑工程单位工程的分项工程基坑支护委托江苏一建施工，另一方面江苏一建、昌隆公司、设计单位及监理单位对案涉工程结构和电气施工图纸进行了四方会审，且江苏一建已完成部分楼栋的定位测量、基础放线、基础垫层等施工内容，一审法院认定案涉工程招标存在未招先定等违反《招标投标法》禁止性规定的行为，《备案合同》无效并无不当。

第二，当事人双方2009年12月28日签订的《补充协议》系未通过招投标程序签订，且对备案合同中约定的工程价款等实质性内容进行变更，一审法院根据《建设工程施工合同司法解释》第二十一条规定，认为《补充协议》属于另行订立的与经过备案中标合同实质性内容不一致的无效合同并无不当。

第三，《建设工程施工合同司法解释》第二条规定，建设工程施工合同无效，但建设工程经竣工验收合格，承包人请求参照合同约定支付工程价款的，应予支持。《建设工程施工合同司法解释》第二十一条规定，当事人就同一建设工程另行订立的建设工程施工合同与经过备案的中标合同实质性内容不一致的，应当以备案的中标合同作为结算工程价款的根据。

就本案而言，虽经过招投标程序并在建设行政主管部门备案的《备案合同》因违反法律、行政法规的强制性规定而无效，并不存在适用《建设工程施工合同司法解释》第二十一条规定的前提，也并不存在较因规避招投标制度、违反备案中标合同实质性内容的《补充协议》具有优先适用效力。

《合同法》第五十八条规定，合同无效或者被撤销后，因该合同取得的财产，应当予以返还；不能返还或者没有必要的，应当折价补偿。有过错的一方应当赔偿对方因此所受到的损失，双方都有过错的，应当各自承担相应的责任。建设工程施工合同的特殊之处在于，合同的履行过程，是承包人将劳动及建筑材料物化到建设工程的过程，在合同被确认无效后，只能按照折价补偿的方式予以返还。本案当事人主张根据《建设工程施工合同司法解释》第二条规定参照合同约定支付工程价款，案涉《备案合同》与《补充协议》分别约定不同结算方式，应首先确定当事人真实合意并实际履行的合同。

结合本案《备案合同》与《补充协议》，从签订时间而言，《备案合同》落款时间为2009年12月1日，2009年12月30日在唐山市建设局进行备案；《补充协议》落款时间为2009年12月28日，签署时间仅仅相隔20天。从约定施工范围而言，《备案合同》约定施工范围包括施工图纸标识的全部土建、水暖、电气、电梯、消防、通风等工程的施工安装，《补充协议》约定施工范围包括金色和园项目除土方开挖、通风消防、塑钢窗、景观、绿化、车库管理系统、安防、电梯、换热站设备、配电室设备、煤气设施以外所有建筑安装工程，以及雨污水、小区主环路等市政工程。实际施工范围与两份合同约定并非完全一致。从约定结算价款而言，《备案合同》约定固定价，《补充协议》约定执行河北省2008年定额及相关文件，建筑安装工程费结算总造价降3%，《补充协议》并约定价格调整、工程材料由甲方认质认价。综上分析，当事人提交的证据难以证明其主张所依据的事实，一审判决认为当事人对于实际履行合同并无明确约定，两份合同内容比如甲方分包、材料认质认价在合同履行过程中均有所体现，无法判断实际履行合同并无不当。

建设工程合同纠纷

在无法确定双方当事人真实合意并实际履行的合同时,应当结合缔约过错、已完工程质量、利益平衡等因素,根据《合同法》第五十八条规定由各方当事人按过错程度分担因合同无效造成的损失。一审法院认定本案中无法确定真实合意履行的两份合同之间的差价作为损失,基于昌隆公司作为依法组织进行招投标的发包方,江苏一建作为对于招投标法等法律相关规定也应熟知的具有特级资质的专业施工单位的过错,结合本案工程竣工验收合格的事实,由昌隆公司与江苏一建按6∶4比例分担损失并无不当。江苏一建上诉主张应依《补充协议》结算工程价款,事实依据和法律依据不足,本院不予支持。

关于案涉工程价款利息,江苏一建上诉主张应自2012年1月30日起按照中国人民银行同期贷款利率支付工程款利息。一审法院认为,昌隆公司在施工过程中并无拖欠工程进度款情形,亦无拖欠工程款的主观恶意,且双方对于签订两份无效合同并由此导致工程价款结算争议发生均有过错,因此欠付工程款利息自江苏一建起诉之日按中国人民银行同期同类贷款利率计息。本院认为,《建设工程施工合同司法解释》第十八条规定:"利息从应付工程价款之日计付。当事人对付款时间没有约定或者约定不明的,下列时间视为应付款时间:(一)建设工程已实际交付的,为交付之日;(二)建设工程没有交付的,为提交竣工结算文件之日;(三)建设工程未交付,工程价款也未结算的,为当事人起诉之日。"案涉工程于2011年11月30日竣工验收合格并交付使用,案涉两份合同均被认定无效,一方面合同约定的工程价款给付时间无法参照合同约定适用,另一方面发包人支付工程欠款利息性质为法定孳息,建设工程竣工验收合格交付发包人后,其已实际控制,有条件对诉争建设工程行使占有、使用、收益权利,故从工程竣工验收合格交付计付工程价款利息符合当事人利益平衡。江苏一建公司主张从2012年1月30日起按照中国人民银行同期贷款利率支付工程款利息,本院予以支持。

(二)原判昌隆公司支付江苏一建停窝工损失是否正确

江苏一建上诉主张应根据其实际发生的人工费、机械台班费损失支付窝工损失。本院认为,案涉工程2011年7月20日的工程联系单中,监理单位已经签章确认确实存在因昌隆公司原因导致江苏一建窝工81天的事实,但签证单中并未确定损失数额,也没有涉及停工损失的计算方法。江苏一建提供的停窝工损失证据相当一部分是其自己记载、单方提供的工人数量、名单、工资数额、现场机械数量等,昌隆公司对此不予认可,一审法院鉴于此前双方在施工过程中也曾发生过8天停窝工,双方协商的补偿数额为7万元,基本可以反映出停窝工给江苏一建造成的损失程度,酌定81天停窝工损失为70万元并无明显不当。

另外,江苏一建上诉主张一审判决预先扣除1972553.25元维修费不当。本院认为,案涉工程鉴定机构在进行现场勘验时发现楼梯间与不采暖走道及住宅间的隔墙保温层厚度达不到设计要求,且该质量问题并非业主使用造成,而是江苏一建在施工过程中未按图纸施工所致,因此应由江苏一建承担质量责任。一审判决认为昌隆公司要求江苏一建对存在质量问题部分进行整改并将该部分工程款1972553.25元暂不处理,待江苏一建整改合格之后双方另行结算并无不当。

江苏一建上诉主张改判昌隆公司支付全部欠款之日起15日内向其交付全部施工资料。本院认为,提交竣工验收资料是施工单位的法定义务,其在特定情况下享有抗辩权并不意味着可以一直不履行交付竣工资料的义务,且江苏一建在一审庭审中也认可交付资料,故一审判决江苏一建于判决生效之日起15日内向昌隆公司交付全部施工资料并无不当。

综上所述,江苏一建的上诉请求部分成立。本院依照《中华人民共和国民事诉讼法》第一百七十条第一款第二项规定,判决如下:

一、维持河北省高级人民法院(2013)冀民一初字第17号民事判决第二项、第三项、第五项;

二、撤销河北省高级人民法院(2013)冀民一初字第17号民事判决第四项;

三、变更河北省高级人民法院(2013)冀民一初字第17号民事判决第一项为:唐山市昌隆房地产开发有限公司于本判决生效之日起15日内给付江苏省第一建筑安装集团股份有限公司欠付的工程款10297320.69元,并自 2012 年 1 月 30 日起按照中国人民银行同期同类贷款利率支付利息至付清之日止；

四、驳回江苏省第一建筑安装集团股份有限公司的其他诉讼请求。

如果未按本判决指定的期间履行给付金钱义务，应当依照《中华人民共和国民事诉讼法》第二百五十三条规定，加倍支付迟延履行期间的债务利息。

一审本诉案件受理费 306512 元，由江苏省第一建筑安装集团股份有限公司负担 206512 元，唐山市昌隆房地产开发有限公司负担 10 万元，鉴定费 120 万元，双方各自负担 60 万元；反诉案件受理费 51873 元，由江苏省第一建筑安装集团股份有限公司负担 7492 元，由唐山市昌隆房地产开发有限公司负担 44381 元。二审案件受理费 133801 元，由江苏省第一建筑安装集团股份有限公司负担 123801 元，由唐山市昌隆房地产开发有限公司负担 1 万元。

本判决为终审判决。

审 判 长 　李　琪
审 判 员 　谢爱梅
代理审判员　赵凤暴
二○一七年十二月二十一日
书 记 员 　武泽龙

102. 江苏南通六建建设集团有限公司与衡水鸿泰房地产开发有限公司建设工程施工合同纠纷案[*]

> 当事人在判决、裁定发生法律效力六个月后，依据《中华人民共和国民事诉讼法》第二百条第一项、第三项、第十二项、第十三项规定申请再审的同时，一并提起其他再审事由的，人民法院不予审查

【裁判摘要】

《中华人民共和国民事诉讼法》第二百零五条规定，当事人申请再审，应当在判决、裁定发生法律效力后六个月内提出；有本法第二百条第一项、第三项、第十二项、第十三项规定情形的，自知道或者应当知道之日起六个月内提出。本条是关于当事人申请再审期限的规定。法律之所以规定当事人申请再审期限，一方面是为了维护生效判决的既判力，避免经生效判决所确定的法律权利义务关系长期处于可能被提起再审的不安定状态，从而维护社会关系的稳定；另一方面是为了督促当事人及时行使申请再审的权利，避免影响对方当事人对生效判决稳定性的信赖利益。据此，当事人依据《中华人民共和国民事诉讼法》第二百条第一项、第三项、第十二项、第十三项以外的其他事由申请再审，应当在判决、裁定发生法律效力后六个月内提出；而当事人在判决、裁定发生法律效力六个月后，依据《中华人民共和国民事诉讼法》第二百条第一项、第三项、第十二项、第十三项规定申请再审的同时，一并提起其他再审事由的，人民法院不予审查。

---

[*] 摘自《最高人民法院公报》2019年第10期。

建设工程合同纠纷

最高人民法院民事裁定书

（2018）最高法民申 6278 号

再审申请人（一审原告、反诉被告，二审上诉人）：江苏南通六建建设集团有限公司。住所地：江苏省如皋市如城镇福寿路。

法定代表人：沈卫东，该公司总经理。

委托诉讼代理人：李强，河北世纪联合律师事务所律师。

委托诉讼代理人：刘苗，河北世纪联合律师事务所律师。

被申请人（一审被告、反诉原告，二审上诉人）：衡水鸿泰房地产开发有限公司。住所地：河北省衡水市桃城区永兴路。

法定代表人：白蕴祥，该公司经理。

再审申请人江苏南通六建建设集团有限公司（以下简称南通六建）因与被申请人衡水鸿泰房地产开发有限公司（以下简称鸿泰公司）建设工程施工合同纠纷一案，不服河北省高级人民法院（2013）冀民一终字第 330 号民事判决，向本院申请再审。本院依法组成合议庭对本案进行了审查，现已审查终结。

南通六建申请再审称：（1）新证据衡水市公安消防支队于 2018 年 9 月 5 日作出的《建设工程消防设计备案检查不合格通知书》载明：鸿泰公司报送的 CBD 东都 6#住宅楼、8#住宅楼工程消防设计文件，该工程部分消防设计不符合相关消防技术标准的规定，消防设计不合格。故涉案工程本身已通过竣工验收，未通过综合验收的根本原因是鸿泰公司的消防设计不合格，并非南通六建的责任。（2）二审判决南通六建先行交付鸿泰公司工程验收资料，并以此作为鸿泰公司支付工程价款的前提条件，不符合合同约定，系认定事实错误。（3）二审判决鸿泰公司支付南通六建工程款 4174750 元错误，鸿泰公司实际欠付工程款为 12793785 元。（4）二审判决对南通六建提出的减项款在原数额基础上降低7%的主张未予支持,系违反合同约定。(5)二审判决认定南通六建放弃了对"违约金等损失"的诉求,系认定事实错误。(6)二审判决从应支付工程款中扣除149000元配合费及530400元热力表更换费,无事实和法律依据。综上,南通六建依据《中华人民共和国民事诉讼法》第二百条第一项的规定申请再审。

本院经审查认为,本案一审法院仅就工程款进行审理并作出判决,二审法院亦审理的是鸿泰公司欠付南通六建的工程款数额,而双方当事人工程款的具体数额与消防设计是否合格以及工程是否通过综合验收无关。同时,交付竣工验收报告及相应的竣工资料,是南通六建作为承包人应履行的合同义务,亦与消防设计是否合格以及工程是否通过综合验收无关。故南通六建提交的新证据《建设工程消防设计备案检查不合格通知书》不足以推翻原一审、二审法院对于案涉工程款数额以及案涉工程验收资料交付义务的判决,不属于《中华人民共和国民事诉讼法》第二百条第一项的规定再审新证据。

《中华人民共和国民事诉讼法》第二百零五条规定,当事人申请再审,应当在判决、裁定发生法律效力后六个月内提出;有本法第二百条第一项、第三项、第十二项、第十三项规定情形的,自知道或者应当知道之日起六个月内提出。本条是关于当事人申请再审期限的规定。法律之所以规定当事人申请再审期限,一方面是为了维护生效判决的即判力,避免为生效判决所确定的法律权利义务关系长期处于可能被提起再审的不安定状态,从而维护社会关系的稳定;另一方面是为了督促当事人及时行使申请再审的权利,避免影响对方当事人对生效判决稳定性的信赖利益。据此,当事人依据《中华人民共和国民事诉讼法》第二百条第一项、第三项、第十二项、第十三项以外的其他事由申请再审,应当在判决、裁定发生法律效力后六个月内提出;而当事人在判决、裁定发生法律效力六个月后,依据《中华人民共和国民事诉讼法》第二百条第一项、第三项、第十二项、第十三项规定申请再审的同时,一并提起其他再审事由的,人民法院不予审查,否则将变相鼓励或放纵不遵守再审期限的当事人滥用申请再审诉权,使六个月申请再审期限的法律规定虚置。

建设工程合同纠纷

本案二审判决作出时间为2014年12月22日,南通六建提出的除《中华人民共和国民事诉讼法》第二百条第一项之外的其他再审事由,应当在本案二审判决生效后六个月内提出。而南通六建于2018年11月16日依据《中华人民共和国民事诉讼法》第二百条第一项申请再审的同时,提出的其他再审事由,由于超过六个月的申请再审法定期间,本院不予审查。

综上,南通六建再审申请不符合《中华人民共和国民事诉讼法》第二百条第一项规定的情形。依照《中华人民共和国民事诉讼法》第二百零四条第一款,《最高人民法院关于适用〈中华人民共和国民事诉讼法〉的解释》第三百九十五条第二款之规定,裁定如下:

驳回江苏南通六建建设集团有限公司的再审申请。

审 判 长 付少军
审 判 员 刘银春
审 判 员 司 伟

二〇一八年十二月二十五日

书 记 员 武泽龙

103. 甲公司与乙公司建设工程施工合同纠纷案[*]

> 当事人约定的工程款支付时间晚于工程竣工之日，承包人行使优先权的期限不应从工程竣工之日起计算

一、案情简介

乙公司承建甲公司的商品房工程，合同约定工程应于2013年4月底前竣工。施工过程中，双方因工程款的计算方式等发生纠纷造成停工，经县政府出面组织协调，双方于2014年1月20日签订会议纪要约定：乙方保证在3个月内将所剩工程施工完毕达到竣工验收标准；由该县住建局牵头，寻找至少3家有相应资质的单位，采取以抽签的方式确定1家作为审计单位，对项目的工程造价进行审计，审计结果作为双方工程结算的依据，在县住建局收到结算报告后10日内，甲公司向乙公司付清全部工程款。该工程于2014年3月11日竣工验收，2014年11月20日，按照上述纪要约定委托的第三方公司出具了项目结算报告，并于2014年11月25日将结算报告送至该县住建局，但甲公司未按约定支付乙公司工程款。乙公司交涉无果，遂于2014年12月30日起诉至法院，要求甲公司支付欠付工程款，乙公司对该工程欠款享有优先受偿权。甲公司答辩认为，乙公司起诉时已经超出了优先权行使期限。

---

[*] 摘自《民事审判指导与参考》2018年第1辑（总第73辑），人民法院出版社2018年版，第156~159页。

二、法院裁判情况

一审法院经审理认为，按照司法解释的规定，建设工程承包人行使优先权的期限为六个月，自建设工程竣工之日或者建设工程合同约定的竣工之日起计算。双方合同约定的竣工日期为2013年4月底，工程实际竣工日期为2014年3月11日，乙公司于2014年12月30日起诉要求行使优先受偿权，超出了六个月的行使优先权期限，遂对乙公司该项诉讼请求未予支持。乙公司对此判项不服提出上诉。

二审法院经审理认为，双方约定以第三方的审计结果作为工程款结算依据，在该审计结果未作出之前，不具备支付工程款条件，也就相应不具备主张优先权的条件。结算报告形成于2014年11月20日，依约定甲公司应当从2014年11月25日结算报告送至该县住建局时起的10日内向乙公司支付尚欠工程款，乙公司于2014年12月30日提起诉讼主张优先受偿权，没有超过优先权六个月的行使期限，遂改判支持了乙公司该项诉讼请求。

三、主要观点及理由

《最高人民法院关于建设工程价款优先受偿权问题的批复》第四条规定："建设工程承包人行使优先权的期限为六个月，自建设工程竣工之日或者建设工程合同约定的竣工之日起计算。"按照这一解释规定，承包人主张行使优先权的六个月期限，是否均应从合同约定或者工程实际竣工之日起计算，实践中存在不同情况，裁判中也存在不同观点。

一种观点认为，上述司法解释的规定，明确了建设工程承包人行使优先权的六个月期限，自建设工程竣工之日或者建设工程合同约定的竣工之日起计算，并没有规定此期限起算的例外情形，因此，只要乙方在工程竣工六个月之后主张行使优先权的，均应认为超出了司法解释规定的优先权行使期限。

另一种观点认为，虽然按照上述司法解释规定，建设工程承包人行使优先权的六个月期限，应当自建设工程竣工之日或者建设工程合同约定的竣工之日起计算，但不能因此认为，在具体案件中，不能采信其他的时间点作为优先权行使期限的起算点。对该起算点的确定，不能违背法律规定优先权的立法目的。在当事人之间对工程竣工时间或者工程款支付时间等存在特别约定时，应当优先适用该约定，合理确定承包人行使优先权期限的起算点。

我们认为，第二种观点是正确的。

《中华人民共和国合同法》第二百八十六条规定："发包人未按照约定支付价款的，承包人可以催告发包人在合理期限内支付价款。发包人逾期不支付的，除按照建设工程的性质不宜折价、拍卖的以外，承包人可以与发包人协议将该工程折价，也可以申请人民法院将该工程依法拍卖。建设工程的价款就该工程折价或者拍卖的价款优先受偿。"发包人在工程建设完成后，对竣工验收合格的工程，应当及时进行工程决算并支付价款。但在实践中，拖欠工程款的现象普遍存在，其数量之大、拖欠时间之长，已经严重影响和制约了建设企业的发展，更对工程质量进度和劳动者权益造成威胁。为了保障承包人的工程价款债权实现，《中华人民共和国合同法》明确规定了建设工程承包人对工程价款的优先受偿权，而且并没有明确规定这一优先权的行使期限。为了督促承包人积极行使优先权，《最高人民法院关于建设工程价款优先受偿权问题的批复》第四条规定："建设工程承包人行使优先权的期限为六个月，自建设工程竣工之日或者建设工程合同约定的竣工之日起计算。"但对这一司法解释的理解和适用，应当以保障承包人工程价款优先受偿的立法目的为出发点，坚持遵循案件客观事实、尊重当事人特别约定的基本原则，而不能机械理解和适用上述司法解释关于建设工程价款优先权行使期限的起算点规定。

本案中，工程竣工验收之日虽为2014年3月11日，但根据双方会议纪要的约定，甲公司应在县住建局收到第三方出具的工程结算报告之日起的10天内，据实向乙公司付完工程余款，即双方对于工程款的支付时间存在特别约定。那么，在该项目工程未进行第三方结算审计的情况下，乙公司向甲公司主张剩余工程款的前提条件尚不具备，此时如果以工程竣工日期作为乙公司行使优先权期限的起算点，显然不公平。案涉工程的结算报

告于2014年11月20日作出,并于2014年11月25日送达该县住建局,根据双方会议纪要的约定,工程项目余款的应付款日应从2014年11月25日起向后计算10日,即甲公司最晚应当在2014年12月5日之前付清工程余款。由此不难看出,如果按照工程竣工验收之日2014年3月11日起算工程价款优先权期限,那么在2014年9月11日,优先权行使期限即已经届满,而此时,甲公司的付款期限尚未届至,结论明显荒谬。如此起算优先权行使期限,将会使法律通过优先权规定保护承包人工程价款受偿的立法目的落空,这样的司法导向,还可能暗示当事人可以通过如此约定,规避法律对优先权的强制规定,造成优先权法律制度走向名存实亡。因此,我们认为,在确定建设工程承包人优先权行使期限起算点时,应当充分尊重当事人之间的特殊约定,而不能机械适用司法解释规定的起算点。而且,无论怎样解释当事人之间的合同约定、法律和司法解释的规定,都不应得出优先权行使期限的起算,早于当事人之间约定的或者依照法律、司法解释规定确定的工程价款支付期限的结论,唯如此方能实现建设工程价款承包人优先受偿权的权能,确保立法目的不落空。

四、最高人民法院民一庭意见

当事人明确约定工程款支付时间晚于工程竣工之日的,承包人行使优先权的期限不应再从工程竣工之日起计算。通常情况下,应当充分尊重当事人之间的约定,从承包人可以向发包人实际主张工程款的时间,开始计算建设工程价款优先权的行使期限。

(执笔人:沈丹丹)

104. 湖南协和建设有限公司与株洲市汉华房地产开发有限公司建设工程施工合同纠纷申请再审案[*]

> 建设工程价款优先受偿权行使期间的起算点为应当支付工程款时

【裁判摘要】

建设工程优先受偿的对象是工程折价或者拍卖价款,而工程需折价或者拍卖的前提是发包人逾期不支付工程价款。当发包人支付工程价款已届履行期时,承包人要求支付工程款才可能得到支持,并相应主张优先受偿权才有意义,故建设工程优先受偿权宜从发包人应付工程款期间届满之日起算。

再审申请人(一审原告、二审上诉人):湖南协和建设有限公司,住所地湖南省冷水江市新城路24号。

法定代表人:王卫军,该公司总经理。

委托诉讼代理人:张麓峰,湖南星楚律师事务所律师。

被申请人(一审被告、二审上诉人):株洲市汉华房地产开发有限公司,住所地湖南省株洲市芦淞区沿江南路99号西海龙苑8011号。

---

[*] 摘自《民事审判指导与参考》2018年第1辑(总第73辑),人民法院出版社2018年版,第193~215页。

建设工程合同纠纷

法定代表人：赵翰，该公司董事长。
委托诉讼代理人：桂钢，北京市中伦（深圳）律师事务所律师。
委托诉讼代理人：王秀芳，北京市中伦律师事务所律师。

一、当事人一审起诉与答辩情况

2009年7月28日，湖南协和建设有限公司（以下简称协和公司）与株洲市汉华房地产开发有限公司（以下简称汉华公司）签署《建设工程施工合同》，约定汉华公司将其"汉华国际商业城"（以下简称标的工程）发包给协和公司施工。合同签署后，协和公司于2009年10月15日开工建设，2012年6月30日汉华公司已经使用标的工程，2012年10月18日办理了工程竣工手续并履行了竣工验收备案登记，验收结论：竣工面积为105366平方米，工程造价为20290万元，工程质量为合格。2014年10月23日，株洲公正项目咨询有限公司受汉华公司委托就标的工程造价进行审核，经汉华公司核对确认后出具《建设工程结算审核定案表》，确认标的工程最终审核造价金额为：175163712.65元。2014年10月24日，双方当事人签署《工程款结算协议书》确认工程结算造价为17516万元；同日，汉华公司向协和公司出具《欠条》，确认工程结算造价为17516万元，同时承诺于2015年1月27日前付清余款，并确认协和公司就未付工程款有优先受偿权。截至本案起诉之日，汉华公司仍未实际履行工程款结算支付；同时，汉华公司未按合同约定条件退还协和公司所交的定金1000万元及1000万元的质量安全保证金，根据《建设工程施工合同》通用条款第三十五条及专用条款第四十七条的约定，汉华公司应就拖欠的工程进度款及结算款按照每月百分之三承担违约金，超过三个月的按照百分之五计算支付。2014年10月10日，双方签署《协议书》，协议中确认汉华公司已于2012年6月将标的工程交付业主使用，同时汉华公司承诺向协和公司支付项目管理费23万元。截至本案起诉之日起，汉华公司仍未实际支付该笔款项。协和公司为维护自身合法权益，向湖南省株洲市中级人民法院（以下简称一审法院）提起诉讼。

协和公司一审起诉请求：(1)判令汉华公司支付未付的工程款3316万元；(2)判令汉华公司支付质保金和定金的违约金共计2617432.79元；(3)判令汉华公司支付延期支付工程款、工程结算款的资金占用费24317333.3元；(4)判令汉华公司支付项目管理费23万元；(5)判令协和公司就汉华公司拖欠的工程款对"汉华国际商业城"建设工程折价或拍卖的价款享有优先受偿权。诉讼过程中，协和公司增加两项诉讼请求：(1)判令汉华公司依株洲市建筑企业劳动保险基金管理办公室出具的《欠缴项目劳保基金明细》向株洲市建筑企业劳动保险基金管理办公室缴纳劳保基金5180545元，并按照中国人民银行同期贷款利率支付逾期利息，自2011年11月起计算至实际偿还之日；(2)判令汉华公司返还2014年1月3日协和公司开具的两张预收款收据。另，变更第三项诉讼请求为：判令汉华公司支付延期支付工程款、工程结算款的资金占用费，按中国人民银行同期贷款利率的4倍从2012年10月18日申请验收之日计算至实际偿清之日止。

汉华公司答辩称：(1)汉华公司与协和公司分别于2014年1月23日、1月24日签署的《建设工程结算审核定案表》《工程款结算协议书》《株洲市建设工程竣工结算备案表》《欠条》不是双方就汉华国际商业城项目工程款结算的真实意思表示，对双方不具有约束力，双方签署该四份文件仅用于办理该项目的权属证书；(2)汉华公司与协和公司就汉华国际商业城项目工程造价的最终结算应以第三方湖南兴诚工程咨询有限公司于2015年1月22日出具的《工程造价咨询报告》中的审核结论即142058143.39元确定；(3)协和公司就汉华国际商业城项目的工程款不享有优先受偿权；(4)汉华公司已履行足额及时支付协和公司工程款和退还定金、质保金的义务，未拖欠其任何工程款，亦不存在向其支付违约金、资金占用费。

二、一审法院查明的案件事实

一审法院查明：2009年7月28日，协和公司与汉华公司签署《建设

建设工程合同纠纷

工程施工合同》，约定汉华公司将其"汉华国际商业城"项目发包给协和公司施工，合同价款约为12000万元。该合同对工程款（进度款）支付进行了约定：……（5）竣工验收合格后且工程资料符合城建档案局的要求后30日内，付至已完计量金额的90%作为工程进度款；（6）承包人向发包人送交结算资料后，发包方承包方相互配合在2个月内审核完毕，双方签字认可后3日内，付至结算金额的97%，留3%作为质量保证金（不计息），保修工作按《工程质量保修书》条款执行。发包方未按上述时间审核完毕，视为发包方认可承包人送交结算资料的结算金额，同意按该结算金额支付。该合同对定金和质量安全保证金的退还进行了约定，即完成±0.00后7日内，若银行贷款不到位，延至裙楼封顶后7日内，发包人退还1000万元；完成塔楼封顶后7日内，发包人退还1000万元；定金和质量保证金退还不计息。如发包人未及时足额退还，双方同意每月按所占用资金的3%计算违约金，每月结算一次并支付违约金（超过3个月，按5%计算违约金）。该合同还约定：发包人应按本合同约定及时支付承包人工程进度款和结算款，如发包人拖欠工程进度款和结算款，每月发包人应按所占用的资金承担3%资金占用费（超过3个月，按5%计算违约金）。还约定：发包人应按承包人书面通知的开户银行、开户名和账户支付工程进度款、结算款及定金和质量安全保证金的退还，否则，视为发包人未支付该笔款项。该合同约定双方签字盖章并承包人定金足额及时到账后生效。

2009年10月26日，双方当事人出于向有关部门备案等目的，签订了另一份《建设工程施工合同》（示范文本），该合同约定的工程合同价款为56195428.07元。2009年10月28日，双方又签订了《建设工程施工合同》（示范文本补充合同），该合同约定了工程承包范围、合同工期（2009年10月15日至2011年4月15日，共计548天）、合同价款1.42亿元等内容。建设工程施工合同签署后，协和公司于2009年10月15日开工建设，2012年6月交付给汉华公司使用，根据《株洲市建设工程竣工结算备案表》记载工程竣工日期为2012年8月8日。根据协和公司提交的《建设工程竣工档案（预）验收申请表》，记载竣工时间为2012年10月18日。

株洲市建设工程竣工结算备案机关出具的证明证实工程竣工验收时间为2014年10月18日。

2013年10月29日，协和公司向汉华公司提交了工程结算书，要求进行工程结算，结算金额为2.029亿元。此后双方就工程结算进了长期的协商。2014年1月27日，协和公司（作为乙方）、汉华公司（作为甲方）双方签订了《竣工结算协议书》，该协议约定：本工程竣工结算书审核时间约定：2014年1月15日由甲方欠付部分工程款和农民工工资等问题经芦淞区人民政府政法委殷书记、株洲市房产局开发办唐科长、株洲市住建局清欠办唐主任等政府相关部门参加协调，甲、乙双方同意在2014年3月1日前由甲方代表通知乙方工程结算在两日内到达怀化甲方指定地点、由甲乙双方人员核对工程量，甲、乙双方授权的结算人员必须努力工作、相互配合、协调各项目工作。在2014年4月30日前将株洲汉华国际商业城工程竣工结算工程完成，如双方有争议，就争议部分聘请双方认可的第三方进行审核，或者双方均有权就争议部分向建设工程所在地人民法院提起诉讼。该协议明确了甲方（汉华公司）授权的结算人员名单为叶克平、郑国强、王金林、费雪峰，乙方（协和公司）授权的结算人员名单为魏尚华、周围、李端午、郭桂兰、熊厚、刘维礼。该协议还约定：双方同意按2009年7月28日双方所签订的《建设工程施工合同》、补充施工合同、国家颁布的现行有关规定、设计院设计的施工图纸、设计变更、有效的工程签证单进行竣工结算和履行依据。工程竣工图只作为工程竣工结算参考，以实际施工的分部分项工程进行结算。本工程竣工结算协议书及2012年9月21日、2013年11月6日工程竣工结算专题会议纪要、各施工单位的签字的工程竣工结算纪要书是《建设工程施工合同》的补充，具有同等的法律效力。之后，当事双方工作人员就结算有关事项进行了多次协商，双方工作人员在2014年2月18日《汉华国际商业城工程竣工决算会议》和2014年3月1日《汉华国际商业城工程竣工决算碰头会议》上签字。2014年5月25日，当事双方工作人员和湖南兴诚工程咨询有限公司（以下简称兴诚公司）的莫国强参加了关于汉华国际商业城结算审计协调会议，该会议

建设工程合同纠纷

确认汉华国际商业城结算审核工作由兴诚公司承担,结算资料由施工方按国家规定提供全套完整的结算资料等事项。事后,兴诚公司要求施工方即协和公司尽快提供施工资料。

2014年10月10日,协和公司作为乙方,汉华公司作为甲方双方签订了协议书,该协议约定:(1)乙方为了配合甲方组织的审计事务所作出的汉华国际工程竣工结算最终审计报告书,甲乙双方派出的结算人员于2014年10月11日到甲方办公室配合甲方的审计工作,直到审计部门2014年11月13日出具竣工结算最终审计报告书为止。审计期间由甲方统一安排吃、住、审计等事务,如因甲方不做好配合工作、甲方结算人员不到场或审计事务所未在2014年11月13日前出具竣工结算最终审计报告书,则均视为甲方已认同乙方2013年10月29日递交给甲方的结算书记载的金额20290.6万(其中:土建工程18500.6万元;水电安装工程1790万元);如因乙方不到场配合审计事务所的决算,则视为乙方同意按审计事务所出示的竣工结算最终审计报告书,但因乙方对审计有异议的除外。(2)甲方已付工程款14200万元(实际付款多少,以甲乙双方实际核对到账金额为准),余下款项待竣工结算最终审计报告书经甲乙双方签字盖章确认后,甲方应当在三个月内付清。同时,甲方对于逾期支付给乙方的相应款项,甲方仍应当按照2009年7月28日双方签订的《建设工程施工合同》中的约定承担资金占有费、违约金和办理竣工结算,或者甲方同意将"株洲汉华国际商业城"项目中正负零以下的全部地下室(共三层)永久归乙方所有(使用),并由乙方自由处置(甲方配合办理有关手续),乙方对本工程中结算款有优先受偿权。(3)由于本协议中的项目甲方于2012年6月份已交付给业主使用,因此甲方应当自2012年7月1日起至2014年10月30日止,共向乙方支付项目管理费23万元。(4)本协议中的竣工结算最终审计报告书在2014年11月13日前必须完成,并且须经甲乙双方法定代表人签字盖章确认。如果甲方违约,在2014年11月13日前没有完成竣工结算最终审计报告书,甲方同意将"株洲汉华国际商业城"项目中正负零以下的全部地下室(共三层)永久归乙方所有(使用),并由乙方自由处置

（甲方配合办理相关手续）；在签订本协议书的同时甲方须把"株洲汉华国际商业城"项目中裙楼3层、4层（共两层）门面产权还没有出售或抵押的门面网签在乙方名下，网签后乙方将全力协助甲方进行竣工备案。若乙方在办理产权证之前需对网签房产处置，甲方应当协助乙方办理以甲方名义出让的买卖更名手续，相关费用由甲方承担；或甲方支付乙方全部工程款项后，乙方协助甲方办理以甲方名义出让的买卖更名手续，相关费用由甲方承担；或甲方支付乙方全部工程款项后，乙方协助甲方办理网签撤销手续，相关费用由甲方承担。该协议一式两份，甲乙双方各执一份，自甲乙双方法定代表人签字并盖章之日起生效。2014年1月27日甲乙双方签订的竣工结算协议书自本协议生效后自行废止。双方公司的法定代表人进行了签字，并加盖了公司的公章，在场人协和公司的工作人员周汉仲签了名。

2014年10月11日，汉华公司出具了《承诺书》，承诺将所有应支付的工程款和工程结算款均应付至协和公司指定的银行账号上，不得另行支付给其他任何单位和个人，如果汉华公司没有将工程款和工程结算款支付到协和公司指定的银行账号上，协和公司有权不予认可该笔款项，如果给协和公司造成了经济损失，均由汉华公司负责承担。协和公司已向汉华公司开具的收据，但又还未付款给协和公司的收据，汉华公司保证在2014年10月30日前付至协和公司指定的银行账号上，否则，汉华公司同意按照月利率2%支付利息给协和公司，2014年11月30日前还未支付时，协和公司有权对已网签至其名下的房产进行自由处置，汉华公司将积极办理相关手续。"株洲汉华国际商业城"项目的工程款和工程结算款，协和公司享有优先受偿权。

2014年10月23日，发包单位即汉华公司、承包单位即协和公司、审核单位株洲公正项目咨询有限公司在建设工程结算审核定案表进行了盖章，该表上显示：工程项目名称为汉华国际商业城，送审造价202906080.58元、最终审核造价为175163712.65元。2014年10月24日，当事双方签订工程款结算协议书，该协议约定工程中标及注册造价12000

万元，工程中标及注册面积为84167.23平方米，工程结算造价17516万元，工程竣工面积为105366.57平方米，工程款已付16641万元，工程未付款875万元左右，协议余款支付确定日期为2015年1月27日。同日，汉华公司向协和公司出具了"欠条"，该"欠条"写明："2014年10月24日我公司株洲市汉华房地产开发有限公司（以下简称'汉华公司'）与湖南协和建设有限公司（以下简称'协和公司'）在工程款结算协议书中确认的工程结算款为17516万元，其中已付工程款为16641万元、未付工程款为875万元。事实上，我公司在'汉华国际商业城'工程项目中仅支付给协和公司工程款14200万元（具体以支付给协和公司到账金额为准），而在工程款结算协议中之所以将已付工程款填写为16641万元，完全是我公司因竣工验收备案的需要而要求协和公司填写的，但该工程款结算协议书中的工程结算造价17516万元是经我公司核算后确认的，因此我公司实际拖欠协和公司工程款为3316万元（2441万元+875万元）整，我公司于2015年1月27日之前将拖欠的上述工程款支付给协和公司，并且我公司拖欠协和公司的上述工程款，协和公司有优先受偿权。未尽事宜，以双方2009年7月28日签订的合同为准。"该"欠条"由汉华公司法定代表人赵翰签字并加盖公章。出具"欠条"后，汉华公司没有再支付工程款给协和公司。

2014年11月4日，株洲市建设工程造价管理站在株洲市建设工程竣工结算备案表加盖了公章，出具了同意备案的意见，该表记载合同价款为1.2亿元，承包方送审价款为202906080.58元，最终竣工结算价款为175163712.65元。2014年12月10日，备案机关在《建设工程竣工验收备案表》出具同意备案的意见，该工程的竣工验收备案文件已收讫，其中验收结论：竣工面积为105348平方米，工程造价为壹亿柒仟伍佰壹拾陆万元，工程质量为合格等。

在汉华公司出具"欠条"后，双方工作人员又在第三方兴诚工程公司的组织下，进行了多次对审和协商工作。2014年11月5日，协和公司工作人员周围、汉华公司工作人员郑国祥，兴诚公司的莫国强三方在《汉华国际商业城（部分）审定工程量》进行了签字。但后来协和公司没有派工作人员参与，第三方兴诚公司在资料不齐的情况下于2015年1月22日出具了汉华国际商业城正式的《工程造价咨询报告》，其审定的工程造价为142058143.39元，但协和公司对此不予认可。

截至本案起诉之日，汉华公司仍未实际履行工程款结算支付义务。

另查明：2009年7月28日，双方签订《建设工程施工合同》后，协和公司向汉华公司的账户支付了定金1000万元和质量保证金1000万元。2010年12月3日开始，汉华公司陆续退还该款项，其中2011年4月11日协和公司工作人员周汉仲在收据上注明"质保金已付清"，同时汉华公司法定代表人赵翰在该领据上亦注明"保证金已全付清"。最后一次退还质量保证金和定金的时间为2011年4月27日。

再查明：关于案涉工程总造价，协和公司主张法院在工程竣工结算金额20290.6万元和17516.7万元中进行裁量，但不主张法院进行工程造价鉴定。汉华公司则认为应依据第三方兴诚公司于2015年1月22日出具的汉华国际商业城《工程造价咨询报告》，其审定的工程造价为142058143.39元，同时在举证期限前和法庭辩论前没有申请进行工程造价鉴定。关于已付工程款，协和公司只认可打进其账户的金额为84793013.44元，汉华公司则主张已支付153510847.44元，其中打进协和公司账户的金额为84793013.44元，周汉仲签字并盖有项目部章或财务专用章付指定的账户上为4289万元，周汉仲签字用工程款抵购房款2030034元，周汉仲签字付所指定的账户20057000元，周汉仲签字指定付至第三方民工班组账户3740800元，但经法院释明后，汉华公司不申请进行审计鉴定。在诉讼过程中，法院组织双方进行对账，协和公司还只认可84793013.44元，其他的均不予认可。其中，2010年3月15日，周汉仲出具的借据为200万元整，但只有22万元的银行转账凭证；2011年2月28日周汉仲出具了10万元的借据，领款原因注明为汉华主体封顶给协和红包开支，此款不计入工程款；2012年1月9日，周汉仲出具了500万元的借据，其中汉华公司付协和公司账户230万元，汉华公司工作人员付协和公

建设工程合同纠纷

司账户 170 万元，付周汉仲 100 万元但没有提供银行凭证；2013 年 2 月 6 日，周汉仲出具了 450 万元的借据，但汉华公司没有提供银行凭证。

三、一审法院审理情况

一审法院认为，该案系建设工程施工合同纠纷。双方当事人的争议焦点：（1）本案的工程款总额是多少，如何确定？（2）汉华公司已付工程款金额是多少，还需支付多少工程款？（3）汉华公司是否需要支付质保金和定金的违约金 2617432.79 元？（4）汉华公司是否需要支付延期支付工程款、工程结算款的资金占用费？（5）汉华公司是否需要向协和公司支付项目管理费 230000 元？（6）协和公司对汉华公司拖欠的工程款就涉案工程是否享有优先受偿权？

关于本案工程款总额的问题。涉案工程完工后，双方当事人进行了长时间的结算，并于 2014 年 10 月 23 日、24 日双方签署的《建设工程结算定案表》《工程款结算协议书》《株洲市建设工程竣工结算备案表》。汉华公司同时还出具了《欠条》。从本案的查明的事实看，在出具欠条前，2014 年元月 27 日双方签订了《竣工结算协议书》，2014 年 10 月 10 日双方签订了《协议书》，该两份协议书均涉及工程造价、工程结算问题、已付工程款问题。在汉华公司出具欠条之前，双方已经多次进行了对账、协商，该欠条既有汉华公司的公章，又有该公司法定代表人的签名。汉华公司的法定代表人赵翰对涉案工程造价有较详细的了解，并非凭空想象，也并非随意填写的。该欠条又不存在无效和撤销的相关情形，应作为本案的依据。以上文件均确认了涉案的工程款总额为 17516 万元，该金额也经过了备案机关备案。汉华公司虽然对 17516 万元提出了异议，但没有提供其他充足的证据予以反驳，也没有在法律规定的期限内提出工程造价鉴定，故涉案的工程款总额应认定为 17516 万元。

汉华公司出具欠条后，双方当事人的工作人员在第三方湖南兴诚工程咨询有限公司的组织下，虽然又进行了多次对审和协商工作，但是双方事后没有就工程总造价、拖欠工程款等达成新的一致意见，也仅能证明双方想对2014年10月23日、10月24日签署文件所确认事实的进一步核实。况且,协和公司认为汉华公司支付给协和公司账户的金额仅为84793013.44元,其他金额支付到周汉仲签字并盖有项目部章或财务专用章付指定的账户上、周汉仲签字用工程款抵购房款、周汉仲签字付所指定的账户、周汉仲签字指定付至第三方民工班组账户等情形。这种支付方式,不符合双方合同约定直接打入协和公司账户的方式,有待核实。具体工程款、具体施工量均需进行核对,因此双方进行核对的行为并不能推翻2014年10月24日出具欠条的行为,该核对行为只是对欠条进行再次完善及补充。故汉华公司辩称双方签署的该四份文件仅用于办理该项目的权属证书,不是双方真实意思表示,对双方不具有约束力,缺乏事实依据,一审法院不予支持。

关于汉华公司已付工程款金额是多少,还需支付多少工程款问题。2014年10月10日双方签订的《协议书》表明了已付工程款14200万元(实际付款多少,双方实际核对到账金额为准)。2014年10月24日出具的欠条看,汉华公司在"汉华国际商业城"工程项目中仅支付给协和公司的工程款14200万元(具体以支付给协和公司到账金额为准)。纵观协议书和欠条,并没有非常确定已付工程款为14200万元,故已付工程款具体数额问题,既要结合欠条,又要结合汉华公司提供的票据进行核对。在举证质证阶段,协和公司只认可打进其账户的金额为84793013.44元,汉华公司主张已付工程款为153510847.44元,但协和公司不予认可,经一审法院释明后汉华公司没有申请进行审计鉴定。庭审后,法院组织双方进行对账,协和公司还只认可84793013.44元,其他的均不予认可。

从汉华公司提供的相关票据看,大部分有周汉仲的签名。周汉仲作为协和公司劳务负责人在借据上签字的行为视为职务行为,签字的法律责任由企业即协和公司负责。从2010年至2014年10月11日,协和公司对周汉仲签字行为并没有提出异议。根据《中华人民共和国民法通则》第四十三条"企业法人对它的法定代表人和其他工作人员的经营活动,承担民事责任"之规定,协和公司劳务负责人周汉仲和其他工作人员领取工程款或

建设工程合同纠纷

指定款或者指定抵工程款的法律后果应由协和公司承担，应视为其已收到该工程款。故协和公司只认可84793013.44元，其他的均不予认可，缺乏事实和法律依据，一审法院不予支持。但是，汉华公司提供的相关付款凭证应符合财务要求。其中，2010年3月15日，周汉仲出具的借据为200万元整，但汉华公司只提供了22万元的银行转账凭证，没有提供178万的支付依据，为此该178万元不能认定为已付工程款；2011年2月28日周汉仲出具了10万元的借据，领款原因注明为汉华主体封顶给协和红包开支，此款不计入工程款，既然借据上注明是红包开支不计入工程款，那么汉华公司主张计入工程款缺乏事实依据，为此该10万元不应计入已付工程款；2012年1月9日，周汉仲出具了500万元的借据，其中汉华公司认可付协和公司账户230万元，汉华公司工作人员袁珍妮付协和公司账户170万元，付周汉仲100万元不予认可，汉华公司没有提供支付了100万元的凭证，为此该100万元不能认定为已付工程款；2013年2月6日，周汉仲出具了450万元的借据，但汉华公司没有提供相应的支付凭证，为此该450万元不能认定为已付工程款。故汉华公司不能完全证实已经支付了153510847.44元，其应承担举证不能的法律后果。综合分析，汉华公司支付给协和公司的工程款认定为146130847.44元（153510847.44元－7380000元）。从欠条和有关备案资料看，已经明确了涉案工程结算造价为17516万元，一审法院确认汉华公司已经支付给协和公司的工程款为146130847.44元，故汉华公司实际拖欠协和公司工程款应为29029152.56元。

关于质保金和定金的违约金的问题。从本案查明的事实看，2010年12月3日开始，汉华公司陆续退还该款项，最后一次退还质量保证金和定金的时间为2011年4月27日。如果协和公司认为汉华公司存在延期退还质量保证金和定金的行为，应该从该日起两年内主张权利，但协和公司直到2015年7月28日才通过诉讼主张权利，已超过诉讼时效。况且，2011年4月11日协和公司工作人员周汉仲在收据上注明"质保金以付清"，同时汉华公司法定代表人赵翰在该领据上亦注明"保证金已全付清"。之后的多次结算中，双方均没有提及延期退还质量保证金和定金问题。为此，协和公司主张质保金和定金的违约金 2617432.79 元，缺乏事实和法律依据，应不予支持。

关于延期支付工程款、工程结算款的资金占用费的问题。出具欠条后，约定 2015 年 1 月 27 日之前支付拖欠的工程款，但汉华公司并没有支付剩余工程款给协和公司，责任在于汉华公司，其应当承担延期支付工程款的违约责任。双方当事人于 2014 年 10 月 10 日签订了协议，该协议约定：汉华公司对于逾期支付给协和公司的相应款项，汉华公司仍应当按照 2009 年 7 月 28 日双方签订的《建设工程施工合同》中的约定承担资金占有费、违约金和办理竣工结算，即如发包人拖欠工程进度款和结算款，每月发包人应按所占用的资金承担 3% 资金占有费（超过 3 个月，按 5% 计算违约金），但该约定利息明显过高。协和公司主张按月息 2% 计算利息在中国人民银行颁布的同期同类贷款利率的四倍范围之内，不违反相关法律规定，一审法院予以支持。从汉华公司出具的欠条上看，其应于 2015 年 1 月 27 日之前支付拖欠的工程款。故计算违约责任的起止时间应为 2015 年 1 月 28 日至实际还清为止。为此，汉华公司应该支付以本金 29029152.56 元，按照月息 2% 标准计自 2015 年 1 月 28 日起至实际还款之日止的利息给协和公司。协和公司提出的从 2012 年 10 月 18 日工程验收之日计算利息，一则双方之间没有这方面的约定，二则双方还没有进行结算，不存在拖欠工程结算款的问题，为此协和公司主张从 2012 年 10 月 18 日计算利息不予支持。

关于项目管理费的问题。从 2014 年 10 月 10 日双方当事人签订的协议书看，该协议约定了"由于本协议中的项目甲方于 2012 年 6 月份已交付给业主使用，因此甲方应当自 2012 年 7 月 1 日起至 2014 年 10 月 30 日止，共向乙方支付项目管理费 23 万元"。该约定系双方真实意思表示，并不违反相关法律法规，合法有效。为此，汉华公司应该按照协议约定向协和公司支付项目管理费 230000 元。协和公司的该项诉讼请求，应予以支持。

关于建设工程优先受偿权的问题。根据双方提交的证据材料看，涉案

建设工程合同纠纷

汉华国际商业城于2012年6月就移交给汉华公司使用,协和公司主张涉案汉华国际商业城项目的竣工时间为2012年10月18日,汉华公司则认为竣工验收日期为2014年10月18日,但从株洲市建设工程竣工结算备案表上标记为2012年8月8日。为此,综合本案的实际情况,涉案工程的竣工日期应为2012年8月8日。根据《最高人民法院关于建设工程价款优先受偿权问题的批复》(法释〔2002〕16号,以下简称《优先受偿权问题批复》)第四条"建设工程承包人行使优先权的期限为六个月,自建设工程竣工之日或者建设工程合同约定的竣工之日起计算"之规定,如协和公司需就涉案工程款主张优先受偿权,则需在2013年2月7日前提出优先权的主张,但协和公司没有提交证据证实在期限内向汉华公司或者法院提出过优先权的主张。协和公司主张以汉华国际商业城的竣工验收备案日期作为该工程的竣工日期2014年10月18日并进而主张其享有优先权的观点不能成立。协和公司本应该在工程移交后以及工程竣工后,积极主张自己的权利。至于双方当事人于2014年10月10日签订的协议书、2014年10月11日签署的《承诺书》均约定了协和公司享有优先受偿权,但建设工程优先受偿权属法定权利,法律并没有授权建设工程的承包人可以通过和发包人协商而取得。该约定超过了法律规定的工程竣工之日起六个月,属于无效的约定。为此,协和公司对汉华公司拖欠的工程款不享有优先受偿权。

至于在诉讼过程中,协和公司增加了诉讼请求,因其在规定的时间内没有缴纳相应的诉讼费用,一审法院在庭审中告知不予审理,但对已经提交的证据材料协和公司表示不予撤回。故一审法院对协和公司增加的诉讼请求不予审理。

综上,依据《中华人民共和国民法通则》[①] 第八十四条、第八十五条、

---

① 《中华人民共和国民法通则》已于2021年1月1日废止。

第一百零六条,《中华人民共和国合同法》第四十四条①、第六十条②、第二百六十九条③和《中华人民共和国民事诉讼法》第六十四条第一款之规定,一审法院判决:一、汉华公司在本判决生效后 15 日之内支付工程款 29029152.56 元给协和公司;二、汉华公司在本判决生效后 15 日之内支付以本金 29029152.56 元,按照月息 2%的标准计算自 2015 年 1 月 28 日起至实际还款之日止的利息给协和公司;三、汉华公司在本判决生效后 15 日之内支付项目管理费 230000 元给协和公司;四、驳回协和公司其他的诉讼请求。一审案件受理费 343424 元、保全费 5000 元,由汉华公司负担 278740 元,协和公司负担 69684 元。

四、二审法院审理情况

协和公司、汉华公司不服一审判决,双方均提起上诉。

协和公司上诉请求:(1)撤销一审判决第二项,由汉华公司在判决生效后 15 日内支付以本金 29029152.56 元按照月息 2%计算自 2012 年 10 月 18 日起至实际还款日之止的利息;(2)由汉华公司支付延期退还定金和质量保证金的违约金 2617432.79 元;(3)协和公司就汉华国际商业城建设工程折价或拍卖的价款享有优先受偿权。理由:2012 年 6 月,协和公司已完成合同约定工程量待验,由于汉华公司增加建筑面积 2 万多平方米,工程直至 2014 年 10 月 18 日才办理竣工验收合格手续。汉华公司应按照施工合同中通用条款第三十五条、专用条款第四十七条的约定,承担资金占用费按照月息 2%自 2012 年 10 月 18 日至实际付清之日止的损失。协和公司

---

① 对应《中华人民共和国民法典》第五百零二条:"依法成立的合同,自成立时生效,但是法律另有规定或者当事人另有约定的除外。依照法律、行政法规的规定,合同应当办理批准等手续的,依照其规定。未办理批准等手续影响合同生效的,不影响合同中履行报批义务条款以及相关条款的效力。应当办理申请批准手续的当事人未履行义务,对方可以请求其承担违反该义务的责任。依照法律、行政法规的规定,合同的变更、转让、解除等情形应当办理批准等手续的,适用前款规定。"

② 对应《中华人民共和国民法典》第五百零九条:"当事人应当按照约定全面履行自己的义务。当事人应当遵循诚信原则,根据合同的性质、目的和交易习惯履行通知、协助、保密等义务。当事人在履行合同过程中,应当避免浪费资源、污染环境和破坏生态。"

③ 对应《中华人民共和国民法典》第七百八十八条,内容未作修改。

建设工程合同纠纷

法定代表人赵瀚、工作人员周汉仲虽在收据上注明保证金已付清，但并未按期退还，既然工程款没有超过诉讼时效，应退还保证金和定金亦未超过诉讼时效，法院应支持协和公司在本案中主张的违约金，《建设工程竣工验收备案表》载明工程2014年10月18日竣工，一审认定2012年8月8日工程竣工错误。为确认协和公司对工程款享有优先受偿权，汉华公司在工程竣工验收合格前与协和公司签订协议书并出具承诺书，2014年10月23日，在双方确定工程价款后，汉华公司次日向协和公司出具欠条。依据该欠条，汉华公司应在2015年1月27前支付完毕全部工程款，但汉华公司没有按该约定支付工程款。2015年5月15日，一审法院签收了协和公司起诉状，协和公司在该次起诉中主张对工程折价或拍卖的价款享有优先受偿权，故本案优先受偿权未超过法定期限。退一步说，法院未对协和公司该次起诉立案，是因为协和公司未交纳诉讼费，而协和公司是因为汉华公司长期拖欠本案工程款而无力交纳诉讼费，责任在汉华公司。

汉华公司答辩称：《建设工程竣工档案（预）验收申请表》记载工程竣工日期为2012年10月18日，协和公司2015年7月27日提起本案诉讼，其未在法律规定竣工6个月期限内主张建设工程折价或拍卖价款的优先受偿权，因此不享有优先受偿权。

汉华公司上诉请求：请求撤销一审判决，依法改判。

1. 本案工程按照湖南兴诚工程咨询有限公司（以下简称兴诚公司）审计的142058142.39元结算。（1）2014年5月25日，双方确认由兴诚公司对工程造价进行审核，双方虽于10月签订《建设工程结算定案表》《工程结算协议书》《株洲市建设工程竣工结算备案表》及《欠条》确认结算价款17516万元，但之后的11月、12月双方仍就工程材料费、人工工资、管理费、结算计算依据多次协商。可见，双方之前结算17516万元与事实不符，是为了工程竣工备案所需。（2）涉案工程备案资料上虽盖有株洲公正项目咨询有限公司的印章，但该公司并未对工程造价审计，且该公司审计资质在5000万元以内，该公司在工程备案上加盖印章的行为即违反法律规定，亦无效。（3）根据湖南省工程决算管理办法的规定，建设单位与施工单位在工程完工后应当结算,双方对结算达不成一致时,应聘请第三方有资质的单位审计。本案中双方已委托兴城公司审计,兴城公司亦出具审计报告,只是协和公司对该审计结算不满意才提起本案诉讼。(4)汉华公司向一审法院递交工程造价鉴定申请书,被一审法院以本案已经合议为由不予接收。

2. 应认定汉华公司已付款为 153510847.44 元。一审未予以认定已付工程款 898 万元(178 万元＋100 万元＋170 万元＋450 万元)错误。前述款项的 170 万元系直接汇至协和公司账户,汉华公司现处于破产状态,人员解散,原会计联系不上,导致无法提供前述多笔汇款银行凭证。

协和公司答辩称:2013 年 10 月 29 日,协和公司向汉华公司递交了工程造价为 20290.6 万元工程结算文件,2014 年 10 月 10 日,双方签订《协议书》,约定双方配合工程造价审计,如果未能在 2014 年 11 月 13 日之前出具审计报告,则视为按照协和公司结算报告中明确的 20290.6 万元结算。若协和公司不配合审计决算,则按照审计报告结算。此后,双方于 2014 年 10 月签订系列结算文件,明确工程造价为 17516 万元。根据《建筑工程施工发包与承包计价管理办法》第十九条关于"工程竣工结算文件经发承包双方签字确认的,应当作为工程决算的依据,未经双方同意,另一方不得就已生效的竣工结算文件委托工程造价咨询企业重复审核。发包方应当按照竣工结算文件及时支付竣工结算款。竣工结算文件应当由发包方报工程所在地县级以上地方人民政府住房城乡建设主管部门备案"的规定,本案工程应按双方确定的 17516 万元结算。

二审中,协和公司提交了一份《民事起诉状》,拟证明 2015 年 5 月 15 日,一审法院已签收该起诉状,协和公司行使本案工程折价或拍卖价款的优先受偿权没有超过法律规定的期限。汉华公司质证认为:对该证据的真实性无异议,但本案工程 2012 年 10 月 18 日备案,建设工程价款优先受偿权起算时间为该日,根据相关法律规定,即使协和公司 2015 年 5 月 15 日起诉,亦超过法律规定竣工 6 个月内主张优先受偿权的期限,况且,协和公司该次起诉法院并未受理,法院也未将这起诉状送达给汉华公司签收。二审法院认为:该份证据加盖了法院立案庭签收印章,起诉状所涉请求及

依据的事实与本案存在关联,应予以采信。

二审法院认定事实:对一审查明的案件事实予以确认。另查明,2015年5月15日,协和公司以汉华公司为被告,向一审法院递交一份《民事起诉状》,请求判令汉华公司支付欠付工程款93089287.21万元,确认协和公司对"汉华国际商业城"建设工程折价或拍卖的价款享有优先受偿权。

二审法院认为,双方二审争议的焦点:本案工程应否采信双方协议结算;周汉仲签字或出具借条的738万元能否抵扣工程款;协和公司对本案工程折价或拍卖价款是否具有优先受偿权。

关于本案工程应否采信双方结算协议结算。汉华公司上诉称双方签订《建设工程结算定案表》《工程款结算协议书》《株洲市建设工程竣工结算备案表》是为了工程竣工备案所需,竣工结算备案表中造价咨询单位为株洲公正项目咨询有限公司不实,本案工程应以双方协商委托的第三方兴诚公司的审计结论1.432亿元结算。《建设工程结算定案表》《工程款结算协议书》《株洲市建设工程竣工结算备案表》虽形成于工程竣工备案阶段,在之前双方协商由第三方兴诚公司对工程造价审计,之后双方亦配合第三方兴诚公司就工程资料对审,但双方就第三方审计工程造价并没有达成一致意见。本案中,协和公司明确表示对于第三方审计结论仅在报审价20290万元与17516万元之间考虑,意味着协和公司不接受低于双方约定的17516万元造价结算。故第三方兴诚公司审计结论,在无双方确认的情况下,不能作为本案工程结算的依据。《株洲市建设工程竣工结算备案表》上盖有协和公司、汉华公司以及株洲公正项目咨询有限公司的印章,汉华公司作为建设工程开发主体,在报送竣工备案资料审查过程中,没有表示株洲公正项目咨询有限公司不是本案工程造价咨询单位,且《株洲市建设工程竣工结算备案表》加盖的印章齐全,办理工程竣工结算备案的行政审批部门在履行形式审查义务后予以备案。现在,汉华公司提出株洲公正项目咨询有限公司未参与工程咨询审计及资质欠缺,试图否定工程竣工备案的事实,有悖诚实信用,二审法院不予支持。本案中,双方就工程结算签订《工程款结算协议书》,汉华公司向协和公司出具"欠条"。在该两份结算文件中，双方明确工程造价按照17516万元结算。对于结算协议中明确的结算金额17516万元，汉华公司未在法律规定的一年除斥期限主张予以撤销，该不利法律后果应自行承担。按照《中华人民共和国合同法》（以下简称合同法）第四十四条关于"依法成立的合同，自成立时生效"和第六十条关于"当事人应当按照约定全面履行自己的义务"规定，汉华公司应当按照双方约定履行付款义务。一审判决据此认定汉华公司按约承担付款责任正确。

关于汉华公司周汉仲签字或出具借条的738万元能否抵扣工程款。经查，该738万元来源于周汉仲2010年3月15日借据中的剩余178万元、2011年2月28日借据10万元、2012年1月9日借据中剩余100万元、2013年2月6日借据450万元。周汉仲虽系工程劳务施工负责人，但协和公司作为施工承包主体，并未授权周汉仲可以收取工程款。且上述周汉仲借据金额，并无汉华公司银行汇款凭证证实，汉华公司亦未提供有效证据证明系通过其他方式已付该款。鉴于双方合同约定工程款支付到协和公司账户，协和公司对上述款项不同意抵扣工程款，汉华公司上诉要求在欠付工程款中核减738万元，因没有事实和法律依据，二审法院不予采信。二审中，协和公司递交一份补充上诉状，认为一审判决认定周汉仲作为劳务负责人在借据上签字系职务行为，责任应由协和公司承担属于认定事实错误，要求二审认定汉华公司拖欠工程款9036.69866万元（17516万元－8479.301344万元）。因协和公司该补充上诉请求涉及增加其权益的认定，已经改变或超出了其上诉状中的上诉请求，其未在法律规定的上诉期内提出，对于该超过上诉期的补充上诉请求，二审依法不予审查。

关于协和公司对本案工程折价或拍卖价款是否具有优先受偿权。《优先受偿权问题批复》第四条规定："建设工程承包人行使优先受偿权的期限为六个月，自建设工程竣工之日或者建设工程合同约定的竣工之日起计算"。经查，本案工程2012年10月18日竣工，2014年9月23日办理竣工验收备案，2014年10月24日办理竣工结算备案。工程竣工日期虽为2012年10月18日，但之后6个月期限内双方并未办理工程结算，双方结算价

建设工程合同纠纷

款不明,协和公司此时主张建设工程优先受偿权的时机不成就。2014年10月24日工程虽办理竣工结算备案,但双方结算协议约定欠付款于2015年1月27日之前付清,在该约定付款期限到达前,双方纠纷尚未发生,协和公司不行使建设工程优先受偿权合乎情理。协和公司上诉称其在2015年1月27日之后6个月内,即2015年5月15日向法院递交起诉状以及诉讼费缓交申请书,法院已予签收,应视为其已行使建设工程优先受偿权。因优先受偿权行使须向相对方提出,而法院作为审判机关不是其权利的行使对象。协和公司起诉状虽被法院签收,但因其未交纳诉讼费,当时未被法院立案。时至本案立案时2015年7月29日,协和公司行使建设工程优先受偿权,已超过法律规定的6个月保护期限,协和公司优先受偿权时效消灭。协和公司上诉称《协议书》和《承诺书》约定其对建设工程享有优先受偿权,其依约取得优先受偿权。因建设工程优先受偿权系法定权利,权利人在法定期限内未行使该权利,优先受偿权丧失。本案双方约定建设工程优先受偿权,亦应在法律规定的时效内行使该权利,不因双方约定而恢复。

综上所述,二审法院认为,一审判决认定事实清楚,适用法律正确。协和公司、汉华公司的上诉理由均不成立。依照《中华人民共和国民事诉讼法》第一百七十条第一款之规定,二审判决:驳回上诉,维持原判。

五、当事人申请再审的理由及被申请人的答辩

协和公司不服二审判决,向最高人民法院申请再审称,请求撤销湖南高院(2017)湘民终12号民事判决关于工程款优先受偿权的认定,改判协和公司享有工程款优先受偿权。事实和理由:二审法院判决认定协和公司于2015年7月29日行使建设工程优先受偿权已超过法律规定的6个月保护期限,是错误的。协和公司在本案中主张建设工程优先受偿权的时间没有超过法律规定的期限。本案建设工程优先受偿权期间应当从2015年1月27日的次日起计算6个月,即从2015年1月28日起至2015年7月28日止。2015年5月15日,协和公司向一审法院提起诉讼,递交《民事起诉状》并主张建设工程优先受偿权,一审法院签收后口头告知缴纳诉讼

费,当时因协和公司垫付了大量工程材料款,且欠付巨额农民工工资,暂无钱交纳诉讼费,便向一审法院递交了《诉讼费缓交申请书》,一审法院签收后没有书面通知或作出裁定,说明其对协和公司的起诉还在立案审查之中。因无力缴费,协和公司重新起草起诉状,将起诉标的额减少,于2015年7月28日又到一审法院递交了《民事起诉状》,并于当日交纳了343424元的受理费,一审法院由此开具了《湖南省非税收入专用收据》。此外,株洲中院(2015)株中法民四初字第42—1号民事裁定亦载明协和公司于2015年7月28日提出财产保全申请。这均证明,协和公司主张优先受偿权的最后一天不是二审判决认定的2015年7月29日。二审法院认定协和公司主张优先受偿权已超过法律规定的期限,证据不足,且适用法律错误。综上,协和公司依照《中华人民共和国民事诉讼法》第二百条第一项、第二项、第六项的规定申请再审。

汉华公司辩称,(1)协和公司行使建设工程优先受偿权的期限应当从建设工程竣工日2012年10月18日起计算,而不是从约定付款日2015年1月27日起计算。(2)协和公司行使优先受偿权的期限早已超过,其不再享有优先受偿权。工程竣工之日为2012年10月18日,其主张优先受偿权的期间应为2012年10月18日起至2013年4月18日止,而协和公司于2015年7月28日起诉,该期限早已超过。而且,协和公司在一审质证阶段,已自认优先受偿权已过法定期限。(3)案涉工程在工程款优先受权期限届满后已设立了抵押,为了维护正常的担保物权的规范体系和商业交易安全,协和公司的优先受偿权主张不应得到支持。

六、再审审理的情况

最高人民法院再审查明的事实与一审、二审查明的事实一致。

最高人民法院认为,本案再审的争议焦点:协和公司对案涉工程主张优先受偿权是否已经超过6个月的保护期限。对此问题的判断,主要取决于两个方面的因素,一是优先受偿权保护期限的起算点,二是协和公司提出主张的时间。

建设工程合同纠纷

（一）关于本案优先受偿权保护期限的起算点如何认定的问题

协和公司主张本案优先权受偿权的保护期限应从双方结算协议约定的付款日之次日即2015年1月28日开始起算，而汉华公司则认为应当从建设工程竣工日2012年10月18日开始起算。最高人民法院认为，本案优先受偿权的保护期限应从2015年1月28日开始起算。理由是：首先，《合同法》第二百八十六条规定："发包人未按照约定支付价款的，承包人可以催告发包人在合理期限内支付价款。发包人逾期不支付的，除按照建设工程的性质不宜折价、拍卖的以外，承包人可以与发包人协议将该工程折价，也可以申请人民法院将该工程依法拍卖。建设工程的价款就该工程折价或者拍卖的价款优先受偿。"根据该条规定可知，建设工程优先受偿的对象是工程折价或者拍卖价款，而工程需折价或者拍卖的前提是发包人逾期不支付工程价款。当发包人支付工程价款已届履行期时，承包人要求支付工程款才可能得到支持，并相应主张优先受偿权才有意义，故建设工程优先受偿权宜从发包人应付工程款期间届满之日起算。《合同法》第二百八十六条规定，承包人就未付工程款对所承建工程享有优先受偿权。该条规定系为保护承包人对工程价款的实际受偿，在认定该优先受偿权的行使期限时，应当尊重当事人之间关于支付工程价款期限的约定，优先受偿权行使期限的起算点，不应早于当事人之间约定的工程价款支付期限，以保证实现该优先权权能。《优先受偿权问题批复》第四条规定建设工程承包人行使优先受偿权的期限自建设工程竣工之日或者建设工程合同约定的竣工之日起计算，宜理解为前述起算点与应付工程款的期限一致的情形。本案中，汉华公司在2014年10月24日办理竣工结算备案之日，向协和公司出具"欠条"，确认实际拖欠工程款3316万元，承诺于2015年1月27日之前完成支付，并在"欠条"中载明协和公司就拖欠的工程款享有优先受偿权。由此可见，虽然案涉工程已于2012年10月18日竣工，但双方实际办理竣工结算备案的时间是2014年10月24日，约定的付款时间是2015年1月27日之前。因此，本案优先受偿权宜从2015年1月28日起算，计算6个月至2015年7月27日止。其次,根据《最高人民法院关于适用〈中华人民共和国民事诉讼法〉的解释》第三百八十六条的规定,人民法院受理申请再审案件后,应当对当事人主张的再审事由进行审查。最高人民法院根据协和公司的申请提审本案后,亦应围绕协和公司申请再审的事由进行审理。二审法院认定,双方结算协议约定付款于2015年1月27日之前付清,在该约定付款期限到达前,双方纠纷尚未发生,协和公司不行使建设工程优先受偿权合乎情理。这说明二审判决也认为本案优先受偿权应从2015年1月27日之后开始起算。当事人双方对二审判决有关优先受偿权起算点的认定未申请再审,而汉华公司在再审审理中提出的从2012年10月18日开始起算优先受偿权期限的抗辩主张,最高人民法院不予支持。

(二)关于协和公司提出优先权主张的时间如何认定的问题

建设工程款优先受偿权的行使期限属于除斥期间,且承包人需在法定期限内通过诉讼的方式予以主张。二审法院认为优先受偿权须向相对方提出,审判机关不是其权利的行使对象,属于对法律规定的错误理解,最高人民法院予以纠正。原审查明,协和公司于2015年5月15日向一审法院提交民事起诉状,主张欠付工程款及优先受偿权。因协和公司无力缴交诉讼费,其降低了诉讼请求标的额并重新提交起诉状后,一审法院于2015年7月29日予以立案。虽然本案一审立案时间是2015年7月29日,但协和公司第一次提交起诉状的时间是2015年5月15日,在一审法院对协和公司第一次提交起诉状未作处理的情形下,应认定协和公司后面提交的起诉状是对之前起诉状的变更,其通过起诉主张权利的效力处于延续状态,故本案应认定协和公司提起优先受偿权主张的时间是2015年5月15日。该时间点未超过优先受偿权保护期限,协和公司主张就建设工程款优先受偿,符合法律规定,应予支持。二审认定协和公司主张建设工程优先受偿权超过了6个月的保护期限,适用法律错误,判决结果不当,最高人民法院予以纠正。

综上所述,协和公司的再审请求成立,最高人民法院依法予以支持。依

建设工程合同纠纷

照《中华人民共和国合同法》第二百八十六条①、《中华人民共和国民事诉讼法》第二百零七条第一款、第一百七十条第一款第二项的规定，判决：一、撤销湖南省高级人民法院（2017）湘民终12号民事判决；二、维持湖南省株洲市中级人民法院（2015）株中法民四初字第42号民事判决第二项、第三项、第四项；三、变更湖南省株洲市中级人民法院（2015）株中法民四初字第42号民事判决第一项为：株洲市汉华房地产开发有限公司应在本判决生效后15日之内支付湖南协和建设有限公司工程款29029152.56元，湖南协和建设有限公司就该工程款对"汉华国际商业城"建设工程折价或者拍卖的价款享有优先受偿权。如果未按本判决指定的期间履行给付金钱义务，应当依照《中华人民共和国民事诉讼法》第二百五十三条的规定，加倍支付迟延履行期间的债务利息。一审案件受理费343424元、保全费5000元，由汉华公司负担278740元，协和公司负担69684元。二审案件受理费343424元，由协和公司负担5万元，汉华公司负担293424元。

七、对本案的解析

本案双方当事人争执的核心问题在于建设工程优先受偿权行使的起算点问题。工程价款给付请求权是建筑工程承包人在建筑合同中所享有的最基本的权利。建设工程款的给付请求权，是施工人的一项基本权利，其是指在建设施工合同中，工程的承包方在完成建筑工程后，基于建设工程施工合同的约定，对发包方所享有的债权。为保护这项权利，《合同法》第二百八十六条作了特别的规定，即："发包人未按照约定支付价款的，承包人可以催告发包人在合理期限内支付价款。发包人逾期不支付的，除按照建设工程的性质不宜折价、拍卖的以外，承包人可以与发包人协议将该工程折价，也可以申请人民法院将该工程依法拍卖。建设工程的价款就该

---

① 对应《中华人民共和国民法典》第八百零七条："发包人未按照约定支付价款的，承包人可以催告发包人在合理期限内支付价款。发包人逾期不支付的，除根据建设工程的性质不宜折价、拍卖外，承包人可以与发包人协议将该工程折价，也可以请求人民法院将该工程依法拍卖。建设工程的价款就该工程折价或者拍卖的价款优先受偿。"

工程折价或者拍卖的价款优先受偿。"《合同法》中没有规定优先受偿权行使的程序和条件,也没有规定优先受偿权行使的程序和方式。因此优先受偿权的行使因为缺少明确详细的法律规定在司法实践中的实现面临一定的障碍。为了明确对这一条款的理解与适用,最高人民法院于2002年6月20日公布《优先受偿权问题批复》,该批复内容如下:"上海市高级人民法院:你院沪高法〔2001〕14号《关于合同法第286条理解与适用问题的请示》收悉。经研究,答复如下:一、人民法院在审理房地产纠纷案件和办理执行案件中,应当依照《中华人民共和国合同法》第二百八十六条的规定,认定建筑工程的承包人的优先受偿权优于抵押权和其他债权。二、消费者交付购买商品房的全部或者大部分款项后,承包人就该商品房享有的工程价款优先受偿权不得对抗买受人。三、建筑工程价款包括承包人为建设工程应当支付的工作人员报酬、材料款等实际支出的费用,不包括承包人因发包人违约所造成的损失。四、建设工程承包人行使优先权的期限为六个月,自建设工程竣工之日或者建设工程合同约定的竣工之日起计算。五、本批复第一条至第三条自公布之日起施行,第四条自公布之日起六个月后施行。"从该批复的内容看,建设工程承包人行使优先权的期限为6个月,自建设工程竣工之日或者建设工程合同约定的竣工之日起计算。但关于建设工程价款的优先受偿权的行使范围以及行使的起算点等问题在实际操作中的具体事项规定并不明了。该批复对于合同解除后,承包人是否对建设工程仍然享有优先受偿权以及非因承包人原因,建设工程未能在约定期间内竣工,建设工程优先受偿权是否受到影响均没有作出规定。建设工程款优先受偿权的行使期限,对于建筑工程款优先受偿权的实现具有极其重要的作用。对该期限的性质,在批复中也未予明确。因此,在实践中引发了争议。例如,有观点认为该期限的性质为特殊诉讼时效,应当沿用有关诉讼时效的规定,准予中止、中断和延长;有观点则认为该期限的性质为除斥期间,该期限一旦经过权利即为消灭。对此,笔者认为对该期限性质的认定,应当结合其所保护的权利的性质,以及立法规定该期限所要达到的目的予以考察。从民法理论上而言,诉讼时效期间的设置是为了

建设工程合同纠纷

促使权利人在权利受到侵害时及时请求保护，针对的权利只能是请求权。而法律对承包人优先受偿权的规定，则是基于权利人在行使了债权请求权后，因其不能实现自己的权利，对债务人财产直接行使变价求偿权。该权利具有排除债务人及其他人的干涉，无需借助他人的行为，直接支配权利客体的特点，含有支配权的因素，而非请求权的性质。同时又因该权利的存续无需登记，不具有公示的形式，其行使对其他权利人影响甚巨，不应当使权利人据此权利长期怠于行使而妨碍其他权利人权利的实现。因此为了促使承包人积极行使权利，也为了保护其他权利人的合法权益及时得到实现，以稳定社会经济秩序，此期限作为承包人的权利行使期，应当是除斥期间而非特殊诉讼时效，不应当适用中止、中断、延长的规定。

还应当提出探讨的问题是，有关该期限的起算时间。《优先受偿权问题批复》第四条规定，建筑工程承包人行使优先受偿权的期限自建设工程竣工之日或建设工程合同约定的竣工之日起计算。该规定忽视了建筑工程款优先受偿权的担保物权性，从担保物权的附从性而言，其成立虽可与债权同步，但其行使却应当是在债权未获满足之时。根据《中华人民共和国建筑法》的规定，发包人应当按照合同的约定及时拨付工程款，即工程款的给付由承发包双方在合同中自行约定。从债法原理来说，在债之履行期未至时，债权人无权行使债权请求权。就建筑工程款而言，约定的给付时间未到，发包人有拒绝给付的权利，对此，承包人无权行使优先受偿权。结合《优先受偿权问题批复》的前述规定，在实践中引发的问题是，对于承发包双方约定工程款的给付在竣工 6 个月之后的，承包人将丧失其优先受偿权。加之《合同法》第二百八十六条还规定了，承包人在行使优先受偿权之前应予催告。为了保证工程款优先受偿权的不致丧失，承包人只能要求发包人将给付工程款的时间定在竣工之后不久。因此，该条规定在事实上限制了承发包双方对工程款给付时间意思自治的权利。

从逻辑上说，建设工程的优先受偿权应当是在发包人应当给付工程款而未给付之时，是否因为承包人导致合同未在约定的期限内竣工或者是否由于发包人的原因导致合同解除，这是违约责任应当解决的问题，而与优先受偿权的行使期限无关。《合同法》第二百八十六条的规定主要是考虑到承包人的劳动已经物化在建筑物当中,当发包人不能按照约定支付工程款时,承包人就可以申请人民法院依法拍卖工程,而从中优先受偿。既然是法律特别赋予承包人的权利,就应尽可能保护这种权利。因此,合同解除后,承包人仍然享有优先受偿权。那么,合同解除后,优先受偿权行使的期限能否类推适用《优先受偿权问题批复》的规定,即从合同解除之日起6个月内行使呢?笔者认为,不宜做此种类推。因为从法律适用的角度看,应尽量从保护施工人的利益出发,维护承包方的合法权利,除非合同约定了明确的竣工日期,才能适用该批复,否则应适用《合同法》第二百八十六条的规定,即支付工程款的条件成就之时。同理,非因承包人的原因导致合同未能在约定的竣工期限竣工的,也不能类推适用《合同法》第二百八十六条的规定。

从本案的实际情况看,双方结算协议约定付款于2015年1月27日之前付清,在该约定付款期限到达前,双方纠纷尚未发生,协和公司不行使建设工程优先受偿权合乎情理。《合同法》第二百八十六条规定承包人就未付工程款对所承建工程享有优先受偿权,系为保护承包人对工程价款的实际受偿,在认定该优先受偿权的行使期限时,应当尊重当事人之间关于支付工程价款期限的约定,优先受偿权行使期限的起算点,不应早于当事人之间约定的工程价款支付期限,以保证实现该优先权权能。《优先受偿权问题批复》第四条规定建设工程承包人行使优先受偿权的期限自建设工程竣工之日或者建设工程合同约定的竣工之日起计算,宜理解为前述起算点与应付工程款的期限一致的情形。建设工程优先受偿的对象是工程折价或者拍卖价款,而工程需折价或者拍卖的前提是发包人逾期不支付工程价款。当发包人支付工程价款已届履行期时,承包人要求支付工程款才可能得到支持,并相应主张优先受偿权才有意义,故建设工程优先受偿权宜从发包人应付工程款期间届满之日起算。

(执笔人:王毓莹、陈 亚)

建设工程合同纠纷

105. 中国新兴建设开发总公司与国泰纸业（唐山曹妃甸）有限公司建设工程施工合同纠纷案[*]

> 建设工程施工合同解除后，如果对合同解除后是否预留质量保证金没有特别约定，则在认定发包人应付工程款时，不可直接适用原合同中有关质量保证金的条款

【裁判摘要】

质量保证金是指发包人与承包人在建设工程承包合同中约定，从应付的工程款中预留，用以保证承包人在缺陷责任期内对建设工程出现的缺陷进行维修的资金。与承包人的法定质量保修义务不同，质量保证金条款依赖于双方当事人的约定。建设工程施工合同解除后，如果双方当事人对合同解除后是否预留质量保证金没有特别约定，则在认定发包人应付工程款时，不可直接适用原合同中有关质量保证金的条款，仅在特定情形下有适用余地，人民法院在认定时应持谨慎态度。

上诉人（原审原告）：中国新兴建设开发总公司，住所地北京市海淀区太平路44号。

法定代表人：马健峰，该公司总经理。

委托诉讼代理人：张江涛，该公司员工。

---

[*] 摘自《民事审判指导与参考》2018年第2辑（总第74辑），人民法院出版社2018年版，第195~212页。

委托诉讼代理人：刘明华，该公司员工。

被上诉人（原审被告）：国泰纸业（唐山曹妃甸）有限公司，住所地河北省唐山市曹妃甸工业区新兴产业园区。

法定代表人：彭国昌，该公司董事长。

委托诉讼代理人：王瑞涛，河北东尚律师事务所律师。

一、一审法院查明的事实

河北省高级人民法院（以下简称一审法院）经审理查明：

2013年12月10日，中国新兴建设开发总公司（以下简称新兴公司）与国泰纸业（唐山曹妃甸）有限公司（以下简称国泰纸业公司）签订《建设工程施工合同》，约定由新兴公司承建国泰纸业公司生产区一期生产车间、仓库、给水处理站、废水处理站、外网、道路路面工程。工程内容为生产区一期生产车间、仓库、机修车间、调度中心、道路路面、堆场、外网、给水处理站、废水处理站等图纸范围内的全部建筑、安装工程（不包含桩基、道路山皮石基础、消防安装工程及火宅报警系统），办公楼、职工食堂、问题中心装修另定。合同工期从2013年12月15日开始施工，至2015年4月15日竣工完成，合同工期总日历天数485天。合同总价暂估45000万元人民币。合同价款采可调价格方式，价款调整方法：本工程计价依据河北省2012年消耗量定额及现行相关文件。主材执行认质认价，辅材执行定额。签订合同后由政府主管部门新颁发的相关文件予以执行，在合同工期内按政府下发的文件中约定的日期执行。进度款支付时间以形象进度为准，具体为：（1）单批次土建工程完成并验收后两周内给予拨付验工计价总额70%的工程款。（2）协议内土建工程全部竣工并验收合格交付发包方使用后两周内，给予拨付至累计验工计价总额80%的工程款。（3）……如发包方没有按合同约定节点拨款，逾期1个月内，按约定节点拨款额的中国人民银行当期基准利率的120%向承包人支付违约金，逾期1个月后至3个月，按约定节点拨款额的中国人民银行当期基准利率的150%向承包人支付违约金。超过3个月的，双方另行协商。质保金为总工程价款的5%，返还时间为工程竣工验收合格满二年后的28天内。

建设工程合同纠纷

合同签订后,新兴公司于2014年3月15日开始进场施工。2015年1月,由于国泰纸业公司资金出现困难,导致涉案工程停工至今。2016年2月2日,国泰纸业公司向新兴公司出具了一份《新兴公司2014—2016年完成产值审核说明》(以下简称《产值审核说明》),载明:"国泰纸业公司造纸项目是列为河北省的重点项目,但项目建设期内,国家经济下行造成项目后续资金出现困难,因此2015年1月份造成国泰纸业公司一期生产区一期工程项目停工。2016年1月18日收到中国新兴建设开发总公司关于自开工至今相关工程已完产值预算书。我们对此预算书进行认真核实,审核意见如下:一、完成的实物工程量……二、赶工期 2014年5月至9月根据国泰纸业公司要求,新兴公司对PM8车间组织赶工大干,赶工期间周转材料大量投入仅周转二次,并组织夜间加班施工,同时投入的人力、物力、机械,我司予以认可。三、停工损失 2015年1月至2016年1月是停工期,停工期间的材料租赁损失、机械租赁损失、人工管理费、半成品材料成本费,我司予以认可。四、已完产值审核 根据合同约定及现场实际情况,经双方共同核对,对新兴公司承建的国泰纸业公司生产区一期工程2014年—2016年完成产值审核为278486147元,详见附件1(《工程已完产值审核汇总表》)。因工程尚未按合同完成全部内容,待工程按合同完成全部内容后再进行工程总决算。"《工程已完产值审核汇总表》确认了已完工程的工程款为243654519元,赶工费及钢筋场内运输费用7145159元,现场剩余材料及已加工成型材料费4723942元,垫资利息(从垫资日起到2016年1月31日的垫资利息8543389元),工程停工费5841570.5元(其中包括周转材料闲置费3410181元、机械设备闲置费441150元、停工期间管理费1990240元)。上述费用合计278486147元。该《产值审核说明》和附件1(《工程已完产值审核汇总表》)均加盖了国泰纸业公司的公章。2016年5月27日,国泰纸业公司与新兴公司形成了一份会议纪要,会议内容载明:国泰纸业公司与市政府正在洽谈,争取最大的资金支持,预计最快2016年10月复工。国泰纸业公司同意按2016年2月2日《工程已完产值审核汇总表》中每月214182元计算至2016年7月1日(6个月,共计1705091元)给新兴公司周转材料闲置费用,之后不再发生周转材料闲置费用。2016年1月开始发生的延期支付工程款垫资利息，国泰纸业公司同意按2016年2月2日《工程已完产值审核汇总表》中确定的标准执行。新兴公司提出2016年1月开始发生的垫资利息在原垫资利息的基础上增加20%，增加的垫资利息待向董事会汇报后，另行商定。关于短期内是否能解除部分资金，因河北融投问题未处理完，银行账号封账，待向彭董事长汇报后，再定。会议纪要未加盖国泰纸业公司的公章，但国泰纸业公司的经理常勇、该项目的工程师李守忠在会议纪要上签字。国泰纸业公司对《产值审核说明》和《工程已完产值审核汇总表》上加盖的国泰纸业公司公章的真实性不认可，对会议纪要上常勇、李守忠签字的真实性不认可。国泰纸业公司当庭提出要对《产值审核说明》和《工程已完产值审核汇总表》上的公章和会议纪要上常勇、李守忠的签字进行鉴定。由于新兴公司的两位代理人均参加了该会议纪要的签订，对会议纪要形成的时间、地点、经过及其中协商的细节进行了具体说明，而会议纪要的内容又与《产值审核说明》和《工程已完产值审核汇总表》相印证，国泰纸业公司并未提出任何推翻上述证据的具体理由，仅是一概否认公章和签字的真实性，为了避免国泰纸业公司故意拖延诉讼，法庭要求国泰纸业公司相关负责人员及常勇、李守忠到庭对公章和签字的真实性进行确认后方可申请公章和笔迹鉴定。庭后，国泰纸业公司相关人员均未到庭，亦未提交公章和笔迹鉴定的书面申请。故国泰纸业公司否认公章和签字真实性的依据不足，《产值审核说明》《工程已完产值审核汇总表》及会议纪要的真实性，一审法院予以认定。

2016年6月8日，国泰纸业公司向新兴公司出具一份材料调拨签证单，内容：我公司根据内部需要现向你司调拨钢筋材料，钢筋原材明细如下：（略）。上述材料费用由国泰纸业公司另行支付给你司，合计27667元。2016年7月13日，国泰纸业公司又向新兴公司出具一份材料调拨签证单，内容：我公司根据内部需要现向你司调拨钢筋、竹胶板等材料，具体工程量及费用明细如下：（略）。上述材料费用由国泰纸业公司另行支付给你司，合计76058.21元。该事实国泰纸业公司无异议，但认为材料调拨款与工程款不是一个法律关系，不应在本案中处理。

建设工程合同纠纷

2016年7月28日，新兴公司以特快专递的方式向国泰纸业公司发出催款函，要求国泰纸业公司支付工程款，如果国泰纸业公司接到本催款函后10日内不能足额支付工程款，新兴公司将依据合同通用条款第70条之约定及《中华人民共和国合同法》第九十四条之规定依法解除合同，并将追究国泰纸业公司的违约责任。特快专递回执显示该邮件于2016年7月31日投递并签收。新兴公司认为国泰纸业公司未在收到催款函后10日内付款，故双方签订的建设工程施工合同于2016年8月11日解除。国泰纸业公司称其并未收到催款函，对催款函的内容不予认可，但并未对特快专递回执显示妥投作出合理解释，国泰纸业公司该抗辩依据不足，上述事实应予确认。

新兴公司主张国泰纸业公司尚欠其工程款247670135元，包括：（1）《工程已完产值审核汇总表》确认的278486147元；（2）会议纪要里确认的2016年2月1日至2016年7月1日之间发生的周转材料闲置费1705091元（之后不再发生该项费用）；（3）垫资利息从2016年2月1日至2016年8月11日按同期银行贷款利率的150%计算为4109478元；（4）2016年2月1日至2016年8月11日期间的停工管理费995119元、机械设备闲置费220575元；（5）工程材料调拨款103725元；（6）办公楼装修工程投标保证金5万元。上述款项共计285670135元，减去已付款3800万元后尚欠247670135元。双方对已付款3800万元无争议。

新兴公司还主张由于国泰纸业公司未付工程款，导致新兴公司无力支付材料款，材料商将新兴公司诉至法院，新兴公司为此多支付了81836.31元的执行费和利息。新兴公司提交了其与唐山市筑石混凝土总公司（以下简称筑石公司）签订的《预拌混凝土买卖合同》及附件，合同上载明工程名称为曹妃甸国泰纸业生产区一期工程，可以证实是为涉案工程所购买的混凝土。北京市海淀区人民法院（2015）海民（商）初字第20760号民事调解书确认：截至2015年1月31日，筑石公司累计供应混凝土40564.5立方米，总金额为13432662元。新兴公司已付200万元，尚欠11432662元。筑石公司诉至法院，要求新兴公司支付剩余11432662元货款，并支付违约金15万元。后双方达成调解协议，由新兴公司向筑石公司分期分批支付剩余货款11432662元，筑石公司放弃违约金。根据调解书的约定，最后一笔款项3716331元应由新兴公司于2016年5月1日前付清，由于新兴公司未及时支付，筑石公司申请强制执行，法院在强制执行最后一笔款项时直接扣划了申请执行的费用以及迟延履行期间的利息共计81836.31元。另，2014年5月30日，新兴公司向国泰纸业公司交纳国泰纸业办公楼装修工程的投标保证金5万元。该5万元投标保证金与本案工程无关。对上述事实，国泰纸业公司未提出异议，但认为与本案无关。

国泰纸业公司当庭提出反诉，请求新兴公司赔偿其因工程质量不合格造成的损失，但未提出具体的赔偿数额。经一审法院释明诉讼请求必须明确具体，国泰纸业公司提出5万元的赔偿数额。由于新兴公司请求国泰纸业公司支付2亿余元的工程款，国泰纸业公司仅提出5万元的质量赔偿，明显存在拖延诉讼的恶意，一审法院对其提出的反诉请求未予准许，国泰纸业公司当庭撤回了反诉状，但向法庭提交了工程质量鉴定申请。

国泰纸业公司主张涉案工程存在质量问题，不应支付工程款，并提交了几十份工程联系单和监理通知予以证实。新兴公司对工程联系单和监理通知的真实性不持异议，但认为工程联系单和监理通知上要求整改的问题都是施工过程中发生的，且这些问题已经经过整改，工程质量是合格的。新兴公司提交了工程分部分项验收记录以及监理工程师通知回复单，证实施工过程中存在的质量问题新兴公司已经整改完毕，已完工程质量是合格的。国泰纸业公司对新兴公司提交的没有监理公司盖章的证据均不认可，对分部分项验收记录上监理人员签字的真实性存疑，称无法核实监理人员签字的真实性。分部分项验收记录上虽没有监理公司盖章，但均有监理人员签字，国泰纸业公司只是怀疑监理人员签字的真实性，但并没有证据予以证实，故新兴公司提交的分部分项验收记录予以认定，已完工程质量经验收为合格。国泰纸业公司亦未提供证据证实分部分项验收之后工程又发现其他质量问题。

二、当事人一审起诉情况

新兴公司向一审法院起诉，请求：（1）判令解除新兴公司与国泰纸业公司于2013年12月10日签订的《建设工程施工合同》;(2)判令国泰纸业公司支付拖欠新兴公司的工程款人民币247670135元,并支付逾期利息641228元(从2016年8月11日暂计算到2016年8月24日);(3)判令国泰纸业公司赔偿新兴公司经济损失81836.31元;(4)确认新兴公司对在建工程享有优先受偿权;(5)诉讼费用由国泰纸业公司负担。

三、一审法院认定与判决

一审法院认为,本案的争议焦点:(1)新兴公司与国泰纸业公司于2013年12月10日签订的《建设工程施工合同》是否应予解除;(2)新兴公司主张的工程款及各项损失数额;(3)工程是否存在质量问题,是否符合付款条件;(4)新兴公司对所建工程是否享有优先受偿权。

关于新兴公司与国泰纸业公司签订的《建设工程施工合同》是否应予解除。由于国泰纸业公司资金困难,导致该工程从2015年1月停工至今。在此期间国泰纸业公司既未支付工程款,也未确定复工时间,至今国泰纸业公司也无资金进行后续施工,致使合同目的根本无法实现。根据《中华人民共和国合同法》第九十四条的规定,当事人一方迟延履行债务或者有其他违约行为致使不能实现合同目的的,当事人可以提出解除合同。故新兴公司请求解除双方签订的《建设工程施工合同》符合法律规定,一审法院予以支持。

关于新兴公司主张的工程款及损失数额。2016年2月2日,国泰纸业公司向新兴公司发出的《产值审核说明》以及双方签订的《工程已完产值审核汇总表》确认了已完工程的工程款为243654519元,赶工费及钢筋场内运输费用7145159元,现场剩余材料及已加工成型材料费4723942元,垫资利息8543389元(从2015年1月1日起到2016年1月31日),工程停工费5841570.5元,共计278486147元,一审法院对该结算款278486147元予以确认。2016年5月27日,国泰纸业公司与新兴公司形成的会议纪要中载明国泰纸业公司同意按2016年2月2日《工程已完产值审核汇总表》中每月214182元计算至2016年7月1日给新兴公司周转材料闲置费用,共计1705091元,之后不再发生周转材料闲置费用。该会议纪要应视为双方对工程后续问题达成了新的合同,虽然该会议纪要没有国泰纸业公司盖章,但参加会议纪要的人员是国泰纸业公司的副总经理和负责该项目的工程师,其在会议纪要上签字的行为是代表公司的职务行为,故该会议纪要对国泰纸业公司具有约束力。新兴公司主张该会议纪要上确认的1705091元周转材料闲置费用,一审法院予以支持。关于垫资利息,双方约定垫资利息为同期银行贷款利率的150%,按照《最高人民法院关于审理建设工程施工合同纠纷案件适用法律问题的解释》第六条规定,当事人对垫资和垫资利息有约定,承包人请求按照约定返还垫资及其利息的,应予支持,但是约定的利息计算标准高于中国人民银行发布的同期同类贷款利率的部分除外。由于垫资日起到2016年2月1日的垫资利息8543389元国泰纸业公司在《工程已完成产值审核汇总表》中已经进行了确认,该部分利息按双方确认的数额履行。从2016年2月1日之后的利息以工程欠款为基数按同期银行贷款利率计算,不再区分垫资利息和工程欠款的利息。故新兴公司主张的从2016年1月31日到2016年8月11日的垫资利息4109478元,一审法院不予支持。关于2016年2月1日至2016年8月11日的停工期间管理费995119元、机械设备闲置费220575元。《工程已完产值审核汇总表》确认2015年1月1日至2016年1月31日期间停工期间管理费为1990240元、机械设备闲置费为441150元,国泰纸业公司一直未与新兴公司解除合同,此后机械设备一直留存在工地上以备复工使用,必然会产生机械设备闲置和管理人员的费用,新兴公司按照国泰纸业公司此前确定的标准计算出2016年2月1日至2016年8月11日期间停工管理费995119元和机械设备闲置费220575元具有合理性,一审法院予以支持。关于工程材料调拨款103725元,由于国泰纸业公司调拨的材料为新兴公司用于涉案工程的工程材料,与本案具有一定的关联性,且该部分款项的数额双方已经确认并无争议,新兴公司的诉讼请求中明确包括该103725元,故该项诉求可以在本案中一并处理,应由国泰纸业公司给付新兴公司103725元。关于办公楼装修工程的投标保证金5万元,虽办公楼装修工程与涉案施工工程不是同一工程,但同是发生在新兴公司与国泰纸业公司之间因工程项目产生的纠纷,新兴公司在诉讼请求中对该5万元也提出了明

建设工程合同纠纷

确的主张,故两项请求可以合并审理。办公楼装修工程并未实际履行,该5万元保证金应予退回。关于新兴公司主张的81836.31元执行费和利息,该81836.31元执行费和利息是由于新兴公司未按调解书约定的时间履行付款义务而额外产生的费用,并非由国泰纸业公司的原因直接造成的损失,故该笔费用不应由国泰纸业公司负担。《工程已完产值审核汇总表》确认的已完工程价款为255523620元,其余14384959.5元为垫资利息和损失。考虑到该工程毕竟未经竣工验收,且双方在合同中约定了质保金为总工程价款的5%,返还时间为工程竣工验收合格满二年后的28天内。故质保金255523620元×5%=12776181元应予暂扣。工程价款255523620元扣除5%的质保金12776181元再减去已付款3800万元后,尚欠204747439元。利息仅以工程欠款为基数计算,双方确定的损失数额不再另行计息,故利息应以204747439元为基数自2016年2月1日起按照同期银行贷款利率计算。新兴公司主张其于2016年8月11日与国泰纸业公司解除合同,其主张的各项损失均计算至2016年8月11日,此后不再产生停工损失。综上,除工程欠款之外,国泰纸业公司还应向新兴公司支付各项损失费用共计14384959.5元+995119元+220575元+103725元+50000元=15754378.5元。

关于涉案工程是否存在质量问题,是否应启动鉴定程序。由于国泰纸业公司提交的工作联系单和监理通知单等证据,只能证实在施工过程中出现过质量问题,而新兴公司提交的工程分部分项验收记录以及监理工程师通知回复单,能够证实施工过程中存在的质量问题已经整改完毕,且经分部分项验收均为合格。国泰纸业公司亦未提供证据证实在分部分项验收之后工程还存在质量问题,故国泰纸业公司现有证据尚不足以证实涉案工程存在质量问题或者质量隐患,不符合启动工程质量鉴定的条件。国泰纸业公司以此拒付工程款的依据亦不充分,一审法院不予支持。另,由于工程停工是国泰纸业公司缺乏建设资金导致的,工程不能完工的责任在于国泰纸业公司,故国泰纸业公司提出单项工程未完,未达到付款条件的抗辩理由亦不成立。

关于新兴公司是否享有优先受偿权。新兴公司主张对所建工程享有优先受偿权符合《中华人民共和国合同法》第二百八十六条及相关司法解释的规定，一审法院予以支持。

综上，依照《中华人民共和国合同法》第九十四条①、第二百八十六条②、《最高人民法院关于审理建设工程施工合同纠纷案件适用法律问题的解释》③第六条、第九条、第十条之规定，一审法院判决如下：一、解除新兴公司与国泰纸业公司于2013年12月10日签订的《建设工程施工合同》；二、国泰纸业公司于判决生效之日起10日内给付新兴公司工程欠款204747439元，并以此为基数，自2016年2月1日起至判决生效之日止按照中国人民银行同期贷款利率计算利息；三、国泰纸业公司于判决生效之日起10日内给付新兴公司各项损失共计15754378.5元；四、新兴公司在国泰纸业公司拖欠工程款204747439元范围内对其所建工程的折价或者拍卖价款享有优先受偿权；五、驳回新兴公司的其他诉讼请求。案件受理费1283766元，国泰纸业公司负担1258091元，新兴公司负担25675元。

四、当事人上诉与答辩情况

新兴公司不服，向最高人民法院提起上诉。

新兴公司上诉请求：（1）撤销原审判决第二项，改判国泰纸业公司向新兴公司给付工程欠款226101188元，并以此为基数从2016年2月1日起至判决生效之日止按照中国人民银行同期贷款利率计算利息；（2）撤销原审判决第三项，改判国泰纸业公司给付新兴公司各项损失17459469.5元；

---

① 对应《中华人民共和国民法典》第五百六十三条："有下列情形之一的，当事人可以解除合同：（一）因不可抗力致使不能实现合同目的；（二）在履行期限届满前，当事人一方明确表示或者以自己的行为表明不履行主要债务；（三）当事人一方迟延履行主要债务，经催告后在合理期限内仍未履行；（四）当事人一方迟延履行债务或者有其他违约行为致使不能实现合同目的；（五）法律规定的其他情形。以持续履行的债务为内容的不定期合同，当事人可以随时解除合同，但是应当在合理期限之前通知对方。"

② 对应《中华人民共和国民法典》第八百零七条："发包人未按照约定支付价款的，承包人可以催告发包人在合理期限内支付价款。发包人逾期不支付的，除根据建设工程的性质不宜折价、拍卖外，承包人可以与发包人协议将该工程折价，也可以请求人民法院将该工程依法拍卖。建设工程的价款就该工程折价或者拍卖的价款优先受偿。"

③ 该法律文件已失效。

建设工程合同纠纷

(3) 撤销原审判决第四项,改判新兴公司在国泰纸业公司拖欠工程款226101188元范围内对其所建工程的折价或拍卖价款享有优先受偿权;(4) 本案上诉费用由国泰纸业公司负担。其上诉理由:(1) 原审判决认定工程款金额存在遗漏,欠款金额计算不准确。涉案工程总价款应为264101188元,减去已付款3800万元,欠付工程款金额为226101188元。原审判决遗漏了专业安装工程款8577568元,未计入工程价款。原审判决第9页对新兴公司提交的《工程已完产值审核汇总表》中结算款278486147元予以确认,但列明的工程款内容中未列出第二项专业安装工程款8577568元。原审判决第11页认定"《工程已完产值审核汇总表》确认的已完工程价款为255523620元,其余14384959.5元为垫资利息和损失",但此项确认的工程款和垫资利息及损失总计为269908579.5元,并非《工程已完产值审核汇总表》记载的结算款278486147元,两者相差8577568元。案涉工程的工程总价款应为《工程已完产值审核汇总表》第一项、第二项、第三项、第四项内容,合计264101188元。(2) 原审判决暂扣质保金12776181元不当,应判令返还。①原审判决对工程总价款计算有遗漏,其确定的质保金数额亦有错误,应当以工程总价款264101188元×5%=13205059.4元来确定质保金数额。②根据合同通用条款第71.2款规定,合同解除后,"发包人应向承包人支付合同解除之日前已完成的尚未支付的工程款"。合同解除前已完成的尚未支付的工程款包括质保金,故国泰纸业公司应将质保金一并支付给新兴公司。③暂扣质保金对新兴公司不公平,案涉工程停工及合同解除是因国泰纸业公司资金不足所致,合同解除后,包括质保金条款在内的合同条款已经无须也无法继续履行。工程质保期是以工程竣工之日为计算起点,但案涉工程已经无法继续建设,工程竣工日期无法确定,因此,质保金条款实际上无法继续履行。质量保修责任为法定责任,即使不扣留质保金,新兴公司也会根据法律规定对工程主体继续承担保修责任。④即便是根据合同约定,质保期已经届满,质保金也应当判令返还。案涉工程于2015年1月停工,若以此认定质保期计算点,质保期已经于2017年1月届满。即便是以合同约定的竣工日期2015年4月15日作为起算点,质保期也已经届满。(3) 新兴公司应在国泰纸业公司拖欠的 226101188 元工程款范围内对所建工程的折价或拍卖价款享有优先受偿权。(4) 原审判决遗漏了周转材料闲置费用损失 1705091 元，未计入各项损失费用中，国泰纸业公司应支付给新兴公司的各项损失费用金额应为 17459469 元。原审判决第 10 页认定"新兴公司主张该会议纪要上确认的 1705091 元周转材料闲置费用，本院予以支持"，但在第 11 页计算国泰纸业公司应向新兴公司支付的各项损失时，却未将该笔费用计入损失总额中。

国泰纸业公司答辩称，应驳回新兴公司的诉讼请求。(1)《工作联系单》《监理通知》和《监理工程师通知》证实案涉工程存在严重质量问题，根据《最高人民法院关于审理建设工程施工合同纠纷案件适用法律问题的解释》第三条、第十条之规定，应驳回新兴公司的诉讼请求。一审法院未允许国泰纸业公司申请工程质量司法鉴定，属于程序违法，未认定工程质量问题属于认定事实错误，二审应予以改判。(2)《建设工程施工合同》第三部分专用条款第六十五条明确约定工程完成验收后给付工程款，故本案实为垫资承包工程，在工程尚未完成、未验收之前，新兴公司无权要求支付工程款。(3) 新兴公司诉请支付的工程款中，包括了调拨物品价值 103725 元和办公楼工程投标保证金 5 万元，分别属于借用合同纠纷和返还原物纠纷，和建设工程合同纠纷属于不同的法律事实和法律关系，不应合并审理，应裁定驳回起诉。一审法院程序违法，二审对此应予以改判。(4) 工程不能完工的原因在于新兴公司，新兴公司未考虑双方经济能力即全面铺开施工，国泰纸业公司不应支付工程款。(5) 应进行工程价格司法评定再确定工程欠款数额，一审判决认定工程欠款数额错误。新兴公司对工程款及工程费用计算不当，未完成举证责任，应驳回其诉讼请求。(6) 因工程未完工，国泰纸业公司不应支付新兴公司质保金和闲置费。

五、最高人民法院二审认定与判决

最高人民法院对一审查明的事实予以确认。

二审中另查明：1. 国泰纸业公司盖章的《产值审核说明》中记载"根据合同约定及现场实际情况，经甲乙双方共同核对，对中国新兴建设

建设工程合同纠纷

开发总公司承建的国泰纸业（唐山曹妃甸）有限公司生产区一期工程2014年-2016年完成产值审核为278486147元，详见附件1（《工程已完产值审核汇总表》）"。

2. 双方当事人盖章的《工程已完产值审核汇总表》"甲方审核价格"共包括六项内容，分别为土建工程、专业安装工程、赶工费及钢筋场内运输、现场剩余材料及已加工成型材料费、垫资利息和工程停工费，合计278486147元。

3. 《会议纪要》第2条载明"国泰纸业公司同意按2016年2月2日《工程已完产值审核汇总表》中每月214182元计算至2016年7月1日（6个月、共计1705091元）给新兴公司周转材料闲置费用，之后不再发生周转材料闲置费用"。

最高人民法院认为，根据双方当事人的诉辩情况，本案二审期间的争议焦点问题：（1）案涉工程价款数额如何认定（原审判决认定的工程款数额是否遗漏了8577568元）；（2）国泰纸业公司应向新兴公司支付的损失费用数额如何认定（原审判决认定的损失数额是否遗漏了周转材料闲置费用损失1705091元）；（3）在认定国泰纸业公司应向新兴公司支付的工程欠款数额时，应否扣除质保金。

关于焦点一，案涉工程价款数额如何认定的问题。根据国泰纸业公司盖章的《产值审核说明》以及双方当事人盖章的《工程已完产值审核汇总表》记载，经双方共同核对，对新兴公司承建的案涉工程已完产值审核为278486147元，这是双方的共同意思表示，根据民事活动中应遵循的诚实信用原则，双方均应受到各自作出的意思表示的约束，故截至2016年2月2日（《产值审核说明》和《工程已完产值审核汇总表》形成的时间），案涉工程的已完产值应确定为278486147元。根据《工程已完产值审核汇总表》列明，278486147元包括土建工程、专业安装工程、赶工费及钢筋场内运输、现场剩余材料及已加工成型材料费、垫资利息和工程停工费这几项，其中，土建工程、专业安装工程、赶工费及钢筋场内运输、现场剩余材料及已加工成型材料费可归入工程价款，垫资利息和工程停工费可归入损失费用。根据《工程已完产值审核汇总表》记载，土建工程、专业安装工程、赶工费及钢筋场内运输、现场剩余材料及已加工成型材料费的数额分别为243654519元、8577568元、7145159元、4723942元，四项相加，共计264101188元。故工程价款应认定为264101188元。原审判决对此计算错误，本院予以纠正。工程价款264101188元减去已付款3800万元后，为尚欠工程价款，故尚欠工程价款为226101188元，新兴公司在此欠款数额范围内对案涉工程的折价或者拍卖价款享有优先受偿权。国泰纸业公司虽然在答辩意见中认为其不应支付新兴公司工程款，但未对原审判决提起上诉，故在二审程序中对其相关意见不予审查。

关于焦点二，国泰纸业公司应向新兴公司支付的损失费用数额如何认定的问题。根据《工程已完产值审核汇总表》记载，垫资利息和工程停工费分别为8543389元、5841570.5元。另外，2016年5月27日的会议纪要记载国泰纸业公司愿意支付给新兴公司的周转材料闲置费为1705091元，因该会议纪要上有国泰纸业公司的副总经理和负责项目的工程师签字，其行为属于职务行为，故该会议纪要对于国泰纸业公司具有约束力，该1705091元周转材料闲置费应算入国泰纸业公司应向新兴公司支付的损失费用。除此之外，原审判决对新兴公司诉请的995119元停工期间管理费、220575元机械设备闲置费、103725元工程材料调拨款和50000元装修工程保证金均予以了认定和支持，新兴公司对此未提出异议，国泰纸业公司亦未对此提起上诉，故应予以认定。综上，国泰纸业公司应向新兴公司支付的损失费用数额为：8543389元+5841570.5元+1705091元+995119元+220575元+103725元+50000元=17459469.5元。原审判决对此计算错误，最高人民法院予以纠正。

关于焦点三，在认定国泰纸业公司应向新兴公司支付的工程欠款数额时，应否扣除质保金的问题。根据双方于2013年12月10日签订的《建设工程施工合同》专用条款第六十八条约定"质量保证金是用于承包人对工程质量的担保。承包人未按约定及有关法律法规的规定履行质量保修义务的，发包人有权从质量保证金中扣留用于质量返修的各项支出""除专用条款另有约定外，工程竣工验收合格满二年后的28天内，发包人应将剩余的质量保证金返还给承包人。剩余质量保证金的返还，并不能解除承包人

建设工程合同纠纷

按合同约定应负的质量保修责任",国泰纸业公司作为发包人返还所扣留的质量保证金的时间是"工程竣工验收合格满二年后的28天内",但这是在工程能够竣工验收合格的情形下。本案中,因资金问题,案涉工程已于2015年1月停工至今,并且新兴公司在一审时的诉请之一就是解除《建设工程施工合同》,在此情形下,在新兴公司和国泰纸业公司之间,案涉工程不可能再满足竣工这一条件,故有关质量保证金的返还问题不能直接适用上述规定。鉴于案涉工程已于2015年1月停工,至今已经超出两年,在此期间,国泰纸业公司并未提出证据证明案涉工程存在质量问题以及需要进行质量返修,故其主张应继续扣留质量保证金没有依据,其应按照已经认定的数额向新兴公司支付工程欠款及损失费用。原审判决对此认定不当,最高人民法院予以纠正。

综上所述,新兴公司的上诉请求成立,予以支持。依照《中华人民共和国民事诉讼法》第一百七十条第一款第二项规定,最高人民法院判决如下:一、维持河北省高级人民法院(2016)冀民初65号民事判决第一项;二、撤销河北省高级人民法院(2016)冀民初65号民事判决第五项;三、变更河北省高级人民法院(2016)冀民初65号民事判决第二项为"国泰纸业(唐山曹妃甸)有限公司于本判决生效之日起10日内给付中国新兴建设开发总公司工程欠款226101188元,并以此为基数,自2016年2月1日起至判决生效之日止按照中国人民银行同期贷款利率计算利息";四、变更河北省高级人民法院(2016)冀民初65号民事判决第三项为"国泰纸业(唐山曹妃甸)有限公司于本判决生效之日起10日内给付中国新兴建设开发总公司各项损失共计17459469.5元";五、变更河北省高级人民法院(2016)冀民初65号民事判决第四项为"中国新兴建设开发总公司在国泰纸业(唐山曹妃甸)有限公司拖欠工程款226101188元范围内对其所建工程的折价或者拍卖价款享有优先受偿权";六、驳回新兴公司的其他诉讼请求。一审案件受理费1283766元,由国泰纸业公司负担1259603元,新兴公司负担24163元。二审案件受理费157094.2元,由国泰纸业公司负担。

六、对本案的解析

本案中,双方当事人争议的一个重要问题:在建设工程施工合同被判令解除的情形下,合同中约定的质量保证金条款还是否适用?发包方在支付工程款时,能否扣除质量保证金?

近年来,建设工程施工合同中常约定质量保证金条款,比如住房城乡建设部和国家工商行政管理总局制定的《建设工程施工合同(示范文本)》(GF—2017—0201)在"通用合同条款"部分设第15项"缺陷责任与保修",其中第15.3即为"质量保证金"。根据住房城乡建设部、财政部制定的《建设工程质量保证金管理办法》第二条第一款规定:"本办法所称建设工程质量保证金(以下简称保证金)是指发包人与承包人在建设工程承包合同中约定,从应付的工程款中预留,用以保证承包人在缺陷责任期内对建设工程出现的缺陷进行维修的资金。"实践中,不同的施工合同中可能出现"工程质量保修金""质保金""保修金"等表述,虽然名称不同,但只要属于对可能出现的工程缺陷之维修进行担保的资金,都属于质量保证金。

应注意,建设工程质量保证金对应的是"缺陷责任期",而非保修期。"缺陷责任期"和"保修期"是两个在实践中容易混淆的概念。《建设工程施工合同(示范文本)》(GF—2017—0201)"通用合同条款"部分1.1"词语定义与解释"中,第1.1.4.4条规定"缺陷责任期:是指承包人按照合同约定承担缺陷修复义务,且发包人预留质量保证金(已缴纳履约保证金的除外)的期限,自工程实际竣工日期起计算"。第1.2.4.5规定"保修期:是指承包人按照合同约定对工程承担保修责任的期限,从工程竣工验收合格之日起计算"。缺陷责任期和保修期的异同表现为以下几点:
(1)缺陷责任期对应的"缺陷"的外延比保修期对应的"质量问题"的外延要小。依据《建设工程质量保证金管理办法》第二条第二款规定"缺陷是指建设工程质量不符合工程建设强制性标准、设计文件,以及承包合同的约定",即缺陷有着特定的含义。而只要是影响到工程的结构、使用功能和外形观感的,一般认为都属于质量问题。按照行业惯例,建设工程

质量问题通常分为质量缺陷、质量通病和质量事故三类。故缺陷属于质量问题的一种,但并非所有的质量问题都可称为缺陷。(2)缺陷责任期和保修期的期间长短不同。依据《建设工程质量保证金管理办法》第二条第三款规定:"缺陷责任期一般为1年,最长不超过2年,由发、承包双方在合同中约定。"即缺陷责任期的长短虽由当事人约定,但最长不超过2年,即设有高限。而依据《建设工程质量管理条例》第四十条规定:"在正常使用条件下,建设工程的最低保修期限为:(一)基础设施工程、房屋建筑的地基基础工程和主体结构工程,为设计文件规定的该工程的合理使用年限;(二)屋面防水工程、有防水要求的卫生间、房间和外墙面的防渗漏,为5年;(三)供热与供冷系统,为2个采暖期、供冷期;(四)电气管线、给排水管道、设备安装和装修工程,为2年。其他项目的保修期限由发包方与承包方约定。建设工程的保修期,自竣工验收合格之日起计算。"即保修期限虽也由当事人自由约定,但是针对不同项目设有最低保修期限,如2年、5年、合理使用年限等,但不设高限。

与此对应,质量保证金和承包人的质量保修义务也具有以下联系和区别:(1)强制性不同。保修义务是承包人的法定义务,依据《建设工程质量管理条例》第三十九条规定,建设工程承包单位在向建设单位提交工程竣工验收报告时,必须出具质量保修书。质量保修书中应当明确建设工程的保修范围、保修期限和保修责任等。该条例第四十条规定了在正常使用条件下,建设工程的最低保修期限。所以,保修义务和最低保修期限均为法定,不可通过当事人的约定予以排除。而与此不同,质量保证金条款来源于发包人与承包人的约定,只有在双方当事人有约定时,才适用质量保证金条款,在没有约定时,发包人无权以质量保证金为由扣留承包人的工程款。质量保证金的预留、返还方式、预留比例、期限等事项,也均由当事人约定。并且,鉴于建筑市场利润率较低、"僧多粥少"导致发包方明显占据强势地位的情形,为了防止发包人以质量保证金为由故意拖延、扣留工程款,《建设工程质量保证金管理办法》在第二条和第七条分别规定了"缺陷责任期最长不超过2年"以及"保证金总预留比例不得高于工程价款结算总额的3%",同时在第六条规定"在工程项目竣工前,已经缴纳履约保证金的，发包人不得同时预留工程质量保证金。采用工程质量保证担保、工程质量保险等其他保证方式的，发包人不得再预留保证金"。可见，与法定的保修义务不同，现行法律规范对质量保证金的适用更为谨慎。（2）质量保证金是对保修义务的强化，保修义务是质量保证金适用的基础和补充。根据《建设工程质量管理条例》第四十一条规定："建设工程在保修范围和保修期限内发生质量问题的，施工单位应当履行保修义务，并对造成的损失承担赔偿责任。"该条规定的"履行保修义务"是一个较为广泛的概念，履行保修义务的方式亦没有特定化。而依据《建设工程质量保证金管理办法》第九条规定："缺陷责任期内，由承包人原因造成的缺陷，承包人应负责维修，并承担鉴定及维修费用。如承包人不维修也不承担费用，发包人可按合同约定从保证金或银行保函中扣除。费用超出保证金额的，发包人可按合同约定向承包人进行索赔。承包人维修并承担相应费用后，不免除对工程的损失赔偿责任。"即质量保证金条款的适用，仅在缺陷责任期内；超出缺陷责任期，虽不可适用质量保证金条款，但如果仍在保修期内，承包人仍要履行保修义务。可见，一方面，适用质量保证金的前提是承包人负有保修义务，承包人没有保修义务，则也谈不上质量保证金条款的适用。另一方面，在"承包人不维修也不承担费用"时，质量保证金发挥作用，实际上是使承包人不得不履行保修义务的一种方式，是对承包人保修义务的一种强化。同时，超出缺陷责任期后，质量保证金条款虽无法适用，但只要在保修期内，承包人仍然负有保修义务，保修义务又起到了补充作用。所以在合同约定的缺陷责任期已经到期，而保修期尚未届满的情形下，若承包人请求返还质量保证金，应予支持。发包人返还工程质量保证金后，不影响承包人依照合同约定或法律规定履行工程保修义务。①

在工程尚未完工、建设工程施工合同解除的情形下，对于已完工程部分，发包人在支付工程款时，能否以预留质量保证金为由暂扣部分工程

---

① 参见最高人民法院民一庭：《建设工程质量保证金返还期限应尊重合同约定》，载《民事审判指导与参考》2016年第2辑。

建设工程合同纠纷

款？即合同约定的质量保证金条款是否仍然适用？实践中的不少案件中，双方当事人会对此形成争议。笔者认为，基于上述对质量保证金的分析，在此情形下，不可直接适用质量保证金条款，质量保证金仅在特定情形下有适用余地，理由如下：

第一，合同解除后，直接适用原合同条款无法律依据。依据《中华人民共和国合同法》第九十七条规定："合同解除后，尚未履行的，终止履行；已经履行的，根据履约情况和合同性质，当事人可以要求恢复原状、采取其他补救措施，并有权要求赔偿损失。"在建设工程施工合同解除后，尚未履行的条款应不再履行。依据《建设工程质量保证金管理办法》第八条规定，在当事人没有特别约定的情形下，缺陷责任期从工程通过竣工验收之日起计。如果建设工程施工合同解除时，工程尚未竣工验收，则缺陷责任期尚未起算，质量保证金条款尚未履行，这种情形下，如果双方当事人没有对合同解除后支付工程款时是否扣留质量保证金进行特别约定，则人民法院在认定发包人应付已完工程部分款项的数额和支付时，不宜直接适用原合同中的质量保证金条款作出扣留部分款项的认定。最高人民法院的既有判例中，对此问题有过分析论述。①

第二，合同解除，不影响承包人对已完工部分承担保修义务。如前所述，承包人的保修义务是法定义务，即使合同中对此没有约定，承包人仍应承担。故建设工程施工合同的解除，同样不影响承包人承担保修义务。《最高人民法院关于审理建设工程施工合同纠纷案件适用法律问题的解释》第十条有关"建设工程施工合同解除后，已经完成的建设工程质量合格的，发包人应当按照约定支付相应的工程价款"的规定以及第十一条有关"因承包人的过错造成建设工程质量不符合约定，承包人拒绝修理、返工或者改建，发包人请求减少支付工程价款的，应予支持"的规定均体现了这一点。所以，建设工程施工合同解除后，不再适用质量保证金条款，不代表承包人对已完工程部分的质量问题不承担任何责任，保修义务的存在

---

① 参见最高人民法院（2015）民一终字第8号民事判决书、（2017）最高法民终883号民事判决书。

对工程质量依然能起到保障作用。

第三，仅在特定情形下质量保证金有适用余地。有观点认为，从质量保证金的性质来看，质量保证金是以预先扣留部分工程款的方式对工程质量的一种担保，对应的是已经完成的工程，而非施工过程，所以即使建设工程施工合同解除，对于已经完成的工程部分，仍然存在工程质量保障问题，从这个角度讲，质量保证金仍有意义。[①] 这种观点有其合理性，但该种情形下，适用质量保证金具有以下两个问题：（1）依据《建设工程质量保证金管理办法》第八条规定，缺陷责任期从工程通过竣工验收之日起计。合同解除、工程未完工情形下，谈不上竣工验收，则缺陷责任期从何时起算？实践中有两种观点，第一种观点认为，应从已完工程验收合格、确定质量合格或者交付使用后起算；第二种观点认为，需要等待整个工程竣工验收后再起算。笔者认为，第二种观点显然不妥。合同解除后，发包人往往另找第三方继续施工，对于发包人是否另找第三人以及第三方何时施工完毕，非承包人能否控制。实践中也不乏因发包人资金不足、无法继续施工的烂尾楼工程，如果让承包人因此一直等待下去，则对承包人不公。第一种观点相对合理，但是没有合同约定为基础。（2）质量保证金的计算基数如何确定？一般情形下，合同中约定的质量保证金为工程价款结算总额的特定百分比。在合同解除、工程尚未完工情形下，不存在整个工程的价款结算总额，所以即使扣除质量保证金，也应以已完工部分对应的工程价款为计算基数才比较合理。基于上述两个问题，如果当事人对于合同解除后支付工程价款时是否扣除质量保证金没有特别约定，人民法院在认定应否扣除质量保证金时，应当持谨慎态度。

本案中，案涉工程因资金问题停工，承包人诉请解除建设工程施工合同。虽然合同中有"工程竣工验收合格满二年后的28天内，发包人应将剩余的质量保证金返还给承包人"的约定，但这是在工程能够竣工验收合格的正常情形下。在工程停工、合同解除，且对于已完工部分承包人能够证明分项验收合格的情形下，再适用该条约定，认为因案涉工程未经竣工

[①] 参见最高人民法院（2016）最高法民终587号民事判决书。

验收,所以质量保证金应予以暂扣的认定,缺乏法律依据,也不合情理。再综合工程停工至今已经超出两年、发包人并未提出证据证明案涉工程存在质量问题以及需要进行质量返修等情形,二审判决对一审判决扣留质量保证金的认定进行了纠正。

(执笔人:于 蒙)

106. 中国新兴建设开发有限责任公司与海上嘉年华（青岛）置业有限公司建设工程施工合同纠纷案*

建设工程施工合同无效，发包人应承担折价补偿责任，其计算基础仍然是承包人付出的人力、材料和管理成本等，属于建设工程价款优先受偿权的保护范围

【裁判摘要】

1. 建设工程施工合同质量保证金的返还应遵循当事人约定，合同约定的缺陷责任期届满，发包人应当返还质量保证金。保修义务是承包人的法定义务，发包人返还保证金后，承包人仍应在法定或合同约定的保修期内承担保修责任。

2. 建设工程施工合同无效，发包人应承担折价补偿责任，其计算基础仍然是承包人付出的人力、材料和管理成本等，属于建设工程价款优先受偿权的保护范围。赋予承包人工程价款优先受偿权，符合《中华人民共和国合同法》第二百八十六条规定的立法目的。

3. 优先受偿权的适用以发包人逾期不支付价款为前提。发包人与承包人签订的结算协议约定了最后一期工程款支付时间，优先受偿权起算时间不宜早于该日。承包人退场之时以及结算协议签订之时，工程款的支付时间未确定或者尚未届满，不能作为优先受偿权的起算时间。

---

* 摘自《民事审判指导与参考》2019 年第 1 辑（总第 77 辑），人民法院出版社 2019 年版，第 216~236 页。

建设工程合同纠纷

上诉人（一审原告、反诉被告）：中国新兴建设开发有限责任公司，住所地北京市海淀区太平路44号。

法定代表人：马健峰，该公司总经理。

委托诉讼代理人：姜小燕，北京大成律师事务所律师。

委托诉讼代理人：袁华之，北京大成律师事务所律师。

上诉人（一审被告、反诉原告）：海上嘉年华（青岛）置业有限公司，住所地山东省青岛市经济技术开发区红石崖街道办事处大殷社区居委会109室。

法定代表人：景戈平，该公司董事长。

委托诉讼代理人：徐宇辉，山东德衡（济南）律师事务所律师。

委托诉讼代理人：薛一真，山东德衡律师事务所律师。

上诉人中国新兴建设开发有限责任公司（以下简称新兴公司）因与上诉人海上嘉年华（青岛）置业有限公司（以下简称嘉年华公司）建设工程施工合同纠纷一案，不服山东省高级人民法院（以下简称一审法院）(2015)鲁民一初字第45号民事判决（以下简称一审判决），向本院提起上诉。最高人民法院于2018年5月25日立案后，依法组成合议庭，开庭进行了审理。新兴公司的委托诉讼代理人姜小燕、袁华之，嘉年华公司的委托诉讼代理人徐宇辉、薛一真到庭参加诉讼。本案现已审理终结。

新兴公司上诉请求：（1）请求撤销一审判决第一项，依法改判嘉年华公司向新兴公司支付工程款536559214.01元及相应利息自2014年4月25日起，以5000万元为基数；自2014年6月30日起，以1.3亿元为基数；自2014年8月20日起，以9000万元为基数；自2014年9月30日起，以7000万元为基数；自2014年12月31日起，以1.5亿元为基数；自2015年2月15日起，以2亿元为基数；自2015年3月31日起，以2.8亿元为基数；自2015年4月25日起，以34880万元为基数；自2015年6月30日起，以42880万元为基数；自2015年9月30日起，以50880万元为基数；自2015年12月31日起，以578707079.13元为基数；自2016年4月25日起，以592552079.13元为基数；自2017年9月19日起，以533204214.01

元为基数;自2017年12月20日,以536559214.01元为基数计算至实际付清之日,按照中国人民银行发布的同期贷款基准利率计息。(2)判令嘉年华公司承担本案一审、二审诉讼费用。事实与理由:(1)一审判决未支持新兴公司请求返还质量保修金8600万元无法律及合同依据。①新兴公司与嘉年华公司签订的《青岛海上嘉年华项目建设工程施工合同项下实际已施工程执行合同结算价款支付协议》(以下简称《支付协议》)为双方合法结算依据,应以《支付协议》内容确定质量保修金的返还期限及各期返还金额。②一审判决以工程未过质量保修期,新兴公司应承担保修责任为由不支持新兴公司返还质量保修金的请求,法律依据不足。第一,质量保修金的返还与质量保修期无必然联系。第二,新兴公司早在2013年已将住宅工程交付嘉年华公司,除地基基础、主体结构及防水工程外的其他工程质量保修期早已届满,并不能一概而论工程未过质量保修期。截至一审判决之日,除防水质量保修金外的82645000元质量保修金返还期限均已届满。虽然防水质量保修金返还期限尚未届满,但鉴于嘉年华公司明确表示不履行合同义务,根据《中华人民共和国合同法》(以下简称《合同法》)第一百零八条规定,新兴公司有权要求嘉年华公司立即返还该笔款项。第三,一审判决认为质量保修期应以住宅工程竣工验收之日2015年2月12日为起算日,事实认定错误。《支付协议》明确约定返还质量保修金起算日为协议签订之日2014年4月22日。第四,嘉年华公司未按期向新兴公司返还质量保修金,新兴公司有权要求嘉年华公司按照同期人民银行贷款利率支付逾期付款利息。(2)一审判决认定嘉年华公司可另案主张渔人码头、嘉年华酒店逾期运营和逾期交房造成的经济损失,事实认定错误。新兴公司与嘉年华公司签订的《青岛海上嘉年华项目建设工程施工合同项下实际已施工程执行合同最终结算协议》(以下简称《结算协议》)已经对双方于2009年10月16日签订的《建设工程施工合同》(以下简称《执行合同》)及《总承包施工补充协议1》(以下简称《补充协议1》)和《总承包施工补充协议2》(以下简称《补充协议2》)项下产生的全部债权债务关系进行了概括清理。嘉年华公司上述主张背离了《结算协议》的目的。一审判决虽然驳回嘉年华公司该项反诉请求,却认定其"可另案主张

权利",导致应在本案中解决的纠纷未彻底解决。新兴公司在一审庭审中已抗辩案涉工程工期延误系因嘉年华公司工程进度款支付不及时、不足额,图纸下发迟延,频繁变更设计和主动要求停工,且嘉年华公司的主张已超过诉讼时效。(3)一审判决嘉年华公司向新兴公司支付利息的起算基数错误,应予纠正。经新兴公司核算,在不含质量保修金前提下,自2015年12月31日起,应以509907079.13元为基数计算至2017年9月18日;自2017年9月19日起,应以450559214.01元为基数计算至实际付清之日。

嘉年华公司辩称,(1)《结算协议》《支付协议》依附于《执行合同》《补充协议1》《补充协议2》,并沿用《补充协议2》结算方式,《补充协议2》等合同无效,《结算协议》《支付协议》亦无效。新兴公司依据无效协议主张权利,不应予以支持。(2)质量保修金的返还以保修责任的履行及保修期届满为前提条件。无论从竣工验收时间还是《支付协议》约定的时间起算,保修期均未届满。嘉年华公司多次要求新兴公司对建设工程质量问题进行维修,新兴公司不承担维修责任,无权主张返还保修金。(3)《结算协议》并不包括新兴公司延误给嘉年华公司造成的损失,一审法院应在案件中一并处理。新兴公司组织施工不力导致工程延期。嘉年华公司并未拖欠工程进度款,新兴公司并未因迟延付工程款,图纸下发迟延,设计变更等办理工期顺延的签证。请求二审法院驳回新兴公司的上诉请求。

嘉年华公司上诉请求:(1)撤销一审判决第一项、第二项、第四项,将案件发回一审法院重审或者改判支持以下请求:①新兴公司向嘉年华公司承担逾期竣工违约金18565000元;②新兴公司承担渔人码头、嘉年华酒店项目因工期延误导致逾期运营的各项经济损失332453400元;③新兴公司承担超额审计费用20445375.63元;④新兴公司承担土石方垫付费用7146680元;⑤新兴公司向嘉年华公司支付迟延付款利息,利息计算以378610255.63元为基数,按照中国人民银行公布的金融机构同期贷款基准利率自起诉之日计算至判决生效之日止;⑥一审判决关于"嘉年华青岛公司未提供证据证明涉案工程的地基基础工程和主体结构存在质量问题需要进行维修或已进行了维修等事实,故要求鉴定工程质量的证据不充分,本院不予支持",属事实认定不清,请二审法院改变该错误认定,否则将对嘉年华公司另案主张权利产生不利影响。(2)一审、二审诉讼费用由新兴公司承担。事实与理由:(1)《结算协议》《支付协议》依附于《执行合同》《补充协议1》《补充协议2》,其效力不能单独判断。《结算协议》《支付协议》沿用《补充协议2》的结算方式,采用按建筑面积固定单价的结算方式,而《执行合同》《备案合同》约定的主要结算方式为定额结算。《结算协议》《支付协议》已变更中标合同实质性内容,违反招标投标法,应当被认定为无效,新兴公司不能据此主张工程价款。(2)本案工程价款应通过司法鉴定予以确定。《结算协议》《支付协议》无效,不能作为双方结算的依据。嘉年华公司在一审举证期限内提交工程造价鉴定申请书,明确了鉴定范围,一审法院不启动鉴定程序,以无效的《结算协议》《支付协议》为依据,属事实认定错误。(3)新兴公司不享有建设工程价款优先受偿权。①建设工程施工合同无效,当事人承担的是返还财产和根据过错程度赔偿损失责任,具有普通债权属性,承包人不应享有建设工程价款优先受偿权。②新兴公司退场之日应作为优先受偿权的起算日。新兴公司于2013年4月退场,2014年4月22日双方签署《结算协议》《支付协议》,无论以前述哪个时间作为合同解除时间,至新兴公司起诉时,均已超过6个月。即便按照住宅项目竣工验收时间2015年2月12日计算,至新兴公司于2015年11月提起本案诉讼,也已超过6个月期限。(4)新兴公司应向嘉年华公司承担逾期竣工违约金18565000元。①新兴公司未能在施工合同约定的工期内竣工,其于2013年4月份实际退场,该时点已严重超出施工合同约定的竣工时点。按照施工合同约定,嘉年华公司要求新兴公司承担其主张结算金额1%的违约金,事实依据充分。②本案当事人签订的所有合同均属无效合同,《执行合同》是双方真实履行的合同,应当参照《执行合同》确定当事人的权利义务。(5)新兴公司应承担因其工期延误导致渔人码头、嘉年华酒店逾期运营的各项经济损失332453400元。①新兴公司迟延施工,渔人码头迟延两年,给嘉年华公司造成经济损失约3亿元。嘉年华酒店项目延误一年零四个月,嘉年华公司遭受利润损失32453200元。②嘉年华公司该项反诉请求与本诉请求具有牵连关系。一审

建设工程合同纠纷

反诉请求与本诉请求均基于新兴公司与嘉年华公司存在建设工程施工合同关系这一基础事实,即源于同一债权请求权。嘉年华公司提出了反诉,一审法院应当依法处理,不应告知嘉年华公司另案处理。(6)新兴公司的施工质量存在严重问题,应承担赔偿责任。一审法院认为可以向新兴公司另行主张,嘉年华公司尊重一审判决的意见,将会就此项损失另行提起诉讼,但是一审判决对质量问题不予鉴定的理由错误。2014年4月22日以后,因新兴公司施工的工程质量存在缺陷,嘉华公司委托第三方进行维修,已经发生巨额维修费用。嘉年华公司在一审期间申请启动质量鉴定于法有据,一审法院却不支持嘉年华公司的鉴定申请,二审法院应予纠正。(7)新兴公司应承担超额审计费用共计20445375.63元。审计单位已向嘉年华公司主张20445375.63元的审减提成费用,依据新兴公司与嘉年华公司签订的《补充协议1》及相关法律规定,该笔费用应由新兴公司承担。《结算协议》因违反效力性强制性规定无效,嘉年华公司从未将超额审计费纳入结算总价,此费用应由新兴公司承担。(8)新兴公司应向嘉年华公司返还土石方工程垫付费用7146680元。嘉年华公司和土石方分包单位于2016年9月15日签订《工程款抵购房款协议书》,以应由嘉年华公司代为支付的工程款共计7146680.05元,抵顶土石方分包单位购买嘉年华公司商品房价款共计7389122.06元。该费用理应由新兴公司承担。另外,新兴公司应支付上述款项的利息,以378610255.63元为基数,按照中国人民银行公布的金融机构同期贷款基准利率,自起诉之日计算至判决生效之日止。

新兴公司辩称,(1)《结算协议》《支付协议》系新兴公司与嘉年华公司对案涉工程既存债权债务关系的结算和清理,与《执行合同》等施工合同不存在主从合同关系,合法有效。双方结算不仅是工程款的结算,还是合同价格的结算,包括合同履行过程中发生的索赔。双方已对工程价款达成一致意见,无需对工程造价进行鉴定。(2)新兴公司享有建设工程价款优先受偿权。建设工程价款优先受偿权作为法定优先权,不以建设工程施工合同有效为前提。新兴公司优先受偿权的行使期限应从双方约定的工程款支付期限届满时起算,未超过6个月法定期限。(3)嘉年华公司上诉主张新兴公司承担逾期竣工违约金及渔人码头、嘉年华酒店逾期运营损失,已经超过诉讼时效,且缺乏依据。案涉工程逾期与新兴公司无关,新兴公司不应承担工期延误责任。嘉年华公司在工程施工过程中并未按照《执行合同》约定向新兴公司提出索赔。嘉年华公司亦未能提交充分证据证明其遭受经济损失。此外,《结算协议》已对双方债权债务进行了清理。一审判决认为嘉年华公司可另案主张渔人码头、嘉年华酒店逾期运营损失属于错误认定,嘉年华公司该反诉请求应予驳回。(4)嘉年华公司对工程质量鉴定的上诉理由不能成立。嘉年华公司擅自使用案涉工程,无权再就工程质量主张权利。案涉工程除防水渗漏外,其他问题均已经超过质量保修期。嘉年华公司已经委托第三方对案涉工程进行全面维修,无法恢复原貌,已不具备进行质量鉴定的条件。(5)嘉年华公司要求新兴公司承担超额审计费、土石方工程垫付费用、迟延付款利息均无依据。请求二审法院驳回嘉年华公司的上诉请求。

新兴公司向一审法院起诉请求:(1)判令嘉年华公司向新兴公司支付工程结算款595907079.13元及利息23381566.67元(利息自2014年4月25日暂计至2015年11月10日)并计算至尚欠工程结算款支付之日止;合计金额619288645.80元;(2)请求确认新兴公司享有建设工程价款优先受偿权;(3)本案诉讼费用由嘉年华公司承担。

嘉年华公司向一审法院反诉请求:(1)判令新兴公司向嘉年华公司承担逾期竣工违约金18565000元;(2)判令新兴公司承担渔人码头、嘉年华酒店项目因工期延误导致逾期运营的各项经济损失332453400元;(3)判令新兴公司承担因逾期交房遭受的经济损失144456656元;(4)判令新兴公司承担因工程质量问题造成的维修、返修费用,暂计292771840.27元(已发生数额190771840.27元,将要发生的数额以鉴定结论为准);(5)判令新兴公司承担超额审计费共计20445375.63元;(6)判令新兴公司返还土石方垫付费用7146680元;(7)判令新兴公司向嘉年华公司支付迟延付款利息,利息计算以815838751.9元为基数,按照中国人民银行公布的金融机构同期贷款基准利率,自起诉之日计算至判决生效之日止;(8)本案反诉费用、保全费由新兴公司承担。

一审法院认定事实:2009年10月16日,嘉年华公司与新兴公司就涉

建设工程合同纠纷

案工程签订《建设工程施工合同》（即《执行合同》），约定由新兴公司承包嘉年华公司发包的青岛海上嘉年华项目工程。合同主要内容如下："（一）工程名称：青岛海上嘉年华项目（包括住宅、渔人码头商业街及嘉年华）。工程地点：青岛市开发区滨海大道。工程规模：海上嘉年华旅游项目（建筑面积约267418.20平方米）；渔人码头商业街项目（建筑面积约120049.50平方米）；住宅项目（建筑面积约346940.00平方米）。承包范围：施工图纸范围内的土建及安装工程（发包人分包项目除外），合同价款：暂定估价20.00亿元（此价款不作为工程款支付及合同价款结算依据）。最终合同价款以本合同专用条款约定的计价基础计算的结算价格为准。（二）专用条款约定：23.2本合同价款采用可调价格合同方式确定（合同总价确定见补充条款二）。47.2.1计价依据：a、2003年《山东省建筑工程消耗量定额》、2003年《山东省安装工程消耗量定额》、2007年《山东省建筑工程消耗量定额青岛市价目表》、2007年《山东省安装工程消耗量定额青岛市价目表》及2008年《青岛市工程结算资料汇编》；b、工程类别为Ⅲ类；c、人工工日单价按39元/综合工日；d、结算总价下浮1%（住宅）和0.5%（渔人码头及嘉年华）（已确定综合单价的项目、发包人认价的材料设备、规费及税金除外）；e、以上计价依据在本合同生效以后不再调整。（三）工期：1.前期项目：止水工程：2009年10月19日开工，2009年11月8日完工，共21日历天；清除淤泥、填换桩设备及道路砂土，共计20日历天；桩基础工程：共计65日历天；2.住宅工程：（1）开工日期（桩基承台开始施工日期）：2010年3月1日；（2）竣工日期：2012年3月30日；（3）共计761日历天。3.嘉年华工程：（1）开工日期（桩基承台开始施工日期）：2010年3月1日；（2）竣工日期：2012年8月25日；（3）共计908日历天。（4）渔人码头商业街工程：（1）开工日期（桩基承台开始施工日期）：2010年3月1日；（2）竣工日期：2011年6月30日；（3）共计487日历天。以上各区域实际开工日期以发包人开工令为准。工程质量标准为合格。"另外，合同还对逾期竣工违约金、工程质量及维修责任等合同义务进行了约定。

2011年4月4日，经公开招投标程序，新兴公司中标涉案工程，双方又签订《建设工程施工合同》（以下简称《备案合同》），约定开工日期为2011年4月11日，竣工日期为2014年4月11日，合同总价暂定101022万元。项目综合单价及费率见投标报价书。人工费：省价定额综合开工日44元/日，市价人工单价建筑安装43元/日，普通装修47元/日。确定合同价款的方式为采用可调价格合同。质量保修期：防水、防渗漏5年，给排水、电气管线、设备安装2年，供热供冷系统2个采暖供冷期，装饰装修工程2年。保修金为施工合同价款的3%，即30306600元。

后，双方签订《补充协议1》和《补充协议2》（以下合并简称《补充协议》），均没有签署时间，依据的基础是2009年10月16日的施工合同。《补充协议1》中对专用条款47.2工程结算价款的确定原则进行了调整。最后，《补充协议2》按原施工合同、《补充协议1》及《补充协议2》约定的结算方式审定的最终结算价格按以下原则确定：本工程以下项目采用结算价包干的方式结算，未列入的项目按原合同及补充协议约定的方式结算。(1)青岛海上嘉年华住宅楼（不含未施工的别墅）的最终结算包干价格：地下部分为3000元/平方米；地上部分为1850元/平方米。(2)青岛海上嘉年华渔人码头最终结算包干价格：地下部分为3000元/平方米；(3)青岛海上嘉年华酒店（一期）及会所最终结算包干价格：地下部分为3000元/平方米；地上部分为2000元/平方米；(4)青岛海上嘉年华大游乐地下（含人防及非人防）最终结算包干价格：地下为3000元/平方米。

2014年4月22日，嘉年华公司与新兴公司签订《结算协议》，该协议约定：发包人嘉年华公司与承包人新兴公司（以下合并简称"双方"）于2009年10月16日就青岛海上嘉年华项目（以下简称"项目"或"工程"）的施工总承包事宜签署《建设工程施工合同》（以下简称《执行合同》），双方在上述执行合同基础上签署了《补充协议》。据此，根据中华人民共和国相关法律、法规，依据上述执行合同及补充协议，双方最终完成承包人自行施工完成的实际施工工程（以下简称"实际已施工程"）的执行合同最终结算，并为此签署执行合同最终结算协议（以下简称《结算协议》）。内容如下：双方共同确认并同意，本工程中，由承包人施工完成的实际已施工程的执行合同最终结算总价款为1856500000.00元（大写：

建设工程合同纠纷

壹拾捌亿伍仟陆佰伍拾万整)(已扣除截止到本协议签订日前的全部质量修补费用)。该执行合同最终结算总价款的详细构成详见本协议之附件"青岛海上嘉年华项目施工总承包合同项下实际已施工程执行合同最终结算报告"。关于已付总价款、未付总价款以及未付总价款的支付安排、双方另行签订"执行合同支付协议"。本执行合同结算协议之附件"青岛海上嘉年华项目施工总承包合同项下实际已施工程执行合同最终结算报告"(另册装订)是本执行合同结算协议的组成部分。双方一致同意并确认,本执行合同结算协议第一条所列的执行合同最终结算总价款已经全部包含了按执行合同、补充协议以及执行合同终止协议的约定承包人应当获得的最终全部总价,也是发包人在执行合同及补充协议项下须支付给承包人全部价款的总和,本执行合同结算协议签署后,承包人与发包人之间就执行合同以及补充协议之结算价款再无任何争议。本执行合同结算协议自双方签字、盖章之日起生效。本执行合同结算协议正本一式贰份,双方各执壹份,副本一式捌份,甲方执陆份,乙方执贰份,副本与正本具有同等效力。"

同日,嘉年华公司与新兴公司签订《支付协议》,内容如下:根据执行合同结算协议,双方共同确认并同意由承包人施工完成的实际已施工程的执行合同最终结算总价款为1856500000.00元(大写:壹拾捌亿伍仟陆佰伍拾万元整)。关于已付总价款、未付总价款以及未付总价款的支付安排、双方约定如下:"截至执行合同结算协议签订之日,在执行合同及补充协议项下,发包人已经向承包人实际累计支付的已付总价款为1120592920.87元。上述第一条所列执行合同最终结算总价款扣除本条上述第1款所列已付总价款后,发包人尚需向承包人支付的未付总价款为735907079.13元,其中包括工程质量保修金。发包人支付承包人未付总价款735907079.13元时,承包人只需提供705907079.13元的工程款发票。上述未付总价款中所包含的质量保修金按照如下方式进行结清及支付:4.1质量保修金共计86000000.00元。承包人严格按照《中华人民共和国建筑法》以及《建筑工程质量管理条例》中的有关规定对质量保修范围的项目执行保修。其中与防水工程对应的质量保修金共计3355000.00元;与除防水工程以外的其他工程对应的质量保修金共计82645000.00元。本协议签订之日起计算保修期,保修期满一年三日内返还80%质量保修金(即6880万元),保修期满两年三日内返还除防水质量保修款(3355000.00元)以外的余下全部质量保修金,保修期满五年后一个月内返还防水质量保修金。5.未付总价款中除质量保修金以外的其余未付价款(以下简称"其余未付价款")发包人按以下约定支付给承包人,保修事项不影响以下款项的支付:5.1签订《执行合同最终结算协议》和《执行合同结算价款支付协议》后3天内支付给承包人5000万元;5.2承包人配合发包人完成已售房竣工备案和交房手续办理完毕后3天内支付给承包人5000万元;5.3其余未付价款扣除5.1和5.2已支付金额后的余款将在两年内(即2014年度和2015年度)按季度于每季度最后一天前等额(即前六个季度每季度支付8000万元,最后一个季度支付69907079.13元)支付给承包人。6.如果因发包人原因未能按上述第5条约定支付承包人,承包人可向发包人发出要求付款通知书,发包人收到承包人的要求付款通知书后仍不能按要求付款,可与承包人协商签订延期付款协议,经承包人同意后可延期支付或协商以其他方式付款。双方未达成协议不影响下一期款项的支付,并且发包人延期支付应支付相应的利息。延期支付的利息应以当期未还款项为基数,按照实际延期支付时间以及同期银行贷款利率计算。本执行合同支付协议自双方盖章之日起生效。本执行合同支付协议正本一式贰份,双方各执壹份,副本一式捌份,甲方执陆份,乙方执贰份,副本与正本具有同等效力。"

施工合同签订后,新兴公司对涉案工程进行了施工,住宅部分基本完工,渔人码头主体结构完成,嘉年华酒店两个酒店塔楼主体完工。2013年5-8月份,新兴公司陆续退场。住宅项目的竣工验收时间为2015年2月12日,渔人码头的竣工验收时间为2015年9月30日(备案证载明施工单位为中建三局集团有限公司)。

双方当事人在2014年4月22日以前已经确定的嘉年华公司已付款为1120592920.87元。2014年8月20日,嘉年华公司付款4000万元。2014年9月18日,嘉年华公司付款1亿元。2017年9月19日,嘉年华公司付款59347865.12元。以上共计1319940785.99元。

建设工程合同纠纷

2013年12月30日,嘉年华公司与中建三局集团有限公司签订《建设工程施工合同》,第二十一条补充说明中载明"本合同签订后,双方于2013年5月2日签订的合同编号为JNH-工程-12-34的《青岛海上嘉年华游乐项目总承包施工协议书》自动终止,实际执行以本合同约定为准"。

嘉年华公司主张,自新兴公司撤场后,其施工的工程陆续发现存在大量质量问题,嘉年华公司多次发函要求新兴公司进行维修,但新兴公司拒绝维修。嘉年华公司另行委托第三方维修的统计表、协议与签证、照片可以证明,截至目前共发生维修费用共计244189382.87元。其中:渔人码头117618142.15元;酒店7783135.78元;住宅118788104.94元。

新兴公司认为,嘉年华公司在2014年4月22日之后通知新兴公司进行维修的内容,仅涉及住宅项目的部分质量问题,对于酒店、渔人码头项目以及住宅项目的其他质量问题,嘉年华公司从未通知过新兴公司维修,而是擅自委托了第三方进行维修。新兴公司仅对已施工范围内的工程质量承担保修责任,对于中途退场时未施工的甩项内容,嘉年华公司无权要求新兴公司承担维修费用。对于2014年4月22日前已经发生的质量问题,即便是新兴公司的施工原因所致,相应维修费用也已在《结算协议》中予以抵扣和预扣。关于嘉年华公司主张的已实际发生的190771840.27元维修费用,在其提交的证据中却极少有相应的维修记录,而大多是其与第三方签订的维修合同及第三方单方出具的维修报价,且证据中原件缺失严重,大量证据材料的真实性存疑。例如,嘉年华公司主张住宅项目于2014年4月22日之后共计发生维修费用82926903.93元,其中仅堆砌的合同金额及与第三方结算金额就达73577285.62元,然而嘉年华公司提供的全部维修记录上记载的总金额仅为10308460.76元;再如,关于渔人码头项目,嘉年华公司主张在2014年4月22日之后共计发生维修费用117618142.15元,其中的一笔主体修补费用高达115064135.18元,然而针对该笔费用,嘉年华公司仅提供了一份由中建三局单方提供的报价单,除此之外再无任何凭证。由此可见,嘉年华公司所主张的维修费用水分极大,事实依据严重不足。此外,针对嘉年华公司主张的巨额维修费用,其竟未提供一张付款凭证,显然无法证实该笔维修费用已实际发生。因此,嘉年华公司的该项诉请缺乏事实依据，高估冒算严重，依法应予驳回。

一审庭审期间，嘉年华公司认可主张的190771840.27元维修费用与2014年4月22日之前发生的维修费用目前还不能区分。

2017年11月15日，新兴公司名称变更为中国新兴建设开发有限责任公司。

对于双方当事人争议问题，结合证据及庭审情况一审法院认定如下：

1. 关于涉案《执行合同》《备案合同》《补充协议》以及《结算协议》《支付协议》的效力认定和结算依据问题。（1）《中华人民共和国招标投标法》（以下简称《招标投标法》）第三条规定："在中华人民共和国境内进行下列工程建设项目包括项目的勘察、设计、施工、监理以及与工程建设有关的重要设备、材料的采购，必须进行招标：（一）大型基础设施、公用事业等关系社会公共利益、公众安全的项目……"《中华人民共和国招标投标法实施条例》第三条规定："依法必须进行招投标的工程建设项目的具体范围和规模标准，由国务院发展改革部门会同国务院有关部门制订，报国务院批准后公布施行……"《工程建设项目招投标范围和规模标准规定》第七条规定："本规定第二条至第六条规定范围内的各类工程建设项目，包括项目的勘察、设计、施工、监理以及与工程建设有关的重要设备、材料等的采购，达到下列标准之一的，必须进行招标：（一）施工单项合同估算价在200万元以上的……"根据上述法律规定，案涉工程标的额远远超过200万元的标准，应当属于必须招投标工程范围。新兴公司和嘉年华公司在未经招投标程序的情况下，于2009年10月16日签订《执行合同》，明显违反了上述招投标的强制性规定，按照《最高人民法院关于审理建设工程施工合同纠纷案件适用法律问题的解释》（以下简称《建设工程施工合同司法解释》）第一条即"一、建设工程施工合同具有下列情形之一的应当根据合同法第五十二条第（五）项的规定，认定无效：……（三）建设工程必须进行招标而未招标或者中标无效的"规定，上述《执行合同》应当认定无效。《招标投标法》第五十五条规定："依法必须进行招标的项目，招标人违反本法规定，与投标人就投标价格、投标方案等实质性内容进行谈判的，……前款所列行为影响中标结果的，中标无效。"

建设工程合同纠纷

本案中,在2011年10月4日签订《备案合同》前,新兴公司即已进场施工;从《备案合同》等内容来看,在签订案涉备案合同之前,双方已就涉案工程的价格、工期、结算方式等实质性内容进行磋商并达成合意。双方上述行为违反招投标的强制性规定,中标无效,中标后签订的《备案合同》亦应认定无效。同上,两份《补充协议》将前述两份合同的结算方式变更为平方米包干的结算方式,属于对合同实质性内容的重大变更,亦违反了《招标投标法》相关规定,应认定无效。(2)关于工程款结算依据确定问题。从《结算协议》《支付协议》的订立目的和约定内容看,是确认新兴公司已完工程范围及价值,明确欠款数额、未付总价款(包括工程质量保修金)的支付安排。两协议在性质上属于新兴公司和嘉年华公司对双方之间既存债权债务关系的结算和清理,确认《结算协议》《支付协议》在法律效力上的独立性和约束力,不违反法律、行政法规的效力性强制性规定。据此,一审法院认定《结算协议》《支付协议》合法有效,应作为双方结算的依据。本案中,新兴公司并未将案涉工程施工完毕,根据《结算协议》约定,经双方当事人共同确认并同意,截至2014年4月22日,新兴公司实际已施工程的最终结算总价款为185650万元。

2. 新兴公司应否承担逾期竣工违约金问题。双方当事人签订的《执行合同》《备案合同》均违反法律的强制性规定,系无效合同,合同中相应违约条款亦为无效,故嘉年华公司反诉请求新兴公司承担逾期竣工违约金,于法无据,不予支持。

3. 新兴公司应否赔偿因工期延误导致渔人码头嘉年华酒店逾期运营和逾期交房给嘉年华公司造成的经济损失问题。其一,嘉年华公司该项反诉请求涉及较多案外人,相关事实在本案不具备查清的客观条件;其二,损失产生的基础是嘉年华公司与案外人的房屋买卖合同和租赁合同等,与本案并非同一法律关系。嘉年华公司的该项诉讼请求不宜在本案中处理,可依据相关证据另案主张权利。

4. 新兴公司应否承担因工程质量问题而造成的维修、返修费用及质保金应否返还问题。根据《合同法》第二百八十一条之规定,因施工方原因致使工程质量不符合约定的,施工方理应承担无偿修理、返工、改建等责任。本案中，嘉年华公司提出因工程质量存在的外墙保温脱落、墙体屋面渗水及外墙涂料起鼓等问题，属于工程返修和质量保修问题，应按合同约定的质量保修问题对待。双方在《结算协议》中对保修内容进行了明确约定，涉案住宅项目的竣工验收时间为2015年2月12日，至本案诉讼均未过质保期，故新兴公司应承担相应的返修和保修责任，基于此，新兴公司请求返还《结算协议》约定的保修费8600万元不能成立。嘉年华公司未提供证据证明涉案工程的地基基础工程和主体结构存在质量问题需要进行维修或已进行了维修等事实，故要求鉴定工程质量的证据不充分，一审法院不予支持。关于新兴公司应否赔偿维修、返修费用问题。一审法院认为，嘉年华公司应先行通知新兴公司予以维修，如新兴公司不予维修，嘉年华公司可自行维修或委托第三方维修，维修费用在保修费中扣除，若保修费用不足以支付维修费用，嘉年华公司可根据工程的返修情况，再另行主张。

5. 新兴公司应否承担超额审计费问题。嘉年华公司基于《补充协议1》中的相关约定主张该笔审计费用，而《结算协议》中已明确将补充协议的约定全部纳入考虑，嘉年华公司要求新兴公司再行承担审计费用依据不足，且从嘉年华公司举证的内容来看，其并未提供已向第三方支付超额审计费用的凭证，故其无法证明该笔费用已实际发生，应承担举证不能的法律后果。

6. 新兴公司应否返还土石方垫付款问题。对于嘉年华公司主张的其代新兴公司向青岛德盛和置业有限公司支付工程款7146680.05元，新兴公司不予认可，嘉年华公司也未提供该笔款项的支付凭证，且《工程款代付协议》上载明的签订时间为2015年12月16日，彼时新兴公司已经起诉嘉年华公司，嘉年华公司也已应诉。嘉年华公司未证实事前曾将代付行为告知新兴公司，或事后就代付行为取得新兴公司认可。故对于上述争议款项，嘉年华公司主张应认定为已付工程款，证据不足，一审法院不予采信。

7. 关于嘉年华公司应付款项数额和利息问题。《支付协议》签订时，嘉年华公司欠付新兴公司款项的数额包括工程质量保修金8600万元在内未付总价款为735907079.13元。如前所述，因涉案工程尚在质保期内，且质量保修

建设工程合同纠纷

金尚不符合返还条件,故应扣除质量保修金8600万元,扣除嘉年华公司后续付款199347865.12元(40000000元+100000000元+59347865.12元),嘉年华公司应付款项为450559214.01元(735907079.13元-86000000元-199347865.12元)。对于欠付工程款利息,《建设工程施工合同司法解释》第十七条规定:"当事人对欠付工程价款利息计付标准有约定的,按照约定处理;没有约定的,按照中国人民银行发布的同期同类贷款利率计息。"《支付协议》约定:"如果因发包人原因未能按上述第5条约定支付承包人,承包人可向发包人发出要求付款通知书,发包人收到承包人的要求付款通知书后仍不能按要求付款,可与承包人协商签订延期付款协议,经承包人同意后可延期支付或协商以其他方式付款。双方未达成协议不影响下一期款项的支付,并且发包人延期支付应支付相应的利息。延期支付的利息应以当期未还款项为基数,按照实际延期支付时间以及同期银行贷款利率计算。"据此,利息起始时间应为双方约定的各应付款节点,以当期未还款项为基数,按照中国人民银行同期同类贷款利率计算。

8. 新兴公司是否享有涉案工程价款优先受偿权问题。根据《合同法》第二百八十六条的规定,发包人未按约定支付价款是工程价款优先受偿成立的首要实质条件,只有工程实际竣工验收合格,才能进行工程决算,最终确定工程造价,承包人行使优先受偿权的实质条件才具备。本案中新兴公司在其撤场后,双方签订《结算协议》和《支付协议》,根据约定未付工程款应于2015年底支付完毕。且住宅项目的竣工验收时间为2015年2月12日,渔人码头的竣工验收时间为2015年9月30日。至本案新兴公司提起诉讼,未超过6个月法定期限。因此,对于新兴公司关于优先受偿权的诉请,应予以支持。

综上,一审法院认为,新兴公司的诉讼请求部分成立,应予支持。嘉年华公司的反诉请求不能成立,应予驳回。依照《合同法》第六十条①、

---

① 对应《中华人民共和国民法典》第五百零九条:"当事人应当按照约定全面履行自己的义务。当事人应当遵循诚信原则,根据合同的性质、目的和交易习惯履行通知、协助、保密等义务。当事人在履行合同过程中,应当避免浪费资源、污染环境和破坏生态。"

第二百八十六条①,《建设工程施工合同司法解释》② 第一条,第十七条,《中华人民共和国民事诉讼法》第六十四条规定,判决:一、嘉年华公司于判决生效之日起 10 日内支付新兴公司工程款 450559214.01 元及相应利息(自 2014 年 4 月 25 日起,以 5000 万元为基数;自 2014 年 6 月 30 日起,以 1.3 亿元为基数;自 2014 年 8 月 20 日起,以 9000 万元为基数;自 2014 年 9 月 30 日起,以 7000 万元为基数;自 2014 年 12 月 31 日起,以 1.5 亿元为基数;自 2015 年 2 月 15 日起,以 2 亿元为基数;自 2015 年 3 月 31 日起,以 2.8 亿元为基数;自 2015 年 6 月 30 日起,以 3.6 亿元为基数;自 2015 年 9 月 30 日起,以 4.4 亿元为基数;自 2015 年 12 月 31 日起,以 450559214.01 元为基数计算至实际付清之日。按照中国人民银行发布的同期银行贷款基准利率计息)。二、新兴公司在嘉年华公司欠付工程款 450559214.01 元范围内就已施工项目建设工程折价或拍卖的价款优先受偿。三、驳回新兴公司的其他诉讼请求。四、驳回嘉年华公司的反诉请求。如果未按一审判决指定的期间履行给付金钱义务,应当依照《中华人民共和国民事诉讼法》第二百五十三条之规定,加倍支付迟延履行期间的债务利息。案件受理费 3143243.20 元,由新兴公司负担 766670.2 元,由嘉年华公司负担 2376573 元,申请费 5000 元,由嘉年华公司负担;案件反诉受理费 2060497 元,由嘉年华公司负担。

二审经审理查明,嘉年华公司与新兴公司于 2009 年 10 月签订的《执行合同》专用条款第 26 条约定工程进度款支付比例最低为 75%。《补充协议 1》约定工程进度款支付比例最低为 80%。

最高人民法院对一审法院查明的其他事实予以确认。

最高人民法院认为,本案二审争议的焦点问题:(1)嘉年华公司欠付新兴公司工程款数额及利息的计算方式;(2)新兴公司应否在欠付工程款

---

① 对应《中华人民共和国民法典》第八百零七条:"发包人未按照约定支付价款的,承包人可以催告发包人在合理期限内支付价款。发包人逾期不支付的,除根据建设工程的性质不宜折价、拍卖外,承包人可以与发包人协议将该工程折价,也可以请求人民法院将该工程依法拍卖。建设工程的价款就该工程折价或者拍卖的价款优先受偿。"

② 该司法解释已失效。

范围内享有建设工程价款优先受偿权；（3）关于新兴公司应否向嘉年华公司支付逾期竣工违约金、逾期竣工损失、超额审计费用、土石方垫付费用及利息；（4）一审法院未准许嘉年华公司工程质量鉴定申请的理由是否妥当。

（一）嘉年华公司欠付新兴公司工程款数额及利息的计算方式问题

嘉年华公司与新兴公司签订的《结算协议》《支付协议》是在新兴公司退场之后，双方针对新兴公司已完工工程价款的数额及给付期限所作约定，系对既存债权债务关系的结算和清理，并不违反法律、行政法规的强制性规定。《建设工程施工合同司法解释》第二条规定，建设工程施工合同无效，但建设工程经竣工验收合格，承包人请求参照合同约定支付工程价款的，应予支持。嘉年华公司与新兴公司签订的《备案合同》《执行合同》《补充协议》无效，工程价款可参照双方实际履行的合同结算。嘉年华公司与新兴公司在二审庭审中均认可双方实际履行的合同为《执行合同》《补充协议》。《结算协议》中亦明确约定以《执行合同》《补充协议》为依据计算工程款数额，故《结算协议》确定的工程款数额符合法律规定。因此，一审法院认定《结算协议》《支付协议》合法有效，应作为工程款结算依据，并无不当。

根据《建设工程质量保证金管理办法》第二条第一款规定，质量保证金为发包人与承包人在建设施工合同中约定，从应付的工程款中预留，用以保证承包人在缺陷责任期内对建设工程出现的缺陷进行维修的资金。质量保证金的返还应遵循当事人约定，合同约定的缺陷责任期届满，发包人应当返还质量保证金。保修义务是承包人的法定义务，发包人返还保证金后，承包人仍应在法定或合同约定的保修期内承担各部分工程的保修责任。嘉年华公司与新兴公司签订的《支付协议》约定："协议签订之日起计算保修期，保修期满一年三日内返还80%质量保修金（即6880万元），保修期满两年三日内返还除防水质量保修款（3355000.00元）以外的余下全部质量保修金，保修期满五年后一个月内返还防水质量保修金。"《支付协议》于 2014 年 4 月 22 日签订，根据上述约定，除防水质量保修款以外的质量保修金已到期，共计 82645000（86000000－3355000）元。因此，新兴公司主张嘉年华公司于 2015 年 4 月 25 日返还新兴公司 6880 万元，2016 年 4 月 25 日返还新兴公司 13845000 元，应予以支持。嘉年华公司未按照《支付协议》约定时间返还质量保修金，应按照协议约定自逾期之日起按照同期银行贷款利率支付利息。防水质量保修款尚未到当事人约定的返还期限，新兴公司主张提前予以返还的理由并不充分，本院不予支持。一审判决以案涉住宅项目的竣工验收时间 2015 年 2 月 12 日作为起算质保期的时间不符合双方约定。此外，对于嘉年华公司主张的工程质量问题，新兴公司应根据法律规定承担保修责任，并不影响质量保修金的返还。嘉年华公司主张新兴公司拒绝对工程质量问题进行维修，新兴公司不予认可。因嘉年华公司未能提交充分证据证明其在约定的缺陷责任期内通知新兴公司维修，而新兴公司拒绝维修，亦未能证明应扣除质量保修金的数额，其与新兴公司就工程保修问题可另行解决。一审判决认定嘉年华公司不应返还质量保修金，依据并不充分，本院予以纠正。

《支付协议》第五条约定的付款安排并不包括质量保修金，根据该条约定及嘉年华公司于 2017 年 9 月 19 日支付 59347865.12 元的事实，至 2015 年 12 月 31 日，嘉年华公司欠款数额为 5099070791.13 元；2017 年 9 月 19 日，嘉年华公司欠款数额为 450559214.01 元。一审判决认定嘉年华公司应付欠款利息自 2015 年 12 月 31 日起以 450559214.01 元为基数计算至实际付清之日，认定的利息计算基数有误。

综上，嘉年华公司应向新兴公司支付工程款 533204214.01 元。在将应返还的质量保修金计算在内情况下，利息的计算基数在 2015 年 4 月 25 日之后发生变化，即自 2015 年 4 月 25 日起，以 34880 万元为基数；自 2015 年 6 月 30 日起，以 42880 万元为基数；自 2015 年 9 月 30 日起，以 50880 万元为基数；自 2015 年 12 月 31 日起，以 578707079.13 元为基数；自 2016 年 4 月 25 日起，以 592552079.13 元为基数；自 2017 年 9 月 19 日起，以 533204214.01 元为基数计算至实际付清之日。

建设工程合同纠纷

（二）关于新兴公司应否在欠付工程款范围内享有建设工程价款优先受偿权问题

《合同法》第二百八十六条规定："发包人未按照约定支付价款的，承包人可以催告发包人在合理期限内支付价款。发包人逾期不支付的，除按照建设工程的性质不宜折价、拍卖的以外，承包人可以与发包人协议将该工程折价，也可以申请人民法院将该工程依法拍卖。建设工程的价款就该工程折价或者拍卖的价款优先受偿。"建设工程价款优先受偿权是法律赋予承包人的法定优先权，目的是保障承包人对自己的劳动成果获得报酬。即便建设工程施工合同无效，嘉年华公司承担折价补偿责任，根据《建设工程施工合同司法解释》第二条规定，建设工程施工合同无效，可以参照施工合同计算工程价款。即折价补偿责任参照工程价款计算，计算基础仍然是承包人付出的人力、材料和管理成本等，属于建设工程价款优先受偿权的保护范围。赋予新兴公司工程价款优先受偿权，符合《合同法》第二百八十六条规定的立法目的。

《最高人民法院关于建设工程价款优先受偿权问题的批复》规定，建设工程优先受偿权自建设工程竣工之日或者建设工程合同约定的竣工之日起计算，本案新兴公司中途退场，优先受偿权不宜自工程竣工之日起算。根据《合同法》第二百八十六条的规定，优先受偿权的适用以发包人逾期不支付价款为前提。新兴公司与嘉年华公司签订的《支付协议》约定的最后一期工程款支付时间为2015年12月31日，优先受偿权起算时间不宜早于该日。新兴公司于2015年11月13日提起诉讼，未超过6个月法定期限。新兴公司退场之时以及《支付协议》签订之时，工程款的支付时间未确定或者尚未届满，不能作为优先受偿权的起算时间。嘉年华公司主张住宅工程于2015年2月12日竣工，至新兴公司起诉主张优先受偿权已经超过6个月期限。本院认为，新兴公司与嘉年华公司签订一份建设工程施工合同，《结算协议》《支付协议》将住宅、酒店等工程作为一个整体予以结算，嘉年华公司向新兴公司支付工程款时亦未予以区分各项工程，故不应对住宅单独计算优先受偿权的行使期限。综上，一审判决认定新兴公司对其已施工项目建设工程享有优先受偿权并无不当。一审判决认定新兴公司在嘉年华公司欠付工程款450559214.01元范围内享有优先受偿权，新兴公司未对该项判决提出上诉，系其对自身权利的处分，本院对该判项予以维持。

（三）新兴公司应否向嘉年华公司支付逾期竣工违约金、逾期竣工损失、超额审计费用、土石方垫付费及利息问题

关于新兴公司应否向嘉年华公司支付逾期竣工违约金问题。案涉《备案合同》《执行合同》均系无效合同，合同中相应违约条款亦为无效条款，故嘉年华公司请求新兴公司支付逾期竣工违约金，缺乏依据，不予支持。

关于新兴公司应否赔偿因工期延误导致渔人码头、嘉年华酒店逾期运营和逾期交房经济损失及利息问题。第一，嘉年华公司主张系新兴公司原因导致工期延误，证据并不充分。嘉年华公司并未提交证据证明其按照施工合同约定向新兴公司提出工期延误索赔。嘉年华公司结算时，亦未要求新兴公司承担工期延误损失，从而扣减结算价款。此外，新兴公司于2013年5-8月份陆续退场，双方于2014年4月22日签订《结算协议》时，嘉年华公司支付的款项约为工程总价款的60%，低于《执行合同》和《补充协议1》约定的工程进度款支付比例，说明嘉年华公司存在迟延支付工程款情况，对工程延期负有责任。第二，嘉年华公司提交的证明其遭受实际损失的证据亦不充分，嘉年华公司提交的渔人码头《租赁合同》、酒店经营管理协议、预期收益损失计算表等证据并不足以证明其遭受的实际损失。因此，嘉年华公司主张新兴公司承担工期延误损失，缺乏依据，不应予以支持。嘉年华公司反诉主张逾期竣工损失系基于案涉施工合同产生，应予审理。一审法院以嘉年华公司主张的损失事实涉及案外人，不易查清以及损失产生的基础与本案非同一法律关系为由，认定嘉年华公司可另案主张工程延误导致渔人码头、嘉年华酒店逾期运营和逾期交房造成的经济损失，适用法律有误，本院予以纠正。

关于新兴公司应否承担超额审计费及利息问题。嘉年华公司与新兴公司签订《结算协议》时，已将补充协议中应付新兴公司的全部价款考虑在

内，其中并未约定扣减超额审计费及利息，应视为并不存在该笔费用或者嘉年华公司已经放弃。嘉年华公司基于《补充协议1》的约定要求新兴公司承担超额审计费用缺乏依据。

关于新兴公司应否返还土石方垫付款及利息问题。嘉年华公司并未提交证据证明其受新兴公司委托代为支付土石方垫付款，亦未提交证据证明新兴公司对嘉年华公司代付款行为予以追认，嘉年华公司主张新兴公司返还土石方垫付款及利息，依据不足。

（四）关于一审法院对嘉年华公司工程质量鉴定申请不予准许的理由是否妥当问题

嘉年华公司一审中主张新兴公司的施工质量存在严重问题，应承担施工质量赔偿责任，并申请鉴定。一审判决认定，嘉年华公司未提供证据证明涉案工程的地基基础工程和主体结构存在质量问题需要进行维修或已进行了维修等事实，故要求鉴定工程质量的证据不充分，不予支持。对于新兴公司应否赔偿维修、返修费用问题，一审判决认为新兴公司可另行主张。嘉年华公司对一审法院不予鉴定的理由提出上诉。本院认为，嘉年华公司与新兴公司已在《支付协议》中确定工程价款结算总价，并约定新兴公司此后承担保修责任，自《支付协议》签订之日起计算保修期。嘉年华公司未能证明地基基础工程和主体结构存在质量问题，其主张工程质量损害赔偿依据不足，一审法院未准许嘉年华公司质量鉴定申请的理由并无不当。关于新兴公司对案涉工程质量应承担的保修责任，一审判决已明确嘉年华公司应先行通知新兴公司予以维修，如新兴公司不予维修，嘉年华公司可自行维修或委托第三方维修。嘉年华公司可根据工程返修情况，再另行主张。一审判决未准许嘉年华公司的鉴定申请并不影响嘉年华公司另行就工程维修问题寻求救济。

综上，新兴公司的上诉请求部分成立，应予支持。嘉年华公司的上诉请求不能成立，应予驳回。最高人民法院依照《中华人民共和国民事诉讼法》第一百七十条第二项的规定，判决如下：

一、维持山东省高级人民法院（2015）鲁民一初字第45号民事判决第二项、第四项；

二、撤销山东省高级人民法院（2015）鲁民一初字第45号民事判决第三项；

三、变更山东省高级人民法院（2015）鲁民一初字第45号民事判决第一项为：海上嘉年华（青岛）置业有限公司于判决生效之日起10日内向中国新兴建设开发有限责任公司支付工程款533204214.01元及其利息（自2014年4月25日起，以5000万元为基数；自2014年6月30日起，以1.3亿元为基数；自2014年8月20日起，以9000万元为基数；自2014年9月30日起，以7000万元为基数；自2014年12月31日起，以1.5亿元为基数；自2015年2月15日起，以2亿元为基数；自2015年3月31日起，以2.8亿元为基数；自2015年4月25日起，以34880万元为基数；自2015年6月30日起，以42880万元为基数；自2015年9月30日起，以50880万元为基数；自2015年12月31日起，以578707079.13元为基数；自2016年4月25日，以592552079.13元为基数；自2017年9月19日起，以533204214.01元为基数计算至实际付清之日）；

四、驳回中国新兴建设开发有限责任公司其他诉讼请求。

如果未按判决指定的期间履行给付金钱义务，应当依照《中华人民共和国民事诉讼法》第二百五十三条之规定，加倍支付迟延履行期间的债务利息。

一审本诉案件受理费3138243.2元由中国新兴建设开发有限责任公司负担338243.2元，海上嘉年华（青岛）置业有限公司负担280万元；反诉案件受理费2060497元，由海上嘉年华（青岛）置业有限公司负担；财产保全费5000元，由海上嘉年华（青岛）置业有限公司负担。

二审案件受理费4926977.22元，由中国新兴建设开发有限责任公司负担1万元；海上嘉年华（青岛）置业有限公司负担4916977.22元。

（执笔人：谢爱梅）

建设工程合同纠纷

> 挂靠人以被挂靠人名义对外签订建设工程施工合同的效力，应根据发包人是否善意、在签订建设工程施工合同时是否知道挂靠事实来作出认定

107. 再审申请人许昌信诺置业有限公司与被申请人牛长贵、河南林九建设工程有限公司建设工程施工合同纠纷一案[*]

【裁判摘要】

> 挂靠人以被挂靠人名义对外签订建设工程施工合同的效力，应根据发包人是否善意、在签订建设工程施工合同时是否知道挂靠事实来作出认定。如果发包人不知道挂靠事实，有理由相信真实承包人就是被挂靠人，则应优先保护善意相对人的利益，双方所签订的建设工程施工合同直接约束发包人和被挂靠人，该合同并不仅因存在挂靠关系而无效。被挂靠人将所承包工程交由挂靠人施工的行为系转包行为，转包行为违反法律强制性规定，属无效合同。如果发包人在签订合同时知道挂靠事实，发包人与挂靠人、被挂靠人在签订建设工程施工合同时均知道系挂靠人以被挂靠人的名义与发包人签订合同，则该行为属于隐藏行为。

---

[*] 摘自《民事审判指导与参考》2019年第4辑（总第80辑），人民法院出版社2020年版，第212~222页。

1443

> 即三方当事人以发包人与被挂靠人之间的合同隐藏了发包人与挂靠人之间的合同。其中，发包人与被挂靠人之间的合同欠缺效果意思，属于通谋虚伪行为，依照《中华人民共和国民法总则》第一百四十六条第一款规定，该合同无效。发包人与挂靠人之间的合同属于挂靠人借用有资质的建筑施工企业名义与发包人签订的合同，依照《最高人民法院关于审理建设工程施工合同纠纷案件适用法律问题的解释》第一条第二项规定，该合同亦无效。

再审申请人（一审原告、反诉被告，二审上诉人）：许昌信诺置业有限公司。

被申请人（一审被告、反诉原告，二审被上诉人）：牛长贵。

被申请人（一审被告、二审被上诉人）：河南林九建设工程有限公司。

一、一审法院查明情况

一审法院认定事实：2012年9月12日，许昌信诺置业有限公司（以下简称信诺公司）与河南林九建设工程有限公司（以下简称林九公司）通过协商签订了《建设工程施工合同》。该合同约定：由林九公司承建信诺公司开发建设的某投资大厦项目（地下2层，地上21层，共计23层，建筑面积51000m²），承包范围包括：施工图、设计变更、答疑纪要范围内所有内容，土建主体装饰及一般给排水、电气安装及埋管工程等。2012年10月20日，林九公司出具《授权委托书》，该公司法定代表人马榜栓委托牛长贵为公司代理人，作为案涉投资大厦项目的项目负责人，负责处理全部事宜，法律后果由公司承担。2012年12月25日建设单位信诺公司、监理单位河南华都工程管理公司、施工单位林九公司在《开工报告》上签章，确定案涉投资大厦开工日期为2012年12月25日。2013年10月12日，信诺公司韩留信与林九公司牛长贵订立《施工补充协议》，约定：信诺公司

于2013年10月23日前支付林九公司工程进度款300万元（信诺公司对林九公司4至12层所做预算审核并确定，待±0.00以下预算确定后统一核算），林九公司应保证农民工工资的准时发放；林九公司必须在2013年10月13日无条件复工，主体工程必须在2013年12月20日前完工，信诺公司按合同约定支付工程进度款，林九公司应按合同约定保证连续施工及保证合同原定工期；信诺公司同意合同总工期顺延30天，不可抗拒因素除外；三方共同委托第三方造价公司做出的决算，由于林九公司提出异议，信诺公司同意同第三方造价公司共同核对，最终由双方审核同意后，按照新的决算执行；等等。信诺公司合计支付工程款项5050万元。另有2014年12月24日案涉投资大厦《主体结构分部工程验收报告》一份，证明对信诺投资大厦框架，21层，建筑面积51535.68米进行了验收，施工单位、监理单位、设计单位验收意见为合格。

2012年9月10日林九公司与牛长贵签订的《内部承包协议书》，内容为：牛长贵作为林九公司案涉投资大厦项目工程部部门经理，就牛长贵承包该项目工程达成本协议，本工程为牛长贵自己承揽，对外为林九公司承揽，由林九公司与建设单位签署《建设工程施工合同》，牛长贵独立设立财务账簿，独立核算。对外林九公司结算的，结算后再与牛长贵进行结算，将款项支付给牛长贵，对外林九公司支付的，须有牛长贵签名书面支付书方可支付。承包方式为包工包料、保安全、保质量、包承诺。承包范围为案涉投资大厦中林九公司承揽并负责施工的全部土建及安装工程的施工。承包方式为按照1%上缴管理费，自主聘用工作人员、自筹资金、自主施工、自担风险。

二、当事人起诉情况

信诺公司向一审法院起诉请求：解除信诺公司与林九公司签订的《建设工程施工合同》及补充合同；要求牛长贵、林九公司修复案涉投资大厦项目地下室部分渗漏墙体，使其达到合格质量标准；要求牛长贵、林九公司连带支付工程延期违约金。

牛长贵向一审法院反诉请求：判令信诺公司支付拖欠牛长贵的工程款

及利息；判令信诺公司赔偿因拖欠工程价款给牛长贵造成的损失及利息；判令信诺公司返还工程保证金及利息；确认牛长贵对案涉投资大厦项目工程拍卖或折价的价款享有法定优先受偿权。

三、一审法院认定与判决

一审法院认为，关于《建设工程施工合同》效力认定问题，信诺公司在《起诉状》中，认为牛长贵是本案涉及建筑工程项目的负责人，也是实际施工人。牛长贵没有资质，也并非林九公司的正式员工，在施工过程中，牛长贵对工程的施工、款项申领、人员调配拥有完全的支配和决定权，该工程款并未进入林九公司账目运行，系信诺公司将所有的工程款支付至林九公司许昌县分公司，牛长贵对该账户资金拥有完全的支配权。信诺公司无证据证明林九公司除在相关文件签章外，对该工程建设实施了管理。上述事实，与林九公司与牛长贵之间签订《内部承包协议书》的内容相互印证，能够认定该工程系牛长贵自己承揽，对外借用林九公司的名义，人、财、物均由牛长贵负责，林九公司仅收取1%管理费的事实。综上，该院认为，牛长贵在没有资质的情况下，借用有资质的建筑施工企业名义，作为实际施工人对本案工程进行了施工，涉及本案工程的建设工程施工的相关合同，因违反法律、行政法规的强制性规定，属无效合同。该判决仅就合同效力进行判决认定，双方当事人的其他诉讼请求，另行判决。判决：确认信诺公司与林九公司签订的《建设工程施工合同》及附属合同无效。

四、当事人上诉请求

信诺公司不服一审判决，向河南省高级人民法院提出上诉。信诺公司针对合同效力一审判决上诉请求为：依法撤销一审判决，改判信诺公司与林九公司签订的《建设工程施工合同》及附属合同为有效合同。

二审法院对一审查明的事实予以确认。

建设工程合同纠纷

五、二审法院认定与判决

二审法院认为，本案《建设工程施工合同》虽系林九公司与信诺公司签订，但林九公司与牛长贵签订《内部承包协议书》，明确约定本案工程为牛长贵自己承揽，对外为林九公司承揽；牛长贵自主聘用工作人员、自筹资金、自主施工、自担风险，独立设立财务账簿、独立核算，牛长贵只向林九公司上缴1%的管理费。实际施工中，牛长贵负责筹集资金对前期工程垫资，并对工程的施工、款项申领、账户资金的支配、人员调配拥有完全的支配和决定权，双方发生纠纷的协调处理也是由牛长贵负责的。信诺公司在二审中提交的第一组证据中的7名技术和管理人员，也系牛长贵为完成本案工程在许昌市当地以林九公司名义聘用，非林九公司员工，该组证据不能证明林九公司派出员工对工程建设进行了组织施工和管理。信诺公司在《起诉状》中称牛长贵是本案工程实际施工人。牛长贵没有建设工程施工资质，借用有资质的建筑施工企业名义与信诺公司签订合同进行施工。一审法院认为本案涉及的建设工程施工的相关合同，因违反法律、行政法规的强制性规定，属无效合同，符合法律规定。综上，该院维持一审判决关于合同无效的认定。

六、当事人申请再审情况

信诺公司关于合同效力的再审理由：信诺公司与林九公司签订的《建设工程施工合同》及附属合同为有效合同，一审、二审判决认定合同无效系适用法律错误。第一，本案所涉《建设工程施工合同》及附属合同均为信诺公司与林九公司签订，林九公司作为工程的承包方具有相应的建筑资质，合同双方意思表示明确、真实，不违反法律的强制性规定。林九公司实际参与了该项目的施工及管理，施工期间，除了委托牛长贵全权负责项目外，林九公司还另指派张晓刚参与项目管理，故林九公司是本案合法的承包人。林九公司向牛长贵出具了委托书且牛长贵系林九公司许昌县分公司负责人，因此信诺公司接受了牛长贵代表林九公司实施的部分行为，并不能因此影响《建设工程施工合同》及附属合同的效力。第二，信诺公司在与林九公司签订案涉《建设工程施工合同》及附属合同时并不知道林九公司与牛长贵之间是否还存在内部承包或转包关系,而是在后期因工程争议导致诉讼时才知晓该情况。即使林九公司与牛长贵之间存在违法转包行为,也与信诺公司无关,并不影响信诺公司与林九公司之间的合同效力。信诺公司作为工程发包人不存在任何过错。

牛长贵提交答辩意见称,案涉建设工程施工合同书及附属合同为无效合同。案涉建设工程施工合同系牛长贵借用林九公司资质与信诺公司签订,根据《中华人民共和国合同法》《中华人民共和国建筑法》《最高人民法院关于审理建设工程施工合同纠纷案件适用法律问题的解释》(以下简称《建设工程施工合同司法解释》)的规定,本案建设工程施工合同系无效合同。另,根据《中华人民共和国合同法》相关规定,主合同无效的,从合同也应归于无效,因此,双方签订的补充合同或调解协议也系无效合同。第一,信诺公司诉状载明"牛长贵组织人员、实际负责该项目施工建设,牛长贵是该项目的负责人,也是实际施工人"。信诺公司支付工程款时直接支付给由牛长贵成立的林九公司许昌县分公司账户内,并非支付给林九公司。可知信诺公司在合同签订时已知牛长贵借用林九公司资质,合同履行过程中明知且认可牛长贵实际施工人身份。第二,在案涉工程内部管理上,工程前期垫付的全部资金是牛长贵个人筹集,工程项目施工人员、管理人员、技术人员是牛长贵个人组织和聘用。在案涉工程对外经营过程中,配套合同(商品砼、钢材、钢管等)是由牛长贵对外签订,案涉工程产生争议后,是牛长贵本人与信诺公司、示范区政府等协商解决。无论是对内工程项目管理还是对外合同签订以及关系处理上,均由牛长贵本人进行。林九公司没有向案涉工程投入资金、没有派驻工程管理人员和技术人员、在案涉工程争议产生后未参与纠纷的解决。上述事实可以表明牛长贵是案涉工程实际施工人,该工程实际权利义务均归属于牛长贵个人。第三,牛长贵非林九公司工作人员,不享受林九公司职工福利,林九公司未向牛长贵支付过工资,未为牛长贵缴纳过社保费用,其身份符合法律规定的实际施工人身份。第四,林九公司提交的内部承包协议明确载明牛长贵系借用林九公司资质,该工程所有权利义务应由牛长贵自己承

建设工程合同纠纷

担，牛长贵须向林九公司缴纳管理费，牛长贵为案涉工程的实际施工人，再次印证牛长贵实际施工人的身份。

七、再审情况

最高人民法院再审认为，在处理无资质的企业或个人挂靠有资质的建筑企业承揽工程时，应区分内部关系和外部关系。挂靠人与被挂靠人之间的协议因违反法律的禁止性规定，属于无效协议。而挂靠人以被挂靠人名义对外签订合同的效力，应根据合同相对人是否善意、在签订协议时是否知道挂靠事实来作出认定。如果相对人不知道挂靠事实，有理由相信承包人就是被挂靠人，则应优先保护善意相对人的利益，双方所签订协议直接约束善意相对人和被挂靠人，该协议并不仅因存在挂靠关系就属于无效协议。如果相对人在签订协议知道挂靠事实，即相对人与挂靠人、被挂靠人通谋作出虚假意思表示，则当事人签订的建设工程施工合同属于无效合同。本案中，信诺公司与林九公司签订《建设工程施工合同》，林九公司为承包方，该合同上加盖了林九公司公章和林九公司法定代表人马榜栓的私人印章。该合同及附属合同亦未将牛长贵列为当事人。林九公司与牛长贵之间签订《内部承包协议书》，只能证明林九公司与牛长贵之间的借用资质或者转包关系。信诺公司明确表示，其与林九公司在签订《建设工程施工合同》及附属合同时不知道林九公司与牛长贵之间的关系。本案无证据证明信诺公司在签订《建设工程施工合同》及附属合同时知道系牛长贵借用林九公司的名义与其签订合同，故信诺公司在签订上述合同时有理由相信承包人为林九公司是善意的。本案应优先保护作为善意相对人的信诺公司的利益。信诺公司主张案涉《建设工程施工合同》及附属合同有效，有法律依据。该协议直接约束信诺公司和林九公司。一审、二审判决认定案涉《建设工程施工合同》及附属合同无效缺乏法律依据，应当予以纠正。二审判决认定信诺公司与林九公司签订的《建设工程施工合同》及附属合同无效缺乏法律依据，但二审判决处理结果并无不当。驳回信诺公司的再审申请。

八、本案解析

对于挂靠施工合同的效力问题，实践中主要有两种观点：一种观点认为，只要存在挂靠关系，没有建筑工程施工资质的单位或者个人挂靠有资质的建筑企业签订建设工程施工合同的，合同一律无效；第二种观点是，根据《建设工程施工合同司法解释》第一条第二项规定，没有资质的实际施工人挂靠有资质的建筑施工企业承包工程，认定建设工程施工合同的效力时，应考察发包人是否善意。发包人善意的，不能仅因存在挂靠关系就认定发包人与有资质的建筑企业签订的建设工程施工合同无效。本文认同第二种观点，具体理由如下：

（一）建设工程施工合同的效力应结合民法总则、合同法的规定作出认定

《中华人民共和国民法总则》第一百四十三条规定："具备下列条件的民事法律行为有效：（一）行为人具有相应的民事行为能力；（二）意思表示真实；（三）不违反法律、行政法规的强制性规定，不违背公序良俗。"即在签订合同的行为人具有相应的民事行为能力，行为人意思表示真实，且不违反法律、行政法规的强制性规定，不违背公序良俗的情况下，合同即为有效。具体到本案中，信诺公司和林九公司签订了案涉《建设工程施工合同》，信诺公司为发包方，林九公司为承包方，林九公司具有承建案涉工程的资质，双方签订的《建设工程施工合同》符合《中华人民共和国民法总则》第一百四十三条规定，应为有效。

（二）应当区别对待牛长贵和林九公司签订的《内部承包协议书》的效力和案涉《建设工程施工合同》的效力

首先，关于牛长贵和林九公司签订的《内部承包协议书》的效力问题。信诺公司与林九公司于2012年9月12日签订了《建设工程施工合同》。2012年10月20日，林九公司出具《授权委托书》，该公司法定代表人马榜栓委托牛长贵为公司代理人，作为案涉投资大厦项目的项目负责

建设工程合同纠纷

人,负责处理全部事宜,法律后果由公司承担。2012年9月10日,林九公司与牛长贵签订了《内部承包协议书》,明确约定案涉工程为牛长贵自己承揽,对外为林九公司承揽,由林九公司与建设单位签署《建设工程施工合同》,牛长贵自主聘用工作人员、自筹资金、自主施工、自担风险,独立设立财务账簿,独立核算,牛长贵只向林九公司上缴1%的管理费。实际施工中,牛长贵负责筹集资金对前期工程垫资,并对工程的施工、款项申领、账户资金的支配、人员调配拥有完全的支配和决定权,双方发生纠纷的协调处理也由牛长贵负责。可以认定,本案中牛长贵是没有资质的实际施工人,借用林九公司的资质对案涉工程进行施工,二者存在挂靠关系。《中华人民共和国建筑法》第二十六条规定:"承包建筑工程的单位应当持有依法取得的资质证书,并在其资质等级许可的业务范围内承揽工程。禁止建筑施工企业超越本企业资质等级许可的业务范围或者以任何形式用其他建筑施工企业的名义承揽工程。禁止建筑施工企业以任何形式允许其他单位或者个人使用本企业的资质证书、营业执照,以本企业的名义承揽工程。"《中华人民共和国合同法》第五十二条第五项规定,违反法律、行政法规的强制性规定的,合同无效。《建设工程施工合同司法解释》第四条规定:"承包人非法转包、违法分包建设工程或者没有资质的实际施工人借用有资质的建筑施工企业名义与他人签订建设工程施工合同的行为无效。人民法院可以根据《中华人民共和国民法通则》第一百三十四条规定,收缴当事人已经取得的非法所得。"根据上述法律及司法解释规定,牛长贵和林九公司之间签订的《内部承包协议书》无效。

其次,关于牛长贵与林九公司挂靠关系对案涉《建设工程施工合同》效力的影响。关于合同效力问题,《中华人民共和国民法总则》第一百四十三条规定:"具备下列条件的民事法律行为有效:(一)行为人具有相应的民事行为能力;(二)意思表示真实;(三)不违反法律、行政法规的强制性规定,不违背公序良俗。"《中华人民共和国合同法》第五十二条规定:"有下列情形之一的,合同无效:(一)一方以欺诈、胁迫的手段订立合同,损害国家利益;(二)恶意串通,损害国家、集体或者第三人利益;(三)以合法形式掩盖非法目的;(四)损害社会公共利益;(五)违反法律、行政法规的强制性规定。"本案信诺公司和林九公司均具备相应的民事行为能力，林九公司亦具备相应的建筑工程施工资质，双方签订案涉《建设工程施工合同》并不违反法律、行政法规的强制性规定，不违背公序良俗。由于信诺公司与林九公司签订案涉《建设工程施工合同》时并不知道林九公司会将案涉工程交由牛长贵施工，因此该合同是信诺公司的真实意思表示。对林九公司而言，在签订案涉《建设工程施工合同》之前，其即与牛长贵签订了《内部承包协议书》，且在签订案涉《建设工程施工合同》之后，亦委托牛长贵作为案涉项目的项目负责人，负责处理全部事宜，其只收取管理费，不负责案涉工程施工。在实际施工中，筹集垫资、工程施工、款项申领、资金支配、人员调配、纠纷解决等均为牛长贵负责。可见，林九公司在与信诺公司签订案涉《建设工程施工合同》之时，保留了其内心真实意思。林九公司作出的表示行为是自己承包案涉工程，并对工程进行施工，其保留的真实意思是由牛长贵实际承包案涉工程并负责施工，其只收取管理费，不负责工程施工。林九公司与信诺公司签订案涉的《建设工程施工合同》属于真意保留。从民法学发展历史看，关于真意保留行为的效力问题，经历了从主观主义到客观主义再到主观主义与客观主义相结合的过程。如果相对人是善意的，则优先保护交易安全和相对人利益，采客观主义，以表意人的表示行为作为认定其意思表示的依据。如果相对人并非出于善意，其知道表意人保留真意之事实以及表意人表示行为之后所保留的效果意思，则应当采主观主义，以表意人的效果意思作为认定其意思表示的依据。因此，案涉《建设工程施工合同》是否无效，取决于发包人信诺公司对林九公司关于由牛长贵实际承包案涉工程并负责施工，其只收取管理费，不负责工程施工的效果意思是否知道。如果信诺公司知道，则其与林九公司之间签订的《建设工程施工合同》属于通谋虚伪意思表示，为无效合同。如果信诺公司不知道，为善意相对人，应当依据林九公司的表示行为认定其真实意思表示，则其与林九公司之间签订的《建设工程施工合同》为双方真实意思表示，应当有效。本案中，信诺公司在与林九公司签订案涉《建设工程施工合同》时并不知道牛长贵与林九公司之间的挂靠关系，故案涉《建设工程施工合同》为双方当事人的真实

建设工程合同纠纷

意思表示，合法有效。

最后，要正确理解《建设工程施工合同司法解释》第一条第二项规定。《建设工程施工合同司法解释》第一条第二项规定，没有资质的实际施工人借用有资质的建筑施工企业名义签订的建设工程施工合同应当根据《中华人民共和国合同法》第五十二条第五项的规定，认定为无效。此处的建设工程施工合同是没有资质的实际施工人借用有资质的建筑施工企业名义与发包人签订。建设工程施工合同的双方当事人是没有资质的实际施工人即挂靠人和发包人。从意思表示的角度看，被挂靠人不属于承包人或者施工人。在挂靠人借用被挂靠人的名义与发包人签订建设工程施工合同的情况下，三方当事人间形成三个合同关系：一是挂靠人与被挂靠人之间的挂靠合同关系。该合同违反法律的效力性强制性规定，属于无效合同。二是发包人与被挂靠人签订的建设工程施工合同所隐藏的发包人与挂靠人之间的建设工程施工合同关系，属于《建设工程施工合同司法解释》第一条第二项规定的无资质的企业或者个人借用其他企业的建筑工程施工资质签订的合同，该合同亦无效。三是发包人、挂靠人与被挂靠人之间的借用资质关系。无论是发包人找到被挂靠人借用资质，还是挂靠人找到被挂靠人借用资质，三方当事人之间对于挂靠人借用被挂靠人的资质与发包人签订建设工程施工合同的事实是明知的，形成了一致的意思表示。该行为因违反法律的效力性强制性规定，系无效行为。因此，发包人与被挂靠人之间无设立建设工程施工合同关系的效果意思，二者之间不构成建设工程施工合同关系。概言之，发包人与挂靠人之间形成建设工程施工合同关系，被挂靠人与发包人、挂靠人（实际承包人）之间构成出借资质关系，被挂靠人与挂靠人之间构成挂靠（借用资质）关系。对于被挂靠人与挂靠人之间构成挂靠（借用资质）关系，不难理解。较难理解的是为何被挂靠人与发包人、挂靠人（实际承包人）之间构成出借资质关系。发包人在与承包人签订建设工程施工合同时，如果知道或者应当知道挂靠关系存在，则说明其对挂靠是采取放任或者积极追求的态度。由于建设工程领域特定的对建筑工程施工资质的要求，如果发包人直接与缺乏资质的企业或者个人签订建设工程施工合同，不仅合同会被认定为无效合同，相关的审批手续也无法办理。在发包人愿意把工程直接发包给缺乏资质的企业或者个人的情况下，不仅实际施工人需要借用建筑工程施工资质，发包人也需要实际施工人借用资质，建设工程施工才有可能正常推进。因此，在被挂靠人与挂靠人、发包人形成一个出借资质的关系，被挂靠人是出借方、挂靠人是借用方、发包人是获益方或者借用方。因为通过挂靠人借用资质的行为，发包人能够实现将工程发包给缺乏资质的企业或者个人的目的。而发包人之所以愿意将工程发包给缺乏资质的企业或者个人，是因为这比发包给具备资质的企业更加有利。这一法律关系不仅是三方当事人的真实意思，而且是一致意思。

（执笔人：谢　勇、张静思）

108. A 公司与 B 公司建设工程施工合同纠纷案*

> 合同无效，工程未经竣工验收但已交付使用的，施工人能否获得折价补偿以工程质量是否合格为前提

一、案情简介

2015 年 3 月 25 日，A 公司与 B 公司签订建设工程施工合同，约定由 B 公司承建 A 公司开发的"碧水庄园"小区。合同价款为固定总价 3692 万元。自工程竣工验收合格后的 10 个工作日内，A 公司向 B 公司支付全部款项。工程完工后，A 公司应当在一周内完成验收，否则视为验收通过。后，B 公司进场施工，工程完工后未经竣工验收即交付 A 公司使用。经 B 公司多次催要，A 公司一直未支付工程款。B 公司因此诉至一审法院，请求 A 公司支付工程款 3692 万元，并按照同期贷款利率支付欠付工程款的利息。

二、法院裁判情况

一审法院认为，案涉建设工程施工合同因违反《中华人民共和国招标投标法》（以下简称《招标投标法》）的有关规定，为无效合同。《最高人民法院关于审理建设工程施工合同纠纷案件适用法律问题的解释》（以下

---

* 摘自《民事审判指导与参考》2020 年第 1 辑（总第 81 辑），人民法院出版社 2021 年版，第 128~133 页。

简称《建设工程司法解释》）第二条规定："建设工程施工合同无效，但建设工程经竣工验收合格，承包人请求参照合同约定支付工程价款的，应予支持。"本案中，B公司已经按照合同约定完成了工程建设，且工程已经移交A公司使用，A公司并未就工程质量提出异议。因此，A公司应当参照合同约定支付案涉工程价款。判决：A公司向B公司支付工程款3692万元并按照中国人民银行同期同类贷款利率支付利息。

A公司不服一审判决，提起上诉称，根据《建设工程司法解释》第二条、第三条规定，其向B公司支付工程款的前提是建设工程经竣工验收合格。在涉案工程未经竣工验收的情况下，A公司的付款条件尚不具备，应当驳回B公司的诉讼请求。

二审法院认为，虽然案涉施工合同无效，但A公司已因诉争合同取得案涉工程，应对B公司予以补偿。双方对合同价款并无异议，原判决据此认定A公司的补偿数额，并无不当。判决：驳回上诉，维持原判。

三、主要观点及理由

本案的争议点主要在于《建设工程司法解释》第二条的适用问题，也即，在建设工程施工合同被认定无效，建设工程未经竣工验收程序，但已经交付发包人使用的情况下，承包人能否适用该条规定请求参照合同约定支付工程价款。对此，实践中存在模糊认识：

第一种观点认为，根据《建设工程司法解释》第二条规定，合同无效的情况下，只有工程经竣工验收合格的，承包人才有权请求参照合同约定支付工程价款。工程未经竣工验收程序，承包人完成的工程质量是否合格尚处于不确定状态，自然也无权请求参照合同约定支付工程价款。虽然工程已交付发包人使用，但发包人在竣工验收前擅自使用，应视为其自行承担了工程质量存在问题的风险，发包人仅是不能以其使用部分的工程质量不符合约定为由主张权利，不能因此得出承包人有权参照合同约定获得工程价款的结论。

第二种观点认为，《建设工程司法解释》第二条之所以将竣工验收合

格作为承包人可以参照合同约定请求支付工程价款的条件,主要目的是保证工程质量。在发包人已经占有并使用工程,且未对工程质量提出任何异议的情况下,保证工程质量不出现问题的目的实际上已经实现,承包人如约履行了合同义务,应当享有参照合同约定请求支付工程价款的权利。

我们基本同意第二种观点,即合同无效的情况下,如工程未经竣工验收,但发包人已经实际占有使用工程,且发包人未对工程质量提出过异议,或者没有证据证明工程存在质量问题的,承包人应当享有请求发包人参照合同约定支付工程价款的权利。具体分析如下:

(一)《建设工程司法解释》第二条的本意在于确定合同无效情况下工程计价标准

《建设工程司法解释》第二条规定,建设工程施工合同无效,但建设工程经竣工验收合格,承包人请求参照合同约定支付工程价款的,应予支持。该条是根据《中华人民共和国合同法》(以下简称《合同法》)第五十八条合同无效的处理原则,针对建设工程施工合同特点确定的具体处理规则。根据《合同法》第五十八条规定,合同无效或者被撤销后,因该合同取得的财产,应当予以返还;不能返还或者没有必要返还的,应当折价补偿。有过错的一方应当赔偿对方因此所受到的损失,双方都有过错的,应当各自承担相应的责任。即,因无效合同取得的财产应予返还;不能返还或者没有必要返还的,折价补偿;因履行无效合同造成的损失,按照缔约过错分担。不同于其他种类的合同,承包人在履行建设工程合同的过程中,已经将建筑材料、建筑工人劳务、建筑施工企业管理费用等物化到建筑产品之中,属于《合同法》第五十八条不能返还或者没有必要返还的情形,应当适用折价补偿的处理方案。但按照何种标准折价补偿,实践中存在不同认识。合同被依法认定为无效后,合同约定即对当事人没有拘束力,此时能否参照合同约定确定已完工程价款,存在疑问。为此,经过研究,在考虑了定额、市场价格信息等多种计价标准后,最终认为参照合同中有关工程结算标准、计算方法的约定内容结算工程价款,最符合双方当事人的本意，故将之确定为合同无效时的工程计价标准。

（二）工程价款的支付必须以工程质量合格为根本前提

在制定《建设工程司法解释》时需要考虑多重价值取向，包括保障建设工程质量、保护农民工等弱势群体利益、维护建筑市场秩序、促进建筑业健康发展、平衡当事人各方利益等。其中，保障建设工程质量始终居第一位，这是该司法解释的首要价值选择。其原因在于，保证建筑工程的质量和安全是建设工程的生命线，工程质量，尤其是房屋等工程的质量，关系到人民群众的生命健康和财产安全，必须在质量有保证的情况下才能交付使用。对于施工人来讲，建造的建筑产品质量合格，达到使用目的，也是其请求支付工程价款的当然前提。为了保证建筑工程的质量，我国相关的法律法规对工程的竣工验收作出了严格的规定。《中华人民共和国建筑法》（以下简称《建筑法》）第六十一条规定，交付竣工验收的建筑工程，必须符合规定的建筑工程质量标准，有完整的工程技术经济资料和经签署的工程保修书，并具备国家规定的其他竣工条件。建筑工程竣工经验收合格后，方可交付使用；未经验收或者验收不合格的，不得交付使用。同时，《合同法》第二百七十九条、《建设工程质量管理条例》第十六条也作出了类似的规定。这也是《建设工程司法解释》第二条规定"建设工程经竣工验收合格"的原因，主要是为了保障建筑工程的质量。但现实中，有些施工人仅施工了部分工程即撤场，也有的因为各种原因提前解除合同，工程尚未竣工验收，此时施工人就其施工工程部分主张工程款是否需要等待整个工程竣工验收；还有一种情况，因为发包人或其他因素，一直未进行竣工验收程序，如果一概以工程完成竣工验收作为支付工程款的条件，严重损害了施工人的利益，亦非《建设工程司法解释》制定的初衷。因此，对于工程经竣工验收合格，不能机械理解，要根据案件具体情况判断，比如根据《合同法》第二百七十八条规定，隐蔽工程在隐蔽前要经过发包人检查。如果施工人仅施工了隐蔽工程，在发包人检查确认了工程质量的情况下，也应当作为工程质量合格的证据。实际上，在建设工程施工

建设工程合同纠纷

过程中,还存在很多中间验收程序,这些程序均是工作质量合格的保障。建设工程的竣工验收,是整个工程建设的最后阶段,是全面检验工程建设是否符合设计要求和施工质量的重要环节。工程竣工验收在符合规定的建设工程质量标准的情况下,还需要法律规定的其他条件,比如技术档案、施工管理资料,工程使用的主要建筑材料、建筑构配件和设备的进场试验报告等,工程竣工之后的验收是保证工程质量的重要程序性保障,该程序的核心目的还在于保证工程的质量。因为种种原因工程未竣工验收的情况时有发生,但未竣工验收并不代表工程质量不合格。建筑工程竣工验收合格是合同无效折价补偿的前提,该条件为折价补偿的实质要件,而非程序要件。只要工程质量合格,承包人即有权获得其履行合同义务的相应对价。从体系解释的角度看,《建设工程司法解释》第三条同时规定了竣工验收不合格的情况处理,从该条规定看,即使建设工程经竣工验收不合格的,亦非绝对否定施工人请求支付工程款的权利。在此情况下,施工人还可以修复,如果经修复后质量合格的,施工人仍有权请求支付工程价款。该解释第十条亦规定:"建设工程施工合同解除后,已经完成的建设工程质量合格的,发包人应当按照约定支付相应的工程价款;已经完成的建设工程质量不合格的,参照本解释第三条规定处理……"该条虽是合同有效前提下的合同解除规定,但与无效情形下的处理可参照适用。因此,支付工程款强调的是实质要件"建设工程质量合格",而未规定需要竣工验收程序。《最高人民法院关于审理建设工程施工合同纠纷案件适用法律问题的解释(二)》第二十条也规定:"未竣工的建设工程质量合格,承包人请求其承建工程的价款就其承建工程部分折价或者拍卖的价款优先受偿的,人民法院应予支持。"工程价款优先受偿权的前提是承包人享有工程价款支付请求权,因此,该条也暗含着未竣工的建设工程,只要工程质量合格,承包人即可请求支付工程价款之意。因此,建设工程经竣工验收合格是判断工程质量合格的重要标准,但并非支付工程款的绝对和唯一条件。

（三）发包人不主动履行组织竣工验收义务的法律后果，不应由承包人承担

《中华人民共和国民法典》第七百九十九条第一款规定，建设工程竣工后，发包人应当根据施工图纸及说明书、国家颁发的施工验收规范和质量检验标准及时进行验收。验收合格的，发包人应当按照约定支付价款，并接收该建设工程。同时，《建设工程质量管理条例》第十六条规定，建设单位收到建设工程竣工报告后，应当组织设计、施工、工程监理等有关单位进行竣工验收。可见，组织建设工程竣工验收的责任人为建设单位。按照上述相关法律、法规的规定，只有在工程经竣工验收合格后，工程才能交付发包人即建设单位使用，未经竣工验收的，不得交付使用。工程是否竣工验收合格，关系到发包人能否及时享有工程的占有、使用、收益、处分等相关利益，其应当主动及时履行组织竣工验收的义务。在工程质量合格，建设工程合同虽被认定无效，但承包人履行了合同义务，发包人实际占有使用工程的情况下，如允许发包人怠于履行义务，且以未完成竣工验收程序为由否认应当承担的折价补偿责任，显然有失公平。

（四）发包人实际占有使用工程，合同目的实现，按照权利义务相一致原则，应当支付工程价款

发包人与承包人签订建设工程合同，目的就是通过相应的建设行为，承包人投入劳务和材料获取工程价款收益，发包人则获得工程物上的权利，该权利的获得，以发包人实际占有使用工程为一重要表征。在发包人实际占有使用工程的情况下，如果存在质量问题，其应及时提出异议，在其未提出任何异议的情况下，可以作为其认可工程质量的证据。如果只因工程未经竣工验收就认定发包人不负有支付工程价款的义务，势必导致发包人不履行合同义务却获得合同权利，而承包人只履行合同义务却不能享有合同权利的失衡状态。根据权利义务相一致原则，承包人按照约定履行了合同义务，发包人实现了合同目的、占有使用工程的情况下，发包人应

当向承包人支付工程价款。

四、最高人民法院民一庭意见

建设工程施工合同被依法认定无效,工程未经竣工验收程序但已交付使用的,发包人未对工程质量提出异议或者未提供证据证明工程质量不合格,仅以未完成竣工验收程序为由对施工人支付工程款的请求提出抗辩的,不应予以支持。

(执笔人:王　丹、徐　上)

> 一人有限责任公司股东未举证证明公司财产独立于股东自己财产，应当对公司债务承担连带责任

109. 上诉人江苏南通二建集团有限公司、上诉人天津国储置业有限公司与被上诉人国储能源化工（天津）有限公司、天津睿拓投资有限公司建设工程施工合同纠纷二审案[*]

【裁判摘要】

1. 《中华人民共和国公司法》第二十条系否认公司法人人格的原则性规定，适用于所有的公司形式。一人有限责任公司为有限责任公司中的特殊形式，股东与公司联系更为紧密，股东对公司的控制力更强，股东与公司存在人格混同的可能性也更大。为平衡债权人与股东的利益，法律对一人有限责任公司的股东课以更重的注意义务。为此，《中华人民共和国公司法》第六十三条规定，一人有限责任公司的股东应当举证证明公司财产独立于股东自己的财产。此为法律对一人有限责任公司的特别规定，应当优先适用。股东所提供的审计报告仅能证明该一人公司财务报表制作符合规范，反映了公司的真实财务状况，无法证明两者财产相互独立。在其未完成举证证明责任的情况下，应当对公司债务承担连带责任。

---

[*] 摘自《民事审判指导与参考》2020年第2辑（总第82辑），人民法院出版社2021年版，第146~161页。

建设工程合同纠纷

> 2. 合同同时约定了免息的债务履行期限和应付利息的最迟履行期限。虽然当事人提起诉讼时,免息的债务履行期限尚未届至,但一审庭审辩论终结前,该期限已经届至。债务人既未按约定履行付款义务,亦未向法院申请提存款项,应当认定债务人未在免息的债务履行期限届满前履行债务,债务人应按照合同约定支付利息。

上诉人(原审原告):江苏南通二建集团有限公司,住所地江苏省启东市人民中路683号。

法定代表人:杨某东,该公司董事长。

委托诉讼代理人:张顺意,上海市亚太长城律师事务所律师。

委托诉讼代理人:张倬,上海市亚太长城律师事务所律师。

上诉人(原审被告):天津国储置业有限公司,住所地天津高泰科技产业园天安路1号天安数码城3-203。

法定代表人:刘某艳,该公司董事长。

委托诉讼代理人:黄爱国,天津瑞津律师事务所律师。

被上诉人(原审被告):国储能源化工(天津)有限公司,住所地天津市西青区张家窝镇嘉和路6号。

法定代表人:赵某海,该公司董事长。

委托诉讼代理人:曲晶,北京颐合中鸿律师事务所律师。

委托诉讼代理人:王晓辰,北京颐合中鸿律师事务所实习律师。

被上诉人(原审被告):天津睿拓投资有限公司,住所地天津市津南区双港镇北马集村东海天馨苑家福园22号楼。

法定代表人:万某,该公司执行董事。

一、一审法院审理情况

江苏南通二建集团有限公司(以下简称南通二建)向一审法院起诉请

求：(1) 判令天津国储置业有限公司（以下简称置业公司）给付所欠工程款1.1亿元，偿付2018年8月17日前的逾期支付工程款违约金16893993元，并自2018年8月20日起至实际给付之日止，按照年利率12%的标准支付迟延付款利息；(2) 判令国储能源化工（天津）有限公司（以下简称能源公司）、天津睿拓投资有限公司（以下简称睿拓公司）对置业公司在第一项诉讼请求项下的债务承担连带清偿责任。

一审法院认定事实：

置业公司是坐落于天津市西青区张家窝汽车示范工业园区赛达大道以北、嘉和路以西的国储中心大厦工程的建设单位。经招、投标程序，南通二建以135505850元的标价中标该工程。

2015年4月15日，双方签订《建设工程施工合同》，约定：工期为2015年4月1日至2016年9月30日，总计549天；工程质量达到国家施工验收规范合格标准；合同价款采用固定价格合同方式，为135505850元，同时约定了合同价款中包括的风险范围及风险范围以外合同价款调整方法等。关于工程款支付方式，约定：合同签署后，开工前15日内预付中标价格的10%作为工程预付款；施工中，每月按已完工程量的70%进行付款，工程量全部完成且竣工验收合格后，支付至合同价的80%；工程竣工结算、竣工资料归档、审计工作完成后，按天津市有关文件规定，拨付工程结算总造价95%的工程款，扣留5%作为维修款；保修期满30日内支付5%的维修款。关于违约责任，约定：发包人如违约每延期一天支付预付款或者工程款，按照合同总价的万分之三向承包人支付违约金；由于承包人的原因造成工期延长，每延迟一天，承包人按照合同总价的万分之三支付违约金。

2016年1月18日，置业公司与南通二建签订《总包补充协议》，关于工程款支付，约定：承包人进行全垫资施工，工程按本合同约定的期限竣工并验收合格的前提下，施工至项目竣工验收合格且完成竣工备案后10个月内，发包人向承包人付清全部工程款。

2017年5月25日，勘察、设计、施工、监理、建设单位五方共同签署国储中心大厦工程质量验收证明书，确认该工程竣工验收合格，并于

2018年2月办理了竣工验收备案手续。

2017年9月29日,置业公司签收了南通二建报送的工程结算书。

2018年2月7日,置业公司与南通二建签订《借款协议》,约定置业公司向南通二建发放借款1000万元,借款期限自2018年2月7日起至2018年5月7日止,按照年利率4.5%计算资金占用费,以南通二建实际收到款项之日计算;本协议到期后,南通二建需如约还款,若不能按时还款,按每日借款额的千分之一向置业公司支付违约金。该协议签订当日,置业公司给付南通二建1000万元。

2018年8月17日,置业公司(甲方)与南通二建(乙方)签订《支付协议》,约定:"鉴于:1. 双方分别于2015年4月15日和2016年1月18日,签订了'国储中心大厦'的《建设工程施工合同》及《补充协议》,乙方已完成该项目的全部施工内容及竣工验收合格,且交付甲方使用;2. 甲方作为该项目的发包人,截至2018年8月9日欠付乙方工程款项13200万元(大写:壹亿叁仟贰佰万元整),最终以双方确认的结算金额及已付款金额为准;经双方协商,甲方支付乙方工程款项及该项目的结算事宜,双方于2018年8月17日达成如下协议:1. 甲乙双方于2018年8月17日确定该项目的结算金额:13200万元(大写:壹亿叁仟贰佰万元整);2. 甲乙双方于2018年2月7日签订的《借款协议》,同时甲方汇入乙方账户的1000万元(大写:壹仟万元整),双方确认现转成甲方已付工程款,双方原签署有关该1000万元的任何协议或合同,自本协议签订之日起失效,以本协议约定为准;3. 甲方于2018年8月20日前以现金形式向乙方电汇支付工程款4000万元(大写:肆仟万元整),甲方不得以银行承兑汇票等其他方式支付;4. 甲方自2018年9月开始每3个月支付1000万元(定于每3个月的第二个月的20日前支付1000万元),且于2018年12月30日前付清余款,则乙方不予计算甲方的延期付款利息;5. 若甲方未能在第4条款约定的时间内付清余款,则甲方承诺:于2020年8月20日前付清所欠工程款,以欠付乙方工程款项为基数,以年息12%为标准计算利息,同时分8个季度平均支付欠付的工程款,每季度的第三个月的20日前支付一次当季度所欠工程款,于第4个季度支付前4个季度的全部利息;

支付时间和金额如下：（1）2018年11月20日前支付工程款1000万元；（2）2019年2月20日前支付工程款1000万元；（3）2019年5月20日前支付工程款1000万元；（4）2019年8月20日前支付工程款及利息1540万元；（5）2019年11月20日前支付1000万元；（6）2020年2月20日前支付1000万元；（7）2020年5月20日前支付1000万元；（8）2020年8月20日前支付工程款及利息1740万元；注：以上利息不纳入甲方已付工程款金额，且乙方不向甲方开具发票。……8.乙方以每次工程款实际到账的金额为准，从应收工程款总金额中扣减到账金额，余款部分甲方应按上述支付方式继续履行支付义务……"

2018年8月22日和9月30日，置业公司分别向南通二建支付工程款1000万元、200万元。此后，置业公司未再支付工程款。

2017年3月9日，置业公司取得国储中心大厦销售许可证。根据《房产测绘成果报告书》显示，国储中心大厦建筑面积共计27204.04平方米。目前，已售出1万余平方米。

置业公司成立于2013年10月15日，注册资本3000万元，公司类型为有限责任公司（法人独资），出资人及股东为能源公司。

天津鼎力房地产土地评估咨询有限公司（以下简称鼎力公司）受能源公司和睿拓公司委托，对国储中心大厦工程进行价格评估，为双方转让股权提供参考依据。鼎力公司于2017年3月10日出具《房地产估价报告》，估价结果为1.6936亿元。

2017年3月20日，能源公司与睿拓公司签订《股权转让合同》，约定能源公司将其所持置业公司100%股权转让给睿拓公司，转让价款为4461.45万元，其中包括股权转让款3611.45万元和冲抵睿拓公司应收能源公司往来款850万元。还约定，睿拓公司同意在项目建设完成并取得销售许可证后，能源公司按照8500元/m²价格购买国储中心大厦A12层整层房屋，面积791.26m²，置业公司收到购房款后以咨询费方式将全部购房款（税费除外）返还给能源公司。

2017年3月21日，置业公司办理了工商变更登记手续，股东由能源公司变更为睿拓公司。

建设工程合同纠纷

一审法院认为:

本案争议焦点:(1)诉争工程结算价款及已付款金额;(2)置业公司是否应当立即给付南通二建全部工程欠款及利息;(3)置业公司是否应当给付南通二建逾期支付工程款(包括工程预付款和工程进度款)的违约金;(4)能源公司、睿拓公司是否应当对置业公司的上述债务承担连带清偿责任。

1. 关于诉争工程结算价款及已付款金额问题。置业公司与南通二建之间系建设工程施工合同关系,南通二建承建的国储中心大厦工程已竣工验收合格并交付使用,此后双方进行了工程价款结算并签订《支付协议》,对最终结算金额及支付方式作出明确约定。该《支付协议》是双方的真实意思表示,内容不违反法律、行政法规的强制性规定,应认定有效,双方均应依约履行。置业公司主张该协议确定的1.32亿元结算金额未经第三方咨询机构核算,不能仅以此数额确认工程结算价款,还应扣减1000万元借款的资金占用费及违约金1677250元、减项工程款3091725元、工期延误赔偿金6775292.5元,以及工程质量维修费。对此,一审法院认为,首先,《支付协议》具有决算性质,是置业公司与南通二建对诉争工程结算事宜的最终确认,其中并未约定还有其他债权债务尚待解决,置业公司亦未提供证据证明自竣工验收之日起至上述协议签订之日止长达一年多时间里曾经向南通二建提出过上述主张或者双方就此达成过协议。置业公司在结算后、诉讼中又提出从双方已确认的结算价款中扣减减项工程款、工期延误损失等,理据不足。其次,双方2018年2月7日的《借款协议》虽然约定了借款利息及逾期还款违约金,但此后签订的《支付协议》中明确约定,该1000万元借款转为已付工程款,原有关该1000万元的协议失效,以《支付协议》的约定为准。现置业公司主张从结算价款中扣减该1000万元的利息及违约金,没有事实依据。最后,置业公司虽主张诉争工程存在诸多质量问题应从工程价款中扣减维修费用,但并未就此提供足以证明的证据,该主张依据不足。双方如因工程质量及维修问题存在争议,可另行解决。综上,本案中置业公司关于从工程结算价款中扣减相应款项的主张,依据不足,诉争工程结算价款应为1.32亿元。关于已付工程款金额,根据双方提供的证据及查明的事实,可以确认已付工程款为:2018年2月7日1000万元、2018年8月22日1000万元、2018年9月30日200万元,共计2200万元。

2. 关于置业公司是否应当立即给付南通二建全部工程欠款及利息问题。首先,《中华人民共和国合同法》(以下简称《合同法》)第一百六十七条第一款规定:"分期付款的买受人未支付到期价款的金额达到全部价款的五分之一的,出卖人可以要求买受人支付全部价款或者解除合同。"虽然该条规定针对的是买卖合同,但根据《合同法》第一百七十四条规定,法律对其他有偿合同有规定的,依照其规定,没有规定的,参照买卖合同的有关规定。本案中,不论是南通二建与置业公司之间的基础法律关系——建设工程施工合同关系,还是双方为清算债权债务签订的《支付协议》,均系有偿合同范畴,在合同法关于建设工程合同和承揽合同均无专门规定的情况下,可以参照适用买卖合同的有关规定。其次,诉争工程已经竣工验收并交付,置业公司亦已取得商品房销售许可证并对外销售实际受益。至此,除置业公司应当履行的支付工程款义务外,双方基于施工合同的权利义务已经基本履行完毕。而置业公司在己方合同权利已经基本实现的情况下,拖延付款,自《支付协议》签订后始终未按照约定期限和金额支付,至南通二建起诉时,未付到期价款的金额已超过结算总价款的五分之一。虽然诉讼中置业公司提出了拒付工程款的抗辩,但依前述分析可知,其抗辩理由显然不能成立。故南通二建依据《合同法》第一百六十七条和第一百七十四条规定主张置业公司一次性支付1.1亿元剩余工程款(结算价款1.32亿元–已付款2200万元),理据充分,予以支持。关于工程款利息问题,年息12%是双方在《支付协议》中针对置业公司不能在2018年12月30日前付清全部工程款情况下约定的分期付款的利息标准。南通二建在主张债务加速到期的情况下仍要求置业公司按照该利息标准支付延期付款利息,依据不足。结合《支付协议》的约定,酌定置业公司以1.1亿元为基数、以中国人民银行同期同档贷款基准利率为标准支付南通二建自2018年12月31日起至实际给付之日止的利息。

3. 关于置业公司是否应当给付南通二建逾期支付工程预付款和工程进

建设工程合同纠纷

度款违约金的问题。如前所述,《支付协议》是置业公司与南通二建对诉争工程结算事宜的最终确认,也是双方对债权债务关系的最终清算。另外,根据置业公司与南通二建签订的《总包补充协议》,诉争工程由南通二建全额垫资施工。而事实上,施工过程中置业公司也未向南通二建支付过工程预付款及进度款。对此,南通二建应当是明知和认可的,亦没有证据证明其曾提出过异议。直至竣工验收一年后双方为清算债权债务而签订《支付协议》时亦未涉及前期逾期付款问题。据此,应当视为南通二建已经放弃该部分权利主张。现南通二建起诉主张置业公司给付2018年8月17日之前的逾期支付工程款违约金,理据不足,不予支持。

4. 关于能源公司、睿拓公司是否应当对置业公司的债务承担连带清偿责任的问题。南通二建主张能源公司和睿拓公司在分别作为置业公司一人股东期间,其股东财产与置业公司财产均不独立,且存在滥用股东权利、公司法人独立地位和股东有限责任损害公司债权人利益的行为,故依据《中华人民共和国公司法》(以下简称《公司法》)第六十三条和第二十条的规定,要求能源公司与睿拓公司对置业公司欠付工程款及利息的债务承担连带责任。一审法院认为,《公司法》第二十条第三款规定:"公司股东滥用公司法人独立地位和股东有限责任,逃避债务,严重损害公司债权人利益的,应当对公司债务承担连带责任。"第六十三条规定:"一人有限责任公司的股东不能证明公司财产独立于股东自己的财产的,应当对公司债务承担连带责任。"上述条款都是关于公司法人人格否认制度的法律规定,目的是在承认公司具有独立人格的前提下,在特定法律关系中对公司的法人人格及股东有限责任加以否定,以制止股东滥用公司法人人格及有限责任,保护公司债权人利益。其中,第二十条第三款属于一般规定,确立了适用法人人格否认制度应当满足的条件;第六十三条属于特别规定,明确了在一人公司情形下对于股东财产是否独立于公司财产实行举证责任倒置。但两条规定的范畴不完全相同,不宜简单采取特别法优于一般法原则,在确定是否适用公司法人人格否认规则时,对于上述条款应当结合适用。具体到本案,南通二建以法人人格否认为由主张能源公司与睿拓公司对置业公司的债务承担连带责任,首先应当提供证据证明置业公司已丧失偿债能力导致其作为置业公司债权人的利益受到严重损害。但南通二建未能提供相关证据。而根据一审法院查明的事实，置业公司至少尚有国储中心大厦 1.6 万余平方米房屋的财产，且已处于本案财产保全之中。置业公司虽未依约履行付款义务已构成违约，但其仍有清偿债务的可能，尚不构成严重侵害债权人利益的情形，故本案不满足公司法人人格否认之条件，南通二建依此主张能源公司与睿拓公司承担连带清偿责任，缺乏事实依据，不予支持。

综上，一审判决：一、置业公司于判决生效之日起 15 日内向南通二建支付工程款 1.1 亿元及利息（自 2018 年 12 月 31 日起至实际给付之日止，按中国人民银行同期同档贷款基准利率计算）；二、驳回南通二建的其他诉讼请求。如果未按判决指定的期间履行给付金钱义务，应当依照《中华人民共和国民事诉讼法》第二百五十三条规定，加倍支付迟延履行期间的债务利息。案件受理费 692770 元，由南通二建负担 103915 元，由置业公司负担 588855 元；财产保全费 5000 元，由置业公司负担。

二、最高人民法院二审审理情况

南通二建和置业公司均不服一审判决，向最高人民法院提起上诉。

南通二建上诉请求：（1）改判一审判决第一项为"支付利息（自 2018 年 8 月 20 日起至实际给付之日止，按照年利率 12% 计算），并偿付 2018 年 8 月 17 日前的逾期支付工程款违约金 16893993 元"；（2）撤销一审判决第二项，改判能源公司、睿拓公司对置业公司在第一项诉讼请求下的债务承担连带清偿责任。（3）一审、二审诉讼费用由置业公司、能源公司、睿拓公司承担。事实和理由：（1）置业公司在工程预付款和进度款支付上构成违约，一审判决事实认定错误。关于逾期付款的违约责任，除《天津市建设工程施工合同》（以下简称《建设工程施工合同》）专用条款第三十五条和《国储中心大厦项目工程款支付协议》（以下简称《支付协议》）有约定外，《总包补充协议》第二十六条第二款也约定："如发包人未依约付清全部款项的，承包人有权按银行同期贷款利率的两倍以全部未付工程款项为基数自工程竣工之日起计收利息。"南通二建从未作出无条

件免除置业公司在《支付协议》签署前的逾期付款违约责任的意思表示。《支付协议》第四条只是附条件免除置业公司逾期付款的违约责任。(2) 能源公司、睿拓公司应当对案涉债务承担连带清偿责任。一审中,睿拓公司未就置业公司财产与其独立提供任何证据,能源公司举出的置业公司部分年度审计报告、财务报表以及其自身的审计报告、股权转让合同显示,能源公司向置业公司认缴 3000 万元出资后,置业公司即将其中的 2900 万元对外投资张家口华富财通公司,而置业公司的财务报表中却未有该笔投资的收益,也无政府给予置业公司的土地出让金返还款。而在能源公司的审计报告中,却显示同期有大量营业外收入。能源公司与置业公司的往来明细账还反映出二者有大量资金往来,能源公司不能合理解释或提供证据证明资金往来合规。《公司法》第六十三条规定:"一人有限责任公司的股东不能证明公司财产独立于股东自己的财产的,应当对公司债务承担连带责任。"在一人公司情况下,股东对公司财产独立的证明责任实行举证责任倒置。其中的股东应理解为所有公司债务形成、存续期间的一人股东。股东承担连带责任,并非补充赔偿责任,无需债权人证明一人公司丧失偿债能力。且置业公司无力偿还南通二建工程款,南通二建的相关利益已经受到现实损害。此外,能源公司滥用股东权利,与睿拓公司在股权转让时恶意串通,侵吞置业公司所有的国储中心大厦 A12 层面积 791.26m^2 的房产,导致置业公司偿债能力减弱,损害债权人利益,按照《公司法》第二十条规定,亦应当承担连带清偿责任。(3) 南通二建主张的债务加速到期,仅是针对 2018 年 11 月 9 日起诉时,按照《支付协议》第四条约定,尚有 8200 万元工程款未届支付期限。但在一审庭审及判决前的 2018 年 12 月 30 日,所有欠付工程款期限均已届满。此时,因置业公司未按《支付协议》第 4 条约定的期限支付工程款,应当适用该协议第 5 条约定,对 2020 年 8 月 20 日前欠付的工程款,置业公司均应按照年利率 12% 的标准给付逾期付款利息,并非指置业公司对 2020 年 8 月 20 日之前的欠款不需要支付利息。(4) 一审判决适用法律错误。案涉《总包补充协议》构成对《建设工程施工合同》的实质性变更,根据《最高人民法院关于审理建设工程施工合同纠纷案件适用法律问题的解释(二)》第一条的规定,应属无效。置业公司是否按约支付工程预付款和进度款应依中标合同确定，《支付协议》签订后的欠付工程款利息即使不按照年利率12%计算，也应当按照中标合同的违约金标准确定。

置业公司辩称：（1）《支付协议》中关于年利率12%的约定针对的是分期付款情况。南通二建要求提前给付，不应当对全部款项支付利息。一审判决对利息的认定正确。（2）《总包补充协议》明确了南通二建是垫资施工，其无权主张工程进度款。而且，南通二建在签订《支付协议》前后均未向置业公司提出的相应主张，《支付协议》亦未对此进行约定。同意一审判决相应的事实认定及法律适用。（3）一审判决认定能源公司和睿拓公司对案涉工程欠款不承担连带清偿责任，适用法律正确。南通二建的上诉请求无事实和法律依据，应予驳回。

能源公司和睿拓公司均辩称，一审判决认定事实清楚，适用法律正确，应予维持。

置业公司上诉请求：（1）撤销一审判决第一项中的利息部分，改判置业公司不支付上述利息；（2）改判支持置业公司关于从南通二建工程款中扣除工程质量维修费50万（以实际评估结果为准）的反诉请求或发回重审；（3）一审、二审诉讼费用及其他费用全部由南通二建承担。庭审中，置业公司表示撤回第二项上诉请求，保留另行主张的权利，本院予以准许。对第一项上诉请求的事实和理由：一审判决适用法律错误，《支付协议》仅约定了工程款以分期付款方式支付以及分期付款中的利息，未约定相关的违约责任。一审判决酌定以中国人民银行同期同档贷款利率为标准支付南通二建自2018年12月31日起至实际给付之日止的利息，无事实和法律依据。

南通二建辩称，《建设工程施工合同》专用条款第三十五条、《总包补充协议》第二十六条第二项、《支付协议》第五条都有关于违约金和利息标准的约定，一审判决以中国人民银行同期同档贷款利率计算欠付工程款利息，显著低于双方约定。置业公司未按《支付协议》第四条约定付清工程款，则对于2020年8月20日前欠付的工程款，须按年利率12%给付逾期付款利息，是该协议第五条约定的应有之义。

建设工程合同纠纷

能源公司述称，同意置业公司的上诉意见。

睿拓公司述称，同意置业公司的上诉意见。

二审中，各方当事人均未提交新证据。

最高人民法院二审另查明，能源公司与睿拓公司的《股权转让合同》"乙方的陈述与保证部分"约定："乙方（睿拓公司）已知悉天津国储置业有限公司全部债务情况，股权转让后天津国储置业有限公司的债务与国储能源化工（天津）有限公司无关。"

二审庭审中，能源公司陈述称，置业公司系因开发案涉国储大厦成立，没有其他业务和对外活动，与能源公司不存在资产混同。对于股权转让的情况，睿拓公司陈述称，受让股权时，知道置业公司欠付工程款，但作为股东，睿拓公司没有义务支付该款项。针对能源公司与睿拓公司《股权转让合同》第三条关于转让价款的约定，能源公司和睿拓公司解释称：该转让款由基础价款和溢价款两大部分组成，基础价款为能源公司对置业公司的出资3000万元和往来款850万，溢价款是案涉建筑工程的增值部分，包括6114500元和国储大厦12层房屋。

能源公司一审提交的置业公司2013年度和2014年度审计报告，其中的"审计意见"均载明，公司财务报表已经按照企业会计准则和《企业会计制度》的规定编制，在所有重大方面公允反映了公司当年底的财务状况以及当年度的经营成果和现金流量。

一审卷宗载明，2019年1月24日、2019年3月29日，一审法院两次开庭。

最高人民法院二审查明的其他事实与一审法院查明事实一致。

最高人民法院二审认为，本案二审争议的焦点问题：（1）《总包补充协议》的效力，南通二建请求支付2018年8月17日之前工程预付款及工程进度款逾期付款违约金是否有依据；（2）置业公司是否应当支付欠付款项利息以及如何支付；（3）能源公司、睿拓公司是否应当就案涉债务承担连带清偿责任。

关于《总包补充协议》的效力以及南通二建请求支付2018年8月17日之前工程预付款及工程进度款逾期付款违约金是否有依据的问题。一审中，各方均未对案涉《总包补充协议》的效力提出异议，因此，一审未将此作为争议焦点问题。二审中，南通二建主张《总包补充协议》无效，置业公司应当按照中标的《建设工程施工合同》约定向其支付工程预付款和进度款的逾期付款违约金。对此，最高人民法院认为，《总包补充协议》与中标的《建设工程施工合同》相比，工程款支付方式由预付款加进度付款改为承包人全垫资施工。而款项支付方式系工程价款的重要内容，因此，应认定《总包补充协议》构成对中标合同的实质性变更，根据《中华人民共和国招标投标法》第四十六条的规定，该协议无效，对双方当事人不具有法律约束力。南通二建依据《总包补充协议》第二十六条第二项约定，请求置业公司支付欠付工程款利息，依据不足。从合同实际履行情况看，在案涉工程竣工验收前，置业公司未支付任何预付款和工程进度款。即便2018年2月7日南通二建向置业公司借款1000万元并自愿按照年利率4.5%支付资金占用费时，亦未提出抵扣前期预付款和进度款的主张。可见，双方并未实际履行《建设工程施工合同》的约定。2018年8月17日双方签订的《支付协议》首部明确："鉴于双方分别于2015年4月15日和2016年1月18日签订了国储中心大厦的《建设工程施工合同》和《补充协议》。"《支付协议》是《建设工程施工合同》履行完毕后对所有工程款数额的最终结算，并详细约定了工程款的具体支付时间。因此，虽然中标的《建设工程施工合同》约定了工程预付款和进度款的支付事宜，但双方并未实际履行，而且工程结算的《支付协议》中又对工程款支付作出新的约定，应视为是对《建设工程施工合同》工程款支付方式的变更。双方的权利义务关系应以变更后的合同内容确定。《支付协议》并未约定预付款和进度款迟延付款违约金的事宜，南通二建关于支付2018年8月17日之前逾期付款违约金的主张，依据不足，一审判决对其该项诉讼请求未予支持，并无不当。

关于置业公司是否应当支付欠付款项利息以及如何支付的问题。《支付协议》系双方当事人真实意思表示，合法有效，各方均应受此约束。根据该协议第三条和第四条约定，置业公司2018年8月20日前须支付4000万元，自2018年9月开始每3个月支付1000万元，（每3个月的第二个月

建设工程合同纠纷

的20日前支付1000万元),至2018年12月30日前付清余款。虽然按照《支付协议》第四条约定,如果2018年12月30日之前付清所有款项,置业公司可以不支付延期付款利息,在南通二建2018年11月9日提起诉讼时,该期限尚未截至。但一审法院分别于2019年1月和3月开庭,彼时,已经超过该付款期限,置业公司并未向南通二建主动履行该条约定项下的合同义务,亦未向法院申请提存款项,应当认定置业公司未在第四条约定的时间内付清余款。在此情况下,应当适用《支付协议》第五条的约定。在该条中,置业公司承诺:"于2020年8月20日前付清所欠工程款,以欠付乙方工程款项为基数,以年息12%为标准计算利息,同时分8个季度平均支付欠付的工程款,每季度的第三个月的20日前支付一次当季度所欠工程款,于第4个季度支付前4个季度的全部利息。"该条又再次约定了分期付款的时间和具体金额,而且按照年息12%对全部欠付款项计算了相应利息。因置业公司在签订《支付协议》后仅支付了1200万元,余款均未支付,则对所有欠款按照年息12%计算利息,尚少于《支付协议》约定的利息,不违背双方当事人本意。一审判决简单地以债务加速到期为由不适用《支付协议》第五条约定,依据不足。置业公司不应当支付利息的上诉主张,无事实和法律依据,不予支持。南通二建按照年息12%支付利息的上诉主张,有合同依据,予以支持。关于利息的起算点,根据《支付协议》第五条约定,对欠付款项和利息分8个季度平均支付,截止时间为2020年8月20日,可见,双方是将2018年8月20日作为应付款项的起始点。一审判决认定自2018年12月31日起算利息,无事实依据。南通二建上诉主张以2018年8月20日起算利息,有事实依据,予以支持。

关于能源公司、睿拓公司是否应当就案涉债务承担连带清偿责任的问题。《公司法》第二十条是否认公司法人人格的原则性规定,适用于所有的公司形式,而一人有限责任公司为有限责任公司中的特殊形式。因一人有限责任公司只有一个自然人或者一个法人股东,股东与公司联系更为紧密,股东对公司的控制力更强,股东与公司存在人格混同的可能性也更大,因此,在债权人与股东的利益平衡时,应当对股东课以更重的注意义务。《公司法》第六十三条对一人有限责任公司财产独立的事实,确定了举证责任倒置的规则，即一人有限责任公司的股东应当举证证明公司财产独立于股东自己的财产。在其未完成举证证明责任的情况下，应当对公司债务承担连带责任。此为法律对一人有限责任公司的特别规定，应当优先适用。本案中，从举证情况看，能源公司虽提交了置业公司2013年度和2014年度的审计报告以及所附的部分财务报表，但从审计意见的结论看，仅能证明置业公司的财务报表制作符合规范，反映了公司的真实财务状况，无法证明能源公司与置业公司财产是否相互独立，不能达到能源公司的证明目的。而且，根据审计报告所附的资产负债表，2013年10月15日置业公司成立后，即有对张家口华富财通公司投资款2900万元，与能源公司在本院二审庭审中关于置业公司只开发案涉国储大厦，无其他业务和对外活动的陈述相矛盾。能源公司与睿拓公司的《股权转让合同》第三条约定看，不管是能源公司还是睿拓公司，与置业公司的财务均不是独立的，在股权转让中，双方又将置业公司的财产进行了处置。因此，在能源公司未能提供充分证据证明的情况下，其应当对置业公司的债务承担连带责任。对于睿拓公司，其在本院二审庭审中自认，在受让能源公司股权时对置业公司欠付工程款一事知情，这与《股权转让合同》第二条"乙方陈述与保证"中睿拓公司"已知悉天津国储置业有限公司全部债务情况"的约定一致。而且，案涉工程竣工验收备案与签订《支付协议》均在睿拓公司受让能源公司股权，成为置业公司一人股东之后。在其未提供证据证明置业公司财产独立于自己财产的情况下，应当就置业公司债务承担连带责任。南通二建该项上诉请求，有法律依据，予以支持。

综上，南通二建的上诉请求部分成立，置业公司的上诉请求不能成立。依照《中华人民共和国民事诉讼法》第一百七十条第一款第二项规定，判决如下：

一、撤销天津市高级人民法院（2018）津民初126号民事判决第二项；

二、变更天津市高级人民法院（2018）津民初126号民事判决第一项为：置业公司于本判决生效之日起15日内向南通二建支付工程款1.1亿元及利息（自2018年8月20日起至实际给付之日止，按年利率12%计算）；

建设工程合同纠纷

三、能源公司、睿拓公司对本判决第二项债务承担连带清偿责任；

四、驳回南通二建的其他诉讼请求。

一审案件受理费692770元，由南通二建负担10万元，由置业公司、能源公司、睿拓公司共同负担592770元；财产保全费5000元，由置业公司、能源公司、睿拓公司共同负担。二审案件受理费173446元，由南通二建负担116000元，由置业公司、能源公司、睿拓公司共同负担57446元。

三、对本案的解析

本案二审改判了一审的两个认定：一是一人有限责任公司股东对公司债务承担连带责任的证明标准；二是对合同条款的理解和适用。两个问题均具有一定的指导意义。

（一）关于一人有限责任公司股东的证明标准问题

《公司法》第二十条第三款规定："公司股东滥用公司法人独立地位和股东有限责任，逃避债务，严重损害公司债权人利益的，应当对公司债务承担连带责任。"第六十三条规定："一人有限责任公司的股东不能证明公司财产独立于股东自己的财产的，应当对公司债务承担连带责任。"一审判决认可了上述两个条款为一般法与特别法的关系，但在适用中却抛开了特别法优于一般法的法律适用基本原则，实际上是适用了相对作为一般法的第二十条，将举证责任赋予南通二建，并将"严重损害债权人利益"作为了置业公司人格否认的条件，属于适用法律错误。实际上，正如本案二审判决所论述的，一人有限责任公司作为有限责任公司的特殊形式，基于其股东与公司的特定结合形态，股东对公司的控制力更强，法律对其股东必然课以更重的注意义务，以平衡股东与债权人的利益，因此，在一人公司的情况下，股东应当对公司财产独立于股东自己的财产承担举证证明责任，在其举证不能的情况下，应当承担相应的不利后果。本案中，能源公司和睿拓公司先后作为置业公司的一人股东，负有相应的举证责任。对于能源公司来讲，其虽提交了能源公司和置业公司的审计报告和部分财务报表，但该审计意见仅能表明双方财务报表符合财务规范，不能证明其与置业公司的财产是否独立,尚未达到相应的举证证明标准。对于睿拓公司来讲,其未提供任何证据证明与置业公司的财产相互独立。相反,在能源公司与睿拓公司签订的有关置业公司股权转让合同中,明显可以看出股东与公司之间的财产混同以及股东处分公司财产的情况。本案中,还存在一定争议的是,在股权转让的情况下,前股东是否还应对公司债务承担连带责任。我们经过研究认为,这种情况比较复杂,不能一概而论,应当结合具体案情作出判断。就本案而言,案涉债务为工程前款,在睿拓公司受让置业公司股权时,工程已经基本完工,此即为能源公司所持股权价值的基础。而且,在双方签订的股权转让合同中,明确股权转让款包括了能源公司应收置业公司的往来款850万元,并同时将置业公司的部分财产处分给能源公司。因此,认定能源公司对案涉债务承担连带责任符合权利义务相一致原则。

(二)对合同条款的理解与适用

对合同条款的解释应当遵循文义解释、体系解释、目的解释等基本原则和顺序。本案中,各方争议的核心点是适用《支付协议》第三条、第四条还是第五条。《支付协议》第三条约定,甲方于2018年8月20日前以现金形式向乙方电汇支付工程款4000万元。第四条约定,甲方自2018年9月开始每3个月支付1000万元,且于2018年12月30日前付清余款,则乙方不予计算甲方的延期付款利息。第五条约定,若甲方未能在第四条款约定的时间内付清余款,则甲方承诺:于2020年8月20日前付清所欠工程款,以欠付乙方工程款项为基数,以年息12%为标准计算利息,同时分8个季度平均支付欠付的工程款。从文义解释看,第三条和第四条合计为一种还款情形,其与第五条为递进关系,第五条为未能达到第三条和第四条情况的补救措施。即2018年8月20日前付4000万元,9月份开始每三个月付1000万元,并于年底前还清。如果能够按此方式还款,则不计算利息。如果未能按照上述时间节点还清款项,则适用第五条的补救措施,即宽限期延至2020年8月20日,但要以欠付工程款为基数,按照年息12%支付利息。同时,第五条还对具体的还款日期和还款比例作出了详细的约

定。可见,双方对于还款的安排是清晰明确的。在迟延还款的情况下,负担相应的资金占用损失亦符合权利义务一致原则。从实际履行情况看,截至第四条约定的时间即2018年底,置业公司并未按照约定还清欠付款项,则当然应当适用第五条的惩罚性措施,即支付相应利息。本案实际上不涉及债务加速到期的问题,只是合同条款的理解与适用。一审判决以债务加速到期为由,不支持南通二建支付延期付款利息的诉讼请求,系对合同条款的理解错误。在适用相应的合同条款时,稍有争议的问题是,南通二建一审提起诉讼的时间为2018年11月9日,此时,距《支付协议》第四条约定的截止期限尚差一个月有余,一审判决亦因此认为债务未到期。但是,诉讼期间的经过并不能免除债务人应负担的义务,《支付协议》对欠付款项的数额约定的具体、明确,实际上,在整个诉讼过程中,置业公司对欠付款项的数额亦未提出异议,置业公司完全可以在诉讼期间支付相应的款项,进而免除其支付利息的义务。一审法院分别于2019年1月和3月开庭,彼时,已经超过该付款期限,置业公司并未向南通二建主动履行该条约定项下的合同义务,亦未向法院申请提存款项,应当认定置业公司未在第四条约定的时间内付清余款。在此情况下,应当适用《支付协议》第五条的约定。本案并非置业公司所辩称的分期付款情况下才需要支付利息,亦不能以债务加速到期为由对所有欠付款项不支付利息。

(执笔人:王 丹)

土地整理承接协议的任意解除权行使限制

110. 天津滨海鼎昇环保科技工程有限公司与国家电投集团远达水务有限公司建设工程施工合同纠纷案[*]

【裁判摘要】

> 发包人与承包人就BOT特许经营项目建设签订包括项目设计、设备及材料采购、建筑安装、调试运行、技术培训、质量保修等涉及工程全过程建设的系列合同,双方由此形成建设工程总承包合同关系。承包人与发包人就工程价款发生争议,适用有关建设工程合同的法律及相关司法解释规定。
>
> BOT特许经营权经公开招投标程序由中标人取得后,中标人将中标项目全部转让给他人,违反《招标投标法》第四十八条关于中标人不得向他人转让中标项目的强制性规定,项目转让合同无效,受让人不能依据无效合同取得特许经营权,受让人无权将工程项目整体发包。受让人在未取得合法特许经营权的情况下,未经招投标程序将工程项目整体发包给没有资质的承包人,双方以项目总承包为基础和目的而签订的系列建设工程施工协议均应认定为无效协议。

---

[*] 摘自《民事审判指导与参考》2020年第3辑(总第83辑),人民法院出版社2021年版,第243~262页。

建设工程合同纠纷

> 建设工程施工合同无效,但承包人履行了合同约定的义务,且已完工程不存在质量问题,承包人请求发包人参照建设工程施工合同约定支付工程价款,应予支持。发包人抗辩或者反诉请求承包人应继续完成施工的,应结合诉争合同效力、合同是否存在履行的基础及价值等因素综合判断发包方的主张能否成立。

最高人民法院民事判决书

(2019)最高法民终 134 号

上诉人(原审被告、反诉原告):天津滨海鼎昇环保科技工程有限公司,住所地天津市滨海新区汉沽开发区西街 38 号(1 号大楼三层 306、307)。

法定代表人:毕桂军,该公司总经理。

委托诉讼代理人:梅劲,重庆名言律师事务所律师。

被上诉人(原审原告、反诉被告):国家电投集团远达水务有限公司,住所地重庆市南岸区江峡路 9 号。

法定代表人:彭岗,该公司执行董事。

委托诉讼代理人:史西岗,北京德恒律师事务所律师。

委托诉讼代理人:杨蕤,北京德恒(重庆)律师事务所律师。

原审被告:天津渤天化工有限责任公司,住所地天津市滨海新区汉沽新开南路营城东。

法定代表人:魏东,该公司董事长。

委托诉讼代理人:李士弟,天津金诺律师事务所律师。

委托诉讼代理人:刘鑫,天津金诺律师事务所律师。

上诉人天津滨海鼎昇环保科技工程有限公司（以下简称滨海鼎昇公司）因与被上诉人国家电投集团远达水务有限公司（以下简称远达水务公司）及原审被告天津渤天化工有限责任公司（以下简称渤天化工公司）建设工程施工合同纠纷一案，不服天津市高级人民法院（2015）津高民一初字第0014号民事判决，向本院提起上诉。本院于2019年1月21日立案后，依法组成合议庭，开庭进行了审理。上诉人滨海鼎昇公司委托诉讼代理人梅劲、被上诉人远达水务公司委托诉讼代理人史西岗、杨蕤、原审被告渤天化工公司委托诉讼代理人李士弟到庭参加诉讼。本案现已审理终结。

滨海鼎昇公司上诉请求：（1）撤销一审判决，改判驳回远达水务公司的诉讼请求。（2）判令远达水务公司继续施工、完成剩余工程，使工程达到正式竣工验收及运营条件，并配合完成竣工验收。（3）判令远达水务公司按照原施工设计图及合同整改，使工程达到原规划和设计要求。事实和理由：（1）《天津渤天化工有限责任公司中水回用项目总承包合同书》（以下简称《总承包合同》）、《建筑安装工程施工协议》（以下简称《施工协议》）、《设备采购协议》（以下简称《采购协议》）、《技术服务协议》（以下简称《服务协议》）、《总承包工程合同书补充协议》（以下简称《补充协议》）有效。案涉项目属于必须招标的项目，鉴于该项目已采取BOT方式通过公开招投标确定中标单位并成立滨海鼎昇公司为项目公司，具体负责项目建设、运营。滨海鼎昇公司非国有投资公司，其自行组织资金具体实施该项目建设、运营，不必再次公开招投标。一审判决认定《总承包合同》《施工协议》《采购协议》《服务协议》《补充协议》未经招投标无效明显错误。（2）远达水务公司没有按滨海鼎昇公司提供的施工图进行土建工程施工，其擅自改变施工图部分的工程量不应获得工程价款并应予以整改。在鉴定过程中，滨海鼎昇公司已将通过审核的施工图递交给鉴定机构，鉴定人员当庭陈述远达水务公司已完成的土建工程并非按上述施工图进行施工。一审判决认定施工图设计变更系滨海鼎昇公司明知且授意，缺乏事实和法律依据。远达水务公司土建工程设计变更部分的工程量不应计入滨海鼎昇公司应付款范围。（3）案涉工程款不具备支付条件。无论《总

承包合同》《施工协议》《采购协议》《服务协议》《补充协议》是否有效,远达水务公司交付的工作成果均应符合质量和验收要求。在远达水务公司实施的土建工程未施工完毕且不符合竣工验收条件,而采购设备、安装调试和技术服务未满足质量要求的情况下,支付工程款的条件没有成就。(4)本案系总承包合同纠纷,涵盖建设工程设计、施工、设备采购、安装调试、技术服务所有环节,对于设备采购、安装调试应适用买卖合同方面的法律、服务领域应适用技术合同方面的法律。(5)一审判决既然认定《总承包合同》《施工协议》《采购协议》《服务协议》《补充协议》无效,就应当适用《中华人民共和国合同法》(以下简称《合同法》)第五十八条的规定,一审法院适用《合同法》第一百零九条审理本案,属于适用法律错误。(6)一审法院未查明案件争议的主要事实。远达水务公司是否擅自更改施工设计图、已完工程是否与双方认可的施工设计图相符、不符合设计施工图范围的工程量是否得到滨海鼎昇公司认可、已完工程是否符合质量要求等基本事实不清,在此基础上作出的判决显属错误。

远达水务公司辩称:(1)《总承包合同》《施工协议》《采购协议》《服务协议》无效。案涉中水回用项目关系社会公共利益,是市政公用事业特许经营项目且动用财政资金拨款,案涉项目是必须进行招标的项目。案涉项目经重庆市环境保护工程设计研究院有限公司(以下简称重庆环保设计院)中标后,被重庆环保设计院转让给滨海鼎昇公司,该行为属于违法转让中标项目,转让无效。滨海鼎昇公司没有能力自行建设案涉项目,项目施工依法应当招标。综上,未经招标程序签署的上述合同系无效合同。(2)案涉工程竣工验收的条件已经不具备。①渤天化工公司已经搬迁,工程没有继续施工的意义。②案涉工程无法办理竣工备案手续。在远达水务公司进场施工之前,原施工单位的施工成果已经与《建设工程规划许可证》不符,滨海鼎昇公司未按承诺办理规划变更,案涉项目既不符合规划、又未办理施工许可证,导致无法进行竣工备案。(3)滨海鼎昇公司故意拖延项目竣工验收,以实现逃避支付工程款的义务。(4)案涉系列合同无效的责任在于滨海鼎昇公司,滨海鼎昇公司作为发包方,应当明知该项目应否招标,是否发生规划变更,远达水务公司是在政府有关部门协调下入场施工解决工业污水处理项目建设的问题,案涉合同无效的过错在于滨海鼎昇公司。(5)《总承包合同》《施工协议》《采购协议》《服务协议》《补充协议》无效,滨海鼎昇公司应向远达水务公司返还实际投入。(6)滨海鼎昇公司向远达水务公司请求继续完工并竣工验收的主张已经不可能实现,滨海鼎昇公司的反诉请求不能成立。

渤天化工公司述称,一审判决对《总承包合同》《施工协议》《采购协议》《服务协议》《补充协议》的效力、案涉工程款支付条件以及合同无效后果的认定错误,远达水务公司无权主张工程款。

远达水务公司向一审法院起诉请求:(1)确认远达水务公司与滨海鼎昇公司签订的《总承包合同》《施工协议》《采购协议》《服务协议》《补充协议》无效;(2)滨海鼎昇公司向远达水务公司支付已完工工程款85592310元(以结算的工程价款金额为准);(3)滨海鼎昇公司向远达水务公司赔偿垫资资金占用费损失暂计人民币10302202.97元(垫资利息按照中国人民银行同期贷款基准利率1年期的标准以垫资工程款为基数暂计至2015年4月13日,实际计算至全部垫资工程款付清之日止,息随本清);(4)远达水务公司对涉诉项目工程享有建设工程优先受偿权;(5)滨海鼎昇公司承担本案全部诉讼费用、保全费用。在一审审理过程中,远达水务公司将作为第三人的渤天化工公司变更为共同被告,并请求渤天化工公司对其上述诉讼请求中的第二项、第三项、第五项共同承担责任。

滨海鼎昇公司向一审法院提出反诉请求:(1)远达水务公司继续施工,完成剩余建筑安装工程(剩余工程量对应工程款约为100万元),使工程达到正式运营及竣工验收条件,并配合滨海鼎昇公司完成工程竣工验收。(2)远达水务公司按照原施工设计图及合同完成整改,使工程达到原规划和设计要求。

一审法院认定事实:2009年6月,渤天化工公司通过天津国际招标有限公司对其中水回用项目进行招标,招标内容是"天津渤天化工有限责任公司2.1万吨/天中水回用BOT运营商采购项目",由中标人组建项目公司负责项目的方案设计、投融资、建设、运营以及在特许经营期结束后向渤天化工公司移交项目。2009年8月,案外人重庆环保设计院中标。招标文

建设工程合同纠纷

件第二十八条第四款规定，"投标人应提供项目公司的股权结构描述。项目公司的股权结构必须满足投标人持有项目公司30%以上股权的要求，投标人同时应承诺，任何关于项目公司股权结构及组成的变更均应经招标人书面同意后，方可进行正式变更"。渤天化工公司与重庆环保设计院签订《意向书》，约定重庆环保设计院拟组建项目公司承担该项目的建设、资金管理和后期管理。滨海鼎昇公司与重庆环保设计院签订的《双方备忘录》载明，依据投标文件要求成立了项目公司滨海鼎昇公司，滨海鼎昇公司签订合同并具体实施该项目，重庆环保设计院提供技术保障。滨海鼎昇公司的工商档案材料显示滨海鼎昇公司的股东是毕桂军和徐文红。2010年6月，渤天化工公司与滨海鼎昇公司签订《BOT合约》，双方就项目建设、项目运营和维护、项目设施的移交、不可抗力等进行了约定；并约定渤天化工公司授予滨海鼎昇公司在特许经营期内独家的权利，以使滨海鼎昇公司进行合同项目的融资、建设、运营、维护。滨海鼎昇公司的权利义务有：根据约定，应在特许经营期内自行承担费用、责任、风险；同时按照本合约规定的方式从渤天化工公司取得中水回用价款。渤天化工公司无偿提供该项目用地的土地使用权，并约定滨海鼎昇公司享有该项目建成后15年的特许经营权。

《天津市内资企业固定资产投资项目备案通知书》显示，涉诉项目总投资资金来源为国内银行贷款6518.2万元、自筹及其他资金3000万元。2010年9月，渤天化工公司填报《天津市滨海新区汉沽环境保护专项资金项目申报表》，其中项目总投资9518.2万元包括单位自筹3807.28万元、区县财政配套2855.46万元、申请拨款补助2855.46万元。2011年5月18日，滨海鼎昇公司实际收到了汉沽财政局以奖代补的款项240万元。

自2010年8月起，涉诉工程在未经招投标程序，也未办理施工许可证的情况下，原施工单位江苏一环集团环保工程有限公司（以下简称一环公司）进场施工，后退出，涉诉工程于2011年2月全部停工。为推进中水回用项目的继续建设，在天津市滨海新区汉沽环境保护和市容市政管理局（以下简称汉沽环容局）的协调主持下，远达水务公司、滨海鼎昇公司、渤天化工公司以及汉沽环容局四方于2012年6月13日签署《天津渤天化工有限责任公司2.1万吨/天中水回用项目推动协调会纪要》（以下简称四方会议纪要），根据四方会议纪要的精神，在未经招投标程序的情况下，远达水务公司与滨海鼎昇公司于2012年7月31日签订了《总承包合同》以及附属的《施工协议》《采购协议》和《服务协议》。《总承包合同》约定：本工程总承包范围包括：工程施工图设计、设备和材料采购、建筑安装工程施工、设备监造、调试、验收试验、配合环保专项验收、技术服务与培训、移交生产、性能保护、工程质量保修期限内的服务进行全过程总承包。合同金额为8787.627万元。《施工协议》约定建筑安装工程暂定总价6744.587万元，其中土建费3166.762万元，安装费3577.825万元。第10.1.2.1条约定："合同价款调整范围：由于发包人原因造成土建工程量发生变化时，且单位工程中累计费用增减10万元及以上，就变化部分所涉及的工程量按第10.1.2.2条的原则计算变化金额，调整合同价款。"10.1.2.2条是关于合同价款调整的约定：按天津市2008预算基价及配套执行工程造价管理部门发布的调整政策计算变化金额。第七条第一款约定："2012年12月31日前达到通水条件……2013年4月30日前达到正式运营条件。"《采购协议》约定固定总价（包干价）是1643.04万元，并约定了付款方式、装运条件、运输保险等。《服务协议》约定固定总价为400万元，其中设计费320万元，调试费80万元，并约定了付款方式及支付条件、设计及调试要求。

2012年9月10日，滨海鼎昇公司和远达水务公司签订了《补充协议》。该协议中第四条第一款约定：《施工协议》《采购协议》《服务协议》约定的付款申请作为计算建设期垫资利息的依据。第五条第二款约定建设期垫资利息：根据各阶段实际垫资金额按银行同期的1年期贷款利率产生的利息计算。竣工验收通过后垫资利息计算方法为：（竣工验收时累计的垫资金额＋建设期内垫资利息）×银行同期的1年期贷款利率。建设期（竣工验收通过前）垫付资金总额＝项目承包合同约定的发包人应支付工程款及其他合同款项总额－发包人支付给承包人的用于建设本项目的资金。

就施工图纸及设计过程中的问题，一审法院到重庆环保设计院进行了

调查,并制作了《调查笔录》,重庆环保设计院的工作人员就施工图的变化原因、过程和内容进行了详细的陈述。其间,重庆环保设计院向一审法院提供了其与滨海鼎昇公司、远达水务公司三方于2012年8月1日签署的《工程设计补充协议》。该协议约定解除滨海鼎昇公司与重庆环保设计院的原项目设计合同,当远达水务公司取得涉诉项目的总承包人资格后同意由重庆环保设计院继续实施设计任务。并约定除生产车间工艺设计部分、建筑物的设计、清污分流设计外,其余按照原委托设计合同中委托设计内容执行;重庆环保设计院在其设计范围内,如远达水务公司提出设计优化或者设计变更,在远达水务公司要求的合理时间内,应积极配合,完成施工图的设计变更;生产车间工艺设计部分由远达水务公司负责施工图设计,重庆环保设计院提供资质和出图。实际上,远达水务公司与重庆环保设计院按照该《工程设计补充协议》履行。

滨海鼎昇公司和远达水务公司于2012年9月12日就修改完善合同以及远达水务公司股权收购等问题进行商谈。2012年11月29日,双方签署《合作谅解备忘录》,就双方在前段时间工程项目建设过程中出现的问题,达成如下一致意见:远达水务公司做好资金筹措,确保资金需求。双方尽快对项目方案进行确认并形成"设计联络会议纪要",为后续工程创造条件。滨海鼎昇公司负责协调渤天化工公司及相关政府部门工作,力争尽快完成相关手续,期间所需费用由远达水务公司垫资,今后协商解决。因远达水务公司资质不够,双方同意由其控股母公司作为投标主体办理进津备案手续,双方积极配合并完善招投标手续及合同签订、更换、备案事宜。远达水务公司配合编制清污分流废水的方案设计工作,由滨海鼎昇公司牵头报送渤天化工公司确认。远达水务公司加快收购进程,滨海鼎昇公司尽快完善财务及相关材料的准备,为项目收购创造条件。2012年12月8日,滨海鼎昇公司、远达水务公司、重庆环保设计院、监理公司等共同召开了涉诉项目施工图交底会,到会人员都进行了签到,当天下午形成的《会议纪要》载明:"会上远达水务公司详细介绍了该项目的施工图设计方案,并就整个方案与原规划和初步设计方案进行了详细的对比介绍,各方对施工图设计方案进行了讨论,形成会议纪要如下:同意远达水务公司提交的施工图设计方案。鉴于远达水务公司参与该项目前现场已施工设施存在部分与原规划不一致的现象和原设计深度不一致的情况，结合四方会议纪要精神，施工图设计方案进行了局部优化调整，该优化调整是可行的……"，并记载了具体的调整内容。滨海鼎昇公司与监理公司未在《会议纪要》上签字，其他参与方均签字。2012年7月30日，滨海鼎昇公司的两位股东毕桂军、徐文红作为转让人与作为受让方的远达水务公司签订《股权转让协议》。远达水务公司主张后来因滨海鼎昇公司购买两个专利使注册资本由2600万元变更为6000多万元，远达水务公司拒绝了滨海鼎昇公司的溢价收购请求，股权收购未达成一致。施工过程中，滨海鼎昇公司和监理公司曾向远达水务公司发送过整改通知。远达水务公司也曾就整改结果进行过回复。2012年8月、9月、11月、12月、2013年1月、2014年5月8日、12月28日，远达水务公司分七次向滨海鼎昇公司和监理公司报送《工程款支付申请表》，并附《工程产值清单》，分别为1569.6万元、1242.668万元、2292.679万元、1054.06万元、1112.15万元、922.536万元、365.538万元，滨海鼎昇公司和监理公司对前五次报送材料均予以确认；自2013年2月起，滨海鼎昇公司不再对《工程款支付申请表》和《工程产值清单》进行确认。后来，滨海鼎昇公司曾向远达水务公司发函提出：远达水务公司存在资质问题，且未经其同意擅自更改规划和工艺方案，自行按更改后的方案施工，施工工程处于非法状态等。远达水务公司向滨海鼎昇公司发送的函件中称：资质问题的存在有很多客观原因，并非远达水务公司责任，而且滨海鼎昇公司在明知远达水务公司资质存在问题的情况下，一直要求赶进度施工，故资质问题不应成为拒绝确认工程量的理由。

在本案诉讼中，滨海鼎昇公司向天津市滨海新区规划和国土资源管理局举报远达水务公司未按照建设规划内容施工。2016年4月8日，天津市滨海新区规划和国土资源管理局作出行政处罚决定书，该决定书的内容是没收违法所得并处标准施工费20%的罚款。2016年5月24日，远达水务公司提出行政复议。2016年7月27日，天津市规划局对涉诉项目涉及的行政处罚决定作出了天津市规划局行政复议决定书，认定行政处罚的具体

建设工程合同纠纷

行政行为存在认定事实不清的情形，撤销了该决定书。

一审审理过程中，远达水务公司申请对涉诉项目已完工程造价进行鉴定。一审法院委托天津市越洋建设工程造价咨询合伙事务所进行鉴定，鉴定单位出具了津越洋鉴字〔2018〕第4号《鉴定意见书》。在鉴定过程中，远达水务公司主张：按远达水务公司提交的施工图纸核对现场实际完成情况，对已完工的系统和子项按合同约定单项金额进行计算，对于未完工的系统及子项根据合同约定单项金额按完成比例进行计算，新增项目参照《建筑安装工程施工协议》第10.1.2.2条计算。滨海鼎昇公司主张：2012年8月双方签订的合同为EPC合同，EPC合同为设计施工一体合同，在设计出水量没有改变的前提下不存在任何工程造价的增加。远达水务公司根据日后经营需要，擅自变更了原图纸，增加了施工内容，滨海鼎昇公司不认可；应根据实际完成情况，将没有完成的工程量在固定总价中予以扣减，从而得出最终的工程造价。鉴定单位按照双方各自的主张出具了鉴定意见："1.按照远达水务公司的主张涉诉项目已完工程造价为85561298元（不含技术服务造价），其中：土建已完工程造价33458340元，安装已完工程造价35669044元，设备已完工程造价16433914元。2.按照滨海鼎昇公司的主张涉诉项目已完工程造价为81599792元（不含技术服务造价），其中：土建已完工程造价29496834元，安装已完工程造价35669044元，设备已完工程造价16433914元。"滨海鼎昇公司抗辩不应对已完工程支付工程价款，主张远达水务公司存在大量未经滨海鼎昇公司同意即擅自更改设计和规划的情况，并申请对已完工程是否符合国家标准和合同约定、对施工过程中擅自变更设计和规划的具体情况、是否达到设计和合同约定的使用功能进行鉴定。

在案件审理过程中，远达水务公司的名称由"重庆远达水务有限公司"变更为"国家电投集团远达水务有限公司"。

以上事实有各方当事人提交的证据及各方当事人陈述、《鉴定意见书》等证据予以证实。

一审法院认为，本案争议焦点：（1）滨海鼎昇公司与远达水务公司签订的《总承包合同》《施工协议》《采购协议》《服务协议》及《补充协议》是否有效；（2）远达水务公司施工的已完工程的工程造价是多少；（3）远达水务公司对中水回用项目是否享有工程价款优先受偿权；（4）滨海鼎昇公司反诉请求远达水务公司继续施工，达到验收条件并配合验收，是否应得到支持；（5）滨海鼎昇公司反诉请求远达水务公司按照原规划设计进行整改，是否应予支持。

滨海鼎昇公司与远达水务公司签订的《总承包合同》《施工协议》《采购协议》《服务协议》以及《补充协议》虽然是双方当事人的真实意思表示，但依据《中华人民共和国招标投标法》（以下简称《招标投标法》）及《工程建设项目招标范围和规模标准规定》（以下简称《招标规定》）的规定，涉诉项目属于必须招投标的项目，而双方未经招投标程序即签订上述协议，故上述协议违反法律的强制性规定，应当属于无效合同。

虽然上述协议无效，但远达水务公司全额垫资进行了施工图设计、全部设备采购安装、建筑安装工程的大部分施工，并多次依据协议的约定向滨海鼎昇公司报送了《工程款支付表》及《工程产值清单》，滨海鼎昇公司以及监理公司亦予确认。关于滨海鼎昇公司抗辩远达水务公司未经其同意擅自变更规划和设计要求，其不应支付已完工程的工程款的主张。一审法院认为，首先，远达水务公司总承包的内容中包含中水回用项目的施工图设计。其次，从《合作谅解备忘录》、施工图交底会《会议纪要》以及《工程设计补充协议》等证据的内容来看，滨海鼎昇公司对施工图设计变更的全过程是明知且授意的；《工程设计补充协议》中三方约定滨海鼎昇公司解除与重庆环保设计院的合同，由重庆环保设计院与远达水务公司重新签订合同，并约定如远达水务公司提出设计优化或者设计变更，重庆环保设计院应积极配合，完成施工图的设计变更；生产车间工艺设计部分由远达水务公司负责施工图设计，重庆环保设计院提供资质和出图等。再次，在施工过程中滨海鼎昇公司对远达水务公司依据图纸施工的七千余万的《工程款支付申请表》及《工程产值清单》均予以确认，且施工现场派驻有监理公司。在双方就股权收购问题未达成一致的情况下，滨海鼎昇公司对远达水务公司之后提交的《工程款支付申请表》及《工程产值清单》

建设工程合同纠纷

不再予以签收确认,远达水务公司为防止扩大损失不再进行施工。另外,本案审理期间,滨海鼎昇公司也一直未能提交可以实际进行施工的原设计图纸作为比对标准,故滨海鼎昇公司提出的鉴定申请无法进行。综上,滨海鼎昇公司关于不应支付已完工程的工程款的抗辩主张不能成立,其应向远达水务公司支付已完工程的工程款。

关于已完工程的工程价款,经一审法院委托,鉴定单位对已完工程进行了造价鉴定(不包含技术服务合同)。对于已完工程的造价,鉴定单位依据双方的主张分别计算了相应的数额。滨海鼎昇公司和远达水务公司对土建已完工程中的单位工程中的累计费用增减在10万元及以上的造价存在分歧。虽然双方签订的《施工协议》无效,但是工程款可以参照该协议的约定进行结算。依据该协议第10.1.2.1条关于合同价款调整范围约定,因发包人原因造成土建工程量发生变化时,且单位工程中累计费用增减在10万元及以上,就变化部分所涉及的工程量按第10.1.2.2条的原则计算变化金额。故建筑安装工程单位工程中累计费用增减在10万元及以上,就变化部分所涉及的工程量应按第10.1.2.2条的原则即天津市2008年预算基价及配套执行工程造价管理部门发布的调整政策计算变化金额。据此,中水回用项目(不含技术服务造价)的已完工程造价应为85561298元。另,根据滨海鼎昇公司已经签收的《工程产值清单》,技术服务合同已发生的费用为160万元,故涉诉项目已完工程款总计87161298元。因远达水务公司的该项诉讼请求是以结算的工程价款为准,故滨海鼎昇公司应给付远达水务公司工程款87161298元。

关于垫资资金占用费损失问题,因《总承包合同》《施工协议》《采购协议》《服务协议》以及《补充协议》无效,不能以上述协议的约定作为计算垫资利息的依据。但在整个施工过程中,远达水务公司实际全额垫资施工,滨海鼎昇公司应给付其垫付资金的利息,因涉诉工程未实际交付,亦未进行结算,参照《最高人民法院关于审理建设工程施工合同纠纷案件适用法律问题的解释》第十八条的规定,以远达水务公司起诉之日即2015年4月13日作为垫资利息的起算点为宜。综上,滨海鼎昇公司应向远达水务公司支付以87161298元为基数,按照中国人民银行的同期贷款利率计算自 2015 年 4 月 13 日至实际给付之日的利息。

关于渤天化工公司是否承担共同给付责任问题。渤天化工公司并非滨海鼎昇公司与远达水务公司就涉诉项目签订的一系列合同及协议的合同主体，且渤天化工公司与滨海鼎昇公司签订的《BOT 合约》就项目建设、项目的运营和维护、项目设施的移交、不可抗力等进行了约定，并明确滨海鼎昇公司进行合同项目的融资、建设、运营、维护，滨海鼎昇公司应在特许经营期内自行承担费用、责任、风险。故渤天化工公司不应承担上述工程款及垫付资金利息的给付责任。

关于工程价款优先受偿权问题，建设工程款的优先受偿权是《合同法》第二百八十六条为保护劳动者的利益，赋予建设工程施工方的一项法定优先权。虽《总承包合同》《施工协议》《采购协议》《服务协议》无效且工程未竣工验收，但建设工程款中工作人员的报酬、材料款等均已经发生并已经物化在在建工程当中，远达水务公司全额垫资施工，故在滨海鼎昇公司欠付工程款的情况下，施工单位对已完工程享有优先受偿权。参照《最高人民法院关于印发〈全国民事审判工作会议纪要〉的通知》（法办〔2011〕422 号）的精神，因发包人的原因，施工合同终止履行时已经超出合同约定的竣工日期的，以合同终止履行日为优先受偿权的起算点。本案中，双方的《施工协议》约定：2012 年 12 月 31 日前达到通水条件，2013 年 4 月 30 日前达到正式运营条件。因滨海鼎昇公司后期对远达水务公司报送的工程量及付款申请（最后一次报送时间为 2014 年 12 月 28 日）不再予以确认，远达水务公司停工。虽然各方当事人均未明确具体的停工日期，但停工时间因在 2014 年 12 月 28 日之后已经超出了合同约定的竣工时间。故应以停工即合同终止履行的时间作为优先受偿权的起算点。据此，远达水务公司于 2015 年 4 月 13 日起诉主张工程款优先受偿权并未超过 6 个月的期间，应予支持。

关于滨海鼎昇公司的第一项反诉请求，即要求远达水务公司继续施工，完成剩余建筑安装工程的主张。滨海鼎昇公司不再对远达水务公司报送的《工程款支付申请表》和《工程产值清单》进行确认，远达水务公司停工至今，滨海鼎昇公司曾在诉讼中向相关行政机关举报过远达水务公

建设工程合同纠纷

司,双方矛盾较深,争议较大,远达水务公司亦不同意继续履行;而且渤天化工公司已经于2017年停产,涉诉项目的合同目的客观上已经无法实现,故滨海鼎昇公司关于继续施工完成剩余建筑安装工程的主张,无法支持。滨海鼎昇公司关于"使工程达到正式运营及竣工验收条件,并配合滨海鼎昇公司完成工程竣工验收"的主张是以继续施工为前提的,在涉诉工程不能继续施工的情况下,该主张亦不予支持。

关于滨海鼎昇公司的第二项反诉请求,即要求远达水务公司按照原施工设计图及合同完成整改,使工程达到原规划和设计要求的主张。首先,在本案审理过程中,滨海鼎昇公司提交的证据不能证明其向远达水务公司交付过其主张的原规划设计要求及施工设计图。其次,在造价鉴定过程中,该院和鉴定单位多次要求滨海鼎昇公司提供其主张的原施工设计图,最终其提交的建筑图和结构图性质上存在矛盾。最后,如前所述,远达水务公司总承包的内容包含中水回用项目的施工图设计;从《合作谅解备忘录》、施工图交底会《会议纪要》《工程设计补充协议》以及一审法院向重庆环保设计院调查制作的《调查笔录》等证据的内容来看,滨海鼎昇公司对施工图设计变更的全过程是明知且授意的;在施工过程中对远达水务公司依据施工图纸施工的《工程款支付申请表》及《工程产值清单》均予以签字认可。综上,滨海鼎昇公司要求远达水务公司按照原施工设计图及合同完成整改,使工程达到原规划和设计要求的主张,指向不明确,亦缺乏事实依据,不予支持。

一审法院判决:一、确认远达水务公司与滨海鼎昇公司签订的《总承包合同》《施工协议》《采购协议》《服务协议》以及《补充协议》无效;二、滨海鼎昇公司于判决生效之日起10日内,向远达水务公司支付工程款87161298元及利息(自2015年4月13日起至实际给付之日止,按照中国人民银行同期同档贷款基准利率计算);三、远达水务公司在87161298元范围内享有建设工程价款优先受偿权;四、驳回远达水务公司的其他诉讼请求;五、驳回滨海鼎昇公司的反诉请求。

本诉案件受理费521273元,鉴定费908900元,财产保全费5000元,反诉案件受理费6900元,共1442073元,由滨海鼎昇公司负担。

本院二审期间，当事人围绕上诉请求依法提交了证据。本院组织当事人进行了证据交换和质证。

滨海鼎昇公司提交如下证据：证据一是 2012 年 10 月 15 日《会议纪要》及签到表；证据二是 2012 年 10 月 22 日《承诺书》；证据三是《关于远达 YDWT－BTZS－J－002 函的看法与回复》及签收记录；证据四是交接单。上述证据拟证明，远达水务公司未经滨海鼎昇公司审核认可，变更原施工图纸擅自施工，由此造成的后果应由远达水务公司自行承担。

远达水务公司针对滨海鼎昇公司提交的新证据质证认为，对证据一、证据二、证据三的真实性不予认可，证据四已在一审中举示，不属于新证据。

渤天化工公司针对滨海鼎昇公司提交的新证据质证认为，对证据一至证据四的真实性、合法性、关联性均予以认可。

针对滨海鼎昇公司提交的新证据，本院认定如下：证据一形成于 2012 年 12 月 8 日施工图交底会召开前，在施工图交底会上形成的《会议纪要》载明"同意远达水务公司提交的施工图设计方案"，认可"施工图设计方案的局部优化调整是可行的"，该《会议纪要》有工程项目中标人重庆环保设计院、监理公司的签字确认，其后滨海鼎昇公司多次向远达水务公司提出抓紧施工、尽快完工等要求，且其并未另行提供施工图纸，故滨海鼎昇公司提交的证据一作为在先形成的《会议纪要》，不能证明远达水务公司未经认可擅自变更施工图纸的事实，本院对该份证据不予采信。证据二是《承诺书》复印件，滨海鼎昇公司未提交原件与之印证，远达水务公司对其真实性也不予认可，本院对该份证据的真实性不予确认。证据三系滨海鼎昇公司发给远达水务公司的函件，所谓"签收记录"仅是滨海鼎昇公司的单方发文登记，不能证明其送达给远达水务公司，且其内容也不能否定施工图交底会上形成的《会议纪要》，本院不予采信。证据四已在一审中举示，不属于新证据。

远达水务公司提交以下四组新证据：

第一组证据：证据一是 2014 年 12 月 2 日《〈关于渤天化工 2.1 万吨/天中水回用项目联网试运行及价格调整的函〉的复函》；证据二是 2014 年

建设工程合同纠纷

11月12日《关于鼎昇公司股权交接的会议纪要（二）》；证据三是2014年12月30日滨海鼎昇公司发给远达水务公司的《关于股权转让价款的说明》。第一组证据拟证明，中水回用工程已经具备通水试运行条件，滨海鼎昇公司向渤天化工公司申请通水试运行并调整水价，得到渤天化工公司的回函认可。

第二组证据：证据一是《股权转让协议》；证据二是股票预案；证据三是《股权转让协议补充协议》；证据四是中电投远达环保（集团）股份有限公司董事会第三十五次（临时）会议决议公告；证据五是中电投远达环保（集团）股份有限公司关于收到国务院国资委对公司非公开发行股票有关事宜批复公告；证据六是中电投远达环保（集团）股份有限公司2013年第二次（临时）股东大会决议公告；证据七是滨海鼎昇公司工商资料；证据八是中电投远达环保（集团）股份有限公司关于获得中国证监会核准非公开发行股票批复的公告；证据九是2014年9月16日滨海鼎昇公司股权交接的会议纪要及《鼎昇公司股权交接工作安排》；证据十是2014年11月12日《关于鼎昇公司股权交接的会议纪要（二）》；证据十一是2014年12月2日《〈关于渤天化工2.1万吨/天中水回用项目联网试运行及价格调整函〉的复函》；证据十二是《关于敦促履行〈鼎昇公司股权交接的会议纪要（二）〉股权交接相关工作的函》；证据十三是《关于股权转让价款的说明》；证据十四是《解除协议告知函》。第二组证据拟证明，滨海鼎昇公司的股权转让与案涉工程建设同步进行且密切相关，滨海鼎昇公司在远达水务公司完成股权转让相关审批和公示、在工程建设中进行巨额垫资后要求增加股权转让价格导致股权合作破裂，并因此拒绝确认工程量。

第三组证据：证据一是远达水务公司工商资料；证据二是国家电投集团远达环保股份有限公司工商资料；证据三是国家电力投资集团有限公司工商资料。第三组证据拟证明，远达水务公司为国有企业，所垫资的工程款为国有资产。

第四组证据：证据一是一环公司资质情况；证据二是远达水务公司资质情况。第四组证据拟证明，一环公司不具备总承包资质，而远达水务公司具有总承包资质。

滨海鼎昇公司针对远达水务公司提交的新证据质证如下：

第一组证据：对证据一的真实性有异议；对证据二、证据三真实性、合法性无异议，但对证明目的有异议，与本案没有关联性。

第二组证据：对证据一远达水务公司与毕桂军、徐文红签订的《股权转让协议》真实性、合法性无异议，证据二至证据十四无原件，对其真实性、合法性、关联性均不认可。

第三组证据：真实性、合法性、关联性不予认可。

第四组证据：真实性、合法性、关联性不予认可。

渤天化工公司针对远达水务公司提交的新证据质证如下：

第一组证据：真实性、合法性不予认可。

第二组证据：该组证据与渤天化工公司无关，不予认可。

第三组证据：真实性、合法性无异议，但不能证明远达水务公司是国有企业，垫资资金系国有资产。

第四组证据：真实性、合法性无异议。该组证据中，证据二表明远达水务公司是2018年12月17日取得相关资质，本案施工合同签订于2012年，该合同签订时远达水务公司没有施工资质。

针对远达水务公司的新证据，本院认定如下：

关于第一组证据：证据一《关于渤天化工2.1万吨/天中水回用项目联网试运行及价格调整的函》上加盖了渤天化工公司公章，滨海鼎昇公司与渤天化工公司对该证据真实性不予认可，但未能举示相反证据推翻该证据，本院对该证据的真实性予以确认，依法予以采信。证据二、证据三系滨海鼎昇公司股东与远达水务公司就滨海鼎昇公司股权转让事宜形成相关文件，与本案纠纷不具有直接法律关联，本院不予采信。

第二组证据：该组证据中证据一至证据十、证据十二至证据十四亦为涉及前述股权转让事宜的相关文件，与本案无关联性，本院不予采信；证据十一与第一组证据中的证据一系同一份证据，对于该证据的审核认定理由同上。

第三组证据：该组证据系远达水务公司及其关联公司工商登记信息，与本案并无关联，不予采信。

建设工程合同纠纷

第四组证据：证据一为案外人资质情况，与本案无关联性，不予采信。证据二系从全国建筑市场监管与诚信信息发布平台查询的远达水务公司企业资质情况，在无相反证据推翻的情况下，应推定其具有真实性。渤天化工公司未对该份证据真实性提出异议，滨海鼎昇公司对真实性不认可，但未能提供证据予以反驳，根据民事诉讼证据规则，本院对该份证据的真实性予以确认，关联性结合本案其他事实及证据予以认定。

本院二审查明，2012年10月9日至2013年11月20日，滨海鼎昇公司、远达水务公司及监理公司就案涉工程施工建设形成数十份会议纪要。在2012年12月8日施工图纸交底会之后的2012年12月19日会议纪要中，滨海鼎昇公司要求远达水务公司抓紧施工图纸设计审批，保证施工图纸设计质量。此后，在2013年3月至11月间的多份会议纪要中，滨海鼎昇公司明确要求远达水务公司应抓紧施工及完工。2014年12月2日，渤天化工公司作出《〈关于渤天化工2.1万吨/天中水回用项目联网试运行及价格调整的函〉的复函》，同意滨海鼎昇公司对案涉项目联网试运行。

滨海鼎昇公司与远达水务公司于2012年11月29日签订的《合作谅解备忘录》载明，"远达水务公司资质不够，双方同意由其控股母公司作为投标主体办理进津备案手续"。本案二审庭审时，远达水务公司认可其不具备房建资质，该公司在二审期间向本院提交的企业资质证明显示，其于2018年12月17日取得建筑工程施工总承包三级资质，但此时案涉工程已停工多年。

上述事实有滨海鼎昇公司一审提交的施工资料、远达水务公司二审提交的《〈关于渤天化工2.1万吨/天中水回用项目联网试运行及价格调整的函〉的复函》予以证明。

本院对一审查明的事实予以确认。

本院认为，根据本案当事人的上诉请求、答辩意见以及证据交换的情况，并征求各方当事人意见，本案二审争议焦点：（1）案涉《总承包合同》《施工协议》《采购协议》《服务协议》以及《补充协议》的效力应如何认定；（2）滨海鼎昇公司应否向远达水务公司支付工程款及工程款数额应如何认定；（3）滨海鼎昇公司的反诉请求应否支持。

一、案涉《总承包合同》《施工协议》《采购协议》《服务协议》以及《补充协议》的效力应如何认定

1. 关于本案争议法律关系的性质。本案中，滨海鼎昇公司与远达水务公司之间先后签订了五份名称和内容虽不相同、但合同目的相互关联的协议，双方之间法律关系的性质应如何认定，是确定本案法律适用的前提和基础。案涉渤天化工公司中水回用 BOT 特许经营项目，系由案外人重庆环保设计院经过招投标获得，滨海鼎昇公司以中标人重庆环保设计院项目公司名义与招标人渤天化工公司签订《BOT 合约》，约定滨海鼎昇公司享有案涉中水回用项目融资、建设、运营、维护等特许经营权。滨海鼎昇公司又依据《BOT 合约》将案涉工程整体发包给远达水务公司，双方签订《总承包合同》《施工协议》《采购协议》《服务协议》以及《补充协议》等合同，约定远达水务公司负责包括项目设计、设备及材料采购、建筑安装、调试运行、技术培训、质量保修等内容的工程全过程建设。因此，远达水务公司与滨海鼎昇公司之间形成建设工程总承包合同关系，《施工协议》《采购协议》《服务协议》等合同约定都是工程项目总承包的具体内容，本案双方争议的问题是工程款的支付及工程项目总承包合同的继续履行问题，故本案应适用有关建设工程合同的法律规定及相关司法解释，一审判决适用法律并无不当，滨海鼎昇公司关于一审判决法律适用错误的上诉主张不成立。

2. 关于案涉合同的效力。由于滨海鼎昇公司并非案涉中水回用特许经营项目的中标人，其以特许经营权人的名义与远达水务公司签订的诉争系列合同是否有效，应首先考量滨海鼎昇公司是否为合法的特许经营权人。渤天化工公司招标文件载明，中标人应按要求组建项目公司，负责本项目的方案设计、投融资、建设、运营/经营及在特许经营期结束后向渤天化工公司移交项目，项目公司的股权结构必须满足投标人持有项目公司 30% 以上的股权。重庆环保设计院经公开招投标程序中标取得案涉项目的特许经营权后，未按招标文件要求组建项目公司，而是与滨海鼎昇公司签订《双方备忘录》，约定由滨海鼎昇公司作为重庆环保设计院的项目公司与渤

建设工程合同纠纷

天化工公司签订特许经营合同,但滨海鼎昇公司与重庆环保设计院并无股权投资关联,滨海鼎昇公司亦非重庆环保设计院组建的项目公司,上述约定实质系重庆环保设计院将中标项目全部转让给滨海鼎昇公司,违反《招标投标法》第四十八条关于中标人不得向他人转让中标项目的强制性规定,《双方备忘录》应认定为以合法形式掩盖非法目的的无效协议。案涉工程项目属于依法应当进行招投标的大型基础设施项目,因滨海鼎昇公司违法受让他人中标项目,其与渤天化工公司签订《BOT合约》获得项目特许经营权,规避了《招标投标法》第三条关于特定工程项目必须招投标的效力性强制性规定,《BOT合约》应认定为无效合同。滨海鼎昇公司不能依据无效合同取得特许经营权,其无权将工程项目整体发包给远达水务公司;且远达水务公司签订项目总承包合同时缺乏相应施工资质,滨海鼎昇公司发包工程项目亦未依法进行招投标,故滨海鼎昇公司与远达水务公司之间以项目总承包为基础和目的而签订的《总承包合同》《施工协议》《采购协议》《服务协议》以及《补充协议》,均应认定为无效协议。一审判决关于诉争合同无效的认定,结果并无不当。滨海鼎昇公司关于合同有效的上诉主张,理据不足,本院不予支持。

二、滨海鼎昇公司应否向远达水务公司支付工程款及工程款数额应如何认定

1. 关于滨海鼎昇公司应否支付工程款的问题。虽然滨海鼎昇公司与远达水务公司之间签订的系列合同无效,但远达水务公司履行了合同约定的图纸设计、设备采购安装、工程施工等主要合同义务,滨海鼎昇公司认可案涉工程已完成97%的建设进度,2014年12月该公司与渤天化工公司协商对案涉项目进行联网试运行,加之案涉工程项目未经竣工验收是多种因素所致,并非远达水务公司造成,故对于未经竣工验收的工程项目,只要已完工程不存在质量问题,滨海鼎昇公司就应参照合同约定支付工程价款。本案一审中,滨海鼎昇公司申请对已完工程是否符合国家标准和合同约定标准进行鉴定,但其提供的鉴定比对建筑图和结构图性质上存在矛盾,并非各方认可、能够据以施工的设计图纸,不能作为鉴定依据,由此导致质量鉴定无法进行的举证不能的后果,应由滨海鼎昇公司承担。同时,该公司在本案一审、二审中亦未提交足以证明采购设备、安装调试和技术服务未满足质量要求的证据,故其关于已完工程存在质量问题、工程款支付条件尚未成就的抗辩主张不能成立,滨海鼎昇公司应向远达水务公司支付工程款。

2. 关于工程款数额应如何认定的问题。滨海鼎昇公司上诉主张,远达水务公司擅自变更设计图纸,土建工程设计变更部分的工程量不应计入滨海鼎昇公司应付款范围。对此,本院认为,滨海鼎昇公司此项上诉主张不成立。2012年7月31日签订的《总承包合同》明确约定远达水务公司承包范围包括工程施工图的设计。次日,滨海鼎昇公司参与签订的《工程设计补充协议》约定,重庆环保设计院在远达水务公司取得总承包人资格后,继续实施设计任务,如远达水务公司提出设计优化或者设计变更,重庆环保设计院应积极配合,完成施工图设计变更。在2012年12月8日施工图交底会上形成的《会议纪要》载明,重庆环保设计院与监理公司签字同意远达水务公司施工图设计方案。其后,滨海鼎昇公司多次向远达水务公司提出抓紧施工进度、尽快完工等要求,且其对远达水务公司变更图纸施工而制作的《工程款支付申请表》《工程产值清单》进行了签字确认。据此,一审法院认定滨海鼎昇公司对远达水务公司变更设计图纸并进行施工是明知且授意的,并无不当。由于鉴定机构分别依据滨海鼎昇公司和远达水务公司的主张作出两个工程造价鉴定结论,在上述事实基础上,一审法院采信鉴定机构依据远达水务公司的主张计算得出的工程造价鉴定结论,认定案涉已完工程造价,符合本案实际,并无不当。滨海鼎昇公司关于土建工程设计变更部分的工程量不应计入应付款范围的上诉主张,理据不足,本院不予支持。

三、滨海鼎昇公司的反诉请求应否支持

滨海鼎昇公司提出的两项反诉请求均属于继续履行请求,系以诉争合同有效、能够继续履行以及存在远达水务公司擅自变更设计图纸的事实为前提。案涉《总承包合同》《施工协议》《采购协议》《服务协议》以及

建设工程合同纠纷

《补充协议》无效,且远达水务公司自2015年本案纠纷发生后一直停产,工程项目发包人渤天化工公司也已停产搬迁,加之滨海鼎昇公司不是案涉工程项目的合法特许经营权人,诉争系列合同不具备继续履行的基础和价值。同时,如前所述,本案亦无证据证明远达水务公司擅自变更设计图纸,且案涉工程已按变更后的施工图纸完成97%的施工进度,故滨海鼎昇公司反诉请求远达水务公司按照原施工图纸进行整改,使工程达到原规划和设计要求,亦不能支持。一审判决对滨海鼎昇公司的反诉请求不予支持,并无不当。

综上所述,滨海鼎昇公司的上诉请求不能成立,应予驳回;一审判决认定事实清楚,结果正确,应予维持。依照《中华人民共和国民事诉讼法》第一百七十条第一款第一项规定,判决如下:

驳回上诉,维持原判。

二审案件受理费513173元,由滨海鼎昇公司负担。

本判决为终审判决。

审 判 长　潘　杰
审 判 员　张　纯
审 判 员　万　挺

二〇二〇年四月三十日

法官助理　张　闻
书 记 员　赵雅丽

111. 吉林市东辰伟业房地产开发经营有限责任公司与东北金城建设股份有限公司、东北金城建设股份有限公司吉林市分公司、庄锡富、王隆、郑向东建设工程施工合同纠纷案[*]

▶ 建设工程施工合同无效，但建设工程经竣工验收合格，承包人只能请求参照合同约定来计算涉案工程价款，而不应主张据实结算

【裁判摘要】

建设工程合同无效，但建设工程经竣工验收合格，承包人只能请求参照合同约定来计算涉案工程价款，而不应主张据实结算，承包人与发包人都不应获得比合同有效时更多的利益。双方当事人就同一建设工程签订的数份施工合同均被认定无效时，应通过双方订立合同的磋商过程、合同文字的表述、合同履行情况、诉讼过程中的权利主张，以及各方面综合因素考虑，探究双方当事人的真实意思表示，并以此作为工程款结算的依据。无资质的实际施工人不能按照定额标准结算工程款，除非发包人与承包人协商一致，将依据定额结算工程款作为合同内容的一部分。固定价款合同履行中客观情况发生重大变化并不当然适用情势变更原则，而要考虑这种重大变化是否可以预见，以及能否导致订立合同的基础动摇或丧失。

---

[*] 摘自《审判监督指导》2018年第1辑（总第63辑），人民法院出版社2019年版，第69~87页。

建设工程合同纠纷

再审申请人（一审被告、二审上诉人）：吉林市东辰伟业房地产开发经营有限责任公司（简称东辰公司）。

被申请人（一审原告、二审上诉人）：东北金城建设股份有限公司（简称金城公司）。

一审第三人：东北金城建设股份有限公司吉林市分公司。住所地：吉林市昌邑区。

一审第三人：庄锡富，住吉林市。

一审第三人：王隆，住吉林市。

一审第三人：郑向东，住吉林市。

一、基本案情

吉林省吉林市中级人民法院一审查明：2007年，东辰公司开发卓越方舟项目一区、二区，对外招标。东辰公司与庄锡富商谈该楼施工事宜后，庄锡富借用华强公司资质进行投标。2007年8月，华强公司中标二区工程，中标价7506万元（其中1号商住楼投标单价992.78元/平方米，总价2910.06万元；2号商住楼投标单价1050元/平方米，总价3077.76万元；5号商住楼投标单价1050元/平方米，总价148.575万元；6号商住楼投标单价1050元/平方米，总价303.45万元；7号商住楼投标单价1050元/平方米，总价232.155万元；地下车库800元/平方米，总价834万元。总计7506万元）。1号、2号商住楼为庄锡富施工的鉴定报告中所称的卓越方舟3号、4号住宅楼，5号、6号、7号商住楼为庄锡富施工的鉴定报告中所称的裙房。华强公司没有按照招投标文件要求与东辰公司签订书面合同。2008年5月华强公司退出中标工程，并出具退出书函，明确表示"我公司决定退出施工建设，其所发生的一切事宜我公司不负任何责任"。此后庄锡富施工队继续施工。2008年7月，庄锡富借用金城公司资质重新投标并中标。中标内容与华强公司一致。同年7月17日，东辰公司与金城公司签订《建设工程施工合同》。该合同承包工程为卓越方舟综合楼二区的土建、水暖、电气工程，即中标的全部工程。合同对价款约定：合同价款为5250

万元（以结算为准），采用可调价格方式确定：关于合同价款调整方法约定：除地下两层、地上1~3层按施工图预算结算，地上四层以上按补充协议条款执行。补充条款约定：地下室部分执行吉林省2006年建筑预算定额预算定价。该工程始终由庄锡富施工队进行施工。2009年1月15日，东辰公司以施工进度和质量存在问题为由，向金城公司发出解除施工合同的通知。2009年4月1日，双方对庄锡富施工队已完成的工程进行了盘点，形成了书面文件后，庄锡富施工队撤出现场。至此，庄锡富施工队完成了地下室到地上26层框架结构和部分水电工程的施工。此后，本案第三人王隆、郑向东借用金城分公司名义进行剩余工程的施工。2009年金城公司单方制作工程预算书，结算工程总价款为69581338.79元。2009年8月21日金城公司向一审法院提起诉讼，要求东辰公司给付工程款28175721.79元。2009年12月工程经验收合格。2010年8月7日东辰公司与金城公司和庄锡富对账，共同确认已付工程款42823662.30元。东辰公司在本案吉林省高级人民法院（2011）吉民一终字第92号二审判决生效后，根据该判决于2012年6月4日给付金城分公司工程款3586519.90元。经一审法院委托，鉴定部门对卓越方舟3号、4号楼26层以下（含26层一半）的工程造价进行鉴定，其中包括卓越方舟二区基础及地下室两层，二区裙房（1~3层及设备夹层），二区3号、4号楼标准层4-26层，其中26层施工一半。该鉴定计算的工程造价是由直接工程费、措施费、间接费、材料价差、利润、定额测定费、税金、构件增值税八个部分组成。对于全部工程（包括庄锡富已完工程）鉴定造价为155075130.80元。鉴定结论：第一种方法，依据招投标文件，对地下室两层、裙房和4层以上住宅按照施工图纸分别进行整体预算和庄锡富施工队完成部分的预算，然后求得庄锡富施工队完成部分占各部分总造价比例，乘以投标文件中各部分的投标合价，累加后即为庄锡富施工队完成部分的总造价。总造价为：3107.336万元。第二种方法，按照甲乙双方签订的《建设工程施工合同》，对地下两层、裙房和4层以上住宅部分均按照2006年吉林省定额标准鉴定，造价为72680816.84元。此造价中因庄锡富施工队没有办理《吉林省企业劳动保险取费证书》，根据吉林省建设厅文件吉建造（2008）2号文件，该鉴定

建设工程合同纠纷

预算中人工费未作调整,且社会保障费的相关项目取费率均按归零计取。

吉林省高级人民法院二审查明的事实与一审查明的事实一致。另查明:二审查明:(1)2008年7月16日,庄锡富借用金城公司资质就涉案工程重新中标。中标内容与华强公司一致。次日,东辰公司与金城公司签订《建设工程施工合同》并备案。(2)杨锡锋与东辰公司、金城公司、庄锡富、第三人华强公司不当得利纠纷一案,法院于2013年3月1日作出(2012)吉民一终字第179号民事判决,判决东辰公司返还杨锡锋工程押金500万元,并支付利息。东辰公司不服,向本院申请再审。本院于2013年9月3日作出(2013)吉民申字第1496号民事裁定,驳回了东辰公司的再审申请。该裁定认为,东辰公司此前已支付金城公司工程款42823662.30元中的315万元,不应认定为该公司返还的工程押金。因此,本案一审法院认定东辰公司已付金城公司工程款为42823662.30元,是正确的。(3)关于鉴定结论中第一种方法计算的庄锡富完成部分占各部分总造价的比例,庄锡富、东辰公司在本院二审过程中均认可消防喷淋、泵房工程不是庄锡富承包范围。鉴定机构为此出具补充意见认为,在扣除消防喷淋和泵房工程(含给排水设备和暖通设备)相应的造价后,庄锡富完成部分的比例分别为:地下77.373%、裙房62.013%、住宅36.516%。

吉林省高级人民法院再审查明的事实与一审认定事实一致。另查明,关于鉴定结论中以第一种方法计算的庄锡富完成部分占各部分总造价的比例,庄锡富、东辰公司在本院二审过程中均认可消防喷淋、泵房工程不是庄锡富承包范围。鉴定机构为此出具补充意见认为,在扣除消防喷淋和泵房工程(含给排水设备和暖通设备)相应的造价后,庄锡富完成部分的比例分别为:地下77.373%、裙房62.013%、住宅36.516%。2009年金城公司单方制作的工程预算书,结算工程总价款中主体已完工程(标准层)部分,即地上四层以上部分的材料价差一项,重复计算4340109元。吉林省吉林市中级人民法院在本案吉林省高级人民法院(2013)吉民再终字第9号二审判决生效后,执行给金城公司款项530万元。

二、原审审理情况

吉林省吉林市中级人民法院于 2013 年 4 月 3 日作出（2012）吉中民再初字第 6 号民事判决认为，(1) 中标无效。本案庄锡富分别以华强公司和金城公司的名义投标并中标，属于以他人名义投标，骗取中标，根据《中华人民共和国招投标法》第五十四条"投标人以他人名义投标或者以其他方式弄虚作假，骗取中标的，中标无效……"的规定，应为中标无效，故本案不能全部采用中标价格结算。(2) 建设施工合同无效。庄锡富在本案中工程完全由其垫资，是实际施工人，其借用金城公司的资质与东辰公司签订的建设工程施工合同，依照《最高人民法院关于审理建设工程施工合同纠纷案件适用法律问题的解释》第一条"建设工程合同具有下列情形之一的，应当根据合同法第五十二条第（五）项的规定，认定无效：……（二）没有资质的实际施工人借用有资质的建筑施工企业名义的……"的规定，应认定无效。(3) 虽然建设工程合同无效，但金城公司作为承包人，根据合同相对性法理，有权向发包人主张工程款。《最高人民法院关于审理建设工程施工合同纠纷案件适用法律问题的解释》第二条规定："建设工程合同无效，但建设工程经竣工验收合格，承包人请求参照合同约定支付工程价款的，应予支持。"虽然此工程中含有部分庄锡富借用华强公司资质施工部分，但华强公司已经明确表示退出中标，拒绝承担一切责任，并且华强公司在本案所涉工程没有实际投入，其不承担义务亦不应享有相应权利。金城公司与东辰公司在合同中对全部工程进行了约定，应视为金城公司接收了华强公司所完成又放弃的工程的权利义务，并且经过了东辰公司的同意。故金城公司按照合同约定向东辰公司主张工程款，符合原告主体资格。庄锡富作为实际施工人，在违法分包人金城公司怠于主张权利的前提下，有权向东辰公司主张工程款。本案金城公司并未怠于主张，故东辰公司主张应追加华强公司作为本案第三人，庄锡富应是本案原告，金城公司不是适格原告的抗辩，均不能成立。(4) 东辰公司应当给付金城公司工程款 18246226.09 元。双方签订的建设施工合同虽然无效，但本案工程已经竣工验收合格，承包人金城公司可以参照合同约定向东辰公

建设工程合同纠纷

司主张工程款。在本案的建设施工合同中对地下两层和地上三层工程款结算进行了按照预算执行的约定，应当参照该约定计算工程造价。双方在合同中对于地上四层以上住宅如何计算虽然约定了在补充协议中另行约定，但在补充协议中没有提及。因投标书和中标通知书是建设工程施工合同组成的一部分，中标虽然无效，但关于此部分工程的结算标准为中标通知书中该部分的中标价格是双方当事人的真实意思表示，可视为是合同中对该部分结算的约定，故对于住宅4层以上已完工部分应当按照中标价格结算。由于该价格属于固定价格，已经包含成本、费用、利润、税金及风险因素等全部内容，故对实际施工中可能存在的材料价格差不予考虑。根据鉴定报告的鉴定结论，金城公司已完工程地下部分造价为21381446.86元，裙房造价为18103551.53元。住宅3号楼已完工程按照中标价格计算为3077.76万元（中标价）×36.048%（金城公司住宅施工部分占全部住宅造价比例）=1109.471万元。住宅4号楼已完工程按照中标价格计算为2910.06万元（中标价）×36.048%（金城公司住宅施工部分占全部住宅造价比例）=1049.018万元。地下、裙房和住宅全部相加工程款为61069888.39元。扣除东辰公司已支付工程款42823662.30元，东辰公司还应支付金城公司工程款18246226.09元。金城公司诉请主张28175721.79元部分超出法律规定，对合理部分予以支持，对超出部分不予支持。东辰公司在二审判决生效后履行判决给付的工程款部分应在本判决执行时予以扣除。东辰公司主张对鉴定结论中确定的已完工程量部分存在异议，缺乏证据证明，不予支持。关于庄锡富借用金城公司资质，工程造价是否应予降低问题，因鉴定结论中关于地下和裙房鉴定结论是按照合同约定的结算方式作出的，并且鉴定中考虑到庄锡富实际施工人的情况，对人工费中的保险费等均未计入造价之中，故该结论可以作为本案工程造价依据。此外，是否具有相应资质只取决于承包何种类别的工程，工程造价的取费是根据工程类别取费，并不取决于承包方的资质。故东辰公司关于工程造价应按照无资质取费降低的抗辩意见无法律依据，不予支持。(5)东辰公司应当给付金城公司工程款利息。《最高人民法院关于审理建设工程施工合同纠纷案件适用法律问题的解释》第十七条规定："当事人对欠付工程价款利息标准有约定的，按照约定处理；没有约定的，按照中国人民银行发布的同期同类贷款利率计息。"第十八条规定："利息从应付工程价款之日计付。当事人对付款时间没有约定或者约定不明的，下列时间视为应付款时间：（一）建设工程已实际交付的，为交付之日……"东辰公司应按照本案工程交付之日计算工程款利息。双方交付工程之日为2009年4月1日，东辰公司应从工程交付之日起给付利息。金城公司要求自起诉之日即2009年8月21日给付利息，不违反法律规定，应予支持。至于东辰公司认为庄锡富施工队存在延误工期和工程质量问题，应当另行提起诉讼主张权利。

综上，吉林省吉林市中级人民法院经院审判委员会讨论决定，依照《中华人民共和国招投标法》第五十四条、《中华人民共和国合同法》第五十二条①、《最高人民法院关于审理建设工程施工合同纠纷案件适用法律问题的解释》② 第一条、第二条、第十七条、第十八条、《中华人民共和国民事诉讼法》第一百四十四条的规定，判决：一、东辰公司给付金城公司工程款18246226.09元；二、东辰公司给付金城公司判决第一项工程款的利息，自2009年8月21日起计算至本金全部付清时止，按中国人民银行发布的同期同类贷款利率计算，与本金同时给付；三、驳回金城公司其他诉讼请求。

东辰公司、金城公司均不服一审民事判决，向吉林省高级人民法院提起上诉。

吉林省高级人民法院于2013年10月28日作出（2013）吉民再终字第9号民事判决认为，（1）关于涉案工程中标以及《建设工程施工合同》效力的问题。东辰公司在涉案工程招标之前即与庄锡富商谈施工事宜，该公司对于庄锡富先后借用有资质的华强公司、金城公司名义进行投标的事实是明知的。根据《中华人民共和国招投标法》第五十四条、《最高人民法院关于审理建设工程施工合同纠纷案件适用法律问题的解释》第一条的规

---

① 《中华人民共和国民法典》中无对应法条。

② 该法律文件已失效。

建设工程合同纠纷

定,本案两次中标及《建设工程施工合同》均无效。(2)关于金城公司是否具备一审原告诉讼主体资格的问题。涉案工程始终由庄锡富实际施工,在华强公司具函退出该工程的施工,并表示不承担义务亦不主张相应权利后,东辰公司又与金城公司就同一标段的工程作了约定,其中已包含以华强公司名义完成的项目。根据《最高人民法院关于审理建设工程施工合同纠纷案件适用法律问题的解释》第二条"建设工程施工合同无效,但建设工程经竣工验收合格,承包人请求参照合同约定支付工程价款的,应予支持"的规定,金城公司根据合同相对性原则,有权向东辰公司主张相应工程价款。一审法院据此认定金城公司具备原告主体资格,并无不当。东辰公司关于金城公司不具备主体资格、应由庄锡富个人主张权利、华强公司应作为本案第三人参加诉讼的上诉理由,没有事实及法律依据,本院二审不予支持。(3)关于涉案工程价款的确定依据的问题。金城公司中标后,于2008年7月17日与东辰公司签订的《建设工程施工合同》专用条款第23.2条约定,合同价款采用可调价格方式,且在该合同第2页合同价款5250万元处注明"以结算为准"。根据上述约定,双方对涉案工程四层以上住宅部分的结算方式虽未作出补充约定,但双方的真实意思是不再采用中标确定的固定价格方式结算。故四层以上住宅部分应当参照《建设工程施工合同》第23.2条之(2)对地下两层、地上一至三层按施工图预算结算的约定,以鉴定的第二种方法得出的造价72680816.84元为依据,据实结算。扣除东辰公司已付工程款42823662.30元,东辰公司还应支付金城公司工程款29857154.54元。金城公司一审主张28175721.79元,不违反法律规定,本院予以支持。一审法院对鉴定结论以第二种方法得出的四层以上住宅部分的造价33195818.45元不予采信的做法不当,应予纠正。(4)关于庄锡富未完工部分工程价款应否予以扣减等问题。2009年4月1日,双方对庄锡富已完工程进行了盘点,东辰公司随后接收了涉案工程。至涉案工程竣工验收,东辰公司未曾要求庄锡富返工。本案诉讼至今,东辰公司也未就此提供发生相关费用的证据,并称该公司与继续施工的王隆、郑向东尚未结算完毕。因此,一审法院对东辰公司的上述主张未予支持,并无不当。关于筏板基础按商品砼计入预算等问题,东辰公司虽提出异议，但并未提供相关证据予以证实。故一审法院对其主张不予支持，亦无不当。(5) 关于金城公司的相应取费应否扣减的问题。东辰公司对庄锡富两次投标均系自然人借用有资质建筑企业名义的事实是明知的。于此情形，该公司与庄锡富约定了结算方法，又在诉讼中主张扣减相应取费，没有法律依据，法院不予支持。(6) 关于东辰公司应当自2009年8月21日起计付工程款利息，一审法院对此作出的认定正确，本院予以维持。

综上，一审判决认定部分事实错误，应予纠正。上诉人金城公司的上诉理由成立。经法院（2013）第7次审判委员会全体会议讨论决定，依照《中华人民共和国民事诉讼法》第一百七十条第一款第二项的规定，判决如下：一、维持吉林省吉林市中级人民法院（2012）吉中民再初字第6号民事判决第二项；二、撤销吉林省吉林市中级人民法院（2012）吉中民再初字第6号民事判决第三项；三、变更吉林省吉林市中级人民法院（2012）吉中民再初字第6号民事判决第一项为"吉林市东辰伟业房地产开发经营有限责任公司给付东北金城建设股份有限公司工程款28175721.79元"。

东辰公司不服上述二审判决，向最高人民法院申请再审。最高人民法院于2014年8月11日作出（2013）民申字第2482号民事裁定，指令吉林省高级人民法院再审。

三、再审申请人申请再审事由及被申请人意见

东辰公司申请再审称：(1) 地上住宅应按招投标价格结算，原审依据《鉴定报告书》按图纸预算判决，明显缺乏合同依据，更重要的是违法变更了金城公司的诉讼请求。(2) 材料调差、人工调差、机械调差不应获得支持，原审判决认定事实明显缺乏证据证明，且适用法律错误。①地上四层以上住宅部分的材料差，明显不应得到支持。金城公司在明知价格调整后仍然按照原约定价格签订涉案合同，无权再主张材料价差。合同履行过程中，金城公司在合同价款调整因素持续发生时，并未按合同要求向发包人提出合同价款调整的合法手续，视为第二次放弃主张材料价差的权利。②地下室两层及地上一至三层裙房，鉴定报告计算材料差明显错误。

建设工程合同纠纷

(3) 特级施工资质取费不应获得支持。①《最高人民法院关于审理建设工程合同纠纷案件的暂行意见》第二十条、第二十一条明确规定应按实际施工人资质结算工程款。②法律法规对施工资质有明确规定,庄锡富作为个人承包队,无任何资质,取得特级施工企业相关费用,无合同及法律依据。③庄锡富挂靠金城公司施工已违反法律规定,其更不应获得特级资质取费的非法利益。(4) 其他申请再审事由。①地下室及裙房部分,法院判决金额超出金城公司的诉讼请求。②金城公司在第一次二审判决生效后已支付的358万余元并未扣除,明显错误。③2009年4月1日,东辰公司与金城公司、监理方三方签订了《二区工程盘点工程量与工程存在问题》,其中工程存在问题系庄锡富施工过程中不合格或瑕疵内容,完善后才可要求支付工程款,其中完善该部分工程支付的费用,应自工程款项中扣除。④原审判决实际将合同无效全部不利后果归于东辰公司,明显违反《中华人民共和国合同法》第五十八条的规定,更有悖公平原则。

金城公司答辩称:(1) 本案不应适用中标价格。依据《中华人民共和国招标投标法》第五十三条、五十四条、五十五条的规定,中标无效。本案两次招投标价格均为7506万元,但是此价格在2007年8月27日即第一次投标前,没有工程量清单、设计图纸、真实的工程预算书等确定工程价格的必要资料,只是为了办理相关手续的虚假投标,而备案合同中有文字明确标明,应作为结算工程款依据。标准层计算方法由补充协议确定,因此无法形成依据中标价格确定工程款的结论,即7506万元只是排除其他竞标者的明显低于成本的虚假价格,而且招标文件后面没有任何单价。(2) 涉案书面合同虽然签订于2008年7月17日,但是早在一年前实际施工人已经开始施工。合同订立时间应当是2007年8月之前。因此本案适用2008年吉林省建设厅文件。施工合同中根本没有1050元/平方米这个价格,图纸是2008年2月份来的,2008年钢材价格上涨了一倍,一平方米就差了300元,结算双方发生争议时也没有说不给差价,东辰公司无理拖欠此款。(3) 本案与东辰公司提供的最高人民法院案例有本质区别,本案是典型的传统建筑工程,因此建筑工程定额是完备的,东辰公司如果对定额价鉴定有异议,应当在法定期间内申请鉴定,现在已经举证失权。(4) 本案原告是金城公司，应按金城公司资质计算工程款，否则势必形成开发商东辰公司少支出工程价款而非法获利的情况。况且，金城公司在施工过程中满足了东辰公司的要求，费用多少取决于工程项目的大小，不取决于资质，判决定价也不取决于这个问题。(5) 工程中途退场不是我方要求的，是东辰公司不支付工程款致使无法施工才退场的。而且到现在为止我方没有收到任何文件或者通知指出我们工程有问题。

一审第三人庄锡富述称：同金城公司的答辩意见。

一审第三人王隆未发表意见。

四、再审结果

吉林省高级人民法院再审认为，(1) 两次中标及金城公司与东辰公司2008年7月17日签订的《建设工程施工合同》均无效。庄锡富自认其分别以华强公司和金城公司的名义投标并中标，依据《中华人民共和国招标投标法》第五十四条"投标人以他人名义投标或者以其他方式弄虚作假，骗取中标的，中标无效"的规定，庄锡富以华强公司名义投标并中标，后在工程已经实际施工一年后，又以金城公司名义投标并中标，均属于骗取中标，两次中标均无效。庄锡富作为卓越方舟1号楼、2号楼的实际施工人，工程所需的材料费、设备费、人工费等费用由其直接垫付。2013年1月4日吉林省吉林市中级人民法院（2012）吉中民再初字第6号案件第一次庭审中，庄锡富自认其与金城公司约定按利润的10%交纳管理费。在2013年6月19日法院（2013）吉民再终字第9号案件第一次庭审中，庄锡富自认其是借用金城公司资质。以上事实应认定庄锡富作为实际施工人存在借用资质的行为。依据《最高人民法院关于审理建设工程施工合同纠纷案件适用法律问题的解释》第一条"建设工程施工合同具有下列情形之一的，应当根据合同法第五十二条第（五）项的规定，认定无效：（一）承包人未取得建筑施工企业资质或者超越资质等级的；（二）没有资质的实际施工人借用有资质的建筑施工企业名义的；（三）建设工程必须进行招标而未招标或者中标无效的"的规定，东辰公司与金城公司于2008年7月17日签订的《建设工程施工合同》无效。因该工程现已经竣工验收合格，

建设工程合同纠纷

依据《最高人民法院关于审理建设工程施工合同纠纷案件适用法律问题的解释》第二条"建设工程施工合同无效,但建设工程经竣工验收合格,承包人请求参照合同约定支付工程价款的,应予支持"的规定,金城公司作为承包人有权请求东辰公司参照双方签订的《建设工程施工合同》的约定支付工程价款。

1. 地下室及地上一至三层的工程款应按照鉴定结论的第二种方法,即依据《吉林省建筑安装工程费用定额》(JLFD－2006)确定。金城公司与东辰公司签订的《建设工程施工合同》第三部分第六项第23.2条约定:"本合同价款采用可调价格方式确定,合同价款调整方法:除地下两层、地上1~3层,按施工图预算结算,地上四层按补充协议条款执行。"第47条约定:"补充条款:1. 补充条款与本协议具有同等法律效力;2. 地下室部分执行吉林省2006年建筑预算定额预算定价。"双方对于地下室部分明确约定执行吉林省2006年建筑预算定额预算定价,对于地上一至三层,约定按照施工图预算结算,故应当参照双方此种约定计算工程造价。东辰公司在明知庄锡富系无建筑业企业资质的个人的情况下,仍与其约定按照吉林省2006年建筑预算定额计算工程造价,现又以庄锡富无资质,不能取得特级资质企业相关费用为由主张鉴定结论第二种方法中地下室和地上一至三层部分的间接费、利润等不应由庄锡富获得,本院不予支持。依据鉴定结论第二种方法,庄锡富施工队完成的地下室的工程造价为21381446.86元,地上一至三层部分的工程造价为18103551.53元,合计39484998.39元,故此部分的工程款应以其为标准确定。东辰公司关于地下室两层及地上一至三层裙房,鉴定报告计算材料差明显错误的主张,因东辰公司在原审中对此鉴定报告未提出重新鉴定或补充鉴定申请,应视为东辰公司对此鉴定报告内容的认可。故对东辰公司的此点主张,不予支持。

2. 地上四层以上部分的工程款应按照鉴定结论第一种方法,即中标通知书及投标标价汇总表中的固定价格确定。金城公司与东辰公司签订的建设工程施工合同第三部分"专用条款"第一条第二项中约定"合同文件组成及解释顺序:执行《通用条款》第二款中合同文件组成的解释顺序",而《通用条款》第二款约定:"合同文件及解释顺序。2.1 合同文件应能相互解释，互为说明。除专用条款另有约定外，组成本合同的文件及优先解释顺序如下：（1）本合同协议书；（2）中标通知书；（3）投标书及其附件；（4）本合同专用条款；（5）本合同通用条款；（6）标准、规范及有关技术文件；（7）图纸；（8）工程量清单；（9）工程报价单或预算书。合同履行中，发包人承包人有关工程的洽商、变更等书面协议或文件视为本合同的组成部分。"双方对于工程价款的约定在第三部分"专用条款"第六条合同价款支付部分，第23.2条约定："本合同价款采用可调价格方式确定。采用可调价格合同，合同价款调整方法：除地下两层，地上1-3层，按施工图预算结算，地上四层以上按补充协议条款执行。"第47条约定："补充条款：1.补充条款与本协议具有同等法律效力；2.地下室部分执行吉林省2006年建筑预算定额预算定价。"因双方并未对地上四层以上部分工程价款达成补充协议条款，同时根据双方前述条款的语言表述内容看，双方对此部分并未同意按2006年建筑预算定额计算，否则双方关于地上四层以上部分工程款通过补充协议的约定则无意义。按照双方合同中约定的优先解释顺序，应参照中标通知书及投标书及其附件等内容予以确定。同时，因庄锡富系无建筑业企业资质的个人，依据吉林省工程造价管理站的复函意见，在合同没有明确约定适用《吉林省建筑安装工程费用定额》（JLFD-2006）的情况下，不应适用《吉林省建筑安装工程费用定额》（JLFD-2006）确定工程造价。且金城公司在本案一审时向法院提交的其单方制作的工程预算书中，对于地上四层以上部分的计算方法，也并非完全依据《吉林省建筑安装工程费用定额》（JLFD-2006）予以计算，其中并不包含间接费及利润部分。

地上四层以上部分为固定价格，已经包含成本、费用、利润、税金及风险因素等全部内容。庄锡富作为实际施工人，其先后以华强公司、金城公司名义于2007年8月、2008年7月两次与东辰公司履行了招投标手续，并在第二次中标后，于2008年7月17日与东辰公司签订了《建设工程施工合同》。根据金城公司在一审时提供的省建设厅2008年3月27日发布的吉建造（2008）8号文件《关于发布建设工程材料价格指导意见的通知》，以及2008年第3期至第8期吉林地区材料价格表，期间钢材价格在大幅度

建设工程合同纠纷

上涨后,已呈连续下降趋势。依据《最高人民法院关于适用〈中华人民共和国合同法〉若干问题的解释(二)》第二十六条"合同成立以后客观情况发生了当事人在订立合同时无法预见的、非不可抗力造成的不属于商业风险的重大变化,继续履行合同对于一方当事人明显不公平或者不能实现合同目的,当事人请求人民法院变更或者解除合同的,人民法院应当根据公平原则,并结合案件的实际情况确定是否变更或者解除"的规定,2008年7月双方签订《建设工程施工合同》时,市场环境异常变动已经发生,并非属于在订立合同时无法预见的客观情况的重大变化,不符合情势变更情形。而事实上,双方仅对地下室和地上一至三层部分约定按照施工图预算结算,而未对此前招投标文件中住宅部分约定的固定价格进行变更,且庄锡富施工队也直至2009年4月1日才撤离施工现场。因此,地上四层以上的住宅部分应按照中标通知书及投标标价汇总表中的固定价格结算,不应计算材料差。

依据鉴定结论的第一种方法及鉴定机构出具的补充意见,住宅3号楼中标价格为30777600元,住宅4号楼中标价格为29100600元,住宅部分中标价格合计59878200元,庄锡富施工队完成的地上四层以上部分占住宅的总比例为36.516%,则庄锡富施工队完成的地上四层以上部分的工程款应为59878200×36.516% = 21865123.51元。

3. 东辰公司应当给付金城公司工程款利息。依据《最高人民法院关于审理建设工程施工合同纠纷案件适用法律问题的解释》第十七条"当事人对欠付工程价款利息计付标准有约定的,按照约定处理;没有约定的,按照中国人民银行发布的同期同类贷款利率计息",第十八条:"利息从应付工程价款之日计付。当事人对付款时间没有约定或者约定不明的,下列时间视为应付款时间:(一)建设工程已实际交付的,为交付之日;(二)建设工程没有交付的,为提交竣工结算文件之日;(三)建设工程未交付,工程价款也未结算的,为当事人起诉之日"的规定,东辰公司应按照本案工程交付之日计算工程款利息。但金城公司要求自起诉之日即2009年8月21日给付利息,是对自己权利的处分,不违反法律规定,应予支持。

4. 东辰公司在本案吉林省高级人民法院(2011)吉民一终字第92号

二审判决生效后，根据该判决于 2012 年 6 月 4 日给付金城分公司的工程款 3586519.90 元，以及吉林省吉林市中级人民法院在本案吉林省高级人民法院（2013）吉民再终字第 9 号二审判决生效后，已经执行给金城公司的 530 万元，在本判决执行时一并予以扣除。

5. 东辰公司主张庄锡富施工队完成工程部分存在质量问题，但并未提供充分的证据予以证明。双方于 2009 年 4 月 1 日对工程量进行盘点，东辰公司也实际接收了涉案工程。东辰公司所举其与王隆、郑向东的现场签证，庄锡富并不认可，无法证明庄锡富施工队施工工程存在质量问题，故东辰公司主张扣除相应费用亦无事实依据。

6. 庄锡富施工队施工部分的工程款应为地下室和地上一至三层的工程款 39484998.39 元，加上地上四层以上部分的工程款 21865123.51 元，总计 61350121.90 元。扣除东辰公司已付工程款 42823662.30 元，东辰公司还应支付金城公司工程款 18526459.60 元。

综上，经法院（2015）第 1 次审判委员会全体会议讨论决定，依照《中华人民共和国招标投标法》第五十四条，《中华人民共和国合同法》第五十二条①，《最高人民法院关于审理建设工程施工合同纠纷案件适用法律问题的解释》② 第一条、第二条、第十七条、第十八条，《中华人民共和国民事诉讼法》第一百七十条第一款第二项之规定，判决如下：一、撤销吉林省吉林市中级人民法院（2012）吉中民再初字第 6 号民事判决及本院（2013）吉民再终字第 9 号民事判决；二、吉林市东辰伟业房地产开发经营有限责任公司于本判决生效之日起 10 日内给付东北金城建设股份有限公司工程款 18526459.60 元及利息（按照中国人民银行发布的同期同类贷款利率计算，自 2009 年 8 月 21 日起计算至给付之日止）；三、驳回东北金城建设股份有限公司其他诉讼请求。

---

① 《中华人民共和国民法典》中无对应法条。
② 该法律文件已失效。

建设工程合同纠纷

五、评析意见

（一）建设工程施工合同无效，但工程经竣工验收合格，工程款应按照合同约定结算还是据实结算？

对于这个问题，主要有两种不同的观点。第一种观点认为《最高人民法院关于审理建设工程施工合同纠纷案件适用法律问题的解释》（简称《建设工程施工合同司法解释》）第二条并未限定承包人仅能参照合同约定主张工程款，实际上是赋予了承包人对于工程借款结算方式以选择权，即承包人可以选择据实结算，同时对其所得利润进行追缴。第二种观点认为，《建设工程施工合同司法解释》第二条规定的目的是处理建设工程施工合同无效但工程竣工验收合格的基本原则，即参照合同约定进行结算的补偿方式。承包人对于工程款结算依据不享有选择权，仅能依据合同约定。笔者赞同第二种观点，即承包人仅能参照合同约定结算工程款。

《中华人民共和国合同法》第五十八条规定，合同无效或者被撤销后，因该合同取得的财产，应当予以返还，不能返还或者没有必要返还的，应当折价补偿。对于建设工程施工合同而言，其特殊性在于，合同履行的过程就是承包人将劳动及建筑材料物化到建设工程的过程。基于这一特殊性，合同被确认无效后，无法使用返还财产的方式使合同恢复到签约前的状态，而只能按照折价补偿的方式对无效合同予以处理。目前国内的建筑工程市场是属于发包人市场，发包人为了节约建筑成本在签订合同时往往将工程款压得很低，而承包人为了拿到该工程往往同意或者自己将承包的工程款也订立的很低，这样使得工程价款常常低于签订合同当年适用的工程定额标准，甚至双方会签订所谓的"黑白合同"，如果完全按照所谓的"白合同"结算工程款，将会严重损害施工方的利益，导致工程偷工减料，压低工程成本，进而影响工程质量。如果建设工程施工合同被确认无效以后按照工程定额进行折价补偿的话，施工方将会达到获取高于合同约定工程价款，也将造成无效合同获取的工程价款比有效合同所获得的工程价款还要高，既超出了当事人签订合同的预期，也不符合建筑主管部门进行规范整顿建筑市场秩序的政策措施。同时,如果合同无效,对工程据实结算并扣除利润及税金,则承包人融入建设工程产品当中的利润及税金就会被发包人获得,利益又将向发包人倾斜,不能很好地平衡当事人之间的利益。同时,合同中对于工程价款的确定是双方当事人认真、反复磋商的结果,是当事人的真实意思表示,如果不以此作为工程价款确定依据,有违诚实信用原则。《建设工程施工合同司法解释》第二条立法精神,就是严惩扰乱建筑市场秩序行为的同时,对确实已经竣工验收合格的工程予以参照合同约定确定工程价款的一种补偿,以保障发包人、承包人、材料供应商、农民工等各方面的利益。这也是对市场经济规则的确认,有利于引导和促进建设工程市场的健康有序发展。

本案中第一次一审判决以招投标文件、第二次二审判决以按照定额所作鉴定为依据确定工程款都未能充分尊重当事人的真实意思表示,更未能均衡双方当事人之间的利益。事实上,双方之间利益最均衡的状态就是在双方经过磋商达成一致的意思表示的情况下产生的。

(二)双方当事人就同一建设工程签订的数份施工合同均被认定无效时,应依据哪份合同确定工程价款?

本案庄锡富先后借用华强公司、金城公司资质两次进行投标并中标,中标价格为固定价格7506万元,但两次中标后均未按照中标价格与发包人东辰公司签订书面合同。第二次中标后,金城公司与华强公司签订《建设工程施工合同》并进行了备案登记,约定合同价款为可调价格方式确定。除地下两层、地上1-3层按施工图预算结算,地上四层以上按补充协议条款执行。补充条款约定地下室部分执行吉林省2006年建筑预算定价。而对于地上四层价款如何确定补充协议并未约定。

如果当事人之间签订的合同所涉工程属于国家强制招投标的范围,当事人之间也进行了招投标,并且该合同经过登记备案,其私底下签订的合同与该登记备案的合同在实质性内容上不一致,应当认定该登记备案的合同为"白合同",未登记备案的合同为"黑合同"。根据《建设工程施工合同司法解释》的规定,此时,应当按照"白合同"结算工程款。本案的

建设工程合同纠纷

特殊之处就在于涉案工程属于国家强制招投标的范围，当事人之间也进行了招投标，但当事人之间并未依据招投标内容签订合同，到建设主管部门登记备案的合同内容又与招投标文件发生实质性背离。因此双方签订的合同并不是真正意义的"白合同"，但同时因该合同经过登记备案，也不属于"黑合同"。庄锡富以华强公司、金城公司名义投标，依据《中华人民共和国招标投标法》第五十四条的规定，中标无效，招投标文件确定价格不能视为双方当事人的真实意思表示。金城公司与东辰公司签订的《建设工程施工合同》对于地上四层以上价格又未达成补充协议。此时应依据最能反映双方的缔约时的真实意思表示的合同结算工程价款。第一，从双方签订的《建设工程施工合同》的专用条款以及补充条款的表述内容看，双方对此部分价款并未同意按2006年建筑预算定额计算，否则双方关于地上四层以上部分工程款通过补充协议的约定则无意义。按照双方合同中约定的优先解释顺序，应参照中标通知书及投标书和附件等内容予以确定，这也是对招标投标行为的一种规范。庄锡富借用金城公司资质进行投标，且在投标前就与东辰公司就招投标事项进行磋商，属于恶意中标，庄锡富与东辰公司恶意规避法律所造成的后果，都有过错。第二，因庄锡富系无建筑行业企业资质的个人，依据吉林省工程造价管理站的复函意见，在合同没有明确约定适用定额的情况下，不应适用定额确定工程造价。第三，金城公司在诉讼时向法院提交的其单方制作的工程预算书中，对于地上四层以上部分的计算方法，也与地下室及裙房的计算方法不一致，并非完全依据定额予以计算，其中也不包含间接费及利润部分。也可以见得地上四层以上部分双方并未有过依据定额确定工程款的意思表示。第四，通过考察同时期吉林省住建厅发布的吉林市框剪高层的工程质量安全成本指标价格、同时期同地段同类工程的市场行情以及备案登记合同约定的工程款价格，及东辰公司与其他企业签订的案涉工程另一部分的合同约定、履行情况，可以认定地上四层以上部分以中标价格确定工程款符合当时的市场行情，对双方来讲利益分配比较均衡。因此，通过双方订立合同的磋商过程、合同文字的表述、合同履行情况、诉讼过程中的权利主张，以及各方面综合因素考虑，地上四层以上部分按照中标价格确定工程款最能体现双方当事人的真实意思表示，又不失公平。

（三）无资质的个人施工能否按照定额标准结算工程款？

本案最高人民法院指令再审的内部函的意见是庄锡富作为无施工资质的个人组织施工，所获工程价款中含有特级资质取费不合理。经过向吉林省工程造价管理站询问调查了解到，个人作为实际施工人，不能按照定额的规定计取间接费、利润。间接费由规费和企业管理费组成。费用定额规定企业管理费是指建筑安装企业组织施工生产和经营管理所需费用。庄锡富个人组织施工队进行施工，不是建安企业组织管理行为。这种情况与费用定额的规定不相符，无法按照费用定额的标准进行计算。间接费是按照工程类别取费，但是工程类别对应着能够承担相应工程的企业资质。定额编制说明第一条：根据建设部、财政部建标〔2006〕206号文件、工程量清单计价规范、建设部建建〔2001〕82号文件"关于印发《建筑企业资质等级标准》的通知"等规定，结合我省实际，制定了《吉林省建筑安装工程费用定额》。第四条：本定额适用于建筑、安装、市政和装饰工程。各类工程定义、承包范围见建设部建建〔2001〕82号文件"关于印发《建筑企业资质等级标准》的通知"。上述内容已经阐明了费用定额的制定原则和基础。只有具备资质的企业才可以按照费用定额的规定标准进行取费。

但同时，各地建设主管部门根据本地建筑市场建筑成本的平均值确定的定额标准，是完成单位工程量所消耗的劳动、材料、检测机械台班等的标准额度，属于工程价格的一种特殊计量方式——政府指导价，可以在双方当时协商一致的情况下予以适用。当双方当事人对于工程价款的确定约定适用定额时，定额的意义已经不再突出政府定价指导的功能，而成为双方当事人对于工程价款是一种与其他方式无异的计算方式，成为建筑工程施工合同条款的一部分，我们应该尊重当事人的这种约定。

本案涉案工程分为两部分，地下室及裙房部分和地上四层以上部分。双方当事人在补充协议中约定地下室及裙房部分按照定额结算工程款，东辰公司明知庄锡富系无企业资质的个人的情况下，仍与其约定按照定额计

建设工程合同纠纷

算工程造价,在诉讼中又以庄锡富无资质,不能取得特级资质企业相关费用为由主张按照鉴定结论第二种方法中地下室及裙房部分的间接费、利润等不应由庄锡富获得,与双方合同约定内容不符,也有违诚实信用原则。依据《建设工程施工合同司法解释》第二条的规定,承包人可以参照合同中的约定请求发包人支付工程款. 故该定额规定的所有款项都应当作为双方约定工程款结算依据,并如实结算工程款。地上四层以上部分,因双方并未约定按照定额结算工程款,而庄锡富作为实际施工人,无施工资质,不能按照定额计取间接费、利润。

(四) 固定价款合同履行中客观情况发生重大变化是否当然适用情势变更原则?

《最高人民法院关于适用〈中华人民共和国合同法〉若干问题的解释(二)》第二十六条规定了情势变更原则。情势变更应该满足三个条件,一是客观情况发生重大变化;二是双方当事人对客观情况的重大变化在订立合同时无法预见;三是继续履行合同对一方当事人明显不公。在审理此类案件中,应区分一般的商业风险与情势变更。在当事人以政府经济政策调整、物价飞涨等变化,要求对工程价款进行调整的情况下,法院应进行严格审查。一是审查发生变化的客观情况是否是签订合同时可以预见的。如果在签订合同时,根据当时的实际条件及能力根本无法预见,则可以认定该调整变化超出了正常的范围,当事人在当时的客观条件下是不可预见的。如果当事人对该调整变化虽未预见,但是根据当时的情况是可以预见的,由此产生的后果应由其自己承担,而不能依据情势变更为由对合同价款予以调整。二是审查产生的后果。商业风险导致的结果是合同能够继续履行,但一方据此获得的利润减少或产生非重大性的亏损,而情势变更产生的后果是合同赖以履行的基础发生动摇,导致合同继续履行对一方当事人明显不公或者合同的目的不能实现。

建设工程施工合同的履行周期较长,在合同履行过程中建筑材料价格可能会有波动,遇到特殊时期,这种波动可能会比较明显。对于建筑材料价格上涨部分,原则上应当属于商业风险,不应予以调整。涉案工程建设期间，就遇上国际钢材价格大幅度波动的情况，钢材价格2007年、2008年两年间就相差近一倍，吉林省建设厅于2008年3月对于钢材涨价问题也下发了指导性意见。在这种情况下应该认定建筑材料价格上涨超出正常的市场风险范畴，属于客观情况发生了重大变化。但是，不能因此认定此种情况下可以适用情势变更原则变更合同内容。如前所述，涉案工程地上四层部分为固定价格，已经包含成本、费用、利润、税金及风险因素等全部内容。对于钢材价格异常波动是否对工程价款产生影响，应作为确定工程价款的考虑因素之一。庄锡富作为实际施工人，其先后以华强公司、金城公司名义于2007年8月、2008年7月两次与东辰公司履行了招投标手续，并在第二次中标后，于2008年7月17日与东辰公司签订了《建设工程施工合同》。根据吉林省建设厅2008年3月27日发布的吉建造〔2008〕8号文件《关于发布建设工程材料价格指导意见的通知》，以及2008年第三期至第八期吉林地区材料价格表，期间钢材价格在大幅度上涨后，已经呈连续下降趋势。双方在2008年7月签订《建设工程施工合同》时已经对此作出反应：约定钢材用量较多的地下室、裙房部分执行已含建筑材料价差调整的定额标准，对钢材用量相对较少的地上四层以上住宅部分价款未作调整。依据《最高人民法院关于适用〈中华人民共和国合同法〉若干问题的解释（二）》第二十六条的规定，2008年7月双方签订《建设工程施工合同》时，市场环境异常变动已经发生，趋势明显，并非属于在订立合同时无法预见的客观情况的重大变化，不符合情势变更情形。因此，地上部分的钢材价格差不应以情势变更为理由再予以调整。

（执笔人：宋姜美）

建设工程合同纠纷

112. 宁夏钰隆工程有限公司与安徽三建工程有限公司、宁夏蓝天房地产开发有限责任公司建设工程施工合同纠纷案[*]

实际施工人在同时兼具承包人身份的情况下，可以认定其享有优先受偿权

【裁判摘要】

> 在建设工程施工领域内，借用其他企业资质是违法的，但此类情形并不少见，且具体情况也不相同。在签订或者履行合同过程中，如果发包人同意借用资质这种施工方式，并且接受了实际施工人建设的工程，就应当认定实际施工人系建设工程施工合同关系中的当事人，即实际承包人。即使因为挂靠行为违法而导致合同无效，但实际施工人依法仍享有工程价款请求权。工程价款请求权能否实现，关系到承包人员工的劳动收入能否得到保障，优先受偿权即是合同法为保障员工劳动收入而设。故实际施工人在同时兼具承包人身份的情况下，可以认定其享有优先受偿权。

---

[*] 摘自《审判监督指导》2019年第2辑（总第68辑），人民法院出版社2021年版，第156~166页。

【案件基本信息】

再审申请人（一审原告，二审上诉人）：宁夏钰隆工程有限公司（以下简称钰隆公司）。

被申请人（一审被告，二审被上诉人）：安徽三建工程有限公司（以下简称安徽三建）。

被申请人（一审被告，二审被上诉人）：宁夏蓝天房地产开发有限责任公司（以下简称蓝天公司）。

一审：宁夏回族自治区高级人民法院（2018）宁民初41号民事判决（2018年10月16日）。

二审：最高人民法院（2019）最高法民终15号民事判决（2019年4月11日）。

再审：最高人民法院（2019）最高法民申6085号（2020年6月2日）。

案由：建设工程施工合同纠纷。

一、基本案情

2013年，蒋某某作为安徽三建的委托代理人，与蓝天公司签订《协议书》，约定：蓝天公司将鼎辉时代城工程项目（1号、4号、5号、8号、9号、10号、23号楼）承包给安徽三建施工，承包范围为设计图中所涉及的全部工程，含土方、护坡、降水、地基处理、结构、装饰、水暖、消防工程等；《协议书》签订后安徽三建向蓝天公司支付300万元履约保证金。2013年11月10日，蓝天公司出具收到钰隆公司交来保证金300万元的收据一张。第二天，蒋某某即向安徽三建账户支付100万元，案外人李某某向安徽三建账户支付200万元。

钰隆公司于2014年1月22日成立，蒋某某为法定代表人，蒋某某等为股东。2014年3月21日，安徽三建与钰隆公司签订《承包合同》，约定：钰隆公司承包全部案涉工程，独立核算、自负盈亏；安徽三建实行督促、检查和关键环节重点管理监督，管理费征收基数以最终审计价为准，

建设工程合同纠纷

按1.2%收取。合同签订后，钰隆公司并未取得相应的资质，但对案涉工程进行了实际施工。2014年11月7日，钰隆公司给蓝天公司出具《收据》一份，载明钰隆公司收到蓝天公司工程款30万元，加盖了钰隆公司财务专用章。

2015年1月15日，安徽三建向钰隆公司出具书面承诺：无论蓝天公司对案涉工程是否按时支付工程款，安徽三建均按时按钰隆公司具体实际已完成工程量向钰隆公司支付工程款，以保证工程顺利进行；若安徽三建未按时向钰隆公司支付工程款，安徽三建愿意承担应付未付部分每月二分的利息；若因工程款未能支付造成工程停工，给钰隆公司造成的损失包括应付的利息全部由安徽三建承担。

2016年3月31日，蓝天公司与安徽三建签订《工程款结算单》，确定：案涉工程已完工程（鼎辉时代二期1号、4号、5号住宅楼工程）造价为122458278.48元，如蓝天公司违约未按双方签订的《施工协议》支付工程款，则蓝天公司以总款122458278.48元为基数，按月息二分计算支付利息。2016年11月16日，钰隆公司向安徽三建出具两份《承诺书》，载明：安徽三建有权依据约定及业主出具的结算单进行结算并根据钰隆公司提供的支付清单和支付方式支付款项。同日，钰隆公司还向安徽三建出具两份《承诺书》，载明：钰隆公司承诺，如若向蓝天公司索取工程价款等费用无果，安徽三建不承担任何责任，钰隆公司亦不追索安徽三建的责任；钰隆公司自愿向蓝天公司投入工程履约保证金，在工程未竣工或蓝天公司未返还该履约保证金前，钰隆公司不得向安徽三建索取该资金。钰隆公司自认收到工程价款24687162.68元。

钰隆公司向法院起诉，请求判令：安徽三建、蓝天公司支付工程价款97771115.8元及利息，钰隆公司就安徽三建、蓝天公司拖欠的工程款本息对案涉工程拍卖所得价款享有优先受偿权。

二、案件焦点

本案的争议焦点在于，钰隆公司借用安徽三建的资质，系案涉工程的实际施工人，是否对工程价款享有优先受偿权。

一审法院认为：钰隆公司与安徽三建签订的《承包合同》无效，但钰隆公司挂靠安徽三建并借用其资质进行了施工，钰隆公司与蓝天公司已经形成了事实上的建设工程承包合同关系。钰隆公司与蓝天公司已全面履行了发包人与承包人之间的合同，故钰隆公司是案涉工程的实际承包人。根据《最高人民法院关于审理建设工程施工合同纠纷案件适用法律问题的解释》第二条的规定，钰隆公司有权参照合同约定请求蓝天公司支付工程价款。钰隆公司作为实际承包人，其投入已物化到案涉工程中，应当享有优先受偿权，但其并未在法律规定的六个月期限内行使，该权利已归于消灭。

二审法院认为，案涉合同无效，钰隆公司作为实际施工人，与蓝天公司因实际施工形成了事实上的建设工程施工法律关系，故钰隆公司可向蓝天公司请求支付工程价款。《最高人民法院关于审理建设工程施工合同纠纷案件适用法律问题的解释（二）》第十七条规定："与发包人订立建设工程施工合同的承包人，根据合同法第二百八十六条规定请求其承建工程的价款就工程折价或者拍卖的价款优先受偿的，人民法院应予支持。"建设工程价款优先受偿权系法定优先权，因其具有优于普通债权和抵押权的权利属性，故对其权利的享有和行使必须具有明确的法律依据。根据前述规定，行使优先受偿权的主体应仅限于建设工程承包人，现行法律及司法解释并未赋予实际施工人享有建设工程价款优先受偿的权利。因此，钰隆公司作为案涉工程的实际施工人主张建设工程价款的优先受偿权，缺乏法律依据，不予支持。

钰隆公司向最高人民法院申请再审，认为应当支持其享有优先受偿权的诉讼请求。

三、裁判结果

最高人民法院审查认为：设立优先受偿权的目的，是保障承包人对发包人主张工程价款的请求权优先于一般债权得以实现；原因则在于，建设工程系承包人组织员工通过劳动建设而成，工程价款请求权的实现意味着员工劳动收入有所保障。即使合同无效，承包人仍然享有向发包人主张工

建设工程合同纠纷

程价款的请求权,工程也系承包人组织员工建设而成,需要支付劳动报酬,因此,承包人的工程价款请求权同样需要优先于一般债权得以实现,故应当认定承包人享有优先受偿权。

在"没有资质的实际施工人借用有资质的建筑施工企业名义的"情况下,合同书上所列的"承包人"一般是具有相应资质的建筑施工企业,而实际履行合同书上"承包人"义务的是实际施工人。在建设工程施工合同关系中,优先受偿权是为了保障工程价款请求权得以实现而设立的,而工程价款请求权又是基于合同关系产生的,所以,优先受偿权也应受合同相对性的限制。《最高人民法院关于审理建设工程施工合同纠纷案件适用法律问题的解释(二)》第十七条"与发包人订立建设工程施工合同的承包人,根据合同法第二百八十六条规定请求其承建工程的价款就工程折价或者拍卖的价款优先受偿的,人民法院应予支持"的规定,即体现了此种精神。

在本案中,钰隆公司借用安徽三建的资质,对发包人蓝天公司发包的1号、4号、5号楼进行了实际施工,属于实际施工人,已经履行了承包人的义务;而且,蓝天公司从签订合同开始到实际履行合同过程中,知道并认可钰隆公司借用安徽三建资质进行实际施工的事实,还接受了钰隆公司设立人直接支付给自己的保证金,并向钰隆公司直接支付过工程价款,更进一步证明蓝天公司同意钰隆公司履行承包人义务的行为。因此,应当认定钰隆公司系案涉工程的实际承包人,一审判决认为钰隆公司享有优先受偿权,并不违反法律关于合同相对性的规定,是正确的。原判决认为:"现行法律及司法解释并未赋予实际施工人享有建设工程价款优先受偿的权利。因此,钰隆公司作为案涉工程的实际施工人主张建设工程价款的优先受偿权,缺乏法律依据,不予支持。"将《最高人民法院关于审理建设工程施工合同纠纷案件适用法律问题的解释(二)》第十七条解释为只要是实际施工人,便缺乏行使优先受偿权的法律依据,排除了挂靠关系中的实际施工人作为实际承包人时应该享有优先受偿权的情形,适用法律确有错误。

但钰隆公司直到2018年本案诉讼时才提出优先受偿权的主张,早已经超过了法律规定的六个月期限。因此，一审判决和二审判决均未支持钰隆公司优先受偿权的诉讼请求，结论是正确的，故驳回其再审申请。

四、评析意见

实际施工人，是建设工程施工合同关系中的法律概念，在《中华人民共和国合同法》（以下简称《合同法》）中并没有出现，第二百七十二条中"……施工承包人经发包人同意，可以将自己承包的部分工作交由第三人完成……承包人不得将其承包的全部建设工程转包给第三人或者将其承包的全部建设工程肢解以后以分包的名义分别转包给第三人。禁止承包人将工程分包给不具备相应资质条件的单位。禁止分包单位将其承包的工程再分包。建设工程主体结构的施工必须由承包人自行完成"的规定只涉及发包人、承包人、第三人的概念。承包人有权根据合同约定向发包人主张工程价款和依照《合同法》第二百八十六条行使优先受偿权；第三人有权依照合同约定向承包人主张工程价款。但在我国现实的工程建设领域，存在着大量无资质的人借用其他单位资质施工、非法转包施工、违法分包施工等现象，原因比较复杂，不宜一概而论，需要公平处理各方当事人的利益，由此，在相关司法解释中提出了"实际施工人"的概念。《最高人民法院关于审理建设工程施工合同纠纷案件适用法律问题的解释》第一条规定："建设工程施工合同具有下列情形之一的，应当根据合同法第五十二条第（五）项的规定，认定无效：……（二）没有资质的实际施工人借用有资质的建筑施工企业名义的……"第四条规定："承包人非法转包、违法分包建设工程或者没有资质的实际施工人借用有资质的建筑施工企业名义与他人签订建设工程施工合同的行为无效……"第二十五条规定："因建设工程质量发生争议的，发包人可以以总承包人、分包人和实际施工人为共同被告提起诉讼。"第二十六条规定："实际施工人以转包人、违法分包人为被告起诉的，人民法院应当依法受理。实际施工人以发包人为被告主张权利的，人民法院可以追加转包人或者违法分包人为本案当事人。发包人只在欠付工程价款范围内对实际施工人承担责任。"可见，"实际施工人"是在因借用资质、非法转包、违法分包等情形导致合同无效时才产生

建设工程合同纠纷

的法律概念。本案是因借用资质而导致建设工程施工合同无效的情形，合同书中所列发包人是蓝天公司，承包人是安徽三建，但案涉工程是由钰隆公司实际完成的，钰隆公司借用了安徽三建的建筑企业资质，属于挂靠经营性质。

关于钰隆公司是否可以对工程价款就案涉工程行使优先受偿权的问题，一审判决与二审判决的结论虽然一致，但理由完全不同。一审认为，钰隆公司挂靠安徽三建，借用其资质对案涉工程进行了施工，蓝天公司对此明知且认可，并直接向钰隆公司支付工程价款，故蓝天公司作为发包人，与钰隆公司之间形成了事实上的建设工程承包合同关系，全面履行了发包人与承包人之间的合同，钰隆公司是案涉工程的实际承包人，蓝天公司负有向钰隆公司支付工程价款的义务。所以，依照《合同法》第二百八十六条的规定，钰隆公司作为承包人，享有优先受偿权，只是因为没有在法律规定的期限内行使而丧失了优先受偿权。二审则认为，《最高人民法院关于审理建设工程施工合同纠纷案件适用法律问题的解释（二）》第十七条规定："与发包人订立建设工程施工合同的承包人，根据合同法第二百八十六条规定请求其承建工程的价款就工程折价或者拍卖的价款优先受偿的，人民法院应予支持。"因此，行使优先受偿权的主体应仅限于承包人，现行法律及司法解释并未赋予实际施工人享有建设工程价款优先受偿的权利。钰隆公司作为案涉工程的实际施工人主张建设工程价款的优先受偿权，缺乏法律依据。一审判决与二审判决都认为，钰隆公司对于蓝天公司享有工程价款请求权，分歧点在于，在借用资质的挂靠关系中，实际施工人能否认定为建设工程施工合同中发包人的对方当事人即承包人，这是本案中钰隆公司是否享有优先受偿权的关键。

《合同法》第二百八十六条规定："发包人未按照约定支付价款的，承包人可以催告发包人在合理期限内支付价款。发包人逾期不支付的，除按照建设工程的性质不宜折价、拍卖的以外，承包人可以与发包人协议将该工程折价，也可以申请人民法院将该工程依法拍卖。建设工程的价款就该工程折价或者拍卖的价款优先受偿。"赋予承包人对工程价款享有就该工程折价或拍卖价款优先受偿的权利，目的在于保障承包人对发包人主张工程价款的请求权优先于一般债权得以实现,以使承包人为建设工程所组织员工的劳动收入有所保障。即使在建设工程施工合同无效的情况下,《最高人民法院关于审理建设工程施工合同纠纷案件适用法律问题的解释》第二条也规定:"建设工程施工合同无效,但建设工程经竣工验收合格,承包人请求参照合同约定支付工程价款的,应予支持。"据此,合同虽然无效,但建设工程验收合格后,发包人的实际利益并未受到损害,承包人即有权参照合同约定向发包人主张工程价款,在工程价款请求权保护这一点上与合同有效时是相同的。而法律设立优先受偿权的目的即在于保障承包人工程价款请求权优先实现,所以,即使法律没有明确规定合同无效时承包人享有优先受偿权,但从优先受偿权设立的目的来看,只要承包人享有工程价款请求权,为保障工程价款请求权实现的优先受偿权就应当得到保护。需要特别注意的是,工程价款请求权是基于建设工程施工合同关系产生的,所以,应受合同相对性的限制。《最高人民法院关于审理建设工程施工合同纠纷案件适用法律问题的解释(二)》第十七条"与发包人订立建设工程施工合同的承包人,根据合同法第二百八十六条规定请求其承建工程的价款就工程折价或者拍卖的价款优先受偿的,人民法院应予支持"的规定,即体现了此种精神。《最高人民法院关于审理建设工程施工合同纠纷案件适用法律问题的解释》第一条"建设工程施工合同具有下列情形之一的,应当根据合同法第五十二条第(五)项的规定,认定无效:(一)承包人未取得建筑施工企业资质或者超越资质等级的;(二)没有资质的实际施工人借用有资质的建筑施工企业名义的;(三)建设工程必须进行招标而未招标或者中标无效的"规定的第一项和第三项中规定的承包人是谁非常清楚,不会在理解上产生分歧,但第二项中"没有资质的实际施工人"与"有资质的建筑施工企业"谁是承包人,在实践中如何认识却有很大分歧。一般情况下,在合同书上所列的"承包人"是有资质的建筑施工企业,即被挂靠人;而实际履行合同书上所列承包人义务的是没有资质的实际施工人,即挂靠人。一种观点认为,应当以合同书所列的主体为准,"承包人"就是承包人,实际施工人只是与承包人存在合同关系,而非与发包人存在合同关系,不是承包人。另一种观点认为,实际施工人作为挂

建设工程合同纠纷

靠人,与有资质的施工企业之间存在的只是借用资质并支付管理费的合同关系,而实际履行与发包人约定施工义务的人是实际施工人,因此,实际施工人也是承包人。这两种观点在"没有资质的实际施工人"与"有资质的建筑施工企业"之间没有纠纷的时候,双方共同以承包人的身份向发包人主张工程价款,然后再按照约定分配利益,所以并不会引发任何问题。但如果"有资质的建筑施工企业"不再按照约定配合"没有资质的实际施工人"主张工程价款时,如何理解谁是承包人,则直接关系到能否公平处理相关当事人的实际利益。哪一种观点是正确的,要视具体情况而定,不宜一概而论。

在建设工程施工领域内,借用资质进行挂靠经营的情况很多,体现出不同的特点。有的情况下,实际施工人是由有资质的企业确定的,但发包人并不知道,还认为是有资质的企业与自己签订的施工合同并实际履行承包人义务;有的情况下,实际施工人则是由发包人直接指定并实际履行承包人义务,要求有资质的企业出借其资质(当然要收取管理费)并与发包人签订施工合同;有的情况下,发包人在与有资质的企业签订建设工程施工合同时并不知道存在挂靠经营的实际施工人,但在工程建设过程中知道了实际履行承包人义务的并非有资质的企业,而是借用资质的实际施工人,不过同意或者默许实际施工人继续施工,最终还接受了建设工程;还有的情况下,发包人对于是否存在借用资质的实际施工人并不关心,其关心的是能否按照合同约定及时建成并交付了合格的建设工程,只要工程符合约定即可。如果发包人在与有资质的企业签订合同时明确要求必须由承包人自己履行施工义务,履行过程中知道有借用资质情形时又不予认可,并要求有资质的企业承担违约责任的情况下,认定实际施工人就是承包人,确实没有法律依据。但如果发包人在与有资质的企业签订合同时明知实际履行施工义务的并非所列"承包人",而是借用资质的实际施工人,非但不提出异议,还明确表示同意或者以自己的行为表明接受这种情况,甚至是发包人自己选定了实际施工人而要求其借用资质以被挂靠人名义与自己签订合同的情况下,则应当认定实际施工人就是与发包人相对应的建设工程施工合同的对方当事人,即承包人。这样的认定,也符合《合同法》第四百零二条"受托人以自己的名义，在委托人的授权范围内与第三人订立的合同，第三人在订立合同时知道受托人与委托人之间的代理关系的，该合同直接约束委托人和第三人，但有确切证据证明该合同只约束受托人和第三人的除外"规定的法律精神。本案即属于这种情况，2013年，蒋某某作为安徽三建的委托代理人，与蓝天公司就案涉工程签订《协议书》时，钰隆公司尚未成立。但蓝天公司却直接收取了蒋某某支付的300万元保证金，并向尚未成立的钰隆公司开具了保证金收据。在合同履行过程中，蓝天公司还向钰隆公司直接支付了工程款，并接受了钰隆公司交付的案涉工程。因此，蓝天公司是明知钰隆公司系实际履行合同约定施工义务的人，并以自己直接支付工程款的行为表明同意钰隆公司是承包人的事实。是否构成发包人和承包人，是事实问题，要根据当事人的真实意思认定。在建设工程领域，如果发包人知道并认可谁进行了工程建设并同意向其支付价款，就应当依照《合同法》第二百六十九条"建设工程合同是承包人进行工程建设，发包人支付价款的合同……"的规定，认定进行工程建设的人是承包人。所以，一审判决认为钰隆公司是案涉合同的实际承包人，享有优先受偿权是正确的。二审判决认为："现行法律及司法解释并未赋予实际施工人享有建设工程价款优先受偿的权利。因此，钰隆公司作为案涉工程的实际施工人主张建设工程价款的优先受偿权，缺乏法律依据，不予支持。"将《最高人民法院关于审理建设工程施工合同纠纷案件适用法律问题的解释（二）》第十七条解释为只要是实际施工人，便缺乏行使优先受偿权的法律依据，排除了挂靠关系中的实际施工人作为实际承包人时应该享有优先受偿权的情形，适用法律确有错误。

还有一种观点认为，在借用资质的情况下合同依法应当认定为无效，但如果认定实际施工人既享有对发包人的工程价款请求权，又享有就建设工程的优先受偿权，就与合同有效时完全相同了，无法体现出对违法行为的否定性评价精神。《2015年全国民事审判工作会议纪要》第七部分"关于建设工程施工合同纠纷案件"中的"关于建设工程价款优先受偿权问题"就列明了截然相反的两种处理意见："第一种意见：建设工程施工合同无效，但建设工程经竣工验收合格，实际施工人请求依据合同法第二百

建设工程合同纠纷

八十六条规定对承建的建设工程享有优先受偿权的，应予以支持。第二种意见：建设工程施工合同无效，实际施工人请求对承建的建设工程享有优先受偿权的，不予支持。"实际上，在合同双方当事人对合同无效均有责任的时候，确实不应允许任何一方当事人获得比合同有效时还要多的利益，但同时也要保护当事人应当获得的合法权益，而不宜以否定性评价为由破坏当事人之间的利益平衡。在本案中，建设工程施工合同之所以无效，是因为借用资质的行为违反了法律强制性规定，对此钰隆公司、安徽三建和蓝天公司都是有责任的，如果仅因为无效就确认钰隆公司对蓝天公司不享有优先受偿权，虽然钰隆公司确实受到了比合同有效时更小的利益保障，但蓝天公司却获得了比合同有效时更大的利益保障，这也不符合合同无效时不能比合同有效时获得更大利益保护的原则。既然法律规定即使合同无效承包人对发包人的工程价款请求权也应当得到保护，那么为保障工程价款请求权得以实现而设立的优先受偿权就应当得到保护，这样的处理方法并未使实际施工人获得比合同有效时更大的利益。其实，《最高人民法院关于审理建设工程施工合同纠纷案件适用法律问题的解释》第四条关于"承包人非法转包、违法分包建设工程或者没有资质的实际施工人借用有资质的建筑施工企业名义与他人签订建设工程施工合同的行为无效。人民法院可以根据民法通则第一百三十四条规定，收缴当事人已经取得的非法所得"的规定已经明确了对实际施工人违法行为的处罚措施，体现了否定评价的精神，再否定优先受偿权反倒会破坏公平原则。

在建设工程施工合同中，借用资质进行挂靠经营的现象既很普遍，也较复杂，且具有时代特点。在确定借用资质的实际施工人是否对发包人享有工程价款请求权和优先受偿权时，不能简单奉行"一刀切"原则，而要综合考虑全案的证据准确认定发包人对于合同对方当事人和建设工程真实的意思表示内容，还要注意当事人在合同订立和履行过程中意思表示变化和对合同义务的实际履行情况。本案中虽然应当认定实际施工人钰隆公司对发包人蓝天公司享有工程价款请求权和优先受偿权，但并非借用资质的实际施工人在任何情况下都对发包人享有工程价款请求权和优先受偿权。如果发包人按照各方约定履行了自己支付工程价款的义务，将款项全部支

1533

付给了有资质的建筑施工企业（被挂靠企业），而只是被挂靠企业没有按照约定将工程价款支付给实际施工人。在这种情况下，即使发包人知道或者认可建设工程是由借用资质的实际施工人完成，也不能要求发包人再向实际施工人支付一次工程价款，实际施工人当然也就不再享有优先受偿权了。借用资质的实际施工人虽然与非法转包、违法分包中的实际施工人不同，但也可以参照《最高人民法院关于审理建设工程施工合同纠纷案件适用法律问题的解释》第二十六条"实际施工人以转包人、违法分包人为被告起诉的，人民法院应当依法受理。实际施工人以发包人为被告主张权利的，人民法院可以追加转包人或者违法分包人为本案当事人。发包人只在欠付工程价款范围内对实际施工人承担责任"的规定处理。当然，优先受偿权是需要在法律规定的期间内行使的，否则便不再受法律保护。虽然钰隆公司作为实际承包人在开始时享有优先受偿权，这与《最高人民法院关于审理建设工程施工合同纠纷案件适用法律问题的解释（二）》第十七条"与发包人订立建设工程施工合同的承包人，根据合同法第二百八十六条规定请求其承建工程的价款就工程折价或者拍卖的价款优先受偿的，人民法院应予支持"的规定并不矛盾，但因其并未在法律规定的期间内行使，故优先受偿权已经丧失。所以，再审裁定在纠正了二审判决认为的实际施工人缺乏行使优先受偿权法律依据的错误解释后，驳回了钰隆公司提出的应当支持其优先受偿权的再审请求。

（执笔人：王云飞）

最高人民法院案例指导与参考丛书

最高人民法院
合同案例指导与参考

(第二版)

最高人民法院案例指导与参考丛书编选组 编

(下)

人民法院出版社

目录

上 册

确认合同效力纠纷

1. 瑞士嘉吉国际公司诉福建金石制油有限公司等确认合同无效纠纷案/3
   - ▶债务人与其关联公司以明显不合理低价转让财产的行为系恶意串通损害债权人利益的,双方签订的合同无效
   - ▶理解与参照:《瑞士嘉吉国际公司诉福建金石制油有限公司等确认合同无效纠纷案》的理解与参照/9

2. 青海红鼎房地产有限公司与青海省国有资产投资管理有限公司、青海省产权交易市场确认合同有效纠纷案/16
   - ▶网络竞价系统自动生成《竞价结果通知单》违反交易规则的,交易不成立

3. 上诉人高安市城市建设投资有限责任公司与被上诉人华金证券股份有限公司等确认合同无效纠纷上诉案/31
   - ▶《民法总则》第一百四十六条可以溯及适用于《民法总则》施行前基于虚伪意思表示订立的合同

债权人代位权纠纷

4. 姚军诉钱桥建筑安装工程有限公司债权人代位权纠纷案/61
   ▶ 代位权诉讼与到期债权执行发生冲突时的利益平衡

债权人撤销权纠纷

5. 上海众盈联食品销售有限公司诉李向东、何雪莲等债权人撤销权纠纷案/79
   ▶ 债权人主张撤销债务人离婚协议中转移财产条款的法律要件及行使期限

6. 韩某某诉郭某、吴某某债权人撤销权纠纷案/89
   ▶ 夫妻离婚财产约定自由与债权人权益保护的平衡

债务转移合同纠纷

7. 董艳诉李彬、李彩侠、张双全债务转移合同纠纷案/101
   ▶ 当事人约定不明情形下债务转移、债务加入、指示付款的认定

买卖合同纠纷

一、分期付款买卖合同纠纷

8. 经纬纺织机械股份有限公司与裘雅芬等分期付款买卖合同纠纷案/113
   ▶ 再审不影响其他债务人按原裁判承担债务时，可仅中止对再审申请人的执行

二、国际货物买卖合同纠纷

9. 中化国际（新加坡）有限公司与蒂森克虏伯冶金产品有限责任公司国际货物买卖合同纠纷案/117
   ▶ 国际货物销售合同中交货不符的，买方能够以合理价格转售的，质量不符不构成根本违约的情形

三、信息网络买卖合同纠纷

10. 吴晨洁诉北京快手科技有限公司网络购物合同纠纷案/140
    ▶ 未成年人通过监护人手机 App 软件购买快币、打赏主播的行为主体、交易对象及责任认定

11. 赵彦圳诉芭莎珠宝（深圳）有限公司网络购物合同纠纷案/149
    ▶ 网站标价错误是否构成重大误解的审查思路

12. 张查理诉上海宝尊电子商务有限公司网络购物合同纠纷案/161
    ▶ 网络购买商品不适用七日无理由退货的认定

13. 陈某某诉上海欧尚超市有限公司闵行店网络购物合同纠纷案/170
    ▶ 电子商务经营者以"库存数量"标注错误为由拒绝交付商品的违约责任

14. 高某某诉欧莱雅（中国）有限公司网络购物合同纠纷案/179
    ▶ 电商平台经营者以更低价格出售高度重合的商品组合，违反价保承诺的，构成违约

四、其他买卖合同纠纷

15. 吴梅诉四川省眉山西城纸业有限公司买卖合同纠纷案/188
    ▶ 一方当事人不履行二审期间达成的和解协议时，另一方当事人可申请执行一审判决
    ▶ 理解与参照：《吴梅诉四川省眉山西城纸业有限公司买卖合同纠纷案》的理解与参照/190

16. 徐工集团工程机械股份有限公司诉成都川交工贸有限责任公司等买卖合同纠纷案/197
    ▶ 关联公司的人员、业务、财务等方面交叉或混同，导致各自财产无法区分，丧失独立人格的，构成人格混同
    ▶ 理解与参照：《徐工集团工程机械股份有限公司诉成都川交工贸有限责任公司等买卖合同纠纷案》的理解与参照/201

17. 张莉诉北京合力华通汽车服务有限公司买卖合同纠纷案/210
    ▶ 为家庭生活消费需要购买汽车发生欺诈纠纷的，消费者可依《中华人民共和国消费者权益保护法》要求赔偿损失

▶ 理解与参照：《张莉诉北京合力华通汽车服务有限公司买卖合同纠纷案》的理解与参照/213

18. 孙银山诉南京欧尚超市有限公司江宁店买卖合同纠纷案/221
▶ 消费者明知食品不符合安全标准而购买可十倍索赔
▶ 理解与参照：《孙银山诉欧尚超市有限公司江宁店买卖合同纠纷案》的理解与参照/224

19. 北京大唐燃料有限公司诉山东百富物流有限公司买卖合同纠纷案/234
▶ 代位权诉讼执行中，因相对人无财产被终结执行程序，债权另行向债务人主张权利的，人民法院应予支持

20. 大庆凯明风电塔筒制造有限公司与华锐风电科技（集团）股份有限公司买卖合同纠纷案/238
▶ 合同义务有先后履行顺序的，先履行一方怠于履行给后履行一方履行合同造成困难的，后履行一方有权依据先履行抗辩权要求对方履行全部合同

21. 上海闽路润贸易有限公司与上海钢翼贸易有限公司买卖合同纠纷案/258
▶ 在合同约定本身不属于无效事由的情况下，合同中一方当事人实施的涉嫌犯罪的行为并不影响合同的有效性

22. 厦门航空开发股份有限公司与北京南钢金易贸易有限公司及第三人厦门市东方龙金属材料有限公司买卖合同纠纷案/264
▶ 《中华人民共和国合同法》第四百零二条但书前的规定，仅仅适用于单纯的委托合同关系

23. 上海德力西集团有限公司诉江苏博恩世通高科有限公司、冯军、上海博恩世通光电股份有限公司买卖合同纠纷案/269
▶ 公司减资时对已知或应知的债权人应履行通知义务，不能在未先行通知的情况下直接以登报公告形式代替通知义务

24. 邓美华诉上海永达鑫悦汽车销售服务有限公司买卖合同纠纷案/275
▶ 汽车经销商对于车辆后保险杠外观瑕疵予以"拆装后保、后保整喷"的维修超出车辆售前正常维护和PDI质量检测的范围，经销商对此未履行告知义务的，构成消费欺诈

25. 江苏万丰光伏有限公司诉上海广力投资管理有限公司、丁炬焜等买卖合同纠纷案/288
   ▶公司在股东认缴的出资期限届满前，作出减资决议而未依法通知债权人，债权人起诉请求股东对公司债务在减资范围内承担补充赔偿责任的，人民法院应予支持

26. 刘智超诉同方知网（北京）技术有限公司买卖合同纠纷案/298
   ▶经营者作出的最低充值金额限制条款效力的认定

27. 东方电气集团东方汽轮机有限公司与大庆高新技术产业开发区大丰建筑安装有限公司、大庆大丰能源技术服务有限公司买卖合同纠纷案/308
   ▶买卖的货物交付后，买受人已经使用标的物且未在约定的质量保证期内提出质量异议，却以货物存在质量问题为由拒绝付款的，不予支持

28. 宝鼎建设工程有限公司与王聪浩买卖合同纠纷案/321
   ▶判断违约金是否过高，应根据法律、司法解释规定，兼顾合同履行情况、当事人过错程度以及预期利益等因素综合认定

29. 天宇公司与仓驰公司、迪嘉特公司、石勇买卖合同纠纷再审案/333
   ▶狭义无权代理责任的司法裁判

30. 新疆阿克苏四海建设工程有限责任公司与阿克苏诚建建材有限责任公司、黄洪川买卖合同纠纷案/346
   ▶建筑行业中买卖合同纠纷表见代理应严格认定

31. 邬某诉佛山聚阳新能源有限公司买卖合同纠纷案/351
   ▶真意保留的法律适用

拍卖合同纠纷

32. 何浩基诉建行华侨城支行、金坤公司拍卖合同纠纷案/367
   ▶拍卖法律关系中瑕疵担保责任的承担及免除

建设用地使用权合同纠纷

一、建设用地使用权出让合同纠纷

33. 贵阳市国土资源局与贵州太升房地产开发有限公司建设用地使用权出让合同二审纠纷案/381

    ▶ 未按约交纳土地出让金时,应综合合同履行情况、过错程度、预期利益、损失情况,根据公平原则和诚信原则确定违约责任

34. 长春泰恒房屋开发有限公司与长春市规划和自然资源局国有土地使用权出让合同纠纷案/392

    ▶ 因国家法律、法规及政策出台导致当事人签订的合同不能履行,以致一方当事人缔约目的不能实现,该方当事人请求法院判决解除合同的,人民法院应予支持

二、建设用地使用权转让合同纠纷

35. 秦龙公司与嘉德利公司、中经信公司、空后广州办土地使用权转让合同纠纷案/402

    ▶ 未领取权属证书的土地使用权转让合同的效力

36. 山东容商置业有限公司与微山县金谷建材贸易有限公司建设用地使用权转让合同纠纷再审案/430

    ▶ 招拍挂程序不影响建设用地使用权转让合同的效力

采矿权转让合同纠纷

37. 陈付全与确山县团山矿业开发有限公司采矿权转让合同纠纷案/445

    ▶ 矿业权转让合同中的报批义务条款自合同成立时起即具有法律效力

房地产开发经营合同纠纷

一、合资、合作开发房地产合同纠纷

38. 兰州滩尖子永昶商贸有限责任公司等与爱之泰房地产开发有限公司合作开发房地产合同纠纷案 /451
    ▶ 在双务合同中,双方均存在违约的情况下,判断合同当事人是否享有解除权的因素

39. 海南海联工贸有限公司与海南天河旅业投资有限公司、三亚天阔置业有限公司等合作开发房地产合同纠纷案 /464
    ▶ 合作开发房地产关系中的合作各方当事人在项目公司中是否享有股权不影响其在合作开发合同中所应享有的权益

40. 宁夏金力泰钢结构有限公司银川开发区与宏建房地产开发有限公司合作、合资开发房地产合同纠纷案 /490
    ▶ 合作开发房地产合同中约定履行合法审批程序后将工业用地性质变更为居住用地后再行开发房地产的,不违反法律、法规的效力性强制性规定

41. 上诉人甘肃宝迪置业发展有限责任公司与被上诉人兰州安宁新城万和影视文化有限责任公司、第三人兰州市安宁区就业服务局等合资、合作开发房地产合同纠纷二审案 /506
    ▶ 合同条款的文义与已查明事实及其相应法律规定的要求存在冲突时,应综合当事人陈述等因素,探求当事人缔约时的真实意思并决定是否将其作为案件裁判的依据

42. 再审申请人天津置信投资发展有限公司与被申请人新疆保利天然投资有限公司、一审第三人新疆天然房地产开发有限公司合资、合作开发房地产合同纠纷案 /534
    ▶ 在法定代表人代表公司签字时,应要求加盖公司印章,防止法定代表人在公司不知情的情况下代表公司作出意思表示

二、项目转让合同纠纷

43. 东莞利成公司、宝源公司与东莞晶隆公司、大岭山房地产公司房地产项目转让合同纠纷案/554

   ▶ 要准确判断和认定是否构成一物数卖,必须根据每个案件的不同事实情况,剖析当事人的内心真意,依法公平合理地平衡各方当事人的利益

房屋买卖合同纠纷

一、商品房预售合同纠纷

44. 李明柏诉南京金陵置业发展有限公司商品房预售合同纠纷案/575

   ▶ 因房屋存在质量问题,导致购房人无法正常使用、收益的,法院可以房屋同期租金为标准计算实际损失

45. 张宇、张霞诉上海亚绿实业投资有限公司商品房预售合同纠纷案/584

   ▶ 经营者故意隐瞒重大风险,造成相对人在信息不对称的情况下达成免责合意,免责合意的范围仅限于签约后发生的不确定风险,不包括被隐瞒的重大风险

46. 周杰帅诉余姚绿城房地产有限公司商品房预售合同纠纷案/595

   ▶ 当事人主张约定违约金过高请求予以适当减少的,人民法院应当以实际损失为基础综合考量

二、商品房销售合同纠纷

47. 黄光娜与海口栋梁实业有限公司、广东省阳江市建安集团有限公司海南分公司商品房销售合同纠纷案/608

   ▶ 第三人非因本人原因未参加诉讼的,不符合第三人撤销之诉的起诉条件,法院应裁定不予受理

48. 周显治、俞美芳与余姚众安房地产开发有限公司商品房销售合同纠纷案/613

   ▶ 商品房买卖合同约定了逾期交房与逾期办证的违约责任,又约定开发商承担了逾期交房的责任后无需承担逾期办证的责任的,属无效格式条款

49. 婺源县安泰房地产开发有限责任公司与林细海商品房销售合同纠纷案/625
    ▶商品房交付法定强制性标准——"该商品房经验收合格"的司法认定，应以加盖建设局验收备案章的竣工验收备案证明表为准

50. 长沙市雨花区市容环境卫生管理局诉湖南恩瑞置业有限公司商品房销售合同纠纷案/644
    ▶房屋限购政策对开发商而言不属于情势变更原则适用条件

三、其他房屋买卖合同纠纷

51. 汤龙、刘新龙、马忠太、王洪刚诉新疆鄂尔多斯彦海房地产开发有限公司商品房买卖合同纠纷案/655
    ▶借款合同双方终止借款合同关系，建立商品房买卖合同关系，将借款本金及利息转化为已付购房款并经对账清算的，具有法律效力，但要防止将超出法律规定保护限额的高额利息转化为已付购房款
    ▶理解与参照：《汤龙、刘新龙、马忠太、王洪刚诉新疆鄂尔多斯彦海房地产开发有限公司商品房买卖合同纠纷案》的理解与参照——当事人协商一致终止借款合同并将借款转化为购房款的法律关系认定/659

52. 成都讯捷通讯连锁有限公司与四川蜀都实业有限责任公司、四川友利投资控股股份有限公司房屋买卖合同纠纷案/668
    ▶合同的解除与否不涉及物之所有权的变动，而只与是否继续承担合同义务有关

53. 洪秀凤与昆明安钡佳房地产开发有限公司房屋买卖合同纠纷案/695
    ▶不宜简单否定既存外化法律关系对当事人真实意思的体现和反映，避免当事人一方不当摆脱既定权利义务约束

54. 张俭华、徐海英诉启东市取生置业有限公司房屋买卖合同纠纷案/708
    ▶开发商交付的房屋与购房合同约定的方位布局相反，且无法调换，购房者可以合同目的不能实现为由要求解除合同

55. 万学全、万兵诉狄平等人房屋买卖合同纠纷案/715
    ▶共同居住的家庭成员，以自己的名义将其他家庭成员名下的房屋出卖给他人，该行为对房屋所有人是否有效，应当结合房屋产权证书、对价支付情况等综合判定

56. 遵义市红花岗区长征镇沙坝村纪念街村民组诉遵义明顺房地产开发有限责任公司等商品房买卖合同纠纷案/722

▶ 处理一房二卖情况下的合同履行问题，可从缔约真实性、签约时间顺序、付款程度、合同备案情况、不动产占有事实、预登记情况等方面加以评判

57. 吉林鑫城房地产综合开发有限责任公司与汤东鹏房屋买卖合同纠纷案/739

▶ 债务人到期未能清偿债务，重新与债权人达成合意以房抵债，双方签订的《房屋买卖合同》应当认定合法有效

58. 方媚与邝建祺房屋买卖合同纠纷/744

▶ 认定合同是否解除应符合常情常理

中　　册

民事主体间房屋拆迁安置补偿合同纠纷

59. 中国联合网络通信有限公司红河哈尼族彝族自治州分公司与红河东佑房地产开发有限公司、云南晟邦融资担保有限公司房屋拆迁安置补偿合同纠纷案/751

▶ 因对方违约解除合同后，已履行主要合同义务的一方有权请求可得利益赔偿

供用水合同纠纷

60. 盐城市天孜食品有限公司诉盐城市自来水有限公司供用水合同纠纷案/773

▶ 在供水合同关系中，供水方和用水方因水表更换前后水表显示用水量产生争议时，人民法院应当根据民事诉讼证明原则和日常经验法则，对案件事实作出综合判断并公平合理地确定计算方法和损失数额

赠与合同纠纷

61. **胡某某诉胡某赠与合同纠纷案**/785
    ▶ 受赠人对赠与人有扶养义务而不履行的认定
62. **曾某诉柯某某、王某赠与合同纠纷案**/793
    ▶ 网络直播打赏的法律性质及其效力认定

借款合同纠纷

一、金融借款合同纠纷

63. **福建海峡银行股份有限公司福州五一支行诉长乐亚新污水处理有限公司、福州市政工程有限公司金融借款合同纠纷案**/807
    ▶ 特许经营权的收益权可以质押
    ▶ 理解与参照：《福建海峡银行股份有限公司福州五一支行诉长乐亚新污水处理有限公司、福州市政工程有限公司金融借款合同纠纷案》的理解与参照/813
64. **中国工商银行股份有限公司宣城龙首支行诉宣城柏冠贸易有限公司、江苏凯盛置业有限公司等金融借款合同纠纷案**/819
    ▶ 当事人可另行达成协议将最高额抵押权设立前，已经存在的债权转入该最高额抵押担保的债权范围，但不得对第三人产生不利影响
65. **温州银行股份有限公司宁波分行诉浙江创菱电器有限公司等金融借款合同纠纷案**/824
    ▶ 贷款合同中选择性列明部分最高额担保合同，未列明的担保人也应当在最高债权限额内承担担保责任
    ▶ 理解与参照：《温州银行股份有限公司宁波分行诉浙江创菱电器有限公司等金融借款合同纠纷案》的理解与参照/828

66. 上诉人湖南中融企业信用担保投资有限公司与被上诉人中国工商银行股份有限公司长沙韶山路支行、湖南中科本安新材料有限公司及原审被告北京中科时代资产管理有限公司、湖南信托有限责任公司金融借款合同纠纷上诉案 /835

  ▶ 公司减资的程序瑕疵是否影响公司作为债务人的民事责任暨保证人的保证责任并非一定因物保、担保置换、公司减资瑕疵等因素存在而免除

67. 中信银行股份有限公司东莞分行诉陈志华等金融借款合同纠纷案 /854

  ▶ 以不动产提供抵押担保，抵押人未依抵押合同约定办理抵押登记的，不影响抵押合同的效力

二、民间借贷纠纷

68. 李占江、朱丽敏与贝洪峰、沈阳东昊地产有限公司民间借贷纠纷案 /861

  ▶ 当事人对合同条款理解有争议的，可运用目的解释确定条款的真实意思

69. 邵萍与云南通海昆通工贸有限公司、通海兴通达工贸有限公司民间借贷纠纷案 /876

  ▶ 应综合设立背景、股东、控制人等多种因素认定公司滥用法人人格和有限责任的法律责任

70. 王谦与卢蓉芳、宁夏建工集团房地产开发有限公司、第三人宁夏恒昌盛房地产开发有限公司民间借贷纠纷案 /892

  ▶ 一审胜诉或部分胜诉的当事人未提起上诉，且在二审中明确表示一审判决正确应予维持，在二审判决维持原判后，该当事人又申请再审的，人民法院不予支持

71. 黑龙江闽成投资集团有限公司与西林钢铁集团有限公司、第三人刘志平民间借贷纠纷案 /897

  ▶ 对于股权让与担保是否具有物权效力，应以是否已按照物权公示原则进行公示作为核心判断标准

72. 再审申请人崔玉花与被申请人杨兴义、一审被告马耀中民间借贷纠纷案/942
   ▶ 夫妻一方虽然以个人名义借贷了超出日常开支所需债务,但该行为属于赚取利差的投资经营行为,所获利息亦用于夫妻共同生活,应当认定为夫妻共同债务

73. 宋建明、李梅华与孙继红民间借贷纠纷案/947
   ▶ 未办理抵押登记的抵押合同效力认定问题

74. 北京长富投资基金与武汉中森华世纪房地产开发有限公司等委托贷款合同纠纷案/951
   ▶ 委托贷款合同实质是委托人与借款人之间的民间借贷关系的,应受民间借贷法律规则的规制

75. 陈某某诉吴某某、李某某民间借贷纠纷案/975
   ▶ 夫妻单方向父母出具借条是否构成夫妻共同债务的认定

76. 潘某某诉杨某某民间借贷纠纷案/986
   ▶ 民间借贷款项实际交付真伪不明时的认定

三、小额借款合同纠纷

77. 重庆市阿里巴巴小额贷款有限公司诉陈壮群小额借款合同纠纷案/998
   ▶ 当事人在诉前相关合同中对电子送达方式、电子送达地址及法律后果作出明确、具体约定的,该约定具有相当于《送达地址确认书》的效力

78. 广州优贷小额贷款有限公司诉李某、第三人深圳市前海吉顺信科技发展有限公司小额借款合同纠纷案/1001
   ▶ 不应将金融科技成本以"服务费"名义转嫁为借款人的借款成本

四、其他借款合同纠纷

79. 上海欧宝生物科技有限公司诉辽宁特莱维置业发展有限公司企业借贷纠纷案/1008
   ▶ 人民法院应当依法制裁虚构事实、恶意串通、规避法律或国家政策以谋取非法利益进行的虚假民事诉讼

80. 招商银行股份有限公司大连东港支行与大连振邦氟涂料股份有限公司、大连振邦集团有限公司借款合同纠纷案/1020

▶《中华人民共和国公司法》第十六条第二款的规定不能作为评价合同效力的依据

81. 日照港集团有限公司煤炭运销部与山西焦煤集团国际发展股份有限公司借款合同纠纷案/1035

   ▶多个企业间进行封闭式循环买卖，一方在同一时期先低价卖后高价买同一标的物的，实为以买卖形式掩盖借贷法律关系。企业间为此签订的买卖合同，属于当事人共同实施虚伪意思表示，应认定为无效

82. 上海浦东发展银行股份有限公司深圳分行与梅州地中海酒店有限公司等借款合同纠纷案/1048

   ▶人民法院确定委托贷款合同的利率上限时应当参照民间借贷的相关规则

83. 中国长城资产管理股份有限公司山西省分公司与山西朔州平鲁区华美奥崇升煤业有限公司等借款合同纠纷案/1074

   ▶如果在最高额保证合同中明确约定所担保的最高债权额包括主债权的数额和相应的利息、违约金等费用，保证人即应当对该约定承担保证责任，而不受主债权数额的限制

84. 大连俸旗投资管理有限公司与中国外运辽宁储运公司等借款合同纠纷案/1090

   ▶动产质押监管合同债权人、作为出质人的债务人、质物监管人对质物没有真实、足额移交监管均有过错的，均应担责

85. 上诉人港通物流（北京）有限公司、北京云帆中天科贸有限责任公司与被上诉人承德钢铁集团有限公司、原审被告北京市劳服物资有限责任公司借款合同纠纷案/1128

   ▶在委托贷款合同约定的还本付息期限届满的情况下，当事人约定将委托贷款关系转为一般借款关系的，主债权和质权均未消灭

目 录

保证合同纠纷

86. 招商银行股份有限公司大连分行与大连一方地产有限公司保证合同纠纷案/1143
    ▶ 金融机构怠于办理预告登记,房地产企业的阶段性保证责任免除
87. 中国工商银行股份有限公司固阳支行与固阳县腾飞房地产开发公司保证合同纠纷案/1148
    ▶ 案外人对已经被法院查封、扣押、冻结的财产主张确权,只能提起执行异议之诉,而不能另行提起确权之诉

抵押合同纠纷

88. 王军诉李睿抵押合同纠纷案/1163
    ▶ 抵押权人在主债权诉讼时效期间未行使抵押权将导致抵押权消灭

储蓄存款合同纠纷

89. 李德勇与中国农业银行股份有限公司重庆云阳支行储蓄存款合同纠纷案/1173
    ▶ 当储蓄人依据犯罪分子伪造的存单主张与银行成立储蓄合同,人民法院应判定储蓄人与银行是否就储蓄事宜分别作出要约、承诺

银行卡纠纷

90. 徐欣诉招商银行股份有限公司上海延西支行银行卡纠纷案/1191
    ▶ 他人盗用持卡人名义进行网络交易,发卡行仅以持卡人身份识别信息和交易验证信息相符为由主张不承担赔偿责任的不予支持
91. 伊立军与中国工商银行股份有限公司盘锦分行银行卡纠纷案/1195

▶ 银行工作人员为客户办理业务应严格遵守工作流程和业务操作规范，尽到最大的注意和风险提示义务

92. 王东旭诉中国工商银行股份有限公司上海市第一支行信用卡纠纷案 /1209

▶ 信用卡盗刷事实的过错责任的司法认定

租赁合同纠纷

93. 饶国礼诉某物资供应站等房屋租赁合同纠纷案 /1223

▶ 违反行政规章签订租赁合同，将存在严重结构隐患，或将造成重大安全事故的危房出租用于经营酒店的，合同无效

94. 再审申请人青海贵南草业开发有限责任公司三分公司东科大队与马胡赛尼、才让加、才朗杰房屋租赁合同纠纷案 /1229

▶ 消防验收与租赁合同效力的认定

建设工程合同纠纷

95. 牡丹江市宏阁建筑安装有限责任公司诉牡丹江市华隆房地产开发有限责任公司、张继增建设工程施工合同纠纷案 /1241

▶ 纠纷已经解决且当事人申请撤诉的民事抗诉案件，不损害国家利益、社会公共利益或第三人利益的，法院应当作出案终结审查或终结再审诉讼的裁定

▶ 理解与参照：《牡丹江市宏阁建筑安装有限责任公司诉牡丹江市华隆房地产开发有限责任公司、张继增建设工程施工合同纠纷案》的理解与参照 /1244

96. 中天建设集团有限公司诉河南恒和置业有限公司建设工程施工合同纠纷案 /1253

▶ 执行法院依其他债权人的申请，对发包人的建设工程强制执行，承包人向执行法院主张其享有建设工程价款优先受偿权且未超过除斥期间的，视为承包人依法行使了建设工程价款优先受偿权

97. 海擎重工机械有限公司与江苏中兴建设有限公司、中国建设银行股份有限公司泰兴支行建设工程施工合同纠纷案/1257
   ▶ 法院应根据合同约定、法律及行政法规规定的工程建设程序,合理确定建设、施工单位对工程质量问题的责任承担

98. 青海方升建筑安装工程有限责任公司与青海隆豪置业有限公司建设工程施工合同纠纷案/1289
   ▶ 致使约定了固定价款的建设工程施工合同解除的,应综合考虑案件实际履行情况、双方当事人的过错、司法判决的价值取向等因素确定争议合同的工程价款

99. 中铁二十二局集团第四工程有限公司与安徽瑞讯交通开发有限公司、安徽省高速公路控股集团有限公司建设工程施工合同纠纷案/1313
   ▶ 因发包人违约造成的停窝工损失和材料价差损失,不属于建设工程价款优先受偿权的权利行使范围

100. 通州建总集团有限公司与内蒙古兴华房地产有限责任公司建设工程施工合同纠纷案/1332
   ▶ 在债权人与债务人达成以物抵债协议、新债务与旧债务并存时,若新债务届期不履行,债权人有权请求债务人履行旧债务

101. 江苏省第一建筑安装集团股份有限公司与唐山市昌隆房地产开发有限公司建设工程施工合同纠纷案/1350
   ▶ 多份施工合同均无效,且无法确定实际履行合同的,工程价款可根据争议合同之间的差价,结合工程质量、当事人过错、诚实信用原则等予以合理分配

102. 江苏南通六建建设集团有限公司与衡水鸿泰房地产开发有限公司建设工程施工合同纠纷案/1364
   ▶ 当事人在判决、裁定发生法律效力六个月后,依据《中华人民共和国民事诉讼法》第二百条第一项、第三项、第十二项、第十三项规定申请再审的同时,一并提起其他再审事由的,人民法院不予审查

103. 甲公司与乙公司建设工程施工合同纠纷案/1368
   ▶ 当事人约定的工程款支付时间晚于工程竣工之日,承包人行使优先权的期限不应从工程竣工之日起计算

104. 湖南协和建设有限公司与株洲市汉华房地产开发有限公司建设工程施工合同纠纷申请再审案/1372

▶建设工程价款优先受偿权行使期间的起算点为应当支付工程款时

105. 中国新兴建设开发总公司与国泰纸业（唐山曹妃甸）有限公司建设工程施工合同纠纷案/1399

▶建设工程施工合同解除后，如果对合同解除后是否预留质量保证金没有特别约定，则在认定发包人应付工程款时，不可直接适用原合同中有关质量保证金的条款

106. 中国新兴建设开发有限责任公司与海上嘉年华（青岛）置业有限公司建设工程施工合同纠纷案/1420

▶建设工程施工合同无效，发包人应承担折价补偿责任，其计算基础仍然是承包人付出的人力、材料和管理成本等，属于建设工程价款优先受偿权的保护范围

107. 再审申请人许昌信诺置业有限公司与被申请人牛长贵、河南林九建设工程有限公司建设工程施工合同纠纷一案/1443

▶挂靠人以被挂靠人名义对外签订建设工程施工合同的效力，应根据发包人是否善意、在签订建设工程施工合同时是否知道挂靠事实来作出认定

108. A公司与B公司建设工程施工合同纠纷案/1455

▶合同无效，工程未经竣工验收但已交付使用的，施工人能否获得折价补偿以工程质量是否合格为前提

109. 上诉人江苏南通二建集团有限公司、上诉人天津国储置业有限公司与被上诉人国储能源化工（天津）有限公司、天津睿拓投资有限公司建设工程施工合同纠纷二审案/1462

▶一人有限责任公司股东未举证证明公司财产独立于股东自己财产，应当对公司债务承担连带责任

110. 天津滨海鼎昇环保科技工程有限公司与国家电投集团远达水务有限公司建设工程施工合同纠纷案/1480

▶土地整理承接协议的任意解除权行使限制

111. 吉林市东辰伟业房地产开发经营有限责任公司与东北金城建设股份有限公司、东北金城建设股份有限公司吉林市分公司、庄锡富、王隆、郑向东建设工程施工合同纠纷案/1502
    ▶建设工程施工合同无效,但建设工程经竣工验收合格,承包人只能请求参照合同约定来计算涉案工程价款,而不应主张据实结算
112. 宁夏钰隆工程有限公司与安徽三建工程有限公司、宁夏蓝天房地产开发有限责任公司建设工程施工合同纠纷案/1523
    ▶实际施工人在同时兼具承包人身份的情况下,可以认定其享有优先受偿权

下 册

运输合同纠纷

113. 阿卜杜勒·瓦希德诉中国东方航空股份有限公司航空旅客运输合同纠纷案/1537
    ▶打折机票上标注的"不得退票,不得转签"不影响旅客按时抵达目的地的权利
    ▶理解与参照:《阿卜杜勒·瓦希德诉中国东方航空股份有限公司航空旅客运输合同纠纷案》的理解与参照/1543

仓储合同纠纷

114. 浙江惠巨化工有限公司诉宁波中化建韩华化工储运有限公司仓储合同纠纷案/1553
    ▶企业间融资性买卖是名为买卖实为借贷的行为,而隐藏的借款合同如果没有法律规定的无效情形,应当认定有效

115. 北京首担融资担保有限公司诉天津中邮物流有限责任公司仓储合同纠纷案/1561

▶ 动产质押监管合同中监管人责任边界的司法认定

委托合同纠纷

一、货运代理合同纠纷

116. 骏荣内衣有限公司诉宏鹰国际货运（深圳）有限公司等海上货运代理合同纠纷案/1573

▶ 承运人签发的除提单以外的运输单证必须包含合同当事人的承托意思表示才可以构成运输合同的证明

二、诉讼、仲裁、人民调解代理合同纠纷

117. 黑龙江新元律师事务所诉大庆高新国有资产运营有限公司诉讼代理合同纠纷案/1581

▶ 诉讼代理合同对诉讼代理费的收费标准有明确约定的，应当按照约定履行

三、其他委托合同纠纷

118. 周伟均、周伟达诉王煦琼委托合同纠纷案/1592

▶ 受托人无视委托人的真实意愿与切身利益，恶意处分委托人财产，即使该处分行为对交易相对方发生效力，受托人仍应就其严重侵害委托人利益的行为承担相应赔偿责任

119. 厦门源昌房地产开发有限公司与海南悦信集团有限公司委托合同纠纷案/1600

▶ 在法定抵销权已经有效成立的情况下，如抵销权的行使不存在不合理迟延之情形，综合实体公平及抵销权的担保功能等因素，人民法院应认可抵销的效力

目 录

委托理财合同纠纷

120. 江怡诉上海讷良商务服务有限公司、李晓天等委托理财合同纠纷案/1625
   ▶ 章程约定的股东出资期限以认定有效为原则,若绝对不能实现或股东认缴资本额明显超过其资本能力时,可适用公司人格否认制度

物业服务合同纠纷

121. 某小区业主委员会诉邓某某物业服务合同纠纷案/1639
   ▶ 法律赋予业主对所居住的小区的物业管理予以选择的权利,业主有权对所居住小区进行自治管理
122. 范某某诉重庆港华物业管理有限公司物业服务合同纠纷案/1641
   ▶ 经核验停车位适宜安装电动汽车充电桩的,物业服务提供人应根据需要出具同意或适宜安装的证明

中介合同纠纷

123. 上海中原物业顾问有限公司诉陶德华居间合同纠纷案/1655
   ▶ 当卖方将同一房屋通过多个中介公司挂牌出售时,买方通过其他正当途径获得信息促成合同成立的,不构成违约
   ▶ 理解与参照:《上海中原物业顾问有限公司诉陶德华居间合同纠纷案》的理解与参照/1658
124. 李彦东诉上海汉宇房地产顾问有限公司居间合同纠纷案/1664
   ▶ 居间人未尽必要的注意义务使委托人受欺诈遭受损失的,根据其过错程度承担赔偿责任
125. 陈立耘与北京原始会投资管理有限公司、被告北京网信众筹网络科技有限公司居间合同纠纷案/1670

▶ 经法院强制执行后融资人的财产仍不足以承担对投资人的损失赔偿责任时,投资人以股权众筹平台违反审查和说明义务为由请求其承担违约责任的,应综合平台的违约程度、合理预见规则及与有过失规则确定其承担的补充责任

服务合同纠纷

一、电信服务合同纠纷

126. **刘超捷诉中国移动通信集团江苏有限公司徐州分公司电信服务合同纠纷案**/1687

▶ 经营者订约时未将限制条件明确告知消费者的,电信服务合同条款不产生效力

▶ **理解与参照**:《刘超捷诉中国移动通信集团江苏有限公司徐州分公司电信服务合同纠纷案》的理解与参照/1690

127. **郑传新诉中国电信股份有限公司连云港分公司电信服务合同纠纷案**/1700

▶ 电信服务提供者对免费提供的增值业务过期后需要收费时,应得到用户的明确使用承诺

二、医疗服务合同纠纷

128. **石某诉首都医科大学附属北京朝阳医院医疗服务合同纠纷案**/1704

▶ 配偶死亡后,另一方是否有权要求继续履行人类辅助生殖技术医疗服务合同的认定

129. **张某诉四川省医学科学院·四川省人民医院医疗服务合同纠纷案**/1717

▶ 夫妻一方死亡后辅助生殖医疗合同效力的认定

三、法律服务合同纠纷

130. **安徽籍山律师事务所诉翟彦彪、翟大昌法律服务合同纠纷案**/1728

▶ 律师风险代理的范围认定

目 录

四、旅游合同纠纷

131. 陈明、徐炎芳、陈洁诉上海携程国际旅行社有限公司旅游合同纠纷案/1741
   ▶旅游经营者主张旅游者的单方解约系违约行为，应当举证证明"损失已实际产生"和"损失的合理性"

五、网络服务合同纠纷

132. 无锡市掌柜无线网络技术有限公司诉无锡嘉宝置业有限公司网络服务合同纠纷案/1751
   ▶双方当事人强行向不特定公众发送商业广告短信息，侵害了不特定公众的利益，其签订的相关合同无效

133. 张某某诉广州交易猫信息技术有限公司网络服务合同纠纷案/1756
   ▶电子商务平台对虚拟财产交易的安全保障义务

六、教育培训合同纠纷

134. 陈某某、陈某乙诉北京仔仔鑫豪教育文化发展有限公司教育培训合同纠纷案/1768
   ▶预付式服务合同中公平原则的适用

劳务合同纠纷

135. 黑龙江省齐齐哈尔市战戟星文化传媒有限公司诉周佳鑫劳务合同纠纷案/1779
   ▶演艺公司与"网红主播"签订的《合作协议》，属于劳务合同，当事人违反合同约定时，可以适用《合同法》相关法律条文

追偿权纠纷

136. 顾善芳诉张小君、林兴钢、钟武军追偿权纠纷案/1787
   ▶只有按照通常理解对格式条款有两种以上解释的，才应采用不利解释原则

137. 孙俊与刘文保、岳凤芹、承德市凯旋房地产开发有限责任公司、滦平县信通科技小额贷款有限公司追偿权纠纷案/1793
   ▶ 如果保证人不存在过错，债务人不得以主债权数额在履行中发生变化等事由对抗保证人

其他合同纠纷

138. 北京隆昌伟业贸易有限公司诉北京城建重工有限公司合同纠纷案/1811
   ▶ 当事人双方就债务清偿达成和解协议，一方当事人依约履行，另一方当事人不履行协议，并请求减少违约金，人民法院不予支持

139. 四川金核矿业有限公司与新疆临钢资源投资股份有限公司特殊区域合作勘查合同纠纷案/1815
   ▶ 认定勘查开采矿产资源合同有效并继续履行将损害环境公共利益的，应当认定合同无效

140. 应高峰诉嘉美德（上海）商贸有限公司、陈惠美其他合同纠纷案/1830
   ▶ 在一人公司法人人格否认之诉中，一人公司法人人格不认之诉中财产混同的审查因素及举证责任分配规则

141. 北京博创英诺威科技有限公司与保利民爆科技集团股份有限公司合同纠纷案/1841
   ▶ 外贸代理人获得的出口退税款应当依约支付给委托人

142. 黄艺明、苏月弟与周大福代理人有限公司、亨满发展有限公司以及宝宜发展有限公司合同纠纷案/1858
   ▶ 涉港民商事纠纷应当参照我国国际私法冲突规范的规定以及国际私法理论，采用分割方法确定应当适用的法律

143. 李稳博诉上海虹口区艺术合子美术进修学校合同纠纷案/1887
   ▶ 经教育部门许可并通过民政部门登记设立的民办学校系公益性组织，出资人对学校财产不具有财产权益

144. 黑龙江北大荒投资担保股份有限公司与黑龙江省建三江农垦七星粮油工贸有限责任公司、黑龙江省建三江农垦宏达粮油工贸有限公司等担保合同纠纷案/1895

   ▶ 同一债权上既有人的担保,又有债务人提供的物的担保,债权人与债务人的共同过错致使本应依法设立的质权未设立,保证人对此并无过错的,债权人应对质权未设立承担不利后果

145. 深圳市奕之帆贸易有限公司、侯庆宾与深圳兆邦基集团有限公司、深圳市康诺富信息咨询有限公司、深圳市鲤鱼门投资发展有限公司、第三人广东立兆电子科技有限公司合同纠纷案/1903

   ▶ 双方当事人在设立让与担保的合同中约定,如担保物的价值不足以覆盖相关债务,即使债务履行期尚未届满,债权人亦有权主张行使让与担保权利

146. 再审申请人赖东望与被申请人于都县福丰置业有限责任公司、深圳市宝鹰实业集团有限公司股权转让合同纠纷案/1928

   ▶ 约定第三人履行债务时,如何区分债务加入与第三人代为履行

147. 再审申请人天津市天意君泰商贸有限公司与被申请人天津中油滨海石油销售有限公司、天津海滨大道建设发展有限公司合同纠纷一案/1955

   ▶ 对合同条款权利义务的认定不能完全拘泥于合同语句含义

148. 上诉人青岛华通国有资本运营(集团)有限责任公司与被上诉人青岛中泰信实业有限公司合同纠纷案/1983

   ▶ 土地整理承接协议的任意解除权行使限制

149. 四川省攀化科技有限公司诉攀钢集团有限公司合同纠纷案案例分析/2014

   ▶ 政府行为如果不构成不能预见、不能避免并不能克服的客观情况,不能认定为不可抗力

150. 再审申请人王为平、王彬、王挺、王浩怡与被申请人广深港客运专线有限责任公司合同纠纷案/2028

   ▶ 当事人就房屋拆迁补偿问题已经达成补偿协议的,属于平等民事主体之间民事纠纷范畴

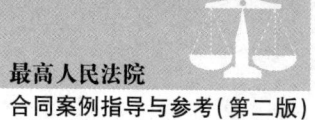

151. 籍祥太与郑权岳、乌兰县符青矿业开发有限责任公司合同纠纷
 再审案/2052
 ▶合同由一方当事人书写并签名后交另一方当事人，另一方当事人虽未签名，但不否认合同内容的，应认定合同为双方真实意思表示，合同有效

运输合同纠纷

运输合同纠纷

113. 阿卜杜勒·瓦希德诉中国东方航空股份有限公司航空旅客运输合同纠纷案[*]

打折机票上标注的"不得退票，不得转签"不影响旅客按时抵达目的地的权利

（最高人民法院审判委员会讨论通过 2015年4月15日发布）

【关键词】

> 民事　航空旅客运输合同　航班延误　告知义务　赔偿责任

【裁判摘要】

> 1. 对航空旅客运输实际承运人提起的诉讼，可以选择对实际承运人或缔约承运人提起诉讼，也可以同时对实际承运人和缔约承运人提起诉讼。被诉承运人申请追加另一方承运人参加诉讼的，法院可以根据案件的实际情况决定是否准许。
> 2. 当不可抗力造成航班延误，致使航空公司不能将换乘其他航班的旅客按时运抵目的地时，航空公司有义务及时向换乘的旅客明确告知到达目的地后是否提供转签服务，以及在不能提供转签服务时旅客如何办理旅行手续。航空公司未履行该项义务，给换乘旅客造成损失的，应当承担赔偿责任。

---

[*] 摘自2015年4月15日最高人民法院发布的第十批指导案例（指导案例51号）。

> 3. 航空公司在打折机票上注明"不得退票,不得转签",只是限制购买打折机票的旅客由于自身原因而不得退票和转签,不能据此剥夺旅客在支付票款后享有的乘坐航班按时抵达目的地的权利。

相关法条

《中华人民共和国民法通则》① 第一百四十二条

《经1955年海牙议定书修订的1929年华沙统一国际航空运输一些规则的公约》第十九条、第二十条、第二十四条第一款

《统一非立约承运人所作国际航空运输的某些规则以补充华沙公约的公约》第七条

基本案情

2004年12月29日,ABDUL WAHEED(阿卜杜勒·瓦希德,以下简称阿卜杜勒)购买了一张由香港国泰航空公司(以下简称国泰航空公司)作为出票人的机票。机票列明的航程安排为:2004年12月31日上午11点,上海起飞至香港,同日16点香港起飞至卡拉奇;2005年1月31日卡拉奇起飞至香港,同年2月1日香港起飞至上海。其中,上海与香港间的航程由中国东方航空股份有限公司(以下简称东方航空公司)实际承运,香港与卡拉奇间的航程由国泰航空公司实际承运。机票背面条款注明,该合同应遵守华沙公约所指定的有关责任的规则和限制。该机票为打折票,机票上注明"不得退票、不得转签"。

2004年12月30日15时起上海浦东机场下中雪,导致机场于该日22点至23点被迫关闭1小时,该日104个航班延误。31日,因飞机除冰、补班调配等原因,导致该日航班取消43架次、延误142架次,飞机出港正常率只有24.1%。东方航空公司的MU703航班也因为天气原因延误了3小

---

① 《中华人民共和国民法通则》已于2021年1月1日废止。

时22分钟,导致阿卜杜勒及其家属到达香港机场后未能赶上国泰航空公司飞卡拉奇的衔接航班。东方航空公司工作人员告知阿卜杜勒只有两种处理方案:其一是阿卜杜勒等人在机场里等候3天,然后搭乘国泰航空公司的下一航班,3天费用自理;其二是阿卜杜勒等人出资,另行购买其他航空公司的机票至卡拉奇,费用为25000港元。阿卜杜勒当即表示无法接受该两种方案,其妻子杜琳打电话给东方航空公司,但该公司称有关工作人员已下班。杜琳对东方航空公司的处理无法接受,且因携带婴儿而焦虑、激动。最终由香港机场工作人员交涉,阿卜杜勒及家属共支付17000港元,购买了阿联酋航空公司的机票及行李票,搭乘该公司航班绕道迪拜,到达卡拉奇。为此,阿卜杜勒支出机票款4721港元、行李票款759港元,共计5480港元。

阿卜杜勒认为,东方航空公司的航班延误,又拒绝重新安排航程,给自己造成了经济损失,遂提出诉讼,要求判令东方航空公司赔偿机票款和行李票款,并定期对外公布航班的正常率、旅客投诉率。

东方航空公司辩称,航班延误的原因系天气条件恶劣,属不可抗力;其已将此事通知了阿卜杜勒,阿卜杜勒亦明知将错过香港的衔接航班,其无权要求东方航空公司改变航程。阿卜杜勒称,其明知会错过衔接航班仍选择登上飞往香港的航班,系因为东方航空公司对其承诺会予以妥善解决。

裁判结果

上海市浦东新区人民法院于2005年12月21日作出(2005)浦民一(民)初字第12164号民事判决:一、中国东方航空股份有限公司应在判决生效之日起10日内赔偿阿卜杜勒损失共计人民币5863.60元;二、驳回阿卜杜勒的其他诉讼请求。宣判后,中国东方航空股份有限公司提出上诉。上海市第一中级人民法院于2006年2月24日作出(2006)沪一中民一(民)终字第609号民事判决:驳回上诉,维持原判。

裁判理由

　　法院生效裁判认为：原告阿卜杜勒是巴基斯坦国公民，其购买的机票，出发地为我国上海，目的地为巴基斯坦卡拉奇。《中华人民共和国民法通则》第一百四十二条第一款规定："涉外民事关系的法律适用，依照本章的规定确定。"第二款规定："中华人民共和国缔结或者参加的国际条约同中华人民共和国的民事法律有不同规定的，适用国际条约的规定，但中华人民共和国声明保留的条款除外。"我国和巴基斯坦都是《经 1955 年海牙议定书修订的 1929 年华沙统一国际航空运输一些规则的公约》（以下简称《1955 年在海牙修改的华沙公约》）和 1961 年《统一非立约承运人所办国际航空运输的某些规则以补充华沙公约的公约》（以下简称《瓜达拉哈拉公约》）的缔约国，故这两个国际公约对本案适用。《1955 年在海牙修改的华沙公约》第二十八条（1）款规定："有关赔偿的诉讼，应该按原告的意愿，在一个缔约国的领土内，向承运人住所地或其总管理处所在地或签订契约的机构所在地法院提出，或向目的地法院提出。"第三十二条规定："运输合同的任何条款和在损失发生以前的任何特别协议，如果运输合同各方借以违背本公约的规则，无论是选择所适用的法律或变更管辖权的规定，都不生效力。"据此，在阿卜杜勒持机票起诉的情形下，中华人民共和国上海市浦东新区人民法院有权对这起国际航空旅客运输合同纠纷进行管辖。

　　《瓜达拉哈拉公约》第一条第二款规定："'缔约承运人'指与旅客或托运人，或与旅客或托运人的代理人订立一项适用华沙公约的运输合同的当事人。"第三款规定："'实际承运人'指缔约承运人以外，根据缔约承运人的授权办理第二款所指的全部或部分运输的人，但对该部分运输此人并非华沙公约所指的连续承运人。在没有相反的证据时，上述授权被推定成立。"第七条规定："对实际承运人所办运输的责任诉讼，可以由原告选择，对实际承运人或缔约承运人提起，或者同时或分别向他们提起。如果只对其中的一个承运人提起诉讼，则该承运人应有权要求另一承运人参加诉讼。这种参加诉讼的效力以及所适用的程序，根据受理案件的法院的法律决定。"阿卜杜勒所持机票,是由国泰航空公司出票,故国际航空旅客运输合同关系是在阿卜杜勒与国泰航空公司之间设立,国泰航空公司是缔约承运人。东方航空公司与阿卜杜勒之间不存在直接的国际航空旅客运输合同关系,也不是连续承运人,只是推定其根据国泰航空公司的授权,完成该机票确定的上海至香港间运输任务的实际承运人。阿卜杜勒有权选择国泰航空公司或东方航空公司或两者同时为被告提起诉讼;在阿卜杜勒只选择东方航空公司为被告提起的诉讼中,东方航空公司虽然有权要求国泰航空公司参加诉讼,但由于阿卜杜勒追究的航班延误责任发生在东方航空公司承运的上海至香港段航程中,与国泰航空公司无关,根据本案案情,衡量诉讼成本,无需追加国泰航空公司为本案的当事人共同参加诉讼。故东方航空公司虽然有权申请国泰航空公司参加诉讼,但这种申请能否被允许,应由受理案件的法院决定。一审法院认为国泰航空公司与阿卜杜勒要追究的航班延误责任无关,根据本案旅客维权的便捷性、担责可能性、诉讼的成本等情况,决定不追加香港国泰航空公司为本案的当事人,并无不当。

《1955年在海牙修改的华沙公约》第十九条规定:"承运人对旅客、行李或货物在航空运输过程中因延误而造成的损失应负责任。"第二十条(1)款规定:"承运人如果证明自己和他的代理人为了避免损失的发生,已经采取一切必要的措施,或不可能采取这种措施时,就不负责任。"2004年12月31日的MU703航班由于天气原因发生延误,对这种不可抗力造成的延误,东方航空公司不可能采取措施来避免发生,故其对延误本身无需承担责任。但还需证明其已经采取了一切必要的措施来避免延误给旅客造成的损失发生,否则即应对旅客因延误而遭受的损失承担责任。阿卜杜勒在浦东机场时由于预见到MU703航班的延误会使其错过国泰航空公司的衔接航班,曾多次向东方航空公司工作人员询问怎么办。东方航空公司应当知道国泰航空公司从香港飞往卡拉奇的衔接航班三天才有一次,更明知阿卜杜勒一行携带着婴儿,不便在中转机场长时间等候,有义务向阿卜杜勒一行提醒中转时可能发生的不利情形,劝告阿卜杜勒一行改日乘机。但东方航空公司没有这样做,却让阿卜杜勒填写《续航情况登记表》,并告知会帮助解决，使阿卜杜勒对该公司产生合理信赖，从而放心登机飞赴香港。鉴于阿卜杜勒一行是得到东方航空公司的帮助承诺后来到香港，但是东方航空公司不考虑阿卜杜勒一行携带婴儿要尽快飞往卡拉奇的合理需要，向阿卜杜勒告知了要么等待三天乘坐下一航班且三天中相关费用自理，要么自费购买其他航空公司机票的"帮助解决"方案。根据查明的事实，东方航空公司始终未能提供阿卜杜勒的妻子杜琳在登机前填写的《续航情况登记表》，无法证明阿卜杜勒系在明知飞往香港后会发生对己不利的情况仍选择登机，故法院认定"东方航空公司没有为避免损失采取了必要的措施"是正确的。东方航空公司没有采取一切必要的措施来避免因航班延误给旅客造成的损失发生，不应免责。阿卜杜勒迫于无奈自费购买其他航空公司的机票，对阿卜杜勒购票支出的5480港元损失，东方航空公司应承担赔偿责任。

在延误的航班到达香港机场后，东方航空公司拒绝为阿卜杜勒签转机票，其主张阿卜杜勒的机票系打折票，已经注明了"不得退票，不得转签"，其无须另行提醒和告知。法院认为，即使是航空公司在打折机票上注明"不得退票，不得转签"，只是限制购买打折机票的旅客由于自身原因而不得退票和转签；旅客购买了打折机票，航空公司可以相应地取消一些服务，但是旅客支付了足额票款，航空公司就要为旅客提供完整的运输服务，并不能剥夺旅客在支付了票款后享有的乘坐航班按时抵达目的地的权利。本案中的航班延误并非由阿卜杜勒自身的原因造成。阿卜杜勒乘坐延误的航班到达香港机场后肯定需要重新签转机票，东方航空公司既未能在始发机场告知阿卜杜勒在航班延误时机票仍不能签转的理由，在中转机场亦拒绝为其办理签转手续。因此，东方航空公司未能提供证据证明损失的产生系阿卜杜勒自身原因所致，也未能证明其为了避免损失扩大采取了必要的方式和妥善的补救措施，故判令东方航空公司承担赔偿责任。

运输合同纠纷

理解与参照

《阿卜杜勒·瓦希德诉中国东方航空股份有限公司航空旅客运输合同纠纷案》的理解与参照[*]

——旅客运输航班延误责任

2015年4月15日,最高人民法院发布了指导性案例《阿卜杜勒·瓦希德诉中国东方航空股份有限公司航空旅客运输合同纠纷案》(指导案例51号)。为了正确理解和准确参照适用该指导性案例,现对其推选经过、裁判要点、需要说明问题等情况予以解释、论证和说明。

一、推选过程及其意义

阿卜杜勒·瓦希德诉中国东方航空股份有限公司航空旅客运输合同纠纷案,由上海市第一中级人民法院作为备选指导性案例报送上海市高级人民法院,经上海市高级人民法院审判委员会讨论决定,将本案例向最高人民法院案例指导工作办公室推荐。案例指导工作办公室经研究讨论后将该案例送最高人民法院民四庭审查和征求意见。民四庭经审查认为,该案例适用法律正确,对审理同类案件具有指导作用,同意作为指导性案例。2015年3月31日,最高人民法院审委会经讨论认为,该案例符合《最高

---

[*] 摘自《司法文件选解读》2017年第5辑(总第53辑),人民法院出版社2017年版,第51~59页。

人民法院关于案例指导工作的规定》第二条的有关规定，同意将该案例确定为指导性案例。2015年4月15日，最高人民法院以法〔2015〕85号文件将该案例作为第十批指导性案例予以发布。

该案例是因航班延误引发的国际航空旅客运输纠纷，在涉及两家航空公司的联程运输中，因前一航班延误而导致乘客未能在中转点赶上衔接航班，而机票背面条款（或在航空公司网上公布的运输条件）约定承运人对衔接航班免责、并且是注明"不得签转"的折扣机票，旅客的利益如何保护。该案例明确了航空法中的缔约承运人和实际承运人的关系、不可抗力造成航班延误下承运人的义务范围、打折机票不得签转约定的解释等问题。该案例有利于规范航空公司的服务行为，引导旅客依法理性维权，维护民航秩序，促进航空运输业的发展。

二、裁判要点的理解与说明

该指导案例的裁判要点确认：（1）对航空旅客运输实际承运人提起的诉讼，可以选择对实际承运人或缔约承运人提起诉讼，也可以同时对实际承运人和缔约承运人提起诉讼。被诉承运人申请追加另一方承运人参加诉讼的，法院可以根据案件的实际情况决定是否准许。（2）当不可抗力造成航班延误，致使航空公司不能将换乘其他航班的旅客按时运抵目的地时，航空公司有义务及时向换乘的旅客明确告知到达目的地后是否提供转签服务，以及在不能提供转签服务时旅客如何办理旅行手续。航空公司未履行该项义务，给换乘旅客造成损失的，应当承担赔偿责任。（3）航空公司在打折机票上注明"不得退票，不得签转"只是限制购买打折机票的旅客由于自身原因而不得退票和签转，不能据此剥夺旅客在支付票款后享有的乘坐航班按时抵达目的地的权利。以下围绕与该裁判要点相关的问题逐一分析说明。

（一）旅客对缔约承运人和实际承运人起诉选择权

缔约承运人和实际承运人的概念最早出现在1961年签订于瓜达拉哈拉的《统一非缔约承运人所作国际航空运输的某些规则以补充华沙公约的公

运输合同纠纷

约》(以下简称瓜达拉哈拉公约)。该公约第1条第2款规定,缔约承运人指以本人资格与旅客或托运人、或者旅客或托运人的代理人订立受华沙公约约束的运输协议人。第3款规定,实际承运人指非缔约承运人经缔约承运人的授权办理第2款而承担全部或部分运输的人,但对该部分运输并非华沙公约所指的连续承运人,在没有相反的证明时应认为该授权是存在的。第2条规定,如实际承运人办理第1条第2款所指合同规定适用华沙公约的运输的全部或部分,除非本公约另有规定,缔约承运人和实际承运人都应受华沙公约的约束,前者适用于合同规定运输的全部,后者只适用于其办理的运输。1999年签订于蒙特利尔的《统一国际航空运输某些规则的公约》(简称蒙特利尔公约)和《中华人民共和国民用航空法》都有关于缔约承运人和实际承运人相同的规定。简言之,缔约承运人应当对合同约定的全部运输负责,实际承运人应当对其履行的运输负责。由于实际承运人并非运输合同的当事人,其承担运输合同的责任来源于法律规定,与缔约承运人在实际承运阶段负连带责任。华沙公约中提到的连续运输,是指各段承运人都是运输合同的缔约一方。

结合本案例来看,原告所持机票由香港国泰航空公司出具,但航程分为上海到香港、香港至卡拉奇两段,两段分别由东方航空公司和香港国泰航空公司实际承运,即为业内所称涉及两家航空公司的联程运输,在形式上只有一张机票或一张行程单。出具机票的香港国泰航空公司为缔约承运人,负责上海至香港段运输的东方航空公司为实际承运人。

在诉讼主体的选择上,瓜达拉哈拉公约的第7条前段①赋予了旅客或者托运人在追究实际承运人所承运的航段的责任时可以在实际承运人和缔约承运人之间选择起诉对象的权利。然而上述法条的后段又规定,如只向其中一个承运人提出诉讼,则该承运人应有权要求另一承运人参加诉讼。在本案的一审法庭辩论阶段,被告东方航空公司提出将国泰航空公司追加

---

① 对实际承运人所办运输的责任诉讼,可以由原告选择,对实际承运人或缔约承运人提起,或者同时或分别向他们提起。如果只对其中的一个承运人提起的诉讼,则该承运人或缔约承运人有权要求另一承运人参加诉讼。这种参加诉讼的效力以及所适用的程序,根据受理案件的法院的法律决定。

为第三人的申请。是否需要追加另一承运人，涉及两者在民事诉讼中是否构成必要的共同诉讼？从法理上说，实际承运人和缔约承运人承担的是连带责任而非共同责任。连带责任是指法律规定或者当事人约定、有牵连关系的两个以上的当事人均需对全部债务承担清偿的民事责任。从民事诉讼法角度而言，连带债务诉讼是一种牵连性的共同诉讼，并非不可分的共同诉讼。在旅客决定由实际承运人作为单一诉讼对象时，实际承运人要求缔约承运人参加诉讼，是以共同被告、还是第三人身份参加诉讼并无定论，公约交由受诉法院的法律决定。实际承运人申请缔约承运人以共同被告参加诉讼，则有赖于作为原告的旅客的意愿；以第三人身份参加诉讼，则法院对于是否追加有决定权。我们认为，国际航空旅客运输往往涉及国外的航空公司，如追加境外当事人，则难免需要涉及涉外的送达，诉讼可能旷日持久，给旅客维权增加了难度。在旅客起诉实际承运人追究其延误责任的情况下，追加缔约承运人对于查明与延误相关事实并无必要。基于上述考虑，本案的两级法院驳回东方航空公司的申请是正确的。

当然，如果延误发生在由实际承运人承运的境外段运输，旅客基于诉讼便利选择境内的缔约承运人诉讼，缔约承运人申请法院追加境外的实际承运人，应准许该申请，否则无法查清与延误相关的案件事实。

（二）航班延误的告知和协助

当不可抗力造成航班延误时，承运人免责的前提是为避免旅客损失已经采取一切必要的措施。联程运输的前程航班合理延误时，前程承运人有义务告知并协助旅客中转地的签转事宜。

华沙公约本身并未对延误下定义，也未对延误原因系不可抗力或航空公司自身原因作区分。华沙公约规定了承运人对旅客在航空运输中的延误而造成的损失应负责任，但承运人如果证明为了避免损失的发生已经采取了一切必要的措施，或不可能采取这种措施，就不负责任。因此，公约强调的是在延误发生时，承运人应采取一切必要措施避免旅客的损失。当发生不可抗力，比如天气原因、空中管制，承运人对于延误本身并无过错不需承担赔偿责任，但如果其未尽到勤勉尽责的善良管理人的注意义务以避

运输合同纠纷

免旅客损害的发生，仍应承担相应的义务。

判断承运人是否采取了"一切必要措施"，应当考察承运人的合同附随义务的范围，即根据诚实信用原则和旅客的合理需要来认定。我国民航总局1997年12月颁布的《中国民用航空旅客、行李国际运输规则》第六十条规定，在因为承运人无法控制或者不能预见的原因而造成旅客非自愿改变航程的，承运人应当考虑旅客的合理需要，采取以下措施：（1）为旅客安排一个能够定妥座位的航班或者签转给其他承运人；（2）改变原客票载明的航程，安排承运人的航班或者签转给其他承运人，将旅客运送到目的地点或者中途分程地点；（3）退票；（4）协助旅客安排住宿、地面交通。始发地旅客的费用由旅客自理。参考上述规定，承运人应当承担的合同附随义务主要包括：（1）告知义务，即及时向旅客告知因为不可抗力不能运输的事由及可能延误的时间，以减轻旅客可能发生的损失；（2）协助义务，即根据实际情况，为旅客进行相应的替代交通安排、协助旅客安排食宿等。

本案例中，东方航空公司承运的上海至香港的航段系天气原因造成延误，但原告及其家属因为该延误而没有在香港赶上国泰航空公司香港飞卡拉奇的衔接航班。国泰航空公司的下一个航班要三天后才有。在原告及其家属因相信东方航空公司会协助解决后续衔接航班而乘坐了前段航程到达香港，此时将原告及其家人签转给其他航空公司才是合理的措施。然而，东方航空公司拒绝签转，不考虑原告携带婴儿要尽快飞往卡拉奇的合理需要。而是要求原告及其家属在自费购买其他航空公司的机票和自费留在香港三天等待国泰航空公司的下一航班这两者之间作出选择。这明显不符合公约要求承运人采取"一切必要措施"避免旅客的损失。法院认定东方航空公司没能采取"一切必要措施"，不能免责，应当赔偿原告的经济损失。

另一个问题是如何判断延误造成的损失。我们认为，审判中应该特别强调合同法上有关损失的可预见性规则，即在合同订立时承运人可预测到延误可能对旅客造成的损失作为赔偿的范围。一般来说，延误造成的食宿损失和赶不上联程运输中的衔接航班损失都是比较明确和固定的，而可得利益损失或精神损失都不在赔偿范围内。出于扶持航空业的考虑，华沙公约和我国的《民用航空法》都规定了承运人对旅客的赔偿限额,但对于延误没有单独的赔偿限额。1999年蒙特利尔公约大幅度提高了华沙公约中承运人对旅客赔偿限额,并单独规定了对每位旅客延误赔偿限额为4150特别提款权。这个延误赔偿限额标准就承运人一般可预见的范围内已经不低,无论是否适用蒙特利尔公约,均可将此作为参考。

(三)打折机票上的"不得退票,不得签转"只是限制旅客因自身原因而不得退票和签转

航空公司对于打折机票采取"不得退票,不得签转"限制已经非常普遍,在消费者眼里不啻为"霸王条款",不能一概认为航空公司可以免去退票和签转义务。这一条款的解释应遵循公平合理的原则,如果是由于旅客自身原因导致错过航班,那么航空公司可以拒绝退票和签转;如果由于非旅客原因(包括不可抗力和航空公司原因)造成航班延误和取消,航空公司不能履行合同,当然有义务接受退票和签转。在此情况下旅客选择退票,即解除运输合同,航空公司应按旅客已付款全额返还,不得收取退票手续费。旅客选择签转,即要求承运人继续履行运输合同,可根据旅客的需要和当日航班情况改签下一航班或签转给其他航空公司履行运输合同。

本案涉及两家航空公司的国际联程运输,在签转问题上稍显复杂。东方航空公司承运的上海到香港这一段因天气原因发生延误,在始发地上海即已知道不可能赶上当日衔接航班。东方航空公司应劝告原告改签两段航程机票日期。如果原告仍选择当日上海到香港的航班,后续香港到卡拉奇航段是国泰航空公司的机票由东方航空公司出面签转有难度,东方航空公司应明确告知他无法为其解决当日衔接航班签转问题并通知国泰航空公司对后一程机票作退票处理。但东方航空公司没有履行此告知义务,相反,让原告填写《续航情况登记表》并告知会帮助解决,使原告放心登机,那么东方航空公司在中转机场有义务将原告签转到其他航空公司。

运输合同纠纷

三、其他需要说明的问题

1. 有关国际航空运输公约的适用问题。现在主要国家之间的国际航空运输大多适用1999年蒙特利尔公约,但该公约有生效条款,对每个国家的生效日也不一致。① 2005年7月31日蒙特利尔公约对中国生效。本案航空运输发生在2004年12月,故适用经1955年《海牙议定书》修订的1929年华沙公约。

在1999年蒙特利尔公约以前,国际上已经存在九个关于统一国际航空运输某些规则的公约②,即以1929年华沙公约为核心及对该公约进行修订或补充的公约或议定书,统称为华沙公约及其相关文件。有关蒙特利尔公约和华沙公约及其相关文件之间的关系,蒙特利尔公约第55条特别说明,蒙特利尔公约在适用效力上优先于华沙公约及其相关文件。但从国际法的角度讲,蒙特利尔公约和华沙公约文件之间的关系并非替代关系。它们各自具有独立的性质:在形式上,每个公约对自己的缔约国的拘束力都是独立的;每个公约的生效程序和退出程序都是独立的。蒙特利尔公约第55条采取的做法是基于维也纳条约法公约第30条,其并不要求缔约国正式退出先已存在的条约。在一个仅参加了华沙公约的缔约国和一个既参加了华沙公约又参加了蒙特利尔公约的缔约国之间发生的国际运输,应适用华沙公约。蒙特利尔公约是一个强制适用的公约,在两个同为华沙公约和蒙特利尔公约缔约国之间发生的国际运输,蒙特利尔公约优先适用。在蒙特利尔公约应优先适用情况下,当事人能否以书面方式选择适用其他公约或国内法?回答是否定的。该公约第49条规定,运输合同的任何条款和在损失发生前达成的所有特别协议,其当事人借以违反本公约规则的,无论是选择

---

① 根据蒙特利尔公约第53条的规定,当国际民航组织(ICAO)收到第30份批准书后的第60天,公约将在递交批准书的国家之间生效。2003年9月5日,美国政府向国际民航组织提交了批准书,从而使美国成为第30个批准该公约的成员国。因此,蒙特利尔公约在2003年11月4日对美国、日本、加拿大、墨西哥、哥伦比亚等31个批准国正式生效。我国于2005年2月批准该公约,2005年7月31日蒙特利尔公约对中国生效。公约对各缔约国的生效时间可在国际民航组织(ICAO)网站上查询。

② 参阅赵维田:《国际航空法》,社会科学文献出版社2000年版,第231~233页。

所适用的法律还是变更有关管辖权的规则，均属于无效。

2. 本案例的裁判要点对于国内航空旅客运输合同纠纷案件的审理也有指导意义。本案裁判要点所依据的公约条款在《中华人民共和国民用航空法》第一百二十六条（承运人对延误的责任和免责条件）、第一百三十七条（缔约承运人与实际承运人）、第一百三十八条（缔约承运人与实际承运人的责任）均有类似的规定。因此，在国内航空旅客运输发生延误也可以参照本案例的三个裁判要点。

（执笔人：孙　黎、李　兵）

仓储合同纠纷

仓储合同纠纷

114. 浙江惠巨化工有限公司诉宁波中化建韩华化工储运有限公司仓储合同纠纷案*

▶ 企业间融资性买卖是名为买卖实为借贷的行为，而隐藏的借款合同如果没有法律规定的无效情形，应当认定有效

【关键词】

融资性买卖　通谋虚伪行为　合同效力　过错

【裁判摘要】

企业间融资性买卖是名为买卖实为借贷的行为，应根据《民法总则》第一百四十六条的规定认定合同的效力。当事人之间以虚假的意思表示实施的买卖合同无效，而隐藏的借款合同如果没有法律规定的无效情形，应当认定有效。

【相关法条】

《中华人民共和国民法总则》第一百四十六条①
行为人与相对人以虚假的意思表示实施的民事法律行为无效。以虚假的意思表示隐藏的民事法律行为的效力，依照有关法律规定处理。

---

* 摘自《人民法院案例选》2018年9辑（总第127辑），人民法院出版社2018年版，第152~158页。

① 对应《中华人民共和国民法典》第一百四十六条，内容未作变动。

【案件索引】

一审：浙江省宁波市镇海区人民法院（2016）浙 0211 民初 176 号（2016 年 11 月 18 日）

二审：浙江省宁波市中级人民法院（2017）浙 02 民终 369 号（2017 年 6 月 22 日）

【基本案情】

第三人杭州泽同燃料有限公司（以下简称泽同公司）、杭州泽强化工有限公司（以下简称泽强公司）均系邢春联实际控制的公司。为融资所需，邢春联以二公司的名义与原告（上诉人）浙江惠巨化工有限公司签订买卖合同，进行封闭式循环买卖。具体流程为：原告先向泽同公司购买甲醇再以略高的价格卖给泽强公司，即借款给泽同公司再由泽强公司偿还，差价作为利息，货物并不实际交割而仅进行名义上的货权转移。2013 年 7 月 8 日、2014 年 4 月 14 日、2014 年 8 月 13 日、2015 年 1 月 20 日，三方共进行过 4 次循环交易，每一次都有被告（被上诉人）宁波中化建韩华化工储运有限公司员工陆江峰虚构仓储物提供给原告的入库证明。入库证明的内容为"泽同公司于××年××月××日货权转移给贵司（即原告）××吨甲醇，××年××月××日开始仓储费及损耗由贵司承担"，其上加盖有被告的业务专用章，入库证明都是陆江峰按照曾世榕（系介绍第三人与原告融资交易之人）的要求邮寄给原告法定代表人陈红娥的前夫。对于上述 4 次交易中的前三次交易，从未进行过实物交割，原告都是通过直接向被告出具介绍信、出库单或者提货单将货权转移给泽强公司，原告从未支付过仓储费，而且仍保留有 3 份入库证明的原件。泽强公司均按期支付给原告前三次交易中的货款，但未支付最后一笔交易的尾款，原告便想将货物卖给他人，到被告处看货，但被告知入库证明是虚假开具的，泽同公司从未有货物存储在被告处。原告认为，其向泽同公司购买的 1200 吨甲醇有入库证明确认存储于被告处，其与被告之间成立合法有效的仓储合同关系，涉案 1200 吨甲醇系原告所有，被告应予返还。故原告诉至法院，请求

判令：（1）被告交付原告甲醇1200吨（价值240万元）；（2）如被告不能交付，则按市场价值240万元赔偿原告损失。

一审中原告、被告双方经办涉案业务的人员到庭陈述，原告方法定代表人陈红娥称，她只负责审核合同、支付货款，业务是曾世榕介绍、洽谈的，曾世榕和陈红娥前夫曾到被告处查库、巡库，并告知其货物真实存在，曾世榕又给了被告出具的入库证明，陈红娥便相信了二人的说法，但本人未曾到被告处验货。被告方员工陆江峰称，公司的业务专用章就放在其所任职的商务部，没有专人保管，泽同公司是被告信誉良好的长期合作客户，因泽同公司没有货物但需要融资，其便帮邢春联的忙制作了虚假的入库证明。泽同公司主要是通过杭州金投商贸发展有限公司（以下简称金投公司）融资，曾世榕是金投公司的部门主管，后来介绍原告给邢春联融资，邢春联说曾世榕和原告是很好的朋友，所以入库证明都寄给曾世榕，而且原告从来没有人来看过货。

【裁判结果】

浙江省宁波市镇海区人民法院于2016年11月18日作出（2016）浙0211民初176号民事判决：驳回原告的诉讼请求。宣判后，原告向浙江省宁波市中级人民法院提起上诉。宁波市中级人民法院于2017年6月22日以同样的事实作出（2017）浙02民终369号民事判决：驳回上诉，维持原判。

【裁判理由】

法院生效裁判认为：入库证明不能构成原、被告之间成立仓储合同关系的依据，原告不能以仓储合同为基础要求被告返还涉案货物。理由如下：

第一，从本案原告与泽同公司、泽强公司之间的4次甲醇交易过程来看，三公司之间进行的是闭合性循环买卖，原告作为资金出借方向泽同公司买入甲醇，将资金以货款形式支付出去，经过一定期限后向泽强公司卖出同等规格、数量的甲醇，以货款形式回收资金，泽同公司与泽强公司再通过内部交易结算完成闭合型的资金循环,原告则通过买卖价差获取利息收益。在每一次交易循环的三份买卖合同中,标的物完全相同且不实际交付流转,三公司实际是以不存在货物的货权凭证虚构买卖标的物,进行没有实物的资金空转型买卖。根据庭审中原告法定代表人陈红娥的陈述,该4笔交易均由曾世榕介绍洽谈,陈红娥仅负责审核合同内容和支付货款,入库证明系曾世榕交给陈红娥,巡库、查库等事宜也由曾世榕处理。因此,原告、泽同公司、泽强公司对于涉案四笔交易名为买卖、实为借贷的交易性质应属明知,当事人之间不具备真实的买卖意图和货物需求,所谓的买卖只是资金融通的外在形式,实质上是以买卖形式掩盖的企业间借贷行为。在此情况下,原告与被告之间不具备缔结仓储合同的意思表示,原告以仓储合同为依据主张被告履行仓储人返还货物的义务,没有事实和法律依据。至于被告是否应承担赔偿责任,应以参与融资性买卖的多份合同主体作为整体进行考量,原告可另案主张。

第二,即便如原告所说,其与泽同公司、泽强公司之间均系买卖合同关系。那么,在原告与泽同公司2015年1月20日签订的最后一份《销售合同》中,约定货物数量以仓储实际出库数量为准,泽同公司系于2015年1月21日出具提货单将该合同项下的货物转移给原告,被告于同日向原告出具入库证明。据此,被告出具入库证明的行为属于对泽同公司向原告交货的告知行为,系按照泽同公司的指示将仓储实际货物交付给原告,从而辅助泽同公司履行交付义务的意思表示,而非为原告存储货物的意思表示。现泽同公司称涉案货物自始不存在,是虚构的,表明泽同公司违反《销售合同》的约定,未将合同约定的货物交付原告,应由泽同公司承担相应的违约责任。因此,原、被告未就入库证明中的货物订立仓储合同,原告也未提供证据证明其作为存货人将涉案货物交付给被告保管,原告以入库证明主张其与被告之间存在仓储合同关系,没有法律依据。

第三,入库证明的内容不符合仓单的法定记载事项,也无证据证明可以流转。该入库证明本身既未记载,也无其他证据表明入库证明是原告提取货物的凭证或者原告必须凭入库证明才能向被告提取货物。结合原、被告以及泽同公司、泽强公司之前的三次交易过程,原告系直接向被告出具

介绍信、出库单或者提货单将货权转移给泽强公司,原告仍保留有3份入库证明的原件,可见原告无需出具入库证明就可以向被告指示货权转移。以上事实足以表明入库证明不具有仓单的法律属性,原告依据入库证明要求被告交付涉案货物,没有事实和法律依据。

【案例注解】

本案是一起典型的企业间融资性买卖案件,即企业间名为买卖、实为借贷的融资交易。这种交易行为在司法实务中具有相当的普遍性,其现实基础是部分企业需要融资但无法从银行获得贷款,部分企业(尤其是国企)有大量闲散资金但无法从事放贷业务。以本案为例,金投公司具有国企背景,由于行政管理的限制造成大量资金闲置,邢春联的企业难以获得银行贷款,但有巨大的融资需求,曾世榕与邢春联便一拍即合,以甲醇买卖的形式进行融资。后来经曾世榕的介绍,原告与邢春联之间也采取了同样的融资交易,以致本案诉讼。

一、企业间融资性买卖的识别

从形式上来看,融资性买卖完全符合一般买卖(尤其是期货买卖)的特征,二者的根本区别在于当事人的真实效果意思为融资而非买卖,即效果意思与表示行为之间不一致。这就要求法官通过对融资性买卖合同的内容、交易环节、交易流程等外在形式证据的综合考量,找出其与正常的买卖交易习惯存在的明显不同之处,进而揭示出当事人的真实动机和目的。

融资性买卖大致可以分为以下两个基本类型:一是资金空转型的融资性买卖,参与交易的各方当事人都没有真实的买卖意图,各方对名为买卖、实为借贷的交易性质均属明知,买卖标的物通常存放于第三方仓库中,不实际交付流转,甚至很多情形下根本不存在标的物,买卖纯粹是资金融通所披的合法外衣。二是代垫资金型的融资性买卖,借款方确有向供货方购买货物的真实意图和货物需求,只是因资金紧缺无力直接从供货人处购得标的物,故而通过第三方托盘融资,由第三方代垫资金向供货方购得标的物,然后借款人再通过与第三方签订付款期限延后的买卖合同取得标的物，并以买卖差价或资金占用费的形式向贷款方支付固定的利息收益。[本案中的融资性买卖是原告与泽同公司、泽强公司三方主体之间进行的闭合性循环买卖，原告为了出借资金先作为买入方与泽同公司签订甲醇买卖合同，将资金以货款形式支付出去，经过一定期限后，再作为卖出方与泽强公司（泽同公司的关联企业）签订同等数量和质量甲醇的买卖合同，泽强公司以货款的形式将借款返还给原告，买卖之间的差价即是利息，泽同公司与泽强公司之间通过内部交易结算完成闭合型的资金循环。]在这一交易中，三方之间并无真实的买卖意图及货物需求，也不随交易流程而实际交付流转甲醇，并且被告与借贷双方串通，以根本不存在货物的入库证明虚构甲醇的存在，实际上进行的是没有实物的资金空转型买卖。

二、企业间融资性买卖合同的效力认定

企业间融资性买卖合同属于当事人之间通谋的虚伪法律行为，这一行为在《民法总则》施行以前并没有明确的法律规定，但司法实践中的处理思路也是要以实质上的法律关系即企业间借贷关系作为评价目标。2017年7月1日施行的《民法总则》第一百四十六条对通谋虚伪行为作出如下规定："行为人与相对人以虚假的意思表示实施的民事法律行为无效。以虚假的意思表示隐藏的民事法律行为的效力，依照有关法律规定处理。"据此，法律对伪装行为与隐藏行为的效力作出了明确的区分。

（一）伪装行为的效力

伪装行为是企业间融资性买卖关系中通谋表示虚假意思的行为，因之是当事人通谋故意而为虚伪意思表示的行为，故没有保护的必要，认定无效也不会损害当事人权利；因之不是当事人之间的真实意思表示，若令其有效则有违意思自治，于当事人亦无裨益。无效的法律行为自始没有法律效力，买受人不得以买卖合同为依据要求对方交付货物或者主张瑕疵担保责任，出卖人不得以买卖合同为依据要求对方支付货款。如果当事人之间基于买卖合同的意思表示已经履行的，则负有不当得利的返还义务。如果已经履行的行为并非基于买卖合同的意思表示，则无返还之说。

（二）隐藏行为的效力

隐藏行为是被伪装行为所掩盖的、代表行为人和相对人真实意思的行为，在企业间融资性买卖关系中即是对企业间借贷合同的效力认定问题。一直以来，理论和实务界的主流观点都对企业间借贷合同持否定评价，但市场经济活动中企业间借贷行为已是常态。为此，最高人民法院2015年颁布的关于民间借贷的司法解释中已经明确了对企业之间借款的规定，除违反《合同法》第五十二条和该解释第十四条规定的情形外，均应认定有效。具体到本案中，应认定原告与泽同公司之间成立合法有效的民间借贷关系，原告已经向泽同公司交付了借款，泽同公司应负返还的义务。

三、企业间融资性买卖中其他主体的责任

上述的分析仅涉及了通谋虚伪行为内部的效力问题，对于第三人的效力，通说认为不管是伪装行为还是隐藏行为，均不得对抗善意的第三人，笔者不再赘述。在此，笔者想探讨的是，参与融资性买卖的其他主体的责任问题。

以本案为例，参与融资性买卖的主体还包括如泽强公司这样被利用作为闭合性循环买卖中交易一环的关联企业，如被告这样与借贷双方串通虚构货物的仓储公司。融资性买卖纠纷中，资金使用方往往资金链断裂或下落不明，不能返还所借款项，从而造成贷款方的损失，这也是原告在本案中坚持以仓储合同纠纷起诉被告，而不愿追究泽同公司、泽强公司责任的原因。在这种情况下，笔者认为，融资性买卖中的各参与主体通过相应合同而建立联系、相互作用，共同构筑了一个完整的交易流程，并从中分享收益。因此，应突破单一合同相对性的限制而进行整体考量，将参与交易的各方当事人均纳入责任主体的范围，并根据各方的过错程度，合理分配相应的损失赔偿责任。如果隐藏行为有效，各方当事人对出借人的损失依其过错大小承担相应比例的责任或者承担连带责任。如果隐藏行为无效，由此产生的责任是缔约过失责任，有过错方应赔偿出借人因此所受到的损失，出借人也有过错的，则各自承担相应的责任。

【编后补评】

《民法总则》颁布于 2017 年 3 月 15 日,正是本案的二审审理期间,因《民法总则》于 2017 年 10 月 1 日起施行,故在该案的判决中,并没有适用《民法总则》的第一百四十六条。而本案所涉的企业间融资性买卖合同属于当事人之间通谋虚伪的法律行为,这一行为在《民法总则》施行以前并没有明确的法律规定,但在司法实践中的审理思路基本是以实质上的法律关系即企业间借贷关系作为裁判评价目标。因此,本案在判决理由的阐述上运用了该条法律规定的原理论证其裁判理由。但在作者编写该案例时,以《民法总则》第一百四十六条作为效力认定依据,恰当、准确地提炼出该案的裁判规则,同时也以鲜活的司法实践诠释了《民法总则》的第一百四十六条的理解与适用。

(一审法院合议庭成员　洪　磊　赵　淼　姜申尧

二审法院合议庭成员　赵文君　徐梦梦　施　晓

编写人　浙江省宁波市镇海区人民法院　赵　淼

责任编辑　韩建英

审稿人　曹守晔)

仓储合同纠纷

动产质押监管合同中监管人责任边界的司法认定

115. 北京首担融资担保有限公司诉天津中邮物流有限责任公司仓储合同纠纷案*

【关键词】

商事　过错责任　动产质押监管人　受托保管义务

【裁判摘要】

动产质押监管融资模式涉及借款合同、担保合同、委托（保管、仓储）合同等多种法律关系。监管人仅是帮助质权人实现债权的辅助人，监管人在动产质押监管中仅承担委托（保管、仓储）合同法律关系项下的善良管理、向质权人汇报、按指令行动的义务，仅承担因其过错导致监管质物减损部分的损失。质权人向出借人承担代偿责任之后，应向借款人（出质人）请求清偿或就剩余质押物行使权利。如直接就担保中涉及的反担保质押物向监管人主张委托（保管）合同违约损害赔偿的，如监管人已尽委托（保管、仓储）合同法律关系项下义务，人民法院对质权人诉讼请求不予支持。

---

* 摘自《人民法院案例选》2020 年 11 辑（总第 153 辑），人民法院出版社 2020 年版，第 116~123 页。

【相关法条】

《中华人民共和国合同法》第三百九十四条① 储存期间，因保管人保管不善造成仓储物毁损、灭失的，保管人应当承担损害赔偿责任。因仓储物的性质、包装不符合约定或者超过有效储存期造成仓储物变质、损坏的，保管人不承担损害赔偿责任。

第四百零六条② 有偿的委托合同，因受托人的过错给委托人造成损失的，委托人可以要求赔偿损失。无偿的委托合同，因受托人的故意或者重大过失给委托人造成损失的，委托人可以要求赔偿损失。

受托人超越权限给委托人造成损失的，应当赔偿损失。

【案件索引】

一审：北京市海淀区人民法院（2016）京0108民初31765号（2018年4月17日）

二审：北京市第一中级人民法院（2019）京01民终6295号（2019年9月27日）

【基本案情】

原告北京首担融资担保有限公司（以下简称首担公司）诉称：首担公司与北京保乐利加国际贸易有限公司（以下简称保乐公司）签订了《委托保证合同》，约定保乐公司委托首担公司为其在银行项下的500万元流动资金贷款提供无限连带保证担保，同时签订《抵押反担保合同》，约定保乐公司向首担公司提供不低于价值1600万元的酒品作为抵押反担保。首担公司为保证自身权益，与保乐公司、天津中邮物流有限责任公司（以下简

---

① 《合同法》已于2021年1月1日起失效。本条对应《民法典》第九百一十七条："储存期内，因保管不善造成仓储物毁损、灭失的，保管人应当承担赔偿责任。因仓储物本身的自然性质、包装不符合约定或者超过有效储存期造成仓储物变质、损坏的，保管人不承担赔偿责任。"

② 本条对应《民法典》第九百二十九条："有偿的委托合同，因受托人的过错 造成委托人损失的，委托人可以请求赔偿损失。无偿的 委托合同，因受托人的故意或者重大过失造成委托人损失的，委托人可以请求赔偿损失。受托人超越权限造成委托人损失的，应当赔偿损失。"

仓储合同纠纷

称中邮公司）签订了《动产抵押监管协议》。协议约定，首担公司为抵押权人，保乐公司为抵押人，中邮公司为首担公司的代理人，代理首担公司监管抵押物。借款到期后，首担公司代偿，按协议约定要求中邮公司交付保乐公司提供的抵押物（酒品），但中邮公司以种种借口拒绝首担公司提货。首担公司认为，中邮公司负有监管抵押物的义务，在首担公司要求提货时，中邮公司应按照协议约定将抵押物交给首担公司。现中邮公司不能交货，应向首担公司承担违约责任，向首担公司赔偿全部损失。

被告中邮公司辩称：首先，首担公司直接要求中邮公司赔偿损失不符合法律规定，不符合合同约定。根据《物权法》的规定，流押约定无效，涉案《动产抵押监管协议》违背法律规定。其次，《动产抵押监管协议》中没有中邮公司向首担公司交付抵押物的条款。首担公司应当依法行使抵押权，通过特别程序申请法院执行。即使因为抵押物未能弥补首担公司损失，其也应向保乐公司追偿，而不是中邮公司。此外，抵押物的价值远远高于诉讼标的，中邮公司无违约行为。

法院经审理查明：保乐公司向通州国开公司申请的500万元流动资金借款。首担公司向通州国开公司以保证方式提供担保，保乐公司提供红酒存货向首担公司提供抵押反担保，由李健提供个人无限连带保证反担保，由天津市千年喜酒业有限公司提供第三方连带责任保证反担保。首担公司与保乐公司、中邮公司签订监管协议。后首担公司代偿通州国开公司借款利息后，首担公司依据其与中邮公司、保乐公司签订的三份监管协议分别以仓储合同纠纷为由向中邮公司主张违约损害赔偿。经查，尚存部分抵押物的价值仍超过首担公司对保乐公司享有的债权金额。

【裁判结果】

北京市海淀区人民法院于2018年4月17日作出（2016）京0108民初31765号民事判决：驳回首担公司的全部诉讼请求。

宣判后，首担公司不服一审判决向北京市第一中级人民法院提起上诉，保管的质押物与合同约定不符，应依约承担损害赔偿责任。北京市第一中级人民法院于2019年9月27日作出（2019）京01民终6295号民事判决：认定一审判决认定事实清楚，适用法律正确。首担公司的上诉请求及理由均不能成立，不予支持。

【裁判理由】

法院生效裁判认为：首担公司要求中邮公司赔偿5315519.18元，其依据是监管协议第5.10条，首担公司据此须证明其抵押权落空或抵押物价值不足抵押物最低价值，现监管库房中存在抵押物，只是双方说法不一。根据滨海新区法院作出的执行民事裁定书可以判断，中邮公司监管的货物中包含52度9年酒鬼酒2000箱，且一审法院的勘验笔录亦可以佐证部分酒品与抵押物一致，中邮公司还就现存的抵押物提交了照片，综上，可以认定中邮公司监管的货物尚有部分抵押物存在，在首担公司未向保乐公司主张债权或就剩余抵押物行使权利之前，首担公司要求中邮公司直接赔偿损失不当，一审法院据此认为不能确定中邮公司是否给首担公司实际造成损失并判决驳回首担公司的诉讼请求处理并无不当，法院予以支持。首担公司上诉主张中邮公司所称抵押物均与监管协议不符，并要求中邮公司赔偿其损失无事实与法律依据，法院对此不予支持。

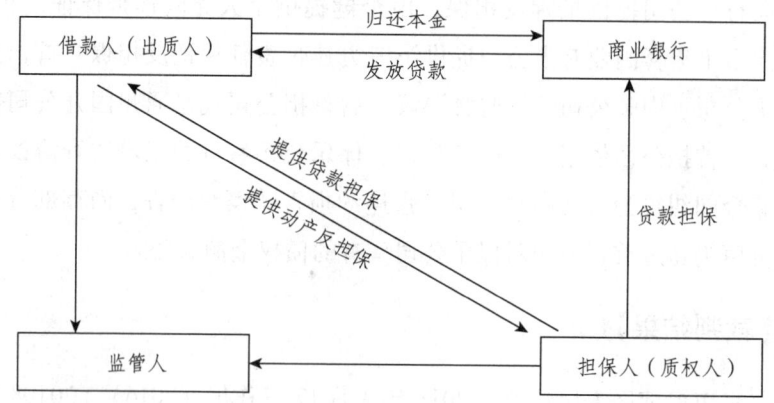

【案例注解】

中小企业为了解决"融资难"问题，设计一种将物流（仓储）与金融服务相结合的创新业务模式"动产质押监管"进行融资。然而动产质押监管模式涉及多方法律关系（如上图），包括借款合同法律关系、担保合同法律关系、委托（保管）合同法律关系等，较易引发纠纷。本案系担保人（质权人）代偿商业银行借款后，担保人（质权人）未向借款人（出质人）主张债权以及请求质押物变现的情况下，直接向仓储监管人主张合同违约损害赔偿的仓储合同纠纷。本案争议点主要有一个：动产质押监管合同中监管人的责任边界。

一、动产质押监管合同中监管人的责任边界的理论解读

（一）动产质押监管合同中监管人的权利义务

动产质押监管合同（质押物监管环节）系出质人以其合法占有的动产出质作为债权担保，为保证质物安全，监管人接受质权人的委托，在质押期间按质权人指令对质物进行监管。动产质押监管是为了解决中小企业融资难问题设计出的新的交易结构，这类合同本身非有名合同，笔者通过对涉案动产质押监管合同（质押物监管环节）关于权利义务的约定分析得出监管人所负有的权利义务兼具保管合同及委托合同的特征，具体包括：（1）权属审查义务：监管人受质权人委托，对接收的质物进行审查，无误后向质权人出具质物清单回执作为权利凭证，并以此证明质物转移占有及监管期间开始。（2）保管义务：由于监管人通常是仓储物流企业，监管人还负有妥善保管质物的义务，即施以善良管理人的注意义务，监管人应提供适宜的保管设施和条件，遵循一般社会观念所确认的知识、经验的注意程度等。（3）动态监管：根据质物数量、价值等变动情况，监管人应建立进出库管理制度，核对登记质物出入库的时间、数量和价值变动等，并向质权人定期报备，在涉及质物价值或数量接近合同预警值的，立即通知质权人并采取约定措施。

在动产质押监管模式下，借款人（出质人）是终局性义务人，担保人（质权人）属于从义务人，都是出借人的直接义务人。监管人是动产质押监管合同（质押物监管环节）的合同主体，不负有借款合同及担保合同项下的权利义务。

（二）动产质押监管合同（委托监管环节）的性质

关于合同性质有不同的观点：（1）保管（仓储）合同：合同约定监管人对质权人负有保管质物的义务，故定性为保管合同更能明晰地界定各方当事人的权益义务关系；（2）监管合同：监管人不同于普通保管人，不仅承担保管质物的义务，还承担验明质物、监管质物等义务，与保管合同项下的义务有所区别，这也是最高人民法院生效案例的观点，但是《合同法》分则中没有监管合同这一有名合同；（3）委托合同：动产质押监管的实质不在于保管而在于监管人对于质物进行出库的严格管控，可以理解为质权人委托监管人占有质物，并由其承担以监管义务为核心的受托义务。

动产质押监管合同非有名合同，法律上对于"监管"也没有明确定义。在司法实务中，质权人常常会以保管（仓储）合同作为案由提起诉讼；反之，监管人也常以法律关系非保管（仓储）合同为由，从法律关系的认定和法律适用上进行答辩。现有的法院案例对动产质押监管法律关系和案由的认定也不尽相同。有的法院将动产监管合同关系认定为保管（仓储）关系："该种权利义务具有保管合同的法律特征，原审法院据此认定质权人与监管人之间形成保管法律关系，符合合同约定，并无不当。……监管人主张其与质权人之间系代理法律关系而非保管关系的意见，不能成立。"[1] 有的法院直接将案由确定为监管合同："监管人作为保管人，不仅承担保管质物的义务，还承担验明质物的义务，与保管人在保管合同项下承担的义务有所区别。二审判决根据合同的性质，将本案案由确定为监管合同纠纷，并无不当。"[2] 有的法院将案由确定为委托代理关系。[3]

笔者认为，无论合同如何定性，合同条款在不违反法律法规的情况下，均应得到遵守并受到法律保护，应依据当事人在合同中约定的权利义务及当事人的履约事实并比照最类似的有名合同来确认各自的权利义务责任。之所以讨论合同性质，目的是明确合同主体的权利义务范围基础上分

---

[1] 参见最高人民法院（2014）民申字第1490号民事裁定书。
[2] 参见最高人民法院（2013）民申字第138号民事裁定书。
[3] 参见陕西省高级人民法院（2015）陕民一终字第00299号民事判决书。

析合同主体的归责原则。根据动产质押监管合同中监管人受托工作的内容和范围（权利义务），动产质押监管合同（委托监管环节）兼具委托合同和保管（仓储）合同性质。

二、动产质押监管合同中监管人的责任边界

（一）动产质押监管合同中监管人责任的实践解读

对于监管人应以何种方式，在什么范围内承担赔偿责任的问题，司法审判主要有三种不同处理方式：（1）将借款人不能偿还的全部本金、利息、罚息、实现债权费用等借款合同主债务作为担保人（质权人）的经济损失，判令监管人对此承担全部赔偿责任；①（2）监管人对担保人（质权人）不能实现的借款合同主债权承担补充赔偿责任。这种判决一般出现在将借款合同、质押合同与监管合同一并审理的情况，②或质权人已就借款合同、质押合同进行过诉讼且经过执行尚不能收回全部债权，并就不能收回部分向监管人另行起诉的情况；（3）以监管人监管不力、保管不善为由判决监管人在质物毁损和灭失的范围内承担赔偿责任。③

结合前文关于监管人权利义务和合同性质的分析，根据《合同法》第三百九十四条④以及第四百零六条，对保管人（受托人）适用过错责任原则。监管人既不是债务人，也不是保证人、担保人，其义务范围并不及于主债权债务，监管人的义务范围决定其承担的是未尽委托（保管、仓储）合同监管义务的违约赔偿。所以监管人在债务人不能清偿的数额内，仅以其过错导致质物灭失或短少的价值为限承担补充责任。如货物发生短缺时，监管人只要证明其充分履行保管、监管和审查义务，可以减轻甚至免除责任。监管人承担的是委托（保管）合同项下是否基于监督管理身份实

---

① 参见最高人民法院（2013）民申字第138号民事裁定书及对应的一审、二审判决。
② 参见陕西省西安市中级人民法院（2015）西中民三初字第00076号民事判决书。
③ 参见最高人民法院（2014）民申字第1490号民事判决书及对应的一审、二审判决。
④ 保管人违约责任：储存期间，因保管人保管不善造成仓储物毁损、灭失的，保管人应当承担损害赔偿责任。因仓储物的性质、包装不符合约定或者超过有效储存期造成仓储物变质、损坏的，保管人不承担损害赔偿责任。

施善良管理以及向质权人汇报、按指令行动的义务。

（二）不承担违约损害赔偿责任

第一种判决判令监管人就借款合同债务承担赔偿责任，对两种损失的原因和责任不予细分，实际上是把监管责任完全等同、异化为连带保证责任。这种判决方式在《动产质押监管协议》中找不到相应的合同依据支撑。

第二种判决判令监管人对借款合同不能实现的债权承担补充赔偿责任。根据《动产质押监管协议》，质权人不仅有要求监管人在监管期限届满或合同约定条件成就时足额交付全部质物，通过对质物的留置处理实现优先受偿的权利。同时，质权人也负有将质权实现后的多余质物返还出质人的义务。当质物出现毁损和灭失时，依据《动产质押监管协议》要求监管人就质物毁损和灭失给质权人造成的经济损失和因需返还质物而增加的经济负担承担赔偿责任，是质权人理应享有的合法权利。将监管人的责任确定为借款主债权不能实现时的补充赔偿责任，会导致将对借款主债务的求偿作为要求监管方承担赔偿责任的前置条件。这种处理方式极大限制了《动产质押监管协议》作为一项独立合同中质权人的合同权利，加重了质权人的合同负担。该方式的缺点在于对《动产质押监管协议》在法律关系上的独立性重视不够，挫伤物流（仓储）企业的积极性，阻碍动产质押融资业务的发展。

基于前述原因，笔者认为，第三种判决方式中，判决监管人在质物毁损和灭失的范围内承担过错赔偿责任的方式，更符合《动产质押监管协议》的法律关系性质和特征，更为合理。在第三种判决方式下，笔者认为还可以根据动产质押监管的不同方式，就赔偿责任进行不同的划分认定。比如，监管方在自营仓库进行监管的方式下，监管方因有占有和保管质物的义务，其应当在质物毁损和灭失的范围内承担全部赔偿责任。而在出质人仓库和第三人仓库进行监管的方式下，因为监管方不具有直接占有、保管质物的条件，对于质物毁损和灭失所造成的损失，质权人应当向出质人、保管人提出赔偿主张的同时，根据监管人的监管过错程度要求监管人

承担与过错责任相应的补充赔偿责任。故对于监管人责任承担方式和赔偿范围的上述三种判决,笔者认为,第三种判决方式更为合理。

(三) 监管人责任认定

审判实践中质权人承担代偿责任后,会选择单独或一并起诉监管人,主张监管人承担直接责任或者连带责任、补充责任等情形,本案中系选择直接起诉监管人并主张违约损害赔偿责任。如不注意考察监管人的法律地位以及过错情况,而将监管人的法律地位置于借款担保责任项下,或将监管人归责原则误解为无过错责任,进而认定监管人承担连带责任,会挫伤物流(仓储)企业的积极性,阻碍动产质押融资业务的发展。本案一审、二审法官准确查明该模式下多重法律关系及各主体权利义务关系,结合质物妥善保管的事实,认定监管人已尽委托(保管、仓储)合同义务,进而判决监管人不承担违约损害赔偿责任。

综上,在动产质押监管模式纠纷中,由于质权人的直接义务人是借款人,监管人仅是帮助质权人实现债权的辅助人,其仅承担其过错导致监管质物减损部分的损失。质权人在未向出质人主张债权或就剩余质押物行使权利之前,如监管人已尽监管人义务,出质人依照监管协议单独主张违约损害赔偿责任的,不予支持。

(一审法院合议庭成员　唐盈盈　董福利　陆友才

二审法院合议庭成员　阴　虹　秦顾萍　董　伟

编写人　北京市第一中级人民法院　陈　焱

责任编辑　李　明

审稿人　曹士兵)

委托合同纠纷

一、货运代理合同纠纷

116. 骏荣内衣有限公司诉宏鹰国际货运（深圳）有限公司等海上货运代理合同纠纷案*

> 承运人签发的除提单以外的运输单证必须包含合同当事人的承托意思表示才可以构成运输合同的证明

【裁判摘要】

> 承运人可以签发除提单以外的运输单证，这些单证必须包含合同当事人的承托意思表示才可以构成运输合同的证明，不具有承托意思表示的货代货物收据不构成海上货物运输合同的证明。
>
> 货运代理企业的权利义务依货运代理合同的约定确定，其承担违约责任应适用过错推定责任原则，货运代理企业证明其履行代理事项无过错的，无需对委托人的损失承担责任。

原告：骏荣内衣有限公司（CHUN WING INTIMATE FACTORY LIMITED）。住所地：香港特别行政区九龙九龙湾宏光道。

法定代表人：张植炜，该公司董事。

被告：宏鹰国际货运（深圳）有限公司〔CEVA FREIGHT (SHENZHEN) LIMITD〕。住所地：广东省深圳市福田区深南中路。

---

* 摘自《最高人民法院公报》2019 年第 7 期。

法定代表人：Torben Bengtsson，该公司董事长。

被告：美国总统轮船（中国）有限公司深圳分公司。住所地：广东省深圳市南山区赤湾右炮台路。

代表人：Yen Chun Yuen，该公司商务总监。

原告骏荣内衣有限公司（以下简称骏荣公司）与被告宏鹰国际货运（深圳）有限公司（以下简称宏鹰深圳公司）、美国总统轮船（中国）有限公司深圳分公司（以下简称美总深圳公司）发生海上货运代理合同纠纷，向广州海事法院提起诉讼。

原告骏荣公司诉称：骏荣公司委托被告宏鹰深圳公司承运货物由中国汕头经深圳发往英国南安普顿，宏鹰深圳公司签发了货代货物收据，被告美总深圳公司作为货物海运区段的实际承运人出具了订舱确认单。货物到达目的港后，宏鹰深圳公司和美总深圳公司在未经骏荣公司同意，且未收取任何相关单据的情况下放行货物，导致骏荣公司无法收到货款。请求判令宏鹰深圳公司和美总深圳公司连带赔偿骏荣公司货物损失人民币1332019.7元及其利息，并承担本案诉讼费用。

被告宏鹰深圳公司答辩称：(1)根据货代货物收据的内容，宏鹰深圳公司应为货运代理人，而非承运人。(2)宏鹰深圳公司签发货代货物收据，不违反法律规定，且符合国际惯例。(3)宏鹰深圳公司在代理活动中不存在过错，原告骏荣公司向其主张无单放货责任没有法律依据。

被告美总深圳公司答辩称：(1)原告骏荣公司与美总深圳公司不成立海上货物运输合同关系，涉案货物由美国总统轮船有限公司（以下简称美总公司）实际承运。(2)美总公司接受被告宏鹰深圳公司的订舱，骏荣公司不是涉案海上货物运输合同的当事人，无权主张合同权利。(3)美总公司与宏鹰深圳公司之间的海上货物运输合同已经妥善履行，骏荣公司向美总深圳公司主张权利没有依据。

广州海事法院一审查明：原告骏荣公司是孔雀百货有限公司（以下简称孔雀公司）的中国供货商之一，双方具有长期贸易往来关系，并且，双方一直用货代货运收据作为结算依据。孔雀公司与宏鹰国际货运（英国）有限公司（以下简称宏鹰英国公司）签订了货物配送协议，约定宏鹰英国

委托合同纠纷

公司作为孔雀公司的独家服务供应商,按约定条款向孔雀公司提供从海外供应商处运送货物至其位于英国的配送中心的服务。

就涉案货物,原告骏荣公司与孔雀公司签订了7份销售合同,采用FOB价格条件。骏荣公司向被告宏鹰深圳公司交付货物,宏鹰深圳公司签发了编号为SZX110344625的货代货物收据。货代货物收据上的手写签署有"King"并盖有宏鹰深圳公司的章,其格式比照提单设计,记载托运人为骏荣公司,收货人和通知方为孔雀公司,出口指示方为宏鹰英国公司。货代货物收据正面下方记载"货物将根据背面的条款和条件规定装卸。我们证实已收到外观和包装状况良好的货物。客户(如条款和条件所述)兹授权CEVA(如条款和条件所述)为其代理,但不作为当事人与承运人或其他运输或运输服务供应商订立合同并将客户的货物从上述始发地运输至上述目的地。CEVA作为货运代理,而不是作为承运人,有责任尽合理的谨慎义务选择第三方或对其作出指示,但不对该第三方的任何作为或不作为承担任何责任"。货代货物收据的附页抬头为"提单号SZX110344625附件",内容与发票记载一致。骏荣公司向宏鹰深圳公司支付了部分费用,宏鹰深圳公司开具了总金额为6523.82港元的费用发票2张(分别注明为美国船单系统费、码头费、文件费、手续费和更改费等)。美总公司接受宏鹰深圳公司的订舱,实际承运涉案货物。

涉案货物出运后,因孔雀公司发生财务危机被接管。2012年1月至3月期间,原告骏荣公司多次通过电子邮件向被告宏鹰深圳公司提出不要交付货物给孔雀公司及返运货物的要求,宏鹰深圳公司将骏荣公司的请求转达给宏鹰英国公司和宏鹰香港公司,但宏鹰英国公司最终仍根据孔雀公司的指示将涉案货物交付给孔雀公司。

广州海事法院一审认为:被告宏鹰深圳公司接受原告骏荣公司委托,代表骏荣公司向美总公司订舱,而且其向骏荣公司出具的货代货物收据的格式近乎提单,相关运输内容均予以载明,亦向骏荣公司收取了相关费用。本案货代货物收据作为提单以外的单证,可视为宏鹰深圳公司与骏荣公司订立海上货物运输合同的初步证据。骏荣公司为托运人,宏鹰深圳公司为承运人。根据《中华人民共和国合同法》第三百零八条的规定,在承运人将货物交付收货人之前，托运人可以要求承运人中止运输、返还货物、变更到达地或者将货物交给其他收货人，但应当赔偿承运人因此受到的损失。骏荣公司在货物运抵目的港还未交付前即向宏鹰深圳公司提出了不要将货物交付给孔雀公司的要求，系托运人就海上货物运输合同交付事项对承运人新的指示，承运人依约应当履行。宏鹰深圳公司不顾骏荣公司的指示将货物交付给孔雀公司，造成了骏荣公司的经济损失，应予赔偿。

另根据查明的事实，美总公司为本案运输的实际承运人，原告骏荣公司主张被告美总深圳公司为实际承运人并要求其承担本案货款损失依据不足，不予支持。

据此，广州海事法院依照《中华人民共和国海商法》第四十一条、第四十二条、第五十五条、第八十条第一款，《中华人民共和国合同法》第一百零七条①、第一百一十三条第一款②、第三百零八条③和《最高人民法院关于审理海上货运代理纠纷案件若干问题的规定》第二条、第四条的规定，于2014年10月10日作出判决：

一、被告宏鹰深圳公司赔偿原告骏荣公司货物损失211401.5美元及其利息（自2012年3月13日起按中国人民银行规定的同期贷款利率计算至本判决确定的支付之日止）；

二、驳回原告骏荣公司对被告美总深圳公司的诉讼请求；

三、驳回原告骏荣公司的其他诉讼请求。

宏鹰深圳公司不服一审判决，向广东省高级人民法院提起上诉称：（1）一审判决认定事实有误。涉案贸易为FOB交易，运费到付，被上诉人骏荣公司作为卖方将货物运至港口或者交付给宏鹰深圳公司即完成合同义务，其并非本案托运人。货代货物收据上明确记载CEVA（即宏鹰集团的简称）为货运代理人，宏鹰深圳公司为孔雀公司的代理，代表孔雀公司向

---

① 对应《中华人民共和国民法典》第五百七十七条，内容未作变动。

② 对应《中华人民共和国民法典》第五百八十四条："当事人一方不履行合同义务或者履行合同义务不符合约定，造成对方损失的，损失赔偿额应当相当于因违约所造成的损失，包括合同履行后可以获得的利益；但是，不得超过违约一方订立合同时预见到或者应当预见到的因违约可能造成的损失。"

③ 对应《中华人民共和国民法典》第八百二十九条，内容未作变动。

委托合同纠纷

美总公司订舱，宏鹰深圳公司未接受骏荣公司委托为其提供运输或者货代服务。（2）本案货代货物收据仅仅是货运代理人收到货物后出具给交货方的一份收据，不属于其他运输单证，不足以认定骏荣公司与宏鹰深圳公司之间形成运输法律关系。（3）骏荣公司不持有涉案货物提单，不具有涉案货物的物权，其无权要求宏鹰深圳公司或者宏鹰英国公司中止交付货物或将货物退运。宏鹰英国公司作为孔雀公司的代理，有义务按照孔雀公司的指示履行配送协议义务。（4）一审判决对涉案货物损失的认定缺乏有效证据支持。

被上诉人骏荣公司答辩称：骏荣公司为交货托运人。涉案货代货物收据与提单格式相近，相关运输内容均予以记载。上诉人宏鹰深圳公司在签署货代货物收据时在下方通过微小字体注明了"CEVA作为货运代理，而不是承运人"，该格式条款无效。美总公司在本案中并未签发任何运输单证，本案中唯一通过银行流转的单证就是货代货物收据，孔雀公司通过银行付款赎单后凭货代货物收据提取货物，因此，涉案货代货物收据属于《最高人民法院关于审理海上货运代理纠纷案件若干问题的规定》第四条所规定的其他运输单据，宏鹰深圳公司为涉案货物承运人。骏荣公司在货物到达目的港前发出控制货物和返还货物的要求符合法律规定，宏鹰深圳公司应予以执行。宏鹰深圳公司没有执行中止运输的正当要求，并将货物交付给孔雀公司，应当赔偿骏荣公司由此导致的损失。

原审被告美总深圳公司未就被上诉人骏荣公司与上诉人宏鹰深圳公司之间的争议发表意见。

广东省高级人民法院经二审，确认了一审查明的事实。

广东省高级人民法院二审认为：本案二审的争议焦点：涉案货代货物收据是否构成海上货物运输合同的证明；被上诉人骏荣公司与上诉人宏鹰深圳公司之间的法律关系的定性；宏鹰深圳公司是否需对骏荣公司的损失承担赔偿责任。

根据《中华人民共和国海商法》的相关规定，承运人可以签发的运输单证并不局限于提单，但是，不论何种单证，都必须包含着合同当事人的承托意思表示才可以构成运输合同的证明，涉案货代货物收据不构成海上货物运输合同的证明。首先，就货代货物收据的内容而言，货代货物收据是相关国际货运代理协会制定并推荐作为其会员的国际货运代理人使用的格式单证，其本意并非作为承运人的运输单证，而只是作为货运代理人收到货物的证明。虽然涉案货代货物收据记载了托运人、收货人等相关货物运输的信息，但该货代货物收据同时明确记载"货物将根据背面的条款和条件规定装卸。我们证实已收到外观和包装状况良好的货物。客户（如条款和条件所述）兹授权 CEVA（如条款和条件所述）为其代理，但不作为当事人与承运人或其他运输或运输服务供应商订立合同并将客户的货物从上述始发地运输至上述目的地。CEVA 作为货运代理，而不是作为承运人，有责任尽合理的谨慎义务选择第三方或对其作出指示，但不对该第三方的任何作为或不作为承担任何责任"，该条款明确表明收据签发人是作为货运代理人而非承运人签发了该货代货物收据。被上诉人骏荣公司抗辩该条款属于格式条款，应认定无效。但是，该条款明确记载于货代货物收据的正面显著位置，在骏荣公司与孔雀公司所进行的长期交易中，骏荣公司亦多次接受该货代货物收据，对该货代货物收据的性质和内容应清楚知悉，该条款亦不存在《中华人民共和国合同法》第四十条"格式条款具有本法第五十二条和第五十三条规定情形的，或者提供格式条款一方免除责任、加重对方责任、排除对方主要权利的，该条款无效"规定的情形，故应认定该条款合法有效，对骏荣公司和上诉人宏鹰深圳公司均具有拘束力。其次，从该单证的取得看，涉案货物贸易采用 FOB 价格条件，宏鹰英国公司作为孔雀公司委托的物流方负责货物的进口运输事宜，宏鹰深圳公司作为宏鹰英国公司指定的受托人，在起运港接收货物并处理起运港相关事宜，在没有特别签注的情况下，其签发货代货物收据只表明该收据仅具有货物收据的功能和意思表示。再次，本案亦没有其他证据证明骏荣公司与宏鹰深圳公司具有订立海上货物运输合同的意思表示。涉案货代货物收据的附件填写了提单号 SZX110344625，但该单号实为货代货物收据的单号，不足以证明宏鹰深圳公司具有签发提单的意思表示。宏鹰英国公司与孔雀公司之间的货物配送协议仅能证明该协议当事人之间的法律关系，而不能据此证明宏鹰深圳公司与骏荣公司之间存在海上货物运输合同关系。宏鹰深圳

委托合同纠纷

公司在本案中未收取运费,往来邮件中亦均未有证据显示其以承运人身份行事,故本案证据尚不足认定骏荣公司与宏鹰深圳公司之间存在海上货物运输合同关系。宏鹰深圳公司并不是涉案货物的承运人,未控制货物,骏荣公司向宏鹰深圳公司主张行使中途停运权、请求返运货物,并据此主张货款损失,缺乏事实和法律依据,应予以驳回。

上诉人宏鹰深圳公司向被上诉人骏荣公司收取了码头操作费、文件费、手续费、更改费等费用,均为起运港码头费用。涉案货物贸易采用FOB价格条件,由卖方骏荣公司负责起运港码头费用,宏鹰深圳公司收取上述费用,并办理相关事宜,应认定双方就此费用所涉事项成立货运代理合同关系。至于宏鹰深圳公司是否负有为骏荣公司控制货物的义务应依据双方合同约定的权利义务内容确定。根据本案查明的事实,骏荣公司与孔雀公司具有长期贸易往来关系,双方就包括涉案货物在内的货物买卖采用FOB价格条件,孔雀公司与宏鹰英国公司签订货物配送协议,由宏鹰英国公司为孔雀公司提供全球物流服务。为涉案货物运输,宏鹰英国公司作为孔雀公司的物流服务提供方,指定宏鹰深圳公司收取货物,即宏鹰深圳公司接收涉案货物系受宏鹰英国公司的指示,而非接受骏荣公司的委托。在本案FOB贸易条件下,货物卖方骏荣公司向买方孔雀公司委托的货运代理人交付货物等同于其已经向买方交付了货物,此时,买方的货运代理人宏鹰深圳公司向承运人交付货物只能视为代买方交付货物,而不能视为代卖方交付货物。因此,宏鹰深圳公司作为海运单上的托运人身份出现,其代表的并非骏荣公司,并没有义务代骏荣公司行使货物控制权。

本案应审查的是上诉人宏鹰深圳公司是否已经完整、妥善履行其受托事项,是否对涉案货物的交付具有过错。从宏鹰深圳公司与被上诉人骏荣公司的货运代理合同关系看,宏鹰深圳公司向骏荣公司收取的费用为起运港码头费用,本案货物已经正常出运,就上述费用所涉事项,宏鹰深圳公司已经依约完成。骏荣公司在收到孔雀公司财务危机的信息之后,确实向宏鹰深圳公司发出控制货物的请求,但如前所述,就海上货物运输事项而言,宏鹰深圳公司并无义务接受骏荣公司的指令向美总公司请求扣留货物。并且,本案查明的事实显示,宏鹰深圳公司已协助骏荣公司将扣货指令发送给宏鹰英国公司和宏鹰香港公司,其在处理委托事项上并无过错。根据《最高人民法院关于审理海上货运代理纠纷案件若干问题的规定》第十条"委托人以货运代理企业处理海上货运代理事务给委托人造成损失为由,主张由货运代理企业承担相应赔偿责任的,人民法院应予支持,但货运代理企业证明其没有过错的除外"的规定,宏鹰深圳公司无需对骏荣公司的损失承担赔偿责任。

综上,广东省高级人民法院依照《中华人民共和国民事诉讼法》第六十四条、第一百七十条第一款第二项的规定,于2015年12月30日作出判决:

一、撤销广州海事法院(2012)广海法初字第1033号民事判决;

二、驳回骏荣内衣有限公司的诉讼请求。

本判决为终审判决。

二、诉讼、仲裁、人民调解代理合同纠纷

> 诉讼代理合同对诉讼代理费的收费标准有明确约定的，应当按照约定履行

117. 黑龙江新元律师事务所诉大庆高新国有资产运营有限公司诉讼代理合同纠纷案*

【关键词】

民事　诉讼代理合同　诉讼代理费标准　合同解释

【裁判摘要】

诉讼代理合同中关于诉讼代理费的收费标准有明确约定的，该约定不涉及第三人利益与公共利益，亦不违反法律的强制性规定，双方当事人应当按照约定履行。只有在当事人就合同价款或者报酬约定不明确且无法补救时才应按照政府指导价履行。

---

* 摘自《人民法院案例选》2017年5辑（总第111辑），人民法院出版社2017年版，第110~118页。

【相关法条】

《中华人民共和国合同法》第六十二条① 当事人就有关合同内容约定不明确，依照本法第六十一条的规定仍不能确定的，适用下列规定：

（一）质量要求不明确的，按照国家标准、行业标准履行；没有国家标准、行业标准的，按照通常标准或者符合合同目的的特定标准履行。

（二）价款或者报酬不明确的，按照订立合同时履行地的市场价格履行；依法应当执行政府定价或者政府指导价的，按照规定履行。

（三）履行地点不明确，给付货币的，在接受货币一方所在地履行；交付不动产的，在不动产所在地履行；其他标的，在履行义务一方所在地履行。

（四）履行期限不明确的，债务人可以随时履行，债权人也可以随时要求履行，但应当给对方必要的准备时间。

（五）履行方式不明确的，按照有利于实现合同目的的方式履行。

（六）履行费用的负担不明确的，由履行义务一方负担。

《中华人民共和国合同法》第一百二十五条② 当事人对合同条款的理解有争议的，应当按照合同所使用的词句、合同的有关条款、合同的目

---

① 对应《中华人民共和国民法典》第五百一十一条："当事人就有关合同内容约定不明确，依据前条规定仍不能确定的，适用下列规定：（一）质量要求不明确的，按照强制性国家标准履行；没有强制性国家标准的，按照推荐性国家标准履行；没有推荐性国家标准的，按照行业标准履行；没有国家标准、行业标准的，按照通常标准或者符合合同目的的特定标准履行。（二）价款或者报酬不明确的，按照订立合同时履行地的市场价格履行；依法应当执行政府定价或者政府指导价的，依照规定履行。（三）履行地点不明确，给付货币的，在接受货币一方所在地履行；交付不动产的，在不动产所在地履行；其他标的，在履行义务一方所在地履行。（四）履行期限不明确的，债务人可以随时履行，债权人也可以随时请求履行，但是应当给对方必要的准备时间。（五）履行方式不明确的，按照有利于实现合同目的的方式履行。（六）履行费用的负担不明确的，由履行义务一方负担；因债权人原因增加的履行费用，由债权人负担。"

② 对应《中华人民共和国民法典》第四百六十六条："当事人对合同条款的理解有争议的，应当依据本法第一百四十二条第一款的规定，确定争议条款的含义。合同文本采用两种以上文字订立并约定具有同等效力的，对各文本使用的词句推定具有相同含义。各文本使用的词句不一致的，应当根据合同的相关条款、性质、目的以及诚信原则予以解释。"

的、交易习惯以及诚实信用原则，确定该条款的真实意思。

合同文本采用两种以上文字订立并约定具有同等效力的，对各文本使用的词句推定具有相同含义。各文本使用的词句不一致的，应当根据合同的目的予以解释。

【案件索引】

一审：黑龙江省大庆市萨尔图区人民法院（2011）萨商初字第181号（2012年9月10日）

二审：黑龙江省大庆市中级人民法院（2013）庆商终字第147号（2014年7月17日）

再审：黑龙江省高级人民法院（2015）黑高民申三字第107号（2015年6月22日）；黑龙江省高级人民法院（2015）黑监民再字第55号（2015年10月22日）

【基本案情】

黑龙江新元律师事务所（以下简称新元律师所）诉称：新元律师所与大庆高新国有资产运营有限公司（以下简称资产运营公司）签订了法律顾问合同提供法律服务。合同约定，新元律师所为资产运营公司代理诉讼、仲裁、执行案件分别按标的额的3%收取代理费。合同履行期间，资产运营公司委托新元律师所代理与大庆华嘉电子有限公司、大庆浪淘沙温泉度假村有限公司和王海楼等八人案件的一审诉讼、再审和执行。新元律师所为资产运营公司代理的案件已全部结案，资产运营公司拖欠代理费3391200元拒不给付。请求判令资产运营公司给付代理费3391200元并承担本案的诉讼费用。

资产运营公司辩称：资产运营公司与新元律师所在法律顾问合同中约定的按标的额的3%收费的内容，违反了《价格法》、司法部和黑龙江省的律师收费管理的规定，违反了法律和行政法规的强制性规定，应属无效。另外，新元律师所代理案件的诉讼又代理案件的执行，应合并一次收费。

法院经审理查明：新元律师所与资产运营公司分别于2006年1月3日、2007年2月14日和2008年1月1日签订了三份法律顾问合同，合同期自2006年1月1日至2010年12月31日。双方在2006年1月3日签订的合同中第五条约定：(1)新元律师所每年向资产运营公司收取常年顾问费24000元，签订合同时一次性付清；(2)新元律师所为资产运营公司代理一般诉讼、执行案件时予以优惠待遇，按诉讼标的额的3%取费，案件受理时一次性付清。双方在2007年2月14日及2008年1月1日签订的合同中第五条约定：(1)新元律师所每年向资产运营公司收取常年法律顾问费24000元，签订合同时一次性付清。(2)新元律师所为资产运营公司代理标的100万元以下的诉讼、执行案件时，不收取代理费。代理费100万元以上的诉讼、执行案件时按标的的3%收取代理费（其中代理执行案件时先收取1.5%，结案时再收取1.5%），受理案件时一次性付清。合同履行期间，新元律师所为资产运营公司代理标的100万元以上的诉讼案件8件，分别是：(1)诉大庆华嘉电子有限公司债权债务概括转移合同纠纷一案，诉讼标的额2695万元；(2)诉大庆浪淘沙温泉度假村有限公司借款合同纠纷一案，诉讼标的额690万元；(3)诉王海楼等8人股权转让纠纷一案，诉讼标的额800万元；(4)诉王海楼等8人股权转让纠纷再审一案，诉讼标的额800万元；(5)诉大庆华嘉电子有限公司借款合同纠纷一案，诉讼标的额550万元；(6)诉大庆华嘉电子有限公司借款合同纠纷一案，诉讼标的额550万元。(7)诉大庆华嘉电子有限公司借款合同纠纷一案，诉讼标的额550万元；(8)诉大庆华嘉电子有限公司借款合同纠纷一案，诉讼标的额440万元。以上8起案件，资产运营公司分别为新元律师所出具了授权委托书，并且案件已全部审理终结。新元律师所为资产运营公司代理执行案件7件，分别是：(1)执行大庆华嘉电子有限公司一案，执行标的额2695万元；(2)执行大庆浪淘沙温泉度假村有限公司借款合同纠纷一案，执行标的额690万元；(3)执行王海楼等8人股权转让纠纷一案，执行标的额800万元；(4)执行大庆华嘉电子有限公司借款合同纠纷一案，执行标的额550万元；(5)执行大庆华嘉电子有限公司借款合同

委托合同纠纷

纠纷一案，执行标的额550万元；(6)执行大庆华嘉电子有限公司借款合同纠纷一案，执行标的额550万元。(7)执行大庆华嘉电子有限公司借款合同纠纷一案，执行标的额440万元。以上7起执行案件，总执行标的额为6275万元，资产运营公司分别为新元律师所出具了授权委托书，并且案件已经全部执行终结。另外，新元律师所为资产运营公司代理标的100万元以下不收案件代理费的案件6件，其中诉讼案件5件、执行案件1件。《黑龙江省律师服务收费政府指导价标准（试行）》规定，代理民事诉讼案件涉及财产关系的，试行按标的额分段比例累加收费。标准为：1万元及以下收费880元，1万元以上至10万元按4%，10万元以上至50万元按标的额3%……1000万元以上至5000万元按标的额0.25%，以上费率可以上浮30%，已代理过一审或二审并收取费用的，再代理申诉阶段应减半收费。资产运营公司对本案诉争的案件，已向新元律师所支付代理费73万元。

【裁判结果】

黑龙江省大庆市萨尔图区人民法院于2012年9月10日作出(2011)萨商初字第181号民事判决：一、资产运营公司给付新元律师所代理费1927137.50元，于判决生效后一次性付清；二、驳回新元律师所的其他诉讼请求。

宣判后，资产运营公司提出上诉。黑龙江省大庆市中级人民法院于2014年7月17日作出(2013)庆商终字第147号民事判决：一、维持大庆市萨尔图区人民法院(2011)萨商初字第181号民事判决第二项；二、撤销大庆市萨尔图区人民法院(2011)萨商初字第181号民事判决第一项；三、资产运营公司给付新元律师所代理费910625元，于判决生效后一次性付清。

新元律师所向黑龙江省高级人民法院申请再审。黑龙江省高级人民法院于2015年6月22日作出(2015)黑高民申三字第107号民事裁定，对该案进行提审，并于2015年10月22日作出(2015)黑监民再字第55号民事判决：一、维持大庆市中级人民法院（2013）庆商终字第147号民事判决第一项、第二项；二、变更大庆市中级人民法院（2013）庆商终字第147号民事判决第三项为：判决生效后10日内，资产运营公司给付新元律师所代理费1089387.50元。

【裁判理由】

法院生效裁判认为：案涉诉讼代理合同系双方当事人的真实意思表示，其内容不违反法律、行政法规的强制性规定，又无导致合同无效的其他因素，应属合法有效，当事人应按照合同约定履行各自义务。本案纠纷需解决以下两个焦点问题：

关于案涉诉讼代理费应否调整及能否上浮的问题。根据《合同法》第六十二条第二项的规定，当事人就有关合同价款或者报酬约定不明确，依照合同法第六十一条的规定仍不能确定的，按照订立合同时履行地的市场价格履行；依法应当执行政府定价或者政府指导价的，按照规定履行。据此，只有在当事人就合同价款或者报酬约定不明确且无法补救时才按照政府定价或者政府指导价履行。本案中，双方当事人对诉讼代理费的收费标准进行了明确约定，且此项约定不涉及第三人利益与公共利益，亦不违反法律的强制性规定，应当按照约定履行。一审、二审法院以约定的收费标准高于政府指导价标准为由对当事人之间的约定进行调整没有法律依据。但是一审判决后，新元律师所对此节并未提出上诉，且再审请求也仅主张收费标准应上浮30%，因此，应视为新元律师所对自己权利的部分放弃。

关于执行案件代理费的问题。《合同法》第一百二十五条第一款的规定，当事人对合同条款的理解有争议的，应当按照合同所使用的词句、合同的有关条款、合同目的、交易习惯以及诚实信用原则，确定该条款的真实意思。合同作为一种需要受领的意思表示，是当事人之间意思表示一致的结果。因此，对本案当事人之间争议的"结案"作出解释时，亦应当遵循上述法律规定。本案中，双方当事人争议的是"终结本次执行程序"是否为当事人所约定的"结案"情形，即付款条件是否成就。在民事案件执

委托合同纠纷

行程序中,终结本次执行程序是人民法院根据债权人的申请,发放给债权人证明其债权存在并明确未执行或未完全执行债权金额的裁定书,如申请人能够提供被执行人可供执行的财产或财产线索,债权人可再次申请法院执行。因此,终结本次执行程序属于民事诉讼法意义上的法定执行结案情形,但并非民事诉讼执行程序的全部终结。因此,新元律师所代理的6起执行案件均以终结本次执行程序方式结案,不属于当事人约定的"结案",当事人所约定的付款条件尚未成就。

综上,二审法院认为资产运营公司与新元律师所合同约定的收费标准高于黑龙江律师服务收费指导价,应予以调整,属适用法律不当,应予纠正。新元律师所的再审申请理由,对其合理部分,应予支持。

【案例注解】

随着我国法治建设的不断深入推进,公民的法律意识逐渐提升,在发生纠纷争议时,通过聘请律师、法律服务者等诉讼代理人获取司法服务,来实现自己的合法权益逐渐成为普通民众参与司法诉讼活动的主要方式和选择。随之而来的则是关于诉讼代理费的收费标准产生的争议日益增多。在诉讼代理合同约定的收费标准与政府指导价标准不同时(通常情况下诉讼代理合同约定的收费标准要高于政府指导价标准),或者当事人对某项收费的条件是否成就产生争议时,如何正确理解和解释诉讼代理合同中的收费标准条款,成为实践中争议较多的问题。本案的裁判要旨从坚持尊重契约自由原则角度出发,明确了诉讼代理合同中关于收费标准应充分尊重当事人意思自治原则,充分发挥市场主体的能动性,着重强调保护市场交易秩序。同时,通过严格按照法律规定,从探求当事人签订合同的真实意思角度,合理、合法解释具体合同条款,以保障实现契约正义。据此,本案对于类似案件裁判标准的统一,维护当事人合法权益,具有典型的指导意义。下面根据本案所涉的焦点问题,结合有关法律和司法解释等规定,围绕裁判要点中有关问题予以论证和说明。

一、关于案涉诉讼代理费应否根据政府指导价格予以调整的问题

我国《合同法》第六十二条系针对当事人就有关合同内容约定不明确,且不能通过达成补充协议或者按照合同有关条款、交易习惯予以明确时,对合同应当如何履行确定了法律推定规则。所谓法律推定,又称补缺性法律规定,是指对那些虽欠缺主要条款或条款约定不明但并不影响合同效力的合同,而由法律直接作出的用以弥补当事人所欠缺的或者意思表示不明确的合同条款,以促使当事人全面履行合同义务。① 应当指出,《合同法》第六十二条只是任意性的规定,即当事人可以通过其约定来排斥这些规定的适用,在当事人具有特别约定的情况下,原则上应当依据当事人的约定,在当事人没有特别约定,又不能通过达成补充协议或者根据交易习惯来确定当事人的意图的情况下,则应当适用该条款的任意性规定。从该角度来看,《合同法》第六十二条实质上是填补合同漏洞的规则,其适用应当具备基本的前提条件,及当事人就有关合同内容没有约定或约定不明确。本案中,双方当事人对诉讼代理费的收费标准进行了明确约定,而并非没有约定或者约定不明确。因此,适用《合同法》第六十二条第二项依照政府指导价确定诉讼代理费的前提并不具备。依据《合同法》第六十条关于合同严格履行之规定,双方当事人应当依据有效合同的约定全面履行。一审、二审法院在确认双方之间诉讼代理合同有效的前提下,并未认定双方应依照合同内容予以履行,而是依据政府指导价标准对当事人之间的约定进行调整,属于对合同严守、契约自由原则的理解存有偏差。而关于尊重契约自由原则,最高人民法院党组书记、院长周强在第八次全国法院民事商事审判工作会议上的讲话中关于推进公正司法,不断提升司法公

---

① 参见陈伯诚、王伯庭主编:《合同法重点难点问题解析与适用》,吉林人民出版社2000年版,第154页。

信力应坚持的"六个原则"中亦予以着重强调。① 只要当事人在平等自愿基础上订立合同，不损害国家利益、公共利益和第三人合法权益，就应当受到充分的尊重和保护。本案的处理亦应遵循上述原则和精神，在双方当事人对诉讼代理费的收费标准的约定不涉及第三人利益与公共利益，亦不违反法律的强制性规定的情况下，应当按照约定履行。

二、关于合同解释的问题

所谓合同解释，是指对合同及其相关资料的含义所作出的分析和说明。② 即法官依据一定的事实，遵循有关的规则，对合同的内容和含义作出准确的说明。当事人通过合同对于其未来的事务作出安排时，需要通过一定的用语表达其内容，但由于各方面的因素，缔约当事人对某个条款和用语也可能会产生不同的理解和认识，从而难免发生争议。我国《合同法》第一次规定了合同解释制度，这不仅填补了我国合同解释制度的空白，而且也为法院通过合同解释的方法处理大量的纠纷提供了基本的准则和依据。由于我国合同解释制度充分体现了鼓励交易的原则，强调了合同正义对合同自由原则的修正，因此，正确适用合同解释制度对于维护合同自由和实现合同正义、保障合同当事人意志和订约目的的实现是十分必要的。

依据我国《合同法》第一百二十五条规定，合同解释的规则包括以下几项：

（1）对合同用语应当按照通常的理解进行解释。对合同用语应当按照通常的理解进行解释是合同解释的首要方法。在当事人对合同条款发生争议以后，首先应当基于签订的合同来讨论，因为毕竟合同的条款是当事人合意的产物，它最接近于当事人的真实意思，不能完全撇开合同条款来任意作出解释。

---

① 周强院长指出，坚持"六个原则"，推进公正司法，不断提升司法公信力。一是依法保护产权；二是尊重契约自由；三是坚持平等保护；四是坚持权利义务责任相统一；五是倡导诚实守信；六是坚持程序公正与实体公正相统一。
② 参见崔建远主编：《合同法》（修订版），法律出版社 2000 版，第 324 页。

（2）根据合同的有关条款对合同的内容进行整体解释。即将全部合同的各项条款以及各个构成部分作为一个完整的整体，综合考虑各个条款以及各个部分的相互关联性、争议的条款与整个合同的关系及其在合同中所处的地位等各方面因素，来确定争议的合同条款含义。

（3）根据合同订立的目的进行解释。"合同订立的目的是当事人从事交易行为所希望达到的目的，合同本身也不过是当事人实现其目的的手段。"① 探究合同订立的目的时，不能仅拘泥于合同条款的表述，而要探讨当事人订立合同的真实意思。当然，当事人双方可能具有不同的合同目的，一方订约的目的和另一方订约的目的可能不同，但是从合同的内容和订约过程能够确定一方在订立合同时，应当意识到另一方所具有的订约目的，则应当按照该目的来解释合同。

（4）根据交易习惯进行解释。因习惯的存在，当事人可能在订立合同时未必对特定事项作非常清晰准确的约定，所以在解释合同时通常可以根据交易习惯来解释当事人的意思。需要注意的是，各种交易习惯的存在以及内容应当由当事人双方举证证明，在当事人未举证证明交易习惯的情况下，法官也可以根据自己对交易习惯的理解选择某种习惯来填补合同的漏洞。

（5）根据诚实信用原则进行解释。诚实信用原则作为合同解释规则，实际上是要求法官将自己作为一个诚实守信的当事人来判断、理解合同的内容和条款的含义。在解释合同的过程中，将商业道德和公共道德运用到合同的解释之中，并对合同自由施加必要的限制。② 依据诚实信用原则进行解释，实质上是按照道德标准来确定合同的内容。需要注意的是，某些情况下，法官依据该原则所确定的意图可能与当事人的真实意思不完全符合。因此，如果能够依据其他原则来解释合同，探求当事人的真实意思，不宜由法官直接依据诚实信用原则来解释合同。

---

① 王利明：《合同法研究（第一卷）》（修订版），中国人民大学出版社 2011 年版，第 470 页。

② 参见胡基：《合同解释的理论和规则研究》，载梁慧星主编：《民商法论丛》（第八卷），法律出版社 1997 年版，第 51 页。

委托合同纠纷

本案中,双方当事人就诉讼代理合同中约定的支付代理费的条件是否成就也即"终结本次执行程序"是否为当事人所约定的"结案"情形的理解产生争议,这就需要运用《合同法》规定的合同解释的规则对合同中约定的"结案"进行解释。如前所述,终结本次执行程序属于民事诉讼法意义上的法定执行结案情形,如单纯根据合同用语的解释规则进行解释,会得出与当事人的真实意思、订立合同的目的有所不符。故此时,对于"结案"的解释,应当按照合同的有关条款、合同的目的,从探求当事人订立合同时真实意思对争议内容进行解释。一方面,在民事案件执行程序中,终结本次执行程序是人民法院根据债权人的申请,发放给债权人证明其债权存在并明确未执行或未完全执行债权金额的裁定书,如申请人能够提供被执行人可供执行的财产或财产线索,债权人可再次申请法院执行。因此,终结本次执行程序虽属于《民事诉讼法》中规定的法定执行结案情形,但并非民事诉讼执行程序的全部终结,并不是真正意义上的执行终结。另一方面,双方当事人订立合同时约定代理执行案件时先收取1.5%,结案时再收取1.5%,该合同条款的约定不同于代理诉讼案件收费的约定即受理案件时一次性付清代理费,而是将代理费分成前后两个部分,显而易见,合同的目的是对后面的执行利益即执行回款的实现存有期待。因此,从当事人订立合同时的真实意思表示、订立合同的目的以及合同的有关条款对双方争议的"结案"进行解释能够认定,新元律师所代理的6起执行案件均以终结本次执行程序方式结案,不属于当事人约定的"结案",当事人所约定的付款条件尚未成就。

(一审法院合议庭成员 周 红 陈凤凯 孟祥龙
二审法院合议庭成员 朱志晶 刘 放 王鹏渤
再审法院合议庭成员 张 璞 刘生亮 张劲松
编写人 黑龙江省高级人民法院 刘生亮
责任编辑 杨 奕
审稿人 蒋惠岭)

三、其他委托合同纠纷

118. 周伟均、周伟达诉王煦琼委托合同纠纷案[*]

> 受托人无视委托人的真实意愿与切身利益,恶意处分委托人财产,即使该处分行为对交易相对方发生效力,受托人仍应就其严重侵害委托人利益的行为承担相应赔偿责任

【裁判摘要】

1. 在借贷关系中,出借人为防止借款无法按期收回而要求借款人提供不动产作为债权担保的,双方应签订抵押合同并办理抵押物登记。出借人回避抵押担保制度,选择指定第三人与借款人签订委托合同并由该第三人取得出售借款人的不动产等重大权利的,此时委托合同虽意在实现抵押担保功能,但其项下的权利义务关系仍应受委托合同的法律规则之制约。

2. 在委托合同项下,受托人负有遵照委托人指示,本着诚实信用的原则在授权范围内依法善意处理委托事务之法定义务。受托人无视委托人的真实意愿与切身利益,转而根据出借人指令恶意处分委托人财产,即使该处分行为对交易相对方发生效力,受托人仍应就其严重侵害委托人利益的行为承担相应赔偿责任。

原告:周伟均,男,51岁,住上海市杨浦区。

原告:周伟达,男,58岁,住上海市杨浦区。

---

[*] 摘自《最高人民法院公报》2018年第3期。

委托合同纠纷

被告：王煦琼，男，35岁，住上海市长宁区。

原告周伟均、周伟达因与被告王煦琼发生委托合同纠纷，向上海市长宁区人民法院提起诉讼。

原告周伟均、周伟达诉称：2011年11月4日，两原告向案外人孙某某借款，并以两人共有的位于本市杨浦区控江路某房屋（以下简称控江路房屋）作抵押。同时，在孙某某的安排下，两原告与被告王煦琼签订委托合同，全权委托王煦琼负责办理控江路房屋的抵押登记手续、签订买卖合同、领取转让价款、办理产权交易过户登记手续等事宜。该委托书经公证机关公证。后因两原告未按时向孙某某归还欠款，王煦琼在两原告不知情的情况下，按照孙某某的指令，以50万元（人民币，下同）的超低价将控江路房屋出售给案外人薛某某并办理了产权变更登记手续，并将售房款也交给孙某某。两原告认为，被告作为受托人，在两原告不知情的情况下即根据孙某某指定的时间和价格出售控江路房屋，房屋售价不足市场价格的一半。被告的上述行为违反了其作为代理人的义务，致使两原告利益严重受损。两原告故诉至法院，请求判令被告赔偿经济损失30万元。

被告王煦琼辩称：首先，关于出售控江路房屋一事，两原告曾起诉薛某某要求确认买卖合同无效。法院已作出生效判决，认为委托书并未约定王煦琼应在征得两原告同意才能出售控江路房屋。并且，在双方办理委托书公证手续时，《委托书风险声明书》已告知相应风险及法律后果，包括但不限于受托人可能将房屋以低价出售，导致委托人利益受损。其次，关于该房屋售价，在办理过户手续时的纳税价格是80万元，故其市场价格是80万元。在两原告起诉薛某某的案件中，薛某某又自愿补偿两原告30万元，故两原告不存在经济损失。再次，被告将售房款交付给孙某某，是因为委托书中载明其具有领取房款等权限，且两原告与孙某某之间的借款协议亦约定以控江路房屋作为抵押担保，钱款应交付给债权人。委托书与借款协议作为配套手续均进行公证，实践中均系如此操作。两原告的诉请并无事实与法律依据，请求法院予以驳回。

上海市长宁区人民法院一审查明：原告周伟达、周伟均系兄弟关系，控江路房屋原属两人共有。2011年11月4日，周伟均、周伟达及其妻子惠某某作为借款人，与出借人孙某某签订《抵押借款协议书》，载明借款金额45万元（收款以收条为准），期限自2011年11月4日至2012年1月3日止，月息为银行同期贷款利率的四倍，借款人以控江路房屋为该笔借款及利息提供抵押担保。经孙某某介绍，两原告与被告签订《委托书》，约定其全权委托被告代为办理控江路房屋的如下事宜："代为办理上述房地产的抵押登记手续，签订抵押合同，办理相关公证手续；代为办理上述房地产的提前还款或转按揭手续……代为向保险公司办理退保事宜及领取退保费；代为办理上述房地产的看管、出租等相关事宜；代为办理上述房产证的领取、挂失、更改、补办、原始资料调阅及房产证的密码领取、挂失、更改、补办；代为签订上述房地产的买卖合同及撤销买卖合同、领取房地产转让价款，并协助买受方办理按揭贷款及其他相关手续；代为办理向有关房地产交易管理、登记部门办理该房屋的产权交易过户、登记等手续；代为交纳与办理上述事项有关的正当费用和税款……凡受托人在上述权限内所实施的法律行为及所签署的法律文书，委托人均以认可；委托期限自2012年1月4日起至2013年1月3日止；受托人无权转委托；以上内容委托人均予以认可，并愿意承担一切法律责任。"两原告及惠某某另在载有如下内容的《委托书风险声明书》上签名捺指印："对办理系争房屋委托书公证的法律意义及所产生的一切法律后果均已明确知悉，并完全理解，包括但不限于下列告知内容：受托人在委托期限和权限内办理委托事项的法律后果均由我们承担，委托人可能将房屋以低价出售导致我们的相关利益受到损失。"当日，上海市金山公证处就《抵押借款协议》及《委托书》及相关事宜一并办理了公证。

借款到期后，因两原告及惠某某未能归还借款，王煦琼应孙某某要求并根据其决定的价格出售控江路房屋。在上海某房地产经纪事务所的居间下，王煦琼与案外人薛某某于2012年2月2日签订房屋买卖合同，约定转让价款50万元。2012年2月16日，薛某某按照789568元的计税价格支付交易契税23687.04元，并将购房款50万元汇入王煦琼银行账户。同期，王煦琼将其中的45万元汇入孙某某银行账户。同年3月5日，控江路房屋产权过户至薛某某名下。同月10日，薛某某户籍迁入系争房屋。同年9

委托合同纠纷

月,薛某某起诉两原告迁出控江路房屋,后撤回起诉。2013年3月,两原告以房屋买卖合同纠纷为由起诉薛某某及王煦琼,要求确认薛某某与王煦琼签订的房屋买卖合同无效,将系争房屋产权恢复登记到两原告名下。该案审理中,薛某某表示自愿补偿两原告30万元。同年5月21日,本市杨浦区人民法院作出(2013)杨民四(民)初字第562号民事判决,认为薛某某购买控江路房屋系其真实意思表示,购房目的正当,两原告未提供相应证据证明薛某某与王煦琼恶意串通,故判令驳回两原告要求确认该房屋买卖合同无效的诉讼请求;准予薛某某自愿支付两原告30万元。周伟均不服该判决提出上诉。同年9月23日,本市第二中级人民法院作出(2013)沪二中民二(民)终字第1623号民事判决,认定周伟达、周伟均将控江路房屋委托王煦琼出售并收取房款系其真实意思表示,周伟均的上诉请求缺乏依据。若周伟达、周伟均认为受托人未尽到职责给其造成了损失,可另行要求受托人承担相应责任。据此,判决驳回周伟均提出的上诉,维持原判。后两原告提起本案诉讼。

审理中,两原告确认其已收到薛某某支付的30万元。因原告、被告双方对于控江路房屋在出售给薛某某时的市场价格存在争议,原告于2014年2月27日申请对该房屋在2012年2月2日的市场价格进行评估。上海某土地房地产估价有限公司接受法院委托后,于2014年6月30日出具《房地产估价报告》,估价结果为控江路房屋在2012年2月2日的市场价格为总价94.4万元。

本案一审的争议焦点:(1)被告王煦琼是否尽到委托合同项下的义务;(2)原告周伟均、周伟达因房屋被低价出售而导致的损失由何方负担。

上海市长宁区人民法院一审认为:本案原、被告对双方之间的委托合同关系以及合同载明的内容均予以认可,法院予以确认。根据法律规定,委托合同是委托人和受托人约定,由受托人处理委托人事务的合同。受托人在授权范围内依法实施的行为,对外法律后果由委托人承担,故委托合同以委托人与受托人的相互信任为基础。本案中,原、被告在订立委托合同前并不相识,也不存在相互信任的关系。根据被告的辩称,缔结委托协议系应孙某某的要求,其目的是在两原告未能清偿借款时,被告通过出售房屋的方式帮助孙某某实现其债权,该种安排意在实现借款担保的功能。两原告则表示其之所以同意该种安排,是因为其在签订委托合同时相信己方有能力按期偿还借款,且认为被告在出售控江路房屋前会向其告知或以市场价格出售。法院认为,关于借款的担保问题,两原告与孙某某在《抵押借款协议书》中约定以控江路房屋作抵押,故孙某某可在其未收回到期借款的情况下按照法律规定实现其抵押权。而被告并非《抵押借款协议书》的当事人,孙某某也非涉案委托合同的当事人,委托协议双方也未约定任何担保的意思表示。因此,不论本案双方当事人在缔约时各自的主观动机如何,其权利义务关系理应依据委托合同确定,受委托合同的法律规则之调整。

关于被告王煦琼是否违反了委托合同项下的义务。法院认为,被告作为受托人,依法应当按照两原告的指示处理委托事务,向其报告委托事务的处理情况并转交处理委托事务取得的财产。但被告在出售控江路房屋过程中,事先并未以任何方式告知两原告其将出售房屋,事后也未将售房款转交给两原告。在双方并未约定房屋售价的情况下,被告并未试图听取两原告意见,而是在明知孙某某并非委托合同当事人、并不享有以委托人身份发布指示之权利的情况下,仍然按照孙某某的要求,依据两原告的欠款数额确定房屋售价,并将售房款交付给孙某某。委托书虽列明了被告的权限,但应同时注意到委托书在向交易相对人对外昭示受托人行为正当性方面的作用,而不意味着受托人可以无视委托人的真实意愿与切身利益滥用委托人授予的权利。被告作为受托人,仍应本着诚实信用的原则,依法善意处理售房事宜,尽到合理的注意义务。然而,在房屋市场价格存在多种公开、便捷的询价途径情况下,纵观被告出售控江路房屋的过程,其主观上显然具有放任两原告财产利益受损结果发生的间接故意,且该种委托合同项下的主观过错亦不因被告对外法律行为的有效性而受到否定。

关于两原告是否遭受了实际损失。根据评估报告,控江路房屋在2012年2月2日的市场价格为94.4万元,但当日被告仅以50万元的售价签订买卖合同。该次交易虽以789568元的计税价格缴纳契税,但最低计税价格

委托合同纠纷

系税收管理部门为防止征管漏洞而设定的最低交易价格,故不能作为确定涉案房屋市场价格的依据。被告王煦琼的售房行为使得两原告遭受了与市场价格相差44.4万元的经济损失。后虽因两原告的起诉,薛某某自愿补偿30万元,但仍有14.4万元的损失未能填平。对于该部分损失的赔偿责任,根据法律规定,因受托人的故意或者重大过失给委托人造成损失的,委托人可以要求赔偿损失。故被告应在其过错范围内承担赔偿责任。另一方面,两原告通过公证委托书将房屋出售等重大事项均授权被告处分,在明知控江路房屋存在被低价出售风险的情况下,既未采取事先与被告约定房屋出售价格或确定售价的方式等措施防范风险,事后在其未能还款的情况下也未主动了解售房进展或单方解除对被告的委托以控制损失。事实上,就涉案经济损失的防范与控制而言,两原告仅需支付少量的时间及经济成本即可实现,但其却抱有侥幸心理,并采取了放任态度,故其对损失的发生亦有一定过错。基于此,对于两原告遭受的实际损失,法院综合考虑双方当事人各自的过错程度、社会风险防范的经济性原则,根据诚实信用原则和公平原则,酌情将被告应承担的赔偿责任确定为10万元。

据此,为切实维护当事人的合法权益,上海市长宁区人民法院依照《中华人民共和国合同法》第六条①、第一百零七条②、第三百九十六条③、第三百九十九条④、第四百零四条⑤、第四百零六条⑥之规定,于2014年9月4日判决如下:

被告王煦琼于本判决生效之日起10日内赔偿原告周伟均、周伟达人民币10万元。

---

① 参见《中华人民共和国民法典》第七条:"民事主体从事民事活动,应当遵循诚信原则,秉持诚实,恪守承诺。"
② 对应《中华人民共和国民法典》第五百七十七条,内容未作变动。
③ 对应《中华人民共和国民法典》第九百一十九条,内容未作变动。
④ 对应《中华人民共和国民法典》第九百二十二条,内容未作变动。
⑤ 对应《中华人民共和国民法典》第九百二十七条,内容未作变动。
⑥ 对应《中华人民共和国民法典》第九百二十九条:"有偿的委托合同,因受托人的过错造成委托人损失的,委托人可以请求赔偿损失。无偿的委托合同,因受托人的故意或者重大过失造成委托人损失的,委托人可以请求赔偿损失。受托人超越权限造成委托人损失的,应当赔偿损失。"

评估费人民币 4248 元，由原告周伟达、周伟均负担人民币 1298 元，被告王煦琼负担人民币 2950 元。

案件受理费人民币 5800 元，由原告周伟达、周伟均负担人民币 3866.67 元，被告王煦琼负担人民币 1933.33 元。

案件受理费人民币 4300 元，由原告周伟均、周伟达负担。

王煦琼不服一审判决，向上海市第一中级人民法院提起上诉称，双方签订的委托合同并非基于相互信任而建立合同关系，实属周伟均、周伟达与案外人签订的借款合同之配套合同，目的是保证出借人的债权能切实得到实现。周伟均、周伟达对此系明知，其签署的《委托书》《委托书风险声明书》均合法有效。前生效判决也明确了王煦琼经手操作的控江路房屋买卖合法有效。故一审法院认定王煦琼违反委托合同义务理由不足，再依据评估价判令王煦琼补足房屋出售差价也不当。王煦琼请求二审法院改判驳回周伟均、周伟达的起诉请求。

被上诉人周伟均辩称，上诉人王煦琼在出售控江路房屋时未告知周伟均兄弟，且以不合理的超低价出售，明显有过错。双方签订的《委托书》不存在特殊性，王煦琼作为受托人在履行委托事项时未依照委托人指示行事，且具有过错，应当承担责任。要求维持原判。

被上诉人周伟达未到庭应诉。

上海市第一中级人民法院经二审，确认了一审查明的事实。

上海市第一中级人民法院二审认为：案外人孙某某出借钱款给被上诉人周伟均、周伟达时双方签订了《抵押借款协议书》，明确借款人周伟均、周伟达用控江路房屋为借款及利息提供抵押担保，故孙某某的债权完全可以通过抵押权实现得以保障。但孙某某为避免抵押权实现过程中的烦琐与不可控之因，而联络上诉人王煦琼，以王煦琼与周伟均、周伟达签订并公证《委托书》和《委托书风险声明书》的方式，以确保其对抵押物的随意处置。既然债权人会同王煦琼以与债务人建立委托合同的方式保证债权的实现，则王煦琼应当受委托合同法律规范的调整。

《中华人民共和国合同法》就委托合同法律关系规定：受托人应当按照委托人的指示处理委托事务。无偿委托合同，因受托人的故意或者重大

委托合同纠纷

过失给委托人造成损失的，委托人可以要求赔偿损失。本案中，上诉人王煦琼认可在出售控江路房屋时是应了债权人孙某某的要求，而未征询委托人周伟均、周伟达的意见。事实上王煦琼作为受托人在出售该房时也仅注重孙某某的债权实现，完全无视委托人周伟均、周伟达的利益，以超低价进行出售。虽然周伟均、周伟达签署了《委托书》和《委托书风险声明书》，但此也仅是赋予受托人行使权利的范围及表明委托人愿意承担一定的风险；并不能以此为据成为受托人可以有违法律规定、恣意实施严重侵害委托人财产利益的借口。因此，王煦琼作为委托合同的受托人，过错显见。周伟均、周伟达据此要求王煦琼承担相应的赔偿责任，有一定的依据与理由。即使在前已审结的房屋买卖合同案中，房屋买受人自愿补偿了周伟均、周伟达30万元，但并不因此而应当免除王煦琼的过错责任。原审法院考虑到周伟均、周伟达在本次事件中自身不守信、防范风险意识缺失的过错，也充分考虑了房屋买受人已自愿补偿部分房款的事实，判令王煦琼按评估价酌情赔偿周伟均、周伟达经济损失，于法无悖，无明显不当。王煦琼的上诉请求，理由不充分，难予支持。

综上，上海市第一中级人民法院根据《中华人民共和国民事诉讼法》第一百七十条第一款第一项之规定，于2015年1月29日判决：

驳回上诉，维持原判。

上诉案件受理费人民币5800元，由上诉人王煦琼负担。

本判决为终审判决。

119. 厦门源昌房地产开发有限公司与海南悦信集团有限公司委托合同纠纷案

在法定抵销权已经有效成立的情况下，如抵销权的行使不存在不合理迟延之情形，综合实体公平及抵销权的担保功能等因素，人民法院应认可抵销的效力

【裁判摘要】

双方债务均已到期属于法定抵销权形成的积极条件之一。该条件不仅意味着双方债务均已届至履行期，同时还要求双方债务各自从履行期届至到诉讼时效期间届满的时间段，应当存在重合的部分。在上述时间段的重合部分，双方债权均处于没有时效等抗辩的可履行状态，"双方债务均已到期"之条件即为成就，即使此后抵销权行使之时主动债权已经超过诉讼时效，亦不影响该条件的成立。

因被动债权诉讼时效的抗辩可由当事人自主放弃，故在审查抵销权形成的积极条件时，当重点考察主动债权的诉讼时效，即主动债权的诉讼时效届满之前，被动债权进入履行期的，当认为满足双方债务均已到期之条件；反之则不得认定该条件已经成就。

* 摘自《最高人民法院公报》2019年第4期。

委托合同纠纷

> 抵销权的行使不同于抵销权的形成。作为形成权，抵销权的行使不受诉讼时效的限制。我国法律并未对法定抵销权的行使设置除斥期间。在法定抵销权已经有效成立的情况下，如抵销权的行使不存在不合理迟延之情形，综合实体公平及抵销权的担保功能等因素，人民法院应认可抵销的效力。

最高人民法院民事判决书

（2018）最高法民再 51 号

再审申请人（一审原告、二审上诉人）：厦门源昌房地产开发有限公司。住所地：福建省厦门市思明区湖滨南路 253 号 38 层 A 单元。

法定代表人：侯朝阳，该公司执行董事。

委托诉讼代理人：杨少勇，福建联合信实律师事务所律师。

委托诉讼代理人：陈宣文，福建联合信实律师事务所律师。

被申请人（一审被告、二审上诉人）：海南悦信集团有限公司。住所地：海南省海口市秀英区海港路 20 号。

法定代表人：洪劲松，该公司董事长。

委托诉讼代理人：杨嘉文，福建伟盛律师事务所律师。

委托诉讼代理人：付晓柳婷，北京市中银律师事务所律师。

再审申请人厦门源昌房地产开发有限公司（以下简称源昌公司）因与被申请人海南悦信集团有限公司（以下简称悦信公司）委托合同纠纷一案，不服海南省高级人民法院（以下简称海南高院）（2017）琼民终 2 号民事判决（以下简称原判决），向本院申请再审。本院于 2017 年 12 月 27 日作出（2017）最高法民申 3368 号民事裁定，提审本案。本院依法组成合议庭，于 2018 年 3 月 26 日公开开庭审理了本案。源昌公司的委托诉讼代理人杨少勇、陈宣文，悦信公司的委托诉讼代理人杨嘉文、付晓柳婷到庭参加诉讼。本案现已审理终结。

源昌公司申请再审称：原判决符合《中华人民共和国民事诉讼法》（以下简称《民事诉讼法》）第二百条第六项规定的情形，请求：（1）撤销原判决，改判确认源昌公司对悦信公司享有 3400 万元及违约金的债权，并确认其中 2000 万元债权与悦信公司对源昌公司的 2000 万元的债权已抵销；（2）由悦信公司承担本案全部诉讼费用。事实和理由：（1）原判决认定源昌公司起诉超过诉讼时效错误。第一，原判决将确认之诉偷换概念为给付之诉，说理与判决主文自相矛盾。源昌公司诉请确认悦信公司因违反其出具的《承诺函》构成违约，并因此请求解除双方办理厦门市"源昌山庄"项目南闽字第 2726A 号地块开发所需部队手续的委托和 2005 年 11 月 18 日签订的《承诺函》；确认源昌公司对悦信公司享有 3400 万元及违约金的债权；确认源昌公司有权将上述债权中的一部分用于等额抵销双方的金钱债权。源昌公司并未请求判令悦信公司返还 2000 万元委托费用。因此，源昌公司请求确认其对悦信公司享有债权并已经部分抵销不受诉讼时效的约束。原判决在认可源昌公司享有 2000 万元及违约金债权的情况下，以源昌公司未在两年的诉讼时效期间内主张债权为由驳回源昌公司的诉讼请求错误。第二，原判决认定返还委托费用诉讼时效起算点为 2006 年 2 月 18 日错误。源昌公司与悦信公司在 2005 年 11 月 18 日至 2011 年 11 月 29 日长达六年多的时间内彼此未主张各自的债权并非怠于行使权利，而是源昌公司认为其与悦信公司之间的债权已经抵销，源昌公司并非知道或者应当知道权利被侵害而怠于行使权利。直到 2014 年 6 月 26 日悦信公司起诉源昌公司，源昌公司才知道自己权利受到侵害。源昌公司虽未主张返还委托费用，但根据《中华人民共和国民法通则》（以下简称《民法通则》）第一百三十七条"诉讼时效期间从知道或者应当知道权利被侵害时起计算"的规定，本案的诉讼时效应当从源昌公司收到企业借贷纠纷案的起诉状时开始起算。第三，原判决认定源昌公司的起诉超过诉讼时效违背诉讼时效制度的立法原意。本案并不存在源昌公司在知道权利受到侵害后怠于行使

委托合同纠纷

权利的客观事实,而且在悦信公司起诉源昌公司企业借贷纠纷案前,源昌公司就积极地通过答辩、发函、反诉的方式行使抵销权,这也印证了源昌公司并非怠于行使权利。第四,企业借贷纠纷案和委托合同纠纷案对诉讼时效的审判尺度偏差严重。企业借贷纠纷案中,悦信公司享有的债权被从宽认定为没有超过诉讼时效而被保护;委托合同纠纷案中,源昌公司享有的债权却被从严认定为超过诉讼时效而被驳回。(2)原判决认定源昌公司与悦信公司之间的债务未抵销错误。第一,抵销权的行使不受时间限制,原判决以源昌公司未举证在公司盈余分配纠纷案之前曾向悦信公司发出债务抵销的通知为由认定抵销不成立错误。第二,原判决以悦信公司对源昌公司享有的债权在企业借贷纠纷案判决前不确定、债权数额不明确为由认定抵销不成立错误。在企业借贷纠纷案中,源昌公司从未否认负有悦信公司2000万元的债务,只是主张该笔债务已经与悦信公司应退源昌公司的委托费用抵销。所以,不存在悦信公司对源昌公司享有的债权不确定的客观事实。此外,源昌公司在悦信公司于2011年起诉公司盈余分配纠纷案答辩时,就已经通知悦信公司双方之间的债务已经抵销。第三,原判决故意忽略《承诺函》中源昌公司有权选择与悦信公司进行债务抵销的约定。悦信公司在《承诺函》中明确承诺于2006年1月28日之前完成委托事项,否则将于2006年2月18日前将全部委托费用2000万元全额退还源昌公司及侯昌财,逾期退还的,则由侯昌财选择其他方式处置。悦信公司未完成委托事项,应当向源昌公司退还委托费用2000万元。源昌公司可选择将其对悦信公司享有的该笔2000万元委托费用债权,与其对悦信公司负有的泉州东海滩涂整理项目剩余投资款2000万元的债务抵销。综上,源昌公司与悦信公司互负债务,源昌公司除2014年12月31日发函明确抵销的意思表示外,亦在2011年公司盈余分配纠纷案、2014年企业借贷纠纷案及本案中,多次通知悦信公司双方的债务已经抵销。依据《中华人民共和国合同法》(以下简称《合同法》)第九十九条的规定,双方债务已经抵销。本案一审、二审法院认定源昌公司主张债务抵销不成立,显然违反法律规定。

悦信公司辩称:(1)《承诺函》不是单方承诺,系双方合意的表示,是一份协议。《承诺函》的见证人落款处出现了源昌公司法定代表人侯昌财的签字，侯昌财同时也是悦信公司的承诺对象，其作为权利人的签字虽然落款于"见证人"处，但仍然代表合意一方当事人，即同意《承诺函》之内容，知悉权利被侵害日的起算点。（2）源昌公司关于抵销的诉请依法不能成立。《合同法》第九十九条对于超过诉讼时效的债权是否可以行使法定抵销权未作规定。悦信公司认为债权人对超过诉讼时效的债权不能行使抵销权。首先，对超过诉讼时效的债权行使抵销权，将导致诉讼时效制度被架空。其次，允许超过诉讼时效债权行使抵销权无异于强迫他人履行自然债务。再次，抵销权的行使应在时效内以通知的方式进行。最后，《最高人民法院关于审理民事案件适用诉讼时效制度若干问题的规定》第十三条规定："下列事项之一，人民法院应当认定与提起诉讼具有同等时效中断的效力：……（八）在诉讼中主张抵销……"可见，诉讼中主张抵销仅产生时效中断的效果，而非当然产生债务抵销的效果。按照《承诺函》的约定，2006年2月18日是明确的权利侵害点，根据法律规定即从2006年2月18日起至2008年2月18日止满2年诉讼时效期间。债权人自力主张还钱、通过诉讼主张还钱或通知债务抵销，都须在诉讼时效期间内行使才可以得到法律上的支持。源昌公司在诉讼时效期间届满后临时提出债务抵销，依法不能成立。且悦信公司在两个诉讼中对源昌公司提出的债务抵销多次提出异议，源昌公司的债务抵销无法成立。（3）源昌公司一审诉讼请求试图以确认之诉绕开给付之诉的诉讼时效困境，其变相请求法院支持已过诉讼时效债权的做法不应得到支持。（4）合同解除权的行使期间是除斥期间，源昌公司诉请合同解除超过法定期间，不应得到法院支持。综上，悦信公司认为源昌公司主张的确认债权请求超过诉讼时效期间不应得到支持；主张债务抵销，因其债权为自然债权不得通过法院支持发生抵销效果；主张的合同解除请求已过法定除斥期间，亦不应得到支持。此外，源昌公司再审申请中请求确认2000万元的委托费用债权与悦信公司对源昌公司享有的2000万元债权已经抵销，超出一审诉讼请求，应当另行起诉。

源昌公司一审诉讼请求：（1）确认悦信公司未按其出具的承诺函在2006年1月28日之前以"厦门龙祥房地产开发有限公司"（以下简称龙祥

委托合同纠纷

公司）的名义取得南京军区联勤部批转中国人民解放军总后勤部（2003）后营字第339号文的全部手续及文件（原件）转交给源昌公司构成违约；（2）解除源昌公司、悦信公司之间的办理厦门市"源昌山庄"项目南闽字第2726A号地块开发所需部队手续的委托和2005年11月18日签订的《承诺函》；（3）确认源昌公司对悦信公司享有3400万元及违约金（其中2000万元从2005年4月13日起，1000万元从2005年4月14日起，400万元从2005年4月18日起，均按银行同期贷款利率4倍计算）的债权；（4）确认源昌公司有权将上述债权中的一部分用于等额抵销原悦信公司之间的金钱债权债务；（5）悦信公司承担本案全部诉讼费用。

海南省海口市中级人民法院（以下简称海口中院）一审查明：2005年11月18日，悦信公司以承诺人的名义向源昌公司和侯昌财出具《承诺函》，主要内容为：本人于2005年4月1日受贵司及阁下委托，负责办理厦门市"源昌山庄"项目南闽字第2726A号地块开发所需的部队手续〔具体委托事项为：本人应负责以委托人的名义向南京军区申办南京军区联勤部批转中国人民解放军总后勤部（2003）后营字第339号文的手续及文件（原件）并转交给贵司为止，以此办理上述委托事宜，委托人应支付其费用共计3000万元及两部奔驰牌小轿车〕；本人确认截至2005年4月13日，已经陆续收到贵司及阁下支付的委托费用2000万元；本人承诺于2006年1月28日之前完成委托事项，如不能在2006年1月28日之前完成委托事项的，本人将于2006年2月18日前将全部委托费用2000万元全额退还源昌公司及侯昌财，逾期退还的，则由侯昌财先生择选其他处置方式。该《承诺函》落款上列明的承诺人为悦信公司，但未加盖悦信公司的公章，洪劲松及见证人侯昌财、黄金城、黄亚三（由黄金城代签）在该函上签字。2014年12月31日，源昌公司向悦信公司发《关于再次通知2000万元债权债务互相抵销的函》，称其将相关款项支付给悦信公司后，因悦信公司未完成委托事项又未另外退还委托费用，要求其对悦信公司享有的2000万元债权与悦信公司对其享有的2000万元款项相互抵销，抵销后，其对悦信公司不再负有债务。悦信公司否认收到该函。因悦信公司未偿还相关款项，源昌公司于2015年4月22日向厦门市中级人民法院提起本案诉讼,该院受理后,悦信公司提出管辖权异议,2015年7月15日,该院作出(2015)厦民初字第893号民事裁定书,裁定驳回悦信公司对本案提出的管辖权异议。悦信公司不服该裁定上诉至福建省高级人民法院(以下简称福建高院),福建高院于2015年12月4日作出(2015)闽民终字第1962号民事裁定书,裁定将本案移送海口中院处理。

另查:侯昌财向悦信公司支付505万元(其中:2005年4月11日付200万元;2005年4月13日分别付125万元、180万元);2005年4月14日,明发集团有限公司(以下简称明发公司)向悦信公司支付1000万元;2005年4月18日,厦门源昌城建集团有限公司(原名称为福建省源昌工程建设有限公司,以下简称源昌城建公司)向悦信公司支付400万元;以上款项共计1905万元,用途均注明为"往来款"。源昌公司向该院提交的侯昌财、明发公司、源昌城建公司出具的汇款说明,均称相关款项系代源昌公司支付。

又查:2005年,源昌公司与悦信公司协商投资合作事宜,2005年8月15日,悦信公司向源昌公司账户汇入投资款2800万元,后源昌公司于2005年10月26日退还悦信公司投资款800万元。2011年11月29日,悦信公司以其汇到源昌公司账上的2000万元系投资入股源昌公司的投资款为由,向福建高院起诉,请求判令源昌公司向悦信公司支付未分配投资权益款151402484元。2012年6月16日,福建高院作出(2012)闽民初字第1号民事判决书,认为悦信公司主张2005年曾投资2000万元于源昌公司,缺乏事实依据,判决驳回了悦信公司的诉讼请求。2012年8月15日,悦信公司因不服该判决提起上诉,后在二审审理期间申请撤回上诉。2012年12月13日,最高人民法院作出(2012)民二终字第119号民事裁定书,准许悦信公司撤回上诉。2013年,悦信公司对(2012)闽民初字第1号民事判决书申请再审,最高人民法院于2013年11月20日作出(2013)民申字第1374号民事裁定书,裁定:驳回悦信公司的再审申请。2014年6月26日,悦信公司向海口中院提起诉讼(案由:企业借贷纠纷),请求源昌公司返还2000万元款项及利息。2014年12月26日,源昌公司提起反诉,请求:(1)确认源昌公司根据悦信公司出具的《承诺函》享有债权;(2)确认

委托合同纠纷

源昌公司有权根据法律规定及悦信公司出具的《承诺函》的约定将源昌公司的债权与债务抵销;(3)确认源昌公司与悦信公司的债权债务已互相抵销;(4)悦信公司承担全部诉讼费用。该院于2015年1月8日作出(2014)海中法民二初字第64-1号民事裁定书,认为源昌公司提起的反诉系委托合同纠纷,而悦信公司提起的本诉系借款合同纠纷,二者并非同一法律关系,亦非基于同一法律事实,遂裁定:对源昌公司的反诉,不予受理。源昌公司不服该裁定,提起上诉,海南高院于2015年4月3日作出(2015)琼立一终字第94号民事裁定书,裁定:驳回上诉,维持原裁定。之后,该院于2015年12月29日作出判决:(1)源昌公司向悦信公司支付2000万元及利息(利息计算方法:以2000万元为本金,以年利率7%为标准,自2011年11月29日起计算至该判决限定履行之日止);(2)驳回悦信公司的其他诉讼请求。源昌公司不服该判决,上诉至海南高院,2016年7月26日,海南高院作出判决:驳回上诉,维持原判。

海口中院一审认为:本案源昌公司与悦信公司的争议焦点:(1)悦信公司是否为本案的适格被告;(2)悦信公司是否违约,本案合同是否应予解除;(3)源昌公司对悦信公司是否享有3400万元及违约金债权;(4)本案中源昌公司对悦信公司是否享有抵销权;(5)本案是否超出诉讼时效。

1. 关于悦信公司是否为本案的适格被告的问题。侯昌财、明发公司、源昌城建公司代源昌公司向悦信公司支付1905万元之后,悦信公司的法定代表人洪劲松以悦信公司的名义向源昌公司和侯昌财出具《承诺函》,并明确承诺人在该函中的权利义务,此系公司法定代表人以法人名义从事经营活动,其行为后果应由法人承担,因此,该《承诺函》上的"本人"即承诺人应为悦信公司,故悦信公司系本案的适格被告。悦信公司关于《承诺函》主体为洪劲松个人,且福建高院(2012)闽民初字第1号民事判决书第8页已明确认定涉及"洪劲松"个人,源昌公司不可能对悦信公司享有债权的辩解意见,与事实不符,不予采纳。

2. 关于悦信公司是否违约,本案合同是否应予解除的问题。本案源昌公司向悦信公司预付委托费后,悦信公司以承诺人的名义向源昌公司出具了《承诺函》,源昌公司已接受,故该函对双方当事人发生法律效力,双方之间成立委托合同法律关系。悦信公司在该函中承诺其于2005年4月1日受源昌公司委托，办理厦门市"源昌山庄"项目南闽字第2726A号地块开发所需的部队手续，并于2006年1月28日前将相关手续及文件（原件）一并转交给源昌公司。但悦信公司未在承诺期限届满前将相关文件手续及文件原件交给源昌公司，也未于2006年2月18日前将全部委托费用全额退还源昌公司及侯昌财，故悦信公司的延迟履行合同行为致合同目的不能实现，已构成根本违约，根据《合同法》第九十四条第四项规定，源昌公司据此主张解除其与悦信公司之间的办理厦门市"源昌山庄"项目南闽字第2726A号地块开发所需部队手续的委托和主张解除双方于2005年11月18日签订的《承诺函》，有事实和法律依据，予以支持。悦信公司提出案涉龙祥公司的开发"源昌山庄"项目已于2011年开工，目前已取得预售许可证，洪劲松主要义务已于2006年前完成，此亦为源昌公司自2006年2月28日后一直未要求洪劲松返还款项的根本原因，源昌公司在悦信公司提起诉讼后提起本案诉讼，试图逃避其债务，有悖基本公平及诚信的辩解理由，因诉讼中未能提供充分的证据证明其已完成委托事务，对其上述辩解，该院不予采信。

3. 关于源昌公司对悦信公司是否享有3400万元及违约金债权的问题。关于3400万元债权，源昌公司向该院提交的侯昌财、明发公司、源昌城建公司出具的汇款说明及相关银行汇款凭证显示，2005年4月11日至5月18日源昌公司共向悦信公司支付1905万元。而悦信公司于2005年11月18日在《承诺函》中承诺其若未能于2006年1月28日前将相关文件手续及文件原件交给源昌公司，应于2006年2月18日前将全部委托费用2000万元全额退还源昌公司。对源昌公司关于其对悦信公司是否享有3400万元债权的主张，因悦信公司未予全部认可，仅认可其中的1905万元，且源昌公司未能提交其向悦信公司支付3400万元的全部证据，因此，该院认定源昌公司对悦信公司享有2000万元债权。对超出部分的债权，该院不予支持。关于违约金，如前所述，悦信公司未在承诺期限届满前将相关文件手续及文件原件交给源昌公司，也未于2006年2月18日前将全部委托费用全额退还源昌公司及侯昌财的行为构成违约，故应承担相应的违约责任。

委托合同纠纷

源昌公司主张的违约金债权,其中2000万元从2005年4月13日起,1000万元从2005年4月14日起,400万元从2005年4月18日起,均按银行同期贷款利率4倍计算的债权。对此,该院认为,虽然悦信公司于2005年11月18日在《承诺函》中承诺其若未能于2006年1月28日前将相关文件手续及文件原件交给源昌公司,应于2006年2月18日前将全部委托费用2000万元全额退还源昌公司,但源昌公司一直认为其对悦信公司享有2000万元债权与悦信公司对源昌公司享有2000万元已相互抵销,从而未向悦信公司主张返还。因悦信公司就其对源昌公司享有2000万元借款债权另案起诉后,源昌公司才向该院主张权利,故对违约金的计算,应自源昌公司主张权利之日起算,即2014年12月26日,源昌公司向该院提起该案反诉的时间计算。违约金计算方法:以2000万元为本金,自2014年12月26日起至款项付清之日止,按中国人民银行规定的同期一年期贷款利率标准上浮30%计算。对超出部分的违约金,该院不予支持。悦信公司关于《承诺函》主体为洪劲松个人,源昌公司不可能对悦信公司享有3400万元及违约金债权的部分辩解理由不成立,该院不予采纳。

4. 关于本案中源昌公司是否享有抵销权的问题。本案为委托合同纠纷,源昌公司在本案请求确认其对悦信公司享有债权,与悦信公司对源昌公司享有的借款债权因不属于同一法律关系,且悦信公司对源昌公司享有的借款债权已另案审理,故对源昌公司提出本案所涉债权的一部分用于抵偿其对悦信公司债务的主张,该院不作处理,其可在执行中主张抵销。

5. 本案是否超出诉讼时效的问题。双方互负2000万元债务达数年之久,源昌公司一直认为其负悦信公司的债务与悦信公司负其债务已互相抵销,从而未向悦信公司主张权利。因悦信公司就其对源昌公司享有2000万元借款债权于2014年6月26日另案起诉后,源昌公司才知道其权利被侵害,故本案诉讼时效应从源昌公司收到该案起诉状的时间计算,源昌公司于2015年4月22日向厦门市中级人民法院提起本案诉讼,未超过法律规定的两年诉讼时效。悦信公司关于《承诺函》确定最后还款期限为2006年2月28日,2011年悦信公司对源昌公司提起诉讼后,源昌公司违背诚信及基本公平原则向悦信公司主张债权,距2006年已经5年时间,早已超出诉讼时效的辩解理由不成立，该院不予采纳。

综上，依照《民法通则》①第一百三十五条、第一百三十七条，《合同法》第九十四条第四项②、第九十九条第一款③、第一百零七条④、第三百九十六条⑤，《民事诉讼法》第六十四条第一款之规定，判决：解除源昌公司、悦信公司之间的办理厦门市"源昌山庄"项目南闽字第2726A号地块开发所需部队手续的委托和2005年11月18日双方签订的《承诺函》；确认源昌公司对悦信公司享有2000万元及违约金（以2000万元为本金，自2014年12月26日起至款项付清之日止，按中国人民银行规定的同期一年期贷款利率标准上浮30%计算）的债权；驳回源昌公司的其他诉讼请求。案件受理费261800元，由源昌公司负担96866元，悦信公司负担164934元。

源昌公司不服一审判决，上诉至海南高院，请求：（1）改判一审判决第二项，确认源昌公司对悦信公司享有3400万元及违约金（其中2000万元从2005年4月13日起，1000万元从2005年4月14日起，400万元从2005年4月18日起，均按银行同期贷款利率的4倍计算）的债权；（2）判令悦信公司承担本案全部诉讼费用。事实和理由：（1）源昌公司对悦信公司享有3400万元的债权及违约金一审法院仅认定源昌公司对悦信公司享有2000万元的债权及违约金，认定事实错误。悦信公司在《承诺函》中确认：截至2005年4月13日，已陆续收到委托费用2000万元。2005年4月13日后，源昌公司、明发公司和源昌城建公司汇款1400万元给悦信公司。故该1400万元不包含在已经确认的2000万元款项内。《承诺函》同时写明的"以此办理上述委托事宜，委托人应支付其费用共计人民币叁仟万元整及两部奔驰牌小轿车"亦能与源昌公司对悦信公司享有3400万元债权

---

① 《中华人民共和国民法通则》已于2021年1月1日废止。
② 对应《中华人民共和国民法典》第五百六十三条第一款第四项，内容未作变动。
③ 对应《中华人民共和国民法典》第五百六十八条第一款："非因合同产生的债权债务关系，适用有关该债权债务关系的法律规定；没有规定的，适用本编通则的有关规定，但是根据其性质不能适用的除外。"
④ 对应《中华人民共和国民法典》第五百七十七条，内容未作变动。
⑤ 对应《中华人民共和国民法典》第九百一十九条，内容未作变动。

委托合同纠纷

相互印证。既然一审法院不同意源昌公司撤回涉及该1400万元款项诉讼请求的申请,就本金部分,就应认定源昌公司对悦信公司享有3400万元的债权,而不能仅认定源昌公司对悦信公司享有2000万元的债权。一审判决对此认定事实错误,二审法院应当予以纠正。(2)一审法院对源昌公司享有的违约金债权的起算时间认定错误,利率标准明显过低。因悦信公司否认债权债务对抵,一审法院认定违约金从源昌公司主张权利之日起算,起算时间认定错误;利率标准按中国人民银行规定的同期一年期贷款利率标准上浮30%计算,明显过低。如前所述,源昌公司享有的违约金债权应按3400万元计算,从《承诺函》确认收到款项之日和款项汇出之日起,即其中2000万元从2005年4月13日起,1000万元从2005年4月14日起,400万元从2005年4月18日起,均按银行同期贷款利率的4倍计算。

悦信公司辩称:(1)源昌公司对悦信公司不享有任何金额的债权。①一审认定本案为委托合同纠纷,源昌公司在本案请求确认其对悦信公司享有债权,与悦信公司对源昌公司享有的借款债权因不属于同一法律关系。即源昌公司主张的抵销权不符合法律规定。②根据《合同法》第九十九条的规定,债务抵销必须是"互负确定到期债务""种类品质相同""发出抵销通知"。海南高院生效的(2016)琼民终154号民事判决书已经认定"源昌公司未举证证明其在悦信公司起诉主张盈余分配前曾向悦信公司发出债务抵销通知",即本案不发生债务抵销的法律效力。③一审判决以源昌公司"主观自认为"的"非法抵销权",中断诉讼时效明显错误,源昌公司对悦信公司不享有任何金额债权。第一,一审判决已认定源昌公司自认为的抵销权不符合法律规定。第二,源昌公司并未作出抵销的具体行为,而是一种自述的单方"主观意识"。第三,一审判决在海南高院生效判决确认上述事实基础上,又以源昌公司认为有抵销权为由中断时效,明显错误。二、源昌公司对悦信公司根本不享有债权且主体错误,主张3400万元更是恶意虚假诉讼。首先,案涉《承诺函》为"洪劲松个人"于2005年11月18日签订,最终目的是龙祥公司开发"源昌山庄"项目。该项目已于2011年开工且目前已取得预售许可证,洪劲松主要义务早已完成,此亦为源昌公司自2006年2月18日后一直未要求洪劲松返还款项的根本原因。源昌公司对悦信公司主张债权，不但主体错误，且事实上根本不可能享有债权。第二，因源昌公司委托洪劲松个人办理"源昌山庄"项目土地手续，源昌公司通过侯昌财、源昌城建公司、明发公司共汇给悦信公司1905万元，根本不存在源昌公司诉讼请求中所述的3400万元。源昌公司在福建高院审理的（2012）闽民初字第1号案及海口中院审理的（2014）海中法民二初字第64号案中，一直主张实际汇出款项为1905万元，现源昌公司不顾基本事实及此前的多次陈述事实，在本案中主张3400万元，系有违基本诚信的虚假诉讼。综上，本案是源昌公司为逃避债务而提起的虚假诉讼，源昌公司对悦信公司根本不享有债权，其上诉请求明显无法成立。

悦信公司上诉请求：（1）依法撤销一审判决第一项、第二项，改判驳回源昌公司所有诉讼请求；（2）本案一审、二审诉讼费用由源昌公司承担。事实和理由：（1）源昌公司提起本案诉讼早已超出诉讼时效，一审认定事实明显错误。第一，一审判决已认定《承诺函》明确约定了案涉2000万元返还时间（即使应当返还）为2006年2月18日，对此，源昌公司明显知晓。第二，悦信公司2011年提起诉讼前，源昌公司从未作出"抵销"的意思表示和具体行为，所谓"抵销"仅仅是悦信公司提起诉讼后源昌公司的单方陈述，一审判决在无"抵销证据"情况下，不得不只能认定源昌公司"一直认为"，而无具体行为和客观证据。首先，《承诺函》中并没有任何债务抵销的意思表示。其次，2006年《承诺函》签署后至悦信公司2011年提起诉讼前长达5年时间，源昌公司也从未作出债务抵销的意思表示。对此，海南高院生效的（2016）琼民终154号民事判决书已经认定"悦信公司提起本案诉讼后，源昌公司于2014年12月31日出具《关于再次通知2000万元债权债务相互抵销的函》""源昌公司未举证证明其在悦信公司起诉主张盈余分配前曾向悦信公司发出债务抵销通知"。第三，一审判决认定以2014年6月26日作为诉讼时效起算点明显错误且有悖常理。《承诺函》中2006年2月18日的诉讼时效起算点是客观的，是双方均明知的。双方是否互负债务，仅是源昌公司单方陈述，悦信公司从未认可；对于双方债务抵销，更一直是源昌公司单方"主观意识"而从未向悦信公司

委托合同纠纷

作出任何具体行为或意思表示,悦信公司也一直坚决不予认可。(2)源昌公司从未向悦信公司主张债权,本案已超出诉讼时效,实质原因是源昌公司对悦信公司根本不享有债权(悦信公司作为被告主体不适格)。源昌公司提起本案诉讼的主要证据为2005年11月18日洪劲松个人签订的《承诺函》,该《承诺函》中洪劲松义务的最终目的是龙祥公司开发"源昌山庄"项目。该项目已于2011年开工且目前已取得预售许可证,洪劲松主要义务早已完成,此亦为源昌公司自2006年2月18日后一直未要求洪劲松返还款项的根本原因。源昌公司主张债权,不但主体错误,且事实上根本不可能享有债权。2011年悦信公司对源昌公司主张2000万元的利润分配,在法院认定该款项不是投资款后,悦信公司再次以借款纠纷为由提起诉讼,源昌公司为逃避该2000万元债务而主张其对悦信公司享有2000万元债权,在悦信公司主张2000万元本金及1000余万元利息后,源昌公司又主张对悦信公司享有债权金额为3400万元。上述内容充分证明,源昌公司提起本案诉讼并违背诚信、自相矛盾的调整诉请金额,完全是为了逃避对悦信公司债务,而非真的对悦信公司享有债权,主观恶意明显。(3)源昌公司违背基本事实及诚信,虚假诉讼的事实明显。因源昌公司委托洪劲松个人办理"源昌山庄"项目土地手续,源昌公司通过侯昌财、源昌城建公司、明发公司共汇给悦信公司1905万元,根本不存在源昌公司诉讼请求中所述的3400万元。源昌公司在(2012)闽民初字第1号案及(2014)海中法民二初字第64号案中,一直主张实际汇出款项为1905万元,现在本案中主张3400万元,系有违基本诚信的虚假诉讼。

源昌公司辩称:本案没有超过诉讼时效。(1)源昌公司一审的诉讼请求是解除合同,在本案中没有诉讼时效。(2)抵销的前提是互负金钱债务,悦信公司、源昌公司的实际控制人是结拜兄弟,之前他们一直商谈抵销之后的补偿事宜。(3)此前的判决悦信公司认为本案的债权不明确,源昌公司不清楚债权。源昌公司在悦信公司提起分配利润的诉讼时才知道悦信公司否认本案债权抵销,诉讼中即明确提出抵销。所以源昌公司认为抵销的起算时间应该在知道权利被侵害之日起计算,本案没有超过诉讼时效。(4)洪劲松没有履行原来承诺的义务,双方实际控制人在对原来的一些事项进行结算是对后续款项结算问题。从汇款的时间点和悦信公司出具的《承诺函》来看，诉争标的是3400万元，2000万元悦信公司已经确认，剩下的1400万元是在《承诺函》出具后汇款的。（5）源昌公司认为出具《承诺函》是悦信公司的行为，是洪劲松作为悦信公司的法定代表人出具的《承诺函》，所有款项是汇入悦信公司账户。从汇款的时间点等来看诉争标的应是3400万元，应该支持源昌公司的诉求。

二审另查明，2012年3月12日，源昌公司在（2012）闽民初字第1号案审理过程中，向法院提交的证据材料清单中证据10-13的证明对象一栏写明，源昌公司通过侯昌财、源昌城建公司、明发公司等账户汇款合计1905万元给悦信公司，连同源昌公司支付悦信公司的其他款项，悦信公司后来补签《承诺函》确认：陆续收到了源昌公司关于"源昌山庄"项目的委托费用2000万元。2014年12月16日，源昌公司在（2014）海中法民二初字第64号案审理过程中，向法院提交的证据材料清单中证据7-10的证明对象一栏写明，源昌公司通过侯昌财、源昌城建公司、明发公司等账户汇款合计1905万元给悦信公司，连同源昌公司支付悦信公司的其他款项，合计共支付2000万元，源昌公司对悦信公司享有2000万元债权。

除上述事实外，二审查明的其他事实与一审判决查明事实一致。

海南高院二审认为，本案二审争议的焦点问题：（1）源昌公司对悦信公司是否享有债权，债权金额是多少？（2）源昌公司提起本案诉讼是否超过诉讼时效？

1. 关于源昌公司对悦信公司是否享有债权，债权金额是多少的问题。源昌公司上诉主张其对悦信公司享有3400万元的债权，悦信公司抗辩称源昌公司实际汇款为1905万元。该院认为，本案中源昌公司就其主张提供的银行转账凭证及汇款说明均显示，悦信公司于2005年4月11日至5月18日收到了源昌公司支付的1905万元。在款项汇出之后的2005年11月18日，悦信公司在《承诺函》中确认，其已陆续收到委托费用2000万元，并在第二点承诺事项中承诺，如果不能在2006年1月28日完成委托事项，则承诺于2006年2月18日前将已收取的委托费用2000万元退还给源昌公司及侯昌财。源昌公司亦在（2012）闽民初字第1号案及（2014）海中法

委托合同纠纷

民二初字第64号案诉讼过程中向法院提交的证据目录中表示，源昌公司通过侯昌财、源昌城建公司、明发公司等账户汇款合计1905万元给悦信公司，连同源昌公司支付悦信公司的其他款项，合计共支付2000万元。悦信公司在收到源昌公司支付的2000万元委托费用后，没有完成《承诺函》约定的委托事项，也没有依据《承诺函》的约定于2006年2月18日前将2000万元委托费用退还给源昌公司，一审判决据此认定源昌公司对悦信公司享有2000万元的债权有事实和法律依据。源昌公司主张其已向悦信公司支付了3400万元，但其并未提供实际支付3400万元的全部证据，悦信公司亦未能提供相反证据推翻《承诺函》中载明的其已收到2000万元的事实，故对源昌公司、悦信公司的此项上诉主张，该院均不予支持。此外，《承诺函》中落款的承诺人为悦信公司，悦信公司的法定代表人洪劲松在该函中签字，从双方当事人提供的证据材料来看，案涉款项均是支付至悦信公司，一审判决认定悦信公司为本案的适格被告，并无不当。悦信公司关于源昌公司向其主张债权属主体错误的上诉主张不能成立，不予支持。

2. 关于源昌公司提起本案诉讼是否超过诉讼时效的问题。悦信公司上诉主张源昌公司提起本案诉讼已经超过诉讼时效，源昌公司抗辩其诉请解除合同没有诉讼时效，且源昌公司一直认为本案的2000万元债权已与悦信公司对源昌公司享有的另一笔2000万元债权相互抵销，在悦信公司提起分配利润的诉讼时才知道悦信公司否认本案债权已抵销，本案诉讼时效应自悦信公司提起分配利润的诉讼之日起计算，本案没有超过诉讼时效。对此，该院认为，《合同法》第九十九条规定："当事人互负到期债务，该债务的标的物种类、品质相同的，任何一方可以将自己的债务与对方的债务抵销，但依照法律规定或者按照合同性质不得抵销的除外。当事人主张抵销的，应当通知对方。通知自到达对方时生效。抵销不得附条件或者附期限。"据此，抵销是处分债权的行为，应由债权人将抵销的意思表示通知债务人，并自通知到达对方时方可生效。本案中，源昌公司虽主张其对悦信公司享有的2000万元债权与悦信公司对其享有的2000万元债权已相互抵销，但是源昌公司没有证据证明其曾在悦信公司起诉主张盈余分配前向悦信公司发出债务抵销通知，悦信公司也否认曾收到源昌公司的债务抵销通知，否认双方达成抵销债务的合意，且悦信公司对源昌公司的 2000 万元债权在该院 2016 年 7 月 26 日作出（2016）琼民终 154 号民事判决之前是尚未确定的，源昌公司一直认为已抵销系其主观认识，实际双方并未抵销。因此，对源昌公司关于其 2000 万元债权等额抵销与悦信公司之间的金钱债权债务的主张，不予支持。悦信公司在《承诺函》中承诺于 2006 年 1 月 28 日之前完成委托事项，如不能在 2006 年 1 月 28 日之前完成委托事项的，将于 2006 年 2 月 18 日前将 2000 万元委托费用全额退还源昌公司及侯昌财。《承诺函》出具后，悦信公司在 2006 年 1 月 28 日之前没有依《承诺函》的约定，取得"源昌山庄"项目地块开发所需的手续及文件的原件并转交给源昌公司，悦信公司应在 2006 年 2 月 18 日前向源昌公司及侯昌财返还 2000 万元，但悦信公司逾期未向源昌公司或侯昌财返还该 2000 万元，源昌公司自 2006 年 2 月 18 日起就知道其权利被侵害，其应向悦信公司主张返还 2000 万元委托费用。根据《民法通则》第一百三十五条的规定，本案诉讼时效应自 2006 年 2 月 18 日起算，至 2008 年 2 月 18 日届满，源昌公司未在此期间向悦信公司主张返还 2000 万元委托费用，依法不予保护，即便源昌公司认为其在悦信公司 2011 年提起盈余分配之诉时向悦信公司主张抵销，也已经超过诉讼时效。综上，源昌公司提起本案诉讼已经超过诉讼时效，一审判决认为源昌公司一直认为其负悦信公司的债务与悦信公司负其债务已互相抵销，源昌公司自悦信公司 2014 年 6 月 26 日另案起诉时才知道其权利被侵害，源昌公司于 2015 年 4 月 22 日提起本案诉讼没有超过诉讼时效错误，应予以纠正。

关于源昌公司请求判决解除其对悦信公司的委托及《承诺函》的问题。本案中，《承诺函》系悦信公司向源昌公司单方出具的函件，从其内容来看，仅对悦信公司单方设定义务，并非通常意义上约定双方权利义务的协议。《承诺函》约定，如果悦信公司在 2006 年 1 月 28 日前没有完成委托事项，悦信公司须在 2006 年 2 月 18 日前将 2000 万元委托费用退还给源昌公司，逾期退还则由源昌公司的法定代表人侯昌财选择其他处置方式。从实际履行情况来看，悦信公司在 2006 年 1 月 28 日之前没有依《承诺函》的约定，取得"源昌山庄"项目地块开发所需的手续及文件的原件并转交

委托合同纠纷

给源昌公司时，已以实际的行为表明其不再履行对源昌公司承诺办理的事项，源昌公司只能依据合同约定要求其返还2000万元或选择其他处置方式。如前所述，源昌公司既未要求悦信公司退款，也未选择其他方式处理，已经超过诉讼时效，源昌公司再请求判决解除其对悦信公司的委托及《承诺函》已没有依据，一审判决解除源昌公司对悦信公司《承诺函》不当，予以纠正。

综上所述，悦信公司的上诉请求成立，予以支持。源昌公司的诉讼请求不能成立，不予支持。依照《民法通则》第一百三十五条、第一百三十七条，《民事诉讼法》第一百七十条第一款第二项之规定，判决：一、撤销海口中院（2016）琼01民初152号民事判决；二、驳回源昌公司的诉讼请求。一审案件受理费261800元，悦信公司预交的二审案件受理费164934元，源昌公司预交的二审案件受理费96866元，由源昌公司负担。

本院再审期间，各方当事人均未向本院提交新证据。

本案再审查明的事实与原审查明的事实一致。

本院认为，综合各方当事人的诉辩意见，本案再审的争议焦点：（1）源昌公司对悦信公司的债权数额应如何认定；（2）源昌公司请求确认债权是否已超过诉讼时效；（3）源昌公司能否主张与悦信公司债务抵销。

一、关于源昌公司对悦信公司的债权数额应如何认定问题

据原判决查明的事实，源昌公司就其主张提供的银行转账凭证及汇款说明均显示，悦信公司于2005年4月11日至5月18日收到了源昌公司支付的1905万元。在款项汇出之后的2005年11月18日，悦信公司在《承诺函》中确认，其已陆续收到委托费用2000万元，并承诺如果不能在2006年1月28日前完成委托事项，则于2006年2月18日前将已收取的2000万元委托费用退还给源昌公司及侯昌财。源昌公司亦在（2012）闽民初字第1号案及（2014）海中法民二初字第64号案诉讼过程中向法院提交的证据目录中表示，源昌公司通过侯昌财、源昌城建公司、明发公司等账户汇款合计1905万元给悦信公司，连同源昌公司支付悦信公司的其他款项，合计共支付2000万元。悦信公司在收到源昌公司支付的2000万元委

托费用后,没有完成委托事项,也没有依据《承诺函》退还 2000 万元委托费用,原判决认定源昌公司对悦信公司享有 2000 万元的债权有事实和法律依据。源昌公司主张其已向悦信公司支付了 3400 万元,但其并未提供实际支付 3400 万元的相关证据,源昌公司主张原判决认定债权数额错误不能成立,本院不予支持。

二、关于源昌公司请求确认债权是否已超过诉讼时效问题

如前所述,源昌公司与悦信公司实际已经就委托事项如不能完成则悦信公司应在一定期限前退还有关委托费用事宜达成共识,故源昌公司在该期限于 2006 年 2 月 18 日届至时即有权向悦信公司主张权利,诉讼时效亦自此起算。源昌公司主张其在 2014 年 6 月 26 日悦信公司起诉源昌公司后才知道自己权利受到侵害,本案诉讼时效应从其收到(2014)海中法民二初字第 64 号案悦信公司起诉状时起算,明显与诉讼时效制度中有关可以确定履行期限的,诉讼时效期间从履行期限届满之日起计算之规定相悖,源昌公司起诉本案确认债权已超过诉讼时效,原判决对此认定并无不当。

三、关于源昌公司能否主张与悦信公司债务抵销的问题

虽然源昌公司对悦信公司享有的主动债权已超过诉讼时效,但对已经超过诉讼时效的主动债权是否能主张抵销,有赖于对以下问题的分析:一是源昌公司抵销权的形成,二是源昌公司抵销权的行使。

(一)关于源昌公司抵销权形成的问题

法定抵销权作为形成权,只要符合法律规定的条件即可产生。《合同法》第九十九条第一款规定了法定抵销权的形成条件,即当事人互负到期债务,该债务的标的物种类、品质相同的,任何一方可以将自己的债务与对方的债务抵销,但依照法律规定或者按照合同性质不得抵销的除外。

1. 就权利形成的积极条件而言,法定抵销权要求双方互负债务,双方债务均已到期,且标的物种类、品质相同。其中,双方债务均已到期之条件当作如下理解:首先,双方债务均已届至履行期即进入得为履行之状

委托合同纠纷

态。其次，双方债务各自从履行期届至，到诉讼时效期间届满的时间段，应当存在重合的部分。亦即，就诉讼时效在先届满的债权而言，其诉讼时效届满之前，对方的债权当已届至履行期；就诉讼时效在后届满的债权而言，其履行期届至之时，对方债权诉讼时效期间尚未届满。在上述时间段的重合部分，双方债权均处于没有时效抗辩的可履行状态，"双方债务均已到期"之条件即已成就，即使此后抵销权行使之时主动债权已经超过诉讼时效，亦不影响该条件的成立。反之，上述时间段若无重合部分，即一方债权的诉讼时效期间届满时对方之债权尚未进入履行期，则在前债权可履行时，对方可以己方债权尚未进入履行期为由抗辩；在后债权可履行时，对方可以己方债权已过诉讼时效期间为由抗辩。如此，则双方债权并未同时处于无上述抗辩之可履行状态。即使在此后抵销权行使之时在后债务已进入履行期，亦难谓满足该条件。因被动债权诉讼时效的抗辩可由当事人自主放弃，故可认定，在审查抵销权形成的积极条件时，当重点考察主动债权的诉讼时效，即主动债权的诉讼时效届满之前，被动债权进入履行期的，当认为满足双方债务均已到期之条件；反之则不得认定该条件已经成就。

本案中源昌公司与悦信公司互负金钱债务。就双方债务均已到期的问题，源昌公司因悦信公司未完成委托事项而对其享有 2000 万元的债权，2006 年 2 月 18 日届至履行期；悦信公司对源昌公司享有的债权，依据海南高院（2016）琼民终 154 号判决查明的事实，源昌公司按照 2005 年 11 月 18 日的《股东会议纪要》承诺退还悦信公司 2000 万元，因该纪要并未明确退还时间，故根据《合同法》第六十二条第四项的规定，悦信公司可随时要求源昌公司退还。由此可认定，在源昌公司对悦信公司 2000 万元债权于 2006 年 2 月 18 日履行期届至，到 2008 年 2 月 17 日诉讼时效期间届满的时间内，悦信公司对源昌公司的 2000 万元债权亦处于可履行之状态，故双方债务均已到期。综上，源昌公司与悦信公司互负到期金钱债务，本案法定抵销权形成的积极条件已经成立。

2. 就权利形成的消极条件而言，《合同法》第九十九条第一款明确，依照法律规定或者按照合同性质不得抵销的除外。本案双方当事人因委托合同和借款合同互负金钱债务，双方债务并非依据法律规定或者按照合同性质不得抵销之债务。至于超出诉讼时效债权的抵销问题，当属权利形成积极条件中审查的内容，在此不再赘述。

综上，根据《合同法》第九十九条第一款之规定，在源昌公司对悦信公司享有的 2000 万元委托费用债权之诉讼时效届满前，源昌公司与悦信公司即已互负到期金钱债务，具备法定抵销要件，源昌公司抵销权成立。

（二）关于源昌公司抵销权行使的问题

《合同法》第九十九条第二款规定了法定抵销权的行使，即当事人主张抵销的，应当通知对方。通知自到达对方时生效。抵销不得附条件或者附期限。故可认定，通知仅系法定抵销权的行使方式，抵销权成立后当事人是否及时行使抵销权通知对方，并不影响抵销权的成立。本案中，源昌公司行使抵销权之时虽已超出诉讼时效，但并不妨碍此前抵销权的成立。抵销通知亦为单方意思表示，意思表示只要到达对方，无需其同意即可发生抵销的法律后果，作为形成权抵销权的行使不受诉讼时效限制。故而本案中双方互负的 2000 万元债务在（2012）闽民初字第 1 号案中源昌公司将债务抵销的举证证明目的告知悦信公司时即已抵销。原判决以源昌公司主张抵销时已经超过诉讼时效，以及悦信公司的债权在海南高院作出（2016）琼民终 154 号民事判决之前不确定等理由认定不适于抵销，缺乏理据。此外，因抵销关系之双方均对对方承担债务，在某种程度上对己方之债权具有担保作用，故我国《合同法》未对抵销权的行使设置除斥期间，而是规定抵销权人行使抵销权后，对方可以在一定期间内提出异议。但即使如此，抵销权的行使亦不应不合理地迟延。本案中，悦信公司与源昌公司在 2005 年末几乎同时发生数额相同的金钱债务。在长达六年的时间里，双方均未提出相应主张。2011 年悦信公司向福建高院提起（2012）闽民初字第 1 号公司盈余分配之诉后，源昌公司遂即在该案中提出债务抵销之主张，当属在合理期限内主张权利，自难谓其怠于行使抵销权。此外，从实体公平的角度看若以源昌公司诉讼时效届满为由认定其不能行使抵销权，不仅违背抵销权的立法意旨，且有悖于民法之公平原则。综上，源昌

委托合同纠纷

公司在另案诉讼中行使抵销权并无不当,双方债权已经抵销。

另,源昌公司一审诉请确认其有权与悦信公司等额抵销金钱债权,再审请求确认双方互负 2000 万元的债务已抵销,二者略有不同。但鉴于源昌公司有权进行抵销,且已在(2012)闽民初字第 1 号案中以告知举证证明目的的方式向悦信公司发出了抵销通知,确已发生抵销效力。因此,源昌公司一审诉请与再审请求虽略有不同,但不影响本案实体裁判结果,悦信公司以源昌公司再审请求超出一审诉请为由要求源昌公司另行起诉,不予支持。

综上所述,源昌公司有关其与悦信公互负的 2000 万元到期债权已抵销的请求成立,本院予以支持,其他再审请求不成立,本院不予支持。依照《中华人民共和国民法通则》① 第一百三十五条、第一百三十七条,《中华人民共和国合同法》第六十二条第四项②、第九十九条③,《中华人民共和国民事诉讼法》第二百零七条第一款、第一百七十条第一款第二项的规定,判决如下:

一、撤销海南省高级人民法院(2017)琼民终 2 号民事判决;

二、撤销海南省海口市中级人民法院(2016)琼 01 民初 152 号民事判决;

三、确认厦门源昌房地产开发有限公司与海南悦信集团有限公司互负的 2000 万元到期债务已抵销;

四、驳回厦门源昌房地产开发有限公司的其他诉讼请求。

本案一审案件受理费 261800 元,由厦门源昌房地产开发有限公司负担 96866 元,海南悦信集团有限公司负担 164934 元;二审案件受理费 261800

---

① 《中华人民共和国民法通则》已于 2021 年 1 月 1 日废止。

② 对应《中华人民共和国民法典》第五百一十一条第四项:"当事人就有关合同内容约定不明确,依据前条规定仍不能确定的,适用下列规定:(四)履行期限不明确的,债务人可以随时履行,债权人也可以随时请求履行,但是应当给对方必要的准备时间。"

③ 对应《中华人民共和国民法典》第五百六十八条:"当事人互负债务,该债务的标的物种类、品质相同的,任何一方可以将自己的债务与对方的到期债务抵销;但是,根据债务性质、按照当事人约定或者依照法律规定不得抵销的除外。当事人主张抵销的,应当通知对方。通知自到达对方时生效。抵销不得附条件或者附期限。"

元,由厦门源昌房地产开发有限公司负担96866元,海南悦信集团有限公司负担164934元。

本判决为终审判决。

审　判　长　陈宏宇

审　判　员　钱小红

审　判　员　王毓莹

二〇一八年五月二十九日

法　官　助　理　谢素恒

书　记　员　赖建英

委托理财合同纠纷

120. 江怡诉上海讷良商务服务有限公司、李晓天等委托理财合同纠纷案

> 章程约定的股东出资期限以认定有效为原则,若绝对不能实现或股东认缴资本额明显超过其资本能力时,可适用公司人格否认制度

【关键词】

> 公司人格否认　认缴登记制　人格混同　过度支配与控制　资本显著不足

【裁判摘要】

> 现代公司法在公司注册资本问题上持认缴登记制的立场,彰显了章程自治的现代公司法理念。《公司法》第二十条所确立的公司人格否认制度与章程自治之间存在紧张关系,利用公司独立人格与股东有限责任规避交易风险乃公司得以存在的价值体现,仅根据公司资本显著不足难以否认公司人格,审判实践中需要叠加认定公司是否存在欺诈、财务混同、恶意逃债等违法行为;章程约定的股东出资期限以认定有效为原则,若绝对不能实现或股东认缴资本额明显超过其资本能力时,可适用公司人格否认制度。

---

* 摘自《人民法院案例选》2020年6辑(总第148辑),人民法院出版社2020年版,第23~32页。

【相关法条】

《中华人民共和国公司法》第二十条 公司股东应当遵守法律、行政法规和公司章程，依法行使股东权利，不得滥用股东权利损害公司或者其他股东的利益；不得滥用公司法人独立地位和股东有限责任损害公司债权人的利益。

公司股东滥用股东权利给公司或者其他股东造成损失的，应当依法承担赔偿责任。

公司股东滥用公司法人独立地位和股东有限责任，逃避债务，严重损害公司债权人利益的，应当对公司债务承担连带责任。

【案件索引】

一审：上海市浦东新区人民法院（2018）沪0115民初43762号（2019年10月24日）

二审：上海市第一中级人民法院（2020）沪01民终1438号（2020年4月8日）

【基本案情】

原告江怡诉称：被告上海讷良商务服务有限公司（以下简称讷良公司）系成立于2014年8月22日的有限责任公司，注册资金为人民币1亿元，股东为被告申子豪、李晓天，均未实际出资。原告江怡与被告讷良公司于2016年9月、11月分别签订三份《投资合作协议》，约定原告将2000万元资金作为投资的风险保证金，委托被告讷良公司进行风险投资管理。协议签署后原告按照被告讷良公司的指示将资金汇入了被告申子豪的账户。2017年3月，被告申子豪将其51%的股权分别以1元对价转让给被告李晓天、杨文、上海圣迅资产管理有限公司（以下简称圣迅公司）。诉讼期间，被告李晓天、杨文、圣迅公司又将持有的被告讷良公司股权以1元对价转让给被告享泰旅游产品开发（上海）有限公司（以下简称享泰公司），而被告享泰公司的注册资本仅为100万元且在受让股权之前已经列

入异常经营名录。原告认为被告李晓天、杨文、圣迅公司、申子豪在被告讷良公司实际无力赔偿外部债权人的情况下，拒绝出资并以1元对价转让被告讷良公司全部股权给明显无能力履行出资义务的受让人被告享泰公司，其恶意串通，利用公司法人独立地位和股东有限责任逃避债务的意图十分明显，其行为造成原告利益严重受损，故请求：（1）解除原告与被告讷良公司签订的《投资合作协议》；（2）被告讷良公司向原告江怡返还风险保证金2000万元，被告李晓天、杨文、圣迅公司、申子豪、享泰公司承担连带责任。

被告讷良公司、圣迅公司、申子豪、享泰公司未应诉答辩。

被告李晓天、杨文辩称：涉案《投资合作协议》真实有效，合同期限届满，且已经履行完毕；被告李晓天、杨文作为被告讷良公司的股东期间，章程规定的出资认缴时间是2044年8月到期，其实缴出资的期限未到，两被告享有期限利益，且没有滥用公司法人资格，逃避债务；本案纠纷发生于被告申子豪担任被告讷良公司法定代表人与实际经营人期间，原告的资金进入了被告申子豪个人账户，被告申子豪的资产与被告讷良公司的资产已经混同，原告仍选择与其进行交易，故本案不应适用法人人格否认制度；被告李晓天、杨文在原告与被告讷良公司签订合同时，并不是实际经营者，对原告的经济损失没有过错，不存在承担民事责任的因果关系，故要求对原告的诉请予以驳回。

法院经审理查明：被告讷良公司成立于2014年8月22日，股东为被告李晓天、申子豪，注册资本1亿元，其中被告李晓天认缴4900万元、被告申子豪认缴5100万元，出资时间均为设立之日起30年，被告申子豪担任法定代表人。被告享泰公司系成立于2011年9月22日的一人公司，注册资本100万元。

2016年9月至11月期间，原告与被告讷良公司签署三份《投资合作协议》，约定：原告江怡以自有资金2000万元作为风险保证金，被告讷良公司向其提供资金额度6倍，即1.2亿元的账户授权原告江怡自主交易，被告讷良公司进行投资风险管理；合作期限12个月；初始账户包括境内期货账户、境外期货账户，投资范围包括境内外交易所各类金融期货、商品期货，境外账户出入金按照划款指令日的银行外汇牌价换算；境内、境外账户权益合并计算，超过初始账户总额的收益由原告江怡和被告讷良公司按7:1的比例提取，若投资亏损，被告讷良公司需返还原告江怡剩余委托资金。协议另对其他事项作了约定。

协议签订后，原告按被告讷良公司要求将保证金2000万元转入被告申子豪个人银行账户，被告讷良公司则提供8个境内、外期货账户供原告交易。审理中查明，被告申子豪个人银行账户曾被其用于归还信用卡欠款、给其父转账等。

2017年3月20日，被告申子豪与被告李晓天、杨文、圣迅公司签署《股权转让协议》，约定被告申子豪将其持有的51%股权分别转让给被告李晓天、杨文、圣迅公司，转让价格均为1元。同日，被告讷良公司形成章程修正案，由被告李晓天认缴出资6000万元、被告杨文认缴出资2000万元、被告圣迅公司认缴出资2000万元，出资时间仍为自公司成立之日起30年。2017年6月7日，被告讷良公司因"通过登记的住所或者经营场所无法联系"的原因被列入经营异常名录。

根据原告提供的境内、外账户列表及当庭演示的页面显示，按2017年5月31日当日人民币汇率中间价折算以后，账户可用资金余额为120061027元，即盈利61027元。

2018年3月23日，被告享泰公司因"通过登记的住所或者经营场所无法联系"而被上海市浦东新区市场监督管理局列入经营异常名录。2018年4月15日，被告李晓天、杨文、圣迅公司与被告享泰公司签署《股权转让协议》，约定被告李晓天、杨文、圣迅公司各自将其持有的被告讷良公司的股权作价1元转让给被告享泰公司。

审理期间，上海市浦东新区人民法院受理了以被告讷良公司为被执行人的多起执行案件，并将其列为失信被执行人，其中两件执行案件于2018年4月27日裁定终止本次执行程序。

【裁判结果】

上海市浦东新区人民法院于2019年10月24日作出（2018）沪0115

委托理财合同纠纷

民初43762号民事判决：一、确认原告江怡与被告讷良公司于2016年9月22日签署的《投资合作协议（编号：HF20160912-01）》、于2016年11月签署的《投资合作协议（编号：HF20161102-03、HF20161103-05）》无效；二、被告讷良公司于本判决生效之日起10日内返还原告江怡风险保证金2000万元；三、被告李晓天、杨文、圣迅公司、申子豪、享泰公司对上述判决主文第二项确定的被告讷良公司的还款义务承担连带清偿责任。宣判后，被告李晓天、杨文提出上诉。上海市第一中级人民法院于2020年4月8日作出（2020）沪01民终1438号民事裁定：本案按上诉人李晓天、杨文自动撤回上诉处理，一审判决自本裁定书送达之日起发生法律效力。

【裁判理由】

法院生效裁判认为：被告讷良公司并未经外汇管理机关批准取得办理外汇业务的许可，与原告签订《投资合作协议》，提供原告出资6倍额度的境内、外期货交易账户，交原告操作，又因为境外账户系经换汇后投资于境外市场，与境内账户合并计算权益，实为一个整体，故双方合作投资业务作为一个整体违反了《中华人民共和国外汇管理条例》《期货交易管理条例》的强制性规定，应归于全部无效。鉴于账户的实际盈利情况，被告讷良公司应将2000万元投资本金返还给原告。

关于本案中是否适用公司人格否认制度。被告讷良公司成立之初注册资本1亿元，发起人股东为被告申子豪与李晓天，出资时间均为设立之日起30年内。而被告讷良公司从事的经营活动是高风险、高杠杆的期货投机行为，隐含风险巨大，其设定的长达30年的资本安排与其营业内容已经严重脱节，其发起人股东实际投入公司的资本数额亦与公司经营所隐含的风险相比明显不匹配。被告李晓天、杨文、圣迅公司受让被告申子豪所持股权后，出资期限依然维持不变。审理期间被告讷良公司所涉执行案件被裁定终结执行，被告李晓天、杨文、圣迅公司等三人在其认缴出资义务面临立即转换为现实义务之前，以1元对价转让持股给同样已被列入经营异常名录、注册资本只有100万元，资信情况显然无法匹配1亿元注册资本的被告享泰公司，其试图逃避出资义务，假借股权转让为名，实则逃废债务的恶意明显。在此情况下，被告讷良公司的 1 亿元注册资本再无实现的可能，公司再次面临资本显著不足的情况。同时，被告讷良公司成立以后，股东被告申子豪利用个人账户吸纳公司外部投资人的资金，由其占有、使用，又利用该账户归还信用卡账单、对外转账付款，其随意调拨公司资金，用于偿还个人债务、调拨他人名下的事实清楚，足以认定其与被告讷良公司存在财产混同情形，应认定其与被告讷良公司存在人格混同情形，应对其持股期间形成的被告讷良公司债务承担连带清偿责任。综上，被告申子豪、李晓天、杨文、圣迅公司亦应对被告讷良公司的涉案债务承担连带清偿责任。

【案例注解】

一、法人人格否认的基础理论

公司法人人格否认制度，又称刺破公司面纱、股东直索责任，指控股股东为逃避自己的义务或责任而违反诚信原则，滥用公司法人资格或股东有限责任待遇，致使债权人利益严重受损时，法院或仲裁机构有权责令控制股东直接向公司债权人履行法律义务，承担法律责任。[①] 公司人格否认制度与股东有限责任一张一合，共同构成了现代公司制度的核心内容，但其产生要晚于公司制度数百年。我国 1993 年《公司法》并未规定否认公司人格。

2005 年 10 月《公司法》修订时，增加了否认公司法人独立地位和股东有限责任的条款。第二十条第三款规定：公司股东滥用公司法人独立地位和股东有限责任，逃避债务，严重损害公司债权人利益的，应当对公司债务承担连带责任。第六十四条规定：一人有限责任公司的股东不能证明公司财产独立于股东自己的财产的，应当对公司债务承担连带责任。由此，我国《公司法》通过成文法的形式首次正式引入"公司法人人格否认"制度，上述条文也成为我国现行公司法人格否认制度的一般规则。

---

① 刘俊海：《现代公司法（第三版）》，法律出版社 2016 年版，第 662 页。

委托理财合同纠纷

根据文义解释，否认公司人格应当具备下列四个要件[①]：第一，主体要件，即公司法人格否认的适用对象必须是具体的双方当事人。一是公司独立人格的滥用者，二是由于公司法人格被滥用而受到损害并有权提起诉讼的当事人。具体而言，公司法人格否认的滥用者一般是公司中具有支配地位的股东，即积极参与公司事务，并能够对公司的主要决策施加影响的股东。公司的董事或高级管理人员虽然也可能滥用公司人格，但其行为另有公司法上的其他制度追究，不宜纳入法人人格否认制度的范围之内。人格否认之诉的适格原告只能是公司的债权人，合同之债和侵权之债皆可成立。

第二，行为要件，即公司股东存在滥用公司法人独立地位和股东有限责任的行为，这也是适用公司人格否认制度的基本条件。一般而言，股东滥用公司人格的行为包括滥用公司人格回避合同义务、造成公司形骸化等情形。从我国公司法实践来看，控制股东滥用公司法人独立地位和股东有限责任的情况五花八门，最常见的情形包括：资本显著不足、人格高度混同、过度支配和控制等。

第三，主观要件，即原法律关系的双方当事人是利益受损的债权人和公司，股东作为第三方，承担的责任是一种侵权责任。对于侵权责任而言，必然以股东具有主观上的过错为要件。在司法实践中，对法人人格否认的主观要件的认定是采取过错推定的方式，即如果股东没有足够证据证明自己不存在故意，就可以从客观的行为表现上推定股东的主观过错，股东就要对其滥用公司法人人格的行为承担赔偿责任。如果造成公司不能清偿债务的原因是意外事件或不可抗力，也就无法对当事人作出过错推定，继而无法适用法人人格否认制度。

第四，结果要件，即不当行为产生了损害事实，严重损害了公司债权人的利益。所谓实际损害结果，必须是公司资产不足以清偿债务，使得债权人的权益无法得到保证，而且债权人损害结果的发生必须与股东滥用公司人格的行为存在因果关系，即只要具备股东的滥用法人人格行为，依据

[①] 赵旭东：《法人人格否认的构成要件分析》，载《人民司法》2011年第17期。

1631

社会共同经验可判断其足以导致债权人的损害结果,就可认定因果关系的成立。此时公司资产不足以清偿债务,债权人起诉公司,并且公司没有财产可供执行或强制执行后仍不能清偿债务的,债权人即可要求股东承担责任。

二、法人人格否认的司法适用

公司人格否认的一个重要判断标准为公司资本显著不足,即股东利用较少资本从事力所不及的经营,其没有实际从事公司经营的诚意,却恶意利用公司独立人格和股东有限责任,将风险转嫁给债权人。[①] 但现行《公司法》为了彰显章程自治的现代公司法理念,在公司注册资本问题上持认缴登记制的立场,赋予公司股东可以通过章程形式自主决定出资事项,由此造成"公司资本从有限制的认缴制到无限制的认缴制"。[②] 经济活动中,股东利用资本认缴登记制度,利用公司独立人格与股东有限责任规避交易风险、扩大经营机会,乃成为公司制度的一大价值体现。在此过程中,难免产生股东利用少数资本从事稍高风险经营、认缴数额与实际经营脱节的现象,在此就引发了人格否认制度和章程自治之间的紧张关系。笔者拟就本案查明被告讷良公司注册资本1亿元、认缴期限30年,股东实际未出资分文,股权却接连转手的现象进行分析,来对认缴登记制框架下如何适用公司人格否认制度进行讨论,以期对审判实践活动能有所裨益。

(一) 章程自治下注册资本金额与公司人格否认制度

现行《公司法》第二十六条、第八十条明确规定,只要不存在法律、行政法规、国务院决定的例外情形,则法律不再强行规定公司的最低注册资本,有限责任公司的注册资本以在公司登记机关登记的全体股东的认缴出资额为准,以发起设立方式设立的股份有限公司的注册资本为在公司登

[①] 最高人民法院民事审判第二庭编著:《〈全国法院民商事审判工作会议纪要〉理解与适用》,人民法院出版社2013年版,第155页。

[②] 赵旭东:《资本制度变革下的资本法律责任——公司法修改的理性解读》,载《法学研究》2014年第5期。

记机关登记的全体发起人认购的股本总额。公司注册资本在设立时再无门槛要求，改由股东通过章程形式实现自治。

现行《公司法》废除公司最低注册资本制后，反映到经济活动中，产生了公司注册资本金畸高和畸低的两种反常现象。譬如前者，股东利用认缴制下资本无须即时到位的制度优势，认缴畸高的注册资本金，以此显示公司资本雄厚或者降低公司经营活动的难度。譬如后者，也有股东以极低的注册资本金成立公司后，通过公司对外举债来维持经营活动的现象产生。

就后者而言，鉴于《公司法》废除了最低资本制度，只要公司股东不存在欺诈等违法现象，则债权人无权仅以公司注册资本显著不足为由请求法院否认公司人格的独立性。① 就前者来说，这种利用较高资本计划经营大事业或高风险事业者，本身目的就在于利用认缴资本的期限利益，把投资、经营的收益风险匹配起来，降低公司经营的难度到承受范围以内，也是公司制度的价值所在，既然如此，只要其认缴意思真实，也谈不上是否过度投机行为。如果公司股东不存在欺诈等违法行为，应首肯公司之独立人格。

（二）出资期限章程自治与公司人格否认制度

现行《公司法》第二十六条、第五十八条、第八十条除要求以募集方式设立的股份有限公司必须一次性缴足出资外，对于普通有限责任公司、一人公司、股份有限公司则在废除最低资本制度的基础上，就出资期限问题原则上也赋予了股东以章程自治权，除非法律、行政法规和国务院的决定另有规定。

既然公司资本认缴制原则上允许股东对出资期限自由约定，同样投射

---

① 石冠彬、江海：《公司人格否认制度在认缴登记制中的适用》，载《江西社会科学》2015年第12期。理由简要摘录如下：第一，公司的注册资本是公示的，为公众知晓，交易相对人在明知交易对手资本不足的情形下自然应当有足够的理性判断是否与之发生交易；第二，以资本实力雄厚与否来否定公司是否具有独立的人格显然不合理，有违公司作为市场主体地位平等的原理，也与《公司法》对资本制度修改所贯彻的"鼓励就业/降低投资门槛"这一指导思想相悖。

到经济活动中,产生了股东约定客观上不可能履行的出资期限现象,在此情况下法院是否有必要肯定公司的独立法律地位?对此,有学者认为这种情况下,法院不仅可以借助《合同法》第五十二条"以合法形式掩盖非法目的"来认定相关章程出资协议条款无效以要求股东承担出资责任,而且应当根据《公司法》第二十条第三款公司人格否认的规定来确定股东出资责任的范围。①

但进一步的问题又产生了,何为不可能履行的出资期限?举例而言,司法实务中已有的出资期限100年的情况算不算?本案所涉及的30年出资期限算不算?对此相关规定并未细化。应当认为,法院应当在尽量认定章程意定的出资期限合理的大前提下来行使自由裁量权,即除非股东之间约定的出资期限在正常情况下根本不可能实现,否则均应认定股东之间的出资期限有效。所以说,除非从客观上能够明显判断出公司股东之间约定的出资期限不可能兑现,否则均应肯定其具有合理性。

(三)出资实际到位可能性与公司人格否认

根据以上论述,可知章程自治这一现代公司法理论和公司人格否认制度之间确实存在着一定的紧张关系。据此,反映到审判实践中,公司资本显著不足的认定,更需要慎重考量认缴资本对股东而言是否天价注册资本、出资期限是否难以实现,结合其是否与公司存在其他财务混同、恶意逃债等违法行为,进而考量股东是否存在欺诈设立、恶意逃废债务的故意。

就本案而言,本案被告讷良公司注册资本1亿元、股东认缴期限30年,实际未出资分文,与其从事的高风险期货业务存在落差等事实,尚不足以否认被告讷良公司的法人人格。但本案审理又查明,股东在讷良公司被裁定终结执行,认缴出资义务面临立即转换为现实义务之前,以1元对价转让持股给已被列入经营异常名录、注册资本只有100万元的被告享泰

---

① 石冠彬、江海:《公司人格否认制度在认缴登记制中的适用》,载《江西社会科学》2015年第12期。

公司，使得注册资本 1 亿元犹如天文数字般再无实现的可能，股东试图逃避出资义务，利用公司独立人格和股东有限责任逃废债务的恶意明显。同时，本案还查明讷良公司财产记载于股东申子豪名下，由其占有、使用，公司资金被随意调拨，用于偿还股东个人债务等财产混同的事实。综上，判决认定讷良公司的资本显著不足，否定了被告讷良公司的法人人格。

综上，审判实践中，如何认定股东认缴明显超过自己所能承受的出资额、意定难以实现的出资期限，是司法实践的难题。应当认为，必须首先肯定现行《公司法》框架下股东任意约定出资金额、出资期限都是合理的，原则上应认定为有效。审判实践中，应审慎考量股东的实际资信情况、结合其是否存在其他违法行为，来认定其恶意假借公司逃废债务的欺诈故意，继而否认公司人格，判定其对债权人承担连带清偿责任，保护善意债权人的利益。

三、启示

法人人格否认是一个世界性的难题。[1] 社会现实情况错综复杂，什么样的情况下否认公司法人格，应该具备哪些条件？立法对此很难一概而论、统一规制。

对此，2019 年《全国法院民商事审判工作会议纪要》作了有益的尝试，将实践中常见的情形归纳为人格混同、资本显著不足、过度支配和控制等类型，同时指出，公司人格独立和股东有限责任是公司法的基本原则，民商事审判必须坚持，然后进一步指出，否认公司独立人格，由滥用公司法人独立地位和股东有限责任的股东对公司债务承担连带责任，只是股东有限责任的例外情形，旨在运用平衡的方法矫正有限责任制度在特定法律事实发生时对债权人保护的失衡现象。因此，作为法官，审理此类案件要注意两点：其一，要严格遵循法律规定，在个案中斟酌相关因素，行使自由裁量权，务必达到"内心确信"的程度。其二，一定要把握好"度"和"时机"，既要审慎适用，又要当用则用。法人人格否认制度作为

---

[1] 刘俊海：《现代公司法（第三版）》，法律出版社 2016 年版，第 663 页。

一种"备用武器",一定要用好、用准,保证在关键时候发挥出"一击刺破"的效果。

可以说,在本案中促使法官最终"刺破该公司面纱"的原因,是该公司股东在公司面临债务一时无法偿还的情况下,不仅没有想办法完成出资,延续公司经营,反而在审理期间找来一家顶替的公司,客观上使法官达到了内心确信的程度,认定其滥用公司独立人格和股东有限责任,逃废债务的恶意明显,继而否认了其公司法人格。可以说,本案"刺破公司面纱"的时机和度很好地诠释了《全国法院民商事审判工作会议纪要》的精神。

现代社会鼓励商业冒险和企业家精神,人们越来越认识到股东创业应当诚信经营,投入足以应付生意损失和风险的充足资本。如果这些资本对于所做的生意和可能的损失只是象征性的,那就会构成否认法人人格的理由。因此,作为公司内部经营主体的股东应注意合理安排资本,分散风险。作为外部债权人,同样亦负有一定注意义务,对交易相对方的资本及其安排应有所了解,毕竟盲目地与对方发生高风险交易并不是一件明智的事情。

(一审法院合议庭成员　杜晓淳　张　斌　崔志兴
二审法院独任审判员　盛　萍
编写人　上海市浦东新区人民法院　张　斌　陆燕军
责任编辑　李　明
审稿人　曹士兵)

物业服务合同纠纷

物业服务合同纠纷

121. 某小区业主委员会诉邓某某物业服务合同纠纷案*

> 法律赋予业主对所居住的小区的物业管理予以选择的权利，业主有权对所居住小区进行自治管理

（一）基本案情

2008年4月23日，某小区业主委员会成立，并在所在地镇政府进行备案。2011年6月21日，该小区新一届业主委员会选举产生，并在所在地镇政府备案。2011年，该小区业主委员会开始对小区自行管理，同年制定了《自治管理办法（试行）》，明确了自治管理的范围、内容及收费标准等。邓某系该小区业主，其没有按照业主委员会确定的收费标准及收费时间交纳物业服务费用。该小区业主委员会遂将邓某起诉至法院，要求其交纳拖欠的物业服务费用。

案件审理过程中，邓某辩称：本案为物业服务合同纠纷，有权主张要求业主支付物业管理服务费的应当是与业主建立物业服务合同关系的物业管理企业。原告作为小区的业主委员会，其成立未经过小区业主表决，亦不是合法的物业管理企业，其作为原告起诉被告主体不适格。

（二）裁判结果

北京市怀柔区人民法院生效裁判认为：《物权法》

---

* 摘自《人民法院案例选》2017年2辑（总第108辑），人民法院出版社2017年版，第63~64页。

规定，业主可以自行管理建筑物及其附属设施，也可以委托物业服务企业或者其他管理人管理。由此可见，法律赋予业主对所居住的小区的物业管理予以选择的权利，业主有权对所居住小区进行自治管理。本案中，原告某小区业主委员会受业主大会的委托负责该小区的物业服务，并制定了《自治管理办法（试行）》，其与业主之间形成了物业服务法律关系。作为小区业主，被告在接受了相应的物业服务后应该按时交纳物业服务费用。被告以原告主体不适格的辩称意见未被采纳。

法院于2012年10月24日作出判决：被告邓某给付原告某小区业主委员会物业服务费120元。

（三）典型意义：诚实守信

本案中双方争议的焦点是业主委员会是否是本案的适格主体。近几年，由于传统物业公司与业主之间的矛盾激化，业主不满意物业公司的服务不按时交纳物业管理费，物业公司收费率低，无法维持公司正常运营，最终撤出小区管理，或是业主不满物业公司的服务而将其"赶"出小区。这就造成小区无人管理的情况，为维护整洁、安全、和谐的小区环境，就出现了业主委员会自行管理小区的情况。目前，我国并没有一部专门的物业管理法律。在审理物业服务合同纠纷案件时，法院主要依据《物业管理条例》及《物权法》的相关规定。但这些法律对于类似业主委员会自管这种物业模式都没有明确的规定。在立案、审理、执行等各个环节都会遇到问题，也加大案件审理难度。我们认为，根据《物权法》第八十一条的规定，业主可以自行管理建筑物及其附属设施，也可以委托物业服务企业或者其他管理人管理。由此可见，法律赋予业主对所居住的小区的物业管理予以选择的权利，业主有权对所居住小区进行自治管理。出于保护当事人合理诉求的考虑，同时，业主委员会自管小区有利于营造舒适安全的环境，有利于维护小区和谐稳定的角度考虑，我们对现阶段业主委员会自管模式中业主委员会的主体资格予以认定。

（责任编辑：杨　奕）

物业服务合同纠纷

122. 范某某诉重庆港华物业管理有限公司物业服务合同纠纷案

> 经核验停车位适宜安装电动汽车充电桩的，物业服务提供人应根据需要出具同意或适宜安装的证明

【关键词】

民事　民法法源　行政规范　民事合同义务解释　绿色原则

【裁判摘要】

物业服务受让人向供电企业申请在其停车位安装电动汽车充电桩时，物业服务提供人应当根据相关行政法律规范及合同的概括约定予以协助。经核验停车位产权、小区输配电设施设备功率与负荷、车库物理结构等，适宜安装电动汽车充电桩的，物业服务提供人应根据需要出具同意或适宜安装的证明。物业服务提供人以物业服务合同未约定或约定不明确为由抗辩的，人民法院不予支持。

---

* 摘自《人民法院案例选》2021年2辑（总第156辑），人民法院出版社2021年版，第113~121页。

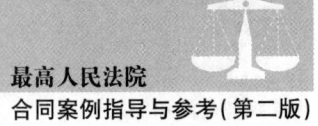

【相关法条】

《中华人民共和国民法总则》第七条① 民事主体从事民事活动，应当遵循诚信原则，秉持诚实，恪守承诺。

第八条② 民事主体从事民事活动，不得违反法律，不得违背公序良俗。

第九条③ 民事主体从事民事活动，应当有利于节约资源、保护生态环境。

第十条④ 处理民事纠纷，应当依照法律；法律没有规定的，可以适用习惯，但是不得违背公序良俗。

《物业管理条例》第三十五条 物业服务企业应当按照物业服务合同的约定，提供相应的服务。

物业服务企业未能履行物业服务合同的约定，导致业主人身、财产安全受到损害的，应当依法承担相应的法律责任。

【案件索引】

一审：重庆市江津区人民法院（2019）渝0116民初12700号（2020年1月14日）

【基本案情】

原告范某某诉称：从2019年9月5日开始，范某某前后数次和重庆港华物业管理有限公司（以下简称港华物业公司）沟通，也多次找街道办、住建委等相关部门协调，请求港华物业公司出具同意安装充电桩的相关说明文件，但港华物业公司工作人员以安全隐患、领导不同意为由拒绝出具。开发商在卖车位时也没有说明不能安装充电桩，购买车位合同上也没

---

① 本案所涉《民法总则》第七条、第八条、第九条、第十条对应《民法典》第七条、第八条、第九条、第十条，内容无修改。

②③④ 本案所涉《民法总则》第七条、第八条、第九条、第十条对应《民法典》第七条、第八条、第九条、第十条，内容无修改。

有任何地方提出过购买车位不允许装充电桩。港华物业公司也拿不出不允许安装充电桩的任何一个有说服力的证明文件。因此，原告将被告诉至法院，请求法院判令：港华物业公司于2019年11月14日出具同意安装新能源汽车充电桩证明，以便国家供电局和汽车4S店工作人员能进入车库，对范某某车位进行新能源汽车充电桩的安装。

被告港华物业公司辩称：新能源车频繁发生自燃事故，充电桩短路也可能引起自燃，车库是一个相对密闭的空间，一旦发生自燃事故，严重危害安全。案涉停车位距离公用配电装置约50米，拉设专线需要经过共有部分，破坏承重梁结构及外观，且占用专有部分以外的共有部分，应当征得全体业主签字同意。港华物业公司在积极协调，拟在小区B栋南面露天公共停车位统一安装充电桩。港华物业公司作为物业管理企业，没有义务或法律规定出具该证明。

法院经审查明：范某某系坐落于重庆市江津区双福街道行知路××号附×号×××号的不动产的所有权人，该停车位属于奥贝·学府一号小区，位于负一层。

奥贝·学府一号小区的前期物业服务企业是港华物业公司。2019年3月16日，范某某与港华物业公司签订《停车位物业管理服务协议》，约定了双方的权利和义务、物业服务内容等。该协议第四条约定：本协议中未规定的事宜，遵照国家有关法律、法规和规章执行。

另查明，范某某购买新能源汽车后，向供电企业申请在案涉停车位安装充电桩时，被告知申请材料中应当包含小区物业服务企业出具的同意该业主在其停车位安装充电桩的证明；范某某遂要求港华物业公司出具，被拒绝。

还查明，国家发展和改革委员会、国家能源局、工业和信息化部、住房和城乡建设部于2016年7月25日发布《关于加快居民区电动汽车充电基础设施建设的通知》（发改能源〔2016〕1611号），第六条中规定："发挥物业服务企业积极作用。在居民区充电基础设施安装过程中，物业服务企业应配合业主或其委托的建设单位，及时提供相关图纸资料，积极配合并协助现场勘查、施工。"

重庆市人民政府于 2018 年 12 月 14 日印发《重庆市支持新能源汽车推广应用政策措施（2018—2022）》，其中规定："社会企业、居民区业主委员会应积极参与充电设施建设或提供便利。"

重庆市能源局、重庆市住房和城乡建设委员会于 2019 年 5 月 23 日发布的《重庆市自用充电桩建设使用政策问答》问题 5 解答：物业服务企业应支持和配合业主或使用人建设自用充电桩。

【裁判结果】

重庆市江津区人民法院于 2020 年 1 月 14 日作出（2019）渝 0116 民初 12700 号民事判决：被告重庆港华物业管理有限公司于本判决生效后立即向原告范某某出具同意在其停车位安装新能源汽车充电桩的证明。

宣判后，双方当事人未上诉，判决已发生法律效力。

【裁判理由】

法院生效裁判认为：当事人行使权利、履行义务应当遵循诚实信用原则。范某某与港华物业公司签订有《停车位物业管理服务协议》，双方系物业服务合同关系，在服务内容的确定上，应当以协议为基础，结合诚实信用原则确定。

大力发展电动汽车，对保障能源安全、促进节能减排、防治大气污染等具有重要意义，而充电设施建设是电动汽车应用推广的重要举措，国家部委、重庆市发布的相关部门规章、行政规章等均要求物业服务企业在充电设施建设时予以配合、提供便利。原被告双方签订的《停车位物业管理服务协议》第四条约定："本协议中未规定的事宜，遵照国家有关法律、法规和规章执行。"范某某申请在其停车位安装充电桩，按供电企业要求，需小区物业服务企业出具证明，该"出具证明"为前述协议第四条规定所涵盖，属于港华物业公司的合同义务，其应当履行。

港华物业公司辩称：新能源汽车、充电桩存在安全隐患；充电桩安装中需使用共有部分，破坏承重梁结构及外观等其他辩解意见。法院认为：新能源汽车作为新生事物，其诞生发展之初并不完美，但是社会不应因噎

物业服务合同纠纷

废食,且充电设施建设,是国家重要政策方向,故对其上述辩解意见不予采信。充电桩安装时,因布设电线,需使用共有部分,属于建筑物区分所有权人为提升专有部分使用价值,对共有部分的合理使用,故对其上述辩解意见不予采信。至于破坏承重梁结构及外观等其他辩解意见,均缺乏充分证据证明,且同意业主安装充电桩,并不意味着物业服务企业可以放松、放弃管理,港华物业公司仍可在发现侵权等不当行为时,及时行使物业管理权力,予以纠正、制止。综上所述。依照《合同法》第六十条、《物业管理条例》第三十五条规定,遂作出判决。

【案例注解】

一、物业服务合同义务解释的行政法因素

尽管民法与行政法分别属于私法与公法,但《民法典》第十条确定了民法的法源,其中的"法律"当然应该包括行政法律法规,这是我国学者的主流观点。立法机关的学者也持有这种基本观点。[①] 诸如《民法典》第八条规定公序良俗原则,这里的"公序"是"公共秩序"简称,当然也包括"行政管理秩序",主要反映行政机关为维护国家和社会利益而对社会生活的积极干预。因此,行政法因素通过对民法法律关系和民事法律行为的评价、民事权利的制约渗透到民法体系之中。

本案中,"为业主安装电动汽车充电桩出具必要证明"的协助义务是物业服务提供人的民事义务(应然),但该义务并未直接在物业合同中约定(实然),因此,该给付义务是否纳入合同义务、如何具体履行涉及合同义务解释。由于本案合同未对出具该证明作任何约定,相关法律亦未直接规定,且"安装充电桩"属于新的事物几乎没有前例参照,因此,需要参照物业服务领域的行政法律规范予以评判、解释该民事义务的"存在法

[①] 参见王利明主编:《民法总则详解》(上),中国法制出版社2017年版,第51页。石宏主编:《中华人民共和国民法总则条文说明、立法理由及相关规定》,北京大学出版社2017年版,第23页。转引自李永军:《民法典编纂中的行政法因素》,载《行政法学研究》2019年第5期。

理""履行法理"。

(一)"出具该证明"协助义务的"存在法理"

由于物业服务合同的持续性和义务群特征,决定了该合同并非闭合式合同,必要的合同解释是客观必需的。"为业主安装电动汽车充电桩出具必要证明"的协助义务是否应纳入物业服务合同义务群,在于该义务是否具有物业服务合同义务应有的性质和特征,这需要考察协助义务的"存在法理",即通过包括行政法律规范的规定、《民法典》的行政法因素、国家政策等在内的价值导向论证该民事义务的合法性、合理性甚至鼓励性导向。

第一,合法性是该义务受保护的前提。物业服务受让人安装新能源汽车充电桩的行为属于广义上的"民事活动",在未约定或约定不明而该行为足够细化以至于民事法律规则未纳入规制的情形下,应当依据《民法典》的民事法律原则对其合法性进行审查。《民法典》第八条、第九条对民事主体从事民事活动应当遵循守法原则、公序良俗原则、绿色原则予以规定。本案物业服务受让人安装新能源汽车充电桩是为日常生活所需,并不建立在侵犯其他业主和物业服务提供人的合法权益之上,不构成对守法原则和公序良俗原则的违反。相反,使用新能源汽车具有经济和生态双重价值,其依赖新能源技术实现节能减排的实际效果符合《民法典》关于绿色原则的规定。

第二,合理性是基于物的使用价值增益。物业服务受让人因使用新能源交通工具,在其专有部分的车位安装自用充电桩,为增益其停车位使用价值,并不显著增加物业服务提供人服务成本,且本案原告并非不愿意承担额外成本。物业提供人对物业服务受让人的停车位提供管理服务,目的是增进业主对停车位的保有、使用利益,与物业服务合同的目的相符,应属物业管理的合理外延。因此,该协助义务与物业服务合同义务存在性质特征的一致性,即便没有约定在物业服务合同之中,但仍应当纳入物业服务合同义务群。

第三,鼓励性是基于国家政策的综合考量。通常国家政策是通过行政

法律规范为载体予以细化、发布。《民法总则》不再将国家政策确定为民法法源,但这并不等于国家政策在调整民事关系和民事司法裁判中不发挥作用。国家政策的出台对社会行为形成引导和规范,在司法裁判中,国家政策可以通过民法中引致条款发挥作用,如不可抗力、情势变更、社会公益等情形。本案中,《国家发展和改革委员会、国家能源局、工业和信息化部、住房和城乡建设部关于加快居民区电动汽车充电基础设施建设的通知》第六条中规定:"在居民区充电基础设施安装过程中,物业服务企业应配合业主或其委托的建设单位……"重庆市能源局、重庆市住房和城乡建设委员会《重庆市自用充电桩建设使用政策问答》问题5解答:"物业服务企业应支持和配合业主或使用人建设自用充电桩……"这些国家或地方政策属于广义上的行政法律规范,引导和规范着社会行为,这表明国家对于安装充电桩的政策导向和鼓励态度,所以被综合纳入对该案所涉焦点的价值评判。

(二)通过信息交换矫正信息不对称是协助义务的"履行法理"

基于社会分工、科技进步、信息私有等原因,服务行业的专业性非常突出,信息不对称是服务合同的典型特征。因此,合同双方交换信息以实现"信息对称"是至关重要的,通知和协助义务就是这种"信息交换"的具体方式。

物业服务合同通知和协助义务的履行,应当遵循诚信原则。诚信原则是市场经济活动中的道德准则,要求当事人在行使权利、履行义务时彼此考虑对方利益。王利明教授认为,诚信原则具有确立行为规则、填补法律和合同漏洞,衡平、解释、降低交易费用和增进效率的功能。[①] 在未约定具体履行方式时,应当按照《民法典》关于诚信原则的确立行为规则。具体到本案中,物业服务提供人应当诚实、善意协助物业受让人安装充电桩,提供建筑物结构、网管图纸,搭载电源的负荷、电线标号等信息,协助告知相邻业主,提供管理权责范围内的相关证明,协助保障安全使用、

---

① 王利明:《民法总论》,中国人民大学出版社2013年版,第55~57页。

加强日常管理等。物业服务受让人应当按照安全规范要求安装和使用充电桩，接受物管日常管理，听取其他业务意见等，双方应共同致力于确保合同得到正确的、适当的履行。

二、协助安装充电桩在物业服务合同义务群中的定性

前文从价值层面分析了物业服务合同义务解释的行政法因素，论证将协助义务纳入合同义务的必要性。而能否纳入还需论证可行性，这需要考察物业服务合同的义务群和持续性特征，以及该协助义务的定性。

（一）物业服务合同的义务以义务群的形式存在

服务合同是指双方当事人约定，一方按另一方的要求，完成一定服务行为或者交付特定工作成果的一类合同。物业服务合同就是该类合同常见类型，合同标的是物业服务，是作为给付。物业服务合同作为有名合同，其典型合同目的是"对房屋及配套的设施设备和相关场所进行维修、养护、管理并维护相关区域内环境卫生和秩序"，其履行方式具有显著的持续性特征。就该特征而论，物业合同关系可能持续几年甚至数十年，合同的内容并非一次给付就可以完成，而是持续地实现。时间因素在合同履行上居于重要地位，总给付的内容取决于应为给付时间的长度。物业服务合同的义务通常因合同时间跨度长、服务范围多而以"义务群"的形式存在。

具体而言，物业服务合同的义务群包括：既负有因物业服务合同的典型合同目的而产生的固有、必备的主给付义务（如维护车库的环境卫生），也负有因辅助主给付义务实现而产生的从给付义务（如为业主查阅车库的竣工验收资料提供便利）；在给付义务之外，另负有为维护业主人身或财产利益而设的附随义务（如对知悉的业主个人信息保密），以及物业服务提供人为保持自己的权利而应当遵守的不真正义务（如物业服务费催收应以书面方式进行）。因此，物业服务提供人负担的义务，是一个以给付义务为核心的义务群，且来源并不限于物业服务合同的书面条款。

物业服务合同纠纷

(二)"出具证明"的协助义务在义务群中的定性

前述,物业服务提供人的义务群包括给付义务(主/从给付义务)、附随义务、不真正义务。本案中,原被告双方所签订的合同缺乏"为业主安装电动汽车充电桩出具必要证明"的约定产生合同漏洞。而欲厘清本案,必须论证出具该证明的协助义务属于何种合同义务。

第一,本案的协助义务不属于附随义务。附随义务是指法律无明文规定,当事人亦无明确约定,为保护对方利益和稳定交易秩序,当事人依诚信原则所应负担的义务,包括通知、协助、保密等义务。通常认为,行为人违反附随义务,相对人不得独立以诉请求履行,只发生损害赔偿请求权。"为业主安装电动汽车充电桩出具必要证明"的协助义务虽然符合"法律无明文规定""当事人无明确约定""协助"等表述外观,但对该证明的需要具有诉的利益和诉的迫切,是解决新能源汽车电能供给以实现车库使用价值发挥的需要,这是整体的、客观的、具体的给付需要,具有独立的可诉性而非附随义务。

第二,该义务属于给付义务,基于合同特性不建议区分主从。给付义务是合同义务的核心,在学理上区分为主给付义务和从给付义务。主给付义务是指合同关系中所固有的、必备的、自始确定的,并能够决定合同类型的基本义务。从给付义务是指不具有独立意义的,仅具有补助主给付义务的功能,其存在的目的,不在于决定合同的类型,而在于确保债权人的利益能够获得最大满足,例如《民法典》第七百八十五条关于承揽人"保守秘密"的规定。在司法实践中,对给付义务的主次认定可能影响判决结果。例如,在中铁五局与四川祥维钢构制造有限公司建设工程施工合同纠纷案①中,二审法院认定中铁五建不交付竣工验收资料,祥维公司可以不支付余下工程款。但最高人民法院再审认为,付款是合同的主要义务,不能以未交付竣工验收资料为由拒绝支付工程款。因此,"交付竣工验收资料"与"支付工程款"两个合同义务的主从之分,决定了截然不同的裁判

---

① 参见最高人民法院(2014)民申字第651号民事裁定书。

结论。

　　本案中，出具证明是"为"的给付，属于给付义务并无争议。但基于合同两个方面的特性，不建议对物业合同给付义务作主次之分。其一，物业服务合同属于过程性合同而非结果性合同。给付可以与特定效果有关，也可以与特定行为有关。买卖合同属于典型的结果性合同，取得价金和买卖物是合同双方最主要的合同目的，因此，交付买卖物或支付价金当然是买卖合同最主要的义务，当事人从事的其他行为都是为了完成这个结果性义务，从这个意义上讲，其他行为义务可以说都是辅助性的。然而，若给付的内容就是持续性地从事特定的行为，如服务合同、委托合同等，给付行为与给付效果是同时发生的，债务人履行了符合合同的行为即发生给付效果，这类合同很难区分主给付义务和从给付义务。其二，物业服务合同的持续性特征决定主给付义务并不稳定。社会发展和技术进步影响人们的居住生活方式，诸如"汽车充电桩""小区净水器""包裹存放柜"等新生事物在不断地出现。物业服务合同长达数年甚至数十年的持续性履行，客观的"情势变更"完全可能导致合同文本约定的给付义务淘汰、闲置、变化，甚至存在需要添加新的给付义务指向的内容也不足为奇，因此，很难从价值判断层面对林林总总的义务进行主次之分或主次排序。

三、客观存在不具备安装充电桩的阻却事由及处理

　　这里提出一个案例作延伸思考：在上诉人林某某与被上诉人杭州和亿物业管理有限公司物业服务合同纠纷案①中，上诉人林某某请求和亿物业公司协助其安装汽车充电设施的请求被驳回。裁判依据是案涉小区属于老旧小区，设计之初并未预留安装充电设施的设置条件和设计供电负荷达不到预留新能源充电要求，其请求继续安装充电设施必然涉及小区相关设施的改造和公共资源的占用，涉及全体小区业主的共同利益，上诉人未经业主大会前的个人起诉因不符合法律规定被驳回起诉。

　　上述案件表明物业服务合同中物业服务提供人协助的客观可行性也是

---

① 参见浙江省杭州市中级人民法院（2019）浙01民终877号民事裁定书。

影响裁判的重要因素,必须纳入案件审理的范围。物业服务提供人协助业主不是放任业主,更不应放弃管理,协助应当建立在维护全体业主共同利益的基础之上。物业服务企业"出具证明"时,应对以下事项适当核验:第一,要核验拟安装充电桩的停车位之归属,以确定安装人为停车位之所有人、使用人,避免发生侵害物权的行为。第二,要核验物业小区输配电设施设备的功率、负荷,以确定适宜安装充电桩,避免发生用电安全事故。第三,要核验车库建筑结构,以确定施工作业的可行性,避免发生施工安全事故。当核验结果为适宜安装时,应"出具证明";否则不宜出具,并向业主充分说明原因。

综上所述,行政法律规范可以作为调整民事法律关系的依据。当合同对当事人法律义务缺乏明确约定时,可参考行政法律规范的规定,对合同义务予以补充。物业服务合同的持续性和义务群特征决定合同权利义务内容的非闭合性,物业服务受让人提出合同约定之外的合法性、合理性协助要求,且该协助要求具有客观可行性时,物业服务提供人应当提供协助,双方均应当按照诚信原则确保合同得到正确、适当的履行。

(一审法院独任审判员　杨继光

编写人　重庆市江津区人民法院　白　欧　杨继光

责任编辑　杨　奕

审稿人　范明志)

中介合同纠纷

中介合同纠纷

123. 上海中原物业顾问有限公司诉陶德华居间合同纠纷案*

（最高人民法院审判委员会讨论通过 2011年12月20日发布）

当卖方将同一房屋通过多个中介公司挂牌出售时，买方通过其他正当途径获得信息促成合同成立的，不构成违约

【关键词】

民事 居间合同 二手房买卖 违约

【裁判摘要】

房屋买卖居间合同中关于禁止买方利用中介公司提供的房源信息却绕开该中介公司与卖方签订房屋买卖合同的约定合法有效。但是，当卖方将同一房屋通过多个中介公司挂牌出售时，买方通过其他公众可以获知的正当途径获得相同房源信息的，买方有权选择报价低、服务好的中介公司促成房屋买卖合同成立，其行为并没有利用先前与之签约中介公司的房源信息，故不构成违约。

* 摘自2011年12月20日最高人民法院发布的第一批指导案例（指导案例1号）。

》》1655

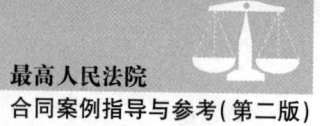

相关法条

《中华人民共和国合同法》第四百二十四条①

基本案情

原告上海中原物业顾问有限公司（简称中原公司）诉称：被告陶德华利用中原公司提供的上海市虹口区株洲路某号房屋销售信息，故意跳过中介，私自与卖方直接签订购房合同，违反了《房地产求购确认书》的约定，属于恶意"跳单"行为，请求法院判令陶德华按约支付中原公司违约金16500元。

被告陶德华辩称：涉案房屋原产权人李某某委托多家中介公司出售房屋，中原公司并非独家掌握该房源信息，也非独家代理销售。陶德华并没有利用中原公司提供的信息，不存在"跳单"违约行为。

法院经审理查明：2008年下半年，原产权人李某某到多家房屋中介公司挂牌销售涉案房屋。2008年10月22日，上海某房地产经纪有限公司带陶德华看了该房屋；11月23日，上海某房地产顾问有限公司（简称某房地产顾问公司）带陶德华之妻曹某某看了该房屋；11月27日，中原公司带陶德华看了该房屋，并于同日与陶德华签订了《房地产求购确认书》。该《确认书》第2.4条约定，陶德华在验看过该房地产后6个月内，陶德华或其委托人、代理人、代表人、承办人等与陶德华有关联的人，利用中原公司提供的信息、机会等条件但未通过中原公司而与第三方达成买卖交易的，陶德华应按照与出卖方就该房地产买卖达成的实际成交价的1%，向中原公司支付违约金。当时中原公司对该房屋报价165万元，而某房地产顾问公司报价145万元，并积极与卖方协商价格。11月30日，在某房地产顾问公司居间下，陶德华与卖方签订了房屋买卖合同，成交价138万元。后买卖双方办理了过户手续，陶德华向某房地产顾问公司支付佣金

---

① 对应《中华人民共和国民法典》第九百六十一条："中介合同是中介人向委托人报告订立合同的机会或者提供订立合同的媒介服务，委托人支付报酬的合同。"

13800元。

裁判结果

上海市虹口区人民法院于2009年6月23日作出（2009）虹民三（民）初字第912号民事判决：被告陶德华应于判决生效之日起10日内向原告中原公司支付违约金13800元。宣判后，陶德华提出上诉。上海市第二中级人民法院于2009年9月4日作出（2009）沪二中民二（民）终字第1508号民事判决：一、撤销上海市虹口区人民法院（2009）虹民三（民）初字第912号民事判决；二、中原公司要求陶德华支付违约金16500元的诉讼请求，不予支持。

裁判理由

法院生效裁判认为：中原公司与陶德华签订的《房地产求购确认书》属于居间合同性质，其中第2.4条的约定，属于房屋买卖居间合同中常有的禁止"跳单"格式条款，其本意是为防止买方利用中介公司提供的房源信息却"跳"过中介公司购买房屋，从而使中介公司无法得到应得的佣金，该约定并不存在免除一方责任、加重对方责任、排除对方主要权利的情形，应认定有效。根据该条约定，衡量买方是否"跳单"违约的关键，是看买方是否利用了该中介公司提供的房源信息、机会等条件。如果买方并未利用该中介公司提供的信息、机会等条件，而是通过其他公众可以获知的正当途径获得同一房源信息，则买方有权选择报价低、服务好的中介公司促成房屋买卖合同成立，而不构成"跳单"违约。本案中，原产权人通过多家中介公司挂牌出售同一房屋，陶德华及其家人分别通过不同的中介公司了解到同一房源信息，并通过其他中介公司促成了房屋买卖合同成立。因此，陶德华并没有利用中原公司的信息、机会，故不构成违约，对中原公司的诉讼请求不予支持。

理解与参照

《上海中原物业顾问有限公司诉陶德华居间合同纠纷案》的理解与参照[*]

2011年12月20日,最高人民法院发布了指导性案例《上海中原物业顾问有限公司诉陶德华居间合同纠纷案》(指导案例1号)。为了正确理解和准确参照适用该指导性案例,现对该指导性案例的推选经过、裁判要点等有关情况说明如下:

一、推选过程及其意义

为了贯彻落实《最高人民法院关于案例指导工作的规定》的要求,最高人民法院案例指导工作办公室于2010年12月31日向高级法院发出报送备选指导性案例的通知。2011年5月20日,上海市高级人民法院审委会经讨论决定向最高人民法院推荐该备选指导性案例。最高人民法院案例指导工作办公室经研究讨论后将该案例送最高人民法院民一庭审查和征求意见。民一庭认为,该案例对于处理类似案件具有一定指导意义,同意将该案例作为指导性案例。6月13日,最高人民法院审委会经讨论研究认为,该案例符合《最高人民法院关于案例指导工作的规定》第二条的有关规定,具有指导意义,同意将该案例确定为指导性案例。12月20日,最高

---

[*] 摘自《最高人民法院司法解释与指导性案例理解与适用》(第一卷),人民法院出版社2013年版,第551~555页。

中介合同纠纷

人民法院以法〔2011〕354号文件将该案例作为第一批指导性案例予以发布。

该案例涉及二手房买卖居间纠纷中时有发生的"跳单"问题。二手房买卖居间活动中,买方通过中介公司的居间服务选定房源后,却故意绕开该中介公司直接与房主达成交易或通过其他中介公司与房主达成交易的现象,民间俗称"跳单"。当事人在房屋买卖居间合同中约定的禁止跳单条款法律效力如何,以及何种情况构成跳单违约,实践中认识不一。本案例的生效判决对相关纠纷的处理结果符合法律规定及当事人约定,契合公平合理的法律精神,有利于鼓励中介公司以提供质高价优的中介服务取得竞争优势,促进二手房中介市场良性竞争,又有利于保护买方合法的购房选择权,避免因信息不对称导致的不公平。因此,本案例对类似案件的处理具有指导意义。

二、裁判要点的理解与说明

该指导性案例的裁判要点确认:房屋买卖居间合同中关于禁止买方利用中介公司提供的房源信息却绕开该中介公司与卖方签订房屋买卖合同的约定合法有效。但是,当卖方将同一房屋通过多个中介公司挂牌出售时,买方通过其他公众可以获知的正当途径获得相同房源信息的,买方有权选择报价低、服务好的中介公司促成房屋买卖合同成立,其行为并没有利用先前与之签约中介公司的房源信息,故不构成违约。现围绕与该裁判要点相关的问题逐一说明如下:

(一) 关于禁止跳单条款的法律效力问题

1. 关于房地产求购确认书的法律性质。本案中,中介公司带领买方看房时,让买方签署了房地产求购确认书,其中明确了由买方委托中介公司求购房屋,并约定了报酬和违约条款。该确认书系中介公司向买方报告订立房屋买卖合同的机会、提供相关媒介服务,并由买方支付报酬的合同,符合《中华人民共和国合同法》第四百二十四条对于居间合同的定义,其法律性质属于居间合同。实践中,中介公司与买方签订的合同名称多样,有的称为二手房买卖服务合同，有的称为委托看房书，有的称为看房协议书。不论其名称如何，其核心内容都是由中介公司向委托人提供二手房买卖的信息和媒介服务，都属于居间合同，应按照《中华人民共和国合同法》中关于居间合同的相关法律规定认定和处理。

2. 关于禁止跳单条款的法律效力。中介公司为了保障自己的利益，通常在居间合同中载明禁止委托人跳单的条款，约定跳单行为是违约行为。对于禁止跳单条款的法律效力问题，司法实践中存在不同的认识，有的认为这是中介公司利用自己的优势地位而设立的霸王条款，限制了买方的选择权，应属无效；有的则认为买方在签订合同时，对该条款的内容和法律后果应当明知，且不违反法律规定，应属有效。我们认为，应根据约定的具体内容来认定其效力，不可一概而论，只要当事人主体身份适格，意思表示真实，约定内容没有违反法律或行政法规强制性规定的，就是合法有效的。具体来说，应考察以下两方面：

一是看禁止跳单条款是否有《中华人民共和国合同法》第五十二条、第五十三条规定的合同无效的情形。由于禁止跳单的约定通常并不涉及损害国家、集体、第三人利益或者社会公共利益的内容，其主旨在于防止买方的不诚信行为，而非具有"非法目的"，法律、行政法规亦未强行规定当事人不得签订禁止跳单的条款，且并非免责条款，故不属于《中华人民共和国合同法》第五十二条、五十三条规定的情形。

二是看禁止跳单条款提供方是否具有免除其责任、加重对方责任、排除对方主要权利的情形。实践中，禁止跳单条款通常都是中介公司事先在合同中拟好，而后在居间活动中直接交给委托人签字确认的，这种为了重复使用而预先拟定且在订立合同时未与对方协商的条款，其性质属于格式条款。《中华人民共和国合同法》第四十条对格式条款的效力作了特别限制，规定"提供格式条款一方免除其责任、加重对方责任、排除对方主要权利的，该条款无效"。免除责任，是指免除格式条款提供者按照通常情形应当承担的主要义务。加重责任，是指格式条款中含有通常情形下对方当事人不应当承担的义务。排除主要权利，是指排除对方当事人按照通常情形应当享有的主要权利。是否属于"通常情形下"的责任或权利，不能

中介合同纠纷

仅仅看当事人约定的合同内容，而应当根据具体合同的性质作出判断。根据二手房买卖居间合同的性质，中介公司的主要责任是根据委托人的要求，向委托人如实报告订立合同的机会、提供订立合同的媒介服务，其权利是在促成合同成立后获得报酬；委托人的主要权利是获得信息和服务，其主要义务是在中介公司促成合同成立时支付报酬。从本案例来看，当事人约定在一定期间内委托人利用了中原公司的信息、机会等条件却不通过中原公司而达成买卖交易的行为构成违约，该约定目的在于防止买方一方面利用自己的信息和服务，另一方面又绕开自己（中介公司），从而使自己得不到应得的报酬，不属于免除其责任、加重对方责任、排除对方主要权利的情形。再者，利用了中介公司的信息和服务却绕开中介公司的跳单行为，违反了诚实信用原则，当事人将该行为约定为违约行为并应当支付违约金，是对中介公司合法利益的正当保护，有利于促进中介公司的正常经营发展，有利于鼓励诚信交易。故案例中关于禁止买方利用中介公司提供的房源信息、机会等条件，却绕开该中介公司与卖方签订房屋买卖合同的约定，应认定为合法有效。

（二）买方未利用中介公司提供的信息、机会等条件时，不构成违约

本案例中，当事人约定买方在一定期间内利用了中原公司的信息、机会等条件却不通过中原公司而达成买卖交易的行为构成违约。因此，如果没有利用中原公司的信息和机会，则不构成违约。

从本案例来看，显然不能认定陶德华利用了中原公司的信息、机会。首先，房源信息并非中原公司独家掌握。法律或行政法规并无禁止房主委托多家中介公司出售房屋的规定，实践中，房主为了增加交易机会，往往通过多家中介公司挂牌出售同一房屋，而不是委托某中介公司独家代理出售，因此，有多家中介公司掌握同一房源信息。中介公司接受委托后通过多种渠道公布房源信息，比如在店面、网络、报刊发布或自己印制小广告发布等，这些都是公众可以获知房源信息的正当途径。由于买方可以通过多种正当途径了解到同一房源信息，也可以联系多家中介公司以选择最低

的房屋报价、居间报酬报价和最优质的服务，如果最终通过某家中介公司促成了交易，很难认定买方是利用了其他中介公司的信息和服务。其次，从时间先后上看，中原公司并非第一个提供房源信息的中介公司。本案中先后有三家中介公司带买方看过房，中原公司是最后一家，且中原公司仅带买方看过一次房。从时间上看，买方最终选择了第二家中介公司与房主达成交易，不可能是利用了中原公司提供的信息和机会才达成房屋买卖交易。需要注意的是，裁判要点中并未将时间先后作为是否构成利用的要素之一，理由是，尽管时间先后可以成为考察是否构成利用的一个逻辑上的原因，但即使中原公司是第一家带买方看房的中介公司，也不能充分证明买方一定是利用了中原公司的信息，不能简单地理解为只要中介公司提供了信息，买方就构成了"利用"。再次，中原公司未能举证证明陶德华利用了中原公司的房源信息。根据"谁主张，谁举证"的原则，中原公司作为原告，对于陶德华利用了中原公司的房源信息这一主张负有举证责任，但中原公司没有提供充分证据证明陶德华利用了中原公司的房源信息。

但是，司法实践中也要注意防止买方恶意跳单的情况，比如通过某一中介公司的中介服务，房屋买卖合同已经基本达成，买方仅仅因其他中介公司的居间报酬更低，就转而寻求其他中介公司与房主签约，则有违诚实信用原则。在这种情况下，可以认定买方利用了前一中介公司的信息和服务，构成违约。

三、其他需要说明的问题

1. 关于禁止跳单条款的可撤销问题。本案例中的禁止跳单条款属于合法有效的情形，但实践中有的禁止跳单条款则可能存在显失公平的情况。比如有的条款约定中介公司带买方看房后，买方不得私下或通过其他中介公司与该房房主交易，否则需支付相当于居间报酬的违约金，该约定意味着中介公司带领买方看房后就能"旱涝保收"，不论该中介公司报价是否偏高、服务质量如何，买方如果打算购买该套房屋，只能选择该中介公司进行交易，否则就构成跳单违约，要支付相当于居间报酬的违约金。对此，我们认为，从中介公司的付出来看，其获得售房信息往往是卖方的主

动委托,带领买方看房也只是简单劳动,其付出是有限的;在多家中介公司掌握同一房源信息的情况下,各家中介公司的报价和服务可能存在较大差异,如果某中介公司以有限的付出来永久限制买方的选择权,双方的利益是明显失衡的。在这种情况下,买方如果认为显失公平,可以根据《中华人民共和国合同法》第五十四条的规定申请变更或撤销该条款。

2. 关于居间人如实报告义务问题。《中华人民共和国合同法》第四百二十五条规定:"居间人应当就有关订立合同的事项向委托人如实报告。居间人故意隐瞒与订立合同有关的重要事实或者提供虚假情况,损害委托人利益的,不得要求支付报酬并应当承担损害赔偿责任。"本案中,中原公司报出的房价为165万元,明显高于另一家中介公司145万元的报价,案中当事人并未就此提出异议,但是如果中介公司故意超出房主报价虚报房屋价格,损害买方利益的,不得要求买方支付报酬并应承担损害赔偿责任。

3. 关于居间费用问题。《中华人民共和国合同法》第四百二十七条规定,居间人未促成合同成立的,不得要求支付报酬,但可以要求委托人支付从事居间活动支出的必要费用。据此,中介公司即使没能促成房屋买卖合同成立,也有权要求买方支付必要的居间费用,因为中介公司毕竟付出了劳动,支出了必要的费用,而买方也得到了中介公司的服务,根据权利义务相对等的原则,买方应当支付中介公司为居间活动付出的必要居间费用。

(执笔人:刘 净)

124. 李彦东诉上海汉宇房地产顾问有限公司居间合同纠纷案[*]

> 居间人未尽必要的注意义务使委托人受欺诈遭受损失的,根据其过错程度承担赔偿责任

【裁判摘要】

在房屋买卖居间活动中,中介公司(居间人)对于受托事项及居间服务应承担符合专业主体要求的注意义务,注重审查核实与交易相关的主体身份、房产权属、委托代理、信用资信等证明材料的真实性。中介公司因未尽必要的注意义务而未能发现一方提供的相关材料存在重大瑕疵、缺陷,由此使另一方受欺诈遭受损失的,应根据其过错程度在相应的范围内承担赔偿责任。

原告:李彦东,男,29岁,汉族,住广东省深圳市宝安区。

被告:上海汉宇房地产顾问有限公司。住所地:上海市嘉定区安亭镇。实际经营地:上海市徐汇区肇嘉浜路。

法定代表人:施少鸣,该公司董事长。

原告李彦东因与被告上海汉宇房地产顾问有限公司(以下简称汉宇地产)居间合同纠纷案,向上海市嘉定

---

[*] 摘自《最高人民法院公报》2015年第2期。

中介合同纠纷

区人民法院提起诉讼。

原告李彦东诉称：2012年3月7日，己方通过被告汉宇地产的居间介绍，与案外人周敏、蔡芳、陈炳玉达成位于上海市浦东新区上南路6869弄4号301室房屋（以下简称系争房屋）的买卖协议，己方于当日通过其配偶刘明明的账户向周敏支付了定金20万元并约定余款交付方式和过户时间等。2012年3月8日，己方发现系争房屋早已于2012年3月2日交易成功。周敏所持的公证书系伪造，己方遂于2012年3月14日向上海市公安局浦东分局周浦派出所报案，后经公安机关立案侦查，周敏被刑事拘留。李彦东认为，汉宇地产作为专业的中介机构，在提供专业的房屋居间服务时，应尽到基本的审核和调查义务，但汉宇地产未调查系争房屋是否已被交易，委托人与被委托人的确切信息，房屋产权的明晰状态等情况，造成己方巨大损失，汉宇地产应承担重大过失责任。请求判令汉宇地产赔偿损失20万元。

被告汉宇地产辩称：原告李彦东并未通过己方向案外人周敏支付定金20万元，而是李彦东直接支付给周敏的，该损失与己方无关，李彦东应向周敏主张该损失。己方在从事居间活动时，系争房屋仍在周敏等人的名下，是可以进行交易的，且李彦东在签订协议时也看过房产证，故己方已经尽到了相关的审核和调查等义务。请求驳回李彦东的诉讼请求。

上海市嘉定区人民法院一审查明：2012年3月7日，原告李彦东、被告汉宇地产及案外人周敏签订一份《房地产买卖居间协议》，约定经汉宇地产居间介绍，李彦东向周敏购买位于上海市浦东新区康桥镇上南路6869弄4号301室房屋，房屋总价118万元。同日，三方签订一份《房地产买卖协议》，约定定金总额为20万元，由周敏委托汉宇地产代为收取并保管。在周敏签约当日将房屋产权证书等文件证明交由汉宇地产保管后，周敏可以取回由汉宇地产代为保管的定金。上述协议另对其他事项作了约定。同日，李彦东通过其配偶刘明明的账户向周敏支付了定金20万元。周敏于当日向李彦东出具一份定金收据，确认收到李彦东支付的定金20万元。2012年3月14日，李彦东向公安机关报案，称2012年3月7日，其通过汉宇地产与周敏签订了房屋买卖协议，并通过银行转账的方式向周敏支付了定金20万元，准备购买位于上海市浦东新区上南路6869弄4号301室房屋。后发现周敏提供的公证书系伪造，怀疑对方有欺诈行为。3月17日，上海市公安局浦东分局对周敏涉嫌合同诈骗一案立案侦查。2012年10月17日，周敏因犯信用卡诈骗罪、合同诈骗罪被上海市浦东新区人民法院判处有期徒刑八年，罚金人民币6万元并被责令退赔犯罪所得，返还被害银行及被害人（即李彦东）。判决后，周敏提出上诉。2012年12月14日，上海市第一中级人民法院裁定驳回上诉，维持原判。

系争房屋原系案外人周敏、周国左、蔡芳、陈炳玉按份共有，其中周敏占六分之一份额。系争房屋交易过程中，周敏曾向李彦东、汉宇地产出具一份公证书，载明周国左、蔡芳、陈炳玉委托周敏代为办理系争房屋交易的相关事宜。该公证书后被上海市国信公证处确认为系伪造。上海市浦东新区房地产登记处于2012年3月30日受理了系争房屋的过户事宜，2012年4月16日，该房屋过户至案外人夏桂华、沈小芳、夏宇豪名下。期间的2012年4月9日，系争房屋的抵押被注销。

上海市嘉定区人民法院一审认为：被告汉宇地产作为专业的房屋中介机构，在进行居间服务时应尽到必要的、审慎的审查、核实义务，如核实房源信息、核实卖房人的身份信息、判断交易过程中的合理性等。买房人对于房屋交易也负有注意义务。本案中，汉宇地产虽进行了一定的调查、核实等行为，但未就系争房屋是否存在一房二卖、公证书是否系伪造等事宜进行调查核实，导致原告李彦东定金损失。而李彦东也未依约将定金交予汉宇地产保管，而是将定金直接支付于周敏，也未对公证书的真实性尽到注意义务，导致定金无法追回。双方在此过程中均有过错，应各自承担相应的责任。现周敏已被判处刑罚，并被责令退赔犯罪所得，结合李彦东、汉宇地产双方的过错程度，确定汉宇地产在3万元的数额范围内承担补充赔偿责任。

据此，上海市嘉定区人民法院依照《中华人民共和国合同法》第六十

条①、第四百二十五条②之规定，于2013年1月23日作出判决：被告上海汉宇房地产顾问有限公司应对案外人周敏刑事退赔不足部分在人民币3万元范围内赔偿原告李彦东损失。此款应于刑事退赔执行中止或终结之日起10日内支付。

李彦东不服一审判决，向上海市第二中级人民法院提起上诉。

李彦东上诉称：己方是应中介公司工作人员周宏林要求将定金直接支付给周敏，由中介开收据，三方一起到银行转账。己方并非擅自无因地直接向周敏交付定金，是在中介公司要求并对于房屋交易给予安全的肯定回复下才支付定金的。己方对卖方提供的相关资料进行确认，并在中介公司给出安全肯定回复下，签订买卖协议。而汉宇地产为了签订买卖协议，故意捏造虚假事实，作引人误解的虚假宣传，骗取己方信任赚取中介费，存在严重过失。汉宇地产作为专业中介公司没有尽到基本义务，给己方造成巨大损失，应当承担全部责任。据此，请求撤销原判，改判支持己方原审诉讼请求。

汉宇地产亦不服一审判决，提起上诉称：李彦东直接向周敏支付定金，周敏出具收条，均未提要将定金交由己方保管。李彦东在交易中极不慎重的态度导致现在后果，其本身存在重大过失。己方作为居间方无法核实公证书的真伪，且周敏提供的是公证书原件，在形式上具备公证书的基本要求。至于一房两卖问题，己方无法核实，且通过产权信息查询应无法正常得知房屋是否已出售。本次交易系周敏主观恶意欺诈及隐瞒，己方已尽到居间义务。据此，请求撤销原判，改判驳回李彦东的原审诉讼请求。

上海市第二中级人民法院经二审，确认了一审查明的事实。

另查明，伪造的公证书中，载明的蔡芳出生日期与其身份证号码记载

---

① 对应《中华人民共和国民法典》第五百零九条："当事人应当按照约定全面履行自己的义务。当事人应当遵循诚信原则，根据合同的性质、目的和交易习惯履行通知、协助、保密等义务。当事人在履行合同过程中，应当避免浪费资源、污染环境和破坏生态。"

② 对应《中华人民共和国民法典》第九百六十二条："中介人应当就有关订立合同的事项向委托人如实报告。中介人故意隐瞒与订立合同有关的重要事实或者提供虚假情况，损害委托人利益的，不得请求支付报酬并应当承担赔偿责任。"

不一致。双方在一审中对前述事实均未提及。

二审中，上诉人李彦东陈述：周敏是拿着户口本原件、周敏本人与蔡芳的身份证原件，和我、汉宇地产到派出所核对，户口本及身份证都是真实的。周敏在提供户口本、身份证原件的同时提供了委托书，口头核对后对公证书存在的问题口头提出异议。在付款之前，汉宇地产周宏林说已经确认过了。我让中介去确认，中介说需要到公证处现场才能确认。我就转而打电话确认，公证处表示电话不接待，必须到现场进行确认。由于当时公证处和周宏林之前的说法一致，周宏林保证说他已经确认过了，我就没有再去现场确认了。上诉人李彦东表示，请求二审法院改判汉宇地产在10万元范围内承担补充赔偿责任。

二审中，2013年3月27日，汉宇地产申请撤回上诉。2013年4月17日，法院要求汉宇地产通知其工作人员周宏林到庭作证。证人周宏林陈述，其不具备经纪人资格，没有发现公证书中存在的问题。没有到公证处现场核实公证书真伪，本人感觉是真的。公证处不接受电话查询，拿身份证和公证书原件就可以到公证处进行现场核查。签居间合同时，周敏和蔡芳都在场，没有问过周敏一房两卖的情况。在实际操作中，定金都是直接转给上家，居间合同中有关定金条款的约定基本是不用的。李彦东支付定金当天，为提取现金，由周敏转给我和李彦东各2万元，帮助周敏提现。

上海市第二中级人民法院二审认为：上诉人汉宇地产申请撤回上诉，与法不悖，予以准许。根据查明的事实，上诉人李彦东系周敏实施合同诈骗的被害人，周敏骗得李彦东支付的购房定金20万元，周敏犯罪所得应予追缴并发还被害人。一审法院判令汉宇地产承担补充赔偿责任，符合案件事实，二审予以认同。

本案二审主要争议在于汉宇地产承担补充赔偿责任的范围，对此应综合本案案情予以判定。根据二审查明的事实，伪造的公证书中载明的蔡芳出生日期与其身份证号码记载不一致，该事项无需专业知识即可判断。在公证机构无法提供电话核实真伪的情况下，汉宇地产理应赴公证机构进行现场核实，但汉宇地产未采取前述措施。而根据上诉人李彦东在二审时的陈述，其在付款前已注意到公证书存在的问题并提出异议，李彦东完全有

中介合同纠纷

机会主动核实公证书真伪后再行付款。由于李彦东、汉宇地产均未尽到前述审慎义务，致使李彦东本人成为周敏合同诈骗的被害人。汉宇地产作为专门从事居间活动的单位，开展经营业务理应尽职尽力维护好委托人的利益。根据查明的事实，汉宇地产经办本案居间业务的工作人员不具备经纪人资格，未认真核查系争房屋已被出卖情况，未严格按照合同约定履行定金保管义务，使案外人周敏得以实施诈骗，继而造成李彦东损失。综合前述情况，李彦东提出汉宇地产在10万元范围内承担补充赔偿责任，尚属合理，可予支持，对一审判决作相应调整。

综上，上海市第二中级人民法院依照《中华人民共和国民事诉讼法》第一百七十条第一款、第一百七十五条之规定，于2013年5月9日作出判决：变更上海市嘉定区人民法院（2012）嘉民三（民）初字第809号民事判决中的金额为上海汉宇房地产顾问有限公司于本判决生效之日起10日内在人民币10万元范围内就案外人周敏刑事退赔不足部分对李彦东承担补充赔偿责任。

本判决系终审判决。

125. 陈立耘与北京原始会投资管理有限公司、被告北京网信众筹网络科技有限公司居间合同纠纷案[*]

▶ 经法院强制执行后融资人的财产仍不足以承担对投资人的损失赔偿责任时，投资人以股权众筹平台违反审查和说明义务为由请求其承担违约责任的，应综合平台的违约程度、合理预见规则及与有过失规则确定其承担的补充责任

【关键词】

股权众筹　平台义务　违约责任　补充责任

【裁判摘要】

股权众筹平台作为专业的金融中介机构，与投资人之间存在着居间特性的合同关系，且平台本身具有金融服务和互联网中介的属性，需要承担比一般的居间人更多的审查义务和说明义务。投资人发生损失后向融资人索赔，经法院强制执行后融资人的财产仍不足以承担对投资人的损失赔偿责任时，投资人以股权众筹平台违反上述义务为由请求股权众筹平台承担违约责任的，应综合股权众筹平台的违约程度、合理预见规则及与有过失规则确定其承担的补充责任。股权众筹平台承担的补充责任一般为有限的自己责任，不能向融资人追偿。

---

[*] 摘自《人民法院案例选》2019年4辑（总第134辑），人民法院出版社2019年版，第132~143页。

中介合同纠纷

【相关法条】

《中华人民共和国合同法》第一百零七条① 当事人一方不履行合同义务或者履行合同义务不符合约定的,应当承担继续履行、采取补救措施或者赔偿损失等违约责任。

第四百二十五条② 居间人应当就有关订立合同的事项向委托人如实报告。

居间人故意隐瞒与订立合同有关的重要事实或者提供虚假情况,损害委托人利益的,不得要求支付报酬并应当承担损害赔偿责任。

【案件索引】

一审:北京市朝阳区人民法院(2017)京0105民初1151号(2017年12月28日)

二审:北京市第三中级人民法院(2018)京03民终5189号(2018年6月13日)

【基本案情】

原告(上诉人)陈某某诉称:2015年7月,原始会公司在原始会平台上发布巨峰公司股权融资600万元的信息,并声明有专业审核团队和风控团队审核把关,项目的运作方网信公司江苏站刘某推介该项目,陈某某进行了投资。但融资成功后不久,巨峰公司被人民法院列入失信被执行人名单。陈某某认为,平台应当对其上线项目进行实质性审核和风险控制。但平台没有尽到义务,未对林权进行审核,融资计划书虚假宣传,现巨峰公司已背负巨额债务,无力履行还款义务,陈某某的投资款全部损失。故陈某某起诉至法院,要求原始会公司、网信公司共同赔偿其投资款12万元及

---

① 对应《中华人民共和国民法典》第五百七十七条,内容未作修改。
② 对应《中华人民共和国民法典》第九百六十二条:"中介人应当就有关订立合同的事项向委托人如实报告。中介人故意隐瞒与订立合同有关的重要事实或者提供虚假情况,损害委托人利益的,不得请求支付报酬并应当承担赔偿责任。"

利息损失。

被告（被上诉人）原始会公司辩称：不同意陈某某的诉讼请求。第一，其为融资居间服务提供者，已经依照平台公示的规则对融资计划书进行了书面审查，且仅向巨峰公司收取了融资金额5%的居间服务费，陈某某要求其赔偿损失缺乏经济基础。第二，陈某某具备一定的投融资经验，对股权投资风险有充分认知。原始会平台在会员注册以及网站上均充分披露了《用户注册服务协议》《风险揭示书》，反复提示了业务模式和相关风险，并明确表示对项目公司提交材料的真实性不进行担保等。第三，其不存在违约行为，如实完整地披露了巨峰公司的融资计划书。第四，巨峰公司与涉案项目的领投人苏州金枫创业投资有限公司（以下简称金枫创投公司）是直接责任方。"全国失信被执行人名单"系2015年12月11日首次公布，晚于涉诉项目的融资期间。

法院经审理查明：原始会公司经营的融资平台是中国证券业协会首批吸纳的互联网非公开股权融资平台会员。该平台上线了巨峰公司拟通过股权融资600万元的项目，《融资计划书》载明巨峰公司经营12万亩稀缺林权资源等投资亮点。王某通过平台向该项目投资12万元，并与领投人金枫创投公司等投资人成立有限合伙企业，以有限合伙企业的名义与巨峰公司及该公司两名原始股东签订了《增资扩股协议书》，有限合伙企业以600万元认购巨峰公司新增的注册资本400万元。原始会公司从投资款中扣除30万元佣金后，向巨峰公司支付570万元。

此后，巨峰公司原始股东、有限合伙企业、巨峰公司签订《协议书》，有限合伙将其所有的股份以600万元转让给巨峰公司原始股东，巨峰公司承担连带支付责任。后有限合伙针对《协议书》提起诉讼，法院判令巨峰公司原始股东支付有限合伙股权转让款600万元及违约金，该案进入强制执行程序，未执行到任何财产。

原始会公司在网站上披露了《用户注册服务协议》《风险揭示书》，但涉案项目上线前，其未审查巨峰公司的财务报告，也未通过第三方对该公司的财务情况进行审查。王某认为原始会公司未对上线项目进行实质性审查和风控，12万亩稀缺林权资源为虚构，应当承担违约责任，故要求原始

中介合同纠纷

会公司赔偿其投资款 12 万元及利息损失。

【裁判结果】

北京市朝阳区人民法院于 2017 年 12 月 27 日作出（2017）京 0105 民初 1151 号民事判决：一、被告原始会公司赔偿原告陈某某损失 18000 元；二、驳回原告陈某某的其他诉讼请求。宣判后，陈某某不服原审判决，提起上诉。北京市第三中级人民法院于 2018 年 6 月 13 日作出（2018）京 03 民终 5189 号民事判决：驳回上诉，维持原判。

【裁判理由】

法院生效判决认为：陈某某通过原始会平台对巨峰公司股权众筹项目进行投资，虽然双方并未签订书面协议，但原始会公司以促成交易为目的，提供了信息发布、撮合交易、资金划转等媒介服务，担当了促成投融资交易的中介角色，可以概括地认定陈某某与原始会公司之间成立事实上的居间合同关系。本案的争议焦点有两个：

一是如何界定股权众筹平台的居间义务。与一般居间合同有所不同，股权众筹作为一种融资模式，具有金融活动的特点，股权众筹平台具有金融媒介的属性。根据中国人民银行等十部门发布的《关于促进互联网金融健康发展的指导意见》（银发〔2015〕221 号）的要求，股权众筹融资中介机构要以市场为导向，遵循服务实体经济、服从宏观调控和维护金融稳定的总体目标，切实保障消费者合法权益，维护公平竞争的市场秩序。据此，股权众筹平台至少负有以下义务：对融资方及融资项目的合法性进行审查，对融资方的信息进行及时、全面的披露；对投资人资格进行审查，通过风险提示使投资人了解股权众筹的基本规则和风险；在投融资双方间建立信息沟通渠道，并保持居间方的中立性，预防和化解因信息不对称而造成欺诈风险；对投融资过程的关键信息进行记录和保存，以及保护投资者个人信息安全、为资金划转提供支持、反洗钱等等。上述义务既是平台收取居间报酬的合理性基础，也是保护投资者利益、维护金融市场秩序的客观要求。原始会公司作为股权众筹平台的运营者以及专业金融中介机构，应当勤勉尽责，严格履行上述合同义务。

二是股权众筹平台是否违约、应当承担何种违约责任。从融资项目审查看，股权众筹平台在披露融资计划书之前，应当对融资项目的合法性进行严格审核。《融资计划书》载明了项目在新三板挂牌、资源优势等方面的投资亮点，投资亮点直接影响投资判断。但原始会平台在承诺有专业的投资团队及风控团队对项目进行全面分析和严格审核的同时，既未要求巨峰公司提交森林资源优势的依据，亦未要求巨峰公司披露财务状况或对其财务情况进行调查，现融资计划书中森林资源的内容涉嫌虚假陈述，巨峰公司融资成功后不久即被人民法院列入失信被执行人名单，原始会公司未尽到融资项目审查义务。从风险提示方面看，股权众筹平台有义务向投资人告知交易规则、揭示投资风险，保障投资人作出理性投资选择。原始会公司作为电子格式文本的提供方和电子数据的保管方，未能就提交的《用户注册服务协议》《风险揭示书》与陈某某注册时勾选或公示的文件内容一致进行举证，应当依法承担不利后果。同时，从原始会平台"投资者手册"所处的页面位置来看，上述文件未处于页面显著位置。综合以上情况，可以认定原始会公司没有通过足以引起投资人注意的特别方式告知交易模式和相应风险，未尽到风险提示义务。原始会公司应当依法承担违约损害赔偿责任。但股权众筹属于金融投资活动，风险较大，投资人也应对投资选择尽到必要的注意义务。因此，根据责任与过错相适应原则及可预见性原则，综合考虑原始会公司、陈某某各自的过错程度，居间报酬的金额以及金融秩序维护等因素酌定原始会公司向陈某某赔偿18000元。另，虽然陈某某基于不同法律关系享有多个诉权，但其通过不同的法律关系获得的全部赔偿金额应以实际损失为限。原始会公司向其作出赔偿后，陈某某不得再就该部分损失向其他主体追索。基于以上分析，酌定原始会公司按照其收取佣金的三倍标准向投资者承担违约损害赔偿责任。

【案例注解】

本案是全国第一例投资人起诉融资人后胜诉权未能通过执行程序实现而又起诉股权众筹平台的居间合同纠纷案。众筹自2011年前后引入中国后

中介合同纠纷

一直处于快速发展状态,与众筹的爆发式发展相比,众筹监管和立法相对滞后,目前,我国在股权众筹投融资方面的立法处于空白状态,具体监管规定也迟迟没有出台,从实践运行中看,平台与融资方一般都会签订书面合同,明确双方的权利义务关系,具有明显的居间合同性质。难点是平台与投资人的权利义务关系的确定,从交易行为分析,具有明显的互联网特征和金融服务特征,投资人与平台的沟通一般都是在线上完成的,且双方形式上没有传统合同行为中的对等给付,当投资人要求平台承担民事赔偿责任时,需要明确双方是否存在合同关系、如何设定双方的权利义务、是否承担民事责任、民事责任的形式和范围如何确定等问题。

一、股权众筹平台与投资者之间法律关系的性质

众筹（crowdfunding）,《牛津高级英汉双解词典》将之定义为"利用互联网向大众筹集小额资金",① 我国学者将之归纳为"面向社会公众筹集资金,特别指以资助个人、公益慈善组织或商事企业为目的的小额资金募集。"② 依其运行模式,一般将众筹划分为捐赠众筹、产品众筹、债权众筹和股权众筹四种,股权众筹是企业通过互联网股权众筹平台向社会投资者出让一定比例的股份以获取企业发展资金,社会投资者通过出资入股成为公司股东并享有相应股东权利的众筹模式。③ 在我国的股权众筹实践中,有三种运作方式:一是直接股权投资;二是线上＋线下两段式投资;三是借助合伙企业间接投资,④ 企业投资者一方普遍采用"领投＋跟投"的方式,所有投资者共同成立一个有限合伙企业,领投人担任合伙企业的普通合伙人,跟投人担任有限合伙人,所有投资人以合伙企业的名义持有融资人的股份。本案当事人也采用此种运作方式。

---

① 《牛津高阶英汉双解词典》(第九版),商务印书馆,第510页。
② 杨东、苏伦嘎:《股权众筹平台的运营模式及风险防范》,载《国家检察官学院学报》2014年第7期。
③ 白江、贾传志:《我国股权众筹面临的风险与法律规制》,载《东方法学》2017年第1期。
④ 吴晓灵主编:《互联网金融中国实践的法律透视》,上海远东出版社2015年版,第268～273页。

（一）股权众筹平台与投资人之间存在着居间性质的合同关系

当前，国内股权众筹平台众多，比较知名的包括人人投、原始会、天使汇等，虽然各众筹平台在运营上各有特点，但交易流程大致相同。股权众筹平台在交易中承担提供融资项目信息、融资项目审核等交易环节。网络用户分为投资者和融资者两个不同的角色，融资者参与交易的基本流程可以分成注册账号及填写相关信息、创建项目及发送商业方案、合格项目上架、项目线下与线上路演、项目筹资、线下增资手续等步骤；投资者参与交易的基本流程可以分成注册账号及填写相关信息、审核通过成为投资人会员后查阅项目、选择项目线上或线下约谈、项目投资、线下增资手续等步骤。以本案中原始会股权众筹平台为例，其股权众筹平台的业务流程如下：（1）项目经理对申请融资的项目进行商业判断，如认为可行，联系项目方获取基本资料（包括主体信息、融资计划、财务数据、资质文件等）；（2）项目经理经过初步风险判断之后，将拟上线的项目提交筹资委员会审核；（3）平台将审核通过的融资项目发布到平台上，开放投资人预约功能；（4）投资人预约投资金额并交纳保证金；（5）项目预约投资金额达到最低标准后，投资人缴纳全部投资款；（6）全体投资人成立有限合伙企业，有限合伙企业与融资方签署投资协议；（7）完成融资企业增资的工商登记变更；（8）投资人给平台付款指令后，平台从投资款中扣除居间佣金，向融资方支付投资款项。意向投资人在投资前须先在平台上注册成为会员，并签署《用户注册服务协议》和《风险揭示书》，平台审核认证后投资人方可进行项目投资。从投资人参与交易的模式和流程看，投资人在成为会员和正式投资之前在股权众筹平台网站上点击签署了《用户注册服务协议》和《风险揭示书》，用户服务协议对双方的权利义务及违约责任都作出了明确的规定，可以认定双方建立了合同关系。

股权众筹平台与投资人之间是否存在合同关系关系到投资保护的路径选择问题。对于股权众筹平台对投资者造成损害的保护问题，学界有不同观点，一种观点认为，投资者虽然经过了注册、点击签署相关协议等环节，但股权众筹平台与投资者并没有形成标的确定、权利义务明确的合同

中介合同纠纷

关系，应适用侵权责任法的相关规定保护投资人；① 另一种观点认为，投资者在股权众筹平台在线注册，并签署服务协议、风险提示协议等文件，可以认定双方存在合同关系，应适用合同法的相关规定保护投资人。② 笔者认为，这些观点均有一定道理，但适用合同法来保护投资人有充分的法律依据。首先，应当承认股权众筹平台与投资人之间的合同关系。除要物合同外，合同的成立是指当事人意思表示的一致。③ 即合同成立的要件有两个：一是双方均是适格当事人；二是双方意思表示一致。至于意思表示是否完备、全面乃至真实均不影响合同关系的成立。一方面，股权众筹平台和投资人之间的注册、服务、风险提示等协议可能有这样或那样的不足，甚至因电子文本的易修改等特性造成事后双方就合同部分文本内容无法达成一致，但这些都可以通过合同的解释来解决，而不应直接否定双方之间存在合同关系；另一方面，即使投资人与股权众筹平台的相关协议中没有直接针对某一融资项目，而是针对股权众筹平台上所有的融资项目，还包括将来上线的项目，也不能认为合同标的不明确，该类合同的标的系提供融资机会和服务，合同标的是确定和明确的。也就是说，可以适用《合同法》相关规定保护投资人权益。其次，《合同法》第一百二十二条规定："因当事人一方的违约行为，侵害对方人身、财产权益的，受损害方有权选择依照本法要求其承担违约责任或者依照其他法律要求其承担侵权责任。"在股权众筹平台造成投资人损失的情况下，符合因一方的违约行为侵害对方人身、财产权益的情形，可以适用《侵权责任法》的相关规定保护投资人权益。最后，适用侵权法保护还是合同法保护，只能由原告选择确定。在请求权竞合的情况下，法院不能依职权确定请求权基础，只能由原告选择确定。原告可以通过以下方式选择请求权：一是直接在诉讼请求中明确选择请求权，例如在诉讼请求中要求对方承担违约赔偿责任；二是在主张中引用相关法律条文，例如原告未明确选择请求权，但在法律依

---

① 庄莉莉：《我国股权众筹平台侵权责任研究》，华侨大学2016年硕士学位论文。
② 李爱君：《互联网金融法律与实务》，机械工业出版社2016年版，第72页。
③ 赵旭东：《论合同的法律约束力与效力及合同的成立与生效》，载《中国法学》2000年第1期。

据中援引了《合同法》的相关规定,应认定原告选择了违约请求权。

(二) 股权众筹平台与投资人之间的居间合同关系的特殊性

股权众筹平台的居间人性质是明确的,但与一般居间合同的居间人相比,众筹平台的作用和职责还是有所区别的。从股权众筹交易的当事人关系分析,股权众筹平台并非筹资的主要参与者,但却是各方当事人互动的平台,也是整个交易行为的法律关系的连接点。投资人的加入、项目的发起都是在平台进行的,投资人对项目的基本了解也是通过平台描述的信息来完成的。股权众筹本质上是金融,① 股权众筹法律关系与一般居间合同关系有所不同,股权众筹平台从事的是投融资方面的撮合活动,因此,还具有金融中介的属性。股权众筹平台在提供居间服务的同时,还承担着金融法上的权利义务,超出了居间合同提供媒介服务的范围,不能全部被居间合同所涵盖。国家对金融活动有严格的管控要求,股权众筹平台作为投融资交易的金融中介,其居间义务不应限于《合同法》关于居间合同的一般规定,还应进一步延伸到维护金融秩序、防范金融风险和保护投资者利益等方面。该合同不在《合同法》分则规定的有名合同之列,故应为无名合同。从双方合同的主要内容看,股权众筹平台向投资人提供若干融资项目信息和投资机会,并提供项目审核服务,投资人自愿选择项目进行投资。双方之间形成以投资居间、服务为主要内容的复合型合同关系。

二、股权众筹平台对投资者的主要义务

股权众筹平台与投资人的法律关系确定之后,权利义务关系也需要确定。平台具有两方面的义务,基于居间合同的义务和基于金融中介服务的义务。合同义务分为约定义务和法定义务。合同的约定义务由双方当事人自由约定,只要不违反法律、行政法规的强制性规定即为合法有效,履行义务人应全面及时履行相应义务。在平台与投资人《用户服务协议》中,规定了平台的权利和义务,如对用户进行实名认证和投资资格审核、对融

---

① 张家卫、吴鹏:《众筹学》,清华大学出版社 2017 年版,第 90 页。

中介合同纠纷

资项目的合法性进行必要审核、采取必要措施防范欺诈、开展风险教育等。当然，这些规定都是由平台来制定的，近似于格式合同的条款，需要进行法律解释，甚至作出不利于条款制定者的解释。下文主要研究股权众筹平台的法定义务，我国现行法律法规对众筹平台的法定义务并无规定。中国人民银行等十部门发布的《关于促进互联网金融健康发展的指导意见》（银发〔2015〕221号）规定，从业机构应当对客户进行充分的信息披露，及时向投资者公布经营活动和财务状况的相关信息，以便投资者充分了解从业机构运作状况，促使从业机构稳健经营和控制风险；应当向各参与方详细说明交易模式、参与方的权利义务，并进行充分的风险提示。《私募股权众筹融资管理办法（试行）》（征求意见稿）第八条、第九条规定了平台的职责和禁止行为。结合上述规定，从平台居间的特性、金融服务的实质、互联网平台的载体出发，对其义务进行法律解释和综合考量。

1. 充分的风险提示义务

股权众筹本质上是互联网金融，是一项高风险的金融活动，需要从业者具备相应的风险意识和风险承受能力。股权众筹中的投资者以不特定的小额投资人为主，投资经验不足、风险意识不强，加之投资人与融资人的信息不对称，在片面追求高收益和高回报的盲目心理下，很难在充分注意到投资风险的基础上作出理性的投资决策。因此，股权众筹平台应承担起风险提示义务，将融资项目的风险点用足以引起投资人注意和理解的特别方式告知投资人，让投资人充分知晓和预判可能存在的风险，促使投资人在风险苗头出现时及时发现风险并采取措施避免损失的进一步扩大。充分的风险提示义务，是众筹平台作为互联网金融平台的基本义务，需要在订立用户服务协议时一并告知，强调充分：一是要求内容充分，对股权众筹项目存在的市场风险、管理风险、经营风险等要完整地告知；二是告知方式要明确。一些股权众筹平台向投资者发放专门的风险提示书或在网站上制作专门的网页，要求投资人仔细阅读并签章，符合法律的基本要求；三是风险告知应当公开持续，应当在网站的显著位置，持续提示。个别平台将风险提示书放在不引人注意的位置，属于履行义务有瑕疵的行为。

2. 融资项目审慎审核义务

从域外立法实践来看,股权众筹平台作为投资咨询机构或投资服务提供商的平台,一般都负有尽职调查的义务,必须对所选择项目进行尽职调查。[①] 这是股权众筹平台区别于一般网络服务平台的根本所在。在股权众筹中,广大投资者在专业知识、经济能力等方面都处于劣势,作为专业的金融中介,众筹平台具备审核融资项目真伪、识别金融风险的能力和条件,应对融资方和融资项目进行审慎审核,做好项目前期的尽职调查和后期的跟踪监督,保障融资项目的基本可行性和真实性,保障资金用途的合法性和规范性,将投资人的利益保护作为审慎审核的出发点和落脚点。此项义务类似于公开发行证券融资中的承销商、保荐人、会计、律师等中介机构的责任,由于股权众筹本身的融资门槛较低,且没有会计事务所或律师事务所的专业能力,故审查义务要求应低于专业中介机构的标准,但对融资项目进行必要的审核、防范风险和欺诈应是共识,众筹平台无疑是合适的义务承担者。这种审慎的审核义务至少应包括三个方面:一是融资主体的合法性审查,包括融资主体的企业登记信息、股东名称和股权结构,认缴或实缴注册资本情况,法定代表人及高管人员情况;二是融资项目的真实性审查,融资项目的商业计划书、业务流程、赢利模式等;三是融资主体的财务信用审查。融资主体近年的财务审计报告,借助信用平台对其信用能力进行考察。这些审核内容既是实现合同目的所必要的,也是可行的,基于平台的能力和当前我国信息公开的现实条件客观上能够完成。

三、股权众筹平台的责任

作为民事交易的主体,股权众筹平台违反相关义务,要承担相应责任。作为一项新经济模式下出现的交易主体,对我国众筹平台责任特别是众筹平台对投资人的责任的认定还需要从责任性质、责任范围和责任形态方面加以明确和厘清。

---

① 姚瑶:《股权众筹平台投资者适当性义务的证成与制度构建》,载《南方金融》2017年第11期。

（一）股权众筹平台的责任性质

《合同法》第一百零七条规定："当事人一方不履行合同义务或者履行合同义务不符合约定的，应当承担继续履行、采取补救措施或者赔偿损失等违约责任。"一般认为，违约责任是严格责任，除非有法定或约定的免责事由，一方违约的应向另一方承担违约责任。众筹平台违反融资项目审慎审核义务、信息披露义务和风险提示义务造成投资人损失的，应向投资人承担违约责任。

股权众筹平台的违约责任具有独立责任的性质，其责任事实基础是股权众筹平台的不适当履行义务的行为，其责任法律基础是《合同法》关于违约责任的规定，其责任的正当性在于违约方违反契约精神，存在不守约行为。

（二）股权众筹平台的责任范围

股权众筹平台违反合同约定的，应向投资人承担违约责任。投资人也有过错的，可以减轻股权众筹平台的责任。在领投人+跟投人模式中，领投人也应承担比跟投人更多的关注义务，存在平台、领投人、跟投人责任合理分配的问题。关于股权众筹平台违约责任的范围或大小，应综合考虑合理预见规则、与有过失规则等，[1] 具体来说需要考量三个因素：一是股权众筹平台的违约程度；二是股权众筹平台对损失大小的预见；三是投资人自身有无过错及过错大小。其中，股权众筹平台的违约程度包含违约行为的恶劣程度、造成的损失大小、违约的主观过错等要素；股权众筹平台对损失大小的遇见属于因果关系的范畴，即违约与损失应存在因果关系，损失应在当事人能够遇见的范围内；投资人自身的过错属于股权众筹平台违约责任的减轻或免除事由。

---

[1] 崔建远：《合同法》，法律出版社2014年版，第264~269页。

(三) 股权众筹平台的责任形态

"责任形态"多用于侵权责任法领域,《民法总则》第八章"民事责任"部分规定了按份责任和连带责任两种责任形态,将责任形态应用于所有民事责任领域。学理上认为,民事责任可以划分为自己责任和替代责任、单方责任和双方责任以及单独责任和共同责任三类,共同责任又包括按份责任、连带责任、不真正连带责任和补充责任等形态。[①] 其中,不真正连带责任也称为不真正连带债务,是指数个债务人基于不同的发生原因而产生的同一内容的给付,各个债务人分别对债权人负全部履行之义务,并因债务人之一的履行而使全体债务人的债务均归于消灭的债务。[②] 不真正连带责任的数个债务人中存在终局的责任人,其他责任人承担责任后可以向终局责任人追偿。补充责任是指因同一债务,在应承担清偿责任的主责任人财产不足给付时,由补充责任人基于与主责任人的某种特定法律关系或因为存在某种与债务相关的过错而承担补充清偿的民事责任。[③] 也就是说,补充责任中存在数个不同顺位的债务人,在先顺位的债务人不能足额承担债务时由下一顺位的债务人承担补充责任。

如果投资人发生损失后向融资人索赔,经法院强制执行后融资人的财产仍不足以承担投资人的损失时,投资人以股权众筹平台违反上述义务为由请求股权众筹平台承担违约责任的,此时股权众筹平台的责任形态存在两种观点:第一种观点认为股权众筹平台应承担不真正连带责任;第二种观点认为股权众筹平台应承担补充责任。笔者赞同第二种观点。

笔者认为第一种观点有待商榷,主要是股权众筹平台的违约责任不符合不真正连带责任的内涵和特征。在不真正连带责任中,数个责任人的给付责任是同一内容的给付,如果是金钱给付,数个责任人的给付金额应当是相同的,否则债务无法通过一个债务人的履行而免除。股权众筹平台的

---

① 王雷:《不真正连带责任与其他侵权责任形态的关系及适用》,载《安徽大学法学评论》2011 年第 1 辑。
② 王利明:《债法总则》,中国人民大学出版社 2016 年版,第 80 页。
③ 魏振瀛:《民法》,北京大学出版社、高等教育出版社 2000 年版,第 48 页。

责任金额由其违约程度等因素确定,与融资人向投资人承担的返还投资权益的责任金额不同,即不属于同一内容的给付,二者之间不构成不真正连带责任。

笔者赞成第二种观点,理由如下:首先,股权众筹平台的责任应属第二顺位的责任。投资人损失赔偿责任产生的根源在于融资人的不当行为,仅有股权众筹平台的违约和过错不足以造成损失,且融资人和股权众筹平台之间没有意思联络,应由融资人承担第一顺位的责任,股权众筹平台承担补充责任。在融资人向全部投资人承担的返还投资权益的责任经强制执行后仍不足给付时,才由股权众筹平台承担补充责任。其次,股权众筹平台承担补充责任并不排斥其责任性质系独立的违约责任。融资人的责任和股权众筹平台的责任均为独立的合同责任,补充责任的补充性体现在责任顺位上,不体现在责任性质、形式和数额上。再次,股权众筹平台承担的补充责任是有限的补充责任或者不完全的补充责任。补充责任是对主责任不足的补足,但是,补充责任人并不对主责任人全部的"不足"部分进行补充,其承担的责任仍根据违约程度或过错程度确定。最后,股权众筹平台承担补充责任后不能向融资人追偿。股权众筹平台承担的补充责任是独立的自己责任,责任基础是其违约行为,既不是垫付责任也不是替代责任,其承担责任后不能向融资人追偿。

(一审法院合议庭成员　靳学军　崔立斌　刘　燕
二审法院合议庭成员　刘　茵　刘建刚　林丽霞
编写人　北京市朝阳区人民法院　靳学军
责任编辑　潘　静
审稿人　曹士兵)

服务合同纠纷

服务合同纠纷

一、电信服务合同纠纷

> 经营者订约时未将限制条件明确告知消费者的，电信服务合同条款不产生效力

126. 刘超捷诉中国移动通信集团江苏有限公司徐州分公司电信服务合同纠纷案[*]

（最高人民法院审判委员会讨论通过 2016年6月30日发布）

【关键词】

> 民事 电信服务合同 告知义务 有效期限 违约

【裁判摘要】

> 1. 经营者在格式合同中未明确规定对某项商品或服务的限制条件，且未能证明在订立合同时已将该限制条件明确告知消费者并获得消费者同意的，该限制条件对消费者不产生效力。
>
> 2. 电信服务企业在订立合同时未向消费者告知某项服务设定了有效期限限制，在合同履行中又以该项服务超过有效期限为由限制或停止对消费者服务的，构成违约，应当承担违约责任。

---

[*] 摘自2016年6月30日最高人民法院发布的第13批指导案例（指导案例64号）。

相关法条

《中华人民共和国合同法》第三十九条①

基本案情

2009年11月24日,原告刘超捷在被告中国移动通信集团江苏有限公司徐州分公司(以下简称移动徐州分公司)营业厅申请办理"神州行标准卡",手机号码为1590520××××,付费方式为预付费。原告当场预付话费50元,并参与移动徐州分公司充50元送50元的活动。在业务受理单所附《中国移动通信客户入网服务协议》中,双方对各自的权利和义务进行了约定,其中第四项特殊情况的承担中的第1条为:在下列情况下,乙方有权暂停或限制甲方的移动通信服务,由此给甲方造成的损失,乙方不承担责任:(1)甲方银行账户被查封、冻结或余额不足等非乙方原因造成的结算时扣划不成功的;(2)甲方预付费使用完毕而未及时补交款项(包括预付费账户余额不足以扣划下一笔预付费用)的。

2010年7月5日,原告在中国移动官方网站网上营业厅通过银联卡网上充值50元。2010年11月7日,原告在使用该手机号码时发现该手机号码已被停机,原告到被告的营业厅查询,得知被告于2010年10月23日因话费有效期到期而暂停移动通信服务,此时账户余额为11.70元。原告认为被告单方终止服务构成合同违约,遂诉至法院。

裁判结果

徐州市泉山区人民法院于2011年6月16日作出(2011)泉商初字第240号民事判决:被告中国移动通信集团江苏有限公司徐州分公司于本判

---

① 对应《中华人民共和国民法典》第四百九十六条:"格式条款是当事人为了重复使用而预先拟定,并在订立合同时未与对方协商的条款。采用格式条款订立合同的,提供格式条款的一方应当遵循公平原则确定当事人之间的权利和义务,并采取合理的方式提示对方注意免除或者减轻其责任等与对方有重大利害关系的条款,按照对方的要求,对该条款予以说明。提供格式条款的一方未履行提示或者说明义务,致使对方没有注意或者理解与其有重大利害关系的条款的,对方可以主张该条款不成为合同的内容。"

服务合同纠纷

决生效之日起10日内取消对原告刘超捷的手机号码为1590520××××的话费有效期的限制，恢复该号码的移动通信服务。一审宣判后，被告提出上诉，二审期间申请撤回上诉，一审判决已发生法律效力。

裁判理由

法院生效裁判认为：电信用户的知情权是电信用户在接受电信服务时的一项基本权利，用户在办理电信业务时，电信业务的经营者必须向其明确说明该电信业务的内容，包括业务功能、费用收取办法及交费时间、障碍申告等。如果用户在不知悉该电信业务的真实情况下进行消费，就会剥夺用户对电信业务的选择权，达不到真正追求的电信消费目的。

依据《中华人民共和国合同法》第三十九条的规定，采用格式条款订立合同的，提供格式条款的一方应当遵循公平原则确定当事人之间的权利和义务，并采取合理的方式提请对方注意免除或者限制其责任的条款，按照对方的要求，对该条款予以说明。电信业务的经营者作为提供电信服务合同格式条款的一方，应当遵循公平原则确定与电信用户的权利义务内容，权利义务的内容必须符合维护电信用户和电信业务经营者的合法权益、促进电信业的健康发展的立法目的，并有效告知对方注意免除或者限制其责任的条款并向其释明。业务受理单、入网服务协议是电信服务合同的主要内容，确定了原被告双方的权利义务内容，入网服务协议第四项约定有权暂停或限制移动通信服务的情形，第五项约定有权解除协议、收回号码、终止提供服务的情形，均没有因有效期到期而中止、解除、终止合同的约定。而话费有效期限制直接影响到原告手机号码的正常使用，一旦有效期到期，将导致停机、号码被收回的后果，因此，被告对此负有明确如实告知的义务，且在订立电信服务合同之前就应如实告知原告。如果在订立合同之前未告知，即使在缴费阶段告知，亦剥夺了当事人的选择权，有违公平和诚实信用原则。被告主张"通过单联发票、宣传册和短信的方式向原告告知了有效期"，但未能提供有效的证据予以证明。综上，本案被告既未在电信服务合同中约定有效期内容，亦未提供有效证据证实已将有效期限制明确告知原告，被告暂停服务、收回号码的行为构成违约，应

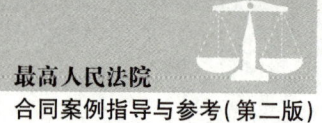

当承担继续履行等违约责任,故对原告主张"取消被告对原告的话费有效期的限制,继续履行合同"的诉讼请求依法予以支持。

(生效裁判审判人员:王 平、赵增尧、李 丽)

理解与参照

《刘超捷诉中国移动通信集团江苏有限公司徐州分公司电信服务合同纠纷案》的理解与参照[*]

——经营者订约时未将限制条件明确告知消费者的不产生效力

2016年6月30日,最高人民法院发布了指导性案例64号《刘超捷诉中国移动通信集团江苏有限公司徐州分公司电信服务合同纠纷案》。为了正确理解和准确参照适用该指导性案例,现对该指导性案例的推选经过、裁判要点、需要说明的问题等予以解释、论证和说明。

一、推选过程及其指导意义

刘超捷诉中国移动通信集团江苏有限公司徐州分公司电信服务合同纠纷一案,徐州市泉山区人民法院于2011年6月16日作出(2011)泉商初字第240号民事判决。一审宣判后,被告不服判决提出上诉,二审期间申请撤回上诉,一审判决发生法律效力。该案例是徐州市中级人民法院建议

---

[*] 摘自《司法文件选解读》2017年第7辑(总第55辑),人民法院出版社2017年版,第46~57页。

服务合同纠纷

推荐,江苏省高级人民法院审核后,向最高人民法院案例指导办公室推荐。2014年10月13日,江苏省高级人民法院审判委员会讨论认为,该案的裁判不仅对制裁电信公司违约行为、保护消费者合法权益具有积极的作用,而且对取消类似霸王条款(如流量清零等)、规范电信服务经营行为,平衡电信经营管理需要与消费者权益保护等,也具有良好的司法引导效应,符合备选指导性案例的要求,同意推荐本案例。① 案例指导办公室经过初审同意推荐该案例,并送研究室民事处、民一庭征求意见,均表示同意推荐。研究室民事处审查认为,本案例在电信服务合同的告知义务及合同解释方面确立了明确的规则,有利于统一法律适用标准,确保缔约时消费者的意思自由不被格式合同减损,也有利于促进电信服务商的服务标准的提高。民一庭审查认为,该案社会广泛关注,涉及消费者知情权的保护与经营者的告知义务,具有普遍的指导意义,适用法律正确,且已在《最高人民法院公报》2012年第10期刊登过,同意作为指导性案例。2015年11月26日,最高人民法院研究室室务会经讨论,原则通过本案例,另认为本案例需要明确实践中是否存有争议,补充相关材料后,报主管院领导审核,再提交审委会审议。后经查询最高人民法院内网"中国法律知识总库",进行了相关案例检索,搜索到两篇案例,与本案例基本案情相似,

---

① 本案涉及电信等公共服务领域的消费者权益保护问题。实践中,电信等公共服务企业凭借其优势地位,在向消费者提供服务过程中,设立一些不公平、不合理的交易条件即"霸王条款",侵害消费者权益的现象比较普遍。本案所反映的为预付话费设定有效期就是其中一种情形。本案中,双方在签订合同时对预付话费的有效期并没有约定,而电信服务企业在合同履行过程中,以所谓的交易惯例为预付话费单方设定了有效期,规定消费者必须在规定的期限内将预付话费消费完,否则预付的花费不能使用也不退还。预付话费设定有效期实质上是一种强制消费行为,一方面,该条款在签约前未告知消费者;另一方面,该条款过度保护了电信服务企业的利益,导致双方权利义务不平衡,故应认定其为不公平、不合理的条款。本案的裁判不仅对制裁电信公司违约行为、保护消费者合法权益具有积极的作用,而且对取消类似霸王条款(如流量清零等)、规范电信服务经营行为,也具有良好的司法引导效应。

但法院给出了相反判决结论,这说明本案例所涉法律问题具有一定的争议性。①2016年5月10日,最高人民法院审判委员会民专会第239次会议审议,鉴于该备选指导性案例涉及电信服务行业管理问题,对相关企业有一定影响,原则通过该案例,征求工信部意见后再上报。2016年6月17日,工信部政策法规司回复:"经研究,该案作为指导性案例发布,我们无不同意见。"2016年6月30日,最高人民法院以法〔2016〕214号文件将该案例列在第13批指导案例予以发布。

该指导案例旨在明确电信服务企业在订立合同时未向消费者告知某项服务设定了使用期限限制,在合同履行中又以该项服务超过有效期限为由限制或停止对消费者服务的,构成违约,应当承担违约责任。该案例对于明确格式合同有关条款的法律适用规则,保护消费者合法权益,规范电信服务等行业的经营秩序具有明显的指导作用。

二、裁判要点的理解与说明

在大量生产、大量销售、大量消费的现代社会中,消费行为已经不单纯是人们基于满足欲望而消耗财物或利用服务的行为,而是人与人之间、人与国家、社会直接的基础关系。对消费者而言,其没有组织能力,对消

---

① 上海市第二中级人民法院(2009)沪二中民一(民)终字第2853号民事判决书认为,电信服务企业根据信息产业部有关规定,为有效利用电信网码号资源,在报纸上刊登公告等方式说明和重申电话储值卡号码有效期的,消费者应当知晓并遵守。消费者持有电话卡超过有效期限,电信服务企业停止服务的,符合有关约定和相关电信管理规定。北京市第一中级人民法院(2012)一中民二终字第625号民事判决书认为,电信服务企业已通过宣传彩页等多种形式宣传和公示了电话卡存在有效期,消费者对此应是明知的,因此,对消费者主张的恢复其手机号码的诉讼请求不予支持。另外,本案例在庭审过程中,电信企业也提交了两个案例,北京市东城区人民法院(2006)东民初字第07661号民事裁定书、北京市第二中级人民法院(2008)二中民终字第05443号民事裁定书,该案原告要求确认充值卡后有关有效期限制的条款违法的诉讼请求,最终被法院以"不属于平等主体的民事法律关系"裁定驳回起诉,借以证明是否应当设定有效期的问题不属于民事诉讼的范围,且有相关判例证实。但本案在判决时法院认为,首先,这两个案例与本案不具有关联性;其次,被告辩称"是否应当设定有效期的问题,不属于民事诉讼的受案范围",而原告是作为电信服务合同的一方当事人,以电信经营者违约而提起的合同之诉,并未将是否应当设定有效期作为独立的诉讼请求提出,对被告该辩称理由法院依法不予支持。

服务合同纠纷

费物品往往是无所知悉，在财力、人力及资讯能力方面相对生产经营者而言是一个弱者。为避免生产经营者借助其在人力、财力以及资讯能力方面有利地位给予自身过度保护，促使生产经营者特别是公共服务企业反省如何以合法、正当的经营方式经营，促进经营者的义务履行，需要对经营者进行一定的规制。

该指导案例裁判要点确认：（1）经营者在格式合同中未明确规定对某项商品或服务的限制条件，且未能证明在订立合同时已将该限制条件明确告知消费者并获得消费者同意的，该限制条件不对消费者产生效力。（2）电信服务企业在订立合同时未向消费者告知某项服务设定了使用期限限制，在合同履行中又以该项服务超过有效期限为由限制或停止对消费者的服务的，构成违约行为，应当承担违约责任。

根据信息产业部于2004年10月发布的《关于规范电信服务协议有关问题的通知》（信部电〔2004〕381号），电信服务协议，"是指电信业务经营者为了重复使用而预先拟定的，规范与电信用户之间的权利义务关系的合同"。这样看，电信服务协议，符合《中华人民共和国合同法》第三十九条第二款关于格式条款的界定，① 电信服务协议应认定为《中华人民共和国合同法》第三十九条项下的格式合同。但对诸如限制合同相对方权利的限制性条款，如果未在格式条款中出现，而试图以其他方式或途径嵌入到格式条款中，如通过宣传广告、店堂告示反复使用或是通过在开出的发票上单独印制等，如何进行认定以及其效力如何，法律对此并没有明确规定。如本案例中的"经营者在格式合同中未明确规定对某项商品或服务的限制条件，且未能证明在订立合同时已将该限制条件明确告知消费者"该如何认定。该指导案例的规则意义在于，它不但填补了《中华人民共和国合同法》第三十九条的空白，并将《中华人民共和国合同法》第三条规定的"平等、自愿原则"得到具体体现。

1. 限制性条款的确认。《中华人民共和国合同法》第三条规定："合同当事人的法律地位平等，一方不得将自己的意志强加给另一方。"这是

---

① 格式条款是当事人为了重复使用而预先拟定，并在订立合同时未与对方协商的条款。

《中华人民共和国合同法》规定的最重要的基本原则"平等、自愿原则。"全国人民代表大会常务委员会法制工作委员会主任顾昂然于1999年3月9日所作《关于〈中华人民共和国合同法（草案）〉的说明》中指出："自愿原则体现了民事活动的基本特征，是民事法律关系区别于行政法律关系、刑事法律关系特有的原则，也是发展社会主义市场经济的客观要求。"本案被告辩称："根据电信条例及原邮电部及信息产业部的相关规定，被告依法对提供给原告使用号码的话费有效期进行限制，且充分保护了客户的权利。国家对电信资源统一规划、集中管理、合理分配，实行有偿使用制度。电信资源是指无线电频率、卫星轨道位置、电信网码号等用于实现电信功能且有限的资源，为了有效利用国家的码号资源，避免用户无限期投入地占用码号资源而规定的话费有效期。根据原被告之间建立的电信服务合同，约定了付费方式为预付费，双方应遵守国家相关部门关于预付费业务管理的相关规定。是否应当设定原告有效期的问题，不属于民事诉讼的范围。"通过这一答辩，我们看出，被告试图以行业主管者的姿态，要求消费者接受合同中并不存在的条款，是对"平等、自愿原则"最直接的侵害。因此，本指导案例的裁判要点第一句直接否定了该案被告的答辩意见，指出未经协商过程，单方设置了限制相对方权利的条款，对相对方不产生效力，这是对合同法"平等、自愿原则"的维护和直接体现。

2. 将限制或免除责任的条款通过其他方式嵌入格式条款并成为其一部分必须具备的条件。《中华人民共和国合同法》第三十九条第一款规定："采用格式条款订立合同的，提供格式条款的一方应当遵循公平原则确定当事人之间的权利和义务，并采取合理的方式提请对方注意免除或者限制其责任的条款，按照对方的要求，对该条款予以说明。"该条款规制的情景是，格式合同中"出现"了免除或限制责任的条款，但《中华人民共和国合同法》第三十九条并未直接规定格式合同本身未包括的限制性条款。如格式条款提供方试图通过其他方式，如本案例中的"单联发票、宣传册和短信"等等形式或者途径，对消费者权利作出的限制，是否构成格式条款。如果说格式合同中可能存在"霸王条款"，而"霸王条款"因不符合"平等、自愿原则"而遭到合同法的诸多否定评价，那么本指导案例所规

服务合同纠纷

制的格式合同提供方未提示对方注意未在格式条款中出现，但以其他方式构成合同条款的限制性条款，那么对该等条款如何认定，将是比"霸王条款"更向格式合同提供方倾斜提出义务和要求，但《中华人民共和国合同法》对此并未给出明确规则。

3. 限制性条款应当认定为格式条款的一种形式。虽然《中华人民共和国合同法》第三十九条未直接规定，格式合同本身未包括限制性条款，但格式条款提供方试图通过其他方式（例如单联发票、宣传册和短信）在合同中纳入限制性条款的情况，当如何承担法律责任？由于《中华人民共和国合同法》第三十九条已经对比这为轻的情况即格式合同中包含了限制性条款给予了否定评价，对本指导案例涉及的采取其他方式或者途径，将限制性条款纳入格式条款中，如何适用法律，将成为法律适用上的"盲点"。

一般而言，对格式合同的审查程序分三步：（1）争议条款是否已经构成当事人合同的内容；（2）已经构成合同内容的条款是否存在解释上的疑义，如有，则应做有利于相对方的解释；（3）如条款并无解释疑义，则又是否因法定事由而无效。① 其中，争议条款是否构成当事人合同的内容，即是否"成立"，是判断其有无拘束力的先决条件。

"举重以明轻""明定明示"，给予否定性评价，那么对于试图通过"绕弯形式"的，更应当给予否定性评价。因此我们可以设想，假如立法者考虑到了该指导案例的情况，那么他们也一定会对这种情况作出否定性评价。本指导案例裁判要点中的"如格式合同未包括对某项商品或服务的限制条件，且提供格式合同的一方未能证明，其在订立合同之前已将该限制条件明确告知合同相对方并获得合同相对方的同意，该限制条件不对消费者产生效力"，完全符合《中华人民共和国合同法》第三十九条的立法精神。

---

① 综合著名学者崔建远、王利明、韩世远以及我国台湾地区王泽鉴、詹森林等教授的见解。参见崔建远：《合同法》，法律出版社2010年版，第63～69页；王利明：《合同法研究》（第一卷），中国人民大学出版社2002年版，第393～405页；韩世远：《合同法总论》，法律出版社2002年版，第839～850页；王泽鉴：《债法原理》，中国政法大学出版社2001年版，第90～91页；詹森林：《民事法理与判决研究》（第四册），中国政法大学出版社2009年版，第109页。

4. 真实、全面的告知义务是限制性条款提供方的基本义务。2009年修正的《消费者权益保护法》第十九条第一款规定，"经营者应当向消费者提供有关商品或者服务的真实信息，不得作引人误解的虚假宣传。"本款于2013年被修正为，"经营者向消费者提供有关商品或者服务的质量、性能、用途、有效期限等信息，应当真实、全面，不得作虚假或者引人误解的宣传。"上述条款确立了经营者的"告知义务"，即真实、全面向消费者提供有关商品或者服务的质量、性能、用途、有效期限等信息的义务。该义务派生于消费者的知情权，即获悉其购买、使用的商品或接受服务的真实情况的权利。知情权是该法规定消费者权利的基础性和前置性的权利，这也凸显了经营者告知义务的重要性。该案例的被告中国移动通信集团江苏有限公司徐州分公司属于消费者权益保护法规定的经营者，该案例的原告刘超捷属于消费者权益保护法规定的消费者。被告未将"话费有效期"这一限制性条款列入格式合同《入网服务协议》，显然违反了《中华人民共和国消费者权益保护法》第十九条规定的经营者的义务。对此，《中华人民共和国消费者权益保护法》（2013年修正）第二十条的规定更为明确。

然而，2009年修正的《消费者权益保护法》第十九条仅规定了经营者的义务，并未直接规定经营者违反此义务的法律责任。纵观《中华人民共和国消费者权益保护法》第七章"法律责任"部分，除了第四十八条第一款第九项兜底条款之外，也并无任何一项可以用于填补《中华人民共和国消费者权益保护法》第十九条留下的法律责任空白。这大概可以解释，为什么在原审判决中，法官并未援引《中华人民共和国消费者权益保护法》第十九条。

5. 限制性条款成立的前提必须满足《中华人民共和国合同法》第三条规定"平等、自愿原则"。本案例提出，对签订合同时对预付话费的有效期没有约定，而经营者在合同履行过程中，以交易惯例为预付话费单方设定了有效期，实质上是一种限制性行为，应当在"订立合同时告知"。否则，如在签约时未告知消费者，则该条款过度保护了经营者的利益。因为经营者的告知义务为法定告知义务，不能由企业经营者以单方的意思或与

服务合同纠纷

消费者约定予以预先免除。① 企业经营者也当然不能以存有内部有关规范性文件规定而免除企业经营者的告知义务,除非有上位法律规定明确免除企业经营者对消费者的告知义务。②

本案例中,被告中国移动通信集团江苏有限公司徐州分公司作为经营者,提供的格式合同中均没有因有效期到期而中止、解除、终止合同的约定。而话费有效期限制直接影响到原告手机号码的正常使用,一旦有效期到期,将导致停机、号码被收回的后果,因此,被告对此负有明确如实告知的义务,且在订立电信服务合同之前就应如实告知原告。如果在订立合同之前未告知,即使在合同履行中的缴费阶段告知,亦剥夺了当事人的选择权,有违公平和诚实信用原则。

6. 经营企业应当订立合同时进行告知。对消费者履行书面告知的义务,其目的只在于使消费者对商品或服务有所认识、了解,并于发现所接受的商品或服务不尽符合自己意思时,可以行使解除权。如果消费者在签约时根本不可能充分认识、了解商品或服务,或者未能有充分选择的机会,那么就应当认定为消费者对此种商品或服务没有得到明确的认识,故经营者履行告知义务应当是在合同成立之时,而非合同成立后的履行阶段。本指导案例中,被告抗辩在原告续存话费的发票上进行了告知话费存在有效期限定,而未在订立合同时告知,除非消费者对使用限制情况明知和接受,被告在缴费阶段告知,亦剥夺了当事人的知情权和选择权。

7. 经营者应当对告知义务的履行负举证责任。因为经营者的履行告知义务为其法定义务,且相对消费者而言,其具有证据上的优势,持有这种履行义务的证据,故告知义务履行的举证责任自应由经营者负担。依照《最高人民法院关于民事诉讼证据的若干规定》第二条第二款规定,没有证据或者证据不足以证明当事人的事实主张的,由负有举证责任的当事人承担不利后果,故被告没有向法院提供其在与原告签订电信服务合同时告

---

① 《联合国消费者保护指南》第19条规定,消费者应受到保护,以免于受到单方定型化契约、排除其基本权利之契约及不公平契约条款的伤害。
② 《联合国消费者保护指南》第21条规定,各国政府应鼓励相关当事人从事于有关消费商品各种精确资讯之自由传播。

知预存话费存在有效期限定的证据，应当认定没有履行法定的告知义务，而承担违约责任。

8. 本指导案例的裁判规则有效地统一了《中华人民共和国合同法》第三十九条和《中华人民共和国消费者权益保护法》第二十条（2013年修正前为第十九条）的立法精神。虽然消费者权益保护法第二十条仅规定了经营者的"告知义务"，而没有直接规定相应的法律责任，但绝不能认为，立法者有意使未充分履行"告知义务"的经营者免予承担法律责任，否则《中华人民共和国消费者权益保护法》第十九条将彻底沦为一纸空文。因此，该指导案例的裁判要点指出："如格式合同未包括对某项商品或服务的限制条件，且提供格式合同的一方未能证明，其在订立合同之前已将该限制条件明确告知合同相对方并获得合同相对方的同意，该限制条件不对消费者产生效力。"格式合同提供方应当承担限制性条款不成立以及"继续履行"合同的民事责任。这一规定完全符合《中华人民共和国消费者权益保护法》第二十条的立法精神。

从全局看，该指导案例裁判要点的第一句，将《中华人民共和国消费者权益保护法》第二十条规定的经营者义务，引入合同法领域；裁判要点第二句，将"限制性条款不成立"的民事责任引入经营者未履行《中华人民共和国消费者权益保护法》第二十条项下告知义务的规定，正是将两部法律立法精神有机统一的有益实践。

三、其他需要说明的问题

其一，值得一提的是，由于有"鼓励交易"的原则存在，《中华人民共和国合同法》关于"合同的订立"的一般规则并不必然适于解决本备选指导案例涉及的情况。首先，从规则的层面，《最高人民法院关于适用〈中华人民共和国合同法〉若干问题的解释（二）》第一条规定："当事人对合同是否成立存在争议，人民法院能够确定当事人名称或者姓名、标的和数量的，一般应当认定合同成立……"本条十分充分地体现了"鼓励交易"的原则。其次，在事实层面，在交易地位平等的主体之间，合同文本之外的其他载体（例如，本案提到的"单联发票、宣传册和短信"）完全

服务合同纠纷

可能被用于证明"其他条款"的存在。

其二,经营者告知义务不是整个合同成立或有效的条件。通过书面形式,告知消费者有关商品或服务的具体资料,是企业经营者的法定义务。企业经营者只有确实履行了这个告知义务,消费者方可被期待对商品或服务有所认识。实践中,对消费者有关商品或服务进行的告知,有故意或过失上的缺漏,或故意为不实、错误、不明或足以让人误会等影响消费者行使《中华人民共和国消费者权益保护法》第九条第一款关于消费者享有自主选择商品或者服务的权利时,按照《中华人民共和国合同法》的规定,其未告知的行为并不产生合同不成立或无效的法律后果,而仅产生违约的法律后果。故本指导案例中,被虽未在合同订立时,向原告告知存在预存话费存在有效期限的限定,但双方当事人的电信服务合同依然成立且有效,而仅是赋予了原告向被告主张违约或解除合同或继续履行合同的选择权。

(执笔人:葛 文、石 磊)

127. 郑传新诉中国电信股份有限公司连云港分公司电信服务合同纠纷案[*]

> 电信服务提供者对免费提供的增值业务过期后需要收费时，应得到用户的明确使用承诺

【裁判摘要】

> 根据《中华人民共和国消费者权益保护法》的有关规定，市场交易行为应当遵循公平交易原则，反对强买强卖行为。消费者有权知悉所购买商品和接受服务的真实情况。手机电信服务提供者为达到电信增值业务推广目的，事先确定免费体验期，用户可在该期间内免费体验增值服务。免费期过后，电信服务提供者对该增值业务进行收费时，应当得到用户明确的使用承诺，否则，电信服务提供者的强行扣费行为侵犯了消费者对所接受服务的知情权，违背市场公平交易原则。

原告：郑传新，男，41岁，汉族，住江苏省连云港市。

被告：中国电信股份有限公司连云港分公司，住所地：江苏省连云港市海州区兴隆路。

原告郑传新因与被告中国电信股份有限公司连云港分公司（以下简称连云港电信公司）发生电信服务合同

---

[*] 摘自《最高人民法院公报》2017年第5期。

服务合同纠纷

纠纷,向江苏省连云港市海州区人民法院提起诉讼。

原告郑传新诉称:2014年12月4日,原告去被告连云港电信公司的营业厅交话费,发现电话号码133×××6469被无故扣除增值与新业务费4.83元,拨打10000号查询为手机报扣费。询问开通原因,被告说是通过电话营销开通的,接听手机的人同意开通。被告于12月5日向原告播放了相关通话录音,接听电话的是一位女士,不是机主本人,被告在外呼过程中未有效核实机主身份,连最起码的身份证验证或密码验证都没有。被告本应该在免费体验结束后,询问原告是否继续使用,如果原告未确认或明确表示不需要此业务,被告应停止该业务,不得收费。被告事后未征得原告同意,擅自开通该业务,在原告不知情的情况下对原告账户中的私有财产肆意侵占,侵犯了原告的知情权和财产权。违背了被告对用户的承诺。原告多次要求被告赔偿损失,赔礼道歉,被告一直拖延和拒绝。被告的行为违反了《中华人民共和国消费者权益保护法》第八条、第九条、第四十八条、第五十五条以及《中华人民共和国电信条例》第四十一条、第七十五条的规定,现原告诉至法院,请求判令被告赔偿损失500元,要求被告向原告赔礼道歉,保证杜绝此类事件再次发生,诉讼费用由被告承担。

被告连云港电信公司辩称:答辩人通过电话方式征得了原告郑传新许可。原告享受了相应服务,依法应当支付相应费用,电信公司收取相关费用4.83元合法合理。原告诉求无事实和法律依据,应予驳回。

连云港市海州区人民法院一审查明:原告郑传新系被告连云港电信公司用户,拥有133×××6469电信号码。被告外呼人员致电133×××6469号码,推荐生活百科手机报业务,在推销过程中外呼人员询问接听电话人员是否是上述号码的机主,告知其上述业务的免费体验期为3个月,免费体验期后的费用为5元,当时接听电话人员均回答为"嗯",后被告为上述号码开通了生活百科手机报业务,并在免费体验期后收取了2014年11月份的费用4.83元。

2014年12月5日,原告郑传新得知133×××6469号码因手机报业务被告收费4.83元后,向被告连云港电信公司投诉。2014年12月11日,原告向江苏省通信管理局电信用户申诉受理中心申诉，2014年12月23日，江苏省通信管理局电信用户申诉受理中心出具调解意见书，后双方未依照调解意见书执行。

连云港市海州区人民法院一审认为：原告郑传新系被告连云港电信公司客户，拥有电信号码133×××6469，双方之间形成电信服务关系。原告主张被告未经其同意开通手机报业务，并予以收费，侵犯了其知情权及财产权。法院认为，被告业务推销员未能有效核实机主身份，在未得到原告确认的情形下，为号码133×××6469开通生活百科手机报业务，并在免费体验期后收取相关费用。被告的上述行为导致了原告的财产受损，被告应当返还收取的4.83元的费用。

关于原告郑传新所称被告连云港电信公司存在欺诈行为，应按《中华人民共和国消费者权益保护法》第五十五条规定赔偿损失500元，法院认为，被告虽然在工作中存在过失，但并无侵占原告财产的故意，也不存在主观的欺诈故意，对原告主张被告构成欺诈，应予赔偿500元的诉讼请求，法院不予支持。

关于原告郑传新要求被告连云港电信公司赔礼道歉的诉讼请求，法院认为，《中华人民共和国消费者权益保护法》第五十条规定："经营者侵害消费者的人格尊严、侵犯消费者人身自由或者侵害消费者个人信息依法得到保护的权利的，应当停止侵害、恢复名誉、消除影响、赔礼道歉，并赔偿损失。"第五十二条规定："经营者提供商品或者服务，造成消费者财产损害的，应当依照法律规定或者当事人约定承担修理、重作、更换、退货、补足商品数量、退还货款和服务费用或者赔偿损失等民事责任。"因此，赔礼道歉的民事责任承担一般适用于经营者的经营行为给消费者的人身权利造成损害的情况，而对于财产损害的民事责任则主要是修理、重作、更换、退货、补足商品数量、退还货款和服务费用或者赔偿损失等，该财产损害一般不适用于赔礼道歉。本案中，原告因被告的行为导致财产受损，要求被告赔礼道歉，于法无据，法院不予支持。鉴于本次诉讼因被告在工作中存在过失而发生，原告对此并无过错，案件受理费应由被告承担。被告应在工作中进一步规范业务办理流程，充分尊重消费者权益，确

服务合同纠纷

保消费者明明白白消费。

综上,连云港市海州区人民法院依据《中华人民共和国消费者权益保护法》第五十条、第五十二条,《中华人民共和国民事诉讼法》第六十四条的规定,于2015年3月19日判决如下:一、被告中国电信股份有限公司连云港分公司于本判决生效之日起返还给原告郑传新扣划费用4.83元。二、驳回原告郑传新的其他诉讼请求。

一审判决后,郑传新提出上诉,在本案二审过程中,郑传新主动撤诉,一审判决已发生法律效力。

二、医疗服务合同纠纷

128. 石某诉首都医科大学附属北京朝阳医院医疗服务合同纠纷案*

▶ 配偶死亡后，另一方是否有权要求继续履行人类辅助生殖技术医疗服务合同的认定

【关键词】

民事　医疗服务合同　人类辅助生殖技术　冷冻胚胎

【裁判摘要】

夫妻双方签订的涉人类辅助生殖技术医疗服务合同，配偶一方死亡后，另一方要求继续履行合同的，应从《合同法》角度审查诉讼主体资格，明确合同权利义务，并确立法律规定和社会伦理道德两方面考量因素，探求当事人的真实意思表示，对于不违背死亡一方意愿的请求，人民法院应予支持。

【相关法条】

《中华人民共和国民法总则》第三条①　民事主体的人身权利、财产权利以及其他合法权益受法律保护，

---

* 摘自《人民法院案例选》2020 年 4 辑（总第 146 辑），人民法院出版社 2020 年版，第 102~112 页。

① 对应《中华人民共和国民法典》第三条，内容未作修改。

任何组织或者个人不得侵犯。

《中华人民共和国合同法》第六十条①第一款 当事人应当按照约定全面履行自己的义务。

第一百零七条② 当事人一方不履行合同义务或者履行合同义务不符合约定的，应当承担继续履行、采取补救措施或者赔偿损失等违约责任。

《中华人民共和国人口与计划生育法》第十七条 公民有生育的权利，也有依法实行计划生育的义务，夫妻双方在实行计划生育中负有共同的责任。

【案件索引】

一审：北京市朝阳区人民法院（2017）京0105民初10591号（2019年5月21日）

【基本案情】

原告石某诉称：2015年2月2日，原告及其丈夫梅某前往被告首都医科大学附属北京朝阳医院（以下简称北京朝阳医院）进行人类辅助生殖技术治疗。被告让原告签署《人类辅助生殖治疗知情同意书》等书面文件，并收取医疗费用。两次取卵后，冷冻胚胎6个、囊胚8个。2016年1月1日，行移植临床妊娠但未成功。2016年10月，梅某患病去世。2016年11月，原告要求移植剩余冷冻囊胚胎，但被告以其配偶去世不能在手术同意书中签字为由拒绝。现请求法院判令被告继续履行体外受精胚胎移植诊疗服务。

被告北京朝阳医院辩称：不同意原告的诉讼请求。理由如下：（1）冷冻胚胎系患者与其丈夫第一顺序法定继承人共同共有，患者没有权利要求使用其与他人共同共有的胚胎怀孕。（2）怀孕生育必须经过批准许可，《人类辅助生殖技术规范》第三部分第十三项规定："禁止给不符合国家人口和计划生育法规和条例规定的夫妇和单身妇女实施人类辅助生殖技术"，现其丈夫已死亡，患者没有生育指标，继续移植违反法律规定。（3）人类

---

① 对应《中华人民共和国民法典》第五百零九条第一款，内容未作修改。
② 对应《中华人民共和国民法典》第五百七十七条，内容未作修改。

辅助生殖技术治疗怀孕涉及医学伦理问题，会导致孩子合法权益无法得到保护并造成社会关系混乱。（4）"取卵受精"和"移植囊胚"不是一个合同关系，囊胚或胚胎移植需重新建立合同并另行缴纳医疗费用。

法院经审理查明：2015年2月2日，原告与其丈夫梅某前往被告处行人类辅助生殖技术治疗，签署《人类辅助生殖治疗知情同意书》等。初步诊断：女方石某，原发不孕，双侧输卵管梗阻，多囊卵巢综合征。男方梅某，原发不育，少弱精子症。2015年2月6日，取卵10个，未孕。2015年9月28日，取卵32个，行全胚胎冷冻（8C3胚胎6个、囊胚8个）。2016年1月1日，解冻囊胚2个，移植后临床妊娠，孕5月双胎妊娠流产。至2016年11月2日，余8C胚胎6个，囊胚6个。2016年10月，梅某因病去世。

诉讼中，法院向国家卫生健康委员会（以下简称国家卫健委）发函询问：（1）《人类辅助生殖技术规范》第三部分第十三项"关于禁止给不符合国家人口和计划生育法规和条例规定的夫妇和单身妇女实施人类辅助生殖技术"中"单身妇女"的含义是什么；（2）本案原告是否属于《人类辅助生殖技术规范》第三部分第十三项"关于禁止给不符合国家人口和计划生育法规和条例规定的夫妇和单身妇女实施人类辅助生殖技术"中规定的"单身妇女"。国家卫健委发送《广东省卫生厅关于××要求实施冻融胚胎移植的请示》及《卫生部办公厅关于要求实施冻融胚胎移植有关问题的通知》复印件（内容显示：……认为其申请实施的冻融胚胎移植仍属于整个辅助生殖治疗的一部分，因此，我部同意广东省妇幼保健院为××提供冻融胚胎移植服务）。

经询，梅某的父亲梅某1、母亲陈某表示同意石某继续接受人类辅助生殖技术，但有关胚胎移植一事，由石某一人向被告主张权利，其二人不参加本案诉讼，自愿放弃在本案中的全部诉讼权利和实体权利。

【裁判结果】

北京市朝阳区人民法院于2019年5月21日作出（2017）京0105民初10591号民事判决：被告首都医科大学附属北京朝阳医院于本判决生效之日起继续履行与原告石某之间就体外受精—胚胎移植所签订的医疗服务合

服务合同纠纷

同,为原告石某施行胚胎移植医疗服务。宣判后,双方当事人未上诉,一审判决已经发生法律效力。

【裁判理由】

法院生效裁判认为:(1)合同主体及数量:原告夫妻二人均患有生殖系统疾病,共同寻求治疗,且需双方共同参与,故患方主体应为原告夫妻二人。而实施取卵、受精、移植胚胎是连续的治疗过程,不能割裂开来,故仅形成一个合同关系。(2)继续履行合同是否有违法律规定及社会伦理:①案涉合同具有人身性质,除原告之外,梅某的其他法定第一顺序继承人不宜主张继受案涉合同权利义务。且梅某的父母均表示不参加诉讼,自愿放弃在本案中的全部诉讼权利和实体权利。故原告要求继受合同权利义务,继续履行合同无法律障碍。②原告夫妇之前未生育子女,故不违反计划生育法律法规。且原告作为丧偶妇女,有别于原卫生部规范中所指称的单身妇女。加之,根据原卫生部就原广东省卫生厅类似问题的通知精神可知,原告可以要求被告继续为其提供胚胎移植医疗服务。③通过人类辅助生殖技术出生的后代与自然受孕分娩的后代享有同样的法律权利和义务,包括继承权等。因此,继续履行有必要取得梅某父母的同意,而梅某父母已明确表达同意原告实施人类辅助生殖技术的强烈意愿。孩子出生后可能生在单亲家庭的假定性条件并不意味着必然会对其生理、心理、性格等产生严重影响,且目前并无证据证明实施人类辅助生殖技术存在医学、亲权或其他方面对后代产生严重的不利情形。故继续履行不违反保护后代原则。④根据梅某生前签署的《知情同意书》等可知,其订立合同的目的是生育子女,显然胚胎移植是实现其合同目的之必然步骤,属于合同内容的一部分,且被告已经实施过两次胚胎移植,因此,从梅某生前的意思表示、行为表现及公众普遍认同的传统观念和人之常情,有理由相信继续实施胚胎移植不违反梅某的意愿。综上,对原告要求继续履行合同的诉讼请求,本院予以支持。

【案例注解】

本案系北京市首例"冷冻胚胎移植"案,涉及问题具有新颖性和典型性。我国现行法律对"人的冷冻胚胎"的法律属性无明确规定,但随着人类辅助生殖技术等医学水平的不断发展,涉医学伦理及社会伦理的诊疗手段所带来的法律问题日益凸显。2014年江苏宜兴"沈某、邵某诉刘某、胡某胚胎监管、处置权纠纷案"、2016年浙江舟山"杨某诉某妇幼保健院医疗服务合同纠纷案"均为冷冻胚胎所引发的民事诉讼。本案对胚胎移植医疗服务合同的权利义务关系,配偶一方死亡后,另一方是否有权要求继续履行胚胎移植医疗服务合同以及继续履行是否有违社会伦理、道德进行了充分论证,裁判结果兼顾了法理、事理与人情的衡平,为类案的裁判提供了一个重要分析样本。下面,笔者结合本案案情,通过类案分析的方法,对当前冷冻胚胎移植所涉相关法律问题进行分析,并试图就类案裁判规则的构建提出建议。

一、新兴生殖技术对传统民法理论的挑战——"人的冷冻胚胎"的法律属性

传统民法体系建立在人、物二分法的理论框架之上,人是权利主体,物为权利客体,二者以权利义务关系相连接。但随着社会经济的发展和科学技术的进步,"人"与"物"的外延不断丰富,而冷冻胚胎这一新型"物质"则难以包容在传统民法理论体系中"人"或"物"的范畴中,导致传统法律制度对其界定与规制面临困境。

当前,我国学界对"冷冻胚胎"的法律属性有三种学说:"主体说""客体说""折中说"。"主体说"认为,胚胎具有生命潜质,人的生命始于受精,冷冻胚胎从属于人,所以应属于"人"的范畴。"客体说"认为,冷冻胚胎本质属性是从人体分离出去的物。如李燕教授认为冷冻胚胎属于特殊物,① 杨立新教授认为冷冻胚胎属于伦理物。② "折中说"认为,冷冻

---

① 李燕、金根林:《冷冻胚胎的权利归属及权利行使规则研究》,载《人民司法》2014年第13期。

② 认为冷冻胚胎属于伦理物。人与物最大的差别是人有权利能力,我国民法上的胎儿尚不具备完整的权利能力,更遑论还不是胎儿的冷冻胚胎,因此冷冻胚胎不能被视为人。在传统民法人与物的二分法结构下,其应当属于脱离人体组织的范畴,又因具有生命形式而作为伦理物的一种,且将冷冻胚胎作为伦理物予以保护并不否定其特殊性,同时也能够保护其潜在的人格利益。杨立新:《人的冷冻胚胎的法律属性及其继承问题》,载《人民司法》2014年第13期。

胚胎等脱离人体的器官和组织，既不属于主体，也不属于客体，而是在主体说和客体说之间存在的折中立场。①

笔者赞同第二种观点，认为冷冻胚胎应属于一种伦理物。主要理由如下：(1) 冷冻胚胎不应被视为"人"。主张冷冻胚胎为"人"的"主体说"主要基于冷冻胚胎与人之间的联系，认为冷冻胚胎具有人的生命潜质，具备成为"人"的可能性，故应当认为是"人"，系权利主体。但既视为"人"的范畴，作为权利主体，应享有民事权利、承担民事义务。但如前所述，我国《民法总则》第十三条规定，自然人的权利能力自出生时起到死亡时止。《继承法》对胎儿既留份的规定，亦以胎儿出生时是活体为前提条件。而显然，冷冻胚胎虽然具有生命潜质，但最终并不一定发展为人，赋予其权利能力并不妥当。(2) 冷冻胚胎不应视为介于"人"与"物"之间的"中间体"。采"折中说"观点的学者主要基于冷冻胚胎不完全符合"人"的属性，亦不完全符合"物"的属性，所以不应当归属于"人"或"物"这两类范畴之中。但该学说与现有人、物二分法的民法理论体系相冲突，存在诸多不合之处。且在当前人类对世界的认知和控制能力日益增强的时代背景下，如出现新型物质即将其归类为"中间体"，无限创设第三种概念，并不妥当。如同学者所言，当出现新的客体需要保护时，首先应当考虑传统民事权利能否将其涵括，如果能够涵括，就通过解释的方法，将其纳入传统的民事权利体系中区，而非动辄就要创设一个新的权利。② 因此，创设第三种法律概念非解决问题的首要方法。且"折中说"亦将冷冻胚胎称为特殊客体，二者有共同点。这种情况下，也无创设第三类民法基本范畴之紧迫必要。而在现有人、物二分法的理论框架内，对"物"的类型赋予新的时代内涵，将冷冻胚胎视为伦理物，进行特殊保护，具有理论意义，也更适应当代的需要，这样既看到冷冻胚胎具有发育成为人的特殊价值，又看到其与其他人体组织一般，在脱离人体之后具有"物"的特性，只不过需要受到法律的限制。

---

① 认为应从我国的国情出发，把胚胎定位为特殊客体，从尊重他们成为生命的潜在可能的前提下出发进行制度安排，设计法律条文，解决诸如离婚后受精胚胎在原配偶之间的归属问题。徐国栋：《民法的人文精神》，法律出版社2009年版，第238页。
② 杨立新：《人的冷冻胚胎的法律属性及其继承问题》，载《人民司法》2014年第13期。

二、实践检视：我国冷冻胚胎纠纷所涉法律问题及司法处理

如前所述，对冷冻胚胎的定性和规范，我国当前法律规范并无专门的法律规定。《民法总则》第十三条规定了自然人的民事权利能力自出生时起至死亡时止。"出生"，是指自然人生命开始的事实。具体就民法上的出生而言，出生是指胎儿与母体的分离。民法上的出生有以下要求：一是胎儿与母体分离，二是分离时为活体，即出生时有生命。① 因此，根据该条款，冷冻胚胎无法成为民法上的主体。《民法总则》第十六条规定："涉及遗产继承、接受赠与等胎儿利益保护的，胎儿视为具有民事权利能力。但是胎儿娩出时为死体的，其民事权利能力自始不存在。"《继承法》第二十八条规定："遗产分割时，应当保留胎儿的继承份额。胎儿出生时是死体的，保留的份额按照法定继承办理。"该条款规定了特定情况下，我国法律拟制胎儿具有民事权利能力，保护胎儿利益。而冷冻胚胎是否享有此种保护，并未明确，且"胎儿"指的是妊娠8周以后的胎体，而显然冷冻胚胎并不具备该条件。原卫生部发布的《人类辅助生殖技术管理办法》《人类辅助生育技术规范》中规定禁止买卖胚胎，虽未将冷冻胚胎视为权利客体，但并没有对冷冻胚胎的法律属性进行定性，亦未对如何处理冷冻胚胎进行规范。

司法实践中，对涉及冷冻胚胎纠纷案件的处置也根据不同法官的认识不同存在不同的处理方式。笔者以"冷冻胚胎"为检索关键词，在中国裁判文书网上查询，共查询到28件案件，经梳理、筛选，存在法律问题争议的案件有6件（不含本案例），通过对该6例案件及本案研究分析发现，"冷冻胚胎"案件所涉法律问题主要集中在以下几个方面：

（一）医患双方就"人类辅助生殖技术"所形成的医疗服务合同关系中合同数量及合同中的患方主体

如本文所涉案例，因实施取卵、受精、移植胚胎是连续的治疗过程，故应当认定医患双方就其疾病的诊疗仅形成了一个医疗服务合同关系。而

---

① 张新宝：《中华人民共和国民法总则释义》，中国人民大学出版社2017年版，第27页。

从疾病类型和治疗手段看，夫妻均患有生殖疾病，且需要夫妻双方共同参与治疗，因此合同的患方主体为石某和梅某两个人。

（二）夫妻双方是否有权要求解除人类辅助生殖技术医疗服务合同并要求返还冷冻胚胎

如江苏省南京市鼓楼区人民法院审理的原告郭某、张某与被告江苏省某医院医疗服务合同纠纷案，二原告以女方不能再怀孕为由要求解除冷冻胚胎保存协议，并要求返还冷冻胚胎。被告以冷冻胚胎保管需要特殊医疗技术，而二原告未就保管方式作出明确说明为由不同意返还。法院认为，冷冻胚胎对二原告有情感价值，其基于自身原因主张解除并无不当；且二原告对胚胎享有合法的民事权益，目前法律亦无禁止性规定，医院也同意返还，仅认为二原告不具备保存条件，故二原告主张返还胚胎并无不当，应予以支持。①

（三）丈夫死亡后，妻子单方是否有权要求继续履行人类辅助生殖技术医疗服务合同

如本文所涉案例，法院认为：（1）原告石某未生育过子女，不违反计划生育法规，非《人类辅助生殖技术规范》第三部分第十三项规定的"单身妇女"，符合原卫生部的通知精神，且梅某的父母同意其继续实施胚胎移植。（2）通过人类辅助生殖技术所孕育子女与自然受孕所孕育子女享有相同的权利义务，目前并无证据表明实施人类辅助生殖技术存在医学上、亲权上或其他方面对后代产生严重的生理、心理和社会损害等不利情形，故不存在违反保护后代原则的情形。（3）结合梅某生前的意思表示、行为表现及公众普遍认同的传统观念和人之常情，有理由相信继续实施胚胎移植不违反梅某的意愿。判决支持女方要求继续履行的诉讼请求。浙江省舟山市定海区人民法院审理的原告杨某与被告某妇幼保健院医疗服务合同纠纷案与本案例观点基本一致。②

---

① 江苏省南京市鼓楼区人民法院（2019）苏0106民初1737号民事判决书。
② 浙江省舟山市定海区人民法院（2016）浙0902民初3598号民事判决书。

而山东省济南市中级人民法院审理的原告郭某与被告山东山大附属生殖医院有限公司医疗服务合同纠纷案中，则持完全相反的观点，认为（1）死亡一方无法再行签字确认，且无证据证明其有再次移植的意愿，故合同约定的冷冻胚胎移植的条件无法实现；（2）原告郭某系单身妇女，继续实施人类辅助生殖技术违反《人类辅助生殖技术规范》第三部分第十三项规定；（3）我国法律法规未对该类子女的身份地位作出明确规定，使得该子女一出生就面临身份地位不明确的尴尬状态，会给相关社会关系带来一定不稳定因素，对子女也可能会造成心理上的巨大压力，不利于其身心健康。故判决驳回原告的诉讼请求。①

（四）妻子死亡后，丈夫单方是否有权要求医疗机构返还冷冻胚胎

如江苏省南京市中级人民法院审理的原告高某、汪某、罗某与被告南京鼓楼医院医疗服务合同纠纷案件，双方合同约定如果超过冷冻胚胎保存期，患方同意将胚胎丢弃。现原告汪某某因羊水栓塞死亡，原告高某与汪某某的父母要求返还冷冻胚胎。被告医院不予同意。法院认为，汪某某意外死亡，属于合同发生了不可预见且非其所愿的情况。高某作为医疗服务合同的订立者，依据合同享有相应权利，而汪某与罗某系汪某某的法定继承人，对胚胎享有合法民事权益，不违反法律禁止性规定，且胚胎返还可能存在的法律和道德风险系后续合理利用问题，不应成为不能返还的理由，故被告应予返还。②

（五）夫妻双方死亡后，双方父母是否有权要求继承或监管、处置"冷冻胚胎"

如2014年，江苏省宜兴市人民法院审理的"中国首例冷冻胚胎案"，一审法院以"受精胚胎是含有未来生命特征的特殊之物，不能成为继承标的；夫妻双方对权利的行使应受到法律、社会伦理道德的限制，在夫妻双

---

① 山东省济南市中级人民法院（2017）鲁0103民初7541号民事判决书。
② 江苏省南京市中级人民法院（2018）苏01民终5641号民事判决书。

方已经死亡的情况下,通过手术达到生育的目的已经无法实现,故二人对手术过程中留下的胚胎所享有的受限制的权利不能被继承"为由,驳回原告要求监管、处置受精胚胎的诉讼请求。但二审法院认为,在现行法律对胚胎的法律属性无明确规定的情况下,应从"伦理、情感、特殊利益保护"三方面因素确定涉案胚胎的权利归属,判决支持原告的诉讼请求。①

三、裁判路径:涉人类辅助生殖技术医疗服务合同纠纷案件的裁判规则建构

我国人类辅助生殖技术迅速发展,但立法方面仍有待进一步完善,除希望我国能尽快出台专门法律法规对人类辅助生殖技术问题进行规制外,本文以当前立法为基础,结合司法实践,试图对涉人类辅助生殖技术医疗服务合同纠纷案件裁判规则的建构提出建议,以期有所裨益。

(一)明确"冷冻胚胎"的法律属性

如前所述,在当前人物二分法的民法理论框架之下,"冷冻胚胎"与具备完整生命体的"人"不同,作为"人"与"物"之间的"中间体"亦与民法理论体系相冲突,将其作为伦理物予以特殊保护,具有理论意义,也更适应时代需要。

(二)明晰法律关系

1. 合同性质及数量。涉人类辅助生殖技术医疗服务合同系夫妻双方因双方或一方不孕不育到医疗机构寻求治疗,行人类辅助生殖技术治疗所形成的服务合同关系。因此,该种合同的性质属于医疗服务合同。此类合同的合同目的为通过人类辅助生殖技术孕育子女。虽然"人类辅助生殖技术"分"取卵受精""胚胎移植"等多个治疗阶段,但与其他医疗服务合同一样,取卵、受精、移植胚胎系连续的治疗过程,不能割裂开来,故应当认为仅形成一个医疗服务合同关系。尽管部分医疗机构要求每次行胚胎

---

① 江苏省宜兴市人民法院(2013)宜民初字第 2729 号民事判决书、江苏省无锡市中级人民法院(2014)锡民终字第 01235 号民事判决书。

移植之前均需夫妻双方签字同意,但如同普通诊疗行为行手术、特殊检查、特殊治疗需征得患者或患者家属同意一样,该签字行为并不意味着建立新的合同关系,而只是法律赋予医疗机构的告知义务,使患者知悉自己面临的风险及可能取得的收益,是患者自己决定权的体现。

2. 合同主体。《人类辅助生殖技术规范》第一部分第二项管理部分第1点规定:"实施体外受精与胚胎移植及其衍生技术的机构,必须遵守国家人口和计划生育法规和条例的规定,并同不育夫妇签署相关技术的《知情同意书》和《多胎妊娠减胎术同意书》;"第2点规定:"机构必须预先认真核验不育夫妇的身份证、结婚证和符合国家人口和计划生育法规和条例规定的生育证明原件,并保留其复印件备案;涉外婚姻夫妇及外籍人员应出示护照及婚姻证明并保留其复印件备案。"第三部分第十三项规定:"禁止给不符合国家人口和计划生育法规和条例规定的夫妇和单身妇女实施人类辅助生殖技术。"由此可知,我国禁止给单身妇女实施人类辅助生殖技术,且实施人类辅助生殖技术需和不育夫妻双方签署相关同意书,故人类辅助生殖技术医疗服务合同的主体,一般情况下应是夫妻双方。

3. 合同权利义务。涉人类辅助生殖技术医疗服务合同中医患双方的合同权利义务为:(1)患方的权利:合法的情况下成功妊娠孕育子女。患方的义务:支付医疗费用;配合医疗机构进行诊疗。(2)医疗机构的权利:收取医疗费用。医疗机构的义务:依据法律、法规和诊疗技术规范为患者提供人类辅助生殖医疗服务。

4. 合同的成立、生效、履行与解除。(1)合同成立与生效。医疗服务合同关系中,医患双方一般不签订专门的书面合同,通常认为,患者到医疗机构就医支付了医疗费用,医疗机构收取了医疗费用,合同即告成立并生效。涉人类辅助生殖技术医疗服务合同亦遵守该规则。(2)合同履行。夫妻一方死亡,另一方及死亡一方法定第一顺序继承人是否有权要求继续履行合同。

如前所述,涉人类辅助生殖技术医疗服务合同具有人身性质,除夫妻双方之外,其他继承人不宜主张继续履行合同。但在一方死亡的情况下,笔者认为,如女方死亡,因我国法律规定禁止代孕,且接受胚胎移植的对象已经不存在了,故不宜要求继续履行合同。而如男方死亡,女方能否要

求继续履行合同的问题，应考虑是否有违法律规定和伦理道德两方面予以审慎评价。首先，结合原国家卫生部就原广东省卫生厅类似问题的通知精神可知，男方死亡后，女方可以要求医疗机构继续实施人类辅助生殖技术，因此，不违反相关法律规定。其次，通过人类辅助生殖技术出生的后代与自然受孕分娩的后代享有同样的法律权利和义务，且可能生在单亲家庭的假定性条件并意味着必然对孩子的生理、心理等产生严重影响，故不违反保护后代原则。再次，尽管进行胚胎移植需夫妻双方签字同意，但如在无证据证明死亡一方拒绝进行胚胎移植的情况下，应结合其生前意思表示、行为表现及公众普遍认同的传统观念和人之常情予以判断，如能够得到内心确认，则应认定不违反知情同意原则。但因涉及继承权问题，故还应取得孩子可代位继承的死亡一方近亲属（一般为其父母）的同意。一般情况下，死亡一方的父母出于延续血脉的情感考量，对继续履行持肯定态度。但如其不同意继续履行，笔者认为，因继续履行涉及女方的生育权，故其否定的意思表示并不能对合同继续履行产生绝对的影响力。

（三）合同解除

合同解除情形。我国法律规定合同解除分为约定解除和法定解除。按照合同自由原则，合同当事人享有解除合同的权利。涉人类辅助生殖技术医疗服务合同作为合同的一种类型，亦应遵守合同法的一般规范。《人类辅助生殖技术管理办法》规定，实施人类辅助生殖技术，医疗机构需和不育夫妇签订相关技术的知情同意书。故如医患双方签署的知情同意书等相关文件中对合同解除有约定，则应从其约定。如双方未约定合同解除情形，但出现了《合同法》所规定的法定解除情形，则合同当事人亦可行使法定解除权，要求解除合同。

合同解除后的法律后果。我国《合同法》第九十七条规定："合同解除后，尚未履行的终止履行；已经履行的，根据履行情况和合同性质，当事人可以要求恢复原状，采取其他补救措施，并有权要求赔偿损失。"涉人类辅助生殖技术医疗服务合同与其他合同解除相比，其特殊性主要体现在合同解除后的法律后果，主要表现在：第一，夫妻双方是否有权要求返还冷冻胚胎。如前所述，冷冻胚胎系介于"人"和"物"之间的中间体。

其虽不能成为交易、继承之标的，但因其承载了人的精神利益，且具有发展为生命的潜质，故在无合同约定的情况下，夫妻是否对冷冻胚胎享有民事权益，有权在合同解除后，要求医疗机构返还。第二，夫妻一方死亡，另一方及死亡一方法定第一顺序继承人是否有权要求返还冷冻胚胎。就普通合同而言，合同签订主体死亡后，其继承人可概括性继受其合同权利，而涉人类辅助生殖技术医疗服务合同具有人身性质，除夫妻双方外，其他继承人不宜主张继受合同的权利义务，但考虑到胚胎所承载的特殊精神利益和情感寄托，在不违反法律规范、社会伦理的情况下，应当认为夫妻一方死亡后，另一方及死亡一方法定第一顺序继承人有权要求返还冷冻胚胎。

通过本案的分析，一方面希望尽快通过立法对涉人类辅助生殖技术相关法律问题予以规范，为司法实务审理"涉人类辅助生殖技术"医疗服务合同纠纷案件提供更加明确的裁判依据。另一方面也提出法官在审理"涉人类辅助生殖技术"医疗服务合同纠纷案件时，应注重从《合同法》的角度出发，既要遵从法律规定，又要审慎考量社会伦理道德，探求当事人真实意思表示，予以裁判。

（一审法院合议庭成员　陈晓东　张秀英　张淑云
编写人　北京市朝阳区人民法院　陈晓东　于　婷
责任编辑　杨　奕
审稿人　范明志）

服务合同纠纷

129. 张某诉四川省医学科学院·四川省人民医院医疗服务合同纠纷案*

夫妻一方死亡后辅助生殖医疗合同效力的认定

【关键词】

民事　夫妻一方死亡　胚胎移植　辅助生殖医疗合同

【裁判摘要】

夫妻双方与医疗机构签订辅助生殖医疗合同要求体外受精—胚胎移植，一方死亡后，夫妻另一方要求继续履行"体外受精—胚胎移植"手术并不违背伦理道德。实施人工辅助生殖技术因技术操作原因存在分阶段、分步骤履行的特点，但并不影响医疗服务合同内容的整体性，医疗机构应当继续履行生殖医疗合同。

【相关法条】

《中华人民共和国民法总则》第三条① 民事主体

---

* 摘自《人民法院案例选》2021 年 5 辑（总第 159 辑），人民法院出版社 2021 年版，第 109~118 页。

① 对应《民法典》第三条："民事主体的人身权利、财产权利以及其他合法权益受法律保护，任何组织或者个人不得侵犯。"

的人身权利、财产权利以及其他合法权益受法律保护，任何组织或者个人不得侵犯。

第八条① 民事主体从事民事活动，不得违反法律，不得违背公序良俗。

《中华人民共和国合同法》第六十条第一款② 当事人应当按照约定全面履行自己的义务。

《中华人民共和国人口与计划生育法》第十七条 公民有生育的权利，也有依法实行计划生育的义务，夫妻双方在实行计划生育中负有共同的责任。

【案件索引】

一审：四川省成都市青羊区人民法院（2018）川0105民初12958号（2019年6月27日）

【基本案情】

原告张某诉称：张某与配偶李某于2016年7月20日登记结婚。2017年7月前后，两人前往四川省医学科学院·四川省人民医院（以下简称省人民医院）实施辅助生殖技术（即试管婴儿），缴纳费用并完成试管婴儿的前期准备检测。2017年8月27日，李某因交通事故死亡。张某与李某的试管婴儿胚胎已于被告省人民医院处培育成功，但省人民医院以张某配偶死亡为由，拒绝继续履行医疗服务合同，实施胚胎植入手术。原告张某向法院提出诉讼请求：（1）请求判令被告省人民医院继续履行医疗服务合同，实施胚胎移植手术；（2）本案诉讼费由被告承担。

被告省人民医院辩称：（1）张某与省人民医院仅构成胚胎保管服务合同，胚胎移植手术服务合同尚未成立。张某与省人民医院之间系分阶段医疗服务合同，各阶段均要求张某、李某具备合同条件，均要求合同主体适

---

① 对应《民法典》第八条："民事主体从事民事活动，不得违反法律，不得违背公序良俗。"
② 对应《民法典》第五百零九条第一款："当事人应当按照约定全面履行自己的义务。"

格，现李某车祸去世，张某不具备合同主体资格，双方之间仅构成胚胎保管服务合同。(2)继续实施胚胎移植手术将违反法律规定及医疗技术规范，张某属于单身妇女，不符合《人类辅助生殖技术规范》的规定。(3)继续实施胚胎移植手术将违背伦理道德要求，由于我国尚未对该类子女的身份地位作出明确规定，其身份地位不明确，将引发新的法律及伦理问题。

法院经审理查明：张某与李某于2016年7月20日登记结婚。婚后，双方未生育。2017年6月30日，张某与李某因不孕到省人民医院进行人工辅助生育的术前检查，并缴纳相关费用，并签署《胚胎移植、培养知情同意书》，同意由省人民医院为其施行"体外受精—胚胎移植术"。2017年8月20日，省人民医院为张某与李某施行体外受精—胚胎移植术，取卵17个，形成卵裂球胚胎8个，其中优质胚胎2个。2017年8月23日，张某与李某签署《胚胎移植、培养知情同意书》，该同意书载明：张某与李某在本治疗周期内形成卵裂球胚胎8个，其中优质胚胎2个，可以移植两个胚胎。张某与李某言明，本周期移植零个胚胎，冷冻保存2个优质胚胎，继续培养2~3日6个非优质胚胎。2017年8月26日，张某与李某签署《胚胎继续培养、冷冻知情同意书》言明冷冻8个胚胎，其中卵裂期胚胎2个，囊胚6个。约定胚胎冷冻保存期为12个月，超过保存期同意将胚胎丢弃。

2017年8月27日，李某发生道路交通事故，经抢救无效后死亡。

诉讼过程中，李某的父母均表示支持张某接收胚胎移植手术，希望张某为李某生育后代。

【裁判结果】

四川省成都市青羊区人民法院于2019年6月27日作出（2018）川0105民初12958号民事判决：省人民医院于本判决生效之日起继续履行与张某之间人工辅助生殖技术的医疗服务合同，为张某实施胚胎移植手术。一审宣判后，双方当事人均未提出上诉，判决已发生法律效力。

【裁判理由】

法院生效裁判认为：原告张某与被告省人民医院之间医疗服务合同关系，有双方当事人陈述、体检报告、知情同意书等证据及庭审笔录在卷佐证，足以认定医疗服务合同关系成立，系双方真实意思表示，合法有效。本案的争议在于：第一，双方之间的医疗服务合同内容是否包括省人民医院移植胚胎的履行义务；第二，省人民医院继续为张某实施人类辅助生殖技术是否违反有关的伦理原则。

一、关于双方之间的医疗服务合同内容是否包括省人民医院移植胚胎的履行义务

根据当事人提交的证据，四川省人民医院试管婴儿检测项目、张某与李某的检测报告单、检测报告领取单、《胚胎移植、培养知情同意书》《胚胎继续培养、冷冻知情同意书》等可以证明张某、李某生前与省人民医院之间的人工辅助生殖的医疗服务合同成立，且合法、有效。省人民医院在庭审中抗辩称张某、李某尚未签订胚胎复苏移植知情同意书、再次助孕知情同意书，张某、李某生前与省人民医院之间仅成立胚胎保管合同关系。法院认为，张某、李某生前签订医疗服务合同时的最终目的是通过辅助生殖技术生育子女，而不可能通过辅助生殖技术仅用于保管冷冻胚胎。李某之前已签署《胚胎移植、培养知情同意书》《胚胎继续培养、冷冻知情同意书》，从中可知李某对于通过实施胚胎移植手术生育子女已经表达了其意愿。虽然实施人工辅助生殖技术因技术操作原因存在分阶段、分步骤履行的特点，但并不影响医疗服务合同内容的整体性。本案中，张某、李某与省人民医院之间的医疗服务合同尚未履行完毕，胚胎处于冷冻状态，没有立即实施胚胎移植，系因胚胎移植需要评估张某的身体状况。故本案不应拘泥于张某、李某不能签署新的知情同意书这一形式问题，对于省人民医院的上述抗辩主张，法院不予支持，应当认定张某、李某与省人民医院之间的医疗服务合同内容包括省人民医院移植胚胎的履行义务。省人民医院应当按照医疗服务合同的约定，全面履行合同各阶段的义务。

服务合同纠纷

二、关于省人民医院继续为张某实施人类辅助生殖技术是否违反有关的伦理原则

关于省人民医院继续为张某实施人类辅助生殖技术是否违反有关的伦理原则，应结合本案实际，从以下几个方面予以审慎评判：

1. 省人民医院继续为张某实施人类辅助生殖技术是否违反"医务人员必须严格贯彻国家人口和计划生育法律法规，不得对不符合国家人口和计划生育法规和条例规定的夫妇和单身妇女实施人类辅助生殖技术"这一行为准则。被告省人民医院抗辩原告张某为单身妇女，不符合原卫生部《人类辅助生殖技术规范》规定的，"禁止给不符合国家人口和计划生育法规和条例规定的夫妇和单身妇女实施人类辅助生殖技术。"同时，《人类辅助生殖技术和人类精子库伦理原则》亦规定了相应的伦理原则，其中社会公益原则中规定："医务人员必须严格贯彻国家人口和计划生育法律法规，不得对不符合国家人口和计划生育法规和条例规定的夫妇和单身妇女实施人类辅助生殖技术。"法院认为，首先，原告夫妇之前未生育，未收养子女，进行人工辅助生育不违反计划生育法律法规。其次，上述《人类辅助生殖技术规范》规定不得为单身妇女实施人类辅助生殖技术的目的是避免造成生育与婚姻的分离，造成维系社会稳定的基本单元家庭的瓦解。本案中，张某作为丧偶妇女，亦有别于《人类辅助生殖技术规范》和《人类辅助生殖技术和人类精子库伦理原则》中所指称的单身妇女要求实施人类辅助生殖技术的情形，为其实施人类辅助生殖技术并不有悖于社会公益。故法院认为，省人民医院继续为张某实施人类辅助生殖技术不违反前述部门规章。

2. 省人民医院继续为张某实施人类辅助生殖技术是否违反"人类辅助生殖技术必须在夫妇双方自愿同意并签署书面知情同意书后方可实施"这一知情同意原则。省人民医院认为每一阶段均需夫妻双方签署相关的文件的抗辩，虽原告配偶李某现已死亡，无法明确是否进行胚胎移植的意思表示。但综合整个医疗服务合同的履行过程，原告配偶李某对合同履行的目的是明知且同意的。为张某进行胚胎移植手术，进行人工辅助生育（包括胚胎移植手术）生育子女是整个医疗服务合同的目的。张某实施胚胎移植手术不违反其配偶李某的意愿，未剥夺李某身前的生育权，医院不应拘泥于李某不能签署新的知情同意书这一形式问题。胚胎移植仅是因故暂缓，张某要求实施胚胎移植手术是履行既有医疗服务合同的请求。故省人民医院继续为张某实施人类辅助生殖技术不违反前述知情同意原则。另，李某在去世前对通过辅助生殖技术（包括实施胚胎移植术）生育子女已表达了明确意愿，而张某也同意将胚胎移植到自己体内，并且这一行为不会损害到公序良俗，即使原告配偶李某未作出新的意思表示，亦不必然对继续履行医疗服务合同构成妨碍。故法院支持张某的诉讼请求。

3. 省人民医院继续为张某实施人类辅助生殖技术是否违反"如果有证据表明实施人类辅助生殖技术将会对后代产生严重的生理、心理和社会损害，医务人员有义务停止该技术的实施"这一保护后代原则。物质能力，或者说经济负担能力，不应作为公民行使生育权利的约束条件，何况现无证据证明张某缺乏抚养子女的能力；孩子可能出生在单亲家庭，不能就断言孩子会因此遭受严重的生理、心理和社会损害，故并不违反"保护后代原则"。且李某父母已表明支持张某继续实施人类辅助生殖技术。故法院认为，省人民医院继续为张某实施人类辅助生殖技术不违反前述保护后代原则。

【案例注解】

人类辅助生殖医疗技术服务合同是经国家许可的医院利用其掌握的人类辅助生殖医疗专门技术为不孕不育患者提供服务，使患者实现其生育权的合同，属于医疗服务合同项下的一种类型。我国对人类辅助生殖医疗予以规范的法律文件主要有2001年颁布的《人类辅助生殖技术管理办法》《人类精子库管理办法》和2003年重新修订的《人类辅助生殖技术规范》《人类精子库基本标准和技术规范》《人类辅助生殖技术和人类精子库伦理原则》以及《人类辅助生殖技术与人类精子库评审、审核和审批管理程序》。除上述规范外，我国《民法典》合同编通则中的规则应当也适用于人类辅助生殖医疗服务合同。

服务合同纠纷

一、人类辅助生殖医疗服务合同的特性

依据上述规范性文件，笔者认为，人类辅助生殖医疗服务合同具有以下特征：

1. 受术方的双方性。受术方应为两人且为具有有效婚姻关系的夫妻，其生育行为符合国家计划生育政策。原卫生部颁布的《人类辅助生殖技术和人类精子库伦理原则》规定："医务人员必须严格贯彻国家人口和计划生育法律法规，不得对不符合国家人口和计划生育法规和条例规定的夫妇和单身妇女实施人类辅助生殖技术。"

2. 医方的权利义务具有连续性、复杂性、伦理性等特征。通过人类辅助医疗服务达到受孕生育的目的，须人类辅助生殖医疗技术服务机构连续、持续给付数个不同的医疗给付，包括诱发排卵、检测卵泡大小、取卵、取精、体外受精、植入胚胎等，各次医疗给付形式上虽然各自独立，但性质上互相依存，须前后彼此配合方能达到最终医疗目的。这是其连续性和复杂性特征的表现。人类辅助生殖技术的实质是帮助不孕夫妻实现其生育权，其伦理意义不言自明。因此，原卫生部明确规定"有利于患者的原则、知情同意的原则、保护后代的原则、社会公益原则、保密原则、严防商业化的原则、伦理监督的原则"为人类辅助生殖技术伦理原则。

3. 主从合同的并存性。在接受人类辅助生殖技术手术的过程中，受术方要与医方签订多个知情同意书。本案中，张某、李某夫妻与省医院签订了多份《胚胎移植、培养知情同意书》《胚胎继续培养、冷冻知情同意书》。医患双方须签订多个知情同意书是由于人类辅助生殖是一项复杂的手术，对受术夫妻双方或一方要进行移植前的治疗手术，在移植不成功后要进行再次移植，且合同双方还要为剩余胚胎的保存及处置作出相关约定。如此等等，形成了以移植手术为主，以其他治疗、剩余胚胎保存为辅等相对应的主从法律关系。由于人类辅助生殖服务合同包含有多组性质不同的法律上的权利和义务，因此，在发生纠纷时要准确把握产生纠纷的关键所在。

4. 合同目的实现的风险性。签订人类辅助生殖服务合同的目的是实现受术方的生育权,由于不孕原因多样,人类辅助生殖医疗技术也不能保证每对受术夫妇百分之百都能生育后代。虽然人类辅助生殖医疗技术已经过几十年的发展,但一些技术还不完全成熟。这些不完全成熟的技术即使是规范使用也可能引发一些不良后果,且这些不良后果是医务人员难以根绝的。

二、人类辅助生殖医疗服务合同类型性判定

人类辅助生殖医疗合同与委托合同、承揽合同和雇佣合同都有类似之处,但又有较大差别。由于人类辅助生殖医疗合同给付内容比较复杂,在人类辅助生殖医疗合同中包括实施诊断和手术等诊疗行为的委托合同关系,实施人类辅助生殖医疗技术的承揽合同关系,住院期间雇用医方看护的雇佣合同关系,购买药品等买卖合同关系以及患者租赁医院病床及医疗器械等租赁合同关系,等等。而医院诊疗行为因其自身的专业性、复杂性、技术性和不可预测性,使得人类辅助生殖医疗合同中医患双方形成了多组对应的不同性质的权利义务。因此,可将人类辅助生殖医疗合同定性为一种复合型医疗服务合同。

(一)人类辅助生殖医疗合同与委托合同

二者具有一定的相似性。患者夫妇将自身不孕症的事务委托给医疗机构处理。医疗生殖中心采用自有设备和专业技术为患者进行诊疗并收取报酬,但其特性不能完全适用我国《合同法》(现为《民法典》)关于委托合同的相关规定。第一,《合同法》第三百九十九条[①]规定:"受托人应当按照委托人的指示处理委托事务。"但在医疗合同中,患者对相关医学知识和诊疗行为不具有专业性的了解,不可能指示医院如何处理诊疗事务,并且在诊疗过程中,患者须听从医院指示并协助其完成诊疗行为。第二,《合同法》第四百零一条[②]规定:"受托人应当按照委托人的要求,报告委

[①] 对应《民法典》第九百二十二条。
[②] 对应《民法典》第四条。

服务合同纠纷

托事务的处理情况。"但在实践中,医院考虑到为避免患者得知诊疗结果后情绪波动而不利于病情的诊疗,通常医院并不如实告知患者诊疗情况。第三,《合同法》第四百一十条①规定:"委托人或者受托人可以随时解除委托合同。"根据原卫生部下发的实施人类辅助生殖技术病历书写和知情同意书参考样式,有条款作如下规定,患者有权利在任何时候要求终止实施该技术。因此,患者自行终止合同,属合同自由的范畴。但医院不享有随时解除合同的权利,因为诊疗行为影响患者的身体健康,若任意解除合同,终止治疗,将会在生理上和心理上给患者带来严重的伤害。因此,不能将人类辅助生殖医疗合同归为委托合同。

(二)人类辅助生殖医疗合同与承揽合同

我国《合同法》第二百五十一条②规定:"承揽合同是承揽人按照定作人的要求完成工作,交付工作成果,定作人给付报酬的合同。"承揽合同的标的是完成工作,交付工作成果。而人类辅助生殖医疗合同的标的是医疗生殖中心向患者持续给付数个不同且密切联系的医疗服务行为,如诱发排卵、检测卵泡大小、取卵、取精、体外受精、植入胚胎等。但医疗生殖中心交付的诊疗行为因受给付对象的身体状况、医生的判断等因素的影响,最终的医疗结果具有很大的不确定性,因此,医疗机构不能保证不孕症的治愈,不能将良好结果的达成纳入人类辅助生殖医疗合同内容之中。

3. 与雇佣合同相比。雇佣合同是指双方当事人约定在一定期限内,由一方当事人提供劳务,另一方当事人给付报酬的协议。雇佣合同的特征为"受雇人需绝对服从雇佣人的指示命令"。德国学者普遍认为医疗行为多是有偿给付,根据《德国民法典》第662条的规定,委托合同为无偿合同,因此不能将医疗合同归为委托合同一类。而基于医疗效果因诊疗给付对象的不同存在差异,无法将疾病的治愈约定为医疗合同的内容。医疗合同同样也不适用承揽合同的相关规定。但考虑到医疗合同具有能更多地尊重和

---

① 对应《民法典》第九百三十三条。
② 对应《民法典》第七百七十条。

保护患者权利的属性，所以将其认定为雇佣合同更为合适。我们认为，在实施人类辅助生殖技术的过程中，医院运用临床医学知识和技术对患者的不孕症采取适当的诊疗措施，因诊疗对象的个体差异性，为确保最终达成积极的诊疗效果，医疗生殖中心需有高度的自由裁量权，患者通常要服从医疗生殖中心的建议和指示，而不是医疗生殖中心绝对服从患者的指示命令。因此，人类辅助生殖医疗合同不适用雇佣合同的相关规定。

三、关于医疗知情同意书的争议

医疗知情同意书属于医疗法律文书的范畴，其实质是医院和患者双方围绕诊疗活动设立权利义务的书面确认文件。

目前，关于知情同意书的性质，学界存在着较大争议。有学者认为，医疗知情同意书仅具有医疗证明文件的性质，并不具有承载医患双方合意的法律属性。医患双方在意思表示真实且不违反强制性法律法规的基础上，可以通过签订医疗合同或其他专门合同书来规范和明确他们之间的合意，包括通过合意的方式来实现责任的转换或免除。笔者认为此观点欠妥，同意学界"合同说"的观点。其具体是指，医疗知情同意书是医方和患方签订的关于诊疗救治的合同书，医疗机构方提出的病情分析和救治方案为要约，而患者签署了知情同意书视为对要约作出的承诺。根据我国《民法典》的规定，签订合同的双方主体具有地位上的平等性。在医疗活动中，虽然诊疗服务具有高度的医学专业性，普通患者通常缺乏医学知识，但这并不意味着诊疗活动中医患双方的法律地位不平等。2010年3月，卫生部公布了由北京大学人民医院整理修订的《医疗知情同意书》范本，其中包括37个科室、不同病种的276份知情同意书样式。其旨在规范常见疾病诊疗（手术、操作）的知情同意书，使患者对所患疾病有较全面的科学认识，供各级医院应用参考，以达到向患者和家属告知所患疾病的发病机理、诊治原则与方法、诊疗中可能产生的风险及后果。此知情效果平衡了医患双方在医学专业知识和信息获得上的实质不平等，促使双方权利义务趋向对等，保障双方的合法权益，以实现法律地位上的平等。

知情同意书记载了医方和患者的权利和义务，记载了患者同意将身体

健康等人身利益由医疗单位进行处理的意思表示,由于目前我国《民法典》和其他相关法律法规没有对此类合同进行规定,因此,此类合同应属无名合同。但值得注意的是,最高人民法院在没有法律规范条文依据的背景下,将医患纠纷关系归结为医疗服务合同纠纷案件。至此,医疗服务合同正式成为一种有名合同。医疗服务合同是医方为患者提供医疗服务,患者给付报酬的合同。医疗服务合同具有强烈的人身依附性,其在实践中的表现方式即为医患双方签订的知情同意书和部分口头约定。

四、受术方婚姻变动或死亡后剩余胚胎的处置

由于人类辅助生殖治疗过程比较长,为了实现合同目的,在治疗过程中医方往往要冷冻部分胚胎,为移植不成功作准备。但受术方婚姻变动或死亡后,是否能根据一方的意思继续移植?如何处置剩余胚胎?这些都成为有争议的问题。目前,我国关于人类辅助生殖医疗技术的规范仅有部门规章,而其中对受术方婚姻变动或死亡后剩余胚胎的处置未作任何规定。本案的争议焦点亦在于此。就本案而言,在审理中,亦有不同的观点认为,生育权是自然人特有的权利。人类辅助生殖是不孕夫妇实现生育权的一种方式,是他们共同意志的体现,随着夫妻一方或双方死亡,生育选择权已经消灭,任何人都不能为死亡者决定是否生育后代。但笔者认为,我国相关法律未否认单身女性的生育权。即使《人类辅助生殖技术规范》规定不得为单身妇女实施人类辅助生殖技术,但本案中张某作为丧偶妇女,亦有别于《人类辅助生殖技术规范》和《人类辅助生殖技术和人类精子库伦理原则》中所指称的单身妇女要求实施人类辅助生殖技术的情形,为其实施人类辅助生殖技术并不有悖于社会公共利益。

(一审法院合议庭成员　李　琳　朱惠蓉　陈素平
编写人　四川省成都市青羊区人民法院　李　琳
责任编辑　杨　奕
审稿人　范明志)

三、法律服务合同纠纷

> 律师风险代理的范围认定

130. 安徽籍山律师事务所诉翟彦彪、翟大昌法律服务合同纠纷案[*]

【关键词】

民事　律师风险代理　风险代理范围　举证责任　违约责任

【裁判摘要】

判断委托代理合同的性质是否属于律师风险代理，其依据是合同的内容，而非合同的名称。交通肇事附带民事诉讼中的保险理赔属于律师风险代理的范围，就此订立的风险代理合同有效。受托人应当举证证明其完成了代理义务，委托人提出异议应当提供相反证据。受托人未按相关规定要求与委托人明确约定风险代理的违约后果，其主张委托人承担违约责任不予支持。

---

[*] 摘自《人民法院案例选》2018年8辑（总第126辑），人民法院出版社2018年版，第101~111页。

服务合同纠纷

【相关法条】

《中华人民共和国合同法》第七条① 当事人订立、履行合同，应当遵守法律、行政法规，尊重社会公德，不得扰乱社会经济秩序，损害社会公共利益。

第四百零五条② 受托人完成委托事务的，委托人应当向其支付报酬。因不可归责于受托人的事由，委托合同解除或者委托事务不能完成的，委托人应当向受托人支付相应的报酬。当事人另有约定的，按照其约定。

《中华人民共和国律师法》第二十五条 律师承办业务，由律师事务所统一接受委托，与委托人签订书面委托合同，按照国家规定统一收取费用并如实入账。

律师事务所和律师应当依法纳税。

第三十条 律师担任诉讼法律事务代理人或者非诉讼法律事务代理人的，应当在受委托的权限内，维护委托人的合法权益。

【案件索引】

一审：安徽省芜湖市弋江区人民法院（2016）皖0203民初3243号（2016年12月26日）

二审：安徽省芜湖市中级人民法院（2017）皖02民终300号（2017年3月7日）

【基本案情】

原告安徽籍山律师事务所诉称：被告翟彦彪因犯交通肇事罪被司法机关追究刑事责任，刑事附带民事诉讼原告同时提起附带民事赔偿。因被告翟彦彪涉嫌酒驾及逃逸行为，其车辆保险赔偿面临拒赔。被告翟彦彪在此

---

① 《中华人民共和国民法典》中无对应法条。
② 对应《中华人民共和国民法典》第九百二十八条："受托人完成委托事务的，委托人应当按照约定向其支付报酬。因不可归责于受托人的事由，委托合同解除或者委托事务不能完成的，委托人应当向受托人支付相应的报酬。当事人另有约定的，按照其约定。"

情况下要求与该所签订《风险代理合同》，被告翟大昌作为保证人在合同上签字。合同签订后，该所依约指派了律师为其代理诉讼，严格按照合同约定履行代理义务。该案经两级法院审理后作出的判决已生效，该所已为两被告实现了合同目的，但两被告拒绝履行给付代理费义务。请求判令两被告共同支付法律服务费61799元。

被告翟彦彪辩称：原告代理人没有尽到代理义务，导致其被羁押。其在不了解情况下与原告签订风险代理合同。风险代理只适用于涉及财产关系的民事案件，本案委托事项为道路交通人身损害赔偿之诉，不属于涉及财产关系的民事案件，属于法律禁止的风险代理范围。请求法院驳回原告的诉讼请求。

被告翟大昌辩称：同意翟彦彪的辩称意见。

法院经审理查明：2015年8月1日21时许，翟彦彪驾驶皖BL1V××号小型轿车沿芜湖市弋江区利民中路由西向东超速行驶，行驶至杨先虎中医诊所门前路段时，其车前部右侧与由南向北通过人行横道的曹某某发生碰撞，发生致曹某某经抢救无效死亡的交通事故。事故发生后，翟彦彪随救护车将曹某某送至医院后不久即离开。次日上午，翟彦彪到芜湖市公安局弋江交警大队投案，如实供述自己的犯罪事实。芜湖市公安局弋江交警大队认定翟彦彪负事故全部责任。因涉嫌犯交通肇事罪，翟彦彪于2015年8月2日被芜湖市公安局刑事拘留，同年8月14日被逮捕。

2015年8月17日，翟彦彪委托代理人陶善武（乙方）与受害人曹某某之妻女王某某、曹某1（甲方）签订《谅解协议》一份，翟大昌作为保证人在协议上签字。《谅解协议》载明："一、乙方表示除法定赔偿之外，自愿另行补偿甲方15万元，作为对甲方的抚慰和帮助。二、乙方承诺，在今后的民事赔偿诉讼中，保证足额兑现并支付法院依法判决确定的应由乙方个人承担的赔偿款。三、鉴于乙方在事故发生后，有弃车逃逸的行为，故乙方承诺将来在民事判决中，若因交通肇事逃逸致使法院的生效判决确定保险公司不予赔付的情况下，乙方将承担全部法定的赔偿责任，甲方同意将乙方已支付的额外赔偿款15万元作为乙方整个赔偿款的组成部分予以冲抵，倘若将来法院的生效判决确定保险公司予以赔付的情况下，则该15

服务合同纠纷

万元额外赔偿款不予冲抵。四、为确保甲方的法定赔偿将来得以实现,双方商定在2015年8月25日之前乙方先行支付甲方额外补偿款15万元,甲方出具收条,并出具谅解书;另外乙方以保证人翟大昌名义单独在银行开户,预存35万元在该账户。该账户密码由甲方代理人武自强设定,该账户预留甲方代理人武自强的电话号码。该账户款项由甲乙双方共同保管,确保若法院生效判决确定保险公司不予赔付情况下,由该款项足额支付甲方赔偿款。倘若将来法院的生效判决确定保险公司予以赔付情况下,则甲方向乙方提供密码,该款由乙方自行提取。"

2015年9月14日,翟彦彪的强制措施由逮捕变更为取保候审,11月17日其被芜湖市弋江区人民检察院取保候审,12月14日其被一审法院取保候审。

2016年2月17日,安徽籍山律师事务所(受托人)与翟彦彪(委托人)签订《委托代理合同》一份,翟大昌作为保证人在合同上签字。《委托代理合同》约定:受托人指派陶善武律师为委托方代理人,以诉讼或非诉讼方式依法为委托方向中财保芜湖市分公司主张保险赔偿;委托方在合同签订之日暂不向受托方支付律师代理费,仅向受托方缴纳案件基本费用3000元(该款不计入代理费);当受托方为委托方代理没有获得保险赔付时,委托方不支付受托方代理费;当受托方通过代理行为使中国人民财产保险股份有限公司芜湖市分公司履行保险赔付(即刑事附带民事原告王某某等主张的赔偿款由保险公司赔付)时,委托方应按保险公司实际赔付款项数额的10%向受托方支付律师代理费(交强险赔偿数额不计入支付代理费范围内),委托方支付代理费具体时间为判决生效之日起3日内付清。在代理期限内,委托方不得单方解除合同,否则视为受托方已实现全部诉讼请求(即王某某等主张赔偿金额),委托方则应按照起诉状标的额并按照本合同确定的付费标准向受托方支付律师代理费。本合同一经双方签章,双方应遵守约定,若任何一方违约,则需承担诉讼标的额10%的违约金。

2016年2月23日,翟彦彪交通肇事附带民事诉讼案在一审法院公开开庭进行审理。安徽籍山律师事务所律师陶善武作为翟彦彪辩护人暨附带民事诉讼代理人出庭，在该案审理过程中，翟彦彪及其代理人均没有当庭出示 2015 年 8 月 17 日所签订的《谅解协议》。翟彦彪于 2016 年 3 月 7 日被该院决定逮捕。后翟大昌将该份《谅解协议》提交至该院。该院于 2016 年 5 月 26 日作出（2015）弋刑初字第 230 号刑事附带民事判决书，判决：一、翟彦彪犯交通肇事罪，判处有期徒刑三年，宣告缓刑四年（缓刑考验期限自判决确定之日起计算）；二、中国人民财产保险股份有限公司芜湖市分公司于判决生效后 10 日内赔付王某某、曹某 1 各项经济损失共计 528093.72 元；三、驳回王某某、曹某 1 其他诉讼请求。宣判后，王某某、曹某 1、中国人民财产保险股份有限公司芜湖市分公司不服提出上诉，芜湖市中级人民法院立案受理后依法组成合议庭，经过阅卷，听取各方当事人意见后，认为本案事实清楚，决定不开庭审理，并于 2016 年 8 月 29 日作出（2016）皖 02 刑终 228 号刑事附带民事裁定：驳回上诉，维持原判。

另查明，翟彦彪就其交通肇事附带民事诉讼一案已向安徽籍山律师事务所支付刑事案件代理费 11000 元（公安侦查至法院审判阶段）、附带民事诉讼一审代理费 3000 元、二审代理费 3000 元。附带民事诉讼原告人王某某、曹某 1 起诉请求金额为 617991.72 元，生效判决支持金额为 528093.72 元（不含交强险赔偿金额为 417976 元）。

【裁判结果】

安徽省芜湖市弋江区人民法院于 2016 年 12 月 26 日作出（2016）皖 0203 民初 3243 号民事判决：一、翟彦彪于判决生效后 10 日内给付安徽籍山律师事务所服务代理费 15000 元，翟大昌对上述款项的给付承担连带责任；二、驳回安徽籍山律师事务所其他诉讼请求。

宣判后，安徽籍山律师事务所提出上诉。安徽省芜湖市中级人民法院于 2017 年 3 月 7 日作出（2017）皖 02 民终 300 号民事判决：变更一审判决第一项中服务代理费为 41797.6 元，对其他判项予以维持。

【裁判理由】

法院生效裁判认为，本案争议焦点：（1）本案双方争议的代理事项的

服务合同纠纷

性质及是否适用风险代理收费;(2)受托人未及时向法院提交《谅解协议》是否构成违约及委托人能否据此拒付律师代理费;(3)委托人应支付的律师代理费金额的认定。

关于焦点一,在本案的附带民事诉讼中,翟彦彪并非交通事故的受害人,其属于侵权人,对受害人亲属负有赔偿义务,二者之间为人身损害赔偿关系。人身损害赔偿纠纷案件不宜实行风险代理,主要是因为这样做会变相减少受害人的赔偿数额,不利于保护受害人的利益,也不符合人们对社会善良风俗的一般理解。但翟彦彪与保险公司之间属于保险理赔关系,翟彦彪对受害人亲属进行赔偿的款项来源并非仅限于保险理赔款,翟彦彪能否获得全额理赔存在一定的风险,安徽籍山律师事务所称其所代理事项属于财产关系的民事案件,具有法律依据,故本案代理事项能够适用风险代理收费。

关于焦点二,受托人是否向法院提交《谅解协议》属于刑事辩护法律服务中的事项,并不属于本案双方约定的民事代理事项范围。并且,双方对翟彦彪后被法院在开庭后收监的原因存在争议,翟彦彪方主张系因受托人未及时向法院提交《谅解协议》和未明确告知当事人向法院提交《谅解协议》导致,但其并未提交相应的证据予以证明。故翟彦彪方以此作为拒付律师代理费的抗辩理由不能成立,不予支持。

关于焦点三,本案双方在《委托代理合同》的第三条中约定,如果安徽籍山律师事务所为翟彦彪代理没有获得保险赔付时,则不支付代理费;当安徽籍山律师事务所通过代理行为使保险公司履行保险赔付时,翟彦彪应按保险公司在第三者责任保险范围内实际赔偿款数额的10%支付律师代理费。该条款约定具有明显的风险代理收费特征,安徽籍山律师事务所称其与翟彦彪、翟大昌所签订《委托代理合同》仅是一般代理的主张不能成立,不予采信。《安徽省律师服务收费标准》规定,实行风险代理收费,律师事务所应当与委托人签订专门的风险代理收费合同,约定双方应承担的风险责任、收费方式、收费时限、收费数额或比例,合同中应当载明已告知委托人政府指导价。安徽籍山律师事务所并未按照前述规定的要求与翟彦彪、翟大昌签订专门的风险代理收费合同,故其主张按《委托代理合同》第七条的约定请求支付律师代理费 61799 元（附带民事诉讼原告人王某某、曹某 1 起诉请求金额 617991.72 元的 10%），依据不足，应依据该合同第三条关于正常情况下风险代理收费的约定确定委托人应支付的律师代理费金额，即委托方应按保险公司实际赔付款项数额的 10% 向受托方支付律师代理费（交强险赔偿数额不计入支付代理费范围内）。生效判决支持金额为 417976 元（不含交强险赔偿金额），故翟彦彪、翟大昌应支付的律师代理费为 41797.6 元。

【案例注解】

风险代理作为我国律师行业一种新型的收费方法，自在我国出现以来便引起不少争议，理论界和实务界对其褒贬不一。究其原因，主要是由于法律规定不够完善、律师业缺乏明确的操作指引和风险代理协议范本、律师管理部门和律师事务所监管不到位、风险代理双方诚信度不高等，导致律师风险代理双方权益保障不到位，从而影响了律师风险代理的实践效果。[①] 以上问题的存在，导致风险代理的双方容易产生矛盾，因律师风险代理纠纷而诉诸法院的案件也屡见不鲜。因缺乏相应明确法律规定，法院处理此类案件的认识与做法也不统一。该案例从律师风险代理的概念、特征、制度价值出发，归纳了律师风险代理的判断标准，厘清了律师风险代理的适用范围，明确了律师风险代理纠纷案件的举证责任、违约责任的认定，对于正确处理同类案件、规范律师风险代理秩序具有较高的借鉴价值。

一、判断委托代理合同的性质是否属于律师风险代理，其依据是合同的内容，而非合同的名称

国家发改委、司法部于 2006 年 4 月 13 日颁布、2006 年 12 月 1 日施行的《律师服务收费管理办法》[发改价格（2006）611 号]，第一次正式确

[①] 刘小平、刘玉娇、洪利民：《律师风险代理的实践作用及问题研究》，载《中国司法》2011 年第 9 期。

认了律师风险代理在我国的合法性，明确规定了律师风险代理的适用范围、适用程序、收费标准等内容。此后，各地也出台了相关规定。律师风险代理制度的主要内容如下：

第一，律师风险代理的基本概念。风险代理是法律认可的委托代理的一种特别形式，是律师事务所一般委托代理行为的补充形式，是指当事人在委托律师事务所代理法律事务时，事先不支付法律服务费或只支付少量服务费，通过律师的代理活动，在委托的法律事务达到约定的目标（包括判决书确定或经由调解、和解得到或经由法院执行得到财产或利益）之后，当事人按约定得到的财产或利益的一定比例向律师事务所支付法律服务费；如果当事人委托的法律事务没有达到约定的目标，则不向律师事务所支付法律服务费或少付服务费。风险代理收费的性质是一种附条件的民事法律行为，律师是否能得到代理费取决于其代理案件的结果，如果案件达到协议约定的结果，代理费支付条件成就，反之支付条件不成就。实践中，律师代理案件的最终结果一般是难以预测的，实行风险代理的律师也因此承担了一定的风险。[1]

第二，律师风险代理的特征。[2] 这主要体现在风险代理与普通代理的区别之中。风险代理区别于普通代理的三个突出特征是"风险收费""按结果收费"和"高额收费"。"风险收费"即采取风险代理的案件必须有现实存在的收费风险，且收费数额必须与所承担的风险成比例。"按结果收费"即风险代理案件的收费依据是有利的诉讼结果。案件必须达到约定的有利结果律师才有权收取代理费。"高额收费"即由于采取风险代理案件的律师承担了收费风险，为了弥补律师所承担的该风险，故允许风险代理律师高于普通代理案件收取代理费。

合同性质的认定不能仅凭合同名称而定，而应根据合同内容（主要条款）所涉法律关系，即合同双方当事人所设立权利义务关系进行全面理解和准确判定。本案中，双方在《委托代理合同》的第三条中约定，如果安

---

[1] 梁尚秋：《浅议风险代理收费制度——以案件适用类型为视角》，载《知识经济》2016年第3期。

[2] 丁小娟、李贵雨：《浅议律师风险代理收费制度》，载《法制与社会》2009年第8期。

徽籍山律师事务所为翟彦彪代理没有获得保险赔付时，则不支付代理费；当安徽籍山律师事务所通过代理行为使保险公司履行保险赔付时，翟彦彪应按保险公司在第三者责任保险范围内实际赔偿款数额的10%支付律师代理费。该条款的内容明显具有风险代理的上述三个特征。故安徽籍山律师事务所与翟彦彪、翟大昌所签订的《委托代理合同》，其名称虽未表明为风险代理，但其内容并非普通代理，应认定其为风险代理。

二、交通肇事附带民事诉讼中的保险理赔属于律师风险代理的范围，就此订立的风险代理合同有效

风险代理由于其特殊性，并不适用于所有的诉讼代理案件。《律师服务收费管理办法》第十一条规定，以下四类民事案件不得适用风险代理：(1) 婚姻、继承案件；(2) 请求给予社会保险待遇或者最低生活保障待遇的；(3) 请求给付赡养费、抚养费、扶养费、抚恤金、救济金、工伤赔偿的；(4) 请求支付劳动报酬的等。第十二条规定，以下四类案件禁止适用风险代理：(1) 刑事诉讼案件；(2) 行政诉讼案件；(3) 国家赔偿案件；(4) 群体性诉讼案件。《国家发改委关于放开部分服务价格意见的通知》[发改价格（2014）2755号]第一条第四项规定，下列律师服务（刑事案件辩护和部分民事诉讼、行政诉讼、国家赔偿案件代理外）。除律师事务所和基层法律服务机构（包括乡镇、街道法律服务所）提供的下列律师服务收费实行政府指导价外，其他律师服务收费实行市场调节价：(1) 担任刑事案件犯罪嫌疑人、被告人的辩护人以及刑事案件自诉人、被害人的代理人；(2) 担任公民请求支付劳动报酬、工伤赔偿，请求给付赡养费、抚养费、扶养费，请求发给抚恤金、救济金，请求给予社会保险待遇或最低生活保障待遇的民事诉讼、行政诉讼的代理人，以及担任涉及安全事故、环境污染、征地拆迁赔偿（补偿）等公共利益的群体性诉讼案件代理人；(3) 担任公民请求国家赔偿案件的代理人。

《律师服务收费管理办法》第十一条明确规定了四类不得适用风险代理的民事案件。这些案件不宜实行风险收费制度是因为它们除了涉及个人利益之外，更涉及社会公共利益、社会秩序和社会风尚，即公序良俗。设

立公序良俗原则的目的在于，促使人们的行为在社会一般道德观念中运行，有助于净化社会风气，维护并促进整个社会的基本价值、道德观念。从法律层面讲，我国《合同法》第七条规定："当事人订立、履行合同，应当遵守法律、行政法规，尊重社会公德，不得扰乱社会经济秩序，损害社会公共利益。"这是公序良俗原则在《合同法》中的具体体现。人身损害赔偿纠纷案件虽然不在《律师服务收费管理办法》第十一条明确规定的四类不得适用风险代理的民事案件范围内，但如适用风险代理则会变相减少受害人的赔偿数额，很可能影响受害人今后的生活，不利于保护受害人的利益，也不符合人们对社会善良风俗的一般理解。因此，有必要扩张风险代理的适用范围包括人身损害赔偿纠纷案件。① 交通事故损害赔偿属于人身损害赔偿的范畴，因此，该类案件也不能实行风险代理。

在本案的交通肇事附带民事诉讼中，翟彦彪并非交通事故的受害人，其属于侵权人，对受害人亲属负有赔偿义务，二者之间为人身损害赔偿关系。但翟彦彪与保险公司之间属于保险理赔关系，翟彦彪对受害人亲属进行赔偿的款项来源并非仅限于保险理赔款，翟彦彪能否获得全额理赔存在一定的风险，安徽籍山律师事务所称其所代理事项属于财产关系的民事案件，具有法律依据，故本案代理事项能够适用风险代理收费，就此订立的风险代理合同有效。

三、受托人应当举证证明其完成了代理义务，委托人提出异议应当提供相反证据

《合同法》第四百零五条规定："受托人完成委托事务的，委托人应当向其支付报酬。因不可归责于受托人的事由，委托合同解除或者委托事务不能完成的，委托人应当向受托人支付相应的报酬。"受托人完成委托事务的，委托人应当按约向其支付报酬。《合同法》以意思自治为原则，承认合同权利为自治权，意思自治是合同权利的本质属性。在一般诉讼代理的情形下，律师事务所获取代理报酬通常是一案一计，一个诉讼程序阶段

---

① 洛法：《风险代理引出的官司》，载《法制与社会》2015年第7期。

即为一个案件,分别获得报酬,案件之间相互并无影响。一案一酬符合合同法上的公平原则,符合意思自治、责任自负的原则。同样,在风险代理的情形中,如无特别约定,律师应对并且仅对其代理的诉讼程序阶段的结果负责,仍应按一案一酬的原则计付代理费。①

本案中,刑事辩护与附带民事诉讼代理属于不同的诉讼程序阶段,应当按照约定分别收费。安徽籍山律师事务所举证证明生效判决支持保险公司赔偿金额为417976元(不含交强险赔偿金额),其已完成了约定代理事项。安徽籍山律师事务所是否向法院提交《谅解协议》属于刑事辩护法律服务中的事项,并不属于本案双方约定的民事代理事项范围。并且,双方对翟彦彪后被法院在开庭后收监的原因存在争议,翟彦彪方主张系因受托人未及时向法院提交《谅解协议》和未明确告知当事人向法院提交《谅解协议》导致,但其并未提交相应的证据予以证明,故翟彦彪方以此作为拒付律师代理费的抗辩理由不能成立。

四、受托人未按相关规定要求与委托人明确约定风险代理的违约后果,其主张委托人承担违约责任不予支持

《律师服务收费管理办法》第十一条规定,委托人被告知政府指导价后仍要求实行风险代理的,律师事务所可以实行风险代理收费。《安徽省律师服务收费标准》规定,实行风险代理收费,律师事务所应当与委托人签订专门的风险代理收费合同,约定双方应承担的风险责任、收费方式、收费时限、收费数额或比例,合同中应当载明已告知委托人政府指导价。

律师风险代理的过程中,信息不对称表现得比较突出。尤其是代理费用的协商中,委托人往往处于明显的弱势地位。作为一种附条件的委托合同,在风险代理的成立过程中,委托人和律师协商时通常要考虑案件的复杂程度、所附条件发生的可能性、所可能取得的赔偿数额和该业务所需要的工作量以及律师本身的资质等因素。由于律师作为专门的法律职业工作者,对案件的复杂程度和诉讼风险的评估能力比委托方要高得多,这就使

---

① 周舜隆:《风险代理中的报酬条款》,载《人民法院报》2004年6月23日。

律师可能利用这种绝对优势,欺瞒委托人,夸大风险系数,抬高酬金。这就是在律师风险代理中可能存在的信息不对称问题。因此,必须加强对风险代理中信息不对称的规制,强化律师的风险告知义务,保护交易的公平,维护委托人的正当权益。如前所述,确定风险代理费最重要的因素就是所附胜诉条件发生的可能性。因此,律师对委托人就案件的风险告知显得尤为重要。律师与委托人商谈风险代理时,应当本着诚实信用的原则,运用专业技能和经验,指出风险的程度,向委托人分析案件难度、所需要的时间、可能支出的费用,在此基础上报出收费标准。律师在风险告知中不能对委托人一味夸大风险,更不能利用当事人法律知识的欠缺,把本来无风险的业务说成是有风险的。委托人对影响案件风险的信息享有知情权。因为该信息影响到委托人是否选择风险代理以及愿意支付的风险代理金额。如果律师利用信息优势采取欺诈性的行为,根据我国的《合同法》,因此产生的风险代理合同属于可撤销合同,委托人可以依法行使撤销权。①

目前,律师风险代理操作流程不规范的现象比较突出。大多数律师事务所没有制定本所律师适用的风险代理协议文本,即使有,因为涉及商业秘密及其他因素不愿公开。不少律师对风险代理协议的签订不够重视,只是将本所现有的一般委托代理协议略作修改,在内容不够具体、细化的情况下,即作为风险代理协议与委托人签约,这使得当事人对服务内容及权利义务等约定往往不够明确。不少风险代理事项经双方约定后,由律师用手填写,而且在修改的地方双方未签字或按手印确认,极易引发纠纷。有的律师不履行告知义务,有意或无意误导当事人本可以签订一般委托代理协议而签订风险代理协议,个别律师甚至擅自扩大适用风险代理的案件范围;有的律师在风险代理协议中不明确风险代理收费的方式、数额以及责任承担方式,即使明确,也过于简单,缺乏操作性。

本案中,安徽籍山律师事务所并未按照前述规定的要求与翟彦彪、翟大昌签订专门的风险代理收费合同,其主张按《委托代理合同》第七条的

---

① 侯怀霞、荆秋:《律师风险代理制度的完善》,载《法治论丛》2007年第6期。

约定请求支付律师代理费 61799 元（附带民事诉讼原告人王某某、曹某 1 起诉请求金额 617991.72 元的 10%），实质是主张委托人翟彦彪、翟大昌承担违约责任。但委托人翟彦彪、翟大昌并未单方解除合同，且案涉《委托代理合同》对"若任何一方违约，则需承担诉讼标的额 10% 的违约金"的具体含义未作明确约定，故应依据该合同第三条关于正常情况下风险代理收费的约定确定委托人应支付的律师代理费金额，即委托方应按保险公司实际赔付款项数额的 10% 向受托方支付律师代理费（交强险赔偿数额不计入支付代理费范围内）。生效判决支持金额为 417976 元（不含交强险赔偿金额），故翟彦彪、翟大昌应支付的律师代理费为 41797.6 元。

（一审法院独任审判员　张　瑜

二审法院合议庭成员　文　勇　朱莉娟　蔡　俊

编写人　安徽省芜湖市中级人民法院　文　勇

责任编辑　杨　奕

审稿人　蒋惠岭）

四、旅游合同纠纷

131. 陈明、徐炎芳、陈洁诉上海携程国际旅行社有限公司旅游合同纠纷案*

▶ 旅游经营者主张旅游者的单方解约系违约行为，应当举证证明"损失已实际产生"和"损失的合理性"

【裁判摘要】

> 1. 当事人对自己提出的主张，有责任提供证据。旅游经营者主张旅游者的单方解约系违约行为，应当按照合同约定承担实际损失的，则旅游经营者应当举证证明"损失已实际产生"和"损失的合理性"。如举证不力，则由旅游经营者承担不利后果。
>
> 2. 按照有关司法解释的规定，旅游经营者向人民法院提供的证据系在中华人民共和国领域外形成的，该证据应当按照法律规定完成公证、认证手续；在香港、澳门特区或台湾地区形成的，应当履行相关的证明手续。

原告：陈明，男，61岁，汉族。户籍所在地：山西省太原市杏花岭区。

原告：徐炎芳，女，62岁，汉族。户籍所在地：山西省太原市杏花岭区。

原告：陈洁，女，34岁，汉族。户籍所在地：北京

---

* 摘自《最高人民法院公报》2015年第4期。

市海淀区。

被告：上海携程国际旅行社有限公司。住所地：上海市长宁区福泉路。

法定代表人：范敏，该公司董事长。

原告陈明、徐炎芳、陈洁因与被告上海携程国际旅行社有限公司（以下简称携程旅行社）发生旅游合同纠纷，向上海市长宁区人民法院提起诉讼。

原告陈明、徐炎芳、陈洁诉称：三原告于2013年7月30日与被告携程旅行社签订了《上海市出境旅游合同》，双方约定由被告向三原告提供2013年9月30日至同年10月8日为期9天的前往欧洲旅行的旅游服务，每人旅游费为人民币17866元（以下未注明币种均为人民币）。合同订立后，三原告向被告实际支付旅游费用共计55326元，被告向原告开具了发票。相关旅游签证由被告代为办理。2013年9月3日，原告陈明因工作原因出国需要使用护照，联系被告要求暂时取回护照。被告称护照如取回，旅游签证无法按时办理，旅行无法如期进行。被告也不同意原告更改旅游时间，无奈原告只能退团，并要求被告退还旅游费用。被告退还25128元，在无任何凭据的情况下，扣除了原告30198元。原告无法接受被告作出的处理，向旅游质监所提请调解，但调解未成。后被告又向原告返还4600元，但被告仍扣留三原告旅游费用25598元。原告认为，原告提前将近一个月的时间通知被告退团，被告完全有足够的时间另行出售旅游名额，不会对被告造成损失。被告所称的已产生损失，未提供充分证据证明。即使按照合同约定，原告解除合同只是承担旅游合同总价5%的违约金。原告据此请求法院判令被告返还三原告旅游费25598元。

原告陈明、徐炎芳、陈洁为证明其诉讼请求，向法院提供了：（1）《上海市出境旅游合同》、旅游度假产品确认单；（2）发票；（3）收费证明、费用证明；（4）上海市旅游质量监督所旅游投诉终止调解书。

被告上海携程国际旅行社有限公司辩称：因原告参加的是团队旅游，需要办理团队旅游签证，如原告取回护照则无法办理签证。原告坚持取回护照，被告无奈只能将护照退还原告。原告陈明因自身事务退团，违反合

服务合同纠纷

同约定,应当承担违约责任。原告徐炎芳、陈洁无正当理由退团,也应承担违约责任。原告所预定旅游行程时处十一黄金周期间,属于旅游旺季,预先交付给旅游地地接社的费用无法退还。但是被告为尽量减少原告损失,于2013年9月12日退还原告1728元,9月18日退还原告23400元,11月7日退还原告4623元,被告已经尽到了维护客户权益的责任。至于剩余费用,因已经实际发生,被告无法从地接社处取回。故被告请求法院驳回原告的诉讼请求。

被告携程旅行社为证明其主张,向法院提供了:(1)地接社欧洲之星公司出具的收费证明、取消政策;(2)欧洲之星公司注册证书;(3)奥地利驻华大使馆网页信息。

上海市长宁区人民法院一审查明:原告陈明与徐炎芳系夫妻,陈洁系陈明、徐炎芳之女。

2013年7月30日,原告陈明、徐炎芳、陈洁与被告携程旅行社签订了《上海市出境旅游合同》。合同约定,陈明、徐炎芳、陈洁参加由携程旅行社组团的"德国罗滕堡+海德堡+法兰克福+奥地利9日团队游(4钻)·全四星湖光山色新天鹅堡"团队游,旅行时间为2013年9月30日至2013年10月7日,每人旅游费为人民币(以下币种除特别注明外,其余均为人民币)17866元,三人旅游费合计53598元。该旅游合同在旅游者的义务项下还约定:"旅游者应当遵守合同约定,自觉履行合同义务。非经旅行社同意,不得单方变更、解除旅游合同,但法律、法规另有规定的除外。因旅游者的原因不能成行造成违约的,旅游者应当提前7天(含7天)通知对方,但旅游者和组团旅行社也可以另行约定提前告知的时间。对于违约责任,旅游者和旅行社已有约定的,从其约定承担;没有约定的,按照下列协议承担违约责任:1.旅游者按规定时间通知对方的,应当支付旅游合同总价5%的违约金;2.旅游者未按规定时间通知对方的,应当支付旅游合同总价10%的违约金。旅行社已办理的护照成本手续费、订房损失费、实际签证费、国际国内交通票损失费按实计算。因违约造成的其他损失,按有关法律、法规和规章的规定承担赔偿责任。"在该旅游合同补充条款上载明,旅游团费包含签证费、游程中规定的用餐、双标房、国际交通费、游览用车、景点第一门票、导游服务等费用。在携程旅行社提供的旅游度假产品确认单上载明,旅游产品的供应商为 EUROPE EXPRESS & EAST EUROPE TRAVEL SERVICE Int'L Co., LTD（即欧洲之星公司）。被告携程旅行社在向原告陈明、徐炎芳、陈洁收取 53598 元旅游费和另行收取 1728 元旅游费后,开具金额分别为 53598 元和 1728 元两张发票。

2013 年 9 月 6 日,原告陈明因故需要取回护照,致使无法如期办理前往旅游目的地的签证,难以参加既定旅游行程,要求退团;原告徐炎芳、陈洁同时向被告携程旅行社申请退团。陈明、徐炎芳、陈洁解除出境旅游合同的要求,携程旅行社予以同意。携程旅行社于 2013 年 9 月 12 日退还 1728 元,于同年 9 月 18 日退还 23400 元,余款未作退还。陈明、徐炎芳、陈洁于 2013 年 9 月 22 日向上海市旅游质量监督所投诉携程旅行社,要求退还剩余旅游费。经上海市旅游质量监督所调解,陈明、徐炎芳、陈洁和携程旅行社无法达成一致意见,该所于 2013 年 10 月 24 日终止调解,并出具旅游投诉终止调解书。携程旅行社于 2013 年 11 月 7 日退还 4623 元。2014 年 3 月 4 日,陈明、徐炎芳、陈洁为要求被告携程旅行社退还旅游费余款向法院提起本案诉讼。

上海市长宁区人民法院一审认为:依法成立的合同,对当事人具有法律约束力。当事人应当按照约定履行自己的义务,不得擅自变更或解除合同。原告陈明、徐炎芳、陈洁与被告携程旅行社签订了《上海市出境旅游合同》,双方缔结旅游合同关系,意思表示真实,该旅游合同应属有效,双方应该共同遵守合同的约定。陈明因自身原因,在携程旅行社代为办理前往旅游目的地签证时要求取回护照,导致携程旅行社无法代为办理签证,参加原定旅游行程受阻,陈明要求退团;继而徐炎芳、陈洁也要求退团,陈明、徐炎芳、陈洁的解约行为,致使双方签订的旅游合同无法继续履行,陈明、徐炎芳、陈洁行为构成违约,应当承担相应的违约责任。

《最高人民法院关于审理旅游纠纷案件适用法律若干问题的规定》第十二条规定:"旅游行程开始前或者进行中,因旅游者单方解除合同,旅游者请求旅游经营者退还尚未实际发生的费用,或者旅游经营者请求旅游者支付合理费用的,人民法院应予支持。"因此,在陈明、徐炎芳、陈洁

单方解除旅游合同后，应当承担由此产生的后果。

按照双方签订的旅游合同约定，因旅游者的原因不能成行造成违约的，旅游者应当提前7天通知对方，并支付旅游合同总价5%的违约金。原告陈明、徐炎芳、陈洁参加的旅游活动于2013年9月30日出行，陈明、徐炎芳、陈洁于2013年9月6日通知被告携程旅行社退团，携程旅行社对此予以确认。陈明、徐炎芳、陈洁应依约支付携程旅行社旅游合同总价53598元的5%的违约金2679.90元。

同时，双方签订的旅游合同还约定，旅行社已办理的护照成本手续费、订房损失费、实际签证费、国际国内交通票损失费按实计算。原告陈明、徐炎芳、陈洁的旅游签证是由被告携程旅行社代为办理，但携程旅行社并未提供使领馆已经收取陈明、徐炎芳、陈洁办理签证费用的证据，携程旅行社无法证明签证费用已经发生，应当将陈明、徐炎芳、陈洁办理签证的费用180欧元（以当时汇率中间价8.0382，折合人民币1446.88元）如数退还。旅游合同成立后，旅游经营者为履行合同义务即要着手为旅游者办理出入境手续、预定交通工具和膳宿。对旅游所涉交通、住宿的预先落实，既是保证旅游活动能够按约进行的前提，也是前往旅游入境国使领馆办理旅游签证的必备条件。随着上述手续的办理就会发生费用的预付。根据《最高人民法院关于民事诉讼证据的若干规定》的规定，对合同是否履行发生争议的，由负有履行义务的当事人承担举证责任。携程旅行社提供证据证明已向其委托的负责此次旅游活动接待的地接社欧洲之星公司交付费用，欧洲之星公司根据其与携程旅行社协议约定，以陈明、徐炎芳、陈洁取消旅游行程，致其损失3018欧元为由，拒绝退还该笔费用，该节事实发生应当得到认定。由于欧洲之星公司所处地域，其出具的文书需要进行公证、认证。携程旅行社提供上述证据未经公证、认证，在形式上存在瑕疵。而公证、认证需要花费精力及支付相应费用，欧洲之星公司持消极、不配合的态度，客观上为携程旅行社消除上述证据瑕疵造成障碍。如果因此将不利后果由携程旅行社承担，则有失公平。基于本次纠纷缘于陈明、徐炎芳、陈洁解约，而携程旅行社出示的证据因提供方的不配合存在瑕疵，此瑕疵携程旅行社主观上无法消除的因素，对于欧洲之星公司拒绝退还3018欧元造成的损失（以8.0382汇率，折合人民币24259.28元），酌定双方各半承担。携程旅行社需向陈明、徐炎芳、陈洁再退还12129.64元。

综上所述，被告携程旅行社在扣除原告陈明、徐炎芳、陈洁支付的违约金后，应再向陈明、徐炎芳、陈洁退还旅游费10896.62元。

综上，上海市长宁区人民法院依照《中华人民共和国合同法》第八条、第一百零七条，《中华人民共和国旅游法》第六十五条，《最高人民法院关于审理旅游纠纷案件适用法律若干问题的规定》第十二条和《最高人民法院关于民事诉讼证据的若干规定》第二条、第五条第二款的规定，于2014年8月25日作出判决：上海携程国际旅行社有限公司于判决生效之日起10日内向陈明、徐炎芳、陈洁退还人民币10896.62元。如果未按判决指定的期间履行给付金钱义务，应当依照《中华人民共和国民事诉讼法》第二百五十三条之规定，加倍支付迟延履行期间的债务利息。案件受理费人民币439.10元，由陈明、徐炎芳、陈洁负担人民币252.10元，由上海携程国际旅行社有限公司负担人民币187元。

陈明、徐炎芳、陈洁不服一审判决，向上海市第一中级人民法院提起上诉，请求：撤销原判，改判携程旅行社返还旅游费25575元。陈明、徐炎芳、陈洁上诉称：携程旅行社未提供证据证明其与所谓的欧洲之星公司合作关系的真实性，该公司提供的相关证据未经公证、认证，携程旅行社在本案涉及的多份证据材料中使用的欧洲之星公司名称不一致。最终出境团员名单都应该在国家旅游局备案，但携程旅行社始终无法提供组团名单、实际出行名单。陈明只是需要使用一下护照，并不是要求取消行程，但携程旅行社称无法如期办理旅游签证而导致陈明、徐炎芳、陈洁退团，陈明、徐炎芳、陈洁退团的行为不构成违约，但可以承担5%的违约金。携程旅行社没有证据证明其实际损失的真实性和合理性，故不应当由陈明、徐炎芳、陈洁承担。

被上诉人携程旅行社辩称：欧洲之星公司的营业执照在香港公开网站可以查到，公司真实设立。携程旅行社与香港的欧洲之星公司签订过协议，有业务合作关系。其他欧洲之星公司是与香港欧洲之星公司发生关

服务合同纠纷

系,香港欧洲之星公司如何操作非携程旅行社可以控制,且与本案无关。实际损失包括了酒店费用、签证费用和保险费用。酒店费用扣除依据是基于携程旅行社与欧洲之星公司的协议附件中的取消政策;签证费和保险费都已经实际支出。组团名单、实际出行名单与实际损失的产生没有关联性。现上诉人陈明、徐炎芳、陈洁因自身原因造成无法成行,应当承担违约责任,包括合同约定的违约金和实际损失。因考虑到公证、认证的时间和成本问题,没有进行公证、认证,故携程旅行社接受原审判决结果,不同意陈明、徐炎芳、陈洁的上诉请求,要求维持原判。

上海市第一中级人民法院经二审查明,认为除3018欧元损失一节事实外,原审法院认定的其余事实无误。

二审庭审过程中,被上诉人携程旅行社提供其作为甲方、(供应商)EUROPE EXPRESS TRAVEL SERVICE INTERNATIONAL CO., LTD作为乙方、携程旅行网(香港)有限公司作为丙方共同签订的三方协议书,旨在证明该协议书的附件是取消政策,该取消政策即为当客户取消订单时适用的政策条款。上诉人陈明、徐炎芳、陈洁对取消政策系三方协议书的附件不予认可,对取消政策的真实性有异议,同时认为协议书中欧洲之星公司的名称、地址与携程旅行社交付的旅游度假产品确认单、收费证明等中所载明的名称、地址不一致。二审法院限定携程旅行社在一个月期限内提供境外证据的相关公证、认证手续,并提供证明损失实际发生的相关证据进行补强。携程旅行社在法院指定的一个月举证期限内又提供了携程旅行社与地接社(欧洲之星公司)的邮件往来记录,旨在证明携程旅行社于2013年8月20日发送给地接社的分房名单和地接社次日发送给携程旅行社的邀请函名单中均包含了陈明、徐炎芳、陈洁;携程旅行社报备给上海市旅游局的出境游客信息表,旨在证明除了陈明、徐炎芳、陈洁外,其他团员均正常出行。陈明、徐炎芳、陈洁对携程旅行社与地接社的往来邮件的真实性不予认可,对出境游客信息表的真实性亦不予认可。

综合双方当事人的举证和质证意见,二审法院认为,携程旅行社提供的三方协议书未经公证、认证,真实性难以认定,且从形式上亦无法判断取消政策为该三方协议书的附件;邮件往来记录也未经有效确认,即使真实也是发生在陈明、徐炎芳、陈洁退团之前,陈明、徐炎芳、陈洁在名单中出现亦属正常;出境游客信息表仅以简单表格形式呈现,亦未有相关行政部门的印章佐证,真实性难以认定,无法证明此信息表为交旅游局备案文件,也无法证明系最终出行人员。故携程旅行社在二审中提交的证据,二审法院不予采信。原审法院仅凭未经公证、认证的欧洲之星公司出具的"收费证明""取消政策",即认定陈明、徐炎芳、陈洁取消旅游行程致使携程旅行社产生 3018 欧元的损失一节事实不当,故予以纠正。

上海市第一中级人民法院二审认为:上诉人陈明、徐炎芳、陈洁与被上诉人携程旅行社签订的《上海市出境旅游合同》系双方真实意思表示,于法不悖,应属有效,双方均应恪守履行。陈明、徐炎芳、陈洁因自身原因要求退团,导致双方签订的旅游合同无法履行,系单方解约行为,陈明、徐炎芳、陈洁的行为构成违约,应当承担违约责任。

关于违约责任的承担,在双方签订的《上海市出境旅游合同》中明确约定:因旅游者的原因不能成行造成违约的,旅游者应当提前 7 天(含 7 天)通知对方,此种情况下,旅游者应当支付旅游合同总价 5% 的违约金。现上诉人陈明、徐炎芳、陈洁在 2013 年 9 月 6 日要求退团,属于该情形,故陈明、徐炎芳、陈洁应当承担以合同总价 53598 元为基数,按 5% 标准计算的违约金计 2679.90 元。

双方合同还约定:旅行社已办理的护照成本手续费、订房损失费、实际签证费、国际国内交通票损失费按实计算。被上诉人携程旅行社在上诉人陈明、徐炎芳、陈洁提出退团后,共计返还 29751 元,其余款项未予退还。陈明、徐炎芳、陈洁主张携程旅行社应将余款退还,而携程旅行社则认为因陈明、徐炎芳、陈洁的退团行为已导致其产生实际损失,故不应当退还。法院认为,关于"损失已实际产生"和"损失的合理性"的举证责任在于携程旅行社,如举证不力,则由携程旅行社承担不利后果。综观携程旅行社的证据材料,不论在证据的效力和证据的证明力上,以及直接证据、间接证据之间的相互印证上,都均无法形成令人信服的证据优势。携程旅行社为其酒店费用损失提供了相关证据,但"收费证明""取消政策"等境外证据未经公证、认证,部分证据无翻译件,形式上明显存有瑕疵,

服务合同纠纷

难以证明携程旅行社实际发生了酒店费用的支出;携程旅行社虽辩称其扣除的金额中还包括了已经支付的签证费和保险费,但其未提供支付凭证。法院在二审期间再次给予携程旅行社一个月的举证期限补充、补强相关证据,但其未能进一步有效举证,未提供经过公证、认证的境外证据,仅提供了与欧洲之星公司的邮件往来、报备文件,证明力较弱,难以印证损失已经实际产生并属合理,且均未得到陈明、徐炎芳、陈洁的认可;鉴于携程旅行社扣除相关费用欠缺证据证明,故陈明、徐炎芳、陈洁的上诉请求中部分内容应予以支持。经二审法院核算,携程旅行社应退还陈明、徐炎芳、陈洁旅游费 22895.10 元(旅游费合计 55326 元 - 已退款 29751 元 - 应承担的违约金 2679.90 元)。

被上诉人携程旅行社作为从事旅游服务业务的专业公司,在提供旅游服务的过程中,送签、办理保险、订房、交通等均由其安排,其在本案中应当有能力提供实际损失的确凿证据,但携程旅行社却怠于举证,由此产生的不利后果应由其自行承担。

据此,依照《中华人民共和国合同法》第八条①、第一百零七条②,《中华人民共和国旅游法》第六十五条,《最高人民法院关于审理旅游纠纷案件适用法律若干问题的规定》第十二条和《中华人民共和国民事诉讼法》第一百七十条第一款第二项,《最高人民法院关于民事诉讼证据的若干规定》第二条、第十一条的规定,于 2014 年 12 月 19 日判决如下:一、撤销上海市长宁区人民法院(2014)长民一(民)初字第 1376 号民事判决;二、被上诉人上海携程国际旅行社有限公司应于本判决生效之日起 10 日内向上诉人陈明、徐炎芳、陈洁退还人民币 22895.10 元。如果未按本判决指定的期间履行给付金钱义务,应当依照《中华人民共和国民事诉讼法》第二百五十三条之规定,加倍支付迟延履行期间的债务利息。一审案件受理费人民币 439.10 元,上诉人陈明、徐炎芳、陈洁负担 44 元,被上诉人上海携程国际旅行社有限公司负担 395.10 元。二审案件受理费人民币

---

① 对应《中华人民共和国民法典》第四百六十五条:"依法成立的合同,受法律保护。依法成立的合同,仅对当事人具有法律约束力,但是法律另有规定的除外。"

② 对应《中华人民共和国民法典》第五百七十七条,内容未作修改。

439.10元,上诉人陈明、徐炎芳、陈洁负担44元,被上诉人上海携程国际旅行社有限公司负担395.10元。

本判决为终审判决。

五、网络服务合同纠纷

132. 无锡市掌柜无线网络技术有限公司诉无锡嘉宝置业有限公司网络服务合同纠纷案[*]

> 双方当事人强行向不特定公众发送商业广告短信息,侵害了不特定公众的利益,其签订的相关合同无效

【裁判摘要】

> 双方当事人明知所发送的电子信息为商业广告性质,却无视手机用户群体是否同意接收商业广告信息的主观意愿,强行向不特定公众发送商业广告短信息,侵害不特定公众的利益,所发送的短信息应认定为垃圾短信,其签订的相关合同无效,所涉价款属于非法所得,人民法院应予收缴。

原告:无锡市掌柜无线网络技术有限公司。住所地:江苏省无锡新区长江北路。

法定代表人:钟丛姜,该公司总经理。

被告:无锡嘉宝置业有限公司。住所地:江苏省无锡市南长区红星路。

法定代表人:华玲燕,该公司董事长。

管理人:无锡嘉宝置业有限公司清算组。

无锡市掌柜无线网络技术有限公司(以下简称掌柜网络公司)与被告无锡嘉宝置业有限公司(以下简称嘉

---

[*] 摘自《最高人民法院公报》2015年第3期。

宝公司）发生网络服务合同纠纷，向江苏省无锡市南长区人民法院提起诉讼。

原告掌柜网络公司诉称：2013年4月23日，掌柜网络公司与被告嘉宝公司签订《企业短消息发布业务合作协议书》（以下简称《短消息合作协议书》）1份，约定掌柜网络公司向嘉宝公司提供定向移动信息发布服务，单价为：普通短信0.04元/条，小区定投0.1元/条，嘉宝公司根据双方确认的《信息服务执行确认单》所定的合同总金额向掌柜网络公司付款，嘉宝公司应于第二个月向掌柜网络公司支付已执行的信息费用。至诉讼时，掌柜网络公司已执行信息服务总金额计84000元，但嘉宝公司未按约支付该费用，掌柜网络公司多次催讨未果，遂起诉来院，要求判令：（1）嘉宝公司立即支付拖欠掌柜网络公司信息服务费共计84000元；（2）本案诉讼费由嘉宝公司承担。

原告掌柜网络公司为支持其诉讼请求，提供了以下证据：

1. 《短消息合作协议书》1份，证明双方之间的权利和义务。

2. 《信息服务执行确认单》10份，证明掌柜网络公司已按约履行合同义务，并已得到嘉宝公司确认。

3. 税务发票存根联3份及签收单1份，证明掌柜网络公司应嘉宝公司的要求先行开具发票，但实际上嘉宝公司并未支付相应款项。

经质证，被告嘉宝公司对上述证据均无异议。

被告嘉宝公司管理人辩称：对原告掌柜网络公司诉称的事实及信息服务金额均无异议，由法院依法处理。

被告嘉宝公司未提供证据。

综合当事人举证、质证，原告掌柜网络公司提交的证据均符合证据的形式要件，可以作为证据使用。

无锡市南长区人民法院经审理查明：2013年4月23日，原告掌柜网络公司与被告嘉宝公司签订《短消息合作协议书》1份，约定掌柜网络公司在嘉宝公司指定的时间、内容、区域、手机用户群体为嘉宝公司发布其所提供的有关移动信息服务；单价为普通短信0.04元/条、小区定投0.1元/条；在移动信息服务执行中因考虑到时间、内容、区域、手机用户群

服务合同纠纷

体等随时调整的不确定性,发送时间、内容、区域、手机用户群体不作为合同附件;嘉宝公司应按照《信息服务执行确认单》所确定的时间和相应付款方式向掌柜网络公司全额支付移动信息发送业务服务费;基于保密义务,掌柜网络公司有权不对嘉宝公司开放其所掌握的手机用户数据;嘉宝公司根据双方确认的《信息服务执行确认单》所定的合同总金额进行付款,嘉宝公司应于第二个月支付掌柜网络公司已经执行的信息费用;嘉宝公司付款时应严格对照掌柜网络公司所提供的相关发票和掌柜网络公司加盖公章的《收款人委托书》,否则因此造成的资金损失由嘉宝公司承担。

同年5月10日、5月25日,被告嘉宝公司销售主管黄伟在2份原告掌柜网络公司出具给嘉宝公司的《信息服务执行确认单》上签字,确认单主要载明的内容分别为:"……2013年5月委托掌柜网络公司提供的信息服务已经执行完毕,具体执行情况如下:信息服务时间:2013年5月10日;信息服务数量:10万条;单价0.04元,合计金额4000元;信息服务内容:品质豪宅,压轴登场!太湖广场核心醇熟配套,360度运河景观,93-388平全系极致繁华!中央官邸5月盛大公开!83333888【金匮大观】""……2013年5月委托掌柜网络公司提供的信息服务已经执行完毕,具体执行情况如下:信息服务时间:2013年5月25日;信息服务数量:10万条;单价0.04元,合计金额4000元;信息服务内容:臻品共鉴!【金匮大观】中央御景官邸即将发售。全石材干挂,智能化家居。傲居太湖广场CBD,尊享上层生活。83333888【金匮大观】。"

2013年6月12日、6月17日、6月21日、6月25日、6月26日、6月29日、6月30日、7月27日,被告嘉宝公司销售总监朱月峰分别在8份《信息服务执行确认单》上签字,确认结欠原告掌柜网络公司服务费金额分别为1万元、1万元、8000元、8000元、1万元、1万元、1万元、1万元。该8份确认单均载明了信息服务时间、数量、单价、小计金额、合计金额等内容,信息服务内容均为与前述两份《信息服务执行确认单》内容相似的房产销售广告。

上述10份《信息服务执行确认单》累计金额为84000元。

2013年5月31日、7月1日、9月3日,原告掌柜网络公司开具3张发票给被告嘉宝公司，金额分别为 8000 元、66000 元、1 万元，合计 84000 元。同时，在掌柜网络公司发票签收单上，嘉宝公司财务人员蒋忠芬作为签收人在该单据上签字，确认收到上述 3 张发票。

审理中，原告掌柜网络公司述称：（1）《短消息合作协议书》中约定的"小区定投"的概念为掌柜网络公司按照被告嘉宝公司提供的客户手机号码来定向投放短消息；"普通短信"的概念为掌柜网络公司在网上搜索无锡号段的手机号之后进行随机投放，至于发送的号码是谁，掌柜网络公司并不清楚；（2）掌柜网络公司并未对嘉宝公司提供的手机用户是否同意接收信息进行审查；（3）发送短信的成本无法计算也无法提供成本依据。

被告嘉宝公司的管理人述称：在嘉宝公司提供给掌柜网络公司发送短信的手机用户中，并未征得手机用户的同意。

另查明，被告嘉宝公司经营范围包括房地产开发及经营。2014 年 10 月 15 日，法院裁定受理江苏银行股份有限公司无锡分行等人对嘉宝公司的重整申请，并指定无锡嘉宝置业公司清算组担任嘉宝公司管理人。

无锡市南长区人民法院认为：当事人订立、履行合同，应当遵守法律、行政法规，尊重社会公德，不得扰乱社会经济秩序，损害社会公共利益。本案中，根据原告掌柜网络公司与被告嘉宝公司签订的《短消息合作协议书》及双方陈述，双方在对所发送的电子信息的性质充分知情的情况下，无视手机用户群体是否同意接收商业广告信息的主观意愿，强行向不特定公众发送商业广告，违反网络信息保护规定、侵害不特定公众的利益，该合同应属无效，所发送的短信应认定为垃圾短信。因掌柜网络公司对该协议已履行完毕、嘉宝公司客观上已实际受益；而掌柜网络公司作为网络服务提供者，在订立、履行合同过程中，违反电子信息发布规定，故意向不特定公众发送垃圾短信，行为恶劣，应予惩戒；故本院对该服务费另行制作决定予以收缴。

综上，无锡市南长区人民法院依据《中华人民共和国合同法》第七条①、第五十二条②，《全国人民代表大会常务委员会关于加强网络信息保

---

①② 《中华人民共和国民法典》中无对应法条。

护的决定》第七条、第十一条之规定，于 2014 年 12 月 11 日作出判决：驳回原告掌柜网络公司的诉讼请求。

宣判后，双方当事人均未在法定期限内提起上诉，判决已发生法律效力。

2014 年 12 月 31 日，无锡市南长区人民法院依据《中华人民共和国民法通则》① 第一百三十四条第三款，《最高人民法院关于贯彻执行〈中华人民共和国民法通则〉若干问题的意见（试行）》② 第一百六十三条，《全国人民代表大会常务委员会关于加强网络信息保护的决定》第七条、第十一条之规定，作出民事制裁决定：对嘉宝公司所欠掌柜网络公司的服务费 84000 元予以收缴。

决定送达后，嘉宝公司未在法定期限内申请复议，决定已发生法律效力。

---

① 《中华人民共和国民法通则》已于 2021 年 1 月 1 日起废止。
② 《最高人民法院关于贯彻执行〈中华人民共和国民法通则〉若干问题的意见（试行）》已于 2021 年 1 月 1 日起废止。

133. 张某某诉广州交易猫信息技术有限公司网络服务合同纠纷案[*]

电子商务平台对虚拟财产交易的安全保障义务

【关键词】

商事　电子商务平台　虚拟财产　安全保障　法定义务

【裁判摘要】

电子商务平台应当保障网络安全，采取技术措施和其他必要措施修复交易安全漏洞，保证虚拟财产交易安全；对于消费者反映的平台内交易安全问题，应采取及时、有效的措施防止损害的发生，并对消费者积极履行救助义务。否则，电子商务平台应承担相应的民事责任。

【相关法条】

《中华人民共和国电子商务法》第三十八条　电子商务平台经营者知道或者应当知道平台内经营者销售的商品或者提供的服务不符合保障人身、财产安全的要求，或者有其他侵害消费者合法权益行为，未采取必要

---

[*] 摘自《人民法院案例选》2021 年 3 辑（总第 157 辑），人民法院出版社 2021 年版，第 111～120 页。

服务合同纠纷

措施的，依法与该平台内经营者承担连带责任。

对关系消费者生命健康的商品或者服务，电子商务平台经营者对平台内经营者的资质资格未尽到审核义务，或者对消费者未尽到安全保障义务，造成消费者损害的，依法承担相应的责任。

【案件索引】

一审：广州互联网法院（2020）粤0192民初28060号（2020年8月24日）

【基本案情】

原告张某某诉称：2019年8月14日17时6分，原告张某某在交易猫平台购买游戏账号"【89级狮驼岭·杀破狼】一区勇武区霸号"，商品类型为"其他账号【担保】"，实际支付7272元。17时6分至18时50分期间，卖家假冒交易猫平台客服要求张某某提供手机号及验证码，原告张某某未察觉异常并将相关信息提供给卖家。后原告张某某发觉上当，向被告交易猫平台客服寻求帮助。客服提示原告张某某重新登录交易猫平台刷新验证码并帮其登记反馈处理。原告张某某重新登录多次，但仍未能避免损失。19时26分，原告张某某的账号被操作确认收货，价款被转移给卖家。

《交易猫用户服务协议》载明用户有义务妥善保管其账号、验证码；用户对用户名、验证码保管不善导致的损失由用户自行承担；用户如发现有他人冒用或盗用用户的账户、验证码等任何其他未经合法授权之情形时，应立即以有效方式通知交易猫平台，要求交易猫平台暂停相关服务；用户在交易过程中可能产生用户名被盗或被骗的情况，为维护用户的权益，交易猫网站可以视情况采取要求重置用户密码及限制资金支付的操作。原告张某某主张：其因被告交易猫平台客服的误导、交易猫平台存在安全漏洞和交易猫平台的不作为，导致卖家骗取其交易猫账号并操作收货。原告张某某因未收到涉案游戏账号且损失了款项，遂起诉要求交易猫平台赔偿7272元。

被告交易猫平台辩称：交易猫账号不能在两台同类的设备端中同时登

录,但可以在不同类的设备端同时登录。若在不同类的设备端登录,则张某某即使重新登录输入验证码也无法强制已经登录另一台设备的交易猫账号退出,需要采取其他操作。网页端登录在48小时内有效,48小时后需重新输入验证码登录。

法院经审理查明:当事人主体情况。被告交易猫公司成立于2014年3月14日,其经营范围包括软件开发、信息技术咨询服务、广告业、移动电信业务代理服务、增值电信服务(业务种类以《增值电信业务经营许可证》载明内容为准)、网络游戏服务。被告交易猫公司于2017年11月24日取得网络文化经营许可证,经文化部门许可交易"利用信息网络进行网络游戏虚拟货币交易"。同时,被告交易猫公司取得《增值电信业务经营许可证》。原告张某某系交易猫平台的用户,通过交易猫平台交易游戏账号。

当事人网络服务合同签订情况。用户注册成为××交易猫平台用户时需签署、同意《交易猫用户服务协议》,协议载明的内容包括:"本平台为虚拟商品交易的买卖双方提供一站式虚拟商品及服务的交易撮合及信息技术服务。""本网站仅作为本公司为注册用户提供的进行虚拟物品交易的网络交易平台。""用户有义务妥善保管其账号、密码、验证码,并正确、安全地使用其账号、密码、验证码。因您的过错对用户名、登录密码、交易密码、验证码保管不善导致的损失由您自行承担""本网站通过您的用户名和密码、手机号码及验证码等识别您的指示,请您妥善保管您的用户名和密码、验证码,对于因密码、验证码泄露所致的损失,由您自行承担""本网站有义务在现有技术上维护整个网上交易平台的正常运行,并努力提升和改进技术,使用户网上交易活动能够顺利进行""如您发现有他人冒用或盗用您的账户、密码、验证码等任何其他未经合法授权之情形时,应立即以有效方式通知交易猫平台,要求交易猫平台暂停相关服务。""用户在交易过程中可能产生用户名被盗或被骗的情况,为维护您的权益,本网站可以视情况采取要求重置用户密码及限制资金支付的操作。"

涉案订单交易、申诉情况。2019年8月14日17时6分,原告张某某在交易猫平台购买游戏账号"【89级狮驼岭.杀破狼】一区勇武区霸号",

服务合同纠纷

商品类型：其他账号【担保】，订单号1565773560971475，所属游戏为"梦幻西游"，单价7200元，实际支付7272元（包含微信手续费72元），支付时间显示为2019年8月14日17：06：10，发货客服担保。

根据被告交易猫公司提交的交易情况说明涉案订单于2019年8月14日19时26分31秒收款，金额6624元，收款支付宝账号17××× 01。

交易猫公司的后台数据以及张某某的手机截图情况。诉讼中，被告交易猫公司提供了涉案交易订单卖家实名信息、联系电话、地址以及支付宝账号等信息并称：有可能出现涉案交易账号被骗，交易猫平台会根据平台规则进行相应的处罚，也会配合买家进行报案。

【裁判结果】

广州互联网法院于2020年8月24日作出（2020）粤0192民初28060号判决：一、被告广州交易猫信息技术有限公司于本判决生效之日起5日内，赔偿原告张某某3636元；二、驳回原告张某某其他诉讼请求。

判决作出后，各方当事人均未提出上诉，该判决已经发生法律效力。

【裁判理由】

法院生效裁判认为：根据交易猫平台在涉案订单交易中的地位和所起作用，以及涉案的《交易猫用户服务协议》，交易猫平台通过交易猫平台为交易双方提供交易场所和信息发布等服务，系电子商务平台经营者。张某某系交易猫平台的用户，与交易猫平台成立网络服务合同关系。本案争议焦点为：交易猫平台是否对张某某的损失承担赔偿责任。

首先，张某某将涉案交易的手机号码以及验证码发送给了卖家，未尽必要的谨慎义务，保管账号、验证码不善，存在一定的过错。

其次，《电子商务法》第三十条规定："电子商务平台经营者应当采取技术措施和其他必要措施保证其网络安全、稳定运行，防范网络违法犯罪活动，有效应对网络安全事件，保障电子商务交易安全。"交易猫平台的账号可以在不同设备端登录，且网页端有48小时的有效时间，意味着只要其他人在网页端登录张某某账号且48小时不退出就可以一直使用其账号。

张某某向交易猫平台客服反映问题后，交易猫平台本应及时采取冻结交易、要求重置密码、限制资金支付等必要、及时、有效的措施保障交易安全，但交易猫平台客服未考虑到交易猫账号可以在不同设备中同时登录的风险，仅指引张某某重新登录交易猫账号，未能有效、及时地防止损失扩大，违反了协议约定，对此存在过错。

法院结合涉案交易的交易过程、涉案商品页面的提示内容、当事人双方的合同义务内容及履行情况，酌定交易猫平台赔偿张某某损失3636元。

【案例注解】

随着互联网的蓬勃发展，互联网平台已经成为网络用户获取信息与参与商品交易、社交、娱乐、公共事务等活动的重要途径。电子商务平台（以下简称电商平台）发展势头尤为迅猛，从有体物到虚拟财产，均可以通过平台进行交易。电商平台带给人们高效、便捷的购物、娱乐等体验的同时，也存在着安全隐患，利用钓鱼网站、计算机病毒盗用用户身份信息、损害用户利益的案例屡见不鲜。电商平台对网络用户人身、财产安全是否承担保障义务以及应尽到何种程度的保障义务，是目前司法实践中的重要课题。

一、安全保障义务核心在于危险防范

安全保障义务，最早见于德国的交往安全义务，起源于道路交通安全注意义务，此后经过枯树案、兽医案等一系列案例的补充发展，德国法院确认"危险的制造者与维持者，都有义务采取一切必要、适当的措施保护他人和他人的绝对权力。"[①] 我国最早确立"安全保障义务"的是《最高人民法院关于审理人身损害赔偿案件适用法律若干问题的解释》第六条。《侵权责任法》第三十七条在吸收借鉴司法解释规定的基础上，首次于法

---

① ［德］克雷斯蒂安·冯·巴尔：《欧洲比较侵权行为法（上卷）》，焦美华译，法律出版社2001年版，第145页。

服务合同纠纷

律中明确了安全保障义务。① 《侵权责任法》第三十七条②明确规定:"宾馆、商场、娱乐场所等传统公共场所的管理人或者群众活动的组织者,未尽到安全保障义务,造成他人损害的,应当承担侵权责任。"随后,在《消费者权益保护法》中进一步发展,该法第十八条第二款规定:"宾馆、商场、餐馆、银行、机场、车站、港口、影剧院等经营场所的经营者,应当对消费者尽到安全保障义务。"根据"看门人"理论,安全保障义务只适用于特定主体,这些主体面对不特定的公众开启或持续了某些特定的危险,故法律上对上述主体提出了特别要求,要求其根据具体情况采取必要的、具有期待可能性的防范措施,以保护第三人免受损害。

安全保障义务规则的创设,是以线下物理空间为调整的对象,但是随着平台经济的发展,诸多商品和服务由传统的经营场所转移至虚拟的网络空间,人们生活日益互联网化,安全保障义务的规定能否拓展至电商平台,成为需要进一步研究的问题。

电商平台,系指在电子商务中为交易双方或者多方提供网络经营场所、交易撮合、信息发布等服务,供交易双方或者多方独立开展交易活动的平台。③ 电商平台具有开放性,也属于面对不特定消费者的公共场所。网络交易媒介的复杂性还加大了消费者的交易风险,如在平台交易时,用户需要注册、使用平台的账户,若作为交易介质的网络存在漏洞,一旦遭受攻击,海量个人信息泄露,极大侵犯用户的个人隐私,并时刻威胁着消费者的人身和财产安全。同时,还存在技术风险、维权风险等问题。因此,从侵权责任角度可以说平台开启了某些特定的危险。安全保障义务的核心在于危险防范,具有公共属性的电商平台,根据"危险防范"的理论,同样应赋予其安全保障义务。

本案所涉及的交易猫公司系典型的电商平台经营者,该公司运营的交易猫平台面向广大用户开放,利用信息网络提供网络游戏虚拟财产交易服务,在为用户提供交易机会的同时也开启了虚拟财产交易的风险,从防范

---

① 王胜明主编:《中华人民共和国侵权责任法解读》,中国法制出版社2010年版,第190页。
② 对应《民法典》第一千一百九十八条。
③ 详见《电子商务法》第九条关于电子商务经营主体定义与划分。

危险的安全保障义务法源出发，可以作为负担安全保障义务的民事主体。

二、虚拟财产的人身依附性及平台优势分析

电商平台承担安全保障义务的法理基础在于其开启风险后的防范，而具体到本案中，提供网络游戏虚拟财产交易空间的电商平台义务的落实由于虚拟财产的人身依附性而更显必要和迫切，而平台由于技术优势，适用该制度也具有天然优越性。

（一）网络游戏虚拟财产交易的人身依附性

网络游戏中的虚拟财产，是指由游戏玩家控制下的角色、装备、宠物以及账号等具有财产利益，保存在网络游戏服务器上的数据编码。随着网络游戏的盛行，各类游戏账号、道具等虚拟财产也成了明码标价的商品。与有体物交易相比，通过电商平台交易的虚拟财产的交易，主要依附于买卖双方的手机号码、身份证号等解绑、换绑等具有强烈人身依附性的行为。由于平台虚拟财产的交易，属于非现货交易，且收货检验需要绑定身份信息，而绑定则意味着交易完成，故如无正规交易平台的介入，则会引发交易乱象，如交易的真实性难以保证、游戏装备未实际转移、交易后玩家无法登录等风险。即便在交易过程中，平台的介入仍无法避免账号被找回的风险，卖家仍然可以通过原注册游戏账号的网站办理身份信息、手机号码等手续，成功找回游戏账号。据不完全统计，自2020年至今，广州互联网法院受理涉交易猫平台用户主张游戏账号被找回的案件就有近200宗。

（二）平台承担安全保障义务的天然优越性

首先，从技术角度而言，作为提供交易撮合及信息技术服务电商平台，制定交易规则，提供交易信息，掌握着交易技术。电商平台具有维护交易安全的强大技术能力，其可以通过在中央服务器及用户端的程序中设定特定的保护程序，如防漏洞、查杀木马病毒等程序保护虚拟财产不被恶意盗取，也可以通过程序设置向交易方发出各种安全提醒，以保障交易的正常进行。同时，发生第三人侵权时，有能力采取冻结交易、强制用户下

线等方式及时制止损害的发生。因此，由平台来维护虚拟财产交易的安全无可厚非。

其次，根据收益与风险一致的原理要求，在网络交易中，电商平台往往能够从交易中获利，或者是收取商家入驻商务平台的入驻费用，或者是收取买卖交易双方一定比例的服务费用，如本案中的交易猫平台收取销售方8%的服务费。因此，根据利益平衡的原理，平台从危险中获利亦负有减少危险产生义务的正当性。

三、电商平台安全保障义务的内容界定

关于电商平台安全保障义务，首次明文规定于《电子商务法》第三十八条第二款："对关系消费者生命健康的商品或者服务，电子商务平台经营者对平台内经营者的资质资格未尽到审核义务，或者对消费者未尽到安全保障义务，造成消费者损害的，依法承担相应的责任。"根据上述规定，电商平台必须对消费者承担安全保障义务，否则要承担相应的责任。对于安全保障义务的内容具体包括哪些方面，法律并未作出明确的规定，结合审判实践，以本案为例，笔者认为确定电商平台安全保障义务的内容应考虑以下几个方面。

（一）根据平台特点确定义务形态

电子商务交易模式多样化，电商平台是否尽到安全保障义务应根据自身特点以及引发风险的可能性大小予以判断。事实上，即使对物理空间的经营者与管理者而言，同样需要根据具体情况，判断其是否履行了安全保障义务。例如，对于一个银行网点的运营者而言，其承担安全保障义务的形态，当然不同于一个节日游园活动的组织者。[1] 越是侵权风险高发的经营场所，法律上赋予其的注意义务就越高。本案中，交易猫平台提供的是游戏账号、游戏设备等虚拟财产交易服务，其安全保障义务主要体现在财

---

[1] 薛军：《论〈民法典〉中网络平台安全保障义务的核心问题》，载《网络空间战略论坛》2020年第10期。

产方面。这种交易是通过买卖双方的手机号码、身份证号等解绑、换绑等方式操作而完成,具有强烈人身依附性,游戏账号、装备被骗、被盗、被找回的风险高,交易猫平台允许用户通过不同途径同时登录账号,而且在卖家窃取了买家用户账号后,未能通过技术手段筛查到卖家与买家同时登录账号,在买家寻求帮助后,未能通过人工干预给予正确的指引和技术阻断,应当预见到该技术漏洞、人为失误会导致用户财产的损失而未能预见,显然是漠视了用户的账号和财产安全,背离了作为交易平台保障用户财产安全的宗旨,违反了安全保障义务。

(二) 根据法定要求判定义务内容

是否按照法定义务的要求而为,是判断网络平台是否履行安全保障义务的一个重要指标。《电子商务法》第三十条明确规定,电子商务平台经营者应当采取技术措施和其他必要措施保证其网络安全、稳定运行,防范网络违法犯罪活动,有效应对网络安全事件,保障电子商务交易安全。《网络安全法》第二十一条至第三十九条对网络运行安全亦作了一般规定,包括在技术上对网络运行状态进行检测和记录,在管理上针对可能的网络安全危险制定应急预案等。计算机网络是电子商务的技术基础,网络安全与否直接关系到电子商务活动的正常进行,保障网络安全是网络平台履行安全保障义务的重中之重。电商平台的网络安全主要表现为交易安全,包括用户的账号安全、资金安全、交易过程的全程记录与可追溯等,这种交易安全的保障可以通过交易模式的设置、技术筛查、异常情况警示等机制落实。本案中,交易猫平台存在账号可以在不同设备中同时登录,且无警示、无强制中断措施,属于明显的交易安全漏洞。《网络安全法》第二十二条明确规定,网络产品、服务的提供者发现其网络产品、服务存在安全缺陷、漏洞等风险时,应当立即采取补救措施。一般认为,该规定的"发现"尚包括"应当发现",交易安全漏洞属于电商平台应当发现的危害网络安全的风险,电商平台有义务做好预防工作,加强筛查,排除风险的发生,否则可能引发盗用身份、非授权访问、信息泄露、资金转移等网络安全问题,因此,从保障网络安全法定义务的角度,可以认定交易猫平台未

服务合同纠纷

能履行法定安全保障的义务。

（三）根据技术状态判断履行能力

安全保障义务的宗旨在于保障用户人身、财产的安全，防止损失，侵权行为发生后应积极救助，及时止损。当然，电商平台的救助义务，必须与技术发展的现实结合。用户的财产安全在交易平台遭遇第三人侵权的情况下，交易平台可根据侵权的具体情况在技术可及的范围内及时采取暂停相关服务、重置用户密码、限制资金支付等必要、有效的措施禁止虚拟财产的再流转，保障交易安全。本案中，原告向交易猫平台反映交易问题后，交易猫平台通过发送验证码，指引原告重新登录了数次账号，显然采取了与侵权行为不匹配的救助手段，交易猫平台完全可以通过强制另一账号用户下线、指引原告修改交易密码、冻结交易、限制资金支付等措施及时制止损失，交易猫平台未能在其能力所及的范围内积极救助，违反了安全保障义务的应有之意。

当然，电商平台在不同情形中应当负担的安全保障义务的内容不能完全等同，应根据案件的具体情况，以动态、发展的眼光予以审视。如运营网约车的电商平台，会带来人身接触的交易模式，那么平台所履行的安全保障义务应该是侧重于人身安全而不是资金安全，设置诸如司机身份核验、行程分享、紧急联系人、一键报警等机制。[①]

四、责任认定：契约责任与法定侵权责任的辨析

电商平台的安全保障义务到底是何种性质的义务？目前，主要有以下两种观点：一种观点认为属于契约型义务，强调基于合同关系使平台负有保障用户人身、财产安全的义务；第二种观点认为属于法定义务，强调该义务的目的在于防止平台不作为造成用户的人身、财产损失，违反该义务就要承担侵权责任。

---

① 薛军：《论〈民法典〉中网络平台安全保障义务的核心问题》，载《网络空间战略论坛》2020年第10期。

应当认为,平台安全保障义务属于法定义务更具合理性。安全保障义务作为一种防范危险的制度安排,是人们对人身、财产安全获得保护的一项基本需求,法定性正符合这一义务的本质要求。另外,法定性具有强制性,也能排除平台通过服务协议、规则等格式合同排除其主要义务,使得平台无法逃避,更好保护用户的交易安全。值得强调的是,将交易安全保障义务确定为法定义务,并不阻碍当事人适用合同法来主张权利。平台与用户之间就交易安全达成的约定,该约定仍然有效。并且,随着侵权行为的合同责任化现象越来越多,法定义务更加频繁地渗透到合同中。在既有法律规定有约定的情况下,若合同中的约定已经渗透或者高于法定,则适用约定,此时并不是否认该义务本身具有法定性。本案中,交易猫平台在用户协议中就明确约定了"本网站有义务在现有技术上维护整个网上交易平台的正常运行,并努力提升和改进技术,使用户网上交易活动能够顺利进行""用户在交易过程中可能产生用户名被盗或被骗的情况,为维护您的权益,本网站可以视情况采取要求重置用户密码及限制资金支付的操作"等具体的安全保障义务,张某某以网络服务合同纠纷诉请交易猫平台对其损失承担违约责任,并无不当。因此,人民法院结合法定义务以及约定义务同时进行了审查。经审查,交易猫平台明知交易猫账号存在可以在不同设备中同时登录却不可控的风险,却未采取相关的技术措施填补这一风险漏洞,防范网络违法犯罪活动,有效应对网络安全事件,可以认定违反了法定的安全保障义务。此外,在张某某反映问题后,交易猫平台未能及时采取冻结交易、要求重置密码、限制资金支付等措施保障交易安全,而是指引张某某采取重新登录这种无法排除危险隐患的解决方式,导致损害发生,可以认定违反了双方约定的安全保障义务。不论是法定义务还是约定义务,交易猫平台均未能充分履行,应对张某某的交易损失承担法律责任。

现代法律以自己责任为最基本之原则和理念,在法律上,任何人都应当为自己的行为负责。用户在交易过程中亦应当为自己的行为负责,负有按照"一般理性人"的标准时刻保持警惕,防范危险发生的义务。根据"过失相抵"的理论,无论是因侵权行为还是违约行为,抑或其他法律事实而引起的损害赔偿纠纷中,当受害人的行为对于损害结果的发生或扩大可归责地共同发挥作用时,如果仍令加害人就全部的损害承担赔偿责任显然有悖于公平的观念,也不符合诚实信用原则。① 我国《民法典》分别在合同编和侵权责任编中对违约赔偿责任及侵权赔偿责任中的过失相抵作出了规定。《民法典》第五百九十二条第二款规定:"当事人一方违约造成对方损失,对方对损失的发生有过错的,可以减少相应的损失赔偿额。"第一千一百七十三条规定:"被侵权人对同一损害的发生或者扩大有过错的,可以减轻侵权人的责任。"本案中,张某某未能尽到必要的谨慎义务,将交易的卖家识别成交易猫平台的客服,将涉案交易的手机号码以及验证码发送给了卖家,与交易猫平台未能履行安全保障义务相结合,共同造成了损害结果的发生,应适用"过失相抵"的法律规定,在损失赔偿额处相应予以抵扣。

(一审法院独任审判员　冯立斌

编写人　广州互联网法院　朱晓瑾　冯立斌

责任编辑　李　明

审稿人　姜启波)

---

① 程啸:《侵权责任法》,法律出版社2021年版,第794页。

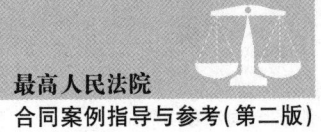

六、教育培训合同纠纷

> 预付式服务合同中公平原则的适用

134. 陈某某、陈某乙诉北京仔仔鑫豪教育文化发展有限公司教育培训合同纠纷案*

【关键词】

消费者权益保护　公平原则　预付式服务　教育培训合同

【裁判摘要】

对预付式服务合同中经营者与消费者之间权利义务失衡情形，在审查合同条款是否违反公平原则时，应从是否系当事人意思自治之结果、是否构成显失公平、当事人是否存在违约行为以及合同所涉特定行业背景等层面进行综合认定。

【相关法条】

《中华人民共和国民法总则》第六条①　民事主体

---

* 摘自《人民法院案例选》2021 年 3 辑（总第 157 辑），人民法院出版社 2021 年版，第 19~25 页。

① 对应《民法典》第六条规定："民事主体从事民事活动，应当遵循公平原则，合理确定各方的权利和义务。"

服务合同纠纷

从事民事活动,应当遵循公平原则,合理确定各方的权利和义务。

第八十六条① 营利法人从事经营活动,应当遵守商业道德,维护交易安全,接受政府和社会的监督,承担社会责任。

《中华人民共和国合同法》第五条 当事人应当遵循公平原则确定各方的权利和义务。

【案件索引】

一审:北京市朝阳区人民法院(2019)京0105民初51438号(2019年11月29日)

二审:北京市第三中级人民法院(2020)京03民终4992号(2020年6月29日)

【基本案情】

原告陈某某、陈某乙诉称:2017年10月22日,陈某某与被告签订《乐思艺术绘画培训收费单》(以下简称《培训收费单》),双方约定被告向陈某某提供96课时绘画培训课程,课程费9900元。双方特别约定,上完96课时后可无理由全额退款。后因被告停业,双方之间的教育培训合同无法继续履行。因此诉至法院,请求法院判令:(1)双方于2017年10月22日订立的教育培训服务合同关系解除;(2)被告返还培训费用9900元。

被告北京仔仔鑫豪教育文化发展有限公司(以下简称仔仔鑫豪公司)辩称:同意退还2268元,二原告支付9900元购买96课时,已上74课时,剩余22课时,退款数额为9900元除以96课时乘以22课时的数额。

法院经审理查明:2017年10月22日,陈某某与被告签订《培训收费单》,约定被告向陈某乙提供绘画培训服务,课时数96课时,收费9900元,业务类型为感恩卡。收费单下方写有"感恩卡会员上完96课时可随时无理由全额退款,如时间未调整好可随时退款",二原告主张被告应按

---

① 对应《民法典》第八十六条规定:"营利法人从事经营活动,应当遵守商业道德,维护交易安全,接受政府和社会的监督,承担社会责任。"

照该约定进行全额退款。2017年10月22日，陈某某向被告支付费用9900元。2019年3月2日，被告关门停业。二原告主张，至停业时陈某乙已上课时为46课时，并提交退款申请予以证明，被告不予认可，提交教网系统证明陈某某已上课时为74课时，剩余22课时。

【裁判结果】

北京市朝阳区人民法院于2019年11月29日作出（2019）京0105民初51438号民事判决：一、陈某某与仔仔鑫豪公司之间的教育培训服务合同于2019年3月2日解除；二、仔仔鑫豪公司于判决生效之日起7日内退还陈某某、陈某乙剩余费用2269元；三、驳回陈某某、陈某乙的其他诉讼请求。

宣判后，陈某某、陈某乙不服原审判决，提起上诉。北京市第三中级人民法院于2020年6月29日作出（2020）京03民终4992号民事判决：一、维持北京市朝阳区人民法院（2019）京0105民初51438号民事判决第一项；二、撤销北京市朝阳区人民法院（2019）京0105民初51438号民事判决第二项、第三项；三、仔仔鑫豪公司于判决生效之日起7日内退还陈某某、陈某乙教育培训费用9900元。

【裁判理由】

法院生效裁判认为：陈某某、陈某乙与仔仔鑫豪公司之间成立教育培训合同关系并约定诉争条款，一审法院认定该条款不符合合同法的公平原则。二审法院认为，首先，诉争条款系当事人真实意思表示，不违反法律、行政法规的强制性规定及公序良俗，合法有效，应予尊重。其次，仔仔鑫豪公司拟定诉争条款系为吸引生源的营销手段，其订立合同前亦可预见相应商业风险，该条款并未加重其负担，且仔仔鑫豪公司闭店停业无法实现合同目的导致合同解除，构成根本违约，陈某某、陈某乙在合同履行过程中并无违约及过错；再次，仔仔鑫豪公司采用"感恩卡活动"预付式交费方式，付费周期为年，该模式背后存在资金回笼的经济利益，因其在提供服务前已先行占有学员预交全部学费；最后，中国人民银行营业管理

部、北京市公安局等九部门于2017年11月联合发布《北京市联合整治预付卡违规经营专项行动工作方案》，国务院办公厅于2018年发布《国务院办公厅关于规范校外培训机构发展的意见》（国办发〔2018〕80号），上述文件均就教育培训机构收退费事宜作出进一步规制，特别强调不得一次性收取时间跨度超过3个月的费用。由此可见，仔仔鑫豪公司不仅存在收费不合规的情形，且"感恩卡活动"预付式交费方式有违市场监管要求。综上，二审法院认定诉争条款未违反公平原则，并对陈某某、陈某乙要求全额退款的上诉请求予以支持。

【案例注解】

公平原则是民法基本原则之一，系社会公德与商业道德的双重体现，合同领域的公平原则要求当事人之间权利义务关系须公平合理、大体平衡，特别强调给付与对待给付之间的等值性以及合同风险负担分配的正当性。公平原则具有如下基本特征：一是模糊性，即对"公平"的内涵理解、价值判断及分量衡量极度依赖案件具体事实及裁判者内心确信；二是修正性，即仅关注交易过程存在的"不公"情形，应对权利义务失衡情形作以否定性评价并重新分配；三是补充性，即穷尽法律规则仍有立法空白时方能后置顺位救济适用。随着市场经济长足发展、消费环境日臻完善、权利意识不断增强，公平原则的作用在经营者与消费者纠纷频发的预付式服务合同领域中更加突显，但该原则的基本特征不可避免地对其可适用性产生消极影响。为保障公平原则对合同权利义务关系的衡平作用，同时为防止滥用公平原则，应严格考量公平原则的适用条件，援引公平原则需遵循谦抑性要求。审判实务中，在审查预付式服务合同下合同条款确定的权利义务关系是否合理时，裁判尺度通常难以把握。本案中，诉争条款的效力认定问题在实质上是公平原则的法律适用问题，生效判决否定了仅局限于市场经济等价交换单一角度的说理路径，代之以从不同层面综合考量，为后续类案审判实务提供充分指引。

一、充分尊重当事人意思自治系公平原则适用的逻辑前提

当事人意思自治是合同成立与生效的基础,虽然公平原则因其旨在调整合同主体的权利义务关系而在一定程度上不可避免地构成对意思自治的限制,但充分尊重当事人意思自治仍系公平原则适用的逻辑前提。合同条款系具备缔约能力的当事人作出的不违反法律、行政法规的强制性规定,亦不违反公序良俗的真实意思表示,即应初步认定系合法有效并予以尊重,除非当事人作出的意思表示缺乏真实性或自由性,导致意思自治的结果未能达到"合理确定各方权利义务"之程度,即意思与表示于形式相同但于实质不同的,或意思表示真实但带来结果超出作出意思表示时的事前预判范围以致违反实质公平的,方可审慎适用公平原则予以平衡。但是,若权利义务失衡本身系作出真实意思表示的当事人积极追求的结果则如何处理?在预付式服务合同中,合同条款所涉经营者与消费者之间权利义务失衡表现形式不一,常见的一种情形,即合同条款从形式及实质上均表现为减免经营者义务、限制或排除消费者主要权利、加重消费者责任;另一种情形较少见,即经营者抛弃自身部分权利甚至为自身创设"霸王条款",双方权利义务失衡呈现倒置状态,合同条款虽从形式上未见加重消费者责任,然亦较难认定是否达到实质公平,本案诉争条款即在其列。此时需回到提供格式条款一方的经营者意思自治之范畴,挖掘其表象上有违常理处分自身权利隐含的内在意图。本案中,诉争条款从创设主体来看,系由经营者积极、主动创设,应推定经营者有能力预判且已充分预判交易风险,对合同履行的法律后果系明知;从创设目的来看,系经营者开展营销活动的手段之一,意在扩大宣传、吸引客源、刺激消费,实际亦起到相应作用;从条款性质来看,应认定为单方允诺,经营者作为表意人,既已作出允诺的意思表示便应恪守信用并受其约束。故,针对诉争条款所代表的一类权利义务倒置的合同条款,若并未超出表意人事前预判的范围,则仍应优先尊重当事人真实意思,二审法院亦首先即对诉争条款的合法性予以肯定。

二、合同条款构成显失公平系公平原则适用的核心要素

我国立法上并未允许司法实践中直接适用公平原则对合同效力进行否定性评价，而是预先设定不同情形，辅以不同的处理规则。从此意义上看，显失公平正是公平原则的具体化规则，构成显失公平当然地违反公平原则的要求。预付式服务合同下的显失公平通常表现为经营者与消费者的缔约能力不平等，但类似本案的例外情形中从形式上未见加重消费者责任的合同条款，在适用公平原则进行评价时，仍需回到合同成立时是否符合显失公平的主客观构成要件，即客观要件系须给付与对待给付之间显失均衡，主观要件系须一方利用对方处于危困状态、缺乏判断能力等不利情势。在预付式服务合同中，显失公平的裁判重点应更加着眼于客观要件，即是否符合"显"的要义，通常从两方面予以考量：一是价格、数量、质量等可量化的标准；二是是否存在加重一方不合理的义务或过分减轻一方应负担的义务和责任的情形。本案中，首先，从可量化的价格标准来看，仔仔鑫豪公司面向学员提供的服务类型包括普通消费类型与"感恩卡活动"预付式消费类型，就课程单价上，前者明确约定，后者约定不明；就课时数量上，在服务费用总价相同的前提下，前者课时远多于后者。若以普通消费类型的课程单价计算方式（即：课程总价/课时）认定"感恩卡活动"消费类型课程单价，则后者服务单价显著高于前者，亦高于市场平均价格，由此可见消费者在预付式消费中并不必然享有更多利益。其次，从权利义务是否失衡的角度来看，"感恩卡活动"消费类型下约定的诉争条款并未实际加重仔仔鑫豪公司负担，因经营者基于该类条款为消费者的优惠让利仍然在预付式服务合同框架内，且付费周期系较长的年付式，即在提供服务前能够预先占有并任意使用大量资金，此举本身系有利于经营者一方进行资金回笼的经济利益，不排除经营者以此获取超出服务对价范围之额外利益的可能性。故，诉争条款并未构成显失公平，亦不宜适用公平原则加以调整。

三、合同主体存在违约行为系公平原则适用的补充条件

预付式服务合同纠纷必然伴随着合同继续履行或解除的法律后果之争,但因服务合同通常具有较强的人身属性,故在审判实务中多见一方主张解除合同,此时法院需审查是否存在合同解除事由,特别注意是否存在拒绝履行债务、迟延履行债务、构成根本违约导致不能实现合同目的等违约行为,在适用公平原则时可予以参考。需要注意的是,因公平原则的适用通常系针对未达到实质公平的一方进行的救济,而在预付式服务合同下经营者凭借优势地位更易发生如主体变更、停止经营或其他违约行为,严重损害消费者合法权益。故在一方违约特别是经营者违约的情形下,倾向于强势违约一方适用公平原则保障其权益的正当性基础则更为薄弱甚至缺失。本案中,仔仔鑫豪公司在大量合同尚未履行完毕时即进行闭店处理,后续亦无法恢复营业继续履行合同,致使无法实现合同目的,经营者的行为构成根本违约,而消费者在履行合同过程中并不存在违约及过错,若仍然僵化适用公平原则对强势且违约的经营者进行救济,显然偏离了公平原则的内在要求。此外,消费者系普通民事主体而非行业专业人员,其较之经营者存在缔约地位不平等的先天劣势,故不能像对待商事主体一样在风险防范层面向其苛求过多的注意义务,亦不能将合同履行过程简单视为市场经济下平等主体进行缔约的基本常态。

四、结合合同所涉特定背景、行业规范、交易习惯等综合判断

适用公平原则进行价值判断并非单纯囿于上述因素,法院针对当事人的法律行为亦并非仅能作出合法性评价,在辨法析理过程中亦应将案件置于宏观经济社会中予以考量。以本案所涉教育培训服务领域为例,在学校义务教育外,存在大量面向中小学生开展非学历教育培训的校外教育培训机构,在满足选择性学习需求、培育发展兴趣特长、拓展综合素质等发挥积极作用的同时,亦存在资质审查不严、收费参差不齐、服务质量不等、

服务合同纠纷

安全保障不牢等消费安全隐患。预付式服务合同下教育培训服务机构的"乱收费、难退费"问题尤为突出,针对这一乱象,相关部门已有所行动,如《北京市联合整治预付卡违规经营专项行动工作方案》《国务院办公厅关于规范校外培训机构发展的意见》等均就收费规范性问题严令整改,特别是国务院办公厅明令禁止教育培训机构不得一次性收取时间跨度超过3个月的费用。本案中,仔仔鑫豪公司采用的"感恩卡活动"预付式交费方式本身即存在收费不合规的情形,违反了市场监管的要求,丧失了适用公平原则的基础。

(一审法院合议庭成员 黄雪芹 吴娜 孙赫
二审法院合议庭成员 孙承松 李坤 杜丽霞
编写人 北京市第三中级人民法院 孙承松 张天舒
责任编辑 杨奕
审稿人 范明志)

劳务合同纠纷

劳务合同纠纷

135. 黑龙江省齐齐哈尔市战戟星文化传媒有限公司诉周佳鑫劳务合同纠纷案*

> 演艺公司与"网红主播"签订的《合作协议》,属于劳务合同,当事人违反合同约定时,可以适用《合同法》相关法律条文

【关键词】

民事 劳务合同 "网红"合同 违约 法律适用

【裁判摘要】

演艺公司与"网红主播"签订的《合作协议》,属于劳务合同,当事人违反合同约定时,可以适用《合同法》相关法律条文。

【相关法条】

《中华人民共和国合同法》第一百二十四条① 本法分则或者其他法律没有明文规定的合同,适用本法总则的规定,并可以参照本法分则或者其他法律最相类似

---

* 摘自《人民法院案例选》2018年9辑(总第127辑),人民法院出版社2018年版,第139~143页。

① 对应《中华人民共和国民法典》第四百六十七条:"本法或者其他法律没有明文规定的合同,适用本编通则的规定,并可以参照适用本编或者其他法律最相类似合同的规定。在中华人民共和国境内履行的中外合资经营企业合同、中外合作经营企业合同、中外合作勘探开发自然资源合同,适用中华人民共和国法律。"

的规定。

【案件索引】

一审：黑龙江省齐齐哈尔市龙沙区人民法院（2016）黑0202民初1898号（2016年11月15日）

二审：黑龙江省齐齐哈尔市中级人民法院（2017）黑02民终字553号（2017年5月8日）

【基本案情】

原告黑龙江省齐齐哈尔市战戟星文化传媒有限公司（以下简称战戟星公司）诉称：原、被告于2015年11月4日签订《合作协议书》，被告聘请原告作为其独家经纪公司，原告独家代理及安排被告全部演艺活动，原告战戟星公司为被告周佳鑫提供演艺平台及机会等，合作期5年。合同签订后，自2016年7月27日起，原告发现被告在原告为其对接的演艺平台"虎牙TV"上私自开通直播间142042000，并通过此直播间私自进行直播，原告在发现后多次沟通及明确要求被告停止该私自活动行为，原告认为被告的行为已违反双方签订的协议，故起诉至法院。

被告周佳鑫辩称：被告开通直播间进行表演的时间为2012年7月10日，而与原告签订合作协议的时间是2015年11月4日，开通直播间的时间在合作协议之前，争议的直播间号早在协议之前就已存在，被告不是在与原告签订协议后又私自开通的直播间。直播间1647931087的时间晚于被告的142042000号直播间，两个直播间的功能内容不同，原告主张的违约事实不能成立。被告与原告合作以后，原告根本没有起到经纪人作用和职责，被告的演艺机会均是自己争取和创造出来的。早在与原告合作之前，被告就在斗鱼TV进行了直播，而虎牙TV是直接邀请的被告，再由被告介绍给原告与虎牙TV签订合作协议。协议书中原告单方约定的违约金数额高达1000万元，远高于双方实际收入及预期利益。合同均是限制被告的条款，原告只是享受抽成而没有任何中介义务需要履行。该协议对被告显失公平，该协议不应受到法律保护，被告没有违约，原告无法主张解除合同

劳务合同纠纷

的违约金,原告的诉讼请求不应得到支持。原告无权要求被告停止在双方合作前被告已开通的直播间继续直播,无权干涉被告通过正当合法的演艺活动获得正当的经济收入,要求法院驳回原告的诉讼请求。

法院经审理查明:原告战戟星公司与被告周佳鑫于2015年11月4日签订合作协议书,双方明确约定:"乙方(即被告周佳鑫)聘请甲方(即原告战戟星公司)作为其独家经纪公司,在本合同期间内独家代理及安排乙方的全部演艺活动事宜(包括但不限于网络直播、现场演出、广告拍摄、短片电影电视等音频作品录制、作品出版)。"同时约定:"在本合同期之内,乙方不得不通过甲方而私自进行演艺活动,亦不得非经甲方同意聘用/接受任何第三方担任其经纪人或为其提供演艺机会,特别是在乙方积累了名气和公众认知度以后。乙方私自进行活动,或聘用/接受第三方为其经纪公司或为其提供演艺机会的,应立即停止违约行为,并向甲方支付违约金伍万元,第三方应对此承担连带责任。"合同签订后至2016年7月,原告依合同约定的收入分配方式共计给付被告月礼物收入共计48285元。另查,在合同期间,被告不仅在原告为其开通的虎牙TV1647931087号直播间进行演艺活动,同时,被告周佳鑫在没告知原告战戟星公司也没有征得原告同意的情况下,被告周佳鑫还在虎牙TV142042000号直播间进行直播活动。

【裁判结果】

黑龙江省齐齐哈尔市龙沙区人民法院于2016年11月15日作出(2016)黑0202民初1898号民事判决:一、被告周佳鑫给付原告黑龙江省齐齐哈尔市战戟星文化传媒有限公司违约金5万元。于本判决生效后立即履行。二、驳回原告其他诉讼请求。宣判后,被告周佳鑫向黑龙江省齐齐哈尔市中级人民法院提起上诉,黑龙江省齐齐哈尔市中级人民法院于2017年5月8日作出(2017)黑02民终字553号民事判决:驳回上诉,维持原判。

【裁判理由】

法院生效裁判认为：原告、被告签订的《合作协议》属于劳务合同，依法签订的合同受法律保护，合同各方当事人均应严格按照合同的约定履行各自的义务。被告并未提供证据证明该合作协议违背其真实意思表示，故对原、被告均具有约束力。原、被告签订的《合作协议》明确约定在本合同期之内，周佳鑫不得在不通过原告战戟星公司而私自进行演艺活动，而被告周佳鑫在合同期间内，在没有取得原告同意的情况下，使用其自己注册的网络直播间号进行演艺活动，被告周佳鑫辩称其虎牙142042000号直播间是在与原告签订合作协议之前就已存在，但该直播间注册的时间不影响对于被告在合同期间私自进行演艺活动的行为构成违约，无论该直播间的注册时间是在合作协议成立前或者成立后，被告违反合同约定的义务，在合同期间内没有征得原告同意私自在虎牙142042000号直播间进行演艺活动，违约事实清楚。对于被告所述协议中原告单方约定的违约金高达1000万元，不能受到法律保护，但本案中原告主张按照合同约定，要求被告承担私自演艺的违约金5万元，合同中对该违约事项有明确约定，且根据合同签订后原、被告双方收入情况，原告该项请求并无不当。故对于原告要求被告赔偿违约金的请求予以支持。被告的违约行为属于履行非金钱债务不符合约定，原告战戟星公司要求被告周佳鑫停止私自演艺行为，该诉讼请求不适于强制履行，故对原告该项请求不予支持。

【案例注解】

当时代发展，互联网的普及也越来越广，由此而产生了在互联网生活中因某个事件或行为而引起网民关注从而走红的人，更随之而产生了以此为职业的一部分群体。新兴事物的发展，必然会给相对稳定的法律环境带来冲击。相应的法律规定、相应的法律适用及理解，应适用新事物的要求。所以，对于新事物兴起所引起的法律问题，我们应该更加认真地从本质上去分析，找到案件的焦点，运用现有法律法规，解决由新兴事物引起的争议。

劳务合同纠纷

一、劳务合同与劳动合同的区别

关于劳务合同与劳动合同，很多劳动者分不清两者的区别，认为两者没有什么不同，往往导致在发生争议时，选择了错误的法律救济途径。其实，这两种合同在本质上是两种不同的法律关系，适用不同的法律规范调整，区别主要有以下几个方面：

一是合同的主体不同。劳务合同的当事人双方可以都是自然人或者都是单位，而劳动合同不同之处在于，劳动合同的当事人一方是用人单位，而另一方必须是自然人。

二是两种合同在适用上调整的法律规范也是不同的。针对劳务合同，主要是受《民法通则》《合同法》等法律及相关司法解释的调整。而劳动合同则是由《劳动法》《劳动合同法》等相关劳动争议的法律及司法解释进行调整规范。

三是从合同的内容上看，劳务合同的内容更随意，由合同当事人双方协商一致即可，相对简单。但对劳动合同的条款、内容等，我国相关法律均作了明确的规定，更多地表现为法定性条款，随意性没有劳务合同高。

四是在合同主体的地位上两者也是不同的。劳务合同的双方当事人是民法调整的平等主体。而劳动合同签订后当事人双方即具有隶属关系，作为劳动者需听从用人单位的管理和支配完成单位安排的劳动任务。

五是从司法救济途径上看，两者需不同的法律程序解决争议。在劳务合同方面，一般通过法院民事诉讼程序解决。而在劳动合同方面，我国法律明确规定必须通过劳动争议仲裁委员会的仲裁，这是前置程序，对裁决不服的才可以到法院起诉。同时，劳动法的相关法律规定了在一些情况下，劳动仲裁的裁决是终局裁决。

综上，从上面几点我们可以认定，本案中，对于原告与被告签订《合作协议》的认定，原告是演艺公司，被告是"网红主播"，被告聘请原告为其独家经纪公司，独家代理及安排被告全部演艺活动，而报酬的给付也是时下网络常见的以网络主播在网络上收取的礼物数量进行给付，笔者认为，原、被告双方签订的《合作协议》应该属于劳务合同的一种，适用

《合同法》的相关法律条文进行调整。

二、《合同法》第一百二十四条的适用

《合同法》第一百二十四条是针对现实生活而存在的，而在《合同法》分则中，无明文规定的对属于合同形式民事法律行为进行规范的条款。法条内容如下："本法分则或者其他法律没有明文规定的合同，适用本法总则的规定，并可以参照本法分则或者其他法律最相类似的规定。"新兴事物的发展，必然会给相对稳定的法律环境带来冲击。故当出现一些新形式的合同时，从现有法律条文出发对这些合同进行认定进行调整，是十分必要的。从《合同法》条文体系上看，总则是对于合同普遍共性的规定，分则即是我们所说的有名合同，针对某一类专门性合同而作的规定。

本案中从上一条分析，我们可以看出来，原告与被告签订的《合作协议》是劳务合同的一种，明显不属于我国《合同法》分则有名合同中的一种，在适用上法律的选择就应该适用《合同法》第一百二十四条。原告演艺公司与被告签订的合同，是双方真实意思的表示，且并不违反法律规定，依法成立的合同受法律保护，合同各方当事人均应严格按照合同的约定履行各自的义务，故合同对原、被告均具有约束力。

（一审法院合议庭成员　赵亚琳　杜思雨　张敏智

二审法院合议庭成员　周　虹　李颖莉　王红娜

编写人　黑龙江省齐齐哈尔市龙沙区人民法院　赵亚琳

责任编辑　杨　奕

审稿人　蒋惠岭）

追偿权纠纷

追偿权纠纷

136. 顾善芳诉张小君、林兴钢、钟武军追偿权纠纷案*

▶ 只有按照通常理解对格式条款有两种以上解释的,才应采用不利解释原则

【裁判摘要】

> 对格式条款的理解发生争议的,首先应当按照通常理解予以解释。只有按照通常理解对格式条款有两种以上解释的,才应采用不利解释原则。连带共同保证中保证人减少时,应按实际保证人人数平均分配保证份额。

原告:顾善芳,男,45岁,汉族,户籍所在地:浙江省余姚市。

被告:张小君,女,30岁,汉族,户籍所在地:浙江省余姚市。

被告:林兴钢,男,51岁,汉族,户籍所在地:浙江省温州市。

被告:钟武军,男,42岁,汉族,户籍所在地:浙江省慈溪市。

原告顾善芳因与被告张小君、被告林兴钢、被告钟武军发生追偿权纠纷,向浙江省余姚市人民法院提起诉讼。

---

* 摘自《最高人民法院公报》2017年第10期。

原告顾善芳起诉称：2010年8月26日，案外人马达荣和原告及三被告与案外人浙江泰隆商业银行股份有限公司宁波余姚支行签订了最高额保证合同一份，合同载明：原告与三被告自愿为案外人马达荣自2010年8月26日起至2011年8月26日止，在案外人浙江泰隆商业银行股份有限公司宁波余姚支行处办理约定的各类业务实际形成的债权的最高额折合人民币350万元提供担保。案外人马达荣分别于2011年2月21日、2011年5月31日与案外人浙江泰隆商业银行股份有限公司宁波余姚支行签订了两份借款合同，借款金额分别为95万元和60万元。此后，案外人马达荣截止至2011年8月26日没有其他借款，原告和三被告成为上述款项的连带共同保证人。后案外人马达荣没有履行偿还责任，原告分别于2011年8月1日、9月30日、12月15日向浙江泰隆商业银行股份有限公司宁波余姚支行清偿债务人马达荣的借款及利息分别为20万元、834000元和541207.46元。此后，原告多次向案外人马达荣追偿不能。为维护自身的合法权益，向法院提起诉讼，请求依法判令：（1）被告张小君、林兴钢、钟武军分别承担自己份额内的保证责任，即每人清偿原告393801.87元；（2）本案诉讼费由三被告承担。在诉讼过程中，原告变更诉讼请求：（1）被告林兴钢、钟武军分别承担自己份额内的保证责任，即每人清偿原告525069.15元；（2）由三被告连带承担本案诉讼费。

原告顾善芳为证明其诉讼请求，向法院提供了如下证据材料：（1）《浙江泰隆商业银行股份有限公司借款合同》两份、《浙江泰隆商业银行股份有限公司最高额保证合同》一份、补充协议两份、放款通知书两份；（2）浙江泰隆商业银行对私账户明细对账单两份、证明两份、结清证明一份、浙江泰隆商业银行特种转账贷方传票三份。

被告张小君答辩称：最高额保证合同上本被告未签字，不承担保证责任。张小君未向法院提供证据，但申请对浙江泰隆商业银行股份有限公司宁波余姚支行与马达荣和原告及三被告签订的最高额保证合同上签名进行鉴定。

被告林兴钢答辩称：对原告顾善芳的诉讼请求没有意见。被告林兴钢未向法院提供证据。

被告钟武军答辩称：本被告与案外人马达荣约定，由案外人马达荣的

追偿权纠纷

妻子即被告张小君作担保后,本人同意担保,现张小君并非本人签名,故案外人马达荣与浙江泰隆商业银行股份有限公司宁波余姚支行有可能存在串通或欺骗行为;且浙江泰隆商业银行股份有限公司宁波余姚支行与马达荣和原告及三被告签订的最高额保证合同第8条约定合同自各方当事人签字或盖章后生效,现张小君并非本人签名,故该最高额保证合同未生效,本被告不承担保证责任。原告顾善芳在诉讼期间变更诉讼请求,超过了举证期限,原告应另行主张。被告钟武军未向法院提供证据。

根据被告张小君的申请,浙江省余姚市人民法院委托浙江大学司法鉴定中心对张小君在浙江泰隆商业银行股份有限公司宁波余姚支行与马达荣和原告及三被告签订的最高额保证合同上的签名进行笔迹鉴定,鉴定意见为落款日期为2010年8月26日的《浙江泰隆商业银行股份有限公司最高额保证合同》上"张小君"的签名不是张小君本人所签。

浙江省余姚市人民法院一审查明:2010年8月26日,案外人马达荣和原告顾善芳与被告林兴钢、钟武军及"张小君"与案外人浙江泰隆商业银行股份有限公司宁波余姚支行签订了最高额保证合同一份,合同载明:原告顾善芳、被告林兴钢、钟武军及"张小君"自愿为债务人(马达荣)自2010年8月26日起至2011年8月26日止,在债权人(浙江泰隆商业银行股份有限公司宁波余姚支行)处办理约定的各类业务实际形成的债权的最高额折合人民币350万元提供担保。但该最高额保证合同中"张小君"的名字并非被告张小君本人签名。案外人马达荣分别于2011年2月21日、2011年5月31日与案外人浙江泰隆商业银行股份有限公司宁波余姚支行签订了两份借款合同,借款金额分别为95万元和60万元。后案外人马达荣没有履行偿还责任,原告分别于2011年8月1日、2011年9月30日、2011年12月15日向案外人浙江泰隆商业银行股份有限公司宁波余姚支行清偿案外人马达荣的借款及利息分别为20万元、834000元和541207.46元。

浙江省余姚市人民法院一审认为:马达荣向浙江泰隆商业银行股份有限公司宁波余姚支行借款,由原告顾善芳及被告林兴钢、钟武军作保证,且保证人之间没有约定保证份额,保证人应承担连带责任。在马达荣未履行还款义务时,原告及林兴钢、钟武军均有义务履行代偿义务,现原告向浙江泰隆商业银行股份有限公司宁波余姚支行代偿了马达荣的借款本息，原告有权要求林兴钢、钟武军承担应当承担的份额。《浙江泰隆商业银行股份有限公司最高额保证合同》上虽明确保证人有四人，但被告张小君未在合同上签名，故本案实际保证人只有三人，顾善芳和林兴钢、钟武军应各自承担1/3的份额，即525069.15元。钟武军辩称与马达荣约定应由张小君先签名后，再由钟武军作保证，但无证据证明，故法院对该意见不予采纳；钟武军辩称马达荣和顾善芳、三被告与浙江泰隆商业银行股份有限公司宁波余姚支行签订的《浙江泰隆商业银行股份有限公司最高额保证合同》未生效，《浙江泰隆商业银行股份有限公司最高额保证合同》第8.1条约定：本合同自合同各方当事人签字或盖章之日起生效，至主合同项下债务本金、利息、复利、罚息、违约金、赔偿金、实现债权的费用及所有其他应付费用偿清之日起终止。对该条生效条件应当认为是合同当事人在该合同上签名或盖章后，即对该当事人生效。在该合同上"张小君"并非其本人签名，故该合同对张小君未生效，对顾善芳及林兴钢、钟武军已生效，且具有约束力。故对钟武军辩称的《浙江泰隆商业银行股份有限公司最高额保证合同》未生效的意见亦不予采纳。钟武军辩称顾善芳变更诉讼请求，已超过了举证期限，但顾善芳变更诉讼请求，是在第二次开庭时，法庭出示司法鉴定意见书后，且法院已给原、被告重新指定举证期限，故顾善芳可以变更诉讼请求。

综上，浙江省余姚市人民法院依照《中华人民共和国担保法》第十二条①的规定，于2013年12月10日作出判决：一、被告林兴钢支付原告顾善芳保证担保代偿款525069.15元，款限于本判决发生法律效力后10日内付清；二、被告钟武军支付原告顾善芳保证担保代偿款525069.15元，款限于本判决发生法律效力后10日内付清；如果未按本判决指定的期间履行给付金钱义务，应当依照《中华人民共和国民事诉讼法》第二百五十三条之规定，加倍支付迟延履行期间的债务利息。

本案案件受理费14251元，被告林兴钢负担7125.50元，被告钟武军负担7125.50元，本案鉴定费5400元，由原告顾善芳负担。

---

① 对应《中华人民共和国民法典》第六百九十九条。

钟武军不服一审判决，向浙江省宁波市中级人民法院提起上诉，请求：撤销原审判决，依法驳回顾善芳的诉讼请求。钟武军上诉称：（1）钟武军与马达荣约定，由马达荣的妻子即张小君作担保后，钟武军同意担保，现"张小君"并非本人签名，故钟武军在最高额保证合同上签名不是其真实意思表示；（2）最高额保证合同第8条约定合同自各方签名或盖章之日起生效，内容属于格式条款，应当作出不利于提供格式条款一方的解释，现张小君并非本人签名，故该最高额保证合同未生效，钟武军不承担保证责任。且从银行贷款的习惯和法律手续看，张小君必须成为涉案贷款的共同还款人或担保人，无张小君签名，该保证合同不会生效，银行也不会发放贷款；（3）顾善芳在签订最高额保证合同时已经知晓"张小君"并非本人所签的事实，其存在过错，其履行保证义务与钟武军无关。

被上诉人顾善芳答辩称：（1）上诉人钟武军称其在最高额保证合同上签名并非其真实意思表示，但未提供相应证据证明；（2）最高额保证合同第8条约定合同自各方签名或盖章之日起生效，是指对各方当事人分别签名后生效；（3）顾善芳在签订最高额保证合同时并不知晓"张小君"并非其本人所签。请求二审法院驳回上诉，维持原判。

一审被告张小君提交书面答辩称：最高额保证合同上"张小君"并非其所签，一审判决认定最高额保证合同对其未生效符合法律规定，涉案贷款与其无关。

一审被告林兴钢未予答辩。

二审期间，各方当事人均未向法院提供新的证据。

浙江省宁波市中级人民法院经二审，确认了一审查明的事实。

浙江省宁波市中级人民法院二审认为：本案二审的争议焦点：（1）上诉人钟武军提供的保证是否系其真实意思表示；（2）涉案最高额保证合同是否生效；（3）被上诉人顾善芳在签订最高额保证合同时是否知晓"张小君"并非其本人所签，从而可以对债权人泰隆余姚支行的代偿请求提出抗辩。

1. 上诉人钟武军提供的保证是否系其真实意思表示。法院认为，本案钟武军、顾善芳、林兴钢以保证人身份分别在涉案最高额保证合同上签名，为借款人马达荣向泰隆余姚支行的借款提供连带责任保证的意思表示真实。因各保证人与泰隆余姚支行没有约定保证份额，故应依法认定为连带共同保证，泰隆余姚支行有权要求任何一个保证人承担全部保证责任。因钟武军并未提供证据证明其提供保证是以张小君本人提供保证为条件，故其上诉提出的因"张小君"并非该本人签名，钟武军在最高额保证合同上签名不是其真实意思表示的主张不予采信。钟武军、顾善芳、林兴钢与泰隆余姚支行之间保证合同关系依法成立。

2. 涉案最高额保证合同是否生效。对此，法院认为，涉案最高额保证合同属于泰隆余姚支行预先拟定的格式合同，该合同第八条约定，该合同自各方签名或盖章之日起生效。对此条款双方当事人有不同理解。根据《中华人民共和国合同法》第四十一条的规定，对格式条款的理解发生争议的，首先应当按照通常理解予以解释。因本案各保证人并非作为一个整体对泰隆余姚支行的债权提供担保，而是各保证人分别提供担保，故按通常理解，该合同第8条约定的内容应理解为合同自每个保证人分别签名或盖章后生效。因此，上诉人钟武军提出的此点上诉理由法院不予采纳。本案最高额保证合同对被上诉人顾善芳、一审被告林兴钢、钟武军均具有法律拘束力。

3. 被上诉人顾善芳在签订最高额保证合同时是否知晓"张小君"并非其本人所签，从而可以对债权人泰隆余姚支行的代偿请求提出抗辩。对此，法院认为，上诉人钟武军并未提供证据证明顾善芳在签订最高额保证合同时已知晓"张小君"并非其本人所签。在此情形下，顾善芳作为保证人代为清偿债务人的债务并无不妥之处。在其代为清偿后，有权根据法律规定要求其他保证人平均分担。因此，钟武军提出的此点上诉理由没有事实依据，不予采纳。综上，钟武军的上诉请求法院不予支持。一审判决认定案件事实清楚，适用法律正确。

据此，浙江省宁波市中级人民法院依照《中华人民共和国民事诉讼法》第一百七十条第一款第一项之规定，于2014年4月24日作出判决：驳回上诉，维持原判。

二审案件受理费9051元，由上诉人钟武军负担。

本判决为终审判决。

追偿权纠纷

> 如果保证人不存在过错，债务人不得以主债权数额在履行中发生变化等事由对抗保证人

137. 孙俊与刘文保、岳凤芹、承德市凯旋房地产开发有限责任公司、滦平县信通科技小额贷款有限公司追偿权纠纷案*

【裁判摘要】

> 保证人的追偿权和代位权既存在密切联系，又在基础法律关系、法律性质、诉讼时效、抗辩事由等方面存在明显的区别。基于这几个区别，我国担保法规定的保证人在承担保证责任后向债务人的追偿权，应不具有代位权性质，不适用债权转移的法律规则。对于追偿范围，应结合保证人是否依据合同约定履行义务、是否尽到了承担保证责任前的通知义务、债务人是否尽到了告知义务等因素确定保证人是否存在过错。如果保证人不存在过错，债务人不得以主债权数额在履行中发生变化等事由对抗保证人。

再审申请人（一审被告、二审上诉人）：孙俊，男，汉族，1965年10月出生，住河北省承德市双桥区。

委托诉讼代理人：王宗才，男，汉族，1960年6月

---

* 摘自《民事审判指导与参考》2019年第1辑（总第77辑），人民法院出版社2019年版，第169~182页。

出生，住河北省承德市承德县。

被申请人（一审原告、二审被上诉人）：刘文保，男，汉族，1962年10月出生，住河北省承德市双桥区。

被申请人（一审原告、二审被上诉人）：岳凤芹，女，汉族，1961年1月出生，住河北省承德市双桥区。

一审第三人：滦平县信通科技小额贷款有限公司，住所地河北省承德市滦平县。

法定代表人：左艳新，该公司董事长。

委托诉讼代理人：王剑波，河北金山岭律师事务所律师。

一审被告、二审上诉人：承德市凯旋房地产开发有限责任公司，住所地河北省承德市双桥区钟鼓楼小区13号楼。

法定代表人：王庆炀，该公司经理。

一、一审法院查明的事实

河北省承德市中级人民法院（以下简称一审法院）经审理查明：

孙俊于2014年4月10日向滦平县信通科技小额贷款有限公司（以下简称信通贷款公司）借款800万元，借款时按月息36‰预先扣除了三个月利息，实际借款金额713.6万元。2014年4月23日借款1000万元，按月息36‰预先扣除了三个月利息后，实际付款892万元。2014年11月7日两笔借款合计800万元，扣除三个月利息后，实际借款713.6万元。自2014年7月10日至2015年6月15日孙俊向信通贷款公司支付利息总计734.4万元。贷款到期后，孙俊未能按约还款付息。信通贷款公司于2017年1月10日向河北省滦平县人民法院申请诉前财产保全，将刘文保、岳凤芹及名下企业价值4130万元的财产进行了查封。刘文保、岳凤芹根据保证合同的约定，代孙俊偿还了贷款本息36190700元，信通贷款公司撤回保全申请，河北省滦平县人民法院于2017年2月13日解除了保全措施。后刘文保、岳凤芹遂诉至法院，请求孙俊立即偿还为其代偿的借款本息并赔偿经济损失暂定100万元，承德市凯旋房地产开发有限责任公司（以下简称凯旋房地产公司）在其保证范围内承担连带偿还责任。

二、当事人一审起诉情况

刘文保、岳凤芹向一审法院提出诉讼，请求：（1）判令孙俊立即偿还刘文保、岳凤芹为其代偿的借款本息36190700元并赔偿经济损失暂定100万元（最终以鉴定结论为准，并继续计算至此款还清时止）；（2）判令凯旋房地产公司在其保证范围内承担连带偿还责任；（3）由孙俊和凯旋房地产公司承担本案全部诉讼费用。

三、一审法院认定与判决

一审法院认为，根据《中华人民共和国合同法》第二百条及《最高人民法院关于审理民间借贷案件适用法律若干问题的规定》第二十七条规定："预先在本金中扣除利息的，人民法院应当将实际出借的金额认定为本金"，故本案借款金额应为2319.2万元。期间孙俊偿还了部分利息，刘文保、岳凤芹替孙俊偿还贷款本息36190700元的事实清楚，根据《最高人民法院关于审理民间借贷案件适用法律若干问题的规定》第二十六条第二款的规定"借贷双方约定的利率超过年利率36%，超过部分的利息约定无效，借款人请求出借人返还已支付的超过年利率36%部分利息的，人民法院应予支持"。本案中刘文保、岳凤芹及孙俊向第三人支付的利息未超过年利率36%，故孙俊应偿还刘文保、岳凤芹代偿的借款本息36190700元，但刘文保、岳凤芹要求按每月2%计算代偿本息及赔偿损失的诉讼请求无事实依据，自代偿之日起孙俊应按银行同期贷款利率给付刘文保、岳凤芹代偿本息的利息至本判决生效之日。

综上所述，一审法院依据《中华人民共和国民事诉讼法》第一百四十二条、《中华人民共和国合同法》第二百条①、《中华人民共和国担保法》第三十一条②、《最高人民法院关于审理民间借贷案件适用法律若干问题的

---

① 对应《中华人民共和国民法典》第六百七十条，内容未作修改。
② 对应《中华人民共和国民法典》第七百条："保证人承担保证责任后，除当事人另有约定外，有权在其承担保证责任的范围内向债务人追偿，享有债权人对债务人的权利，但是不得损害债权人的利益。"

规定》第二十七条①的规定，判决如下：一、孙俊于本判决生效后10日内偿还刘文保、岳凤芹贷款本息36190700元并自2017年1月14日起按银行同期贷款利率计息至本判决生效之日；二、凯旋房地产公司在其保证范围内对以上债务承担连带偿还责任；三、驳回刘文保、岳凤芹其他诉讼请求。案件受理费227753.5元由孙俊和凯旋房地产公司负担。

四、当事人上诉与答辩情况

孙俊、凯旋房地产公司不服，向河北省高级人民法院（以下简称二审法院）提起上诉。

孙俊、凯旋房地产公司上诉请求：撤销一审判决，依法改判驳回刘文保、岳凤芹一审诉讼请求或发还重审；本案诉讼费用由刘文保、岳凤芹承担。

五、二审法院认定与判决

二审中，当事人没有提交新证据。

对当事人二审争议的事实，二审法院认定如下：

1. 孙俊、凯旋房地产公司在上诉中主张，刘文保、岳凤芹作为担保人向第三人偿还借款时还款日期尚未到期，刘文保、岳凤芹则认为还款期限早已到期。对于该争议事实，二审法院在二审中查明，孙俊向信通贷款公司借款本金2319.2万元共由4笔借款构成，核照双方签订的4份《借款合同》的约定，其中第1笔、第2笔分别于2014年10月9日、2014年10月22日到期，第3笔、第4笔均于2015年11月6日到期。2016年8月31日信通贷款公司向刘文保、岳凤芹发出《逾期贷款催收通知》，该通知载明："……四笔贷款本金合计2600万元，利息合计1459.92万元，本息合计4059.92万元。贷款均已逾期，借款人和担保人请抓紧筹措资金于2016年9月10日前归还贷款本息。"2016年12月10日信通贷款公司再次向刘文保、岳凤芹发出《逾期贷款催收通知》，该通知载明："……四笔贷款本金

---

① 本案适用2015年《最高人民法院关于审理民间借贷案件适用法律若干问题的规定》，现行《最高人民法院关于审理民间借贷案件适用法律若干问题的规定》2020年12月23日第二次修正，自2021年1月1日施行。本案所涉第二十七条修改为第二十六条，内容未作修改。

追偿权纠纷

合计2600万元,利息合计1768.8万元,本息合计4368.8万元。贷款均已逾期,借款人和担保人请抓紧筹措资金于2016年12月30日前归还贷款本息。"刘文保、岳凤芹均在上述两份催收通知落款"保证人"处签字。2016年12月31日信通贷款公司又向孙俊发出《逾期贷款催收通知》,该通知载明:"……四笔贷款本金合计2600万元,利息合计1834.32万元,本息合计4434.32万元。贷款均已逾期,借款人请抓紧筹措资金于2017年3月30日前归还贷款本息。"孙俊在该催收通知落款"借款人"处签字。二审庭审中,孙俊认可其主张还款期限未到的依据就是信通贷款公司向其发出的《逾期贷款催收通知》,按照该通知应当以2017年3月30日为还款到期日,并据此认为刘文保、岳凤芹在2017年1月12日向信通贷款公司还款属未到期提前还款。根据上述已查明事实可知,截至2015年11月6日,本案中孙俊向信通贷款公司的全部借款按照《借款合同》约定的还款期限均已到期,在信通贷款公司向保证人、债务人陆续发出的3份《逾期贷款催收通知》中均载明"贷款均已逾期"且被催收方亦签字认可;况且,即使按照信通贷款公司对刘文保、岳凤芹第二次催收通知指定的还款期限,刘文保、岳凤芹在2017年1月12日履行还款义务时该期限也已到期,故刘文保、岳凤芹不存在未到期提前还款的情形,孙俊、凯旋房地产公司认为应以2017年3月30日为还款到期日的主张不能成立。

2. 孙俊、凯旋房地产公司上诉提出,刘文保、岳凤芹"按照2600万元的借款本金和年利率36%偿还了第三人的利息,多偿还了借款本息,不应由孙俊承担多偿还部分",刘文保、岳凤芹在二审庭审中陈述,其已还贷款本息36190700元是以2600万元为本金、以年利率24%为标准,自孙俊停止还款计算至2017年1月12日,而并非按年利率36%的标准偿还。孙俊、凯旋房地产公司在二审庭审中对刘文保、岳凤芹的上述陈述不持异议,同时认可如果按一审认定的本金数额2319.2万元计算,则刘文保、岳凤芹已偿还的36190700元的计息标准"介于年息24%~36%之间"。根据二审庭审调查、核实并结合双方陈述,二审法院对刘文保、岳凤芹已还贷款本息36190700元的计息标准未超过年息36%这一事实予以认定。

二审还查明,根据孙俊在一审庭审中自述的历次还款数额,并结合

《借款合同》约定的本金数额、利息标准互相印证,能够认定债务人孙俊已偿还的 734.4 万元利息是按本金 2600 万元、月息 36‰的标准实际履行。

另,信通贷款公司在二审庭审中陈述:"我们跟担保人主张权利后,之后的过程上诉人都知道。当时借款就是担保人介绍来的,我们是看在担保人的情况下,把钱借给了上诉人。"孙俊与刘文保、岳凤芹双方对此均未提出异议。

当事人对一审查明的其他事实无争议,二审法院予以认定。

二审法院认为,本案二审中双方当事人争议的核心问题是保证人刘文保、岳凤芹向债务人孙俊行使追偿权是否应予支持,二是对追偿的数额应如何认定。

(一) 关于对刘文保、岳凤芹行使追偿权是否应予支持

《中华人民共和国担保法》第十八条第二款规定:"连带责任保证的债务人在主合同规定的债务履行期届满没有履行债务的,债权人可以要求债务人履行债务,也可以要求保证人在其保证范围内承担保证责任。"根据已认定的事实,信通贷款公司向孙俊出借的借款本金 2319.2 万元,合同约定的借款期限至 2015 年 11 月 6 日已全部到期,自此时起,信通贷款公司即有权就欠付贷款本息向债务人孙俊或者连带责任保证人刘文保、岳凤芹主张权利,信通贷款公司先后向上述债务人、保证人发出《逾期贷款催收通知》,正是在借款到期之后行使权利的具体行为,上述债务人、保证人亦均有义务向债权人偿还借款,故对孙俊、凯旋房地产公司主张刘文保、岳凤芹系未到期提前还款的理由不予采信;孙俊、凯旋房地产公司二审中还提出刘文保、岳凤芹向信通贷款公司还款未与其商量,因保证人按照合同约定和法律规定向债权人承担保证责任是其法定义务,且法律亦赋予了债权人向债务人或者保证人求偿的权利,故刘文保、岳凤芹履行保证义务并非必须以是否与债务人商量为前提,对孙俊、凯旋房地产公司该项理由亦不予采信。《中华人民共和国担保法》第三十一条规定"保证人承担保证责任后,有权向债务人追偿"。刘文保、岳凤芹向债权人信通贷款公司履行还款义务后在本案中行使追偿权,于法有据,应予支持。

（二）关于追偿数额的认定

孙俊、凯旋房地产公司认为，刘文保、岳凤芹向信通贷款公司偿还的36190700元中多偿还的部分应由其自行负担，结合二审认定的事实，双方就此所争议的实为36190700元中超出年利率24%的利息部分是否应由孙俊、凯旋房地产公司负担。对此，作如下认定：

1.《最高人民法院关于审理民间借贷案件适用法律若干问题的规定》第二十六条第二款规定："借贷双方约定的利率超过年利率36%，超过部分的利息约定无效。借款人请求出借人返还已支付的超过年利率36%部分的利息的，人民法院应予支持。"根据上述规定，借贷双方约定的利率未超过年利率36%的部分应认定有效，本案中，虽然孙俊与信通贷款公司在《借款合同》中约定的借款利率为月息36‰，但刘文保、岳凤芹向信通贷款公司偿还的36190700元，按依法认定的本金2319.2万元计算，计息标准未超过年利率36%，并不违反法律规定，该履行行为亦合法有效。

2.《最高人民法院关于审理民间借贷案件适用法律若干问题的规定》第二十六条第一款规定："借贷双方约定的利率未超过年利率24%，出借人请求借款人按照约定的利率支付利息的，人民法院应予支持。"孙俊、凯旋房地产公司据此主张刘文保、岳凤芹偿还的36190700元中超出年利率24%的利息应由担保人自行负担。从《最高人民法院关于审理民间借贷案件适用法律若干问题的规定》第二十六条第一款、第二款整体含义理解，该规定禁止的是出借人获取超过年利率36%的高额利息，同时保护借款人对已支付的超过年利率36%的高额利息的请求返还24%～36%之间的利息部分，从立足公平并兼顾诚信的角度考虑，应当理解为属于自然之债，亦即债权人对该部分利息享有债的保持力但无债的执行力，当债务人拒绝给付时，债权人不得通过诉讼强制债务人履行，反之，当债务人已经给付且债权人受领时，债务人亦不享有法律上的返还请求权。具体到本案而言，保证人已向债权人履行的介于年利率24%～36%之间的利息部分是否应由债务人承担法律对此未予明确规定。在此情况下，应当在对保证人是否存在恶意损害债务人利益进行审查的基础上依法作出确认。根据本案已查明事实，刘文保、岳凤芹已偿还的36190700元是按本金2600万元、年利率24%计算得来，也就意味着如果按本金2319.2万元计算，高于年利率24%的利息部分是因按本金2600万元计算所导致，那么，刘文保、岳凤芹以2600万元为本金向债权人还款时是否尽到了合理的审查义务、是否属于善意履行，对此应予重点审查。全面考察本案证据及各方履行过程，《借款合同》和《保证合同》确认的借款本金均为2600万元，债务人孙俊历次向债权人偿还利息时也是按照本金2600万元计算，在2016年12月31日由孙俊本人签字认可的《逾期贷款催收通知》中亦载明"本金合计2600万元"，故刘文保、岳凤芹在履行还款时以2600万元为本金、以年利率24%为标准，应认定为已尽到合理的审查义务，没有证据表明其存在恶意损害债务人利益的情形。本案一审认定信通贷款公司实际出借本金数额为2319.2万元，系人民法院在诉讼中通过各方举证和法庭调查依法作出的认定，而从保证人的特定身份和公平原则考虑，则不应对其加之以过于严苛的审查责任。

3. 2015年11月6日本案借款全部到期，孙俊自2015年6月15日最后一次付息之后，一直未再履行还款义务，2017年1月10日深平县人民法院根据信通贷款公司的申请，裁定对刘文保、岳凤芹的财产进行诉前保全，另据信通贷款公司二审庭审中陈述，其向孙俊出借款项系因刘文保、岳凤芹的介绍而发生，基于上述情况，无论刘文保、岳凤芹是出于诚信守约，还是为避免自身利益陷入诉累，其在不违反合同约定和法律规定的情况下，主动履行保证义务并无过错。

综合考虑以上事实和理由，在刘文保、岳凤芹已善意、合法履行保证义务的情况下，孙俊、凯旋房地产公司对保证人已支付的贷款本息36190700元应予偿还。

综上所述，原判决认定事实清楚，适用法律正确。依照《中华人民共和国民事诉讼法》第一百七十条第一款第一项之规定，二审法院判决如下：驳回上诉，维持原判。二审案件受理费2277553.3元，由孙俊、凯旋房地产公司共同负担。

六、当事人申请再审的情况

孙俊不服二审判决,向最高人民法院申请再审。其申请再审的请求为:撤销一审判决和二审判决,改判驳回刘文保、岳凤芹的诉讼请求,并由信通贷款有限公司返还多收本息370.6万元。

其申请再审的事由:一审、二审判决认定事实不清,适用法律错误。信通贷款公司预扣280.8万元,实际出借金额为2319.2万元,故本案应按2319.2万元还本付息。按3%月息、按本金2319.2万元计算,截止到信通贷款公司借款情况说明中孙俊结息1015.2万元利息时,孙俊应该支付贷款总利息754.62万元,实际支付734.4万元,尚欠利息20.22万元。刘文保、岳凤芹支付信通贷款公司本金为2600万元,实际借款本金应为2319.2万元,多支付了280.8万元。刘文保、岳凤芹与信通贷款公司双方约定支付利息的结算方式为月息2%,以2319.2万元本金按2%月息计算到2016年12月31日,利息应为909.01万元。刘文保、岳凤芹实际支付利息1019.07万元,多支付利息110.5万元。上述三项冲抵,刘文保、岳凤芹多支付信通贷款公司370.63万元。孙俊不应支付该370.63万元。信通贷款公司也应该返还多收的370.63万元。

信通贷款公司提交意见称,(1)孙俊陈述的部分事实错误。刘文保、岳凤芹代为偿还借款本息的时间为2017年1月12日,而非2016年12月31日。(2)孙俊申请再审的理由错误。刘文保、岳凤芹代为偿还借款本息是3619.07万元,按本金2319.2万元计算,年利率不超过36%,不存在返还的问题。(3)根据《中华人民共和国担保法》第十八条、第三十一条规定,刘文保、岳凤芹追偿依法有据。信通贷款公司接受借款人或担保人的偿还都是合法合理的,信通贷款公司接受借款人和担保人所偿还的利息不超过年利率36%,受到法律保护。刘文保、岳凤芹尽了担保人的合理注意义务,也没有损害孙俊利益的情形,其诉讼请求应得到支持。综上,请求驳回孙俊的再审申请。

七、再审审查的认定

最高人民法院经审查认为，根据再审申请人申请再审的理由以及提交的证据，本案的争议焦点问题：刘文保、岳凤芹作为保证人有权向孙俊追偿的款项数额如何认定？

首先，孙俊向信通贷款公司的借款已经逾期，孙俊没有按约还款，信通贷款公司先后向刘文保、岳凤芹两次发出《逾期贷款催收通知》，在此情形下，刘文保、岳凤芹代孙俊向信通贷款公司归还本息，是其作为保证人承担保证责任的行为。根据《中华人民共和国担保法》第三十一条规定，保证人承担保证责任后，有权向债务人追偿。故刘文保、岳凤芹有权就其已经代为偿还的部分向孙俊追偿。

其次，根据《最高人民法院关于适用〈中华人民共和国担保法〉若干问题的解释》第四十三条规定："保证人自行履行保证责任时，其实际清偿额大于主债权范围的，保证人只能在主债权范围内对债务人行使追偿权。"孙俊据此主张刘文保、岳凤芹多向信通贷款公司偿还了370.63万元。根据一审、二审已经查明的事实，刘文保、岳凤芹向信通贷款公司实际清偿的款项是以2600万元为本金、以年利率24%为标准，自孙俊停止还款之日计算至2017年1月12日，共计36190700元。最高人民法院认为，刘文保、岳凤芹实际清偿的数额并未超出主债权的范围，理由如下：第一，对于本金，孙俊和信通贷款公司之间形成的《借款申请书》《借款合同》《借据》上记载的金额均合计为2600万元，信通贷款公司先后两次向刘文保、岳凤芹发出的《逾期贷款催收通知》以及向孙俊发出的《逾期贷款催收通知》上也载明"本金合计2600万元"，孙俊同时认可其之前向信通贷款公司偿还的利息也是按照本金2600元计算，故在此情形下，刘文保、岳凤芹有理由相信案涉借款本金数额是2600万元。同时，因借款关系发生在孙俊和信通贷款公司之间，两者之间实际转账数额是多少、是否存在预扣利息等情形存在隐秘性，第三人无从知晓，若存在实际履行与合同约定不符的情形，债务人有义务向保证人及时通知，但孙俊在本案诉讼中没有提交证据证明其曾经告知过刘文保、岳凤芹因存在预扣利息情形故实际本金数额是2319.2万元而非2600万

元,故刘文保、岳凤芹按照本金2600元偿还本金,已经尽到了合理的审查义务,有权就此数额向孙俊追偿。第二,对于利息,刘文保、岳凤芹经与信通贷款公司协商,代为偿还的款项是按照月息20‰计算利息,低于孙俊和信通贷款公司在《借款合同》中约定的利率,亦低于《最高人民法院关于审理民间借贷案件适用法律若干问题的规定》第二十六条第二款规定的36%,故其实际清偿的利息部分并未超出主债权范围。综上,刘文保、岳凤芹就其向信通贷款公司实际清偿的36190700元有权向孙俊追偿,原审判决对此认定并无不当,孙俊申请再审的理由不能成立。

综上,孙俊主张的再审事由不成立。依照《中华人民共和国民事诉讼法》第二百零四条第一款,《最高人民法院关于适用〈中华人民共和国民事诉讼法〉的解释》第三百九十五条第二款规定,最高人民法院裁定如下:驳回孙俊的再审申请。

八、对本案的解析

本案涉及的法律适用问题是保证人的追偿权问题。依据我国《中华人民共和国担保法》规定,为保障债权的实现,债权人可以设定担保,担保方式包括保证、抵押、质押、留置和定金。其中,与其他担保方式相比,保证属于人保,是第三人以保证人的身份和债权人约定,当债务人不履行债务时,由保证人按照约定履行债务或者承担责任,即承担保证责任。保证人承担保证责任后,其和债务人之间如何处理?这就涉及保证人的追偿权问题。

保证担保制度涉及三类法律关系:其一,债务人与债权人之间的主合同关系,也称为主债务关系,它在整个保证担保制度中处于基础地位。如果没有主债务关系,就不会发生债权人与第三人之间的保证合同关系。其二,保证人与债权人之间的保证合同关系。依据保证合同,当债务人不履行债务时,保证人按照约定履行债务或者承担责任。保证债务从属于主债务关系,具有从属性与补充性;其三,保证人与债务人之间的法律关系,该法律关系属于保证合同的原因关系,通常包括委托合同关系、无因管理关系以及赠与关系。尽管保证人与主债务人之间的法律关系既不影响保证合同的成立或生效,也不影响保证人对债权人承担的保证债务,但是它决定了保证人在承担保证债务之后对于债务人享有何种权利以及负担何种义务。①

从比较法上来看,当保证人与主债务人之间存在委托合同关系或无因管理法律关系时,保证人对债务人享有三种权利:追偿权、代位权、预先追偿权或保证责任除去请求权。《中华人民共和国担保法》对于保证合同的原因关系没有作区分,仅于第三十一条规定"保证人承担保证责任后,有权向债务人追偿",既是可以追偿,其实质上是没有考虑赠与关系作为保证合同的原因关系这种情形。当然,担保法仅为一般性规定,就可否追偿、追偿的范围等事宜,保证人和债务人之间可以自行作出不同于法律规定的约定。

对于《中华人民共和国担保法》第三十一条规定的追偿权,其性质为何,理论界存有不同的看法,存在保证人追偿权说、保证人代位权说和保证人代位追偿权说等。从特点来看,保证人的代位权和保证人的追偿权有着紧密的联系,同时又有着明显的区别。② 一方面,保证人的代位权是为了确保求偿权的实现而产生的,没有追偿权就没有代位权,保证人只能在行使追偿权的限度之内代位行使债权人的权利,因此代位权的行使以追偿权的存在为前提。而且,其中的一项权利因行使而达到目的之后,另一项权利就归于消灭。另一方面,保证人的代位权和追偿权在以下方面存在明显区别:(1)产生的基础法律关系不同。保证人的追偿权产生的基础在于保证人与债务人之间的法律关系。如果保证人是因受债务人的委托而与债权人订立保证合同,那么保证人在代债务人履行债务后,其作为受托人有权依据委托合同关系要求委托人偿还其因此支出的各种费用;如果保证人是基于无因管理为债务人提供保证,只要其无因管理行为有利于债务人且没有违反债务人的明示或可推知的意思,那么其有权请求债务人偿还因此支出的各种费用;如果保证人出于赠与的意思而为债务人提供保证,则保

---

① 参见程啸、王静:《论保证人追偿权与代位权之区分及其意义》,载《法学家》2007年第2期。

② 参见程啸、王静:《论保证人追偿权与代位权之区分及其意义》,载《法学家》2007年第2期。

证人对主债务人不享有追偿权。而保证人的代位权产生的基础在于民法中关于第三人清偿的规定。保证人之所以享有代位权是因为保证人并非债务人与债权人之间的债权债务关系的当事人,其代债务人向债权人履行债务的行为属于"代位清偿"或"第三人清偿"。因此当保证人履行保证债务之后,其向债务人享有追偿权,并在该追偿权的范围内发生法定的债权移转,即保证人有权代债权人行使针对债务人的债权及有关的权利。(2)法律性质不同。保证人的追偿权是指保证人在履行保证债务之后,享有的向债务人请求偿还的权利,是依据法律规定产生的一种新的权利。而保证人的代位权是指保证人在履行保证债务之后,取代债权人的地位向债务人行使债权的行为,实质上是一种债权的法定移转。(3)功能不同。保证人的追偿权是一种依法产生的新的权利,保证人仅凭追偿权不得过问原债权的担保,无论该担保是人的担保还是物的担保,保证人都无从主张。而代位权属于债权的法定移转,不仅本债权,而且该债权的人的担保与物的担保以及其他从属性权利都一并移转给代位权人即保证人。(4)诉讼时效的起算点不同。保证人追偿权属于新产生的权利,所以其诉讼时效从求偿权能够行使之日起算。保证人的代位权实际上是债权的法定移转,因此保证人的代位权本身不存在诉讼时效,其承受的债权人的原债权及其从权利早已存在,诉讼时效不能重新起算。(5)权利行使的程序不同。对于保证人的代位权,保证人依法承受了债权人的原债权及其从权利之后,有权直接针对债务人以及从权利人所指向的义务人提起诉讼;对于保证人的追偿权,我国《最高人民法院关于适用〈中华人民共和国担保法〉若干问题的解释》第四十二条第一款区分不同情况作出了通过执行程序实现追偿权和另行起诉这两种不同的程序规定。(6)抗辩事由不同。对于保证人的代位权,其承受的是债权人对于债务人的债权,因此债务人对于债权人享有的抗辩事由均可以对抗保证人,如债务履行期限尚未届满、时效届满等抗辩。保证人的追偿权因属于依法律规定而产生的新权利,因此债务人不得以其对债权人的抗辩事由对抗保证人。(7)利息不同。若保证人基于与债务人之间的委托合同关系或者无因管理关系履行保证债务的,其在承担保证责任后,有权依据委托合同的规定向债务人追偿其处理委托事务时垫付的费用，以及由此产生的利息。① 但就保证人的代位权而言，保证人利息的请求应当依据债权人与债务人原有的债权关系加以确定。如果原债权关系没有约定利息，除法定孳息外，保证人行使代位权时不得要求利息。

　　基于上述分析，我国《中华人民共和国担保法》第三十一条规定的保证人向债务人追偿的权利应为追偿权，而不是代位权。理由如下：第一，代位权产生的基础法律关系为民法中的"代为清偿"，但是我国目前对当事人没有约定的情形下第三人代为履行债务的法律效果未作出规定，致使代位权的规范基础缺失。第二，代位权最核心的权利内容为债权人的债权法定移转给保证人，保证人从而可以向债务人主张债权以及担保权等从属性权利，但我国担保法并无相关规定。保证人在承担保证责任后，只是有权就代为履行的部分向债务人追偿，没有取代债权人的地位，更没有取得债权上所附的抵押权等担保物权。② 第三，代位权情形下，保证人代债权人向债务人主张主债权时，债务人针对债权人的抗辩事由也可以向保证人主张，比如产品质量抗辩、同时履行权抗辩、诉讼时效、民间借贷利率过高等，但《中华人民共和国担保法》并无相关规定，比如《最高人民法院关于适用〈中华人民共和国担保法〉若干问题的解释》第三十五条规定"保证人对已经超过诉讼时效期间的债务承担保证责任或者提供保证的，又以超过诉讼时效为由抗辩的，人民法院不予支持"，仅规定了保证人不能以超过诉讼时效为由抗辩，没有规定保证人在此种情形下向债务人追偿时，债务人能否以此抗辩，导致实践中存在不同观点。第四，代位权情形下，保证人对债务人进行追偿时，适用主债权的诉讼时效，代位权本身不存在诉讼时效。而《最高人民法院关于适用〈中华人民共和国担保法〉若干问题的解释》第四十二条第二款明确规定"保证人对债务人行使追偿权的诉讼时效，自保证人向债权人承担责任之日起开始计算"，即追偿权独

---

① 《合同法》第三百九十八条："……受托人为处理委托事务垫付的必要费用，委托人应当偿还该费用及其利息。"

② 有观点认为担保法第十二条有关"已经承担保证责任的保证人，有权……要求承担连带责任的其他保证人清偿其应当承担的份额"的规定，可以视为代位权的内容，但笔者认为，此规定实质上是基于该条有关同一债务有两个以上保证人情形下，多个保证人之间按照约定份额承担保证责任的规定，而非基于债权人向保证人的债权移转。

追偿权纠纷

立计算诉讼时效。

如上分析，我国担保法规定的保证人向债务人的追偿权不是代位权，既存在有利于保证人的方面，也有不利于保证人的方面。有利的方面，比如追偿权独立计算诉讼时效，债务人不能向保证人主张其对债权人的抗辩事由等；不利的方面，比如主债权上存在的担保，保证人无权享有，若其和债务人之间无特别约定，其向债务人的追偿权仅为普通债权。对于债务人而言，有利和不利则恰好相反。既是如此，为了保障保证人和债务人之间的利益平衡，基于诚实信用原则，保证人在履行保证合同时，负有以下义务：（1）依据合同约定履行的义务。即保证人在自行履行保证责任时，其实际清偿额不得超出主债权范围，否则，保证人只能在主债权范围内对债务人行使追偿权。《最高人民法院关于适用〈中华人民共和国担保法〉若干问题的解释》第四十三条对此有明确规定。对于"主债权范围"如何理解，笔者认为，要根据保证合同中的"被保证的主债权种类、数额""保证担保的范围"和主债权所依据的合同确定。如本案中，债务人孙俊和债权人信通贷款公司之间形成的《借款申请书》《借款合同》《借据》上记载的本金金额均合计为2600万元，约定的利率为月息36‰，此为合同约定的主债权的数额。故保证人刘文保、岳凤芹按照本金2600元偿还本金，按照月息20‰偿还利息，并未超出当事人约定的主债权数额。（2）承担保证责任前的通知义务，相应的，债务人具有主债权变化情况的告知义务。虽然《中华人民共和国担保法》对此没有规定，但是为了防止合同约定的主债权在履行中发生变化，实践中一般会认定保证人在自行履行保证责任时应尽到必要的通知义务，即在履行保证责任之前告知债务人；相应的，债务人如果认为主债权的数额、种类、期限等已经发生变化的，有义务及时告知保证人，避免保证人向债权人进行不当支付。此过程中，体现的是保证人和债务人之间互相通知、互相协助的义务。本案中，根据已经查明的事实，债权人信通贷款公司既向债务人孙俊发了《逾期贷款催收通知》，也向保证人刘文保、岳凤芹发了《逾期贷款催收通知》，并且对于债权人向保证人主张权利事宜，债务人认可其知道，此种情形下，债务人对于保证人可能会履行保证责任是知悉的。对于债务的数额，《逾期贷款催

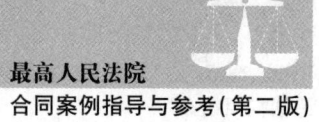

收通知》上载明本金数额为 2600 万，对此，债务人没有提交证据证明其曾经对此数额提出过异议并向保证人告知，故对于按照 2600 万本金向债权人清偿的结果，保证人并无过错，债务人以实际转账数额小于 2600 万元为由抗辩保证人的追偿权是不能得到支持的。债务人若认为主债权的履行与合同约定不符，可以此为由向债权人另行主张。

综上，由于《中华人民共和国担保法》规定的保证人在承担保证责任后向债务人的追偿权不具有代位权性质，不适用债权转移的法律后果，对于追偿范围，应结合保证人是否依据合同约定履行义务、是否尽到了承担保证责任前的通知义务、债务人是否尽到了告知义务等因素综合确定保证人是否存在过错。如果保证人不存在过错的，债务人不得以主债权数额在履行中发生变化等事由对抗保证人。

（执笔人：于 蒙）

其他合同纠纷

其他合同纠纷

138. 北京隆昌伟业贸易有限公司诉北京城建重工有限公司合同纠纷案*

（最高人民法院审判委员会讨论通过 2021年11月9日发布）

> 当事人双方就债务清偿达成和解协议，一方当事人依约履行，另一方当事人不履行协议，并请求减少违约金，人民法院不予支持

【关键词】

民事/合同纠纷/违约金调整/诚信原则

【裁判摘要】

当事人双方就债务清偿达成和解协议，约定解除财产保全措施及违约责任。一方当事人依约申请人民法院解除了保全措施后，另一方当事人违反诚信原则不履行和解协议，并在和解协议违约金诉讼中请求减少违约金的，人民法院不予支持。

相关法条

《中华人民共和国合同法》第六条①、第一百一十

---

* 摘自2021年11月11日最高人民法院发布的第30批指导案例（指导案例166号）。

① 参见《中华人民共和国民法典》第七条："民事主体从事民事活动，应当遵循诚信原则，秉持诚实，恪守承诺。"

四条①

基本案情

2016年3月，北京隆昌伟业贸易有限公司（以下简称隆昌贸易公司）因与北京城建重工有限公司（以下简称城建重工公司）买卖合同纠纷向人民法院提起民事诉讼，人民法院于2016年8月作出（2016）京0106民初6385号民事判决，判决城建重工公司给付隆昌贸易公司货款5284648.68元及相应利息。城建重工公司对此判决提起上诉，在上诉期间，城建重工公司与隆昌贸易公司签订协议书，协议书约定：（1）城建重工公司承诺于2016年10月14日前向隆昌贸易公司支付人民币300万元，剩余的本金2284648.68元、利息462406.72元及诉讼费25802元（共计2772857.4元）于2016年12月31日前支付完毕；城建重工公司未按照协议约定的时间支付首期给付款300万元或未能在2016年12月31日前足额支付完毕全部款项的，应向隆昌贸易公司支付违约金80万元；如果城建重工公司未能在2016年12月31日前足额支付完毕全部款项的，隆昌贸易公司可以自2017年1月1日起随时以（2016）京0106民初6385号民事判决为依据向人民法院申请强制执行，同时有权向城建重工公司追索本协议确定的违约金80万元。（2）隆昌贸易公司申请解除在他案中对城建重工公司名下财产的保全措施。双方达成协议后城建重工公司向二审法院申请撤回上诉并按约定于2016年10月14日给付隆昌贸易公司首期款项300万元，隆昌贸易公司按协议约定申请解除了对城建重工公司财产的保全。后城建重工公司未按照协议书的约定支付剩余款项，2017年1月隆昌贸易公司申请执行（2016）京0106民初6385号民事判决书所确定的债权，并于2017年6月起诉城建重工公司支付违约金80万元。

---

① 对应《中华人民共和国民法典》第五百八十五条："当事人可以约定一方违约时应当根据违约情况向对方支付一定数额的违约金，也可以约定因违约产生的损失赔偿额的计算方法。约定的违约金低于造成的损失的，人民法院或者仲裁机构可以根据当事人的请求予以增加；约定的违约金过分高于造成的损失的，人民法院或者仲裁机构可以根据当事人的请求予以适当减少。当事人就迟延履行约定违约金的，违约方支付违约金后，还应当履行债务。"

其他合同纠纷

一审中,城建重工公司答辩称:隆昌贸易公司要求给付的请求不合理,违约金数额过高。根据生效判决,城建重工公司应给付隆昌贸易公司的款项为5284648.68元及利息。隆昌贸易公司诉求城建重工公司因未完全履行和解协议承担违约金的数额为80万元,此违约金数额过高,有关请求不合理。一审宣判后,城建重工公司不服一审判决,上诉称:一审判决在错误认定城建重工公司恶意违约的基础上,适用惩罚性违约金,不考虑隆昌贸易公司的损失情况等综合因素而全部支持其诉讼请求,显失公平,请求适当减少违约金。

裁判结果

北京市丰台区人民法院于2017年6月30日作出(2017)京0106民初15563号民事判决:北京城建重工有限公司于判决生效之日起10日内支付北京隆昌伟业贸易有限公司违约金80万元。北京城建重工有限公司不服一审判决,提起上诉。北京市第二中级人民法院于2017年10月31日作出(2017)京02民终8676号民事判决:驳回上诉,维持原判。

裁判理由

法院生效裁判认为:隆昌贸易公司与城建重工公司在诉讼期间签订了协议书,该协议书均系双方的真实意思表示,不违反法律法规强制性规定,合法有效,双方应诚信履行。本案涉及诉讼中和解协议的违约金调整问题。本案中,隆昌贸易公司与城建重工公司签订协议书约定城建重工公司如未能于2016年10月14日前向隆昌贸易公司支付人民币300万元,或未能于2016年12月31日前支付剩余的本金2284648.68元、利息462406.72元及诉讼费25802元(共计2772857.4元),则隆昌贸易公司有权申请执行原一审判决并要求城建重工公司承担80万元违约金。现城建重工公司于2016年12月31日前未依约向隆昌贸易公司支付剩余的2772857.4元,隆昌贸易公司的损失主要为尚未得到清偿的2772857.4元。城建重工公司在诉讼期间与隆昌贸易公司达成和解协议并撤回上诉,隆昌贸易公司按协议约定申请解除了对城建重工公司账户的冻结。而城建重工公司作为商事主体自愿给隆昌贸易公司出具和解协议并承诺高额违约金，但在账户解除冻结后城建重工公司并未依约履行后续给付义务，具有主观恶意，有悖诚实信用。一审法院判令城建重工公司依约支付80万元违约金，并无不当。

（生效裁判审判人员：苏丽英、王国才、周　维）

其他合同纠纷

139. 四川金核矿业有限公司与新疆临钢资源投资股份有限公司特殊区域合作勘查合同纠纷案[*]

▶ 认定勘查开采矿产资源合同有效并继续履行将损害环境公共利益的，应当认定合同无效

【裁判摘要】

> 当事人关于在自然保护区、风景名胜区、重点生态功能区、生态环境敏感区和脆弱区等区域内勘查开采矿产资源的合同约定，不得违反法律、行政法规的强制性规定或者损害环境公共利益，否则应依法认定无效。环境资源法律法规中的禁止性规定，即便未明确违反相关规定将导致合同无效，但若认定合同有效并继续履行将损害环境公共利益的，应当认定合同无效。

最高人民法院民事判决书

（2015）民二终字第167号

上诉人（一审被告、反诉原告）：新疆临钢资源投资股份有限公司。住所地：新疆维吾尔自治区乌鲁木齐

---

[*] 摘自《最高人民法院公报》2017年第4期。

市天山区新华北路165号中天广场35层1室。

法定代表人：徐向东，该公司董事长。

委托代理人：李勇，北京市君合律师事务所律师。

委托代理人：郑跃杰，北京市君合律师事务所律师。

被上诉人（一审原告、反诉被告）：四川金核矿业有限公司。住所地：四川省成都市成华区东三环路二段龙潭工业园。

法定代表人：潘杨辉，该公司总经理。

委托代理人：刘兵，该公司工作人员。

委托代理人：邓学强，四川明炬律师事务所律师。

上诉人新疆临钢资源投资股份有限公司（以下简称临钢公司）因与被上诉人四川金核矿业有限公司（以下简称金核公司）合同纠纷一案，不服新疆维吾尔自治区高级人民法院（2014）新民二初字第13号民事判决，向本院提起上诉。本院依法组成合议庭，于2015年8月18日公开开庭审理了本案。临钢公司的法定代表人徐向东及委托代理人李勇、郑跃杰，金核公司的委托代理人刘兵、邓学强到庭参加诉讼。本案现已审理终结。

一审法院经审理查明：2011年10月10日，临钢公司（甲方）与金核公司（乙方）签订《新疆塔什库尔干县乌如克铅多金属矿普查探矿权合作勘查开发协议》（以下简称《合作勘查开发协议》），双方约定，甲方补偿乙方3500万元后，乙方愿意以本协议规定之对价及本协议所规定的其他条款和条件将其持有的新疆塔什库尔干县乌如克铅多金属矿普查探矿权（以下简称矿权）注入甲乙双方设立的项目公司，该项目公司甲方以现金出资、乙方以持有矿权出资共同设立，公司注册资本暂定为1000万元，其中甲方占80%，乙方占20%。之后由甲方出资对该矿进行普查、详查、勘探工作，相关成果由项目公司享有，相关风险由项目公司承担。在标的矿权未办理过户手续之前，甲方委托乙方代为持有该矿的矿权；在该标的矿权达到办理过户条件后，乙方直接将该标的矿权过户给项目公司。未办理过户手续之前，乙方负责标的矿权的维护工作，包括但不限于矿证有效期限的延续、年检、向有关部门报送相关资料等。本协议生效后，标的矿权的后续普查、详查、勘探工作均由甲方出资进行，在勘探阶段工作结束之

其他合同纠纷

前,乙方不再投入资金;由甲方出资进行的勘查工作成果由项目公司享有。甲方支付乙方标的矿权合作补偿款并向项目公司注入后续勘查资金与乙方将标的矿权转到项目公司并合作开发是不可分割的部分,两者互为条件。协议签订后15日内,甲方一次性支付定金3500万元到乙方指定账户;在标的矿权过户到项目公司的登记手续完成之日,该定金即直接转为甲方支付给乙方的矿权合作补偿价款。双方按法律法规的规定各自负担因订立和履行本协议而发生的税赋。因准备、订立及履行本协议而发生的费用及本协议所述的矿权发生的税务以外的费用和支出由甲乙双方均摊。乙方向甲方保证和承诺:乙方于2008年12月30日首次取得由新疆维吾尔自治区国土资源厅颁发的新疆塔什库尔干县乌如克铅多金属矿预查探矿权,2011年1月26日正常延续并升级为普查,现名称为新疆塔什库尔干县乌如克铅多金属矿普查探矿权,《探矿权许可证》证号为T65120081202022682,矿区面积为31.28平方公里,该探矿证有效期自2011年1月26日至2013年1月26日止。乙方保证取得的上述探矿证权属清晰、完整,不存在其他权利争议,亦不存在任何抵押等情况,该探矿证符合法律法规的取得条件,也拥有国家法律和地方法规所应具备的权利和许可,不存在可能被国土资源管理部门吊销《探矿许可证》等不确定事项,不在冰川保护区、自然保护区、风景区等可能影响矿山开发的区域范围内。甲方向乙方保证和承诺:甲方保证在本协议签订后即加快标的矿权的勘查工作,甲方保证标的矿权的后续普查、详查、勘探阶段的全部资金投入,在该矿完成勘探阶段之后的后续投入资金由全体股东按照股权比例承担。如发生以下任何一事件则构成该方违约:任何一方违反本协议的任何条款;任何一方违反其在本协议中作出的任何陈述、保证或承诺,或任何一方在本协议中作出的任何陈述、保证或承诺被认定为不真实、不正确或有误导成分;一方在未事先得到另一方同意的情况下,直接或间接出售所持有的标的矿权给第三方;如任何一方违约,另一方有权要求即时终止本协议及/或按照法律规定要求其承担违约责任,赔偿由此而造成的一切损失(包括但不限于诉讼费、律师费等)。本协议因下列原因而终止或解除:因不可抗力导致本协议无法履行,经双方书面确认后本协议终止;双方协商一致终止本协议;

一方严重违反本协议,导致另一方不能实现协议目的,守约方有权解除本协议。同时,双方还对保密、通知等其他事项进行了约定。本协议在双方签字盖章后生效。

2011年10月25日,临钢公司通过银行转账方式向金核公司支付3500万元,金核公司向其出具了收据。

2012年4月28日,临钢公司与四川省核工业地质调查院(以下简称地质调查院)签订《地质勘查项目合同书》,约定:临钢公司委托地质调查院对新疆塔什库尔干县乌如克铁多金属矿进行地质勘查,并提交终审成果报告、原始资料、成果、相关图件及电子文档,所有资料的所属权归临钢公司,地质调查院不得向任何第三方泄露;合同工期:2011年12月20日至2012年12月30日止;合同价格:预算合同价款10960500元(壹仟零玖拾陆万伍佰元整)。同时,双方还对结算与付款、技术标准和要求、违约责任、合同的变更和终止及争端的解决等事项进行了约定。该合同已实际履行。

2013年7月1日,临钢公司与地质调查院签订《地质勘查项目合同书》,约定:临钢公司委托地质调查院对新疆塔什库尔干县乌如克铁多金属矿进行地质勘查,并提交终审成果报告及完整的所有原始资料,勘查工作所形成的所有原始资料、成果、报告及电子文档归临钢公司所有,地质调查院不得向任何第三方泄露;合同工期:2013年1月1日至2013年12月30日止;合同价格:预算合同价款10484200元(壹仟零肆拾捌万肆仟贰佰元整)。同时,双方还对结算与付款、技术标准和要求、违约责任、合同的变更和终止及争端的解决等事项进行了约定。

2013年7月23日,塔什库尔干县金核昆仑资源投资有限责任公司(以下简称项目公司)成立。

2013年11月22日,临钢公司向金核公司出具《关于解除〈新疆塔什库尔干县乌如克铅多金属矿普查探矿权合作勘查开发协议〉的函》(以下简称《解除函》),主要内容为:近期,临钢公司从有关部门惊悉案涉合作开发的项目位于新疆塔什库尔干野生动物自然保护区(以下简称保护区)中心区域,金核公司自合作至今未告知临钢公司。根据《合作勘查开发协议》第六条、第七条的规定，金核公司的行为已构成违约。为履行协议，临钢公司已向金核公司支付合作定金3500万元，并投入约1700万元用于矿山的道路建设、矿山建设、地质勘查、道路通行费等项目，相关支出资金成本也近1000万元。经研究，临钢公司决定终止合作，解除双方之间签订的《合作勘查开发协议》，望金核公司依《合作勘查开发协议》相关规定，承担相应责任。

2013年12月30日，金核公司向临钢公司出具《关于继续履行〈新疆塔什库尔干县乌如克铅多金属矿普查探矿权合作勘查开发协议〉的复函》（以下简称《复函》），主要内容为：临钢公司的《解除函》已收悉。经向相关部门核实，早在金核公司2008年12月26日首次取得矿权前，保护区就已设立。自2008年12月30日至2011年1月26日止，矿权通过了自治区国土资源厅的正常年检，并延续升级为普查。双方签订《合作勘查开发协议》并合作勘查后，矿权于2013年4月9日再次获得正常延续，前后将近5年的时间（双方合作勘查也已两年多时间）。在此期间，无任何部门或机构就保护区事宜告知过金核公司，双方合作两年多的矿权勘查工作也未受到任何影响。故不存在金核公司明知矿权位于保护区而隐瞒不告知临钢公司。正因金核公司不明知前述情况，才会接受临钢公司提供的合作勘查协议文本第六条中关于保护区的"陈述和保证"条款的约定。由于获知保护区相关信息渠道的不对称，加之矿权自合法取得、正常年检延续之事宜，导致双方在订立和履行《合作勘查开发协议》时均未注意到前述情形。金核公司不存在明知矿权位于保护区而隐瞒不告知临钢公司，更不会在明知的情形下还在协议中作出不利的保证。矿权从取得到正常年检、延续获得批准，其真实合法性不存在任何问题，只要双方按照相关地方性法规的规定履行相关的审批手续，则矿权位于保护区的非核心区域的状态，对双方后续的合作勘查开发，继续履行协议不构成实质性的障碍。自双方签订协议友好合作两年多以来，金核公司代为持有矿权期间，按约切实履行了对矿权的维护工作，矿权在2013年4月顺利延续。同时，金核公司按约履行了设立项目公司的200万元出资义务。现项目公司已设立，各项工作依次展开，双方订立合同的目的是矿权的矿产开发，到目前为止未有管理部门对该项目的矿产开发明确禁止,故双方应继续友好合作,推进矿权的矿产开发工作。

2013年12月6日,新疆塔什库尔干野生动物自然保护区管理局(以下简称保护区管理局)出具证明,主要内容为:保护区管理局根据金核公司提供的新疆维吾尔自治区基础地理信息中心新疆塔什库尔干县乌如克铅多金属矿预查转换坐标,对该坐标上图至保护区功能区划图,所属区域均在保护区范围内。

另查明,临钢公司为本案诉讼已支付律师费20万元。

金核公司向一审法院提起诉讼称:临钢公司与其签订《合作勘查开发协议》后,认为双方合作开发的项目位于保护区,违反了协议第6.2.3条"不在冰川保护区、自然保护区、风景区等可能影响矿山开发的区域范围内"的约定,提出解除协议。金核公司认为,该协议系双方真实意思表示,且已实际履行,临钢公司此时提出解除合同的理由不能成立。请求:(1)确认临钢公司解除《合作勘查开发协议》的行为无效;(2)确认《合作勘查开发协议》有效,金核公司无需退还临钢公司已支付的矿权合作补偿价款3500万元。本案诉讼费用由临钢公司承担。

临钢公司答辩称:金核公司的诉讼请求无法定依据,应予驳回。根据协议第六条、第七条的明确约定,该协议的解除条件已经成就,临钢公司解除合同有约定依据。金核公司的第二项诉讼请求没有意义,临钢公司已依约行使解除权,金核公司应当返还3500万元合作补偿款,诉讼费用由法院依法裁判。

临钢公司向一审法院提起反诉称:《合作勘查开发协议》签订后,临钢公司依约履行了相关合同义务,但金核公司却未诚信作出陈述和保证。2013年,临钢公司得知合作矿权项下的勘查区块所属区域均在保护区范围内。依照协议第7.1.2条关于"任何一方违反其在协议中作出的陈述、保证或承诺,或任何一方在本协议中作出的任何陈述、保证或承诺被认定为不真实、不准确或有误导成分",均构成违约以及第7.2条关于"如任何一方违约,另一方有权要求即时终止本协议及/或按照法律规定要求其承担违约责任、赔偿由此而造成的一切损失(包括但不限于诉讼费、律师费

等)"的约定,金核公司应当向临钢公司承担返还财产、赔偿损失等违约责任。请求判令:(1)解除双方签订的《合作勘查开发协议》;(2)金核公司向临钢公司返还矿权合作补偿价款3500万元;(3)金核公司赔偿临钢公司支出的勘查费用损失3288150元,修路费用损失5538600元,矿山道路通行维护费损失150万元,工程费用、管理费用等损失5702257元;(4)金核公司赔偿临钢公司利息损失10843256.77元;(5)金核公司赔偿临钢公司律师费用损失429161.32元、担保费用损失70万元,以上共计:63001425.09元。本案诉讼费用由金核公司承担。一审庭审后,临钢公司根据在庭审中的举证情况,将其诉讼请求第四项的利息损失10843256.77元变更为9465104.15元,同时放弃了第五项诉讼请求中担保费用损失70万元的部分。

金核公司答辩称:(1)合同解除权属私力救济权,由权利人单方作出需受领的意思表示即可,临钢公司向法院诉请以司法权解除双方签订的协议程序不当。(2)临钢公司诉请解除合同的事实与理由不客观充分,其诉讼请求不能成立。①协议生效后双方已实际履行两年半,该矿的实际情况已发生实质性变化,现临钢公司要求解除协议,既不客观也不公平。②双方已按约设立了项目公司,将该矿转入项目公司,由项目公司享有权利并承担风险,实行公司化运行。③临钢公司在签约前查阅过该矿的相关资料,进行过调查评析和实地踏勘,其在签约时对该矿的具体情况是明知清楚的。④金核公司的矿权合法、有效,不在自然保护区可能影响矿山开发的区域范围内,不影响本案协议的履行。⑤保护区在《合作勘查开发协议》签订前就已设立,该事实是明示公开的。该保护区内设立了上百个矿权及采矿权,该区域不存在影响该矿勘查开发的政策因素。⑥金核公司并未严重违反协议,不存在根本性违约,不影响临钢公司合同目的的实现,临钢公司按约无权解除协议,其以协议第七条7.2款主张解除有误。⑦临钢公司因铁矿市场萎缩、价格下跌等因素企图解除协议的目的不正当,理应不予以支持。⑧案涉协议合法有效,该协议交易程序的稳定性理应得到维护。⑨临钢公司主张解除的合同条款是协议签订前已客观存在并公示的事实,其对权利是明知的,在自愿签订协议且已履行两年半后向法院提起诉讼已超过法律关于两年诉讼时效的规定，依法不应予以保护。⑩临钢公司在协议签订履行后两年半以后行使解除权，期限已逾期，不应予以支持。

一审法院认为：2011年10月10日，临钢公司与金核公司签订的案涉《合作勘查开发协议》，系双方的真实意思表示，且内容不违反《中华人民共和国矿产资源法》等法律法规的强制性、禁止性规定，当属合法有效。该协议已实际履行，临钢公司按约向金核公司支付了3500万元，双方按约共同出资设立了项目公司——塔什库尔干县金核昆仑资源投资有限责任公司，临钢公司亦委托地质调查院对新疆塔什库尔干县乌如克铁多金属矿进行了地质勘查。临钢公司未提供证据证明其对案涉矿权的地质勘查工作受到过干预、阻止等不利因素的影响。自双方签订协议至提起诉讼，该协议已履行了约两年半的时间。

1. 关于案涉《合作勘查开发协议》应否解除的问题。根据《合作勘查开发协议》的内容，协议生效后，案涉矿权的后续普查、详查、勘探工作均由临钢公司出资进行，临钢公司保证在协议签订后即加快对案涉矿权的勘查工作，并保证后续普查、详查、勘探阶段的全部资金投入。金核公司则承诺，案涉矿权不在冰川保护区、自然保护区、风景区等可能影响矿山开发的区域范围内。因不可抗力导致本协议无法履行，经双方书面确认后本协议终止；一方严重违反本协议，导致另一方不能实现协议目的，守约方有权解除本协议。根据2013年12月6日保护区管理局出具的证明，案涉矿权所属区域均在保护区范围内。对案涉矿权所属区域在保护区范围内的事实以及在案涉合同签订前保护区就已设立的事实，金核公司与临钢公司均予以认可，而政府相关部门在设立保护区时应对保护区的相关信息资料予以公示，该信息资料均系公开的公众信息，本案双方当事人均可自行获取。因此，对于案涉矿权在保护区范围内的事实双方当事人在签订合同前均应当明知。虽然案涉矿权位于保护区范围内，但案涉合同履行两年多的期间，临钢公司未向金核公司提出过异议，亦未提供证据证明其勘查工作受到了影响。双方在案涉协议第六条约定的"可能影响"未明确约定可能影响的具体内容，属约定不明。案涉协议第十一条约定："因不可抗力导致合同无法履行的，经双方确认后协议终止；因一方严重违约而导致另一方不能实现合同目的的，则另一方有权解除合同。"金核公司并不存在上述约定所称的严重违约行为，不足以导致合同目的无法实现。由此可见，案涉合同并不存在双方约定的应当终止或解除的情形。故，一审法院依法对金核公司确认临钢公司解除案涉协议行为无效的诉讼请求予以支持，对临钢公司要求解除案涉《合作勘查开发协议》的反诉请求不予支持。

2. 关于案涉3500万元的问题。金核公司对收到临钢公司支付3500万元款项的事实予以认可，从案涉《合作勘查开发协议》的内容来看，双方当事人约定的该款项应为矿权合作补偿款，虽然在案涉协议第四条中对该款有关于定金的表述和约定，但从临钢公司的银行转账付款凭证和金核公司出具的收据上来看，均未注明是定金，且临钢公司反诉请求第二项也明确主张系返还矿权合作补偿款，通过上述事实说明，合同双方均认为该款系矿权合作补偿款，而非定金，因此，一审法院依法确认该款项为临钢公司向金核公司支付的合作补偿款。现合同未予解除，故一审法院对临钢公司要求金核公司返还矿权合作补偿款3500万元的反诉请求不予支持。金核公司关于无需退还临钢公司已支付的矿权合作补偿价款的诉讼请求已包含在其要求确认临钢公司解除案涉协议行为无效的诉讼请求中，无须单独主张，故一审法院对金核公司该项诉讼请求在判项中不予表述。

3. 关于临钢公司主张的勘查费用损失3288150元，修路费用损失5538600元，矿山道路通行维护费损失150万元，工程费用、管理费用等损失5702257元、利息损失9465104.15元及律师费用损失429161.32元的赔偿问题。临钢公司的上述反诉请求均是基于案涉合同解除而主张，因合同未予解除，故一审法院对临钢公司的上述反诉请求均依法不予支持。

综上，根据《中华人民共和国合同法》第八条①、第六十条②，《中华人民共和国民事诉讼法》第一百五十二条及《最高人民法院关于民事诉讼证据的若干规定》第二条之规定，一审法院判决如下：一、临钢公司解除《合作勘查开发协议》的行为无效，临钢公司与金核公司继续履行双方于2011年10月10日签订的《合作勘查开发协议》；二、驳回临钢公司的反诉请求。本诉案件受理费100元，由临钢公司负担。反诉案件受理费356807.13元，由临钢公司负担。

临钢公司不服一审判决，向本院提起上诉称：（1）金核公司违反《合作勘查开发协议》，且合同目的因其违约行为而无法实现，临钢公司有权根据《中华人民共和国合同法》以及《合作勘查开发协议》的约定解除合同，一审判决错误地认定金核公司不存在违约行为，不足以导致合同目的无法实现，应当予以纠正。（2）在临钢公司有权解除《合作勘查开发协议》的情况下，金核公司应向临钢公司返还相应的款项，并赔偿损失，一审法院未支持临钢公司的相关诉讼请求，存在错误，应当予以纠正。请求：（1）撤销（2014）新民二初字第13号民事判决的第一项和第二项；（2）改判解除双方签订的《合作勘查开发协议》；（3）改判金核公司向临钢公司返还矿权合作补偿价款3500万元；（4）改判金核公司赔偿临钢公司支出的勘查费用损失3288150元，修路费用损失5538600元，矿山道路通行维护费损失150万元，工程费用和管理费用等损失5702257元；（5）改判金核公司赔偿临钢公司利息损失，以同期同类银行贷款利率为计算标准，合作补偿价款3500万元从金核公司实际收款日（2011年10月25日）起计算至实际还款之日止；其他损失款从临钢公司提出解除合同之日（2013年11月22日）起计算至实际还款之日止；（6）改判金核公司赔偿临钢公司一审律师费用损失20万元；（7）判令金核公司赔偿临钢公司二

---

① 对应《中华人民共和国民法典》第四百六十五条："依法成立的合同，受法律保护。依法成立的合同，仅对当事人具有法律约束力，但是法律另有规定的除外。"

② 对应《中华人民共和国民法典》第五百零九条："当事人应当按照约定全面履行自己的义务。当事人应当遵循诚信原则，根据合同的性质、目的和交易习惯履行通知、协助、保密等义务。当事人在履行合同过程中，应当避免浪费资源、污染环境和破坏生态。"

审律师费用损失50万元；（8）判令金核公司承担一审和二审全部诉讼费用。

金核公司答辩称：（1）金核公司自身并无过错，不存在严重违约行为，不影响双方签订的《合作勘查开发协议》合同目的的实现，临钢公司无权解除协议。一审判决的认定是客观、公正的。（2）临钢公司理应依法按约继续履行协议，其要求金核公司退回矿权合作补偿价款，并赔偿所谓损失，不能成立。请求驳回临钢公司的上诉请求。

临钢公司在二审中提供了以下新证据：新证据一：勘查区域与自然保护区位置平面图和卫星地图，拟证明案涉勘查区域位于保护区范围内。新证据二：《代理协议》和律师费发票，拟证明临钢公司因本案支出二审律师费50万元。新证据三：光盘视频和视频谈话文字记录，拟证明塔什库尔干县2012年起就不允许设立任何矿产开发企业。

金核公司对临钢公司出示的新证据质证认为：新证据一中的勘查区域坐标与金核公司掌握的坐标点有出入，应以探矿权证以及新疆维吾尔自治区国土资源厅官网上的坐标点为准。新证据二律师费是临钢公司的单方民事行为，不应由金核公司承担。新证据三视频来源不规范，存在不确定的因素，不符合证据三性原则，不能证明待证目的。

金核公司在二审中提供了以下新证据：新证据一：新疆塔什库尔干县乌如克铁矿详查探矿权证（证号：T65120081202022682），拟证明案涉矿权的有效期延续至2017年5月19日，合法有效，具备继续合作勘查开发的条件。新证据二：《新疆维吾尔自治区国土资源厅关于下达2015年中央返还两权价款资金矿产调查评价（第一批）项目任务书的通知》，拟证明2015年中央及新疆地方仍然加大在保护区范围内的矿产勘查开发投资、作业，地质调查院还继续承担该区域的矿产调查评价项目作业。新证据三：保护区功能区划图和该区域部分矿权分布情况及相关说明，拟证明保护区内存在上百家探矿权及采矿权，临钢公司在该区域还有其他已收购的矿权，双方合作的矿权位于实验区和缓冲区，不影响合作勘查开发的进行，不影响合同目的的实现。新证据四：现场照片一组，拟证明双方签订合同后进行了道路施工以及机械进场的情况，《合作勘查开发协议》已经实际履行了两年多时间。

临钢公司对金核公司出示的新证据质证认为：新证据一的真实性认可，但不认可合法性及证明目的，按照相关规定自然保护区内不允许任何矿产资源的勘探、开发，对主管部门是否应该颁发此证存疑。新证据二的真实性无法确认，不认可其关联性及证明目的，文件中未包含案涉矿权，且两权价款由中央财政予以返还不能证明勘探、开发矿产资源的合法性。新证据三由金核公司单方制作，内容是否准确无法确认，不认可其真实性及证明目的，探矿区域到底在自然保护区的实验区还是缓冲区，缺乏权威第三方来源。新证据四的八张现场照片的真实性存疑，且第一张拍摄于双方签订协议之前，这些照片反映了当地恶劣的自然条件，修建的道路桥梁等设施可以印证我方的损失。

本院对临钢公司出示的新证据认证如下：新证据一：平面图及卫星地图由临钢公司单方自作，金核公司不予认可，其客观性无法确定，不予采信。新证据二：《代理协议》及律师费支付凭证，金核公司对其真实性未提出异议，且未提交足以反驳的证据，予以采信。新证据三：视频及其文字记录的真实性不能确定，不予采信。

本院对金核公司出示的新证据认证如下：新证据一探矿权证的真实性临钢公司不持异议，予以采信。新证据二当地国土资源厅的文件与本案无关联性，不予采信。新证据三图纸及相关说明由金核公司单方制作，临钢公司不予认可，其客观性、真实性无法确定，不予采信。新证据四照片的真实性无法确定，不予采信。

本院对一审法院查明的事实予以确认。

本院认为，当事人二审争议的焦点在于：（1）临钢公司与金核公司签订的《合作勘查开发协议》应否解除；（2）临钢公司要求金核公司返还合作补偿价款并赔偿投入损失的请求能否成立。

一、关于案涉《合作勘查开发协议》应否解除的问题

《合作勘查开发协议》项下的探矿权位于新疆塔什库尔干野生动物自然保护区范围内，该自然保护区设立在先，金核公司的探矿权取得在后，

从协议第6.2.3条关于"乙方保证取得的上述探矿证……不在冰川保护区、自然保护区、风景区等可能影响矿山开发的区域范围内"的约定来看，双方当事人均知道或者应当知道在自然保护区内不允许进行矿产资源的勘探和开发。《中华人民共和国自然保护区条例》第二十六条规定，禁止在自然保护区内进行砍伐、放牧、狩猎、捕捞、采药、开垦、烧荒、开矿、采石、挖沙等活动。金核公司主张，案涉矿权虽在自然保护区范围内，但处于实验区和缓冲区，依法允许勘探。《中华人民共和国自然保护区条例》第十八条规定："自然保护区可以分为核心区、缓冲区和实验区。自然保护区内保存完好的天然状态的生态系统以及珍稀、濒危动植物的集中分布地，应当划为核心区，禁止任何单位和个人进入；除依照本条例第二十七条的规定经批准外，也不允许进入从事科学研究活动。核心区外围可以划定一定面积的缓冲区，只准进入从事科学研究观测活动。缓冲区外围划为实验区，可以进入从事科学试验、教学实习、参观考察、旅游以及驯化、繁殖珍稀、濒危野生动植物等活动……"金核公司主张探矿属于"等活动"的范围。本院认为，开矿属于《中华人民共和国自然保护区条例》第二十六条明令禁止的行为，显然不包含在该条例第十八条所允许的活动范围内。金核公司的该项主张，缺乏法律依据，不能成立。因此，双方签订的《合作勘探开发协议》违反了《中华人民共和国自然保护区条例》的禁止性规定，如果认定该协议有效并继续履行，将对自然环境和生态造成严重破坏，损害环境公共利益。根据《中华人民共和国合同法》第五十二条第（四）项、第（五）项之规定，《合作勘查开发协议》应属无效。一审法院认定该协议有效并判令双方继续履行，适用法律错误，本院予以纠正。无效合同不存在解除问题，故对金核公司要求确认临钢公司解除《合作勘查开发协议》的行为无效的本诉请求，以及临钢公司要求判决解除《合作勘查开发协议》的反诉请求，均不予支持。

二、关于返还财产及赔偿损失的认定问题

《中华人民共和国合同法》第五十八条规定："合同无效或者被撤销后，因该合同取得的财产，应当予以返还；不能返还或者没有必要返还

的，应当折价补偿。有过错的一方应当赔偿对方因此所受到的损失，双方都有过错的，应当各自承担相应的责任。"因《合作勘查开发协议》无效，临钢公司基于该协议向金核公司支付的3500万元矿权合作补偿价款，金核公司应当予以返还。临钢公司在《合作勘查开发协议》履行期间，与喀什地区公路桥梁工程有限责任公司签订了《新疆塔什库尔干乌如克铁矿普查项目道路施工工程项目合同书》及《补充合同》，委托后者为案涉勘查项目修建道路，该道路已物化为矿区财产，应由金核公司予以补偿。临钢公司为此支付的工程款中的250万元有加盖银行印鉴的付款凭证为凭，证据充分，本院予以支持。其余3038600元修路费用以及临钢公司主张的3288150元勘查费用、150万元矿山道路通行维护费，相关付款凭证为临钢公司自行打印的电子回单，未经银行盖章确认。金核公司在一审质证中提出，电子回单可以自己打印，但应当去银行补盖印章，对其真实性并不认可。临钢公司在二审中仍未就此补强证据，其付款凭证的真实性不能确定，本院不予认定。临钢公司主张的5702257元工程费用、管理费用损失是项目公司日常经营管理中的费用支出，付款人均为项目公司，而临钢公司及金核公司在项目公司成立时均有注资，不能仅认定为临钢公司的损失，该部分款项应在项目公司清算时另行解决。临钢公司在合作前未对矿区位置进行必要的调查了解便盲目投资，对《合作勘查开发协议》的无效具有过错，应当自行承担由此导致的资金利息损失，故对其上诉主张的约6653300元利息损失，不予支持。临钢公司主张律师费用的依据为《合作勘查开发协议》第7.2条的约定，现该协议已被认定无效，律师费用应由临钢公司自行承担。金核公司的探矿权仍在其名下，不存在返还问题。临钢公司应将该矿的经营管理权交还金核公司。金核公司如因《合作勘查开发协议》无效而遭受损失的，可另案主张权利。

综上所述，一审判决认定事实清楚，但适用法律不当，应予纠正。本院根据《中华人民共和国民事诉讼法》第一百七十条第一款第二项之规定，判决如下：

一、撤销新疆维吾尔自治区高级人民法院（2014）新民二初字第13号民事判决；

其他合同纠纷

二、新疆临钢资源投资股份有限公司与四川金核矿业有限公司签订的《新疆塔什库尔干县乌如克铅多金属矿普查探矿权合作勘查开发协议》无效;

三、四川金核矿业有限公司于本判决生效之日起10日内向新疆临钢资源投资股份有限公司返还矿权合作补偿价款3500万元;

四、四川金核矿业有限公司于本判决生效之日起10日内赔偿新疆临钢资源投资股份有限公司修路费用损失250万元;

五、驳回四川金核矿业有限公司的诉讼请求;

六、驳回新疆临钢资源投资股份有限公司的其他诉讼请求。

如未按本判决指定的期间履行给付金钱义务的,应当按照《中华人民共和国民事诉讼法》第二百五十三条的规定,加倍支付迟延履行期间的债务利息。

一审本诉案件受理费100元,反诉案件受理费356807.13元,由金核公司与临钢公司各负担178453.565元。二审案件受理费333711.54元,由金核公司与临钢公司各负担166855.77元。

本判决为终审判决。

审 判 长 王季君
代理审判员 晏 景
代理审判员 朱 婧

二〇一五年十一月十四日

书 记 员 冯哲元

140. 应高峰诉嘉美德（上海）商贸有限公司、陈惠美其他合同纠纷案*

在一人公司法人人格否认之诉中，一人公司法人人格不认之诉中财产混同的审查因素及举证责任分配规则

【裁判摘要】

1. 在一人公司法人人格否认之诉中，应区分作为原告的债权人起诉所基于的事由。若债权人以一人公司的股东与公司存在财产混同为由起诉要求股东对公司债务承担连带责任，应实行举证责任倒置，由被告股东对其个人财产与公司财产之间不存在混同承担举证责任。而其他情形下需遵循关于有限责任公司法人人格否认举证责任分配的一般原则，即折中的举证责任分配原则。

2. 一人公司的财产与股东个人财产是否混同，应当审查公司是否建立了独立规范的财务制度、财务支付是否明晰、是否具有独立的经营场所等进行综合考量。

原告：应高峰，男，37岁，汉族，住浙江省永康市。

被告：嘉美德（上海）商贸有限公司。住所地：上海市长宁区仙霞路。

---

* 摘自《最高人民法院公报》2016年第10期。

其他合同纠纷

法定代表人：陈惠美，该公司执行董事。

被告：陈惠美，女，55岁，台湾地区居民，住上海市长宁区。

原告应高峰因与被告嘉美德（上海）商贸有限公司（以下简称嘉美德公司）、陈惠美发生其他合同纠纷，向上海市长宁区人民法院提起诉讼。

原告应高峰诉称：被告嘉美德公司由被告陈惠美独资经营。2012年8月2日，原告、两被告及案外人陈倬坚（陈惠美丈夫）签订《投资合同》，约定应高峰对嘉美德公司进行投资并持有该公司股权。因接洽时间较短且签约时两被告提供的财务资料不全，合同特别约定：签约后的3个月内，若应高峰对两被告在签约前和签约后所提供的财务报表、经营报表有不同意见或者两被告违约时，应高峰有权单方面书面通知终止投资协议，嘉美德公司必须无条件退还应高峰已投资资金。合同另约定：陈倬坚将其拥有的Amada在中国港澳地区的品牌权利完全转移给嘉美德公司，案外人上海均岱日用礼品有限公司（以下简称均岱公司）的所有业务转移给嘉美德公司。合同签订后，应高峰向嘉美德公司支付2081633元人民币（以下币种同），同时委托会计师事务所对两被告签约后补充提供的财务资料进行审计。审计结果表明，嘉美德公司的财务、资产状况与签约前两被告所告知的财务数据严重不符，且陈倬坚名下Amada品牌及均岱公司的业务也未按约转入嘉美德公司。据此，应高峰依据约定通知两被告终止《投资合同》，两被告同意退还40万元，同时对余款160万余元如何归还作出声明。但此后，应高峰多次致电、致函，两被告均拒绝退还余款。应高峰遂提起诉讼，要求判令：（1）嘉美德公司返还投资款1681633元；（2）嘉美德公司支付上述投资款的利息损失，自2013年5月30日起至判决生效之日止，按银行同期贷款利率计算；（3）陈惠美对上述付款义务承担连带清偿责任。

被告嘉美德公司辩称：根据《投资合同》约定，原告应高峰已经完成了对嘉美德公司的出资，现其依据合同第八条要求抽回出资，但该约定与《中华人民共和国公司法》的规定相违背，应属无效，应高峰未与嘉美德公司进行任何协商就要求抽回出资缺乏法律依据。此外，应高峰所提交的审计报告是由案外人上海欧德龙国际贸易有限公司（以下简称欧德龙公司）委托会计师事务所出具，与本案无关，应高峰没有证据证明签约前后嘉美德公司的财务状况和经营报表有何不同，故应高峰要求抽回出资缺乏事实依据。

被告陈惠美辩称：原告应高峰依据该合同支付的投资款中，除了已经返还应高峰的 40 万元外，余款均用于被告嘉美德公司经营。此外，陈惠美在《投资合同》上签字只是嘉美德公司授权其所为，其并非本案的当事人，不应对嘉美德公司的债务承担连带清偿责任。

上海市长宁区人民法院一审查明：被告嘉美德公司成立于 2006 年 8 月 9 日，目前该公司注册资本 100 万元，实收资本 100 万元，公司类型为有限责任公司（台港澳自然人独资），股东及法定代表人均为陈惠美。

2012 年 8 月 2 日，原告应高峰与嘉美德公司、案外人陈倬坚签订《投资合同》，各方约定：应高峰对嘉美德公司进行投资，用于最大化建设现有的经营品牌及管道。总投资额为 1000 万元，并取得嘉美德公司 51% 股份。应高峰出资分期缴付：第一笔股金 200 万元，自合同签订之日起 3 日内汇入指定账户；第二笔股金 200 万元，自合同签订之日起 90 日内汇入指定账户；剩余股金 600 万元，于合同签订后 18 个月内按嘉美德公司营运需求及指示，汇入指定账户内。嘉美德公司同意应高峰第一次汇入 200 万元至指定账户后即有权行使股东权利。签约后 3 个月内，若应高峰对于嘉美德公司在签约前或签约后所提供的财务报表和经营报表有不同意见，且双方无法协调取得共识或嘉美德公司违反本合约条款时，应高峰保留撤销此投资合约的权利。若应高峰书面通知公司撤销此合约，公司同意无条件将应高峰所汇入账户内的资金于应高峰通知后 60 日内汇入应高峰所指定的银行账户内，并终止此合约。协议另约定：应高峰与嘉美德公司签约后 60 日内，陈倬坚将 Amada 中国港澳地区品牌所有权完全转移给嘉美德公司，嘉美德公司独家拥有该品牌在中国港澳地区品牌所有的任何权利。均岱公司的所有业务转移给嘉美德公司。嘉美德公司的财务收支由应高峰与公司双方共同签章后执行。嘉美德公司所有股东和公司的合作文件、公司代理权合约，应高峰有权于签约前先行确认。在各方签订上述《投资合同》前，案外人张梓良参与了协商事宜，并曾向陈倬坚、陈惠美发送过草拟的合同文本。

2012 年 8 月 6 日，原告应高峰向被告嘉美德公司支付投资款

其他合同纠纷

2081633元。

2012年8月至9月期间，案外人张梓良曾至被告嘉美德公司，签署请款单、付款通知、付款凭单，并曾持有该公司的U盾，张梓良将U盾返还被告陈惠美。

2012年9月29日，原告应高峰委托案外人余信村向被告陈惠美、陈倬坚发送电子邮件，内容为：本周于贵公司审计完成，从贵公司的库存盘点清查和贵司的财务报表和会计凭证的缺失，数字不符，且你自己对财务状况的不了解，我们对于此投资案深感忧虑。经我们内部讨论，我们决定中止此合约，并根据合约退还汇款2081633元。对于还款时间和方式，请尽快确认。

2012年10月22日，上海申洲大通会计师事务所有限公司根据案外人欧德龙公司的委托，在对被告嘉美德公司及均岱公司2012年1~8月汇总合并内部管理财务报表进行审计后，出具《专项审计报告》，该报告认定：嘉美德公司主营业务收入账面数为1072883.46元，均岱公司主营业务收入账面数为3211001.43元；但合并汇总利润表与两公司账面数相加合计金额相差2909993.21元。嘉美德公司主营业务成本账面数为853941.12元，均岱公司主营业务成本账面数为2208777.86元；但合并汇总利润与两公司账面数相加合计相差586845.18元。按汇总合并资产负债表期初未分配利润7632686.49元，加本期净利润366605.96元，期末未分配利润为7999292.45元，但汇总合并资产负债表期末未分配利润列示为6110244.03元，两者数据相差1889048.42元。报告另注明：仅供委托人欧德龙公司对嘉美德公司和均岱公司汇总合并内部管理财务报表评价与分析使用，不适用其他用途。

2012年11月21日，被告陈惠美向余信村发送电子邮件，内容为：关于退股机制，我们非常尊重贵方选择。我方已于周五汇还40万元，这是投资额所剩现金。50万元商品，周一会列出清单，投资额已付货款，我方只能退还货物。另外110万元已付各种费用，我方只能保留5%股权给贵方。

当日，案外人胡华靖农业银行账户内收到被告嘉美德公司支付的40万元，交易用途为货款。原、被告一致确认该款项即嘉美德公司退还原告应高峰的投资款。

2012年11月28日，原告应高峰向被告嘉美德公司、陈倬坚发送存证信函，要求其在一周内返还余款168万元。

2012年12月4日，被告嘉美德公司向原告应高峰发送回函，认为应高峰从未与公司协商沟通，即发函要求撤销《投资合同》并要求公司返还余款168万元，与契约真意及目的不符。应高峰支付的投资款208万元，依会计师核算净值及扣除投资期间装潢、进货、房租、货款、购买设备、工资等相关费用，公司已经尽最大努力将40万元汇入应高峰指定账户，并无168万元未返还。应高峰的要求无任何契约或法律依据，有失诚信及公允。2012年12月6日，被告陈惠美发送电子邮件对存证信函进行回复，称其一直与应高峰协商退股机制，应高峰一直不同意。要求应高峰的会计师给予一个计算方式。

2012年12月13日，原告应高峰委托律师向被告嘉美德公司发出律师函，表明应高峰不同意其于同年12月4日所发送的回函，再次要求其退还投资款。

另查明，2012年8月至2013年6月期间，被告嘉美德公司对外支付多笔款项，涉及货运费、代理费、仓储费、服务费、税费、装修费、房屋租金、物业费、电信月租费等，金额共计370万余元。

另查明，均岱公司为有限责任公司（国内合资），成立于2004年6月28日，注册资本、实收资本均为50万元，法定代表人为马建如，股东为马建如、陶伟峰。

一审中，被告嘉美德公司确认，其与均岱公司仅为贸易伙伴，两公司之间并无关联。被告嘉美德公司、陈惠美确认，Amada品牌的所有权及均岱公司的业务至今未转至嘉美德公司名下。另，就嘉美德公司所抗辩的其已经将原告应高峰支付的投资款用于公司经营，上海市长宁区人民法院曾征询嘉美德公司意见，是否需就此进行审计，并向嘉美德公司释明了其应承担的举证责任及不进行审计可能产生的后果，但嘉美德公司坚持不进行审计。

上海市长宁区人民法院一审认为，原告应高峰与被告嘉美德公司及案外人陈倬坚约定应高峰对嘉美德公司进行投资，从而取得该公司51%股份；陈倬坚将其所有的Amada品牌所有权变更至嘉美德公司名下，均岱公

其他合同纠纷

司将其业务转至嘉美德公司名下。由此可见,应高峰签订《投资合同》、向嘉美德公司支付投资款并非仅仅为了取得嘉美德公司股份,还是基于嘉美德公司能够取得 Amada 品牌所有权及均岱公司业务,具有良好发展前景所作出的投资决定。鉴于上述《投资合同》系各方真实意思表示,未违反我国强制性法律法规,合法有效,各方均应恪守履行。现原、被告就上述《投资合同》产生如下争议焦点:(1)嘉美德公司是否应返还应高峰投资款余额;(2)被告陈惠美是否应对嘉美德公司的还款义务承担连带清偿责任。就此,认定如下:

就第一个争议焦点,《投资合同》明确:原告应高峰与被告嘉美德公司签约后 3 个月内,若应高峰对于嘉美德公司在签约前或签约后所提供的财务报表和经营报表有不同意见,且双方无法协调取得共识或嘉美德公司违反合同条款时,应高峰保留撤销《投资合同》的权利。若应高峰书面通知嘉美德公司撤销此合同,嘉美德公司同意无条件将应高峰汇入其账户内的资金于应高峰通知后 60 日内汇入应高峰所指定银行账户内,并终止《投资合同》。根据法院查明事实可以认定,被告陈惠美已经向应高峰提供了嘉美德公司相关报表,虽然应高峰未能以自己的名义申请审计机构对此进行审计,但是申请人为欧德龙公司的《审计报告》中已经指出了报表所存在的问题,这些问题是毋庸置疑的。应高峰据此向嘉美德公司提出解除《投资合同》、返还投资款的要求,其行为并未违反《投资合同》约定。此后,陈惠美向应高峰发送电子邮件,并未对应高峰指出的问题及解除《投资合同》的要求加以否认或提出异议,就此可以认定应高峰与嘉美德公司对解除《投资合同》已经形成合意。嘉美德公司抗辩称,应高峰要求抽回出资违反《中华人民共和国公司法》的规定,应属无效。法院认为,原、被告签订的是涉及股权、品牌所有权、业务划转等在内的《投资合同》,并不仅限于公司出资。在 2012 年 9 月应高峰向嘉美德公司提出解除合同时,双方均未办理公司变更登记手续,应高峰尚未成为嘉美德公司的股东,故应高峰要求返还投资款的请求于法不悖,嘉美德公司的抗辩意见难以成立。

关于返还投资款,被告陈惠美曾向原告应高峰发送电子邮件,表示同意退还应高峰 40 万元钱款、价值 50 万元的商品,另以 5% 的股权折抵 110

万元钱款。由此可见，被告嘉美德公司对于应返还应高峰投资款的金额并无异议，仅对返还全部钱款还是以货物、股权折抵部分钱款提出了己方意见，并由此与应高峰产生争议。鉴于应高峰并未接受嘉美德公司上述意见，而《投资合同》中也未约定在解除合同后，嘉美德公司可以以货物、股权等折抵应返还的投资款，故嘉美德公司上述要求仅为其单方意思表示，缺乏依据，难以成立。此外，在解除《投资合同》后，应高峰不再对嘉美德公司进行投资，也必然不可能成为该公司的股东，嘉美德公司要求以公司股份折抵返还的投资款显然违背了双方的本意，亦不具有可执行性。综上，嘉美德公司应返还应高峰投资款。

  关于返还投资款的金额，被告嘉美德公司抗辩称除已经返还原告应高峰的 40 万元外，其余钱款均已用于公司经营。但其仅就此提供了嘉美德公司 2012 年 8 月至 2013 年 6 月期间各类付款凭证，上述凭证仅能反映公司收支明细，支出的钱款是否来源于原告投资款未能加以证明。就应高峰支付的投资款如何使用的问题，法院曾在证据交换过程中向证人吴绘宇进行询问，吴绘宇回答，应高峰支付的投资款与嘉美德公司的其他款项应该是合并使用的，但因为不是证人做账，具体情况证人不清楚。综上，对投资款的用途及嘉美德公司支出钱款的来源，应结合公司的财务账册及相关付款凭证、单据等，由专业机构进行审计方可查明。但嘉美德公司经法院释明，坚持不进行审计，故仅凭现有证据难以证明其抗辩意见，由此引发的不利后果应由嘉美德公司自行承担。此外，即使嘉美德公司将应高峰投资款用于经营所需的抗辩意见成立，因应高峰已于 2012 年 9 月 29 日以电子邮件的方式向嘉美德公司、陈惠美提出解除《投资合同》、返还投资款的要求，嘉美德公司此后未经应高峰许可、单方决定投资款用途的行为也违反了《投资合同》的约定。综上，嘉美德公司应返还应高峰投资款余额 1681633 元。嘉美德公司未能及时返还上述投资款，已经对应高峰造成损失，应高峰要求其自立案之日起赔偿逾期还款的利息损失，该项诉讼请求合法有据，应予支持。

  就第二个争议焦点，被告嘉美德公司系被告陈惠美投资的一人有限责任公司，根据《中华人民共和国公司法》第六十三条之规定，一人有限责任公司的股东不能证明公司财产独立于股东自己的财产的，应当对公司债

务承担连带责任。陈惠美作为嘉美德公司的股东,代表嘉美德公司与原告应高峰就投资事宜进行磋商,签订《投资合同》,还代表嘉美德公司就应否返还投资款事宜向应高峰发送电子邮件,其与嘉美德公司之间意思表示一致,并不是相互独立的。此外,作为嘉美德公司的唯一股东,陈惠美未能向法院提供证据证明嘉美德公司的财产独立于其个人财产,又因嘉美德公司坚持不进行审计,故无法证明应高峰所交付的投资款已用于嘉美德公司而排除另做他用的可能性。综上,为防止一人公司的唯一股东滥用公司独立人格,增强对公司债权人的保护,应高峰要求陈惠美对嘉美德公司的债务承担连带清偿责任的诉讼请求应予以准许。

据此,上海市长宁区人民法院依照《中华人民共和国合同法》第九十三条第二款①、第九十七条②,《中华人民共和国公司法》第三十五条、第六十三条,《最高人民法院关于民事诉讼证据的若干规定》第二条③之规定,于2014年5月30日判决:一、被告嘉美德公司应于本判决生效之日起10日内返还原告应高峰投资款1681633元;二、被告嘉美德公司应于本判决生效之日起10日内赔偿原告应高峰逾期返还投资款的利息损失,以1681633元为基数,自2013年5月30日起至本判决生效之日止,按照中国人民银行同期同类贷款基准利率计算;三、被告陈惠美对上述第一、二项判决中被告嘉美德公司的债务承担连带清偿责任。

嘉美德公司及陈惠美不服一审判决,向上海市第一中级人民法院提起上诉。

嘉美德公司及陈惠美上诉称:(1)一审法院认定的专项审计报告是由

---

① 对应《中华人民共和国民法典》第五百六十二条第二款:"当事人可以约定一方解除合同的事由。解除合同的事由发生时,解除权人可以解除合同。"

② 对应《中华人民共和国民法典》第五百六十六条:"合同解除后,尚未履行的,终止履行;已经履行的,根据履行情况和合同性质,当事人可以请求恢复原状或者采取其他补救措施,并有权请求赔偿损失。合同因违约解除的,解除权人可以请求违约方承担违约责任,但是当事人另有约定的除外。主合同解除后,担保人对债务人应当承担的民事责任仍应当承担担保责任,但是担保合同另有约定的除外。"

③ 本案适用2001年《最高人民法院关于民事诉讼证据的若干规定》,现行《最高人民法院关于民事诉讼证据的若干规定》2019年10月14日修正,自2020年5月1日起施行。本案所涉第二条已删除。

欧德龙公司委托审计的，审计内容之一涉及均岱公司，但未说明欧德龙公司和均岱公司与本案有何关系。被上诉人应高峰未要求嘉美德公司提供财务报表，即仓促汇款并派人实际深入嘉美德公司，不到60天时间，又根据无效的审计报告要求终止合同，应高峰的投资风险应由其自行承担。(2) 陈惠美个人不应承担责任。系争《投资合同》与陈惠美个人无关，陈惠美在合同上仅以嘉美德公司法定代表人的身份签字，而应高峰款项系汇入嘉美德公司账户，并非陈惠美个人账户，本案审理中也未发现陈惠美个人与嘉美德公司有任何经济往来。据此，请求撤销原判，改判嘉美德公司根据应高峰投资款投入公司后的剩余残值进行返还，陈惠美个人不承担连带清偿责任。

被上诉人应高峰答辩称：上诉人嘉美德公司、陈惠美的上诉理由缺乏事实及法律依据，故请求二审驳回上诉，维持原判。

上海市第一中级人民法院经二审，确认了一审查明的事实。

两上诉人在二审期间提供了如下证据：2011年度至2013年度的《财务报表及审计报告》、2011年度《外汇收支情况表审核报告》及2012年度至2013年度的《外商投资企业外方权益确认表审核报告》，欲证明上诉人嘉美德公司有独立的财务账目，与上诉人陈惠美个人不存在财产混同。经质证，被上诉人应高峰认为这些报告都是根据财务报告的固定项目表述的，无法证明嘉美德公司与陈惠美个人之间不存在财产混同的事实，且2013年度报告载明嘉美德公司不存在未披露的未结诉讼等事项，但本案纠纷是从2013年6月延续到现在，故对报告内容的真实性不予认可。

被上诉人应高峰在二审期间提供了注册于台湾地区的均岱有限公司的企业档案信息，欲证明上海的均岱公司由上诉人陈惠美实际控制，陈惠美通过上海的均岱公司自由支配、转移上诉人嘉美德公司的资产为己所用。经质证，两上诉人对上述证据的真实性无异议，但认为上海的均岱公司并不完全受嘉美德公司的控制。

经审查，法院认为，两上诉人提供的各份财务报告已出示原件，真实性可以确认，且与本案争议有关，法院依法予以采纳。被上诉人应高峰提供的注册于台湾地区的均岱有限公司企业资料，因该公司并非上海均岱公司的投资公司，与本案争议无直接关联，不予采纳。

其他合同纠纷

法院据此另查明：2011 年至 2013 年间，上诉人嘉美德公司委托有关会计师事务所对公司的财务报表等分别进行了审计、审核，2011 年度至 2013 年度的《财务报表及审计报告》确认，嘉美德公司财务报表在所有重大方面按照小企业会计准则的规定编制，公允反映了嘉美德公司的财务状况以及经营成果和现金流量；2012 年度至 2013 年度的《外商投资企业外方权益确认表审核报告》及 2011 年度《外汇收支情况表审核报告》确认，嘉美德公司的外方权益确认表及外汇收支情况表的编制在所有重大方面符合国家外汇管理的有关规定。

二审中，两上诉人陈述，上诉人嘉美德公司对均岱公司有实际控制，故可以保证按照《投资合同》的约定将均岱公司的所有业务转移给嘉美德公司。

上海市第一中级人民法院二审认为，本案二审争议焦点在于：（1）投资合同解除后，上诉人嘉美德公司应当全额返还被上诉人应高峰的投资款，还是按照投资款的剩余残值进行返还；（2）上诉人陈惠美是否应对返还投资款承担连带清偿责任。

第一，关于上诉人嘉美德公司应如何返还投资款的问题。法院认为，根据《投资合同》的约定，签约后 3 个月内，若被上诉人应高峰对于嘉美德公司的财务报表和经营报表有不同意见，且双方无法协调取得共识时，应高峰有权撤销投资合同，嘉美德公司同意无条件返还应高峰的投资资金，并终止此合同。合同履行中，应高峰于 2012 年 9 月 29 日通知嘉美德公司终止投资合同，并要求退还全部投资款。上诉人陈惠美代表嘉美德公司于同年 11 月 21 日回复称，尊重应高峰的选择，已向应高峰汇出 40 万元，同时提出其余投资款已用于支付货款及各种费用等。由此可以看出，应高峰要求嘉美德公司返还全额投资款的诉请符合双方的合同约定，在应高峰通知解除投资合同后，嘉美德公司对应当全额返还投资款也未提出异议，至于投资款是否已经用于经营以及嘉美德公司是否无力还款的事实并不能改变双方的合同约定，也不能据此免除嘉美德公司的还款义务。嘉美德公司的此项上诉理由不能成立，原判判令嘉美德公司承担全额还款责任正确，应予维持。

第二，关于上诉人陈惠美个人是否应承担连带还款责任的问题。法院认为，根据《中华人民共和国公司法》第六十三条之规定，一人有限责任公司的股东不能证明公司财产独立于股东自己的财产的，应当对公司债务承担连带责任。上述法律规定要求一人有限责任公司的股东将公司财产与个人财务严格分离，且股东应就其个人财产是否与公司财产相分离负举证责任。本案中，陈惠美提供了上诉人嘉美德公司的相关审计报告，可以反映嘉美德公司有独立完整的财务制度，相关财务报表亦符合会计准则及国家外汇管理的规定，且未见有公司财产与股东个人财产混同的迹象，可以基本反映嘉美德公司财产与陈惠美个人财产相分离的事实。应高峰认为上述证据不足以证明嘉美德公司财产与陈惠美个人财产没有混同，并提出如下异议：审计报告未反映本案诉讼情况；嘉美德公司一审中提供的银行收支报告反映，应高峰投资后仅一周，嘉美德公司就向均岱公司转移了96万余元，包括发放均岱公司员工工资等。法院认为，《中华人民共和国公司法》第六十四条的规定，意在限制一人有限责任公司股东采用将公司财产与个人财产混同等手段，逃避债务，损害公司债权人的利益，因此，股东对公司债务承担连带清偿责任的前提是该股东的个人财产与公司财产出现了混同。然而，从本案目前的证据材料可以看出，嘉美德公司收到应高峰的投资款后，虽有部分用于支付均岱公司的员工工资及货款等费用，但是，根据双方投资合同的约定，应高峰投资后，均岱公司的业务将全部转入嘉美德公司，因此，均岱公司的业务支出与应高峰的投资项目直接有关；这些费用的支出均用于均岱公司的业务支出，并无款项转入陈惠美个人账户的记录，而审计报告中是否记载本案诉讼的情况也与财产混同问题无涉。因此，应高峰提出的异议并不能反映嘉美德公司财产与陈惠美个人财产有混同的迹象，不足以否定上诉人的举证。陈惠美的上诉理由成立，一审判令陈惠美对嘉美德公司的债务承担连带清偿责任不当，应依法予以纠正。

综上，上海市第一中级人民法院依照《中华人民共和国民事诉讼法》第一百七十条第一款第二项之规定，于2014年10月27日判决：一、维持上海市长宁区人民法院（2013）长民二（商）初字第S829号民事判决第一项、第二项；二、撤销上海市长宁区人民法院（2013）长民二（商）初字第S829号民事判决第三项；三、驳回应高峰的其余诉讼请求。

本判决为终审判决。

其他合同纠纷

141. 北京博创英诺威科技有限公司与保利民爆科技集团股份有限公司合同纠纷案[*]

外贸代理人获得的出口退税款应当依约支付给委托人

【裁判摘要】

出口退税是我国为鼓励出口而采取的措施,本案并不存在没有真实货物出口而假冒出口的情形,出口方有权获得出口退税款。本案所涉外贸代理合同约定了出口退税款由外贸代理人支付给委托人的条款,该条款是当事人关于出口退税款再分配的约定,系当事人基于真实意思的有权处分,该合同不应因此被认定为为达到骗取国家出口退税款这一非法目的而签订的合同,不应因此被认定无效。外贸代理人获得的出口退税款应当依约支付给委托人。

---

[*] 摘自《最高人民法院公报》2015年第3期。

最高人民法院民事判决书

(2013) 民提字第 73 号

再审申请人（一审原告、二审被上诉人）：北京博创英诺威科技有限公司。住所地：北京市朝阳区小营北路 11 号院 2 幢 2 号。

法定代表人：卢平建，该公司董事长。

委托代理人：朱应杨，该公司总经理。

委托代理人：原伟，北京金诚同达律师事务所律师。

被申请人（一审被告、二审上诉人）：保利民爆科技集团股份有限公司。住所地：北京市朝阳区安翔北里甲 11 号院。

法定代表人：陈晓钟，该公司董事长。

委托代理人：徐猛，北京市万商天勤律师事务所律师。

委托代理人：马婧，北京市万商天勤律师事务所律师。

再审申请人北京博创英诺威科技有限公司（以下简称博创公司）因与被申请人保利民爆科技集团股份有限公司（以下简称民爆公司）合同纠纷一案，不服北京市高级人民法院于 2012 年 4 月 20 日作出的 (2011) 高民终字第 854 号民事判决，向本院申请再审。本院经审查，于 2013 年 3 月 20 日作出 (2012) 民申字第 889 号民事裁定，本案由本院提审。本院提审本案后，依法组成合议庭，于 2013 年 7 月 19 日公开开庭审理了本案，再审申请人博创公司的委托代理人朱应杨、原伟以及被申请人民爆公司的委托代理人徐猛、马婧均到庭参加了诉讼。本案现已审理完毕。

博创公司向北京市第二中级人民法院起诉称：2006 年 9 月，博创公司与外商 REDCLIFFE HOLDINGS LIMITED 就出口 3 套 ZJ50 低温钻机及相关配套系统设备（含备件）达成了意向。同月，博创公司发布招标书，组织招标，最终 7 家国内制造商中标，成为钻机生产制造商。同年 10 月至 11

其他合同纠纷

月间,博创公司组织外商及制造商就订单内容进行了洽商。其后,博创公司选中民爆公司为上述项目的出口公司,委托民爆公司与国内设备制造商签订出口产品收购合同及与外商签订该批设备的买卖合同。同年12月1日,博创公司与民爆公司签订《合作协议》,双方约定的收入分配方式为,民爆公司收取买卖合同总金额的0.6%作为项目管理费,民爆公司在每次收到外商汇款完成银行结汇后,按出口产品收购合同要求付给工厂相应货款并扣除民爆公司相应管理费以及相关业务费用后,余款全部支付给博创公司;还约定,民爆公司需在收到项目出口退税款后5个工作日内将全部退税款支付给博创公司。《合作协议》签订后,博创公司如约履行了义务,与外商及制造商协商并落实了买卖合同及出口产品收购合同的各项条款。同月20日,在博创公司安排下,民爆公司与外商签订了买卖合同,金额共计39316890美元。同月,民爆公司分别与上海神开石油化工设备有限公司等国内制造商签订了出口产品收购合同。在项目执行过程中,博创公司按照《合作协议》履行了相应的义务,对出口设备各项部件及整机制造进行了监造,安排外商检查验收设备,对外商操作人员进行了培训,并承担了出口履约所需的国内外运输、保险、运杂、装卸、仓储、检验、保管、银行手续费等全部费用,履行了3台钻机的联合调试及国外现场安装等义务。项目执行前期,博创公司与民爆公司合作关系良好,并按照《合作协议》履行了相应的义务,但自民爆公司于2008年4月更换总经理后,民爆公司对博创公司拒不履行付款义务,双方合作关系逐渐恶化。目前上述外贸合同和出口产品收购合同及备件合同均已履行完毕,外商共向民爆公司支付货款39344051.50美元(按当期汇率结汇共计人民币295019149.73元),民爆公司向国内供货商支付货款共计人民币275560197.04元,买卖合同和出口产品收购合同差价款为人民币19458952.69元。根据双方签署的《合作协议》,民爆公司应得管理费人民币1677194元、项目印花税人民币5181.94元、手续费人民币1645.15元,扣除上述费用,差价款余额人民币17774931.60元,民爆公司应全部支付给博创公司。但截至2008年4月,民爆公司仅向博创公司支付人民币600万元及按博创公司指示支付运费等费用人民币1661811.54元,尚欠博创公司人民币10113120.06元。此外，按照《合作协议》，民爆公司应付的出口退税款人民币3800余万元分文未付。博创公司多次催要上述欠款，民爆公司拒不支付。故请求判令：(1) 民爆公司向博创公司支付合同欠款人民币10113120.06元；(2) 民爆公司向博创公司支付自2008年4月16日至判决书指定履行期限届满之日的逾期付款利息（其中计算至2009年11月16日为人民币991747.97元，以人民币10113120.06元为本金，按中国人民银行1年至3年期同期贷款利率计算）；(3) 民爆公司向博创公司支付其所收的出口退税款人民币38656941.56元；(4) 民爆公司向博创公司支付本案律师费人民币70万元。

一审法院查明：2006年12月1日，民爆公司（甲方，当时名称为新时代民爆科技股份有限公司，2009年1月变更为新时代民爆科技集团股份有限公司，本案诉讼期间变更为现名称）与博创公司（乙方）签订了《合作协议》（协议号：MB-DRS-0612），约定合作向外商REDCLIFFE HOLDINGS LIMITED出口3套ZJ50钻机及相关配套系统设备。协议第一条明确了包括外贸合同、国内收购合同及运输合同在内的15份合同及合同号。协议第二条"甲乙双方的权利义务"中明确约定："1.甲方权利义务：（1）签订和执行上述产品的外贸合同和国内收购合同，上述合同将直接约束乙方和外商、乙方与国内供货商。（2）依乙方的指示代办货物出口报关、运输等手续。（3）依乙方的指示办理与国内供货商的货款财务结算。（4）依乙方的指示办理货物的出口退税手续……2.乙方权利义务：（1）承担出口履约所需的国内外运输、保险、运杂、装卸、仓储、检验、报关、银行手续费等全部费用。（2）履行同外商之间议定的各种义务。（3）负责项目的信息采集，前期项目接洽，联系供货商，保证生产厂商以及运输等服务方执行有关产品和服务合同，保证其数量、规格、质量、包装、交货期等符合外商要求及外贸合同的规定。（4）负责与外商联系商讨有关事宜，自行调查其资信情况，因外商拖延执行合同或未及时支付货款等引起甲方与国内供货商发生付款纠纷的，由乙方最终履行甲方在与国内供货商所签合同中所约定的包括付款责任在内的各项义务。（5）如出现实际出运货物与外贸合同有关货物描述条款不符，从而造成虚假报关，触犯国家有关法律、法规，由乙方承担全部责任。（6）负责合同项下出口设备的监造任务。"协议第三条"收入分配"中约定："1. 外贸合同总金额：US＄39316890。2. 甲方国内采购货款以实际收到的内贸合同金额为准。3. 甲方收取乙方外贸合同总金额的0.6%作为该项目的管理费。乙方明确，不需要甲方在此合同项下垫付资金。如果内外贸合同需要甲方垫付资金，双方将另行讨论管理费。4. 甲方在每次收到外方汇款完成银行结汇后，按国内收购合同要求付给工厂相应货款，并扣除甲方相应管理费及相关业务费用后，余款由甲方在五个银行工作日内按乙方指定方式付给乙方或乙方指定收款单位……5. 甲方同意在收到 No. MBIE0611RIGA1 号合同项下的出口退税款后，在五个银行工作日内将全部退税款支付给乙方。自甲方从其开户银行付款后即视为履行了其义务……"

2006年12月7日开始，民爆公司陆续与国内生产厂商签订了一系列出口产品收购合同。2006年12月2日，就出口3台钻机及相关辅助系统和零件事宜，民爆公司与外商 REDCLIFFE HOLDINGS LIMITED 签订了买卖合同。上述合同均已履行完毕。外商共向民爆公司支付货款39344051.50美元（按当期汇率结汇共计人民币295019149.73元），民爆公司向国内供货商支付货款共计人民币275560197.04元。2007年2月，民爆公司向中铁外服国际货运代理有限公司支付运费人民币1260200元。

2007年3月15日，民爆公司（甲方）与博创公司（乙方）签订《服务合同》，约定：（1）甲方委托乙方负责甲方与外商签订的外贸合同（No. MBIE0611RIGA1）项下的石油钻机和相关钻井系统的设计修改、设备以及备件的监造、技术支持等技术服务业务。（2）乙方的责任和工作范围由本合同附件A详细规定。（3）根据2007年1月20日宝鸡会议上客户关于修改钻机移动轨道及其控制系统的要求，特别委托乙方对3台钻机的移动轨道及其控制系统重新设计和监督制造。（4）甲乙双方经协商，确定乙方完成上述工作的费用为人民币975万元整。上述费用为全额包干费用。如果乙方费用超出上述金额，甲方将不负责额外补偿……（6）本合同执行当中如果出现双方对上述条款发生异议和合同未涉及的事宜，双方应协商解决，并就协商结果签订补充合同予以确认。该补充合同与本合同具有同等法律效力。《服务合同》签订后，民爆公司陆续向博创公司支付技术咨询费人民币600万元。

2007年4月25日，民爆公司（甲方）与博创公司（乙方）签订《补充协议》，载明：根据双方所签订的《合作协议》（协议号：MB-DRS-0612），甲方在相应事项结束后按照《合作协议》向乙方付款；目前外方已按照外贸合同向甲方支付了4笔款项，由于上述款项由中国民生银行监管无法支付给乙方，经双方协商，甲方将其自有账户中的人民币200万元款项预付给乙方，以解决乙方资金周转困难；甲方在中国民生银行监管资金解付之后，根据甲乙双方签订协议（协议号：MB-DRS-0612）的相关条款约定，甲方将在与乙方结算的合同余款中扣除人民币200万元；该《补充协议》与《合作协议》具有同等法律效力。

就本案《合作协议》的履行情况，博创公司向一审法院提交了自2006年9月至12月期间与外商及国内石油钻机制造商的往来电子邮件，用以证明其为履行本案《合作协议》与外商接洽达成买卖石油钻机设备的意向，通过招标最终选定了7家国内石油钻机制造商，并组织外商与生产商召开技术澄清会，确定钻机整体技术方案和要求，以及组织国内生产商召开商务会，落实钻机订单内容。民爆公司对上述电子邮件的真实性和关联性均表示无法确定，但未就其自行与外商及国内石油钻机制造商联系接洽本案出口业务提供相应证据加以证明。

就第一项诉讼请求，博创公司主张按照《合作协议》约定，民爆公司应向其支付的欠款为人民币10113120.06元，即以买卖合同总金额人民币295019149.73元扣除各项已付款后的余额。已付款项包括：出口产品收购合同的应付货款人民币275560197.04元，已付费用人民币7661811.54元，应付民爆公司的项目管理费人民币1677194元、出口手续费人民币1645.15元、印花税人民币5181.94元。博创公司未提供上述已付费用以及手续费、印花税的相关凭证，民爆公司对此亦不予认可。民爆公司则主张其为本案出口业务支出了如下费用：博创公司的服务费人民币975万元（其中未付款人民币2489800元），相关人员费用人民币650327.67元，2008年所得税人民币4090584.77元，印花税人民币172271.48元，保函手

其他合同纠纷

续费人民币199840.06元，银行手续费人民币4488.32元，办公费、会议费、差旅费、招待费人民币211933.65元，合计人民币15079445.95元。其中，民爆公司为证明其支出的相关人员费用、办公费、会议费、差旅费、招待费，提供了单方制作的明细单。博创公司对民爆公司主张的上述相关人员费用、2008年所得税、办公费、会议费、差旅费、招待费与本案出口业务的关联性均不予认可。

应博创公司申请，一审法院在一审期间向北京市朝阳区国家税务局进出口税收管理科调查，民爆公司基于本案出口业务共获得出口退税款人民币38458237.51元。

一审法院认为：

1. 关于本案《合作协议》的效力问题。民爆公司主张该合同存在我国《国家税务总局、商务部关于进一步规范外贸出口经营秩序切实加强出口货物退（免）税管理的通知》第二条规定"出口企业以自营名义出口，其出口业务实质上是由本企业及其投资的企业以外的其他经营者假借该出口企业名义操作完成"的情形，属于以合法形式掩盖套取出口退税款的非法目的之合同，故应认定无效。根据查明的事实，本案出口业务真实存在，民爆公司实际参与了本案出口业务的全过程，其与外商之间订立的买卖合同以及与国内生产制造商订立的出口产品收购合同均已实际履行完毕。本案出口业务并非博创公司假借民爆公司名义操作完成，亦不存在骗取国家出口退税的违法情形，故民爆公司的该抗辩理由不成立，本案《合作协议》应当认定有效。

2. 关于本案《合作协议》的履行问题。民爆公司主张本案出口业务系其自行操作完成，并提交了其与外商签订的买卖合同、与国内生产制造商签订的出口产品收购合同以及向国外买方提供的预付款保函等佐证。首先，签订和执行上述出口产品的买卖合同和国内收购合同以及向国外买方提供预付款保函，均系民爆公司在《合作协议》项下应承担的义务；其次，博创公司提供了大量往来电子邮件用以证明其履行了《合作协议》项下约定的前期项目接洽、联系外商及供货厂商等相关事宜的义务。民爆公司虽对上述电子邮件的真实性和关联性不予认可，但未提供相反证据加以反驳。根据证据优势原则，应当认定《合作协议》已经实际履行。民爆公司主张本案《合作协议》已被双方后来签订的《服务合同》所取代。首先，从《服务合同》的内容来看，其中并无替代《合作协议》的意思表示；其次，双方于2007年4月25日为解决资金周转问题而签订的《补充协议》中载明，该《补充协议》与《合作协议》具有同等法律效力；此外，根据《合作协议》的约定，民爆公司负责合同项下出口设备的监造任务，故应当认定《服务合同》的签订及履行属于双方当事人履行《合作协议》的行为，对民爆公司的该抗辩理由亦不予采信。

3. 关于本案博创公司的诉讼请求。本案《合作协议》合法有效，对双方当事人均具有约束力。本案出口业务已履行完毕。博创公司举证证明其依约履行了《合作协议》项下的相关义务，民爆公司亦应依约向博创公司支付相应的款项。根据《合作协议》约定，民爆公司在每次收到外方汇款完成银行结汇后，按国内收购合同要求付给工厂相应货款，并扣除甲方相应管理费及相关业务费用后，余款应在5个银行工作日内支付给博创公司。在本案出口业务中，外商向民爆公司支付货款共计折合人民币295019149.73元，民爆公司向国内供货商支付货款共计人民币275560197.04元，博创公司应付民爆公司的项目管理费，按照《合作协议》约定，应为外贸合同总金额人民币295019149.73元 × 0.6% = 1770114.90元。有关应扣除的相关业务费用，因博创公司未提供相关费用支出的凭证，故应以民爆公司举证证明的费用支出为准，其中包括：已付的技术咨询费人民币600万元、运费人民币1260200元、印花税人民币172271.48元、保函手续费人民币199840.06元、银行手续费人民币4488.32元。关于民爆公司主张为本案出口业务支出的相关人员费用人民币650327.67元及办公费、会议费、差旅费、招待费人民币211933.65元，其单方制作的明细单与本案缺乏关联性，但考虑到民爆公司为完成出口业务必然会支出上述相关费用，故酌定该部分费用支出为人民币20万元。民爆公司还主张应扣减其2008年所得税人民币4090584.77元，因缺乏合同依据，不予支持。综上，扣除各项费用后，民爆公司应向博创公司支付的出口项目余款为人民币9852037.93元。

其他合同纠纷

关于博创公司要求民爆公司支付上述款项的逾期付款利息。因协议中未明确约定付款日期,且双方在举证期限内均未举证证明本案出口业务实际履行完毕的具体日期,故对该请求部分予以支持,即自博创公司起诉之日起至判决指定履行期限届满之日止,以应付项目余款人民币9852037.93元为基数,按照中国人民银行规定的同期贷款基准利率计算。

关于博创公司要求民爆公司支付出口退税款的诉讼请求。本案中,民爆公司作为出口自营企业,其实际完成出口合同项下的贸易取得出口退税款符合国家相关出口退税制度的规定。民爆公司自愿与博创公司在《合作协议》中约定将本案出口合同项下取得的出口退税款项支付给博创公司,属于对自有财产的处分行为,并不违反我国法律和行政法规的强制性规定。考虑到民爆公司提出的有关签约双方利益失衡的抗辩意见,以及民爆公司为完成本案出口业务所付出的劳动,根据公平原则,酌定从出口退税款总额中扣减人民币180万元作为对民爆公司的劳务报酬,余款由民爆公司支付给博创公司。

关于博创公司要求民爆公司支付本案律师费人民币70万元的诉讼请求,缺乏合同依据,不予支持。

综上,一审法院依照《中华人民共和国合同法》第八条①、第六十一条②之规定,作出(2010)二中民初字第1940号民事判决:一、民爆公司于判决生效后10日内向博创公司支付出口项目余款人民币9852037.93元;二、民爆公司于判决生效之日起10日内向博创公司支付逾期付款利息(自2000年12月25日起至判决指定履行期限届满之日止的利息,以人民币9852037.93元为基数,按照中国人民银行规定的同期贷款基准利率计算);三、民爆公司于判决生效之日起10日内向博创公司支付人民币36658237.51元;四、驳回博创公司的其他诉讼请求。案件受理费人民币

---

① 对应《中华人民共和国民法典》第四百六十五条:"依法成立的合同,受法律保护。依法成立的合同,仅对当事人具有法律约束力,但是法律另有规定的除外。"

② 对应《中华人民共和国民法典》第五百一十条:"合同生效后,当事人就质量、价款或者报酬、履行地点等内容没有约定或者约定不明确的,可以协议补充;不能达成补充协议的,按照合同相关条款或者交易习惯确定。"

294109元，由博创公司负担19758元、民爆公司负担274351元。

民爆公司不服一审判决，向北京市高级人民法院提起上诉。

二审审理过程中，二审法院于2011年6月上旬向国家税务总局发函，征求对于本案所涉《合作协议》及相应事实的定性意见。国家税务总局于同月24日回函："根据你院提供的……《合作协议》……该笔出口业务实质上不是由民爆公司经营的。如该《合作协议》执行，属于《国家税务总局、商务部关于进一步规范外贸出口经营秩序切实加强出口货物退（免）税管理的通知》（国税发〔2006〕24号）第二条第二款所述的情形，即：出口企业以自营名义出口，其出口业务实质上是由本企业及其投资的企业以外的其他经营者（或企业、个体经营者及其他个人）假借该出口企业名义操作完成的。按照国税发〔2006〕24号文件第二条、第三条有关规定，对于此类出口业务，出口企业不得将该业务向税务机关申报办理出口货物退（免）税，已申报退（免）税的，已退（免）税款予以追回，未退（免）税款不再办理。"

二审法院认为：民事合同的依法成立，不仅应当具备完全民事行为能力及意思表示真实的条件，亦应达到合同形式及内容符合法律法规之要件。民爆公司与博创公司于2006年12月1日签订的《合作协议》，系出于双方当时真实意思表示，并且已经履行了除付款义务以外的大部分合同义务。随着双方围绕合同利益发生争议，《合作协议》的效力已经成为本案处理的关键问题。这里应当包括两个层面的问题。

首先，利益输出损害国有资产的合法权益。从《合作协议》及其实际履行情况不难看出，民爆公司作为国有控股的外贸企业，其自身良好的资信状况是本案内外贸企业充分信赖的可靠保证，其因此也承担了本案内外贸合同中的全部合同风险和责任。但按照《合作协议》，民爆公司的收益不过是合同金额0.6%的管理费，与其所承担巨大合同风险不成比例，本案内外贸合同的收益绝大部分被划归博创公司。如此重大的利益输出，势必损害国有控股企业的合法利益。因此，《合作协议》关于国有资产利益输出的合同目的非法。

其次，不得非法获取出口退税。出口退税是国家促进对外贸易的重要

其他合同纠纷

方式。《中华人民共和国对外贸易法》第三十四条明确规定在对外贸易活动中不得有骗取出口退税的行为。骗取出口退税，显属违法行为。《中华人民共和国税收征收管理法实施细则》第三十八条第三款规定，税务机关应当加强对纳税人出口退税的管理，具体管理办法由国家税务总局会同国务院有关部门制定。鉴于此，该院向国家税务总局发函征求其对于本案项下《合作协议》的定性意见。国家税务总局明确："该笔出口业务实质上不是由民爆公司经营的。如该《合作协议》执行，属于《国家税务总局、商务部关于进一步规范外贸出口经营秩序切实加强出口货物退（免）税管理的通知》（国税发〔2006〕24号）第二条第二款所述的情形，即：出口企业以自营名义出口，其出口业务实质上是由本企业及其投资的企业以外的其他经营者（或企业、个体经营者及其他个人）假借该出口企业名义操作完成的。按照国税发〔2006〕24号文件第二条、第三条有关规定，对于此类出口业务，出口企业不得将该业务向税务机关申报办理出口货物退（免）税，已申报退（免）税的，已退（免）税款予以追回，未退（免）税款不再办理。"依据该认定，《合作协议》具有为不得申报办理出口退税的业务获取出口退税款的非法目的，应属无效。

鉴于本案《合作协议》所约定的合同义务大部分已经履行完毕，且针对第三方的对内对外贸易已经基本完成，故《合作协议》被依法判定无效后，不产生返还之法律效果。但结合双方所签订的《服务合同》及庭上所作陈述，以《服务合同》所约定的人民币975万元作为民爆公司与博创公司利益分割标准较为妥当，扣除民爆公司已经支付给博创公司的人民币600万元（民爆公司所付运费人民币126万余元不应计入），民爆公司应再行支付人民币375万元。已获取的出口退税款应依相关行政法规处理。

一审法院关于本案合同效力的判定，于法无据，依法纠正。对民爆公司的上诉请求，酌予支持。对博创公司的其他诉讼请求，均不予支持。二审法院依照《中华人民共和国合同法》第五十二条第三项[①]、第五十八条[②]及《中华人民共和国民事诉讼法》第一百五十三条第一款第二项之规

[①][②] 《中华人民共和国民法典》中无对应法条。

定,判决:一、撤销一审判决;二、民爆公司于判决生效后10日内向博创公司支付人民币375万元;三、驳回博创公司的其他诉讼请求。一审案件受理费人民币294109元,由博创公司负担147054.5元、民爆公司负担147054.5元。二审案件受理费人民币274351元,由博创公司负担137175.5元、民爆公司负担137175.5元。

博创公司不服二审判决,向本院申请再审称:(1)从双方签订《合作协议》的背景情况和内容来看,《合作协议》根本没有国有资产利益输出的合同目的,是二审法院为了达到认定《合作协议》无效的目的自行主观强加给合同当事人的,不符合事实。正是基于合同权利义务的分担情况,博创公司与民爆公司才在协议中约定了民爆公司只收取0.6%管理费的利益分配方案,这一利益分配与双方在涉案进出口项目中所承担的义务是相适应的,符合权利义务对等的合同原则。双方收入的差别主要是因为博创公司需支付大量的费用,包括聘请国外专家及技术工程师达几十名,需执行大量具体繁琐的工作并承担主要的项目风险,如质量、售后服务等,而民爆公司的收入是固定、无风险的,且出口业绩完全属于民爆公司,而增加出口业绩是民爆公司的主要目的。二审判决认定民爆公司的获益与其承担的巨大合同风险不成比例,与事实不符,也无证据证明。(2)《合同协议》约定,民爆公司在收到出口退税款后,在5个工作日内将全部出口退税款支付给博创公司,该约定并不违法。出口退税款在进入民爆公司账户后,就不再是出口退税款,而成为了项目收入,协议约定因民爆公司出口货物取得的退税款应由博创公司享有,这是双方合作出口货物后对获得收入的再分配,此约定既是民爆公司依自己的意愿处分自己所有的合法财产的行为,也是其行使企业经营自主权的行为,该行为属私法领域中民商事财产处分关系,不属税法调整的范畴。本案中不存在骗取国家出口退税款的违法情形。本案事实也表明,民爆公司与博创公司合作的过程中,博创公司并没有成为退税的主体,在退税的过程中,一直是民爆公司以自己的名义进行和完成的。同时,双方也没有恶意串通损害国家、集体及第三人利益的行为。二审判决混淆了退税主体和退税主体获得退税款后如何处分的界限。从本案双方合作的背景情况及合同履行的实际情况来看,不存在

其他合同纠纷

为不得申报办理出口退税的业务获取出口退税的情况,本案出口业务真实存在,民爆公司实际参与了本案出口业务的全过程,其与外商之间订立的买卖合同以及与国内生产制造商订立的出口产品收购合同均已实际履行完毕。本案出口业务并非博创公司假借民爆公司名义操作完成,而且双方共同派员组成专门班子共同合作完成。二审判决根据《国家税务总局、商务部关于进一步规范外贸出口经营秩序切实加强出口货物退(免)税管理的通知》第二条第二款的规定,认定《合作协议》因具有为不得申报办理出口退税的业务获取出口退税款的非法目的而属无效,系适用法律错误。(3)二审判决在认定《合作协议》无效之后,根据《服务合同》对双方的债权债务进行了划分,该判决结果与其对《合作协议》效力的认定互相矛盾,且违反法律规定。本案中,《服务合同》是双方当事人于2007年3月15日签订的,该合同仅约定民爆公司委托博创公司对钻机移动轨道及控制系统进行重新设计和监造,合同标的额975万元人民币。双方签订该合同的目的在于向民生银行出示,以便在预付款保函有效期内由民爆公司向博创公司支付差价款的收付款,该合同并未对《合作协议》的内容进行实质性修改,充其量是对《合作协议》中约定的博创公司应履行的监造义务的补充,并不反映双方全部的权利义务。二审判决根据《服务合同》认定双方债权债务与事实不符,且博创公司在诉讼请求中从未要求民爆公司按照《服务合同》支付价款,二审判决超出诉讼请求。故请求:撤销二审判决;改判民爆公司向博创公司支付合同欠款人民币48770061.62元及以人民币10113120.06元为本金按中国人民银行同期贷款利率计算的自2008年4月16日起至实际支付之日止的利息;诉讼费用由民爆公司承担。

被申请人民爆公司再审答辩称:(1)《合作协议》的目的是博创公司企图通过假借民爆公司的名义出口,借壳取得巨额出口退税利益。从《合作协议》的内容看,包括两部分:一是为了解决博创公司的地位和利益,博创公司通过操控民爆公司,企图假借民爆公司的名义从事出口经营活动,并获取出口利益;二是为了应付国内外厂商、应付国家进出口退税管理制度,安排民爆公司出面与内外贸厂商签订内外贸合同,办理采购、保管、出口退税等事宜。而在此活动中民爆公司仅获得0.6%的收益,其余收益均归博创公司所有。《合作协议》的目的就是博创公司企图通过假借名义从事出口贸易活动，借壳取得巨额的出口退税利益。本案《合作协议》因具有非法目的而无效，二审判决认定事实清楚，适用法律正确。该认定也反映了国家税务总局的意见。(2) 当事人对民事权益的处分行为亦应当符合法律规定，且限于从事合法活动取得的民事利益，否则其分配约定无效。因此，《合作协议》中约定博创公司取得贸易利益和出口退税利益不应得到法律保护。(3) 民爆公司实际签订并履行了内外贸合同，并实际承担内外贸合同的全部风险及责任。《合作协议》与内外贸合同的签订与履行内容虽有竞合，但各自独立，不应混为一谈。因此，《合作协议》因违法而无效并不影响内外贸合同的有效性，依法应受到保护。(4) 民爆公司经营内外贸业务取得两方面的收益：一是贸易差额，二是出口退税。该两部分收益均非因无效合同取得的财产，二审判决结果符合《中华人民共和国合同法》第五十八条的规定，并未超出诉讼请求。《合作协议》因违法而无效，对此双方均有过错。二审法院根据双方尚未履行完毕的《服务合同》作为双方责任划分的标准，并无不当。综上，请求驳回博创公司的再审申请。

双方当事人对一审、二审法院查明的事实并无异议，本院予以确认。

本院认为，本案争议的焦点：一是本案所涉《合作协议》的效力如何认定。二是民爆公司所得出口退税款应如何处理。

一、关于本案所涉《合作协议》的效力

博创公司与民爆公司之间签订的《合作协议》明确约定，合作出口钻机设备，由民爆公司负责签署和执行外贸合同和国内收购合同，但外贸合同与国内收购合同将直接约束博创公司与外商、博创公司与国内供货商，民爆公司收取外贸合同总金额0.6%的管理费。从《合作协议》的内容看，该协议为典型的外贸代理合同。2004年7月1日施行的经修订的《中华人民共和国对外贸易法》，取消了对外贸易许可制度，扩大了"对外外贸经营者"的范围，该法第八条规定，对外贸易经营者"是指依法办理工商登记或者其他执业手续，依照本法和其他有关法律、行政法规的规定从事对

其他合同纠纷

外贸易经营活动的法人、其他组织或者个人";第十二条规定:"对外贸易经营者可以接受他人的委托,在经营范围内代为办理对外贸易业务。"《合作协议》是双方当事人的真实意思表示,内容并不违反我国法律、行政法规的强制性规定,因此应当认定有效。

二审判决认定《合作协议》无效的理由主要有两点:一是《合作协议》关于国有资产利益输出的合同目的非法;二是《合作协议》具有为不得申报办理出口退税的业务获取出口退税款的非法目的。关于利益输出损害国有资产的合法权益问题,《合作协议》的内容是博创公司组织货源、收购出口产品并与外商确定出售事宜,但是以民爆公司的名义对内签订收购合同、对外签订出口合同,这样的贸易形式并不违反我国法律、行政法规的规定,不属于合同法规定的以合法形式掩盖非法目的情形。双方通过《合作协议》约定在相应出口贸易中的权利义务以及利益分配,是当事人的真实意愿,二审判决认为大部分利益归于博创公司从而认定利益失衡并进一步认定损害了国有资产利益,缺乏事实和法律依据。关于出口退税的问题。本案所涉出口业务项下外贸合同实际履行且已履行完毕,有真实的货物出口,退税主体是与外商签订出口贸易合同的民爆公司,民爆公司获得出口退税符合我国法律、行政法规的规定。《合作协议》约定民爆公司在收到外贸合同项下的出口退税款后,在5个银行工作日内将全部退税款支付给博创公司,是当事人之间就民爆公司依法获得的出口退税款再行分配的约定,是当事人的真实意思,且民爆公司有权处分该笔款项。出口退税是我国为鼓励出口而采取的措施,本案并不存在没有真实货物出口而假冒出口的情形,并非骗取国家出口退税款的情形。二审法院在二审过程中征求了国家税务总局的意见,但国家税务总局仅是就《国家税务总局、商务部关于进一步规范外贸出口经营秩序切实加强出口货物退(免)税管理的通知》第二条第二项的规定如何理解提出意见,没有就本案系争的《合作协议》合同效力作出认定,《国家税务总局、商务部关于进一步规范外贸出口经营秩序切实加强出口货物退(免)税管理的通知》并非行政法规,如果民爆公司与博创公司的行为违反了其中的规定,是否以及如何进行行政处罚,是主管部门的行政职责,并非本案审理的范围。因此,《合作协议》并非为达到骗取国家出口退税款这一非法目的而签订的合同。

综上,本案所涉《合作协议》并不存在《中华人民共和国合同法》第五十二条规定的任一情形,二审法院认定《合作协议》无效,没有事实和法律依据,应予纠正。博创公司关于《合作协议》有效的申请再审理由成立,应予支持。

二、关于本案所涉出口退税款的处理

基于《合作协议》有效,双方当事人均应依约履行合同义务。《合作协议》第五条明确约定民爆公司在收到外贸合同项下的出口退税款后,在5个银行工作日内将全部退税款支付给博创公司,民爆公司即应将出口退税款人民币38458237.51元支付给博创公司。二审判决关于"已获取的出口退税应依相关行政法规处理"不当,应予纠正。民爆公司关于本案出口业务系其自营的主张,因其未提供充分的证据予以证明,故不予支持。鉴于博创公司没有提出上诉,认可一审判决结果,即从出口退税款人民币38458237.51元中扣减人民币180万元作为民爆公司的劳务报酬,民爆公司应向博创公司支付人民币36658237.51元,对此,本院予以确认。

此外,民爆公司应当根据《合作协议》第四条的约定,将内外贸合同履行后所得差价款扣除相关成本费用及其应得的管理费后,支付给博创公司。对此,博创公司明确表示认可一审判决确认的数额,即人民币9852037.93元,不再坚持人民币10113120.06元的主张,本院予以确认。民爆公司认为《合作协议》并未实际履行,其与博创公司实际履行的是《服务合同》,二审判决根据《服务合同》确定民爆公司应向博创公司的付款是合理的。从《服务合同》及其后的《补充协议》内容及本案内外贸合同履行的实际情况看,博创公司关于双方签订《服务合同》及其后的《补充协议》的缘由更具说服力,即双方签订《服务合同》是为了使博创公司提前获得预付款保函项下款项以用于履行《合作协议》项下的义务。《服务合同》并未得到实际履行,故《服务合同》中的人民币975万元款项不应作为确定民爆公司向博创公司付款的依据。二审判决根据《服务合同》确定民爆公司对博创公司的应付款项欠妥,应予纠正。

其他合同纠纷

综上,一审判决认定事实清楚,适用法律正确,判决结果得当,应予维持;二审判决认定事实清楚,但适用法律错误,应予纠正。博创公司的申请再审理由成立,其请求应予支持。本院根据《中华人民共和国民事诉讼法》第一百七十条第一款第二项的规定,判决如下:

一、撤销北京市高级人民法院(2011)高民终字第854号民事判决;

二、维持北京市第二中级人民法院(2010)二中民初字第1940号民事判决。

一审案件受理费按一审判决承担;二审案件受理费人民币274351元,由保利民爆科技集团股份有限公司承担。

本判决为终审判决。

审 判 长　高晓力
代理审判员　沈红雨
代理审判员　吴光荣

二〇一三年八月三十日

书 记 员　张伯娜

142. 黄艺明、苏月弟与周大福代理人有限公司、亨满发展有限公司以及宝宜发展有限公司合同纠纷案[*]

> 涉港民商事纠纷应当参照我国国际私法冲突规范的规定以及国际私法理论,采用分割方法确定应当适用的法律

【裁判摘要】

> 涉港民商事纠纷案件中,应当参照我国国际私法冲突规范的规定以及国际私法理论,针对涉及的不同问题采用分割方法确定应当适用的法律。本案涉及的定性、程序事项适用法院地法——内地法律;先决问题因涉及法定继承、夫妻财产关系,根据我国冲突规范的指引,适用内地法律;合同争议本身以及诉讼时效问题,根据我国冲突规范的规定,适用当事人选择的香港法律。当事人有义务向法院提供其选择适用的香港法律。

[*] 摘自《最高人民法院公报》2016年第7期。

其他合同纠纷

最高人民法院民事判决书

(2015) 民四终字第9号

上诉人（一审原告）：黄艺明，男，汉族，住广东省佛山市。
委托代理人：董立坤，万商天勤（深圳）律师事务所律师。
委托代理人：母健荣，广东星辰律师事务所律师。
上诉人（一审原告）：苏月弟，女，汉族，住广东省佛山市。
委托代理人：张淑钿，广东广深律师事务所律师。
委托代理人：母健荣，广东星辰律师事务所律师。
上诉人（一审被告）：周大福代理人有限公司（CHOW TAI FOOK NOMINEE LIMITED）。住所地：香港特别行政区中环皇后大道16—18号新世界广场31楼（31/NEW WORLD TOWER, 16—18, QUEEN'S RD. C. HONGKONG）。
代表人：郑锦标（CHENG KAM BIU WILSON），该公司董事。
委托代理人：苏宝，北京大成（广州）律师事务所律师。
委托代理人：文斌，北京大成（广州）律师事务所律师。
上诉人（一审被告）：亨满发展有限公司（PACIFIC GAIN DEVE LOPMENT LIMITED）。住所地：香港特别行政区中环金融街8号国际金融中心二期72-76楼（72-76/F., TWO INTERNATIONAL FINANCE CENTRE, 8 FINANCE STREET, CENTRAL, HONGKONG）。
代表人：冯李焕琼（FUNG LEE WOON KING），该公司董事。
委托代理人：苏宝，北京大成（广州）律师事务所律师。
委托代理人：文斌，北京大成（广州）律师事务所律师。
被上诉人（一审被告）：宝宜发展有限公司（GLOBAL EASE DEVELOPMENT LIMITED）。住所地：香港特别行政区中环皇后大道18号新世界广场一期14楼1401号（ROOM 1401, 14/F., NEW WORLD TOWER I, 18

QUEEN'S ROAD, CENTRAL, HONGKONG)。

代表人：郑锦超（CHENG KAM CHIU STEWART），该公司董事。

委托代理人：邱金勇，北京大成（广州）律师事务所律师。

委托代理人：梁松旺，北京大成（广州）律师事务所律师。

上诉人黄艺明、苏月弟因与上诉人周大福代理人有限公司（以下简称周大福公司）、亨满发展有限公司（以下简称亨满公司）以及被上诉人宝宜发展有限公司（以下简称宝宜公司）合同纠纷一案，不服广东省高级人民法院于2014年11月13日作出的（2012）粤高法民四初字第1号民事判决，向本院提起上诉。本院依法组成合议庭，于2015年4月21日在第一巡回法庭公开开庭审理了本案，上诉人黄艺明的委托代理人董立坤、上诉人苏月弟的委托代理人张淑钿、两人的共同委托代理人母健荣、上诉人周大福公司和亨满公司的共同委托代理人苏宝、文斌以及被上诉人宝宜公司的委托代理人邱金勇、梁松旺均到庭参加了诉讼。本案现已审理终结。

黄艺明、苏月弟起诉称：1992年，郑裕彤和李兆基共同捐资1.6亿元人民币（以下未特别注明处均为人民币）将顺德市华侨中学异地重建，后郑裕彤和李兆基要求顺德市政府把原顺德市华侨中学的土地使用权以捐资款1.6亿元出让给宝宜公司，1993年7月，郑裕彤和李兆基代表宝宜公司与顺德市规划国土局签订《顺德市华侨中学原地块土地使用权转让协议书》。2000年6月1日和19日，周大福公司的董事郑裕培、亨满公司的董事林高演作为周大福公司和亨满公司的代表与黄冠芳（苏月弟之夫、黄艺明之父）签订《有关买卖宝宜发展有限公司股份的备忘录》（以下简称《备忘录》）和《买卖股权协议》，约定周大福公司和亨满公司向黄冠芳转让宝宜公司股权和股东贷款权益。《备忘录》规定了完成股权买卖的先决条件，即宝宜公司向顺德市规划国土局领取以宝宜公司为使用者的原华侨中学地块的国有土地使用权证和宝宜公司向顺德市政府有关部门领取房地产买卖执照等。同年7月30日，郑裕培又以宝宜公司董事和代表的身份与顺德市规划国土局签订了《顺德市国有土地使用权出让合同书》。2000年9月18日、11月14日，2001年6月15日和2002年1月2日，郑裕培和林高演等再次以周大福公司和亨满公司代表身份与黄冠芳签署了四次补充

其他合同纠纷

协议,主要是变更付款币种、付款时间和利息支付等内容。截至2006年7月6日,黄冠芳先后向周大福公司和亨满公司支付了合同款项折合人民币121652826.60元以及《备忘录》约定的2000万元诚意金,后因周大福公司和亨满公司不能履行《备忘录》及《买卖股权协议》约定义务,导致合同无法继续履行。故请求判令解除黄冠芳与周大福公司、亨满公司签署的《备忘录》《买卖股权协议》及其全部补充协议;周大福公司、亨满公司、宝宜公司共同偿还转让款本金及利息2.341亿元人民币(包括《备忘录》约定的诚意金2000万元、第四次补充协议中双方确认已支付的2000万港元、人民币9350万元、基于协议产生的利息人民币4861217元,合计人民币141652826.6元。诚意金2000万元的利息从2000年6月19日起计算,其余款项的利息从2002年1月25日起计算,暂计至2010年8月1日)、依约支付损害赔偿金4500万港元。

一审法院查明:2000年6月19日,周大福公司、亨满公司与黄冠芳签订《买卖股权协议》,约定:周大福公司、亨满公司将持有的宝宜公司100%股份及股东贷款权益转让给黄冠芳;转让对价和股东贷款总额为1.845亿港元。合同第3条约定款项支付方式,(a)签订协议后8个工作日内支付4500万港元(订金)。(b)土地使用权证颁发后1个月内支付4500万港元。(c)余款应在协议签订后8个月内支付。合同第5条约定,依据第3条约定,转让应当在协议签订后8个月最后一天或之前完成,或在双方约定的更早日期内完成,转让方应在转让完成之日且所有余款付清后,将如下文件移交给受让方:(i)有效履行的协议和有利于受让方和(或)其任命之人的转让文书及相关股权证书;……(vii)土地使用权证。合同第7条约定,依据第3条的约定,在转让完成时,每个转让方应执行贷款转让,签署附件C,合法地将股东各自的贷款转让给受让方或其指定的人。合同第9条"最大勤勉"约定,(a)转让方同意,在按照第3条(a)项收到订金后,应在转让完成前尽最大努力帮助受让方控制土地,包括但不限于发出必要通知以终止租赁关系、驱逐居住者、非法占有者、房客。但是,在转让完成时及以后,股权出让方并不保证在移交土地时,土地是腾空的。为避免疑问,受让方知晓土地出售之方式,转让方不承担因受让方腾空土地所产生的费用和支出,但发出终止租赁关系通知的费用由转让方承担。(b)转让方同意保证,以其最大努力帮助和同意受让方申请在中国设立一家当地公司,名字为顺德宝宜房地产有限公司(以下简称为顺德宝宜公司),并任命受让方指定的人员为顺德宝宜公司的法定代表人……顺德宝宜公司的主要活动和目的是为了开发《顺德市华侨中学原地块土地使用权转让协议书》项下的土地。(c)自土地使用权证颁发起,转让方承诺采取所有必要措施、尽最大努力帮助受让方向有关政府部门或机关申请有关土地建设、建造或开发的许可……(d)转让方承诺和同意,在转让完成前不对土地进行任何建设、建造和开发。合同第15条"不一致"约定,在不损害受让方的其他权利和在任何时候寻求救济的权利的情形下,除非另有约定,当在股权完成之前对本协议的保证、陈述和承诺构成实质性违反,或无论因为何种情况或原因转让方无法履行本协议项下的任何义务,受让方有权认为转让方拒绝本协议。合同第18条"受让方违约"约定,如果受让方出现违约或未能支付二期款项或转让的余款(不归于转让方的责任),当转让方已经按照本协议约定的方式履行了义务,转让方有权认为受让方拒绝协议并没收订金4500万港元作为损害赔偿金。自此以后,双方不得另外索赔,多余的款项(高于4500万港元)应由转让方退还给受让方,但无需支付利息。合同第19条"转让方违约"约定,除因受让方的原因外,在土地使用权证颁发后,转让方未能履行本协议义务或违反协议条款,受让方有权解除本协议,转让方应退还港元4500万并另外向受让方支付4500万作为损害赔偿金,双方不得另外索赔。合同第23条约定,时间是本协议的核心部分。合同第25条"完整协议"约定,本协议包括双方所有的谅解和协议,无论是缔约方自行或他人以缔约方名义作出的,有关或产生于股权获得的陈述、保证,无论是明示或者暗示,法定或其他的,如果没有包含在、或在协议或任何附件中提及的,均不会导致陈述和保证作出者承担任何责任。合同第27条"法律适用和争议解决"约定,本协议适用香港特别行政区法律并依香港法律解释,各方约定由香港法院行使非排他性管辖。该协议由周大福公司、亨满公司盖章、授权人签名,香港杜伟强律师事务所 W. K. To&Co.、HENRY W. H. WONG 签

其他合同纠纷

名，黄冠芳签名以及香港何君柱、方燕律师事务所 K. C. Ho&Fong、FONG YIN CHEUNG 签名。

2000年9月18日，周大福公司、亨满公司与黄冠芳签订第一补充协议，其中"鉴于"第2条约定，依据主协议的第3（b）条和转让方律师 Messrs. W. K. To& Co. 向受让方律师 Messrs. K. C. Ho& Fong 发出的通知，股份和股东贷款的对价（主协议有更多的特殊规定）的一部分4500万港元由受让方于2000年9月7日或之前支付。第3条约定，转让方基于受让方的要求，已同意按以下方式变更主协议第3（b）条所指的股份和股东贷款的支付条款。变更主协议条款第1条约定，主协议第3（b）条规定的应支付对价4500万港元变更为5000万元人民币，变更为第二批分期付款，并作为股份和股东贷款的对价的一部分：（a）2000年9月20日或之前，受让方支付人民币1500万元给转让方；（b）2000年10月20日或之前，受让方支付人民币1500万元给转让方；（c）2000年11月20日或之前，受让方支付余额人民币2000万元给转让方。该协议由周大福公司、亨满公司盖章、授权人签名，黄冠芳签名以及香港何君柱、方燕律师事务所 K. C. Ho&Fong、FONG YIN CHEUNG 签名。

2000年11月14日，周大福公司、亨满公司与黄冠芳签订第二补充协议，其中"鉴于"第2条约定，根据"上述协议"，受让方已向股权转让方支付了以下款项：（a）主协议第3（a）项下的订金4500万港元；（b）补充协议第1（a）项下的人民币1500万元；以及（c）补充协议1（b）项下的部分支付款项人民币800万元（转让方在此承认已经收到该款项）。第3条约定，转让方基于受让方的要求，已同意按以下方式变更"上述协议"中的支付条款。变更条款第1条约定，根据补充协议第1（b）条，2000年10月20日到期支付的余额总计人民币700万元，受让方应在2000年11月15日或之前支付给转让方。第2条约定，根据补充协议第1（c）条，2000年11月20日到期支付的人民币2000万元及从2000年11月21日起到付款日止按年利率6.5%计算产生的利息一并延迟到2001年1月20日或之前支付。第3条约定，按照主协议第3（c）条在2000年2月19日前应支付的总计9450万港元的总对价的余额部分应延迟到2001年5月20日或之前支付,包括从2001年2月20日起到付款日止按年利率6.5%计算产生的利息。第4条约定,如果受让方没有支付上述1、2、3条规定的任何一期款项,受让方依据协议应支付的所有未支付款项的全部或余额部分,连同上述达成一致的利息,在违约日将立即成为到期应付款项。该协议由周大福公司、亨满公司盖章、授权人签名及香港杜伟强律师事务所W. K. To&Co.、HENRY W. H. WONG签名,黄冠芳签名以及香港何君柱、方燕律师事务所K. C. Ho&Fong、Casey K. C. Ho签名。

2001年6月15日,周大福公司、亨满公司与黄冠芳签订第三补充协议,其中"鉴于"第2条约定,根据"上述协议",受让方已经支付的总额为1000万港元和人民币8930万元(转让方在此承认已经收到该款项),剩下的购买价格的余款人民币1.05亿元从2001年5月20日起成为到期应付款项,应支付给转让方。第3条约定,根据第二补充协议产生的变化,转让方有权按年利率6.5%索要利息。该协议由周大福公司、亨满公司盖章、授权人签名,黄冠芳签名以及香港何君柱、方燕律师事务所K. C. Ho&Fong、Casey K. C. Ho签名。

2002年1月25日,周大福公司、亨满公司与黄冠芳签订第四补充协议,其中"鉴于"第4条约定,尽管在"上述协议"中,受让方仅已支付了部分购买价格,付款总额为2000万港元和人民币9350万元(转让方在此承认已经收到该款项),剩余的购买价格的余款为人民币9000万元,该款项在2001年7月21日成为到期应付款项。转让方承认受让方已经支付给转让方总计人民币4861217元基于协议产生的利息,到2001年11月30日,购买价格的余款产生的利息还有人民币291609.60元未支付。第5条约定,转让方基于受让方的要求,已同意按以下方式进一步变更"上述协议"中的支付条款。变更条款第1条约定,受让方在此确认并证实,在2001年11月30日,基于"上述协议",由受让方向转让方支付的利息在本协议签订日成为到期应付款项,总额为人民币291609.60元("应计利息")。为充分执行本协议,受让方应向转让方支付"应计利息"。第2条约定,基于"上述协议",到期应付购买价格的未支付余款人民币9000万元应在2002年5月31日前由受让方支付给转让方。第3条约定,利息的

其他合同纠纷

计算方式为，购买价格的未支付余款和未支付的利息按年利率6.5%计算，从2001年12月1日至付款日止的利息，该利息应从2001年12月开始，连续每个月的最后一天支付，首次支付应在2001年12月31日进行。第4条约定，转让应在收到购买价格的余款和上文第3条规定的利息的全额付款后即刻完成。第5条约定，尽管存在本协议和"上述协议"中的条款，但转让方有权在以后任何时刻，自由决定以书面方式通知受让方，宣告"上述协议"下的购买价格的未支付余款和所有应计利息或其任何部分成为到期应付款项，届时同样应立即到期支付。第6条约定，本协议中任何条款的子条款应视为上述协议的子条款，本协议所列任何权利和补救措施应视为除上述协议下转让方权利和补救措施外，并且不影响上述协议下转让方权利和补救措施的新增权利和补救措施。第7条约定，所有的费用和开支，包括但不限于罚金或内地政府部门征收的费用、附带的土地开发费用以及主协议中规定的特殊费用，均完全由受让方承担。第8条约定，附带谈判、筹备和执行本协议的所有费用及开支，包括但不限于转让方法律代表的法律费用，全部由受让方承担。该协议由周大福公司、亨满公司盖章、授权人签名，黄冠芳签名以及香港何君柱、方燕律师事务所K. C. Ho&Fong、NK KA PIN签名。

一审过程中，黄艺明、苏月弟确认，2002年1月25日之后没有向周大福公司、亨满公司支付过款项。

2006年5月30日，香港杜伟强律师事务所去函香港何君柱、方燕律师事务所，告知受让方黄冠芳已违反协议，即时终止合同。周大福公司、亨满公司认为黄冠芳存在严重违约，导致涉案协议于2006年5月30日终止。黄艺明、苏月弟确认周大福公司、亨满公司于2006年5月30日正式终止履行股权转让协议，合同无法继续履行，黄艺明、苏月弟在周大福公司、亨满公司通知终止合同后，仍与周大福公司、亨满公司协商解决合同终止后的相关问题。黄艺明、苏月弟认为由于周大福公司、亨满公司拒绝返还款项，权益受损，故起诉的诉因产生日期是2006年5月30日。

另查明：黄艺明、苏月弟起诉时提交了2000年6月1日签署的《备忘录》，主张《备忘录》是周大福公司、亨满公司与黄冠芳签订的。周大福公司、亨满公司予以否认。《备忘录》上没有周大福公司、亨满公司的盖章,有黄冠芳的签名,黄艺明、苏月弟主张另两个签名是周大福公司的董事"郑裕培"与亨满公司的董事"林高演",周大福公司、亨满公司予以否认。

一审期间,2010年10月12日周大福公司提出的管辖异议申请书、2010年10月29日亨满公司提出的管辖异议申请书、2011年8月3日周大福公司和亨满公司提交的答辩状、2011年8月3日和2011年8月26日宝宜公司提交的答辩状中,均陈述"周大福公司、亨满公司与黄冠芳于2000年6月1日签署《备忘录》"。黄艺明、苏月弟提交的周大福公司、亨满公司、宝宜公司于2012年1月3日在香港起诉黄艺明、苏月弟时的起诉状载明:"大约于2000年5至6月,周大福公司、亨满公司与黄冠芳草拟了《备忘录》,但双方并没有签署上述《备忘录》。"黄艺明、苏月弟提交的《备忘录》第3.2.1条约定:"买方于签订买卖协议前支付卖方人民币2000万元作诚意定金,但诚意定金不计入买卖协议的金额内。买卖协议签订后八个工作日内,买方支付卖方指定账户人民币5000万元。"第4条"先决条件"中第4.1条约定,完成买卖须在下列条件符合后方会进行:(1)宝宜公司向国土局领取了以宝宜公司为使用者的该地块的国有土地使用证;(2)宝宜公司向顺德市政府有关部门领取了房地产买卖的有关执照;(3)该地块必须是吉地,除了本备忘录附件中列出的依附物可留于该地块上外,其余临时建筑必须拆除及清理,而所有现有的租约必须终止。第4.2条约定,买方可于任何时间以书面方式豁免第4.1条条文所列的先决条件。第17.1条约定,本备忘录受香港法律管辖,并须按香港法律解释。

黄艺明、苏月弟认为周大福公司、亨满公司违约是指违反如下合同约定:(1)根据《备忘录》第4.1条,周大福公司、亨满公司、宝宜公司要承担三项义务。①宝宜公司领取国有土地使用权证;②宝宜公司向顺德市政府有关部门领取房地产买卖的有关执照;③该地块必须是吉地,除备忘录有记载外的其他临时建筑物必须拆除及清理,所有现有的租约必须终止。该三项义务中,第一项义务国有土地使用权证已于2000年8月领取,但第二、三项义务未履行,构成违约。(2)《买卖股权协议》第9条约定的四项义务，周大福公司、亨满公司除领取国有土地使用权证、发出清理租约通知和清理部分租约外，其余义务均未履行，构成违约。

双方一致确认，本案股权转让适用香港特别行政区法律。双方均向一审法院提交了法律意见书。黄艺明、苏月弟提交《香港合同法》上、下册及《香港合约法纲要》《关于适用于本案的内地法律和香港法律的有关规定和说明》。《关于适用于本案的内地法律和香港法律的有关规定和说明》载明："一、本案适用香港法律的基本原则。根据内地相关法律规定，本案可以适用香港法律。当事人约定的香港法律只能适用于解决当事人间的合同争议。判断当事人能否履行与内地法律有关的合同义务的法律是内地的法律。二、应当适用于本案合同争议的香港法律的有关规定。（一）提供的香港法律的来源及其权威性说明。苏月弟、黄艺明向法庭提供两套共三本香港合同法的著作，即《香港合同法》（中文翻译版）（上、下册）与《香港合约法纲要》。（二）应当适用于本案合同争议的香港法律的有关规定。1. 契约自由与合同神圣是香港合同法律制度的基本原则，为此，本案中有关合同义务及违约责任等应严格按照合同的规定进行审理。2. 关于因违约而解除合同的责任承担问题，香港法律和本案所涉合同规定是一致的。（1）根据香港法律，当事人可以约定可解除合同的违约行为，法院会要求当事人遵守这些条款。（2）根据香港法律，当事人可以约定违约的损害赔偿数额，约定违约赔偿金条款可强制执行。本案中，由于周大福公司、亨满公司未能履行《备忘录》规定的先决条件和《买卖股权协议》规定的义务，因此，黄艺明、苏月弟有权解除协议，并要求周大福公司、亨满公司根据《买卖股权协议》第19条退还已经支付的全部款项以及4500万港元的损害赔偿金。（3）根据香港法律，合同解除之后，周大福公司、亨满公司应返还但未返还的款项产生的利息属于不当得利，应偿还给苏月弟、黄艺明。（4）根据香港法律，在周大福公司、亨满公司不履行合同或者合同不可能履行时，苏月弟、黄艺明可以拒绝履行合同义务。三、无论根据香港法律或内地法律，宝宜公司都应承担还款责任。1. 根据香港法律和宝宜公司诉讼行为表明，宝宜公司是本案所涉合同的实际当事人，也是本案的被告。2. 根据香港法律，苏月弟、黄艺明有权起诉宝宜公司承担还款责任。3. 根据内地法律,宝宜公司也应承担还款责任。"周大福公司、亨满公司、宝宜公司提交《法律意见书证明》载明:"香港执业大律师许家为根据周大福公司、亨满公司、宝宜公司提交的文件、陈述,查证并提供香港法律,法律意见书的结论如下:一、《买卖股权协议》是有效的,并对各方当事人有约束力。二、黄冠芳未能按时付款,破坏整个合同的根本,违反了合同条文的'条件',足以让周大福公司及亨满公司作为守约方有权选择终止合同。周大福公司及亨满公司于2006年信函有效地终止合同。三、合同有效终止后,周大福公司及亨满公司有权根据《买卖股权协议》及四份补充协议没收黄冠芳已付的款项,同时也有权追讨因其违约而遭受的损失。四、宝宜公司是《买卖股权协议》的目标公司,是股东贷款的债务人,非转让方或受让方,非《买卖股权协议》缔约方,不受合约约束,也没有合同的权利及义务。五、黄冠芳或其合法继承人无权向宝宜公司主张任何合同或股东贷款权益。六、何君柱、方燕翔律师楼是黄冠芳签署《买卖股权协议》的合法代表律师。七、《买卖股权协议》中第25条'完整契约条款'把签署双方的合约关系局限于《买卖股权协议》的整份书面文件之内,于《买卖股权协议》未有记载、或于《买卖股权协议》签订之前的任何文件和承诺等,将不会成为《买卖股权协议》的一部分,也没有法律效力。八、《买卖股权协议》中第26条'继承受让条款'令各缔约方的合法继承人或受让人承继合同权益及受合同约束,唯任何一方转让合同权益前需要先得到对方同意。根据香港法律,'继承人'是指获法院授予之'遗嘱执行人'或'遗产管理人',因为《买卖股权协议》受香港法律管辖,黄艺明、苏月弟并没有根据香港法律申请成为黄冠芳的'遗嘱执行人'或'遗产管理人',故不具备继承《买卖股权协议》权益的资格。九、黄冠芳或其自称继承人如以周大福公司及亨满公司违约作为提告的诉因,必须在违约行为发生当天起计六年之内提出。期限一过,该人等将不可以就有关违约行为提出诉讼。十、股权及股东贷款转让是合法及有效的普遍商业行为。"

黄冠芳是佛山市顺德人。黄冠芳与苏月弟于1979年11月8日在佛山市顺德区登记结婚,婚后生育两个儿子黄艺明、黄世明。黄冠芳于2008年

其他合同纠纷

1月19日在佛山市顺德区死亡。根据黄艺明、苏月弟提供的公证证明,黄冠芳的父母均先于其死亡,黄冠芳生前没有立遗嘱,黄冠芳的法定继承人均对继承权进行了声明或处分。苏月弟以经公证的声明书表示放弃继承黄冠芳的遗产。黄世明以经我国驻曼彻斯特总领事馆公证的声明书表示放弃对黄冠芳遗产的继承。

一审法院依据黄艺明、苏月弟提出的财产保全申请,查封了宝宜公司名下位于广东省佛山市顺德区大良镇清晖路原华侨中学校址顺府国用(2000)字第0100878号土地使用权。宝宜公司表示被查封土地目前空置未开发。

一审法院认为,本案是涉港股权转让合同纠纷案件。依据最高人民法院于2011年11月30日作出(2011)民四终字第32号民事裁定,该院对本案享有管辖权。《备忘录》第17.1条约定:"本备忘录受香港法律管辖,并须按香港法律解释";《买卖股权协议》第27条约定:"本协议适用香港特别行政区法律并依香港法律解释。"本案诉讼过程中,各方当事人均确认本案应适用香港特别行政区法律。《中华人民共和国民法通则》第一百四十五条第一款规定:"涉外合同的当事人可以选择处理合同争议所适用的法律,法律另有规定的除外。"本案是涉港案件,应当参照上述规定确定准据法。因此,本案适用香港特别行政区法律处理。

关于黄艺明、苏月弟作为本案原告的诉讼主体是否适格的问题。黄冠芳与苏月弟均是佛山市顺德人,黄冠芳生前与苏月弟的婚姻关系无涉外或涉港澳台因素,故在其婚姻关系存续期间所得财产包括本案所涉财产权益的认定,应适应《中华人民共和国婚姻法》。根据该法第十七条的规定,本案所涉财产权益属黄冠芳与苏月弟的夫妻共同财产,苏月弟作为共有人,就其财产份额有权提起本案诉讼。在黄冠芳与苏月弟、黄艺明、黄世明之间的继承法律关系中,亦无涉外或涉港澳台因素,故黄艺明是否适格继承人的认定,应适用《中华人民共和国继承法》等相关法律的规定。在第一顺序继承人中,苏月弟、黄世明明确表示放弃继承,黄艺明成为黄冠芳遗产的唯一继承人。根据《中华人民共和国继承法》第二十五条的规定,黄艺明作为本案原告适格。周大福公司、亨满公司抗辩认为本案有关继承的主体资格应适用香港法,黄艺明、苏月弟作为本案原告的诉讼主体不适格的主张,法律依据不足,不予支持。

关于诉讼时效问题。双方当事人均援引了香港《时效条例》第4(1)(a)条的规定,即基于合约或侵权行为的诉讼,于诉讼因由产生的日期起计满6年后,不得提出。故确认本案诉讼时效期限为诉讼因由产生的日期起计6年。2002年1月25日第四补充协议约定,黄冠芳应于2002年5月31日前支付余款人民币9000万元,但黄冠芳未按该约定履行付款义务。本案诉讼过程中,周大福公司、亨满公司提供的信函显示,在第四补充协议约定的最后付款期限2002年5月31日之后,周大福公司、亨满公司仍就合同履行问题与黄冠芳协商。至2006年5月30日,周大福公司、亨满公司致函黄冠芳明确告知终止股权转让协议。至此,双方就合同履行开始产生纠纷,一方要求解除合同的诉讼因由产生,黄艺明、苏月弟基于涉案股权转让协议的解除、返还款项及违约责任等提起本案诉讼,诉讼因由产生的日期应为2006年5月30日周大福公司、亨满公司明确告知黄冠芳终止股权转让协议之日,故本案诉讼时效应自2006年5月30日起计算。黄艺明、苏月弟于2010年9月2日向一审法院起诉,没有超过6年的时效期间。黄艺明、苏月弟认为其起诉周大福公司、亨满公司诉因产生日期是周大福公司、亨满公司致函黄冠芳解除合同的2006年5月30日,依据充分,予以支持。周大福公司、亨满公司抗辩认为黄艺明、苏月弟起诉已超过6年的时效限制,依据不足,不予支持。

关于违约方认定的问题。第一,黄冠芳与周大福公司、亨满公司就涉案股权转让先后签订了《买卖股权协议》及四份补充协议,对此双方没有异议,予以确认。双方向法院提交的法律意见中均认为,契约自由与合同神圣是香港合同法律制度的基本原则,《买卖股权协议》及四份补充协议是有效的,对双方当事人均有约束力,确认《买卖股权协议》及四份补充协议有效,双方均应按照《买卖股权协议》及四份补充协议履行各自义务。第二,黄艺明、苏月弟认为双方还签订了《备忘录》,周大福公司、亨满公司予以否认。周大福公司、亨满公司在本案中提交的管辖异议申请书和答辩状、宝宜公司提交的答辩状均明确确认,"周大福公司、亨满公

其他合同纠纷

司与黄冠芳于2000年6月1日签署《备忘录》"。周大福公司、亨满公司后又抗辩认为其从未签署《备忘录》，依据不足，不予采信。因此，确认黄冠芳与周大福公司、亨满公司于2000年6月1日签署了《备忘录》。第三，黄艺明、苏月弟认为周大福公司、亨满公司违反《备忘录》第4.1条第（2）、(3) 项的约定，已构成违约。《备忘录》第4.1条第（2）、(3) 约定的"宝宜公司向顺德市政府有关部门领取房地产买卖的有关执照"及"拆除清理临时建筑物及终止租约"两项事项，在《买卖股权协议》第9条中已作变更，《买卖股权协议》第9条（a）约定："发出必要通知以终止租赁关系……但是，在转让完成时及以后，股权出让方并不保证在移交土地时，土地是腾空的"；(b) 约定："转让方同意和帮助受让方在中国当地设立顺德宝宜公司，……顺德宝宜公司的主要活动和目的是为了开发《顺德市华侨中学原地块土地使用权转让协议书》项下的土地"；(c) 约定："……尽最大努力帮助受让方向有关政府部门或机关申请有关土地建设、建造或开发的许可……"由于双方已经对《备忘录》第4.1条第（2）、(3) 项约定的权利义务作出变更，该约定对双方当事人不再产生约束力，双方应依新的约定行使权利、履行义务。因此，黄艺明、苏月弟认为周大福公司、亨满公司违反《备忘录》第4.1条第（2）、(3) 项的约定已构成违约，依据不足，不予支持。第四，黄艺明、苏月弟认为周大福公司、亨满公司违反《买卖股权协议》第9条的约定，已构成违约。《买卖股权协议》第9条是"最大勤勉"约定，即转让方尽最大努力帮助受让方控制土地，转让方以其最大努力帮助和同意受让方设立顺德宝宜公司，转让方尽最大努力帮助受让方向有关政府部门申请有关土地建设、建造或开发的许可等等，该"最大勤勉"条款要求周大福公司、亨满公司尽最大努力帮助黄冠芳完成有关事项，是周大福公司、亨满公司对黄冠芳的协助义务，本案中没有证据显示黄冠芳就设立顺德宝宜公司、向有关政府部门申请开发许可等有关事项采取过任何措施，也没有证据显示黄冠芳向周大福公司、亨满公司提出过协助其完成有关事项的请求。由于黄冠芳并未开始办理有关事项，周大福公司、亨满公司无履行相应的协助义务的前提。且本案诉讼中，黄艺明、苏月弟确认周大福公司、亨满公司已发出清理租约通知和清理部分租约,也没有证据显示涉案土地已进行开发建设。故黄艺明、苏月弟认为周大福公司、亨满公司违反《买卖股权协议》第9条的约定已构成违约,依据不足,不予支持。第五,由于黄冠芳没有按照《买卖股权协议》的约定支付股权转让款,周大福公司、亨满公司与黄冠芳先后签订四份补充协议,约定对黄冠芳的付款期限予以延期。2002年1月25日第四补充协议明确约定黄冠芳应将余款人民币9000万元在2002年5月31日前支付,但此后黄冠芳并未依约向周大福公司、亨满公司付款,故黄冠芳的行为已构成违约。综上,黄艺明、苏月弟主张周大福公司、亨满公司违约的依据不足,不予支持。周大福公司、亨满公司抗辩认为黄冠芳迟延付款已构成违约,依据充分,予以支持。

关于周大福公司、亨满公司应否向黄艺明、苏月弟返还款项及其数额的问题。第一,按照2002年1月25日第四补充协议约定,周大福公司、亨满公司与黄冠芳共同确认黄冠芳已支付的款项为2000万港元、人民币9350万元、人民币4861217元迟延付款利息,对此付款数额予以确认。黄艺明、苏月弟认为其已按照《备忘录》向周大福公司、亨满公司支付了人民币2000万元诚意金,周大福公司、亨满公司对此不予认可。由于黄艺明、苏月弟未能提供证据证明黄冠芳已向周大福公司、亨满公司支付了人民币2000万元诚意金,故对黄艺明、苏月弟该主张不予支持。第二,《买卖股权协议》第18条"受让方违约"约定:"如果受让方出现违约或未能支付二期款项或股权转让的余款(不归于转让方的责任),当转让方已经按照本协议约定的方式履行了义务,转让方有权认为受让方拒绝协议并没收订金4500万港元作为损害赔偿金。自此以后,双方不得另外索赔,多余的款项(高于4500万港元)应由转让方退还给受让方,但无需支付利息。"由于黄冠芳未按约定支付剩余股权转让款已构成违约,2006年5月30日周大福公司、亨满公司致函黄冠芳明确告知终止股权转让协议,本案诉讼过程中,双方均确认《买卖股权协议》及四份补充协议已于2006年5月30日解除,故确认《买卖股权协议》及四份补充协议解除。由于《备忘录》与《买卖股权协议》均是就涉案股权转让事宜所签订的合同,在双方确认解除《买卖股权协议》及四份补充协议的情况下,黄艺明、苏月弟诉请解除《备忘录》，依据充分，予以支持。合同解除后，按照《买卖股权协议》第18条的约定，黄冠芳已向周大福公司、亨满公司支付2000万港元及人民币98361217元，周大福公司、亨满公司在扣除4500万港元后，其余款项应返还给黄艺明、苏月弟。由于《买卖股权协议》第18条明确约定，双方不得另外索赔及所退还的款项无需支付利息，黄艺明、苏月弟诉请支付利息，依据不足，不予支持。综上，周大福公司、亨满公司应向黄艺明、苏月弟返还的款项为人民币98361217元减去2500万港元（按2006年5月30日中国人民银行公布的人民币对港元汇率中间价折算为人民币后扣减）。

关于宝宜公司应否承担还款责任的问题。本案是股权转让合同纠纷，周大福公司、亨满公司与黄冠芳签订《买卖股权协议》约定向黄冠芳转让所持有的宝宜公司100%股权和股东贷款权益。黄艺明、苏月弟主张宝宜公司应与周大福公司、亨满公司共同承担还款责任。宝宜公司仅是《买卖股权协议》转让股份的目标公司，并不是合同当事人，也不是股东贷款权益的转、受让方，是合同以外的第三人，故不受合同的约束。黄艺明、苏月弟诉请宝宜公司与周大福公司、亨满公司共同承担还款责任，依据不足，不予支持。

综上，黄艺明、苏月弟部分请求依据充分，予以支持；其他诉讼请求依据不足，予以驳回。该院依照《中华人民共和国民法通则》① 第一百四十五条第一款，《中华人民共和国婚姻法》第十七条②，《中华人民共和国继承法》第二十五条③，《中华人民共和国民事诉讼法》第六十四条、第六

---

① 《中华人民共和国民法通则》已于2021年1月1日起废止。

② 对应《中华人民共和国民法典》第一千零六十二条："夫妻在婚姻关系存续期间所得的下列财产，为夫妻的共同财产，归夫妻共同所有：（一）工资、奖金、劳务报酬；（二）生产、经营、投资的收益；（三）知识产权的收益；（四）继承或者受赠的财产，但是本法第一千零六十三条第三项规定的除外；（五）其他应当归共同所有的财产。夫妻对共同财产，有平等的处理权。"

③ 对应《中华人民共和国民法典》第一千一百二十四条："继承开始后，继承人放弃继承的，应当在遗产处理前，以书面形式作出放弃继承的表示；没有表示的，视为接受继承。受遗赠人应当在知道受遗赠后六十日内，作出接受或者放弃受遗赠的表示；到期没有表示的，视为放弃受遗赠。"

十九条的规定,判决:一、确认周大福公司、亨满公司与黄冠芳于2000年6月1日签订的《备忘录》解除;周大福公司、亨满公司与黄冠芳于2000年6月19日签订的《买卖股权协议》、于2000年9月18日签订的第一补充协议、于2000年11月14日签订的第二补充协议、于2001年6月15日签订的第三补充协议、于2002年1月25日签订的第四补充协议解除;二、周大福公司、亨满公司应于判决发生法律效力之日起30日内向黄艺明、苏月弟返还如下款项:人民币98361217元减去2500万港元(按2006年5月30日中国人民银行公布的人民币对港元汇率中间价折算为人民币后扣减);三、驳回黄艺明、苏月弟的其他诉讼请求。如果未按判决指定的期间履行给付金钱义务,应当依照《中华人民共和国民事诉讼法》第二百五十三条的规定,加倍支付迟延履行期间的债务利息。一审案件受理费1212255.50元,由黄艺明、苏月弟负担812255.50元,周大福公司、亨满公司负担40万元。

黄艺明、苏月弟不服上述一审判决,向本院提起上诉称:(1)一审判决将本案性质仅仅认定为股权转让纠纷错误。本案争议不仅包括股权转让,还包括股东贷款权益转让。①根据《备忘录》第3.1条、第3.2条以及《买卖股权协议》"鉴于"部分、第2条、第3条、第4条的约定,合同转让的标的不仅包括股权,还包括股东对公司的贷款债权。②周大福公司、亨满公司和宝宜公司向一审法院提交的管辖权异议申请书、向最高人民法院提交的答辩状中,均确认本案为股权转让和债权转让纠纷。③一审法院在管辖权裁定和一审判决事实查明部分中均确认,本案既涉及股权转让,也涉及债权转让。④最高人民法院裁定中已经指出:"本案所涉合同虽名为股权转让合同,但同时涉及债权转让。"(2)一审判决认定宝宜公司不应共同承担还款责任错误。根据香港法律和内地法律,宝宜公司作为本案债务人,应与周大福公司、亨满公司共同承担还款责任。①根据香港《法律修订及改革(合并)条例》第9条规定,当事人通过书面合同方式转让债权,受让人有权利取得转让方对债务人的所有法律权利,包括诉讼和救济的权利。在得知转让方和受让方就债权转让发生争议时,债务人如果要对该债权进行清偿,债务人应该向法庭缴存该笔债项。②最高人民法

其他合同纠纷

院裁定明确宝宜公司为本案的债务人,根据香港法律,宝宜公司作为本案债权转让纠纷的债务人,黄艺明、苏月弟有权要求其承担共同还款责任。③宝宜公司在香港对黄艺明、苏月弟提起的对抗诉讼以及宝宜公司提供的证据,均表明宝宜公司是本案债务人,依法应承担还款义务。2011年3月24日,周大福公司、亨满公司和宝宜公司分别以第一、第二和第三原告的身份,在香港高等法院起诉黄艺明、苏月弟,案号HCA 499/2011,请求判决:第一,确认买卖股权协议和补充协议受香港法律管辖且依法有效;第二,确认黄冠芳违约,周大福公司、亨满公司已合法终止买卖股权协议;第三,颁令黄艺明、苏月弟向周大福公司、亨满公司支付违约赔偿金,确认周大福公司、亨满公司有权并已合法没收黄冠芳根据买卖股权协议和补充协议规定已支付的所有款项;第四,颁布禁制令,禁制黄艺明、苏月弟在中国或其他司法管辖区向三位原告人就上述事项(特别是经补充之买卖股权协议)展开及/或继续任何法律程序,包括但不限于广东诉讼案。第五,支付利息、讼费和其他法院认为恰当的济助。香港高等法院受理了该案。2012年1月4日,宝宜公司又向香港高等法院提交变更诉讼请求申请,变更后的诉讼请求为:确认黄冠芳违约,而周大福公司、亨满公司已经合法终止了买卖股权协议及其补充协议。显然,宝宜公司是作为合同当事方向香港法院提出的请求。④依据香港代理法,宝宜公司应受《备忘录》和《买卖股权协议》的约束。宝宜公司《章程》规定,公司董事负责公司的运营,并代表公司处理重大事务等。周大福公司、亨满公司是宝宜公司的股东,持有全部股权,代表宝宜公司与顺德市政府签署《土地使用权转让协议书》的郑裕彤和李兆基以及代表宝宜公司与顺德市政府签订《土地使用权出让合同》的郑裕培都是与黄冠芳签订《备忘录》与《买卖股权协议》的代表。可见,《备忘录》和《买卖股权协议》及其补充协议均是由宝宜公司的董事签署,签署该文件董事的数额超过宝宜公司董事人数的50%。宝宜公司的董事是宝宜公司的代理人,因此,宝宜公司应受合同条款约束。⑤根据《中华人民共和国合同法》第七十三条和第八十条的规定,黄艺明、苏月弟有权要求宝宜公司与周大福公司、亨满公司共同承担合同解除后的还款责任。⑥《备忘录》第4.2条和《买卖股权协议》第

>> 1875

9条约定的"领取国有土地使用证、房地产买卖执照,和清理土地上临时建筑物与租约""终止租赁关系、驱逐居住者、非法占有者、房东"、成立顺德宝宜公司以及申请相关许可证等行为,必须是宝宜公司才有资格履行的义务,可见宝宜公司受合同条款约束。⑦宝宜公司提交其给第三方卢康明先生的函表明,其承认签署了本案所涉《备忘录》。(3)一审判决认定周大福公司、亨满公司没有违约,认定事实错误。周大福公司、亨满公司和宝宜公司未能完成《备忘录》约定的先决条件,也未能全部履行《买卖股权协议》约定的义务,导致合同目的无法实现,应承担违约责任。黄冠芳行使抗辩权而停止付款的行为不应被认定为违约行为。①《备忘录》和《买卖股权协议》各自独立约定了周大福公司、亨满公司、宝宜公司应承担的合同义务,两者之间不存在代替关系。《备忘录》约定的先决条件没有被《买卖股权协议》第9条所改变,也没有被其他条款改变。②从《备忘录》第4条看,此项交易须在周大福公司、亨满公司、宝宜公司完成领取国有土地使用权证、领取房地产买卖执照和清除及拆除土地上的所有临时建筑和终止所有现有租约三项义务后才能进行,三项义务须在《备忘录》签订日起8个月内完成,否则,应承担违约责任。而周大福公司、亨满公司、宝宜公司除领取国有土地使用权证外,其他两项义务一直未完成。由于周大福公司、亨满公司、宝宜公司的行为导致合同先决条件不能成就,致使《备忘录》约定的以转让顺德市原华侨中学土地使用权为基本内容的股权及股东贷款权益转让不能进行。③根据《买卖股权协议》第32条的约定,不能根据合同中的标题对相关条款作出结论性解释,因此,第9条有关终止租赁关系、成立顺德宝宜公司和取得土地权证的行为都是只有周大福公司、亨满公司、宝宜公司才能够完成的行为,是其应该履行的合同义务,此时黄冠芳尚未取得宝宜公司股东资格,根本不可能办理上述事项。④根据合同约定和香港法律规定,周大福公司、亨满公司、宝宜公司违约时,黄冠芳有权行使抗辩权,有权解除合同,并请求返还款项、支付赔偿金。⑤2012年12月7日,香港高等法院在黄艺明、苏月弟缺席的情况下,根据香港法作出了裁决,裁定撤销周大福公司、亨满公司和宝宜公司提出的有关确认黄冠芳违约以及周大福公司、亨满公司已经合法终止

其他合同纠纷

买卖股权协议和补充协议的申请。可见，香港高等法院已经根据香港法律认定黄冠芳并不存在违约行为。（4）一审法院在确认《备忘录》有效的情况下，仅以无付款凭证为由否认黄冠芳支付2000万元诚意金，既违反了合同约定，也违反了民事诉讼优势证据原则。周大福公司、亨满公司、宝宜公司应该偿还黄冠芳根据《备忘录》支付的2000万元诚意金。①《备忘录》约定2000万元诚意金是签订《股权买卖协议》的前提条件，《股权买卖协议》的签订证明黄冠芳已经支付了该笔款项。②《备忘录》和《股权买卖协议》对转让金额的约定，也证明黄冠芳已经支付了该笔款项。（5）一审判决认定合同解除，周大福公司、亨满公司承担还款责任，但无需支付利息，是对合同条款的错误理解，也违反了法律规定。根据香港法律，合同解除后，应返还但未返还的款项产生的利息属于不当得利，周大福公司、亨满公司、宝宜公司应承担自合同解除之日起未返还款项的利息。《股权买卖协议》第18条"无需支付利息"指的是合同解除前已付款项的利息无需支付，不包括合同解除后拖延还款的利息。综上，请求撤销一审判决，改判支持其全部诉讼请求。

周大福公司、亨满公司答辩称：（1）在《买卖股权协议》履行过程中，周大福公司、亨满公司为守约方，不存在任何违约行为。周大福公司、亨满公司从未与黄冠芳签署过《备忘录》，故黄艺明、苏月弟引用《备忘录》中"先决条件"指证周大福公司、亨满公司存在违约行为不能成立。即使存在《备忘录》，根据《买卖股权协议》第25条的约定，双方都不能依赖在合同签订前、协商过程中所产生的文件、书信、讨论内容及对话内容等反驳该合同书面记载的任何内容，因此，在《买卖股权协议》签署之前形成的《备忘录》实际已不再具有任何法律效力。《买卖股权协议》第9条约定的只是周大福公司、亨满公司对黄冠芳的协助义务，是一种附随义务，其履行前提取决于黄冠芳对有关事项先行主动采取了措施，且为此向周大福公司、亨满公司提出过协助、帮助其完成有关事项的请求，而本案中并无证据证实黄冠芳有此行为。（2）根据《买卖股权协议》及四份补充协议的约定，黄冠芳拒不按约履行付款义务事实清晰，虽然周大福公司、亨满公司已在股权转让款的支付时间上给予黄冠芳多次宽限，但黄冠芳始终没有按约定的期限和数额支付股权转让款及逾期付款利息，构成根本违约。作为违约方，黄艺明、苏月弟无权对守约的周大福公司、亨满公司行使抗辩权。(3) 黄艺明、苏月弟要求返还款项及支付损害赔偿金的诉请均建立于周大福公司、亨满公司违约的基础上，因此，对其诉讼请求依法应予驳回。(4)《备忘录》并非真实有效，且黄艺明、苏月弟没有证据证明黄冠芳已支付了 2000 万元诚意金，故对黄艺明、苏月弟关于返还 2000 万元诚意金的诉讼请求应予驳回。(5)《买卖股权协议》及四份补充协议系因黄冠芳的违约而被依法解除，根据合同约定及香港法律规定，周大福公司、亨满公司有权没收黄冠芳已支付的全部股权转让款（含订金 4500 万港元），无须向黄艺明、苏月弟返还任何款项。

宝宜公司答辩称：(1) 黄冠芳未能依据《买卖股权协议》及四份补充协议的约定取得宝宜公司的股权及股东贷款债权，黄艺明、苏月弟无权向宝宜公司提出任何权利主张。(2) 宝宜公司仅系周大福公司、亨满公司股东贷款的债务人，不是黄冠芳的债务人，更不能据此认定宝宜公司须向黄冠芳承担还款责任。(3) 本案系黄艺明、苏月弟与周大福公司、亨满公司之间因履行《买卖股权协议》而引起的纠纷，合同的签订、履行均发生在香港，内地法院本无管辖权，但黄艺明、苏月弟却将与本案无关的宝宜公司列为被告，通过滥用诉权取得内地法院的管辖权。本案的审理结果表明，宝宜公司无需承担责任。黄冠芳生前在履行合同过程中由于资金不足，要求延期付款，并与周大福公司、亨满公司签订多份补充协议，黄艺明、苏月弟却认为周大福公司、亨满公司违约，并提出高达 2 亿多元的诉讼请求，图谋非法利益，其诉讼请求不应得到支持。

周大福公司、亨满公司亦不服一审判决，向本院提起上诉称：(1) 一审法院确认周大福公司、亨满公司与黄冠芳签署了《备忘录》，与客观事实不符。黄艺明、苏月弟提交的《备忘录》的真实性不能成立。①《备忘录》上所载"郑裕培"英文签名是恶意冒充。②林高演在一审时已向法院递交了书面声明文件，否认曾在《备忘录》上签名，周大福公司、亨满公司亦已向一审法院申请对《备忘录》进行笔迹司法鉴定，但未获准许。③周大福公司、亨满公司和宝宜公司在管辖权异议阶段提交的管辖异议申

其他合同纠纷

请书和答辩状,仅是为了解决案件管辖这一程序问题暂时援引了黄艺明、苏月弟在诉状中陈述的内容,并不代表已经认可《备忘录》的真实性。④在香港的诉讼中,周大福公司、亨满公司和宝宜公司起诉状载明:"周大福公司、亨满公司与黄冠芳草拟了《备忘录》,但双方并没有签署上述《备忘录》。"(2)在已经确认黄冠芳违约的前提下,黄艺明、苏月弟以周大福公司、亨满公司和宝宜公司违约为由提出的诉讼请求应予驳回,一审判决主文第二项严重违背了民事诉讼"不告不理"的基本原则。是否以及如何追究黄冠芳违约后产生的法律责任,应当另案处理,这是属于周大福公司、亨满公司的权利。(3)一审法院认定事实错误。①第四补充协议中所确认的4861217元利息,是黄冠芳因未能按时支付转让款而自愿额外向周大福公司、亨满公司承担的责任,并非转让款本金。②根据香港法律的规定,本案诉讼时效期限为诉讼因由产生的日期起计六年。黄艺明、苏月弟明确表示合同已于2002年5月31日解除,要求自该日起由周大福公司、亨满公司和宝宜公司承担法律责任,因此,其诉讼因由产生的日期应当是2002年5月31日,由此计算,本案显然已经超过了6年的时效期间。③本案适用香港法律,在黄冠芳去世后,黄艺明、苏月弟并未能提供证据证明其已按香港法律规定在香港履行法定手续成为黄冠芳的遗嘱执行人或者遗产管理人,因此,其不具备提起本案诉讼的主体资格。(4)最高人民法院裁定认为,本案所涉合同虽名为股权转让合同,但同时涉及股东贷款权益的转让,宝宜公司作为债务人,就与本案存在法律上的利害关系,因本案被告宝宜公司在广东省内有可供扣押财产,故一审法院对本案享有管辖权,但该裁定赋予一审法院的只是对本案的暂定管辖权。根据一审查明的事实,宝宜公司无须承担任何责任,该暂定管辖权已经丧失继续存在的事实基础。根据《中华人民共和国民事诉讼法》第二百六十五条的规定以及《买卖股权协议》第27条的约定,本案应由香港法院管辖。此外,根据《最高人民法院关于适用〈中华人民共和国民事诉讼法〉的解释》第五百三十二条确立的"不方便法院原则"的规定,应判令驳回黄艺明、苏月弟的起诉。综上,请求改判,删除一审判决主文第一项中关于解除《备忘录》部分,撤销一审判决主文第二项,驳回黄艺明、苏月弟的其他诉讼请求。

黄艺明、苏月弟答辩称：(1)周大福公司、亨满公司、宝宜公司与黄冠芳签订并部分履行了《备忘录》，《备忘录》条款并没有被《买卖股权协议》修订。本案不仅是股权转让纠纷，更是债权转让纠纷，一审法院错误认定本案为股权转让纠纷，并继而错误认定宝宜公司是股权转让的目标公司，判决宝宜公司不承担还款责任，明显错误。《买卖股权协议》的签订证明黄冠芳已经支付了《备忘录》第3.2.1条约定的诚意金，《买卖股权协议》约定的合同总价格是依《备忘录》约定总价扣除2000万元诚意金，一审判决忽视这些事实，没有认定黄冠芳支付了2000万元诚意金，是错误的。(2)周大福公司、亨满公司和宝宜公司提供的证据证明其不但违反了《备忘录》，而且违反了《买卖股权协议》。2003年7月25日，黄冠芳曾要求周大福公司、亨满公司和宝宜公司提供付清1.6亿元土地出让款的收据、提供顺德华侨中学原地址的"报建及报批手续"等以便完成交易，但其至今未履行该义务。(3)周大福公司、亨满公司和宝宜公司并未就黄冠芳是否违约、是否承担违约责任和是否扣除赔偿金等问题提出反诉，因此，一审判决认定黄冠芳违约并应承担违约责任，违反了"不告不理"原则。(4)本案没有超过诉讼时效。香港《时效条例》第4条(1)(a)规定，基于简单合约或侵权行为的诉讼，于诉讼因由产生的日期起计满6年后，不得提出。本合同为该类案件，时效应为诉因产生之日起计6年。在《备忘录》《买卖股权协议》以及补充协议签订后履行期间，直到2006年5月30日周大福公司等致函黄冠芳告知终止协议时，双方就合同解除以及款项返还才开始发生争议。因此，黄艺明、苏月弟基于本案合同解除、款项返还和违约责任追究的诉因产生日期应为2006年5月30日。在协商未果的情况下，黄艺明、苏月弟才于2010年7月提起本案诉讼，因此，没有超过6年时效期间。(5)根据内地法律，黄艺明为黄冠芳遗产的继承人，苏月弟为黄冠芳妻子，黄艺明、苏月弟具备本案诉讼主体资格，且周大福公司、亨满公司和宝宜公司已经以自己的诉讼行为认可了黄艺明、苏月弟的诉讼主体资格。故应驳回周大福公司、亨满公司的上诉。

本院二审查明：《买卖股权协议》第14条关于"保证和陈述"约定，

其他合同纠纷

转让方对受让方就如下陈述予以保证：(f)(x)除了缔结中文协议和土地出租协议外，宝宜公司没有也不会实施经营活动或从事导致或有债务的行为，但已经披露的除外（包括但不限于建设、建筑和开发土地）。第32条关于"标题"约定，本协议任何标题或副标题仅作参考，不得对相关条款作出结论性解释。

二审期间，周大福公司、亨满公司申请对《备忘录》上"郑裕培""林高演"签名的真实性进行司法鉴定。虽然周大福公司、亨满公司否认《备忘录》的真实性，但周大福公司、亨满公司和宝宜公司在香港的起诉状中陈述，"大约于2000年5至6月，周大福公司、亨满公司（共同以卖方的身份）与黄冠芳（以买方的身份）就买卖宝宜公司股份进行商谈。商谈过程中更草拟了一份名为《备忘录》的文件"，还述及"虽然买卖双方并没有签署上述《备忘录》，但周大福公司、亨满公司（共同以卖方身份）与黄冠芳（以买方身份）其后于2000年6月19日签订《股权买卖协议》"，并将《备忘录》作为对其有利的证据提交香港高等法院原诉法庭。由此可见，周大福公司、亨满公司并不否认《备忘录》本身的真实性，只是认为其并未正式签署。因此，一审法院确认《备忘录》的真实性是正确的。因而，没有必要对《备忘录》上"郑裕培""林高演"签名的真实性进行司法鉴定。对周大福公司、亨满公司的鉴定申请，不予准许。

各方当事人对一审判决认定的其他事实并无异议，二审期间亦没有提交新证据。因此，除上述对合同部分内容补充外，本院对一审判决认定的事实予以确认。

本院认为：

1. 关于本案案由问题。根据《最高人民法院关于适用〈中华人民共和国涉外民事关系法律适用法〉若干问题的解释（一）》第十九条以及《中华人民共和国涉外民事关系法律适用法》第八条的规定，本案纠纷定性应当适用法院地法——内地法律。从本案系争合同的内容看，包括两方面权益转让：一是周大福公司、亨满公司将持有的宝宜公司全部股权转让给黄冠芳，二是周大福公司、亨满公司将其对宝宜公司的股东贷款权益转让给黄冠芳，因此，本案实质系股权及债权转让合同纠纷。根据法〔2011〕42

号《最高人民法院关于印发修改后的〈民事案件案由规定〉的通知》的要求及其所附《民事案件案由规定》,对于第三级案由没有规定的,适用相应的第二级案由,本案案由应确定为合同纠纷。一审法院仅将本案定性为股权转让纠纷欠妥,应予纠正。黄艺明、苏月弟关于本案不仅涉及股权转让,还涉及债权转让的观点是正确的,但案由仍应确定为合同纠纷。

2. 关于黄艺明、苏月弟是否本案适格原告问题。原告是否适格的问题首先是程序法上的问题。程序法事项自应适用法院地法律——内地法律。《中华人民共和国民事诉讼法》第一百一十九条第一项规定:"原告是与本案有直接利害关系的公民、法人和其他组织。"黄艺明、苏月弟是否是与本案有直接利害关系的公民?这是本案的先决问题。《最高人民法院关于适用〈中华人民共和国涉外民事关系法律适用法〉若干问题的解释(一)》第十二条规定:"涉外民事争议的解决须以另一涉外民事关系的确认为前提时,人民法院应当根据该先决问题自身的性质确定其应当适用的法律。"本案中,黄艺明系以黄冠芳法定继承人的身份主张权益,苏月弟系以黄冠芳夫妻财产共有权人的身份主张权益。《中华人民共和国涉外民事关系法律适用法》第三十一条规定:"法定继承,适用被继承人死亡时经常居所地法律,但不动产法定继承,适用不动产所在地法律。"被继承人黄冠芳死亡时经常居所地是内地,因此,一审法院适用内地法律并根据《中华人民共和国继承法》第二十五条第一款的规定,确定黄艺明是黄冠芳的合法继承人,黄艺明有权继承本案所涉财产,是正确的。《中华人民共和国涉外民事关系法律适用法》第二十四条规定:"夫妻财产关系,当事人可以协议选择适用一方当事人经常居所地法律、国籍国法律或者主要财产所在地法律。当事人没有选择的,适用共同经常居所地法律;没有共同经常居所地的,适用共同国籍国法律。"黄冠芳与苏月弟的共同经常居所地是内地,因此,一审法院适用内地法律并根据《中华人民共和国婚姻法》第十七条的规定,认定本案所涉财产属于黄冠芳与苏月弟的夫妻共同财产,苏月弟是本案系争财产的共有人,是正确的。黄冠芳去世后,黄艺明、苏月弟分别作为其财产继承人和财产共有人,提起本案诉讼,显然符合《中华人民共和国民事诉讼法》第一百一十九条关于"原告"的规

其他合同纠纷

定,是本案适格的原告。周大福公司、亨满公司关于应当适用香港法律确定黄艺明、苏月弟是否本案适格诉讼主体的观点是错误的。

3. 关于本案管辖权问题。本院(2011)民四终字第32号民事裁定已经确定内地法院对本案享有管辖权,当事人无权再就管辖权问题提出异议。此外,根据管辖恒定原则,即便据以确定管辖的事实在诉讼过程中发生变化,也不影响原告起诉、法院受理之时已经确定的法院的管辖权,以维护程序安定和诉讼效率等价值。黄艺明、苏月弟将宝宜公司列为本案被告,宝宜公司应否承担责任,是需要经过实体审理才能最终确定的。因此,周大福公司、亨满公司以所谓暂定管辖权、不方便法院原则等理由认为本案应当裁定驳回黄艺明、苏月弟起诉的观点,不能成立。

4. 关于本案所涉合同项下违约责任承担问题。本案系涉港合同纠纷案件。《备忘录》第17条约定:"本备忘录受香港法律管辖,并须按香港法律解释。"《买卖股权协议》第27条约定:"本协议适用香港特别行政区法律并依香港法律解释。"一审法院适用《中华人民共和国民法通则》第一百四十五条第一款的规定,确定本案合同纠纷应当适用香港特别行政区法律是正确的。各方当事人对此并无异议。从合同形式、当事人订约资格、意思表示、对价、合同目的等方面考察,《备忘录》《买卖股权协议》及其四份补充协议均符合香港合同法上关于合同有效的条件,一审法院认定《备忘录》《买卖股权协议》及其四份补充协议均为有效正确。双方当事人均表达了解除合同的意愿,《备忘录》《买卖股权协议》及其四份补充协议应予解除。

《买卖股权协议》第25条约定:"本协议包括双方所有的谅解和协议,无论是缔约方自行或他人以缔约方名义作出的,有关或产生于股权获得的陈述、保证,无论是明示或者暗示,法定或其他的,如果没有包含在、或在协议或任何附件中提及的,均不会导致陈述和保证作出者承担任何责任。"根据该约定,违反《备忘录》的约定无需承担法律责任,从这个意义上讲,《买卖股权协议》已经事实上替代了《备忘录》。黄艺明、苏月弟根据《备忘录》第4条的约定追究周大福公司、亨满公司的违约责任,缺乏依据。根据《买卖股权协议》的约定,周大福公司、亨满公司的主要合同义务是在转让款付清后将宝宜公司全部股权和对宝宜公司的股东贷款权益转让给黄冠芳，黄冠芳的主要合同义务是支付1.845亿港元价款，其中第9条约定对于转让方周大福公司、亨满公司而言，属于附随义务。本案中，黄冠芳未能依据《买卖股权协议》约定的期限完成付款义务，在先后签订四次补充协议、推迟付款期限的情况下，仍未完成。《买卖股权协议》并未明确约定转让款的支付以周大福公司、亨满公司履行特定义务为前提。因此，一审法院认定黄冠芳构成违约，且没有支持黄艺明、苏月弟关于认定周大福公司、亨满公司违约的诉讼请求，并无不当。黄艺明、苏月弟关于周大福公司、亨满公司应承担违约责任、其为行使抗辩权而停止付款的行为不构成违约的上诉理由，不能成立。

《买卖股权协议》第18条约定，在受让方违约的情况下，转让方有权"没收订金4500万港元作为损害赔偿金"，且"自此以后，双方不得另外索赔，多余的款项应由转让方退还给受让方，但无需支付利息"。根据该约定，在黄冠芳违约的情况下，周大福公司、亨满公司仅有权扣收4500万港元，其余款项均应予退还，且不得另外索赔。黄冠芳已经支付2000万港元、9350万元人民币以及4861217元人民币，在此基础上扣除4500万港元，一审法院判令周大福公司、亨满公司向黄艺明、苏月弟返还"98361217元人民币减去2500万港元"款项是正确的。尽管其中黄冠芳已付的4861217元人民币当时是作为利息支付，但由于黄冠芳承担的违约责任就是4500万港元，因此，其已付款项不论性质为何，均应统一计算在已付款总额中，由周大福公司、亨满公司在扣除4500万港元后将余款退还。周大福公司、亨满公司关于4861217元人民币不应予以返还的上诉理由，不能成立。同时，《买卖股权协议》第18条已经明确约定，余款由转让方退还给受让方无需支付利息，因此，黄艺明、苏月弟无权就此主张利息，其关于周大福公司、亨满公司应就还款支付利息的观点是对合同条款的错误解释，该上诉理由不能成立。

法院根据查明的事实，在认定黄冠芳违约的情况下，确定合同解除后各方当事人应当承担的法律责任，是解决合同争议的应有之义。一审判决在驳回黄艺明、苏月弟以周大福公司、亨满公司违约为由提出的诉讼请求

其他合同纠纷

的同时,将周大福公司、亨满公司根据合同应当返还的款项一并在本案中作出处理是正确的,并未超出本案的审理范围,不存在所谓违反"不告不理"诉讼基本原则的问题。周大福公司、亨满公司关于黄冠芳违约后产生的法律责任应当另案处理的上诉理由,不能成立。

5. 关于《备忘录》项下2000万元人民币诚意金是否已经支付问题。黄艺明、苏月弟认为黄冠芳已经依据《备忘录》支付了2000万元诚意金,周大福公司、亨满公司不予认可,在此情形下,黄艺明、苏月弟并未举出充分的证据证明黄冠芳实际向周大福公司、亨满公司支付了该笔款项,其仅仅是根据《备忘录》关于诚意金的约定以及《买卖股权协议》确定价款等情节,推定黄冠芳已经支付2000万元诚意金,不能达到高度可能性的证明标准,无法使法官形成内心确信。因此,一审法院未予认定黄冠芳支付2000万元诚意金这一事实并无不妥。黄艺明、苏月弟关于周大福公司、亨满公司应该返还2000万元诚意金的上诉理由,因缺乏事实依据,不能成立。

6. 关于宝宜公司应否承担本案债务的问题。宝宜公司并非《备忘录》《买卖股权协议》及其四份补充协议的当事方,其仅是合同约定的股权转让项下的目标公司和债权转让项下的债务人,根据香港《法律修订及改革(合并)条例》第9条的规定,不能得出宝宜公司在本案中负有向黄艺明、苏月弟承担清偿责任的结论。一审法院没有支持黄艺明、苏月弟对宝宜公司提出的承担还款责任的主张,是正确的。黄艺明、苏月弟关于根据香港法律和内地法律,宝宜公司均应与周大福公司、亨满公司共同承担本案还款责任的上诉理由,不能成立。

7. 关于本案的诉讼时效问题。《中华人民共和国涉外民事关系法律适用法》第七条规定:"诉讼时效,适用相关涉外民事关系应当适用的法律。"本案诉讼时效即应当根据合同纠纷所适用的法律——香港特别行政区法律确定。香港《时效条例》第4条(1)(a)规定,基于合约或侵权行为的诉讼,于诉讼因由产生之日起计6年。一审法院根据该规定认定本案诉讼时效为6年正确。各方当事人对此并无异议,但对于该时效期间的起算点存在争议。黄艺明、苏月弟认为应当从2006年5月30日起计算,而周大福公司、亨满公司认为应当从2002年5月31日起计算。黄艺明、苏月弟提起本案诉讼,系基于黄冠芳与周大福公司、亨满公司之间签订的合同,请求确认合同解除并由周大福公司、亨满公司、宝宜公司返还已付转让款及其利息并赔偿损失。虽然合同约定黄冠芳的付款期限届满是2002年5月31日,但周大福公司、亨满公司通知黄冠芳解除合同的时间是2006年5月30日,此后双方继续对合同终止后的相关问题进行了协商,在双方不能达成一致的情况下,黄艺明、苏月弟才提起本案诉讼。可见,本案诉讼因由产生于2006年5月30日,而不是2002年5月31日。因此,一审判决认定本案并未超过诉讼时效期间是正确的。周大福公司、亨满公司关于本案已超过诉讼时效期间的上诉理由,不能成立。

综上,一审法院认定基本事实清楚,适用法律正确,应予维持。上诉人黄艺明、苏月弟以及上诉人周大福公司、亨满公司的上诉理由均不能成立,不应予以支持。本院依照《中华人民共和国民事诉讼法》第一百七十条第一款第一项的规定,判决如下:

驳回上诉,维持原判。

二审案件受理费1212255.50元,由上诉人黄艺明、苏月弟负担606127.75元,上诉人周大福公司、亨满公司负担606127.75元。

本判决为终审判决。

审 判 长　高晓力
审 判 员　刘　敏
审 判 员　李　伟
二〇一五年六月二十九日
法官助理　陈瑞子
书 记 员　徐剑禧

其他合同纠纷

143. 李稳博诉上海虹口区艺术合子美术进修学校合同纠纷案[*]

▶ 经教育部门许可并通过民政部门登记设立的民办学校系公益性组织，出资人对学校财产不具有财产权益

【裁判摘要】

1. 对于根据《中华人民共和国民办教育促进法》等法律法规的规定，经教育部门许可并通过民政部门登记设立的民办学校，当事人以其系该民办学校的实际出资人为由诉请变更举办人身份的，属于行政许可范围，不属于民事诉讼受案范围。

2. 对于经教育部门许可并通过民政部门登记设立的民办学校，当事人以其系该民办学校实际出资人为由诉请确认其出资份额的，因该类民办学校系公益性组织，对该类学校的出资在本质上属于向社会的捐赠，民办学校对于已投入的资产享有独立法人财产权，且投入的财产终极归属于社会而非归属于出资人，故出资人对学校财产不具有财产权益，其要求确认出资份额的诉请没有法律上的财产权依据。

3. 对于没有法律上的权利基础的事实确认，不能作为独立的诉讼请求。当事人诉请要求确认没有法律权利基础的某项事实的，人民法院应裁定不予受理或驳回起诉。

[*] 摘自《最高人民法院公报》2016年第9期。

原告：李稳博，男，31岁，汉族，住上海市松江区。

被告：上海虹口区艺术合子美术进修学校。住所地：上海市虹口区松花江路。

法定代表人：陶文明，该校董事长。

原告李稳博因与被告上海虹口区艺术合子美术进修学校（以下简称合子学校）发生合同纠纷，向上海市虹口区人民法院提起诉讼。

原告李稳博诉称：被告合子学校系2011年11月25日经上海市虹口区教育局和区民政局批准成立的民办非企业单位。原告在被告筹建期间即与被告法定代表人陶文明等共同合作有关被告筹建事宜。被告成立后，原告担任被告的董事兼副校长，负责学校全面工作。2012年3月9日，原告与被告法定代表人陶文明、案外人乐健及被告成立时的名义出资人上海意动互联艺术设计有限公司（以下简称意动公司）签订协议，确认原告、陶文明、乐健为被告的实际出资人，出资比例分别为35%、40%、25%。协议签订后，原告于2012年7月3日分别将投资款12万元和75000元打入陶文明和乐健的银行账户。2014年7月8日，被告法定代表人陶文明无故解除了原告在被告处的董事和副校长职务，导致原告无法行使董事和实际出资人暨举办者的权利。故诉至法院要求确认原告为被告的出资人暨举办者，出资比例为35%。

被告合子学校辩称：不同意原告李稳博的诉讼请求。被告系民办非企业单位，其举办者暨出资人仅为意动公司，开办经费为50万元，全部系意动公司自有资金。原告仅系由意动公司作为举办者推荐至被告处担任董事的人员，并非原告所述系被告的实际出资人。根据被告的章程，被告有5名董事，不设股东会，最高权力机构是董事会，董事会会议应由2/3以上成员出席方为有效。乐健和被告法定代表人陶文明均为被告的董事。原告提交的两份所谓股东会决议，实为原告和陶文明、乐健3位董事私下作出的董事会决议，该决议因不符合章程规定的董事会议事规则而无效，不能代表董事会的意志。原告于2012年7月3日转账给陶文明的12万元并非对被告的出资，而系原告作为被告财务总管，被告法定代表人陶文明将被告需要对外支付的款项交付原告，由原告负责完成对外支付后，原告将剩

其他合同纠纷

余款项归还给陶文明。故不同意原告的诉讼请求。

上海市虹口区人民法院一审查明：2011年7月12日，由陶文明、乐健及原告李稳博等5人签署形成经被告合子学校第一届董事会第1次会议通过的董事会决议，内容为：通过合子学校章程，通过举办者代表陶文明、乐健、李稳博和校长代表周绿、教职工代表刘金梁5人为第一届董事会成员等。经该次董事会通过的合子学校《章程》载明：学校由举办者意动公司利用非国家财政性经费出资50万元举办，学校的注册资金50万元，举办者不要求回报；学校设立董事会，实行董事会领导下的校长负责制，董事会由5人以上组成；董事会会议应有2/3以上成员出席方为有效；学校董事会讨论聘任和解聘校长、修改学校章程、制订发展规划等重大事项的，必须得到全体董事2/3以上同意方可通过等。

2011年11月10日，上海市虹口区民政局出具《准予民办非企业单位登记决定书》（沪虹民社登〔2011〕72号），决定准予被告合子学校成立登记，发给《民办非企业单位（法人）登记证书》，合子学校要接受登记管理机关和业务主管单位的监督管理等。合子学校成立时所形成的《上海市民办非学历教育学校（机构）设立审批登记表》载明：该校的举办者类型为民营企业，举办者为意动公司，开办经费为意动公司自有资金出资50万元等。合子学校的民办非企业单位登记证书载明：该校法定代表人为陶文明，业务范围为中等及中等以下非学历业务教育（艺术类），业务主管单位为上海市虹口区教育局。

2012年3月29日，由原告李稳博和意动公司、陶文明、乐健在"股东签字"栏签字或盖章形成《上海虹口区艺术合子美术进修学校股东管理制度修订版》，载明："股东陶文明、李稳博、乐健于2011年共同出资创建上海虹口区艺术合子美术进修学校，三人为上海虹口区艺术合子美术进修学校的实际、唯一出资方，持股比例分别为陶文明40%、李稳博35%和乐健25%，分红比例与持股比例一致"，等等。该《股东管理制度修订版》中，在"学校盖章"栏盖有合子学校公章。同年7月2日，陶文明向李稳博银行账户转账30万元。次日，李稳博分别向陶文明、乐健银行账户转账12万元和75000元。

2013年3月27日,由原告李稳博和意动公司、陶文明、乐健在"自然人股东签字"栏签字或盖章,由被告合子学校在"学校盖章确认"栏盖章形成《上海虹口区艺术合子美术进修学校股东会议》一份,载明内容为关于补交税款、股东后期合作事宜;参加会议的股东为李稳博、陶文明、乐健,等等。

一审法院认定原告李稳博在一审中的诉讼请求为要求确认李稳博为被告合子学校的出资人暨举办者,出资比例为35%。

上海市虹口区人民法院一审认为,被告合子学校系经行政许可登记成立的民办学校。根据《中华人民共和国民办教育促进法》第九条规定:"举办民办学校的社会组织,应当具有法人资格。举办民办学校的个人,应当具有政治权利和完全民事行为能力……"第十一条规定:"举办实施学历教育、学前教育、自学考试助学及其他文化教育的民办学校,由县级以上人民政府教育行政部门按照国家规定的权限审批;举办实施以职业技能为主的职业资格培训、职业技能培训的民办学校,由县级以上人民政府劳动和社会保障行政部门按照国家规定的权限审批,并抄送同级教育行政部门备案。"第十二条规定:"申请筹设民办学校,举办者应当向审批机关提交下列材料:(一)申办报告,内容应当主要包括:举办者、培养目标、办学规模、办学层次、办学形式、办学条件、内部管理体制、经费筹措与管理使用等;(二)举办者的姓名、住址或者名称、地址;(三)资产来源、资金数额及有效证明文件,并载明产权……"第十三条第一款规定:"审批机关应当自受理筹设民办学校的申请之日起三十日内以书面形式作出是否同意的决定。"第五十四条规定:"民办学校举办者的变更,须由举办者提出,在进行财务清算后,经学校理事会或者董事会同意,报审批机关核准。"同时,《民办非企业单位登记管理暂行条例》第三条规定:"成立民办非企业单位,应当经其业务主管单位审查同意,并依照本条例的规定登记。"第九条规定:"申请民办非企业单位登记,举办者应当向登记管理机关提交下列文件:(一)登记申请书;(二)业务主管单位的批准文件;(三)场所使用权证明;(四)验资报告;(五)拟任负责人的基本情况、身份证明;(六)章程草案。"第十五条第一款规定:"民办非企业单

其他合同纠纷

位的登记事项需要变更的,应当自业务主管单位审查同意之日起30日内,向登记管理机关申请变更登记。"从上述法律法规的规定可见,对于确认或否定民办学校举办者身份的问题,审批机关即政府教育行政部门对民办学校举办者身份审查属于实质审查,体现了相关行政机关的意志。因此,确认或否定民办学校举办者身份属于政府教育行政部门行政权限范畴,包含了行政许可内容。据此,确认或否定举办者纠纷不属于人民法院民事诉讼受理范围,应当由政府教育行政主管部门解决。

综上所述,民办非企业单位的举办者是身份权,确认或否认民办学校举办者身份,是我国法律赋予有关行政主管部门的特有的权力,属行政许可内容,不能通过民事诉讼程序予以解决。原告李稳博以其与陶文明、乐健等签订《股东会议》《股东管理制度修订版》等协议要求确认其为合子学校的举办者,不属于人民法院受案范围。

据此,上海市虹口区人民法院依照《中华人民共和国民办教育促进法》第十二条、第十三条、第五十四条,《中华人民共和国民事诉讼法》第一百一十九条第四项、第一百五十四条第一款第三项,《最高人民法院关于适用〈中华人民共和国民事诉讼法〉的解释》第二百零八条第三款,《民办非企业单位登记管理暂行条例》第十五条第一款之规定,于2015年3月30日作出裁定:驳回原告李稳博的起诉。

李稳博不服一审裁定,向上海市第二中级人民法院提出上诉称:虽然被上诉人合子学校系民办非企业单位,无法适用《中华人民共和国公司法》,但李稳博与陶文明、乐健等达成的股份份额协议系各方的真实意思表示,也是各方对合子学校资产转让的约定。且李稳博于2012年7月3日实际交付出资款共195000元。李稳博在一审中没有提出过要求确认其为举办者的诉讼请求,其仅诉请要求确认其对学校拥有35%的出资份额,与举办者身份无关。一审以其诉请要求确认其为举办者而举办者属行政许可范围为由裁定驳回起诉不当。现其上诉请求二审裁定一审法院继续审理并确认李稳博对合子学校具有35%的出资份额。

被上诉人合子学校辩称:同意一审裁定的意见。且上诉人李稳博于2012年7月3日转入的195000元系前一天7月2日陶文明给付李稳博30

万元用于学校事务而未用完的返还款,李稳博没有另行出资。故要求维持原裁定。

上海市第二中级人民法院经二审查明:上诉人李稳博在原审中的书面诉讼请求为确认其对合子学校的股份(出资比例)为35%。在一审审理笔录中,李稳博代理人陈述:"民政部门确实登记的出资人是意动公司,我方现在认为举办者与出资人没有区别。意动公司是名义上的举办者、出资者,但实际出资人是本案原告、陶文明、乐健。"法官询问:"原告,你方现在诉请是否让法院确定本案原告是被告的实际举办者和出资人,确定后再去民政局要求进行变更登记,将原告登记为被告的举办者?"李稳博代理人回答:"是的。我方认为根据我方与被告、意动公司、陶文明、乐健签订的协议,他们均认为我是被告的隐名举办者和出资人,所以现在要求显名。"

二审另查明,在被上诉人合子学校申请设立时提交行政机关审批和登记的该校《章程》中,除第二条载明学校由意动公司出资50万元举办,举办者不要求回报之外,《章程》第三十四条还对学校终止时的财产处理作出规定:"学校财产按下列顺序清偿:(一)应退受教育者学费和其他费用;(二)应发教职工的工资及应缴纳的社会保险费用;(三)偿还国家税收;(四)偿还其他债务。学校清偿后的剩余财产用于公益性或者非营利性目的,或者由登记管理机关转赠与本校性质、宗旨相同的组织,并向社会公告。"该章程由学校全体董事会成员陶文明、李稳博、乐健、周绿、刘金梁签名并盖有意动公司章,落款日期为2011年7月12日。

上海市第二中级人民法院二审认为,本案上诉人李稳博虽然在一审庭审中的诉请表述为请求确认其对被上诉人合子学校具有35%的出资份额比例,但在一审审理笔录中,从李稳博对其诉讼请求的解释可得出,其认为出资人和举办者无区别,其要求确认出资人身份就是要求确认其为举办者,其欲通过司法途径确认出资人暨举办者的身份,据此再向行政机关申请举办者变更登记。而在二审中,李稳博称其在一审中没有要求确认举办者身份,与其一审中对诉请的解释不符,二审不予采信。二审法院认定李稳博在一审中的诉讼请求为要求确认其系合子学校的出资人暨举办者,出

资比例为35%。而根据《中华人民共和国民办教育促进法》等法律规定，民办学校举办者的变更属于行政许可的范围，不属于民事诉讼的受理范围，李稳博如欲成为合子学校的举办者，应通过申请行政许可变更的途径解决。

上诉人李稳博在二审中改变对其诉讼请求的解释，认为其要求确认35%出资份额与举办者身份无关，此解释系将出资人与举办者相分离。民办学校的出资人仅仅诉请确认其对学校的出资份额是否属于民事诉讼范围，应以出资人对其出资份额是否拥有法律上的权利为前提。这种权利的一种方式可体现为身份上的权利，即出资人基于出资可以对学校享有决策管理权。民办学校的决策机构系董事会（或理事会），根据《中华人民共和国民办教育促进法》第二十条的规定，校董事会由举办者（或其代表）、校长、教职工代表组成。可见，出资人若基于出资享有对学校的决策管理权，该出资人身份必须与举办者身份合为一体，无法分割。而举办者身份的确认或变更属于行政许可范围。

那么，出资人是否可对出资份额单独享有财产权？二审法院认为，属于民办非企业法人的民办学校不同于公司（或企业法人），具有公益性和非营利性。非企业法人的民办学校对投入学校的资产和积累享有独立的法人财产权，出资人对学校财产不享有所有权或共有权，出资人对学校也不享有类似于公司股东的财产权利。就本案而言，被上诉人合子学校在申请设立时，在由其举办者及全体董事（含李稳博）共同签章的提交申请许可和登记的学校《章程》中明确"举办者不要求回报"，"学校清偿后的剩余财产用于公益性或者非营利性目的，或者由登记管理机关转赠与本校性质、宗旨相同的组织，并向社会公告"。这是学校举办者和全体董事在学校设立时向社会作出的承诺，也是取得行政许可和民政登记的条件，亦符合《中华人民共和国民办教育促进法》对投入民办学校的财产终极归属于社会而非归属出资人的立法本意。民办非企业学校的《章程》内容是取得行政许可和登记的条件，在学校设立后，学校董事不能随意对章程作出有悖于学校公益性质的变更或另行作出与《章程》性质不符的约定。根据本案合子学校的《章程》规定和该校作为民办非企业法人的公益性质，该校的出资人（举办者）对其投入学校的资产不具有所有权，也不具有根据出资多少来获得回报、分配剩余财产等的其他财产权利。故李稳博要求确认其对合子学校的出资份额没有法律上的财产权基础，其要求确认出资份额只是要求确认一项事实，没有法律权利基础的事实确认不能作为独立的诉讼请求。

对于上诉人李稳博是否对被上诉人合子学校投入过资金及投入多少资金，本案不作实体审查。如果李稳博对合子学校确实投入过资金，且李稳博投入该资金是以其成为合子学校出资人（举办者）的身份为目的，而不是单纯向学校的捐赠行为；那么，在以该目的的出资未能获得合子学校董事会接受，也未能获得行政机关变更许可和登记的情况下，李稳博可以另行主张要求接受其投入资金的受让人予以返还。

综上，本案中上诉人李稳博诉请确认其对被上诉人合子学校具有35%的出资份额的实质是李稳博要求确认其成为合子学校的举办者，而确认和变更举办者属于行政许可范围。而对于作为民办非企业法人的学校，确认非举办者身份的出资人地位没有现行法律依据，且根据合子学校的《章程》和《中华人民共和国民办教育促进法》等法律法规的规定，出资人（举办者）对于其出资形成的学校财产也没有法律上的财产权，李稳博要求确认其出资份额只是要求确认一项事实，不能作为独立的民事诉讼请求。故一审裁定于法有据，二审予以维持。

综上，上海市第二中级人民法院依照《中华人民共和国民事诉讼法》第一百七十条第一款第一项之规定，于2015年9月8日裁定如下：驳回上诉，维持原裁定。

本裁定为终审裁定。

其他合同纠纷

144. 黑龙江北大荒投资担保股份有限公司与黑龙江省建三江农垦七星粮油工贸有限责任公司、黑龙江省建三江农垦宏达粮油工贸有限公司等担保合同纠纷案*

▶ 同一债权上既有人的担保,又有债务人提供的物的担保,债权人与债务人的共同过错致使本应依法设立的质权未设立,保证人对此并无过错的,债权人应对质权未设立承担不利后果

【裁判摘要】

同一债权上既有人的担保,又有债务人提供的物的担保,债权人与债务人的共同过错致使本应依法设立的质权未设立,保证人对此并无过错的,债权人应对质权未设立承担不利后果。《中华人民共和国物权法》第一百七十六条对债务人提供的物保与第三人提供的人保并存时的债权实现顺序有明文规定,保证人对先以债务人的质物清偿债务存在合理信赖,债权人放弃质权损害了保证人的顺位信赖利益,保证人应依《中华人民共和国物权法》第二百一十八条的规定在质权人丧失优先受偿权益的范围内免除保证责任。

---

* 摘自《最高人民法院公报》2018 年第 1 期。

最高人民法院民事裁定书

(2017) 最高法民申 925 号

再审申请人（一审原告、二审上诉人）：黑龙江北大荒投资担保股份有限公司。住所地：黑龙江省哈尔滨市南岗区嵩山路33号中融国际大厦27-28层。

法定代表人：魏成林，该公司总经理。

委托诉讼代理人：全蕾，黑龙江胜德利律师事务所律师。

委托诉讼代理人：魏晓丽，黑龙江胜德利律师事务所律师。

被申请人（一审被告、二审上诉人）：黑龙江省建三江农垦七星粮油工贸有限责任公司。住所地：黑龙江省佳木斯市富锦市建三江铁南开发区。

法定代表人：刘喜本，该公司总经理。

委托诉讼代理人：孙鹏，黑龙江孟繁旭律师事务所律师。

被申请人（一审被告、二审上诉人）：黑龙江省建三江农垦宏达粮油工贸有限公司。住所地：黑龙江省佳木斯市富锦市七星农场场部第十三街坊。

法定代表人：刘雪峰，该公司经理。

委托诉讼代理人：孙鹏，黑龙江孟繁旭律师事务所律师。

被申请人（一审被告、二审上诉人）：黑龙江省建三江农垦华龙粮油工贸有限责任公司。住所地：黑龙江省佳木斯市富锦市建三江铁南工业开发区。

法定代表人：刘子光，该公司经理。

委托诉讼代理人：孙鹏，黑龙江孟繁旭律师事务所律师。

被申请人（一审被告、二审上诉人）：黑龙江省建三江农垦稻福米业

其他合同纠纷

有限公司。住所地：黑龙江省佳木斯市富锦市建三江分局热电厂内。

法定代表人：张和国，该公司经理。

委托诉讼代理人：孙鹏，黑龙江孟繁旭律师事务所律师。

一审被告：黑龙江省建三江农垦三江缘米业有限责任公司。住所地：黑龙江省富锦市建三江铁北区佳抚南侧31号。

法定代表人：邵士玲，该公司经理。

一审被告：邵士玲，女，1961年11月24日出生，汉族，黑龙江省建三江农垦三江缘米业有限责任公司经理，住黑龙江省富锦市。

一审被告：徐延军，男，1962年7月3日出生，汉族，黑龙江省建三江农垦三江缘米业有限责任公司股东，住黑龙江省富锦市。

再审申请人黑龙江北大荒投资担保股份有限公司（以下简称北大荒担保公司）因与被申请人黑龙江省建三江农垦七星粮油工贸有限责任公司（以下简称七星公司）、黑龙江省建三江农垦宏达粮油工贸有限公司（以下简称宏达公司）、黑龙江省建三江农垦华龙粮油工贸有限责任公司（以下简称华龙公司）、黑龙江省建三江农垦稻福米业有限公司（以下简称稻福公司）及一审被告黑龙江省建三江农垦三江缘米业有限责任公司（以下简称三江缘公司）、邵士玲、徐延军担保合同纠纷一案，不服黑龙江省高级人民法院（2016）黑民终200号民事判决，向本院申请再审。本院依法组成合议庭进行了审查，现已审查终结。

北大荒担保公司申请再审称：（1）二审法院认定案由错误。担保合同属于从合同，案由的确定不能依据从法律关系来确定。担保公司代偿债务后向借款人及保证人追偿，不仅仅是依据保证合同向担保人主张权利，故一审法院将本案案由确定为追偿权纠纷是正确的，二审法院将案由变更为担保合同纠纷错误。（2）二审法院判决四保证人在案涉4560吨水稻价值范围内免责缺乏事实和法律依据。徐延军证实邵士玲将质押的水稻出卖，说明4560吨水稻的实际控制权在三江缘公司，并未交付给北大荒担保公司。质物的交付是质权设立或质押合同生效的要件，故北大荒担保公司与三江缘公司所建立的水稻质押合同关系成立未生效。四保证人应对案涉借款债务承担连带保证责任，二审法院对此未予纠正存在不当。三江缘公司及七星公司、华龙公司、稻福公司均没有办理水稻质押手续,也未向北大荒担保公司提供水稻质押担保,只有宏达公司提供了足额水稻后北大荒担保公司才与该公司办理了水稻质押手续。几家公司虽为联保关系,但反担保形式不同,北大荒担保公司出具给宏达公司的《告知函》不足以证明四保证人对三江缘公司提供水稻的担保产生合理信赖。北大荒担保公司与四保证人签订的保证合同没有约定水稻的质押及其他物的担保,四保证人并不知道三江缘水稻的质押,也不是因为有三江缘的水稻质押才提供的保证。二审法院强加的所谓"合理信赖"是主观臆断的错误认定。(3)二审法院认定案涉4560吨水稻的价值为1413.6万元没有事实和法律依据。三江缘公司与北大荒担保公司签订的质押担保合同确定4560吨水稻的质押率为70%,即使质权设立,其质押担保的价值仅为800余万元。综上,北大荒担保公司依据《中华人民共和国民事诉讼法》第二百条第一项、第二项规定申请再审。

七星公司、宏达公司、华龙公司、稻福公司提交意见称:北大荒担保公司的再审申请无事实和法律依据,请求予以驳回。

本院审查过程中,北大荒担保公司提交两份新证据:证据一,徐延军出具的《情况说明》,意在证明三江缘公司法定代表人邵士玲与华龙公司法定代表人刘子光恶意串通将案涉质物4560吨水稻出卖,导致北大荒担保公司无法收回贷款损失;证据二,三江缘公司经营场所的照片,意在证明三江缘公司抵押给北大荒担保公司的设备、厂房已年久失修根本无法弥补其损失的事实。

七星公司、宏达公司、华龙公司、稻福公司质证认为,证据一的真实性不能确定,所谓徐延军的《情况说明》与其本人在本案一审、二审中的陈述相矛盾,且与保证人是否承担保证责任没有关联性;证据二只能反映三江缘公司的现状,与北大荒担保公司的待证目的没有关联性。综上,上述证据不构成足以推翻原判的再审新证据。

本院认证如下:徐延军作为本案当事人,其出具的《情况说明》属于当事人陈述,因其未参加询问,该份证据又系复印件,故真实性不能确定,本院不予采信。证据二与北大荒担保公司的待证目的没有关联性。综

上，以上两份证据不构成足以推翻原判的再审新证据，本院不予采信。

本院经审查认为：

（一）关于本案案由应为追偿权纠纷还是担保合同纠纷的问题

民事案件的案由应当依据当事人主张的法律关系的性质来确定，同一诉讼中涉及两个以上法律关系的，应当依据当事人诉争的法律关系的性质确定案由，均为诉争法律关系的，则按诉争的两个以上法律关系确定并列的两个案由。本案存在多个法律关系：主法律关系为三江缘公司与中国建设银行股份有限公司哈尔滨农垦支行（以下简称农垦建行）的借款合同关系；从法律关系是北大荒担保公司与农垦建行的保证合同关系，北大荒担保公司为上述借款提供连带责任保证；同时，本案还存在反担保合同关系，即债务人三江缘公司以机器设备抵押和 4560 吨水稻质押为北大荒担保公司提供反担保，三江缘公司法定代表人邵士玲及其夫徐延军以房产抵押和股权质押方式提供反担保，七星公司、宏达公司、华龙公司、稻福公司在 1000 万元借款范围内为北大荒担保公司提供连带责任保证。本案系主债务的连带保证人北大荒担保公司在代为清偿三江缘公司的借款债务后，基于法定追偿权诉请债务人三江缘公司偿还代偿款，基于反担保合同关系诉请反担保人承担反担保责任，故本案案由应确定为追偿权纠纷和担保合同纠纷。本案一审法院将案由确定为追偿权纠纷，二审法院调整为担保合同纠纷，在案由的确定上均不完整，但因本案一审、二审法院对诉争的法律关系均进行了审理，原审案由确定上的瑕疵对本案的实体审理未产生影响，故该问题不足以对本案启动再审。

（二）关于债务人提供的质押未设立，保证人应否在质押物优先受偿的范围内免除连带保证责任的问题

本案中，北大荒担保公司于同日分别与债务人、第三人签订的质押合同、抵押合同及保证合同均系当事人的真实意思表示，不违反法律、行政法规的强制性规定，应依法认定为有效合同。其中，北大荒担保公司与债务人三江缘公司签订的水稻质押合同虽依法成立生效，但因三江缘公司未

交付质物并将出质的水稻出卖给案外人,依据《中华人民共和国物权法》(以下简称《物权法》)第二百一十二条"质权自出质人交付质押财产时设立"的规定,应认定北大荒担保公司的水稻质权未设立。质权未设立对保证人的保证责任产生何种影响,保证人应否在质押物优先受偿的范围内免除保证责任,是本案当事人之间的核心争议。对此问题,本案一审、二审法院所作认定有所不同,一审法院判令四保证人在质权未成立价值的50%范围内承担连带保证责任,二审法院则改判四保证人在案涉质物4560吨水稻价值范围内免除保证责任。本院认为,综合全案事实,二审法院对保证人的免责认定并无不当,理由如下:

其一,北大荒担保公司与三江缘公司未能诚实守信积极履行生效的质押合同义务,双方对质权未设立均存在过错,致使本应有效设立的质权未能发挥物的担保效用,过错当事人应承担不利后果。案涉质押合同签订后,三江缘公司未向北大荒担保公司交付出质的4560吨水稻,而是将质物存放于自己的仓库中,其后私自将质物出卖给案外人,且未将出售所得款项清偿债务,主观上具有逃避债务、将还款责任转嫁给其他担保人的恶意,该公司对质权未设立存在过错。反担保债权人北大荒担保公司作为一家职业担保公司,对出质人不交付质物的商业风险、法律后果以及该行为对同一债权上保证人利益的影响理应知晓,且质物水稻系粮食作物,难以久存,存在被债务人处分的可能,该公司理应尽到谨慎注意义务。但是,该公司在质押合同签订后,始终未请求三江缘公司交付质物,即使为了方便保管而将水稻继续存放于三江缘公司仓库,北大荒担保公司亦应尽到对质物的监管义务,使质物处于自己的控制之下,而其怠于监管致使质物被债务人私自处分;在得知质物被债务人出卖给特定案外人"中储粮"后,北大荒担保公司未积极向三江缘公司主张以质物出卖款清偿债务从而减轻损害,而是因其债权上存在多个担保就躺在权利上睡大觉,明显有违诚信。因此,债权人和债务人的共同过错造成本应依法设立的质权未能发挥物的担保效用,而保证人对此并无过错,北大荒担保公司应对其怠于保障债权利益的消极行为承担不利后果。

其二,保证合同中虽未明确约定债务人提供水稻质押是保证人提供保

其他合同纠纷

证的条件，但物权法对债务人提供的物保与第三人提供的人保并存时的债权实现顺序有明确规定，保证人对先以债务人的质物清偿债务存在合理信赖利益，北大荒担保公司怠于行使质物交付请求权损害了保证人的顺位信赖利益，保证人应在质物优先受偿价值范围内免责。本案中，借款债务人三江缘公司与四保证人均系稻米经营企业，互相之间存在五户联保关系，联保形式相同，即任何一户的银行贷款均由北大荒担保公司提供担保，再由借款债务人以各自所有的机器设备、房产和水稻向北大荒担保公司提供抵押和质押担保，其他四户向北大荒担保公司提供保证担保。案涉质押合同与保证合同系同一天签订。以上事实表明，案涉各方当事人均知晓北大荒担保公司的反担保债权上应同时设立了债务人提供的物的担保和第三人提供的人的担保。《物权法》第一百七十六条规定："被担保的债权既有物的担保又有人的担保的，债务人不履行到期债务或者发生当事人约定的实现担保物权的情形，债权人应当按照约定实现债权；没有约定或者约定不明确，债务人自己提供物的担保的，债权人应当先就该物的担保实现债权；第三人提供物的担保的，债权人可以就物的担保实现债权，也可以要求保证人承担保证责任。提供担保的第三人承担保证责任后，有权向债务人追偿。"依据上述规定，因本案当事人没有约定债权实现顺序，若债务人提供的担保物权正常设立，保证人只对物的担保以外的债权承担保证责任，故四保证人对自己享有法定的顺位利益存在一种合理信赖，从保证人七星公司法定代表人刘喜本、保证人宏达公司法定代表人刘雪峰在得知三江缘公司处分质物后立即向公安部门报案的情况来看，也能证明保证人存在此种信赖，由此产生的信赖利益受法律保护。若令保证人在债务人提供的担保物权未设立时继续承担保证责任，则恶意违约的债务人与怠于行使权利的债权人利益不受损，保证人的信赖利益却遭受侵害，这无疑违反民法的公平原则和诚实信用原则。

综上两方面分析，保证人合理的顺位信赖利益遭受债权人和债务人的侵害，保证人应当在质押物4560吨水稻的价值范围内免除保证责任。

(三)关于质物 4560 吨水稻的价值亦即四保证人的免责范围应如何认定的问题

在质权设立的情况下,质权人的债权不能清偿时应以质押物拍卖、变卖的价值优先受偿。因本案北大荒担保公司的质权未设立,二审法院根据黑龙江省粮食局、中国储备粮管理总公司黑龙江分公司、中国农业发展银行黑龙江省分行下发黑粮农联【2014】102 号《关于印发水稻最低收购价收购质价政策的通知》中关于 2014 年度水稻最低收购价为每市斤 1.55 元的指导价,确定案涉 4560 吨水稻的价值为 1413.6 万元,有明确依据,并无不当。再结合三江缘公司出卖上述质押物所得款项为 1300 余万元、诉争债权金额为 1000 万元的事实来看,二审法院判令四保证人免除保证责任并无不当。

综上,北大荒担保公司的再审申请不符合《中华人民共和国民事诉讼法》第二百条第一项、第二项规定的情形。本院依照《中华人民共和国民事诉讼法》第二百零四条第一款,《最高人民法院关于适用〈中华人民共和国民事诉讼法〉的解释》第三百九十五条第二款的规定,裁定如下:

驳回黑龙江北大荒投资担保股份有限公司的再审申请。

审　判　长　潘　杰
审　判　员　骆　电
审　判　员　万　挺
二○一七年七月十七日
法　官　助　理　汪传海
书　记　员　张　崇

其他合同纠纷

145. 深圳市奕之帆贸易有限公司、侯庆宾与深圳兆邦基集团有限公司、深圳市康诺富信息咨询有限公司、深圳市鲤鱼门投资发展有限公司、第三人广东立兆电子科技有限公司合同纠纷案[*]

> 双方当事人在设立让与担保的合同中约定，如担保物的价值不足以覆盖相关债务，即使债务履行期尚未届满，债权人亦有权主张行使让与担保权利

【裁判摘要】

> 1. 让与担保的设立应在债务履行期届满之前，但就让与担保的实现问题，参照《中华人民共和国物权法》第一百七十条的规定则需要满足债务人不履行到期债务或者发生当事人约定的实现权利的情形等条件。双方当事人在设立让与担保的合同中约定，如担保物的价值不足以覆盖相关债务，即使债务履行期尚未届满，债权人亦有权主张行使让与担保权利。该约定不违反法律行政法规的强制性规定，应当认定合法有效。

---

[*]《最高人民法院公报》2020年第2期。

》1903

> 2. 为防止出现债权人取得标的物价值与债权额之间差额等类似于流质、流押之情形，让与担保权利的实现应对当事人课以清算义务。双方当事人就让与担保标的物价值达成的合意，可认定为确定标的物价值的有效方式。在让与担保标的物价值已经确定，但双方均预见债权数额有可能发生变化的情况下，当事人仍应在最终据实结算的债务数额基础上履行相应的清算义务。

最高人民法院民事判决书

（2018）最高法民终751号

上诉人（一审原告）：深圳市奕之帆贸易有限公司，住所地广东省深圳市南山区东滨路433号信诺大厦1#科技楼3楼308室。

法定代表人：罗小堂，该公司总经理。

委托诉讼代理人：曾辰华，广东宝源律师事务所律师。

委托诉讼代理人：马杰，北京市君泽君律师事务所律师。

上诉人（一审原告）：侯庆宾，男，1954年10月12日出生，汉族，住山西省太原市迎泽区。

委托诉讼代理人：王晓华，山西邦宁律师事务所律师。

委托诉讼代理人：张旭娟，山西邦宁律师事务所律师。

被上诉人（一审被告）：深圳兆邦基集团有限公司，住所地广东省深圳市罗湖区东门街道深南东路123号百货广场大厦中庭P层。

法定代表人：许富升，该公司董事长。

其他合同纠纷

委托诉讼代理人：陈耀权，北京市天同（深圳）律师事务所律师。

委托诉讼代理人：纪树雄，北京德恒（广州）律师事务所律师。

被上诉人（一审被告）：深圳市康诺富信息咨询有限公司，住所地广东省深圳市福田区福田街道彩田路福华路交叉路口西南角兆邦基大厦12楼1201室。

法定代表人：张彧，该公司执行董事。

委托诉讼代理人：李谦，北京市天同（深圳）律师事务所律师。

委托诉讼代理人：郭春暖，北京德恒（广州）律师事务所律师。

被上诉人（一审被告）：深圳市鲤鱼门投资发展有限公司，住所地广东省深圳市罗湖区东门街道深南东路123号百货广场大厦中庭P层。

法定代表人：许富升，该公司董事长。

委托诉讼代理人：林泰松，国信信扬律师事务所律师。

委托诉讼代理人：马彪，国信信扬律师事务所律师。

一审第三人：广东立兆电子科技有限公司，住所地广东省东莞市大岭山镇矮岭冚月山村。

法定代表人：胡黎明，该公司董事长。

委托诉讼代理人：关亦乔，山西邦宁律师事务所律师。

上诉人深圳市奕之帆贸易有限公司（以下简称奕之帆公司）、侯庆宾因与被上诉人深圳兆邦基集团有限公司（以下简称兆邦基公司）、深圳市康诺富信息咨询有限公司（以下简称康诺富公司）、深圳市鲤鱼门投资发展有限公司（以下简称鲤鱼门公司）及一审第三人广东立兆电子科技有限公司（以下简称立兆公司）合同纠纷一案，均不服广东省高级人民法院（2016）粤民初52号民事判决，分别向本院提出上诉。本院于2018年7月19日立案受理后，依法组成合议庭，公开开庭审理了本案。上诉人奕之帆公司的委托诉讼代理人曾辰华、马杰，上诉人侯庆宾及其委托诉讼代理人王晓华、张旭娟，被上诉人兆邦基公司的委托诉讼代理人陈耀权、纪树雄，被上诉人康诺富公司的委托诉讼代理人李谦、郭春暖，被上诉人鲤鱼门公司的委托诉讼代理人林泰松、马彪，一审第三人立兆公司的委托诉讼代理人关亦乔到庭参加诉讼。本案现已审理终结。

2014年5月26日，深圳市安联信诺投资发展有限公司名称变更为深圳市鲤鱼门投资发展有限公司。2018年2月13日，深圳市鲤鱼门投资发展有限公司名称变更为深圳市立桥投资发展有限公司。2018年6月6日，深圳市立桥投资发展有限公司又重新更名为深圳市鲤鱼门投资发展有限公司。深圳市安联信诺投资发展有限公司与深圳市立桥投资发展有限公司以下统一简称为鲤鱼门公司。2018年3月21日，深圳市康诺富投资发展有限公司更名为深圳市康诺富信息咨询有限公司，该公司以下统一简称为康诺富公司。

奕之帆公司、侯庆宾上诉请求：撤销一审判决，改判支持奕之帆公司、侯庆宾一审全部诉讼请求。本案一审、二审全部诉讼费用由兆邦基公司、康诺富公司、鲤鱼门公司承担。事实和理由：（1）2014年4月2日各方签订的《项目合作协议》（以下简称4.2《项目合作协议》）以及后续2014年4月25日签订的《股权担保协议》（以下简称4.25《股权担保协议》）、2014年8月26日《协议书》（以下简称8.26《协议书》）及2015年11月17日签订的《关于四方2014年8月26日〈协议书〉的补充协议》（以下简称《补充协议》），实际系关于30%股权"让与担保"的系列整体协议，前后一贯、不可分割，更不存在任何终止或变更。根据司法实践中的一贯做法，让与担保不发生物权转移效力，法院首先应确认奕之帆公司享有鲤鱼门公司30%股权及对应的项目权益。（2）8.26《协议书》及《补充协议》并非股权转让协议，且该协议违反让与担保的强制清算义务及公平等价有偿原则，参照禁止流质规定，应依法确认无效。首先，案涉8.26《协议书》一直强调继续履行4.25《股权担保协议》，该《协议书》实质上是在"债务未届清偿期、未经清算"的情况下，要求奕之帆公司"强行放弃担保物"，该协议并无"终止担保""股权转让"的意思表示。一审判决在已认定4.2《项目合作协议》及4.25《股权担保协议》对30%股权的约定系让与担保且没有相关依据的情况下，认定8.26《协议书》终止原让与担保，并变更为股权转让，明显错误。其次，8.26《协议书》签订时，奕之帆公司对外负债尚未到清偿期，根本不存在奕之帆公司无法清偿、必须由兆邦基公司代为清偿的问题。同时，8.26《协议书》签

其他合同纠纷

订时,并未按照4.25《股权担保协议》的约定对30%股权进行评估。由于"担保物"价值及"担保债权"金额均未确定,根本不具备清算条件,事实上也未进行清算。本案虽然不属于《中华人民共和国物权法》第二百一十一条直接调整的范围,同样应当遵守该法律规定所体现的公平、等价有偿等民法基本原则。据此,兆邦基公司利用债权人缔约的优势地位,强行要求奕之帆公司放弃30%股权而抵偿4.06亿元对外负债,所签订8.26《协议书》及《补充协议》应依法确认无效。(3)4.25《股权担保协议》符合约定及法定解除条件,应恢复奕之帆公司30%股权的工商登记。首先,4.25《股权担保协议》符合约定解除条件。该协议约定,未经奕之帆公司同意,30%股权不得质押,否则奕之帆公司有权要求返还该部分股权。但据一审法院查明的事实,康诺富公司、兆邦基公司已于2015年4月8日将其持有的股权分别质押给中国工商银行股份有限公司深圳红围支行、中国农业银行股份有限公司深圳华侨城支行。由于该质押未经奕之帆公司同意,根据合同约定,奕之帆公司有权要求30%股权恢复变更登记。其次,4.25《股权担保协议》符合法定解除条件。4.25《股权担保协议》的核心合同目的包括两方面:其一,30%股权仍归属奕之帆公司;其二,奕之帆公司将30%股权及权益价值与应付债务进行清算,获得收益。但该协议签订后,兆邦基公司实施的下述行为,已致使上述合同目的无法实现:第一,2014年8月26日,即在4.25《股权担保协议》签署仅4个月后,在债权未到期、债权金额未确定、未对担保物30%股权及市场价值进行评估、未将债权金额与担保物金额进行清算的情况下,处置了奕之帆公司所享有的30%股权及对应项目权益,已使合同目的完全无法实现。第二,2015年4月2日,鲤鱼门公司作为借款人和抵押人,与中国工商银行股份有限公司深圳红围支行、中国农业银行股份有限公司深圳华侨城支行签订《最高额抵押合同》,将其名下全部土地作为抵押,担保主债权为1248789960元。鲤鱼门公司为项目公司,名下核心资产仅为土地使用权及在建项目。鲤鱼门公司将名下核心资产对外抵押,且金额高达12.48亿元,致使奕之帆公司30%的项目权益严重受损,无法实现4.25《股权担保协议》对30%股权进行清算的合同目的。鉴于兆邦基公司上述违法处置30%

股权且将鲤鱼门公司名下土地对外抵押的行为,严重损害了4.25《股权担保协议》中奕之帆公司享有30%股权以及对30%股权按约进行结算的核心利益,致使合同目的无法实现,该合同应予解除。综上,奕之帆公司以其持有的鲤鱼门公司30%股权设定担保,共签署三组协议,即4.2《项目合作协议》、4.25《股权担保协议》、8.26《协议书》及《补充协议》。上述协议中让与担保的意思表示一脉相承,从未被终止。8.26《协议书》在债务未届清偿期且未经清算的情况下,约定奕之帆公司放弃担保物,明显违背让与担保的强制清算义务及公平、等价有偿原则。一审判决认定8.26《协议书》为股权转让协议,明显与本案证据及客观事实不符、适用法律错误,请依法改判。

兆邦基公司、康诺富公司、鲤鱼门公司辩称:(1)奕之帆公司及侯庆宾将鲤鱼门公司30%股权以4.06亿元转让给兆邦基公司之后,曾多次提起诉讼后又撤诉,现再次恶意提起本案诉讼要求返还已转让的股权,明显有违商业诚信,其真实目的是利用起诉手段向兆邦基公司索要财物。(2)本案涉及的8.26《协议书》及《补充协议》的性质为股权转让协议,转让案涉30%股权及其权益是各方当事人的真实意思表示,且未违反法律的强制性规定,案涉30%股权的转让合法有效,一审法院对此认定正确。(3)4.2《项目合作协议》及4.25《股权担保协议》的约定不构成让与担保,8.26《协议书》及《补充协议》也不属于奕之帆公司、侯庆宾主张的流质担保契约。首先,兆邦基公司不是协议列明的奕之帆公司应清偿的具体债务的债权人,兆邦基公司不存在与奕之帆公司订立担保协议的主债权基础。其次,4.25《股权担保协议》中,奕之帆公司并不是将案涉30%股权完全转让给兆邦基公司,而是交由双方共管,不符合让与担保的特征,不构成让与担保。4.25《股权担保协议》形成的股权共管所具有的担保功能,已被嗣后的8.26《协议书》所终止。再次,兆邦基公司是以明确的、固定的对价人民币4.06亿元受让案涉30%股权,并与奕之帆公司约定在4.06亿元范围内代其清偿外债,不足以清偿的,仍由奕之帆公司负责偿还,有余额的则支付至奕之帆公司指定的收款人,而非直接以案涉30%股权抵偿奕之帆公司应清偿的债务。最后,《补充协议》确认了8.26《协议书》的实际

其他合同纠纷

履行情况,该份时隔一年三个半月后形成的《补充协议》,可以进一步证实协议各方在8.26《协议书》中的真实意思表示系转让案涉30%股权,而非流质契约。四、奕之帆公司和侯庆宾的《补充上诉理由》脱离诉请,极力否认70%股权转让的效力,以期混淆客观事实。关于70%股权转让的效力问题不在本案审理范围内。综上,奕之帆公司和侯庆宾的上诉请求均于法无据,请求二审法院予以驳回。

立兆公司述称:(1)认可一审法院将4.25《股权担保协议》认定为让与担保性质,但不认可8.26《协议书》及其他补充协议是对4.25《股权担保协议》的终止。8.26《协议书》是对4.25《股权担保协议》的继续履行,并不构成对股权的重新处分。(2)不认可奕之帆公司提供的《评估报告》。该报告评估方法错误,未考虑项目享受了深圳城市更新办法的优惠,项目不是工业用地而是商业用地。《评估报告》中亦未体现对鲤鱼门公司的负债,财务数据不准确,无参考价值。

奕之帆公司与侯庆宾向一审法院起诉请求:(1)依法判决确认8.26《协议书》及《补充协议》无效;(2)依法判决解除4.25《股权担保协议》;(3)依法判令兆邦基公司、康诺富公司共同向奕之帆公司返还持有的鲤鱼门公司的30%股权,并办理完成工商登记手续;(4)依法判决确认奕之帆公司与侯庆宾享有鲤鱼门公司项目权益的30%(上述一项、二项、三项、四项诉讼请求所对应的鲤鱼门公司的30%股权及相应的项目权益,现评估价值为70504.34万元);(5)本案全部诉讼费用由兆邦基公司、康诺富公司与鲤鱼门公司承担。

一审法院经审理查明:

一、4.2《项目合作协议》的签订及履行情况

2014年4月2日,奕之帆公司、兆邦基公司、侯庆宾、立兆公司签订《项目合作协议》。该协议确认,奕之帆公司持有鲤鱼门公司100%股权,侯庆宾为鲤鱼门公司实际控制人,立兆公司作为侯庆宾的关联公司,与侯庆宾一起承担担保责任。该协议约定,奕之帆公司向兆邦基公司转让其持有的鲤鱼门公司70%股权,股权转让款为700万元,投资补偿款为9.38

亿元，作为支付鲤鱼门公司的负债。同时，奕之帆公司与侯庆宾对鲤鱼门公司的债务和风险进行了披露。该协议中涉及争议的30%股权的内容：

1. 奕之帆公司、侯庆宾、立兆公司承诺对黑建诉讼负责处理并承担责任，保证在鲤鱼门公司70%股权变更登记至兆邦基公司后20天内以置换等方式解决土地查封。奕之帆公司承诺以其在鲤鱼门公司30%股权及对应的未分配权益，作为上述义务履行的担保。如果奕之帆公司、侯庆宾、立兆公司未能在本协议签订后一个月内解决，则兆邦基公司有权以自己或鲤鱼门公司名义解决，因此产生的相关代价及费用由奕之帆公司、侯庆宾、立兆公司承担连带责任偿付给兆邦基公司，或以奕之帆公司在鲤鱼门公司所占的股权及对应的未分配权益抵偿给兆邦基公司。但在支付上述代价或费用时，兆邦基公司应与奕之帆公司协商确定。

2. 兆邦基公司成为鲤鱼门公司股东后，如果奕之帆公司资金不足，兆邦基公司愿意向奕之帆公司提供融资借款，但奕之帆公司须将其持有的鲤鱼门公司30%的股权过户登记至兆邦基公司指定的公司或个人名下用于担保，融资借款的额度为2.5亿元，年利率为30%，项目竣工验收后6个月内偿还。期间利息按年支付，如奕之帆公司不能按时支付利息，对所欠利息按年息20%计算利息。奕之帆公司还清兆邦基公司的借款本息后，兆邦基公司将该30%的股权过户还给奕之帆公司。在兆邦基公司为奕之帆公司融资后，如奕之帆公司不能在约定的时间内归还兆邦基公司资金本息的，奕之帆公司同意以其在鲤鱼门公司中所占股权及对应的权益份额来抵偿，并愿意无条件地配合兆邦基公司办理抵偿的相关手续。上述2.5亿元的融资借款，兆邦基公司应在鲤鱼门公司70%的股权变更登记至兆邦基公司名下后五日内，先向奕之帆公司融资借款1.5亿元，专项用于剔除设定在目标项目地块上的查封和奕之帆公司、侯庆宾处理相关事项（但之前奕之帆公司须先按约定将其所持的鲤鱼门公司30%的股权过户登记至兆邦基公司指定的公司或个人名下）。

2014年4月21日，奕之帆公司将鲤鱼门公司70%股权变更登记至兆邦基公司名下。

二、4.25《股权担保协议》的签订及履行情况

2014年4月25日,奕之帆公司、兆邦基公司、康诺富公司签订《股权担保协议》。该协议确认:

1. 为确保奕之帆公司能够承担债务偿还和后续资金的支付义务,奕之帆公司愿意将其持有的鲤鱼门公司30%股权以过户的方式抵押给康诺富公司。康诺富公司目前的独资股东由兆邦基公司单独委派。奕之帆公司与兆邦基公司决定将康诺富公司的股东变更为二人有限公司,即兆邦基公司持有51%股权,奕之帆公司委派的股东罗小堂持有49%股权。

2. 上述30%股权的实际所有人仍是奕之帆公司,仍由奕之帆公司享有、行使和承担项目公司该30%股权对应的股东权利和义务。该协议确认上述30%股权所担保的内容是:(1)黑建诉讼及查封的解决;(2)兆邦基公司成为鲤鱼门公司股东之前鲤鱼门公司已经产生及尚未发现的债务;(3)兆邦基公司同意向奕之帆公司提供额度不超过2.5亿元的借款,借款数额以奕之帆公司实际收到并确认的实际款项计算;(4)鲤鱼门公司已向广州银行借款3.1亿元,之后还将向银行申请后续贷款,奕之帆公司与兆邦基公司应按股权比例偿还贷款本息;(5)奕之帆公司与兆邦基公司应按股权比例投入目标项目的后续开发建设资金。对于上述2.5亿元的借款,该协议约定如奕之帆公司需要向兆邦基公司融资借款,则奕之帆公司应将其委派人员持有的康诺富公司的49%股权过户给兆邦基公司或兆邦基公司所指定的公司(或个人),用于融资借款的担保。该协议对债务清偿约定如下:鲤鱼门公司全面竣工验收、初始登记并具备分割办理产权登记条件时,双方对奕之帆公司各项偿还和支付义务进行最后结算。经结算,如奕之帆公司完全履行了偿还和支付义务,则奕之帆公司可要求归还30%股权;如未能履行偿还和支付义务或由兆邦基公司代偿,兆邦基公司可要求以奕之帆公司在鲤鱼门公司中所占的30%股权所对应的权益份额(即依股权比例可分得的房地产物业)来抵偿,具体抵偿方式为评估所得的市场销售价格的90%。该协议所约定的违约责任:康诺富公司持有奕之帆公司抵押过户的、项目公司30%股权期间,未经奕之帆公司、兆邦基公司同意,

有将该30%股权进行抵押、担保、转让过户行为的，奕之帆公司有权要求康诺富公司将其持有的项目公司30%股权过户给奕之帆公司，康诺富公司不能履行的，则奕之帆公司有权要求兆邦基公司将其所持有的项目公司30%的股权过户给奕之帆公司。

2014年4月23日，康诺富公司的股东结构由陈秋秋占100%股权变更为罗小堂占49%股权、兆邦基公司占51%股权。2014年4月25日，奕之帆公司将所持有的鲤鱼门公司30%股权变更登记至康诺富公司名下。

三、8.26《协议书》及《补充协议》的签订及履行情况

2014年8月26日，奕之帆公司、兆邦基公司、侯庆宾、立兆公司与鲤鱼门公司共同签订《协议书》。该协议书在鉴于部分明确：……2.2014年4月25日，奕之帆公司和兆邦基公司会同康诺富公司签订了《股权担保协议》，主要约定：（1）为确保奕之帆公司能够清理、偿还兆邦基公司受让鲤鱼门公司70%股权之前鲤鱼门公司所负的债务，确保兆邦基公司及重组后的鲤鱼门公司免受损失，奕之帆公司同意将其持有的鲤鱼门公司剩余30%股权过户登记至康诺富公司名下用于担保；（2）如奕之帆公司能够按约清理和偿还上述债务〔包括解除高英灿诉讼案件对项目土地的查封及整个案件的彻底解决、山西建邦集团有限公司（以下简称建邦公司）4600万元的处理、广州银行3.1亿元贷款中应由奕之帆公司承担的本息、潮商公司8000万元欠息等〕，并能够按照股权比例对项目后续建设投入资金的，则奕之帆公司可要求康诺富公司归还该30%股权，并可以按照股权比例享有相应的权利。如奕之帆公司不能清偿债务或不能按股权比例投入后续建设资金，在兆邦基公司代为偿还和支付后，兆邦基公司有权用该30%的股权所对应的权益份额折抵；（3）考虑到房地产市场的变化，双方同意每年委托专业评估机构对奕之帆公司30%的股权所对应的权益份额进行评估，以确定奕之帆公司30%的股权份额是否足以清偿其债务。

3.2014年5月27日，奕之帆公司又通过兆邦基公司向兆邦基公司的关联人许玮珊借款人民币5000万元。侯庆宾是该借款的连带责任保证人。

4.由于奕之帆公司及侯庆宾原因，至今为止，已经明确的奕之帆公司

和侯庆宾未能按约清理和偿还的债务如下：(1)解除高英灿诉讼案件对项目土地的查封及整个案件的彻底解决；(2)建邦公司向鲤鱼门公司付款4600万元的账务处理；(3)向潮商公司及其关联人吴怡群借款所产生的欠款尾数人民币8000万元。

5. 已经披露的、但尚未到期的奕之帆公司债务如下：(1)以项目土地作抵押向广州银行贷款3.1亿元，奕之帆公司按股权比例应承担9300万元的本金及利息偿还义务；(2)奕之帆公司向许玮珊借款5000万元的本金和利息偿还义务。

6. 经过对整个项目的市场评估，奕之帆公司在鲤鱼门公司中所享有的权益份额已不足偿还上述债务。该协议书约定："一、自本合同生效之日起，奕之帆公司放弃已过户到康诺富公司名下的鲤鱼门公司30%的股权。该30%的股权归兆邦基公司所有，并由兆邦基公司全权处置。二、自本合同生效之日起，奕之帆公司和侯庆宾完全退出鲤鱼门公司，并完全退出案涉项目。奕之帆公司和侯庆宾在鲤鱼门公司中不再享有任何权利，对该项目也不享有任何权利。三、自本合同生效之日起，奕之帆公司、侯庆宾和立兆公司所负的上述债务由兆邦基公司和鲤鱼门公司在总额人民币4.06亿元范围内负责解决。四、各方确认，人民币4.06亿元的用途具体分配如下：(1)1.2亿元用于彻底解决高英灿案件并解除对项目土地的查封。(2)5000万元用于处理建邦公司4600万元的账务。(3)8000万元用于清结潮商公司及其关联人员吴怡群借款所产生的欠款尾数人民币8000万元。(4)1亿元用于偿还应由奕之帆公司承担的广州银行贷款本息。(5)5600万元用于偿还向许玮珊借款5000万元的本金和利息。五、上述五项债务，由兆邦基公司或鲤鱼门公司据实、依法直接与各债权人进行清结，由奕之帆公司和侯庆宾予以配合。"第六条约定，除上述五项债务之外的鲤鱼门公司其他债务仍由奕之帆公司负责清理和偿还，并由侯庆宾和立兆公司承担连带保证责任。

2015年11月17日，奕之帆公司、兆邦基公司、深圳市信诺电讯股份有限公司（以下简称信诺电讯公司）、侯庆宾与鲤鱼门公司共同签订《补充协议》。该《补充协议》对8.26《协议书》的履行情况进行了确认，确认上述五项债务中的第四项、第五项已履行完毕,但第一项因高英灿案尚在诉讼中,具体数额尚未确定;第二项已支付3300万元,因建邦公司向法院提起了诉讼,余额亦未支付;第三项已支付人民币4000万元,因信诺电讯公司于2015年8月11日向兆邦基公司发通知暂停支付,余款4000万元尚未支付。各方约定:(1)关于用于高英灿案件1.2亿元部分,以该案审理结束时实际发生的数额为准。超出部分,按以前协议的约定。如果实际发生的数额不足1.2亿元,则余额在扣除诉讼费用、律师费用等成本后,余额归信诺电讯公司所有。(2)关于用于建邦公司债务的5000万元,已支付3300万元,余额(1700万元)在本协议签订之日起5日内支付。(3)关于用于清结潮商公司及其关联人员吴怡群借款所产生的欠款尾数和处理。因已支付4000万元,余额因信诺电讯公司暂停支付的通知而未支付。该款项兆邦基公司应当在收到信诺电讯公司付款通知后再行支付。但由于鲤鱼门公司并不是实际借款人,也并非借款的实际使用人。实际借款人或者借款的实际使用人为信诺电讯公司。侯庆宾作为信诺电讯公司的实际控制人,在向潮商公司主张借款关系中的相关权益时,可通过诉讼途径解决,但无论哪种方式,均不得损害鲤鱼门公司相关权益。该《补充协议》第四条对鲤鱼门公司的账户余额等问题进行了确认。

2014年11月10日,兆邦基公司向鲤鱼门公司增资8000万元,兆邦基公司持有鲤鱼门公司96.67%股权,康诺富公司持有鲤鱼门公司3.33%股权,后又进行变更,目前鲤鱼门公司的股权结构为兆邦基公司持有鲤鱼门公司90%股权,康诺富公司持有鲤鱼门公司10%股权。2015年4月8日,康诺富公司将持有的10%股权,兆邦基公司将其持有的90%股权质押给中国工商银行股份有限公司深圳红围支行、中国农业银行股份有限公司深圳华侨城支行。

2015年11月19日,建邦公司、鲤鱼门公司、信诺电讯公司、侯庆宾、张彧借款合同纠纷一案在广东省深圳市中级人民法院达成调解协议,并由法院制作民事调解书。张彧为履行该调解书的内容,受兆邦基公司委托,于2015年11月27日向建邦公司转账支付1500万元,同时另行向信诺电讯公司转账支付200万元。

一审法院认为，关于本案案由。奕之帆公司与侯庆宾以质权纠纷为由向一审法院起诉，但根据一审法院查明的事实，本案中并未设立质权，各方当事人也没有关于设立质权的约定，奕之帆公司与侯庆宾的诉讼请求主要是针对案涉合同的效力认定及认定案涉合同效力后的法律后果，因此，本案案由应为合同纠纷。

根据各方当事人的诉辩意见，本案争议的焦点问题：（1）侯庆宾是否为本案适格原告；（2）鲤鱼门公司是否为本案适格被告；（3）案涉8.26《协议书》及《补充协议》的性质与效力如何认定；（4）案涉4.25《股权担保协议》是否符合解除条件。

一、关于侯庆宾是否为本案适格原告的问题

康诺富公司主张侯庆宾不是本案适格原告。理由：侯庆宾并非其所主张的流质契约之质权人、出质人或者是持有案涉30%股权的所有人之一。侯庆宾在案涉8.26《协议书》、4.25《股权担保协议》等协议中所处的合同地位均为"担保人"，故其无权在本案中主张与30%股权有关的权利。根据工商信息显示，侯庆宾不是奕之帆公司的股东，故其无权主张本案权利，应驳回其起诉。

奕之帆公司与侯庆宾提出的第一项诉讼请求：依法判决确认8.26《协议书》及《补充协议》无效。根据一审法院查明的事实，侯庆宾作为合同当事人一方签订了8.26《协议书》及《补充协议》，上述合同的效力与其存在法律上的利害关系，其有权就上述合同的效力认定问题提出相应的诉讼请求，符合《中华人民共和国民事诉讼法》第一百一十九条对原告的要求。故该院对康诺富公司认为侯庆宾不是本案适格原告的主张不予支持。

二、关于鲤鱼门公司是否为适格被告的问题

鲤鱼门公司主张其不是本案适格被告。理由：鲤鱼门公司与奕之帆公司和侯庆宾之间既无合同关系，也无侵权关系，奕之帆公司与侯庆宾将鲤鱼门公司列为本案被告属于起诉错误，应驳回奕之帆公司与侯庆宾对鲤鱼门公司的起诉。

一审法院认为，奕之帆公司与侯庆宾的诉讼请求包括：依法判决确认 8.26《协议书》及《补充协议》无效；依法判决确认奕之帆公司与侯庆宾享有鲤鱼门公司项目权益的 30%。根据一审法院查明的事实，鲤鱼门公司签署了 8.26《协议书》。在该协议书中，鲤鱼门公司与兆邦基公司共同承诺在总额人民币 4.06 亿元范围内负责解决该协议书中所列的原由奕之帆公司、侯庆宾等所负的债务；奕之帆公司与侯庆宾亦承诺完全退出鲤鱼门公司，在鲤鱼门公司中不再享有任何权利。因此，8.26《协议书》在鲤鱼门公司与奕之帆公司、侯庆宾之间形成了相应的权利义务关系，奕之帆公司与侯庆宾请求确认该协议书无效的诉讼请求与鲤鱼门公司具有法律上的利害关系，鲤鱼门公司是本案的适格被告。故该院对鲤鱼门公司认为其不是本案适格被告的主张不予支持。

三、关于案涉 8.26《协议书》及《补充协议》的性质与效力如何认定的问题

奕之帆公司与侯庆宾主张上述协议无效的理由可归纳为两点：一是上述协议属于流质担保契约；二是上述协议违反让与担保强制清算义务，且事实上攫取了不当利益。兆邦基公司则主张，上述协议属于股权转让协议，不存在流质契约的情形，合法有效。

该争议问题是本案审理的核心问题。根据奕之帆公司与侯庆宾的起诉意见，其主张上述协议因违反流质契约禁止而无效的法律依据是《中华人民共和国物权法》第二百一十一条："质权人在债务履行期届满前，不得与出质人约定债务人不履行到期债务时质押财产归债权人所有。"该条规定在《中华人民共和国物权法》第十七章"质权"中，因此其适用的前提是质权的设立。但根据本案查明的事实，争议的 30% 股权并未按照《中华人民共和国物权法》第二百二十四条的规定办理出质登记，设立权利质权，案涉 8.26《协议书》及《补充协议》中也没有关于设立质权的约定。因此，上述协议所涉及的法律关系不属于《中华人民共和国物权法》第二百一十一条直接调整的范围。流质契约禁止的立法目的在于债务人在很多情况下为经济困难所迫，会提供价值高的质押财产，以担保价值较小的债

权,债权人可能乘人之危,迫使债务人订立流质契约,在债务人不清偿债务时,债权人即当然地取得质押财产的所有权,从中获取暴利,破坏民法上的公平、等价有偿原则。因此,虽然本案不属于《中华人民共和国物权法》第二百一十一条直接调整的范围,同样应当遵守该法律规定所体现的公平、等价有偿等民法基本原则。

让与担保是指债务人或者第三人为担保债务人的债务,将担保标的物的所有权等权利转移于担保权人,而使担保权人在不超过担保之目的范围内,于债务清偿后,担保标的物应返还于债务人或者第三人,债务不履行时,担保权人得就该标的物优先受偿的非典型担保物权。《中华人民共和国物权法》等并未明文规定让与担保制度,但并不禁止当事人依据契约自由原则设定让与担保合同,由合同法规则对让与担保法律关系进行规制。在司法实践中,让与担保合同可能以买卖合同、股权转让合同等多种形式出现,在处理符合让与担保特征的该类合同时,应当尊重当事人的真实意思表示,考察当事人签订该类合同的真实意思是为履行其他合同设定担保,还是为了通过支付对价获得案涉标的物的所有权。同时,为避免让与担保债权人利用缔约优势地位获取暴利,破坏民法上的公平、等价有偿原则,当担保的债权不能实现时,让与担保债权人不能当然地获得标的物的所有权,其权益的实现方式是对标的物价值的受偿。

由该院查明的事实可知,奕之帆公司与兆邦基公司等就鲤鱼门公司及目标项目的合作始于4.2《项目合作协议》。随着合作的进展,各方的权利义务关系又经过了4.25《股权担保协议》的调整与细化。因此,要对8.26《协议书》及《补充协议》的性质与效力进行认定,必须对上述四份协议的相关内容进行系统的考察。

在4.2《项目合作协议》中,奕之帆公司等承诺对黑建诉讼负责处理并承担责任,保证在鲤鱼门公司的70%股权变更登记至兆邦基公司名下后的20天内以置换等方式剔除设定在目标项目地块上的保全查封,奕之帆公司承诺以其在鲤鱼门公司中的30%股权及对应的未分配权益,作为上述义务履行的担保。如奕之帆公司等未能在该协议签订后一个月内剔除设定在目标项目地块上的查封,则兆邦基公司有权以自己或项目公司的名义,与相关法院进行交涉，或与诉讼对方进行和解，以尽快解除设定在目标项目地块上的查封。因此所产生的相关代价及费用，由奕之帆公司等承担连带责任偿付给兆邦基公司，或以奕之帆公司在鲤鱼门公司所占的股权及对应的未分配权益来抵偿给兆邦基公司。但在支付上述代价或费用时，兆邦基公司应与奕之帆公司协商确定。从4.2《项目合作协议》的上述约定可以看到，在约定的条件成就时，奕之帆公司可以选择支付相关代价或费用给兆邦基公司，也可以选择以案涉30%股权抵偿，而此时案涉30%股权的价值、抵偿方式等均未确定，仍应由奕之帆公司与兆邦基公司进一步协商。

在4.25《股权担保协议》中，奕之帆公司明确愿意以案涉30%股权向兆邦基公司提供担保，以确保奕之帆公司能够支付和偿还鲤鱼门公司的相关债务、相关诉讼、后期对兆邦基公司借款的本息、奕之帆公司应承担的鲤鱼门公司的后续银行贷款本息、奕之帆公司应承担的目标项目的后续开发建设资金等。与4.2《项目合作协议》的约定相比4.25《股权担保协议》对案涉30%股权所担保的内容进行了增加与明确，同时明确担保方式为将案涉30%股权过户给奕之帆公司与兆邦基公司共同持股的康诺富公司。同时该协议明确奕之帆公司仍为案涉30%股权的实际所有人，股东权利义务由奕之帆公司行使，且未经奕之帆公司与兆邦基公司双方同意，各方均不得对案涉30%股权进行处分。在满足协议约定的结算条件后，奕之帆公司与兆邦基公司将对奕之帆公司的各项偿还和支付义务进行最后结算，如奕之帆公司全面履行各项偿还和支付义务，兆邦基公司应确保案涉30%股权归还给奕之帆公司。如果奕之帆公司未结清各项偿还和支付义务，或系由兆邦基公司代为偿还和支付的，兆邦基公司有权要求奕之帆公司偿还或以案涉30%股权所对应的权益份额来抵偿。双方同时约定了以市场价值评估为基础的抵偿方式。因此，这种担保方式可以理解为奕之帆公司与兆邦基公司对案涉30%股权进行共管，奕之帆公司虽然将案涉30%股权过户给康诺富公司，但其真实意思并非放弃案涉30%股权的所有权，在满足约定条件时，奕之帆公司仍可取回案涉30%股权。因此，4.25《股权担保协议》体现了让与担保的特征，且在奕之帆公司不能履行债务时就案涉30%股权约定了以市场价值评估为基础的抵偿方式，并非由兆邦基公司或康诺富公司当然取得案涉30%股权的所有权，符合公平与等价有偿原则。

在8.26《协议书》中，协议各方确认了奕之帆公司与侯庆宾未能清理和偿还的债务，并明确经过对整个项目的市场评估，奕之帆公司在项目公司中所享有的权益份额已不足偿还上述债务。协议各方约定奕之帆公司、侯庆宾与立兆公司所负债务由兆邦基公司与鲤鱼门公司在4.06亿范围内负责解决，同时奕之帆公司放弃案涉30%股权，该股权归兆邦基公司所有。《补充协议》确认了兆邦基公司按照8.26《协议书》中所约定的4.06亿元的用途分配方案履约的事实。此时，奕之帆公司与兆邦基公司4.25《股权担保协议》中就案涉30%股权所设定的让与担保关系已被8.26《协议书》终止，奕之帆公司明确放弃案涉30%股权的所有权，不再保留4.25《股权担保协议》中所设定的在满足一定条件下取回案涉30%股权的权利。因此，8.26《协议书》及《补充协议》的性质应认定为股权转让协议，奕之帆公司与兆邦基公司在该协议下的真实意思表示是对案涉30%股权的所有权进行转让。

奕之帆公司与侯庆宾主张该协议签订时未届担保主债权清偿期，也未届担保物清算期，系在债务履行期限届满前未经清算获得担保物，违反了让与担保强制清算义务，且兆邦基公司事实上攫取了不当利益，故该协议属于无效合同。对于奕之帆公司与侯庆宾的上述主张，不予采纳。理由如下：（1）8.26《协议书》及《补充协议》确认在奕之帆公司未能清理和偿还相关五项债务的情况下，兆邦基公司并非当然地取得案涉30%股权，而是以支付4.06亿元以解决相关五项债务为对价。（2）尽管如奕之帆公司所主张，该五项债务中有部分未届清偿期，有部分尚在诉讼中，债务数额未最终确定，但这五项债务的债权人均非兆邦基公司，未确定的仅是奕之帆公司与这五项债务的债权人之间的债务数额，兆邦基公司支付4.06亿元对价的义务是确定的，不会因为五项债务数额的变动而变动。根据《补充协议》记载，兆邦基公司已经清偿了五项债务中的两项，分别是：应由奕之帆公司承担的广州银行贷款本息1亿元与向许玮珊借款5000万元的本金和利息 5600 万元。对于其余的三项债务，《补充协议》也已约定了如实际发生的债务不足或超出约定数额时的处理方式。例如，用于高英灿案件 1.2 亿元部分，超出部分，由奕之帆公司偿还，并由侯庆宾和立兆公司承担连带保证责任，如果实际发生的数额不足 1.2 亿元，则余额在扣除诉讼费用、律师费用等成本后，余额归信诺电讯公司所有；用于建邦公司债务的 5000 万元，兆邦基公司已支付 3300 万元，后为履行调解书内容，又于 2015 年 11 月 27 日委托张或向建邦公司转账支付 1500 万元，同时另行向信诺电讯公司转账支付 200 万元；用于清结潮商公司及其关联人员吴怡群借款所产生的欠款尾数和处理的 8000 万元，兆邦基公司已支付 4000 万元，余额因信诺电讯公司暂停支付的通知而未支付，该款项兆邦基公司应当在收到信诺电讯公司付款通知后再行支付。因此，即使奕之帆公司与五项债务的债权人对相关债务进行结算后出现债务数额少于 4.06 亿元的情形，兆邦基公司也不会因此获取不当利益。(3) 4.25《股权担保协议》中约定了以鲤鱼门公司全面竣工验收、初始登记并具备分割办理产权登记条件时，为奕之帆公司各项偿还和支付义务的最后结算期，但法律法规并不禁止奕之帆公司在预见其无法按约履行合同义务时提前与兆邦基公司进行结算，将案涉 30% 股权以固定价款进行转让，以免除其对外的偿债义务。奕之帆公司作为案涉 30% 股权的所有人，对该股权的价值应当有清楚认识，其作为高度理性的商事行为主体，在进行商事行为判断上亦负有审慎义务。《中华人民共和国公司法》并未将对公司资产和股权价值进行评估或拍卖作为股权转让的必经程序，也未对股权转让价格是否必须与其实际价值相匹配作出强制性规定。该 4.06 亿元的数额是协议各方共同商定的结果，体现了协议各方当事人的意思自治。奕之帆公司与侯庆宾并未提交证据证明案涉协议的签订存在违反意思自治原则的情形。综上，一审法院认为 8.26《协议书》及《补充协议》不违反法律法规强制性规定，亦不违反民法上的公平、等价有偿原则，合法有效，各方当事人应当依约履行。奕之帆公司与侯庆宾在上述协议中作出的放弃案涉 30% 股权，在鲤鱼门公司中不再享有任何权利，对目标项目也不享有任何权利的承诺有效。奕之帆公司与侯庆宾主张 8.26《协议书》及《补充协议》无效，要求确认奕之帆公司

与侯庆宾享有鲤鱼门公司项目权益的30%的请求，缺乏事实与法律依据，该院不予支持。

四、关于案涉4.25《股权担保协议》是否符合解除条件的问题

奕之帆公司与侯庆宾主张兆邦基公司未依约向奕之帆公司提供融资借款2.5亿元，且康诺富公司、兆邦基公司在未经奕之帆公司允许的情况下，将案涉30%股权进行转让，构成违约，导致合同目的无法实现，案涉4.25《股权担保协议》应当予以解除，兆邦基公司与康诺富公司应当将案涉30%股权返还给奕之帆公司。

关于奕之帆公司与侯庆宾的上述主张，该院分析认定如下：（1）关于兆邦基公司未依约向奕之帆公司提供融资借款2.5亿元的问题。4.25《股权担保协议》2.3条约定：本协议签订后，如奕之帆公司需要向兆邦基公司融资借款，则奕之帆公司应将罗小堂所持有的康诺富公司的49%股权过户给兆邦基公司或兆邦基公司所指定的公司（或个人），用于融资借款的担保。经查本案事实，奕之帆公司并未将罗小堂所持有的康诺富公司的49%股权过户给兆邦基公司或兆邦基公司所指定的公司（或个人）。因此，奕之帆公司向兆邦基公司融资借款的前提条件尚未满足，兆邦基公司未向奕之帆公司提供融资借款不构成奕之帆公司与侯庆宾行使合同解除权的理由。（2）关于康诺富公司、兆邦基公司将案涉30%股权进行转让的问题。根据本案查明的事实，康诺富公司与兆邦基公司处分鲤鱼门公司股权的行为均发生在8.26《协议书》生效之后。如前所述，8.26《协议书》是奕之帆公司将案涉30%股权转让给兆邦基公司的股权转让协议，各方当事人已协商一致终止了4.25《股权担保协议》所设定的让与担保法律关系，建立了股权转让合同关系。8.26《协议书》生效后，奕之帆公司已放弃案涉30%股权的所有权，兆邦基公司与康诺富公司处分鲤鱼门公司股权的行为不构成违约。综上，奕之帆公司与侯庆宾请求解除4.25《股权担保协议》，兆邦基公司与康诺富公司应当将案涉30%股权返还给奕之帆公司的主张缺乏事实与法律依据，不予支持。

综上所述，奕之帆公司与侯庆宾的诉讼请求不成立，一审法院不予支持。依照《中华人民共和国合同法》第八条之规定，判决：驳回奕之帆公司与侯庆宾的全部诉讼请求。案件受理费 3567017 元，财产保全费 5000元，由奕之帆公司与侯庆宾负担。

本院二审查明的事实与一审查明的事实一致。

另查明，4.25《股权担保协议》第 4.2 条约定："在目标项目建设期间甲（奕之帆公司）乙（兆邦基公司）双方应自本协议签订之日起每年委托专业机构对目标项目的市场价值及对应甲方所享有的权益作出评估（不含税费）。如评估结果显示甲方在目标项目中所享有的权益……不足以清偿本协议第 1 条约定的偿还和支付义务……则甲乙双方应协商采取如下措施：由甲方立即对债务进行清偿以减少债务，或由甲方追加投资以增加权益份额，或由甲方向乙方转让其所持项目公司的股权并由乙方代为清偿相应数额的债务。"

本院认为，综合各方当事人的诉辩意见，本案二审争议焦点：（1）案涉 8.26《协议书》的性质与效力应如何认定。（2）案涉 4.25《股权担保协议》是否符合解除条件。

一、关于案涉 8.26《协议书》的性质与效力应如何认定的问题

8.26《协议书》系本案当事人从事案涉交易过程中所签订的一份协议，认定该《协议书》的性质需系统审查整个交易安排亦即先后签署的四份协议书的内容。4.2《项目合作协议》主要涉及奕之帆公司将其持有的鲤鱼门公司 70% 的股权出让给兆邦基公司。在对鲤鱼门公司债务进行披露的同时，奕之帆公司、侯庆宾明确对其中黑建诉讼负责处理并承担责任，奕之帆公司亦承诺以其在鲤鱼门公司剩余的 30% 股权及对应的未分配权益，作为上述债务履行的担保。上述约定并未涉及 30% 股权转让或让与担保问题。4.25《股权担保协议》开宗明义，为确保奕之帆公司能够承担债务偿还和后续资金的支付义务，该公司愿意将其持有的鲤鱼门公司 30% 股权以过户的方式抵押给奕之帆公司与兆邦基公司共同持股的康诺富公司。

其他合同纠纷

该协议将奕之帆公司及鲤鱼门公司等对案外债权人的债务以及奕之帆公司对兆邦基公司2.5亿元的或然借款债务纳入担保范围。综合考虑奕之帆公司将30%股权过户给康诺富公司的目的并非出让股权，而是担保相关债务的履行，即奕之帆公司如完全履行了偿还和支付义务则可要求归还30%股权，如未能履行义务或由兆邦基公司代偿则兆邦基公司可以该30%股权所对应的权益份额来抵偿，可认定4.25《股权担保协议》实质上系设立让与担保的协议，一审判决认定该协议体现了让与担保的特征并无不当。8.26《协议书》在首部的"鉴于"部分简要陈述4.2《项目合作协议》及4.25《股权担保协议》的签订情况及主要内容后明确提出，由于奕之帆公司及侯庆宾原因，其未能按约清理和偿还的债务有三笔，已经披露但尚未到期的债务有两笔，且经过对整个项目的市场评估，各方均认可奕之帆公司在鲤鱼门公司中所享有的权益份额已不足偿还上述债务。鉴此，该协议书约定，奕之帆公司放弃已过户到康诺富公司名下的30%股权，该股权归兆邦基公司所有，同时上述五笔债务由兆邦基公司和鲤鱼门公司在总额4.06亿元范围内负责解决。此后的《补充协议》则进一步确认了兆邦基公司按照8.26《协议书》的约定在4.06亿元范围内履行上述五笔债务的具体情况。由此可见，8.26《协议书》与此前两份协议具有承继关系，其虽不涉及30%股权的担保即奕之帆公司亦不再保留4.25《股权担保协议》所设定的在满足一定条件取回案涉30%股权的权利等问题，但该协议正是在4.25《股权担保协议》设立让与担保权利的基础上，就兆邦基公司作为让与担保权利人如何具体实现该权利的问题作出约定。一审判决割裂上述协议间的关系，以30%的股权已由让与担保标的物转变为4.06亿元款项对价，以及4.25《股权担保协议》设定的让与担保关系已被8.26《协议书》终止等理由，认定8.26《协议书》系股权转让协议确有不妥，本院予以纠正。奕之帆公司、侯庆宾有关8.26《协议书》及前后四份协议实际系关于30%股权让与担保的系列整体协议的主张成立，本院予以采纳。

奕之帆公司、侯庆宾主张，8.26《协议书》具有让与担保的性质，并以该协议签订时尚有部分债务未届清偿期、案涉30%股权未依约评估清算，以及兆邦基公司利用债权人缔约优势地位强行要求奕之帆公司放弃

30%股权而抵偿4.06亿元对外负债为由，主张8.26《协议书》无效。本院认为奕之帆公司、侯庆宾的主张亦不能成立，具体理由如下：

第一，关于部分债务未届清偿期的问题。本案中，奕之帆公司系以对案外金钱债权人履行包括上述五笔债务在内的相关债务，作为其对兆邦基公司的合同义务。就该合同义务的履行，奕之帆公司与兆邦基公司而非案外金钱债权人之间成立让与担保关系。所谓部分债务未届清偿期，系指奕之帆公司等对案外人的两笔借款债务尚未到期。让与担保通常系在债务履行期届满之前签订协议并转移标的物所有权等权利，否则其就不成为一种担保方式，而只是一种债务履行方式。本案当事人在部分债务未届清偿期时签订4.25《股权担保协议》并办理过户登记以设立让与担保的权利，符合上述要求。让与担保的设立应在债务履行期届满之前，但就让与担保的实现问题，参照《中华人民共和国物权法》第一百七十条的规定则需要满足债务人不履行到期债务或者发生当事人约定的实现权利的情形等条件。4.25《股权担保协议》约定，在目标项目全面竣工验收、初始登记并具备分割办理产权登记条件时，为奕之帆公司各项偿还和支付义务的最后结算期；但在项目建设期间，如评估显示奕之帆公司对目标项目30%的权益不足以清偿相关债务并履行支付义务的，则奕之帆公司应向兆邦基公司转让其所持股权，并由后者代为清偿相应数额债务。由此可见，根据4.25《股权担保协议》的约定，奕之帆公司30%股权对应的权益不足以清偿相关债务，即成为兆邦基公司行使让与担保权利的约定条件。事实上，双方也是在该约定条件成就之时，签订8.26《协议书》具体实现了案涉让与担保权利。故，奕之帆公司等对案外人两笔借款债务未到期的事实，并不妨碍奕之帆公司与兆邦基公司签订的具体实现让与担保权利之8.26《协议书》的效力。

第二，关于实现让与担保的清算问题。在让与担保的设定中，标的物的所有权通常已经转移于债权人。为保护债务人的利益，防止出现债权人取得标的物评价额（即标的物价值）与债权额之间差额等类似于流质、流押的情形，让与担保权利的实现应对当事人课以清算义务。本案当事人在4.25《股权担保协议》亦明确约定了清算条款，即经结算如奕之帆公司完

其他合同纠纷

全履行了偿还和支付义务，则奕之帆公司可要求归还30%股权；如未能履行偿还和支付义务或由兆邦基公司代偿，兆邦基公司可要求以奕之帆公司在鲤鱼门公司中所占的30%股权所对应的权益份额（即依股权比例可分得的房地产物业）来抵偿，具体抵偿方式为评估所得的市场销售价格的90%。清算需就标的物评价额（即标的物价值）与债权额进行比较，通常涉及让与担保标的物评价额（即标的物价值）的确定，但也会涉及债权数额的确定。首先，关于让与担保标的物价值的确定。虽然4.25《股权担保协议》要求以专业评估机构的评估结果为准，但根据此后签订的8.26《协议书》，当事人显然已经改变了原有约定，而就让与担保标的物价值4.06亿元达成合意。该4.06亿元的数额是协议各方共同商定的结果，体现了各方当事人的意思自治。奕之帆公司与侯庆宾并未提交证据证明案涉协议的签订存在违反意思自治原则的情形。故本案以各方合意的4.06亿元确定让与担保标的物的价值并无不当。其次，关于债权数额的确定。8.26《协议书》明确兆邦基公司等需在总额4.06亿元范围内负责解决前述五笔债务，并就该五笔总计4.06亿元债务的具体数额作出分配，据此可认定让与担保标的物价值与债务总额已初步确定且数额等同。但考虑到奕之帆公司等对案外人的债务数额可能发生变化，当事人就此又约定了在对债务数额据实结算基础上的清算义务。如8.26《协议书》约定兆邦基公司和鲤鱼门公司据实与各债权人清结；《补充协议》则更为明确地约定，关于用于高英灿案件1.2亿元部分以该案审理结束时实际发生的数额为准，向债权人实际清偿的债务不足原定债务数额的余额部分归侯庆宾所实际控制的信诺电讯公司（奕之帆公司的关联方）所有。事实上，就其中建邦公司的5000万元债务，兆邦基公司在向建邦公司支付4800万元清偿该笔债务后，相关案外人亦根据兆邦基公司的委托将200万元余额支付给信诺电讯公司。由此可见，本案中经当事人合意让与担保标的物价值已经确定，但因债务数额可能发生变化，当事人的清算义务主要体现在根据最终据实结算的债务数额，向让与担保义务人即奕之帆公司一方返还该债务数额与标的物价值之间的差额。案涉当事人不仅约定而且实际履行了清算义务，奕之帆公司等有关案涉让与担保未经清算的主张，本院不予支持。

二、关于案涉 4.25《股权担保协议》是否符合解除条件的问题

奕之帆公司、侯庆宾以康诺富公司、兆邦基公司未经奕之帆公司同意将案涉 30% 股权质押为由,主张享有约定解除权。如前所述,8.26《协议书》并不存在无效事由。据一审判决查明的事实,康诺富公司与兆邦基公司将其所持有的鲤鱼门公司股权质押的行为,均发生 8.26《协议书》生效之后。且该《协议书》生效后,兆邦基公司已经实现了此前所约定的让与担保权利,奕之帆公司对案涉让与担保标的物即 30% 股权已经不再享有权利,兆邦基公司与康诺富公司将鲤鱼门公司股权质押的行为不构成违约。奕之帆公司与侯庆宾亦不因此享有约定解除权。

奕之帆公司、侯庆宾主张,8.26《协议书》非法处置 30% 股权致使其享有案涉 30% 股权的合同目的无法实现,鲤鱼门公司将作为其名下核心资产的土地使用权及在建项目对外抵押,致使奕之帆公司 30% 的项目权益严重受损,无法实现对 30% 股权进行清算的合同目的,故奕之帆公司、侯庆宾享有法定解除权。如上所述,8.26《协议书》不存在非法处置 30% 股权的问题,奕之帆公司享有案涉 30% 股权之合同目的无法实现并非兆邦基公司的行为所致。鲤鱼门公司将其名下核心资产即土地使用权及在建项目对外抵押,系该公司正常经营范围内的事项,与奕之帆公司所称 30% 的项目权益受损并无联系。故,奕之帆公司与侯庆宾有关其享有法定解除权的主张不能成立。

综上所述,一审判决认定事实清楚,适用法律虽有瑕疵即对合同性质界定不当,但裁判结果正确,应予维持。奕之帆公司与侯庆宾的上诉请求不成立,本院不予支持。依照《中华人民共和国民事诉讼法》第一百七十条第一款第一项、《最高人民法院关于适用〈中华人民共和国民事诉讼法〉的解释》第三百三十四条之规定,判决如下:

驳回上诉,维持原判。

二审案件受理费 3567017 元,由深圳市奕之帆贸易有限公司、侯庆宾负担。

其他合同纠纷

本判决为终审判决。

审　判　长　陈宏宇
审　判　员　王毓莹
审　判　员　曹　刚
二〇一八年十一月二十九日
法官助理　谢素恒
书　记　员　赖建英

约定第三人履行债务时，如何区分债务加入与第三人代为履行

146. 再审申请人赖东望与被申请人于都县福丰置业有限责任公司、深圳市宝鹰实业集团有限公司股权转让合同纠纷案*

【裁判摘要】

对第三人而言，债务加入抑或第三人代为履行的定性涉及其是否应作为债务人承担违约责任，实务中至关重要。应从债务加入、第三人代为履行两者的性质、构成要件或特点区分角度，结合《中华人民共和国合同法》第一百二十五条第一款以及《中华人民共和国民法总则》第一百四十二条第一款关于合同解释的规定，应以文义解释为基础，结合体系解释、目的解释、习惯解释和诚信原则等综合分析，探究第三人缔约是否具有与债务人共同承担债务的意思表示，以确定第三人真正缔约目的，进而最终确定其是否承担违约等相关民事责任。

---

* 摘自《民事审判指导与参考》2019 年第 3 辑（总第 79 辑），人民法院出版社 2020 年版，第 160~183 页。

其他合同纠纷

最高人民法院民事裁定书

(2017) 最高法民申 925 号

再审申请人（一审原告，反诉被告；二审被上诉人）：赖东望，男，1951年出生，汉族，住江西省赣州市章贡区。

委托诉讼代理人：王安东，北京市立圣律师事务所律师。

委托诉讼代理人：姚瑞平，江西南芳律师事务所律师。

被申请人（一审被告，反诉被告；二审上诉人）：于都县福丰置业有限责任公司，住所地江西省赣州市于都县贡江镇吉田中路丽水明珠。

法定代表人：黄次仓，该公司董事长。

被申请人（一审被告，反诉原告；二审上诉人）：深圳市宝鹰实业集团有限公司，住所地广东省深圳市龙岗区龙岗街道新生社区低山中路1号大金洲工业园B栋505室。

法定代表人：古少扬，该公司董事长。

委托诉讼代理人：缪顺进，上海市锦天城（深圳）律师事务所律师。

委托诉讼代理人：张涵，上海市锦天城（深圳）律师事务所律师。

再审申请人赖东望因与被申请人于都县福丰置业有限责任公司（以下简称福丰公司）、深圳市宝鹰实业集团有限公司（以下简称宝鹰公司）股权转让合同纠纷一案，不服（2017）赣民终371号民事判决，向最高人民法院申请再审。最高人民法院于2018年7月31日作出（2018）最高法民申2071号民事裁定，提审本案。最高人民法院依法组成合议庭，开庭审理了本案。再审申请人赖东望的委托诉讼代理人王安东、姚瑞平，被申请人宝鹰公司的委托诉讼代理人缪顺进、张涵到庭参加诉讼。经依法传票传唤，福丰公司未到庭参加诉讼。本案现已审理终结。

一、一审法院查明情况

一审法院认定事实：2014年3月18日，福丰公司、黄石峰、黄卫华（甲方）与赖东望（乙方）签订《项目合作开发协议书》，协议约定甲方取得赣州市站北区B-01-01地块49%股份土地使用权；该土地使用权由天音通信控股股份有限公司（以下简称天音公司）取得，以每亩320万元转让给福丰公司，由甲、乙双方共同投资开发，出资股份比例甲方60%，乙方40%，乙方投资8500万元，其中6500万元以陈康博借款本息相抵，若需乙方增加投资，先由甲方垫付，乙方承担2.5分月息等。当日，赖东望分四笔转款2000万元至黄石峰账户，福丰公司出具收到赖东望入股资金2000万元的收条；并同时出具收到赖东望股资合作款6500万元的收条。2014年4月18日，赖东望分四笔转款1500万元至黄石峰账户，福丰公司出具收到赖东望股资款1500万元的收条。2014年6月3日至5日，赖东望分九笔转款2000万元至黄石峰账户，福丰公司出具收到赖东望股权款2000万元的收条。

2014年12月15日，福丰公司与赖东望签订《协议书》一份，协议约定福丰公司将占项目地块49%股份整体转让给宝鹰公司，赖东望完全退出股份，不再参与合作开发事宜；赖东望已交付给福丰公司项目股权投资款1.2亿元，并按月利率2.5%计算利息（利息计算时间为赖东望从银行付款之日起开始至福丰公司退款到账止，以福丰公司的收款凭证时间为准），退款日期为本协议签订之日付定金2000万元，宝鹰公司增资扩股款到达福丰公司账号后3天内付清剩余投资款本息及项目前期支付的一切费用（双方审查的费用报销数额以凭证为准），如未按时付清投资款本息及项目前期支付的一切费用，赖东望有权没收已支付的定金2000万元；福丰公司必须在2015年2月15日前付清赖东望投资款本息及项目前期支付的一切费用，逾期未付或未付清该款项，福丰公司应承担1.2亿元20%的违约金等。

同日，福丰公司与宝鹰公司签订《增资扩股协议书》一份，协议约定福丰公司同意宝鹰公司以增资扩股形式成为福丰公司股东，与福丰公司合

其他合同纠纷

作开发赣州站北区 B－01－01 地块；第三期增资扩股费用 15855.06 万元在 2015 年 1 月 31 日前支付等。

当日，赖东望、福丰公司、宝鹰公司签订《补充协议书》约定福丰公司增资扩股增加宝鹰公司加入，赖东望同意并完全退出赣州站北区 B－01－01 地块股份，不再参与合作开发事宜，但宝鹰公司交付给福丰公司的增资扩股款项应优先偿还赖东望的股权投资款 1.2 亿元及利息、项目前期费用合计约 3000 万元（具体数目以福丰公司、赖东望的结算为准）；宝鹰公司第三期增资扩股费用 15855.06 万元，应在合同规定付款时间内汇入福丰公司指定账户，福丰公司在该款到账后 3 天内，转给赖东望股权投资款 1.2 亿元及利息、项目前期费用，逾期支付或未付清该款项，福丰公司应承担 1.2 亿元 20% 的违约金，福丰公司在支付赖东望 2000 万元定金后，如赖东望因自身原因不退出股权，则视为违约，赖东望应双倍退还福丰公司已付款项；宝鹰公司有义务监督并保证福丰公司支付给赖东望该项目地块投资款本息及前期费用约 1.5 亿元，否则宝鹰公司应承担该支付义务等。

上述协议签订后，福丰公司转款 2000 万元至赖东望账户，赖东望于 2014 年 12 月 16 日出具收到定金 2000 万元的收条。

2015 年 1 月 16 日，福丰公司与赖东望针对赖东望投入款项等进行结算，确认赖东望投入款 1.2 亿元，前期费用 1531339.63 元，以及按照《协议书》《补充协议书》约定于 2015 年 2 月 15 日前还全部投入款的利息（按月利率 2.5% 计算）约 3032.5 万元。

2015 年 2 月 16 日，福丰公司分二笔共转款 430 万元至赖东望账户。

2015 年 5 月 16 日，赖东望与福丰公司、宝鹰公司、恒大地产集团有限公司（以下简称恒大公司）签订《付款协议》一份，协议约定福丰公司授权恒大公司将担保贷款的 8000 万元在 2015 年 6 月 15 日前直接支付给赖东望；宝鹰公司承诺在 2015 年 5 月 30 日前，支付给赖东望 1000 万元；福丰公司承诺，将收购天音公司所持有的江西星宇公司 4% 股权款（约 2000 万元），授权恒大公司优先支付给赖东望；宝鹰公司承诺，在 2015 年 7 月 15 日前，按照签订的《补充协议书》支付给赖东望剩余股权转让款约 2800 万元（以实际结算为准）；赖东望承诺，在 2015 年 7 月 15 日前本付款协议按约履行，则本协议签订前的违约责任不追究，如截至2015年7月15日未按约履行，则赖东望有权按《协议书》《补充协议书》追究违约责任。

协议签订后，宝鹰公司于当日转账1000万元至福丰公司账户，福丰公司于第二天转账1000万元至赖东望账户。

2015年7月20日，福丰公司分三笔共转账4000万元至赖东望账户，赖东望出具收到股份转让款4000万元的收条；2015年8月12日，福丰公司转账1700万元至赖东望账户，赖东望出具收到股份转让款1700万元的收条；2015年8月19日，福丰公司分二笔共转账2300万元至赖东望账户，赖东望出具收到股份转让款2300万元的收条；2016年11月3日，福丰公司转账1500万元至赖东望账户，赖东望出具收到归还本金及利息1500万元的收条。由于各方未按付款协议约定支付款项，遂引起诉讼。

二、当事人起诉情况

赖东望向一审法院起诉请求：（1）福丰公司立即支付股份转让款本利79072239元以及自2016年12月21日起至还清时止按月利率2%计算的利息；（2）福丰公司已支付的定金2000万元归赖东望所有；（3）宝鹰公司对福丰公司欠款中的2800万元承担共同支付（或代偿）责任；（4）本案诉讼费用由福丰公司、宝鹰公司承担。

宝鹰公司提出反诉请求：（1）宝鹰公司与赖东望、福丰公司解除《付款协议》；（2）宝鹰公司不履行《付款协议》约定的2800万元股权转让款支付义务；（3）赖东望、福丰公司承担本案诉讼费用。

三、一审法院认定与判决

一审法院认为，赖东望是以福丰公司未按约定支付股权转让款为由提起本案诉讼，请求支付股权转让款，故本案为股权转让合同纠纷。赖东望与福丰公司签订的《项目合作开发协议》《协议书》及赖东望与福丰公司、宝鹰公司签订的《补充协议书》《付款协议》是各方当事人真实意思表示，除《协议书》《补充协议书》中既约定未付款按月利率2.5%计息，又约

其他合同纠纷

定逾期付款没收定金2000万元及承担投资款1.2亿元20%的违约金，超出法律规定的部分约定无效外，其他应依法确认有效。福丰公司在赖东望赣州站北区B-01-01地块合作开发后，未按约定支付赖东望投资款及项目前期支付的一切费用，已构成违约，应承担违约责任，即应向赖东望偿还资款及项目前期支付的一切费用并支付逾期归还投资款的利息损失。

关于投资款利息损失的认定问题。《协议书》《补充协议书》均约定赖东望退出合作开发事宜，赖东望的投资款按月利率2.5%计息，依照（2015年）《最高人民法院关于审理民间借贷案件适用法律若干问题的规定》第二十六条"借贷双方约定的利率未超过年利率24%，出借人请求借款人按照约定的利率支付利息的，人民法院应予支持。借贷双方约定的利率超过年利率36%，超过部分的利息约定无效。借款人请求出借人返还已支付的超过年利率36%部分的利息的，人民法院应予支持"之规定，对赖东望要求已支付利息按月利率2.5%计算，未支付利息按月利率2%计算的诉讼请求及福丰公司主张对未支付利息部分最高不得超过年利率24%，予以支持。

关于福丰公司支付的定金问题。《协议书》《补充协议书》约定，福丰公司如未按时付清投资款本息及项目前期支付的一切费用，赖东望有权没收定金，福丰公司还应承担1.2亿元20%的违约金。由于福丰公司未按时付清投资款，已构成违约，赖东望起诉时选择了定金，符合《中华人民共和国合同法》第一百一十六条"当事人既约定违约金，又约定定金的，一方违约时，对方可以选择适用违约金或者定金条款"的规定，予以采纳。但鉴于协议中已约定从赖东望支付投资款之日起按月利率2.5%计息，如没收定金2000万元，显然高于造成的损失，且福丰公司已支付10930万元（不包含定金2000万元）给赖东望，故酌定赖东望没收定金1000万元，另1000万元用于抵扣归还赖东望的款项。

关于本案所涉款项的问题。从各方当事人认可的事实证实，赖东望支付投资款1.2亿元给福丰公司，项目前期支付的费用为1531339.63元；福丰公司共归还11930万元（含定金中的1000万元）款项给赖东望。由于现有证据无法证实福丰公司归还款项11930万元是归还投资款还是支付投资款利息损失,依照《最高人民法院关于适用〈中华人民共和国合同法〉若干问题的解释(二)》第二十一条"债务人除主债务之外还应当支付利息和费用,当其给付不足以清偿全部债务时,并且当事人没有约定的,人民法院应当按照下列顺序抵充:(一)实现债权的有关费用;(二)利息;(三)主债务"之规定,福丰公司归还款项11930万元应先行支付投资款利息损失,剩余部分再冲抵投资款本金。福丰公司主张已支付款项按先本后息的顺序清偿,于法无据,不予采纳;但其提出的垫付项目相关费用不计利息的理由,符合法律相关规定,予以支持。经审核,确认截至2016年5月20日,福丰公司尚欠赖东望投资款本金65444636元(见附表),项目前期支付的费用1531339.63元。

关于解除《付款协议》的问题。宝鹰公司在本案审理期间,以"福丰公司与赖东望多次实际违约行为,迫使无法实现《增资扩股协议书》约定持有福丰公司66%股权的合同目的"为由,要求解除《付款协议》。一审法院认为,从本案现有证据表明,赖东望投资赣州市站北区B-01-01地块开发,并拥有福丰公司该地块49%股份的40%份额;而宝鹰公司是以增资扩股形式成为福丰公司股东,并于2015年5月20日在工商行政部门办理了福丰公司主要人员变更相关手续。故赖东望的投资与宝鹰公司入股是不同的民事法律事实,不属于同一法律关系,应另案处理。宝鹰公司主张赖东望违约,但未提交相关证据佐证,宝鹰公司请求解除《付款协议》的主张,没有法律依据,不予支持。

关于宝鹰公司不承担《付款协议》约定2800万元支付义务的问题。《增资扩股协议书》约定宝鹰公司以增资扩股形式,出资并持有福丰公司66%的股权。从《补充协议书》证实,由于宝鹰公司的加入,赖东望退出,宝鹰公司支付的增资扩股款优先偿还赖东望的股权投资款等。因福丰公司未按约定还款,宝鹰公司在《付款协议》中承诺于2015年7月15日前,按照《补充协议书》支付给赖东望剩余股权转让款约2800万元。宝鹰公司的承诺属合同外的第三人向合同中的债权人承诺承担债务人义务,应认定为债务加入,赖东望依照债务加入关系向宝鹰公司主张权利,符合相关法律规定。另经审理查明,福丰公司、赖东望于2015年1月16日对

其他合同纠纷

赖东望投入款项进行结算，确认赖东望投入款1.2亿元，前期费用1531339.63元等，宝鹰公司提出赖东望与福丰公司未进行结算，与事实不符，其主张不承担2800万元支付义务的理由不能成立，不予采纳。

一审法院判决如下：一、福丰公司于判决生效后15日内偿还赖东望投资款本金65444636元及利息损失（从2016年5月21日起至还清款之日止按月利率2%计算）；二、福丰公司于判决生效后15日内偿还赖东望项目前期支付的费用1531339.63元；三、福丰公司已支付的定金1000万元归赖东望所有；四、宝鹰公司对上述还款义务在2800万元范围内承担连带清偿责任；五、驳回赖东望的其他诉讼请求；六、驳回宝鹰公司的反诉请求。

如果未按判决指定的期间履行金钱给付义务，应当依照《中华人民共和国民事诉讼法》（以下简称《民事诉讼法》）第二百五十三条规定，加倍支付迟延履行期间的债务利息。

案件受理费537161.2元，保全费5000元，反诉费90900元，合计633061.2元，由赖东望承担82161.2元，福丰公司承担460000元，宝鹰公司承担90900元。

四、当事人上诉请求

福丰公司、宝鹰公司不服一审判决，向江西省高级人民法院提出上诉。福丰公司上诉请求：撤销一审判决，改判其向赖东望支付价款2294.9106万元。宝鹰公司上诉请求：改判其不承担福丰公司对赖东望债务中2800万元范围内的连带还款责任。

二审法院对一审查明的事实予以确认。

五、二审法院认定与判决

二审法院认为，本案二审争议焦点：（1）案涉项目股权转让款是否应计算利息；（2）已付款项是先支付利息还是本金；（3）案涉定金是否应没收；（4）一审法院是否超越当事人诉讼请求裁判；（5）福丰公司应付赖东望的款项是多少；（6）宝鹰公司是否对福丰公司支付赖东望的款项在2800

万元内承担连带责任。对此,分别评述如下:

关于案涉项目股权转让款是否应计算利息的问题。按《协议书》约定,案涉项目股权投资款12000万元应按月利率2.5%计算利息,利息计算时间:赖东望从银行付款之日起开始至福丰公司退款到账日止。经福丰公司、赖东望双方盖章、签字的《明细表》确认赖东望投入的12000万元应计算利息,其中10000万元本金的利息计算至2015年2月15日,2000万元本金的利息计算至2014年12月15日。之后,《付款协议》确认的付款数额实际包含了应计算的利息。因此,案涉项目股权转让款在付清之前均应计算利息。福丰公司上诉提出在约定的付款时间之前案涉项目股权转让款不应计算利息,与当事人之间的约定不符,不予支持。

关于已付款项是先支付利息还是本金的问题。案涉《协议书》《补充协议书》《付款协议》虽未明确约定福丰公司支付的款项是先支付利息还是本金。但从相关协议内容及款项支付过程看,福丰公司支付的款项应认定为先支付本金:首先,确认,2014年3月18日赖东望投入福丰公司2000万元,同年12月15日福丰公司支付赖东望2000万元定金,该2000万元利息只计算至2014年12月15日,而其余款项利息则计算至2015年2月15日,表明双方就2014年12月15日支付的2000万元冲抵案涉项目股权投资款本金达成了一致;其次,自2015年2月15日至2016年11月3日,赖东望先后六次共收到退款10930万元,除2016年11月3日最后一次1500万元,赖东望出具的收条具体载明为归还本金及利息,之前的收条均载明为"股份转让款";最后,《补充协议书》约定的付款总金额约为15000万元,《付款协议》约定的付款总金额是截至2015年7月15日约为15800万元,两者只相差800万元左右,该800万元为迟延支付股权转让款期间的利息。反之,如果为先付利息再付本金,截至2015年7月15日应付的股权转让款本息远不止于15800万元。综上所述,已付款项先支付本金后支付利息的意思表示较为明确。

关于案涉定金是否应没收的问题。虽然《协议书》《补充协议书》《付款协议》约定了福丰公司应支付2000万元定金,福丰公司未在2015年7月15日前全部归还股权投资款,赖东望有权没收该2000万元。但是,

其他合同纠纷

福丰公司、赖东望于 2015 年 1 月 16 日就已经对该 2000 万元进行了处理,经双方确认的《明细表》已将该 2000 万元定金冲抵了赖东望于 2014 年 3 月 18 日转入福丰公司的 2000 万元股权投资款。案涉 2000 万元定金已转化为福丰公司退回赖东望的股权投资款,不应没收。

关于一审法院是否超越当事人诉讼请求裁判的问题。赖东望在一审起诉时提出的四项诉讼请求中,虽未具体请求福丰公司向其退还项目前期费用 1531339.63 元,但在其诉请福丰公司支付的股份转让款本利 79072239 元中并未排除该 1531339.63 元,且一审判决福丰公司应支付的款项也未超过 79072239 元。故一审法院并未超越当事人诉讼请求裁判。

关于福丰公司应付赖东望的款项是多少的问题。本案为股权转让合同纠纷,并非民间借贷纠纷,且约定的利率为月利率 2.5%,并不明显偏高。故案涉股权转让款利息可按双方当事人约定的利率计算。根据《明细表》可以确认,截至 2015 年 2 月 15 日,福丰公司应付赖东望股权转让款 10000 万元,利息 3032.5 万元,前期费用 153.133963 万元。2015 年 2 月 16 日至 2016 年 11 月 3 日,福丰公司共向赖东望支付 10930 万元,其中本金 10000 万元,利息 930 万元。期间 10000 万元本金应计付的利息为 15199417 元 [10000 万元至 2015 年 2 月 16 日(1 天)的利息 83333 元;9570 万元自 2015 年 2 月 17 日起至 2015 年 6 月 17 日止(4 个月零 1 天)的利息 9649750 元;8570 万元自 2015 年 6 月 18 日起至 2015 年 7 月 20 日止(1 个月零 3 天)的利息 2356750 元;4570 万元自 2015 年 7 月 21 日起至 2015 年 8 月 12 日止(23 天)的利息 875917 元;2870 万元自 2015 年 8 月 13 日起至 2015 年 8 月 19 日止(7 天)的利息 167417 元;570 万元自 2015 年 8 月 20 日起至 2016 年 11 月 3 日止(1 年 2 个月 15 天)的利息 2066250 元]。福丰公司应付赖东望的款项为 37755756.63 元(303250000 元 + 15313339.63 元 - 9300000 元 + 15199417 元)。该款项虽为利息和前期费用之和,但福丰公司迟延支付,应承担迟延支付期间的利息(自 2016 年 11 月 4 日起至付清之日止按年利率 6% 计算)。

关于宝鹰公司是否对福丰公司支付赖东望的款项在 2800 万元内承担连带责任的问题。本案中,赖东望依据《补充协议书》和《付款协议》诉请宝鹰公司对福丰公司欠款中的2800万元承担共同支付（或代偿）责任。宝鹰公司提供《增资扩股协议书》、福丰公司企业变更信息、《退股协议书》《退股补充协议书》等证据进行抗辩，认为按《增资扩股协议书》约定宝鹰公司持有66%股权，而福丰公司只变更了26%股权，其不存在支付赖东望股权转让款的义务。赖东望认为其与宝鹰公司没有直接关系，原判决认为宝鹰公司提交的上述证据与本案没有关联性，不予采信。《补充协议书》约定其条款作为《增资扩股协议书》的补充条款，《付款协议》也是约定宝鹰公司在2015年7月15日前按《补充协议书》支付给赖东望剩余股权转让款约2800万元（以实际结算为准），因此，《增资扩股协议书》与赖东望的诉讼请求有直接关联。原判决认定该协议与本案无关联不当，应予纠正。

《增资扩股协议书》约定：福丰公司同意宝鹰公司以增资扩股形式成为其股东，合作开发赣州市站北区B-01-01号地块。宝鹰公司应向福丰公司支付增资扩股总价为28908万元。该款分期支付：协议签署的3个工作日内支付第一期1552.94万元；协议签署后的第5个工作日内支付第二期1500万元；2015年1月31日前支付第三期15855.06万元；2015年5月31日前支付余款10000万元。福丰公司在收到第二期1500万元增资扩股费用后的一个月之内将其66%股权变更登记在宝鹰公司名下。《补充协议书》约定：宝鹰公司第三期增资扩股费用15855.06万元应在合同规定付款时间内汇入福丰公司指定账户，福丰公司在该款到账后3天内转给赖东望股权投资款12000万元及利息、项目前期费用合计约3000万元（具体数目以福丰公司、赖东望双方的结算清单为准）。宝鹰公司有义务监督并保证福丰公司支付给赖东望上述约15000万元。《付款协议》约定宝鹰公司在2015年5月30日前支付给赖东望1000万元，2015年7月15日前按照《补充协议书》支付给赖东望约2800万元（以实际结算为准）。结合案涉相关协议分析，福丰公司、宝鹰公司、赖东望之间的关系：基于《协议书》，福丰公司受让赖东望在福丰公司的全部股份。应支付给赖东望股权转让款12000万元及利息、前期费用约3000万元；基于《增资扩股协议书》，宝鹰公司增资扩股福丰公司，应分期向福丰公司支付增资扩股费用

28908万元。基于《补充协议书》，福丰公司在收到宝鹰公司支付的第三期增资扩股费用15855.06万元后一个月内将约15000万元支付给赖东望，宝鹰公司负有监督并保证该款项支付的义务。可见，宝鹰公司是增资扩股福丰公司，并非从赖东望名下受让股权，并无直接向赖东望支付股权转让款的义务，向赖东望支付股权转让款的义务人是福丰公司。宝鹰公司只是在其应承担向福丰公司支付增资扩股费用的情况下，才负有监督并保证福丰公司将其支付的增资扩股费用支付给赖东望的义务。因福丰公司未按《增资扩股协议书》的约定在宝鹰公司支付第二期增资扩股费用后一个月内将66%的股权变更至宝鹰公司名下，而只变更了26%。以此相对应，宝鹰公司向福丰公司支付第三期增资扩股费用的数额和条件也发生了变化。福丰公司、宝鹰公司、赖东望也在之后签订了《付款协议》，变更了宝鹰公司的付款方式和付款数额，但付款的条件没变，仍应以宝鹰公司应向福丰公司支付增资扩股费用为前提。宝鹰公司按《付款协议》向福丰公司支付了1000万元（该款福丰公司已转付给赖东望）。因福丰公司、宝鹰公司之后又终止了《增资扩股协议书》的履行，宝鹰公司将其增资扩股而取得的股权全部退还给了福丰公司，福丰公司则将已经收取的增资扩股费用全部退回宝鹰公司。也就是说，宝鹰公司已无需向福丰公司支付增资扩股费用，其监督和保证福丰公司向赖东望支付股权转让款的义务也相应消灭。故宝鹰公司在本案中不应承担责任。一审法院判决宝鹰公司在2800万元范围内承担连带责任不当，应予纠正。

二审法院判决：一、维持江西省赣州市中级人民法院（2016）赣07民初334号民事判决第六项；二、撤销江西省赣州市中级人民法院（2016）赣07民初334号民事判决第一项、第二项、第三项、第四项、第五项；三、福丰公司于判决生效后10日内向赖东望支付37755756.63元及利息（自2016年11月4日起至付清之日止按年利率6%计算）；四、驳回赖东望的其他诉讼请求。

如果未按判决指定的期间履行给付金钱义务，应当依照《民事诉讼法》第二百五十三条规定，加倍支付迟延履行期间的债务利息。

一审案件受理费537161.2元，保全费5000元，反诉费90900元，二审案件受理费 572268 元，合计 1205329.2 元，由福丰公司承担 760000 元，宝鹰公司承担 272700 元，赖东望承担 172629.2 元。

六、当事人申请再审情况

赖东望再审请求：（1）撤销（2017）赣民终 371 号民事判决，改判如下：①赖东望没收福丰公司支付的 2000 万元定金；②福丰公司支付赖东望剩余股权转让款 74072239 元及自 2016 年 12 月 19 日起至还清时之日按照月利率 2.5% 计算的利息；③福丰公司支付给赖东望前期费用 1531339.63 元；④宝鹰公司对福丰公司欠款中的 2800 万元承担连带责任。（2）一审、二审诉讼费用由福丰公司、宝鹰公司承担。

事实和理由：

1. 赖东望应该没收定金，定金不应该转换为股权投资款。（1）依据《协议书》《补充协议书》约定："本协议签订之日甲方付给乙方合同定金贰仟万元，如甲方未按时付清投资款本息及项目前期支付的一切费用，乙方有权没收甲方已支付的定金贰仟万元。"福丰公司没有按期履行约定，至今未付清赖东望投资款本息，已经构成违约。违约事实经原审法院包括福丰公司都已确认。赖东望没收福丰公司的 2000 万定金有事实和法律依据。（2）原判决载明："虽然《协议书》《补充协议书》《付款协议》约定了福丰公司应支付 2000 万定金，福丰公司未在 2015 年 7 月 15 日全部归还股权投资款，赖东望有权没收该 2000 万元进行处理，经双方确认《赣州市站北区 B-01-01 项目赖东望投入款明细表》（以下简称《明细表》）已将 2000 万定金冲抵了赖东望于 2014 年 3 月 18 日转入福丰公司的 2000 万股权投资款。涉案 2000 万元定金已转化为福丰公司退还赖东望的股权投资款，不应没收。"

原判决认定该《明细表》已经确认将 2000 万定金冲抵股权投资款与事实不符。事实是该《明细表》内容体现不出定金冲抵股权投资款的表述。反而载明赖东望投入款是 1.2 亿元，不包含福丰公司于 2014 年 12 月 15 日支付的 2000 万元。说明赖东望 2014 年 12 月 16 日收到的 2000 万元（2014 年 12 月 15 日支付，2014 年 12 月 16 日出具收条）不是投资款而是

其他合同纠纷

定金,否则《明细表》上面也不应该是1.2亿元,而应是1亿元了。再者该《明细表》内容体现不出和定金有任何关系的字样。二审法院依据该《明细表》认定2000万定金"冲抵"投资款本金错误。(3)原判决遗漏主要证据"收条"。赖东望于2014年12月16日出具给福丰公司的收条载明:"今收到福丰公司合同(2014年12月15日协议书)定金贰仟万元整(20000000.00)元。"这个收条证明赖东望在2014年12月16日收到的2000万元是定金而不是股权投资款。所以接下来2015年1月16日双方确认《明细表》时就没有再提到定金的事情,说明双方已经确认定金被没收了,是符合交易惯例的。

2. 原判决认定"先本后息"错误。原判决认为福丰公司给付赖东望投资款应该先支付本金,在二审判决书第18页列出如下理由:

第一,《明细表》确认,2014年3月18日赖东望投入福丰公司2000万元,同年12月15日福丰公司支付赖东望2000万元定金,该2000万利息只计算至2014年12月15日,而其余款利息计算至2015年2月15日,表明双方就2014年12月15日支付的2000万元冲抵案涉项目股权投资款本金达成一致;

第二,自2015年2月15日至2016年11月3日赖东望先后六次共收到退款10930万元,除2016年11月3日最后一次15000万元,赖东望出具的收条载明为归还本金及利息,之前的收条均载明为"股份转让款"。

第三,《补充协议书》约定的付款总额约为15000万元,《付款协议》约定的付款总额是截至2015年7月15日约为15800万元,两者相差800万元左右,该800万元为迟延支付股权转让款期间的利息。

反之,如果为先付利息再付本金,截至2015年7月15日应付的股权转让款本息远不止于15800万元。综上所述,已付款项先支付本金后支付利息的意思表示比较明确。

原判决认定上述理由没有任何事实依据和法律依据,理由如下:

1. 原判决依据《明细表》对2000万元金额的计息时间来判断2000万元冲抵案涉项目股权投资款本金达成一致没有依据,《明细表》的内容只是说明福丰公司给付赖东望投资款的明细,没有任何关于定金的内容,与定金无关。

2. 原判决提及赖东望收条上面收到款项的记录，以此说明双方"先本后息"是错误的。《协议书》中明确约定投资款包括本金和利息。赖东望收到福丰公司给付的款项时，由于双方没有明确约定是先给付本金还是先给付利息，所以赖东望给福丰公司出具收条时只能写明收到股权转让款。原判决依据赖东望出具收条上的"股权转让款"就认定福丰公司给付的款项是股权转让款的本金而不是利息没有依据。

3. 《补充协议书》和《付款协议》没有约定福丰公司付款是"先本后息"还是"先息后本"，但是两份协议书中明确约定了股权转让款包括本金和利息。依据双方签订合同的目的，赖东望转让项目股权而获得相应价款，双方明确约定价款包括本金和利息。所以赖东望有权要求福丰公司按约定支付价款，福丰公司也应该按照协议约定期限支付价款，而不存在先本后息或先息后本的问题，但由于福丰公司的恶意违约，才造成了所谓的"先本后息"还是"先息后本"的问题。福丰公司应对自己的违约承担相应的责任，不应该狡辩"先本后息"或"先息后本"的问题。原判决认定"先本后息"既无事实依据，又违背法律规定。《最高人民法院关于适〈中华人民共和国合同法〉若干问题的解释（二）》（以下简称《合同法解释二》）第二十一条规定："债务人除主债务之外还应当支付利息和费用，当其给付不足以清偿全部债务时，并且当事人没有约定的，人民法院应当按照下列顺序抵充：（一）实现债权的有关费用；（二）利息；（三）主债务。"

依照上述法律规定及《协议书》《补充协议书》的约定，福丰公司每次付款应该先扣除因福丰公司违约而形成的利息（按照月利率2.5%计算），余款偿还投资款。以此类推，计算至2016年12月28日福丰公司尚欠赖东望本金74072239元，利息2222167元。

4. 原判决认定利息损失时适用6%的年利率没有事实和法律依据。违约付款的月利率为2.5%是《协议书》中明确约定的，是双方的真实意思表示，并不违反法律规定，尤其重要的是双方约定该利率时是依据该项目可行性报告、市场的预期以及对成本和利息的预期计算出来的。事实上，

其他合同纠纷

福丰公司在该项目上获得的利润高达50%以上，远远超过当时的预期，所以月利率2.5%并不高。而且原判决也认定："本案为股权转让合同纠纷，并非民间借贷纠纷，且约定的利率为月利率为2.5%，并不明显偏高。"既然原判决已经认定这个月利率2.5%不偏高，二审法院在判决结果中却做出了自相矛盾的年利率6%的判决。本案中，赖东望和福丰公司约定2.5%的月利率合情合理合法。

5. 原判决免除宝鹰公司的连带责任是对事实的认定错误。（1）《补充协议书》中宝鹰公司使用了"保证"字样，根据法律规定，其应承担保证责任，且为连带保证责任。且《补充协议书》第四条并未约定宝鹰公司的保证责任以其向福丰公司付款为前提。（2）《中华人民共和国担保法》规定，合同当事人经保证人书面同意而变更主合同内容的，保证人仍应承担保证责任，即使《付款协议》视为变更了《协议书》主合同，也是经过宝鹰公司书面同意，其仍应承担保证责任。

6. 福丰公司获得项目后，由于房价大幅上涨，福丰公司因该项目已获得数十亿元的利润，而至今福丰公司也没有按照双方签订的《协议书》和《补充协议》付清赖东望的应得款项。于情于理于法对赖东望都不公平。

综上所述，正是由于福丰公司主观恶意违约才产生了案涉定金问题和"先本后息"及"先息后本"的问题。二审法院不依据事实，作出了错误判决，损害了赖东望的合法权益。赖东望请求对原判决作出改判。

七、本院再审情况

本院经再审审查后，裁定对本案再审。

本院再审认为，本案各方当事人的权利、义务和责任应结合案涉多份合同整体解释，进而作出裁判。从已查明事实来看，案涉几份协议的性质和关系为：

第一份协议：2014年初，天音公司将其持有的全资子公司星宇公司49%股权转让给了福丰公司，福丰公司因此成为星宇公司股东。此外，天音公司与福丰公司还对天音公司持有的剩余星宇公司股权转让给福丰公司相关事宜达成了协议。2014年3月18日，福丰公司为引入资金开发星宇公司名下案涉土地,与赖东望签订《项目合作开发协议书》约定,双方合作开发案涉土地,对福丰公司持有的星宇公司49%股权,由福丰公司享有49%股权中的60%权益;赖东望则通过出资8500万元(其中6500万元用陈康博借款本息充抵)方式享有49%股权中的40%权益。协议签订当天,赖东望就将2000万元交付给福丰公司。福丰公司同时出具2000万元和6500万元收条。2014年4月18日,赖东望将1500万元交付给福丰公司,2014年6月3日至5日,赖东望又将2000万元交付给福丰公司。以上赖东望共计交付合作投资款1.2亿元。但该协议并未约定福丰公司将持有的案涉49%股权转让给赖东望,赖东望也从未取得过星宇公司股权。由上可见,《项目合作开发协议书》本质上是一份合作开发房地产协议,而不是《股权转让协议书》。

第二份协议:2014年12月15日,福丰公司与赖东望签订《协议书》约定,基于福丰公司拟将持有的49%星宇公司股权转让给宝鹰公司,赖东望退出股份,不再参与合作开发事宜。赖东望已经交付给福丰公司的1.2亿投资款,按月利率2.5%计算利息(从赖东望银行付款之日开始至福丰公司退款到账为止)。具体退款日期:(1)2014年12月15日,付定金2000万元。(2)宝鹰公司增资扩股款(同日宝鹰公司与福丰公司签订《增资扩股协议书》约定,宝鹰公司以增资扩股形式成为福丰公司股东,合作开发案涉土地。第二期增资扩股款给付后一个月内将福丰公司66%股权变更登记到宝鹰公司或其授权人名下),第三期增资扩股款15855.06万元在2015年1月31日前支付,剩余增资扩股费用1亿元在2015年5月31日前支付,另根据《补充协议书》第三条,宝鹰公司第三期增资扩股费用应在合同规定付款时间内汇入福丰公司账户,福丰公司在该款到账后3天内,转给赖东望1.2亿元投资款等。由此可知,本条所指增资扩股款特指第三期增资扩股款到达福丰公司账户后3天内付清剩余投资款本息及前期费用。(3)如未按时付清,赖东望没收定金2000万元。(4)福丰公司必须在2015年2月15日前,付清全部款项及费用,否则,福丰公司承担1.2亿元20%的违约金。由上述约定可知,案涉《协议书》主要内容有:(1)双方协议解除之前的合作开发协议——《项目合作开发协议书》;(2)基于解

其他合同纠纷

除协议，福丰公司应返还赖东望的投资款；（3）双方一致同意将应返还的投资款转变为借款。也即，双方协议解除了合作开发房地产法律关系，就应返还的投资款新成立了民间借贷法律关系。由上可见，案涉《协议书》性质为混合合同，即形式上是一个合同，但内容上可以区分为两个性质不同的合同：解除合同和借贷合同。在此情形下，应分别适用相应的合同法规范。另查明，2014年12月15日，福丰公司转款2000万元至赖东望账户，赖东望于2014年12月16日出具收到定金2000万元的收条。

第三份协议：2014年12月15日，福丰公司、宝鹰公司和赖东望签订《补充协议书》，作为《增资扩股协议书》的补充条款。主要内容有：（1）赖东望退出案涉土地开发，福丰公司通过增资扩股方式让宝鹰公司加入；（2）但增资扩股款应优先偿还赖东望的投资款项1.2亿元及利息、前期费用等；（3）宝鹰公司第三期增资扩股费用15855.06万元，应在合同规定时间内汇入福丰公司账户，到账后3天内转给赖东望1.5亿元左右（以结算单为准），如福丰公司违约，则承担1.2亿元20%的惩罚性违约金，同时赖东望在案涉土地上的权益也不转让。另查明，《增资扩股协议书》由福丰公司与宝鹰公司签订，赖东望并未参与签订，且协议书内容与赖东望无关，故该协议书本身不能约束赖东望。即便赖东望在后续补充协议《补充协议书》上签名，也仅仅是确认福丰公司还款方式以及认可宝鹰公司对福丰公司应付款项的监督和保证。故该《补充协议书》有两重性质：一是对《增资扩股协议书》进行补充；二是赖东望同意福丰公司还款方式以及宝鹰公司的监督和保证。

第四份协议：2015年1月16日，福丰公司与赖东望签订《明细表》确定：赖东望投入款1.2亿元＋费用153万元＋3032.5万元利息（截至2015年2月15日）。在此之后的2015年2月16日，福丰公司分二笔转款430万元至赖东望账户。故在签订第五份协议《付款协议》之前，福丰公司已向赖东望支付了2430万元。

第五份协议：2015年5月16日，赖东望与福丰公司、宝鹰公司、恒大公司签订《付款协议》，约定案涉款项付款主体、付款金额和付款时间以及赖东望的承诺：（1）福丰公司：共计1亿元。①授权恒大公司将担保贷款的8000万元在2015年6月15日前直接支付给赖东望；②将收购天音公司所持有的星宇公司4%股权款（约2000万元），授权恒大公司优先支付给赖东望。(2) 宝鹰公司：共计3800万元。①在2015年5月30日前，支付给赖东望1000万元；②在2015年7月15日前，按照签订的《补充协议书》支付给赖东望剩余股权转让款约2800万元（以实际结算为准）。(3) 赖东望：①在2015年7月15日前，按约履行，则2015年5月16日本协议签订前的违约责任不追究；②如截至2015年7月15日未按约履行，则赖东望有权按《协议书》《补充协议书》追究违约责任。在签订《付款协议》之前，福丰公司与赖东望已就2015年2月15日之前的本金、利息、前期费用等核算出总数并已向赖东望支付了2430万元。在此背景下，福丰公司、赖东望和宝鹰公司就案涉借款本金、利息、前期费用等的给付问题达成新的协议。该协议是对之前借款协议中还款相关条款的变更，属于合同变更，其与之前的第二份、第三份、第四份、第五份协议同属一个法律关系，即民间借贷法律关系。只不过第五份协议是对该民间借贷法律关系还款部分作了变更，但这并不影响民间借贷性质。也即，三方当事人对案涉借款的还款问题达成的最新意思表示已经代替了原合同约定的本息支付方式以及相应数额等事项。由此，原审法院将本案案由确定为股权转让合同纠纷缺乏依据，应纠正为民间借贷纠纷。相应地，当事人只能依据最新的《还款协议》提出主张。而该协议约定了对截止至《还款协议》签订之日的借款本息及前期费用等，福丰公司只需还款共计1亿元；而宝鹰公司按照《补充协议书》支付3800万元。如果在2015年7月15日前，还款到位，则赖东望不再主张2015年5月16日本协议签订之日之前的违约责任，否则，要继续按照《协议书》《补充协议书》主张违约责任。但在《还款协议》中，赖东望并未对2015年5月16日本协议签订之日之后的违约责任作出约定。故从文义解释而言，赖东望只能依据《还款协议》《补充协议书》主张2015年5月16日本协议签订之日之前的违约责任。依据《协议书》可知，其约定的违约责任：

(1) 第二笔付款时间：宝鹰公司增资扩股款2015年1月31日到达福丰公司账户后3天内，福丰公司应支付全部剩余投资款本息及前期费用。

其他合同纠纷

否则,赖东望有权没收2000万元定金(2000万元定金已作为退款组成部分)。(2)福丰公司必须在2015年2月15日前付清款项,否则,应支付1.2亿元20%的惩罚性违约金。同时,赖东望的40%股份也不转让。而《补充协议书》约定的违约责任:(1)宝鹰公司增资扩股款2015年1月31日到达福丰公司账户后3天内,福丰公司应支付:赖东望投入款1.2亿元+前期费用1531339.63元+2015年2月15日前全部投入款的利息(按月利率2.5%计算)约3032.5万元=共计约15180万元。否则,福丰公司应承担1.2亿元20%的惩罚性违约金。(2)宝鹰公司有义务监督并保证福丰公司支付给赖东望该项目地块投资款本息及前期费用约1.5亿元,否则宝鹰公司应承担该支付义务。综上所述,违约责任为2000万元定金。这也与赖东望所主张的定金一致。

《付款协议》签订后,截至2015年7月15日,只有宝鹰公司给付了赖东望1000万元,故福丰公司、宝鹰公司已构成违约。而《还款协议》约定的违约责任为按照《协议书》《补充协议书》约定的违约责任。故赖东望有权要求福丰公司承担上述违约责任。与此同时,由于宝鹰公司、福丰公司到期未给付借款,而各方又没有对2015年7月15日之后的逾期利息作出约定,依照《最高人民法院关于审理民间借贷案件适用法律若干问题的规定》第二十九条第二款第二项规定,赖东望可以自逾期还款之日起按照借期内的月利率2.5%给付逾期利息。现赖东望在本院庭审中主张按照24%年利率支付,不违反法律规定,应予支持。至于本息顺序的问题,赖东望主张按照先息后本方式支付,符合《合同法解释二》第二十一条规定,也应予以支持。

根据原审法院已查明事实,福丰公司在2015年7月15日付款期届满时,没有支付任何款项。至于福丰公司在2015年7月15日之后的付款情况为:2015年7月20日,福丰公司给付4000万元;2015年8月12日,福丰公司给付1700万元;2015年8月19日,福丰公司给付2300万元;2016年11月3日,福丰公司给付1500万元。共计9500万元。由于赖东望再审请求为主张自2016年12月21日起至款项还清时的利息,故本案逾期利息应从2016年12月21日起开始计算。以上已查明,自《付款协议》签订之日至 2016 年 12 月 21 日，福丰公司共计付款 9500 万元。故其尚未归还剩余本金为 2500 万元。

关于宝鹰公司是否应支付案涉 2800 万元的问题。根据《付款协议》第四条："宝鹰公司承诺，在 2015 年 7 月 15 日前，按照签订的《补充协议书》支付给赖东望剩余股权转让款约 2800 万元（以实际结算为准）。"从该条文义可知，宝鹰公司已承诺向赖东望给付的款项为剩余股权转让款。由于宝鹰公司与赖东望之间没有股权转让关系，故宝鹰公司没有支付股权转让款的义务。其之所以付款是基于《补充协议书》的约定，而《补充协议书》第二条已经约定宝鹰公司交付给福丰公司的增资扩股款应优先偿还福丰公司欠付赖东望的所谓股权投资款（即股权转让款）。可见，宝鹰公司在《付款协议》中承诺的向赖东望支付剩余股权转让款，实际是代福丰公司履行对赖东望的付款义务。即按照福丰公司指示将本应对福丰公司履行的付款义务转为向赖东望给付。由于《补充协议书》也写明该协议书的条款作为《增值扩股协议书》的补充条款，故宝鹰公司实际履行的是《增资扩股协议书》义务。可见，《付款协议》约定的宝鹰公司向赖东望付款并非无条件给付。对此，福丰公司、赖东望均已通过签订《补充协议书》，予以认可。换言之，赖东望签订付款协议时，对福丰公司指示宝鹰公司将按《增资扩股协议书》《补充协议书》约定应对福丰公司的给付款项中的 2800 万元作为福丰公司应返还赖东望的款项交付给赖东望这一事实是清楚的。这也可从《付款协议》约定宝鹰公司给付 1000 万元的条款没有写明"按签订的《补充协议书》支付"，而支付 2800 万元条款写明了上述文字得到印证。本案中，宝鹰公司是按照《增资扩股协议》《补充协议》履行对福丰公司的付款义务，如果上述两协议无效或解除等原因终止，宝鹰公司有权不再履行该给付义务。另查明，宝鹰公司与福丰公司已于 2016 年 5 月 22 日签订《退股协议书》，解除了《增资扩股协议书》以及《补充协议书》。既然宝鹰公司对福丰公司已没有给付义务，那么宝鹰公司有权不再向赖东望给付 2800 万元。由于赖东望在《付款协议》中并未明确放弃案涉 2800 万元债权，故该款项仍应由福丰公司支付。

综上所述，原判决认定事实不清，适用法律错误，应予纠正。依照

其他合同纠纷

《中华人民共和国民事诉讼法》第二百零七条第一款、第一百七十条第一款第二项规定，判决如下：

一、撤销江西省高级人民法院（2017）赣民终371号民事判决和江西省赣州市中级人民法院（2016）赣07民初334号民事判决第二项、第三项、第四项、第五项和第六项；

二、变更江西省赣州市中级人民法院（2016）赣07民初334号民事判决第一项为：于都县福丰置业有限责任公司于本判决生效后15日内偿还赖东望本金5300万元及利息损失（从2016年11月4日起至投资款本金付清之日止按年利率24%计算）；

三、驳回赖东望其他诉讼请求；

四、驳回深圳市宝鹰实业集团有限公司其他反诉请求。

如果未按判决指定的期间履行给付金钱义务，应当依照《中华人民共和国民事诉讼法》第二百五十三条规定，加倍支付迟延履行期间的债务利息。

一审案件受理费537161.2元，保全费5000元，反诉费90900元，二审案件受理费572268元，合计1205329.2元，由福丰公司承担110万元，宝鹰公司承担5329.2元，赖东望承担20万元。

八、本案解析

本案涉及的法律关系以及事实认定较为复杂。首先在纠纷性质方面，原一审判决将本案纠纷定性为股权转让纠纷，是仅就双方第一份协议文义内容作出的认定，但从各方先后签订《项目合作开发协议书》《协议书》《增资扩股协议书》《补充协议书》《明细表》《付款协议》的多份协议整体解释角度而言，赖东望与福丰公司已由原来的合作投资开发关系转变为民间借贷关系。相应地，赖东望所主张给付的款项性质也由投资款转化为借贷款。并且就案涉款项的返还问题，各方也先后签订几份协议。在此前提下，体现各方最新意思表示的应为2015年5月16日，赖东望与福丰公司、宝鹰公司、恒大公司签订的《付款协议》，约定案涉款项付款主体、付款金额和付款时间以及赖东望的承诺。也正是在该份协议中，宝鹰公司加入进来,对案涉相关款项承担还款义务。其中,就包括本案主要争议焦点:宝鹰公司是否应对案涉2800万元承担还款责任。对此,一审法院认为,因福丰公司未按约定还款,宝鹰公司在《付款协议》中承诺于2015年7月15日前,按照《补充协议书》支付给赖东望剩余股权转让款约2800万元。宝鹰公司的承诺属合同外的第三人向合同中的债权人承诺承担债务人义务,应认定为债务加入,赖东望依照债务加入关系向宝鹰公司主张权利,符合相关法律规定。故一审法院判决宝鹰公司应对上述还款义务在2800万元范围内承担连带清偿责任。宝鹰公司上诉后,二审法院则认为,宝鹰公司是增资扩股福丰公司,并非从赖东望名下受让股权,并无直接向赖东望支付股权转让款的义务,向赖东望支付股权转让款的义务人是福丰公司。宝鹰公司只是在其应承担向福丰公司支付增资扩股费用的情况下,才负有监督并保证福丰公司将其支付的增资扩股费用支付给赖东望的义务。在宝鹰公司已无需向福丰公司支付增资扩股费用的情况下,其监督和保证福丰公司向赖东望支付股权转让款的义务也相应消灭。故宝鹰公司在本案中不应承担责任。一审法院判决宝鹰公司在2800万元范围内承担连带责任不当,应予纠正。赖东望不服二审判决,向本院申请再审主张宝鹰公司应按一审判决承担案涉2800万元的连带责任。理由是《补充协议书》中宝鹰公司使用了"保证"字样,根据法律规定,其应承担保证责任,且为连带保证责任。且《补充协议书》第四条并未约定宝鹰公司的保证责任以其向福丰公司付款为前提。之所以一审、二审法院对宝鹰公司是否承担案涉2800万元连带责任的问题存在裁判结果不一致,主要是对宝鹰公司与案涉2800万元关系的有关合同条款法律性质认定存在以下分歧:债务加入抑或第三人清偿(代为履行)。一般而言,债务加入是指第三人通过向债权人单方承诺、与债权人或债务人达成双方协议,或者与债权人、债务人达成三方协议的形式,加入原有债权债务关系,与债务人共同履行债务人的债务的行为。学理上又将其归入并存的债务承担。与之对应,如果第三人承担债务的同时免除原债务人的债务,则称之为免责的债务承担。债务加入的性质应注意以下两点:一是加入人的债务与原债务具有同一性。债务加入是一种新债务的负担行为还是原债务的承担行为,理论界存在争

议，但多数意见认为，属于原债务的承担行为。也即与原债务从内容到效力均具有同一性。二是，债务加入具有无因性。从第三人签订债务加入合同而言，第三人加入债权债务关系一般都基于与债务人之间存在其他的利益关系或情谊关系，否则，不会主动加入债务人的债务承担。而基于债务加入后，第三人与债务人负担的同一内容的给付责任，其与债务人之间的其他利益或情谊关系作为其加入债务的基础关系所产生的对抗债务人的抗辩事由，不能用于对抗债权人。否则，一方面突破了合同相对性原则，另一方面也将使得债务加入处于不确定状态，可能损害债权人潜在利益。因此，债务加入的原因不影响债务加入合同的效力。进而，债务加入对基础关系而言是无因的。由其性质决定一般意义上的债务加入构成要件：（1）债务合法有效；（2）债务具有可转让性；（3）须有债务共同承担的意思表示；（4）债权人同意不是必要条件。实务中，债务加入主要表现为四种形式：第三人向债权人单方承诺；第三人与债权人签订协议；第三人与债务人签订协议；第三人与债权人、债务人签订三方协议。

至于第三人代为履行，是指由第三人以自己名义代替债务人向债权人履行给付义务的法律行为。该法律行为以不损害债权人利益、合同自愿为原则。实务中，并非所有第三人的清偿债务行为都属于第三人代为履行。在履行辅助人的情形，债务清偿是以债务人自己名义进行，不属于第三人代为履行。不具有清偿代理或代行权限的第三人，以代理人或者使者身份以债务人名义清偿债务的，也不构成所谓第三人代为履行；此外，在第三人将他人债务当作自己债务清偿的场合，也不是第三人代为履行，债务人的债务也不会因此而消灭。只在清偿人与债权人之间发生非债清偿问题。关于第三人代为履行，《中华人民共和国合同法》第六十五条规定："当事人约定由第三人向债权人履行债务，第三人不履行债务或者履行债务不符合约定，债务人应当向债权人承担违约责任。"就该法条可知，第三人代为履行至少有以下特征：（1）债务承担主体未发生变化。第三人虽依约定代替债务人清偿债务，但合同当事人仍是原债权债务人，第三人不是合同当事人。（2）第三人不承担违约责任。债务人并非以第三人的代理人身份缔结合同，如果第三人不履行债务或者履行债务不符合约定，则应由债务人承担违约责任。值得注意的是,第三人代为履行并不解决以下问题:①债权人是否对于第三人享有直接的履行请求权的问题。这种直接的履行请求权并非"由第三人履行的合同"的一项要件,而且它的成立必须通过另外一份合同,也就是债务人与第三人之间缔结的真正的"向第三人履行的合同"来完成,并非基于该"由第三人履行的合同"而产生。②第三人是否负担债务的问题。第三人是不可以因"由第三人履行的合同"而负担债务的,否则,将动摇私法自治的根基。即使第三人确实负有向债权人直接履行的义务,该义务的发生也只能是基于另外的合同(向第三人履行的合同),而并非基于"由第三人履行的合同"。"由第三人履行的合同"中所提到的第三人的"履行"行为(作为或者不作为),可能是法律上承认的债务(如基于债务人与第三人之间的合同)指向的行为,也可能不是法律上承认的债务而是道义上的债务(如基于债务人与第三人之间的情谊关系)指向的行为,也可能根本不基于任何债务。① 这里的向第三人履行的合同,又称为利他合同,一般是指为达到将一方在合同中的权利直接归属于合同当事人外的第三人目的而签订的合同。向第三人履行合同的要件有:①须约定由一方当事人向第三人履行。②须使第三人对于债务人取得权利。首先,须使第三人取得权利。通常情形下,该权利体现为直接请求给付的权利,若仅约定向第三人给付,而不使第三人对于债务人取得直接请求给付的权利,则为"不纯正的向第三人履行合同"。其次,第三人所取得的权利通常为债权。最后,第三人取得的权利是直接由合同发生的,而非由债权人继受取得,与债权让与自有不同。③须债权人亦有请求债务人向第三人履行的权利。向第三人履行合同的效力可从主体角度作一区分:首先,对于第三人的效力。第三人因该合同而直接取得履行请求权,但其并非合同当事人,无权主张撤销合同,也不适用代理的规定。其次,对于债权人的效力。债权人可以请求债务人向第三人履行,而不能请求向自己履行。最后,对于债务人的效力。债务人属于合同当事人,对于第三人直接负担债务,并可以合同所生的一切抗辩,对抗受益的第三人。可

---

① 韩世远:《合同法总论》,法律出版社 2018 年版,第 377 页。

其他合同纠纷

见,向第三人履行与由第三人履行存在本质差别。

将债务加入与第三人履行比较可知,两者行为外观均表现为第三人向债权人给付款项,清偿债务,但两者之间存在根本区别:第三人代为履行时,不具有自愿承担债务人的债务且与债务人共同承担债务人债务的意思表示。司法实务中,在第三人未参与债权人与债务人关于第三人代为履行的协议签订场合,一般认定第三人代为履行,当无疑义。但在第三人也参与到关于其履行债务的相关协议约定时,则往往因文义表述的歧义而使得当事人在诉讼中各执一词,各说其理。对此,人民法院要作出正确认定,则不可避免涉及对合同条款的解释。关于合同条款的解释,《中华人民共和国合同法》第一百二十五条第一款规定:"当事人对合同条款的理解有争议的,应当按照合同所使用的词句、合同的有关条款、合同的目的、交易习惯以及诚实信用原则,确定该条款的真实意思。"《中华人民共和国民法总则》第一百四十二条第一款则进一步细化为:"有相对人的意思表示的解释,应当按照所使用的词句,结合相关条款、行为的性质和目的、习惯以及诚信原则,确定意思表示的含义。"也即,有相对人的合同解释应以文义解释为基础,结合体系解释、目的解释、习惯解释和诚信原则等加以综合判断。具体到本案中,《付款协议》涉及宝鹰公司的2800万元付款约定为"在2015年7月15日前,按照签订的《补充协议书》支付给赖东望剩余股权转让款约2800万元(以实际结算为准)"。对此,应作如何理解?对此理解,应综合运用多种解释方法。首先,从合同条款文义解释而言,宝鹰公司支付案涉2800万元附有条件,应"按照签订的《补充协议书》支付",且该2800万元的性质为"剩余股权转让款",此外,给付2800万元只是概数,具体应以实际结算为准。其次,从合同条款体系解释而言,该协议中前面还有"宝鹰公司承诺在2015年5月30日前,支付给赖东望1000万元"的表述。两者对比可知,后一条款增加"按照签订的《补充协议书》支付""剩余股权转让款""以实际结算为准"的表述应是有意为之,以示与前面1000万元付款约定的区别。前一条款关于案涉1000万元给付的表述没有附加任何限定,从文义而言就是宝鹰公司承诺自愿在规定日期前向赖东望给付1000万元,而宝鹰公司之所以给付1000万元实际是代福丰公司清偿债务。而后一条款中"按照签订的《补充协议书》支付""以实际结算为准"的表述都具有不确定性，可以看作是宝鹰公司代福丰公司清偿债务而给付案涉 2800 万元的生效条件。再次，从合同条款目的解释角度，根据已查明事实，宝鹰公司与福丰公司存在所谓的增值扩股法律关系，而赖东望与宝鹰公司之间并无股权转让法律关系，故"剩余股权转让款"的表述说明宝鹰公司支付 2800 万元的目的为履行与福丰公司之间的《增资扩股协议书》所应支付给福丰公司的增资扩股款的义务。也即，宝鹰公司承诺支付案涉 2800 万元的目的是清偿对福丰公司的债务，而非对赖东望的债务。基于上述对案涉合同条款的解释，应可认定福丰公司与赖东望达成由第三人宝鹰公司向赖东望给付案涉 2800 万元用以清偿福丰公司对赖东望债务的约定。宝鹰公司承诺向赖东望给付案涉 2800 万元的本意是基于与福丰公司之间的《增资扩股协议书》等所确定的增资扩股款的给付义务。从约定宝鹰公司给付案涉 2800 万元附有条件可知，其与债务加入所应具有的债务同一性要求并不一致。故从法律性质而言，更倾向于将其解释为附条件的第三人代为履行的情形。由于上述条款解释不出宝鹰公司愿意作为债务人与福丰公司共同清偿对赖东望债务的缔约目的，故原一审法院以债务加入为由，让宝鹰公司承担连带责任，理据不足。综上，实务中出现第三人承诺向债权人清偿债务人债务的情形时，应结合合同文义解释、体系解释、目的解释等合同解释方法，综合研判案涉条款是否符合债务加入抑或第三人代为履行的各自性质和特征，从而，最终得出符合当事人缔约真意的结论。

（执笔人：肖　峰）

其他合同纠纷

147. 再审申请人天津市天意君泰商贸有限公司与被申请人天津中油滨海石油销售有限公司、天津海滨大道建设发展有限公司合同纠纷一案[*]

对合同条款权利义务的认定不能完全拘泥于合同语句含义

【裁判摘要】

由于语言文字表达的局限性以及当事人都为自身利益考虑的冲突性,合同条款的解释是司法裁判中不可回避的问题。当事人从自身利益角度出发,必然作出对于自己有利,而对于相对方不利的解释。还原当事人在合同条款约定中的真实意思,最大限度保证合同当事人利益的平衡,真正实现司法裁判查明真相、定分止争,是人民法院依法行使审判权公正司法的价值追求。法官在裁判过程中对于合同条款的判定和解释,必须结合合同性质、合同条款的语词含义、合同的履行情况、当事人的内心动机以及诚实信用原则等多方面因素进行判断,以达到明确当事人权利义务的目的,而不能完全拘泥于合同条款的语词含义。

---

[*] 摘自《民事审判指导与参考》2020年第1辑(总第81辑),人民法院出版社2021年版,第134~158页。

一、案件基本信息

再审申请人（一审被告、二审被上诉人）：天津市天意君泰商贸有限公司（原天津市天意君泰投资发展有限公司）。

被申请人（一审原告、二审上诉人）：天津中油滨海石油销售有限公司。

被申请人（一审被告、二审被上诉人）：天津海滨大道建设发展有限公司。

再审申请人天津市天意君泰商贸有限公司（以下简称天意君泰公司）因与被申请人天津中油滨海石油销售有限公司（以下简称中油滨海公司）、天津海滨大道建设发展有限公司（以下简称海滨大道公司）合同纠纷一案，天津市第二中级人民法院作出（2015）二中民四初字第63号民事判决，中油滨海公司不服该判决，向天津市高级人民法院提出上诉，天津市高级人民法院作出（2017）津民终137号民事判决。天意君泰公司不服生效判决，向最高人民法院申请再审，最高人民法院作出（2018）最高法民申3823号民事裁定，依法提审本案。

二、一审法院认定事实

一审法院认定事实：2004年11月18日，海滨大道公司（甲方）与欣康泰公司①（乙方）签订《关于海滨大道全线加油站、服务区建设经营权和土地租赁的协议》（以下简称《租赁协议》），协议第一条约定："甲方同意乙方独家买断海滨大道公司全线加油站、服务区20年的建设经营权，并同期租赁使用加油站、服务区的建设经营用地。"协议第二条约定："海滨大道公司全线加油站（包括匝道加油站）、服务区的建设经营权，即：主线加油站8个（包括6个服务区，2个加油站），匝道加油站8个。"协议第四条约定："乙方独家买断20年海滨大道公司全线加油站、服务区的建设经营权和租赁土地费用总计为人民币玖仟陆佰万元整。乙方向甲方一

---

① 现名为天意君泰公司。

其他合同纠纷

次付清。海滨大道公司全线加油站、服务区的建设费用,包括因建设、经营发生的各种契税、保险等费用全部由乙方承担。"协议第六条约定:"甲方确保乙方20年自主经营权,如租赁经营期内因政府规划调整某一站而停止经营,则甲方应退还乙方未经营期间的租赁经营费用,退还金额按每站每年平均租金30万元计算,不计利息,大型服务区另议。"协议第七条约定:"乙方有租赁经营期内的各加油站、服务区的自主经营权和地上设施的使用权。乙方在租赁期内有权与第三方合作经营,第三方必须履行本协议约定的乙方的权利和义务。"

2005年11月25日,中国石油天然气股份有限公司(甲方,以下简称中石油公司)与欣康泰公司(乙方)签订《天津中油滨海石油销售有限公司合资经营合同》(以下简称《合资经营合同》),合同第二条约定:"合同目的及合作方式。双方股东合作目的是发挥各自优势、按照互惠互利、共同发展的原则,成立中石油公司控股的合资公司共同合作经营天津海滨大道公司高速公路上的12座加油站项目,其中6座服务区及加油站;6座城市与高速连线加油站。基于合作目的,双方的合作方式为共同投资设立一家加油站经营管理公司(中油滨海公司)……"合同第五条约定:"公司注册资本。公司首次设立时总注册资本为15000万元,其中甲方以货币出资12000万元,占注册资本的80%;乙方以货币出资3000万元,占注册资本的20%。"合同第六条约定:"注册资本现金的使用及增资。甲乙双方投入的注册资本作为合作建设海滨大道公司高速公路上的12座加油站及服务区项目,其中6座服务区及加油站;6座城市与高速连线加油站的专项资金使用,主要包括支付土地租赁费……公司首次设立时注册资本主要用于一次性支付土地租赁费9600万元;12座加油站及6座服务区基础工程建设;支付部分加油站建设、规划拆迁费。"合同第十一条约定:"双方承诺。乙方承诺,有关本合同约定的乙方对海滨大道公司12座加油站(含6座服务区)20年的建设经营权及转租(不含20年以外)行为已得到所有权人海滨大道公司的授权和认可。"

2005年12月8日,海滨大道公司(甲方)与欣康泰公司(乙方)及中油滨海公司(丙方)签订《关于租赁海滨大道公司加油站、服务区的补充协议》(以下简称《补充协议》),《补充协议》第一条约定:"依据2004年11月甲乙双方签订的《租赁协议》第七条〈乙方的权利和义务〉第5条之约定,甲方同意乙方与中石油公司合作,建立中油滨海公司。"《补充协议》第二条约定:"丙方承认甲乙双方所签《租赁协议》及补充协议,承担乙方的权利和责任。向甲方支付买断海滨大道公司全线加油站、服务区建设经营权和租赁使用加油站、服务区的建设经营用地的相关费用。"

2005年12月22日,海滨大道公司(甲方)与欣康泰公司(乙方)及中油滨海公司(丙方)签订《关于海滨大道公司全线加油站、服务区建设经营的再次补充协议》(以下简称《再次补充协议》),该协议第一条约定:"甲方同意乙方、丙方合作开发海滨大道公司沿线加油站及服务区项目,同意丙方租赁使用海滨大道公司沿线加油站及服务区的建设经营用地,并协助丙方开展经营活动。"该协议第二条约定:"甲方同意《租赁协议》中乙方享有的一切权利、义务和责任由丙方继承,由丙方向甲方支付买断海滨大道公司全线加油站、服务区建设经营权和租赁使用加油站、服务区的建设经营用地的相关费用,同时甲方向丙方开具合格的发票。"该协议第四条约定:"甲方、乙方保证丙方在合作开发期内拥有完整的加油站服务区经营权及土地的合法使用权,并确保没有第三方对上述权利提出主张,否则,乙方向丙方承担违约责任。"

2005年11月22日,中油滨海公司注册成立,注册资本3.5亿元,其中中石油公司出资2.8亿元(持股80%),欣康泰公司出资0.7亿元(持股20%),单学军为公司法定代表人。2005年11月25日,中石油公司与欣康泰公司作出中油滨海公司(筹备)第一次股东会决议,任命单学军担任中油滨海公司董事。董事会选举单学军为副董事长。

中油滨海公司于2005年12月21日向海滨大道公司支付500.1万元,于2006年1月6日向海滨大道公司支付6100万元,共计支付6600.1万元。天意君泰公司于2005年12月21日向海滨大道公司支付800万元,于2005年12月28日向海滨大道公司支付99.9万元,于2006年1月16日向海滨大道公司支付2100万元,共计支付2999.9万元。

2006年2月10日,海滨大道公司(甲方)与天意君泰公司(乙方)

其他合同纠纷

签订的《关于海滨大道公司全线加油站、服务区建设经营权和土地租赁的补充协议》，双方对 2004 年 11 月签署的《租赁协议》作如下修改补充。第二条〈租赁物及有效时限〉第一款修改为：海滨大道公司全线加油站（包括匝道加油站）、服务区的建设经营权，即主线加油站（带服务区）6 个，匝道加油站 6 个。详见滨海规划分局批准的《海滨大道公司服务区及加油站规划》。第四条〈费用及支付〉第一款修改为：乙方独家买断 25 年海滨大道公司全线 12 个加油站、服务区的建设经营权和租赁土地费用总计为人民币柒仟贰佰万元整，原多收贰仟肆佰万元租赁费退回乙方。

2006 年 2 月 13 日，海滨大道公司向天意君泰公司退款 22668000 元。天意君泰公司认可收到退款。

2007 年 12 月 10 日，海滨大道公司（甲方）与天意君泰公司（乙方）签订的《关于海滨大道公司沿线加油站、服务区建设经营权和土地租赁的补充协议》双方对 2004 年 11 月签署的《租赁协议》作如下修改补充：原协议中"甲方同意乙方独家买断海滨大道公司全线加油站、服务区 20 年的建设经营权，并同期租赁使用加油站、服务区的建设经营用地"及 2006 年 2 月 10 日甲乙双方签订的补充协议中第一条"甲方同意乙方独家买断海滨大道公司全线加油站、服务区 25 年的建设经营权，并同期租赁使用加油站、服务区的建设经营用地"，鉴于海滨大道公司道路用地正在办理划拨手续，经双方协商，将乙方租赁甲方海滨大道公司沿线的服务区、加油站建设经营用地，变更为在甲方办理完土地划拨手续后将服务区、加油站所占用土地转让给乙方。甲方协助乙方向政府土地管理部门办理土地出让手续，土地出让所发生的一切费用由乙方支付，甲方不再另收取费用。

2010 年 11 月 15 日，工商行政管理局核准欣康泰公司变更为天意君泰公司。

2011 年 7 月 16 日，海滨大道公司向塘沽地税局出具"关于'中油滨海公司'所使用的房产产权土地所有权的证明"，中油滨海公司所经营的加油站土地及房屋全部都是从海滨大道公司租赁的，土地和房产均为海滨大道公司所有，中油滨海公司所用土地是租赁土地性质。

2014 年 12 月 2 日，中国石油天津销售公司向天津市公安局出具《关于中国石油天津销售公司所属控股公司印鉴及经营证照遭他人强行夺走的报告》，反映天意君泰公司强行夺走中油滨海公司公章、合同专用章、财务专用章、企业法人章等印鉴及营业执照、成品油经营许可证等经营证照原件。中油滨海公司报警，派出所出警并建议中油滨海公司通过法律途径解决。中油滨海公司多次向天意君泰公司索要印鉴及经营证照未果，向天津市滨海新区人民法院提起诉讼，要求天意君泰公司返还印鉴及证照，该案正在审理中。

2016年7月4日，中油滨海公司向一审法院提交撤诉申请书，申请撤回对海滨大道公司的起诉。

三、当事人一审起诉、答辩情况

中油滨海公司向一审法院起诉请求：（1）判令天意君泰公司和海滨大道公司向中油滨海公司返还2400万元并支付利息15262766.67元（共计39262766.67元）；（2）一审案件受理费由天意君泰公司及海滨大道公司承担。事实和理由：2004年11月18日，天意君泰公司与海滨大道公司签署《租赁协议》，约定由被告天意君泰公司独家买断海滨大道全线加油站、服务区20年的建设经营权，并同期租赁使用加油站、服务区的建设经营用地，包括主线加油站8个和匝道加油站8个，共计16个加油站，每个站600万元，总价款为9600万元。如租赁经营期内因政府规划调整某一站而停止经营，则应退还租赁经营费用，退还金额按每站每年平均租金30万元计算。2005年12月8日，原告与二被告签署《补充协议》，约定：海滨大道公司同意天意君泰公司与"中石油"合作，建立中油滨海公司即原告；原告承认海滨大道公司与天意君泰公司签署的租赁协议及补充协议，承担其中天意君泰公司的权利和责任，并向海滨大道公司支付买断海滨大道全线加油站、服务区建设经营权和租赁使用加油站、服务区的建设经营用地的相关费用。2005年12月22日，原告与二被告又签署《再次补充协议》，该协议第二条约定：海滨大道公司同意租赁协议中天意君泰公司享有的一切权利、义务和责任由原告继承，由原告向海滨大道公司支付买断海滨大道全线加油站、服务区建设经营权和租赁使用加油站、服务区的建设经营

其他合同纠纷

用地的相关费用9600万元，同时海滨大道公司向原告开具合格发票。该协议第四条约定：海滨大道公司和天意君泰公司应保证原告拥有海滨大道全线加油站及服务区的经营权和租赁使用权，否则，由天意君泰公司承担赔偿责任。截至2006年1月5日，原告向海滨大道公司支付了《租赁协议》项下的全部租赁费用9600万元，且海滨大道公司已向原告开具了9600万元的土地使用费发票。二被告确认海滨大道全线加油站、服务区规划最终确定的站点数为12座，比《租赁协议》规划站点减少了4座站，按照《租赁协议》的约定，应退还4座站的租赁费用2400万元。原告承接了全线加油站、服务区的建设经营权和同期土地使用权，并支付了全部费用，因此产生的退费也应退给原告。海滨大道公司提交的退款票据载明付款用途为"退中石油租费"，天意君泰公司明知该款项是退给原告的，但截留了该款项。原告起诉前得知该款项被天意君泰公司从海滨大道公司领走。为维护原告合法权益，提出如上诉请。

被告天意君泰公司辩称，不同意原告的诉讼请求。事实和理由：(1)天意君泰公司与海滨大道公司的《租赁协议》约定天意君泰公司前身有权选择第三方合作经营，在这种情况下我方选择了中石油华北公司，经多次调整其选择12座加油站，并设立了中油滨海公司。中油滨海公司与我方形成转租关系，原告提出2004年12月8日、22日的三方补充协议，主张其已经取代天意君泰公司，天意君泰公司已经将权利义务转让给原告，对此我方不同意。签订协议的背景是为付款和走账方便，避免双重纳税，增加合作成本。因为天意君泰公司是私企，中石油公司担心我方付款等事宜，海滨大道公司担心加油站建设的实力，后由中石油公司提出继承这个权利，但该权利并不是一般的转让权利义务。从签订协议之后天意君泰公司正常经营并未发生权利义务的转让问题。2006年2月10日海滨大道公司和天意君泰公司在原告主张的三方协议之后签订了租赁全线加油站的补充协议，约定全线加油站由原16座变为12座，由此产生了退费，海滨大道公司退费给天意君泰公司是合理合法的。(2)退费产生在2006年，现原告起诉早已经超过了诉讼时效。

海滨大道公司辩称，请求驳回原告对我方的诉讼请求。事实和理由：

(1) 原告对海滨大道公司的诉讼请求已超过诉讼时效。①退款义务自12座加油站的规划确定之时即产生,诉讼时效应当自原告知晓12座加油站的规划时计算;②原告自成立时即知晓12座加油站的规划批复,已超过诉讼时效;③原告得知款项退还欣康泰的时间,不能作为其未超过诉讼时效的理由。退一步讲,认定原告在2006年知晓相应退款事宜,而本案实际为原告内部股东纠纷,与海滨大道公司无关。(2) 海滨大道公司已退款。依据我方提交的证据表明海滨大道公司已退款2400万元。(3) 海滨大道公司退款给欣康泰无过错。①从实际支付情况来看,海滨大道公司退款给欣康泰无过错;②从后续实际履行过程来看,中油滨海公司与欣康泰均参与了协议履行,因此海滨大道公司根据合同履行的情况退款给欣康泰并无任何过错;③从中油滨海公司在近十年间未提出异议的事实来看,海滨大道公司退款无过错。(4) 中油滨海公司在庭审过程中也对海滨大道公司提出了撤诉,这也表明中油海滨认可海滨大道公司无需承担责任,根据民事诉讼法"不告不理"的原则,也不应判决海滨大道公司承担相关责任。

四、一审审理情况

一审法院认为,2004年11月18日,海滨大道公司与天意君泰公司签订的《租赁协议》,2005年12月8日,海滨大道公司、天意君泰公司与中油滨海公司签订的《补充协议》,2005年12月22日,海滨大道公司、天意君泰公司与中油滨海公司签订的《再次补充协议》,均系当事人的真实意思表示,合法有效。根据上述协议的约定,海滨大道公司同意天意君泰公司与中石油公司合作建立中油滨海公司,中油滨海公司于2005年11月22日成立。中油滨海公司按照《租赁协议》及《补充协议》的约定,履行了向海滨大道公司的付款义务。

因海滨大道公司全线加油站、服务区的站点发生变化由原16座站改为12座站,海滨大道公司与天意君泰公司于2006年2月10日签订了《关于海滨大道公司全线加油站、服务区建设经营权和土地租赁的补充协议》,于2007年12月10日签订了《关于海滨大道公司沿线加油站、服务区建设经营权和土地租赁的补充协议》,虽然该两份补充协议签订于三方协议之

其他合同纠纷

后,没有中油滨海公司的确认,但根据《租赁协议》和三方协议的内容以及原海滨大道公司法定代表人的当庭陈述,天意君泰公司虽将《租赁协议》中的权利义务转由中油滨海公司履行,但其仍为《租赁协议》的主体一方。天意君泰公司与海滨大道公司就涉讼加油站、服务区站点的变更及退款等相关事宜签署补充协议并未侵犯中油滨海公司的合法权益。天意君泰公司与海滨大道公司签订的两份补充协议均应予以确认。

中油滨海公司诉请要求退还多付的租赁费依据的是《租赁协议》《补充协议》及《再次补充协议》。海滨大道公司为上述协议签订及履行的主体之一,且与天意君泰公司签订的两份补充协议涉及涉讼加油站、服务区站点的变更及退款事宜。中油滨海公司申请撤回对海滨大道公司的起诉,不利于查清案件事实,对其申请不予支持。

因海滨大道公司全线加油站、服务区的站点发生变化,由原16座站改为12座站,存在退款的问题,中油滨海公司起诉要求天意君泰公司及海滨大道公司退还租赁费。天意君泰公司及海滨大道公司均抗辩主张中油滨海公司诉请超过诉讼时效。对此一审法院分析认为,天意君泰公司以海滨大道公司向天意君泰公司的退款发生在2006年,抗辩主张中油滨海公司诉请超过诉讼时效,但天意君泰公司没有证据证明中油滨海公司知道或应当知道海滨大道公司向天意君泰公司退款,对天意君泰公司的抗辩主张,不予采信。海滨大道公司以中油滨海公司诉请依据2005年《租赁协议》及补充协议,抗辩主张中油滨海公司诉请超过诉讼时效,因协议中并未约定退款时间,根据《中华人民共和国合同法》(以下简称《合同法》)第六十二条第一款第四项"履行期限不明确的,债务人可以随时履行,债权人也可以随时要求履行,但应当给予对方必要的准备时间"之规定,中油滨海公司可以随时主张权利。对于海滨大道公司的抗辩主张,不予采信。

关于中油滨海公司是否全部支付海滨大道公司9600万元的租赁费问题。虽然单位主管签字人为单学军,但支付凭证显示从天意君泰公司账户打入海滨大道公司账户的款项为2005年12月21日的800万元、2005年12月28日的99.9万元及2006年1月16日的2100万元,而中油滨海公司于2005年12月21日也向海滨大道公司支付款项。天意君泰公司于2005

年 12 月 28 日及 2006 年 1 月 16 日向海滨大道公司付款之时，单学军已不是中油滨海公司的法定代表人，中油滨海公司主张单学军代表其向海滨大道公司支付款项，不予支持，应当认定天意君泰公司向海滨大道公司支付 2999.9 万元租赁费。根据上述协议的内容及各方履行协议的情况，能够确认天意君泰公司仍然负责加油站、服务区的经营建设，并向海滨大道公司支付了租赁费 2999.9 万元，中油滨海公司向海滨大道公司支付了租赁费 6600.1 万元。天意君泰公司与中油滨海公司系合作经营关系，天意君泰公司并未将租赁协议的权利义务全部转让给中油滨海公司。海滨大道公司为中油滨海公司开具了 9600 万元土地使用费的发票，不能推翻中油滨海公司与天意君泰公司均有付款的事实。中油滨海公司主张已向海滨大道公司履行了全部的付款义务，不予支持。

因涉讼加油站、服务区站点减少，海滨大道公司向天意君泰公司退款，符合天意君泰公司与海滨大道公司之间补充协议的约定。海滨大道公司非退还中油滨海公司租赁费的义务主体，中油滨海公司要求海滨大道公司退还租赁费，不予支持。如前所述，中油滨海公司不能证明其支付了 16 个加油站的租赁费，中油滨海公司起诉要求退还多付的 4 个加油站的租赁费 2400 万元，事实及法律依据不足，不予支持。

一审法院依照《合同法》第八条①、第六十二条第一款第四项②，《中华人民共和国民事诉讼法》（以下简称《民事诉讼法》）第六十四条第一款的规定，判决："驳回天津中油滨海石油销售有限公司的全部诉讼请求。案件受理费 238114 元，保全费 5000 元，由原告天津中油滨海石油销售有限公司承担。"

五、当事人上诉、答辩情况

中油滨海公司上诉请求：（1）撤销一审判决，改判天意君泰公司和海

---

① 对应《中华人民共和国民法典》第四百六十五条："依法成立的合同，受法律保护。依法成立的合同，仅对当事人具有法律约束力，但是法律另有规定的除外。"

② 对应《中华人民共和国民法典》第五百一十一条第四项："当事人就有关合同内容约定不明确，依据前条规定仍不能确定的，适用下列规定：（四）履行期限不明确的，债务人可以随时履行，债权人也可以随时请求履行，但是应当给对方必要的准备时间。"

其他合同纠纷

滨大道公司返还中油滨海公司2400万元并支付利息15262766.67元,并按照中国人民银行同期贷款利率支付自2015年9月1日起至实际给付之日止的利息;(2)一审、二审案件受理费由天意君泰公司和海滨大道公司承担。主要事实及理由:(1)2004年11月18日,欣康泰公司(现名为天意君泰公司)与海滨大道公司签订《租赁协议》,约定欣康泰公司一次性买断海滨大道全线加油站、服务区建设经营权,并同期租赁使用加油站、服务区的建设经营用地,相关费用共计9600万元由承租方一次性支付。2005年12月8日,海滨大道公司与欣康泰公司、中油滨海公司签订《补充协议》,约定由中油滨海公司承担欣康泰公司的权利和责任,向海滨大道公司支付买断海滨大道全线加油站、服务区建设经营权和租赁使用加油站、服务区的建设经营用地的相关费用。2005年12月22日,海滨大道公司与欣康泰公司、中油滨海公司签订《再次补充协议》,约定海滨大道公司同意《租赁协议》中欣康泰公司享有的一切权利、义务和责任由中油滨海公司继承,由中油滨海公司向海滨大道公司支付买断海滨大道全线加油站、服务区建设经营权和租赁使用加油站、服务区的建设经营用地的相关费用。上述协议中的相关约定,可以证明中油滨海公司已作为新的承租方承担了欣康泰公司的一切权利义务,负责全面履行《租赁协议》中的付款义务。此外,中油滨海公司与欣康泰公司于2008年1月23日签订的《关于合作开发天津滨海大道高速公路沿线12座加油站及服务区项目合同》(以下简称《项目合同》)中约定加油站(服务区)完全达到经营条件后,欣康泰公司向中油滨海公司交付本合同项下所有的加油站(服务区),由中油滨海公司独自享有该项目经营权。一审判决认定天意君泰公司仍为《租赁协议》的承租方主体之一,缺乏事实依据。(2)《再次补充协议》第二条明确约定,海滨大道公司同意《租赁协议》中欣康泰公司享有的一切权利、义务和责任由中油滨海公司继承,由中油滨海公司向海滨大道公司支付买断海滨大道全线加油站、服务区建设经营权和租赁使用加油站、服务区的建设经营用地的相关费用。因此,中油滨海公司向海滨大道公司支付9600万元租赁费有明确的合同依据。中油滨海公司提交的8份银行转账支票存根,充分证明中油滨海公司自2005年11月23日至2006年1月4日期间合计向海滨大道公司支付租赁费9600万元。滨海大道公司收到上述款项后,足额向中油滨海公司出具了发票,明确载明付款方为中油滨海公司。(3)中石油公司与欣康泰公司于2005年11月25日签订的《合资经营合同》第6.2条约定,公司首次设立时注册资本主要用于一次性支付土地租赁费9600万元。欣康泰公司向海滨大道公司履行付款义务,缺乏合同依据。即使2999.9万元表面上系由欣康泰公司给付至海滨大道公司,实际上该款项系欣康泰公司法定代表人单学军挪用中油滨海公司的投资款,向海滨大道公司支付的租赁费。因此,2999.9万元的付款主体仍为中油滨海公司。海滨大道公司对此明知且认可,并为中油滨海公司开具了发票。海滨大道公司的原法定代表人于复新在一审期间作为天意君泰公司证人出庭作证时,也说明单学军是代表中油滨海公司支付9600万元的。一审法院认定该9600万元中包含了天意君泰公司向海滨大道公司支付的2999.9万元租赁费,依据不足。(4)海滨大道公司在明知中油滨海公司已经概括承接了原欣康泰公司在《租赁协议》项下的一切权利义务且已经实际向海滨大道公司履行了承租方的付款义务的情况下,仍与欣康泰公司签订《关于海滨大道全线加油站、服务区建设经营权和土地租赁的补充协议》,并将2400万元退还给欣康泰公司,严重侵害了中油滨海公司的合法权益。

天意君泰公司答辩称,中油滨海公司所称天意君泰公司已将《租赁协议》项下的权利义务概括转让给该公司,并不属实。天意君泰公司仍为涉讼租赁标的的承租方。一审判决认定事实清楚,适用法律正确,请求二审法院予以维持。

海滨大道公司答辩称,海滨大道公司与天意君泰公司签订的《租赁协议》约定由天意君泰公司租赁使用海滨大道全线加油站。因合同履行过程中出现调整,产生2400万元退费的情形。海滨大道公司将该2400万元退还给天意君泰公司并无过错。中油滨海公司在一审中申请撤回对海滨大道公司的诉讼请求,请求二审法院驳回中油滨海公司对海滨大道公司的上诉请求。

六、二审审理情况

天津市高级人民法院二审审理查明的事实与一审法院查明的事实基本一致。

二审法院认为,根据当事人的诉辩意见,本案的争议焦点:中油滨海公司是否应当取得因加油站站点减少而产生的2400万元退款。

2004年11月18日海滨大道公司与天意君泰公司签订的《租赁协议》、2005年12月8日海滨大道公司与天意君泰公司及中油滨海公司签订的《补充协议》、2005年12月22日海滨大道公司与天意君泰公司及中油滨海公司签订的《再次补充协议》,均为各方当事人的真实意思表示,且不违反法律、行政法规的强制性规定,应认定有效。

海滨大道公司与天意君泰公司、中油滨海公司在《补充协议》中约定,由中油滨海公司承担天意君泰公司在《租赁协议》中的权利和义务,向海滨大道公司支付买断海滨大道全线加油站、服务区建设经营权和租赁使用加油站、服务区的建设经营用地的相关费用。海滨大道公司与天意君泰公司、中油滨海公司在《再次补充协议》中约定,海滨大道公司同意由中油滨海公司继承天意君泰公司在《租赁协议》中享有的一切权利、义务和责任,同意由中油滨海公司向其支付买断海滨大道全线加油站、服务区的建设经营用地的相关费用,同时海滨大道公司向中油滨海公司开具合格的发票。依据上述约定,中油滨海公司系就涉讼加油站及服务区向海滨大道支付土地租赁费及其他相关费用的付款义务主体,应由其就本案讼争的9600万元土地租赁费向海滨大道公司履行付款义务,而天意君泰公司并没有向海滨大道公司履行支付上述款项的义务。

2005年11月25日中石油公司与天意君泰公司签订《合资经营合同》,约定双方成立合资公司中油滨海公司,首次设立时总注册资本15000万元主要用于一次性支付土地租赁费9600万元及相关建设、规划拆迁费。因向海滨大道公司支付9600万元土地租赁费的义务主体为中油滨海公司,且海滨大道公司针对全部9600万元付款向中油滨海公司开具了发票,故应认定从中油滨海公司账户上支付给海滨大道公司的6600.1万元及从天意君泰公司账户上支付给海滨大道公司的2999.9万元,均为中油滨海公司依约向海滨大道公司履行的付款义务。天意君泰公司主张上述两笔付款均系其向海滨大道公司履行的付款义务,缺乏事实依据,不能成立。

海滨大道公司在明知中油滨海公司作为付款义务主体已经履行了付款义务,且其已经为中油滨海公司开具了9600万元发票的情况下,未经中油滨海公司同意,将因加油站及服务区站点调整而产生的2400万元退款,支付给天意君泰公司,缺乏事实和法律依据。海滨大道公司关于将该退款支付给天意君泰公司并无过错的主张,不能成立。

综上,中油滨海公司作为实际付款义务主体,就因加油站及服务区站点调整而产生的退款,要求海滨大道公司返还2400万元的主张,应予支持。对于该退款行为产生的相关税费,由当事人按照相关法律规定予以负担。至于海滨大道公司已经向天意君泰公司支付的2266.8万元,双方可另行解决。关于中油滨海公司主张的退款利息问题,《租赁协议》中约定如租赁经营期内因政府规划调整某一站而停止经营,则海滨大道公司应退还天意君泰公司未经营期间的租赁经营费用,退还金额按每站每年平均租金30万元计算,不计利息。《再次补充协议》约定中油滨海公司承认海滨大道公司与天意君泰公司签订的《租赁协议》,承担天意君泰公司的相关权利和责任。依据上述约定,中油滨海公司无权向海滨大道公司主张因加油站及服务区站点调整而产生的退费的利息,故对其关于退款利息的主张不予支持。

综上,二审法院依照《民事诉讼法》第一百七十条第一款第二项之规定,判决:一、撤销天津市第二中级人民法院(2015)二中民四初字第63号民事判决;二、海滨大道公司于判决生效之日起10日内向中油滨海公司返还2400万元;三、驳回中油滨海公司的诉讼请求。如果海滨大道公司未按本判决指定的期间履行给付金钱义务,应当按照《民事诉讼法》第二百五十三条之规定,加倍支付迟延履行期间的债务利息。一审、二审案件受理费476228元,保全费5000元,共计481228元,由中油滨海公司负担192491元,由海滨大道公司负担288737元。

其他合同纠纷

七、当事人向最高人民法院申请再审及对方当事人答辩情况

天意君泰公司申请再审称：

1. 二审判决认定中油滨海公司根据《补充协议》《再次补充协议》概括承继了天意君泰公司在《租赁协议》中的权利义务，海滨大道公司未全面履行提供16个加油站的经营权益退还2400万元应由中油滨海公司享有，属于认定基本事实缺乏证据证明。对于上述协议的约定，应从合同的体系、当事人的实际履行行为等方法进行解释，上述协议的真实意思是"中油滨海公司仅仅取得12个加油站的权利义务，并负担支付12个加油站9600万元的义务"，并不能解释出来"中油滨海公司完全取代了天意君泰公司享有并承担《租赁协议》项上权利义务"。其一，从本案各方当事人的真实意思来看，将2400万元返还天意君泰公司符合海滨大道公司、中油滨海公司和天意君泰公司的真实意思。在《再次补充协议》签订后，2006年2月10日，海滨大道公司与天意君泰公司签订了《关于海滨大道公司全线加油站、服务区建设经营权和土地租赁的补充协议》，约定加油站数量改为12个，多收的2400万元租赁费退回天意君泰公司，海滨大道公司随后向天意君泰公司进行了退款，这说明海滨大道公司认可天意君泰公司仍然为《租赁协议》的当事人，而非中油滨海公司取得合同的所有权利义务。从合作协议履行过程来看，中油滨海公司取得12座加油站的权益需支付3.5亿元，其中包括9600万元租赁费，这是中油滨海公司的真实意思，也符合天意君泰公司意思表示。其二，从合同的体系解释来看，当事人在项目的协商、确定及建设过程中，签订的一系列协议及形成的法律文件，互为印证、共同确认了中油滨海公司支付9600万元对价，仅取得了12个加油站土地权益。在合作关系中，天意君泰公司并非以16个加油站的权益，而是以其中12个加油站的权益与中石油公司进行合作，并将该权益注入双方设立的项目公司之中。对此天津市第二中级人民法院作出的（2015）二中民四初字第0064号民事判决（以下简称0064号判决）以及天津市高级人民法院作出的（2017）津民终字136号民事判决（以下简称136号判决）均予以确认。因此，二审法院认定中油滨海公司取代《租赁

协议》中天意君泰公司的地位显然与上述当事人的合作合同的体系不符。其三,从权利义务相适应原则来看。一方面,本案天意君泰公司作为两个法律关系的中间人,其谋求的利益恰恰是两个合同的中间差价:案涉海滨大道公司所返还的 4 个加油站的差额 2400 万元;另一方面,在中油滨海公司的真实意思表示就是,12 座加油站的土地租赁费为 9600 万元对价的情况下,如果让中油滨海公司获得 12 座加油站之外海滨大道公司返还的差额,恰恰系中油滨海公司未支付任何对价情况下所获得的不当得利,有违权利义务相适应原则和公平原则。综上,"由中油滨海公司承担天意君泰公司在《租赁协议》中的权利和义务"只能解释为"中油滨海公司应履行天意君泰公司在《租赁协议》中关于 12 座加油站的权利和义务",对于《合资经营合同》之外的 4 座加油站的权利、义务并不能由中油滨海公司享有。故就天意君泰公司与海滨大道公司之间因履行《租赁协议》而退还的 2400 万元款项,中油滨海公司无任何权利。二审法院错误认定中油滨海公司已经取代了《租赁协议》中天意君泰公司的法律地位,天意君泰公司没有付款义务,其付款是代中油滨海公司支付,认定事实错误。实际是,天意君泰公司通过直接向海滨大道公司支付 2999.9 万元,及中油滨海公司代为向海滨大道公司支付 6600.1 万元的方式,完成了《租赁协议》约定的天意君泰公司向海滨大道公司支付费用的义务。中油滨海公司通过直接向天意君泰公司支付 2999.9 万元,及向海滨大道公司支付 6600.1 万元的方式,完成了《合资经营合同》约定的中油滨海公司向天意君泰公司支付费用的义务。因此中油滨海公司向海滨大道公司支付 6600.1 万元系代天意君泰公司向海滨大道公司履行支付义务。需特别强调的是,二审法院在本案中的认定的事实与该院在另案中认定的事实矛盾。0064 号判决认定:"《再次补充协议》衍生自租赁协议,根据文意可知,中油滨海公司仅对海滨大道高速公路上的 12 座加油站享有权益。9600 万元系为合作建设海滨大道高速公路上的 12 座加油站、服务区项目而产生的土地租赁费,即使中油滨海公司实际支付该款项,该情节并不能导致中油滨海公司对前述 12 座加油站以外的服务区、加油站亦享有权益。"136 号判决对天津市第二中级人民法院的上述认定进行了确认。

2. 二审判决适用法律存在错误。本案存在两个法律关系：一是，海滨大道公司与天意君泰公司之间基于《租赁协议》）而形成的法律关系。二是，天意君泰公司与中石油公司之间基于《合资经营合同》而形成的法律关系。如上所述，《补充协议》《再次补充协议》的约定，应该解释为中油滨海公司支付9600万元费用，仅仅取得《租赁协议》中的12座加油站的土地租赁权益，《租赁协议》中12座加油站之外的4座加油站的权益仍然由天意君泰公司享有。因此中油滨海公司并未取代天意君泰公司在《租赁协议》中的法律地位。因此，天意君泰公司与海滨大道公司之间因未全面适当履行而退还的4座加油站的2400万元则应基于合同相对性原则，由天意君泰公司享有，中油滨海公司无权享有。二审法院认定中油滨海公司概括继受了天意君泰公司在《租赁协议》中的权利义务系无事实依据的认定，故应予以纠正。而二审法院基于上述错误认定基础上所认定的海滨大道公司返还的2400万元费用应由中油滨海公司享有，系在事实认定错误基础上的法律适用错误。综上，天意君泰公司依据民事诉讼法第二百条第二项、第六项规定申请再审，请求：撤销天津市高级人民法院（2017）津民终137号民事判决书，维持天津市第二中级人民法院（2015）二中民四初字第63号民事判决。

中油滨海公司答辩称：

1. 从签订合同的角度看，三方当事人之间共同签订的《补充协议》《再次补充协议》应当作为确定各方当事人之间法律关系性质的逻辑起点和基本依据。《补充协议》《再次补充协议》是各方当事人真实意思表示，不违反法律法规禁止性规定，合法有效。上述协议在性质上属于原始证据、直接证据，具有极高证明力。协议均明确载明"甲方（海滨大道公司）同意《租赁协议》中乙方（天意君泰公司）享有的一切权利、义务和责任由丙方（中油滨海公司）继承，由丙方向甲方支付买断海滨大道公司全线加油站、服务区建设经营权和租赁使用加油站、服务区的建设经营用的相关费用"。由此可见，中油滨海公司系对天意君泰公司在《租赁协议》项下的全部权利义务的概括承受，各方并非转租关系。

2. 从合同履行的角度，各方当事人也均已按照《补充协议》《再次补充协议》进行了实际履行。出租人海滨大道公司始终认可合作对象为中油滨海公司，中同滨海公司向海滨大道公司支付了全部租金9600万元，天意君泰公司成为中油滨海公司的股东方及加油站建设施工承包方，并不具有转租关系。对应的8张转账支票存根、财务记账凭证均载明付款方为中油滨海公司、收款方为海滨大道公司，经办人均为单学军，履行行为符合协议约定。海滨大道公司收到9600万元租赁费后，向中油滨海公司足额开具了收费发票，发票开具对象明确记载为"天津中油滨海石油销售有限公司"。海滨大道公司退还2400万元租金也载明"退中石油租费"，这说明其退款的真实意思是退给中油滨海公司，正是由于天意君泰公司的法定代表人单学军代表中油滨海公司实际办理退款事宜，才会造成该笔款项由海滨大道公司错误退入天意君泰公司账户的客观情况，这也是中油滨海公司提起本案一审诉讼的原因所在。本案一审过程中，海滨大道公司明确表示，单学军作为天意君泰公司法定代表人是代表中油滨海接收退款。

3. 出租人承诺的租赁对象是区分租赁与转租的核心标志，本案中海滨大道公司一直认可租赁对象是中油滨海公司，自2004年项目前期谈判至2017年诉讼产生后，海滨大道公司从未将天意君泰公司列为出租对象。项目合作过程中，海滨大道公司的文件均载明合作对象为中油滨公司，合作范围为全线加油站的合作。海滨大道公司二审提交的新证据该公司2004年41号、42号文件及审批表，2008年3号文件及2017年4月出具给中石油公司的《关于海滨大道全线加油站服务区站点落实情况的说明》等证据均载明，从2004年项目开展初期到2008年项目进行中，一直到2017年，海滨大道公司都明确认可合作对象是中油滨海公司，合作范围是全线加油站。本案纠纷发生后，海滨大道公司在另案询问中，也明确指出三方协议中天意君泰公司的权利义务全部由中油滨海公司承继。

4. 天意君泰公司主张各方系"转租"关系，《补充协议》《再次补充协议》仅为"避税"所签订，无任何证据予以证明，也不符合基本的财务规则和商业逻辑。中石油公司与海滨大道公司均为大型国有企业，协议签订和资金支付存在复杂的审批、核准流程，两家大型国有企业仅仅为帮助天意君泰公司"避税"而变更合作关系，显然也常理不符。天意君泰公司

主张与中油滨海公司构成转租关系，但却拿不出双方之间任何的租赁合同或任何文件，根本不符合基本商业逻辑。如若真实存在转租关系，各方协议完全没有必要约定天意君泰公司将权利义务概括性转让给中油滨海公司，更没有必要约定各方应当保障中油滨海公司完成取得租赁物、手续办理等内容。

5. 天意君泰公司将9600万元经营权租赁费用和12个拟建站个数混淆在一起没有事实和法律依据。本案的合作模式是中油滨海公司彻底取代天意君泰公司，成为租赁合同的主体。中油滨海公司支付9600万元租金，对应的是沿线16个加油站的建设经营权，具体建设12个加油站，是中油滨海公司内部经过测算后作出的经营决策行为，与土地租赁费多少并无任何对应关系，不能因为中油滨海公司拟建站个数少于全部的建设经营权个数就认为转租关系存在，二者之间没有逻辑关系。

6. 本案中天意君泰公司不具有"诉的利益"。一审、二审均驳回了中油滨海公司对天意君泰公司的诉讼请求，未判决天意君泰公司承担责任，其没有权利需要救济，不具有提起再审的诉的利益。一审判决后天意君泰公司未提出上诉，二审中也认为一审判决正确应当维持，二审判决未改变其权利义务承担，天意君泰公司却申请再审要求撤销原判决中对其他被告苛以的责任，属于滥用诉权，明显与其在本案一审、二审诉讼期间行使处分权的行为相悖，不应再赋予其特殊救济措施。综上，二审判决认定事实清楚、适用法律准确，应当驳回天意君泰公司的再审请求。

海滨大道公司答辩称：

1. 本案焦点是案涉的2400万元应退还天意君泰公司还是中油滨海公司，核心要素是中油滨海公司支付的9600万元租金对应的是16座加油站的土地权益还是12座加油站的土地权益。两个核心法律关系一是海滨大道公司将16座加油站的土地权益出租给天意君泰公司，后天意君泰公司又将16座加油站的土地权益转让给中油滨海公司，对应租赁费是9600万元，二是天意君泰公司与中油滨海公司合作开发12个加油站，中油滨海公司为建设单位，天意君泰公司负责建设施工并交付建设完成的加油站。两个法律关系完全独立，前者出租的土地为后者加油站建设的基础。

2. 依据三方协议及履行情况，中油滨海公司享有16座加油站的权益，负有向海滨大道公司付款9600万元的义务，亦实际向海滨大道公司付款9600万元，海滨大道公司应向中油滨海公司给付因加油站数额减少返还的租金。经过《补充协议》《再次补充协议》约定，中油滨海公司享有《租赁协议》中天意君泰公司的全部权利，承担天意君泰公司在《租赁协议》中的全部义务，天意君泰公司则不再享有权利和承担义务，其法律效果是天意君泰公司将其《租赁协议》中的全部权利义务转让给中油滨海公司。

3. 天意君泰公司主张将《租赁协议》16座加油站中的12座转租给中油滨海公司，中油滨海公司应向其支付12座加油站土地租金9600万元，中油滨海公司向海滨大道公司付款9600万元系代其支付，无任何证据支持，又和现有证据相悖。《租赁协议》《合资经营合同》中的9600万元租赁费是同一笔租赁费，对应的是16座加油站的权益，完全没有9600万元租赁费系对应12座加油站的意思表示。天意君泰公司主张与中油滨海公司构成转租关系，但双方未签署转租协议，海滨大道公司也未收到天意君泰公司9600万元租赁费并向其开具发票，天意君泰公司也未向中油滨海公司收取租赁费9600万元并开具发票，因此，所谓转租没有合同依据，也与实际履行情况不相符。三方协议是各方真实意思表示，具有法律效力，可以充分证明中油滨海公司向海滨大道公司支付的9600万元对应的是原计划16座加油站的权益，因而规划减少的4座加油站土地租金退款，应退给中油滨海公司。

4. 天意君泰公司申请再审主张的事实以及其认为二审判决认定事实错误，完全无证据予以支持。其中136号判决中油滨海公司败诉的根本原因是天意君泰公司和中油滨海公司合作开发的12个站中不包括涧河二号，中油滨海公司主张建设完成的涧河二号加油站缺乏合同的法律依据，但136号判决认为中油滨海公司只享有16个站中12个站的土地权益，该部分认定事实错误。《租赁协议》对应16座加油站，《补充协议》《再次补充协议》完全没有中油滨海公司享有12座加油站的内容。

5. 天意君泰公司认为二审判决适用法律错误，但其再审申请理由完全不符合《最高人民法院关于适用〈中华人民共和国民事诉讼法〉的解释》

其他合同纠纷

第三百九十条规定的情形。综上，海滨大道公司认为二审判决结果正确，适用法律正确，天意君泰公司的再审请求应予驳回。

八、最高人民法院再审审理情况

最高人民法院再审认为，本案的争议焦点：中油滨海公司就规划减少的4个加油站请求天意君泰公司和海滨大道公司返还2400万元是否应得到支持。

首先，根据2005年11月25日中石油公司与天意君泰公司（原欣康泰公司）签订的《合资经营合同》第二条约定："合同目的及合作方式。双方股东合作目的是发挥各自优势、按照互惠互利、共同发展的原则，成立中石油公司控股的合资公司共同合作经营天津海滨大道公司高速公路上的12座加油站项目，其中6座服务区及加油站；6座城市与高速连线加油站。基于合作目的，双方的合作方式为共同投资设立一家加油站经营管理公司（中油滨海公司）……"在上述约定中，中石油公司与天意君泰公司共同合资成立的中油滨海公司所获得的经营权范围是特定的，即12座加油站项目。根据本案查明的事实，2005年1月，天津市规划和国土资源局、天津市滨海新区管理委员会审查通过的《海滨大道服务区及加油站规划》，已经明确海滨大道沿线新建服务区及加油站为12座。此外中石油华北分公司，2005年8月8日《关于天津海滨大道高速公路加油站项目重新调整的情况报告》、中石油华北分公司2005年11月1日《关于租赁天津市海滨大道高速公路十二座加油站的立项请示》以及中石油公司2005年11月4日《关于天津销售分公司天津滨海新区12座加油站项目可行性研究报告的批复》等文件中亦明确载明双方合资建设经营的加油站为12座。上述事实表明，在双方签订《合资经营合同》之前，海滨大道沿线加油站规划数量已经调整为12座，双方合作加油站的范围也是12座。中石油公司、中油滨海公司作为从事加油站经营的专业公司，在进行加油站合作、建设过程中应事先进行详细、审慎的调查研究，其内部的相关请示、报批文件以及最后的《合资经营合同》表明其与天意君泰公司合作经营的加油站范围是明确的、特定的。因此，结合上述证据来看，中油滨海公司所获得的经营权范围即合同约定的12座加油站。

其次,关于2005年12月22日《再次补充协议》约定天意君泰公司的一切权利义务由中油滨海公司继承如何理解的问题。根据天意君泰公司与中油滨海公司《合资经营合同》约定,合作的加油站范围为特定的12座加油站。《合同法》第一百二十五条规定:"当事人对合同条款的理解有争议的,应当按照合同所使用的词句、合同的有关条款、合同的目的、交易习惯以及诚实信用原则,确定该条款的真实意思。"综合本案证据,从双方合作的目的来看,因中油滨海公司获得经营权的范围仅限于12座加油站,故《再次补充协议》中的约定应理解为中油滨海公司在合作经营加油站范围内享有天意君泰公司在《租赁协议》中各加油站、服务区的自主经营权和地上设施的使用权,而非取代天意君泰公司成为《租赁协议》当事人。由2006年2月10日海滨大道公司与天意君泰公司签订《关于海滨大道公司全线加油站、服务区建设经营权和土地租赁的补充协议》来看,海滨大道公司仍然认可天意君泰公司为《租赁协议》当事人,将租赁期限变更为25年,并将多收的2400万元租赁费退回天意君泰公司,这说明中油滨公司并未取代天意君泰公司。而且,2007年12月10日,在中油滨海公司已经获得12座加油站的经营权及地上设施使用权后,海滨大道公司与天意君泰公司再次签订《关于海滨大道公司沿线加油站、服务区建设经营权和土地租赁的补充协议》确认天意君泰公司的租赁主体地位,亦可证明中油滨海公司并未取代天意君泰公司。故中油滨海公司、海滨大道公司关于中油滨海公司已经取代天意君泰公司成为《租赁协议》当事人的理由不能成立。

再次,天津市第二中级人民法院0064号判决已经认定:"根据文意可知,中油滨海公司仅对海滨大道高速公路上的12座加油站项目享有权益。9600万元系为合作建设海滨大道高速公路上的12座加油站、服务区项目而产生的土地租赁费,即使中油滨海公司实际支付该款项,该情节并不能导致中油滨海公司对于前述12座加油站以外的服务区、加油站亦享有权益的结果。"天津市高级人民法院136号判决对上述判决予以维持,同时认定"本案诉争合同列明的12座加油站、服务区具有特定性"。0064号判决和136号判决属于人民法院的生效判决,判决的认定依法对各方当事人产生约束力,可以作为认定本案事实的依据,本院予以采信。根据上述判决的认定,中油滨海公司享有的权益范围仅限于《合资经营合同》约定的12座加油站,9600万元系为合作的12座加油站项目支付的租赁费。

根据上述当事人合同约定及生效判决的认定,本案中中油滨海公司的义务是支付9600万元土地租赁费,其所享有的权益限于特定的12座加油站的自主经营权及地上设施的使用权,其并未取代天意君泰公司成为《租赁协议》当事人。对于另外4座加油站,中油滨海公司不享有权益,无权取得该4座加油站规划取消的退款。一审判决认定天意君泰公司并未将《租赁协议》的权利义务全部转让给中油滨海公司并驳回其诉讼请求并无不当,二审判决认定海滨大道公司应退还中油滨海公司2400万元存在错误,应予纠正。

关于天意君泰公司是否享有诉的利益的问题。二审判决虽未判决天意君泰公司承担责任而是判决海滨大道公司承担责任,但该判决的认定直接影响天意君泰公司是否有权收取海滨大道公司退还的租赁费,故天意君泰公司提出再审申请符合法律规定,中油滨海公司关于天意君泰公司不具有诉的利益的理由不能成立,不予支持。

综上所述,最高人民法院认为,天意君泰公司的再审请求成立。依照《民事诉讼法》第二百零七条第一款、第一百七十条第一款第二项规定,判决:一、撤销天津市高级人民法院(2017)津民终137号民事判决;二、维持天津市第二中级人民法院(2015)二中民四初字第63号民事判决。一审、二审案件受理费476228元、保全费5000元,共计481228元,由中油滨海公司负担。

九、对本案的解析

对于合同条款的理解,通常在处理具体案件时按照法律规定即可解决,但有时候问题没有那么简单。由于语言文字表达的局限性以及当事人都为自身利益考虑的冲突,合同条款的解释是司法裁判中不可回避的问题。一般认为,合同解释是对合同条款及其相关资料进行的语义阐述和释明。合同解释分为广义解释和狭义解释，前者是指包括合同当事人在内的所有接触到合同的人对于合同的解释，后者则是指有权机关所进行的具有法律约束力的解释。合同条款一旦固定属于客观事实，而对于合同条款的广义解释和狭义解释都属于人内心基于认知水平、生活经验所作的理解，广义解释可以作为合同当事人内心意思的参考，而狭义解释则由于法官职业的专业化以及法律的强制性而成为合同含义的基准。合同解释的方法包括文义解释、体系解释、目的解释、参照交易习惯解释、诚信解释等。文义解释是通过对合同条款所使用的文字词句的含义进行解释，以探求当事人的真实意思表示。文义解释需坚持德国法上"误载不害真意"的原则，不应拘泥于当事人的误书，而应追求当事人的真意表达。《合同法》第一百二十五条规定的"应当按照合同所使用的词句"的解释原则即体现了文义解释的要求。文义解释是合同解释的基础性要求，合同解释固然要探究当事人的内心真意，但为保证交易安全考虑，现代合同法更多从合同文义的外在表示出发来确定当事人的意思，一味追求当事人所谓内心意思，将有损交易秩序。体系解释也称整体解释，该解释方法要求对于合同的解释必须结合全部合同条款以及当事人订约、履约过程中的所有书面材料，通过这些材料的相互补充、相互参考来确定合同条款及当事人的真实意思。目的解释在合同条款可能存在多种解释时可以发挥其作用，通过当事人订立合同的动机或需求来确定合同条款的意思。此外，交易习惯以及诚实信用原则均可根据案件情况作为合同解释的"工具"。《合同法》第四十一条、第六十一条、第六十二条、第一百二十五条规定了合同的解释方法。第四十一条是关于格式条款的解释，第六十一条、第六十二条是关于没有明确约定情况下的合同解释。第一百二十五条是关于合同解释的一般性规则，即存在明确合同条款的情况下，当事人对于合同条款的理解有争议时，应当按照合同所使用的词句、合同的有关条款、合同的目的、交易习惯以及诚实信用原则，确定该条款的真实意思。《合同法》的该条规定实际融合了合同解释的各种方法，实践中对于合同的解释往往不是适用其中一种方法即可确定当事人意思，必须综合运用两种甚至更多的方法才能准确确定当事人的意思。

其他合同纠纷

对合同条款的理解问题是本案的核心问题，实际上也就是合同解释的问题。本案中当事人签订了数个合作协议，包括天意君泰公司与海滨大道公司之间签订的《租赁协议》，中石油公司与天意君泰公司签订的《合资经营合同》，海滨大道公司、天意君泰公司、中油滨海公司三方之间签订的《补充协议》《再次补充协议》，以及天意君泰公司与海滨大道公司关于合作加油站退款事宜签订的补充协议。其中，对于《租赁协议》条款的理解，各方当事人不存在的太多争议，《租赁协议》约定的由海滨大道公司授予天意君泰公司的加油站土地租赁权、经营权是案涉加油站经营的权利来源。本案需要面对两方面的问题，一是《补充协议》《再次补充协议》中所约定的由中油滨海公司继承天意君泰公司一切权利义务如何理解的问题，即中油滨海公司是否取代了天意君泰公司成为《租赁协议》的唯一主体；二是中油滨海公司与天意君泰公司合作的加油站是12个还是16个的问题，这也牵涉到上述第一个问题，如果是12个，那么中油滨海公司的权益就不能及于退款，如果是16个，那么其也就成为租赁协议的唯一主体，天意君泰公司在协议中不再享有权利义务，退款也应退给中油滨海公司。本案中当事人之间合同的语句是固定的，但其使用的"继承"一词并非标准、规范的法律用语，"继承"一词所代表的当事人之间的权利义务范围在当事人之间产生了巨大争议。

具体到本案中，《租赁协议》中约定天意君泰公司取得16个加油站20年经营权，每站每年30万元，共计9600万元，各方没有异议。2005年12月8日《补充协议》中约定："丙方（即中油滨海公司）承认租赁协议及补充协议，承担乙方的权利和责任，向甲方支付买断海滨大道全线加油站、服务区建设经营权和租赁使用加油站、服务区的建设经营用地的相关费用。"从该协议内容来看，中油滨海公司承担天意君泰公司的权利义务，支付买断费用，中油滨海公司作为合作方加入天意君泰公司与海滨大道公司的租赁协议中来这一事实可以确认。2005年12月22日，三方又签订《再次补充协议》，如果认定天意君泰公司出局，三方也不可能签订本次协议，在本次协议中，海滨大道公司仍然在鉴于条款中确认"同意乙方（即天意君泰公司）独家买断海滨大道全线加油站、服务区20年的建设经营权,并同期租赁使用加油站、服务区的建设经营用地",也即海滨大道公司仍然认可天意君泰公司是租赁协议的一方当事人。在鉴于条款的第二段,天意君泰公司与中石油公司签署的《合资经营合同》也是《再次补充协议》的前提之一,即各方签订《再次补充协议》的目的是基于《合资经营合同》,是为了实现《合资经营合同》的目的。《再次补充协议》第一条内容为:海滨大道公司同意天意君泰公司、中油滨海公司合作开发海滨大道沿线加油站及服务区项目,同意中油滨海公司租赁加油站经营用地。从该条内容来看,海滨大道公司同意中油滨海公司租赁加油站经营用地,那么中油滨海公司是从哪一方租赁加油站经营用地,是海滨大道公司还是天意君泰公司?从该条鉴于条款以及本案基本事实看,天意君泰公司是从海滨大道公司处取得租赁经营用地,再与中油滨海公司合作,那么中油滨海公司租赁加油站经营用地的权利来源应该是其与天意君泰公司的合作关系,即中油滨海公司实际是从天意君泰公司处得到加油站经营权。《再次补充协议》中争议最大的就是第二条的内容,第二条规定,《租赁协议》中天意君泰公司享有的一切权利、义务和责任由中油滨海公司继承,由中油滨海公司支付买断费用。对于该条文,能否理解中油滨海公司此时已概括继受了天意君泰公司在《租赁协议》中的权利义务,构成合同权利义务的转让?《合同法》第八十八条规定:"当事人一方经对方同意,可以将自己在合同中的权利和义务一并转让给第三人。"该条规定的概括转让,是指当事人将自己的权利义务一并转让给第三人,概括转让后,转让方在合同中不再享有权利义务。由前述分析,天意君泰公司作为合作方,其与海滨大道公司的租赁协议是其与中油滨海公司合作的权利来源,该条文虽然约定天意君泰公司一切权利义务和责任由中油滨海公司继承,表面上看是概括转让,但如果是概括转让,那么天意君泰公司转让的对价是什么?是否就是9600万元?但如果9600万元就是对价,意味着天意君泰公司9600万元受让16个加油站,又9600万元转给中油滨海公司,负责办理手续,还要承担违约责任。当事人可以依法处分自己的权利义务,但应明确各自的意思表示,谨慎确定各自的权利义务。《再次补充协议》中各方约定天意君泰公司的一切权利义务由中油滨海公司"继承",但并未明确天意君

泰公司将一切权利义务"转让"或"转移"给中油滨海公司,故不能直接产生天意君泰公司将合同权利和义务概括转让给中油滨海公司的法律效果。结合本案的其他证据分析,《再次补充协议》第一条载明"甲方同意乙方、丙方合作开发海滨大道公司沿线加油站及服务区项目",第四条载明"甲方、乙方保证丙方在合作开发期内拥有完整的加油站服务区经营权及土地的合法使用权",根据上述约定,《再次补充协议》将天意君泰公司、中油滨海公司之间的关系确立为"合作开发关系",而非权利义务的转让关系。2006年2月10日海滨大道公司与中油滨海公司签订的《关于海滨大道公司全线加油站、服务区建设经营权和土地租赁的补充协议》仍然承认天意君泰公司为《租赁协议》的主体地位,并将租赁期限变更为25年以及约定多收2400万元租赁费退回天意君泰公司。2007年12月10日,海滨大道公司与天意君泰公司签订的《关于海滨大道公司沿线加油站、服务区建设经营权和土地租赁的补充协议》再次确认天意君泰公司的租赁主体地位,说明海滨大道公司依然将天意君泰公司作为《租赁协议》的当事人之一。从权利义务一致性角度以及商业主体追求利益的目的考虑,上述条文不宜认定为是概括转让,否则有违公平原则。合同条文的理解应结合上下文所用文字,当事人在磋商、谈判过程中的真实意思来判断。《再次补充协议》的前提是天意君泰公司与中油滨海公司的合作,对于条文的理解不能脱离该合作关系。

需要强调的是,对于合作的加油站数量,在中油滨海公司诉请天意君泰公司交还涧河2号加油站的另一案件中,一审判决认定中油滨海公司仅对12座加油站享有权益,9600万系为合作建设12座加油站而产生的租赁费,中油滨海公司实际支付该款项不能导致其对12座加油站以外的加油站享有权益。二审判决即136号判决维持原判决,并确认天意君泰公司与中油滨海公司合同中列明的12座加油站具有特定性。136号判决认定的事实,对于本案的判断具有较大的影响。如果按照136号判决认定的天意君泰公司与中油滨海公司的合作标的就是12座加油站,那么中油滨海公司支付9600万元就是其获得该12座加油站权益所支付的对价,《再次补充协议》中约定其享有天意君泰公司的一切权利、义务和责任也仅能及于该12

座加油站。如果认定中油滨海公司享有权益的是12座加油站，其支付的对价是12座加油站的对价，最后判决将12座加油站之外产生的退款给付中油滨海公司，是缺乏法律依据的。现在二审判决的逻辑是，按三方协议中油滨海公司也有付款义务，9600万元都是中油滨海公司支付的，那么产生退款就应退给中油滨海公司。笔者认为，这在逻辑上和适用法律上是存在问题的，从资金的来源看，可以认为9600万元实是中油滨海公司支付，但其支付该9600万是为了完成其与天意君泰公司合作取得12座加油站所应支付的对价，同时也实现了天意君泰公司应向海滨大道公司取得16座加油站应支付9600万对价的目的。海滨大道公司在退款时，其所退款项针对的是12座加油站之外的另外4座加油站的租赁费，而非针对中油滨海公司实际享有权益的加油站，故海滨大道公司向天意君泰公司退款是具有事实及法律依据的。海滨大道公司在一审、二审中都认可自己向天意君泰公司退款的合理性，但在二审判决后又认为自己退款错误，应向中油滨海公司退款，既缺乏事实依据，亦有违诚信原则。

从以上分析来看，再审判决实际上融合了合同的文义解释、目的解释、体系解释等多种解释方法，其中既有对于合同条款的文字理解，同时存在着法官对于商业理性、交易习惯、诚实信用等因素的考量。人民法院在办理案件过程中，对于合同条款的解释必须综合运用多种解释方法，结合合同条款语句、交易习惯、合同目的以及诚实信用原则来确定当事人的权利义务关系。

（执笔人：王永明）

其他合同纠纷

土地整理承接协议的任意解除权行使限制

148. 上诉人青岛华通国有资本运营（集团）有限责任公司与被上诉人青岛中泰信实业有限公司合同纠纷案[*]

【裁判摘要】

房屋征收实施单位将土地整理事务公开招标交由他人承接，两者形成的法律关系并非典型的委托合同关系，土地整理承接协议中涉及的商业经济关系内容系由民事主体平等协商而达成，属于民事案件受理范围。土地整理承接协议的一方当事人主张行使委托合同任意解除权而发生争议的，人民法院应当结合协议是否为双方的共同利益所设立、承接事务是否已经基本完成以及任意解除是否对公共利益和第三人利益有不利影响等因素综合考量、审慎处理。

上诉人（原审被告）：青岛华通国有资本运营（集团）有限责任公司，住所地山东省青岛市崂山区海口路66号。

法定代表人：陈明东，该公司董事长。

---

[*] 摘自《民事审判指导与参考》2020年第3辑（总第83辑），人民法院出版社2021年版，第170~197页。

委托诉讼代理人：张美萍，北京德和衡（青岛）律师事务所律师。
委托诉讼代理人：赵新辰，山东德衡律师事务所律师。
被上诉人（原审原告）：青岛中泰信实业有限公司，住所地山东省青岛市市北区会昌路20号。
法定代表人：王军伟，该公司董事长。
委托诉讼代理人：杨泉志，北京市中银（青岛）律师事务所律师。
委托诉讼代理人：宋国笑，北京市中银（青岛）律师事务所律师。

上诉人青岛华通国有资本运营（集团）有限责任公司（以下简称华通公司）因与被上诉人青岛中泰信实业有限公司（以下简称中泰信公司）合同纠纷一案，不服山东省高级人民法院作出的（2018）鲁民初229号民事判决，向最高人民法院提起上诉。

一、一审法院查明的案件事实

（一）双方当事人无争议事实

2015年7月14日，华通公司通过青岛利业建设咨询有限公司发布招标公告，载明：招标人为华通公司，项目名称为青岛市宜阳路片区土地整理，工程地点为青岛市市北区长沙路、宜阳路、淮阳路、安阳路合围区域，工程规模为规划用地面积约6.2万平方米，招标内容为青岛市宜阳路片区土地整理单位。

2015年7月30日，华通公司向中泰信公司发出中标通知书，载明：贵公司参加2015年7月30日由青岛利业建设咨询有限公司组织的青岛市宜阳路片区土地整理项目的公开招标，经评标委员会评审确定为本项目中标单位，中标情况如下：工程名称为青岛市宜阳路片区土地整理，工程地点为青岛市市北区长沙路、宜阳路、淮阳路、安阳路合围区域，总投资额约50000万元，项目工期为18个月。

2015年8月11日，华通公司作为甲方、中泰信公司作为乙方，双方签订《土地开发整理协议书》，约定如下："1. 甲方是宜阳路片区企业搬迁前期整理单位，乙方是在青岛市注册的房地产开发公司。2. 为推进项目

地块土地整理进程，发挥乙方在土地整理工作的优势，甲方愿意将项目地块土地整理工作委托给乙方办理。乙方愿意受托承接甲方土地整理工作，负责项目地块土地整理事宜。基于此，为推进项目地块土地整理进程，双方经友好协商，达成如下协议，以资共同遵守。1. 项目地块概况。项目地块位于青岛市市北区，东至安阳路、南至长沙路、西至宜阳路、北至淮阳路的合围区域，规划用地面积约6.2万平方米。2. 土地整理进展情况。（1）甲方开展项目地块土地整理工作，已经完成部分工作，详见招标文件。（2）双方确认，甲方在前期土地整理工作中发生的土地整理及相关费用1078586.5元，该费用由乙方在本协议签订后3日内支付。（3）乙方充分理解且同意本协议项下的土地整理事宜，甲方不对本协议项下的任何收益或第三方责任提供承诺或保证，没有义务向乙方支付任何款项，除约定事项外，甲方不对乙方的行为承担法律责任。3. 关联事项安排。本协议签订后，双方同意按如下方式交接工作：（1）本协议签订后，乙方向甲方支付本协议第二条第二款约定的费用后2日内，甲方将规划、设计、审批等项目地块土地整理相关所有资料原件移交乙方，乙方有权使用相关材料用于项目地块土地整理的后续工作。（2）乙方充分理解项目地块所属企业期望尽快搬迁的愿望，愿意尽快启动该地块的土地整理，尽快与所属企业签署搬迁协议。（3）乙方在本协议签订后3日内，向甲方支付本协议第二条第二款确定的费用。（4）项目开发内容：本协议生效后，项目地块土地整理后续工作由乙方负责并独立承担法律责任。地块内居民动迁委托协议、企业搬迁补偿协议等由乙方同第三方直接签订协议并报甲方认可及备案。未经甲方书面同意，乙方无权以甲方名义从事任何活动或向任何第三方披露甲方。土地整理中如需以甲方名义申报的相关事项甲方应予以配合。土地整理中涉及的企业搬迁及居民补偿等由乙方负担。项目地块土地招拍挂后，拍卖的楼面地价低于（含等于）5100元/平方米的情况下，政府返还片区土地补偿金楼面地价5100元/平方米及以下部分归乙方所有；楼面地价5100元/平方米以上部分，甲、乙双方各得50%。相关税费按国家规定各自承担，政府土地出让金中给予的管理费归甲、乙双方各50%所有。政府从财政资金平台拨付土地补偿款及相关管理费等款项至甲方账户后10日内，甲方按本协议约定支付给乙方，相关税费由各方分别按规定自行缴纳。（5）甲方前期开展项目地块土地整理工作，与第三方签订的项目地块土地整理相关协议，按如下方式处理：①尚未履行的合同，与乙方无关，由甲方处理终止等事宜。②已经履行完毕合同，与乙方无关，如发生纠纷由甲方处理。③正在履行中的合同，乙方按照政府相关管理规定，将合同文本提交相关部门审查。符合规定的，甲方、乙方、第三方就后续乙方承接履行事宜，签订合同转让协议，由乙方承接甲方合同权利义务；不符合规定的，乙方向甲方告知原因，由甲方处理终止等事宜。（6）乙方在使用甲方提供资料的过程中，如需就相关材料进行说明、解释、修改、提供相关材料（包括但不限于规划、设计、咨询等单位）或履行其他应向甲方履行的义务，甲方应按乙方需求，要求相关单位履行义务。（7）乙方使用甲方提供的资料过程中，如出现知识产权、使用权等争议，由甲方协调资料提供单位解决；如因资料问题或资料提供单位违约等原因，给乙方造成损失，甲方应追究资料提供单位责任，并将资料提供单位的赔偿支付给乙方，但甲方不承担赔偿责任。（8）乙方办理市搬迁改造资金平台资金结算工作时，甲方应履行前期土地整理单位职能，积极配合工作。（9）项目开发要求：乙方在推进项目地块整理进程中，应按市政府确定的企业搬迁等相关政策，最终以市政府批准的片区规划条件、结合土地评估结果给予项目地块内搬迁企业及居民合理补偿。乙方承接后发生的土地整理相关纠纷，由乙方负责妥善处理，与甲方无关；乙方承接前发生的土地整理相关纠纷，由甲方负责继续处理，与乙方无关。（10）对甲方前期的工作成果，如地价评估、规划方案、政府会议纪要确定的事项等，乙方原则上采纳。但最终方案应以政府相关部门审批为准。（11）甲方同意乙方对该地块土地整理规划的相关部门以甲方名义联系，并承诺给予（包括但不限于请示、文件和人员的支持）积极帮助。4. 特别约定。本协议签订后至2015年12月31日前，如乙方在土地整理工作中无实质性进展（即未启动地块内居民或搬迁企业拆迁或对片区规划未作出调整等），则甲方有权解除本协议，自甲方书面解除本协议的通知送达乙方时本协议即告解除。协议解除后5日内，甲方将乙方支付给甲方本协议第二条第二款确定的费用退还给乙方（不计利息），同时乙方将本协议第三条第一款中甲方移交的所有资料原件退还给甲方。5. 违约责任。（1）甲、乙任何一方违反本协议约定，应承担因此给对方造成的损失。（2）因国家政策调整或不可抗力因素导致项目变更、暂停或取消，双方各不承担违约责任。根据上述因素对协议的影响程度，双方协商是否解除协议、部分免除协议项下义务、延期履行或者变更履行协议。6. 保密条款。甲、乙双方同意，有关本协议的背景、过程、内容及相关的文件、协议文本等资料均属双方秘密，保密条款不因协议的解除、无效或终止而失效。非经对方书面同意，任何一方不应向第三方披露，否则应承担因此给对方造成的损失。7. 通知和送达。本协议履行过程中的通知应当书面送达对方。本协议载明的双方联系地址为送达地址，任何一方的地址发生变更时，变更一方应于5日内将变更后的新地址书面通知对方，否则视为未变更。8. 其他。（1）甲、乙双方均承诺有充分的法律权利、足够的授权以及能力签订本协议及履行本协议项下的义务，并已经履行了包括上级主管单位、股东会或董事会等在内的相关内部决策或批准手续。（2）双方可以另行签署补充协议，补充协议与本协议具有同等法律效力。（3）本协议经甲、乙双方盖章后生效，一式五份，各执两份，报市搬迁办一份，具有同等法律效力，未尽事宜，双方可协商签订补充协议。"

2015年8月12日，中泰信公司向华通公司转账支付合作款1078586.5元。2015年8月12日，华通公司向中泰信公司出具1078586.5元合作款收据。

2016年8月16日，华通公司作为甲方，中泰信公司作为乙方，双方签订《补充协议》，约定："鉴于：1. 甲乙双方原就市北区宜阳路老企业搬迁片区项目，于2015年8月11日签订《土地开发整理协议书》（下称：原协议）；2. 原协议中约定的前期费用支付、资料交接已完成；3. 乙方在与项目地块使用权人谈判过程中，部分项目地块使用权人希望乙方以甲方代理人身份进行磋商，并愿意直接与甲方签订补偿协议；4. 中泰信公司在片区土地整理中为解决历史遗留的居民户动迁及规划方案变更带来的成本增加等方面所额外增加了收地成本。基于以上因素考虑，为顺利推进宜阳路片区土地前期整理工作，双方签订补充协议如下：1. 甲乙双方同意，与第三方签订协议中各方身份变化不影响甲乙方在原协议和本补充协议中的权利义务。（即乙方仍按双方协议约定对项目土地整理及居民动迁承担法律责任。即使与第三方约定由甲方付款或承担义务，也不因此免除或变更乙方在原协议及本补充协议项下义务。与第三方协议也不构成甲方在原协议及本补充协议项下权利义务的变更。）2. 将原协议第三条第四款中"项目地块土地招拍挂后，政府返还的片区土地收益部分，楼面地价5100元/平方米及以下部分归乙方所有，5100元/平方米以上的实际收益部分，甲乙双方各得50%"内容调整为"项目地块土地招拍挂后，政府返还的片区土地收益部分，楼面地价5600元/平方米及以下部分归乙方所有，楼面地价5600元/平方米以上的实际收益部分，甲、乙双方各得50%"。3. 因部分项目地块使用权人要求以甲方名义进行补偿，为推进片区项目，甲乙双方同意，以甲方名义开立宜阳路片区土地整理共管账户（账户开立时，银行预留印鉴中需加盖乙方法人名章，法人名章由乙方保管，双方共同监管资金拨付及使用），由乙方向该账户提供前期土地整理所需资金，该账户专项用于宜阳路片区资金统一核算（包括但不限于收地补偿、资金往来、财政款项拨入、补偿资金回拨等资金结算及往来）。该账户由甲方执管，但不得开立网上银行、手机银行等电子支付手段，通过网上银行或手机银行方式等非银行柜台业务对外支付款项，视为非合同目的使用，由甲方承担返还责任。甲方应将该账户申报为土地招拍挂后，市财政返还土地补偿金等全部资金的收款账户。4. 对进入共管账户的资金，甲、乙双方应按照与第三方签订协议要求支付。因任一方原因，造成该账户被查封或扣划等资金损失或流动性受到限制的，由责任方负责解决并承担相应损失。5. 甲乙双方同意，市财政返还资金进入共管账户后，双方应于7日内完成核算，在核算一致的基础上，按照原协议和本补充协议将应付款项及时支付乙方及片区内搬迁企业。6. 甲、乙双方约定，土地整理中涉及的企业及居民搬迁补偿费用等均由乙方承担，与甲方无关。乙方向共管账户提供片区前期土地整理所需资金的时间节点为：（1）片区内单位及居民全部签订补偿征收协议且片区规划方案公示通过并批复后，7日内支付按照甲、乙双方与片

区相关单位所签订的《收地补偿协议书》中约定补偿暂定标准的30%。(2) 在片区内单位及居民全部搬迁腾空净地完毕并将相关证件交付甲、乙双方的前提下,于第一笔资金支付后45日内,支付《收地补偿协议书》中约定补偿暂定标准的20%;如片区未能在上述时间内全部搬迁腾空净地完毕,则乙方于片区内单位及居民全部搬迁腾空净地完毕并将相关证件交付甲、乙双方7日内支付该笔资金。因乙方延期付款导致甲方先行垫付资金或因此遭受第三方索赔的,应按照银行同期贷款利率上浮10%支付利息,甲方有权先行扣除。7. 甲方支持乙方按照相关法律规定取得项目土地开发权,在乙方取得项目土地开发权时给予积极的支持与帮助,并承诺其下属及其关联企业不参与项目土地招拍挂。8. 项目土地招拍挂后,如财政返还资金不足以支付片区前期土地整理各项支出的,即乙方产生实际亏损时,按政策规定该亏损可从市搬迁改造资金平台筹集的该片区土地出让净收入中予以弥补。甲方应积极协调市财政等相关部门,争取该笔资金,专项用于弥补乙方亏损。但本约定不构成甲方任何形式的担保。9. 协议解除。(1) 乙方逾期向共管账户提供片区前期土地整理所需资金,逾期超过6个月的,甲方有权解除原协议及补充协议。(2) 甲乙双方应克服困难,积极推进片区项目。如因乙方原因,解除双方协议的,甲方考虑到乙方对该片区项目的前期投入,同意支付乙方为推进项目所实际发生的各项费用;如因甲方原因,解除双方协议的,甲方除支付乙方为推进项目所实际发生的各项费用外,另应给予乙方适当补偿(双方协商)。10. 本补充协议与原协议具有同等法律效力,没有约定的按原协议执行,与原协议不一致之处,执行本补充协议。11. 本补充协议自甲乙双方签字或盖章日生效。一式五份,甲方三份,乙方两份。"

2016年,华通公司、中泰信公司与青岛百维装饰有限公司、青岛安装建设股份有限公司、青岛益青机械有限公司、青岛益青国有资产控股公司、海尔电器国际股份有限公司分别签订《收地补偿协议书》,就搬迁补偿费用、各方权利义务、项目土地资产交付及违约责任等作出了约定。

2016年12月7日,华通公司向青岛市市北区人民政府出具《证明》,载明中泰信公司系华通公司于2015年7月通过公开招投标确定的案涉项目地块土地整理具体实施单位,负责该片区土地整理相关事宜。

2017年6月30日,华通公司、青岛益青机械有限公司、青岛安装建设股份有限公司、青岛百维装饰有限公司、青岛益青国有资产控股公司、中泰信公司签订《会议纪要》,约定:2017年6月28日,在华通公司7楼董事长会议室,召开了青岛市宜阳路老城区企业搬迁片区搬迁工作协调推进会。会议由宜阳路片区土地前期整理单位华通公司董事长姜培生主持,片区内搬迁企业及土地前期整理合作单位的有关负责人出席了会议。会议听取了中泰信公司关于片区土地整理工作进展情况的说明,并就片区有关加快推进事宜进行了认真的讨论。会议认为:为加快推进宜阳路片区老企业搬迁工作,根据片区实际情况和目前青岛市房地产市场的现状及走势,应部分企业的要求,需要对片区有关事项尽快予以修订和明确。经过与会人员的充分讨论和协商,会议通过以下决议:"1. 将《收地补偿协议书》中约定的"楼面地价评估价暂按4000元/平方米计算,最终以经国土部门会审备案楼面地价评估价为准"修改为"楼面地价评估价确定为6500元/平方米计算,此价格不再做调整"。2. 按新确定的楼面地价计算企业搬迁补偿费用,在本《会议纪要》签署后30日内华通公司向搬迁企业支付新评估价总额的30%(含前期已支付补偿费)。对前期已支付的补偿款自2017年1月1日起搬迁企业不再承担利息,由中泰信公司承担。搬迁企业将项目地块具备拆迁条件的土地及房屋交付土地前期整理单位后15日内,华通公司向搬迁企业支付新评估价总额的20%。3. 自片区第二笔搬迁补偿费用全部支付完毕之日起到该费用(搬迁补偿费用新评估总价的50%)从片区土地补偿款中归还之日止,由中泰信公司向华通公司支付利息(按华通公司同期融资利率计算利息)。4. 为实现2017年片区土地招拍挂,片区内各搬迁企业应于本《会议纪要》签订之日起75日内将具备拆迁条件的土地及房屋交付土地前期整理单位(如因特殊原因企业未能交地,延期30日内免收违约金)。自片区内搬迁企业交付地块之日起,前期土地整理单位应在1年内完成土地招拍挂。如果1年内未能完成土地招拍挂,前期土地整理单位应在15日内将尚未支付的搬迁补偿费用支付给搬迁企业。5. 片区在推进过程中,如遇到青岛大华实业公司土地纠纷导致片区推进受阻,而必

其他合同纠纷

须支付部分费用方能解决时，该部分费用由前期整理单位承担50%，片区内各地块按各地块占土地面积比例承担50%。6. 将《收地补偿协议书》中片区规划建设用地面积不少于46870平方米变更确定为片区地上规划建筑面积应不少于152600平方米。并以此为依据按照《收地补偿协议书》约定的搬迁企业补偿费用计算公式计算片区各搬迁企业的搬迁补偿费用。7. 华通公司应将与中泰信公司之间签署的《土地开发整理协议书》复印件（加盖公章）提供给各搬迁企业。8. 应中泰信公司的请求，片区各方应积极配合和支持中泰信公司参与片区土地的招拍挂。9. 片区内各方原已签订的协议中，凡与本《会议纪要》确定的内容不相一致的条款均以本《会议纪要》为准。10. 本《会议纪要》在与会单位加盖公章、法人印章后生效。11. 本《会议纪要》一式十六份，企业各执一份。"姜培生董事长最后强调：希望片区内搬迁企业与前期土地整理单位密切配合、互相信任、齐心协力，力争年底前完成片区土地招拍挂。

2018年2月24日，华通公司作为甲方，中泰信公司作为乙方，双方签订《土地开发整理协议书之补充协议（二）》（以下简称《补充协议二》），约定："鉴于：1. 甲乙双方原就市北区宜阳路老企业搬迁片区项目，于2015年8月11日签订《土地开发整理协议书》（下称：原协议），于2016年8月16日签订《补充协议》（下称：原补充协议）；2. 甲乙双方已与片区内企业签订《收地补偿协议书》，并按协议约定履行了付款义务；3. 为保证片区项目顺利实施，甲乙双方应片区内部分企业要求，签署关于片区土地整理工作的《会议纪要》；4. 乙方在片区土地整理中为解决历史遗留的居民户动迁及规划方案变更带来的成本增加等方面所额外增加了土地前期整理成本。基于以上因素考虑，为顺利推进宜阳路片区土地前期整理工作，双方另行签订补充协议如下：1. 基于《会议纪要》中已经将片区内企业补偿的楼面地价确定为6500元/平方米，甲乙双方同意，将原补充协议中相关约定调整为："项目地块土地招拍挂后，政府返还的片区土地收益部分，楼面地价7500元/平方米及以下部分归乙方所有；楼面地价7500元/平方米以上的部分，甲方得60%，乙方得40%。"2. 片区土地出让后，土地出让金返还至甲乙双方共管账户，相关款项的支付顺序甲、乙双方商定如下：（1）先行支付甲方所垫付的全部搬迁补偿费用，并按照原补充协议和《会议纪要》约定支付甲方的垫资利息（需乙方承担利息的截止时间为土地出让金返还至甲乙双方共管账户，但最长不超过片区土地招拍挂结束后30日）；（2）支付乙方通过共管账户垫付的宜阳路63号、71号甲40户居民拆迁补偿款及企业搬迁补偿款，具体金额为加盖甲方公章的《市北区宜阳路63号零星片棚户区改造项目住宅征收补偿金明细表》确定的40户累计应发补偿金及与之相关的费用、企业搬迁补偿款（上述费用指乙方实际支付的、可计入搬迁成本且经甲、乙双方书面确认的费用）；（3）在片区各搬迁企业应分摊的公共费用经相关方确认后，按照《收地补偿协议书》和《会议纪要》支付片区各企业剩余的搬迁补偿款；若片区土地出让后，财政返还资金在支付完前2项资金后不足以支付该项补偿款时，片区各企业剩余的搬迁补偿款差额部分由乙方承担补偿责任；（4）甲、乙双方按本协议约定进行土地收益分成。3.若政府要求将片区原范围内的淮阳路10号院居民区（青岛安装建设股份有限公司宿舍）重新纳入整理范围，且该居民区拟拆迁户数达到法定比例，甲、乙双方应继续按照原片区政策及双方签订的《土地开发整理协议书》、原补充协议和本协议以及报送市北区政府的《关于淮阳路10号院居民区及宜阳路老企业搬迁片区周边其他现状住宅相关事宜的处置预案》的内容履行职责。如任何一方需对外签署涉及淮阳路10号院居民区相关事项文件时，甲、乙双方应协商一致。4.甲乙双方同意，宜阳路老企业搬迁片区项目所产生的土地整理费用按搬迁片区相关政策执行，与甲方无关。5.本补充协议与原协议及原补充协议具有同等法律效力，没有约定的按原协议及原补充协议执行，与原协议及原补充协议不一致之处，执行本补充协议。6.本补充协议自甲、乙双方签字或盖章日起生效。一式五份，甲方三份，乙方两份。"

2018年7月16日，青岛市土地储备整理中心作为甲方，华通公司作为乙方，青岛市市北区人民政府作为丙方，三方签订《青岛市土地开发整理项目土地交付协议书》（以下简称《交付协议书》），载明案涉项目地块为老城区企业搬迁片区，由乙方负责土地开发整理，现土地已具备移交条件。

2018年8月10日,青岛市人民政府作出青政地字〔2018〕63号征地(使用、划拨)批件,同意将案涉项目地块国有建设用地使用权收回、纳入储备并依法供地。

2018年9月29日,青岛市国土资源和房屋管理局发布青土资房告字〔2018〕11号《国有建设用地使用权网上拍卖出让公告》,对案涉项目地块国有建设用地使用权进行网上拍卖出让。

2018年10月10日,华通公司以《储备土地交接单(A)》加盖的华通公司公章、法人章印鉴与华通公司公章、法人章印鉴有差异,公司公章及法人章极有可能被他人伪造并使用为由,向青岛市公安局崂山分局麦岛派出所报案。2018年11月2日,青岛市公安局崂山分局立案侦查。2018年11月12日,青岛市公安局崂山分局向华通公司出具鉴定意见通知书,载明:经鉴定,《储备土地交接单(A)》加盖的华通公司公章、法人章印文与华通公司提供的公安备案印章印模不是同一印章盖印形成。目前,该案件仍处于公安机关立案侦查阶段。

2018年10月10日,华通公司向青岛市国土资源和房屋管理局发出《关于商请暂停宜阳路片区土地出让拍卖的函》,载明:2018年9月28日,贵局发布公告(青土资房告字〔2018〕11号)公开拍卖出让华通集团负责一级土地整理的宜阳路片区土地。目前,华通集团与市北区政府、市土地储备中心尚未就该处土地完成正式交接,但是市土地储备中心存档的《储备土地交接单(A)》已加盖华通集团公章。初步判断,该交接单上的华通集团公章和法人章印鉴系伪造,华通集团已向公安机关正式报案并受理。鉴于前述情况,华通集团申请暂停本次宜阳路片区土地拍卖,待相关问题解决后再行出让拍卖。

2018年10月17日,青岛市国土资源和房屋管理局在《青岛日报》发布《青岛市国有建设用地使用权出让网上拍卖中止公告》,载明:我局于2018年9月29日发布的青土资房告字〔2018〕11号公告因故中止,启动时间以届时公告为准。

2018年10月17日,中泰信公司向华通公司发出《关于督促华通公司履行合同义务的函》,要求华通公司继续履行合同。

2018年11月16日，华通公司向中泰信公司发出《解除合同通知书》，载明："……系列协议签订之后，我集团在土地整理相关事项上给予你司积极配合，在你司资金紧张时也按协商结果不断为土地开发整理工作垫付资金，截至目前已垫资约3亿余元。你司却滥用受托人权利，伪造我集团公章及法定代表人印章加盖在项目《储备土地交接单（A）》上，并提交给青岛市土地储备整理中心和市北区人民政府，在我集团毫不知情的情况下即启动了项目土地的拍卖程序。我集团获悉后深感震惊，集团党委对此高度重视，多次召开会议进行研究讨论，并在及时通知相关部门中止拍卖进程的同时向公安机关报案处理。你司伪造印章的行为不仅涉嫌刑事犯罪，而且严重违反了系列协议的约定，造成双方丧失了委托关系的信任基础。你司的行为构成严重违约，并严重损害了我集团的商业利益，直接导致我集团的合同目的无法实现。经我集团党委会及董事会研究决定，根据《合同法》相关规定，特致函你司自本通知书送达之日起即解除上述系列协议——《土地开发整理协议书》《补充协议》及《补充协议二》。同时，我集团将保留进一步追究你司违约责任的权利。"

关于案涉项目地块现状，中泰信公司主张已经形成净地交付收储，华通公司主张没有进行拍卖。

（二）双方当事人有争议事实

中泰信公司提供《土地评估业务约定书》《宜阳路项目用地围挡施工合同》《市北区宜阳路拆迁片区房屋拆除工程施工合同》《示范区特选树移植及园区树木清除工程施工合同》及银行转账支票存根、收款收据等证据，主张其为推进案涉项目地块土地整理，先后进行了土地评估、围挡施工、房屋拆除、地块测绘、树木移植及清除等工作，并支付了相关费用。华通公司称其并非上述合同的相对方，对上述证据的真实性不予确认。

中泰信公司提供落款时间为2018年9月20日的《储备土地交接单（A）》，载明：收地方为青岛市土地储备整理中心，被移交方为华通公司，所在地地方政府为市北区人民政府，收回土地面积为61838.5平方米，收地批准文号为青政地字〔2018〕63号，地块位置为市北区宜阳路以东、淮阳路以南、安阳路以西、长沙路以北区域，交付协议号为青土储收字〔2018〕20号。该《储备土地交接单（A）》加盖了青岛市土地储备整理中心、华通公司、青岛市市北区人民政府公章及华通公司、青岛市市北区人民政府法人章。华通公司对该《储备土地交接单（A）》不予认可，称系中泰信公司伪造华通公司公章及法人章加盖形成。

中泰信公司提供银行电汇凭证、收据、补充协议等证据，主张其为案涉项目地块土地整理实际支出补偿款63759606元。华通公司对其中经过共管账户支出的13378321元、300万元、4000万元，总计56378321元补偿款予以认可，对其余款项不予认可。

华通公司提供垫付搬迁费用明细表及相应支出凭证等证据，主张其为案涉项目地块土地整理实际支出补偿款335262100元。中泰信公司称共管账户被华通公司控制，对上述款项不予认可。

二、当事人一审起诉情况

中泰信公司向山东省高级人民法院起诉请求：（1）依法确认华通公司向中泰信公司发出的《解除合同通知书》无效；（2）依法判令华通公司继续履行《土地开发整理协议书》以及相关合同性文件中约定的权利义务。

三、一审法院认定与判决

一审法院认为，本案争议的焦点问题为案涉《解除合同通知书》是否有效及华通公司应否继续履行案涉《土地开发整理协议书》等相关合同约定的权利义务。

案涉《土地开发整理协议书》《补充协议》及《补充协议二》均系双方当事人的真实意思表示，不违反法律、行政法规的强制性规定，双方当事人亦均主张案涉合同有效，故认定案涉《土地开发整理协议书》《补充协议》及《补充协议二》合法有效。

从案涉《解除合同通知书》看，华通公司通知中泰信公司解除合同的理由仅为中泰信公司伪造华通公司的公章及法人章，致使合同目的无法实现。从华通公司当庭陈述看，华通公司通知中泰信公司解除合同的理由有三：（1）双方之间系委托合同关系，华通公司享有任意合同解除权；（2）华通公司为案涉项目地块土地整理垫付了3.3亿余元补偿费用，中泰信公司严重违反合同约定；（3）中泰信公司伪造华通公司的公章及法人章，致使合同目的无法实现。一审法院认为，即便以华通公司当庭陈述为准，案涉《解除合同通知书》也不能产生解除合同的效力。理由如下：

首先，关于华通公司是否享有任意合同解除权的问题。在委托合同关系中，受托人以委托人的名义办理事务，受托人在委托权限内与第三人所为法律行为的法律后果完全由委托人承担。本案存在以下事实：（1）从合同约定看。①《土地开发整理协议书》第二条约定"甲方在前期土地整理工作中发生的土地整理及相关费用1078586.5元，该费用由乙方在本协议签订后3日内支付""甲方不对本协议项下的任何收益或第三方责任提供承诺或保证，没有义务向乙方支付任何款项，除约定事项外，甲方不对乙方的行为承担法律责任"，第三条约定"本协议生效后，项目地块土地整理后续工作由乙方负责并独立承担法律责任""甲方、乙方、第三方就后续乙方承接履行事宜，签订合同转让协议，由乙方承接甲方合同权利义务""乙方承接后发生的土地整理相关纠纷，由乙方负责妥善处理，与甲方无关"；②《土地开发整理协议书》《补充协议》及《补充协议二》均对案涉项目地块土地整理后政府返还土地收益部分的分配方式及比例作出了约定，亦均明确土地整理中涉及的企业及居民搬迁补偿费用等均由中泰信公司承担。（2）从合同履行看。根据中泰信公司提供的合同履行方面的证据，中泰信公司均系以自己的名义对外签订土地评估、围挡施工、房屋拆除、地块测绘、树木移植及清除合同及支付合同款项，华通公司虽不予认可，但未提供反驳证据。上述合同约定及履行情况与华通公司主张的委托合同关系的特征不符，故华通公司关于其享有任意合同解除权的诉讼主张不能成立。

其次，关于中泰信公司是否严重违反合同约定的问题。华通公司主张其为案涉项目地块土地整理垫付了3.3亿余元补偿款，中泰信公司违反《补充协议》第九条第一款约定，华通公司享有合同解除权。一审法院认为，（1）从《土地开发整理协议书》《补充协议》及《补充协议二》的约

其他合同纠纷

定看,案涉项目地块搬迁补偿费用的承担主体均为中泰信公司;(2)从《会议纪要》第二条、第三条的约定看,案涉项目地块各搬迁企业的搬迁补偿费用由华通公司根据合同约定垫付,由中泰信公司支付利息;(3)案涉《解除合同通知书》载明"系列协议签订之后,我集团在土地整理相关事项上给予你司积极配合,在你司资金紧张时也按协商结果不断为土地开发整理工作垫付资金,截至目前已垫资约3亿余元";(4)华通公司在答辩意见中称"被告在前期已垫付款项累计超过3.3亿余元"。综合上述分析,华通公司主张的其支出的补偿费用即便真实,亦系其垫付的费用,该垫付行为与《会议纪要》的相关约定相符,华通公司亦在案涉《解除合同通知书》中自认该垫付行为系双方协商的结果。故华通公司以其垫付补偿费用为由主张中泰信公司严重违约,无法支持。

再次,关于中泰信公司是否伪造华通公司公章及法人章致使合同目的无法实现的问题。华通公司主张中泰信公司伪造华通公司公章及法人章,并提供了报案材料、立案告知书、鉴定意见通知书等证据证明。一审法院认为:(1)华通公司提供的证据仅能证明其以中泰信公司伪造华通公司公章及法人章为由向公安机关报案、公安机关立案侦查及《储备土地交接单(A)》加盖的华通公司公章、法人章印文与华通公司提供的公安备案印章印模不是同一印章盖印形成等事实,但不足以证明其关于中泰信公司伪造华通公司公章及法人章的主张。(2)青岛市土地储备整理中心、华通公司、青岛市市北区人民政府三方已就案涉项目地块签订《交付协议书》,青岛市人民政府亦同意将案涉项目地块国有建设用地使用权收回、纳入储备并依法供地。也就是说,案涉项目地块土地整理工作已经完成,土地已经具备交付条件。在此情况下,华通公司以中泰信公司在《储备土地交接单(A)》上加盖的华通公司公章及法人章系中泰信公司伪造为由主张无法实现合同目的,进而主张解除案涉土地开发整理相关协议,无法支持。另外,本案并非必须以上述刑事案件的审理结果为依据,华通公司关于本案应当中止审理的主张,不予支持。

最后,《最高人民法院关于适用〈中华人民共和国合同法〉若干问题的解释(二)》第二十四条规定:"当事人对合同法第九十六条、第九十条规定的合同解除或者债务抵销虽有异议,但在约定的异议期限届满后才提出异议并向人民法院起诉的,人民法院不予支持;当事人没有约定异议期间,在解除合同或者债务抵销通知到达之日起三个月以后才向人民法院起诉的,人民法院不予支持。"华通公司于2018年11月16日向中泰信公司发出案涉《解除合同通知书》,中泰信公司于2018年12月11日提起本案诉讼,未超出上述司法解释规定的异议期。

综合以上分析,华通公司主张的其享有合同解除权的理由均不能成立,中泰信公司提起本案诉讼亦未超出法定异议期。故案涉《解除合同通知书》无效,华通公司应当继续履行案涉《土地开发整理协议书》等相关合同约定的权利义务。

综上所述,中泰信公司的诉讼请求成立,予以支持。

一审法院依照《中华人民共和国民事诉讼法》第六十四条第一款、《最高人民法院关于适用〈中华人民共和国合同法〉若干问题的解释(二)》①第二十四条规定,判决如下:

一、华通公司于2018年11月16日向中泰信公司发出的《解除合同通知书》无效;

二、华通公司继续履行《土地开发整理协议书》《补充协议》《补充协议二》约定的权利义务。案件受理费1541800元,由华通公司负担。

四、当事人上诉及答辩情况

华通公司不服山东省高级人民法院作出的(2018)鲁民初229号民事判决,向最高人民法院提起上诉,请求:(1)依法撤销山东省高级人民法院作出的(2018)鲁民初229号民事判决书,依法改判或发回重审,支持上诉人的诉讼请求;(2)本案一审、二审诉讼费用由被上诉人承担。事实和理由:(1)华通公司与中泰信公司系委托合同关系,华通公司享有委托合同的法定解除权。①从合同约定看。《土地开发整理协议书》"鉴于"条

---

① 《最高人民法院关于适用〈中华人民共和国合同法〉若干问题的解释(二)》已于2021年1月1日起废止。

其他合同纠纷

款第2条明确约定:"……甲方(华通公司)愿意将项目地块土地整理工作委托给乙方(中泰信公司)办理。乙方(中泰信公司)愿意受托承接甲方土地整理工作,负责项目地块土地整理事宜。"上述协议内容已经明确双方的委托合同关系。②从合同履行看。华通公司是青岛市国土局确认的涉案项目土地整理单位,而中泰信公司不具备土地整理资质,其仅是华通公司委托的土地平整、拆迁等工作的具体实施单位,其针对政府和被搬迁人的所有工作均需以华通公司名义实施。《收地补偿协议书》"鉴于"条款的第1至4条说明,双方为委托关系,收地补偿的相对方对此也明知。中泰信公司一审中提交的支付款项等的证明仅系支票存根、银行承兑汇票等,在无银行对账单等证据情况下,无法证明中泰信公司是否实际付款,也无法证明是否确与本案有关,即使有客观支出,与该部分内容相关的款项支付等工作也是中泰信公司的受托范围。③从法律及法理看。关于责任承担等合同约定,是对中泰信公司工作内容的界定及不能妥善完成受托内容后的追责约定,是双方协商一致、自愿达成的结果,是中泰信公司取得合同利益的合理对价义务,并没有违反法律的禁止性规定。《收地补偿协议书》《土地交付协议书》都是由华通公司作为土地整理方进行签署,相关法律后果由华通公司承担,之后中泰信公司承担的法律责任,则是华通公司依约对其进行的追责。显然,涉案合同并未脱离委托合同关系的特征。《合同法》也并未禁止受托人以自己名义开展工作。根据《合同法》第四百一十条规定,中泰信公司收到《解除合同通知书》后,双方之间的委托合同关系即已合法解除。(2)作为受托方,中泰信公司违反合同约定未全面履行义务,合同目的无法实现,华通公司有权依约解除委托关系。根据《土地开发整理协议书》第3条第4款、《补充协议》第6条及第9条第1款,中泰信公司负有支付全部搬迁补偿费用的义务,但因其未全面履行该义务,华通公司不得不就此垫付3.3亿余元。至于《会议纪要》等关于华通公司垫付款项的内容,实质上是对垫款背景和资金返还的约定,该约定本身并没有免除中泰信公司的违约责任。(3)中泰信公司在合同履行中存在涉嫌刑事犯罪行为,《储备土地交接单(A)》上华通公司的公章和法定代表人章是伪造的。与政府签署《土地交付协议书》并不代表土地整理工作的完成,也不代表土地已向政府交接完毕。签署《储备土地交接单(A)》等也是最终完成土地整理的必备程序。该行为造成双方丧失继续履行合同的信任基础,直接导致合同目的不能实现,严重侵害了华通公司的合法权益,根据《合同法》第七条,华通公司有权依法解除双方的合同关系。(4)如果继续履行合同,中泰信公司可能在后续土地出让程序中设置强制性排他条件,从而低价摘得土地,造成国有资产流失。

中泰信公司答辩称:一审法院认定事实清楚,适用法律正确,请求依法驳回全部上诉请求。(1)华通公司与中泰信公司之间的协议或合同,没有委托合同必要条款的约定。①"鉴于"部分表述是叙述性介绍,一般对双方当事人订立合同的原因、意图、希望等作出表述,但不是正式的合同条款,不具有法律约束力。②《收地补偿协议》"鉴于"部分确实陈述了有关委托代理的内容,但《补充协议》"鉴于"部分第2项、合同条款第1条已经对此作了解释与澄清,足以说明有关第三方协议中的委托和代理并不是华通公司与中泰信公司的真实意思表示,且《收地补偿协议》也不是华通公司与中泰信公司之间的协议,相关权利义务不约束双方当事人。(2)华通公司通过招投标确定并向政府宣示中泰信公司为独立的土地整理单位,其已失去了委托合同所必须具备的事实基础。不管是合同约定还是实际履行,都能够证明中泰信公司已经全部承接宜阳路片区土地整理项目,独立实施并完成了项目的土地整理、独立承担了法律责任,没有任何的合同条款约定了委托事项或授权事项、责任与费用的承担。(3)依约解除依据不成立。《会议纪要》对企业补偿款支付方式协商改为了由华通公司垫付、垫付资金的利息按照华通公司融资利率计算由中泰信公司承担。但支付主体依旧为中泰信公司,支付主体从未发生变化。《解除合同通知书》第二段也明确华通公司垫付资金是协商的结果。(4)公安部门并没有认定中泰信公司伪造华通公司公章及印章。华通公司存在恶意解除合同的事实,其应在征得中泰信公司同意的前提下再行盖章交付。宜阳路片区土地整理收储已经完成,片区土地使用权已经收归国有并开始拍卖,合同目的至今不能实现的过错全部在华通公司。

其他合同纠纷

五、最高人民法院二审认定与判决

最高人民法院对一审查明的事实予以确认。

最高人民法院认为，根据本案当事人的上诉请求，并经双方确认，本案二审争议的焦点问题：原审法院判决《解除合同通知书》无效，华通公司应继续履行相关协议约定的权利义务是否正确。

关于华通公司是否有权随时解除案涉合同关系。根据《土地开发整理协议书》及相关补充协议等系列协议，以及中泰信公司提供的《土地评估业务约定书》《宜阳路项目用地围挡施工合同》《市北区宜阳路拆迁片区房屋拆除工程施工合同》《示范区特选树移植及园区树木清除工程施工合同》及银行转账支票存根、收款收据等证据，案涉项目地块土地整理的约定和实际履行情况主要涉及征收搬迁与补偿，以及土地评估、围挡施工、房屋拆除、地块测绘、树木移植及清除等事项。根据《物权法》的有关规定，征收和补偿是指为了公共利益的需要，依照法律规定的权限和程序可以征收集体所有的土地和单位、个人的房屋及其他不动产，同时应当依法给予征收补偿、保障被征收人的居住条件。根据《国有土地上房屋征收与补偿条例》第五条的规定，房屋征收部门可以委托房屋征收实施单位承担征收与补偿的具体工作，并对房屋征收实施单位在委托范围内实施的房屋征收与补偿行为负责监督。华通公司在诉讼中称其是青岛市国土局确认的案涉项目土地整理单位，《土地交付协议书》等亦由其作为土地整理方与政府签署，故华通公司系接受政府征收部门委托的征收实施单位，根据《合同法》中有关委托合同的规定，华通公司本应当亲自处理委托事务。华通公司与中泰信公司在《土地开发整理协议书》中签订了保密条款，但该协议书系经过公开招投标形成，《土地开发整理协议书》约定，本协议经甲、乙双方盖章后生效，一式五份，各执贰份，报市搬迁办壹份。2016年12月7日，华通公司向青岛市市北区人民政府出具《证明》，载明中泰信公司系华通公司于2015年7月通过公开招投标确定的案涉项目地块土地整理具体实施单位，负责该片区土地整理相关事宜。此外，结合案涉地块被搬迁单位、居民就征收补偿事宜等与房屋征收部门、华通公司、中泰信公司等分别或者同时签订的《收地补偿协议书》《房屋征收货币补偿协议》《房屋征收异地房屋补偿协议》和《青岛市商品房预售合同》等证据材料来看,华通公司将案涉项目地块包括征收、补偿在内的土地整理工作转交中泰信公司负责实施的事实清楚,并已报负责监督的房屋征收部门。最高人民法院认为,华通公司并未举证证明中泰信公司不具有实施土地整理的资质条件,青岛市人民政府亦同意收储案涉土地,一审认定案涉《土地开发整理协议书》及相关补充协议合法有效并无不当。《土地开发整理协议书》及相关补充协议约定,中泰信公司支付华通公司前期土地整理及相关费用,由中泰信公司与待整理地块内第三方签订居民动迁委托协议、企业搬迁补偿协议等并负担土地整理中涉及的企业搬迁及居民补偿等,华通公司予以配合相关申报事项,土地整理中涉及的企业及居民搬迁补偿费用等均由中泰信公司承担,与华通公司无关,中泰信公司承接后发生的土地整理相关纠纷,与华通公司无关。协议书特别强调:"甲方不对本协议项下的任何收益或第三方责任提供承诺或保证,没有义务向乙方支付任何款项,除约定事项外,甲方不对乙方的行为承担法律责任。"同时,协议书在"项目开发要求"中约定,中泰信公司在推进项目地块整理进程中,应按市政府确定的企业搬迁等相关政策,最终以市政府批准的片区规划条件、结合土地评估结果给予项目地块内搬迁企业及居民合理补偿。最后,根据该协议书以及补充协议的约定,双方获利方式为案涉土地整理项目招拍挂后,对于政府返还土地补偿金由华通公司按约定的分配方式及比例支付给中泰信公司。此后,中泰信公司向华通公司转账支付合作款1078586.5元并进行相关土地整理工作使案涉项目地块达到收储条件。征收补偿法律关系实质上发生在房屋征收部门和被征收人之间,中泰信公司按照相关政策而非根据华通公司的指示负责项目地块土地整理工作,并独立承担因土地整理而与第三方发生的搬迁补偿安置等法律责任。华通公司依约不对本协议项下任何收益提供承诺,案涉协议书中也不存在明确的委托报酬性质的条款。土地整理中,中泰信公司可以华通公司名义申报相关事项,使用他人名义申报事项并不等同于委托关系。尽管《土地开发整理协议书》《收地补偿协议书》等部分合同的"鉴于"条款中使用了"委

其他合同纠纷

托"的表述，但从上述合同内容及实际履行情况综合来看，《土地开发整理协议书》及相关补充协议并非典型的委托合同性质，华通公司关于其与中泰信公司确系委托合同关系的上诉理由不能成立。本案中，接受房屋征收部门委托的征收实施单位将包括征收补偿内容的土地整理工作转交中泰信公司负责实施，中泰信公司实际完成土地整理实施工作且当地政府同意将案涉项目地块国有建设用地使用权收回、纳入储备并依法供地，原征收实施单位主张随时解除合同关系的，一般不宜支持。具体而言，第一，华通公司与中泰信公司基于公开招投标建立法律关系，在此之前双方之间并不存在特别的信任关系，中泰信公司完成土地整理工作后，依约对于政府有关部门返还土地补偿款和相关管理费享有向华通公司请求分配支付的利益，即合同约定的事项为双方当事人的共同利益而设定，华通公司单方不宜任意解除合同。第二，当地人民政府已作出征地批示，同意将案涉项目地块国有建设用地使用权收回、纳入储备，并依法供地，该事实表明中泰信公司已完成土地整理工作，其合同利益应当通过继续履行的方式得到保护。第三，国有土地上房屋征收、补偿基于公共利益而展开，土地整理实施工作涉及被征收人和其他第三方利益，虽然本案合同是否解除并不必然影响土地整理中形成的其他关联合同关系，但为保护被征收人合法权益，避免因案涉法律关系稳定性被打破而导致土地整理的相关未尽事宜不能得到顺利履行或者妥善解决，案涉《土地开发整理协议书》不宜任意解除。综上，一审判决认定华通公司关于其享有任意合同解除权的诉讼请求不能成立，并无不当。

关于华通公司替中泰信公司垫付3.3亿余元款项的认定。《补充协议（二）》约定"3. 为保证片区项目顺利实施，甲乙双方应片区内部分企业要求，签署关于片区土地整理工作的《会议纪要》"，对《会议纪要》的签订背景进行了说明。《会议纪要》第二条、第三条约定"……搬迁企业将项目地块具备拆迁条件的土地及房屋交付土地前期整理单位后15日内，华通公司向搬迁企业支付新评估价总额的20%""……由中泰信公司向华通公司支付利息（按华通公司同期融资利率计算利息）"。在二审庭审中，华通公司陈述将相关款项打入双方当事人共管账户是其自主意思表示，该款项用于案涉土地整理工作，未被挪用或作他用。故华通公司根据案涉土地整理项目推进的需要，垫付行为系双方协商的结果，华通公司就垫资问题可以另行主张权利。华通公司以中泰信公司未全面履行合同义务，不能实现合同目的为由，主张解除案涉系列合同，不具事实和法律依据，原审法院认定华通公司以其垫付补偿费用为由主张中泰信公司严重违约的主张不成立，并无不当。

关于中泰信公司是否伪造华通公司公章及法人章致使合同目的无法实现。华通公司虽提交公安机关已就《储备土地交接单（A）》上加盖的公章、法人代表章与公安备案印章印模不是同一印章盖印立案侦查的相关文件，证明该刑事犯罪案件尚未结束，但并未提交充分有效的证据证明系中泰信公司所为，亦未能指出《储备土地交接单（A）》存在任何与事实严重不符的虚假内容，其该项主张，最高人民法院不予支持。青岛市人民政府于2018年8月10日作出青政地字〔2018〕63号征地（使用、划拨）批件，同意将案涉项目地块国有建设用地使用权收回、纳入储备并依法供地。《储备土地交接单（A）》中记载的交接时间为2018年9月20日，晚于青政地字〔2018〕63号征地（使用、划拨）批件的作出时间，故其不影响认定案涉地块已经具备交付条件。华通公司主张案涉土地整理项目未完成，中泰信公司违反《合同法》第七条，进而请求解除案涉系列合同，不予支持。另外，华通公司主张本案应当中止审理，但未提交充分的证据证明上述刑事侦查与本案的关联性，不予支持。

在二审庭审中，华通公司申请法院就青岛市市北区人民政府、青岛市自然资源和规划局、青岛市土地储备整理中心存档的《关于宜阳路片区土地出让期间增补产业引进条件的函》及该函相关的会议纪要、决议、申请文件等调查取证，或出具律师调查令，因华通公司未对不能自行收集上述证据的客观原因进行合理说明，二审庭审时亦陈述其可以去调取政府相关部门留存的《储备土地交接单（A）》等材料，故其申请不符合《最高人民法院关于适用〈中华人民共和国民事诉讼法〉的解释》第九十四条的规定，不予准许。

综上所述，根据华通公司发布的招标公告、中标通知书，及与中泰信公司签订的《土地开发整理协议书》等系列合同，中标单位中泰信公司的合同义务为完成青岛市宜阳路片区的土地整理工作，现案涉地块已被青岛市人民政府收储，中泰信公司已完成了其土地整理的有关工作，履行了合同的主要义务。在此情况下，华通公司主张解除案涉合同，拒绝履行合同义务，并主张继续履行将导致国有资产流失等不良后果，不具事实和法律依据，原审法院判决《解除合同通知书》无效，华通公司应继续履行相关协议约定的权利义务并无不当。

综上，华通公司的上诉请求不能成立，应予驳回；一审判决认定事实清楚，适用法律正确，应予维持。依照《中华人民共和国民事诉讼法》第一百七十条第一款第一项规定，判决如下：

驳回上诉，维持原判。

二审案件受理费1541800元，由华通公司负担。

六、本案解析

（一）委托合同任意解除权的相关学说

1. 委托合同的起源及一般特征

有关委托合同的法律规定最早可以追溯到古巴比伦时期的《汉谟拉比法典》，而其任意解除权制度则起源于罗马法，主要表现为合同当事人可以单方面撤销委托合同，即"一个已合法实行的委托，如果在事情尚未变化时被撤销则丧失其效力"①。早期罗马法认为，因为委托具有帮助之意，故为与涉及金钱的租赁、借贷等法律关系相区分，委托合同应具有无偿性。直到18世纪晚期，委托合同才突破了无偿性原则，可以由当事人自主约定酬金作为劳务付出的对价。在当代域外法中，承认无偿合同的当事人享有任意解除权是各国通行的做法，如《德国民法典》规定委托合同应为无偿合同，如若是有偿合同，则需归到雇佣、承揽等有偿事务中去；《法国民法典》虽未否认委托合同可以为有偿合同，但"除另有约定外，委托

---

① ［古罗马］盖尤斯：《法学阶梯》，徐国栋译，中国政法大学出版社2000年版，第256页。

无报酬"的规定体现了该法系以无偿性为委托合同一般特征的立法思想；在日本社会中，虽然有偿委托合同已日益成为普遍存在的委托合同类型，但日本民法仍以无偿为原则，有较深影响的日本学者广中俊雄亦认为，只有无偿性的委托行为才能证成任意解除权。

2. 委托合同任意解除权的合理性

考虑到一直以来委托合同以无偿性为一般原则，以有偿性为例外的立法思想，赋予委托合同当事人以任意解除权主要是基于以下三方面因素：一是从委托合同主体角度出发，充分考虑委托人与受托人间的信赖关系是否稳定。无论委托人与受托人是否熟识，委托人将委托事务交由受托人处理都意味着委托人对受托人主体资质、行事能力的信任，而受托人接受委托，特别是无法在无偿合同中获取相应劳务报酬时仍然处理委托事务，同样意味着受托人具有为实现委托人利益而奔波的自愿。一旦这样的信赖基础丧失，即使尚未出现违约情形，继续将委托人和受托人限制在委托合同关系之中也不利于委托事务的继续履行，有悖于委托人以及受托人与对方建立关系的初衷。因此，有必要赋予双方当事人随时解除委托合同的权利，以便当事人在信赖基础丧失时可以通过行使任意解除权从合同关系脱离出来。二是从委托合同客体角度出发，充分考虑委托合同履行是否出现不确定性。委托合同以继续性合同居多，与租赁合同、借贷合同等合同客体及处理事务较为稳定的继续性合同不同，委托合同客体及处理事务可能随着时间变化而与合同订立时的状态发生改变，如受不动产政策调控影响，某地房地产市场热度下降，实时房价在较长一段时间内处于下降趋势，而某委托销售不动产合同的委托费用却随着委托时间的延长而增加，这时合同履行已产生了超过当事人预见或者不符合当事人签订合同意图的情况，超出了"契约严守"所要求的合同义务范围，应当赋予合同当事人任意解除权。三是从经济效率角度出发，充分实现劳务资源的自由流动。法律在对社会资源进行分配调整的过程中，应当尊重合同领域的经济效率。当委托合同难以按照预期目的继续履行时，为帮助委托人另行寻找他人接续处理委托事务，发挥受托人本应有的能力价值，赋予双方任意解除权，有助于促进劳务资源的自由流动，从而实现社会资源的高效调配。

其他合同纠纷

3. 我国法律相关规定

我国关于委托合同任意解除权的法律规定最早出现在《合同法》中，该法第四百一十条规定："委托人或者受托人可以随时解除委托合同。因解除合同给对方造成损失的，除不可归责于该当事人的事由以外，应当赔偿损失。"司法实践中与解除委托合同有关的案件和纠纷，一般都会涉及对第四百一十条条文内容的理解与适用。由于该条文规定的任意解除权行使条件及相应后果过于模糊，缺乏统一的裁判标准，导致产生了诸多争议和讨论，如委托合同任意解除权能否被约定排除，损失范围是否包括可得利益损失等。随着我国市场经济的发展和服务机构的专业化、职业化，还有一种观点的呼声也越来越高，就是对有偿委托合同当事人的任意解除权应予以适当限制，这主要是考虑到有偿委托合同双方当事人之间不仅存在人身信赖关系，还可能具有利益关系，即委托合同可能系为委托人与受托人的共同利益而设立，而且当前我国有偿商业委托合同日益增多，为防止一方当事人恶意解除委托合同导致另一方当事人利益受损，应当对行使任意解除权的条件予以适当限制。

基于上述背景和司法实践需求，我国在编纂《民法典》时对委托合同任意解除权的有关规定予以细化，《民法典》第九百三十三条规定："委托人或者受托人可以随时解除委托合同。因解除合同造成对方损失的，除不可归责于该当事人的事由外，无偿委托合同的解除方应当赔偿因解除时间不当造成的直接损失，有偿委托合同的解除方应当赔偿对方的直接损失和合同履行后可以获得的利益。"该条文在《合同法》第四百一十条的基础上，进一步细化了任意解除权行使后的赔偿范围，将原"应当赔偿损失"修改为"无偿委托合同的解除方应当赔偿因解除时间不当造成的直接损失，有偿委托合同的解除方应当赔偿对方的直接损失和合同履行后可以获得的利益"。通过这一修改变化可以发现，我国立法对于委托合同任意解除权逐渐发展出了以委托合同有偿性和无偿性作为区分，由合同当事人承担不同解除后果的规定，且有偿委托合同的解除方所承担责任应重于无偿委托合同解除方，这也契合有偿委托合同当事人间存在商业利益的内在逻辑。

(二) 限制具有委托合同性质的有偿合同当事人任意解除权的考量因素

如前所述，由于有偿性委托合同可能不再仅是为实现委托人利益而设立，委托人与受托人之间除信赖关系外有了更多的共同利益"牵绊"，如若允许一方当事人无条件利用任意解除权随时终止有偿委托合同，可能会对经济秩序造成更多不良影响，与任意解除权的设立初衷背道而驰。同时，随着经济活动日益复杂和多样化，很多具有委托合同性质的有偿合同还杂糅了其他不同类型合同的特征，难以将双方当事人直接定义为单纯的委托合同关系。因此，在有偿性委托合同任意解除权已经被限制的情况下，人民法院在审理仅具有委托合同性质的有偿合同当事人主张适用任意解除权解除合同的案件时，更不能将该合同直接等同于委托合同，机械适用《民法典》第九百三十三条规定直接予以解除，而是要充分结合具体案情，研判双方当事人的权利义务，从而判定合同当事人能否参照适用任意解除权。下面，本文将结合案例从以下几方面分析限制任意解除权行使的考量因素。

1. 合同性质

合同双方当事人行使任意解除权的根本前提是该合同系委托合同。合同性质必须根据合同双方当事人所约定的权利义务内容来确定，并非包含"委托"字样的合同都是委托合同。当某一合同内容中既包含委托合同字样又隐含其他合同内容时，需要依据双方当事人的主要权利义务判断合同性质。例如，某合同明确约定委托人将不动产交由受托人经营，经营收益和风险均由受托人承担，受托人需向委托人支付固定金额的"投资回报"，根据双方当事人的主要权利义务可以看出，尽管合同文本采用"委托人""受托人"定义双方当事人身份地位，但实质上是受托人使用委托人的不动产从事自己的生产经营活动，并向委托人定期支付租金，不符合受托人处理委托人事务并获取相应报酬的委托合同特征，应认定该合同为租赁合同，并依照租赁合同相关法律进行审理。而某合同明确约定委托人将不动产交由受托人经营，经营收益和风险均由委托人承担，委托人支付一定的

其他合同纠纷

报酬给受托人的，则该合同内容符合委托合同的典型特征，可以认定为委托合同。根据《合同法》《民法典》的有关规定，委托合同区别于其他合同的典型特征可以大致归纳为以下几点：一是委托合同内容。委托合同系委托人和受托人约定，由受托人处理委托人事务的合同。受托人应当按照委托人的指示处理委托事务。二是委托人承担处理委托事务的费用。委托人应当预付处理委托事务的费用。受托人为处理委托事务垫付的必要费用，委托人应当偿还该费用并支付利息。三是受托人有权获取相应报酬。受托人完成委托事务的，委托人应当按照约定向其支付报酬。四是委托人和受托人均有法定的承担赔偿责任情形。

本案中，华通公司与中泰信公司就案涉地块土地整理工作签订了《土地开发整理协议书》，该协议书"鉴于"等部分的合同条款称，"甲方（华通公司）愿意将项目地块土地整理工作委托给乙方（中泰信公司）办理。乙方愿意受托承接甲方土地整理工作，负责项目地块土地整理事宜。"据此，华通公司在提起本案诉讼时主张，案涉协议条款已明确体现土地整理工作系华通公司委托给中泰信公司处理，华通公司与中泰信公司间应形成委托合同关系，故华通公司有权行使任意解除权解除案涉协议。但最高人民法院经审理认为，案涉协议不具有典型的委托合同性质。比对前述委托合同典型特征，以下几点原因可以证成最高人民法院的判定。一是费用承担方面，在土地开发整理过程中，系由中泰信公司与待整理地块内第三方签订协议并承担搬迁费用，对于华通公司在先期土地整理工作中已支付的费用，亦需中泰信公司承担，这不符合委托合同中由委托人承担处理委托事务费用的特征。二是法律责任承担方面，案涉协议约定，中泰信公司承接后发生的土地整理相关纠纷，与华通公司无关；甲方（华通公司）不对乙方（中泰信公司）的行为承担法律责任，这不符合委托合同中委托人与受托人的法定责任情形。三是获取报酬方面，案涉协议特别强调，甲方（华通公司）不对本协议项下的任何收益或第三方责任提供承诺或保证，没有义务向乙方（中泰信公司）支付任何款项，这不符合委托合同中委托人应向受托人支付相应报酬的义务特征。四是具体事务处理要求上，中泰信公司也并非按照华通公司的指示处理案涉地块土地整理工作，而是按照市政府确定的企业搬迁等相关政策予以推进。综合上述几点原因可以认定,案涉《土地开发整理协议书》中虽有"委托"字样,但并不具有委托合同的典型特征及性质,因此华通公司行使任意解除权的合同基础并不充分。

需要注意的是,关于案涉《土地开发整理协议书》的效力问题,根据案涉协议及其相关补充协议等系列协议,案涉地块土地整理工作的主要内容为征收搬迁与补偿,而华通公司作为经青岛市国土局确认的土地整理单位,房屋征收实施单位与房屋征收部门间存在着行政委托关系,理应亲自处理委托事务,华通公司与中泰信公司另行签订《土地开发整理协议书》,法无明文规定,华通公司和中泰信公司所形成的法律关系亦非合同法上典型的有名合同性质。但是,考虑到该协议书已经过公开招投标并报青岛市搬迁办备案,华通公司亦向青岛市有关行政主管部门就中泰信公司系华通公司于2015年7月通过公开招投标确定的案涉项目地块土地整理具体实施单位,负责案涉片区土地整理相关事宜等情况出具《证明》,且青岛市人民政府已同意收储案涉土地,故应视为该行为已经得到行政机关的认可,《土地开发整理协议书》中涉及商业经济关系部分内容,系民事主体平等协商而达成,属于民事案件受理范围,案涉《土地开发整理协议书》及相关补充协议合法有效。

2. 合同履行

参照《民法典》第五百六十三条,合同法定解除情形主要包括:因不可抗力致使不能实现合同目的;在履行期限届满前,当事人一方明确表示或者以自己的行为表明不履行主要债务;当事人一方迟延履行主要债务,经催告后在合理期限内仍未履行;当事人一方迟延履行债务或者有其他违约行为致使不能实现合同目的;法律规定的其他情形。由此可见,无论合同性质具体表现为何,合同能否得到继续履行,合同目的能否得以实现,是判断能否法定解除合同的根本标准。由于仅具有委托合同性质的有偿合同当事人间的信赖关系更加趋弱,法律对合同的一般规定对于处理此类合同纠纷更具有指导意义,故当事人能否行使任意解除权,还需要考虑合同履行情况这一因素。当合同规定的义务已大部分履行完毕,主张解除合同方不能举证证明相对方不履行合同主要债务的，没有导致合同目的不能实现情况发生的状态及行为时，一般应当限制当事人适用任意解除权解除该合同。

就本案而言，根据案涉《土地开发整理协议书》及相关补充协议约定可以得出，该土地整理工作的最终目的是使案涉地块上的企业、居民等搬迁完毕，达到被人民政府收储的净地状态。根据相关证据，中泰信公司已经实际完成土地整理工作，青岛市有关政府机关同意将案涉项目地块国有建设用地使用权收回、纳入储备并依法供地，并向华通公司支付了前期土地整理工作投入的费用，中泰信公司依约履行了相应义务。所以，在合同已基本履行完毕，合同目的能够得以实现的情况下，案涉协议不存在得以被解除的必要性和正当性。华通公司以某证据涉嫌伪造为由叫停案涉地块招拍挂进程，进而主张合同目的不能实现，缺乏事实和法律依据。

同时，本案合同内容土地整理工作也具有特殊性，需谨慎评估解除合同所造成的不利影响。一般来说，土地整理是一项长期性的艰巨任务，广泛涉及行政主管部门及农业、城建、道路和基层政府等部门间的协调问题，对增加土地的经济产出、调整土地的占有与分配关系、改善生态环境条件等都有益处；① 根据《国有土地上房屋征收与补偿条例》等规定，实施单位可以承担征收与补偿的具体工作，但土地整理项目单个资金需求体量大，以四川为例，中大型项目投资规模可达5亿元以上，② 前期成本投入巨大；而通过土地出让所产生的收益需在土地征收完成后，先返回到政府账户，再由政府分配给实施单位，资金回笼及回报周期更长。根据本案查明事实，本案土地整理工作自相关协议签订到案涉地块国有建设用地使用权收回、纳入储备并依法供地经过了3年时间，其间，土地整理中涉及的企业搬迁及居民补偿等均是由中泰信公司垫付，而中泰信公司获取相应利益需等到项目地块土地招拍挂后，且华通公司提起本案诉讼时土地招拍挂程序已被叫停，由此可见，中泰信公司作为具体实施单位承担了较大的

---

① 刘能胜等：《我国土地整理的特点与未来展望》，载《农村经济与科技》2010年第21卷第5期。
② 李挺：《土地整理行业研究：特点、环境及竞争主体》，载《商》2013年第15期。

风险和不确定性,相比于华通公司在整体工作中的角色及获取收益,不考虑中泰信公司已付出的成本及潜在风险即随意解除案涉合同,对中泰信公司而言是一种事实上的不公平。

另外,案涉《土地开发整理协议书》"三、关联事项安排"中的第4项项目开发内容、2016年8月16日《补充协议》正文第二条、2018年2月24日《补充协议二》正文第一条显示,待项目地块土地招拍挂后,对于政府返还的片区土地收益部分,中泰信公司与华通公司系按照一定比例分得。这意味着,与有偿性委托合同中受托人为委托人的利益处理委托事务并取得对应报酬不同的是,中泰信公司将通过案涉土地整理工作与华通公司共同获取项目本身带来的收益,而不仅是获得劳务报酬。从比较法上看,当存在"受托人利益"时,委托人也不得任意解除合同;① 当委托代理是为了委托人与代理人的共同利益时,只有双方一致同意才能解除合同。② 单纯的报酬请求权不构成"受托人利益"。案涉《土地开发整理协议书》及其相关协议系为华通公司、中泰信公司的共同利益所设立,华通公司不具有单方任意解除案涉合同的权利基础。

3. 社会公共利益和第三人利益

当事人签订合同、履行合同不仅会使当事人自身权利义务发生变化,如设定负担、发生物权变动等,同时基于合同内容和性质,也可能会对社会公共利益、公共秩序及第三人权益产生影响。尤其因履行某一合同约定需要与合同外的第三方形成新的权利义务关系时,该合同的存续与否自然关涉第三方法律关系的稳定,应当尽量避免因基础合同的解除、无效、中止、终止导致第三方利益处于不确定状态情况的发生。虽然债的相对性原理一般可以阻却上述现象发生,但土地整理权涉及征收、补偿主体资格的合法性问题,对公共利益和被征收人利益影响甚巨,不可不慎。

就本案所涉合同内容而言,土地整理工作本身就与地方经济发展、区域土地利用规划密切相关。所谓土地整理业务,是指土地整理实施单位以

---

① 崔建远等:《委托合同的任意解除权及其限制——"上海盘起诉盘起工业案"判决的评释》,载《法学研究》2008年第6期。

② 武腾:《委托合同任意解除与违约责任》,载《现代法学》2020年第42卷第2期。

其他合同纠纷

"三通一平""五通一平"或者"七通一平"等方式,通过拆迁、征收、补偿等多步骤,使规划地块达到土地开发计划标准,从而提高土地利用效率和使用收益,实现土地资源的合理配置。在相关工作推进过程中,中泰信公司已经进行了征收搬迁与补偿,以及土地评估、围挡施工、房屋拆除、地块测绘、树木移植及清除等多项工作,与第三方签订了《土地评估业务约定书》《宜阳路项目用地围挡施工合同》《市北区宜阳路拆迁片区房屋拆除工程施工合同》《示范区特选树移植及园区树木清除工程施工合同》等合同并支付了相关款项。一旦《土地开发整理协议书》及相关补充协议被解除,则中泰信公司依据其在基础合同中所享有的职权而与第三方从事的合同行为将处于不确定状态,无论是对第三方个体利益的实现,还是土地整理工作本身都将产生不利影响。同时,根据2016年8月16日《补充协议》第七条约定,中泰信公司可能于后期按照相关法律规定取得项目土地开发权,参与土地开发相关工作,从长远经济发展的角度考虑,亦应审慎对待合同解除问题。

(执笔人:万 挺 马 冉)

149. 四川省攀化科技有限公司诉攀钢集团有限公司合同纠纷案案例分析[*]

> 政府行为如果不构成不能预见、不能避免并不能克服的客观情况，不能认定为不可抗力

【裁判摘要】

审判实践中，判断政府行为是否构成不可抗力，应当看两个方面：一是政府行为是否属于不能预见、不能避免并不能克服的客观情况；二是政府行为是否确实对合同的履行产生了实质影响。只有符合上述两个条件，才能认定政府行为构成不可抗力。情势变更本质是使当事人享有请求变更或解除合同的请求权，同时授予法院公平裁量权。情势变更并非法定免责事由，合同一方当事人认为构成情势变更，在不能与合同相对方协商解除合同的情况下，应当请求人民法院变更或解除合同，由人民法院裁量决定是否准许，而不能在单方擅自终止合同后，以构成情势变更为由要求免除其违约责任。

---

[*] 摘自《商事审判指导》2018年第2辑（总第47辑），人民法院出版社2019年版，第92~104页。

一、当事人基本信息

原告（一审反诉被告、二审上诉人、被申请人）：四川省攀化科技有限公司（以下简称攀化公司）。

被告（一审反诉原告、二审上诉人、再审申请人）：攀钢集团有限公司（以下简称攀钢公司）。

二、简要案情

2006年6月29日，攀化公司与攀枝花钢铁有限责任公司（攀枝花钢铁有限责任公司后来被攀钢公司整体吸收合并，该公司所有债权债务由攀钢公司承接）签订了《硫酸与废酸处理项目合作总协议》（以下简称《合作总协议》），约定："乙方（攀化公司）独立建设硫磺制酸装置、废酸浓缩装置及浓缩后硫酸综合利用装置。乙方利用废酸浓缩技术全部处理甲方4万吨/年钛白粉生产所产生废酸的前提下，甲方（攀枝花钢铁有限责任公司）4万吨/年钛白粉生产所需的全部93%浓度硫酸由乙方供给，乙方硫酸装置所副产的2.4Mpa、330℃中压过热蒸汽全部供甲方有偿使用，同时甲方对乙方废酸浓缩处理给予合理补偿。……四、建设场地。1.乙方硫磺制酸装置、废酸浓缩主装置及浓缩后硫酸综合利用装置等主生产厂房建设场地选址在甲方钛白粉厂一平台预留地内，占地约12000m²。甲方将该占用场地转让给乙方使用，并保证不因甲方设施原因影响该宗地的安全；在乙方废酸浓缩装置建成投用后一年内、废酸浓缩技术指标达到本协议第八条第3款约定的质量指标要求和第九条约定的环保责任要求后，双方再办理土地转让手续，届时土地转让价格以有资质的土地评估机构的评估价为准，办理手续过程中所需费用由双方各负担50%。……十二、违约责任及赔偿。3.乙方不能保证对甲方4万吨/年钛白粉生产所产生的废酸全部浓缩处理，甲方有权终止本合作协议并由乙方赔偿甲方由此造成的经济损失及违约金，违约金为上一年交易总金额的40%。……11.甲、乙双方无故终止本协议，以及甲乙双方未履行本协议所有条款，视为违约，由责任方赔偿由此带来的经济损失及违约金，违约金为上一年交易总金额的40%。

十三、合作年限。本次合作总协议合作年限为15年。……"《合作总协议》签订后,攀化公司开始建设一期年产10万吨硫磺制酸、15万吨废酸浓缩生产线,于2007年2月完成建设并经环保部门验收监测合格。2011年1月,攀化公司建成钛白废酸浓缩回收生产技术改造项目二期生产线,并随后通过环保监测验收,双方持续履行《合作总协议》。2013年6月18日,钛业公司(即攀枝花钢铁有限责任公司具体执行《合作总协议》的实体)向攀化公司发出了《关于终止〈硫酸与废酸处理项目合作总协议〉的函》,载明:"按照攀钢公司与攀枝花市政府签订的《攀枝花市2013年环保工作目标责任书》的要求,我公司钛白粉厂'2013年6月启动方案,2015年2月前关停'。我公司积极响应攀枝花市委、市政府的号召,决定从2013年7月1日起停止钛白粉厂生产并启动相应搬迁工作。这一决定将导致我们双方于2006年9月19日签订的《硫酸与废酸处理项目合作总协议》及其后续签订的相关协议、合同将从2013年7月1日起无法继续履行。为此,特通知贵公司,于2013年7月1日解除我们双方于2006年9月19日签订的《硫酸与废酸处理项目合作总协议》及其后续签订的相关协议、合同,前述合同解除后未履行部分终止执行。"2013年7月12日,攀化公司向钛业公司发出回复函,载明:"由于硫酸及废酸处理生产设备长时间停用会带来不可逆转的损害,因此不能长期停产。建议双方对6年多的合作进行总结,可以对总协议的相关条款进行修改、补充、完善。但我公司不同意贵公司单方面终止总协议。"2014年1月20日,钛业公司与攀化公司签订《钛太白粉厂停产前与攀化科技公司相关经营结算协议》,载明:"双方对钛白粉厂停产前发生的所有经营业务进行了清理,并就如何妥善处理这些问题进行了认真协商谈判,现达成以下协议:一、……6. 关于废酸浓缩补偿费的结算,根据原相关协议约定,在全部处理钛白粉厂产生的20%废酸的前提下,需按处理的废酸量支付废酸浓缩补偿费50元/吨(不含税)。但在实际运行过程中,因双方对废酸浓缩的连续稳定运行均有责任,经双方协商,同意按40元/吨(不含税)的价格进行废酸浓缩补偿费的结算。……8. 攀化公司向钛白粉厂借柴油6.84吨,双方商定,由攀化公司以实物方式归还到钛业公司指定地点。……10. 攀化公司应支付钛

其他合同纠纷

业公司的其他相关费用7万元（含税），在此结算中一并处理。……"2014年3月10日，攀化公司致函攀枝花钢铁有限责任公司，要求赔偿损失并承担违约责任。但因无法就损失赔偿问题达成一致，双方遂起纠纷。

（1）2014年3月8日，四川中意资产评估事务所（普通合伙）出具川中意评报字（2014）第4002号《资产评估报告》，评估对象为攀化公司部分存货及固定资产价值；评估范围为攀化公司的部分存货及固定资产；评估结论为：评估前账面资产总计2685.12万元，评估价值3044.65万元，评估增值359.53万元，增值率13.39%。（2）2010年4月9日、2011年3月8日、2012年4月24日，四川永道合会计师事务所有限责任公司分别出具《审计报告》，反映攀化公司2010年的净利润为2072756.98元，2011年为3928282.53元，2012年为5017447.30元。该三年的平均净利润为3672828.94元。（3）《合作总协议》终止，攀化公司停产后，至攀化公司与其职工解除劳动合同时，攀化公司支付职工薪酬、社保费用合计1179874.69元；2015年2月6日至15日，攀化公司与其职工解除劳动合同，为此支付解除劳动合同的赔偿金657872.98元；现留守人员每月的工资、福利为61085.57元。（4）2012年度，攀化公司向攀钢公司出具增值税发票总额共计71091901.22元。（5）攀化公司在与攀钢公司合作期间向钛白粉厂借柴油6.84吨尚未归还。（6）攀化公司应另行向钛业公司支付其他相关费用70000元（含税）。（7）攀化公司与钛业公司签订的《钛白粉厂固定资产有偿使用合同》于2013年12月31日期限届满。（8）攀钢集团钒钛资源股份有限公司缴纳了2006年至2014年川国用（2007）第00414号国有土地使用权的土地使用税。

其他事实：（1）攀枝花市人民政府办公室曾于2012年7月23日印发《金沙江攀枝花市城区段沿江环境综合整治实施方案》（以下简称《环境综合整治实施方案》）。其中（附件1）东区沿江环境综合整治目标任务分解表第16项，要求攀枝花市东区人民政府对攀化公司等企业在2014年6月实施整合搬迁，攀钢公司在2013年6月"制定完善攀钢钛白粉厂搬迁、攀钢尾矿库闭库实施方案。"（2）攀钢公司于2013年3月29日与攀枝花市人民政府签订《2013年环境保护工作目标责任书》，其中第一条第二款为：

"完成2013年-2014年创国家环保模范城市重点攻坚项目（见附件）"附件6载明"攀钢钛白粉厂技改搬迁项目"，"2013年6月制定方案并启动实施，2015年2月关停现有老厂"。（3）攀枝花钢铁有限责任公司于2007年4月17日作出决定，撤销攀枝花钢铁有限责任公司钛业分公司，将其资产重组注入攀钢集团钛业有限责任公司。攀钢集团钛业有限责任公司是攀枝花钢铁有限责任公司一方《合作总协议》的实际执行人。（4）攀枝花钢铁有限责任公司已被攀钢公司整体吸收合并，该公司所有债权债务由攀钢公司承接。2014年9月24日，攀枝花市工商行政管理局准予攀枝花钢铁有限责任公司注销。（5）攀钢集团钛业公司钛白粉厂已于2013年7月1日全面停产。

攀化公司诉至法院，请求判令：（1）解除双方所签《合作总协议》；（2）攀钢公司赔偿损失61666876.19元（其中投资损失30446500元，可得利益损失29382631.52元，其他损失1837747.67元）；（3）攀钢公司给付违约金28436760元；（4）攀钢公司按每月61085.57元支付自2014年3月起至争议处理完毕期间留守人员工资及福利。

攀钢公司辩称，（1）同意攀化公司第一项诉讼请求；（2）攀化公司不存在投资损失，且应由政府补偿其损失；（3）钛业公司解除合同是不可抗力，不应承担违约责任；（4）攀化公司的留守人员系为攀化公司工作，应由攀化公司自行承担费用。

攀钢公司反诉称，（1）攀化公司违约，应承担违约金并赔偿损失。攀化公司只建成了硫磺制酸装置、废酸浓缩装置，未建设浓缩后硫酸综合利用装置。废酸浓缩装置处理能力没有达到每年30万吨的要求。攀化公司存在明显的违约行为；（2）根据双方签订的《钛白粉厂停产前与攀化科技公司相关经营结算协议》，攀化公司应归还柴油6.84吨，支付其他费用7万元；（3）因约定的转让条件未成就，未办理转让手续，攀化公司借用攀钢公司场地12000平方米长达8年时间。土地使用税一直由攀钢公司先行向税务部门缴纳，攀化公司应向攀钢公司支付土地使用税96万元；（4）攀化公司租用部分房屋于2013年12月31日到期，其应于2014年1月1日将房屋腾退给攀钢公司。攀钢公司反诉请求判令：（1）攀化公司承担违约

责任,赔偿攀钢公司经济损失 108511043 元,并按经济损失的 30% 支付违约金 32553313 元,合计 141064356 元;(2)攀化公司归还柴油 6.84 吨,支付其他费用 7 万元;(3)攀化公司支付应承担的土地使用税 96 万元,并腾退占用的房屋等固定资产。

攀化公司辩称,(1)攀化公司认可攀钢公司反诉请求第三项中的应归还柴油 6.84 吨以及房屋的退腾,但主张尚有 10 余万元前期应付款项未领取,在结账时可一并扣减;(2)房屋可随时办理交接;(3)其余反诉请求事项不能成立。

三、裁判结果

本案的焦点是攀钢公司单方终止《合作总协议》是否需要承担违约责任,关键在于案涉攀枝花市人民政府行为是否属于不可抗力因素或情势变更。

一审法院认为,攀枝花钢铁有限责任公司与攀化公司签订的《合作总协议》及其他合同或协议,均系合法有效合同。对于攀钢公司的主体资格问题。攀钢公司兼并攀枝花钢铁有限责任公司后,本案的诉讼及实体权利义务均应由攀钢公司享有并承接。对于本诉,一审法院认为 2013 年 7 月 1 日至 2014 年 6 月期间,案涉政府行为并不必然导致攀钢公司需要终止《合作总协议》的履行,不构成不可抗力,不能免责;对攀化公司的损失部分予以支持,对相关损失计算截至 2014 年 6 月;攀钢公司构成违约,酌情确定违约金。对于反诉,一审法院认为攀化公司不存在违约,也不需要支付违约金;攀钢公司未能证明因攀化公司而遭受损失;攀钢公司在本案中向攀化公司主张土地使用税缺乏合同约定及法律依据;对于攀钢公司反诉要求攀化公司归还柴油、返还房屋、支付其他款项的问题。攀化公司已作认可,应予以确认。

一审法院于 2015 年 11 月 24 日作出判决,判令:一、解除攀枝花钢铁有限责任公司与攀化公司签订的《合作总协议》;二、攀钢公司于本判决生效后 15 日内向攀化公司赔偿损失合计 5510575.96 元;三、攀钢公司于本判决生效后 15 日内向攀化公司支付违约金 1653172.79 元;四、攀钢公司从 2014 年 3 月起至 2014 年 6 月止，向攀化公司支付每月 61085.57 元的留守人员工资及福利损失；五、攀化公司于本判决生效后 15 日内向攀钢公司归还柴油 6.84 吨及所占用的房屋和资产；六、攀化公司于本判决生效后 15 日内向攀钢公司支付其他费用 7 万元；七、驳回攀化公司的其他本诉诉讼请求；八、驳回攀钢公司的其他反诉诉讼请求。

攀化公司、攀钢公司不服一审判决，向二审法院提起上诉。

二审法院认为，（1）案涉攀枝花市政府行为不具有强制执行力，不构成不能预见、不能克服、不能避免的不可抗力，攀钢公司单方终止《合作总协议》，属于单方意志下的行为，不能免责，且不局限于 2013 年 7 月 1 日至 2014 年 6 月期间，一审认定相关损失的计算截至 2014 年 6 月，无事实和法律依据，二审法院予以纠正；（2）对于攀化公司因《合作总协议》解除而造成的损失，二审法院根据查明的事实并综合考量后，对一审法院的认定金额进行了调整；（3）攀钢公司主张攀化公司在履行协议过程中存在违约，应赔偿其损失并承担相应违约金，因攀钢公司证据不充分，二审法院不予支持；（4）攀钢公司上诉主张攀化公司支付土地使用税 96 万元，有悖于双方对相互之间履约行为的共同认可，二审法院不予支持。

二审法院于 2016 年 8 月 31 日作出判决，判令：一、维持（2014）攀民初字第 107 号民事判决第一项、第五项、第六项、第八项；二、变更（2014）攀民初字第 107 号民事判决第二项为：攀钢公司于本判决生效后 15 日内向攀化公司赔偿损失合计 29441471.23 元；三、变更（2014）攀民初字第 107 号民事判决第三项为：攀钢公司于本判决生效后 15 日内向攀化公司支付违约金 100 万元；四、撤销（2014）攀民初字第 107 号民事判决第四项、第七项；五、攀钢公司于判决生效后 15 日内向攀化公司赔偿从 2014 年 7 月起至判决生效之日止的留守人员工资及福利损失，按每月 2 万元标准计算；六、驳回攀化公司的其他诉讼请求。

攀钢公司向最高人民法院申请再审称，原审判决认定政府行为无行政强制力缺乏证据支持，认定攀钢公司对于《合作总协议》解除负有过错，并进而判令攀钢公司承担违约责任，系法律适用错误。（1）原审判决未对政府所发系列文件及相关指令是否具有行政强制力进行调查，径行认定政

其他合同纠纷

府行为无行政强制力,与客观事实相悖。(2)政府行为系《合作总协议》继续履行的客观障碍,攀钢公司对协议解除无过错。该政府行为即使不构成合同履行中的不可抗力,也应属于情势变更,攀钢公司基于政府要求解除《合作总协议》,不应承担违约责任。(3)攀化公司明知停产所致损失应向政府寻求补偿,曾多次向攀钢公司提出协助请求,其未能与政府协商达成补偿方案与攀钢公司无关,亦无权向攀钢公司主张违约责任。(4)攀化公司实际使用攀钢公司土地用于自身经营,相应用地成本应由其自行负担,攀钢公司作为土地使用权人代缴上述费用后,攀化公司应予以返还。

攀化公司辩称,(1)本案本诉部分的争议焦点是攀钢公司单方解除合同的行为是否存在可以免责的事由。攀钢公司所谓的政府行为要成为其解除合同的抗辩事由,首先要证明政府要求的搬迁必然会导致双方合同的解除或终止。企业搬迁与解除所签订合同之间不存在必然的因果关系。搬迁只会导致企业生产经营的暂时中止,不是企业最终消灭。搬迁后如果存在合同继续履行的条件,合同还可以继续履行。即使所谓的政府行为真的能够构成终止合同的原因,根据法律关系相对性原则,攀钢公司在承担本案责任后,也完全可以通过对攀枝花市政府行使追索权而让权益得到充分救济。(2)攀枝花市政府发布的《环境综合整治实施方案》不具有行政行为的属性特征,只是作了工作部署,实际上至今仍停留在文件层面上,根本没有实施。(3)攀钢公司终止合同是出于自身独立意志的行为,不是所谓政府意志干预或参与的结果。攀钢公司单方终止合同的行为不但违反了合同约定,也违反了法律规定,理应承担违约责任。(4)政府行为也不构成合同的情势变更。(5)从本案反诉来看,攀钢公司既不能充分列举攀化公司违约的证据,也不能充分列举其因攀化公司的行为遭受损失的证据,根本无法支撑其反诉请求。综上,攀钢公司的再审申请缺乏事实与法律依据,请求予以驳回。

最高人民法院再审审查认为,本案申请再审的焦点有四:一是攀钢公司解除《合作总协议》是否因不可抗力或情势变更,能否免除责任;二是攀化公司是否存在违约行为,是否应当赔偿攀钢公司损失并承担违约金;三是攀化公司是否应向攀钢公司支付土地使用税;四是攀钢公司是否提供了足以推翻原判决的新证据。

1. 关于攀钢公司解除《合作总协议》是否因不可抗力或情势变更，能否免除责任的问题。首先，关于是否构成不可抗力而免责的问题。《中华人民共和国合同法》（以下简称《合同法》）第一百一十七条规定："因不可抗力不能履行合同的，根据不可抗力的影响，部分或者全部免除责任，但法律另有规定的除外。当事人迟延履行后发生不可抗力的，不能免除责任。本法所称不可抗力，是指不能预见、不能避免并不能克服的客观情况。"本案中，攀枝花市人民政府办公室发布《环境综合整治实施方案》，其中要求攀钢公司在2013年6月"制定完善攀钢钛白粉厂搬迁、攀钢尾矿库闭库实施方案"。攀钢公司与攀枝花市人民政府签订《2013年环境保护工作目标责任书》的附件6载明"攀钢钛白粉厂技改搬迁项目""2013年6月制定方案并启动实施，2015年2月关停现有老厂"。从上述文件来看，攀枝花市人民政府为实现城市环境综合整治总体目标，要求攀钢集团在全市环境综合整治总体目标的前提下，制定企业自身的技改搬迁方案。从目标责任书来看，攀钢公司的攀钢钛白粉厂技改搬迁的实施步骤应当是：（1）制定方案；（2）方案启动实施；（3）关停老厂。其中方案的制定应当包括搬迁选址、搬迁补偿、人员安置、政府补偿等具体问题，上述方案制定的过程需要攀钢公司与政府的协商、攀钢公司与合作企业包括攀化公司的协商等。攀钢公司没有举示证据证明其按目标责任书的要求于2013年6月制定完善了相应的搬迁实施方案，而是于2013年7月1日直接全面关停钛白粉厂，导致双方《合作总协议》事实上终止。这与政府文件、目标责任书的要求并不相符，也不属于不能预见、不能避免并不能克服的客观情况，应当认定为攀钢集团单方擅自终止合同。因此攀钢公司关于解除《合作总协议》是因政府行为，属于不可抗力，应免除责任的主张没有事实与法律依据，不予支持。其次，关于是否构成情势变更而免责的问题。《最高人民法院关于适用〈中华人民共和国合同法〉若干问题的解释（二）》第二十六条规定："合同成立以后客观情况发生了当事人在订立合同时无法预见的、非不可抗力造成的不属于商业风险的重大变化，继续履行合同对于一方当事人明显不公平或者不能实现合同目的，当事人请求人

其他合同纠纷

民法院变更或者解除合同的，人民法院应当根据公平原则，并结合案件的实际情况确定是否变更或者解除。"本案中，攀钢公司没有举示证据证明继续履行合同会对其显失公平或存在不能实现合同目的情形。攀钢公司在知晓《环境综合整治实施方案》以及签订目标责任书后，并未援引该情势变更条款要求人民法院变更或解除合同，一审、二审过程中攀钢公司也未提出情势变更的请求。况且，即使攀钢公司认为构成情势变更，在不能与合同相对方协商解除合同的情况下，也应该请求人民法院变更或解除合同，由人民法院根据实际情况确定是否准许，而不是在攀钢公司单方解除合同之后免除其违约责任。因此攀钢公司关于政府行为属于合同履行中的情势变更，应当免除责任的主张没有事实与法律依据，不予支持。

2. 攀化公司是否存在违约行为，是否应当赔偿攀钢公司损失并承担违约金。根据查明事实，攀化公司已实际建成两条废酸浓缩生产线，且经环保部门监测验收合格。攀枝花市环保局委托检测机构检测后认为，攀化公司所建废酸浓缩生产线能够满足处理钛白粉厂生产所产生废酸的能力。2014年1月20日双方签订的《钛白粉厂停产前与攀化科技公司相关经营结算协议》第一条第六项约定："根据原相关协议约定，在全部处理钛白粉厂产生的20%废酸的前提下，需按处理的废酸量支付废酸浓缩补偿费50元/吨（不含税）。但在实际运行过程中，因双方对废酸浓缩的连续稳定运行均有责任，经双方协商，同意按40元/吨（不含税）的价格进行废酸浓缩补偿费的结算。"第二条约定："自本次协议生效后，双方在钛白粉厂停产前的相关业务结算已处理完毕。"上述协议并没有提到因攀化公司原因未完全处理攀钢公司钛白粉厂所提供的废酸，相反证明了双方对废酸浓缩的连续稳定运行均有责任，双方对该责任的承担方式协商一致为降低废酸浓缩补偿费，现在双方就废酸浓缩补偿费的结算已经完毕，并已履行。攀钢公司未举示充分证据证明攀化公司未完全处理攀钢公司钛白粉厂所提供的废酸，构成违约，因此其关于攀化公司承担违约责任，赔偿损失并支付违约金的主张没有事实和法律依据，不予支持。

3. 攀化公司是否应向攀钢公司支付土地使用税。《合作总协议》第四条第一项约定，攀化公司相关生产装置的厂房建设场地选址在攀钢公司钛白粉厂预留地内，攀钢公司将该占用场地转让给攀化公司使用，同时约定在达到一定要求后，双方再办理土地转让手续。攀钢公司是该地登记的土地使用权人，为城镇土地使用税的纳税人，应当依法缴纳土地使用税。双方协议中并未约定由攀化公司自行承担所占用土地的土地使用税。在持续几年的履约过程中，双方亦未就攀化公司所占用场地的土地使用税承担问题作出任何约定，且攀钢公司在实际承担土地使用税后也未向攀化公司主张支付该款。因此，攀钢公司主张由攀化公司支付土地使用税96万元无事实或法律依据，原审判决不予支持并无不当。

4. 攀钢公司是否提供了足以推翻原判决的新证据。首先，从证据提供的时间来看，除了第九项、第十项证据是产生于二审判决之后，其他证据均在之前已经产生，而攀钢公司在一审、二审过程中均未提供。其次，攀钢公司在再审审理举示一系列证据拟证明攀钢公司钛白粉厂搬迁系政府系列文件的要求，构成《合作总协议》继续履行的客观障碍，属不可抗力，攀钢公司应免除责任。但从证据内容来看，证据所涉政府文件所用词语均类似"按沿江环境综合整治实施方案要求……研究制定整合搬迁政策"等，并无强制攀钢公司解除合同的具体决定或指令，且攀钢公司至今仍未完成钛白粉厂的搬迁工作。故攀钢公司所称解除《合作总协议》系因不可抗力，应免除责任的理由不能成立。攀钢公司再审提供的证据不属于民事诉讼法中规定的新证据。最终，最高人民法院裁定驳回攀钢公司的再审申请。

四、法律分析

本案的争议焦点在于案涉政府行为是否属于不可抗力或者情势变更，攀钢公司是否可以免责。实践中常将政府行为作为不可抗力的一种情形，当事人多有主张，但本案的处理结果有其特殊性，对司法实践具有重要意义，有必要结合案情进行详细的分析梳理，具体如下。

（一）政府行为是否构成不可抗力

攀钢公司再审提出，其解除《合作总协议》是因政府行为属于不可抗

力，应当免除其违约责任。

合同解除分为法定解除和约定解除两种情形。合同当事人行使解除权的法定事由主要是发生不可抗力或一方违约致使合同履行成为不必要或不可能。本案中，攀钢公司主张解除《合作总协议》是因为不可抗力即《合同法》第九十四条规定的法定解除情形之一。我国现行法律对哪些情况构成影响合同履行的不可抗力，没有具体的规定。从司法实践来看，不可抗力，是指不能预见、不能避免并不能克服的客观情况，一般如自然灾害、战争、社会异常情况、政府行为等事由。由于不可抗力的发生对合同履行的影响力有大有小，有暂时性影响与不可恢复的影响之分，因此《合同法》第一百一十七条明确规定："因不可抗力不能履行合同的，根据不可抗力的影响，部分或者全部免除责任，但法律另有规定的除外。当事人迟延履行后发生不可抗力的，不能免除责任。"

攀钢公司主张其解除《合作总协议》是因政府行为，构成不可抗力，应当免责。关于政府行为是否构成不可抗力，要具体问题具体分析，不能一概而论。判断政府行为是否构成不可抗力，应当看两个方面：一是政府行为是否属于不能预见、不能避免并不能克服的客观情况；二是政府行为是否确实对合同的履行产生了实质影响。

本案中，攀枝花市人民政府为实现城市环境综合整治总体目标，要求攀钢集团在全市环境综合整治总体目标的前提下，制定企业自身的技改搬迁方案。从方案的制定到最终实施搬迁完毕，有一定的过程，攀钢公司应当是可以预见的。攀钢公司在制定搬迁方案时，可以与攀化公司协商如何继续履行合同，如果确实存在履行困难，则应当进一步协商补偿事宜，因此本案不属于不能避免并不能克服的客观情况。攀钢公司有充足的时间制定搬迁方案，妥善解决与合作方包括攀化公司之间的合同履行问题，保障合同的后续履行，案涉政府行为并未实质性地阻碍合同的继续履行。攀钢公司在合同尚有可能继续履行的情况下，未积极采取相应措施，而是直接全面关停钛白粉厂，导致双方《合作总协议》事实上终止，这显然不属于不可抗力，应当认定为攀钢公司单方擅自终止合同。因此攀钢公司关于解除《合作总协议》是因政府行为，属于不可抗力，应免除违约责任的主张没有事实与法律依据，不予支持。

（二）政府行为是否构成情势变更

《最高人民法院关于适用〈中华人民共和国合同法〉若干问题的解释（二）》第二十六条规定："合同成立以后客观情况发生了当事人在订立合同时无法预见的、非不可抗力造成的不属于商业风险的重大变化，继续履行合同对于一方当事人明显不公平或者不能实现合同目的，当事人请求人民法院变更或者解除合同的，人民法院应当根据公平原则，并结合案件的实际情况确定是否变更或者解除。"情势变更不同于不可抗力的履行不能，情势变更是可以继续履行，只是继续履行十分困难并导致明显不公平或者不能实现合同目的的后果。情势变更不是法定免责事由，其本质是使当事人享有请求变更或解除合同的请求权，同时授予法院公平裁量权。情势变更发生后，应先由双方当事人协商解决，如果协商不成，则必须由当事人向人民法院或仲裁机构申请予以裁定是否变更或解除合同。未经人民法院或仲裁机构裁定，一方或双方当事人不得自行变更或解除合同。

本案中，攀钢公司没有举示证据证明继续履行合同会对其显失公平或存在不能实现合同目的的情形。况且，攀钢公司在知晓《环境综合整治实施方案》以及签订目标责任书后，并未援引该情势变更条款请求人民法院变更或解除合同。即使攀钢公司认为构成情势变更，在不能与合同相对方协商解除合同的情况下，也应该请求人民法院变更或解除合同，由人民法院根据实际情况确定是否准许，而不是在攀钢公司单方擅自解除合同之后免除其违约责任。因此攀钢公司关于政府行为属于合同履行中的情势变更，应当免除责任的主张没有事实与法律依据，不能成立。

（三）土地使用税缴纳主体的确定

根据《中华人民共和国城镇土地使用税暂行条例》第二条第一款规定："在城市、县城、建制镇、工矿区范围内使用土地的单位和个人，为城镇土地使用税（以下简称土地使用税）的纳税人，应当依照本条例的规定缴纳土地使用税。"上述条文中规定的使用土地的单位和个人，除法律、

法规另有规定的外,应当是指土地权属证上登记的使用权人。本案中,攀钢公司是案涉土地权属证上登记的使用权人,为城镇土地使用税的纳税人,应当依法缴纳土地使用税。至于攀钢公司将案涉土地交由攀化公司实际使用,有关土地使用税款是否应由攀化公司实际负担或者攀化公司是否应就土地使用税款给予攀钢公司相应补偿,则取决于双方之间的约定。根据双方签订的《合作总协议》第四条第一项约定,攀化公司相关生产装置的厂房建设场地选址在攀钢公司钛白粉厂预留地内,攀钢公司将该占用场地转让给攀化公司使用,同时约定在达到一定要求后,双方再办理土地转让手续。双方并未约定由攀化公司承担所占用土地的土地使用税。在持续几年的履约过程中,双方亦未就攀化公司所占用场地的土地使用税承担问题作出任何约定,且攀钢公司在实际承担土地使用税后也未向攀化公司主张支付该款。因此,攀钢公司主张由攀化公司支付土地使用税96万元无事实和法律依据,不应支持。

(执笔人:潘勇锋、周媛媛)

> 当事人就房屋拆迁补偿问题已经达成补偿协议的，属于平等民事主体之间民事纠纷范畴

150. 再审申请人王为平、王彬、王挺、王浩怡与被申请人广深港客运专线有限责任公司合同纠纷案[*]

最高人民法院民事判决书

（2016）最高法民再 428 号

再审申请人（一审原告、二审被上诉人）：王为平，男，1956 年 9 月 16 日出生，汉族，住广东省深圳市宝安区观澜大和。

再审申请人（一审原告、二审被上诉人）：王彬，男，1984 年 6 月 25 日出生，汉族，住广东省深圳市罗湖区太白路 4012 号松泉山庄 3 栋 701。

再审申请人（一审原告、二审被上诉人）：王挺，男，1988 年 7 月 14 日出生，汉族，住北京市东城区建国门北大街 9 号。

再审申请人（一审原告、二审被上诉人）：王浩怡，

---

[*] 摘自《商事审判指导》2018 年第 2 辑（总第 47 辑），人民法院出版社 2019 年版，第 155~175 页。

女,1996年5月21日出生,汉族,住广东省深圳市龙岗区中心城九州家园7-A0201。

以上再审申请人共同委托诉讼代理人:江晓丹,广东卓效律师事务所律师。

以上再审申请人共同委托诉讼代理人:刘莉,广东卓效律师事务所律师。

被申请人(一审被告、二审上诉人):广深港客运专线有限责任公司,住所地广东省广州市天河区珠江新城金穗路6-20号星汇国际大厦19层。

法定代表人:王刚,该公司董事长。

委托诉讼代理人:钟国才,广东南国德赛律师事务所律师。

委托诉讼代理人:何铭华,广东南国德赛律师事务所律师。

再审申请人王为平、王彬、王挺、王浩怡因与被申请人广深港客运专线有限责任公司(以下简称广深港公司)合同纠纷一案,不服广东省高级人民法院(2014)粤高法民一终字第57号民事判决、(2014)粤高法民一终字第57号民事裁定,向本院申请再审。本院于2016年10月19日作出(2016)最高法民申1456号、(2016)最高法民申1595号民事裁定,提审本案。本院依法组成合议庭,开庭审理了本案。再审申请人王为平和再审申请人王为平、王彬、王挺、王浩怡的委托诉讼代理人刘莉、被申请人广深港公司的委托诉讼代理人钟国才、何铭华到庭参加诉讼。本案现已审理终结。

王为平、王彬、王挺、王浩怡申请再审称:

1. 本案的民事争议不属于行政裁决事项,原裁判适用法律错误。(1)依照《城市房屋拆迁管理条例》的规定,行政机关对拆迁补偿争议进行裁决的前提是,行政机关作出了拆迁许可和拆迁决定且拆迁人与被拆迁人不能达成协议。而在本案中,深圳市人民政府(以下简称深圳市政府)及相关部门只是基于广深港公司的委托而与王为平、王为官协商了补偿事宜,并未作出任何行政许可和行政决定。本案的民事争议并非由行政决定所引发,不属于行政裁决事项。(2)《城市房屋拆迁管理条例》已于2011年1月21日废止,生效裁判适用已废止的行政法规进行程序性裁判,明显属于适用法律错误。(3) 双方存在民事争议，人民法院应予实体审理。本案的基本事实流程为：王为平、王为官合法使用相关土地从事采矿作业，并预期土地平整后取得开发收益；广深港公司在缺乏规划等手续的情况下在上述土地范围内修建铁路，双方就土地利用形成相邻关系；王为平、王为官合法经营的深圳市祝龙田股份合作公司水田石矿场（以下简称水田石矿场）基于危险防范的原因而不能继续营业；王为平、王为官发生损失：原投入的生产线、房产失去价值、利润无法实现、需安置员工；广深港公司委托深圳市政府与王为平、王为官进行协商，并在双方在场情况下达成补偿方案；广深港公司按方案补偿了固定资产损失，补偿方案其他内容因客观原因无法履行；王为平、王为官就未能履行部分要求以货币替代履行，广深港公司拒绝；王为平、王为官以侵权为诉因起诉。上述事实流程表明双方存在相邻关系和补偿合同关系共两种法律关系，其中相邻关系是基础关系，补偿合同是基于相邻关系而订立的。本案争议属于人民法院受理民事案件范围。

2. 广深港公司应赔偿王为平、王彬、王挺、王浩怡的营业损失和员工安置费。(1) 根据深圳市政府办公厅〔2004〕491号会议纪要、深圳市国土资源和房产管理局（以下简称深圳市国土房管局）〔2005〕459号复函和〔2008〕853号请示函等证据，水田石矿场不属于广东省人民政府（以下简称广东省政府）规定的应于2005年12月底到期关闭的年产30万立方米以下的中小石场，与水田石矿场情况相同的其他10家石场都至少经营到2006年年底（根据补充证据，实际正常经营到2008年中）。水田石矿场提前停业并且无法通过招拍挂延续经营的唯一原因就是与广深港公司铁路建设发生冲突。因此，应按照水田石矿场的实际产量判令广深港公司赔偿王为平、王彬、王挺、王浩怡的营业损失。(2) 员工遣散与安置费构成王为平、王彬、王挺、王浩怡的损失，且双方此前已达成按劳动保障法有关规定予以补偿的合意，广深港公司应予以补偿。

综上，请求：(1) 撤销广东省高级人民法院 (2014) 粤高法民一终字第57号民事裁定；(2) 撤销广东省高级人民法院 (2014) 粤高法民一终字第57号民事判决第二项；(3) 改判广深港公司赔偿经营损失和员工误

其他合同纠纷

工及遣散费。

广深港公司辩称：1. 水田石矿场被关闭与广深港公司的案涉行为没有因果关系。我国实行"采矿权许可"制度，任何一个矿区，任何一个采矿权人，都明白和必须需要承担采矿权到期后的商业风险，没有哪个法律规定采矿权到期不续要对原采矿权人进行补偿。本案中，水田采矿区域作为年采15万立方米的中小型矿区，根据广东省政府2003年7月15日《关于做好全省采石场整治和复绿工作的通知》以及深圳市政府《关于采石取土场整治复绿工作有关问题的会议纪要》等文件的规定，在2005年12月31日前该区域必然停止经营，此后也必须通过招投标重新确定采矿权人，王为平、王为官不享有必然的采矿权，到期关闭本身就是王为平、王为官的商业风险，广深港公司建设铁路只是与其关停时间交叉十几天，但其将不能继续获得采矿权的原因全部归结于广深港公司。并且根据王为平、王为官与深圳市政府签订的《采石取土及环境治理协议书》，到期后有关的设施设备、建筑物、土地等本来也应该由"水田采矿企业"自行拆迁或无偿移交政府部门。

2. 即便认定因果关系，水田石矿场的损失远无这么多。退一万步讲，即使按王为平、王彬、王挺、王浩怡主张水田石矿场在2005年12月中参加政府部门关于铁路建设会议后就自行停止经营，也仅仅提前了十几天停止经营，仅涉及十几天的可得利润，不可能存在设施设备、建筑物、土地、员工误工及遣散费等所谓财产损失，王为平、王彬、王挺、王浩怡目前的请求属于超额重复要求。

3. 本案纠纷从根本上是由政府部门主持对王为平、王为官提出的所谓补偿进行谈判而引发的争议，如果不考虑政府命令色彩的主导协调，对于王为平、王为官的诉求根本不应予以考虑，最多也仅是补偿十几天的经营损失，根本不会出现几千万元的不合理补偿。广深港公司没有关停的行政权，王为平、王彬、王挺、王浩怡应当向深圳市政府主张诉求。

4. 《备忘录》不是补偿协议。本案纠纷中，双方并未达成任何有关补偿或赔偿的协议，无广深港公司参与的《备忘录》不是补偿协议。

5. 侵权行为不成立。本案应当为侵权纠纷，从侵权构成要件分析，不具有违法性、不具有损害事实、不具有因果关系，根本不应当赔偿。本案中，设计单位根据《铁路运输安全保护条例》的规定履行职责发函沟通关闭采石区域的行为，不具有违法性，且采石区域与水田石矿场是两个概念。证据显示根据广东省政府及深圳市政府文件规定到期关闭是必然结果，其停止经营也是必然结果，亦与铁路建设不存在因果关系。根据《采石取土及环境治理协议书》，水田石矿场关闭后，有关的设施设备、建筑物、土地等本来也应该由"水田采矿企业"自行拆迁或无偿移交政府部门，不存在所谓损害事实。

6. 关于王为平、王为官一审具体诉请的意见。（1）关于第一项主张"停止侵害、恢复经营"的诉请。30万立方米以上的采矿权许可权限属于广东省政府，广深港公司没有行政职权。（2）关于第二项主张"支付拖欠的生产线补偿费954.68万元"及第四项主张"赔偿经营损失14378万元"、第六项主张"赔偿员工误工及遣散费648万元"的诉请。①根据广东省政府及深圳市政府的文件，采矿权在2005年12月底到期重新公开招标是必然结果，且2005年12月之后的采矿权许可权限在广东省政府，水田石矿场也知悉其必须在2005年12月31日前停止开采的规定，原购置的生产设备属于其此前经营过程的正常开支，也属于采矿企业在采矿期满后的正常商业风险和成本，不存在扩大设备损失及继续经营的损失，该请求不应予以支持。并且，根据《采石取土及环境治理协议书》的约定，有关设施设备、建筑物、土地的处理均早已确定，本来就应该由"水田采矿企业"自行拆迁或无偿移交政府部门，不存在补偿的可能。②对于所谓的2年半开采期经营损失问题，广深港公司既无批准延续开采的行政职权，亦从未签署或追认任何关于此问题的文件，并且也不符合广东省政府的规定。③超过批准的15万立方米开采量属于刑事犯罪，不能支持违法所得。深圳市征地拆迁办公室2009年7月27日《水田石矿场经营损失补偿谈判纪要》（〔2009〕13号），其中第四点第二款第3项明确"谁也没有答应水田石矿场新增设备和生产线……如果超过原来采矿许可证规定的每年15万方，则必须获得批准才能扩大规模进行开采，否则按规定需要进行处罚……要没收违法所得，并处10万元罚款。如果按违法的开采量来补偿，没

其他合同纠纷

有人敢决定……"④王为平、王彬、王挺、王浩怡主张的6000万元土地开发损失赔偿与本案毫无关联,应予驳回。⑤2005年12月31日停止经营是其提前知道的必然结果,其应当自行承担经营风险,其中就包括可能产生的所谓员工遣散费等企业解散的费用。而王为平、王彬、王挺、王浩怡所称的员工误工7个月,则毫无依据,王为平、王彬、王挺、王浩怡竟然声称"被告要求原告尽快恢复生产",更是没有事实依据。而且,王为平、王彬、王挺、王浩怡所主张的有关误工费和遣散费,均仅仅是其在理论上计算的数据,王为平、王彬、王挺、王浩怡根本没有证据证明其已实际支付上述款项,可见其主张也没有事实依据。(3)关于王为平、王彬、王挺、王浩怡第三项及第五项和第七项主张利息损失的诉请没有依据。

王为平、王为官向一审法院起诉请求:(1)广深港公司停止侵害,恢复王为平、王为官所有的水田石矿场的经营。(2)广深港公司支付拖欠的生产线补偿费954.68万元。(3)广深港公司赔偿拖欠上述费用的利息损失约229.12万元。(4)广深港公司赔偿经营损失14378万元。(5)广深港公司赔偿拖欠上述费用的利息损失约3450.72万元。(6)广深港公司赔偿员工误工及遣散费648万元。(7)广深港公司赔偿拖欠上述费用的利息损失约155.52万元。(8)诉讼费用由广深港公司承担。

一审法院认定事实:水田石矿场成立于1992年7月4日,之前使用过宝安县石岩镇水田经济发展公司水田村石矿场、深圳市宝安区石岩镇水田经济发展公司水田村石矿场、深圳市祝龙腾经济发展有限公司水田村石矿场等名称。深圳市祝龙田股份合作公司于2011年7月6日出具证明,证实水田石矿场自2003年3月31日起由王为平、王为官投资经营,涉及水田石矿场的权利义务均由王为平、王为官承担。广深港铁路建设致水田石矿场停工事件发生前,水田石矿场的《采矿许可证》有效期限至2005年12月31日。2005年8月13日,深圳市政府发布通告,将水田石矿场所在区域列为"B5限采区",深圳市除确定的限采区以外的区域均为"禁采区"。

2005年12月6日,广深港公司因建设广深港铁路客运专线须穿越水田石矿场,故设计单位铁道第四勘察设计院发函深圳市政府,请求深圳市政府关闭该采石场。深圳市政府随即召开会议,要求深圳市国土房管局落实石场关闭事宜。因时间紧迫，深圳市国土房管局在规划意见不明确的情况下，没有作出关闭决定，而是根据深圳市政府办公会议精神与水田石矿场协商谈判有关关闭补偿事宜，水田石矿场也因此停产。由于水田石矿场停产，王为平、王为官却没有及时拿到预付补偿款，广深港铁路施工队与水田石矿场工人于2006年4月22日和5月17日两次发生冲突事件。

就水田石矿场的停工补偿问题，深圳市政府、深圳市国土房管局、深圳市轨道办等相关管理部门多次组织双方当事人谈判。2006年3月23日，深圳市轨道交通指挥部召开会议，会议决定启动水田石矿场的评估工作，具体由广深港筹备组委托深圳市房地产估价中心进行。

2006年12月28日，深圳市国土房管局主持召开关闭水田石矿场补偿工作协调会，政府相关部门协调双方当事人就以下事项达成一致意见：（1）水田石矿场的生产线、机器及配套设备按残值评估后给予补偿，补偿后由广深港公司负责处理；（2）水田石矿场的专用高压线路及专用道路给予补偿；（3）关于20万平方米用地的填土费用，对于矿区红线范围内的，由广深港公司给予补偿；对于矿区红线范围外的，从深圳市国土基金中支付；（4）水田石矿场原征地青苗费用给予补偿；（5）水田石矿场现有建筑物、构筑物按深圳市政府2004年102号文件转地标准进行补偿，对于矿区红线范围内的，由广深港公司给予补偿；对于矿区红线范围外的，从深圳市国土基金中支付。会议议定由深圳市房地产估价中心按已确定的补偿原则立即开展评估工作，评估过程中尽量照顾水田石矿场的利益，但不能出现重复补偿及违法违纪现象；关于水田石矿场提出的经营损失、看场费及工人遣散费等问题，由深圳市国土房管局宝安分局、地矿处、水田石矿场在五个工作日内提出意见，留待下次会议议定。

2007年3月5日，深圳市政府办公会议确定对于水田石矿场的经营损失要给予适当补偿。2007年6月中旬，广深港公司致函深圳市政府，委托深圳市政府协调办理水田石矿场的补偿事宜。2007年6月19日，深圳市轨道办牵头组织深圳市国土房管局、水田石矿场及广深港公司再次进行谈判，经反复协商，初步达成一致意见并形成一份《备忘录》，内容："一、双方同意按初步评估结果，评估补偿内容包括：1. 生产线、机器及配套设备残值；

2. 专用水电、道路及打炮眼工程；3. 约 20 万平方米填土费；4. 原征地青苗补偿费；5. 现有建筑物、构筑物及附着物残值。二、水田石矿场与水田村经济关系由水田石矿场自行解决。三、按现有三条生产线两年半开采期作为经营损失补偿。四、以上条款经与广深港公司协商达成一致意见后报深圳市政府审定，按审定结果实施。" 2007 年 8 月 7 日，深圳市政府召开轨道交通工作会议，确认了《备忘录》的相关补偿条款。

2007 年 8 月 18 日，深圳市房地产估价中心向委托方广深港公司出具估价报告，根据深圳市政府相关会议确定的补偿原则，评估水田石矿场建筑物、构筑物、填土费、青苗费、生产线及机器设备残值、道路工程费用及机械钻炮眼费用，评估价值合计 59546758 元；关于工人遣散费，估价中心根据水田石矿场提供的 2005 年工资签收表及名单，统计水田石矿场月工资发放金额为 987000 元。

2007 年 9 月 20 日、9 月 21 日、9 月 24 日、11 月 15 日及 11 月 21 日，深圳市政府多次组织包括广深港公司在内的相关当事人召开会议，约定：(1) 由深圳市宝安区人民政府（以下简称宝安区政府）与广深港公司签订水田石矿场、木莲坑石场包干补偿协议。按深圳市政府办公厅会议纪要 2007 年第 571 号文件精神，广深港公司依据深圳市房地产估价中心评估的价格，先支付水田石矿场 70% 生产线、机械设备补偿款及全额的土地、青苗补偿费约 5000 万元给宝安区政府，由宝安区政府按规定支付给水田石矿场。水田及木莲坑石场的剩余补偿费待深圳市审计局政府投资审计专业局（以下简称政府投资审计专业局）审计后，按审计结果进行结算，多退少补。(2) 补偿后水田石矿场的生产线及机械设备使用问题，两年半开采期内由水田石矿场与广深港公司协商解决；两年半开采期结束后，生产线及机械设备的产权归水田石矿场所有。(3) 水田石矿场工人误工及遣散费按劳动保障法有关规定予以补偿。

就《备忘录》约定的"按现有三条生产线两年半开采期作为经营损失补偿"问题，深圳市国土房管局及深圳市政府先后请示广东省国土资源厅和广东省政府，批复不同意水田石矿场延长两年开采期。

2008 年 2 月 3 日，广深港公司根据约定汇款"拆迁补偿费"共计 5000

万元至深圳市宝安区城市轨道交通工作领导小组办公室。2008年2月4日，深圳市宝安区城市轨道交通工作领导小组办公室将该5000万元汇入王为平、王为官担任法定代表人的深圳市东日升实业有限公司。王为平、王为官认可该5000万元已经全部支付给了水田石矿场。

由于广东省国土资源厅和广东省政府批复不同意水田石矿场延长两年开采期，故就经营损失的货币补偿问题，深圳市政府相关部门多次协调双方当事人协商。2009年1月10日，深圳市国土房管局向深圳市政府去函，对该局委托深圳市房地产估价中心有关经营损失及补偿方案的估算进行了说明，并称水田石矿场关闭属于广深港客运专线建设引起，建议补偿款由广深港公司支付。根据深圳市房地产估价中心出具的费用估算，按照水田石矿场生产线一台班8小时，不加班，每年开采石方112.5万立方米，利润按每立方米30元计算，水田石矿场两年的经营纯利润为8578万元。

2011年2月12日，广深港公司致函水田石矿场，表示在深圳市政府有关部门的关心和大力协调下，达成了多项补偿方案，要求以深圳市房地产估价中心出具的估价报告作为参考依据予以补偿；但王为平、王为官认为评估报告书未涉及两年半经营损失及员工遣散费的补偿，需要由政府牵头进一步协商。鉴于广深港公司拒不支付剩余补偿款，王为平、王为官遂向广东省深圳市中级人民法院提起本案诉讼。

一审法院判决：一、广深港公司于判决生效之日起10日内支付王为平、王为官补偿款54410758元；二、驳回王为平、王为官的其他诉讼请求。一审案件受理费1032602元，由王为平、王为官负担526627元，广深港公司负担505975元。

广深港公司不服一审判决，上诉请求：裁定撤销一审判决并发回一审法院重审，或者直接改判驳回被上诉人全部诉讼请求。

二审法院认定事实与一审法院基本一致外，该院另查明，王为官于2014年1月16日逝世，其第一顺位继承人子女王彬、王挺、王浩怡申请参加诉讼，由长子王彬代为行使诉讼权利。二审法院依法变更王彬、王挺、王浩怡为被上诉人参加诉讼。

二审过程中，广深港公司提交证据如下：（1）2007年3月24日深圳

其他合同纠纷

市政府《关于水贝珠宝学校拆迁及水田石矿场补偿有关问题的会议纪要》，证明政府部门指出"水田石矿场的经营损失按采矿许可证年15万立方开采量测算税后利润"。（2）2009年7月27日深圳市征地拆迁办公室〔2009〕13号会议纪要，证明政府部门的意见是"提前15天关闭水田石矿场……并已支付了5000万元的补偿款，政府已经作出了较大的让步。而且，根据调查，水田石矿场存在超范围、超产量开采现象，水田石矿场要见好就收""给水田石矿场继续开采两年半与货币补偿两年半不是一个概念""我们经过现场调查，水田石矿场当时只有两条生产线……水田石矿场一直以来都没有按照三条生产线生产过。另外，从地税和国税部门侧面调查来看，水田石矿场的生产线实际上从没有开足过，专家的意见是三条生产线预计年实际开采量约34万方—85万方，估价中心以前出具的实际年开采量是理想状态下三条生产线的年产量估算""谁也没有答应水田石矿场新增设备和生产线……如果超过原来采矿许可证规定的每年15万方，则必须获得批准才能扩大规模进行开采，否则按规定需要进行处罚……要没收违法所得，并处10万元罚款。如果按违法的开采量来补偿，没有人敢决定"。（3）2014年11月26日深圳市规划和国土资源委员会《市规划国土委关于水田石矿场侵权纠纷案意见的函》，关于水田石矿场地上构建筑物、青苗、生产设备等补偿问题"同时考虑到市政府多次会议纪要及《广深港客运专线项目水田及木莲坑采石场补偿包干协议书》均提出，以政府投资审计专业局审计结果作为补偿结算依据，故建议该项补偿费用以政府投资审计专业局审计结果为准"，证明评估报告需审计后按照审计结果补偿。并反映2008年广东省国土资源厅已经明确不同意延长水田石矿场两年半开采时间的请求。故建议水田石矿场开采经营损失，按照采矿许可证批准的有效期、年开采量15万立方米进行测算。（4）2014年10月24日政府投资审计专业局《关于水田石矿场侵权纠纷案请求市政府对有关问题给予协调和明确的请示》的回复，明确该局将依据《深圳市经济特区政府投资项目审计监督条例》对该项目拆迁补偿事项进行审计。王为平、王彬、王挺、王浩怡认为以上证据不属于新证据，证据内容与过去政府部门的文件相矛盾，证据无原件，真实性无法确认。

另查明，2007年10月17日深圳市政府办公厅571号会议纪要就水田石矿场补偿款支付问题纪要如下：（1）9月底以前，广深港公司与石岩街道办签订付款协议，支付款项，深圳市国土房管局作为见证方。考虑到水田石矿场延长开采期需继续使用生产线及机械设备，因此，支付款项时，其总费用中的生产线及机械设备补偿款暂按70%支付。（2）水田石矿场的工人遣散费按劳动保障法有关规定进行补偿。（3）广深港公司将补偿款支付到石岩街道办事处后，由石岩街道办事处支付给水田石矿场。（4）广深港公司应尽快将评估报告送政府投资审计专业局审计。剩余补偿款待审计后再支付，多退少补。（5）补偿后的生产线及机械设备使用问题，由水田石矿场与广深港公司协商解决。该次会议广深港公司派员参加。

2007年11月15日、21日深圳市政府办公厅召开会议形成2007年650号会议纪要，决定：（1）由宝安区政府与广深港公司签订水田石矿场、木莲坑石场包干补偿协议。按照深圳市政府办公厅会议纪要2007年第571号精神，广深港公司依据房地产估价中心评估的价格，先支付水田石矿场70%生产线、机械设备补偿款及全额的土地、青苗补偿费约5000万元给宝安区政府，由宝安区政府按规定支付给水田石矿场。水田及木莲坑石场的剩余补偿费待政府投资审计专业局审计后，按审计结果进行结算，多退少补。（2）补偿后水田石矿场的生产线及机械设备使用问题，两年半开采期内水田石矿场与广深港公司协商解决；两年半开采期结束后，生产线及机械设备的产权归水田石矿场所有。（3）水田石矿场工人误工及遣散费按劳动保障法有关规定予以补偿。

根据深圳市国土房管局〔2008〕853号《关于广深港客运专线涉及水田石矿场关闭补偿有关问题的请示》，相关内容为"关于水田石矿场的经营损失补偿问题，根据2007年3月5日市政府办公会议精神（2008年市政府办公会议纪要），对水田石矿场经营损失进行适当补偿。谈判的最大分歧是按采矿证批准的年产量15万立方米还是按水田石矿场的实际开采量计算经营损失。当时水田石矿场要求补偿一年多的实际经营损失，年利润按实际年产量210万立方计算，同时要求机械设备及生产线按7700万元进行补偿，否则，不能往水田方向开工。广深港公司和水田石矿场双方无法

达成一致意见""2007年6月中旬,为保证广深港客运专线羊台山隧道往水田方向复工,广深港公司致函市政府,委托市政府办理水田石矿场补偿事宜……经反复协商,市轨道办、我局、水田石矿场初步达成了一致意见并形成了备忘录,同意延长开采两年半作为经营损失补偿……省国土资源厅转达省政府的批复意见,仍不同意水田石矿场延长两年半开采期……我局于2008年7月进行了多次研究,认为重新选取一个石场给水田石矿场继续开采两年半存在很多无法解决的问题"。2009年,深圳市国土房管局致函深圳市政府办公厅,对水田石矿场关闭补偿问题的经营损失问题提出四个补偿方案,此后深圳市政府未对此问题作出最后决定。

二审法院认为,关于广深港公司提出的上诉理由之一,王为平、王彬、王挺、王浩怡的诉讼主体资格是否适格的问题。涉案水田石矿场以深圳市祝龙田股份合作公司名义开办,王为平、王为官是实际的投资经营人,对此深圳市祝龙田股份合作公司已经向一审法院出具证明,并声明涉及水田石矿场权利义务均由王为平、王为官承担,广深港公司认为该声明真实性、合法性存疑,但并未提交证据证明,二审法院维持一审法院关于被上诉人主体适格的认定,对广深港公司该项上诉理由不予采信。

本案是因广深港公司建设铁路客运专线,由政府部门主导关闭王为平、王为官经营的水田石矿场后,双方因补偿问题引发的纠纷,应当参照适用《城市房屋拆迁管理条例》相关法规的规定。根据《最高人民法院关于当事人达不成拆迁补偿安置协议就补偿安置争议提起民事诉讼人民法院应否受理问题的批复》,拆迁人与被拆迁人或者拆迁人、被拆迁人与房屋承租人达不成拆安置补偿协议,就补偿安置争议向人民法院提起民事诉讼的,人民法院不予受理,并告知当事人可以按照《城市房屋拆迁管理条例》第十六条的规定向有关部门申请裁决。本案的关键问题是,就王为平、王为官起诉主张的生产线补偿费、经营损失、员工误工及遣散费,双方是否达成补偿协议。

关于双方争议的经营损失问题。一审法院认为,广深港公司委托深圳市政府相关部门于2007年6月19日与王为平、王为官达成《备忘录》,约定对水田石矿场生产线及机器设备、青苗、建筑物等按评估价值予以补偿，按三条生产线两年半开采期作为经营损失的补偿。经审查，该《备忘录》中"经甲方、乙方双方友好协商，双方就水田石矿场关闭补偿问题达成如下备忘"，其中甲方为深圳市轨道办、深圳市国土房管局，乙方为水田石矿场。广深港公司并非协议当事人一方，《备忘录》约定"以上条款经与广深港公司达成一致意见后报市政府审定，按审定结果实施"，其后也未得到广深港公司认可。一审法院根据该《备忘录》认定双方已经达成协议，缺乏事实依据。

根据深圳市国土房管局〔2008〕853号《关于广深港客运专线涉及水田石矿场关闭补偿有关问题的请示》，相关内容也反映对水田石矿场经营损失进行适当补偿的问题，广深港公司和水田石矿场双方无法达成一致意见。经反复协商，深圳市轨道办、深圳市国土房管局、水田石矿场形成《备忘录》同意延长开采两年半作为经营损失补偿，但未能得到广东省政府同意，深圳市国土房管局则提出重新选取一个石场给水田石矿场继续开采两年半存在很多无法解决的问题。2009年，深圳市国土房管局致函深圳市政府办公厅，对水田石矿场关闭补偿问题的经营损失问题提出四个补偿方案，此后深圳市政府并未对此问题作出最后决定。也可反映，就王为平、王为官主张的水田石矿场经营损失，广深港公司未与王为平、王为官达成一致意见，政府部门对此也未作出定论。

关于水田石矿场关闭造成员工遣散费损失，政府多次会议纪要的内容均要求工人误工及遣散费按劳动保障法有关规定予以补偿，但是就该项费用，也无证据证明广深港公司与王为平、王为官达成了协议。广深港公司委托深圳市房地产估价中心所作的《房地产估价报告》评估范围涵盖员工遣散费，评估结果对此项作出说明："根据《深圳经济特区劳动合同条例》规定，经济补偿金（即遣散费）是根据员工在单位连续工作年限计算，但由于水田石矿场未能提供劳务合同、社保资料、财务凭证和遣散员工的凭证，只提供了2005年部分工资签收表及名单。因此，我中心只能对水田市场提供资料的月工资发放金额进行统计，而无法对遣散费的具体金额进行核算。经统计，水田市场月工资发放金额为987000元。"也即评估报告无法核算出应发遣散费，即使已经确定月工资发放金额，对水田石矿场关闭

其他合同纠纷

造成的员工遣散费应如何赔偿,并无双方协议内容作为依据。

关于生产线补偿费,深圳市政府办公厅2007年第650号会议纪要以及2007年第571号会议纪要要求广深港公司应尽快将评估报告送政府投资审计专业局审计,剩余补偿款待审计后再支付,并明确广深港公司依据深圳市房地产估价中心评估的价格,同时考虑到水田石矿场延长开采需继续使用生产线及机械设备,先支付水田石矿场70%生产线、机械设备补偿款及全额的土地、青苗补偿费约5000万元给宝安区政府,剩余补偿费待政府投资审计专业局审计后,按审计结果进行结算,多退少补。事实上,广深港公司以自己名义委托深圳市房地产估价中心作出评估报告后,也按照会议纪要要求支付5000万元拆迁补偿款给政府部门,由政府部门发放,也以实际行为认可了这一安排。2011年2月12日,广深港公司发函给水田石矿场要求以该评估报告为依据进行补偿。这表明,广深港公司与水田石矿场对于生产线补偿费已经在政府部门主持下达成一致意见。当时政府部门确定对生产线补偿费仅支付部分的原因是考虑到水田石矿场延长开采期将继续使用生产线,但此后延长开采期的做法未得到主管部门许可,无法实现,该阻却条件已经不存在。广深港公司认为评估报告尚未由政府投资审计专业局审计,支付条件也未成就,但根据深圳市政府办公厅2007年第571号会议纪要要求,应当由广深港公司将评估报告送审,该次会议广深港公司也派员参加,广深港公司作为评估报告的委托方,也应当由其将评估报告送审,其未将评估报告送审,是因其自身行为阻却支付条件的成就,故应当视为支付条件已经成就。一审判决由广深港公司按照评估报告支付生产线、机器设备、青苗、建筑物等的剩余补偿款9546758元,是正确的。就王为平、王彬、王挺、王浩怡主张的利息损失部分,因王为平、王彬、王挺、王浩怡未提起上诉,对一审法院驳回该部分诉请的认定,二审法院予以维持。

综上,一审在双方当事人并未就经营损失和员工遣散费补偿达成一致意见的情况下,酌定赔偿一年期间的经营损失,以及按照两个月总工资额发放遣散费,并无法律依据,二审法院予以纠正。就该两笔损失,王为平、王彬、王挺、王浩怡应当向行政管理部门申请裁决,人民法院对此不应作为民事案件受理。对一审判决就机器设备及建筑物等补偿款9546758元所作的判项，二审法院予以确认。

　　二审法院判决：一、撤销广东省深圳市中级人民法院（2011）深中法民一初字第39号民事判决。二、广深港公司于本判决生效之日起10日内向王为平、王彬、王挺、王浩怡支付9546758元。如果未按照该判决指定的期限履行给付金钱义务，应根据《中华人民共和国民事诉讼法》第二百五十三条的规定，加倍支付迟延履行期间的债务利息。本案一审案件受理费1032602元，其中不应受理的诉讼请求已缴的诉讼费939774元由一审法院退回，应收一审案件受理费92828元，由王为平、王彬、王挺、王浩怡负担18009元，广深港公司负担74819元。二审案件受理费1032602元，针对不应受理的诉讼请求提起上诉已缴的诉讼费939774元由二审法院退回，应收二审案件受理费92828元，由广深港公司负担。同时裁定：驳回王为平、王彬、王挺、王浩怡关于经营损失14378万元及利息损失约3450.72万元、员工误工及遣散费648万元及利息损失155.52万元的起诉。

　　对于原审查明的事实，双方当事人均无异议，本院予以确认。

　　本院再审审理过程中，王为平、王彬、王挺、王浩怡提交了三份证据：证据一，《深圳市矿产资源采矿权出让公告》［深矿交告（2008）1号］；证据二，《深圳晚报》2008年5月31日的报道《宝安一矿区开采权7500万被拍走》；证据三，2010年7月5日深圳市矿业权招标拍卖挂牌出让结果公示。该三份证据拟共同证明：对于深圳市保留的12个采矿点，国土部门直至2008年中期才第一次对其中一家启动了采矿权招拍挂程序，2010年才对另一家启动采矿权招拍挂程序，也就是说，除了受到广深港公司铁路修建影响的水田石矿场和木莲坑石场外，其他10家采石场中，有1家经营到2008年中期，有1家经营到2010年并在当年拍得了后续的采矿经营权，其他8家仍在经营。如无广深港公司修建铁路影响，水田石矿场至少可以经营到2008年中期，并可通过参与投标的方式竞得原矿区的采矿权。广深港公司质证称，对三份证据的真实性和合法性没有异议，对关联性有异议：（1）三份文件只能证明2008年和2010年有两个矿区的矿产资

其他合同纠纷

源经过招拍挂的方式出让,但这三份证据不能反映这12个矿区的招拍挂全部情况,也就是说,没有任何的文字可以证明王为平、王彬、王挺、王浩怡关于直到2008年才有第一家矿区进行招拍挂的主张,这组证据不能排除在2006年的时候也可能进行招拍挂的程序。(2)这三份证据不能证明王为平、王彬、王挺、王浩怡能得到两年的采矿权,更不能证明王为平、王彬、王挺、王浩怡能在招拍挂中竞得原矿区的采矿权。事实上,根据王为平、王彬、王挺、王浩怡提供的证据,竞买申请主体资格要求仅有两项:一是从事矿山开发生产经营三年以上;二是企业法人参与竞买的,注册资本不低于人民币1000万元;组织或个人参与竞买的,银行自有资金不低于人民币1000万元。王为平、王彬、王挺、王浩怡未必能在招拍挂程序中竞买得到水田采矿区域的采矿权。本院认证意见:以上三份证据的真实性、合法性,双方均无异议,予以确认;对于证据二,该报道副标题为"我市昨天首次成功拍卖采矿权",主文亦载明:"昨天上午,我市首次成功拍卖出让采矿权。"该报道系刊登于深圳市主流新闻媒体,且广深港公司对此未提出相反证据,因此,该份证据和证据一可以共同证明对于深圳市保留的12个采石场采矿点,深圳市国土房管局直至2008年5月份首次拍卖出让采矿权,对证据一和证据二可以采信。证据三与本案无关联性,不予采信。

本院另查明:深圳市政府办公厅〔2004〕491号会议纪要载明:"关于水田石场治理方案。由于该石场远离城镇,附近无居民生活区、工厂区,且有一定的储量,如继续开采周边影响较小,会议同意水田石场作为我市12个保留的采石点之一。"深圳市国土房管局在2006年5月25日深国房函〔2006〕501号《关于关闭水田和木莲坑采石场有关意见的函》中,提出如下意见:"水田和木莲坑采石场属我市规划保留的12个限采区之一,并由市政府进行了公告。现因重大建设项目的需要关闭该两家采石场,我局建议先由市规划部门按规定办理撤销这2个限采区的相关手续。"深圳市国土房管局在〔2008〕853号《关于广深港客运专线涉及水田石矿场关闭补偿有关问题的请示》处理意见中提出:"广深港客运专线是在开工手续不齐备的情况下开工……水田石场一直比较配合政府的工作,自

2005年12月关闭后,一直到2008年2月才收到预付补偿款,而我市其他类似石场都是整治开采到2006年底。"

深圳市国土房管局深国房函〔2006〕629号《关于广深港客运专线水田采石场征地拆迁工作有关情况的函》中载明:"6月7日,市轨道办正式发函,要求广深港客运专线筹备组在水田石场补偿问题未解决之前,暂停水田石场范围内施工。"

广深港公司委托深圳市房地产估价中心所作的《房地产估价报告》,其中第三部分第一项估价依据中载明"6.《水田石场关闭补偿问题备忘录》(2007年6月19日)"。

本院庭审结束后,广深港公司向本院提交了一份《调查取证申请书》,申请本院依职权向深圳市规划和国土资源委员会调查如下内容:(1)水田采矿区域在2005年12月31日采矿权期满后,是否必然发采矿许可证给水田石矿场;(2)在2005年12月31日之前,水田石矿场是否可以超过许可的年采15万立方米进行开采并获得利益。本院认为,上述广深港公司申请调查收集的证据,对于证明待证事实无意义,无调查收集必要,根据《最高人民法院关于适用〈中华人民共和国民事诉讼法〉若干问题的解释》第九十五条的规定,对广深港公司调查收集证据的申请,本院不予准许。

本院再审认为,本案主要争议焦点:(1)原裁判驳回王为平、王彬、王挺、王浩怡关于经营损失、员工误工及遣散费及利息的起诉,适用法律是否正确。(2)广深港公司是否应对王为平、王彬、王挺、王浩怡因水田石矿场停业产生的经营损失、员工误工费及遣散费及有关利息进行补偿;(3)如果应予补偿,所补偿金额如何确定。

一、原裁判适用法律是否正确的问题

(一)案涉纠纷发生在平等民事主体之间

《中华人民共和国民事诉讼法》第三条规定:"人民法院受理公民之间、法人之间、其他组织之间以及他们相互之间因财产关系和人身关系提起的民事诉讼,适用本法的规定。"本案中,广深港公司修建铁路,其规

其他合同纠纷

划线路需穿越王为平、王为官所投资经营的水田石矿场,采石爆破会给穿越水田石矿场的隧道造成安全隐患,水田石矿场因此而停止经营。广深港公司作为企业法人,其与王为平、王为官系平等民事主体,王为平、王为官向广深港公司主张因水田石矿场停止经营而遭受的损失,该纠纷属于平等民事主体之间的财产纠纷。

广深港公司辩称,本案的根源为水田石矿场关闭,王为平、王彬、王挺、王浩怡应当向深圳市政府主张诉求。本院认为,该主张与事实不符,不能成立。首先,虽然广深港铁路客运专线设计单位铁道第四勘察设计院于2005年12月6日发函深圳市政府,请求关闭水田石矿场,但由于当时广深港铁路客运专线开工手续并不齐备,有关政府部门并未作出征收或关闭决定的行政行为。其次,本案系由深圳市政府协调双方通过谈判解决有关关闭补偿事宜,广深港公司成立后,亦同意上述谈判方式,并于2007年6月中旬致函深圳市政府,委托深圳市政府协调办理水田石矿场的补偿事宜。在整个补偿方案谈判过程中,深圳市政府虽多次组织和协调,但总体上广深港公司和水田石矿场仍处于平等协商的地位,政府部门的组织协调行为并不改变本案纠纷的性质。

(二)案涉纠纷属于基于相邻关系产生的补偿合同纠纷

《中华人民共和国民法通则》第八十三条规定:"不动产的相邻各方,应当按照有利生产、方便生活、团结互助、公平合理的精神,正确处理截水、排水、通行、通风、采光等方面的相邻关系。给相邻方造成妨碍或者损失的,应当停止侵害,排除妨碍,赔偿损失。"《中华人民共和国物权法》第九十二条规定:"不动产权利人因用水、排水、通行、铺设管线等利用相邻不动产的,应当尽量避免对相邻的不动产权利人造成损害;造成损害的,应当给予赔偿。"参照上述规定,广深港公司现早已动工、通车,享受了线路选择、及时开通等方面的便利,而为保证广深港公司的上述便利和安全,水田石矿场被动停业,王为平、王彬、王挺、王浩怡对水田石矿场所享有的权益因此遭受到损害,广深港公司理应给予相应的补偿。

本案双方当事人就补偿问题业已达成了补偿协议,二审裁判认为双方未达成协议错误。首先，深圳市国土房管局深国房函〔2006〕629号文件载明，深圳市轨道办曾于2006年6月7日正式发函要求广深港客运专线筹备组在水田石矿场补偿问题未解决前，暂停水田石矿场范围内施工。2007年6月中旬，广深港公司致函深圳市政府，委托深圳市政府协调办理水田石矿场的补偿事宜。2007年6月19日，深圳市轨道办牵头组织深圳市国土房管局、水田石矿场及广深港公司再次进行谈判，经反复协商，初步达成一致意见并形成一份《备忘录》，其中明确了"按现有三条生产线两年半开采期作为经营损失补偿"。虽然广深港公司并非《备忘录》一方当事人，但广深港公司参加了深圳市政府此后组织的多次会议，这些会议反复明确了"广深港公司必须尽快支付补偿款""按现有三条生产线两年半开采期作为经营损失补偿""广深港公司依据市房地产估价中心评估的价格，先支付水田石矿场70%生产线、机械设备补偿款及全额的土地、青苗补偿费约5000万元给宝安区政府，由宝安区政府按规定支付给水田石矿场"以及"水田石矿场工人误工及遣散费按劳动保障法有关规定予以补偿"等内容，广深港公司均未提出异议，其委托深圳市房地产评估中心进行评估时亦自行提交了《备忘录》和水田石矿场2005年工资签收表及名单等作为评估依据，广深港公司也恢复了案涉线路的施工。广深港客运专线筹备组和广深港公司上述一系列实际行为表明《备忘录》等补偿协议的内容符合广深港公司的真实意思。其次，深圳市政府办公厅2007年第650号会议纪要以及2007年第571号会议纪要要求广深港公司应尽快将评估报告送政府投资审计专业局审计，剩余补偿款待审计后再支付，并明确广深港公司依据深圳市房地产估价中心评估的价格，同时考虑到水田石矿场延长开采需继续使用生产线及机械设备，先支付水田石矿场70%生产线、机械设备补偿款及全额的土地、青苗补偿费约5000万元给宝安区政府，剩余补偿费待政府投资审计专业局审计后，按审计结果进行结算，多退少补。2008年2月3日，广深港公司根据约定汇款"拆迁补偿费"共计5000万元至深圳市宝安区城市轨道交通工作领导小组办公室。2008年2月4日，深圳市宝安区城市轨道交通工作领导小组办公室将该5000万元汇入王为平、王为官担任法定代表人的深圳市东日升实业有限公司，王为平、王为官认可该

5000万元已经全部支付给了水田石矿场。上述行为表明,广深港公司已经实际履行了《备忘录》等补偿协议的部分内容。

综上,可以认定王为平、王为官和广深港公司就补偿问题已经达成了补偿协议,本案属于平等民事主体之间基于相邻关系而产生的补偿合同纠纷,系民事纠纷范畴。原审将本案案由确定为房屋拆迁安置补偿合同纠纷,与当事人之间实际存在的法律关系性质不符,本院予以相应变更。

(三) 原裁判适用法律确有错误

首先,依照《城市房屋拆迁管理条例》的有关规定,城市房屋拆迁流程应为:拆迁单位提出拆迁申请、行政机关审批和发放拆迁许可证、发布拆迁公告、签订拆迁安置补偿协议或由行政机关作出补偿安置裁决、实施房屋拆迁。根据以上拆迁流程,在未达成安置补偿协议的情况下,由于拆迁许可和拆迁决定系由行政机关作出,拆迁权利和搬迁义务亦由行政行为所设定,补偿安置争议由行政行为所引发,该争议与行政行为相伴而生,故《城市房屋拆迁管理条例》和《最高人民法院关于当事人达不成拆迁补偿安置协议就补偿安置争议提起民事诉讼人民法院应否受理问题的批复》规定双方达不成拆迁补偿安置协议的,由当事人申请行政机关裁决。而本案中,深圳市政府及其相关部门虽然在一定程度上介入了双方的纠纷,但其在介入方式上限于受广深港公司的委托而与王为平、王为官协商补偿事宜,在整个补偿方案谈判过程中,政府部门仅仅充当组织者和协调者的角色,并没有实施具体行政行为。因此,本案的民事纠纷并非由行政行为所引发,不具有与行政行为相伴而生的特点,仍属于普通民事案件的范畴,并无适用或参照适用《最高人民法院关于当事人达不成拆迁补偿安置协议就补偿安置争议提起民事诉讼人民法院应否受理问题的批复》和《城市房屋拆迁管理条例》的基础和前提条件。

其次,《城市房屋拆迁管理条例》第十六条规定系程序性规定,2011年1月21日国务院发布《国有土地上房屋征收与补偿条例》,该条例第三十五条规定:"本条例自公布之日起施行。2001年6月13日国务院公布的《城市房屋拆迁管理条例》同时废止……"本案二审裁判作出的时间为

2015年，只能适用裁判作出时有效的程序性规定，二审法院适用已被废止的行政法规中的程序性条款对本案进行裁判，显属适用法律错误。

综上，原裁判认为本案应当参照《城市房屋拆迁管理条例》相关规定，并根据《最高人民法院关于当事人达不成拆迁补偿安置协议就补偿安置争议提起民事诉讼人民法院应否受理问题的批复》的规定，驳回王为平、王彬、王挺、王浩怡关于经营损失、员工误工及遣散费及利息的起诉，与案件性质不符，适用法律确有错误，应予纠正。对王为平、王彬、王挺、王浩怡与广深港公司的该部分纠纷，人民法院应当作为民事纠纷予以审理。

二、广深港公司是否应对王为平、王彬、王挺、王浩怡因水田石矿场停业产生的经营损失、员工误工费及遣散费及有关利息进行补偿的问题

既然广深港公司在线路选择、及时开通等方面已实现了便利和安全，且双方已经达成了补偿协议，广深港公司理应依据补偿协议补偿王为平、王彬、王挺、王浩怡因水田石矿场停止经营所造成的经营损失和员工遣散费等损失。

广深港公司辩称水田石矿场的关闭与广深港公司的案涉行为没有因果关系，理由是根据广东省政府2003年7月15日《关于做好全省采石场整治和复绿工作的通知》以及深圳市政府《关于采石取土场整治复绿工作有关问题的会议纪要》等文件的规定，水田石矿场在2005年12月31日前该区域必然停止经营，即便补偿，最多也仅是补偿十几天的经营损失。本院认为，上述理由不能成立：（1）深圳市国土房管局〔2008〕853号《关于广深港客运专线涉及水田石矿场关闭补偿有关问题的请示》在处理意见中载明："水田石场一直比较配合政府的工作，自2005年12月关闭后，一直到2008年2月才收到预付补偿款，而我市其他类似石场都是整治开采到2006年底。"本院再审查明，深圳市国土房管局直至2008年5月份首次以招拍挂的方式出让采石场采矿权。因此，从深圳市政府部门协调双方谈判的实际情况来看，若非受到广深港公司修建铁路的影响，水田石矿场在

2005年采矿期满后，正常情况下，王为平、王彬、王挺、王浩怡应该能够获得水田石矿场采矿权的延期，并基于其对水田采矿区域情况的熟悉和了解，王为平、王彬、王挺、王浩怡在之后的招拍挂程序中继续取得水田采矿区域的采矿权也是大概率事件。（2）深圳市国土房管局在2006年5月25日深国房函〔2006〕501号《关于关闭水田和木莲坑采石场有关意见的函》中所提关于"水田和木莲坑采石场属我市规划保留的十二个限采区之一，并由市政府进行了公告。现因重大建设项目的需要关闭该两家采石场，我局建议先由市规划部门按规定办理撤销这两个限采区的相关手续"的内容，能够证实水田石矿场停止经营系因广深港公司修建铁路所致，除此之外水田石矿场继续经营并无其他实质性障碍。（3）对于王为平、王彬、王挺、王浩怡能够获得采矿权的延期，以及所遭受的经营损失等事实，广深港公司和深圳市政府部门在《备忘录》等补偿协议中也已经进行了确认。因此，水田石矿场并非自然到期，水田石矿场停止经营与广深港公司修建铁路具有直接因果关系。

此外，《采石取土及环境治理协议书》系王为平、王为官与政府之间签订的，若无广深港公司的影响，水田石矿场在2005年之后继续正常经营具有高度盖然性，即使水田石矿场将来被政府关停，也是建立在水田石矿场继续经营并获利的基础之上。广深港公司根据王为平、王彬、王挺、王浩怡与深圳市政府签订的《采石取土及环境治理协议书》辩称广深港公司无须对水田石矿场进行补偿，缺乏立论基础与事实依据，不能成立。

三、补偿金额如何确定的问题

1. 关于经营损失补偿的问题。王为平、王为官与广深港公司之间已经达成了以《备忘录》为基础的补偿协议，虽然双方对货币补偿金额未能达成新的一致意见，但并不能否定补偿协议中关于经营损失补偿方案的存在。在原约定的水田石矿场经营损失补偿方式不能实现的情况下，从有利于矛盾纠纷的尽快解决和公平合理的角度，应当根据双方此前对水田石矿场的经营损失形成的一致意见，确定货币补偿的合理数额。水田石矿场的采矿许可证虽然载明至2005年12月30日到期，但鉴于深圳市整顿采石场开采直至 2008 年 5 月份才首次以招拍挂的方式出让采石场采矿权等实际情况，《备忘录》中"按现有三条生产线两年半开采期作为经营损失补偿"确定水田石矿场的经营损失，是比较符合实际的。深圳市政府相关职能部门已就经营损失补偿问题委托深圳市房地产评估中心进行了初步估算，估算结果显示按照节假日不开工、一台班 8 小时、不加班的方式计算，水田石矿场每年开采石方 112.5 万立方米，利润按山体石方 30 元/立方米进行估算，水田石矿场实际开采量两年零十五天的经营纯利润为 8578 万元。一审判决认为深圳市房地产估价中心上述估算结论所依据的标准基本合理，并在此基础上，酌定广深港公司补偿水田石矿场一年的经营损失 4289 万元，对过高部分的请求及利息请求不予支持，是公平适当的，本院予以维持。

2. 关于员工误工及遣散费的问题。水田石矿场由于广深港公司修建铁路而停工，工人遣散的相关费用属于必然发生的费用，广深港公司理应予以补偿。双方在深圳市政府多次组织协调下，确定工人误工及遣散费按劳动保障法有关规定予以补偿，广深港公司亦已委托深圳市房地产估价中心对员工遣散费进行了评估。鉴于员工遣散费的具体数额难以核定，王为平、王为官从 2003 年 3 月开始经营水田石矿场至 2005 年 12 月停工，一审法院在深圳市房地产估价中心统计水田石矿场月工资发放金额 987000 元的基础上，酌情判决广深港公司按照两个月的总工资核定员工遣散费 1974000 元，对过高部分的请求及利息请求不予支持，并无不当，本院亦予以维持。

3. 关于生产线、机器设备残值补偿费的问题。《备忘录》中约定对水田石矿场生产线、机器设备残值、青苗、建筑物等按评估价值予以补偿，广深港公司委托深圳市房地产估价中心作出的评估报告载明估值合计 59546758 元。广深港公司已经按照有关会议纪要要求，先支付水田石矿场 70% 生产线、机器设备残值补偿款及全额的青苗、建筑物等补偿费 5000 万元给宝安区政府，现水田石矿场延长开采已无法实现，广深港公司理应继续向水田石矿场支付剩余的补偿款。一审判决广深港公司按照评估报告支付生产线、机器设备残值尚欠补偿款 9546758 元正确，本院亦予以维持。

其他合同纠纷

综上所述，王为平、王彬、王挺、王浩怡关于经营损失、员工误工及遣散费的诉讼请求中的44864000元，具有事实和法律依据，应予支持。二审裁判对王为平、王彬、王挺、王浩怡的该部分诉请驳回起诉，属于适用法律错误，应予撤销。依照《中华人民共和国民事诉讼法》第三条、第一百七十条第一款第二项、第二百零七条第一款之规定，判决如下：

一、撤销广东省高级人民法院（2014）粤高法民一终字第57号民事判决；

二、撤销广东省高级人民法院（2014）粤高法民一终字第57号民事裁定；

三、维持深圳市中级人民法院（2011）深中法民一初字第39号民事判决。

如果未按照本判决指定的期间履行给付金钱义务，应当依照《中华人民共和国民事诉讼法》第二百五十三条之规定，加倍支付迟延履行期间的债务利息。

一审案件受理费按照一审判决执行。二审案件受理费313853元，由广深港客运专线有限责任公司负担。

本判决为终审判决。

审 判 长 李 伟
审 判 员 高晓力
审 判 员 孙祥壮
二〇一七年二月十五日
法官助理 赵 钊
书 记 员 夏士莲

151. 籍祥太与郑权岳、乌兰县符青矿业开发有限责任公司合同纠纷再审案[*]

> 合同由一方当事人书写并签名后交另一方当事人,另一方当事人虽未签名,但不否认合同内容的,应认定合同为双方真实意思表示,合同有效

【裁判摘要】

2011年1月24日的协议,是由郑权岳书写并签名后交给籍祥太持有的。籍祥太虽然没有在该协议上签名,但其并不否认该协议的内容,且在诉讼中依据该协议而主张权利。因此,该协议应认定为双方真实意思表示,合法有效。郑权岳提出的该协议仅为草稿、因籍祥太未签名而未生效等主张,不能成立,本院不予支持。

最高人民法院民事判决书

(2015)民提字第12号

申请再审人(一审原告、二审被上诉人):籍祥太。
委托代理人:李春燕,青海汇元律师事务所律师。

---

[*] 摘自《审判监督指导》2015年第3辑(总第53辑),人民法院出版社2016年版,第143~152页。

其他合同纠纷

委托代理人：刘瑞路，青海汇元律师事务所律师。

被申请人（一审被告、二审上诉人）：郑权岳。

委托代理人：蒋仁华，青海凡圣律师事务所律师。

一审被告：乌兰县符青矿业开发有限责任公司，住所地：青海省乌兰县漠河畜牧场。

法定代表人：韩文书，该公司董事长。

籍祥太因与郑权岳、乌兰县符青矿业开发有限责任公司（以下简称符青公司）合同纠纷一案，不服青海省高级人民法院（2014）青民一终字第12号民事判决，向本院申请再审。本院于2014年11月28日作出（2014）民申字第1714号民事裁定，提审本案。本院依法组成合议庭，公开开庭审理了本案。籍祥太及其委托代理人李春燕、刘瑞路，郑权岳及其委托代理人蒋仁华到庭参加诉讼，一审被告符青公司经本院合法传唤，未到庭参加诉讼。本案现已审理终结。

本院再审查明：2006年1月20日，青海省国土资源厅与符青公司签订《采矿权出让合同》，约定将本案所涉乌兰县阿移项铁矿的采矿权出让给符青公司；采矿权总价款为2788800元，根据《青海省鼓励矿产资源勘查开发若干规定》的规定，该价款在采矿权不发生转让的前提下减缴50%，现应缴价款为1394400元。籍祥太作为符青公司的法定代表人在《采矿权出让合同》上签字，并实际缴纳了采矿权价款1394400元。

符青公司下属有阿移项矿山和莫河选矿厂。2006年6月28日，籍祥太与郑权岳签订《购买阿移项矿山协议》约定：籍祥太以930万元的价格将阿移项矿山转让给郑权岳；在郑权岳支付全部转让价款后，籍祥太将符青公司法定代表人、采矿权证等所有相关证照全部过户到郑权岳名下；已向政府缴纳的采矿权价款139万元由籍祥太承担，如优惠价款，双方各享受50%，如过户需补缴价款，双方各承担50%，但郑权岳承担范围不得超过70万元；莫河选矿厂资产归籍祥太所有，郑权岳在阿移项矿山开采的矿石，保证优先供给籍祥太莫河选矿厂的正常生产，籍祥太收取加工费每吨36元，每月底结账。以上协议签订后，郑权岳付清了阿移项矿山转让款930万元，而双方当事人并未办理符青公司工商登记变更等手续，籍祥太在名义上仍为符青公司法定代表人，但阿移项矿山的经营管理等在实际上全部由郑权岳负责。郑权岳亦按照约定将矿石交由籍祥太经营的莫河选矿厂进行加工。

2010年4月1日,甲方籍祥太与乙方郑权岳签订《还款协议》,其第四条载明:"原阿移项矿山购置协议中约定的由甲方承担的70万元的价款,因阿移项矿山购置款已全部付清,现将此款转入乙方所欠甲方的加工费中由乙方暂时扣除,等到下次阿移项矿山采矿权证延续后,如果上级主管部门未要求缴纳价款,乙方在采矿权证延续取证后的6个月后将此款还给甲方;如果上级主管部门要求缴纳价款,此款应由甲方承担,乙方不必将此款归还给甲方。"

2010年9月29日,籍祥太向郑权岳出具《承诺书》称:"我籍祥太现在符青公司所占有的23%股权,因我转让矿山的款已全部收到,故我现占有的23%股权本应全部转给郑权岳,但由于考虑到资源费、价款等各种原因,所以在工商注册上我现虽然占有公司23%股权,但此23%的股权实属郑权岳所有。现我籍祥太在符青公司实际上不占任何股权。"

2010年10月31日,郑权岳与海南州环发矿业有限责任公司(以下简称环发公司)签订《股权转让合同》约定,郑权岳将符青公司100%的股权和公司全部资产转让给环发公司,转让价款为5500万元。该合同第五条第四项约定:"转让采矿权因符青公司未付清的50%价款由环发公司承担(140万元)。"在该合同上,有符青公司盖章、郑权岳签字,还有环发公司盖章及其法定代表人韩文书签字。

2010年12月6日,青海省国土资源厅向符青公司下发《采矿权价款缴纳通知》称:"因你公司原控股股东发生变更,根据《青海省规范矿产资源勘查开发暂行条例规定》第二十二条规定,你公司需补缴乌兰县阿移项铁矿原享受减缴的1394400元采矿权价款。"2010年12月24日,环发公司以符青公司的名义缴纳了该款。

2011年1月24日,甲方郑权岳和乙方籍祥太就"有关余款及原矿价款"达成《协议》载明:"一、甲方所欠的110万左右的加工款2011年3月底4月初一次付清;二、甲方代给乙方多交的原矿价款70万,经双方商量达成甲方在乙方加工矿石7万吨,价格按每吨41元计算,每年3.5万吨,超出2年时间,甲方按未加工完数补回。"该《协议》由郑权岳书写

并签名后交给籍祥太持有,籍祥太未在该《协议》上签名。2011年3月1日,籍祥太给郑权岳出具《证明》称:"2010~2011年3月,郑权岳在莫河选矿厂矿石加工费,全部结清。"

2013年3月,籍祥太以符青公司和郑权岳为被告,向青海省海西蒙古族藏族自治州中级人民法院提起本案诉讼,称:籍祥太2005年办理采矿证时,政府给予优惠,少收矿价款139万元。籍祥太和郑权岳双方2010年4月1日签订《还款协议》约定,由籍祥太承担的70万元矿价款,转入郑权岳所欠加工费中由郑权岳暂时扣除,等采矿权证延续后,如果政府未要求补交矿价款,郑权岳将此款还给籍祥太。郑权岳以此为借口,扣了籍祥太70万元矿石加工款。2011年1月24日,郑权岳向籍祥太作出了关于70万元的还款承诺。2010年10月31日,郑权岳与环发公司签订股权转让合同,约定后者承担未付清的矿价款140万元,且后者已经交清。但被告仍扣留籍祥太70万元矿价款。故请求判令两被告返还籍祥太矿价款70万元及利息8.4万元。

符青公司未进行答辩。

郑权岳答辩称:(1)2006年7月2日的《股权转让协议》明确约定,只要政府主管部门要求补交矿价款,双方就各自承担一半,现在事实上已经缴清了所有矿价款。该协议中并没有约定在第三方代替缴纳矿价款时籍祥太也享受优惠的内容。即便环发公司韩文书最后补交了所有矿价款,与籍祥太也没有任何关系。郑权岳已经付清了所有的矿石加工费,根本不欠籍祥太70万元矿价款。(2)2011年1月24日的《协议》只是郑权岳拟的草稿,并没有标明甲方乙方和双方签字,该协议未生效。

青海省海西蒙古族藏族自治州中级人民法院一审认为:籍祥太与郑权岳签订的《还款协议》约定,由籍祥太承担的70万元矿价款,转入郑权岳所欠籍祥太的加工费中由郑权岳暂时扣除,如果主管部门要求缴纳价款,此价款应由籍祥太承担,郑权岳不必将此款归还给籍祥太。后因郑权岳以符青公司法定代表人的身份将该公司100%的股权及公司资产转让给环发公司,此矿价款已由环发公司交付。2011年1月24日籍祥太与郑权岳对有关余款及矿价款达成《协议》,该《协议》由郑权岳书写并签字交于籍祥太,双方意思表示真实,内容不违反法律、行政法规的强制性规定,故该《协议》合法有效。郑权岳未完全履行义务,应依照约定对70万元的矿价款按未加工完数补回,据此,籍祥太请求郑权岳返还矿价款70万元的诉求成立,应予支持。2011年1月24日,籍祥太和郑权岳对余款及矿价款达成的协议与符青公司无权利义务关系,且该协议双方约定两年内完成矿石加工,并未约定给付利息,故籍祥太要求符青公司返还矿价款70万元及郑权岳和符青公司承担利息84000元的诉求不能成立,不予支持。该院于2013年11月12日作出(2013)西民一初字第12号民事判决:一、郑权岳于判决生效后10日内返还籍祥太矿价款70万元;二、驳回籍祥太对符青公司的诉讼请求;三、驳回籍祥太的其他诉讼请求。案件受理费11640元,由郑权岳承担10800元,籍祥太承担840元。

郑权岳不服上述一审判决,上诉称:2006年7月2日籍祥太与郑权岳签订《股权转让协议》约定,第一批矿价款139万元由籍祥太承担,如优惠价款,双方各享受50%,如过户需要补缴价款,双方各承担50%,但郑权岳承担范围不得超过70万元。2013年10月31日,郑权岳将阿移项铁矿转让给环发公司,并依青海省国土资源厅要求,补缴了2005年初次取得采矿权时政府优惠的价款139万元。按照上述协议约定,籍祥太应付郑权岳70万元。故请求驳回籍祥太主张70万元原矿价款的诉讼请求。

籍祥太答辩称:一审判决正确,请求驳回上诉、维持原判。

青海省高级人民法院二审认为:本案的争议焦点是,郑权岳是否应返还籍祥太原矿价款70万元。

郑权岳主张,根据国家政策,阿移项矿山的矿价款优惠了139万余元,籍祥太如将采矿权转让他人,就不享受优惠。2006年7月2日,籍祥太将股权转让给郑权岳,未办理变更登记,发生登记后,国家要收回优惠的139万余元,现139万余元交给了国家,籍祥太应补偿郑权岳70万元损失。2011年1月24日的协议是郑权岳个人想法,本意是选些矿石在籍祥太处加工,加工费从36元提高到41元,中间的差价如果能补回70万元,就不向籍祥太主张了,如果补不回来,还要向籍祥太主张,而一审法院作出了相反的错误认定。请求驳回籍祥太的一审诉求。

籍祥太主张,70万元是因为享受优惠政策而产生,如转让采矿权就取消该优惠。现郑权岳和籍祥太双方都没有缴纳该矿价款,而是第三方缴纳的,

其他合同纠纷

因此产生了双方均享有70万元的权利,郑权岳应向籍祥太返还70万元。

对此争议焦点,二审法院认为:2005年籍祥太在取得阿移项矿山采矿证时,应交矿价款是278万元,因青海省人民政府为采矿者提供优惠条件,以照顾的形式优惠50%,即139万元。籍祥太实际交付了139万元。2006年6月28日,籍祥太以930万元的价格将阿移项矿山转让给郑权岳并签订《购买阿移项矿山协议》,该协议约定第一批价款139万元由籍祥太承担,如优惠价款,籍祥太与郑权岳各享受50%,双方初次对政府优惠价进行了约定。2010年4月1日,双方又签订《还款协议》,协议第四条约定原阿移项矿山购置协议中约定的由籍祥太承担的70万元价款,因阿移项矿山购置款已全部付清,现将此款转入郑权岳所欠籍祥太的加工费中由郑权岳暂时扣除,等到下次阿移项矿山采矿证延续后,如果上级主管部门未要求缴纳价款,郑权岳在采矿权证延续后的6个月后将此款还给籍祥太;如果上级主管部门要求缴纳价款,此款应由籍祥太承担,郑权岳不必将此款归还给籍祥太。即双方再次对政府优惠价进行约定。2010年10月31日,郑权岳将符青公司100%的股权和公司转给环发公司并签订《股权转让合同》,该合同第五条第四项约定转让采矿权符青公司未付清50%价款由环发公司承担140万元。符青公司未付清的50%即政府对原矿价款优惠的50%。2010年12月6日,青海省国土资源厅因符青公司原控股股东发生变更,根据《青海省规范矿产资源勘查开发暂行规定》第二十二条之规定,下发通知,追缴原享受减缴的1394400元采矿权价款,收回对原矿价款优惠的50%,阿移项矿价款恢复为278万元。依照籍祥太与郑权岳的约定,现上级主管部门取消优惠,籍祥太理应承担70万元的原矿价款,郑权岳不必将70万元归还给籍祥太。至于2011年1月24日的《协议》,是由郑权岳单方书写,内容为郑权岳代给籍祥太多交的原矿价款70万元,双方协商达成郑权岳在籍祥太加工矿石7万吨,价格按每吨41元计算,每年3.5万吨,超出2年时间,郑权岳按未加工完数补回。该约定是基于郑权岳代籍祥太交付原矿价款70万元,而在籍祥太处加工矿石7万吨。但现有证据证实,该笔款项是环发公司依据其与符青公司签订的《股权转让合同》,向政府缴纳了1394400元。且该约定是郑权岳与环发公司之间的约定,与籍祥太无关。故籍祥太要求郑权岳返还原矿价款70万元的主张,缺乏事实和法律依据,不予支持。综上,该院于 2014 年 4 月 16 日作出 (2014) 青民一终字第 12 号民事判决:一、撤销一审判决;二、驳回籍祥太的诉讼请求。二审案件受理费 11640 元,由籍祥太负担。一审案件受理费照此收取。

籍祥太不服上述二审民事判决,向本院申请再审。

在本院再审中,籍祥太称:(1) 原判认定"籍祥太理应承担 70 万元的原矿价款"的事实缺乏证据证明。(2) 原判认定"郑权岳不必将 70 万元归还给籍祥太"的事实缺乏证据证明。(3) 原判"驳回籍祥太要求支付 70 万元暂扣款利息的诉讼请求",属于适用法律确有错误。请求:(1) 撤销二审民事判决;(2) 改判郑权岳返还暂扣籍祥太的矿石加工费 70 万元,并支付相应的同期贷款利息(从 2010 年 10 月 31 日起计算至再审判决生效之日止)。在庭审过程中,籍祥太变更其再审诉讼请求为:请求判令郑权岳给付 647561 元,并支付利息 84000 元。

郑权岳答辩认为:(1) 郑权岳在 2010 年 10 月将股份转让给环发公司后,政府有关部门发出通知,取消了原来的优惠政策,需要向国家补交 1394400 元矿价款。郑权岳以符青公司名义补交了该 1394400 元矿价款。因此,按照原合同约定,籍祥太应承担所补交矿价款的一半即 70 万元,该 70 万元可抵扣矿石加工费,郑权岳不必再向籍祥太支付 70 万元。(2) 因为在郑权岳向环发公司转让股权的过程中,籍祥太以"郑权岳不给付 70 万元加工费就不签字"进行要挟,所以郑权岳不得已在 2011 年 3 月 10 日、4 月 30 日、5 月 11 日分三次向籍祥太支付了原本已抵顶矿价款的 70 万元加工费。因此,郑权岳不但不欠籍祥太 70 万元的矿价款或加工费,反而是籍祥太应返还给郑权岳 70 万元。至于 2011 年 1 月 24 日的《协议》,由于未经双方签字,并未生效;且其本意是因为籍祥太欠郑权岳 70 万元,故郑权岳送些矿石由籍祥太加工,用加工费冲抵应由籍祥太返还的 70 万元。在庭审中,郑权岳提交了于 2011 年 3 月 10 日、4 月 30 日、5 月 11 日分别向籍祥太支付 5 万元、40 万元、25 万元的银行转账凭证;还提交了一份孙春江(系郑权岳之婿)于 2011 年 5 月 27 日向籍祥太支付 215000 元的银行转账凭证。

关于 2011 年 1 月 24 日的《协议》,籍祥太主张,该协议是双方真实意思表示,应为有效;在环发公司向政府补缴约 140 万元矿价款之后,郑权岳承认其应支付给籍祥太曾经抵扣加工费的 70 万元,但提出通过自己提供

其他合同纠纷

矿石、由籍祥太加工并收取较高加工费的方式来补偿籍祥太；协议第二条约定的加工费为每吨41元，高出通常价格5元，如果郑权岳能提供7万吨矿石进行加工，籍祥太可以多收35万元，另外其加工矿石还可以获利，总体上基本能够到达补偿70万元的效果。对于郑权岳2011年3月10日、4月30日、5月11日分三次支付的70万元款项，籍祥太认可其已经收到，但主张该款项的性质不是加工费，而是郑权岳向其购买矿精粉的价款，且金额不仅是70万元，还有郑权岳的妻子许月珍于2011年4月8日通过银行向籍祥太转款10万元，以上共计80万元。籍祥太称，在2011年3月初，双方口头约定郑权岳以每吨800元的价格向籍祥太购买矿精粉；从3月30日到5月1日，郑权岳共购买籍祥太1010.98吨矿精粉，上述80万元就是矿精粉的价款。为证明自己的主张，籍祥太提交了银行对账单、莫河选矿厂过磅单。郑权岳认可其妻子许月珍向籍祥太转款10万元属实，但声称是因为许月珍不了解情况而重复支付了加工费；郑权岳也认可莫河选矿厂过磅单上所记载的矿精粉其已收到，但声称该矿精粉是其委托籍祥太加工的，而非从籍祥太处购买。

对于孙春江2011年5月27日支付的215000元，籍祥太亦认可收到，但主张该款是郑权岳加工5243.9吨矿石的加工费。籍祥太称，2011年1月24日协议签订后，郑权岳按照约定应在籍祥太莫河选矿厂加工矿石7万吨，但其只加工了5243.9吨，并按照每吨41元的约定支付了215000元加工费，还差64756.1吨矿石未加工；按照2011年1月24日协议，郑权岳应按未加工的矿石吨数补还籍祥太647561元。根据此事实，籍祥太明确表示变更其诉讼请求为：请求判令郑权岳给付647561元，并支付利息84000元（按照人民银行同期同类贷款利息计算，从2011年1月24日计算到一审起诉时止）。

本院认为：2006年籍祥太以符青公司名义取得本案所涉阿移项铁矿采矿权时，应交采矿权总价款为2788800元，但根据相关优惠政策，该价款在采矿权不发生转让的前提下减缴50%，籍祥太实际缴纳了1394400元。2006年6月28日，籍祥太以930万元的价格将阿移项矿山转让给郑权岳，双方签订的《购买阿移项矿山协议》约定，第一批已向政府缴纳的矿价款1394400元由籍祥太承担；如果能够继续享受矿价款优惠，则籍祥太与郑权岳各享受50%，如果需要补缴矿价款，则双方各承担50%，但郑权岳承担的范围不得超过70万元。这是双方初次对涉及政府优惠的矿价款作出约定。2010年4月1日，郑权岳与籍祥太签订《还款协议》约定，对于前述可能需要由籍祥太承担的70万元矿价款，现转入郑权岳所欠籍祥太的矿石加工费中由郑权岳暂时扣除；如果将来政府有关部门不要求补缴，则郑权岳将此款还给籍祥太；如果政府要求补缴，则此款应由籍祥太承担，郑权岳不必归还籍祥太。这是双方再次对涉及政府优惠的矿价款作出约定。从以上两份协议内容看，均仅对双方共同承担补缴矿价款的情形作出了约定，而并未涉及由第三方补缴矿价款的情形如何处理的问题。2010年10月31日，郑权岳将符青公司100%的股权和公司资产转让给环发公司并签订了《股权转让合同》。该合同约定，阿移项矿山原享受优惠、即符青公司未付清的50%矿价款由环发公司承担。事实上，环发公司已于2010年12月24日补缴了该矿价款1394400元。本院认为，如前所述，因郑权岳和籍祥太双方之间的两份协议中并未涉及由第三方补缴矿价款的情形如何处理的问题，且郑权岳自身并未实际补缴矿价款，亦未将先前扣留籍祥太的70万元缴付给政府有关部门，故郑权岳继续扣留籍祥太70万元理由不足，其应当将该70万元归还给籍祥太。

2011年1月24日的协议，是由郑权岳书写并签名后交给籍祥太持有的。籍祥太虽然没有在该协议上签名，但其并不否认该协议的内容，且在诉讼中依据该协议而主张权利。因此，该协议应认定为双方真实意思表示，合法有效。郑权岳提出的该协议仅为草稿、因籍祥太未签名而未生效等主张，不能成立，本院不予支持。该协议第二条的内容是："甲方（郑权岳）代给乙方（籍祥太）多交的原矿价款70万，经双方商量达成甲方在乙方加工矿石7万吨，价格按每吨41元计算，每年3.5万吨，超出2年时间，甲方按未加工完数补回。"对于该条约定，郑权岳和籍祥太作出了完全相反的解释。郑权岳主张该条内容是籍祥太本应返还给郑权岳70万元，而采用了以加工费抵顶该款的变通做法。籍祥太则主张，该条约定是郑权岳应返还给籍祥太70万元，而通过提高加工费、照顾籍祥太生意的方式，来实现补偿籍祥太70万元的目的。本院认为，虽然该条约定文字不够通顺，含义亦有模糊之处，但基于以下几点理由，应认定为籍祥太的主张成立。第一,"甲方按未加工完数补回"的表述,体现了甲方(郑权岳)为债务人的含义。第二,从社会经济交往的通常做法来讲,一般是由债务人向债权人出具凭据。该协议由郑权岳单方书写并签名后交给籍祥太持有,应理解为郑权岳是债务人。第三,7万吨矿石加工费高达287万元,无法与郑权岳所主张的籍祥太应返还的70万元对应。综合以上几点理由,应认定该条约定是双方为了解决郑权岳向籍祥太返还原矿价款70万元问题而达成的合意,籍祥太有权依据该条约定主张权利。在本案再审期间,籍祥太自认郑权岳已部分履行该条约定,即郑权岳已在莫河选矿厂加工了5243.9吨矿石;籍祥太还明确表示变更其诉讼请求为请求判令郑权岳给付647561元及利息84000元。对于籍祥太要求郑权岳给付647561元的诉讼请求,符合双方关于"甲方(郑权岳)按未加工完数补回"的约定,本院予以支持。至于籍祥太要求郑权岳给付利息的诉讼请求,因上述协议中并无此项约定,故本院不予支持。

在本院再审中,郑权岳主张,其已于2011年3月10日、4月30日、5月11日分三次向籍祥太支付了原本抵顶矿价款的70万元加工费。对此,籍祥太主张,该70万元不是矿石加工费,而是郑权岳支付的购买矿精粉的总价款80万元中的一部分,并提供了银行对账单、过磅单等证据。本院认为,郑权岳提供的70万元银行转账凭证,并不能证明该款项的性质是矿石加工费,且郑权岳关于其妻子许月珍另向籍祥太转款10万元系重复支付加工费、其收到的矿精粉系其将矿石交由籍祥太加工后的产品等解释,缺乏证据支持;而籍祥太关于该80万元系郑权岳购买矿精粉的价款主张,有银行对账单、过磅单等证据支持,足以认定。籍祥太于2011年3月1日向郑权岳出具证明,称郑权岳在莫河选矿厂的矿石加工费已全部结清,此亦可以印证郑权岳支付的上述80万元款项并非加工费。因此,对于郑权岳提出的其已向籍祥太支付了原本抵顶矿价款的70万元加工费的主张,本院不予支持。

在郑权岳将符青公司的股权以及公司资产全部转让给环发公司之后,符青公司与郑权岳和籍祥太之间关于70万元款项的争议没有任何关系,符青公司也不是2011年1月24日协议的当事人,故籍祥太要求符青公司返还矿价款并支付利息的诉讼请求不能成立,本院不予支持。

综上,籍祥太的再审诉讼请求部分成立,应予支持。本案原审判决认定事实部分错误,应予纠正。因籍祥太在再审期间变更了其诉讼请求,故对于一审判决本院一并予以撤销。依照《中华人民共和国民事诉讼法》第二百零七条第一款、第一百七十条第一款第二项的规定,判决如下:

一、撤销青海省高级人民法院(2014)青民一终字第12号民事判决和青海省海西蒙古族藏族自治州中级人民法院(2013)西民一初字第12号民事判决;

二、郑权岳于本判决生效后10日内返还籍祥太647561元;

三、驳回籍祥太的其他诉讼请求。

如果未按本判决指定的期间履行给付金钱义务,应当依照《中华人民共和国民事诉讼法》第二百五十三条之规定,加倍支付迟延履行期间的债务利息。

一审案件受理费11640元,由郑权岳承担10800元、籍祥太承担840元。二审案件受理费11640元,由郑权岳承担。

本判决为终审判决。

审 判 长 陈 佳
审 判 员 张代恩
代理审判员 邱 明

二〇一五年十一月四日

书 记 员 钱雪娟